DICTIONNAIRE

DES

ANTIQUITÉS CHRÉTIENNES

PARIS. — TYPOGRAPHIE LAHURE
Rue de Fleurus, 9

DICTIONNAIRE
DES
ANTIQUITÉS CHRÉTIENNES

CONTENANT

Le résumé de tout ce qu'il est essentiel de connaître sur les origines chrétiennes jusqu'au moyen âge exclusivement

I. — ÉTUDE DES MŒURS ET COUTUMES DES PREMIERS CHRÉTIENS

1° VERTUS, travaux, professions, luttes, épreuves, vicissitudes diverses pendant les six premiers siècles.
2° CULTE, liturgie, hiérarchie, discipline, symbolisme.
3° INSTITUTIONS relatives à la vie cléricale, religieuse, monastique, à l'assistance fraternelle, à l'instruction : — prédication, écoles, bibliothèques, etc.

II. — ÉTUDE DES MONUMENTS FIGURÉS

1° ARCHITECTURE : Son origine et ses premiers essais dans les catacombes, églises souterraines, cryptes, *cubicula*, etc. Architecture en plein air : Oratoires, basiliques, baptistères, etc.
Monuments funéraires : Cimetières, *loculi*, sarcophages, etc.
2° ICONOGRAPHIE : Antiquité et culte des images; explication archéologique et morale de tous les sujets historiques et symboliques retracés par les arts d'imitation dans les monuments de toute sorte, etc.
3° ÉPIGRAPHIE : Notions générales, caractères spéciaux des inscriptions chrétiennes, leur application à l'apologétique catholique.
4° NUMISMATIQUE : Énumération des signes de christianisme graduellement introduits dans la monnaie publique depuis le quatrième siècle jusqu'à la chute de l'empire d'Orient

III. — VÊTEMENTS ET MEUBLES

1° VÊTEMENTS des apôtres et des premiers chrétiens; vêtements des clercs dans la vie privée, dans les fonctions sacrées; articles spéciaux sur chacun de ces vêtements.
2° MEUBLES, instruments, ustensiles divers pour l'usage de la liturgie, pour la vie commune, etc.

PAR M. L'ABBÉ MARTIGNY

CHANOINE DE BELLEY

ASSOCIÉ CORRESPONDANT DE LA SOCIÉTÉ NATIONALE DES ANTIQUAIRES DE FRANCE

Nouvelle édition

REVUE, MODIFIÉE, CONSIDÉRABLEMENT AUGMENTÉE
ET ENRICHIE DE **675** GRAVURES DANS LE TEXTE

Saint Pierre et saint Paul

PARIS
LIBRAIRIE HACHETTE ET CIE
79, BOULEVARD SAINT-GERMAIN, 79

1877

Droits de propriété et de traduction réservés

APPROBATION DE MONSEIGNEUR GÉRAULT DE LANGALERIE

ÉVÊQUE DE BELLEY, AUJOURD'HUI ARCHEVÊQUE D'AUCH

POUR LA PREMIÈRE ÉDITION

Nous, Pierre-Henri Gérault de Langalerie, par la grâce de Dieu et du Saint Siège apostolique Évêque de Belley, avons fait examiner attentivement le Dictionnaire des Antiquités chrétiennes, par M. l'abbé Martigny, archiprêtre et chanoine honoraire de notre diocèse. Il ne renferme rien qui ne soit conforme à la saine doctrine; tout, au contraire, y respire la piété, le respect des traditions ecclésiastiques, l'amour le plus ardent pour l'Église.

Au point de vue scientifique, cet ouvrage a paru plein d'une érudition profonde, et il réalise de la manière la plus heureuse l'alliance de la foi avec une sage critique.

Un livre de cette nature ne pouvait arriver plus à propos qu'à une époque où la lutte est engagée sur le terrain de l'antiquité chrétienne. C'est le moment de défendre nos origines par les recherches d'une science s'inspirant aux vraies sources. Le Dictionnaire de M. l'abbé Martigny nous semble atteindre parfaitement ce but. On y trouve des notions justes et précises sur une foule de questions que la plupart des gens du monde ignorent complétement et avec lesquelles beaucoup d'ecclésiastiques même ne sont pas suffisamment familiarisés. Une partie de l'ouvrage est à peu près entièrement neuve pour la France : c'est celle qui a pour objet les antiquités monumentales, les catacombes de Rome, et les produits des arts que la piété des premiers chrétiens y a multipliés à l'infini, sous forme de symboles, de figures, de formules se rattachant au dogme et à la discipline de l'Église.

Quant aux questions plus connues, relatives aux usages, coutumes et institutions de la primitive Église, elles sont traitées dans le Dictionnaire d'une manière aussi neuve que possible; les preuves empruntées aux sources de l'archéologie proprement dite y sont partout invoquées à l'appui de celles qui sont à l'usage immémorial de l'érudition ecclésiastique.

Nous ajoutons que dans ce Dictionnaire les articles sont traités constamment dans de justes proportions, tout en présentant sur chaque question un ensemble complet de doctrine; pour les hommes studieux qui aspirent à une science plus développée, les citations d'auteurs et de monuments, qui n'y font jamais défaut, leur en ouvrent la voie.

Nous sommes heureux que notre diocèse, déjà si avantageusement connu par les travaux des Greppo et des Gorini, pour ne parler que de ceux qui ne sont plus, ait produit encore un livre d'une si haute et si universelle utilité.

En donnant à l'auteur ce témoignage public de notre satisfaction, nous recommandons avec le plus grand empressement son Dictionnaire à notre clergé, ainsi qu'à tous les hommes qui recherchent les bonnes et solides lectures.

† PIERRE-HENRI, *Évêque de Belley.*

Belley, le 21 décembre 1864.

APPROBATION DE MONSEIGNEUR MARCHAL

ÉVÊQUE DE BELLEY

POUR LA NOUVELLE ÉDITION

Belley, 7 juillet 1877.

Monsieur le Chanoine,

Ainsi que je vous en avais exprimé l'intention, j'ai profité de mon premier moment de liberté pour prendre connaissance des articles que vous ajoutez à votre DICTIONNAIRE DES ANTIQUITÉS CHRÉTIENNES. Je les ai parcourus tous, et j'en ai relu plusieurs avec un plaisir qui rendait l'attention bien facile.

Ces articles donneront un grand prix à la nouvelle édition de votre excellent ouvrage. Il n'en est aucun, en effet, qui ne mérite la place qu'il va occuper dans cette galerie où les antiquités chrétiennes, après avoir été recueillies avec une érudition à laquelle rien n'échappe, et classées avec un ordre et une méthode qui font pénétrer partout la lumière, sont discutées, appréciées et interprétées avec une si grande sûreté de critique, un goût si fin et une si pleine intelligence des choses religieuses. Dans ces nouveaux articles, comme dans tout votre ouvrage, les hommes de goût loueront la netteté de votre exposition et cette sobriété de votre style, où la brièveté ne nuit point à l'élégance, ni la concision à la clarté.

Que vous dirai-je des dessins que vous avez multipliés pour cette nouvelle édition? Ils forment un ornement digne de votre livre, et je ne puis mieux les louer qu'en disant que, comme votre style, ils plaisent en même temps qu'ils éclairent.

En me laissant aller ainsi au plaisir de vous dire mes impressions, j'oublie, monsieur le chanoine, que vous m'avez demandé une approbation. Je ne sais si elle est rendue nécessaire par les développements apportés à votre œuvre primitive; je suis heureux toutefois de joindre mon suffrage à celui de mon vénéré prédécesseur, Mgr de Langalerie. Son approbation a été pleinement confirmée par l'accueil qu'ont fait à votre livre, en même temps que les dépositaires de l'autorité religieuse, les représentants les plus illustres de la science. Ceux-ci vous ont aussitôt ouvert leurs rangs, reconnaissant dans votre Dictionnaire, non pas seulement un recueil, une sorte d'inventaire des résultats scientifiques obtenus jusqu'à ce jour, mais une œuvre qui porte votre empreinte personnelle et où vous avez réuni vos propres découvertes à celles de vos émules.

Mais, monsieur le chanoine, ce qui me fait attacher le plus grand prix à votre travail, et souhaiter qu'il soit entre les mains de tous les prêtres, c'est le secours qu'il offre pour l'intelligence de la symbolique chrétienne, de la liturgie sacrée, et de tout ce qui se rapporte à ces branches de la science ecclésiastique. Tout est vivant, tout parle, tout enseigne dans l'Église : ses édifices, ses vases sacrés, ses ornements, ses rites, tout correspond aux mystères qu'elle vénère, aux vérités qu'elle prêche, aux lois qu'elle observe, aux souvenirs qui lui rendent le passé cher et sacré, et aux espérances qui lui font supporter les douleurs du présent dans l'attente des joies de l'avenir. De même que l'âme anime tout le corps et se révèle en chacun de ses organes et de ses mouvements, ainsi la foi de l'Église éclate et se manifeste dans toute son existence extérieure. Or aucun livre mieux que le vôtre, monsieur le chanoine, ne met en pleine lumière ce rapport entre les mystères et les vérités de la religion, d'une part, et, de l'autre, leurs manifestations sensibles dans le culte extérieur et la liturgie. Quel fécond enseignement que celui de nos églises, de nos ornements, de nos rites, si les chrétiens de nos jours, comme ceux de l'antiquité dont vous étudiez les monuments, en avaient l'intelligence!

Mais, hélas! ce n'est plus assez d'expliquer ces symboles vénérables; il faut les défendre contre les altérations et les non-sens auxquels ils sont exposés dans les reproductions que l'on prétend en faire sous nos yeux. N'en connaissant plus ni l'origine ni la signification, on les traite comme des ornements qui ne relèvent que de l'art, et trop souvent on se contente d'être artiste quand il faudrait être chrétien.

Que votre Dictionnaire devienne son manuel, et le clergé y puisera, en même temps qu'une science pure de tout alliage, une intelligence des choses sacrées qui réjouira sa foi, et ce goût sûr qui le préservera de tout ce qui est contraire aux vraies traditions de l'Église.

D'autres vous diront, monsieur le chanoine, avec une autorité que je ne puis avoir, que vous avez bien mérité de la science, et je le tiens à honneur pour mon diocèse ; mais il convient mieux à votre évêque de vous dire que vous avez utilement servi l'Église par un livre où la fermeté de la foi s'allie à la finesse de la critique, et le goût le plus délicat au sentiment religieux le plus profond.

Agréez, je vous prie, monsieur le chanoine, l'expression de mon plus affectueux dévouement en N.-S.

† JOSEPH, *Évêque de Belley.*

PRÉFACE

DE LA PREMIÈRE ÉDITION

La direction des esprits sérieux se porte, depuis quelques années, avec une ardeur de bon augure vers les origines chrétiennes. C'est le symptôme de nouveaux triomphes pour la vérité, qui est ancienne comme son divin Auteur.

Mais jusqu'ici le mouvement n'a guère franchi le cercle des intelligences d'élite, les hommes d'étude y ont seuls participé. Peut-être même est-il permis de dire que la France ne s'y est pas encore assez résolûment associée. Il en était ainsi du moins il y a une vingtaine d'années ; nous en trouvons l'aveu dans une lettre inédite (19 mai 1841) de M. Champollion Figeac au savant et regrettable abbé Greppo, qui, à peu près seul à cette époque, suivait cette carrière, et dont celui qui trace ces lignes s'honore grandement d'être le disciple.

« Les matières que vous traitez, écrit l'illustre égyptologue, sont presque exclues des travaux actuels de l'érudition en France, ou du moins négligées, oubliées. Et cependant, elles se rattachent aux origines de la civilisation moderne, si intimement liées avec celles de l'Église chrétienne. N'abandonnez pas ces précieux sujets, afin que les antiquités chrétiennes ne soient pas entièrement délaissées en France. On vous aura une double obligation, et pour les sujets eux-mêmes, et pour la manière savante et religieuse avec laquelle vous les traitez. »

A quoi faut-il attribuer l'infériorité qui nous est ici reprochée par un juge si compétent? C'est surtout, sans doute, à la nature des monuments et des souvenirs qui abondent sur notre sol. Les merveilles du moyen âge qui brillent partout à nos regards, devaient naturellement, par le double attrait de l'art et de la poésie, s'emparer des esprits studieux et déterminer leur préférence. Et certes, cette mine de richesses accumulées, durant tant de siècles, par la foi et l'activité de nos pères, a été exploitée chez nous avec un zèle et un succès qui suffisent à notre gloire.

Mais toujours est-il que, dans l'histoire de la civilisation chrétienne, nous nous sommes attachés à une période intermédiaire.

Quant à l'antiquité proprement dite, dont, en général, les éléments sont plus éloignés de nous, nous n'avons pas beaucoup progressé depuis l'époque où M. Champollion Figeac écrivait la lettre que l'on vient de lire. Nous vivons toujours plus ou moins sur les grands travaux des Italiens, travaux qui, au surplus, s'adressent à un public restreint, et sont inabordables au vulgaire.

Notre patrie peut néanmoins présenter avec un juste orgueil plus d'un nom digne de rivaliser avec ceux des plus illustres étrangers. Nous ne rappellerons ici que ceux qui se trouvent le plus souvent cités dans ce Dictionnaire : l'abbé Greppo, dont la mémoire nous est si particulièrement chère, et notre éminent épigraphiste chrétien, M. Edmond Le Blant, qui, par ses doctes études sur les inscriptions antiques de la Gaule, s'est fait une si brillante position dans le monde savant.

D'une autre part, cependant, il est notoire que le feu sacré commence à se communiquer, dans une certaine mesure, à la masse des intelligences cultivées. Le mouvement religieux qui, aujourd'hui comme aux beaux siècles de foi, attire en foule prêtres et fidèles au tombeau des saints apôtres pour y déposer les vœux de leur piété, et autour de la chaire de Pierre pour lui faire un rempart de cœurs dévoués, contribue puissamment, tout en ravivant le sentiment catholique, à réveiller le goût ou tout au moins la curiosité des choses relatives à notre vénérable antiquité.

A Rome, on se met facilement en rapport avec les archéologues; on trouve les divers membres de la Commission des catacombes, et notamment le plus connu de tous, le chevalier De' Rossi, toujours disposés à faire, avec une bonne grâce qui ne se lasse jamais, les honneurs des trésors confiés à leurs soins; et chaque pèlerin rentre dans ses foyers avec son petit bagage archéologique : il y puise la matière de longues et intéressantes conversations, sur les hypogées sacrés des martyrs et des premiers chrétiens; sur les basiliques si pleines de souvenirs et de monuments; sur les musées si riches en tombeaux sculptés, en peintures reproduites de l'antique, en épitaphes de chrétiens de tous les ordres; enfin sur ces brillantes solennités qui remplissent pour longtemps le cœur d'émotions; sur ces imposantes cérémonies qui à Rome, plus qu'en aucun lieu du monde, sont imprégnées de toute sorte de parfums apostoliques.

Évidemment, il y a là un acheminement, un germe d'initiation qui ne demande qu'à être développé.

Aussi voit-on depuis quelque temps se manifester, de tous les points de l'opinion, la pensée qu'un interprète qui se placerait entre les savants et ceux qui aspirent à le devenir, ou qui simplement veulent acquérir quelques connaissances en antiquité chrétienne, donnerait satisfaction à un besoin du moment, prendrait une position encore inoccupée, et pourrait rendre à la religion d'utiles services, en contribuant à populariser des études qui ont pour but d'en explorer les sources.

Belle et noble tâche assurément!

Mais par suite de quelles circonstances est-elle tombée aux mains de l'auteur du présent ouvrage?

C'est ce qu'il ne saurait se dispenser de dire.

Une simple collaboration lui avait été d'abord demandée, pour la partie chrétienne d'un *Dictionnaire des antiquités*, dont la rédaction devait être confiée à une société d'hommes spéciaux, sous la direction du savant docteur Daremberg, bibliothécaire à la Mazarine et aujourd'hui professeur au Collège de France. Mais, resté dix ans à l'étude, ce travail avait pris des développements imprévus : si bien qu'il ne pouvait plus guère se caser à la place qui lui avait été assignée dans l'œuvre collective sans en déranger un peu l'harmonie. Alors, par un sentiment aussi amical que délicat, M. Daremberg jugea convenable de se désister d'un droit de contrôle qui, à ses yeux, n'était plus justifié; et l'éditeur M. Hachette, dont on a à déplorer la perte récente, entrant dans ses vues, consentit à détacher les antiquités chrétiennes du Dictionnaire général, pour en faire un dictionnaire à part.

C'est ainsi que, par la force des choses, l'auteur s'est trouvé isolé de ses collaborateurs, sur le voisinage desquels il avait cependant compté pour dissimuler son insuffisance, et privé du soutien qu'il était en droit d'attendre d'une direction éclairée. C'est donc avec toutes les légitimes timidités d'une position qu'il n'avait ni choisie, ni voulue, qu'il est réduit à se présenter au public.

Il devait du moins offrir à ses lecteurs toutes les garanties qui dépendaient de lui, et il l'a fait en s'entourant des conseils des hommes les plus compétents dans la science qui fait l'objet de ce livre. Il ne saurait dire assez haut, notamment, tout ce qu'il a puisé de ressources, soit dans les écrits et la correspondance de M. De' Rossi, soit dans ses entretiens intimes pendant deux séjours à Rome, dont le dernier, provoqué par l'intelligente initiative de M. Hachette, n'eut d'autre but que l'amélioration de ce Dictionnaire.

Malheureusement, le dernier ouvrage de l'illustre antiquaire romain, complété par la collaboration de son digne frère, M. Michel De' Rossi, est arrivé trop tard pour que l'on ait pu en profiter ici. La *Roma sotterranea cristiana* est un travail définitif sur beaucoup de points, et un pas immense dans la science générale des catacombes. En présence d'un tel monument, l'article que l'on a consacré à cet important sujet paraîtra bien imparfait sans doute ; il suffira néanmoins pour donner aux lecteurs une connaissance générale sur les catacombes, qui réservent encore à l'avenir bien des révélations ; car, depuis l'impression de sa *Rome souterraine*, M. De' Rossi a dû constater lui-même dans son *Bulletin* (octobre 1864) la découverte de deux nouveaux cimetières qui n'étaient connus qu'historiquement : celui de Saint-Castulus sur la voie Labicane, et celui de Saint-Nicomède sur la voie Nomentane.

Des précautions analogues ont été prises quant à l'orthodoxie ; et c'est ici surtout que l'attention la plus scrupuleuse était indispensable ; car, parmi les quatre cent cinquante questions, à peu près, qui sont abordées dans ce Dictionnaire, il en est bien peu qui ne côtoient le dogme par quelque point. Or l'erreur est l'apanage de notre pauvre humanité, *errare humanum est*. Si donc, en dépit des efforts que l'on a faits pour le rendre irréprochable, il s'y était glissé quelques expressions peu exactes au point de vue de la foi, l'auteur les désavoue sans réserve, et soumet humblement son livre au jugement de l'Église (Voy. la préface de la 2ᵉ édition, n. III). Les honorables attestations que d'illustres prélats de notre Église de France ont bien voulu lui donner, lui inspirent à cet égard une sécurité qui, à coup sûr, sera partagée par les lecteurs.

La forme de dictionnaire qu'on lui a donnée pourrait provoquer une observation qui n'est pas sans quelque valeur, au moins spécieuse : c'est qu'elle semble présenter un certain décousu et accuser l'absence de cette homogénéité si nécessaire à toutes les productions de l'esprit. Mais, outre que l'auteur n'a pas eu le choix, cette forme a l'avantage de rendre la lecture plus facile et moins fatigante, sans exclure l'idée d'un plan régulier, et aussi complet que possible, dans un cadre restreint qui n'admet que les sommités de la science. La table analytique qui se trouve à la fin du volume, et encore l'article Archéologie, mettront le lecteur en mesure d'en réunir lui-même les fils épars et laisseront à sa sagacité la satisfaction d'en recomposer le tissu.

Il s'assurera alors que le Dictionnaire embrasse véritablement, dans les limites du possible, tout l'ensemble de l'état social de nos pères, institutions et monuments. On s'est efforcé de faire marcher de front l'étude de ces deux éléments, qui se prêtent une mutuelle lumière. Les questions relatives aux usages et à la discipline s'éclairent par les peintures, les sculptures, les inscriptions ; et réciproquement, les monuments figurés se dépouillent de leur mystère en présence des révélations que fournissent les écrits des Pères et des autres écrivains ecclésiastiques, ainsi que les dispositions des conciles, etc. Peut-être sera-t-on d'avis que procéder ainsi, c'est introduire la démonstration catholique dans une voie nouvelle et féconde : et telle est précisément la mission de l'archéologie, cette dernière venue entre les lieux théologiques.

Personne sans doute ne s'attend à ne rencontrer ici que des révélations. Le but d'un ouvrage de cette nature est bien moins d'exposer des choses nouvelles que de faire aimer la science, en la mettant à la portée du grand nombre, par l'exposition simple, précise, exacte de notions confinées jusque-là dans le sanctuaire jaloux de la haute érudition. Cependant il tâchera de se tenir à une égale distance de ces répertoires techniques énonçant sèchement sur toute chose des espèces d'aphorismes qui s'imposent au lecteur, sans lui fournir la possibilité d'en vérifier la valeur, ni de faire un pas de plus dans la science, et de ces compositions hérissées, indigestes, que la plus intrépide ambition de savoir ose seule aborder, et qui mettent à un si haut prix le plaisir de s'instruire.

Cet ouvrage a donc été conçu de façon à pouvoir fournir : 1° aux savants un instrument mnémonique qui les reportera sans peine à des monuments et à des textes qui leur son connus, mais dont ils n'ont pas l'annotation sous la main ; 2° aux commençants un texte d'étude, c'est-à-dire des notions aussi complètes que possible dans leur forme rapide, sur chaque question, et de plus une citation exacte des sources, pour les mettre dans le cas d'acquérir d'eux-mêmes une somme de connaissances plus étendue ; 3° enfin, à tous une lecture utile et instructive sur un assez grand nombre d'objets intéressants à connaître, et généralement trop peu connus.

Les figures, toutes les fois que la chose était possible, ont été copiées sur les monuments eux-mêmes, et beaucoup sont inédites. Quant aux monuments qui n'existent plus, ou dont la recherche était peu praticable, on en a emprunté le dessin aux ouvrages les plus soignés et les plus accrédités. Dans tous les cas, on a choisi de préférence les objets les plus classiques, plutôt que de s'attacher à des raretés, intéressantes sans doute en elles-mêmes, mais qui ne se seraient pas rattachées assez directement aux généralités de la science.

Bagé-le-Châtel, le 15 décembre 1864.

PRÉFACE

DE LA NOUVELLE ÉDITION

I. La première édition de ce Dictionnaire a été accueillie avec faveur et jugée avec indulgence. Tous les membres de notre illustre épiscopat l'ont honorée de leur adhésion et lui ont prêté l'appui le plus sympathique ; les savants de profession ne l'ont point frappée d'ostracisme ; les organes de la publicité, journaux, revues littéraires et scientifiques, chez nous comme à l'étranger, s'en sont occupés avec intérêt et ne lui ont point épargné les appréciations bienveillantes. Grâce au concours de tant de suffrages, tous imposants, bien qu'à des degrés différents, ce modeste livre n'a pas tardé de se voir accrédité dans le public religieux et lettré.

L'auteur ne pouvait manquer de comprendre la dette de reconnaissance et plus encore l'obligation de mieux faire qui lui étaient imposées par un succès dépassant toutes ses espérances. Il s'est donc remis à l'œuvre avec une nouvelle ardeur, et il peut se rendre à lui-même le témoignage que les années écoulées depuis la première apparition de ce Dictionnaire ont été par lui mises à profit pour l'améliorer, le compléter, l'élever, selon la mesure de ses forces, à la hauteur de l'estime qui lui avait été si généreusement accordée. Il a interrogé plus studieusement encore les livres et les monuments ; il a suivi avec une attention sans cesse en éveil les découvertes et les progrès successivement réalisés dans le domaine de ses chères études ; enfin, il a fait de fréquents appels aux lumières et au bon vouloir des maîtres de la science, dont les encouragements et les conseils ne lui ont jamais fait défaut. Un nom brille par-dessus tout à toutes les pages de ce livre, le nom de l'éminent commandeur De' Rossi, ce roi désormais incontesté de l'archéologie chrétienne. Ce que l'auteur doit à ses œuvres et aux condescendances de son inappréciable amitié se résume dans cet hommage que le poëte reconnaissant adressait à la Muse inspiratrice : *si placeo, tuum est* (Horat. Carm. IV, III, 24).

Un autre archéologue, plus spécialement voué à l'illustration des antiquités de la Gaule, M. Edmond Le Blant, s'est toujours montré disposé, lui aussi, à lui ouvrir avec un amical empressement les trésors de son érudition et à l'aider de son concours désintéressé. D'utiles communications et de précieux renseignements lui ont encore été fournis par plusieurs savants auxquels il se fait un devoir de témoigner ici sa gratitude : M. le baron de Witte, de l'Institut ; M. Fr. Lenormant, professeur d'archéologie près la Bibliothèque nationale ; M. Ant. Héron de Villefosse, conservateur adjoint au musée du Louvre ; M. le marquis Melchior de Vogüé, si connu par ses travaux sur les églises de la Terre sainte et sur les édifices religieux et civils de la Syrie centrale ; les professeurs Delvigne à Malines et Kraus à Bonn, etc.

II. Quel parti l'auteur a-t-il tiré de tous ces éléments nouveaux pour l'amélioration de son œuvre, et en quoi cette édition diffère-t-elle de celle qui l'a précédée ? C'est ce qui doit être expliqué en peu de mots.

Bien que, pour le fond, le livre soit resté le même, présque tous les articles anciens ont été retouchés, beaucoup ont subi des modifications et reçu des développements plus ou moins importants.

Quant aux articles nouveaux, dont le nombre est assez considérable, ils ne sont eux-mêmes pour la plupart, sous des rubriques spéciales, que des corollaires ou appendices se dégageant naturellement des questions capitales de l'édition précédente, et que l'on a cru devoir en détacher, pour éviter les articles trop longs, qui fatiguent l'attention, souvent en pure perte : il est d'expérience qu'il faut diviser pour apprendre.

On va signaler au lecteur les plus saillantes de ces innovations, en lui demandant grâce pour la sécheresse d'une telle nomenclature.

1° La haute importance des rites qui, dans l'antiquité, précédaient, accompagnaient et suivaient l'administration du baptême, rites que l'Église a conservés en les réduisant à des formes plus abrégées, exigeait des notices particulières sur certaines questions accessoires énoncées sommairement ou par de simples allusions dans l'article principal : par exemple, l'eau baptismale, les formules de sa bénédiction dans les deux Églises ; les aubes baptismales ou robes blanches des nouveaux baptisés ; le cierge baptismal ; les promesses, les renoncements, etc., sujets offrant tous un intérêt que beaucoup de personnes soupçonnent à peine.

2° L'article *Catacombes*, auquel, bon gré mal gré, il a bien fallu, vu la richesse de la matière, donner d'assez larges proportions, avait besoin cependant, afin de présenter un tout aussi complet que possible, de se renouer les fils qui en avaient été détachés pour être classés, selon leur ordre alphabétique, dans le corps de l'ouvrage ; et c'est ce qui a été fait par de nombreux renvois qui permettront au lecteur de se rendre un compte aussi exact que possible du grand système des cimetières de la Rome souterraine. Un trait essentiel manquait à ce tableau : l'histoire de sainte Cécile, de la découverte de sa crypte, des translations successives de ses reliques, de ses images, histoire qui se lie étroitement à celle du cimetière de Calliste : ce sujet si attrayant sous tous les rapports a dû obtenir une place d'honneur dans cette nouvelle édition.

3° La piété des premiers chrétiens recherchait, avec un empressement souvent indiscret, une place pour leur tombeau à côté ou le plus près possible des mémoires des martyrs et des saints en général. Cette pratique avait été énoncée en quelques lignes seulement à l'article *Sépultures*; des développements plus étendus étaient nécessaires pour la faire connaître, on les trouvera sous le titre Ad sanctos, — Ad martyres.

4° La nature d'un Dictionnaire, dont le rôle consiste surtout à exposer des généralités, n'exige sans doute pas que tous les monuments qui viennent successivement à la lumière y soient l'objet de notices proprement dites ; ceux-là seulement doivent y être traités à part, qui, sortant des règles générales, peuvent modifier les notions acquises et déplacer, dans des proportions quelconques, les bases de la science. Cependant, quand, sans se distinguer par des particularités tout à fait exceptionnelles, ils offrent néanmoins un intérêt historique ou artistique qui les signale naturellement à l'attention du public éclairé, une place doit leur être assignée dans un livre tel que celui-ci. La basilique de Sainte-Pétronille et des Saints-Nérée-et-Achillée se trouve éminemment dans ces conditions : une relation succincte de la découverte récente de ce monument, découverte qui constitue un des événements archéologiques les plus mémorables de notre époque, a donc dû nécessairement se joindre à l'article capital traitant des basiliques chrétiennes.

5° Le culte de la croix, question d'une si grande importance, qui n'avait été abordée qu'incidemment dans la rédaction primitive du Dictionnaire, fait dans celle-ci l'objet d'un travail assez étendu, où l'on trouvera beaucoup de détails peu vulgaires sur la pratique et les rites de ce culte dans les différentes Églises, dans les Églises orientales particulièrement.

6° L'article consacré au culte des saints demandait aussi à être dédoublé. Il a reçu, comme développement, plusieurs notices dont il contenait le germe : sur les pèlerinages ; sur les *graffiti* ou inscriptions pieuses et autres tracées près des tombeaux célèbres en possession de la vénération des peuples; sur les enfants (oblats) que, dans les premiers siècles, les parents chrétiens vouaient dès leur bas âge au service de Dieu devant les mémoires des saints; enfin sur la *fenestella confessionis*, ouverture pratiquée au-dessus de la cellule souterraine où reposent les corps saints et où les fidèles se plaçaient pour leur adresser leurs vœux. Quant aux martyrs en particulier, les traditions chrétiennes du Colisée ayant une relation nécessaire avec tout ce qui a été dit en divers endroits du livre, de leur nombre, de leurs supplices, on s'intéressera assurément aux recherches historiques auxquelles l'auteur s'est livré à cet égard.

7° Quelques données sur les palimpsestes viennent compléter les notions précédemment exposées relativement aux *notarii*, aux *librarii*, aux différents systèmes graphiques des anciens, et surtout au rôle des moines copistes des livres de l'antiquité classique et chrétienne.

8° Le Dictionnaire contient plusieurs articles concernant les agapes et les repas en général chez les premiers chrétiens. Mais on n'avait pas suffisamment insisté sur un usage encore en vigueur parmi nous et dont on retrouve des traces jusque dans les temps les plus reculés de l'histoire, l'usage de boire à la santé. La curiosité qui s'attache naturellement à tous les détails de la vie privée des anciens trouvera une certaine satisfaction dans le nouveau travail que l'on a consacré à cette coutume sous le titre *Propinare*, — *Philotésie*.

9° Avant les notices traitant de chacun des vases que l'Église emploie dans le saint sacrifice, il était rationnel d'exposer tout d'abord l'origine des vases sacrés en général et la discipline réglant cette importante matière : c'est une lacune qu'on a comblée dans la nouvelle édition (Art. *Vases sacrés*).

10° Les ménées et les ménologes des Grecs, si souvent cités dans nos livres liturgiques et hagiologiques, se rattachent par un lien naturel à nos martyrologes et à nos calendriers. On a jugé utile de faire connaître, par des notions sommaires, leur origine et leur usage dans l'Église grecque. Les hymnes, dits *canons*, qui constituent un des éléments essentiels de l'office de cette même Église, sont aussi une matière intéressante à laquelle un article spécial a été consacré; on y a ajouté sur les hymnographes des détails biographiques qui, aussi bien que les hymnes elles-mêmes auront peut-être pour quelques lecteurs l'attrait de la nouveauté.

11° L'étude des origines de la littérature chrétienne est de première nécessité pour les ecclésiastiques et pour les hommes lettrés en général. Une notice d'une certaine étendue sur la *patrologie*, c'est-à-dire sur les œuvres des Pères et des écrivains ecclésiastiques des quatre premiers siècles, fournira, sous une forme concise, la clef de cette importante science.

12° Plusieurs questions historiques sans liaison directe avec les matières traitées dans le Dictionnaire demandaient cependant à n'être pas passées sous silence. Telle est l'histoire de la légion dite vulgairement Fulminante, c'est-à-dire le récit de la victoire de Marc-Aurèle sur les tribus barbares du Danube, victoire due à une intervention divine contradictoirement interprétée par les chrétiens et les païens. Les notions acceptées de confiance par les écrivains qui se sont occupés de ce fait avaient besoin d'être examinées de plus près et contrôlées à la lumière de la critique moderne : c'est ce que l'on a essayé de faire dans l'article *Legio Fulminatrix*.

III. Une phrase de la préface de la première édition a donné lieu de la part de critiques d'une certaine école à une interprétation qui, bien qu'enveloppée de réserves élogieuses pour le Dictionnaire et pour son auteur, ne saurait néanmoins être admise ni bénéficier d'un silence qui passerait peut-être pour approbateur.

Obéissant au double sentiment de défiance de lui-même et de soumission à l'Église qui anime tout catholique et s'impose surtout à l'écrivain traitant de matières religieuses, l'auteur avait cru devoir désavouer d'avance les incorrections de langage ou de doctrine qui, à son insu et contre son gré, auraient pu échapper à sa plume. Car, en dépit des intentions les plus droites et des plus scrupuleuses précautions, il est toujours possible que, dans un volume où tant de questions diverses sont traitées, il se glisse quelques expressions qui ne seraient pas d'une rigoureuse exactitude. L'auteur n'a pas voulu dire autre chose.

Or, on s'est emparé de cet aveu de non-infaillibilité, dicté cependant par la plus simple probité littéraire, aussi bien que par le principe plus élevé de la foi religieuse, pour lui supposer l'intention systématique de plier aux exigences de l'orthodoxie les monuments et les textes soumis à son étude, sans attendre, en cas de contradictions apparentes, les résultats ultérieurs du travail scientifique. Une telle allégation n'irait à rien moins qu'à mettre sa bonne foi en suspicion. Il ne l'aurait pas relevée néanmoins, si sa personne seule était ici en cause. Mais affirmer, en thèse générale, qu'il y a « obligation pour un prêtre catholique d'être orthodoxe quand même, de donner à certaines particularités des antiquités chrétiennes des interprétations qui ne sont pas conformes aux faits acquis à la science » (*Bulletin des Commissions royales d'art et d'archéologie*, de Bruxelles, 4e année, p. 348), c'est évidemment prendre à partie le clergé tout entier, le frapper d'incapacité et revendiquer pour les libres penseurs le privilége exclusif de disserter sur des questions archéologiques où tous les intérêts de la religion sont engagés. Un excellent travail de M. l'abbé Delvigne dans la *Revue générale de Bruxelles*, février 1866, ne tarda pas à faire justice de si étranges prétentions; ce savant professeur les réfuta par des arguments sans réplique et flétrit par des protestations indignées les atteintes portées à l'honneur de l'ordre ecclésiastique et au bon aloi de sa science.

Mais les assertions du critique bruxellois ont trouvé chez nous des contradicteurs dont il ne saurait récuser le témoignage, attendu qu'ils sont absolument sans parti pris de partialité en faveur du clergé. Un homme d'un grand savoir et d'un esprit distingué que nous ne saurions trop regretter de trouver séparé de nous sur beaucoup de points essentiels, écrivait à l'auteur avec une sincérité qui l'honore grandement : « J'ai une estime très-grande pour le Dictionnaire que vous avez livré au public, et j'en tire pour ma part un très-grand profit.... Je le recommande à toutes les personnes que ce genre d'études intéresse. J'exprimerai prochainement mon opinion à son égard dans un article destiné à la *Revue des Deux-Mondes*.... Bien loin d'y partager les idées de M. F..., j'y exprime cette pensée que *les personnes les mieux placées pour approfondir les antiquités chrétiennes sont les prêtres catholiques*, et les raisons que j'en donnerai frapperont tous les esprits (*Lettre de M. Emile Burnouf*, Nancy, 15 nov. 1865). » Quelques mois auparavant, un journal de Paris, qui, lui non plus, ne s'est jamais posé en champion de l'Église, *la Presse* (30 janv. 1865), exprimait en ces termes la même pensée au sujet du Dictionnaire : « Pour entreprendre un semblable travail, et écrire un pareil livre, *il fallait être prêtre* en même temps que savant. » Ces témoignages, pris en dehors du camp des apologistes habituels de la religion et de ses ministres, suffisent à rétablir le clergé dans des droits inconsidérément attaqués.

Une observation d'une tout autre nature, mais qui mérite d'être prise en considération, a été adressée à l'auteur. Quelques personnes adonnées à l'étude de l'histoire ecclésiastique se sont étonnées de voir la qualification de *saint* constamment attribuée dans cet ouvrage à Clément d'Alexandrie. Il y a ici une question controversée parmi les théologiens et les savants, et l'auteur n'eut jamais la prétention de la trancher; mais, ayant adopté l'opinion favorable à la sainteté du grand docteur, il doit exposer les raisons qui expliquent et excuseront, s'il le faut, ses préférences.

Tout a été dit au sujet de l'érudition du célèbre prêtre d'Alexandrie, et elle n'est pas ici en cause. Dans plusieurs de ses écrits, il fait un fréquent usage des Livres saints, et Cassiodore nous apprend (*De instit. div.* lib. 8) qu'il en avait commenté plusieurs. Mais, comme il s'était donné pour mission spéciale de confondre les païens par leur propre littérature, leur théogonie, leur culte et leur histoire, c'est surtout vers les auteurs profanes qu'il avait dirigé son étude, et sa science sous ce rapport n'a été égalée par aucun autre Père de l'Église. Un calcul auquel se sont livrés quelques érudits sur les œuvres de ce docteur, et dont Petit-Radel a résumé les résultats (*Recherch. sur les biblioth. anc.*, p. 25), peut nous donner une idée de l'immensité de ses lectures. Si l'on excepte Athénée, qui cite plus de neuf cents auteurs, aucun savant du même temps n'avait fait usage d'un aussi grand nombre de livres : il citait six cents auteurs, tandis que Strabon n'en avait nommé que deux cent vingt et un, et Plutarque lui-même que cinq cent neuf, quelque nombreuses que soient les matières que cet ancien polygraphe ait traitées.

Mais, pour l'objet qui nous occupe, il s'agit bien moins de l'érudition que de la piété et des vertus de ce grand homme. Or, sous ce double rapport, rien ne manque aux honorables témoignages que lui a rendus l'antiquité ecclésiastique, et dans ce concert presque unanime brillent les plus grandes lumières des deux Églises, saint Jérôme, saint Théodore, saint Cyrille d'Alexandrie et surtout saint Alexandre, évêque de Jérusalem, qui avait été son disciple (Euseb. *Hist. eccl.* VI, 14. Cf. Greppo, *Notes sur les premiers siècles chrétiens*, p. 99).

Quant à sa doctrine, on ne voit pas qu'aucun des anciens Pères de l'Église lui ait infligé le moindre blâme ; tous au contraire, en prodiguant leurs éloges à sa science, semblent donner une approbation implicite à son orthodoxie. On cite toutefois un décret du pape Gélase qui, dans un concile de Rome tenu en 494, aurait flétri quelques-uns de ses ouvrages ; mais la réprobation semble porter sur les écrits apocryphes de ce Père (peut-être même s'agit-il d'un autre Clément), *opuscula alterius Clementis Alexandrini apocrypha.* La plupart des critiques modernes soupçonnent qu'il ne s'agit dans ce décret que des Hypotyposes de Clément qui avaient été falsifiées par les hérétiques.

Quoi qu'il en soit, s'il ne paraît pas que l'Église grecque ait jamais honoré ce Père comme un saint, il n'en est pas de même chez les latins. Le martyrologe d'Usuard, dont la leçon a été répétée par plusieurs autres, notamment par celui de Paris, fait lire au 4 décembre : *Alexandriæ, sancti Clementis Alexandrini, qui in divinarum eruditionum scholis quam maxime floruit*, et le titre de saint ne lui a jamais été, que nous sachions, contesté en deçà des Alpes ; les Bollandistes eux-mêmes expriment le regret qu'il ait été rayé du martyrologe romain par Baronius (du Sollier, *Not. sur S. Clément*, dans l'édit. d'*Usuard* de 1714). Dans une préface au même martyrologe romain, le savant pape Benoît XIV se borne à constater qu'il n'y avait pas d'assez fortes raisons pour y rétablir le nom de ce docteur. Là où ce pontife émettait des doutes, notre judicieux Tillemont articule, relativement à cette question, des faits dont il est bon de tenir compte pour la solution désirée (Tillemont. *Mém. d'hist. eccl.* t. III, p. 195) :

« Nous avons dit que sa feste estait marquée le 4 de décembre dans plusieurs martyrologes ; et quoique son nom ne se lise pas dans le romain de Baronius, cela n'a pas empesché que l'on ait cru pouvoir tirer divers endroits de ses écrits pour les mettre dans l'office de l'Église de Paris, en lui donnant mesme le titre de saint. Et on assure que, quoiqu'on eust témoigné d'abord à Rome en être surpris, on céda aussitôt à l'autorité d'Usuard et on trouva étrange que Baronius ne l'eust pas mis dans le sien, celui d'Usuard ayant esté longtemps le martyrologe ordinaire de l'Église et l'estant encore en divers endroits. »

IV. On a peu de chose à dire des autres améliorations réalisées dans cette nouvelle édition : un répertoire analytique donnera au lecteur la facilité de se renseigner d'un coup d'œil sur ce qui peut l'intéresser dans chacun des articles du Dictionnaire. Ce travail de patience est dû à la sympathique obligeance de M. Vialliez, chanoine honoraire, professeur d'histoire au petit séminaire de Belley.

Dans un but analogue, on a cru opportun d'y joindre une table des gravures, dont le nombre dépasse de quatre cents et plus celui de la première édition. Ici une mention particulièrement amicale et reconnaissante est due à M. le commandant Sériziat, qui a bien voulu mettre à la disposition de l'auteur son habile crayon, exercé de longue main à dessiner l'antique. Les nouveaux dessins sont en grande partie son œuvre, plusieurs sont inédits et ont été relevés par lui sur des monuments de l'Algérie pendant un long séjour dans nos possessions africaines.

CATALOGUE ABRÉGÉ

DES LIVRES SPÉCIAUX CONSULTÉS POUR LA RÉDACTION DE CE DICTIONNAIRE

On s'abstient de mentionner ici les grands corps d'ouvrages qui constituent le fonds commun de l'érudition ecclésiastique, tels que les Pères de l'Église, les collections de conciles, les recueils hagiographiques, etc.

A

Ado. Martyrologium..... edit. D. Georgii. Romæ. 2 vol. in-folio. 1745.

Albani (Annibal cardin.). Menologium Græcorum jussu Basilii imper. græcè olim editum; nunc primum græcè et latinè edit. studio et op. A. Albani. Urbini, 1727. 3 tomes en un vol. gr. in-folio.

Alemanni. De Lateranensibus parietinis. In-4°.

Allard (Paul). V. Northcorte.

Allegranza. 1° Spiegazione e riflessioni sopra alcuni sacri monumenti antichi di Milano. Milano, in-4°. 1757.

2° De sepulcris christianis in ædibus sacris. In-4°. Mediolani, 1773.

3° Opuscoli eruditi Latini e Italiani. Cremona,1781. In-4°.

Anastasius bibliothecarius. De vitis Romanorum pontificum cum notis Blanchinii. 4 vol. in-folio. 1718-1723.

Anonyme. Monuments inédits sur l'apostolat de Ste Marie Madeleine en Provence. Migne, 1848. 2 vol. in-8.

Anonyme (Jac. Boileau). Historica disquisitio de re vestiaria hominis sacri vitam communem more civili traducentis. Amstelodami, 1704.

Ansaldi (P. C.). 1° De martyribus sine sanguine. Mediolani. 1744. In-8°.

2° Multitudo maxima eorum qui prioribus Ecclesiæ sæculis christianam religionem professi sunt. 1765. In-8.

Arevalo. Hymnodia hispanica. Romæ, 1786. In-4°.

Aringhi. Roma subterranea. In-folio. 2 vol. Romæ, 1651-1659.

Armellini (Mariano). Graffito storico nel cimitero di Pretestato. Roma, 1874.

Assemani. De Ecclesiis, earum reverentia et' asylo. Romæ, 1766. In-folio.

B

Bambi (Gaspare). Memorie sacre della capella Sancta Sanctorum, e della scala del palazzo di Pilato detta volgarmente Scala santa. Roma, 1775. In-18.

Bandini (Aug. Mar.). In antiquam tabulam eburneam sacra quædam D. N. J. C. mysteria anaglypho opere exhibentem. Florentiæ, 1746.

Banduri (D. Anselm.). Numismata Imperatorum Romanorum à Trajano Decio ad Paleologos Augustos. 2 vol. in-folio. Lutetiæ Parisiorum, 1718.

Bargès (l'abbé). Notice sur un autel chrétien antique près d'Auriol (Bouches-du-Rhône). Br. in-4°. Paris, 1861.

Barufaldi. Del colpo di spada o di qualunque ferro tagliente, non mai vano o fallace nel decapitare o dar la morte ai martiri di Cristo. Ap. Calogerà, t. III. Nov. collect. Venezia, 1758.

Baronius. Martyrologium Romanum, cum notis et dissertationibus. In-folio. Romæ, 1598.

Bénédictins. Voyage littéraire de deux bénédictins de la congrégation de Saint-Maur. In-4°. Paris, 1767.

Bénédictins de Solesmes. Origines de l'Église romaine. 1 vol. in-4°.

Benoit XIV. 1° De sacrosanctæ missæ sacrificio. Venet. 1788. In-folio. Patav. 1764. In-4°.

2° Sulle feste della cattedra di S. Pietro in Roma ed Antiochia. Romæ, 1828.

3° De Synodo diœcesana. Collect..Migne.

4° De beatificatione et canonizatione sanctorum. Ib.

Bernizius (Carolus) et Van Arckel (Cornelius). Syntagma dissertationum philologicarum. Rotterodami. 1699. In-8°. In quo continentur :

1° Sagittarii (Gasp.). Dissertatio inauguralis de natalitiis martyrum.

2° Kindleri (Johan.) Disputatio, ex historia ecclesiastica, de natalitiis Christi.

3° Rechenberg (Adam.). Dissert. historica de veterum christianorum δοξολογια.

4° Sagittarii (Gasp.). Dissertio philologa de nudipedalibus veterum.

5° Pfeiffer (Jos. Philip.). Dissertationes philologicæ duæ, de cura virginum apud veteres.

Berthaldi (Petr.). De ara. In-8°. Nannetibus, 1636.

Bingham. Origines sive antiquitates ecclesiasticæ. Latinè vertit H. Grischovius. Halæ, 1723. 11 vol. in-4°.

Biraghi (Ed altri). Sopra alcuni sepolcri antichi cristiani scoperti presso la basilica degli apostoli e di S. Nazaro in Milano, dissertazioni. Milano, 1845.

Blanchinius. Demonstratio historiæ ecclesiasticæ comprobatæ monumentis pertinentibus ad fidem temporum et gestorum. Romæ, 1752. 3 tomes. In-folio.

BOCQUILLOT (Laz. André). Traité historique de la liturgie sacrée ou de la messe. Paris, 1701. In-4°.

BOISSIEU (Alph. DE). Inscriptions antiques de Lyon. Lyon, 1846-1854. Chap. XVII.

BOLDETTI. Osservazioni sopra i cimiteri de santi martiri ed antichi Cristiani di Roma. In-folio. Romæ, 1720.

BONA. 1° Rerum liturgicarum lib. duo. Augustæ Taurinorum. 3 vol. in-folio.

2° Epistolæ selectæ, etc. Ib., id. 1 vol. in-folio.

BONNANI. Numismata pontificum Romanorum quæ à tempore Martini V usque ad annum 1697 prodiere. 2 vol. in-folio. Romæ, 1699.

BORGIA (Steph. cardin.). 1° Vaticana confessio B. Petri, chronologicis testimoniis illustrata. Romæ, 1776. In-4°.

2° De cruce Vaticana.... Romæ, 1779. In 4°.

3° De cruce Veliterna.... Romæ, 1780. In-4°.

BOSIO (Ant.). Roma sotterranea. In-folio. Roma, 1632.

BOSIO (G.). La trionfante e gloriosa croce. Roma, 1610. In-folio.

BOTTARI. Sculture e pitture sagre estratte dai cimiteri di Roma, pubblicate già dagli autori della Roma sotterranea, ed' ora nuovamente date in luce colle spiegazioni. 3 vol. in-folio. Roma, 1737-1754.

BOXHORNIUS. Questiones Romanæ quibus sacri et profani ritus eorumque causæ et origines, plurima etiam antiquitatis monumenta eruuntur et explicantur. Lugdini Batavorum, 1637. In-4°.

BRANCADORO (Cæsare). Lettera al sig. abate Cancellieri nella dissertazione del P. G. Pouyard sopra l'anteriorità del bacio de' piedi de' sommi pontefici all' introduzione della croce nelle loro scarpe. Roma, 1807. In-4°.

BRUN (LE). Explication des prières et des cérémonies de la messe. Paris, 1777. 8 vol. in-8.

BUGATI (Gaetano). Memorie storiche intorno le reliquie ed il culto di S. Celso martire. Con un appendice nella quale si spiega un dittico d'avorio della chiesa metropolitana di Milano. In Milano, 1782. In-4°.

BUONARROTI. 1° Osservazioni sopra alcuni frammenti di vasi antichi di vetro, ornati di figure, trovati ne' cimiteri di Roma. Firenze, In-4°. 1716.

2° Osservazioni istoriche sopra alcuni medaglioni antichi. In Roma, 1698.

C

CALOGERA. Raccolta d'opusculi scientifici e filologici. 93 vol. in-12. Venezia, 1738-1787.

CANCELLIERI. 1° De secretariis basilicæ Vaticanæ. Romæ, 1786. 4 vol. in-4°.

2° Memorie istoriche delle sacre teste dei santi apostoli Pietro e Paolo... In-4°. Roma, 1806.

3° Notizie sopra l'origine e l'uso dell' anello pescatorio e degli altri anelli ecclesiastici. In-8°. Roma, 1823.

4° Delle campane. In-4°. Roma, 1806.

5° Sopra due iscrizioni delle martiri Simplicia madre di Orsa, e di un' altra Orsa.

6° Memorie di S. Medico martire e cittadino di Otricoli... Roma, 1812. In-12.

7° Descrizione di tre pontificali che si celebrano per le feste di Natale, di Pasqua e di S. Pietro e della sacra suppellettile in essi adoperata. Romæ, In 12. 1814.

8° Storia de' solemni possessi de' soverani pontefici da Leone III a Pio VII. In Roma, 1802. in-4°.

CARLETTI (Giuseppe). Memorie istoriche e critiche della chiesa e monastero di S. Silvestro in Capiti, di Roma. Roma, 1795. In-folio.

CASALIUS. De veteribus sacris christianorum ritibus explanatio. Romæ, 1647. In-folio.

CAVEDONI. 1° Ragguaglio critico dei monumenti delle arti cristiane primitive. Modena, 1849. In-8°.

2° Ragguaglio storico archeologico di due antichi cimiteri cristiani di Chiusi. Modena, 1853.

3° Beaucoup d'autres brochures archéologiques.

CEILLIER (Dom). Histoire générale des auteurs sacrés et ecclésiastiques. Paris, 1722. 25 vol. in-4°.

CHAMARD (Dom). Établissement du christianisme et les origines des Églises de France. Paris, 1873. In-8°.

CHAMILLARD. De corona, tonsura et habitu clericorum. Parisiis, 1659.

CHIFFLET (J.-J.). De linteis sepulcralibus Christi. Antw. 1624.

CIAMPINI. 1° Vetera monimenta in quibus præcipue musiva opera, sacrarum profanarumque ædium structura, ac nonnulli antiqui ritus dissertationibus iconibusque illustrantur. 1690-1699. Romæ, 2 vol. In-folio.

2° De sacris ædificiis a Constantino Magno constructis. Romæ, 1693. In-folio.

COHEN (Henri). Description historique des monnaies frappées dans l'empire romain, communément appelées médailles impériales. T. VI. Paris, 1862. In-8°.

COLLIN (Nicolas). 1° Traité de l'eau bénite. In-12. Paris, 1776.

2° Traité du pain bénit. In-12. Paris, 1777.

COMBROUSE. Catalogue raisonné des monnaies nationales.

CORDEMOY (l'abbé DE). 1° Traité des saintes reliques. Paris, 1719. In-12.

2° Traité des saintes images. Paris, 1715. In-12.

3° Traité de l'invocation des saints. Paris, 1686. In-12.

CORRIERIS (DE). De sessorianis præcipuis passionis D. N. J. C. reliquiis commentarius. Romæ, 1830. In-8°.

CORTESIUS (Greg.). De Romano itinere gestisque principis apostolorum, libri duo. Romæ, 1770. In-4°.

COSTADONI (P. Anselm.). Del pesce, simbolo di Gesu Cristo presso gli antichi Cristiani. Dans la collection de Calogerà. T. XLI, p. 247.

COYER. De la prédication.

COYER et JOLY. Histoire de la prédication ou la manière dont la parole de Dieu a été prêchée dans tous les siècles. 1767. 2 vol. in-12.

CRESCIMBENI (Gio. Mario). L'istoria della basilica di Santa Anastasia. Romæ, 1722. In-4°.

CURTI (F. Corn.). De clavis dominicis liber, cum fig. Antwerp. 1675. 1 vol. in-18.

D

DAVID (Émeric). Histoire de la peinture au moyen âge. In-8°. Paris.

DESBASSAYNS DE RICHEMONT. Les nouvelles études sur les catacombes romaines. Paris, 1870.

DIONIGI. Dei blandimenti funebri, o sia delle acclamazioni sepolcrali cristiane. Padova, 1799. In-4°.

DONATI (Sebastiano). De' dittici degli antichi, profani e sacri, libri tre, coll' appendice d'alcuni necrologi e calendari. Lucca, 1753.

DOXII (J.-B.). De utraque penula... A la suite de Rubenius (V. ce nom).

DRESCHER (J. Teoph. Frid.). De veterum christianorum agapis. Giessæ, 1824. In-8°.

DRURY FORTNUM. Deux mémoires en anglais sur des anneaux chrétiens.

CATALOGUE DES LIVRES SPÉCIAUX CONSULTÉS POUR CE DICTIONNAIRE.

Duchêne (l'abbé). Étude sur le *Liber pontificalis*. In-8°. 1877.

Deguet. Conférences ecclésiastiques ou dissertations sur les auteurs, les conciles et la discipline des premiers siècles de l'Église. 2 vol. in-4°. Cologne, 1742.

Durandi. Rationale divini officii. Mogunt. 1459. In-folio.

Duranti. De ritibus Ecclesiæ catholicæ. In-12. Lugdini. 1594.

E

Erra (Carlo Antonio). Storia dell' imagine e chiesa di Santa Maria in portico di Campitelli. Roma, 1750. In-4°.

F

Fabretti (Raphaël). Inscriptionum antiquarum quæ in ædibus paternis asservantur explicatio. Romæ, 1699. In-folio.

Fabricius (Albert). Codex apocryphus Novi Testamenti... 2 vol. in-8°. Hamburgi, 1719.

Fantucci. Trattato di tutte le opere pie nell' alma città di Roma. 1602.

Ferrario (Dottore Giulio). Monumenti sacri e profani dell' imperiale e reale basilica di Sant' Ambrogio in Milano. In-folio. Milano, 1824.

Ferrarius (Bernardinus). De ritu sacrarum Ecclesiæ veteris concionum, cum præfatione Joannis Georgii Grævii. Veronæ, 1731. In-4°.

Ficoroni (Francisc.). Gemmæ antiquæ litteratæ. Romæ, 1757. In-folio.

Fleetwood. Inscriptionum antiquarum sylloge. Londini, 1691.

Fleury. 1° Mœurs des premiers chrétiens. In-12. Paris, 1720.

2° Histoire ecclésiastique. 36 vol. in-4.

Foggini. De Romano itinere Petri et episcopatu. Florentiæ, 1744.

Fontanini. Discus argenteus votivus veterum christianorum. Romæ, 1727. In-4°.

Frisi. Memorie della Chiesa Monzese. Milano, 1774. In-4°.

Fronto (F. Joannes). 1° Dissertatiuncula de episcoporum et pastorum nomine, officio, dignitate.

2° Kalendarium Romanum nongentis annis antiquius cum notis.

3° Dissertatio de diebus festivis tum nativitatis, tum mortis Gentilium Hebræorum et Christianorum, deque ritibus eorum.

4° Dissertatio de cultu sanctarum imaginum et reliquiarum et adoratione veterum deque ritibus ejus. In-4°. Parisiis, 1652.

Furietti (Jos. Alex.). De musivis. In-folio. Romæ, 1752.

G

Gallonio (Ant.). 1° Trattato degli istrumenti di martirio. Roma, 1591. In-4° con fig. di Ant. Tempesta.

2° De SS. Martyrum cruciatibus. Paris, 1659. In-4° ut supra.

Garampi. Notizie, regole e orazioni in honore di SS. martiri della basilica Vaticana. Roma, 1756. In-12.

Garrucci. 1° Vetri ornati di figure in oro trovati nei cimiteri dei cristiani primitivi di Roma. Roma, 1858. In-folio.

2° Il crocifisso graffito in casa dei Cesari. Roma, 1857. In-8°.

Gattico. De oratoriis domesticis et de usu altaris portatilis. In-folio. Romæ, 1770.

Gavanti. Thesaurus sacrorum rituum cum novis observationibus et addit. Venet. 1828. 2 vol. in-4°.

Gazzera (Costanzo). Iscrizioni cristiane antiche del Piemonte. Torino, 1849. In-4°.

Gener. Theologia dogmatica scholastica monum. illustr. 6 vol. in-4°. Romæ, 1768.

Georgii. 1° De monogrammate Christi. Romæ, 1738. In-4°.

2° De liturgiâ Romani pontificis.

Gerbet (l'abbé Ph.). Esquisse de Rome chrétienne. 2 vol. in-8. Paris, 1850.

Goar. Euchologion, sive rituale Græcorum. Paris, 1647. In-folio.

Gori. Thesaurus veterum diptychorum consularium et ecclesiasticorum. Florentiæ, 1759. 3 vol. in-folio.

Grancolas. 1° Traité de la messe et de l'office divin. Paris, 1717. 1 vol. in-12.

2° De l'antiquité des cérémonies qui se pratiquent dans l'administration des sacrements. In-12. Paris, 1692.

3° Histoire de la communion sous une seule espèce. In-12. Paris, 1696.

4° Les anciennes liturgies, ou de la manière dont on a dit la messe dans chaque siècle dans les Églises d'Orient et dans celles d'Occident. Id.

Gregorius Turonensis. Opera. Edit. Ruinart. 1 vol. In-4°.

Greppo. 1° Trois mémoires relatifs à l'histoire ecclésiastique des premiers siècles. Paris, 1840. In-8°.

2° Notes historiques, biographiques, archéologiques et littéraires concernant les premiers siècles chrétiens. Lyon, 1841. In-8°.

3° Dissertations relatives à l'histoire du culte des reliques dans l'antiquité chrétienne. Lyon, 1842. In-8.

4° Notice sur le corps de S. Exupère. Lyon, 1838. In-8°.

5° Sur l'usage des cierges et des lampes dans les premiers siècles de l'Église. Lyon, In-8°.

6° Un grand nombre d'articles dans la *Revue du Lyonnais*.

Gretzer. De cruce Jesu-Christi. Ingolstadii, 1600. 3 vol. in-4°.

Gruter. Inscriptiones antiquæ. Heidelberg, 1601. In-folio.

Guéranger (Dom Prosper). 1° Institutions liturgiques. 7 vol. in-8°. Le Mans, 1840-1841.

2° Ste Cécile et la société romaine aux deux premiers siècles. In-4°. Paris, Didot, 1874.

H

Hallier (M. Fr.). De sacris electionibus et ordinationibus ex antiquo et novo Ecclesiæ usu. Romæ, 1740. 3 vol. in-folio.

Hildebrand (Joach.). De diebus festis libellus. Helmst. 1705. In-4°.

Honoré de Sainte-Marie. Réflexions sur les règles et sur l'usage de la critique touchant l'histoire de l'Église, les ouvrages des Pères, les actes des martyrs, etc. 2 vol. in-4°. Paris, 1713.

Hurtado. Resolutiones orthodoxo-morales de vero martyrio. Coloniæ Agrip. 1653.

Hurtaldus (Hurtaut). De coronis et tonsuris, gentilitatis, synagogæ et christianismi. In-8.

I

Ittigus (Thomas). De pedilavio Christi imitando, inter

exercitationes hujus auctoris theologicas. Num. IV. Lipsiæ, 1702.

J

JABLONSKI (P. C.). Institutiones historiæ christianæ. Francof. 3 vol. in-8°.

JACUZIO (Matt.). De epigrammat. SS. Bonusæ et Mennæ. Roma, 1798. In-4°.

JUNGIUS (J.-H.). Disquisitio antiquaria de reliquiis et profanis et sacris, earumque cultu. Hanoveræ, 1783. In-4°.

JUSTI LIPSII. De cruce libri tres. Antverpiæ, 1595.

K

KORTHOLT. 1° De persecutionibus Ecclesiæ primitivæ sub imperatoribus ethnicis, deque veterum christianorum cruciatibus. Ienæ, 1660. In-8°.

2° Paganus obtrectator, sive de calumniis gentilium in veteres christianos. Lubeccæ, 1703.

L

LADERCHI. (Jac). De sacris basilicis SS. Martyrum Marcellini presbyteri et Petri exorcistæ dissertatio historica. Romæ, 1705. 1 vol. in-4°.

LAMI. De eruditione apostolorum liber singularis. Florentiæ, 1733. 2 vol. in-4°.

LE BLANT (Ed.). 1° Inscriptions chrétiennes de la Gaule. 2 vol. in-4°. 1856.

2° Manuel d'épigraphie chrétienne d'après les marbres de la Gaule. 1 vol. in-12. 1869.

3° La question du vase de sang. 1858.

4° Réponse à une lettre du 13 janvier 1680. 1858.

5° La gravure des inscriptions antiques. 1859.

6° Lettre à M. Bonetty sur quelques observations de M. De' Rossi. 1859.

7° D'une représentation inédite de Job sur un sarcophage d'Arles. 1860.

8° Mémoire sur l'autel de l'église de Minerve. 1860.

9° D'un argument des premiers siècles de notre ère contre le dogme de la résurrection. 1862.

10° Note épigraphique sur l'état de l'église de Trèves après l'invasion des Ripuaires. 1864.

11° Recherches sur l'histoire de la parabole de la vigne aux premiers siècles chrétiens. 1865.

12° D'une publication nouvelle sur le vase de sang des catacombes romaines. 1869.

13° Recherches sur les bourreaux du Christ. 1873.

14° Note sur le rapport de la forme des noms propres avec la nationalité à l'époque mérovingienne.

15° Note sur la base juridique des poursuites dirigées contre les martyrs.

16° Les martyrs chrétiens et les supplices destructeurs du corps.

17° D'une lampe païenne portant la marque *Anniser*.

20° Mémoire sur la préparation au martyre dans les premiers siècles de l'Église, etc., etc.

LENORMANT (Charles). 1° Les catacombes de Rome en 1858. Broch. in-8. Paris, 1859.

2° Des signes de christianisme qu'on trouve sur quelques monuments numismatiques du troisième siècle. Broch. in-4°.

L'ÉPINOIS (Henri DE). Les catacombes de Rome. In-12. 1875.

LICETUS (Fortunius). 1° De lucernis antiquorum reconditis. Venetiis, 1622. 1 vol. in-4°.

2° De annulis veterum. Utini, 1645. In-4°.

LIPSIUS (F.). De cruce libri tres : access. e Prælectionibus G. Calixti, de vera forma crucis appendix et Cassandri in eamdem rem epistola. Brunswigæ, 1540. In-12.

LUPI (Ant. Mar.). 1° Dissertatio et animadversiones ad nuper inventum Severæ martyris epitaphium. Panormi, 1734. In-folio.

2° Dissertazioni, lettere ed altre operette. Faenza, 1785. 2 vol. in-4°.

M

MABILLON. 1° Iter italicum. 1687-89. 2 vol. in-4°.

2° Epistola ad Eusebium Romanum de cultu sanctorum ignotorum.

3° Vetera analecta. Paris. 1723. In-folio.

4° Traité des études monastiques. In-8. Bruxelles, 1692.

5° De re diplomaticâ. 1 vol. in-folio avec 1 vol. de supplément. Paris, 1681.

MACARIUS. Hagioglypta, sive picturæ sacræ antiquiores, præsertim quæ Romæ reperiuntur. Edit. Garrucci. Lutetiæ Parisiorum, 1856. In-8.

MACRI. Hiero-Lexicon, sive dictionarium sacrum. Romæ, 1677. In-folio.

MAFFEUS. 1° Musæum Veronense. 1729. In-folio.

2° Verona ilustrata. In-folio. Veronæ, 1732.

MAGISTRIS (DE). Acta martyrum ad ostia Tiberina ex mss. cod. regiæ Biblioth. Taurinensis. Romæ, 1795.

MAI (Angelo). Scriptorum veterum nova collectio. Tomus V. Romæ, 1831.

MAMACHI. 1° Origines et antiquitates christianæ. Romæ, 1749-1752. 5 vol. in-4°.

2° De' costumi de' primitivi cristiani. Roma, 1753-1754. 3 vol. in-8°.

MARANGONI. 1° Acta S. Victorini. Romæ, 1740. In-4°.

2° Delle cose gentilesche e profane trasportate ad uso ed ornamento delle chiese. Roma, 1744. In-4°.

3° De patriarchio Lateranense. Roma, 1747. In-4°.

4° Delle memorie sacre e profane dell' amfiteatro Flavio. Roma, 1746.

MARCA (De). 1° De tempore susceptæ in Galliis fidei.

2° De stemmate Christi.

3° De singulari primatu Petri.

4° De discrimine clericorum et laïcorum. (Opuscules publiés par Baluze. 1669. In-8°.)

MARCHAND (D' Louis). Ampoules de pèlerinages trouvées en Bourgogne. In-4°. Dijon, 1873.

MARCHI. Monumenti delle arti cristiane primitive nella metropoli de cristianesimo. Roma, 1844.

MARINGOLA (Aloisio). Antiquitatum christianarum institutiones. Neapoli, 1857. 2 vol. in-8°.

MARINI (Gaet.). 1° Gli atti e monumenti [de' fratelli Arvali. Roma, 1795. 2 vol. in-4°.

2° Iscrizioni antiche delle ville e palazzi Albani. 1 vol. in-4°. Roma, 1785.

3° Papiri diplomatici, raccolti ed illustrati. In Roma, 1805. 1 vol. in-folio.

MARTÈNE. De antiquis Ecclesiæ ritibus. 4 vol. in-folio. Venetiis, 1783.

MARTIN et CAHIER. Mélanges d'archéologie. 3 vol. in-4°.

MÉNARD (Hug.). Gregorii PP. liber Sacramentorum. Annotat. In-4°. Paris, 1642.

MILLIN. 1° Voyage dans les départements du midi de la France. 4 vol. in-8°. 1807-1811.

2° Dictionnaire des beaux-arts. Paris, 1806. 3 vol. in-8.

MOLANUS. De historia sanctarum imaginum et picturarum, pro vero earum cultu contra abusus. Lib IV cum annot. Paquot. Lovanii, 1771.

CATALOGUE DES LIVRES SPÉCIAUX CONSULTÉS POUR CE DICTIONNAIRE.

Montfaucon (De). Diarium italicum. In-4°.
Morcelli (Steph. Ant.). 1° Opera epigraphica, seu de stylo inscriptionum latinarum... cum append. Patavii, 1818-25. In-4°, 3 vol.
2° Africa christiana. Brixiæ, 1816. 3 vol. in-folio.
Morini. Antiquitates Ecclesiæ orientalis. Londini, 1682. In-8°.
Morlen (J. G.). De origine agaparum veterum Christianorum. Lipsiæ, 1750. In-4°.
Mozzoni (Ignazio). Tavole cronologiche-critiche della storia della Chiesa universale. Venezia. 1 vol. par siècle. 9 vol. ont paru. 1856-1863.
Munter (Frid.). Primordia Ecclesiæ Africanæ. Hafniæ, 1829. In-4°.
Münter. Symbola veteris Ecclesiæ artis opere expressa. Altona, 1825. In-4°.

N

Nicolaï (Joann.). 1° De siglis veterum. In-4°. Lugduni Batavorum, 1703.
2° De luctu Christianorum, seu de ritibus ad sepulturam pertinentibus. Ib. 1739. In-4°.
Nicquet (N. P.). Titulus sanctæ crucis seu historia et mysterium tituli crucis D. N. J. C. Antverpiæ, 1670. In-12.
Northcote et Brownlow. 1° Rome souterraine. Traduction de M. Paul Allard. In-8°. 1872 et 74.

O

Oderico. Sylloge veterum inscriptionum. Romæ, 1765. In-4°.
Olearii (J. Gothofr.). Bibliotheca scriptorum ecclesiasticorum. Ienæ, 1711. 2 vol. in-4°.
Orlendi (Francesco). Duplex lavacrum in cœna Domini. Romæ, 1700.

P

Paciaudi. 1° De cultu S. Joannis Baptistæ. Romæ, 1755. In-4°.
2° De sacris Christianorum balneis. Romæ, 1758. In-4°.
Paffuer (Thomas). Observationes ecclesiasticæ. Ienæ, 1694. 2 vol. in-8°.
Panvinius (Onuphr.). De ritu sepeliendi mortuos apud veteres christianos et eorum cœmeteriis. Lovani, 1572. In-4°. Romæ, 1581. In-8°. Lips., 1717. In-4°.
Passionei (Benedetto). Iscrizioni antiche... Lucca, 1763. In-folio.
ΠΑΣΧΑΛΙΟΝ seu chronicon Paschale, curâ du Fresne du Cange editum. Parisiis, 1688. Grand in-folio.
Pellicia. De christianæ Ecclesiæ primæ, mediæ et novissimæ ætatis politia. Vercellis, 1780. 4 vol. In-12.
Perret (Louis). Les catacombes de Rome. 6 vol. in-folio. Paris.
Petit-Radel. Recherches sur les bibliothèques anciennes et modernes. 1 vol. in-8°. Paris, 1819.
Pitra (J.-B. cardin.). Spicilegium Solesmense. Paris, Didot. Vol. parus 4.
Polidori. 1° Sulle immagini de' SS. Pietro e Paolo. In-18. Milan, 1834.
2° Del pesce simbolo cristiano. Dans l'Amico cattolico de Milan.
3° Conviti effigiati. Ibid.
Portal. Des couleurs symboliques dans l'antiquité, le moyen âge et les temps modernes. Paris, 1857. In-8°.
Pouyard. Dissertazione sopra l'anteriorità del baccio de' piedi de' sommi pontefici all' introduzione della croce sulle loro scarpe o sandali. Roma, 1807. In-4°.

R

Raoul-Rochette. 1° Mémoires d'antiquités chrétiennes. Dans le t. XIII des Mémoires de l'Académie des inscriptions et belles-lettres.
2° Tableau des catacombes. In-12. Paris, 1837.
3° Discours sur l'origine et le caractère des types imitatifs qui constituent l'art du christianisme. In-8°, 1834.
Rasponi (Cæs.) De basilica et patriarch. Lateranensi. Romæ, 1656. In-folio.
Reinesius (Thom.). Syntagma inscriptionum antiquarum. Lipsiæ et Francof. 1682.
Renaudot. Liturgiarum orientalium collectio. 2 vol. in-4°. Paris, 1714.
Revillout (Eugène). Le concile de Nicée, d'après les textes coptes. Paris, 1873. 2 broch. in-8°.
Rondanini (Phil.). De sanctis martyribus Joanne et Paulo eorumque basilica in urbe Roma vetera monumenta. Romæ, 1707. In 4°.
Rossi (J.-B. De'). 1° Inscriptiones christianæ urbis Romæ septimo sæculo antiquiores. 1857-1861.
2° De christianis monumentis ιχθυς exhibentibus. In-4°. Paris, 1855.
3° De christianis titulis Carthaginiensibus. Paris, In-4°. 1858.
4° Sepolcri del secolo ottavo. In-8°. Roma, 1872.
5° Roma sotterranea cristiana. 3 vol. in-folio. Roma, 1864-1867-1877.
6° Bullettino di archeologia cristiana. Roma, 1re série in-4° de 1863 à 1869 inclusivement; 2e série in-8° de 1870.
Il existe une édition française de ce recueil à partir de 1867, publiée à Belley, par M. l'abbé Martigny.
7° Beaucoup d'autres opuscules.
Rossi (Michele De'). Dell' ampiezza delle Romane Catacombe. In-4°. Roma, 1860.
Rostaing (De). Rapport sur le baptistère antique de Valence et sa mosaïque. Br. in-8°. Valence, 1866.
Rubenius. De re vestiaria, præcipue de lato clavo. Antverpiæ, 1665. In-4°.
Ruinart (Dom). Acta martyrum sincera. In-folio. Veronæ, 1731.

S

Sabatier (J.). Description générale des monnaies byzantines frappées sous l'empire d'Orient. 2 vol. in-8°. Paris, 1862.
Salig. De diptychis veterum.
Sanclemente. Musæum. Dans le t. II, p. 195, pl. XLI, XLII.
Sandelli (D.). 1° De priscorum Christianorum synaxibus extra ædes sacras. Venetiis, 1770. In-8°.
2° De singularibus eucharistiæ usibus apud veteres Græcos. Brixiæ, 1769. In-8°.
Sandini. 1° Historia familiæ sacræ ex antiquis monumentis collecta. Patav. 1745. In-8°.
2° Historia apostolica. 1744. In-8°.
3° Vitæ pontificum romanorum. Ferrar. 1748.
Sante Bartoli. Le antiche lucerne sepolcrali figurate con l'osservazioni di Gio. Pietro Bellori. Roma, 1729. In-folio.
Sarnelli (Pompeo). 1° Antica basilicografia. Napoli, 1856. In-4°.

2° Lettere ecclesiastiche. 12 vol. in-12. Napoli, nuova edit., 1858.

SANTI (Mauri). De casula diptycha classensi. Faventiæ, 1753.

SAUSSAY (Du). 1° Panoplia clericalis. Panoplia sacerdotalis. Panoplia episcopalis. 3 vol. in-folio. Parisiis, 1694.

2° Martyrologium gallicanum. 2 vol. in-folio. Paris, 1637.

SCHELSTRATE. 1° De disciplina arcani. Romæ, 1685. 1 vol. in-4°.

2° Antiquitatis Ecclesiæ dissertationibus, monumentis ac notis illustratæ libri tres. Romæ, 1692. In-folio.

SCHMIDII (Andr.). 1° De cultu externo Evangeliorum.

2° De primitivæ Ecclesiæ lectionibus et præcipuis circa easdem ritibus. Helmst., 1697. In-4°.

3° De cereo paschali. Helmst., 1692. In-4°.

SECCHI (G. B.). San Sabiniano martire, memoria di archeologia. Roma, 1841.

SEINE (François DE). Rome ancienne et moderne. 10 vol. in-12. Leyde, 1713.

SELVAGGIO. Antiquitatum christianarum institutiones. Vercellis, 1778. 6 vol. in-12.

SEROUX D'AGINCOURT. Histoire de l'art par les monuments. 6 vol. in-folio. Paris, 1823.

SIRMONDI (Jac). 1° Historia pœnitentiæ.

2° Disquisitio de azymo, semperne in usu fuerit apud latinos. Paris, 1651. In-12.

SMEDT (P. Carol. DE). Dissertationes selectæ in primam ætatem historiæ ecclesiasticæ. In-8°. Palmé, 1876.

SPRETI (Camille). Compendio istorico dell' arte di comporre i musaici. Ravenna, 1804.

STELLARTIUS. De tonsura paganorum, Judæorum et Christianorum. Duaci, 1625.

STEVENSON. Il cimitero di S. Zotico. Br. in-8°. Modena, 1876.

SUICER. Thesaurus ecclesiasticus e Patribus Græcis. Amstelodami, 1682. 2 vol. in-folio.

SURIGNY (DE). Agrafes chrétiennes mérovingiennes. Br. in-4°.

SURINGAR (J. W.). De publicis vet. Christianorum precibus. Lugduni Batav. 1833.

T

TEXIER (Charles). L'architecture byzantine, ou Recueil des monuments des premiers temps du christianisme en Orient, précédé de recherches historiques et archéologiques. Londres, 1864. 1 volume in-folio.

THIERS (J. B.). 1° Dissertations ecclésiastiques sur les principaux autels des églises, les jubés des églises, la clôture du chœur des églises. In-12. 1688.

2° Traité de l'exposition du Saint-Sacrement de l'autel, 2 vol. in-12. Paris, 1679.

3° Traité des superstitions concernant les sacrements, l'Écriture sainte, etc. 4 vol. in-12. Paris, 1741.

4° Traité des jeux et divertissements. 1 vol. in-12. Paris, 1681.

5° Histoire des perruques. Paris, 1690.

THOMASSINUS. 1° Disciplina ecclesiastica circa beneficia et beneficiarios. Paris, 1688. 3 vol. in-folio.

2° Vetus et nova Ecclesiæ disciplina...

TILLEMONT (LE NAIN DE). 1° Mémoires pour servir à l'histoire ecclésiastique des six premiers siècles. 16 vol. in-4°.

2° Histoire des empereurs. 6 vol. in-4°.

TOMASI. Institutiones theologicæ antiquorum Patrum. Romæ, 1705 seqq. 2 vol. in-4°.

TROMBELLI. De cultu sanctorum. Dissertat. X quibus accedit appendix de cruce. Bononiæ, 1740. 5 vol. in-4°.

V

VALENTINI (Jos. Steph.). De osculatione pedum Romani Pontificis. Romæ, 1588.

VELLI (Giuseppe). Memorie istoriche delle sacre teste de' santi Pietro e Paolo.

VERT (DE). Explication des cérémonies de l'Église. Paris, 1720. 4 vol. in-8°.

VERWEY. De unctionibus veterum. Rotterodami, 1770.

VETTORI. Nummus æreus veterum Christianorum. Romæ, 1737. In-4°.

VICECOMES (Joseph). Observationes ecclesiasticæ.

1° De antiquis baptismi ritibus ac cæremoniis.

2° Veteres confirmationis cæremoniæ.

3° De antiquis missæ ritibus.

4° De missæ apparatu. Romæ, 1615-1626. 4 vol. in-4°.

VILLEFOSSE (HÉRON DE). 1° Rapport sur une mission scientifique en Algérie. Paris, 1875. In-8°.

2° Lampes chrétiennes inédites. Paris, 1875.

VISCONTI (Pietro). Sposizione di alcune antiche iscrizioni cristiane. Roma, 1824. In-8°.

VISCONTI (Carlo-Ludovico). 1° Dichiarazione di un sarcofago cristiano ostiense. Roma, 1859.

2° Nuovo graffito palatino relativo al cristiano Alessameno. Roma, 1870.

VOGÜÉ (Cte Melchior DE). 1° Les Églises de la Terre Sainte. Paris, 1860. In-4°.

2° Syrie centrale. Architecture civile et religieuse du premier au septième siècle. In-folio, 1867.

VOIGT (Gothof). Thysiasteriologia, sive de altaribus veterum Christianorum. Hamburgi, 1789. In-8°.

VOLBEDING (M. J. E.). Thesaurus commentationum selectarum et antiquarum et recentiorum illustrandis antiquitatibus christianis inservientium. Lipsiæ, 1847, 1848. 4 vol. in-8°.

In quibus continentur : — Vol. I.

1° Hildebrand (J.). De diebus festis libellus.

2° Arnoldt (D. H.). De antiquitate diei dominici.

3° Franke (C. C. L.). De diei dominici apud veteres Christianos celebratione.

4° Albert (J. B.). De celebratione sabbati et diei dominici inter veteres et recentiores.

5° Mayer (J. F.). De Domini adventus.

6° Körner (J. G.). De die natali Salvatoris.

7° Wensdorf (E. F.). De originibus solemnium natalis Christi ex festivitate natalis invicti.

8° Schulz (J. L.). De festo sanctorum luminum.

9° Planck (G. J.). Variarum de origine festi Christi natalis sententiarum epicrisis.

10° Blumembach (H.). Antiquitates Epiphaniorum.

11° Mayer (J. F.). De Hebdomade magna.

12° Zeumer (J. C.). De die viridium.

13° Clains (Chr.). De die Parasceves.

Vol. II.

14° Danz (T. H.). Memorabilia circa festum Pascatos ex antiquitate ecclesiastica.

15° Baumgarten (S. J.). De veterum temporibus memoriæ Christi vitæ restituti sacris.

16° Schwarz (F. J.). Dominica gaudii Christianorum Pascha.

17° Wensdorf (E. F.). De Paschate annotino.

18° Beil (J. G.). De causis ritus paschalis.
19° Erdmann (J. F. G.). De ovo paschali.
20° Wernsdorf (E. F.). De quinquagesimo paschali.
21° De simulacro columbæ in locis sacris antiquitus recepto.
22° Suringar (J. W.). De publicis veterum Christianorum precibus.
23° Wichmannshausen (J. C.). De lotione manuum.
24° Fulda (J. J. C.). De crucis signaculo precum Christianorum comite.

Vol. III.

25° Tzschirner (H. T.). De sacris publicis ab Ecclesià vetere studiose cultis.
26° Walch (J. G.). De hymnis Ecclesiæ apostolicæ.
27° Hilliger (J. Z.). De psalmorum, hymnorum atque odarum sacrarum discrimine.
28° Schmid (J. A.). De primitivæ Ecclesiæ lectionibus et præcipuis circa easdem ritibus.
29° Zentgrav (J. G.). De ritibus baptismalibus seculi secundi.
30° Schuler (A.). De susceptoribus.
31° Weidling (C. V.). De baptisteriis veterum Christianorum.
32° Büsching (A. F.). De procrastinatione baptismi apud veteres ejusque causis.
33° Wiedenfeld (C. W.). De exorcismi origine....
34° Strauch (Ægid.). Κατηχούμενος historice descriptus.
35° Schlegel (Theoph.). De agaparum ætate apostolica.

36° Mörlin (J. G.). De origine agaparum veterum Christianorum.

Vol. IV.

37° Bucher (S. F.). De cœna Domini.
38° Beyer (Christoph.). De magno veteris Ecclesiæ circa pœnitentes rigore.
39° Frikius (A.). De traditoribus.
40° Panvinius (Onuph.). De ritu sepeliendi mortuos apud veteres Christianos et eorum cœmeteriis.
41° Rothe (R.). De disciplinæ arcanis in Ecclesiæ christianæ origine.

W

Walch (J. G.). De hymnis Ecclesiæ apostolicæ. Ienæ, 1737. In-4°.
Witte (De). 1° Mémoire sur l'impératrice Salonine. Bruxelles, 1852. Broch. in-4°.
2° Du christianisme de quelques impératrices romaines avant Constantin. Paris, 1853. Broch. in-4°.

Z

Zaccaria (Fr. Ant.). 1° Raccolta di dissertazioni di storia ecclesiastica. Roma, 22 vol. in-8°. 1792-1797.
2° Bibliotheca ritualis. Romæ, 1776. 3 vol. in-4°.
3° De veterum christianarum inscriptionum usu in rebus theologicis. Romæ.
Ziegler (Gaspar.). De diaconis et diaconissis veteris Ecclesiæ. Wittebergæ, 1688. In-4°.

DICTIONNAIRE

DES

ANTIQUITÉS CHRÉTIENNES

A

ABDON ET SENNEN, martyrs. — La troisième chambre du cimetière de Pontien est décorée d'une fresque représentant le Seigneur vu à mi-corps dans un nuage, et déposant de chaque main une couronne sur la tête de S. Abdon et de S. Sennen, martyrs de la persécution de Dèce (Bottar. i, 202. tav. xlv), près desquels se voient S. Milix à droite et S. Vincent à gauche. Cette peinture est fixée à la façade antérieure du tombeau des deux martyrs, qui est revêtue de briques et porte ce reste d'inscription votive : — onis, pour DE DONIS DEI, etc. Elle est reproduite dans le recueil des Bollandistes (Jul. xxx. p. 130), pour prouver l'ancienneté du culte de ces Saints, dont les corps, après avoir séjourné cinquante ou soixante ans dans la maison du sous-diacre Quirinus, auraient été déposés dans ce cimetière dès le temps de Constantin, s'il faut en croire les actes de S. Laurent, assez suspects en beaucoup d'endroits (Baron. *Ad an* 254. n. 27. — Noris. *De epoc. Syro-Maced.* diss. iii. c. 10. — Cf. Anast. *In Nic.* i. sec. 601).

Les peintures ne paraissent pas antérieures au septième siècle. Les noms de ces Saints ont subi de nombreuses variations, comme tous ceux qui ont été transférés en latin d'un idiome étranger. On lit dans les fragments du calendrier donné par le P. Boucher (*Comment. in Victor. can.* c. xv), avec le canon pascal de Victor d'Aquitaine : iii. kal. aug. abdon et sennen *in Pontiani, quod est ad ursum pileatum;* dans le capitulaire des évangiles édité par Fronteau : *Die* xxx, *natalis* abdon et sennes ; dans l'ancien martyrologe de Willibrod et dans celui de Corbie : iii. kal. augusti, Romæ, abdo et sennis ; dans celui de François Fiorentini : *Natalis sanctorum* abdo et sennes (qui ne sont que des copies un peu différentes du martyrologe hiéronymien) ; enfin dans le martyrologe métrique de Wandelbert : abdon et zennen.

Nous devons donner quelques détails sur le vêtement que portent ces personnages, à raison de ses formes étranges.

Les martyrs Abdon et Sennen étaient Persans, et en cette qualité ils sont coiffés du bonnet phrygien, que les artistes de ces temps primitifs donnent aussi aux rois Mages, qu'on croit avoir été du même pays. Dans la description qu'il fait de ce vêtement, Fiorentini (*In not. ad martyrol.* xxx jul.) dit des images d'Abdon et de Sennen qu'elles sont *pileatæ, seu potius acuto capitio et acuta chlamide, tunicaque pellicea ornatæ,* « couvertes d'un capuce aigu, vêtues d'une chlamyde terminée en pointe, et d'une tunique de peau. » Une chose à observer, c'est que le capuce est attaché à la chlamyde, si toutefois on peut donner à un tel vêtement ce nom qui semblerait mieux convenir à l'espèce de manteau que S. Milix porte sur sa tunique. La chlamyde s'attachait avec une fibule, au dire de S. Jérôme (*De mulier. septies percussa.* class. i. ep. 1) : *Lictor paludamento in cervicem retorto, dum totas expedit vires,* FIBULAM QUÆ CHLAMYDIS MORDEBAT ORAS, *in humum excussit,* « le licteur.... réunissant toutes ses forces pour frapper sa victime, fait tomber à terre la fibule qui agrafait sa chlamyde. » Et Symmaque, ne considérant la chlamyde que comme un vêtement militaire, se sert de la même expression (Lib. i. ep. 1) :

Attica palla tegit socerum : toga picta parentem....
At mihi castrensem quam mordet fibula vestem.

« Pour moi, je porte un habit militaire que mord (assujettit) une fibule. »

Mais le *sagum* (saie) et la chlamyde avaient cette fibule sur l'épaule et non au milieu de la poitrine, comme la portent nos deux martyrs. Cet habit pourrait donc être celui que S. Jérôme appelle *ependyten* (*In vit. Hilar.*), mot grec que S. Augustin traduit par *superindumentum* (*Quæst in Judic.* l. vii. q. 51) : c'est le vêtement dont se servait Hilarion, mais plus grossier chez ce solitaire, et appelé par le même docteur *sagus rusticus.* Ce pourrait être aussi le manteau dit *lacerna* (Polidori. *Immag. de SS. Pietro e Paolo,* p. 59). Il faut encore observer la tunique des deux Saints, bien différente de celle des Romains, non-seulement parce qu'elle est de peau, mais encore parce qu'elle n'atteint que vers le milieu des jambes, laissant par les côtés les cuisses découvertes, comme celle que porte S. Jean-Baptiste dans certaines peintures, et en particulier dans la fresque représentant le baptême de Notre-Seigneur au même cimetière de Pontien (Bottar. tav. xliv). Il est probable que les Orientaux avaient une tunique aussi courte, parce que leur costume se complétait de longues chausses dites *saraballa,* ou *sarabara* et *sarabula,* ou encore dans le langage corrompu des barbares *sarabola,* lesquelles, de la ceinture, descendaient jusqu'à la pointe des pieds, comme on le voit dans les statues antiques de rois barbares (Winkelman. *Storia dell' arte.* ed. Fea. t. ii. tav. viii), et dont les vieilles gloses donnent l'explication suivante : *sarabara, crura tibiæ, sive bracæ, quibus crura teguntur et tibiæ.* Sur le curieux vêtement d'Abdon et Sennen, on trouvera d'autres détails fort intéressants dans l'ouvrage de Lami *De eruditione apostolorum* (pp. 121-166). Le couronnement des deux martyrs par Notre-Seigneur exprime la récompense qui leur est donnée dans le ciel pour leur courage à subir le martyre en témoignage de la foi. Plusieurs verres à fond d'or représentent S. Pierre et S. Paul et d'autres Saints ainsi couronnés de la main du Sauveur (Buonar. tav. xv. fig. 1 *et alibi*). La monnaie du Bas-Empire montre souvent Jésus-Christ couronnant deux empereurs (V. l'art. *Numismatique,* n. V.).

ABEL ET CAÏN. — Les bas-reliefs de quelques sarcophages représentent Abel et Caïn offrant à Dieu leurs sacrifices, celui-ci une gerbe (Bottar. tav. cxxxvii), et une autre fois une grappe de raisin qu'il tient sur sa main et des épis qui sont à ses pieds (Id. tav. li) ; celui-là offre un agneau (Gen. iv. 3. 4). (Bottari. *Pitt. e scult.* tav. lxxxliv).

Abel est la plus ancienne figure du Rédempteur. En sa qualité de pasteur, il est vêtu de la tunique et de la *penula.* Caïn, au contraire, comme agriculteur, est à demi nu : on sait que, dans l'antiquité, celui qui conduisait la charrue était toujours sans vêtement : *nudus ara,* dit Virgile dans ses *Géorgiques* (i. 299). Dieu, sous la figure d'un homme d'âge mûr, est assis, soit sur un fragment de rocher, soit sur un siège d'osier à moitié recouvert d'une draperie, en signe d'honneur ; ses pieds reposent sur un escabeau ou *suppedaneum,* attribut de la dignité dans les temps antiques. Par suite d'une distraction de l'artiste, Dieu paraît saisir des deux mains la gerbe de Caïn ou diriger la droite vers le raisin qu'il lui présente, comme s'il agréait ces dons, ce qui est contraire au texte sacré. Faut-il, plutôt que de supposer une erreur si grossière dans un sculpteur chrétien, dire avec Bottari (t. iii. p. 44) que ce geste signifie qu'il les repousse : l'inspection des monuments eux-mêmes expliquerait tout sans doute, car les dessins de la *Rome souterraine* manquent bien souvent de fidélité. Sur le second plan, on aperçoit, tantôt une figure de vieillard, qui est celle d'Adam, tantôt deux figures, qui sont Adam et Ève.

Le même sujet se trouve reproduit sur un sarcophage d'Arles (Millin. *Midi de la Fr.* Atlas. pl. lvvii). Dieu est, comme ci-dessus, vêtu de la tunique et du *pallium,* et drapé à la manière des philosophes grecs. Une mosaïque de Saint-Vital de Ravenne (sixième siècle) montre une représentation fort intéressante : c'est Melchisédech offrant à Dieu son sacrifice de pain et de vin, et, de l'autre côté de l'autel, Abel élevant, lui aussi, les mains au ciel et offrant un agneau (Ciamp. *Vet. mon.* t. ii. tab. xxi). On ne peut douter de l'identité des deux personnages, car leurs noms sont écrits au-dessus de leurs têtes (V. la gravure de l'art. *Eucharistie*, I, 1°).

L'interprétation de ce monument se présente naturellement à l'esprit de tous. L'agneau offert à Dieu par Abel est la figure de l'Agneau de Dieu qui devait un jour s'immoler pour le salut des hommes; le sacrifice de Melchisédech, composé de pain et de vin, est la figure du sacrifice eucharistique qui est le même que celui de l'Agneau divin. Nul doute que l'on n'ait voulu rapprocher ici ces deux figures du même mystère, qui se sont produites dans l'histoire à plus de deux mille ans de distance. On semble autorisé à le penser par ces paroles du canon de la messe où ce même rapprochement est exprimé : *Sicuti accepta habere dignatus es munera pueri tui justi Abel, et sacrificium patriarchæ nostri Abrahæ, et quod tibi obtulit summus sacerdos tuus Melchisedech....* « Daignez, Seigneur, regarder d'un visage propice et serein, et avoir pour agréables ces oblations, comme vous daignâtes agréer les présents de votre enfant le juste Abel, et le sacrifice de votre patriarche Abraham, et celui que vous offrit votre grand prêtre Melchisédech. »

ABLUTIONS. — Il s'agit ici des diverses ablutions usitées dans les liturgies anciennes.

I. — L'ablution de la tête, *capitilavium*, prit naissance en Espagne (Isid. Hisp. l: I. c. 28. ed. Colon. 1616), et, comme la liturgie gallicane touche par une infinité de points à la gothique-espagnole, et que, plus d'une fois, elles se sont mutuellement emprunté leurs rites, il n'est pas étonnant que le *capitilavium* ait passé de l'Espagne dans les Gaules (Rab. Maur. 1. III *De inst. cler.* c. 35. — Cf. Placiaud. *De sacr. baln.* 112). Cette ablution avait lieu le dimanche des Palmes, appelé aussi dans la langue liturgique *Dominica indulgentiæ*, et elle se faisait en ce jour par respect pour le saint chrême dont la tête des catéchumènes devait recevoir l'onction au jour du baptême solennel. Il est douteux que ce rit fût en vigueur dans l'Église romaine : un seul ordre romain en fait mention, c'est celui dont la publication est attribuée à Georges Cassandre (*De ord. Rom.* in Opp. Cassaud. Paris. 1116) ou à Melchior Hittorp (*Bibl. P. Lugd.* t. XIII). Visconti pense que le *capitilavium* fut supprimé partout après le décret du concile de Mayence de 813, prescrivant que, pour l'administration du baptême, tout fût conforme aux coutumes de l'Église romaine (Vicecom. *De bapt. rit.* l. III. c. 15).

II. — L'ablution des pieds, *pedilavium*, est beaucoup plus ancienne et fut plus universellement usitée dans la primitive Église. Il y en avait de trois espèces : 1° La *podonipsia*, qui se pratiquait envers les voyageurs et les hôtes. On en trouve des exemples dans la plus haute antiquité : Abraham et Lot lavèrent les pieds des anges cachés sous la figure de voyageurs (*Gen.* XVII-XIX), etc. Mais pour nous en tenir à ce qui concerne les premiers siècles chrétiens, nous savons que nos pères dans la foi, et en particulier les évêques, remplissaient assidûment ce devoir de l'hospitalité chrétienne. Ainsi Spiridion, évêque de Trymithunte dans l'île de Chypre, lavait les pieds des pèlerins qu'il recevait dans sa maison avec libéralité (Sozom. *Hist. eccl.* I. 11). S. Augustin recommande souvent cette œuvre aux clercs et aux fidèles, et S. Athanase, ou l'auteur quelconque du livre intitulé *Syntagma doctrinæ ad clericos et laicos* (Lutet. 1685. p. 13), la présente comme étant d'une obligation rigoureuse : *Ne negligas lavare pedes venientium : culpabuntur enim de* PRÆCEPTI *violatione vel ipsi episcopi, si sontes fuerint,* « ne néglige pas de laver les pieds de ceux qui viennent à toi : car les évêques eux-mêmes seront repris pour la violation de ce précepte, s'ils s'en rendent coupables. »

2° L'ablution des pieds, qui, en certains lieux, faisait partie des rites du baptême. Là où l'ablution des pieds avant le baptême avait lieu (Visconti. p. 531), elle était faite par l'évêque lui-même, d'abord dans le *cantharus* de l'*atrium* (V. ce mot), puis un peu plus tard dans de l'eau chaude. C'est le jeudi saint que se pratiquait cette cérémonie. Après l'ablution, l'évêque baisait les pieds et, en certains lieux, posait, à trois reprises différentes, par humilité, les talons du catéchumène sur sa tête (Id. 541). L'Église romaine parait être restée étrangère à cette pratique. Et c'est ici le lieu de rappeler avec S. Cyprien (*Epist.* LXXV. ed. Fell.) que quelques différences dans les rites accessoires de l'administration des sacrements ne nuisent nullement à l'unité de l'Église. L'auteur des *Six livres des sacrements*, communément attribués à S. Ambroise, affirme que cette cérémonie avait lieu à Milan (V. aussi Vicecom. lib. cit. XVII seqq.), qu'elle était fort ancienne, et que si elle ne se pratiquait pas à Rome, c'était probablement à raison de la multitude de ceux qui se présentaient au baptême. Elle était aussi en vigueur en Espagne, ainsi que l'atteste le quarante-huitième canon du concile d'Élvire, tenu avant Constantin, et l'Église gallicane, qui eut toujours des rites particuliers, conserva celui-ci longtemps encore après ce concile. Le cardinal Tomasi a édité deux anciens sacramentaires gallicans qui ont une prière pour cette cérémonie (*Cod. sacram.* 900 *an. vetust.* pp. 335-475). Bien que la liturgie en question ait été apportée dans les Gaules par des évêques grecs (Le Brun. *Cérém. de la messe.* t. II. diss. 4), il ne parait pas certain que, chez les Orientaux, la *podonipsia* ait été pratiquée comme préparation au baptême (Paciaud. op. cit. 117).

3° La *podonipsia* qui s'observait en mémoire du lavement des pieds des apôtres par Notre-Seigneur. Voici la représentation de ce trait de charité du divin Sauveur, d'après un tombeau d'Arles (Millin. *Midi de la France.* Atlan. p. 1. LXIV. n° 1). Les savants ne sont pas d'accord sur la question de savoir si, en lavant les pieds à ses disciples, Notre-Seigneur ne fit que se conformer à un usage en vigueur chez les Juifs, ce qui est l'opinion de Scaliger (*D* emendat. temp. p. 570, et de Casaubon (*Exercit. in Baron.* 16), ou s'il établit lui-même cette lotion comme un rit tout nouveau, ainsi que le soutient Buxtorf. (*Dissert. de cœn. Dom.*). Ce qu'il y a de

très-avéré, c'est que, depuis la proclamation du précepte du divin Maître prescrivant d'imiter ce qu'il avait fait en cette mémorable circonstance, il n'est aucune nation chrétienne qui n'ait pratiqué le lavement des pieds le jeudi saint. Et les Pères du concile de Tolède, tenu en 696, y attachèrent une telle importance, qu'ils infligèrent la privation de la communion pendant deux mois à tout prêtre qui l'aurait omis volontairement (Labb. t. vii. — Cf. Paciaud.). Mais comme il n'est rien dont les hommes n'abusent, il s'éleva au seizième siècle une secte d'anabaptistes qui se donnèrent le nom de *Podonuptræ*, et qui, faisant profession d'observer à la lettre tous les préceptes du Sauveur, soutenaient que la *podonipsia* était la véritable et essentielle tessère de la religion chrétienne, et même, si l'on en croit leurs principales confessions, celle de Dordrecht notamment, un sacrement établi pour la rémission des péchés (Bayle. *Dict. hist.* art. *Anabaptistes*).

III. — L'ablution des mains, χέρνιψ. Nous trouvons chez tous les peuples cette opinion que l'on pourrait appeler instinctive, que l'ablution des mains doit toujours précéder le sacrifice. Les Égyptiens, les Perses, les Étrusques, les Grecs, tous ont obéi à cette loi de la nature qui veut que les choses divines soient traitées avec une entière pureté, même corporelle. Citons seulement le vase d'airain placé par Moïse dans le tabernacle (Lamy. *De tabernac.* tav. iii-iv), et la mer d'airain que Salomon fit établir dans l'*atrium* du temple, pour les ablutions légales. Dans cet immense hémisphère destiné à laver toutes les souillures, on voit tantôt une figure des sacrements en général qui purifient les cœurs, tantôt le type spécial du baptême, tantôt le symbole du Christ lavant nos crimes, tantôt enfin les fleuves de la doctrine évangélique qui devaient porter leurs bienfaits à toutes les nations.

Mais, pour en venir à notre objet, qui est l'ablution avant le sacrifice eucharistique, il est certain qu'elle fut en usage dès le berceau de l'Église; elle était commune aux Grecs, aux Latins, aux Maronites, aux Arméniens et à tous les Orientaux (V. *Collect. des liturg. orient.* par Renaudot. Paris.

1716). On peut donner de cette pratique deux raisons, l'une mystique, l'autre physique. La première se trouve développée dans la cinquième catéchèse mystagogique de S. Cyrille de Jérusalem (*In init.*), et cette explication consiste à dire que « l'ablution des mains signifie la pureté du cœur que le chrétien doit toujours porter dans les choses saintes. » La raison physique ressort de la nature même de la liturgie ancienne. — Pour les prêtres d'abord. On sait qu'au commencement de la liturgie ils recevaient des fidèles les oblations, pour les placer sur l'autel (V. l'art. *Oblations*). C'était donc pour ne point toucher pendant l'ACTION, c'est-à-dire depuis la consécration jusqu'à la communion, le pain consacré avec des mains souillées par le contact des offrandes, quand elles n'étaient que du pain, qu'ils se faisaient verser de l'eau par un ministre (Bingham. *Orig.* l. xv. 3-4). Nous avons une double preuve à l'appui de cette interprétation, dans l'ordre romain publié par Mabillon (*Mus. Ital.* ii), et dans le livre d'Amalaire (*De eccles. offic.* iii. 9) : *Ut extersæ sint*, dit ce dernier, *manus a contactu communium rerum atque terreno pane*, « que les mains soient purifiées du contact des choses communes et du pain terrestre. » Marque éclatante du profond respect de nos pères pour la sainte eucharistie ! — Pour les laïques, il y avait aussi dans les premiers temps une raison de rigoureuse convenance pour qu'ils se purifiassent les mains avant la communion : car ils ne la recevaient pas sur la langue, comme cela se pratique aujourd'hui, mais dans la main droite croisée sur la gauche, et se la portaient eux-mêmes à la bouche (V. l'art. *Communion*). Ce rit est attesté par un grand nombre de monuments de l'antiquité, entre autres par la célèbre inscription grecque trouvée à Autun il y a peu d'années, où on lit : « Prends, mange et bois, tenant ἰχθύς, c'est-à-dire Jésus-Christ le divin poisson (V. l'art. *Poisson*) dans tes mains, » Ἐσθιε, πινάων ἰχθὺν ἔχων παλάμαις.

Cette discipline fut abrogée dans l'Église romaine dès le sixième siècle et ailleurs au neuvième (Paciaud. op. cit. p. 127), ainsi que l'atteste un décret du concile de Tours (*Ibid.*). Mais on comprend que, tant qu'elle fut en vigueur, l'Église ait dû prescrire ces ablutions dont il est fait de si fréquentes mentions dans les écrivains ecclésiastiques, entre autres dans S. Césaire (*Serm.* ccxxii, in Append. opp. Augustin. edit. Maurin) : *Omnes viri, quando communicare desiderant, lavant manus suas*, « tous les hommes, quand ils désirent communier, lavent leurs mains, » et d'une manière plus claire encore dans S. Chrysostome (T. i. *Hom. ad. pop. Antioch.* ed. Front. 1621) : *Non audes illotis manibus hostiam attrectare, etiamsi mille necessitatibus premaris*, « tu n'oserais toucher l'hostie avec des mains souillées, alors même que tu serais pressé de mille nécessités. »

ABRAHAM (SACRIFICE D'). — Le sacrifice d'Abraham était la figure du sacrifice de la croix.

Isaac représentait le Sauveur, et le bélier, pris par les cornes dans le buisson, était l'image de Notre-Seigneur couronné d'épines (S. Prosp. *De prom. Dei*, pars 1, c. 17), ou, selon S. Augustin (*In ps.* L), de Jésus-Christ crucifié. Représentée dans les catacombes, et dans les lieux de réunions chrétiennes en général, cette histoire avait pour but d'inspirer aux fidèles la résignation dans la persécution, le courage dans le martyre, et de plus l'amour et la reconnaissance envers l'Agneau de Dieu immolé pour le salut des hommes. S. Grégoire de Nysse ne pouvait contempler sans pleurer ce touchant tableau, qui, comme on sait, était souvent peint sur les murailles des basiliques primitives (*Conc. Nic.* II. act. 4).

Une belle fresque donnée par Bosio et plus fidèlement par M. Perret (Vol. III. pl. xx) reproduit la première scène du drame, Abraham montrant du doigt le feu allumé sur un petit autel, et de l'autre côté Isaac portant le bois du sacrifice. Voici le type ordinaire de la seconde et principale scène. Isaac est agenouillé, tantôt sur un autel (Bottari. tav. xv et alibi), ou au pied de l'autel quand le feu y est allumé (Id. tav. XL), tantôt sur un monceau de bois (Id. tav. CXI), conformément au récit de la Genèse, *super struem lignorum* (XXII. 9), tantôt sur la terre nue (Id. tav. xx), tantôt sur un rocher brut (Id. tav. XXXVII). La figure ci-contre est d'une fresque du cimetière des Saints-Marcellin-et-Pierre (Bott. tav. LXXIX).

L'autel se compose quelquefois de deux pierres debout, et d'une troisième placée en travers, type que reproduisent quelques autels chrétiens primitifs (Bott. tav. CI. n. 5). Les artistes l'ont figuré le plus souvent sous la forme des autels profanes, avec la patère et le *simpulum* sculptés sur les flancs (Id. tav. XXVII).

Isaac est vêtu d'une tunique simple ; par exception, on le voit, dans une fresque du cimetière de Saint-Calliste (Id. tav. LIX), avec une tunique élégamment ornée de deux bandes de pourpre au bout des manches et sur les épaules, et, au bas, de deux *calliculæ* (V. ce mot). Il a les mains liées derrière le dos, absolument comme dans la peinture mentionnée par S. Grégoire de Nysse, et qui fut citée au concile de Nicée. Quelquefois il a les yeux bandés, comme sur un médaillon de bronze illustré par Buonarotti (tav. I. n. 13. V. aussi la gravure ci-après).

Abraham tient une main sur la tête de son fils, et de l'autre élève le glaive prêt à le frapper. Son regard se porte en arrière sur une main sortant d'un nuage, laquelle, dans les monuments chrétiens en général, est le signe de l'intervention de Dieu le Père, et de sa providence (V. l'art. *Dieu*), et, dans le sujet qui nous occupe, représente la voix de l'ange arrêtant le bras du père des croyants ; l'ange lui-même se voit sur une pierre gravée qui sera citée plus bas. Abraham n'a quelquefois pour vêtement qu'une tunique, libre ou ceinte, très-courte (Perret. III-XX. — Cf. Bott. XLIX), ou descendant jusque sur les pieds (Bott. tav. LIX) ; mais on le trouve le plus souvent drapé dans le *pallium* (Id. tav. CLIX), et une fois il se montre exactement vêtu comme le grand prêtre de l'ancienne loi (Id. tav. CLXI). Une fresque du cimetière de Priscille le fait voir ainsi, qu'Isaac avec une très-ample *pænula* aux bandes de pourpre. Cet exemple nous paraît aussi unique dans son genre. Le type commun du sacrifice d'Abraham, celui que nous venons de décrire, est sculpté en bas-relief sur une des deux sections d'une noix de myrrhe trouvée dans les catacombes par Boldetti (*Osserv. tav.* p. 298. n. 10. V. la gravure de l'art. *Noix*).

Nous pourrions signaler une troisième scène, qui serait l'action de grâces précédant l'immolation du bélier. Dans la fresque citée en dernier lieu (Bott. tav. CLXII), Abraham est debout sur l'autel, mais d'un côté se tient Isaac également debout au pied de ce même autel, et, comme lui, étendant les bras dans l'attitude de la prière ; et de l'autre côté le bélier. Nous avons une peinture murale, d'une époque un peu basse (Bott. tav. CLXIX. 2), où Abraham est vu tenant par le bras son fils debout, et étendant son glaive au-dessus de la tête du bélier placé devant un autel d'où sortent des flammes. Montfaucon (*Antiq. suppl.* t. II. pl. LV. n. 6) donne un abraxas (V. ce mot) où le sacrifice d'Abraham est représenté avec des circonstances tout à fait insolites. Abraham y est absolument nu, et tient par les cheveux Isaac agenouillé. Un ange survient, poussant devant lui un bélier, et fait signe au patriarche d'arrêter. A chacun des quatre angles de la pierre, on voit un ange aux ailes déployées, et, dans le champ, des lettres grecques difficiles à déchiffrer.

Le sacrifice d'Abraham est représenté dans quelques anciennes mosaïques, et en particulier à Saint-Vital de Ravenne (Ciamp. *Vet. mon.* I. tav. XX). Il se rencontre aussi dans les monuments de la Gaule, par exemple dans les peintures aujourd'hui détruites d'un hypogée de Reims (Le Blant. *Inscr. de la Gaule*. t. I. p. 448), et l'ouvrage sur les traditions relatives à Ste Madeleine (t. I. p. 774) reproduit un bas-relief où ce sujet est exécuté avec un cachet tout particulier. Abraham, vêtu d'une tunique ceinte et très-courte, avec une chaussure pleine et montante, tient par les cheveux Isaac ; celui-ci est debout près d'un petit autel enflammé, il est vêtu et chaussé comme son père. Abraham élève son glaive, et le bélier est derrière lui.

Ce sujet étant très-populaire chez les premiers chrétiens, se retrouve sur toute sorte d'objets, même sur des chatons d'anneaux, comme celui que nous donnons ici d'après M. Drury Fortnum, qui possède la bague.

Nous terminons par le monument le plus curieux peut-être de tous ceux qui représentent le sacrifice d'Abraham. C'est un verre orbiculaire de la collection de Buonarruoti (tav. II. 1), que nous reproduisons ici, d'après le dessin plus correct du P. Garrucci (*Vetri ornati di fig. in oro.* tav. II. 8). Sur le

point d'immoler son fils, Abraham se retourne, et dirige ses regards vers l'endroit où d'ordinaire paraît la main divine; mais à la place de cette main se trouve une ciste renfermant des fruits et un cordeau roulé. On sait que le cordeau, servant à mesurer les terres, se prenait chez les Juifs pour le symbole de l'hérédité. Il est donc ici le signe de la possession de la terre de Chanaan que Dieu avait assurée aux descendants d'Abraham : *Tibi dabo terram Chanaan, funiculum hæreditatis vestræ* (1 *Paralipom.* xvi. 18), « je te donnerai la terre de Chanaan, la part de ton héritage. » Les fruits sont le symbole de la multiplication à l'infini de la postérité du père des croyants. Il est évident que l'artiste a placé ces objets sous les yeux d'Abraham, afin d'empêcher sa foi de chanceler, au moment où, en sacrifiant son fils, il semble rendre impossible la réalisation des promesses de Dieu qui reposaient sur cette tête unique. Nous n'hésitons pas à attribuer le même sens aux oliviers chargés de fruits qui complètent quelquefois cette scène, en particulier sur un beau sarcophage d'Aire qu'a illustré le P. Minasi, jésuite (*Étud. relig.*, 5e série, t. II, n. 10, p. 506 et suiv.). On sait, en effet, que les livres saints nous représentent l'olivier comme le symbole d'une nombreuse postérité : « Vos enfants seront tout autour de votre table comme les rejetons de l'olivier, *sicut novellæ olivarum* (Ps. cxxvii. 4). » De plus les prophètes comparent souvent le peuple de Dieu et sa prodigieuse propagation à « un olivier fécond, beau à la vue, chargé de fruits, *olivam uberem, pulchram, fructiferam, speciosam* (Jérém. xi. 16. V. etiam Osée. xiv, 6). » Nous devons mentionner enfin une très-curieuse représentation du sacrifice d'Abraham sur une cuiller antique trouvée en 1792 près d'Aquilée (Mozzoni. *Tav. ist. eccl.* sec. iv. p. 47). (V. l'art. *Adoration des mages*.)

ABRAXAS (ΑΒΡΑCΑΞ). — I. On désigne sous ce nom certains amulettes à l'usage des gnostiques de la secte de Basilidès, hérésiarque qui vivait au deuxième siècle, sous l'empire d'Hadrien.

La véritable orthographe du mot est *abrasax*, Ἀβρασάξ, comme Baronius le fait justement observer dans l'appendice au deuxième tome de ses *Annales*. En effet, comme ceux qui l'ont inventé parlaient la langue grecque (Basilidès, disciple de Ménandre, était d'Alexandrie), il est naturel de nous en rapporter pour cela aux Pères grecs. Or tous ceux qui se sont occupés de ces sortes d'amulettes, entre autres S. Épiphane (*Hær.* xxiv. nos 7 et 8), Théodoret (*Hær. et fabul.* l. i. c. 4), S. Jean de Damas (*Hær.* xxiv), écrivent invariablement Ἀβρασάξ. On ne trouve *Abraxas* que dans les Pères latins; et si S. Irénée semble faire exception, c'est que le chapitre où il traite de cette matière ne nous est parvenu que dans une version latine. S. Jérôme suppose que la transposition du Ξ à la place du C fut d'abord le fait des copistes et reçut ensuite chez les Latins la consécration de l'usage. Mais comme les textes grecs, les inscriptions des pierres gravées font, à peu près sans exception, lire ΑΒΡΑCΑΞ (V. Montfaucon. *Antiquit. expl.* t. iv. pl. cxlv-cxlviii et passim).

Les musées de l'Europe possèdent un nombre prodigieux de ces pierres gravées : en outre du mot ΑΒΡΑCΑΞ, on y lit aussi fréquemment le nom sacré ΙΑΩ, qui répond à ΙΕΗΟVΑ, SABAOTH, ADONAI, accompagnant des figures humaines à tête de coq, de chien, de lion, de singe, de sphinx; cette seconde inscription est au droit, la première au revers. On y voit encore Osiris, Serapis, Harpocrate, le Canope, l'escarbot ou scarabée, et tout ce que les Égyptiens avaient mis au nombre des divinités; car la doctrine de ces sectaires était un mélange monstrueux des dogmes chrétiens avec les extravagances de cette nation, la plus superstitieuse qui fût jamais. D'autres de ces pierres sont chargées de caractères offrant une association bizarre de lettres grecques, phéniciennes, hébraïques et latines, lesquelles ne présentent aucun sens.

II. — Quant aux abraxas proprement dits et à la signification qu'y attachaient les gnostiques, nous n'avons rien de mieux à faire que d'interroger les Pères qui en ont parlé, et d'abord S. Irénée : « A l'exemple des mathématiciens, dit ce Père (lib. i. cap. 24), ils distribuent les positions locales de trois cent soixante-cinq cieux : ils ont adopté leurs théorèmes pour en faire le caractère de leur doctrine; ils prétendent que le principal de ces cieux est Abraxas, et que c'est pour cela qu'il contient en soi le nombre trois cent soixante-cinq. » Voici maintenant ce qu'en dit Tertullien dans son livre des prescriptions contre les hérétiques (cap. xlvi) : « Ensuite surgit l'hérétique Basilidès. Celui-ci dit qu'il est un Dieu suprême, du nom d'Abraxas, par qui a été créé l'Esprit, qu'il appelle en grec νοῦν. De là le verbe, de celui-ci la Providence, la vertu et la sagesse. De celles-ci ensuite les principautés, et les puissances, et les anges sont venus; après cela d'infinies éditions d'anges, et par ceux-ci ont été faits trois cent soixante-cinq cieux, et un monde en l'honneur d'Abraxas, dont le nom tient ce nombre compté en lui-même. Au reste, parmi ces derniers anges, qui ont fait ce monde, il place en dernière ligne le Dieu des Juifs, c'est-à-dire le Dieu de la loi et des prophètes, qu'il nie être Dieu et qu'il dit être ange. Il prétend que le sort lui a fait échoir la race d'Abraham, et que c'est pourquoi de la terre d'Égypte il transporta les enfants d'Israël dans la terre de Chanaan; qu'il est plus turbulent que les autres anges, que c'est pourquoi il excite souvent des séditions et des guerres, et verse le sang humain; que le Christ a été envoyé non point par celui qui a fait le monde, mais par cet Abraxas; qu'il est venu en fantôme, qu'il a été sans substance de chair; qu'il n'a point souffert chez les Juifs, mais qu'à sa place a été crucifié Simon, en sorte qu'il ne faut pas croire en celui qui a été crucifié, car alors on confesserait que l'on croit en Simon. » S. Jérôme, à son tour, parle souvent du monstrueux Abraxas de Basilidès, c'est ainsi qu'il l'appelle dans son commentaire au chapitre troisième du prophète Amos : « Basilidès appelle le Dieu tout-puissant du nom monstrueux d'Abraxas, et il prétend que, selon la valeur des lettres grecques et le nombre des jours du cours du soleil, Abraxas se trouve renfermé dans son cercle; le même, selon la valeur des autres lettres, est appelé Mithra par les gentils. » S. Augustin (*Hæres.* IV) explique plus clairement encore la pensée de S. Jérôme : « Basilidès, écrit-il, disait qu'il y avait trois cent soixante-cinq cieux : le même nombre de jours comprend toute l'année. C'est pour cela qu'il regardait le nom Abraxas comme saint et vénérable. Les lettres, dont ce nom se compose, selon la manière de supputer des Grecs, donnent ce nombre : il y a sept lettres, α, ϐ, ρ, α, σ, α, ξ, lesquelles représentent : un, deux, cent, un et deux cents, un, soixante, et additionnées, elles font trois cent soixante-cinq. »

Prises dans leur ordre véritable, c'est-à-dire selon l'orthographe grecque, les lettres en question doivent être disposées comme il suit :

α...........	1
ϐ...........	2
ρ...........	100
α...........	1
σ...........	200
α...........	1
ξ...........	60
	365

III. — Les gnostiques de l'école de Basilidès se faisaient de ces amulettes, connus sous le nom d'Abraxas, un moyen de prosélytisme et de séduction, surtout auprès des simples et des femmes de qualité. Nous savons par S. Irénée et S. Jérôme que cette pernicieuse doctrine fut apportée dans les Gaules, et principalement sur les rives du Rhône, de la Garonne et dans les pays circonvoisins, et ensuite en Espagne par un disciple de Basilidès nommé Marc. Cet homme s'introduisait dans les maisons des riches, s'insinuait dans l'esprit des femmes, leur promettant de les faire pénétrer dans les plus profonds mystères de la secte, dangereuse amorce pour ce sexe mobile, naturellement enclin au merveilleux et au fanatisme; il ne réussit que trop dans ses tentatives.

C'est probablement d'une telle source que proviennent les pierres gravées de cette espèce qui se trouvent en si grand nombre dans les cabinets publics et privés. Montfaucon affirme (*Antiquit. expl.* t. IV. p. 357) que celui de l'abbaye de Saint-Germain-des-Prés en possédait plus de soixante. Le sénateur Capello de Venise en a publié beaucoup d'autres dans un livre intitulé *Prodromus iconicus*. C'est à cet antiquaire, ainsi qu'à Fabretti, à Chifflet, dans son édition de l'ouvrage de Macarius (Lheureux), à Spon et à quelques autres, que le savant bénédictin a emprunté ceux qu'il donne à son tour dans son *Antiquité expliquée* (pl. CXLIV et suiv.). Outre les auteurs que nous avons déjà mentionnés, Baronius, Montfaucon, Lheureux, Chifflet, nous avons encore des travaux sur les abraxas, de Gassendi, de Ducange; le P. Hardouin a écrit une dissertation spéciale sur la matière. Feuardent et le P. Massuet en traitent aussi dans leurs notes sur S. Irénée, etc.

IV. — Montfaucon divise les Abraxas en sept classes : 1° Abraxas à tête de coq; il en donne trente-six de cette première espèce. Ils ont à peu près tous le corps et les bras d'un homme, portent une cotte d'armes à l'antique, tiennent d'une main un bouclier et de l'autre un fouet; leurs jambes se terminent en serpents dont la tête tient la place du pied (pl. CXLV. 2). Cette tête de coq et ce fouet

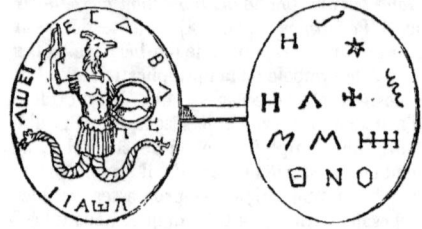

sont un symbole du soleil, qui est représenté au revers de quelques-unes de ces pierres (pl. CXLIV. 1.) avec ses attributs mythologiques, tête radiée, et excitant ses chevaux avec un fouet. Du reste, l'Abraxas lui-même a pour légende les mots σιμις ἔλαμψε, « le soleil répand sa lumière. » Il est à remarquer que toutes ces figures d'Abraxas ont rapport au soleil ou à ses opérations, comme presque toutes les figures égyptiennes. Et il n'est pas douteux que ces hérétiques n'aient eu l'intention de symboliser ainsi Jésus-Christ, le soleil de justice qu'ils identifiaient avec le soleil matériel.

2° Abraxas à figure de lion, ou corps humain à tête de lion, ou encore tête de lion et corps de serpent (Montfaucon, pl. cxlviii et suiv.). Quelques-unes de ces pierres portent au revers l'inscription Adonaï. Sans trop d'invraisemblance, on pourrait voir ici une allusion à ces mots de l'Apocalypse (vii, 5) : *Vicit leo de tribu Juda*, « le lion de la tribu de Juda est resté vainqueur. » Car s'ils prenaient le lion pour Mithra, qui est le soleil, ils confondaient les mystères de Jésus-Christ avec ceux de Mithra. Un autre amulette semble avoir trait à l'histoire de Samson : il montre un lion environné de caractères magiques entremêlés d'étoiles, et une mouche à miel dans la gueule (Id. pl. id.). Nous devons une mention spéciale à une pierre de cette espèce (pl. cxlix) qui, au revers, a un abraxas à tête de coq, imposant une main (l'autre porte le bouclier et le fouet) sur la tête d'un personnage nu agenouillé devant lui et joignant les mains, et dans lequel Montfaucon croit voir un gnostique adorant ce monstre. Peut-être serait-il plus naturel d'y reconnaître quelqu'une de ces imitations ou parodies des sacrements de l'Église, en usage chez ces hérétiques à demi païens, et dont Tertullien parle dans son livre des Prescriptions (xl) : « On demande par qui est interprété le sens des choses qui favorisent les hérésies. C'est par le diable, dont le rôle est d'intervertir la vérité, et qui, dans les mystères mêmes des idoles, veut imiter les cérémonies des sacrements divins. Il baptise, lui aussi, ses croyants et ses fidèles ; il promet par le bain l'expiation des délits, et, s'il me souvient encore de Mithra, il signe au front ses soldats ; il célèbre l'oblation du pain ; il offre l'image d'une résurrection et vous ceint de la couronne sous le glaive. » C'est cette dernière pratique que Tertullien appelle ailleurs (*De corona milit.*, xv) « une singerie du martyre ».

3° Abraxas avec figure ou inscription de Sérapis, ou d'Isis sur la fleur de lotus (pl. clii-cliii) : mais ces pierres ne paraissent pas se rattacher très-directement à la classe de monuments qui nous occupe. Jablonsky avait cru reconnaître dans deux de ces pierres qui figurent dans le recueil de Chifflet (tab. xxvi, 111, et xxvii, 112) un portrait du Sauveur introduit par les gnostiques dans leurs amulettes. Mais, bien que la tête représentée de face sur ces monuments ne soit pas sans quelque analogie avec celle du Christ dans son type traditionnel le plus ancien, les savants n'y voient bien décidément qu'une image de Sérapis.

4° Nous en dirons autant de ceux de la quatrième classe, représentant des Anubis et des scarabées. Le serpent qui se voit sur quelques-unes de ces gemmes pourrait avoir un rapport plus plausible avec les doctrines christiano-païennes des gnostiques (pl. cl-cli). On sait que les ophites avaient le serpent en grande vénération : ils le regardaient comme leur Christ, ils le préféraient même à Jésus-Christ, au dire de Tertullien (*De præscript.* xlvii), parce qu'il avait, croyaient-ils, la science du bien et du mal. Le Christ, disaient ces fanatiques, a imité la puissance du serpent quand il a dit que, comme Moïse a exalté le serpent, ainsi faut-il que le fils de l'homme soit exalté (V. l'art. *Serpent*). Une pierre donnée par Spon vient confirmer cette interprétation : d'un côté, elle a le serpent avec l'inscription ιαω σαβαω et de l'autre côté Moïse, moych (pl. clvi). Cette classe comprend encore des pierres avec figures de sphinx et de singe.

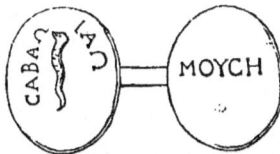

5° Abraxas à figure humaine et encore à figures de divinités avec ou sans ailes. L'un d'eux représente un soleil à tête radiée, fouettant ses chevaux, avec cette inscription : σεμες ελαμψε, « le soleil répand sa lumière » (pl. cxliv. 1) ; au revers d'un autre on lit distinctement χερουβι, *Cheroubi* (pl. clvii. 4). Les chérubins et les anges entraient dans les superstitions des basilidiens. D'autres présentent le soleil à cheval avec l'inscription ιαω ou sabaoth, et quelquefois au revers une autre inscription signifiant : *Gardez-moi*.

Les hérétiques du deuxième siècle ne se contentaient pas de mettre dans leurs symboles magiques les noms et les figures des divinités égyptiennes, mais encore celles des dieux de la Grèce et de Rome, par exemple un Jupiter foudroyant avec l'inscription ιαω σαβαω au revers. Ailleurs, le même Jupiter avec l'inscription satoviel ; Mercure avec le nom de michael, Diane avec l'inscription gabriel. Ailleurs une femme tenant une couronne et une pique avec sabaoth et adonai (pl. clx).

On trouve souvent sur ces pierres des figures humaines ailées, avec deux, quatre ou six ailes. Chifflet en a donné à quatre ailes (pl. clxiii. 1), entourée de symboles bizarres et ayant au revers l'inscription michael-gabriel-cvstiel-raphael, écrite en caractères extraordinaires et propres aux basilidiens.

6° Abraxas avec inscriptions sans figures. Ils ont un caractère d'amulettes ou de talismans plus tranché que les autres. Ainsi, on y lit des inscriptions telles que celle-ci : *Iao, Abraxas, Adonaï, saint nom*, ἅγιον ὄνομα, *puissances favorables, gardez*

Vibie Pauline de tout mauvais démon. Une autre de la collection de Spon fait lire ΙΑΩ SALOMON SABAΩ. Au milieu d'une longue légende en caractères magiques on démêle SABAOTH et ΙΑΩ plusieurs fois répétés, et à la fin ΔΙΑΦΥΛΑΞΟΝ, *gardez-moi*. Nous citerons enfin, pour cette classe, une pierre fort curieuse en ce qu'elle prouve une fois de plus que ces hérétiques identifiaient Jésus-Christ avec le soleil. D'un côté elle montre un homme nu coiffé d'une couronne radiée, un fouet à la main et entre deux étoiles. Voici la légende, où le nom de Jésus-Christ, bien qu'altéré, est néanmoins reconnaissable : EISVVS CHRESTVS GAB RIE ANANIA AME (pl. CLXVII).

La corruption des mœurs, qui est la conséquence ordinaire de la corruption de la foi, se révèle dans cette classe de monuments par des figures spintriennes, que nous devons nous borner à mentionner pour mémoire.

7° Montfaucon range dans la septième classe beaucoup de pierres dont les caractères ne sont pas nettement déterminés; elles portent pour la plupart des inscriptions inintelligibles et des symboles bizarres. Il donne une énumération assez curieuse des noms que les gnostiques assignaient aux puissances célestes ou bons anges, et qui sont les seuls mots lisibles qu'il ait pu tirer d'une foule de ces Abraxas.

Voici enfin une pierre que Montfaucon met au nombre des Abraxas, mais qui paraît avoir été jusqu'au sixième siècle employée comme talisman. Alexandre de Tralles, médecin de Justinien, recommande en effet de faire graver sur une pierre Hercule étouffant le lion de Némée et la lettre K plusieurs fois répétée, le tout comme remède contre la colique.
(V. Charles Lenormant, dans la *Revue archéologique*, 1re sér., t. III, p. 510.)

V. Nous ne devons pas omettre une formule magique inventée par les basilidiens et les autres gnostiques, et dont ils se servaient pour guérir toutes les maladies, mais spécialement la fièvre double tierce. C'est le fameux *Abrasadabra* que Quintus Servius Samonicus, médecin basilidien, avait adopté comme moyen curatif infaillible. Il prescrivait d'écrire plusieurs fois sur un carré de papier ce mot cabalistique, en retranchant une lettre à chaque ligne, jusqu'à ce que le tout se terminât en cône ou pyramide renversée, et d'attacher le talisman au cou du malade. Voiture a exprimé cette recette en trois vers latins dans sa cent-quatre-vingt-douzième lettre à Costar, à qui il la propose ironiquement pour le guérir de la fièvre :

Inscribas chartæ quod dicitur ABRACADABRA
Sæpius et subter repeta, mirabile dictu,
Donec in angustum redigatur littera conum.

Le mot *Abrasadabra* paraît être formé d'Abraxas, et par là il se rattache au sujet que nous traitons.

Voici le cône que forme ce mot répété et graduellement diminué :

```
ABPACAΔABPA
ABPACAΔABP
ABPACAΔAB
ABPACAΔA
ABPACAΔ
ABPACA
ABPAC
ABPA
ABP
AB
A
```

ABSIDE. — A l'extrémité du *bêma* des basiliques (V. l'art. *Basiliques chrétiennes*), l'abside est un édifice de forme semi-circulaire que, à raison de sa position et de sa forme, les auteurs anciens appellent tantôt *apsis*, tantôt *exedra*, et *conchula bematis*. Tous ces mots expriment une structure arquée ou sphérique, imitant la voûte céleste. S. Jérôme (L. II. *In Ephes*. c. IV) désigne toujours cette partie de l'église sous le nom d'abside. D'autres disent *concha*, à raison de sa ressemblance avec une coquille. Dufresne (*Comment. in Paul. Sil.* 565) cite à ce propos Procope, Paul le Silentiaire et S. Paulin. Le même auteur pense que S. Augustin veut désigner cette partie de la basilique, quand il dit qu'une conférence entre les catholiques et Emeritus, évêque des donatistes, fut tenue dans l'*exedra*; et en effet c'est au fond du *bêma*, précisément au-dessous de la coquille, que se trouvent, et la chaire de l'évêque et les siéges des prêtres (V. l'art. *Chaire*).

L'abside des vieilles basiliques, principalement à Rome, à Ravenne, à Milan, etc., est ordinairement décorée de mosaïques (V. l'art. *Mosaïques*). Voici la reproduction de celle qui existait dans la coquille de l'abside de l'ancienne Vaticane. La forme absidale se remarque dans l'architecture des catacombes; elle se trouve fidèlement reproduite dans les petites basiliques bâties au quatrième siècle au-dessus des plus insignes chapelles souterraines, et c'est dans les cimetières sacrés que les premiers architectes chrétiens en ont puisé le type. Il est à croire que ce type était observé dans les églises bâties *sub dio* au temps des persécutions. Les actes de S. Théodote d'Ancyre, martyrisé sous Dioclétien, en font foi (Ruin. edit. Veron. p. 295). Il y est dit que ce saint, ayant voulu, un soir, aller prier à l'église des patriarches, et n'ayant pu y entrer parce que les païens en avaient muré la porte, se prosterna en dehors, près de la *conque* où était l'autel (V. l'art. *Basiliques chrétiennes*).

ACCLAMATIONS. — Ce sont certaines formules employées par les premiers chrétiens, à l'exemple des peuples de l'antiquité, pour exprimer, soit leur douleur ou leur affection à l'occasion de la mort et des funérailles de leurs frères, soit leur joie et leurs souhaits fraternels dans les festins. On comprend dès l'abord que les unes s'adressent aux morts, les autres aux vivants. Un caractère général à toutes les classes de formules acclamatoires, et que Buonarruoti (*Vetri*. p. 164) restreint à tort aux acclamations funéraires, c'est que les noms y sont toujours au vocatif, comme par exemple : CONCORDI BIBAS IN PACE DEI (Buonarr. tav. v. 1), « Concordius, vis dans la paix de Dieu. »

I. — Les acclamations funéraires nous sont parvenues, écrites sur deux espèces principales de monuments : les marbres des tombeaux, et une classe spéciale, bien que restreinte, de ces verres historiés qui se rencontrent en si grand nombre dans les cimetières antiques, et surtout dans ceux de la Rome souterraine.

1° Les premiers fidèles avaient pour habitude d'inscrire sur le marbre qui fermait les *loculi*, les dernières paroles affectueuses qu'ils avaient adressées aux morts, en forme d'adieu, au moment où ils leur rendaient les devoirs suprêmes. Ces paroles étaient tracées isolément, ou bien elles précédaient ou suivaient l'inscription principale. Quelquefois l'acclamation était d'abord dessinée grossièrement à la pointe sur la chaux qui scellait le *loculus*, puis gravée sur le marbre lui-même. Telle est celle de Dracontius, que Buonarruoti dit avoir copiée de sa main au cimetière de Cyriaque : sur la chaux : DRACONTI IN PACE; « Dracontius en paix; » sur le marbre : MIRAE INNOCENTIAE DRACONTI QVI VIXIT ANN. V. M. X. D. XI, DORMIT IN PACE (Buon. p. 169), « à la rare innocence de Dracontius, qui vécut V ans, X mois, XI jours. Il dort en paix. »

Dionigi (*Dei blandimenti funebri, ossia delle acclamazioni sepolcrali cristiane*) définit les acclamations sépulcrales « des expressions de respect et d'affection, ou de regret, ou de deuil, ou de prière, ou de louange envers les morts. » Le cercle tracé par cette définition est très-large; mais nous ne saurions avoir l'intention de citer ici toutes les formules, nous nous bornerons à choisir quelques-unes de celles qui se rencontrent plus fréquemment.

Celle de toutes qui présente le caractère le plus exclusivement chrétien et le plus significatif, c'est la célèbre formule IN PACE. Mais son importance exige un article à part, et d'une certaine étendue (V. l'art. *In pace*).

La formule VIVAS, qui se reproduit très-souvent, en se modifiant selon les contrées, exprime un souhait de vie et de bonheur pour l'éternité : VIVAS IN DEO, « vis en Dieu! » (Murat, *Thesaur. vet. inscr.* 1954. 4); et sur un style ou poinçon d'argent du cabinet de l'abbé Greppo, VIVAS IN DEO DVLCIS (Buonarr. 166), et son équivalent en grec ΖΗCHC ΕΝ ΘΕΩ. — ΑΦΘΟΝΑ ΕΝ ΘΕΩ ΖΗCHC (Buon. *ib.*); — VIVA SIS CVM FRATRIBVS TVIS (Boldetti. 419), « sois vivante avec tes frères. » VIVE IN NOMINE ☧, « vis au nom du Christ! » (Mai. *Collect. Vatic.* v. 455. n. 1). AETERNVM VIVATIS IN XPO (Le Blant. I. 64), « vivez éternellement dans le

Christ. » La même légende est tracée autour d'un buste d'homme sur un caillou trouvé à Toulouse (Id. n. 496). Voici ce singulier monument : Dans le premier exemple, le nom du Christ est remplacé par son monogramme. Citons encore la suivante, qui a été trouvée naguère dans l'église de Sivaux (Vienne) : AETERNALIS || ET SERVILIA || VIVATIS IN DEO (*Bulletin de la Société des antiquaires de l'Ouest*, 3ᵉ trim. 1862). Voici un chaton de bague où l'acclamation COSMAS VIVAS IN DEO est écrite en monogramme :

Souvent on trouve BIBAS pour VIVAS, confusion née de l'habitude, fréquente chez les anciens, et chez les chrétiens en particulier, de substituer le B au V, et réciproquement. C'est ainsi que dans un titulus chrétien donné par Reinesius (p. 927. n. 126), nous lisons : MARTINE ET ANGELVSA BIBATES, *vivatis*, « Martinus et Angelusa, vivez! » Il serait aisé d'en multiplier les exemples : IVLIANE VIBAS IN DEO (Buon. 167), VIBAS INTER SANCTIS (De' Rossi. *Inscr. Rom.* I. p. 16); « vis parmi les Saints! » DIOSCORE VIBE IN ETERNO (Fabretti); LONGINE DVLCIS BIBES ; CELI TIBI PATENT BIBES IN PACE (De' Rossi. ΙΧΘΥC. p. 8). « les cieux te sont ouverts, vis en paix! » VIBAS IN DOMINO ZESV (Fabretti. 573. 149), « vis dans le Seigneur Jésus! » Une signification semblable doit assurément être attribuée à celle-ci, qui ne diffère que bien peu des précédentes : VRSVLA ACCEPTA SIS IN CHRISTO (Vignoli. *Inscr. select.* p. 331), « sois accueillie dans le Christ! » Quelquefois le mot VIVAS est supprimé, mais évidemment sous-entendu; c'est toujours un souhait de vie dans le Christ : IN SIGNO DOMINI ☧, « dans le signe du Seigneur Jésus-Christ! » IN SIGNO ☧; SIGNV ☧ (Boldetti. pp. 85. 345. 399). L'attribution se justifie par cette inscription où la formule est complète : ZOSIME VIVE IN NOMINE ☧ (Mai. *Collect. Vatic.* 455. 1). D'autres fois on invoque sur les épitaphes, non-seulement Dieu, mais son Saint-Esprit, ou quelque Saint, S. Pierre par exemple : IN NOMEN DEI (Perret. v. 21); EN AΓIΩ ΠΝΕΥΜΑΤΙ ΘΕΟΥ,« dans le Saint-Esprit de Dieu » (Marchi. p. 198); IN NOMINE PETRI (Boldetti. p. 588). Les *tituli* de notre Gaule portent des formules analogues; nous en trouvons à Lyon : IN NOMINE CHRISTI ; à Amiens : IN XPO NOMINE; à Aoste : IN XPI NOMENE (Le Blant. t. I. p. 66).

Il est des acclamations qui contiennent, sous une forme concise, tout un éloge funèbre, comme celle-ci écrite entre deux palmes : FRVCTVOSA BENE VIXISTI VENE CONSVMMASTI, « Fructuosa, tu as bien vécu, tu as bien rempli ta carrière » (Fabretti. p. 122. n. 590). Souvent elles consistaient à prodiguer au défunt les titres les plus doux, les noms les plus affectueux : « Douce âme, âme innocente » (Ap. Buon. p. 166). ANIMA DVLCIS ; — CALEIVICE DVLCIS IN PACE; — ANIMA DVLCIS. — INCOMPARABILI FILIO Q VIXIT ANNIS XVII. NON MERITVS VITA REDIIT IN PACE DOMINI, « à un fils incomparable.... qui a rendu son âme dans la paix du Seigneur! » ANIMA MELLEIA (Fabretti. p. 576. n. 163) ; PALVMBA SINE FELE (Marangoni. act. I. 5. p. 120), « colombe sans fiel. » Mais en général ces formules, qui ne sont pas même des acclamations proprement dites, doivent être prises pour un éloge de la vertu du défunt, plutôt que comme un témoignage d'affection tout humaine. Elles équivalent sans doute à celles-ci qui se rencontrent plus fréquemment encore : ANIMA INNOX (Fabretti. p. 576. n. 65) ; ANIMAE INNOCENTI OU INNOCENTISSIMÆ.... (*ibid.* n. 163), « âme innocente.... très-innocente! »

Il est une classe très-nombreuse d'acclamations qui se rapportent au repos, à la lumière, au rafraichissement, etc. ; nous en avons traité aux articles *Paradis, Purgatoire,* LVX, REFRIGERIVM. Comme motif de consolation, on inscrivait quelquefois sur les tombeaux cette formule, qui était commune aux païens et aux chrétiens : *Nemo immortalis*, « nul n'est immortel ; » ou en grec : ΟΥΔΕΙΣ ΑΘΑΝΑΤΟΣ (Ap. Buon. p. 160).

2° Il n'est pas rare de rencontrer dans les catacombes des verres sur lesquels sont tracées, avec ou sans figures, des formules absolument identiques à celles qui se lisent sur les tombeaux; et ces vases sont ordinairement murés à l'extérieur de *loculi* qui ne portent pas d'acclamation, ni même d'inscription quelconque; ainsi : IRENE VIVAS (Buon. 166) ; CONCORDI BIBAS IN PACE DEI (Id. tav. v), « Concordius, vis dans la paix de Dieu ! » Pour assigner à des acclamations placées dans de telles conditions une signification funéraire, nous avons besoin de nous appuyer sur l'imposante autorité de Buonarruoti ; car nous ne saurions nous dissimuler que nous sommes ici en contradiction avec plusieurs archéologues modernes. L'illustre sénateur florentin pense que, ayant été préparés pour servir aux agapes funèbres des personnes dont ils portent les noms, ces vases étaient fixés au tombeau, après le festin d'adieu, et cela pour plusieurs raisons : la première était de faire de cet objet une marque de reconnaissance pour un *loculus* qui n'en avait pas d'autre ; la deuxième, de perpétuer le souvenir de l'agape et des douloureux adieux adressés au défunt ; enfin, de suppléer par la formule acclamatoire tracée dans le verre celle que, pour ce motif, ils se dispensaient de graver sur la pierre. On pourrait peut-être reconnaître le caractère que nous signalons ici aux paroles suivantes : HILARIS VIVAS CVM TVIS FELICITER SEMPER REFRIGERIS IN PACE DEI (Buon. xx. 2), « Hilaris, vis avec les tiens (ce qui s'entend ordinairement avec les Saints) heureusement, sois admis au RAFRAICHISSEMENT dans la paix de Dieu. » Ceci est une épitaphe nettement caractérisée surtout par les mots REFRIGERIS et IN PACE DEI (V. les art. *Refrigerium* et *In pace*).

Il y a plus encore : des acclamations du même

genre sont gravées sur des anneaux. Le VIVAS IN DEO se lit sur plusieurs pierres du recueil de Ficoroni (*Gemmæ ant. litt.* tabl. XI), sur un sceau de fer donné par le P. Lupi (*Sev. epitaph.* tab. IX. p. 57), et sur un monument absolument semblable que Spon a publié (*Miscellan.* p. 297). Il existe un anneau sur le chaton duquel la même légende entoure le buste d'un homme, comme dans les médailles (Perret. IV-XVI, 14). Quelquefois elle est jointe au nom d'un personnage, absolument comme sur les pierres tumulaires : DEVSDEDIT VIVAS IN DEO (Ficoroni. op. laud. VII. 26). La suivante offre une intéressante variété : MAX SENTI VIVAS TVIS F., cum tuis feliciter (Perret. *ib.* 58). IANVARI VIVAS est l'acclamation d'une pierre extrêmement curieuse que le P. Garrucci a publiée pour la première fois (*Hagioglyp.* p. 222), et que nous reproduisons à l'article *Église*. Enfin un bel anneau d'or, trouvé dans la Saône il y a peu d'années et appartenant au cabinet de S. Ém. le cardinal de Bonald, porte : VIVAS IN DEO ASBOLII.

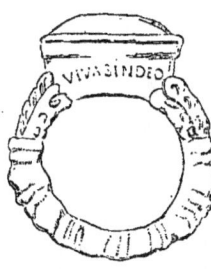

Que penser de ces formules inscrites sur des monuments de ce genre ? En présence des mêmes contradictions que je signalais tout à l'heure, je copie le passage suivant de Buonarruoti : « Les premiers chrétiens écrivaient de dévotes acclamations envers les morts, non-seulement sur leurs verres, non-seulement sur les marbres et sur la chaux des sépultures, mais quelquefois encore sur les pierres des anneaux que, selon l'usage où ils étaient d'orner de bijoux les cadavres des leurs, ils faisaient exécuter tout exprès, *apposta*, pour les laisser au doigt des morts, quand ils les ensevelissaient. » Que l'on soit en droit de contester cette attribution pour quelques-uns des anneaux que l'on cite ordinairement à l'appui de cette opinion, c'est ce que nous n'examinerons pas, n'ayant aucun parti pris à cet égard. Pour ce qui est de l'anneau d'ASBOLIVS en particulier, il pourrait bien être une bague nuptiale. Mais il nous semble difficile de nier, en thèse générale, le fait de l'existence dans l'antiquité d'anneaux exécutés dans une intention purement funéraire. Ce fait nous paraîtrait suffisamment démontré par la seule inscription suivante, tracée sur une cornaline antique : ROXANE D. B. QVESQVAS, *Roxane dulcis bene quiescas* (Buon. p. 170), « douce Roxane, repose paisiblement ! » Adressée à un vivant, quel sens pourrait avoir une pareille formule, qui est presque identique à une foule d'épitaphes chrétiennes, dont il suffira de citer une seule : BENE QVESQVENTI FRATRI BACHILO IN PACE FRATRES (*Ibid.*), « au frère Bachilus qui repose en paix, ses frères ! »

II. — Parmi les acclamations adressées aux vivants, nous plaçons en première ligne celle-ci, très-fréquemment employée sur les verres : PIE ZESES, pour ZHCAIC, « bois, vis, » et qui rappelle tout naturellement les agapes où ces coupes avaient servi. Elle est en grec, mais écrite en caractères latins et souvent à la suite d'une légende toute latine. C'était une coutume élégante adoptée par les Romains (et cette coutume fut conservée chez les chrétiens) d'entremêler des mots grecs au discours latin. Nous en avons des exemples jusque dans les monuments les plus graves ; ainsi, dans la vision de Ste Perpétue, le pasteur dit à cette martyre : *Bene venisti* τέκνον, pour *filia* (*Act.* ap. Ruin. p. 82), « sois la bienvenue, ma fille ! » Les variations que subit cette formule sont peu saillantes : PIE ZESES CVM DONATO (Buon. XVI. 2) ; PIE ZESIS (Id. tav. XXIII. 4) ; — au pluriel : PIETE ZESETE (Id. tav. XXVIII. 3) ; SPES HILARIS ZESES CVM TVIS (Id. tav. II. 1) ; — en caractères grecs : ZHΣATω (Id. tav. XXVIII. 1). Ce sont là évidemment des souhaits de bonheur, de plaisir et de vie (V. l'art. *Propinare*). A les prendre dans leur sens naturel, de telles formules ne sont que d'ardentes invitations à boire et à vivre, et diffèrent à peine de celles qui se lisent sur les monuments païens du même genre ; et cependant, il est nécessaire qu'elles diffèrent quant au sens.

En effet, quand il était employé sous forme acclamatoire dans les festins et les orgies des idolâtres, on sait quelle signification s'attachait au mot *vivere*. Vivre, c'était, pour eux, mener joyeuse vie, se livrer au plaisir et à la débauche. Martial, Catulle, Petrone et tous les poëtes licencieux de ce temps n'entendent pas autre chose, lorsque, évoquant le spectre de la mort aux yeux de joyeux convives, ils les exhortent à se hâter de vivre : *Mors aurem vellens, vivite, ait, venio ; — Ergo vivamus, dum licet esse bene ; — Sera nimis vita est crastina, vive hodie* (Ap. Buon. p. 204), « la mort nous tirant l'oreille : Vivez, dit-elle, car j'arrive ; — Vivons donc, pendant qu'il nous est donné d'être bien ; — Vivre demain, c'est trop tard, vivons dès aujourd'hui. » Leurs inscriptions funéraires même présentent des formules analogues : VIXI DVM VIXI BENE (Gruter. p. 742. n. 7), « je n'ai vraiment vécu que quand j'ai joui de la vie. » AMICI DVM VIVIMVS VIVAMVS (Id. p. 609. 3), « mes amis, vivons pendant que nous sommes en vie ! » Les Grecs prenaient dans le même sens leur acclamation ZHΘI, « vis. » (*Anthol.* l. 1. c. 91. épigr. 1.) On peut comprendre dès lors dans quel ordre d'idées se plaçaient les païens quand, au sein de leurs festins dissolus, ils s'adressaient les uns aux autres des acclamations telles que celle-ci : PIE ZESES, « bois, vis ! » ANIMA DVLCIS FRVAMVR NOS SINE BILE ZESES, « ma douce âme, jouissons sans bile, vis » (Buon. p. 204). Ce n'était point simplement un souhait de vie heureuse, mais une excitation à la vie sensuelle.

Or, quand nous rencontrons sur les fonds de coupe des chrétiens des formules qui sonnent de même, est-il admissible que dans les agapes, repas de charité et d'amour fraternel des disciples du Christ, repas auxquels présidaient les pontifes, en présence des reliques des martyrs, elles aient été prises au même sens que dans les festins désordonnés des adorateurs de Vénus et de Bacchus? Et puis les images des Saints qu'entourent ces acclamations, les images de S. Pierre, de S. Paul, celle de Ste Agnès, et même celle de l'auguste Mère de Dieu, les faits de l'Ancien et du Nouveau Testament, et notamment le touchant symbole du Bon-Pasteur, qui y sont représentés pour exciter les fidèles à la piété, tout cela n'exclut-il pas toute idée profane qui ne serait pas en harmonie avec les principes de l'austérité chrétienne?

Le PIE ZESES avait donc chez les fidèles le sens d'une joie modérée par les inspirations de la foi, joie toute spirituelle à laquelle S. Paul ne cessait de les exhorter, « Réjouissez-vous toujours dans le Seigneur, » *gaudete in Domino semper* (*Philip.* IV. 4). Le souhait qu'exprime cette formule pouvait bien avoir quelquefois pour objet une vie heureuse, mais de ce bonheur que donne la vertu, une vie sainte.

Tel est sans aucun doute le sens de ces sortes d'acclamations sur des coupes que les sujets qui les décorent attestent avoir servi aux agapes nuptiales (V. la figure de l'art. *Mariage*). C'est la cérémonie même du mariage, deux époux se donnant la main au-dessus d'un autel, avec la légende : VIVATIS IN DEO ou MARTVRA EPECTETE VIVATIS, « Martura, Epectète (ce sont les deux époux), vivez! » souhaits d'une union heureuse en Dieu (Garrucci. XXVI. 11. 12). Ce sont ailleurs, toujours dans la même intention, deux époux figurés en buste dans un médaillon : MAXIMA VIVAS CVM DEO (Id. tav. XXVIII. 5). — CARITOSA VENANTI VIVATIS IN DEO (Id. tav. XXX. 2). Ces souhaits de vie fortunée étaient aussi quelquefois adressés aux époux dans le cours de leur union, peut-être à l'occasion de l'anniversaire de leur mariage; et alors le couple est représenté avec les enfants. Exemple : POMPEIANE TEODVRA VIVATIS ; le monogramme du Christ complète la formule IN CHRISTO (Id. tav. XXIX. 4). Il y a ici deux enfants, un le père et la mère. Au cinquième siècle, nous lisons sur une médaille d'or frappée à l'occasion du mariage de Marcien et de Pulchérie cette légende : FELICITER NUPTIIS (V. l'art. *Numismatique*).

Mais nous croyons fermement que le plus souvent il s'agissait de la vie de l'éternité : car il ne faut pas oublier que ces agapes étaient dominées par les anxieuses préoccupations du martyre; que les personnes qui y assistaient se retrouvaient bien rarement le lendemain en nombre égal; et que par conséquent le toast fraternel qu'elles s'adressaient réciproquement était dans leur pensée un adieu, mais un adieu plein de cette douce et mélancolique joie que donnent les espérances du ciel, quelque chose comme ces paroles d'encouragement que S. Pierre adressait aux souffrants : « Réjouissez-vous de ce que vous avez part aux souffrances de Jésus-Christ, afin que vous vous réjouissiez avec transport au jour de la manifestation de sa gloire (I Petr. IV. 13.), » *communicantes Christi passionibus gaudete, ut in revelatione gloriæ ejus gaudeatis exultantes.*

Dans sa dissertation sur le corps de S. Sabinien, le P. Secchi (p. 59) a émis la conjecture que beaucoup de ces verres, pour ne pas dire tous, n'étaient autre chose que des calices dans lesquels les fidèles recevaient la sainte eucharistie sous l'espèce du vin, et que les acclamations qui y sont inscrites, voilant sous des formes usitées chez les païens une signification arcane, avaient pour but d'exciter dans le cœur des fidèles un ardent désir de prendre ce divin breuvage. Il serait difficile en effet d'assigner une autre intention à la légende d'une belle tasse recueillie dans le cimetière des SS. Thrason et Saturnin (Lupi. *Dissert in Sev. epit.* in fin.), et ainsi conçue : ΠΙΕ ΖΗϹΑΙϹ ΕΝ ΑΓΑΘΟΙϹ. Dans le style des Pères grecs ΤΟ ΑΓΑΘΟΝ signifiait l'eucharistie, le bien par excellence, et ΤΑ ΑΓΑΘΑ ce sacrement sous ses deux espèces. On devrait donc lire ainsi l'acclamation : » Bois et puisse-tu trouver la vie dans ces biens! » Il est évident que cette vie n'est autre que la vie de l'âme, prélude de la vie éternelle.

La multitude des verres portant des acclamations analogues semblerait supposer, indépendamment d'autres preuves contribuant à établir le fait, que chaque fidèle avait son calice, dans lequel il recevait le précieux sang de la main des diacres qui le lui versaient d'un grand calice à anses appelé ministériel. Quoi qu'il en soit, que ces verres appartinssent aux fidèles, ou à l'église, il est certain qu'ils étaient confectionnés sous le magistère des pasteurs, sans l'autorité desquels rien ne se faisait en matière de culte.

Aux articles *Anneaux* et *Amulettes* on trouvera toute une classe d'acclamations spéciales qui affectent surtout la forme de prières ou d'invocations. Le poisson représenté sur les tombeaux, soit par sa figure, soit par son nom, est aussi une invocation au Christ Sauveur des hommes (V. l'art. *Poisson*), et quand le mot ΙΧΘΥϹ est suivi de la lettre N-ixα, ce qui veut dire *Christus vincit*, c'est une acclamation au Christ vainqueur de la mort (Fabretti. p. 329). Il en est de même du N avec le ☧ (V. l'art. *Monogramme du Christ*). Cette acclamation est fréquente sur les médailles byzantines, où elle se trouve quelquefois remplacée par son équivalent IN HOC VINCES du *labarum* constantinien.

Ce serait ici le lieu de parler des acclamations qui avaient lieu dans les conciles; mais elles ne remontent pas à une haute antiquité. La principale était le *Kyrie eleison;* tous les Pères se levaient, et s'écriaient : « Qu'il en soit ainsi, nous le désirons, » et répétaient : « Christ, exaucez-nous! » (Ap. Macri. *Hierolexic.* ad h. v.) Il y avait aussi le *Polychronion*, πολυχρόνιον, *ad multos annos!* On peut voir à l'article *Évêques* (n. II) la mention des acclamations qui étaient en usage à l'occasion de l'élection et de l'ordination des évêques; à l'article *Prédication* celles qu'on adressait aux prédicateurs comme marque d'adhésion ou d'admiration.

ACOLYTES. — Le mot *acolythus* en latin veut dire *compagnon* (Daude. *Hierarch. eccles.* c. xii), et on croit qu'on a donné ce nom aux clercs revêtus de cet ordre mineur, parce qu'un de leurs principaux offices était d'accompagner partout les évêques et les prêtres (Duaren. *De benefic.* l. i. c. 14.—Altaserra. *De ecclesiat. jurisdict.* l. ii. c. 3).

Le pape Corneille est le premier écrivain qui fasse mention des acolytes et il en compte quarante-deux à Rome. S. Cyprien, son contemporain, parle d'un Nicéphore, acolyte (*Epist.* xliii).

En Afrique, les fonctions des acolytes consistaient seulement à allumer les cierges et à présenter le vin pour l'eucharistie. Dans l'Église romaine, ils furent, dès leur origine, chargés de porter non-seulement les eulogies, mais encore l'eucharistie aux absents. L'acolyte Tharsitius fut lapidé par les païens pour avoir été surpris portant le corps du Sauveur (*Martyrol. Rom.* 15 aug.) dans la ville de Rome de l'un des cimetières de l'Appia, probablement de celui de Calliste (V. de Rossi *Rom. S.* ii, p. 9).

Voici comment les acolytes exerçaient leur office à la messe (*Ord. Rom.* i et ii. pp. 13. 14. 44. 50), du moins à Rome : quand le moment de la communion était venu, les acolytes, chacun avec un sac à la main, montaient à l'autel, les uns à droite, les autres à gauche, avec des sous-diacres qui tenaient l'embouchure des sacs ouverte, pendant que l'archidiacre y mettait les pains consacrés pour le peuple. Cela fait, les acolytes se séparaient ; les uns portaient leurs sacs aux évêques placés à la droite du pape, s'il y en avait, et les autres présentaient les leurs aux prêtres qui étaient à gauche et à qui il appartenait de rompre les pains sur deux patènes que deux sous-diacres tenaient devant les acolytes (Bocquillot. *Traité de liturgie sacrée.* p. 188). Cette fonction était tellement essentielle à l'ordre des acolytes, que la remise du sac faisait partie des cérémonies de leur ordination. Mais cette cérémonie avait déjà été abrogée au temps du pape Gélase, parce qu'alors on avait supprimé l'ancienne fonction de porter l'eucharistie dans des sacs, soit dans la célébration de la messe, soit ailleurs (Id. p. 151). Désormais on les voit chargés de tenir la patène et le chalumeau d'or ; ils assistaient au scrutin des catéchumènes et récitaient avec eux le symbole (*Ord. Rom.* vii. ap. Martène. t. i *De antiq. eccl. rit.*).

Il y eut à Rome trois ordres d'acolytes : les palatins qui assistaient le pape dans le palais et la basilique de Latran ; les stationnaires qui le servaient dans les églises où les stations avaient lieu ; les régionnaires qui secondaient les diacres chacun dans sa région. Bosio (*Rom sott.* p. 419) donne l'épitaphe d'ABVNDANTIVS, acolyte de la quatrième région, du titre de Vestine. Nous avons le nom d'un acolyte (VICTOR) sur une de ces lames de métal que, depuis le règne de Constantin, on avait coutume de suspendre au cou des esclaves fugitifs. Auparavant, la loi romaine ordonnait de leur imprimer sur le front avec un fer chaud certaines lettres accusant leur fuite (Giorgi. *De monogramm. Christi.* p. 59). Le monogramme du Christ dont cette plaque de bronze est ornée indiquait que c'était à la Rédemption que ces malheureux étaient redevables de ce premier adoucissement à leur sort, prélude d'une émancipation ultérieure et complète.

Il y eut plus tard à Rome un archiacolyte, au rapport du cardinal Benno (*Vit. S. Greg.* vii) et de Luitprand (L. vi. *Hist.* c. 6). Pour le costume des acolytes, V. la gravure de l'art. *Ordres mineurs*.

ACROSTICHE. — C'est une espèce de jeu de mots ou de combinaison poétique consistant à former un nom ou à exprimer une pensée par les initiales d'un certain nombre de vers, lues de haut en bas.

Le premier et le plus important des acrostiches chrétiens est celui que donne le mot ιχθυς, *poisson*, mot que la primitive Église avait adopté comme l'expression arcane du nom de Jésus-Christ, de ses deux natures, de sa filiation divine et de sa qualité de Sauveur (V. l'art. *Poisson*).

Ἰησοῦς	—	*Jesus*	—	Jésus.
Χριστός	—	*Christus*	—	Christ.
Θεοῦ	—	*Dei*	—	De Dieu.
Υἱός	—	*Filius*	—	Fils.
Σωτήρ	—	*Salvator*	—	Sauveur.

Cet acrostiche fut reproduit par l'auteur inconnu des nouveaux livres sibyllins, qui datent, selon toute apparence, de l'an 170 ou 180 après Jésus-Christ. Il fut retrouvé le 25 juin 1839 sur un marbre grec chrétien, dans un polyandre de Saint-Pierre l'Estrier, près d'Autun, cimetière que S. Grégoire de Tours avait connu et dont il fait mention dans son livre *De gloria confessorum* (c. lxxiii). Ce monument, infiniment précieux sous plus d'un rapport, fut dès l'abord publié par M. l'abbé Pitra, devenu depuis bénédictin de Solesmes et enfin cardinal, qui en donna une première leçon dans les *Annales de philosophie chrétienne* (t. xix. p. 195).

Les sigles ιχθυς sont aussi inscrites verticalement en tête d'une épitaphe latine plus anciennement connue, du recueil de Fabretti (p. 329) ; mais ici elles restent isolées, sans entrer dans la composition des premiers mots de chaque ligne de l'inscription ; le *titulus* d'Aschandeus d'Autun est le seul de tous ceux qu'on a jusqu'ici découverts qui présente l'acrostiche ιχθυς proprement dit.

Il paraît que, dans les premiers siècles, on aimait, par un motif de piété sans doute, à écrire en acrostiche le nom de Notre-Seigneur, dans des pièces de vers en son honneur, et ceux des martyrs et des autres Saints dans les épitaphes gravées sur leurs tombeaux. Le pape S. Damase s'exerça souvent à ce genre de composition. On lui attribue deux acrostiches sur le saint nom de Jésus (*Carm.* iv et v) ; nous citons le premier pour exemple :

I n rebus tantis Trina conjunctio mundi
E rigit humanum sensum laudare venuste :
S ola salus nobis, et mundi summa potestas
V enit peccati nodum dissolvere fructu,
S umma salus cunctis nituit per sæcula terris.

On sait que ce même pape avait aussi composé une inscription en acrostiche en l'honneur de Ste Constance, fille de Constantin, inscription qui fut primitivement placée dans l'abside de la basilique de Sainte-Agnès, sur la voie Nomentane, bâtie par le premier empereur chrétien, à la prière de sa fille. On peut lire ces vers dans l'ouvrage de Bosio (p. 418).

Quelquefois dans l'inscription même on avait la précaution d'indiquer le procédé à suivre pour trouver les noms écrits en acrostiche. Ainsi, à la suite de l'épitaphe de quatre saintes, LICINIA — LEONTIA — AMPELIA — FLAVIA, publiée par Muratori (*Nov. Thes.* p. 1903. n. 5), lit-on immédiatement ces deux vers qui en donnent la clef :

NOMINA SANCTARUM LECTOR SI FORTE REQUIRIS
EX OMNI VERSU TE LITERA PRIMA DOCEBIT.

« Si tu recherches, lecteur, le nom des Saintes, la première lettre de chaque vers te le révélera. »

Le *titulus* d'une chrétienne du nom d'AGATHE donné par Marini (*Arvali*. p. 828) se termine par ces mots, qui renferment une explication analogue : EIVS AVTEM NOMEN CAPITA VERS*uum*.

En voici un autre exemple (*Ibid.*) : IS CVIVS PER CAPITA VERSORVM NOMEN DECLARATVR. Mais ceci paraît plus clairement encore par une inscription du recueil de Fabretti (IV. 150) : REVERTERE PER CAPITA VERSORVM ET INVENIES PIVM NOMEN, « retournez à la tête des vers, et vous trouverez le pieux (ou le saint) nom ; » ce nom est ANATHOLIA. Nous avons dans l'ouvrage de l'abbé Gazzera sur les inscriptions du Piémont (page 91) l'épitaphe de S. Eusèbe, évêque de Verceil, où les premières lettres des vers donnent : EVSEBIVS EPISCOPVS ET MARTYR ; et encore celle de l'évêque Celsus (*Ib.* 114), dont le nom est aussi écrit en acrostiche : CELSVS EPISCOPVS.

Il y avait encore des acrostiches doubles. Ainsi, S. Aldhelme, évêque de Salisbury au VII° siècle, a placé en tête du livre de ses *Énigmes* un prologue composé de trente-six vers, qui donnent deux fois, c'est-à-dire par leurs initiales et leurs finales, le titre suivant : *Aldhelmus cecinit millenis versibus odas* (Aldlhem. *Opp. edit. Oxon.* 1844. p. 248).

La préface du livre du même auteur *De laudibus virginum* offre aussi un acrostiche double, mais qui diffère du précédent en ce qu'il se lit, dans la colonne gauche de haut en bas, et de bas en haut dans la colonne finale. Cet acrostiche reproduit le premier vers de la pièce : *Metrica Tirones nunc promant carmina castos* (*Op. laud.* p. 135).

On doit rapporter au même genre de poëmes celui où les vingt-quatre lettres de l'alphabet sont distribuées dans leur ordre au commencement de chaque strophe. Sedulius en fournit un exemple dans son hymne *A solis ortus cardine*, et Fortunat dans celle de ses pièces qui commence par ces mots : *Agnoscat omne sæculum* (*Carm.* XVI).

La liturgie des Grecs avait aussi adopté cette espèce d'acrostiche pour les hymnes ou *canons* de son office : on en trouve dont la première strophe commence par A et la dernière par Ω. Quelquefois ces acrostiches renferment, soit l'éloge du saint dont on fait l'office, soit une sentence relative à la fête du jour. Ainsi, dans l'hymne composée par Jean Euchaïte pour l'office de matines de la commémoration des trois grands docteurs S. Basile, S. Grégoire de Nazianze, et S. Chrysostome, les vingt-neuf strophes dont elle se compose forment, par l'initiale de chacune de ces strophes, l'acrostiche suivant, qui renferme le plus magnifique éloge de ces grands hommes :

ΤΡΙΣΗΑΙΟΝ ΦΩΣ ΤΡΕΙΣ ΑΝΗΨΕΝ ΗΑΙΟΥΣ

O TRINITAS, LUCERE TRES SOLES FECISTI.

« O Trinité, c'est toi qui as fait briller ces trois soleils ! »

(Nic. Ryæi. *De acoluthia offic. canonici pro eccles. orient. græc. in solemni commemor. trium doctorum Basilii, Nazianzeni, Chrysostomi.*)

Les *Constitutions apostoliques* (II. 27) appellent *acrostichia* les premiers mots des versets des psaumes que le peuple chantait dans les assemblées chrétiennes ; le reste était chanté par une seule voix : *Alius quidem psalmos David canat, populus vero initia versuum succinat.*

ACTES DES MARTYRS. — I. — L'Église mit toujours le plus grand zèle à recueillir le récit des souffrances et de la mort de ses martyrs. Ce sont là ses titres de gloire, et, après les saintes Écritures divinement inspirées, les premiers âges du christianisme ne nous ont rien laissé de plus digne de notre respect et de notre admiration. S. Clément institua sept notaires, et S. Fabien sept sous-diacres apostoliques, les premiers pour écrire ces saintes annales, les seconds pour surveiller et diriger leur œuvre.

Les papes les faisaient recueillir avec soin, pour les placer dans les archives de l'Église. S. Antère se distingua particulièrement par son zèle dans une œuvre si importante, et on sait qu'il paya ce zèle au prix de son sang : *Hic gesta martyrum*, lisons-nous au Livre pontifical (XIX in. Ant.), *diligenter a notariis exquisivit, et in ecclesia recondidit, propter quod a Maximo præfecto martyrio coronatus est.* Voici la reproduction d'une peinture du cimetière de Calliste (Aringh. T. I. p. 539) où l'on croit reconnaître la représentation de ce fait. Le pontife est assis sur sa chaire, entouré de ses diacres, et les notaires régionnaires, au nombre de trois, lui offrent avec de grandes démonstrations de respect les actes renfermés dans un *scrinium* déposé à ses pieds.

Et telle était l'importance qu'on attachait à leur conservation, que plus d'une fois on les écrivit sur des lames de plomb que l'on renfermait dans les tombeaux des martyrs eux-mêmes avec leurs ossements sacrés, afin de leur assurer la durée que Job voulait pour ses oracles (Job. XIX) : « Qui me donnera que mes discours soient gravés dans un livre avec un style de fer, et sur une lame de plomb ? » Un écrivain nommé Cyrus (Ap. Sur. *Die jun.* xviii) grava ainsi sur le plomb les actes du martyr Leontius couronné sous Vespasien, et il

es plaça dans le *loculus* où fut déposé le corps. Notre S. Grégoire de Tours raconte aussi que l'empereur Dèce ayant fait fermer l'entrée de la grotte où s'étaient cachés les sept frères d'Éphèse appelés les *Sept Dormants*, afin qu'ils y trouvassent la mort que les tourments qu'ils avaient déjà soufferts n'avaient pu leur donner, il se rencontra un chrétien qui eut soin d'écrire leurs noms ainsi que l'histoire abrégée de leur martyre sur une tablette de plomb qu'il jeta furtivement dans la caverne, avant qu'elle fût complètement close (*De glor. MM.* I. 95). D'après le même écrivain, on aurait retrouvé sous Théodose, et les Saints pleins de vie, et la lame de plomb renfermant les détails de leur martyre : *invenit (episcopus) tabulam plumbeam in qua omnia quæpertulerant habebantur scripta.*

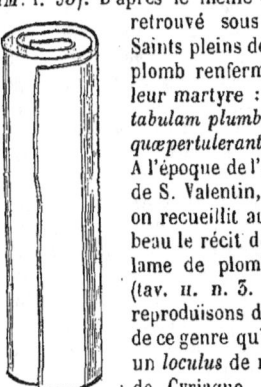

À l'époque de l'invention du corps de S. Valentin, évêque de Padoue, on recueillit aussi dans son tombeau le récit de ses actes sur une lame de plomb. Boldetti donne (tav. II. n. 3. p. 322), et nous reproduisons d'après lui, un objet de ce genre qu'il avait trouvé dans un *loculus* de martyr au cimetière de Cyriaque. Malheureusement, le plomb se rompit quand on voulut le dérouler, et il fut impossible de déchiffrer les caractères, très-visibles néanmoins, qui y étaient tracés.

(Voyez les articles *Calendriers, Martyrologes, Notarii*, préliminaires obligés de celui-ci.)

Malgré les obstacles de toute sorte qui venaient entraver l'office des notaires apostoliques, en dépit surtout des décrets portant peine de mort contre ceux qui seraient surpris à écrire la relation des supplices infligés à leurs frères (*Act. S. Vincent. et S. Anastas. Fullon.* ap. Ruin. p. 321 et iv), les actes des martyrs durent être fort nombreux pendant les trois premiers siècles. Si le nombre de ceux qui nous restent est relativement restreint, c'est que beaucoup ont péri, soit par le feu, soit par les diverses vicissitudes et révolutions que l'Église a traversées. Ainsi nous savons que, sous Domitien, la plupart des actes des martyrs de la persécution de Néron furent dévorés par les flammes (Baron. *Ad an.* 98. Domitiani 15), et que, près de trois siècles plus tard, les livres de l'Église furent brûlés par les ordres de Dioclétien.

II. — Les collections qui existent aujourd'hui ne sont donc à proprement parler que des lambeaux du riche trésor de la primitive Église ; elles se composent des quelques monuments qui ont providentiellement échappé aux ravages du temps, à la fureur des persécutions, et aussi à l'incurie des hommes. Notons rapidement les hommes studieux et zélés pour la gloire de l'Église auxquels nous en sommes redevables.

Eusèbe Pamphile passe pour être le premier qui ait entrepris de réunir une collection des actes des martyrs. Cependant il avait précédé par Denys, évêque d'Alexandrie au troisième siècle, lequel, au rapport d'Eusèbe lui-même (*Hist. eccl.* vi. 34), avait recueilli les actes des martyrs qui avaient souffert en Égypte sous la persécution de Dèce : ce n'était qu'une collection locale et partielle. Eusèbe au contraire en fit deux, une universelle et une spéciale. La première embrassait les actes de tous les martyrs couronnés sous différents princes et en différents lieux ; c'est ce qu'indique le titre de cette collection : Ἀρχαίων μαρτύρων συναγωγή, *veterum martyrum conventus*. Une telle œuvre n'était pas difficile pour Eusèbe, qui avait eu à sa disposition les bibliothèques de toutes les principales villes, et avait pu compulser les archives de presque toutes les Églises. Son second ouvrage était un *Choix des actes des martyrs de la Palestine*. Le premier était déjà perdu au sixième siècle, car à cette époque Eulogius, patriarche de Constantinople, écrivait à S. Grégoire qu'il ne se trouvait pas plus dans les bibliothèques de l'Orient que dans celles de Rome.

Depuis lors, les invasions des Barbares dans l'empire romain ayant amené la dévastation des plus anciennes bibliothèques, toutes les primitives collections d'actes de martyrs disparurent ; de telle sorte que ce fut un travail à recommencer au début du moyen âge : il se trouva alors de savants hommes qui ne faillirent point à cette utile tâche.

C'est à un évêque de Paris du commencement du septième siècle, S. Céran, qu'appartient l'honneur de l'avoir tentée le premier. Et ce qu'il y a de fort singulier, c'est que cet évêque ne nous est connu que par ce seul fait. Il s'était adressé à un clerc de Langres nommé Warnhaire pour avoir les actes des martyrs de la contrée habitée par celui-ci ; Warnhaire lui envoya les actes des trois jumeaux de Langres, Speusippe, Éleusippe et Méleusippe, et ceux de S. Didier, évêque de cette ville. Nous avons la lettre d'envoi dans la collection des Bollandistes (xvii jan.) ; Warnhaire y donne à son vénérable correspondant les plus grands éloges pour son habileté dans les saintes lettres, et le compare « à Eusèbe de Césarée pour le soin qu'il prenait de recueillir les actes des martyrs dans la ville de Paris ». Ainsi cette lettre d'un clerc obscur est le seul document qui ait sauvé de l'oubli un prélat qui sans doute méritait mieux. Le martyrologe gallican d'André du Saussay inscrit le nom de S. Céran au v des calendes d'octobre, c'est-à-dire au 27 septembre (t. I. p. 663) ; l'Église de Paris l'honore le 28 septembre.

Il faut maintenant traverser deux siècles et aller jusqu'à Anastase le Bibliothécaire qui traduisit quelques actes du grec en latin ; au même siècle (neuvième), Jean, diacre de l'Église Romaine, en recueillit quelques-uns, comme nous l'apprenons par la lettre de Gaudence, évêque de Velletri, au pape Jean VIII (Mabill. *Iter ital.* II. 1). Nous ne devons pas omettre Flodoard, qui, également dans le neuvième siècle, écrivit en vers les gestes des martyrs ; ce poème, divisé en quinze livres, avait pour titre : *De triumphis italicis martyrum et confessorum* ; il ne nous en reste qu'un fragment, publié par Mabillon (*Annal. ord. S. Bened.* sæc. III. pars 2) : c'est la dernière partie du douzième livre.

Au dixième siècle brille surtout Métaphraste, qui, sous l'empereur Constantin Porphyrogénète, à la cour duquel il occupait un poste élevé, réunit une collection à peu près complète des actes alors connus des martyrs. C'était un homme d'une profonde érudition, et auquel le privilège de sa position ouvrait d'immenses ressources. Grâce à lui, nous possédons aujourd'hui beaucoup d'actes dont les originaux sont depuis longtemps perdus. La critique outrée du siècle dernier a fort maltraité Métaphraste. Bellarmin l'a attaqué, Bolland l'a défendu. Mais, bien que beaucoup d'inexactitudes et d'ornements ressemblant à des interpolations puissent lui être reprochés, il est certain qu'il a rendu les plus grands services à la science hagiologique ; et Honoré de Sainte-Marie (*Réfl. sur la crit.* I. 205) convient que de grands vides se feraient dans la collection des *Vies des Saints* d'Arnaud d'Andilly, dans les *Actes sincères* de Ruinart, dans les *Mémoires* de Tillemont, et même dans les *Vies des Saints* de Baillet, si sévère à l'égard de cet écrivain, si on en retranchait tout ce qui leur vient de lui.

Au seizième siècle, Lépoman recueillit aussi les actes des martyrs et des confesseurs ; mais la meilleure et la plus complète collection que ce siècle vit paraître est celle du chartreux Laurent Surius : il disposa par mois les actes des martyrs et des saints ; il y fit quelques additions et modifications qui ne sont pas toujours puisées à des sources bien pures. Mais son éditeur Junius Mombrice collationna les actes d'après les meilleurs manuscrits et expurgea ainsi cette œuvre importante.

Après le travail de Surius, son ouvrage fut augmenté par Jacques Murando, de trois tomes et en outre du *Martyrologe* d'Adon ; et en troisième lieu augmenté de nouveau, distribué en douze tomes et édité avec ces nouvelles modifications par Jean Krepsius et Herman Milius, en 1618. Aujourd'hui l'œuvre de Surius a presque complètement disparu sous les nombreuses refontes qu'elle a subies.

Enfin, sur le déclin du dix-septième siècle, vint la collection la plus parfaite de toutes, celle de dom Thierry Ruinart, moine de la congrégation de Saint-Maur ; elle est en tout point digne de son titre : *Acta martyrum sincera*, car Ruinart n'y a rien ajouté de son propre fonds, et n'a publié ces actes que d'après les manuscrits du meilleur aloi, et après les avoir soumis à la plus sévère critique. Mais nous reviendrons tout à l'heure à cette importante collection.

En dehors des actes des martyrs, beaucoup de vies de Saints confesseurs ont été écrites par les Pères et les plus illustres auteurs ecclésiastiques, tels que S. Jérôme, S. Cyrille, Eugipius, S. Grégoire de Nazianze, S. Grégoire de Tours, S. Athanase, Théodoret, Fortunat, S. Hilaire d'Arles, etc., et enfin, au treizième siècle, par l'auteur de la *Légende dorée*, Jacques de Voragine, dominicain, archevêque de Gênes, dont l'ouvrage est conçu à un point de vue sans doute fort respectable, mais que des écrivains, tels que Bellarmin et Baronius, n'ont pas cru pouvoir être jugé d'après les règles ordinaires de la critique. Au reste cet auteur docte et pieux trouve dans l'assentiment, bien qu'entouré de réserves, du grave P. Bolland, un ample dédommagement aux dédains de quelques aristarques d'une sévérité extrême.

La colossale compilation préparée au commencement du dix-septième siècle par Rosweide, commencée par Bolland, continuée par Henschenius, Papebroeck, etc., et reprise de nos jours par les laborieux successeurs de ces grands hommes, est le plus magnifique monument élevé à la gloire des Saints et à la gloire de l'Église. Les limites qui nous sont imposées ne nous permettent pas de parler en détail de l'œuvre des Bollandistes, cet immense filet, comme il a été dit, renfermant toutes les espèces imaginables de poissons : *sagena ex omni genere piscium congregans* (Matth. XIII, 47). Nous nous faisons néanmoins un devoir de signaler au lecteur le bon travail de dom Pitra (aujourd'hui cardinal) intitulé : *Études sur la collection des actes des Saints par les RR. PP. jésuites Bollandistes* ; Paris, 1850.

III. — Les actes sincères, c'est-à-dire authentiques des martyrs, peuvent se diviser en plusieurs classes. Nous prenons pour base de cette partie de notre travail la préface de l'ouvrage de Ruinart.

1° On doit mettre au premier rang les actes appelés « proconsulaires » ou « présidiaux », parce qu'ils émanent des greffes mêmes des proconsuls ou des présidents quelconques, au tribunal desquels les martyrs étaient jugés sous les empereurs païens. Ces actes n'étaient autre chose que la relation authentique des interrogatoires et des procès subis par les chrétiens, selon les formes légales. Les fidèles obtenaient quelquefois la permission de les copier, le plus souvent ils ne pouvaient se les procurer qu'au prix de sommes d'argent considérables (Ruin. *Préf.* p. VII et XI) (V. les art. *Exceptores* et *Notarii*). On comprend assez que, de tous les actes des martyrs, ceux-ci sont les plus sûrs et les plus dignes de confiance. Nous possédons encore aujourd'hui dans toute leur pureté seize ou dix-sept de ces précieux monuments de l'antiquité chrétienne; ce sont les actes de S. Justin l'Apologiste; de S. Acace, évêque d'Antioche; de S. Maxime, marchand en Asie; des SS. Pierre, Paul, André, et Ste Denyse, vierge; des SS. Lucien et Marcien, de S. Cyprien, évêque de Carthage; des SS. Claude, Astère, Neon; des Stes Domnine et Théonille; de S. Maximilien de Thébeste, en Numidie; de S. Marcel, centenier; des Stes Agape, Chionie et Irène, sœurs; de S. Didyme et de Ste Théodore, vierge; des SS. Taraque, Probe et Andronique; de Ste Crispine, en Afrique; de S. Serain de Sirmich, en Pannonie; de S. Philéas, évêque de Thumis, en Égypte; de S. Philorome, intendant de justice; et de S. Quirinus, évêque de Sisseg.

Les chrétiens qui ont transcrit ou acheté les actes proconsulaires y ont quelquefois ajouté une petite préface et un épilogue où la mort du Saint est rapportée. Ceci ne leur ôte rien de leur authenticité. Ces additions ont pour but de compléter le récit des actes qui, en l'état où ils étaient conservés dans les greffes publics, finissent ordinairement par la sentence du juge, et ne mentionnent pas la mort des martyrs, sauf les cas où ceux-ci expiraient dans les tourments de la question.

2° La seconde classe d'actes auxquels on donne le nom d'« originaux » se compose de ceux que les martyrs rédigeaient eux-mêmes, lorsqu'ils en avaient la faculté, et où ils racontaient ce qu'ils avaient enduré pour la foi, eux et leurs compagnons (Ruin. Préf. p. xi). Les seuls actes authentiques de cette classe que nous possédions sont ceux des Stes Perpétue et Félicité, l'un des plus importants monuments en ce genre, et ceux des SS. Montan, Flavien et leurs compagnons, dont la plus grande partie est due aux martyrs eux-mêmes. Le reste, concernant la suite de leurs souffrances et la consommation de leur sacrifice, a été ajouté par les chrétiens témoins de leur mort. A ces actes on pourrait joindre ceux de S. Ignace, qui, dans son épître aux Romains, raconte une partie de ce qu'il souffrit de la part des satellites dans son voyage à Rome, et aussi ce que S. Denys d'Alexandrie a marqué de ses propres souffrances dans sa lettre à Fabien, évêque d'Antioche. Mais ces deux derniers documents se rattachent plus naturellement à la classe suivante.

3° Elle renferme les actes qu'écrivaient, en même temps que les greffiers, les chrétiens présents aux audiences, ou que les témoins mêmes de leurs combats dressaient aussitôt après la consommation de leur martyre (Ruin. Préf. p. xi). Onze ou douze pièces écrites de l'une ou de l'autre de ces deux manières sont parvenues jusqu'à nous; savoir: les actes de S. Ignace, évêque d'Antioche; de S. Polycarpe, évêque de Smyrne; de S. Ptolémée et de ses compagnons; des martyrs de Lyon, S. Pothin et ses compagnons; de S. Mitre, de Ste Apolline, vierge, et de plusieurs autres à Alexandrie et ailleurs; de S. Pione, prêtre de Smyrne; des SS. Jacques, Marcien et leurs compagnons; des SS. Jérémie, Isaïe, Samuel, et de plusieurs autres, dont le martyre est rapporté par Eusèbe; de S. Théodote l'hôtelier, et des sept vierges d'Ancyre; de S. Procope, lecteur; de S. Basile d'Ancyre, prêtre; de S. Théodoret, prêtre d'Antioche.

4° La quatrième classe renferme les actes qui ont été immédiatement tirés de ces originaux, mais en supprimant certaines formules de procédure judiciaire, fastidieuses à la lecture, et auxquels on a ajouté quelques réflexions ou agréments de style. Ou bien encore, quand on ne pouvait avoir des actes de cette nature, on y suppléait par les données de la voix publique et par les récits de ceux qui avaient vécu du temps des persécutions; et avec de tels matériaux on composait les actes des martyrs (Ruin. Préf. p. vm). Ceux qui écrivaient cette espèce d'actes s'appelaient *scribæ a memoriis*. Tel était Eusignius, qui, au quatrième siècle, écrivit les actes de S. Basiliscus, soldat et martyr, si l'on en croit les mêmes actes (Lami. *De erudit. apost.* p. 468). Le recueil de Ruinart contient environ vingt-cinq monuments de cette espèce, entre lesquels on compte les actes de Ste Symphorose et de ses sept enfants; de Ste Félicité et de ses sept enfants; des martyrs Scillitains; de S. Saturnin, premier évêque de Toulouse; de S. Fructueux, évêque de Tarragone, et de ses compagnons; de S. Genès, comédien à Rome.

5° Dom Ruinart enregistre encore une autre espèce d'actes, qui n'ont été ni tirés des greffes publics, ni composés de quelqu'une des manières que nous venons de dire. Ce sont ceux qui se trouvent dans les ouvrages des auteurs ecclésiastiques, homélies, panégyriques, hymnes, composés depuis la paix de l'Église, et où écrivains, orateurs ou poëtes ont consigné ce qu'ils en savaient, pour l'avoir appris par une tradition constante et sûre, ou par des mémoires exacts existant de leur temps (Ruin. *ibid.*). La plus grande partie des actes réunis par le savant bénédictin doivent être rangés dans cette dernière classe, c'est-à-dire cinquante-deux sur un peu plus de cent. On y place le martyre de S. Jacques, évêque de Jérusalem; celui de S. Siméon, évêque de la même ville; ceux des SS. Épipode et Alexandre à Lyon; de S. Symphorien d'Autun; de S. Apollonius, sénateur romain; de S. Léonide, père d'Origène; de S. Hippolyte, prêtre romain, etc.

Dans la plupart des actes de toute classe se trouvent parsemés des faits, des expressions, des erreurs, touchant les temps, les lieux et les personnes, qui ont partagé les savants sur les rangs respectifs qu'on doit leur assigner. Mais ces taches, peu importantes, ne portant en général que sur les accessoires, provenant de la négligence ou de l'inhabileté des copistes, n'empêchent point que les actes où elles se remarquent ne soient sincères. Dans l'estime de dom Ruinart lui-même, tous ces monuments n'ont pas une égale autorité; mais ils en ont assez pour que tous puissent être estimés sincères et véritables, à quelque classe qu'ils appartiennent.

IV. — Les actes sincères des martyrs sont comptés au nombre des lieux théologiques; et non sans raison, dit le P. Perrone (*De loc. théol.* pars II. sect. 2. § 3), car ils nous fournissent les plus sûrs documents de la tradition dogmatique sur beaucoup d'articles de foi qui sont aujourd'hui remis en question par les novateurs. En effet l'Écriture elle-même nous enseigne que les réponses des martyrs aux questions qui leur étaient adressées par les tyrans, au tribunal desquels ils étaient traduits, doivent être regardées comme des oracles de l'Esprit-Saint (Marc. XII. 11) : « Quand ils vous emmèneront pour être livrés, dit le Sauveur, ne pensez pas d'avance à ce que vous avez à dire; mais dites ce qui vous sera donné à l'heure même. Car ce n'est pas vous qui parlez, mais le Saint-Esprit. » Ajoutons que ces réponses étaient aussi le résultat de l'enseignement des pasteurs, et que, comme telles, elles doivent être tenues pour la fidèle expression de la tradition et de la foi de l'Église à l'époque où vivait chacun des martyrs.

Ce qui donne aux actes sincères un nouveau caractère d'autorité, c'est que la lecture n'en était permise aux fidèles qu'après qu'ils avaient été reconnus et approuvés par les évêques (Ruin. *Pref.* I. III. IV. V.); au surplus on ne les lisait dans l'assemblée publique des fidèles (V. l'art. *Martyrologe*, I) qu'en présence des prélats, qui n'eussent pas manqué de s'élever contre leurs récits, s'ils eussent renfermé quelque chose de contraire à la foi de l'Église.

ADAM ET ÈVE. — I. — L'histoire de la chute de nos premiers parents, se trouve sans cesse retracée dans les monuments de tout genre de l'antiquité chrétienne; le lecteur peut s'en convaincre en ouvrant au hasard les ouvrages de Bosio, d'Aringhi, de Bottari, de Buonarruoti, de M. Perret, etc. L'Église primitive tint à en multiplier les représentations, à cause des nombreuses applications morales qui en ressortent.

L'image du premier Adam, dont la faute perdit le genre humain, rappelait celle du nouveau qui l'a racheté par son sang (1 *Cor.* XV. 45), et faisait ainsi renaître l'espérance dans le cœur des fidèles. Nous croyons voir la traduction de cette consolante pensée dans un médaillon de bronze antique (Buon. tav. I, fig. 1), où, au-dessous d'Adam et d'Ève mangeant le fruit défendu, on a figuré le Bon Pasteur portant sur ses épaules la brebis retrouvée: ingénieux rapprochement du remède et du mal, du péché qui perdit le monde et de la miséricorde qui l'a sauvé! L'image d'Adam et d'Ève, qui par leur désobéissance nous ont placés dans l'état de tentation et de combat où nous sommes réduits à disputer sans cesse notre âme à l'ennemi, inculquait au chrétien la nécessité de recourir à Dieu pour obtenir la victoire; et c'est précisément le sens de la prière que l'Église adresse à Dieu le quatrième dimanche après l'Épiphanie (D. Greg. *Lib. sacram.*, ed. Menard. p. 26) : *Deus, qui nos in tantis periculis constitutos per humana scis fragilitate non posse subsistere, da nobis salutem mentis et corporis, ut ea quæ pro peccatis nostris patimur, te adjuvante vincamus:* « Dieu, qui savez que, exposés à tant de dangers, nous ne pouvons, à cause de la fragilité humaine, nous soutenir, donnez-nous le salut de l'âme et du corps, afin que les tentations que nous souffrons pour nos péchés, nous puissions en triompher par votre grâce. » D'un autre côté le spectacle de cette grande chute inspirait aux fidèles une salutaire défiance de leurs propres forces.

L'image d'Adam et d'Ève fut encore un enseignement palpable contre les erreurs des gnostiques réfutées par S. Irénée et par d'autres Pères. Elle affirmait contre ces novateurs, et par une représentation sensible, que la création de l'homme fut l'œuvre de Dieu, et non pas celle du mauvais principe; qu'il fut créé complet, et non pas comme un ver...; qu'Adam pénitent est sauvé par sa confiance dans le Sauveur qui lui avait été promis, et que par conséquent on peut avoir sa mémoire en bénédiction, et non en abomination, comme l'enseigna Tatien après la mort de S. Justin son maître; et l'intention de l'Église est ici d'autant plus évidente, que la plupart des verres peints où se trouve l'image d'Adam et d'Ève, et dont nous parlerons plus bas avec quelques détails, furent exécutés au temps de Tatien. Dans les siècles suivants, on demeura fidèle à cette pratique, et pour des motifs analogues. S. Augustin fait une mention spéciale d'un tableau de cette nature au livre cinquième de son traité *Contre Julien* (c. II), et Prudence, dans un poëme intitulé *Diptychon*, et que Buonarruoti (*Vetri.* p. 10) regarde comme la description d'un véritable diptyque, atteste l'antiquité de l'usage de peindre Adam et Ève; c'est le début du poëme (ΔΙΠΤΟΧΑΙΟΝ, — opp. t. II, edit. Areval. p. 665) :

Eva columba fuit tunc candida, nigra deindè
Facta, per anguineum malesuada fraude venenum,
Tinxit et innocuum maculis sordentibus Adam :
Dat nudis ficulna draco mox tegmina victor.

« Ève fut d'abord une blanche colombe; elle devint noire par le poison du serpent aux funestes conseils; elle souilla aussi de taches repoussantes l'innocent Adam. Le dragon victorieux leur donne des feuilles de figuier pour couvrir leur nudité. »

Ajoutons, pour ne négliger aucune des principales interprétations des SS. Pères, que, d'après S. Ambroise (*De Paradiso*, II), l'arbre représente la loi divine; quand nous désobéissons à cette loi, nous devenons nus comme Adam et Ève, c'est-à-dire privés de la grâce et difformes à nos propres yeux comme à ceux de Dieu lui-même.

II. — Nous allons décrire rapidement les diverses manières dont ce sujet est représenté. Communément nos premiers parents sont debout près de l'arbre de la science autour duquel s'enroule le serpent, et ils couvrent leur nudité, quelquefois simplement avec la main, le plus souvent avec une feuille de figuier ou d'un arbre quelconque, *campestria*, dit S. Augustin (*In Genes. ad litt.* l. XI. c. 1), *perizomata*, selon la Vulgate (*Gen.* III. 7). Sur une lampe, citée par d'Agincourt comme remontant au premier âge du christianisme (*Terres cuites*. pl. xxiv. n. 2), la mère du genre humain est représentée cherchant un voile, au moment où elle vient de perdre celui de l'innocence, en acceptant la pomme. Quelques bas-reliefs, celui du sarcophage de Junius Bassus par exemple (Bosio, p. 45. — cf. Bottari. tav. xv), font voir près d'Adam un faisceau d'épis, et à côté d'Ève un agneau, ce qui est destiné sans doute à rappeler la sentence divine qui condamne le premier homme à cultiver la terre, et sa compagne à travailler la laine pour le vêtement de la famille (*Gen.* iii. 17).

Ailleurs la scène est plus complète : Dieu lui-même, sous la figure d'un jeune homme, qui n'est autre que le Christ par anticipation, dans l'acte sans doute de prononcer la terrible sentence, présente, d'un air irrité, la gerbe à Adam et l'agneau à Ève (Aringhi. i. 613, 621, 623).

Un verre orbiculaire du recueil de Buonarruoti (*Vetri.* tav. i. fig. 2 et p. 8) offre un ensemble de circonstances intéressantes dont l'interprétation résume à peu près tout ce qu'il importe de dire sur cet important sujet. Observons d'abord que l'artiste semble s'être prévalu de la licence illimitée reconnue aux artistes comme aux poëtes, car il décore le cou de la mère des humains d'un riche collier auquel est suspendue une bulle, ornement attribué dans l'antiquité, non-seulement aux adolescents (Plin. xxiii. 4. — Macrob. i. 6. — Perse. *Sat.* v. — Juven. *Sat.* xiii-xiv. — cf. Buon. *loc. laud.*), mais aussi aux femmes (Hieron. *Ad Isai.* c. iii), et il lui donne en outre deux bracelets. Peut-être a-t-on voulu attacher un sens moral à ces objets de la vanité inoculée surtout au sexe féminin par le péché originel, car ces ornements, d'après l'enseignement des Pères, sont une offense envers le Créateur, qu'ils semblent accuser de n'avoir pas su revêtir le corps de l'homme d'assez de grâces. Quelques rabbins (Rab. Eliezer. ap. Nuch. *Dissert. de tunic. pellic.* — cf. Buon. *loc. laud.*) prétendaient que, après son péché, Ève n'eut pas seulement les vêtements nécessaires, mais encore toute sorte d'ornements de vanité. Tertullien (*De cult. fœmin.* i. c. 1) combat cette opinion avec l'arme du ridicule.

Il faut remarquer que, dans ce verre, comme dans la plupart des autres monuments, l'arbre de la science, contrairement au texte de l'Écriture, n'a que les proportions d'un arbuste qui ne dépasse point la taille d'Adam et d'Ève. Au lieu de voir dans ce fait une adhésion au sentiment qui supposait au premier homme une taille gigantesque, il est plus naturel de l'attribuer simplement à l'inhabileté des artistes de ces âges de décadence ; on pourrait encore supposer ici une certaine velléité de perspective et l'intention d'exprimer l'éloignement où l'arbre se trouvait des figures principales : les érudits, en effet, concluent de tout le contexte du passage de la Genèse où l'événement est rapporté, qu'Adam mangea le fruit en un lieu assez éloigné de l'arbre, et où sa compagne était venue le lui offrir.

On observe que l'artiste a représenté sur l'arbre sept fruits, ce qui pourrait bien renfermer une allusion aux sept péchés capitaux qui sont sortis de la désobéissance de nos premiers parents. Nous avons dans quelques fragments de sarcophage de Saint-Ambroise, à Milan (Allegranza. *Monum. crist. di Mil.* tab. v et vi) une série de scènes qui suivent cette lamentable histoire dans ses principales phases. C'est (n. 1) Adam debout entre deux arbres, ce qui exprime l'état de félicité dans le paradis terrestre ; au n. 4, Adam et Ève assis au pied de l'arbre, et le serpent se dressant vers la femme et semblant lui adresser la parole : c'est la tentation ; la même chose à peu près se voit dans une peinture d'une chambre sépulcrale du cimetière des Saints-Marcellin-et-Pierre (Bottari. tav. cxxvi) : ici le serpent est à terre et a la tête dirigée du côté d'Ève ; à côté est la scène ordinaire, c'est-à-dire l'acte de la désobéissance. Enfin revenant au n. 1 du tombeau de Milan, nous trouvons, en dehors des deux arbres figurant le paradis, d'un côté Adam occupé à bêcher la terre, et de l'autre Ève s'arrachant une épine du pied : c'est la punition. On peut citer comme faisant suite à cette série de tableaux un bas-relief de provenance romaine où l'ange, sous la figure d'un jeune homme, chasse Adam et Ève du paradis terrestre (Bottar. tav. li). La promesse d'un réparateur se trouve représentée d'une manière fort curieuse sur une pierre annulaire antique (Mamachi. *Origin.* i. 56). Le serpent tentateur y paraît avec la fatale pomme à la bouche ; mais, à côté de ce souvenir de la chute, un personnage est profondément incliné vers Adam et Ève qui sont à genoux dans l'attitude de la plus profonde humiliation. On pense que ce personnage n'est autre que le Verbe divin qui tend la main à nos premiers parents pour les relever. Et ce qui donne un grand poids à cette interprétation, c'est que, en outre de plusieurs emblèmes d'espérance dont cette scène est accompagnée, tels que l'ancre et l'arche de Noé surmontée de la colombe, le personnage en question appuie ses pieds sur un poisson, qui est le symbole de la nature humaine que le Fils de Dieu doit revêtir dans la plénitude des temps pour sauver le monde (V. l'art. *Poisson*, i, 1°).

III. — On a beaucoup disputé sur la nature de l'arbre de la science, et la question n'est guère plus avancée que le premier jour. L'inspection des monuments où il est représenté fournit peu de lumière sur le sens des traditions des premiers siècles chrétiens à cet égard. Dans la planche XXII du deuxième volume de l'ouvrage de M. Perret, c'est un figuier avec un seul fruit sur lequel notre mère Ève porte la main.

Adam et Ève sont l'objet d'un culte public dans l'Église grecque : elle célèbre leur fête, ou une commémoration, le 19 décembre, et cette fête est ainsi placée immédiatement avant celle de la Nativité de notre Sauveur, la mémoire du premier Adam à côté de celle du second. Quaresmius (*Elucid. terrœ sanctœ.* p. 457) décrit un oratoire qui existait de son temps au pied du Calvaire, sous le vocable de Saint Adam. Des prêtres grecs étaient préposés à la desserte de cet oratoire, mais ils ne faisaient point usage d'encens dans les prières publiques, afin de montrer qu'ils ne plaçaient point le premier homme dans la première classe des Saints.

AD SANCTOS. — AD MARTYRES. — I. —

Cette formule rappelle une des pratiques funéraires les plus chères aux premiers chrétiens, pratique devenue vulgaire parmi eux, surtout depuis le quatrième siècle, et qui consistait à rechercher une sépulture dans les voisinages des tombeaux des martyrs et des saints en général — AD SANCTOS. AD MARTYRES. ANTE, OU RETRO SANCTOS, etc.

La plus noble sépulture de ce genre est celle de Ste Paule, qui fut placée à côté même de la grotte de la Nativité, dans la crypte de l'église : *subter ecclesiam, et juxta specum Domini* (Hieron. epist. XXXVI. *Ad Eustoch. virgin.* Edit. Martianay. t. IV. p. 688). Dès les temps apostoliques, les évêques tinrent toujours à reposer près du fondateur de leurs églises respectives, les premiers successeurs de S. Pierre près du corps de cet apôtre sur le Vatican, comme les évêques d'Alexandrie près des restes de S. Marc.

En mettant leur dépouille mortelle en contact aussi immédiat que possible avec les saintes reliques, nos pères dans la foi entendaient se concilier la faveur et le patronage des amis de Dieu et par là, pour le salut de leur âme, la miséricorde de Dieu lui-même. Une telle intention, qui est dans la nature des choses, nous est en outre révélée de la manière la plus explicite par une foule de textes anciens.

Ainsi S. Ambroise trouvait une consolation à la perte de son frère Satyre dans la pensée que les dépouilles de ce frère bien-aimé allaient être pour lui un gage (de protection et de sécurité) qu'aucune pérégrination ne pouvait plus lui ravir. *Habeo plane pignus meum, quod nulla mihi peregrinatio jam possit avellere,* « j'ai, dit-il, des reliques à embrasser : j'ai un tombeau que je pourrai à mon tour couvrir de mon corps ; j'ai un sépulcre sur lequel je reposerai moi-même ; et je me tiendrai plus assuré d'être agréable à Dieu, si je repose sur les os de ce saint corps, » *commendabiliorem Deo futurum esse me credam,* *quod supra sancti corporis ossa quiescam* (Ambros. *De excessu fratris sui Satyri.* L. I, § 18. Opp. t. II. coll. 1418. édit. Paris, 1690). Mais la salutaire influence qu'il se promettait de sa future réunion à la sépulture de son frère, Ambroise voulut d'abord la prouver à celui-ci en plaçant son corps dans la crypte de S. Nazaire et à la gauche de ce martyr. Ce fait nous est révélé par lui-même dans l'épitaphe qu'il composa pour Satyre (V. Gruter, p. MLLXVII) :

VRANIO SATYRO SVPREMVM FRATER HONOREM
MARTYRIS AD LÆVAM DETVLIT AMBROSIVS
HÆC MERITI MERCES AT SACRI SANGVINIS HVMOR
FINITIMAS PENETRANS ABLVAT EXVVIAS.

Le disciple de S. Ambroise, S. Augustin, ne voyait pas non plus d'autre motif à ce pieux usage répandu déjà de son temps chez tous les peuples chrétiens : *Non video quod sit adjumentum mortuorum provisus sepeliendis corporibus apud memoriam sanctorum locus, nisi ad hoc, ut dum recolunt ubi sint reposita eorum quos diligunt corpora, eisdem sanctis illos tanquam patronis susceptos apud Dominum adjuvandos orando commendent;* « je ne vois pas en quoi pourrait être utile aux morts le choix, pour la sépulture de leur corps, d'un lieu voisin de la *mémoire* des saints, si ce n'est.... de les recommander à ces mêmes saints comme à des patrons qui doivent les aider de leurs prières auprès de Dieu. » (Augustin. *De cura pro mortuis.* IV.)

S. Maxime de Turin développe la même doctrine dans son soixantième sermon sur les martyrs de Turin, Octavius, Adventitius et Solutor (Acced. ad opp. S. Leonis, edit. Venet. 1748, p. 161). « Les martyrs, dit ce Père, nous protègent pendant la vie et nous reçoivent au moment de la mort : là pour nous préserver de la souillure des péchés, ici pour nous arracher à l'horreur de l'enfer. Et c'est pour cela que nos ancêtres ont voulu que nos corps fussent associés aux ossements des saints, *ideo hoc a majoribus provisum est ut sanctorum ossibus nostra corpora sociemus, ut dum illos Christus illuminat, a nobis tenebrarum caligo diffugiat.* Lors donc que nous reposons avec les saints martyrs, nous échappons aux ténèbres de l'enfer en vertu de leurs mérites, associés que nous sommes à leur sainteté, *cum sanctis ergo martyribus quiescentes evadimus inferni tenebras, eorum propriis meritis, attamen consocii sanctitate.* Quiconque est associé à un martyr n'est point la proie du Tartare, *quisquis sociatur martyri, Tartaro non tenetur....* Or de même que nous leur sommes unis par les ossements de nos parents, nous devons nous rapprocher d'eux par l'imitation de leur foi, *et sicut eis, ossibus parentum nostrorum jungimur, ita eis fidei imitatione jungamur.* Rien en effet ne pourra nous séparer d'eux, si nous leur sommes associés par la religion comme par le corps, *in nullo enim ab ipsis separari poterimus, si sociemur illis tam religione quam corpore.* »

A son tour, S. Paulin de Nola obéissait au même

sentiment de piété, quand il faisait transporter les restes de son jeune fils Celsus près des martyrs de Complutum (aujourd'hui Alcala en Espagne). C'est ce qu'il atteste lui-même dans ces vers, si pleins de confiance dans les mérites du sang des héros de la foi que l'on vénérait en ce lieu, et qui ne sont autres probablement que les frères Just et Pasteur, qui souffrirent en 304 sous la persécution de Dioclétien (Paulin. *Poëm.* xxxvi. v. 605 seqq) :

> Quem Complutensi mandavimus in urbe, propinquis
> Conjunctum tumuli fœdere martyribus,
> Ut de vicino sanctorum sanguine ducat,
> Qui nostras illo purget sanguine animas!

« Nous l'avons envoyé (Celsus) dans la ville de Complutum, pour qu'il y soit associé aux martyrs par l'alliance du tombeau, afin que dans le voisinage du sang des saints, il puise cette vertu qui purifie nos âmes comme le feu. »

Telle est encore l'inspiration qui guidait la plume de S. Grégoire de Nazianze dans les nombreuses épigrammes qu'il composa sur la mort de saints personnages, par exemple dans celle qu'il consacra à son frère Césaire (l. LXVI.) qui, mort en Bithynie, fut rapporté à Nazianze, pour y être enseveli dans l'église des martyrs : *Propinqui martyres, sitis propitii, et sinu excipite martyres vestros, prolem Gregorii,* « ô martyrs ici présents, soyez propices, et recevez dans votre sein vos martyrs, progéniture de Grégoire (Ap. Muratori. *Anecdot. Græc.* t. I). Voici un touchant passage du poëme que ce Père consacra à sa mère Nonna, qui partagea le tombeau de son fils Césaire (Épigr. xci) : *Nonne spiritus evolatus in cœlum ascendit; ejus vero corpus et templo martyribus apponimus. Igitur martyres magnam hostiam suscipite, et fatigatum corpus vestro sanguini sociatum,* « l'esprit de Nonna dégagé de ses liens terrestres est monté au ciel; mais nous plaçons son corps près des martyrs. Donc, recevez, ô martyrs, la grande victime, et ce corps fatigué qui est associé à votre sang. » Cette variété de la formule qui fait l'objet de cet article — SOCIATUS OU SOCIATA MARTYRIBUS OU SANCTIS — se rencontre très-fréquemment dans les inscriptions des premiers siècles.

Ici se place naturellement l'exemple de Constantin, qui, pénétré de l'esprit chrétien, voulut, lui aussi, être enseveli au milieu des monuments érigés par ses soins aux douze apôtres dans la basilique qu'il leur avait dédiée à Constantinople : *Cum igitur,* dit Eusèbe *(In vit. Constantini.* lib. iv. cap. 60) *duodecim capsas, quasi columnas in honorem ac memoriam apostolici collegii erexisset, suam ipsius arcam in medio constituit, quæ senas utrinque apostolorum capsas dispositas habebant.* Et, en cela, poursuit son historien, il fut guidé par un double motif : d'abord par le désir de participer après sa mort aux prières qui seraient adressées en ce lieu aux apôtres, ensuite et surtout par la ferme conviction que la *mémoire* de ces saints serait d'une grande utilité à son âme : *pro certo sibi persuadens, horum memoriam non parum utilitatis animæ suæ esse allaturam.*

Ce récit semble impliquer contradiction avec témoignage de S. Jean Chrysostôme, qui place le tombeau du grand empereur dans le vestibule de la basilique des apôtres (*Homil.* xxvi *in epist.* II *ad Cor.*) dont il était ainsi constitué le portier : on reconnaît ici l'exagération oratoire habituelle à ce Père. Il n'est pas néanmoins impossible de concilier ces deux imposantes autorités, et Valois a essayé de le faire dans ses notes à ce passage d'Eusèbe, en disant, d'après Zonaras, que Constantin, à la vérité, avait disposé que son corps fût placé au milieu du collége apostolique, mais que Constance ou quelqu'un de ses autres successeurs le fit transférer dans un portique construit à cet effet en avant de la basilique.

Les textes viennent constater l'usage qui nous occupe jusque dans les bas temps. Ainsi nous avons, au septième siècle, un diplôme de Clovis II, où se trouve exprimé, absolument comme aux âges antérieurs, le pieux désir de s'approprier, par une sépulture rapprochée des martyrs, les bienfaits d'un tel voisinage : *In quo loco genetores (sic) nostri videntur requiescere ut per intercessionem SS. martyrum Dionysii, Leutheri et Rustici, in cœlesti regno, cum omnibus sanctis mereant (sic) participari, et vitam æternam percipere* (V. Marini. *Papiri diplomm.* p. 99). Les saints, dont la protection est ici invoquée, sont les martyrs de Paris Denys l'Aréopagite, Rustique, prêtre, et Eleuthère, diacre (V. *Martyrol. Rom. ad diem octob.* IX). Les deux derniers sont qualifiés archiprêtre et archidiacre de l'Église de Paris dans le martyrologe gallican d'André du Saussay (t. II, p. 704). Bien que d'une date relativement moderne, le document énonce un fait ancien, à savoir la sépulture près des saints martyrs de personnages appartenant à des générations reculées dans l'histoire, *genetores nostri videntur requiescere;* il est en outre particulièrement intéressant pour nous, parce qu'il nous montre près du berceau de notre monarchie nationale une précieuse communauté de foi avec les contrées plus anciennement visitées par le christianisme.

II. — Les épitaphes mentionnant la sépulture AD SANCTOS, etc., sont en très-grand nombre, et se rencontrent dans toutes les contrées du monde chrétien, partout en un mot où se conservent des reliques insignes. La plus ancienne inscription datée que nous rencontrions dans de telles conditions est de l'an 426 : elle nous fait connaître que les époux Januarius et Brixia avaient acheté, pour le prix d'un sou et demi d'or, aux *fossores* Burdo, Micinus et Muscus, un tombeau dans le cimetière de Comodilla, en avant du monument de la martyre Emerita : LOCVM ANTE DOMNA EMERITA (V. Marchi. *Monum.* pp. 86 et 150, et de' Rossi. *Inscr. christ.* t. I, p. 281). Le même P. Marchi mentionne un autre marché tout semblable, contracté par les deux chrétiennes Valeria et Sabina, c'est-à-dire l'acquisition d'un *loculus* bisôme dans la « crypte nouvelle, derrière le sépulcre des martyrs », RETRO SANCTOS (Marchi, p. 150). Il y joint une troisième inscription présentant les mêmes caractères, et dans laquelle un père et une mère déclarent s'être préparé, pour eux et pour leur fille, un *loculus* au-dessus de l'*arcosolium* où était déposé le corps de S. Hippolyte :

```
DRACONTIVS. PELAGIVS. ET. IVLIA. ETELIA
ANTONINA. PARAVERVNT. SIBI LOCVM ☧
AT (sic) IPPOLITV. SVPER. ARCOSOLIV PROPTER VNA FILIA.
```

Enfin, une même crypte du cimetière de Calliste ne présente pas moins de six *loculi* ouverts dans ses parois, au grand dommage des peintures dont elles étaient décorées.

Ce fait qui, par suite d'une malheureuse condescendance des *fossores*, entre les mains desquels était tombée l'administration des cimetières, ne se reproduit que trop fréquemment dans les catacombes de Rome, constitue une preuve nouvelle et toujours visible de l'empressement souvent indiscret des fidèles à réunir leurs restes aux reliques des martyrs. Nous en donnons ici un exemple tiré du cimetière de Calliste et emprunté à la Rome souterraine de M. de' Rossi (t. II. fav. XIX).

Dans d'autres parties encore de la péninsule italique, nous retrouvons des preuves écrites du pieux usage qui fait l'objet de cette étude. Voici une épitaphe métrique des plus importantes à ce point de vue ; elle est fournie par la ville d'Ivrée en Piémont (V. Gazzera. *Iscriz. del Piem.* p. 80) :

```
MARTIRIBVS DOMINI ANIMAM CORPVSQVE TVENDO
GRATIA COMMENDANS TVMVLO REQVIESCIT IN ISTO
SILVIVS HIC PLENO CVNCTIS DILECTVS AMORE
PRESBITER ÆTERNÆ QVÆRENS PRÆMIA VITÆ
HOC PROPRIO SVMPTV DIVINO MVNERE DIGNVS
ÆDIFICAVIT OPVS SANCTORVM PIGNORA CONDENS
PRÆSIDIO MAGNO PATRIAM CVSTODIBVS VRBEM
SVSTVLIT HVNC LÆTVM MVNDO LONGEVA SENECTVS
ÆTERNVM VITÆ ÆTAS MATVRAQVE LVIT.
```

Cette épitaphe était, selon toute apparence, placée sur la tombe du prêtre Sylvius, dans un lieu, basilique ou oratoire, construit à ses frais, *proprio sumptu*, et où il avait renfermé des corps saints, dont la présence devait être non-seulement une protection pour son corps et son âme, *animam corpusque tuendo*, mais encore une forte garde pour sa ville natale et son peuple fidèle, *præsidio magno patriam populumque fidelem munivit, tantis firmans custodibus urbem*. Quels sont les saints dont il est ici question ? L'abbé Gazzera conjecture qu'on doit y reconnaître les saints Sabinus, Tegulus et Bessus, anciens patrons de la ville d'Ivrée.

Une inscription de Verceil, donnée par le même collecteur (Gazzera, p. 101), nous apprend aussi que le prêtre Sarmata était attaché au service de l'église qui existait alors dans cette ville, non loin de la basilique constantinienne, dite de Ste-Marie-Majeure, dédiée au culte des saints Nazaire et Victor. Là, vivant dans le Seigneur, il mérita d'être, par ces deux saints et en récompense de ses vertus, ainsi que des services rendus par lui pendant trente-cinq ans à cette église, conduit à Dieu, *gemino meruit martyre duci ad Dominum*, et de trouver le repos, c'est-à-dire son tombeau, aux côtés de ces bienheureux, *lateribus tutum reddunt*. Voici l'inscription :

```
DISCITE QVI LEGITIS DIVINO MVNERE REDDI
MERCEDEM MERITIS SEDIS QVI PROXIMA SANCTIS
MARTYRIBVS CONCESSA DEO EST GRATVMQVE CVBILE
SARMATA QVOD MERVIT VENERANDO PRESBITER ACTO
SEPTIES HIC QVINOS TRANSEGIT CORPORIS ANNOS
IN XPO VIVENS AVXILIANTE LOCO
NAZARIVS NAMQVE PARITER VICTORQVE BEATI
LATERIBVS TVTVM REDDVNT MERITISQVE CORONANT
O FELIX GEMINO MERVIT QVI MARTYRE DVCI
AD DNM MELIORE VIA REQVIEMQVE MERERI.
```

Toutes les provinces de l'ancienne Gaule fournissent un grand nombre de monuments épigraphiques du même genre. A Trèves, nous avons l'épitaphe du sous-diacre VRSINIANVS, qui, lui aussi, avait été associé à la sépulture des martyrs, patrons de cette ville, QVI MERVIT SANCTORVM SOCIARI SEPVLCRIS (Le Blant. t. I, p. 396). Plusieurs chrétiennes de Cologne et de Ratisbonne sont dites de même SOCIATÆ MARTYRIBVS, MARTYRIBVS SOCIATÆ (Id. ib. p. 472).

Les illustres martyrs de Lyon devaient à bon droit inspirer aux habitants de cette ville une semblable confiance. Aussi a-t-on trouvé, groupés autour d'eux, un grand nombre de tombeaux, dont le plus connu est celui de Flavius Florinus qui POSITVS EST AD SANCTOS, comme en fait foi son épitaphe retrouvée en 1736 sous les ruines de l'église de Saint-Just, et que nous transcrivons dans le savant ouvrage de M. de Boissieu (*Inscr. Lyon*, p. 553) :

```
FLAVIVS FLORI. .
EX TRIBVNIS QVI VIXIT
ANNOS OCTOGINTA ET
SEPTIM MILITAVI ANNI
TRIGENTA ET NOVEM POSITV
EST AD SANCTOS ET PRO
BATVS ANNORVM DECIM
ET OCTO HIC COMMEMO
RA... SANCTA N ECLESIA
LVGDVNENSI A
ID CALENDAS AVG
```

A Tours, l'évêque S. Perpetuus, dont S. Grégoire de Tours nous a conserv le curieux et édifiant testament, avait voulu que son corps fût déposé aux pieds de S. Martin, ANTE PEDES MARTINI, ainsi que porte son épitaphe consignée dans le même écrit du père de l'histoire de France (Greg. Turon. *Append. ad opp.* Edit. Migne, p. 1152). Le même historien rapporte qu'Avitus fut inhumé à Brioude aux pieds de S. Julien (Greg. Turon. *Hist. Franc.* II. XI); Ste Eustille, vierge et martyre, le fut près du sarcophage de S. Eutrope à Saintes (*Martyrol. Gallic.* t. I, p. 296). « Son corps virginal, dit André du Saussay (ib.), vase d'une âme très-pure, fut porté, par la discrète sollicitude des fidèles, auprès du tombeau de S. Eutrope, de qui elle avait reçu le lait de la piété et dont elle partagea la vénération : *cujus corpusculum purissimæ mentis vasculum tumulo sancti ipsius Eutropii, a quo pietatem hauserat, fidelium occulta sollicitudine illatum, magna cum eo claruit veneratione.*

Lorsque S. Hilaire de Toulouse eut recouvert d'un modeste édifice les restes de son prédécesseur S. Saturnin, un grand nombre de chrétiens voulurent être inhumés près de ce saint tombeau, afin, disent les actes (Ruinard. édit. Veron. p. 111), de se procurer la consolation du voisinage du corps du martyr, *pro solatio propter corpus martyris*; et comme bientôt ce lieu se trouva encombré d'une multitude de corps, *cum locus omnis tumulatorum corporum multitudine fuisset impletus*, l'évêque S. Sylvius fit construire une splendide basilique pour les abriter.

Beaucoup d'autres exemples pourraient encore être cités pour notre France, à Clermont, à Vienne, à Vaison, à Arles, etc. (V. dans l'ouvrage de M. le Blant les inscriptions 557, 412, 492, 528.)

III. — Cependant, quelque honorable que fût en lui-même le sentiment qui inspirait en cela les fidèles, on conçoit qu'il pouvait devenir excessif et que l'Eglise dut apporter de sages restrictions à la sépulture soit dans les catacombes, soit dans les basiliques. S. Damase, si zélé pour la conservation et l'entretien des monuments primitifs, avait déjà prévu ces abus, à une époque où l'usage en question était peut-être encore assez rapproché de son origine. Aussi, bien que sa dévotion le portât, lui aussi, à réunir ses cendres à celles des papes martyrs, ses prédécesseurs, il y renonça néanmoins par respect, et plus encore sans doute dans la crainte d'autoriser par son exemple un fâcheux entraînement. C'est lui-même qui le témoigne sur son épitaphe inscrite dans la crypte des papes au cimetière de Calliste :

HIC FATEOR DAMASVS VOLVI MEA CONDERE MEMBRA
SED CINERES TIMVI SANCTOS VEXARE PIORVM.

« Ici, j'avais voulu, je l'avoue, moi Damase, ensevelir mes membres, mais j'ai craint de troubler la cendre vénérée des saints. »

Nous avons lieu de croire que l'avertissement, bien qu'indirect et modéré dans sa forme, ne fut pas perdu, et qu'il contribua beaucoup à contenir dans de justes limites un empressement où la vanité pouvait quelquefois avoir autant de part que la dévotion. En effet une inscription de 381, c'est-à-dire du temps même de S. Damase, nous fait voir que la sépulture AD SANCTOS était déjà une faveur presque exceptionnelle et qui s'obtenait difficilement, « faveur que beaucoup ambitionnent et que peu obtiennent ; » il s'agit d'une femme chrétienne qui avait été admise, *Intra limina sanctorum* ACCEPIT || *quod multi cupiunt et* || RARI ACCIPIVNT. (De' Rossi. *Inscr. christ.* t. I, n. 319.)

L'épitaphe de Sabinus, archidiacre de l'Église romaine, au cinquième siècle probablement, retrouvée naguère dans la basilique primitive de S.-Laurent *in agro Verano*, atteste qu'il avait refusé cet honneur par esprit d'humilité. Il y déclare que, bien qu'en sa qualité de premier ministre de l'autel, il ait constamment approché de la table sacrée pendant sa vie, il a voulu néanmoins être inhumé près de la porte de l'église, blâmant l'indiscret empressement des fidèles à vouloir se faire des tombeaux en contact matériel avec les corps des martyrs. « C'est, dit-il, par l'imitation de leurs vertus qu'on doit se rapprocher d'eux, bien plutôt que par la position de son sépulcre : »

NIL IVVAT IMMO GRAVAT TVMVLIS HÆRERE PIORVM
SANCTORVM MERITIS OPTIMA VITA PROPE EST
CORPORE NON OPVS EST ANIMA TENDAMVS AD ILLOS
QVÆ BENE SALVA POTEST CORPORIS ESSE SALVS.

Dès lors, dit le savant auteur de la *Rome souterraine chrétienne* (ib.), le but que l'on se proposait dans la sépulture souterraine n'étant plus de continuer régulièrement le système d'excavation des cimetières primitifs, mais chacun voulant se procurer un tombeau le plus rapproché possible des cryptes des martyrs, il est naturel que cette prétention ait rencontré des empêchements chaque jour plus prononcés, et que la coutume des sépultures souterraines ait été peu à peu abolie par l'autorité ecclésiastique.

AGAPES. — 1° Le mot *agape*, en grec ἀγάπη, signifie amour, charité (Tertul. *Apolog.* XXIX), et il désigne des repas fraternels qui, dès le temps des apôtres (1 *Cor.* XI. 20) se donnaient entre les fidèles dans certaines circonstances dont le détail viendra plus bas.

De même que Notre-Seigneur avait institué la sainte eucharistie après la cène, il paraît constant que, dans l'origine, on célébrait les agapes avant la communion : c'est ce que semblent indiquer deux passages des Actes des apôtres (II. 46. XX. 11), et cet usage persévéra, durant plusieurs siècles, du moins et exceptionnellement, dans l'Église d'Afrique (Aug. ep. 4 *Ad Jan. Conc. Carthag.* III. can. 29) ; car les apôtres eux-mêmes durent le réformer, à cause des abus (Chrys. *Hom.* XXVII. — Theophyl. *In* 1 *ad Cor.* XI. — Theodoret. *in eod. loc.*).

M. R. Rochette, appliquant ici son système favori, affirme (*Mém. des inscript. et bell.-lett.* XIII. 138) que les agapes chrétiennes ne sont qu'une simple imitation des repas funèbres des païens. Il est certain au contraire que eur origine se retrouve dans les pratiques et les traditions de l'Église judaïque. Chez les Juifs, en effet, on avait coutume, après la sépulture, de servir un repas pour le soulagement et la consolation des « pleurants », et ce repas s'appelait « pain de la douleur et calice de la consolation » (Ackermann. *Archæol. bibl.* § 200). Il existe des témoignages formels à cet égard dans Jérémie (xv. 5. 7), Ézéchiel (xxiv. 17), les *Proverbes* (xxxi. 6), le *Deutéronome* (xxvi. 15). Au temps des apôtres, l'usage des festins funèbres, chez les juifs, avait atteint un tel excès de luxe, que souvent les riches tombaient dans l'indigence, obligés qu'ils étaient par l'usage à inviter le peuple, sous peine de passer pour des hommes irréligieux. (Jos. *Bell. Jud.* II. 1. 1.)

2° Dans les agapes chrétiennes, on ne servait pas seulement du pain et du vin, mais encore des viandes, *epulas*, et des mets de différentes sortes : *agapes nostræ pauperes pascunt sive frugibus, sive carnibus*, dit S. Augustin (*Cont. Faust.* xx. 20), car c'étaient les riches qui, selon l'expression de S. Chrysostome (Hom. xxii. *Oportet hæreses esse*), apportaient dans ces réunions saintes *alimenta et edulia*, pour les pauvres et pour eux-mêmes. Tertullien (*loc. laud.*) appelait les agapes coûteuses, mais en même temps lucratives, attendu que dépenser par motif de piété est la meilleure des spéculations.

Dans les premiers temps, les agapes avaient lieu dans le cénacle de quelque maison particulière, où l'on se réunissait pour la *fraction du pain* (Act. loc. laud.). Un peu plus tard, au temps des persécutions, elles se tinrent dans les cimetières, près des tombeaux des martyrs, et enfin dans les basiliques et les oratoires (Theodoret. *Hist eccl.* III. 15. — Evagr. *Hist. eccl.* c. III. — Cf. Baron. *An.* LVI. 109). — Mamachi. *Costumi Crist.* III. 2).

On a découvert, en 1865, au cimetière de Domitille, une vaste salle, entourée de bancs, qui n'était probablement qu'un *triclinium* pour les agapes. A côté de cette salle, il y en a une autre renfermant le puits et la fontaine qui servaient à ces sortes de festins. M. de' Rossi a donné (*Bullet.* mai 1865) le plan et l'explication de cet édifice.

3° Selon la lettre de S. Ignace aux Smyrniens (cap. VIII), ces assemblées étaient toujours présidées par les apôtres, puis par les évêques ou les prêtres : *non licitum est sine episcopo agapen facere*, « il n'est pas permis de faire l'agape sans l'évêque ». C'est à cette salutaire surveillance que doit être surtout attribué le maintien, durant les trois premiers siècles, de la charité et de la sobriété dans ces festins sacrés : spectacle admirable dont on peut jouir aujourd'hui encore en lisant en entier le trente-neuvième chapitre de l'*Apologétique* de Tertullien. L'union la plus douce régnait là entre toutes les classes de la communauté chrétienne, fraternellement confondues, fusion tant rêvée par les sectaires de tous les temps, mais qui ne sera jamais réalisée par eux, parce que l'orgueil et la cupidité ont pris dans notre société corrompue la place de la charité et de l'humilité.

4° Les agapes se célébraient dans trois circonstances principales : 1° A l'occasion des fêtes des martyrs, *agapes natalitiæ*. Théodoret (*Evang. verit.* l. VIII) en donne la description, et fait ressortir la différence qu'il y avait entre les festins de charité chrétienne et ceux que les païens célébraient en l'honneur de leurs fausses divinités. 2° A l'occasion des mariages, *agapes connubiales* (Greg. Naz. *Carm.* x); on y conviait les prêtres et les évêques (*Conc. Neocæs.* can. VII), à moins que ce ne fût un festin de secondes noces. 3° A l'occasion des funérailles, *agapes funerales*. S. Paulin (*Epist.* XIII. 11) décrit un repas donné, par le sénateur Pammachius, aux pauvres de Rome, pour honorer les funérailles de Pauline, fille de Ste Paule. 4° Des agapes avaient aussi lieu le jour de la dédicace des églises ; et S. Grégoire le Grand nous fait connaître (lib. I. ep. 14) qu'il avait fourni lui-même au diacre Pierre tout ce qui était nécessaire pour l'agape de la dédicace d'un oratoire. La distinction entre les trois espèces d'agapes que nous venons d'énumérer se trouve nettement exprimée dans un passage des poésies de S. Grégoire de Nazianze (*Carm.* x. v. 67. 68) qu'on pourrait traduire ainsi : « Je ne rechercherai plus les festins sacrés pour les *natalitia*, pour les funérailles, pour les noces. »

5° Mais la corruption humaine souille tout ce qu'elle touche, même les plus saintes choses. Aussi, dès le troisième siècle, des abus scandaleux s'introduisirent, en quelques localités, dans les agapes (Tertul. *De jejun.* XVII), si bien que bientôt le concile de Laodicée (c. XXVIII) crut devoir interdire ces sortes de repas dans les églises. S. Grégoire de Nazianze (*Carm.* x) s'éleva avec véhémence contre les habitudes d'intempérance qui s'y étaient glissées. S. Ambroise les supprima tout à fait dans l'Église de Milan, ainsi que l'atteste S. Augustin (*Confess.* VI. 2), *ne ulla occasio se ingurgitandi daretur ebriosis*. S. Augustin lui-même, encore simple prêtre, engagea l'évêque Valère à imiter à Hippone l'exemple du grand évêque de Milan (Epist. XXII *ad Aurel. episc.*), et c'est à la lettre qu'il écrivit sur cet objet qu'on attribue le trentième canon du concile de Carthage, par lequel il est interdit à tout clerc ou évêque de donner ou tolérer aucun repas dans les églises, si ce n'est pour un motif urgent d'hospitalité à l'égard des voyageurs. S. Grégoire le Grand paraît avoir été plus indulgent, car il permit les agapes pour la dédicace des églises, particulièrement aux Anglais nouvellement convertis à la foi (*Epist.* LXXVI. lib. II).

Même au temps de la plus grande ferveur, cette pratique devint l'occasion des plus atroces calomnies contre les chrétiens. On accusait ceux-ci de renouveler, dans des réunions secrètes, les infâmes festins de Thyeste et de s'y livrer à des actes incestueux. Les témoignages des nombreux apologistes qui ont mentionné cette calomnie sont réunis dans l'ouvrage de Korthold (*De calumn. pagan.* c. XVIII, p. 157-172). (V. l'art. *Calomnies contre les premiers chrétiens*.)

6° On trouve dans les cimetières romains des peintures et des bas-reliefs de sarcophages représentant des repas, représentations que jusqu'ici on avait prises pour des agapes (Aringhi. t. II. pp. 77, 83, 119, 185, 199, 267) ; mais les archéologues modernes rejettent cette attribution et prouvent qu'il s'agit ici du festin céleste. Nous renvoyons donc, pour ce que nous avons à dire sur ces intéressants monuments, à l'article *Représentation de repas*.

Mais nous ne saurions passer sous silence, à propos des agapes, toute une classe d'objets qui s'y rapportent d'une manière on ne peut plus directe : ce sont les verres historiés, trouvés, comme on sait, en grand nombre dans les catacombes, et dont la plupart présentent des symboles et des légendes qui semblent faire allusion aux diverses classes d'agapes en usage dans l'antiquité. Soit pour exemple la figure 2 de la planche XIX de Buonarruoti. On y voit une figure virile debout, vêtue du *pallium*, et tenant à la main un volume roulé. Le personnage est S. Laurent, ainsi que l'atteste la légende : VICTOR VIVAS, POUR BIBAS, IN NOMINE LAVRETI (sic), « Victor, *bois* au nom de Laurent ! » Et il n'est

pas douteux que la coupe n'ait été exécutée pour servir dans les agapes qui se célébraient annuellement à Rome le jour du *natale* de ce martyr, lequel avait sa vigile (Greg. *Sacram*. ed. Ménard, p. 119) et trois messes, et en outre ses veilles qui, comme nous l'apprend S. Paulin (*Nat.* IX. *S. Fel.*), se terminaient par un repas (V. l'art. *Fonds de coupe*).

L'acclamation que nous venons de citer était celle qui se prononçait en buvant en l'honneur du Saint, ce qui s'appelait *propinare* (V. ce mot) (Greg. Naz. orat. I *Contra Julian*.). Un autre verre (Buon. XX. 22), portant les noms du même S. Laurent et de S. Cyprien, avait servi probablement aux agapes commémoratives de la fête de ces deux Saints. On en trouve la preuve dans ces mots de la légende : SEMPER REFRIGERIS (sic) IN PACE DEI, « tu es rafraîchi dans la paix de Dieu, » le mot *refrigerium* ayant souvent le sens de festin et même d'agape dans le langage des Pères (Tertul. *Apol*. loc. laud. et notre art. *Refrigerium*). La plupart des verres qui offrent des symboles relatifs à la résurrection furent em-

ployés dans les agapes funéraires, et ceux qui représentent deux époux en pied (tav. XXI. 3) ou en buste (tav. XXIV), dans les agapes matrimoniales. En voici un qui appartient au cabinet des médailles de la Bibliothèque nationale de Paris (V. Perret. *Catac*. IV-LXVI, 47). (V. les art. *Repas* et *Fonds de coupe*.)

En outre des auteurs que nous avons cités, on consultera avec fruit l'ouvrage de Drescher : *De veterum christianorum agapis*. Giessæ. 1824. in-8.

AGNEAU. — Ce symbole se rapporte tantôt à Jésus-Christ, tantôt aux chrétiens.

I. — Le caractère essentiel du Rédempteur était celui de victime ; il n'est pas étonnant que l'agneau soit la plus ancienne figure sous laquelle il est désigné dans les livres saints (*Gen.* IV. 4. — *Exod.* XII. 3. XXIX, 38). Les prophètes de l'ancienne (Is. XVI. 1. — Jerem. LIII. 7), comme ceux de la nouvelle (1 Petr. I. 19. — *Apoc.* XIII. 8), et le

Précurseur lui-même lui donnent constamment le titre d'Agneau ; et cette figure est passée dans le langage des Pères, comme aussi dans celui de l'Église (Justin. *Dial. cum Thryph.* XI. — Tertul. *Adv. Jud.* VIII. — Euseb. *Demonstr. evang.* l. x, etc.). Il était donc tout naturel que l'image de l'agneau fût adoptée comme ornement symbolique dans les monuments de toute nature de l'Église primitive, tant orientale qu'occidentale (Christ. Lup. *Ad can.* 82, *concil.* VI). Elle avait l'avantage de rappeler aux fidèles le souvenir du divin Agneau immolé pour leur salut, sans trahir aux yeux des païens les mystères sacrés, ni scandaliser la foi des néophytes par des images directes de la passion de l'Homme-Dieu. L'agneau était le crucifix de ces temps agités par la persécution, et, en suivant, à travers les six premiers siècles, les diverses représentations qui en sont faites, nous le voyons subir des transformations incessantes qui, en lui donnant des attributs de plus en plus tranchés du Dieu Sauveur, nous amènent graduellement à la réalité de cette auguste image. (V. l'art. *Crucifix*.)

1° Le premier rang appartiendrait, selon nous, aux images de l'agneau portant les attributs du Bon-Pasteur, c'est-à-dire le vase à lait au bout de la houlette (Aringhi. tav. I, p. 537) (V. l'art. *Mulctra*). On trouve ce type peint dans les plus anciens *cubicula* du cimetière de Domitille.

2° Nous placerions en second lieu celles qui font voir l'agneau sur un monticule d'où s'échappent quatre ruisseaux, attitude très-fréquemment attribuée à Jésus-Christ en personne (V. l'art. *Fleuves [les quatre]*). Cette manière de figurer l'Agneau de Dieu nous paraît être du quatrième siècle ; elle se trouve déjà sur quelques fonds de coupe dorés (Buon. *Vetri.* tav. VI, 1), et elle s'est maintenue longtemps, car les bas-reliefs de sarcophages, classe de monuments relativement modernes (Bottar. tav. XXI-XXII. — Millin. *Midi de la Fr.* pl. LIX, 3), en offrent d'assez nombreux exemples, complétés de circonstances plus significatives. Ainsi la figure gravée à l'art. *Cerf*, et qui est empruntée à un tombeau de Marseille (Millin, 26) ajoute au sujet principal deux cerfs qui viennent se désaltérer aux sources sacrées. (V. les art. *Cerf* et *Baptême*.)

3° Le sarcophage de Junius Bassus, monument du quatrième siècle (Bosio. tav. III. — Aringhi. I, 227. — Bottar. XV), produit le type de l'agneau dans les positions les plus variées et les plus singulières. La frise, qui sépare horizontalement les deux ordres de figures, contient des agneaux exécutant plusieurs scènes du Nouveau Testament, par exemple la résurrection de Lazare, la multiplication des pains, le baptême de Jésus-Christ par Jean-Baptiste, et même quelques-unes de l'Ancien qui sont les figures des actions de Notre-Seigneur, telles que Moïse frappant le rocher ou recevant les tables de la loi.

4° Le nimbe est un attribut exclusivement réservé à l'Agneau de Dieu ; mais il ne paraît guère dans les monuments que vers le milieu du cinquième siècle, bien qu'on en ait des exemples pour les images directes de Notre-Seigneur dès le troisième et le quatrième. Ce que nous avons de plus ancien en ce genre, c'est la mosaïque de Saint-Jean de Latran qui est de 462, puis celles des Saints-Côme-et-Damien, de 530, de Saint-Vital de Ravenne, 547. On peut rapporter à peu près à la même époque le dyptique de la cathédrale de Milan qui, au centre de l'une de ses tablettes, fait voir un agneau avec un nimbe lauré. Après cette époque, l'Agneau de Dieu porte le nimbe crucifère ou monogrammatique (V. l'art. *Nimbe*), caractère déjà très-évident du Dieu crucifié.

5° Nous avons des monuments en assez grand nombre où l'agneau paraît dans des circonstances combinées de façon à exprimer le dogme de la divinité de Jésus-Christ contre l'erreur d'Arius, et il est probable que le type de ces représentations peintes ou sculptées fut inspiré par les décrets du premier concile de Nicée qui condamna cette hérésie en 325. Elles consistent à représenter Notre-Seigneur assis ou debout dans l'attitude de l'enseignement, et l'agneau à ses pieds (Ciampini. *Vet. mon.* t. II. tab. XLVII, 52. Mais surtout Bottar. tav. XXVII. et passim). Dans ce rapprochement de la réalité et du symbole, on retrouve la vive expression des deux natures du Sauveur : d'un côté le Verbe divin, sagesse incréée, immortelle ; de l'autre l'Agneau, victime immolée pour le salut du genre humain (S. Aug. *Adv. Maxim. collat.* n. 14). Cette intention dogmatique n'est nulle part aussi nettement accusée que dans le bas-relief du sarcophage de la basilique de Saint-Ambroise, à Milan (Allegranza, *Sacr. mon. di Mil.* tav. IV).

6° Mais comme le but de l'Église, dans l'adoption de ce symbole, fut avant tout de retracer aux yeux des fidèles le souvenir des douleurs de l'Homme-Dieu, les attributs qu'elle se plut à lui donner de préférence, dès que la possibilité lui en fut laissée, sont ceux du crucifié lui-même. La première des formes diverses du signe du Christ que nous rencontrons sur la tête de l'agneau (V. les art. *Croix* et *Monogramme du Christ*), c'est la croix monogrammatique (Bottar. tav. xxi), et les objets où elle paraît doivent être de la seconde moitié du quatrième siècle, du moins s'il s'agit de Rome. Quant à la croix simple, nous ne la trouvons dans cette position qu'au cinquième siècle (V. la figure ci-dessus, n° 4).

Une lampe antique, qu'a illustrée M. de Lastérie (*Mém. des antiquaires de France*. t. xii. pl. v), mérite sous ce rapport une mention un peu détaillée. Elle affecte la forme d'un agneau, ce qui évidemment fait allusion au passage de l'Apocalypse (xxi-23) où il est dit que l'agneau tient lieu à la cité céleste de soleil et de lune, *lucerna ejus est agnus*. Du sein de cet agneau jaillit une source pérenne d'huile qui donne aux hommes lumière et sainteté. Or, comme c'est par le mérite de sa passion qu'il opère ce prodige, l'agneau, dans ce curieux monument, porte une croix sur la poitrine et une autre sur la tête, et cette dernière est surmontée d'une colombe, figure du Saint-Esprit, qui vient attester sa divinité, où il puise le pouvoir de satisfaire à la justice divine.

Dès le commencement de ce même siècle, la figure de l'Agneau de Dieu était déjà employée dans la décoration des vases sacrés, témoin la patène d'argent de S. Pierre Chrysologue (Paciaud. *De cult. S. Joann. Bapt.* p. 166).

Au sixième, voici venir l'agneau portant une croix hastée, ou haste crucifère (Aringhi, t. ii. p. 25), et quelquefois reposant sur un livre. C'est ainsi qu'il paraît souvent sur la main de S. Jean-Baptiste (*Num. ær. explic.* p. 68), qui pour ce motif fut,

dans les bas temps, appelé *agniferus*. On voit que les transformations successives du type de l'agneau, ou mieux la signification de plus en plus prononcée de ses accessoires, nous rapprochent peu à peu

du crucifix. Désormais l'Agneau est couché sur un autel, au pied d'une croix gemmée, *tanquam occisus* (Ciampini. *Vet. mon.* t. ii. tab. xv-xlvi). Un peu plus tard, mais toujours dans le cours du sixième siècle, l'agneau a le flanc ouvert, et son sang coule de cette plaie, ainsi que de celles des pieds (J. Bosio. *De cruce triumph.* l. vi. c. 12). Dans quelques mosaïques (Ciamp. *De sacr. ædif.* tab. xiii), l'agneau est debout sur un trône et au pied d'une croix gemmée, et le sang qui s'échappe de son flanc tombe dans un calice. Du pied du calice et de ceux de l'agneau, le sang se divise en cinq ruisseaux, qui plus bas se réunissent en un seul fleuve. Vif emblème du Sauveur répandant son sang par ses cinq plaies sacrées! Enfin, vers le déclin de ce même siècle, il y eut des croix portant un agneau, ordinairement peint, à la place même où bientôt va paraître le Sauveur en personne (Borgia. *De cruc. Velit.* p. 127, 136); et l'apparition de ce dernier type se confond avec celle des premiers crucifix. C'est à peu près à cette époque, en effet, que S. Grégoire de Tours signale la présence du plus ancien peut-être qui soit connu, et qui de son temps était en grande vénération dans l'Église de Narbonne (*De glor. mart.* l. i. c. 23).

Mais alors même que l'usage de représenter sur la croix Jésus en personne était universellement admis, quelquefois encore l'agneau figure aux pieds du Christ, et le plus souvent au revers de la croix, quand elle est portative, comme la croix stationale de Velletri (Borgia, *ib.*). Cette coutume paraît s'être maintenue à peu près invariablement jusqu'au dixième siècle, surtout dans l'Église occidentale.

A partir de cette époque, l'Agneau de Dieu entre dans une phase glorieuse, et les attributs qu'il reçoit ne réveillent plus que des idées de victoire et de triomphe. Tantôt, au lieu de la croix nue, il porte un petit étendard qu'on a depuis appelé croix de résurrection (V. Gori. *Thes. dityph.* t. i, p. 260); tantôt il est ceint d'une zone d'or qui atteste sa puissance et sa justice (l. xi, 5); tantôt armé d'une croix, il repousse un serpent dressé contre lui, ce qui rappelle ce mot de l'*Apocalypse* (xvii, 14): *Hi cum Agno pugnabunt, et Agnus vincet illos*, « ils combattront (les méchants) contre l'Agneau, et l'Agneau les vaincra; » tantôt il porte, au lieu de la croix, une lance qui fut toujours le symbole de la sagesse, même chez les païens, qui en armèrent Pallas (Martian. Capel. *Sapient.* vIII).

Enfin, vers les huitième et neuvième siècles, la glorification de l'Agneau se présente avec toutes les magnificences des visions de l'*Apocalypse* (cap. IV. v. VII), dans les splendides mosaïques des arcs triomphaux des Saints-Côme-et-Damien et de Sainte-Praxède (Ciamp. *Vet. mon.* t. II. tab. XV-XLVI). Au centre, l'Agneau couché sur un trône brillant de pierreries, autour duquel se tiennent quatre anges et sept candélabres (V. la gravure de l'art. *Anges*). Vers les extrémités, les quatre animaux évangéliques avec leurs livres. Plus bas, les vingt-quatre vieillards vêtus de blanc et tenant chacun une couronne élevée sur leurs mains recouvertes de leurs manteaux.

II. — *L'agneau symbole des chrétiens.* Et d'abord des chrétiens considérés collectivement comme Église. Sur les vases de terre historiés (Buon. *Vetri.* tav. VI), sur les pierres sépulcrales (Marangoni. *Act.*

S. Vict. p. 42), et plus fréquemment encore aux époques postérieures et jusqu'au neuvième siècle, dans les mosaïques, on voit des agneaux sortant de deux cités et se dirigeant vers la montagne sainte où est placé l'Agneau de Dieu (V. l'art. *Église*). Or ces deux villes ne sont autres que Jérusalem et Bethléem, et les agneaux sortant de la première sont les fidèles venus du judaïsme, ceux qui sortent de Bethléem sont les chrétiens convertis du paganisme, parce que c'est à Bethléem que le Sauveur reçut, dans la personne des Mages, les prémices des gentils (S. Aug. *Serm. de temp. Epiph.*). Ces compositions avaient pour but d'entretenir l'union et la charité entre les fidèles, en leur rappelant que, sous la loi de grâce, il n'y a pas d'acception de personnes, et que tous les chrétiens, quelle que soit d'ailleurs leur origine, sont les enfants du même Père (*Galat.* III. 28). On doit voir aussi un symbole de l'Église dans la plupart des scènes pastorales que produisent si fréquemment les monuments antiques, et notamment dans le *tugurium*, représentation abrégée de la bergerie (V. l'art. *Église*).

Il n'est pas moins certain que le nom d'agneau est souvent donné par l'Écriture et les Pères aux chrétiens pris individuellement, et que son image figure sur leurs tombeaux comme symbole de l'innocence et de la simplicité qui doivent caractériser un vrai disciple du Christ. Les monuments revêtus de ce caractère sont tellement nombreux, qu'il est ici superflu de citer. Disons seulement que ce signe hiéroglyphique y est employé tantôt comme une leçon morale pour les vivants, tantôt comme une formule d'éloge pour les morts. Ainsi, pour inculquer aux fidèles la nécessité de la prière, on reproduisait souvent des personnages dans l'attitude de l'oraison, et, pour faire entendre que la prière n'est agréable à Dieu qu'autant qu'elle sort d'un cœur simple et pur, on plaçait l'*orante* entre deux agneaux, symboles de l'innocence (V. Bosio, p. 445).

Mais que le signe de l'agneau soit aussi, et le plus souvent, une formule d'éloge pour les morts, c'est ce qui ne saurait rester douteux en présence d'une foule de monuments où, à côté de l'emblème, se trouve une formule écrite qui en est comme la traduction littérale, par exemple l'épithète INNOCENS ou INNOCENTISSIMVS (Boldetti, p. 365. — Mai. *Collect. Vat.* p. 401. n. 3). Et, dans la pensée des premiers chrétiens, l'idée de pureté était tellement inhérente à l'image de l'agneau, que, voulant représenter Susanne restée intacte sous le regard impudique des deux vieillards, un artiste ne trouva rien de plus expressif que de peindre une brebis entre deux bêtes féroces. (V. Perret, vol. I. pl. LXXVIII ; et notre art. *Susanne*.)

Deux agneaux affrontés, avec le monogramme ou la croix, ou bien un vase plein de fruits ou d'épis, dénoteraient ordinairement, selon l'opinion de quelques antiquaires, la sépulture de deux époux (Ciamp. *Vet. mon.* t. II. tab. III. — Allegr. *Sacr. m. di Mil.* tav. II). L'agneau se trouve quelquefois supprimé et remplacé par son nom, comme souvent cela a lieu pour le symbole du poisson. L'épitaphe donne alors au défunt le doux titre d'agneau, et s'il s'agit d'un enfant ou d'un adolescent, elle le qualifie par le gracieux diminutif de *agnellus*, petit agneau, et même de petit agneau de Dieu (Perret. vol. VI, p. 149). FLORENTIVS FELIX AGNECLVS (sic) DEI. Nous avons même un *titulus* où un jeune homme de quinze ans, en outre de la qualification de INNOX ANIMA, « âme innocente, » reçoit le titre extraordinairement élogieux, et toujours réservé dans l'Écriture à l'Agneau divin, d' « agneau sans tache », AGNVS SINE MACULA (Boldetti, p. 408) : ce qui ne peut se dire d'un homme qu'en tant que les taches de son âme ont été effacées par la pénitence. (On trouvera des détails plus étendus sur ce sujet dans notre *Étude archéologique sur l'agneau et le Bon Pasteur.* Mâcon 1860. V. en outre les art. *Brebis* et *Bélier* dans ce Dictionnaire.)

AGNÈS (Ste). — Le culte de Ste Agnès est très-célèbre dans l'antiquité, et offre une foule de particularités intéressantes pour le chrétien, aussi bien que pour l'homme studieux d'antiquités ec-

-clésiastiques. Ce culte est représenté par S. Jérôme comme universel de son temps. Voici les paroles de ce Père, qui sont vraiment remarquables : « La bienheureuse martyre Agnès a triomphé de la fai-

blesse de l'âge ainsi que de la cruauté des tyrans, et couronné sa chasteté par le martyre.... Toutes les nations s'accordent à célébrer les louanges d'Agnès et à lui rendre un culte religieux (Hieron. *Opp. edit. Bened.* t. IV. col. 786). » Ces deux passages tout empreints d'un pieux enthousiasme, et qui se trouvent dans une même épître adressée à la vierge Demetrias, en excitant vivement notre curiosité, nous avaient engagé dès 1847 à rechercher, dans les monuments originaux, les traces d'un culte si célèbre autrefois, si populaire encore parmi les Romains de nos jours, et que ne semblerait pas motiver suffisamment au premier abord l'existence courte et sans événement d'une jeune martyre des premières années du quatrième siècle (*Notice historique, liturgique et archéologique sur le culte de Ste Agnès.* Paris-Lyon. 1847).

Les anciens martyrologes, non plus que les hagiographes n'écrivent pas le nom d'Agnès d'une manière uniforme. Ils font lire, tantôt AGNES, tantôt AGNE ou AGNA, et les Grecs HAGNE (Ap. Bolland. *Die jan.* XXI). Les verres historiés portent ANNE, ANE, ANGNE, AGNE, ANNES (Buonarruoti, Garrucci, *passim*). Ces différences d'orthographe tiennent probablement soit à la différence de prononciation chez les écrivains, soit, pour les verres, à l'impéritie des artistes.

Dès les temps qui suivirent immédiatement la république, le surnom d'HAGNES avait été celui de plusieurs familles romaines, ainsi que le prouvent bon nombre d'inscriptions antiques (Melchiorri e Visconti. *Silloge d'iscriz. ant. ined.* — Muratori. *Nov. thes.* t. II. p. 1186. n. 3). On peut donc supposer, avec beaucoup de fondement, que Ste Agnès, bien qu'elle eût son nom de famille, et peut-être aussi un prénom, car plusieurs femmes avaient le leur, n'était néanmoins désignée que par son surnom, *cognomen*, comme c'était l'usage (V. Buonar. *Vetri.* p. 127). selon S Augustin (*Serm.* CCLXXIII.

c. 6), le nom d'Agnès signifie en latin *agneau*, et en grec *pure, chaste*. Les Grecs l'entendaient ainsi, comme le prouve un passage des Ménées, cité par les Bollandistes. (*Ad diem jan.* XXI.)

Les données que nous possédons sur la vie de Ste Agnès sont peu abondantes, ses actes peu sûrs. Le petit nombre de faits incontestés qui nous soient parvenus sur cette existence moissonnée à son printemps, se trouvent consignés dans un hymne de Prudence (*Peristeph.* hymn. XIV), dont les poésies offrent, comme on sait, toute la véracité et l'exactitude de l'histoire, et aussi dans le *carmen* que S. Damase lui a consacré. Plusieurs Pères lui ont donné les plus magnifiques louanges, entre autres S. Augustin (*Serm.* CCLXXIII), S. Ambroise (*Act. S. Agnet. Enarr. in ps.* CIV. *Offic.* l. I. c. 4), S. Martin (Ap. Sulpic. Sev. *Dial.* II. 14), enfin S. Damase, S. Maxime de Turin, S. Grégoire le Grand, etc.

Agnès était Romaine et, selon toute apparence, d'une naissance illustre. Elle avait voué sa virginité à Dieu dès son enfance. Or un jeune homme de qualité, que l'on croit avoir été le fils du préfet de Rome, l'ayant recherchée en mariage et. sans succès, la dénonça comme chrétienne, dans l'espoir de vaincre ses résistances par les menaces et l'appareil des supplices. Agnès resta ferme, et le juge eut recours, pour la vaincre, à un moyen souvent employé dans les persécutions : il la fit conduire dans un lieu de prostitution situé près du grand cirque, bâti par Tarquin l'Ancien, et appelé depuis *circus agonalis*; le *prostibulum* où Agnès fut exposée n'est autre que la crypte que recouvre l'église construite en son honneur au commencement du dix-septième siècle, sur la place Navone. La vertu d'Agnès sortit intacte de cette épreuve ; le glaive eut seul raison de cette frêle créature que l'invincible ardeur de sa foi avait protégée contre l'apostasie, et qu'une assistance céleste avait sauvée de tout immonde contact. Elle eut la tête tranchée. S. Ambroise nous a conservé, dans son traité *De virginibus* (l. I. c. 2), d'intéressants détails sur ce martyre, arrivé, selon l'opinion la plus probable, en 304, la seconde année de la persécution de Dioclétien, alors qu'Agnès n'avait pas encore terminé sa treizième année.

Son corps, enlevé par ses parents aussitôt après sa mort, fut enseveli dans un *prædiolum* de famille situé sur la voie Nomentane, non loin des murs de Rome. La crypte qui fut creusée pour recevoir cette précieuse dépouille devint le noyau du fameux cimetière de Sainte Agnès, l'un des plus riches et des plus curieux de la Rome souterraine. Cependant, bien que ce cimetière ait pris le nom de la jeune martyre, il est plus ancien dans plusieurs de ses parties. Les grands hypogées qui le composent étaient précédemment connus sous le nom de cimetière Ostrien (V. de Rossi. *R. S.* t. I. p. 189 e segg.).

La fête de Ste Agnès se célèbre le 21 janvier, jour de sa mort, et anciennement on en célébrait une seconde le 28 du même mois, probablement en mémoire de l'apparition de la jeune martyre à ses parents huit jours après sa mort (Tillemont, *Mém. eccl.* t. IV, p. 345). Il n'est pas d'Église parmi les Latins qui n'en fasse aujourd'hui la fête, qui est marquée dans tous les plus anciens martyrologes, calendriers et sacramentaires (V. notre *Notice*, p. 25). Il semble, dit Tillemont (*Mém.* t. V, p. 345), qu'il en ait été fait autrefois quelque mémoire le 18 octobre, peut-être pour la dédicace d'une église sous son vocable. Les Grecs en font mémoire, comme les Latins, le 21 janvier, et de plus le 14 du même mois et le 5 juillet.

Le nom de Ste Agnès est inscrit au canon de la messe dans les plus anciens sacramentaires connus. Le dernier document où nous l'avons retrouvé, en remontant le cours des âges, est le sacramentaire de Gélase, lequel contient aussi des collectes et autres oraisons pour les messes du XII et du V des calendes de février. Nous ne saurions résister au plaisir de citer ici la première de ces collectes qui respire une tendre dévotion et une douce allégresse (Ap. Murat. *Liturg. Rom. vet.*, t. I, p. 635) : *Crescat, Domine, semper in nobis sanctæ jocunditatis* (sic) *affectus : et beatæ Agnæ virginis atque martyræ* (sic) *tuæ veneranda festivitas augeatur* ; « croisse toujours en nous, Seigneur, l'affection d'une joie sainte : et que la splendeur de la fête de la bienheureuse Agnès, votre vierge et martyre, s'augmente dans la vénération des hommes. »

Il existe à Rome deux églises sous le vocable de Ste Agnès. Nous avons mentionné celle de la place Navone, qui est moderne et dont tout l'intérêt se concentre dans la crypte.

Mais nous devons donner ici quelques détails au sujet de l'autre, qui est bâtie sur le tombeau même de la Sainte, et qui est une de celles dont une tradition constante et sûre attribue la fondation à Constantin. Constance, fille de cet empereur, ayant été miraculeusement guérie, au tombeau de Ste Agnès, d'une maladie réputée incurable, pria son père d'élever en ce lieu une magnifique église, qui, en perpétuant le souvenir de cette faveur signalée, excitât la dévotion des générations futures à en venir solliciter de pareilles : *Eodem tempore fecit (Constantinus) basilicam sanctæ martyris ex rogatu Constantiæ filiæ suæ* (Anast. *In Silv.*), « au même temps, Constantin fit la basilique de la sainte martyre, à la prière de sa fille. » Par un bonheur bien rare aux monuments chrétiens des premiers siècles, cette basilique, qui est l'une des plus anciennes de celles qui subsistent encore à Rome, et peut nous donner une idée aussi juste que possible des basiliques profanes, a traversé à peu près intacte toutes les révolutions et les bouleversements que la ville éternelle a subis depuis quatorze cents ans. Elle est à double portique, et à trois nefs, soutenues par seize colonnes antiques, parmi lesquelles on en remarque surtout deux de granit et quatre de *porte Sainte*, espèce de brèche antique, ainsi nommée en Italie, parce que les chambranles de la *porte Sainte*, à la basilique de Saint-Pierre au Vatican, en sont composés. On y descend par un escalier de quarante-cinq degrés, dans les parois duquel sont incrustées quelques inscriptions sépulcrales tirées du cimetière. Le maître-autel, tout enrichi de pierres précieuses, recouvre le corps de la Sainte, et est surmonté de sa statue, composée du torse d'une statue antique en albâtre oriental, et dont la tête, les mains, les pieds sont en bronze doré. Dans la nef principale, on voyait autrefois un ambon qui n'a été enlevé qu'au dix-septième siècle, dans l'intérêt de nous ne savons quelle circonstance matérielle. Non content d'avoir bâti cette basilique, Constantin la dota de revenus considérables ainsi que de vases sacrés et d'autres ornements de la plus grande magnificence. On peut voir la curieuse énumération qu'en donnent, d'après le *liber pontificalis*, Baronius (*An.* 324. n. 107) et Ciampini (*De sacris ædificiis a Constantino magno constructis.* c. IX, p. 126).

Anciennement on lisait dans l'abside une inscription en vers acrostiches destinée à perpétuer la mémoire de la pieuse fondation de la fille de Constantin et que l'on a quelquefois attribuée à S. Damase (V. notre *Notice*, p. 39). Elle fut remplacée en 625, sous le pape Honorius Ier, par une mosaïque représentant Agnès entre ce pontife tenant sur sa main le modèle de la basilique restaurée par lui, et un autre personnage qu'on croit être le pape Symmaque, auquel le même monument dut aussi de notables réparations.

Constance fit bâtir auprès de la basilique un monastère qui porta aussi le nom de Sainte-Agnès, et dont il est fait mention dans la vie de Léon III (Anast. *In Leon. III*). Cette princesse y fixa sa demeure, comme le prouvent les actes du schisme entre Libérius et Félix, arrivé pendant la deuxième moitié du quatrième siècle (Ap. Labb. *Concil.* t. II, p. 740), et elle y donna l'hospitalité au premier au retour de son exil de Bérée. Les martyrs Jean et Paul, qu'unit la double fraternité de la naissance et du martyre, furent, au rapport de Bède (Bolland. *Ad diem jun.* XXVI. *Act. SS. Johan. et Pauli*), l'un prévôt, l'autre primicier de Ste Constance. Leurs actes donnent du moins pour certain (cap. I. n. 1) qu'après la mort de cette princesse, ils furent préposés à la distribution des aumônes abondantes que sa munificence avait laissées entre leurs mains.

Pendant un certain laps de temps, l'église et le monastère de Sainte-Agnès furent confiés aux soins des prêtres du titre de Vestine, appelé aujourd'hui Saint-Vital. C'est de là sans doute qu'est venu l'usage d'ensevelir dans le cimetière de Sainte-Agnès les clercs de ce titre, témoin une antique épitaphe qui en est sortie (Bosio, p. 419) :

In pa CE ABVNDANTIVS ACOL *itus*
REG. QVARTE TT VESTINE QVI VIXIT ANN. XXX
DEP. IN P. D. NAT. SCI MARCI MENSE OCT. IND. XII.

« En paix, Abundantius, acolyte de la quatrième région, du titre de Vestine, qui vécut XXX ans. Déposé en paix le jour *natal* de saint Marc, au mois d'octobre, indiction XII. »

Dans les premiers siècles, les souverains pontifes venaient chaque année dans ce célèbre sanctuaire célébrer la fête de Ste Agnès avec une grande solennité. S. Grégoire le Grand y prononça plusieurs de ses homélies (*Homil.* II. *In cap.* XIII. *Matth, homil.* XIII. *In cap.* XXV *ejusd.*). C'est dans cette basilique qu'aujourd'hui encore a lieu, le 21 janvier, la bénédiction des agneaux dont la laine est destinée à la confection des *pallium* des archevêques (V. la *Notice,* p. 55 et notre art. *Pallium*).

Il semble qu'aucun genre de gloire ne dût manquer à cette jeune martyre. On a trouvé dans les catacombes un grand nombre de verres dorés où elle est représentée dans diverses positions; c'est un honneur qu'elle partage avec un petit nombre d'autres Saints, et S. Pierre et S. Paul sont les seuls qui l'aient obtenu plus souvent qu'elle. Le recueil de Buonarruoti renferme plusieurs de ces coupes, et celui du P. Garrucci n'en a pas moins de quatorze (*Vetri con figure in oro.* tav. XXI-XXII). Les caractères communs à tous ces petits monuments, c'est en premier lieu que la Sainte y est toujours vêtue de riches draperies en mémoire de l'apparition où elle se fit voir. — *Auro textis cycladibus induta*; secondement qu'elle y est dans l'attitude de la prière ou de l'action de grâces; en troisième lieu qu'elle est presque toujours placée entre deux arbres, deux tiges fleuries, ou au milieu d'un champ parsemé de fleurs: trois circonstances par lesquelles les artistes des premiers siècles entendaient exprimer la gloire des élus dans le paradis (V. les art. *Prière, Paradis*, etc.). Les autres verres se présentent chacun avec des caractères spéciaux: tantôt elle y est seule, et alors presque toujours entre deux arbres; tantôt à côté de la Ste Vierge; tantôt entre Notre-Seigneur et S. Laurent, entre S. Vincent et S. Hippolyte, entre S. Pierre et S. Paul: cette dernière circonstance, pense-t-on, a trait à l'introduction de la jeune martyre aux noces de l'Agneau par les deux apôtres, auxquels l'antiquité attribua cette fonction (V. la gravure de l'art. *Paradis*, les deux apôtres ouvrant les voiles devant une figure orante).

Le rapprochement de Ste Agnès avec la Ste Vierge avait aussi pour but d'honorer en elle la virginité par laquelle elle se rendit semblable et agréable à Marie.

Le verre qui figure ici, en outre de certains détails de costume offrant de l'intérêt, tels que l'*orarium* orné sur le devant d'une riche fibule, présente cette intéressante circonstance que la Sainte est placée entre deux colombes portant ses deux couronnes, celle de la chasteté et celle du martyre, ce qui semble être la traduction figurée de ces vers de Prudence (*Peristeph.* XIV. v. 7):

> Duplex corona est præstita martyri,
> Intactum ab omni crimine virginal
> Mortis deinde gloria liberæ.

S. Ambroise avait dit aussi dans son traité *De Virginibus*: *habet igitur in una hostia duplex martyrium: pudoris et religionis.*

AGNUS DEI. — On appelle de ce nom certaines bulles, ou certains médaillons de cire empreints de la figure d'un agneau portant la croix-étendard. Dans le principe, l'usage s'était établi de prendre simplement, au jour de l'octave de Pâques, les restes du cierge pascal bénit le samedi saint de l'année précédente, et de les diviser en petits fragments qu'on distribuait au peuple. Les fidèles s'en servaient pour faire des fumigations dans leurs maisons, dans leurs champs, avec la pieuse confiance de conjurer ainsi les pièges du démon, de détourner la foudre et la tempête (Alcuin. *De div. offic.* c. XIX. — Amalar. l. I. c. 17).

A Rome, au lieu de se servir uniquement des débris du cierge pascal, l'archidiacre bénissait, au jour dit, de la cire mélangée d'huile, et, avec ce mélange, moulait des médaillons portant l'effigie de l'agneau (Murat. *Liturg. Rom. vet.* p. 1005). Ces médaillons, qui prirent naturellement le nom d'*Agnus Dei*, étaient déposés en un lieu décent jusqu'au dimanche *in albis depositis*, où la distribution en était faite, après la communion de la messe, au peuple, et spécialement aux nouveaux baptisés (Durand. *Ration.* l. VI. c. 79). Aujourd'hui cette bénédiction est réservée au pape: elle a lieu la première année de chaque pontificat, et ensuite tous les sept ans.

Dans leur forme primitive, les *Agnus Dei* sont contemporains du cierge pascal, c'est-à-dire au moins du quatrième siècle (V. l'art. *Cierge pascal*); mais comme médaillons ornés de l'image de l'agneau, on ne saurait les faire remonter au delà du sixième. Ce qu'on peut citer de plus ancien en ce genre est un *Agnus Dei* qui figurait au nombre des présents que S. Grégoire le Grand envoya à Théodelinde, reine des Lombards (Frisi. *Memorie di Monza.* t. I, p. 34). Il y en avait aussi un dans le tombeau de Flavius Clemens (De Vitry. *Tit. Flav. Clem. tum.* ap. Calog. t. XXXIII, p. 280); mais il est probable qu'il y avait été mis à l'occasion de la première translation des reliques de ce martyr, c'est-à-dire vers le septième siècle. Les textes ne nous autorisent pas à reporter cet usage à une époque plus reculée. Dans les siècles de foi, les *Agnus Dei* étaient l'objet d'une grande vénération; on les enveloppait dans des étoffes précieuses, ou bien on les renfermait dans de petits reliquaires en or ou en argent. Nous donnons ici, d'après

Paciaudi (*De sacr. christ. baln. Præf.* p. xi) un de ces custodes qu'on croit être du huitième ou du

neuvième siècle. D'un côté est représentée la sainte face, de l'autre est écrite la légende : AGNE DEI MISERERE MEI QVI CRIMINA TOLLIS. La même légende se lit sur un *Agnus Dei* de Charlemagne conservé aujourd'hui encore dans le trésor d'Aix-la-Chapelle ; ce monument est publié avec sa monstrance dans les *Mélanges d'Archéologie* (vol. I. pl. XIX. fig. D). (V. pour plus amples détails notre *Notice sur les* AGNUS DEI, à la suite de notre *Étud. archéol. sur l'agneau et le Bon Pasteur*. p. 88. Mâcon. 1860.)

AIGLE. — Le musée lapidaire de Lyon possède une pierre tumulaire chrétienne sur laquelle sont gravés deux aigles au vol (De Boissieu. *Inscript. antiq. de Lyon*. p. 562). M. Le Blant, qui reproduit le monument (*Inscript. chrét. de la Gaule.* t. I. p. 157), voit dans ces aigles un emblème du nom du défunt, nom tronqué par la rupture du marbre, et qui, d'après la restitution du savant épigraphiste, serait *Aquilivs*. De nombreux exemples de semblables emblèmes sont fournis, il est vrai, par les épitaphes des premiers siècles chrétiens, car on sait que l'usage s'établit de bonne heure dans l'Église de figurer les noms propres par des signes phonétiques (V. les art. *Animaux représentés sur les monuments chrétiens* et *Noms des premiers chrétiens*). Mais rejeter ici, pour ce motif, toute idée de symbolisme, ce serait, à notre avis, aller un peu trop loin. En effet, il est indubitable que plusieurs Pères de l'Église, se fondant sur le cinquième verset du psaume CII, *renovabitur ut aquilæ juventus mea*, « ma jeunesse sera renouvelée comme celle de l'aigle, » paroles qui font allusion aux mues périodiques de l'aigle, l'ont regardé comme un symbole de la résurrection. Tyrin, résumant leurs témoignages, dit, dans son commentaire sur ce verset, que le juste est complètement renouvelé dans son âme sur la terre par la

grâce, comme il le sera un jour au ciel, par la gloire, dans son corps et dans son âme.

C'est pour une raison analogue que S. Maxime de Turin fait de l'aigle le symbole du néophyte, qui, par le baptême, est renouvelé et initié à une vie nouvelle (*In Biblioth. PP.* t. VI. p. 27). S. Ambroise applique ce symbole à la résurrection du Sauveur (*Serm. in Append.*). Nous ne pouvons nous dispenser de traduire ici ses remarquables paroles : « Il n'est à proprement parler qu'un seul et véritable aigle, c'est Jésus-Christ notre Seigneur, dont la jeunesse a été renouvelée parce qu'il est ressuscité des morts. Après avoir déposé, en effet, les dépouilles d'un corps corruptible, il a refleuri en revêtant une chair glorieuse. »

Nous devons avouer que les monuments figurés offrent peu d'exemples de ce symbole, qui cependant fut, sans aucun doute, comme le texte de S. Ambroise nous autorise à le croire, l'un des nombreux emblèmes de résurrection adoptés par les premiers chrétiens. Nous le trouvons néanmoins dans une belle fresque du cimetière de Priscille (Bottari. tav. CLX) où se voient deux aigles sur des globes. En beaucoup d'autres endroits, les oiseaux que l'on s'est habitué à regarder, presque toujours sans examen, comme des colombes, pourraient bien être quelquefois des aigles. Il est souvent bien difficile d'en juger, vu l'imperfection des dessins des anciens ouvrages sur la *Rome souterraine*. (V. l'art. *Oiseaux*.)

ALLELUIAH. — Mot qui signifie *laudate Deum* ou *laus Deo*, « louez Dieu, ou louange à Dieu. » On désigne quelquefois par ce mot certains psaumes, le cent-quarante-cinquième par exemple et les suivants, dont il forme le début ; mais le plus communément, c'est la récitation du mot même *Alleluiah*. C'est du temps du pape Damase et par les soins de S. Jérôme, selon toute apparence, qu'il fut emprunté par l'Église latine à l'Église de Jérusalem et non point à l'Église grecque, comme on l'a faussement avancé (V. *Patrol.* Migne. t. XIII. p. 1210. n. 15.). S. Grégoire décréta que l'*Alleluiah* serait chanté, non plus seulement dans le temps pascal, mais pendant toute l'année (Baron. *Ad an.* 384. n. 27). On le chantait même aux funérailles ; ce rit fut observé aux obsèques de Fabiola, ainsi que nous l'apprenons de S. Jérôme (*Epist. ad Ocean.*), et aux funérailles du pape Agapit, qui eurent lieu à Constantinople (*Ex cod. Vatic.* n. 1538) ; la liturgie grecque ainsi que la mozarabe a conservé cet usage, qui existait aussi sous l'ancienne gallicane, au dire de Baronius (*Ad an.* 590) ; l'Église latine l'a aboli en signe de deuil (*Concil. Tolet.* XIV. can. 10). Un décret d'Alexandre II a retranché l'*Alleluiah* de la liturgie depuis la septuagésime jusqu'au samedi saint ; c'est la pratique de toutes les Églises occidentales, et le quatrième concile de Tolède (can. X) a étendu cette règle pour l'Église d'Espagne à tous les jours de jeûne sans exception.

Cette formule de louange en langue hébraïque

a été introduite dans la messe afin que les trois langues dans lesquelles fut écrit le titre de la croix y fussent représentées, la langue grecque l'étant par le *Kyrie eleison*. Il fut appelé *alleluiaticum melos* par Victor d'Utique au cinquième siècle (*De Persecut. Vandal.* lib. 1).

Anciennement on ne le chantait pas à la fête de la Circoncision, parce que ce jour-là, qui tombe le premier janvier, l'Église jeûnait (V. l'art. *Janvier* [*Calendes de*]) pour protester contre les désordres par lesquels les païens le profanaient (Paulin. *ep.* XI. *Ad Sever.*). Dans la primitive Église, ce cantique était chanté à l'intérieur du temple par la masse du peuple (Paulin. *ep.* XII. *ad Sever.*); les moines s'en servaient pour s'appeler à la collecte; les fidèles étaient aussi dans l'usage de le faire souvent retentir, même en dehors de l'exercice du culte public (Sidon. Apollin. l. II. *epist.* 10), comme manifestation d'une joie chrétienne, par exemple dans les travaux des champs, ou dans les exercices nautiques. En 492, les Bretons, auxquels leur évêque S. Germain avait enseigné à se faire une arme de ce chant sacré, attaquèrent une armée ennemie en entonnant *alleluiah* à trois reprises différentes (Polyd. l. III), et attribuèrent leur victoire à cette invocation.

ALOGIA. — Dans le langage des anciens Pères, ce mot dérivé du grec ἀλόγιστος, *privé de raison*, désigne l'état de brutalité où l'homme est réduit par l'intempérance. S. Augustin (*Epist.* LXXXVI) l'explique ainsi : « Qu'est-ce que l'*alogia*, si ce n'est quand on a abusé de la table jusqu'à dévier du sentier de la raison? » Il n'est pas sans intérêt de rappeler ici que S. Grégoire de Nazianze flétrit du nom d'*alogia* le décret par lequel Julien l'Apostat avait interdit aux chrétiens l'étude des lettres humaines, comme si une telle défense était l'acte d'un homme ivre.

ALUMNI. — V. l'art. *Enfants trouvés*.

AMBON. — Ce mot est, selon toute probabilité, dérivé du grec ἀναβαίνειν, *monter*, parce qu'on montait à l'ambon par des degrés (Catalano. *Cod.* I *Evang.* l. II. c. 6). On a encore appelé l'ambon βῆμα, πύργος, *pulpitum*, *suggestus*, *auditorium*, *os tensorium*..... *tribunal*....

On ne saurait établir une règle rigoureuse sur la place, la forme, le nombre des ambons, parce que tout cela variait beaucoup dans les anciennes basiliques. Il est certain que l'ambon était situé entre le sanctuaire et la nef; mais il occupait quelquefois le point central, et d'autres fois il était placé sur l'un des côtés de la nef, ou bien il y en avait un de chaque côté. Il s'en trouvait souvent jusqu'à trois, un pour l'évangile, un pour l'épître, un pour la lecture des prophéties et des autres livres de l'Ancien Testament. Sarnelli (*Antica Basilicografia*. p. 72) cite comme modèle de la véritable forme de l'ambon celui de Saint-Clément à Rome (V. le dessin de cet ambon dans Ciamp. *Vet. mon.* I. p. 18); or il y signale trois degrés, ou tribunes distinctes; le plateau supérieur surmonté d'un pupitre où l'on peut déposer le livre, était réservé au diacre qui y chantait l'évangile, le visage tourné vers les hommes; on y promulguait aussi les édits, mandements et censures de l'évêque; on y récitait les diptyques des vivants et des morts; on y annonçait les jeûnes, les vigiles, les fêtes; on y lisait les lettres de *paix* ou de *communion* (V. l'art. *Lettres ecclésiastiques*), les actes des martyrs au jour où l'on célébrait la mémoire de chacun d'eux; on y publiait les nouveaux miracles pouvant servir à l'édification des fidèles; enfin c'était du haut de cette tribune que les diacres et les prêtres adressaient leurs instructions au peuple, les évêques prêchaient de leur chaire au fond de l'abside (V. les art. *Prédication* et *Chaire*). Ajoutons que c'était du haut de l'ambon que les nouveaux convertis faisaient leur profession de foi. On peut citer pour exemple celle du célèbre rhéteur Victorin, dont S. Augustin raconte la conversion au huitième livre de ses *Confessions* (c. II) : *Denique ut ventum est ad horam profitendæ fidei, quæ, verbis certis, conceptisque retentisque memoriter,* DE LOCO EMINENTIORE, *in conspectu populi fidelis.... pronuntiavit fidem veracem præclara fiducia* ; « enfin, quand l'heure fut venue de faire profession de la foi, par une formule hiératique et fixée dans sa mémoire, en présence du peuple fidèle.... il prononça la foi catholique avec une éclatante hardiesse. »

L'épître se lisait sur le second degré, moins élevé que le premier, et le sous-diacre qui remplissait cette fonction avait le visage tourné vers l'autel. Le troisième plateau, toujours selon le même auteur, servait aux clercs inférieurs qui lisaient les autres parties de l'Écriture.

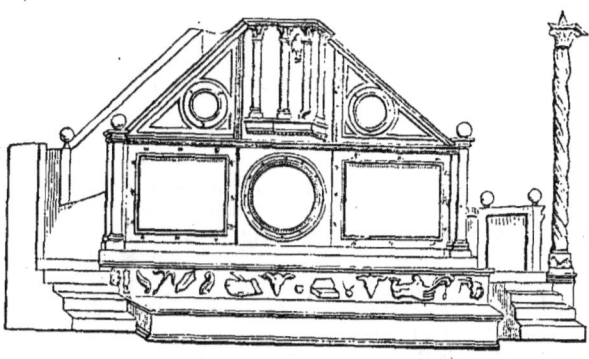

Sur le prolongement des ambons, vers la nef, étaient fixées des pointes de fer pour recevoir les flambeaux destinés à éclairer les fidèles aux offices de la nuit, *nocturnæ convocationes* (Tertul. l. II. *Ad uxor.* c. 4). En outre, un grand candélabre était ordinairement joint l'ambon, comme à Saint-Clément, par exemple, et servait à soutenir le flambeau de l'évangile, avant que l'usage se fût introduit de placer aux côtés du diacre deux acolytes tenant des flambeaux. Thiers a prouvé par une série non interrompue de témoignages partant des premiers siècles jusqu'aux temps modernes que l'évangile a toujours été lu à la messe du haut de l'ambon (V. Thiers. *Dissert. sur les jubés*, p. 168). La figure ci-dessus représente l'ambon de l'évangile tel qu'il existe aujourd'hui à Saint-Laurent *in campo Verano*, hors des murs de Rome. On montait par les degrés qui règnent près de la colonne du cierge pascal, et on descendait par ceux qui se trouvent du côté opposé.

Sous le nom d'ambon était souvent compris tout l'espace occupé par les clercs inférieurs; et c'était à proprement parler le chœur. On le peut conclure de la disposition des antiques basiliques romaines, et entre autres de celle de Saint-Clément, où subsiste encore l'enceinte du chœur dans la nef centrale, avec ses cancels, ses ambons et les sièges pour les chantres, et cette partie de l'église était désignée sous le nom de *schola cantorum*. Ces chantres étaient appelés *canonici psalmistæ* (*Conc. Laud.* can. xv), parce qu'à eux seuls était réservé, dès le temps de S. Grégoire le Grand, le droit de chanter en chœur, à l'exclusion des diacres qui ne devaient chanter que l'évangile, et des prêtres chargés de l'action même du sacrifice.

Les ambons étaient souvent décorés d'ornements en mosaïque ou en bas-relief, témoin deux ambons de Ravenne sur lesquels étaient sculptés des poissons et d'autres symboles chrétiens (V. De' Rossi. *De monum.* ιχɛyɴ *exhibent.*, p. 3). Celui de Saint-Laurent, comme on le peut voir, montre à sa base des bas-reliefs relatifs aux sacrifices du culte païen. Cette circonstance n'est cependant pas une preuve rigoureuse de l'antiquité du monument, car, bien que l'usage d'employer à la décoration des basiliques des marbres tirés des édifices profanes soit une pratique primitive, elle s'est maintenue néanmoins dans le cours du moyen âge (V. Marangoni, *Delle cose gentilesche e profane trasportate ad ornamento ed uso delle chiese*).

ÂME. — Les premiers chrétiens employaient différents symboles pour exprimer l'âme humaine délivrée des entraves de la chair et arrivée à la céleste patrie : 1° Le cheval, à la course et près d'atteindre la palme, d'après ces paroles de S. Paul : *Sic currite ut comprehendatis* (1 Cor. ix. 24), « courez de telle sorte que vous remportiez le prix; » et encore celles-ci : *Cursum consummavi* (2 Tim. iv. 7), « j'ai achevé ma course; » 2° le navire voguant à pleines voiles vers un phare, ou déjà arrivé au port, vive image de l'âme échappée à ses liens terrestres et se dirigeant vers l'éternité; 3° l'agneau, ou la brebis, tantôt seule, tantôt rapportée au bercail par le Bon Pasteur; 4° la colombe, quelquefois au vol, d'autres fois près d'un vase vide, lequel est l'image du corps abandonné par l'esprit, ou encore posée au sein d'un jardin fleuri, image allégorique du paradis (V. les art. *Cheval, Navire, Agneau, Colombe, Paradis*); 5° quelques monuments figurent l'âme par une femme qui semble sortir d'un corps inanimé. Nous en avons un curieux exemple dans un médaillon de plomb publié par le P. Lupi (*Dissert. e. lett.* i. p. 197), et où est retracé le martyre de S. Laurent ou d'un autre martyr. Un bourreau y est occupé à retour-

ner sur le gril le corps du saint diacre, duquel une femme vue à mi-corps, et vêtue d'une *stola* blanche, s'échappe et s'élève, les mains étendues, vers le ciel, et reçoit sur sa tête une couronne qu'y dépose une main, personnification de Dieu le Père (V. l'art. *Dieu*). Nous regardons aussi comme des images symboliques de l'âme ces figures de femmes en prière ou en contemplation, entre deux arbres, qui se présentent sur un grand nombre de tombeaux (V. l'art. *Paradis*); et ce qui donne à cette opinion plus de fondement encore, c'est que ces orantes sont retracées indifféremment sur les tombeaux de personnes de l'un et de l'autre sexe, témoin, entre une infinité d'autres, la pierre sépulcrale de CAESIVS FAVSTINVS. (De' Rossi. *Bullet.* 1868. p. 13.)

Cependant ces femmes, si elles sont placées au centre d'un sarcophage et entre deux vieillards, doivent être regardées comme la représentation de Susanne (V. l'art. *Susanne*).

AMEN. — C'est un mot grec en usage dans la liturgie depuis les apôtres (Justin. *Apol.* ii. — Tertul. *De spectac.* xxv). Il est tantôt affirmatif, tantôt optatif. Quand il est prononcé par le peuple après une oraison ou *collecte*, qui n'est autre chose qu'une prière collective que le prêtre adresse à Dieu au nom de tous, il exprime un souhait équivalent au mot *fiat* : « que Dieu nous exauce ! » (Hieron. *Ep. ad Marcell.* — Justin. *Apol.* ii.) Mais quand les fidèles répondaient *Amen* après que le prêtre avait prononcé les paroles de la consécration (et c'était la discipline des premiers siècles), ce mot avait un sens affirmatif, c'était un acte de foi, d'adhésion au mystère auguste qui venait de s'accomplir, comme dit S. Ambroise (*De nupt.* l. iv. 19) : *Et tu dicis* AMEN, *hoc est, ve-*

rum est, « et tu dis AMEN, c'est-à-dire, c'est vrai! »
Il en était de même quand le fidèle recevait la sainte communion : « Lorsque en recevant (l'eucharistie), dit le même Père, tu dis *Amen*, c'est que tu confesses d'esprit que tu reçois le corps du Christ. Le prêtre te dit LE CORPS DU CHRIST (c'était la formule antique), tu réponds *Amen*, c'est-à-dire, *c'est vrai!* »

AMICT. — V. l'art. *Vêtements des ecclésiastiques dans les fonctions sacrées.* III. 12.

AMULA. — On appelait ainsi anciennement e vase dans lequel on offrait le vin à la liturgie (*Ordo Roman. Biblioth. Patr.*). On donnait le nom de *hama* à ceux de ces vases dont la panse était arrondie en forme de globe (Pellic. *Polit. eccl.* p. 192). Ils étaient nécessaires sous l'ancienne discipline, qui admettait tous les fidèles à offrir du vin pour le sacrifice. Les diacres recevaient ce vin dans les *amulæ*, pour le verser ensuite dans les calices. Elles étaient d'un poids souvent considérable, d'or, d'argent, enrichies de pierres précieuses, dans les grandes églises (*Lib. Pontif. In Sylvestr. Marc.*, etc.). Lorsque l'usage des oblations du peuple eut cessé, celui des *amulæ* n'eut plus de raison d'être, et on lui substitua ces petites ampoules que nous nommons *burettes*.

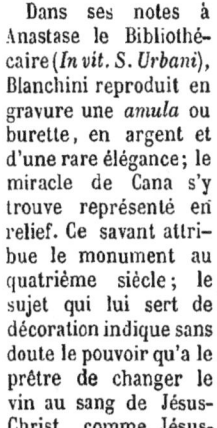

Dans ses notes à Anastase le Bibliothécaire (*In vit. S. Urbani*), Blanchini reproduit en gravure une *amula* ou burette, en argent et d'une rare élégance; le miracle de Cana s'y trouve représenté en relief. Ce savant attribue le monument au quatrième siècle; le sujet qui lui sert de décoration indique sans doute le pouvoir qu'a le prêtre de changer le vin au sang de Jésus-Christ, comme Jésus-Christ changea l'eau en vin (V. les art. *Cana* et *Eucharistie*). Voici un autre vase de même nature, et que cet archéologue regardait aussi comme très-ancien. La guérison d'un aveugle par le Sauveur y est représentée.

AMULETTES CHRÉTIENS (*Amuletum*). — Nous devons exclure tout d'abord les idées superstitieuses que ce mot semble naturellement réveiller; en effet, autrefois chez les païens, comme aujourd'hui encore chez les Turcs et les Arabes, il désignait soit certaines lames de métal couvertes de caractères cabalistiques auxquelles ces peuples attribuaient la vertu de préserver ou de guérir de tous les maux, soit certains remèdes propres à conjurer les charmes et à repousser les maléfices. On appelait encore ces objets PERIAPTA, d'un vocable grec qui signifie une *chose suspendue*, parce que les amulettes se suspendaient au cou, ou PYCTACIVM, en grec *plié*, parce que les sentences ou signes en question étaient quelquefois tracés sur des morceaux de papier ou de parchemin roulés (V. Macri. *Hiero-Lex. ad h. v.*).

Ces pratiques blâmables s'étaient glissées parmi les fidèles des premiers temps; il paraît même qu'elles furent couvertes d'une certaine tolérance par Constantin (*Cod. Theod.* IX. 16. *De malefic. leg.* III). Aussi a-t-on trouvé dans les catacombes divers objets qui y sont relatifs : par exemple (Boldetti, p. 506. tav. IV. n. 41), une petite tessère avec l'image d'un lièvre, amulette qui, chez les païens, passait pour guérir les maux de ventre, et un masque scénique. L'usage de tels objets émanant de croyances superstitieuses fut introduit dans le christianisme par les gnostiques. Les Pères et les conciles repoussèrent toujours ces vaines pratiques avec une grande sévérité (V. Thiers, *Traité des superst.* I pars. l. v. c. 1). Nous devons dire néanmoins que ces objets sont quelquefois employés comme simple signe de reconnaissance des sépultures.

Mais il est toute une classe d'amulettes sacrés dont l'usage, bien loin de provoquer les censures de l'Église, fut, au contraire, l'objet de son approbation et de ses encouragements. Ce sont certains objets de dévotion, croix, médailles, reliques, fragments des saintes Écritures, portés avec esprit de foi et avec cette confiance raisonnée qu'ils inspirent, soit par leur valeur et leur sainteté intrinsèques, comme, par exemple, le bois sacré de la vraie croix ou les reliques des Saints, soit à raison des bénédictions dont ils sont enrichis, comme les *Agnus Dei* (V. l'art. *Agnus Dei*).

Ces saints amulettes furent quelquefois désignés sous le nom d'ENCOLPIVM, qui, bien qu'il s'applique plus strictement à la croix des évêques, quand elle renferme des reliques, s'entend aussi de tout reliquaire suspendu sur la poitrine. On les appela aussi PHYLACTERIA, comme chez les Juifs quelques objets analogues (Joan. Diac. *In Ap. ad Carol.* ap. Macri). Le cabinet des médailles de la Bibliothèque nationale possède un amulette chrétien du deuxième siècle, trouvé dans les environs de Baïrouth (Fr. Lenormant. *Mélanges archéol.* III. 150). C'est une feuille d'or, sur laquelle est gravée, en caractères grecs, une inscription ainsi interprétée par M. Fr. Lenormant : « Je t'exorcise, ô Satan (ô croix, purifie-moi), afin que tu n'abandonnes jamais ta demeure, au nom du Seigneur Dieu vivant. » Nous pouvons ranger parmi les objets de même nature une pierre gravée, portant, en grec, cette invocation : « Dieu, fils de Dieu, garde! » (Perret. v. pl. XVI. 14) et celle-ci, dont l'inscription est plus explicite encore : « J'invoque Jésus-Christ de Nazareth, Père, Dieu des armées. » Elle appartient à la collection Stosch, et se trouve publiée dans les mémoires de l'académie de Cortone (t. VII. p. 44.

tav. II. n. 12). Tel est encore ce poisson de bronze enrichi de l'inscription CΩCΛIC, *salva* (V. l'art. *Poisson*). On avait des médaillons en or, en argent ou autre métal, marqués du monogramme du Christ, qu'on suspendait à son cou, et dont plusieurs ont été recueillis dans des tombeaux de martyrs (Aringhi. l. VI. c. 23).

L'usage s'en conserva longtemps encore après la paix de l'Église; Ste Geneviève portait ainsi un médaillon de bronze marqué du signe de la croix. C'est S. Germain d'Auxerre qui le lui avait donné (Giorgi. *De monogr. Christ.* p. 14). Au revers du monogramme

du Christ, le pieux chrétien qui voulait se placer sous la protection tutélaire de cet auguste signe, faisait quelquefois retracer sa propre effigie. C'est ce que nous montre cette médaille de dévotion, prise parmi celles qui se conservent à la bibliothèque vaticane et que M. de' Rossi a publiées dans son *Bulletin d'archéologie chrétienne* (année 1869, pl. 3, en regard de la page 36 de l'édition française). Costadoni donne un poisson

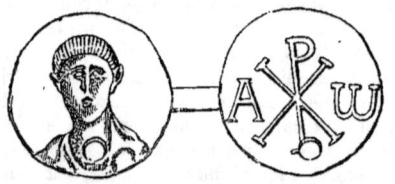

de verre percé de deux trous, ce qui indique qu'il était disposé pour être suspendu au cou comme amulette (*Del pesce simb.* n. 20); et Allegranza décrit une pâte de verre représentant une nativité, destinée au même usage (*Monum. di Milano*. p. 64). On reproduit ici d'après Fabretti (p. 594, 122) un curieux amulette en forme de main, tenant une tablette inscrite de l'acclamation ZHCEC, « VIS! » (V. l'art. *Acclamation*, n. I, 1°).

Nous apprenons par les écrits des Pères (V. Lami. *De erudit. apost.* p. 529) que les premiers chrétiens se faisaient aussi des livres des Évangiles une espèce d'amulettes au moyen desquels ils obtenaient des guérisons miraculeuses, et S. Jérôme affirme (*In Matth.* IV. 24) s'être lui-même conformé à cet usage. Les femmes et les enfants (Isid. Pelus. l. II. ep. 150. — Chrysost. hom. IX. *Ad Antioch. In Matth.* hom. LXXIII) suspendaient les livres divins à leur cou et les portaient partout comme préservatifs, *conservatoria*. S. Grégoire le Grand (*Epistolar.* l. XII. ep. 7) envoya à la reine Théodelinde, pour son fils nouveau-né Adulovald, deux phylactères ou amulettes contre les maléfices ou enchantements « des lamies qui nuisent grandement aux enfants » : à savoir une croix renfermant une parcelle de la vraie croix, et un exemplaire des saints Évangiles renfermé dans une cassette de bois précieux. Le trésor de Monza conserve encore ces boîtes, au revers desquelles sont écrites en grec des adjurations analogues à celles que nous avons citées plus haut. On en peut voir des dessins très-fidèles dans l'ouvrage du P. Mozzoni (*Tav. cronol. della Storia eccl.* sec. VII. p. 79).

Mais si les Pères approuvaient ces pratiques en elles-mêmes, ils avaient soin de tracer avec une rigoureuse exactitude la ligne de démarcation qui sépare ici la piété de la superstition; et S. Augustin, pour ne citer que lui, recommandait instamment aux fidèles de ne pas confondre avec les *ligatures* des païens l'emploi des livres saints (S. Aug. *In Johan.* c. VII).

Dès les temps apostoliques, on portait l'Évangile comme amulette, et on l'ensevelissait souvent avec les morts. Témoin cet exemplaire de S. Matthieu écrit de la main de S. Barnabé, et qui fut retrouvé dans la tombe de cet apôtre, dans l'île de Chypre (Morcelli. *Kalend. Cpolit.* 1. 231). Plusieurs sépultures, mises au jour à Rome par la démolition de l'ancienne Vaticane, ont fourni aussi des cassettes d'argent, de bronze ou de plomb (Ciamp. *Vet. mon.* l. I. c. 16), qui avaient dû renfermer des passages de l'Évangile écrits sur de petits morceaux de parchemin. Enfin on avait coutume de conserver les saints Évangiles dans les maisons pour éloigner les démons (S. Chrysost. *In Johan.* c. XXXI), et de s'en servir pour arrêter les incendies (S. Greg. Turon. *De vit. PP.* VI). (V. l'art. *Encolpia.*)

ANATHÈME (Ἀνάθημα). — I. — On entendait par anathème, dans l'antiquité, tout objet qui, offert à la Divinité, était suspendu dans les temples et ne pouvait plus désormais être employé à un usage profane (Justin. M. *Ad quæst.* CXXI). Chez les premiers chrétiens, on appela de ce nom soit les choses qui étaient offertes pour servir d'ornement aux églises, soit les vases ou autres ustensiles dont la piété des fidèles les enrichissait. Tous ces objets sont désignés dans le texte grec de S. Luc par le mot ἀναθήματα (XXI. 1), et Eusèbe, décrivant la basilique du Sauveur à Jérusalem (*De vit. Constant.* III. 38), appelle les grands cratères d'argent dont les chapiteaux des colonnes étaient ornés, *pulcherrimum imperatoris donarium*, ἀνάθημα, et il ajoute un peu plus loin (40) qu'on ne saurait dire de combien d'ornements de ce genre, tant en or qu'en pierres précieuses, le même empereur Constantin avait embelli ce temple. Théodoret et Sozomène donnent aussi le nom d'ἀναθήματα aux ustensiles de l'autel, aux vêtements précieux des évêques, etc.

Les offrandes d'objets de cette nature étaient très-fréquentes dans la primitive Église (V. Optat. Milev. *De schism.* l. III. c. 3. — Greg. II PP. *Epist.*

I. ap. Labb. t. vii). Cependant le mot anathème, dans un sens plus restreint, a été employé le plus communément à désigner les *ex-voto* que les fidèles suspendaient aux colonnes des églises en actions de grâces de quelque faveur obtenue de Dieu. C'est peut-être aussi parce qu'elles étaient suspendues aux colonnes des églises pour être à la portée de la vue du public, que les sentences d'excommunication furent nommées anathèmes (V. Bingham, *Origin. eccl.* l. VIII, c. 8. t. III. p. 249. édit. Hall.). Quoi qu'il en soit, les *ex-voto* étaient certainement usités au cinquième siècle, car Théodoret raconte (Serm. VIII. *Ad gent. De martyr.*) que, reconnaissants des guérisons obtenues, les fidèles suspendaient dans les sanctuaires « des simulacres d'yeux, de pieds, de mains.... exécutés en argent ou en or » : *alii oculorum, alii pedum, alii manuum simulacra.... ex argento, auroque confecta*; et le témoignage de S. Paulin fait remonter cet usage jusqu'à la fin du quatrième siècle (*Nat.* III).

II. — On appelle aussi anathèmes certaines formules d'imprécations qui se rencontrent souvent sur les monuments chrétiens, sépultures, diplômes, donations, testaments, etc. L'intérêt qui s'attache à cette matière nous oblige à citer quelques exemples. En voici qui s'adressent aux violateurs des tombeaux : MALE PEREAT INSEPVLTVS || IACEAT NON RESVRGAT || CVM IVDA PARTEM HABEAT || SI QVIS SEPVLCRVM HVNC || VIOLAVERIT (Bosio, p. 436), « qu'il meure d'une mauvaise mort ; qu'il reste sans sépulture; qu'il ne ressuscite point (pour la gloire) ; qu'il partage le sort de Judas celui qui oserait violer ce tombeau. » — QVISQVIS || HOC SVSTVLERIT || AVT LAESERIT || VLTIMVS SVO || RVM MORIATVR (Reines, p. 1000, n. 441). Cette dernière inscription a cela de remarquable qu'elle fait envisager comme la plus grande des disgrâces le malheur de mourir le dernier de ses siens. — QVI.... HVNC SEPVLCRVM ESTVRBAVERIT CHRISTVS SIT EI ANATHEMA (Gazzera. *Iscr. Piem.* p. 457, « celui qui aura troublé le repos de ce sépulcre, que le Christ lui soit anathème. » — SI QVIS || SE. PRAESVMSERIT. CONTRA || HVNC TVMVLVM. MEVM. BIOLA || RE ABEA. INDE. INQVISITIO || NEM. ANTE. TRIBVNAL. DNI. NRI. (Gruter. 1062, n. 1), « si quelqu'un était assez présomptueux pour violer ce mien tombeau, qu'il réponde (de ce crime) devant le tribunal de Notre-Seigneur. » — SITES INCVRRAT IN TIPO, SAFFIRE ET || ANANIAE QVI EVM LOCVM SINE PARENTIS || APERVERIT (Lupi. *Sev.* 24), « qu'il soit traité comme Saphire et Ananie, celui qui aurait ouvert ce *lieu* sans mes parents.... » — QVI A || HOC HOSSA REMOVIT A || NATEMA SIT.... (De Boissieu, *Inscr. de Lyon*, p. 599). — SI QVIS HVNC tu || MOLVM. VIOLARE TEMta || VERIT IRAM DI INCVRat || ET ANATHEMA SET (Gazzera, *Iscriz. crist. del Piem.* p. 45), « si quelqu'un tentait de violer ce tombeau, qu'il soit anathème. » — ABEAT ANATHEMA || A IVDASI QVIS ALTERVM OMINE SVPER || POSVER.... ANATHEMA ABEAS DA TRICENTI || DECEM ET OCTO PATRIARCHAE QVI CHANONES || EXPOSVERYNT ET DA SCA XPI QVATVOR || EVANGELIA (Reines, p. 965. n. 290), « qu'il soit anathème avec Judas celui qui ensevelirait un autre homme sur moi....

qu'il ait anathème de la part des trois cent dix-huit patriarches qui ont exposé les canons, et de la part des quatre saints Évangiles du Christ. »

Cette imprécation par les pères de Nicée, en même temps que par les quatre Évangiles, témoigne que les chrétiens vénéraient les conciles, organes sacrés de la tradition catholique, presque à l'égal des livres inspirés du Nouveau Testament. Nous retrouvons la même formule dans le testament d'un évêque rapporté par Paciaudi (*De sacr. Baln.* p.164. n. 2), d'après un manuscrit de la bibliothèque Chiggi. Ce prélat confirme le don de tous ses biens à un monastère par une excommunication, *lata judiciali sententia*, en y ajoutant un anathème contre quiconque oserait changer, ravir ou usurper ces biens : *Sit maledictus a Domino Deo omnipotenti, et a trecentis decem et octo Deiferis patribus, et hæres maledictionis Judæ proditoris*, « qu'il soit maudit par le Seigneur Dieu tout-puissant et par les trois cent dix-huit pères *Deiferis* (Porte-Dieu) ; qu'il soit l'héritier de la malédiction du traître Judas. » L'épithète de *Deiferi*, appliquée aux pères du concile de Nicée, est digne de fixer l'attention. Des anathèmes analogues furent fulminés par les conciles et en particulier par ceux d'Auxerre et de Mâcon, aussi bien que par les pères et les évêques contre ceux qui retiendraient ou détourneraient les offrandes et legs faits aux églises (Jacut. *Exercit. philol. ad sepulcr. tit. Bonusæ et Mennæ.* Romæ, 1758).

Les trois cent dix-huit pères du concile de Nicée, qui avaient souscrit la condamnation d'Arius, furent de tout temps en singulière vénération dans l'Église, comme le prouvent toutes ces pièces et bien d'autres encore. Le prêtre Grégoire (Ap. Baron. *An.* 325), qui a écrit leur histoire, dit que Dieu voulut faire éclater leur sainteté par le don des miracles, et que leurs reliques furent dotées du privilège de l'incorruptibilité. L'Église d'Orient leur a consacré le 28 mai, comme on le voit dans le ménologe des Grecs.

L'inviolabilité des tombeaux fut toujours, chez les chrétiens, l'objet d'une vive préoccupation ; le système de sépulture isolée et personnelle qu'ils avaient adopté dans leurs cimetières souterrains, où, à l'exemple de la sépulture du Sauveur, un *loculus* tout neuf était creusé pour chaque corps, qui ne devait plus en être dépossédé par un autre, en offre une preuve toute primitive. Voici une inscription grecque qui nous fournit un curieux témoignage de cette jalouse sollicitude : ΕΙ ΔΕ ΤΙΣ ΤΟΛΜΗΣΕ ΕΤΕΡΟΝ ΠΑΑΕΙΝ ΔΩΣΕΙ ΤΟΙΣ ΑΔΕΛΦΟΙΣ : « celui qui oserait introduire un autre corps dans ma tombe, qu'il paye une amende *aux frères*, » c'est-à-dire au trésor de l'Église, *collegium Fratrum* (V. de Rossi. *R. S.* I, 106). Le motif de ce soin si exclusif était puisé dans le respect dû à des corps qui avaient été les *temples de l'Esprit-Saint*, et les tabernacles de la divine eucharistie, bien plus que dans une vaine crainte de voir leur résurrection devenue impossible par la dispersion de leurs membres : erreur qui put bien entrer par exception dans quelques esprits grossiers, comme semblent l'indiquer certains monuments épigraphiques, mais contre laquelle proteste toute la tradition catholique. Les chrétiens restèrent toujours étrangers à des craintes si puériles, et ils répondaient à ceux qui les leur attribuaient (Minuc. Félix. Octav. p. 327, Lugdun. Batav. 1672) : « Disputer à Dieu qui a fait l'homme le pouvoir de lui rendre sa première forme.... ne serait-ce pas le comble de l'extravagance et de la stupidité? N'est-il pas plus difficile de donner l'être à ce qui n'est point que de reproduire ce qui a existé? Croyez-vous que ce qui se dérobe à la faiblesse de notre vue, se trouve anéanti pour la Divinité? Tout corps, soit qu'il se réduise en cendre ou en poussière, soit qu'il s'exhale en vapeur ou en fumée, est soustrait à nos sens, mais il existe pour Dieu qui en conserve les éléments. Nous ne redoutons rien, quoi que l'on puisse dire, de la sépulture par le feu ; mais si nous inhumons les corps, c'est pour suivre la meilleure et la plus ancienne coutume, » *nec, ut credidis, ullum damnum sepulturæ timemus*. Conséquents à ces principes, et voulant témoigner de la confiance où ils étaient que le Seigneur saurait bien, au grand jour, réunir leurs membres dispersés et reconstituer leurs corps réduits en cendres, plusieurs martyrs, entre autres S. Polycarpe, S. Péonien, S. Fructuosus (*Act. sinc.* ap. Ruin.), manifestèrent publiquement leur joie de périr par le supplice du feu.

Dès le quatrième siècle, la coutume impie de violer et de dépouiller la demeure des morts était déjà fort répandue. Nous en avons pour preuve les nombreuses épigrammes que S. Grégoire de Nazianze avait composées contre cette sorte de malfaiteurs et que les fidèles inscrivaient sur leur tombe comme une protection. Muratori les a publiées dans ses *Analecta græca*. Mais ce n'est qu'assez tard, c'est-à-dire dans le cours du sixième siècle, que la jalouse sollicitude dont nous parlons plus haut se traduit par des imprécations plus ou moins violentes contre les violateurs des tombeaux. Auparavant, dans des temps où la mansuétude du Christ était encore toute vivante dans la société de ses enfants, les marbres ne font lire que d'humbles prières et de douces adjurations, comme celles qui sont exprimées sur un *titulus* romain de 451 (De' Rossi. I. 331-752) : ADIVRO VOS PER CRISTVM || NE MIHI AB ALIQVO VIO || LENTIAM (*violentia*) FIAT ET NE SEPVL || CRVM MEVM VIOLETVR, « je vous adjure par le Christ que violence ne me soit pas faite par qui que ce soit, et que mon sépulcre soit garanti contre toute profanation. » Et encore est-ce là le premier exemple d'une telle précaution que la religion des tombeaux avait rendue inutile dans les premiers temps. En 584, nous trouvons encore une formule très-modérée, attendu qu'elle se contente d'exprimer pour condition à l'acquisition du tombeau, qu'il sera garanti contre toute violation : SVB ILLA.... CONDITIONEM (sic) VT HOC || EORVM NON BIOLETVR SEPVLCRVM (Id. ib. p. 515). En 522 (Id. n. 980), ce n'était qu'une simple mention d'une concession perpétuelle faite par le pape Hormisdas : POSSEDATVR LOCVS.... NE QVIS REMOBAT, et cette mention suffisait pour le faire respecter.

III. — Le nom d'anathème est encore appliqué à l'excommunication majeure infligée par le pape, par un évêque ou par un concile. Plusieurs décrets ou canons de conciles sont conçus en ces termes : « Si quelqu'un avance ou soutient telle erreur... qu'il soit anathème. » La source de cette discipline se trouve sans doute dans ce passage de S. Paul (*Galat.* I. 8) : « Quand nous vous annoncerions nous-même, ou qu'un ange descendu du ciel vous annoncerait un Évangile différent de celui que nous vous avons annoncé, qu'il soit anathème. » On trouve dans l'ouvrage de Martène sur les rites (*De ant. eccl. rit.* II. 324) quelques formules très-anciennes d'excommunication. Dans la septième (p. 325), l'excommunié, comme nous l'ont fait lire déjà quelques inscriptions, est voué au sort des personnages les plus maudits dont l'histoire fasse mention, et en particulier à celui des grands persécuteurs de l'Église : *Fiat habitatio eorum.... cum Chore, Datan et Abiron, Judæ atque Pilato, Anania atque Sapphira, Nerone atque Decio, Herode, Juliano, Valeriano, et Simone Mago*, « que leur habitation soit avec.... Coré, Datan et Abiron, avec Judas et Pilate, Ananie et Saphire, avec Néron et Dèce, Hérode, Julien, Valérien et Simon le Magicien. »

ANCRE. — L'usage des emblèmes marins joue un grand rôle dans la partie figurée de l'antiquité chrétienne ; et l'ancre est un des objets qu'emploie le plus souvent, dès les premiers âges de la foi, ce genre de symbolisme, qui prend sa source dans le Nouveau Testament. L'ancre, ἡ ἄγκυρα ναυτική, était, d'après S. Clément d'Alexandrie (*Pædag.* I III. n. 106), l'un des principaux symboles que les premiers chrétiens faisaient graver sur leurs anneaux, et plusieurs des bijoux qui en portent l'empreinte sont parvenus jusqu'à nous (V. l'art. *Anneaux*, fig. 2).

Prise dans son sens naturel, l'ancre est l'espoir et souvent l'unique ressource du navigateur au milieu des orages et de la tempête. Aussi les anciens y attachaient-ils un sens religieux, et l'appelaient-ils sacrée, *anchoram sacram solvere*, disaient-ils pour exprimer l'action de lever l'ancre. Dans son livre des hiéroglyphes, Pierius (XVIII. 15) dit qu'elle est comme le symbole du salut et le type de la délivrance, *salutis ac præsidii typus constituitur*.

Les premiers chrétiens comprirent les nombreuses relations de l'ancre considérée symboliquement, soit avec les orages inséparables de la vie humaine en général, soit et bien plus encore, avec la position agitée que leur faisait la persécution, dont le souffle mettait sans cesse en péril la barque du Christ. Aussi est-elle l'une des plus anciennes images qu'ils aient fixées aux parois et aux divers monuments de leurs cimetières, afin de se souvenir que, dans la tempête des passions haineuses déchaînées contre l'Église, l'assistance d'en haut était l'ancre de salut qui les garantissait contre le naufrage (Bède. *In cap.* vi *Marci*). Tel est le premier sens que l'on peut attribuer au symbole de l'ancre, c'est celui qui dérive le plus directement de l'acception qui lui était donnée par les païens et qui ne fait ici que changer d'objet.

Mais nous croyons que Raoul-Rochette est égaré par son préjugé favori, quand il prétend (*Mém. de l'Acad. des inscript.* t. xiii, p. 223) que l'ancre est un symbole de salut plutôt que d'espérance. A nos yeux elle est avant tout une tessère d'espérance, c'est là son sens chrétien par excellence. « Nous avons, dit S. Paul (*Hebr.* vi. 18), une puissante consolation, nous qui avons cherché à saisir l'espérance qui nous est proposée, espérance qui sert à notre âme comme d'une ancre ferme et assurée, et qui pénètre jusqu'au sanctuaire qui est au dedans du voile, où Jésus est entré comme notre précurseur, » *spem quam sicut anchoram habemus animæ tutam ac firmam....* S. Ambroise nous a laissé un élégant commentaire de ce passage (*In verba Apost. ad Hebr.* vi). Plusieurs Pères, notamment S. Chrysostome (*In psalm.* x et xx), développent aussi les sens mystérieux de l'ancre. Ruffin d'Aquilée (*In psalm.* clv) nous semble les résumer tous dans ces paroles : « Le navigateur, quand il craint la tempête, jette son ancre. Nous aussi, si nous avons l'ancre de l'espérance fixée en Dieu, nous ne redouterons aucune tempête de ce monde. »

Les monuments figurés confirment ici les données de la tradition écrite. On sait, et nous démontrerons en son lieu (V. l'art. *Noms des premiers chrétiens*), que les symboles tracés sur les épitaphes contiennent souvent une allusion des plus claires au nom du défunt. Or le savant chevalier de' Rossi (*De monum.* ιχθυϲ *exhib.* p. 18) affirme avoir trouvé sur des *tituli* portant les noms dérivés de spes ou ἐλπίς, *espérance*, trois fois l'image de l'ancre, à savoir sur l'épitaphe d'un elpidius et sur deux autres encore inédites du cimetière de Priscille, de deux femmes, elpizvsa et spes ; et celle-ci, au bas de laquelle est aussi une ancre, a été recueillie au cimetière de Sainte-Agnès (Perret. v. pl. liv. 11) : elpis et cyriace fecit. Le cardinal Mai, ou plutôt Marini (*Collect. Vat.* v. 449) donne la suivante, qui est accompagnée d'une ancre et de deux palmes : spes pax tib, « espérance, paix à toi ! » L'ancre accompagne aussi des épitaphes portant les noms agapes, agapetes, agapetvs (in sched. Rossi). On ne saurait attribuer au hasard un fait si souvent répété. Mais il y a plus encore : il s'est rencontré au cimetière de Prétextat (De' Rossi, *ib.*) quelques marbres sans inscription, marqués seulement d'une ancre cruciforme ; or à l'extrémité de la traverse de la croix de cette ancre était écrite la lettre e toute

seule, qui est évidemment l'abréviation ou la sigle du mot ἐλπίς, *espérance*.

Mais ce qui achève la démonstration, en assignant à la figure de l'ancre un sens plus complet et plus déterminé, c'est que le signe du *poisson* ou du dauphin qui était le symbole du Fils de Dieu Sauveur, ou bien son nom grec ιχθυϲ, lui sont presque toujours associés (V. Lupi. *Epitaph. Sever.* p. 64. — Costadoni. *Pesce.* passim. — Vettori. *Num. ær. explic.* in fin.). Il est clair que le

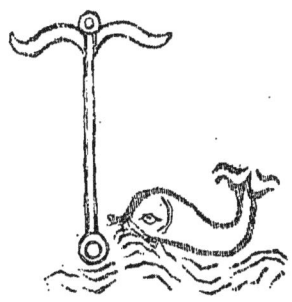

rapprochement de ces deux symboles exprime l'*espérance en Jésus-Christ*, et équivaut à ces formules si communes sur les marbres chrétiens : spes in christo, spes in deo, spes in deo christo, « l'espérance en Jésus-Christ, en Dieu, en Dieu-Christ. » Cette intention paraît avec non moins d'évidence dans le premier dessin ci-dessus, où la haste de l'ancre est croisée avec le χ, qui, comme on sait, est la première lettre du nom du Christ, χριστός. C'est le monogramme du Christ sous une forme spéciale. Ce n'est pas tout : au lieu de l'ιχθυϲ figuré ou écrit, la formule hiéroglyphique présente souvent, au sommet de l'ancre, la croix elle-même, et proclame dans son symbolique langage, et par une tessère unique, que « la croix est le fondement de l'espérance du chrétien ». C'est ce qui s'observe sur une pierre gravée (De' Rossi. ιχθυϲ. p. 19), plusieurs fois publiée.

Les ancres des anciens, telles que nous les voyons sur leurs monuments, avaient souvent au-dessous de l'anneau une traverse qui leur donnait tout à fait l'apparence d'une croix, et ce sont celles que nous appelons cruciformes. C'est ce que nous voyons dans une foule de monuments de toutes les contrées de l'ancien monde, entre autres sur un fragment inédit de pierre sépulcrale de

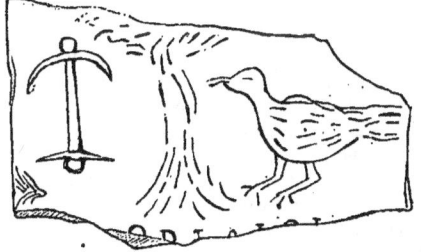

Cherchel (Algérie), dessiné par M. le commandant Sériziat. Mais voici un petit monument où l'intention de figurer la croix se montre d'une manière plus évidente et tout à fait originale. C'est le chaton d'une bague de bronze du cabinet de M. Drury-Fortnum de Stammare Hil (Middlesex), où l'ancre  est croisée par une autre ancre à une seule patte et croisée elle-même (Broch. in-8°, p. 3). Peut-être, dit le savant abbé Greppo (*De quelques particularités des cultes païens*, p. 24), cette forme contribua-t-elle autant à fixer le choix des chrétiens sur ce symbole, que les paroles de S. Paul (que nous avons citées plus haut), et qui donnent l'ancre elle-même comme tessère de l'espérance.

Quand l'ancre figure sur les tombeaux des chrétiens et des martyrs, ce qui est très-fréquent (V. Lupi. *Sever*. pp. 136, 137. — Boldetti, 566, 570, etc. — Fabretti, 568-569, etc., etc.), les interprètes de l'antiquité ecclésiastique y voient encore un emblème de la fermeté dans la foi, de la constance dans les supplices (Chrysost. *In psalm.* x). On cite Pindare et d'autres anciens qui la considéraient déjà à ce point de vue, *pro firmitate Pindarus una utitur anchora* (Pierius. *Valer*. lib. XLV). S. Maxime de Turin (Homil. LXXVIII. *De S. Euseb.*) emploie la même figure pour caractériser la stabilité dans la foi qui brillait dans S. Eusèbe de Verceil.

D'autres Pères l'ont regardée comme le symbole de la conscience, laquelle, par ses reproches et ses avertissements, empêche le chrétien de naufrager dans l'abîme du péché (Chrysost. homil. IV. *In Lazar.* — Paulin. *Natal.* II *S. Felic.*); d'autres, comme celui de la pauvreté et de la tribulation, qui, par les salutaires épreuves qu'elles font subir à l'homme, l'empêchent de varier, et l'établissent solidement dans la vertu (Hugo. *In Hebr.* VI).

ANGES. — 1. — Les anges ne paraissent pas avoir été introduits dans la composition des tableaux chrétiens avant le quatrième siècle. Ils figurent même très-rarement avec leurs attributs particuliers dans les divers monuments de Rome souterraine. Nous ne pensons pas en effet qu'on puisse regarder comme des anges ces petits génies qui y paraissent quelquefois, par exemple aux quatre angles d'une charmante peinture du cimetière de la porte Latine (Aringhi. t. II. p. 29. — V. le sujet gravé à l'art. *Vigne*), ni ces autres génies ailés qui jouent avec des coqs sur un beau sarcophage de marbre du cimetière de Sainte-Agnès (Id. II. p. 167), motif emprunté à l'antiquité profane, ni enfin ceux qui, dans les sculptures d'un grand nombre de tombeaux, soutiennent soit une coquille renfermant le buste d'un ou de deux personnages (Id. I. p. 323), soit la tablette destinée à recevoir l'épitaphe (id. I. p. 615), ce qui se voit quelquefois même sur de simples pierres tumulaires (Lupi. *Sever. epitaph.* p. 51. tab. VIII. n. 3).

Nous pourrions cependant citer, comme exception, un ange ailé conduisant par la main le jeune Tobie, dans une fresque du cimetière de Priscille, datant du deuxième siècle, s'il faut en croire d'Agincourt (*Peinture*. pl. VII. n. 3). Une fresque trouvée en 1849 au cimetière des Saints-Thrason-et-Saturnin (Perret. III. pl. XXVI) représente Tobie avec l'ange sans ailes, et vêtu d'une longue tunique. Mais il est plus commun de rencontrer les anges, figurant simplement sous forme humaine, dans la représentation de faits historiques de l'Ancien et du Nouveau Testament. Ainsi en est-il de l'Ange Gabriel dans une peinture de l'Annonciation au cimetière de Priscille (Aringhi. II. 297. — V. le sujet gravé à l'art. *Annonciation*); c'est un jeune homme sans ailes, sans nimbe, vêtu du *pallium* sur une tunique à bandes de pourpre. Il étend sa main en signe d'allocution vers Marie qui est assise sur un siège à peu près semblable à ces chaires épiscopales taillées dans le tuf au fond de l'abside de quelques chapelles des catacombes (Marchi. tav. XXXVI). Le diptyque de la cathédrale de Milan (V. Bugati. *Mem. de S. Celso*. Append. in fin.), monument de la fin du quatrième siècle, introduit cependant un ange ailé dans la représentation du même mystère (V. la fig. de l'art. *Annonciation*). Ainsi encore la mosaïque du portique intérieur de Sainte-Marie-Majeure, qui date probablement de l'époque de la construction de la basilique constantinienne (Ciampini, *Vet. mon.* I, 211. tab. L-LI), fait voir les trois anges figurant la Trinité (*Genes.* XVIII), qui apparurent à Abraham dans la vallée de Mambré, et reçurent de lui l'hospitalité. Dans un premier compartiment, ils sont debout, et Abraham se prosterne devant eux; le second nous les montre à table, ayant devant eux les pains cuits sous la cendre et de forme triangulaire que Sara leur a servis. Ici les anges n'ont pas d'ailes, mais seulement le nimbe (V. la fig. de l'art. *Trinité*). Mais le grand arc de la même basilique est décoré d'une autre mosaïque (Ciampini, Op. laud. I. p. 206. tab. II), exécutée sous le pape Sixte III en 443), où des anges ailés et nimbés paraissent dans le mystère de l'annonciation de la naissance de Jean-Baptiste, à Zacharie, et dans celui de l'incarnation, à Marie.

Mais comme, selon la pensée de S. Augustin (*In psalm.* LVI), la fonction principale des anges est de prêter au Christ un humble service: *Omnes angeli creatura serviens Christo est*, outre l'archange messager de l'annonciation, deux autres anges se tiennent respectueusement debout derrière le siège de la Mère de Dieu, comme pour rendre hommage au Verbe éternel au moment solennel de son incarnation. Et en effet, comme l'Église eut toujours l'intention d'offrir aux fidèles dans les saintes images dont elle ornait ses temples une réfutation palpable des hérésies, nous voyons que, depuis l'apparition de l'arianisme, elle adopta l'usage de représenter Notre-Seigneur assisté de deux anges, pour marquer sa foi à la divinité et à la consubstantialité du Verbe. C'est ce qu'observe le savant Buonarruoti à propos de l'explication du bas-relief du diptyque de Rambona (*Vetri*. p. 269). Et la mosaïque qui nous occupe en fournit elle-même une nouvelle preuve. Dans la seconde section, au-dessous du tableau précédent, Notre-Seigneur recevant les adorations des Mages est assis sur un trône, derrière lequel deux anges se tiennent debout. Une mosaïque de l'an 400, décorant l'abside de Sainte-Agathe-Majeure à Ravenne, représente notre Sauveur sur un trône élégant, escorté de deux anges ailés et nimbés (Ciamp. *Vet. mon.* I. tab. XLVI). Celles de Saint-Michel et de Saint-Vital de la même ville en offrent d'autres exemples (Id. *ib.* II. XVII-XIX) appartenant au sixième siècle.

Dans toutes ces peintures, les anges sont ailés et nimbés, ils sont revêtus du *pallium* blanc, d'une tunique blanche, et d'une étole bleue pendant de chaque côté. Au bas du vêtement de trois d'entre eux, on remarque le monogramme I (Sur ces sortes de sigles, V. l'art. *Monogrammes sur les vêtements*). On voit par ce qui précède que les types adoptés pour la représentation des anges sont d'origine antique. Conrad Brunus, dans son livre *Des images* (cap. VI. — cf. Molan. p. 350) en donne une explication que Molanus reproduit sommairement.

Des fouilles exécutées dans le palais des Césars au mont Palatin en 1866 ont mis à découvert une lampe d'argile ayant sur son disque Notre-Seigneur appuyé sur une croix à hampe allongée et accosté de deux anges ailés et au vol et les mains jointes (V. de' Rossi. *Bullet.* 1867. 1er fasc. — V. le monument gravé à notre art. *Serpent*). Le monument ne nous paraît pas antérieur au septième siècle.

II. — Voici les principaux attributs que l'art chrétien assigne aux anges : 1° *La forme humaine*, afin que les fidèles comprennent combien ces intelligences célestes sont disposées à secourir les hommes, et toujours prêtes à exécuter les ordres de Dieu en notre faveur : *Nonne omnes* (Hebr. I. 14) *administratorii spiritus sunt, propter eos qui hæreditatem capient salutis*, « ne sont-ils pas tous des esprits délégués pour le service de ceux qui sont appelés à l'héritage du salut ? »

2° *Des ailes*, pour les mêmes motifs : *Angelis suis mandavit de te, ut custodiant te in omnibus viis tuis* (Psalm. xc. 11), « le Seigneur a commandé à ses anges de vous garder dans toutes vos voies. »

3° *Un encensoir*, parce qu'ils offrent nos prières à Dieu, selon ce qui est écrit au livre de *Tobie* (III 24. 25. XII. 12), et plus explicitement encore dans l'*Apocalypse* (VIII. 3, 4) : « Et il vint un autre ange, et il se tint devant l'autel, ayant un encensoir d'or ; et on lui donna beaucoup de parfums, afin qu'il présentât les prières de tous les saints sur l'autel d'or qui est devant le trône de Dieu, et la fumée des parfums qui sort des prières des saints s'éleva de la main de l'ange devant Dieu, » *et ascendit fumus incensorum de orationibus sanctorum, de manu angeli coram Deo*.

4° *La jeunesse*. D'abord parce que l'Écriture les appelle jeunes, et ensuite parce qu'ainsi l'exigent et leur immortalité qui n'est autre chose qu'une jeunesse éternelle, et la nature de leurs fonctions, qu'ils sembleraient moins aptes à remplir s'ils étaient ou des enfants ou des vieillards.

5° *La beauté*. Car tel est le type que nous fournissent les Saintes Écritures, et tels étaient aussi les anges que le Seigneur ordonna de placer dans le sanctuaire (*Exod.* xxv. 18), aussi bien que ceux que Salomon mit au milieu du temple et qui étaient de bois d'olivier recouvert d'or (3 *Reg.* VI. 23, 27, 28).

6° *Quelquefois la nudité*, qui dans l'homme tombé produit la honte, mais chez les anges est une marque de sainteté, de chasteté, d'immortalité, d'innocence. La conscience de la nudité ne vint à nos premiers parents qu'après la fuite de l'innocence. Frédéric Borromée trace cependant ici de sages limites à la licence de l'art (*De pictura sacra.* lib. II. cap. 11).

7° *Des attributs militaires*. C'est ainsi que nous les représente l'histoire des Machabées (2 *Mach.* XI. 8) : *Apparuit præcedens eos eques in veste candida, armis aureis, hastam vibrans*, « un cavalier parut devant eux avec une robe blanche, des armes d'or, et agitant sa lance ». S. Jean Chrysostome avait vu et fort apprécié un tableau de ce genre, plein d'onction, et exécuté à la cire fondue, c'est-à-dire à l'encaustique, procédé d'un fréquent usage chez les anciens.

8° *Des vêtements blancs*, signe d'innocence et de joie, qui cependant n'exclut pas d'autres couleurs. Mais le blanc est préféré, parce que c'est la couleur sacerdotale, et que les anges font un acte sacerdotal, quand ils prient pour nous et défendent notre cause devant Dieu (V. l'art. *Couleurs* [symbolisme des], I. 8).

9° *Une ceinture*. Ils sont toujours ceints quand ils apparaissent aux hommes : *Præcincti circa pectora zonis aureis* (Apoc. xv. 6), « ceints autour de la poitrine de zones d'or, » pour montrer qu'ils sont prêts à exécuter les ordres qui leur sont confiés (S. Greg. lib. XXVIII *Moral.* cap. 8). La ceinture est aussi un symbole de chasteté.

10° *Des ornements de pierres précieuses*, selon les traditions de la loi antique, et aussi pour des motifs suggérés par la raison elle-même. En effet ce n'est pas un simple ornement, c'est le symbole de l'éclat des différentes vertus, comme les quatorze pierres qui brillaient sur la poitrine du grand prêtre (*Exod.* XXVIII. 17) lui rappelaient les devoirs de son office. Et pour en donner quelques exemples, le saphir est le symbole de leur chasteté; le cristal qui, comme l'observe S. Basile (*In Hexamer.* homil. II), rivalise avec l'air en transparence, est le symbole de la pureté de leur substance; l'hyacinthe est celui de leur conversation céleste; l'émeraude, celui de leur nature toujours verdoyante et jeune.

11° *Ils sont quelquefois enveloppés de nuages*, soit parce que leur demeure propre est dans les cieux, soit parce que souvent ils ont représenté Dieu lui-même dans les nuées; soit parce que, comme la lumière du soleil n'est transmise aux hommes qu'à travers les nuages vaporeux qui les en séparent, ainsi la lumière de la vérité divine est communiquée par leur intermédiaire aux mortels selon la capacité de chacun.

12° *Ils ont les pieds nus*. On peut croire que c'est ainsi qu'ils apparurent aux patriarches; et les ministres de Dieu sont ordinairement envoyés pieds nus, comme nous le voyons par l'exemple d'Isaïe, de Moïse, des apôtres. Ajoutons que, d'après les Écritures, les hommes saints, dont toute l'application est de mener sur la terre une vie angélique, se sont toujours abstenus de chaussure (Josué. v. 13. 16. — *Exod.* III. 5. — Matth. x. 9. 10). Ceci nous rappelle encore que ceux qui remplissent ici-bas l'office des anges doivent être dégagés de toute affection déréglée, afin de fournir plus aisément leur carrière toute spirituelle.

13° On assigne aux anges divers instruments, qui nous rappellent, tantôt la colère de Dieu dont ils sont les ministres, comme le glaive; tantôt sa miséricorde dont ils sont les organes à notre égard, comme les attributs de la passion; tantôt la justice qu'ils exercent en son nom, comme la balance. La trompette réveille l'idée du jugement dernier, et les autres instruments de musique celle des saintes voluptés du séjour céleste.

14° La mosaïque de Sainte-Agathe de Ravenne déjà citée (V. la gravure plus haut) fait voir aux deux côtés du trône du Sauveur les archanges Michel et Gabriel, ayant à la main un bâton, ou une haste, ou mieux encore un roseau d'or. Cet attribut donné aux anges se reproduit plus d'une fois dans les monuments de l'antiquité chrétienne. Il fait allusion au passage de l'*Apocalypse* où il est dit que S. Jean vit un ange portant un roseau d'or (cap. XXI. 15). Or ce roseau était une espèce de toise destinée à mesurer la cité céleste dont l'Apôtre donne la description; et ce passage concorde avec celui d'Ézéchiel sur le même sujet (XL. 3) : *Et ecce vir cujus erat species quasi species æris, et funiculus lineus in manu ejus, et calamus mensuræ in manu ejus*, « et voici un homme dont le regard brillait comme l'airain étincelant, et dans sa main un cordeau de fin lin, et un roseau pour mesurer. »

15° Quelques monuments anciens placent près des anges, des séraphins particulièrement, des inscriptions rappellent la principale fonction qu'ils exercent près de Dieu, qui est de chanter devant son trône l'hymne que nous avons appelée séraphique : SANCTVS, SANCTVS, SANCTVS. C'est ce que nous voyons dans d'anciennes fresques découvertes il y a peu d'années dans la basilique de S. Laurent, *extramuros* de Rome. Des deux côtés de la tête des anges sont inscrites les sigles SCS. SCS.

16° L'Église plaçait des anges sur les colonnes des autels ou des *ciboria*, aujourd'hui elle les place sur les gradins : nous le voyons dans beaucoup de temples chrétiens, notamment dans ceux de l'ordre des chartreux. Ce vénérable usage signifie que les esprits célestes assistent au redoutable sacrifice de nos autels : *Non enim dubites*, dit S. Ambroise, *assistere angelum, quando Christus assistit, Christus immolatur* (*In cap.* I *Lucæ*). On trouve des témoignages analogues dans S. Grégoire le Grand (lib. IV *Dialog.* c. 58), dans S. Bernard (*Serm. de vit. ingratit.*), dans Innocent III (lib. III *De sacr. altar. myster.* c. 24). S. Jean Chrysostome enseigne en cent endroits la même doctrine. De pieux auteurs, entre autres Jean Mosch (*Prat. spiritual.* c. IV), et non pas S. Sophrone comme l'affirme Molanus, pensent même qu'un ange est attaché à chaque autel consacré.

ANIMAUX REPRÉSENTÉS SUR LES MONUMENTS CHRÉTIENS. — Ces sortes de représentations, dans les catacombes, dans les églises et basiliques, sur les tombeaux, constituent un fait connu de tous ceux qui ont acquis une connaissance, si superficielle qu'elle soit, des monuments chrétiens des premiers âges. Nous ne portons point la manie du symbolisme jusqu'à supposer que chacune d'elles renferme un sens allégorique. Nous avons toujours tenu pour certain que souvent ces animaux ne se trouvent là que dans un but de pur ornement, et par suite d'une tradition des arts de l'antiquité, et nous sommes heureux de voir cette opinion aujourd'hui partagée par le chevalier De' Rossi, dont l'autorité est si grande en archéologie (*De monum.* ΙΧΘΥΝ *exhib.* p. 14).

Tels seraient, à notre avis, ces dauphins (Aringhi. I. p. 555. II. 303. 315, etc.), ces oiseaux (Id. I. 547. 551. 561, etc.) disposés symétriquement dans les angles des *cubiculi*, dans les peintures de voûtes des catacombes. Tels encore ces hippocampes, ces griffons (Millin. *Midi de la Fr.* pl. LXV.) et autres monstres marins dont les anciens aimaient à décorer leurs demeures et leurs tombeaux. Tels enfin ces dauphins entrelacés, tantôt avec une ancre, tantôt avec un trident, et qui servent comme de remplissage dans les peintures murales (V. De Rossi. op laud. tab. II. n. 5). Nous hésiterions même beaucoup à assigner invariablement une si-

gnification symbolique à ces oiseaux, colombes ou autres, qui se montrent aux frises de certains sarcophages, béquetant des fruits dans de petites corbeilles (Aringhi, p. 281, 299, 311), ou à d'autres oiseaux de différentes espèces qui sont entremêlés avec une singulière élégance dans des pampres, servant d'encadrement à des fresques (Id. I. p. 569), etc. Ce sont là le plus souvent, nous le répétons, de simples motifs d'ornementation indifférents en eux-mêmes et qui par conséquent ont pu, sans inconvénient, être empruntés par les chrétiens aux habitudes de l'art antique.

Il n'est pas douteux néanmoins que nos pères dans la foi n'aient eu quelquefois l'intention de figurer ainsi l'âme du défunt dans les délices du paradis (V. l'art. *Paradis*). Dès les premiers temps du christianisme, l'usage s'était établi de peindre, graver ou sculpter dans les oratoires des cimetières, ainsi que sur les tablettes de marbre ou de terre cuite qui fermaient les *loculi*, des animaux symboliques, et en particulier des colombes, d'autres oiseaux (V. les art. *Oiseaux* et *Colombes*) au vol ou renfermés dans des cages, des tourterelles, des paons; des quadrupèdes, tels que le lion, le tigre, le bœuf, le cheval, l'agneau, le cerf; des poissons, etc..., animaux symboliques à chacun desquels un article spécial est consacré dans ce dictionnaire. Il n'est pas même jusqu'au groupe du dauphin enlacé à l'ancre ou au trident qui ne puisse se prêter à une signification arcane, car rien ne s'oppose à ce que l'on voie dans le trident, comme cela est admis pour l'ancre, une des nombreuses formes dissimulées de la croix.

Des cimetières souterrains, l'antique usage des représentations d'animaux symboliques passa aux églises proprement dites, et s'y maintint jusqu'au seizième siècle (V. Allegranza. *Monum. di Mil.* p. 156). On a prétendu que, interrogé par Olympiodore au sujet d'une basilique qu'il voulait construire, S. Nil, disciple de S. Chrysostome (*In act. concil. Nicæn.* Labb. VIII. 875), lui avait interdit ces sortes d'images comme entachées d'idolâtrie. Ce Saint ne proscrivait point ceux de ces animaux que la primitive Église avait adoptés pour le sens religieux qu'elle leur attribuait, mais bien seulement l'abus qui s'était introduit de peindre sur la façade et sur les murailles intérieures des basiliques des scènes profanes, de chasse ou de pêche. qui n'étaient propres qu'à distraire les fidèles des choses saintes et à réveiller en eux des appétits sensuels (V. Borgia. *De cruce Velit.* p. 122). S. Paulin s'excusait d'avoir fait exécuter des peintures de cette sorte sur les parois de sa basilique, en disant qu'il l'avait fait en faveur de la multitude des paysans qui affluaient de toute part à l'occasion de la fête de Saint-Félix. Comme les agapes étaient encore en usage à cette époque, il espérait que de telles images, attirant l'attention de ces hommes grossiers, les empêcheraient, par cette utile distraction, de se laisser aller à l'ivresse et à l'intempérance. Quoi qu'il en soit, il est avéré que la coutume d'orner de ces sortes de peintures les églises

en dedans et en dehors fut universelle; le diacre Florus l'atteste pour les Gaules (Cf. Mabill. t. VI *Analect.*). De riches étoffes, où des animaux de toute sorte étaient peints ou brodés, étaient aussi employées à la décoration des églises (V. Boldetti, p. 302).

Des animaux symboliques se trouvent représentés sur les tombeaux; c'est ce qu'on verra aux articles consacrés à chacun d'eux. On lira aussi à l'article *Noms des premiers chrétiens* des détails sur ceux des animaux qui offrent avec le nom du défunt des rapports phonétiques, comme par exemple une truie sur le tombeau de PORCELLA, un âne sur celui d'ONAGER, une chèvre sur celui de CAPRIOLA, etc.

ANNE (FÊTE DE SAINTE). — V. l'art. *Fêtes immobiles*, n. VI.

ANNEAU ÉPISCOPAL. — L'anneau que portent les évêques est le signe de leur alliance avec leur Église (Durant. *De ritib. Eccles.* p. 267), alliance contractée par l'élection, ratifiée par la confirmation ou institution du souverain pontife, consommée par la consécration de l'élu (V. Cancellieri. *Origine ed uso dell' anello pescatorio*, etc., p. 16).

A la cérémonie du sacre de l'évêque, on bénit l'anneau, et on le lui met au quatrième doigt de la main droite. Le pape Grégoire IV, élu en 827, assigne à cet usage la raison suivante dans son livre *De cultu pontificum* : « Les anneaux (épiscopaux) ne doivent point être mis à la main gauche, sans tenir compte du préjugé païen relatif à la veine cordiale, *nullius venæ cordialis habita ratione quæ gentilitatem capere videtur;* mais toujours à la droite, comme plus digne, puisque c'est elle qui distribue les saintes bénédictions, *sed omnino in dextera, tanquam digniore, qua sacræ benedictiones impenduntur.* C'est pour cela que, à la consécration soit des souverains pontifes, soit des autres évêques, on met l'anneau à leur main droite. » Par ces mots *venæ cordialis*, le pontife fait allusion à cette opinion reçue de son temps, que le quatrième doigt avait une veine portant le sang droit au cœur.

Voici quelle était, dans l'ancien ordre romain, la formule de tradition de l'anneau : *Accipe anulum discretionis et honoris, fidei signum, ut quæ signanda sunt signes, et quæ aperienda sunt prodas,* « reçois l'anneau de discrétion et d'honneur, signe de la foi, afin que tu scelles ce qui doit être scellé, et que tu révèles ce qui doit l'être. » La plupart des devoirs de l'épiscopat sont exprimés dans cette formule.

L'anneau a toujours été regardé comme l'un des insignes les plus essentiels de la dignité et de la juridiction épiscopales (V. Isid. Hisp. l. I *De eccles. offic.* c. 5); témoin la fameuse querelle des investitures par la crosse et l'anneau, qui agita si fort l'Église et l'Empire au moyen âge, principalement sous le règne de l'empereur Henri IV et le pontificat de S. Grégoire VII.

Plusieurs savants ont cherché à jeter quelques doutes sur l'antiquité de l'anneau épiscopal; ils se sont fondés notamment sur le silence d'Alcuin, d'Amalaire et de Raban Maur. Mais quelle que soit l'autorité qui s'attache aux noms vénérés de ces liturgistes du neuvième siècle, que devient la preuve négative qu'on prétend tirer de leur abstention, en présence des arguments positifs que nous fournissent les monuments écrits et figurés de l'antiquité la plus respectable? Nous nous contenterons d'un petit nombre de citations, qui, graduées par siècles en remontant vers l'origine, suffiront, pensons-nous, pour entourer d'un jour décisif cette intéressante question.

Mais préalablement, le lecteur sera peut-être bien aise d'avoir sous les yeux un monument de ce genre, le plus ancien qui soit venu à notre connaissance. C'est l'anneau de S. Arnoul (*Arnulphus*), évêque de Metz en 614. Après quelques autres, M. le Blant a donné (*Inscr. chrét. de la Gaule*, t. I, p. 421) l'empreinte du chaton, qui, sur une agate opaque d'un blanc de lait, dont la couche inférieure est de quartz hyalin, fait voir un poisson à demi engagé dans une nasse, tandis que deux autres poissons, à droite et à gauche, se dirigent vers l'orifice de la nasse (Ib.). Aucun sujet n'était plus propre à orner la bague d'un évêque; les poissons représentent ici les fidèles pris aux filets des *pêcheurs d'hommes*. Cette pierre aurait une importance bien supérieure encore à celle que lui donne la date de l'anneau dans lequel elle est enchâssée, si, comme le conjecture le savant académicien, elle était antérieure à la fin du quatrième siècle. Le dessin que nous donnons ici a été pris sur une empreinte et une photographie exécutées avec la permission de Mgr l'évêque de Metz et que nous a communiquées M. l'abbé Thiel, directeur du séminaire.

Les témoignages postérieurs au septième siècle sont tellement nombreux et irrécusables, que nous ne croyons pas nécessaire de dépasser cette époque, qui d'ailleurs marque à peu près la limite, un peu vague, entre l'antiquité et le moyen âge, limite que notre dessein ne nous permet pas de franchir. Nous ferons seulement observer en passant que l'usage de l'anneau épiscopal, entre beaucoup d'autres autorités qui le constatent pour l'époque carlovingienne, a pour lui le témoignage d'un auteur bien grave aussi, et contemporain des trois écrivains dont on voudrait faire prévaloir le silence contre la tradition ecclésiastique la plus sûre: cet auteur n'est autre que Hincmar, archevêque de Reims, qui, dans une lettre adressée à Aventius, évêque de Metz, sur les rites de la consécration des évêques, mentionne formellement la tradition de l'anneau (Cf. Gerbert. *Vet. liturg. Aleman.* pars I, p. 255).

Or au septième siècle, c'est-à-dire en 633, nous avons le quatrième concile de Tolède, qui assigne à l'évêque, en outre du bâton pastoral et de l'*orarium*, l'anneau: *Si episcopus sit, orarium, anulum et baculum coram altari de manibus episcoporum recipiat* (Aquirre. *Conc. Hisp.* t. II, p. 484), « qu'il reçoive l'anneau... devant l'autel des mains des évêques. » En 625 vivait S. Birin, premier évêque de Dorchester, et sa tombe, ouverte quelques années après sa mort, fit voir un anneau d'or et une croix pectorale de plomb (Surius, *Ad diem Decemb.* III). On peut rapporter encore, pour la même époque, la lettre ou le décret de S. Boniface IV, promulgué au concile de Rome de 610, où il est fait mention *de monachis anulo pontificali subarrhatis*, c'est-à-dire des moines élevés à la dignité épiscopale, dont l'anneau est présenté ici comme l'insigne essentiel. Voilà pour le septième siècle.

Gerbert (*Vet. liturg. Aleman.* pars I, p. 255) cite, parmi les livres rituels de l'Allemagne, un pontifical de Salzbourg de l'an 600, lequel contient une formule pour la bénédiction de l'anneau épiscopal, et une formule de tradition absolument identique à celle que nous avons rapportée plus haut d'après l'ordre romain. Le premier concile d'Orléans, célébré en 511, nous fournit encore, pour le sixième siècle, une autorité imposante, et tout à la fois un exemple mémorable. Dans une lettre adressée aux évêques composant cette sainte assemblée, Clovis met à leur disposition la délivrance des prisonniers, tant clercs que laïcs, capturés dans la guerre des Goths. Il exige seulement qu'ils revêtent du sceau de leur anneau pastoral les actes qu'il lui adresseront à ce sujet, s'engageant à les reconnaître pour authentiques à cette marque: *Vestras epistolas de anulo vestro infra signatas, sic ad nos omnimodis dirigantur et a parte nostra præceptionem latam noveritis esse firmandam.* Nous citons cette pièce importante d'après Grégoire de Tours (édit. Migne, col. 1158). Ceci autorise à penser que, à cette époque reculée, les évêques faisaient graver leurs noms ou leurs monogrammes sur leurs cachets. Au même siècle se présente l'imposant témoignage du sacramentaire de S. Grégoire, édité par Angelo Rocca, lequel contient une formule pour conférer l'anneau à l'évêque, et cette formule n'est autre que celle que nous avons rapportée (V. Dusaussay, *Panopl. episc.* p. 181), et de plus l'autorité non moins respectable de S. Isidore de Séville, qui, à propos de la consécration des évêques, s'exprime ainsi (*De offic. Eccles.* l. II. c. 5, p. 54): *Episcopo autem, dum consecratur, datur baculus, datur et anulus, propter signum pontificalis honoris, vel signaculum secretorum,* « à l'évêque, quand on le consacre, on remet le bâton, et on remet l'anneau, comme signe de l'honneur pontifical, et le sceau des secrets. »

Mais on peut faire remonter bien plus haut encore l'origine de l'anneau épiscopal. Nous en trouvons des traces non contestables, dès le quatrième siècle, dans les écrits de S. Optat de Milève (lib. I.

Ad Parmenion.) : «Les hérétiques n'ont pas les clefs que S. Pierre a seul reçues, ni l'anneau par lequel il est écrit que la fontaine a été scellée, *nec anulum, quo legitur fons esse signatus*. Et, un peu plus loin, ce Père revient sur la même pensée. Quelques critiques ont pensé, il est vrai, que l'anneau, comme les clefs, était pris ici dans un sens allégorique, ou que S. Optat voulait parler dans ce passage du sceau (*De anulo quo fons baptism. signat.* V. *Not. ad Optat. Milev.*) que les évêques avaient coutume d'apposer sur les fonts baptismaux depuis le commencement du carême jusqu'au baptême solennel du samedi saint (Sarnelli, *Di varie sorte di anelli. Lett. eccles.* t. III, p. 84). Mais de telles difficultés s'évanouissent devant cet autre texte du même docteur et du même livre : « Le pontife porte l'anneau, afin qu'il connaisse qu'il est l'époux de son Église, et que, pour elle, à l'exemple du Christ, il sacrifie sa vie, s'il le faut, *ut se sponsum Ecclesiæ cognoscat, et pro illa animam, si necesse sit, sicut Christus, ponat.* »

D'ailleurs si le passage en question présentait quelque obscurité, il s'expliquerait encore par le témoignage d'un autre Père du même siècle, S. Augustin, témoignage que nous avons rapporté plus haut, et où le saint évêque d'Hippone consigne un fait qui lui est personnel, à savoir : une lettre écrite par lui à l'évêque Victorinus et scellée du cachet de son anneau (*Epist.* CCXVII). Nous aurons l'occasion de parler plus bas de l'anneau du pape S. Eusèbe, qui siégeait en 310. Nous pouvons maintenant produire un exemple du troisième siècle, celui de S. Caïus qui occupait la chaire de S Pierre en 283, fut martyrisé en 296, et dont l'anneau fut retrouvé dans son tombeau, ouvert en 1622 (Aringhi, *Rom. subt.* t. II, p. 426). Or il n'y a pas de raison de supposer que S. Caïus soit le premier évêque qui ait porté un anneau comme sceau et insigne épiscopal. D'ailleurs les dernières paroles du texte de S. Optat, au sujet des divers usages de l'anneau remis à l'évêque à la cérémonie de son ordination, *ut mysteria scripturæ a perfidis sigillet, secreta Ecclesiæ resignet,* « qu'il scelle les mystères de l'Écriture aux perfides, et réserve les secrets de l'Église, » se rapportent évidemment à la discipline du secret et doivent par conséquent s'appliquer au temps où cette discipline était en vigueur, c'est-à-dire à l'Église primitive, à l'Église des persécutions. Selon les plus anciens liturgistes (Durant, *De rit. Eccles.* l. II. c. 9. n. 37), l'évêque ne devrait porter l'anneau à l'annulaire que quand il officie pontificalement, et, en toute autre circonstance, à l'index, parce que, comme symbole du silence, ce doigt fut appelé dans l'antiquité *silentiarius,* ou encore *salutaris,* à raison des avantages qui résultent de la discrétion.

L'anneau épiscopal doit être d'or et orné d'une pierre précieuse, sans intaille ni figure quelconque (Durant. *Op. et loc. laud.*). L'or avertit l'évêque de l'obligation où il est de reproduire en sa personne les qualités de ce précieux métal : sa ductilité, en se montrant toujours doux et miséricordieux envers tous ; sa pureté, par l'intégrité de sa doctrine et de ses mœurs ; son éclat, par la splendeur de ses œuvres et de sa réputation ; son poids, par la gravité de sa tenue et de sa vie ; sa valeur : de même que l'or est le plus précieux des métaux, ainsi l'évêque doit se montrer le plus parfait des chrétiens (A. Dusaussay, *Panopl. episc.* p. 197, seqq.).

Que les anneaux épiscopaux aient été, dans l'antiquité, ornés d'une pierre précieuse, c'est ce qu'on pourrait conclure de l'usage des fidèles eux-mêmes sur lequel nous nous sommes suffisamment étendu ailleurs (V. l'art. *Anneaux*), et plus encore d'un grand nombre d'anciens monuments de ce genre qui se voient dans les musées. Nous sommes en outre autorisés par une foule d'exemples, entre autres par ceux de S. Augustin, de S. Ebregesile, de S. Agilbert, et surtout par celui de S. Arnouldont l'anneau est reproduit ci-dessus, à penser, contre l'opinion de Durant, que la défense d'y graver des symboles ou d'autres sujets chrétiens n'était pas aussi absolue qu'il le suppose. D'après Dusaussay (*Op. laud.* p. 215), l'anneau sigillaire du pape S. Eusèbe portait sur l'une des faces de son chaton le monogramme de son nom, sur l'autre le monogramme du Christ. Du reste, l'opinion du célèbre liturgiste peut se concilier avec les faits, en la prenant dans ce sens qu'il n'est pas convenable à un évêque de porter un anneau décoré d'images profanes, comme cela eut lieu plus d'une fois à cette époque de réaction passionnée en faveur des chefs-d'œuvre de l'art antique qu'on appelle la renaissance ; on vit alors des évêques et des papes même orner leurs doigts de pierres païennes. Mais rien ne s'oppose à ce que le sceau d'un successeur des apôtres soit revêtu de quelque sujet édifiant et propre à réveiller des idées pieuses, soit en lui-même, soit chez les fidèles.

L'usage le plus vulgaire de l'anneau épiscopal, celui qui lui est commun avec tous les autres, est de sceller les lettres, comme nous l'avons vu par l'exemple de S. Augustin, et d'imprimer aux actes de leur autorité le sceau de l'authenticité, ainsi que le prouvent les instructions données par Clovis aux évêques du premier concile d'Orléans. Mais il a eu, en outre, de tout temps une destination spéciale et sacrée. Dans la cérémonie de la consécration des autels, l'évêque appose son sceau sur la petite boîte de reliques que l'on place sous la table consacrée. Dès la plus haute antiquité, il a servi à sceller les reliquaires. Quand Syroès, fils de Chosroès, roi des Perses, eut rendu aux chrétiens le bois sacré de la vraie croix, cette adorable relique fut trouvée intacte, et on reconnut que les sceaux n'avaient souffert aucune atteinte (Baron. *Ad an.* 627). Ce sont des sceaux de ce genre qui établirent aux yeux de S. Louis l'identité des fragments de la vraie croix et celle de la couronne d'épines que ce saint roi avait reçus de l'empereur Baudouin II et fait rapporter de Constantinople en France (V. Dusaussay. *Martyrol. Gall.* XI. kal. jan.).

On comprend que, eu égard à tous ces saints usages auxquels il est affecté, l'anneau des évêques ait dû être, dans tous les temps, l'objet d'une grande vénération. C'est ce sentiment de pieux respect qui sans doute a fait naître la coutume de le donner à baiser aux clercs dans certaines parties de la liturgie, et aux simples fidèles en diverses circonstances, notamment avant la réception de la sainte eucharistie. (On trouvera dans le septième chapitre de la *Panoplia episcopalis* d'André Dusaussay de longs et intéressants détails sur les significations mystiques de l'anneau épiscopal.)

ANNEAUX. — A l'exemple de tous les peuples de l'antiquité, et des Juifs en particulier, les premiers chrétiens, même dès le temps des apôtres, avaient adopté l'usage des anneaux en or, en argent, en pierres précieuses (Prudent. *Peristeph.* hymn. I. v. 857); on a recueilli à Rome d'innombrables objets de ce genre, dans les cimetières des chrétiens et des martyrs (V. Boldetti. p. 502, seqq. — Marmachi. l. I. 56-264 et passim. — Perret. IV. pl. XVI). Nous voyons même par les écrits des Pères, et en particulier par ceux de Tertullien (*De habit. mulier.* v), de S. Clément d'Alexandrie (*Pædag.* II. 12), de S. Cyprien (*De disciplin. et habit. virg.*), de S. Jérôme (*Epist. ad Læt.*), que cette coutume n'avait pas tardé à dégénérer en abus. Ces docteurs de l'Église s'élèvent avec une extrême sévérité contre la prodigalité de l'or et des pierreries.

On montre à Pérouse une bague d'améthyste qui, d'après une pieuse tradition, ne serait autre que l'anneau nuptial de la Ste Vierge (Dusaussay, *Panopl. episc.* 194). L'église de Sainte-Anne à Rome conserve aussi, au dire de Baronius (*Not. Martyrol. Rom.* VII. kal. aug.), l'anneau nuptial de cette auguste mère de Notre-Dame.

Il est probable que les anneaux en usage parmi les fidèles étaient exécutés par des artistes chrétiens, car la profession d'orfèvre était une de celles qui n'étaient pas interdites aux fidèles (V. l'art. *Professions des premiers chrétiens*). Il y avait aussi parmi eux des lapidaires et des graveurs sur pierres fines (Lami. *De erudit. apost.* p. 268).

Les plus communs des anneaux usités dans ces temps primitifs sont de simples cercles d'ivoire sans aucun ornement; on en trouve beaucoup à l'extérieur des tombeaux, et on a supposé que plusieurs avaient été faits avec cette intention funéraire (Boldetti, 504). (V. l'art. *Acclamation*.) Mais nous devons parler surtout ici des anneaux destinés à être portés au doigt par les vivants, et qui sont les plus nombreux et les plus intéressants. C'est cependant toujours dans les tombeaux qu'on recueille les objets de cette nature, parce que les anciens avaient coutume d'y enfermer les choses que les défunts avaient possédées et aimées pendant la vie. Qui ne sait les trésors de ce genre qui furent tirés du sarcophage de l'impératrice Marie, femme d'Honorius? Nous apprenons de S. Grégoire de Tours (*De glor. confess.* XXXV) qu'on avait trouvé de son temps dans un antique sépulcre de marbre de la basilique de Saint-Vérand le corps d'une jeune fille qui avait des anneaux aux doigts. Les sépultures franques, germaines et saxonnes explorées par M. l'abbé Cochet (*Normand. souterr.* 347, 354 *et alib.*) ont fourni aussi un grand nombre de bagues, la plupart en bronze, quelques-unes en argent et en or, le plus souvent passées encore au doigt du défunt. La plus remarquable de toutes est celle de Childéric, recueillie dans son tombeau à Tournay.

On peut diviser les anneaux chrétiens en sept classes principales.

1° Des anneaux très-simples, en bronze ou en fer, sans chaton ni empreinte quelconque, et appelés *ansulæ* par quelques auteurs ecclésiastiques, et par S. Augustin en particulier (*Doctrin. Christ.* II. 20). Tel est celui que S. Saturus, au moment de son martyre, prit au doigt du soldat Pudens et qu'il lui rendit ensuite teint de son sang, selon le récit qui se trouve consigné dans les actes de Ste Perpétue et de Ste Félicité (Ruinart. p. 88).

2° Mais la classe la plus riche sans contredit comprend les anneaux ornés de symboles chrétiens, de ceux principalement que désigne S. Clément d'Alexandrie (*Pædag.* III. 106) comme les plus convenables au sceau d'un disciple de Jésus-Christ : — A. *La colombe*, qui y est quelquefois seule (Boldetti, 502. tav. III. 27), ou accompagnée d'autres attributs, tels que le Bon Pasteur, l'ancre, le poisson, Jonas, etc. (Costadoni, *Del pesce simb. di Cristo.* n. 12). Un anneau d'or cité par M. De' Rossi (Ἰχθύς. *Index.* n. 97) est orné de deux pierres, dont l'une offre le poisson, l'autre une colombe et un arbre, avec l'inscription ÆMILIA. Ce type a des variétés infinies, pour lesquelles nous renvoyons à notre mémoire sur les *anneaux des premiers chrétiens* (p. 17). — B. *Le poisson.* Ce symbole est celui qui se rencontre le plus souvent sur le genre de monument dont nous parlons. La dissertation du P. Costadoni sur l'Ἰχθύς symbolique (Ap. Calogera. serie I. t. XLI. p. 226, segg.) est suivie d'une planche qui en contient un certain nombre, dont quelques-uns ont été reconnus pour faux; M. De' Rossi en mentionne néanmoins encore avec pleine confiance une trentaine qui tous montrent soit le mot ΙΧΘΥΣ, soit la figure du poisson, tantôt accompagnée de l'inscription ΙΗΣΟΥΣ ou ΙΗΣΟΥΣ ΧΡΗΣΤΟΣ, ou d'autres symboles (pour les détails, voy. le mém. cité plus haut). Il s'en trouve un certain nombre où sont gravés deux poissons accostant une croix ou une ancre cruciforme (Costadoni, *l. l.*) Ce sont, à notre avis, des bagues nuptiales. En voici une apportée d'Alexandrie d'Egypte par M. Alexis Von Fricken, qui a bien voulu nous en communiquer une empreinte. On pense que, eu égard à leur élégance, les anneaux et pierres annulaires portant cet emblème ne doivent pas être postérieurs au quatrième ou au cinquième siècle. — C. *Le navire.* Quand il est isolé, il signifie l'heureuse navigation vers le port de l'éternité; mais il est le symbole de l'Église, quand il repose sur le dos d'un poisson, comme dans la pierre annulaire illustrée par Aléandre (*Nav. Eccles. referent. symb.*), et dans quelques autres semblables (V. les art. *Navire* et *Église*). Le même sens, à notre avis, doit être assigné à une gemme antique du cardinal Étienne Borgia (*De cruce Velit.* 213) où se voit un pilote qui n'est autre que Jésus-Christ, et six rameurs de chaque côté qui représentent les douze apôtres. — D. *La lyre*, qui est un des objets assignés par S. Clément d'Alexandrie, se trouve rarement isolée sur les anneaux arrivés jusqu'à nous. Le seul que nous connaissions figure dans le livre de M. Perret (vol. IV. p. XVI. 60). Une gemme du musée Vettori fait voir la lyre, mais aux mains d'Orphée (Mamachi, III.

81, not.), et encore est-il permis de douter que le monument soit chrétien. — E. *L'ancre* (ci, pour le *navire* et l'*ancre*). Elle est ordinairement cruciforme, c'est-à-dire qu'au-dessous de l'anneau elle est munie d'une traverse qui donne à sa partie supérieure la forme d'une croix (V. Bottari, III. 19). Elle est souvent accostée de deux poissons ou enlacée à un dauphin (Lupi. *Epitaph. Sever.* M. 64. not. 1) ; quelquefois, placée entre le I et le X initiales du nom de Jésus-Christ, et une fois entre les lettres X et B, ce que Bottari interprète par ΧΡΙϹΤΟϹ ΒΙΟϹ, *Christus vita*, « le Christ c'est la vie. »

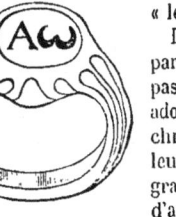

Les symboles indiqués par S. Clément ne sont pas les seuls qui furent adoptés par les premiers chrétiens. Nous avons de leurs anneaux où sont gravées les sigles A et ω ; d'autres qui portent le monogramme du Christ tantôt seul, tantôt accosté de l'A et de l'ω, ou de deux palmes (Boldetti, *ib.* nn. 29-31. 30-33. — Vettori. *Num. ær.* 52), tantôt accompagné du Bon Pasteur et d'une palme (Perret. *loc. laud.* n. 49), ou du *labarum* et de la croix (Id. 53) ; quelquefois c'est le Bon Pasteur, tantôt isolé (Id. 61, 82, 19), tantôt avec la palme et le chrisme (Id. 49), avec une colombe sur un olivier (Id. 2) ; tantôt entouré de son troupeau, avec une couronne d'étoiles sur la tête, deux arbres à sa droite, le *tugurium* et le chien à sa gauche (Id. 80), etc., etc. ; on y trouve parfois la palme, associée à d'autres sujets, ou isolée (Id. 25, 34, 15) ; ou bien encore l'agneau ou la brebis, avec quelques-uns de leurs attributs habituels, le nimbe, le chrisme, la croix, etc. ; ou enfin le paon (Id. 28) ou le coq (Id. 66), le lion (Boldetti, tav. IV. 35), etc. Voici un charmant chaton de bague où une femme

orante est placée entre deux monogrammes du Christ et deux colombes. Une améthyste de la bibliothèque de Turin est ornée d'une tige de vigne chargée de raisins entre deux épis : ce sont les deux éléments de l'eucharistie ;  mais la pierre ne doit pas être très-ancienne.

3° Viennent en troisième lieu les pierres annulaires où sont représentés soit le portrait de Notre-Seigneur d'après le type traditionnel adopté par la primitive Église (V. l'art. *Jésus-Christ*), soit quelque fait de sa vie, par exemple sa nativité. Ce que nous connaissons de plus ancien et de plus curieux en ce genre, c'est une calcédoine blanche offrant la tête du Christ jeune et imberbe, représentée de profil, et accompagnée de son nom en caractères grecs ΧΡΙϹΤΟΥ, et au-dessous un poisson. Ce bijou, attribué au deuxième ou au troisième siècle, est placé comme vignette par M. Raoul Rochette au frontispice de son *Discours sur les types imitatifs qui constituent l'art du christianisme*.

La nativité est représentée comme il suit sur une de ces gemmes imitées qui ne sont autre chose que du verre coloré (Vettori, *Num. ær. explic.* p. 57. tab. III). L'enfant Jésus enveloppé de langes et couché dans la crèche, à travers les montants de laquelle paraissent de face le bœuf et l'âne. A droite, brille l'étoile des Mages ; à gauche, la lune, symbole de la nuit qui couvrit la naissance du Sauveur. Au-dessous de la crèche se trouvent Marie voilée, à demi couchée sur un petit lit, et Joseph assis. La tête de Notre-Seigneur est ornée du nimbe crucifère, celles de Marie et de Joseph portent le nimbe uni. Ce fut là sans doute un type répandu chez les premiers chrétiens, bien que les exemples arrivés jusqu'à nous soient rares (V. l'art. *Nativité*). Comme figure du sacrifice de la croix, nous avons, sur un anneau de bronze, le sacrifice d'Abraham (Drury Fortnum. *Of finger-rings of the early christian period*, p. 21). (V. la grav. à l'art. *Abraham*.)

4° On gravait aussi sur les sceaux et les anneaux l'image des Saints, par exemple celle de S. Pierre et de S. Paul retracée sur une cornaline que rapporte Mamachi (*Costumi*. prefaz.), et cet usage s'est continué au moyen âge pour les sceaux des papes : l'effigie des deux apôtres figure sur celui d'Eugène IV avec cette épigraphe : SUB ANVLO CAPITVM PRINCIPVM APOSTOLORVM, « sous l'anneau des têtes des princes des apôtres. » Nous apprenons de S. Jean Chrysostome que, de son temps, les chrétiens portaient des anneaux ornés de l'image de S. Melecius (Ap. Metaphr. et VII Synod.). Nous en citons beaucoup d'autres exemples dans notre mémoire spécial (pp. 32-33).

5° Les anneaux et pierres enrichis d'acclamations, dont la plus fréquente est VIVAS IN DEO qui se lit sur plusieurs de ceux du recueil de Ficoroni, sur un sceau de fer gravé dans l'ouvrage de P. Lupi (*Sev. epitaph.* tab. IX. p. 57). Il existe un chaton d'anneau où elle est inscrite autour d'un buste comme la légende des médailles (Perret, iv-xvii, 14). Quelquefois elle est jointe au nom de la personne à laquelle l'anneau était destiné : DEVSDEDIT VIVAS IN DEO, « Dieudonné, vis en Dieu ! » (Ficoroni, vii, 20.) Telle est encore la légende d'une bague d'or du troisième siècle appartenant au cardinal de Bonald : VIVAS IN DEO ASBOLI. On rencontre souvent aussi SPES IN DEO, « l'espérance en Dieu, » et d'autres formules exprimant ces idées d'espérance et de vie si chères aux premiers chrétiens. Nous possédons une bague en ivoire qui fait lire, autour du monogramme du Christ, la légende : VICTORE. AVG. Voici la reproduction de cet anneau, qui a été trouvé il y a peu d'années dans le quartier Saint-Georges à Lyon.

6° Les anneaux revêtus de caractères qui les rangent indubitablement parmi ceux que l'antiquité appelait *signatarii*, parce qu'ils étaient destinés à marquer du sceau du maître les objets qui lui appartenaient. Ces anneaux sont munis d'une petite plaque de métal, montée sur le cercle ou sur l'anneau proprement dit et portant le nom du propriétaire gravé; par exemple : VITALIS (Boldetti, p. 507. tav. iv. n. 39). Nous avons, sur une pâte jaune du recueil de M. Perret, le nom de PHŒNIXIA accompagné d'une palme et d'un poisson (n. 45) ; celui de M. Le Blant (t. i. pl. n. 216) nous fait connaître un anneau trouvé à Haulchin (Hainaut) avec le nom WABVETVSVS, précédé d'une croix.

La plaque métallique affecte souvent la forme d'une plante de pied, comme sur le sceau d'un chrétien du nom de FORTVNIVS que nous donnons ici.

Ceci vient sans doute de la tradition antique qui faisait de cette image ou empreinte de pied un symbole de possession : *pedis positio* (Peliccia, t. iii, p. 227). Il y avait d'autres sceaux de cette forme qui ne portaient point le nom du propriétaire, mais un symbole, le chrisme, par exemple, ou une acclamation telle que celle-ci : SPES IN DEO (Perret. ib. 5, 6). (V. l'art. *Plantes de pieds*.)

7° Parmi les anneaux chrétiens offrant quelque particularité digne d'attention, nous signalerons enfin ceux auxquels est adaptée une petite clef, et que, pour cette raison, l'antiquité appela *annuli ad claves* ou *ad rerum custodiam*, parce qu'on s'en servait pour ouvrir et fermer des cassettes (Fortun. Liceti. *De anulis antiq* p. 147). On portait ces anneaux au doigt, afin de ne pas s'exposer à perdre la clef (Nicolai. *De sigl. vet.* p. 147). On peut voir dans Boldetti (tav. iv. n. 36, 37) deux exemples de ce genre de sceaux, dont l'un a la clef toute seule, et l'autre, avec la clef, un chaton en forme de cachet (ci-contre), parce que les anciens,

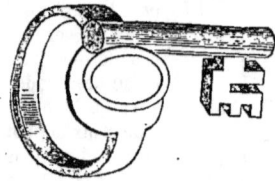

non contents de fermer leurs cassettes avec des clefs, y apposaient encore quelquefois un sceau en cire qu'ils marquaient de l'empreinte de leur cachet, lequel, pour ce motif, s'appelait *cirographus* ou *cerographus*.

Cette destination toute profane des anneaux *ad claves* était commune aux païens et aux chrétiens. Mais ceux-ci portaient en outre, par dévotion, des anneaux munis de petites clefs qui avaient été sanctifiées par le contact des reliques de quelque Saint, et dont plusieurs renfermaient de la limaille des chaînes de S. Pierre (V. l'art. *Amulettes*) ; il est probable que ceux qui ont été recueillis dans les catacombes de Rome (et celui que nous avons reproduit n'a pas autre provenance) appartiennent à cette dernière classe : c'étaient des espèces de talismans ou d'amulettes chrétiens. Les souverains pontifes envoyaient aux princes, en guise de reliques, de ces clés d'or que l'on avait auparavant fait descendre *ad hauriendam sanctitatem*, « pour y puiser la sainteté, » sur les corps de S. Pierre et de S. Paul par une petite fenêtre pratiquée au-dessus de l'autel de la confession (V. l'art. *Fenestella confessionis*). Il paraît que ce fut S. Grégoire qui donna cours à cet usage, si toutefois il n'en est pas le premier auteur. Il semble du moins qu'on soit autorisé à le conclure de divers passages de ses épîtres qui ont trait à cette circonstance, et qu'on peut lire dans Boldetti (p. 507). (V. l'art. *Anneau épiscopal*.)

ANNONCIATION DE LA VIERGE. — Le plus ancien monument qui, à notre connaissance, retrace cet auguste mystère est une fresque du cimetière de Priscille (Bottari, tav. CLXXVI). Un jeune homme drapé du *pallium* sur la tunique se tient debout devant une jeune fille assise vers laquelle il dirige la main droite, l'*index* étendu, en signe d'allocution. La vierge donne des marques de surprise, et la plus aimable timidité respire sur son visage.

Le même sujet est représenté dans la mosaïque du grand arc de Sainte-Marie-Majeure (Ciampini. *Vet. monim.* t. I. tab. II. p. 200) ; mais ici l'ange, ailé et nimbé, est figuré deux fois : d'abord volant dans les airs et étendant les bras vers Marie, et ensuite debout devant la Sainte Vierge et lui adressant la parole. D'Agincourt publie aussi (*Peinture*, pl. XXVII. n. 2) une miniature du sixième siècle appartenant à la bibliothèque Laurentienne de Florence, où se voit l'Annonciation. Ce mystère se trouve encore sur un diptyque donné par Bugati (*Memorie di S. Celso.* p. 282. tav. II. n. 3), mais avec cette circonstance bizarre que la Sainte Vierge, au lieu d'être dans sa maison et assise, se trouve agenouillée près d'une source abondante jaillissant du haut d'un rocher, et reçoit de l'eau dans une amphore. Elle se retourne avec effroi vers un ange

ailé qui est derrière elle et semble lui parler. Cette particularité, contraire au texte sacré, est empruntée à l'Évangile apocryphe attribué à S. Jacques, et que Fabricius a publié dans sa collection (*Codex apocr. Nov. Testam.* t. I, p. 94) : *Et accepta hydria, exiit haurire aquam. Et ecce vox dicens illi : Ave, gratia plena*, etc. (n. XI), « et ayant pris une *hydria*, elle alla puiser de l'eau. Et voici une voix lui disant : Salut, pleine de grâce, etc. »

On peut citer beaucoup d'autres monuments où ce mystère est représenté. On le voit, entre autres, à S. Nérée et Achillée de Rome, à Sainte-Marie *in Trastevere*, sur les portes de S. Paul, celles du baptistère de Pise, dans les mosaïques de S. Marc de Venise, et dans les miniatures d'une foule de manuscrits qui n'appartiennent pas à l'antiquité proprement dite.

ANNONCIATION (FÊTE DE L'). — Voy. l'art. *Fêtes immobiles*.

ANTIENNE. — V. l'art. *Office divin*, Append. 6°.

ANTIPHONAIRE. — V. l'art. *Livres liturgiques*, n. VI.

A. ω. — Gravées ou peintes sur les monuments antiques, ces deux lettres, qui sont la première et la dernière de l'alphabet grec, expriment symboliquement un acte de foi à la divinité de Jésus-Christ, et par conséquent à son éternité (S. Aug. *De unit. Eccles. contr. Donat.*). Elles sont empruntées à l'*Apocalypse*, où S. Jean a consigné cette révélation sublime de la divinité du Verbe, qui lui avait été faite par Dieu le Père, et selon quelques docteurs (V. Corn. a Lapid. *In Apoc.* XXII. 13), par le Verbe lui-même : *Ego sum* A *et* ω, *primus et novissimus, principium et finis* (*Apoc.* loc. laud. n. 16), « je suis l'A et l'ω, le premier et le dernier, le commencement et la fin. » Ce texte renferme en substance les motifs pour lesquels le Sauveur a voulu être désigné par ces sigles. Plusieurs Pères en ont expliqué les mystères, entre autres Tertullien (*De monogam.* v), S. Clément d'Alexandrie (*Pædag.* VII. p. 98. *Strom.* l. IV. prop. fin.), S. Jerôme (lib. I. *Contr. Jovin.*), Bède (*In Apoc.* I. 8), et S. Paulin (*Poem.* XXXI, v. 89, v. 648), dans de beaux vers.

Le poëte Prudence résume avec beaucoup de précision l'enseignement des anciens docteurs à ce sujet. (*Catemerinon.* hymn. IX. 10).

> Corde natus ex parentis,
> Ante mundi exordium,
> Alpha et ω cognominatus ;
> Ipse fons et clausula
> Omnium, quæ sunt, fuerunt,
> Quæque post futura sunt.

« Né du cœur du Père, avant le commencement du monde, appelé A et ω ; il est la source et le terme de toutes choses, de celles qui sont, de celles qui furent, et de celles qui sont à venir. »

Quelques savants ont pensé que l'usage de ces lettres symboliques n'avait été introduit dans l'Église qu'après l'apparition de l'arianisme, et comme protestation contre cette secte ennemie de la divinité de Jésus-Christ. Mais les monuments protestent contre cette assertion, et notamment une belle inscription du commencement du troisième siècle trouvée près de Cherchel, l'antique

Césarée de Mauritanie, au milieu des ruines d'un édifice de construction romaine, monument inséré par M. Léon Rénier dans ses *Inscriptions de l'Algérie*, n° 4025. Témoin encore une autre inscription donnée par Fabretti (c. x, p. 739), et un fond de coupe trouvé teint de sang par Boldetti, au cimetière de Calliste (Boldetti, tav. iii. n. 4. p. 194), monuments auxquels les caractères les moins suspects assignent un âge bien antérieur à la naissance de l'hérésie arienne. Il est certain cependant que les ariens évitèrent toujours avec soin d'employer cette formule qui condamnait leur impiété (Giorgi, *De monogram. Christi*. p. 10) ; et il est vraisemblable que ce fut à dater de cette époque que les catholiques en firent un plus fréquent usage, comme pour professer avec plus d'éclat leur foi à un dogme qui est la base essentielle du christianisme.

C'est en effet depuis lors que nous voyons surtout les lettres en question introduites dans l'intérieur du nimbe cruciforme qui ceint la tête du Rédempteur (V. l'art. *Nimbe*), rapprochement qui accuse évidemment l'intention de protester contre l'enseignement d'Arius (V. Allegranza, *Sacr. mon. di Milano*. p. 18). On commença aussi vers le même temps à les suspendre par des chaînettes d'or aux bras d'une croix gemmée (Aringhi, i. p. 381), ou à ceux d'un monogramme cruciforme. L'A et l'ω sont ainsi suspendus aux bras d'une croix élégante et légèrement pattée, gravée sur le frontispice d'une petite basilique des premiers siècles, à Announah, en Algérie. (*Rev. Archéol.* vi° ann. ii° part. pl. iii. fig. 1. 2.)

Mais si les catholiques adoptèrent plus universellement ces sigles, notamment sur leurs sépultures, ce n'était point, comme l'imagine Ramirez (*Not. ad chronic. Luitprand.* p. 362), pour distinguer les tombeaux des fidèles de ceux des sectaires ; car il est avéré que jamais les ariens, non plus qu'aucune autre secte, ne furent en possession des cimetières de Rome (Boldetti, p. 537. — Aringhi. ii. 434) ; il n'y avait en conséquence pas de confusion possible.

Sur les monnaies, l'A et l'ω commencèrent, dès l'année qui suivit la mort de Constantin, à être tracés aux côtés du monogramme du Christ. Les premières pièces où se remarque ce type sont un *aureus* de Constance, et une autre médaille du même métal frappée à l'effigie de Constantin le Grand avec la légende victoria maxvma (V. l'art. *Numismatique*. n. II. E).

Nous ferons observer en passant que cette manière d'exprimer par la première lettre de l'alphabet grec un genre d'excellence quelconque ne fut pas étrangère à l'antiquité profane. Martial (v. 26) appelle ironiquement *Alpha pœnulatorum* un certain Codrus, qui sans doute se faisait remarquer par son élégance à porter la *pœnula*.

Comme les lettres symboliques A et ω sont à peu près constamment unies au monogramme du Christ, nous renvoyons à ce dernier mot l'énumération des diverses classes de monuments où on

les rencontre plus fréquemment. Nous avons dit *à peu près constamment*, car on trouve quelquefois ces sigles, ou tout à fait isolés, comme sur quelques pierres gravées, ou chatons d'anneaux (V. Boldetti, p. 502. tav. iii. n. 32. — V. aussi notre art. *Anneaux*), ou avec d'autres sigles, par exemple B. M. *Bene meritis* ou *Bonæ memoriæ* (Gruter. 1161. 4), ou encore des deux côtés du Bon Pasteur (Gori, *Præf. ad inscript. Dorii.* p. 22). Quelques sceaux de papes, notamment celui de Deusdedit (an. 614) les font voir aussi accostant un pasteur qui caresse une brebis de chaque main (Ficoroni, tav. xxiii. 3).

La forme minuscule ou mieux peut-être la majuscule onciale de l'ω paraît être la seule reçue dans les monuments chrétiens. Le P. Garrucci (*Hagioglypta*. p. 168. not.) affirme que la majuscule Ω, dans le groupe en question, ne se rencontre absolument sur aucun monument authentique de la primitive Église ; et il se fonde sur cette donnée pour rejeter une pierre annulaire publiée avec pleine confiance par Costadoni, où un dauphin est gravé entre l'A et Ω. M. De' Rossi regarde aussi cette gemme comme fausse. Il n'est pas impossible néanmoins de trouver quelques exceptions à la règle posée par le savant jésuite ; mais elles sont extrêmement rares dans l'antiquité proprement dite. On a remarqué (V. Ciampini, *Vet. monim.* ii, p. 69) que l'anagramme numérique du mot περιστερα, *colombe*, autre symbole de Jésus-Christ, produit la même somme que les sigles A et ω, et que par conséquent ces deux symboles doivent avoir le même sens.

APOCRISIAIRE (*Apocrisarius*, ἀποκρισιάριος). — Ce mot, dérivé du grec ἀπόκρισις, *réponse*, désigne, d'une manière générale, un envoyé, un agent d'affaires, un porteur de réponse : ce qui a fait donner aussi à ce fonctionnaire le nom de *responsalis*.

Dans le langage ecclésiastique, c'est le délégué d'un pape, ou d'un évêque, ou d'une Église quelconque, qui résidait près de la cour impériale, pour y poursuivre les causes ecclésiastiques et autres négociations de ses commettants. L'origine de cette charge remonte à Constantin ou à une époque de peu postérieure à ce prince (Hincmar, epist. iii. c. 13. 14, cf. Macri). Nous avons la définition suivante dans la sixième *Novelle* de Justinien : « Ceux-là sont appelés apocrisiaires, qui gèrent les affaires des saintes Églises. » Un peu plus loin (c. ii.), ce même empereur décrète qu'aucun évêque ne soit longtemps absent de son siège ; que si la nécessité l'oblige à poursuivre quelque cause en cour, qu'il en charge l'*apocrisiaire* de son Église, à qui cette charge incombe, ou son économe ou quelque autre clerc. Cette loi ne suppose pas clairement que les apocrisiaires appartiennent au clergé, mais nous avons d'autres autorités qui paraissent l'indiquer. Ainsi Libéra (*Breviar.* c. xii. — cf. Bingham, ii. 78) affirme qu'Anatolius, diacre d'Alexandrie, fut, à Constantinople, apocrisiaire de Dioscore, ce qui lui fournit l'occasion d'être nommé évêque de Constantinople après la mort de Flavien. Nous savons aussi que cet emploi, qui supposait nécessairement une certaine habileté dans les affaires, conduisait souvent au souverain pontificat : ainsi S. Grégoire le Grand, Vigile, Pascal, Sabinien avaient été apocrisiaires de l'Église romaine avant d'être papes, et étant diacres. Peut-être ce nom de *diacre* qui leur est donné est-il moins le titre d'un ordre sacré que celui de la fonction de délégué ; car le mot διάκονος a en grec le sens du latin *minister*, ministre, envoyé. Ce qui nous inclinerait à le croire, c'est un texte de S. Grégoire le Grand, qui, écrivant à l'empereur Phocas (*Epist.* XLIII), pour s'excuser d'avoir laissé quelque temps cette place vacante à la cour de ce prince, ne désigne l'apocrisiaire que sous le nom de diacre : *Quod permanere in palatio juxta antiquam consuetudinem apostolicæ sedis* DIACONEM *vestra serenitas non invenit, non hoc meæ negligentiæ, sed gravissimæ necessitatis fuit*, « si votre sérénité n'a pas trouvé, résidant au palais, selon l'ancien usage, un *diacre* du siége apostolique, ce n'est point l'effet d'une négligence de ma part, mais bien celui d'une grave nécessité. » Quoi qu'il en soit, c'est là l'origine des légats et nonces apostoliques.

Les monastères avaient aussi leurs apocrisiaires, accrédités, non point auprès des empereurs, mais auprès des évêques sous la juridiction desquels ils étaient placés, afin d'y poursuivre les causes intéressant soit le monastère lui-même, soit quelqu'un de ses membres. Ce fait nous est révélé par une novelle de Justinien (LXXIX. c. 1), disposant que, dans le cas de nécessité, les moines doivent répondre par l'organe de leurs apocrisiaires, soit *responsales*. Et ceux-ci étaient aussi quelquefois pris parmi les clercs, comme le prouvent les actes du cinquième concile général (Act. I), où nous voyons un certain Theonas se prévaloir du titre de prêtre et d'apocrisiaire du monastère du mont Sinaï. Plus tard, les empereurs donnèrent le nom d'apocrisiaires à leurs ambassadeurs, et même à un envoyé quelconque. Nous faisons ici cette observation d'après Suicer (*Thesaur.* I. 465), pour mettre le lecteur à même de ne pas confondre dans les auteurs anciens l'acception civile du mot *apocrisiaire* avec sa signification ecclésiastique.

APOTRES. — Il n'y a guère que S. Pierre et S. Paul pour lesquels l'art chrétien ait adopté et à peu près constamment respecté depuis le quatrième siècle des types de convention. Nous considérons ici les douze apôtres collectivement et abstraction faite de tout caractère individuel. A l'exception de S. Pierre, qui de très-bonne heure est représenté avec les clefs (V. l'art. *Clefs de S. Pierre*), ce n'est pas trop avant le quatorzième siècle qu'on imagina de donner à chacun des douze apôtres un attribut spécial (V. Buonarruoti, *Vetri.* p. 99). Jusque-là ils ont un attribut commun et unique, le volume roulé qu'ils tiennent de la main gauche.

I. — Leurs représentations symboliques sont probablement les plus anciennes ; voici les principales : 1° Les agneaux ou mieux les brebis (V. l'art. *Brebis*) au nombre de douze : *comme des agneaux* ils ont été immolés pour le Seigneur (Durant, *Ration. div. offic.* l. I. c. 3. n. 10), ainsi qu'il le leur avait prédit lui-même : *Ecce ego mitto vos sicut agnos inter lupos*, « je vous envoie comme des agneaux au milieu des loups (Luc. x. 3). » Ils sont ainsi figurés dans d'anciennes mosaïques (Ciampini, *Vet. mon.* II. tab. XXIV), dans les bas-reliefs des sarcophages (Bottari, tav. XXVIII et alibi). Il y a presque toujours un treizième agneau placé sur un monticule d'où jaillissent les quatre fleuves (V. l'art. *Fleuves*), et qui représente Notre-Seigneur. A l'appui du symbolisme des apôtres par les agneaux, nous pouvons citer un monument qui en offre la preuve matérielle : c'est un bas-relief de la basilique de S. Marc de Venise, représentant les douze agneaux, au-dessus desquels sont inscrits les mots ΟΙ ΑΠΟΣΤΟΛΟΙ, « les apôtres. »

2° Le cerf. A défaut de monuments, nous avons, pour ce symbole le témoignage de S. Jérôme (*In Isa.* XXXIV) et celui de Bède (*In ps.* XXVIII).

3° Les colombes, parce que Notre-Seigneur leur avait adressé cette recommandation : *Estote simplices sicut columbæ*, « soyez simples comme des colombes (Matth. x. 16). » Nous savons par S. Paulin (Ep. XII. *Ad. Sev.*) qu'on peignait les apôtres sous ces emblèmes sur les murailles des basiliques, et son église de Nola était ornée d'une croix environnée d'une couronne composée de douze colombes. Aujourd'hui encore, on voit dans l'abside de Saint-Clément de Rome une croix en mosaïque où Notre-Seigneur est environné de douze colombes (Bottari, I. p. 118) ; et Millin a publié un sarcophage d'Arles (*Midi de la Fr.* Atlas. pl. LVI) sur la frise duquel les apôtres sont figurés par douze colombes rangées six par six des deux côtés du chrisme qui occupe le centre. Le même sujet paraît sur la tranche de la table d'un autel antique que nous avons reproduit à l'article *Autel* (V. ce mot).

4° Le palmier. Quelques mosaïques de basiliques romaines (Ciampini, *Vet. mon.* II. tab. 23) montrent les apôtres représentés en personne, et à côté de chacun d'eux un palmier. S. Thomas (*Expos. in Cant.* v) enseigne que cet arbre symbolise les apôtres, parce qu'il exprime par la hauteur de sa taille leur élévation dans l'Église de Dieu, et par les idées de victoire qu'il réveille, leurs victoires sur la persécution par le martyre, et sur l'idolâtrie par l'ascendant de leur parole.

5° Ces paroles adressées par Jésus-Christ à ses apôtres : *Faciam vos piscatores hominum*, « je vous ferai pêcheurs d'hommes (Matth. XIX), » autorisent, ce semble, à voir leur représentation emblématique dans les personnages occupés aux diverses opérations de la pêche, lesquels figurent dans le bas-relief d'un curieux sarcophage du cimetière du Vatican (Bottari, tav. XLII). (V. l'art. *Pêcheurs*.)

II. — Les images des apôtres, sous forme humaine, étaient plus nombreuses encore que leurs représentations symboliques. Voici les principales classes de monuments où elles se rencontrent : 1° Peintures. La plupart des fresques contiennent l'image du Sauveur instruisant ses apôtres groupés autour de lui (Bottari, tav. CLXVIII et passim). Bianchini (*Demonst. hist. eccl.* tab. II. sæc. I. n. 25) a publié une fresque du cimetière de Priscille représentant les apôtres dans le cénacle, avec le mot ADVENTVS, monument curieux et probablement unique dans son genre. Au temps de S. Jérôme (Hieron. *In cap.* IV. *Jonæ*), on peignait ces images sur une espèce de vases appelés *sauromariæ*.

Dans la catacombe de la voie Salaria existe une belle fresque de style romain retraçant les douze apôtres assis sur des trônes, des deux côtés de Notre-Seigneur (Bianchini, *Ad Anastas.* t. III. *Proleg.* p. 25) : on doit voir ici sans aucun doute une allusion à cette promesse de Jésus-Christ (Matth. XIX. 28) : « En vérité je vous le dis, vous qui m'avez suivi, lorsque au temps de la régénération le Fils de l'homme sera assis sur le trône de sa gloire, vous aussi, vous serez assis sur douze trônes, jugeant les douze tribus d'Israël, » *sedebitis et vos super sedes duodecim, judicantes duodecim tribus Israel.*

2° Mosaïques. Il en est une à Saint-Jean *in Fonte* de Ravenne, où les douze apôtres debout tiennent à la main une couronne et sont coiffés d'une espèce de tiare (Ciamp. *Vet. mon.* I. p. 234). Cette mosaïque est du cinquième siècle. Celle de Sainte-Agathe *in Suburra* (Id. I. 271), à peu près de la même époque que la précédente, se distingue par cette particularité que S. Pierre seul, en signe de sa suprématie, est coiffé de cette même tiare (V. le monument gravé à l'art. *S. Pierre et S. Paul*). On peut citer encore celle de Saint-Jean de Latran (Asseman. *De parietin. Later.* tab. II-III), et celle de Saint-Venance, près de la même basilique (Ciamp. *Vet. mon.* II. tab. XXX).

3° Sculptures. Constantin avait placé dans la basilique de son nom les statues des douze apôtres presque de grandeur naturelle ; elles étaient en argent et couronnées (Dam. *in Sylv.*) ; il avait aussi orné des statues des douze apôtres son tombeau à Constantinople, afin qu'après sa mort il eût part aux prières qu'on viendrait leur adresser en ce lieu (Euseb. *Vit. Const.* l. IV. c. 60). Au huitième siècle, Sergius I renouvelle les statues des apôtres tombant de vétusté (Platina. ap. Molan. p. 51, ed. Paquot).

Presque tous les *sarcophages* antiques, romains ou autres, représentent quelques apôtres assistant Notre-Seigneur dans ses différents miracles. Mais il en est un certain nombre où ils se trouvent tous ensemble, ayant au milieu d'eux le Sauveur debout sur un monticule d'où s'échappent quatre ruisseaux (V. l'art. *Fleuves [les quatre]*). Ils tiennent en général la main élevée et dirigée vers le maître, comme pour marquer leur adhésion à ses paroles. Notre-Seigneur étend majestueusement la main droite, comme pour leur montrer l'univers qu'ils sont appelés à conquérir à sa foi ; et de la gauche, il remet à S. Pierre un volume déroulé, qui n'est autre que le livre de la loi nouvelle dont il doit être le gardien. Tels sont ceux que Bottari reproduit dans les planches XXI-XXV-XXVI, etc. Souvent ils sont distribués deux à deux dans des compartiments formés par d'élégantes colonnes : distribution qui, selon

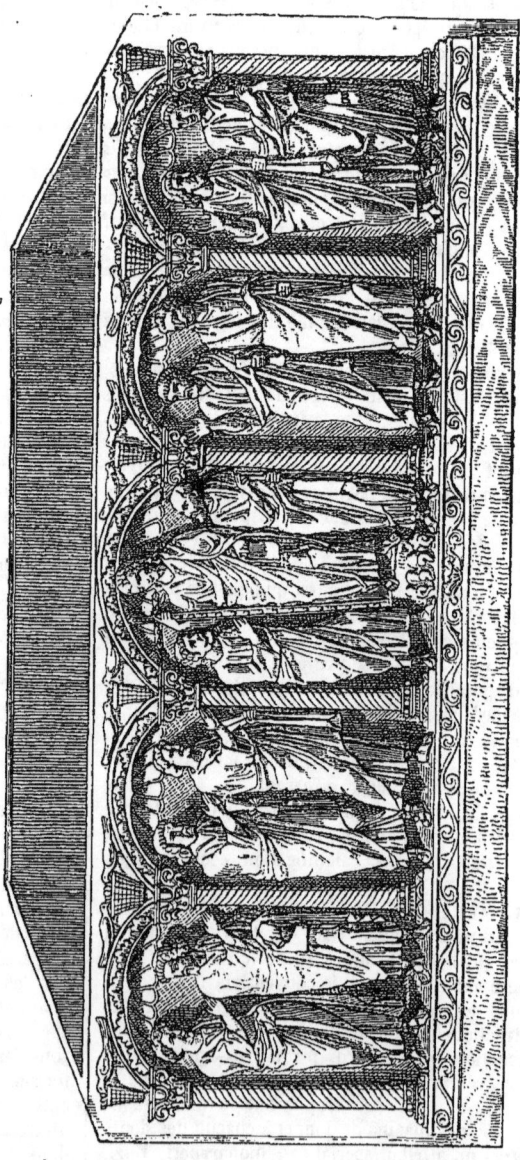

quelques antiquaires, ferait allusion à l'ordre que Notre-Seigneur leur avait donné, d'aller deux à deux prêcher l'Évangile (Matth. x. — Luc. ix. — Marc. vi), et qui se remarque non-seulement à Rome (Bosio, *Rom. sott.* p. 49 et alibi), mais aussi dans les Gaules, témoin le sarcophage de Saint-Piat, près Maintenon (V. Le Blant. *Inscr. chr. de la Gaule.* i. 502), celui de Saint-Ambroise de Milan, et un de Marseille, où, par exception, Notre-Seigneur et les apôtres sont assis (Millin. *Midi de la Fr.* pl. lix). Il en est de même dans un sarcophage de Rigueux-le-Franc (Ain), aujourd'hui au musée du Louvre. Ceci est un caractère particulier aux tombeaux de la Gaule. (V. l'art. *Sarcophages.*)

4° Lampes. On pense que les premiers chrétiens avaient puisé l'idée de représenter les apôtres sur des lampes dans ce mot que Jésus-Christ leur avait adressé : *Vos estis lux mundi*, « vous êtes la lumière du monde » (Matth. v. 14.). Le *Musæum Cortonense* (tab. lxxxiv) contient la gravure d'une fort belle lampe d'argile, autour du disque de laquelle sont distribués les bustes des douze apôtres, des deux côtés du chrisme gemmé. On a trouvé à Genève une lampe toute pareille, et où le collége apostolique est figuré d'après le même type. M. De' Rossi (*Bullet.* 1867, p. 28) y voit un des plus anciens monuments des origines chrétiennes de Genève, et l'attribue à la fin du quatrième siècle, ou aux débuts du cinquième.

5° Bronzes. Lupi (*Dissert.* i. 262) cite un bas-relief en bronze antique, doré, où les bustes des douze apôtres sont placés dans des espèces de boucliers de forme circulaire : au milieu est un bouclier plus grand que les autres renfermant une chaire épiscopale sur laquelle repose un livre ouvert, lequel est l'Évangile, tenant la place du Sauveur lui-même. Les douze apôtres en buste se voient sur le disque de quelques-unes des fioles de Monza (V. *Huiles saintes*).

6° Pierres gravées. Allegranza (*Opuscoli*, p. 178) illustre un lapis-lazuli avec les douze apôtres en pied entourant le Bon Pasteur.

7° Verres peints ou dorés. Un de ces fonds de coupe fait voir les douze apôtres en pied, rangés

autour du buste du Sauveur. Nous donnons ici le dessin d'un verre tout semblable emprunté à l'ouvrage du P. Garrucci (*Vetri.* xix. 4), et remarquable en ce que le nom de S. Pierre seul y est écrit en tête de la légende : PETRVS CVM TVIS OMNES ELARES PIE ZESES (V. l'art. *Acclamations.*).

8° Étoffes. Anastase le Bibliothécaire mentionne fréquemment de riches tapis décorés de ces images, et Bède (*De loc. sanct.* v) parle d'un *linteum opere textorio* qui était aussi enrichi des figures des douze apôtres.

III. — Dans ces diverses classes de monuments, les apôtres sont toujours vêtus de la tunique et du *pallium*; les peintures leur donnent en outre la tunique ornée sur le devant de deux bandes perpendiculaires de pourpre (V. l'art. *Clavi*), et, dans les mosaïques, le pallium est marqué du monogramme L (V. l'art. *Monogr. sur les vêtem.*). Souvent, comme indice de pauvreté, on les revêt d'une tunique très-courte (Buonar. *Vetri.* tav. xv. 2), telle que la portaient les Romains dans leur simplicité antique. Quelquefois ils ont les pieds nus, selon l'usage à peu près général des peuples de l'antiquité (Bottari, tav. cxxxi et p. 6. t. iii); mais le plus souvent ils sont chaussés de sandales, *caligæ*, comme par exemple dans la mosaïque de Saint-Aquilin à Milan (Allegr. *Monum.* tav. i), et non de chaussures couvertes, *calcei*, conformément à l'exemple et au précepte du Sauveur (Marc. vi. 9. — Matth. x. 10), et selon ce que les *Actes* nous apprennent de leurs habitudes (*Act.* xii), lesquelles se sont conservées longtemps chez leurs successeurs, particulièrement chez les souverains pontifes (V. Pouillard, *Del bacio del piede del sommo pontifice*, p. 4, et notre art. *Pieds du Souverain Pontife*).

La plupart ont la chevelure courte, quelques-uns la portent longue pour indiquer qu'ils sont Nazaréens (Bott. *loc. laud.* et notre art. *Vêtements des premiers chrétiens*, etc.). Toutes les fois qu'ils sont rangés autour du Sauveur pour écouter sa parole, ils étendent la main droite de son côté, en signe d'attention et de respect; dans les peintures, la main gauche est cachée sous le manteau; dans les bas-reliefs, au contraire, où ils sont vus debout, cette main tient un volume roulé ou à moitié développé. Ils sont presque toujours au nombre de douze ; cependant il arrive quelquefois, par exemple dans une belle fresque du cimetière de Sainte-Agnès (Bottari, cxlvi) et dans la mosaïque de Saint-André *in Barbara* (Ciamp. i. tab. lxxvi), que six apôtres seulement représentent le collége apostolique. Une circonstance plus importante encore à noter, c'est que S. Paul figure presque toujours au nombre des douze (V. Bottari, tav. xxv-l. etc.); il tient la place de S. Mathias qui, n'ayant pas été appelé directement par le Sauveur, n'était arrivé à l'apostolat que par l'élection, pour remplacer Judas. Ceci nous paraît prouvé par la mosaïque de Saint-Jean *in Fonte* de Ravenne (Ciamp. *Vet. mon.* i, tab. lxxi, p. 234), où chacun des apôtres est désigné par son nom; Mathias seul manque, et S. Paul est à côté de S. Pierre, comme à l'ordinaire (V. l'art. *S. Pierre et S. Paul*).

ARBRES. — On rencontre souvent dans les fresques des catacombes, sur les pierres sépulcrales (V. Aringhi, t. II. p. 522. — Lupi, *Sever. epitaph.* tab. XVII. — Boldetti, p. 362-364), sur les verres peints (Buonar. tav. XVIII. 2 et XXI. 1), des arbres de diverses espèces. Les antiquaires les placent au nombre des symboles chrétiens et leur assignent différentes significations.

1° Ils les regardent d'abord comme un symbole de Jésus-Christ, d'après l'autorité d'Origène (*In Epist. ad. Rom.* VI), qui, commentant ces paroles de S. Paul (*Rom.* VI. 5) : *Si complantati facti sumus similitudini mortis ejus, simul et resurrectionis erimus*, « si nous avons été entés en Jésus-Christ par la ressemblance de sa mort, nous serons aussi entés en lui par la ressemblance de sa résurrection, » ajoute : « Le Christ qui est la vertu de Dieu, la sagesse de Dieu, est aussi l'arbre de vie, sur lequel nous devons être entés ; et, par un nouveau non moins qu'admirable don de Dieu, la mort du Sauveur devient un arbre de vie. » (V. aussi S. Cyrille de Jérusalem, *Catech.* XVIII.) A l'appui de cette interprétation, nous pouvons citer plusieurs monuments où l'arbre est placé entre les lettres A et ω, dont l'application au Sauveur est bien connue (V. l'art. A et ω). Voici un monument de ce genre emprunté à la *Roma sotteranea* de M. De' Rossi, t. II, p. 323) :

2° Se fondant sur la parole de Jésus-Christ (Matth. VII), S. Jérôme (*Hom. in Cant.*) compare l'homme à un arbre, parce que, comme l'arbre, il produit de bons ou de mauvais fruits, c'est-à-dire des actes vertueux ou coupables. Ailleurs (Hom. IV *in Cant.*), il dit que chaque membre de l'Église a une analogie spéciale avec une espèce d'arbre, selon le genre de vertu dont il est orné. Le même Père voit aussi dans l'arbre l'emblème de l'homme juste et ferme dans la vertu, et que les vents conjurés des tribulations de la vie ne sont pas capables de déraciner (Ep. VI *Ad homin. ægrot. et Comment. in Osee* CXIV) ; et aussi l'emblème des Saints, lorsque, à propos de ces mots d'Isaïe (LX) : *Gloria Libani data est ei*, « la gloire du Liban lui a été donnée, » il dit que l'homme saint, comme un arbre fécond, ne cesse de jeter dans le sein de l'Église les fleurs et les fruits de ses bonnes œuvres et de ses salutaires exemples. S. Fulgence expose la même doctrine dans son sermon sur les confesseurs de Jésus-Christ, où il dit que nous sommes des arbres plantés dans le champ du divin agriculteur Jésus-Christ : *Arbores sumus, fratres, in agro dominico constitutæ; Dominus autem noster agricola est;* et que, si nous ne pouvons pas tous produire les mêmes fruits ou des fruits aussi abondants, aucun de nous néanmoins ne doit rester stérile, ni occuper inutilement la terre.

3° Les arbres ornés de leurs feuilles, de quelque nature qu'ils soient, ont la signification générale de désigner le paradis, c'est-à-dire la félicité éternelle où les justes sont admis. C'est pour cela qu'on en voit ordinairement dans les mosaïques des absides des basiliques romaines et autres qui représentent le plus souvent le séjour des bienheureux (V. l'art. *Paradis*). Nous pouvons citer pour exemples les mosaïques des Saints-Côme-et-Damien (Ciamp. *Vet. mon.* t. II. tab. XV), de Sainte-Praxède (Id. *ib.* tab. XLVII), de Sainte-Cécile (Id. *ib.* tab. LII). Celle de la Nativité à Bethléem fait voir une croix stationale gemmée, qui n'est autre que l'emblème de Jésus-Christ lui-même, escortée de deux arbres au riche feuillage. Nous empruntons ce charmant dessin à M. de Vogüé (*Églises de la Terre Sainte*, p. 72).

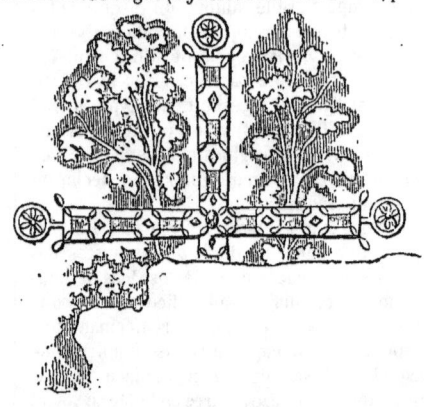

Les fonds de coupe offrent fréquemment les mêmes emblèmes, quand ils ont pour objet de montrer quelque Saint dans sa gloire : le Saint y est représenté, dans l'attitude de la prière, entre deux ou plusieurs arbres revêtus de leur feuillage. C'est ce qu'on observe en particulier pour Sainte-Agnès (Buonar. tav. XVIII-XXI. — Bottar. tav. XCVII. 4), et le même motif se présente sur des sarcophages (*Monum. de Ste Madeleine.* t. I. p. 704) et même sur de simples pierres sépulcrales (Perret. vol. V. pl. V).

4° D'après le livre d'Herman (L. III. *Similit.* 3 et 4. — Cf. Buon. p. 123), en outre de la félicité éternelle, les arbres expriment encore les bienheureux qui en jouissent, parce que les justes, pendant l'hiver de cette vie, ne se distinguent point d'avec les pécheurs, attendu que, en cette saison, aucune différence extérieure n'existe entre les arbres vivants et les arbres morts; mais au contraire, dans l'autre vie, on reconnaîtra les justes, arbres vivants et vigoureux, parés du feuillage et des fruits de leurs œuvres, tandis que les impies paraîtront secs et arides.

5° Quelquefois on remarque sur les tombeaux deux arbres opposés, l'un verdoyant, l'autre flétri et presque complétement dépouillé de son feuillage, comme, par exemple, sur quelques *tituli* de la Gaule (Le Blant, *Inscr. chrét.* p. 390, 394. 409). On a cru voir dans cette représentation une allégorie relative à l'imperfection de l'existence terrestre, et à l'avenir plus heureux et plus parfait qui nous attend dans un monde meilleur. M. de Florencourt (Cf. Le Blant, *loc. laud.*) rapporte à ce propos une inscription où figure un néophyte recevant le baptême, et placé entre un arbre fleuri et un arbre desséché. Ici l'explication indiquée nous paraît insuffisante et vague. Il est plus plausible, à notre avis, de reconnaître dans l'arbre desséché l'image du misérable état de l'homme avant son baptême, et dans l'arbre fleuri l'emblème de sa régénération par ce sacrement. Voici un fragment de peinture, servant de décoration à un baptistère antique de Valence, qui représente une idée tout à fait analogue. L'arbre sec qui, à la gauche d'Ève, contraste avec l'arbre de vie couvert de feuilles et de fruits, que l'on voit à sa droite, dénote la déchéance de la mère des humains après la manducation du fruit défendu.

6° Sur les monuments funéraires, l'arbre peut être aussi un symbole de la résurrection. Car il s'y trouve souvent associé à d'autres types ayant la même signification, la résurrection de Lazare par exemple. Ainsi voit-on sur un fond de coupe doré (Buonarruoti, tav. VII. 1) un arbre pousser vigoureusement entre les pierres qui composent le tombeau de l'ami de Jésus-Christ. Ailleurs, toujours sur un verre historié (Bottar. III. tav. CXCVII. 1), l'arbre est en avant du sépulcre, c'est-à-dire entre le Sauveur et la momie. On sait que l'arche de Noé est aussi comptée parmi les nombreux emblèmes de la résurrection (V. l'art. *Noé*); or nous avons observé dans les sculptures d'un très-curieux sarcophage du Vatican (Bottari, tav. XLII) un grand arbre garni de ses feuilles, planté au milieu de l'arche à la place où se montre ordinairement Noé, et à côté, comme pour compléter le sens, le miracle de Lazare et celui de Jonas, desquels la signification n'est pas douteuse.

Nous devons ajouter que les monuments représentant la résurrection de Notre-Seigneur placent presque toujours aussi des arbres ou des végétaux quelconques sur le tombeau ou autour de l'édicule : nous signalons notamment cette intéressante circonstance dans plusieurs des vases de Monza (V. Mozzoni, *Sec.* VII, p. 84) ; et plus visiblement encore dans un médaillon rapporté par Munter (*Symb. pars* I. tab. I. n. 4) ; et ici on ne saurait douter de la nature du sujet, car on y lit le mot ΑΝΑϹΤΑϹΙϹ, *résurrection*.

ARCHÉOLOGIE. — I. — Dans son acception générale, et d'après son étymologie ἀρχαῖος, *ancien*, et λόγος, *discours*, le mot *archéologie* comprend l'étude complète des choses anciennes, des mœurs et coutumes, comme des monuments. Appliqué aux origines chrétiennes, il désigne la science qui a pour objet de retracer, à ces deux points de vue, ou mieux peut-être dans ces deux éléments essentiels, l'état religieux et social de nos pères dans la foi.

1° Par mœurs et coutumes (ce sont les termes successivement adoptés par Fleury et par Mamachi dans le titre d'ouvrages spéciaux), nous entendons tout l'ensemble des habitudes et de la vie des premiers chrétiens ; leur mode d'existence au sein de la société païenne d'abord, puis sous le régime de la tolérance, plus tard sous celui de la liberté, et enfin sous celui de la protection ouverte et de la reconnaissance légale et bientôt exclusive ; nous comprenons leurs vertus, leurs épreuves, les calomnies et les persécutions auxquelles ils furent en butte ; mais par-dessus tout, leur culte, exercé d'abord à l'ombre de la bienveillante hospitalité de demeures privées, caché dans le mystérieux asile des catacombes, puis respirant à l'aise après la pacification, et peu après développant librement ses splendeurs dans ses basiliques en plein air ; nous comprenons la discipline, qui suivait, pour la régler, la vie du chrétien dans tous ses détails ; la liturgie du sacrifice, des sacrements, de la prière, la hiérarchie avec toutes ses ramifications, les conciles, les ordres religieux, les hérésies ; toutes les institutions spéciales, relatives soit à l'assistance fraternelle, aumône, hospices, hospitalité, enfants trouvés, soit à l'éducation, aux écoles, aux bibliothèques, aux professions, au soin des mourants, aux funérailles, à la sépulture, etc., etc.

2° Nous n'ignorons pas qu'on restreint communément le mot *archéologie* à cette partie de la science qui a pour objet de décrire et d'expliquer les monuments figurés des anciens. Nous n'avons pas pensé devoir nous conformer à cet usage : c'eût été, à notre avis, donner une idée incomplète du champ qu'exploite l'antiquaire chrétien, et en particulier du présent recueil qui embrasse un cercle d'études plus étendues, lesquelles rangées dans les deux grandes classes susénoncées s'éclairent mutuellement et s'expliquent les unes par les autres.

La vie purement civile des chrétiens ne se distinguait de celle des idolâtres que par la fidélité, la probité avec lesquelles ils en remplissaient les devoirs : extérieurement tout était semblable chez les uns et les autres. Aussi Tertullien (*Apolog.* xlii), ayant à repousser l'accusation portée contre les fidèles d'être des hommes inutiles dans les affaires du monde, *infructuosi in negotiis*, trouve-t-il dans la netteté de leur position à cet égard une facile défense : « Pourquoi ces reproches à des hommes qui vivent avec vous, usent de la même nourriture, des mêmes vêtements, des mêmes meubles que vous? Nous ne sommes pas des brachmanes ou des gymnosophistes des Indes, habitant les forêts, exilés de la vie.... Nous ne sommes pas en ce monde sans *forum*, sans marchés, sans bains, sans boutiques, sans hôtelleries, sans foires ; et nous aussi, nous sommes marins, soldats, laboureurs, marchands, tout comme vous ; nous mêlons notre industrie à la vôtre ; nous travaillons pour le public. »

Ceci explique suffisamment comment il se fait que l'archéologie chrétienne n'ait guère à s'exercer que sur l'élément religieux de la vie des fidèles des premiers siècles, le seul qui nous soit connu d'une manière explicite, et le seul aussi qui, se détachant avec une saillie bien prononcée du tableau général des civilisations antiques, ouvre aux investigations de l'antiquaire une carrière spéciale, un texte d'études tout neuf, où toute induction tirée du passé est sans application possible.

Cependant, si spécial qu'il soit en réalité, et si restreint qu'il puisse paraître au premier abord, cet élément de l'existence des premiers chrétiens a inspiré à lui seul une telle et si riche variété de monuments, que nous pouvons aisément appliquer à leur classification toutes les grandes divisions basées sur la diversité des arts ; car tous les arts sans exception furent mis par la primitive Église au service de la manifestation extérieure de la foi et du sentiment religieux si prodigieusement développé chez nos pères.

Or ces divisions générales peuvent se réduire à cinq, que nous plaçons ici sous les yeux du lecteur, avec leurs principales subdivisions.

A. Architecture : *édifices religieux ou funéraires, dans les catacombes, en plein air* : cryptes, chapelles, *cubicula*, basiliques, baptistères, autels, tombeaux, etc.

B. Sculpture : *statues, bustes ; bas-reliefs ; sur marbre*, sarcophages ; — *sur ivoire*, diptyques ; — *sur métal*, vases et autres instruments, etc.

C. Peinture : *peintures murales*, fresques, etc.; *peintures sur verre*, fonds de coupes ; *peinture en mosaïque*, dans les catacombes, sur les tombeaux, et surtout dans les basiliques, etc.

D. Gravure : *sur marbre ou sur terre cuite*, inscriptions de toute sorte ; — *sur pierres fines*, en creux ou en relief ; — *sur métaux*, médailles, anneaux, etc.

E. Meubles et ustensiles : *religieux*, vases sacrés ou liturgiques, vases de verre ou d'argile renfermant du sang de martyrs, ou ayant servi dans les agapes, instruments de torture ; *ustensiles domestiques*, objets de toute sorte, vêtements, bijoux, amulettes, jouets d'enfant, recueillis dans les sépultures ; ustensiles *mixtes*, lampes en métal ou en terre cuite, ornées de symboles, et ayant servi soit dans la vie privée, soit dans les exercices du culte aux catacombes, etc., etc.

II. — Utilité et importance de l'archéologie chrétienne. Il est superflu de dire que cette question ne saurait avoir pour objet la partie de la science qui s'occupe des institutions et des mœurs, étudiées directement dans les documents écrits : révoquer en doute l'utilité de cette branche de l'archéologie, ce serait méconnaître l'utilité de l'histoire elle-même. Tous les peuples ont tenu à s'initier à la connaissance de la vie de leurs ancêtres, à scruter leurs annales, afin de s'approprier leur gloire et de s'animer à la vertu par leurs exemples. L'Église de Jésus-Christ a bien d'autres raisons encore de maintenir pure et intacte la mémoire de son passé, elle qui ne puise la raison de son autorité et même celle de son existence que dans la divinité bien constatée de son origine et dans la continuité non interrompue de ses traditions.

Nous devons donc restreindre la question proposée à ce qui concerne les monuments figurés, et nous demander quelle est l'utilité de l'archéologie considérée à ce point de vue spécial. Cette utilité est d'une double nature, utilité historique, utilité dogmatique.

La première lui est commune avec l'archéologie profane.

L'archéologie chrétienne est le guide le plus sûr et le plus fidèle pour l'historien des origines du christianisme ; elle lui fournit toute une classe de documents authentiques et irrécusables, témoins de marbre, de bronze, de bois, de cristal, etc., dont la véracité échappe à tous les faux-fuyants de la subtilité de l'esprit humain. Tous les monuments sortis de la main des premiers chrétiens, tous, même les plus insignifiants en apparence, depuis le grand système des cryptes sacrées des catacombes pris dans son ensemble, depuis la basilique aux imposantes proportions, jusqu'à la plus humble pierre faisant lire quelque nom obscur accompagné d'une formule chrétienne, jusqu'au plus petit fragment de verre, jusqu'à cette chétive lampe d'argile portant l'empreinte de quelque symbole de la foi, tous déposent de quelques faits intéressants, et l'ensemble de ces faits compose comme une statistique morale de la primitive société des croyants.

Les monuments de la Grèce et de Rome servent admirablement à illustrer Homère, Euripide, Virgile, Ovide, etc.; une statue, un bas-relief, une inscription, ont plus d'une fois fait jaillir avec une limpidité inespérée des faits historiques qui jusque-là étaient restés ensevelis dans des textes obscurs et réputés inintelligibles. De même les monuments de nos pères dans la foi viennent-ils jeter une vive lumière sur le grand livre de l'ancienne et de la nouvelle alliance, aussi bien que sur les écrits souvent difficiles des anciens Pères, de Tertullien, par exemple, de S. Cyprien, de S. Cyrille, de S. Chrysostome, de S. Clément d'Alexandrie, d'Arnobe, et parmi les poëtes, de Prudence, de Sedulius, de Synesius, pour ne parler que des principaux, lesquels tiennent dans l'étude des choses chrétiennes la place qu'occupent parmi les écrivains de l'antiquité quelques-uns de ceux que nous estimons le plus, et que nous prenons volontiers pour guides dans l'interprétation des monuments du paganisme.

On peut altérer un texte important d'un historien ou d'un apologiste, ou supposer, dans l'intérêt de quelque mauvaise cause, qu'il a été falsifié ou mal reproduit par des copistes inhabiles ou infidèles ; mais s'inscrire en faux contre ce que l'antiquité a buriné sur le bronze ou sculpté sur la pierre, c'est moins facile.

Ainsi, considérée comme simple auxiliaire de l'histoire, l'archéologie présente déjà une grande importance ; à ce simple point de vue, si secondaire qu'il soit, elle en est droit de nous intéresser vivement, puisqu'elle nous fait vivre et nous entretenir avec ceux qui furent les prémices de la part de Jésus-Christ, les modèles et les guides de notre carrière mortelle. Et si les produits de l'art chrétien se montrent inférieurs en nombre et en perfection à ceux de l'art antique, ce qui s'explique par diverses causes dont le développement ne serait pas ici à sa place, combien ne les surpassent-ils pas en utilité et en noblesse ! « Il n'est pas, disait Reinesius (*Var. lect.* p. 154), une particule de l'antiquité chrétienne qui ne soit plus noble et plus digne d'honneur que tous les monuments païens, » *antiquitatis christianæ particula quæque quavis pagana est nobilior honoratiorque.*

Pourquoi cette prééminence? Parce que l'histoire du christianisme primitif, c'est plus que de l'histoire, c'est du dogme, ou, si l'on veut, c'est de l'apologétique catholique. Car tracer le tableau de la foi, du culte, de la discipline essentielle de l'Église primitive, c'est faire le portrait de l'Église actuelle ; l'Église catholique se retrouve tout entière dans la vénérable antiquité. L'Église de Pie IX est le dernier anneau d'une chaîne qui, à travers dix-neuf siècles, va se nouer à S. Pierre et à Jésus-Christ. Voilà ce qui ressort de l'étude des monuments.

Placez au sein du musée de Latran un dissident quelconque ; pourvu qu'il soit homme de bonne foi et de bonne volonté, et sans parti pris, vous n'aurez pas de peine à lui faire toucher du doigt dans des arguments matériels la vérité de tout ce qu'il nie et de tout ce qu'affirme l'Église catholique : dans la salle des peintures et dans celle des sculptures, une foule de vérités dogmatiques, quelquefois recouvertes à peine des voiles transparents d'un ingénieux symbolisme, tantôt exprimées directement et sans mystère ; le culte des Saints et de la Vierge en particulier ; le baptême dans l'aveugle-né, la pénitence dans le paralytique, l'eucharistie dans des festins symboliques, dans des cistes renfermant le pain et le vin ; et la foi à la résurrection future, partout.

Dans la galerie des inscriptions, en un certain nombre de séries systématiquement disposées par le savant chevalier De' Rossi, ce qui concerne les dogmes, entre autres la divinité de Jésus-Christ, l'invocation des Saints, la prière pour les morts ; ce qui constate les degrés de la hiérarchie ecclésiastique telle qu'elle est aujourd'hui encore en vigueur, évêques, prêtres, diacres, jusqu'aux lecteurs, aux acolytes, aux exorcistes ; les *fossores*, les *notarii* et les autres fonctionnaires attachés au service de l'Église y sont représentés aussi par de nombreuses épitaphes. Il en est qui marquent nettement la distinction entre les laïques et les clercs, entre les veuves, les vierges consacrées au service de Dieu et les simples chrétiennes, entre les *fidèles* ou baptisés et les catéchumènes et les néophytes. Il y a la série des sacrements, le baptême, la confirmation, la pénitence ; il y a celle des symboles, qui sont en nombre infini, et dont la plupart nous sont expliqués par les organes les plus sûrs de la tradition catholique, le poisson, par exemple, l'ancre, la colombe, etc.

Le lecteur comprendra que ces quelques détails ne sont qu'un échantillon des immenses ressources que l'apologie de la foi peut tirer de l'étude des monuments de tout genre que fournit l'antiquité chrétienne, ressources dont nous nous sommes efforcé, dans la limite de nos facultés, de réunir et d'exposer les principales dans ce Dictionnaire. Et les arguments qui en ressortent ont d'autant plus de force, que ces monuments, ceux du moins dont l'antiquaire chrétien se prévaut en faveur de la foi, appartiennent pour la plupart aux trois premiers siècles de l'Église, réputés, même par les adversaires, siècles d'or, c'est-à-dire purs de tout alliage d'innovation. Il en est même quelques-uns, les inscriptions par exemple, qui remplissent une lacune regrettable existant entre les livres sacrés, tant des évangélistes que des apôtres, et les premiers monuments écrits de la tradition catholique parvenus jusqu'à nous ; elles suppléent, souvent même avec avantage, par leur brièveté, leur simplicité, leur clarté à l'abri de toute équivoque, aux œuvres de longue haleine que le malheur de ces âges primitifs et les persécutions en particulier empêchèrent les premiers Pères de publier, ou qui nous ont été ravies soit par les révolutions dont le souffle disperse tant de choses bonnes et utiles, soit par l'ignorance plus impitoyable encore dans son imprévoyante incurie.

Bien que nous ayons à regretter que l'étude des antiquités chrétiennes n'ait pas encore obtenu la place qui lui revient dans l'enseignement des sciences ecclésiastiques, où elle remplacerait avec un immense profit une foule de questions et argumentations oiseuses ou futiles où s'exerce et se fatigue en pure perte l'esprit de la jeunesse, auquel on pouvait fournir un aliment plus fécond et plus substantiel, néanmoins, il faut le dire, le temps est déjà loin de nous où les études archéologiques étaient regardées comme un passe-temps d'amateur et une science purement spéculative. La théologie sait aujourd'hui le parti qu'elle en peut tirer comme moyen de démonstration. Aussi veut-elle que l'archéologie sacrée, en faisant connaître et en popularisant tous les jours davantage cette précieuse mine de traditions, apporte aux augustes vérités qu'elle a mission d'exposer et de développer, des témoignages pour ainsi dire matériels et palpables qui, par les sens, arrivent plus sûrement à l'esprit et au cœur. Le P. Perrone, professeur de théologie au Collège Romain, consacre à l'archéologie sacrée, considérée comme *lieu théologique*, un chapitre très-substantiel, qui est un excellent exemple (*Prælect. theol.* tract. *De loc. theol.* Opp. t. IX. edit. Taurin. p. 226) ; et nous savons que plusieurs évêques d'Italie ont, depuis un certain nombre d'années, établi un cours spécial et obligatoire d'archéologie sacrée dans leur séminaire ; celui de Milan possède depuis 1849 une chaire de cette importante science.

Les souverains pontifes ont toujours favorisé de tout leur pouvoir l'étude des antiquités chrétiennes, et les plus grands d'entre eux par la sainteté et la science ont signalé leur zèle à cet égard par des institutions permanentes. Nous citerons, pour le dix-huitième siècle, Benoît XIV, et pour celui où nous vivons notre bien-aimé Pie IX, qui ont marqué leur passage sur la chaire de Pierre par la fondation de musées chrétiens, le premier dans l'une des vastes salles du Vatican, et le second dans l'antique palais du Latran. Et, ce qui est particulièrement remarquable, c'est qu'ils ont eu le rare bonheur d'être secondés, et même un peu inspirés dans l'accomplissement d'une œuvre si grande et si utile, chacun par un savant de premier ordre, deux de ces hommes toujours prêts à mettre une haute intelligence au service des glorieuses entreprises : pour Benoît XIV, le marquis Maffei (V. son épître dédicatoire en tête du *Musæum Veronense*), pour Pie IX, le chevalier De' Rossi.

ARCHEVÊQUES. — V. l'art. *Métropolitains*.

ARCHIDIACRES. — Il n'est pas question des archidiacres avant le quatrième siècle ; S. Jérôme (*Epist.* IV) et S. Optat (L. I *Adv. Parmen.*) sont les premiers écrivains ecclésiastiques qui en parlent.

Cependant, à défaut du nom, il est aisé de distinguer la fonction, quant à l'Église romaine du moins, dans celui des sept diacres qu'on appelait Diacre du Pape dès le deuxième siècle : Éleuthère avait été diacre du pape Anicet, Calliste de Zéphyrin, Sixte d'Étienne (Anast. *Lib. Pontif.*), S. Laurent de Sixte II, et Sévère appelle *son Pape* Marcelin dont il était le diacre.

On voit que tous ces diacres, sauf les deux derniers qui n'en furent peut-être empêchés que par le martyre, devinrent papes à leur tour ; et Eulogius d'Alexandrie, parlant des usages de l'Église romaine au troisième siècle (Cf. De' Rossi. *Bullet.* 1866, p. 9), dit que, en vertu d'une coutume invétérée, l'archidiacre montait à peu près toujours sur la chaire pontificale, et que lui conférer l'ordre de la prêtrise, c'était lui en fermer l'accès.

De là vient que les diacres finirent par considérer comme une disgrâce leur élévation au sacerdoce, et à se regarder même comme au-dessus des prêtres ; si bien qu'il devint nécessaire de réprimer par des lois leurs insolentes prétentions. Le premier concile d'Arles, qui est aussi le premier tenu en Occident depuis la paix de l'Église, porta déjà un canon spécial au sujet des diacres de Rome (conc. 18) : *De diaconibus Urbicis ut non sibi tantum præsumant* (V. De' Rossi. *ibid.*).

Il y avait un archidiacre dans chaque Église ; il était pris parmi les diacres et n'était point, comme aujourd'hui, revêtu de la prêtrise. Néanmoins sa dignité était grande, car il est appelé *Vicaire de l'évêque* dans l'ordre romain, et *l'œil de l'évêque* dans l'épître de S. Clément (Ap. Fulbert, ep. XXXIV) ; il ne se séparait jamais de lui (Hieron. *Comm. in Ezech.* c. XLVIII), et tenait le second rang dans l'Église. Il gérait les revenus de l'Église ; il suppléait l'évêque dans le ministère de la prédication ; il l'assistait à l'autel ; il était chargé d'annoncer au peuple les jeûnes et les jours de fêtes ; il veillait sur la conduite des diacres et des clercs mineurs, arrangeait leurs différends ou en référait à l'évêque ; il pourvoyait à l'entretien des pauvres, des veuves et des vierges.

ARCHIPRÊTRE. — *Archipresbyter* ou *protopresbyter*, chez les Grecs πρωτοπάππας. S. Jérôme est le premier qui fasse mention de cette dignité (*Epist. ad Rustic.*), et depuis ce Père il en est souvent parlé dans l'histoire ecclésiastique, dans celle de Socrate (VI. 9) et de Sozomène (VIII. 12) notamment. La dignité d'archiprêtre était-elle, dans l'Église primitive, donnée à l'âge, à l'ancienneté dans les ordres, ou au mérite ? C'est une question controversée parmi les savants. La discipline paraît n'avoir pas été la même dans l'Église grecque que dans l'Église latine à cet égard. Chez les Latins, on choisissait d'abord les plus anciens pour présider aux autres (S. Leo. ep. LVII. *Ad Dorum*), mais plus tard les évêques tinrent compte de la piété et de la doctrine. Le deuxième concile d'Aix appelle les archiprêtres les ministres des évêques (c. IV). Le quatrième concile de Carthage (can. XVII) dit qu'ils avaient l'administration des veuves, des orphelins et des pèlerins. Ils étaient chargés de réprimer chez les prêtres, les diacres et les autres clercs les infractions aux règles canoniques.

Il est fait mention dans une épitaphe de 619 d'un Victor, archiprêtre du titre de Sainte-Cécile (Muratori, *Thes.* 432, 2). C'est, à notre connaissance, le plus ancien monument épigraphique mentionnant cette dignité.

ARCOSOLIUM, — C'est le véritable nom des *monuments arqués* qui se rencontrent si fréquemment dans les catacombes et en général dans tous les cimetières chrétiens. Ce nom a été révélé à la science par quelques inscriptions antiques, et en particulier par celle-ci : AVR CELSI ET AVR ILARITATIS COMPARI MEES FECIMVS NOBIS ET NOSTRIS ET AMI-

CIS ARCOSOLIO CVM PARETICVLO SVO IN PACEM (Marchi, *Monum. delle arti christ. primit.* p. 85), « Aur. Celsus et Aur. Hilaritas mon épouse : nous avons fait pour nous, pour les nôtres et nos amis cet *arcosolium* avec sa petite muraille, en paix. »

Les anciens appelaient *solium* les urnes de marbre ou de terre cuite où ils ensevelissaient leurs morts (V. Forcellini. ad h. v.), et, chez les premiers chrétiens, on désigna sous le même nom le sarcophage placé au-dessous de l'autel et qui contenait des reliques de martyrs (S. Paulin. *Nat.* IX). Mais ce mot ne pouvait exprimer à lui seul la nature du *monument arqué*, qui n'est pas une urne isolée et mobile, mais bien un tombeau creusé dans la roche des corridors ou des *cubiculi* des cimetières. On comprend que, pour creuser un sépulcre de cette espèce, le *fossor* devait auparavant ouvrir au-dessus, dans le flanc du rocher, une tranchée qui lui fournit la place nécessaire soit pour se mettre à l'œuvre, soit pour introduire le cadavre dans l'urne qu'il avait ainsi creusée, soit enfin pour fixer sur ce sarcophage la table de marbre destinée à le fermer. Or ces espaces vides qui règnent au-dessus des tombeaux, étant invariablement creusés en arc, on a été naturellement amené à nommer l'ensemble du monument *arcosolium*, ce qui veut dire un sarcophage surmonté d'un arc, mot exclusivement chrétien, puisqu'il désigne une forme de sépulture inconnue des païens.

Les *arcosolia* étaient ordinairement divisés en plusieurs compartiments, par de petites murailles, *pareticulo*, pour *parieticulo*, comme celui de Celsus et d'Hilaritas dont nous avons donné ci-dessus l'épitaphe. C'étaient des sépultures plus distinguées et plus coûteuses que les simples *loculi*, et que les chrétiens riches ou aisés préparaient à leurs frais (Marchi. p. 99), pour eux, quelquefois aussi pour leurs proches et leurs amis, NOBIS ET NOSTRIS ET AMICIS, circonstance qui manquait rarement d'être mentionnée (Id. p. 98) dans l'inscription, afin que la postérité ne pût pas croire que la dépense de ces sépultures de luxe avait été supportée par le trésor de l'Église.

Ces *arcosolia* affectés à la sépulture de simples fidèles étaient, en général, distribués le long des corridors des catacombes. Ceux au contraire qui servaient d'asile aux corps des martyrs les plus illustres, étaient creusés aux frais de la communauté chrétienne, dans les chapelles où se tenaient les assemblées et les stations à l'occasion de la commémoration de ces mêmes martyrs, et c'étaient les autels où l'on offrait communément le saint sacrifice (V. l'art. *Autel*). Dans la plupart des *arcosolia*, l'espace vide circonscrit par l'arc surmontant le tombeau est orné de peintures (V. Perret, vol. I. pl. LVII-LXX. passim), d'autres (V. R. Rochette, *Tableau.* p. 71, et surtout le *Bulletin* de M. De' Rossi, oct. 1863) en ont aussi sur le devant du sarcophage.

Il y a des *arcosolia* qui se rapprochent beaucoup plus encore de la forme de nos autels, de ceux du moins qui sont appuyés à la muraille, en ce que le sarcophage, au lieu d'être placé directement sous l'arc, fait saillie sur l'aire de la crypte, et que les retombées de ce même arc portent sur des pieds-droits et non sur la table de marbre qui sert de couvercle au tombeau. Une crypte appartenant à un cimetière de la voie Latine renferme trois *arcosolia* de cette espèce.

Nous en plaçons un sous les yeux du lecteur, d'après la planche XXII de l'ouvrage du P. Marchi.

On observera que des *loculi* ont été pratiqués dans le vide de l'arc surmontant le sarcophage du martyr. La cause la plus ordinaire de ce fait qui se reproduit très-fréquemment, c'est que, par dévotion, les premiers chrétiens tenaient beaucoup à ce que leur sépulture fût placée le plus près possible de celle des Saints : AD SANCTOS, AD MARTYRES (V. l'art. *Ad sanctos*, etc.). A quelle époque cette dévotion devint-elle indiscrète au point de vouloir pour ainsi dire partager leurs tombeaux mêmes, et être ensevelis ANTE, SVPRA, ou RETRO SANCTOS, si toutefois ces formules n'ont pas le même sens que les précédentes? Il ne paraît pas que ce soit avant le quatrième siècle, car S. Damase, qui refusait cet honneur pour lui-même : CINERES TINVI SANCTOS VEXARE PIORVM (Ap. Marchi. p. 145), aurait-il approuvé pour d'autres ce que, à bon droit, il regardait comme une profanation? D'ailleurs la seule inscription de date connue mentionnant cette coutume est de 426.

Le genre de sépulture dont nous nous occupons n'est pas spécial aux cimetières de Rome. On trouve des *arcosolia* en beaucoup d'autres catacombes chrétiennes, et en particulier dans celles de Sainte-Mustiola et de Sainte-Catherine de Chiusi en Ombrie (V. Cavedoni, *Cimit. Chius.* p. 60. passim.)

M. Charles Texier (*Architecture byzantine*, p. 40) en signale aussi en Orient et notamment en Cappadoce (V. la gravure de l'art. *Luminare cryptæ*). Le corps était placé dans un sarcophage, comme à Rome ; mais on voit, à droite et à gauche du principal tombeau, de petites niches où les cadavres étaient glissés dans l'épaisseur de la roche, et dans le sens de leur longueur. Il y avait aussi des *loculi* de ce genre dans les catacombes romaines (V. l'art. *Loculus*).

M. De' Rossi parle d'une autre espèce de tombeaux se rattachant en quelque sorte à la classe de monuments qui nous occupent, mais qui en diffèrent en ce que la cavité surmontant le monument n'est pas arquée, mais rectangulaire. Il les appelle *sepolcro a menza*, ce que nous croyons pouvoir traduire par tombeau couvert d'une table (V. *Rom. sott.* I. p. 285). La table, *mensa*, était quelquefois mobile, et de gros anneaux de bronze dont elle était munie, servaient à la tirer en avant, de façon à découvrir le corps, et peut-être aussi à faciliter la célébration du saint sacrifice. M. De' Rossi en cite plusieurs exemples (*Ibid.*), dont l'un fut découvert en 1850 au cimetière de Prétextat.

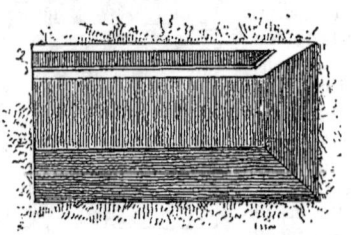

AREA. — V. l'art. *Sépultures*, II, 2°.

ASCENSION DE JÉSUS-CHRIST. — L'origine de cette solennité n'est pas connue d'une manière précise ; mais il n'est pas douteux qu'elle remonte à la plus haute antiquité, et probablement, selon S. Augustin, qui applique ici son grand principe, aux temps apostoliques (Epist. CVIII. *Ad Januar.*). Le témoignage de ce Père prouve tout au moins qu'elle était observée universellement dans l'Église longtemps avant l'époque où il vivait. Nous la voyons en effet fréquemment mentionnée dans S. Chrysostome sous le nom de ἀναλήψις. Dans sa trente-cinquième homélie sur cette fête (Opp. edit. Paris. t. v. p. 537), il l'appelle « le jour illustre et resplendissant de l'Ascension du Crucifié ». Ailleurs (Homil. XXXVII. *In Pentec.*), il dit en énumérant les grandes solennités qui précèdent la Pentecôte : « Nous avons célébré naguère la fête de la Croix, celle de la Passion et de la Résurrection, et enfin celle de l'Ascension de Jésus-Christ Notre-Seigneur. » L'auteur des *Constitutions apostoliques* (VIII, 33) met l'Ascension au nombre des grandes solennités chrétiennes, qui doivent être fériées, comme étant le complément de l'économie du Christ. Nous citons en latin : *Ascensio sit dies feriatus; propter finitam tunc œconomiam Christi.*

Au jour de l'Ascension, en outre des rites qui lui étaient communs avec toutes les autres fêtes, on faisait, pendant la liturgie, la solennelle bénédiction du pain, et des fruits de la terre, et notamment des fèves : la formule de cette bénédiction se trouve dans un sacramentaire auquel Martène attribue plus de mille ans d'existence. Nous savons par S. Grégoire de Tours (*Hist. Franc.* II. 34) qu'il y avait en ce jour, particulièrement dans les églises des Gaules, une solennelle supplication ou procession.

ASCÈTES. — I. — C'est à tort que, dans les temps modernes, on a quelquefois confondu les *ascètes* avec les moines. Dans la primitive Église, les ascètes étaient de simples chrétiens qui ne se distinguaient des autres que par une vie plus austère. Leur nom est dérivé du grec ἄσκησις, mot qui, dans le langage des anciens philosophes, signi-

fiait l'exercice de la vertu et notamment celui de l'obéissance. Le nom et la profession des *moines* ne vinrent que plus tard.

Selon S. Athanase, l'origine des ascètes remonte au delà du temps de S. Antoine. On peut même dire qu'il y avait des ascètes parmi les anciens Juifs. Tels furent les nazaréens perpétuels, comme Samson (Hieron. ep. XII. *Ad Paulin.* — Greg. Naz. carm. II. *Ad virgin.*), et les thérapeutes dont parle Philon, bien que ces derniers paraissent avoir été chrétiens, au témoignage d'Eusèbe (*Hist. eccles.* l. II. 17). La vie de S. Jean-Baptiste, celle des premiers chrétiens à Jérusalem, celle des disciples de S. Marc à Alexandrie, offrent aussi des exemples de la vie ascétique.

Origène (*Contr. Cels.*) donne le nom d'ascètes à ceux qui, non-seulement s'abstenaient de viande, mais restaient souvent deux ou trois jours sans prendre de nourriture. On nommait encore ascètes ceux qui s'adonnaient à l'exercice de la prière et consacraient une grande partie du jour au culte de Dieu. Ainsi S. Cyrille de Jérusalem (*Catech.* x, 9) donne ce titre à la prophétesse Anne, à raison de ce qui est dit de cette sainte femme dans S. Luc (II. 37) : « Elle ne s'éloignait pas du temple, servant Dieu jour et nuit dans les jeûnes et les prières, » *jejuniis et obsecrationibus serviens die ac nocte.*

Ceux-là étaient aussi appelés ascètes qui se signalaient par des actes éclatants de charité et de mépris du monde, et qui par exemple auraient voué tous leurs biens au culte de Dieu et au service des pauvres. Ainsi S. Jérôme (*De script. eccl.* 41. 76) appelle Pierius, *miræ ἀσκήσεως; adpetitorem, et voluntariæ paupertatis*, et Sérapion, évêque d'Antioche sous Commode, ἀσκήσει *addictum*. Les martyrs de Palestine qui souffrirent sous Dioclétien reçoivent la même dénomination par leur générosité envers les pauvres, les veuves et les orphelins (Euseb. *De martyr. Palæst.* XI). On appelait quelquefois ascètes les *confesseurs*, et c'est ce qui explique pourquoi S. Martin est le premier qui ait été inscrit sous ce titre dans les calendriers (Du Cange. *Gloss.* ad voc. *Confess.*).

Les ascètes avaient adopté des vêtements en harmonie avec l'austérité de leur vie, de couleur noire ou brune (Synes. *Epist.* CXLVI). Ils portaient le *pallium* ou manteau des anciens philosophes. Ce vêtement leur était si exclusivement réservé, que, parmi les prêtres, ceux-là seuls s'en permettaient l'usage qui menaient une vie ascétique *propter ἄσκησιν* (Salmas. *Ad Tertul. De pallio.* III. IV).

Bien que nous ayons adopté la distinction de Bingham entre les *ascètes* et les *moines* (*Origin. Christ.* t. III. p. 3. edit. Hall.), nous ne doutons pas néanmoins que l'*ascétisme* n'ait été un commencement de *monachisme* (Lami, *De erudit. apostol.* p. 168) ; et si le docteur anglican insiste si fort sur cette distinction, c'est par suite de cet esprit de dénigrement qu'il laisse partout paraître contre les institutions catholiques.

II. — Les ascètes avaient dans l'Église un rang

distingué entre le clergé et le peuple (Dionys. *De eccl. hierarch.* l. III. c. 6. — *Constit. apostol.* VIII. 13).

Les écrivains ecclésiastiques nomment un grand nombre d'ascètes célèbres, par exemple, outre ceux dont les noms figurent déjà dans cette notice, S. Lucien martyr (Athanas. *Synops.* VII. 2), S. Pierre martyr en Palestine (Euseb. *De martyr. Palæst.* xx), S. Pamphile et S. Séleucius martyrs (*Ibid.* XI), S. Justin martyr (Epiph. *Hæres.* XLVI), S. Cyrille de Jérusalem (Bolland. t. II. Append. p. 748), S. Basile et S. Grégoire de Nazianze, avant qu'ils eussent embrassé la vie monastique, S. Chrysostome, S. Amphiloque, S. Athanase, S. Martin, S. Jean d'Égypte, S. Sulpice-Sévère, S. Paulin, Héliodore, Nepotien, Pinien (Pallad. *Hist. Lausiac.* c. 84, 121, 122). S. Antoine avait aussi mené la vie *ascétique* avant de devenir, par sa retraite dans le désert d'Arsinoé, le père de la vie monastique et cénobitique.

ASSOMPTION DE LA SAINTE VIERGE. — V. l'art. *Fêtes immobiles*, n. VII, 2°.

ASTÉRISQUE (Ἀστήρ, ἀστερίσκος). — Instrument liturgique chez les Grecs. C'est une espèce d'étoile d'or ou d'un autre métal précieux, composée de deux tiges pliées en arc, croisées et surmontées d'une petite croix. On place cet ustensile sacré sur la patène pour couvrir les hosties, et tenir le voile soulevé, de sorte qu'il ne touche pas les saintes espèces.

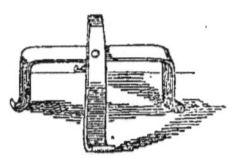

Cette cérémonie rappelle l'étoile d'heureux augure qui guida les Mages vers le Roi des Rois et s'arrêta sur le lieu où il était. C'est ce qui ressort des paroles que le prêtre prononce lorsqu'il place l'étoile sur la patène. Nous lisons en effet dans la liturgie de S. Chrysostome (Ap. Goar. Εὐχολόγιον. p. 62. édit. Paris. 1747) : « Quand le prêtre a encensé l'astérisque, il le pose sur le pain et dit : *et veniens stella, astitit ubi erat puer* (Matth. II. 9), *perpetuo, nunc et semper, et in sæcula sæculorum. Amen,* « et l'étoile venant, s'arrêta là où était « l'enfant, perpétuellement, maintenant et tou- « jours, et dans les siècles des siècles. Amen. »

ATRIUM. — Nous devons donner ici quelques détails sur cette partie des anciennes basiliques que nous n'avons pu qu'indiquer dans notre article *Basiliques chrétiennes*; nous avons fait graver le plan d'une basilique très-simple sur lequel il suffira de jeter un coup d'œil pour comprendre la forme de l'*atrium*, ainsi que sa position relativement aux deux *narthex* (V. l'art. *Narthex*).

L'*atrium*, appelé par Eusèbe et par Procope αἴθριον ou αὐλή, venait après le vestibule dans certaines grandes églises. Paul Silentiaire, décrivant la basilique de Sainte-Sophie de Constantinople, dit que sur la partie occidentale de ce temple célèbre, régnait un *atrium* entouré de quatre portiques. Il y en avait aussi quatre à l'*atrium* des Saints-Sergius-et-Bacchus à Constantinople, à celui de la Vierge à Jérusalem, à celui de Paulin à Tyr, et aussi à celui de S. Ambroise de Milan : c'est ce que les auteurs modernes appellent *tetrastyle*, τετράστυλον, ou *quadriportique* (V. Bingham. III. 179). Voici comment Eusèbe décrit ce dernier (*Hist. eccl.* c. IV) : « Quand vous avez franchi la porte, Paulin ne veut pas que vous passiez immédiatement dans le sanctuaire ; mais, entre le temple et le vestibule, il a laissé un grand intervalle carré entouré de quatre portiques. » Nous devons observer néanmoins que l'*atrium* n'avait pas partout ces quatre portiques, car, dans certaines églises, celui qui devait être contigu à la façade servait probablement de narthex intérieur : il paraît qu'il en était ainsi dans l'église du Saint-Sépulcre à Jérusalem, laquelle est décrite par Eusèbe dans le troisième livre de la Vie de Constantin.

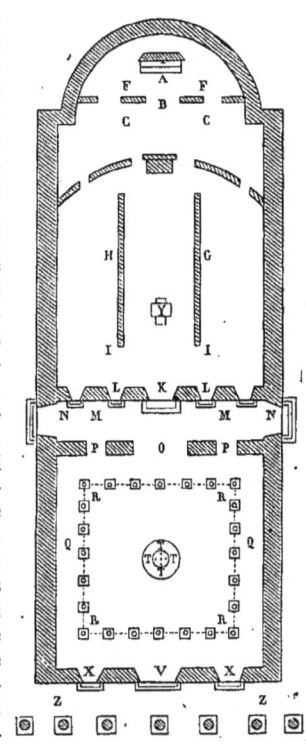

Dans le plan ci-annexé, l'aire ou la cour de l'*atrium* est marquée par les lettres RRRR, et les portiques par QQ. Les entre-colonnements des portiques étaient clos par des cancels qui étaient assez bas pour que chacun pût facilement s'y appuyer et contempler de là les eaux qui jaillissaient de la fontaine pratiquée au milieu du cloître. Voici ce qu'en dit Eusèbe au dixième livre de son *Histoire ecclésiastique* (c. IV) : « L'évêque Paulin ferma les portiques (de l'église de Tyr) avec des cancels de bois croisés comme un filet, et qui sont d'une juste hauteur. » S. Paulin de Nole est plus explicite encore (*Natal.* x *S. Felic.*) : « Il est permis à tous de se promener sous les portiques, et, quand ils sont fatigués, de s'appuyer sur les cancels qui règnent entre les colonnes, et voir le jeu des eaux. » (V. l'art. *Cancels*.)

Puisque nous avons mentionné la fontaine, nous

devons examiner comment elle était faite, et à quel usage elle servait.

L'*atrium* était complétement découvert, et éclairé, comme dit Eusèbe, par les rayons du soleil (lib. x. c. 4), afin qu'il fût loisible à tous ceux qui s'y arrêtaient de lever les yeux au ciel, pour en contempler la beauté. Au centre de l'*atrium* étaient les symboles de la sainte expiation, c'est-à-dire la fontaine où les chrétiens se lavaient les mains et la face, avant d'entrer dans le temple; et, dans quelques-uns de ces *atria*, la fontaine était, elle aussi, entourée de cancels de bois ou de métal et surmontée d'un toit (S. Paulin, *ibid.*). L'ensemble de l'édifice qui environnait et couvrait la fontaine s'appelait, dans la primitive Église, *phiala* (V. ce mot). Tout autour des vasques contenant l'eau était quelquefois écrit un vers grec dont le sens est : « Lave tes péchés, et pas seulement ton visage. »

On bénissait la fontaine au jour de la vigile et quelquefois même de la fête de l'Épiphanie, et nous lisons la formule de cette bénédiction dans l'eucologe des Grecs. Dans la suite des temps, la fontaine fut supprimée, et remplacée par les vases à eau bénite qui se trouvent à l'entrée de nos églises. Dans le plan, les cancels entourant la fontaine sont indiqué par ᴛᴛᴛᴛ.

C'était sous les portiques de l'*atrium* que se tenaient les pénitents de la première classe. Mais s'ils étaient coupables de quelqu'un de ces grands crimes qu'on appelait capitaux, ils étaient exclus même des portiques, et obligés de se tenir à découvert, dans l'*atrium* (Greg. Thaumat. can. xl). Tertullien confirme cette donnée historique, lorsque, dans son livre *de Pudicitia* (cap. iv), il atteste que tous ceux qui étaient tombés dans ces grandes fautes étaient non-seulement empêchés d'entrer dans l'église, mais exclus de tout lieu, quel qu'il fût, appartenant à l'église ou à ses dépendances. Ce texte est important en ce qu'il prouve, contre quelques novateurs, que par le mot *église* Tertullien n'entendait pas toujours les communautés chrétiennes, mais souvent aussi l'édifice où avaient lieu leurs assemblées.

AUBE. — V. l'art. *Vêtements des ecclésiastiques dans les fonctions sacrées.* III 2°.

AUBES BAPTISMALES. — I. — Après le baptême, on revêt le néophyte d'une robe blanche. Cet usage, aujourd'hui encore en vigueur dans l'Église catholique, remonte à la plus haute antiquité : les écrivains ecclésiastiques du ivᵉ siècle, qui sont les premiers à le mentionner clairement, en parlent évidemment comme d'un rit depuis longtemps établi.

On lit dans le poëme *De resurrectione Domini*, attribué à Lactance, ces vers, qui se rapportent au néophyte sortant des fonts sacrés :

Candidus egreditur nitidis exercitus undis,

Fulgentes animas *vestis* quoque *candida* signat,
Et *grege* de *niveo* gaudia pastor habet.

« La troupe (des néophytes) sort éclatante de blancheur des eaux purifiantes.

« Le vêtement blanc dénote aussi la blancheur des âmes, — Et le troupeau blanc comme la neige réjouit le cœur du Pasteur. »

S. Paulin de Nole (Epist. xii. ad. Sever.) ne s'exprime pas autrement :

Unde parens sacro ducit de fonte sacerdos,
Infantes niveos corpore, corde, habitu.

« Alors le prêtre tire des fonts sacrés ces enfants auxquels il vient de donner la vie, blancs comme la neige dans leur corps, dans leur cœur, dans leur vêtement. »

S. Cyrille de Jérusalem (*Catech. mystag.* v) invite ainsi les nouveaux baptisés à conserver leur conscience pure comme l'aube de leur baptême : « Ayant dépouillé vos anciens vêtements, pour revêtir ceux qui sont blancs selon l'esprit, vous devez désormais et toujours vous montrer en blanc. Non point que, à la lettre, il soit nécessaire que vous portiez toujours des vêtements blancs, mais bien que vous n'admettiez plus dans votre cœur que ce qui est blanc, splendide, spirituel. » S. Ambroise développe la même pensée (*De iis qui myster. initiant.* c. iii) : « Tu as reçu des vêtements blancs, afin qu'il soit visible à tous que tu as dépouillé l'enveloppe de tes péchés, pour revêtir les chastes voiles de l'innocence. En effet, celui qui est baptisé, se trouve purifié selon la loi et selon l'Evangile. » S. Jérôme écrit à Fabiola (Epist. 128) : « Ayant quitté les habits de laine, nous revêtirons la robe de lin, qui n'a rien qui appartienne à la mort, mais toute blanche, afin que, sortant du font baptismal, nous ceignions nos reins dans la vérité, et que toute la turpitude de nos anciens péchés soit voilée. »

Les Pères grecs développent partout la même doctrine. S. Chrysostome (*Homil. in psalm.* 118), voulant rappeler de mauvais chrétiens à la sainteté de leur vocation, leur adresse ces paroles : « Conservez votre tunique pure, comme vous l'avez reçue au baptême ; que nul ne la macule par ses mœurs ; que nul ne souille par la perversité de son cœur la si grande beauté de ce vêtement ; au baptême, vous avez reçu une robe toute semblable à celles que portaient les anges qui servaient le Seigneur au sépulcre, car il est écrit que leur vêtement était blanc comme la neige. »

La robe baptismale était donnée non-seulement aux adultes, mais aussi aux enfants. S. Grégoire de Nysse (*Orat.* iii. *De fest. Pasch.*) parle d'un jeune enfant qui manifeste, autant qu'il est en lui, la joie de son baptême par le changement de vêtement, ne le pouvant faire par ses paroles ni par les sentiments de son cœur : *mutatione vestis sensu externo festum colit, quando quidem interiori animi sensu nondum potest.* C'est tout jeune encore que S. Jérôme avait reçu, à Rome, l'aube baptismale que Adon, dans son martyrologe (30 sept.), appelle le vêtement du Christ, *vestem Christi puer Romæ suscepit* S. Grégoire de Tours (*Hist. Franc.* l. i) rapporte qu'un enfant de Clovis, Ingomère, mourut entre les mains de ses parents désolés, revêtu encore de la robe de son baptême : *Baptizatus autem puer quem Ingomerum vocitaverunt, in ipsis, sicut regeneratus fuerat, albis moritur.*

Les actes de S. Ludger (ap. Vicecom. p. 697) nous fournissent un exemple tout semblable. Un laïque furtivement envoyé par ce saint évêque dans la Frise, deux fois infidèle à la foi, eut le bonheur de baptiser, avec l'agrément de leurs mères, dix-huit petits enfants qui tous moururent dans les aubes de leur baptême, *omnes in albis defuncti sunt*, à l'exception de deux qui purent, après le rétablissement de la paix, recevoir la confirmation de la main de S. Ludger.

Il faut observer cependant que l'expression *puer* ou *infans* ne désigne pas toujours un enfant par l'âge, mais, selon le langage de l'Église, un nouveau-né à la grâce, *quasi modo geniti infantes* (I Petr. II. 2). On trouve dans S. Grégoire de Tours la mention de beaucoup d'autres personnages qui moururent avant la fin de l'octave de leur baptême (*De glor. confess.* c. XXXV, LIV, LX, etc.). Des faits analogues sont constatés par des monuments épigraphiques : Fabretti donne (p. 577. LXX) l'épitaphe d'un enfant qui, baptisé le onze des calendes de mai, PERCEPIT || XI KAL MAIAS, déposa, à l'octave de Pâques, ses aubes sur son tombeau, ALBAS SVAS || OCTABAS PASCHAE AD SEPULCRVM || DEPOSVIT. — Cedualla, roi des Saxons, baptisé par le pape Sergius, gagna la patrie céleste, alors qu'il était encore vêtu de la robe des baptisés :

PROTINVS ALBATVM VEXIT IN ARCE POLI

(Fabretti. p. 733. D). On pourrait multiplier ces citations, surtout parmi les monuments de l'âge de celui-ci et des âges postérieurs (Fortunat. *Miscell.* IV-22, etc.)

II. — Dans l'Église latine, la remise de l'aube blanche au néophyte avait lieu avant la confirmation et, chez les Grecs, après l'administration de ce sacrement (Cyrill. Hierosol. *Catech. mystag.* IV, n° 2). Ceux qui la portaient étaient appelés λευχειμονῶντες, *in albis incedentes*, « marchant en habits blancs. »

Dans l'administration solennelle du baptême, qui se faisait à Pâques et à la Pentecôte, le ministre de l'aube blanche n'était pas le même que celui du sacrement. D'après un passage d'un très-ancien traité du baptême attribué à S. Denys l'Aréopagite et cité par Visconti (*De rit. bapt.* p. 715), il paraît que c'étaient les prêtres ou les diacres qui remplissaient cet office ; quand le parrain, *susceptor*, avait reçu le néophyte à sa sortie des fonts et l'avait essuyé avec des linges, ces ministres lui passaient la robe blanche, et ensuite le reconduisaient à l'évêque, sans doute dans le lieu où s'administrait la confirmation, lieu qui est nommé *consignatorium ablutorum* (V. l'art. *Consignatorium ablutorum*).

Il n'en était pas de même pour le baptême privé ; ici tout se passait avec moins de solennité, et le même ministre faisait tout. On cite à ce sujet le baptême de S. Basile (Amphiloc. *in Vit. ips.*), qui reçut l'aube baptismale des mains de l'évêque Maxime qui l'avait baptisé.

Mais, dans tous les cas, cette cérémonie était accompagnée des paroles suivantes, qui sont à peu près aujourd'hui encore telles que nous les lisons dans le Sacramentaire de S. Grégoire (*In ordin. baptism. infant.*) : *accipe vestem candidam et immaculatam, quam perferas sine macula ante tribunal Domini nostri Jesu-Christi. Amen*, « reçois la robe blanche et immaculée : puisses-tu la porter sans tache devant le tribunal de Notre-Seigneur Jésus-Christ. Amen. »

Cette robe était sanctifiée par une bénédiction particulière, et bien qu'aucun témoignage de l'antiquité proprement dite ne l'atteste formellement, on le peut conclure de divers passages des liturgistes du IX° siècle (Amalar. *De eccl. offic.* l. I. c. 29).

Le nouveau baptisé la portait sans aucun autre vêtement, ni dessous ni dessus (V. Vicecom. p. 717); et en effet cette robe, qui était de lin, serrée à la taille par une ceinture, étroite et munie de manches comme une tunique ordinaire, descendait jusqu'aux pieds et enveloppait le corps tout entier. Pour faire saisir ceci, nous extrayons d'une sculpture du sixième siècle (V. Ciampini, *Vet. monim*, t. II. tab. v), représentant un baptême solennel, une figure qui tient dans ses mains l'aube toute prête à être endossée au néophyte.

Dans une fresque du cimetière de Pontien (Bosio, *Roma sott.* p. 131), à peu près de la même époque que le monument que nous venons de citer, et qui représente le baptême du Christ, c'est un ange qui tient la robe baptismale.

Combien de temps la portait-on ? L'usage n'était pas le même partout. Les Égyptiens la conservaient jusqu'à la mort; on est du moins en droit de conclure qu'ils s'en revêtaient dans certaines circonstances majeures, par l'exemple de S. Antoine qui, enflammé d'un ardent désir du martyre, se couvrit de la sienne pour se montrer comme chrétien aux yeux du juge.

Mais, partout ailleurs, nous ne voyons pas qu'on la gardât au delà de huit jours, si bien que le dimanche qui suivait la déposition de la robe baptismale a reçu dans toute l'Église catholique le nom de *Dominica in albis depositis*. Mais pendant l'octave on ne la quittait jamais, ni à l'église, ni à la maison. (Greg. Turon. *Hist. Franc.* l. v.

c. II. — Amalar. *De eccles. offic.* l. I. c. 25. — Raban Maur. *De instit. cleric.* l. II. c. 25, etc.).

Mais, au bout de l'octave, le néophyte ne se dépouillait pas lui-même de l'aube baptismale, il y avait une nouvelle cérémonie pour la lui enlever. Les femmes paraissent cependant avoir fait exception à cette règle : un passage de Jacques Diacre (*In vit. S. Pelag.*) cité par Visconti (p. 745) semble supposer qu'elles se retiraient pour cela dans une chambre à part, où peut-être elles étaient assistées par les diaconesses ; et elles ne reparaissaient en public que revêtues de leurs vêtements ordinaires.

Enfin, l'aube baptismale étant déposée dans l'église ou plutôt dans la sacristie ou *sacrarium* du baptistère, on la lavait dans une eau consacrée par une bénédiction spéciale, dont l'ordre romain nous donne la formule. Cette oraison, qui est fort longue, a pour titre : *De benedictione aquæ ad albas deponendas.* On pense que toutes ces aubes baptismales étaient dévolues aux usages de l'église, mais sans qu'elles pussent servir à d'autres néophytes. Le P. Lupi (*Opusc.* p. 120. Faenza, 1786) a fort bien prouvé qu'il y avait dans les baptistères des sacristies, où l'évêque ou le prêtre se revêtait des ornements sacrés avant l'administration du baptême, et où l'on conservait les aubes baptismales des néophytes, afin qu'elles pussent servir de témoins contre ceux qui manqueraient aux engagements publics qu'ils avaient contractés à leur baptême. Victor d'Utique en cite un exemple mémorable (*De persecut. vandal.* l. II). Il raconte que le diacre Muritta reprocha ainsi son apostasie à un certain Elpidiphorus de Carthage qui, après avoir été baptisé par lui, avait passé à la secte des ariens. Exposant aux yeux de tous la robe blanche dont il l'avait couvert au sortir des fonts, il lui dit : *Hæc sunt linteamina, Elpidiphore, minister erroris, quæ te accusabunt, dum majestas venerit judicantis,* etc.

AUMÔNE CHEZ LES PREMIERS CHRÉTIENS. — « La multitude des croyants n'avait qu'un cœur et qu'une âme : nul ne considérait comme à soi rien de ce qu'il possédait, mais toutes choses leur étaient communes. Et nul n'était pauvre parmi eux. » (*Act. apost.* IV. 32, 34.) Voilà le tableau en raccourci de la société chrétienne primitive : c'était le règne absolu de la charité ; spectacle admirable, nouveau pour le monde, et qui arrachait aux ennemis comme aux amis ce cri d'admiration : « Voyez comme ils s'aiment les uns les autres ! » (Tertull. *Apol.* XXXIX.) Des œuvres innombrables correspondant à toutes les misères sortaient spontanément de ce principe fécond de l'amour mutuel : « Il y a parmi nous, dit encore Tertullien (*Ibid.*), un trésor..., il se compose des dépôts de la piété ; car on n'en tire rien, ni pour les festins, ni pour les boissons, ni pour les dégoûtants excès, mais on n'en use que pour secourir les pauvres, les inhumer ; pour les garçons et les filles privés de leurs parents et de toute ressource ; pour les vieux domestiques, les naufragés et ceux qui sont confinés dans les minières, les îles et les prisons, seulement à cause de la religion divine dont ils sont les nourrissons. » Le trésor de la communauté (*Ecclesiæ fratrum*) se composait non-seulement des offrandes des riches, mais aussi de l'obole du pauvre, et chaque jour se renouvelait le fait de la veuve de l'Évangile, touchante parabole qui bien souvent inspira les artistes de l'antiquité chrétienne : témoin cette mosaïque de Ravenne, datant du sixième siècle et où l'on voit cette pauvre femme déposant, sous les yeux du Sauveur qui la bénit, ses deux petites pièces de monnaie dans le trésor du temple (Marc. XII, 43). Le passage de Tertullien que nous venons de citer, ainsi que beaucoup d'autres de Minucius Félix, d'Athénagore, de S. Justin, etc., atteste pour les premiers siècles une savante organisation de la charité. Les calomnies des païens, ainsi que les aveux arrachés par la force de la vérité à quelques-uns d'entre eux, tels que Pline dans sa lettre à Trajan (L. X. *Epist.* 97) et le satirique Lucien (*Peregrin.*), concourent également à nous représenter la primitive Église sous le même aspect. Aucun genre de misère n'échappait à sa sollicitude, comme on l'a déjà vu par le texte de l'Apologétique de Tertullien. Nous devons cependant énumérer brièvement les diverses

classes de personnes qu'elle avait prises sous sa tutelle.

1° Les clercs, qui, s'étant exclusivement consacrés au service des autels, avaient le droit d'être entretenus par les oblations des fidèles. Ils devaient rester tellement étrangers à tous les offices séculiers, que S. Cyprien crut devoir protester par une lettre à son peuple contre un certain Geminius, lequel, étant sur le point de mourir, établit le prêtre Faustin tuteur de ses enfants (*Epist.* I. *Opp.* p. 169, edit. Oxon.), et le saint martyr appuie même cette censure sur les dispositions d'un concile qui déjà alors avait réglé cette matière.

2° Les prisonniers pour cause de religion. Dès que le bruit s'était répandu que quelqu'un des fidèles avait été arrêté, on voyait accourir à la prison hommes et femmes, jeunes gens et vieillards, qui non-seulement venaient se recommander aux prières des confesseurs que l'on regardait déjà comme sur le point de subir le martyre, mais obtenaient à prix d'argent d'être introduits dans les prisons, afin de pouvoir baiser leurs chaînes, de les servir et de leur procurer toutes les choses dont ils avaient besoin. Ils les visitaient souvent pour les consoler et les soutenir (Lucien. *op. laud.* n. xii). Nous en avons un bel exemple dans la lettre des fidèles de Lyon et de Vienne (Euseb. *Hist. eccl.* v. 2). Et si les aumônes ne suffisaient pas, l'évêque ou le prêtre écrivait aux autres Églises, qui s'empressaient de venir en aide à leurs frères. Cet usage date des temps apostoliques : nous lisons dans les *Actes des apôtres* (xi, 29) que les disciples d'Antioche ayant su par une prophétie que leurs frères de Judée devaient éprouver une grande famine, leur envoyèrent des secours par les mains de Paul et de Barnabé. Nous voyons aussi que S. Denys, évêque de Corinthe, écrivit aux Romains pour les féliciter de s'être distingués dans ce genre de bonnes œuvres (Euseb. *Hist. eccl.* vi. 23).

3° Les invalides. Tous ceux qui étaient réduits à la misère par des infirmités étaient secourus par l'Église, afin qu'ils pussent passer avec moins d'angoisses le peu de jours que la Providence leur réservait. Ici encore les Églises plus riches suppléaient par leurs aumônes au dénûment ou à l'insuffisance des ressources des autres Églises. S. Cyprien ayant appris qu'en un certain lieu de l'Afrique se trouvait un malheureux qui, avant sa conversion, avait exercé la profession d'histrion sévèrement interdite aux fidèles, et que cet homme infirme et dénué donnait aux jeunes gens des leçons de cet art si immoral dans l'antiquité, *impudicæ artis*, dit ce Père, écrivit à l'évêque Eucratius pour lui rappeler qu'il devait être entretenu aux frais de l'Église, et que si l'Église à laquelle il appartenait ne pouvait le sustenter, il fût envoyé à Carthage, où il recevrait nourriture et vêtement (*Epist.* ii. p. 171. edit. cit. 7).

4° Les malades. Non-seulement les frères les visitaient le plus souvent possible, mais ils leur fournissaient tout ce dont ils avaient besoin, ils les exhortaient à la patience, et mettaient en œuvre tous les moyens propres à opérer leur guérison ; et ils remplissaient courageusement ces devoirs même envers ceux qui étaient atteints de maladies contagieuses, et sans se préoccuper des dangers où ils exposaient leur propre santé. Ici nous pourrions accumuler les textes des Pères, et entre autres de S. Justin et de Tertullien. S. Denys, évêque d'Alexandrie (Ap. Euseb. *Hist. eccl.* vii, 22), adresse à son peuple une lettre des plus touchantes, où se trouve décrite avec détail une peste qui avait désolé les contrées soumises à sa juridiction, et louée comme elle le méritait la charité héroïque déployée en ces douloureuses circonstances par les prêtres, les diacres et les simples fidèles.

5° Les veuves et les orphelins. Ces deux classes de personnes furent, dès l'origine, les plus chers objets de la sollicitude de l'Église. On sait que ce fut en faveur des veuves de Jérusalem qu'eut lieu l'institution des sept premiers diacres (*Act.* vi, 6). Des institutions du même genre furent bientôt créées dans toutes les autres Églises, même les plus éloignées de la métropole. Elles étaient de l'essence même de la charité chrétienne : « La piété pure et sans tache aux yeux de Dieu notre père est celle-ci, dit S. Jacques (*Epist.* i, 27) : visiter les orphelins et les veuves dans leurs afflictions et se préserver de la corruption de ce siècle, » *visitare pupillos et viduas in tribulatione eorum, et immaculatum se custodire ab hoc sæculo*. S. Ignace, martyr, écrivait à S. Polycarpe que les veuves ne doivent pas être négligées et que, après Dieu, c'est l'évêque qui est leur protecteur naturel (N. iv. p. 7, *edit. Lond.* 1746). La charité des pasteurs à cet égard était tellement connue de tous, que les païens s'efforçaient de la tourner en mal, afin de ternir l'honneur de l'ordre sacerdotal. Nous apprenons encore par les apologistes, et Tertullien en particulier (*Apol.* xxxix), que les fidèles pourvoyaient avec une tendre générosité aux besoins des enfants qui avaient perdu leurs parents et qui manquaient de ressources. Mais leur attention se portait spécialement sur les enfants des martyrs : nous en avons une preuve dans les actes de Ste Perpétue et de Ste Félicité (N. xv), et l'histoire ecclésiastique de ces temps héroïques nous en fournit beaucoup d'autres. Le glorieux titre de fils d'un martyr contribua sans doute, plus que l'éloquence elle-même, à concilier à Origène l'affection et la générosité des fidèles qui venaient entendre sa parole (Euseb. *Hist. eccl.* vi. 2).

6° Les étrangers et les exilés. Nos pères dans la foi avaient coutume d'accueillir avec amour les étrangers qui passaient dans leurs villes ; et dès qu'ils les avaient établis dans leurs demeures, ils leur lavaient les pieds (1 *Tim.* v. 9), et les traitaient avec toute la générosité que comportait la modestie chrétienne (V. l'art. *Ablutions*, n. II, 3°). Ils se montraient en cela fidèles aux exemples et aux préceptes du maître, comme à ceux du disciple bien-aimé (Joan. v. 5) : « Vous agissez en vrai fidèle dans tout ce que vous faites pour les frères, et particulièrement pour les étrangers. » Et nous voyons dans les œuvres des apologistes que la conduite des fidèles des premiers siècles était ici en parfaite harmonie avec la religion d'amour qu'ils professaient. S. Justin (*Apol.* i. 67) nous apprend que les aumônes dues à la libéralité des fidèles étaient employées en partie à accueillir les étrangers ; et Tertullien, dans le livre adressé à sa femme (l. ii. 8. iv), écrit ceci pour lui faire comprendre combien l'union d'une femme chrétienne avec un idolâtre était incompatible avec ses devoirs : « Quel époux gentil laissera sa femme errer dans les chemins obscurs, entrer dans les plus pauvres chaumières, se lever la nuit pour assister à l'assemblée, porter l'eau pour laver les pieds des saints, et lui permettra de donner à un voyageur chrétien l'hospitalité dans sa maison? » Cette ferveur ne se ralentit point aux siècles suivants, nous pourrions en prendre à témoin Firmilien, Denys d'Alexandrie, S. Basile, S. Augustin, etc. (V. l'art. *Lettres ecclésiastiques*). Quant aux exilés pour la foi, ils avaient droit aux mêmes égards et les obtenaient de la société des chrétiens ; les actes des martyrs en font foi et en particulier ceux de S. Théodote (Ruinart. 295, *edit. Veron.*).

7° Les esclaves et les condamnés aux mines. Nous avons ici encore le témoignage de S. Cyprien : ce Père nous assure que les chrétiens de son temps, ayant appris que quelques-uns de leurs frères avaient été pris par les Barbares, se réunirent aussitôt, et se cotisèrent, chacun selon ses facultés, afin de réunir la somme nécessaire pour les racheter (*Epist.* LXI). Le pape S. Denys en fit autant dans le même siècle, au rapport de S. Basile (*Opp.* III. 164), dans sa quarantième lettre à S. Damase. Il se trouva aussi au quatrième siècle de pieux fidèles qui rachetèrent des mains des Goths les esclaves chrétiens capturés dans la Thrace et l'Illyrie (Ambros. *Offic.* l. II. n. 15). Et telle était la charité des premiers chrétiens envers les captifs, que plusieurs les rachetèrent au prix de leur propre liberté (S. Clément. Rom. *Epist. ad Corinth.* n. IV).

Un autre genre de misère qui excitait au plus haut degré la compassion des fidèles, c'était celle des condamnés aux mines Il y en avait en Égypte, en Grèce, dans l'Asie Mineure, l'Afrique, la Sardaigne, la Dacie ; et il est très-probable que la plus grande partie des marbres accumulés dans l'*emporium*, cet immense dépôt récemment découvert sur les bords du Tibre par M. le baron Visconti, provient des travaux des confesseurs de la foi dans les carrières de ces différentes contrées. Dans une lettre écrite au deuxième siècle aux Romains par S. Denys de Corinthe (Euseb. *Hist. eccl.* IV. 42), les plus grands éloges sont donnés pour une œuvre de cette nature à S. Sotère et aux fidèles de la Ville éternelle. Et les chrétiens des autres Églises ne se montraient pas moins dévoués. Ceux de l'Afrique donnèrent sous ce rapport les plus magnifiques exemples vers la fin du deuxième et le milieu du troisième siècle. Car on les vit alors (Tertul. *Apol.* XXXIX) non seulement consoler par des lettres affectueuses les confesseurs condamnés à ces travaux, mais encore (S. Cypr. *Epist.* LXXVI) les soulager par des sommes d'argent considérables. On possède une touchante lettre de remerciement des chrétiens condamnés aux mines, adressée à S. Cyprien qui leur avait envoyé d'abondants secours (*Inter Cyprianicas. Epist.* CCXXXVI). Nous savons par l'histoire ecclésiastique (Euseb. VII. 1. 12) que cette œuvre fut chère aux chrétiens jusqu'à la fin des persécutions, c'est-à-dire jusqu'à l'époque où les confesseurs condamnés *ad metalla* furent rappelés.

8° Les pauvres quelconques, même étrangers au christianisme. Il serait superflu de faire appel à l'autorité des textes pour prouver que les chrétiens avaient soin de leurs pauvres, de ceux qui leur étaient unis par la communauté de la même foi. Mais ce qui est moins connu peut-être, c'est que leur charité large et généreuse embrassait tous les indigents, sans distinction de croyance. Ils faisaient du bien même aux païens qui les calomniaient et les persécutaient. Et bien souvent ceux-ci furent convertis à la foi par le spectacle d'une vertu si désintéressée (S. Cypr. *Epist.* XIII. — Justin. *Apol.* I. 14. etc.).

L'antiquité figurée fournit peu de documents pour l'objet qui nous occupe. Cependant on voit quelquefois, dans les fresques des catacombes, des femmes ayant dans les mains des plateaux ou des paniers de fruits. On a cru reconnaître dans ces femmes des diaconesses de la primitive Église dans l'action de porter des secours et des aliments aux pauvres fidèles qui étaient l'objet de leur pieuse institution (V. De' Rossi. *R. S.* t. II. tav. XXV). M. De' Rossi y voit les génies des saisons. Mais l'attribution ne nous paraît pas mieux motivée que la première ; ces images pourraient être purement décoratives. Dans le quatorzième chapitre de sa *Fabiola*, le cardinal Wiseman a tracé de l'exercice de la charité aux siècles des persécutions un tableau qui, bien que les traits en soient empruntés à la fiction, brille des couleurs les plus vraies de l'antiquité chrétienne.

Le voyageur visite aujourd'hui encore sur le mont Cœlius à Rome un monument bien intéressant de l'inépuisable charité exercée dans tous les temps par les papes, et dont les œuvres innombrables nous fourniraient la matière d'un gros livre si nous en pouvions suivre les traces dans le cours des siècles qui sont en dehors de notre sphère. Nous voulons parler du *Triclinium*, où, sur une table qui existe encore, S. Grégoire le Grand servait tous les jours un repas à douze pauvres.

Nous ne rappellerons pas ici les souvenirs qui se rattachent à l'établissement des diaconies dans la ville de Rome dès les premiers siècles. Le lecteur voudra bien se reporter pour cet objet à notre article *Titres* (II).

Il est extrêmement important d'observer que, en imposant l'obligation de l'aumône, l'Église laissa toujours aux fidèles la parfaite liberté de leurs offrandes, sans donner aux pauvres aucun droit sur les biens des riches. « Les riches, dit S. Justin dans sa première *Apologie* (c. LXVII), donnent librement ce qu'il leur plaît de donner. » Tertullien (*loc. laud.*) s'applique aussi avec une remarquable insistance à faire ressortir cette liberté : « Chacun apporte tous les mois son modique tribut, et dans la mesure de ses facultés ; personne n'y est obligé, rien de plus libre, de plus volontaire. » D'un autre côté, l'Église ne songea jamais à détruire la pauvreté, parce qu'elle est une des conditions de la nature humaine et qu'elle résulte de l'inégalité des forces physiques et des intelligences; mais elle employait tous les moyens mis à sa disposition pour alléger toutes les infortunes, pour adoucir toutes les douleurs en ne faisant des pauvres et des riches qu'une seule famille, et en établissant entre eux la douce solidarité de la fraternité chrétienne (V. l'art. *Fraternité*).

AUTEL. — I. — On a beaucoup disputé sur la question de savoir quel nom était donné à l'autel dans la primitive Église (Voigt. *Thysiast.* c. I. — Bingham. *Origin. et antiquit. eccles.* t. III, p. 222, édit. Hal. 1758). S. Paul l'appelle tantôt *altare* (*Hebr.* XIII. 10), tantôt *mensa Domini*, « table du Seigneur » (1 *Cor.* X. 21). Dans les trois premiers siècles, les Pères avaient à peu près exclusivement adopté le mot *altare*, dont Walfrid Strabon (*De reb. eccles.* c. VI) et S. Isidore de Séville (*Origin.* l. XV. c. 4) donnent cette étymologie : *Altare ab altitudine nominatur, quasi alta ara*, « Autel vient de hauteur. » S. Ignace martyr (*Epist. ad Ephes.* n. V.), Origène (*Hom.* 10 *in Num.*), S. Irénée (lib. IV. c. 34) se servent du mot θυσιαστήριον, dérivé de θύω, *je sacrifie*; S. Cyprien (*Epist.* XL) et Tertullien (*Ad uxor.* l. I. c. 7) disent indifféremment *altare* et *ara Dei*. Mais depuis le quatrième siècle on trouve tantôt *altare*, tantôt *mensa sacra*, — *mensa mystica*, — *tremenda mensa* : « table sacrée, — table mystique, — table redoutable. » S. Chrysostome adopte tour à tour *mensa spiritualis*, — *divina*, — *regia*, — *immortalis*, — *cœlestis*, « table spirituelle, divine, royale, immortelle, céleste. » On trouve encore à cette époque : *sedes corporis et sanguinis Christi*, « le siège du corps et du sang du Christ » (Optat. Milev. *De schism. donatist.* lib. VI. — Simeon Thessalon. *De templo et missa*). Mais à aucune époque les écrivains ecclésiastiques n'employaient le mot *table*, *mensa*, sans y ajouter une épithète caractéristique désignant son usage sacré dans l'Église.

Une des imputations le plus communément adressées aux fidèles par les païens consistait à les accuser de n'avoir pas d'autels, et nous ne voyons pas que les apologistes se soient beaucoup inquiétés de la réfuter. Ils admettaient même cette allégation, dans ce sens que les chrétiens ne possédaient pas d'autels destinés au culte des idoles, ou aux sacrifices sanglants usités chez les Juifs. Mais ils n'ont jamais nié qu'ils eussent des autels pour offrir le sacrifice non sanglant de l'eucharistie.

II. — Les premiers autels n'étaient probablement qu'une simple table de bois, comme celle sur laquelle Notre-Seigneur institua la sainte eucharistie. La table où célébrait S. Pierre est aujourd'hui renfermée dans l'autel de la basilique de Saint-Jean de Latran (Raspon. *De basilic. Lateran.*), et cet autel est le seul dans toute l'Église catholique qui ne contienne pas de reliques, étant assez sanctifié par une telle origine (Ciampin. *De sacr. œdif.* p. 15. I. D). On montre aussi à Sainte-Pudentienne des fragments d'un autre autel en bois qui, d'après une respectable tradition, aurait été à l'usage du prince des apôtres (Gattic. *De altar portatil.* c. I. 4).

C'est dans les catacombes de Rome qu'il faut chercher le type des autels en forme de tombeau qui ont été élevés dans la suite. Dans le plus grand nombre des chapelles sépulcrales qui s'y trouvent, la paroi antérieure ou principale n'offre qu'un seul tombeau, creusé dans le tuf et surmonté d'une voûte en forme d'arc, d'où est venu le nom de *monumentum arcuatum*, et celui d'*arcosolium* adopté par les premiers chrétiens (March. p. 85), pour désigner cette classe de sépultures (V. l'art. *Arcosolium*). On peut citer pour exemple un tombeau du cimetière de S. Hermès (Bottar. tav. CLXXXV), qui est un des monuments les plus complets en ce genre. Il consiste en une excavation, sous la forme d'une grande niche, terminée par une voûte cintrée. Cette niche est fermée dans sa partie inférieure, à peu près au tiers de sa hauteur, par une construction en briques enduite de stuc et ornée de peintures (Raoul-Roch. *Tableau des catac.* p. 71). Ce monument, selon le type décrit plus haut, est couvert d'une table de marbre scellée horizontalement dans le tuf, et que, d'après les auteurs anciens, entre autres Prudence (*Peristeph. hymn.* XI. v. 171 et seqq.), nous avons appelée *mensa*.

Il s'agit ici de l'autel élevé sur le corps de S. Vincent.

> Illa sacramenti donatrix MENSA, eademque
> Custos fida sui martyris adposita.
> Servat ad æterni spem judicis ossa sepulcro,
> Pascit item sanctis Tibricolas dapibus.

« Cette table donatrice du sacrement (sur laquelle se dispense l'aliment eucharistique) est aussi posée comme gardienne fidèle du martyr. Elle garde dans son sépulcre les ossements dans l'attente du juge éternel, et, en même temps, elle repaît les Tibricoles (les habitants des bords du Tibre) d'un aliment divin. »

C'était sur cette *table*, qui recouvrait les restes du saint martyr, qu'avait lieu primitivement la célébration de la messe, et les tombeaux des martyrs devinrent ainsi, selon l'expression de S. Optat (L. VI. *Advers. Parmen.*), le trône du Dieu qu'ils avaient confessé dans les tourments et la mort : *Quid est enim altare nisi sedes corporis et sanguinis Christi?* « L'autel, qu'est-il autre chose que le siège du corps et du sang du Christ? »

Mais si telle était la disposition de l'autel dans les cryptes, où l'on ne se réunissait que pour la commémoration des martyrs et même des simples fidèles, les églises proprement dites (dans les catacombes), c'est-à-dire celles où avait lieu l'assemblée des fidèles pour les différents exercices du culte et la prédication en particulier, avaient un autel isolé, la chaire du pontife occupant le fond de l'abside. Bosio et Boldetti (pp. 14-15) disent avoir vu, l'un dans le cimetière de Priscille, l'autre dans celui des Saints-Marcellin-et-Pierre, des autels ainsi placés au centre de l'aire de quelques églises, entre le pontife et le peuple. Et grâce à l'obligeance de M. De' Rossi, nous avons vu nous-même dans la crypte des papes au cimetière de *Calliste* les traces des quatre piliers qui soutenaient un autel de ce genre, lequel sans doute n'était pas différent de celui que nous reproduisons ici d'après Boldetti (p. 157).

Dans une chapelle de la catacombe de Sainte-Catherine de Chiusi (Cavedon. *Cimit. Chius.* p. 58), on remarque une disposition différente, et on peut dire exceptionnelle. L'autel, consistant en une petite table de marbre posée sur une colonnette de travertin, est placé au fond de l'abside, et la chaire de l'évêque est *in cornu evangelii*, « du côté de l'évangile. »

III. — Quand enfin, grâce aux sages et gracieuses dispositions de Constantin, l'Église put respirer et exercer son culte au grand jour, elle respecta et consacra par des lois positives l'usage de ne célébrer les saints mystères que sur les ossements d'un martyr (Prudent. *Peristeph.* hymn. v. v. 515 seq.) :

> Altar quietem debitam
> Præstat beatis ossibus ;
> Subjecta nam sacrario,
> Imamque ad aram condita,
> Cœlestis auram muneris
> Perfusa subtus hauriunt.

« L'autel donne aux saints ossements le repos qui leur est dû, car, placés sous la table sacrée..., ils reçoivent le souffle du don céleste qui descend sur eux (la grâce du divin sacrifice qui s'offre au-dessus de ces ossements). »

Ailleurs le même poëte s'exprime ainsi (*Peristeph.* III. 211) au sujet du tombeau de Ste-Eulalie :

> Sic venerarier ossa libet,
> Ossibus altar et impositum.

« Ainsi il nous est donné de vénérer en même temps et les ossements et l'autel qui les recouvre. »

Et nous savons que le pape Félix I, qui souffrit le martyre l'an 274, avait déjà porté un décret sur cette matière : *Hic constituit supra sepulcra martyrum missas celebrari* (Anastas. Biblioth. *In Felic. I*); mais, comme nous l'avons dit plus haut, ce pontife n'avait fait en cela que consacrer une coutume remontant à la première ère des catacombes, et inspirée elle-même par la vision de S. Jean : *Vidi subtus altare animas interfectorum propter verbum Dei (Apoc.* VI. 9), « je vis sous l'autel les âmes de ceux qui ont été mis à mort pour la parole de Dieu. »

Mais, à Rome et à l'intérieur des villes en général, ce n'est que dans les cimetières que le saint sacrifice était célébré, et il résulte d'un décret de Jean III que, encore au sixième siècle, on envoyait tous les dimanches, de chacun des titres de la ville, un prêtre célébrer sur les tombeaux des martyrs ou dans les basiliques cimétériales qui étaient construites au-dessus. Ce n'est guère qu'au septième siècle que l'on commença à transférer des reliques de martyrs dans les basiliques urbaines. Jusque-là Rome elle-même ne possédait dans ses murs que les corps des SS. Jean et Paul, qui seuls, ou presque seuls, y étaient l'objet d'un culte solennel ; et ces corps n'avaient point été transférés d'un autre lieu, ils avaient été ensevelis dans leur propre demeure, où ils avaient été mis à mort sous Julien (V. De' Rossi, *R. S.* t. I. p. 219). Ce n'est que depuis cette époque qu'il est vrai de dire, avec quelques auteurs, que quand un tombeau de martyr ne se trouvait pas dans le lieu même choisi pour bâtir une église, on allait chercher des reliques dans les cimetières sacrés.

IV. — Bien que le décret attribué à S. Sylvestre, prescrivant que la pierre seule serait la matière des autels, ne soit pas admis comme authentique par les savants, on ne saurait nier néanmoins que dès le temps de Constantin on n'ait commencé à construire des autels de pierre dans les splendides basiliques fondées par ce prince. S. Athanase (*Ep. ad solit. vit. agent.*) et S. Augustin (Ep. I. *Ad Bonif.*) ont des passages qui autorisent à conclure que les autels de bois étaient en usage au cinquième siècle en Afrique et en Égypte. Mais en Orient, au témoignage de S. Grégoire de Nysse (*De baptism. Christi*), on en construisait déjà en pierre dès la fin du quatrième. Ce n'est qu'en 509 qu'un concile, celui d'Épaone, rend un décret (can. XXIII) excluant toute autre matière : *Altaria nisi lapidea non sacrentur.* S. Siméon de Thessalonique assigne à ce décret une raison mystique que nous ne devons pas passer sous silence : *E lapide autem est altare, quia Christum refert, qui etiam petra nominatur, tanquam fundamentum nostrum, et caput anguli, et lapis angularis : et quia petra quæ olim Israelem potavit, hujus mensæ imago fuit* (*Biblioth. magn. PP.* t. XXII. Lugdun. 1677), « l'autel est de pierre, parce qu'il rappelle le Christ qui, lui aussi, est appelé pierre, en tant qu'il est notre fondement, et le chef de l'angle, et la pierre angulaire : et parce que le rocher qui autrefois désaltéra les Israélites était la figure de cette table. »

Dès le cinquième siècle, nous voyons les métaux précieux employés à la confection des autels. Ainsi Pulchérie, fille d'Arcadius et sœur de Théodose, offrit un autel d'or à l'église de Constantinople (Sozomen. *Hist. eccl.* lib. IX. c. 1). Il est à présumer cependant que la plupart de ces autels ne se composaient que de lames d'or ciselées dont on recouvrait le monument de pierre ou de bois. Celui de Saint-Ambroise de Milan en offre un magnifique exemple (V. Ferrari, *Monum. di S. Ambrogio*, p. 114). Et nous sommes autorisé à penser qu'il en était ordinairement ainsi par un passage du *Liber Pontificalis*, relatant des dons de cette nature faits par le pape Hadrien I aux basiliques de Saint-Pierre et de Saint-Paul (*In Hadrian I*). Des autels d'argent furent aussi offerts au cinquième siècle à diverses églises de Rome par les papes Sixte III et

S. Hilaire (*Ibid.*). On en connaît néanmoins quelques-uns qui paraissent avoir été massifs : tel était l'autel de Sainte-Sophie, décrit par Paul le Silentiaire et par Sozomène (*Hist. eccl.* loc. cit.), tout en or, et enrichi de pierres précieuses; tels encore ceux que Ste Hélène fit établir dans la basilique qu'elle avait fondée sur le lieu même de la mort du Sauveur (S. Paulin. *Ad Sever.*).

V. — Les autels présentaient une surface plane, comme les tables ordinaires, de façon qu'on pût y déposer commodément soit les vases sacrés, soit les offrandes des fidèles (Optat Milev. lib. vi. *Contr. Parmen.* — Vict. Utic. lib. iii. *Persecut. Afr.* — Cf. Voigt, c. vii. 51). Ils étaient ordinairement de forme quadrangulaire, à l'instar de ceux des juifs, dont les chrétiens imitaient les rites en tout ce qui n'était pas abrogé (*Exod.* xxvii. 1. xxxviii. 2). Nous savons en effet par Sozomène (*Hist. eccl.* lib. ix. cap. 2) qu'ils avaient la forme d'un *loculus* ou d'un sarcophage, et par Bède (*Hist. Angl.* c. xvii) qu'il y avait dans la basilique de la Résurrection à Jérusalem quatre autels carrés. Ainsi que l'indique le mot *altare* dérivé d'*altitudo*, ils étaient élevés à une certaine hauteur au-dessus du sol.

Quelques-uns reposaient sur une base de maçonnerie creuse pour qu'on pût y renfermer des reliques (Simeon Thessalon. *De templ.* ap. Beverig. l. c.). Tel était sans doute celui dont S. Sidoine Apollinaire a dit (lib. viii, ep. 6) que ses flancs étaient recouverts d'herbe, si bien que le bétail pouvait y trouver sa pâture; on sait en effet que l'herbe croit aisément sur une vieille maçonnerie. Il y avait aussi des autels composés de trois tables de marbre, dont l'une était la table de l'autel proprement dite, reposant horizontalement sur les deux autres qui étaient fixées verticalement sur le sol (Mabill. *Act. SS. ordin. S. Benedict.* sæc. iv. p. 1. n. 26); ces autels portaient le nom d'arche, *arca* (Greg. Turon. *Hist. Franc.* l. ix. c. 15). L'église de Saint-Vital à Ravenne possède un autel de ce genre que l'on attribue au sixième siècle. D'autres n'étaient qu'une simple table de marbre, soutenue par des colonnes, qui, selon les usages particuliers à chaque localité, étaient au nombre de quatre ou de deux. Avec deux petits pilastres trouvés en 1875 près Baccano, sur la voie Cassia, M. De' Rossi a recomposé un autel de ce genre, dont voici la reproduction (*Bullet.* 1875. n. 4. tav. ix). Les deux pilastres ont cela de particulièrement intéressant qu'ils sont ornés de pampres, où assurément l'on doit voir des emblèmes eucharistiques et dont le symbolisme est encore complété par les monogrammes du Christ qui règnent à leur base et à leur sommet. On peut voir dans la mosaïque de Saint-Jean *in Fonte* de Ravenne (An. 401) la véritable forme des autels au cinquième siècle : il y en a quatre sur lesquels reposent les quatre Évangiles (Ciampini, *Vet. mon.* t. i, en regard de la page 234). Quelquefois même il n'y avait qu'une colonne placée au milieu de la table, et que l'on appelait *calamus* et quelquefois *columella*, comme on le voit encore dans la crypte de Sainte-Cécile à Rome (Bon. *Rer. liturg.* lib. C. p. 297). Nous donnons ici, d'après M. l'abbé Bargès (*Notice sur un autel chrétien antique, orné de bas-reliefs et d'inscriptions latines*, Paris, Benjamin Duprat, 1861), un autel de ce genre, du cinquième siècle probablement, trouvé dans les environs d'Auriol, au département des Bouches-du-Rhône.

Il s'en rencontre qui sont appuyés sur cinq colonnes, dont quatre supportent les quatre angles de la table, et la cinquième, placée au milieu, recevait dans une petite cavité pratiquée à ce dessein les reliques dont un autel est toujours muni. Tel est l'autel trouvé il y a quelques années à Avignon, et que l'on croit avoir été élevé par S. Agricol (Cahier, dans le t. xix des *Annales de philos. chrét.* p. 436). Il existe aussi dans la crypte de Sainte-Marthe à Tarascon un autel de ce genre et qui nous paraît remonter à la plus haute antiquité. La table, creusée au milieu pour les reliques, n'a guère que dix-huit pouces carrés, et avec ses cinq colonnes et sa base, l'autel est formé d'un seul bloc de travertin très-grossier. On conserve au musée de Marseille un autel à cinq colonnes en marbre blanc provenant de l'abbaye de Saint-Victor, et qui peut être attribué au moins au cinquième siècle, si l'on en juge par ses ornements.

Le peu de surface que présente ordinairement la table des autels de cette dernière espèce leur donne une certaine ressemblance avec les autels des anciens. Et c'est ce qui explique comment le saint sacrifice put quelquefois être célébré sur des autels ayant servi au culte des idoles, fait dont on pourrait citer plus d'un exemple dans l'antiquité chrétienne (V. Marangoni, *Delle cose gent.* p. 170). Baronius (*Ad an.* 34) rapporte une lettre adressée par S. Martial, disciple des apôtres, aux habitants de Bordeaux au moment où l'on renversait dans cette ville les autels des fausses divinités, pour leur ordonner d'en conserver un qui était dédié au *Dieu inconnu*, IGNOTO DEO, et qui fut consacré au culte du vrai Dieu, en l'honneur de S. Étienne. Il existe à Naples une église appelée *San Pietro ad Aram*. Si l'on en croit une tradition immémoriale, ce nom lui viendrait de ce que le prince des apôtres, revenant d'Antioche avec S. Marc, aurait célébré en ce lieu la première messe qui ait été dite à Naples, et qu'il se serait servi pour cela d'un autel dédié à Apollon.

A Rome, beaucoup d'autels profanes furent employés comme matériaux, surtout comme base, dans la construction d'autels chrétiens. Ainsi Smet (Cf. Marang. *loc. cit.*) atteste avoir vu, sous un autel de l'église de Saint-Michel, près du Vatican, un autel de Cybèle. Un autre autel de la mère des dieux, partagé en trois parties, servait aussi de soutien à deux autels de l'église de Saint-Nicolas de' Cesarini, et ces fragments laissaient voir encore les inscriptions et les sculptures attestant leur origine. Ceci dénote une fois de plus la largeur d'idées qui caractérisa toujours l'Église romaine.

Le dessous des autels, soutenus par des colonnes, était souvent un lieu d'asile; il est parlé plus d'une fois dans l'histoire ecclésiastique de personnages qui embrassent les colonnes sacrées pour se soustraire à la poursuite de leurs ennemis : le pape Vigile nous en offre dans sa personne un mémorable exemple (*Epist. encycl.* ap. Labb. t. v *Concil.* p. 1310); quelquefois on se plaçait sous l'autel pour offrir à Dieu sa prière (Ruf. *Hist. eccl.* l. II. c. 16). Voigt donne le dessin (*Thysiast.* p. 410) de deux autels à quatre colonnes, faits probablement d'imagination et où se voient deux personnages, l'un prosterné dans l'attitude de la prière, l'autre embrassant l'une des colonnes.

Dans le principe, l'autel, souvent élevé au-dessus du sol même du sanctuaire, par la *confession* qu'il surmontait, ne paraît pas avoir eu de degrés. Ceux des catacombes de Rome et de Naples reposaient *in plano* (Pellicc. *Polit. eccles.* t. I. p. 180). Au quatrième siècle, on commença à les élever d'une marche au-dessus du sol. Il en était encore ainsi au sixième siècle dans les splendides basiliques. Ce degré régnait tout autour de l'autel placé au centre du presbytère. Alors le prêtre officiant avait toujours la face tournée du côté du peuple, comme cela se pratique encore aujourd'hui à Saint-Jean de Latran, à Saint-Pierre au Vatican, à Sainte-Marie-Majeure, à Sainte-Marie *in Trastevere*, et dans la plupart des anciennes basiliques romaines. Et pour citer hors de Rome un exemple de cette disposition, nous dirons qu'elle s'observe aussi dans l'antique église de Saint-Pierre à Civate, près de Milan. Dans la liturgie ambrosienne, le prêtre, en mémoire de cet ancien usage, ne se retourne point pour bénir, ni pour dire le *Dominus vobiscum*, parce qu'il est censé avoir le peuple en face de lui (*Amico cattol.* t. VII. p. 185).

A la base de l'autel se trouvait une piscine (*Missale Gottico-Gall.* ap. Mabill. *Liturg. Gall.* l. III. tit. 12), où le prêtre se lavait les mains avant de commencer la liturgie (*Ordin. Roman.* tit. *Ordo benedic eccles.*). On y jetait aussi l'eau qui avait servi à laver les vases sacrés, ainsi que d'autres débris qui ne devaient point être traités comme des choses profanes.

Les autels étaient surmontés d'un baldaquin, appelé ordinairement *ciborium*, et soutenu par quatre colonnes. Chacun sait qu'il en est ainsi aujourd'hui encore dans toutes les basiliques romaines. (V. l'art. *Ciborium*).

Quelques-uns portaient des inscriptions, et s'appelaient *altaria inscripta* ou *litterata*. Ces inscriptions rappelaient ordinairement le nom du fondateur et les circonstances de la dédicace ou de la consécration. C'est ainsi que Pulchérie avait fait graver son nom, *ut cunctis esset conspicuum*, sur le devant de la table sacrée qu'elle avait offerte à l'église de Constantinople (Sozomen. *Hist. eccl.* lib. IX. cap. 1). Voici le titre de la dédicace d'un autel de Rodez par l'évêque Deusdedit : DEVSDEDIT EPS INDIGNVS FIERI IVSSIT HANC ARAM (V. Mai. *Collect. Vatic.* t. v. p. 77).

Plusieurs autels antiques, entre autres celui de l'église de Minerve (Hérault), sont couverts de *graffiti* ou inscriptions cursives, tracées par des pèlerins, et surtout de signatures de prêtres qui, selon toute apparence, y avaient célébré la messe (V. la description de ce monument par M. Ed. Le Blant, Paris, 1860, et la gravure de notre art. *Pélerinages*). L'autel d'Auriol fait lire aussi des *graffiti* très-anciens.

VI. — Il ne peut guère être question d'ornements pour les autels au temps des persécutions; on se contentait alors du strict nécessaire : ce n'est que depuis Constantin qu'on put songer à décorer la table sacrée du sacrifice. Aujourd'hui le principal ornement de l'autel est le crucifix; mais primitivement il n'y avait sur l'autel ni crucifix, ni croix : la croix dominait le *ciborium* (*Concil. Turon.* an. 567. — Paul. Silent. *op. laud.* p. 2. v. 313), où était suspendue au-dessous (Sozomen. *Hist. eccles.* l. II. c. 2). Il y avait aussi des candélabres, mais les passages des auteurs anciens qui y sont relatifs laissent douter s'il s'agit de flambeaux portés à la main ou de chandeliers posés sur le sol.

Dans la magnifique mosaïque de l'église de la Nativité à Bethléem (Ciampin. *De sacr. œdif.* tab. xxxɪɪ), on voit plusieurs autels de forme antique sans aucun ornement sur la table (V. un de ces autels à notre art. *Encensoir*). Mais, à terre, il y a tantôt un chandelier avec un cierge allumé, d'un côté, et un encensoir de l'autre, tantôt deux encensoirs, tantôt deux chandeliers. Quoi qu'il en soit, tous les auteurs qui, en Occident, ont parlé de l'ornementation des autels jusqu'au neuvième siècle, gardent un silence complet au sujet de candélabres placés sur l'autel même, ce qui suppose qu'il n'y en avait pas (Pellicia, *Polit. eccles.* t. ɪ. p. 184). L'usage des lampes suspendues aux voûtes des catacombes et des basiliques est plus généralement constaté (Paulin, *Natal.* vɪɪ, — Prudent, *Cathemer. hymn.* v). (V. l'art. *Cierges et Lampes*.)

Les principaux ornements des autels consistaient surtout en riches tapis et en pierres précieuses. On peut citer pour exemple ce qui est dit dans Théodoret (*Hist. eccles.* lib. ɪ. cap. 31) de l'autel de la basilique fondée à Jérusalem par Constantin : *Ipsa ara regiis tapetibus donisque aureis ac gemmatis conspiciebatur ornata*, « l'autel lui-même était orné de tapis royaux et brillait de décorations d'or et de pierreries. » Il s'agit surtout ici de l'état de l'autel dans la cérémonie de sa consécration. On peut consulter encore à cet égard S. Jérôme (*Ad Demetr.* Opp. t. ɪ. p. 69), et S. Jean-Chrysostome (Homil. ɪ: *n Matth.*) : *Quod hinc emolumentum consequitur, tapetes auro intextos parare mensœ*. C'est là sans doute l'origine de ces parements en étoffes plus ou moins riches dont on orne le devant des autels ; anciennement, pour arrêter la poussière qui aurait pu souiller les saintes reliques placées sous l'autel, on l'entourait de voiles ou de tapis précieux, d'où est venu sans doute le nom *circitorium* employé quelquefois par les écrivains ecclésiastiques (*Chron. Cassin.* lib. ɪɪɪ. c. 58). On recouvrait les autels de linges de lin : *Quis fidelium nescit*, dit S. Optat (Lib. v *Adv. Parmen.*), *in peragendis mysteriis ipsa ligna linteamine cooperiri?* « Qui ignore parmi les fidèles que pour célébrer les mystères on recouvre de linge le bois de l'autel ? » Victor d'Utique (*Persecut. Afr.* lib. ɪ. c. 1) rapporte que les ariens dérobaient les linges des autels pour s'en faire des chemises (V. l'art. *Nappes de l'autel*).

Dès les temps les plus reculés, les fleurs naturelles furent placées par les chrétiens comme ornement sur les autels (S. Aug. *De civit. Dei.* l. xxɪɪ. c. 8); on en faisait des guirlandes et des couronnes qu'on suspendait tout autour, au rapport de Fortunat (*Carm.* l. vɪɪɪ. carm. 9). S. Jérôme (t. ɪ Opp. 24, seqq.) donne à Nepotianus, et S. Grégoire de Tours (*De glor. confess.* c. xxx) à S. Sévère les plus grands éloges pour leur zèle à orner les autels de fleurs. Enfin S. Paulin exhorte aussi les chrétiens à entretenir, par ce pieux artifice, un printemps perpétuel dans le temple de Dieu (*Natal.* ɪɪɪ *S. Felic.*) et sur ses autels :

Ferte Deo, pueri, laudem, pia solvite vota;
Spargite flore solum, protexite limina sertis.
Purpureum ver spiret hiems, sit floreus annus
Ante diem, sancto cedat natura diei.

« Apportez à Dieu, enfants, vos louanges, offrez-lui les vœux de votre piété ; — Jonchez le sol de fleurs, ornez les portes de guirlandes. — Que l'hiver ressemble au printemps pourpré, que l'année fleurisse — Avant le jour des fleurs, que la nature cède à la sainteté du jour. »

Nous ne plaçons pas les vases eucharistiques parmi les ornements de l'autel, comme le font, à tort, selon nous, quelques écrivains. Nous nous réservons de traiter à part cet important sujet (V. les art. *Vases sacrés*, *Calice*, *Colombe eucharistique*, etc.).

VII. — L'opinion commune est que, dans les premiers siècles, chaque église n'avait qu'un seul autel. Mais, trop généralisée, cette opinion est démentie par les faits, desquels il ressort qu'une telle discipline n'avait rien d'absolu ni d'exclusif; car, en premier lieu, il est avéré que dans une même crypte des catacombes de Rome se trouvent fréquemment deux, trois ou même plusieurs *arcosolia* de martyrs, disposés pour y dire la messe (Marchi, p. 142. et tav. xxɪɪ) : ce qui prouve évidemment que la multiplicité des autels n'a rien de contraire aux usages de l'Église primitive (V. l'art. *Arcosolium*). D'une autre part, si nous remontons aux plus anciennes églises construites *sub dio*, églises qui se nouent immédiatement aux traditions disciplinaires du culte secret, des catacombes en particulier, nous trouvons trois autels dans celle du Saint-Sépulcre à Jérusalem, et quatre dans celle de Sainte-Marie dans la vallée de Josaphat (Martène, *De antiq. Eccles. rit.* t. ɪ. p. 112). Dans l'Occident, des exemples en nombre presque infini établissent jusqu'à l'évidence le fait de la multiplicité. Dès le quatrième siècle, selon Anastase, on éleva sept autels dans la basilique de Latran. Au cinquième, S. Ambroise parle de soldats qui, en se retirant de la basilique de Milan, embrassaient *les autels*, pour annoncer la paix accordée à l'Église par Valentinien. A la même époque, le pape S. Hilaire dédia trois oratoires et par conséquent trois autels dans le seul baptistère de Saint-Jean de Latran. S. Grégoire de Tours (*Epist.* ʟ. l. v) cite une église qui en avait treize ; et en signale deux dans l'église de Saint-Pierre de Bordeaux (*De glor. martyr.* c. xxxɪɪɪ). Les Grecs ont toujours tenu à l'unité, et ils la pratiquent encore aujourd'hui. Mais s'ils ne veulent qu'un autel à l'intérieur de l'église, ils établissent tout à l'entour, hors de l'enceinte, un nombre illimité d'oratoires, où l'on peut célébrer la messe (Bona. *Rer. liturg.* l. ɪ. c. 14. n. 4). D'après Renaudot, il en est de même dans les autres Églises orientales (*Comment. ad Liturg. Coptic. S. Basil.* p. 182).

AUTELS PORTATIFS. — Outre les autels ordinaires et qu'on appelle *fixes*, l'antiquité eut aussi des autels *portatifs*, et la plupart des liturgistes enseignent que, à aucune époque, et en aucune circonstance, il ne fut permis de célébrer sans un autel de l'une de ces deux espèces (V. surtout Gattico, *De altari portatil.* p. 350), et les seules exceptions à cette règle qu'ils admettent dans l'histoire sont celles de S. Lucien qui, dans sa prison, célébra sur sa propre poitrine (Philostorg. *Hist. eccl.* l. II. c. 13), et de Théodoret, évêque de Cyr, qui, dans une occasion à peu près analogue, dit la messe sur les mains de ses diacres (Mabill. *Præf. in sæc.* III. n. 79).

Dans les siècles de persécution, les évêques et les prêtres avaient des autels portatifs sur lesquels ils célébraient où ils pouvaient, dans les prisons, dans les grottes, dans les déserts, dans les maisons particulières; et ces autels s'appelaient *altaria gesiatoria, viatica, itineraria, portatilia*. Gattico, dans son ouvrage spécial sur cette matière (*De altar. portatil.* cap. IV), suit pas à pas l'usage des autels mobiles dans les quatre premiers siècles. Selon toute apparence, ces autels avaient des dimensions fort restreintes : c'est évidemment ce que suppose S. Cyprien, quand il recommande aux prêtres qui étaient appelés à offrir le saint sacrifice dans les prisons, de s'entourer de tant de précautions qu'ils ne pussent être aperçus par les païens (S. Cypr. *Epist.* IV). Bien petit encore devait être l'autel de ces prêtres qui, au rapport de Bède (*Hist. Anglor.* l. v. c. 11), disaient tous les jours la messe, portant avec eux « les vases, et en guise d'autel une table consacrée », *vascula et altaris vice tabulam dedicatam*.

On sait que de très-bonne heure les empereurs chrétiens avaient établi le culte dans leurs armées en campagne. Sozomène (*Hist. eccl.* l. I. c. VIII) fait même remonter cet usage jusqu'à Constantin le Grand. Il y avait toujours dans son camp des prêtres qui célébraient la messe sur un autel viatique, dans une grande tente en forme d'église. Alors même que l'on pourrait élever quelques doutes sur le fait rapporté ici par Sozomène, son récit prouverait au moins que l'usage qu'il constate était en vigueur de son temps, c'est-à-dire au cinquième siècle, et cela suffirait pour donner un démenti à Thiers qui prétend qu'il ne s'introduisit qu'au huitième (Thiers, *Dissert. sur les principaux autels des églises.* chap, II).

La matière des autels portatifs était la même que celle des autels fixes : le bois, la pierre, les métaux, selon les circonstances. Le bois d'abord, témoin l'autel que portèrent avec eux les moines de Saint-Denys à l'armée de Charlemagne dans la guerre contre les Saxons (Anonym. *De mirac. S. Dionys.* c. XX) : « Ils avaient une table de bois, laquelle, recouverte d'un linge, tenait lieu d'autel, » *quibus lignea tabula erat, quæ linteo adoperta modum altaris efferebat*. On montre dans le trésor de *Santa Maria in portico di Campitelli* un petit autel en bois, enrichi de reliques et d'inscriptions, et qui serait d'une antiquité bien supérieure à celui dont nous venons de parler, car on croit qu'il a appartenu à S. Grégoire de Nazianze (Erra, *Ist. di S. Maria in portico di Campitelli* à Rome, p. 115, segg.). Il serait difficile d'établir qu'il y ait eu des autels portatifs en métal pur : le mot *metallum* qui se trouve fréquemment dans les divers ordres liturgiques est vague et désigne ordinairement la pierre, *lapideum metallum*, comme on lit dans la formule de consécration de l'autel portatif du Pontifical romain. Ces tables sacrées étaient peut-être seulement ornées ou revêtues d'or ou d'argent (Gattico, *op. laud.* p. 358, seqq.). Il y avait encore des autels portatifs en terre cuite (Aringhi, t. I. p. 519). Nous en avons un exemple dans *Rome souterraine* et ce n'est pas une simple table, mais un autel en forme de cippe ou d'*ara* antique. Le milieu présente une cavité destinée sans doute à recevoir les reliques, et des deux côtés est une console soutenant une lampe d'argile.

Les autels portatifs étaient souvent accompagnés de petits tableaux ou diptyques représentant en peinture ou en sculpture des images saintes. On peut voir un tableau de ce genre dans l'ouvrage de Paciaudi intitulé : *Antiquitates christianæ. De cultu S. Joan. Baptistæ*, p. 389. (V. l'art. *Diptyques*, p. 217, D.)

AVENT (ADVENTUS). — Primitivement, le mot *avent* se prenait pour le jour même de Noël, qui est l'avénement du Seigneur, *adventus Domini*. C'est depuis le septième siècle seulement qu'on l'a employé pour désigner le temps que l'on consacre à se disposer à la célébration de cette fête. Les homélies de S. Césaire et de S. Maxime de Turin qui semblent avoir pour objet ce que nous appelons aujourd'hui le temps de l'Avent, n'ont été prononcées que pour préparer les peuples à célébrer dignement la naissance du Sauveur. On peut voir ces dernières dans le *Musæum Italicum* de Mabillon (*Homil. S. Maxim. episc. Taurin.* VII. VIII. part. II. p. 21, seqq.). Aussi le missel mozarabique et Lanfranc, dans ses statuts, appellent-ils les dimanches qui précèdent Noël « les dimanches avant l'avent », *dominicæ ante adventum*. Les hymnes que S. Ambroise a composées pour la fête de Noël portent un titre analogue : *De adventu Domini*. Il est essentiel de se pénétrer de cette donnée historique, sous peine de se méprendre souvent en lisant les Pères et les autres écrivains ecclésiastiques des premiers siècles.

On croit, dit Grancolas (*Traité de l'office divin*, v. 399) que le temps de l'Avent a commencé à Rome, et qu'il n'a été admis en France que lorsqu'on y a reçu le rit romain, c'est-à-dire au huitième ou au neuvième siècle. Car les jeûnes qui sont notés dans le concile de Tours de l'an 567 et qui devaient précéder Noël ne marquent autre chose qu'un règlement général des jeûnes que les moines devaient observer dans le cours de l'année. Cependant il est constant que le concile de Mâcon de 581 ordonna à tous les fidèles de jeûner depuis la Saint-Martin jusqu'à Noël, trois fois chaque semaine. S. Grégoire de Tours, parlant des jeûnes de 'année réglés par S. Perpetuus, l'un de ses prédécesseurs, en marque aussi trois fois la semaine pendant le même espace de temps.

On ne saurait se dissimuler que ces règlements n'eussent pour but de sanctifier les semaines qui précèdent la fête de Noël ; et il s'ensuit que, au sixième siècle déjà, la pratique à cet égard était toute semblable à celle de nos jours, avec la sévérité des jeûnes en plus. Mais le docte liturgiste (*Ibid.* p. 400) dit que c'était une dévotion particulière aux Français, et que cela ne se pratiquait pas ailleurs. L'ouverture du jeûne au jour de la Saint-Martin, qui se trouve dans tous les documents de cette époque, donne un certain fondement à cette assertion.

Quoi qu'il en soit, on trouve l'office de l'Avent dans le Sacramentaire de S. Grégoire, et il y est marqué que l'Avent comprenait cinq dimanches, *hebdomada quinta ante natale Domini*. Et Amalaire affirme que ces cinq semaines étaient marquées dans tous les lectionnaires et antiphonaires qu'il avait lus (Amalar, l. II. *De offic.* c. 40). Dans le missel ambrosien, il y a six dimanches ; le premier est celui qui suit la fête de Saint-Martin.

On peut voir dans l'ouvrage de Grancolas beaucoup de détails intéressants sur la liturgie des temps de l'Avent, détails qui ne sauraient trouver ici leur place, parce qu'ils appartiennent en général à des époques basses. Nous nous bornons à citer un usage fort touchant et fort ancien de l'Église de Marseille : c'est que pendant l'Avent, après matines, avant de commencer laudes, on interrompait quelque temps l'office pour soupirer *après l'attente du salut*. Tout le chœur se mettait à genoux, et on chantait solennellement l'antienne *Emitte agnum dominatorem terræ*, ce qui continuait jusqu'à la veille de Noël.

AVEUGLES (GUÉRISON DES). — Ce miracle de Notre-Seigneur se trouve fréquemment représenté sur nos monuments antiques, principalement sur les sarcophages (V. Bottar. tav. XIX, XXXII, XXXIX, et alibi. — Millin. *Midi de la Fr.* LXV. 5). D'après S. Isidore de Séville (*Allegor. ex Nov. Testam.*) cette représentation était destinée à rappeler aux premiers chrétiens le genre humain aveuglé dès sa naissance par le péché d'Adam, et éclairé par l'incarnation du Verbe divin (1 Petr. II. 9) « qui des ténèbres nous a appelés à son admirable lumière, » *qui de tenebris nos vocavit in admirabile lumen suum*, illumination qu'opèrent surtout en nous les sacrements de baptême et de pénitence. On y voyait aussi une allusion à la résurrection de la chair, selon S. Irénée (*Hæres.* v. 15), S. Augustin (Tract. XLIV, *In Joan.*), Sedulius (*Op. Pascal.* l. III).

Dans ce petit tableau, il n'y a ordinairement qu'un seul aveugle, et on pense que c'est l'aveugle-né qu'on a eu l'intention de représenter. Il est bas de stature, pour marquer son infériorité devant Notre-Seigneur, il est le plus souvent vêtu d'une simple tunique, à laquelle rarement s'ajoute la *pe-nula* (Bottari, XLIX), il est chaussé de sandales et s'appuie sur un long bâton. Le Sauveur, jeune et imberbe, lui touche les yeux avec l'index de la main droite. Cette intéressante scène est peinte avec une rare élégance sur un vase antique (Mamachi, *Antiq. Christ.* t. V. p. 520), sculptée sur une boîte d'ivoire du quatrième ou du cinquième siècle (D'Agincourt, *Sculpt.* pl. XXII. 4) et figure dans le bas-relief du tombeau de la famille Sextia, monument de la même époque, qui a été converti en fontaine publique à Aix en Provence (*Univ. pitt. France.* pl. CXXXVII), et depuis transféré au musée de la ville.

La figure ci-contre, tirée d'une fresque du cimetière de Saint-Calliste, le représente avec une simple tunique, agenouillé, et les mains élevées dans la posture d'un suppliant (Bottari, tav. XLVIII. n. 1).

D'autres monuments, par exemple un sarcophage du cimetière de Sainte-Agnès (Id. tav. CXXXVI), et celui du musée lapidaire de Lyon (V. notre explication de ce sarcophage, p. 43. Mâcon. 1864), reproduisent, selon toute vraisemblance, la guérison que Notre-Seigneur opéra près de Jéricho (Marc. X 46. — Luc. XVIII. 35) sur la personne de Bartimée, c'est-à-dire *fils de Timée*, ou, selon S. Jérôme, *fils aveugle* (*De nomin. Hebr.*). Un parent le présente au Sauveur en le tenant par les épaules. Il n'a pas de manteau, parce que, selon le texte sacré (Marc. *ib.* 50), il s'était hâté de s'en dépouiller à la voix du Maître : *Projecto vestimento suo, exiliens venit ad eum*.

C'était l'usage chez les Juifs de déposer son manteau en signe de tristesse (V. l'om Calm.et. *Dissert. sur Jérémie*).

La guérison des deux aveugles opérée par Notre-Seigneur à sa sortie de la maison de Jaïre dont il venait de ressusciter la fille (Matth. IX. 30) se voit sur un sarcophage du Vatican (Bottari, av. xxxix). Par-dessus la tunique, ils portent la *penula*, que, à sa roideur, on reconnaît pour cette *scortea* ou *penula* de cuir dont se servaient les pauvres gens pour se préserver de la pluie (V. l'art. *Penula*). Le premier a un bâton à la main, et semble servir de guide à l'autre, scène à laquelle le Sauveur fait allusion dans une de ses paraboles : « Si un aveugle conduit un autre aveugle, ils tombent tous les deux dans la fosse, » *si cœcus cœco ducatum præest, ambo in foveam cadunt* (Matth. xv, 14). Cette scène d'aveugles s'entr'aidant dans leur marche hésitante est admirablement décrite dans ces vers de Dante (*Purg.* xiii) :

> « Cosi li ciechi a cui la roba falla,
> Stanno a' perdoni a chieder lor bisogna,
> E l'uno' l capo sopra l'altro avvalla. »

« Ainsi les aveugles qui manquent de pain se tiennent aux pardons (églises), où ils quêtent pour leur besoin, et l'un appuie sa tête sur l'autre. »

Le passage du poëte florentin semble être la description exacte de la gravure ci-dessus :

B

BAINS CHEZ LES PREMIERS CHRÉTIENS. — On peut en distinguer de deux espèces : les bains purement hygiéniques et les bains liturgiques.

1° Les Saints Pères ont quelquefois blâmé l'usage immodéré et voluptueux du bain (Clem. Alex. *Pædag.* l. iii. c. 9), et on en a conclu qu'ils proscrivaient le bain lui-même. Les faits protestent contre cette conclusion. S. Jean l'Évangéliste fréquentait les bains publics à Éphèse, puisqu'il en sortit un jour qu'il y avait rencontré l'hérétique Cérinthe (S. Iren. *Adv. hœres.* iii. 3) ; et dans leur fameuse lettre aux chrétiens d'Asie, les fidèles de Lyon et de Vienne mettent au nombre des fléaux dont la persécution les accable la *privation du bain* (Ap. Euseb. *Hist. eccl.* v. 1). L'austère Tertullien usait du bain, tout en condamnant l'abus qu'on en faisait : « Je ne me lave pas la nuit aux saturnales, afin de ne pas perdre la nuit et le jour. Je me lave pourtant à une heure convenable et salutaire, qui m'entretienne la chaleur dans le sang. Il me suffira d'être glacé et pâle, quand on m'aura lavé après ma mort. (*Apologet.* xlii). » S. Augustin, après la mort de sa mère, se baigna « pour calmer sa douleur ». (*Confess.* ix. 12.)

Dans l'intérêt de la décence, l'Église avait sévèrement interdit le mélange des sexes dans les bains (Coutelier, *Patres apost.* t. ii. *Not. ad Constit. apost.*).

Les premiers chrétiens usaient des bains comme d'une expiation préliminaire, toutes les fois qu'ils s'étaient souillés par le péché, principalement par les impuretés de la chair ; et avant cette purification extérieure, ils n'auraient pas osé ni se mettre en prière, ni entrer dans le temple de Dieu. Ce fait est attesté par les Pères des deux Églises, et d'abord par S. Chrysostome (*Homil.* xviii in 1 ad Cor.) ; nous citons en latin : *Quare ad balneum post peccatum curris? Nonne quia immundiorem omni luto te ipsum censes?* « Pourquoi cours-tu au bain après le péché (un péché quelconque) ? N'est-ce pas parce que tu te regardes comme plus immonde que toute espèce de fange ? » S. Cyrille de Jérusalem parle dans le même sens (*Catech.* vi), et nous savons par Théophilacte (*In Cor.* 1. c. 6) que cette pratique dura depuis le quatrième siècle jusqu'au onzième. Pour l'Église latine, nous citerons le témoignage de S. Grégoire le Grand (*Dial.* lib. iv. c. 32). Ce pape raconte, sur l'autorité de Maximinianus, évêque de Syracuse, qu'un certain Curialis qui le samedi saint s'était rendu coupable d'un grand crime, *pascali sabbato virgunculam depudicavit*, se leva de grand matin, et, poursuivi par le remords de sa faute, s'empressa d'aller au bain, comme s'il devait laver dans l'eau la tache de son âme, *ac si aqua balnei lavaret maculati peccati*.

2° Bains liturgiques. Pour le peuple d'abord. Les fidèles en usaient pour se préparer à la célébration des saints mystères, notamment à l'approche des grandes solennités (Paciaud. *De sacr. Christ. baln.* c. ii). Les catéchumènes devaient aussi se baigner avant de recevoir le baptême (S. Aug. *Epist.* liv. et alibi), soit par respect pour le sacrement, soit afin que les fonts dans lesquels le catéchumène était immergé, selon la discipline primitive, ne fussent point souillés. Nous avons un curieux passage de S. Zénon de Vérone (*Invitat. ad font.* vi) où cette opération préparatoire au baptême est ainsi décrite : « Voici que le balneator ceint attend, prêt à oindre et à essuyer (le corps), *jam balneator præcinctus expectat, quod unctui, quod tersui opus est præstiturus*. On voit ici que la profession de *balneator* était une de celles que les premiers chrétiens pouvaient exercer (V. Lami, *De erudit. apostolor.* p. 230) ; et celui qui attend le catéchumène est représenté dans ce texte de S. Zénon avec tous les instruments de cette profession, le vase à parfum, la strigile, le linge pour essuyer le corps.

Mais c'était surtout aux ministres des autels que le bain était prescrit en certaines circonstances et particulièrement la veille des principales fêtes, et c'est à ces sortes de bains que s'applique plus strictement la qualification de *liturgique* que nous leur avons donnée.

Une inscription antique du recueil de Reinesius (p. 1001. n. 442) atteste l'existence d'un bain près de S. Paul à Rome. Nous donnons ici, faute de monument plus ancien (V. Paciaudi. *De sacr. christian. baln.* p. 58. tab. II) la reproduction d'une miniature d'un manuscrit de la bibliothèque de S. Paul de Naples, représentant un de ces bains liturgiques au moyen âge. On y voit trois clercs plongés jusqu'à mi-corps dans la piscine et assistés chacun de son *balneator*. Au-dessus de cette scène sont peints deux évêques et deux moines qui semblent y présider.

Les bâtiments destinés à cet usage étaient établis dans l'enceinte même des basiliques : exemple, celui que Constantin avait construit *pour l'usage des clercs*, près de l'église des Saints-Apôtres à Constantinople (Euseb. *Hist. eccl.* IV. 59). Les papes, et en particulier S. Hilaire, Hadrien I, Damase, etc., imitèrent cet exemple à Rome (Anastas. *passim*), et Théodose avait conféré le droit d'asile à ces établissements, comme aux basiliques elles-mêmes (*Cod. Theod.* IX. tit. 45).

A leur tour, les évêques en établirent dans leurs églises respectives. S. Victor, évêque de Ravenne au sixième siècle, releva un bain antique déjà destiné aux prêtres et aux clercs et l'orna de mosaïques. Anastase II, évêque de Pavie, en fit autant, et, au milieu du septième siècle, S. Agnellus de Naples rendit une ordonnance obligeant tous ses prêtres à se baigner à certains jours; il va même jusqu'à faire une fondation pour leur fournir du savon aux fêtes de Noël et de Pâques. S. Sidoine Apollinaire (l. II. epist. 2) donne une description non moins exacte que curieuse d'un de ces bains qui existait dans sa *villa* d'Avitac en Auvergne. On montre à Pouzzoles des thermes appelés de temps immémorial *fons episcopi*, et qui ne sont autre chose que des bains liturgiques pour les prêtres qui devaient célébrer, et aussi pour les cénobites, car l'usage du bain existait aussi chez les anciens moines, comme l'attestent les constitutions de presque tous les ordres primitifs (V. Paciaudi. *op. laud.* c. IX).

BAISER DE PAIX. — Presque toutes les épîtres de S. Paul se terminent par cette formule : *Salutate invicem in osculo sancto*, « saluez-vous les uns les autres par un saint baiser (*Rom.* XVI. 16. 1 *Cor.* XVI. 20. 2 *Cor.* XIII. 12. 1 *Thess.* v. 26). Le dernier verset de la première Épître de S. Pierre exprime la même invitation, et exactement dans les mêmes termes.

Cette marque de charité, de paix, de fraternité, usitée d'abord dans la vie commune des premiers chrétiens, ce baiser sanctifié par la foi, assaisonné par la pudeur, devint bientôt une cérémonie religieuse, qui se pratiquait dans les synaxes, au baptême, aux fiançailles. Nous ne saurions nous abstenir de rapporter ici un passage de S. Chrysostome (*Homil. in* 2 *Cor.* XIII. 12) où, à propos des paroles de S. Paul citées plus haut, il nous fait connaître les idées de sainteté et de charité qui s'attachaient à cette pratique dans la primitive Église : « Qu'est-ce à dire *un baiser saint?* C'est qu'il ne doit pas être corrompu par la feinte et l'hypocrisie, comme celui que Judas donna à Jésus-Christ. Le baiser nous a été donné comme une excitation à la charité, afin qu'il enflamme en nous l'affection, de telle sorte que nous nous aimions mutuellement, comme les frères s'aiment les uns les autres, comme les enfants aiment leurs pères, comme les pères aiment leurs enfants; et d'un amour plus véhément encore. Car là c'est la nature, et ici c'est la grâce ! » Le même Père revient souvent sur le même sujet, et voici un autre passage de lui (*Hom.* XXX. *in op.* XII *ad Cor.*) où il fait ressortir la sainteté de cette pratique de la charité primitive : « Nous sommes les temples du Christ. Aussi est-ce le vestibule de l'entrée du temple que nous baisons, quand nous nous embrassons les uns les autres.... Car le Christ est entré par ces portes (qui sont nos bouches), et il y entre encore, toutes les fois que nous communions. »

Les liturgies orientales ont des oraisons *avant le baiser de paix* qui toutes sont inspirées de ces sentiments, et qui appellent notamment la grâce de l'Esprit-Saint sur cette cérémonie, afin que rien d'humain ne vienne s'y glisser (V. Renaudot, t. I. p. 12, 26, 39, 60, 142 et passim).

Voici la première de ces bénédictions, tirée de la liturgie de S. Basile : « Dieu grand et éternel, qui avez créé l'homme sans vice, et détruit la mort que la malice de Satan avait introduite dans le monde, par le vivifiant avènement de votre Fils unique Jésus-Christ, notre Seigneur, Dieu et Sauveur, et rempli la terre de la paix céleste : vous que célèbre l'armée des anges, disant : Gloire à Dieu dans les hauteurs (des cieux) et paix sur la terre, et bonne volonté dans les hommes, remplissez par votre bon plaisir, Seigneur, notre cœur de votre paix, et purifiez-nous de toute tache et inimitié, de toute fraude, de tout mal, et de tout souvenir mortel des injures. Faites, Seigneur, que tous nous soyons dignes de nous embrasser les uns les autres dans un saint baiser, et que nous y participions de telle sorte, que, au jour du jugement, vous ne nous repoussiez pas de votre don immortel et céleste, par Jésus-Christ Notre-Seigneur. »

1° Après la récitation des collectes et du symbole, l'évêque saluait le peuple par cette formule : « Que la paix du Seigneur soit avec vous tous, » *pax Domini sit vobiscum omnibus*, et le peuple répondait : « Et avec votre esprit, » *et cum spiritu tuo*. Alors le diacre disait à haute voix les paroles de S. Paul : *Osculamini vos invicem in osculo sancto (Constit. apost.* vii-ii). Et aussitôt les clercs, chacun selon son ordre, donnaient le baiser saint à l'évêque, et, parmi les laïques, les hommes aux hommes, les femmes aux femmes : *Deosculentur clerici episcopum, viri laici laicos, mulieres se invicem* (*Ib*). Or ce rit prescrit par les *Constitutions apostoliques* est exactement d'accord avec un canon du concile de Laodicée (can. xix) qui règle la séparation des sexes par motif de modestie. C'est à tort qu'on a voulu conclure d'un passage des actes de Ste Perpétue et d'un ou deux textes de Tertullien qu'en Afrique cette séparation n'était pas observée. De ce que les confesseurs sur le point de verser leur sang pour la foi se faisaient ainsi des adieux éternels, de ce que des femmes baisaient les chaînes des martyrs, il ne suit nullement que cette liberté fût portée dans la liturgie.

Quoi qu'il en soit, le baiser de paix n'avait pas lieu, dans les deux Églises, au même moment de la messe. Chez les Grecs, c'était au moment de l'oblation : nous en avons pour témoins, outre les autorités citées plus haut, S. Cyrille de Jérusalem (*Catech.* v. 2) et S. Chrysostome (*De compunct. cord.* i. 3). S. Justin le suppose aussi évidemment (*Apol.* ii. 97). Et c'était en mémoire de ce précepte de Notre-Seigneur : « Si, faisant votre offrande à l'autel, vous vous souvenez que votre frère a quelque chose contre vous, laissez-là votre offrande devant l'autel et allez vous réconcilier avec votre frère » (Matth. v. 24.), *vade prius reconciliari fratri tuo*. Au contraire, la pratique de l'Église occidentale fut toujours de donner le baiser de paix après la consécration et l'oraison dominicale. Nous avons à ce sujet un passage on ne peut plus clair de S. Césaire d'Arles (*Homil.* inter Augustinianas, lxxxiii) : « Lorsque est parfaite la *sanctification*, nous disons l'oraison dominicale, ensuite *Pax vobiscum;* et alors les chrétiens se donnent réciproquement ce baiser, qui est un signe de paix, si ce que montrent les lèvres se passe dans la conscience. » S. Augustin le témoigne aussi implicitement, quand il dit que les fidèles donnèrent le baiser de paix à un évêque donatiste, *inter ipsa sacramenta* (*Contra litt. Petilian.* ii. 23). Nous savons au surplus que la pratique des Grecs s'étant répandue en certains lieux, Innocent Ier y mit ordre (Epist. i Ad Decent. c. 1).

Tertullien (*De orat.* xiv) nous a transmis le souvenir d'une exception à cette règle, pour le jour de la passion du Sauveur : « Le jour de la Pâque où la religion du jeûne est chez nous commune et comme publique, à bon droit nous nous abstenons du baiser. » Par le jour de la Pâque, il entend ici la pâque hébraïque qui correspondait au vendredi de la semaine sainte, jour de la mort du Sauveur.

Nous ne voyons pas que Tertullien donne la raison d'une telle abstension ; mais on peut la tirer de son contexte : c'est que le baiser de paix, étant un signe de joie mutuelle, ne convenait point en un jour de si légitime tristesse pour l'Église. Les modernes, après Amalaire (i. 13), en assignent une qui ne nous paraît pas moins plausible : le vendredi saint est le jour du baiser de Judas ; il y avait pour cela une certaine convenance à ce que les fidèles évitassent de se donner une marque de charité mutuelle. Quoi qu'il en soit, cette abstension avait bien certainement pour but de témoigner la tristesse, puisqu'elle avait lieu tous les jours de jeûne en général, comme nous l'apprend encore Tertullien (*Op. laud.* ibid.) : « C'est à l'abstinence du baiser qu'on connaît que nous jeûnons, » *jam enim de abstinentia osculi agnoscimur jejunantes*.

2° *Au baptême*. — Les fidèles donnaient le baiser de paix aux nouveaux baptisés, comme une marque de la fraternité qui venait de se nouer par le baptême entre les anciens chrétiens et les récents, et de l'admission de ceux-ci au sein de l'Église. Et cette pratique s'observait aussi au baptême des enfants : nous en avons pour preuve une curieuse anecdote racontée par S. Cyprien (*Epist.* lxiv). Il se trouva de son temps un évêque nommé Fidus, lequel soutenait qu'on ne devait pas baptiser les enfants nouveau-nés avant leur huitième jour, parce que les enfants étant jusque-là encore rouges et immondes, « on ne pourrait les baiser sans répugnance. » La réponse de l'évêque de Carthage n'est pas moins singulière : « Tout est pur pour les purs, dit-il, et nul de nous n'a le droit d'avoir de la répugnance pour ce que Dieu a daigné faire, » *omnia munda mundis : nec aliquis nostrûm id debet horrere, quod Deus dignatus est facere*.

Martène suppose à tort que cette cérémonie du baiser n'avait lieu qu'en Afrique, et que S. Cyprien est seul à en faire mention ; car, outre S. Augustin qui cite les paroles de S. Cyprien, S. Chrysostome parle de ce rit (*Serm.* i), alors que, comparant la naissance spirituelle avec la naissance naturelle, il dit : « Ici, pas de lamentations, pas de larmes, mais des salutations et des baisers et des embrassements de frères qui reconnaissent leur membre. »

3° *Aux fiançailles*. — Le baiser et la jonction des mains droites faisaient partie des cérémonies des fiançailles, parce que, comme nous l'avons vu, rien n'était plus saint, ni plus usité chez les premiers chrétiens que le baiser de paix. Tertullien en parle ouvertement dans son livre *De velandis virginibus* (c. vi) : *Si autem ad desponsationem velantur quia et corpore et spiritu masculo mixtæ sunt* per osculum *et dexteras, per quæ primum resignarunt pudorem spiritus..., quanto magis illas velabit, sine quo sponsari non possunt*. Peu auparavant, il disait de Rébecca que « lorsqu'elle fut conduite à son époux, elle n'attendit point *dexteræ collucationem, nec osculi congressionem.* « Il est aussi question de cette cérémonie dans un décret de Constantin, de l'an 336 (L. xvi Cod. *De donat. ant. nupt.*).

Cette discipline a été conservée et l'est encore aujourd'hui par l'Église grecque. Mais l'Église latine, beaucoup plus austère, l'a supprimée dès que, la simplicité des mœurs ayant disparu, une telle pratique présenta de graves inconvénients.

BALANCE. — La balance figure quelquefois sur les sépultures chrétiennes. Une pierre sépulcrale du cimetière de Sainte-Cyriaque (Aringhi, ii. 139) fait voir cet instrument, conjointement avec une couronne ; on le remarque aussi sur un marbre extrait par Bosio des cimetières de la voie Latine (Aringhi, ii. 658), accompagné d'une *maison*, d'un *poisson*, d'un objet douteux qu'on a pris à tort pour un *candélabre* et d'une momie dressée sous son édicule (V. les art. *Maison, Poisson, Candélabre*). Un monument de même nature, reproduit dans l'ouvrage de M. Perret (*Inscript.* n. 37), présente la balance avec un poids. M. De'

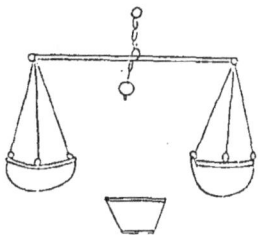

Rossi (t. i, p. 86) en rapporte un autre exemple tiré de l'église de Sainte-Cécile à Rome : ici la balance est accompagnée d'une colombe avec le rameau d'olivier.

Quelques antiquaires, entre autres Mamachi (*Origin.* v. 98), ont vu dans cette représentation un symbole du jugement, c'est-à-dire de la pesée des âmes ou *psychostasie*, et on sait que les artistes du moyen âge ont fréquemment développé cette idée dans leurs compositions : c'est ce qu'on peut voir en particulier dans le tympan du grand portail de Notre-Dame de Paris et de celui de la cathédrale d'Autun. Et il est permis de regarder ce sujet comme la traduction figurée de ces paroles de l'*Apocalypse* (xxii. 12) : *Reddere unicuique secundum opera sua*. Mais sur les deux premiers monuments que nous avons cités, et qui sont à peu près les seuls que nous ait transmis l'antiquité chrétienne proprement dite, il est important de remarquer qu'il est fait mention du contrat passé entre les acquéreurs des tombeaux et les *fossores* Montanus et Calevius : VRSICINVS ED QVINTILIANA SE BIBI (*vivis*) CONPARAVERVNT LOCV A MONTANV. | CALEVIVS BENDIDIT (*vendidit*) AVIN TRISOMV. Nous trouvons donc plus naturel de supposer, avec le docte abbé Cavedoni (*Ragguaglio critico dei monum. delle arti Crist.* p. 41), que la balance exprime, elle aussi, symboliquement, l'acquisition et la vente *per œs et libram*.

Quelquefois la balance est, sur les tombeaux, simplement un instrument de *profession, comme* par exemple dans le titulus d'un nummulaire romain, trouvé au cimetière de Sainte-Priscille (Marini. *Papiri diplom.* p. 332) : AVR. VENERANDO. NVM | QVI. VIXIT. ANN. XXXV | ATILIA. VALENTINA. FECIT | MARITO. BENEMERENTI. IN. PACE. Des balances en bronze ont été trouvées dans une sépulture franque des temps mérovingiens, par M. l'abbé Cochet (*Sépult. gaul.* etc. p. 253, suiv.), et cet objet marquait, selon toute probabilité, le tombeau d'un officier monétaire, ou peut-être d'un agent du fisc, d'un comptable quelconque. D'anciens cimetières saxons en Angleterre ont fourni assez fréquemment des objets du même genre. (Cochet *Op. laud.* p. 257).

BAPTÊME. — I. — *Allégories relatives au baptême.* — Les antiquaires reconnaissent dans un certain nombre de sujets représentés soit en peinture, soit en bas-relief sur les monuments chrétiens des catacombes, ainsi que sur les tombeaux en général, des allusions plus ou moins directes au baptême, et par conséquent au christianisme de ceux qui y reposaient ; et leurs conjectures à cet égard s'appuient toujours sur le rapprochement des textes les plus clairs avec ces diverses représentations. Nous citerons les principales de ces allégories.

1° Le déluge. « C'était, dit S. Pierre (I Petr. iii. 21), une figure à laquelle répond maintenant le baptême. » Et quand Philon dit (*De vit. Mos.* l. ii. vers. fin.), que Noé était « chef d'une génération nouvelle », il avait probablement, selon Grotius (*In c.* iii *Epist.* I *Petr.* v. 21), l'intention d'indiquer la même chose. Les représentations de Noé dans l'arche sont innombrables dans nos monuments primitifs (V. l'art. *Noé*).

2° Le passage de la mer Rouge, représenté sur plusieurs sarcophages (*Aringhi*, i. 331), et dans les mosaïques, entre lesquelles se place en première ligne celle de Sainte-Marie-Majeure (Ciamp. *Vet. mon.* i. tab. LIX). Les écrivains ecclésiastiques qui ont vu dans cet événement la figure du baptême (Sedul. l. i *De sicco mari.* — Greg. Naz. *Orat.* XXXIX. — Prosper. *De promiss.* pars i. c. 38. — Aug. *Serm.* CCCLII. — Beda. *Quæst. sup. Exod.* XX), ont pris leur point de départ de ce passage de S. Paul (1 *Cor.* x. 2) : « Nos pères ont tous été baptisés sous la conduite de Moïse dans la nuée et dans la mer. »

3° L'eau jaillissant du rocher sous la verge de Moïse (Bottari, XL, *passim*) est aussi, selon S. Jérôme (*In Isai.* XLVIII), S. Augustin (*Serm.* 352), saint Isidore de Séville (*In Gen.* XXII), une figure du baptême.

4° L'histoire de la Samaritaine (Bott. LXVI. *et alibi*). Saint Épiphane (*Hæres*, LV) enseigne que Notre-Seigneur avait en vue le baptême dans ces paroles qu'il adressa à cette femme : « L'eau que je lui donnerai deviendra en lui une fontaine d'eau jaillissant jusqu'à la vie éternelle » (Joan. iv. 14).

5° L'eau du Jourdain, sanctifiée par le baptême du Sauveur (Aringhi, I. 381. II. 395). On peut citer ici Origène (*Homil.* XLIV), S. Grégoire de Nysse (*De bapt. Christ.* Opp. tom. III, p. 375, ed. Morel.) et d'autres encore.

6° On reconnaît la même intention dans le palmier, qui est le symbole de la victoire remportée par le chrétien baptisé sur les puissances invisibles, et dans le phénix, symbole de la résurrection, et ici de la renaissance spirituelle par le baptême (S. Clément. *Epist.* 1 *ad Cor.* xxv). (V. l'art. *Phénix*.)

7° Le cerf que l'on voit représenté dans une foule de monuments, mais surtout dans les peintures ou bas-reliefs relatifs au baptême, comme dans le baptistère de Pontien, ainsi que sur certaines vasques baptismales (Paciaud, *De baln.* p. 137), est le symbole du catéchumène animé d'un grand désir de recevoir le baptême.

8° Alton expliquant un hiéroglyphe baptismal (V. Polidori. *Pesce*) parle de l'image d'un enfant placée sur un poisson. L'enfant est le baptisé, le poisson est le Christ, de qui l'évêque Orientius a dit dans son *Commonitoire* (Ap. Munster, *Symb.* I. p. 19) : *Piscis natus aquis, auctor baptimatis ipse est* (S. Hieron. *In psal.* XLI). (V. les art. *Passage de la mer Rouge*, *Moïse frappant le rocher*, *Samaritaine*, *Cerf*, et encore *Cana*.)

II. — Les principaux noms donnés au baptême dans l'antiquité sont : 1° *Indulgentia* (*Conc. Carthag.* ap. Cypr. n. XIX. p. 324), ou *peccatorum remissio* (Aug. *De bapt.* v. 24), ou *ablutio peccatorum* (Greg. Nyss. *Orat. in Christ. bapt.*), *pietatis lavacrum* : ces noms expriment le principal effet du baptême, qui est la rémission des péchés. 2° *Regeneratio* (Cyrill. Hieros. *Catech. præf.* n. x), et *unctio* (Greg. Naz. *Orat.* XI. *De bapt.*), *carnis abjectio*, « répudiation de la chair » (Vict. Utic. *Persecut. vandal.* l. II), *innovatio* ou *sacramentum vitæ novæ*, — *unda genitalis*, — *nativitas secunda*, *salutaris regenerationis*, — *renovationis lavacrum*, *vitale lavacrum* (V. Vicecom. *Ant. Bapt. rit.* l. I. c. 3), allusions à la vie nouvelle et à la sanctification que ce sacrement confère. 3° Considéré sous le rapport de la lumière divine qu'il porte dans l'intelligence, il a été appelé *illuminatio*, φώτισμα (Clem. Alex. *Pædag.* I. 6). 4° *Salus*, parce que son résultat définitif est le salut éternel (Aug. l. I. *De pecc. remiss.* 24). 5° *Signaculum Domini*, *signaculum Christi*, *salutare signaculum* (Clem. Alex. *Quis dives salvetur.* ap. Euseb. *Hist. eccl.* III. 23), parce qu'il est le signe de l'alliance de Dieu avec l'âme régénérée, ou plus haut, selon S. Jean Chrysostome (Hom. III. *In 2 Cor.* VI), la tessère qui distingue les soldats de Jésus-Christ d'avec ses ennemis. S. Grégoire de Nazianze (*Orat.* XL. *de bapt.*) l'appelle aussi σφραγίς, qu'on peut traduire par *sigillum* « sceau », et ailleurs (*Orat. ead.*) « communion du verbe », parce que ce sacrement nous unit au Verbe, nous associe à sa passion et à sa mort, et fait que nous ne sommes qu'un même corps avec lui. 6° On trouve dans les Pères une foule d'autres vocables relatifs, soit à l'auteur du baptême, soit à sa nature, soit à son effet, soit au caractère qu'il imprime dans l'âme, par exemple : *Regius character*, — *character dominicus*, — *donum Christi*, — *initiatio*, — *consecratio*, etc. (V. Bingham. *Orig. eccl.* l. x. c. 1. § 10, « caractère royal, — caractère du Seigneur, — don du Christ, — initiation, consécration. »

7° Le jour du baptême est parfois nommé ACCEPTIONIS DIES (Fabretti. p. 366), ce qui doit s'entendre de la réception du Saint-Esprit par le baptême, ou mieux peut-être de l'*admission* du néophyte au sein de l'Église. Cette locution était commandée par la discipline du secret. Une épitaphe romaine de l'an 278 (De' Rossi, *Inscr.* I. p. 16) semblerait supposer qu'il s'agit de la réception de la grâce de Jésus-Christ par le baptême ; car le jour du baptême du défunt est marqué par ces mots : QVI GRATIAM ACCEPIT D. N. (*Domini nostri*) DIE XII. KAL. OCTOBRES. Marini donne une inscription grecque (*Arval.* xx) qui renferme une formule presque identique à celle-ci : ΚΑΛΩC. ΗΞΙΩΜΕΝΟC. ΤΗΝ. ΚΑΡΙΝ. ΤΟΥ. ΘΕΟΥ, *qui bene consecutus est gratiam Dei.*

III. *Discipline.* — 1° Primitivement, les évêques seuls, successeurs des apôtres et héritiers de leurs pouvoirs (Matth. XXVIII. 19), administraient le baptême solennel (Tertull. *De bapt.* XVII). Les prêtres, sous l'autorité des évêques étaient aussi les ministres ordinaires de ce sacrement (*Constit. apost.* III. 11). Les diacres ne les conféraient qu'en vertu d'une délégation épiscopale (*Ibid.* VIII. 28). Dans le cas de nécessité, les laïques pouvaient baptiser, pourvu qu'ils ne fussent pas bigames et qu'ils eussent reçu le sacrement de confirmation (*Concil. Illib.* can. XXXVIII).

2° En général, chez les Latins, le baptême ne s'administrait qu'aux vigiles de Pâques et de la Pentecôte (Tertull. *De bapt.* XIX). La même discipline s'observa dans la plupart des Églises d'Orient jusqu'au quatorzième siècle, époque à laquelle on commença, dans ces Églises, à baptiser le jour de l'Épiphanie ou Théophanie (S. Leo I. *Epist.* XVI), il en fut de même en Afrique (Vict. Utic. *De persecut. vandal.* l. II). A Jérusalem, l'usage s'était établi de baptiser au jour anniversaire de la dédicace de l'église bâtie par Constantin sur le Saint Sépulcre (Sozom. II. 26). Dans l'Église gallicane, on baptisait le jour de la Nativité de Notre-Seigneur, témoin le baptême de Clovis, qui eut lieu ce jour-là (Greg. Tur. *De glor. confess.* c. LXXVI. XCXVI), et même le jour de la nativité de S. Jean-Baptiste (Id. *Hist. Fr.* VIII. 9). Il ne s'agit ici que du baptême solennel ; quant au baptême privé, il s'administrait, dès les premiers siècles, toutes les fois que la nécessité l'exigeait et sans distinction de jours. Le témoignage de Tertullien à cet égard est on ne peut plus formel (*De baptism.* XIX) ; après avoir parlé de l'administration du baptême aux solennités de Pâques et de la Pentecôte, il ajoute : *cæterum omnis dies Domini est, omnis hora, omne tempus habile baptismo ; si de solemnitate interest, de gratia nihil refert*, « la solennité peut être moindre, la grâce est la même. » V.

aussi Valois (*Not. ad Euseb. Hist. eccl.* vii. 11).

3° Depuis Constantin, l'administration *solennelle* du baptême n'avait lieu que dans les baptistères proprement dits, construits près de l'église (V. l'art. *Baptistères*). Les épreuves du catéchuménat (V. l'art. *Catéchuménat*) étant subies, la veille de Pâques ou de la Pentecôte, les *élus* se rendaient à l'église vers midi pour le dernier scrutin ; ils y retournaient de nouveau vers le milieu de la nuit, et alors, après la bénédiction du cierge pascal, avait lieu celle de l'eau, selon la tradition apostolique (Cyprian. *Epist.* lxx. *ad Januar.* — *Constit. apost.* vii. 43). Après quoi, l'évêque demandait aux catéchumènes s'ils renonçaient au *démon*, au *monde*, à *ses pompes*, et ceux-ci répondaient affirmativement. L'évêque leur demandait ensuite s'ils croyaient au *Père*, au *Fils*, au *Saint-Esprit* (Cyrill. *Catech. mystag.* ii), et ils prononçaient leur profession de foi à la Sainte Trinité. Cette discipline était commune aux Grecs et aux Latins. Ceux-ci interrogeaient le catéchumène sur chacun des articles du symbole, et spécialement sur ceux qui étaient controversés par les hérésies en circulation dans le moment (V. Pelliccia. *Eccl. polit.* t. i. p. 23).

Ces rites préliminaires accomplis, le diacre présentait à l'évêque les catéchumènes nus (Cyrill. *Catech.* vii); les diaconesses remplissaient ce ministère pour les femmes (Chrysost. *Epist. ad Innoc. PP.*), et, bien que les deux sexes fussent séparés, les catéchumènes étaient cependant recouverts d'un voile quand ils entraient aux fonts et quand ils en sortaient (*Const. apost.* iii, 16). Alors l'évêque, assisté des diacres (*Ordo Rom.* ap. Mabill. *Mus. Ital.* t. ii), et se tenant sur le degré inférieur des fonts, plongeait trois fois le catéchumène dans l'eau, et à chaque immersion invoquait une des personnes de la Sainte Trinité (Tertull. *Adv. Prax.*). Cette manière de baptiser par une triple immersion s'est conservée chez les Grecs jusqu'au huitième siècle (Damasc. *Epist. de Trisag.* ap. Pellic,), et, dans l'Église latine, jusqu'au sixième seulement, époque depuis laquelle une seule immersion fut en usage. On doit croire néanmoins que le baptême par infusion n'était pas inconnu aux premiers siècles (Sandini, *Hist. famil. sacr.* c. viii). Il est évident, en effet, que, en une seule séance, S. Pierre n'avait pu baptiser trois mille personnes par immersion (*Act.* ii. 41), et une autre fois cinq mille (*Act.* iv. 4). Walfrid-Strabon atteste que le baptême par infusion était reçu de son temps, c'est-à-dire au neuvième siècle (*De reb. eccl.* c. xxvi). Le P. Marchi nous a montré et expliqué au musée Kircher une patère en bronze ornée de sujets allégoriques relatifs au baptême, et que ce savant croit avoir servi dans les premiers siècles à baptiser par infusion. Il est à présumer cependant que l'immersion et l'infusion étaient employées simultanément, comme on le voit dans certaines représentations du baptême de Notre-Seigneur et dans celle du baptême de Théodelinde et d'Agilulphe (V. Ciamp. *Vet. mon.* ii. tab. iv. v).

Quand la vasque était trop étroite pour que le catéchumène pût y être plongé en entier, on versait de l'eau sur la tête, afin de satisfaire aux exigences de la discipline qui voulait que le corps entier fût atteint par l'eau salutaire (V. plus bas à propos des monuments).

Après l'immersion, qui était la forme essentielle du sacrement, le prêtre qui assistait l'évêque, dans l'Église latine, oignait de l'huile sainte le front du catéchumène encore debout dans les fonts sacrés (*Constit. apost.* iii. 15), et l'évêque lui mettait sur la tête un voile appelé *chrismale* (Greg. M. l.vii. ep. 5). (V. l'art. *Velamen mysticum*.) On le revêtait ensuite d'une robe blanche, qu'il gardait jusqu'au dimanche après Pâques, qui, pour ce motif, était appelé, dans toute l'Église, *Dominica in albis depositis*. L'usage de porter des vêtements blancs pendant toute l'octave est indiqué dans le *Code Théodosien*, à l'occasion des fêtes de Pâques et de la Pentecôte : *Quibus*, y est-il dit (xv. 515), *cœlestis lumen lavacri imitantia novam sancti baptismatis lucem vestimento testantur* (V. l'art. *Aubes baptismales*).

Quelquefois on donnait au nouveau baptisé une couronne de fleurs, de feuilles de myrte ou de palmier (Martène, *De ant. Eccl. ritib.* l. i. c. 12. n. 4). Un passage de Tertullien (*De pudicit.* ix) semblerait supposer que, en Afrique du moins, le néophyte recevait aussi un anneau, car il atteste que l'on rendait cet anneau aux chrétiens tombés, lorsque, à l'exemple de l'enfant prodigue, ils revenaient à la communion de l'Église. S. Zénon de Vérone parle aussi d'une médaille d'or (V. l'art. *Trinité*). Si nous en croyons l'abbé Rupert (Vicecom. *Op. laud.* p. 759), le néophyte recevait encore des souliers bénits, qu'il gardait huit jours comme la robe blanche et le voile mystique, et qu'il quittait, après ce délai, dans le baptistère. On donne pour raison de cet usage que les souliers étant faits avec de la peau d'animaux morts, sont l'image de la mort du Sauveur, à laquelle le néophyte se trouve associé par son baptême : *consepulti enim sumus cum illo per baptismum* (Rom. vi. 4).

En certains lieux, l'évêque, ou un prêtre, ou un diacre lavait les pieds du nouveau baptisé (Pellicc. *loc. laud.*) qui le gardait nus pendant huit jours. Quand le néophyte avait revêtu sa robe blanche, on lui mettait un flambeau à la main (Ambros. *Ad virg. laps.* v. — V. l'art. *Cierge baptismal*) ; l'évêque allumait un grand cierge avec le feu réservé du vendredi saint, et le faisait porter devant lui par un clerc, tandis que, suivi des nouveaux baptisés, il se rendait processionnellement du baptistère à la basilique, où, avant de célébrer la liturgie, il leur administrait le sacrement de confirmation (V. l'art. *Confirmation*). On leur donnait ensuite à manger du miel mêlé de lait, pour marquer leur entrée dans la véritable terre promise (Tertull. *De coron. mil.* iii. — Hieron. *Ad Lucif.*).

Il n'est pas aussi facile d'expliquer la coutume où l'on était de leur donner aussi du lait mêlé avec du vin doux, coutume parfaitement constatée par les auteurs anciens et en particulier par S. Clément d'Alexandrie (*Pædag.* I. 6) et S. Jérôme (*In Isaiam*). Et les passages de ces Pères supposent évidemment que cette cérémonie était distincte de la précédente.

4° Après la réception du baptême, le néophyte était l'objet des félicitations des assistants, à raison de sa délivrance des chaînes du péché et de son admission au nombre des enfants de Dieu. Nous avons parmi les Pères de l'Église plusieurs témoins de ce touchant usage, entre autres S. Cyrille de Jérusalem (*Catech. mystag.* I) : « Entendez, dit-il à ceux qui se disposaient au baptême, entendez la voix du prophète qui vous crie : Lavez-vous, soyez purs, ôtez de vos âmes les souillures qui les déparent, afin que le chœur des anges puisse chanter en votre honneur : bienheureux ceux dont les iniquités sont remises et les péchés effacés ! » S. Jérôme (l. III. adv. *Pelagian.*) et S. Sévère d'Alexandrie (*De bapt.*) semblent même supposer que ces dernières paroles qui sont de David (*Ps.* XXXI. 1) constituaient la formule liturgique de ces félicitations, laquelle était répétée trois fois : *Tum qui adstant*, dit ce dernier, *ter hæc responsa dicunt : Beati illi quorum remissa sunt delicta, et quorum tecta sunt peccata*. S. Grégoire de Nazianze, Nicetas et d'autres affirment que ces chants joyeux qui accueillent les nouveaux baptisés sont le prélude des hymnes du ciel.

Enfin, toutes ces cérémonies étant accomplies, les néophytes fléchissaient les genoux, élevaient vers le ciel leurs yeux et leurs mains, et adressaient à Dieu une ardente prière, afin de pouvoir porter intacte jusqu'au tombeau la robe de leur baptême ; et nous savons par les Constitutions apostoliques (l. VII. c. 44) que le passage de l'Oraison dominicale qui est relatif à la rémission des péchés faisait partie intégrante de cette prière. S. Jérôme l'affirme également (l. III. adv. *Pelagian.*) : *Impleto illo quod de se scriptum est : beati quorum remissæ sunt iniquitates et quorum tecta sunt peccata, dicunt* : ET DIMITTE NOBIS DEBITA NOSTRA ! Aujourd'hui ce sont les parrains et les marraines qui récitent l'Oraison dominicale, et l'on voit jusqu'où remonte cet usage.

5° Dès les premiers temps, et en dépit des sévérités de l'Église, l'abus s'était introduit de ne recevoir le baptême que fort tard, quelquefois même au terme extrême de la vie (V. l'art. *Néophyte*). Nous avons un grand nombre d'inscriptions de néophytes baptisés dans un âge avancé et morts quelques jours après leur baptême (V. Fabretti. p. 563. n. 39) : EX DIE ACCEPTIONES SVE VIXIT DIES LVII ; d'autres avant même d'avoir quitté les aubes du baptême : IN ALBIS RECESSIT (Le Blant. I. p. 476) : ALBAS SUAS OCTABAS PASCHAE AD SEPVLCRVM DEPOSVIT (Fabretti. p. 577. n. 70). Beaucoup de textes anciens attestent le même fait, et dans les mêmes termes : *In albis recessit Ingomeres* (Greg. Tur. *Hist. Fr. Epitom.* c. XX) ; *in albis transiens requiescit... Hupinianus* (Id. *De glor. confess.* LIV).

6° Les nouveaux baptisés étaient appelés *pueri infantes* par les SS. Pères (Zeno Veron. *Invitat.* VIII *ad font.* et alibi. — Clem. Alex. *Pædag.* l. I. c. 5. 7) ; et quel que fût leur âge ; nous voyons cette qualification appliquée à des hommes de trente-cinq et trente-sept ans dans les inscriptions chrétiennes (Mabill. *De re dipl.* suppl. 15. — Lupi. *Epitaph. Sev.* p. 19). Au dimanche *in albis depositis*, l'introït de la messe commence par ces paroles qui expriment la même idée : *Quasi modo geniti infantes*.

7° Nous trouvons dans les inscriptions antiques plusieurs autres noms qui font allusion au baptême. Le plus commun de tous est FIDELIS (V. ce mot), qui désigne toujours, et exclusivement, une personne baptisée (Gruter. MLV. — Fabretti. p. 329. n. 485. — Le Blant. I. p, 377 passim). Ainsi il n'y a pas de pléonasme dans ces paroles de S. Augustin (*Confess.* VIII. 6) : *Pontianus .. Christianus quippe et fidelis erat*. On rencontre aussi fréquemment *suscepti, accepti, illuminati* (Vettori. *Num. ær. explic.* p. 97). Plusieurs écrivains de l'antiquité ecclésiastique, entre autres Théophile d'Antioche (*Opp. Justin. M.* in append.) et S. Cyrille de Jérusalem (*Catech. mystag.* III) ont enseigné que le nom de chrétien était dérivé du saint chrême dont on oignait le front du néophyte : *Hujus enim sancti chrismatis*, dit ce dernier, *dono accepto, appellamini Christiani*. Certains noms propres, par exemple RENATVS (Bosio. p. 407. — Murat. *Nov. thes.* 1931), expriment la renaissance spirituelle par le baptême. (V. l'art. *Noms des premiers chrétiens.* — *Noms propres*, deuxième classe, n. I.)

IV. — **Monuments**. Ils sont de deux espèces, ceux qui représentent le baptême de Notre-Seigneur par S. Jean-Baptiste, et ceux qui reproduisent d'autres scènes relatives à l'administration de ce sacrement.

1° Le baptême de Jésus-Christ est peint sur les parois d'un baptistère antique (Aringhi. I. 381) dans le cimetière de Pontien (V. l'art. *Baptistères*) ; à en juger par le style, la peinture est postérieure au baptistère lui-même, et date probablement du sixième siècle (Bottari. I. p. 200. — Buonar. *Vetri.* p. 66). En outre du sujet principal, on y en remarque d'autres qui ont avec lui de mystérieuses analogies : c'est Moïse frappant le rocher (V. plus haut cette figure du baptême) et la multiplication des pains, qui pourrait bien ici figurer la multiplication des enfants de Dieu par le baptême. Le même sujet est sculpté en bas-relief sur un sarcophage qui dénote aussi une époque un peu basse (Aringhi. II. p. 355). Ici S. Jean reçoit dans une espèce de patère l'eau qui tombe d'un rocher, et la verse sur la tête du Sauveur plongé, ainsi qu'au monument précédent, dans le Jourdain jusqu'à la ceinture. Il en est de même sur un médaillon de bronze donné par Vettori (*Num. ær. explic.*), et où est inscrite cette légende : REDEMPTIO FILIIS HOMINVM ; et dans une curieuse mosaïque du quatrième siècle servant de décoration à l'abside de *Santa Maria in Cosmedin* de Ravenne (Ciamp. *Vet. mon.* II. tab. XXIII)

Mais cette mosaïque offre une circonstance digne d'observation : c'est que, à côté de Notre-Seigneur, est un autre personnage assis, portant un roseau à la main, et ayant près de lui un vase penché, ce qui n'est autre chose que la personnification du Jourdain d'après le type en usage dans l'antiquité pour la personnification des fleuves (V. l'art. *Jourdain*). Un sarcophage de la Gaule (Millin. *Midi de la Fr.* atlas. pl. xxv. 11), présente cette singularité que Notre-Seigneur y est vu complètement nu et dans les proportions d'un enfant de dix ans. Jean-Baptiste tient la main sur la tête du Sauveur, et se dispose à le placer sous une chute d'eau qui descend d'un rocher élevé. Ici, comme dans les monuments précédents, la colombe vole au-dessus de la tête de Jésus-Christ.

La simple immersion, selon le type le plus ancien, se voit sur un diptyque de Milan du quatrième ou du cinquième siècle. Le précurseur appuie une main sur la tête de Jésus, plongé jusqu'aux genoux dans le Jourdain, et, circonstance inusitée, tient de l'autre main un roseau (V. Bugati. *Mem. di S. Celso*. p: 282). Un très-ancien bas-relief de l'église de Monza fait voir l'immersion comme ci-dessus, mais en même temps une colombe, qui, d'un vase renversé qu'elle tient à son bec, répand de l'eau sur la tête du Sauveur (V. Frisi. *Mem. della chieza Monzese.* p. 78. tav. iv). S. Jean-Baptiste est à droite, et à gauche est un ange qui garde dans ses mains la tunique ou aube baptismale de Notre-Seigneur.

Ailleurs c'est par le bec que la colombe verse l'eau, comme dans une représentation symbolique où un agneau baptise un autre agneau (Jean-Baptiste baptisant le Christ) : c'est un curieux bas-relief du sarcophage de Junius Bassus que nous reproduisons à l'art. *Agneau* (I, 3). Le même type se trouve figuré, mais au naturel, sur une cuiller d'argent émaillé, trouvée à Aquilée en 1792 (Mozzoni. *sec.* iv, p. 47), et dont voici le dessin :

Dans d'autres monuments, la colombe, un rameau d'olivier au bec, descend près de la tête du néophyte, tandis que l'eau s'échappe d'un vase suspendu dans un nuage. Une scène de ce genre est figurée en creux sur un fragment de verre trouvé tout récemment (1876) à Rome (De' Rossi. *Bullet.* 1876, pl. I). Nous avons tenu à le reproduire ici, à cause de sa rareté : il est, à notre connaissance du moins, le premier monument de cette classe trouvé jusqu'à ce jour, offrant une représentation commémorative du baptême. Mais, faute d'espace, le dessin a dû être éloigné de son texte et reporté sous le n° 2 ci-après.

2° Plusieurs rites du catéchuménat sont sculptés sur un *nymphœum* de Pisaure (Paciaudi. *De Baln.* p. 137. tab. III). Deux clercs, une croix à la main, exorcisent un homme agité par l'esprit ma-

lin, et complétement nu, selon l'ancienne discipline. D'un côté de ce groupe est un clerc qui garde les vêtements du catéchumène, et de l'autre un second clerc qui, comme l'indique le livre qu'il tient appuyé sur sa poitrine, n'est autre que le *lecteur* ou *catéchiste*, appelé par S. Cyprien (*Epist.* xxiv) *doctor audientium* (V. la gravure de l'art. *Exorcistes*). Deux fragments de sarcophage publiés par Ciampini (*Vet. mon.* II. tab. IV et V) font voir les cérémonies du baptême lui-même. Le premier représente, croit-on, la reine Théodelinde et son époux Agilulphe, roi des Lombards, recevant le baptême par immersion et par infusion en même temps, et le second Henri I, duc de Bénévent (dixième siècle) : celui-ci est à genoux et reçoit le baptême par infusion, bien que, à une faible distance de lui, soit figurée une cuve baptismale, derrière laquelle se voit un autre personnage à genoux et les mains jointes. Un peu en arrière est un serviteur ou un clerc qui tient toute prête la robe blanche que le néophyte doit revêtir après son baptême. Ce qu'il y a de singulier dans ces deux monuments, c'est que le ministre du sacrement est vêtu d'habits séculiers, tandis que parmi les personnes dont se compose l'assistance se trouvent des moines. Ciampini s'efforce d'expliquer cette anomalie, mais il n'y réussit que médiocrement.

La mosaïque de l'ancienne façade de Saint-Jean de Latran, dont on peut voir la reproduction dans Ciampini, offrait le tableau du baptême de Constantin par S. Sylvestre, selon une ancienne tradition, soutenue aujourd'hui encore par plusieurs écrivains : la tête de l'empereur était nimbée (Ciamp. *Sacr. œdif.* tab. II. fig. 4), et il recevait le baptême par immersion et par infusion tout ensemble. Nous avons un exemple de la simple immersion beaucoup plus ancien que tout ce qui précède dans les peintures récemment découvertes au cimetière de Saint-Calliste, et qu'il nous a été donné de contempler nous-mêmes. On en a fait des copies qui sont au musée chrétien de Latran, et nous en donnons ici un croquis pris sur les lieux. Il faut observer que le prêtre qui baptise porte un *volumen* à la main gauche.

Mais on se rendra un compte plus exact encore de l'administration solennelle du baptême par immersion, en contemplant une très-ancienne peinture de l'église de Ste-Pudentienne que nous reproduisons d'après Ciampini (*Vet. monim.* t. II. tab. VI, n. 1). Ici, la scène est complète : deux néophytes dans la cuve baptismale, le pontife baptisant, un personnage qui peut être le parrain, plusieurs femmes dont l'une est probablement la marraine, et dont les autres tiennent entre leurs mains les *aubes* dont les nouveaux baptisés doivent être revêtus à leur sortie des fonts (V. l'art. *Aubes baptismales*).

BAPTISTÈRES. — I. — Il est certain que, dans le principe, il n'y avait d'autres baptistères que les rivières et les fontaines ; on baptisait partout où l'on trouvait de l'eau. C'est ainsi que, près de la ville de Philippes, S. Paul baptisa Lydie, marchande de pourpre (*Act.* XVI. 15), et que le diacre Philippe régénéra, dans la première fontaine qui se trouva à sa portée, l'eunuque de la reine Candace (*Act.* VIII. 38). S. Justin (*Apolog.* II. *Ad Anton. imp.*) dit qu'on ne baptisait pas autrement de son temps. A Rome, on conduisait les nouveaux convertis au Tibre, et Tertullien (*De bapt.* c. I) rappelle que le baptême qu'ils recevaient dans ce fleuve de la main de S. Pierre était le même que celui qui s'administrait dans le Jourdain. On montre encore de nos jours dans la prison Mamertine le puits miraculeux où, selon une ancienne tradition, S. Pierre et S. Paul baptisèrent leurs gardiens Processus et Martinianus (*Aringhi.* t. I. p. 200. — *Martyrol. Rom. Ad diem jul.* II). Le moine Augustin et Paulin envoyé avec lui en Angleterre par le pape S. Grégoire baptisaient ceux qu'ils avaient conquis à la foi dans des rivières que Bède appelle Trenta, Gleni et Sualica (*Hist. Angl.* II. c. 16). Nous savons aussi par certains actes de S. Apollinaire et de S. Victor, cités par Martène (*De antiq. Eccl. ritib.* t. I. p. 3), que ces deux apôtres conduisaient à la mer leurs catéchumènes pour les initier à la vie chrétienne. On ne doit chercher à cet usage primitif d'autre raison que la nécessité d'abord et ensuite l'exemple de Jésus-Christ qui s'était fait baptiser par S. Jean dans le Jourdain. S. Jérôme atteste que c'était une dévotion fort répandue de son temps de recevoir le baptême dans ce fleuve consacré par le Sauveur lui-même, à l'endroit où, suivant la tradition, S. Jean administrait le baptême de pénitence (Hieron. *De sit. et nom. loc. Hæbr.* p. 422. ed. Martian. 1690).

II. — Le premier et le plus vénérable baptistère de l'univers est celui qui fut établi au lieu même où Notre-Seigneur avait été baptisé. Là, dit l'itinéraire attribué à S. Antonin martyr (Martène. *loc. laud.*), est une croix de bois plantée dans l'eau, et, tout à l'entour, le rocher est revêtu de marbre. C'est là que la foule empressée vient recevoir le baptême la veille de l'Épiphanie ; c'est là que, conduite par l'esprit de Dieu, Ste Marie Égyptienne vint solliciter cette grâce, selon le récit de S. Sophrone de Jérusalem (*De Maria Ægypt. in Vit. Sanct.* ab Heribert. Rosw. vulgat. l. I. Lugd. 1617).

Boldetti (*Cimit.* 40) signale la présence de plusieurs baptistères primitifs dans les catacombes. Le plus remarquable est celui du cimetière de Saint-Pontien (Aringhi. I. 381. — Bott. tav. XLIV) ; il est décoré de peintures, dont la principale représente Notre-Seigneur baptisé par S. Jean dans le Jourdain (V. l'art. *Baptême*). On y voit aussi une croix gemmée et fleurie, dont la traverse porte, au-dessus deux candélabres allumés, au-dessous l'Λ et l'ω suspendus par des chaînettes. Le pied de cette croix peinte baigne donc dans la vasque, pour indiquer que c'est la croix du Sauveur qui communique à l'eau la vertu d'effacer le péché (V. la pl. XLII du P. Marchi et la reproduction que nous en avons donnée à notre art. *Croix*).

C'est en ce lieu que le prêtre Eusèbe baptisa un jeune paralytique nommé lui-même Pontien, nom que peut-être il avait pris à son baptême, et le néophyte trouva la guérison du corps dans les eaux saintes (Ap. Baron. *Ad an.* 259). Adria et

Paulina, converties par ce miracle, y reçurent aussi le baptême des mains du pape S. Étienne. Il y a, dans la crypte de la basilique de Sainte-Prisque (Perret. III. pl. XLIX) une vasque où une ancienne tradition, jointe à cette inscription : SCE PET BACTISMV, laisse supposer que S. Pierre administrait le baptême; une tradition analogue, mais fondée sur les actes du pape Libère (Panvin. *Concil*. t. I. c. 11) existe pour le cimetière Ostrien; Libère baptisa, lui aussi, dans ce dernier baptistère, successivement sans doute et à diverses reprises, quatre mille douze personnes des deux sexes; et il est avéré que, pendant les persécutions, tous les papes administraient le sacrement dans les cimetières qui leur servaient d'asile.

Quelques-unes de ces cryptes, entre autres celles de Pontien, du Vatican, et celle de Saint-Alexandre récemment découverte, avaient des sources naturelles; d'autres, celles de Priscille et de Calliste, par exemple, recevaient leur eau, par des conduits, dans des espèces de citernes qui se voient encore aujourd'hui; enfin quelques-unes possédaient des puits, comme les cimetières de Prétextat et de Sainte-Hélène (V. Boldetti, p. 40).

III. — Après les persécutions, et dès le temps de Constantin, on commença à construire des baptistères *sub dio*, édifices spacieux, et ne différant des églises proprement dites que par leur destination. On les appela chez les Grecs φωτιστήρια ou *loca illuminationis*, « lieux d'illumination. » C'étaient des édifices à part, rien n'est plus clairement constaté, si bien qu'il est presque superflu de citer. Les noms divers sous lesquels on les désignait supposent tous des constructions isolées et de véritables temples : *ecclesiæ baptismales*, — *baptisterii basilica* (Ambr. epist. XX. Ad Marcell.), — *tituli baptismales* (Flodoar. *Hist. Rem*. l. I. c. 19). S. Grégoire de Tours appelle *templum baptisterii* celui où Clovis reçut le baptême (*Hist. Fr*. l. II. c. 31). On trouve des témoignages analogues dans une foule d'écrivains ecclésiastiques, et notamment dans Eusèbe (*Hist. eccl*. X. 4), dans S. Cyrille de Jérusalem (*Catech. mystag*. I. n. 2), dans S. Julien, S. Paulin de Nole, S. Sidoine Apollinaire, S. Augustin et d'autres encore dont Bingham rapporte les textes (*Orig. eccl*. III. 252). Tertullien, quand il parle du baptistère, suppose toujours aussi un édifice distinct de l'église (*De coron. mil*. III).

On peut en assigner une preuve palpable, pour les premiers siècles, dans un sarcophage du Vatican (Bosio, *Rom. sott*. p. 87) qui présente, sculptées en relief à ses deux extrémités, des basiliques chrétiennes (Voy. la gravure à l'art. *Basiliques chrétiennes*), près desquelles les baptistères se détachent très-visiblement, ce qui est surtout remarquable pour l'un d'eux, qui, en outre, porte au-dessus de son toit le monographe du Christ. Nous donnons ici le dessin de ce monument.

Il est bon d'observer cependant que si l'Église a placé le baptistère hors du temple, elle a voulu qu'il n'en fût éloigné que par une faible distance,

afin de faire voir que le baptême est la porte qui introduit l'homme dans l'Église de Dieu (Durant.

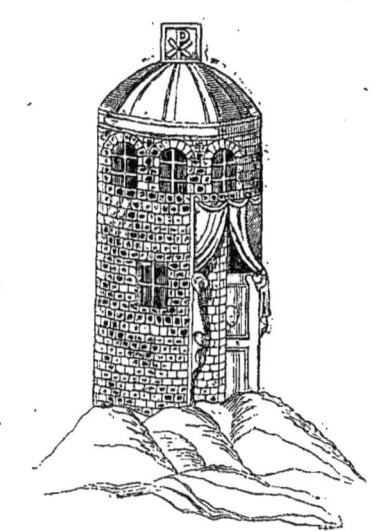

De rit. eccl. I. 19). Cet usage a persévéré jusqu'au sixième siècle : à partir de cette époque, on a commencé à transporter le baptistère, d'abord dans le *narthex*, puis enfin dans l'intérieur de l'église (Greg. Turon. *Hist. Franc*. II. 21). On ne cite guère en France que deux ou trois baptistères qui aient conservé, sous ce rapport, leurs conditions antiques: celui de Fréjus, séparé de la cathédrale par un porche; celui d'Aix est aujourd'hui renfermé dans l'intérieur de la cathédrale, mais il était autrefois isolé, et sa forme, ainsi que ses dispositions intérieures, rappelle tout à fait le baptistère de Latran; l'église de Saint-Front de Poitiers, regardée comme l'ancien baptistère, est aussi isolée.

Qui ne connaît les deux magnifiques monuments de ce genre qui subsistent encore de nos jours à Rome et qui sont dus à Constantin, celui de Saint-Jean de Latran, où cet empereur, selon la tradition romaine, aurait été baptisé avec son fils Crispus par S. Sylvestre, et celui de Sainte-Constance, près de la basilique de Sainte-Agnès hors des murs (Ciampini. *De sacr. ædif. a Constantino Magn. const*. p. 130, et tab. XXIX. XXX. XXXI. XXXII), édifice qui plus tard servit de mausolée à cette princesse. Si nous osions nous citer nous-même, nous renverrions pour la description de ce dernier à notre *Notice historique, liturgique et archéologique sur le culte de Ste Agnès* (p. 60. in-8, Lyon, 1847). Quant à celui qui est annexé à la basilique de Saint-Jean de Latran, son état actuel est dû aux restaurations modernes des papes Grégoire XIII, Clément VIII, Urbain VIII et Innocent X, et nous n'avons pas à nous en occuper. Le bas-relief gravé ci-dessus est probablement la reproduction exacte de la forme primitive du baptistère constantinien; la haute antiquité du sarcophage où il se trouve sculpté nous autorise à le supposer.

La cuve baptismale, la même, croit-on, qui servit au baptême de Constantin (dans l'hypothèse du baptême de cet empereur par S. Sylvestre), est une urne antique de porphyre. On pense aussi que les chapelles élevées aux deux côtés du baptistère par le pape S. Hilaire ou peut-être par Sixte III (*Lib. Pontif. In Xistum III*), occupent l'emplacement de deux pièces du palais de cet empereur (Ciamp. *Sacr. œdif.* 23). Anastase le Bibliothécaire nous a transmis une énumération des dons faits à ce baptistère par le grand Constantin. « La cuve était toute recouverte à l'intérieur et à l'extérieur de lames d'argent très-pur, du poids de trois mille huit livres. Au milieu, *in medio fontis*, des colonnes de porphyre qui supportaient une *phiala* d'or (V. l'art. *Cantharus*), où se brûlaient, au jour de Pâques, deux cents livres de parfums.... Il y avait un agneau d'or très-pur du poids de trente livres, lequel répandait l'eau dans le bassin. A la droite de l'agneau était une statue du Sauveur en argent très-pur, de cinq pieds de haut, pesant cent soixante-dix livres. A la gauche, celle de S. Jean-Baptiste, de cinq pieds de haut, tenant à la main une tablette où étaient écrits ces mots : *Ecce agnus Dei, ecce qui tollit peccatum mundi. Item*, sept cerfs d'argent, répandant l'eau, et du poids de quatre-vingts livres chacun ; enfin un encensoir d'or orné de quarante-deux pierres précieuses, et pesant dix livres. »

IV. — Les baptistères étaient autrefois fort spacieux, soit à cause de la multitude qui s'y rendait pour recevoir le baptême, soit parce que ce sacrement s'administrait *ordinairement* par immersion (V. l'art. *Baptême*, n. III). De là cette appellation μέγα φωτιστήριον, *magnum illuminatorium*, qui leur fut quelquefois appliquée. Ils étaient même assez vastes pour que des conciles aient pu s'y tenir : ce fait est constaté par Du Cange et Suicer, d'après les actes des conciles de Chalcédoine et de Carthage (*Concil. Chalced.* act. i. — Suicer, ad voc. Φωτιστήριον), et mieux encore peut-être par une mosaïque de Saint-Jean *in fonte* de Ravenne, où l'idée d'un concile est représentée hiéroglyphiquement par deux chaires épiscopales et le livre des Évangiles ouvert sur une table (V. Ciamp. *Vet. mon.* i. tab. xxxviii. et notre art. *Conciles*). Ils étaient ordinairement divisés en deux parties, afin que les deux sexes s'y trouvassent séparés (Cyrill. Hieros. *Catech.* — Aug. *De civ. Dei.* l. xxii. c. 13) ; d'autres fois, il y avait deux baptistères distincts. Nous voyons cependant dans le bas-relief d'un sarcophage illustré par Ciampini (*Vet. mon.* ii. tab. iv) qu'Agilulphe, roi des Lombards, et sa femme Théodelinde, furent baptisés dans la même vasque.

Au centre de l'édifice se trouvait une cuve en pierre (Joan. Diac. *De eccl. Lateran.* c. xii), ronde, ou en forme de croix (Greg. Tur. *De glor. mart.* i. 24). La cuve ou piscine était à fleur du pavé ; on y descendait, du côté droit, par trois degrés ; il y avait trois autres marches à gauche, pour sortir (Isid. *De divin offic.* i. 24), et une septième au milieu, où sans doute se tenait le pontife qui administrait le baptême : c'était l'image du tombeau de Notre-Seigneur, dont le baptême est le symbole : *Consepulti enim sumus cum illo per baptismum* (*Rom.* vi), « nous avons été ensevelis avec lui par le baptême. » C'est pour cela que les vasques baptismales eurent quelquefois la forme d'un tombeau. Dans les baptistères somptueux, on voyait ordinairement, au milieu des fonts, soit une urne de marbre, soutenue par une base élégante et de laquelle l'eau jaillissait pour retomber de diverses manières dans la vasque ; soit une simple colonne se terminant par une figure d'animal, un agneau d'or du poids de trente livres au baptistère de Latran, lequel versait l'eau par la bouche, ou d'un cerf d'argent comme ceux que le pape S. Hilaire ajouta au même baptistère et pour le même usage. On employa jusqu'à des colombes d'or.

En certains lieux, outre la principale piscine, il y en avait d'autres plus petites dans le pourtour du même édifice. Le baptistère de la cathédrale de Verceil, d'une origine fort ancienne, offre cette particularité qu'il renferme deux sièges, l'un pour le prêtre, l'autre pour le parrain (Millin. *Voyage dans le Piémont*, ii 345).

La structure des baptistères était souvent fort élégante. Leur forme était ordinairement *octogonale* : exemple celui de Latran, qui est peut-être le plus ancien de tous ceux qui subsistent aujourd'hui ; et encore celui de Sainte-Thècle de Milan, comme nous l'apprenons par une antique inscription qui se lit dans Gruter et Montfaucon (*Antiq. expl.* suppl. t. ii. l. 8. c. 2), celui de Florence, celui de Pise dont voici le plan par terre, ceux

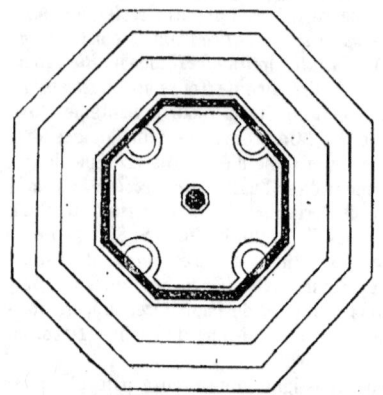

de Saint-Zénon de Vérone, d'Aix en Provence, de Fréjus (V. Lupi. *Dissert.* ii. p. 109), et presque tous ceux des anciennes villes du midi de la France. A Riez, un petit temple circulaire (c'était un panthéon), orné de huit colonnes corinthiennes, et surmonté d'une coupole, fut changé en baptistère dès les temps les plus reculés, le quatrième siècle probablement. Celui de Pise, dont nous donnons le plan horizontal ci-dessus, est un de ceux qui reproduisent le plus exactement les formes antiques. Il y en avait de forme *hexagonale*, tels que ceux de Sienne, de Parme et d'Aquilée. Cette dernière forme se retrouve aussi dans les contrées orientales. Nous aimons à en donner ici un exemple provenant de Deir-Seta, dans la Syrie centrale (De Vogüé, pl. 117). La coupole dominant la vasque est soutenue par six colonnes, et l'on voit à l'extérieur un portique qui conduit au baptistère.

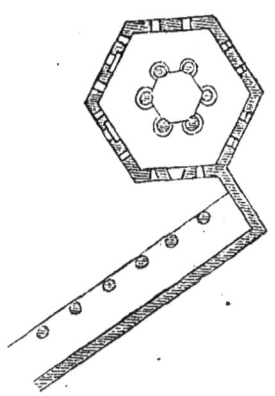

Il y avait aussi des baptistères ronds, tels que celui de Pistoie (Lupi. *ib.*). Celui que décrit S. Paulin (Epist. xii *Ad Sever.*) avait la forme d'une tour. Celui de Bari, dans la Pouille, qui date du quatrième siècle, est rond à l'extérieur, et intérieurement il a douze pans, dont jadis chacun portait l'image de l'un des douze apôtres (V. Selvaggio. *Antiq. Crist. instit.* iii. 39).

V. — Autrefois, il n'y avait qu'un baptistère par diocèse ou ville épiscopale, et il en fut ainsi à Rome durant plusieurs siècles, au témoignage de Visconti (*De rit. baptism.* i. 8). Cet usage s'est maintenu dans plusieurs villes de l'Italie, notamment à Florence, à Pise et à Bologne, du moins pour la ville épiscopale. La principale raison, c'est que, dans les premiers siècles, l'administration du baptême était réservée aux évêques. On lit en effet dans l'histoire ecclésiastique que souvent des Églises veuves de leur pasteur sollicitèrent instamment leur retour, parce qu'une multitude de peuple mourait sans baptême; Macri en cite plusieurs exemples (*Hiero-Lexic.* ad voc. *Baptisterium*). C'est au sixième siècle seulement que des baptistères commencèrent à être concédés aux paroisses rurales, ainsi qu'il ressort des dispositions des conciles d'Auxerre (An. 577. can. xviii) et de Meaux (can. xliii). Le rit ambrosien n'admet pas la bénédiction des fonts dans les églises paroissiales aux vigiles de Pâques et de la Pentecôte. Cette bénédiction ne se fait qu'à l'église métropolitaine: les curés viennent y chercher l'eau baptismale et la portent processionnellement dans leurs églises respectives (Macri. *ibid.*).

Eu égard aux convenances de la discipline ancienne, les baptistères des premiers siècles avaient une telle abondance d'eau qu'ils ressemblaient à des lacs ou à des rivières, si bien qu'on les appelait *natatorium* ou *piscina* (Socrate. *Hist. eccl.* vii. 17). Aussi les évêques avaient-ils soin de choisir pour bâtir leurs baptistères des lieux où se trouvaient des sources ou des cours d'eau. Le pape Damase, pour établir celui du Vatican, fit descendre du Janicule de grands cours d'eau, et voulut perpétuer lui-même la mémoire de ce fait par une inscription métrique qui fut fixée dans la muraille de cet édifice et que Baronius rapporte d'après un très-ancien manuscrit, sous l'an 384 (V. aussi Prudence. *Peristeph.* xii). Un fait analogue est attribué à S. Lin, second évêque de Besançon, par Dunade (*Hist. de l'égl. ville et dioc. de Besançon.* 1750. p. 27-57). Le tribun militaire Onnasius céda sa maison, afin de livrer passage au cours d'eau qui devait alimenter le baptistère que voulait construire l'évêque, et sur l'emplacement duquel fut bâtie plus tard l'église de Saint-Jean-Baptiste. A Aquilée, un baptistère fut établi sur la rivière Alsa (Bertoli. *Antichità di Aquileia.* Venez. 1739).

Ceux de nos lecteurs qui désireraient des notions plus détaillées sur la structure des baptistères, sur leurs proportions et leurs diverses parties, sur la question de savoir quand ils furent transportés dans le narthex, quand ils furent investis du droit d'asile, etc., etc., pourront consulter Durant (*De ritib. Eccl. cathol.* c. xix), Visconti (*Observat. ecclesiast.* t. i. l. 1. *De ritib. baptism.*), Du Cange (*Glossar.* edit. Paris. 1678), Martène (*De antiq. Eccles. ritib.* l. i), Suicer (*Thesaur. ecclesiast.* voc. Φωτιστήριον), Bingham (*Origin. et antiq. ecclesiast.* t. iii. l. 8. c. 7), Lupi (*Dissert. e lett.* t. i. dissert. 1), etc.

VI. — La consécration des baptistères avait lieu régulièrement comme celle des basiliques elles-mêmes, et la formule de cette consécration se retrouve dans l'Ordre romain. Un des principaux rites de la dédicace des baptistères consistait à y transporter solennellement des reliques de martyrs. S. Grégoire de Tours l'atteste formellement de lui-même (*Hist. Franc.* l. x. c. xxxi. 19): *baptisterium ad ipsam basilicam ædificari præcepi, in quo sanctorum Johannis et Sergii martyris pignora collocavi,* « j'ai fait construire un baptistère près de la basilique (de Tours, où S. Martin et ses successeurs avaient reçu la consécration épiscopale), et j'y ai placé des reliques des SS. Jean et Sergius martyrs. » Il nous apprend ailleurs (*Vit. PP.* c. vii. 2) qu'il y avait dans le baptistère de Dijon des reliques d'un grand nombre de saints: *multæ sanctorum reliquiæ tenebantur.* Quelquefois même on bâtissait les baptistères sur les tombeaux des martyrs; l'hymne vii de Prudence porte ce titre: *De loco in quo martyres passi sunt, qui nunc baptisterium est.*

La pompe la plus imposante présidait à la consécration des baptistères, si nous en jugeons par ce que rapporte d'une cérémonie de ce genre S. Sidoine Apollinaire (lib. iv. ep. 15). Elle se faisait, au milieu d'un grand concours de peuple, par l'évêque, assisté d'un nombre considérable de ministres, et elle était suivie d'un festin. Ces sortes de dédicaces sont quelquefois mentionnées dans les martyrologes. Ainsi, celui de Corbie (Martène. *Anecdot.* t. III. 15 april.) porte : *In Antissiodoro* (à Auxerre) *dedicatio baptisterii, qui est juxta basilicam S. Germani episcopi et doctoris.*

VII. — Dès les premiers siècles, les baptistères furent invariablement dédiés à S. Jean-Baptiste, si bien qu'ils en reçurent le nom spécial de *Ecclesiæ Sancti Joannis in fonte,* ou *ad fontes.* On peut en citer de nombreux exemples : celui de Milan où l'on croit que S. Augustin fut baptisé par S. Ambroise ; à Naples, celui qui est annexé à l'église de Sainte-Restituta ; à Vérone, celui qui est contigu à la cathédrale ; à Ravenne, celui qui se voit au nord de la basilique de Sainte-Anastasie (V. Paciaud. *De cultu S. Joan. Bapt.* p. 51). Il en fut de même chez les Grecs (Id. *loc. laud.*), et dans les Gaules. A Lyon, le baptistère, sous le vocable de S. Jean-Baptiste, était annexé à la cathédrale de Saint-Étienne, et il occupait une partie de l'emplacement de la primatiale actuelle dédiée au précurseur. C'est ce que témoigne le martyrologe de Saint-Étienne au 15 septembre : *Dedicatio ecclesiæ Sancti Stephani et baptisterii* (V. Colonia. *Hist. litt. de Lyon.* p. 57). Le baptistère de Metz, qui passe pour avoir été construit par S. Clément, premier évêque de cette ville, était aussi dédié au précurseur (V. Dussaussay. *Martyrol. gallican.* t. II. p. 923).

VIII. — Les autels qui se trouvaient dans les baptistères étaient aussi consacrés sous le vocable du précurseur, et les reliques qu'on y plaçait étaient les siennes. C'est ce qu'on pourrait prouver par un grand nombre de faits que la nécessité d'être court nous oblige à passer sous silence (V. *Hist. episcop. Antiss.* ap. Labb. *Nov. Biblioth. mss.* t. I. *Martyrol. Antiss. eccl.*). On y voyait aussi communément son image ou sa statue, et une inscription était gravée, soit sur les degrés des fonts, soit sur le pourtour de la vasque, soit enfin sur les murailles du baptistère, indiquant que l'édifice était placé sous le patronage de S. Jean-Baptiste. Nous citerons pour exemple une urne baptismale conservée à Venise dans le couvent des capucins (*Lettera del sign. abate conte fed. Allano continente la spiegaz. d'un geroglifico battesimale*). Muratori en rapporte un autre non moins remarquable (*Thes. inscr.* t. IV. class. 25. — Cf. Paciaud. *op. laud.* p. 54). Enfin, S. Grégoire de Tours, voulant que rien ne manquât à l'église qu'une inspiration divine lui avait ordonné de bâtir, y adjoignit un baptistère dans toutes les conditions que nous venons de dire (*Hist. Franc.* l. X. c. 31. 19). S. Hilaire, qui siégeait sur la chaire de S. Pierre en 461, fit graver cette inscription sur les portes de bronze incrustées d'argent dont il enrichit le baptistère de Latran (Raspon. *De basilic. et patriarch. Lateran.* III. 6) :

IN HONOREM. S. IOANNANIS BAPTISTÆ
HILARVS EPISCOPVS DEI FAMVLVS OFFERT.

Enfin ces édifices sacrés étaient décorés avec une grande magnificence, de peintures, de mosaïques, de sculptures, représentant surtout le baptême de Notre-Seigneur dans le Jourdain et les autres gestes du saint précurseur. Il est dit de S. Avit, évêque de Vienne, dans les Bollandistes (v. febr.) : *hujus labore et industria Baptisterii ecclesia musivo et marmore mirabiliter est ornata,* « par ses soins et son zèle, l'église du baptistère fut admirablement décorée de mosaïques et de marbres. » Et Ennodius (*Epigr.* LVI) décrit en quelques mots les richesses artistiques des baptistères de Milan : *Marmora, picturas, tabulas, sublime lacunar.*

IX. — Diverses figures symboliques, relatives au baptême, sont représentées dans les baptistères, soit en peinture, soit en sculpture.

1° Le cerf. On le voit au baptistère du cimetière de Saint-Pontien (V. l'art. *Baptême*), et la description qu'Anastase le Bibliothécaire nous a laissée de celui de la basilique du Sauveur (*In Sylvest.*) mentionne comme ornement de la cuve sept cerfs d'argent. Ce motif d'ornementation dut être employé bien souvent dans la suite, comme emblème du catéchumène prêt à recevoir le baptême, et désirant ardemment se désaltérer dans les sources d'eau vive de la vie éternelle (*Psalm.* XXXVIII. 9). En effet, S. Jérôme, ayant comparé le catéchumène à un cerf, ajoute (*In ps.* XLI) : *Desiderat venire ad Christum in quo est fons luminis, ut ablutus baptismo accipiat donum remissionis,* « il désire de venir au Christ en qui réside la source de la lumière, afin que, lavé par le baptême, il reçoive le don de la rémission. »

2° Le poisson. On sait que le poisson était regardé comme le symbole, non-seulement de Jésus-Christ, mais du chrétien lui-même, et dans les premiers siècles, sous la loi du secret notamment, les Pères désignaient souvent les fidèles sous l'appellation allégorique de *pisciculi,* « petits poissons. » *Nos pisciculi,* dit en particulier Tertullien, *secundum ἰχθὺν nostrum Jesum Christum in aqua nascimur,* « nous, petits poissons, selon le POISSON par excellence qui est Jésus-Christ, nous prenons naissance dans l'eau, » et ce Père ajoute que la vie du chrétien est tellement attachée à cet élément, que, comme le poisson, il ne saurait vivre hors de lui : *Nec aliter quam in aqua permanendo salvi sumus,* « et ce n'est qu'à la condition de rester dans cette eau, que nous sommes sauvés » (*De bapt.* I. vers. fin.).

Il était donc naturel que ce touchant symbole vînt décorer les baptistères et les piscines auxquelles le divin ἰχθὺς a communiqué la vertu de donner à l'homme la vie de l'âme. Aussi l'antiquité nous en a-t-elle transmis plus d'un exemple, et nous en aurions un bien plus grand nombre, si le temps n'eût pas détruit beaucoup de monuments de cette nature. Le P. Costadoni (*Del pesce simbolo....* c. XI) parle de deux fragments de mosaïques tirés des ruines d'une antique église baptismale de Rome, fragments qui existent encore au musée Kircher, et où deux poissons sont représentés. A Parenzo, en Istrie, se conserve un bassin de marbre du sixième siècle (De' Rossi, ixerc. p. 3.), qui était placé jadis dans le baptistère de cette ville, et qui offre une croix sculptée entre deux colombes et deux poissons. Dans un baptistère d'Aquilée, du neuvième siècle, on remarque un crucifix entouré d'un cep de vigne à l'extrémité duquel un poisson est pris, comme à un hameçon (Bertholi. *Antiquità d'Aquileia.* p. 406. ap. Costad.). Des poissons sont aussi sculptés, avec les images symboliques des quatre évangélistes, dans un très-ancien baptistère publié par M. Albert Lenoir, mais dont malheureusement ce savant n'indique pas la provenance (*Instructions du comité des arts et monum.* in-4, p. 108, 109). (V. l'art. *Poisson.*)

3° La colombe. Au baptême de Notre-Seigneur, le Saint-Esprit descendit sur sa tête sous la forme d'une colombe (Luc. iii. 24) : c'est pour ce motif que cet oiseau symbolique ne manque jamais d'être représenté de différentes manières dans les baptistères. Témoin celui du cimetière de Pontien tant de fois cité, et la vasque de Parenzo. On voit aussi des colombes, avec le vase, sur une cuve baptismale des premiers siècles appartenant à 'église de Gondrecourt (*Revue archéol.* t. i. p. 129). Dans son savant livre sur le culte de S. Jean-Baptiste, Paciaudi publie plusieurs monuments fort curieux, entre autres une miniature d'un manuscrit de la bibliothèque royale de Turin, et une mosaïque de la basilique de Saint-Marc de Venise (p. 58. 59), représentant l'un et l'autre le baptême de Jésus-Christ avec des circonstances singulières, mais toujours avec la colombe. Et nous savons par un poëte du quatrième siècle, Juvencus, qu'il en fut de même dès le commencement (*Hisp. hist. evang.* l. i. *Biblioth. PP.* t. iv.) :

Corporeamque gerens speciem descendit ab alto
Spiritus, aeream similans ex nube columbam.

« Portant une apparence corporelle, l'Esprit descendit d'en haut, semblable à une colombe aérienne sortant d'un nuage. »

Ces vers semblent faire allusion à l'usage ancien de suspendre des colombes d'or ou d'argent au-dessus de la piscine, pratique constatée par de nombreux témoignages (Durant. *De rit. Eccl.* xix. 7. — Mabill. *Iter. German.* in *Analect.* t. iv). Ces colombes servirent quelquefois à renfermer le saint chrême ainsi que l'huile des catéchumènes. Plusieurs Pères, entre autres S. Optat (*Opp.* lib. ii), mentionnent des vases de cette nature, sans cependant en décrire la forme (V. l'art. *Chrême*).

BARBE. — V. l'art. *Vêtements des premiers chrétiens.*

BASILIQUES CHRÉTIENNES. — I. — Églises des catacombes. — On a cru longtemps que le type des premières églises chrétiennes avait été emprunté aux basiliques profanes. L'étude attentive des catacombes de Rome a beaucoup modifié l'opinion des archéologues sur ce point. Il est reconnu aujourd'hui à peu près sans contestation que ces chapelles souterraines qu'on y rencontre si fréquemment, et qui sont ordinairement moitié creusées dans le tuf, moitié construites, ont servi de modèle aux édifices primitifs affectés au culte chrétien. Bottari avait entrevu ces analogies; il est le premier qui les ait signalées (*Roma sott.* t. iii. p. 75) ; et l'opinion de ce savant a été adoptée par Séroux D'Agincourt (*Histoire de l'art. par les monum.* t. i. p. 26 suiv.), par Raoul-Rochette (*Tableau des catacomb.* p. 55), et enfin, dans ces derniers temps, par le P. Marchi, sous la plume de qui la démonstration de ce fait si intéressant pour l'art chrétien a revêtu tous les caractères de l'évidence (*Monum. delle arti primit. Architettura*).

Donc, si nous en croyons ces hommes d'une si incontestable compétence, l'art chrétien aurait pris naissance dans ces cryptes sacrées ; il se serait naturellement épanoui du principe de la foi, dont l'inspiration se reflète dans des créations tout à fait originales, et se trouverait ainsi isolé des traditions antiques.

Les églises qui se révèlent dans les cimetières des chrétiens et des martyrs sont d'une grande simplicité; quelquefois elles sont revêtues de stuc, décorées de peintures, de colonnes, de pilastres, et d'autres ornements sculptés dans la roche elle-même. Dans les parois latérales, sont disposés parallèlement des tombeaux sur quatre ou cinq rangs et même plus, suivant l'élévation de la crypte. L'*arcosolium* (V. ce mot), qui servait ordinairement d'autel, se présente au fond de l'abside, à moins que cette place ne soit occupée par la chaire du Pontife : auquel cas, ou l'*arcosolium* manque, ou il se trouve trop élevé pour que les saints mystères aient pu y être célébrés (V. l'art. *Autel*).

On peut signaler encore dans ces petits oratoires plusieurs caractères qui n'ont fait que se développer ou se modifier assez légèrement dans les églises bâties plus tard sur terre. Tels sont, par exemple, l'arc triomphal, le presbytère, la *cathedra* et l'*exedra*, la forme absidale du chevet, etc. (V. Marchi. t. xxxviii); quelquefois aussi, on y voit des cancels en avant de l'autel ou de l'*arcosolium* (V. l'art. *Cancels*). Ces chapelles souterraines ont une élévation bien supérieure à celle des corridors ou voies sépulcrales, et à celle des simples chambres funéraires appelées *cubicula* (V. ce mot) ; elles embrassent souvent jusqu'à deux ou trois étages.

Le P. Marchi (*Op. laud.* p. 184) distingue dans les cimetières deux classes d'églises, les petites, qu'il désigne sous le nom de cryptes (V. ce mot), et les plus grandes, qu'il appelle proprement églises. Celles-ci sont disposées de façon à se prêter au déploiement des cérémonies, tel qu'il pouvait être en pareils lieux et en pareils temps, et aussi à admettre des réunions plus considérables, lesquelles néanmoins ne pouvaient guère dépasser le nombre de soixante-dix ou quatre-vingts fidèles.

Rien ne saurait donner une idée aussi complète de ces églises primitives, qu'une grande chapelle découverte en 1842 au cimetière de Sainte-Agnès, et dont nous mettons le plan sous les yeux du lecteur, avec une explication succincte, le tout d'après le P. Marchi (xxxv. xxxvi. xxxvii).

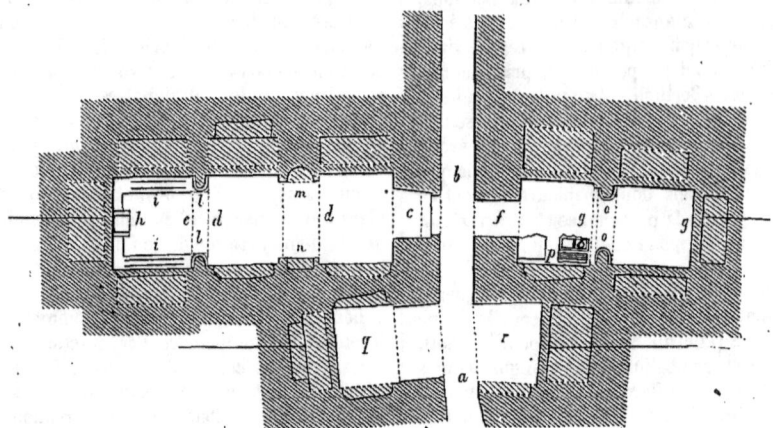

Mais, pour se rendre compte de l'importance de ce monument au point de vue des origines de l'architecture chrétienne, il faut, avant tout, en déterminer l'âge; et les inductions les plus sûres nous conduisent à une conclusion satisfaisante.

Si l'on veut bien jeter un coup d'œil sur le plan partiel du cimetière de Sainte-Agnès qui est annexé à l'article *Catacombes*, on verra que notre église, qui y figure sous le n° 35-35, est entourée, à une faible distance, d'un certain nombre de chambres, *cubicula*, qui semblent se lier avec elle par un système d'ensemble préconçu. Or ces chambres sont décorées de fresques qui, au jugement des savants les plus exercés dans la comparaison des œuvres d'art de l'antiquité romaine, doivent remonter à peu près aux dernières années du deuxième siècle ou au moins au début du troisième.

Il est vrai que l'église elle-même est dépourvue de peintures, et que, par conséquent, elle n'offre sous ce rapport aucun terme de comparaison. Mais ce qui est plus vrai encore, c'est que, par ses formes architectoniques, elle présente avec le style desdites chambres des points de conformité si nombreux et si frappants, qu'on ne peut s'empêcher d'y reconnaître l'empreinte de la même époque, nous pourrions presque dire la main des mêmes ouvriers. Ajoutons que si cette église n'eût pas été creusée en même temps que les édifices qui l'entourent, il eût été plus tard impossible de lui trouver l'espace relativement assez étendu qu'elle occupe au milieu de ces nombreux corridors et *cubicula*, sans en déranger toute l'économie.

Il est donc de toute probabilité que nous avons ici affaire à une église antérieure au troisième siècle.

Passons maintenant à l'explication du plan :

a et *b*. Deux couloirs opposés conduisant l'un et l'autre à l'église.

c. Porte avec seuil, chambranles et architraves de travertin, donnant accès à la partie la plus ample de l'église. Le P. Marchi établit de la manière la plus plausible ce fait intéressant, que, dans les primitives assemblées de fidèles, les sexes étaient déjà séparés, comme ils le furent plus tard dans les basiliques proprement dites. Dans l'espace marqué par les lettres *dd*, il croit reconnaître la salle destinée aux hommes, et celle des femmes dans le compartiment *gg*; on y arrivait par deux escaliers et deux corridors distincts.

e marque le chœur ou *presbyterium* : c'est là probablement qu'on plaçait un autel portatif pour la liturgie, car la chaire étant adossée à l'*arcosolium*, celui-ci ne pouvait servir d'autel.

f. Porte ouvrant sur la partie la moins ample de la chapelle.

g. Chaire pontificale.

ii. Sièges des prêtres et des clercs qui assistaient le pontife dans la liturgie, sièges dans l'épaisseur desquels sont pratiqués des *loculi* pour des enfants.

ll. Colonnes sculptées dans le tuf et revêtues de stuc, destinées à servir d'ornement au presbytère, et à marquer la limite qui le sépare de la nef.

m et *n*. Deux niches, l'une curviligne, l'autre rectiligne, pour recevoir des statues.

oo. Colonnes d'ornement, semblables à celles du presbytère, et peut-être destinées à séparer les diaconesses d'avec les autres femmes.

p. Vestiges des marbres dont le pavé était partout revêtu.

q et *r*. Deux petites salles avec *arcosolia*, ouvertes de chaque côté de l'avenue de l'église, à laquelle elles servent comme de vestibules.

Enfin, à deux mètres à peu près au-dessus du pavé, se voient deux consoles qui s'étendent des pieds-droits à la porte, et que le savant jésuite présume avoir servi à supporter de petits tableaux, soit des dyptiques où étaient peintes ou sculptées de saintes images. Ces objets, eu égard à leur peu de volume, pouvaient aisément être transportés de ces lieux humides dans des chambres plus saines, où on les conservait durant les intervalles des offices.

II. — ÉGLISES CONSTRUITES EN PLEIN AIR DANS LES TROIS PREMIERS SIÈCLES. En outre des chapelles souterraines dont nous venons de parler, et où les chrétiens venaient abriter leurs personnes et leur culte dans les temps de persécution, il exista simultanément des oratoires et des églises où ils se réunissaient dans les intervalles de paix, quelquefois assez considérables, dont ils jouirent même pendant les trois premiers siècles.

Nous disons d'abord des *oratoires*; et nous entendons par là ces sanctuaires domestiques (V. l'art. *Oratoires domestiques*) placés à la partie supérieure des maisons, et où dès le temps des apôtres les fidèles se rassemblaient pour la fraction du pain : c'est l'expression des *Actes* (I. 13, XX. 8. etc.). Ces lieux n'étaient autres que les cénacles des habitations privées, et que les chrétiens, en mémoire de la cène du Sauveur, convertissaient en église. Cet état de choses se maintint longtemps. Nous le savons, pour Rome, par les actes des martyrs (*Act. S. Pontii*. ap. Baluz. *Miscel*. t. II. *Act. S. Pudentianœ*. etc.), et, pour l'Orient, nous avons le témoignage de Lucien (*In dial.* Φιλόπατ.). Il raconte que le hasard l'avait conduit dans une maison inconnue, et qu'ayant gravi un long escalier, il arriva dans une pièce supérieure « aux lambris dorés, telle que la maison de Ménélas décrite par Homère..., qu'il y avait trouvé, non pas une Hélène, mais des gens prosternés et pâlissants. » On reconnaît aisément une assemblée chrétienne dans cette description tracée par la verve satirique du Voltaire de l'antiquité.

Mais ce n'étaient pas encore là des églises proprement dites, et le culte qui s'y exerçait peut être regardé jusqu'à un certain point comme un culte domestique. C'est du règne de l'empereur Sévère Alexandre (de 222 à 235) que date la plus ancienne donnée certaine d'un temple chrétien, dans la rigoureuse acception du mot. Dans une contestation élevée entre des chrétiens et des cabaretiers, *popinarii*, au sujet d'un local couvert encore des ruines d'un hospice de soldats invalides, *taberna meritoria*, et où les premiers voulaient bâtir une église, ce prince prononça cette admirable sentence : « Il vaut mieux que la divinité soit adorée en ce lieu d'une manière quelconque que le livrer à des marchands de vin (Lamprid. *In Alex. Sever.* 49). » Cet édifice, dédié par le pape S. Calliste, était situé dans la région transtibérine, sur l'emplacement qu'occupe aujourd'hui la basilique de *Santa-Maria in Trastevere*. Son titre primitif était *in partu Virginis*. L'oratoire était donc dédié à l'enfantement de la Vierge (A. Gerbet. t. 120). Ceci prouve pour la première moitié du troisième siècle, et les témoignages des écrivains ecclésiastiques que l'on cite ordinairement pour cet objet, ne remontent pas à une époque plus reculée. Il existe à Sion, en Valais, une inscription de l'an 377 qui mentionne dès lors une réparation faite à un édifice religieux (Mommsen. ap. Le Blant. *Inscr. chrét. de la Gaule*. t. I. p. 649). L'édifice devait sans doute appartenir à l'un des trois premiers siècles. On sait aussi que, sous le pontificat de S. Siricius, en 398, l'Église Pudentienne à Rome fut reconstruite de fond en comble par les prêtres Ilicius et Leopardus (V. de' Rossi, *Bullet*. 1867. édit. française, p. 55).

Quoi qu'il en soit, moins de trente ans après le jugement de Sévère Alexandre, nous voyons Gallien rendre aux évêques l'usage, non-seulement des anciens cimetières, mais encore des temples qui avaient été envahis par les païens (Euseb. *Hist. eccl.* VII. 13) : ces églises, dans la seule ville de Rome, étaient au nombre de quarante (Optat. Milev. *De schism. Donat*. l. II); et plus tard, Dioclétien, revenant sur cet acte d'équité, ordonna de détruire ces mêmes édifices (Euseb. *ib.* VIII. 2). Les chrétiens en avaient donc joui paisiblement pendant quarante-trois ans, de 260, date du décret de Gallien, jusqu'en 303, où fut rendu celui de Dioclétien. Les actes de S. Théodote d'Ancyre, martyrisé sous cet empereur, mentionnent plusieurs fois des églises (V. Ruinart. edit. Veron. p. 295), et signalent même la forme absidale dans celle des Patriarches (V. l'art. *Abside*).

Ce premier fait constaté, il resterait à connaître quelles étaient les formes architectoniques, quelles étaient les distributions intérieures, liturgiques de ces églises primitives. Nous ne croyons pas que la science soit en mesure de se prononcer sur cette double question. Eusèbe, qui rapporte le fait de leur existence et de leur destruction, ne nous fournit aucun renseignement sur leurs diverses formes. Cependant, si nous osons risquer ici une conjecture personnelle, comme ces églises furent bâties pendant les siècles de persécution, c'est-à-dire à peu près dans le même temps que celles des catacombes, ne peut-on pas présumer avec beaucoup de fondement que, bien que dans des proportions plus vastes, elles durent être modelées sur ces dernières, dont les dispositions avaient été basées sur les convenances essentielles du culte chrétien? Il dut au reste exister un type prescrit par le magistère de l'église, qui ne laissait rien à l'arbitraire des simples fidèles.

Le rapprochement de deux monuments de genres très-différents nous fournira peut-être quelque lumière à cet égard.

Sur un sarcophage du cimetière du Vatican deux églises chrétiennes sont sculptées en bas-relief (V. Aringhi. *Roma. subt.* t. I. p. 319). On distingue nettement, surtout dans l'une des deux, la porte et les fenêtres avec leurs portières relevées de chaque côté, ornements habituels des basiliques chrétiennes, comme le prouvent une foule de textes anciens (V. l'art. *Voiles et portières*), l'étendue longitudinale extérieure de la nef, et enfin l'exèdre ou coquille absidale. Or ces représentations d'églises, dont le type appartient sans aucun doute à la plus haute antiquité (le sarcophage est du quatrième siècle), offrent une ressemblance frappante avec certaines églises des catacombes. Le lecteur pourra en juger lui-même en jetant un coup d'œil sur la planche XXXVIII de l'ouvrage du P. Marchi, où se trouve tracée l'ichnographie, soit le plan géométral d'une chapelle souterraine du cimetière situé sous la colline appelée *Salita del cocomero*.

III. — ÉGLISES DEPUIS LE QUATRIÈME SIÈCLE, OU BASILIQUES PROPREMENT DITES. Le mot *basilique* employé pour désigner une église chrétienne ne se trouve dans aucun auteur chrétien avant Constantin. Il paraît que le premier nom qui ait été donné au lieu où les fidèles se rassemblaient est celui d'*église*. On semble autorisé à le conclure de plusieurs passages du Nouveau Testament, et en particulier de ces paroles de S. Paul (1 Cor. XI. 22) : « N'avez-vous pas vos maisons pour y boire et y manger? ou méprisez-vous l'église de Dieu ? » Il est certain que Tertullien (*De pudicit*. IV. *De veland. virgin*. XIII), S. Chrysostome (Epist. LV. *Ad Cornel.*) et d'autres encore l'ont employé dans ce sens.

Le mot *dominicum*, en grec κυριακόν, « maison du Seigneur, » fut aussi adopté de très-bonne heure. Il date au moins du temps de S. Cyprien ; ce Père adresse à une femme riche ce reproche (*De op. et eleem.* edit. Oxon. p. 141) : « Tu es riche, tu es opulente... et tu oses venir sans offrande dans la maison du Seigneur, *in* DOMINICUM *sine sacrificio venis*, et prendre ta part de ce que le pauvre a offert ! » Nous le trouvons dans d'autres Pères encore, notamment dans Ruffin (*Hist*. I. c. 3) ; et S. Jérôme nous apprend (*In Chronic*. olymp. 176. an. III) que la célèbre église commencée à Antioche par Constantin, et achevée par son fils Constance, fut, à raison de sa magnificence, appelée *dominicum aureum*. Le mot correspondant κυριακόν se rencontre très-fréquemment dans les conciles d'Ancyre, de Néocésarée, de Laodicée (V. Bingham, t. III. p. 114, etc.). L'église de Saint-Clément, à Rome, est appelée *dominicum* sur une plaque en bronze qui fut attachée au cou d'un esclave fugitif appartenant à Victor, acolyte de cette même basilique, A DOMINICV (sic) CLEMENTIS (Giorgi. *De monogram. Christi*. p. 59). Cet intéressant monument date au moins de la seconde moitié du quatrième siècle, car après cette époque on ne trouve plus le mot *dominicum* dans les inscriptions.

On est fondé à croire que les églises furent nommées basiliques seulement à l'époque où Constantin, converti au christianisme, concéda aux évêques plusieurs basiliques profanes pour y exercer le culte, et bâtit des églises sur le même plan, dont les premières furent celle du Sauveur, appelée plus tard Saint-Jean de Latran, et celle de Saint-Pierre au Vatican, la Sessorienne, ou Sainte-Croix en Jérusalem, qui date au moins de 313, puisque cette année-là le pape Miltiade y tint un concile pour juger les donatistes (De'Rossi. *Bullett*. 1863. p. 52. — V. Ciampini. (*De sacr. œdif.* pp. 4 et 116). Il est sûr du moins que depuis lors tous les écrivains ecclésiastiques adoptent cette dénomination, et notamment S. Ambroise (*Epist*. XXXIII), S. Jérôme (*Epist. ad Lætam.*), S. Augustin (*De divers*. serm. XII). Cependant ce n'est que graduellement que les chrétiens s'accoutumèrent à s'en servir ; et nous voyons encore en 333 le pèlerin qui a écrit l'*Itinéraire de Bordeaux à Jérusalem* se croire obligé d'expliquer par le mot *dominicum* le nom de basilique qu'il donne à l'église du Saint-Sépulcre : ce qui suppose que le premier était encore à cette époque le plus usité : *Ibi modo, jussu Constantini imperatoris, basilica facta est, id est dominicum miræ pulchritudinis* (Cf. De' Rossi. *Bullett*. april. 1863. p. 26), « là naguère, par les ordres de l'empereur Constantin, une basilique a été faite, c'est à-dire un *dominicum* d'une admirable beauté. »

Voici la définition que S. Isidore de Séville donne des basiliques (*Origin*. XV. 4) : « Les basiliques étaient d'abord les habitations des rois (ou le palais où ils rendaient la justice), et c'est de là que leur vient leur nom. Aujourd'hui les temples divins sont nommés basiliques, parce que c'est là que se rend le culte à Dieu, Roi de tous, et que les sacrifices lui sont offerts, » *nunc autem ideo divina templa basilica nominantur, quia ibi regi omnium Deo cultus et sacrificia offeruntur*. Cette définition semble supposer que tout temple consacré au culte de Dieu, le vrai roi, βασιλεύς (V. Henric. Stephanus, *Thesaur. ling. Græc.* verbo Βασιλεύς), doive porter le nom de basilique, à raison même de cette destination. Et, en effet, nous ne manquons pas d'exemples d'églises fort modestes, et même de simples chapelles auxquelles il est attribué par les auteurs anciens. Nous ne citerons que la basilique qui, selon Donati (*Roma vet. et recens.* IV. 2), avait été bâtie par Constantin dans l'intérieur du palais de Latran, en l'honneur de S. Laurent et de S. Théodore pape. Il est constant néanmoins que, en général, ce titre était réservé soit aux temples d'une magnificence royale, comme ceux du Vatican et du Latran, ou bien à des églises qui, avant d'être consacrées au culte divin, avaient été des basiliques profanes.

On a dit aussi que le nom de basilique désignait exclusivement les temples dédiés aux martyrs, et que les églises consacrées à Dieu seul, sans autre vocable, ne recevaient que le nom générique de temple ou d'église. On trouve rarement, à la vérité, dans les écrivains ecclésiastiques, *templa martyrum*, mais le plus souvent *basilicæ martyrum, memoriæ martyrum*.

Les Pères de l'Église semblent même établir entre ces deux termes une opposition bien tranchée, appliquant le nom de temple aux édifices dédiés aux fausses divinités, et réservant celui de basilique à ceux des chrétiens. Ainsi nous lisons dans la *Cité de Dieu* de S. Augustin (lib. XXII. c. 8) : *nos martyribus nostris non templa sicut diis, sed memorias sicut hominibus mortuis, quorum apud Deum spiritus vivunt fabricamus*, « pour nous, nous bâtissons à nos martyrs, non pas des TEMPLES comme à des dieux, mais des mémoires comme à des hommes morts, dont les âmes vivent en Dieu. » S. Jérôme établit, lui aussi, très-nettement la différence (*Epist ad Ribor. advers. Vigilant.*) : *... et cum Juliano persecutore sanctorum basilicas aut destrueret, aut in templa converteret*; il s'agit ici de la destruction par Julien des basiliques ou de leur transformation en TEMPLES. Les païens eux-mêmes n'avaient garde de les confondre. Dans une lettre de ce prince au Sénat, nous remarquons ce passage on ne peut plus significatif en ce sens : « J'ai lieu de m'étonner, Pères conscrits, que vous ayez si longtemps hésité à ouvrir les livres sibyllins, comme si vous aviez à traiter avec une ÉGLISE chrétienne et non avec le temple des dieux ; » *miror vos, Patres sancti, tandiù de aperiendis sibyllinis ecclesia, non in templo Deorum omnium tractaretis.*

Le bréviaire romain, au 9 novembre, distingue ainsi l'église du Sauveur, *ecclesia Salvatoris*, de la basilique de Saint-Jean-Baptiste (le baptistère, selon toute apparence), *basilica sub nomine sancti Joannis Baptistæ* (V. l'art. *Baptistère*. n. VI), bâties l'une et l'autre au Latran, par Constantin. Mais cette règle n'était pas inflexible, et on rencontre les deux noms employés indifféremment dans ces deux acceptions, dans le missel, le bréviaire et le martyrologe romains (IX august.), dans les œuvres des Pères, notamment dans celles de S. Augustin (*De Civit. Dei.* 1. 4), de S. Grégoire de Nazianze (Orat. III *Adv. Julian.*), de S. Athanase (*Epist. ad. solit. vit. agentes*).

Le mot *basilique des martyrs* n'indiquait pas seulement les lieux où se conservaient les corps des martyrs, mais encore ceux où ils avaient souffert, ceux qu'ils avaient habités, ou bien encore où ils avaient fait quelque action éclatante. Il était permis de bâtir des basiliques en tous ces lieux diversement sanctifiés par eux. Ainsi, par exemple, nous savons par Victor d'Utique (Ap. Baron. *Ad an.* 261) que deux *basiliques* furent érigées en l'honneur de S. Cyprien, l'une au lieu où il avait répandu son sang, l'autre sur celui de sa sépulture. Le premier fut appelé « la Table de Cyprien », *mensa Cypriani*, particularité curieuse que S. Augustin a expliquée dans un de ses sermons (*De divers.* serm. CXIII). « Dans ce même lieu où il déposa sa dépouille charnelle, une multitude cruelle s'était rassemblée pour répandre, en haine du Christ, le sang de Cyprien ; aujourd'hui une multitude pleine de vénération y accourt, laquelle, à l'occasion du *natale* de Cyprien, boit le sang du Christ ; et elle boit avec d'autant plus de douceur le sang du Christ, que Cyprien y a répandu avec plus de dévotion son sang pour le nom du Christ. Enfin, comme vous le savez, vous tous qui connaissez Carthage, en ce même lieu, une table, *mensa*, a été érigée à Dieu, et cependant ce lieu s'appelle *Mensa Cypriani*. Non pas que Cyprien y ait jamais mangé, mais parce qu'il y a été immolé, et que par cette immolation il a préparé cette table, non pour qu'il s'y fasse des festins, mai pour qu'il y soit offert un sacrifice au Dieu auquel il s'est lui-même offert. Mais que cette table qui est à Dieu soit appelée la table de Cyprien, en voici la cause : c'est que, de même qu'elle est maintenant entourée par les dévots, ainsi Cyprien lui-même y fut autrefois entouré par ses persécuteurs. Présentement elle est honorée par ses amis priants, autrefois Cyprien y fut foulé par ses ennemis frémissants ; enfin là où elle a été élevée, lui fut abattu. »

On donna aussi, chez les Grecs principalement, le nom de Basilique à la porte principale des grandes églises, βασιλική πύλη, « porte royale. » Cette porte joue un rôle important dans les cérémonies de l'Église, et surtout dans les expiations. Léon Allatius, citant le typique, mentionne souvent les portes basiliques : « Jusqu'aux portes basiliques (p. 12), » « Et il entra par la porte basilique (p. 13). » « Comme ils commençaient la sainte messe, l'empereur se tenait devant la porte basilique, la ceinture déliée, les sandales ôtées et la tête nue. » Il est dit ailleurs, dans les *expiations* (p. 33) : « Celles qui avaient reçu des philtres pour faire mourir leur enfant dans leur sein feront six ans de pénitence, deux en pleurant hors de l'église, et trois restant aux portes basiliques. »

IV. — D'après les données assez abondantes que nous ont conservées quelques auteurs anciens, et en particulier Eusèbe et S. Paulin de Nole, les modernes ont beaucoup disserté sur la forme et les dispositions des basiliques primitives ; mais cette matière est encore aujourd'hui pleine de confusion, et laisse carrière aux opinions les plus contradictoires.

Cependant des découvertes récentes et comme providentielles viennent jeter un jour inattendu sur la question, en soulevant un coin du voile qui la couvrait d'obscurité. Et les éléments qu'elles nous fournissent nous amènent à diviser en deux classes les basiliques bâties en plein air depuis la pacification de l'Église.

A. — La première classe comprend certaines églises de petites dimensions qui étaient parsemées dans la campagne romaine, et assises au-dessus des escaliers nouveaux que la cessation du danger avait permis de pratiquer ostensiblement à l'entrée des principaux cimetières, afin de ménager aux fidèles un accès plus facile. L'existence de cette espèce de monuments, vaguement accusée dans les écrits contemporains, est devenue aujourd'hui un fait clairement démontré, grâce à la sagacité de M. le chevalier De' Rossi, dont l'œil exercé sut, il y a peu d'années, discerner, sur la voie Ardéatine d'abord, une basilique de ce genre sous les altérations et les superfétations qu'elle a dû subir depuis bien des siècles peut-être. Car elle servait alors de cellier, et aujourd'hui, complètement déblayée, elle sert d'entrepôt aux marbres écrits et aux autres objets chrétiens qui sortent chaque jour du cimetière de Saint-Calliste. Nous en donnons ici le plan.

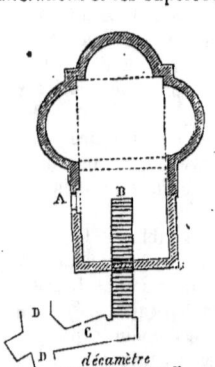

Éclairé par cette judicieuse initiative qui fut pour lui comme une révélation, le P. Marchi se transporta sur les lieux, et, à l'aide de son jeune guide, il ne tarda pas à reconnaître une seconde basilique non loin de la première et placée dans les mêmes conditions. Les études approfondies faites depuis par M. De' Rossi lui ont révélé le véritable vocable de la première de ces deux basiliques, qui est Saint-Sixte et Sainte-Cécile, parce qu'elle est construite directement au-dessus de la crypte où reposent ces deux martyrs. Le même archéologue, guidé par l'analogie, en a reconnu quelques autres encore dans les environs de Rome, principalement sur la voie Appienne, au-dessus de l'entrée du cimetière de Prétextat.

Et une telle découverte est d'autant plus importante, que nous retrouvons dans les petites églises en question précisément ce qui faisait lacune dans l'histoire de l'architecture chrétienne des premiers siècles, c'est-à-dire l'anneau qui relie immédiatement l'architecture en plein air à l'architecture souterraine. Ces édifices présentent des copies aussi exactes que possible des *cubicula*, des cryptes, des petites églises des catacombes. En effet, la forme commune de celles-ci est le quadrilatère, et il s'en trouve par centaines où, en dehors du carré, et sur trois de ses faces, s'ouvrent trois *arcosolia*, destinés à servir en même temps de tombeaux aux martyrs et d'autels pour le sacrifice. Or telle est aussi la disposition des deux petites basiliques que nous avons citées comme type : elles sont quadrilatérales et munies de trois absides pour recevoir trois sarcophages, lesquels étaient aussi probablement des autels quand ils renfermaient des corps de martyrs.

B. — La seconde classe est celle des grandes basiliques, munies de tous les développements et de tous les accessoires nécessités par les exigences du culte solennel, tout à fait libre, et régulièrement organisé.

Il y eut, dès le commencement, une grande variété dans la construction des églises chrétiennes, soit quant aux formes extérieures, soit quant aux dispositions intérieures. La plupart étaient plus longues que larges, imitant la figure d'une nef ou vaisseau, à laquelle s'attachait dans l'esprit des premiers chrétiens une signification mystérieuse (V. l'art. *Navis*, nef); les temples de cette forme étaient appelés par les Grecs δρομικά, parce qu'ils ressemblaient aux cours ou lieux destinés à la promenade. C'est aux églises de cette classe que se rattachent celles qui, à notre avis, sont figurées sur un sarcophage du Vatican et dont l'une se trouve reproduite par la gravure ci-dessus (II). Mais il y avait aussi des églises rondes, comme le Saint-Sépulcre et Saint-Étienne le Rond de Rome ; d'autres octogones ; d'autres présentaient la figure d'une croix, etc. Leurs dimensions n'étaient pas moins variées que leurs formes. Quelques-unes, bâties par des chrétiens opulents, étaient spacieuses et complètes dans toutes leurs parties et divisions ; d'autres étaient plus restreintes et manquaient de certaines parties, et dans celles-ci les cérémonies sacrées ne se développaient qu'avec gêne.

Mais, en général, la forme des églises chrétiennes différait essentiellement de celle des temples du paganisme : ainsi l'exigeaient les rites du nouveau culte, aussi bien que la séparation des deux sexes commandée par la réserve chrétienne, et observée dans les assemblées dès l'ère des catacombes ; la classification et la division des différents ordres de l'Église ne le demandaient pas moins impérieusement. Les temples païens affectaient presque invariablement la forme ronde, ou ne se composaient que d'une seule nef oblongue ; leurs proportions étaient exiguës, et la *cella* renfermant la statue du dieu avec l'autel en prenait la majeure partie. Ceux des chrétiens au contraire prirent de bonne heure, sauf les exceptions consignées plus haut, la forme d'un parallélogramme, et, en outre de la nef principale, ils eurent deux autres nefs latérales. Quelques églises de l'Occident se divisèrent en cinq nefs, comme on le voit encore aujourd'hui dans un grand nombre, par exemple, la cathédrale de Pise, Saint-Séverin et plusieurs autres églises de Paris.

C. — Nous devons dire néanmoins que la forme du temple romain n'était pas *toujours absolument* incompatible avec l'établissement du culte chrétien. De légères modifications permettaient quelquefois d'en faire des églises qui, par leur forme, se rapprochaient de celles que construisirent les disciples du Christ c'est-à-dire d'une grande salle carrée, comme la *Maison carrée* de Nîmes par exemple, avec l'abside pour y placer l'autel. Aussi peut-on citer un assez grand nombre de temples, soit en Orient, soit en Occident, qui ont été consacrés au culte du Christ, les uns sans avoir subi aucun changement, les autres moyennant quelques appropriations plus ou moins importantes.

Quant aux contrées de l'Orient, nous prendrons pour guide M. Charles Texier (*L'architecture byzantine*... p. 80 et suiv.). Ce savant donne (pp. 81 et 82) les plus curieux détails sur la destruction complète de tous les temples dans toutes les régions parcourues par S. Paul, tandis qu'ils furent conservés à droite et à gauche de l'itinéraire du grand apôtre, détails dans lesquels la brièveté qui nous est imposée ne nous permet pas d'entrer.

Parmi les temples convertis en églises, on cite, en Syrie, le sanctuaire de Cavesus à Deir-el-Kala'ah, et le temple de Bacchus à Laodicée.

Le temple de Vénus, à Aphrodisias, en Asie, fut converti en église de l'Ascension, à une époque un peu vague, mais certainement comprise entre le règne de Constantin et celui de Théodose. Le nom même d'Aphrodisias fut aboli (il signifie ville de Vénus); la ville fut appelée Tauropolis (la ville du Taurus) sous Constance, et plus tard Stauropolis (la ville de la Croix). Le temple ne put néanmoins s'adapter au culte chrétien qu'au moyen de notables modifications. Ainsi la *cella* fut entièrement démolie; les colonnes du *posticum*, qui étaient au nombre de huit, furent déplacées et remises dans l'alignement des colonnes latérales, dont le nombre fut ainsi porté à dix-neuf de chaque côté. Le portique d'ordre ionique fut ensuite enfermé dans des murailles qui laissaient un large espace entre l'enceinte nouvelle et les colonnes, de manière à former une nef et deux bas côtés. Au fond, on construisait une abside circulaire qui existe encore aujourd'hui.

A Ancyre (Asie Mineure), le temple de Rome et d'Auguste. Ici encore de profondes modifications, bien que différentes de celles d'Aphrodisias. Ainsi on dut y pratiquer des fenêtres, les temples antiques ne recevant le jour que par la porte, excepté les temples diptères qui avaient un *impluvium*, tels que le Panthéon d'Agrippa.

Temples de la Grèce. Le Panthéon d'Athènes était encore au commencement du sixième siècle ouvert aux sectateurs du polythéisme (Texier. p. 97). Ce fut sous Justinien que le temple fut fermé (édit. de 529) et converti en église sous le nom de Ste-Sophie. Les Grecs firent subir à son ordonnance primitive de graves altérations qui ont été pour les savants des temps passés la cause de bien des erreurs, jusqu'à ce que les travaux récents eussent remis à découvert la structure primitive. Il fut aussi nécessaire d'y ouvrir des fenêtres.

Le temple de Minerve Poliade et d'Érechtée devint une église au septième siècle. Il en est de même de la plupart des temples qui existaient dans l'enceinte d'Athènes. Le petit temple d'ordre ionique situé sur l'Illissus, et que Stuart regarde comme ayant été dédié à Diane Agrostera, était devenu l'église du Vendredi-Saint, Ἁγία παρασκευή, et le temple de Thésée l'église de S. Georges.

Cette appropriation au culte chrétien qui, comme on le voit, offrait de nombreuses difficultés, a sauvé de la destruction un grand nombre de monuments antiques. Les autres sont tombés en ruine : ainsi, pour la Grèce, celui du cap Colonne, ceux d'Égine, de Corinthe, de Basso, etc.

Des transformations analogues, et en plus grand nombre peut-être, eurent lieu dans l'empire d'Occident, bien que les édits des empereurs contre le paganisme y aient trouvé plus de résistance qu'en Orient. Mais là les chrétiens ne montrèrent pas plus de répugnance que ceux des contrées orientales à installer leur culte dans les anciens sanctuaires du paganisme.

A Salone, la ville de Dioclétien, il y avait deux temples dans lesquels l'idolâtrie avait eu à peine le temps de brûler son encens, les temples de Jupiter et d'Esculape. Le premier fut consacré à la Sainte Vierge et c'est encore aujourd'hui la cathédrale de Spalatro. L'autre est devenu l'église de S.-Jean.

A Rome, S. Étienne le Rond qui était, selon les uns, selon d'autres un marché, n'aurait été consacré au culte que par le pape Simplice en 458. Mais les archéologues modernes regardent l'édifice comme étant d'origine chrétienne, ainsi que l'église ou mausolée de Sainte-Constance sur la voie Nomentane. Nous avons exposé dans notre *Notice sur le culte de Ste Agnès* les raisons qui nous dissuadent de partager l'opinion de ces savants quant au dernier de ces monuments.

Le panthéon d'Agrippa était encore consacré aux dieux de Rome en 356. On ignore combien de temps il resta fermé; mais en 610 l'empereur Phocas en fit présent au pape Boniface IV, qui le consacra à la Ste Vierge sous le nom de Sainte-Marie de la Rotonde; aujourd'hui il est placé sous le vocable de Sainte-Marie-aux-Martyrs, ce qui le rapproche de son ancienne destination. Le temple d'Antonin et de Faustine au *Forum* a été consacré au culte à une époque assez récente, sous le nom de S.-Laurent *in Miranda*. Le temple de Vesta fut transformé en église sous le nom de la *Madonna del Sole*. Enfin celui de Romulus et de Remus est aujourd'hui l'église des SS.-Côme-et-Damien.

A Ostie, dans la partie de la ville appelée « cité Constantinienne », il est fait mention de l'église de S. Pierre et de S. Paul, qui n'est autre que le temple circulaire qui était dédié au dieu Portumne.

Gaule narbonnaise. Aucune autre contrée n'offre, réunis dans un si petit espace, autant d'édifices antiques appropriés à l'usage du culte chrétien. Nous ne comprenons pas dans ce nombre les églises bâties sur l'emplacement d'anciens temples et qui sont en plus grand nombre encore.

A Vernègue, que l'on croit être l'ancien *Ernaginum*, on voit encore les ruines d'un petit temple grec qui fut changé en église, mais avec de notables modifications, à une époque qu'on ne saurait préciser, mais qui se place sûrement entre le cinquième et le sixième siècle.

A Vienne (Isère), un temple d'Auguste converti en église sous le nom de N.-D. de la Vie. Cette transformation n'eut lieu qu'au neuvième siècle, par les soins de l'évêque Burcard, et encore avec des travaux d'appropriation très-considérables.

D. — D'autres édifices profanes furent aussi quelquefois changés en églises par les premiers chrétiens, entre autres les thermes et les bains, qui, chez les anciens, ne le cédaient en magnificence qu'aux temples consacrés aux dieux, et aux basiliques, sanctuaires de la justice. Nous en avons un exemple datant du berceau même du christianisme à Rome. Ce sont les thermes que Novatien, fils de Pudens, l'hôte illustre de S. Pierre, possédait sur l'Esquilin, et qu'il légua à son frère Timothée, prêtre de l'église romaine, pour y célébrer les synaxes. Ce titre, qui porta d'abord le nom de ce même Timothée, fut ensuite consacré en église par le pape Pie I, à la prière de Ste Praxède, sous le vocable de laquelle elle est aujourd'hui placée (Baron. *Not. ad martyrol. Rom.* xxx jun.). Ce pontife y ajouta un baptistère où il régénérait lui-même ceux qui venaient en foule à lui pour embrasser la foi chrétienne (Anastas. Biblioth. *in Pium I*).

Personne n'ignore que l'église de Ste-Cécile *in Trastevere* fut bâtie sur la maison et sur les bains domestiques où cette illustre martyre avait été renfermée, afin qu'elle y reçût la mort par asphyxie (V. notre art. *Cécile [Sainte-]*).

Sur le Viminal se trouvaient les thermes d'Agrippine, qui plus tard reçurent le nom d'Olympiade ; c'était probablement une matrone qui la posséda après la mère de Néron. C'est là que S. Laurent, si nous en croyons ses actes, fut exposé sur le gril. Ce qui est certain du moins, c'est que ce lieu fut converti en église sous le vocable du diacre martyr.

Le titre de S. Martin a' Monti occupe une partie des thermes que Titus avait bâtis sur l'Esquilin près de ceux de Trajan, et qui portent le nom de Domitien, parce que cet empereur les fit reconstruire presque en entier après un incendie. C'est dans ces thermes qu'eut lieu en 324 le premier concile romain, tenu par S. Sylvestre et où assistaient 284 évêques.

Les magnifiques thermes de Néron, connus depuis sous le nom de Sévère Alexandre, qui les avait restaurés et agrandis, non loin du cirque Agonal, avaient d'abord été convertis par les païens en un temple de la Pitié ; mais ils furent plus tard dédiés au Sauveur par S. Sylvestre et consacrés par S. Grégoire I. C'est l'église qui subsiste encore sous la dénomination de S.-Salvadore *in Thermis*.

La fameuse église de Sainte-Marie-des-Anges occupe, comme chacun sait, la grande salle des thermes de Dioclétien. C'est le pape Pie IV qui conçut l'idée de donner à cette salle une destination sacrée ; il en confia l'exécution à Michel-Ange, qui en fit une église en forme de croix grecque ; et c'est une des plus majestueuses et des plus élégantes de Rome. Les thermes de Dioclétien étaient restés treize siècles sans emploi, et leur construction avait coûté, dit-on, sept années de travail à quarante mille chrétiens condamnés aux travaux forcés.

Ce n'est pas seulement à Rome que des thermes furent consacrés au culte chrétien. Nous nous bornons à citer, à Pise, ceux d'Hadrien qui sont aujourd'hui la célèbre église de Santa-Reparata. A Arezzo, ville de Toscane, l'église et le monastère de S.-Bernard sont construits également sur d'anciens bains romains. L'appropriation de ces derniers monuments est relativement moderne, ainsi que celle de quelques autres que, pour ce motif, nous nous abstenons de mentionner ici.

IV. — Nous allons essayer, avec l'aide de Sarnelli (*Antica Basilicografia*. Napoli. 1786), de Bingham (*Origin. eccl.* l. viii), de Pelliccia (*De eccl. polit.* t. i. l. 2), etc., de donner une idée sommaire d'une basilique chrétienne des premiers siècles de la paix ; nous ferons en sorte de réunir, autant que possible, les caractères communs aux églises grecques et aux latines, et nous renverrons aux auteurs cités pour les développements que ne comporte pas un recueil comme celui-ci.

Les basiliques étaient divisées en trois parties principales : le vestibule, ou πρόναον ; l'aire appelée par les latins *ecclesiæ navis* et par les Grecs ναός, nef ; le βῆμα ou ἱερατεῖον, en latin *suggestum*, ou *ecclesiæ absis*, abside.

1° En entrant dans l'église, on trouvait d'abord le πρόναον, ou portique, que nous avons appelé vestibule. Ordinairement il était soutenu à l'extérieur par deux, cinq ou sept colonnes, et de l'autre côté s'appuyait sur le mur de la façade. Entre les colonnes régnait une tringle de fer, munie d'un certain nombre d'anneaux, au moyen desquels, aux jours de solennités, on suspendait les voiles extérieurs. L'espace compris entre les colonnes donnait accès à l'*impluvium*, c'est-à-dire introduisait sous la voûte du portique, qui était communément décorée de peintures sacrées. C'est là que se tenaient les pénitents de la première classe appelés *strati* ou prosternés, et que les Grecs appelaient ἀκροώμενοι, parce que de là ils entendaient la psalmodie et l'instruction. Dans les grandes églises, il y avait quelquefois trois portiques, l'un à l'occident, c'était celui du milieu, et deux portiques latéraux qui regardaient le nord et le midi (Paul Silentiar. *De templ. Theod.* pars II. 9). Le portique du milieu, tourné vers l'occident, s'appelait *narthex*, νάρθηξ, en latin *ferula*, parce qu'il était plus long que les autres, et c'était celui qui introduisait dans l'église (Procop. *De œdif.* v. 6. — Pellic. I. p. 169). Nous devons faire observer en passant que les basiliques avaient ordinairement leur porte tournée vers l'occident (V. l'art. *Orientation des églises*), et c'est ce qui explique pourquoi les Pères disent que les chrétiens regardaient l'orient quand ils priaient (Basil. *De Spirit. sanct.* XXVII. — Athanas. *De plur. quæst.* XIV. — Augustin. *De divers. serm.* XLIX). Au centre du portique, et quelquefois sur le côté méridional, il y avait une vasque pleine d'eau, *malluvium*, où les fidèles se lavaient les mains et le visage avant d'entrer dans le temple (V. l'art. *Ablutions.* III). Cette vasque était appelée par les Grecs φιάλη ou χερνιβόξεστόν, et par les Latins *cantharus* (V. ce mot).

Il y avait, quant à cette première partie des basiliques, des variétés assez notables, comme on le verra à l'art. *Atrium* (V. aussi l'art. *Narthex*.).

2° Du portique on entrait, par trois portes, dans l'aire intérieure de l'Église, αὐλή, *aula*. C'était par cette porte qu'entraient les clercs; les portes latérales étaient pour le peuple, la droite pour les hommes, la gauche pour les femmes.

Le ναός, soit l'aire intérieure, se divisait en trois nefs. La nef du milieu qui conduisait droit au βῆμα, ou à l'autel, restait libre; son extrémité s'appelait *solea* ou *liminare* (D. Ménard. *Not. ad sacrament. Gregor. et Goar. in euchol. Græc.*). Les hommes se tenaient dans la nef méridionale, les femmes dans la septentrionale (S. Max. *De eccl. nupt.* c. III. — Cyrill. Hieros. *Procatech.* I. — Cf. Bingham). En Occident, la nef des hommes était plus longue que celle des femmes, comme on peut le voir dans les plus anciennes églises subsistant encore aujourd'hui, telles que Sainte-Sabine de Rome, la cathédrale de Narni, celle de Sainte-Sixte de Pise, etc.

Ces nefs étaient partagées par des cloisons. Le premier compartiment, en partant de la porte, était celui des catéchumènes et des pénitents; venait ensuite celui qui était consacré aux fidèles; il y en avait un troisième dans chacune des nefs latérales, le plus rapproché de l'autel, où se tenaient, d'un côté, les vierges consacrées à Dieu, comme nous l'apprenons d'Origène (Tract. XXVI *In Matth*.) et de S. Ambroise (*Ad Virgin. laps.* VI), de l'autre les moines. La nef des femmes était appelée ματρονίκιον, *matronæum*, celle des hommes ἀνδρόν, par les Grecs.

Dès le sixième siècle, peut-être même plus tôt, il y eut des églises où le *matronæum* était situé derrière l'abside, de telle sorte que les femmes pouvaient voir l'autel et le siège du pontife. Telle était la basilique Libérienne reconstruite par le Pape Sixte III; telle encore celle de SS.-Cosme-et-Damien au *forum* : Félix IV y bâtit une abside ouverte par trois arcs donnant vue sur le sanctuaire. On peut se rendre compte de cette disposition architectonique, qui peut paraître étrange, en examinant le plan que M. De' Rossi a donné de cette basilique, dans son *Bulletin* de 1867 (pl. VII) et l'explication dans son texte (*édit. française*, p. 72). Le *matronæum* était aussi appelé *pars mulierum* (V. ce plan à l'art. *Matronæum*).

5° Enfin, après le ναός, venait la partie extrême de l'église, le βῆμα, séparé de la nef par la *solea*, et entouré d'un péribole ou cancel (V. l'art. *Cancel*), au centre duquel s'ouvrait une porte sur la *solea*.

Devant les portes du βῆμα se trouvait l'ambon ou *pulpitum* (V. l'art. *Ambon*). A Rome, il y avait, en avant du βῆμα, un lieu spécial, qui reçut le nom de *senatorium* (*Ordo Rom. in Biblioth. PP.* t. IX) et qui était réservé aux familles sénatoriales et aux grands en général; et quand il y avait deux ambons, l'un au midi pour la lecture de l'évangile, l'autre au nord pour celle de l'épître, des livres des prophètes, et pour la psalmodie (et il en était à peu près toujours ainsi à Rome), le *senatorium* occupait le milieu, en avant de la porte du βῆμα.

On trouvait ensuite la *solea* du clergé, qui est la première partie du βῆμα ou du chœur. C'était là que se tenaient les sous-diacres et les clercs mineurs pour la psalmodie. D'un côté ou de l'autre était le *secretarium*, nommé plus tard par les Latins sacristie (V. l'art. *Secretaria*). Chez les Orientaux, il y avait quelquefois un *secretarium* de chaque côté de la *solea*, dont l'un était nommé διακονικόν, l'autre σκευοφυλάκιον (V. les art. *Solea, Diaconicum, Scevophylax*).

En dernier lieu, on pénétrait dans le βῆμα proprement dit, c'est-à-dire dans le sanctuaire où s'accomplissait le divin sacrifice. Il était entouré de cancels, afin que la multitude ne pût s'approcher de l'autel (Euseb. *Hist. eccl.* X. 4). Au centre de ce cancel, à l'endroit qui correspondait à la nef centrale, s'ouvrait une porte; mais, dans les plus grandes églises, il y en avait une pour chacune des trois nefs (Paulin. Nol. *Nat.* X).

Ces βῆμα ou sanctuaire, ou presbytère, se terminait en hémicycle : c'est pourquoi les Grecs l'appelaient κόγχη, *concha*, et les Latins *absida* (V. l'art. *Abside*.). Tout à l'entour de l'abside régnaient des sièges pour les prêtres (Athanas. *Epist. ad solitar.* — Augustin. *Epist.* CXXV); et, au fond, la chaire de l'évêque, plus élevée que les autres sièges. *In medio situm sit episcopi solium*, Ἐπισκόπου θρόνος, *et utrinque sedeat presbyterium* (*Const. apost.* II. 57) (V. l'art. *Chaire*). Assis sur ce siège, l'évêque dominait donc l'autel lui-même et pouvait être vu et entendu de tout le peuple.

Au centre de l'abside était l'autel, recouvert du *ciborium* (V. ces deux mots).

Telle fut la forme des basiliques, tant que l'antique discipline fut en vigueur. Mais la description qui précède n'en peut donner qu'une idée générale. Bingham (*Origin. eccl.* l. VIII. c. 3) a réuni, d'après Bévérige, Léon Allatius, Jacques Goar et d'autres encore, plusieurs plans qu'on consultera avec fruit pour se faire une idée aussi exacte que possible des différences qui existent entre les grandes basiliques grecques et latines. Ce savant donne aussi l'ichnographie de Sainte-Sophie de Constantinople, et de plus un grand plan de basilique avec toutes ses dépendances, dressé d'après le texte d'Eusèbe. Sarnelli (Op. laud. *Frontisp.*) a publié aussi, d'après Eusèbe, S. Paulin, etc., un plan animé et très-détaillé, qui offre de l'intérêt; mais il n'en faut accepter les données qu'avec une certaine réserve, et surtout faire abstraction des singularités de sa perspective. A l'article *Atrium*, nous en avons reproduit un d'une grande et très-correcte simplicité (V. ce plan). Nous n'avons rien trouvé de mieux à offrir ici au lecteur que le plan ichnographique de la basilique de Saint-Clément de Rome, qui, bien qu'elle ne date que du onzième ou du douzième siècle, présente, dans la merveilleuse harmonie de toutes ses parties, le type de la basilique Constantinienne, comme on peut s'en assurer en contemplant la basilique primitive récemment découverte au-dessous de la moderne.

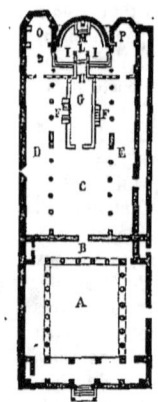

Explication du plan :

A. Narthex extérieur, soit premier vestibule destiné à isoler l'église du tumulte de la rue. Station des *pleurants*.

B. Narthex intérieur, ou *pronaos*, vestibule intérieur. Station des *écoutants*, qui, avec les catéchumènes, les énergumènes, les Juifs et les gentils, ne pouvaient entrer dans l'église que pour entendre le sermon.

C. *Naos*, grande nef. Les pénitents dits *prosternés* et *consistants* y pouvaient demeurer, mais sans participer aux saints mystères (V. l'art. *Pénitence canonique*).

D. E. Petites nefs ménagées pour la séparation des deux sexes.

F. F. Ambons, pour les lectures et les sermons.

G. Place des clercs mineurs et des chantres.

H. Cancels de séparation.

I. I. Sanctuaire réservé aux prêtres et aux diacres, ordinairement fermé par des voiles (V. l'art. *Voiles* et *Portières*).

L. Autel.

M. Chaire épiscopale (V. l'art. *Chaire*).

N. Siéges des prêtres (V. *ibid.*).

O. P. *Diaconicum*, où les diacres conservaient les ustensiles sacrés, et *gazophylacium*, pour déposer les offrandes des fidèles (V. ces deux mots).

V. — C'est à Rome qu'il faut chercher surtout les basiliques primitives; nulle part ailleurs elles ne se trouvent en si grand nombre. Autrefois il y en avait une sur chacune des quatorze voies romaines. Le temps, les invasions des barbares, principalement l'occupation des Lombards, les ont détruites presque toutes. Aujourd'hui la Flaminia, l'ancienne et la nouvelle Salaria, la Prénestine et l'Ardéatine conservent à peine quelques vestiges des leurs. Les neuf autres, la Nomentane et la Tiburtine, la Lavicane, la Latine et l'Appia, celle d'Ostie, celle de Porto, l'Aurelia et la Cornelia, gardent à peu près, dans leurs formes primitives, les basiliques de Sainte-Agnès et de Saint-Laurent, et, dans des formes presque complétement renouvelées, celles des Saints-Marcellin-et-Pierre, de Saint-Sébastien, celle de Saint-Paul hors des murs, et celle de Saint-Pierre au Vatican.

Les basiliques dites Constantiniennes, parce qu'elles passent pour avoir été fondées par Constantin le Grand, sont à Rome au nombre de sept : Saint-Jean de Latran, Saint-Pierre au Vatican, Saint-Paul hors des murs, Sainte-Croix en Jérusalem, Sainte-Agnès sur la voie Nomentane, Saint-Laurent *in agro Verano*, enfin Saints-Marcellin-et-Pierre *inter duas lauros* (Carletti. *Chiesa di S. Silvestro in capite*. p. 51. not.). Ciampini en attribue à ce prince un grand nombre d'autres (*De sacris ædific. a Constantino M. constructis*). Constantin fonda à Jérusalem la basilique du Saint-Sépulcre, ou de la Résurrection du Sauveur, appelée *Martyrion*, et à Bethléem celle de la Nativité, sur le mont des Olives celle de l'Ascension. Eusèbe (*Vita Constantin.* III. 53) lui attribue la construction d'une quatrième église en Palestine, dans la vallée de Mambré, *ad quercum Mambre*, lieu qu'avait habité Abraham. D'après Nicéphore (VII. 49), ce prince construisit à Constantinople trois grandes basiliques : celle de Sainte-Sophie, Ἁγίας Σοφίας, celle de Sainte-Irène, Ἁγίας Εἰρήνης, celle de Sainte-Dynamis ou Sainte-Virtus, Ἁγίας Δυνάμεως. On y doit ajouter celle des Apôtres, sous le vestibule de laquelle il voulut être inhumé. (Euseb. *Vit.*

Const. iv. 58 seqq.), et plusieurs autres d'une moindre importance.

Nous terminons cet article par le dessin de la façade de la regrettable basilique Constantinienne du Vatican, telle qu'elle était encore au seizième siècle, avant la construction du Saint-Pierre actuel.

BATON (son usage dans la liturgie). — Les plus anciens rituels et sacramentaires font mention d'un curieux usage de la primitive Église dont le sens ne saurait être saisi sans une courte explication. Ils disent qu'au moment de la messe où va commencer la lecture de l'Évangile, tous les fidèles quittent les bâtons qu'ils ont à la main : *Dum Evangelium legitur, baculi de manibus deponuntur* (Honor. Augustod. *Gem. anim.* 1. 24. — Amalar. *De offic. eccles.* iii. 18. — Martène. *De antiq. Eccl. rit.* libr. i. cap. 4. art. 5). Ceci suppose que les fidèles assistaient à l'office divin avec un bâton à la main, et en effet nous savons que telle était l'ancienne coutume dans l'Église.

On en donne plusieurs raisons, qui toutes sont fondées, croyons-nous. La première est puisée dans la nécessité physique. On sait en effet que les premiers chrétiens se tenaient debout pour prier, dans le lieu saint particulièrement. On peut citer ici le vingtième canon du concile de Nicée; Baronius a mis dans tout son jour ce point de discipline primitive (*Ad an.* xxiii. 109. et cccxxv. 115), et nous devons nous-même renvoyer le lecteur à notre article *Prière*, où la question est traitée avec les développements qu'elle comporte. Or les fonctions sacrées se prolongeaient souvent durant de longues heures : car, en outre de la célébration de la liturgie, il y avait les homélies et autres instructions distribuées par les évêques (V. l'art. *Prédication*). On conçoit que la longueur de ces offices devait être fatigante pour les fidèles, principalement pour les vieillards, et qu'ils devaient se procurer quelque soulagement en s'appuyant sur un bâton, et l'indulgence de l'Église toléra cet usage. En second lieu, le bâton, à raison de la poignée transversale qui le surmonte ordinairement, ayant toujours été regardé dans les premiers temps et présenté par les Pères comme le symbole de la croix (Augustin. serm. cvii. *De temp.*), il était tout naturel que les chrétiens s'en servissent pendant la célébration des saints mystères en mémoire de la passion et de la rédemption du Sauveur.

La troisième raison qu'on assigne audit usage nous paraît plus plausible encore. C'est une raison toute mystique, empruntée aux analogies de la loi nouvelle avec la loi ancienne. Comme, pour la manducation de l'agneau pascal de l'Ancien Testament, il fut prescrit aux Hébreux d'avoir un bâton à la main (*Exod.* xii. 11), les disciples de Jésus-Christ devaient imiter ce rit quand ils se disposaient à manger la chair du nouveau et véritable Agneau dans l'eucharistie.

BÉLIER. — Quelques antiquaires ont regardé le bélier comme un symbole distinct de l'agneau (V. l'art. *Agneau*), et lui ont assigné une signification particulière, quand il paraît sur les monu-

ments chrétiens. S. Ambroise dit qu'il est pris pour symbole du Verbe, même par ceux qui nient la venue du Messie (*Epist.* lxiii), et fait ensuite de curieux rapprochements par lesquels s'expliquerait la pratique reçue dans la primitive Église de mettre quelquefois le bélier à la place de l'agneau (V. l'art. *Bon Pasteur*). « Le bélier, dit ce Père, nourrit sa toison et la lave dans l'eau pour en augmenter la blancheur et pour nous plaire. Ainsi Jésus-Christ a porté nos péchés et les a lavés dans son sang, afin que nous puissions plaire à Dieu son Père. Le bélier, par sa voix, guide le troupeau dont il est comme le chef et revêt le berger de sa laine : ainsi Jésus-Christ, en tant que Dieu, nous revêt par sa création et sa providence, il nous conduit vers le port du salut par sa doctrine, par sa rédemption, par sa grâce (*De Abraham.* ii. c. 8). Le bélier combat et terrasse le loup ; Jésus-Christ dompte le démon (*Enarrat. in ps.* xliii). Le bélier fut arrêté par les ronces pour être sacrifié à la place d'Isaac; Jésus-Christ, qui devait élever avec lui notre chair de cette terre, s'est fait victime pour nous; et de même que le bélier se tait devant celui qui le tond (Is. liii. 7), ainsi Jésus-Christ n'a pas ouvert la bouche devant ceux qui lui donnaient la mort (*De Abraham.* i. 6). »

C'est comme symbole de la force et comme encouragement à combattre vaillamment l'ennemi du salut que le bélier est figuré sur certains monuments relatifs au baptême, notamment sur une vasque baptismale de Pisaure, dans les cimetières où les chrétiens cherchaient un asile pendant les persécutions (V. Perret, vol. iii. pl. viii.), et enfin sur les pierres annulaires (Id. iv-xvi), où ils aimaient à retracer des images propres à les soutenir dans ces temps malheureux. S. Ambroise conclut que, nous aussi, nous devons nous faire béliers (*In ps.* xliii) et repousser, abattre notre ennemi commun par la foi et la vertu de Jésus-Christ, qui est figurée par cette corne dont il est parlé au psaume xliii (v. 7) : *In te inimicos nostros ventilabimus cornu,* « C'est en vous que nous trouverons la force de terrasser nos ennemis, » littéralement : « que nous jetterons en l'air nos ennemis avec les cornes. »

D'autres Pères ont considéré le bélier arrêté dans le buisson comme l'image de Jésus couronné d'épines (S. Prosp. *De promiss. Dei.* pars i. c. 17), ou de Jésus crucifié (Aug. *In ps.* l). C'est sans doute pour ce motif qu'on trouve souvent deux béliers affrontés, avec une croix au milieu d'eux, particulièrement sur des chapiteaux de colonnes, par exemple à Saint-Ambroise et à Saint-Celse de

Milan (Allegranza. *Sacr. M. di Mil.* tav. VII. etc.). On voit que le point de départ de toute cette doctrine est le bélier du sacrifice d'Abraham, et Notre-Seigneur nous dit lui-même (Joan. VIII. 56) qu'il fut donné au saint patriarche d'entrevoir toutes ces analogies, et qu'il s'en réjouit grandement.

BÉNÉDICTIONNAIRE. — V. l'art. *Livres liturgiques*, n. V.

BÉNIR (MANIÈRE DE). — Les monuments antiques de toute sorte, bas-reliefs de sarcophages, fresques des catacombes, mosaïques des basiliques, fonds de coupe, diptyques, etc., représentent fréquemment Notre-Seigneur, les apôtres et d'autres personnages du Nouveau et même de l'Ancien Testament, élevant la main comme pour bénir. Mais les doigts ne sont pas toujours disposés de la même manière, et cette diversité a donné lieu à des classifications plus ou moins fondées.

1° On a remarqué que, *en général*, dans les monuments de l'art grec, ou produisant des personnages ayant appartenu à l'Église grecque, la main qui bénit tient le pouce joint à l'annulaire, et élève l'index, le medius et l'auriculaire; et c'est ce qu'on a appelé la manière grecque. Il existe parmi les savants trois interprétations différentes de cette manière de bénir. Les uns (Macri. *Hiero Lex.*) y voient l'intention de figurer les sigles A et ω; d'autres (Ciamp. *De sac. ædif.* c. IV. sect. 2) la forme des lettres initiales du nom du Sauveur IH-XC; les derniers (Bolland. *T.* VII. *jun. act.* LV. p. 135) une exhortation à élever notre âme vers la Ste Trinité, exprimée par les trois doigts élevés, et à croire aux biens éternels figurés par le cercle que forme le rapprochement du pouce et de l'annulaire, le cercle étant l'hiéroglyphe accoutumé de l'éternité. On pourrait encore, avec l'abbé Polidori (*Amico catt.* VII. 60), reconnaître dans les trois doigts élevés une profession de foi à la trinité des personnes, et dans les deux doigts unis la croyance à l'unité de nature; ou bien encore, quand ces deux doigts sont placés l'un sur l'autre en forme de croix (et les monuments en offrent plus d'un exemple), l'ensemble de l'attitude de la main pourrait rappeler les deux principaux mystères de la foi, la Trinité et l'Incarnation.

2° On a observé en second lieu que, *communément*, les monuments latins diffèrent des grecs en ce que, sur ceux-là, les doigts qui se développent sont le pouce, l'index et le medius, tandis que les deux autres sont repliés sur la paume de la main : c'est ce qu'on est convenu d'appeler la bénédiction latine. C'est ainsi qu'est disposée la main du Sauveur, quand il opère quelque miracle, et qu'il n'a pas la baguette, par exemple, dans la guérison de l'aveugle-né (Bottari tav. XIX. et *passim*), ou dans celle de l'hémorroïsse (Id. XXI), ou encore dans la représentation de son entrée à Jérusalem (Id. CXXXIII. et *passim*.). Telle est encore l'attitude du Bon Pasteur bénissant ses brebis dans le bas-relief d'un sarcophage antique (Id. CXXXI).

Nous devons observer cependant que le geste en question n'exprime pas toujours l'action de bénir, mais souvent, selon l'usage universel chez les anciens (Apul. *Miles.* II), le salut de l'orateur qui parle ou se dispose à parler, comme cela se voit, par exemple, dans les miniatures de l'Homère de la bibliothèque Ambrosienne et du Virgile du Vatican. Nous interpréterions dans ce sens l'attitude de la main de Notre-Seigneur toutes les fois qu'il est représenté enseignant les docteurs dans le temple (Bott. LIV), soit ses disciples (Id. CXLVI), ou bien encore quand il s'entretient avec S. Pierre de la chute prochaine de cet apôtre (Id. XXI) (V. la grav. de l'art. *Reniement de Saint Pierre*); ou enfin, dans une fresque réputée relative à l'eucharistie, et où le Sauveur, ayant six pains dans le pan de son manteau, étend la main en signe d'allocution (Id. LXVI). Nous ne saurions non plus voir autre chose qu'un signe de même nature dans le geste que fait S. Pierre au moment où il est arrêté par les Juifs (Id. LXXXV), non plus que dans celui de Moïse tenant d'une main les tables de la loi et haranguant les Israélites (Id. LXVII), etc., etc.

Quoi qu'il en soit, il est probable que les Latins et les Grecs usaient indifféremment, dans le principe, de l'un et de l'autre rit de bénédiction, et que les canons n'avaient rien fixé à cet égard. Ainsi, l'ancienne mosaïque de la confession de S. Pierre (Borgia. *Vatic. confess. B. Petri, Frontisp.*) fait voir le Rédempteur bénissant à la grecque; celle de l'arc triomphal de Saint-Marc à la manière latine, tandis que dans celle de la tribune de la même église il bénit d'après le rit grec; ainsi que dans celle de l'ancienne Vaticane, exécutée par les ordres d'Innocent III (Ciamp. *De sacr. ædif.* p. 43), pontife non moins versé dans la connaissance des rites anciens que zélé pour leur observance; et bien plus, écrivant *ex professo* sur cette matière (*De sacro altari.* l. II. c. 44), le même pape ne prescrit autre chose que l'élévation de trois doigts, sans indiquer lesquels. En remontant encore plus haut vers nos origines, nous voyons qu'il n'y avait même d'essentiel, dans l'action de bénir, que l'extension ou l'imposition de la main, accompagnée de la formule de bénédiction (Ménard. *Ad sacram. Greg.* p. 27). *Manus impositio*, dit S. Augustin (L. III. *De bapt.* c. 16), *est oratio super hominem*, « L'imposition de la main est une prière sur l'homme. » Tertullien (*De bapt.* VII) l'appelle une prière invitant le Saint-Esprit à descendre sur les choses créées; *Manus imponitur per benedictionem advocans et invitans Spiritum sanctum*. Il est donc vraisemblable que la bénédiction eut lieu d'abord sans aucune disposition particulière des doigts, et, à plus forte raison, sans ce mouvement de la main par lequel le ministre bénissant décrit la forme de la croix (Théoph. Raynaud. *Heteroclit.* p. 211). Ainsi Notre-Seigneur bénit de la main complétement déployée le démoniaque, sur un sarcophage de Vérone (Maffei. *Verona illustrat.* pars. III. p. 54), et aussi un enfant agenouillé devant lui dans un arcosolium du cimetière de Saint-Hermès (Bott. CLXXXVII. n. 2), monument dont nous donnons ici le dessin. Voici un monument du plus haut intérêt, c'est une sculpture d'un sarcophage de la villa Borghèse représentant le Christ bénissant deux enfants par l'imposition des mains. M. Rohaut de Fleury a bien voulu nous autoriser à le reproduire d'après son ouvrage sur les Évangiles, édité par M. Mame, de Tours.

Il paraît constant néanmoins que, à une époque que nous ne saurions déterminer, mais assurément assez moderne, les deux bénédictions, dites grecque et latine, devinrent tout à fait caractéristiques des deux Églises. Ce fait se trouve traduit matériellement dans le bas-relief d'un diptyque grec donné par Foggini (*De Roman. itin. Petri.* p. 471), où l'on voit S. Pierre bénissant à la manière latine, et S. André, qui passait pour le fondateur de l'Église de Constantinople, à la manière grecque.

3° On trouve parfois dans les monuments une troisième manière, qui consiste à élever seulement l'index et le medius, tandis que tous les autres doigts restent repliés dans la main : exemples, un bas-relief où Notre-Seigneur guérit le paralytique, et une fresque qui le montre ressuscitant Lazare (Bott. LXXII). Ailleurs encore, au cimetière de Saint-Calliste, un personnage d'un aspect vénérable, assis, entouré de quelques personnes qu'il paraît enseigner, et ayant à ses pieds un *scrinium* plein de volumes (V. l'art. *Scrinia*), étend ses mains ainsi disposées.

4° On a des exemples de Notre-Seigneur bénissant avec le pouce et l'index seulement : nous ne citerons, pour ce geste spécial, qu'un diptyque de la cathédrale de Milan du quatrième ou du cinquième siècle (Bugati. *Mem. di S. Celso.* p. 280). Mais, en général, ceci n'est que le geste indicatif de quelque objet : c'est ainsi que, à l'abside de Saint-André *in Barbara*, les évangélistes S. Marc, S. Matthieu et S. Luc montrent d'une main l'Évangile qu'ils portent dans l'autre (Ciamp. *Vet. mon.* I. 242); ainsi encore dans l'arc triomphal de Sainte-Cécile, Notre-Seigneur indique du pouce et de l'index de la main droite le globe qu'il tient sur la gauche. Une belle fresque des catacombes (Perret. vol. III. pl. XX) montre Abraham indiquant de même à Isaac le feu allumé pour le sacrifice.

5° Ajoutons enfin que la liturgie du patriarcat de Constantinople dispose que l'évêque, quand il officie, bénit le peuple successivement avec les deux mains, disposées à la grecque ; et ensuite avec la droite tenant un chandelier à trois branches qui représente la Sainte Trinité, et avec la gauche élevant un chandelier à deux branches rappelant les deux natures de Notre-Seigneur Jésus-Christ (Siméon Thessalon. *De templo.* p. 222. ap. Lebrun. *Cérém. de la Messe.* III. 597.) La gravure

représente le patriarche S. Methodius bénissant selon cette formule.

BERGERS (ADORATION DES). — Ce sujet se présente rarement dans les monuments primitifs, les diverses Romes souterraines n'en offrent, croyons-nous, que deux exemples. Cependant on observe sur un fragment de sarcophage du cimetière de Priscille (Bottari. tav. CLXIII) un sujet qui, si l'on admet l'attribution que lui donne Bottari, serait le préliminaire de la scène représentée dans les deux autres, et fournirait un troisième exemple. C'est une scène pastorale conçue et exécutée avec une élégance extrême. Il y a trois bergers, dont le premier tient une brebis, le second debout porte une brebis sur ses épaules, le troisième également debout appuie son visage sur ses mains reposant sur un long bâton autour duquel est tracée une spirale du haut en bas ; il a le regard dirigé avec une expression de tendre sollicitude vers quatre brebis qui paissent sur le penchant d'une montagne. Tous trois portent le costume pastoral ordinaire. Le même sujet est représenté à peu près de la même manière sur une médaille de dévotion que nous reproduisons, d'après M. de' Rossi, à l'article *Bon Pasteur*. On croit voir dans ce tableau la représentation des bergers qui, pendant la nuit de la nativité, veillaient sur leurs troupeaux dans un lieu que S. Jérôme appelle Tour d'Ader (Hieron. *Epist.* XVII), et qui furent les premiers à recevoir la bonne nouvelle.

Les deux monuments que nous avons mentionnés en commençant, et qui sont aussi des sarcophages, représentent les mêmes bergers au moment où ils rendent leurs hommages au Dieu enfant dans sa crèche (V. Aringhi. t. I. p. 615 et II. 355. — Cf. Bottari. tav. LXXXV et CXCIII). Ils sont au nombre de deux seulement, on les reconnaît à un bâton recourbé qu'ils portent à la main. Sur le

second plan paraissent le bœuf et l'âne, dont la présence à la nativité a été l'objet de tant de discussions érudites (V. le P. Serry. *Exercit.* XXX. n. 3. — Cf. Bottari). Sedulius était pour l'affirmative, car il compare à l'âne de la nativité celui de l'entrée de Notre-Seigneur à Jérusalem :

..... Non illius impar
Qui patulo Christum, licet in præsepe jacentem,
Agnovit tamen esse Deum.

(V. l'art. *Bœuf* [le] *et l'âne*).

L'enfant Jésus est enveloppé de langes et, par conséquent, beaucoup plus jeune que dans le sujet de l'adoration des Mages qui se voit sur le premier de nos sarcophages, tout à côté de l'adoration des bergers, et où Notre-Seigneur, vêtu d'une tunique, est assis sur les genoux de sa mère. Ceci est conforme à l'opinion de S. Jérôme, qui met deux années et plus entre ces deux événements, opinion partagée par S. Épiphane (*Hæres.* XXX. § 29), fort répandue dans les premiers siècles, et probablement adoptée à l'époque où fut sculpté ce bas-relief dont nous donnons ci-contre la reproduction. M. De' Rossi, dans son premier volume d'inscriptions chrétiennes de Rome, publie un fragment de l'an 343 où ce sujet est représenté (*Inscr.* t. I. p. 51).

L'adoration des bergers se voit aussi sur un sarcophage d'Arles (Millin. *Midi de la France*, pl. LXVI. 4), mais avec quelques variantes. Ainsi il n'y a qu'un berger qui, le *pedum* à la main, se tient debout aux pieds de l'enfant Jésus couché dans un berceau en treillis d'osier. Marie est assise près de la tête de son divin fils ; partout ailleurs elle est absente, ainsi que S. Joseph. Le bœuf et l'âne sont présents dans ce bas-relief.

Les deux sujets de l'adoration de Jésus par les bergers et par les Mages sont réunis sur quelques-uns de ces précieux vases à huile sainte que S. Grégoire avait envoyés à la reine Théodelinde (Mozzoni. Sec. VII. p. 77). Marie y est assise sur un trône élégant et tient l'enfant Jésus sur ses genoux ; à sa droite sont les Mages avec leurs présents ; à gauche les bergers, et les anges au-dessus. Au-dessous de ce tableau on voit les moutons et les chèvres qui par des sauts joyeux s'associent à l'allégresse de leurs pasteurs (V. l'art. *Huiles saintes*).

BIBLIOTHÈQUES CHRÉTIENNES. — Les Pères et les pasteurs en général de la primitive Église, prenant au sérieux cet oracle divin : « Les lèvres du prêtre garderont la science, et l'on recherchera la loi de sa bouche (Malach. II. 7), » *Labia sacerdotis custodient scientiam, et legem requirent ex ore ejus*, s'appliquèrent toujours à multiplier, pour eux, pour leur clergé et pour le peuple, les sources de toutes les bonnes études ; et l'histoire ecclésiastique constate l'existence de nombreuses bibliothèques dès les temps des persécutions. Ainsi S. Alexandre, évêque de Jérusalem et martyr sous Trajan-Dèce (Euseb. *Hist. eccl.* VI. 39), en avait fondé une dans sa ville épiscopale. Eusèbe témoigne y avoir lui-même puisé de grandes ressources : elle renfermait des lettres et un grand nombre d'autres écrits des auteurs ecclésiastiques de cette époque, par exemple de Bérylle, évêque de Bostra, de S. Hippolyte, etc. (Euseb. VI. 20). Le martyr S. Pamphile avait formé à Césarée une bibliothèque tellement riche, que S. Jérôme (*Epist. ad Marcellin.* Opp. t. II. col. 711) ne fait pas de difficulté de comparer ce prêtre aux plus célèbres bibliophiles de l'antiquité, Démétrius de Phalère et Pisistrate. S. Pamphile donna cette précieuse collection à l'Église à laquelle il était attaché par son sacerdoce. Il est d'un intérêt infini de voir dans Eusèbe (vi. 32) et dans S. Jérôme (*De vir. ill.* iii. *Epist. ad Marcel.* loc. laud.), le détail des recherches immenses qu'il fit faire partout pour l'enrichir, aussi bien que les merveilleux résultats qu'il obtint. Malheureusement, l'ouvrage spécial qu'Eusèbe avait composé sur ce sujet est perdu : s'il nous eût été conservé, il formerait le monument le plus curieux de l'histoire bibliographique et littéraire de l'antiquité. S. Isidore de Séville assure que le nombre des volumes rassemblés par S. Pamphile s'élevait à trente mille environ (*Etym.* vi. 6), nombre très-considérable, même en tenant compte du peu de matière contenue dans les *volumina* ou rouleaux des anciens, en comparaison de nos livres modernes. On sait que cette célèbre bibliothèque fut détruite, probablement à l'époque de la persécution de Dioclétien. Nous devons signaler à la reconnaissance des lettrés les noms d'Acace et d'Euzoïus, deux évêques successeurs d'Eusèbe, qui s'appliquèrent à réparer ces pertes (Hieron. *De viris illustr.* cxiii).

Lors de la persécution de Dioclétien, les Églises d'Afrique avaient des bibliothèques, puisque cet empereur les fit détruire, et les actes proconsulaires de ce temps en mentionnent une à Cirtha (Labb. i. col. 1444). Plus tard, S. Augustin parle d'une bibliothèque à Hippone, à propos d'un livre qu'elle ne possédait pas (*De hæres. ad Quotvultdeum*, 88. Opp. viii. col. 27). A Rome, il en existait plusieurs au temps du pape S. Hilaire (*Lib. pontif.* ap. Labb. iv. col. 1031) Nicéphore (*Hist. eccl.* xiv. 3) loue le zèle de Théodose le Jeune à recueillir des livres religieux, ce qui suppose une bibliothèque fondée à Constantinople par cet empereur, et même, selon quelques-uns, par Constantin lui-même.

Au temps de S. Grégoire le Grand, Rome était tellement riche en livres, que les princes et les évêques, au rapport de ce pape lui-même (*Præf. in lib.* xi. *homil.*), s'adressaient à lui de toute part pour obtenir des œuvres ascétiques ou littéraires.

On sait que S. Jérôme s'était fait une riche bibliothèque, grâce aux nombreux copistes qu'il avait sous la main (*Epist.* vi), et Florentius en avait une aussi, comme nous l'apprenons dans cette même lettre adressée à ce dernier. Les bibliothèques chrétiennes abondaient dans notre Gaule. S. Sidoine Apollinaire parle avec éloge des collections de livres rassemblés par Ruricius, évêque de Limoges (*Epist.* v. 15), et par Lupus de Périgueux (*Epist.* viii. 11). Le même écrivain donne les détails les plus intéressants sur la riche bibliothèque que possédait Ferreolus dans sa maison de campagne près de Nîmes. Il nous apprend qu'une portion de cette collection, composée principalement de livres religieux, était destinée à l'usage des femmes, qu'une autre, réservée aux pères de famille, contenait les plus beaux ouvrages de la littérature latine, entre autres ceux de Varron et d'Horace parmi les profanes, ceux de S. Augustin,
de Prudence, et la traduction d'Origène par Rufin, parmi les chrétiens (*Epist.* ii. 9. V. les cit. plus bas).

Comme la plupart de ces collections, formées le plus souvent par les évêques ou les prêtres étaient destinées à l'instruction des fidèles et des clercs, elles possédaient les livres de l'Ancien et du Nouveau Testament, ainsi que leurs commentaires qui, dès les premiers siècles, formèrent une des principales branches de la littérature chrétienne. Malheureusement nous avons à regretter la perte de beaucoup de ces travaux d'exégèse. Tatien avait composé les *Harmonies des Évangiles*, que nous ne possédons plus. Ammonius, un des maîtres d'Origène, avait, lui aussi, réuni en une seule narration les récits des quatre évangélistes. S. Jérôme (*Epist. ad Algas.*) attribue aussi à S. Théophile d'Antioche un livre d'*Harmonies évangéliques*. De tout cela il ne reste rien ; mais ces notions peuvent nous donner une idée des richesses que, sous ce rapport, possédaient déjà les bibliothèques de ces temps primitifs.

Ensuite venaient les œuvres des Pères, principalement celles des apologistes, les discours et homélies des plus célèbres orateurs chrétiens, les décrets des conciles, les œuvres de controverse contre les hérétiques, les actes des martyrs, les ouvrages déjà existants sur l'histoire de l'Église, et en particulier sur l'hagiologie ; en un mot, tous les écrits se rapportant à la foi, à la morale, à la conduite chrétienne, à la discipline.

Quoi qu'il en soit, ce serait se faire une bien fausse idée de l'esprit qui animait les chrétiens primitifs, que de leur supposer un zèle étroit et mal entendu qui eût exclu de leurs bibliothèques les auteurs profanes de la Grèce et de Rome. Et ici l'exemple leur venait de haut : car, comme le remarque l'historien Socrate (*hist. eccl.* l. iii, c. 24), S. Paul lui-même avait puisé dans la littérature profane une érudition qui se manifeste par des citations d'Epiménide de Crète, par exemple (*Tit.* i, 12), d'Euripide (1 *Cor.* xv, 33) et d'Aratus (*Act. apost.*, xvii, 28). Aussi les écrivains de l'antiquité, philosophes, orateurs, poëtes, historiens, n'étaient guère moins recherchés par les fidèles que les auteurs ecclésiastiques. « Ne répudions pas les études séculières, dit Origène (*Contr. Cels.* iv, 44), sans lesquelles les études divines ne sauraient exister. Que l'enfant, dès qu'il est en âge de connaître, apprenne et goûte d'abord ce qui est de Dieu et de la foi ; en vain l'école lui parlera-t-elle ensuite de ses dieux et de ses fables, il les rejettera comme un homme averti d'avance, si on lui offre une coupe empoisonnée, se garde d'y porter les lèvres « (V. aussi Tertullien, *Idol.*). On sait que cet illustre docteur (Origène) possédait des copies exécutées avec un grand luxe calligraphique des principaux chefs-d'œuvre de l'antiquité païenne (Euseb. vi. 3), et il ne fallut rien moins que la dure nécessité de se créer des moyens d'existence, pour le déterminer à se défaire de ces beaux livres, dont la valeur devait être assez considérable, puisque, en compensation, l'acheteur s'engagea à lui payer une rente viagère de quatre oboles par jour. — Dans le livre qu'il composa en faveur des jeunes gens adonnés à l'étude de la littérature profane, S. Basile leur recommandait la lecture d'Homère, d'Hésiode et de Théognis (Socrate, *Hist. eccl.*, III, 16). Il leur signalait un choix des plus célèbres philosophes, et ne se montrait difficile qu'en ce qui concernait les poëtes comiques; il leur proposait pour exemple Moïse versé dans les sciences des Égyptiens et Daniel dans celles des Chaldéens.

Nous serions infini, si nous voulions rappeler ici les témoignages attestant que la littérature profane était continuellement recommandée aux chrétiens par leurs docteurs. Bornons-nous à l'exemple de S. Augustin, qui au sujet de la bibliothèque d'Hippone (*Lib. de Hæret. Ad Quodvultdeum*, cap. LXXXVIII), nous apprend qu'on y lisait Homère et Virgile (*Confess.* XIII et XIV) et sans doute aussi les livres qu'il nomme dans sa Cité de Dieu et que possédait sa bibliothèque (*De civit. Dei*. VI. 1), entre autres Platon, Varron, Cicéron, Salluste, Perse, Térence, Tite-Live, Lucain, Sénèque, Denys d'Halicarnasse, Justin, Apulée, Nigidius le mathématicien, Porphyre, Claudien (V. Petit-Radel. *Recherches sur les biblioth. anciennes*, p. 53 et suiv.).

L'association des écrivains profanes avec les auteurs chrétiens dans les études des fidèles de la primitive Église se trouve attestée, pour notre Gaule, par Sidoine Apollinaire, dans sa lettre à Donidius (Lib. II, *epist.* 9), où il nous a laissé une description pleine de charme des doux passe-temps d'une société polie et lettrée au cinquième siècle. Il parle avec une prédilection marquée des lectures qui remplissaient une partie de la journée dans les maisons de campagne des sénateurs Ferréol et Apollinaire, où il recevait une amicale hospitalité. Là, les livres pieux étaient surtout entre les mains des femmes : *sic quod inter matronarum cathedras codices erant, stylus iis religiosus inveniebatur*. Pour les pères de famille, c'étaient des ouvrages de haute littérature, *qui vero per subsellia patrum familias, ii cothurno latiaris eloquii nobilitabantur*, ouvrages dont les auteurs déploient une égale habileté dans des sujets différents. Ainsi, des écrivains d'une science semblable, S. Augustin et Varron, Horace et Prudence, reposaient côte à côte dans ces bibliothèques d'élite, et faisaient tour à tour, bien que sans doute à des degrés différents, les délices de ces chrétiens aux mœurs élégantes et studieuses : *nam similis scientiæ viri, hinc Augustinus, hinc Varro, hinc Horatius, hinc Prudentius lectitabantur*.

C'est dans ces arsenaux que s'étaient armés de toutes pièces les Pères de l'Église, dont l'immense érudition nous étonne aujourd'hui, les Clément d'Alexandrie, les Lactance, les Augustin, les Cassiodore, les Isidore de Séville, les Hilaire de Poitiers. S. Augustin a dit de ce dernier Père, ainsi que de quelques autres (*De doctrin. Christ.* l. XL, 64), qu'ils étaient sortis de l'Égypte, comme Moïse, chargés d'un riche butin, qu'ils mirent à profit pour l'édification de l'arche sainte : *nonne aspicimus quanto auro et argento et veste suffarcinatus exivit de Ægypto Cyprianus doctor suavissimus et martyr beatissimus? Quanto Lactantius, quanto Victorinus, Optatus, Hilarius?* Ce qui veut dire que ces grands hommes avaient puisé dans l'étude des lettres humaines cette prodigieuse connaissance de l'antiquité, de sa mythologie, de ses erreurs, de ses vices, qui les mit en possession des arguments invincibles par lesquels ils confondent le mensonge et anéantissent la calomnie, armes puissantes dont les apologistes des siècles suivants eussent été privés, si les docteurs de la primitive Église eussent partagé les préjugés ridicules mis plus tard en honneur par l'ignorance et la paresse.

Tous les Pères, même ceux qui se sont montrés le plus sévères pour la lecture habituelle des auteurs profanes, les ont admis comme base essentielle de l'éducation littéraire. Cela est si vrai que, pendant que l'Église vécut sous le coup des prohibitions de Julien, de savants chrétiens s'efforcèrent d'en atténuer, autant que possible, les déplorables effets, en composant sur des sujets pieux, pour l'usage de la jeunesse, des livres imités de ceux des païens. Une fois l'apostat disparu, on reprit l'étude des classiques, et S. Grégoire de Nazianze, bien loin de la condamner, ne craint pas de dire qu'il y aurait folie à le faire, « et que ceux-là ne voient les choses qu'à demi, qui n'en ont pas une parfaite connaissance. » Cette étude, dit le docte Mabillon (*Traité des études monast.* p. 363), polit l'esprit, fortifie et perfectionne la raison, forme le bon goût et le jugement. Elle est en quelque sorte nécessaire pour entendre les Pères et fournit la manière de soutenir les vérités de la religion contre ses adversaires, ce que ne fait pas l'Écriture sainte, qui n'en fournit que la matière.

Dès le troisième siècle, l'Église de Jérusalem fut fondée avec l'adjonction d'une bibliothèque (Euséb. *Hist. eccl.*, VI, 21), et dès lors aucune église ne s'établit sans être pourvue de la collection des livres jugés nécessaires à l'instruction (V. Petit-Radel. *Op. laud.*, p. 26). Cette bibliothèque était placée dans celui des *secretaria* qui s'ouvrait à la gauche de l'abside, *ad lævam sacrarii bematis*, disent les vieilles chroniques monacales (Cf. Cancellieri. *De secret. Basil. vatic.* t. I. p. 325). S. Paulin avait écrit sur la porte de la sienne ces deux vers, qui prouvent qu'elle était ouverte à tous les fidèles désireux de lire et de méditer les saintes Lettres (*Epist.* XXXII. 16) :

SI QUEM SANCTA TENET MEDITANDI IN LEGE VOLUNTAS,
HIC POTERIT RESIDENS SACRIS INTENDERE LIBRIS.

« Si quelqu'un est pris du saint désir de méditer la loi, — Il pourra en ce lieu se pénétrer des livres sacrés. »

Il y avait aussi des bibliothèques dans les baptistères, témoin celle que le pape S. Hilaire avait établie dans celui de Latran (Anastas. *In Hilar.*).

Les lecteurs ecclésiastiques avaient la garde de

la bibliothèque, et même le droit d'emporter les livres chez eux, afin de s'exercer à les lire correctement en public. Tous ces détails et beaucoup d'autres non moins intéressants sont consignés dans les actes proconsulaires de Cirtha déjà cités (V. Lami. *De erudit. apost.* p. 507). (Pour les bibliothèques monastiques, V. l'art. *Moines*, n. VI.)

BIRRUS. — C'était une espèce de manteau ou de capote qui se portait sur la tunique, quelquefois même sur la toge.

Tantôt il était boutonné sur la poitrine, à peu près comme le vêtement qui couvre les épaules de SS. Abdon et Sennen (V. l'art. *Abdon et Sennen*); tantôt libre et flottant comme dans la figure que nous donnons ici et qui représente ce diacre au cimetière de Saint-Jules (Bosio. 581); tantôt relevé sur l'épaule (Id. 565). Le *birrus* fit d'abord partie du costume militaire, et alors il était court et étroit; mais dès qu'il fut adopté dans la vie civile, ses formes se développèrent de façon à couvrir toute la personne, et on s'en servait pour se préserver du vent et de la pluie. Le *birrus* était un des vêtements que portait S. Cyprien, et dont il se dépouilla au moment de son martyre : *se lacerna birro expoliavit* (*Act. ap. Ruin.* p. 289. edit. Veron.). On voit un peu plus loin que le saint martyr, après s'être agenouillé, quitte encore la dalmatique et ne garde que la tunique, *in linea stetit*, ce qui suppose que le *birrus* se portait par-dessus tous les autres vêtements.

Pour se prêter à cet usage, le *birrus* était tissu de laine brute et grossière, de couleur naturelle en premier lieu, puis blanche sous Auguste et ses successeurs. Dans la suite, il devint un objet de luxe, par la variété de ses couleurs et des ornements dont il était enrichi : *Birrorum pretia simul ambitionemque declinant*, dit Cassien (*De cœnob. instit.* lib. I. c. 7). Les moines d'Égypte évitaient les manteaux précieux, ainsi que tout ce qui sentait l'ambition. Les chrétiens pieux se contentaient d'y attacher des croix d'étoffe d'une nuance différente et tranchant sur le fond (V. Du Cang. ad voc. *Birrus*).

En adoptant ce vêtement, les clercs lui conservèrent sa primitive simplicité; ils le portaient noir ou brun; mais la couleur rousse dut être la plus commune, si nous tenons compte de la signification de l'expression usuelle, *lacerna birrus*. Ici, en effet, le mot *lacerna* est substantif, et désigne le vêtement lui-même; *birrus* est qualificatif, et tire son origine du grec πυρρός, *couleur de feu*; tandis que le *birrus*, pris comme substantif, dérivé de βηρός, signifie le manteau dont nous parlons.

Au *birrus* était adapté un grand capuchon terminé en pointe, lequel préservait la tête et les épaules des intempéries et se détachait à volonté.

On pense que le *birrus* est l'origine de la mosette actuelle, munie, elle aussi, d'un capuchon, et qui, par l'exiguïté de ses proportions, se rapproche beaucoup de la forme primitive du *birrus*. C'est peut-être ce qui a fait croire à Baronius (*An.* 261) que c'était un vêtement propre aux anciens évêques. Il paraît plus certain (V. Du Cange, *loc. laud.*) qu'il était commun à tous les clercs et même aux laïques. C'est ce que supposent évidemment les textes des plus anciens auteurs qui mentionnent le *birrus* des évêques, entre autres S. Augustin, Palladius, S. Grégoire de Tours, S. Césaire d'Arles (Cf. Du Cange, *ib.*).

BISOMUS. — V. l'art. *Sarcophage*, n. I.

BOEUF (Le) **ET L'ANE** DE LA NATIVITÉ. — La question de savoir s'il y avait près de la crèche de Notre-Seigneur un bœuf et un âne a été fort controversée. Baronius cite (*Ann.* I. 5. 2) plusieurs Pères en faveur de l'affirmative; Tillemont (*Mém.* I. 447) pense que leurs témoignages doivent être pris dans un sens allégorique. Toujours est-il que ce fait, réel ou supposé, s'est conservé dans les traditions de l'art, traditions dont le point de départ est sans doute la prophétie d'Isaïe (I. 3) : *Cognovit bos possessorem suum et asinus præsepe Domini sui*, « Le bœuf a connu son maître, et l'âne l'étable de son Seigneur. »

Le bœuf et l'âne se voient surtout dans les nativités sculptées en bas-relief sur les sarcophages antiques (V. Bottari. tav. XXII. LXXXV. LXXXVI. XCIII). Un fragment de sarcophage de Saint-Ambroise de Milan en offre un autre exemple (Allegranza. *Monum. di Mil.* tav. v) que nous reproduisons ici.

On en trouvera un autre, pris d'une sculpture du Latran, à notre article *Bergers (Adoration des)*. Nous retrouvons le même sujet sur un sarcophage d'Arles (Millin. *Midi de la Fr.* pl. LXVI. 4), sur plusieurs pierres gravées (V. Vettori. *Num. ær. explic.* p. 37. — Venuti. *Academ. di Cortona.* t. VII. p. 45. — Allegr. *op. laud.* p. 64), sur d'anciens diptyques (V. Bugati. *Mem. di S. Celso*, in fin.). M. De' Rossi donne un fragment de sculpture de l'an 343 où cet accessoire de la Nativité est représenté : la tradition qui y est relative était donc en vigueur vers le milieu du quatrième siècle (Rossi. *Inscr. Christ. Rom.* t. I. p. 51).

BREBIS. — Quand Notre-Seigneur conféra à S. Pierre ses pouvoirs souverains sur son Église, il établit une distinction entre les agneaux et les brebis (Joan. xxi. 16-17), et la tradition catholique a constamment entendu que le Sauveur désignait les fidèles par les agneaux, et les apôtres par les brebis. Or la même distinction existe dans les monuments figurés (V. l'art. *Agneau*); et, principalement dans les sarcophages et dans les vieilles mosaïques de Rome et de Ravenne, nous voyons les apôtres figurés par des brebis au nombre de douze. Notre-Seigneur y paraît en personne, dans son costume traditionnel, ou dans celui de pasteur, au milieu des apôtres, chacun desquels a une brebis à ses pieds (Bottari. tav. xxviii). Dans quelques monuments de la Gaule (Millin. *Midi de la Fr.* pl. lix. 2), les douze brebis sont placées, non pas aux pieds des personnages dont ils sont l'emblème, mais dans la frise supérieure. Il faut observer que des agneaux, même au nombre de douze, qui se rencontrent assez fréquemment sur les marbres, représentent, non pas les apôtres, mais les fidèles, lorsqu'ils sortent des deux cités typiques, lesquelles dénotent une différence d'origine, origine judaïque, ECCLESIA EX CIRCUMCISIONE, origine païenne, ECCLESIA EX GENTIBUS (V. les gravures de l'art. *Église*), différence qui ne saurait être appliquée aux apôtres, appartenant tous au judaïsme par leur naissance. De toutes les mosaïques, celle de Saint-Apollinaire de Ravenne (Ciamp. *Vet. mon.* ii. tab. xxiv) est la seule où les brebis soient placées dans les conditions voulues pour symboliser les apôtres. Ce monument du sixième siècle représente allégoriquement la transfiguration. Une croix gemmée, dans un ciel étoilé, entre Moïse et Élie, tient la place du Sauveur. Un peu plus bas, trois brebis figurent les apôtres Pierre, Jacques et Jean (Matth. xvii. 1); et tout à fait au bas de la montagne, les douze apôtres sous la forme de douze autres brebis (V. l'art. *Transfiguration*).

Un fragment de sarcophage du musée Kircher fait voir deux brebis tournées vers le centre où était sans doute l'agneau divin, et sur la tête desquelles sont inscrits les noms ioannis et.... vs pour lvcanvs (*Lucas*). Ces deux brebis en supposent deux autres représentant dans la partie brisée les deux autres évangélistes.

BUSTERNA. — Du mot *bustum*, qui, dans son sens le plus strict, désignait le lieu où l'on brûlait les corps, et s'appliqua plus tard à toute espèce de tombeau. Dans la langue ecclésiastique, *busterna* signifie une sorte de reliquaire, ou cassette couverte en forme de char. Un manuscrit du Vatican (Ap. Severan. *De septem urbis. eccl.*) fait lire que S. Grégoire le Grand, ayant rapporté de Constantinople, entre autres reliques, un bras de S. Luc et un fragment de bras de S. André apôtre, les fit renfermer dans une *busterna* dorée et richement décorée, *in busterna deaurata et cicladibus cooperta*. On peut voir dans Boldetti (l. iii. c. 22. p. 757) beaucoup d'autres noms donnés aux reliquaires, mais dont la plupart appartiennent au moyen âge.

C

CALENDRIER ECCLÉSIASTIQUE. — Dès les premiers siècles, l'Église tint une note exacte de la mort de ses évêques et du *natale* de ses martyrs. S. Paul recommande lui-même cette pratique : c'est du moins le sens qu'assignent les savants (Florentin. *Admonit.* ii *ad martyrol. occid.* — Vales. *Not. in Euseb. Hist.* l. iv. c. 15) au verset treizième du douzième chapitre de son *Épître aux Romains*. Les PP. Boucher (*In Vict. Aquit. can. pasch. Comment.* c. 15) et Ruinart (*Act. sinc. ad calcem op.*) donnent un monument de ce genre remontant selon eux au pontificat du pape Libère, c'est-à-dire au milieu du quatrième siècle, mais qui est plus ancien encore. Chaque Église consignait dans ces calendriers les noms de ses évêques et de ses martyrs (Cypr. *Epist.* xxxix).

Il y avait des clercs qui étaient chargés d'informer chaque jour l'évêque de la mort des martyrs ou de ceux qui, selon l'expression de S. Cyprien (*Epist.* xii), de la prison passaient à l'immortalité, *de carcere ad immortalitatem transibant*. On ajouta plus tard aux calendriers les noms des saints confesseurs. Le calendrier ecclésiastique marquait donc à chaque jour de la semaine les fêtes de Notre-Seigneur et des mystères de la religion, aussi bien que les mémoires des martyrs : c'est ce que Tertullien (*De corona mil.* c. xiii) appelle les *fastes de l'Église;* et lorsque les anniversaires des martyrs se célébraient encore dans les cimetières, le calendrier indiquait avec le nom du Saint l'endroit où les fidèles devaient se rendre, par exemple : iii *non mart. Lucii in Callisti,* || vi. *id. dec. Eutichiani in Callisti* || viii, *id. aug. Sisti in Callisti,* sous-entendu *cœmeterio*.

Dans le calendrier du P. Boucher, qui est le plus ancien calendrier connu dans l'Église romaine, on trouve à chaque jour de la semaine la mémoire d'un martyr, ou la *déposition* des pontifes romains : ce qui indique assez que ce calendrier était propre à la ville de Rome, et nous savons que primitivement chaque Église, si petite qu'elle fût, avait son calendrier spécial et ses fêtes propres (Sozom. *Hist. eccl.* v. 3). Tel est aussi le calendrier de l'Église de Carthage, publié pour la première fois par Mabillon (*Veter. analect.* t. iii), et qui remonte au cinquième siècle. Ceci explique pourquoi ces calendriers mentionnent un si petit nombre de martyrs : ceux-là seulement y étaient inscrits qu'on honorait dans chaque ville. Mais il y avait dans chaque calendrier la fête générale de tous les martyrs de la ville, comme on le voit dans celui de Carthage cité plus haut.

Chez les Grecs, le calendrier s'appelait *ménologe :* tel est celui qui se trouve à la fin d'un livre liturgique édité à Venise sous le nom générique de *livre de prières,* ὡρολόγιον. Dans ce calendrier, chaque jour, les noms des Saints sont suivis de certaines antiennes très-courtes. D'autres ὡρολόγια ont été édités par Antoine Concius, Génébrard, Possevin, etc. (V. Pellicia. II. p. 18. — V. l'art. *Martyrologe*).

CALICE. — Le calice que S. Optat de Milève appelle *porteur du sang du Christ* (l. VI. c. 2) est le premier de tous les vases sacrés. A l'exemple du Sauveur qui consacra son sang dans un calice, les apôtres employèrent aussi ces vases sans le ministère de l'autel : *Calix benedictionis, cui benedicimus, nonne communicati osanguinis Christi est?* (1 Cor. x. 16) « Le calice de bénédiction que nous bénissons, n'est-il pas la communication du sang du Christ ? » Tous les Pères attestent que cette pratique exista toujours dans l'Église. Le calice fut appelé *vas dominicum,* « vase du Seigneur, » par S. Athanase (*Apol. contr. Arian.* n. II); *poculum mysticum,* « coupe mystique, » par S. Ambroise (*De offic.* l. II c. 28); et *vas mysticum,* « vase mystique, » par Synesius (*Catastas.* p. 301).

Au commencement, les calices étaient de bois, mais le plus souvent de verre, surtout depuis le pontificat de S. Zéphirin jusqu'à celui de Léon IV (Blanchinii. *In Anastas. Zephirin.*). Tertullien parle de ces calices de verre qui étaient ornés de peintures (*De pudicit.* c. x), et les antiquaires, entre autres Buonarruoti, en ont publié et illustré un grand nombre. Cependant, même au temps des persécutions (Prudent. *Peristeph.* II), mais surtout au quatrième siècle, on eut des calices d'or et d'argent. S. Augustin, sur ce passage du psaume CXIII : *Simulacra gentium argentum et aurum,* ajoute : *sed enim et nos pleraque instrumenta et vasa ex ejusmodi materia vel metallo habemus in usum celebrandorum sacramentorum, quæ ipso ministerio consecrata sancta dicuntur.* Il fut trouvé un calice d'argent dans le cimetière de la voie Salara (Boldetti. p. 190). Ceux de verre furent conservés longtemps encore par les moines (Hieron. *Ad Rustic. mon.*) et par les humbles églises (*Testam. S. Remig. edit. a Cassandr.*) ; des évêques s'en servaient aussi, quand les besoins de leurs pauvres les avaient contraints à vendre ceux d'or et d'argent (S. Hilar. Arelat. vit. — Boll. v maii). Il y eut quelquefois des calices de cuivre et d'étain ; la piété de quelques grands personnages fit au contraire servir à leur confection les matières les plus précieuses, témoin un calice d'*onyx* garni d'or très-pur, que, au sixième siècle,

la reine Brunehaut offrit à l'Église d'Auxerre (Le Bœuf. *Vie de S. Didier.* t. I. p. 126). On sait assez les largesses de ce genre que Constantin avait faites aux églises fondées par lui (Anastas. Biblioth. *passim*).

On conserve dans le trésor de la basilique de Sainte-Anastasie à Rome, un calice dont le pied est en cuivre et la coupe en faïence grossière, lequel passe pour avoir servi à S. Jérôme, titulaire de cette église, selon la même tradition (Crescimbeni. *Basilica di Santa Anastasia.* p. 66). Ce calice est assurément fort ancien, mais il n'est nullement prouvé que S. Jérôme ait jamais célébré les saints mystères ; il s'y refusa toujours par humilité (Collombet. *Hist. de S. Jérôme.* I. 292). On gardait, avant la Révolution, au monastère de Chelles, près de Paris, un calice d'or émaillé et orné de pierres précieuses, que l'on croit être l'ouvrage de S. Éloi, qui, comme on sait, fut orfèvre avant d'être évêque (*Revue archéol.* VII. p. 21). L'église de Monza possède aujourd'hui encore un curieux bas-relief du temps de la reine Théodelinde, c'est-à-dire de la fin du sixième siècle, où se trouvent représentés les vases sacrés de cette vénérable basilique. Voici ces calices : nous ne sau-

rions rien reproduire de plus ancien en ce genre (V. Frisi. *Memorie della chiesa Monzese,* planche en regard de la page 78). On aimera sans doute à trouver ici le calice de Chelles comme *specimen* de notre orfévrerie religieuse au septième siècle. Quel-

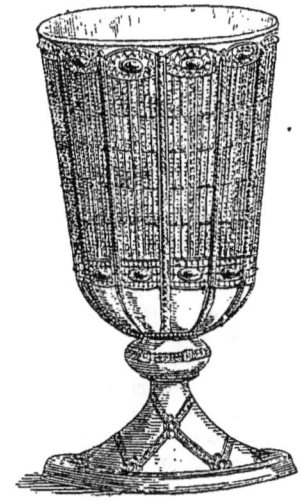

ques-uns de ces calices précieux avaient un poids considérable, et ne servaient que pour l'ornement des autels; ils avaient des anses, et on les suspendait dans l'église avec des chaînes aux jours solennels, ou on les plaçait simplement sur l'autel.

On distingue différentes espèces de calices dans l'antiquité ecclésiastique. Les liturgistes les divisent en *calices ministeriales, offertorii, majores, minores* (Visconti. *De miss. apparat.* c. XII). Les premiers, « calices ministériels, » ne servaient qu'à distribuer le sang du Sauveur aux fidèles. Ils avaient une capacité considérable. On les multipliait en proportion du nombre des communiants, et il y en avait jusqu'à sept sur l'autel dans les églises les plus fréquentées. On les appelait *majeurs* ou *mineurs* suivant leur capacité. Les calices dits *offertorii* étaient, selon Du Cange, ceux dans lesquels les diacres versaient le vin offert par les fidèles. On peut voir dans Du Saussay (*Panopl. sacerdotal.* l. VIII. c. 14. art. 2) le détail de plusieurs autres espèces de calices.

Beaucoup de calices étaient ornés d'inscriptions. La suivante se lit sur un calice offert à l'église de Saint-Zacharie de Ravenne par l'impératrice Galla Placidia : OFFERO S. ZACHARIÆ GALLA PLACIDIA AVGVSTA, « J'offre à S. Zacharie, moi, Galla Placidia Auguste. » Le cardinal Maï à qui nous l'empruntons (*Collect. Vatic.* v. p. 197) en donne plusieurs autres. Nous choisissons celle que S. Remi avait fait graver lui-même sur un calice d'argent *ministériel*. Ici, ce n'est pas un simple acte d'offrande, mais, en outre, une pieuse épigraphe exprimant la destination sacrée de ce vase :

HAVRIAT HINC POPVLVS VITAM DE SANGVINE SACRO
INIECTO AETERNVS QVEM FVDIT VVLNERE CHRISTVS,
REMIGIVS REDDIT DOMINO SVA VOTA SACERDOS.

« Qu'ici le peuple puise la vie dans le sang sacré, — Que de son flanc ouvert répandit le Christ éternel, — Le prêtre (évêque) Remi rend ses vœux au Seigneur. »

Valentinien III avait offert à l'église collégiale de Brives un calice où était gravée cette inscription votive : VALENTINIANVS AVGVSTVS DEO ET SANCTO MARTYRI MARTINO BRIVENSI PRO SE SVISQVE OMNIBVS VOTVM VOVIT ET REDDIDIT.

Dès l'origine, les calices ont consisté en une coupe plus ou moins haute, plus ou moins évasée, soutenue par une tige munie d'un ou de plusieurs nœuds, et reposant sur un pied plat, hémisphérique, conique ou pyramidal. Ils avaient souvent des anses, comme on peut le conclure du texte d'un Ordre romain du sixième siècle, donné par Mabillon (*Rus. Ital.* p. 48), et comme on le voit par la figure ci-dessus. Mais si l'on doit prendre pour des calices la plupart de ces vases historiés qui se trouvent dans les catacombes (V. l'art. *Acclamations*), il est rationnel de supposer avec le P. Secchi (*S. Sabiniano.* p. 42) que chaque fidèle avait le sien dans lequel le diacre lui versait le précieux sang d'un grand calice *ministériel* et ansé.

CALLICULÆ. — Ce sont des espèces de disques de métal ou d'étoffe dont les anciens avaient coutume d'orner leurs vêtements. Le nom de *calliculæ* leur vient du grec κάλλος, *beau*; et considérées quant à leur forme, elles étaient appelées τροχαδεῖς, « rondes. » Les chrétiens qui, dans le commencement du moins, ne se distinguaient guère par le vêtement des peuples au milieu desquels ils vivaient, avaient adopté ce genre de décoration pour leurs tuniques et leurs habits de toute sorte. Il en est fait très-souvent mention dans les monuments écrits de l'antiquité chrétienne. Ainsi Ste Perpétue raconte que, dans sa vision, le diacre Pomponius lui apparut avec une robe blanche, ornée d'un grand nombre de ces disques, *habens multiplices calliculas* (*Act. S. Perpet. et Félicit.* c. x. ap. Ruin.). Un peu plus loin, la Sainte décrit encore la robe d'un *lanista*, ou président des jeux du cirque, laquelle, en outre de deux bandes de pourpre (V. l'art. *Clavi*), était enrichie de *calliculæ* de différentes formes, en or et en argent; *calliculas multiformes ex auro et argento factas*.

Ces *calliculæ* de métaux précieux étaient très-usitées parmi les riches. Dans un ancien calendrier publié par Lambèce (V. Buonarruoti. p. 35), les figures des mois de décembre et d'avril en sont ornées.

On en remarque aussi sur le vêtement d'une femme jouant de la flûte, dans une peinture des thermes de Titus gravée par Sante Bartoli (*Pitt. ant. delle grotte di Roma.* tav. IV); et sur la robe de Didon dans le *Virgile* de la Vaticane, en tête du deuxième chant de l'*Énéide*.

Mais le plus souvent les *calliculæ* étaient faites de pièces d'étoffe couleur de pourpre, cousues sur le vêtement, à la partie inférieure, et quelquefois sur les épaules. Ceci s'observe fréquemment dans les peintures des catacombes, sur la tunique du Bon Pasteur notamment (Bottari. tav. LXXVI), et sur celle de chrétiens en prière (Id. tav. CXXII). Il en est de même sur les verres dorés (Garrucci. tav, VI. 5. XXV. 4.) Ceci est la figure d'un enfant représenté avec ses parents sur un fond de coupe d'une exécution très-soignée (Garrucci. tav. XXIX. 4). Deux *calliculæ* se voient au bas de la tunique, et une sur l'épaule gauche. Mais si l'on veut se faire une idée plus juste de ce genre d'ornement, il faut consulter l'ouvrage de M. Perret (*Catacombes de Rome*) dont les planches sont coloriées, et

en particulier la planche VII du second volume, où se trouve l'image d'un chrétien en prière, et qui porte des *calliculæ* sur les épaules.

CALOMNIES DIRIGÉES CONTRE LES PREMIERS CHRÉTIENS. — Sous ce titre : *Noms des premiers chrétiens* (n. II), nous avons énuméré quelques-unes des appellations injurieuses appliquées aux premiers chrétiens par les Juifs et par les idolâtres. Nous nous abstiendrons en conséquence de développer ici celles des calomnies qui se trouveraient déjà ainsi indiquées dans cet article, auquel nous renvoyons le lecteur.

I. — Les premiers calomniateurs des chrétiens furent les Juifs, qui leur avaient voué une haine implacable. Nous savons par le témoignage des apologistes, et notamment de S. Justin (*Dial. cum Thryph.* p. 234 et *passim.*), d'Origène (*In Cels.* l. vi), de Tertullien (*Ad nation.* i. 14), qu'ils avaient choisi, par une commune délibération, des personnes dignes d'être les ministres de leurs passions injustes; et ils les envoyèrent par toute la terre, afin de répandre contre le christianisme et contre son auteur des accusations mensongères destinées à signaler la nouvelle religion à la haine et au mépris de tous les hommes. Et ils y avaient si bien réussi que, au dire d'Origène, les impressions produites par les récits de ces émissaires n'étaient pas encore effacées deux cents ans après. Il n'y avait pas un seul lieu dans l'empire où le nom chrétien ne fût un objet d'horreur et d'exécration, principalement à cause de l'accusation d'athéisme répandue contre eux; et nous pourrions ici, si l'espace nous était donné, en rapporter la preuve détaillée pour les principales provinces : pour la Syrie (Justin. *Dial.* n. xvii), pour l'Asie Mineure (*Epist. Smyrn. de Polycarp. mart.* n. ix), pour la Grèce (Athenagor. *Legat.* n. xiii), pour l'Italie (Dio. l. lxvii), pour l'Égypte (Clem. Alexandr. *Strom.* l. vii. n. 1), pour le reste de l'Afrique (Arnob. i. 16), etc.

Il resterait encore, si nous en croyons Tillemont (*Hist. eccl*, t. i p. 155), à Worms sur le Rhin, un monument écrit de cette propaganda haineuse des Juifs : c'est une des lettres qui furent envoyées par eux dans tout l'univers pour diffamer Jésus-Christ et ses disciples.

Nous groupons ici les moins saillantes et les plus vagues de ces calomnies, nous réservant d'exposer séparément et avec plus de développements celles qui présentent plus de gravité.

On accusait les chrétiens de ruiner la liberté en faisant dépendre nos actions de Dieu, comme d'autres les soumettent au destin (Tertull. *Apol.* xlii); d'être inutiles pour les affaires et improductifs au monde, *infructuosi in negotiis;* d'être criminels de lèse-majesté (Id. *ib.* xxxv), ne rendant pas aux princes les honneurs qui leur étaient dus, parce qu'ils ne leur en rendaient pas de sacrilèges; ennemis publics, songeant à établir quelque nouvelle monarchie contre celle des Romains, parce qu'ils attendaient le règne de Dieu, mais au ciel (*Ib.* xl). Aussi quelque mal qui arrivât dans l'empire, on ne manquait jamais de le rejeter sur les chrétiens.

Les Juifs les accusaient de mépriser la loi (Origen. *Contr. Cels.* vi). On leur attribuait les opinions et les sentiments des hérétiques les plus détestables. On rapportait les miracles qui s'opéraient chaque jour parmi eux.

On leur reprochait de se séparer du reste du monde (Orig. *ib.* viii), et on les appelait une troisième espèce d'hommes, qui n'étaient ni Juifs ni Romains. On les méprisait comme des hommes ignorants, dans les lettres comme dans les arts, des gens de basse condition, *studiorum rudes, litterarum profanos, expertes artium* (Min. Fel, p. 35. édit. Ouzel.), téméraires qui se prétendaient plus habiles que tous les anciens philosophes.

Selon d'autres (Origen, *In Cels.* iii), ils se seraient appliqués à rejeter de leur société, à exclure de leur religion toutes les personnes d'esprit et de science, ils auraient cherché à s'attirer le menu peuple en l'intimidant par des terreurs sans preuve et sans fondement.

On les traitait d'impudents. On les taxait, tantôt d'avarice, tantôt de prodigalité dans les agapes et les festins de charité qu'ils faisaient ensemble (Tertull. *Ad nat.* i. 5. *Apol.* xxxix). On leur faisait même quelquefois un crime de leur courage et de leur fermeté, qu'on attribuait à une obstination punissable (Origen. *Ib.* vii). D'autres fois, au contraire, on les taxait de timidité, d'un attachement excessif à leur corps et à leur vie; tandis qu'il était de notoriété publique qu'ils se faisaient une loi de représenter en eux-mêmes la mort de Jésus-Christ par la mortification de leur chair, et de s'abandonner avec joie à tous les tourments et à la mort même, plutôt que de rien faire contre le devoir.

II. — Les autres calomnies que nous avons réservées pour en parler avec plus de détails, parce qu'elles présentent un caractère plus grave, se réduisent à deux chefs principaux : idolâtrie et immoralité.

1° Idolatrie. — A. — *Adoration du soleil.* « Quelques-uns pensent, dit Tertullien (*Apol.* xvi), que le soleil est notre Dieu. » La réponse suit l'accusation : « Nous renverra-t-on par hasard à la religion des Perses? Mais nous n'avons pas besoin d'adorer comme eux le soleil représenté sur un drapeau, puisque nous avons les yeux sur son globe, *in suo clypeo*. Ce qui a fait soupçonner que nous adorons, c'est qu'on a su que nous nous tournons vers l'orient pour prier. Mais la plupart d'entre vous, quand ils affectent d'adorer les divinités du ciel, n'agitent-ils pas leurs lèvres vers le soleil levant? Nous nous abandonnons, il est vrai, à la joie le jour du soleil; mais c'est pour un tout autre motif que celui d'honorer cet astre que nous célébrons notre solennité après le jour de Saturne, que quelques-uns de vous passent dans l'oisiveté et l'intempérance, s'écartant en cela même de la coutume des Juifs qu'ils ne connaissent pas. » Le motif de la joie des chrétiens au jour du soleil, motif que Tertullien ne dit pas, S. Justin l'explique (*Apol.* i. 68), c'est que ce jour avait été sanctifié par la résurrection du Sauveur, et était ainsi devenu un jour de fête pour l'Église.

B. — *Adoration d'un homme crucifié.* Cette accusation venait des Juifs (Justin. *Dialog.* n. xciii) et aussi des païens, dont Tacite s'est fait l'organe (*Annal.* xv. 63); et elle était calomnieuse en ce que les uns et les autres supposaient que les hommages des fidèles s'adressaient à un homme condamné au supplice infamant de la croix pour ses crimes (Minuc. Fel. p. 86), *hominem summo supplicio pro facinore punitum*. Il se trouva même des proconsuls et des gouverneurs de provinces qui cherchèrent à persuader aux chrétiens appelés devant les tribunaux qu'ils ne devaient pas adorer un homme malheureux, qui, n'ayant pas su se sauver lui-même, était incapable d'être utile aux autres (*Act. S. Lucian et Marcian*. ap. Ruin. p. 153) : ne pouvant les convaincre, ils les mettaient à mort.

Les chrétiens n'avaient garde de désavouer le culte qu'ils rendaient au Christ ; mais, soit par la voix éloquente de leurs apologistes (Justin. Apol. II. p. 92), soit directement devant leurs accusateurs et leurs juges, ils proclamaient la divinité du Sauveur et prouvaient, par des arguments invincibles, que le Verbe divin, comme les prophètes l'avaient annoncé, avait revêtu la nature humaine et, en devenant homme, n'avait pas cessé d'être Dieu. C'était à ce Dieu homme qu'ils offraient leur adoration et leurs hommages.

C. — *Adoration de la croix comme divinité*. L'accusation est ainsi formulée par le païen Cécilius dans le dialogue de Minucius Félix (p. 86) : « Rapporter qu'ils (les chrétiens).... adorent le bois funèbre d'une croix, c'est leur attribuer des outils dignes d'eux et leur faire adorer ce qu'ils méritent. » Octavius répond simplement : « Nous n'adorons pas la croix, et nous ne désirons pas d'être crucifiés ; mais vous qui consacrez des dieux de bois, peut-être adorez-vous aussi des croix de bois, comme faisant partie de vos dieux (p. 286). » Les païens se méprenaient sur la nature du culte que les chrétiens rendaient à la croix, culte qui n'avait pour objet que la personne du Sauveur qui avait sanctifié ce bois par l'effusion de son sang. Leur éternel sophisme était d'assimiler toujours le culte chrétien à leur propre culte, qui s'arrêtait à de grossiers symboles ou s'adressait à des idoles ridicules (V. l'art. *Croix [culte de la]*).

Dans tous les cas, cette objection prouve que le culte de la croix, tel qu'il est pratiqué aujourd'hui dans l'Église catholique, était déjà en vigueur parmi les chrétiens du deuxième siècle. Ayant à réfuter la même calomnie, Tertullien ne lui oppose, lui aussi (*Apol*. xvi), que l'argumentation *ad hominem*, qui était son arme favorite, rétorsion érudite, pleine d'une mordante ironie : « Quant à ceux qui s'imaginent que nous adorons la croix, ne sont-ils pas nos coadorateurs quand ils tâchent de se rendre propice quelque morceau de bois? Qu'importe la figure, puisque la matière est la même? Qu'importe la forme, puisque le même objet est le corps d'un dieu? Et quelle différence y a-t-il entre l'arbre de la croix et la Pallas athénienne, ou la Cérès de Pharos, qui ne sont autre chose qu'une perche grossière et un bois informe qui s'élève sans effigie? Toute branche qu'on plante verticalement est une portion de la croix. Serions-nous par hasard répréhensibles d'adorer le Dieu tout entier? N'avons-nous pas dit ailleurs que les ouvriers ébauchent vos divinités sur une croix? Vous adorez les victoires, dont les trophées renferment des croix qui en forment l'intérieur. La religion des Romains est toute militaire. Ils adorent leurs enseignes, jurent par leurs enseignes, préfèrent leurs enseignes à tous les dieux. Mais ces drapeaux forment des croix, dont toutes les brillantes sculptures sont les colliers. Les voiles des drapeaux et des étendards en sont les vêtements. Je loue votre zèle ; vous n'avez pas voulu adorer les croix nues et sans ornements. »

D. — *Adoration des pontifes*. L'origine de cette calomnie, à laquelle on ne connaît guère d'autre auteur que le sophiste Lucien (*Dialog. in mort. Peregrin*. p. 994. edit. 1615), était la vénération que les fidèles témoignaient en toute rencontre au sacerdoce (V. l'art. *Pieds du souverain pontife [baiser des]*). Nous ne nous y arrêterons pas. Mais l'accusation revêtait quelquefois une formule obscène, supposant que le culte des fidèles s'adressait à ce qu'il y a de plus honteux dans l'homme (V. l'art. *Exomologèse*, n. III), *antistitis genitalia*. Ils exécutaient même des statues spinthriennes qui traduisaient aux yeux cette infamie. On possédait au musée du Vatican, d'après Mamachi (*Antiq. Christ*. I. 130), un coq qui, à la place du bec, a un *phallus*, avec cette sacrilège inscription : Σωτὴρ κόσμου, *Salvator mundi*. On pense que l'usage où étaient les premiers chrétiens de se prosterner devant leurs prêtres pour confesser leurs péchés, *presbyteris advolvi* (Tertull. *De pœnit*. IX), avait pu donner lieu à une si étrange accusation.

Nous aimons à citer ici la réponse indignée d'Octavius (Minuc. Fel. p. 279) : « Celui qui, dans ses récits mensongers, nous accuse d'adorer en la personne de nos prêtres une chose dont la pensée seule fait rougir, nous impute des infamies qui lui sont propres. Un culte aussi obscène se pratique sans doute parmi ceux qui, prostituant toutes les parties de leur corps, donnent au libertinage le nom de galanterie, portent envie à la licence des courtisanes, hommes dont la langue n'est pas pure lors même qu'elle se tait, et qui éprouvent le dégoût de l'impudicité avant d'en sentir la honte. Les monstres ! ô comble d'horreur ! se rendent coupables d'un crime que ne peut souffrir l'enfant de l'âge le plus tendre, et auquel la tyrannie la plus dure ne parviendrait pas à contraindre le dernier des esclaves. Pour nous, il ne nous est pas même permis d'écouter de pareilles turpitudes, et je croirais violer la pudeur, si j'employais plus de paroles pour notre défense. Et certes, nous ne pourrions nous imaginer que les abominations que vous imputez à des gens aussi chastes, aussi retenus que nous, fussent possibles, si nous n'en trouvions des exemples parmi vous. » Cet admirable passage met sous nos yeux un éloquent parallèle des mœurs païennes et des mœurs des premiers chrétiens : c'est un document historique de la plus haute importance.

E. — *Adoration d'une tête d'âne*. « Toute l'occupation des démons (c'est encore à Minucius Félix que nous empruntons ce texte, qui place la réfutation après la calomnie, *Octav.* p. 83) est encore de répandre de faux bruits.... De là vient cette fable que la tête d'un âne est pour nous une chose sacrée. Qui serait assez insensé pour avoir une pareille divinité, et assez simple pour s'imaginer qu'on pût l'adorer, à moins que ce ne soit vous, qui avez consacré dans les étables tous les ânes avec votre déesse Épona.... vous qui adorez des têtes de bœuf et des têtes de mouton ! » Cette calomnie, si nous en croyons Tertullien (I *Ad nat.* XIV), eut pour auteur un Juif, lequel avait fait une ignoble figure à oreilles d'âne avec cette inscription : DEVS CHRISTIANORVM, « Dieu des chrétiens ! » Nous avons vu au musée Kircher une caricature à peu près de même sorte et qui certainement avait le même sens : c'est un crucifix à tête d'âne tracé au stylet sur une muraille du palais des Césars au mont Palatin ; le savant jésuite Garrucci a obtenu la permission d'enlever le morceau d'enduit où est dessiné cet objet étrange. Afin qu'on ne pût se méprendre sur sa signification, on a figuré près de la croix un personnage qui adore ce Christ à la manière antique, c'est-à-dire en baisant sa main, et au bas duquel sont écrits ces mots en caractères cursifs : ΑΛΕΞΑΜΕΝΟΣ ΣΕΒΕΤΕ (pour ΣΕΒΕΤΑΙ) ΘΕΟΝ, « Alexamène adore son Dieu. » Voici cette caricature :

D'après une autre inscription graphite ainsi conçue : CORINTIVS EXIT DE PÆDAGOGIO, M. Fr. Lenormant avait jugé que là se trouvait le *pædagogium*, c'est-à-dire l'école des pages du palais impérial, et de nouvelles découvertes du même genre sont venues donner raison à cette judicieuse interprétation. Alexamenus était donc un écolier chrétien qu'un de ses condisciples idolâtre avait voulu mettre ainsi en scène pour le tourner en ridicule, et nous n'hésitons pas à en voir la preuve dans un nouveau graphite qu'il nous a été donné de lire nous-même dans une cellule voisine, et où le titre de FIDELIS, *chrétien baptisé*, est attribué à Alexamenus : ΑΛΕΞΑΜΕΝΟΣ FIDELIS.

Il serait difficile d'assigner une cause à une si absurde accusation, à moins qu'on ne suppose que les païens en conçurent l'idée en lisant dans l'Évangile le récit de l'entrée de Notre-Seigneur à Jérusalem, ou en voyant ce fait représenté sur quelques monuments chrétiens.

Nous retrouvons encore ici le nom de Tacite (*Hist.* V), et nous devons donner, exposée par Tertullien (*Apol.* XVI), l'opinion que cet historien s'était faite à cet égard, d'après les récits en circulation de son temps : « Quelques-uns d'entre vous, dit l'apologiste, ont rêvé que nous adorons une tête d'âne. Voici ce qui a fait soupçonner cela à Cornelius Tacitus. Dans le cinquième livre de son *Histoire*, racontant la guerre contre les Juifs, il remonte à la naissance de ce peuple. Après avoir parlé à sa manière de son origine, de son nom et de son culte, il rapporte que les Juifs, sortis, ou, comme il le veut, bannis de l'Égypte, manquant d'eau dans les vastes déserts de l'Arabie, et épuisés de soif, ayant trouvé des sources par le moyen de quelques ânes qu'ils suivirent.... adorèrent, en reconnaissance, l'image d'un animal semblable. C'est de là, je pense, qu'on a présumé que nous, dont la religion est voisine de celle des Juifs, nous adorions un pareil simulacre. »

F. — *Honneurs divins rendus à Sérapis.* C'est l'empereur Hadrien qui inventa et répandit cette calomnie dans une lettre écrite d'Égypte par ce prince voyageur au consul Servianus, lettre qui se trouve dans l'historien Vopiscus (T. II, *Hist. aug. script.* p. 719), mais dont l'authenticité n'est pas admise par tous les critiques : « Ceux qui adorent Sérapis, dit-il, sont des chrétiens, et ceux-là sont voués au culte de Sérapis qui se disent évêques. » On présume que, arrivé à Alexandrie où le culte de cette divinité était fort répandu, Hadrien vit quelques chrétiens, par crainte des supplices, sacrifier lâchement à Sérapis, et qu'il conclut du particulier au général. Selon d'autres, ce serait la ressemblance de la croix ansée qui aurait donné lieu à l'erreur d'Hadrien.

2° CALOMNIES AYANT UN CARACTÈRE D'IMMORALITÉ. Les calomnies de cette classe, à laquelle nous pouvons rapporter l'accusation d'adorer *antistitis seu sacerdotis genitalia* (V. plus haut 1°, D), peuvent être attribuées à une source commune, qui n'est autre que la connaissance répandue parmi les païens des abominations qui se commettaient dans les assemblées des gnostiques, des carpocratiens et autres hérétiques, qui malheureusement portaient tous le nom de chrétiens. On jugea d'après ces infâmes sectaires la société chrétienne tout entière.

Nous nous bornons à deux de ces atroces calomnies. On accusait les fidèles de renouveler le festin de Thyeste, et l'inceste d'Œdipe. Le premier grief était relatif aux initiations des premiers chrétiens, le second à leurs repas.

A. — *Le festin de Thyeste.* Voici comment le païen Cecilius expose cette horrible accusation (Min. Fel. p. 9) : « Le récit qu'on fait des initiations des chrétiens est aussi horrible que véridique. On présente un enfant couvert de pâte à celui qui doit être initié, afin de lui cacher le meurtre qu'il va commettre, et le novice, trompé par cette imposture, frappe l'enfant de plusieurs coups de couteau : le sang coule, les assistants le sucent avec avidité, et se partagent ensuite les membres palpitants de la victime. C'est ainsi qu'ils ciment leur alliance; c'est ainsi que, par la complicité du même crime, ils s'engagent mutuellement au silence. Tels sont ces sacrifices, plus exécrables que tous les sacrifices? » Les mêmes choses sont rapportées par S. Justin (*Dial. cum Thryph.* n. x. et *Apol.* i et ii, *passim.*), par Athénagore (*Legat.* n. iii), Théophile d'Antioche (L. iii *Ad Autolic.* n. iv), par Origène (L. vi. n. 27). Il en est question aussi dans les actes des martyrs de Lyon (Eusèb. *Hist. eccl.* v. 1), etc.... La seule raison que l'on puisse avec quelque fondement assigner à une telle accusation, c'est que ceux qui s'en étaient fait les propagateurs avaient ouï dire que les chrétiens mangeaient la chair et s'abreuvaient du sang du Fils de Marie, mystère trop haut pour des esprits matérialisés par le paganisme, et qui avait scandalisé même les Juifs quand il leur fut annoncé pour la première fois.

La rétorsion d'Octavius est accablante : « Pensez-vous que nous soyons assez cruels pour verser et pour boire le sang d'un être aussi faible et qui ne vient que de naître? Une telle atrocité ne peut trouver de créance qu'auprès de ceux qui sont capables de la commettre. C'est vous qui exposez vos enfants nouveau-nés aux bêtes féroces et aux oiseaux de proie. C'est vous qui, devenant parricides avant d'être pères, les étouffez dans le sein de leurs mères par des breuvages empoisonnés. Et c'est de vos dieux mêmes que vient cet usage barbare; car Saturne dévorait ses enfants. Aussi, c'est pour cette raison que, dans quelques parties de l'Afrique, on lui sacrifiait des enfants qu'on empêchait de crier en les couvrant de baisers et de caresses, afin de ne pas offrir à ce dieu une victime lamentable. On immolait dans la Tauride, et même dans le Pont, les étrangers qui venaient y demander l'hospitalité ; Busiris avait introduit cette coutume en Égypte, et les Gaulois, non moins cruels, offraient à Mercure des victimes humaines, ou plutôt inhumaines. Les Romains, dans des sacrifices, ont enterré vifs un Grec et une Grecque, un Gaulois et une Gauloise. Aujourd'hui même encore, c'est par des homicides que vous adorez Jupiter Latiaris, et, ce qui est digne du fils de Saturne, on se repaît du sang des criminels. C'est sans doute ce dieu qui porta Catilina et ses complices à sceller leur ligue par le sang; c'est sans doute encore à l'exemple de ce dieu que l'on fait des effusions de sang humain en l'honneur de Bellone, et que, dans la médecine, on l'emploie pour guérir de l'épilepsie, remède pire que le mal. Ils n'en sont pas moins coupables ceux qui se nourrissent de bêtes sauvages tuées dans l'arène, encore teintes de sang, et engraissées de chair humaine. Pour nous, il ne nous est pas permis d'être les spectateurs du meurtre des hommes; le récit même nous en est interdit; nous sommes si éloignés de verser le sang humain, que nous nous abstenons même du sang des animaux dont la chair nous sert d'aliment. »

Le genre d'argumentation adopté par les premiers apologistes, et qui consiste à convaincre les païens des mêmes crimes et de plus odieux encore que ceux qu'ils imputaient aux fidèles, bien que peu concluant en lui-même, a ce côté important qu'il nous fait connaître une foule de particularités des mœurs antiques que nous aurions peut-être toujours ignorées sans cela. Nous ne craignons donc pas que nos lecteurs nous sachent mauvais gré d'avoir mis sous leurs yeux ces curieux fragments d'apologétique chrétienne.

B. — *L'inceste d'Œdipe.* Nous reproduisons encore ici le texte de Minucius Félix (*Ibid.*) : « Ne savons-nous pas encore, dit l'interlocuteur païen, ce qui se passe à leurs festins (aux festins des chrétiens)? Tous nos auteurs en font mention, et la harangue de l'orateur de Cirta l'atteste également (il désigne ici M. Cornelius Fronto, orateur latin, né à Cirta en Numidie, qui, d'après ce passage, paraît avoir prononcé un discours contre les chrétiens) : dans un jour solennel, tous se rendent au banquet avec leurs enfants, leurs femmes et leurs sœurs; là, après un long repas, lorsque les vins dont ils se sont enivrés commencent à exciter en eux les feux de la débauche, ils attachent un chien au candélabre et le provoquent à courir sur un morceau de viande qu'on lui jette à une certaine distance : les flambeaux renversés s'éteignent; alors, débarrassés d'une lumière importune, ils s'unissent au hasard, au milieu des ténèbres, par d'horribles embrassements et deviennent tous incestueux, au moins de volonté, s'ils ne le sont d'effet, puisque tout ce qui peut arriver dans l'action de chacun entre dans les désirs de tous. »

On se demande ce qui, dans la vie si pure et si sainte de nos pères, put donner lieu à d'aussi abominables allégations, qui, au témoignage d'Origène (*Contr. Cels.* l. vi. n. 27), vinrent d'abord des Juifs. Ce qui leur donnait quelque apparence de vérité, c'était l'usage où étaient les premiers chrétiens d'échanger le baiser de paix dans leurs synaxes (V. l'art. *Baiser de paix*), de s'appeler mutuellement frères et sœurs et de prendre ensemble ces repas de charité qu'on appelait *agapes* (V. l'art. *Agapes*).

Le lecteur qui désirerait de plus amples détails sur cette triste matière, pourrait consulter le savant ouvrage de Korthold, intitulé : *Paganus obtrectator, sive de calumnis gentilium in veteres Christianos.* Lubecæ. 1703.

CANA (miracle de). — Un certain nombre de sarcophages antiques reproduisent ce miracle dans leurs bas-reliefs. Théophile d'Antioche, qui vivait au deuxième siècle (*Comment. in Evang.* l. iv), regarde l'eau qui fut changée en vin comme une figure de la grâce du baptême. D'autres y voient une image de la transsubstantiation (V. l'art. *Eucharistie*). C'est pour cela que le miracle de Cana se trouve quelquefois représenté sur des vases eucharistiques, tels qu'un *urceolus* ou burette du quatrième siècle, selon Blanchini, que ce savant donne dans ses notes à la *Vie de S. Urbain* (Anastas. *In S. Urb.*).

Bien que, d'après le texte sacré (Joan. II), les vases fussent au nombre de six, les artistes, faute d'espace, n'en ont ordinairement représenté que cinq (Bottari, tav. LI et LXXXVIII), trois (tav. LXXXV), deux (tav. XXXII), et même un seul (tav. XIX). Il n'y en a que deux sur un sarcophage d'Arles, dessiné par le P. Arthur Martin (*Hagioglypt.* p. 246). Ces vases, *hydriæ*, prennent des formes fort diverses; ils étaient fixes, et de l'espèce de ceux où l'on mettait ordinairement de l'eau et par conséquent d'une assez grande capacité. Sedulius (*Carm.* l. III 9) les appelle *lacus* :

Implevit sex ergo LACUS hoc nectare Christus.

« Le Christ remplit six *lacus* de ce nectar. »

Notre-Seigneur, vêtu selon le type ordinaire, touche les *hydriæ* avec une baguette. Mamachi, Bottari, Gori publient une tablette d'ivoire où le miracle de Cana est sculpté en bas-relief avec une rare élégance. Cette tablette, qui date probablement du septième siècle et faisait partie du siège des exarques de Ravenne, a été illustrée par Bandini, dans un opuscule spécial : *In tabulam eburneam observationes.* In. 4° Florentiæ, 1746. Ici le tableau (vous l'avez sous les yeux) est complet et d'une parfaite ordonnance. Il prend le fait au mo-

ment où le changement est accompli. Notre-Seigneur, jeune et imberbe, les cheveux coupés court en forme de couronne, la tête nimbée, revêtu du *pallium* sur la tunique, porte d'une main une croix grecque hastée, et désigne de l'autre les six *hydriæ* pleines de vin, et affectant la forme des plus élégantes amphores antiques. A côté de Notre-Seigneur, on voit l'*architriclinus* tenant un *codex* élégamment relié. L'époux selon l'interprétation de Bandini, ou un personnage quelconque, porte dans sa main droite une coupe que sans doute il a remplie du vin miraculeux pour la porter à l'*architriclinus*, selon l'ordre du maître (Joan. II. 8), et sur laquelle il tient les yeux fixés avec un air de reconnaissance pénétrée qu'achève d'exprimer sa main gauche étendue vers le Sauveur. Le même sujet se trouve aussi représenté, et d'une manière assez complète sur un diptyque d'ivoire du cinquième siècle donné par Bugati à la suite de ses *Memorie di S. Celso*, p. 282. Notre-Seigneur, très-jeune, touche les *hydriæ* avec une baguette, il est entouré de neuf personnages, dont l'un verse de l'eau dans l'une des *hydriæ* d'une amphore appuyée sur son épaule.

CANCEL (lisez d'abord l'article *Transenna*). — Dans les anciennes basiliques, c'était une barrière à jour qui séparait la *solea* (V. ce mot) du sanctuaire, et même s'étendait dans toute la largeur de l'église, d'un mur à l'autre. Les cancels étaient quelquefois de bois, comme dans l'église de Tyr, au rapport d'Eusèbe (*Hist. eccl.* l. x. c. 4), d'autres fois de marbre, tels que celui qui se voit aujourd'hui à Saint-Clément de Rome, lequel a des espaces à jour, et d'autres pleins qui sont ornés de croix en relief. Ce cancel est probablement le plus ancien de tous, car, d'après les conjectures les plus plausibles (V. Rossi. *Bull.* 1870, p. 137), il fut transféré de l'antique basilique à la nouvelle qui est bâtie au-dessus.

Les cancels étaient impénétrables aux laïques, et les Pères renouvelaient de temps en temps les prohibitions de l'Église à cet égard. Anciennement, les prêtres et les lévites seuls communiaient à l'intérieur des cancels (V. Sarnelli. *Basilicogr.* p. 86). L'exclusion des laïques ne souffrait pas d'exception, elle s'étendait aux magistrats et aux empereurs, comme le prouve l'exemple de Constantin au concile de Nicée (Euseb. *Hist. eccl.* v. 15. — Théodoret. I. 7).

L'esprit adulateur des Grecs d'un côté, et l'arrogance de quelques empereurs de l'autre, firent quelquefois admettre ceux-ci à l'intérieur des cancels; ils allèrent jusqu'à s'asseoir avec les prêtres et à offrir avec eux. Après les empereurs, vinrent les magistrats, et peu à peu l'abus s'étendit à d'autres laïques sans distinction. Nous avons de S. Grégoire de Nazianze une épître (*Carm. ad episcopos*) où le grand évêque déplore amèrement cette infraction à l'antique discipline, et rappelle les évêques à la juste sévérité que leur charge leur impose.

S. Ambroise, comme on sait, opposa la sainte fermeté de son âme épiscopale à de tels abus. Il ordonna que l'empereur Théodose eût son siège en un lieu également séparé du peuple et du clergé, et hors des cancels, comme nous l'apprend Sozomène (*Hist. eccl.* VII. 24). L'empereur resta fidèle aux prescriptions du grand évêque de Milan, même à Constantinople. S'étant trouvé en cette ville un jour de fête, il alla porter son offrande à l'autel, mais il se retira immédiatement. Et l'évêque Nectaire ayant eu la bassesse d'en demander la cause, le prince répondit qu'il n'avait trouvé qu'à Milan un docteur de la vérité, un homme digne de la dignité épiscopale. Il y avait aussi des cancels dans l'*atrium* de quelques basiliques ; ils régnaient dans les entre-colonnements du portique, et ils étaient disposés de telle sorte que ceux qui étaient fatigués pussent s'y appuyer et jouir de la vue des eaux jaillissant au centre de l'*atrium* (V. l'art. *Cantharus*). Cette fontaine elle-même était entourée de cancels.

CANDÉLABRE DES JUIFS. — On sait qu'il y avait des cimetières pour les Juifs qui, au temps des empereurs, et surtout depuis les victoires des Vespasiens, se trouvaient à Rome en grand nombre et avaient fixé leur demeure au delà du Tibre. En 1602, Bosio découvrit sous la voie de Porto, la plus rapprochée de ce quartier, une crypte, au fond de laquelle on remarquait, pour tout emblème, le chandelier à sept branches ; on y trouva aussi une lampe d'argile ornée du même emblème (V. Aringhi. II. p. 651), et quelques fragments de marbre où se lisait le nom de la synagogue. Des fouilles pratiquées en divers endroits du même quartier ont fait découvrir des sarcophages et d'autres monuments funéraires appartenant, les inscriptions le prouvent, aux anciens Juifs, et qui se voient dans les recueils de Reinesius, Spon, Fabretti, Muratori, et surtout dans l'ouvrage de P. Lupi sur Sainte-Sévère (p. 177). Un autre cimetière juif vient de se révéler, il y a peu de temps, près de la voie Appia, vis-à-vis le cimetière chrétien de Saint-Calliste. On y a remarqué des décorations toutes semblables à celles du premier, et principalement le candélabre, et en outre plusieurs symboles juifs analogues à ceux que montrent deux fragments de sarcophages extraits du tombeau des rois à Jérusalem par M. de Saulcy, et qui font aujourd'hui partie du musée du Louvre (galerie des antiquités assyriennes) : ces symboles sont des pampres de vigne, des grappes de raisin, des citrons, des grenades, des rameaux d'amandier qui rappellent la verge d'Aaron, des coloquintes, ornements de la mer d'airain.

Le candélabre se trouve encore représenté sur des objets portatifs de diverses espèces, mais principalement sur des verres à fond d'or : Buonarroti (tav. II et III) en avait déjà publié trois, le P. Garrucci en donne sept (tav. v), et l'un de ces monuments le reproduit exactement selon le type prescrit par Dieu lui-même (*Exod.* XXV. 31) :

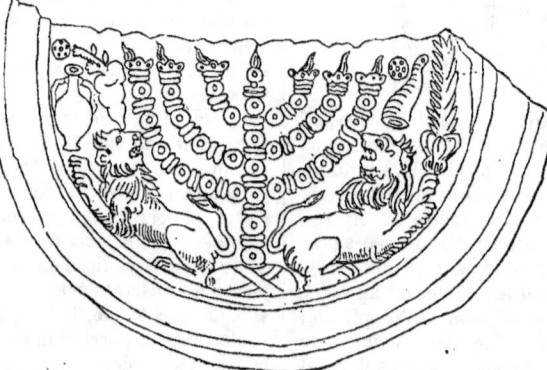

« Sa tige, ses branches, ses coupes, ses pommes et ses lis seront d'une même pièce ; » il est sur quelques lampes d'argile, dont une très-belle dans le recueil de Sante Bartoli (*Antich. Lucerne.* part. III. n. 32). M. Perret en donne une qui n'a que cinq branches (IV-XIII. 5), et affecte une forme inusitée. Nous avons dans l'ouvrage de Ficoroni sur les pierres gravées avec inscription (*Gem. ant. litt.* part. II. tab. I. nn. 2 et 3) un onyx et un médaillon de cristal qui présentent aussi le candélabre sous une forme élégante.

Or, comme la plupart de ces objets furent trouvés dans les catacombes et fixés à des tombeaux chrétiens, plusieurs antiquaires, à la tête desquels se place l'illustre Bosio (*Roma sotter.* l. IV. cap. 46), ont voulu leur donner une origine et une signification chrétiennes : de même, disent-ils, que les Juifs regardaient le candélabre comme le type du Christ qui devait venir, les chrétiens l'adoptèrent comme la figure du Christ venu, qui dit de lui-même : « Je suis la lumière du monde (Joan. VIII). » Ceci est conforme, il faut en convenir, à la doctrine commune des Pères, et leur enseignement à ce sujet a pu facilement donner lieu à l'interprétation des monuments que nous venons de signaler. S. Grégoire le Grand (Homil. VI. *In Ezech.*) dit de Jésus-Christ : « Dans lui, la nature de l'humanité a brillé de la lumière de la divinité, pour qu'il devînt le *candélabre* du monde (V. insup. Clem. Alex. *Strom,* V.). Bède (XXV *In Exod.*) y voit la figure des sept dons du Saint-Esprit, et encore celle de Jésus-Christ portant les sept Églises dans lesquelles brille la splendeur septiforme de l'Esprit-Saint (*In* XXXIX *cap. Exod.*) » S. Jérôme (*In cap.* IV *Zacch.*) le regarde comme la figure de l'Église : « Le candélabre d'or, de l'or le plus pur, s'entend de l'Église. » Et ailleurs (*In* V *cap. Matth.*) : « Qu'est-ce que le candélabre ? C'est l'Église qui promulgue la parole de vie. » Ailleurs encore (*In cap.* II *Epist. ad Philem.*) : « Tout homme ecclésiastique ayant la parole de Dieu est appelé candélabre. » Le candélabre fut aussi regardé comme la figure de la croix. Théophile d'Antioche (*In cap.* VI *Matth.*) : » Le candélabre, c'est la croix du Christ, laquelle a illuminé le monde entier de la splendeur de sa lumière. »

On voit que l'opinion assignant un sens chrétien et une origine chrétienne au candélabre ne manquait pas d'une certaine base au moins apparente, dans les textes. Mais les monuments la repoussent. D'abord le candélabre n'a jamais été rencontré dans les peintures murales des catacombes, ni dans les sculptures sûrement chrétiennes.

On a cité une pierre sépulcrale du cimetière de Quartus et Quintus (c'est ainsi qu'Aringhi le désigne), sur laquelle le chandelier à sept branches serait associé au monogramme du Christ, au tombeau de Lazare, aux symboles chrétiens du poisson, de la maison et des balances (V. Mamachi. *Origin. Christ.* III. p. 39). M. De' Rossi a publié de nouveau ce marbre (*Inscr. Christ. Rom.* t. I. p. 210), mais plus exactement que les précédents éditeurs. Or, dans sa gravure, l'objet qu'on a pris pour le candélabre des Juifs ne présente aucun rapport avec ce que nous connaissons en ce genre. Nous ignorons donc sur quel fondement le P. Lupi (*Sev. epitaph.* p. 177) a pu affirmer « qu'il se trouve quelquefois sur les tablettes des *loculi* chrétiens ». Ce savant a pu être trompé par la ressemblance que, dans des monuments grossièrement exécutés, la palme offre avec le candélabre.

Resteraient les objets mobiles, les verres, les gemmes, les lampes, etc., lesquels étaient le plus souvent fixés à l'extérieur des *loculi* comme simples marques mnémoniques, ou moyens de reconnaissance. Or les chrétiens se servaient pour cela indifféremment de choses de toute nature, même païennes. Est-il étonnant dès lors qu'ils aient employé des objets rappelant la religion judaïque, objets qui devaient être très-communs entre les mains des chrétiens venus du judaïsme, lesquels formaient une partie si considérable de l'Église primitive, *Ecclesia ex circumcisione*?

La présence de ces petits monuments dans les catacombes ne prouve donc rien de ce qu'on a voulu leur faire dire.

CANON (Κανών, *regula*). Le mot canon vient d'un vocable grec qui veut dire *règle*. Ce mot a, dans la langue ecclésiastique, plusieurs significations. Nous n'avons pas à parler ici du *canon* des Écritures; et nous avons consacré un article spécial au *Canon de la Messe*.

1° Il est quelquefois employé pour désigner le symbole, soit la formule de foi qui est le critérium au moyen duquel on discerne l'hérésie d'avec l'orthodoxie, ou, pour nous servir des expressions de S. Maxime de Turin, « la tessère ou marque à laquelle on distingue les fidèles d'avec les perfides, » *symbolum tessera est et signaculum, quo inter fideles perfidosque secernitur* (*Homil. in symb.*). Ainsi, quand le concile d'Antioche (Ap. Euseb. *Hist. eccl.* VII, 30) dit que Paul de Samosate s'est écarté de la règle de la foi, τοῦ κανόνος, on doit entendre par là que, par sa doctrine, il s'est placé en dehors du symbole de l'Église. C'est pour exprimer la même idée que les Grecs (V. Socrat. *Hist. eccl.* l. II. c. 39) se servent des termes ὅρος et ἔκδοσις πίστεως, *definitio* et *expositio fidei*, et quelquefois ils disent simplement πίστις, *fides* (Theodoret. *Hist. eccl.* I. 7). Ces expressions répondent au latin *regula fidei*, qui est communément adopté par S. Irénée (I. 19), Tertullien (*Præscript.* XII) et S. Jérôme (Epist. LIV. *Ad Marcellin.*), lorsqu'ils parlent des hérétiques et de leur défection des articles de la foi catholique contenue dans les symboles de l'Église.

2° Les auteurs et documents anciens donnent aussi le nom de *canon* au catalogue où étaient inscrits les clercs, pour qu'on sût à quelle Église chacun d'eux appartenait. Le mot κανών est souvent pris en ce sens dans les actes du concile de Nicée, par exemple au seizième canon : « Quiconque témérairement, et n'ayant pas devant les yeux la crainte de Dieu, et ne tenant point compte du *canon ecclésiastique*, se sera retiré de son Église, etc., » et ailleurs (Can. XVII) : « Qu'il soit exclu du clergé et devienne étranger au *canon ecclésiastique*. » Ainsi encore, le concile d'Antioche (Can. I) appelle le catalogue des ecclésiastiques « le saint canon », ἅγιον κανόνα, et les *Canons apostoliques* le nomment καταλογὸν ἱερατικόν, « catalogue hiératique » ou sacré.

Les auteurs latins désignent le même objet sous des dénominations équivalentes : S. Sidoine Apollinaire le nomme *album*, « liste » (l. v. epist. 8), le concile d'Agde (Can. II), « matricule, » *matriculam* (V. ce mot), et S. Augustin, « tableau des clercs, » *tabulam clericorum* (Homil. L *De divers.*). Mais c'est du grec κανών qu'est dérivé le nom de *canonici* (V. l'art. *Chanoines*), qui généralement est attribué aux clercs de chaque église où ils sont inscrits. C'est sous ce titre que S. Cyrille de Jérusalem (*Procatechesis.* n. IV), décrivant l'ordre hiérarchique du clergé, désigne la présence de ses membres, κανονικῶν παρουσία. Dans les actes du concile de Laodicée (Can. XV), ceux des clercs qui étaient chargés du chant dans l'église sont nommés κανονικοὶ ψάλται, « chantres canoniques. » Les conciles de Nicée (Can. XVI) et d'Antioche (Can. II) embrassent l'ensemble des clercs dans cette expression générale : « ceux qui sont dans le canon », c'est-à-dire inscrits dans le registre matricule de l'église, τοὺς ἐν κανόνι. On en vint même à étendre cette dénomination générique à toutes les personnes qui, à un titre quelconque, étaient portées au catalogue de l'Église, ne fût-ce que comme pensionnaires, c'est-à-dire comme ayant droit de recevoir d'elle leur subsistance, les moines, par exemples, les vierges et les veuves, etc. (Basil. *Epist.* I. *canonic.* cap. 6). On a enfin donné le nom de *canon* au catalogue des Saints reconnus ou canonisés par l'Église (V. l'art. *Canonisation*).

3° On appelle encore *canons* les lois et constitutions ecclésiastiques, réglant la foi, la discipline et les mœurs, et émanées soit de l'autorité des conciles, soit de celle des papes, soit des paroles des saints reconnues et adoptées pour règle par l'Église : *Canonum quidem alii sunt statuta conciliorum, alii decreta pontificum, aut dicta sanctorum* (Can. I. dist. 3). Nous n'avons pas à traiter ici cette question, qui est du domaine du droit canonique. Nous nous bornerons à donner un court aperçu historique sur les canons dits *apostoliques*, considérés comme la plus ancienne expression de la discipline de l'Église primitive. Nous devons au lecteur ces quelques détails comme mesure de la valeur qui s'attache à ces documents qu'il trouvera souvent cités dans ce dictionnaire, et dont, en général, la connaissance est nécessaire pour l'intelligence des livres relatifs à l'ancienne discipline de l'Église.

Ces canons sont au nombre de quatre-vingt-cinq, ou de soixante-seize, suivant la division qu'on adopte. Quelques savants, tels que Turrien (*Defensio pro canonib. apost.*), ont essayé de prouver qu'ils sont dus en totalité aux apôtres eux-mêmes; d'autres se sont contentés de leur en attribuer une partie; c'est l'avis de Binius (*Tit. can. t. I. Concil.*), de Sixte de Sienne (*Lib. II Bibl. sanctæ. In Clement.*), de Baronius (*Ad an.* 103. n. 14), de Bellarmin (*Lib. de script. eccl. In Clement.*), de Possevin (*Apparat.* verb. *Clemens*), etc. Les docteurs protestants, au contraire, entre autres le ministre Daillé (*De pseudograph. apost.* l. II), prétendent qu'ils furent fabriqués par quelque faussaire au cinquième siècle. L'opinion commune des érudits (V. dom Ceillier. *Aut. sacr. et eccles. t. III.* p. 609) se place entre ces deux extrêmes et tient que, bien qu'on ne puisse pas affirmer positivement que les apôtres en sont *les auteurs*, ils remontent néanmoins à la plus haute antiquité et sont l'organe de la tradition apostolique. C'est proprement, de l'avis de ces savants, une collection de divers règlements de discipline établis avant le concile de Nicée, soit dans différents conciles particuliers tenus pendant le deuxième et le troisième siècle, soit par les évêques de ce temps-là. On peut ajouter que la collection que nous en possédons, à quelques additions près qui y ont été glissées par la suite, a dû être compilée au plus tard vers le commencement du quatrième siècle. C'est ce que nous voyons clairement par les témoignages d'un grand nombre de Pères et de conciles des quatrième et cinquième siècles, qui appuient leurs décisions de l'autorité des *canons* qu'ils nomment tour à tour *canons apostoliques*, *canons anciens*, *canons ecclésiastiques*, et qui ne se trouvent nulle part ailleurs que dans la collection dont il s'agit (V. D. Ceillier. *op. laud.* pp. 611. suiv.).

Les *canons apostoliques* furent censurés par le pape Gélase dans un concile de soixante-dix évêques tenu à Rome en 494; mais ce ne fut probablement qu'à raison de leur titre, qui pouvait induire les chrétiens en erreur au sujet de leur origine, et aussi à cause des dispositions contraires aux définitions de l'Église que renferment quelques-uns d'entre eux. Mais Denys le Petit en ayant fait, au commencement du sixième siècle, une traduction latine qui ne renfermait que les cinquante premiers canons, sur lesquels ne tombait pas la censure du pape Gélase, la collection fut reçue avec applaudissement par l'Église romaine, comme le témoigne Cassiodore, auteur contemporain (*De divin. lection.* c. XXIII. p. 333. edit. Parisiens, 1589), et ces cinquante canons firent désormais autorité chez les Occidentaux. Nous savons par Anathase le Bibliothécaire (*Præf. ad VII synod.*), que le pape Étienne n'en avait pas approuvé un plus grand nombre dans un synode où il en fut question; et Urbain II (Ap. Gratian. dist. XXXII. c. 6), Gratien (Dist. XVI), Cresconius, évêque d'Afrique (*Concord. canon.* Ap. Justel. t. I. et in *Breviar. canon. ibid.*), n'en comptent pas davantage. Mais ils faisaient loi: Jean II (*Epist. ad Cæsar. Arelatens.* t. IV *Concil.* p. 1757) fit valoir leur autorité contre Contumeliosus, évêque de Riez. Ils furent aussi allégués dans la cause de Prétextat, évêque de Rouen, en 577, sous le règne de Chilpéric; et il ne paraît pas qu'ils aient été connus en France avant cette époque (Greg. Turon. *Hist. Franc.* V. 18). On croit qu'ils étaient reçus en Angleterre vers l'an 670 (Beda. *Hist eccl. Angl.* VI. 5).

Les *canons apostoliques* ont été encore en plus grand crédit chez les Grecs que chez les Latins. Car, outre qu'ils les ont admis jusqu'au nombre de quatre-vingt-cinq, comme le prouve le témoignage de Jean d'Antioche (*In præfat. ad Collect. canon.*), presque tous leurs écrivains qui en ont parlé jusqu'au sixième siècle ont cru qu'ils étaient des apôtres. L'auteur que nous venons de citer, contemporain de Denys le Petit, et depuis élevé sur le siège de Constantinople par Justinien, les donna sous ce titre dans une nouvelle collection des canons de l'Église orientale. Justinien les cite comme ayant les apôtres pour auteurs, dans sa novelle à Épiphane, patriarche de Constantinople; et ils furent solennellement approuvés par le concile *in trullo* (Can. II), comme ayant été reçus et confirmés par les Pères qui les avaient transmis sous le nom des apôtres. Le second concile de Nicée, qui compte pour le septième œcuménique, les reçoit avec le même respect que ceux des dix premiers conciles généraux. Ils furent même placés dans le canon des Écritures par S. Jean de Damas (Lib. IV. *De fide orthodox.* c. 18). Photius (*Cod.* 112. et *præf. in Nomocan.*) et Blastares (*In Præmedit.*) sont les seuls d'entre les Grecs qui aient témoigné quelques doutes au sujet de leur origine apostolique.

4° Les écrivains de l'antiquité ecclésiastique, ainsi que la loi romaine, appliquent le nom de *canon* à une sorte de tribut qui, sous l'empire, atteignait la propriété foncière, et qui se payait en nature, savoir: en blé, vin, huile, fer, cuivre, etc., pour le service de l'empereur, d'où lui vient le nom de *specierum collatio*. Il fut quelquefois aussi appelé *indictio* CANONICA.

Dans sa deuxième apologie, S. Athanase (p. 778. edit. Paris. 1627), ayant à se défendre de l'accusation d'avoir imposé aux Égyptiens, en faveur de son Église d'Alexandrie, un impôt de tuniques de lin, se sert du mot *canon* pour l'exprimer. Nous citons en latin: *De lineis nempe stichariis, quasi ego* CANONEM (κανόνα) *Ægyptiis imposuissem*. Sozomène rapporte la même fait dans les termes analogues. Ainsi encore le Code théodosien a un titre spécial (lib. XIV. tit. 15) sur le « CANON *frumentaire de la ville de Rome* », *De* CANONE *frumen-*

tario urbis Romæ, ce qui doit s'entendre du tribut en grain qui était levé sur les provinces d'Afrique au profit de la ville reine.

Ailleurs le même tribut est appelé *jugatio*, mot dérivé de *jugum*, et qui signifie l'espace de terrain qu'une paire de bœufs, *jugum*, peut cultiver dans une année. Souvent aussi on le nomme *capitatio* ou *capita*, et ceux qui le percevaient, *cephalæotæ*, de κεφαλή, *caput*. Il était perçu trois fois par an, de quatre en quatre mois : ce qui le fait appeler par Sidoine Apollinaire « les trois têtes » *tria capita*, ou « Géryon le monstre aux trois têtes », dans une charmante boutade qu'il adresse à l'empereur Majorien, pour lui demander d'être exonéré, lui et sa chère ville de Lyon, d'une si lourde charge (Carm. XIII. *Ad Majorian.* vv. 19 et 20) : « Figure-toi, dit-il, que nous sommes des Géryons, monstres à trois têtes : et ces têtes, pour que je mène une vie heureuse, coupe-les moi toutes les trois » :

Geryones nos esse puta, monstrumque tributum,
Hæc capita, ut vivam, tu mihi tolle tria.

Baronius et quelques autres auteurs ont soutenu que les terres de l'Église étaient exemptes de cette *indictio canonica*. Mais il est prouvé que quelques Églises seulement, celles de Thessalonique, d'Alexandrie et de Constantinople, jouissaient à cet égard d'un privilége spécial (*Cod. Theodos.* lib. XI. tit. 1-33). Aussi S. Ambroise, dans son discours contre Auxentius (*De tradend. basilic.*), a-t-il pu dire : « Si l'empereur nous demande un tribut, nous ne le refusons pas ; les champs ecclésiastiques payent le tribut.... Nous payons à César ce qui est à César, et à Dieu ce qui est à Dieu. »

5° *Canons évangéliques d'Eusèbe.* Ces canons se trouvent fréquemment mentionnés dans les livres relatifs soit à l'histoire ecclésiastique en général, soit à la critique du Nouveau Testament, soit à la liturgie. Nous croyons donc, en leur consacrant ici quelques lignes, faire une chose utile aux commençants, auxquels ce dictionnaire est surtout destiné.

Les *canons évangéliques* ont été composés par Eusèbe pour faciliter l'étude comparative des quatre Évangiles. Ce sont des tables indiquant, au moyen de certains chiffres rangés sur des colonnes parallèles, tous les passages qui ont ensemble quelque rapport, ou qui n'en ont point (V. S. Isidor. Hispal. *Origin.* VI. 14). Un travail semblable avait déjà été tenté par Ammonius, évêque d'Alexandrie (V. la lettre d'Eusèbe en tête de ses canons). Eusèbe de Césarée le reprit en sous-œuvre et le perfectionna. Ces tables devaient être placées en tête des exemplaires des quatre Évangiles. Les mêmes chiffres se trouvaient distribués le long des marges à côté de chaque verset, avec le numéro du canon auquel il fallait recourir. Le chiffre qui marquait le verset était en noir, et le numéro du canon était en rouge, au-dessous. Ainsi, quand le lecteur voulait savoir si tel verset, par exemple celui de S. Matthieu où il est dit que, Jésus-Christ étant descendu de la montagne, un lépreux s'approchant de lui l'adora en disant : « Seigneur, si vous voulez, vous pouvez me guérir, » se trouvait aussi dans S. Marc et dans les autres évangélistes, il portait d'abord ses yeux sur le chiffre tracé à côté de ce verset, puis les reportait sur celui de dessous, qui marquait le numéro du canon ou de la table à laquelle il fallait recourir. Il s'arrêtait dans cette table à la colonne particulière à l'Évangile de S. Matthieu, et y trouvant aussitôt le chiffre qu'il cherchait, il examinait, dans les autres colonnes parallèles des autres Évangiles, si S. Marc, S. Luc et S. Jean, ou seulement l'un d'entre eux, avaient rapporté le même fait.

Les canons d'Eusèbe étaient au nombre de dix (S. Hieron. *Præf in* IV. *Evang. ad Damas. Opp.* t. I. p. 1436). Le premier indiquait tous les endroits qui se trouvent dans les quatre Évangiles ; le second, ceux qui ne se lisent que dans S. Matthieu, S. Marc et S. Luc ; le troisième, ce qui est rapporté par S. Matthieu, S. Luc et S. Jean ; le quatrième, les endroits parallèles de S. Matthieu, de S. Marc et de S. Jean ; le cinquième conciliait S. Matthieu avec S. Luc ; le sixième, S. Matthieu avec S. Marc ; le septième, S. Matthieu avec S. Jean ; le huitième, S. Luc avec S. Marc ; le neuvième, S. Luc avec S. Jean ; enfin, dans le dixième, figurait, sous quatre colonnes différentes, ce que chacun d'eux avait écrit de particulier.

Ces tables se trouvent à la tête de la Bible de S. Jérôme (Opp. t. I. edit. Martianay. et edit. Migne. t. X. col. 526), avec la préface de ce Père sur les quatre Évangiles, préface où il explique au pape Damase, à qui elle est adressée, tout le système des canons évangéliques d'Eusèbe. Ce grand docteur avait traduit les canons d'Eusèbe pour la même raison qui avait engagé celui-ci à les composer, c'est-à-dire pour rétablir la pureté des textes, dans lesquels une grande confusion s'était depuis quelque temps introduite. En effet, on avait cru pouvoir ajouter à l'un des Évangiles ce qu'il avait de moins qu'un autre en certains endroits, ou ce qu'il n'avait pas dit dans les mêmes termes : de telle sorte que l'on trouvait dans S. Marc des choses qui étaient dans S. Luc, ou réciproquement, sans que le lecteur qui n'était point sur ses gardes pût distinguer ce qui appartenait réellement à chacun. Eusèbe avait adressé ses canons évangéliques à Carpien, par une lettre qui est imprimée en tête de l'ouvrage.

CANON DE LA MESSE. — I. — Les anciens ont donné à cette vénérable formule différents noms, dans lesquels se reflète le profond respect qu'elle a toujours inspiré. Ils l'ont appelée tour à tour « le légitime », *legitimum* (Optat. Milev. l. II), ce qui équivaut à peu près à « prière canonique », c'est-à-dire réglée par la loi ou canon de l'Église, *canonicam precem*, comme s'exprime S. Grégoire le Grand (l. VII. epist. 64) ; « le secret ou la secrète (Id.), » *secretum* et *secretam*, prière qui se dit secrètement, ou à voix basse; « l'action, » *actionem* ou *agenda* (Ap. Strab. *De reb. eccl.* xxii), l'action par excellence; « la prière mystique, » *mysticam precem* (S. August. *De Trinit.* iii. 4). Cette prière a été nommée CANON, au dire des liturgistes, « parce qu'elle renferme la confection légitime et régulière du SACREMENT. » C'est la définition de Walfrid Strabon (*V. loc. laud.*), *quia est legitima et regularis* SACRAMENTI *confectio*. Celle du Micrologue est conçue à peu près dans les mêmes termes (Cf. Durant. *De ritib. Eccl. cathol.* l. ii. cap. 22. p. 583). « Le canon de la messe, dit enfin Grancolas (*Traité de la messe.* p. 102), est le corps des prières qui précèdent et qui suivent la bénédiction ou la consécration de l'Eucharistie. »

II. — L'origine de chacune des oraisons dont se compose le canon de la messe est recouverte d'une certaine obscurité. Mais il est du moins un fait éclatant comme le soleil : c'est que sa formule, essentiellement sacramentelle, a pour auteur Notre Seigneur Jésus-Christ lui-même, qui a donné une vertu toute-puissante à ces augustes paroles : « Prenez, mangez, ceci est mon corps; faites ceci en mémoire de moi. Buvez-en tous, car ceci est mon sang (Luc. xxii. 19 et 20). »

Quand S. Grégoire le Grand affirme (l. vii. cp. 64. *Ad Joan. Syracus.*) que la coutume des apôtres était de consacrer l'hostie offerte par la seule Oraison dominicale, affirmation que du reste une saine critique ne saurait admettre absolument, il ne veut parler que de l'accessoire, jugeant superflu de faire mention des paroles sacramentelles dont l'Église s'est toujours servie, et sans lesquelles on ne conçoit pas même la consécration eucharistique. « Le sacrement, dit S. Ambroise, est opéré par la parole du Christ, » *sacramentum Christi sermone conficitur* (Ambros. *De myster.* c. ix). Aussi la forme de la consécration est-elle la même dans toutes les liturgies, sauf quelques variantes sans aucune importance, et laissant toujours intacte la parole du Sauveur, variantes qui se font remarquer dans la liturgie de S. Jacques, dans celles des *Constitutions apostoliques*, de S. Basile, et S. Chrysostome.

Reste la question de savoir à quelle époque a été fixée la forme intégrale du canon telle qu'elle existe aujourd'hui. Il serait malaisé de donner à cette question une solution précise. A la vérité, les auteurs les plus graves ont toujours regardé le canon comme étant de tradition apostolique; et ici le grand principe de prescription proclamé par S. Augustin pour les choses dont l'origine est inconnue, trouve sa plus légitime application. Le pape Vigile, qui vivait vingt-cinq ans avant, affirme positivement : *Canonicæ precis textum.... ex apostolica traditione accepimus* (Ap. Labbe. *Concil.* t. v. p. 313), et c'est la raison sur laquelle il se fonde pour recommander le canon à la vénération des Espagnols, auxquels il l'envoie. Plus précis encore, S. Isidore de Séville (L. i. *Offic.* c. 15) va jusqu'à attribuer à S. Pierre lui-même l'ordre de la messe et des oraisons de la consécration : *Ordo missæ, vel orationum, quibus oblata Deo sacrificia consecrantur, primum a S. Petro institutus est.*

Sans doute, ceci ne doit pas s'entendre d'une manière rigoureuse, dans ce sens que les apôtres aient écrit et nous aient transmis textuellement cet *ordre* dans l'état où nous le possédons; cela veut dire seulement que les prières de l'oblation du sacrifice non sanglant viennent des apôtres quant à la substance, qu'elles furent fixées et complétées d'après leurs instructions dès les temps apostoliques, et qu'elles ne tardèrent pas à revêtir, sous leur inspiration presque immédiate, la forme définitive qu'elles ont toujours conservée depuis. Et en effet, il n'est pas impossible de démêler des traces des principales oraisons du canon dans des documents de beaucoup antérieurs aux premiers *sacramentaires* écrits qui sont parvenus jusqu'à nous.

Il est permis d'abord de reconnaître une allusion évidente à la première de ces oraisons où nous prions pour « la Ste Église catholique.... répandue sur toute la terre, » *pro Ecclesia sancta catholica.... toto orbe terrarum*, dans ces paroles de S. Optat de Milève : *Offerre vos dicitis pro Ecclesia toto terrarum orbe diffus* (lib. ii). Les quatre oraisons : *Quam oblationem, — Qui pridie quam pateretur, — Unde et memores, Domine, — et Supra quæ propitio*, se trouvent formellement mentionnées dans le livre *De sacramentis*, qu'on attribue ordinairement à S. Ambroise, mais qui, dans tous les cas, date de son temps (lib. iv). Enfin l'auteur anonyme du livre intitulé *Quæstiones Veteris et Novi Testamenti* (Quæst. xliv), qui nous apprend qu'il écrivait trois cents ans après l'expiration des semaines de Daniel, ce qui répond au quatrième siècle de notre ère, affirme (Quæst. cix) que Melchisédech est prêtre, à la vérité, mais non pas grand prêtre, « comme le supposent les pontifes dans l'oblation, » *ut in oblatione præsumunt antistites*. On ne saurait désigner plus clairement celle des oraisons du canon qui commence par les mots *Supra quæ propitio ac sereno vultu....*, oraison où se lisent en effet ces paroles : *Sicut obtulit summus sacerdos tuus Melchisedech*.

Nous ne devons pas oublier de faire remarquer que l'auteur du traité *De sacramentis* invoque les quatre oraisons contre les hérétiques, et comme venant d'une tradition déjà alors fort ancienne. D'où nous sommes en droit de conclure que le canon tel que nous le récitons aujourd'hui remonte au berceau même du christianisme. On trouvera d'autres citations analogues à celle-ci dans l'ouvrage de Durant (*De ritib. Eccl. cathol.* loc. laud.); et Renaudot, dans la savante dissertation qu'il a mise en tête de son ouvrage (*Liturgiarum oriental. collect.* t. i. p. 4), établit avec une grande force l'origine apostolique du canon, par la conformité qui règne en cela entre les liturgies grecque, syriaque, cophte et latine. Ceux qui ont prétendu assigner au canon de la messe une origine relativement moderne, en ont attribué la composition tantôt au pape Gélase, tantôt à Voconius, évêque de Castellane en Mauritanie, tantôt à Musæus, prêtre de Marseille, parce que, d'après Gennade (*De script. eccl.*), ces trois personnages auraient écrit des *sacramentaires*. Mais les auteurs que nous avons cités plus haut comme ayant parlé d'une manière plus ou moins claire des oraisons du canon, ont précédé ceux-ci d'un, de deux siècles et plus. Ce qu'il y a de vrai, c'est que S. Gélase inséra le canon dans son sacramentaire, mais sans y faire aucun changement. Il le reçut tel que l'avait laissé S. Léon, qui, entre autres perfectionnements apportés par lui à la liturgie, ajouta, si nous en croyons le livre du pontife romain (*In Leon. l*), à la sixième oraison du canon, ces paroles : *Sanctum sacrificium, immaculatam hostiam*. Ceci prouve donc que le canon était écrit au moins un demi-siècle avant S. Gélase. Et tout ce que ce même livre pontifical nous apprend des travaux de S. Célestin sur la liturgie, suppose évidemment qu'à l'époque de ce pape, qui siégeait en 422, dix-huit ans avant S. Léon, l'ordre de la messe était déjà constitué et le canon fixé par écrit, bien que l'auteur n'en parle pas d'une manière explicite.

En outre des arguments qui précèdent, on peut prouver l'antériorité du canon au quatrième siècle par deux considérations d'un grand poids. La première, c'est qu'il n'y est fait aucune mention des confesseurs, mais seulement des martyrs, ce qui est une coutume caractéristique des trois premiers siècles (V. l'art. *Culte des confesseurs*). En second lieu, le catalogue des apôtres y est écrit dans un ordre qui n'est point celui de l'édition vulgate des Évangiles. Donc le canon a été composé avant le travail de S. Jérôme, car avant ce Père une grande perturbation s'était produite dans le texte des Évangiles ; c'est S. Jérôme qui y rétablit l'ordre en les corrigeant sur les exemplaires grecs : il nous l'apprend lui-même dans sa préface.

III. — Anciennement le canon se récitait à haute voix, dans l'une et l'autre Église ; et, après les paroles de la consécration, tout le peuple répondait *Amen*. Ce n'est guère que depuis le dixième siècle que, pour prévenir certaines profanations, l'usage et la règle ont été dans l'Église latine de le prononcer à voix basse. Deux faits néanmoins semblent nous autoriser à penser que, même dans les premiers siècles, la discipline à cet égard ne fut pas uniforme : c'est d'abord le nom de *secretum* ou *secreta* que S. Grégoire le Grand donne au canon (V. plus haut. n. I.) ; en second lieu, nous voyons au sixième siècle Justinien porter une loi prescrivant la récitation du canon à haute voix, pour les Églises d'Orient. Cette loi eût été superflue si la pratique qu'elle prescrivait eût déjà été en vigueur.

Le respect que l'Église professa dans tous les temps pour cette sainte formule était tel, que jamais il ne fut permis à un particulier quelconque d'y rien changer ; et l'histoire a conservé comme un grave événement le souvenir de l'addition de cinq ou six mots, *diesque nostros in tua pace disponas*, faite par S. Grégoire le Grand, à l'oraison *Hanc igitur* (Bède. *Hist. eccl.* II. 1. — Walfrid. Strab. *De reb. eccl.* c. XXII. — Joan. Diac. *Vit. S. Gregor.* c. II. n. 17).

Cependant, en outre du texte immuable du canon qui se disait tous les jours, il y eut, dès les temps les plus anciens et probablement depuis S. Gélase, certaines additions spéciales pour les principales fêtes de l'année, telles que Pâques, l'Ascension, la Pentecôte, l'Épiphanie, le jeudi saint, etc. *Singula capitula diebus apta subjungimus*, dit le pape Vigile (*loc. laud.*) ; et ces additions sont les mêmes que nous faisons encore aujourd'hui aux fêtes solennelles. On les trouve dans les plus anciens sacramentaires ; le cardinal Bona en cite un (*Rer. liturg.* l. II. c. 12) de la bibliothèque de la reine Christine de Suède, où se lisent beaucoup de ces *capitula*, exprimant l'objet pour lequel on offre le saint sacrifice à chacun de ces jours. Grancolas a réuni (*Les ancien. liturg.* p. 622) toutes ces variations d'après le sacramentaire gélasien.

Dès les premières années du moyen âge, on ajouta, dans celles des oraisons du canon où les apôtres et les martyrs sont nommés, les noms de quelques Saints particuliers à chaque Église. Ainsi, nous trouvons dans l'*Iter Italicum* de Mabillon (t. I. pars altera. p. 281) un sacramentaire tiré d'un manuscrit du septième siècle, qui fait lire au *Communicantes* sept noms de plus que le romain actuel, et parmi ces noms, deux de Saints de l'Église gallicane : S. Hilaire, S. Martin, S. Ambroise, S. Augustin, S. Grégoire, S. Jérôme, S. Benoît. Au huitième siècle, le pape Grégoire III, ayant construit, dans la basilique de Saint-Pierre, un oratoire en l'honneur de tous les saints, ajouta au canon les paroles suivantes, qui ne devaient être récitées que dans ce seul oratoire et à la seule messe composée *ad hoc* : *sanctorum tuorum martyrum ac confessorum perfectorum justorum, quorum. solemnitas hodie in conspectu gloriæ tuæ celebratur* (V. De' Rossi. *Duæ monum. inedit. spettant. a due concil. Rom. de sec.* VIII. *ad.* XI).

Des additions semblables avaient lieu pour l'oraison *super diptyca* ou *Memento* des morts (V. Pellicia. *Polit. eccl.* I. 272), et aussi pour celle qui suit le *Pater*, *Libera nos, Domine*... Ainsi le manuscrit de Cologne, d'après lequel Pamelius a édité le sacramentaire de S. Grégoire (*Liturg. eccl. Latin.* p. 182), après les noms de la Ste Vierge et des SS. Pierre, Paul et André, porte entre parenthèses : *Nec non et beato Cyriaco martyre tuo, et sancto Martino confessore tuo*. D'autres manuscrits ajoutent des noms différents, selon les Églises spéciales à l'usage desquelles ils ont été employés.

Afin qu'aucune erreur ne pût se glisser dans les copies du canon, le soin de les revoir et de les corriger était dévolu aux archidiacres, comme nous le voyons par les canons de plusieurs conciles. Ces copies étaient toujours exécutées avec le plus grand soin, en caractères élégants, et quelquefois même en caractères d'or ou d'argent. On trouve encore de ces riches exemplaires dans quelques bibliothèques; l'Église de Turin en possède un qui remonte à plus de mille ans; il y en avait un non moins ancien dans la bibliothèque de Saint-Germain-des-Prés.

Mais c'est surtout dans l'*action* même du saint sacrifice que la plus grande vénération était témoignée à cette prière sacrée. Pendant que le célébrant la prononçait à l'autel, tous les prêtres et les clercs se tenaient profondément prosternés (V. les liturgies des Grecs, dans Renaudot) ; et un clerc ou deux diacres agitaient des éventails pour chasser les mouches et tempérer la chaleur, afin que rien ne pût distraire le pontife en un moment si solennel (V. l'art. *Flabellum liturgique*).

CANONISATION. — A aucune époque il ne fut permis de rendre un culte public aux Saints, même martyrs, sans l'autorisation des évêques. Mais le mot de canonisation, en tant qu'il désigne un décret du souverain pontife, précédé des longues et scrupuleuses formalités destinées à constater la sainteté d'un personnage, ce mot est relativement moderne, comme la chose qu'il exprime. Jamais, nous le répétons, rien, en une matière de cette importance, ne fut livré à la dévotion arbitraire des peuples.

Quand un chrétien était mort pour la foi, on élevait un autel sur son tombeau, et on y célébrait le saint sacrifice (V. les art. *Arcosolium* et *Autel*) : c'est là la plus ancienne, comme la plus simple formule de *canonisation*. Mais l'évêque était là, ce culte n'était établi que par son autorité, et jamais avant que le martyre eût été prouvé; et, toutes les fois que la chose était possible, il devait avant tout reconnaître la sincérité des *actes*.

Dès le quatrième siècle, l'Église établit une distinction entre les martyrs *reconnus* et ceux qui ne l'étaient pas encore, *inter vindicatos et non vindicatos*. Et telle était la sévérité de la discipline de l'Église sur ce point important que, au rapport de S. Optat de Milève (L. I. *Adv. Parmen.*), une matrone de Carthage nommée Lucille fut réprimandée par l'archidiacre Cæcilianus et censurée par son évêque pour avoir fait acte public de culte envers un chrétien qui pouvait être martyr, mais qui n'avait pas été officiellement reconnu comme tel, *nondum vindicatus:* elle avait baisé les reliques de ce chrétien au moment de recevoir la communion. S. Augustin (*Collat. brevic.* III. 11) nous apprend quelle était la manière de procéder de l'Église à cet égard. L'évêque dans le diocèse duquel un martyr avait souffert, envoyait les actes de sa passion au primat ou au métropolitain qui, avec l'assistance des autres évêques de la province, examinait mûrement la cause, et, s'il y avait lieu, décidait que ce personnage devait être placé au nombre des martyrs ayant droit aux honneurs publics dans l'Église. Et cette discipline touchant l'examen et l'approbation des actes avait une raison d'être toute spéciale en ces temps où plus d'une fois l'hérésie eut aussi ses martyrs (Eusèb. *Hist. eccl.* IV. 14. VIII. 10). L'Église devait donc s'enquérir avec soin, comme s'exprime S. Jérôme (*Comment. in ps.* CXV), de la cause qui avait fait le martyr, *quæ martyrem facit, causa inquirenda est*, de peur de décerner des honneurs immérités à ceux qui étaient morts hors de sa communion (Augustin. *De Donatist.*). Ce n'était donc qu'après l'approbation des actes par l'autorité compétente que les noms des martyrs étaient inscrits aux diptyques et qu'il était permis de les honorer d'un culte public (V. l'art. *Diptyques*).

Ainsi, la canonisation des Saints tire son origine des diptyques, et n'est point une imitation de l'apothéose des païens (Benedict. XIV. *De serv. Dei beat. et canon.* l. 1. cap. I. n. 11), comme l'ont avancé quelques savants hors de notre communion. En effet, dit le cardinal Bona (*Rer. liturg.* l. II. cap. 12. n. 1), écrire dans les diptyques les noms des évêques morts en odeur de sainteté, c'était une espèce de canonisation, ou de béatification. Et il le prouve par ces paroles de S. Denys l'Aréopagite (*De eccl. hierarch.* IX. 24) : « La récitation des saintes tables, qui se fait après la paix, proclame ceux qui ont vécu avec constance, et avec constance sont parvenus au terme d'une bonne vie. » Telle fut la discipline de l'Église jusqu'au dixième siècle. Jusque-là, chaque évêque avait le droit d'approuver, pour son diocèse, les actes d'un martyr ou d'un confesseur, et de les mettre, du consentement du métropolitain, au nombre des Saints, mais sans que leur culte pût dépasser les limites du diocèse. Les *canonisations générales*, réservées au souverain pontife, et étendant le culte des Saints à toutes les Églises de l'univers catholique, commencèrent à être en usage au dixième siècle seulement (V. Benedict. XIV. *loc. laud.*).

CANTHARUS ou **PHIALA**. — Au centre de l'*atrium* ou de l'*impluvium* des anciennes basiliques se trouvait une fontaine ou citerne pour l'usage du peuple, qui s'y lavait les mains et le visage, avant d'entrer dans la maison de Dieu pour participer aux saints mystères (V. les art. *Atrium, Ablutions, Communion*). Eusèbe en fait une mention spéciale à propos de l'Église de Paulin (X. 4). S. Paulin (*Natal S. Felic.* X. poem. 24. edit. Paris. 1685) donne cette élégante description de la citerne qu'il avait ménagée dans son église de Nole :

> Denique cisternas adstruximus undique tectis
> Capturi, fundente Deo, de nubibus amnes,
> Unde fluant pariter plenis cava marmora labris.

« Enfin nous avons construit des citernes, pour recueillir des toits d'alentour les eaux que Dieu verse des nuages, d'où elles coulent aussi en abondance dans les vasques de marbre. »

Il en parle encore à propos des additions faites par lui à la basilique de Saint-Félix (*Not.* x) ; et, dans sa trente-deuxième épître à Sulpice Sévère nous trouvons cette inscription qu'il avait placée sur le frontispice d'un monument de ce genre qu'il appelle *cantharus*, ce qui signifie une longue vasque d'eau, avec une statue de forme grotesque par laquelle montent les eaux, et dans lequel les fidèles lavent leurs mains avant d'entrer :

Sancta nitens famulis interfuit atria lymphis
Cantharus, intrantumque manus lavat amne ministro.

En quelques endroits, ces fontaines étaient entourées de lions qui vomissaient de l'eau, d'où l'expression de quelques modernes λεοντάριον. C'est ce que nous apprend l'anonyme Byzantin cité par Du Cange (*Cpolis Christian.* l. viii), à propos des embellissements de Sainte-Sophie par Justinien. Mais ici la fontaine, placée par cet empereur sous le propylée de la basilique, prend le nom de *phiala* : *Fecit autem circa phialam porticus duodecim, in quibus erant fontes, leonesque aquam eructantes, e quibus populus lavaretur*, « il fit autour de la *phiala* douze portiques où étaient des fontaines, et des lions vomissant l'eau, dans laquelle le peuple se lavait. » Paul Silentiaire se sert du même mot pour désigner le même objet, φιάλη. D'autres le nommaient *nympheum*; Paciaudi (*De balm. Christ.* p. 136. tab. iii) a illustré un objet de ce genre existant non loin de la ville de Pisaure en Istrie. M. Mézières, membre de l'école française d'Athènes, a décrit dans les *Archives des missions scientifiques et littéraires* (t. iii. p. 149) une église des premiers siècles du monastère de S. Dimitri, sur le mont Ossa, dans l'ancienne Magnésie, dans l'*atrium* de laquelle se voit encore aujourd'hui la fontaine, *cantharus*, ornée d'élégantes colonnettes.

Rien n'égala jamais la magnificence que les souverains pontifes déployèrent dans cet importante partie des basiliques de Rome. Il suffit de jeter, pour s'en convaincre, un coup d'œil sur les vies des papes, par Anastase le Bibliothécaire, et en particulier sur celles d'Anastase II, de S. Hilaire, de Symmaque, de S. Sixte, qui avaient fait placer dans l'*atrium* de plusieurs basiliques des fontaines de porphyre et d'autres matières précieuses. Mais le monument peut-être le plus célèbre de ce genre est le *cantharus* dont S. Léon le Grand dota la basilique de Saint-Paul sur la voie d'Ostie, et qui inspira de si beaux vers à Ennodius de Pavie (Ennod. Ticin. Opp. *Carm.* cxlix ap. Sirmond. t. i). On peut voir la reproduction d'une de ces fontaines jaillissantes dans une mosaïque de Saint-Vital de Ravenne, représentant l'impératrice Théodora, femme de Justinien, entourée de toute sa cour, et faisant son entrée dans ce temple illustre (Ciampini. *Vet. monim.* t. ii. tab. xxii). A la fin de notre article *Basiliques*, nous avons reproduit la façade de l'ancienne vaticane : au milieu de l'*atrium*, règne le *cantharus* que surmonte une coupole soutenue par des colonnes.

. Quant à l'usage où étaient les fidèles de se laver les mains avant d'entrer dans l'église, il est constaté par tous les Pères, entre autres S. Chrysostome qui y fait souvent allusion dans ses homélies (Homil. lii. *In Matth.* lii. *In Joan.* et passim). Tertullien en parle aussi dans son Traité de la prière (c. xi). Il y avait quelque chose de semblable dans l'antiquité profane, car Sénèque mentionne (*Epist.* cxxi) « l'eau lustrale placée dans le vestibule des temples ».

Le mot *cantharus* a été, par extension, appliqué au vase qui contient l'eau bénite.

Ce nom est donné quelquefois aussi à un objet d'une nature toute différente, c'est-à-dire à une espèce de candélabre, *cantharus* ou *cantarium*, du grec κάνθαρος ou κηροαφος κάνθαρος, ce qui signifie « soutien de la chandelle ». Cette dénomination est en usage dans la liturgie ambrosienne pour désigner le flambeau que le sous-diacre porte d'une main à la messe solennelle, tandis qu'il agite de l'autre l'encensoir, rit qui n'existe que dans cette vénérable Église.

Il signifie encore une sorte de *lycnus* ou de lampe suspendue, qui se nomme chez les Grecs βώτις, *butto*, et qui affecte diverses formes. On peut voir des objets de ce genre peints sur les murailles de la basilique de Saint-Clément, à gauche en entrant. En voici un.

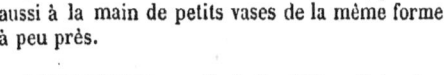

Les dix vierges qui sont représentées dans la mosaïque du portique extérieur de Sainte-Marie *trans Tiberim*, portent aussi à la main de petits vases de la même forme à peu près.

CANTIQUES. — V. l'art. *Office divin.* Append. 5.

CAPITILAVIUM. — V. l'art. *Ablution.* n. I.

CAPITOLE. — V. l'art. *Lapsi*, n. I.

CAPITULES. — V. l'art. *Office divin.* Append. 3.

CARDINAUX. — V. l'art. *Titres* et *Curés.*

CATACOMBES. — I. — Qu'est-ce que les catacombes ? — Les catacombes sont des souterrains creusés par les premiers chrétiens, pour y *déposer* leurs morts, pour y exercer leur culte, et y chercher un asile dans les temps de persécution.

Primitivement, le nom de *catacombes* appartenait en propre à cette crypte de la voie Appienne, où, selon une vieille tradition, les corps de S. Pierre et de S. Paul, soustraits par les chrétiens de Rome aux Orientaux qui étaient venus, dit-on, les enlever, auraient été momentanément ensevelis : ce lieu s'appelait *ad catacumbas*. Voici le plan de cette crypte, d'après le P. Marchi (*Monum. Tav.* xxxix).

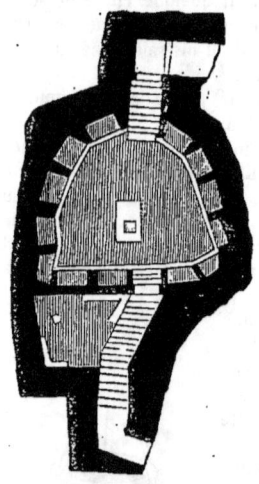

Ce n'est qu'au moyen âge que, par extension, ce nom fut appliqué à l'ensemble des cimetières pratiqués sous le sol de la campagne romaine, et qui, formant autour de la ville une immense nécropole, a reçu encore la dénomination de *Rome souterraine*. Par une extension plus large encore, on a aussi appelé *catacombes* tous les cimetières souterrains qui ont été trouvés dans d'autres localités. La plus célèbre de ces catacombes est celle de Naples, dont Pelliccia a donné une longue description dans le quatrième volume de son ouvrage *De politia Ecclesiæ*. Il en existe aussi de fort curieuses à Chiusi en Toscane, à Malte, en Sicile, à Paris (Montmartre), et dans une foule de localités dont Boldetti donne l'énumération (V. les art. *Cimetière* et *Sépulture*).

Mais notre travail n'a pour objet que les catacombes romaines.

L'origine du mot *catacombes* est enveloppée d'obscurité. Les uns le font dériver des vocables grecs κατά, *sous*, et τύμβος, *tumulus*, ou κύμβος, *excavation*. D'autres préfèrent l'étymologie, κατὰ κύμβη, à cause de la ressemblance qui existe entre les tombeaux en forme de sarcophages et le vide d'une barque, *cymba, cumba* (V. Schneider. *Lexicon Græcum*. ad. voc. Κύμβη). Le P. Marchi (*Monum*. p. 209) pense qu'il pourrait être formé du latin *cumbo*, verbe qui, combiné avec les prépositions *ad, cum, de*, signifie *jacere*, être couché; d'après ce système, *catacombe* voudrait dire *lieu souterrain*, ou lieu où l'on est couché (V. l'art. *Cimetière*). Mais encore une fois, tout ceci reste incertain.

Parmi les cimetières de la Rome souterraine, dont soixante environ sont connus au moins de nom, les uns ont pris les vocables d'un ou de plusieurs Saints qui y avaient été ensevelis et qui le plus souvent les avaient fait eux-mêmes creuser, ou qui avaient permis à l'Église de les creuser sous leurs propriétés: tels sont, par exemple, ceux de *Sainte-Agnès*, de *Sainte-Priscille*, des *Saints-Nérée-et-Achillée*, de *Saint-Pancrace*, de *Saint-Hermès*. D'autres ont conservé le nom des localités où ils avaient été établis, comme *ad Nymphas, ad Ursum pileatum, inter duas lauros, ad sextum Philippi*, etc. D'autres enfin (et ce paraît être le plus grand nombre) s'approprièrent le nom des possesseurs des terres sous lesquelles ils étaient creusés, ou celui de leurs fondateurs, ou bien encore celui des personnages qui les avaient agrandis, car alors l'Église proscrite ne possédait ses hypogées que sous quelque nom particulier. C'est d'après cette règle que reçurent leurs dénominations les cimetières de Domitille, de Balbine, de Calliste : aucun de ces personnages n'était enseveli dans les souterrains qui portaient leurs noms. De là viennent aussi ces antiques dénominations qui rappellent des personnes inconnues ou tout à fait obscures, comme Prétextat, Apronius, les Jordani, Novella, Pontius, Maxime dont l'hypogée a été retrouvé naguère (V. De' Rossi. *Bullet*. 1863. p. 42). Après la paix constantinienne, plusieurs de ces cimetières perdirent peu à peu leurs noms primitifs, pour prendre ceux des sanctuaires ou des lieux consacrés au culte de quelque grand saint. C'est alors que les plus célèbres martyrs et papes fournirent leur nom aux cimetières où ils étaient ensevelis. Ainsi, celui de Domitille devint le cimetière des Saints-Nérée-Achillée-et-Pétronille, dont la basilique vient d'être retrouvée (*Bullet*. 1875, n° 1; celui de Balbine prit le nom de Saint-Marc; celui de Calliste fut nommé cimetière de Saint-Sixte et de Sainte-Cécile. La distinction de cette double nomenclature, dit le savant archéologue romain (1863. L. L.), est fondamentale dans l'histoire de la Rome souterraine, et sert à merveille à en dénouer les nombreuses difficultés. Elle correspond au grand système chronologique qui divise en deux familles distinctes les monuments chrétiens, la famille de l'âge des persécutions, et celle de l'âge du triomphe.

Les catacombes sont toujours ouvertes à une certaine profondeur dans le sol, parce que, pour se soutenir, les galeries devaient atteindre des couches de sable suffisamment dures et consistantes (V. plus bas. n. III). Aussi les escaliers très-rapides par lesquels on y descend, escaliers pratiqués avant ou après la pacification de l'Église, traversent-ils toutes les couches de terre meuble et celles de sable friable, jusqu'à l'endroit où ce sable acquiert les qualités nécessaires pour se prêter à l'excavation. Là se trouve le premier étage de galeries ; mais la plupart des catacombes en ont plusieurs s'enfonçant dans les entrailles de la terre, et munis chacun de son escalier. Quelques catacombes ont leur entrée dans une église bâtie depuis la paix constantinienne, au-dessus de la crypte principale, comme à Saint-Laurent *in agro Verano*, à Saint-Sébastien, etc. Pour beaucoup d'autres, l'ouverture qui y donne accès se cache dans les vignes qui couvrent une partie du sol des alentours de Rome, comme à Saint-Calliste, à Saints-Nérée-et-Achillée, etc.

Nous avons dit en commençant que les catacombes avaient trois destinations principales.

1° La première était d'y *déposer* les corps des martyrs et des fidèles. — Les catacombes sont avant tout des cimetières : aussi, dans la majeure partie de leur étendue, consistent-elles en un vaste système de galeries ou de corridors qui ne sont point simplement destinés, comme on pourrait le penser, à servir de passage d'un lieu à un autre, mais qui constituent le cimetière lui-même, car leurs parois sont pleines de tombeaux ayant la forme de gaines oblongues où les corps sont couchés horizontalement, et disposées les unes au-dessus des autres, par rangs plus ou moins multipliés, depuis trois jusqu'à douze, selon le plus ou le moins d'élévation de la galerie et le plus ou le moins de solidité de la roche.

Les corridors présentent une certaine régularité ; ils sont longs et étroits, de sorte que souvent deux personnes auraient de la peine à y marcher de front. Il en est qui courent en ligne droite sur une longueur assez considérable ; mais ils sont coupés, à des intervalles irréguliers, par d'autres allées qui le sont à leur tour par de nouveaux embranchements : et il résulte de cet ensemble un véritable labyrinthe où il serait téméraire et dangereux de se risquer sans guide. Voici un petit plan, dressé par le P. Marchi, d'après lequel on

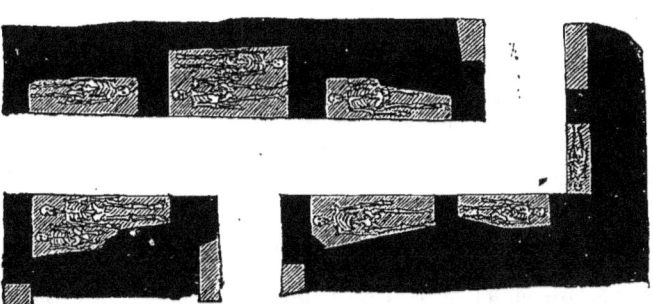

pourra se rendre un compte exact de ces dispositions (Marchi, tav. xv). Pour la distribution des *loculi* ou gaines sépulcrales le long des parois des corridors, voyez la gravure de l'article *Loculus*.

Outre ce système de *loculi* distribués le long des corridors, il y a aussi des chambres sépulcrales, *cubicula* (V. ce mot), qui n'étaient autre chose que des espèces de caveaux de famille, mais au fond desquels régnait habituellement le tombeau de quelque martyr protégeant tous les autres, selon la pieuse pensée des premiers chrétiens, qui les portait à se faire ensevelir le plus près possible des Saints de Dieu, *ad sanctos, ad martyres* (V. l'art. spécial *Ad sanctos, ad martyres*).

2° La seconde destination des catacombes était d'y pratiquer les exercices du culte, toutes les fois que les circonstances critiques, où l'Église se trouvait si souvent en ces temps agités, empêchaient de le faire au dehors. Aussi y rencontre-t-on fréquemment des cryptes et de véritables églises (si nous admettons la distinction un peu arbitraire du P. Marchi), où les fidèles se réunissaient pour la célébration des saints mystères, pour la réception des sacrements, pour l'exercice de la psalmodie, etc. Ce qui les distingue des simples *cubicula* (V. ce mot), c'est qu'elles se composent généralement de deux chambres, une pour chaque sexe, et que sépare le couloir de circulation. Quelques-unes de ces cryptes, auxquelles on a particulièrement donné le nom d'églises et même de basiliques (V. l'art. *Basiliques*. n. 1), prennent des proportions plus considérables. On pense que ce sont celles qui étaient affectées aux assemblées pour les synaxes proprement dites, et elles avaient au centre de l'aire du presbytère un autel isolé, afin de laisser libre, au fond de l'abside, la place de la chaire épiscopale (V. à l'art. *Basiliques* le plan de la principale église du cimetière de Sainte-Agnès), tandis que les cryptes de moindres dimensions, n'ayant d'autre autel que l'*arcosolium* du fond, ne recevaient les réunions des fidèles que pour les stations et la commémoration de l'anniversaire des martyrs qui y étaient vénérés.

Les parois et les voûtes des cryptes, ainsi que celles de beaucoup de *cubicula*, sont revêtues de stuc et ornées de peintures, et souvent la lumière et l'air y sont distribués par une ouverture donnant sur la campagne, et qui, plus d'une fois aussi, dans des circonstances pressantes, servit à descendre les cadavres (V. l'art. *Luminare cryptæ*). Mais habituellement ces souterrains n'étaient éclairés que par des lampes de bronze suspendues aux voûtes avec des chaînes de même métal (V. l'art. *Lampes*). Pour guider les pas des fidèles le long des galeries, il y avait de distance en distance de petites lampes d'argile placées sur des consoles ou dans des niches cintrées qui aujourd'hui encore portent l'empreinte de la fumée.

Les cryptes et *cubicula* étaient quelquefois fort multipliés. On n'en compte pas moins de soixante dans le plan annexé à ce travail, qui ne représente cependant que la huitième partie du cimetière de Sainte-Agnès.

Parmi les objets les plus intéressants qui nous retracent l'image du culte primitif dans les catacombes, nous ne devons pas oublier les puits et les citernes où nos pères furent régénérés dans l'eau et le Saint-Esprit. Le plus reconnaissable de ces baptistères est celui du cimetière de Pontien (V. l'art. *Baptistères*).

3° L'histoire des siècles primitifs nous fournit la preuve souvent répétée que les catacombes, alors que sévissait la persécution, se transformaient momentanément en lieu de refuge où se retiraient les papes, les membres du clergé, et sans doute aussi d'autres personnes qui, à raison de l'évidence où les plaçait leur position ou leur fortune, devenaient l'objet de recherches spéciales. Ainsi, au commencement du deuxième siècle, nous savons que S. Alexandre y chercha un asile, et que plusieurs papes du troisième s'y cachèrent pour échapper à leurs persécuteurs.

S. Sixte II étant allé, contrairement à l'édit de Valérien et de Gallien interdisant les réunions dans les cimetières, célébrer les saints mystères dans celui de Prétextat, y fut surpris par les soldats des empereurs au moment où il annonçait la parole divine aux fidèles rassemblés autour de lui. On le ramena à Rome pour le juger et, après sa condamnation, il fut reconduit au même lieu, et décapité sur sa chaire épiscopale, qui resta empourprée de son sang. Ceci se passait le 6 août 258. C'est pendant le trajet du saint pontife, de Rome au cimetière de Prétextat, que le diacre S. Laurent lui adressa ces filiales paroles : « Où vas-tu, ô père, sans ton fils ? Où vas-tu, ô prêtre, sans ton diacre ? » Le corps de S. Sixte fut transporté au cimetière de Calliste, dans la crypte qui porta depuis son nom. Mais celui de Prétextat a conservé des monuments qui ne laissent aucun doute sur le fait de son martyre en ce lieu, fait méconnu jusqu'à ces derniers temps, et qui a été rétabli avec la dernière clarté par M. de' Rossi (*Rom. sott. crist.* t. II. cap. XIV). En effet, sur le marbre d'une *tombe* de cette crypte est gravée l'effigie d'un évêque assis dans sa chaire, accompagné d'un diacre debout, tenant, selon le type commun, un livre dans ses mains. Une autre pierre fait voir la chaire seule. Enfin, sur la tombe d'une femme du nom de GEMINA, se montre le portrait du Saint surmonté de son nom SVSTVS et placé entre S. Pierre et S. Paul.

Les dévastations que les catacombes ont subies à diverses époques et que nous aurons plus d'une fois l'occasion de mentionner, les extractions et translations de corps saints qui ont commencé au huitième siècle pour être reprises dans les temps modernes (V. l'art. *Translations de reliques*), et, il faut le dire aussi, les explorations scientifiques conduites avec un zèle précipité et peu intelligent, toutes ces circonstances ont dû apporter de profondes altérations à l'œuvre admirable des premiers chrétiens de Rome. Cependant, en dépit de ces *loculi* vides, de ces marbres brisés, de ces ampoules disparues, de ces peintures oblitérées, si, en parcourant aujourd'hui les cryptes sacrées, on relisait attentivement le célèbre passage de S. Jérôme que tout le monde a cité et qu'on ne peut se dispenser de citer de nouveau dans un travail tel que celui-ci (*In Ezech.* XL), on serait frappé de la conformité qu'elles offrent encore avec cette belle description tracée à une époque où les cimetières de nos martyrs étaient peuplés de tous leurs hôtes et revêtus de tous leurs ornements. Quel est le visiteur des catacombes qui ne croirait lire ici sa propre histoire ? « Lorsque, bien jeune encore, j'étais à Rome pour mes études littéraires, j'avais coutume, avec mes jeunes condisciples, de visiter, aux jours de dimanche, les tombeaux des apôtres et des martyrs. Je parcourais souvent ces cryptes creusées dans les profondeurs de la terre, dont les parois montrent de chaque côté des corps ensevelis, et où règne une telle obscurité qu'on serait tenté de dire, en s'appliquant les paroles du prophète : *Je suis descendu vivant dans l'enfer* (*Ps.* LIV. 16). Rarement un peu de jour vient diminuer l'horreur de ces ténèbres, en pénétrant par des ouvertures qu'on ne saurait appeler fenêtres ; et lorsqu'on avance pas à pas dans cette sombre nuit, on ne peut s'empêcher de songer à ce que dit Virgile de ces silences qui épouvantent l'imagination :

Horror ubique animos, simul ipsa silentia terrent.
(*Æneid.*, II, 755.)

Nous devons rapprocher de cette description le beau passage où le poëte Prudence (*Peristeph.* XI. vers 153) décrit le lieu des catacombes où fut déposé le corps de S. Hippolyte. Cette seconde description insiste particulièrement, et c'est en cela qu'elle est intéressante, sur les effets de la lumière projetée par les lucernaires à l'intérieur des souterrains : « Non loin des murailles de la ville, sous lesquelles s'étalent de riants jardins, s'ouvre la crypte s'enfonçant dans de sombres profondeurs. A l'intérieur, une voie oblique, aux degrés sinueux, guide vos pas dans ces méandres d'où la lumière est absente. Car le jour atteint à peine la première ouverture des portes, et n'éclaire que le seuil du vestibule. De là, par un progrès sans obstacle, la nuit obscure étend ses ombres dans les réduits incertains de ce lieu ; mais bientôt on rencontre des ouvertures descendant des toits percés, qui jettent de clairs rayons dans ces antres. Bien que de toute part se développe le réseau de nombreuses allées, étroits *atria* sous d'ombreux portiques, cependant sous les creuses entrailles de la montagne fouillée de fréquents jets de lumière pénètrent à travers les trous percés dans la voûte. Ainsi est-il donné de voir dans ces souterrains les reflets du soleil absent et de jouir de la lumière. »

Le lecteur voudra bien se rappeler où en était la poésie latine à l'époque où ont été faits ces vers, que nous ne rapportons ici qu'à raison de leur intérêt archéologique. Nous devons du reste le texte à ceux qui, familiarisés avec la langue latine, n'auront pas besoin d'en chercher le sens dans l'essai de traduction qui précède :

Haud procul extremo culta ad pomœria vallo
  Mersa latebrosis crypta patet foveis.
Hujus in occultum gradibus via prona reflexis
  Ire per infractus luce latente docet.
Primas namque fores summo tenus intrat hiatu,
  Illustratque dies limina vestibuli,
Inde ubi progressu facili nigrescere visa est
  Nox obscura, loci per specus ambiguum,

Occurrunt cæsis immissa foramina tectis,
Quæ jaciunt claros antra super radios.
Quamlibet ancipites texant hic inde recessus
Arcta sub umbrosis atria porticibus :
Attamen excisi subter cava viscera montis
Crebra terebrato fornice lux penetrat.
Sic datur absentis per subterranea solis
Cernere fulgorem luminibusque frui.

II. — Historique. L'histoire des catacombes peut se diviser en trois périodes : période de formation, — période de visites pieuses ou de pèlerinages, — période d'explorations scientifiques.

1° *Période de formation.* L'origine des cimetières chrétiens de Rome remonte bien certainement au premier siècle; il est même probable qu'elle a précédé la mort de S. Pierre, car il n'existe aucun indice de sépultures chrétiennes antérieures à l'établissement des catacombes.

Si nous considérons attentivement ces hypogées, nous y trouvons des caractères qui nous autorisent à leur assigner une origine tout à fait primitive, et dont nous énumérons les principaux. C'est d'abord le style des peintures qu'on y a découvertes et qu'on y découvre encore de nos jours, style qui, dans plusieurs d'entre elles, est tellement beau, qu'il rappelle la bonne époque de l'art, l'âge des premiers Antonins : c'était l'opinion du regrettable M. Ch. Lenormant; et il nous a été donné à nous-même de contempler au cimetière de Calliste des fresques devant lesquelles se sont plus d'une fois extasiés les plus illustres savants de l'Allemagne protestante, témoins peu suspects, qui n'ont pas hésité à attribuer ces monuments au premier siècle. Or il est bien présumable que les peintures sont postérieures d'un certain nombre d'années aux cryptes elles-mêmes, et que c'est seulement après un certain laps de temps qu'on put se préoccuper de la décoration de ces souterrains, creusés d'abord pour les seules nécessités de la sépulture. Nous pouvons penser avec toute sorte de fondement qu'on mettait à profit, pour l'exécution de ces travaux de décoration, des moments de répit que la persécution laissait de temps en temps à la société des croyants. C'est en second lieu l'emploi et le goût des symboles dont la nature se rattache aux

temps les plus reculés des origines chrétiennes. Ce sont des monnaies et des camées qui furent fixés aux tombeaux, dans l'intention évidente d'en marquer la date, et dont quelques-unes portent l'effigie de Domitien et même celles d'empereurs plus anciens encore : ces objets s'y rencontrent le plus souvent en nature, et s'ils se sont détachés du mortier, ils y ont laissé leur empreinte fort reconnaissable. Nous donnons ici pour exemple, d'après M. De' Rossi (*Rom. sott. crist.* t. I. tav. XVII. n. 4), une pièce de Severina, femme d'Aurélien, trouvée dans ces conditions.

Enfin ce sont des inscriptions qui, dans certains cimetières, celui de Sainte-Agnès notamment, présentent des formes tellement archaïques, qu'on serait tenté de les classer parmi les monuments païens, si elles ne s'en distinguaient par certains symboles chrétiens, l'ancre, par exemple. Beaucoup de ces épigraphes portent comme preuve incontestable de leur origine des dates consulaires : sur onze mille épitaphes recueillies par M. De' Rossi, il en est près de trois cents mentionnant des dates qui s'échelonnent depuis l'an 71, sous Vespasien, jusqu'au milieu du quatrième siècle.

Bien que l'histoire ne nous fournisse pas toujours des données précises sur la fondation des divers cimetières, la connaissance que nous avons du respect des premiers chrétiens pour les restes de leurs frères et surtout pour ceux de leurs martyrs, et en outre la répugnance que leur inspirait tout contact avec les païens quant à la sépulture (V. plus bas, n. VI), ne permet guère de douter que l'origine des plus anciens de ces hypogées ne coïncide avec les premières persécutions. Celle de Néron, dont Tacite nous a laissé une si saisissante peinture (*Annal.* xv. 44) et dont les jardins de ce monstre couronné, situés au pied du mont Vatican, furent le principal théâtre, donna probablement naissance au célèbre cimetière qui depuis s'étendit dans les flancs de cette même colline. C'est là sans doute que, à raison de la proximité, les fidèles cachèrent les corps des martyrs qu'ils avaient enlevés pendant la nuit, afin de les soustraire aux profanations des idolâtres. C'est là, nous le savons positivement, que, peu de temps après, le corps du prince des apôtres fut inhumé : *Qui sepultus est in via Aurelia, in templo Apollinis, juxta locum ubi crucifixus est, juxta palatium Neronianum in Vaticano* (Anastas. *In S. Petrum.* 1. 10), « Qui fut enseveli sur la voie Aurelia, dans le temple d'Apollon, près du lieu où il fut crucifié, non loin du palais de Néron au Vatican. » Cette glorieuse sépulture, autour de laquelle vinrent tour à tour se grouper les successeurs immédiats de S. Pierre, S. Lin et S. Clet, Évariste, Sixte Ier, Télesphore, Hygin, Pie Ier, Éleuthère, Victor, *juxta corpus beati Petri in Vaticano* (Id. II. 5. III 5) et, depuis, un grand nombre d'autres pontifes, devint le véritable noyau du cimetière du Vatican.

Non loin de là, sur cette même voie Aurélienne, et à peu près à la même époque, la sépulture donnée par la matrone Lucine dans un *prædium* lui appartenant, aux geôliers de la Mamertine Processus et Martinianus, fut aussi le commencement du cimetière connu sous le nom de ces deux martyrs, convertis et baptisés par S. Pierre dans la prison où ils le gardaient, et victimes, eux aussi, de la persécution de Néron (*Act. Process. et Martinian.* Ap. Surium. t. IV. *Ad diem jul.* XI).

D'après des données un peu vagues fournies par les actes du pape Libère, Panvinio avait déjà signalé, comme primant tous les autres par son ancienneté, un cimetière dit Ostrien, où S. Pierre avait administré le baptême (Panvin. *De Cœmet. init.*). Cette conjecture est devenue aujourd'hui une certitude, grâce à la sagacité de M. De' Rossi. Il est bien constaté que ce cimetière, situé entre la voie Nomentane et la Salaria, entre le cimetière de Sainte-Agnès et celui de Sainte-Priscille, n'est autre que celui où S. Pierre siégea et enseigna pendant son premier séjour à Rome, et que les vieux documents désignent sous les noms de *cœmeterium ubi prius sedit Petrus*, — *ubi Petrus baptizabat*, — *ad nymphas sancti Petri*, etc. (V. *Bulletin d'arch. chrét.*, édit. française, 1867, p. 57 et suiv.).

L'antiquité des cimetières ci-dessus mentionnés et de quelques autres, tels que ceux de Saint-Paul-hors-des-murs, sur la voie d'Ostie, de Sainte-Priscille sur la Salaria, de Sainte-Domitille, sur l'Ardéatine, se trouve enfin déterminée par la sépulture de plusieurs personnages contemporains des Flaviens et de Trajan, circonstance qui leur assigne la date certaine de l'âge apostolique. Le cimetière de Prétextat, graduellement découvert dans le cours de l'année 1848 et les suivantes, sur la voie Appia, à peu près parallèlement à celui de Calliste, ne doit pas être beaucoup moins ancien que les précédents, car il fut, comme on l'a vu plus haut, le théâtre du martyre de S. Sixte II, et reçut les restes de S. Janvier, fils aîné de Ste Félicité, et d'un grand nombre d'autres fidèles immolés en même temps que lui (V. De' Rossi. *Rom. sott. crist.* t. I. cap. III. p. 185. segg.).

Il faut éviter de prendre, en thèse générale, les noms des cimetières comme une indication précise de la date de leur fondation. S'il est vrai que quelques-uns, tel que celui de Sainte-Hélène, furent creusés du temps des Saints dont ils conservent le nom, il n'est pas moins certain que d'autres ont une existence antérieure, et ne doivent le nom sous lequel ils sont connus qu'à la plus grande célébrité des personnages qui le leur ont donné (V. plus haut, n. I).

Depuis le premier siècle jusqu'au commencement du quatrième, le travail de la Rome souterraine se poursuivit sans relâche, et on comprend quelle énergique activité dut lui être imprimée, eu égard aux innombrables victimes qui succombaient presque chaque jour, et à la sépulture desquelles il fallait pourvoir d'urgence. C'est dans l'espace de temps compris entre ces deux termes que s'accomplit à peu près en totalité la formation des catacombes, telles qu'elles existent aujourd'hui, et surtout celle du cimetière de Calliste, le plus célèbre de tous (V. l'art. *Cécile [sainte]*).

Sauf trois nouveaux cimetières que créa le pape S. Jules (de 336 à 347), l'un sur la voie Flaminia, un second sur la voie Aurelia, le troisième sur la voie de Porto (Anast. 50), il paraît que, jusqu'à la fin du cinquième siècle, on se borna à agrandir les anciens, assez pour recevoir les corps des fidèles qui, par motif de dévotion, tenaient à se faire inhumer aux catacombes, dans le voisinage et sous la protection des martyrs; et encore, bien souvent à cette époque se contentait-on d'un tombeau creusé, non pas dans les parois, mais sous le sol des galeries. C'est dans cette position qu'ont été trouvées beaucoup de pierres tumulaires, portant pour la plupart des dates consulaires du quatrième siècle (V. l'art. *Loculus*).

Ce siècle et le suivant virent aussi, et à plus forte raison, s'accomplir de nombreuses réparations et des embellissements successifs dans les cimetières. Les réparations consistaient surtout à y pratiquer des entrées plus commodes et des escaliers plus faciles; à soutenir par des murailles et des voûtes les portions de galeries où avaient eu lieu des éboulements ou qui menaçaient ruine; à ouvrir de distance en distance des luminaires pour faire pénétrer l'air et la lumière dans l'intérieur des cryptes (Voyez l'art. *Luminare cryptœ*). Les décorations étaient des peintures, des mosaïques, des revêtements de marbre dans les chapelles, etc. On verra de nombreux exemples des unes et des autres, en parcourant les *Vies des papes* par Anastase le Bibliothécaire.

Au sixième siècle (559), Jean III se distingua par son zèle pour les cimetières des martyrs : *Hic amavit et restauravit cœmeteria sanctorum martyrum*. Il habita même quelque temps celui des Saints Tiburcius et Valerianus, et y ordonna plusieurs évêques (Anast. n. 110).

A son tour, S. Paul Ier, qui siégeait en 757, manifesta pour les saints cimetières une sollicitude incessante (Anast. n. 259). Mais comme plusieurs de ces hypogées, par suite des déprédations des barbares et des ravages qu'y avait exercés notamment Astolfe, roi des Lombards (V. Panvin. *De rit. sepel. mort. De cœmet.* c. XII), étaient tombés dans un état de ruine complète, ce pape s'imposa surtout la tâche d'en retirer les corps saints, de les transférer dans la ville, et de les distribuer entre les divers titres, diaconies et monastères. Nous voyons encore, à la fin de ce siècle, c'est-à-dire en 795 à peu près, Léon III restaurer le cimetière de Saint-Sixte et de Saint-Corneille, qui n'est autre que cette partie de la catacombe de Saint-Calliste où ont été retrouvées naguère les cryptes des papes martyrs du troisième siècle, et, en outre, celui de Saint-Zozime sur la voie Labicane (Anast. n. 361). C'est ici que s'arrête la série des travaux exécutés, depuis l'origine, dans la Rome souterraine, et tel est le terme de la période que nous avons appelée période de formation.

2° *Période de visites pieuses, soit de pèlerinages*. Nous avons parlé ailleurs (V. l'art. *Stations*) des stations qui se célébraient dès la première ère des martyrs dans les catacombes, près des tombeaux vénérés de ces héros de la foi. Nous n'avons pas à y revenir. Notre article *Pèlerinages*, auquel nous prions le lecteur de se reporter, nous permettra aussi d'abréger cette partie de notre tâche. Ces visites pieuses, individuelles, ou tout au moins en dehors des *stations* proprement dites, furent déjà en usage pendant les trois premiers siècles. Notre S. Grégoire de Tours (*De glor. martyr.* n. 38) nous a laissé les plus merveilleux récits des prodiges qui s'opéraient au tombeau des SS. Chrysanthus et Daria, en faveur des nombreux fidèles qui venaient implorer leur protection. Or ce pèlerinage florissait sous Numérien, vers la fin du troisième siècle.

Mais c'est surtout après les édits de tolérance, publiés par Constantin, que la piété des fidèles, jusque-là comprimée par des obstacles et des dangers de toute sorte, prit un essor extraordinaire. Les cimetières devinrent alors des centres de dévotion, où affluaient les pèlerins de tous les pays, avides de vénérer les restes des martyrs, d'entendre leur éloge prononcé dans les cryptes mêmes par la voix du pontife suprême, et d'assister au divin sacrifice qui se célébrait sur la pierre de leur tombeau, au jour anniversaire de leur *déposition*. Les calendriers et les martyrologes qui étaient lus dans les assemblées avertissaient les fidèles des lieux où ils devaient se rendre, et des jours consacrés à la commémoration de chaque martyr ; et nous regardons comme très-vraisemblable, ainsi que le fait observer le cardinal Wiseman (*Fabiola*, p. 208), que des tablettes contenant des indications précises à cet égard étaient distribuées aux étrangers qui se rendaient à Rome pour visiter les catacombes. Et il y a ici plus qu'une simple conjecture ; on verra au numéro suivant qu'il existe, en effet, des itinéraires et d'autres documents qui ont servi de guide aux pèlerins pendant tout le temps que les cimetières sont restés ouverts à la piété et à la curiosité publiques, et dont il est probable qu'on faisait des extraits et des abrégés pour les mettre à la portée de tous.

L'abandon des cimetières comme lieux de dévotion coïncide à peu près avec l'époque où, à cause des ravages exercés dans les environs de Rome par les Lombards et, après un certain laps de temps, par les Sarrasins, les papes en firent extraire les reliques des plus illustres martyrs, pour les placer dans les basiliques urbaines (V. l'art. *Translation de reliques*). A partir de la première moitié du neuvième siècle jusqu'au treizième, où parut l'ouvrage *Des merveilles de la ville de Rome*, on n'entend plus guère parler des catacombes. Pendant cet intervalle, tout au plus, quelques-uns des fidèles qui se rendent en pèlerinage aux tombeaux des apôtres, descendent-ils dans les grottes Vaticanes et dans cette partie du cimetière de Saint-Sébastien, depuis longtemps dépourvue de tout autre intérêt que celui des souvenirs, qui se trouve immédiatement au-dessous de la basilique de ce nom, lieux qui n'ont jamais cessé d'être un but de dévotes pérégrinations.

On peut dire, en un mot, que jusqu'à l'époque de Bosio les hypogées sacrés des premiers chrétiens et des martyrs furent *presque* complètement oubliés. Nous avons dit *presque*, parce que quelques données extrêmement rares prouvent que, même dans ces temps de silence et d'oubli, il se trouva, par exception, un certain nombre de personnes qui, soit par motif de curiosité, soit par un sentiment de dévotion, se risquèrent dans ces souterrains et en explorèrent quelques parties. Ainsi, en 1432, un Joannès Lonck, écrivait son nom dans une chambre du cimetière de Calliste. C'est le premier visiteur connu des catacombes au quinzième siècle ; il fut suivi, au même cimetière, par un certain nombre de frères mineurs. Mais ce qu'il est plus intéressant encore de noter, c'est que les hypogées suburbains furent aussi visités par le fameux Pomponius Letus et par les membres de l'Académie semi-païenne dont il s'intitulait le souverain pontife. C'est ce qu'attestent de curieuses inscriptions que rapporte M. De' Rossi (*Rom. sott. crist.* t. I. cap. 1). Marangoni (*Act. S. Victorin.* Append. 114) avait transcrit et rapporté une inscription écrite au charbon dans une chambre du cimetière de Prétextat et datée de 1490 : HIC D. RAYNVTIVS DE FARNESIO FVIT CVM SODALIBVS : c'est, comme on voit, un Farnèse qui avait visité cette crypte avec ses amis. Dans une chambre voisine de celle-ci, se trouva tracé d'après le même procédé, sous la date de 1467, le nom d'un abbé de Saint-Hermès de Pise : DNS ABB. IDEST DNS SCI ERMETIS, et ceux de huit de ses religieux. Mais encore une fois, ce ne sont là que des exceptions, et la règle c'est l'oubli, dans la sphère de la piété, comme dans celle de la science. Cet oubli des saints lieux doit être attribué, pour le quatorzième siècle, à l'absence des papes, et aux troubles civils qui ne cessèrent d'agiter la ville de Rome pendant leur séjour à Avignon ; et pour l'époque suivante aux préoccupations exclusives des esprits cultivés pour l'antiquité païenne, dont les monuments et la littérature, renaissant de toute part, absorbaient toutes les pensées et jetaient sur les choses chrétiennes une défaveur qui, non sans quelque raison, a fait taxer cette époque de paganisme.

3° *Période d'exploration scientifique.* Ici se présente tout d'abord à l'esprit du lecteur un nom dans lequel se personnifient, pour ainsi dire, les études de la Rome souterraine, le nom de l'immortel Bosio, le vrai Christophe-Colomb des cryptes sacrées des martyrs.

Nous ne devons pas néanmoins méconnaître les services de quelques hommes studieux qui l'ont précédé dans cette voie, et qui, en soulevant un coin du voile séculaire recouvrant ces régions mystérieuses, n'ont pas été sans quelque influence d'initiative sur la carrière qu'il a si noblement fournie.

Sans doute, après le cours de quinze, seize

même dix-sept siècles qui ne peuvent avoir passé sur les catacombes sans y laisser de nombreux désastres ; après les dévastations qu'elles subirent à différentes époques de la part des Goths, des Vandales, des Sarrasins ; après les translations de reliques commencées au huitième siècle et continuées jusqu'à nos jours, ce n'était pas une chose facile que de reconnaître exactement tous les lieux de la Rome souterraine ainsi que leurs dénominations.

Panvinio est le premier parmi les modernes qui ait tenté cette entreprise, vers le milieu du seizième siècle. Prenant pour guide les *Actes sincères des martyrs*, le martyrologe, les *Vies des papes*, publiées sous le nom d'Anastase le Bibliothécaire, le livre du cens de l'Église romaine, et peut-être aussi la compilation *Mirabilia urbis Romæ*, qui avait alors trois siècles de date, il fit un relevé des cimetières romains qu'il portait à quarante-trois (*De cœmeteriis urbis Romæ. in Platinæ vitis rom. pontif;* ou bien dans son ouvrage *De ritu sepeliend. mort.* cap. xii). Le *Mirabilia urbis* en avait déjà nommé vingt et un. Ce catalogue, qui n'est pas le résultat d'une exploration des lieux, mais seulement une compilation intelligente, est particulièrement précieux en ce qu'il note avec soin les noms des papes et des martyrs qui ont reçu la sépulture dans chacun des cimetières, annotations qui devaient être autant de traits de lumière pour les explorateurs futurs.

Le dominicain Alphonse Ciacconio, plein de zèle pour tout ce qui tient à l'antiquité chrétienne, ayant appris qu'un cimetière, auquel on donnait le nom de Priscille, venait de se révéler sur la voie Salaria, par le fait d'un éboulement de terrain (c'était en 1578), se hâta d'y descendre et de le visiter dans toutes ses parties accessibles. Le fruit de cette exploration fut un intéressant *album* où il réunit les copies, exécutées sur place, de toutes les peintures qu'il y avait rencontrées ; il joignit à cette collection des dessins de tous les sarcophages et autres sculptures qui étaient venus à sa connaissance.

Vers le même temps, un jeune gentilhomme de Louvain vint à Rome, attiré par un amour ardent de l'antiquité : c'était Philippe de Winghe, digne neveu de l'antiquaire Antoine Morisson. Son premier soin fut de se mettre en rapport avec Ciacconio, et bientôt une étroite amitié se noua entre eux, fondée sur la conformité des goûts et la communauté des études. Winghe voulut visiter à son tour le cimetière reconnu par son ami, afin de relever ce qui avait échappé à celui-ci, et de reproduire les peintures plus fidèlement et avec leur couleur naturelle. On ne sait ce que sont devenus ces dessins. Rosweid paraît les avoir eus entre les mains, car, dans ses notes sur le texte de S. Paulin (p. 812. n. 157. edit. Murat.), il cite un sarcophage tiré des grottes vaticanes, en 1590, dont il dit posséder le dessin de la main de Winghe. Celui-ci a laissé une collection d'inscriptions païennes et chrétiennes qui est en manuscrit à Bruxelles. On ne peut dire jusqu'où l'amour de la science eût conduit ce noble jeune homme, si une mort prématurée ne l'eût enlevé dès ses débuts. Cette mort dut être regardée comme une grande perte pour les bonnes études, puisqu'elle mérita, non-seulement d'être pleurée par Ciacconio, mais amèrement regrettée par des hommes tels que Baronius et le cardinal Frédéric Borromée.

Tels sont les vrais précurseurs de Bosio : Panvinio, Ciacconio et de Winghe.

Nous savons par Bosio lui-même qu'il se servit des dessins de ce dernier (*Roma sotterranea*. l. iii. c. 53. p. 489. edit. Severan. 1650). Il n'est pas douteux dès lors qu'il fut mis sur la trace des catacombes par la découverte de celle de Sainte-Priscille ; et que, dans la recherche des divers cimetières, il prit pour guides, non-seulement les *Actes des martyrs* et les calendriers, mais aussi l'*Itinéraire* de Panvinio, rédigé lui-même d'après ces documents originaux.

Bosio (Antoine) était Maltais de naissance, avocat de profession et résidait à Rome, vers le milieu du seizième siècle, en qualité d'agent de l'ordre de Malte. Jamais vocation d'antiquaire ne fut si fortement prononcée, ni plus chèrement suivie que la sienne. Cet homme de génie, dont les forces physiques durent égaler l'énergie morale, consacra trente-cinq ans de sa vie et des sommes considérables à fouiller les catacombes dans tous les sens. A l'aide des documents qu'il avait entre les mains, il se mettait d'abord à la recherche de l'emplacement où, selon les probabilités les plus plausibles, chaque cimetière devait être retrouvé ; il saisissait avec empressement, et exploitait avec la plus rare sagacité, tous les indices que le hasard venait lui fournir, tels qu'un éboulement de terrain, l'excavation d'un puits ou d'une cave, etc. Et lorsque enfin un accès quelconque lui était ouvert, il n'y avait plus ni danger ni obstacle qui pût l'empêcher de descendre dans la catacombe. Il dut plus d'une fois s'ouvrir de ses propres mains, et au péril de sa vie, un passage pour pénétrer dans des galeries qui se trouvaient bouchées par des alluvions ou des éboulements séculaires. Il raconte lui-même que, voulant visiter avec quelque sécurité le cimetière de Saint-Calliste, il se munit d'un peloton de fil dont il attacha un bout à l'entrée, s'arma de pelles et de pioches, et, avec une abondante provision de bougies et de comestibles, s'enfonça dans ces immenses labyrinthes, pour n'en sortir qu'après plusieurs jours et plusieurs nuits d'incessantes explorations. Il ne laissait rien échapper de ce qui offrait quelque intérêt ; il copiait toutes les inscriptions, relevait toutes les peintures, traçait des plans avec une fidélité à laquelle les savants modernes, entre autres d'Agincourt et le P. Marchi, ne se lassent pas de rendre hommage.

Un monument incomparable devait être le fruit de tant et de si persévérants labeurs, un monument que rien n'égale pour l'abondance et la sûreté des renseignements, pour le nombre des objets reproduits, et l'exactitude, vraiment remarquable pour l'époque, avec laquelle ils sont dessinés.

Ce livre étonnant, qui sera toujours la base indispensable des études d'antiquité chrétienne, ne vit pas le jour du vivant de son auteur. Le manuscrit, en langue italienne, intitulé *Roma sotterranea*, fut imprimé trente ans après la mort de Bosio, par les soins de l'oratorien Jean Severano, en un volume grand in-folio. L'édition *princeps* romaine est de 1632. L'édition latine d'Aringhi ne vint que trente ans après, et c'est la plus répandue. Le manuscrit, ainsi que tous les biens de Bosio, étant échu aux chevaliers de Malte qu'il avait faits ses héritiers, ce fut Charles Aldobrandini, ambassadeur de l'ordre à Rome, qui le céda au cardinal François Barberini, bibliothécaire de la Vaticane, lequel à son tour en confia la publication à Severano.

Le but que Bosio s'est proposé principalement, c'est l'histoire et la topographie des catacombes, plutôt que l'illustration critique des monuments de l'art qui s'y rencontrent. Il ne s'applique pas non plus à donner la raison de la diversité des constructions pratiquées dans les cimetières, ni des différents usages auxquels elles étaient affectées, questions importantes, qui sont du ressort d'une science qui n'était pas née à cette époque, l'archéologie.

Mais le livre de ce père de l'antiquité chrétienne ne nous est pas parvenu complet : il devait se composer de trois parties, dont celle que nous possédons n'est que la seconde. La première, dont on ne saurait trop déplorer la perte, devait nous initier aux usages et à la discipline de la primitive église dans l'administration des sacrements, les prières pour les mourants et pour les morts, les rites de la sépulture chrétienne, etc., etc.

La bibliothèque de la Vallicella possède un certain nombre des dessins coloriés que Bosio avait recueillis pour son ouvrage. Cependant, du vivant même de Bosio, sous ses yeux, comme sous ceux de César Baronius, d'Alphonse Ciacconio, de Frédéric Borromée, un essai d'explication des peintures et des sculptures chrétiennes alors connues fut tenté par un de ses amis, Jean l'Heureux (*Macarius*), Belge de naissance, et l'un des hommes les plus savants de ce temps. Par suite de nombreuses et singulières péripéties dont nous devons épargner le détail au lecteur (V. *Hagiogl. præfat.* Garrucci), son ouvrage intitulé : *Hagioglypta, sive picturæ et sculpturæ sacræ antiquiores, præsertim quæ Romæ reperiuntur explicatæ*, devait rester en manuscrit jusqu'à nos jours. Il a été publié en 1856, à Paris, par le R. P. Garrucci, qui l'a enrichi de quelques figures, de notes érudites et de dissertations explicatives. Macarius est le premier qui se soit risqué dans la voie périlleuse de l'interprétation de nos monuments : il serait donc peu équitable de juger ces débuts au point de vue du progrès actuel des études archéologiques. Ce livre n'en renferme pas moins une foule d'explications, qui sont restées, et de renseignements utiles, qui justifient pleinement l'estime qu'en ont fait beaucoup d'hommes éminents desquels le manuscrit a été connu.

Les découvertes de Bosio furent comme la révélation d'un monde inconnu ; la primitive Église reparaissait au grand jour avec ses dogmes, sa discipline, ses symboles, peints sur les murailles et burinés sur les tombeaux. Or, comme cette image des anciens jours se trouvait reproduire trait pour trait celle de l'Église catholique, les dissidents s'émurent, et cherchèrent à jeter le doute sur l'authenticité des monuments de la Rome souterraine, ou à leur donner une interprétation conforme à leurs innovations. Sur la fin du dix-septième siècle, deux voyageurs anglais qui visitèrent successivement l'Italie, à quelques années d'intervalle, l'évêque anglican Burnet et Maximilien Misson, se signalèrent surtout par une polémique sans bonne foi, et affectèrent de ne voir dans les catacombes que des cimetières à l'usage du bas peuple de Rome et où païens et chrétiens étaient ensevelis pêle-mêle. Cette lutte provoqua de nouvelles études, et bientôt de nouveaux champions de l'Église de Jésus-Christ se décidèrent à demander de nouveaux arguments à ces cryptes sacrées que, depuis les travaux de leur premier explorateur, on n'avait plus songé à interroger.

En 1688, Raphaël Fabretti fut nommé gardien des catacombes, et des fouilles exécutées sous sa direction résulta la découverte de deux nouveaux cimetières, l'un sur la voie Latine, l'autre sur la Labicane, qui n'est autre que celui de Castulus. Aux chapitres VIII et X de son précieux recueil d'inscriptions (Romæ, 1699), il donna un certain nombre d'épitaphes chrétiennes, et c'est le principal service que cet antiquaire ait rendu à la science.

Antoine Boldetti, chanoine de Sainte-Marie *in Trastevere*, et gardien des saints cimetières, fut le premier à redescendre dans les catacombes, en compagnie du docte Marangoni. Ces deux hommes infatigables consacrèrent près de trente ans à l'étude des cimetières, et leur souvenir y est toujours vivant. Ce n'est pas sans une vive émotion que celui qui écrit ces lignes, visitant, en 1854, au cimetière de Saint-Calliste, la célèbre chambre connue aujourd'hui sous le nom de *chambre des Sacrements*, découvrit dans un coin reculé ces noms vénérables tracés sur le stuc : BVLDETVS CVSTOS. || MARANGONIVS SECRET. || CAROLVS SALVATI. || 14 *junii*, 1756.

Le livre de Boldetti ne parut qu'un siècle après la *Roma sotterranea*, c'est-à-dire en 1720 ; il est écrit en italien et a pour titre : « Observations sur les cimetières des saints martyrs et des anciens chrétiens de Rome. » C'est un riche supplément à l'œuvre de Bosio ; malheureusement, il règne dans cet ouvrage, si admirable sous beaucoup de rapports et si indispensable à l'antiquaire chrétien, un peu de la confusion qui alors présidait aux fouilles. Ce savant ecclésiastique raconte avec une incroyable naïveté que les ouvriers allaient, à leur gré, deçà, delà, faisant un trou dans la terre aux endroits où ils pensaient qu'on trouverait des sépultures, car la principale préoccupation du moment était de se procurer des reliques de martyrs. Et Boldetti lui-même, en dépit de sa haute piété et de la vivacité de ses goûts, ne se croyait nullement obligé d'imprimer aux travaux une direction plus intelligente.

Marangoni, fidèle compagnon de Boldetti, avait réuni une riche moisson d'illustrations archéologiques; mais nous sommes réduits à déplorer la perte de la plus grande partie de ses manuscrits, qui périrent dans un incendie où fut détruite son habitation elle-même. Le savant auteur ne put arracher aux flammes que deux opuscules, bien faits pour augmenter les regrets des hommes studieux d'antiquités chrétiennes. L'un est intitulé : *De coemeterio sanctorum Thrasonis et Saturnini*; l'autre : *Acta Sancti Victorini*. Ils furent imprimés en un seul volume en 1740 et forment un digne appendice à l'œuvre de Bosio.

Le grand ouvrage du prélat Bottari, mis au jour en 1737, 1746, 1754, en trois volumes *in-folio*, est un savant commentaire de la *Rome souterraine*, aussi remarquable sous le rapport de l'érudition ecclésiastique que sous celui de l'antiquité profane. C'est un vrai chef-d'œuvre de savoir et de critique qu'on ne saurait trop consulter, mais où l'on pourrait désirer plus d'ordre et de méthode. Les planches ont été exécutées, comme celles d'Aringhi, d'après les cuivres de Bosio.

Notre d'Agincourt connut aussi les catacombes et leur consacra une bonne partie des cinquante années qu'il passa à Rome, où il s'était rendu avec l'intention d'y passer quelques mois; il assigne aux antiquités chrétiennes de Rome une assez large place dans son *Histoire de l'art par les monuments*, ouvrage posthume de ce laborieux antiquaire. Il revit ce qu'avait vu Bosio et eut cent occasions de reconnaître son exactitude; il dessina de nouveau et quelquefois plus fidèlement quelques-uns des mêmes monuments; mais il ajouta peu de chose au trésor incomparable amassé par ce grand homme. Malheureusement il ne sut pas résister à la tentation de détacher, pour se les approprier, plusieurs des fresques dont ces hypogées étaient ornés ; et ce funeste exemple suscita une légion de dévastateurs qui, du quinzième au seizième siècle, ont exercé dans les catacombes les plus déplorables ravages.

Nous voici arrivés à une nouvelle phase d'obscurité. A mesure que le dix-huitième siècle s'écoule, malgré l'éclat que jetait l'érudition ecclésiastique représentée par des hommes tels que les Mabillon et les Fabretti, malgré le zèle qui continuait à s'exercer sur les monuments copiés précédemment dans les catacombes, le silence, un silence d'un siècle, s'empare de nouveau de la Rome souterraine, les souvenirs topographiques s'en oblitèrent, l'exploration des lieux est totalement abandonnée.

La renaissance de ces études devait être provoquée par une précieuse série de documents anciens que ni Bosio, ni Boldetti, ni Marangoni, n'avaient mis à profit, soit parce qu'une partie d'entre eux ne fut publiée qu'après l'achèvement des œuvres de ces savants antiquaires, soit parce qu'ils ne connurent pas à temps ceux qui avaient déjà paru, mais qui ont attiré l'attention et fixé l'intérêt des savants de nos jours.

Parmi ces documents se placent en première ligne les ampoules d'huiles saintes (V. notre art. *Huiles saintes*) envoyées à la reine des Lombards Théodelinde par le pape S. Grégoire le Grand, et surtout le catalogue de ces huiles écrit sur papyrus par un personnage nommé Jean. Ce précieux monument, qui se conserve dans le trésor de la basilique de S. Jean-Baptiste de Monza, et dont l'importance n'a été vraiment appréciée que de notre temps, est un véritable itinéraire des catacombes à la fin du sixième siècle.

Nous citerons en second lieu le martyrologe dont on attribue la première rédaction à S. Jérôme, mais qui a été souvent remanié depuis, et les Vies des papes ou *Liber pontificalis*, dont le dernier compilateur est Anastase le Bibliothécaire; puis trois opuscules publiés par le P. Boucher (Ægid. Bucherii. S. J. *De doctrina temporum*, etc. Antuerp. f° 1634, p. 266. seqq.), qui sont : 1° *un catalogue des pontifes romains*, de S. Pierre à S. Jules; 2° *une indication des sépultures des pontifes romains*, de S. Lucien jusqu'à S. Jules; 3° *une énumération des sépultures des martyrs*. C'est sous le pontificat de Libère et l'empire de Constance que ces mémoires furent rédigés d'après des documents très-sûrs, tels qu'il était encore possible de s'en procurer vers le milieu du quatrième siècle.

A la première moitié du septième siècle, et au pontificat d'Honorius, appartiennent deux autres opuscules bien plus riches encore que ceux du P. Boucher. Le premier est une *Notice des églises de la ville de Rome*, et c'est un véritable itinéraire, ou guide du pèlerin aux environs de la ville, partant de Saint-Valentin, se dirigeant à l'orient et au midi jusqu'au Tibre, jusqu'à Saint-Paul, et, sur la rive opposée, commençant par les Saints Abdon et Sennen, aboutit en tournant à Saint-Pierre. Le second est intitulé : *Des lieux saints des martyrs, qui sont hors de la ville de Rome* : c'est un autre itinéraire qui parcourt les environs de Rome en sens inverse. En effet, de la voie Cornelia où le premier termine sa course, celui-ci monte vers l'Aurélia et de là au cimetière de la voie de Porto; de là, traversant le Tibre, il reprend par la voie d'Ostie, et ne s'arrête plus avant d'avoir rejoint la Flaminia. Pour se faire une idée juste de l'importance de ce dernier document, il faut se rappeler qu'il fut rédigé avant l'époque des translations, c'est-à-dire alors que les corps des martyrs occupaient encore leurs tombes primitives. Ces deux itinéraires sont restés inconnus jusqu'à la fin du siècle dernier. Ils furent retrouvés dans un manuscrit de Salsbourg des œuvres d'Alcuin, à la suite desquelles ils furent imprimés (V. le P. Marchi. p. 69).

De son côté, Mabillon avait découvert dans un manuscrit d'Einsidlen, et publié un recueil d'inscriptions romaines et une description des régions de Rome, où se trouvent beaucoup d'indications de lieux divers de la Rome souterraine (Mabill. *Vet. analec.* t. iv. — Marchi. *ib.*).

Le cardinal Tomasi (Opp. edit. Rom. 1747. t. iii. p. 491. *ib.*), se servant surtout des missels des onzième et douzième siècles, publia les oraisons que l'Église récite aux anniversaires des Saints, en y joignant l'indication des lieux des catacombes où, antérieurement à leur translation, on célébrait les fêtes et stations de ces mêmes martyrs. Il est vrai que ces indications et oraisons portent, dans les missels d'où les a tirées le savant cardinal, l'empreinte extrinsèque des onzième et douzième siècles; mais, comme elles se trouvent déjà dans les liturgies de S. Gélase et de S. Grégoire le Grand, on ne saurait les regarder comme postérieures au cinquième ou au sixième.

Le même onzième siècle a fourni l'histoire d'un anonyme de Malmesbury, et, dans cette histoire, *une énumération et description topographique des cimetières des Saints aux alentours de Rome*, qui a été réimprimée par Blanchini (*In Anast.* t. ii. l. 2. p. 141). On dirait cette description empruntée aux deux manuscrits de Salsbourg, si ces documents ne suivaient une direction si différente l'une de l'autre. En effet, après avoir parcouru quelque temps la voie Cornelia, cet auteur passe le fleuve près du pont Molle et se dirige vers la voie Flaminia et Saint-Valentin, d'où il s'avance jusqu'à la voie d'Ostie et à Saint-Paul. Là il traverse une seconde fois le Tibre, monte la voie de Porto au Mont-Vert, et de ces cimetières passe à ceux de la voie Aurelia, et aboutit de nouveau à la Cornelia d'où il était parti. Bosio connut cet auteur, mais n'en fit pas le cas qu'il méritait.

Nous avons dû donner ces détails, afin que le lecteur puisse se rendre compte des bases sur lesquelles reposent les nouvelles investigations. Le P. Marchi, à qui nous en avons emprunté la substance, fait observer que les documents divers dont il s'agit présentent un ensemble de témoignages tel, qu'il serait difficile d'en trouver d'aussi unanimes sur un autre point quelconque de l'histoire ecclésiastique. L'un dit plus, l'autre moins, mais on ne saurait surprendre entre eux la moindre contradiction.

Et c'est le savant jésuite qui le premier a mis en œuvre ces précieuses ressources.

Il y a vingt-trois ans que, après deux siècles écoulés depuis la mort du grand explorateur maltais, étant encore dans toute la vigueur de l'âge, le P. Marchi, surmontant, non sans quelque peine, les craintes qui dominaient alors les natures même les plus énergiques, se décida à entreprendre un véritable voyage dans les catacombes; et pendant près de dix ans, on le vit, véritable Bosio, se livrer avec une ardeur quelquefois imprudente à de périlleuses recherches que vint seule interrompre une maladie, où il pensa trouver la mort. Le principal théâtre de ses travaux fut le cimetière de Sainte-Agnès, auquel il s'était attaché avec amour, et plusieurs milliers d'étrangers conservent encore le souvenir des démonstrations pleines d'un charme presque poétique, mais trop souvent conjecturales, il faut l'avouer, qu'il ne se lassait jamais d'exposer au sein de sa catacombe chérie. Une de ses principales conquêtes, c'est la découverte des reliques des illustres martyrs Protus et Hyacinthe au cimetière de Saint-Hermès, découverte opérée avec un soin et une sagacité à imposer silence aux sévérités de critique des Mabillons présents et futurs. Le système que nous exposons plus loin sur l'origine exclusivement chrétienne des catacombes, et sur la propriété également exclusive que les fidèles ont toujours eue de leurs cimetières, système aujourd'hui consacré par le suffrage de tous les savants, lui appartient en propre. L'ouvrage que le P. Marchi nous a laissé est incomplet; il devait se composer de trois volumes : l'un sur l'architecture des catacombes, l'autre sur les peintures, le dernier sur les sculptures. Le premier a seul paru, il a pour titre : *Monumenti delle arti cristiane primitive.... Architettura.* Mais la plus grande gloire du P. Marchi, c'est d'avoir initié un élève tel que le chevalier J. B. De' Rossi.

Des travaux épigraphiques de la plus haute importance heureusement accomplis par le jeune archéologue (V. l'art. *Inscriptions*, i.) avaient déjà révélé au savant religieux tout ce qu'il y avait d'avenir dans un tel élève; aussi l'encouragea-t-il de toutes ses forces à poursuivre la noble carrière pour laquelle il avait découvert en lui de si merveilleuse aptitudes. M. De' Rossi n'eut garde de résister à l'impulsion de son vénérable ami, et bientôt le disciple dépassa le maître.

Les travaux qui ont précédé cet antiquaire avaient quelque chose d'incomplet, et de peu satisfaisant pour les esprits sérieux, parce que les données positives de l'histoire ne leur servaient pas toujours de base. C'est à M. De' Rossi que revient l'honneur d'avoir le premier apporté cet élément dans l'étude des catacombes, parce que, dès sa première jeunesse, il s'était accoutumé à faire constamment marcher de front la pratique des livres avec celle des monuments. Il comprit surtout toute l'importance des *itinéraires* dont il a été parlé plus haut, et ces documents, qui ont manqué aux plus anciens explorateurs et dont le P. Marchi lui-même n'avait pas tiré tout le parti possible, le mirent tout d'abord en garde contre les attributions populaires, qui avaient profondément altéré la notion exacte des divisions et des dénominations originaires des cimetières. Et bientôt il arriva à faire justice d'une erreur capitale, supposant que ces cimetières constituaient autour de Rome, dans un système d'unité préconçue, un vaste réseau, avec des communications de l'un à l'autre. Il se convainquit, au contraire, que chaque cimetière avait son existence à part, parce que chacun était dû à une cause déterminée, et partait d'un centre propre.

L'histoire de l'architecture chrétienne doit subir aussi, par le fait des découvertes de M. De' Rossi, les modifications les plus considérables. C'est ce savant qui le premier a su distinguer des basiliques du troisième ou du commencement du quatrième siècle, dans de petits édifices à trois absides qui se trouvent construits au-dessus de quelques catacombes, entre autres celui qui domine la crypte de S. Sixte et de Ste Cécile, au cimetière de Saint-Calliste (V. l'art. *Basiliques*). C'est lui encore qui a restitué à l'architecture chrétienne un oratoire que jusqu'alors tous les savants avait pris pour un temple païen : c'est à l'entrée du cimetière de Prétextat, une rotonde surmontée d'une coupole, et munie de six absides, dont la première s'ouvrait pour donner accès à l'édifice.

Mais la plus remarquable conquête qui ait marqué les brillants débuts de l'éminent antiquaire, c'est la découverte au cimetière de Calliste, qui est surtout son domaine, comme celui de Sainte-Agnès était l'apanage préféré du P. Marchi, du tombeau de Ste Cécile et de ceux des papes martyrs du troisième et du quatrième siècle, découverte capitale, qui eut dans le temps un si grand et si légitime retentissement. Le 1er mai 1854, ayant été admis, par une faveur tout amicale, à visiter, seul avec M. De' Rossi, ce célèbre cimetière, il nous fut donné d'être témoin d'une de ces joies d'antiquaire qui n'ont d'égale que celle d'une mère contemplant pour la première fois son enfant nouveau-né. La pierre sépulcrale de S. Antère venait d'être retrouvée, et, à notre entrée dans la crypte, le nom de ce pape, enfoui depuis tant de siècles, vint frapper nos regards. Ce n'est pas tout : le vieillard qui dirigeait les fouilles nous conduisit dans une chambre où notre savant guide eut encore la satisfaction de voir, étendus sur le sol et rangés dans leur ordre, la plupart des fragments de la fameuse inscription damasienne qui attestait la sépulture des pontifes dans ce lieu, et par conséquent venait mettre le sceau aux découvertes de M. De' Rossi et donner raison à toutes ses assertions. Cette excellente journée archéologique ne s'effacera jamais de notre mémoire.

Les explorations dirigées par M. De' Rossi ont amené jusqu'ici d'autres découvertes d'un grand intérêt, entre autres celle de six ou sept cryptes historiques. Depuis Bosio jusqu'au P. Marchi, trois seulement avaient été retrouvées.

Mais l'esprit éminemment synthétique de M. De' Rossi ne pouvait se renfermer dans des études de détail. Aussi ses longues et intelligentes recherches sur les catacombes ne tardèrent-elles pas à lui faire concevoir le plan d'une nouvelle *Rome souterraine*, qui doit embrasser tout l'ensemble des voies romaines, rayonnant autour de la ville dans une circonférence de trois milles. On ne saurait prévoir au juste quelles proportions prendra un tel ouvrage, et nous devons ardemment souhaiter à l'auteur d'assez longs jours pour le mener à bonne fin. Deux volumes ont déjà paru : le premier, qui est de 1864, est comme la préface de l'œuvre ; il traite des catacombes en général, de leur origine, et s'ouvre par la nomenclature savante des auteurs qui s'en sont occupés dans les temps modernes et des documents anciens qui constituent les sources de leur histoire. Dans le second, imprimé trois années plus tard, c'est-à-dire en 1867, l'auteur décrit son cher cimetière de Calliste ; il développe l'histoire de sa découverte, donne une description détaillée de la fameuse crypte papale, de celle de Sainte-Cécile et des différentes parties de cette illustre nécropole. Un troisième volume est aujourd'hui (1876) en voie de publication.

La *Roma sotterranea cristiana* se complète tous les jours par des travaux accessoires, par des mémoires sur toutes les parties de l'antiquité chrétienne, mais surtout par une publication périodique que l'auteur fait marcher de front avec son ouvrage monumental, et qui a pour titre *Bulletino di archeologia cristiana*. Ce recueil, commencé en 1863, a pour but d'annoncer et d'illustrer d'une manière succincte, et au fur et à mesure qu'elles parviennent à la connaissance de l'auteur, toutes les découvertes intéressant nos origines sacrées, de quelque provenance qu'elles soient, mais plus spécialement celles que fournissent les nouvelles fouilles pratiquées dans les catacombes de Rome. Les matériaux, qui viennent s'y accumuler successivement, sont un vrai trésor pour l'histoire du christianisme primitif, et jettent une lumière souvent inattendue sur une foule de questions vitales qui, jamais plus qu'à notre époque, n'eurent besoin d'appeler à elles tous les tributs de l'érudition. Une édition française du *Bulletino*, avec notes et éclaircissements, se fait à Belley par les soins et sous la direction de l'auteur de ce Dictionnaire.

Pour faire marcher plus rapidement et plus sûrement l'œuvre de M. De' Rossi, la Providence a voulu lui donner un frère digne de le comprendre et de le seconder. Le dévouement et la sollicitude fraternelle ont engagé M. Michel De' Rossi à descendre dans les catacombes avec son illustre frère, et là sa vocation s'est révélée et le feu sacré s'est pris à son âme. Mais laissant à son aîné la partie purement archéologique, où celui-ci n'a pas besoin d'auxiliaire, M. Michel a pris pour sa part la géographie et la topographie des catacombes. Déjà il a dressé des plans qui surpassent en valeur tout ce qui a paru jusqu'ici ; ses études persévérantes l'amènent chaque jour à des résultats de plus en plus positifs, et la nécessité d'apporter en de tels travaux toute la précision désirable vient de lui suggérer l'invention d'une machine ichnographique et orthographique pour relever les plans et niveaux des cimetières. Un mémoire dont nous donnons plus loin la substance, et qui est comme le préliminaire obligé de l'explication de son ingénieux appareil, montrera par quelle série de raisonnements il est arrivé à apprecier, autant que possible, l'étendue des catacombes.

Parmi les hommes qui, dans ces derniers temps, ont bien mérité de l'archéologie des catacombes romaines, nous ne saurions sans injustice oublier M. Louis Perret. La valeur de son grand et bel ouvrage est surtout artistique; l'auteur se défend lui-même de toute prétention à la science proprement dite, et le texte de l'ouvrage qui occupe, avec les tables, tout le sixième volume, n'est qu'une courte et souvent très-insuffisante explication des planches. Tout en assignant aux beaux dessins de M. Savinien Petit une large part du mérite et du succès de ce livre, nous devons savoir gré à M. Perret d'avoir, ne fût-ce que par sa laborieuse initiative, doté la France d'une publication où, pour la première fois, a été tentée la reproduction fidèle de ces ébauches négligées, mais pleines de style et de vie, qui constituent les premiers essais de la peinture chrétienne. Mais les magnifiques dessins, dont un certain nombre font connaître des monuments inédits et fort intéressants au double point de vue de l'art et de l'archéologie, ne forment pas le seul mérite du livre : le cinquième volume renferme une collection de quatre cent trente inscriptions chrétiennes romaines, reproduites d'après des calques fidèles, et qui n'a perdu son importance que par l'apparition de l'incomparable recueil du chevalier De' Rossi, dont nous avons déjà le premier volume (V. l'art. *Inscriptions*). Pour juger de l'estime que mérite la collection donnée par notre compatriote, il suffit de savoir que cette partie de l'œuvre a été confiée à M. Léon Renier de l'Institut. L'explication des pierres gravées offre aussi les meilleures garanties, puisqu'elle est due à M. Edmond Le Blant, dont la collaboration, en se prolongeant, eût pu donner tant de prix à l'ouvrage.

III. — LES CATACOMBES SONT-ELLES L'ŒUVRE EXCLUSIVE DES CHRÉTIENS? Cette question a fait, au siècle dernier, l'objet d'une longue controverse. Des savants fort recommandables, au nombre desquels il faut placer les premiers explorateurs de la Rome souterraine, ont affirmé, sur la foi de quelques textes équivoques, que les catacombes avaient été d'abord des excavations pratiquées par les païens dans le but d'en extraire le sable et les autres matériaux nécessaires aux constructions de la ville. D'après cette opinion, qui fut depuis acceptée de confiance et s'est propagée jusqu'à nos jours, les chrétiens n'auraient fait que s'approprier ces sablonnières et ces latomies pour y ensevelir leurs morts et y tenir leurs assemblées pendant les persécutions. Cette théorie est aujourd'hui abandonnée, elle s'est évanouie devant un examen plus attentif et plus scientifique, dont l'initiative et le principal honneur appartiennent au célèbre P. Marchi.

Le savant Jésuite expose son système dans la préface de son ouvrage, et ce système se formule ainsi : Les chrétiens tout seuls ont creusé les catacombes, dans le but prémédité d'y ensevelir leurs morts et d'y pratiquer leur culte dans certaines parties plus spacieuses disposées à cet effet.

Cette vérité s'établit par deux arguments de fait, dont l'un est tiré de la nature du terrain, l'autre des formes architectoniques de l'œuvre.

1° Le sol originaire de Rome et de ses environs est couvert, à une assez grande profondeur, de roches, soit volcaniques, provenant des irruptions qui désolèrent ces contrées dans des temps très-reculés; soit marines, déposées par les flots de la mer; soit fluviales, produites par le courant des fleuves. Quelques cimetières chrétiens se rencontrent encore dans des gisements de ces deux dernières natures : celui de Saint-Pontien, au Mont-Vert, et ceux qui portent les noms de Saint-Jules et de Saint-Valentin, sur la colline que longe la voie Flaminienne, entre le Tibre et l'antique voie Salaria. Or il n'y a nulle probabilité que les païens aient exploité ces espèces de roches, attendu que la matière dont elles se composent est peu propre aux constructions, et par là même n'offrait aucun appât à l'amour du gain.

Pour ce qui est des roches volcaniques, elles se divisent en trois classes, selon les trois conditions où s'y trouve la pouzzolane, matière terreuse vomie par les volcans, et qui, bien que sous différents modes de composition, est la base commune des trois espèces de roches en question, lesquelles, pour ce motif, se distinguent entre elles par trois noms différents. On appelle *pouzzolane pure* les roches où elle est à l'état sablonneux et dégagée de toute substance étrangère propre à en tenir les molécules réunies. Que si, au contraire, elle se trouve légèrement mêlée d'une espèce de ciment naturel qui lui donne une solidité médiocre et comme l'apparence d'une pierre, cette composition prend le nom de *tuf granulaire*. Enfin on nomme ces roches *tuf lithoïde*, quand la pouzzalane y est pénétrée d'un ciment tenace, au point de fournir des masses solides pour la construction des murailles.

Les païens n'exploitaient que les premières et les troisièmes : les premières pour y trouver de la matière à ciment, les autres pour en tirer des moellons. Les chrétiens, au contraire, négligèrent constamment les unes et les autres : les roches de *pouzzolane pure*, vu le défaut d'adhérence de leurs parties qui les rendait impropres à l'usage auquel ils destinaient leurs souterrains; et celles de *tuf lithoïde*, parce que, à raison de leur excessive dureté, elles exigeaient un travail trop long et trop pénible. Aussi leur préférence exclusive se fixa-t-elle sur les roches de *tuf granulaire*. Car, en outre de la facilité qu'elles offraient pour y ouvrir des grottes, l'action de l'air qui pénétrait par les ouvertures leur donnait, en peu de temps, une solidité telle, qu'elles ont été en état de soutenir, non-seulement les voûtes des corridors et des *loculi*, séparés les uns des autres et superposés, souvent jusqu'au nombre de treize, mais encore ces espèces de consoles sur lesquelles on appuyait, tantôt des briques, tantôt des tablettes de marbre, pour y enfermer les cadavres, de sorte que l'odeur résultant de leur putréfaction ne pût s'en échapper, inconvénient auquel on obviait encore en enveloppant le corps dans une couche de chaux. (V. l'art. *Chaux* [*Son emploi dans les sépultures chrétiennes*].)

Nous devons dire cependant que ce dernier mode de sépulture n'était employé que dans les cas de nécessité. Toutes les fois que le temps et les moyens pécuniaires des fidèles le permettaient, on embaumait les corps avec des aromates, qui ont à un degré éminent, comme chacun sait, la propriété d'empêcher la putréfaction. Entre mille autres témoignages, nous aimons à citer celui de Tertullien (*Apologet.* XLII) : « Nous n'achetons pas d'encens; si l'Arabie s'en plaint, que les Sabéens sachent que les chrétiens consument leurs parfums avec plus de profusion et de dépense pour ensevelir leurs morts que pour enfumer vos dieux. » L'emploi de la myrrhe, pour cet usage, était surtout fréquent au déclin de l'empire, comme l'atteste le poète Prudence :

> Prætendere lintea mos est,
> Adspersaque myrrha Sabæo
> Corpus medicamine servat.
>
> (*Cathemer. hymn.*, x, vers 50-52.)

(V. l'art. *Sépultures*.) M. Michel De' Rossi a développé et complété le système du P. Marchi dans une savante dissertation qui sert d'appendice au premier volume de la *Roma sotterranea cristiana*, et dont nous donnons un résumé aussi complet que possible ci-après, n° VIII.

2° La forme architectonique des catacombes prouve encore jusqu'à l'évidence qu'elles n'ont pu être creusées que par les chrétiens et pour l'usage tout spécial auquel ils les destinaient. Cette forme étant la même partout, atteste qu'une seule pensée dirigea la main des fidèles, à savoir, de ménager d'étroits corridors, dans les parois desquels ils pussent creuser plusieurs rangs de tombeaux, et d'ouvrir d'espace en espace des chambres plus ou moins spacieuses, tantôt rondes, tantôt octogones, ou en forme de carré long, pour servir d'asile aux croyants qui venaient entendre la parole du salut, et assister aux divins mystères. Ce caractère architectonique est tellement propre aux catacombes, qu'il ne laisse pas la possibilité de les confondre soit avec les *arenariæ*, soit avec les *latomies*, les deux seuls genres de fouilles auxquelles se soient livrés les païens, afin de tirer des premières de la *pouzzolane pure*, et des secondes du *tuf lithoïde*, c'est-à-dire de la pierre à bâtir.

Nous ne devons pas omettre une autre observation importante à ce sujet : c'est que, soit dans les anciennes *arenariæ*, soit dans les *latomies*, on n'observe jamais de formes rectilignes ou verticales, parce qu'on ne creusait que dans des lieux pouvant fournir des matériaux propres à être utilisés et à procurer du gain aux travailleurs. Notons en outre, que les espaces sont largement ouverts, et tels qu'il les fallait pour donner une entière liberté d'action aux nombreuses personnes employées à ces travaux, et livrer un passage facile aux bêtes de somme et aux chariots qui transportaient les matériaux.

Les catacombes, au contraire, ne présentent que des passages rectilignes, des parois verticales : ainsi l'exigeait l'établissement des *loculi* où les corps sont placés complétement étendus et non repliés sur eux-mêmes; des corridors étroits, qui en moyenne ne dépassent pas huit décimètres et demi de largeur; enfin des souterrains profonds, quelquefois à quatre et cinq étages de galeries : toutes circonstances qui révèlent avec évidence dans quelles vues et pour quel usage on creusa ces souterrains. Que si l'on veut se faire une idée juste de la différence des caractères distinguant les catacombes chrétiennes d'avec les souterrains creusés pour l'extraction des matériaux, il suffira de visiter le cimetière de Sainte-Agnès et d'en confronter les travaux avec la latomie qui le domine. Le lecteur pourra faire cette comparaison plus facilement encore, en examinant la planche ci-jointe qui représente la latomie, et le plan que nous reproduisons à la fin de cet article, et qui est celui d'une partie du cimetière.

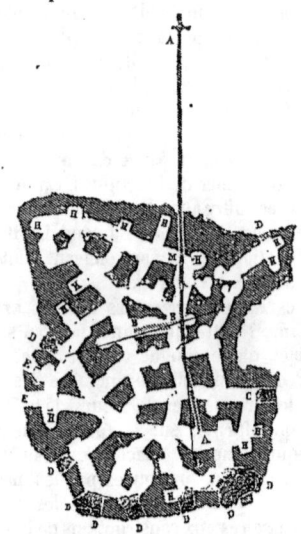

Nous devons dire néanmoins que quelques tentatives furent faites dans les premiers siècles pour convertir les arénaires en cimetières chrétiens. Mais une telle appropriation ne pouvait se réaliser qu'au moyen de constructions destinées à corriger l'irrégularité de ces carrières, à leur donner, autant que possible, les formes rectilignes des catacombes et une solidité telle quelle et dont l'insuffisance ne permit jamais à ce système de se développer : aussi, après des essais infructueux, ne tardait-il pas à être abandonné. Quoi qu'il en soit, voici un exemple qui donnera au lecteur une idée juste de ces sortes de transformations et des difficultés qu'elles présentaient. Nous l'empruntons à l'appendice de M. Michel De' Rossi au premier volume de la *Rome souterraine* de son frère, p. 31. Il est pris au premier étage du cimetière de Saint-Hermès, non loin du tombeau de S. Hyacinthe trouvé par le P. Marchi. Le premier dessin présente de face les murailles de remplissage avec les *loculi* pratiqués dans leur épaisseur; dans la seconde,

on voit les contre-forts destinés à soutenir la voûte de tuf légèrement cintrée; enfin cette voûte elle-

même est étayée de distance en distance par de larges et solides piliers en maçonnerie : c'est ce que vous montre le troisième dessin. On comprend

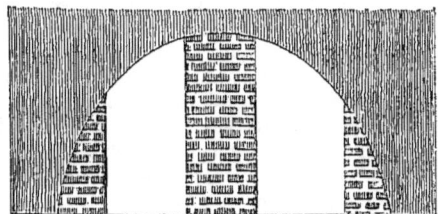

que de tels travaux constituent une imitation qui fournit une nouvelle preuve de l'origine chrétienne des catacombes en général.

On a demandé par qui étaient exécutés les travaux des catacombes. Cette œuvre éminemment chrétienne n'était point livrée à des mercenaires, mais exécutée avec foi et avec zèle par de pieux chrétiens appelés *fossores*, et qui, selon toute probabilité, appartenaient à la cléricature. On trouvera dans un article spécial, *Fossores*, des détails intéressants sur ces humbles fonctionnaires de l'Église primitive.

IV. — Comment les chrétiens purent-ils creuser leurs catacombes sous des terrains qui, a cette époque, devaient appartenir a des païens ? Bien que les fonds suburbains où les cimetières chrétiens ont été creusés fussent dans le principe la propriété des gentils, ils devinrent par la suite celle des fidèles, soit que ceux-ci les eussent acquis à prix d'argent, soit que leurs possesseurs eussent embrassé la foi, soit enfin que ces terrains eussent peu à peu passé, par le droit de succession, à des personnes déjà converties, lesquelles, mues par un sentiment de charité et par le désir de tenir, même après leur mort, les croyants séparés des infidèles, léguèrent leurs propriétés à l'Église, de sorte qu'elle put aisément y pratiquer les souterrains, les sépulcres et les oratoires dont elle avait besoin.

De pieuses matrones donnèrent surtout l'exemple de cette générosité, ainsi que l'attestent leurs noms attachés de toute antiquité à quelques-uns de ces cimetières. Telles sont Ste Priscille, qui fut mère du sénateur Pudens, et la première fondatrice du vaste cimetière qui, ouvert sur la voie Salaria, renferma non-seulement le corps de cette noble femme, mais ceux d'un grand nombre de chrétiens et de martyrs; Ste Lucine, Ste Juste, et beaucoup d'autres dont on peut voir l'énumération dans Boldetti, car il est bien constaté que, même aux plus mauvais jours, l'inviolabilité du domicile fut respectée, surtout quand le nom et le rang du possesseur pouvaient imposer aux tyrans. Ainsi une des plus anciennes sépultures chrétiennes resta constamment sans atteinte, parce qu'elle était la propriété d'un membre de la famille des Flavius, *prædium Domitillæ*.

Dès la fin du second siècle, les écrivains ecclésiastiques commencent à faire mention des cimetières connus ouvertement comme propriété de l'Église. Tel était celui dont le pape Zéphyrin confia l'administration à Calliste et qui prit le nom de celui-ci. Le nombre s'en augmenta beaucoup jusqu'à Constantin. Mais à quel titre la société chrétienne les possédait-elle? Il est probable qu'elle fut, en cela, assimilée, ou positivement ou tacitement, à ces nombreuses sociétés funéraires, *collegia funeraticia*, qui existaient chez les Romains et qui étaient couvertes par la sauvegarde de l'autorité publique. Il devait suffire, pour la sécurité des tombes souterraines, que les chrétiens fussent en possession de la superficie du sol supérieur.

V. — Quels moyens employaient les chrétiens pour que la terre résultant de l'excavation des souterrains ne vînt pas trahir l'existence des cimetières. Disons d'abord que cette difficulté n'existe pas pour les deux premiers siècles, pendant lesquels aucune dissimulation n'était imposée aux fidèles, soit pour l'excavation, soit même pour la décoration de leurs cimetières. Pleine liberté leur était laissée à cet égard : l'entrée des souterrains était connue de tout le monde, et s'ouvrait sur la voie publique ou dans le flanc des collines. Dès le commencement du troisième siècle, il devint nécessaire de voiler l'accès des catacombes, pour des raisons qu'il serait superflu d'énumérer ici. Ce n'est que depuis cette époque que la question proposée a son application, et encore n'est-il pas possible d'y répondre autrement que par des conjectures, car les documents historiques font défaut sur ce détail dont les modernes se sont seuls préoccupés. On peut supposer qu'après avoir broyé et réduit en poudre le tuf granulaire, on le vendait, bien moins dans des vues mercantiles, que pour voiler sous les apparences d'un trafic la véritable cause de ces excavations : ce qui était d'autant plus facile que souvent, comme nous l'avons vu ci-dessus, les cimetières chrétiens étaient creusés au-dessous des latomies ou des carrières de sable. Peut-être se servait-on de ces matériaux pour combler les vallées si fréquentes dans la campagne de Rome, de sa nature ondulée et gibbeuse, comme l'appelle le géologue Brocchi (*Stato fisico dell' agro Romano.* p. 85). On a pensé encore qu'on en formait quelquefois de petites collines artificielles sur lesquelles on jetait des graines d'herbes et de plantes qui poussaient rapidement sur un tel sol et sous un climat si favorable.

Il est un fait que nous pouvons du moins donner comme certain, c'est que, lorsqu'on avait tiré parti de toutes les parois d'un corridor pour y ensevelir le plus grand nombre possible de cadavres, si la galerie n'offrait aucun monument, tels que chapelles, cryptes de martyrs illustres, lieux de réunion, etc., on y transportait, parce qu'on le pouvait sans inconvénient, la terre provenant des fouilles. On conçoit qu'un tel expédient dut absorber une grande partie de cette matière embarrassante. Beldetti (*Cimit.* p. 6) atteste avoir souvent vérifié le fait par lui-même et particulièrement à l'occasion de fouilles pratiquées en 1716 au cimetière de Sainte-Agnès. On y découvrit des galeries toutes comblées de terre, du haut en bas, et dont les parois contenaient jusqu'à douze rangs de *loculi* superposés, tous exactement fermés par des tablettes de marbre ou de terre cuite, avec des épitaphes grecques et latines; plusieurs de ces tombeaux avaient pour ornement des verres à fond doré représentant des sujets chrétiens (V. l'art. *Fonds de coupe*); mais aucun ne portait les objets regardés comme indices du martyre. Néanmoins des galeries renfermant des tombeaux de martyrs furent quelquefois ainsi comblées, afin de soustraire ces saintes reliques à la fureur des idolâtres. Ceci se réalisa probablement à l'occasion de la persécution de Dioclétien (Buonarruoti. *Prefaz.* p. 12), et aussi lors de l'invasion des Lombards et des Goths.

De nos jours encore, les nouveaux explorateurs des catacombes rencontrent souvent des galeries ainsi obstruées; et plus d'une fois le chevalier De' Rossi a dû se glisser, pour examiner de près les peintures des voûtes, dans les gaines produites par l'affaissement successif que ces terres rapportées ont subi dans le cours des siècles.

VI. — Les premiers chrétiens eurent-ils toujours la propriété exclusive des catacombes ? Nous avons démontré précédemment que ces cimetières sont l'œuvre des chrétiens seuls; cela suppose déjà implicitement qu'eux seuls y eurent leur sépulture, et que les païens n'y furent jamais admis. Mais comme des écrivains d'une certaine autorité ont avancé le contraire, nous devons entrer ici dans quelques détails pour rétablir la vérité dans ses droits.

1° Disons d'abord qu'une répugnance réciproque, aussi prononcée chez les idolâtres que chez les chrétiens, s'opposait à cette promiscuité de sépultures.

Nos pères dans la foi ne faisaient en ceci que se conformer religieusement aux traditions de l'Ancien Testament. Il suffit d'ouvrir les livres saints pour voir quelle sollicitude les patriarches mirent toujours à s'assurer un tombeau hors du contact des infidèles. On sait qu'Abraham repoussa constamment les offres des Héthéens qui voulaient ouvrir à Sara leur plus noble sépulture : *In electis sepulcris nostris sepeli mortuam tuam* (Genes. XXIII. 6); « ensevelis ta morte dans nos sépulcres choisis, » et qu'il tint à acheter un terrain particulier pour lui et sa famille. Jacob, sur le point de rendre le dernier soupir, exigea de Joseph la promesse solennelle de ne pas laisser ses restes dans la terre d'Égypte : *Ut auferas me de terra hac, condasque in sepulcro majorum meorum* (Genes. XLVII. 30), « je veux que tu m'emportes loin de cette terre; et que tu m'ensevelisses dans le sépulcre de mes pères. » Joseph, à son tour, demanda la même grâce à ses frères et presque dans les mêmes termes : *Asportate ossa mea vobiscum de loco isto* (Genes. L. 24).

Les mêmes motifs de religion firent toujours une loi aux premiers chrétiens d'imiter en ceci l'exemple des patriarches; et nous ne croyons pas que l'on puisse trouver dans toute l'histoire ecclésiastique une seule exception à cette règle inviolable. S. Cyprien reproche avec la plus grande sévérité à Martial, évêque hérétique d'Astura, d'avoir porté l'oubli des principes chrétiens jusqu'à ensevelir ses enfants dans des sépulcres profanes et au milieu des étrangers (Cyprian. *Epist.* LXVIII). Il est avéré, d'une autre part, que, dès le commencement, on offrit l'adorable sacrifice sur les tombeaux des martyrs ; or qui pourrait faire à la piété et à la délicatesse religieuse des premiers chrétiens l'injure de supposer qu'ils eussent jamais consenti à célébrer le plus redoutable des mystères, à prier, à psalmodier dans des lieux souillés par la présence des ossements d'hommes profanes, qui, selon les principes les plus fermes de leur croyance, étaient les ennemis de Dieu et voués à des supplices éternels?

Telle est la scrupuleuse réserve qu'inspira toujours aux chrétiens la religion des tombeaux. Ils eurent horreur de tout contact qui eût pu souiller des corps devenus par la participation aux sacrements les temples de l'Esprit-Saint et promis à une glorieuse résurrection (V. les rrt. *Anathème.* n. II. et *Sépultures*).

Les païens ne furent pas moins susceptibles sur

ce point ; mais leurs répugnances avaient pour mobile l'orgueil et le mépris. Qui ne sait combien les Romains en particulier étaient exclusifs en matière de sépulture ? Cicéron nous apprend que, à une époque de si peu antérieure à l'ère évangélique, la religion des tombeaux était à Rome tellement rigide, qu'on regardait comme un sacrilège d'y introduire des rites étrangers aux maîtres du sépulcre et d'y réunir des personnes appartenant à des races ou des familles différentes (*De leg.* II. 22). La pyramide de Caïus Cestius est encore debout et la tour de Cæcilia Metella n'est pas détruite ; or ces monuments restent comme un double témoignage de l'intolérant orgueil de ces maîtres du monde. Ces personnages n'avaient-ils donc pas leurs sépulcres de famille où ils auraient pu reposer avec leurs aïeux ? Si le lieu de la sépulture des Cestius nous est inconnu, nous savons encore par Cicéron (*Quæst. Tusc.* I. 7) qu'elle était située sur la voie Appia, non loin du môle de Cæcilia. Et cependant ce Caïus, membre obscur d'une race qui, bien que plébéienne, ne fut pas sans illustration, voulut avoir un tombeau particulier pour transmettre son nom à la postérité. Quant à Cæcilia, nous ne saurions rien de son existence, si elle n'eût pris soin de nous apprendre par son épitaphe qu'elle était fille du triomphateur des Crétois et l'épouse de Crassus.

Auguste élargit un peu le cercle de l'égoïsme personnel, mais sans sortir de l'égoïsme de famille : son mausolée, au Champ de Mars, dut recevoir avec ses propres cendres celles de ses proches et de ses familiers, et il paraît même que jusqu'à Nerva les empereurs n'eurent pas d'autre sépulture. Hadrien voulut avoir le sien, afin de s'abriter lui et ses proches sous un monument incomparable. Les familles patriciennes imitèrent d'aussi près qu'il leur fut possible cette vanité exclusive. Les colombaires vinrent donner satisfaction à ceux dont les ressources n'égalaient pas l'orgueil : mélange d'affranchis, de marchands, d'artistes, parmi lesquels se glissait furtivement quelque esclave qui avait pu réunir le léger pécule nécessaire pour faire les frais d'une petite urne et d'une étroite niche. Et cette sépulture était encore placée sous la sauvegarde de la foi publique, des imprécations et des amendes.

La vile plèbe était jetée pêle-mêle avec les animaux dans ces horribles *puticuli*, éternel opprobre de la civilisation païenne. Enfin ce qui domine en tout ceci, c'est l'orgueil de caste, la haine de l'étranger, et l'horreur de son contact et de son voisinage. Or, quand on sait quelle aversion et quel mépris inspiraient aux Romains, et aux païens en général, ces chrétiens que l'on confondait avec les Juifs, déjà en butte à la répulsion universelle ; quand on réfléchit aux atroces persécutions par lesquelles se manifestait cette antipathie, peut-on croire que des hommes ainsi détestés, ainsi persécutés, aient pu être admis à partager les tombeaux de leurs tyrans et de leurs maîtres ? Donc la supposition que les catacombes aient été dans les premiers siècles du christianisme la sépulture commune et ordinaire de tout le peuple romain, sans distinction de culte, est totalement inadmissible.

2° Mais à cette preuve, toute de raison et de convenance, nous pouvons ajouter une preuve positive, une preuve de fait.

On peut considérer la sépulture chrétienne sous le double rapport de la forme des tombeaux et du système général de ses nécropoles.

La forme ordinaire du tombeau chrétien est le *loculus :* une gaîne horizontale, creusée dans les parois naturelles des galeries des catacombes, juste assez spacieuse pour recevoir le cadavre, un peu plus large du côté de la tête, un peu moins du côté des pieds ; elle présentait la forme régulière d'un carré long, quand deux corps devaient y être déposés, parce qu'ils étaient placés en sens inverse l'un de l'autre. Ce système est toujours exactement observé, il n'y a pas d'exception (V. les art. *Locus* et *Loculus*). Le P. Marchi atteste (p. 58) que, dans tout ce qu'il a lu sur cette matière (et il a lu tout ce qui existe), il n'a pas trouvé un mot qui vienne démentir cette théorie, laquelle est du reste invariablement confirmée par sa longue expérience des catacombes, aussi bien que par le témoignage des plus anciens manœuvres employés aux travaux des fouilles. Les corps sont constamment renfermés dans *un tombeau neuf*, creusé *ad hoc*, selon les proportions du cadavre auquel il devait donner asile, et fermé par une tablette de marbre ou de terre cuite.

Ceci rappelle naturellement la description du tombeau du Sauveur : « un tombeau souterrain, neuf, creusé dans le roc, fermé d'une grosse pierre : » *Et posuit illud (corpus Jesu) in monumento suo novo, quod exciderat in petra. Et advolvit saxum magnum ad ostium monumenti* (Matth. XXVII. 60). Il est évident que, en choisissant ce genre de sépulture, les chrétiens eurent l'intention d'imiter celle de Jésus-Christ. A l'exemple de ce divin Sauveur, chacun avait son sépulcre *neuf, monumentum in quo nondum quisquam positus fuerat,* « monument dans lequel personne n'avait encore été placé (Luc. XXIII. 53), » et qui, jusqu'à la résurrection, ne devait plus lui être disputé par un autre.

Ce système était celui d'après lequel les Juifs avaient toujours enseveli leurs morts, et il n'est pas douteux qu'ils ne l'eussent apporté d'Égypte. Mais les chrétiens de Rome n'avaient pas besoin de recourir au texte des saintes Écritures pour en étudier le type. Sans remonter au tombeau d'Abraham et d'Isaac à Éphron, ils avaient sous les yeux des cimetières où toutes ces antiques traditions se trouvaient observées : c'étaient ceux que s'étaient créés les Juifs transférés à Rome, au nombre de plusieurs milliers, peu avant la naissance du Christ, par suite des victoires de Pompée. Deux de ces cimetières nous sont connus : le premier est situé non loin du quartier qui leur fut assigné sur la rive droite du Tibre, dans les flancs de la colline appelée Mont-Vert, laquelle n'est qu'un prolongement du Janicule. Bosio le découvrit en 1602, et il le représente comme parfaitement conforme aux catacombes chrétiennes, sauf les emblèmes qui ici, comme de raison, sont puisés aux sources de l'Ancien Testament, et sauf aussi l'aspect misérable qui s'y faisait remarquer. Le second, découvert de nos jours, est au-dessous de la vigne Rondanini, sur la voie Appia.

En outre des autres raisons qui prouvent péremptoirement le fait de cette imitation, on peut dire avec toute espèce de fondement que les premiers chrétiens furent initiés à ces rites funèbres par ceux des Juifs de Rome qui, en assez grand nombre, comme Aquila et Priscille, par exemple (*Act.* XVIII. 2), embrassèrent le christianisme. M. l'abbé Greppo, dans un de ses savants opuscules, datant de 1835, a illustré la plupart des épitaphes de la catacombe juive du Mont-Vert, laquelle ne paraît pas avoir été explorée depuis Bosio, et que le P. Marchi a vainement recherchée de nos jours. Un autre cimetière juif a été découvert, il y a peu d'années, en face de l'église de Saint-Sébastien. Il se compose de deux parties : l'une d'origine païenne que les Juifs avaient appropriée à leur usage, et l'autre creusée par eux-mêmes. Les dimensions de celle-ci sont moins vastes et leurs dispositions moins régulières que celles des catacombes chrétiennes.

Mais s'il est naturel de supposer que les chrétiens de Rome modelèrent leur sépulture sur celle des Juifs, il n'est pas moins probable que les uns et les autres eurent un prototype commun dans les cryptes sépulcrales de la Palestine et des autres nations sémitiques. On retrouve le système des sépultures souterraines (V. De' Rossi. *R. S.* t. I. p. 88) en Phénicie et dans les autres parties de l'Asie Mineure, dans la Chersonèse Tauride, dans les principales stations maritimes des Phéniciens, à Carthage, à Malte, en Sicile, en Sardaigne, etc. Les Étrusques et les peuples voisins l'avaient aussi adopté. A Rome même et dans les autres cités du Latium, les païens creusèrent dans la pierre et dans le tuf des chambres rectangulaires avec *arcosolia* et *loculi* semblables à ceux des chrétiens. Fabretti, Bartoli, Mabillon et d'autres encore en citent des exemples (De' Rossi. *loc. laud.*).

Mais il est essentiel d'observer que chez les nations non chrétiennes on ne trouve communément que des chambres isolées, pour un ou deux tombeaux, ou tout au plus pour une sépulture de famille : l'isolement et la séparation sont le système normal de ces peuples. Les cimetières chrétiens, au contraire, sont d'immenses labyrinthes, serpentant dans les entrailles de la terre, et dont les corridors, garnis de tombes dans toute leur étendue, enveloppent et relient entre elles, dans leurs ramifications infinies, toutes les *cellæ* sépulcrales pratiquées dans une aire déterminée. Tel est, sauf quelques exceptions sans importance, le caractère de la sépulture de la grande famille chrétienne. Cette observation, qui n'avait pas échappé aux anciens archéologues, a été renouvelée de nos jours.

Quant aux *loculi* en particulier, bien que leur forme soit à peu près la même, ceux des fidèles se distinguent néanmoins d'avec ceux des païens par une circonstance non moins caractéristique. Ces derniers, en règle générale, restaient ouverts, c'est-à-dire que le cadavre n'était ni muré ni clos dans sa niche. Au contraire il l'est toujours dans celles des chrétiens. Et la raison de cette différence, c'est que les *cellæ* sépulcrales des anciens, n'étant point destinées à être fréquentées par les vivants, étaient fermées pour ne plus s'ouvrir; tandis que les cryptes chrétiennes restaient toujours accessibles aux fidèles, pour qu'ils pussent aller prier sur les tombeaux de leurs frères et y célébrer les saints mystères à l'occasion de leurs *natalitia*. C'est en cela seulement que leurs tombeaux différaient de celui du Sauveur, qui, comme l'atteste l'Évangile, fut fermé et scellé.

Mais si ces deux classes de sépultures diffèrent par ces caractères essentiels, elles se distinguent plus encore l'une de l'autre par des accessoires caractéristiques.

Il est extrêmement rare qu'un marbre chrétien ne porte pas quelque marque indubitable de christianisme : c'est d'abord l'inscription, dont le style respire un parfum de piété impossible à méconnaître, et dont les formules, bien qu'infiniment variées, rappellent sans cesse la douce croyance à la résurrection de la chair, et expriment, en conséquence, l'idée d'un sommeil passager; *dormit in pace*, d'une déposition provisoire, *depositus, depositio* (V. l'art. *In pace*); ce sont des figures symboliques dont l'originalité ne saurait être contestée (V. l'art. *Symboles*, et tous les articles spéciaux sur chacun de ces symboles); ce sont des peintures et des sculptures dont les sujets sont invariablement tirés des saintes Écritures, et qui, elles aussi, sont relatives à la vie bienheureuse dans le ciel et à la résurrection finale (V. les art. *Paradis, Lux, Refrigerium, Représentations de repas*, etc., etc.).

Il est donc évident que si un tombeau païen se trouvait parmi les sépulcres des catacombes, il se trahirait lui-même par sa physionomie étrangère, et l'œil le moins exercé le reconnaîtrait sans peine. Or nous pouvons affirmer que jusqu'ici les cimetières chrétiens de Rome n'ont pas offert une seule tombe s'éloignant du type que nous avons décrit.

Cependant, pour ne rien négliger de ce qui peut éclairer le lecteur sur un point si important de nos origines, nous allons examiner rapidement les deux principales objections de nos adversaires.

Première objection. *On dit qu'il s'est rencontré dans les catacombes romaines des sépultures absolument semblables aux colombaires païens.* Les colombaires païens, sépultures collectives, ainsi nommées parce que les urnes cinéraires y étaient rangées dans de petites niches dont l'ensemble présentait l'apparence d'un colombier, se trouvaient placés à peu de distance des voies romaines; ils étaient creusés à ciel ouvert, et ne s'engageaient dans la terre que par leur partie inférieure. Mais comme ils ne vont pas jusqu'aux bancs solides des roches volcaniques, on a dû soutenir le pourtour de l'excavation par des murailles artificielles, construire des voûtes au-dessus et des escaliers à l'intérieur.

Comme les chrétiens, au contraire, travaillaient, ainsi que chacun sait, dans les entrailles de la terre, il arriva quelquefois que la partie la plus élevée de leur excavation rencontra par hasard la partie basse d'un colombaire. Non-seulement ces rencontres avaient lieu contre la volonté des fossoyeurs chrétiens, mais encore elles les exposaient à de grands dangers et pouvaient amener des malheurs irréparables. Aussi, à peine s'étaient-ils aperçus de ces ouvertures accidentelles, qu'ils se hâtaient de les fermer par de solides maçonneries. Le P. Marchi (p. 60) en cite un exemple qui s'offrit à ses yeux en 1842, dans une de ses périlleuses explorations au cimetière de Sainte-Agnès, et son guide lui témoigna que des faits tout semblables se révélaient fréquemment. Aujourd'hui, il est vrai, plusieurs de ces murs de séparation ont cessé d'exister; il serait peut-être plus exact de dire que ces antiques substructions se sont affaissées par le fait des alluvions qui en ont miné les fondements et entraîné les matériaux, qu'il est possible de retrouver souvent à d'assez faibles distances. La ruine de ces travaux peut aussi en partie être mise sur le compte de la cupidité, dont le génie malfaisant s'est porté plus d'une fois à piller les colombaires et à profaner les catacombes. Ce peu de mots doit suffire pour réfuter ceux qui, sans prendre la peine d'examiner les faits et de consulter les conditions des lieux, se font *à priori* des systèmes de conciliation entre le christianisme et le paganisme, compromis que repoussent également et la loi exclusive du Christ et l'histoire de son Église : *Quæ societas lucis ad tenebras?* (2 *Cor.* IV. 14), « Quelle société peut-il y avoir entre la lumière et les ténèbres? ».

Deuxième objection. *On allègue qu'un certain nombre de tombeaux des catacombes portent des inscriptions païennes.* Or, comme ces inscriptions sont sépulcrales pour la plupart, on s'est cru en droit d'en induire que des corps d'idolâtres étaient admis dans ces hypogées.

La présence de ces marbres profanes parmi les sépultures de nos pères est un fait positif; mais il n'est pas moins certain qu'ils n'y ont été introduits que par le fait des chrétiens, qui s'en emparaient pour les employer comme de simples matériaux et sans se préoccuper des épitaphes qui y étaient inscrites. C'était une affaire d'économie et pas autre chose. Et les conditions dans lesquelles ces marbres se rencontrent nous en fournissent une preuve palpable. Tantôt, en effet, ils sont placés de façon que les lignes se présentent perpendiculairement ou sens dessus dessous; tantôt la partie écrite est tournée vers l'intérieur du *loculus*, comme pour la soustraire aux regards; ou si elle se présente en dehors, les lettres ont été préalablement remplies avec de la chaux ou du ciment, ou biffées avec le ciseau; tantôt la tablette s'étant trouvée trop grande pour l'ouverture à laquelle on la destinait, on l'a brisée en partie pour qu'elle pût s'y adapter, et alors l'inscription se trouve plus ou moins tronquée. On en a rencontré qui, bien que fixées à un *loculus* ne pouvant contenir qu'un seul corps, constataient en propres termes la sépulture de plusieurs personnes, ou même de plusieurs générations d'enfants, de serviteurs et d'affranchis. D'autres fois, le marbre est gravé sur ses deux faces: d'un côté est une inscription païenne, de l'autre un *titulus* chrétien, et ces monuments sont assez communs pour qu'on en ait fait une classe à part, connue sous le nom d'inscriptions *opistographes*.

Que s'il arrive, et le cas est excessivement rare, qu'aucune des précautions que nous venons d'indiquer n'ait été prise pour indiquer qu'on n'avait d'autre vue que d'utiliser un marbre qu'on avait sous la main et qui ne coûtait rien, c'est-à-dire si, par exception, il se rencontre quelque inscription païenne placée dans des conditions normales, on doit l'attribuer le plus souvent à la hâte extrême qui présidait presque toujours au ministère de la sépulture, si périlleux en temps de persécution, et quelquefois aussi à l'impéritie d'un *fossor*, qui, ne sachant pas lire, prenait pour chrétienne une inscription appartenant à un idolâtre. Marangoni a donné, à la suite de son ouvrage intitulé : *Acta sancti Victorini* (p. 139-172), un assez grand nombre de ces inscriptions païennes trouvées dans les cimetières chrétiens.

VII. — QUELS SONT LES NOMS, ET QUELLE EST LA POSITION RESPECTIVE DES DIFFÉRENTS CIMETIÈRES DE LA ROME SOUTERRAINE? Voici d'abord l'exposé sommaire du système que s'était fait le P. Marchi sur cette double question.

D'après le savant Jésuite (V. *Monum.* p. 70 et suiv.), les cimetières romains doivent être rangés dans deux grandes divisions ou systèmes : le système *transtibérin*, le premier en dignité, parce qu'il renferme la *pierre* fondamentale sur laquelle Jésus-Christ a voulu asseoir son Église, c'est-à-dire le corps du prince des apôtres, et le système *cistibérin*, dont le point de départ est le lieu où reposent les restes de l'apôtre des nations.

1° C'est près de la voie Cornelia, là où la colline du Vatican commence à s'élever au-dessus du niveau du champ triomphal, non loin d'un des côtés du cirque et des jardins de Caligula, qui furent plus tard ceux de Néron, que fut déposée la dépouille mortelle de Pierre, dans les entrailles d'un terrain abreuvé du sang des victimes de la première persécution. Les témoignages les plus anciens attestent que nul ne saurait compter le nombre des martyrs qui dorment en ce lieu, où plus tard vinrent aussi se ranger autour de leur chef la plupart des premiers successeurs de S. Pierre, Linus, Cletus, Anacletus, Evaristus, Sixtus, Telesphorus, Iginus, Pius, Eleutherius, Victor. Telle est la tête du cimetière du Vatican, lequel, pour obéir aux exigences des différentes couches de terrain, s'étend entre le midi et le couchant, évitant la direction de l'orient et le septentrion.

Le cimetière des Saintes-Rufine-et-Seconde, situé dans la *forêt blanche*, et celui des Saints-Marius-Marthe-Audifax-Abachum, pratiqué dans un lieu dit *ad Nymphas*, bien qu'ouverts sur cette même voie Cornelia, ne sauraient néanmoins, à raison de leur trop grande distance de Rome, être considérés comme unis à celui du Vatican. Mais entre les voies Cornelia et Aurelia, à une égale distance de l'une et de l'autre, le P. Marchi a trouvé une portion de cimetière avec *arcosolia*, *cubicula* et peintures primitives.

A une légère distance de la ville, sur la voie Aurelia, les documents écrits, aussi bien que les observations locales, attestent l'existence des cimetières de Saint-Calépode, de Saint-Jules, pape, de Saint-Félix, pape, de Lucine, soit des Saints-Processus-Martinus-et-Agathe.

Fidèle à son système de communication et d'enchainement des cimetières entre eux, système que cependant il abandonna longtemps avant sa mort, sur les observations péremptoires de M. De' Rossi, lesquelles reviendront plusieurs fois dans le cours de ce travail, le P. Marchi s'était persuadé que le dernier groupe, dont nous venons de parler, combiné avec celui des Saints-Abdon-et-Sennen, devait former, à raison de la situation des monticules, une ligne de communication aboutissant à celui de Pontien. Il ne trouvait pourtant pas le moyen de relier à ce système le cimetière de Generosa *ad sextum Philippi*, placé aussi, il le supposait du moins, le long de la voie *Portuensis*, mais hors de la ligne.

Là se termine le système *transtibérin*.

2° Le tombeau de S. Paul forme le centre des cimetières de la voie d'Ostie et le point de départ du système *cistibérin*. Ces souterrains ne se développent point du côté du couchant, où ils trouvaient le Tibre pour barrière, ni vers le septentrion, où s'étend la plaine conduisant à Rome, plaine toujours sujette aux débordements du fleuve, mais au levant et au midi, c'est-à-dire vers cette chaîne de petites collines qui s'élèvent au-dessus du niveau habituel des débordements du Tibre. Les limites tracées ici par la nature aux premiers chrétiens ne leur ont permis de pratiquer dans cette région que cinq cimetières, lesquels portent les noms de Lucine, de Saint-Timothée, de Comodilla, soit des Saints-Felix-et-Adauctus, de Saint-Zénon et de ses compagnons (dit aussi de Saint-Anastase), et de Saint-Cyriaque. Ce dernier étant séparé des autres par un espace de cinq milles, force a été au savant Jésuite d'avouer qu'il donne un démenti, au moins partiel, à sa théorie.

Sur la pente du mont de Saint-Paul s'ouvre aujourd'hui le cimetière de Lucine, lequel s'étend quelque peu sous la nef transversale de la basilique, et plus amplement sous le mont, soit sous le chemin de traverse qui enchaine les voies d'Ostie avec l'Ardéatine et l'Appia.

Sur la voie Ardéatine, le P. Marchi a pu reconnaître la justesse des documents qui lui indiquaient les cimetières de Sainte-Balbine, de Saint-Marc, de Saint-Damase, des Saints-Marc-et-Marcellien, des Saints-Nérée-et-Achillée, des Saintes-Petronille-et-Domitille. Celui de Saint-Nicomède étant situé à sept milles de Rome, se détache forcément aussi du système de concaténation, bien qu'il appartienne au groupe de la voie Ardéatine.

Dans l'histoire de Rome païenne, la voie Appia porte le nom fastueux de reine des voies romaines. Cette gloire lui vint soit de la magnificence des édifices et des tombeaux dont elle était bordée, soit du privilége qu'elle avait de servir au passage des nations conquises, soit des nombreux et célèbres événements qui se rattachaient à son nom. L'histoire de la Rome chrétienne lui confère des titres de gloire incomparablement plus solides et plus légitimes. Elle peut, à raison du nombre et de la vaste étendue de ses cimetières, et plus encore à raison de la multitude et de la célébrité des martyrs qui y reposent, être appelée à juste titre la reine des voies chrétiennes. Les cimetières qu'elle possède sont ceux des Catacombes, *ad catacumbas*, de Prétextat, de Calliste, de Cécile, de Lucine, de Zéphyrin, de Sotère, d'Eusèbe-et-Marcel, d'Urbain, de Janvier, de Félicissime, d'Agapite, de Tiburce, de Valérien, de Maximus-et-Cyrinus.

On a trouvé dans ces derniers temps sous un monticule nommé *Mont-d'Or*, très-près de l'hypogée des Scipions, un cimetière chrétien, d'une haute antiquité, sur le compte duquel les documents anciens, aussi bien que les auteurs de la *Rome souterraine*, gardent un silence absolu, silence dont il est curieux de rechercher les motifs. Il est probable que les chrétiens de la seconde moitié du troisième siècle durent l'abandonner parce que, par suite de l'élargissement de l'enceinte des murailles de Rome sous Aurélien, il se trouva renfermé dans la ville, et devint ainsi d'un accès difficile et dangereux. On descend aujourd'hui dans ce souterrain par deux entrées différentes, l'une à une faible distance de la porte Latine, l'autre au niveau de la voie Appia, en face de la partie orientale de l'arc de Drusus, de sorte qu'il est comme à cheval sur ces deux voies célèbres.

Quant aux cimetières de la voie Latine, ils portent les noms d'Apronien, de Ste-Eugénie, de Gordien-et-Épimachus, de Simplicius-et-Servilianus, de Quartus-et-Quintus, et de Tertullinus. Ces cimetières sont tombés dans l'oubli, à cause de la condamnation de la porte et de l'abandon presque total de la voie Latine. Un accès ouvert au P. Marchi, par une propriété privée, l'a mis à même d'explorer une faible partie de celui d'Apronien.

Après la voie Latine vient la Labicane, mais à une assez grande distance. Ses cimetières ont une étendue qui ne le cède guère à celle des souterrains de l'Appia et des deux Salaria; ils ont pris les noms des martyrs qui y furent ensevelis, Tiburtius, les SS. Marcellin et Pierre, les quatre couronnés, qui sont Claudius, Nicostratus, Sempronianus et Castorius, Ste Hélène qui agrandit et décora probablement ceux des Saints-Marcellin-et-Pierre

(V. Marchi. tav. vi et vii), enfin celui dit *ad duas lauros*. Là se trouve encore un cimetière qu'on a souvent désigné sous le nom de Castulus, mais sans motifs suffisants, dit notre savant guide.

La distance qui sépare la voie Prénestine de la Labicane est peu considérable; aussi les premiers chrétiens, qui avaient pu multiplier à leur gré les sépultures sous celle-ci, purent s'abstenir d'en faire autant sous la première. Toutefois Boldetti, suivant les traces d'un *fossor* qui, durant quarante-cinq ans, avait parcouru la Rome souterraine, découvrit, à deux milles de la ville, sur la gauche de la voie, un cimetière primitif, mais dévasté; et un des anonymes de Salisbury raconte que « près de la voie Prénestine était une église dédiée à S. Stratonicus, évêque et martyr, et à S. Castulus, dont les corps étaient ensevelis *à une grande profondeur.* » Or, sous le pontificat de Clément X, un cimetière fut découvert sur la droite de la voie Labicane, à un mille de Rome. Mabillon, qui était alors à Rome, le vit, Fabretti le vit aussi, et, sur la foi d'une inscription tronquée, celui-ci crut devoir y reconnaître le cimetière de Castulus. Mais le témoignage de l'auteur de l'itinéraire cité plus haut semble trancher la question en faveur de l'opinion qui place sur la voie Prénestine le tombeau de Castulus et le cimetière qui porte son nom.

Les cimetières de la voie Tiburtine sont compris, dans les documents anciens, sous deux noms seulement. Mais là où les noms sont rares, les sépulcres souterrains abondent. Les cimetières à droite de la voie sont ceux du *campus Veranus*, soit de l'illustre matrone et martyre Cyriaque, qui les fit creuser, du moins en partie, sous une de ses propriétés. Sur la gauche de la même voie s'ouvrent ceux qu'on désigne sous le nom de Saint-Hippolyte, et qui furent décrits par Prudence dans un célèbre passage que nous avons cité plus haut.

Le cimetière de Saint-Hippolyte se dirige vers la voie Sombre (*via Cupa*), qui est une route secondaire, laquelle, partant du côté septentrional extérieur du camp des Prétoriens, coupe par le milieu les *villæ* et les vignes placées entre la voie Tiburtine et la Nomentane; et sous cette même voie Sombre aboutit et s'étend aussi le cimetière de Saint-Nicomède, le premier qui se rencontre sur la droite de la voie Nomentane, et auquel succède celui de Sainte-Agnès.

Un cimetière dit *ad nymphas*, celui de Saint-Alexandre et celui des Saints-Primus-et-Felicianus *ad arcus Numentanos*, étant situés au delà de l'Anio, à des distances trop considérables, bien qu'ils appartiennent à cette voie, ne font pas partie du système des cimetières suburbains.

On trouve sur les deux *Salares* des indices irrécusables de plus de dix cimetières. Ceux de la nouvelle qui inclinent vers l'orient portent les noms de Sainte-Félicité, de Saint-Saturnin, des Saints-Chrysante-et-Daria, des sept vierges Saturnina, Hilaria, Dominanda, Rogantina, Paulina et Donata, de Sainte-Hilaria, des Jordani et de Saint-Sylvestre. Ceux qui se trouvent vers l'occident de la Salare vieille sont indiqués sous les noms des Saints-Pamphile-et-Quirinus, Hermès-et-Basilla, Protus-et-Hyacinthe, Jean Blastus-et-Maurus. Le cimetière des Saints-Hermès-et-Basilla se termine sous la montée du Concombre (*salita del Cocomero*). Mais chez les auteurs modernes, tous ces cimetières, principalement sur la Salare nouvelle, sont compris sous la dénomination générale de Priscille, tandis que les écrivains anciens appliquent ce nom à un cimetière spécial.

Les cimetières des deux Salares, étant creusés dans les flancs de collines d'une grande élévation, s'enfoncent dans les entrailles de la terre plus que ceux d'aucune autre voie romaine, et ont souvent jusqu'à quatre et cinq étages de galeries superposées les unes aux autres. On ne sera donc pas étonné du nombre considérable de degrés qu'il fallait descendre pour arriver au cimetière des Saints-Pamphile-et-Quirinus, ces degrés étaient au nombre de quatre-vingts, selon l'un des anonymes de Salisbury, et de soixante-dix d'après celui de Malmesbury.

Du haut des monts Parioli et de la *montée du Concombre*, sous lesquels s'arrête le cimetière des Saints-Hermès-et-Basilla, qui est le dernier de la Salara vieille, on découvre l'ample vallée au-dessus de laquelle, un peu plus au couchant qu'au septentrion, surgit le monticule qui depuis plusieurs siècles porte le nom de Saint-Valentin. C'est là que se trouve le cimetière du même nom, dit aussi de Saint-Jules, non que ce pape en soit le fondateur, mais parce qu'il l'agrandit et bâtit une basilique près de son entrée. Il ne paraît pas qu'il en existe d'autre sur la voie Flaminienne : le mouvement et l'agitation du Champ de Mars que traverse cette voie eussent rendu les sépultures chrétiennes plus dangereuses en ce lieu que partout ailleurs. Au surplus, l'absence de roches volcaniques dans la colline sous laquelle la Flaminia passait, se dirigeant vers le pont Molle, en rendait l'excavation, sinon tout à fait impossible, au moins d'une difficulté extrême. Aussi les souterrains du Mont-Valentin, si l'on considère la masse confuse et la variété des substances qu'y ont déposées les eaux et dans lesquelles les chrétiens n'ont pu pénétrer qu'au prix d'incroyables fatigues, sont encore plus merveilleux que ceux du Mont-Vert et doivent être regardés comme un prodige de la constance et de la vertu chrétiennes, plutôt que comme une œuvre commune de l'industrie humaine.

Sur le point de toucher au terme de cette longue bien qu'incomplète énumération, nous ne saurions omettre d'observer que, dans la région de l'Esquilin, dans un lieu dit *Ursus Pileatus*, près de l'ancienne église de Sainte-Bibiane, le bibliothécaire signale un cimetière sous le nom de Saint-Anastase, où ce pape fut enseveli, ainsi qu'Innocent, son successeur immédiat. Ce cimetière appartint, à son origine, au système suburbain; il fut renfermé dans l'enceinte de la cité par l'extension des murailles sous Aurélien.

Telle est la classification proposée par le P. Marchi. Nous avons tenu à l'exposer ici, malgré les défectuosités que les études nouvelles, celles des deux frères De' Rossi en particulier, y ont signalées ; ce travail est un jalon dont on ne saurait se dispenser de tenir compte, à raison de bon nombre de notions topographiques et autres qui conservent leur utilité. La science est un édifice qui se fait graduellement, et reconnaissance est due à chacun des ouvriers qui y apportent leur pierre (V. le n° VIII ci-après). Néanmoins, comme la plupart des lecteurs auraient peine à se reconnaître dans cette nomenclature où tant de noms se heurtent et s'accumulent, nous plaçons ici sous leurs yeux un tableau synoptique des cimetières suburbains, dressé par M. De' Rossi et où d'un seul coup d'œil ils pourront se rendre compte du système complet de la Rome souterraine (V. *Roma sott.* t. I, p. 207).

NOMS DES VOIES ROMAINES	CIMETIÈRES MAJEURS		CIMETIÈRES MINEURS OU MÉMOIRES ISOLÉES DE MARTYRS AVEC HYPOGÉES DE PEU D'ÉTENDUE	CIMETIÈRES ÉTABLIS DEPUIS LA PACIFICATION DE L'ÉGLISE
	LEURS NOMS PRIMITIFS	LEURS NOMS APRÈS LA PACIFICATION DE L'ÉGLISE		
Appia..........	1. Callisti { Lucinæ. Zephyrini. Callisti. Hippolyti. }	S. Xysti. S. Cœciliæ. SS. Xysti et Cornelii.		
	2. Prætextati....	S. Januarii. SS. Urbani, Felicissimi, Agapiti, Januarii et Quirini. SS. Tirbutii, Valeriani et Maximi.		
	3. Ad catacumbas.	S. Sebastiani.		
Ardeatina.......	4. Domitillæ....	S. Petronillæ. SS. Petronillæ, Nerei et Achillei.		38. Balbinæ sive S. Marci.
	5. Basilei......	SS. Marci et Marceliani.		39. Damasi.
Ostiensis.......	6. Commodillæ...	SS. Felicis et Adaucti.	28. Sepulcrum, Pauli apostoli in prædio Lucinæ. 29. Cœmeterium Timothei in horto Theonis.	
Portuensis......	7. Pontiani ad ursum pileatum....	SS. Abdon et Sennen. S. Anastasii pp. S. Inocentii pp.	30. Ecclesia S. Theonis. 31. Ecclesia S. Theonis.	40. Julii via Portuensi, mill. III. S. Felicis via Portuensis.
Aurelia........	8.	S. Pontiani.		41. S. Felicis via Aurelia.
	9. Lucinæ......	SS. Processi et Martiniani.		
Cornelia........	10. Calepodii.....	S. Agathæ ad Girulum. S. Callisti via Aurelia. S. Julii via Aurelia.	32. Memoria Petri apostoli et sepulturæ episcoporum in Vaticano.	
Flaminia.......	11.	S. Valentini.		
Clivus Cucumeris...	12. Ad VII columbas..	Ad caput S. Joannis. S. Hermetis.		
Salaria Vetus.....	13. Basillæ......	SS. Hermetis, Basillæ, Proti et Hyacinthi.		
	14.	S. Pamphyli.		
Salaria Nova.....	15. Maximi......	S. Felicitatis.	33. Ecclesia S. Hilariæ in horto ejusdem. 34. Crypta SS. Chrysanthi et Dariæ.	
	16. Thrasonis.....	S. Saturni. S. Alexandri.	35. Cœmeterium Novellæ.	
	17. Jordanorum....	SS. Alexandri, Vitalis et Martialis et VII Virginum.		
	18. Priscillæ.....	S. Silvestri. S. Marcelli.		
Momentana......	19. Ostrianum vel Ostriani.....	Cœmeterium majus. Ad nymphas S. Petri. Fontis S. Petri.	36. Cœmet. S. Agnestis in ejusdem agello.	
Tiburtina.......	20.	S. Hippolyti.	37. Cœmeterium S. Nicomedis.	
	21. Cyriacæ.....	S. Laurentii.		

NOMS DES VOIES ROMAINES	CIMETIÈRES MAJEURS		CIMETIÈRES MINEURS OU MÉMOIRES ISOLÉES DE MARTYRS AVEC HYPOGÉES DE PEU D'ÉTENDUE	CIMETIÈRES ÉTABLIS DEPUIS LA PACIFICATION DE L'ÉGLISE
	LEURS NOMS PRIMITIFS	LEURS NOMS APRÈS LA PACIFICATION DE L'ÉGLISE		
Labicana........	22. Ad duas lauros. .	S. Gorgonii. SS. Petri et Marcellini. S. Tributii.	....	42. In comitatu sive SS. Quatuor Coronatorum.
	23.	S. Castuli. S. Cordiani.		
Latina.,........	24.	SS. Cordiani et Epimachi. SS. Simplicii et Serviliani, Quarti et Quinti et Sophiæ.		
	25.	S. Tertullini.		
	26. Aproniani.. . . .	S. Eugeniæ.		

VIII. — CONNAÎT-ON AU JUSTE L'ÉTENDUE DES CATACOMBES ROMAINES ? Jusqu'ici la science n'a pas été en mesure de satisfaire à la légitime curiosité qui ne cesse de lui adresser cette importante question, et il est probable que la réponse précise, complète, se fera attendre longtemps encore. Ce qui est connu de cette œuvre de la primitive Église est immense, et, tout en répudiant les appréciations exagérées, admises par le vulgaire sur la foi d'écrivains superficiels et sans doctrine, on peut, à l'aide des déductions les plus sûres de l'analogie, proclamer colossales les proportions de l'étonnante nécropole. Mais, dès qu'il s'agit de sortir de ces généralités, la science se trouve réduite à reconnaître l'insuffisance de ses ressources. Interrogez Bosio, Boldetti, Marangoni, Lupi, Bottari, vous les trouverez hésitants sur l'extension, ou pour mieux dire sur l'aire occupée par les cimetières chrétiens. Un seul point résulte de leurs témoignages, c'est que, bien qu'insuffisamment éclairés au sujet des confins et de la distinction précise des différents cimetières, ils repoussent la supposition erronée, renouvelée de nos jours par R. Rochette, que leur ensemble compose un réseau continu occupant toute l'étendue du sol romain.

Le P. Marchi a démontré avec évidence qu'il faut d'abord exclure les vallées, et que les hypogées se trouvent nécessairement placés au-dessus du niveau des inondations du Tibre auxquelles la campagne romaine est sujette. Seize années d'études nouvelles et de fouilles persévérantes, auxquelles le savant Jésuite n'est pas resté étranger, mais où, grâce à sa jeunesse, à son activité et à sa sagacité bien connue, M. le chevalier J. B. De' Rossi a pris la meilleure part, sont venues apporter une foule d'éléments nouveaux pour le développement de cette idée non moins féconde que lumineuse. M. Michel De' Rossi, en qui son docte frère a, comme on sait, trouvé un si intelligent auxiliaire, a profité des conquêtes acquises à la science pour tenter la solution du problème, dans un mémoire intitulé : *Dell' ampiezza delle Romane catacombe...*, Rom. 1860. Assurément son remarquable travail n'est pas et ne peut pas être le dernier mot sur cette difficile question ; mais c'est un pas immense vers la solution définitive, et nous ne saurions mieux faire, pour remplir cette partie de notre tâche, que d'exposer ici, d'une manière aussi fidèle que possible, la substance de ce mémoire.

I. — Posons d'abord quelques principes généraux. L'une des dernières compilations des *Mirabilia urbis Romæ* (V. Montfaucon. *Iter. Ital.* p. 286), datant du quatorzième siècle, affirme que les catacombes s'étendent jusqu'à trois milles, à partir des murs de Rome, *per tria milliaria*. C'est là, selon l'estimation de M. Michel De' Rossi, une limite extrême, qu'elles atteignent même rarement. De telle sorte que, en dehors de ces limites, cesse le système d'ensemble des cimetières romains ; au delà il n'y a que des souterrains isolés, peu considérables, appartenant à des *pagi*, à de petites villes, et même à des familles particulières.

Un autre fait, constamment observé, c'est que les cimetières non-seulement ne descendent jamais sous les grandes vallées, mais qu'ils s'arrêtent même devant les dépressions de terrain moins considérables qui séparent une colline de l'autre. Aussi est-il presque impossible de trouver entre les cimes des collines une liaison suffisante pour avoir permis la communication des souterrains entre eux. On conçoit, en effet, que les chrétiens, voulant avoir pour l'exercice de leurs cérémonies religieuses des cimetières pratiquables en tout temps, devaient éviter non-seulement les lieux exposés aux alluvions, mais aussi les plis de terrain attirant les grands écoulements d'eau.

A ces faits naturels vient s'en joindre un autre, révélé par les fouilles et d'ailleurs conforme aux documents historiques sur lesquels se basent les nouvelles études de la Rome souterraine. C'est que chacun des grands cimetières, ayant un nom et une existence propres, est séparé et indépendant de celui qui lui est contigu, alors même qu'il se trouve au même niveau, et qu'aucun obstacle physique ne s'opposait à leur fusion. Les exceptions sont rares et sans aucune portée sérieuse.

Ce n'est pas tout : la nature des roches, plus ou moins aptes à être ouvertes pour y pratiquer des cimetières, constitue aussi un élément dont il est nécessaire de tenir compte pour déterminer les limites des catacombes. L'expérience a démontré que les cimetières chrétiens se trouvent partout où la roche est assez consistante pour supporter le vide des galeries et des chambres assez spacieuses en hauteur et en largeur pour être fréquentées commodément, et pour recevoir, dans leurs parois, de nombreuses sépultures, de façon à tirer tout le parti possible de l'espace creusé. De plus, la roche devait être en même temps solide et cependant facile à tailler. Or ces conditions se trouvent réunies par excellence dans certaines couches des formations volcaniques, dont le sol romain est tout recouvert, et où, pour cette raison, les cimetières se sont développés plus que partout ailleurs. Ces couches sont ce que les géologues appellent *lits de tuf granulaire*. Mais comme, à raison des différentes époques de leur formation, elles se trouvent diversement mélangées, ou coupées par d'autres roches également volcaniques, tantôt plus dures, tantôt plus friables, elles ne se sont prêtées ni partout, ni uniformément, dans la même profondeur, à l'usage en question. Il se rencontre donc, dans les lieux élevés et propres aux excavations de cimetières, des dépôts marins ou fluviaux qui ne présentent pas la même aptitude. Néanmoins, toutes les fois qu'on les a trouvés rigoureusement assez solides, les chrétiens ne les ont pas évités, mais ils ont soutenu les parties faibles par des constructions en maçonnerie.

Cela posé, pour déterminer d'une manière plus précise qu'on ne l'a fait jusqu'à présent la superficie occupée par les catacombes, il suffira d'un rapide examen, soit de la direction, soit de la nature du sol romain. Après quoi, on arrivera à se rendre un compte plus exact du rayon d'extension des cimetières, le long de chacune des voies antiques.

1° Au lieu de suivre, comme les anciens auteurs de la *Rome souterraine*, l'ordre de ces voies consulaires, notre guide tient donc pour plus rationnel de se diriger par la configuration et la nature du sol. La vallée du Tibre, eu égard au peu d'élévation de son niveau, et des masses de sable dont le fleuve l'a recouverte à l'époque où il l'inondait tout entière, doit d'abord, comme il a été dit, être exclue. Laissant donc la vallée, et montant les collines, nous trouvons celles qui formaient la rive droite du lit primitif à peine revêtues d'une légère couche de tuf granulaire, et encore cette couche est-elle moins compacte et moins profonde qu'ailleurs. Aussi les collines du Janicule, qui en font partie, n'offrent-elles que deux cimetières, peu distants l'un de l'autre, celui de Saint-Pontien et celui de Saint-Pancrace. Le premier, autant qu'il a été possible de le faire, est creusé dans le tuf granulaire ; mais sa majeure partie est pratiquée sous un gisement sablonneux mêlé de brèches et de fossiles et qui présente une solidité suffisante. Les couches inférieures, qui ne sont pas accessibles aujourd'hui, reviennent aux bancs du tuf granulaire : de telle sorte que c'est là un des points géologiques les plus intéressants de la Rome souterraine. Le cimetière de Saint-Pancrace est tout entier dans le tuf, mais son excavation est tout à fait exceptionnelle, parce qu'on a dû obéir aux capricieuses directions de la roche.

2° Après le Janicule vient le Vatican. Sous une mince couche de tuf, on y rencontre des bancs d'un grossier sable siliceux calcaire et de marne, qui semblent peu favorables à l'excavation des galeries : parfois néanmoins ces bancs présentent la solidité des *arénaires*. Le cimetière du Vatican est très-célèbre, mais il est aujourd'hui détruit, et attendu que son aire est occupée par la gigantesque basilique de Saint-Pierre, on ne saurait en reconnaître au juste ni la forme, ni l'étendue, ni le mode d'existence.

Vient ensuite le Mont-Marius (*Monte Mario*), où il n'y a pas de trace de souterrains chrétiens, ce qui s'explique par la qualité des gisements, composés d'une petite quantité de tufs et de dépôts marins peu consistants. Derrière cette chaîne de collines, du Janicule au Mario, qui forme la rive droite du Tibre, apparaissent, à quelque distance, de grands bancs de tuf granulaire : aussi existe-t-il dans les flancs de ces éminences plusieurs cimetières chrétiens, qui sont les plus éloignés des voies de Porto, Aurelia et Triomphale, à peu près jusqu'à un mille et demi des murs de Rome.

3° Passant maintenant à la gauche de la vallée, avant de trouver la chaîne des monts Parioli, on rencontre, sur la voie Flaminienne, une colline détachée, dont le sommet est de tuf; le reste est un amas confus de sable, de cailloux et quelquefois même de masses très-dures. C'est là qu'est creusé le cimetière de Saint-Valentin, le seul qui, au jugement du géologue Brocchi (*Stato fisico del suolo di Roma*. p. 98), ne soit pas pratiqué dans le tuf granulaire, mais dans un sol composé de *dépôts fluviatiles*. On sait que la voie Flaminienne court le long de la vallée et s'enfonce dans la coupure à pic qu'ouvrit dans les monts Parioli le consul Flaminius, lorsqu'il traça la voie qui porte son nom. Les cimes de ces collines sont inaccessibles, et l'épaisse croûte de travertin formée par les dépôts du Tibre en rendait l'ouverture difficile : c'est ce qui explique pourquoi les catacombes qui existent dans la direction de la voie Flaminienne commencent et finissent au premier mille de la ville.

4° Toute la partie du sol qui s'étend à la gauche du Tibre a de vastes et profondes couches de tuf granulaire. Aussi toutes les hauteurs qui s'enchaînent depuis les monts Parioli, le long des voies Salaria, Nomentane, Tiburtine, Prénestine, Labicane, Asinaria, Latine, Appia et Ardéatine, jusqu'à ce qu'elles rencontrent de nouveau la vallée du Tibre sur la voie d'Ostie, se prêtent-elles merveilleusement aux excavations, et en effet elles ont été en grande partie fouillées. Et telle est la profondeur de ces bancs, qu'on y a pu pratiquer jusqu'à quatre et même cinq étages de galeries. Mais les avantages que présente la nature de la roche pour l'établissement des cimetières se trouvent restreints par les accidents du sol. La vallée de l'Anio oppose un barrage à deux milles à peu près sur les voies Salaria et Nomentane. Plus près de la ville se présente une autre limite formée par une grande vallée, sur la voie Tiburtine, après la basilique de Saint-Laurent, peut-être avant le premier mille. Sur la Prénestine et la Labicane, la nature apparente du sol semblerait permettre de grands développements à nos cimetières. Cependant ils ne se produisent qu'à une distance considérable, après cette grande dépression de terrain où court la Marrana, et se terminent peu après Torre Pignatarra.

5° Avant cette vallée, un seul cimetière nous est connu, celui de Castulus, et encore par l'histoire seulement, car il est aujourd'hui inaccessible : il fut trouvé par Fabretti et décrit par Boldetti (p. 100 et 563). Ce cimetière semble constituer une exception, tant par ses formes que par la constitution du sol où il est creusé, ce qui donne à penser que l'intérieur de la roche est ici peu propre aux excavations, et que telle est la cause de l'absence totale de catacombes sur cette éminence plus rapprochée de la ville. En effet, sur la voie Prénestine, et dans quelques souterrains de la Labicane, on observe un vaste banc de tuf lithoïde, espèce de roche où il ne fut jamais creusé de cimetières. Entre la Labicane, l'Asinaria et la Latine, une immense vallée va presque joindre les murs de Rome, et là aucune trace de cimetières chrétiens. Les voies Latine, Appia et Ardéatine sont un vaste champ, où jusqu'à la distance de plus de deux milles, il n'est pas une hauteur qui n'ait été exploitée par les premiers chrétiens. Et c'est dans cet espace que se groupent les cimetières les plus célèbres, les plus nombreux et les plus étendus. Cette région aboutit de nouveau à la vallée du Tibre, près de la voie d'Ostie ; et les dernières collines, les plus rapprochées du fleuve, portent dans leurs flancs les cimetières de Comodilla et du petit Pont, *ponticello*, de Saint-Paul.

6° Après avoir déterminé, à l'aide de la nature du sol et de l'expérience, le rayon d'extension de l'aire ou superficie occupée par les cimetières chrétiens sur chacune des voies consulaires, et défalqué, dans le cercle de ces limites, toutes les parties de terrain qui sont en dehors des conditions voulues, il resterait à savoir, pour se faire une idée juste de l'étendue des catacombes, si toutes les hauteurs pouvant se prêter à cet usage ont été réellement occupées par les chrétiens, et si, les ayant occupées, ils les ont exploitées dans tous les sens, selon l'étendue totale de leur superficie extérieure.

M. Michel De'Rossi affirme qu'une partie considérable des collines comprises dans les confins tracés par lui présentent des ouvertures donnant accès à des souterrains chrétiens ; de telle sorte que ceux-ci, principalement sur les voies Salaria, Latine et Appia, sont presque en contact les uns avec les autres, sous la totalité de la superficie. Quant à la seconde question, tout porte à croire qu'on a exploité tout l'espace, et creusé partout jusqu'à ce que l'interruption des lits propices ou quelque autre circonstance locale vinssent opposer aux *fossores* un obstacle insurmontable. Sans parler des autres indices qui mènent à cette conclusion, on peut l'adopter par analogie d'après la vaste étendue des quatre grands cimetières de l'Appia et de l'Ardéatine, savoir, ceux de Prétextat, de Calliste, des *Catacombes*, et de Domitille.

II. — Ayant posé de telles prémisses, l'auteur se livre à des calculs tendant à en faire ressortir des conclusions aussi rigoureuses que possible.

Trois données, résultant de nombreuses observations, l'amènent à trouver approximativement la quantité de la surface sous laquelle se déroulent toutes les catacombes romaines et la quantité métrique des galeries souterraines qui y sont pratiquées.

1° De l'examen géologique et expérimental auquel il s'est livré précédemment, il obtient, en mètres et milles carrés la quantité de la surface, pour un seul étage, qui, à raison de la nature du sol, a pu se prêter à l'excavation de catacombes ; et la quantité trouvée est de cinq milles géographiques qui égalent onze millions cent mille cinq cents mètres.

2° D'après l'expérience et le point de comparaison que lui fournissent les quatre cimetières de l'Appia et de l'Ardéatine, il se demande quelle est, sur la somme totale de la surface apte à l'excavation des cimetières qu'il a obtenue précédemment, la partie qui a été réellement creusée pour cette destination. Or, en défalquant de la somme ci-dessus la portion des hauteurs aptes à l'excavation où l'on sait qu'il n'existe pas de souterrain, et de plus celles qu'excluent certains empêchements inhérents à la nature du sol, ou autres obstacles indépendants de sa nature, la quantité totale de la superficie se trouve réduite à sept millions quatre cent mille trois cent trente-quatre mètres carrés.

3° Recherchant enfin dans quelles proportions les cimetières se sont développés sous les hauteurs où ils apparaissent, et prenant toujours pour point de départ l'exemple que lui fournissent les quatre cimetières de l'Appia et de l'Ardéatine, il trouve que la partie réellement creusée ne s'élève guère qu'à un tiers de celle qui semblait pouvoir se prêter à l'excavation. D'après ce calcul, il ne resterait donc plus que deux millions quatre cent soixante-six mille sept cent soixante-dix-huit mètres carrés, c'est-à-dire à peu près un mille carré.

Un tel résultat pourra au premier abord être regardé comme un démenti donné à l'opinion générale sur la vaste étendue des catacombes. Il n'en est rien cependant ; et la juste admiration qu'inspire la grandeur de la nécropole romaine ne perdra rien de sa vivacité, elle s'accroîtra même encore, si l'on considère quel est en réalité (et c'est ici une donnée positive) le réseau des galeries et le rayon de leur développement sous une superficie médiocre en apparence. Qui pourrait songer, sans étonnement, que la moyenne de l'excavation sur une surface carrée de la trois-cent-quatre-vingt-quinzième partie d'un mille carré comprenne mille mètres de galeries ?

Mais c'est peu encore : chacun sait que dans les catacombes il y a ordinairement deux, très-souvent trois, quelquefois quatre, et jusqu'à cinq étages de galeries superposées, ce qui irait souvent à tripler et quelquefois à quadrupler les mille mètres. Mais, pour rester dans les termes les plus modérés (car il faut tenir compte de l'inégalité qui se remarque parfois dans l'extension des étages inférieurs), et à ne prendre la moyenne que pour deux étages seulement, nous aurions encore, pour cette imperceptible fraction du mille carré, au moins deux mille mètres de galeries. L'auteur a pris cette moyenne dans six grands plans de cimetières très-différents et très-éloignés les uns des autres, et l'expérience est d'autant plus concluante, que, confrontés dans tous les sens, ils ont constamment fourni le même résultat.

Cela posé, rien n'est plus facile que d'obtenir, par de simples multiplications, la somme approximative des lignes d'excavations produites par les galeries contenues dans la totalité de la Rome souterraine. Cette somme s'élève, à raison de deux étages seulement, ce qui, bien certainement, est au-dessous de la réalité, à huit cent soixante-seize mille mètres de galeries, lesquelles, ajoutées par l'imagination à la suite les unes des autres, donnent une ligne totale de cinq cent quatre-vingt-sept milles, soit huit cent soixante-seize kilomètres géographiques.

Bien qu'inférieur à celui qu'avait obtenu le P. Marchi, d'après des données un peu trop vagues (douze cents kilomètres), ce chiffre a encore de quoi étonner, et laisse subsister, du moins dans les apparences, l'objection de ceux qui regardent comme impossible qu'une communauté pauvre et persécutée ait pu exécuter un tel travail. Cette difficulté perd beaucoup de sa force, quand on songe que les chrétiens ont mis près de cinq siècles à creuser leur nécropole. Car il ne faut pas oublier, comme on l'a vu plus haut, que longtemps après la cessation des tristes circonstances qui avaient rendu nécessaire l'établissement de ces mystérieuses sépultures, c'est-à-dire après la paix constantinienne, on continua à rechercher par dévotion une place, *locum*, dans des cimetières sanctifiés par la présence des reliques d'innombrables martyrs. La sépulture sous les portiques ou même dans l'intérieur des basiliques, permise et usitée depuis l'ère d'émancipation inaugurée par le premier empereur chrétien, ne fit point oublier le chemin des catacombes, et les monuments attestent que la pieuse ambition d'être ensevelis *ad sanctos, ad martyres*, l'emporta dans le cœur d'une multitude de fidèles sur le vaniteux désir de se procurer un tombeau plus exposé aux regards des hommes (V. l'art. *Ad sanctos*, etc.).

Au reste, sans même tenir compte de la nécessité, dont le puissant aiguillon se faisant sentir à des hommes de cœur, les met à même d'entreprendre et de mener à fin les plus difficiles entreprises, de quoi n'était pas capable, et de quels moyens ne devait pas disposer, même dans les temps les plus difficiles, une société ardente et active, de laquelle Tertullien a pu dire dès le deuxième siècle : « Nous ne sommes que d'hier, et nous remplissons tout, vos villes, vos îles, vos bourgs, vos provinces, vos assemblées, les camps mêmes, les tribus, les décuries, le palais, le sénat, le forum. Nous ne vous laissons que vos temples » (*Apologet.* XXXVII.) ?

Nous donnons ci-après, comme spécimen, d'après le P. Marchi (*Monum. delle arti Crist.* tav. IX), un plan reproduisant la huitième partie du cimetière de Sainte-Agnès. Le lecteur pourra, à l'aide d'une multiplication partant de cette donnée, se faire une idée approximative de l'immense réseau des soixante cimetières de la Rome souterraine.

Explication du plan :

La teinte générale indique la roche où est creusé le premier étage de cette partie du cimetière de Sainte-Agnès ; la teinte moyenne marque les vides pratiquables de l'étage inférieur ; les quelques traits plus foncés que la teinte générale indiquent les murs de soutènement bâtis pour suppléer au peu de solidité de la roche naturelle où ce cimetière est ouvert.

A. Tracée près de l'angle inférieur et à la gauche de la planche, cette lettre indique le point où l'unique voie venant de la catacombe creusée sous la basilique et ses dépendances se joint au cimetière proprement dit, dont nous avons une partie sous les yeux.

1. Escalier antique, découvert et déblayé en 1841 et 1842, lequel, s'ouvrant sur la campagne, introduit dans l'étage supérieur de cette partie du cimetière de Sainte-Agnès.

2. Autre escalier encore obstrué en grande partie, et aboutissant, dans une direction opposée, au même étage.

Le cimetière de Sainte-Agnès, ainsi que quelques autres, fut creusé primitivement sous une carrière de sable ou de pouzzolane, *arenaria*, d'origine probablement païenne ; de sorte que les premiers chrétiens pouvaient y entrer et en sortir impunément, et se livrer à leurs travaux d'excavation sans exciter les soupçons des idolâtres. Aussi voit-on au centre de cette carrière, dont on peut étudier le plan dans la planche III de l'ouvrage du P. Marchi (ci-dessus, page 133), un escalier (BB), le premier sans doute qui ait été pratiqué, par lequel les chrétiens descendaient et remontaient, d'abord pour travailler, et ensuite pour tenir leurs assemblées. On suppose qu'un des leurs, resté en dehors, en fermait l'entrée avec une dalle qu'il recouvrait encore de sable, afin de dérober aux profanes l'existence de la catacombe.

3. Têtes des voies ou corridors partant du pied des deux escaliers.

ANTIQ. CHRÉT.

4. Espace presque entièrement encombré par des ruines, et dans lequel restent cachés deux autres escaliers descendant à l'étage inférieur du cimetière.

5. Ouvertures résultant d'éboulements arrivés dans les parties faibles de la roche du cimetière.

Avant 1842, c'est par là qu'on pénétrait dans le cimetière.

6. Lieu où les voûtes du cimetière sont traversées par des luminaires ou acrophores (V. l'art. *Luminare cryptæ*).

7. Caverne flanquée, à son entrée, de murailles

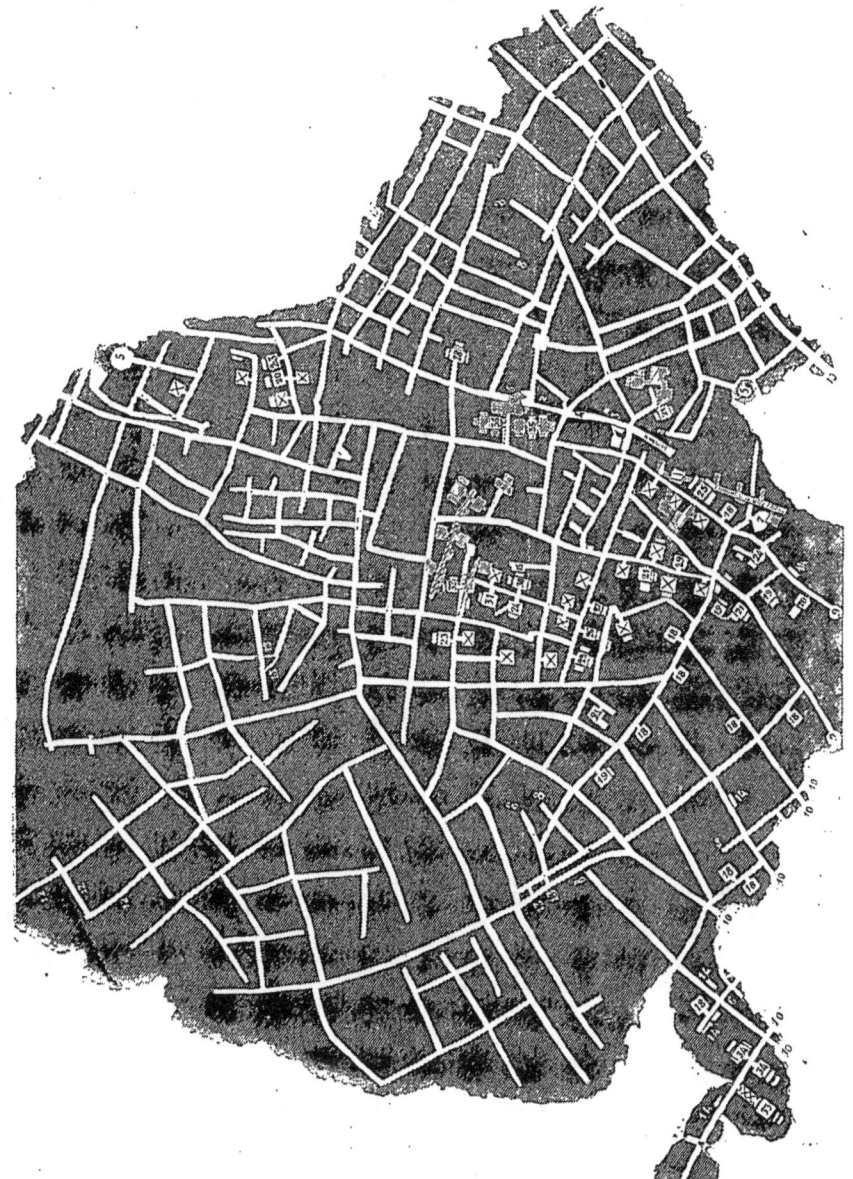

tombées en ruine, avec la roche qu'elles soutenaient. Au milieu de ces ruines, il est aujourd'hui malaisé de reconnaître la forme du local, aussi bien que l'usage auquel il a pu être affecté.

8. Voies interrompues par la roche vive.

9. Voies interceptées par des constructions et des ruines.

10. Voies interrompues par des atterrissements provenant soit d'alluvions extérieures, soit de dépôts transportés de main d'homme.

11. Voie commencée et qui ne fut jamais ouverte à la largeur commune.

12. Extrémités des corridors du cimetière où manquent les sépulcres, creusés partout ailleurs.

13. Étroites ouvertures pratiquées à un mètre au-dessus du sol du corridor, dans l'épaisseur du tuf séparant les sépulcres d'une paroi de ceux de la paroi opposée.
14. Sépulcres ou monuments arqués (*arcosolia*) ouverts le long des corridors.
15. Monument arqué auquel on peut donner le nom des deux voyageurs qui y sont peints.
16. Monument arqué qu'on pourrait appeler du nom du cerf qui y est représenté.
17. Monument arqué auquel on pourrait attribuer le nom du tonneau chargé sur un char.
18. Chambres, *cubicula* (V. ce mot), avec des sépulcres ou *loculi* communs (V. l'art. *Loculus*) tels que ceux qui sont ouverts le long des corridors.
19. *Cubiculum* renfermant un monument arqué en outre des *loculi* communs.
20. *Cubiculum* avec un polyandre, ou sépulcre arqué pouvant contenir plus de quatre cadavres.
21. *Cubicula* avec deux monuments arqués.
22. *Cubicula* renfermant trois monuments arqués.
23. *Cubicula* avec trois tombeaux ouverts dans le sol inférieur.
24. *Cubicula* avec un court passage ouvert dans l'un de leurs côtés.
25. *Cubiculum* orné de colonnes taillées dans trois de ses angles.
26. *Cubiculum* avec siège (V. l'art. *Chaire*) pratiqué à la droite de la porte.
27. *Cubiculum* avec deux chaires et deux sièges ou bancs communs.
28. *Cubiculum* où l'on descend par sept degrés, et qu'on a nommé la chambre de la Vierge avec l'enfant Jésus sur son sein, sujet qui s'y trouve peint au fond de l'*arcosolium* (V. cette image à notre art. *Vierge* [*la sainte*]).
29. Chambre ou *cubiculum* dite de la résurrection de Lazare, qui est peinte sur la voûte.
30. *Cubiculum* ou chambre de l'agape, ou représentation de repas peinte dans l'*arcosolium* vis-à-vis de la porte.
31. *Cubiculum* qui peut prendre son nom de la dispute (de S. Pierre et de S. Paul) représentée dans le monument arqué en face de la porte.
32. *Cubiculum* des cinq vierges prudentes, ainsi nommé du sujet peint dans l'*arcosolium* qui se trouve à droite en entrant.
33. Chapelle avec vestibule, tribune ou abside curviligne et deux chaires dans deux angles opposés.
34. Chapelle divisée en deux parties avec trois chaires.
35. Grande église du cimetière avec quatre divisions et un lucernaire tombant perpendiculairement (V. le plan et la description de cette église à notre article *Basiliques chrétiennes*).

IX. — COMMENT ET D'APRÈS QUELS PRINCIPES LES CIMETIÈRES DE LA ROME SOUTERRAINE FURENT-ILS DISTRIBUÉS? Les chrétiens, à Rome, ne purent être qu'en fort petit nombre au commencement, et, à raison de la vaste étendue de la ville, ils étaient assurément dispersés en des lieux très-éloignés les uns des autres. Aussi, étant connue la division faite par S. Clément des sept régions de la ville entre autant de notaires qui devaient, chacun dans son quartier, tenir note exacte des gestes des martyrs (V. l'art. *Notarii*), on peut affirmer avec toute espèce de fondement que les quatorze régions de Rome païenne, même avant ce pontife, c'est-à-dire depuis le pontificat de S. Pierre et celui de S. Lin, avaient été partagées en sept titres ou paroisses chrétiennes (V. l'art. *Titres*). Sur la fin du premier siècle et le commencement du deuxième, S. Évariste fut obligé d'augmenter le nombre de ces titres, lesquels étaient des lieux ou des maisons confiés à un prêtre et consacrés au culte divin, et où les fidèles, quand ils le pouvaient sans imprudence et sans danger, tenaient leurs assemblées. L'accroissement du nombre des fidèles dans le deuxième et le troisième siècle donna lieu très-vraisemblablement à une nouvelle augmentation du nombre des paroisses.

La charité fraternelle devait, d'une part, porter les croyants à s'unir en une grande famille et à se créer une sépulture commune. Mais, d'un autre côté, le besoin de sécurité, dans une ville où la puissance matérielle était tout entière aux mains des idolâtres, empêcha toujours la réalisation d'un projet si désirable. En pratique, la sépulture eût été impossible, si l'on se fût obstiné à donner asile dans un seul cimetière aux cadavres de tous ceux qui mouraient de mort naturelle et à ceux qui étaient moissonnés par le glaive de la persécution. Plus les espaces à parcourir étaient longs et les rues populeuses, plus il était dangereux de découvrir aux païens ce qu'il importait de leur cacher. C'est ce qui obligea les premiers chrétiens, d'abord à ouvrir leurs cimetières à une distance aussi restreinte que possible des anciennes portes de Rome, et ensuite à constituer un cimetière spécial pour chacun des quartiers ou chacune des paroisses de la ville, afin de n'avoir pas, par exemple, à transporter au delà du Tibre le corps d'un chrétien mort sur le Quirinal ou l'Esquilin, ou *vice versa* au cimetière de Priscille ou de Sainte-Agnès un habitant du Janicule ou de l'Aventin. Il est probable que le nombre des cimetières alla se multipliant en même temps que les titres.

Le P. Marchi a recueilli (p. 26) toutes les inscriptions funéraires faisant mention des lieux qu'habitaient les défunts pendant leur vie. Or toutes prouvent que l'inhumation avait été faite dans le cimetière le plus rapproché de l'habitation. On nous permettra d'entrer ici dans quelques détails qui présentent un grand intérêt.

Ainsi un acolyte du nom d'Auguste, attaché à la basilique du Vélabre, et une femme nommée Pollecta, marchande d'orge dans la rue Neuve, voisine de cette église, eurent leur sépulture dans le cimetière de Calliste, parce que du Vélabre à la oie Appia, la distance était courte et le chemin direct.

```
       LOCVS AVGVSTI
    LECTORIS DEBELA
    BRV....
      DE BIANODA
POLLECTA QVE ORDEV BENDET DE BIANODA.
```

Ainsi encore, les deux prêtres Basilius, du titre de Sainte-Sabine, et Adeodatus, du titre de Sainte-Prisque, furent déposés dans le cimetière de Lucine, parce que la voie d'Ostie, dans le voisinage de laquelle est ouvert ce cimetière, est la plus rapprochée des lieux de l'Aventin où règnent aujourd'hui encore les deux basiliques de Sainte-Prisque et de Sainte-Sabine.

```
LOCVS PRESBYTERI BASILI TITVLI SABINAE
LOC. ADEODATI PRESB. TIT. PRISCAE.
```

Aurélius, titulaire, lui aussi, de Sainte-Prisque, fit inhumer sa sœur dans l'un des cimetières de la voie Appia.

En creusant les fondations du nouveau *ciborium* de la confession de Saint-Paul sur la voie d'Ostie, on a retrouvé la pierre sépulcrale d'un Cinnamius, lecteur du titre de Fasciola des Saints-Nérée-et-Achillée, auquel est donné le titre élogieux d'*ami des pauvres*.

Il est probable que ce marbre avait été tiré des cimetières très-rapprochés des voies Ardéatine et Appia. C'est aussi dans ces mêmes cimetières que, de leur vivant, se préparèrent leur sépulture Cucumio et Victoria, gardiens des vêtements des baigneurs dans les thermes d'Antonin, qui se trouvaient près de la basilique des Saints-Nérée-et-Achillée, CAPSARARIVS DE ANTONIANAS. Deux martyrs, Simplicius et Faustinus, qui avaient été précipités dans le Tibre pour la *religion du Christ*, furent déposés au cimetière de Generosa qui est sur la voie de Porto, baignée en plusieurs endroits par le fleuve.

```
              ☧
     MARTYRES SIMPLICIVS ET FAVSTINVS
   QVI PASSI SVNT IN FLVMEN TIBERE POSI
TI SVNT IN CIMITERIVM GENEROSES SVPER
                FILIPPI
```

Cette inscription offre une circonstance d'un haut intérêt, en outre du motif spécial pour lequel elle est ici citée : c'est qu'elle mentionne le martyre, ce qui est extrêmement rare dans les monuments épigraphiques.

Venantius, lecteur des *Pallacinæ*, titre de la basilique de Saint-Marc, fut enseveli dans le cimetière le plus voisin de cette église, celui de Priscille. C'est ainsi que l'acolyte Abundantius, du titre de Vestine, fut transporté au cimetière de Sainte-Agnès, parce qu'il n'y en avait pas de plus rapproché.

Osimus, le marbrier, eut un tombeau quadrisome pour lui et les siens, dans un cimetière voisin de la voie d'Ostie, parce que probablement son atelier était près du Tibre, à raison de la facilité que présentait une telle position pour décharger les blocs de marbre qui étaient transportés sur des vaisseaux des pays lointains. Et c'est probablement en ce lieu que M. Visconti a découvert, au commencement de 1868, un vaste chantier de toute sorte de marbres précieux laissés sans emploi à l'époque où les empereurs cessèrent d'enrichir la ville éternelle de nouveaux édifices. C'est pour une raison analogue que Leontia, marchande de poteries, LACVNARA, qui habitait près de la porte *Trigemina*, où se trouvaient les fours et les officines des potiers, eut sa tombe le long de l'Appia, dont les cimetières étaient tout à fait à la portée des habitants de ce quartier. Donatus, tisseur de lin et de chanvre, LINTEARIVS, habitait dans la Suburra, à l'extrémité de l'Esquilin : aussi fut-il enseveli dans le cimetière de Cyriaque sur la voie Tiburtine. On peut citer encore les marbres des prêtres de Saint Chrysogone, dont le cimetière était celui de Saint-Pancrace sur la voie Aurelia. L'ouvrage de M. de' Rossi sur les inscriptions des cinq premiers siècles offre de nombreux exemples et des explications lumineuses sur ce point intéressant de l'archéologie chrétienne.

CATÉCHUMÉNAT. — I. — Ceux qui, du judaïsme ou de la gentilité passaient à la société chrétienne, s'appelaient, avant leur initiation complète par le baptême, catéchumènes, du grec κατηχέω, « j'enseigne, » en latin *discipuli* ou *auditores*, « disciples ou auditeurs. »

Le concile d'Elvire, tenu probablement vers la fin du troisième siècle, mais très-certainement avant la paix de l'Église, renferme, dans ses quatrième, neuvième, vingt-neuvième, quarante-deuxième, quarante-cinquième, soixante-huitième canons, à peu près toute la législation primitive sur le catéchuménat. Ce que nous allons en dire n'est que le développement des dispositions de ce concile.

Il y avait parmi les catéchumènes trois ordres distincts et qu'il fallait traverser pour arriver au baptême. La qualité de catéchumène donnait le droit de s'appeler *chrétien*, mais non *fidèle*, titre réservé aux seuls baptisés (V. l'art. *Fidèle*). Le trente-neuvième canon du concile d'Elvire dit formellement que l'admission au catéchuménat conférait le nom de chrétien : *Gentiles si in infirmitate desideraverint sibi manum imponi, si fuerit eorum ex aliqua parte vita honesta, placuit eis manum imponi, et fieri* CHRISTIANOS ; « les gentils, si dans la maladie, ils désirent que les mains leur soient imposées, si leur vie est honnête au moins en partie, il a plu (au concile) que l'imposition des mains leur soit accordée et qu'ils soient faits CHRÉTIENS. »

1° Les catéchumènes du premier ordre étaient ceux qu'on appelait « écoutants », AUDIENTES. Nous devons dire cependant que tous les catéchumènes étaient, d'une manière générique, compris sous ce nom, car le mot κατεχουμένος ne signifie pas autre chose que *auditeur*, c'est-à-dire toute personne qui écoute celui qui l'instruit. Mais il n'est pas moins certain que, dans un sens plus restreint, ce même nom était spécialement attribué au catéchumène de la première classe. Celui-là donc était *écoutant*, dans ce dernier sens, qui avait déposé entre les mains de l'évêque ou des autres ministres de l'Église la déclaration qu'il voulait se faire chrétien : il recevait l'imposition des mains et l'impression du signe de la croix sur le front, et dès lors il avait son entrée dans les églises, pouvait entendre la lecture des saintes Écritures et les homélies de l'évêque (Tertull. *De pœnit.* — Cyprian. *Epist.* XIII et alibi), il était catéchumène.

Le livre de S. Augustin intitulé *De catechizandis rudibus* est principalement destiné à ces premiers catéchumènes ; ce Père l'avait composé pour servir de manuel au diacre Deogratias, qui était chargé d'instruire les *écoutants* à Carthage. Voici quel était le fond de l'enseignement qui leur était distribué : après leur avoir inspiré une salutaire crainte des jugements de Dieu, on leur parlait de la création du monde, de la chute du premier homme, de ce qui est arrivé de plus important avant la naissance du Fils de Dieu, de l'enchaînement merveilleux des deux Testaments, dont l'Ancien est la figure du Nouveau, et le Nouveau le dénoûment et l'interprétation de l'Ancien (*De catech. rud.* IV. 8) ; de la vie et de la mort du Sauveur, de sa résurrection, de l'établissement de l'Église, et du dernier jugement. S. Augustin veut encore qu'on les prévienne et qu'on les fortifie contre le scandale qu'eût pu leur donner la conduite désordonnée de quelques mauvais chrétiens (*Ib.* VII. 11).

Mais on leur cachait le symbole, du moins dans ses termes et dans son ensemble, parce qu'il était la marque d'une communion parfaite. Et cette abstention était si rigoureuse, que Sozomène fut dissuadé par des personnes éclairées (L. I. c. 20) d'insérer le symbole de Nicée dans son histoire, parce qu'elle pouvait tomber entre les mains de ceux qui n'étaient pas initiés. On leur cachait également l'oraison dominicale, parce que, selon S. Chrysostome (Hom. XIX *In Matth.*), les baptisés ont seuls le droit d'appeler Dieu leur père.

2° Quand la conduite de l'*écoutant* et ses progrès dans l'instruction propre à ce grade offraient des garanties suffisantes, on le faisait passer à celui des *prosternés*. Ceux-ci assistaient aux prières et recevaient la bénédiction de l'évêque (*Concil Neocœs.* can. v. — *Nic.* XIV), et pour cela ils sont encore appelés *orantes* et *genuflectentes*, pour les distinguer des simples auditeurs des instructions. Ceci est encore clairement établi par l'ordre de la liturgie rapporté dans le huitième livre des *Constitutions apostoliques*. Car, avant d'annoncer les prières, le diacre prononçait d'un lieu élevé ces paroles : « Plus d'écoutant, plus d'infidèle, » *ne quis audientium, ne quis infidelium*. Et, après leur sortie, il ordonnait aux catéchumènes des deux autres classes, ainsi qu'aux *fidèles*, de prier pour eux : *Orate, catechu-meni, et omnes fideles pro illis cum attentione orent* (*Ib.* VI) ; après quoi il faisait sortir les catéchumènes : *Exite, catechumeni*. Et c'était là que se terminait la messe dite des catéchumènes : c'est le nom que lui donnent les évêques d'Afrique aux conciles de Carthage (*Concil. Carthag.* c. LXXXIV) et de Lérida (*Concil. Ilerd.* c. IV), et Cassien l'avait aussi désignée par le même terme. Nous voyons que cette messe durait en Afrique jusqu'à ce que l'évêque eût terminé son instruction, c'est-à-dire jusqu'à l'oblation. Les pénitents sortaient encore après les catéchumènes, afin de cacher à ceux-ci l'administration de la pénitence et les cérémonies de la réconciliation.

Nous devons faire observer cependant que la coutume d'admettre les catéchumènes aux prédications de l'évêque ne paraît pas avoir été universelle ; car ce n'est qu'au cinquième siècle, c'est-à-dire au concile d'Orange de 441, que nous voyons la pratique contraire abolie pour la Gaule, disposition qui ne fut même suivie par les évêques d'Espagne qu'au sixième siècle, dans un concile de Valence tenu en 524. Ce qui avait maintenu cette grande réserve, c'était sans doute la gêne et la contrainte que les évêques étaient obligés de s'imposer en parlant devant les non-initiés. On voit par ce qui précède d'où vient le mot de messe des catéchumènes : *Fit missa catechumenis*, dit S. Augustin, *manebunt fideles* ; « on donne congé aux catéchumènes, les fidèles resteront. » Les évêques d'Espagne parlent à peu près de même : *Ante munerum illationem, vel missam catechumenorum*. Tout ceci confirme pleinement l'opinion de ceux qui pensent que *missa* est la même chose que *dimissio catechumenorum*. Nous ne voyons pas que les *prosternés* fussent admis à un degré d'instruction plus avancé que les *écoutants*.

3° Il n'en était pas de même des *compétents*. On leur confiait le mystère de la Ste Trinité, la doctrine relative à l'Église et à la rémission des péchés ; et telle était la matière spéciale de l'examen qu'ils subissaient avant d'être admis au baptême. « C'est un usage solennel, dit S. Jérôme (*Adv. Lucif.*), au baptême, après la confession faite de la Ste Trinité, d'adresser ces questions au catéchumène : Crois-tu la sainte Église ? crois-tu la rémission des péchés ? » Le symbole et l'oraison dominicale ne leur étaient livrés que peu de jours avant le baptême. Aussi, dans la psalmodie publique, à laquelle assistaient les catéchumènes, les *fidèles* récitaient-ils à voix basse cette profession de foi et cette prière ; ce qui a lieu aujourd'hui encore, en mémoire de cette vieille discipline, à la récitation publique des heures canoniales.

Enfin, quoi qu'il en soit, vers le temps de Pâques, ceux qui désiraient recevoir le baptême allaient se faire inscrire au nombre de ceux qui devaient être initiés. « Voici Pâques, dit S. Augustin (*Serm.* CXXXII. 1), donne ton nom pour le baptême ; » *ecce pascha est, da nomen ad baptis-*

mum. Dans son discours contre ceux qui diffèrent leur baptême, S. Grégoire de Nysse prononce ces remarquables paroles : « Donnez-moi vos noms, afin que je les imprime dans les livres sensibles.... Dieu les inscrira dans les tables sur lesquelles la destruction n'a pas de prise. » Cette inscription constituait un engagement solennel, et comme une promesse publique de fidélité et de docilité. Le quatrième concile de Carthage en fit une loi formelle : *Baptizandi nomen suum dent* (Can. LXXXV). A Rome, la coutume était de recevoir les noms quarante jours avant le baptême (Siric. *Epist.* I. c. 2. n° 3). Il paraît que désormais ils s'appelaient « élus », *electi*, parce qu'en effet ils étaient élus ou admis : c'est le nom que leur donne S. Léon (*Epist.* XVI *ad episc. Sicil.*), aussi bien que S. Sirice (*loc. cit.*). Alors commençait pour eux une vie de pénitence : on les obligeait à se couvrir d'un cilice (*Constit. apost.* VIII. 5), à ne paraître en public que la face voilée, comme redoutant, à cause de leurs péchés, les regards de Dieu, à observer des jeûnes rigoureux, à s'abstenir de vin, à garder une continence dont la sainteté du mariage ne pouvait les dispenser (S. Aug. *De fide et oper.* V. 8). Tertullien rend témoignage (*De baptism.* XX) de l'antiquité de cette discipline. Le martyr S. Justin (*Apol.* II) dit à son tour que ceux qui veulent être chrétiens, le deviennent par la pénitence et par le baptême. Et il paraît bien, soit par le témoignage de ce Saint, soit par celui de S. Cyrille de Jérusalem (*Catech.* I. 5) et de S. Jérôme (*Epist. ad Pammach.*), que cette pénitence commençait avec celle des fidèles, c'est-à-dire avec le carême.

C'était le quatrième dimanche de carême chez les Latins (August. *Serm.* CCXIII), le second dimanche dans l'Église grecque (Cyrill. Hier. *Catech.* III), que les noms des *compétents* étaient inscrits sur le registre matricule de l'église, et ils prenaient alors le nom d'un apôtre, d'un martyr ou d'un confesseur (Socrat. *Hist. eccl.* VII. 21) : ce changement de nom, dont l'usage du reste n'est pas établi pour les temps tout à fait primitifs, ne se faisait pas comme aujourd'hui le jour du baptême, mais quelques jours auparavant (Ménard. *Not. ad sacram. Greg.* p. 99).

Alors les catéchumènes, au témoignage de tous les plus anciens Pères, faisaient à l'évêque la confession de leurs péchés (Tertull. *De pallio.*—Greg. Naz. *Serm. in sacr. lavacr.*). Eusèbe nous l'apprend en particulier de Constantin (*In ejus Vit.* IV. 61. IV) : « Fléchissant le genou, et se prosternant à terre, il demanda humblement à Dieu son pardon, confessant ses péchés dans la basilique même, *in ipso martyrio*, dans lequel lieu il eut le bonheur de recevoir l'imposition des mains avec une prière solennelle. » Ceci se passa à Hélénopolis. L'empereur se fit ensuite transporter à Nicomédie, où il reçut le baptême avec toutes les marques d'une sincère piété, et toutes les circonstances que rapporte son historien (*Ibid.* LXII).

Enfin, les *compétents* qui devaient être baptisés à la pâque suivante, passaient au *scrutin* à sept jours différents du carême (*Ord. Roman. antiq.* ap. Martène. *De ant. Eccl. rit.* t. I. art. 3). On appelait scrutin la cérémonie où les catéchumènes étaient exorcisés et recevaient le symbole (V. l'art. *Exorcistes*) ; ces scrutins ont été en usage dans l'Église depuis son origine jusqu'au treizième siècle. Aux jours fixés pour cela, les catéchumènes étant rendus à leur place ordinaire dans l'église, la tête découverte, les pieds nus sur un cilice, les yeux élevés, de peur que leur esprit ne fût distrait (Cyrill. Hier. *Catech.* I. 9), les clercs exorcistes s'approchaient d'eux, et leur soufflaient trois fois à la face, tandis que le prêtre touchait avec de la salive leurs oreilles et leurs narines en récitant les exorcismes (V. l'art. *Baptême*, n. III). Au sixième siècle, les Latins ajoutèrent à ces rites celui qui consistait à mettre du sel dans la bouche du catéchumène (Isid. Hispal. *De div. offic.* II. 20).

La pratique des exorcismes était regardée comme étant d'institution apostolique. S. Augustin (L. II *De nupt. et concup.* XXIX. 50) et l'auteur des chapitres qui se trouvent à la fin de l'épître de S. Célestin aux évêques des Gaules, en parlent dans ce sens, et il est remarquable que ce dernier en attribue l'usage à toutes les Églises du monde (V. l'art. *Exorcistes*).

II. — Nous avons vu que l'instruction donnée par l'évêque, à la messe des catéchumènes, était toujours un peu vague, couverte de réticences et de précautions qui ne la rendaient intelligible qu'aux seuls initiés. L'enseignement des catéchumènes avait lieu à part : l'évêque le confiait à un diacre, et quelquefois à un clerc d'un ordre inférieur, à un lecteur par exemple, qu'on appelait *doctor audientium* (Cypr. *Epist.* XXIV). Il y eut à Alexandrie une célèbre école de catéchumènes, où brillèrent Pantenus, Clément, Origène, Héraclas, Denys et d'autres encore (Euseb. *Hist. eccl.* VI. 5. X. 23). Origène avait été investi de cet office à dix-huit ans et étant encore laïque, ce qui se faisait rarement. L'instruction, même spéciale, distribuée aux catéchumènes était sagement graduée, et toujours plus ou moins voilée, de peur que, s'ils venaient à retourner au paganisme, ils ne révélassent aux profanes la doctrine intime du christianisme (Chrysost. *hom.* XXVII. *In Matth. et alibi*). (V. l'art. *Secret [Discipline du].*)

On trouve, dans les catacombes, des cryptes sans *arcosolia*, ou dont les *arcosolia* étaient trop élevés pour se prêter à la célébration des saints mystères. Ces cryptes, selon une conjecture très-probable du P. Marchi, étaient destinées à l'instruction des catéchumènes ; elles se composaient ordinairement de deux salles, de façon que la séparation des deux sexes pût y être observée ; elles avaient des chaires pour les catéchistes, et des bancs taillés dans le tuf pour les auditeurs. Celle dont nous donnons ici le plan d'après le P. Marchi (tav. XVII), était destinée à l'instruction des femmes. Le savant jésuite en voit la preuve dans la présence de deux sièges (A, A), l'un pour le catéchiste, l'autre pour un autre prêtre ou un diacre que la prudence de l'Église avait placé là

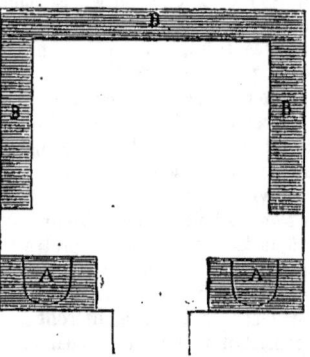

comme surveillant, afin de mettre l'honneur sacerdotal à l'abri de toute atteinte. Les salles affectées à l'instruction des hommes n'avaient qu'une seule chaire. Les sièges où s'asseyaient les catéchumènes règnent tout autour de la salle et sont marqués dans ce plan par B, B, B. (V. aussi la figure de l'art. *Crypte*.)

Plus tard, les enseignements précédant le baptême furent distribués dans une pièce dépendant des basiliques, laquelle reçut le nom de *catechumeneum* (Holstein. *Not. in act. SS. Perpet. et Felicit.* § II, edit. Veron. p. 89).

L'état du catéchuménat se trouve quelquefois mentionné dans les inscriptions funéraires des premiers chrétiens. Marangoni (*Act. S. Vict.* p. 74) donne celle d'une catéchumène morte à quatre ans, nommée Onésime : ΑΝΕΑΥΓΑΤΟ ΟΝΗCΥΜΗ ΚΑΤΗ ‖ ΧΟΥΜΕΝΗ ΕΙΡΗΝΗ.... *Quievit Onesime catechumena in pace.*

III. — La durée ordinaire du catéchuménat était de deux ans, selon le quarante-deuxième canon du concile d'Elvire. Le concile y met cependant une condition : *Si bonæ fuerint conversationis*, « si le sujet est d'une bonne vie. » Et, en effet, la durée du catéchuménat était prolongée pour ceux qui avaient exercé des professions les attachant spécialement aux rites du paganisme et pour les personnes coupables de quelques grands crimes. Ainsi, il était de trois ans pour les flamines (*Ibid.* can. IV), et encore pourvu qu'ils s'abstinssent de leurs sacrifices pendant cet espace de temps. Dans le onzième canon du même concile, le baptême est différé de cinq ans à une femme qui, étant catéchumène, aurait épousé un homme séparé, sans raison, de sa femme légitime. Enfin, le soixante-huitième canon le diffère jusqu'à la mort à une femme qui, pendant le cours de son catéchuménat, se serait rendue coupable d'idolâtrie ou d'avortement.

CÉCILE (Sainte). — La *gens Cæcilia*, famille sénatoriale romaine, dont Sainte Cécile était issue, possédait un hypogée sur la voie Appia, en face du cimetière de Prétextat ouvert sous le règne d'Hadrien, à la gauche de la même voie. Le fait, mentionné déjà par un passage des Tusculanes de Cicéron (*Tuscul. quæst.* I, 7), a été constaté d'une manière indubitable au commencement de ce siècle par la découverte, au-dessus du cimetière de Calliste, de colombaires et de sépulcres païens appartenant aux Cæcilii. A ces colombaires correspondent d'autres tombeaux, dont les épitaphes attestent la profession du christianisme dans cette famille dès le deuxième siècle : la liste de ces personnages s'ouvre par L. Cæcilius Balbinus Vibullius Pius, dont la tombe porte la date de l'an 137. Peut-être, comme l'observe judicieusement dom Guéranger (*Sainte Cécile*, édit. 1874, p. 328), l'établissement en ce lieu d'un nouvel hypogée chrétien est-il dû à l'initiative de Sainte Cécile elle-même. Il était isolé du cimetière de Lucine par la voie Ardéatine ; plus tard, des galeries creusées sous la voie les mirent en communication l'un avec l'autre. Jusque-là, les Cæcilii chrétiens avaient eu leur sépulture dans les cryptes de Lucine, et une partie de la famille demeura fidèle à cette tradition.

I. Première sépulture de Sainte Cécile. — Quoi qu'il en soit, c'est dans cet hypogée cécilien que fut ensevelie la jeune martyre ; et cette sépulture lui fut préparée par un évêque du nom d'Urbain. Ce personnage, qui, selon l'opinion commune et la plus fondée, était l'auxiliaire ou le représentant du pape Éleuthère, avait probablement sa résidence dans un *pagus* de la régio de la voie Appia, où les Cæcilii possédaient une propriété ; de là les relations qui se nouèrent entre eux, et le rôle principal qu'Urbain remplit dans les actes de Sainte Cécile. On sait que cet évêque fut, après avoir subi le martyre, enseveli au cimetière de Prétextat, et une église érigée sous son vocable, sur l'emplacement d'un temple païen et qui est encore debout, ne laisse aucun doute sur le fait de son séjour dans cette région. D'une autre part, on ne doit point s'étonner que S. Urbain ait servi d'auxiliaire au pape Éleuthère, car, sans parler de S. Pierre qui ordonna Linus, Cletus et Clément sans leur assigner des sièges particuliers, il est avéré, par les savants travaux de Blanchini et de Papebroeck sur la chronologie des papes, que plusieurs d'entre eux avaient commencé par exercer les fonctions de vicaires auprès de leurs prédécesseurs.

Par suite de surcharges et d'altérations apportées aux actes de Sainte Cécile dès le sixième siècle, on avait confondu cet évêque Urbain avec le pape du même nom qui siégeait du temps de Sévère Alexandre, et fut inhumé dans la crypte papale où M. de' Rossi a retrouvé son nom inscrit sur le couvercle d'un sarcophage : ΟΥΡΒΑΝΟC ΕΠΙSCOΠΟS, tandis que le martyre de Cécile avait eu lieu un demi-siècle auparavant, sous Marc-Aurèle et Commode probablement. Il y avait là une grave difficulté chronologique, sur laquelle Adon, le bollandiste du Sollier et notre Tillemont avaient successivement jeté quelque lumière, et qui a été pleinement et décidément élucidée par M. de' Rossi. Sans entrer de nouveau dans une discussion critique à laquelle le lecteur ne saurait prendre aucun intérêt, qu'il nous suffise d'avoir exposé en deux mots les résultats des recherches de ces savants hommes. Reprenons donc le cours de notre récit.

Nous n'avons pas à rappeler ici des faits connus de tous : le mariage de Cécile, la révélation de son vœu de virginité à son époux Valérien, le baptême de celui-ci par l'évêque Urbain dans son asile de l'Appia, son martyre, celui de son frère Tiburce et de l'officier Maxime converti par le spectacle de leur constance au milieu des tortures, l'inhumation des trois martyrs au cimetière de Prétextat par les soins de Cécile.

Enfin, vint le tour de la vierge. Almachius, préfet de la ville, la fit enfermer dans le *caldarium* des bains de son propre palais, chauffé à une température où elle devait nécessairement étouffer ; mais après un jour et une nuit elle fut trouvée vivante : ses vêtements même n'avaient pas été atteints. La hache, qui était la dernière ressource de la tyrannie à bout de moyens, s'abattit trois fois sur le cou de la victime sans pouvoir détacher la tête. Elle vécut ainsi deux jours et deux nuits, baignée dans son sang, étendue sur le pavé de marbre, et n'expira qu'après une dernière entrevue avec Urbain, qu'elle attendait pour le rendre dépositaire de son testament. « Père, lui dit-elle, j'ai demandé au Seigneur un délai de trois jours, afin de remettre entre vos mains et ces pauvres que je nourrissais et cette

maison pour être consacrée en église à toujours. » Après avoir prononcé ces paroles et reçu une suprême bénédiction de l'évêque, Cécile tourna la face vers le sol et, laissant glisser son bras du côté droit, exhala son âme virginale entre les mains de son Dieu. Le soir même, le corps fut placé dans un cercueil de cyprès, avec les vêtements tissus d'or dont elle s'était parée pour le sacrifice ; on lui conserva religieusement l'attitude où la mort l'avait surprise, et on déposa à ses pieds les voiles et les linges imprégnés de son sang. Avec l'aide des diacres, Urbain la transporta dans l'hypogée de sa famille. Il y avait en ce lieu une salle funéraire, au fond de laquelle s'ouvrait un arc légèrement cintré, disposé pour recevoir un sarcophage, et c'est là qu'Urbain enferma dans une urne de marbre le cercueil de la

martyre. Dès lors les victimes que faisait la persécution de Marc-Aurèle vinrent successivement se ranger dans des galeries que l'on y creusait à la hâte et qui formèrent un premier cimetière dont Cécile était le centre, et qui fut tout d'abord appelé par les chrétiens *ad Sanctam Cæciliam*. C'est là sans doute le premier noyau de celui qui, comme nous le verrons bientôt, reçut le nom de cimetière de Calliste. Voici, d'après M. de' Rossi (*Roma sott.* t. II, tav. XXIX), un dessin qui, en dépit de l'état de dégradation où se trouve aujourd'hui le monument, peut donner une idée aussi exacte que possible des lieux. Au delà de la porte cintrée de l'hypogée, l'œil pénètre jusqu'au fond de la salle et atteint le réduit à fleur de terre où le sarcophage était placé, et qui reste aujourd'hui béant par suite de la chute d'une partie de la cloison qu'on y avait élevée après le déplacement du vénérable tombeau (V. la gravure ci-dessus).

II. Deuxième sépulture. — Le corps de Sainte Cécile séjourna vingt ans dans le tombeau où l'évêque Urbain l'avait déposé. C'est sous le pape Zéphyrin qu'il en fut retiré pour être transféré dans un autre asile; cette pieuse opération fut confiée à un personnage devenu depuis fort célèbre, Calliste, qui à son retour de Sardaigne, où il avait été exilé et condamné aux mines avec beaucoup d'autres chrétiens, fut choisi par ce pontife pour remplir les importantes fonctions d'archidiacre et, à ce titre, chargé de la direction du *cimetière*. Voici son portrait, d'après un ancien verre à fond d'or. Ce cimetière n'était autre que

le principal hypogée de la voie Appia, et la liberté avec laquelle le pape en prit alors possession permet de supposer que la *gens Cæcilia* en avait fait cession à l'Église romaine. C'est dans un livre contemporain et récemment retrouvé, intitulé : *Philosophumena* (Oxon, 1851, edit. Cruice, Paris, 1860, lib. IX), que nous le voyons pour la première fois appelé par antonomase le *cimetière*, et en voici la raison : on sait que quand, en 260, Gallien restitua au pape Denys les cimetières séquestrés par son père Valérien, ce pontife les distribua entre les vingt-cinq titres ou paroisses de Rome, et sous la dépendance des prêtres titulaires de la ville. Or, comme le cimetière en question ne figure pas dans cette distribution, on est en droit d'en conclure qu'il ne fut assigné à aucun des prêtres cardinaux, mais réservé au pape lui-même, qui en déléguait l'administration à son archidiacre. Ainsi, tandis que, au cimetière de Domitille, pour nous borner à cet exemple, nous trouvons une épitaphe constatant la juridiction des prêtres, *jussu presbyteratus*, dans celui de Calliste, au contraire, c'est l'autorité du pape lui-même qui est invoquée par le diacre Severus, *jussu papæ sui Marcellini* (V. de' Rossi. *Roma sott* I, p. 208).

Enfin, quoi qu'il en soit, Calliste se mit à l'œuvre, et il exerça la charge d'administrateur du *cimetière* pendant dix-huit années, après lesquelles il monta lui-même sur la chaire pontificale. Son premier acte, et le plus important sans doute, fut, d'après les ordres du souverain pontife, de chan-

ger la destination de la crypte cécilienne et d'y établir la sépulture des papes. Jusque-là leurs prédécesseurs s'étaient groupés autour du tombeau du prince des apôtres au Vatican.

Zéphyrin, mort en 218, est le premier pape qui ait été enseveli dans l'hypogée de la famille Cæcilia, appelé dans le *Livre pontifical* (*In Callist.* 12) son cimetière, — *in cæmeterio suo*, — parce qu'il l'avait fondé. Calliste, son successeur, ne vint point l'y rejoindre : massacré par les païens dans le quartier du Trastevere, il fut précipité dans un puits que l'on montre encore dans l'église de ce saint pontife, non loin de la basilique de Santa-Maria in Trastevere. Le second qui fut déposé dans la crypte papale est Urbain. Mais, tandis que les autres papes furent renfermés dans de simples *loculi*, Urbain eut un sarcophage dont M. de' Rossi a retrouvé le couvercle portant son nom, comme nous l'avons déjà dit. Le troisième est Pontien, successeur d'Urbain, qui fut martyrisé dans une île de la Méditerranée, nommée Bucina, où son corps demeura jusqu'au pontificat de S. Fabien, qui le transporta en grande pompe dans la crypte callistienne. Vint ensuite Antère ΑΝΤΕΡѠС. ΕΠΙ.... (235), puis Fabien ΦΑΒΙΑΝΟϹ ΕΠΙ. ΜΡ qui lui succéda sur la chaire de Pierre, après une année seulement de pontificat. Le successeur immédiat de Fabien, Cornelius (254); ne fut pas enseveli avec ses prédécesseurs, mais exceptionnellement au cimetière de Lucine, où son épitaphe a été retrouvée : CORNELIVS.MARTYR.EP. Lucius, qui lui succéda, ΛΥΟΚΙΟϹ (253), fut réuni à ses devanciers dans la crypte papale, ainsi qu'Étienne, qui était monté sur la chaire pontificale en 254. — Sixte II (257) y parait à son tour, mais avec des honneurs exceptionnels, motivés sans doute par l'éclat qui avait entouré son martyre. Car la crypte, du jour où ses restes y furent admis, prit son nom — *ad sanctum Xistum* : la chaire sur laquelle il avait été massacré au cimetière de Prétextat y fut transportée toute teinte de son sang, et une foule de pèlerins vinrent écrire près de son tombeau leurs noms ainsi que de pieuses invocations qui s'y lisent encore aujourd'hui. — Denys, successeur de Sixte (269), fut aussi enseveli dans la crypte papale, ainsi que Félix (269); puis Eutichien (275) ΕΥΤΙΧΙΑΝΟϹ. ΕΠΙϹ., et enfin Caïus (283). — Depuis lors, jusqu'au commencement du quatrième siècle, aucun pape ne reçut la sépulture en ce lieu. Eusèbe et Melchiade furent déposés, à la vérité, au cimetière de Calliste, mais non dans la crypte papale : ils eurent chacun un *cubiculum* particulier.

Mais la destination nouvelle assignée à l'hypogée des Cæcilii exigeait des dispositions différentes : il fallait installer la chaire des papes et, en avant de cette chaire, un autel pour la célébration des saints mystères. Il devint donc nécessaire de déplacer le sarcophage de la sainte, qui occupait le fond de la salle, et de construire à côté une crypte destinée à lui donner une sépulture digne d'elle. Cette nouvelle crypte fut ouverte au fond de l'hypogée, sur la gauche. D'abord étroite et obscure, elle fut plus tard restaurée par le pape Damase : c'est ce pontife qui ouvrit son entrée actuelle, fit construire l'escalier qui y conduit directement, et exécuter d'autres travaux pour l'embellissement de la cellule et la commodité des pèlerins qui, dans les premiers siècles, venaient vénérer ce sanctuaire, comme l'attestent encore les innombrables signatures tracées à la pointe sur le stuc, aux deux côtés de la porte et sur les murs voisins. C'est probablement sous le pontificat de Sixte III que s'ouvrit le grand luminaire qui la mit en communication avec l'air extérieur, et à l'intérieur duquel furent peintes les figures du martyr Policamus, de Curinus, évêque de Siscia en Illyrie, et d'un personnage inconnu portant le nom de Sabastianus, images qu'on y contemple encore aujourd'hui.

Il y a vingt-deux ans que M. de' Rossi reconnut avec une pleine certitude ce vénérable sanctuaire et put en décrire les principales dispositions. Cette découverte fait décidément justice de la tradition du moyen âge qui, sur la foi d'une inscription du quinzième siècle, supposait que le corps de Sainte Cécile reposait au cimetière de Saint-Sébastien. C'est là, c'est-à-dire dans la chapelle pratiquée par les soins de Calliste, à côté de celle qui fut désormais consacrée à la sépulture des papes, que la martyre séjourna jusqu'au neuvième siècle. On lira avec intérêt, dans l'ouvrage de M. de' Rossi, le récit émouvant des circonstances qui amenèrent le savant archéologue à la découverte de ce trésor, récit que la brièveté qui nous est imposée nous interdit de suivre dans tous ses détails. Nous devons au moins au lecteur la satisfaction de contempler la crypte dans l'état où elle se trouve actuellement, et nous en empruntons le dessin à la *Rome souterraine* de l'illustre maître (t. II, tav. v).

III. Troisième sépulture, ou translation définitive. — Nous avons dit que le corps de Sainte Cécile reposa dans son nouveau sanctuaire jusqu'au neuvième siècle. C'est alors, en effet, c'est-à-dire en juillet 817, que le pape Pascal Ier transporta dans les églises et les monastères de Rome les reliques de 2,300 martyrs retirées des cimetières profanés et dévastés. Les corps des pontifes de la fameuse crypte papale figuraient dans le nombre ; mais, en dépit des plus minutieuses recherches faites par Pascal et déjà commencées par ses prédécesseurs, le tombeau de Cécile n'avait pu être retrouvé. On sait, que lorsque les Lombards envahirent la ville de Rome, ils portèrent leurs dévastations jusque dans les cimetières suburbains, où ils fouillèrent les sépultures des martyrs et dérobèrent même plusieurs corps saints. Ces barbares avaient spécialement manifesté le désir de ravir le corps de Sainte Cécile et l'avaient recherché avec une persévérance connue de tous ; on se persuada donc aisément qu'il avait été enveloppé dans le désastre commun et qu'il était devenu la proie du roi Astolfe.

Mais, en 821, Pascal ayant conçu le projet de relever la basilique de la sainte tombant en ruine, et de la reconstruire avec une magnificence supérieure à celle que l'on avait admirée dans l'ancienne, sentit renaître tous ses désirs et aussi ses espérances ; il résolut donc de tenter de nouveaux efforts pour recouvrer la précieuse relique et l'abriter dans le temple splendide qu'il lui préparait. Il descendit en personne dans les cryptes, les fouilla les unes après les autres, mais aucune ne lui rendit le saint dépôt. Il renonça donc momentanément à poursuivre l'entreprise, et ce n'est qu'après un laps de quatre années qu'un événement merveilleux vint relever son courage. Cécile elle-même lui apparut en songe, lorsque, assis sur sa chaire du Vatican à l'aube du jour, il s'était assoupi sous le charme des mélodies matinales. La sainte lui dit que, pendant qu'il enlevait les reliques des papes, elle était si près de lui qu'ils auraient pu s'entretenir ensemble. Nous suivons ici, tout en l'abrégeant, le récit de M. de' Rossi, qui n'est au fond que celui de Pascal lui-même, dans son diplôme. Guidé par cette vision ou ce songe, le pape se transporta dans le lieu qui lui avait été indiqué et y trouva le corps de la sainte, dans la même attitude qu'au moment de sa mort, la tête tournée vers le fond du cercueil, comme elle l'était vers le pavé de sa chambre quand elle rendit le dernier soupir : elle était couchée sur le côté droit, les deux bras étendus en avant, les genoux joints l'un contre l'autre, avec une légère inflexion. Il était frais et intact comme au jour de sa sépulture, recouvert de tissus d'or, et des linges tachés de sang étaient roulés à ses pieds ; le cercueil était bien celui où l'évêque Urbain avait déposé le corps, un cercueil en bois de cyprès.

Comment le saint tombeau avait-il échappé à tant et de si persévérantes recherches? On ne peut répondre à cette question que par une conjecture : on suppose, avec toute vraisemblance, qu'il avait été dissimulé par une cloison pour le soustraire aux Lombards envahisseurs. C'est là une pratique dont nous avons plus d'un exemple : ainsi, au cimetière de Prétextat, un arcosolium qui avait été ainsi muré au septième ou au huitième siècle, reparut aux yeux du P. Marchi et de M. de' Rossi dès que la muraille eut été abattue.

Enfin, quoi qu'il en soit de cette circonstance peu importante, le pape Pascal, en possession de la dépouille de la martyre, la prit dans ses bras et ne voulut laisser à nul autre l'insigne honneur de la transporter dans l'église bâtie sur la demeure de Cécile, au Trastevere ; il la plaça, sans rien changer à la position où il l'avait trouvée, dans un sarcophage de marbre blanc au-dessous du maître-autel.

C'est là qu'elle fut retrouvée, et absolument dans le même état, huit cents ans après, par le cardinal Sfondrati, du titre de Sainte-Cécile, à l'occasion de grands travaux de restauration exécutés par ses soins dans cette auguste basilique. Dans un vaste caveau, creusé sous le maître-autel, étaient deux sarcophages, celui de la sainte contenant le cercueil de cyprès, et l'autre renfermant trois corps, qui n'étaient autres que ceux de ses compagnons de martyre, Valérien, Tiburce et Maxime. Le savant Baronius reçut du pape Clément VIII, malade à Frascati, la mission de soumettre les reliques de la sainte à un scrupuleux examen. Elles restèrent exposées un mois durant dans cette même église, où toute la ville de Rome vint les contempler et les vénérer. Après la fermeture du tombeau, faite en présence du pape, qui célébra la messe, le cardinal Sfondrati fit construire un autel sous lequel fut placée la fameuse statue de marbre que le sculpteur Maderno avait exécutée, après avoir examiné à plusieurs reprises l'attitude de la sainte dans son tombeau.

Les lecteurs qui seraient désireux de connaître dans tous ses détails l'histoire des différentes translations du corps de Sainte Cécile, pourraient recourir au grand ouvrage de M. le commandeur de' Rossi, ou bien à l'histoire de la sainte par le R. P. abbé Guéranger, qui en est le résumé (Paris, Didot, 1874).

IV. La plus ancienne image de Sainte Cécile est, croyons-nous, du sixième siècle. Elle se trouve dans la mosaïque de l'abside de Saint-Apollinaire de Ravenne, terminée en 570 par les soins de l'archevêque Agnellus. Sainte Cécile y figure au nombre des vingt-cinq martyrs qui viennent présenter au Christ leur couronne, sur un pan de leur riche vêtement. Ces images sont séparées, selon l'usage adopté par les mosaïstes byzantins, par des palmiers qui sont l'emblème du séjour céleste (V. l'art. *Arbres*). Nous donnons ici cette image d'après Ciampini (*Vet. monim.* t. II. Tab. XXVI).

C'est au septième siècle qu'on attribue la fresque qui se voit encore dans la crypte de Sainte Cécile, et dont la découverte, faite en 1854, désigne d'une manière incontestable le lieu où Calliste avait opéré la première translation du corps de la fille des Cæcilii.

Mais des peintures beaucoup plus anciennes et probablement contemporaines de la fondation de la crypte existaient encore, bien que dans un état de dégradation presque complète, au-dessus de l'image que nous donnons ici, et sur la paroi du luminaire pratiqué pour donner de l'air et du jour à ce vénérable sanctuaire (V. l'art. *Luminare cryptæ*). On y démêlait, à l'époque de la découverte, les linéaments d'une figure de femme dans l'attitude de la prière et qui était sans doute la représentation primitive de la sainte. Au-dessous de cette image est peinte une croix accostée de deux brebis ; à la base du luminaire sont les figures de POLICAMVS, SABASTIANVS, CVRINVS, datant probablement du quatrième ou du cinquième siècle. On ne possède, que nous sachions du moins, aucune donnée rattachant d'une manière plus ou moins directe ces personnages à l'histoire de Sainte Cécile. Enfin, au bas de l'image que voici (*Rom. sott.*, II, pl. VI) et qui, si nous en jugeons par quelques cubes de différentes couleurs subsistant encore sur ses bords, paraît avoir été superposée à une ancienne mosaïque, on voit

une peinture de style byzantin, mais d'une basse époque, représentant Notre-Seigneur dans une demi-niche, et, à côté de lui sur une surface plane, Saint Urbain en habits pontificaux. Ces différents sujets se détachent suffisamment dans le croquis de la crypte (page 154), pour que le lecteur puisse se rendre compte tout au moins de leur disposition.

Quoi qu'il en soit de ces premiers essais de glorification de la jeune martyre par les arts, c'est surtout au Moyen Age et à la Renaissance que tous les grands artistes, de Cimabue à Raphaël, etc., ont consacré leur génie à retracer, sous tous ses aspects et dans toutes les circonstances de sa vie et de sa mort, cette grande figure de sainte, l'une des plus populaires que nous offrent les fastes de l'Église. Mais, dans cette rapide étude, nous ne pouvons franchir les limites de l'antiquité proprement dite, qui sont aussi celles que nous avons dû tracer au présent ouvrage.

CEINTURE. V. l'art. *Vêtements des ecclésiastiques dans les fonctions sacrées*, III, 3°.

CENTON (κέντρων). — Au propre, on appelle ainsi un vêtement vil et grossier, composé de morceaux de vieilles étoffes, de différentes qualités et de différentes couleurs, dont les pauvres gens et les paysans couvraient leurs lits et même leurs personnes. La profession de fabricant de centons était fort répandue dans l'antiquité ; peut-être même n'y était-elle pas sans honneur, car M. de Boissieu (*Inscript. lyonnaises*. p. 195) donne un beau marbre de Lyon où elle est mentionnée : c'est l'épitaphe d'un CENTONARIVS nommé CAIVS RVSONIVS SECVNDVS.

Au figuré, on a appliqué le nom de *centon* à une espèce de poëme composé de vers ou d'hémistiches pris çà et là dans différents auteurs, et qu'on s'efforce de plier à une signification qui n'était nullement dans les vues de ces écrivains. Il paraît que, par un coupable abus de la parole de Dieu, les hérétiques des premiers siècles coupaient ainsi les textes des saintes Écritures pour les plier dans le sens de leurs erreurs. Tertullien nous parle de ces falsifications (*Præscript.* XXXVIII). « Valentin a imaginé d'accommoder non point les Écritures à son système, mais son système aux Écritures, et cependant il a plus ôté, plus ajouté, enlevant jusqu'aux propriétés des mots, et ajoutant des dispositions de choses qui ne paraissent point. »

Ce genre de poésie, si on peut appeler ainsi les centons, semblerait digne seulement des siècles de décadence. Cependant il en est question à l'époque des premiers Césars, alors que Rome produisait encore des poëtes distingués (V. Fabric. *Biblioth. Latin.*), et cette donnée pourrait peut-être autoriser à lui attribuer une origine plus ancienne encore. Nous savons par le même Tertullien (*Ibid.* xxxix) qu'un poëte nommé « Hosidius Geta (d'autres ont lu Nasidius et même Ovidius) avait emprunté à Virgile la tragédie de *Médée.* » — « Un de mes proches, ajoute Tertullien, entre autres fantaisies de son style, a expliqué par le même poëte le *Pinax* de Cébès. »

Au quatrième siècle de notre ère, Ausone avait mis à la mode ces sortes de mosaïques poétiques, qui supposent plus de mémoire et de patience que d'imagination et de goût. Il composa un *centon nuptial* pour répondre à un défi que lui avait adressé l'empereur Valentinien, qui, ayant lui-même commis une de ces débauches d'esprit, avait trouvé piquant d'entrer ainsi en lutte avec un poëte de profession. Tous les vers ou portions de vers composant cette pièce sont empruntés à Virgile, qui a partagé avec Homère le triste honneur de se voir dépecé et travesti par les faiseurs de centons : *Quasi non legerimus*, dit S. Jérôme (V. infra), HOMEROCENTONAS *et* VIRGILIOCENTONAS. « On a coutume, ajoute encore Tertullien (*loc. laud.*), d'appeler homérocentonistes ceux qui, avec des vers d'Homère, en prenant çà et là beaucoup de choses pour les disposer comme des pièces rapportées, cousent en un seul corps des œuvres à eux. » Voulant joindre le précepte à l'exemple, Ausone avait mis en tête de son œuvre une épître où il trace les règles pour composer les *centons*.

Sur la fin du même siècle vivait une femme qui s'est rendue célèbre par des compositions de ce genre. C'est Proba Faltonia, princesse qui eût pu se passer d'une telle illustration, car elle eut trois fils consuls, elle fut l'épouse d'Adelphius, proconsul romain, mère de Juliana et aïeule de Démétrius, tous loués par S. Jérôme. D'autres, et en particulier Baronius (*Ad. an.* 395), Alde Manuce le jeune et Cave (*Script. eccl. an.* 371), pensent qu'il s'agit ici de Proba, femme de Probus, préfet du prétoire, couple dont nous avons le tombeau dans la *Rome souterraine* (Bosio. *Rom. sotter.* p. 49. — Cf. Aringhi. t. 1. p. 281). On lui attribue un centon virgilien sur divers endroits de l'Ancien et du Nouveau Testament (*De rebus divinis*). Ce poëme, dont il nous reste quelques centaines de vers dans les *Poetæ ecclesiastici* (Cameraci. t. III. p. 465), et dans la bibliothèque des Pères (t. v. edit. Lugl. 1677. p. 1218), mérite de fixer ici notre attention, ainsi que quelques autres qui parurent vers la même époque, parce qu'ils avaient pour but de tirer des auteurs païens, dont on pressurait ainsi le texte, des prophéties relatives aux mystères et à la religion du Christ, absolument comme on le faisait pour les vers d'Orphée et ceux des sibylles. S. Jérôme, qui atteste avoir pris connaissance de ces diverses compilations, les traite d'enfantillages et de bouffonneries : *Puerilia hæc, et circulatorum ludo similia.* (*Epist.* LIII. *Ad Paulin.* Opp. t. 1. 275). Quant à celui de Faltonia en particulier, il a été déclaré apocryphe par un décret du pape Gélase I (Dist. xv. c. *S. Romana Ecclesia*).

Il circulait aussi en ce temps-là un *centon homérique* auquel on donnait une signification analogue. Zonaras veut que, commencé et laissé imparfait par un certain Patricius, ce centon ait été ensuite achevé et mis en ordre par l'impératrice Eudoxie, épouse de Théodose II. Mais le P. Rader (*Act. sanct.* c. xxi. p. 227) fait observer que cette œuvre ne peut être de cette princesse, attendu que S. Jérôme l'avait lue avant qu'Eudoxie fût chrétienne et impératrice ; et Photius, qui a mis au jour les divers écrits et notamment les poèmes de cette femme illustre, ne fait nulle mention de celui-ci (V. Photii. *Bibliothec.* CLXXXIV. *edit. Latin.* 1606. p. 462).

On sait que Constantin, dans son discours *Ad cœtum sanctorum* (C. xx), cite, lui aussi, plusieurs vers de Virgile qui semblent se rapporter à notre Sauveur, et suppose que le poëte ne pouvant, en sa qualité de païen, parler ouvertement du Christ, le désignait à demi-mots. Les vers auxquels l'empereur fait allusion avaient été tirés, au moins quant au sens, par le grand poëte, des oracles sibyllins. Mais comme Virgile était né dans la cent soixante-dix-septième olympiade, c'est-à-dire soixante-dix ans avant Jésus-Christ, et qu'il mourut à cinquante-quatre ans, il est clair qu'il ne peut parler du Christ comme historien ; on est réduit à lui attribuer le titre de prophète, si l'on tient absolument à entendre du Christ ces vers si souvents cités (*Eglog.* IV) :

Jam redit et Virgo, redeunt Saturnia regna,
Jam nova progenies cœlo dimittitur alto !

La manie du centon s'est prolongée bien avant dans nos siècles modernes. En 1661, Alexandre Ross, d'Aberdeen, publia, sous le titre de *Virgilius evangelizans*, un poëme dont Jésus-Christ est le héros. Étienne Pleurre, chanoine régulier de Saint-Victor de Paris, a renouvelé l'épreuve ; et ce qu'il y a de plus singulier, c'est que son ouvrage porte l'approbation de deux docteurs de la faculté de théologie, lesquels disent que cet auteur a fait des couronnes à Jésus-Christ et aux saints martyrs avec l'or de l'idole de Moloch. Le P. Wolf, dans ses scholies sur le traité des *prescriptions* de Tertullien (p. 600), mentionne un religieux de son ordre (les ermites de S. Augustin) qui avait écrit avec des vers de Virgile la vie de S. Thomas de Villeneuve.

Lelio Capiluppi a fait aussi plusieurs poëmes latins en centons. Les *Politiques* de Juste-Lipse ne sont autre chose que des centons ; il n'a eu à suppléer que les conjonctions et les particules.

Pour donner une idée ce singulier genre de poésie, nous citons ici deux fragments des centons de Proba Faltonia (V. *Biblioth. PP. loc. laud.*), en rapportant chaque vers ou hémistiche à l'endroit de Virgile auquel il est emprunté. Le premier est pour l'Ancien Testament (Cap. v. p. 1219). *De creatione muudi* (*Genes.* 1).

Principio cœlum ac terras, camposque liquentes,
(*Æneid.* vi. 724)
Lucentemque globum lunæ (*Æn.* vi. 725), solisque labo-
[res (*Æn.* i. 744)
Ipse pater statuit (*Georg.* i. 555); vos, o clarissima mundi
(*Georg.* i. 5)
Lumina, labentem cœlo quæ ducitis annum,
(*Georg.* i. 6)
Igneus est vobis vigor, et cœlestis origo ;
(*Æn.* i. 730)
Nam neque erant astrorum ignes, nec lucidus æther
(*Æn.* iii. 585).
Sed non atra polum bigis sub nocte tenebat
(*Æn.* v. 721),
Et chaos in præceps tantum tendebat ad umbras
(*Æn.* vi. 578),
Quantus ad æthereum cœli suspectus Olympum
(*Æn.* vi. 579).

Pour le Nouveau Testament, nous choisissons ce quatrain, qui a pour objet la naissance de Jésus-Christ (Cap. ii. p. 1223 du vol. cité de la *Biblioth. des PP.*). *De nativitate Jesu Christi* (Matth. ii. — Luc. ii) :

Jamque aderat promissa dies (*Æn.* ix. 107), quo tempore
[primum (*Georg.* i. 61)
Extulit os sacrum (*Æn.* viii. 591) divinæ stirpis origo
(*Æn.* v. 711),
Missa sub imperio venitque in corpore virtus
(*Æn.* v. 344),
Mixta Deo (*Æn.* vi. 661) subiit chari genetoris imago
(*Æn.* ii. 560).

CERF. — L'Écriture (*Psalm.* xxviii. 9. — *Cant.* ii. 17) emploie souvent le symbole du cerf pour exprimer diverses idées morales, et les premiers chrétiens, s'inspirant des livres saints, le représentèrent sur leurs monuments avec des intentions analogues. Ils le regardaient, suivant ses diverses propriétés, comme le symbole de Jésus-Christ (Ambros. *De interpell. David.* c. i.), des apôtres (Hieron. *In Isaiam.* c. xxxiv. — Beda. *In psalm.* xxviii), des prédicateurs, des docteurs, des fidèles (Cassiod. *In psalm.* xli), des Saints (Origen. *In Cant.* ad fin.), des pénitents. A raison de sa timidité et de la vitesse de sa course, il signifie la crainte de l'âme chrétienne à l'approche des dangers qui menacent sa pureté, et la promptitude avec laquelle elle doit fuir. D'après Mamachi (*Origin. Christ.* iii. 89), il indiquait aux fidèles non-seulement ce qu'ils devaient faire, mais encore ce qu'ils devaient croire contre les hérétiques cataphrygiens, qui enseignaient qu'un chrétien ne devait pas fuir quand il était recherché par les païens pour être mis à mort, erreur à laquelle Tertullien prêta l'autorité de son génie (*De coron. milit.* c. i.) : *Novi pastores eorum in pace leones, in prælio cervos.* S. Ambroise l'applique aux vierges (*De virgin.* lib. ii), dans la personne de Ste Thècle, qui, la première parmi les femmes à subir le martyre, foula aux pieds et dompta, comme le cerf, l'antique serpent, et courut étancher sa soif aux sources du Sauveur. Enfin, comme les cerfs ont la coutume de s'entr'aider quand ils ont quelque fardeau à porter, on les prit comme symbole de la charité qui doit animer les fidèles les uns envers les autres (Aringhi. ii. p. 606).

Ce symbole se trouve représenté, non-seulement dans les mosaïques (Ciampini. *De sacr. œdif.* cap. iv), des tombeaux (Ciamp. *Vet. monim.* ii. c. 3), des peintures d'une époque basse (Bottari. tav. xliv), ce qui fait croire à M. Rochette qu'il avait été ajouté assez tard, mais encore sur des fresques fort anciennes, telles que celles qui se voient dans une crypte du cimetière de Sainte-Agnès (Bottari. iii. tav. cxxix), et aux quatre coins d'une peinture de voûte du cimetière des Saints-Marcellin-et-Pierre (Id. ii. tav. xcix), et encore dans celle de la tribune ancienne de Saint-Jean de Latran, où on voyait deux cerfs et une croix au milieu (Crescembeni. *Chiesa Lateran.* p. 150). Il orne aussi le disque d'une lampe fort antique donnée par Casalius (Cf. Mamachi. *Orig. Christ.* iii. p. 89). Millin (*Midi de la Fr.* pl. lviii. 4, lix. 3. xxxviii. 8) a publié plusieurs sarcophages du midi de la France où deux cerfs se désaltèrent à deux ou quatre ruisseaux qui s'échappent d'une mon-

tagne sur laquelle est un agneau, symbole de Jésus-Christ.

Mais le symbole du cerf avait surtout avec l'administration du baptême des rapports fondés également sur les textes bibliques (*Ps.* xli. 3) et sur les monuments relatifs à ce sacrement. Nous ne citerons que la peinture du baptême de Notre-Seigneur dans le baptistère de Saint-Pontien (Bott. tav. xliv), où un cerf regardant fixement l'eau du Jourdain manifeste l'ardent désir de s'y désaltérer : *Quemadmodum desiderat cervus ad fontes aquarum*, symbole de l'homme qui aspire ardemment après la grâce du baptême, *ita desiderat anima mea, ad te, Deus*. On voit sur un *nymphæum* de Pisaure (Paciaudi. *De sacr. Baln.* p. 154) et aussi sur un beau sarcophage de Ravenne (Ciamp. *Vet. mon.* ii. p. 7. tav. iii. d) deux cerfs qui s'approchent avec avidité d'un vase comme pour s'y désaltérer, et qui expriment aussi l'ardeur du catéchumène pour le sacrement de la régénération. Il n'est pas douteux que le cerf avec le vase n'eût aussi une signification eucharistique ; et si nous ne la voyons pas plus souvent développée dans les œuvres des Pères, il ne faut attribuer ces réticences qu'aux rigoureuses prescriptions de la loi du secret. M. Perret donne (iv-xvii. 6) un fragment de verre représentant un cerf au pied d'un arbre. Ceci rappelle les représentations de chasse que les païens retraçaient souvent sur ce genre de monuments (V. Buonarr. *Vetri.* tav. xxiv. n. 3), et n'offre pas par conséquent des caractères suffisants de christianisme.

CHAIRE. — I. — La chaire, *cathedra*, est le siége où, dès le berceau de l'Église, l'évêque s'assied pour présider l'assemblée des fidèles et leur adresser la parole de Dieu, pour conférer les saints ordres, et consacrer les évêques : elle est le principal symbole de l'autorité épiscopale.

1° La plus ancienne et la plus vénérable de toutes les chaires est celle où siégeait S. Pierre pour enseigner dans la maison du sénateur Pudens. Ce monument qui, depuis dix-huit siècles, est en possession de la vénération du monde entier, est exposé au fond de l'abside de Saint-Pierre au Vatican, au-dessus du trône du souverain pontife, et soutenu par les statues colossales des quatre grands docteurs de l'Église, S. Ambroise, S. Augustin, S. Athanase, S. Chrysostome. Cette chaire a la forme des chaises curules des anciens Romains, elle est en bois orné de marqueteries d'ivoire, représentant les travaux d'Hercule : ce qui laisse le choix entre l'opinion supposant que Pudens offrit au prince des apôtres un siége profane, probablement le siége *gestatoire* dont il se servait lui-même, et celle d'après laquelle ce même sénateur en aurait fait exécuter un pour cette destination sacrée, opinion assez peu vraisemblable ; mais, dans cette dernière supposition, les dessins dont il est décoré auraient un sens symbolique, et feraient allusion aux travaux de S. Pierre, ainsi qu'aux nombreuses victoires remportées par lui sur les divinités du paganisme (V. Foggini. *De Romano itin. Petri et episcopatu.* p. 162. — Cf. Cortesii. *De Roman. itin. gestisque principis apostolor. Append. Monum.* c. III.). A moins que, comme M. de' Rossi l'a fait dernièrement après avoir examiné le monument exposé à l'occasion des fêtes de S. Pierre et de S. Paul, à moins que l'on n'admette que ces ivoires furent ajoutés postérieurement et sans autre intention que d'embellir la chaire. S. Silvestre est représenté dans l'ancienne mosaïque de Saint-Jean de Latran, assis sur un siége que Ciampini affirme être de la forme de celui de S. Pierre (*De sacr. œdif.* p. II. tab. II. n. 7). Un grand nombre de martyrologes anciens font mention de la fête de la chaire de S. Pierre à Antioche (Bolland. *Ad. diem febr.* 22) et à Rome (Baron. *Not. ad martyrol. Rom.* 18 janv.). Mais il est prouvé aujourd'hui qu'elles étaient l'une et l'autre à Rome et rappelaient les deux voyages de l'apôtre (V. l'art. *Fêtes immobiles*, II, 2).

2° Dans la plupart des cryptes des catacombes,

on remarque, au fond de l'abside, un siège taillé dans le tuf, et qui n'est autre chose que la chaire du pontife (Marchi. *Monum. delle arti Crist.* tab. XXXV-XXXVII et alib.). Une chapelle du cimetière de Sainte-Agnès en a deux (Bottari. tav. CXXXVIII) : on suppose que l'une des deux était peut-être destinée aux évêques de passage dans la ville éternelle, quand ils assistaient aux *synaxes*, ou bien encore le siège d'un ancien pape, conservé par respect pour sa mémoire ; mais il nous parait plus probable qu'il était préparé pour l'installation des évêques à la cérémonie de leur sacre, car nous savons d'après le *Liber Pontificalis* (*In Joan. III*) que jusqu'au temps de Jean III, qui vivait dans la seconde moitié du sixième siècle, l'usage s'était maintenu de consacrer les évêques dans les catacombes.

M. Perret donne (*Catac.* v. pl. XXII) une pierre tumulaire où est grossièrement retracée l'image d'un évêque ou d'un prêtre, assis dans une de ces chaires d'une simplicité toute primitive, et étendant la main en signe d'allocution vers une femme debout et une brebis, qui sont sans doute l'une la représentation abrégée, mais naturelle, l'autre l'expression symbolique de l'auditoire (V. l'art. *Agneau*). Deux verres publiés par le P. Garrucci (*Vetri ornati di fig: in oro.* tav. XVI. 4 et 6) représentent aussi un personnage assis sur une de ces chaires, et paraissant porter la parole. On a trouvé des chaires épiscopales dans d'autres cimetières encore que ceux de Rome, à Chiusi en Toscane, par exemple (Cavedoni. *Cimit. Chius.* p. 20). L'une de celles-ci est acostée de deux siéges sacerdotaux taillés en forme de chapiteaux.

3° Il se trouve dans certains carrefours de ces mêmes cimetières des siéges tout semblables et que leur position ne permet pas d'attribuer au même usage. Le P. Marchi (pp. 186. 190) risque la supposition qu'ils ont pu servir à l'administration de la confession sacramentelle ; mais M. Cavedoni regarde comme plus vraisemblable (*Ragguaglio critico.* p. 9) qu'ils étaient destinés aux diaconesses que plusieurs fresques nous présentent assises sur des siéges tout semblables. A nos yeux l'attribution reste incertaine (V. l'art. *Exomologèse*, III, où la question est examinée au point de vue de la confession sacramentelle).

4° Dieu le Père, recevant les dons d'Abel et de Caïn (V. l'art. *Abel et Caïn*), la Ste Vierge, dans

le sujet si fréquemment reproduit de l'adoration des Mages (V. cet article), sont assis sur des siéges de la forme des chaires épiscopales; il en est de même de ceux qui se voient dans une ancienne mosaïque (Ciamp. *Vet. mon.* II. tab. XLI), derrière sept vieillards qui offrent au Rédempteur assis des couronnes d'or, conformément au texte de l'*Apocalypse* (cap. IV). Mais rien n'en peut donner une idée aussi nette qu'un fond de coupe antique publié naguère par le P. Garrucci (*Vetri in oro*. tav. XVIII. 4), où l'on voit Notre-Seigneur assis sur une chaire à *suppedaneum* au milieu de huit martyrs occupant des chaires placées *in plano*. Nous reproduisons ici ce remarquable monument.

5° Il y avait aussi, dans les cryptes, des chaires mobiles, témoin celle sur laquelle fut martyrisé le pape S. Étienne : cette chaire précieuse n'a été tirée des catacombes de Saint-Sébastien que par Innocent XII, qui en fit don au grand duc Côme III.

6° Après les persécutions, et dans les basiliques bâties *sub dio*, on conserva l'usage liturgique de la chaire épiscopale au fond de l'abside. Elle s'élevait d'abord d'un seul degré au-dessus des siéges régnant des deux côtés de l'hémicycle, afin de recevoir les prêtres, appelés pour ce motif *prêtres du second trône* (Euseb. *Hist. eccl.* VI. 5), ou du *second ordre* (Augustin. *In psalm.* CXXVI). Cette élévation de l'évêque dans le lieu saint est ainsi décrite par Prudence (*Peristeph. hymn.* 235) :

Fronte sub adversa gradibus sublime tribunal
  Tollitur, antistes praedicat unde Deum.

« Au fond de l'abside, un tribunal s'élève par des degrés, et c'est de là que le prélat prêche Dieu. »

Ces chaires, ordinairement de marbre, étaient le plus souvent tirées des thermes, où elles se trouvaient en nombre infini; il y en avait six cents dans ceux d'Antonin (Montfaucon. *Iter. Ital.* p. 137). Plusieurs de celles qui subsistent aujourd'hui encore à Rome, par exemple à Saint-Clément, à Sainte-Marie in Cosmedin, etc., n'ont pas une autre provenance. La chaire de Saint-Grégoire le Grand se conserve dans son église du Mont-Cœlius, et on en montre plusieurs autres à Rome et à Sainte-Agnès hors des murs, où ce saint pape prononça quelques-unes de ses homélies. La basilique de Saint-Ambroise à Milan conserve encore une chaire antique qu'une tradition on ne peut plus plausible suppose être la même où s'est assis le grand docteur.

Plus tard, les chaires eurent plusieurs degrés et furent appelées *gradatæ* (Augustin. *epist.* CCIII. *Ad Maxim.*). On le peut induire aussi d'un passage de Sulpice-Sévère (*Dial.* II. *De virtut. S. Martini*), où il loue l'humilité de S. Martin qui refusait de se prêter à cet usage quand il présidait l'assemblée des fidèles. On voit une chaire élevée de cinq degrés, sans compter la plate-forme dans la décoration d'un *arcosolium* du cimetière de Saint-Hermès, représentant un pontife conférant les saints ordres (Aringhi. II. 325. et notre art. *Ordination*). Mais les monuments d'une plus haute antiquité montrent, au contraire, les chaires tout à fait *in plano*, telle par exemple que celle où siège un pontife donnant (on l'a supposé du moins avec toute

sorte de fondement) le voile à une vierge chrétienne, au cimetière de Sainte-Priscille (Bott. tav. CLXXX. et notre art. *Vierges chrétiennes*).

7° Deux chaires épiscopales, placées dans deux niches entre lesquelles se trouve une table soutenant le livre des Évangiles ouvert, ont été employées quelquefois comme représentation hiéroglyphique d'un concile. Nous en avons un exemple dans une mosaïque du baptistère de Ravenne (V. Ciampini. *Vet. mon.* I. tab. XXXVII, et notre art. *Conciles.*

8° L'église de *Santa Maria della Mentorella* dans le Latium, possède un monument d'un intérêt et d'une signification tout exceptionnelle : c'est un bronze antique, doré, où, au milieu des douze apôtres en buste, est sculptée une chaire sur laquelle repose un livre ouvert, lequel sans aucun doute tient la place de Notre-Seigneur. Car au-dessus de ce même siége est figurée une porte présde laquelle est un agneau staurophore, avec cette légende : *Ego sum ostium, et ovile ovium* (V. Lupi. *Dissert. e lett.* p. 262), « je suis la porte et le bercail des brebis. »

Une croix placée sur un trône était quelquefois aussi employée comme personnification du Sauveur. C'est ce que nous voyons dans une mosaïque du sixième siècle de l'église de Sainte-Marie in cosmedin de Ravenne. Aux côtés de ce siége, se tiennent S. Pierre et S. Paul, présentant au divin maître, figuré sous l'emblème de la croix gemmée, l'un sa clef, l'autre le livre de ses épîtres. Le dessin est tiré de Ciampini (*Vet. monim.* II. tab. XXIII. — V. fig. ci-dessus, p. 160).

9° Severano avait trouvé dans le mausolée de Sainte-Hélène (Bosio. *Roma sott.* p. 327) un fragment de marbre antique sur lequel était sculptée une chaire épiscopale de forme tout à fait primitive avec un rideau à franges relevé de chaque côté par un nœud. Nous savons, par le témoignage des Pères, qu'il y avait dans l'antiquité chrétienne des chaires voilées, *cathedræ velatæ*, comme les appelle en particulier S. Augustin (*Epist. ad Maxim.* CCIV. — Cf. Baron. *Not. ad martyrol.*). Bien que ces écrivains ne s'expliquent point à cet égard, nous devons penser qu'on tirait ces voiles devant la chaire, par respect, quand l'évêque n'y était pas. Ce curieux monument présente une autre circonstance intéressante : c'est que le dossier de la chaire est surmonté d'une colombe nimbée, qui signifiait l'assistance du Saint-Esprit, à peu près comme celle qu'on représente à l'oreille de S. Grégoire le Grand, et qu'on appelle *colombe inspiratrice* (V. Aringhi. II. 667).

II. — Les chaires épiscopales étaient souvent décorées d'ornements symboliques, par exemple de deux têtes de lion, symbole de la force et de la vigilance, vertus essentielles à un évêque (V. Marangoni. *Delle cose gentilesche....* c. LXVIII); de deux têtes de chien, autre symbole de la vigilance et de la fidélité : c'est ce que nous voyons dans la mosaïque de Sainte-Marie Majeure (Ciamp. *Vet. mon.* t. I. tab. II), et mieux encore sur le siége de la statue de marbre de S. Hippolyte, qui se trouve aujourd'hui au musée du Latran, et dont on peut voir un beau dessin dans l'ouvrage de M. Perret (*Catac.* v. 1). S. Augustin fait mention de cet ornement (*Ad Diosc.* ep. LVI). Baluze, dans ses notes aux *Capitulaires* de Charles le Chauve (t. II. 1276), rapporte une peinture où ce prince est assis sur un trône orné de deux chiens aboyant. Les deux bras de l'antique chaire épiscopale de Sainte-Marie in Trastevere sont supportés par deux griffons ailés, à têtes de lion et cornes de chèvre, comme on le voit ici. Les mosaïques de Rome, pour

la plupart du cinquième et du sixième siècle, représentent des chaires de bois ou d'ivoire, ornées de draperies, de croix, de pierres précieuses (Ciamp. *Vet. mon.* I. tab. XLVII, et II. tab. XLI); elles sont quelquefois vides, mais le plus souvent occupées par Notre-Seigneur ou la Ste Vierge. Notre-Seigneur enseignant, dans une fresque des catacombes (Bott. tav. LIV), est assis sur une chaire dont le dossier se termine par deux ailes en marqueterie; et ailleurs le dossier est surmonté de deux têtes humaines (Id. LXIV).

III. — Les premiers chrétiens professaient une grande vénération pour les chaires des anciens évêques. On ensevelissait ordinairement l'évêque assis sur sa chaire, comme cela eut lieu pour S. Pierre (Phœbeus. *De cath. Petri. identit.* p.v); et quelque temps après on retirait ce siége du tombeau, et il servait pour la prise de possession des successeurs de ces évêques. Cet usage fut aussi en vigueur en France, surtout à Reims, à Autun, à Metz, à Arras, où de très-anciennes chaires épiscopales étaient conservées pour l'intronisation des évêques de ces différentes Églises. Eusèbe raconte que, de son temps (*Hist. eccl.* VII. 19. 32), on rendait un culte à la chaire de S. Jacques, premier évêque de Jérusalem ; et Valois, dans ses notes sur ce passage, ajoute, d'après les actes de S. Marc, que la chaire de cet apôtre avait été longtemps conservée à Alexandrie. On sait qu'elle est aujourd'hui à Saint-Marc de Venise. De ce passage de Tertullien (*Præscript.* XXXVI) : *Percurre ecclesias apostolicas, apud quas ipsæ adhuc* CATHEDRÆ APOSTOLORUM *suis locis præsident*, « parcourez les églises apostoliques, dans lesquelles les chaires mêmes des apôtres président encore à leur place, » on peut conclure que les chaires de tous les apôtres

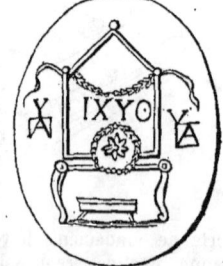

étaient religieusement conservées dans les églises qu'ils avaient fondées.

Un sentiment de dévotion bien légitime inspira aux fidèles l'idée de se procurer des représentations de ces chaires, de celle de S. Pierre surtout, sculptées en marbre, et de porter sur eux des bijoux et des amulettes où elles étaient gravées. Nous pouvons citer une calcédoine représentant une de ces chaires (*Accadem. di Cortona*. vii. 45), sur le dossier de laquelle est écrit le mot Ἰχυθ pour Ἰχθύς, rapprochement touchant de la chaire qui est l'emblème de l'enseignement de l'Église et du divin poisson Jésus-Christ qui en est le fondement (V. fig. ci-dessus, p. 161.)

CHAIRE DE S. PIERRE (FÊTE DE LA). — V..l'art. *Fêtes immobiles*, II, 2°.

CHANANÉENNE. — La touchante histoire de cette femme qui vient demander au Sauveur la délivrance de sa fille de la possession du démon, et qui obtient cette faveur, grâce à son humilité et à sa confiance sans bornes (Matth. xv et Marc. vii), se trouve représentée en bas-relief sur un sarcophage antique du cimetière du Vatican (Bosio. *Roma sotter*. p. 65. — V. la gravure ci-après).

Les auteurs de *Rome souterraine* pensent que cette femme était Syro-phénicienne, c'est-à-dire de cette partie de la Phénicie que les anciens géographes nomment Phénicie méditerranée. S. Matthieu l'appelle Chananéenne, parce que les Phéniciens étaient Chananéens d'origine, Sidon, fils de Chanaan, passant pour être le fondateur de la capitale de cette contrée. Elle est nommée Grecque dans S. Marc (cap. vii.

26), à cause de sa religion, et on sait que les Juifs désignaient sous la dénomination de Grecs tous les gentils : c'est pour cela que la Vulgate traduit ἡ γυνὴ Ἑλληνίς, « femme grecque, » par *mulier gentilis*, « femme appartenant à la gentilité. » Quand nous voyons dans le texte de S. Paul (Rom. i. 14 et alibi) le Juif opposé au Grec, il faut toujours entendre par Grec, païen ou idolâtre.

Pour revenir à notre figure, qui est extrêmement rare dans les monuments du premier âge, la scène est prise au moment où les disciples priaient le divin Maître de renvoyer cette femme : *Dimitte eam* (Matth. xv. 23), et où en effet il la renvoie, mais avec pleine satisfaction : « Va, le démon est sorti de ta fille, » *vade, exiit dæmonium a filia tua* (Marc. vii. 25). On voit un apôtre qui lui touche l'épaule comme pour la présenter au Rédempteur ; Jésus lui tend sa main, que l'heureuse mère saisit de la sienne enveloppée, par respect, dans un pan de son manteau, et baise avec reconnaissance. Baiser la main équivalait, dans l'antiquité, à une formule de prière : Priam baise la main d'Achille, bien qu'il eût tué son fils Hector, afin de le déterminer par cet acte de soumission à lui rendre sa dépouille (Homer. *Iliad*. xxiv. vers. 478).

Conformément aux principes de la modestie chrétienne, inculqués par S. Paul et souvent développés dans les *Constitutions apostoliques*, l'artiste a eu l'idée de voiler la tête de cette femme : « Dans les places, couvre ta tête comme il convient à une femme, » *obvoluto capite, quemadmodum mulieres decet* (*Constit. apost.* lib. i. cap. 8, trad. Coteler).

CHANOINES (CLERICI CANONICI). — Pendant les quatre premiers siècles, les clercs vivaient au milieu de la multitude des fidèles, c'est-à-dire chacun dans le sein de sa famille, *in multiplici hominum genere* (Aug. *De mor. Eccles.* i. 31). S. Augustin, évêque d'Hippone, est le premier qui astreignit ceux de son Église à la vie commune, « et constitua un monastère au sein de l'Église (Possidon. *In Vit. Aug.* iii) ; » ceux qui se refusaient à embrasser ce genre de vie étaient par lui éloignés des ordres sacrés (Id. ibid. xxv. — Augustin. *Serm.* xliv. *De divers.*)

Ces clercs qui menaient, conformément aux *canons* ou règles, une vie commune, s'appelaient clercs canoniques, d'où l'on a fait chanoines, *clerici canonici*. Bientôt les évêques s'empressèrent de toute part d'adopter cette sage institution, d'abord dans les autres parties de l'Afrique (Aug. *Epist. ad Sever. Novat. et Evod.*), et ensuite en Espagne (*Conc. Tolet.* ii. 1), où les évêques vivaient en communauté avec les prêtres et les clercs inférieurs (*Conc. Tolet.* iv. 21-23). Dans les Gaules (*Conc. Turon.* ii. 12), là où ce genre de vie était adopté, l'évêque avait avec son clergé une même table, que, selon S. Grégoire de Tours, on appelait table des chanoines, *canonicorum mensam* (*Hist.* l. x). Cette discipline relative aux clercs canoniques fut introduite vers le même temps par le moine Augustin en Angleterre, où l'avait envoyé S. Grégoire le Grand (Beda. *Hist. Angl.* i. 27), qui l'avait lui-même établie à Rome (Joan. Diac. *In ejus Vita*. ii. 11).

La maison où les clercs vivaient réunis prit plus tard le nom d'école, *schola*, et les clercs celui de *scholastici* (*Capit. Caroli Magni. in addit.* ii. 5), sans doute parce que dans cet asile ils cultivaient les sciences sous la direction de l'évêque, qui « régissait leur vie comme l'abbé d'un monastère » (*Conc. Aquisgr.* an. 879. c. 73.) La maison du clergé était, à l'instar des cloîtres, placée près de l'église. Cette vie commune entre l'évêque et son clergé se maintint en vigueur dans la plupart des Églises d'Occident jusqu'au neuvième siècle.

CHANT ECCLÉSIASTIQUE (ORIGINE DU).
— I. — Dès le berceau de l'Église, il fut d'usage de chanter des psaumes dans les assemblées des fidèles. S. Paul parle de psaumes et de cantiques spirituels (*Ephes.* v. 19), ce qui suppose que, en outre des psaumes de David, il y avait encore des chants improvisés que chacun donnait instantanément sous une inspiration spéciale du Saint-Esprit, comme les prophètes de l'Ancien Testament, et à l'instar des cantiques de Moïse, de sa sœur Marie, de Débora, d'Anne, femme d'Elcana, d'Isaïe, de la Ste Vierge, de Zacharie, du vieillard Siméon, etc. Tels durent être le cantique que Notre-Seigneur chanta avec ses apôtres après la cène, et ceux dont S. Paul et Silas firent retentir les voûtes de leur prison de Philippes (*Act.* XVI. 25). Le quatorzième chapitre de la *première Épître aux Corinthiens* (surtout à partir du verset 26) contient les plus curieux détails sur les dons précieux et notamment sur l'esprit prophétique, qui se révélaient dans les fidèles au milieu de leurs assemblées, aussi bien que sur le saint enthousiasme dont quelques-uns étaient saisis et qui leur inspirait des chants merveilleux.

Cette pratique de la primitive Église était une de celles qu'il était le plus difficile de dissimuler : aussi était-elle à la connaissance des païens, et Pline le Jeune, au rapport de Tertullien (*Apologet.* II), écrit à Trajan qu'il ne sait rien autre des mystères des chrétiens, sinon qu'ils se rassemblaient avant le jour pour louer le Christ qu'ils regardaient comme leur Dieu. Le même apologiste mentionne ailleurs (*Ad uxor.* IX) la psalmodie alternative : *Sonant inter duos psalmi et hymni* ; et le texte de la lettre de Pline (lib. X. epist. 97) semble aussi le supposer : *Carmen.... dicere secum invicem*. Eusèbe relate plusieurs fois le même fait, et il rapporte (*Hist. eccl.* II. 17) un fragment d'un ancien auteur qui, pour prouver la divinité de Jésus-Christ, alléguait les cantiques que les fidèles avaient composés à sa louange. On sait que le concile d'Antioche (Euseb. v. 25) reprocha à Paul de Samosate d'avoir aboli les cantiques qu'on avait coutume de chanter à Jésus-Christ, et d'y en avoir substitué d'autres à sa propre louange.

Muratori a publié dans ses *Anecdota latina* (t. IV), sous la rubrique *Hilarii hymnus*, une pièce que plusieurs critiques, entre autres le P. Giovenazzi, ont cru être la traduction de l'hymne des chrétiens du temps de Pline. La pièce commence par ces mots : *Hymnum dicat turba fratrum*, et sur la fin on remarque les vers suivants :

> Galli cantus, galli plausus,
> Proximum sentit diem
> Et ante lucem nuntiemus
> Christum regem sæculo.

La dissertation du P. Giovenazzi s'est perdue, et il est aujourd'hui impossible de juger de la valeur des arguments qui l'ont autorisé à attribuer à l'hymne de S. Hilaire une si vénérable origine (V. de' Rossi. *Bullet.* 1866, p. 55).

Le martyr S. Ignace, au rapport de l'historien Socrate (VI. 8), institua à Antioche, d'où il se répandit dans toute l'Église, un chant alternatif tel que celui qu'il lui avait été donné d'entendre dans une vision, exécuté par la voix des anges. S. Basile ayant, lui aussi, introduit le chant dans son église de Césarée, en Cappadoce, ceux de Néocésarée le lui reprochèrent comme une nouveauté ; le grand évêque répondit (Epist. LXII. *Ad Neocæsar.*) qu'il suivait en cela l'exemple des Églises d'Égypte, de Libye, de la Thébaïde, de la Palestine, de l'Arabie, de la Phénicie et de beaucoup d'autres qui avaient adopté et pratiquaient le chant à deux chœurs : *In duas partes divisi alterni succinentes psallunt*. On sait qu'aux funérailles de Ste Paule des psaumes furent chantés par les évêques alternativement, en quatre langues, en hébreu, en grec, en latin et en syriaque, *hebræo, græco, latino, syroque sermone psalmi in ordine personabant (episcopi)* — (Hieron. ep. LXXXVI. *ad Eustoch.* — *Opp.* edit. Martianay. 2. IV. p. 688).

Dans les Églises où la coutume ne s'était pas encore introduite de chanter les psaumes en chœur, les clercs auxquels étaient dévolues les fonctions de chantres, les chantaient seuls ; le peuple répondait à la fin de chaque psaume (*Concil. Laodic.* c. XVI. — Euseb. *Hist. eccl.* II. 17. VII. 30). Peut-être est-ce là le genre de psalmodie auquel font allusion les Pères antérieurs au quatrième siècle. Nous savons par Cassien (l. II. 5) que, parmi les moines, un seul chantait un psaume entier, debout, tandis que les autres écoutaient et méditaient. Dans les communautés nombreuses, un certain nombre de moines, quatre ordinairement, étaient désignés pour chanter en chœur ; tous les autres écoutaient en silence.

Il ne paraît pas que le chant, du moins celui auquel le peuple prenait part, se soit établi en Occident avant la fin du quatrième siècle. S. Ambroise est le premier qui fit chanter le peuple à Milan, pour charmer les longues heures qu'il passait dans l'église pendant la persécution de l'impératrice Justine. Ce fait nous est révélé par S. Augustin (*Confess.* IX. 7), qui en avait été témoin oculaire : « Pour charmer l'ennui qui aurait pu accabler le peuple, on établit le chant des hymnes et des psaumes selon l'usage des Églises d'Orient. Excellente pratique qui dure encore, et que presque toutes les Églises du monde observent à l'imitation de celle de Milan. »

On voit donc que le chant à deux chœurs passa des Églises d'Orient à celles d'Occident, et que, parmi celles-ci, ce fut celle de Milan qui eut l'initiative ; c'est ce qu'explique clairement le prêtre Paulin, auteur d'une *Vie de S. Ambroise* : « Ce fut en ce temps que pour la première fois les antiennes, les hymnes et les vigiles commencèrent à être célébrées à Milan. » Dans sa première signification le mot *antienne* ne désigne pas autre chose qu'un chant alternatif ; c'est ce que S. Basile explique ainsi (*Epist.* LXIII) : *In duos choros divisi alternatim psallunt*.

En associant les peuples aux chants d'église, les Pères eurent éminemment un but moral. Ils savaient, et S. Chrysostome le dit formellement (*In psalm.* xli), que le chant a la vertu de charmer les passions, de dégager notre âme de l'entrave des sens, de lui faire goûter les chastes délices de la vérité. Pour ce qui est du chant des psaumes en particulier, il fut institué, dit S. Basile. (*In psalm.* i), pour enflammer notre cœur, et nous élever à Dieu par cette sainte harmonie, pour égayer nos esprits, pour nous fortifier dans nos faiblesses, et nous consoler dans nos peines. S. Ambroise nous apprend (*Præfat. in psalm.*) qu'à l'exemple de David qui chantait dans le temple, les rois, de son temps, chantaient avec le peuple, les empereurs mêlaient leur voix dans l'église à celles de leurs sujets : *Psalmus cantatur ab imperatoribus, jubilatur a populis.*

L'évêque de Milan compare le chant de l'église aux flots de la mer, dont le flux et le reflux nous est représenté par cette multitude infinie de peuples qui viennent à l'église ; le bruit des vagues par les voix des hommes et des femmes, des vierges et des jeunes gens (*Hexam.* iii. 5). S. Augustin, tout plein encore des émotions de son baptême, exprime ainsi l'effet que les chants sacrés produisaient sur son âme (*Confess.* ix. 9) : « Pénétré jusqu'au fond de l'âme des doux accents dont votre église retentissait, combien ai-je versé de larmes au chant des hymnes et des cantiques qu'elle a consacrés à votre nom ! car votre vérité s'insinuant dans mon cœur à mesure que le chant frappait mon oreille, je me sentais rempli d'une si ardente piété, que je fondais en larmes, et ces larmes étaient mon bonheur : *currebant lacrymæ, et bene mihi erat cum eis.* » S. Isidore de Séville dit que le chant à deux chœurs a été institué à l'imitation de celui des séraphins qui chantaient tour à tour, *alter ad alterum*.

Tout ceci donne une haute idée des chants de l'Église primitive et de la manière dont ils étaient exécutés. Mais plus tard des abus se glissèrent dans cette louable pratique ; la piété s'affaiblissant, le zèle des peuples pour les saints cantiques se ralentit aussi ; l'ignorance du chant, l'inégalité des voix vinrent bientôt détruire cette belle harmonie. Alors l'Église se vit dans la nécessité d'interdire le chant au peuple, et d'instituer des chantres, qui paraissent même avoir constitué un des ordres mineurs. Car, en outre des noms de *psalmistes* et de *chantres*, ils eurent aussi celui de *confesseurs*, comme on le voit dans le onzième canon du concile de Carthage ; et ils sont désignés sous ce nom dans l'antique oraison du vendredi saint, immédiatement après les portiers : *Oremus... pro lectoribus, ostiariis,* CONFESSORIBUS.

On les appela ainsi, selon toute apparence, parce que chanter les psaumes, c'est confesser le nom de Dieu en publiant ses louanges : *Confitemini Domino quoniam bonus* (*Ps.* cv. 1). Ces psalmistes sont aussi appelés *confesseurs* dans le sixième canon du premier concile de Tolède tenu en 400, lequel leur défend d'aller dans la maison des vierges et des veuves, sous prétexte de chanter avec elles à deux chœurs, si ce n'est en présence de l'évêque ou du prêtre : *Nulla professa vel vidua, absente episcopo vel presbytero, in domo sua* ANTIPHONAS *cum confessore... faciat.* On voit qu'ici encore le mot d'*antienne* est employé pour exprimer un chant en chœur. Nous savons par S. Sidoine Apollinaire (l. iv. ep. 11) que Claudien, frère de S. Mamert, évêque de Vienne, exerçait l'office de chantre ; il entonnait les psaumes, et marquait les leçons qui devaient être chantées en chœur : *Psalmorum hic modulator et phonascus.*

Quoi qu'il en soit, nous voyons que cet ordre des chantres est institué par le concile de Laodicée (can. xv) : *Non oportere amplius præter eos qui regulariter cantores existunt, et qui de codice canunt, alios in pulpitum conscendere, et in ecclesia psallere,* « en dehors de ceux qui sont régulièrement établis chantres, et qui chantent sur le livre, il ne faut pas que d'autres montent au pupitre, et chantent dans l'église. »

Cependant l'usage opposé à ce règlement se maintint quelque temps encore en Occident ; on le voit par les témoignages, que nous avons cités plus haut, de S. Ambroise, de S. Augustin, et aussi de S. Jérôme qui (*Epist. ad Sabin.*) nous représente les peuples accourant et chantant dans les églises aux vigiles des fêtes solennelles. Mais enfin, le chant exclusivement exécuté par les chantres ecclésiastiques ne tarda pas à prévaloir même dans les Églises occidentales. S. Grégoire alla même jusqu'à l'interdire à la masse des prêtres et des diacres, et ordonna qu'à l'avenir les clercs inférieurs seraient seuls employés à cette fonction, de sorte que les chantres en titre chantaient les hymnes et les psaumes, tandis que tout le reste de l'assemblée écoutait en silence. C'est encore ainsi que le chant s'exécute dans la chapelle du souverain pontife et au chœur des grandes basiliques romaines.

II. — Les savants pensent (V. Millin. *Dictionn. des beaux-arts.* ii. 540) que la musique d'église, dans son origine et même dans son état actuel chez les Latins, est un reste, défiguré, il est vrai, mais bien intéressant encore, de la musique grecque. Elle offre de précieux fragments de l'ancienne mélodie et de ses divers modes. Ces divers modes, tels qu'ils nous ont été transmis dans les anciens chants ecclésiastiques, y conservent une beauté de caractère et une variété d'affection bien sensible aux connaisseurs non prévenus et qui ont quelque jugement d'oreille pour les systèmes mélodieux établis sur des principes différents des nôtres. On doit savoir gré (Millin. *ib.*) à ceux qui jusqu'ici se sont opposés au mélange ridicule de notre système harmonique avec celui des modes anciens.

La simplicité et la gravité constituaient donc le caractère essentiel du chant ecclésiastique primitif. Socrate nous l'indique lorsqu'il dit (*Hist. eccl.* ii. 13) que S. Athanase, réprouvant une certaine mollesse qui s'était introduite dans la psalmodie, s'étudia à l'exclure de l'Église d'Alexandrie où elle s'était glissée, pour y rappeler le chant à sa gravité primitive, si bien qu'ensuite les Alexandrins semblaient réciter les psaumes plutôt que les chanter. C'est S. Augustin qui nous fournit ce renseignement si précis (L. x. *Conf.* 33) : *Tam modico flexu vocis faciebat sonare lectorem psalmi, ut pronuncianti vicinior esset quam canenti.* S. Isidore de Séville parle dans le même sens (*Offic.* i. 5). On sait que les donatistes faisaient aux catholiques un grief de cette modestie du chant, et, en effet, celui de ces hérétiques imitait, par la violence des éclats de voix, le bruit assourdissant des trompettes, dit encore S. Augustin (*Epist.* cxix) : *Quasi tubas inflammantes.* Le chant devint donc si simple, qu'il excluait presque toute espèce d'art. Mais cette discipline dura peu chez les Grecs.

Les Latins, eux aussi, observèrent jusqu'au quatrième siècle la même simplicité dans le chant des psaumes, et S. Ambroise passe pour être le premier qui y ait alors introduit une certaine modulation. Mais, au temps de S. Ambroise, comme nous l'avons vu, le chant s'était déjà répandu partout dans l'Église latine; et S. Jérôme se plaint (*Comment. epist. ad Ephes.* v) que déjà alors les chantres eussent introduit dans l'Église les modulations théâtrales. Nous devons conclure de ce témoignage que S. Ambroise ne fit que réprimer cette mollesse efféminée; autrement on ne s'expliquerait pas les pieuses émotions que S. Augustin éprouvait à entendre le chant dans l'église de Milan.

A Rome, plusieurs abus s'étaient glissés dans la modulation des psaumes : le pape Gélase les corrigea au cinquième siècle (*Concil. Rom.* ann. 494).

Mais, au sixième siècle, S. Grégoire inventa un nouveau genre de chant, inconnu aux anciens, et qui fut appelé *plain-chant* et plus tard *chant grégorien*, du nom de son auteur. Ce chant, si nous en croyons Kircher (*De ant. mus.* l. 1), était noté par les sept premières lettres de l'alphabet *a*, *b*, *c*, *d*, *e*, *f*, *g*. C'était par la répétition de ces lettres que ce pape avait formé une échelle musicale, indiquant le ton de chacune des syllabes qui devaient se chanter.

Ce pontife voulut que les chants liturgiques fussent exécutés sur un ton grave et naturel, et en exclut les modulations théâtrales qui s'y étaient introduites, car avant lui il n'y avait pas de règles, et les chantres se livraient complétement à leurs capricieuses inspirations (*Joan. Diac. In Vit. S. Greg.* l. iv. 10. 19). Il établit donc à Rome une école de chantres, et ne négligea aucune occasion de faire adopter son chant et sa méthode à toutes les Églises d'Occident. Celles d'Italie furent les premières à le recevoir; et au huitième siècle il fut répandu dans toutes les Églises de l'empire d'Occident en vertu d'un décret de Charlemagne (*Capitul.* an. 705. cap. 80), à qui le pape Hadrien I avait envoyé un antiphonaire romain noté de la main de S. Grégoire lui-même, et de plus deux clercs de l'école des chantres de Rome,

Théodore et Benoît, qui enseignèrent à Soissons et à Metz le chant grégorien dans toute sa pureté. Car, introduit déjà précédemment en France par le pape Étienne III, à la prière du roi Pépin, il s'était corrompu par le peu d'habileté et d'aptitude des chantres français, comme Longueval en fait l'aveu (*Hist. de l'Église gallic.* t. iv. p. 444). Une mission analogue à celle de Théodore et de Benoît fut remplie pour l'Angleterre par un *archichantre* de l'école romaine, que le pape Agathon avait envoyé dans cette île pour enseigner aux clercs anglais le cours annuel du chant, *cursum annuum canendi* (Kircher. *De antiq. mus.* l. 1. c. 9. — Beda. *Hist. eccl. Angl.* l. 1. c. 18).

III. — Un passage de Cassien, cité plus haut, prouve que le chant des psaumes était en usage dans les monastères, comme dans les églises du clergé. Nous pouvons emprunter une autre donnée à cet égard à une lettre de S. Paulin à Victrice de Rouen : *Ubi quotidiano psallentium per frequentes ecclesias et monasteria concentu... et cordibus delectantur et vocibus.* Quelquefois les clercs et les moines chantaient ensemble le même office : c'est S. Sidoine qui nous l'apprend (v. 17) : *Monachi clericique psalmicines vigilias concelebraverant.* Il loue aussi (ix. 3) Fauste, évêque de Riez, d'avoir transporté dans son Église le chant qui s'observait à Lérins. Dans sa lettre au moine Rusticus, S. Jérôme lui recommande de dire le psaume à son rang, et d'y rechercher plutôt la dévotion du cœur que la douceur de la voix. Un tel avis est conforme aux règles de S. Hilarion, de S. Macaire, de Sérapion, qui défendent à tout moine de chanter sans en avoir reçu l'ordre de l'abbé. D'après la règle de Saint-Aurélien, les moines doivent chanter l'un après l'autre. Bientôt le chant à deux chœurs fut aussi adopté dans les monastères ; c'est d'après cette méthode, qui était suivie à Lérins, que S. Agricole, qui avait été tiré de cette abbaye pour être placé sur le siège épiscopal d'Avignon, régla le chant de son Église (V. pour plus de détails Grancolas. *Traité de l'office divin.* p. 257).

Il ne paraît pas que le précepte de S. Paul, interdisant aux femmes de faire entendre leur voix dans l'église pour instruire, ait jamais été appliqué au chant. Car nous voyons dans S. Isidore de Damiette qu'elles y chantaient, et S. Grégoire de Nazianze loue sa mère de ce qu'elle garde un silence absolu pendant l'office, et n'ouvre la bouche que pour chanter et pour répondre au prêtre qui célébrait : cette réponse n'est autre chose que l'acclamation *Amen,* chantée par tout le peuple.

Les *Capitulaires* (ii. 76) donnent encore aux femmes la permission de chanter aux inhumations, alternativement avec les hommes : les hommes entonnaient *Kyrie,* et les femmes répondaient (vi. 194) : *viris inchoantibus mulieribusque respondentibus, alta voce canere studeant.*

Quant aux religieuses, S. Augustin (*Epist.* ccıv), dans sa règle, leur recommande de chanter dans leur oratoire. « Dans l'oratoire, quand par des hymnes et des psaumes vous priez Dieu, ayez dans le cœur ce que vous prononcez de bouche, et ne chantez que ce que vous lisez devoir être chanté ; mais ce que la règle ne prescrit pas, ne le chantez pas. » Plus tard, les canons de l'Église réglèrent cette matière : le second concile de Chalon-sur-Saône, en 813, prescrit aux religieuses le chant de l'office, de même que celui d'Aix-la-Chapelle, tenu en 816, l'ordonne aux chanoines : *Sanctimoniales in monasterio constitutæ habeant studium in legendo, in cantando, in psalmorum celebratione, et horas canonicas celebrent,* » que les religieuses constituées en monastère s'appliquent à la lecture, au chant, à la célébration des psaumes, et qu'elles célèbrent les heures canoniques. »

Nous ne devons pas pousser plus loin ce coup d'œil historique qui a déjà franchi les limites qui nous sont prescrites.

CHANTRES. — I. — Il y eut, dans l'Église primitive, des chantres, autrement dits psalmistes, qui paraissent avoir été regardés en certains lieux comme constituant un ordre mineur à part. Il est avéré que cette qualité ne leur fut pas reconnue universellement, et que là même où elle l'était, ce ne fut que pour un temps; autrement, cet ordre aurait persévéré comme les autres. Quelques savants, entre autres Bellarmin (*De clericis.* l. i. c. 11), ont confondu les chantres avec les lecteurs. Mais ce sentiment ne paraît pas fondé, car les documents anciens qui font mention des chantres, entre autres les *Canons apostoliques* (can. LXIX), les *Constitutions apostoliques* (l. II. c. 57), le concile de Laodicée (can. XXIV), S. Ephrem (XCIII. *De secund. advent.*), la liturgie de S. Marc (Apud Fabric. *Cod. Apocr.* part. III. p. 288), les distinguent nettement les uns des autres. Justinien établit aussi cette distinction (*Novell.* III. c. 1), quand il atteste que de son temps l'Église grecque de Constantinople comptait vingt-six chantres et cent dix lecteurs.

La nature des fonctions que les chantres exerçaient dans l'Église est exprimée par le mot grec ὑποβολεῖς (Socrat. *Hist. eccl.* l. v. c. 22), qui veut dire *monitores* ou encore *suggestores, psalmi prænuntiatores;* ils entonnaient les psaumes, c'est-à-dire qu'ils prononçaient isolément la première moitié du verset, et que le peuple l'achevait. *Præcinebant cantores,* dit Cotelier (*In Const. apost.* loc. laud.), *populus vero succinebat.* Le nom de *moniteur* était donné, dans l'antiquité profane, à ceux qui prononçaient la prière à haute voix, au nom de tous; nous voyons Tertullien, dans son *Apologétique* (c. XXX), faire aux fidèles un mérite de prier sans moniteur, parce que leur prière, étant toute dans le cœur et spontanée, n'avait pas besoin d'interprète.

II. — L'institution des chantres, comme ordre dans l'Église, n'arriva guère que vers le commencement du quatrième siècle. Car si la liturgie de S. Marc qui en fait mention est antérieure à cette époque, comme l'observe Bergier (au mot *Chant ecclésiastique*), elle ne peut l'être de beaucoup.

Quoi qu'il en soit, c'est assurément le relâchement et la négligence qui s'étaient introduits dans l'exercice de la psalmodie, qui rendirent cette institution nécessaire. Établir des chefs de chant, c'était le meilleur moyen de rappeler la psalmodie ecclésiastique à sa pureté primitive. Les chantres reçurent alors le nom de *cantores canonici,* κανονικοὶ ψαλταί, ce qui indique qu'ils furent inscrits dans le canon (V. l'art. *Canon*) ou catalogue des clercs, et séparés ainsi du reste du corps de l'Église (V. aussi l'art. *Matricule*).

Il devint quelquefois nécessaire, en certains lieux, de faire exécuter le chant par les seules voix des chantres, afin de rétablir plus facilement l'ancienne harmonie, en forçant pour un temps ceux qui n'étaient pas exercés à écouter en silence, et à se former ainsi sur ceux qui étaient habiles dans l'art de la musique. C'est dans ce sens qu'on doit sans doute entendre ce canon du concile de Laodicée (can. XV) : « Il ne faut pas que d'autres que les chantres canoniques, qui montent sur l'ambon et lisent sur le parchemin, se permettent de chanter dans l'église. » Bingham insiste beaucoup là-dessus, afin d'établir les droits du peuple chrétien dans la maison de Dieu ; mais nous n'avons aucune raison de nous inscrire en faux contre la coutume où furent toujours les fidèles de s'associer aux chants de l'Église. Tous les Pères attestent cet usage.

III. — Quelle que fût l'importance de la fonction de chantre dans la primitive Église, elle fut néanmoins toujours inférieure à celle des ordres mineurs proprement dits. Elle n'eut avec ceux-ci d'autres points de conformité que l'imposition des mains par laquelle elle était conférée. Mais elle en différait en ce que cette espèce d'ordination était administrée par un simple prêtre, tandis que les ordres mineurs avaient pour ministre ordinaire l'évêque ou le chorévêque. Ceci fut réglé par le quatrième concile de Carthage (can. X) : « Le psalmiste peut, à l'insu de l'évêque, et par le seul ordre du prêtre, recevoir l'office de chanter. Le prêtre se sert pour cela de cette simple formule: « Fais en sorte que ce tu chantes de la bouche, « tu le croies du cœur, et que ce que tu crois du « cœur, tu le montres dans tes œuvres. » Cette faculté donnée au prêtre d'ordonner les chantres à l'insu de l'évêque fut néanmoins, selon toute apparence, particulière à l'Église d'Afrique.

Il ne paraît pas non plus que la fonction de chanter à l'église, même comme *moniteur,* ait toujours été exclusivement réservée aux clercs constitués *ad hoc.* Les monuments épigraphiques nous font connaître un certain nombre de diacres qui l'avaient exercée avec honneur. Nous empruntons ces citations au *Bulletin archéologique* de M. de' Rossi (1863. p. 88). Tel est le diacre REDEMPTVS du titre de Tigris, dans l'épitaphe duquel le pape Damase a introduit cet éloge :

DVLCIA NECTAREO PROMEBAT MELLA CANORE
PROPHETAM CELEBRANS PLACIDO MODVLAMINE SENEM.

Voici l'éloge funèbre d'un archidiacre de l'Église romaine nommé Deusdedit, qui vivait vers le cinquième siècle :

HIC LEVITARVM PRIMVS IN ORDINE VIVENS
DAVIDICI CANTOR CARMINIS ISTE FVIT.

Sur une inscription trouvée il y a peu d'années dans la basilique constantinienne de Saint-Laurent, le défunt dit de lui-même :

VOCE PSALMOS MODVLATVS ET ARTE
DIVERSIS CECINI. VERBA SACRATA SONIS.

Il paraît qu'au temps de S. Grégoire le Grand des abus s'étaient introduits dans cette pratique, que ce pape appelle « très-répréhensible », *consuetudo valde reprehensibilis*. A ses yeux, les fonctions de chantre étaient peu compatibles avec le ministère du diaconat; il exigeait tout au moins que dans le choix des diacres l'on en vînt à prendre en considération les agréments de la voix, plutôt que l'intégrité de la vie. Aussi par un décret spécial ordonna-t-il que les ministres de l'autel s'abstinssent de chanter autre chose que la leçon de l'évangile pendant les solennités de la messe : *qua de re præsenti decreto constituo ut in sede hac sacra altaris ministri cantare non debeant solumque evangelii lectionis officium inter missarum solemnia exsolvant* (Concil. edit. Manzi. l. x. p. 434).

On vit des chantres qui, parvenus à l'épiscopat, voulurent continuer à édifier le peuple par l'exercice de cet art dans lequel ils excellaient. Une épitaphe métrique, qui paraît être l'œuvre de S. Damase, fait lire au sujet d'un évêque animé d'un tel zèle :

PSALLERE ES IN POPVLIS VOLVI MODVLANTE PROPHETA
SIC MERVI PLEBEM CHRISTI RETINERE SACERDOS.

IV. — Dès le sixième siècle, nous voyons les évêques instruire leurs chantres, soit par eux-mêmes, soit par des hommes habiles dans l'art de la musique; et ceci donne la mesure de l'importance qu'ils attachaient à cette partie si essentielle du culte extérieur. S. Grégoire de Tours avait établi dans son église une école de chant ; c'est lui-même qui nous l'apprend (*De mirac. S. Martin.* I. 33). Mais personne n'égala en ceci le zèle de S. Grégoire le Grand. L'école de chant qu'il avait fondée à Rome et qui n'eut pas d'abord d'autre maître que lui-même, existait encore du temps de son historien Jean Diacre (*In Vit. S. Greg.* l. II. 6), et on peut dire qu'elle n'a pas cessé d'exister, bien qu'elle ait subi de nombreuses modifications. C'est le collège de chantres qui exécute aujourd'hui encore le chant soit à la chapelle Sixtine, soit dans les grandes basiliques, quand le souverain pontife y célèbre les saints mystères (V. l'art. *Livres liturgiques*, 6°). Ce grand pape avait invité à son école tous les clercs des Églises d'Occident, afin qu'ils vinssent étudier sous sa direction et celle de son archichantre l'art de chanter les psaumes. Et comme il s'y rendit des élèves de l'Angleterre, des Gaules, des Espagnes, de l'Italie, le chant de tout l'Occident fut bientôt modelé sur celui de Rome (V. l'art. *Écoles*, à la fin).

Il y eut en Espagne des chantres qui s'abstenaient de toute nourriture avant de chanter, et qui ne mangeaient que des légumes, ce qui leur fit donner le nom de *Fabarii*.

En Orient, ce furent d'abord les prêtres qui exercèrent les fonctions de chantres ; mais au moyen âge on finit, dans ces contrées, par ordonner des eunuques lecteurs ou plutôt chantres, avec la charge d'exécuter la psalmodie dans les églises (Balsam. *In c. concil. Trull. et in c.* XIII *syn. œcum.* VII).

CHAPE. — Ce vêtement, appelé aussi *pluvial*, parce qu'il fut adopté par les prêtres pour se préserver de la pluie dans les processions, est très-ancien dans l'Église. La chape n'était autre chose, dans le principe, que cette *lacerna* à capuchon ouverte par devant, et fixée sur la poitrine par une fibule, que les gens du peuple portaient à la pluie dans l'antiquité, et telle qu'un artiste du sixième siècle l'a donnée à S. Abdon et à S. Sennen dans une fresque du cimetière de Pontien (Bottari. *Rom. sott.* tav. LXV. — V. aussi l'art. *Abdon et Sennen*). Bien que fort défiguré dans les chapes actuelles, le capuchon est encore reconnaissable. Comme les autres vêtements vulgaires, celui-ci, en passant aux usages du culte, reçut des modifications et des embellissements successifs, mais qui n'ont rien de commun avec l'antiquité.

CHAPELET. — I. — Dès les temps les plus reculés, et dans toutes les religions (Cicer. *De nat deor.* lib. II), nous retrouvons l'usage de répéter souvent la même prière. C'est qu'il est instinctif à l'homme de supposer qu'une prière insistante a plus de pouvoir pour fléchir la Divinité qu'une prière isolée. Les enseignements du christianisme sont venus donner raison à cet instinct ; en vingt endroits de l'Évangile, Jésus-Christ assure que le cœur qui ne se lasse pas de prier obtient tout ce qu'il demande.

L'homme qui, au milieu de la nuit, va demander trois pains à son voisin pour apaiser la faim de l'hôte qui lui arrive, n'obtient ce service qu'à force de persévérance et d'importunité (Luc. XI. 8) : « Et si cet homme continue de frapper, je vous assure que quand son voisin ne se lèverait pas pour lui donner du pain parce qu'il est son ami, il se lèverait du moins à cause de son importunité, et lui accorderait tout le pain qui lui est nécessaire. » Au jardin des Oliviers, le Sauveur lui-même répéta trois fois la même prière, et dans les mêmes termes — *Eumdem sermonem dicens* (Matth. XVI. 44). Il n'est pas douteux que les apôtres et les premiers chrétiens répétaient souvent l'oraison dominicale, puisque, interrogé par eux, le Sauveur ne leur avait pas enseigné d'autres formules : *Sic ergo vos orabitis : Pater noster....* (Matth. VI. 9). C'était as, surément la prière que, selon une antique tradition-

S. Barthélemi redisait cent fois par jour avec autant de génuflexions.

Au reproche de superstition adressé à ce sujet aux premiers chrétiens, reproche renouvelé contre les catholiques par les novateurs, Lactance répondait (*Instit.* l. IV. c. 28) : « S'il est bon de prier une fois, combien n'est-il pas mieux de le faire souvent ! Ce que vous dites à la première heure, pourquoi ne le diriez-vous pas tout le jour, etc. ? Les prières multipliées sont des mérites et non des offenses, » *si enim semel facere optimum est, quanto magis sœpius !*

Cette pratique se répandit surtout parmi les anachorètes des premiers siècles. Pour ne point interrompre le travail des mains qui leur était prescrit, et qui, au surplus, était leur seul moyen d'existence, ils apprenaient par cœur certaines prières, les psaumes pricipalement, et les redisaient un nombre de fois déterminé pour chaque journée. Pour ceux qui ne savaient pas lire, c'était l'oraison dominicale, ou d'autres formules, courtes et faciles à retenir : et en les répétant à chacune des heures fixées par l'Église pour la psalmodie, ils s'associaient de la seule manière qui leur fût possible, à l'office divin. Cette prière fut appelée pour ce motif *psalterium Christi* (V. Alan. *Apolog. ad Henric. episc. Tornacen.*).

Palladius, disciple d'Évagre, raconte, entre autres faits de ce genre, que l'abbé Paul, qui habitait le désert de Scété, sur le mont Ferme, ne travaillait qu'autant qu'il était nécessaire pour gagner son pain de chaque jour, et qu'il passait le reste de son temps en prière, récitant les mêmes formules jusqu'à trois cents fois, tribut quotidien qu'il payait fidèlement à Dieu, dit Sozomène (*Hist. eccl.* l. VI. c. 29. — Pallad. *Hist. Lausiac.* c. XXIII).

II. — Une telle pratique étant donnée, on comprend qu'un instrument, ou une méthode mnémonique quelconque était nécessaire pour compter ces prières. Aussi, pour n'oublier aucune de ces trois cents oraisons qu'il s'était imposées, *trecentas preces expressas et præstitutas*, ce même Paul avait-il dans un pan de son vêtement trois cents petites pierres, *totidem habens in sinu calculos*, et chaque fois qu'il avait prononcé une de ces prières, il jetait un de ces calculs, *et in unaquaque oratione jaciens unum calculum*. Le grec ψηφίς, ici traduit par *calculus*, désigne au propre ces petits cubes de pierre avec lesquels se faisaient anciennement les mosaïques, et qui généralement aujourd'hui sont remplacés par des pâtes de verre.

Que si un tel expédient était indispensable au saint anachorète pour venir en aide à sa mémoire, il l'était bien plus encore à cette vierge qui, au témoignage de S. Macaire (Pallad. c. XXIV), récitait sept cents fois par jour la même prière. Et S. Macaire lui-même, bien qu'il ne répétât que cent fois la sienne, parce qu'il travaillait toujours en priant, n'aurait point pu remplir exactement cet office sans le secours de quelque moyen matériel et sensible.

La pratique dont nous venons de donner quelques exemples, devint vulgaire, non-seulement parmi les solitaires, mais aussi parmi les simples fidèles.

III. — Mais à quelle époque s'introduisit l'usage des couronnes ou chapelets proprement dits, se composant d'un certain nombre de grains percés e passés à un fil ou cordon, c'est ce qu'il serait bien difficile de déterminer. Les données que nous possédons à ce sujet ne remontent pas au delà des premières années du neuvième siècle. Dans le dixième canon du concile de Celchyt, en Angleterre, célébré en 816, il est fait mention d'un objet nommé *beltidum*, que Spelman croit être le rosaire ou chapelet (Spelm. *Ad concil. Brit. gloss.* t. I. p. 171). Traitant des prières qui devaient être faites à l'occasion de la mort d'un évêque, ce canon porte que « chaque évêque ou abbé récitera soixante psaumes, fera célébrer cent vingt messes, et récitera un *beltidum* de *Pater noster* (V. Mabillon. *Præf. ad sec.* V *Benedict.* n. 125). On voit qu'il ne s'agit ici que du *Pater noster* qui doit être récité un certain nombre de fois, selon la portée de l'instrument en question, et non point de la salutation angélique, dont la formule définitive ne fut arrêtée qu'au onzième siècle (Mabillon. *ibid.*).

Mais que ce *beltidum* corresponde à l'objet que nous appelons aujourd'hui rosaire, c'est ce qu'il nous paraît impossible de constater. Le canoniste anglais, pour étayer son opinion, a recours à l'étymologie, et veut que ce mot vienne du saxon *belt*, qui signifie *cingulum*, « ceinture, couronne. » Du Cange (Ad voc. *Beltis*) rejette cette interprétation, et affirme que le rosaire (le mot et la chose) est postérieur de plusieurs siècles.

On ne saurait nier cependant que le mot *beltidum* ne désigne un instrument destiné à compter les prières, et il est avéré qu'il était d'un fréquent usage au onzième siècle. A cette époque, en effet, les grands seigneurs avaient de ces *beltida* dont les grains étaient, non de bois, mais de pierres précieuses. Guillaume de Malmesbury (lib. IV. c. 4. *De pontif.*) raconte que Godève, femme du comte Léofric, fondateur du monastère de Coventry (1040), et qui se distinguait par une grande dévotion envers la Ste Vierge, « sur le point de mourir, fit suspendre au cou d'une image de Marie le cercle de pierres précieuses, *circulum gemmarum*, qu'elle avait enfilées à un cordon et qu'elle avait coutume de rouler dans ses doigts, récitant une prière en touchant chaque grain, afin de n'en point omettre, *ut in singularum contactu, singulas orationes incipiens, numerum non prætermitteret*. Les gemmes qui composaient cette couronne étaient estimées cent marcs d'argent, au dire de Mabillon (*Ann. Benedict.* lib. LVIII. n. 69).

Dans un curieux tableau, peint, selon toute apparence, vers le commencement du même siècle et représentant les funérailles de S. Éphrem (V. Bottari. t. III. *in init.*), on voit des moines qui portent des chapelets à la main ou suspendus à leur ceinture (V. la gravure de notre art. *Ermites*).

Si nous en croyons le cardinal Alan, archevêque de Malines au seizième siècle, l'usage de ces couronnes existait déjà du temps de Bède, au septième siècle : on en suspendait aux murailles des églises d'Angleterre, pour le service du public (Alan. *loc. laud.*).

CHASUBLE. — I. — La chasuble, autrement dite *planète*, est un vêtement sacerdotal aujourd'hui fort réduit, mais qui, dans le principe, était assez ample pour envelopper tout le corps, de la tête aux pieds, comme une petite maison, *casula*. C'est la définition qu'en donne S. Isidore de Séville (*Orig.* xix. 24), ainsi que beaucoup d'autres auteurs. Elle n'avait qu'une ouverture au centre, pour passer la tête, et point pour les bras ; de telle sorte que, pour agir, le prêtre vêtu de la chasuble devait en relever les pans sur ses bras, ou même les rejeter sur ses épaules. Le dessin qui figure ici et qui est la reproduction d'une des plus anciennes images de S. Grégoire le Grand (V. le Sacramentaire de ce pape édité par dom Ménard, *in fronte*), représente assez fidèlement l'idée que les écrivains anciens nous donnent de la chasuble primitive.

Toutefois il n'est pas tout à fait exact de dire que la chasuble était également longue dans toute sa largeur, *circulatim ad pedes usque demissa* (Georg. *De liturg. Rom. pont.* l. i. c. 24. n. 8. — Ferrari. *De re vestiaria.* c. xxxvi) ; ce qui n'est vrai que de la chasuble des Grecs, comme on peut le voir par un spécimen du *Dictionnaire sacré* de Macri (Ad voc. *Casula*), et par les nombreux exemples qu'en fournissent les diptyques grecs (V. Paciaudi. *De cult. S. Joan. Bapt.* pl. en regard de la p. 260, et Gori. *Thes vet. diptyc.* passim.). Pour l'Église latine, les monuments les plus anciens donnent un démenti à cette opinion, devenue vulgaire on ne sait trop pourquoi, et nous la montrent taillée en pointe devant et derrière. Plusieurs mosaïques du sixième siècle (et on sait l'exactitude de cette classe de monuments sous le rapport des vêtements) représentent des personnages vêtus de chasubles ainsi échancrées, mais descendant jusqu'aux pieds. Nous citerons pour exemple celle de S. Apollinaire de Ravenne, qui se trouve reproduite, d'après Ciampini (*Vet. mon.* ii. tab. xxiv), à notre article *Transfiguration*, et où ce saint évêque porte une planète qui se rapproche beaucoup plus de la forme moderne que de celle que décrivent certains textes anciens, pris à la lettre. Et ce qui nous autorise à penser que cette forme remonte très-haut, c'est que nous voyons sur un fond de coupe antique de la collection de Buonarruoti (tav. xvi. n. 2) S. Pierre et S. Paul, ainsi que le diacre S. Laurent, vêtus de planètes ou de pénules se terminant sur le devant en pointes fort aiguës. Un chrétien en prières, sur un sarcophage antique, reproduit dans Bottari (tav. cxxxvi), porte aussi une pénule toute semblable.

Ajoutons que, bien que l'usage exigeât que les chasubles fussent amples et *talares*, on en remarque néanmoins d'assez courtes, dans la mosaïque de Saint-Vital de Ravenne et du même siècle que la précédente (Ciamp. ii. xxvii), sur les évêques Maximianus, Ecclesius, Severus, Ursus et Ursicinus. La chasuble de Saint-Boniface de Mayence, remontant à une haute antiquité, ressemble aussi à celle de Saint-Apollinaire. Et nous devons croire que cette forme varia peu dans les siècles suivants ; car la chasuble de Jean XII, dans la curieuse mosaïque de Saint-Thomas au Latran (Id. *De sacr. ædif.* t. iv), et exécutée au dixième siècle, est encore taillée sur ce modèle. Cet intéressant tableau représente ce pape, déjà vêtu de la tunique et de la dalmatique, et abaissant la tête pour recevoir,

des mains de ses clercs qui l'entourent, la chasuble, exactement conforme au type en question, et, de plus, parsemée de *gammadia* dans tout le champ (V. l'art. *Gammadia*). La belle chasuble de Saint-

Rambert-sur-Loire, illustrée par M. l'abbé Boué (Lyon. 1844), et qui paraît être du onzième siècle, ne s'éloigne de cette forme qu'en ce que les extrémités en sont un peu arrondies.

Nous devons dire néanmoins que le plus grand nombre des monuments montrent la chasuble selon le modèle ci-dessus; et les différences qui se font remarquer quant à la forme de ce vêtement sacré, tiennent vraisemblablement à la différence des coutumes locales. En ceci, comme sur une infinité d'autres points, il est impossible de tracer une règle inflexible.

II. — Avant d'être un vêtement sacré, la planète fut d'abord, un habit profane, commun aux laïques comme aux ecclésiastiques, et même aux femmes (V. l'art. *Penula*). On rencontre dans les catacombes de Rome une foule de personnages en prière, *orantes*, vêtus de pénules exactement semblables à ce que nous savons de la chasuble antique (V. Bottari. tav. cxx. B), et nous avons donné à l'article *Prière (Attitude de la)* une *orante* copiée sur une magnifique planche de M. Perret (t. xxxiv), laquelle porte une planète presque pareille à celle de nos jours, quoiqu'un peu plus ample. Nous savons du reste positivement que c'était un vêtement vulgaire par Jean Diacre qui, en parlant (*In Vit. S. Greg. Magni.* c. lxxxiii) d'une peinture représentant les parents de S. Grégoire, Gordien et Sylvia, dit du premier : *Cujus habitus.... planeta est.* Tel est aussi le vêtement de S. Maximin, sur un très-ancien sarcophage de Marseille (V. *Monum. de Ste Madeleine.* i. p. 442). Au fond, ce n'était que la *penula*, non pas la *penula* vulgaire (V. l'art. *Penula*), mais cette *penula* plus ample, plus noble, qui s'introduisit parmi les personnes d'une condition élevée. Elles différaient l'une de l'autre par leur matière plus ou moins précieuse, et par leur forme plus ou moins élégante et plus étoffée : les plus riches furent réservées pour les mystères divins (V. Borgia. *De cruce Veliterna.* p. lxxix).

III. — Pendant bien des siècles, la chasuble ou planète fut commune à tous les ordres ecclésiastiques. Un ordre romain publié par Mabillon (*Mus. Ital.* ii. 85) porte que, à son ordination, l'acolyte reçoit la planète et l'*orarium*, et une fresque du cimetière de Saint-Pontien (Bottari. tav. xlv), datant du sixième siècle, fait voir le diacre S. Laurent, comme dans le verre que nous avons cité plus haut, couvert du même vêtement.

La chasuble ne fut mise au nombre des vêtements sacrés qu'après l'étole, et même après l'aube, le *colobium* ou tunique précieuse, et la dalmatique. Il en est question pour la première fois, comme telle, dans le vingt-septième canon du quatrième concile de Tolède.

IV. — Dès les premiers siècles qui suivirent les persécutions, l'esprit de foi se plut à enrichir la chasuble d'or, d'argent, de pierreries, et surtout des images de Notre-Seigneur, de la Ste Vierge et des Saints, quelquefois même de fleurs et d'animaux symboliques, usage consacré par les Pères du deuxième concile de Nicée (Labbe. t. viii. p. 1206. edit. Venet.).

Un usage bien plus intéressant encore, c'est celui qui consistait à y représenter les évêques de chaque Église, ce qui atteste une fois de plus l'importance qu'on mettait alors à posséder et à avoir sans cesse devant les yeux la série des pontifes qui avaient gouverné une Église depuis les apôtres. Ces chasubles s'appelaient *chasubles diptyques*. Mauri Sarti en a illustré une qui appartenant à l'église de Saint-Apollinaire in Classe de Ravenne, où sont reproduites les images des évêques de Vérone, au nombre de trente-cinq, du troisième au huitième siècle, non point dispersées dans le corps de la chasuble, mais distribuées en autant de médaillons sur une large bande d'étoffe d'or, cousue devant et derrière, se divisant en deux autour du cou, et imitant à peu près la forme du *pallium archiépiscopal* telle qu'elle était encore au dixième siècle (V. Mauri Sarti. *De vet. cas. diptych.* Faventiæ, 1763). Cette bande d'étoffe est, selon toute apparence, l'ornement que les anciens appelaient *aureum clavum, chrysoclavum, aurifrigium* (V. Rubenius. *De re vestiaria.* c. xi), ou encore *superhumerale*, et nous voyons par ce monument que l'usage d'en revêtir les chasubles remonte à la plus haute antiquité (V. l'art. *Clavus*). Il paraît néanmoins que l'étoffe de cette chasuble avait été d'abord un voile que l'évêque Annon avait fait exécuter pour orner le tombeau des martyrs Firmin et Rusticus (V. Pouillard, *Del bacio de' piedi del sommo pontifice.* p. 79 en note).

CHAUX (son emploi dans les sépultures chrétiennes des catacombes). — Nous plaçons ici une observation qui n'a pu entrer dans l'article *Ensevelissement*, et qui est destinée à le compléter. Le P. Marchi a observé, dans beaucoup de sépultures des catacombes (p. 19), que souvent les corps sont enveloppés dans deux linceuls, entre lesquels est étendue, de la tête aux pieds, une couche de chaux d'un pouce à peu près d'épaisseur. Le savant jésuite fut amené à cette découverte, en observant sur ces enduits l'empreinte d'un double tissu, l'un qui, ordinairement très-fin, était en contact immédiat avec le cadavre, l'autre extérieur et plus grossier. La supposition que cette pratique funéraire avait pour but de détruire plus promptement les chairs, n'est pas admissible, car elle ne saurait se concilier avec la connaissance que nous avons du soin respectueux que prenaient les premiers chrétiens de conserver intacts des corps sanctifiés ici-bas et devenus plus vénérables encore à leurs yeux par la perspective de la résurrection future, objet de leurs vœux et de leurs plus inébranlables espérances. Mais on doit dire que cet enduit de chaux était destiné à faire au cadavre une sorte de cercueil artificiel, pour empêcher l'odeur résultant de la putréfaction de s'en échapper ; et rien n'était plus propre à atteindre ce but que la chaux, dont la propriété est d'absorber l'humidité et l'acide carbonique de l'air.

CHEVAL. — Le cheval, au repos ou à la course, avec ou sans la palme sur la tête, est une représentation symbolique qui se rencontre assez fréquemment sur les monuments funéraires du christianisme primitif. Les antiquaires pensent généralement que ce symbole renferme une allusion à plusieurs passages de l'Écriture et de S. Paul en particulier (1 *Cor.* IX. 24. 2 *Tim.* IV, 7), qui considèrent la vie chrétienne comme une course du cirque, au bout de laquelle est la victoire pour celui qui a fourni généreusement sa carrière.

Cette interprétation devient tout à fait plausible en présence de certains monuments, tels que le *titulus* du jeune martyr Florens (Lupi. *Dissert. e lett.* I. p. 258), où la *meta* marquant le but de la course est figurée devant le cheval, et d'autres où les chevaux expriment des noms de chrétiens rappelant eux-mêmes des idées de victoire. Tel est le nom de VINCENTIVS écrit sur un vase de verre de la forme des balsamaires, où sont peints trois chevaux vainqueurs (Fabretti. p. 277), au-dessous desquels leurs noms sont écrits en boustrophédon : ces noms sont : ΛΕΓΙΣ, « Tempête, » ΟΙΚΟΥΜΕΝΗ, « Monde, » et ΖΕΡ, « Zéphir. »

Ce symbole n'était pas étranger à l'antiquité païenne : un cheval avec la palme sur la tête, et deux éperons suspendus à la queue, sans doute pour activer sa course (Boldetti. p. 24), sert d'ornement à la pierre tumulaire d'un jeune enfant nommé FELICULA VICTOR. Fabretti (p. 549. xv) assigne le même sens à un cheval dirigeant sa course vers une palme, sujet qui se voit sur la tombe d'un enfant mort après quelques mois d'existence, et qui par conséquent avait terminé rapidement sa course. Ce symbole figure encore sur le *titulus* d'une femme nommée VETTIA SIMPLICIA, donné par le P. Lupi (*Epitaph. Sev.* p. 57), et ici le cheval a sur la tête, au lieu de palme, un croissant; sur un

marbre trouvé au cimetière de Priscille en 1844 (Perret. v. pl. LXIII. 22); sur un fragment d'inscription donné par M. De' Rossi (I. 575); sur un *fragment de terre cuite* (Id. IV. pl. VIII. 3), *sur une lampe d'argile* (Id. *ibid.* XIX. 2).

Boldetti avait déjà recueilli dans les catacombes des pierres fines, des sceaux de tuile, des tessères où sont figurés des chevaux à la course (*Osservaz.* p. 216), et une fibule façonnée en forme de cheval est publiée dans le recueil de M. Perret (IV.

pl. XVI. 93). Les actes de S. Valentin, martyr et évêque de Terni (Bolland. t. II *jun.*) nous apprennent que des chevaux regardant une croix placée au milieu d'eux étaient gravés sur la tombe de ce martyr; et S. Polyeucte, dans un songe qui lui annonçait son martyre, vit Notre-Seigneur lui donner, entre autres choses, *equum pennatum* (*Acta*).

Ce symbole s'est trouvé spécialement dans des sépultures de martyrs. Ainsi, dans une chapelle souterraine du cimetière de Basilla, découvert en 1726, la tribune ou coquille de l'abside faisait voir des chevaux libres et paissant (Bianchini. *Not. ad Anast.* Prolegom. t. III).

Outre les chevaux isolés, on rencontre aussi parfois des biges ou des quadriges dont les chevaux ont des palmes sur la tête (Bottari. tav. CLX. — Buonarruoti. tav. XXVII), et sont montés par des jeunes gens : ce qui rappelle exactement les jeux du cirque et le texte de S. Paul qui y fait allusion : *Sic currite ut comprehendatis* (1 *Cor.* IX. 24).

CHORÉVÊQUES. — Comme, dès le troisième siècle, les diocèses des évêques commencèrent à s'étendre dans la campagne, ceux-ci se donnèrent des espèces de vicaires appelés à exercer une juridiction subordonnée dans les *pagi*; ils reçurent chez les Grecs le nom de χωρεπίσκοποι, ce qui veut dire *évêques de villages*, ou celui de περιοδευταί, *curateurs* ou *inspecteurs d'églises* (*Conc. Laod.* c. LVII); ils furent nommés chez les Latins *chorepiscopi*, ce qui n'est autre chose que le vocable grec latinisé.

Après Constantin, le cercle du territoire de chaque diocèse s'élargissant de plus en plus, nous voyons qu'il y eut quelquefois plusieurs chorévêques par diocèse (Basil. *Epist.* CCCCXVIII). Il est avéré que, en Orient, bien qu'ils n'exerçassent qu'une autorité vicariale, ils administraient le sacrement de confirmation, consacraient les églises, imposaient le voile aux vierges, surveillaient la vie et les mœurs des clercs attachés aux églises auxquelles ils présidaient, afin d'éclairer l'évêque sur leur compte en vue de leur ordination (Id. *Epist.* CLXXXI); en présence de l'évêque, et d'après son ordre, ils ordonnaient des diacres et même des prêtres (*Concil. Antioch.* c. x); et, en l'absence même de l'évêque, ils conféraient les ordres mineurs (*Ibid.* et *Conc. Ancyr.* c. XIII); ils assistaient aux conciles, y siégeaient au rang des évêques, et en souscrivaient les actes (*In conc. Neoc. Nicæn.* I. *Chalced.* act. I. — S. Athanas. *Apolog.* II). Il est certain que plusieurs des offices que nous venons d'énumérer semblent supposer le caractère épiscopal. Les chorévêques en étaient-ils revêtus? C'est là une question qui est du ressort des canonistes; pour nous, nous n'avons qu'à constater les faits.

En Occident, il ne paraît pas trop de trace de cette institution avant le cinquième siècle. Or comme les évêques déléguèrent aux chorévêques à peu près tous leurs pouvoirs (Isid. Hisp. *De offic. eccles.* II. 6), ceux-ci ne tardèrent pas à usurper les priviléges et les droits qui appartenaient en propre à leurs chefs. De là des collisions qui obligèrent, dès le septième siècle, les conciles à limiter les droits que s'attribuaient les chorévêques (*Conc. Hispal.* II. 7); et au huitième, le pape S. Léon II leur défendit de consacrer les prêtres, les vierges, les églises et le chrême (*Resp. ad episc. Gall. et Germ.*); les conciles de ce siècle et du suivant renouvelèrent à leur tour ces dispositions. Enfin au neuvième siècle, leur juridiction s'amoindrit tellement, qu'il ne leur resta plus d'autorité que sur les clercs mineurs, et le dixième leur vit enlever tous leurs droits, qui furent transférés par les évêques soit aux archiprêtres, soit aux vicaires généraux : de telle sorte que peu à peu, et avant la fin de ce siècle, la dignité et l'office de chorévêque cessèrent complétement d'exister.

CHRÊME (SAINT). — Dans le principe, l'huile fut l'unique matière du saint chrême, chez les Latins comme chez les Grecs (Cypr. *Epist.* LXX. — Optat. Milev. *De schism. Donat.* l. VII. — Basil. *De Spir. S.* c. XVII). C'est vers le début du sixième siècle qu'on commença à mêler avec l'huile le baume, qui autrefois se trouvait en Judée (Greg. Magn. *Comment. in Cant.* c. I. — V. *Dissert.* Mich. Amat. *de opobalsamo*), et les Latins usèrent du chrême ainsi composé à peu près jusqu'au seizième siècle. Mais comme, vers cette époque, les Espagnols apportèrent un nouveau baume des Indes, Paul III et Pie IV permirent aux Latins de lui donner la préférence (V. Pellicia. I. p. 33). Les Grecs ont coutume, en outre du baume, de mêler à l'huile une quarantaine d'espèces d'autres aromates, dont on peut voir la curieuse nomenclature dans leur eucologe (Cap. *De chrismat. conficiendo*).

La consécration du chrême fut toujours réservée aux évêques, qui le distribuent aux curés de leurs diocèses (*Epist. Gelas.* PP. ap. Mabill. *Mus. Ital.* t. I. — Renaudot. *Perpét. de la foi.* I. 5. p. 171). Du premier au cinquième siècle, aucun jour n'était spécialement affecté à cette consécration; c'est depuis le cinquième siècle qu'elle est fixée au jeudi de la semaine sainte (*Sacram. Gelas.*). Cette règle ne fut cependant pas adoptée partout immédiatement; car les évêques de la Gaule, à cette époque, consacraient le chrême en un jour quelconque (V. *Conc. Meld.* an. 845). Les Grecs, bien que, comme l'Église latine, ils aient adopté le jeudi saint, consacrent néanmoins du chrême en quelque temps que ce soit, s'il vient à leur manquer.

Le rit de consacrer le chrême est attribué par S. Basile aux apôtres (*Ibid.*), et plusieurs autres Pères ont suivi ce sentiment. Dès le cinquième siècle, la consécration du chrême avait lieu à la seconde des trois messes qui se célébraient le jeudi saint, et cette messe était, pour ce motif, appelée *missa chrismatis* (Menard. *In Sacram. Greg.* p. 75). Chez les Grecs, comme cette cérémonie était réservée aux patriarches, elle s'accomplissait avec une grande pompe (Baillet. *Fêtes mobiles, jeudi saint*). — (V. les art. *Baptême* et *Confirmation*).

Il y avait, dans l'antiquité, un vase en forme de patène, destiné à contenir le saint chrême : il s'appelait *patena chrismalis : Patenam argenteam chrismalem obtulit*, dit Anastase le Bibliothécaire au sujet de S. Sylvestre.

CIBORIUM. — Les anciens appelaient *ciborium*, en grec κιβώριον, un baldaquin soutenu par deux ou quatre et même six colonnes, et qui recouvrait l'autel des basiliques, et même, quoique beaucoup plus rarement, celui de ces petites églises qui se rencontrent dans les catacombes. On peut citer plus d'un exemple de *ciborium* établi dans ces dernières conditions. Ainsi, d'après Boldetti (*Osservaz.* p. 14), il en existait un dans une chambre du cimetière des SS. Marcellin et Pierre. Avant lui, Bosio en avait trouvé un au cimetière de Pamphile, sur l'ancienne voie Salaria (t. I, p. 559), et ce *ciborium*, plus grand que les autres, était d'une élégance exceptionnelle, orné de peintures et de feuillages. Enfin, M. Stevenson, jeune archéologue du plus brillant avenir (*Cimit. di Zotico*, p. 31), en signale un nouvel exemple dans le cimetière de Zotius qu'il a savamment illustré. Dans cette position, c'est-à-dire dans les chapelles cimetériales, le *ciborium* indiquait ordinairement qu'un corps de martyr était déposé sous l'autel.

Quoi qu'il en soit, ici, comme dans les basiliques proprement dites, le *ciborium* était et est encore de forme demi-sphérique, arqué sur ses quatre faces, et présente comme la figure d'un petit temple dans le grand. De là vient que, au moyen âge, l'église elle-même fut appelée κιβώριον, ainsi que nous l'apprennent Paul Silentiaire, et les autres écrivains Grecs, dont les témoignages ont été recueillis par Du Cange (*Copolis Christian.* lib. III. c. 62). Quelquefois, au-dessous du grand *ciborium*, dont les colonnes portaient sur le sol, il y en avait un autre qui appuyait ses piliers sur l'autel même (Anastas. *Lib. pontif.* passim. — Gear. — Mazocchi. *De cath. eccles. Neap.* — Greg. Turon *De glor. mart.* c. XXVIII). Nous pensons que, quand les deux baldaquins existaient ensemble, le plus petit, placé au-dessous du *ciborium* proprement dit, était ce qu'on appelait *peristerium*, colombaire, parce qu'il abritait immédiatement la colombe contenant la sainte eucharistie. C'est ce qui explique comment S. Perpetuus, évêque de Tours, put léguer au prêtre Amalaire (au cinquième siècle) *peristerium et columbam* (V. l'art. *Colombe eucharistique*). Il est évident que l'objet légué devait être un objet portatif.

Le *ciborium* était souvent orné de fleurs, d'où lui vinrent les noms de *lilia*, *malum*, et toujours surmonté d'une croix. On peut voir des *ciboria* de forme antique dans la plupart des anciennes basiliques de Rome, à Saint-Clément par exemple, à Sainte-Agnès, sur la voie Nomentane, etc. S. Jean Chrysostome atteste qu'il en existait déjà de son temps, et les voiles pendant autour de l'autel dont parle ce Père (Homil. III. *In c.* I *Epist. ad Ephes.*) le supposent évidemment : ces voiles ne pouvaient être attachés qu'au *ciborium*. Le *ciborium* date donc du quatrième siècle, c'est-à-dire de la même époque que l'usage de suspendre au-dessous de l'autel le vase eucharistique. Voici le *ciborium* de la basilique de Saint-Clément à Rome, tel qu'il existe encore aujourd'hui.

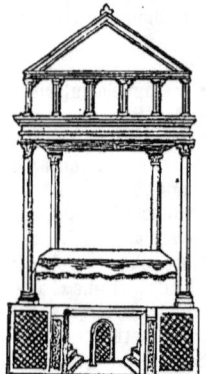

Les voiles autour de l'autel existaient dans les églises d'Occident aussi bien que dans celles d'Orient, et on les tenait déployés et étendus pendant la consécration jusqu'à l'élévation de la sainte hostie, afin d'environner les divins mystères de plus de vénération. Le passage de S. Chrysostome cité plus haut est fort précieux pour cet objet. « Lorsque, dit ce Père, l'hostie céleste est sur l'autel, que Jésus-Christ, la brebis royale, est immolé; lorsque vous entendez prononcer ces paroles : PRIONS TOUS ENSEMBLE LE SEIGNEUR ; lorsque vous voyez qu'on tire les voiles et les rideaux de l'autel, imaginez-vous que vous contemplez le ciel qui s'ouvre et les anges qui descendent sur la terre. » Ceci, grâce surtout au contexte, suppose évidemment qu'on ne tirait les voiles de l'autel qu'un peu avant la communion, qui était le moment où les Grecs faisaient l'élévation des saints mystères. Mais il est à croire que, chez les Latins, on les écartait auparavant, parce que, dans l'Église occidentale, l'élévation avait lieu, comme aujourd'hui, immédiatement après la consécration.

Que si l'on voulait rechercher, pour les églises d'Occident, la preuve que les autels y étaient aussi entourés de voiles attachés aux arcades ou aux colonnes du *ciborium*, il suffirait d'ouvrir le livre d'Anastase le Bibliothécaire, et en particulier aux *Vies* de Sergius I, de Grégoire III, de Zacharie, d'Hadrien I, etc. On y verrait que ces papes firent don à diverses églises de Rome d'un grand nombre de rideaux d'étoffes précieuses, avec la mention expresse de l'usage auquel ils étaient destinés : *In circuitu altaris tetravela octo* ; ailleurs : CIBORIUM *ex argento et vela serica circumquaque pendentia; pannos optimos quatuor in ciborio dedit.* Ici il s'agit non-seulement du *ciborium*, mais de ses arcs auxquels les voiles étaient attachés : *Vela de stauraci quæ pendent in arcubus argenteis in circuitu altaris*. Il serait aisé de multiplier ces citations.

Dans les deux Églises, il y avait une oraison appelée l'oraison du voile, *oratio veli, oratio velaminis*, que récitait le célébrant en entrant dans l'espèce de *sancta sanctorum* formé par les draperies qui enveloppaient l'autel. Thiers rapporte (*Autels des églises*. p. 84) deux de ces formules empruntées, l'une à l'antique liturgie de S. Basile, l'autre au sacramentaire de S. Grégoire (V. les art. *Voiles, Portières*).

CIEL. — Le fameux sarcophage de Junius Bassus (Bottari. tav. xv) fait voir, sous les pieds de Jésus assis au milieu des docteurs de la loi, une demi-figure de vieillard, et un autre tombeau du Vatican (Id. tav. xxxiii), dans le même sujet, un buste de femme, tenant étendue sur leur tête une

draperie flottante et comme enflée par le vent, sujet qui rappelle un peu le type des divinités marines chez les anciens. Les antiquaires (Buonarruoti. *Vetri*. p. 7. — Bottari. I. p. 41. — Visconti. *M. P. C.* t. IV. pl. XVIII) regardent en général cette figure comme la représentation hiéroglyphique du ciel, et nous ne pensons pas que le P. Garrucci (*Hagioglypta*. p. 92. note 1) soit suffisamment fondé à contredire cette interprétation.

On estime que, par cette figure, les premiers chrétiens avaient l'intention de rappeler que, à l'origine de toutes choses, le firmament avait divisé les *eaux d'avec les eaux* (Gen. I. 7), et que cet enfant de douze ans dont la doctrine étonnait par sa grandeur *tous ceux qui l'entendaient* (Luc. II. 47) n'était autre que cette sagesse incréée qui, portée sur les eaux, les avait divisées par le firmament, avait créé et ordonné le monde, qu'elle continue à gouverner de sa demeure sublime placée au-dessus du firmament; que cet enfant n'était autre que celui de qui le prophète a dit (Psalm. CIII. 3) : « Vous faites de la nue votre char, vous marchez sur l'aile des vents, » *qui ponis nubem ascensum tuum, qui ambulas super pennas ventorum*, pensée sublime, rendue ainsi par le poëte Ausone (*Oration*. v. 4) :

In cœli solium : cui subdita terra sedenti,
Et mare, et obscuræ chaos insuperabile noctis.

CIERGE BAPTISMAL. — I. — On a cherché, mais sans raison suffisante, à faire remonter jusqu'aux apôtres l'usage où est l'Église de mettre une cierge allumé à la main des néophytes pendant la cérémonie de leur baptême. Les témoignages des Pères prouvent néanmoins que cet usage était en vigueur dès les premiers siècles. Nous lisons dans le quatrième discours de S. Grégoire de Nazianze ces remarquables paroles adressées aux baptisés : « Je veux vous faire bien comprendre ceci : cette station que vous faites, aussitôt après votre baptême, devant le grand *sacrarium*, est la figure de la gloire de la vie future; le chant des psaumes par lequel vous êtes accueilli est le prélude des hymnes qui retentiront dans le séjour céleste ; les flambeaux que vous portez à la main représentent les lampes splendides de la foi avec lesquelles, âmes splendides et vierges, nous irons à la rencontre de l'époux. » Le langage de S. Cyrille de Jérusalem ne diffère pas beaucoup de celui-ci (*Protatech.*) : « Déjà vous exhalez une odeur de béatitude, ô illuminés (on sait que le baptême s'appelait *illumination*, φώτισμα)! Déjà vous cueillez les fleurs spirituelles pour tresser vos couronnes célestes; déjà les parfums de l'Esprit-Saint se font sentir ; déjà vous avez stationné autour du portique du palais du Roi : puisse le Roi vous y introduire!... Les lampes nuptiales vous ont été données. » Et ailleurs (*Catech.* I mystagog.) : « Vous qui venez d'allumer les flambeaux de la foi, gardez-les désormais continuellement allumés dans vos mains. »

Nicéphore Callixte raconte (l. III. c. 37) que des enfants chrétiens ayant un jour voulu simuler sur un jeune juif, leur camarade, les rites du baptême, le plongèrent dans la mer, lui couvrirent la tête d'un voile blanc, et, en guise de cierge, lui mirent un bâton blanc à la main. C'était ce qu'ils avaient vu faire à l'église. S. Grégoire de Tours (*Hist.* l. v. c. II), dans le récit qu'il donne du baptême administré par S. Avit à une multitude de juifs, n'a garde d'oublier les cierges qui brillaient dans les mains des néophytes, *flagrabant cerei*, non plus que les nombreux flambeaux allumés dans toute la ville en signe d'allégresse. Le poëte Fortunat a célébré en vers le même événement (*Carmin.* l. IV) :

Undique rapta manu lux cerea provocat astra,
Credas ut stellas ire trahendo comas.

« De toute part la lumière des cierges portés dans les mains rivalise avec les astres, de telle sorte que vous croiriez que les étoiles marchent semant après elles la lumière de leur chevelure. »

II. — Il serait superflu d'insister sur le fait en lui-même, qui est attesté par tous les liturgistes résumant les témoignages des anciens. Les interprétations mystiques de ce rit ressortent presque toutes des textes que nous venons de citer.

1° Il signifie en premier lieu que le chrétien sanctifié par le baptême doit briller aux yeux de tous par l'éclat des vertus chrétiennes et servir d'exemple et de prédication vivante aux païens : *Sic luceat lux vestra coram hominibus, ut videant opera vestra bona, et glorificent patrem vestrum qui in cœlis est* (Matth. v. 16) : « que votre lumière luise devant les hommes, de telle sorte qu'ils voient vos bonnes œuvres et glorifient votre père qui est dans les cieux. »

2° Le cierge du néophyte rappelle les noces spirituelles contractées entre Jésus-Christ et l'âme du baptisé (V. plus haut, *Greg. de Nazianz.* — *Cyrille de Jérusalem*).

3° D'autres pensent que ce flambeau signifie les trois vertus théologales infusées par le baptême dans l'âme du néophyte : la foi par son éclat, — la charité par sa chaleur, — l'espérance par sa position verticale qui le dirige vers le ciel. Car l'espérance nous élève en haut, d'où *in spem erigere* (V. Vicecom. *Ant. bapt. rit.* p. 773).

4° Une autre opinion, qui ne manque pas de probabilité, veut que le cierge allumé soit l'image du splendide séjour du ciel, où les baptisés seront reçus après leur mort, s'ils ont été fidèles aux engagements contractés à leur baptême. C'est Raban Maur qui indique cette signification (lib. II. c. 39).

5° Ce serait, selon quelques-uns, une invitation à la joie spirituelle qui doit être pour l'âme fidèle le résultat de sa régénération et de son introduction parmi les enfants de lumière. La pensée est de Nicétas, commentateur de S. Grégoire de Nazianze (*In orat.* XXXIX *sancti*) : *Baptismus luminum nomine appellatur, quod purget et illustret. Quo etiam fit, ut faces eo tempore in lætitiæ signum accendamus*, « le baptême tire son nom de la lumière, puisqu'il purifie et éclaire. C'est pour cela que, en le recevant, nous allumons des flambeaux en signe de joie. » Cette interprétation a son fondement dans l'usage instinctif et universel parmi les hommes d'illuminer pour manifester leur allégresse dans les événements heureux.

III. — Pendant toute l'octave qui suivait le baptême, les néophytes assistaient chaque jour, dans le baptistère même, à la célébration des saints mystères, avec leur cierge à la main : *Per septem dies, in angelico castitatis habitu, et luminibus cœlestis claritatis sanctis assistere mysteriis solent* (Raban Maur. *Instit. cleric.* l. II. c. 39).

Mais c'est à tort qu'on a supposé qu'ils le portaient toujours et partout durant cette huitaine; ils le prenaient seulement quand ils se rendaient à l'église pour l'office divin. Et encore Albinus Flaccus, qui rapporte le fait, semble-t-il supposer que le cierge, pendant cette procession, n'était pas porté par le néophyte lui-même, mais par une autre personne, le parrain probablement : *Baptizati ducuntur quotidie in ecclesiam, columna cerei illuminata præcedente illos*. Ceci paraissant impliquer contradiction avec d'autres textes, on a cru tout concilier en disant que les mots *præcedente illos* pouvaient s'entendre du cierge lui-même que les néophytes portaient de la main étendue, et qui, par conséquent, les précédait en quelque sorte. Quoi qu'il en soit, après la messe, on les reconduisait dans leurs maisons avec le même cérémonial (Albin. Flacc. *De divin. offic. de sabbat. in albis*).

Le septième jour ils déposaient dans le baptistère leur cierge baptismal qui restait dévolu au service de l'église et ne pouvait servir à un autre néophyte.

Toute cette discipline du cierge baptismal subsiste encore dans l'Église catholique. Si le baptisé est adulte, on le lui remet à lui-même; s'il est en bas âge, c'est le parrain qui porte le cierge.

IV. — Les cierges baptismaux étaient de forme ronde, comme des colonnes, et probablement tous d'égale grandeur (V. Vicecom. *Ant. bapt. rit.* p. 777). Les riches en fournissaient aux pauvres, et, comme nous le voyons dans la vie de S. Sylvestre par Siméon Métaphraste, Constantin avait décrété que des cierges et des robes blanches seraient donnés, aux dépens du Trésor public, aux pauvres qui embrasseraient le christianisme et qui ne pourraient pas se procurer ces objets par leurs propres ressources.

CIERGE PASCAL. — L'institution du cierge pascal est de toute antiquité dans l'Église. Il est certain qu'il existait du temps de S. Grégoire le Grand : nous le savons par son sacramentaire (Edit. Menard. *Off. sabb. sancti*), où se lit la formule de bénédiction *Exultet* à peu près telle qu'elle se chante aujourd'hui, et qui est généralement attribuée à S. Augustin; nous le savons encore par une lettre de ce pape à Marianus, évêque de Ravenne (L. XI. *epist.* 33). Deux formules de bénédiction, que nous a laissées Ennodius, évêque de Pavie en 490 (*Opp. edit. Sirmond.* t. I. p. 1724), se placent vers le milieu du cinquième siècle, car il dut, conformément à la discipline primitive, les composer étant encore diacre.

Que l'*Exultet* soit l'œuvre de S. Augustin, ou celle de S. Ambroise comme le veulent quelques critiques, il en résulte toujours que l'usage du cierge pascal existait vers le milieu du quatrième siècle. Il n'est donc pas exact d'en attribuer l'institution au pape Zozime, qui siégeait en 417, et qui ne fit que prescrire aux autres Églises un rit dès longtemps en vigueur à Rome (V. Anast. Bibl. *In Zozim.* 59). Le P. Papebroeck (*Propyl. ad act. SS. maii.* p. 9) en fait remonter l'origine au concile de Nicée, et en donne pour raison que l'usage s'établit alors dans l'Église d'écrire sur le cierge pascal le catalogue annuel des fêtes mobiles.

Le diacre bénissait le cierge pascal du haut de l'ambon (V. l'art. *Ambon*), ou dans le chœur, près des degrés du presbytère. C'est ce qui explique pourquoi la colonne destinée à le soutenir était placée à l'un de ces deux endroits, dans les anciennes basiliques de Rome, à Saint-Clément par exemple (Ciampini. *Vet. mon.* t. I. tab. XII. fig. 3. 5. tab. XIII. 1. 3. — V. aussi la figure de l'art. *Ambon*). Cette colonne était ordinairement décorée d'ornements en mosaïque. Telle est celle qui subsiste encore aujourd'hui dans l'*atrium* de la cathédrale de Capoue, et dont l'attribution ne saurait paraître douteuse; car on y a représenté en mosaïque l'acte même d'allumer le cierge pascal avec trois autres chandelles fixées au bout d'un roseau, en l'honneur de la Ste Trinité (V. Borgia. *Du cruc. Velit.* p. 250. not.), rit encore en vigueur aujourd'hui.

CIERGES ET LAMPES. — I. — L'usage des cierges et des lampes dans les cérémonies ecclésiastiques remonte à l'origine même de l'Église. Un passage des *Actes* (xx. 7 et 8) relatif à la prédication de S. Paul à Alexandrie de Troade, et où il est raconté que les fidèles de cette Église se réunirent sous la présidence du grand apôtre, pour la fraction du pain, dans un cénacle éclairé par un grand nombre de lampes, prouverait pour les temps apostoliques, si le texte sacré ne rappelait que cette réunion eut lieu la nuit. Mais ce qui manque à la valeur de ce témoignage serait peut-être suppléé par les *Canons apostoliques* (Can. III. Labb. I. col. 26 et 27), qui autorisent les fidèles à offrir à l'autel de l'huile pour le luminaire.

Le fait est du moins incontestablement établi pour le temps des persécutions, car on a trouvé dans les cryptes des catacombes un grand nombre de lampes que leur style peut faire attribuer au deuxième ou au troisième siècle, et qui, vu leur position, durent avoir une tout autre destination que de chasser les ténèbres (V. Boldetti. p. 43). Quelques-unes de ces lampes étaient placées devant les tombeaux des martyrs, comme témoignage de la vénération des fidèles, et nous savons qu'on emportait par dévotion de l'huile qui y brûlait. Nous donnons à l'article *Huiles saintes*, sur ce sujet intéressant, des détails auxquels nous renvoyons le lecteur. On a trouvé souvent près de ces saintes sépultures un pilier de pierre d'environ trois pieds de haut et creusé au sommet, très-probablement pour recevoir ces lampes. C'est ce qu'on peut voir en particulier près des tombeaux de S. Corneille et de S. Cyprien, découverts par M. de' Rossi, au cimetière de Saint-Calliste.

Quelquefois elles étaient suspendues par des chaînes de bronze aux voûtes de ces cryptes sacrées. On peut se faire une idée de ces systèmes de lampes par le beau monument de ce genre qui se conserve dans le cabinet du grand-duc de Toscane (V. Foggini. *De Roman. itin. Petri.* p. 484). On en voit aussi une très-remarquable dans l'ouvrage de Sante Bartoli (N. 25. — Des chrétiennes). Sur une pierre sépulcrale publiée par M. Perret (v. pl. XXIV) est représentée une espèce d'autel recouvert d'un arc en forme de *ciborium*, de chaque côté duquel brûle un cierge sur un chandelier, non pas sur l'autel lui-même, mais sur des consoles, en dehors de l'autel et même en dehors des colonnes du *ciborium*. Ce curieux monument pourrait peut-être nous donner une idée de la manière dont les lumières étaient placées autour des autels tout à fait primitifs, ou des tombeaux des martyrs; et nous savons, en effet, que plus tard on mit des cierges sur des poutres fixées entre les piliers du *ciborium* (V. Bocquillot. *Traité hist. de la messe*. p. 80).

Au troisième siècle, nous voyons par les actes proconsulaires de S. Cyprien (Ap. Ruinart. p. 218) que les fidèles accompagnèrent avec des cierges les restes de ce grand évêque et martyr; et Prudence (*Peristeph*. II. 71.) fait dire à S. Laurent, par le persécuteur qui lui demandait ses trésors : « On sait que dans vos réunions nocturnes les flambeaux sont portés par des candélabres d'or. » Le pape Damase, auteur présumé du Livre pontifical, nous apprend que S. Sylvestre fit exécuter pour l'église des candélabres de bronze d'une grande magnificence. Nous trouvons des témoignages analogues dans S. Athanase (*Encycl. ad episc*. 4. Opp. t. I. p. 114) et S. Épiphane (*Epist. ad Joan. Ilieros*. Opp. t. II. p. 317).

Il est prouvé par le témoignage de S. Grégoire de Nazianze (*Orat*. XL. 46) que, déjà de son temps, on se servait de flambeaux dans les cérémonies du baptême, aux funérailles (*Orat*. V. 16), dans les fêtes de l'Église (v. 35). Sur la fin du quatrième siècle, le concile de Carthage dispose que, à l'ordination de l'acolyte dont la fonction est d'allumer les cierges, l'archidiacre lui fera toucher un chandelier avec son cierge (Labbe. II. col. 1200). Et on ne saurait oublier que l'ordre de l'acolyte n'a pas été institué pour d'autre fonction que celle-là; or cet ordre date du berceau de l'Église (V. l'art. *Acolyte*). Du temps de S. Jérôme, dans toute l'Église d'Orient, on allumait des cierges pour le chant de l'Évangile (V. la savante dissertation de M. l'abbé Greppo, *sur l'usage des cierges et des lampes dans les premiers siècles de l'Église*. Lyon. 1842. p. 44 d'une brochure renfermant plusieurs mémoires).

L'antiquité de cet usage n'est pas moins démontrée pour notre Gaule. S. Sidoine Apollinaire (*Epist*. v. 17) fait mention de nombreuses lumières que les fidèles avaient apportées par dévotion dans la basilique de Saint-Just à Lyon, le jour de la fête de ce pontife; et S. Grégoire de Tours parle très-fréquemment de cierges allumés devant les tombeaux des martyrs et des confesseurs, dans les rites du baptême et notamment au baptême de Clovis, dans la cérémonie de la translation des reliques : il cite en particulier une procession où furent portées celles de S. Remi, évêque de Reims (*De glor. confess*. LXXIX); il mentionne aussi en plusieurs endroits des offrandes de cierges ou de lampes faites aux lieux révérés par des fidèles (*De mirac. S. Martin*. I. 18). Les riches léguaient quelquefois des sommes considérables pour l'entretien du luminaire (V. Cahier. *Mém. sur la couronne de lumière d'Aix* dans les *Mélanges archéologiques*. t. III. p. 1). Ainsi S. Perpetuus, évêque de Tours, lègue en 475 à son Église plusieurs terres, mais à la charge de consacrer l'une d'entre elles à entretenir jour et nuit des lampes devant le tombeau de S. Martin : *Ita tamen ut de eorum proventibus oleum paretur pro Domini Martini sepulcro indesinenter illustrando* (*Testam. Perpet. in Spicil. Acher*. t. V. p. 107). Bède (*De temp. rat*. c. XXVI) rappelle, comme une chose familière à tout le monde, à propos d'un problème astronomique, les illuminations des fêtes ecclésiastiques.

II. — Il y avait, comme l'indique le titre de cet article, deux espèces générales de candélabres ou de lustres, ceux qui servaient à mettre de l'huile et qu'on appelait *canthari* ou *canthara*, et ceux qui étaient destinés à recevoir des cierges ou des chandeliers : ceux-ci se nommaient *phari* ou *phara*; c'est la remarque du P. Boulanger, dans ses notes au Livre pontifical (l. II. c. 2. — Cf. Thiers. *Autels*. p. 143); mais il paraît qu'on pouvait aussi mettre dans ces derniers de l'huile, à moins qu'on ne doive entendre d'un appareil approprié aux deux usages ce que les écrivains ecclésiastiques désignent sous le nom composé de *pharacanthara* : c'est un objet de cette dernière espèce que Constantin (Anastas. *In Sylv*.) avait donné à la basilique du Sauveur : *Pharum-cantharum ex auro purissimo ante altare, in quo oleum nardinum pisticum cum delphinis* LXXX *pensantem libras tres*).

Voici deux candélabres de marbre, trouvés dans le baptistère ou mausolée de Sainte-Constance, sur la voie Nomentane, et qui se conservent aujourd'hui au musée du Vatican (Ciampini. *De sacr. ædif*. tab. XXIX 3 et 4). Ce sont des monuments de la meilleure époque des Romains sous le paganisme.

Ils ne sont pas néanmoins déplacés ici, d'abord parce que le lieu où ils ont été recueillis indique assez qu'ils avaient été employés au culte chrétien, et ensuite parce qu'il est évident qu'ils ont servi de modèle à ceux que l'Église a depuis fait exécuter pour son culte.

Il y avait ensuite les grands lustres en forme de cercle ou de couronne : *Coronæ-pharæ, circuli uminum, polycandelæ*, etc. Ces couronnes lumineuses étaient suspendues aux voûtes des églises; elles supportaient une masse considérable de cierges ou de lampes, qui, selon l'expression poétique de Siméon de Thessalonique (*Lib. de sacram.*), imitaient l'éclat des astres au firmament : *Velut in cælo, scilicet in templo visibili lumina, velut stellæ sublimia coruscant*. La couronne dont il est question était suspendue au milieu du sanctuaire, devant la sainte table ; c'était l'usage de l'Église grecque, selon le commentaire de Goar sur l'eucologe (p. 850). Les lustres à sept branches, rappelant les sept dons du Saint-Esprit *propter gratiarum numerum*, dit le même auteur (Sim. Thess.), sont suspendus à la voûte, au milieu de l'église (*Ibid.* 851) ; et les douze lumières qui représentent les douze apôtres, et celle du milieu qui représente Jésus-Christ, sont attachées aux traverses des cancels du sanctuaire.

Ces phares ou couronnes étaient aussi usités dans l'Église latine. Prudence ne laisse aucun doute à cet égard (*Cathemerin. hymn.* v) ; nous citons ces vers élégants, où est dépeint le magique effet des lustres desquels la flamme, *nageant* sur la surface de l'huile, se projetait dans toute l'étendue du temple, et faisait resplendir les lambris :

> Pendent mobilibus lumina funibus,
> Quæ suffixa micant per laqueria,
> Et de languidulis fota natalibus
> Lucem perspicuo flamma jacit vitro.

Mais aucun écrivain de l'antiquité n'est aussi fécond que S. Paulin de Nole sur l'objet qui nous occupe. Dans le passage suivant (*Nat. S. Fel.* v) il suppose que souvent les cierges en usage dans les églises étaient peints :

> Ast alii pictis accendunt lumina ceris,
> Multiforesque cavis lychnos laqueribus aptent,
> Ut vibrent tremulas funalia pendula flammas.

Les *lychni* dont il est ici parlé étaient des lampes à huile élégamment suspendues aux couronnes. On voit, d'après ce qui précède, qu'il ne s'agit nullement de lumières placées sur les autels ; cet usage n'est venu que longtemps après, c'est-à-dire vers le dixième siècle pour les Latins, et les Grecs ne l'ont jamais adopté. Chez eux les cierges fixes sont sur un petit autel à côté du grand, et dans les diverses circonstances de la liturgie, ils sont portés par les lecteurs ou les acolytes devant l'officiant ou le diacre (V. Thiers. *Dissert. sur les autels.* p. 135 et suiv.). Par le texte d'Anastase cité plus haut, on a vu que le lustre offert par Constantin à la basilique de Latran était suspendu devant l'autel, *ante altare*. Il en était toujours ainsi, soit pour les grandes basiliques où se célébraient les synaxes et se tenaient les assemblées des fidèles, soit pour les tombeaux des apôtres et des martyrs. S. Jérôme le suppose évidemment, lorsqu'il adresse à l'hérétique Vigilance cette question (*Epist.* LIII) : « Est-ce donc que les cierges allumés devant les tombeaux des martyrs sont un acte d'idolâtrie ? » On sait que Constantin (Anast. *In Sylv.*) fi

faire un phare d'or orné de cinq cents dauphins, lequel devait briller devant le glorieux sépulcre de S. Pierre dans sa basilique au Vatican, et encore un autre du même genre pour le tombeau de S. Laurent *in agro Verano*. Le pape Léon III, imitant cet exemple, plaça un lustre de porphyre suspendu à des chaînes d'or devant la confession de S. Paul : *Polycandelum porphyriticum in pergula ante confessionem, in catenulis aureis* (Anast. *In Leon. III*).

Nous devons à M. Peigné-Delacourt (*Bulletin de la Société nation. des antiquaires de France*, 1865, p. 140) la connaissance d'un monument certainement unique dans son genre. C'est un lampadaire de bronze, en forme de basilique, trouvé dans un caveau funéraire à Orléansville. Il était suspendu à la voûte au-dessus d'une mosaïque où se lisaient deux inscriptions chrétiennes indiquant les noms des défunts. Le monument est du cinquième siècle, de l'aveu de tous les savants qui l'ont examiné.

Pour en revenir aux autels des églises, nous voyons par tous les témoignages anciens que les lumières, de quelque nature qu'elles soient, sont constamment placées devant et non sur la table sacrée. Il n'est pas sans intérêt de citer encore quelques exemples. Constantin, dont les libéralités envers les églises ne connaissaient pas de bornes, fit placer quatre candélabres d'argent, selon le nombre des Évangiles, *secundum numerum quatuor Evangeliorum* (Anast. *In Sylv.*), devant l'autel de Sainte-Croix en Jérusalem, où était renfermé le bois de la vraie croix. Le pape Sixte III mit une couronne-phare devant l'autel d'argent de Sainte-Marie Majeure (Anast. *In Sixt. III*), et S. Hilaire en établit dix d'argent pur en avant de celui de Saint-Jean de Latran : *Cantharos argenteos pendentes ante altare decem* (Id. *In Hilar.*). Walfride-Strabon fait aussi mention (L. II *Vit. S. Gall.*) d'un phare qui était attaché à la muraille de l'église de Saint-Gall en Suisse, et suspendu avec une corde devant l'autel.

On mettait encore des couronnes de cierges ou de lampes autour des autels, c'est-à-dire partout, excepté sur la table elle-même. Nous ne saurions omettre les vers suivants de S. Paulin (*Nat.* VII *S. Fel.*) qui en font foi :

> Clara coronantur densis altaria lychnis,
> Lumina ceratis adolentur odora papyris,
> Nocte dieque micant : sic nox splendore diei
> Fulget, et ipse dies cœlesti illustris honore
> Plus micat, innumeris lucem geminata lucernis.

On voit que le saint évêque de Nola tient à constater que ces lumières brillaient dans l'église le jour comme la nuit, c'est-à-dire à tous les offices : *nocte dieque micant.* Plus tard on alluma aussi des cierges sur des poutres qui régnaient à l'entrée du chœur.

Enfin les chandeliers qui servaient aux messes solennelles n'étaient autres que ceux que les acolytes au nombre de sept tenaient entre leurs mains. Ils les déposaient à terre, derrière l'autel, ou au milieu de l'église, ou sur la première marche de l'autel ; pour le chant de l'évangile, deux d'entre eux, et quelquefois tous les sept, accompagnaient le diacre à l'ambon et se rangeaient tout à l'entour pendant qu'il chantait l'évangile ; tout cela est réglé dans le plus grand détail par les plus anciens ordres romains, et on peut voir toute cette liturgie en action dans un plan de la basilique de Saint-Clément de Rome qu'a donné Ciampini (*Vet. mon.* t. I. tab. XI), et où sont marquées les diverses places qu'occupaient successivement pendant la messe les chandeliers des acolytes, ainsi que l'ordre dans lequel ils étaient rangés.

CIMETIÈRE (κοιμητήριον). — Le mot *cimetière*, pour désigner la dernière demeure de l'homme, est exclusivement chrétien. *Cœmeterium recubitorium vel dormitorium est mortuorum, qui ideo ab Ecclesia dormientes dicuntur, quia resurrecturi non dubitantur* (Walfrid. Strob. *De reb. cul.* c. VI). Le seul exemple païen où il se rencontre (Aringhi. *R. S.* I. 5) est d'une attribution douteuse. Il est dérivé du grec κοιμητήριον, qui veut dire dortoir, et a pour équivalent *dormitorium*, employé quelquefois dans les auteurs, dans les actes des martyrs surtout ; ceux de S. Maximilien, par exemple, font lire : *Pompeiana matrona corpus ejus de judice eruit et imposito in dormitorio suo* (Ruinart. p. 264. III). Il paraît qu'il désignait quelquefois une simple sépulture de famille. Boldetti (p. 633) signale à Malte un hypogée de ce genre, où se trouve une inscription grecque attestant que le cimetière κοιμητριον (sic) avait été acheté et renouvelé par un chrétien nommé Zozime. Une inscription de Florence semble même supposer que le mot cimetière pouvait s'appliquer à un tombeau isolé. Il y est dit que plusieurs enfants d'une même famille avaient été déposés chacun dans un cimetière particulier : QVI POSITI SVNT || PER SINGVLA CE || METERIA (V. Foggini. *De Roman. itin. Petri.* p. 295).

Le nom de cimetière est rare dans les inscriptions. L'épitaphe de Sabinus (Perret. v. XXIX. 67) est la seule, pense-t-on, où il se lise :

SABINI DISO
MVM SEDIBVM
FECIT SIBI IN CYMI
TERIUM BALBINAE
IN CRYPTA NOBA

Le dogme consolant de la résurrection de la chair faisait envisager au chrétien sa mort comme un sommeil passager : *In Christianis,* dit S. Jérôme (*Epist.* XXIX), *mors non est mors, sed dormitio et somnus appellatur* ; « chez les chrétiens, la mort n'est pas une mort, mais une |dormition, et elle s'appelle sommeil ; » et cette croyance était exprimée, non-seulement par le mot *cœmeterium* donné au lieu où reposaient les corps des fidèles, mais encore par les formules et acclamations qui étaient inscrites sur la tombe de chacun d'eux, et qui toutes exprimaient les mêmes idées d'espérance et d'avenir : DEPOSITVS, — DORMIT OU QVIESCIT IN PACE. Si l'on ouvre au hasard un livre d'inscriptions, on trouvera à chaque ligne l'expression de cette foi : DORMITIO SILVESTRI (Perret. III. X), — ΕΝ ΕΙΡΗΝΗ ΜΗΣΕΙΣ ΜΟΔΕΣΤΟΥ, *In pace dormitio Modesti* (Marangoni. *Act. S. V.* p. 74). Cette formule n'était cependant point particulière aux chrétiens. Elle était aussi employée par les Juifs : témoin l'épitaphe d'Aurelia Zotica, accompagnée du candélabre à sept lampes : ΕΝ ΕΙΡΗΝΗ ΚΟΙΜΗΣΙΣ ΑΥΤΗΣ, *in pace dormitio ejus* (Oderico. *Syllog. vet. inscr.* p. 253).

Le mot cimetière était le plus généralement usité pour désigner la sépulture commune des chrétiens et des martyrs, mais on rencontre de temps en temps d'autres dénominations qui, pour la plupart, expriment la même idée et quelquefois certaines circonstances spéciales de lieu. Ainsi, par exemple, en Afrique, *areæ* (*Act. S. Cypr.* ap. Ruin.), *arenarium,* et *arenariæ* pour les sépultures de Rome creusées dans le sable ou la pouzzolane (Anast. Bibl. *In Vit. Sylv. et Theod. PP.*). *Atrium* exprime la sépulture dans le vestibule des églises (*Pœnitent. Rom.* tit. VII. c. 25). *Catacumbæ* désignait proprement le lieu où furent ensevelis les corps de S. Pierre et de S. Paul, près de l'église de Saint-Sébastien, sur la voie Appia. Mais on étendit ensuite cette dénomination à tous les cimetières souterrains de Rome. *Concilia martyrum* se dit surtout des cimetières où les martyrs étaient en grand nombre (Baron. *Ad an.* 259. — Hieron. *Epist. ad Heliodor.* — *Martyrol. rom.* XXIII jun. not. Baron.). *Cryptæ* : cette appellation, qui convient en général à tous les lieux souterrains, fut appliquée spécialement à la sépulture des chrétiens et des martyrs, qui communément avait lieu dans des souterrains. *Hypogæum,* mot grec qui signifie aussi un lieu souterrain. Nous avons une curieuse épitaphe où il est employé (Wiseman. *Fabiola.* II. 2) : M. ANTONI || VS RESTVTV || S. FECIT VPO || GEV. SIBI ET || SVIS. FIDENTIBVS. IN DOMINO, « M. Antonius Restitutus a fait cet hypogée pour lui et les siens qui ont foi au Seigneur. » *Latebræ* fait allusion au refuge que les cimetières offraient aux fidèles en temps de persécution. *Polyandria,* mot collectif qui exprime la réunion d'un certain nombre de tombeaux (Theof. Aurelian. *Capitular.* c. IX). *Requietoria, requietionis loca, sedes requietionis,* lieu de repos. *Sacrarium* et *sanctuarium* : les cimetières furent ainsi appelés soit parce qu'ils recevaient les corps des Saints, soit parce qu'on y célébrait les saints mystères (Du Cange. *Sanctuar.*). *Sedes ossium* : Prudence désigne ainsi le cimetière de Cyriaque et le tombeau de S. Laurent (*Peristeph. In S. Laurent.*). *Sepulcretum,* lieu destiné à recevoir beaucoup de sépulcres. *Tumbæ* fut appliqué aux cimetières romains (Bosio. l. i. c. 4). On trouve encore un grand nombre de désignations, pour lesquelles nous renvoyons à Boldetti (p. 586). (V. les art. *Catacombes, Sépultures, Loculi, Cubicula, Arcosolium*, etc.).

CINERARII. — V. l'art. *Vêtements des premiers chrétiens*, I.

CIRCONCISION. — V. l'art. *Fêtes immobiles*, I, 1°.

CLAVUS. — Les fresques des catacombes, les mosaïques, ainsi que les peintures chrétiennes en général, offrent à chaque pas des vêtements

ornés, d'après un usage antique, de bandes de pourpre, *clavi*, vêtements qui sont appelés, pour ce motif, *vestes clavatæ* (V. Rubenius. *De re vestiaria, et præcipue de laticlavo*. Antuerp. 1665).

Cet ornement, qui, sauf de rares exceptions (Bottari. tav. cxxiii), se prolonge jusqu'au bas du vêtement, est ordinairement uni (V. les articles *Dalmatique* et *Penula*), et parfois enrichi d'arabesques et d'élégantes broderies, comme dans la figure ci-dessus, prise d'une fresque du cimetière de Sainte-Agnès, et publiée par M. Perret (V. *Catac.*, vol. ii, pl. vii. — V. aussi Bottari, tav. cliii. clxxx. etc.); il est plus ou moins large, selon le rang ou la dignité de la personne. Ainsi Notre-Seigneur, soit seul (Id. tav. cliii), soit enseignant, se distingue souvent par une bande de pourpre beaucoup plus large que celle des apôtres, par exemple dans une belle fresque du cimetière de Sainte-Agnès, où il est vu assis au milieu d'eux (Perret. *Catac.* ii. pl. xxiv).

Les gens du peuple portaient eux-mêmes de ces *clavi*, mais fort étroits, et le plus souvent ce n'étaient que des bandes d'étoffe commune teintes en pourpre. Il y en a presque toujours deux, tombant perpendiculairement des deux côtés de la poitrine, circonstance exprimée formellement dans les actes des Stes Perpétue et Félicité, où il est dit du Bon Pasteur qui apparut à la première : *Distinctam habens tunicam inter duos clavos per medium pectus* (Ap. Ruinart, edit. Veron. p. 32) ; et dans son traité *De pallio*, Tertullien parle du soin extrême que l'on mettait à assortir les nuances de la pourpre de chacun d'eux.

Primitivement, d'après Rubenius, il n'y en avait qu'un seul régnant au milieu de la poitrine ; et nous savons d'ailleurs qu'il s'appelait *patagium*, et qu'il était propre aux femmes. Les monuments chrétiens ne nous offrent, à notre connaissance, que deux ou trois exemples de cette dernière particularité, et toujours dans le même sujet, c'est-à-dire sur la tunique des trois jeunes Hébreux dans la fournaise (Bott. tav. cxlix. clxxxi) ; c'est probablement un caractère propre aux personnages de l'Ancien Testament, car dans l'un de ces deux tableaux se trouve une femme en prière qui a deux *clavi* à sa robe ; et nous avons même remarqué quelques *orantes* qui en ont deux de chaque côté de la poitrine (Id. tav. cxlvi. cliii). On voit par là que cet ornement était commun aux deux sexes : il est en effet attribué à des femmes dans beaucoup de circonstances, par exemple dans des représentations de repas (Id. tav. cix. cxli), aux vierges sages dans une fresque des catacombes (tav. clviii), à Sainte Agnès, dans des verres dorés (Buonarruoti, tav. xiv. 1), etc. S. Jérôme atteste (Epist. xxii. *Ad Eustoch.*) que de son temps il n'était point interdit aux vierges chrétiennes, non plus qu'aux femmes d'une vie exemplaire. Il est attribué aux personnages de l'Ancien Testament aussi bien qu'à ceux du Nouveau ; et, pour en citer un exemple entre mille, on peut voir, dans l'ouvrage de M. Perret (t. i. pl. xxiv) une magnifique peinture de Moïse détachant sa chaussure, vêtu d'une tunique blanche rehaussée de deux larges bandes de pourpre (V. ce sujet à l'art. *Moïse*). Les peintures de la Genèse publiées par Lambecius donnent des tuniques *clavatas* aux patriarches, et nous savons par S. Epiphane (*Hæres.* xv) qu'elles étaient en usage chez les Juifs. Les apôtres en ont dans toutes les fresques à peu près, dans beaucoup de verres peints (Buonarr. tav. xiv. xvi. etc.), et dans la plupart des mosaïques, entre autres celles de Sainte-Constance, de Sainte-Marie Majeure, de Saint-Paul, des Saints-Cosme-et-Damien, de Saint-André in Barbara, etc.

Un livre apocryphe, mais incontestablement très-ancien (Ap. Fabric. t. ii. p. 674), décrit ainsi le *colobium* de S. Barthélemi : *Vestitus colobio albo clavato purpura*. Enfin les mosaïques l'attribuent aussi aux anges (V. Ciamp. *Vet. mon.* i. tab. xlvi. et ii. tab. xv). Le ménologe de Basile, notamment au 16 et au 29 décembre, nous en fournit des exemples, ainsi que les plus anciens manuscrits à miniatures. Ces bandes de pourpre s'adaptaient à la *penula*, aussi bien qu'à la tunique : la fresque d'un *arcosolium* du cimetière de Priscille (Bott. tav. clxii) en offre à elle seule trois exemples : une *orante*, Abraham et Isaac vêtus tous les trois de la *penula clavata*.

En passant de l'usage profane à l'usage sacré, les *colobia*, les dalmatiques et les *penulæ* (V. ces mots) conservèrent ces ornements de pourpre. Le *colobium*, qui primitivement n'était autre chose qu'une tunique sénatoriale, fut adopté par les prêtres et les moines (Rubenius. *De re vestiar.* xviii), et il était orné d'une seule, mais large bande de pourpre, appelée *laticlavus*. Mais il descendait de la poitrine jusqu'aux pieds perpendiculairement, différant en cela du *laticlavus* ordinaire, qui pasait en travers sur la poitrine, comme un baudrier; c'est ce qu'on peut voir, sans parler des monuments profanes, sur quelques sarcophages chrétiens, au centre desquels sont représentés en pied ou en buste des époux de distinction, par exemple Probus et Proba (Bott. tav. xvii. cxxxvii *et alibi*), et encore sur des verres à fond doré (V. Buonarr. tav. xxv. xxvi.) —V. aussi la figure de notre article *Imagines clypeatæ*).

Les prêtres, comme les sénateurs, portaient des penules *laticlavias*, et, en certains lieux, la bande de pourpre prit à la partie postérieure du vêtement la forme d'une croix; tandis que les diacres, à l'exemple des chevaliers, eurent des tuniques ou des dalmatiques *angusticlavias* (Rubenius. *op. laud.* p. 109).

Il est certain (V. Borgia. *De cruce Velit.* p. lxxiv. note A) que, dans les premiers siècles, les chasubles les plus riches étaient garnies, devant et derrière, en forme de *pallium*, d'une bande d'étoffe d'une couleur distincte. L'antiquité a appelé cet ornement *pectorale* et *dorsale*, et en grec ὀμοφόριον, et, quand il était d'or, *aureum clavum*, ou, par un mot moitié grec, moitié latin, *chrysoclavum*, et plus tard *aurifrigium* ou *aurifrisium* (V. l'art. *Chasuble*). Notre-Seigneur est représenté avec des *clavi* d'or dans la mosaïque de Sainte-Agathe Majeure à Ravenne (Ciamp. *Vet. mon.* t. i. tab. xlvi), exécutée vers l'an 400. Ceci dénote que les artistes, plus soucieux de l'élégance que de la fidélité, exécutaient quelquefois les images de Jésus-Christ et des saints avec les habits usités chez les personnages considérables de leur temps.

L'ornement qui nous occupe ne descend quelquefois que jusqu'au milieu de la poitrine; il est alors parsemé de petits disques et se termine par de petites bulles; en voici un exemple, de la même provenance que l'*Orante* ci-dessus, page 179.

Les anciens désignaient cette variété de *clavus* sous le nom de *paragonda* ou *paragaudis*, nom attribué aussi quelquefois au vêtement lui-même qui en était orné, et qui n'est autre chose qu'une espèce de *colobium*.

CLEFS DE SAINT PIERRE. — Ce n'est pas seulement au moyen âge, comme l'ont avancé quelques savants (V. R.-Rochette. *Tableau des catac.* p. 268), qu'on a commencé à représenter S. Pierre avec cet attribut. L'antiquité nous en fournit d'assez nombreux exemples. Les plus anciens, pensons-nous, sont ceux qui figurent a tra-

dition des clefs, ce qui est la traduction matérielle des promesses faites par Notre-Seigneur au chef de ses apôtres (Matth. xxvi. 34. — Marc. xiv. 30. etc.) : « Je te donnerai les clefs du royaume des cieux. » S. Pierre, profondément incliné, reçoit ce précieux dépôt sur ses mains recouvertes, selon une coutume respectueuse de l'antiquité, d'un pan de son manteau.

Voici l'énumération des seuls monuments incontestablement antiques qui, à notre connaissance, reproduisent cette scène. C'est d'abord un sarcophage du cimetière du Vatican (Bottari. tav. xxi. v), dont les sculptures sont d'un bon style. C'est, en second lieu, un sarcophage de la crypte de S. Maximin (*Monum. de Ste Mad.* t. i. p. 771), où Notre-Seigneur ne présente qu'une seule clef à S. Pierre debout, et non incliné selon l'usage, et sur un autre tombeau du musée d'Arles, portant le n° 70. M. de' Rossi en a trouvé un exemple sur un sarcophage du cimetière de Priscille.

Le fait est représenté avec les mêmes circonstances sur un vase dont l'âge précis ne nous est pas connu, mais que Blanchini regardait comme fort ancien (*Not. in Anast. Vit. S. Urban.* n. 18) : nous reproduisons ci-dessus, d'après Bottari (i. 185), la partie du bas-relief de ce vase qui est relative au sujet qui nous occupe. La mosaïque de Sainte-Agathe in Suburra (Ciampini. *Vet. mon.* t. xxxvii), qui est de 472, montre S. Pierre au moment où il vient de recevoir la clef (il n'y en a qu'une), qu'il tient encore sur son manteau. Et il faut observer ici une circonstance fort importante, c'est qu'il est coiffé d'une espèce de tiare, en signe de prééminence, tandis que tous les autres apôtres qui figurent dans le tableau des deux côtés du Sauveur assis sur un globe ont la tête découverte (V. la gravure à l'art. *Saint Pierre et Saint Paul*). S. Pierre est aussi représenté avec les clefs à la main sur un sarcophage de Vérone (Maffei. *Musæum Veron.* p. 484), dans la mosaïque du grand arc de la basilique de S. Paul sur la voie d'Ostie, mosaïque de l'an 441 (Ciamp. i. tab. lxviii), et, dans celle de Sainte-Marie in Cosmedin de Ravenne, monument de 553, il semble les présenter au trône de l'Agneau (Id. ii. tab. xxiii). Dans un manuscrit grec du Vatican, remontant à l'empereur Justin Ier, est une image en pied du prince des apôtres, où il tient, outre un volume roulé, un grand anneau dans lequel sont passées les trois clefs (Alemanni. *De Lateranens. parietin.* tab. VII. p. 55).

Des monuments qui ne nous semblent pas antérieurs au sixième siècle font voir le prince des apôtres avec une, deux, et quelquefois trois clefs à la main (V. Perret. vol. III. pl. XII), ou sur la poitrine, comme un sceau de plomb publié par Borgia au frontispice de son ouvrage, *Vaticana confessio B. Petri*.

La signification générale des clefs, en quelque nombre qu'elles soient, c'est la puissance illimitée confiée à S. Pierre par Notre-Seigneur. « S. Pierre a reçu les clefs, dit Bède (*Hom. in die BB. Petri et Pauli apost.*), afin que tous les croyants répandus dans l'univers sachent que quiconque, de quelque manière que ce soit, se sépare de l'unité de la foi, c'est-à-dire de la société de Pierre, celui-là ne peut ni être absous des chaînes de ses péchés, ni se faire ouvrir la porte du royaume céleste. » S'il y en a trois, elles expriment sa toute-puissance, au ciel, sur la terre, aux enfers (Ivo Carnotens. ap. Hittorp. *De divin. offic.* p. 419). Selon d'autres (Magist. Sentent. III. dist. 18), la première représenterait la clef de la science, soit le pouvoir d'enseigner; la seconde, le pouvoir de lier et de délier; la troisième, le pouvoir de gouverner l'Église. Le plus ordinairement ces clefs sont au nombre de deux : c'est le type des armes du souverain pontife, successeur de S. Pierre. L'une est en or, et représente le pouvoir d'absoudre; l'autre en argent, et représente le pouvoir d'excommunier : celle-ci est inférieure à l'autre en dignité (Molan. *Hist. SS. imag.* p. 130. edit. Lovan.).

CLERCS. — V. l'art. *Ordres ecclésiastiques*.

CLERGÉ (SES MOYENS D'EXISTENCE ET SES IMMUNITÉS DANS LA PRIMITIVE ÉGLISE. — I. — MOYENS D'EXISTENCE. Les principales ressources de l'Église pour l'entretien de ses ministres étaient :

1°. LES OBLATIONS VOLONTAIRES DU PEUPLE (V. l'art. *Oblations*). Il y en avait d'hebdomadaires et de mensuelles. Les premières étaient celles que chaque fidèle apportait à l'église quand il devait participer à la sainte eucharistie. Les mensuelles étaient celles que, chaque mois, les riches versaient dans le trésor de l'église, chacun selon sa générosité, comme on le peut conclure d'un passage de l'*Apologétique* de Tertullien (XXXIX). Ce trésor ou *gazophylacium* était appelé *corbona ecclesiæ* (S. Cyprian. ap. Baron. *Ann.* XLIV. 69). De là vint ce mode de distribution mensuelle entre les clercs dont S. Cyprien parle en plusieurs endroits, et en conséquence le nom de *sportulantes fratres*, « frères recevant la sportule, » que ce même Père donne aux clercs; et ce qu'on appelle aujourd'hui « suspense du bénéfice, » il l'appelle suspense de la distribution mensuelle, *suspensio a divisione menstrua* (*Epist.* XXXIV), ce qui est une nouvelle preuve de l'usage en question. Outre cette pension mensuelle, les prêtres recevaient encore, dans la distribution qui se faisait à la suite des agapes, une double part, suivant le précepte de S. Paul : *qui bene præsunt presbyteri duplici honore digni habeantur* (Tim. I. 17).

2° LES REVENUS DES CHAMPS ET AUTRES POSSESSIONS DE L'ÉGLISE. Dans les premiers siècles, ces revenus étaient peu considérables, parce que, en temps de persécution, les biens immobiliers étaient de tous les plus exposés. De là vient que l'usage de l'Église romaine fut alors de posséder le moins d'immeubles possible; on était forcé de les vendre et on en faisait trois portions, une pour l'Église, une pour l'évêque, une pour le clergé. Les autres Églises, même dans le feu de la persécution, possédaient des maisons, des terres et toute espèce d'immeubles. On en a une preuve dans l'édit de Maximin qui en 313 fit restituer aux Églises tous les biens dont le fisc s'était emparé, ou qui avaient été confisqués au profit des villes, ou vendus aux particuliers. Constantin et Licinius portèrent la même année une loi toute semblable (Euseb. l. X. 5). Les empereurs ne laissèrent pas cependant, de l'aveu de Baronius lui-même, d'ajouter à cette loi quelques dispositions restrictives, afin de prévenir les abus en matière de largesses, abus où les fidèles pouvaient aisément se laisser tomber en ces temps de ferveur (Baron. *An.* CCCXXI).

3° LES PENSIONS CONSTITUÉES À L'ÉGLISE SUR LE TRÉSOR DE L'EMPEREUR. Constantin fut si généreux envers le clergé, que non-seulement il donnait de l'argent en particulier à ses membres tombés dans l'indigence, mais qu'il leur assignait quelquefois une pension fixe. Les historiens Eusèbe, Théodoret et Sozomène en font foi. On connaît la lettre de ce prince à Cécilianus, évêque de Carthage (Euseb. X. 6), où il l'informe qu'il a donné ordre à Ursus, gouverneur de l'Afrique, de lui compter trois mille *folles*, somme qu'il devait distribuer aux clercs d'Afrique, de Numidie et de Mauritanie. On n'a pas de données positives sur la valeur de cette monnaie; Bingham (*Orig.* II. 272) estime que trois mille *folles*, φόλλεις, pouvaient égaler au moins vingt mille livres sterling. Le même empereur porta aussi une loi (Theodoret. 1. 11.— Sozom. v. 5) enjoignant aux gouverneurs des provinces de prélever sur les tributs des villes une somme pour les clercs, les vierges et les veuves de l'Église. Cette loi fut abolie par Julien, et remise en vigueur, en partie du moins, par Jovien, son successeur (Sozom, *ibid.*).

4° Une loi de Constantin attribua à l'Église les biens des martyrs et des confesseurs décédés sans parents (Euseb. *Vit.* l. II. 36). Quant aux biens des clercs et des moines qui mouraient sans testament et sans héritiers, Théodose le Jeune et Valentinien III (*Cod. Theod.* l. v. tit. 3. leg. 1. — Justin. l. I. tit. 3. leg. 20) décrétèrent qu'ils seraient dévolus à l'église ou au monastère auquel ces clercs et moines avaient appartenu. Quelquefois les temples des païens avec leurs revenus, les statues d'or et d'argent et les autres objets précieux qui s'y trouvaient, étaient cédés aux églises et appliqués aux besoins de la religion chrétienne (Sozom. v. 7); il en fut de même des conventicules des hérétiques (*Cod. Theod.* l. xvi. tit. 5. l. 52).

5° LES DIMES. Il ne paraît pas qu'elles aient existé pendant les trois premiers siècles. S. Cyprien (*De unit. Eccl.*) le suppose évidemment, ainsi qu'Origène (*In Num.* c. xviii). Les homélies et sermons des Pères, du quatrième et du cinquième siècle, renferment plusieurs passages où ils semblent exhorter le peuple chrétien à payer spontanément la dime à l'exemple du peuple juif (S. Hieron. *In* c. III. *Malach.* — Aug. *In ps.* CXLVI. — Chrysost. hom. v *In Ephes.*). Mais des témoignages de ces Pères, et de celui de S. Chrysostome notamment, il résulte qu'à cette époque il n'existait encore aucune loi ecclésiastique à cet égard, et que ces sortes de dons étaient spontanés chez les fidèles. Ce n'est que vers la fin du cinquième siècle que l'on commença à proposer au peuple le payement de la dime comme obligatoire. La première loi portée à cet égard émane du deuxième concile de Mâcon (Can. v. v. *Cartular. S. Vincent. Matisc.* p. CCXLIV).

6° LES PRÉMICES DES FRUITS. Les *Canons* dits *apostoliques* (can. IV) ne sont pas le premier document où il soit parlé des prémices, comme faisant partie de l'alimentation du clergé. Des auteurs plus anciens et plus autorisés, tels qu'Origène (*Contr. Celsum.* l. VIII) et S. Irénée (IV. 32), en font mention comme d'oblations faites à Dieu. Le concile de Gangres (In Præfat.), un très-ancien concile d'Afrique (*Cod. conc. Eccl. Afr.* can. xxxvII) en parlent également; nous pouvons enfin citer le témoignage de S. Grégoire de Nazianze (*Epist.* LXXX) en faveur de cet antique usage.

II. — IMMUNITÉS. Les immunités accordées aux clercs par les empereurs chrétiens, en considération de la sainteté de leur état et des services rendus par eux à la société, se rapportent à trois chefs principaux: la justice, les charges et honneurs publics, les tributs et impôts.

1° Aussitôt après la pacification de l'Église, des juridictions spéciales furent établies pour les clercs, et ils furent, sous certains rapports, affranchis de la juridiction des tribunaux civils. Et ceci n'était que la légalisation de la pratique de l'Église depuis les apôtres. S. Paul écrivait aux Corinthiens, qui portaient leurs causes devant les juges civils (1 *Cor.* VI. 4, 5): « Si vous avez des procès sur les affaires de ce monde, prenez pour juges ceux mêmes qui tiennent le dernier rang dans l'Église. Est-il possible qu'il ne se trouve point parmi vous un homme sage qui puisse juger entre ses frères? » D'après cette doctrine, nous voyons S. Cyprien (*Ep.* XLIV) interdire aux fidèles de prendre dans leurs différends un juge païen.

Il faut en conséquence distinguer trois espèces de causes: les causes purement ecclésiastiques concernant les crimes contre la foi et les mœurs. Pour celles-ci, les juges séculiers ne pouvaient pas en connaître; il existe à cet égard des lois de Constance, de Théodose, de Valentinien, lesquelles furent confirmées par les *Novelles* de Valentinien III et de Justinien. Ceci ressort également des canons des conciles, tant de l'Orient que de l'Occident, dont on peut voir le détail dans les auteurs spéciaux. Le pouvoir des évêques quant aux causes des clercs avait déjà été reconnu par Constantin le Grand. Car, comme au concile de Nicée un grand nombre d'accusations de ce genre lui eurent été portées, il les fit jeter au feu (Euseb. *Vit. Const.* III. 10. — Rufin. I. 2) et il prononça alors ces mémorables paroles, qui paraîtront aujourd'hui bien extraordinaires: « Vous êtes des dieux constitués par le vrai Dieu; allez et discutez vos causes entre vous, car il n'est pas convenable que nous jugions des dieux. » Il porta une loi en ce sens en 354 (*Cod. Theod.* l. xvi. tit. 2. leg. 12).

Les causes purement civiles et pécuniaires. Si ces causes s'agitaient entre des clercs, c'était à l'évêque d'en connaître; si au contraire la difficulté était entre un clerc et un laïque, elle était du ressort du juge séculier, à moins que la partie laïque n'eût consenti à la porter devant la juridiction ecclésiastique. Quant aux causes criminelles, les lois des empereurs en distinguent deux espèces, les plus légères, *levia delicta*, et les plus graves, *atrociora delicta*. Il paraît que les premières étaient du ressort de la juridiction ecclésiastique; on l'infère du moins de ce passage de S. Ambroise (*Epist.* XXXII) où il rappelle à Valentinien II la conduite de son père à cet égard: « Si un évêque était accusé devant lui pour une cause intéressant les bonnes mœurs, il voulait que cette cause fût portée devant les évêques. » Ceci est interprété des causes légères par les commentateurs (Gothofred. *In leg.* XXII *Cod. Theod. De episc. et cler.* — Petrus de Marca. *Dissert. in cap. Clericus*). Ces auteurs appuient encore leur opinion d'une loi de Valentinien et Gratien (*Ibid.* XXIII).

Mais cette même loi ajoute: *Exceptis, quæ actio ab ordinariis, extraordinariisque judicibus, aut illustribus potestatibus audienda constituit.* Et les jurisconsultes en concluent que, quand il s'agissait de crimes graves, les clercs n'étaient plus affranchis de la juridiction des tribunaux séculiers. Beaucoup d'autres lois sont citées par eux qui ne laissent pas de doute à cet égard.

Ces immunités de la justice civile, établies en faveur des clercs par la législation impériale, aussi bien que par les canons des conciles, sont encore conformes aux principes de l'équité naturelle. Car, même chez les païens, chez les Romains notamment, les prêtres inférieurs ne dépendaient sous ce rapport que de leurs pontifes; et le quatrième concile d'Orléans (can. III) fait valoir cette raison en faveur des juridictions ecclésiastiques : *Quod lex sæculi etiam pagani sacerdotibus, et ministris ante præstiterat, justum est ut erga Christianos specialiter conservetur*, « Ce que la loi du siècle païen avait prescrit en faveur de ses prêtres et de ses ministres, il est juste de le conserver spécialement à l'égard du sacerdoce chrétien. » Nous devons nous en tenir là sur cette question, qui est plus spécialement du domaine du droit canon (V. pour développements et preuves Bingham. *Origin.* l. v. cap. 11. § 5 et seqq.).

2° L'affranchissement des charges et honneurs publics est ce qu'on appelle proprement l'*immunité personnelle*, bien que rigoureusement le privilége de ne plaider que devant les juges d'Église puisse être compris sous cette rubrique générale. Cette immunité est la première qui ait été accordée aux clercs; elle date de Constantin, qui, comme il le dit lui-même dans une lettre adressée à Anulinus, préfet d'Afrique, en 313 (Ap. Euseb. x. 7), voulut par là pourvoir « à ce qu'ils ne fussent point détournés du culte dû à la divinité ».

Il s'agit ici des charges dites *municipales* ou *curiales*, telles que l'administration des deniers publics de la cité, la perception des impôts, l'exaction de l'annone, le soin des propriétés et des greniers de la république, etc., toutes charges qui imposaient une responsabilité écrasante, obligeant leurs titulaires à faire, sur leurs propres biens, l'avance de toutes les charges communes. Six ans après, le même porta une loi *ad hoc*; mais il fut bientôt obligé d'en restreindre les dispositions à cause des abus. La législation varia beaucoup à cet égard sous ses successeurs; mais, en définitive, il resta bien établi que si les clercs n'échappaient pas totalement aux charges dites *curiales* et portant sur leur patrimoine, ils furent exempts des charges purement personnelles; la loi de Valentinien et de Gratien (Leg. XXIV. *De episc.*) consacre nettement ce privilége pour tous les ordres de la cléricature : *Presbyteros, diaconos, exorcistas, lectores, ostiarios, et omnes perinde, qui primi sunt, personalium munerum expertes esse præcipimus*.

Quant aux charges onéreuses, *sordida munera*, des lois de Constance, de Valentinien et de Théodose en affranchissent non-seulement les personnes des clercs, mais encore les propriétés de l'Église (*Cod. Theod.* l. XVI. tit. 2. leg. 10). Mais, quant à ce dernier point, la condition du clergé ne fut pas constamment la même sous tous les empereurs. Ces charges onéreuses étaient en grand nombre ; les principales étaient de réparer les chemins et les ponts, de fournir des charrois, de la chaux, du charbon, du bois, des bêtes de charge, de la farine, du pain, et autres choses semblables, pour le service public.

Après la conquête de la Gaule par les Francs, on continua à se conformer sous ce rapport à la législation romaine. Nos rois, à l'exemple des empereurs, affranchirent les clercs des charges personnelles. Le cent-seizième chapitre du sixième livre des *Capitulaires* porte que la consécration doit rendre libre de toutes les charges serviles publiques les évêques, les prêtres et les autres ministres des autels, afin qu'ils ne soient occupés que du service qu'ils doivent rendre à l'Église (V. Durand de Maillane, *Diction. de droit canon.* art. *Immunités*).

3° L'immunité des tributs et impôts est celle qu'on désigne sous le nom générique d'*immunité réelle*. Constantin affranchit de toute espèce de tribut les propriétés ecclésiastiques qui pourvoyaient à la subsistance des évêques et des clercs (*Cod. Theod.* l. I. *De ann. et tribut.*). Mais ce privilége fut, ou entièrement révoqué, ou considérablement diminué sous les règnes suivants, alors que l'Église, sortie de l'état encore précaire où elle se trouvait immédiatement après les persécutions, eut acquis des biens plus considérables.

Les ecclésiastiques n'étaient point exempts de l'impôt atteignant la propriété foncière, appelé *inlatio canonica, capitatio terrena* (V. l'art. *Canon*, 4°) ; du moins on semble en droit de l'inférer d'une exception faite à cet égard en faveur des Églises de Thessalonique, d'Alexandrie et de Constantinople (*Cod. Theod.* lib. XI. tit. leg. 33).

Ils étaient exempts, en vertu d'une loi de Théodose le Jeune, de l'impôt : *Militum tyronum, et equorum canonicorum præbitio*, c'est-à-dire fourniture à l'empereur de jeunes soldats et de chevaux pour les armées, impôt qui se payait quelquefois en argent et s'appelait alors *aurum tyronicum et stratioticum* (*Ibid.* VII. tit. 3. leg. 22).

Une loi de Constance les affranchissait du droit à payer pour un petit commerce (XVI. t. 3. l. 8), car alors il était permis aux clercs inférieurs, aux besoins desquels l'Église ne pouvait pas toujours suffire, d'exercer, pour vivre, quelque modeste industrie. Mais comme quelques-uns vinrent à abuser de cette indulgence, une loi limita à une certaine somme le capital de leur commerce. Et plus tard, quand les revenus de l'Église furent en état de pourvoir à tout, ces clercs furent mis en demeure, ou de renoncer tout à fait au commerce, ou de subir la loi commune (Valentinian. III. *Novell.* XII).

Ils étaient exempts des impôts extraordinaires qui se levaient dans certaines nécessités exceptionnelles ; et cette immunité fut étendue aux serviteurs des clercs par des lois de Constance, d'Honorius, de Théodose le Jeune, confirmées plus tard par Justinien (xvi. tit. 2. 8).

Les biens de l'Église étaient affranchis du tribut qu'on appelait *denarismus unciæ*, ou *descriptio lucrativorum*, qui frappait d'un droit d'un *denier* et d'une *once* par arpent les biens reçus d'un curial à titre lucratif, donation ou testament, etc. Il ne paraît pas que cette immunité accordée à l'Église remonte au delà de Justinien (*Cod. Ibid.* tit. iv. leg. 22).

On voit par ce qui précède que l'immunité attachée aux biens de l'Église et des clercs ne fut pas constamment la même pendant les six premiers siècles, mais qu'elle varia selon les dispositions plus ou moins favorables des empereurs.

Deux choses cependant paraissent certaines : premièrement, que les terres et autres possessions des églises, depuis la fin du quatrième siècle jusqu'à Justinien, furent soumises comme les autres aux tributs ordinaires et canoniques ; deuxièmement, que les biens patrimoniaux des clercs ne jouirent d'aucune exemption des tributs ordinaires. Ainsi en avait disposé une loi de Constantin (Leg. xv. *De episc. et cler.*), laquelle reçut l'adhésion des évêques.

L'immunité réelle des églises et des clercs fut plus large encore dans notre Gaule. Voici une constitution attribuée à Clovis et ensuite à Clotaire : elle se trouve dans la *Collection des conciles* de Labbe (t. v). En vertu de cette loi les propriétés ecclésiastiques, de quelque nature qu'elles soient, sont affranchies des dîmes et de toute autre charge ; et le roi dit suivre en cela le *mouvement de son cœur pieux*, aussi bien que l'exemple de ses ancêtres : *Agraria, pascuaria, vel decimas parcorum ecclesiæ pro fidei nostræ devotione concedimus : ita ut actor, aut decimator, in rebus ecclesiæ nullus accedat; ecclesiæ, vel clericis nullam requirant agentes publici functionem, qui avi, aut genitoris nostri immunitatem meruerunt.* Il n'est pas très-sûr que ce décret soit de Clotaire Ier. Thomassin observe (*Cart.* iii. l. i. c. 24) qu'il ne put, dans tous les cas, l'adopter que sur la fin de sa vie. Car nous savons par S. Grégoire de Tours (*Hist. Franc.* l. iv. c. 2) qu'au début de son règne, il voulut abolir l'immunité des églises, et que tous les évêques y consentirent, à l'exception d'Injuriosus, évêque de Tours.

Quoi qu'il en soit, les successeurs de ces princes augmentèrent encore les immunités de l'Église. Ils concédèrent à chaque église une *manse* complètement franche d'impôts. On appelait manse ecclésiastique, du latin *mansus*, une certaine portion de terre qui était assignée comme dot à une église ou au prêtre qui la desservait (Du Cange. *ad. h. v.*). Cette immunité fut accordée par Louis le Débonnaire et Charles le Chauve (*Capitular. Reg. Franc.* l. v. c. 279) ; mais elle n'atteignait pas les biens qu'une église aurait possédés au delà de sa manse. Car, dans la constitution citée, Louis le Débonnaire ajoute cette restriction : *Et si quid aliquid amplius habuerint, inde senioribus suis debitum servitium impendant* (V. pour les développements et les citations des lois, Bingham, *lib. et cap. cit.*).

CLOCHES. — Pendant les premiers siècles, les fidèles étaient convoqués à l'église par des diacres, appelés *cursores*, qui allaient les avertir isolément dans chaque maison (*Epist.* xiii. Ignat. M. *ad Heron diac.* ap. Baron. an. 58) : *Synaxes ne negligas, omnes nominatim inquire*, dit S. Ignace martyr, « ne néglige pas les synaxes, recherche chacun nominativement. » Les paroles suivantes du même S. Ignace à S. Polycarpe (*Cf. Sagittarii.* — *De Natal. MM.*) sont encore plus formelles : *Decet, Polycarpe beate in Deo, concilium congregare, Deo decentissimum, et ordinare aliquem, quem delectum valde habetis et impigrum, qui poterit* θεοδρομος (*Dei cursor*) *vocari*, « il convient, ô Polycarpe saint en Dieu, de convoquer une assemblée très-digne de Dieu, et de choisir un homme possédant votre confiance et diligent, qui pourra être appelé *cursor*, messager de Dieu. »

On comprend que tel dut être le mode de convocation durant les persécutions ; mais il est probable que même pendant les quatrième, cinquième et sixième siècles, il n'y eut ni cloches, ni aucun instrument pour annoncer les assemblées. Tout ce qu'on a dit pour faire remonter l'origine des cloches à ces temps reculés ne repose sur aucun fondement solide; S. Paulin, à qui on a voulu en attribuer l'introduction dans les églises, ne dit pas un mot ni de cloches ni de clochers dans la description si minutieuse qu'il nous a laissée de sa basilique de Nola (Benedict. XIV. *Instit.* xx. p. 118. n. 3).

Le peuple, qui assistait assidûment chaque jour à la psalmodie, était averti par l'évêque ou par les prêtres du jour et de l'heure fixés pour la liturgie. Dom Ménard nous a conservé (*Not. in sacram. B. Gregorii.* p. 208), d'après un très-ancien sacramentaire de S. Remi de Reims, la formule de ces sortes de convocations. On aimera sans doute à trouver ici ce curieux document : *Noverit vestra devotio, sanctissimi fratres, quod B. martyris illius anniversarius dies instat; quo diaboli tentationes exuperans universitatis creatori gloriosa passione conjunctus est. Ideoque Dominum collaudemus, qui est mirabilis in sanctis suis, ut qui illis victoriam contulit, nobis eorum meritis delictorum indulgentiam largiatur. In illo igitur loco, vel in illa villa illa feria hanc eamdem festivitatem sollicita devotione celebremus,* « sache votre dévotion, ô frères très-saints, que le jour anniversaire du Bienheureux martyr (ici le nom) approche ; jour où, surmontant les tentations du diable, il a été associé au créateur de toutes choses par une passion glorieuse. En conséquence, rendons gloire au Seigneur, qui est admirable dans ses saints, afin que ce même Dieu qui leur a décerné la couronne de la victoire, nous accorde en vue de leurs mérites le pardon de nos fautes. Ainsi donc, dans tel lieu, ou telle *villa*, à telle férie, nous célébrerons cette même fête avec une dévotion empressée. »

Dans l'Église occidentale, nous ne trouvons de donnée bien certaine au sujet des cloches que vers le déclin du sixième siècle. On lit dans la *Vie* de S. Colomban, mort en 599 (Mabillon. *Annal. S. Benedict.* Sæc. I), « que vers le milieu de la nuit il se rendait à l'église au son de la cloche, *pulsante campana*, et que les autres moines, réveillés par le même moyen, y allaient aussi. » Il n'est pas présumable que cet usage ait été alors spécial à ce saint abbé et à son monastère. Ce qu'il y a de certain, c'est qu'aux huitième et neuvième siècles il était devenu universel en Occident.

La seconde donnée que nous possédons à cet égard est de l'année 604 et relative au pontificat de S. Sabinien, successeur immédiat de S. Grégoire le Grand, et qui ne siégea qu'une année. Si nous en croyons Polydore Virgile, auteur du quinzième siècle, ce pape aurait le premier établi l'usage des cloches pour convoquer les fidèles aux offices de l'église. *Quod tintinnabulorum sono*, dit cet écrivain (*De inventoribus rerum*. lib. VI. cap. 12), *populus invitatur, vocaturque ad sacra audienda statis diei horis, Sabiniani qui Gregorio successit, hoc decretum est.* Le même fait est rapporté par Génébrard (*Chronic. ad. an. Christ.* 604), par Panvinio (*Epitom. rom. Pont. in Sabinian.*) et par Ciacconio (*De vit. Rom. Pont. in id.*), qui paraissent s'être bornés à copier le premier. Mais nous avons lieu de nous étonner du silence du livre pontifical sur un objet d'une telle importance.

Quant aux églises orientales, il n'existe pas de preuve que les cloches y aient été introduites avant le neuvième siècle, alors que Ursus, doge de Venise, en envoya douze à l'empereur Michel, qui les fit placer dans un magnifique campanile construit par ses soins à Sainte-Sophie. Ce fait doit se placer entre 864, époque de l'avènement d'Ursus au dogat, et 867, année de la mort de Michel. Avant l'introduction des cloches, les Grecs se servaient d'une planche, ἄγια ξύλα, *sacra ligna*, sur laquelle ils frappaient avec un marteau de bois ou encore d'une plaque de fer et d'un marteau de même métal, ἅγιον σίδηρον, *sacrum ferrum*.

Il paraît que, en Égypte, ces convocations avaient lieu au son de la trompette, comme chez les Juifs (*Num.* c. x). Nous le savons, du moins pour les moines, par la règle de Saint-Pacôme (C. III. *In biblioth. PP.* t. xv. p. 629), où il est prescrit à tous les frères de sortir de leur cellule aussitôt qu'ils entendent *le son de la trompette*. Le même usage est mentionné par S. Jean Climaque (*Scala paradis.* grad. xix. *Biblioth. PP.* v. 224), chef des cénobites du mont Sinaï au sixième siècle, ce qui autorise à supposer qu'il persévéra en Palestine jusqu'à cette époque. Dans quelques monastères, un religieux était chargé de parcourir toutes les cellules et de frapper avec un marteau la porte de chacune d'elles : nous avons de nombreuses preuves de cette coutume dans Cassien (*Instit.* II. 17), Palladius, Moschus, etc., qui appellent l'instrument dont on se servait dans cette circonstance, et principalement pour l'office de la nuit, *signum nocturnum* ou *malleus excitatorius*, « signe nocturne » ou « marteau du réveil ». Dans un monastère de vierges que Paula avait fondé et qu'elle gouvernait à Jérusalem, le signal était donné par une religieuse qui chantait l'*alleluia;* et S. Jérôme nous apprend (*Epist.* xxvii. *Epitaph. Paulæ*) que telle était alors le mode de convocation (V. l'art. *Alleluia*).

L'usage de *baptiser* ou de bénir les cloches existait déjà au huitième siècle (Bona. *Rer. liturg.* l. II. c. 22. § 7. — Martène. *De antiq. Eccl. rit.* l. II. c. 21). La plupart des liturgistes le rapportent à cette date, et l'ordre romain contient dès lors des formules pour cette bénédiction.

COEUR. — On voit très-fréquemment gravée sur les marbres chrétiens la figure d'un cœur ; elle est quelquefois répétée après chaque mot, ou seulement au commencement et à la fin de chaque ligne.... C'est un usage antique adopté

LEONI♡BENE♡MERENTI♡IN PACE

par les chrétiens, parce qu'il n'avait aucun caractère essentiellement religieux. Aussi Boldetti, qui avait vu un nombre presque infini de marbres où ce signe était tracé, s'étonne-t-il à bon droit de ce que Papebroeck avait pris pour un monument païen l'épitaphe de la martyre Argyris, par la seule raison qu'il y avait remarqué des figures de cœur. Quelquefois ce signe est coupé par une ligne transversale, ce qui lui donne l'apparence d'un cœur percé.

Les savants ont été longtemps en désaccord sur l'interprétation d'un tel signe; mais l'opinion commune y voit une simple marque de ponctuation (Reines. *Syntagm. inscr. Præfat.* p. 7. — Fabretti. *Inscr. domest.* c. III. n. 5), ou bien un ornement sans signification imaginé par les *quadratarii*. Des inscriptions non funéraires, par exemple des tables de jeu (Lupi. *Epitaph. Sev.* p. 56, et notre art. *Jeu [tables de]*), où l'on remarque ces espèces de cœurs, qui pourraient tout aussi bien être des feuilles d'arbre, s'opposent absolument à ce qu'on y attache une idée de douleur ou de chagrin, ou de regret des vivants à l'égard des morts, comme quelques interprètes l'ont voulu faire. Par l'inscription de la mosaïque de la tribune de Sainte-Cécile à Rome, que Boldetti donne après Ciampini (*Vet. monim.* t. II. tab. LI), on voit que ce genre de ponctuation fut en usage jusqu'au neuvième siècle, car cette mosaïque date du pontificat de Pascal Ier, qui florissait en 817. Or, comme les vers de cette inscription métrique sont tracés à la suite les uns des autres dans le grand arc, les artistes ont mis la figure d'un cœur à la fin de chacun pour éviter la confusion.

Une inscription d'Afrique, donnée par M. Léon Renier (*Inscr. de l'Algérie.* n. 1891) vient trancher la question : ces signes y sont appelés *hederæ distinguentes*.

Nous devons cependant noter ici un monument fort singulier, bien que sa singularité même, jointe au peu d'exactitude des dessins de Boldetti, doive nous le rendre suspect : c'est un marbre du cimetière de Sainte-Agnès (V. Boldetti. p. 373) où trois cœurs exactement formés entourent une petite ouverture grillée, destinée, selon toute apparence, à laisser l'œil pénétrer dans l'intérieur du tombeau.

COLLECTES. — V. l'art. *Stations*, III.

COLOBIUM. Le *colobium* paraît avoir été le premier vêtement des diacres dans l'Église romaine. Il leur était tellement propre, que plus tard il fut appelé *levitonarium*, c'est-à-dire propre aux lévites (V. Suid. *Glossar. Vet.*) Le *colobium* était chez les Romains un vêtement affecté aux hommes libres (Servius. *In* IV *Æneid.*); il fut plus tard réservé aux sénateurs (*Cod. Theodos.* l. XIX. tit. 10). C'était une espèce de tunique étroite, se prolongeant jusqu'aux talons, et sans manches, ou dont les manches ne descendaient pas plus bas que le coude, κολέος, qui veut dire *coupé*, et du genre de ceux que les Grecs appelaient *exomides*. Cette suppression des manches signifiait, selon Cassien (*Instit.* l. I. c. 4), le retranchement, chez les moines, des œuvres et des superfluités du monde : *Amputatos eos habere actus, et opera mundi hujus, suggerat abscisio manicarum*. Il paraît que les apôtres se servaient de ce genre de tunique dans la vie commune : on conserve dans la basilique des apôtres le *colobium* de S. Thomas (V. Macri. *Hierolex.* ad h. v). A notre article *Moines*, nous avons donné une gravure où l'on voit un anachorète assis, tressant une corbeille, et qui est vêtu du *colobium* (V. cette grav.).

Le *colobium* était de lin, et s'appelait encore *lebiton* et *lebitonarium*; quelquefois il était orné sur le devant de ces bandes de pourpre appelées *clavi* (V. l'art. *Clavus*), et, en bas, d'ornements en forme de petits disques que les anciens nommaient *calliculæ* (V. l'art. *Calliculæ*). C'est ainsi qu'Abdias de Babylone (*Codex apocryph.* ap. Fabric. t. II. p. 671) dépeint le costume de l'apôtre S. Barthélemy : *Vestitus colobio albo clavato purpura, induitur pallio habente per singulos angulos singulas gemmas*, « il est vêtu d'un *colobium* blanc orné de bandes de pourpre, il porte un *pallium* ayant des gemmes à chacun de ses angles. » Les plus anciens christs que nous connaissions, ceux de Monza (V. l'art. *Crucifix*), sont vêtus de *colobia* avec *clavi*, et sans manches.

Le prêtre qui consacre dans cette fresque du cimetière de Calliste est revêtu du *colobium* sans manches (V. l'art. *Messe*). Quant au *colobium* à manches courtes, Bottari croit le voir dans une élégante figure sculptée sur un sarcophage du cimetière du Vatican, que nous reproduisons plus bas (Bott. tav. XXII) d'après cet auteur. Par-dessus le

colobium, ce personnage porte encore le *pallium*, dont un pan se rabat sur la tête, puis sur les bras, et retombe en arrière.

COLOMBE. — Aucun symbole n'a été aussi souvent reproduit que celui de la colombe par les premiers chrétiens : ils l'ont prodigué dans leurs monuments de tout genre, peintures, mosaïques, tombeaux, lampes, anneaux (Boldetti. p. 504), verres dorés ou peints, etc. Le principal motif de cette préférence, c'est que la colombe a été choisie de Dieu, plutôt que tout autre animal, pour intervenir dans tous les grands mystères de sa miséricorde : elle paraît au déluge, comme messagère de paix, *a prmordio divinæ pacis præco*, dit Tertullien (*Adv. Valent.* II); elle vient annoncer aux trois jeunes Hébreux, dans la fournaise de Babylone, leur prochaine délivrance de la fureur des flammes et de la vengeance d'un roi impie (V. Bottari. tav. CLXXXI) ; elle apparaît comme symbole de l'Esprit-Saint sur la tête de Jésus-Christ à son baptême : *Christum columba demonstrare solita*, ajoute le même docteur, et sur la tête des apôtres au cénacle.

Les plus anciennes images de S. Grégoire le Grand le font voir avec une colombe sur la tête ou sur l'épaule : c'est ce qu'on appelle la *colombe inspiratrice* (Molan. *Hist. sanct. imag.* p. 265. edit.

Paquot). C'est aussi comme symbole de l'Esprit-Saint, et conformément à un antique usage commun à tous les baptistères (V. l'art. *Baptistères*), qu'une colombe d'or fut suspendue dans la basilique de Reims au baptême de Clovis.

Le Sauveur lui-même a proposé la colombe comme symbole de la simplicité chrétienne (Matth. x. 16), et toute la primitive Église l'a regardée comme l'hiéroglyphe de la pudeur, de l'innocence, de l'humilité, de la mansuétude, de la charité, de la contemplation, de la prudence contre les embûches de l'ennemi (V. Aringhi. t. II. l. 6. c. 35). Pour la simplicité et la douceur, nous avons surtout ce beau passage de S. Cyprien (*De unitate Eccles.* c. IX) : *In columba venit Spiritus sanctus animal simplex et lætum non felle amarum*, « le Saint-Esprit est venu sous la forme de la colombe, animal simple et gai, sans amertume dans le fiel. »

Dans les monuments figurés, on croit qu'elle est quelquefois aussi le symbole de Jésus-Christ (V. Tertullien. *Adv. Valent.* c. III), et cette opinion se fonde sur ce que l'anagramme numérique de περίστερα, « colombe, » présente la même somme que Α et Ω, sigles dont on connaît l'application à Notre-Seigneur. Le passage suivant de Prudence (*Cathemer.* hymn. III. vers. 166) ne laisse du moins aucun doute sur l'attribution à la personne du Sauveur :

Tu mihi, Christe, columba potens,
Sanguine pasta cui cedit avis.

« Tu es pour moi, ô Christ, cette colombe puissante, à laquelle cède l'oiseau repu de sang, » c'est-à-dire l'aigle symbolisant le démon.

Sur le disque d'une lampe trouvée naguère au cimetière chrétien de Sainte-Catherine de Chiusi (Cavedoni. *Cimit. Chius.* p. 99) se voit une colombe dont la tête est surmontée d'une croix; elle porte en outre un rameau d'olivier au bec, ce qui rappelle le mot de Tertullien (*loc. laud.*) au sujet de la colombe : *divinæ pacis præco*, « messagère de la paix divine. » Il n'est pas douteux que, se présentant avec ce double attribut de la croix et de l'olivier, cette colombe ne soit ici le symbole de Jésus-Christ, de qui S. Paul a dit (*Coloss.* I. 20) « qu'il *pacifie* par le sang de sa croix la terre et les cieux, » *pacificans per sanguinem crucis ejus, sive quæ in terris, sive quæ in cœlis sunt*. Ce précieux monument est, croyons-nous, unique dans son genre, et, comme la catacombe où il a été recueilli, il remonte à la plus haute antiquité.

Elle est employée pour désigner les apôtres, comme symbole de leurs vertus. S. Paulin (*Ep.* XII. *Ad Sever.*) atteste que, de son temps, on les peignait sous cet emblème, et que, dans la même intention, on représentait des croix surmontées d'une couronne de douze colombes. Nous avons un exemple à peu près semblable, mais un peu plus moderne, dans la mosaïque de Saint-Clément de Rome, qui offre douze colombes parsemées sur toute l'étendue d'une croix où est attaché Jésus-Christ (Bottari. I. p. 118). Il paraît néanmoins que quelquefois, au rapport de S. Paulin (*Epist.* XII. *Ad Sever.*), les colombes sur la croix signifiaient que le royaume de Dieu est ouvert aux simples :

Quæque super signum resident cœleste columbæ,
Simplicibus produnt regna patere Dei.

Le même sens doit être attribué à la fresque du cimetière de Prétextat, que nous donnons plus loin.

Elle désigne encore parfois les fidèles, en rappelant soit les vertus qu'ils doivent reproduire en eux (Paulin. *ibid.*), soit le baptême où ils ont été régénérés, par exemple dans une mosaïque de Ravenne du cinquième siècle, où on voit des colombes se désaltérant dans une fontaine (Ciamp. *Vet. mon.* I. tab. LXV), soit le breuvage divin de l'eucharistie auquel ils participent, figuré sur le fameux sarcophage de Saint-Ambroise à Milan, par un calice où deux colombes s'abreuvent (Allegranza. *Mon. Crist. di Mil.* tav. VI. 2).

Elle est prise pour symbole du martyre, par exemple dans une image de Ste Agnès sur un verre doré (Buonarr. tav. XVIII. 2), parce qu'elle figure mystiquement l'Esprit-Saint qui donne au chrétien la force de devenir martyr; — de l'Église, et, s'il y a deux colombes, de l'Église *ex circumcisione* et de l'Église *ex gentibus* (Macarius. *Hagioglypt.* p. 222) ; — de la résurrection : on voit sur un *titulus* de Trèves (Le Blant. *Inscr. chrét. de la Gaule.* I. 330) deux colombes au bas de cette inscription dont elles semblent être la traduction figurée : HIC AMANTIAE HOSPITA CARO IACET; — de la fidélité conjugale, quand, à la frise de certains sarcophages bisomes, au centre desquels sont deux époux en pied ou en buste, sont figurées des colombes becquetant des fruits (Bottari. tav. CXXXVII *et passim*) ; — de la paix, notamment quand la colombe porte au bec un rameau d'olivier. Ainsi deux colombes posées sur les bras d'une croix gemmée et surmontée du *labarum* (Bott. I. p. 118) seraient, au sens de quelques interprètes, l'expression figurée de la paix donnée à l'Église par Constantin.

La colombe peut être quelquefois un signe de douleur, *gementes ut columbæ*, dit le prophète Nahum (II. 7). Tel est probablement le sens des colombes que fait voir un sarcophage antique (Bottari. tav. XXXVIII), posées sur deux arbres, entre lesquels une mère, dans l'attitude de la prière et de la douleur, semble pleurer son enfant bien-aimé, enseveli dans ce tombeau : SATVRNINVS ET MVSA FILIO DVLCISSIMO FECERVNT.

On se fonde sur un passage de S. Grégoire (Homil. XXIX. *In Evang.*) pour regarder les colombes au vol comme le symbole de l'ascension de Jésus-Christ, ou des âmes des martyrs et des fidèles délivrées des entraves du corps (*Psalm.* CXXIII. 7) : *Anima nostra sicut passer erepta est de laqueo venantium : laqueus contritus est et nos liberati sumus :* « notre âme, comme le passereau, a été délivrée du filet de l'oiseleur; le filet a été rompu, et nous avons été sauvés; » telle était sans doute la signification d'une colombe d'or qui était suspendue sur le tombeau de S. Denys à Paris (Greg. Turon. *De glor. mart.* l. I. c. 72). Et ceci serait la contre-partie des oiseaux qu'on rencontre parfois, notamment sur les mosaïques (V. Boldetti. *Cimit.* p. 23), renfermés dans des cages (V. l'art. *Oiseaux*), de même que, durant cette vie mortelle, l'âme est restée captive dans la prison de la chair.

L'appel de l'âme par le divin époux paraît être exprimé à peu près comme au *Cantique des cantiques : Surge, columba mea et veni* (II. 10), « lève-toi, ma colombe, et viens, » sur un sceau chrétien portant, à l'entour d'une colombe, cette touchante légende : VENI SI AMAS, « viens, si tu aimes » (Macarius. *Hagioglypta.* p. 239) ;

de même que deux colombes, tenant en leur bec un grain de blé (De Boissieu. *Inscr. de Lyon.* p. 581), seraient le symbole de l'âme bienheureuse se nourrissant du froment céleste.

Enfin, quand la colombe paraît sur les tombeaux, surtout si elle a le rameau d'olivier, nous croyons avec Bottari (t. II. p. 42), Muratori (*Thesaur.* p. 1890. n. 7), et M. de' Rossi (ΙΧΘΥΣ. p. 17),

qu'elle signifie la paix donnée à l'âme fidèle, et équivaut à la formule IN PACE. Cette opinion se trouve pleinement confirmée par une remarquable inscription du Musée du Vatican (Marini. *Arvali.* p. 266), où la colombe avec la branche d'olivier est accompagnée du mot PAX, et d'une manière plus claire encore par le témoignage de S. Augustin (Lib. II. *De doctrin. christ.* c. 17). Dans ces conditions, la colombe rappellerait donc la formule si fréquente sur les marbres chrétiens : SPIRITVS IN PACE, — SPIRITVS TVVS IN PACE. Mais il ne restera plus à cet égard l'ombre d'un doute si, à cet emblème vient se joindre l'ΙΧΘΥΣ, représentation symbolique du Christ, ce qui compléterait ainsi la formule : SPIRITVS TVVS IN PACE ET IN CHRISTO, solennelle acclamation qui caractérise les marbres chrétiens de la plus ancienne époque (V. l'art. *In pace*).

On doit sans doute reconnaître une intention analogue dans des lampes en forme de colombe qu'on allumait à certains jours près des tombeaux des fidèles et des martyrs (Buonarr. *Vetri.* p. 125). On peut voir une lampe de cette forme dans Fortunio Liceti (*De antiq. lucern.* l. VI. c. 50) ; le recueil de Bellori (*Antiche lucerne.* parte III. tav. XXVI) renferme une autre lampe, où, au sommet d'un chrisme rectiligne placé verticalement sur le disque, est posée une colombe. On trouvera un sujet de même genre à notre article *Agneau*, I, 6°. Enfin une colombe au vol appuie son bec sur le sommet du chrisme dans un sarcophage de Saint-Aquilin de Milan, et Allegranza (*Monum. di Milano.* tav. I) y voit l'image de l'âme du défunt.

Deux colombes, d'après le même principe, dénoteraient un tombeau bisome, probablement le tombeau de deux époux. C'est l'interprétation la plus plausible que l'on puisse donner à cette charmante peinture d'*arcosolium*, tirée du cimetière de Prétextat (Perret. I. c. p. LXIV).

COLOMBE EUCHARISTIQUE. — C'était un vase en forme de colombe où, dans les premiers siècles, on réservait la sainte eucharistie pour les malades, sans doute parce que la colombe était regardée comme l'un des symboles de Jésus-Christ (V. l'art. *Colombe*). Ce vase était suspendu par une chaîne au *ciborium* ou baldaquin, et descendait jusqu'à une certaine distance de l'autel, soit dans les églises proprement dites, soit dans les baptistères où l'on conservait la sainte eucharistie pour la communion des nouveaux baptisés (Martène. *De antiq. Eccles. ritib.* l. I. — Mabillon. *Comment. in ord. Rom. in Itin. Ital.* p. 186).

Primitivement, ces colombes étaient d'or, mais un peu plus tard on en fit en argent, comme le prouve le testament de S. Perpetuus, évêque de Tours, qui sera cité plus bas. Il y en eut aussi en cuivre doré : telle était celle que Mabillon dit avoir vue au monastère de Bobbio (*It. Ital.* p. 217). On en montre une aujourd'hui encore à Saint-Nazaire de Milan, qui est dorée en dedans et émaillée au dehors ; Allegranza l'a publiée (*Monum. sacr. di Milano.* tav. I), et nous la reproduisons ici.

On croit que la colombe est le plus ancien des vases eucharistiques employés dans le culte public. Tertullien appelle l'Église *columbæ domus* (*Contra Valentinian.* c. III). Si l'application de ce texte à l'objet qui nous occupe était indubitable, ce serait le premier témoignage de l'antiquité en sa faveur ; mais il est plus probable qu'il s'applique à Jésus-Christ lui-même (V. l'art. *Colombe*). Si l'on en croit la *Vie* de S. Basile attribuée à S. Amphiloque (Ap. Bolland. t. II. *jun.* c. 2. n. 5), et que nous citons dans la traduction de Combefis, ce Père se serait servi de cette espèce de vase : *Cum panem divisisset in tres partes.... tertiam partem in columba aurea depositam, desuper sacrum altare suspendit*, « lorsqu'il eut divisé le pain en trois parties, il déposa la troisième partie dans la colombe d'or, qu'il suspendit au-dessus de l'autel. » On trouve dans S. Chrysostome et dans Sedulius des allusions qui ne laissent guère de place au doute : ces auteurs représentent le corps de Jésus-Christ sur l'autel comme revêtu du Saint-Esprit, c'est-à-dire de la colombe qui en était l'emblème : *Spiritu sancto convestitum* (Chrysos. *hom.* XIII. *Ad pop. Antiochen.*). Sedulius (*Epist.* XII) exprime la même pensée dans ces vers :

.... Sanctusque columbæ
Spiritus in specie Christum vestivit honore.

Nous ne manquons pas d'autorités qui établissent pour l'Église grecque, et même pour la plupart des Églises d'Occident, l'usage de suspendre la colombe au *ciborium* (V. Pelliccia. *De eucharist. infirmor.* Opp. t. III. p. 44). Mais Mabillon soutient que, dans les églises d'Italie, elle reposait sur l'autel même. Comment y était-elle fixée ? C'est ce qu'il ne dit pas. Les textes anciens, suppléant à son silence, nous semblent établir que la colombe y était renfermée dans une tour d'argent. En effet, dans l'inventaire si exact qu'Anastase le Bibliothécaire nous a transmis des dons faits aux églises de Rome par divers personnages, la *colombe* n'est jamais offerte sans la tour qui en est comme le complément nécessaire. Ainsi le pape S. Hilaire donne à l'oratoire ou baptistère du Latran *turrem argenteam.... et columbam auream*. Il est évident que l'objet le plus précieux par la matière devait être le principal et probablement être renfermé dans l'autre. Constantin donne à la basilique du Vatican *patenam.... cum turre et columba*. Le pape S. Innocent, à une autre église, *turrem argenteam cum columba*, toujours la tour avec sa colombe. Mais que ces tours ne fussent pas suspendues, c'est ce qui ne nous est nullement démontré. D. Martène atteste que de son temps encore une tour d'argent était *suspendue* dans l'église d'un monastère de Tours, et dans plusieurs anciennes basiliques de Rome, notamment à Saint-Clément, à Sainte-Agnès sur la voie Nomentane, à Saint-Laurent hors des murs. Nous avons remarqué, en effet, nous-même, sous la coupole du *ciborium* de ces églises, une boucle de fer à laquelle était attachée la chaîne.

La plupart des antiquaires, entre autres Pelliccia (*De polit. eccles.* III. 57) et Bottari (I. 66) nous semblent confondre deux choses que les textes distinguent nettement, la *colombe* et le *peristerium*. L'étymologie elle-même indique assez que l'un était le récipient de l'autre. Plusieurs liturgistes (V. l'art. *Ciborium*) attestent que sous le *ciborium* était quelquefois un autre petit baldaquin ou pavillon. Or nous n'hésitons pas à y reconnaître ce qu'on appelle le *peristerium*, περιστέριον, « colombaire », qui devait abriter et comme envelopper la « colombe, » περιστέρα. Ces deux objets allaient ensemble, et nous voyons, en 475, S. Perpetuus, évêque de Tours, disposer dans son testament, en faveur du prêtre Amalaire, d'un *peristerium* et d'une *colombe* : *peristerium et columbam argenteam ad repositorium*. La définition de Du Cange (*Glossar. latin.* ad voc. *Columba*) suppose, en outre, que la colombe contenait une autre pixide, et un texte ancien qu'il cite atteste que la sainte eucharistie était enveloppée dans un linge, *in linteo mundo*, et que le tout était renfermé dans la colombe. Tout ceci n'est pas sans quelque obscurité.

Quoi qu'il en soit, il est certain qu'il y avait, dans l'antiquité, des tours où le corps de Notre-Seigneur était déposé immédiatement. C'est ce que supposent tous les liturgistes anciens. L'ancien sacramentaire gallican, donné par Mabillon (*Mus. Ital.* t. I. p. 489), renferme une formule de bénédiction pour les vases sacrés où la *tour* est mentionnée comme parfaitement distincte des autres, du calice et de la patène par exemple. Dans l'ancienne liturgie gallicane publiée par dom Martène (*Nov. thes. anecdot.* t. V. p. 95) se trouve minutieusement décrit le rit de porter à l'autel la *tour* renfermant le saint sacrement. Là même cérémonie est indiquée incidemment par S. Grégoire de Tours : *Acceptaque turre diaconus, in qua mysterium dominici corporis habebatur* (*De glor. martyr.* c. LXXXVI), « le diacre ayant reçu la tour, dans laquelle le mystère du corps du Seigneur était conservé. » Voici, d'après un ancien diptyque (Paciandi. *De cultu S. Joan. Bapt.* p. 389), une figure

qui donne une idée exacte de ce rit. C'est S. Étienne portant d'une main la tour eucharistique et de l'autre l'encensoir. (Voyez à l'article *Prothèse*, une figure représentant la même cérémonie chez les

Grecs.) Mais alors nous tenons pour très-vraisemblable que ces tours étaient surmontées d'une colombe; et les vases de cette forme seraient extrêmement anciens, car ils auraient leur type dans les vases eucharistiques que les premiers chrétiens conservaient dans leurs maisons. Nous en avons un exemple sur un sarcophage antique (Bottari. tav. XIX) où, aux pieds d'une femme en prière, est déposé un vase affectant à peu près la forme d'une tour, et dont le couvercle arrondi est surmonté d'une colombe. Voici cet intéressant monument.  Des vases d'une forme conique et ayant aussi une colombe sur leur couvercle se remarquent dans une mosaïque du sixième siècle de Saint-Apollinaire de Ravenne (Ciampini. Vet. monim. t. II. cap. 12).

COLONNE (SYMBOLE). — Dans les monuments chrétiens, la colonne isolée est ordinairement employée comme symbole de l'Église, qui est appelée par S. Paul (1 Timoth. III. 15) *columna et firmamentum veritatis*. On voit dans Buonarruoti (Vetri. tav. XIV. n. 2) un fond de verre où est représentée, entre deux personnages qui, selon toute probabilité, ne sont autres que S. Pierre et S. Paul, une colonne surmontée du monogramme du Christ; sur une pierre gravée publiée par le P. Garrucci (*Hagioglypta*. p. 222), la colonne, dont le fût est

orné de douze gemmes, symbole des douze apôtres, porte un agneau, et sur une lampe d'argile trouvée à Lyon (Le Blant. *Inscript. chrét. de la Gaule*. I. 167) une colombe. On sait qu'ici c'est Notre-Seigneur qui est symbolisé par le chrisme, l'agneau, la colombe (V. ces trois mots dans ce Dictionnaire), et l'ensemble des trois compositions signifie, dans l'intention des artistes, la fermeté et la stabilité que Jésus-Christ communique à son Église.

On a cru distinguer le symbole de Jésus-Christ lui-même dans les colonnes qui se voient aux quatre angles d'une peinture de voûte du cimetière des Saints-Marcellin-et-Pierre (Aringhi. II. p. 95), et au pied desquelles sont deux colombes qui élèvent leurs yeux vers elles. Nous croyons que c'est encore l'Église vers laquelle les colombes, symbole des fidèles, dirigent leurs regards comme vers le port du salut; on voit dans la même attitude deux colombes et deux agneaux sur la gemme du P. Garrucci, et sur un verre représentant deux époux (Buonarr. *Vetri*. XXIII. 3), entre lesquels s'élève une colonne supportant une couronne. La couronne, composée de différentes fleurs, signifierait, d'après le savant florentin, les enfants nés ou à naître du mariage, et qui sont la couronne des parents, et, selon S. Clément d'Alexandrie, les fleurs du mariage; mais la colonne, à laquelle est toujours attachée une idée de solidité, représenterait les enfants mâles, qui sont les colonnes de la maison (Artemid. l. II. c. 10. ap. Buonarr. *loc. laud.*).

M. Le Blant (*Op. et loc. cit.*) signale, et il est, croyons-nous, le premier à le faire, sur des sarcophages d'Arles où est retracé le passage de la mer Rouge, la colonne lumineuse, reconnaissable aux flammes qui couronnent son chapiteau, précédant les Israélites après leur délivrance. Nous avons remarqué le même fait sur un sarcophage d'Aix, et l'inspection du monument lui-même est absolument nécessaire, car la planche de Millin, assez défectueuse, ne reproduit pas les flammes (Millin. *Midi de la Fr.* pl. L. 3).

COLUM VINARIUM. — I. — L'usage de passer le vin, particulièrement quand il sortait du pressoir, était très-fréquent dans l'antiquité, et primitivement on se servait pour cela de sacs et de corbeilles de jonc. Cette opération s'appelait *vinum castrare* (Pline. XIX. 4. XIV. 22. XX. 17), et le vin qui l'avait subie, *vinum saccatum*. Pour l'usage de la table, on avait des passoires proprement dites, en métal, et Athénée (l. II) en atteste l'existence chez les Égyptiens et les Grecs.

Voici comment cet instrument était mis en œuvre : on plaçait d'abord la coupe sur son pied ou sa base (Gruter. XVI. 12), et, sur la coupe elle-même, le *colum* dont le fond était percé de trous extrêmement fins et rapprochés. On voit au musée Bourbon de Naples beaucoup d'objets de cette sorte provenant de Pompéi (*Mus. Borbon*. t. II. tab. 60). Philippe Venuti donne aussi le dessin d'un *colum vinarium* en tête de sa dissertation sur cette matière, à laquelle nous faisons plus d'un emprunt (*Saggi di dissert. dell' acad. di Cortona*. t. I. p. 80).

Il n'est pas sans intérêt de remarquer ici en passant que Notre-Seigneur fait allusion à la coutume ancienne de passer le vin, quand il dit des pharisiens : EXCOLANTES *culicem, camelum autem glutientes* (Matth. XXIII. 24); comme si, complices de leur hypocrisie, leurs *cola* laissaient passer les chameaux et retenaient les moucherons.

On disait aussi *colum nivarium*, ou *saccus nivarius* (Martial. XIV. 104), parce qu'on mettait dans ces passoires de la neige, au travers de laquelle le vin, en passant, se rafraîchissait, ce qui était plus nécessaire chez les anciens que dans les temps modernes, parce qu'ils conservaient ordinairement le vin, non point dans des caves, mais dans la partie supérieure de leurs maisons.

II. — L'Église adopta dès le principe cet instrument dans sa liturgie : c'est ce que prouve un très-ancien glossaire cité par Du Cange (Cap. *De vasis argenteis*). Venuti (*op. laud.*) rappelle à ce sujet un document de 470. L'ordre romain porte : *Archidiaconus ... sumit amulam pontificis cum vino de subdiacono, et refundit super colum in calicem*, « l'archidiacre prend de la main du sous-diacre l'*amula* du pontife pleine de vin, qu'il verse dans le calice à travers le *colum*. » Et un peu après : *Archidiaconus.... accipiens calicem ab acolyto, archidiacono apportet vinum, per colum* (Ap. Macri. ad voc. *Colatorium*). Il est très-souvent fait mention de cet instrument dans les *Vies des papes* par Anastase le Bibliothécaire ou ses continuateurs. Léon III, pape en 795 (Anastas. *In Leon. III.* p. 197. edit. Mediol.), donna à l'église de Sainte-Suzanne, où il avait été ordonné prêtre, *vasa colatoria argentea deaurata pens. lib.* VI. *unc.* III. Sergius II (844) offre à la basilique de Saint-Pierre : *Colatorium de argento, quod in sacro utitur officio deauratum unum* (Anastas. p. 230). Enfin Benoît III (855) fait don au monastère des saints martyrs Sergius et Bacchus des objets suivants : *Calices de argento purissimo duos, et patenam unam, colatorium unum.*

Nous reproduisons ici un instrument de ce genre que Blanchini donne dans ses notes à Anastase (*In S. Urbanum*)

COLYSÉE, AMPHITHÉATRE FLAVIEN

(TRADITIONS CHRÉTIENNES DU). — I. — Projeté par Auguste, commencé par Vespasien, ce somptueux monument fut achevé par Titus, qui, au dire de Cassiodore (Lib. V. *variar. Epist.* 45), y dépensa tout un fleuve de richesses, *divitiarum profuso flumine*. Il fut inauguré l'an 80 de notre ère et dédié par le fils à son père, sous le titre d'amphithéâtre Flavien, du nom de la famille Flavia, qui était la leur. En mémoire de cet événement, le sénat fit frapper des médailles, au revers de l'amphithéâtre Flavien, à l'effigie de Vespasien, de Titus et aussi de son frère Domitien, qui, en sa qualité de César, avait pris part à l'inauguration du monument (V. ces médailles dans Cohen, *Monnaies impér.* t. I. p. 359, et dans Marangoni, *Anfiteatro Flavio*, frontispice) ; les dates hypatiques de ces pièces correspondent exactement avec celles de sa dédicace. Voici celle de Titus.

On ne sait pas au juste à quelle époque cet amphithéâtre reçut le nom de Colysée. C'est au huitième siècle, dans la vie du pape Étienne IV (*Lib. Pontif. In Steph.* IV. t. I, p 224, n. 273), que pour la première fois se rencontre cette dénomination à propos du tribun Gracilis que quelques Campaniens, ayant à se venger de lui, traînèrent au *Colosseum*, où ils lui arrachèrent les yeux et lui coupèrent la langue. Quelle en est l'origine ? Les uns y voient une allusion à la statue colossale de Néron érigée au milieu du *stagnum* de cet empereur, et sur l'emplacement duquel l'amphithéâtre Flavien fut bâti, comme nous l'apprend Martial (*Epigr.* II. *Spectacul.*) :

> Hic ubi conspicui venerabilis amphitheatri
> Erigitur moles, stagna Neronis erant.

Selon d'autres, et c'est l'avis de Maffei (lib. I. cap. 4), ce nom lui viendrait de cette masse colossale qui, en dépit des injures du temps et des barbares, Goths, Lombards, etc., qui tour à tour ont saccagé Rome, présente aujourd'hui encore aux regards étonnés du voyageur la plus majestueuse ruine de cette ville et de l'Italie entière.

Le nom de l'architecte du Colysée n'est pas parvenu jusqu'à nous. Ni Martial, qui porta l'admiration pour ce monument jusqu'à le mettre au-dessus des sept merveilles du monde antique, ni aucun des écrivains de ce siècle ne nous l'ont fait connaître. Un tel silence est bien fait pour nous surprendre, surtout de la part du poëte qui vécut sous Vespasien et ses fils, et dut certainement connaître l'artiste dont l'œuvre lui inspirait un si grand enthousiasme, et qui, à raison même de cette œuvre, dut jouir d'une éclatante notoriété. Notre étonnement redouble encore, quand nous voyons ce même Martial (*Epigr.* 48. lib. VII) prodiguer les éloges les plus hyperboliques à un autre architecte, Rabirius, qui avait bâti sur le Palatin un merveilleux palais pour Domitien. Comment se fait-il qu'il n'ait pas voulu immortaliser aussi le nom de l'architecte de l'amphithéâtre Flavien ? Il y a là un mystère dont tous les savants qui ont écrit sur cet étonnant monument se sont préoccupés à bon droit. D'une omission si étrange plusieurs ont cru pouvoir conclure que cet architecte était chrétien, et que, en haine du nom du Christ, les écrivains contemporains auraient voulu, de propos délibéré, le priver de la gloire que son œuvre lui eût faite aux yeux de la postérité. La conjecture est ingénieuse sans doute et n'a, en soi, rien que d'assez plausible. Malheureusement elle ne se base sur aucun document de quelque valeur. Le seul que l'on cite à l'appui est une inscription portant qu'un certain Gaudentius, qui avait construit un théâtre, fut reconnu comme chrétien et, en récompense de ce travail (le Colysée), condamné à mort par Vespasien (V. Marangoni. *Anfit. Flav.* p. 18). Mais ce prétendu monument ne soutient pas les regards de la critique, tant ses formules sont étrangères au style et aux usages de l'épigraphie chrétienne. Au surplus, l'inscription fût-elle authentique et le fait qu'elle énonce fût-il constaté par d'autres documents, ce qui n'est pas, il resterait à prouver qu'il s'applique à l'architecte du Colysée.

Bien qu'il soit fort connu, nous ne croyons pas

pouvoir nous dispenser de donner ici un croquis du monument dans son état actuel.

II. — Nous n'avons pas à nous occuper de l'histoire profane, non plus que des caractères architectoniques de l'amphithéâstre Flavien. C'est le lot du *Dictionnaire des Antiquités grecques et romaines* de MM. Daremberg et Saglio, auquel nous renvoyons le lecteur. Nous devons nous attacher uniquement aux traditions chrétiennes qui s'y rapportent, et nous abordons cette tâche sans plus de préambule.

On ne sait pas au juste à quelle époque et en quel lieu on commença à exposer les chrétiens aux bêtes dans les amphithéâtres. S. Paul nous dit de lui-même (*Ep. ad Cor.* I. c. 15) qu'il avait lutté à Éphèse contre les bêtes : *Ad bestias pugnavi Ephesi*. Mais il est probable, comme l'affirme S. Jean Chrysostome (Cf. *Baron. an.* 55), que l'apôtre parle ici métaphoriquement, entendant par bêtes des hommes portant des cœurs d'animaux féroces : *Homines ferinos habentes animos*. C'est aussi dans un sens figuré que S. Ignace d'Antioche (*Epist. ad Roman.*) écrivait aux Romains : « De la Syrie jusqu'à Rome, je combats contre les bêtes sur terre et sur mer, enchaîné nuit et jour à dix léopards, c'est-à-dire à des soldats qui me gardent : *pugno ad bestias.... ligatus cum decem leopardis, hoc est militibus qui me custodiunt*. Il est vrai que Nicéphore Calliste (*Hist.* l. II) prend les paroles de S. Paul à la lettre; mais il avait puisé cette histoire dans des livres apocryphes et sans autorité. Cependant nous savons par le témoignage d'auteurs très-graves et par le martyrologe romain (23 sept.) qu'une disciple de ce même apôtre, Ste Thècle, fut, sous l'empire de Néron, exposée aux lions en Lycaonie, et que ces animaux la respectèrent.

Pour ce qui est de l'amphithéâtre de Rome, objet spécial de cette étude, on peut supposer avec beaucoup de raison que c'est sous Domitien, frère de Titus, que l'on commença à y exposer les chrétiens. On sait en effet par Suétone que ce monstre de cruauté y donna un grand nombre de combats de gladiateurs et de bêtes féroces, qu'il fit périr beaucoup de ceux qui embrassaient la foi du Christ et que l'on confondait vulgairement avec les Juifs, *qui in mores Judæorum transibant*, comme s'exprime Dion Cassius (*Hist.* lib. LXVII). L'histoire nous a conservé le récit d'une de ces immolations : c'est celle d'Accilius Glabrion, qui fut consul en 93 avec Trajan (Baron. *Ad h. an.*). Domitien le fit venir à Albano et l'obligea à combattre un lion dans l'amphithéâtre de cette ville qu'il avait restauré.

Le premier exemple indubitablement constaté pour le Colysée, c'est celui de S. Ignace d'Antioche qui souffrit sous Trajan; mais nous avons lieu de croire que d'autres, avant lui, y avaient été exposés aux bêtes. Cet évêque martyr semble le supposer, lorsque, dans sa lettre aux Romains, il les supplie de ne point empêcher par leurs prières son triomphe, comme ils l'avaient fait pour d'autres, que les bêtes féroces n'avaient osé toucher, *ne, sicut aliorum martyrum, non audeant corpus attingere*. On doit même tenir pour à peu près certain que, toutes les fois que les actes des martyrs portent qu'ils furent exposés aux bêtes, ce fut invariablement au Colysée. En effet, les amphithéâtres de César et de Statilius Taurus avaient été détruits par le feu sous Néron, et celui dit *Castrense*, aux Esquilies, très-restreint, et situé à une grande distance de la ville, ne pouvait admettre des spectacles de cette sorte, auxquels accouraient de grandes multitudes. Au surplus, il est avéré que, depuis la construction du Colysée, les jeux et les combats de gladiateurs et de bêtes féroces n'eurent jamais lieu ailleurs, si ce n'est, en de très-rares circonstances, au *Circus maximus* (V. Boulenger. *De venat. circi et amphitheatr.* c. 10. — Cf. Marangoni. *op. laud.* p. 20).

III. — Quoi qu'il en soit, nous allons donner la série des martyrs que nous savons avec certitude avoir été exposés aux bêtes dans l'amphithéâtre Flavien. Il en est beaucoup d'autres sans doute dont le souvenir s'est perdu.

1° S. Ignace, évêque d'Antioche. A son passage dans cette ville, en se rendant en Arménie, Trajan, après avoir interrogé ce saint, porta contre lui cette sentence (Ruinart. *Act. sinc. S. Ignat.* edit. Veron. p. 7) : *Ignatium præcipimus, in se ipso dicentem circumferre crucifixum, vinctum a militibus, in magnam Romam duci, cibum bestiarum in spectaculum plebis futurum*. C'est l'an 107 de notre ère, sous le consulat de Surra et de Senecion, que cet héroïque évêque fut exposé au Colysée, à la fin des spectacles solennels qui s'y célébrèrent le 20 décembre, sous le nom de *Sigillaria*. Selon le désir qu'il en avait exprimé lui-même, il fut dévoré par deux lions, qui ne laissèrent de son corps que les os les plus durs : ces précieuses reliques furent recueillies par ses disciples qui l'avaient accompagné à Rome et transportées à Antioche.

Le martyrologe romain enregistre la fête de S. Ignace au 1er février.

2° Toute une noble famille romaine, Eustache, Théopiste sa femme, Agapius et Théopiste leurs fils. Eustache avait été, sous Titus, commandant de la cavalerie, et, sous Trajan, il avait obtenu le triomphe pour les victoires qu'il avait remportées sur l'ennemi, en qualité de général d'armée. C'est sous Hadrien qu'il fut exposé, avec sa famille, aux bêtes, qui, oubliant leur férocité, les laissèrent intacts. Mais, pour avoir raison de ces généreux chrétiens, l'empereur les condamna à être brûlés vifs dans le ventre d'un taureau de bronze (*Martyrol. R.* 20 *sept.* — *Acta ap.* Surium, *eodem die*).

3° Sous Sévère Alexandre, en 228, Ste Martine, noble vierge romaine. Le préfet de Rome, Ulpien, la livra aux bêtes et voulut assister en personne à ce cruel spectacle. Les actes (Ap. Bosio) disent que, la sainte ayant été conduite au milieu de l'arène, on lâcha contre elle un lion, puis plusieurs autres; mais, au même instant, un grand coup de tonnerre se fit entendre, qui jeta l'épouvante dans le peuple, et les lions, comme de doux agneaux, se couchèrent à ses pieds. Martine, se tournant alors vers le préfet, l'exhorta à reconnaître la puissance du Créateur, à qui les bêtes elles-mêmes prêtaient obéissance; et pendant qu'elle parlait ainsi, les lions lui prodiguaient leurs caresses. Mais, attribuant ces prodiges à la magie, le tyran ordonna à ses satellites de faire rentrer les lions dans leurs *carceres* et de reconduire Martine en prison. Mais la multitude, à la vue d'un si merveilleux spectacle, s'écrie tout d'une voix que grande était la vertu du Christ qui opérait de si grandes choses (V. *Insup. Martyrol. R. et Usuardi.* 1 *jan.*).

4° Une scène analogue et non moins émouvante se passa sous le même règne au martyre d'une autre vierge romaine, également distinguée par sa naissance. Cette vierge s'appelait Tatiana, et le peuple voyant les lions se prosterner à ses pieds somma Ulpien de mettre fin à ses tourments. Mais le magistrat confus la condamna à être déchirée sur l'*eculeum*, et le lendemain lui fit trancher la tête hors de la ville (*Martyrol. R.* 12 *jan.*).

5° Ste Prisque, aussi vierge romaine. Le card. Baronius soutient, dans ses notes au martyrologe romain (18 *jan.*) que cette Prisca n'est pas celle qui avait été baptisée par S. Pierre et qui aurait survécu à Néron, et même à Claude Ier, et qu'il ressort de toutes les circonstances relatées dans ses actes que son martyre eut lieu sous Claude II, dit le Gothique, l'an de Jésus-Christ 271. Ce qu'il y a de certain, c'est que, respectée par les bêtes féroces, elle eut la tête tranchée. Ferrari, dans son catalogue (*Catal. M. Ital.* Cf. Marang. p. 22), mentionne expressément le Colysée comme ayant été le théâtre de son martyre.

6° Du temps de ce même Claude II, deux cent soixante soldats anonymes furent condamnés d'abord à l'extraction du sable hors de la porte Salaria, puis conduits à l'amphithéâtre, où tous périrent percés de flèches: *Quos jussit primo Claudius, pro Christi nomine damnatos extra portam Salariam arenam fodere, deinde in amphitheatro militum sagittis interfici* (Martyrol. R. 1. Mart.). Ces paroles rectifient l'erreur qui s'était glissée dans les actes enregistrés par Surius au 14 février, erreur reproduite par Pierre de Natalibus dans son catalogue (lib. III. cap. 162), et supposant que ce supplice eut lieu dans un amphithéâtre de la voie Salaria, où il est avéré qu'il n'y eut jamais d'amphithéâtre. *Jussit Claudius*, dit ce dernier, *ut foras muros viæ Salariæ in amphitheatro mitterentur*.

7° Les SS. Symphronius, Olympius, Theodulus et Exuperius, sous les empereurs Valérien et Gallien, après avoir subi différents tourments, furent conduits à la statue du Soleil en avant de l'amphithéâtre, et comme ils refusèrent de sacrifier à cette divinité, ils furent attachés à des pièces de bois et brûlés vifs : c'est ce que nous apprennent les actes de S. Étienne, pape et martyr, dans Surius, au 2 août.

8° Nous avons maintenant à mentionner deux nobles personnages, Abdon et Sennen, amenés de Perse pour servir au triomphe de l'empereur Dèce. Conduits enchaînés, mais couverts de leurs vêtements d'or ornés de pierres précieuses dans le temple de la déesse Tellus, leur cause fut jugée sous la présidence du préfet Valérien. Sur leur refus de sacrifier aux divinités de l'empire, on les amena le lendemain à l'amphithéâtre Flavien. Là, on les sollicita derechef d'adorer la statue du Soleil. Mais Valérien les ayant trouvés plus constants que jamais dans leur foi, les condamna à être flagellés avec les *plumbatæ*, lanières garnies de plomb. On les traîna ensuite dans l'arène dépouillés de leurs vêtements, et Valérien fit lâcher sur eux quatre ours; mais ces animaux se couchèrent à leurs pieds, semblant vouloir les garder plutôt que leur nuire. Le préfet, furieux attribuant le fait à la magie, ordonna à des gladiateurs de pénétrer dans l'arène et de les tuer à coups de lance; il fit ensuite traîner les cadavres hors de l'amphithéâtre devant le simulacre du Soleil, afin de frapper les fidèles de terreur, et ils y restèrent trois jours exposés. Le sous-diacre Quirinus, dont l'habitation était près de l'amphithéâtre, recueillit leurs restes dans une caisse de plomb et les ensevelit dans sa maison, où ils restèrent jusqu'au temps de Constantin. Ils furent alors transférés au cimetière de Pontien, sur la voie de Porto. Ils sont aujourd'hui sous le maître-autel de la basilique de S. Marc (*Ex act. S. Laur. ap.* Sur. 10 *aug.*). Le couronnement de ces martyrs par Notre-Seigneur est peint à fresque dans la troisième chambre de ce cimetière, lieu de leur seconde sépulture (V. cette fresque à l'art. *Abdon et Sennen*).

9° S. Jules, sénateur romain. Il fut mis à mort à coups de bâton, et son corps fut traîné dans l'amphithéâtre, où il resta exposé jusqu'à ce qu'il fût dévoré par les chiens. Après quelques jours, les fidèles enlevèrent ses restes clandestinement et les ensevelirent sur la voie Aurelia (*Ex act. S. Euseb. et Socior. ap.* Sur. t. IV. — *Martyrol. R.* 19 *aug.*).

10° S. Alexandre, évêque d'une ville incertaine, ayant été amené à Rome par les ordres de l'empereur Antonin, après différents tourments, fut livré aux bêtes dans l'amphithéâtre; mais comme ces animaux le laissèrent intact, il eut la tête tranchée sur la voie Claudia avec Herculanus, soldat converti par lui à la foi chrétienne (*Martyrol. R. 21 sept.*).

11° S. Marinus, fils d'un sénateur romain, fut livré aux bêtes dans ce même amphithéâtre sous l'empereur Carin en 284. Un lion l'embrassa légèrement, sans lui faire aucun mal, et un léopard, couché devant lui, léchait ses pieds avec tendresse. On dut avoir recours à d'autres supplices pour ôter la vie à ce saint jeune homme (*Martyrol. R. 26 dec.*).

12° S. Potitus fut amené de Sardaigne à Rome sous l'empereur L. Verus, vers l'an 168. Introduit dans l'amphithéâtre en présence de l'empereur, il fut suspendu à l'*eculeus*, et là on lui attaqua les flancs avec des torches ardentes. On lâcha ensuite contre lui des bêtes féroces qui ne lui firent aucun mal. Il fut enfin envoyé à Ascoli, ville de la Pouille, où il eut la tête tranchée (V. *Martyrol. R. 13 jan.*).

13° S. Éleuthère, évêque en Illyrie, fut, sous l'empereur, Hadrien exposé d'abord à une lionne, puis à un lion dont il ne reçut que des marques d'affection. L'empereur, plus cruel que les bêtes féroces, lui fit trancher la tête (*Act. ap. Sur. — Martyrol. 18 april.*).

14° Les SS. Vitus, Modestus et Crescentia. Ayant eu connaissance des miracles opérés par S. Vitus, Dioclétien le fit venir à Rome, afin qu'il délivrât du démon une de ses filles. La délivrance opérée, l'empereur voulut contraindre le saint à renier le Christ; mais, ayant échoué dans ses tentatives, il le fit exposer aux bêtes dans l'amphithéâtre avec ses compagnons : c'est la version du martyrologe d'Usuard, au 15 janvier : *Circumstante populo, in amphitheatro sistuntur;* et, après avoir subi diverses tortures, ils furent enfin mis à mort. De l'ensemble des circonstances relatées dans leurs actes, Papebroeck conclut (Bolland. *Ad. h. d.*) que le martyre de ces saints eut réellement lieu à Rome, bien que d'autres prétendent que, enlevés par un ange, ils furent transportés en Lucanie, où ils rendirent leur âme à Dieu.

15° Ste Doria, la fiancée de Chrysante, selon l'opinion de quelques critiques, et en particulier de Martinelli (*Roma ex ethen. sacra*, p. 38), fut exposée aux lieux infâmes dans les *fornices* de l'amphithéâtre, où sa pudeur fut protégée par un lion échappé du stade. Toutefois les actes (Sur. 28 oct.) disent que ce *lupanar* était une maison : *Domum ubi illa erat et precabatur, supplex leo, qui a stadio fugerat, ingressus se in medio extendit.* Ce qu'il y a du moins de certain, c'est que ces lieux infâmes, *turpitudinis loci*, étaient à l'entour du cirque et dans d'autres lieux destinés aux spectacles publics. (V. Baron. *Not. ad 21 jan.*). Et, qu'il y en ait eu en particulier à l'amphithéâtre Flavien, c'est ce que nous savons par le témoignage de Lamde, qui, à propos des infamies de Caracalla, écrit ce qui suit : *Fertur una die ad omnes circi et theatri et amphitheatri, et omnium urbis locorum meretrices, tectus cucultione mullonico, ne agnosceretur, ingressus.*

16° S. Almachius où Telemacus est le dernier martyr qui ait arrosé de son sang l'amphithéâtre de Rome. Car, bien que Constantin et après lui son fils Constance, eussent interdit par une loi les combats de gladiateurs, ces jeux cruels furent rétablis plus tard, et ils se célébraient encore en 404, sous l'empire d'Honorius. Le saint moine Télémaque vint de l'Orient à Rome, dans l'intention de les arrêter ou tout au moins de les éteindre dans son propre sang. Et en effet, lorsque, aux calendes de janvier, l'amphithéâtre était rempli, il s'introduisit au milieu des gladiateurs et flétrit avec une sainte audace ces cruautés païennes. Mais le préfet Alipius, qui était présent, ordonna aux gladiateurs qu'il avait voulu séparer de le mettre à mort (Baron. *Ad. hunc an. et not. ad M. R. 1 jan.*). Ce fut alors qu'Honorius porta une loi plus rigoureuse et définitive contre ces sanglants spectacles.

17° Avec moins de certitude, d'autres martyrs pourraient être cités comme ayant souffert dans ce même amphithéâtre. Le nombre en fut grand assurément : nous sommes en droit de le conclure de ce célèbre passage de l'Apologétique de Tertullien (XL) : « Si le Tibre monte jusqu'aux murailles, si le Nil ne monte pas sur les champs qui l'environnent, si le ciel tarit, si la terre s'ébranle, si la famine, si la contagion paraissent, aussitôt on crie : *Aux lions les chrétiens!*

IV. — Nous n'avons pas, on le comprend, à entreprendre l'examen critique de toutes les circonstances de ces martyres : nous les rapportons telles qu'elles sont consignées dans les sources respectables où nous avons puisé. Le seul fait essentiel à constater pour notre objet, c'est que le Colysée fut le théâtre de ces passions.

Deux circonstances seulement sont à noter ici qui s'appliquent à tous les martyrs immolés dans les amphithéâtres : c'est d'abord qu'ils n'étaient amenés que lorsque les jeux touchaient à leur fin; et la raison en est que, comme ils se laissaient immoler sans résistance, leur mort expéditive ne pouvait procurer au peuple-roi aucune de ces émotions qu'il venait chercher à l'amphithéâtre et qu'il trouvait dans le spectacle des combats des gladiateurs et des condamnés à mort contre les bêtes féroces. Cette circonstance nous est révélée par les actes de S. Ignace : *Ad amphitheatrum ductus est.... fine spectaculorum imminente.* Il en fut de même à Smyrne pour S. Polycarpe, au témoignage de S. Jérôme (*De scriptor. eccles.*). Comme le peuple demandait à grands cris qu'un lion fût lâché contre le saint évêque, le proconsul Philippe répondit que cela ne lui était pas permis, attendu que les jeux étaient terminés.

Le second fait que nous devons constater, c'est qu'ils étaient exposés devant l'autel de Jupiter Latialis, érigé au milieu de l'arène : c'est le sens qu'il est naturel d'attribuer à ces mots des actes de S. Ignace : *Juxta templum expositus est*.

COMMÉMORATION DES MORTS (FÊTE). — V. l'art. *Fêtes immobiles*, IX, 2°.

COMMUNION. — I. — Dans les premiers siècles, les rites qui accompagnaient la communion différaient d'une manière assez notable de ceux qui sont aujourd'hui en usage.

Après la bénédiction de l'évêque, laquelle suivait immédiatement l'oraison dominicale, le diacre appelait le peuple à la communion par ces paroles : *Attendamus*, « soyons attentifs ! » Alors le prêtre ou le célébrant : *Sancta sanctis*, « les choses saintes aux saints ! » A quoi le peuple répondait par les acclamations suivantes : *Unus sanctus, unus Dominus Jesus-Christus in gloriam Dei Patris; benedictus in sæcula : amen*, « un saint, un Seigneur Jésus-Christ, dans la gloire de Dieu le Père : béni dans les siècles : amen! » *Gloria in altissimis Deo; et in terra pax; in hominibus bona voluntas. Hosanna filio David! Benedictus qui venit in nomine Domini, Deus Dominus, et apparuit nobis : hosanna in altissimis!* « Gloire dans les hauteurs à Dieu! et sur la terre, paix; dans les hommes bonne volonté! hosanna au fils de David! Béni qui vient au nom du Seigneur, Dieu-Seigneur lui-même, et qui nous est apparu : hosanna dans les hauteurs ! » S. Cyrille de Jérusalem (*Catech. mystag.* v. 16) mentionne clairement cette formule, et explique qu'elle suivait l'oraison dominicale; et S. Chrysostome (Hom. XVII. *In Hebr.*) compare ici le diacre au héraut des jeux olympiques, avec cette différence cependant que celui-ci interpellait chacun en particulier pour savoir si quelqu'un l'accusait d'être esclave ou voleur ; tandis que le diacre exhortait tous les assistants en général à s'éprouver eux-mêmes, les choses saintes ne devant être données qu'aux saints !

Alors venait la fraction du pain eucharistique, instituée par Jésus-Christ lui-même, et toujours retenue par l'Église. Tous les Pères en font mention comme précédant la distribution ; mais elle ne se faisait pas au même moment de la messe dans toutes les Églises. Il paraît que chez les Grecs elle avait lieu aussitôt après la consécration, tandis qu'ailleurs on ne rompait les pains qu'au moment de les distribuer. Les Latins divisaient chaque pain en trois particules, les Grecs en quatre. Les Orientaux pratiquaient deux fractions, la première avant la consécration, en trois parties, au moment où le prêtre prononce le mot *fregit*; la seconde, plus proprement appelée *fraction* et où chacune des trois particules se subdivisait en plusieurs, avait lieu avant l'oraison dominicale, après la lecture des diptyques (V. Selvaggio. IV. 84). Les Mozarabes divisaient l'hostie en neuf parts, avec l'intention de signifier par chacune d'elles un des mystères de la vie de Jésus-Christ, ainsi énumérés par Mabillon (*Liturg. Gallic.* l. I. c. 2. § 12) : « La conception, *corporatio*; la nativité ; la circoncision ; l'apparition (sans doute la transfiguration); la passion ; la mort; la résurrection ; la gloire; le règne. »

Après la fraction, la mixtion, marquée dans toutes les plus antiques liturgies, et mentionnée par les conciles (*Tolet.* IV. can. 17. — *Arausic.* I. an. 441. can. 17).

Après l'appel SANCTA SANCTIS, chacun venait recevoir l'eucharistie dans l'ordre de son grade, ordre qui était à peu près celui que prescrivent les *Constitutions apostoliques* (VIII. 13). L'évêque la prenait le premier, et après lui les prêtres, et le reste du clergé, et les ascètes. Puis venaient les femmes, les diaconesses d'abord, les vierges, les veuves, et les enfants; et enfin tout le peuple assistant au saint sacrifice. Le texte des *Constitutions apostoliques* semble supposer que l'évêque seul distribuait l'eucharistie au peuple et au clergé. Mais la pratique de la plupart des Églises n'est pas conforme à cette institution. S. Justin (*Apol.* II) atteste que, de son temps, la consécration était faite par l'évêque, mais que l'office de distribuer les pains consacrés appartenait aux diacres. En général cependant, dans les âges suivants, l'usage commun était que l'évêque ou le prêtre, après avoir consacré, administraient l'espèce du pain, l'administration du calice étant laissée aux diacres (V. Cyprian. *De lapsis*. p. 132). Cela n'empêchait pas que, soit avec la permission des évêques, soit par nécessité, les diacres ne distribuassent quelquefois l'un et l'autre. Observons cependant que deux restrictions étaient sévèrement apportées aux Pères à ce droit : la première, que les diacres ne donnassent jamais la communion aux prêtres (*Concil. Nicæn.* can. XVIII) ; la seconde, qu'ils ne la distribuassent pas même au peuple, un prêtre étant présent, si ce n'est dans le cas d'une urgente nécessité, et par l'ordre du prêtre.

Quant au lieu où se recevait la sainte communion, la discipline des différentes Églises n'était pas uniforme. L'Église d'Espagne n'admettait à l'autel que les prêtres et les diacres, les clercs inférieurs dans l'intérieur du chœur, et le peuple aux cancels (*Concil. Tolet.* IV). De même chez les Grecs il n'était permis qu'aux prêtres et aux diacres d'entrer dans le sanctuaire pour communier. Les uns et les autres avaient excepté de cette règle l'empereur, auquel le concil *in Trullo* confirma ce privilège d'après une ancienne tradition (*Concil. Trull.* can. LXIX). En Italie, nous voyons S. Ambroise lui refuser cet honneur : d'où l'on peut conclure que les Églises de cette contrée tinrent fortement à l'ancienne discipline sur ce point. La coutume opposée s'établit dans les Gaules : le second concile de Tours, qui défend d'admettre le peuple dans le chœur des chantres, ouvre aux laïques et même aux femmes, selon l'ancien usage, y est-il dit, le *sancta sanctorum* pour prier et pour communier (V. Mabillon. *Liturg. Gallic.* II. 5. 24. — Greg. Turon. IX. 3.). Enfin les Orientaux, particulièrement les Égyptiens, comme les Gaulois, paraissent avoir laissé aux laïques l'entrée libre dans le sanctuaire; Valois le conclut des lettres de S. Denys l'Aréopagite (*Not. ad Euseb.* vii. 9).

On se demande dans quelle attitude et avec quels signes extérieurs d'adoration les premiers chrétiens recevaient la sainte eucharistie. Ils communiaient tantôt debout, tantôt à genoux. Pour la première manière, nous avons le témoignage de S. Chrysostome (Homil. xxxi. *In natal. Christi*), qui exhorte les communiants à se prosterner devant l'autel; et encore la pratique générale de prier à genoux aux jours de stations; car si cette posture humiliée était exigée pour la prière en général, elle devait l'être plus encore pour la communion. Quant à la seconde, elle ressort de textes anciens fort nombreux (Dionys. Alex. *ap. Euseb. loc. laud.* — Chrysost. *Homil.* xx *In Cor.*). Ainsi s'explique ce mot fréquent dans les liturgies, particulièrement dans les *Constitutions apostoliques* (viii. 12) : *Erecti ad Dominum stemus!* Il est probable que la même discipline existait chez les Occidentaux; mais on manque de preuves positives à cet égard. Ce qui est certain, c'est que, parmi nous, les prêtres seuls ont conservé l'usage de communier debout. Il faut observer néanmoins que, alors même qu'ils communient debout, ils témoignent leur respect pour la sainte eucharistie en inclinant profondément le corps et la tête. *Accedit*, dit S. Cyrille de Jérusalem (*Catech.* v) *et ad sanguinis poculum non extendens manum, sed* pronus, *atque adorationis, venerationisque ritu dicens*: *Amen*.

En présentant au fidèle la sainte eucharistie, le prêtre prononçait une formule qui a subi dans le cours des temps de nombreuses modifications. Au commencement, cette formule n'était autre probablement que celle que nous ont transmise les *Constitutions apostoliques* (viii. 13), car nous n'avons pas pour cet objet de document antérieur. Le prêtre disait : *Corpus Christi*; le fidèle, *Amen*. Le diacre en présentant le calice : *Sanguis Christi*, ailleurs : *Calix Christi, calix salutis*; le communiant : *Amen*. Nous retrouvons les mêmes formules dans le livre sacramentaire (iv. 5) attribué à S. Ambroise. Ce Père la répète dans un ouvrage qui est sûrement de lui (*De initiand.* c. ix). Que le peuple fût dans l'usage de répondre *amen* après avoir reçu les deux espèces, c'est ce qu'attestent S. Augustin (*Contr. Faust.* xii. 10), S. Jérôme (xlii. *Ad Theophil.*), S. Léon le Grand (vii. *De jejun. septimi mensis*), un grand nombre d'autres. Nous en avons encore une preuve mémorable dans ce fait, que le pape Corneille reproche (Ap. Euseb. vi. 43) à Novatien d'en être venu à ce degré d'audace que de persuader à ses partisans de dire au moment de la réception de l'hostie, au lieu de l'*amen* consacré par la tradition, ces paroles impies : Je ne retournerai pas à Corneille. » Au temps de S. Grégoire le Grand, la formule en question était devenue déjà plus explicite; elle avait pris la forme déprécatoire : *Corpus Domini nostri Jesu Christi conservet animan tuam* (Joan. Diac. *In vit. Greg. M.* l. ii), « que le corps de Notre-Seigneur Jésus-Christ conserve ton âme. » Au siècle de Charlemagne et d'Alcuin (Alcuin. *De offic.*), elle se rapprocha encore de celle qui est en usage aujourd'hui : *Corpus Domini nostri Jesu Christi custodiat te* (aujourd'hui *animan tuam*) *in vitam æternam.*

Autrefois le peuple ne recevait pas le corps de Notre-Seigneur dans la bouche; mais les hommes le recevaient dans la main droite nue, croisée sur la gauche (Augustin. *Contr. Parmen.* l. ii. c. 7. — *Concil. quinisext.* can. 101. — Cyrill. Hierosol. *Catech. mystag.* v), les femmes sur un linge blanc appelé *dominicale* (V. ce mot), après quoi chacun le portait à sa bouche. Nous aimons à mettre sous les yeux du lecteur les paroles de S. Cyrille de Jérusalem : « En approchant de la communion, approche non point avec les mains étendues..., mais avec la gauche comme une sorte de siège sous la droite, qui doit recevoir un si grand roi (Num. 18). » Ste Perpétue, dans le récit de sa célèbre vision, fait allusion au même usage : *Accepi junctis manibus* (Ruinart. p. 32).

Outre les innombrables témoignages qui nous font connaître cette pratique liturgique, nous sommes heureux de pouvoir citer un intéressant monument trouvé à Autun en 1839. C'est une inscription grecque métrique du deuxième ou du troisième siècle : Ἔσθιε, πίνε λαβών, ἰχθὺν ἔχων παλάμαις, « prends, mange et bois, tenant ἰχθὺς dans tes mains. » (V. l'art. *Poisson*.)

Pour ce qui est du précieux sang, nous savons que l'usage s'établit de le prendre ou de l'aspirer du calice à l'aide d'une espèce de chalumeau, *calamus, syphon*, d'or ou d'argent. Mais il serait difficile d'assigner l'origine de ce rit, si respectueux pour la sainte eucharistie. Dans le principe, il paraît que les communiants approchaient directement leurs lèvres du bord du calice dit ministériel, que leur présentait le diacre en le tenant par les deux anses dont il était muni. Le P. Secchi a risqué, dans sa dissertation sur le corps du martyr Sabinien, l'opinion que beaucoup des verres historiés des catacombes auraient été des calices à l'usage des fidèles, et dans lesquels le diacre aurait versé à chacun quelques gouttes du vin consacré. Ce système, qui, il faut l'avouer, aurait besoin d'être plus solidement appuyé, répondrait à bien des objections relatives aux nombreuses profanations auxquelles le précieux sang devait être exposé au temps de la communion sous les deux espèces.

II. — Dans les temps de persécution, les fidèles qui assistaient à la célébration des saints mystères, au sein des catacombes et en d'autres lieux secrets, après avoir communié, recevaient encore d'autres particules consacrées qu'ils emportaient dans leurs maisons, et avec lesquelles ils se communiaient eux-mêmes, toutes les fois qu'ils éprouvaient le besoin de retremper leur foi, et surtout quand ils avaient à se préparer au martyre. Nous avons ici le témoignage de S. Justin (*Apol.* ii), de Tertullien (*Ad uxor.* ii. 5), de S. Cyprien (*De lapsis....*), de S. Basile (Epist. cclxxxix. *Ad Cæsariam patriciam*). Le texte de ce dernier Père, comme preuve que cet usage était encore en vigueur au quatrième siècle, du moins chez les Grecs, est bon à citer : « A Alexandrie et en Égypte en général, chacun, même parmi les laïques, a ordinairement dans sa maison la communion, κοινωνίαν, et, quand il le veut, il se communie de lui-même. »

Voici, d'après la *Vie* de S. Luc le Solitaire, les cérémonies que, consulté par lui, l'archevêque de Corinthe lui avait prescrites comme devant accompagner la communion domestique. Nous empruntons cette citation au cardinal Bona (*Rer. liturg.* n. 17) : « S'il y a un oratoire dans la maison, on place le vase qui contient l'eucharistie sur l'autel ; s'il n'y a pas d'oratoire, sur une table très-propre ; déployant ensuite un petit voile (semblable au *dominicale* sans doute), vous placerez sur ce voile les saintes particules ; vous brûlerez de l'encens, vous chanterez le *trisagion* (V. ce mot) et le symbole ; puis, après avoir fait trois génuflexions pour l'adorer, vous prendrez religieusement le corps de Jésus-Christ. » C'était là, on le comprend, le rit normal, et il s'observait toutes les fois que la chose était possible. Tel n'était point le cas des fidèles habitants des maisons où vivaient des païens, d'une femme, par exemple, unie à un mari idolâtre : la communion se faisait alors avec le plus grand secret et sans aucun appareil, comme le recommande Tertullien (*loc. laud.*) : « Que ton mari ne sache pas ce que tu goûtes secrètement avant toute nourriture. »

Quant à ceux qui, pour cause de maladie ou d'obstacle quelconque, n'avaient pu assister à la liturgie, la sainte communion leur était portée par les diacres, ou même par un clerc inférieur, témoin l'acolyte Tarsicius, qui fut martyrisé par les païens, pour n'avoir pas voulu leur livrer le corps du Sauveur qu'il portait (*Martyrol. Rom. die aug.* 18). On la confiait aussi aux laïques en cas de nécessité : ainsi un prêtre malade, comme nous le savons par Eusèbe (*Hist. eccl.* VI. 27) chargea un enfant de la porter au pénitent Sérapion qui se trouvait *in extremis*. Cet exemple prouve deux choses : c'est qu'il n'était pas permis aux pénitents d'avoir la sainte eucharistie chez eux, et en second lieu que les prêtres l'avaient toujours dans leur maison, afin de pouvoir à toute heure l'administrer aux malades. On pourrait en conclure encore, ce qui du reste est parfaitement avéré d'ailleurs, que, pendant les trois premiers siècles, l'eucharistie n'était point réservée dans les lieux, églises ou oratoires quelconques, où s'accomplissait la liturgie. Il était aussi permis aux fidèles, comme nous l'apprenons de S. Grégoire le Grand (*Dial.* III. 36), de la porter avec eux en voyage.

Les clercs, comme les simples fidèles, portaient la sainte eucharistie, ordinairement suspendue à leur cou, tantôt dans des linges que S. Ambroise appelle *oraria*, ou dans des vases d'or, d'argent, de bois, d'argile. Il n'est pas sans quelque probabilité que la petite custode dont nous donnons le dessin à l'article *Encolpia* ait servi à cet usage. C'est l'avis de Bottari et de Pellicia (*De polit. Eccl.* t. III. p. 20). Le passage suivant de S. Jérôme (*Epist. ad Rustic.* c. XX) ne permet guère de douter qu'on ne se servît même quelquefois pour porter le corps de Notre-Seigneur de petits paniers d'osier, et de fioles de verre pour porter le précieux sang : *Nihil illo ditius qui corpus Domini portat in vimineo canistro, et sanguinem in vitro*, « rien de plus riche que celui qui porte le corps du Seigneur dans une corbeille d'osier, et son sang dans un vase de verre. » On voit dans les catacombes des peintures qui semblent être la traduction de ce texte : ce sont des cistes allongées au-dessus desquelles se montrent des pains incisés en croix, tandis qu'au travers du treillis on distingue une fiole pleine de vin rouge (V. le dessin de cet objet à l'art. *Eucharistie*).

Dans les maisons, on conservait la sainte eucharistie en des vases proportionnés à la fortune de chacun, et que S. Cyprien, dans son livre *De lapsis*, désigne sous le nom générique d'*arca*. Il raconte l'histoire « d'une femme qui, ayant voulu ouvrir avec des mains indignes son arche, *arcam suam*, où était renfermé le corps du Seigneur, *sanctum Domini*, en fut empêchée par une flamme qui s'échappa du vase. » Nous pouvons nous faire une idée juste de ces vases eucharistiques par une boîte en forme de petite tour, surmontée d'une colombe, laquelle est sculptée à côté d'une *orante* sur un sarcophage du cimetière du Vatican (Bottari. tav. XIX). Et cette interprétation est rendue plus probable encore par la présence, de l'autre côté de la femme en prière, de volumes liés ensemble et debout, double sujet qui rappelle absolument l'usage où l'on était d'avoir dans le sanctuaire des basiliques deux espèces de tabernacles dont l'un renfermait l'eucharistie et l'autre les livres saints (V. la figure de cet objet à l'art. *Colombe eucharistique*).

III. — Bien que Notre-Seigneur eût institué l'eucharistie le soir, et distribué son corps et son sang à ses apôtres après souper, toutes les Églises ont cru néanmoins devoir, par respect pour ce divin aliment, le prendre avant toute autre nourriture. S. Augustin (*Epist. ad Januar.*) voyait une inspiration du Saint-Esprit dans cet accord unanime des Églises fondées chez des nations si différentes de mœurs et de caractères, sur un point de discipline qui n'avait été ni prescrit dans l'Écriture, ni réglé dans un concile : « Il a plu au Saint-Esprit, dit ce Père, pour honorer un si grand sacrement, que le corps du Seigneur entrât dans la bouche du chrétien avant toute autre nourriture. » Tertullien (*loc. laud.*), S. Cyprien (*Epist.* LXIII), Basile (*Homil. De jejun.*), S. Grégoire de Nazianze (*Orat.* XL), S. Chrysostome et les autres Pères ont présenté cette pratique comme le résultat d'une tradition reçue et observée partout, à quelques exceptions près. Ainsi, par exemple, nous apprenons de l'historien Socrate (*Hist. eccl.* V. 22) que les Égyptiens, voisins d'Alexandrie, et ceux de la Thébaïde, s'assemblaient le samedi, et qu'au lieu de participer aux saints mystères à jeun, comme les autres chrétiens, ils *n'offraient* et ne communiaient que sur le soir, après avoir mangé. Mais ceci était tout à fait spécial à ces peuples.

Nous devons dire cependant que, dans les Églises de quelques nations, on crut que, pour imiter plus exactement l'exemple de Notre-Seigneur à la dernière cène, on devait, au moins le jeudi saint, souper avant de participer aux saints mystères. Cet usage paraît avoir été assez commun en Afrique, car un concile de Carthage tenu en 397 (can. 43), qui interdit, en thèse générale, de célébrer autrement qu'à jeun, excepté cependant de cette règle le jour où annuellement se célèbre la cène du Seigneur. Cette ordonnance était devenue nécessaire, parce que quelques prêtres, et peut-être même des évêques, se fondant sur l'usage du jeudi saint, prenaient la liberté d'en user de même quand ils célébraient les obsèques d'un mort sur le soir.

Il paraît que le même abus s'était aussi glissé dans les Gaules, puisque nous le voyons condamné par quelques-uns de nos conciles; mais, ce qui est très-remarquable, c'est que l'exception du jeudi saint s'y trouve toujours notée et confirmée. Ainsi le second concile de Mâcon (can. vi. an. 585) défend aux prêtres, sous peine de déposition, de traiter les divins mystères après avoir bu ou mangé; mais, s'autorisant du concile de Carthage dont il cite le canon que nous avons rapporté plus haut, il autorise à célébrer le jeudi saint après avoir soupé. Celui d'Auxerre (an. 578. can. xix) avait déjà fait la même défense, et déclaré en outre qu'il n'est pas permis aux prêtres, ni aux diacres, ni aux sous-diacres, d'assister à la messe, ni de demeurer dans l'église où on la célébrait, après avoir mangé ou bu. La seconde partie de la défense était motivée sur l'obligation où étaient en ce temps-là les prêtres et les autres ministres de communier à la messe qu'ils étaient tenus d'entendre.

Dans la suite, mais à une époque qu'il serait difficile de déterminer, la coutume abusive de communier le jeudi saint sans être à jeun cessa complètement et spontanément, la piété des ecclésiastiques et du peuple les portant à renoncer d'eux-mêmes à une exception peu respectueuse pour la sainte eucharistie.

COMPLIES. — V. l'art. *Office divin*, III.

CONCILES. — I. — Il s'agit seulement ici des formes et des rites qui précédaient et accompagnaient la tenue des conciles dans l'antiquité chrétienne : le reste est du domaine de la théologie et du droit canon.

L'ancienne discipline de l'Église voulait que les conciles ou synodes fussent toujours inaugurés par la prière, le jeûne et d'autres œuvres religieuses, mais surtout par l'invocation du Saint-Esprit (V. Catalano. *Prolegom. in Concil.*). Cette discipline du jeûne se trouve fréquemment mentionnée dans les conciles de Tolède.

Ordinairement les assemblées ecclésiastiques, et notamment les conciles, ne se célébraient pas ailleurs que dans l'église : c'est ce qu'établissent les actes d'un grand nombre d'entre eux. Ainsi, le second concile général fut tenu à Constantinople, dans l'oratoire des Saints-Pantaléon-et-Marinus, martyrs, lequel reçut depuis le nom de *Concordia*, parce que, au témoignage de S. Jean de Damas (Tract. III *De.sacr. imagin.*), cent cinquante évêques y furent unanimes à condamner les erreurs de Macedonius. Éphèse vit le troisième concile œcuménique rassemblé dans l'église de cette ville consacrée à Marie mère de Dieu, et qui, pour ce motif, fut surnommée *Mariana*. A Chalcédoine, le quatrième concile universel se tint dans la magnifique basilique de Sainte-Euphémie, dont Évagre (*Hist. eccl.* l. II. c. 3) nous a laissé la description, ainsi que le récit des miracles de la sainte, et surtout des gouttes de sang qui coulaient de ses reliques. Nous voyons clairement, par les actes de cette sainte assemblée, que les Pères étaient assis en avant des cancels de l'autel, lieu que Libérat (*In Breviar.* c. XIII) appelle *secretarium*, prenant de là occasion de désigner aussi sous le nom de *secretaria* chacune des sessions qui s'y tinrent. Que l'usage ait existé d'installer les conciles dans les *secretaria* des basiliques (V. l'art. *Secretarium*), c'est ce que démontre clairement le cardinal Baronius, sous l'année 451, par plusieurs exemples, soit de l'Église d'Afrique, où tous les conciles de Carthage furent tenus dans ces conditions, soit pour l'Église romaine, sous le pape S. Martin, et pour d'autres Églises encore.

II. — Nous apprenons de Théodore Studite, célèbre écrivain du huitième siècle, que la coutume était, dans les anciens synodes, d'exposer à tous les yeux l'image auguste du Sauveur.

Nous devons signaler ici une autre pratique non moins touchante que vénérable, qui a beaucoup de rapport avec la précédente, et qui s'observait dans tous les conciles généraux. Avant l'ouverture des séances, on plaçait le livre des Évangiles, qui est le type de Jésus-Christ parlant aux hommes, sur un trône couvert de riches draperies, d'où il semblait présider la sainte assemblée, *ante positis in medio sacrosanctis et venerabilibus Evangeliis*, et lui rappeler que ses jugements devaient être dictés par la justice : *rectum judicium judicate*. S. Cyrille d'Alexandrie, qui présida le concile d'Éphèse au nom du pape S. Célestin, écrit ces belles paroles dans sa lettre apologétique à l'empereur Théodose : « Le saint synode assemblé dans l'église qui s'appelle MARIA, INSTITUA LE CHRIST COMME SON CHEF; en effet, le vénérable Évangile était placé sur un TRÔNE SACRÉ, insinuant ceci aux oreilles des prêtres saints (les Pères du concile) : jugez un juste jugement, JUSTUM JUDICIUM JUDICATE ! » Il en fut de même aux conciles de Chalcédoine et de Constantinople, et au deuxième de Nicée, comme nous l'apprenons de Tarasius, patriarche de Constantinople, écrivant au pape Hadrien : « Sur le trône saint, le saint Évangile était déposé, criant à nous tous, hommes sacrés qui nous étions réunis : *Jugez un juste juge-*

ment ! « Cette importante pratique fut observée avec non moins de zèle dans les conciles de l'Église occidentale. Nous le savons certainement pour le concile d'Aquilée, en 381, contre les ariens. Dans une exhortation aux évêques faisant partie de cette sainte assemblée, S. Ambroise leur rappelle que « l'Évangile est présent, ainsi que les épitres de S. Paul et toutes les écritures », *evanglium præsens est et apostolus, omnes scripturæ præsto sunt* (Ambros. Opp. 2. II, p. 788). Il en fut de même au premier de Latran, sous Martin Ier; au deuxième sous Zacharie; au troisième du Vatican, sous Jean XIII; à celui de Ferrare, soit de Florence, lequel avait commencé à Bâle, sous Eugène IV, et dans tous les autres, nous voyons toujours la même vénération témoignée aux saints Évangiles.

Et l'Église attachait tant d'importance à ce solennel usage, qu'elle voulut en fixer la mémoire dans ses monuments, comme un perpétuel enseignement pour les peuples. Nous en citerons pour exemple la mosaïque de la coupole de Saint-Jean in Fonte, c'est-à-dire du baptistère de Ravenne, monument du milieu du cinquième siècle, où ce fait est représenté. (On sait que des conciles furent quelquefois tenus dans des baptistères qui eux-mêmes étaient souvent de belles et spacieuses basiliques.) On y voit un *suggestus* soutenu par quatre colonnes, sur lequel est déposé le livre des Évangiles ouvert. De chaque côté est figurée, dans une niche de forme absidale, une chaire épiscopale, ce qui n'est autre chose que la représentation abrégée ou hiéroglyphique d'un concile. Voici le sujet d'après Ciampini (*Vet. monim.* t. I. tab. XXXVII).

Nous donnons maintenant l'image réelle d'une de ces assemblées délibérantes, telle que nous la trouvons dans une très-ancienne peinture publiée par le cardinal Camille de Maximis (V. Anastas. *Vit. Rom. Pontif.* t. III. p. XXIII, proleg.).

Afin de donner une forte impulsion à leur zèle pour la défense et le maintien de la doctrine orthodoxe, et de repousser les mauvaises influences qui eussent tenté de se faire jour dans ces saintes assemblées, les Pères des conciles voulaient délibérer en présence des saintes reliques, et faisaient placer au milieu d'eux les corps des martyrs et des confesseurs qu'on apportait des villes voisines. On sait qu'au concile de Reims, tenu sous Léon IX, le corps de S. Remi fut exposé sur l'autel à la vue de tous les Pères. On plaçait aussi dans les conciles les images des Saints, comme un nouvel encouragement à bien faire. Nous connaissons cet usage par le témoignage du pape Grégoire II (Epist. II *Ad Leon. Isaur. iconoclast.*).

III. — On produisait encore dans les conciles les œuvres des Pères de l'Église, ainsi que les canons des anciens conciles, afin de pouvoir en lire les passages relatifs aux objets divers des délibérations. Rien de plus fréquent que ce rit et cette discipline : nous en voyons, entre autres, l'application dans l'action dixième du sixième concile général, où, contre les monothélites, il fut donné lecture des livres des Pères de l'Église enseignant qu'il y a en Jésus-Christ deux volontés et deux opérations.

Dans sa lettre cent-douzième (l. vii) à Syagrius, évêque d'Autun, S. Grégoire ordonna que les évêques souscriraient dans le même ordre où ils siégeaient.

Au premier concile de Nicée et au premier de Constantinople, les évêques ne mirent que leur nom avec celui de leur siége, comme : « Alexandre d'Alexandrie, Eustache d'Antioche ; » à celui de Constantinople : « Timothée d'Alexandrie, Cyrille de Jérusalem. » Un peu plus tard, les évêques commencèrent à faire suivre leur nom de la formule *Dei gratia* ou *Dei miseratione*, comme au concile d'Éphèse : « Acace, par la miséricorde de Dieu, évêque du siége de Milet, » et à celui de Chalcédoine : « Seleucus, par la grâce de Dieu, évêque de la métropole d'Amasie. » Quelques-uns même, par un sentiment de singulière modestie et d'humilité, ajoutaient à leur titre d'évêque les épithètes de *humbles*, *minimes*, *indignes*. C'est ce qui se vit au deuxième concile général. Dans les cinquième, sixième et septième, tous les évêques qui ne signent pas *Dei miseratione* ou *Dei gratia*, se disent *indignes* ou *pécheurs*.

IV. — Autrefois on présentait les décrets des conciles même aux évêques absents, afin qu'ils les souscrivissent : cette coutume fut généralement suivie dans les premiers temps de l'Église, même avant le concile de Nicée. En effet, quand Alexandre, patriarche d'Alexandrie, et Osius eurent condamné les blasphèmes d'Arius et approuvé l'usage du mot *omousios*, ils promulguèrent leurs décrets par une lettre encyclique, provoquant les suffrages des évêques absents.

Les quatre premiers conciles généraux furent reçus comme les quatre Évangiles, et consignés dans les diptyques sacrés. Cette inscription des synodes aux diptyques de l'Église eut lieu, pour la première fois, selon la juste observation de Baronius, au concile de Constantinople, tenu en 518, sous le pontificat d'Hormisdas, et sous le règne de l'empereur Justin : c'est ce qu'attestent les actes de ce même concile.

Ces diptyques, contenant l'inscription des conciles, étaient lus du haut de l'ambon, par l'évêque ou par quelque autre qu'il avait délégué à cet effet, et cela pendant la célébration de la messe. Nous connaissons cette circonstance par la lettre ou libelle des évêques, présenté, à Constantinople, au pape Agapet, lequel libelle est rapporté dans l'action du concile de Constantinople, sous Mennas (App. Labb. t. v. édit. Paris. p. 30).

Les conciles, tant généraux que particuliers, furent quelquefois représentés dans les églises par la peinture ou retracés dans des inscriptions. Ainsi, les six premiers conciles généraux se voyaient autrefois figurés en peinture dans l'église de Constantinople et dans l'ancienne Vaticane. Parmi les peintures et les inscriptions d'une rare élégance qui décoraient l'église de Bethléem, figuraient les arguments de quelques conciles généraux et particuliers : au milieu était le pupitre soutenant le livre des Évangiles, et d'un côté l'encensoir, de l'autre un candélabre et la croix (Quaresmius. *Elucidat. terræ sanctæ.* t. ii. l. 6. cap. 13).

CONFESSEURS (CULTE DES). — « La paix a aussi ses couronnes, destinées aux vainqueurs qui, dans les diverses conditions de la vie, savent terrasser l'ennemi du salut, dit S. Cyprien (*De zelo et livore*, vers. fin. Opp. edit. Oxon. p. 157). Avoir subjugué la volupté, c'est la palme de la continence. Avoir résisté à l'envie et à l'injustice, c'est la couronne de la patience. C'est triompher de l'avarice que de mépriser l'or. Le triomphe de la foi, c'est de supporter les adversités présentes dans la confiance d'un avenir meilleur. Celui qui dans la prospérité sait se préserver de l'orgueil, acquiert la gloire de l'humilité. Celui qui se livre à la douce inclination de secourir les pauvres, s'assure la rétribution du trésor céleste. Celui qui ne connaît pas la vengeance, mais se montre constamment bienveillant et débonnaire envers ses frères, celui-là est décoré du prix de la dilection et de la paix. Nous courons tous les jours dans ce stade des vertus, et, sans intermission de temps, nous arrivons à ces palmes et à ces couronnes de la justice. »

C'est sur ces principes que s'est fondée l'Église pour associer aux honneurs qu'elle rend aux martyrs tous ceux de ses enfants qui se sont sanctifiés par des vertus plus modestes et sans l'effusion de leur sang. Elle appelle ceux-ci *confesseurs*, parce que, eux aussi, par le mérite et l'éclat de leurs œuvres, ils ont à leur manière rendu témoignage à la religion du Christ. Ils furent même quelquefois considérés comme de vrais martyrs et en reçurent le nom. S. Grégoire de Nazianze le donne à S. Basile (*Orat. De laud. ips.* v. 1. Opp. orat. xx), S. Chrysostome à Eustache d'Antioche (Opp. t. ii. p. 606) ; S. Paulin de Nole à S. Félix : *cœlestem nactus sine sanguine martyr honorem*, « martyr sans l'effusion du sang. » (*Poem.* xiv. *Carm.* iii. v. 4). Plus tard, nous retrouvons cette qualification attribuée par S. Grégoire le Grand à S. Zénon de Vérone (*Dialog.* l. iii. cap. 19), et par S. Metron à Roterius, évêque de la même ville (Bolland. 2. 11. *Maii*. p. 306), etc.

Mais enfin la distinction entre les martyrs de sang et les martyrs de volonté fut consacrée par l'adoption définitive pour ces derniers du titre de CONFESSEURS. Cette distinction se trouve déjà nettement exprimée dans une inscription de Milan du quatrième siècle, que nous reproduisons d'après le Bulletin archéologique de M. De' Rossi (*Bullett.* an. 1864. p. 30).

ET A DOMINO CORONATI SVNT BEATI
CONFESSORES COMITES MARTYRORVM (*sic*)
AVRELIVS DIOGENES CONFESSOR ET
VALERIA FELICISSIMA. BIBI. IN DEO FECERVNT.

Il est établi par ce précieux monument que Diogènes était confesseur et compagnon des martyrs, et qu'il se prépara, de son vivant, à lui et à sa femme, un tombeau près des reliques de ceux qui avaient succombé dans la persécution.

Le culte des confesseurs a été en usage dans l'Église depuis le quatrième siècle. C'est depuis lors que leurs noms furent insérés dans les diptyques, et leurs fêtes célébrées (Florentin. *Ad. vet. martyrol.* — Cf. Donati. *Dittici.* p. 60) : « Dès que les chrétiens cessèrent d'être vexés par les persécuteurs et commencèrent à mener une vie paisible, peu à peu s'introduisit dans l'Église universelle la coutume d'inscrire dans les diptyques sacrés, sous le titre de *confesseurs*, ceux qui avaient brillé par leur sainteté, sans cependant avoir remporté la palme du martyre, comme ayant confessé, par de rudes combats contre les vices, Notre-Seigneur Jésus-Christ, le vrai législateur. »

Nous savons par S. Jérôme qu'Hilarion célébrait avec ses frères des *vigiles sacrées* pendant la nuit précédant le jour anniversaire de la mort de S. Antoine. Hilarion, à son tour, eut aussi dès le quatrième siècle sa fête, qui était célébrée avec solennité et pompe par les habitants de la Palestine (Sozom. *Hist. eccl.* III. 14). Le solitaire de Bethléem parle avec éloge d'une femme nommée Constantia, qui passait les nuits près du tombeau de ce même anachorète.

Il est avéré que dès lors on élevait des temples aux confesseurs; car l'humilité de S. Antoine s'étant effrayée de la perspective d'un tel honneur, il ordonna à ses disciples de cacher ses restes, « de peur que Pergamius, riche personnage qui demeurait en ces lieux, n'enlevât son corps et ne le portât dans sa *villa* pour lui élever un *martyrium*, » — *ne martyrium fabricaretur* (V. S. Jérôme, *Œuvres choisies* par Collombet, t. VI. p. 90 et 398). Le mot de *martyrium*, employé ici par S. Jérôme, indique assez que les sanctuaires élevés sur les tombeaux des confesseurs n'avaient pas d'autre nom que les basiliques recouvrant la dépouille mortelle des martyrs (V. l'art. *Confessio*). Théodoret raconte (*Hist. eccl.* III) d'un anachorète nommé Marcien, et Sozomène (*Hist. eccl.* VIII. 19) du confesseur Nilamon, qu'aussitôt après leur mort les peuples circonvoisins leur érigèrent des temples, et commencèrent dès lors à célébrer chaque année le jour de leur *déposition*.

C'est donc par erreur que, à la suite de Martène (*De ant. Eccl. rit.* xxx. 3) et de Bona (*Rer. liturg.* I. 15), plusieurs auteurs ont avancé que S. Martin de Tours avait été, au début du cinquième siècle, le premier Saint non martyr à obtenir le culte public de l'Église. Au reste, le calendrier édité par le P. Fronteau, et datant au plus tard du temps du pape Libère, mentionne la fête de S. Sylvestre (V. *Prænotata ad kalendar. istud.* cap. IV), qui était mort avant S. Martin. Voilà pour l'Occident. Quant à l'Église orientale, nous savons que S. Philogone était honoré à Antioche du temps de S. Chrysostome, qui nous en a laissé pour preuve une homélie, prononcée le jour de la fête de ce confesseur, le 20 décembre. Il est donc bien établi que, dès le début du quatrième siècle, les *confesseurs* furent honorés d'un culte public dans l'une et l'autre Église (V. *Culte des saints, Canonisation, Diptyques*, etc.).

CONFESSIO, MARTYRIUM, MEMORIA. — I. — Dans les auteurs anciens, ces mots n'indiquent autre chose que le lieu où le corps d'un martyr avait été inhumé ; ils furent plus tard appliqués à l'autel bâti au-dessus de ce tombeau : c'était à proprement parler la *confession* souterraine (*Lib. Pontif.* t. I. p. 155); mais, outre cet autel souterrain ou hypogée qui recouvrait immédiatement les ossements du martyr, il y en eut un autre au-dessus, dans la basilique, avec des proportions plus vastes: c'est la *confession* supérieure; enfin, par extension, ces noms furent donnés à la basilique tout entière dont le tombeau du martyr avait servi à déterminer le point central.

Cependant le mot *martyrium* paraît avoir été plus exclusivement affecté à la basilique : *Martyrium*, dit S. Isidore de Séville (*Origin.* l. XV. c. 4), *locus martyrum, græca derivatione, eo quod in memoriam martyris sit constructum, vel quod sepulcra sanctorum ibi sint martyrum*, « *Martyrium*, lieu des martyrs, mot de dérivation grecque, qui signifie un édifice construit sur la MÉMOIRE d'un martyr, ou recouvrant des tombeaux de saints martyrs. » Ainsi nous trouvons dans Eusèbe (*De Vit. Constantin.* III. 48) et dans Socrate (*Hist. eccl.* IV. 18) *martyrium Thomæ*, pour désigner l'église de Saint-Thomas à Edesse ; ailleurs, *martyrium Petri et Pauli*, pour les basiliques de Saint-Pierre et de Saint-Paul à Rome. Les tombeaux des deux apôtres reçurent quelquefois le nom tout spécial de *trophæa apostolorum* (Euseb. *Hist. eccl.* III. 4) ; *martyrium Euphemiæ*, l'église de Sainte-Euphémie à Chalcédoine, la même où se tint le concile de 451, et dans les actes de ce concile cette église est toujours désignée ainsi : *In martyrio sanctissimæ, et pulchræ, victricis et martyris Euphemiæ*, « dans le *martyrium* de la très-sainte, très-belle, victorieuse et martyre Euphémie. » C'est pour la même raison que l'église bâtie par Constantin sur le Calvaire en l'honneur de Jésus-Christ, le prince des martyrs, est appelée *martyrium Salvatoris* (Eusèb. *op. laud.* c. XLIX).

Quant au mot *memoria*, il se rapporte au soin qu'avaient les premiers chrétiens de placer les restes des martyrs dans des *loculi* particuliers, sur lesquels ils bâtissaient des édicules, *cella memoriæ*, de peur qu'à la longue on ne vînt à oublier le lieu où ils avaient été déposés, et qu'ils ne pussent être confondus avec les ossements communs : il s'agissait de sauver leur *mémoire* de l'oubli. S. Augustin, dans son livre *De cura pro mortuis gerenda* (cap. IV), donne cette explication des monuments en général qu'on élève sur la cendre des morts : il attribue cette dénomination en particulier aux *mémoires des martyrs* (L. XX, c. 21. *Contr.*

Faust. — *De civit. Dei.* l. xxii. c. 10). Mais il est certain qu'elle s'appliquait à un tombeau quelconque, et en tous lieux, témoin une inscription de Rome de la fin du quatrième siècle (Rossi. i. p. 193. n. 443) : MEMORIA ANASTASIAE, et celle-ci où il est dit que Suzanne acheta elle-même sa *mémoire* de son vivant : SVSSANA (*sic*) COMPARA || VIT SIBI MEMORIAM (Id. 196. n. 448). Nous avons la même formule sur de simples pierres sépulcrales : QVINTILIANI MEMORIA (Boldetti. p. 341). L'abbé Gazzera nous en fait connaître un autre exemple pour le Piémont (Gazzera. *De Piem.* p. 35) :

.... MATER DULCISSIMA
IN PACE XPI RECEPTA
IVLIVS FILIVS MEMORIAM FEC
OBIIT KAL SEPTEM.

« Mère très-chère, reçue dans la paix du Christ; Julius son fils lui a fait cette *mémoire* : elle expira aux calendes de septembre. »

D'autres monuments épigraphiques expliquent la raison et le sens du mot *memoria;* MEMORIAE CAVSA OU ΧΑΡΙΝ ΜΝΗΜΗΣ.

C'est donc à tort qu'on a prétendu que le mot *memoria* s'entendait de l'Église elle-même. Une foule de textes anciens prouvent qu'il s'agit du tombeau, et entre autres celui de S. Augustin, où la distinction entre l'un et l'autre est nettement exprimée (*De civit. Dei.* xxii. 8) : *Audurus est nomen fundi, ubi ecclesia est, et in ea memoria Stephani martyris;* « Audurus est le nom du fonds où est une église, et dans cette église la mémoire d'Étienne le martyr. S. Jérôme dit aussi du pape Clément : *obiit tertio Trajani anno, et nominis ejus memoriam usque hodie extructam ecclesia custodit;* « il mourut la troisième année de Trajan et la mémoire de son nom construite à Rome est jusqu'à ce jour abritée par une église. » (Hieron. *De viris illustr.* c. xv. p. 853. edit. Martian.).

II. — Le mot *confessio* est celui qui s'emploie le plus communément pour désigner l'autel recouvrant, dans la crypte, le tombeau du martyr, et placé au point central de l'intersection de la nef et de la croisée. C'est là la *confession* proprement dite ; on y descendait par des degrés, et c'est ce qui lui a fait donner par les anciens auteurs le nom de καταβάσια ou *descensus* (Borgia. *De Vatic. confess. B. Petri.* p. xxxi). Au-dessus de la crypte, s'élevait, comme nous l'avons dit, au milieu du sanctuaire de l'église, un second autel en marbre, en granit, ou en porphyre, rappelant par sa forme, comme par sa position même, son origine sépulcrale et sa première destination. On voit encore à Rome plusieurs *confessions* de cette nature, par exemple dans l'église de Sainte-Prisque, dans celles de Saint-Silvestre, de Saint-Martin a' Monti, de Saint-Laurent hors des murs. Mais, comme il n'était pas toujours possible d'avoir une crypte semblable à celle-là dans toutes les églises, on imagina d'établir un simulacre de crypte, auquel on donna aussi le nom de *confessio, martyrium,* et qui ne consistait qu'en une cavité ménagée, pour recevoir les reliques, au-dessous de l'autel, dans l'espace résultant de l'élévation du sol du sanctuaire au-dessus de celui de la nef. Cette espèce de châsse maçonnée était close sur le devant, par une grille, ou par une table de marbre perforée (V. l'art. *Transennæ*), et c'est encore dans les catacombes qu'avait été puisée l'idée de cette grille, témoin le tombeau d'un martyr inconnu du cimetière de Calliste, lequel est muni d'une dalle de marbre perforée, protégeant la relique (V. Boldetti. p. 35. tav. xxxiv). Un espace ménagé au milieu du sanctuaire permettait d'approcher des reliques pour les vénérer : l'église de Saint-Georges *in Velabro* présente une crypte de ce genre (V. notre art. *Ciborium*).

Enfin on se contenta plus tard de renfermer dans une cavité pratiquée au centre du sarcophage de l'autel lui-même des reliques de martyrs, et l'autel devint ainsi comme un diminutif de crypte. Les reliques des Saints non martyrs et auxquels on a donné le nom de *confesseurs,* ne furent admises à reposer sous l'autel qu'au sixième siècle, et S. Martin paraît être le premier qui ait obtenu cet honneur (V. D. Gervaise. *Vie de S Martin.* iv° partie). Dans l'antiquité, le nom de *confesseur* n'était attribué qu'à ceux qui, appelés devant les juges païens, avaient confessé la foi de Jésus-Christ; celui qui avait souffert quelques tourments pour cette sainte cause, sans y succomber, était appelé tantôt *confesseur,* tantôt *martyr* (V. Borgia. *op. laud.* p. xxxvii et notre art. *Confesseurs*).

De toutes les *confessions* antiques, la plus vénérable sans doute, et peut-être la plus somptueuse, fut celle de S. Pierre au Vatican, et nous ne saurions nous dispenser d'en donner une description succincte. On comprend assez qu'il ne s'agit pas ici de la *confession* telle qu'elle existe aujourd'hui : tout le monde connaît ce prodigieux monument au sein d'un édifice plus prodigieux encore. Si l'on en croit le catalogue des papes dressé au sixième siècle (Schelestrate. *Antiq. eccles.* t. i. p. 406), et le Livre pontifical (t. i. p. 18), la première *mémoire* élevée sur les restes du prince des apôtres serait due à S. Anaclet. Quoi qu'il en soit, il est pleinement démontré du moins qu'elle exista dès le deuxième siècle (Borgia. *De Vatic. confess. D. Petri.* p. xxxvii). Les premières notions positives que nous possédions à cet égard nous ont été transmises par notre S. Grégoire de Tours qui avait visité la confession de S. Pierre, et encore la description qu'il en donne (*De gloria martyr.* i. 28) et que nous ne faisons, pour ainsi dire, que reproduire, n'a-t-elle pour objet que la confession supérieure.

Le tombeau du prince des apôtres, *mémoire* ou *confession* proprement dite, était placé sous un autel orné de quatre colonnes d'argent, qui supportaient un *ciborium* (V. ce mot). Cet autel était entouré d'une grille, qui s'ouvrait pour ceux qui y allaient prier. Ils se plaçaient à une petite fenêtre pratiquée au-dessus du tombeau, et nommée *jugulum*, et là demandaient les faveurs dont ils avaient besoin. Ils faisaient ensuite descendre un linge, *palliolum*, qui auparavant avait été pesé dans une balance. Ensuite ils jeûnaient et priaient jusqu'à ce qu'ils connussent qu'ils étaient exaucés, et ils le connaissaient au poids que le *palliolum* avait acquis dans son séjour sur la sainte relique (V. l'art. *Fenestella confessionis*).

Telle était au sixième siècle la disposition de la *confession* de S. Pierre, et telles étaient les pratiques de dévotion qui y avaient lieu. Plus tard elle reçut des embellissements et des décorations d'une grande magnificence; mais notre tâche ne va pas jusque-là. On trouvera dans l'ouvrage de Borgia tous les détails désirables sur les travaux qui y furent exécutés dans les siècles suivants, principalement au temps de Charlemagne, c'est-à-dire sous les pontificats d'Hadrien Iᵉʳ et de Léon III.

CONFESSION SACRAMENTELLE. — V. l'art. *Exomologèse*.

CONFIRMATION. — Ce sacrement reçut différents noms dans l'antiquité, selon qu'il était considéré aux divers points de vue de sa nature, de ses effets, ou des rites qui accompagnaient son administration. Ainsi, en tant qu'il était conféré par l'imposition des mains et l'onction du saint chrême, il fut appelé *manus impositio* (Augustin. *De bapt.* l. III. c. 16), *mysterium unguenti, chrismatis sacramentum* (Id. *Cont. litt. Petil.* l. II. c. 104), *chrisma sanctum, chrisma salutis* (S. Leo. serm. IV *De nat. Domini*). Fabretti (x. 504) donne une curieuse inscription où l'on voit que Catervius et Severina, époux chrétiens, avaient reçu cette onction sainte, selon l'usage primitif, aussitôt après leur baptême, de la main de l'évêque Probianus : QVOS DEI SACERDVS (sic) PROBIANVS LAVIT ET VNXIT.

Mais ce sacrement est surtout un sceau divin dont le chrétien est marqué à jamais comme soldat de Jésus-Christ, non-seulement dans son âme, mais aussi dans son corps : *Caro signatur*, dit Tertullien (*De resurrect.* VIII), *ut et anima muniatur*. Sous ce rapport, il fut désigné sous le nom de *signaculum Domini*, — *spiritale signum* (Ambros. *De sacr.* l. III. c. 2. — Cyprian. *epist.* 73 *Ad Jubai*. etc.), de *signum Christi*. Telle la solennelle formule adoptée de toute antiquité dans l'administration de ce sacrement : SIGNVM CHRISTI IN VITAM ÆTERNAM (*Sacrament. Gelas.* ap. Thomasium. Opp. t. VI. p. 75). C'est le σφραγίς des Pères grecs qui désigne l'onction du saint chrême sur le front, *signaculum frontium*, dit Tertullien (*Adv. Marc.* l. III. c. 22), onction décrite plus clairement encore dans ces vers de Prudence (*Psychomach.* v. 360) :

> Post inscripta oleo frontis signacula, per quæ
> Unguentum regale datum est, et chrisma perenne.

« Après qu'ont été inscrits avec l'huile les signes du front, par lesquels l'onction royale a été donnée, et le chrême éternel. »

Aussi le confirmé était-il appelé *consignatus*, « marqué » (Cornelius PP. ap. Euseb. *Hist. eccles.* l. VI. 43), et le lieu où l'onction sainte lui était conférée, *consignatorium ablutorum* (Murat. *Script. Ital.* I. pars 2). — (V. l'art. *Consignatorium ablutorum.*)

Nous avons un grand nombre d'inscriptions funéraires où la réception de la confirmation est exprimée par ce mot. Soit pour exemple celle-ci, d'une néophyte confirmée par le pape Libère (Oderico. *Sylloge vet. inscr.* p. 268) : PICENTIAE || LEGITIMAE || NEOPHITAE || DIE. V. KAL. SEPT. || CONSIGNATAE || A LIBERO PAPA.

Comme l'évêque traçait le signe de la croix, qui est le véritable signe du Christ, sur le front du néophyte, la confirmation fut quelquefois désignée par cette circonstance. Ainsi une mère chrétienne constate, sur le tombeau de son enfant mort à l'âge de douze ans, qu'il avait été marqué de ce signe auguste (Boldetti. p. 80. n. 8) : CRVCEM ACCEPIT. Mais ce qui est bien plus concluant encore, c'est que cette circonstance est exprimée dans une inscription damasienne qui était gravée près du baptistère de l'antique Vaticane (V. Rossi. *De tit. Christ. Carthagin.* p. 24). Cette inscription est tellement importante pour le sujet qui nous occupe, que nous ne saurions nous dispenser de la transcrire ici en entier :

> ISTIC INSONTES CAELESTI FLVMINE LOTAS
> PASTORIS SVMMI DEXTERA SIGNAT OVES
> HVC VNDIS GENERATE VENI QVO SANCTVS AD VNVM
> SPIRITVS VT CAPIAS TE SVA DONA VOCAT
> TV CRVCE SVSPECTA MVNDI VITARE PROCELLAS
> DISCE MAGIS (MONITOS?) HAC RATIONE LOCI.

On voit dans ce précieux monument que la confirmation était administrée aussitôt après le baptême et dans le même lieu par la main du souverain pontife; nous y retrouvons le SIGNAT et la formule CRVCE SVSCEPTA. La réception des dons du Saint-Esprit comme préservatif contre les dangers et les tempêtes du monde y est aussi exprimée de la manière la plus claire.

Le nom de confirmation sous lequel ce sacrement nous est connu n'est point nouveau. Il a été en usage dès le principe pour exprimer que le chrétien y est perfectionné, consommé, revêtu d'une force céleste. Le concile d'Elvire (can. XXXVII) prescrit que celui qui, dans une urgente nécessité, a été baptisé par un laïque, doit être au plus tôt, s'il survit, conduit à l'évêque, *ut per manus impositionem* PERFICERE *possit*, « afin que par l'imposition des mains il puisse le perfectionner. » S. Léon dit que « ceux qui ont été baptisés par les hérétiques doivent être *confirmés* par la seule invocation du Saint-Esprit et l'imposition des mains » (*Epist. ad Nicet.* c. VII). Dans les *Constitutions apostoliques* (lib. III. c. 17) le saint chrême est appelé *confirmatio confessionis*, c'est-à-dire la confirmation dans la confession de la foi qui se fait au baptême; et ailleurs (l. VII. c. 44) se trouve une prière d'actions de grâces après la confirmation, où l'on demande à Dieu que l'onction de l'huile sainte soit tellement efficace dans le baptisé, que la bonne odeur de Jésus-Christ reste en lui ferme et stable : *quo firma et stabilis maneat in ipso fragrantia Christi sui*.

CONSIGNATORIUM ABLUTORUM. — C'était un lieu spécialement affecté à l'administration du sacrement de confirmation (V. l'art. *Confirmation*), mais dans quelques églises seulement. Communément, c'était dans le *sacrarium* ou dans quelque autre partie de l'église que les nouveaux baptisés étaient confirmés. Il y eut de ces *consignatoria*, autrement dits *chrismaria*, à Rome et à Naples (V. Selvaggio. v. p. 99). Le nom de *consignatorium* est dérivé de celui de la confirmation elle-même, qui était appelée *signaculum dominicum* (Cyprian. *Epist.* LXXI), *signaculum spirituale* (Ambros. *De init.* VII), *signaculum vitæ æternæ* (Leon. serm. IV. *De nativit.*). D'où le mot *consignare*, marquer du signe sacré, pour exprimer la confirmation, et *consignati* pour désigner les confirmés. *Consignatorium ablutorum* veut donc dire lieu où l'on *marque* ou confirme ceux qui ont été auparavant « lavés », *abluti*, c'est-à-dire baptisés.

CONSTANTIN (FÊTE DE). — V. l'art. *Fêtes immobiles*, IV, 2°.

CONTRA VOTUM. — C'est une formule de regret qui se rencontre assez souvent dans les inscriptions sépulcrales; elle exprime la douleur qu'éprouvent les survivants d'une perte qui est une déception à leurs vœux les plus chers, *contra votum*. Elle n'est pas exclusivement chrétienne, les nôtres l'avaient imitée des anciens; et cependant ils paraissent ne l'avoir employée qu'assez tard : le premier exemple que fournisse le recueil des inscriptions datées de M. de' Rossi est du commencement du cinquième siècle (An. 400. n. 491) : PARENTIS POSVERVNT TETVLVM (TITVLVM) CONTRA VOTVM. ET DOLO SVO.

Quelques auteurs, entre autres Morcelli (*Inscript. comm. subject.* p. 132) ont supposé que la formule en question n'était qu'à l'usage des parents déplorant la mort de leurs enfants. Il est vrai que nous la trouvons quelquefois employée dans ce sens, témoin l'épitaphe romaine que nous venons de citer, et celle-ci donnée par Boldetti (p. 407) : RUFINVS PATER CONTRA VOTVM. Nous avons lu, à Saint-Ambroise de Milan, celle d'un néophyte nommé FELICIANVS, auquel son père FELICIANVS et sa mère GERONTIA CONTRA VOTVM POSVERVNT. Mais il n'est pas moins certain qu'elle se produit indifféremment sur les marbres de toute sorte; sur ceux que les maris élèvent à leurs femmes : telle est l'épitaphe de FELICISSIMA par son époux : HILARANVS CONTRA VOTVM POSVIT (De' Rossi. I. n. 577. an. 407); telle est encore celle de LAIS : FLAVIANVS CONIVNX DVLCISSIMVS CONTRA VOTVM POSVIT (Id. n. 585. an. 408. — (V. encore Fabretti. c. VIII. nn. 176. 177. — Vettori. *Dissert. phil.* p. 28. etc.).

On peut citer encore un monument du cloître de Saint-Ambroise, portant que NONNITA avait vécu quarante ans, qu'elle en avait passé dix-neuf avec son mari, l'exorciste SATVRVS, lequel, après une séparation prématurée, lui éleva un tombeau CONTRA VOTVM. La même pierre contient aussi l'épitaphe d'une fille de ces deux époux, nommée MAYRA, morte à vingt-six ans, sept mois et seize jours, et pleurée par son mari CONTRA VOTVM. On peut voir ces inscriptions dans Ferrari (*Monum. di S. Ambrogio.* pp. 54-55). Nous avons encore de la même provenance le *titulus* d'un mari auquel sa femme IANVARIA donne une marque d'attachement et de regret analogues : CONIVGI. DVLCISSIMO. CONTRA VOTVM POSVIT (V. encore Gruter. p. 1050. IV. 1139. XIII. — Doni. cl. XII. 75. pour des exemples analogues).

La même formule est encore adoptée par les frères, parents et amis pour leurs frères, parents et amis (Gruter. 105. I. — Muratori. 1873. III. 1932. I), et même par les affranchis à l'égard de leurs patrons (Gruter. 1025. V). Il n'est pas rare de voir aussi des enfants qui usent de cette formule pour exprimer la douleur que leur inspire la perte de leurs parents, dont quelques-uns sont morts dans un âge très-avancé. Voici un autre fragment de Saint-Ambroise (Ferrari. p. 57) :

> . . . .
> QVI. VIXERVNT. IN
> SECVLO. ANN. LXXX. FILI. CON
> TRA. VOTVM. POSVERVNT.

On a pu remarquer que la plupart des inscriptions que nous avons citées sont de Milan, et elles ne sont pas les seules que nous pourrions transcrire pour notre objet. L'abbé Gazzera, dans ses *Inscriptions du Piémont* (p. 84), en donne une de Verceil qui offre cette légère variante : CONTRA VOTA. Peut-on en conclure que la formule en question s'était surtout localisée dans les provinces de la Gaule cisalpine? Nous serions tenté de le supposer, en voyant qu'un des rares exemples de cette expression de douleur qu'on observe dans les recueils d'inscriptions romaines (deux dans Boldetti, trois ou quatre parmi les trois mille cent soixante-quatorze inscriptions datées publiées par M. de' Rossi) est encore relatif à un citoyen de Pavie qui, ayant été surpris par la mort à Rome, y reçut les honneurs de la sépulture d'un parent qui paraît même avoir été son compagnon de voyage : ADFINIS. DEPRENSVS. IN. LOCO. PEREGRE, et qui n'a garde d'oublier le CONTRA VOTVM dans l'épitaphe qu'il lui consacre. Nous ne saurions nous dispenser de copier ce monument, curieux à plus d'un titre (V. Boldetti. p. 441) :

> E. DM
> ET BONE : MEMORIAE. AVR.
> LEVCADI. CIVI. TICINENSI. FILIO
> AVR. GRECIONIS. QVI VIXIT. ANNIS
> PLVS MINVS. XXV. ADFINIS. DE
> PRENSVS. IN. LOCO. PEREGRE. CON
> TRA VOTVM. FIERI. CVRAVIT.

Il n'entre pas dans notre dessein d'énumérer ici les expressions de douleur ou d'affection que font lire les marbres antiques : cette énumération serait infinie. Nous nous bornerons à faire observer que, dans quelques inscriptions de la Gaule, de la première Belgique notamment (V. Le Blant. I. 367), le *contra votum* est remplacé par des formules ayant à peu près le même sens, par exemple : PRO DILECTIONE POSVIT OU POSVERVNT (p. 366). — VINCVLO. CARITATIS. ET. STVDIO. RELIGIONIS. TITVLVM. POSVERVNT. (pp. 341. 377. 386. 400. 405. 414). — PRO CARITATE (415). — PRO AMORE. Un *titulus* de Rome, de l'an 302 (De' Rossi. I. n. 28), présente cette formule à près semblable : PRO PIETATE.

COQ. — Considéré comme symbole chrétien, le coq a plusieurs significations. 1° Sur les tombeaux, il rappelle le dogme de la résurrection future. Parmi les symboles de la résurrection, S. Épiphane place le lever du soleil, et, avant lui, le pape S. Clément avait déjà dit : *Dies et nox resurrectionem nobis declarant : cubat nox, exurgit dies* (*Ep. ad Cor.* XXXIX. 2), « le jour et la nuit nous dénotent la résurrection : la nuit se couche, le soleil se lève. » Or, si le retour du soleil à l'horizon est une image de la résurrection de nos corps, ne s'ensuit-il pas, par un enchaînement d'idées tout naturel, que le chant du coq, qui précède l'aurore, et qui a fait donner à cet oiseau le nom de *præco diei* (S. Ambros. t. II. p. 1220. edit. Benedict. 1690), est à son tour le symbole de cette voix toute-puissante (Joan. v. 28) qui, à la fin des temps, donnera le signal du grand réveil. Prudence s'est approprié cette pensée dans son hymne *Ad galli cantum* (*Cathem.* I. 16), lorsqu'il dit que cette voix du coq, qui excite de leur sommeil les autres oiseaux, « est la figure de notre juge, » *nostri figura est judicis ?* Plus loin, à propos des démons qu'il suppose être mis en fuite par le chant du coq, le poëte ajoute (vers. 45 seqq.) :

> Hoc esse signum præscii
> Norunt promissæ spei
> Qua nos sopore liberi
> Speramus adventum Dei.

Dans le langage de l'Écriture, le mot *spes* exprime souvent l'idée de résurrection. De là la formule IN SPE si fréquemment inscrite sur les marbres chrétiens, et en particulier sur les sceaux dont les briques fermant les *loculi* portent l'empreinte (Lupi. *Dissert.* II. 261). Il est à présumer que cette pensée du poëte avait pris naissance dans l'opinion généralement répandue de son temps que la résurrection de Jésus-Christ avait eu lieu au chant du coq : c'est ce qu'il exprime lui-même un peu plus bas (vers. 65 seqq.) :

> Inde est, quod omnes credimus,
> Illo quietis tempore
> Quo gallus exsultans canit,
> Christum redisse ex inferis.

On comprend maintenant pourquoi les chrétiens aimaient à placer l'image du coq sur leurs tombeaux : c'était un signe d'espérance, un symbole de la résurrection. Aussi l'épitaphe de Donatus, trouvée au cimetière de Sainte-Agnès (Aringhi. II. 614), porte-t-elle l'image du coq associée à la formule IN PACE ; celle de Constans (Boldetti. 360), outre cette acclamation, a un coq devant un vase d'où sortent deux rameaux d'olivier. On voit au musée Farnèse à Naples (Polidori. *Sepolcri ant. Crist. in Milano.* 66) la pierre sépulcrale d'un Leopardus, où, avec le symbole du coq, est cette inscription tronquée : DIE. BENE. RE.... que nous n'hésitons pas à restituer ainsi avec l'abbé Polidori : ILLA. DIE. BENE.. RESVRGES, formule dont les marbres chrétiens fournissent un grand nombre d'exemples : tel est, entre autres, le *titulus* des époux Catervius et Severina, dans le recueil de Fabretti (*Inscr. ant.* p. 741. n. 505) :

> SURGATIS || PARITER CRISTO (*sic*) PRAESTANTE BEATI.

M. Perret (IV. pl. XVI. 29) donne une pierre fine où est gravé un coq, posé sur un rameau, avec le monogramme du Christ au-dessus. Ceci exprimerait-il qu'au grand jour dont l'annonce est symbolisée par le coq, le Christ sera le juge des hommes ressuscités ?

2° Le coq est aussi le symbole de la vigilance. C'est pour cela que, dès les temps primitifs, les chrétiens adoptèrent l'usage de le placer au faîte de leurs temples, pour représenter la vigilance du pasteur. Cette même idée de vigilance explique pourquoi la figure du Bon-Pasteur est si souvent représentée au sommet de l'arc ou de l'abside des chapelles des catacombes, et, avec une intention non moins évidente, sur le disque des lampes qui servaient à éclairer les souterrains (Aringhi. II. 616). Nous ne citons qu'en passant un coq mettant en fuite trois animaux qui figurent les trois concupiscences, sujet représenté sur un bas-relief de Milan, qui n'est pas antérieur au neuvième siècle (Allegranza. *Monum. di Mil.* p. 113).

3° Il est une classe de monuments, les sarcophages, où l'image du coq est souvent rapprochée de celle de S. Pierre (Aringhi. I. pp. 297. 319. 613. et II. p. 399) : et tout le monde comprend qu'il est ici question de la chute et de la résipiscence de cet apôtre, et que le but de l'artiste fut de prémunir également les fidèles, par cet exemple, contre la présomption et contre le désespoir (V. l'art. *Reniement de S. Pierre*).

4° Les fonds de coupe à sujets dorés et quelques autres monuments représentent quelquefois deux coqs excités au combat par deux enfants, qui tiennent à la main une palme (V. Boldetti. p. 216. tav. III. n. 2. et Aringhi. II. 614), ce qui veut dire qu'une palme glorieuse est réservée à ceux qui combattent vaillamment et remportent la victoire. Une pierre annulaire (jaspe), de la collection de M. Drury-Fortnum, viendrait, si nous ne nous abusons, confirmer cette interprétation. Un coq, figure allégorique du chrétien victorieux, vogue sur un vaisseau avec une palme à la proue, vers le port du salut. Le combat lui-même se trouve figuré dans une mosaïque décorant le tombeau d'un martyr et dont il n'a été retrouvé que ce fragment représentant l'un des combattants (Perret. vol. IV. pl. VII. 3). Les combats de coqs à Athènes eurent sans doute pour but de nourrir chez les citoyens une ardeur belliqueuse, et l'on peut en trouver l'origine dans un passage d'Élien (Var. hist. II. 28). Cet écrivain rapporte que les troupes athéniennes marchant contre les Perses rencontrèrent par hasard des coqs qui se battaient avec acharnement, et que Thémistocle en prit occasion de haranguer ses soldats, et d'exciter leur courage par l'exemple de ces oiseaux qui n'avaient point à combattre, comme eux, pour la patrie, les pénates, les tombeaux des ancêtres, pour des épouses et des enfants, pour la gloire et la liberté. Il n'est donc pas douteux que les représentations de combats de coqs sur les tombeaux, motif emprunté aux anciens par les fidèles, n'eussent pour but d'exciter les chrétiens au courage dans les persécutions et les combats de toute sorte qu'ils avaient à soutenir.

5°. Selon S. Eucher (De spir. form. c. v), le coq est le symbole des prédicateurs, qui, pendant les ténèbres de cette vie, annoncent la lumière indéfectible de la vie future. Ce Père fait ensuite allusion au passage de Job où il est parlé de l'intelligence du coq : *Quis dedit gallo intelligentiam* (Job. XXVIII. 36); intelligence que doit imiter le prédicateur en étudiant les circonstances où il pourra avec opportunité faire entendre sa voix.

S. Grégoire le Grand exprime la même pensée (Lib. moral. III. In Job).

6° Il est enfin le symbole du juste, selon Bède, « parce que, dans la nuit de cette vie, le juste reçoit par la foi l'intelligence et la vertu qui le font crier vers Dieu, afin de hâter l'aurore du grand jour : *Emitte lucem tuam et veritatem tuam* » (Psalm. XLII. 3).

COQUILLAGES (SYMBOLE CHRÉTIEN). — On a souvent observé dans les tombeaux des chrétiens et des martyrs des coquillages marins ou autres, entiers ou rompus (Boldetti. p. 512. fig. 65), fixés à l'extérieur des *loculi*, et ils ont la forme du buccin. Placés dans de telles conditions, ils pourraient être du nombre des objets que les premiers chrétiens fixaient dans le mortier des *loculi*, comme moyen de reconnaissance. On en distingue de différentes espèces dans les bas-reliefs d'un curieux sarcophage du Vatican (Bottari. tav. XLII), où sont représentées diverses scènes de pêche, scènes que nous reproduisons ici. On a de ces coquillages exécutés en pierres fines, et des lampes sépulcrales en métal, qui en affectent la forme, ou en ont de sculptés sur leur disque (V. Bartoli. Ant. lucern. parte III. fig. 23). Des faits absolument analogues se sont révélés dans les sépultures de la Gaule.

Ainsi des coquilles de limaçon ont été trouvées dans le sarcophage de S. Eutrope à Saintes, découvert en 1843, et M. Letronne prouve que leur introduction n'a pu être l'effet du hasard (V. *Recueil de pièces relatives à la reconnaissance du corps de S. Eutrope*. p. 81); on en a trouvé dans une sépulture mérovingienne du cimetière de Vicq, et M. l'abbé Cochet en a rencontré un grand nombre d'exemples dans ses fouilles (*Normandie souterraine*, passim), notamment près de Dieppe, à l'intérieur d'un tombeau du temps de Charlemagne.

Tout nous porte à penser que l'intention des fidèles a été de faire de cet objet un symbole de la résurrection. La coquille est la tombe, demeure momentanée que l'homme doit abandonner un jour. Un sarcophage de Marseille (Millin. *Midi de la Fr.* pl. LVIII. 4) offre, au lieu de la coquille, le limaçon lui-même. Et ici, pour expliquer l'antiquité, nous devons invoquer les monuments du moyen âge, où, comme on sait, les mêmes types sont souvent reproduits, avec des développements qui en rendent la signification plus claire. Ainsi

M. le comte Aug. de Bastard (*Bullet. des comités hist. archéol.* etc. 1850. p. 173) donne la copie de vignettes des treizième et quinzième siècles, où, à côté de la *résurrection de Lazare*, est figuré un limaçon sortant de sa coquille; et ce double sujet se voit également dans la collection d'anciens manuscrits liturgiques, rassemblés par les ordres de Louis XIV, sur un codex du quinzième siècle. Il faut observer que la coque des limaçons trouvés dans les tombeaux de la Gaule est très-grande : c'est l'*Helix pomatia*, l'escargot vulgaire. Or, chez nous, aucune coquille n'est plus propre à symboliser la résurrection. En effet, le mollusque qu'elle renferme en bouche l'entrée avant l'hiver avec un épiphragme calcaire d'une assez forte consistance, qu'il ne brise qu'au retour du printemps. Cet opercule naturel représente le couvercle du cercueil qui doit être enlevé au jour de la résurrection.

CORBONA ECCLESIÆ. — V. l'art. *Clergé*, I, 1°.

CORPORAL. — Les écrivains ecclésiastiques désignent sous le non de *corporale*, ou de *corporalis palla*, le linge qu'on étend sur l'autel pour y déposer les saintes espèces pendant la célébration de la messe. Le corporal est de toute antiquité dans l'Église latine aussi bien que dans l'Église grecque. S. Isidore de Damiette l'appelle d'un mot grec qui a la signification générale de linceul, et dit qu'il est la figure du linceul dont Joseph d'Arimathie ensevelit le corps du Sauveur ; il le désigne encore par les mots *ad carnem* (L. I. epist. 123. — Cf. Thiers. *Autels.* p. 156), comme touchant immédiatement la chair sacrée de Jésus-Christ, mais contre l'opinion d'autres auteurs qui nomment ainsi la première nappe de l'autel. Dans S. Isidore de Péluse (L. I. ep. 123), il est appelé τὸ εἱλητόν, du verbe εἰλέω, *involvo*, « j'enveloppe, » parce qu'on le relevait sur les saintes espèces. Les Grecs déposent aussi sur le corporal, au milieu de l'autel, le livre des saints Évangiles.

Pour ce qui est de l'Église latine, il paraît qu'avant S. Sylvestre, qui siégeait en 314, le corporal n'était pas toujours de lin, mais quelquefois d'étoffe. Car ce fut ce pape qui en fixa la matière, et ordonna qu'il ne serait ni de soie, ni de quelque autre étoffe teinte, par la raison que le corps de Notre-Seigneur fut enseveli dans un linceul très-blanc, dont le corporal est la figure. Cette disposition est dans les actes du deuxième concile de Rome que l'on croit avoir été tenu sous S. Sylvestre en 324. *Constituit*, dit Anastase (*In Sylvest.*), *ut sacrificium altaris non in serico, neque in panno tincto celebraretur, nisi tantum in lineo ex terra procreato, sicut corpus Domini nostri Jesu Christi in sindone lineo et mundo sepultum fuit.*

Les corporaux étaient autrefois beaucoup plus grands qu'ils ne sont aujourd'hui ; ils couvraient l'autel tout entier, et même pendaient de chaque côté, de façon qu'avec leurs pans relevés on pût couvrir tous les pains, souvent très-nombreux, à raison de la foule des communiants. Leur ampleur était telle, qu'elle exigeait l'office de deux diacres pour les étendre et les replier (*Ordo Rom.* tit. *Ord. process. apud Mabillon*). Les proportions des corporaux furent peu à peu réduites, lorsque l'usage des messes privées s'introduisit dans l'Église. L'ordre romain contient trois oraisons pour la bénédiction des corporaux.

COULEURS (SYMBOLISME DES) DANS LES MONUMENTS CHRÉTIENS ET DANS LES RITES DE L'ÉGLISE. — De tout temps on attacha aux couleurs un sens symbolique. Dieu lui-même, dans l'Ancien Testament, avait prescrit la couleur des tentes des tabernacles, celle des vêtements des prêtres et des lévites pendant l'action du sacrifice. Le christianisme s'est inspiré de cet exemple. Les Pères se sont appliqués à interpréter le sens symbolique des couleurs rappelées dans les divines Écritures, et les chrétiens de toutes les époques se sont conformés à ces interprétations, soit dans les peintures des catacombes et les mosaïques de leurs temples, soit dans leurs ornements sacrés, dont la couleur varie selon les différentes solennités. S. Charles appelle ces couleurs les hiéroglyphes des secrets du ciel, et Baronius les regarde comme très-utiles pour exciter la piété des fidèles.

I. — *Le blanc.* Réunion de tous les rayons lumineux reflétés sans altération, le blanc est la couleur symbolique qui convient principalement à la vérité, *tinctura veritatis*, dit S. Clément d'Alexandrie (*Pedag.* l. II. c. 10). C'est pour cela qu'il est attribué :

1° A Dieu le Père, qui est la vérité par essence, la vérité immuable, unique : aussi, dans la vision de Daniel (cap. VII. 9), l'ancien des jours paraît-il en habits blancs comme la neige, et avec des cheveux blancs comme la laine la plus pure.

C'est parce qu'elle est blanche et brillante en même temps, que la manne est représentée comme le symbole de la parole de Dieu (Origen. *Homil.* VII. *In Exod.*) : *Manna est verbum Dei; quid enim candidius, quid splendidius eruditione divina?* Dans le même sens, S. Grégoire de Nysse appelle la vérité évangélique, *lilium sermonis* (*Homil.* XVI *In Cantic.*), « le lis du discours ». S. Bernard se sert aussi de cette figure (*Serm.* LXX. *In Cantic.*) : « La vérité est réellement un lis, dont le parfum anime la foi, et dont l'éclat éclaire l'intelligence, » *vere lilium est veritas, cujus odor animat fidem, splendor intellectum illuminat.*

2° A Jésus-Christ. Bien que, dans l'usage ordinaire de la vie, le Sauveur se servît probablement de vêtements vulgaires, il est en blanc quand il paraît comme Dieu ; ainsi, sur le Thabor (Marc. IX. 2), devant Pilate (Luc. XXIII. 11), dans la vision de S. Jean au commencement de son *Apocalypse* (I. 13). Les monuments le représentent en blanc quand il enseigne ; exemples : un fond de coupe donné par Buonarruoti (*Vetr.* p. 35. tav. v. fig. 3), les antiques mosaïques de l'église des Saints-

Cosme-et-Damien (Ciampini. *Vet. monim.* ii. tab. xvi), de Sainte-Agathe alla Suburra à Rome (*Id.* I. tav. lxxvii), de la chapelle de Saint-Aquilin dans l'église Saint-Laurent à Milan (Allegranza. *Monum. Milan.* p. 12), etc., en un mot, dans tous les monuments où il parait comme *maître de la vérité*, soit au milieu des docteurs de la loi, soit au milieu de ses apôtres. Il sera blanc le trône où le Fils de Dieu siégera pour juger les hommes au dernier jour : *Vidi thronum*, dit S. Jean (*Apoc.* xx. 11), *magnum, candidum, et sedentem super eum*.

3° Aux anges. C'est avec des vêtements blancs que nous les montrent : 1° les saintes Écritures dans les différentes apparitions de ces intelligences célestes dont elles font mention ; tels étaient : l'ange qui vint soutenir Judas Macchabée contre Lysias (2 *Macch.* xi. 8), celui qui se montra à Daniel sur les rives du Tigre, ceux qui annoncèrent aux pasteurs la naissance du Sauveur, aux Maries sa résurrection, et aux apôtres, sur le mont des Oliviers, son futur avènement comme juge des vivants et des morts (*Act.* i. 10) ; 2° les monuments, entre autres les peintures et les mosaïques de la basilique Libérienne et de Sainte-Agathe à Rome, de Saint-Michel et de Saint-Vital à Ravenne, et ailleurs (V. Ciampini. *Vet monim.* passim).

La raison qu'en donne S. Denys l'Aréopagite (*De cœlest. hierarch.* cap. xv. p. 164. edit. Colon.), c'est qu'ils sont semblables à Dieu : *significare existimo Deiformas*.

4° Aux saints en général. Par leurs œuvres, ils furent sur la terre des images vivantes de Jésus-Christ, et cette heureuse transformation s'est complétée dans le ciel (2 *Cor.* viii. 18). Dans le grand arc de la basilique de Saint-Paul hors des murs, on voit un grand nombre de personnages vêtus de blanc qui apportent des couronnes au pied du trône divin (Ciampini. *Vet. monim.* i. 231). Les uns, qui ont la tête nue, représentent, selon toute apparence, les Saints venus du paganisme ; les autres, qui ont la tête voilée, sont les Saints du judaïsme. On peut voir le même fait dans les mosaïques de l'Église d'Aix-la-Chapelle bâtie par Charlemagne en 802 (Ciamp. *Vet. mon.* ii. tab. xli) et dans celle de Saint-Vital de Ravenne déjà citée.

5° Aux prêtres dans les fonctions sacrées. Dans l'ancienne loi, le grand prêtre Aaron portait une tunique, une ceinture et une tiare blanches ; il en fut de même dès le principe pour les pontifes et les prêtres chrétiens : c'est ce que prouve, surtout pour le quatrième siècle, Benoît XIV dans son traité *De sacrif. missæ* (p. 51. c. iv. § 2), d'après l'autorité de S. Grégoire de Tours, de Fortunat et de S. Isidore de Séville. Plus tard, lorsque d'autres couleurs furent admises pour les ornements sacrés, le blanc fut toujours conservé pour l'aube, l'amict, et même pour la planète, le pluvial, etc., aux fêtes de la Nativité, de l'Épiphanie, de Pâques, de la Toussaint, de la Chaire de Saint-Pierre à Antioche et à Rome, de celle de Saint-Jean-Baptiste, etc. (V. l'art. *Vêtements des ecclésiastiques dans les fonctions sacrées*).

6° Aux catéchumènes, qui portaient des robes blanches pendant les huit jours qui suivaient leur baptême (V. l'art. *Aubes baptismales*).

7° Au souverain pontife, qui est le représentant de Jésus-Christ sur la terre et l'infaillible dépositaire de la *vérité* ; aux grandes solennités, on ornait de draperies blanches la chaire où s'asseyait l'évêque pour annoncer la *vérité divine*.

8° Chez les premiers chrétiens, comme chez les Juifs, on enveloppait de linges blancs la tête et les membres des morts. Dans un fond de vase antique (Buonar. tav. vii. fig. 1), Lazare ressuscité par Notre-Seigneur est enveloppé d'une draperie d'argent, tout le reste est doré. C'est ainsi que le ménologe de Basile représente les corps de S. Philarète (ii décembre) et de S. Adauctus (iv octobre). Nous trouvons encore la preuve de ce fait dans Sulpice Sévère (*Vit. S. Martini*), et surtout dans le poëte Prudence :

> Candore nitentia claro
> Prætendere lintea mos est.

(*In exeq. defuncti.* v. 49. t. i. p. 72. edit. Parm.).

Le *blanc* est donc le symbole de la *vérité*, dans Dieu par essence, dans l'homme par communication.

II. — *Le rouge*. Par sa ressemblance avec le feu, le rouge est le symbole de l'amour ardent et actif. Notre-Seigneur est appelé par l'épouse du Cantique *candidus et rubicundus* (v. 10) : *candidus*, en tant qu'il est fils du Père éternel, *candor lucis æternæ* (*Sap.* vii. 26), *et splendor gloriæ Patris* (*Hebr.* i. 3) ; *rubicundus*, parce que, de lui comme du Père, procède le divin amour. C'est pour cette raison que les monuments, tels que les mosaïques de Saint-Paul hors des murs (Ciamp. *Vet. mon.* i. tab. lxviii), de Saint-André in Barbara (*Id.* i. lxxxvi), de Sainte-Agathe in Suburra (*Id.* i. lxxvii), etc., nous le montrent vêtu, tantôt d'une tunique, tantôt d'un *pallium* rouges, tantôt de l'un et de l'autre, parce qu'il y est représenté dans quelqu'un des actes de son amour infini, comme dans le dernier où il confère à ses apôtres la mission de porter dans le monde entier le feu sacré de la doctrine : *Ignem veni mittere in terram, et quid volo nisi ut accendatur ?* (*Luc.* xii. 49). Le monogramme du Christ, comme rappelant son ardente charité pour les hommes, était brodé au sommet du *labarum* de Constantin sur un morceau de pourpre (Prudent. i. *Contr. Symm.*) ; la croix était souvent peinte en rouge, en mémoire du sang de l'agneau divin dont ce signe auguste avait été arrosé (Scaliger. ap. Du Cange. *Inf. Ævi numismat.* p. 153) ; cet usage paraît avoir été spécial aux Occidentaux : au temps de Bède (*Hist. Angl.* v. c. 16), le saint sépulcre était peint en blanc et en rouge, comme ayant servi d'asile au corps de celui qui est par essence *vérité* et *amour*.

Parmi les anges que nous trouvons peints sur les monuments chrétiens, entre autres sur la voûte de Saint-Vital à Ravenne (cinquième siècle) (Ciampini. *Vet. mon.* II. 65), il s'en trouve quelques-uns qui ont les ailes rouges. On pense que ce sont les séraphins, dont le nom *seraph* signifie plénitude d'amour (Dionys. Areop. *De cœlest. hierarch.* c. VII). C'est aussi le symbole de l'amour qu'il faut voir dans les vêtements sacrés, rouges en certaines solennités : 1° aux fêtes des martyrs, dont le sanglant sacrifice n'est que la consommation de l'amour (Clement. Alexandr. *Strom.* lib. IV) ; un décret du pape S. Eutychien interdit d'ensevelir les restes des martyrs autrement que dans une dalmatique ou un *colobium* rouge (Lupi. *Dissert.* IX) : *Ut quicumque fidelium martyrem sepeliret, sine dalmatica aut colobio purpureo nulla ratione sepeliret* ; 2° à la Pentecôte, qui est la fête de l'Esprit-Saint, dans lequel se personnifie le divin amour ; 3° à la fête et à la bénédiction du S. Sacrement le rit ambrosien adopte le rouge, parce qu'il considère ce mystère comme le chef-d'œuvre de l'amour de Jésus-Christ pour les hommes, tandis que le romain, qui y voit surtout *mysterium fidei*, se sert du blanc ; 4° à la fête de la Circoncision, l'ambrosien, ainsi que le rit lyonnais, si vénérable aussi par son antiquité, emploient le rouge, parce qu'en ce mystère le Sauveur a donné aux hommes les prémices de son sang avec celles de son amour.

Si le rit romain, au contraire, emploie la couleur blanche, ce n'est pas sans un profond mystère. Il a en vue d'honorer Marie ; car autrefois on célébrait deux messes en ce jour : l'une de la *Circoncision*, l'autre de la *Ste Vierge*, et il en était ainsi du temps de Durand, écrivain liturgiste du treizième siècle. Et bien qu'aujourd'hui il n'y en ait plus qu'une, celle de la Circoncision, néanmoins, pour nous approprier la pensée de Sandini (*Hist. famil. sacr.* cap. II. n. 4), l'office et la messe appartiennent toujours, en partie, à la Sainte Vierge : *Nunc quoque festi Circumcisionis officium et missæ ex parte ad Virginem pertinet.*

Les vêtements des cardinaux sont rouges à cause de la charité et du souvenir de la passion de Notre-Seigneur dont leur cœur doit être toujours plein. Si les Grecs (Borgia. *De cruce Vatic.* p. 138. II. B) usent d'ornements rouges dans les solennités funèbres, ainsi que cela se pratiquait anciennement dans quelques Églises des Gaules ; si le pape s'en sert aussi le vendredi saint, c'est sans doute pour marquer que l'amour est la source de la tristesse : la cause se trouve ainsi exprimée au lieu de l'effet. La pensée est de Siméon de Thessalonique (*Lib. sacram.* quæst. 71) : *Ornamenta.... sæpius jejuniorum tempore assumuntur purpurea, et quod peccatores oporteat lugere, et propter occisum pro nobis Jesum Christum.*

III. — *Le vert.* Le vert est l'indice de la vie dans le règne végétal. Aussi les langues l'ont-elles toujours employé par métaphore, et les arts figuratifs dans un sens symbolique, pour désigner la vie dans son état permanent. Cette couleur est assignée aux anges, parce que, étant de purs esprits, il y a en eux, selon l'expression de S. Denys l'Aréopagite (*De cœlest. hierarch.* c. XV. § 7), « quelque chose de juvénile et de verdoyant, » *juvenile quidpiam et virens.* Une miniature d'une Bible latine de la Bibliothèque nationale de Paris (Portal. *Des couleurs symboliques*, p. 192) montre tout un ordre d'anges faisant cortége à Jésus-Christ avec des auréoles de couleur verte. Dante donne aussi des vêtements verts et des ailes vertes aux deux anges envoyés chaque nuit par Marie pour garder la vallée du Purgatoire contre le serpent infernal (*Purgat.* cant. VIII. v. 28).

« Verdi, come fogliette pur mo nate,
Erano in veste, che da verdi penne
Percosse traen dietro, e ventilate. »

« Vertes comme les petites feuilles nouvellement nées étaient leurs robes, qui, agitées par les plumes vertes de leurs ailes, flottaient par derrière et jouaient au vent. »

La couleur verte est employée pour signifier la vie de la grâce dont vivent les justes, de même que, par la raison des contraires, la couleur du feuillage sec est appliquée aux méchants (Ezech. XX. 47. — Apoc. IX. 4). Les artistes anciens et ceux du moyen âge ont très-souvent peint les Saints avec des robes vertes : c'est ce que Portal observe en particulier pour S. Jean l'Évangéliste (*op. laud.* p. 210). La Ste Vierge a été quelquefois aussi peinte avec des vêtements de cette couleur (Id. *ibid.*), pour indiquer soit la vie de la grâce qui ne s'éteignit jamais en elle, soit le privilège qui l'affranchit de la corruption du tombeau. Notre-Seigneur lui-même s'est servi du symbole de la couleur verte pour signifier la vie essentielle de la sainteté et de la justice : *Si in viridi ligno hæc faciunt, in arido quid fiet?* (*Luc.* XXIII. 31), « si l'on traite de la sorte le bois vert, que sera-t-il du bois sec? » Et les artistes lui ont quelquefois donné des vêtements verts, voulant indiquer qu'il est la vie par essence. Quelques plantes, qui demeurent toujours vertes, et particulièrement des branches de laurier, ont été quelquefois placées dans les urnes sépulcrales, sous le corps du défunt, non point dans l'intention de lui donner l'incorruptibilité, mais pour signifier, comme dit Durand (*De rit. eccles.* l. VII. c. 25), « que ceux qui meurent dans le Christ ne cessent pas de reverdir, » *qui moriuntur in Christo, virere non desinunt.* Plusieurs verres peints (Buonar. tav. VII) et autres monuments font voir des arbres dans le sujet si fréquent de la résurrection de Lazare.

Le cyprès, étant toujours vert dans son feuillage et incorruptible dans sa partie ligneuse, a été souvent employé dans les monuments pour signifier tout ce qui est durable et immortel, entre autres l'âme et la résurrection des corps (Aringhi. II. p. 632). Le vert a toujours été le symbole de l'espérance, et Dante n'est que l'organe de l'antiquité quand il dit (*Purgat.* cant. XXIX. vers. 121), en personnifiant cette vertu, que ses chairs et ses os ressemblaient à l'émeraude.

> L'altr era come se le carni e l'ossa
> Fossero state di smeraldo fatte.

L'Église romaine a adopté le vert pour les vêtements sacrés de ses ministres aux dimanches entre l'Épiphanie et la Septuagésime, et depuis le troisième après la Pentecôte jusqu'à l'Avent, parce que, de toute antiquité, ces dimanches furent consacrés à rappeler surtout les deux grands événements auxquels se rattache la vie du monde : à l'un la vie naturelle par la création qui commença en ce jour, à l'autre la vie de la grâce par la résurrection du Fils de Dieu qui eut lieu aussi à pareil jour.

La vénérable liturgie ambrosienne prescrit que le voile dont on recouvre les autels après la célébration des saints mystères, soit de couleur verte. On donne de ce respectueux usage deux raisons différentes : il fait allusion, ou à la vie de Jésus-Christ qui se perpétue dans la sainte eucharistie, ou à celle dont jouissent dans le ciel les martyrs dont les reliques reposent dans la pierre consacrée de l'autel. C'est sans doute pour des raisons analogues que, dans le même rit, la pierre sacrée est revêtue d'une toile cirée coloriée en vert.

IV. — *Le violet*. Mélange de rouge et de noir, le violet a été adopté dans l'Église comme symbole de la pénitence, qui se compose d'un acte de douleur pour ce que nous souffrons (car le symbole de la douleur est le noir), et d'un acte d'amour dans le motif qui nous détermine à vouloir souffrir (le symbole de l'amour est le rouge).

La vie de Jésus-Christ sur la terre n'ayant été qu'une longue pénitence, une respectable tradition, ainsi que quelques reliques qui se vénèrent en plusieurs lieux, tendent à prouver qu'il portait des vêtements violets. Les monuments anciens, entre autres la mosaïque de Saint-Michel de Ravenne (Ciampini. *Vet. mon.* II. p. 63. tav. XVIII) et celle de Saint-Ambroise de Milan (Ferrari. *Monum. della basil. de S. Ambrogio.* p. 156), le représentent avec des vêtements ou des attributs de cette couleur. Par la même raison, le violet a été quelquefois attribué à Marie, la mère de douleur, à Jean-Baptiste, le prédicateur du baptême de pénitence (Ciamp. *Vet. mon.* I. tav. LXX), et aux anges quand ils sont représentés comme envoyés de Dieu pour rappeler les hommes à la pénitence, ou dans l'attitude d'une respectueuse compassion autour du Verbe incarné, l'homme des douleurs. De respectables traditions nous apprennent que les premiers chrétiens s'habillaient d'étoffes violettes, en signe de pénitence; et on sait que les ecclésiastiques portèrent des habits violets dès la plus haute antiquité (V. *Amico cattolico*. guigno 1846. p. 408); les abbés de l'ordre de Saint-Benoît portèrent cette couleur jusqu'à l'époque assez récente où ils adoptèrent le noir. Le voile des vierges dans l'antiquité était violet. Nous en avons pour témoin S. Jérôme, qui, dans une de ses lettres à Eustochius (*Opp.* edit. Veron. t. I. p. 96), parle de ces voiles violets appelés *maforte*, qui flottaient sur les épaules : *et super humeros hyacinthina læna maforte volitans*.

On teignait en violet les membranes à écrire dès le temps du même Père (*Ad Eustoch.* ep. XXII), et cet usage s'est maintenu dans les siècles suivants pour les évangéliaires, rituels et autres livres liturgiques (Mabillon. *Sæc.* IV. *Benedict.* pars 1). L'Église, qui dans tous ses rites parle aux yeux pour arriver au cœur, prescrit l'usage du violet pour ses ornements sacrés dans les temps consacrés par elle à la pénitence

COURONNE. — Dans le style des saintes Écritures, dans celui des écrivains des premiers siècles, aussi bien que dans le langage figuré des monuments primitifs, la couronne est un emblème de victoire et de récompense. Le point de départ de cette doctrine est ce passage de l'Apocalypse (II. 10) : *Esto fidelis usque ad mortem, et dabo tibi coronam vitæ*, « sois fidèle jusqu'à la mort, et je te donnerai la couronne de vie. »

1° Le plus souvent la couronne désigne le martyre : c'est le langage habituel des actes et des martyrologes. Les actes de S. Polycarpe, monument si vénéré de l'antiquité, disent qu'il fut *coroné de la couronne incorruptible*; et ceux de S. Genès : *Martyrii coronam capitis obtruncatione promeruit*, « il gagna la couronne du martyre par la décapitation. » S. Cyprien appelle constamment les martyrs *coronandos*, *coronæ proximos*, *coronatos*. S. Gaudence de Brescia (*Serm. in* XL *mart.*) nous représente les quarante martyrs contemplant, pendant leur supplice, la *couronne* qui brillait pour eux au ciel, et ajoute que l'un d'eux, manquant de courage, *perdit la vie* (éternelle) *et avec elle la couronne*. Couronne et martyre étaient synonymes dans la primitive Église : si bien que Prudence, composant des poèmes sur les martyrs, les intitule Περὶ στεφάνων, *De coronis*, et que le pape Honorius Ier donne le nom des *Quatre-Couronnés* à l'église qu'il élève à la gloire de quatre martyrs.

De là vient que nos pères ornaient de couronnes, d'abord la croix, cet étendard de la victoire du chef divin de tous les martyrs (Paulin. *ep.* XII. *Ad Sever.*) :

> Crucem corona lucido cingit globo;

et que, voulant aussi désigner symboliquement le triomphe remporté par les héros chrétiens, ils suspendaient ou simplement représentaient sur leurs tombeaux des couronnes de laurier, de palmes, de fleurs ou de métaux précieux.

Il faut dire néanmoins que cet usage n'est pas tout à fait primitif dans le christianisme. Il ne fut adopté par nos pères que lorsqu'il ne put plus être regardé comme une imitation des superstitions idolâtriques. Auparavant les Pères, entre autres S. Justin et Tertullien, le réprouvent comme indigne d'un chrétien; nous aimons surtout à citer ce curieux passage du dialogue de Minucius Felix (pag. 347. edit. Ouzel. Lugd. Batav. 1672), où Octavius répond à Cecilius qui reprochait aux fidèles cette abstention comme un crime : « Si nous ne couronnons pas notre tête de fleurs, excusez-nous, notre odorat n'est point dans nos cheveux; nous ne mettons pas de couronnes sur les morts, et nous avons lieu de nous étonner du reproche que vous nous en faites. A quoi leur serviraient les fleurs, s'ils n'ont point de sentiment; et, s'ils en ont, pourquoi les livrez-vous aux flammes? Et d'ailleurs, qu'ils soient heureux ou malheureux, les fleurs leur sont également inutiles. Nos funérailles se font avec la même simplicité qui nous a distingués durant la vie. Nous ne couronnons pas les morts de fleurs qui sont bientôt fanées, mais nous attendons de Dieu même une couronne incorruptible. » La simplicité des tombeaux chrétiens du premier âge est tout à fait en harmonie avec cette doctrine, qui ne devait se modifier qu'à la faveur de la paix. Alors seulement la piété pour les morts, et surtout pour les restes des martyrs, devait prendre un libre essor et se manifester par l'emploi des décorations triomphales qui font l'objet de cet article.

2° On voit quelquefois, particulièrement dans les vieilles mosaïques, une main, qui est l'hiéroglyphe de Dieu le Père (V. l'art. *Dieu*), déposer ou tenir suspendue une couronne sur la tête d'un martyr, sur celle de Ste Euphémie par exemple (Ciampini. *Vet. mon.* II. tab. XXXV), ou sur celle

de Ste Agnès (Id. II. XXXIX). Telle est aussi la fresque de Saint-Pontien (Bottari. tav. XLV) qui représente Dieu couronnant de fleurs S. Abdon et S. Sennen (V. la figure de l'art. *Abdon et Sennen*) : tels encore ces nombreux fonds de coupe où Notre-Seigneur dépose de chaque main une couronne sur la tête de deux Saints, de S. Pierre et de S. Paul par exemple, de S. Paul et de S. Timothée (V. Buonarr. *passim.* — Guarrucci. *Vetri con figure in oro.* tav. XXIII et *passim*). Quelques monnaies byzantines, celles d'Arcadius par exemple, d'Euxodie, de Pulchérie et d'Ælia Zénonide, font aussi voir une main tenant une couronne au-dessus du buste impérial.

Doit-on reconnaître un emblème analogue sur une pierre tumulaire (Aringhi. II. 678) où un poisson porte à la bouche une couronne? N'est-ce point Jésus-Christ, le divin poisson, qui présente la couronne au martyr enseveli sous cette pierre? M. Perret (III. pl. XXIV) donne après d'Agincourt une fresque figurant le couronnement d'une martyre par deux personnages qui, selon toute probabilité, ne sont autres que Dieu le Père et Dieu le Fils. Dans ce dernier cas néanmoins, ces deux personnages pourraient représenter les saints qui avaient précédé la martyre dans le ciel. On observe aussi sur un médaillon de plomb, publié par le P. Lupi (*Dissert. e lett.* I. 197), un bras plaçant une couronne sur la tête d'une femme qui est le symbole de l'âme de S. Laurent s'échappant de son corps représenté expirant sur le gril (V. cette figure à l'art. *Ame*). Quelquefois le buste même du martyr ou du fidèle est renfermé dans une couronne (V. Aringhi. II. 678); le buste d'un guerrier ainsi couronné (Id. p. 244) est, en outre, environné de deux Victoires ailées, et de deux jeunes gens dans des quadriges, portant aussi des couronnes et des palmes. On ne saurait exprimer plus énergiquement le triomphe d'un martyr. C'est quelquefois l'épitaphe qui est tracée au centre d'une couronne. Tel est le *titulus* d'une vierge nommée Victoria (Perret. v. pl. LX. 18); et ici la couronne pouvait renfermer une double allusion à son nom et à sa mort généreuse.

Ces emblèmes de victoire sont variés à l'infini. Ainsi la voûte d'une crypte du cimetière de Priscille (Bottari. tav. CLXXIV) présente quatre couronnes au centre desquelles se trouve une colombe ayant à son bec une branche d'olivier : c'est l'union du symbole de la victoire avec celui de la paix qui en est le fruit ultérieur. Il y a parfois une seule couronne, placée entre deux martyrs, S. Pierre et S. Paul par exemple (Buon. X. segg.). et, dans un fond de coupe fort curieux (Id. XVI. 1), les deux apôtres semblent s'entretenir de la couronne qui les attend, car ils fixent leurs regards sur celle qui est suspendue au milieu d'eux, selon le conseil que S. Paul donnait aux chrétiens d'avoir toujours, pour s'encourager dans les épreuves, les yeux dirigés vers la couronne immortelle (2 *Tim.* IV. 8 et *passim*).

On rencontre de temps en temps la couronne accompagnée de la palme, comme sur les tombes de Sabbatius (Buonar. *Vetri.* 167), d'Antonia (Lupi. *Epit. Sev.*) d'Eucarpia (Perret. IV. 18); ou encore de la croix, et alors, selon S. Paulin (Ep. XXXII. *Ad*

Sever.), l'union de ces deux symboles exprime collectivement le mérite et la récompense :

> Sanctorum labor et merces sibi rite cohærent,
> Ardua crux, pretiumque crucis sublime corona.

« Le labeur des Saints et leur récompense sont étroitement unis : la rude croix, et la couronne, prix sublime de la croix (constamment portée). »

Le même tombeau est parfois décoré de plusieurs couronnes, ce qui exprime les mérites divers acquis par le martyr, et semble la traduction figurée de ce curieux passage de S. Eucher au sujet des martyrs de Lyon (*Homil. De S. Blandina*) : *Cruciatibus afflicti, suppliciis explorati, sævis ignibus decocti, quantas susceperunt in corpore pœnas, tantas in spiritu perceperunt coronas*, « affligés par les tourments, éprouvés par les supplices, grillés par des feux cruels, autant ils ont supporté de peines dans leurs corps, autant ils ont reçu de couronnes dans leur âme. » C'est ainsi que Ste Agnès est représentée dans un verre doré (Buonar. XVIII. 5. — V. la figure à l'art. *Agnès* [*Ste*], p. 32), avec deux colombes qui lui offrent chacune une couronne, celle de la virginité et celle du martyre ; c'est ce qu'exprime Prudence dans de beaux vers (*Peristeph.* XIV. 7) que nous avons cités ailleurs.

3° On donnait aussi le nom de *couronnes* à certaines lampes qui en présentaient la forme et qu'on suspendait près des tombeaux des martyrs (Aringhi. II. 676). Telle était celle que Constantin avait placée devant le corps de S. Pierre (Anastas. *In Sylvestr.*), telles encore celles que l'on distingue au centre des arcs des basiliques, peintes en miniature dans le ménologe de Basile, et en particulier devant l'image de S. Vincent (*Menol. Basil.* XXII jan.). Les anciennes mosaïques, entre autres celle de Saint-Apollinaire de Ravenne (Ciamp. *Vet. mon.* II. tab. XXIV), font voir des couronnes ou lampes de cette sorte suspendues sur la tête des Saints, placés eux-mêmes dans des niches.

4° Il existe une classe de représentations à part, que les antiquaires appellent *oblations*, et qui se voient dans une foule de mosaïques de la plus ancienne époque. Ce sont des martyrs, des apôtres ou d'autres personnages, qui portent dans le pan de leur manteau des couronnes d'or qu'ils offrent à l'Agneau, ou au Rédempteur sous sa forme humaine, ou bien encore à un siège vide qui le représente. C'est ce qu'on peut voir notamment dans les mosaïques de Sainte-Marie in Cosmedin, et de Saint-Jean in Fonte de Ravenne (Ciamp. *Vet. mon.* II. tab. XXIII. 1. p. 254).

5° Malgré tout ce que nous venons de dire, on ne saurait affirmer que toutes les couronnes, qui se rencontrent en nombre infini sur les monuments funéraires de l'Église primitive, désignent invariablement le tombeau d'un martyr. Elles sont souvent placées sur les restes de confesseurs et même de simples fidèles : car, même sans l'effusion du sang, la sainteté est une victoire, qui, elle aussi, a sa couronne dans le ciel (V. l'art. *Confesseurs*).

> Non parta solo sanguine
> Ornat beatos purpura :
> Sunt incruenta, quæ suos
> Habent triumphos prœlia..
>
> (*Commun des justes* dans le bréviaire.)

Ainsi, nous savons par S. Grégoire de Tours que des couronnes étaient fixées au tombeau de S. Martin (l. I. c. 2), et la Chronique du Mont-Cassin (lib. III. c. 5) mentionne un fait semblable pour le sépulcre de S. Benoît. Aussi, aux yeux des antiquaires les plus sûrs, ces couronnes ne valent-elles, comme preuve du martyre, qu'autant qu'elles sont accompagnées d'autres marques incontestables, telles que des linges ou des éponges imprégnés de sang, ou les instruments de supplice, renfermés dans les tombeaux.

Les empereurs chrétiens distribuaient à leurs soldats des couronnes de laurier, ornées du monogramme du Christ (V. Aringhi. II. 672), pour leur faire comprendre (Baron. *Ad ann.* 351. n. 1) qu'ils recevaient des couronnes, non pas d'Apollon, comme le supposait l'ancienne superstition, mais de Jésus-Christ, seul dispensateur de la victoire. Presque partout dans nos monuments antiques le monogramme ☧ est renfermé dans une couronne, et ici les citations seraient superflues.

COURONNEMENT D'ÉPINES. — V. l'art. *Passion*, II, 2.

COUTEAU EUCHARISTIQUE. — V. l'art. *Lance*.

CROIX. — I. — Les antiquaires distinguent trois principales formes de croix (V. Bosio. *De cruce triumphante*) :

1° La croix qu'ils appellent *decussata*, en forme de X, et vulgairement connue sous le nom de croix de S. André, parce que la tradition rapporte que telle aurait été celle où fut crucifié cet apôtre (Sandini. *Hist. apostolic.* p. 130).

2° La croix dite *commissa*, ou *patibulata* (Gallonius. *De martyr. cruciat.* — Lips. et Gretzer. *De cruce*), imitant la lettre T, qui, chez les gentils, était un symbole de vie, de félicité, de salut. Ce motif a pu contribuer à faire adopter cette forme dans quelques monuments antiques ; mais la principale raison de cette préférence, c'est que, d'après une tradition fort accréditée, la croix du Sauveur aurait été une croix en T, et qu'en effet les écrivains anciens la désignent fréquemment sous le nom de *tau* (Paulin. *Epist.* XXIV. 23. et *Not.* 118 Rosweid.). Des reliquaires du sixième siècle, du trésor de Monza (V. Mozzoni. *Tav. cron.* VII. 79), sont ornés de crucifix émaillés dont la croix est en T. La croix d'un christ dérisoire, tracé par la main d'un païen sur une muraille du palais des Césars au Palatin, et récemment découvert, affecte aussi cette forme, et une petite baguette est plantée au milieu de la traverse pour soutenir le *titre* (V. l'art. *Crucifix*, et la figure de l'art. *Calomnie*). Ce singulier monument, qui date, pense-t-on, du troisième siècle, confirme jusqu'à un certain point la tradition dont nous venons de parler. On trouve des croix de cette espèce tracées sur des tombeaux antiques, et quelquefois le т est accosté de l'A et de l'ω. On voit quelquefois la croix en т employée comme symbole au milieu du nom d'un défunt dans les inscriptions sépulcrales, comme on y rencontre aussi le ☧. Ainsi en est-il sur un marbre du troisième siècle trouvé naguère au cimetière de Calliste : ιrετne (De' Rossi. *Bullet.* 1863. p. 35).

Nous ne saurions pourtant dissimuler que, adoptant en cela le langage figuré des anciens, et des Égyptiens en particulier, les premiers chrétiens n'aient pu quelquefois employer le т sur les sépulcres comme le signe hiéroglyphique de la vie future. On sait que ce signe était fixé sur la *penula* de S. Antoine, qui florissait déjà avant la conversion de Constantin. Or S. Antoine était Égyptien. Cet emprunt est d'autant plus certain que, dans d'antiques églises et sur des inscriptions sépulcrales chrétiennes observées en Égypte, on trouve des croix surmontées d'une espèce d'anneau qui leur donne une ressemblance parfaite avec la croix ansée des divinités égyptiennes et des textes hiéroglyphiques (V. Letronne. *Matériaux pour l'hist. du christianisme en Égypte, en Nubie et en Abyssinie.* p. 92). Le même fait a été observé par Champollion sur plusieurs points de l'Égypte et de la Nubie, et notamment dans les grottes de Beni-Hassan, et par Ch. Lenormant sur les inscriptions qu'il avait copiées dans la chapelle que les premiers chrétiens avaient formée d'une portion du *pronaos* d'un temple païen à Philœ (V. Greppo, *De la figure de la croix sur les monum. païens,* p. 27).

5° La croix dite *immissa*, †, qui est la forme vulgaire, la seule qui ait prévalu jusqu'à nos jours dans les pratiques de l'art et du culte.

L'opinion la plus commune que l'instrument de notre rédemption fut une croix *immissa*, et cette opinion s'appuie sur le témoignage d'un grand nombre de Pères. S. Irénée décrit ainsi la croix (l. II. c. 24).: *Habitus, fines, et summitates habet quinque; duas in longitudine, duas in latitudine, unam in medio.* S. Augustin (*Enarrat. in psalm.* cIII) est plus explicite encore : *Erat latitudo, in qua porrectæ sunt manus : longitudo a terra surgens, in qua erat corpus infixum; altitudo ab illo diverso ligno sursum quod eminet*, « il y avait la largeur, sur laquelle les mains étaient étendues; la longueur s'élevant de terre, où le corps était fixé; la hauteur qui domine au sommet de ce bois croisé. » Nonnus dit (Ap. Lips.) que le Christ mourut *in ligno quadrilatero*, εἰς δόρυ τετράπλευρον. On trouvera dans Gretzer beaucoup d'autres passages de Pères des deux Églises attestant le même fait.

Dans l'antiquité, la croix, comme instrument de supplice, était généralement basse (V. 2 *Reg.* xxi. 10. — Vopisc. *In Aurelian. Hist. aug.* t. III.

Apul. *De asin. aur.* l. vi. — Euseb. *Hist. eccl.* v. 20). Cependant, par exception, il y en eut quelquefois d'une grande élévation, par exemple celle de Mardochée (*Esther.* vi. 7), qui avait cinquante coudées de haut. Suétone atteste aussi que Galba faisait attacher certains criminels à des croix fort élevées. Il n'est donc pas étonnant que quelques Pères aient enseigné que la croix de Notre-Seigneur était plus haute que celle des larrons. C'était une ancienne tradition dont S. Jean Chrysostome est l'un des principaux organes (*Homil.* v. *In cap.* i. *Epist.* 1. *ad Cor.*), et à laquelle les artistes anciens se sont constamment conformés. On le peut voir en particulier dans quelques vieilles mosaïques et sur une antique colonne qui se trouve près de la basilique de Saint-Paul hors des murs, et qui, dans les premiers siècles, était destinée à soutenir le cierge pascal (V. Ciampini. *Vet. mon.* i. tab. xiv. II). Il faut dire cependant que ce système, s'il était adopté, rendrait un peu inexplicable l'hésitation de Ste Hélène à discerner l'instrument de notre rédemption parmi les trois croix qu'elle découvrit sur le Calvaire.

II. — Dès l'origine de l'Église, les chrétiens professèrent pour la croix une profonde vénération, et lui rendirent un véritable culte, *crucis religiosi* (Tertull. *Apol.* xvi). Mal interprété, ce culte fit accuser les disciples de Jésus-Christ de regarder la croix elle-même comme une divinité qu'ils adoraient, ainsi que les païens adoraient leurs idoles (Minut. Fel. *Octav.* p. 86. edit. 1672. — V. l'art. *Calomnies.* n. 11. C). (V. notre art. spécial *Croix* [*Culte de la*].)

Il est surabondamment démontré que la croix est le véritable *signe du Christ*, dont les chrétiens se munissaient dans toutes les circonstances de la vie (V. l'art. *Signe de la croix*), et qui était employé surtout dans l'administration des sacrements, dans la confirmation en particulier, dont la formule sacramentelle, remontant à la plus haute antiquité, sιgnum christi *in vitam æternam*, s'est conservée jusqu'à nos jours (*Sacram. Gelas. ap. Thomas. Opp.* t. vi. p. 76).

Mais les chrétiens eurent-ils dès les premiers temps des représentations matérielles de la croix, ou bien à quelle époque commencèrent-ils à s'en faire des images peintes ou sculptées? Voilà une double question à laquelle il serait difficile de répondre avec quelque précision.

Il faudrait, selon nous, distinguer entre les objets portatifs et les monuments proprement dits. Quant aux premiers, peu volumineux de leur nature, faciles à soustraire aux recherches et aux profanations des païens, tels que reliquaires, bijoux, lampes, etc., il nous paraît difficile de supposer que les fidèles se soient abstenus d'y retracer la figure de la croix, si chère à leurs cœurs, si vulgaire dans les rites du culte public, comme dans les pratiques de la piété privée. Mamachi (III. 47) affirme, malheureusement sans donner ses preuves, que, du temps de Septime-Sévère, de riches chrétiens portaient déjà des anneaux ornés du monogramme du Christ et de la croix ; il existe des pierres annulaires antiques où la croix est gravée (V. Perret. iv. pl. xvi. 74), et le style de plusieurs semble les faire remonter bien avant Constantin.

Nous savons, par les actes du second concile de Nicée (Act. iv), ainsi que par le témoignage de Nicéphore (l. vii. c. 15), que le martyr Procope, qui a souffert sous Dioclétien, se fit faire par un orfévre de Scythopolis une croix moitié or et argent, qu'il portait suspendue à son cou. On cite un fait analogue du soldat chrétien Oreste, qui vivait sous le même empereur (Act. ap. Surium. xiii dec.).

S'il s'agit des monuments publics, voici le résultat des observations de M. le chevalier de' Rossi (De tit. Carthag.), l'homme le mieux placé pour être bien renseigné sur cette question. Aucun monument daté ne présente, avant le cinquième siècle, la croix *immissa*, †, non plus que celle que l'on appelle grecque ou équilatérale, +. Un seul exemple de la croix en *tau*, et rapporté par Boldetti, se rencontre sous la date, marquée par les consuls, de 370. L'antiquaire romain a trouvé cependant des monuments qui, bien qu'ils ne portent pas de date explicite, peuvent être reconnus par certains indices topographiques et autres pour appartenir au deuxième ou au troisième siècle, et qui sont ornés de la croix † (V. *Roma sott.* t. i. p. 345 et *alibi*).

Sur les sépultures spécialement, la croix nue ne paraît pas avant le milieu du même siècle ; celles qui s'observent si fréquemment dans les catacombes avaient été, toujours d'après le savant antiquaire romain, tracées dans des temps relativement modernes par la main plus pieuse qu'intelligente des pèlerins qui allaient en ces lieux sacrés vénérer les tombeaux des martyrs. Cependant les catacombes n'ont pas encore dit leur dernier mot à cet égard, et le cimetière de Saint-Calliste en particulier semble réserver à son illustre explorateur des données propres à modifier son opinion. C'est là tout ce que d'amicales confidences nous permettent de dire, jusqu'au jour où M. de' Rossi publiera lui-même ses découvertes, qui lui appartiennent par droit de conquête. Que si l'on prend le SIGNUM CHRISTI dans un sens plus large, et qu'on y comprenne les divers monogrammes, qui ne sont que des formes plus ou moins dissimulées de la croix, il faudra remonter jusqu'à Constantin (V. l'art. *Monogramme du Christ*), et souvent les textes anciens désignent le monogramme sous le nom de *croix*, ce qui peut donner lieu à bien des méprises.

On verra à l'article *Monogramme du Christ* par combien de phases la croix passa avant de pouvoir se montrer ouvertement. Elle revêtit successivement des formes plus ou moins dissimulées, dont celle-ci est probablement l'une des plus anciennes. Elle se compose de quatre gammas Γ croisés, et les antiquaires lui ont donné le nom de croix gammée.

En fixant le cinquième siècle comme l'époque où la croix proprement dite commença à être d'un usage habituel, l'illustre chevalier de' Rossi a sans doute voulu parler des monuments encore subsistants aujourd'hui ; car, si nous ne nous abusons, nous croyons qu'il existe des textes qui en relatent des exemples plus anciens. Ainsi, S. Zénon de Vérone (lib. i. tract. 14. n. 3), qui monta sur le siége de cette ville en 362, atteste avoir placé une croix en forme de *tau* sur le faîte d'une basilique qu'il avait bâtie : *in modum tau litteræ prominens lignum*. Dans un dialogue pastoral, Endelechius, poète aquitain de la fin du quatrième siècle, fait dire à un berger chrétien que le moyen le plus sûr de garantir les animaux de la peste, c'est de placer entre leurs cornes la croix *du Dieu qui est dans les grandes villes l'objet d'un culte exclusif* :

Signum, quod perhibent esse crucis Dei,
Magnis qui colitur solus in urbibus.

(V. Collombet. *Hist des lettr. lat. aux quatrième et cinquième siècl.* p. 44.) Peut-être faut-il dire que la croix parut plus tôt dans certaines provinces où le christianisme fut plus tôt émancipé qu'à Rome, et M. de' Rossi le fait remarquer pour l'Afrique, et pour Carthage en particulier, qui, dès le quatrième siècle, fournit des marbres munis de cet auguste signe (*op. laud.*).

On a observé, non sans raison, que la croix fait son apparition sur la monnaie publique dès le quatrième siècle, sur les médailles de Valentinien Ier, par exemple, qui mourut en 375, et nous l'avons remarquée nous-même sur des pièces bien antérieures, c'est-à-dire sur des petits bronzes de Constantin frappés à Aquilée et à Trèves (V. notre *Étude archéol. sur l'Agneau et le Bon Pasteur*. p. 8). Mais c'est, dit-on, la croix *ansée égyptienne* : de l'Égypte où les chrétiens en adoptèrent de bonne heure la forme, elle se serait répandue dans les villes qui, comme Aquilée, avaient de fréquentes relations avec cette contrée (V. Cavedoni. *Medaglie Constant. con l'effigie della croce*). C'est bien aussi, pensons-nous, une croix proprement dite, et une croix d'or, que le même Constantin fit placer sur le tombeau de S. Pierre au Vatican : *Fecit crucem ex auro purissimo pensantem libras* CL (Anastas. *In Sylvestr.* xxxviii. 10). Ne décora-t-il pas encore le plafond de la principale pièce de son palais de Constantinople d'une croix d'or ornée de pierreries ? (Euseb. *De vit. Const.* l. iii. c. 49). Enfin on voit Notre-Seigneur appuyé sur une croix gemmée dans les sculptures des sarcophages de Probus et de Proba, monument qui doit être un peu antérieur au cinquième siècle, Probus étant mort vers l'an 395 (V. Bottari. tav. xvi. — V. la gravure de notre art. *Apôtres*, p. 53). Deux croix gemmées et fleuries peintes dans une crypte du cimetière de Saint-Pontien (Bottari. tav. xliv-xlvi) passent pour dater du règne de Constantin (Boldetti. 353), ou de l'époque de peu postérieure où l'on transféra en ce lieu les restes des SS Abdon,

Sennen et Pigmenius, qui avaient souffert sous Dèce.

Du temps de S. Paulin de Nole, il y avait déjà dans les églises des couronnes au milieu desquelles des croix étaient peintes (*Epist. ad Sever.* xii); il en existe dans les vieilles mosaïques, dans celle de Saint-Vital de Ravenne, par exemple (*Vet. monim.* ii. p. 69) : au sommet de l'arc sont deux anges au vol, tenant une couronne, au centre de laquelle brille une croix gemmée. Il en est de même sur certains diptyques du cinquième siècle (V: Calogera. *Raccolta di Opusc. scientif.* t. xl. p. 294). Au commencement de ce même siècle, on portait déjà la croix dans les processions, témoin la cérémonie de ce genre qui eut lieu à Constantinople en l'honneur de S. Pierre, sous le pape Jean, qui vivait en 400 (Anastas. Biblioth. *In Joan.* I.— V. la gravure de notre art. *Processions*). Valentinien III et son épouse Licinia Eudoxie, un peu avant le milieu du cinquième siècle, portent la croix sur leur diadème, comme on le voit dans les médailles (Banduri. ii. p. 536). C'est, à notre connaissance, le premier exemple qu'on puisse citer en ce genre (V. la médaille d'Eudoxie à l'art. *Numismatique*. n. III).

Dès le sixième siècle, les consuls commencèrent à porter la croix sur leur sceptre : l'un des plus anciens exemples qu'on en puisse citer est fourni par le diptyque de Basile le Jeune, consul en 541 (Gori. *Thesaur. diptych.* t. ii. tab. xx).

La croix sur les tombeaux fut de bonne heure un attribut du martyre (que les croix qui s'y trouvent tracées l'aient été du temps des persécutions, ou après, peu importe). Cela ne signifiait pas que tous les Saints auxquels on décernait cet honneur eussent souffert le supplice de la croix, mais seulement que tous, quel qu'eût été leur genre de mort, avaient souffert pour l'amour de la croix et du Crucifié. Ainsi les monuments antiques représentent S. Laurent (Bottari. tav. cxcviii. n. 1. — Ciampini. *Vet. mon.* i. tab. lxvi. fig. 2), et d'autres martyrs encore, portant une croix, bien qu'ils eussent trouvé la mort dans un autre supplice. C'est ce qu'expriment très-bien ces vers de S. Paulin (Ep. xxxii. *Ad Sever.* 7) :

Sic ubi crux, et martyr ibi : qua martyr, ibi et crux,
Martyrii sanctis, quæ pia caussa fuit.

(V. la gravure à l'art. *Saint Laurent*.)

La croix est un des principaux attributs de S. Pierre, notamment sur les sarcophages (Foggini. *De Roman. itin. D. Petri*. p. 478), mais probablement dans un sens plus étroit que pour les autres martyrs, puisqu'il mourut, comme son maître, sur la croix.

Les premiers chrétiens voulaient avoir des images de la croix partout :

.... Stylo
Non destiterunt pingere formam crucis
(Prudent. *Perist.* hymn. x. vers 626).

Ruffin (*Hist eccl.* l. ii. c. 29) dit que les habitants d'Alexandrie, à la place des images de Sérapis qu'ils avaient détruites, peignaient le signe de la croix sur les portes, les fenêtres, les murailles, les colonnes de leurs maisons. Julien l'Apostat ayant reproché cette pratique comme un acte d'idolâtrie à S. Cyrille d'Alexandrie, celui-ci lui en expliqua le véritable sens (*Contr. Julian.* l. vi. p. 196. edit. Lips.). M. Melchior de Vogué a naguère vérifié le fait dans un grand nombre de villes et de villages s'étendant dans un espace de trente à quarante lieues entre Antioche, Alep et Apamée. Ces villes, qui probablement furent abandonnées toutes à la fois à l'époque de l'invasion musulmane, portent toutes l'empreinte de la civilisation chrétienne primitive. Le savant archéologue y a retrouvé partout la croix et le monogramme (V. de Vogué, *Syrie centrale. Architecture civile et religieuse du premier au septième siècle*.—Passim.)

Ces croix présentent les formes les plus élégantes. En voici une (pl. 42) qui est ornée de l'A et de l'ω, et le disque qui la renferme est encadré par deux feuilles d'acanthe.

Un bas-relief sculpté sur la façade d'une maison d'habitation à Deir Sanbil (de Vogué, *op. laud.* pl. 48, n. 3) offre un intérêt tout spécial. C'est l'agneau de Dieu dont l'attribution est déterminée d'une manière indubitable par une croix soudée sur son échine. Nous ne connaissons ailleurs rien d'analogue, et c'est aussi le seul exemple de ce genre

qui se trouve dans le bel ouvrage de M. le comte de Vogué sur la Syrie centrale.

On plaçait ce signe sacré comme une protection sur les navires (V. Gretzer. *De cruce.* c. xxiv). C'est ce que nous apprenons notamment de S. Paulin (*Carm. in redit. nautæ*) qui, dans une pièce de poésie qu'il adresse à Nicetas, évêque des Daces, au moment où il repartait de l'Italie pour sa patrie, lui souhaite une heureuse navigation sous les auspices de la croix :

> Et rate armata TITULO salutis
> Victor antenna caucis ibis undis
> Tutus et austris.

La croix figurait souvent sur des objets domestiques, par exemple sur des poids (Gruter. 222), sur des vases, des meubles, des vêtements (V. Boldetti. p. 353).

III. — *Croix stationnales.* On appelait ainsi dans l'antiquité les croix qui se portaient dans les processions dirigées vers l'église où avait lieu, à des jours donnés, la célébration des saints mystères, et qui se nommait *station* (Tertull. l. II *Ad uxor.*). A Rome, le diacre ou l'autre clerc qui la portait en avant de la procession s'appelait *draconarius*, comme, dans les armées, le soldat qui portait les enseignes militaires, lesquelles ordinairement avaient la figure d'un dragon. Lorsque Constantin eut substitué à ce dragon le signe auguste de la vision miraculeuse, le porte-enseigne ne changea pas de nom, et il est probable que le *draconarius* ecclésiastique portait, dans le principe, non pas une croix proprement dite, mais le *labarum* constantinien, qui avait pris un caractère tout chrétien (V. les art. *Draconarius* et *Staurophore*). Aujourd'hui encore, ce qu'on appelle en Italie *gonfalon* ressemble tout à fait au *labarum* tel qu'il se voit dans les médailles des premiers empereurs chrétiens (V. une pièce de ce genre à l'art. *Serpent*).

Les enseignes devinrent bientôt de véritables croix, fixées au bout d'une hampe, croix gemmées d'abord et ornées de fleurs, comme la première des deux croix peintes dans le baptistère de Pontien (Bottari. tav. xliv), et que nous donnons ici pour modèle : la traverse était ordinairement munie de deux flambeaux allumés (*Ibid.*), circonstance mentionnée par Socrate (*Hist. eccl.* vi. 8), et au-dessous de cette même traverse étaient attachées des chaînettes soutenant, l'une l'A, l'autre l'ω (Bottari. *ibid.*). Peu après ces croix furent décorées avec une grande magnificence, comme celle qui passe pour être l'œuvre de S. Agnellus, évêque de Ravenne (Ciampini. *Vet. mon.* II. tab. xiv), et qui probablement lui est pos-

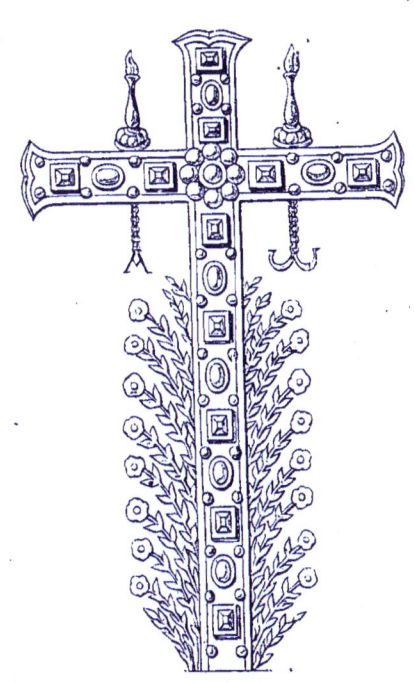

térieure; elle se compose de vingt médaillons renfermant les bustes d'autant de personnages nimbés que l'on croit être la série des évêques de cette ville jusqu'à l'époque de la confection de cette croix. Il en fut de même en Orient. Dans le chœur d'une très-vieille église byzantine, au mont Ossa, dans l'ancienne Magnésie, existe encore une croix sculptée, d'un curieux travail, mais qui ne paraît pas antérieure au huitième siècle. M. Mézières, qui l'a vue et décrite, dit que diverses scènes de la passion y sont représentées.

Enfin, elles reçoivent l'image du Sauveur crucifié (Ciampini. *ib.* xi. xii. xiii) et diverses scènes de l'Ancien et du Nouveau Testament ciselées ou peintes. Telle est encore la fameuse croix de Velletri, illustrée par le cardinal Étienne Borgia et que voici. 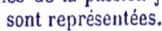 Quelquefois, les croix stationnales étaient ornées de médaillons de métal représentant en bas-relief divers sujets sacrés. Ces médaillons s'appelaient *mancusa* (V. Du Cange.

ad h. voc.); Buonarruoti en publie un fort curieux (*Vetri.* tav. I. n. 1), au centre duquel est le Bon Pasteur, et, tout autour de lui, Adam et Ève, Noé dans l'arche, Jonas dans ses trois principales positions, Daniel dans la fosse aux lions, le sacrifice d'Abraham, Samson emportant les portes de Gaza, et Moïse frappant le rocher.

Nous n'avons pas à nous occuper ici des formes nombreuses et variées qui ont été successivement données à la croix. Ceci est l'affaire du moyen âge. Quelques-unes cependant sont mentionnées à la partie de l'article *Numismatique* qui concerne la monnaie byzantine.

C'est une opinion vulgaire que la croix grecque diffère de la latine en ce que la première a ses deux parties égales, c'est-à-dire que la traverse y est placée exactement au milieu de la hampe, tandis que la seconde est plus haute que large. Cette opinion n'a aucun fondement dans les monuments des deux nations, où les deux formes se produisent indifféremment. Les monuments anciens encore subsistants nous autorisent à conclure que la croix appelée latine n'a point été exclue de la construction des églises grecques. Ajoutons que, dans les Constitutions apostoliques (lib. II. cap. 57), où la forme des églises se trouve déterminée, c'est la forme oblongue qui est prescrite, *ædes sit oblonga*.

CROIX (CULTE DE LA). — I. — Quand les païens reprochaient aux chrétiens le culte qu'ils rendaient à la croix, ils ne se méprenaient que sur la nature de ce culte (V. l'art. *Calomnies*, II, C); ils constataient un fait très-réel, mais en le dénaturant. Aussi les dénégations des apologistes (Tertullien. *Apologet.* XVI. — Minucius Felix. *Octav.* IX-XII, etc.) ne portaient que sur les fausses interprétations dont ces hommages étaient l'objet; ce qu'ils repoussaient, c'était l'idée d'un culte idolâtrique. Le culte rendu à la croix dans l'Église chrétienne n'était point un culte de latrie, comme parlent les théologiens, mais un culte relatif, l'objet matériel ne servant ici qu'à élever les esprits et les cœurs vers le divin prototype, qui est Jésus crucifié. De même, à l'accusation de n'avoir pas de temples, accusation emportant avec elle celle d'athéisme (V. l'art. *Noms des premiers chrétiens*, 2. — *Noms injurieux*, A, 1°), les Pères ne se donnaient point la peine de répondre; ils acceptaient le grief dans le sens de ceux qui l'articulaient, car il n'y avait pas chez eux de temples voués aux idoles, non plus qu'aux sacrifices sanglants pratiqués chez les Juifs et les païens. Ils possédaient néanmoins des églises et rendaient un culte à la croix; mais la prudence leur interdisait de découvrir aux idolâtres la nature de celui-ci, comme l'existence de celles-là.

Les premières et les plus irrécusables preuves du culte de la croix dans l'antiquité chrétienne nous viennent donc du témoignage indirect et involontaire des ennemis du christianisme. Plus tard, Julien l'Apostat, au rapport de S. Cyrille d'Alexandrie (*Contr. Julian.* VI. *Opp.* tom. VI. p 194), faisait également un crime aux fidèles d'adorer le bois de la croix, d'en tracer la figure sur leurs fronts et de la graver aussi à l'entrée de leurs demeures.

II. — Les témoignages directs datent surtout de la pacification de l'Église par Constantin, et notamment de la découverte du bois sacré de la vraie croix par Ste Hélène. Le culte de la croix prit dès lors de tels développements, que les fidèles retraçaient partout ce signe auguste; si bien qu'il devint bientôt nécessaire de porter des lois pour défendre de le représenter en des lieux et des positions peu convenables. Ainsi, une loi de Théodose et de Valentinien III (*Cod. Justin.* l. I. tit. 7) interdit, sous les peines les plus graves, de le peindre, sculpter ou graver sur le pavé des temples. Cette loi fut inspirée par les sentiments de piété de Ste Hélène, qui, après la découverte du titre de la croix, prit toutes les précautions imaginables pour ne point fouler aux pieds la terre où l'on supposait que l'instrument de notre salut était enfoui (Ambros. *De obitu Theodos. sen.*), *metuebat calcare sacramentum salutis*. Le concile *in Trullo*, tenu en 691, renouvela cette loi (can. LXXII) : *Crucis figuras, quæ a nonnullis in solo ac pavimento fiunt, omnino delcri jubemus, ne incedentium conculcatione victoriæ nobis tropæum injuria afficiatur. Eos itaque qui deinceps crucis signum in solo construunt, segregari decernimus*, « les figures de la croix, que quelques-uns retracent sur le sol ou sur le pavé, nous ordonnons absolument qu'elles soient effacées, de peur que les pieds des passants ne profanent le trophée de notre victoire. Ceux donc qui, à l'avenir, se permettraient de représenter le signe de la croix sur le sol, nous décrétons qu'ils doivent être séparés (excommuniés). »

Une chose digne de remarque, c'est que les iconoclastes, qui s'élevèrent avec tant d'ardeur contre le culte des images en général, firent néanmoins une exception en faveur de la croix. Nous la voyons, en effet, briller sur les monnaies des empereurs infectés de cette erreur, par exemple sur celles de Léon l'Isaurien, de Constantin IV Copronyme, de Léon IV, de Nicéphore, de Michel II Balbus, de Théophile (V. Banduri. *Numism. imp.* t. II. p. 702. segg.). Les iconoclastes, si l'on en excepte Claude de Turin et les Pauliniens, livrés aux erreurs du manichéisme, furent si peu ennemis du culte de la croix, que, si l'on en croit Nicéphore (*Eccl. hist.* liv. XVIII. c. 54), plusieurs le portèrent jusqu'à l'idolâtrie. Cet historien rappelle notamment les staurolâtres, soit *Chazingarii*, secte d'Arméniens dont le nom vient de *chazus*, croix (Niceph. *ibid.*), qui avaient coutume d'adorer la croix matérielle sans direction d'intention au Dieu crucifié.

Le deuxième concile de Nicée, réprimant les excès de part et d'autre, fixa, sur ce point important de doctrine, la foi et la pratique catholiques. Nous devons traduire ici, pour nos lecteurs, ce décret vénérable (Act. vii) : « Nous définissons, en toute certitude et diligence, que l'on doit proposer (à la vénération des fidèles), de même que la figure de la précieuse et vivifiante croix, aussi les vénérables et saintes images, soit qu'elles soient figurées par couleur, ou des mosaïques, ou d'autres matières, d'une manière convenable, dans les saintes églises de Dieu, sur les vases et les vêtements sacrés, sur les murailles et les tableaux, dans les maisons et les chemins : à savoir l'image du divin Sauveur et maître Jésus-Christ, celle de notre sainte et immaculée Dame, mère de Dieu; celles des saints anges et de tous les saints, et des hommes vénérables. Plus, en effet, ils se présentent fréquemment à nos yeux par des images sensibles, plus, nous qui les contemplons, nous sommes, portés par la vivacité du souvenir et des exemples de ceux qui nous ont précédés dans la vie, à baiser pieusement leurs images, et à leur rendre une adoration d'honneur, *honorariam adorationem.* Non point que nous devions leur rendre un vrai culte de latrie, lequel, selon l'enseignement de la foi, n'appartient qu'à la seule nature divine... L'honneur rendu à l'image passe au prototype, *ad primitivum transit;* et celui qui adore l'image, adore la personne de celui qui y est dépeint. Ainsi subsiste dans toute sa force la doctrine de nos saints Pères, c'est-à-dire la tradition de la sainte Église catholique, qui, d'une extrémité à l'autre de la terre, a reçu l'Évangile. » Ce décret fut adopté et renouvelé par le huitième concile général, tenu en 869 (can. iii. act. 10).

III. — Il serait aisé de ressaisir les fils divers des traditions que rappelle le concile de Nicée, et de faire passer sous les yeux du lecteur les témoignages de leurs principaux organes. Mais ce serait un travail infini.

Pour rendre leurs hommages au signe auguste de la rédemption, les premiers chrétiens n'attendirent point que le bois sacré du calvaire fût retrouvé. Bien avant Ste Hélène, ils aimèrent à s'en faire des représentations pour exciter leur piété, images dissimulées d'abord sous diverses formes de monogrammes, puis sans voiles, croix gemmées, croix fleuries, etc. (V. l'art. précédent et l'art. *Monogramme du Christ*). Des exemples de cette vénération nous sont même fournis, pour les temps de persécution, par les actes des martyrs, notamment par ceux de S. Théodote et des sept vierges. Sur le théâtre même de leur martyre, une croix leur étant apparue à l'Orient, croix magnifique tout entourée de rayons lumineux, « à cette apparition, la joie vint se mêler à leur crainte, et, fléchissant les genoux, ils adorèrent dans la direction où la croix se faisait voir, » *genibus flexis, adoraverunt versus locum unde crux apparebat.*

Les preuves deviennent de plus en plus nombreuses dans les temps postérieurs. Dans son homélie, — *quod Christus sit Deus,* — S. Chrysostome affirme que partout de son temps l'effigie de la croix était adorée, et employée par les fidèles comme ornement, comme remède, comme protection : « Les rois, dit-il, déposant leurs diadèmes, prennent la croix, symbole de la mort du Sauveur. Sur la pourpre, la croix ; dans les prières, la croix ; sur les armes, la croix ; sur la table sacrée, la croix ; dans tout l'univers, la croix ; la croix brille plus que le soleil. » S. Asterius, évêque d'Amasée, faisant l'éloge de Ste Euphémie, enseigne formellement que l'adoration de la croix était prescrite aux chrétiens par une loi : « La Vierge vénérable est assise seule, couverte de vêtements obscurs, les mains étendues vers le ciel, invoquant le Dieu qui nous secourt dans nos maux. Pendant qu'elle prie, un signe apparaît sur sa tête, que, par une prescription légale, les chrétiens adorent et tracent sur leurs personnes, » *signum quod ex præscripto legis christiani adorant, et inscribunt sibi.* Les hommages rendus à la croix dans le cinquième siècle nous sont révélés par ces paroles de Théodoret (*Serm.* vi. *contr. Græc. versus finem*) : « Les Grecs et les Romains, et les Barbares, confessent la divinité du crucifié, et vénèrent le signe de la croix. » Des choses semblables se lisent en cent endroits des œuvres de Sedulius, et en particulier dans le Ve livre de ses poésies (*De salutif. crucis quadripartita positione*). Soient, par exemple, ces deux vers :

Neve quis ignoret speciem crucis esse colendam,
Quæ Dominum portavit ovans ratione potenti.

« Que nul n'ignore que l'image de la croix doit être adorée, — laquelle porta le Seigneur, triomphante d'un si précieux fardeau. »

(Sur le culte de la croix, on peut voir Gretzer, *De cruce*; et Venuti, *De inventione et cultu veræ crucis D. N. J. C.,* ad calcem dissert. DE CRUCE CORTONENSI.)

IV. — Cette ferveur religieuse s'accrut beaucoup, dès qu'elle eut la possibilité de s'adresser, non plus seulement à des représentations, mais au bois lui-même qui avait été arrosé et sanctifié par le sang adorable du Sauveur.

1° A l'article *Pèlerinages*, nous parlerons avec quelque détail de l'empressement des fidèles de toutes les contrées de l'univers à visiter les saints lieux et à vénérer les reliques augustes qu'ils renfermaient. Rappelons ici l'exemple de Ste Hélène et de Ste Paule, lesquelles, au témoignage de S. Ambroise et de S. Jérôme, furent les premières à adorer le bois sacré de la croix. Le saint évêque de Milan, après avoir raconté les détails de l'invention de ce bois sacré (*Orat. de obitu Theodos. sen.*), ajoute ces paroles : « Hélène trouva donc le titre (de la croix) et adora le Roi, non point le bois, ce qui est l'erreur des gentils et la vanité des impies; mais elle adora celui qui fut suspendu sur ce bois, dont le nom était écrit sur ce titre, celui-là, dis-je, qui cria comme le scarabée, pour remettre les péchés de ses persécuteurs, » *Invenit ergo titulum* (Helena), *Regem adoravit, non lignum utique : quia hic gentilis est error, et vanitas impiorum; sed adoravit illum qui pependit in ligno, scriptus in titulo, illum, inquam, qui sicut scarabeus clamavit, ut persecutoribus suis peccata donaret.*

Dans son épitre à Eustochius (*Epist.* CVIII. part. II. t. *Opp.* p. 697. Venet. 1766), S. Jérôme décrit le pèlerinage que fit aux lieux saints Paula, mère de cette vierge ; il insiste d'une manière toute spéciale sur l'adoration qu'elle rendit à la croix où s'accomplit notre rédemption, ainsi qu'aux autres reliques de la passion du Sauveur : « Elle parcourut tous ces lieux avec tant d'ardeur et de zèle, que si elle n'eût dû se hâter vers les derniers, elle n'eût pu se détacher des premiers. Prosternée devant la croix, elle l'adorait, comme si elle y eût vu le Seigneur suspendu. Ayant pénétré dans le sépulcre, elle baisait la pierre de la résurrection, que l'ange avait enlevée de l'entrée du monument. Et le lieu même où avait reposé le corps du Seigneur, elle y attachait sa bouche pieuse, comme celui qui a soif approche sa bouche de l'eau désirée. » *cuncta loca tanto ardore ac studio circuivit, ut nisi ad reliqua festinaret, a primis non posset abduci. Prostrataque ante crucem, quasi pendentem Dominum cerneret, adorabat. Ingressa sepulcrum, resurrectionis osculabatur lapidem, quem ab ostio monumenti amoverat angelus. Et ipsum corporis locum, in quo Dominus jacuerat, quasi sitiens desideratas aquas, fideli ore lambebat.*

On pourrait citer en entier l'homélie de S. Chrysostome *De cruce et latrone*, où se remarquent surtout ces paroles : « La croix autrefois était le nom de la condamnation et du supplice ; aujourd'hui elle est une chose vénérable et désirable. La croix auparavant était un objet de déshonneur et de peine ; maintenant elle est une occasion de gloire et d'honneur. » A son tour, S. Léon (*Serm.* VIII. *De Passione Domini*. c. 4) appelle la croix « le signe du salut que doivent ADORER tous les royaumes de la terre ». Le passage suivant du diacre Rusticus (*Dialog. contr. Acephalos*) est encore plus formel, s'il est possible : « Les clous avec lesquels le Christ fut crucifié et le bois de la vénérable croix, l'Église universelle, par le monde entier, les ADORE sans aucune contradiction... Et nous ADORONS tous la croix, et par elle celui de qui est la croix, » *clavos quibus cruxifixus est Christus et lignum venerabilis crucis, omnis per totum mundum Ecclesia absque ulla contradictione adorat... Et adoramus omnes crucem, et per ipsam illum cujus est crux.*

A ces témoignages de la piété privée nous ajouterons seulement trois vers du poëme intitulé : *De Passione* Domini Nostri Jesu Christi, que plusieurs critiques ont attribué à Lactance, qui fut contemporain du fait de la découverte de la croix ; mais l'ouvrage, ne fût-il pas du célèbre apologiste, porte, du consentement de tous, les caractères de la plus haute et la plus incontestable antiquité. Dans tous les cas, il s'agit ici, non point de l'image de la croix, mais du bois sacré du calvaire :

Flecte genu, lignumque crucis venerabile adora
Flebilis, innocuo terramque cruore madentem
Ore petens humili, lacrimis suffunde subortis.

« Fléchis le genou, et adore avec componction le bois vénérable de la croix, et t'inclinant d'un visage humilié vers la terre moite d'un sang innocent, arrose-la de larmes abondantes. »

2° Mais c'est surtout dans la liturgie que nous devons chercher les plus éclatantes manifestations du culte de l'Église pour le bois sacré de la croix.

C'est un fait historiquement établi que, aussitôt après sa découverte, l'Église de Jérusalem consacra à l'adoration de la vraie croix le jour de *Parasceve*, soit le vendredi de la semaine sainte, jour où, de toute antiquité, l'Église universelle avait déjà proposé aux fidèles la contemplation des mystères douloureux de notre Sauveur. Constantin le Grand (V. Sozomen. *Hist. eccl.* t. I. c. 8) avait même ordonné que, en mémoire de la salutaire passion du Seigneur, tous les vendredis de l'année fussent honorés comme les dimanches ; mais cette disposition légale dura peu, car il n'est fait aucune mention de son observance dans les historiens. Nous savons, au contraire, que S. Auxentius, abbé d'un monastère près de Constantinople, lequel vivait vers le milieu du cinquième siècle (*Act. SS. Bolland.* XIV febr.), s'efforça vainement d'amener les fidèles à sanctifier ce jour par l'abstention de l'exercice de la justice et des affaires. Il obtint simplement, et cette pratique s'est maintenue dans les pays catholiques, que, non-seulement le vendredi saint, mais tous les vendredis de l'année, fussent regardés comme voués au culte de la croix et à la méditation des souffrances de l'homme-Dieu, mais sans obligation de chômage.

Quant à la solennité du vendredi saint à Jérusalem, laquelle consistait surtout dans l'exposition de la vraie croix aux yeux des fidèles, elle est attestée, entre autres témoignages, par un très-remarquable passage de S. Paulin (*Epist.* XXXI. alias. XI. ad. *Sever.*), où sont décrits les rites qui s'observaient pour l'adoration de la croix, en ce jour qu'il appelle *Pascha crucis*. Un autre jour dut lui être ajouté plus tard (le texte cité le suppose évidemment), afin que l'on pût donner satisfaction à la dévotion des fidèles qui se rendaient de toutes parts aux lieux saints pour vénérer l'instrument de notre salut. S. Grégoire de Tours, qui mourut en 585, c'est-à-dire 164 ans après S. Paulin, nous apprend que, de son temps, ce jour supplémentaire était le mercredi : *Crux dominica, quæ ab Helena Augusta reperta est Hierosolymis, ita quarta et sexta feria adorabatur* (De glor. MM. t. I. c. 5). Il est vrai que le langage de ce Père n'est pas assez explicite pour que l'on puisse savoir au juste s'il veut parler de toutes les semaines de l'année ou seulement de la semaine sainte. Bède nous fournit une donnée plus positive (*De loc. sanct.* c. XX) : il affirme que, lorsque, sous l'empire d'Héraclius, une notable portion de la vraie croix eut été transférée de Jérusalem à Sainte-Sophie de Constantinople, cette cérémonie fut répétée trois fois dans la semaine sainte en faveur des pèlerins, c'est-à-dire le jeudi, le vendredi et le samedi. Adamnanus, auquel Bède a emprunté la plupart des matériaux de son livre, donne lui-même, à propos de la description de Sainte-Sophie, de curieux détails sur les rites qui accompagnaient l'adoration de la croix dans cette célèbre église (l. III. c. 4. *De illa ecclesia, in qua crux Domini habetur*. Ap. Mabillon. *Act. SS. Benedict. soc.* III. p. 11).

Le ménologe de Basile, au 4 septembre, porte que, après l'invention de la croix par Ste Hélène, l'impératrice vint avec toute sa cour l'adorer et la baiser. Mais le peuple, avide de s'associer à ces hommages, et ne le pouvant à cause de l'immense affluence qui se succédait autour du bois sacré, demanda que le bonheur de le contempler lui fût accordé, et dès qu'il se montra à ses yeux, l'acclamation *Kyrie eleison* s'échappa spontanément de toutes les bouches. Cette ostension de la croix est représentée dans une magnifique miniature du ménologe, dont nous donnons ici un croquis fidèle, d'après l'édition du cardinal Albani (Ire part., p. 37). Du haut de l'ambon, le patriarche, entouré de ses ministres, expose le bois sacré à l'adoration du peuple.

Cet usage persévéra, soit à Jérusalem, soit à Constantinople, jusqu'au huitième siècle, sous l'archevêque Germain Ier, dont on cite une homélie qui le mentionne (*Biblioth. PP. Lugdun.* 1677. p. 1257), et avant le règne de Constantin Porphyrogénète. Alors on commença, chez les Grecs, à pratiquer cette cérémonie le troisième dimanche de carême, qui est le deuxième chez les Latins.

Dès la même époque, une autre coutume respectueuse s'introduisit, au même jour et encore aux calendes d'août : elle consistait à oindre les croix avec du baume avant de les exposer à la vénération des fidèles. Elle se pratiqua aussi dans l'Église romaine, le jour de l'exaltation de la sainte croix (Johan. Diac. *De eccles. Lateran*. Ap. Mabillon. *Mus. Ital.* t. II. p. 572) : le pape, avec ses cardinaux, se rendait processionnellement de l'oratoire de Saint-Laurent, où les croix précieuses étaient conservées, à la basilique du Sauveur, soit Saint-Jean de Latran. On oignait aussi les images des saints, au témoignage du pape Hadrien I (*Epist. ad. Carol. Magn. Ap. Labbe, Concil.* l. VIII. p. 1571).

C'est pour cela, pense-t-on, que cessa dès lors peu à peu chez les Grecs l'usage de l'adoration de la croix le vendredi saint. Car il n'en est plus fait mention désormais dans leurs livres liturgiques. Ils lui ont substitué une autre cérémonie en l'honneur de la sépulture du Sauveur. Leo Allatius en donne la description (*Dissert. De Dominic. et hebdom. Græc.* Cf. Borgia, *De cruce Vatic.* p. 98).

Il n'en est pas de même chez les Syriens, les Coptes et les Arméniens. Les Syriens ont même, pour cette circonstance, des formules de prières empreintes d'une piété et d'une éloquence vraiment sublimes. Nous en citerons quelques fragments à la fin de cet article.

Quoi qu'il en soit, c'est donc de l'Église orientale que les Latins ont reçu cette discipline d'exposer, au jour du vendredi saint, le bois sacré de la vraie croix, là où on en possède des fragments, ou seulement l'image de la croix quand on n'en a pas, discipline qui est encore religieusement observée de nos jours : *Qui vero non possunt habere*, dit Alcuin (*De divin. offic.* l. I. c. 14), *de ligno Domini, salva fide, adorant illam quam habent*. Elle remonte certainement chez nous à la plus haute antiquité, car les rites s'en trouvent exposés *in extenso* dans le sacramentaire gélasien, dans l'antiphonaire de S. Grégoire et dans tous les plus anciens monuments liturgiques de l'Église latine. C'est pour cette cérémonie que Fortunat composa son hymne célèbre : *Pange, lingua, gloriosi prelium certaminis*...

On trouve beaucoup d'autres formules analogues dans les liturgistes, et en particulier dans Amalaire (*De eccles. offic.* t. I. c. 14). Parmi celles que renferme le livre *De Divinis officiis*, vulgairement attribué à Alcuin, nous aimons à citer celle-ci (cap. XVIII. *de feria* VI, *quæ est parasceve*. Edit. Migne. t. II. col. 1208. B).

Le collecteur explique comme il suit la cérémonie, qui ne s'éloigne pas beaucoup de celle qui a lieu aujourd'hui dans l'Église romaine :

« Vers l'heure des vêpres, dans toutes les églises presbytérales, ou épiscopales, ou monastiques, une croix est préparée devant l'autel et elle est soutenue à ses deux extrémités par deux acolytes, recouverte d'un *orarium* ; le pontife vient seul et adore et baise la croix. Ensuite viennent les prêtres et les diacres, et les autres clercs selon leur ordre, et enfin le peuple. Le pontife alors est assis sur sa chaire, pendant que tout le monde passe. »

« Lorsque nous adorons cette croix, que tout

notre corps soit prosterné à terre ; et celui que nous adorons, représentons-le à notre esprit comme suspendu à la croix, et que notre adoration s'adresse à la vertu qu'elle a reçue de son contact avec le Fils de Dieu. Nous nous prosternons de corps devant la croix, et d'esprit devant le Seigneur ; nous vénérons la croix, par laquelle nous avons été rachetés, et nous prions celui qui nous a rachetés.

« Entre autres salutations à la croix, en voici quelques-unes que nous trouvons dans S. Chrysostome (Ibid. C) : *Croix, fondement de l'Église et protection du monde entier.* — *Croix, annonciation des apôtres, glorification des martyrs, espoir des chrétiens.* — *Croix, joie des prêtres, chasteté des vierges, abstinence des moines.* — *Croix, philosophie des empereurs et magnificence des rois, et destruction des impies.* — *Croix, médecin des malades, gouvernail des navigateurs, et port de ceux qui sont en danger.* — *Croix, sagesse des insensés, et liberté des esclaves.* — *Croix, scandale des Juifs, et perdition des impies.* — *Croix, destruction des temples et répulsion des idoles!* »

Le ménologe des Grecs (xiii septembre) contient celles-ci : « Salut, croix qui portes la vie, invincible trophée de la foi, porte du paradis, appui des fidèles ! »

Mais rien n'égale en ce genre la touchante magnificence de la liturgie des Syriens, telle qu'elle s'observait dans l'Église d'Antioche.

Borgia a publié *in extenso* cette formule en syriaque et en latin à la fin de son traité *De cruce Vaticana*. Nous allons en donner quelques extraits en faveur de ceux de nos lecteurs qui n'auraient pas la facilité de lire l'original en entier.

Voici le titre :

Ordo qui servatur in adoratione CRUCIS SANCTÆ ET VIVIFICÆ, *quæ fit feria sexta crucifixionis.*

« Ordre qui est observé pour l'adoration de la croix sainte et vivifiante, laquelle a lieu le vendredi de la crucifixion. »

Le prêtre, après l'oraison de none, place un siège en avant de l'autel couvert d'une draperie rouge (V. l'art. *Couleurs*, II), et sur lequel il doit y avoir une croix et deux chandelles, l'une à la droite de la croix, l'autre à sa gauche) ; il allume seulement celle de droite (on pense que le cierge allumé est le symbole de la divinité de Jésus-Christ, et celui qui ne l'est pas représente l'humanité qui succomba. Peut-être doit-on y voir l'image des deux larrons, dont l'un pria le Sauveur crucifié au milieu d'eux, et l'autre l'insulta). Ensuite le prêtre prononce des oraisons, dont la première se rapporte à cette dernière interprétation.

Suivent des répons et des invocations. Puis on apporte l'encens, et, après de nouvelles invocations, le prêtre saisit la croix et fait trois fois le tour de l'église, avec les diacres, et ils disent le chant suivant sur un ton grave :

« Alleluia, le Fils de Dieu rendit son âme sur ce bois, et livra son esprit entre les mains de son Père, lui le Seigneur des siècles ; et les sépulcres s'ouvrirent, et les rochers se fendirent, et la terreur saisit toutes les créatures, et avec la lance ils ouvrirent le sein du Créateur de tous, et de ce sein s'échappèrent du sang et de l'eau, l'expiation du siècle.

« Sur le bois de la croix, l'Église vit ce soleil de justice qui éclaire le monde. Elle vit ses plaies, et elle fut grandement contrite, les clous dans ses mains et la lance dans son flanc, et elle s'approcha de lui et l'adora, et lui dit : Moi et mes fils, nous t'adorons, toi qui es mort pour nous.

« Notre Seigneur dit à sa mère et à l'Église son épouse : Venez, voyez le traitement que j'ai subi dans la maison de mes amis ; car ceux de la maison d'Abraham m'ont suspendu sur ce bois, et ceux de la maison de Jacob ont souffleté mes joues, et m'ont cruellement percé d'une lance, et ont accompli leur volonté. Malheur à eux, au jour où je viendrai leur donner ce qu'ils méritent !

« L'odeur de la myrrhe échappée de tes blessures m'a embaumé, et tes lèvres sont semblables à une bandelette de pourpre ; je suis allé à toi, et les gardes m'ont pris, et j'ai fui de leurs mains jusqu'au calvaire ; là, j'ai vu ton flanc ouvert et tes mains percées, et j'ai baisé tes plaies et j'ai crié à toi : Louange, Seigneur. »

Après la procession, trois fois renouvelée dans l'église, on pose la croix sur le siège, et autour d'elle, aux quatre extrémités, se tiennent quatre d'entre les prêtres et les ministres en forme de croix, et ils disent sur un ton doux :

« Tu es saint, ô Dieu ; tu es saint, toi, le Fort ; tu es saint, toi, l'Immortel. Christ, qui fus crucifié pour nous, aie pitié de nous. » (V. l'art. *Trisagion*.)

Ils disent trois fois ces paroles en circulant autour du siège, et ils fléchissent le genou à ces mots : *Christ, qui fus crucifié pour nous*, etc.; et après cette triple procession, les autres diacres et le peuple s'approchent et baisent la croix, puis ils entonnent les strophes de la passion :

« L'Église a vu au sommet du bois l'Agneau vivant de la divinité, et elle s'est approchée de lui, disant : Je t'adore, grand Rédempteur, qui as délivré mes enfants de l'erreur.

« Au jour du couchant (*occasus*, le déclin de la semaine, le vendredi), Adam étendit sa main et reçut la pomme, où gisait la mort ; et c'est aussi au jour de l'*occasus* que Notre-Seigneur étendit ses mains sur le bois, et devint le fruit renfermant la vie pour tous les peuples. »

Vient ensuite un chant plaintif où sont énumérées les principales circonstances de la passion.

Puis ce répons vraiment sublime où sont tour à tour évoqués les patriarches, les prophètes et tous les personnages historiques de l'Ancien Testament, afin qu'ils viennent contempler l'amère passion de Notre-Sauveur. Le verset correspondant à chacun de ces personnages renferme une allusion, soit aux prédictions qu'il avait faites des diverses phases de la passion, soit aux circonstances de sa vie qui en étaient l'annonce figurative.

« Dans la passion du Sauveur fut la passion, *in passione Domini fuit passio*, la terreur saisit les gardes et les hommes. Les morts ensevelis furent réveillés et sortirent de leurs tombeaux en criant :

« Gloire au Fils, qui s'est livré lui-même, et pour notre salut a été suspendu sur le bois, et de sa voix éclatante a crié et a ébranlé le ciel et la terre.

« Réveille-toi, Adam, le premier des hommes, et vois le Fils unique qui souffre à l'instar des pécheurs de la main du peuple juif.

« Réveille-toi et lève-toi, Abel l'opprimé, qui fus tué par ton frère l'oppresseur, et vois le Fils du Très-Haut qui pâtit pour le salut du monde.

« Réveille-toi et lève-toi, Noé l'innocent, l'élu du Dieu Très-Haut, et vois le Rédempteur du monde, qui, en ce jour, est suspendu sur le bois.

« Réveillez-vous, fils des bénédictions, Sem et Japhet, pleins de chasteté, qui avez couvert la nudité de votre père enseveli dans le sommeil.

« Venez, voyez le soleil brillant, et la lune, le beau flambeau, qui sont enveloppés dans une passion lugubre, afin de voiler à tous les yeux leur Seigneur couvert d'ignominie.

« Réveille-toi, Melchisédech pontife, qui n'as pas offert de la chair sur l'autel. Viens, vois aujourd'hui le Fils qui a donné ses mystères, le pain et le vin.

« Réveille-toi, Abraham, et vois le Fils qui s'est découvert à toi, parce qu'il est aujourd'hui suspendu sur le bois selon le type qui te fut montré.

« Réveille-toi, Isaac le bienheureux, qui, dans l'agneau (le bélier) immolé sur l'autel, as vu la figure du mystère vivifiant de celui qui est mort pour nous tous aujourd'hui.

« Réveille-toi, Jacob-Israël, qui vis, à Béthel, l'échelle où montaient vers le ciel les gardes (*vigiles*, les anges) pour le ministère d'Emmanuel.

« Réveille-toi, Joseph le juste, qui souffris tribulations de la part de tes frères, et vois Jésus le Sauveur, qui, de leurs fils, reçoit l'injure (*sputum*).

« Reveille-toi, Job le juste, et vois qu'il s'est enfin montré ce Sauveur, qui t'apparut dans le lointain, au meurtre duquel la terre s'entr'ouvre.

« Réveille-toi, Moïse, prince des prophètes, et vois le maître des prophètes qui souffre de la part des fils des prophètes, comme les prophètes l'ont prédit.

« Réveille-toi et lève-toi, Aaron le prêtre, et vois la semence pernicieuse, car aujourd'hui, au lieu de froment, ton champ produit la zizanie.

« Réveille-toi, vaillant Josué, qui arrêtas le soleil et la lune, vois comme ils (ces astres) se sont couverts de ténèbres et de deuil à la mort du Fils premier-né.

« Réveille-toi, Nephtali (Jephté), qui sacrifias ta fille unique ; vois le Fils, au sommet du Calvaire, qui s'est offert lui-même en sacrifice.

« Réveille-toi, Samuel, fils du prêtre, et considère et vois le maître des prêtres, parce que, aujourd'hui, les prêtres contre lui se sont soulevés et l'ont crucifié entre les criminels.

« Réveille-toi, David le psalmiste, et viens et sors aujourd'hui du sépulcre ; prends ta lyre et ta cynare (*cynaram*) et élève la voix, et entonne le psaume (*dic in psalmo*) :

« Un peuple sans pitié a cloué impitoyablement les mains du Fils qui est venu d'en haut pour racheter ce peuple et les peuples.

« Ils ont partagé ses vêtements entre eux et ont tiré au sort sur la robe, et comme des chiens ils ont tous environné le lion qui ne leur adressait pas une parole. »

(Ce psaume, où le Roi-prophète produit à l'avance les plaintes et les prières que le Christ adressera à son Père du haut de la croix, est le vingt et unième dans la Vulgate, et le vingt-deuxième dans la version des Septante et dans la Syriaque. Les versets cités sont les dix-septième, dix-huitième et dix-neuvième, ils sont fort reconnaissables, bien que les termes et l'ordre des versets soient ici un peu différents : « Des chiens dévorants m'ont environné, le conseil des méchants m'a assiégé. Ils ont percé mes mains et mes pieds ; ils ont compté tous mes os. Ils m'ont regardé, ils m'ont considéré attentivement ; ils se sont partagé mes vêtements, ils ont tiré ma robe au sort ».)

« Réveille-toi, ô mer des sagesses, Salomon, et viens, et vois le prodige : le Fils duquel tu as parlé dans ta sagesse, comment l'insensée (Sion) l'a traité.

« Réveille-toi et lève-toi d'entre les morts, prophète, qui ressuscitas deux morts ; vois qu'ils conduisent dans la maison des morts le Seigneur des vivants et des morts.

« Réveille-toi, Isaïe le glorieux, et considère ; et vois le Roi-Christ qui est mené au sacrifice et à l'immolation, et qui n'a pas ouvert sa bouche.

« Réveille-toi, Hosée, et vois ton peuple, rejeté par le Seigneur, qui lui dit : Tu n'es pas mon peuple.

« Réveille-toi, Joël le bienheureux, et vois l'obscurité et les ténèbres qui recouvrirent le monde en ce jour, et le sang et la fumée et la vapeur.

« Réveille-toi et lève-toi, porphète Aman, et considère le Fils de Dieu, parce que, aujourd'hui, la foule s'est ameutée contre lui, et qu'ils l'ont crucifié par l'ordre de Pilate.

« Réveille-toi, prophète Abdias, et vois la rédemption que le Seigneur a faite à la nature humaine sur la montagne de Jérusalem.

« Réveille-toi, Jonas, qui fus trois jours comme mort, et viens, montre au judaïsme la résurrection arrivée le troisième jour.

« Réveille-toi, Michée, vois le Pasteur qui est

venu pour ramener les errants ; et les fils des Hébreux se sont insurgés contre lui et l'ont crucifié comme un pécheur.

« Réveille-toi et lève-toi, prophète d'Elcesé (Nahum), et considère et vois le Fils vivant, qui a annoncé le salut aux réprouvés, et ceux-ci l'ont tenu lui-même pour réprouvé.

« Réveille-toi, Sophonie, vois l'Église que, dans ta prophétie tu as dit avoir été abandonnée ; vois-la rachetée, tant celle qui est proche que celle qui est éloignée.

« Réveille-toi, Aggée le bienheureux, qui as parlé avec tant de sagesse de l'édifice divin, et viens et vois le temple propitiatoire, dont la porte (le voile) est aujourd'hui déchirée.

« Réveille-toi, Malachie l'élu, et viens et confonds le peuple judaïque : ils ont crucifié le Fils unique et se disent purs.

« Réveille-toi, Zacharie, et vois les trente deniers, prix de ton Seigneur, payés et donnés au figulus, et le champ acheté de cet argent.

« Réveille-toi, Jérémie le prêtre, qui fus précipité dans le lac de la fange (*in lacum luti*), et viens et vois ton Seigneur, qui aujourd'hui a pour couche un tombeau.

« Réveille-toi, prophète, fils de Buzi, et viens de Babel ; considère et vois celui qui t'apparut sur le chérubin, et qui, dans sa chair, a été suspendu sur le bois.

« Réveille-toi, prophète Daniel, considère et vois Emmanuel, qui, comme Gabriel te l'avait annoncé, est torturé par les enfants d'Israël.

« Réveillez-vous et levez-vous, Pères qui êtes morts dans l'espérance de la résurrection ; venez et voyez le Fils mourant sur le Calvaire pour vous doter de la résurrection.

« Réveillez-vous, morts anciens, et sortez de vos sépulcres profonds, et voyez au milieu des oppresseurs celui qui justifie les calomniés (*oppressos*).

« Réveillez-vous, morts qui êtes proches, ensevelis au milieu de Jérusalem ; car, si ceux qui sont éloignés peuvent passer pour menteurs, peut-être croira-t-on à la véracité de ceux qui sont proches.

« Réveillez-vous, morts anciens, ô morts, qui que vous soyez, et considérez et voyez les vivants et les morts qui conduisent dans la maison des morts le vivificateur de tous les morts.

« Réveillez-vous et sortez de vos sépulcres, et adressez vos justes objurgations à vos fils, à vos frères, à vos héritiers qui crucifient votre Seigneur et le Fils de votre Seigneur.

« Réveillez-vous, morts du siècle, et voyez le Fils qui, dans le siècle, a voulu, par amour, être fait semblable à vous, et qui, par sa mort, a fermé la bouche de la mort.

« Réveillez-vous, morts dans le péché ; voyez le Fils qui ne connut point le péché et qui souffre avec les pécheurs pour tuer la mort et le péché.

« Réveillez-vous, morts ; voyez le prodige du Fils premier-né sur la croix : par sa voix il a déchiré la terre et par sa mort il a vaincu la mort.

« Malheur au peuple incrédule, car le soleil et la lune se sont obscurcis, et le cœur aveuglé n'a pas cru ce qui est véritablement arrivé.

« Malheur au peuple judaïque qui s'est éloigné de son Seigneur ; à lui plus de prêtres ni de prophètes, ni de roi, ni de seigneur.

« Malheur a frappé le judaïsme, qui a été repoussé par l'humanité, et bienheureuse l'Église fidèle qui est devenue l'épouse sainte (du Seigneur).

« Bénie ta mort, ô Roi-Christ, et bénie ta résurrection glorieuse ; fais-nous dignes du règne et nous rendrons gloire à ta grâce. »

Ensuite ils prennent la croix et avec elle font trois fois le tour de l'autel et disent sur un ton modéré :

« Marie s'est approchée du bois et a incliné sa tête sur le Calvaire : elle a vu son Fils suspendu sur le bois, et ses larmes ont coulé avec ses gémissements.

« Et elle s'est mise à chanter en hébreu des lamentations et des paroles plaintives. Avec elle ont pleuré ses compagnes, et elles ont donné des soupirs à sa passion.

« Par des paroles amères et plaintives elle accompagnait ses pleurs amers ; avec elle ont pleuré aussi les créatures, et elles ont revêtu sa passion et sa tristesse. Marie dit, avec des pleurs à émouvoir la nature muette : Qui me fera aigle, ô mon Fils, pour que je vole aux quatre confins ?

« Et j'inviterai et j'appellerai tous les peuples au lit de ton grand sacrifice, afin qu'ils composent un chant lamentable sur ta passion très amère.

« Aujourd'hui, mon Fils, je pleurerai et je me réjouirai de ton entrée au tombeau. Je pleurerai la synagogue qui a succombé, et je me réjouirai pour l'Église qui est fondée.

« Ton sépulcre est semblable à un lit (nuptial), et, sur ce lit, ô mon Fils, tu es semblable à un époux, et les monuments (les tombeaux) ressemblent à des couches autour desquelles les anges s'empressent à te servir.

« Qu'est-ce qui t'est arrivé, ô mon Fils, et quelle suave nouvelle m'arrive à ton sujet? *nuntium de te suave?* Et qu'a découvert en toi l'insensée Sion, qui a eu soif de ta crucifixion ?

« C'est parce que tu l'as tirée de l'Égypte, parce que tu l'as fait passer à travers la mer terrible : du fiel et du vinaigre dans une éponge, voilà ce qu'elle t'a donné celle qui avait soif de ton sang. »

« Pour avoir préparé le remède aux infirmes et la parfaite guérison aux malades, voilà ce qu'elle t'a donné en échange, celle qui inflige le supplice de la croix : la dérision, l'injure, la croix !

« Que la ville, à l'extrémité de laquelle ils t'ont donné en spectacle, tombe aussitôt en ruine ; que ta croix lui soit un marteau et la disperse aux quatre vents. ».

« Sur le tribunal où ils t'ont jugé, qu'aucun juge ne s'assoie ; dans le temple saint, où ils t'ont condamné, qu'il n'y ait plus de propitiation. Les mains qui t'ont imposé la couronne d'épines, qu'elles ne s'étendent point pour recevoir tes dons ; la bouche même qui a craché à ta face, qu'elle ne se rassasie pas de tes biens.

« Les yeux cruels qui t'ont assiégé (*lacessiverunt*) qu'ils ne voient jamais la lumière, et les pieds qui ont couru à ton crucifiement, qu'ils trouvent sous tous leurs pas des pierres d'achoppement. »

CROIX (SIGNE DE LA). — Les anciens Pères attestent que le signe de la croix est de tradition apostolique. Les chrétiens, au témoignage de Tertullien (*De corona milit.* III), le faisaient dans toutes les circonstances de la vie, même les moins importantes : quand ils sortaient du lit, quand ils commençaient à s'habiller, quand ils se chaussaient ; dans cette dernière circonstance, ils avaient probablement l'intention de protester contre les superstitions dont elle était accompagnée chez les païens. Ils se signaient en sortant de la maison, en y rentrant, en se mettant au bain, au lit, à table, en allumant la lampe, en s'asseyant, enfin au commencement de toutes leurs actions. Mais au début de leurs repas ils faisaient le signe de la croix, non-seulement sur eux-mêmes, mais encore sur les aliments (Greg. Turon. *De mirac. S. Martini.* I. 80.) Un poëte anonyme du quatrième siècle, cité par Pelliccia (*Eccl. polit.* IV. 190), nous apprend qu'ils le faisaient sur leurs animaux domestiques, pour chasser les maladies dont ils étaient atteints. Jacques Gualter ajoute une circonstance omise par Tertullien (Gualt. *Annal.* an. 590) : c'est que, quand ils éternuaient, les chrétiens se signaient la bouche.

Dans les actes de Ste Afra, publiés par Velser (cf. Bottari. III. 25), un païen dit de S. Narcisse et de son diacre « Je sais qu'ils étaient chrétiens, car à tout instant ils marquaient leur front du signe de la croix. » Beaucoup de témoignages pareils se trouvent dans les actes des martyrs, et en particulier dans ceux de S. Théodote et des sept vierges (Ruinart. edit. Veron. p. 302), qui, saisis de frayeur sur le lieu de leur supplice, se munirent du signe de la croix pour fortifier leur âme : *perterriti, crucis signum suæ quisque fronti impressit*. Un fond de tasse recueilli et publié avec toute confiance par Boldetti (l. I. c. 15), mais dont le P. Garrucci suspecte l'authenticité (*Vetri.* p. 84), fait voir le buste d'un jeune homme du nom de LIBERNICA, sur le front duquel est tracée une croix de la forme dite grecque. On peut aussi lire cette légende en deux mots : LIBER NICÁ, *vince*, souhait de victoire qui aurait la croix pour base. C'est probablement une allusion à l'usage dont nous venons de parler, ou bien peut-être à la sainteté de ce personnage qu'on supposait dans le ciel associé à ceux qui, selon l'*Apocalypse* (XIV. 1), suivent l'Agneau, ayant sur le front son signe, *habentes signum ejus scriptum…. in frontibus suis.* M. de' Rossi propose (*Bullet.* 1868. Édit. franç. p. 20) une autre interprétation de ce sujet. Il pense, sans l'affirmer néanmoins d'une manière positive, que ce LIBER pourrait être un de ces chrétiens

condamnés *ad metalla*, sur le front desquels on imprimait une croix, comme marque de leur condamnation : *confessores*, dit Pontius (*In vit. Cyprian.* VII), *frontium notatarum secunda inscriptione signatos*. Ces derniers mots se rapporteraient aux deux *inscriptions* tracées sur le front de ces confesseurs : la première du *signum Christi* dans la confirmation ; la seconde, de la note infamante de la condamnation aux travaux des mines.

Les soldats chrétiens ne manquaient jamais de tracer le signe de la croix sur leur front avant une bataille ; ce n'est qu'après cet acte religieux que les trompettes donnaient le signal du combat (Prudent. *Adv. Symm.* II. 712) :

Hujus adoratis altaribus, et cruce fronti
Inscripta, cecinere tubæ.

S. Jérôme, écrivant à Démétrias (*Epist.* CXXX. n. 9. *Epist.* XXII. n. 37) et à Eustochius, rappelle l'usage de se signer souvent. On se signait sur la poitrine, surtout au moment de se mettre au lit (Prudent. *Cath. hymn.* VI. 129) :

Fac, quum vocante somno
Castum petis cubile,
Frontem *locumque cordis*
Crucis figura signes.

« N'oublie pas, quand, pressé par le sommeil, tu gagnes ta chaste couche, de marquer de la figure de la croix ton front et la place de ton cœur. »

Il est remarquable que ceci se pratique encore dans l'Église au commencement de l'heure de complies, qui anciennement se disaient immédiatement avant le coucher.

Mais c'était surtout dans l'administration des choses saintes, et des sacrements en particulier, que l'Église, dès son origine, avait adopté le *signe* de la croix. S. Augustin nous l'apprend dans le plus grand détail (*Serm.* CLXXXI. *De temp.*) : « C'est par le signe de la croix, dit-il, que se consacre le corps du Seigneur, que les fonts du baptême sont sanctifiés, que les prêtres et les autres gardes de l'Église sont initiés ; et tout ce qui doit être sanctifié est consacré par ce signe de la croix du Seigneur avec l'invocation du nom du Christ. » Un vieux commentateur de ce Père, cité par Jul. Fulda (*De crucis signaculo precum Christian. comite.* § vi) ajoute : « Quand se lisait l'évangile, tous se levaient et faisaient le signe de la croix ; les évêques avant de prêcher, les chrétiens avant de discourir, se signaient du caractère de la croix ; et ceux qui priaient étendaient les mains en forme de croix. Dans quelques Églises on se signait du signe de la croix en prononçant, dans le symbole, l'article *carnis resurrectionem* » (C'hladni.)

Les anciens faisaient le signe de la croix avec la main étendue, comme nous le faisons encore, mais avec un seul doigt de la main droite, le pouce probablement, quoique les textes ne l'expliquent pas, soit sur eux-mêmes, soit sur d'autres objets (Chrysost. *Hom. ad. pop. antioch.* XL. — Hieron. *Ep. ad Eustoch. loc. laud.*). Sophrone (*Prat. spirit.* IX. edit. Coteler.) dit de Julien de Bostre qu'il signa trois fois son calice *digito suo*. Sozomène rapporte la même chose de l'évêque Donatus (*Hist. eccl.* VII. 27) : *Signum crucis... digito aeri impressit* ; et S. Épiphane. *Hæres.* xxx) d'un certain Joseph : *Crucis signaculum proprio suo digito vasi imposuit.*

Les Grecs font le signe de la croix avec trois doigts joints, qu'ils portent d'abord à la bouche, avec une profonde révérence en l'honneur de la Sainte Trinité, et de la bouche à l'estomac, pour marquer la descente du Fils dans les entrailles de la Ste Vierge ; et de la droite à la gauche, pour signifier que Jésus-Christ est descendu aux enfers, est ressuscité, est assis à la droite du Père ; au lieu que les Latins font le signe de la croix de l'épaule gauche à la droite (V. Grancolas. *Les anciennes liturg.* p. 205).

Une question intéressante serait de savoir de quelle ancienneté est le signe de la croix tel que nous le faisons aujourd'hui, c'est-à-dire en portant la main droite du front à la poitrine, et d'une épaule à l'autre. Ce mode de signe de la croix a-t-il précédé ou suivi celui qui consiste à le tracer seulement avec le pouce ? On regarde comme certain que le signe primitif est ce dernier. C'est ce qu'on peut conclure des formules dont se servent toujours les SS. Pères et qui supposent évidemment que le front est le siège naturel et unique du signe de la croix. Ainsi Tertullien (*loc. laud.*) : *Frontem crucis signaculo teremus.* Chrysostome (*Id.*) : *Fideles frontem illa communiunt*) et encore (*Comment. in ps.* XI) : *Crucem in frontem circumferimus.* S. Jérôme (*Id.*) : *Ad omnem actum et ad omnem incessum manus pingat frontem.* Quant à la forme aujourd'hui vulgaire, il serait difficile, faute de monuments, d'en assigner au juste l'origine. Mais il ne paraît pas qu'elle se soit produite avant le huitième siècle ; il est probable que ce sont les moines qui l'introduisirent alors dans la liturgie (V. Pelliccia. *Polit. eccles.* t. IV. p. 194), d'où elle se répandit parmi les fidèles. C'est ce qu'on peut recueillir dans l'histoire des institutions et de la liturgie monastiques.

CROSSE. — V. l'art. *Évêques.*

ANTIQ. CHRÉT.

CRUCIFIX. — I. — La représentation du Sauveur crucifié offrait, dans les premiers siècles, des difficultés et des inconvénients de plus d'un genre. L'horreur et la répugnance qu'inspirait aux anciens, même convertis au christianisme, le bois infâme de la croix, furent longtemps à se dissiper ; cette répulsion survécut même de beaucoup à l'abolition du supplice de la croix par Constantin (Aurel. Victor. p. 526). D'une autre part, le culte d'un Dieu crucifié, mal compris ou malicieusement travesti par les païens, était la source ou le prétexte de mille calomnies contre les fidèles (V. l'art. *Calomnies*, II, 1°, B).

Ce double motif suffit donc à expliquer l'absence presque complète du crucifix dans les monuments tout à fait primitifs. Cette abstention, tout en ménageant la foi encore faible des catéchumènes et des néophytes, ôtait aux impies railleries des idolâtres un de leurs thèmes les plus habituels. Et ne sait-on pas que, bien souvent, en ces temps mauvais, de la raillerie à la persécution il n'y avait qu'un pas ?

Cependant, au milieu de ces obstacles, il fallait un aliment et une excitation à la piété des fidèles qui aima toujours à se préoccuper de la pensée des souffrances et de la mort du Rédempteur. Ne pouvant donc, eu égard à la contrainte dont elle était environnée, présenter ouvertement aux yeux de ses enfants l'image de ce Dieu attaché à la croix, l'Église eut recours à l'allégorie. Elle emprunta tour à tour les éléments de ce langage symbolique aux livres de l'Ancien et du Nouveau Testament, et, ce qui semblera plus étonnant encore, à la mythologie (V. les art. *Orphée* et *Ulysse, figure du Sauveur*). Elle se plut surtout à leur offrir l'image de l'agneau, qui est la plus ancienne comme la plus frappante des figures du Sauveur des hommes (V. notre *Étude archéologique sur l'Agneau et le Bon Pasteur.* Paris-Lyon, 1860). Pour rendre l'allégorie plus sensible, on donna à l'agneau les attributs du Sauveur ; et à mesure qu'une somme plus large de liberté était accordée à l'Église, ces attributs devinrent de plus en plus significatifs, jusqu'à ce qu'enfin ils reproduisirent ouvertement ceux du Crucifié lui-même, au quatrième siècle, le monogramme, et la croix nue au cinquième (V. les art. *Monogramme du Christ, Croix* et *Agneau*). Mais dès le commencement du sixième ces attributs prennent un caractère tout à fait prononcé. C'est d'abord un agneau portant sur son épaule une croix hastée ; puis un agneau couché sur un autel, au pied d'une croix, *tamquam occisus* ; un peu plus tard, l'agneau a le flanc ouvert, et le sang coule de cette plaie, ainsi que de celles des pieds (V. Ciampini. *De sacr. ædif.* tab. XIII) ; enfin un agneau peint au centre même de la croix, à la place même où bientôt va paraître Notre-Seigneur en personne (Borgia, *De cruce Vatic.*). Nous reproduisons ici ce précieux monument, p. 226.

Toutes ces transformations se développent, comme nous l'avons dit, dans le cours du sixième siècle. Ce dernier type, qui est celui de la fameuse

15

croix vaticane, est orné en haut et en bas d'un buste de Notre-Seigneur : le premier bénit de la main droite à la manière latine, et tient de la gauche un livre, *codex*; celui d'en bas porte de la

droite un volume roulé, *volumen*, et de la gauche une petite croix. C'est un essai timide, comme on voit, où l'opprobre est encore effacé par la gloire, car la tête du Sauveur est décorée du nimbe et ne porte aucune marque de douleur.

Quelques fioles de Monza, qui sont aussi du sixième siècle, puisqu'elles furent offertes par S. Grégoire le Grand à la reine Théodelinde (V. l'art. *Huiles saintes*), nous paraissent marquer un nouveau pas en avant dans cette voie. La tête du Christ s'y montre seule dans un nimbe crucifère, et placée au-dessus d'une petite croix, grecque ou latine, ou d'une croix fleurie (V. Mozzoni. *Tav. della stor, eccl.* VII. C. E. C. L). (La mosaïque de

l'église de Saint-Étienne, à peu près de la même époque, la fait voir au-dessus d'une riche croix gemmée [Id. *ib.* p. 83]). A droite et à gauche se trouvent les deux larrons, mais en croix, et de plus le soleil et la lune, accessoires habituels des représentations du crucifiement. L'un de ces intéressants monuments va plus loin encore : il fait voir Notre-Seigneur en pied, la tête nimbée, vêtu de long, et les bras étendus en forme de croix, comme les *orants* des catacombes, mais sans la croix; toujours à ses côtés les larrons crucifiés, le soleil et la lune, etc. Toutes ces images offrent un souvenir aussi atténué que possible, plutôt qu'une véritable représentation du crucifiement du Sauveur. Et ce qui fait voir plus évidemment encore avec quelle hésitation on se risquait dans la reproduction figurée de ses humiliations et de ses douleurs, c'est que, immédiatement au-dessous du sujet que nous venons de décrire, et dans l'intention évidente d'en adoucir l'austérité telle quelle, on ne manque jamais de mettre en scène le mystère glorieux de la résurrection : le tombeau de Jésus-Christ y est figuré par un élégant édicule dont le fronton est surmonté d'une croix ; et d'un côté l'ange, de l'autre les saintes femmes portant des aromates (V. la fig. ci-contre).

Voici un petit monument, plus ancien que tout ce qui précède, et qui doit trouver ici sa place, car nous croyons être fondé à y voir un crucifix arcane, imaginé au commencement du quatrième siècle au moins. C'est une pierre annulaire du cabinet d'antiquités de Vienne (Autriche), où est gravée une ancre cruciforme, dont la haste porte un petit poisson disposé transversalement à son milieu ; de plus, les lettres composant le mot ιχθυς sont tracées en légende tout à l'entour de l'ancre. Nous avons ici la croix sous l'une de ses formes les plus archaïques (V. l'art. *Ancre*), et le divin crucifié représenté par le poisson qui, comme personne ne l'ignore, est son symbole le plus vulgaire : *Piscis assus Christus passus* (Augustin. *Tract.* CXXIII *in Joan*. — Beda, *in cap.* XXI *Joan.*).

Cette curieuse gemme a été publiée ou mentionnée successivement par MM. Toelken, Kirchhoff, Becker, et en dernier lieu par M. de' Rossi (*Bull.* 1870, pl. VII); mais aucun de ces savants n'en aborde l'interprétation. Celle que nous risquons ici n'est, bien entendu, qu'une simple conjecture que nous transmettons aux hommes compétents, et qui n'a de valeur que celle qui peut s'attacher à un objet unique dans son genre.

II. — Mais à quelle époque commença-t-on à représenter Jésus en croix ? en d'autres termes, à quelle époque remonte l'usage du crucifix proprement dit ? Nous ne pensons pas que la science archéologique, au point où elle est arrivée aujourd'hui, soit en mesure de donner à cette question une solution pleinement satisfaisante. On pourrait ici, comme pour la croix simple (V. l'art. *Croix*), distinguer entre le culte public et le culte privé.

1° La piété individuelle était affranchie de la plupart des entraves que le culte de l'Église rencontrait de toute part au sein d'une société encore païenne, et nul doute que les chrétiens n'aient usé de cette liberté pour pratiquer, en particulier, des rites et porter des emblèmes religieux dont la prudence interdisait la manifestation extérieure. Aussi, de même que, dans toutes les circonstances de la vie commune, ils traçaient sur eux-mêmes le signe du Christ (V. l'art. *Signe de la croix*), et faisaient usage d'objets pieux, faciles par leur peu de volume à soustraire aux regards des idolâtres (V. les art. *Amulettes chrétiens*, *Encolpia*, etc.), rien ne s'oppose à admettre la supposition qu'ils purent avoir aussi des crucifix portatifs. Cette conjecture semble, faute de mieux, puiser une certaine probabilité dans un monument bizarre, récemment découvert à Rome. C'est un crucifix à tête d'onagre (V. Garrucci. *Il crocifisso graffito in casa dei Cesari*) tracé par une main païenne sur une muraille du palais des Césars au mont Palatin, traduction évidente d'une calomnie attribuant aux chrétiens le culte d'une tête d'âne (V. l'art. *Calomnies*, II, 1°, E). Le crucifix est habillé : or on sait que, chez les Romains, on crucifiait les criminels dans un état de nudité complète (Artemidor. *Oneirocr.* l. II. c. 58. ap. Garrucci. *ibid.*). On a conclu de cette circonstance que celui qui grava cette grossière image n'aurait fait que copier quelque crucifix chrétien, que la piété respectueuse de nos pères représentait vêtu (V. plus bas), et qu'il ne fit que changer la tête en une tête d'âne, pour le rendre dérisoire. Si cette supposition était fondée (nous l'empruntons au P. Garrucci), le monument prouverait pour le troisième siècle, au commencement duquel on estime qu'il doit être placé.

Ce qu'il y a de certain, c'est que les plus anciens crucifix connus se rangent dans la classe des objets de piété privée ; ainsi celui qui est peint dans un évangéliaire syriaque de l'an 586, appartenant à la bibliothèque Laurentienne de Florence (Assemani. *Biblioth. Laurent. Medic. catalog.* tab. XXIII. p. 194) : objet qui néanmoins peut, par sa nature, être du domaine de la liturgie ; ainsi la croix pectorale des prévôts de Monza, qui passe pour être un don du pape S. Grégoire à Théodelinde (Frisi. *Mem. della chiesa Monzese.* p. 52. tav. I. Voir ci-après le monument). Les figures y sont exécutées en émail sur or. Mais il paraît constant que, en général, les plus anciens crucifix portatifs étaient tracés à la pointe sur des croix d'or, d'argent ou d'airain ; on les peignit un peu plus tard sur des croix de bois (Borgia. *De cruce Vatic.* 43) ; c'est au neuvième siècle, sous le pontificat de Léon III, que la figure du Sauveur y parut sculptée en bas-relief : c'est du moins ce qui semble ressortir du texte d'Anastase (*In Leon. III.* n. 290).

Cependant, si l'on prend à la lettre les expressions de Ruinart (*De regal. abbat. S. Germ. a Pratis. Append. in. Greg. Turon.* p. 1380) au sujet d'un crucifix de bronze trouvé en 1643 dans le tombeau de Chilpéric, à Saint-Germain des Prés, il semblerait que l'image était en ronde bosse et appliquée sur la croix : *Crux.... in qua Christi pendentis imago affixa erat.*

1° Dans le culte public, le crucifix apparaît plus tard (nous en avons dit la raison), c'est-à-dire vers la fin du sixième siècle. Le plus ancien exemple connu appartient à notre Gaule : c'est un crucifix qui, au témoignage de S. Grégoire de Tours (*De glor. martyr.* l. I. c. 23), était peint dans une église de Narbonne. Ce monument doit remonter au moins vers le milieu du sixième siècle, car il est probable qu'il existait depuis quelque temps déjà lorsque ce Père en faisait mention dans un écrit publié, selon son propre témoignage (*Hist. Franc.* l. X. in fin.), la vingt et unième année de son épiscopat, qui correspond à l'an 593 de notre ère. Cette priorité, si honorable pour la France, s'explique par son éloignement du principal foyer du paganisme, de Rome, où les vieilles traditions d'intolérance furent plus tenaces à se maintenir. Mais quoi qu'il en soit de quelques faits isolés, ce n'est guère qu'après le concile quinisexte (692), lequel ordonna de préférer la peinture historique aux emblèmes, que les images de Jésus crucifié commencèrent à se multiplier. Il y a tout lieu de croire (Emeric David. *Hist. de la peint.* p. 60) que les Grecs le peignirent alors pour la première fois. C'est Jean VII, Grec de naissance, élu pape en 705, qui paraît avoir le premier consacré le crucifix dans l'église de Saint-Pierre. Deux fois, en 706, il fit représenter ce sujet dans les mosaïques dont il couvrit la chapelle dédiée à la Ste. Vierge dans la basilique vaticane, au-dessus de l'arc qui en formait l'entrée, et ensuite sur les murailles intérieures. Un seul crucifix se rencontre dans les catacombes ; il est peint dans le cimetière des

Saints-Jules-et-Valentin (Bottari. tav. cxxxxii). On l'attribue généralement au temps du pape Hadrien, qui florissait vers la fin du huitième siècle (Gori. *De mitrato cap.* c. viii).

III. — Il n'est pas douteux que notre Sauveur, selon la coutume romaine, n'ait été crucifié nu (V. Calmet. *In Matth.* xxvi. 35). S. Ambroise l'affirme nettement d'après la tradition constante (*In Luc.* x. 100), et S. Augustin le suppose, quand il dit que la nudité de Noé fut la figure de celle de Jésus-Christ (*De civit. Dei.* xvi. 2. — *Contr. Faust.* xii. 23). Cependant, par un sentiment de respect et de pudeur, les pasteurs de l'Église primitive exigèrent, selon toute probabilité, qu'il fût représenté vêtu. En effet, toutes les plus anciennes images de Jésus en croix parvenues jusqu'à nous, presque sans exception, nous le montrent couvert d'un *colobium*, ou tunique sans manches, descendant jusque sur les pieds. Tel est le crucifix du cimetière de Saint-Jules, celui de la croix pectorale de Monza, celui du reliquaire de Théodelinde de la même provenance, et dont voici la reproduction, celui du manuscrit de la bibliothèque Laurentienne, les deux du Vatican, monuments cités plus haut; tels sont enfin les crucifix anciens qui se conservent dans diverses églises de l'Occident, à Lucques, à Louvain, à Ratisbonne, et d'autres encore à Reims, à l'abbaye de Saint-Denis, à Senlis, à Langres (Cornel. Curti. *De clav. Domini.* p. 65. — Gretzer. *De cruce.* ii. 3. — Mabillon. *Præf. ad Sæc. IV Benedictin.* n. 47), sans parler de plusieurs que notre Mabillon avait vus dans quelques églises de Rome (*Iter. Ital.* i. 133. xxx). Le Christ de l'église de Saint-Genès, à Narbonne (V. Greg. Turon. *loc. laud.*), constitue cependant une exception fort tranchée à cette règle. Car il n'avait qu'une ceinture roulée autour des reins, comme le type moderne : *Pictura quæ Dominum nostrum quasi præcinctum linteo indicat crucifixum*. Mais cette exception même confirme la règle : en effet, sans parler même de la vision où le prêtre Basile reçut de Notre-Seigneur l'ordre de lui donner un vêtement, il est certain que dès lors on le couvrit d'un voile, et ce fait prouve que la discipline du temps réprouvait de telles nudités.

Ce pieux usage persévérait encore à Rome vers le commencement du huitième siècle : témoin le crucifix en mosaïque du pape Jean VII cité plus haut, et qu'on peut voir dans Ciampini (*De sacr. ædif.* tab. xxiii). Sur la fin de ce siècle, et plus encore dans les suivants, cette pratique commença à se modifier. Le vêtement qui jusqu'alors couvrait le corps entier se réduisit à une tunique ou jupon, partant de la ceinture, et tantôt plus, tantôt moins allongée par le bas. Le Christ tracé sur un verre orbiculaire de la collection du P. Garrucci se trouve dans ces conditions; mais il est d'une antiquité fort douteuse (*Vetri.* xi. n. 1). Enfin, l'horreur qu'éprouvaient les fidèles pour la nudité du Sauveur s'étant peu à peu dissipée, il ne resta bientôt plus de son vêtement que cette étroite bande d'étoffe que portent nos crucifix modernes. C'est ce dont on peut se convaincre en examinant ceux des neuvième et dixième siècles, par exemple celui que Charlemagne donna à la basilique de Saint-Pierre (Angelo Rocca. tab. iv. *De particul. sacrat. crucis*), et encore ceux qui figurent soit sur le diptyque de Rambona illustré par Buonarruoti (à la suite de ses *Vetri*), soit dans un célèbre missel de Bobbio (*Cod. Biblioth. Ambros.* d. 84), etc. Ce n'est pas que, même pendant ces deux siècles, il ne se rencontre encore en certains lieux des crucifix habillés : comme par exemple dans le ménologe de Basile, imprimé à Urbin, d'après un manuscrit du dixième siècle ; mais ce ne sont que des exceptions.

IV. — *Détails du crucifiement.* — 1° *Les clous.* Les érudits ne sont pas d'accord sur le nombre des clous qui fixèrent notre Sauveur à la croix. Les uns pensent qu'il n'y en avait que trois, les autres en portent le nombre à quatre. Mais ce dernier sentiment est le plus communément admis. On sait par les auteurs anciens (V. De Corrieris. *De sessoriari.... passion. D. N. J. C. reliq.* p. 176) que tel était l'usage chez les Romains, et S. Cyprien, qui avait vu le supplice de la croix encore en vigueur (*De passion. Domini.* inter opuscula. p. 83. edit. Oxon.), met au pluriel *les clous* qui perçaient les pieds de Notre-Seigneur, *clavis sacros pedes terebrantibus*; et S. Grégoire de Tours l'affirme d'une manière formelle, ce qui prouve que c'était l'opinion reçue au sixième siècle : *Clavorum dominicorum.... quod quatuor fuerint, hæc est ratio : duo sunt affixi in palmis et duo in plantis*, « que les clous de Notre-Seigneur aient été au nombre de quatre, en voici la raison : deux sont fixés dans les mains, et deux dans les pieds » (*De glor. MM.* l. 1. c. 6.). Innocent III, dont on connaît l'autorité en ces matières, résume ainsi les témoignages des anciens : *Fuerunt clavi quatuor quibus manus confixæ sunt et pedes adfixi* (*Biblioth. PP.* xxv. 224).

Les plus anciens crucifix sont conformes à cette doctrine (V. Baron. *Ad ann.* 34. § 118); Curti (*De clav. dominic.*) en énumère plusieurs. On en peut voir d'autres exemples dans les miniatures anciennes publiées par Lambèce (Cf. Buonarruoti. *Vetri.* p. 263). Tels sont encore le crucifix du trésor de Monza, celui qui se conserve à Pise (Martini. *Theatr. Basilic. Pisan.* tab. xix), et l'opinion émise d'une manière générale par S. Grégoire de Tours ne permet pas de douter que la peinture de l'église de Narbonne, dont ce Père nous révèle l'existence, ne présentât aussi les quatre clous. Les érudits qui se sont occupés de cette question pensent que l'usage de faire des crucifix avec les deux pieds superposés et fixés par un seul clou s'introduisit à l'époque de la renaissance des arts (Buonarr. *ibid.*) : Cimabue et Margaritone paraissent être les premiers qui se soient donné cette licence dans leurs grands christs peints qui subsistent encore à Sainte-Croix de Florence. Un antique médaillon d'argent, appartenant au cabinet du séminaire de Milan, représente un christ dont les pieds sont croisés et non superposés. C'est une circonstance peut-être unique (V. *Amico cattol.* vol. III. pag. 183).

2° Le *suppedaneum*. Dans un certain nombre de monuments, les pieds de notre Sauveur reposent sur une tablette fixée à la croix, et que les archéologues appellent *suppedaneum*. Juste-Lipse, Gretzer et quelques autres savants ont affirmé que telle était la position du divin Crucifié. Mais les passages des Pères sur lesquels ils fondent cette opinion, soumis au contrôle d'une sage critique, ne nous paraissent nullement concluants. Le premier écrivain ecclésiastique qui ait parlé du *suppedaneum* est encore notre Grégoire de Tours (*loc. laud.*); après avoir expliqué comment il était fixé au bas de la croix, il ajoute : *Super hanc vero tabulam, tanquam stantis hominis, sacræ adfixæ sunt plantæ*, « sur cette tablette, les pieds sacrés (du Sauveur) sont fixés, comme ceux d'un homme debout. » Souvent les artistes se sont écartés de cette opinion, la supposant peut-être jusqu'à un certain point en opposition avec les passages du Nouveau Testament, et ceux de S. Paul en particulier (*Act.* v. 30. — *Galat.* III. 13). où il est dit que Notre-Seigneur était *suspendu* sur le bois de la croix, ce qui ne serait pas rigoureusement exact, s'il eût eu un soutien pour ses pieds. Nous croyons cependant que le système du *suppedaneum* est le plus ancien dans les pratiques de l'iconographie. Cette tablette se voit sur la croix pectorale de Monza, déjà plusieurs fois citée, et aussi sur ces petites cassettes d'or qui passent pour être de la même provenance (V. Mozzoni. *Tav. cronol.* VII. 79. a. c.) et du même âge. La célèbre croix de Velletri, et celle que Charlemagne avait offerte à Léon III, à l'occasion de son couronnement, en 815, en présentent de nouveaux exemples; mais le crucifix sculpté sur le diptyque de Rambona, et qui date à peu près de la même époque, n'a pas le *suppedaneum*. Dans le *graffito* du palais des Césars, publié par le P. Garrucci (V. la figure de l'art. Calomnies), on remarque une barre transversale sous les pieds du patient, très-écartés l'un de l'autre. On en peut conclure, pensons-nous, que le *suppedaneum* était en usage chez les Romains.

Il paraît bien avéré que la croix était munie d'un autre support, passant entre les jambes du patient pour soutenir le poids de son corps. S. Justin, qui écrivait au deuxième siècle, l'affirme d'une manière on ne peut plus positive (*Dialog. cum Tryphon.* c. XCI. *Opp.* p. 188) : *Illud quod in medio figitur, ut ei insideant qui crucifiguntur*. Bien que cette donnée soit appuyée par une autorité si respectable, nous ne sachons pas qu'aucun artiste

ancien ou moderne en ait tenu compte dans la représentation du crucifiement de Jésus-Christ.

3° *Le titre de la croix.* Il n'est pas identique dans les quatre Évangiles. S. Matthieu dit (XXVII. 37) : *Hic est Jesus rex Judæorum*; S. Marc (XV. 26) : *Rex Judæorum*; S. Luc (XXIII. 38) : *Hic est rex Judæorum*; S. Jean (XIX. 19) : *Jesus Nazarenus rex Judæorum*. Les deux derniers évangélistes rappellent que le titre fut écrit en trois langues : en hébreu, pour le pays où eut lieu le crucifiement; en grec, pour les Grecs qui étaient mêlés aux Juifs; en latin, parce que c'était la langue officielle de l'empire et celle du procurateur. Quoi qu'il en soit, la version de S. Jean est la plus sûre, parce que cet apôtre avait assisté à la passion du Sauveur : *Qui vidit, testimonium perhibuit*; et c'est bien son texte qui était écrit sur la tablette trouvée par Ste Hélène, et qui existe encore très-lisible à cette époque (V. De Corrieris. *op. laud.* p. 73). Ce titre était sur une tablette fixée à la partie supérieure de la croix, et quand celle-ci était en forme de T, une baguette y était attachée et élevait le titre au-dessus de la tête du patient. Il paraît certain que, dans les représentations du crucifiement, usitées aux premiers siècles, on inscrivait le titre au sommet de la croix; mais, faute de monuments, on ne saurait dire si on l'écrivait dans les trois langues. Un seul crucifix existe dans ces conditions c'est celui que possède l'église des Carmélites de Florence, mais il est évidemment moderne (Manni. *De tit. D. crucis. Archetyp.* c. XV). Le crucifix du diptyque de Rambona porte ce titre exceptionnel : EGO SVM JESVS NAZARENVS. Pour retrouver ce texte intégralement dans le Nouveau Testament, il faut se reporter à la réponse que Notre-Seigneur adresse à S. Paul terrassé sur le chemin de Damas (*Act.* IX. 5) : *Quis es, Domine?... Ego sum Jesus.*

Pour un motif quelconque, et probablement par le besoin de brièveté, les artistes, tant anciens que modernes, n'ont jamais inscrit ce titre *in extenso*, mais seulement par des sigles; les Latins l'ont même fréquemment omis : ainsi le crucifix de Velletri n'a pas de titre, et Borgia (p. 59 et suiv.) en cite beaucoup d'autres à peu près de la même époque qui ne l'ont pas d'avantage; les Grecs, plus fidèles à cette pratique, ont quelquefois réduit le titre à ces abréviations du nom de Jésus-Christ : IC XC (Borgia. *De cruce Vatic.* p. 45), ou même l'ont remplacé par la première et la dernière lettre de l'alphabet, A et ω, comme on le voit sur un très-ancien crucifix de bois conservé à Lucques (Id. *De cruce Velit.* p. 33). Un crucifix trouvé dans le tombeau de S. Celse à Milan (Bugati. *Memor. di S. Celso.* p. 241 fig. 1), fait lire, à la place du titre ordinaire, ces sigles ΦC, que l'on ne peut guère interpréter autrement que par Φως, *lumière*, dénomination qui convient admirablement à Jésus-Christ, qui, en vingt endroits de l'Évangile, est appelé *lux vera*, la lumière par excellence (Joan. I. 9). D'autres crucifix portent cette même inscription en latin et en toutes lettres : LVX MVNDI (Giulini. *Memorie di Milano.* III. 410). Et nous ne devons pas omettre une circonstance fort significative, c'est que, soit les sigles grecs, soit l'inscription latine, se trouvent placés entre le soleil et la lune, obscurcis à la mort du Sauveur; ce qui fait sans doute allusion à ce texte de S. Jean (ɪ. 5) : « Il était la lumière qui brille dans les ténèbres. » Et en effet, l'obscurcissement des deux astres servit à faire briller la divinité du Sauveur aux yeux de tout le peuple, et des bourreaux eux-mêmes, auxquels le prodige arracha cet aveu : « Celui-ci était véritablement le fils de Dieu ! » (Luc. xxxɪɪ. 48.)

V. — *Accessoires du crucifiement.* Les principaux sont ceux dont le type est fourni par l'histoire de la passion.

1° *Le soleil et la lune*, comme on vient de l'indiquer déjà. Ces deux astres sont figurés, dans les peintures, dans les bas-reliefs des diptyques, dans les mosaïques, etc., des deux côtés de la tête du Sauveur : le soleil sous la forme d'une figure radieuse, la lune sous celle d'un croissant : c'est le type ordinaire. D'autres fois ce sont deux demi-figures humaines, coiffées, l'une d'un diadème royal, l'autre d'un croissant, comme sur l'une des ampoules de Monza (Mozzoni. vɪɪ. 84), ou bien portant d'une main un flambeau, tandis qu'elles tiennent l'autre appuyée à leur joue, en signe de douleur : exemple le diptyque de Rambona (Buonarr. *Vetri.* la fine. — Sur ce geste, voyez notre art. *Mains*). Sur les croix portatives, ces emblèmes figurent ordinairement au sommet de la tige verticale. Souvent ils sont accompagnés de leurs noms : SOL-LUNA ; dans le crucifix du cimetière de Saint-Jules, ce dernier nom est écrit perpendiculairement derrière le croissant :

L
V
N
A

On croit vulgairement que les images du soleil et de la lune sont placées sur les crucifix pour rappeler l'obscurité simultanée dont ces deux astres furent atteints au moment de la mort du Rédempteur. Mais nous regardons comme plus probable qu'on a eu l'intention d'exprimer ainsi les deux natures de Jésus-Christ, la divinité par le soleil qui brille de sa propre lumière, l'humanité par la lune, corps opaque qui, ne brillant que d'une lumière réfléchie, est sujet à diverses phases d'éclat et d'obscurcissement, tout comme la nature humaine qui, unie dans la personne du Christ à la nature divine, participait à la splendeur de celle-ci, sans être cependant affranchie des défectuosités qui lui sont propres, en tant que nature finie ou bornée : « *Luna*, dit S. Grégoire le Grand (*Homil.* ɪɪ *In Evang.*), *in sacro eloquio pro defectu carnis ponitur; quia dum menstruis momentis decrescit, defectum nostræ mortalitatis designat.* »

L'interprétation ici proposée puise une grande force dans cette circonstance que les deux astres ne paraissent nullement voilés sur les crucifix, et que quelques-uns même, comme par exemple la fresque du cimetière de Saint-Jules, les montrent dans tout leur éclat, dirigeant leurs rayons sur la croix. On en peut dire autant de ceux où le soleil et la lune sont représentés sous figure humaine, avec des flambeaux à la main. Mais ce qui nous paraît plus décisif encore, c'est que ce n'est pas seulement dans la scène du crucifiement que les monuments chrétiens montrent Notre-Seigneur accosté du soleil et de la lune, mais dans d'autres circonstances encore, par exemple dans le sujet de la résurrection de Lazare : c'est ce que nous montrent notamment les peintures d'une intéressante catacombe de Milan, découverte en 1845. Enfin l'adjonction à ces emblèmes des sigles A et ω, qui est assez commune dans les diverses représentations du crucifiement, achève à nos yeux la démonstration.

2° *La Ste Vierge et S. Jean*, debout des deux côtés de la croix, selon le récit évangélique (Joan. xɪx. 25), et appuyant leur joue sur leur main, geste de convention dans l'antiquité pour manifester une grande douleur (S. Cyprian. *Epist.* xɪ). Dans les croix mobiles, ces deux saints personnages, toujours avec le même geste d'affliction, figurent, soit en pied, soit en buste, aux deux extrémités de la traverse (V. Borgia. *De cruce Vatic.* p. 45), avec leurs noms à côté м-ᴘ. ѳʏ, *mater Dei*, et ɪᴏᴀɴᴀ, *Joannes*. Ailleurs on lit, en toutes lettres ou en abrégé, les paroles mêmes adressées du haut de la croix, par le Sauveur, à Marie et à Jean (Joan. ib. 26. 27), tantôt en latin, comme sur l'ivoire de Rambona : ᴍᴠʟɪᴇʀ ᴇɴ *filius tuus;* ᴅɪssɪ-ᴘᴠʟᴇ ᴇᴄᴄᴇ *mater tua*, ou en grec, exemple la croix pectorale des archiprêtres de Monza : ɪᴀᴇ *ecce*, oʏᴄ *Filius*, ᴄᴏʏ *tuus* : ɪᴀᴏʏ *ecce*, ᴍʜᴛʜᴘ *mater*, ᴄᴏʏ *tua*.

3° *Les deux soldats*, l'un avec l'éponge imprégnée de vinaigre, l'autre avec sa lance (Joan. *ibid.* 29. 34). Ce sujet se rencontre rarement sur les monuments les plus anciens; l'un des reliquaires de Monza en offre pourtant un exemple (Mozzoni. vɪɪ. 79. ʙ). Plus tard, il devient commun; ainsi les deux soldats se voient sur un ivoire du huitième siècle de Cividale en Frioul (Id. vɪɪɪ. p. 89).

4° L'intéressant monument que nous venons de citer présente une circonstance plus inusitée encore, et dont nous n'avons pas vu d'exemples ailleurs : ce sont deux soldats, l'un assis, l'autre debout, qui tirent au sort la tunique de Notre-Seigneur représentée entre eux (Joan. *ibid.* 24).

5° D'autres accessoires sont quelquefois joints aux crucifix, lesquels, sans être tirés directement du texte sacré, en sont néanmoins évidemment inspirés. Ainsi, au bas d'un très-ancien crucifix donné par Vestrini (*Academ. di Cortona.* t. vɪɪɪ. p. 148), se voit un homme nu, à demi couché, ou plutôt se relevant de terre. C'est l'image de l'humanité tombée par le péché originel, et qui se relève par la grâce de la rédemption, figurée par une main isolée. Le même sujet était représenté d'une manière plus complète, dans une mosaïque de l'ancienne Vaticane (Ciampini. *De sacr. ædif.* tab. xxɪɪɪ. p. 75). Ici il y a deux personnages, l'un tout à fait couché ; l'autre, qui paraît être une *femme*, un genou seulement·en terre, saisit la main que lui tend Notre-Seigneur apparaissant dans une auréole. Ces deux personnages sont sans doute Adam et Éve, que nous voyons ailleurs (Mozzoni. *ibid.* p. 84. c. E. G. L) agenouillés au pied de la croix. La vénérable croix stationale de Saint-Jean de Latran (Ciampini. *Vet. mon.* II. tab. X) présente quelque chose d'analogue. D'un côté de Jésus en croix est une porte, qui n'est autre que celle du paradis terrestre, de l'autre un arbre, l'arbre du bien et du mal : rapprochement qui rappelle que l'humanité, perdue par le fruit défendu, a été réhabilitée par la croix de Jésus-Christ.

6° *Les figures emblématiques des quatre évangélistes* se voient au revers de la croix de Velletri, et sur beaucoup d'autres monuments du même genre; d'autres crucifix ont deux anges se tenant en adoration. Tel était celui de l'intérieur de l'oratoire de la Sainte-Vierge à Saint-Pierre au Vatican (V. ci-dessus).

7° L'usage de·placer aux pieds du crucifix un crâne, soit seul, soit accompagné de deux os croisés, est relativement moderne. On suppose que c'est un crâne d'agneau, destiné à remplacer l'agneau lui-même, qu'on représentait dans cette position pendant la première période du crucifix proprement dit.

8° Le crucifix du diptyque de Rambona (Ap. Buonarroti) présente cette circonstance particulière que, au bas de la croix, se voit la louve allaitant Romulus et Remus. Cet emblème signifie, pense-t-on, que le Christ, par sa croix, a conquis tout l'univers dont Rome est la tête. Cette idée est complétée par le sujet qui fait pendant à celui-ci sur l'autre tablette, et qui, contrairement à l'opinion de Buonarruoti, nous paraît être une Victoire ou un ange portant d'une main une palme, symbole de la victoire du Christ, et de l'autre un flambeau allumé, symbole de la lumière évangélique qui allait illuminer toute la terre; peut-être encore a-t-on voulu indiquer ainsi que cette ville fut établie par le Rédempteur, en tant que siège du prince de ses apôtres, la base et le fondement de son Église.

VI. — Représentait-on le Christ en croix vivant ou mort? Vivant jusqu'au onzième siècle, mort depuis cette époque (V. Borgia. *De cruce Velit.* p. 191). C'est ce qui résulte de l'ensemble des monuments écrits ou figurés, réunis par les savants spéciaux. Le premier exemple de Christ représenté mort est fourni pas un manuscrit in-4° de la bibliothèque Laurentienne de Florence, datant à peu près de 1059 (Borgia. *ibid.* p. 191). Auparavant, l'Homme-Dieu, sur la croix, ne paraissait point souffrir : sa tête était droite; ses yeux ouverts offraient en quelque sorte un emblème de son immortalité.

Les monuments relatifs au crucifiement de Notre-Seigneur commençant à peu près où finit le domaine de l'antiquité proprement dite, nous avons dû, pour traiter cet important sujet, qui a sa place obligée dans un dictionnaire d'archéologie, anticiper sur le moyen âge. Le lecteur nous le pardonnera : cette notice ne pouvait être un peu complète qu'à cette condition.

CRYPTES. — Ce mot, dans son acception générale, désigne un lieu souterrain et obscur, au-dessous d'une maison ou d'un édifice quelconque. Mais quand il s'agit des catacombes, les antiquaires qui ont écrit sur cette matière, et en particulier le P. Marchi (p. 168), distinguent les cryptes des *cubicula*. Les cryptes sont relativement aux *cubicula* ce que le tout est à la partie. Cette distinction est fondée sur un passage on ne peut plus clair d'Anastase le Bibliothécaire (*In S. Marcellin.*), où il dit que Marcellus ensevelit le corps de S. Marcellin, pape, et de ses compagnons : « sur la voie Salaria, au cimetière de Priscille, dans la chambre claire, *in cubiculo claro*, qui s'ouvre jusqu'à ce jour dans la crypte près du corps de S. Crescention, IN CRYPTA *juxta corpus S. Crescentionis*. Selon toute apparence, la crypte en question se composait de deux *cubicula*, l'un dans lequel Marcellus ensevelit Marcellin et ses compagnons de martyre, l'autre où reposait précédemment le corps de S. Crescention. Le mot de *crypte* employé dans ce sens se rencontre aussi dans les monuments épigraphiques (Marchi. p. 102) : IN. CRYPTA. NOBA. RETRO. SAN || CTVS; M. Perret (v. XXIX. 67) en donne une, d'après Settele, où il est dit aussi qu'une crypte *nouvelle*, CRYPTA NOVA, avait été pratiquée au cimetière de Balbine pour la sépulture d'un nommé SABINVS, et de sa femme probablement, car le tombeau est bisome.

Il y a encore cette différence entre l'un et l'autre que les *cubicula* étaient en général des sépultures de famille, établies à leurs frais et de dimensions étroites, tandis que les *cryptes*, qui au fond n'étaient autre chose que de petites églises munies d'*arcosolia*, servaient aux réunions des fidèles et à la célébration des saints mystères, et pour cela étaient plus spacieuses, plus élevées et toujours doubles, pour la séparation des deux sexes (V. Marchi. p. 161). Elles ont quelquefois une entrée en cintre ornée de deux pilastres (V. Marchi. tav. XXX), avec des chapiteaux d'une certaine élégance; la figure ci-contre peut en donner une idée. Souvent encore on distingue les gonds des portes qui séparaient la crypte proprement dite d'un vestibule qui était destiné aux catéchumènes.

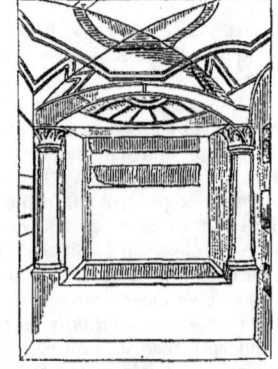

Boldetti atteste avoir encore vu en place une de ces portes qui était en fer (V. les art. *Cubicula Basiliques chrétiennes, Confessio*). On trouvera beaucoup de plans de cryptes des catacombes dans l'ouvrage du P. Marchi, et dans celui de M. Perret (t. III. pl. XXIX. XXX. XXXI). Il y a des cryptes qui reçoivent du jour par une ouverture donnant sur la campagne romaine (V. l'art. *Luminare cryptæ*). Il y a des cryptes à trois chambres (Marchi. tav. XXXIII) : la plus ornée, qui est en vue des deux autres, était probablement réservée au clergé.

Beaucoup d'anciennes églises de la Gaule possèdent des cryptes remontant à l'époque de la première prédication de l'Évangile dans nos contrées. On y voit un modeste autel de pierre, autour duquel sont des sièges grossièrement taillés dans le roc. Quelquefois des restes de peintures paraissent encore sur les murailles. Les plus belles cryptes de France sont celles de Chartres, de Bourges, de Saint-Denis. Celle de Saint-Mellon de Rouen présente tous les caractères d'une construction du quatrième siècle. Les corps de S. Mellon et de S. Victrice y reposent dans des tombeaux surmontés d'ouvertures cintrées qui rappellent tout à fait les *arcosolia* des catacombes. Nous ne devons pas oublier la crypte de Saintes, où le tombeau de S. Eutrope fut retrouvé le 19 mai 1843 (V. *Recueil des pièces relatives à la reconnaissance des reliques de S. Eutrope de Saintes*. — Saint-Jean-d'Angély, in-4°).

CUBICULA. — Ce sont des chambres sépulcrales dans les catacombes, et, dans cette acception, le mot *cubiculum* est exclusivement chrétien ; les païens ne l'ont jamais appliqué qu'aux chambres où dormaient les vivants (Marchi. p. 100). Les monuments lapidaires établissent le fait de la manière la plus incontestable : Bosio avait trouvé dans l'*atrium* de l'antique monastère de Sainte-Agnès une pierre écornée que sa vieille expérience n'hésita pas à reconnaître pour avoir servi d'architrave à la porte d'une chambre funéraire ; on y lisait : CVBICVLVM DOMITIANI ; et le P. Marchi a vérifié la justesse de cette attribution dans un certain nombre d'autres marbres découverts par lui. Ainsi, au cimetière de Calliste : CVBICVLVS FAL. GAVDENTI ARGENTARI. etc. Une inscription de l'an 336 (de' Rossi. n. 45) indique le CVBICVLVM. AVRELIAE MARTINAE.

La forme de ces chambres est très-variée : il y en a de circulaires et de demi-circulaires ; d'autres sont carrées, triangulaires, pentagones, hexagones, octogones. Quelques-unes recevaient le jour par une ouverture donnant sur la campagne, mais la plupart sont obscures, et n'étaient éclairées que par des lampes, suspendues à la voûte et dont plusieurs ont été retrouvées en place (Bottari. I. 17), ou insérées dans de petites niches, ou bien encore posées sur des consoles de marbre ou de terre cuite.

Les *cubicula* dont nous nous occupons, et qui étaient en si grand nombre, qu'il s'en est trouvé plus de soixante dans la huitième partie du cimetière de Sainte-Agnès (Marchi, p. 102), n'étaient à proprement parler que des sépultures de famille (V. le plan à la fin de l'art. *Catacombes*). Au fond de la chambre, ordinairement terminée en abside, comme une chapelle, est un tombeau de martyr dans un *arcosolium* (V. l'art. *Arcosolium*) ; et c'est la pieuse ambition de reposer près de ces reliques vénérées qui déterminait les fidèles à s'imposer des dépenses quelquefois très-considérables pour se préparer ce tombeau, à eux, à leurs parents et à leurs amis. Et tel était cet empressement, que quand le *cubiculum* n'était pas assez spacieux pour recevoir tous les membres de la famille, on creusait, en dehors de son enceinte, un certain nombre de *loculi*, en ayant soin d'indiquer par une inscription qu'ils appartenaient à la sépulture collective du *cubiculum* voisin : par exemple (Marchi. p. 104) : LOCA ADPERTINENTES AD CVBICVLVM GERMVLANI. D'autres fois, quand tout l'espace était occupé dans ces chambres funéraires, s'il survenait d'autres morts dans la même famille, on ouvrait pour eux de nouveaux *loculi*, sans avoir égard aux peintures dont ces hypogées étaient décorés. C'est ainsi qu'ont péri les décorations les plus remarquables de quelques chambres, et notamment dans le cimetière de Prétextat nouvellement découvert (V. à ce sujet notre art. *Ad Sanctos* et la gravure qui y est annexée).

Il y a des *cubicula* qui comprennent jusqu'à soixante-dix *loculi* d'inégales grandeurs, rangés en dix étages, et plus de cent corps, tant d'enfants que d'adultes, pouvaient y recevoir la sépulture. Celui que le P. Marchi donne dans sa planche XVII et dont voici le plan est, ainsi que quelques autres,

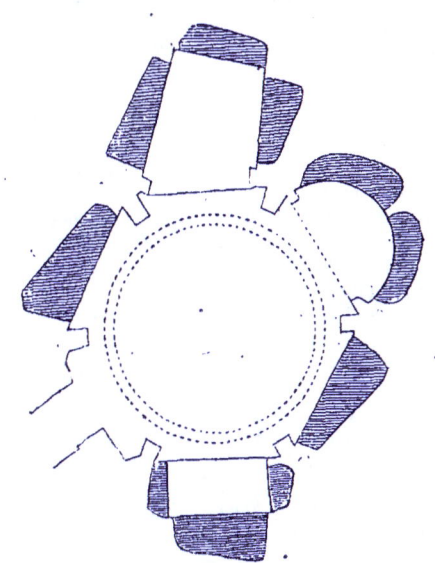

d'une architecture tellement correcte et élégante, qu'on croit pouvoir l'attribuer au deuxième siècle. Il est de forme circulaire, et a une voûte sphérique, appuyée sur une architrave circulaire que soutiennent six pilastres très-saillants.

Plus tard, selon S. Paulin de Nole (Ep. xii. *Ad Sever.*), on donna le nom de *cubicula* à certaines pièces ménagées dans l'intérieur du portique des basiliques, et où se retiraient ceux qui voulaient, en particulier, vaquer à la lecture, à la méditation et à la prière.

CUBICULARII. — Clercs préposés dans l'antiquité à la garde des tombeaux des martyrs. Anastase le Bibliothécaire semble attribuer leur première institution à S. Léon le Grand (Anast. *In Leon. I*), à moins qu'il ne s'agisse ici spécialement des gardiens de la *confession* des apôtres S. Pierre et S. Paul : *Hic constituit, et addidit supra sepulcra apostolorum ex clero Romano custodes, qui dicuntur cubicularii.* Nous ne sachons pas qu'il existe aucune différence entre ces fonctionnaires ecclésiastiques et ceux qui étaient appelés *martyrarii* (V. ce mot.). Muratori (p. 341) donne l'inscription suivante d'un *cubicularius*, mort sous le consulat de Probianus, c'est-à-dire en 471 :

HIC REQVIESCIT IN PACE ANTHEMIVS
CVBICVL. QVI VIXIT ANNOS LX DEPO
SITVS IIII. NON. OCTOBR. CONS PROBIANI.

Dans le pavé de Saint-Paul hors des murs fut trouvée l'épitaphe d'un DECIVS qui probablement avait été *cubiculaire* de cette basilique : DECI. CUBICULARI. HVIVS *Basilicæ* (Restitution de M. de' Rossi: *Inscr. Christ.* i. .p. 497). Nous avons aussi dans Borgia (*Vatican. Confess.* p. LIV) les épitaphes de plusieurs *cubicularii* de la confession de S. Pierre.

Il y avait les *cubicularii* des empereurs, et nous savons que des chrétiens remplirent ces fonctions domestiques (Lami. *De erudit. apost.* p. 352); mais quand il s'agit de ceux-ci, le mot AVGVSTI est toujours le complément de *cubicularius* et en détermine le sens. Théonas, évêque d'Alexandrie à la fin du troisième siècle, nous a laissé une lettre adressée au préfet des *cubicularii*, dans laquelle il leur prescrit la manière d'exercer ces hautes fonctions auprès de l'empereur, sans manquer à leurs devoirs de chrétiens (V. Galland. *Biblioth. PP.* t. vi. p.69). Quand l'épitaphe porte *cubicularius sine addito*, il n'y a pas d'invraisemblance à l'attribuer à un *cubicularius* ecclésiastique. Le martyr Hyacinthe, qui mourut à Césarée en Cappadoce du supplice de la faim, avait été *cubicularius* de Trajan (*Martyrol. Rom.* iii jul.). Nous avons dans le recueil de M. de' Rossi (t. i. p. 9) l'épitaphe d'un chrétien nommé PROSENES, qui fut affranchi des empereurs Marc-Aurèle et Lucius Verus, et *cubicularius* de Commode, A CVBICVLO AVG. Les SS. Nérée et Achillée étaient *cubicularii* de Flavia Domitilla, femme de Flavius Clemens, consul et martyr sous Domitien, son cousin (Id. *Bull.* 1865, p. 22). On doit citer encore le martyr Gorgonius qui, étant *cubicularius* de Dioclétien, avait converti à la foi, avec l'aide de son collègue Dorothée, tous les ministres de la chambre de cet empereur. Des femmes remplissaient ces fonctions auprès des princesses ou des personnes de condition élevée (Id. p. 262. n. 612). Nous avons une épitaphe de la fin du quatrième siècle qui mentionne une *cubicularia* chrétienne : CVBICVLARIAE REGINAE.... (V. l'art. *Professions exercées par les premiers chrétiens*).

CUCURBITE. — V. l'art *Jonas*.

CUILLER LITURGIQUE (ΛΑΒΙϹ, *cochlear*). — De temps immémorial, les Grecs se servent d'une petite cuiller d'or ou d'argent pour distribuer la sainte communion. On peut voir ici la forme de cet instrument ; nous la reproduisons d'après Goar (ΕΥΧΟΛΟΓΙΟΝ. p. 152). Avec cette cuiller, on donne

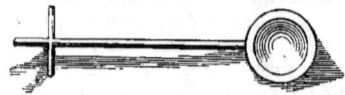

aux ecclésiastiques du second ordre quelques gouttes du précieux sang, et aux laïques une particule trempée dans le calice. L'usage du calice est réservé aux seuls prêtres. Le mot λαϐίς, qui est son nom grec, répond au latin *forceps*; et ceci fait allusion à la vision d'Isaïe, où un séraphin tire de l'autel avec un *forceps* un charbon ardent, dont il touche les lèvres du prophète pour les purifier. Or, selon la mystique interprétation du patriarche S. Germain, laquelle est familière à tous les Orientaux, le Christ est un charbon divin et spirituel qui brûle ceux qui s'approchent de lui, indignes ou téméraires. Voici, d'après Arevalo, dans son commentaire à Sedulius (*Carmen pascale*, lib. iii; v. 300), une cuiller que l'on croit avoir aussi servi dans les synaxes. Elle représente Notre-Seigneur à cheval sur l'ânesse, sujet souvent reproduit dans nos monuments chrétiens (V. l'art. *Jérusalem*), mais qui aurait ici une signification toute spéciale

à la sainte eucharistie. Il rappellerait en effet au fidèle qui s'approche de ce divin mystère les paroles de S. Matthieu : « Voici votre Roi qui vient à vous plein de mansuétude, assis sur une ânesse (xxi. 5). »

L'usage de la cuiller pour la communion existe aussi chez les Coptes, les Éthiopiens, les Syriens, les Jacobites et les Nestoriens, comme il est aisé de le voir dans les *Liturgies orientales* données par Renaudot.

Les Grecs attribuent l'origine de cet usage à S. Chrysostome. Il n'est pas douteux qu'elle remonte à une époque très-reculée ; car, comme il n'est pas une Église en Orient qui n'ait conservé cette pratique, il s'ensuit qu'elle existait avant la division de ces Églises. Et la chose ressort évidemment des *Canons apostoliques*, qui se placent à une époque antérieure à l'origine des schismes ; on y trouve une constitution qui ordonne que le diacre distribue en présence de l'évêque la communion au peuple, non pas comme font le prêtre et l'évêque, mais selon la forme adoptée pour les ministres, c'est-à-dire avec la cuiller, λαβίδι, *cochleari*. L'histoire de Ste Marie Égyptienne nous offre un touchant exemple de l'usage qui nous occupe : c'est la communion administrée à cette célèbre pénitente par le saint abbé Zosime. S. Sophrone de Jérusalem raconte (*De Maria Egyptiaca*, c. xxi) que, « après avoir déposé dans un petit calice une particule du corps immaculé et du sang précieux de Jésus-Christ, Zosime se dirigea vers les rives du Jourdain, afin de distribuer à Marie les dons vivifiants des divins mystères. » Nous avons, sur un très-ancien diptyque grec publié par Paciaudi (*Antiquit. christ.* pl. en regard de la page 389), la représentation de ce fait si intéressant.

On ne saurait méconnaître les divers personnages de la scène, car leurs noms sont inscrits derrière leur personne : Ὁ Ἅγιος Ζώσιμος, Ἡ Ἁγία Μαρία. Zosime, tenant de la main gauche le calice, présente de la droite, avec une cuiller, les saintes espèces à Marie, qui les reçoit sur ses mains croisées, selon l'ancien usage.

Les *Liturgies orientales* contiennent toutes des formules de bénédiction pour le λαβίς, qui était regardé comme un vase sacré (V. Renaudot. *Liturg. orient.* i. p. 329).

L'usage de la cuiller pour la communion fut toujours étranger aux Églises d'Occident. Il est fait mention dans le cérémonial romain (lib. ii. 34) d'une cuiller d'or, mais elle ne servait au pape que pour mettre l'eau dans le calice. Quelques documents cités par Du Cange (*Gloss. latin.* ad h. v.) supposent néanmoins que l'on se servait, au moyen âge et dans certaines Églises, d'une cuiller d'argent pour placer sur la patène les pains à consacrer et pour verser le vin du *scyphus* dans le calice.

CUPELLA. — Un marbre des catacombes offre un exemple, qui sans doute ne dut pas être unique, du mot *cupella* employé pour désigner un tombeau ou *loculus* où reposaient deux cadavres d'enfants. Voici l'épitaphe, fort curieuse, bien que fourmillant de solécismes et d'incorrections de toute sorte : EGO SECVNDA FECI CEPELLA BONE ‖ MIMORIE FILIEM MEEM SECVN ‖ DINEM QVE RECESSIT IN FIDEM ‖ CVM FRATREM SVM LAVREN ‖ TIVM IN PACE RECESSERVND (Marchi. p. 114), « Secunda a fait cette *cupella* à ses deux enfants de bonne mémoire, Secundina, qui mourut néophyte, et Laurent, qui, avec sa sœur, trépassa dans la paix, » c'est-à-dire dans le sein de l'Église par le baptême (V. l'art. *In pace*). Hors du christianisme, il n'existe pas d'exemple du diminutif *cupella* ; mais on en connaît plusieurs du mot CVPA désignant une urne cinéraire murée dans une niche de colombaire (V. Doni. class. xi. 6. — Gruter. 845). (V. l'art. *Loculus*.)

CURÉS. — Dans les premiers siècles, le peuple chrétien était gouverné *immédiatement* par les évêques (Justin M. *Apolog.* ii. — *Can. apost.* c. xv). Mais lorsque le nombre des fidèles eut pris un certain développement, on bâtit dans les bourgs des églises rurales (*Can. apost.* can. xxxvi), auxquelles un prêtre ou un diacre étaient attachés, et l'évêque continuait à administrer seul sa ville épiscopale. Telle fut la discipline au quatrième ou au cinquième siècle en Orient (Athanas. *Apol.* ii. *Ad imp. Constantium.* — Epiphan. *Hær.* lxviii. 4. — *Concil. Sardic.* c. viii) ; elle est plus ancienne encore en Occident, car S. Cyprien (l. i. *Epist.* viii *et alib.*) mentionne déjà les *clercs de la ville*.

Dans les grandes villes, outre la cathédrale, il y eut, dès le quatrième siècle, d'autres églises, ayant leur propre prêtre ou leur diacre, et cela en Orient (Athanas. *Epist. ad solitar.*) comme à Rome (Anastas. *In Siric.*). Jusqu'au cinquième siècle, les fonctions de ces curés ou *cardinaux* se réduisaient à distribuer au peuple de leur paroisse l'instruction religieuse, et à informer l'évêque de tout ce qui intéressait le gouvernement de l'Église. Car jusque-là l'administration des sacrements et la liturgie du sacrifice n'avaient lieu que dans l'église cathédrale (Athanas. *Apol.* ii. *Ad imp.*) Lors donc que le Bibliothécaire Anastase (*In Marcellum*) dit que Marcellus, au commencement du quatrième siècle, établit vingt-cinq *titres* dans Rome, pour le baptême et la pénitence de ceux qui se convertissaient du paganisme : *propter baptismum et pœnitentiam*, cela doit s'entendre seulement de l'instruction préparatoire à ces sacrements. Dans l'Église grecque elle-même l'*instruction* pour la pénitence, διδασκαλία, fut confiée aux prêtres-cardinaux (Chrysost. ap. Thomas. *V. et N. Eccles. discip.* t. ii. p. 3) ; l'évêque leur déléguait le simple pouvoir de signifier la pénitence aux fidèles de eur paroisse, et aussi les excommunications émanées de l'autorité épiscopale (*Conc. Antioch.* c. vi. *et Balsam. in hunc can.*).

Au commencement du cinquième siècle, le nombre des fidèles s'étant beaucoup augmenté, de telle sorte que la cathédrale ne pouvait plus suffire à tout, l'usage s'introduisit peu à peu de *distribuer* la sainte eucharistie dans les *titres* de la ville. Après la célébration de la liturgie, l'évêque envoyait par des diacres le saint sacrement aux titulaires ou curés, et ceux-ci l'administraient à leurs ouailles (Innoc. 1. *Epist.* i *ad Decent.*). C'est certainement dans ce sens qu'il faut entendre le passage d'Anastase où il parle du « pain », *fermentum*, que d'après une constitution de S. Sirice (Anast. *In Siric.* 5) les prêtres-cardinaux devaient recevoir de l'évêque pour *célébrer la messe*. Blanchini (*Not. in Anast. in Vit. Siric.*) prouve par de nombreuses et irréfutables autorités qu'il s'agit ici de la sainte eucharistie que les prêtres des différents *titres* de la ville devaient recevoir de leur évêque. Une inscription récemment découverte à Vienne (Isère), parmi les actes de piété du prêtre Marinus, loue surtout son assiduité à distribuer aux peuples la sainte eucharistie (Le Blant. ii. 421). HOC IACET IN TVMVLO SACRA QVI MYSTI ‖ CA SEMPER DIVISIT POPVLIS.

De même, jusqu'à l'époque dont nous parlons, les évêques déléguèrent peu à peu aux curés le pouvoir de *réconcilier* les pénitents dans le cas de nécessité, et les hérétiques en danger de mort, mais seulement en l'absence de l'évêque (*Conc. Carthag.* iii. c. 32-36. — *Conc. Araus.* i. c. 1); d'excommunier les fidèles de leur paroisse (Hieron. *Epist. ad Heliod.* — Augustin. *Epist.* cclv), en vertu d'une sentence de l'évêque; de visiter les malades, et de leur administrer le sacrement de l'extrême-onction (Innoc. I. *Epist.* viii. *Ad episc. Eugub.*); de bénir les maisons privées, tant à la ville qu'à la campagne (*Conc. Rejense.* an 479). De plus, comme ils s'étaient mis à célébrer dans leurs propres églises la liturgie psalmodique (V. l'art. *Liturgie*), il leur appartenait de choisir les *psalmistes*, soit les clercs chantres (*Concil. Carthag.* iv. c. 10); et dès le septième siècle ils augmentaient ou diminuaient à leur gré le nombre de leurs clercs, selon les rentes de leurs églises (*Concil. Emerit.* an. 666. c. 18), car ils avaient besoin du concours d'un certain nombre de clercs, attendu que dès le sixième siècle ils célébraient dans leurs propres *titres* la liturgie du sacrifice dans son intégralité. Bien plus, ils disaient quelquefois deux messes, l'une dans leur propre église, l'autre dans quelque oratoire compris dans la circonscription de leur paroisse; et cela pour satisfaire à la multitude des fidèles. Dès lors les évêques, regardant décidément les curés comme les coopérateurs de leur œuvre épiscopale (*Concil. Aquisgr.* ii. 5), leur livrèrent l'instruction des clercs attachés à leur titre, et placèrent sous leurs ordres les prêtres de leur paroisse, pour tout ce qui concernait la liturgie (*Capit. Car. Magn.* l. v. c. 49. 50) et l'inhumation des morts (Hincmar. Rem. *Capit.* t. ii. c. 49). Mais nous devons clore ici cette étude, qui a déjà dépassé les limites de l'antiquité proprement dite (V. les art. *Titres* et *Paroisse*).

D

DALMATIQUE. — La dalmatique est un vêtement sacré (Georgii. *Liturg. Roman. pontif.* l. i. c. 22) en usage dans l'Église depuis la plus haute antiquité. Les Romains l'avaient empruntée aux Dalmates, et adopté comme vêtement de distinction dès le deuxième siècle. L'Église l'adopta à son tour. Visconti pense (*De apparat. miss.* l. iii. c. 25) que l'application de ce vêtement aux usages ecclésiastiques a précédé S. Sylvestre, et André Du Saussay est du même avis (*Panopl. episc.* l. vi. c. 3 et 4). On sait, en effet, que S. Cyprien était vêtu de la dalmatique quand il alla au martyre. La dalmatique était très-ample, se prolongeait jusqu'aux talons ; elle avait de larges manches descendant jusqu'au coude seulement ; elle était toujours blanche dans le principe. On l'orna depuis de bandes de pourpre des deux côtés de la poitrine (Isid. Hisp. *Orig.* l. xix. c. 24). On peut voir des dalmatiques à peu près conformes au type primitif dans plusieurs mosaïques des basiliques romaines (Ciampini. *Vet. monim.* ii. tab. xxii-xlvii *et alibi.*), et mieux encore dans un verre à fond d'or donné par Boldetti (*Cimit.* p. 202), lequel fait voir un personnage agitant un *flabellum* autour de la tête d'un enfant assis sur les genoux de sa mère (V. ce verre à l'art. *Mariage*, II). Ici la dalmatique est richement ornée, et a sur les épaules des *calliculæ* renfermant une petite croix. Nous ne pouvons rien citer de plus ancien en ce genre. Un bas-relief de l'église de Santa Maria della Valle à Cividale, en Frioul, monument du huitième siècle, représente des personnages vêtus de dalmatiques qui ne s'éloignent pas de cette forme primitive (V. Mozzoni. *Tav. cronol.* sec. viii. p. 96).

La dalmatique fut de toute antiquité l'un des vêtements du souverain pontife quand il officiait pontificalement. Jean Diacre (*Vit. S. Greg.* c. 84) fait mention de la dalmatique de S. Grégoire le Grand. (V. en outre les ordres i. et iii. et iv.) De bonne heure, les papes furent dans l'usage de la décerner aux évêques, comme une distinction et une récompense; ceux-ci en faisaient quelquefois la demande au saint-siège, soit pour eux-mêmes, soit pour leurs diacres, dont les fonctions étaient des plus importantes dans la primitive Église. C'est ce qui semble du moins ressortir d'une lettre du pape Zacharie à Austrobert, évêque de Vienne (*Biblioth. vet. Floriac.* pars III. Lugdun. 1605) : *Dalmaticam usibus vestris misimus, ut quia Ecclesia vestra ab hac sede doctrinam fidei percepit, et morem habitus sacerdotalis, ab illa etiam percipiat decorem honoris.* Ici l'envoi de la dalmatique est représenté comme un gage de communion d'une Église particulière avec l'Église romaine. C'est pour un motif analogue que S. Grégoire l'accorda à S. Arey, évêque de Gap et à son archidiacre (Greg. lib VII. epist. 112. ind. II). On voit par là que dans la Gaule, tant que la liturgie gallicane fut en vigueur, c'est-à-dire jusqu'à Hadrien Ier, les diacres n'usaient pas, sans un privilège du souverain pontife, de la dalmatique, mais seulement de l'aube et de l'étole (V. Martène. *Anecdot.* t. v. p. 90). A cette époque, elle était l'insigne spécial des diacres de l'Église romaine, qui paraissent l'avoir reçue du pape S. Sylvestre pour remplacer le *colobium*.

Mais jusqu'au cinquième siècle il semble qu'elle ait été réservée aux évêques et aux prêtres ailleurs qu'à Rome, où les diacres la portaient. Le pape Symmaque l'accorda aux diacres de l'Église d'Orléans (*Vit. Cæsar. Arelat.* I, c. 21. — Cf. Pelliccia. I. p. 201), et ce n'est qu'au sixième siècle que l'usage en fut accordé généralement à tous les diacres.

Les évêques ont conservé la coutume de porter la dalmatique sous la chasuble à la messe pontificale (V. Ciampini. *De sacr. ædif.* tab. IV. — Sujet gravé à notre art. *Chasuble*), et des prêtres, dit Valfrid Strabon (*De reb. eccl.* c. XXIV) se crurent autrefois en droit d'en faire autant, sans qu'on voie qu'ils aient été pour cela improuvés soit par le pape, soit par les évêques (Boquillot. *Liturg. de la messe*. p. 146).

Dans les monuments antiques, la dalmatique est souvent attribuée à des personnages quelconques et même à des femmes, comme vêtement commun ; et il n'est pas rare qu'on la confonde, soit avec la simple tunique, soit avec le *colobium*. En voici un exemple, tiré d'une fresque du cimetière des Saints-Marcellin-et-Pierre *inter duas lauros* (Bosio. *Rom. sott.* p. 377). Le *colobium* et la dalmatique sont des tuniques talares ; mais la dalmatique a de larges manches, la tunique ordinaire des manches étroites, et le *colobium* ou n'en a pas

du tout, ou n'en a que de très-courtes, descendant jusqu'au coude tout au plus (V. Rubenius. *De re vestiar.* passim, et les gravures de notre art. *Colobium*).

DANIEL. — L'histoire de Daniel est une de celles que les premiers chrétiens ont le plus souvent reproduites sur leurs monuments de tout genre.

1° On sait que ce prophète avait empoisonné le dragon des Babyloniens (Dan. XIV. 22), le serpent sacré qui était adoré, non-seulement par ce peuple, mais aussi par les Égyptiens, les Tyriens, et d'autres nations encore, au rapport d'Hérodote (l. II. 44 et 45). Et nous devons signaler tout d'abord les monuments, assez rares, qui se rapportent à ce premier sujet. C'est en premier lieu un sarcophage du cimetière du Vatican (Bottari. tav. XIX. — Cf. Aringhi. I. 289). On y voit Daniel, vêtu de la tunique et du pallium, et debout devant un autel d'où s'élèvent des flammes, et présentant des deux mains étendues, au dragon qui s'enlace autour d'un arbre placé derrière cet autel, ces espèces de gâteaux qu'il avait composés avec de la poix, de la graisse et de la cire (Dan. XIV. 26), afin de tuer le dieu, ainsi qu'il s'était engagé à le faire, *sans épée et sans bâton* (vers. 25).

Cette composition est d'un goût si pur et si conforme aux meilleures traditions de l'art antique, qu'elle a fait supposer au docteur Labus qu'elle n'a pu être conçue que par un artiste chrétien du troisième siècle, lequel dut en emprunter le type au revers d'une médaille de Commode, représentant un serpent entourant un arbre des replis de son corps, tandis qu'on lui offre des libations sur un autel. Le même sujet se trouve sur un sarcophage de Vérone (Maffei. *Verona illustr.* part. III. p. 54), mais avec quelques variantes : ici le serpent n'est pas enroulé autour d'un arbre, il parait sortir d'un temple, en avant duquel est un autel. Un sarcophage d'Arles (Musée. n. 17) montre la scène d'une manière un peu différente. Daniel est représenté avant le fait ; il élève la main droite vers le ciel, en signe d'invocation sans doute, et le serpent est derrière lui, au pied d'un autel.

Un fond de coupe, publié pour la première fois

par le P. Garrucci (*Vetri.* III. 13), représente cette histoire avec cette intéressante circonstance que le Rédempteur est figuré derrière Daniel, qui, sur le point de présenter la pâtée mortelle au dragon sortant d'une caverne, se retourne vers le Sauveur dont il est la figure et de qui il attend sa force en cette circonstance critique, comme le dragon est la figure du serpent infernal.

2° La mort du dieu des Babyloniens valut au prophète d'être pour la seconde fois précipité dans la fosse aux lions (*Ibid.* v. 30), où il demeura six jours sain et sauf : et c'est là le sujet que reproduisent sans cesse les peintures et les sculptures des catacombes et en général les monuments de tout genre de l'antiquité chrétienne. Les premiers chrétiens s'étant interdit, comme nous aurons souvent l'occasion de le remarquer, toute représentation directe des souffrances et de la passion du Rédempteur, s'en dédommageaient par des allégories et des images symboliques destinées à leur rappeler ces douloureux mystères, et celle-ci est une des plus saisissantes (V. Hieron. *In psalm.* XVI). Elle avait aussi pour but de retracer à leurs yeux le symbole de la résurrection, dont l'espérance les soutenait au milieu des épreuves (Hieron. *In Zach.* IX). La figure d'Habacuc, apportant des aliments au prophète par l'ordre de Dieu (Dan. XIV. 32-33), manque rarement de compléter le tableau tracé par le texte sacré, et, dans un beau sarcophage du musée du Latran, on le voit même suspendu par les cheveux à la main de l'ange, selon le récit du texte sacré :

« L'ange du Seigneur le prit par le haut de la tête, et, le tenant par les cheveux, il le porta avec la vitesse et l'activité d'un esprit jusqu'à Babylone, où il le mit au-dessus de la fosse aux lions » (*Ibid.* 35).

Le sujet, représenté dans cette dernière condition, se voit aussi sur une tombe de Brescia (Odorici. *Monum. di Brescia.* — Cf. Le Blant dans le tome XXXV des Mém. des antiquaires de France, p. 77). La main de l'ange émerge du ciel figuré par sept étoiles, et le prophète offre à Daniel un pain et un poisson, double symbole de l'eucharistie. Voici cette sculpture.

Tous les bas-reliefs et toutes les peintures, si nous en exceptons deux ou trois, font voir Daniel dans un état de nudité complète. Pour trouver une dérogation à cet usage, Émeric David descend jusqu'au dixième siècle, où le ménologe de Basile présente le prophète vêtu. Nous pouvons, si je ne m'abuse, en rencontrer des exemples à des époques beaucoup plus reculées. Dans deux fresques du cime-

tière de Priscille, qui ne doivent pas dépasser le sixième siècle, Daniel paraît déjà avec une espèce d'écharpe, laquelle, tombant de l'épaule sur le flanc gauche et se rabattant sous le bras droit, vient remplir l'office de la feuille de figuier qui se voit dans les représentations d'Adam et d'Ève près de l'arbre de la science (Bottari. t. CLXVII-CLXX). Cette intéressante circonstance se remarque aussi dans la figure d'Habacuc du bas-relief de Brescia reproduit ci-dessus. On le voit aussi, dans un fragment de sarcophage d'un style bien meilleur que celui de ces fresques et sans doute plus ancien qu'elles (Id. CXCV), muni d'une ceinture disposée absolument comme celle qu'on donne communément au Sauveur en croix. Nous l'observons vêtu de la tunique ceinte et de la *penula* relevée sur les bras et retombant avec grâce par derrière, et de plus avec une chaussure montante, sur un très-ancien sarcophage de Ravenne décrit par Ciampini (*Vet. mon.* II. p. 7. tab. III). Le même prophète paraît encore vêtu d'une tunique à manches dans un médaillon de bronze de la collection du Vatican, où il n'est ni assis, selon le récit du livre saint, *sedens in medio leonum* (Dan. XIV. 39), ni debout, selon le type ordinaire, mais à genoux (Bottari. II. p. 26). — Un bas-relief d'un assez bon style, et probablement antérieur aux monuments des catacombes, trouvé à Djémila en Algérie, et publié par le commandant de la Mare (*Rev. archéol.* VI° an. p. 196), fait voir Daniel coiffé du bonnet phrygien, couvert d'un vêtement collant qui se prolonge jusque sous les pieds et forme chaussure, et sur lequel il porte un large manteau. Le sujet est ici fragmenté : la partie où devrait se trouver l'un des lions manque ; mais l'autre est traitée avec une certaine perfection.

Il est vêtu d'une tunique exomide dans une fresque tout à fait primitive du cimetière de Domitille (V. de' Rossi. *Bullet.* 1865. p. 42). C'est le plus ancien exemple connu de ce type. Afin que le personnage fût plus en évidence, l'artiste a eu l'ingénieuse idée de le placer sur un monticule.

Daniel dans la fosse aux lions est toujours vu de face, en attitude d'oraison, c'est-à-dire les bras étendus et quelquefois élevés vers le ciel, ainsi que les yeux (Ciampini. *Vet. mon. loc. laud.*). Deux lions seulement sont à ses côtés, bien que le texte sacré en mentionne sept. Le poëte Dracontius (*De Deo.* l. III. vers 183) décrit cette scène, sans doute d'après les peintures qu'il avait vues et qui sont celles que nous avons encore, ainsi que le fait observer son éditeur Arevalo (*Adnot.* in h. l.) :

Sæva Danielem rabies atque ira leonum
Non tetigisse pium, cui destinat insuper escam
Magna Dei pietas jejuno utroque leone.

Près de Daniel se trouve presque toujours, comme nous l'avons dit plus haut, Habacuc lui présentant des pains croisés ou *decussati*, ordinairement placés dans un vase (Bottari. tav. XLIX et *passim*) ; quelquefois on ne voit aux mains de ce personnage qu'un panier ansé (Id. LXXXIX et *alib*.). Dans le médaillon du Vatican, cité plus haut, Habacuc, de la main gauche étendue par-dessus les bords d'une barrière demi-circulaire entourant la fosse, offre à Daniel un petit vase en forme de nacelle renfermant des aliments dont on ne peut distinguer la nature ; et de la droite il porte, appuyé contre son épaule, le *pedum* ou bâton pastoral. Les aliments apportés par Habacuc à Daniel sont la figure du soulagement que les prières des vivants apportent aux âmes du purgatoire (V. Aringhi. II. 504) : c'est l'opinion d'un grand nombre de Pères. Ils sont aussi, comme il a été dit plus haut, la figure de l'eucharistie (V. l'art. *Eucharistie*). Mais du côté opposé se présente un autre personnage élégamment drapé dans le *pallium*, duquel sort une main étendue vers Daniel dans l'attitude de la bénédiction latine (V. l'art. *Bénir*), et peut-être simplement de l'allocution. Les interprètes laissent cette figure sans explication. Ne pourrait-on pas dire que l'intention de l'artiste a été de rappeler l'assistance de Dieu apaisant en faveur de son prophète la fureur des lions ?

Le sarcophage de Junius Bassus (Bottari. tav. XV) montre Daniel entre deux personnages portant à la main un volume roulé, au sujet desquels le texte sacré ne nous laisse pas dans la même incertitude : ils représentent sans aucun doute les satrapes qui avaient promulgué et appliqué au prophète (Dan. VI) une loi condamnant aux lions quiconque, dans l'espace de trente jours, adresserait

une demande à une divinité ou à un homme autre que le roi de Perse.

On pourrait, du reste, multiplier beaucoup les citations de singularités accompagnant ce sujet ; ainsi une peinture murale du cimetière des Saints-Marcellin-et-Pierre, où la fosse affecte la forme d'une sorte de nacelle ou de coffre oblong, dont le devant est évidé et la partie postérieure ressemble à un dossier (Bottari. tav. CXXII), et enfin un fond de tasse (Buonarr. II. 3) qui des deux côtés du prophète nu et les bras étendus, selon le type ordinaire, montre, à la place des lions, deux plantes en fleur. Le P. Garrucci publie un verre à peu près semblable (*Vetri*. III. 12). Le sujet de Daniel n'est pas fréquent dans les mosaïques ; il se voit cependant dans celle de la crypte des SS. Protus et Hyacinthe au cimetière de Saint-Hermès, mosaïque récemment découverte, mais malheureusement brisée : il ne reste qu'une partie du corps du prophète et la tête du lion (Marchi. *Art. crist. primit.* tav. XLVII. *a. b. c*). Il s'observe quelquefois même sur de simples pierres sépulcrales (Perret. v. XII. 3), sur des gemmes annulaires (Id. IV. XVI. 8), sur des lampes d'argile (Le Blant), et, ce qui est bien plus extraordinaire et difficile à expliquer, nous l'avons sur des agrafes de ceinturons mérovingiens trouvées surtout dans le Jura, dans la Suisse et la Savoie (Id. pl. XLII. n. 248. 251. 252). Mme Fèvre, de Mâcon, en possède plusieurs qu'a publiées M. de Surigny, antiquaire distingué de cette ville, à qui nous empruntons ce dessin.

DAUPHIN. — (Le lecteur, pour avoir une intelligence un peu nette de la matière de cet article, fera bien de lire auparavant l'article *Poisson*.) Parmi les différentes espèces de poissons que l'antiquité chrétienne employa pour symboliser le chrétien, on rencontre assez souvent le dauphin, tantôt enlacé à une ancre, tantôt isolé. Le premier se fait surtout remarquer sur les anneaux, le second sur les marbres.

1. — Le dauphin fut pris par les anciens comme l'emblème de la vélocité, parce qu'il est tellement agile, qu'il s'élance parfois jusque par-dessus les antennes des navires. C'est sans doute dans ce sens qu'on a donné la forme d'un dauphin au manche d'un style à écrire qui fut trouvé par Boldetti à l'intérieur d'un *loculus* chrétien (Boldetti. p. 532). On peut conjecturer avec toute vraisemblance que le défunt appartenait à la classe des notaires régionnaires qui écrivaient les actes des martyrs par signes abréviatifs, et avec une rapidité qui rappelle ce passage du quarante-quatrième psaume (vers. 2), lequel suppose évidemment que cette sorte de sténographie existait déjà chez les Juifs au temps de David : *Calamus scribæ velociter scribentis* (V. l'art. *Notarii*).

Cette idée de célérité que réveille naturellement l'image du dauphin a pu engager les premiers chrétiens à l'adopter comme emblème de la diligence avec laquelle ils doivent, selon la recommandation si souvent répétée dans les saintes Écritures, accomplir les œuvres du salut et se hâter vers la récompense proposée. C'est ainsi que, sur le *titulus* de Calimera, donné par Lupi (*Epitaph. Sev.* p. 53), on a figuré un dauphin, nageoires déployées et bouche béante, en signe d'un ardent désir, se dirigeant vers le monogramme représentant, comme on sait, le Christ lui-même. Ainsi encore, le tombeau d'une chrétienne nommée Redempta (Id. *ibid.* 185) fait voir un dauphin, dans les mêmes conditions de vitesse, s'avançant avec une colombe vers un vase ansé, symbole très-usité dans les monuments chrétiens pour dénoter Jésus-Christ, qui a dit de lui-même (Joan. vii. 53) : « Si quelqu'un a soif, qu'il vienne à moi et qu'il boive… et des fleuves d'eau vive couleront de son sein. » Sur les marches funéraires sont souvent deux dauphins se hâtant aussi vers le chrisme accosté de l'A et de l'ω (V. Millin. *Midi de la Fr.* pl. xxxviii. 8). Munter publie à son tour un monument de ce genre (tab. i. n. 24) ; ici néanmoins les nageoires des dauphins ne sont pas déployées, mais le dos arqué, ce qui est aussi chez cette espèce de poisson un signe de mouvement. Spanheim atteste (*De præstant. num.* dissert. iv. 12) que telle est leur attitude quand ils sautent dans la mer et nagent *vectoris instar*.

Par suite des choses extraordinaires et des traits si pleins de tendresse que Pline et Élien racontent du dauphin, on en est venu à prendre son image comme un symbole d'amour : Montfaucon donne (*Antiq. suppl.* t. iii. p. 174) une pierre annulaire où est gravé un dauphin avec cette épigraphe : PIGNVS AMORIS HABES. Ne serait-ce point pour cette raison que, sur la pierre sépulcrale d'un certain AMIANOC (V. Aringhi. ii. 327), le *quadratarius* a eu l'ingénieuse idée de graver un cœur au-dessus d'un dauphin ? Ce qui rend cette supposition tout à fait plausible, c'est que le même marbre a aussi une colombe avec la branche d'olivier.

Selon la remarque de Bottari (i. 77), on doit voir un emblème de la fidélité conjugale dans quatre dauphins qui figurent deux à deux de chaque côté de l'inscription du tombeau de BALERIA ou VALERIA LATOBIA : on est, ce semble, autorisé à le conclure par la scène représentée dans le corps du sarcophage, les deux époux se donnant la main (Bottari. tav. xx).

Nous plaçons sous les yeux du lecteur un monument analogue, mais d'un style plus élégant, emprunté à M. de' Rossi (*Inscr. christ.* n. 118).

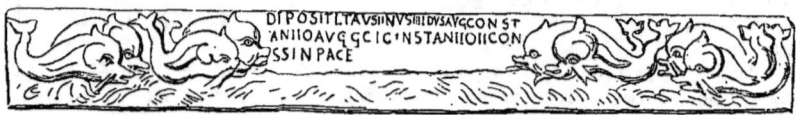

II. — Le dauphin est un des symboles les plus anciennement employés dans les sépultures chrétiennes. Le sarcophage de Ste Pétronille, qu'on a supposé longtemps avoir été la fille, au moins spirituelle, de S. Pierre, en est décoré, ainsi que les autres tombeaux du cimetière de Domitilla (V. de' Rossi. *Bullet.* 1865. p. 46). Le dauphin enlacé à une ancre se trouve particulièrement sur les anneaux des premiers chrétiens. Cette pratique fut sans doute inspirée par la prescription de S. Clément d'Alexandrie (*Pædag.* iii. 102), qui au nombre des symboles destinés à orner les anneaux place l'ancre qu'il appelle *nautique*, et qu'il veut semblable à celle dont Seleucus avait coutume de porter l'image sur le chaton de sa bague. Or le soin que prend ce Père de caractériser l'ancre de Seleucus par l'épithète de *nautique*, ἄγκυρα ναυτική, semble supposer qu'il ne s'agit pas d'une ancre simple et commune, mais d'une ancre jointe à une autre image, c'est-à-dire à celle du dauphin. Et, en effet, c'est dans de telles conditions que nous la voyons sur la plupart des pierres annulaires parvenues jusqu'à nous (V. Mamachi. *Antiq. Christ.* iii. 23. — Costadoni. tav. 33, etc.).

A propos d'une pâte de verre du musée Kircher, où est retracée une ancre avec un dauphin enlacé, le P. Lupi (*Dissert.* vi. t. i. p. 256) dit que, l'ancre étant le symbole de la croix, le poisson qui y est attaché doit représenter le Christ en croix, et il le conclut du mot grec ιχθς, gravé sur ce bijou. Polidori ne partage pas cet avis : il croit voir au contraire le Christ dans l'ancre et le chrétien dans le dauphin. En effet, que l'ancre ait été quelquefois employée comme symbole de Jésus-Christ, c'est ce qui ressort évidemment de deux gemmes, où, bien que l'ancre s'y présente seule, on lit néanmoins le nom du Christ pour en déterminer le sens. Telle est celle que publie Allegranza (*Monum. Milan.* p. 119. not. ii), et qui fait voir, outre l'A et l'ω, le sommet de l'ancre conformé de façon à figurer le monogramme. Telle encore celle qui se trouve dans Bottari (iii. 31. not. 11) ; après en avoir mentionné quelques-unes qui portent les initiales I, X, *Jesus Christus*, cet antiquaire en cite spécialement une présentant les initiales non moins significatives, quoique plus mystérieuses, Χριστὸς Βίος, *Christus Vita*. Nous estimons donc que, par la réunion sur les anneaux de ces deux symboles dont maintenant la signification nous est connue, on a voulu rapprocher, comme étroitement liés, l'ancre qui est le Christ avec le dauphin qui est le chrétien, et en déduire l'enseignement renfermé dans ce passage du soixante-douzième psaume (vers. 27) : « Mon bien est d'adhérer à mon Dieu, et de placer en lui toute mon espérance, » *Mihi… adhærere bonum est, ponere in Domino Deo spem meam*, et dans ce verset de S. Paul (1 *Cor.* vi. 17) : « Celui qui demeure attaché au Seigneur est un même esprit avec lui, » *Qui… adhæret Domino, unus spiritus est*. Le Christ et le chrétien ne sont qu'un. Quoi qu'il en soit de l'opinion de Polidori au sujet de la gemme du P. Lupi, nous maintenons l'interprétation que nous avons donnée, à notre article *Crucifix*, à une pierre du musée de

Vienne qui n'est pas sans une certaine analogie avec celle-ci.

On peut suppposer aussi que, par ces symboles, les premiers chrétiens voulaient se raffermir de plus en plus dans l'espérance que, d'après les promesses de Jésus-Christ, ils avaient de la félicité future du Paradis, espérance qui, à raison de sa fermeté et de sa stabilité, est appelée par S. Paul, non-seulement *fortissimum solatium*, mais encore sûre et stable ancre de l'âme, laquelle pénètre jusqu'aux portes qui sont derrière le voile, c'est-à-dire les portes du ciel (*Hebr.* VI. 19), *incedentem usque ad interiora velaminis*.

DAVID. — La seule représentation de David qui existe, à notre connaissance du moins, dans les monuments chrétiens primitifs, est celle qu'on remarque dans l'un des compartiments d'une belle peinture de voûte du cimetière de Calliste (Aringhi. I, 54. — Cf. Bottari. tav. LXIII.) et qui est ici reproduite. Le jeune héros a pour vêtement une tunique courte et ceinte, de laquelle il dégage son bras droit portant la fronde où brille la pierre destinée à tuer Goliath (1 *Reg.* XVII). Dans sa main gauche, on distingue les quatre autres pierres polies qu'il avait choisies dans le lit du torrent (*Ibid.* v. 40).

Faute de mieux, nous citerons encore une mosaïque d'un travail barbare et probablement d'une époque basse (Ciampini. *Vet. mon.* II. tab. II). David y est costumé à peu près comme dans le monument précédent, avec cette différence qu'il est muni de la gibecière dont parle le texte sacré. Goliath est armé d'un bouclier portant autour de son disque cette inscription :

SVM FERVS ET FORTIS CVPIENS DARE VVLNERA MORTIS.

« Je suis cruel et fort, avide de donner des blessures mortelles. »

Au-dessus de sa tête est inscrit son nom GOLIA. Celui de David se lit aussi dans le champ derrière lui, mais écrit verticalement :

D
A
V
I
D

De la bouche de David sortent ces paroles, tracées aussi perpendiculairement :

STERNITVR ELATVS STAT MITIS AD ALTA LEVATVS.

Ce qui est à peu près, au présent, le texte évangélique (Luc. XIV. 11) : *Qui se exaltat humiliabitur, qui se humiliat exaltabitur*, « qui s'élève sera abaissé, qui s'abaisse sera élevé. »

Les principaux événements de la vie de David, jusqu'à son avénement à la royauté, sont représentés, en douze compartiments, sur un coffre d'ivoire du trésor de la cathédrale de Sens (V. Millin.... *Midi de la Fr.* atlas. pl. IX, X et XI).

DÉMON, ET LES DÉMONIAQUES. — Le démon est ordinairement figuré sous la forme d'un serpent, selon le type révélé dans la *Genèse*. Les monuments de Rome le représentent rarement isolé, sauf cependant un fragment de verre du recueil de Buonarruoti (tav. I. 2), mais toujours avec Adam et Ève dans la scène fatale du péché originel, et tourné vers la femme qui fut séduite par lui, et non pas l'homme (1 *Tim.* II. 14). Mais il est probable que le fragment n'est qu'un petit médaillon détaché d'un verre, peut-être d'une patène de plus grandes dimensions, où la scène tout entière était représentée en plusieurs médaillons de même sorte, rapprochés les uns des autres. C'est M. de' Rossi qui, à l'aide d'un monument récemment découvert, a donné pour la première fois l'explication de ces petits objets, dont jusqu'ici on avait en vain cherché la destination (V. l'art. *Fonds de coupe* et l'art. *Adam et Ève*). M. Perret (II. pl. XLI) a publié une fresque du cimetière de Sainte-Agnès, où le démon tentateur est figuré avec un buste humain terminé par une queue de serpent. Sa tête, hideuse s'élève au-dessus de l'arbre, et il contemple ses victimes avec une joie féroce. Quelques sarcophages de la Gaule (Millin. *Midi de la Fr.* pl.

LVIII. 4. LXV. 4), d'une époque un peu plus basse, font voir le serpent enroulé autour d'un arbre, et menaçant de son dard de petites colombes dans leur

nid, ou les œufs de ces timides oiseaux. C'est le symbole du démon dans sa fonction principale, qui est de tendre des embûches aux hommes.

Les scènes d'exorcismes mentionnées dans l'Évangile se trouvent quelquefois figurées dans les monuments de différentes classes, mais seulement depuis le cinquième siècle. C'est à peu près à cette époque qu'appartient un ivoire de Ravenne (V. Gori. *Thesaur. vet. diptych.* t. III, tab. VIII) où Notre-Seigneur est vu délivrant un démoniaque. Cet infortuné a les bras et les jambes enchaînés, selon l'usage que nous fait connaitre le texte de S. Marc (c. v. v. 4). Le Sauveur étend sur le patient sa main droite disposée comme pour la bénédiction grecque (V. l'art. *Bénir*), ce qui n'est autre chose ici qu'un geste de commandement : *exi, spiritus immunde, ab homine* (Marc. ib. v. 8) ; et le démon s'élève au-dessus de la tête du possédé, paraissant sortir de son corps (V. la gravure ci-dessus).

Une mosaïque de S. Apollinaire de la même ville reproduit un autre fait du même genre : c'est celui que rapporte l'évangéliste S. Luc (c. VIII. v. 27 *seqq.*). Ici le démon s'appelait *légion*, et le Christ commande à cette légion d'envahir un troupeau de porcs qui se trouvait près de là. Le possédé se tient à l'entrée d'un tombeau qui lui servait d'asile, circonstance que nous révèle encore le texte sacré, *qui domicilium habebat in monumentis* (Marc. c. v. v. 3). Il est à genoux, et les mains étendues en témoignage de reconnaissance pour le Sauveur qui dirige

vers lui sa main et un regard plein de miséricorde ; Jésus est accompagné d'un de ses disciples. Derrière la grotte, on voit trois pourceaux qui se précipitent dans la mer.

DENARISMUS UNCIÆ. — V. l'art. *Clergé*, II, 3.

DESCRIPTIO LUCRATIVORUM. — V. l'art. *Clergé*, II, 3.

DEUIL CHEZ LES PREMIERS CHRÉTIENS. — L'esprit du christianisme, quant à la question présente, est tout entier dans ce texte de S. Paul (1 Thess. IV. 12) : « Nous ne voulons pas que vous ignoriez, mes frères, au sujet de ceux qui dorment, que vous ne devez pas vous abandonner à la tristesse, comme les autres qui n'ont pas d'espérance. »

Sans proscrire absolument une douleur qui est dans la nature, l'Apôtre veut que cette douleur soit dominée par la foi et adoucie par l'espérance, c'est-à-dire modérée dans le cœur et décente dans ses démonstrations. Ce qu'il réprouve, ce sont les excès de tristesse auxquels se livraient *les autres*, ce qui veut dire les païens, aux yeux de qui la mort était la fin de tout et le tombeau une maison éternelle, DOMVS AETERNALIS, comme portent leurs épitaphes désespérées.

Il nous plait de citer ici un beau passage de S. Chrysostome (*Homil.* XXII *In Matth.*) qui est le meilleur commentaire de la parole inspirée de S. Paul : « Que personne ne pleure sur les morts, que personne ne verse de pleurs : ce serait calomnier la mort du Christ, par laquelle la mort a été vaincue. Pourquoi ces vaines larmes, si tu crois que la mort est un sommeil ? Pourquoi te frappes-tu en signe de deuil ? Si les gentils le font, ils doivent être pris en pitié : si un fidèle pèche en ceci comme un infidèle, que répondra-t-il pour se justifier ? Comment osera-t-il demander pardon pour avoir nourri de tels sentiments, alors que depuis si longtemps il n'est plus chrétien celui qui doute de la résurrection ? Et toi, tu sembles prendre à tâche de rendre ce péché plus grand en convoquant des femmes incitatrices des pleurs, dont les chants lamentables viennent encore exciter et enflammer ta douleur. Tu n'entends donc pas Paul qui te crie : Qu'y a-t-il de commun entre le Christ et Bélial ? Quelle part entre le fidèle et l'infidèle ? »

Nous trouvons dans le recueil de M. Perret (vol. v. pl. LXII) une inscription renfermant une exhortation à la patience, entourée de formules bizarres : — SPERANTI. BONO. ANIMO. ESTO. DVLCIS. BONE. « Sperantius, sois d'un bon courage, cher et bon ami. » C'est peut-être une épouse qui, du fond de sa tombe, exhorte son époux à calmer la douleur que lui cause sa mort. L'inscription est grecque.

Voici le monument :

A gauche de l'inscription, vous voyez un canard sur le corps duquel on lit le mot ANATEC, homophone de *anates*, des canards, mais qui est ici pour le verbe ἄναθες, cesse A droite est un bœuf dont le corps porte le mot BOYAEIN, pour βοᾶειν, beugler. En réunissant les deux mots, on a ἄναθες βοᾶειν, cesse de crier, exhortation analogue à celle qui compose l'inscription (V.

Léon Rénier, notes à l'ouvrage de M. Perret. vol. vi. p. 178).

ⲤⲠⲎ ⲢⲀⲚⲦⲒⲈ ⲨⲮⲨⲬⲒ
ⲄⲖⲨⲔⲨⲤ ⲬⲢⲎⲤⲦⲈ

parmi les chrétiens, d'avoir de ces pleureuses gagées, dont la première s'appelait chez les Romains *præfica*, parce qu'elle était préposée aux autres pour leur donner le signal et le ton de leurs lamentations mercenaires.

Un autre usage païen, c'était de réitérer ce deuil le troisième, le septième et le neuvième jour, appelé *novemdiale*. Quelques-uns y ajoutaient encore le vingtième, le trentième et le quarantième jour, à chacun desquels se rattachaient des idées superstitieuses. Il est intéressant de voir comment S. Augustin réprimande les fidèles de son temps au sujet de ces restes de superstitions auxquels ils s'étaient livrés (*Quæst.* CLXXII *In Genes.*) : « Je ne sais si quelqu'un des Saints a jamais vu dans les Écritures des traces de la célébration du deuil de neuf jours, que les Latins appellent *novemdiales*. C'est là une pratique propre aux gentils, et dont je ne saurais trop détourner les chrétiens. » Il y avait cependant une coutume chrétienne qui consistait à continuer et à répéter les offices funèbres pour obtenir le repos aux âmes des défunts, et celle-ci, loin d'être blâmée, était encouragée par les Pères ; car elle émanait de l'initiative de l'Église elle-même. Ainsi, dans une lettre qui se trouve parmi celles de S. Augustin (*epist.* CCLVIII), Evodius, après avoir décrit les honorables funérailles qui avaient été faites à un pieux jeune homme, ajoute : « Pendant trois jours, nous avons loué le Seigneur par des hymnes sur son tombeau, et, le troisième jour, NOUS AVONS OFFERT LES SACREMENTS DE LA RÉDEMPTION. »

En adoptant certaines pratiques de l'antiquité, l'Église ne manque jamais de les vivifier par l'esprit chrétien : c'est ce que nous rencontrons à chaque pas dans l'étude de nos antiquités, et ici en particulier. L'auteur des *Constitutions apostoliques*, d'après les vieilles traditions dont il est, comme on sait, l'organe, fixe des offices funèbres au troisième jour, et encore au neuvième et au quarantième, mais il a soin d'en donner la raison. Nous ne saurions nous dispenser de citer ce beau passage (l. VIII. c. 112) : « Pour ce qui regarde les morts, que le troisième jour soit célébré par des psaumes, des leçons et des prières, en mémoire de CELUI qui est ressuscité le troisième jour ; de même le neuvième jour, en considération de ceux qui restent et de ceux qui ne sont plus ; encore le quarantième jour, conformément au type ancien, car le peuple de Dieu pleura Moïse quarante jours ; enfin, le jour anniversaire, pour leur mémoire. » Nous savons par S. Jean de Damas (*De his qui in fide moriuntur*)

S. Chrysostome condamne dans ces dernières paroles la coutume païenne, qui s'était continuée que cette discipline fut depuis retenue par les Grecs. Il n'existe pas de preuve qu'il en fût de même chez les Latins. Mais l'usage s'établit bientôt partout de célébrer *les mémoires* des morts pendant sept jours, et, en certains lieux, d'y revenir le trentième : c'est ce qu'on appelait l'office *septimum* et *tricenarium*.

Pendant les sept jours de deuil, les gens de la maison ne paraissaient point au dehors. Cet usage parait venir des Juifs, car si nous en croyons Buxtorf (*Lexic. Chaldaic. Talmud....* ad v. *Luct.*), les Juifs, pendant sept jours, restent enfermés à la maison, nu-pieds, ils pleurent, ne mangent point leur propre nourriture, mais celle que leur envoient leurs parents et amis, principalement des œufs, qui leur sont un symbole de la mort, laquelle, imitant la volubilité de l'œuf, qui est rond, frappe ses coups tantôt d'un côté, tantôt de l'autre.

Le même principe chrétien qui réprouvait les manifestations immodérées de douleur, soit par des pleurs, soit par la tristesse du visage, ne les proscrivait pas moins dans les vêtements : « Comme la mort de l'homme chrétien, dit Cyprien (*De mortalit.*), n'est autre chose que sa translation dans le ciel, il ne convient pas de prendre des habits noirs, alors que lui-même a revêtu des vêtements blancs. » Il faut dire cependant que d'autres Pères ne poussaient pas si loin la sévérité : les uns, regardant la chose comme indifférente, laissaient à chacun pleine liberté à cet égard ; d'autres, sans blâmer précisément le port des vêtements lugubres, pensaient qu'il était plus digne de la force et de la philosophie chrétiennes de les quitter après un laps de temps plus ou moins court. S. Jérôme (Epist. XXXIV. *Ad Julian.*) loue Julien de ce que, après avoir supporté d'un visage serein la mort de sa femme et celle de ses deux filles, il avait changé ses habits de deuil le quarantième jour de leur mort, *dormitionis earum*.

Les Pères eurent encore à s'élever contre plusieurs pratiques superstitieuses qui s'étaient glissées parmi les chrétiens à la faveur de l'ignorance. Telle était l'onction du corps par un prêtre, avant qu'il fût confié à la terre. Ceci parait avoir été surtout introduit par certains hérétiques dits *archontici*. Telle était encore la coutume de saluer le mort, ou de lui faire ses adieux, probablement par le baiser de paix, abus que condamna un concile d'Auxerre, du sixième siècle, ainsi que celle bien plus blâmable encore de donner aux morts la sainte eucharistie. Cette dernière profanation avait lieu en Afrique du temps de S. Augustin, et elle fut condamnée au troisième concile de Carthage (can. vi), auquel ce Père prit part.

DIACONESSES. — L'institution des diaconesses remonte au temps des apôtres (Zeigler. *De diaconis et diaconissis vet. Eccl.* xix), comme on le voit dans l'Épître de S. Paul aux Romains (xvi. 1). Elles sont appelées πρεσβύτιδες, *seniores*, par le concile de Laodicée (can. xi), et par S. Epiphane (*Hæres.* lxxix. n. 4), parce qu'on ne choisissait pour cet office que de vieilles veuves. On exigeait qu'elles fussent *veuves, mères; âgées de quarante ans au moins, qu'elles n'eusssent été mariées qu'une fois* (Tertull. *De virgin. et lib. Ad uxor.* c. 7).

Leurs principales fonctions étaient : 1° de présider les vierges et les autres veuves de l'Église (*Const. apost.* iii. 7); 2° de garder la porte par laquelle les femmes entraient à l'église, ou au *matroneum* (Id. xv. 19. — V. l'art. *Matroneum*); 3° d'instruire les catéchumènes de leur sexe; 4° d'assister l'évêque pour le baptême des femmes et de faire à sa place les onctions sur les parties du corps autres que le front (Id. iii. 15. — *Concil. Carth.* iv. 11); 5° de prendre soin des femmes pauvres et malades (Epiph. *loc. laud.* — Hieron. *ep.* ii *Ad Nepotian.*); 6° enfin, d'être présentes aux conversations secrètes de l'évêque, des prêtres et des diacres avec les femmes (Epiph. *Hæres.* lxxix). Dans les temps de persécution, les évêques leur confiaient des missions secrètes, et les envoyaient servir les martyrs dans les prisons, toutes les fois qu'ils ne pouvaient pas prudemment y envoyer les diacres (*Const. apost.* iii. 19).

Nous avons, dans les Constitutions apostoliques, sous le nom de Barthélemi (lib. viii. cap. 19 et 20), une formule de bénédiction des diaconesses : Περὶ διακονίσσης, Βαρθολομαίου διάταξις, *De diaconissa, constitutio Bartholomei*. Nous traduisons pour les lecteurs peu familiarisés avec le grec : « Quant aux diaconesses, voici ce que je constitue, moi Barthélémi : Évêque, tu lui imposeras les mains, en présence du presbytère, et aussi des diacres et des diaconesses; et' tu diras : Dieu éternel, Père de Notre-Seigneur Jésus-Christ, créateur de l'homme et de la femme, qui avez rempli du Saint-Esprit Marie (*Exod.* xv. 20), Debora (*Judic.* iv. 4), Anne (*Luc.* ii. 36), et Holda (iv *Reg.* xxii. 14); qui n'avez pas dédaigné de faire naitre d'une femme votre Fils unique (*Pseudo-Ignat. ad Antioch.* 12); qui, dans le tabernacle du témoignage et dans le temple, avez établi des femmes gardiennes de vos saintes portes; veuillez aussi regarder aujourd'hui votre servante ici présente, choisie pour le ministère (de diaconesse); et donnez-lui le Saint-Esprit; et purifiez-la de toute souillure de la chair et de l'esprit (II *Cor.* vii. 1); afin qu'elle exerce dignement l'office qui lui est confié, pour votre gloire et celle de votre Christ; avec lequel, gloire et adoration à vous, et au Saint-Esprit, dans les siècles. Amen. »

Au deuxième siècle, quelques diaconesses, non contentes de ces attributions, émirent la singulière prétention de remplir dans le culte chrétien l'office qu'exerçaient les vestales dans celui des idoles, c'est-à-dire d'encenser autour de l'autel et de toucher les vases sacrés, comme les vestales brûlaient de l'encens et tenaient le *simpulum* dans les sacrifices. Il fallut toute la sévérité des premiers pasteurs pour réprimer un tel abus, et le pape Sotère, qui siégeait en 173, rendit à ce sujet un décret qui est resté dans le droit (Can. *Sacratas*, xxiii dist.) : « Sotère pape, à tous les évêques d'Italie (*Epist.* xii). Il a été rapporté au siège apostolique que des femmes consacrées à Dieu, soit des religieuses, se permettaient, chez nous, de toucher les vases sacrés et les saintes palles : qu'une telle pratique soit pleine d'abus et digne de répression, c'est ce qui n'est douteux pour aucun homme sage. En conséquence, nous voulons, en vertu de l'autorité de ce saint-siège, que toutes ces choses soient radicalement supprimées, et cela le plus tôt possible; et de peur que cette peste ne se répande davantage, nous ordonnons qu'elle soit au plus tôt bannie de toutes les provinces.

La discipline des Églises orientales paraît avoir été moins sévère. La formule de consécration que nous avons donnée plus haut suppose comme une sorte d'ordination pour les diaconesses dans l'Eglise grecque en général; et nous savons, en effet, par le témoignage de divers auteurs et de plusieurs rituels cités par Jean Morin (*De sacr. ordin.* 6. 3. exerc. 10) que, entre autres cérémonies, on leur remettait en main le calice, afin qu'elles prissent elles-mêmes le précieux sang; mais elles le replaçaient aussitôt sur l'autel, sans le présenter à aucune autre personne. Elles avaient chez les Syriens des pouvoirs plus étendus, car, dit le même auteur, « il est permis (dans cette Eglise spéciale) aux diaconesses, non-seulement de recevoir le calice de la main du prêtre, mais encore, en l'absence de celui-ci et des diacres, d'administrer l'eucharistie à leurs sœurs dans les monastères, et même aux enfants, pourvu qu'ils n'aient pas atteint leur cinquième année. Elles ont encore le pouvoir d'essuyer et de laver les vases sacrés. »

Renaudot (*Liturg. orient.* 2. ii. p. 125) atteste cependant n'avoir rien observé de semblable dans la discipline de l'Église d'Alexandrie; ce n'est pas, à notre avis, une raison pour rejeter le sentiment de Morin, basé sur de si imposantes et si nombreuses autorités.

L'ordre des diaconesses subsistait encore en Orient au commencement du huitième siècle, mais on ne sait pas au juste à quelle époque il disparut tout à fait. La plupart des Églises latines l'avaient déjà abandonné au cinquième siècle, et au dixième elles n'en connaissaient plus même le nom (Zeigler. *op. laud.* xix. 35. 36. 37).

On voit, dans certains carrefours des catacombes, des sièges taillés dans le tuf et tout semblables aux chaires épiscopales, mais qui, à raison de leur position, ne peuvent être confondues avec elles. On regarde comme probable qu'ils ont servi aux diaconesses, que plusieurs fresques de ces cimetières présentent assises sur des sièges semblables (Cavedoni. *Ragguaglio crit. delle art. Crist.* p. 9). On croit reconnaître deux diaconesses, portant des aliments aux pauvres fidèles, dans deux femmes peintes au fond d'un *arcosolium* du cimetière de Saint-Hermès, ayant à la main l'une un plateau, l'autre un panier rempli de fruits ou de pains (D'Agincourt. *Architecture*. pl. XII. n. 16). Mais il est plus probable que ce sont de simples images décoratives.

Les collecteurs d'inscriptions nous ont conservé un grand nombre d'épitaphes de diaconesses. Nous trouvons dans le *Musæum Veronense* de Maffei (p. 179) le *titulus* d'une diaconesse nommée DACIANA, laquelle était sœur du prêtre VICTORINVS et de plus prophétesse.

> DACIANA DIACONISSA
> QVE. V. AN. XXXXV. M. III.
> ET. FVIT. F. PALMATI COS
> ET. SOROR. VICTORINI PRESBR
> ET. MVLTA PROPHETAVIT
> CVM FLACCA ALVMNA
> V. A. XV. DEP. IN. PACE. III. ID. AVG.

Nous ne devons pas dissimuler cependant que ce *titulus* est fort suspecté par les savants.

Fabretti (758, 659) transcrit une inscription votive à S. Paul où une diaconesse intervient avec son frère diacre : DOMETIVS DIAC || ... VNA CVM ANNA || DIAC. EIVS GERMANA HOC VOTVM BEATO PAVLO OPTVLERVNT.

En voici une autre, qui se place sous la date certaine de l'an 559 (Muratori. p. 424. VI) :

> HIC IN PACE REQVIESCIT D. M.
> THEODORA DIACONISSA QVÆ
> VIXIT IN SECVLO ANNOS PLM
> XLVIII. Q. XI. KAL. AVG. V. P. C. (*quinto post consulatum*)
> PAVLINI IVN. V. C. IND. II.

Daciana mourut à quarante-cinq ans et Théodora à quarante-huit ans. C'est donc par erreur qu'on a soutenu, d'après le texte de S. Paul, qu'il n'était pas permis de recevoir les diaconesses avant soixante ans. L'âge de quarante avait été fixé par le concile de Chalcédoine en 451, et nous avons vu plus haut que cette discipline était déjà en vigueur du temps de Tertullien. (V. pour plus de développements l'art. *Veuves-chrétiennes*).

DIACONICUM. — On désignait sous ce nom, dans les anciennes basiliques, un lieu, près de l'autel, où les diacres préparaient les vases et les ornements sacrés qui devaient servir au sacrifice. C'était là que les ministres s'habillaient et se déshabillaient. Ce lieu s'appelait aussi *scevophylacium*, et *bematis diaconicon*, pour le distinguer du *diaconicum majus*, qui était, à proprement parler, la sacristie, où les ornements et les vases sacrés étaient réservés hors le temps de la liturgie.

DIACRE. — Dans le Nouveau Testament, le mot διάκονος a quelquefois une acception générique, et désigne tous ceux qui étaient employés au saint ministère, même les évêques et les prêtres. Mais sa signification stricte et propre s'applique aux clercs placés au troisième rang de la hiérarchie, et qui assistaient les évêques et les prêtres dans les fonctions sacrées.

Ils furent donc institués, non-seulement pour présider aux tables de la communauté chrétienne, mais pour remplir un office liturgique, ainsi que le ministère de la parole. S. Étienne, le premier des diacres, exerça ce second ministère et fut lapidé pour l'avoir rempli avec zèle. Philippe, l'un des sept, prêcha l'Évangile, et baptisa l'eunuque de la reine Candace (*Act. apost.* VIII. 27 seqq.). On sait que S. Vincent fut ordonné diacre par l'évêque Valère qui, s'exprimant avec difficulté, se fit suppléer par lui dans le ministère de la parole.

Ils avaient encore pour mission de servir de témoins à l'évêque quand il prêchait, et de témoigner de la pureté de sa doctrine, s'il venait à être incriminé sous ce rapport par ses ennemis. C'est ce que nous révèle l'institution des diacres par S. Évariste (*Lib. Pontif. in Evarist.*) : *Ad custodiendum episcopum prædicantem, propter stylum veritatis*. Quelques mss. portent : *propter stimulum veritatis*.

Le nombre des diacres était proportionné à l'importance des églises. Cependant, pour suivre l'esprit de l'institution apostolique, on le fixa à sept dans la plupart des Églises de l'Orient et de l'Occident. L'Église romaine en avait sept au temps de S. Corneille, en 251 (Euseb. *Hist. eccl.* VI. 43). Prudence remarque la même chose au sujet de cette Église du temps de S. Laurent (*Peristeph.* II) et de celle de Saragosse du temps de S. Vincent (*Ibid.* V), c'est-à-dire sous Dioclétien. Le quatorzième canon du concile de Néocésarée ordonne qu'il n'y en aura pas davantage, même dans les plus grandes villes, et cite à l'appui les *Actes des apôtres*. Aussi S. Jérôme dit-il (*Epist.* LXXXV) que les diacres étaient fort considérés à cause de leur petit nombre. Mais comme il y avait beaucoup plus de sept diacres à Constantinople, même dans les églises particulières (Zonar. *In can.* p. 145), le concile *in Trullo*, pour éluder les prescriptions du canon de Néocésarée, prétendit (can. XVI) que les sept premiers diacres n'étaient que pour la distribution des aumônes, et n'avaient rien de commun avec les diacres attachés au service de l'autel.

Le diacre avait surtout la police de l'église (à l'intérieur). Ces fonctions sont énumérées dans un curieux passage des Constitutions apostoliques (II. 57), « que le diacre pourvoie au placement (des fidèles), de sorte que chacun de ceux qui entrent gagne sa place, et que personne ne s'arrête à l'entrée. De même qu'il surveille le peuple, afin que nul ne babille, ne dorme, ne rie, ni ne fasse des signes. »

Il n'entre pas dans notre plan d'énumérer toutes les fonctions des diacres, dans l'intérieur de l'église et au dehors. On trouvera tous les détails désirables à ce sujet dans Bingham (*Orig. eccl.* I. 304. seqq.), dans Selvaggio (*Op. et loc. laud.*), Pellicia (*De polit. eccl.* I. p. 50. seqq.), etc. On les appela quelquefois *martyrarii*, parce qu'une de leurs principales attributions était de garder les confessions des martyrs (Anastas. *In Sylvestr.*, et notre art. *Martyrarii*).

Dans les monuments antiques, les diacres sont représentés avec le livre des saints Évangiles (V. Buonarr. tav. XVI. 2), parce que leur office était de le porter et de le lire dans la liturgie, et avec la croix, qu'ils étaient aussi chargés de porter dans les cérémonies de l'Église. S. Laurent est peint avec ces deux attributs dans un verre doré (Bottari. tav. CXCVIII. 1), dans une mosaïque de Saint-Laurent hors des murs (Ciampini. *Vet. mon.* tab. XXVIII, et notre art. *Saint Laurent*), dans une fresque des thermes du pape Formose (Paciaudi. *De Christ. baln. in front.*), etc.

Les principaux vêtements des diacres étaient la tunique et l'étole, *stola*, qui était primitivement un manteau, placé d'abord sur les deux épaules des diacres, puis sur une seule, pour les distinguer des prêtres. On voit S. Étienne et S. Laurent avec l'étole sur l'épaule gauche dans la mosaïque déjà citée. On accorda plus tard aux diacres l'usage du *colobium*, puis celui de la dalmatique (V. les art. *Colobium* et *Dalmatique*).

De nombreuses inscriptions antiques mentionnent la qualité de diacre (V. Grut. ML. 8. — Boldetti. p. 415. — De' Rossi. I. 293 et *passim*) et son synonyme lévite (Gruter. MLV. 1). On lit sur l'autel de l'église de Minerve : RAGAMFREDVS LEVITA, WILLIELMVS LEVITA (V. Le Blant. *Autel de Minerve.* p. 15-20. etc.). Les auteurs anciens, entre autres S. Grégoire de Tours (*De glor. martyr.* 23 et *alibi*), Prudence (*Peristeph.* v. 31) désignent aussi fréquemment le diacre sous le titre de lévite. Un marbre romain du milieu du cinquième siècle (De' Rossi. I. p. 330) fait lire le nom d'un lévite, mais d'un lévite du siège apostolique : SEDIS APOSTOLICÆ LEVITES PRIMVS ; et il est dit plus loin que la vie de ce ministre de l'autel fut digne de son ministère :

```
. . . . ALTARIS FVIT ILLE MINISTER
NOMEN VT AEQVARET VITA DECORA VIRI.
```

(Pour plus de détails, V. Zeigler, *De diaconis et diaconissis Ecclesiæ.* Wittebergæ, 1678.)

Muratori enregistre une inscription offrant cette particularité intéressante que le défunt, qui très-probablement était un diacre, est désigné sous la dénomination de *ministrator christianus* :

```
FLA. SECVNDO. BENEMERENTI
MINISTRATORI. CHRESTIANO. IN. PACE
QVI. VIXIT. ANN. XXXVI. DP. III. NON. MAR.
```

DIEU. — I. — Dans les monuments chrétiens des premiers âges, l'idée ou l'intervention de Dieu le Père n'est jamais exprimée autrement que par une main isolée, sortant d'un nuage. Dieu, étant

incorporel, et partant invisible, ne se manifeste à nous que par ses œuvres. Aussi l'Écriture ne désigne-t-elle l'action de sa toute-puissance que par le mot de main : *manus fortis, manus robusta, manus excelsa. Dextera Domini fecit virtutem* (Ps. VIII. 4. — *Exod.* XIII. 19. XI. 25. — Is. XL. 12). Tel est aussi le style des écrivains ecclésiastiques : *Quum audimus* MANVS, dit S. Augustin (*Epist.* CXLVIII. 4), *operationem intelligere debemus*, « quand on dit MAIN, nous devons entendre opération. » Pour exprimer la protection divine qui rendit Constantin victorieux de ses ennemis, Eusèbe (*De laud. Constant.* x) dit que Dieu lui tendit la main du haut du ciel.

Tout ce qui ressemblait à une matérialisation de la Divinité répugnait essentiellement à l'esprit chrétien, et S. Augustin repousse par ces énergiques paroles toute pratique de cette nature (*Epist.* CXX. 13) : *Quidquid, cum ista cogitas, corporeæ similitudinis occurrerit, abige, abnue, nega, respue, fuge*, « tout ce qui peut, quand il s'agit de Dieu, réveiller l'idée d'une similitude corporelle, tu dois le chasser (de ta pensée), le renier, le repudier, le fuir. » Bien que, dans les premiers temps, l'hérésie des anthropomorphites ne fût pas encore née, de telles précautions étaient néanmoins nécessaires contre d'autres hérétiques, et contre les stoïciens, qui se figuraient un Dieu corporel ; elles avaient aussi pour but d'ôter aux simples et aux faibles toute occasion d'erreur en une matière si importante. Tels sont les principes qui portèrent les artistes, ou pour mieux dire les pasteurs sans l'autorité desquels rien ne se faisait dans l'Église, à adopter cette manière abrégée d'exprimer, dans les sculptures, les peintures, mosaïques, etc., l'intervention et la puissance de Dieu le Père.

Nous allons énumérer sommairement les principaux sujets où la main tient la place de Dieu.

1° Moïse recevant les tables de la loi sur le Sinaï. Ainsi en est-il dans un grand nombre de bas-reliefs, de fresques, etc. (V. Buonarruoti. *Vetri*. p. 1. — Bottari. tav. cxiii. cxv cxxviii. clix. clxxxix et *alibi*). Partout Moïse étend sa main pour saisir les tables, mais il ne les tient pas encore. Le sarcophage de Saint-Ambroise de Milan (Allegranza. *Sacr. mon. di Mil.* tav. v) présente cette particularité que la main divine, après avoir livré à Moïse ce précieux dépôt, reste étendue.

2° Moïse détachant sa chaussure, et Moïse frappant le rocher. Ces deux sujets se trouvent réunis dans une belle peinture publiée par Bosio et depuis par M. Perret (vol. i. pl. lvii). C'est le premier que la main domine, et elle tient lieu de la voix divine disant à Moïse (*Exod.* iii. 5) : « Ote ta chaussure, car la terre où tu marches est une terre sainte. »

3° Le sacrifice d'Abraham. Sur le point de frapper son fils, le saint patriarche dirige ordinairement ses regards vers le lieu où la voix de l'ange se fait entendre à lui (*Gen.* xxii. 11), et, à la place de cet envoyé céleste, auquel l'art chrétien primitif n'essaya jamais non plus de donner un corps, il voit la *main* de Dieu, qui quelquefois saisit le glaive (Bottari. tav. xv), et le plus souvent étend l'index vers Isaac (Allegranza. *ibid.* n. vi. — Perret. vol. ii. pl. lxi). Il faut remarquer encore que, dans presque tous les tombeaux bisomes, ces deux faits sont représentés, l'un à droite, l'autre à gauche du médaillon renfermant les bustes des deux défunts, de telle sorte que les deux mains divines se font pendant au-dessus (Bottari. tav. lxxxix).

4° Dans un des fragments des antiques mosaïques de Sainte-Marie Majeure, publiés par Ciampini d'après des dessins de la bibliothèque Barberini (Ciamp. *Vet. mon.* i. tab. lxii), on voit une main tenant une espèce de bouclier oblong figurant un nuage dans l'intention de l'artiste, et qui dérobe Moïse, Aaron et probablement Hur à la fureur de la multitude qui les accable de pierres. On reconnaît là, bien qu'un peu dénaturé, le fait raconté au livre des *Nombres* (xvi. 41 *seqq.*). La mosaïque de l'église de Galla Placidia à Ravenne (Ciamp. *Vet. mon.* i. tab. lxiv. 1), où est représenté Josué combattant les Amorrhéens, fait voir dans les nues une main qui, conformément au texte sacré (*Josue.* x), lance une grêle de pierres sur les ennemis du peuple de Dieu. La main divine, comme emblème de protection, se remarque fréquemment aussi dans les figures de la *Genèse* publiées par Lambèce, d'après un manuscrit grec de la plus haute antiquité, ainsi que dans le livre des *Juges* de la Vaticane (C. Buonarruoti, p. 5), dans le ménologe de Basile, et enfin sur quelques monnaies de petit module à l'effigie de Constantin, frappées après sa mort (Euseb. *De Vit. Constant.* iv. 73).

5° Le baptême de Jésus-Christ par Jean-Baptiste. La main paraît au-dessus de la tête de Notre-Seigneur ; mais ce n'est guère que dans les diptyques : les fresques, celles du cimetière de Saint-Pontien par exemple, les mosaïques, les pierres gravées, reproduisant ce sujet, n'ont ordinairement que la colombe. Dans un diptyque d'ivoire de l'abbé Trivulce, cité par Allegranza (*Monum. di Mil.* p. 59), la *main* bénit Notre-Seigneur au moment de son baptême, mais avec une disposition des doigts qui n'est ni la latine, ni la grecque (V. l'art. *Manières de bénir*). Ciampini (*Vet. Mon.* ii. tab. v) donne un bas-relief représentant le baptême d'Agilulfe, roi des Lombards, sur la tête duquel paraît une main sortant d'un nuage et tenant un volume grossièrement sculpté : la main signifie ici la toute-puissance de Dieu qui amollit les cœurs les plus durs, et le volume est le symbole de la foi.

6° La main divine tient quelquefois une couronne au-dessus de la tête des Saints, pour marquer que Dieu est le rémunérateur de la vertu. C'est ce qui se voit dans beaucoup de mosaïques de Rome et de Ravenne (Ciamp. *Vet. mon.* t. ii. tab. xvi. xxiv. xxxv. xlvii. liii), dans les figures du ménologe de Basile (C. Bottari, ii. p. 102) par exemple, aux fêtes de S. Ambroise, de S. Jean, archevêque de Sébaste, de S. Étienne, de S. Domitien : dans cet ouvrage, la *main* sort d'un globe et des rayons partent de ses doigts. (V. la gravure de notre art. *Couronne*, représentant le couronnement de Ste Euphémie.)

7° Certaines monnaies frappées après la mort de Constantin, où ce prince est vu transporté au ciel dans un char, offrent une main mystérieuse qui le reçoit (Euseb. *De Vit. Constant.* iv. 73).

8° Dans la célèbre mosaïque de Sainte-Sabine de Rome (cinquième siècle), une *main* sortant d'un nuage tient un livre suspendu au-dessus de la tête de S. Pierre, ce qui signifie la loi chrétienne descendue du ciel, et dont le dépôt était confié à cet apôtre (Ciampini. *Vet. mon.* i. tab. xlviii). Quelques médailles de papes des bas temps, entre autres celles de Victor II et d'Alexandre II, présentent un fait qui n'est pas sans analogie avec celui-ci : c'est une *main* leur remettant les clefs, ce qui exprime que la puissance des clefs donnée à S. Pierre et à ses successeurs émane du ciel (Bottari. ii. p. 147).

9° Nous citerons enfin une pierre gravée du Mans, où se voit l'église de cette ville entre ses deux patrons, S. Gervais et S. Protais, et surmontée d'un nuage d'où sort la main de Dieu avec cette inscription : DEXTERA (*Saggi dell' Academ. di Cortona*. t. VII. 41. tav. IX).

II. — Ce que nous venons de dire de la représentation de Dieu le Père sous le symbole de la main, s'applique en général aux monuments des quatre premiers siècles, où elle a été exclusivement de toute autre. Dans les siècles suivants, comme on l'a vu par plusieurs monuments cités plus haut, ce symbole continua à être en usage sans doute; mais nous ne saurions adhérer à l'opinion de la plupart des savants, Émeric David et Raoul Rochette par exemple, qui, par une distraction difficile à expliquer, reportent jusqu'au neuvième siècle les premiers essais de représentation de Dieu le Père sous forme humaine. Nous avons deux sarcophages, l'un du cimetière de Lucine, l'autre de celui de Sainte-Agnès (Bottari. tav. LI. LXXXVII), et qui ne paraissent guère postérieurs au quatrième siècle (V. Brunati. *Dissert. Bibl.* et *Annales philos. chrét.* t. XXI. p. 363), où le Seigneur figuré par un vieillard, ou un homme d'âge mûr, assis sur un rocher ou sur un siège recouvert d'une draperie, reçoit les offrandes d'Abel et de Caïn, et un troisième (Bottari. tav. LXXXIX) qui le montre, toujours selon le

même type, mais debout, ordonnant à Moïse de détacher sa chaussure pour s'approcher du buisson ardent. D'autres bas-reliefs des catacombes (Bottari. tav. LXXXIV. LXXXVII. LXXXIX) le représentent sous les traits d'un jeune homme (ce qui dénote la jeunesse éternelle, attribut essentiel de la Divinité), au moment où il condamne Adam et Ève au travail (*Gen.* III. 16. 17). Il remet à Adam des épis pour marquer que la nature de son travail consistera à cultiver la terre, et à Ève un agneau dont elle devra filer la laine, et qui est le symbole des soins domestiques qui seront son apanage et celui de son sexe.

Il y a au cimetière de Pontien (Bottari. tav. XLV)

une fresque représentant les martyrs Abdon et Sennen couronnés par une figure en buste sur un nuage. C'est à tort qu'on a cru voir dans ce personnage Dieu le Père, et, par une distraction inexplicable, nous étions nous-même tombé dans cette erreur (*Diction.* 1re édit.). Cette tête entourée du nimbe cruciforme ne peut être que celle de Jésus-Christ.

Les trois personnes divines sont représentées sur un beau sarcophage trouvé depuis peu à Saint-Paul hors des murs de Rome (V. ce monument et son explication à l'art. *Sarcophages*. V. aussi l'art. *Trinité*).

DIMANCHE. — I. — La substitution du dimanche au sabbat des Juifs, comme jour de repos et de prière, eut lieu huit jours après la résurrection du Sauveur arrivée « le lendemain du sabbat », *prima sabbati*. Jésus trouva ses disciples réunis, *erant discipuli intus* (Joan. xx. 26), pour célébrer cette glorieuse octave, qui fut dès lors appelée le *jour du Seigneur* (Apocal. I. 10) : « Je fus, dit S. Jean, ravi en esprit le jour du Seigneur, *die dominica*. » Après l'ascension, ils continuèrent à se rassembler avec leurs premiers disciples, « le jour d'après le sabbat, » *una sabbati* (Act. xx. 7), pour la fraction du pain, et pour les *collectes* (1 Cor. xv. 1. 2). Les successeurs des apôtres furent fidèles à cette tradition, et, au milieu même du feu le plus vif de la persécution, les martyrs ne se laissaient distraire de la célébration du dimanche par aucun péril ou obstacle (V. *Act. MM.* ap. Baron. *Ad an.* 303. n. 24. 43. 45. 46).

Le dimanche fut toujours regardé dans l'Église comme une commémoration de la résurrection du Sauveur (Justin. *Apol.* II), ce qui en a fait à proprement parler « le jour du Seigneur », *dies dominica*, ἡμέρα κυριακή. De là vient que chez les Grecs, et quelquefois même chez les Latins, le jour de Pâques est appelé (ap. Suidam) le « grand dimanche », μεγάλη κυριακή ou Ἀναστάσιμος. Il fut aussi nommé le *huitième jour* par S. Justin (*Ibid.*), S. Ignace, martyr (*Ad Magnes.* IX), et S. Irénée (Ap. Fabric. *Bibl. græc.*). S. Ignace le proclame (*Ibid.*) le roi et « le prince de tous les jours » : βασιλίδα καὶ ὕπατον πασῶν τῶν ἡμερῶν (Suicer. t. I. p. 183). Néanmoins, pour se conformer au langage reçu et le seul intelligible aux païens, les Pères ne dédaignèrent pas de lui laisser parfois son ancien nom de « jour du soleil », *dies solis*, ἩΜΕΡΑ ἩΛΙΟΥ (*Inscr.* ap. Le Blant. t. I. p. 355); et S. Ambroise (*Serm.* LXI) donne une explication plausible de cette licence apparente : « Le Sauveur, dit-il, comme le soleil levant, ayant secoué les ténèbres des enfers, surgit brillant de son tombeau. » Nous avons une inscription de l'an 403 (De' Rossi. I. p. 225. n. 529), où ce jour est désigné par son nom chrétien, DIE DOMINICA. C'est, croyons-nous, le premier exemple qui se rencontre sur les marbres datés, et ces exemples sont encore rares jusqu'à la fin du sixième siècle.

II. — Les premiers chrétiens commençaient la

célébration du dimanche dès « le soir du sabbat » ou samedi, *vespere sabbati*, et la continuaient « jusqu'au soir du lendemain », *usque ad vesperam dominici diei*, comme nous l'apprenons d'un anonyme imprimé dans les œuvres de S. Augustin (Append. 280). Ils s'associaient donc à la psalmodie des premières vêpres, et ensuite à celle de la nuit. Et enfin, le matin, ils assistaient, sauf le cas d'impossibilité absolue, au saint sacrifice. C'est pour cela que S. Chrysostome appelle quelque part le dimanche le *jour du pain* (Cf. Thomassin. *De dier. fest. celebrat.* l. ii. c. 1); car tous les fidèles participaient effectivement aux divins mystères. Ils se rendaient encore à l'église le soir, afin de terminer la fête par la psalmodie. Telle fut la discipline constante de l'Église des premiers siècles. Peu à peu néanmoins la ferveur se ralentit, les laïques commencèrent à ne plus assister qu'à l'office du matin, et laissèrent aux ministres de l'Église le soin de célébrer la psalmodie complète. Dès le quatrième siècle, les conciles durent même déjà porter des peines canoniques contre ceux qui s'abstenaient de toute la liturgie. Le concile d'Elvire en 305 (can. xxi), auquel bientôt s'associa celui de Sardique en 347 (can. xi), disposa que celui-là serait privé de la communion jusqu'à pénitence, qui, habitant la ville, aurait passé trois dimanches sans fréquenter l'église. Aux cinquième et sixième siècles, nous voyons l'Église s'armer d'une nouvelle sévérité pour arrêter les progrès du relâchement.

Le dimanche, dans l'antiquité, était non-seulement un jour de prière, mais un jour de joie et d'allégresse chrétienne. Aussi était-il défendu en ce jour de jeûner (Tertull. *Apol.* xvi), et de se mettre à genoux pour prier (Id. *De coron.* iii). On priait aussi debout tous les jours, depuis le jour de Pâques jusqu'à celui de la Pentecôte, en mémoire de la résurrection de Notre-Seigneur (V. l'art. *Prière*). Cette discipline était certainement en vigueur au temps de S. Ambroise (Serm. lvi. *De Pentec.*) et de S. Augustin (*Epist.* cxix. 17), et ce n'est qu'au septième siècle qu'elle cessa en Occident. L'un des plus essentiels exercices des fidèles, au jour du Seigneur, était l'audition de la parole divine qui leur était assidûment annoncée par les évêques (V. l'art. *Prédication*), et souvent deux fois dans la journée, comme l'attestent divers passages de S. Chrysostome, de S. Basile, de S. Augustin, etc.

Le dimanche était aussi sanctifié par la cessation de toute espèce de travail, sauf celui qui était commandé par la nécessité ou par le devoir non moins impérieux de la charité. Constantin donna la sanction civile à l'antique usage apostolique; et nous lisons dans le Code théodosien (L. *Solis.* xiii. c. *De feriis*) que « au jour du soleil, appelé à bon droit le jour du Seigneur par nos ancêtres, les procès et les affaires doivent cesser. » Cette loi fut renouvelée par Valentinien, Théodose et Arcadius (L. *Omnes.* vii. *ibid.*). Eusèbe (*Vit. Constantin.* iv. 18) rapporte deux lois de Constantin prescrivant la cessation de tout exercice militaire le dimanche. D'autres lois impériales étendent ces prohibitions à l'exercice de tous les arts et professions quelconques.

Outre les auteurs cités, on consultera avec fruit Arnold (*De antiquitate diei dominicæ*), et Franke (*De diei dominici apud veteres christianos celebratione*). (V. la Bibliographie en tête de ce volume.)

DÎME. — V. l'art. *Clergé*, I, 5.

DIOCÈSES. — I. — Au temps où commença la prédication apostolique, chaque ville, chez les Grecs comme chez les Romains, était placée sous le gouvernement immédiat d'un corps de magistrats pris dans son sein, et qui s'appelait βουλή ou sénat, ou bien encore, ordre et curie. L'un d'eux était supérieur aux autres en dignité, et les présidait sous le nom de dictateur ou de défenseur de la cité. Son pouvoir n'était pas restreint à l'enceinte de la ville, il s'étendait sur tout le territoire adjacent, dit προάστεια, c'est-à-dire *suburbia*, « territoire suburbain, » lequel se composait d'un nombre plus ou moins considérable de bourgs et de villages.

La première constitution de l'Église se modela sur ce type. Partout où les apôtres trouvèrent cette magistrature civile, ils établirent à côté une magistrature ecclésiastique semblable, à savoir un chef appelé tantôt apôtre, tantôt évêque, tantôt ange de l'Église, entouré d'un sénat nommé presbytère, parce qu'il se composait de simples prêtres, inférieurs au prélat par l'ordre et par le pouvoir. La juridiction de celui-ci embrassait toute l'étendue de terre soumise à la juridiction civile de la cité, et qui prit le nom de παροικία, « paroisse », et plus tard celui de diocèse. Il est probable que c'est selon ce modèle que S. Paul ordonna à Tite d'établir dans l'île de Crète des « prêtres », *presbyteros*, un pour chaque village, *per civitates* (Tit. i. 5), c'est-à-dire partout où existait la magistrature régulière dont nous avons parlé plus haut. La suite de l'histoire nous apprend que ces *presbyteri* n'étaient autres que des évêques, entourés de leurs prêtres, *seniores*, et dont l'ensemble formait le « sénat de l'Église, » *senatus Ecclesiæ*. Ainsi, pendant les trois premiers siècles, le cercle de la juridiction d'un simple évêque n'avait communément d'autre nom que celui de « paroisse », παροικία. On peut le voir employé dans ce sens par S. Épiphane (*Epist. ad Joan. Hierosol.*), par S. Jérôme (*Epist.* liii. *Ad Ripar.*), par les conciles d'Antioche (can. ix), d'Ancyre (can. xviii) et beaucoup d'autres des siècles postérieurs. C'est au commencement du quatrième siècle que le nom de *diocèse* commence à lui être substitué (*Concil. Arelat.* i. *epist. synod.*) d'une manière à peu près absolue.

Les villes de l'empire avaient aussi dans leur territoire suburbain des magistrats, mais subordonnés à ceux de la ville. L'Église de chaque cité eut à son tour dans les *oppida* et les *vici* dépendants de sa juridiction des ministres inférieurs, subordonnés à l'évêque de l'Église matrice, tant pour l'exercice de leur pouvoir que pour leur institution même, et obligés de lui rendre compte de leur gestion. C'est l'origine des curés (V. l'art. *Curés*).

II. — L'empire romain était divisé en provinces et en diocèses. La province se composait des villes de toute la région soumise à l'autorité d'un magistrat suprême, résidant dans la métropole : ce magistrat était ordinairement un préteur, un proconsul ou un autre fonctionnaire du même rang et de la même dignité.

Le territoire du diocèse était encore plus vaste, il embrassait plusieurs provinces, et sa métropole était la résidence d'un magistrat d'un ordre supérieur, dont la juridiction s'étendait sur tout le diocèse : il recevait les appellations et revisait les causes qui lui étaient soumises de toutes les villes de son territoire. Ce magistrat s'appelait quelquefois éparque, ou vicaire de l'empire romain ; celui d'Alexandrie portait le titre tout spécial de préfet impérial, *præfectus augustalis*. Les savants sont divisés sur la question de savoir à quelle époque remonte cette division. Ils pensent néanmoins unanimement que la division par provinces est plus ancienne que celle par diocèses. Celle-ci ne date que de Constantin ; la première, selon quelques-uns, remonterait jusqu'au temps de Vespasien ; d'autres l'estiment plus ancienne encore, et la croient contemporaine de la première constitution de l'Église.

Quoi qu'il en soit, il est certain du moins que le premier établissement de la juridiction métropolitaine et patriarcale fut calqué sur cette double division civile de l'empire. Chaque métropole devint la résidence d'un évêque dont la juridiction spirituelle s'étendit sur toute la province, et qui reçut le titre de métropolitain ou de primat, en sa qualité d'évêque principal de la province tout entière. Partout le siège de cet évêque fut attaché à la métropole civile, excepté en Afrique où le titre de primat était ordinairement attribué au plus ancien évêque de la province.

En second lieu, dans chaque ville principale, résidence d'un vicaire de l'empire, ou du moins dans la plupart, l'Église établit un exarque ou patriarche, auquel était attribuée la juridiction la plus étendue après celle du pape.

Ceci ressort avec la dernière évidence de la comparaison de la constitution ecclésiastique avec la constitution de l'empire. Ce parallèle a été dressé avec la plus grande justesse dans une notice de l'empire, rédigée, selon l'opinion commune, vers le temps d'Arcadius et d'Honorius, et qui a pour titre : *Notitia dignitatum utriusque imperii, Orientis scilicet et Occidentis, ultra Arcadii Honoriique tempora* (Genevæ. 1623). L'empire y est divisé en treize diocèses sous quatre préfets du prétoire, et en cent vingt provinces à peu près.

Nous ne possédons pas une notice de l'Église remontant à une si haute antiquité ; car celle de Léon le Sage (V. Bingham. III. p. 376) est beaucoup plus récente. Cependant si l'on compare les fragments qui nous restent des actes et des souscriptions des anciens conciles avec cette notice de l'empire, et ces deux classes de documents avec la notice postérieure de l'Église, on verra clairement que, comme l'empire, l'Église fut divisée en diocèses et en provinces. Elle plaça un exarque ou un patriarche à peu près dans chaque diocèse, et un métropolitain ou un primat dans chaque province. On peut voir dans Bingham (l. IX. c. I. § 6) un tableau comparatif qui présente l'appréciation de la division de l'Église telle qu'elle dut être sur la fin du quatrième siècle (V. les art. *Métropolitain, Patriarche, Primat, Exarque, Évêque, Pape*).

DIPTYQUES (Δίπτυχα). — I. — Ce mot est composé de δίς, « deux fois, » et πτύσσω, « je plie, » et, dans l'antiquité, il désignait, d'une manière générale, tous les objets qui se pliaient en deux. Homère (*Odyss.* N. vers 224) nomme ainsi un vêtement double. S. Augustin (l. XV *Contr. Faust.* c. 4) appelle diptyque de pierre les tables du Décalogue ; et S. Ambroise (*Hexameron*. l. V. c. 8), en parlant de la coquille bivalve de l'huître, dit que ce mollusque « ouvre son diptyque aux rayons du soleil », *contra solis radios diptychum illud suum aperit*. On fut donc naturellement amené à donner le même nom à une sorte de livre composé de deux tablettes qui, unies d'un côté par une charnière, se repliaient l'une contre l'autre ; et cette dénomination variait suivant le nombre de tablettes ou de plis dont le livre se composait : δίπτυχα, « diptyques, » τρίπτυχα, « triptyques, » πεντάπτυχα, « pentaptyques, » et après le nombre cinq, πολύπτυχα, « polyptyques. » Les diptyques étaient donc des espèces de pugillaires à deux panneaux, *bipatens pugillar*, dit Ausone (*Epigr.* CXLVI), disposés intérieurement de façon à recevoir de l'écriture ou de la peinture. On les appela encore tablettes portatives, manuelles, ou éphémérides.

Les diptyques étaient d'ivoire, de bois ou de métal, quelquefois d'ardoise, de membranes ou de papyrus ; il y en a eu d'or et d'argent. Les anciens y écrivaient leurs notes courantes, leurs affaires domestiques, et pour ne pas oublier ce qu'ils contenaient, ils portaient ces tablettes suspendues par une bandelette à la main ou à la ceinture. Les riches en avaient fait une affaire de luxe : ils portaient avec ostentation des pugillaires, comme aujourd'hui on porte des montres et autres bijoux. Wiltheim (*Dipt. Leod.* Append. p. 17) reproduit un diptyque de cette sorte composé de cinq tablettes d'ivoire, trois pour recevoir l'écriture, et les deux extérieures pour servir de couverture. On voit aussi dans son ouvrage des figures tenant

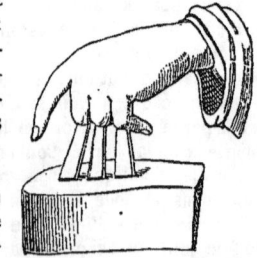

à la main des diptyques ou des pugillaires. Ces objets se trouvent quelquefois figurés sur les tombeaux, comme attributs de profession (V. Boldetti. p. 331; et Fabretti. p. 206).

Les anciens y écrivaient aussi leurs lettres : après avoir uni ensemble deux tablettes d'égale grandeur, on en garnissait l'intérieur avec de la cire, sur laquelle on traçait avec le style des caractères. Voici, d'après Bottari (1, *Frontisp.*) un fond de tasse de verre où est représenté un patricien écrivant avec un style dans un de ces pugillaires. Ce monument, dont il importe peu de rechercher l'origine, vient ici à propos comme exemple. Pélagie envoya à S. Nonnus une lettre de cette sorte, *transmisit diptychum tabularum*, et Jacques Diacre la rapporte tout au long dans les *Vies des Pères* (l. 1). Les pugillaires contenant une correspondance étaient ensuite scellés du sceau de la personne qui les envoyait.

Les diptyques étaient au nombre des objets que les anciens avaient coutume d'offrir à leurs amis comme apophorètes ou étrennes au commencement de l'année (V. l'art. *Étrennes*). Les consuls, et aussi, dit-on, les préteurs, les questeurs et les autres magistrats romains se faisaient surtout remarquer par ce genre de libéralités; ils en offraient à l'empereur, aux membres éminents du sénat, à leurs parents, à leurs amis; ils en distribuaient aussi au peuple pour se concilier sa faveur, surtout à l'occasion des jeux et des spectacles par lesquels ils inauguraient leur entrée en charge (V. l'art. *Étrennes*). On ne sait pas au juste à quelle époque remonte un tel usage pour les magistrats. Le plus ancien diptyque consulaire qui nous ait été conservé est attribué à Stilicon, et à l'an 405 (Du Cange, *Gloss. Græc.* ad voc. Δίπτυχον).

Les faces extérieures des diptyques étaient ornées de figures diverses, et le plus souvent de l'image même du personnage qui les distribuait. S'il était consul, il y paraissait avec la robe consulaire, le sceptre, la *mappa*, etc., et présidait les jeux du cirque représentés au-dessous de lui, comme on peut le voir dans le diptyque de Basile (Buonarruoti. *Vetri*. in fin.). Il est vraisemblable que les préteurs et les questeurs avaient aussi leurs diptyques, mais aucun ne nous a été conservé.

II. — Après ces préliminaires obligés, nous abordons notre tâche, qui est d'étudier l'origine ou plutôt l'introduction des diptyques dans le culte de l'Église primitive.

Or il y a ici deux questions, une question liturgique, et une question archéologique, qui demandent à être traitées séparément. La première a pour objet une pratique de la liturgie chrétienne, sans analogue dans l'antiquité païenne; la seconde, l'application à cette même pratique de l'instrument purement profane dont nous avons essayé de définir la nature et les principaux usages chez les anciens.

1° QUESTION LITURGIQUE. — A. — On peut, avec Salig (*De diptych.* p. 3), définir les diptyques ecclésiastiques : « Des tables publiques qui, dans la primitive Église, se lisaient du haut de l'ambon pendant le saint sacrifice, et qui contenaient les noms des offrants; ceux des magistrats supérieurs; ceux des clercs du premier ordre, de la même communion; ceux des Saints, martyrs ou confesseurs; et enfin ceux des fidèles morts dans la foi de l'Église, afin de marquer, par cette réunion de personnes, le lien étroit de communion et d'amour qui unit ensemble tous les membres de l'Église, triomphante, souffrante et militante. »

On a donné aux diptyques sacrés différents noms, exprimant sous toutes ses faces leur destination : ἱεραὶ δέλτοι, « tablettes sacrées » (*Ex act. concil. sub Numa*); ἁγίαι δέλτοι (Du Cange); μυστικαὶ δέλτοι, μυστικὰ δίπτυχα, « tablettes ou diptyques mystiques (Suicer. *Thes. eccl.*); » ailleurs, ἐκκλησιαστικοὶ κατάλογοι, « catalogues ecclésiastiques » (Coteler. *Monum. eccl. Græc.* t. II. p. 205. edit. Paris. 1677). On les nomma quelquefois *libri anniversarii, ecclesiæ matricula, liber viventium* ou *vitæ* (V. Donati. *De' dittici degli antichi.* p. 35).

Dans le principe, alors que le nombre des fidèles était encore restreint, les diptyques ecclésiastiques ne se composaient que de deux feuilles, et c'étaient des *diptyques* proprement dits. D'un côté étaient inscrits les noms des vivants, de l'autre ceux des morts. Plus tard, le nombre de ceux qui y devaient prendre place s'étant beaucoup accru, on dut multiplier les feuilles, de parchemin probablement; et on continua néanmoins à les appeler diptyques, parce que toutes ces feuilles étaient renfermées dans deux tablettes d'ivoire seulement, lesquelles à l'intérieur présentaient une surface plane, afin qu'on pût facilement soit les enduire de cire, soit y adapter des membranes.

L'origine des diptyques ecclésiastiques peut être fixée au deuxième siècle, si toutefois, comme l'ont soutenu plusieurs auteurs graves (V. Goar. *Not. ad miss. S. Joan. Chrysost.* p. 123), elle ne remonte pas aux temps apostoliques. Car S. Cyprien atteste que l'usage en était universel dans l'Église au troisième siècle. Le fait est établi du moins d'une manière indubitable pour le quatrième, car on sait qu'alors S. Jean Chrysostome fut exclu par plusieurs des diptyques de l'Église. Cet usage s'est conservé chez les Latins jusqu'au douzième siècle, et chez les Grecs jusqu'au quinzième (Donati. p. 79).

B. — Quelques écrivains, entre autres Du Cange et Allaci (*De consens. eccl.* l. III. c. 15), divisent les diptyques ecclésiastiques en trois classes, d'autres en deux seulement. Nous adopterons la division qui est indiquée dans la définition de Salig (*supra*).

1. *Diptyques des baptisés.* C'étaient, à proprement parler, les fastes de l'Église, puisqu'on y inscrivait jour par jour les noms de ceux qui devenaient ses enfants par le baptême. Salig pense que c'était une imitation des fastes civils où les noms des nouveaux citoyens étaient portés. Parmi les nombreux titres honorifiques qui furent donnés aux premiers chrétiens, figure celui d'Israélites mystiques, c'est-à-dire citoyens de la Jérusalem céleste comme les Israélites l'étaient de la Jérusalem terrestre. Et en effet S. Paul avait dit (*Galat.* IV. 26) : « Cette Jérusalem qui est en haut est une cité libre, et elle est notre mère, » *illa autem, quæ sursum est Jerusalem, libera est; quæ est mater nostra.*

2. *Diptyques des vivants.* Les principales classes de personnes qui y étaient mentionnées sont : le souverain pontife régnant, les patriarches, les évêques, les prêtres, les offrants, les bienfaiteurs de l'Église, les clercs de tous les ordres, les empereurs, les rois, les impératrices et les reines, et les autres personnages considérables. On y ajoutait les noms de quelques-uns des assistants, pour représenter le peuple dont il était impossible de nommer tous les individus. Tous les fidèles étaient ensuite compris dans une mention générale, comme le fait observer Alcuin, à propos de ces paroles du canon : *Memento, Domine, famulorum*.... (Ap. Baluz. *Capitul. reg. Franc.* t. II. p. 733). Les noms n'étaient point insérés pêle-mêle; il y avait une colonne ou un feuillet particulier pour chaque classe de personnes (Noris. *Diss. hist. loc. laud.*). A ces diverses séries de noms venaient se joindre les titres des conciles, des quatre grands conciles œcuméniques surtout, afin de témoigner du respect que l'on professait pour ces saintes assemblées, aussi bien que pour les constitutions dont elles ont doté l'Église. On croit que cet usage prit naissance au temps de Justin Ier (Donati. p. 57).

Les plus anciennes liturgies, ainsi que les diptyques primitifs qui sont arrivés jusqu'à nous (Fiorentini. *Vet. occid. martyrol. admon.* II), prouvent qu'on y insérait aussi le nom de la Ste Vierge, ceux des martyrs et des autres Saints. On a cru voir dans ce fait l'origine des calendriers, des martyrologes, des canonisations (V. ces trois mots). Donati pense (p. 64) que ceux des diptyques où étaient inscrits les noms des martyrs ont donné naissance aux calendriers, et ceux-ci aux martyrologes, beaucoup plus modernes dans l'Église, et que les diptyques des Saints ont produit les hagiologes ou légendes, car le diptyque est plus ancien que tous les calendriers, et les calendriers plus que tous les martyrologes.

3. *Diptyques des morts.* On y inscrivait en première ligne les noms de tous les évêques qui avaient gouverné l'Église où le diptyque devait être lu, et qui avait laissé un nom intact sous le rapport de la doctrine et des mœurs. On connaît une célèbre chasuble de Ravenne dont le *clavus* ou *pallium* était orné de médaillons représentant en peinture la série des évêques de Vérone (Mauri Sarti. *De vet. casula diptych.* Faventiæ. 1753) ; et cette chasuble fut appelée chasuble diptyque, sans doute à raison de ce catalogue (les noms sont inscrits au bas des portraits). Du Cange estime cependant (*Gloss. lat.* ad h. v.) que le nom de diptyque fut quelquefois donné aux chasubles en général, parce qu'elles s'ouvrent et se plient en deux parties (V. plus bas, n. IV).

On y ajoutait quelquefois les évêques étrangers, qui avaient laissé une grande réputation de sainteté. C'est à ce titre que le nom de S. Martin est inscrit dans la plupart des liturgies de l'Occident. Après les évêques étaient mentionnés les prêtres, puis les diacres, les clercs de tout ordre, et enfin les laïques et les femmes.

Après la proclamation des noms par le diacre, le célébrant récitait l'oraison appelée pour ce motif *oratio post nomina*, ou *super diptycha*. Mais il faut observer que la formule n'était pas la même pour les évêques que pour le commun des fidèles. Pour tous, le célébrant, selon la liturgie dite de S. Marc (Renaudot. *Lit. orient.* l. c. p. 150), priait en ces termes : *Horum omnium animabus dona requiem, Dominator Domine Deus noster, in sanctis tuis tabernaculis*, « Aux âmes de tous ceux-ci donnez le repos, notre Maître et Seigneur, dans vos saints tabernacles. »

Mais, quand il s'agissait des évêques, ou d'autres personnages illustres par leur sainteté, le peuple répondait : δέξα σοι, κύριε, *gloria tibi, Domine*. C'est ce qui arriva au cinquième concile œcuménique, où, après la proclamation des noms de Macedonius, de Léon le Grand et d'Euphémius, les fidèles s'écrièrent tout d'une voix : *Gloria tibi, Domine*. C'était un hommage public à leurs vertus, selon l'enseignement de S. Denys l'Aréopagite (*De eccl. hierarch.* c. III).

C. — Mais en quel lieu, à quel moment, et par qui se faisait la proclamation des noms inscrits aux diptyques? Martène assure (*De antiq. Eccl. rit.* c. IV. art. 8. n. 13) que, quand le prêtre était.

arrivé à cette partie du canon où devait avoir lieu la commémoration des vivants, le diacre ayant pris en sa main les tablettes sacrées, lisait à haute voix les noms qui y étaient inscrits. Il en était de même dans l'Église grecque, pour les vivants comme pour les morts (Chrysostom. *Apud Goar. In div. Chrysost. miss.* p. 62). Dans quelques Églises de la Gaule et de l'Espagne, cette proclamation suivait immédiatement l'offrande (Martène. *loc. cit.* n. 12). Aussi les livres liturgiques de ces deux contrées ont-ils toujours, après l'oblation du peuple, une collecte appelée *collectio post nomina*. En certains lieux, le diacre lisait les noms du haut de l'ambon; ailleurs, c'était du pied de l'autel. Dom Martène prétend que, dans l'Église latine, cette proclamation n'était faite ni par le diacre, ni du haut de l'ambon, ni à haute voix, mais que c'était le sous-diacre qui suggérait, à voix basse, les noms à l'oreille du prêtre, *recitante silenter subdiacono*.

Dans d'autres Églises, la lecture se faisait par le sous-diacre, derrière l'autel (Menard. *Not. ad Sacrament. Greg.* p. 264), et, aux messes privées, par le célébrant lui-même.

On fut aussi quelquefois dans l'usage de placer les diptyques sur l'autel avec les noms des offrants et des bienfaiteurs (Pamel. *Liturg. Gallic.* t. II. p. 180), et un fragment d'un ancien ordre romain (Mabillon. *Ord. Rom.* IV. fol. 61) fait lire deux oraisons destinées à être récitées, la première *super diptycios*, c'est-à-dire sur ceux qui étaient inscrits aux diptyques déposés sur l'autel, et l'autre *post lectionem nominum*.

Les diptyques des morts ont donné naissance aux nécrologes ou obituaires (V. l'art. *Nécrologes*), appelés aussi livres anniversaires, « notes des morts, » *schedæ emortuales* (Du Cange. ad voc. *Libr. anniv.*), et quelquefois livres de vie, où l'on conservait les noms des défunts, évêques, prêtres, clercs, bienfaiteurs, etc.

D. — Si l'inscription aux saints diptyques était un honneur insigne et fort recherché, par contre, rien n'était plus ignominieux ni plus pénible que de s'en voir exclu. Cette peine, qui s'appelait *expulsio* ou *rasura nominum e diptychis*, tirait, si nous en croyons Dodwel (*Disser. Cyprian.* v. § 18. p. 22), son origine de la Synagogue. Quoi qu'il en soit, les historiens de l'Église rapportent de fréquents exemples de ces sortes d'expulsions : elles étaient prononcées principalement contre les hérétiques, les schismatiques et tous les coupables de grands crimes. Et la règle était, en ceci, observée avec tant de rigueur, que personne ne pouvait s'en affranchir en s'abritant du prestige d'une dignité quelconque, d'évêque, d'empereur, etc. Bien plus, il arriva plus d'une fois que des prélats ou des princes, qui avaient été rétablis dans les diptyques après leur mort, soit par l'erreur, soit par la faiblesse de leurs successeurs, en étaient impitoyablement chassés de nouveau, dès que leur indignité était reconnue; et cette nouvelle radiation appartenait de droit au pape. Agathon exerça ce droit contre Pyrrhus, Sergius et d'autres encore (Anastas. Biblioth. *In Agathon.*). Évagre raconte (*Hist. eccl.* l. III. p. 34) que quelques Églises rayèrent le nom de l'empereur Anastase des saintes tablettes, parce qu'elles le soupçonnaient d'avoir été opposé au concile de Chalcédoine.

Les hérétiques usèrent souvent de représailles contre les vrais croyants, et de préférence encore contre les évêques orthodoxes, en les expulsant de leurs diptyques. C'est ce qui arriva à Proterius, évêque d'Alexandrie, de la part de Pierre Foulon, patriarche d'Antioche, qui était infecté des erreurs d'Eutychès. S. Chrysostome fut aussi, comme on sait, victime d'une pareille mesure.

Cependant l'expulsion des diptyques n'était point irrévocable, et si l'innocence de la personne exclue venait à être reconnue, on rétablissait son nom à la place qu'elle occupait précédemment. Il en fut ainsi pour S. Jean Chrysostome, et Théodoret (*Hist. eccl.* l. v. c. 34) attribue la réconciliation des Églises d'Orient avec celles de l'Occident au rétablissement de ce grand évêque dans les diptyques de l'Église de Constantinople, trente-cinq ans après sa mort. L'histoire ecclésiastique fournit plus d'un exemple de pareilles réintégrations (V. l'art. *Excommunication*, à la fin).

2° QUESTION ARCHÉOLOGIQUE. Le cardinal Noris (*Dissert. hist. de Syn.* v. c. 5), et, après lui Salig, un des plus savants archéologues qui aient écrit sur cette matière (*De origin. diptych. in Eccl.* c. II) ont affirmé que les diptyques ecclésiastiques tirent leur origine des profanes. Cela veut dire que, pour écrire ou renfermer ses catalogues sacrés, l'Église primitive adopta des couvertures d'ivoire, de bois ou de métal semblables à celles qui étaient en usage chez les anciens, dans la vie commune; et on ne saurait guère se refuser à admettre une telle supposition. Mais l'Église eut-elle tout d'abord des diptyques chrétiens, confectionnés pour son usage, ou bien commença-t-elle par se servir des diptyques consulaires qu'elle avait sous la main? Il est certain qu'elle employa les uns et les autres; mais la question de priorité nous parait difficile à résoudre, car il existe des diptyques purement ecclésiastiques aussi anciens que les premiers diptyques consulaires connus.

Quoi qu'il en soit, il ressort de là une division toute naturelle : Diptyques ecclésiastiques, et diptyques mixtes.

A. — *Diptyques purement ecclésiastiques*. Ce sont ceux qui ne furent jamais employés à d'autre usage qu'au service de l'Église, et furent faits originairement pour elle. Ils sont faciles à reconnaître aux figures qui décorent leurs faces extérieures, et qui sont exclusivement chrétiennes, sujets tirés de l'Ancien et du Nouveau Testament, images de Notre-Seigneur, de la Ste Vierge et des Saints, etc.

Prudence a composé un poëme intitulé Δίπτυχον, où sont décrits en autant de tétrastiques les faits les plus mémorables des deux Testaments. Rien assurément ne serait aussi précieux pour l'objet qui nous occupe, si, comme l'affirme Buonarruoti

(*Vetri*, p. 10), ce poëme était la description d'un véritable diptyque existant au quatrième siècle. Et la chose n'est certainement pas impossible, car la cathédrale de Milan possède un magnifique monument de ce genre (V. Bugati. *Memorie di S. Celso. in fin.*), que, eu égard au style et au caractère de ses sculptures, les savants ne font pas difficulté d'attribuer à la même époque, tandis que le plus ancien diptyque consulaire qui soit arrivé jusqu'à nous, celui de Stilicon, ne remonte pas au delà de l'an 405.

Parmi les plus remarquables diptyques originairement ecclésiastiques, on cite encore :

1. Celui de Fulde, qu'on regarde comme beaucoup plus ancien que le nécrologe de la même abbaye publié par Leibniz. Il fait lire, dans l'intérieur de l'un de ses panneaux, une liste de vingt et un rois ou princesses de la race carolingienne; dans l'autre, les noms de vingt évêques; et au-dessous, ceux de huit comtes. Comme les noms du premier panneau, qui ont pour nous un grand intérêt historique, pourraient, dans leur forme tudesque, n'être pas intelligibles à tous les lecteurs, nous avons cru devoir déterminer les noms des princes avec leurs titres et la date de leur mort, par des notules entre parenthèses.

NOMINA DEFUNCTORUM
REG.

PIPIN. REX. (Le roi Pépin le Bref, † 768.)
KARLUS IMP. V. KAL. FEB. (L'empereur Charlemagne, † 28 janvier 814.)
BERATHA. (Berthe ou Berthrade, épouse de Pépin le Bref, † 783.)
HILTIGART. (Hildegarde, 1ʳᵉ épouse de Charlemagne, † 782.)
GISLA. (Gisèle, fille de Pépin, religieuse à Chelles.)
FASTRAT. (Fastrade, 2ᵉ épouse de Charlemagne 783, † 794.)
IRMIXGART. (Ermengarde, fille de Didier roi des Lombards ?)
LUITGART. (Luitgarde, 3ᵉ épouse de Charlemagne, † 800. S. P.)
KARL. (Charles, fils aîné de Charlemagne, † S. P. 811, roi de la France orientale.)
PIPIN. (Pépin (Carloman), fils de Charlemagne, roi d'Italie 781, † 810.)
PERNHART. (Bernard, fils naturel du précédent, roi d'Italie 812, † 818.)
HRUODTRUD. (Rotrude, fille de Charlemagne, comtesse du Maine. † 810.)
HLUDOVICH IMP. XI. KAL. JUL. (L'empereur Louis Iᵉʳ le Débonnaire, † le 21 juin 840.)
HLUDERI REX III. KAL. OCT. (Le roi Lother (Lothaire Iᵉʳ), fils du précédent, † le 29 sept. 855.)
HLUDUUVIC. (Louis le Germanique Iᵉʳ, frère du précédent, roi de Germanie, † 876.)
KARAL. (Charles II, le Chauve, frère des précédents, † 877.)
KARALMAN. (Carloman, fils de Louis le Germanique Iᵉʳ, roi de Bavière et d'Italie, † 880.)
HLUDUUVIC. (Louis le Germanique II, frère du précédent, roi de Saxe et de Bavière, † 882.)
HEMMA REGINA. (La reine Emma, épouse de Louis le Germanique Iᵉʳ, † 876.)
KARL. IMP. OBIIT. (L'empereur Charles III le Gros, décédé 888.)
GISILA. (Gisèle, fille de Louis le Débonnaire, duchesse de Frioul, mère de Béranger Iᵉʳ, roi d'Italie, morte 867.)

NOMINA DEFUNCTORUM
EPISC.

LUL Episcopus
RICCHOLF Episcopus.
HEISTOLF Episcopus.
ORGER Episcopus.
HRABAN Ep. et Mon. 11 non. Freb. (Raban Maur).
KARL Episcopus.
LUITRAHT Archi-Episcopus.
ANSGER Ep. et Mon. 11 non. Freb.
HEMMO Episcopus.
REGINHERI Episcopus.
EDONI Episcopus.
THEOTMAR Episcopus.
ERCANBRAHT Episcopus.
VVOLFGER Episcopus.
HUUNPRAHT Episcopus.
GROZUALD Ep. XII. Kal. oct.
SAMUEL Ep. VIII. Id. Freb.
THEOTRICH Episcopus.
MANCUUART Episcopus.
PACIFICUS Episcopus.

BERNHART Comes.
VUILLIHELM Comes.
ASIS Comes.
BEFFO Comes.
HESSI Comes.
ALBUUIN Comes.
THACCOLF Comes.
ADALBRAHT Comes.

2. Celui d'Amiens, rapporté par Salig (cap. XX. n. 27), contient un long catalogue de noms, d'où ressort la preuve de la continuation de l'usage de noter dans les diptyques les noms des morts et ceux des confesseurs : *Memento etiam, Domine, et eorum, nempe Firmini confessoris, Honorati, Salvii, Berhundi.... qui nos præcesserunt cum signo fidei, et dormiunt in somno pacis.*

3. Celui de Trèves, donné par Wiltheim (*Op. laud.* fol. 29). C'est un fragment assez considérable de parchemin, autrefois renfermé dans un diptyque d'ivoire, contenant les noms d'un grand nombre de personnages illustres, à commencer par ceux d'Othon le Grand, de sa femme Adélaïde, de Brunon, archevêque de Cologne, et de Wilhelm, archevêque de Mayence et frère de l'empereur ci-dessus nommé.

4. Celui d'Arles, qu'a publié Mabillon (*Veter. analect.* p. 220), primitivement renfermé dans un très-ancien manuscrit du sacramentaire de S. Grégoire, fait pour l'usage de l'Église d'Arles. A la fin de la messe sont inscrits les noms des évêques de cette ville, et pas d'autres : c'est ce qui fait croire au savant éditeur qu'il avait été confectionné exprès pour cette Église. Cette liste est très-curieuse, les noms des Saints y sont précédés d'une croix.

5. Celui de Rambona, monastère des Marches, dont l'explication se trouve à la suite de l'ouvrage de Buonarruoti sur les verres dorés. Bien que du neuvième siècle seulement, ce monument est très-

précieux au point de vue archéologique. On voit sculptée à l'extérieur l'image de Jésus crucifié, et au-dessous de la croix la louve allaitant Romulus et Rémus. Sur l'autre tablette est Marie assise avec l'enfant Jésus sur ses genoux et accostée de deux anges; au-dessous trois personnages en dalmatique. L'intérieur est orné d'images peintes.

6. Il existe un grand nombre d'ivoires sculptés pour diptyques qui servent aujourd'hui de couverture à des manuscrits de livres saints. Ainsi, à la bibliothèque Vaticane, une tablette de ce genre recouvre les Évangiles de S. Luc et de S. Jean. Jésus-Christ est représenté assisté de deux anges; on y voit aussi les Mages devant Hérode.

La cathédrale de Verceil possède un évangéliaire revêtu de deux tablettes d'argent, offertes à cette église par le roi Béranger, et décorées de saintes images.

L'église de Saint-Maxime de Trèves a aussi un épistolaire relié avec un diptyque d'ivoire.

Nous ne devons pas oublier le diptyque de Besançon, composé d'une seule tablette semblable à celle du Vatican.

On cite encore un diptyque de la bibliothèque Barberini; mais les figures dont il est orné attestent qu'il appartient au moyen âge. Si nous voulions anticiper sur cette époque, nous aurions à parler d'un grand nombre de monuments du *Trésor* de Gori (*Thesaur. vet. diptych.* 3 vol. in-f°) et de magnifiques diptyques grecs donnés par Paciaudi dans son ouvrage sur le culte de S. Jean-Baptiste, etc.

B. — *Diptyques mixtes*, de consulaires devenus ecclésiastiques. En passant à l'usage de l'Église, ils conservaient leurs bas-reliefs profanes, en totalité ou en partie. Voici quelques-uns de ces diptyques.

1. Le diptyque d'Asturius, consul en Occident en même temps que Protogène en Orient, l'an 449. Il se conserve dans la basilique de Saint-Martin de Liége, où il sert de couverture à un évangéliaire. Donné par Wiltheim (*Append. ad Diptych. Leod.* c. 1).

2. Nous plaçons ici, pour suivre l'ordre chronologique, l'intéressant diptyque du consul Areobindus le jeune, qui obtint les faisceaux en Orient en 506 de Jésus-Christ, la neuvième année du pontificat de Symmaque, la seizième de l'empereur Anastase (Baron. *Ad an.* 506), et eut pour collègue en Occident Messala. Ce monument, qui appartenait aux archives métropolitaines de Lucques, a été publié par Donati (*Dittici degli ant.* p. 149). En voici la reproduction très-réduite.

Le diptyque se compose de deux tablettes d'ivoire, réunies par trois gonds de cuivre au milieu desquels passe une clavette de même métal. Chacune des tablettes porte deux cornes d'abondance croisées à leur base, et autour desquelles s'enroulent deux tiges de vigne ou de lierre: l'imperfection du travail laisse douteuse l'attribution de cet ornement accessoire. Deux tiges du même arbuste sortent de ces cornes d'abondance et vont se réunir sous le cartel de l'inscription. Au centre est tracé le monogramme du nom du consul, sur-

monté d'une petite croix. En bas sont deux corbeilles pleines de fruits et de fleurs. Tous ces sujets sont sculptés en bas-relief, l'épigraphe seule est gravée en lettres majuscules inégales. Sur le premier panneau, on lit: FL. AREOB. DAC. AL. AREOBINDVS VI : *Flavius Areobindus Dagalaifus Areobindus vir illustris.* Sur le second : EXC. S. STAB. ET M. M. POR. EXC. CO. ORD : *Excomite sacri stabuli et magister militiæ per Orientem exconsule consul ordinarius.*

Le nom d'Areobindus est répété deux fois, afin, pense-t-on (Donati. p. 156), de le distinguer de son père, qui fut consul en 434 : cela équivaut à Areobindus junior. Il est appelé *vir illustris* : c'est le nom que l'on donnait aux consuls sur les diptyques ; il équivalait à *clarissimus*. La charge de *comes sacri stabuli* n'est autre que celle qui plus tard fut désignée par le mot de *connétable*. Aréobinde était encore général des armées d'Orient, *magister militiæ per Orientem*. Le mot *exconsul* signifie qu'il avait déjà été consul avant l'année 506, où il l'était de nouveau, et qui est sans doute celle où il distribua ce diptyque, car une loi de Théodose et d'Arcadius (*Cod. Theod.* l. xv. t. 9. l. 1) avait prescrit que, eu égard à leur prix élevé, les diptyques ne seraient donnés que par les consuls ordinaires.

3. Le diptyque d'Anastase, consul en Orient l'an 517. Il appartient à l'église de Saint-Lambert de Liége. Wiltheim, qui le décrit, dit qu'il est formé de deux tablettes d'ivoire fixées sur des planchettes de bois et terminées à leur partie supérieure en *delta*, Δ. Ce diptyque d'une grande magnificence, représentant le consul sur son siège curule avec tous les attributs de sa dignité et de plus l'amphithéâtre et les jeux, fut donné à cette

basilique au sixième siècle, par l'empereur Anastase, encore simple particulier. Quand il eut passé au service de l'Église, on y grava, en quarante-deux lignes à peu près, l'oraison du canon qui commence par le mot *Communicantes*.

4. Le diptyque de Bourges, venant du même con-

sul Anastase. On croit que les noms des évêques de Bourges furent inscrits à l'intérieur.

5. Celui de Boëce, composé de deux panneaux d'ivoire, qui portent encore les traces de la fibule qui servait à les fermer. Le consul est vu debout sur l'une de ces tablettes, l'autre le montre assis.

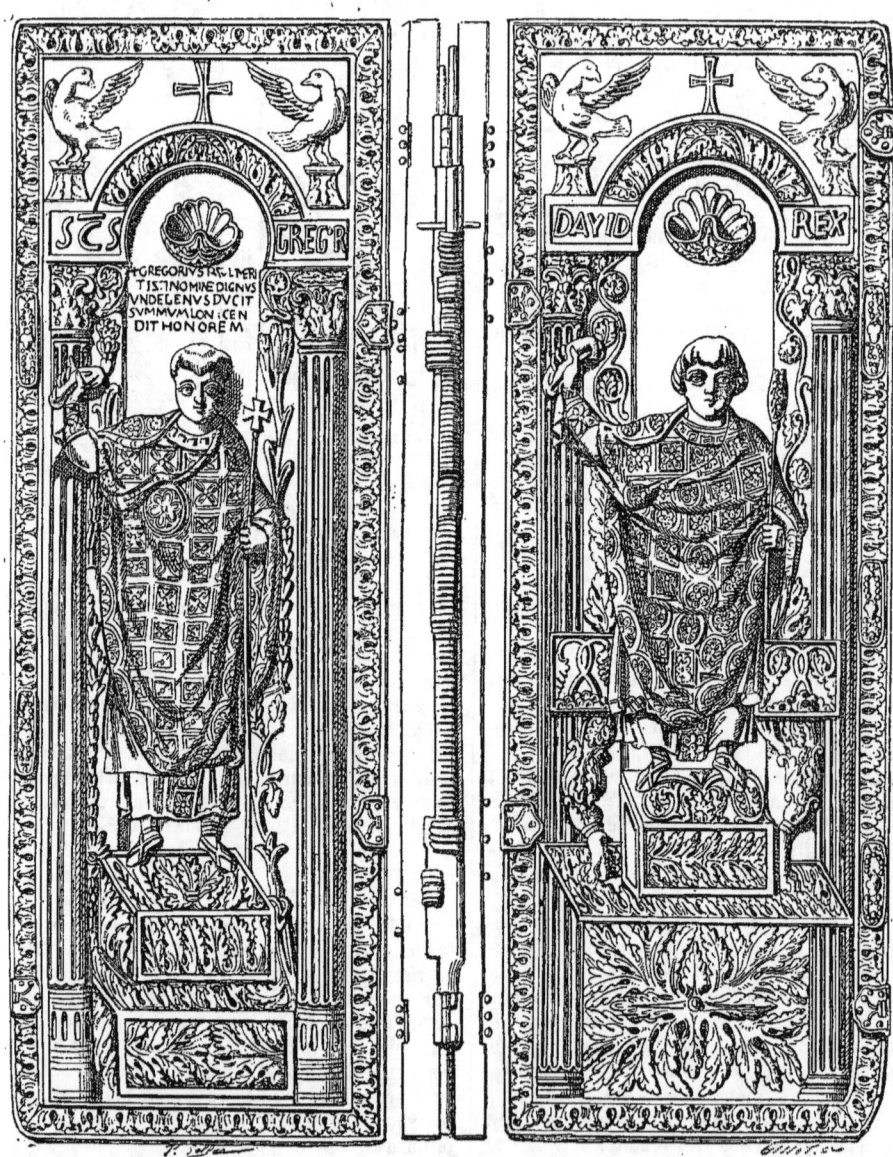

Devenu ecclésiastique, ce diptyque reçut à l'intérieur une peinture représentant, sur fond d'azur, et selon le type antique, d'un côté la sépulture de Lazare et sa résurrection par Notre-Seigneur, de l'autre les figures en pied de S. Jérôme, de S. Augustin et de S. Grégoire le Grand.

6. Mais le plus remarquable de tous les diptyques mixtes est celui de Flavius Taurus Clementinus, consul en 513. A l'extérieur, c'est-à-dire sur sa face consulaire, il est décoré de sculptures, et à l'intérieur il porte des inscriptions analogues à sa seconde destination.

Le bas-relief montre le consul entouré d'une magnificence tout exceptionnelle (V. Donati. p.

133). Nous notons une seule circonstance surtout digne d'intérêt, et qui se rapporte au titre de *comes sacrarum largitionum* donné à ce consul dans l'inscription du diptyque. Au-dessous du siège de Clementinus, on voit quatre jeunes serviteurs, qui tiennent sur chacune de leurs épaules un sac d'où s'échappent des pièces de monnaie; et plus bas encore, beaucoup d'autres objets à distribuer, amoncelés à terre : ce sont des cistes, des PUGILLAIRES, des pains, des feuilles et des branches de palme. Ce sujet, dont l'inscription transcrite plus haut nous donne la clef, ne s'est pas rencontré dans d'autres diptyques consulaires.

En dedans se lisent, en grec, des formules liturgiques : d'abord une exhortation aux assistants de recueillir leur âme devant Dieu, avec dévotion, pour implorer de lui miséricorde, paix, charité, assistance. Ensuite une prière pour diverses personnes, commençant pour chacune par le mot *memento*, ΜΝΗϹΘΗΤΙ; par exemple : « Souviens-toi, Seigneur, de ton serviteur Jean, le plus petit de tous, prêtre de l'église de Sainte-Agathe. »

On croit que ce précieux monument, quant à sa partie ecclésiastique, est du huitième siècle, car il est daté de « la première année d'Hadrien, patriarche de la VILLE », qui serait le pape Hadrien Ier. On conjecture encore qu'il a été à l'usage d'une église de Sicile, Machera, aujourd'hui Citadella. Ce qui rend la chose plausible, c'est que la Sicile usa de la langue grecque dans la liturgie jusqu'au quinzième siècle.

7. Nous mentionnerons enfin le diptyque de la collégiale de Saint-Gaudence de Novare, lequel porte sur ses faces extérieures les images de deux consuls, dont on ignore les noms, et à l'intérieur un catalogue de soixante-neuf évêques de Novare, à commencer par S. Gaudence.

C. — Il arriva quelquefois que, avant d'employer un diptyque profane au service du culte, on fit subir des modifications plus ou moins notables aux figures et autres ornements dont il était décoré. Ainsi en fut-il pour le diptyque que le pape S. Grégoire le Grand envoya, avec d'autres objets pieux (V. l'art. *Huiles saintes*) à Théodelinde, reine des Lombards. Ce diptyque avait été consulaire, et il conserve encore la plupart des attributs dénotant sa primitive destination. Seulement on a écrit au-dessus de l'un des consuls le nom de David, et celui de S. Grégoire sur le second; une légère retouche faite aux deux figures achève tant bien que mal l'illusion : ainsi la toge brodée du consul transformé en S. Grégoire a été modifiée de façon à ressembler à la pénule ou chasuble ; le sceptre aminci est devenu une croix ; enfin on a tracé sur la tête la couronne cléricale. Mais l'une et l'autre figure tiennent encore élevée de la main droite la *mappa* (V. ce mot) que le consul jetait dans le cirque pour donner le signal des jeux (Voyez à la page précédente ce curieux monument, que nous donnons d'après Gori. *Thesaur. diptych.* t. II. tab. VI).

D. — Les diptyques ecclésiastiques n'étaient pas toujours pliés en deux parties seulement, mais quelquefois en trois, en quatre et plus encore, à peu près comme nos paravents, et on les appelait triptyques, polyptyques, selon le nombre des tablettes ; ils paraissent avoir été exclusivement propres aux chrétiens, car les objets désignés par ces différents noms, dans l'antiquité profane, n'avaient jamais plus de deux panneaux pour couverture, bien qu'ils continssent plusieurs feuilles à l'intérieur.

Mais ces objets furent, comme aussi quelquefois les simples diptyques, dans les églises, appliqués à d'autres usages que celui dont on a parlé jusqu'ici. Ce qui le prouve, c'est que les figures, sculptées ou peintes, dont ils sont décorés, se trouvent souvent à l'intérieur, et parfois même sur les deux faces, comme le diptyque de Rambona qui a des images en relief à l'extérieur, et des images peintes en dedans. C'étaient des images pieuses, portatives, qu'on déployait sur les tables sacrées pour les exposer à la dévotion des fidèles: et Buonarruoti est d'avis que ces sortes de diptyques eurent dans les églises une destination analogue à celle de nos tableaux d'autel, qui anciennement affectaient des formes toutes semblables. C'étaient comme de petites armoires qui s'ouvraient et se fermaient à volonté, et dont les diverses parties étaient distinguées entre elles par des filets qui leur servaient d'ornement, et se terminaient à angle aigu, comme on le peut voir dans un charmant triptyque publié par Donati (*Dittici ant.* p. 215). Ces petits tableaux servaient d'ornement, non-seulement aux autels fixes, mais mieux encore aux autels portatifs dont les fidèles se servirent à différentes époques, particulièrement pendant la persécution des iconoclastes ; les premiers chrétiens les portaient aussi dans leurs voyages, pour satisfaire leur dévotion.

Le moyen âge vit se multiplier beaucoup ces images portatives, les musées en possèdent un grand nombre, le musée de Cluny notamment. Il en reste aussi dans quelques anciennes églises ; la cathédrale d'Aix en Provence est enrichie d'un triptyque de grandes dimensions, et qui est sans doute un des plus magnifiques qui existent.

DIVINITÉS ET AUTRES SUJETS PAÏENS SUR LES MONUMENTS CHRÉTIENS. — Il est incontestable que des sujets de ce genre se rencontrent assez fréquemment dans les peintures, les tombeaux et sarcophages des trois premiers siècles. Mais ils n'y figurent que comme accessoires, ou mieux encore comme personnifications des forces physiques, ou enfin comme des ornements indifférents en eux-mêmes, et dont les types furent transmis aux premiers artistes chrétiens par les bonnes traditions de l'art : aussi n'est-il pas moins certain que ces artistes n'eurent jamais l'intention d'exprimer les doctrines du christianisme par les fables de la théologie païenne ; c'est ce qu'attestent les hommes qui, par le privilége de leur position, ont été à même de voir et d'étudier une infinité de monuments primitifs (V. De' Rossi. ιχθγς. p. 14. not. 3).

Ces objets peuvent se diviser en deux classes : d'abord les *Génies* et les *Victoires*, et en second lieu les *Centaures*, les *Cariatides*, les *Hippocampes*, les *Télamons*, auxquels on peut ajouter les divinités des fleuves et les allégories des saisons.

1° Les *Génies* sur les monuments chrétiens sont le plus souvent nus (Bottari. tav. cxxxi), selon le type antique, et quelquefois vêtus de tuniques, comme dans l'épitaphe de Metilinia Rufina (Lupi. *Epitaph. Sev.* p. 50), ou de chlamydes, comme dans le tombeau dit de S. Maximin (*Monum. de Ste Madel.* col. 795). Ils sont ordinairement placés au centre des sarcophages, où ils soutiennent la tablette destinée à recevoir l'épitaphe (V. ce sujet sur le couvercle d'un sarcophage servant d'illustration à notre art. *Enfant-Jésus*). Deux génies ailés soutiennent ainsi un cartel au centre duquel est sculptée une croix, sur un beau sarcophage de Vérone (Maffei. *Verona illustrata.* parte III. p. 54). On en voit quelquefois sur

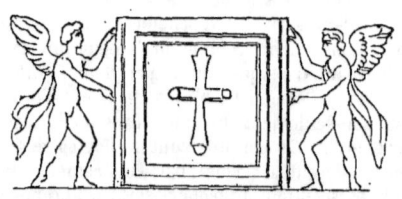

les colonnes de ces urnes sépulcrales cueillant des raisins (Bottari. tav. xxxv); il en est, principalement sur les verres orbiculaires (Boldetti. p. 216), qui portent une palme à la main. Les premiers chrétiens voyaient des anges dans les Génies, et vers le quatrième siècle les artistes eux-mêmes eurent l'intention de représenter ces intelligences célestes. On rencontre aussi de temps en temps des *Victoires* sur nos monuments primitifs, notamment sur des tombeaux de soldats chrétiens (Bottari. tav. clx), où elles portent une palme d'une main, une couronne de l'autre. Aringhi (I. tab. lxix) donne le dessin d'une Victoire dont la tête est couronnée. Bien que l'origine païenne de ces figures soit évidente, nos ancêtres leur donnèrent de bonne heure une signification chrétienne, en les employant pour célébrer les victoires des chrétiens et surtout celles des martyrs.

2° Quant aux Centaures, aux Cariatides, Télamons et autres figures païennes, leur usage, purement décoratif, s'est prolongé bien avant dans le moyen âge, comme on peut le voir par le tombeau d'Eugène IV dans la basilique Vaticane. Les divinités des fleuves tenant leur urne à la main se trouvent constamment dans le sujet biblique de l'enlèvement d'Élie (V. ce mot). Le tombeau d'Aurelia Agapetilla (Boldetti. p. 466) présente en outre des Nymphes et des Naïades se jouant dans les eaux. Ces figures profanes peuvent facilement induire en erreur sur l'attribution des monuments, et Passeri (*De gemm. astrif.* t. II) trace les règles les plus sages pour diriger l'amateur en cette matière. (Pour les allégories des Saisons, V. l'art. *Saisons.*)

Constantin conserva ou toléra sur ses médailles et sur celles de ses fils les images des fausses divinités, tant que vécurent ses adversaires et ses compétiteurs à l'empire. Mais dès qu'il fut devenu maître absolu du monde romain par la mort de Licinius, en 323, il commença à les en exclure; après qu'il eut fondé Constantinople, il fit plus encore : il mit sur ses monnaies et sur celles des Césars ses fils le monogramme du Christ et successivement d'autres signes de christianisme. Ces données historiques peuvent servir beaucoup pour la classification des monnaies de ce prince. (V. Cavedoni. *Medaglie di Costantino M. et de' suoi figliuoli insignite di tipi e simboli cristiani.* p. 5. — V. aussi notre art. *Numismatique.*)

D. M. (*Diis Manibus*). — **D. M. S.** (*Diis Manibus Sacrum*). — Un certain nombre de monuments funéraires incontestablement chrétiens, quarante à peu près connus jusqu'à ce jour, portent ces sigles, qui, comme on sait, sont le caractère le plus commun des marbres païens (V. Lupi. *Epitaph. Sev. M.* p. 57. — Fabretti. VIII 39. seqq. — Boldetti. l. II. c. 11. — Le Blant. *Inscript. chrét. de la Gaule.* t. I. p. 488. etc.). M. De' Rossi (*Insc. Rom.* I. n. 1192) donne une inscription inédite revêtue du D. M., laquelle porte la formule si exclusivement chrétienne : deo reddidit spiritvm sanctvm, et de plus la belle expression : elatvs est, dont nous ne connaissons pas d'autre exemple. Nous avons même une inscription en tête de laquelle la formule est inscrite *in extenso* : dis. manibvs (Lupi. p. 105), et une autre où se trouvent les sigles grecques correspondantes Θ. Κ., Θεοῖς καταχθονίοις (*Ibid.*). M. Perret (v. VII. 13) a dans son recueil l'épitaphe d'une femme chrétienne nommée vitalis en tête de laquelle le monogramme du Christ se trouve entremêlé à ces sigles, comme il suit : d. m. ☧ s.

Ce fait, qui est à l'abri de toute espèce de doute, constitue un problème archéologique dont la solution a longtemps divisé les savants. La mauvaise foi des écrivains protestants qui s'en emparèrent pour leur système opposé au caractère chrétien des sépultures des catacombes, jeta quelques antiquaires ultramontains, entre autres Boldetti (*Cimit.* p. 125-145) et Fabretti (*Syntagm.* p. 564), dans un parti tout opposé, et, selon nous, presque aussi insoutenable. Au lieu de DIS. MANIBVS, ceux-ci prétendirent que les sigles en question devaient être complétées par *Deo. Magno.* et *Deo. Magno. Sacrum*. Le seul monument portant cette dernière formule dont on put citer l'exemple pour rendre plausible cette interprétation, est une inscription donnée avec confiance comme chrétienne par Maffei (*Mus. Veron.* p. 178), mais rejetée avec toute espèce de raison par Muratori (*Thesaur.* cv. 6), Marini (*Arval.* 635. B.) et d'autres critiques non moins sûrs. Nous lisons donc avec Mabillon, le premier qui ait signalé cette confusion dans les inscriptions chrétiennes (*Lettre d'Euseb.* p. 38. suiv.) : DIS. MANIBVS. SACRVM; et quant à l'explication, nous nous rangerions soit à celle de Settele, de Morcelli (*Opp. epig.* II. 72) et de Raoul-Rochette (*Mém. sur les catac.* p. 179 du t. XIII des *Mém. de l'Acad. des inscr.*), qui ne voient dans l'adoption d'une telle formule que le résultat de la confusion produite par la présence simultanée des deux cultes; ou à celle de Maffei (*Mus. Veron.* p. 179), qui l'attribue à l'habitude où étaient les *quadratarii* de tracer sur les marbres qu'ils préparaient d'avance cette invocation aux dieux Mânes. On peut penser encore que ces sigles avaient fini par n'être plus regardées que comme une simple formule funéraire, devenue indifférente, et au sens primitif de laquelle personne ne s'avisait de remonter. Une telle habitude persévéra par l'effet de la routine, comme l'usage des noms païens des jours de la semaine, et les premiers chrétiens n'attachaient pas plus d'importance aux unes qu'aux autres. Le sévère Tertullien lui-même n'a que de l'indulgence pour cette pratique (*De idol.* XX) : *Deos nationum nominari lex prohibet; non utique ne nomina eorum pronuntiemus, quæ nobis ut dicamus conversatio extorquet,* « la loi défend de nommer les dieux des nations ; mais nous ne sommes point coupables quand ils nous sont comme arrachés par la force de l'habitude. »

Cependant on a des exemples d'inscriptions de la plus ancienne époque, où une main chrétienne a effacé les sigles D. M. (V. De' Rossi. *Bullet.* 1865. p. 40). Cette radiation n'eût pas eu lieu, si les fidèles avaient attribué à cette formule un sens chrétien.

La présence du D. M. sur les pierres chrétiennes les place, pour la plupart, selon M. De' Rossi (IXeRC. p. 7), à une époque certainement antérieure au quatrième siècle. Cette formule figure sur presque tous les marbres chrétiens du cimetière de Sainte-Catherine de Chiusi, dont les hommes les plus compétents font remonter l'origine jusqu'au temps des Antonins (Cavedoni. *Cimit. Chius.* p. 93). On peut citer cependant, par exception, deux marbres d'Elcano dans le royaume de Naples (Mommsen. l. c. 1291-1309) et un d'Augst (Le Blant. *Inscr. chrét. de la Gaule.* I. 488) qui en offrent des exemples pour le cinquième siècle; mais ce sont les derniers. Le *titulus* de MARTIA MARCELLINA constituerait une autre exception pour le milieu du cinquième siècle (441); mais il est d'un christianisme douteux (V. De' Rossi. *Inscr.* I. p. 507). Dans quelques provinces, et notamment dans la Pouille et les Calabres, on substitua peu à peu aux sigles D. M. celles-ci : B. M., *Bonæ Memoriæ* ; et cette filiation est d'autant plus évidente, qu'une inscription d'Elcano ajoute le S aux deux autres : B. M. S. (De' Rossi. *Bullettino archeol. Napolit.* Settembre 1857. II. 126).

DOLIUM (TONNEAU). — On remarque assez fréquemment de petits tonneaux sculptés ou peints sur les sépultures chrétiennes des premiers siècles (V. Boldetti. p. 368-164. — Perret. III. pl. III. etc.) Considéré comme symbole, cet objet a reçu des interprétations fort diverses. Le tonneau vide serait, au jugement de P. Lupi (*Dissertaz.* II. t. I. p. 205), l'image du corps séparé de son âme. D'autres y voient un mémorial du miracle de Cana, et, comme ce miracle lui-même si souvent représenté sur les sarcophages, il serait un symbole de la résurrection (V. l'art. *Cana*). Cette explication repose sur l'analogie qui existe entre le vin, qui est esprit et activité, et l'âme, qui est le principe de toutes nos opérations; et, de plus, entre le tonneau, qui tire tout son prix du vin qu'il renferme, et le corps humain, qui, séparé de son âme, n'est plus qu'une masse inerte.

Quelques savants (V. Hugo S. Vict. *Serm.* XLV *Instit. monast.*), se rapportant à un passage du *Cantique des Cantiques* (II. 4) où il est parlé de la *cella vinaria* du Père céleste, pensent que ce cellier représente l'Église, et les tonneaux les fidèles. Le DOLIVM sur les tombeaux serait donc, selon cette opinion, l'image du corps qui y est enseveli, et doit un jour en être retiré pour se voir introduit par le Roi des cieux dans son cellier, *in cellam vinariam* (*Cant.* loc. laud.).

Une fresque du cimetière de Sainte-Agnès (Bottari. tav. LXXXV) présente huit hommes portant un tonneau vers deux autres tonneaux déposés à terre. On s'est efforcé de trouver dans cette peinture une allusion au verset du *Cantique* (Id. p. 157. t. III). On a voulu voir encore dans l'étroite liaison qui unit, au moyen des cercles, les différentes pièces de bois dont le tonneau se compose, un symbole de la charité qui lie les membres de la société chrétienne (V. Mamachi. *Orig.* III. p. 102), union rendue chaque jour plus intime par le sang des martyrs que S. Cyprien compare à un vin généreux qui s'échappe d'un fût : *Vini vice sanguinem fundilis* (*Epist.* XVI. *Ad confess. Rom.*). Est-ce avec intention qu'on a donné la forme de petits tonneaux à quelques-uns de ces vases de verre où du sang des martyrs est recueilli et conservé dans les sépultures des catacombes ? (Boldetti. p. 165-7.)

Peut-être le parti le plus sûr serait-il d'adopter l'opinion de ceux qui interprètent simplement ce signe comme un témoignage de douleur. A leur avis, on aurait voulu jouer sur le mot DOLIVM et ses rapports de consonnance avec le verbe DOLERE : de tels jeux de mots ne sont pas rares dans l'antiquité. Nous avons un certain nombre d'épitaphes qui font lire les formules : PATER DOLENS (Boldetti. p. 385), PARENTES DOLENTES (Id. p. 373), FILIVS DOLENS (Labus. Monum. di S. Ambrogio); mais celle-ci qu'accompagnent deux tonneaux : IVLIO FILIO PATER DOLIENS, pour DOLENS, semble ne laisser aucun doute sur l'intention susénoncée (V. Mamachi. t. III. p. 91).

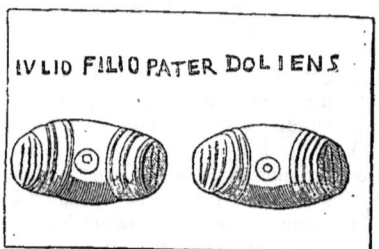

Le mot DOLENS se lit aussi sur un marbre orné d'un vase à deux anses, qui tient peut-être la place du DOLIVM et a la même signification (V. Fabretti. p. 572. LV). Dans une autre inscription (Act. S. V. p. 115), des parents désolés de la mort de leur enfant sont dits DOLIENTES.

DOMINICALE. — C'était un linge blanc dans lequel les femmes recevaient la sainte eucharistie à l'époque où on la recevait dans la main, usage qui s'est prolongé jusqu'au septième siècle. Cette marque de respect de la part des femmes était si sévèrement exigée, que celles qui n'avaient pas de *dominicale* devaient, d'après les prescriptions d'un concile tenu à Auxerre en 578, s'abstenir de la communion jusqu'au dimanche suivant. « Qu'il ne soit pas permis à une femme de recevoir l'eucharistie sur la main nue (can. XXXVI). Que chaque femme, quand elle communie, ait son *dominicale*; que, si elle n'en a pas, elle ne communie pas. » Cette pratique était déjà en vigueur du temps de S. Augustin, car on lit dans un sermon qui lui est attribué (*Serm.* CCXXIX. *In Append.* t. V) et qui paraît être plus sûrement de S. Césaire d'Arles : « Tous les hommes, quand ils doivent approcher de l'autel, lavent leurs mains (parce qu'ils recevaient la sainte eucharistie dans la main même), et toutes les femmes présentent des linges blancs, où elles reçoivent le corps du Christ. »

Si l'Église prescrivait une telle précaution, ce n'est pas, dit Thiers, d'après Théophile Raynaud (*Exposit. du S. Sacram.* t. I. p. 65), qu'elle demandât alors une plus grande pureté des femmes que des hommes, ni qu'elle crût que celles-là fussent plus souillées que ceux-ci; mais elle l'avait ainsi ordonné, de crainte que les évêques, les prêtres ou les diacres, qui distribuaient l'eucharistie aux fidèles, ne fussent exposés à manquer à la modestie que demandait un si grand mystère en touchant la main des femmes. Tant l'Église eut toujours à cœur l'honneur et l'intégrité de ses ministres !

DORSALIA. — Durand définit cet objet (*Ration. div. off.* l. I. cap. 3. n. 23) : *Dorsalia sunt panni in choro pendentes a dorso clericorum.* C'étaient des draperies destinées à préserver de l'air les clercs qui priaient et chantaient au chœur. D'autres disent *dossalia*, et dans les bas temps on adopta, pour désigner le même objet, le mot *postergale*. On peut se faire une idée tout à fait exacte de ces draperies et de la manière dont elles étaient suspendues, par une *orante* qui occupe le centre d'un beau sarcophage antique du cimetière du Vatican (Bottari. tav. XXXVI. V. aussi tav. XLI). Plus tard, et pour conserver le souvenir des *dorsalia*,

alors même qu'ils eurent cessé d'être en usage, on les figurait en sculpture dans les boiseries du chœur des églises. C'est ce qu'on voyait en particulier au mont Cassin (Leo Ostiens. *Chron. Cassin.* III. 20).

DOXOLOGIE. — Δοξολογια, de δόξα, gloire, et λέγω, je dis, ou je chante. Dans son acception la plus large, ce mot désigne une célébration quelconque de la gloire de Dieu. Chez les écrivains ecclésiastiques, il désigne un chant en l'honneur de Dieu et de son Christ (Euseb. *Hist.* l. V. 28). S. Clément d'Alexandrie a composé une hymne doxologique, qui se trouve à la fin de son *Pédagogue*. Mais, dans son sens le plus strict, doxologie veut dire une formule fixe et déterminée dans l'Église, pour chanter la Trinité. Il y en a deux, la majeure et la mineure.

I. — *Doxologie majeure.* C'est l'hymne *Gloria in excelsis Deo*, qu'on appelle aussi *hymne angélique*, et qui se chante surtout dans la célébration de l'eucharistie. Elle était aussi en usage aux prières matinales, ce qui fait que les *Constitutions apostoliques* lui donnent encore le nom de *precatio matu-*

tina. S. Chrysostome dit des ascètes (*Homil.* LXVIII) que dans leurs réunions quotidiennes ils avaient coutume de louer Dieu par des hymnes matinales, et que, entre autres, ils chantaient celle-ci avec les anges. Cependant cette coutume ne fut pas générale; et le *Gloria in excelsis* ne fut en usage pour toutes les messes, mais seulement le dimanche, le jour de Pâques, et aux fêtes solennelles de l'année, en particulier à celle de la Nativité du Sauveur. Et encore faut-il distinguer entre les deux Églises : chez les Occidentaux, si nous en croyons Valfrid Strabon (cap. XXII), les évêques seuls le chantaient aux fêtes solennelles; et le cardinal Bona (l. II. c. 4. § 5) ajoute, d'après un très-ancien ordre romain, que les prêtres ne le disaient point, si ce n'est le jour de Pâques. C'est ce qu'on voit encore dans le Sacramentaire de S. Grégoire édité par Muratori (*Liturg. Rom. vet.* II. p. 1). En Orient, il en était tout autrement : il était récité tous les jours, soit par l'évêque, soit par les prêtres, et même par le peuple (*Const. Apost.* VIII. 13. — Chrysost. *Hom.* IX *In Ep. ad Coloss.*).

On ne sait pas de qui émane la partie du *Gloria in excelsis* qui a été ajoutée aux paroles des anges; les Pères du quatrième concile de Tolède (cap. XXII) se contentent de dire d'une manière générale qu'elle a été composée par les docteurs ecclésiastiques. Plusieurs auteurs latins l'ont attribuée à S. Hilaire, mais sans fondement. Quelques-uns pensent que cette hymne existait déjà intégralement au deuxième siècle, et ils se fondent sur ce que dit Lucien d'une hymne πολυώνυμε usitée chez les chrétiens; ce témoignage nous paraît bien insuffisant, et celui de Pline dans sa lettre à Trajan, que le P. Le Brun cite avec confiance, est encore plus vague : *Carmen Christo quasi Deo....* D'autres soutiennent qu'il s'agit ici du *Gloria Patri*: c'est une question difficile à résoudre. Mais ce qui reste certain, c'est que cette doxologie majeure est de toute antiquité, bien que S. Athanase soit le premier auteur qui en parle clairement, disant que de son temps les femmes de l'Orient la savaient communément par cœur.

II. — *Doxologie mineure.* Sa formule la plus antique se borne à ces mots : *Gloria Patri, et Filio, et Spiritui sancto in secula seculorum. Amen.* C'est ce qu'attestent pour les Églises orientales S. Athanase, ou l'auteur quelconque du livre *De virginitate*, et Valfrid Strabon (*De ritib. eccl.* XXV), spécialement pour les Grecs, lesquels omettaient *sicut erat in principio*, etc., paroles adoptées surtout par les Latins. Il faut en excepter les Espagnols, qui, vers le milieu du septième siècle, omettant ces mêmes paroles, ne faisaient qu'ajouter le mot *honor* au mot *gloria*. Nous le voyons par deux canons du concile de Tolède (*Concil. Tolet.* IV. 12-14). A quelle époque remonte cette addition, *sicut erat in principio*, c'est ce qu'il serait difficile de dire. Les uns pensent que c'est le concile de Nicée qui la fit intercaler contre les ariens; mais cette opinion nous paraît être en contradiction avec l'autorité de S. Athanase et avec l'usage des Églises d'Espagne. Il est plus vraisemblable que ces mots furent ajoutés du consentement commun des fidèles pour protester contre l'erreur des ariens, qui enseignaient que le Fils n'était pas au commencement, et qu'il fut un temps où il n'existait pas.

Il faut observer qu'autrefois les catholiques disaient indifféremment : *Gloria Patri et Filio et Spiritui sancto*, ou *Gloria Patri et Filio cum Spiritu sancto*, ou *per Filium in Spiritu sancto*, ou enfin *in Filio et Spiritu sancto*. Ces différences étant peu considérables, on pensait qu'aucun sens hérétique ne pouvait se cacher sous ces diverses manières de parler. Mais dès qu'on vit les ariens adopter comme caractéristique de leur hérésie la formule *Gloria Patri* IN *Filio et Spiritu sancto*, voulant faire entendre par là que le Fils et le Saint-Esprit étaient inférieurs au Père, cette locution devint suspecte, et l'usage prévalut de chanter invariablement *Gloria Patri et Filio et Spiritui sancto*, formule que Philostorge affirme à tort (III. 3) avoir été introduite pour la première fois par Flavien d'Antioche, car elle est presque contemporaine des apôtres, comme le démontre S. Basile (*De Spirit. sanct.* XXIX); et il est indubitable qu'elle fut employée par S. Clément, pape, par S. Irénée, S. Denys, pape, S. Denys d'Alexandrie, S. Grégoire Thaumaturge, Firmilien, etc.

Pour ce qui est de l'usage de la doxologie, les Églises occidentales la récitaient à la fin de chaque psaume, et les Églises d'Orient à la fin du dernier seulement. Plusieurs autres prières se terminaient par la même formule, et particulièrement la solennelle action de grâces qui avait lieu au ministère de l'autel : c'est à quoi font allusion Tertullien (*De spectac.* XXV) et S. Irénée (l. I. n. 5), quand ils rappellent la clause finissant par ces mots : *in secula seculorum.*

DRACONARIUS. — Dans son sens propre, ce mot désigne celui qui portait l'enseigne militaire où un dragon était représenté, *vexillifer, qui fert vexillum ubi est draco depictus* (Du Cange. *ad h. v.*). Cette espèce d'enseigne avait passé des Syriens aux Grecs, et de ceux-ci aux Romains, qui, eux aussi, eurent un *labarum* de cette forme : Modestus (ap. Du Cange) constate cet usage en ces termes : *Dracones per singulas cohortes a draconariis feruntur ad prælium.* Lorsque Constantin, devenu chrétien, eut mis le signe du Christ sur les enseignes militaires à la place du dragon, le nom survécut à la chose, et le porte-enseigne continua à s'appeler *draconarius*. Quelquefois même l'ancien emblème resta au nouveau, mais dans des conditions bien différentes. Le *labarum* se termine alors par une traverse sur laquelle est placé le ☧; et la haste de l'enseigne est plantée sur le ventre du serpent (Baron. *Ad an.* 325. — Gretzer. *De cruce.* t. III. l. I. c. 5. — V. aussi la première figure de notre art. *Serpent*), ce qui indique évidemment la victoire du Christ sur l'ancien dragon. Ceci se voit sur des médailles de Constantin II : c'est le monument que citent ces auteurs (Garrucci. *Vetri.* p. 96); on en connaît quatre exemplaires. Cohen en donne un de Constantin I*er* (*Descript. hist. des monnoies imp.* t. IV. p. 161. n. 483). La légende SPES PVBLICA entoure le sujet décrit.

On comprend dès lors que ce nom ait passé naturellement au clerc qui portait la croix dans les stations ou processions (V. la gravure de l'art. *Staurophori*). Ceci serait encore plus rationnel si, comme le conjecture Pelliccia (t. II. p. 113), conjecture qui ne paraît pas sans fondement, le clerc en question était chargé de porter un étendard spécial, qui n'était pas la croix stationnale ordinaire, mais le *labarum* orné de la croix ou plutôt du signe de Constantin.

L'auteur-cité dit que de son temps on portait encore dans les *supplications* un objet ressemblant presque exactement à l'ancien *labarum*, tel qu'il se voit sur les médailles, et que les Italiens appellent *confalon* (V. les art. *Staurophori*, *Stations*, *Litanies*, *Processions*, *Croix*, III).

DROITE ET GAUCHE (LEUR DIGNITÉ RESPECTIVE). — V. l'art. *Pierre et Paul* (SS.), IV, 5°.

E

EAU BAPTISMALE. — I. — Dès la plus haute antiquité, il a été d'usage dans l'Église latine comme dans l'Église grecque de bénir solennellement l'eau qui doit servir à l'administration du baptême; et cela, si nous en croyons S. Basile (*De Spirit. sanct.* c. XXVII. edit. Mourinorum, Paris, 1750), « d'après une tradition tacite et secrète venant des apôtres. » On en cite en effet un exemple qui se rapprocherait beaucoup du berceau même du christianisme : c'est celui de S. Caius, troisième évêque de Milan et disciple de l'apôtre S. Barnabé, et qui passe pour avoir baptisé les martyrs S. Gervais et S. Protais (Galvan. *Hist. S. Caii*, c. 231. Cf. Vicecom. *De antiq. Bapt. rit.* p. 64). Ce saint évêque, dit l'auteur de sa vie, « s'approcha, à la fête de Pâques, des fonts sacrés qui sont près de l'église des Trois-Rois, et ayant fléchi les genoux, il bénit la fontaine en chantant des hymnes et des cantiques, et, ayant invoqué la grâce de l'Esprit-Saint, il consacra le baptistère, et durant tout le temps pascal il baptisa les sénateurs et les consuls de la ville. »

L'autorité de S. Denys l'Aréopagite (*De Eccl. hierarch.* cap. *De Bapt.*) et celle de Tertullien (*De Bapt.* IV) sont des premières qui établissent le fait. « Les eaux, dit ce dernier, servent au sacrement de la sanctification; quand on a invoqué le nom de Dieu sur elles, aussitôt le Saint-Esprit descend du ciel, et se trouve présent à ces eaux pour les sanctifier, et pour leur communiquer la vertu et sanctifier ceux qui y sont lavés. » Mais la plus claire de toutes est celle de S. Cyprien (*Epist.* LXX. *ad Januar.*) : « Il faut d'abord que l'eau soit purifiée et sanctifiée par l'évêque (*sacerdote*), afin qu'elle puisse par son baptême laver les péchés de celui qui est baptisé, « *ut possit baptismo suo peccata hominis qui baptizatur abluere.* Ailleurs, parlant des SS. Innocents qui répandirent leur sang pour Jésus-Christ avant de le connaître, le même Père dit que, baptisés dans leur sang, ils révélèrent ainsi à la postérité une forme de baptême « d'après laquelle le sang répandu n'est pas moins efficace pour laver l'âme que les eaux sanctifiées par les paroles sacrées, » *non minus ad lavacrum animæ sanguinem efficacem, quam sanctificatas verbis solemnibus aquas.*

Les Constitutions apostoliques, qui, bien qu'elles se placent à une date un peu vague, sont néanmoins, de l'avis de tous, l'organe des traditions primitives, contiennent déjà (l. VII. c. 43) une formule pour bénir les fonts; c'est une prière adressée au Saint-Esprit : « Descends du ciel, et sanctifie cette eau, grâce et vertu de Dieu, afin que celui qui est baptisé selon le commandement de ton Christ, soit crucifié avec lui, et avec lui meure, soit enseveli et ressuscite. »

Dans son soixante-huitième canon, le premier concile de Nicée mentionne aussi cet usage, et on pourrait encore apporter à l'appui des textes innombrables des Pères du quatrième siècle et des suivants. Ainsi S. Chrysostome, y faisant allusion, explique « que la vertu ainsi communiquée à l'eau ne vient pas du prêtre qui la consacre, mais de Dieu qui lui a confié ce ministère. » S. Optat de Milève (*Lib. contr. Parmenian.*) appelle « sainte » l'eau baptismale, non-seulement parce qu'elle « sanctifie » l'homme en effaçant ses péchés, mais surtout parce qu'elle a été elle-même « sanctifiée » par les bénédictions de l'Église : cette interprétation ressort évidemment du contexte (V. aussi S. Basile [*In psalm.* 28], S. Grégoire de Nysse [*De Bapt.*], Théophile d'Alexandrie [*Epist. ad. episc. Egypt.*]). Nous devons transcrire textuellement le témoignage de S. Augustin (l. III. *De unic. Bapt.*) : « Elle n'est pas profane, elle n'est pas corrompue, l'eau sur laquelle le nom de Dieu est invoqué, alors même qu'il serait invoqué par des profanes et adultères, » *non ut aqua profana, neque adultera, super quam Dei nomen invocatur, etsi a profanis et adulteris invocetur.*

II. — Les rites qui s'observaient pour la bénédiction des fonts sont encore, à peu de chose près, les mêmes aujourd'hui. Voici les principaux :

1° Les exorcismes, pour les purifier de l'influence de l'esprit des ténèbres. « Que nul, dit Tertullien (*De Bapt.* c. v), ne se refuse à croire que le saint ange de Dieu descend sur les eaux pour leur communiquer une vertu salutaire à l'homme, lorsque l'ange mauvais hante cet élément par un commerce profane pour la perte de l'homme, » *ne quis durius credat angelum Dei sanctum aquis in salutem hominis temperandis adesse, cum angelus malus profanum commercium ejusdem elementi in perniciem hominis frequentat.*

2° L'évêque ou le prêtre décrivait une croix sur les fonts, successivement avec son souffle et avec sa main : *insuflat in ipsam aquam in similitudinem crucis* (Berold. *De sabb. sanct.* Cf. Vicecom. p. 73), — *hic cum manu sua aquam in modum crucis*, porte le Sacramentaire de S. Grégoire (*De Sabbat. Pasch.*). En ceci, les rites anciens des Grecs ne diffèrent point de ceux de l'Église latine. Les Grecs, les Syriens et les Coptes, au lieu de décrire la figure de la croix sur les fonts, y plongent trois fois une croix de bois en invoquant Jésus-Christ, puis S. Jean-Baptiste et tous les saints, afin qu'une vertu descende du ciel, pour mettre en fuite les démons, pour conjurer les maladies, les enchantements, les influences funestes de l'esprit malin (V. Paciaudi. *Antiq. Christ. Dissert.* II. c. 6), et plus tard les Grecs se sont imaginé de substituer encore à la croix une statue de l'enfant Jésus (V. Pagi. *Critic. hist. ad an.* xxix, § 7).

Paciaudi (*loc. laud.*) donne le dessin d'une de

ces croix : elle est de buis, et au centre est sculpté le baptême de Notre-Seigneur par S. Jean-Baptiste.

Au sommet de cette croix est tracée l'inscription suivante en grec :

ΠΡΟΣΕΡΧΕΤΑΙ ΑΥΤΟΣ ΤΩ ΙΩΑΝΝΗ

Accessit ipse (Jesus) ad Joannem. C'est un type hiératique, et le droit de confectionner ces croix appartient aux moines du mont Athos, qui en retirent les ressources nécessaires pour leur nourriture et leurs vêtements (Johan. Comnen. *Descript. mont.* Ath. ap. Montfaucon, *Palæograph.* l. vii).

3° On plongeait trois fois un cierge (le cierge pascal) dans les fonts, en disant : *Descendat in hanc plenitudinem fontis virtus Spiritus sancti*. Ceci rappelle la nuée ou colonne alternativement lumineuse et obscure qui précédait les Hébreux dans le désert (*Exod.* xiii. 21). (V. notre dissertation sur les *Agnus Dei*. iii.)

4° Enfin on répandait dans l'eau baptismale, à trois reprises différentes, du chrême solennellement consacré : *trina unguenti perfusione crucis specie posuit (sacerdos)* (Dionys. Areop. *De Eccl. hierarch.* c. *De bapt.*). S. Eucher constate le même fait, ainsi que Hincmar de Reims (Cf. Vicecom. p. 77).

III. — La bénédiction des fonts avait lieu, comme aujourd'hui encore, le samedi de Pâques et celui de la Pentecôte. Dans l'Église grecque, elle se faisait d'abord la veille de l'Épiphanie à minuit (Chrysost. *Homil. de bapt. Christi*). Pierre Foulon, archevêque d'Antioche, décréta que la cérémonie serait avancée jusqu'à l'heure des vêpres de la vigile (Theodor. *Sect. exempt. hist. eccl.* l. ii), et enfin l'usage prévalut de bénir l'eau le jour même de l'Épiphanie, après la liturgie (Thom. Smith. *De statu hodierno Ecclesiæ Græcæ*). On peut conclure d'une anecdocte racontée par Victor d'Utique (*De persecut. Vandalic.* l. ii) qu'il en fut de même dans l'Église de Carthage dès les temps anciens.

Visconti affirme (cap. xvi), tout en avouant que la chose lui paraît fort extraordinaire, que le prélat ou le prêtre qui bénissait les fonts se tenait dans l'eau même. Mais c'est, pensons-nous, par une fausse interprétation du texte de S. Ambroise qui, de l'aveu de ce liturgiste, est le seul qu'il puisse alléguer à l'appui de son assertion, du moins pour l'Église latine (*Sacram.* l. i. c. i) : *ubi primum descendit sacerdos, exorcismum facit*. Ces paroles doivent s'expliquer par les données que nous fournissent l'ordre romain ainsi que S. Isidore de Séville (*De divin. offic.* i. 24), et par lesquelles nous apprenons qu'il y avait trois degrés pour descendre dans la vasque, et trois autres pour en sortir. S. Isidore ajoute même qu'il y en avait un septième où se tenait le ministre du baptême. Les mots *descendit sacerdos* trouvent donc ici leur interprétation naturelle : le prélat descendait dans l'intérieur de la cuve et, comme pour l'administration du baptême, se tenait sur un des degrés qui y étaient disposés, et au niveau de l'eau, de façon à pouvoir aisément pratiquer les cérémonies du rituel. Le texte que Visconti apporte pour établir que les Éthiopiens observaient aussi le rit qu'il signale, ne prouve pas plus que celui de S. Ambroise : il suppose seulement que le ministre descendait à l'intérieur des fonts : *descendit in fontem*.

Comme les baptistères étaient fort spacieux (V. l'art. *Baptistère*, IV), ils pouvaient aisément admettre la multitude des fidèles que la piété attirait toujours à la bénédiction des fonts ; et, la cérémonie accomplie, le ministre aspergeait le peuple avec l'eau consacrée : *spargit cum manu sua ... super omnem populum circumstantem* (*Ordo Rom. De sabb. sanct.*). Il en était de même chez les Grecs : *post sanctificationem aspergit totum populum* (*Eucolog.*).

Enfin les fidèles emportaient chez eux de cette eau consacrée, afin d'en asperger leurs champs et leurs vignes (V. *Ord. Rom.* loc. laud. — Rupert. *De divin. offic.* l. vii. c. 20, etc.). S. Grégoire de Tours l'atteste avec détail pour l'Espagne (*De glor. MM.* c. xxiv) : *omnis populus pro devotione haurit, et vas plenum donis pro salvatione reportat, agros vineasque aspersione saluberrimo tutaturus*.

Cet usage, qui s'est maintenu jusqu'à nos jours dans toute l'Église catholique, existait aussi chez les Orientaux. Les Arméniens ont même une formule de bénédiction de l'eau baptismale où toutes les destinations accessoires se trouvent exprimées (Johan. Coccius. ap. Vicecom. p. 89) : *hanc aquam, præparatam multiplici usui, benedic per infusionem gratiæ tuæ, ad effugandos dæmones, ad pellendos morbos, et ad omnia quæ resperserit, in domibus et locis christianorum mundanda*.

EAU BÉNITE. — I. — Quelques antiquaires pensent que les chrétiens ont emprunté aux Juifs l'usage de l'eau bénite ou *lustrale*, dont il est parlé au livre des *Nombres* (xix). Ce qu'il y a de certain, c'est que, dès les premiers siècles, les fidèles se sont servis de l'eau bénite, « pour mettre en fuite les démons, chasser les maladies, conjurer les embûches, » *ad fugandos dæmones, morbos expellendos, insidias profligandas* (*Constit. apost.* viii. 29), et les anciens historiens, aussi bien que les Pères, rapportent une foule de miracles opérés par le moyen de l'eau bénite (Theodoret. *Hist. eccl.* v. 21. — Epiphan. *In hæres. Ebionit.* l. i. — Hieron. *In vit. Hilarion.* etc.). Il y avait de l'eau bénite dans les églises, et les fidèles en conservaient dans leurs maisons. Pour ce qui est des églises, on a quelquefois avancé qu'il n'y avait pas d'autre eau que celle de l'*atrium* dans laquelle on se lavait les mains ; mais cette supposition est mal fondée ; nous avons une preuve du contraire, entre beaucoup d'autres, dans Synesius, écrivant une lettre (*Epist.* cxxi) à un certain Anastase qu'il appelle ὑδρομύστην, nom qui désignait un prêtre ou un autre clerc dans les ordres majeurs, qui aspergeait d'eau bénite ceux qui entraient à l'église et ceux qui en sortaient (V. aussi S. Paulin. Nol. *Epist.* ix. *De S. Felice*. Cependant il est certain que le *malluvium* fut l'origine de l'eau bénite.

Que les chrétiens eussent de l'eau bénite dans leurs maisons, on le sait par le témoignage de Théodoret (*Hist. rel.* viii), de Bède (*Hist. eccl.* v. 4) et d'autres encore. Ils en mettaient aussi dans les tombeaux ; plusieurs des vases de verre ou d'argile qu'on y trouve étaient destinés à cet usage (Lupi. *Dissert. e lett.* i. 76). Dès les premiers siècles, la bénédiction de l'eau était faite par l'évêque assisté d'un prêtre et d'un diacre (*Constit. apost.* viii. 29). Quant au sel qui est jeté dans l'eau à bénir, on a dit qu'il en était question pour la première fois dans les écrivains du huitième siècle (Durant. *De rit. eccl.* i. 21). Mais c'est une erreur : ce mélange fut ordonné au commencement du deuxième siècle par le pape S. Alexandre : *Hic constituit*, dit le livre pontifical, *aquam aspersionis cum sale benedici in habitaculis hominum* (Anastas. vii. 5). Les *Constitutions apostoliques* (iii. 19) contiennent cette formule de bénédiction qui exprime les trois principaux effets attribués à cette eau bénite : *Ipse (Deus) nunc per Christum sanctifica hanc aquam... da vim... dæmonum fugatricem, morborum expultricem et omnium insidiarum profligatricem*. Les formules en usage aujourd'hui dans l'Église, et qui sont beaucoup plus longues, datent du huitième siècle, ainsi que nous le voyons dans les sacramentaires de cette époque recueillis par Martène, Mabillon, etc.

II. — Boldetti (p. 16) atteste avoir vu dans les catacombes certains vases, des coquilles sphériques en marbre ou en terre cuite, et même en verre, comme celle qui fut trouvée au cimitière de Pretextat en 1718, assujettis sur une colonne à la portée de la main. Une colonne de ce genre, que l'on suppose avoir servi de support à un bénitier, existe dans un cimetière des premiers siècles, à Chiusi, en Toscane (Cavedoni. *Cimit. Chius.* p. 20), à l'entrée d'une chapelle souterraine. On a trouvé récemment à Autun une inscription ayant appartenu, selon toute apparence, à un antique bénitier ou à un de ces vases à ablution qui figurent à l'entrée des premières basiliques :

ΝΙΦΟΝ ΑΝΟΜΗΜΑΤΑ ΜΗ ΜΟΝΑΝ ΟΦΙΝ

elle peut se traduire : *lava iniquitates, non solum faciem*, « lave tes iniquités, et non pas seulement ta face, » et elle offre cette singularité, qu'elle est la même si on la lit en sens rétrograde. C'était sans doute une formule consacrée dans l'Église grecque, car elle s'était déjà trouvée sur un vase découvert à Constantinople au siècle dernier (V. Rosweid. *Not. ad S. Paulin.* edit. Migne. p. 850), dans les propylées de l'église de

Saint-Diomède. Mais ici l'inscription est plus correcte : les mots ΝΙΦΟΝ et ΟΦΙΝ sont inscrits avec leur véritable orthographe : ΝΙΨΟΝ, ΟΨΙΝ. Voici la reproduction d'une belle urne en marbre de Paros, que les Vénitiens avaient rapportée de la Grèce, à l'époque de leur domination sur l'Archipel. Elle se trouve aujourd'hui dans l'église des SS. Marc-et-André, dans l'île de Murano. Elle porte pour inscription les v. 3 du chap. xII d'Isaïe. — ✝ ΑΝΤΛΗΣΑΤΑΙ ΥΔΩΡ ΜΕΤΑ ΕΥΦΡΟΣΥΝΗΣ ΟΤΙ ΦΩΝΗ ΚΥ ΕΠΙ ΤΩΝ ΥΛΛΤΩΝ, — *haurite aquam cum gaudio, quia vox Domini super aquas* (Paciaudi. *De balneis*. p. 141) (V. la gravure, p. 263).

Gori (*Thesaur. vet. Diptych.* t. III. suppl. pl. xxv) a publié un joli vase d'ivoire qui n'est autre qu'un bénitier portatif. On y voit la sainte famille et les quatre évangélistes représentés en bas-relief.

Mais nous sommes heureux de pouvoir donner ici un monument de ce genre qui offre un intérêt

plus grand encore, soit par sa provenance, soit par les sujets dont il est enrichi. C'est un vase de plomb, trouvé dans la régence de Tunis et dont la destination est déterminée par cette inscription : ΑΝΤΛΗCΑΤΕ ΥΔΩΡ ΜΕΤ ΕΥΦΡΟCΥΝΗC : « puisez l'eau avec joie. » Le lecteur ayant le vase sous les yeux, nous ne nous arrêterons pas à le décrire en détail. Entre une frise formée par un cep de vigne et l'inscription, règnent deux rangs de figures : le premier étage fait voir à gauche le bon pasteur entre un palmier et un gladiateur qui élève la couronne de récompense qu'il vient de saisir sur un cippe ; à droite une femme en prières placée entre un palmier et une victoire ailée, laquelle porte d'une main la couronne triomphale et de l'autre une palme. L'étage inférieur présente, deux fois répétée, la scène du rocher aux quatre fleuves surmonté de la croix ; un cerf et une brebis viennent se désaltérer dans les eaux mystiques. On peut voir dans le Bulletin de M. De' Rossi, 1867, p. 80, l'explication de ces diverses scènes, explication dans laquelle il nous est impossible de nous engager. Le vase, qui figura à l'Exposition universelle de Paris en 1867, fut photographié par les soins de M. le comte Desbassayns de Richemont, qui le communiqua à l'auteur du Bulletin.

ÉCOLES DANS L'ANTIQUITÉ CHRÉTIENNE. — Dès les premiers siècles, l'établissement d'écoles pour l'enseignement des lettres sacrées et profanes fut l'un des objets les plus chers de la sollicitude de l'Église. Il y en eut non-seulement dans les grandes villes, mais aussi dans les églises rurales. On pense qu'elles étaient établies dans les baptistères ; il est certain du moins qu'elles occupaient l'une des nombreuses dépendances des basiliques (*Concil. Constantinop.* can. v). Les plus modestes n'étendaient sans doute pas leur programme au delà des éléments des lettres et de la doctrine chrétienne. Mais dans les écoles des principales églises on enseignait toutes les branches des connaissances humaines alors en honneur, la grammaire, la rhétorique, la philosophie, la géométrie, etc. Et ce sont celles-ci qui, fréquentées avec non moins d'assiduité que de succès par les fidèles, attirèrent l'attention de Julien l'Apostat : espérant éteindre le christianisme dans l'ignorance, il lui interdit l'enseignement et la culture des lettres profanes (*Socrat. Hist. eccl.* lib. III. c. 1).

M. Perret donne (t. v. pl. XLVIII) l'épitaphe d'un enfant, vrai phénomène d'intelligence, « que son malheureux père n'avait pu conserver jusqu'à sa septième année accomplie » et qui cependant, grâce à ses dispositions extraordinaires, TOTIVS INGENIOSITATIS AC SAPIENTIÆ, tout en étudiant les lettres grecques, avait appris les latines, sans qu'elles lui fussent enseignées : QVI STVDENS LITTERAS NON MONSTRATAS SIBI LATINAS ADRIPVIT.

Il y eut des écoles chrétiennes proprement dites dès la fin du premier siècle. On lit dans Eusèbe, au sujet de Pantenus (*Hist. eccl.* l. v. c. 10) :

« Dans le même temps, c'est-à-dire sous l'empire de Commode, présidait l'école des fidèles à Alexandrie un homme très-célèbre par sa doctrine, du nom de Pantenus ; car, dès les temps les plus reculés, une école des saintes lettres avait été établie dans cette ville, laquelle subsiste encore de nos jours. » Commode occupa le trône impérial de 180 à 193. Or Eusèbe représentant comme déjà ancienne à cette époque l'école d'Alexandrie, on peut conjecturer avec le P. Le Nourry (*De prim. eccl. sæc. script. dissert.* x. in *Apparat. ad Biblioth. maxim. PP.* p. 1) qu'elle avait été établie par S. Marc, fondateur de cette illustre Église. S. Jérôme, qui affirme ce dernier fait d'une manière positive (*De script. eccles.* c. xxxvi), ajoute que depuis sa naissance elle ne cessa pas d'avoir des *docteurs ecclésiastiques* pour y enseigner la philosophie chrétienne, et qu'elle produisit une foule de grands hommes. Bingham (*Origin. eccl.* l. iii. c. 10. 5) établit comme il suit la succession de ces illustres catéchistes : Pantenus, S. Clément d'Alexandrie, Origène, Héraclas, Denys, auxquels on ajoute, mais avec moins de certitude, du moins quant à l'ordre chronologique, Athénodore, Malchion, Athanase et Didyme. On croit qu'Arius avait aussi enseigné dans cette école, avant qu'il eût commencé à répandre ses erreurs (*Synodic.* t. i. *Concil.* ap. Bingham. *ib.*). Du reste, les chefs de cette illustre école avaient sous eux plusieurs autres professeurs (Cuerike. *De schola quæ Alexandriæ floruit catechista.* Hall. 1824. p. 112). L'enseignement, toujours d'après l'évêque de Césarée, y était distribué, « partie de vive voix, partie par écrit. »

Il y eut d'autres écoles qui ne furent pas non plus sans gloire. Celle de Rome, fondée par S. Justin et à laquelle Tatien présida plus tard ; celle d'Antioche, celle de Constantinople, celle de Césarée en Palestine, formée sous les auspices d'Origène, et à laquelle le martyr Pamphile fit don d'une bibliothèque magnifique. Et outre ces écoles qu'on peut appeler publiques, on sait que beaucoup de saints et savants évêques en avaient dans leurs maisons ; et plus tard Charlemagne, prince si zélé pour l'avancement des études cléricales, convertit cette coutume en loi universelle (Du Cange. *Glossar. lat.* ad v. *Schola*).

L'église établit des écoles spéciales pour les *lecteurs*, dont les fonctions étaient regardées comme très-importantes, et qui étaient organisés en une espèce de corporation, *schola*, sous la présidence d'un chef appelé *primicerius scholæ lectorum*. Nous avons dans la *Revue du Lyonnais* (t. xiii. p. 185) une savante dissertation de M. l'abbé Greppo sur cette matière, à propos de l'épitaphe d'un STEPHANVS qui remplissait ces fonctions dans l'Église de Lyon au sixième siècle ; et Du Cange donne l'indication d'une semblable école, d'après S. Remi de Reims.

Il y avait aussi des écoles de chantres, *collegia cantorum*. On fait ordinairement honneur de leur institution à S. Grégoire le Grand ; mais il n'en fut que le réformateur, et l'initiative en cette importante matière appartient au pape S. Hilaire (V. Macri. *Hiero-Lexic.* ad v. *Schola cantorum*). On croit cependant que cette école était pour les sept sous-diacres apostoliques ; celle des enfants s'appelait *parvisium* (Macri. ad h. v.). Ces écoles de chantres existaient aussi dans les Églises des Gaules : l'évêque Leidrade le constate pour Lyon au temps de Charlemagne (V. les art. *Chantres, Chants ecclésiastiques, Livres liturgiques*). (Pour les écoles monastiques, V. l'art. *Moines*, V.)

ÉCONOME ECCLÉSIASTIQUE. — Le nom de ce ministre de l'Église ne se rencontre qu'à partir du quatrième siècle dans les écrivains ecclésiastiques : οἰκονόμος chez les Grecs, *œconomus* chez les Latins. S. Augustin, ou plutôt Possidius, son biographe (*Vit. Aug.* xxxiv), l'appelle *præpositus domus ecclesiæ*. Ses fonctions consistaient à administrer, sous la surveillance de l'évêque, les biens de l'Église ; il devait aussi pourvoir à la subsistance des clercs, des pauvres et des veuves (Isid. Hisp. *Epist. ad Leandr.*). Mais si le nom est relativement nouveau, nous croyons que la fonction est ancienne : elle remonte, à notre avis, aux sept diacres, sur lesquels les apôtres se déchargèrent de la distribution des biens, se réservant eux-mêmes pour la prière et le ministère de la parole (*Act.* vi. 2 seqq.). Et si l'on nous fait observer qu'il ne s'agissait alors que de la dispensation des aumônes, du soin des veuves, etc., nous répondrons que l'administration temporelle de l'Église apostolique ne pouvait guère avoir d'autre objet ; et, du reste, l'exemple de S. Laurent fait voir quelle extension les attributions des diacres avaient prise dès le troisième siècle, et sur quelle masse de richesses leur sollicitude avait à s'exercer.

Quoi qu'il en soit, c'est au quatrième et au cinquième siècle que la charge d'*économe* prit, ainsi que beaucoup d'autres, avec le nom qu'elle a conservé, la forme d'une institution régulière. Car ce n'est qu'après la pacification de l'Église par Constantin qu'une administration proprement dite put s'asseoir et développer graduellement ses rouages, soit pour le service intérieur des basiliques, comme on le verra par un certain nombre d'articles de ce Dictionnaire, soit pour la gestion devenue déjà fort compliquée des biens provenant des aumônes des peuples et des libéralités des princes. Les évêques, se voyant alors beaucoup plus absorbés par les soins essentiels de l'apostolat, furent amenés à créer une classe de fonctionnaires à part pour faire ce que jusque-là ils avaient fait par leurs archidiacres, lesquels étaient de véritables économes, et dont l'activité allait trouver dans le nouvel état de l'Église un emploi plus conforme à leur caractère.

Cette institution eut encore pour but de mettre les évêques à l'abri des soupçons que ne manque jamais de soulever une administration de deniers publics, quand elle est sans contrôle. Et bientôt, en effet, une accusation de ce genre, portée contre Dioscore au concile de Chalcédoine, détermina cette sainte assemblée à décréter (can. xxvi) que toute Église ayant son évêque devrait désormais avoir un économe pris dans son clergé, afin que l'administration de ses biens ne pût avoir lieu sans témoins, et qu'ainsi l'honneur du sacerdoce se trouvât mis hors d'atteinte. Il faut observer néanmoins que cette loi n'atteignait que les évêques qui auraient administré *sans témoins*, c'est-à-dire sans le concours de leur archidiacre, ce qui ne pouvait être qu'un cas exceptionnel.

Quoi qu'il en soit, on voit que l'économe doit être pris dans le clergé, et telle fut toujours la pratique de l'Église. Les actes du concile d'Éphèse (Act. i), qui furent insérés dans ceux de Chalcédoine, font mention d'un Charisius auquel est attribuée la double qualité de prêtre et d'économe de l'Église de Philadelphie. Libérat (*Breviar.* c. xvi. — Cf. Bingham. ii. 69) parle d'un certain Jean qui était économe d'Alexandrie et prêtre d'une localité voisine. Maron et Martinien étaient aussi prêtres et économes de Péluse du temps de S. Isidore (Isid. Pelus. *Epist.* cclxix. — Cf. Tillemont. i. p. 539). On pourrait en citer beaucoup d'autres exemples (V. Possid. *Vit. Aug.* xxiv. — Socrat. vi. 7).

Tillemont (*loc. laud.*) fait observer que les économes étaient toujours prêtres en Orient, et les exemples que nous avons cités ne lui donnent pas un démenti, et qu'ils étaient, en Occident, pris dans la classe des diacres. En outre de S. Laurent que nous pouvons rappeler ici, bien qu'il ait précédé l'institution proprement dite des économes, on en voit encore d'autres exemples. S. Jérôme attribue formellement aux diacres la garde et l'administration des richesses (*In Ezech.* et *Epist.* lxxxv), et S. Ambroise atteste le même fait pour Milan (*Offic.* l. i. c. 50).

Nous terminons par deux observations importantes. La première, c'est que, le siége vacant, c'était à l'économe de gérer les revenus de l'Église, et de veiller à ce qu'ils fussent transmis intacts à l'évêque à élire : *Viduæ Ecclesiæ*, dit le concile de Chalcédoine (can. xxv), *reditus apud Ecclesiæ œconomum salvus custoditor*. La seconde observation, c'est que, les économes ayant en mains les intérêts de tout le clergé, devaient être élus par le suffrage des clercs. Voici ce que dit de l'élection de l'économe Théophile, évêque d'Alexandrie, dans ses lettres canoniques (cf. Bingham. *loc. laud.*) : *Ut totius sacerdotalis ordinis sententia alius renuntietur œconomus, in quo Apollo episcopus consentiat, ut bona Ecclesiæ in ea, quæ oportet, impendantur*, « que par la sentence de tout l'ordre sacerdotal un autre économe soit désigné, ou que l'évêque Apollo donne son adhésion, pour que les biens de l'Église soient employés à ce que de droit. » Bien que l'économe fût subordonné à l'évêque dans l'exercice de sa charge, cependant l'autorité qu'il tenait, soit de son élection par le clergé, soit des règles canoniques, était assez indépendante pour qu'il pût résister à l'évêque lui-même dans le cas où celui-ci eût prétendu aliéner les biens de l'Église (*Capit. Car. M.* l. ii. c. 101).

La dignité d'économe est quelquefois mentionnée sur les marbres. Voici une épitaphe que nous trouvons dans Gruter (mclxii. 11); c'est celle d'un économe nommé Oreste : ΥΠΟΜΝΗΜΑ. ΟΡΕΣΤΟΥ. ΟΙΚΟΝΟΜΟΥ, *Memoria Oresti œconomi*. Nous empruntons au recueil de M. De' Rossi (i. p. 456) cette inscription de l'an 526, où nous pensons que le mot *præpositus* est pris dans le sens que lui donne S. Augustin et qui est quelquefois aussi adopté par S. Cyprien (*Epist.* xxvii) : HIC REQVIESCIT IN PACE LAVRENTIVS PRÆPOSITVS BASILICÆ BEATI PAVLI APOSTOLI. Une calcédoine du musée Stosch, publiée dans les *Annales de l'Académie de Cortone* (t. vii. tav. ii. n. 11), et qui était probablement le sceau d'un économe, fait lire, en deux lignes, l'inscription suivante : ΟΙΚΟΝ || ΟΜΙΚΟΣ.

ÉGLISE (L'). — Les premiers chrétiens avaient coutume de représenter l'Église, dans leurs monuments, par des figures tirées de l'Ancien Testament et par des images symboliques.

I. — *Figures tirées de l'Ancien Testament.*

1° L'arche de Noé. « De même, dit S. Cyprien (*De unit. eccl. Opp.* p. 109. edit. Brem. 1690), que hors de l'arche de Noé nul ne put se garantir du déluge, ainsi hors de l'Église il n'y a pas de salut pour les hommes. » S. Augustin exprime la même idée en termes différents, mais il ajoute que l'arche est représentée sous une forme carrée pour marquer la stabilité promise par Jésus-Christ à son Église : *Quadratum enim, quacumque verteris, firmiter stat* (*Contr. Faust.* xii. 4). Il n'y a pas de sujet qui soit aussi souvent reproduit (V. l'art. *Arche de Noé*).

Notons seulement un bas-relief où la pensée principale se trouve modifiée par la bizarrerie des accessoires (Bott. tav. xlii) : à la place de Noé, qui communément se voit, les bras étendus, dans l'arche entr'ouverte, on a eu la singulière idée de figurer un arbre, un olivier, au sens des interprètes. On pense que, par cette composition tout exceptionnelle, qui en outre se trouve rapprochée du navire de Jonas agité par la tempête, l'artiste a voulu exprimer la paix rendue à l'Église après quelque persécution qui s'éteignait peut-être au moment où le monument fut exécuté.

2° Susanne, délivrée par la sagesse de Daniel des calomnies de deux vieillards impudiques, est la figure de l'Église sortie intacte de la persécution des pharisiens, selon les uns, et de celle des Juifs et des païens, d'après une autre interprétation (V. l'art. *Susanne*). Ce sujet n'est pas très-fréquent sur les monuments de l'Italie ; ceux de la Gaule le retracent plus souvent. Nous avons dans l'ouvrage de M. Perret (vol. i. pl. lxxviii) une belle allégorie de cette histoire : Susanne y est représentée par une brebis et ses calomniateurs par deux bêtes féroces.

II. — *Images symboliques.* — 1° Notre-Seigneur

se désigne sans cesse lui-même sous le titre de *Pasteur*, et son Église sous le nom de *bercail* : c'est ce qui explique pourquoi les scènes de la vie pastorale reviennent à chaque pas dans les monuments chrétiens des premiers âges (V. les art. *Agneau* et *Bon Pasteur*). On peut voir, entre mille autres exemples, une fresque du cimetière de Saint-Calliste (Bott. tav. LXXVIII) où, un pasteur est assis dans un gracieux bocage, entouré de brebis et d'agneaux paissants. Quelquefois les brebis sortent d'un édicule, qui est la représentation raccourcie d'une ville, à la porte de laquelle le pasteur se tient debout appuyé sur sa houlette (Id. tav. XVII).

La distinction des deux Églises, issues, l'une du judaïsme, l'autre du paganisme, est souvent exprimée par deux cités (Ciampini. *Vet. mon.* t. II. tab. XVI), HIERVSALEM, BETHLEEM, d'où, comme on le voit ici, sortent des agneaux se dirigeant vers un autre agneau, figure de Jésus-Christ, dont les pieds reposent sur un monticule (V. Buonarruoti. VI. 1. — Perret. V. pl. III), ou vers Jésus-Christ en personne, comme sur une pierre sépulcrale donnée par Marangoni (*Act. S. Vict.* p. 42). La mosaïque de Sainte-Sabine de Rome représente les deux Églises sous l'allégorie de deux femmes debout, tenant un livre ouvert à la main. L'une, désignée par cette inscription : ECCLESIA EX CIRCVMCISIONE, a au-dessus d'elle S. Pierre; l'autre, dont l'origine est exprimée par les mots ECCLESIA EX GENTIBVS, est dominée par le personnage de S. Paul ; et ainsi les deux apôtres, figurés l'un et l'autre dans l'attitude de la prédication, se trouvent placés chacun dans la position que lui assigne sa vocation spéciale, formulée comme il suit par S. Paul lui-même (*Galat.* II. 7) : *Creditum est mihi Evangelium præputii, sicut Petro Evangelium circumcisionis*, « à moi a été confiée la prédication aux incirconcis, comme à Pierre la prédication aux circoncis. » Le sujet est reproduit, p. 268, d'après Ciampini, *V. m.* t. I. tab. XLVIII. Dans un des compartiments de l'antique porte de l'église de Vérone, le même sujet se trouve sculpté, mais avec des circonstances tout particulièrement intéressantes : on y voit, entre deux arbres couverts de feuilles, deux femmes, dont l'une allaite deux poissons, l'autre deux enfants. On croit reconnaître dans ces deux femmes la figure des deux Églises, et dans les poissons et les enfants les chrétiens issus des deux origines (V. l'art. *Poisson*). Les deux Églises sont aussi figurées sur une pierre gravée, qu'a publiée le P. Garrucci (*Hagioglypta*. p. 222), par deux agneaux qui se dirigent vers une colonne, symbole de l'Église, surmontée de l'agneau de Dieu. Voyez cet intéressant monument à l'article *Colonne*.

Plusieurs Pères, entre autres S. Ambroise et Théophile d'Antioche, regardent l'hémorroïsse comme l'image de l'Église *ex gentibus*, et c'est probablement pour cette raison qu'elle est si souvent reproduite dans les cimetières romains (V. l'art. *Hémorroïsse*).

2° Dans une curieuse peinture, récemment découverte au cimetière de Saint-Calliste (V. De' Rossi. IXerc. t. I. n. 2), l'Église est symbolisée par une femme debout, dans l'attitude de la prière, et offrant à Dieu le sacrifice eucharistique par les mains d'un prêtre qui consacre (V. la gravure à l'art. *Messe*). Il est probable que beaucoup d'*orantes* des catacombes ont la même signification. Le P. Garrucci (*Vetri con fig. in oro*. tav. XXXIX. n. 3) regarde aussi comme la personnification de l'Église une femme représentée sur un fond de verre dont le champ est tout parsemé d'étoiles, et au milieu de grandes gerbes, dont les épis, selon le savant jésuite, figureraient les fidèles (Ibid. p. 82). Nous hésiterions à accepter cette interprétation, qui ne nous paraît pas suffisamment fondée.

3° L'Église de Dieu est souvent comparée dans les saintes Écritures à la *vigne* (*Psalm.* LXXIX. — Isaï. V), et les fidèles à ses rejetons. Ces idées se propagèrent facilement parmi les premiers chrétiens, ainsi qu'il paraît par leurs monuments (V. Bottari. tav. XXVIII. et *alibi*), aussi bien que dans les auteurs ecclésiastiques du même temps. Nous nous en tiendrons ici à la citation des *Constitutions apostoliques*, renvoyant pour les détails le lecteur à l'article *Vigne*.... : « L'Église catholique, y est-il dit, est la plantation de Dieu, et sa vigne de prédilection » (*Constit. apost. in Procem.*). De là vient que les pampres, les scènes de vendanges sont partout prodigués dans nos monuments : soit pour exemple une voûte du cimetière de Saint-Calliste tout ornée de pampres et de raisins (Bottari. tav. LXXIV) (V. ce sujet à l'art. *Vigne*), et, dans la tribune de Saint-Clément de Rome (Bottari. t. p. 110), une arabesque en mosaïque environnant une croix, sous laquelle sont inscrits ces vers, qui ne laissent pas place au doute quant à l'interprétation :

Ecclesiam Christi viti similabimus isti
Quam lex arentem set (*sic*) Christus fecit esse virentem.

4° Le *navire*, soit voguant à pleines voiles, soit tranquille dans le port, exprime souvent l'Église en tant qu'elle est l'unique port du salut : *Naviculam istam Ecclesiam cogitate, turbulentum mare hoc sæculum.* Ce texte de S. Augustin est cité par Aléandre à l'appui de son explication d'une pierre annulaire où l'Église est représentée sous le symbole d'un navire porté sur le dos d'un poisson, lequel (V. l'art. *Poisson*) n'est autre que Jésus-Christ, sur qui, comme sur une base inébranlable, l'Église s'appuie pour résister à toutes les tempêtes (*Navis Eccles. referent. symb.* Romæ, 1626). C'est pour ce motif que dès le principe il fut prescrit que les temples chrétiens, appelés aussi églises dans un sens plus restreint, affectassent la forme d'un navire (V. l'art. *Navis*) : *Sit ædes oblonga... navi similis* (*Constit. apost.* I. 27). On connaît la fameuse lampe du cabinet du grand-duc de Toscane (Bellori. *Lucern. ant.* part. III. tav. XXXI), laquelle a la forme d'une barque dont un personnage dirige l'aviron, tandis que l'autre se tient debout à la proue dans l'attitude de la prédication (V. l'art. *Lampes chrétiennes*). Une belle fresque représentant le vaisseau de l'Église a été trouvée récemment dans le cimetière de Saint-Calliste. Nous en donnons ici un dessin pris sur l'original. Le navire est violemment agité par les flots ; un personnage se tient debout près de la proue, dans l'attitude de la prière ; c'est le chrétien fidèle, raffermi par la grâce, représentée par une figure radiée, vue à mi-corps dans un nuage et soutenant ce chrétien de la main. Au milieu des flots se voit un second personnage se débattant contre la tempête : c'est le chrétien

naufragé dans la foi (V. aussi l'art. *Navire*).

3° *La colonne*. L'Église est appelée par S. Paul *columna et firmamentum veritatis*. C'est de là qu'est venue aux premiers chrétiens l'idée de la représenter sous l'emblème d'une colonne, ordinairement surmontée du monogramme du Christ (Buonarr. xiv. 2. — Aringhi. i. 16), ou d'un agneau (*Hagioglypta*. p. 222. — V. plus haut II, 1°, à la fin du 2° paragraphe), ou enfin d'une colombe (Le Blant. *Inscr. chrét. de la Gaule*. p. 167), symboles divers de Notre-Seigneur prêtant à son Église une perpétuelle assistance (V. l'art. *Colonne*).

ÉGLISES (CONSÉCRATION DES). — Nous n'avons, quant à la consécration des églises, aucune donnée positive pour les trois premiers siècles. Il est à présumer néanmoins que les premiers chrétiens ne célébraient pas le culte divin dans un édifice quelconque, avant de l'avoir purifié et dédié à Dieu par des prières et des rites religieux. Ils durent sans doute en ceci imiter les Juifs, qui, sans parler de leur temple dont la dédicace solennelle est décrite avec tant de détail au troisième livre des *Rois* (c. viii), avaient aussi coutume de dédier leurs maisons, ainsi que l'indique pour celle de David le titre du trentième psaume : *Psalmus David, canticum dedicationis domus illius*, et jusqu'aux murailles de leurs villes, selon le célèbre exemple de Néhémie (2 Esdras. xii. 27). Car, si nous n'avons de preuves certaines à cet égard qu'à partir du quatrième siècle, époque qui vit probablement s'établir les cérémonies et les pompes dont la consécration des églises fut depuis entourée, nous savons par le témoignage de S. Ambroise (*Epist*. xii. *Ad Marcellin.*) que cette pratique liturgique n'était pas nouvelle, et ne faisait que continuer une coutume préexistante, immémoriale, universelle : *Ex antiquissima et ubique recepta consuetudine*.

I. — Quoi qu'il en soit, ce n'est qu'après la paix constantinienne que l'histoire commence à enregistrer les consécrations d'églises, qui, grâce à la faveur du premier prince chrétien, ne tardèrent pas à se multiplier tant en Orient qu'en Occident. « C'était un beau et consolant spectacle, dit Eusèbe (*Vit. Constant*. xiii), de voir les solennelles dédicaces d'églises et d'oratoires chrétiens qui de toute part sortaient de terre comme par enchantement. Et ce spectacle était d'autant plus imposant et plus auguste, qu'il était partout rehaussé par la présence de tous les évêques d'une province. » Et en effet, nous savons par le même historien que les conciles de Jérusalem et d'Antioche furent tenus à l'occasion de la consécration des églises construites dans ces villes par Constantin (Sozom. ii. 26. — Socrat. ii. 7). S. Paulin (*Epist*. iv, *Ad Amand*. et xiii, *Ad Sever*.), et S. Ambroise (*loc. laud*. et *Epist*. lxxxvi) en offrent d'autres exemples. Il en est un plus ancien que tous ceux-là : c'est celui de la basilique de Tyr, relevée de ses ruines et inaugurée en 315 ; et Eusèbe de Césarée fut chargé de prononcer l'homélie de la dédicace, qui eut lieu au milieu d'un concours innombrable de fidèles (Eusèb. *Hist. eccl*. x. 4). La construction de la basilique de Latran aurait néanmoins précédé de deux ans cette époque (De' Rossi. *Bullet*. 1863. p. 32) ; mais la dédicace est postérieure, croyons-nous.

II. — On ne sait rien de bien précis sur les rites primitifs de la consécration des églises. Communément, la cérémonie commençait par un discours contenant des prières et des actions de grâces, et quelquefois les louanges du fondateur de la nouvelle église. Plusieurs Pères, entre autres Eusèbe (*Ib*. l. x. c. 4), S. Ambroise (*Serm*. lxxxix), S. Gaudence (*Serm*. xvii. — Cf. Bingh. iii. 318), nous ont laissé des discours de ce genre. Il n'est pas hors de propos d'observer que les pontifes païens prononçaient aussi des discours à l'occasion de la dédicace de leurs temples, et Varron dit que c'est pour cela que ces temples s'appelaient *fana, quod pontifices in sacrando fati sunt*. Il arrivait quelquefois que plusieurs discours étaient successivement prononcés, et nous apprenons d'Eusèbe (*Ib*. x. 3) qu'on vit souvent, dans les consécrations faites sous Constantin, tous les évêques présents prendre la parole, et improviser, selon l'inspiration du moment, les uns sur les louanges de l'empereur, les autres sur la grandeur du martyre ; d'autres adoptaient quelque sujet dogmatique accommodé à la circonstance ou expliquaient les sens mystiques de certains passages de l'Écriture. L'évêque de Césarée lui-même ne manquait jamais de prêcher quand il assistait à des solennités de ce genre (*De Vit. Const*. iv. 45). On faisait ensuite l'oblation, on célébrait le sacrifice non sanglant, on adressait à Dieu des prières, pour la paix publique, pour l'Église de Dieu, pour l'empereur et ses enfants, et probablement d'une manière spéciale pour l'église qu'on venait de consacrer. S. Ambroise (*Hortat. ad virgin*. vers. fin.) nous a conservé une formule de prière que l'on croit avoir trait à ce dernier objet.

Quant à l'ensemble des prières et des cérémonies aujourd'hui en usage, et qui se trouve dans le Pontifical romain, il paraît pour la première fois dans un ordre romain qui ne semble pas antérieur au neuvième siècle. On convient néanmoins que certaines parties de ces rites accusent une ancienneté plus reculée. Tels sont l'onction de l'huile sainte dont parle Balsamon, les croix sur les murailles, et les flambeaux suspendus devant elles, toutes circonstances mentionnées par Codinus (Cf. Pelliccia. I. 168). La messe épiscopale qui se dit à la consécration des églises est regardée comme remontant au quatrième siècle : S. Paulin l'atteste *Ibid.*).

III. — Il n'était permis à aucun prêtre de célébrer dans une église non encore consacrée, sauf le cas d'extrême nécessité. S. Athanase (*Apol.* 1), ayant tenu une synaxe le jour de Pâques dans la grande église d'Alexandrie avant que l'empereur Constantin eût fixé le jour de sa dédicace, chose que les ariens lui attribuaient à crime, fut obligé de s'en justifier en produisant ses raisons.

Le droit de consacrer les églises appartint toujours exclusivement aux évêques dans le diocèse desquels elles étaient placées ; et aucune église ne pouvait être construite sans leur permission, et sans qu'ils eussent rempli les rites préliminaires, qui consistaient dans de certaines prières et dans l'érection d'une croix sur le terrain (V. *Concil. Bracarense.* I. c. 37. — *Concil. Britan.* c. XXIII. — *Chalcedon.* IV. etc. — Cf. Bingh. *ib.*). Dans la vacance du siège, un évêque voisin pouvait être appelé pour la consécration d'une église, comme S. Sidoine-Apollinaire nous l'apprend de lui-même (lib. IV epist. 15).

IV. — Les églises ne furent jamais consacrées qu'à Dieu seul et à son service ; c'est ce qui leur fit quelquefois donner le nom de *dominicum* : la la basilique bâtie à Antioche par Constantin s'appelait *dominicum aureum* (Hieron. Olym. CCLXXVI. an. 3) ; ou encore *dominica*, κυριακά (Euseb. *De laud. Const.* XVII). Dans sa dispute contre l'évêque arien Maximin, S. Augustin démontre la divinité de l'Esprit-Saint par cet argument, qu'on élève des églises en son honneur, ce qu'on ne saurait faire sans sacrilége pour aucune créature. Il écrit dans le même sens contre Fauste : « Nous ne sacrifions à aucun martyr, mais seulement au Dieu des martyrs, bien que nous établissions des autels sur les *mémoires* des martyrs (V. l'art. *Confessio*). Quel évêque assistant à l'autel dans les lieux des saints corps a jamais dit : Nous t'offrons, ô Pierre, Paul ou Cyprien ? Ce qui est offert, est offert à Dieu, qui a couronné les martyrs. Si quelques églises prirent les noms des martyrs dont elles étaient la *mémoire*, c'est uniquement pour rappeler qu'elles étaient construites sur le tombeau de ces martyrs, ou sur le lieu où ils avaient subi la mort. »

Les plus anciennes églises de l'Orient ne portent point de vocables de saints. L'usage le plus général était de les dédier à la Sainte Sagesse Ἁγία Σοφία, c'est-à-dire à la sagesse du Verbe. Nicéphore Calliste, cité par Léon Allatius (*Ep.* I. p. 19), désigne en ces termes la grande église de Constantinople : « La grande maison du Verbe de Dieu. » L'usage de désigner sous le nom de Sainte-Sophie ces églises est devenu général chez les écrivains occidentaux, malgré la confusion qui peut en résulter avec la sainte du nom de Sophie. On ne saurait compter les églises qui ont été consacrées sous ce vocable ; les empereurs en bâtirent dans les principales villes de l'empire. Ce nom, il est vrai, a été presque entièrement absorbé par le célèbre monument chrétien de Constantinople ; mais il y eut des églises de Sainte-Sophie à Nicée, à Trébizonde, à Pergame, à Athènes, à Thessalonique, à Tarsous, etc. (V. Texier, *Églis. Byzant.* p. 79).

Quelquefois des églises retinrent les noms de leurs fondateurs ; il y en avait de ce genre trois à Carthage, et plusieurs à Rome et à Antioche. Ailleurs elles reçurent une dénomination tirée des circonstances de temps ou de lieu, ou provenant de quelque incident qui avait accompagné leur construction. Ainsi l'église de Jérusalem fut appelée *Crux* ou *Anastasis* : *Crux*, parce que Constantin l'avait élevée sur le lieu de la passion du Sauveur ; *Anastasis*, parce que ce fut là que la foi catholique sur la Ste Trinité fut définitivement établie, principalement par les soins et les lumières de S. Grégoire de Nazianze. Une église de Carthage fut nommée *Basilica restituta*, parce qu'elle avait été retirée des mains des ariens qui l'avaient usurpée.

V. — Au commencement, il n'y avait pas de jours spécialement affectés à la consécration des églises. Pagi (*In Baron. crit.* an. 335. 4) fait observer que l'église de Jérusalem ne fut pas consacrée un dimanche, mais un samedi. La coutume ecclésiastique de ne faire cette cérémonie que le dimanche ne remonte donc pas à une haute antiquité.

Mais, dès les premiers siècles, il fut d'usage de célébrer solennellement le jour anniversaire de la dédicace. Sozomène (II. 26) l'affirme formellement de l'église de Jérusalem. Cette discipline fut introduite en Angleterre par S. Grégoire le Grand, au témoignage de Bède (*Hist. Angl.* I. 30). Les baptistères étaient aussi consacrés, comme les basiliques (V. l'art. *Baptistère*, VI).

ÉGLISES (RESPECT ET IMMUNITÉS). — I. — RESPECT AUX ÉGLISES. Les temples, comme siège de la Divinité, furent toujours l'objet d'une grande vénération ; et en lisant les auteurs païens, on est surpris de voir ce qu'inspire sous ce rapport le sentiment religieux, même lorsque, misérablement dévoyé, il s'adresse à de vaines idoles. Voici un passage de Sénèque (*Natur. quæst.* VII. 30) qui ne serait point déplacé sous la plume d'un chrétien ; il est bon de nous souvenir néanmoins qu'il reflète un état de société où un vain formalisme était tout ce qui restait de la religion des vieux Romains. « Si nous entrons dans les temples, dit le philosophe, c'est avec un extérieur composé ; si nous avons à nous approcher du sacrifice, nous humilions notre visage, nous abaissons notre toge, nous imprimons à notre personne toutes les façons de la modestie. »

Nos pères n'avaient pas besoin de tels exemples pour entourer de respect et de piété les temples du vrai Dieu : ici la foi faisait, et mille fois mieux encore, ce que la puissance des traditions et les prescriptions rigides d'un culte officiel maintenaient chez les idolâtres, même après le départ des dieux.

Nous aimons à citer tout d'abord un document d'une haute valeur où, sous une forme inspirée et en quelque sorte biblique, se fait sentir le souffle de l'esprit primitif du christianisme. C'est un fragment des gnômes du concile de Nicée, publiés, d'après les manuscrits coptes, par M. Eugène Revillout (p. 75) :

« On appelle l'église le purificatoire des péchés. Que chacun y pleure ses péchés. Petite est notre vie sur la terre.

« L'unique affaire à l'église, c'est la prière, la supplication. Celui qui parle dans l'église, surtout quand on fait la lecture, se moque de Dieu. A quoi bon aller à la maison de Dieu, si tu y vas pour l'insulter ? Dieu ! Personne ne peut l'atteindre par une injure ; car sa nature est glorieuse au-dessus de tout ce qui existe ; mais il rend bien grand son châtiment, celui qui ose transgresser la volonté de Dieu.

« Celui qui regarde une femme dans l'église augmente pour lui la condamnation ; et quand une femme se pare pour la maison de Dieu, insensé est son père ou son mari : une femme de cette sorte perdra son âme.

« C'est une idolâtre qu'une femme qui se couvre d'or à l'église, surtout avec ostentation. L'or n'est pas considéré par le sage, pas plus que le noir des yeux. »

. . . .

« Celui qui se pose à l'église contre sa nature, fait outrage au Créateur. Couvre ton visage à l'église et dans les places publiques, et ne scandalise pas une âme. Il y en a qui marchent avec une tenue mauvaise, pensant attirer sur eux les regards. L'homme de cette sorte est un être sans âme. »

Avant d'entrer dans le lieu saint, les premiers chrétiens lavaient leurs mains et leur visage (V. les art. *Ablutions*, *Atrium*, *Cantharus*), ce qui était le signe de la pureté et de l'innocence qui doivent accompagner le chrétien au pied des autels. Cassien rapporte (*Instit.* l. i. 10) un touchant usage des moines d'Égypte : c'est qu'ils quittaient leurs sandales pour célébrer ou recevoir les mystères sacro-saints. Cette respectueuse pratique fut adoptée par les Éthiopiens, qui l'observent encore aujourd'hui. Les empereurs et les rois déposaient à la porte leurs armes et même leur diadème, et laissaient leurs gardes au dehors (Theodos. *Orat. in act.* i. *conc. Ephes.*). On se prosternait dans le vestibule de l'église, on en baisait les portes, les colonnes (Greg. Nazian. *Orat.* xxix). « Nous baisons les portes du temple, dit S. Chrysostome (*Homil.* xxix. *In 2 Cor.*). » C'est au même usage que fait allusion S. Paulin (*In Natal.* vi *S. Felicis*) :

Sternitur ante fores et postibus oscula figit,
Et lacrymis rigat omne solum pro limine sancto
Fusus humi.....

Une fois entrés dans l'intérieur de l'église, les chrétiens gardaient, dit Cassien (*Instit. mon.* ii. 2), un si religieux silence, qu'on eût dit que chacun d'eux était isolé au milieu d'une solitude absolue. S. Grégoire de Nazianze (*Orat.* xix) aimait à louer sa mère Nonna de ce qu'elle était animée d'un si vif sentiment de piété et de dévotion, que jamais sa voix ne fut entendue dans l'assemblée des fidèles, que jamais elle ne tourna le dos à la table vénérable (l'autel), que jamais on ne la vit cracher sur le pavé de l'église ; et S. Ambroise, dans son traité *Des vierges* (iii. 9), semble supposer que c'était dans son église de Milan une règle de n'y jamais se moucher, cracher, tousser ou rire : *A gemitu, screatu, tussi, risu abstinentes*.

Ce qui montre encore tout le respect que les premiers chrétiens avaient pour leurs églises, c'est qu'elles étaient, dans les grandes calamités, regardées comme un refuge inviolable pour les personnes comme pour les objets précieux. Les historiens Ruffin (ii. 30), Socrate (i. 18) et Sozomène (i. 8) nous en ont conservé un singulier et intéressant exemple : c'est que la mesure du Nil, servant, comme on sait, à marquer les crues de ce fleuve, et qui se conservait dans le temple de Sérapis comme un objet sacré, fut, par l'ordre de Constantin, transportée dans une église, et qu'elle y resta jusqu'à ce que Julien l'Apostat l'eût fait replacer dans le temple de Sérapis.

Mais ce sont surtout les hommes qui trouvaient à l'abri de la sainteté des temples chrétiens refuge et sécurité dans toutes les circonstances critiques, et spécialement lorsque les invasions des Barbares portaient partout la désolation : l'église était le seul asile respecté par eux. Bien plus, nous apprenons de S. Augustin (*De civit. Dei.* i. 4) qu'alors ces asiles s'ouvraient, non-seulement pour les fidèles, mais aussi pour les païens, qui s'estimaient heureux de saisir ainsi l'unique moyen qui leur restât d'échapper à l'insolence de l'ennemi. Ainsi, lorsque Alaric eut pris la ville de Rome, il ne permit à ses soldats d'y entrer « qu'après leur avoir donné l'ordre formel de respecter et de tenir pour inviolables tous ceux qui auraient cherché un refuge dans les lieux saints, et notamment dans les basiliques des apôtres Saint-Pierre et Saint-Paul. » (Oros. vii. 39.) On vit même ces Barbares conduire dans les églises ceux qu'ils avaient épargnés, afin de les mettre à l'abri des insultes de ceux de leurs compagnons qui ne seraient pas animés des mêmes sentiments d'humanité (Sozom. ix. 10). Donc toutes les haines, toutes

II. — IMMUNITÉS. La seule dont nous ayons à parler ici, c'est le droit d'asile. Nous ne considérerons cette intéressante question qu'au point de vue historique, le reste regarde les canonistes.

On ne peut guère douter que le droit d'asile n'ait appartenu aux temples chrétiens depuis la fondation même de l'Église, car ce droit est affirmé comme ancien au quatrième siècle par les conciles (*Concil. Arausic.* can. v). C'est donc à tort, croyons-nous, que quelques-uns ne datent l'origine de cette immunité que de l'époque où fut fondée la basilique de Latran, qui aurait été la première à en jouir. Nous devons néanmoins rapporter ici une circonstance touchante, qui semble supposer que l'on eut l'intention de faire de cette vénérable église, « tête et mère de toutes les églises de la ville et du monde, » le lieu de la miséricorde par excellence, puisque, pour la rendre accessible aux malheureux à toutes les heures du jour et de la nuit, elle ne fut dans le principe fermée que par des voiles ou portières en toile.

Quoi qu'il en soit, à cette époque, les coupables se réfugiaient dans les églises non-seulement pour jouir du droit d'asile, mais plus encore pour se concilier l'intercession des évêques auprès du prince; et les évêques ne pouvaient pas leur refuser cet office charitable, mais ils devaient, selon le concile de Sardique (c. v. ap. Dionys. Exig.), demander la grâce de ces malheureux sans hésitation et sans retard, *sine cunctatione et dubitatione*. Car le devoir du sacerdoce était d'intervenir pour les coupables, et d'implorer les empereurs pour les misérables, selon l'admirable doctrine développée par S. Ambroise parlant à Théodose (*Epist.* XLI); non point pour pardonner ou autoriser leurs péchés, mais pour appeler la miséricorde sur ceux qui promettaient amendement et correction (Augustin. *Epist. ad Macedon.* n. 153). Aussi, à la recommandation des évêques, les princes avaient-ils coutume de les délivrer des châtiments et quelquefois même de la mort qu'ils avaient méritée, comme nous sommes en droit de le conclure d'une foule de documents (V. Pelliccia. I. 210).

Mais il faut dire que déjà au quatrième siècle le droit d'asile avait dégénéré en abus, car alors les débiteurs du trésor public eux-mêmes cherchaient un refuge dans l'église, et trouvaient des évêques et des clercs assez complaisants pour les cacher dans les réduits les plus secrets. Théodose l'Ancien mit fin à cet abus, en privant de l'asile les débiteurs publics, et obligea même les évêques à payer pour ceux qu'ils avaient soustraits à la loi. Arcadius et Honorius confirmèrent cette loi contre les Juifs qui, sous couleur de religion, se réfugiaient dans l'église quand ils étaient chargés de dettes ou de quelque autre délit. Du reste le droit d'asile avait été maintenu pour tout le reste, lorsque, à l'instigation d'Eutrope, chef des eunuques, Arcadius l'abolit complètement.

L'Église supporta mal une loi qui mettait des entraves à sa mission de miséricorde, et nous voyons que S. Chrysostome s'en plaignit vivement dans un discours contre Eutrope. De leur côté, les évêques d'Afrique envoyèrent à l'empereur une députation, pour demander qu'il leur fût permis de se prévaloir, en faveur des réfugiés, de la loi ancienne des très-glorieux princes, et que personne n'osât leur arracher les malheureux qu'ils avaient accueillis sous l'égide du sanctuaire. Il fut fait droit à cette réclamation, le droit d'asile continua à subsister : c'est ce que nous voyons par une loi de Théodose le Jeune, qui étendit même ce droit non-seulement à l'intérieur de l'église et à l'autel, mais à toutes les dépendances des temples, *templi septum*, à leur enceinte extérieure. (V. sur cette question d'intéressants détails dans l'ouvrage de Voigt, qui la traite sous toutes ses faces [*Thysiasteriologia.* cap. XVII. *De altarium* ΑΣΥΛΙΑ].) Le prince excluait néanmoins de ce privilège ceux qui se seraient obstinés à porter les armes dans le lieu saint, et auraient refusé de les quitter à l'injonction de l'évêque ou des clercs. Le même empereur promulgua une autre loi en faveur des esclaves *réfugiés au pied des autels* (V. la gravure de l'art. *Autel*, pourvu que ce fût sans armes : ils devaient être gardés dans l'église, mais un jour seulement, après lequel les clercs étaient obligés de les dénoncer à leurs maîtres, de la maison desquels ils avaient fui par crainte, afin que ceux-ci leur accordassent indulgence (*Cod. Theod.* 1. 4). Mais la loi d'Honorius et d'Arcadius sur les débiteurs publics restait en vigueur; Léon dit le Sage l'abrogea avec toutes ses dispositions relatives à la solidarité de l'évêque et des clercs (*Cod. Justin.* 1. 6). Enfin, le droit d'asile ayant pris une extension excessive, Justinien le restreignit, et en enleva le bénéfice aux homicides, aux adultères, aux ravisseurs de vierges et aux débiteurs publics.

Telles sont les lois des princes au sujet de l'immunité des églises, auxquelles les papes et les conciles donnèrent leur sanction en frappant les contrevenants de peines canoniques.

Mais, comme par la suite des temps ce droit sembla favoriser les crimes et augmenter l'audace des factions par l'espoir de l'impunité, l'immunité des églises fut, du consentement commun des rois et des papes, restreinte dans des limites qui l'empêchassent de nuire au bien public (V. l'art. *Clergé*, II, *Immunités*).

ÉLIE (ENLÈVEMENT D'). — Parmi les nombreuses figures relatives à la résurrection que les premiers chrétiens aimaient à représenter sur leurs tombeaux, on rencontre assez souvent l'histoire d'Élie enlevé au ciel sur un char traîné par quatre chevaux rapides (V. Aringhi. t. I. p. 305. 309. 429). D'une main il tient les rênes, de l'autre il laisse tomber son manteau sur les mains d'Élisée, recouvertes par respect d'un pan de son propre vêtement (V. aussi Allegranza. *Monum. di Mil.* tav. v). Il est à remarquer que, dans ces sarcophages, l'artiste, voulant sans doute indiquer l'éternelle jeunesse dont le prophète allait jouir dans le véritable Éden, le représente jeune et imberbe, tandis qu'Élisée, son disciple, est vieux et barbu. Celui-ci est cependant figuré comme un jeune homme dans un autre sarcophage (Bottari. LII). Au-dessous du char, on voit le fleuve du Jourdain personnifié à la manière antique, portant un roseau à la main et sur la tête une couronne de roseaux, et le coude appuyé sur une urne d'où s'échappe la source. Une fresque des catacombes (Bott. LXXII), ainsi que la dernière urne sépulcrale que nous avons citée, font voir les flots du fleuve, et non sa personnification (V. la gravure de l'art. *Jourdain*).

Nous avons dit qu'habituellement l'enlèvement d'Élie est pris comme figure de la résurrection (Iren. l. v. c. 5), et il est d'autant plus probable que telle est la véritable signification de cette histoire, que, selon la croyance commune aux chrétiens et aux Juifs, le prophète doit, à la fin des temps, précéder le Messie sur la terre. Cependant S. Grégoire le Grand la regarde aussi comme la figure de l'ascension de Jésus-Christ (l. II *In Evang.* hom. XXIX. § 6). Le sarcophage de S. Ambroise (Allegr. *loc. laud.*) offre cela de particulier, que sur le second plan se voient deux figures qui observent de loin le prodige et représentent sans doute en abrégé les cinquante fils des prophètes qui, selon le texte sacré (4 Reg. II. 7), des rives du Jourdain où il arriva, *steterunt e contra longe*. Ceci est encore plus sensible sur un fragment inédit de bas-relief du musée du Latran dont nous plaçons ici un dessin exécuté sous nos yeux à Rome. On y voit deux enfants

qui manifestent leur surprise à la vue du char lumineux enlevant le prophète. S. Ambroise avait fait peindre l'enlèvement d'Élie dans sa basilique avec cette souscription (Puricelli. *Basilica Nazarien.* p. 285) :

Helias ascendit equos, currusque volantes
Raptus in ætheriam meritis cœlestibus aulam.

« Élie monte des chevaux, et des chars volants, enlevé par ses mérites célestes dans la cour éthérée. »

L'enlèvement d'Élie est représenté sur un camée publié par M. Perret (IV. p. XVI. 21); mais ici le prophète est emporté par un bige seulement. L'artiste semble s'être inspiré de la doctrine de S. Maxime de Turin, qui pense qu'Élie fut enlevé par des anges (*Hom.* II. *De Barbar. non timend.* ap. Mabill. *Iter Ital.* t. I). Car c'est un ange qui tient les rênes, et le prophète est dans le char.

Comme, selon les idées de l'antiquité, la tradition du manteau est le symbole de la transmission de la doctrine et de la dignité de prophète d'Élie à Élisée, ce sujet est regardé comme la figure de Jésus-Christ transmettant à S. Pierre, avant de monter au ciel, le dépôt de sa parole et de ses pouvoirs. C'est l'interprétation commune, sur laquelle nous n'avons pas besoin d'insister. S. Chrysostome l'entend de tous les disciples de Jésus-Christ et même de leurs successeurs (*Homil.* II *In ascens. Dom.*) : « Élie montant au ciel laissa tomber son manteau sur Élisée ; Jésus, en y montant à son tour, laissa le don de ses grâces à ses disciples, grâces qui ne faisaient pas un seul prophète, mais des Élisées en nombre infini, et bien plus grands et plus illustres que lui : *Infinitos Eliseos, atque adeo illo multo majores et illustriores*. Ailleurs (*Homil.* II *Ad pop. Antioch.*) il compare le manteau du prophète au don que le Fils de Dieu nous a laissé de sa chair sacrée : *Elias meloten discipulo reliquit; Filius autem Dei ascendens suam nobis carnem reliquit*.

ENCENS. — L'usage de l'encens dans les cérémonies sacrées des chrétiens remonte au berceau même de l'Église (V. Paciaudi. *De cultu S. Joan. Bapt.* p. 392). On pourrait apporter pour preuves le témoignage des *Canons apostoliques*, celui de la liturgie dite de S. Jacques, de celle de S. Chrysostome, des textes de S. Denys l'Aréopagite, écrits qui, quoi qu'on puisse penser de leur authenticité, remontent assurément à des époques fort reculées (V. Hildebrand. *Sacra publ. vet. Eccles.* p. 27. — Hermstad. 1721. — Menard. *Not. ad sacram. Greg.* p. 195). Contentons-nous de citer des auteurs dont personne ne peut contester la valeur. S. Hippolyte, évêque de Porto, qui vivait au commencement du troisième siècle, dit dans son livre *De consummatione mundi* (cap. XXXIV. Inter Opp. ipsius curante Fabric. Hamburgi. 1716) : *Lugebunt sane Ecclesiæ luctu magno, quoniam nec oblatio, nec thymiama offertur*, « les Églises pleureront, et à juste titre, beaucoup de larmes, parce qu'il n'est offert ni oblation, ni parfum. » Beveridge, bien qu'entaché de l'hérésie calvinienne, ne peut s'empêcher de conclure de ces paroles que l'usage de l'encens existait déjà avant cette époque (*Adnot. in can. apost. Pandect.* t. II. p. 16. ap. Paciaud). Au quatrième siècle, nous avons le testament de S. Éphrem, édité par Assemani dans sa *Bibliothèque orientale* (t. I. p. 143) : *Thura in sanctuario adolete, meum autem funus oratione curate; Deo odoramenta offerte, me vero psalmis prosequimini*, « brûlez de l'encens dans le sanctuaire, mais faites mes funérailles avec des prières ; offrez des parfums à Dieu, et à moi donnez des psaumes. » Voici des paroles de S. Ambroise qui sont encore plus précises et surtout plus dignes d'attention, car elles sont relatives aux divins mystères (*Exposit. in Luc.* II. 28) : « Quand nous offrons le sacrifice, nous encensons l'autel : et plût à Dieu que l'ange du Seigneur se montrât à nos yeux, comme il se fit voir à Zacharie ; car bien certainement l'ange de Dieu est présent. » Cette foi à la présence de l'ange près de l'autel, au moment où se célèbre le saint sacrifice, se retrouve dans toute notre vénérable antiquité. Quelques missels, entre autres le romain, nomment l'archange S. Michel : *Per intercessionem Beati Michaelis* STANTIS A DEXTRIS ALTARIS INCENSI ; mais d'autres plus anciens, ainsi que le sacramentaire de S. Grégoire, lui substituent S. Gabriel, ce qui est plus conforme au texte de S. Luc (I. 19) : *Ego sum Gabriel, qui asto ante Deum.* Au concile de Chalcédoine, on se plaint de ce que Dioscore d'Alexandrie avait mal employé les biens qu'une dame avait légués aux pauvres, et de ce qu'il n'y avait pas même eu de l'encens dans le sacrifice qui eut lieu aux funérailles de cette pieuse chrétienne.

Mais l'encens n'était pas réservé aux seules cérémonies de la liturgie ; S. Cyrille d'Alexandrie atteste qu'il était encore employé à d'autres pieux usages (Ap. Baron. *Ad an.* 431. n. 61), par exemple dans les processions. Ainsi, après la condamnation de Nestorius, le peuple d'Éphèse accompagna les Pères jusqu'à leurs demeures à la lueur des flambeaux, et les femmes faisaient fumer l'encens sur leur passage. A la procession qui eut lieu pour la translation des restes de S. Lupicin, il y eut aussi, au témoignage de notre S. Grégoire de Tours, des croix, des flambeaux et de l'encens : *Dispositis in itinere psallentium turmis cum crucibus, cereis, atque odore fragrantis thymiamatis* (*In Vit. PP.* c. XIII). Corippus, poëte du temps de Justin le Jeune (lib. I. *De laud. Justin. min.*), décrit ainsi des offrandes faites à l'église par ce prince :

Ilicet angelici pergens ad limina templi,
Imposuit pia thura focis, cerasque micantes.

Se dirigeant vers le temple angélique, il mit de l'encens sur le feu, et offrit des cierges brillants. »

(V., à l'art. *Processions*, la représentation d'une cérémonie de ce genre).

Chosroès, roi des Perses, entre autres dons, offre à l'église de Saint-Sergius un encensoir d'or, en actions de grâces de ce qu'il avait obtenu un enfant par l'intercession de ce Saint (ap. Menard *op. laud.*). La fonction d'encenser appartenait aux diacres : c'est pour ce motif que, dans les monuments anciens, S. Étienne est représenté un encensoir à la main (V. la gravure de l'art. *Colombe eucharistique*). Au deuxième siècle, quelques diaconesses tentèrent d'usurper ces fonctions (V. l'art. *Diaconesse*).

ENCENSOIR. — A l'exemple de l'Église judaïque (Feltre. *De usu thuris.* c. I. seqq.), l'Église chrétienne adopta dès son origine (*Canon. apost. can.* v) l'usage des encensoirs, qui découle naturellement de celui de l'encens. L'encensoir est désigné dans les auteurs anciens sous les noms suivants : *thymiaterium,* — *thuricremium,* — *incensorium,* ou *incensarium,* — *fumigatorium.* Le nom de *incensorium* est quelquefois donné à la navette destinée à contenir l'encens. Les encensoirs étaient souvent d'or et d'argent, principalement dans les églises insignes. Constantin fit don à l'église de Saint-Jean de Latran de deux encensoirs d'or pur du poids de trente livres, et d'un autre pesant quinze livres, et où l'or était rehaussé par des pierres précieuses (Anastas. Bibliot. *In Sylvestro*). On pourrait citer un nombre infini d'encensoirs précieux offerts aux églises de tous les pays par d'illustres personnages.

Nous ne possédons aucune donnée un peu positive sur la forme de l'encensoir dans l'antiquité chrétienne ; mais il est probable qu'il ressemblait à une urne, de sorte que le prêtre, le saisissant par sa base, pût aisément le porter autour de l'autel, *altaria adolere,* comme parlent les anciens Pères (Cf. Pelliccia. *De Ecclesiæ politia.* t. I. p. 193) ; on adapta à ce vase un couvercle percé d'un grand nombre de trous destinés à laisser passer la fumée de l'encens. Et ceci n'est point une conjecture purement arbitraire, car telle était la forme de l'encensoir dans l'Église judaïque,

et chacun sait que l'Église chrétienne, qui est sa légitime héritière, conserva ou imita ceux de ses rites qui pouvaient s'adapter au culte de la loi nouvelle. Voici, d'après Dom Calmet (*Dictionnaire de la Bible,* art. *Prêtre*), la figure du grand prêtre entrant dans le sanctuaire, l'encensoir à la main.

Il n'est pas sans intérêt de rapprocher de cette figure un instrument affecté chez les païens à un usage analogue et qui est regardé comme la forme la plus ancienne de l'encensoir dans le culte idolâtrique. C'est une sorte de candélabre surmonté d'un récipient également percé de trous. Il est ainsi figuré dans un grand nombre de monuments antiques et notamment dans la frise du Parthénon, où deux jeunes Athéniennes le portent dans la procession des Panathénées. Le monument que nous donnons ici est pris de la peinture d'une œnochoé provenant de la nécropole de Vulci (V. Ch. Lenormant et J. de Witte, *Élite des monuments céramographiques*.... t. I. pl. xcIII), et représentant Nicé (Victoire) se dirigeant vers un autel orné de volutes et tenant un *thymiaterion* dans sa main droite.

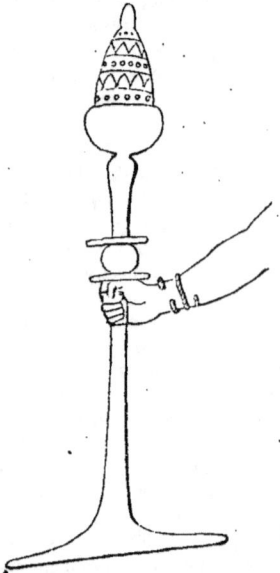

Quoi qu'il en soit, ce qui rend plus plausible encore la supposition que l'encensoir ne fut d'abord qu'une simple urne, c'est qu'il est constant que l'usage de le suspendre à des chaînes pour le balancer n'est venu qu'à une époque tardive, le XIIe siècle, *selon l'opinion commune*. En voici un exemple pris de la mosaïque de l'église de la Nativité de Bethléem, monument qui est précisément de cette époque : un autel entre deux colonnes auxquelles sont suspendus deux encensoirs à chaînes. Nous donnons ce monument d'après M. le comte de Vogué

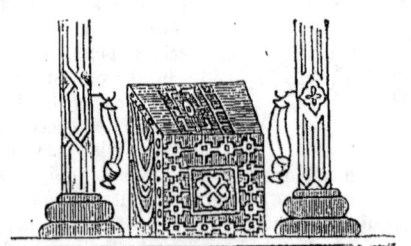

(*Églises de la terre sainte*, pl. III, en regard de la page 71). Ciampini l'avait déjà publié, mais d'une manière beaucoup moins exacte (*De sacr. ædif. a Constantino Magno construct.* tab. xxxIII).

Nous avons dit *selon l'opinion commune*, car peut-être pourrait-on faire remonter l'usage en question jusqu'au Xe siècle ; nous voyons en effet des encensoirs à chaînes dans quelques miniatures du ménologe de Basile, notamment au 26 octobre (*Edit. latin. card. Alban.* 1re part. p. 146). On observe aussi des encensoirs à chaînes dans les fresques de l'antique basilique (aujourd'hui souterraine) de S. Clément à Rome. Les encensoirs avaient tantôt trois, tantôt quatre chaînes, tantôt une seule. Nous n'avons pas à entrer ici dans les interprétations mystiques que les liturgistes du moyen âge ont données de ces minutieux détails, interprétations plus ou moins fondées, mais qui ont toujours un résultat utile, celui d'intéresser la foi des fidèles et de les exciter à la piété pendant les saints offices.

L'accessoire obligé de l'encensoir, c'est la cassette à encens, que les anciens appelaient *acerra*, *acerra turis custos*, d'après Ovide (*Metamorph.* XIII. 703), — *arca turalis*, suivant Servius (*Æneid.* v. 745). Les chrétiens mirent aussi l'*acerra* au nombre de leurs ustensiles sacrés et lui conservèrent son nom, qui toutefois se lit *acerna* dans la basse latinité (Du Cange. *Gloss. latin.* ad h. v.). Plus tard, l'*acerra* prit la forme d'une nacelle et le nom de *navicula* (*Id.* ad h. v.) : de là le nom de *navette* que nous lui donnons aujourd'hui. Les acolytes qui, dans les vieilles peintures de la basilique de S. Clément à Rome brandissent d'une main des encensoirs à chaînes, tiennent de l'autre des boîtes à encens en forme de livres.

Nous donnons ici, d'après Blanchini, une cuiller antique, que l'on croit avoir servi à mettre l'encens dans l'encensoir.

ENCOLPIA (RELIQUAIRES). — On donnait ce nom dans l'antiquité chrétienne à de petites custodes destinées à recevoir soit des reliques, soit le livre de l'Évangile, et à être suspendues au cou des fidèles. L'usage de ces reliquaires portatifs remonte à la plus haute antiquité ; S. Chrysostome le mentionne en divers endroits de ses Œuvres, et en particulier dans sa dix-neuvième homélie *De statuis*. S. Nicéphore, patriarche de Constantinople, réfutant les iconoclastes, assure que de son temps la chrétienté était pleine d'*encolpia* sur lesquels étaient figurés la passion de Jésus-Christ, ses miracles, sa glorieuse résurrection, et il en parle comme d'objets fabriqués depuis longtemps. On trouva, en 1571, deux de ces reliquaires, en or, dans des tombeaux du cimetière antique du Vatican : ils sont de forme carrée, munis d'une boucle dénotant

leur usage, et ornés sur l'une de leurs faces du monogramme du Christ, accosté de l'A et de l'ω. Bosio (p. 105), Aringhi, Ciampini, Bottari (1. p. 155) ont donné le dessin de ce monument qui est du quatrième siècle, et qui est ici reproduit.

La croix pectorale des évêques fut aussi appelée *encolpium*, parce qu'elle contenait des reliques, car on pense que ce mot vient du grec ἐγκολπίζω, qui signifie *contenir dans son sein*. Le plus ancien monument de ce genre qui existe aujourd'hui, si nous ne nous abusons, est une croix pectorale qui a été trouvée naguère sur la poitrine d'un cadavre dans les déblais qui se pratiquent à l'intérieur de la basilique constantinienne de Saint-Laurent hors des murs. Nous la reproduisons ici d'après M. De' Rossi (*Bullettino. Aprile* 1863).

L'une de ses faces porte l'inscription : EMMANOVHA (Emmanuel), et en latin : NOBISCVM DEVS ; sur l'autre, on lit : CRVX EST VITA MIHI ‖ MORS INIMICE TIBI, « la croix est ma vie ; à toi, ennemi, elle est la mort. » Ceci s'adresse au démon, ennemi du genre humain.

Cette croix est munie d'une vis fermant une cavité où étaient des reliques et probablement une parcelle de la vraie croix, comme il s'en répandit dans l'univers entier aussitôt après l'invention de ce bois sacré par Ste Hélène. Les reliquaires où l'on renfermait ces précieux fragments étaient de petites boîtes d'or ; S. Paulin en possédait un (Epist. XXXI. *Ad Sever.*) qui était renfermé dans un petit tube du même métal. C'est S. Grégoire le Grand qui le premier fait mention de la forme de croix donnée à ces reliquaires. Il en avait envoyé une à la reine Théodelinde avec un fragment assez considérable du bois sacré, et cette croix existe encore à Monza. Le prévôt de l'antique église de cette ville s'en sert quand il officie pontificalement. On en peut voir le fac-simile dans les *Memorie della chiesa Monzese* du chanoine Frisi (p. 52 et notre art. *Croix*).

Le célèbre trésor de Monza possède aussi deux phylactères donnés à cette princesse, pour ses enfants, par le même pontife, et qui contenaient, l'un une parcelle de la vraie croix, l'autre un fragment de l'Évangile (Greg. Magn. *Epistolar*. l. XIV. ep. 12). Le P. Mozzoni a publié ces petits monuments dans le septième volume (p. 79) de ses *Tavole cron. della stor. eccl.* On trouvera aussi dans le même volume de cet ouvrage (p. 77 et 84) d'autres reliquaires du plus haut intérêt, je veux parler de quelques-uns des vases dans lesquels S. Grégoire avait envoyé à Théodelinde de l'huile des lampes des tombeaux des martyrs (V. notre art. *Huiles saintes*). La plupart des notions qui nous sont parvenues sur cet intéressant sujet sont dues à ce grand pape. C'est lui encore qui nous apprend (*Epist.* 1. 30. VII. 26) qu'on distribuait de la limaille des chaînes de S. Pierre dans de petites clefs d'or. Lui-même avait envoyé une de ces clefs ainsi sanctifiées à Childebert, roi de France, « pour lui servir de préservatif contre tous les maux » : *Claves sancti Petri, in quibus de vinculis catenarum ejus inclusum est, excellentiæ vestræ direximus, quæ* COLLO VESTRO SUSPENSÆ *a malis vos omnibus tueantur* (l. VI. ep. 6). Un illustre personnage de la Gaule, nommé Dinamius, avait reçu, lui aussi, du même pontife une petite croix d'or contenant une pareille relique (l. III. ep. 33) : *Transmisimus autem B. Petri apostoli benedictionem crucem parvulam, cui de catenis ejus beneficia sunt inserta.* Le moyen âge offre sur cette question des richesses immenses et des monuments en nombre infini ; mais nous ne devons pas anticiper sur son domaine (V. l'art. *Amulettes*).

ENFANT (L') **JÉSUS** AU MILIEU DES DOCTEURS. — Ce sujet est représenté dans une belle fresque décorant le fond d'un *arcosolium* du cimetière de Calliste (Bottari. tav. LXXIV). Notre-Seigneur est assis sur un siège élégant ; il étend la main droite en signe d'allocution, et tient de la gauche un volume à moitié déroulé. Les docteurs sont rangés autour de lui, cinq d'un côté, trois de l'autre ; leurs visages expriment un vif sentiment de surprise et d'admiration. Tous ces personnages ne sont vus qu'à mi-corps, parce que, par suite de la piété indiscrète de quelque chrétien fortuné voulant avoir sa sépulture en ce lieu vénéré, cette intéressante peinture fut rompue pour y ouvrir le *loculus* (V. l'art. et la gravure de l'art. *Ad Sanctos*). Les antiquaires ont interprété dans le même sens un certain nombre de bas-reliefs de sarcophages. Mais, pour les monuments de cette classe, l'interprétation nous parait presque toujours douteuse et souvent évidemment erronée. Un seul, à notre connaissance, nous donne le sujet d'une manière indubitable.

C'est celui que nous reproduisons ici d'après une photographie que M. De' Rossi a eu l'obligeance de nous communiquer. Ce sarcophage, qui se conserve à Saint-François de Perugia, avait été déjà publié par Bottari (*Rom. sott.* t. II. p. 1) et par Vermiglioli (*Iscr. Perug.* 1re edit. t. II. p. 488), mais d'une manière fort défectueuse. C'est à M. De' Rossi que nous devons de connaître exactement ce monument, qui est un des meilleurs et des plus anciens sarcophages du quatrième siècle. En effet, dit l'illustre archéologue (*Bulletin d'arch. chrét.* édit. française. 1871. p. 130), à bien considérer les figures des docteurs groupés sous les portiques du temple aux deux côtés de l'enfant Jésus

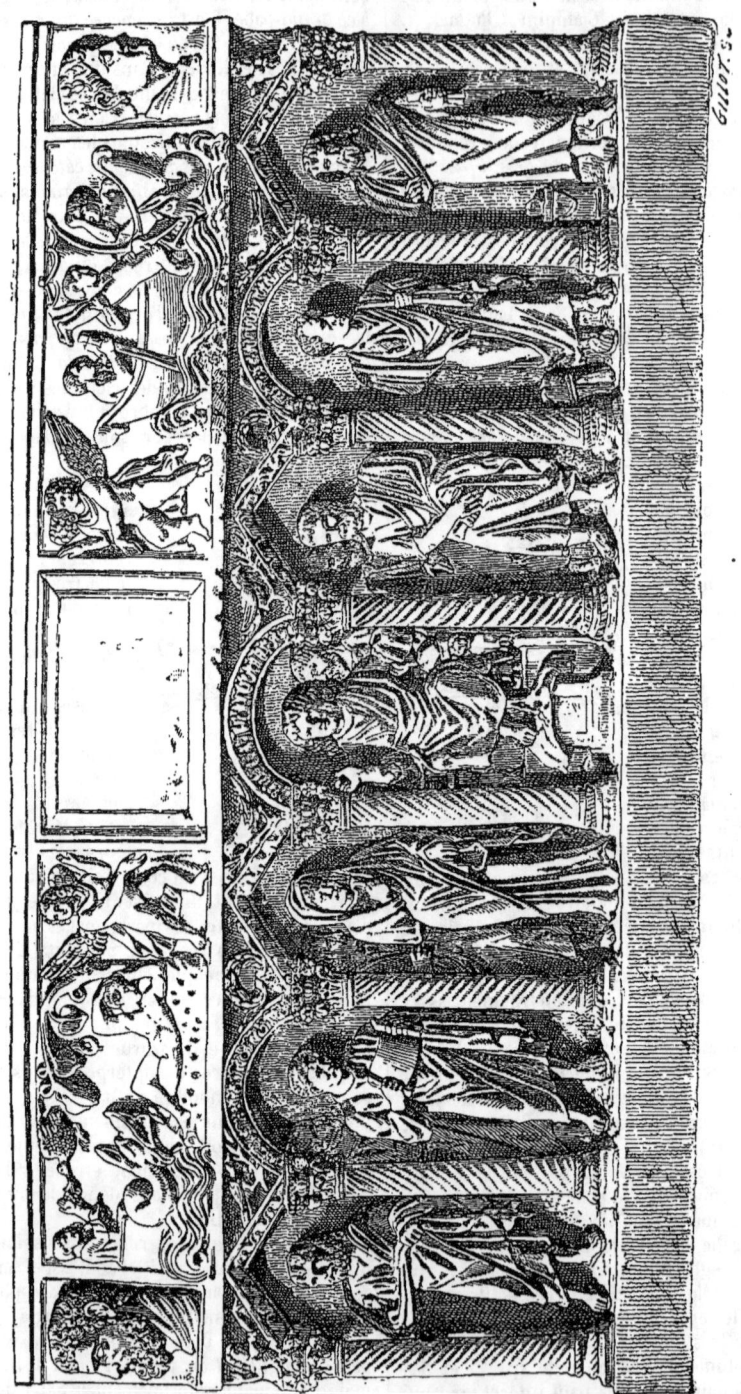

enseignant, et celle de Marie qui adresse à son fils ce tendre reproche : *Fili, quid fecisti nobis sic?* on ne peut s'empêcher d'y remarquer, quant aux draperies, aux attitudes variées avec goût, une évidente imitation des types classiques. Le lecteur a le monument sous ses yeux, nous nous abstenons en conséquence de le décrire.

Nous avons à citer maintenant, pour le sujet qui nous occupe, un monument d'un genre différent. C'est un diptyque du cinquième siècle appartenant à la cathédrale de Milan, où il se trouve représenté d'une manière insolite, probablement d'après le récit des évangiles apocryphes, comme d'autres sujets de ce même ivoire (V. la 2ᵉ figure de notre art. *Annonciation*). Ici, la scène est réduite aux plus strictes proportions ; on n'y voit point le cortège accoutumé des maîtres de la loi : l'enfant Jésus, assis sur une chaire à deux gradins, recouverte d'une draperie, discute avec un docteur debout devant lui et qui, dans la chaleur de la discussion, a laissé tomber son livre à terre. En arrière de ce personnage, il y en a un autre qui semble donner une leçon à un enfant assis sur un tabouret très-bas, et tenant sur ses genoux un livre ouvert (voici le monument d'après Bugati. *Mém. di S. Celso. Append.* tav. II).

Ce sujet est encore figuré sur le diptyque de Murano (Gori. *Thes. dipt.* t. III. tab. 8). S. Ambroise pense que, comme la plupart de celles qui décorent les tombeaux des premiers chrétiens, cette représentation est relative à la résurrection du Sauveur, qui devait rester trois jours dans le tombeau et en ressortir glorieux, de même qu'il était resté trois jours dans le temple pour être, après ce terme, rendu à ses parents, couvert de la gloire que la sagesse de ses discours lui avait acquise (Ambros. *In Luc.* l. II).

Nous devons faire observer encore que, dans la représentation de ce fait de l'enfance du Sauveur, Jésus a ordinairement (V. Bottari. XV. LIV) une taille bien supérieure à son âge, parce que, jeune d'années, il était mûr par la sagesse. C'est ce qu'expriment très-bien ces vers de Sedulius (*Op. Pasch.* l. II. v. 134. seqq.) :

> Ast ubi bissenos ætatis contigit annos,
> Hoc spatium de carne trahens, ævique meatus,
> Humana pro parte tulit, senioribus esse
> Corde videbatur senior, legisque magistros
> Inter, ut emeritus residebat jure magister.

ENFANTS TROUVÉS DANS L'ANTIQUITÉ CHRÉTIENNE. — Bien que, dès le commencement, les chrétiens de l'Église grecque et de l'Église latine aient eu des hospices (V. le mot *Hôpitaux*), *valetudinaria* ou *nosocomia*, construits dans les villes les plus importantes, afin de soustraire leurs pauvres aux *xenodochia* d'Esculape et aux rites idolâtriques qu'ils eussent dû y subir, il ne paraît pas que jusqu'au sixième siècle les Latins aient possédé des maisons spéciales pour les enfants trouvés, *orphanotrophia*. L'Église y pourvoyait en appelant sur ces innocentes créatures la charité individuelle : elle faisait un devoir à chaque fidèle de les recueillir et de les nourrir dans leurs maisons. On les appelait *alumni* (ab *alendo*), et le nombre en était grand parmi les fidèles, parce que l'acte de recueillir ces enfants abandonnés était une œuvre de miséricorde inspirée par la charité chrétienne. Aussi le nom d'*alumnus* se rencontre-t-il beaucoup plus souvent dans les épitaphes chrétiennes que dans les païennes. Quelquefois ce sont les parents adoptifs qui ont élevé un tombeau à leur *alumnus* (Perret. v. XLVI. 13). Au cimetière de Pontien, le nom d'une jeune défunte était inscrit comme il suit sur une tablette d'ivoire de forme circulaire, à ce qu'il paraît (Fabretti. 351. VIII) : EMERINVS || VICTORINAE || ALVMNAE SVAE. D'autres fois le *titulus* est un témoignage de reconnaissance de l'enfant envers son bienfaiteur auquel il donne les noms de père et de mère (Perret. XLII. 4) ; il est particulièrement remarquable que celui qui est nommé dans l'inscription suivante exprime le bonheur dont il a joui sous la tutelle de ses parents adoptifs par l'épithète de FELICISSIMVS ALVMNVS :

> ANTONIVS NISCOLIVS FILIVS ET BIBIVS.
> FELICISSIMVS ALVMNVS VALERIE CRESTENI.
> MATRI BIDVE ANNORVM XIIII. INTER SANTOS.

Nous avons (De' Rossi. I. 46) l'épitaphe d'un *alumnus* datant de l'an 340. M. Le Blant publie une inscription de Trèves (I. 409) mentionnant une *alumna* qui n'avait vécu qu'un mois et quelques jours.

On exposait ordinairement ces enfants à la porte de l'église cathédrale, désignée dans les canons par le nom générique de *ecclesia* (*Concil. Arelat.* I. sæc. 4. can. 32) : *Si expositus ante ecclesiam*. Les conciles avaient réglé les conditions sous lesquelles il était permis aux fidèles de les recueillir. Celui qui voulait nourrir chez lui un enfant exposé devait déposer entre les mains des pasteurs de l'Église un écrit appelé *epistola contestationis*, où étaient désignés le sexe de l'enfant, le jour et le lieu où il avait été trouvé (*Concil. Arelat.* i. *ibid.*), afin qu'il pût être rendu à ses parents, s'ils le réclamaient; que s'il n'était pas reconnu dans l'espace de dix jours après son exposition, il appartenait de droit à ceux qui lui avaient donné asile (*Ibid.*).

Mais comme avec le temps il s'était glissé des abus dans une œuvre si louable en elle-même, et que des chrétiens se voyaient en butte à la calomnie à raison même de cet acte charitable, peu à peu la piété primitive se refroidit, si bien qu'au sixième siècle les Pères d'un concile de Vaison se plaignent de ce qu'on exposait les enfants aux chiens, par crainte de la calomnie ; et, conformément aux lois portées par les empereurs Théodose et Valentinien, ils décrètent que quand « un chrétien avait recueilli un enfant.... le ministre annonçait de l'autel, le jour de dimanche, afin que les Églises le sussent, qu'un enfant exposé avait été recueilli. » Ce même concile, renouvelant une loi déjà portée au quatrième siècle par celui d'Arles, décréta en outre que le calomniateur de ces chrétiens charitables serait tenu pour homicide (*Concil. Vasens.* can. x).

ENSEVELISSEMENT. — Dès la naissance du christianisme, les fidèles professèrent le plus grand respect pour les restes mortels de leurs frères. Après la mort de S. Étienne, *des hommes craignant Dieu eurent soin d'ensevelir son corps et célébrèrent ses funérailles avec un grand deuil* (*Act.* viii. 2). Les actes proconsulaires de S. Cyprien (ap. Ruinart...) portent que, pour exciter chez les gentils une salutaire curiosité, on exposa le corps du martyr au milieu de cierges allumés et d'un grand appareil : *ejus corpus propter gentilium curiositatem in proximum positum est cum cereis... cum voto, et triumpho magno*. Ces honneurs avaient pour motif, non pas une importance exagérée que les fidèles auraient attachée à ces organes périssables, mais la pensée que ces corps appartenaient à Dieu, et qu'un jour ils doivent être rendus à la vie (Augustin. *De civit. Dei.* l. xii. c. 13). Aussi les chrétiens remplissaient-ils ces devoirs pieux non-seulement envers les restes de leurs proches et des personnes distinguées, mais à l'égard de ceux des étrangers et des pauvres (Lactant. *Instit. divin.* l. vi).

Quant aux rites funèbres, il est certain que ceux des premiers chrétiens différaient peu des cérémonies alors en usage chez les Juifs et les autres nations, sauf cependant les cérémonies qui avaient un caractère païen.

1° Lotion et onction du cadavre. Dès qu'un chrétien avait rendu le dernier soupir, ses plus proches parents lui fermaient les yeux et la bouche de leurs propres mains ; et nous savons par S. Denis d'Alexandrie que cela se pratiquait pour les corps des martyrs qu'on enlevait après leur supplice (ap. Euseb. *Hist. eccl.* l. vii. c. 17) : *Hi sanctorum corpora supinis manibus gremioque excipientes, oculos illis et ora claudentes*. Ensuite on lavait le corps (*Act.* ix), et cet usage fut en vigueur depuis les temps apostoliques jusqu'au dixième siècle ; les sacramentaires de cette époque sont les derniers documents qui en parlent. Après la lotion du corps venait l'onction. Tertullien en fait, dans son *Apologétique* (xlii), une mention que nous avons citée ailleurs ; il y dit formellement que les parfums que les païens emploient à enfumer leurs dieux, les chrétiens les consacrent à la sépulture de leurs frères.

Sous le nom générique de *thus*, encens, sont comprises toutes les espèces d'aromates ; mais, après la chute de l'empire romain, les chrétiens n'employèrent plus que la myrrhe pour l'onction des cadavres (Rufin. Aquil. ap. J. Louzon. *De pollinct. et balsamat. ap. vet.* c. x). On voit par le témoignage de cet auteur que les chrétiens avaient pour oindre les cadavres un autre but que les païens : ceux-ci employaient l'onction pour rendre les cadavres plus faciles à s'enflammer ; les chrétiens, au contraire, pour les préserver de la corruption : *Myrrha est species valde amara, de qua ungitur corpus mortui, ut non putrescat, et pellit vermes*. Les chrétiens ajoutèrent plus tard à la myrrhe d'autres aromates (Greg. Turon. *Hist. eccl.* l. iv. 5).

L'onction faite, on enveloppait le corps d'un linceul et on l'attachait avec des bandelettes, soit pour que les aromates adhérassent plus exactement aux chairs, soit pour préserver le corps du contact de l'air extérieur (V. à l'art. *Chaux*, une observation importante à cet égard). Bosio et Aringhi attestent que la plupart des corps de martyrs ou de simples chrétiens trouvés par eux dans les cimetières romains (sculpture dans Bosio) étaient liés avec des bandelettes de lin. C'est ainsi que paraît invariablement la momie de Lazare dans les monuments chrétiens. Ces draperies étaient toujours blanches : ainsi, dans un fond de verre publié par Buonarruoti (tav. vii. 1), Lazare que Notre-Seigneur ressuscite est seul revêtu d'argent, tandis que tout le reste est d'or, selon l'usage invariable de ces petits monuments. C'est ainsi encore que les corps de S. Philarete et de S. Adauctus sont vêtus dans le ménologe de Basile (ii dec. iv oct.).

Parmi les nombreux auteurs anciens qui attestent ce fait, on peut citer Sulpice-Sévère (*Vit. S. Martin.*), et Prudence (*Cathemerin.* hymn. x. vers. 49. t. 1 p. 72. edit. Parm.), qui, dans son hymne *In obsequis defuncti*, dit :

Candore nitentia claro
Prætendere lintea mos est.

Cette couleur a été choisie pour marquer la splendeur dont sont entourées dans le ciel les âmes qui habitèrent ces corps (*Herm. Vit.* iii. 1. et *alibi*).

On fut en outre dans l'usage d'envelopper les corps, surtout ceux des martyrs, dans des étoffes précieuses (V. Euseb. *Hist. eccl.* vii. 16) ou même dans leurs meilleurs vêtements (Origen. l. i *Comment. in Job*. — Hieron. *Ad Eustoch. De Epiph. Paulæ*); et par charité les vivants donnaient de leurs propres vêtements pour la sépulture des pauvres. L'usage s'introduisit de bonne heure d'ensevelir les évêques et les prêtres dans des ornements sacrés (Baron. *Ad an.* 283. n. L).

2° On plaçait ensuite le cadavre dans un lieu supérieur de la maison appelé cénacle. Cette coutume venait probablement des Juifs, car chez les Romains les corps étaient exposés près de la porte de la maison. Et l'usage en question se maintint parmi les fidèles pendant les trois premiers siècles; nous en avons des exemples dans les actes proconsulaires de S. Cyprien, cités plus haut, et dans ceux de S. Clément d'Ancyre. Après les persécutions, on commença à exposer ouvertement les cadavres; ils étaient placés dans un cercueil environné de flambeaux; mais ici les fidèles ne s'inspiraient point de l'exemple des Juifs, qui ne faisaient point usage de lumières dans les funérailles, ainsi que nous pouvons le conclure du silence des saintes Écritures. L'usage des *præficæ* ou pleureuses fut toujours rejeté par les Latins comme idolâtrique; les Orientaux l'avaient adopté dans une certaine mesure, et il est encore en vigueur dans quelques villages grecs des Calabres (Pelliccia. *De Eccl. polit.* ii. 298). Les démonstrations de douleur et de deuil autour de la dépouille mortelle des chrétiens ont toujours été réprouvées par l'Église (V. l'art. *Deuil*); à ses yeux c'était une espèce de profanation de pleurer comme à jamais perdus ceux que la foi nous dit être auprès de Dieu (Cypr. *Epist.* LXVII).

La religion remplaçait ces pratiques profanes par des veilles et le chant des psaumes, pieux office qui était confié aux clercs et aux diaconesses (S. Greg. Nyss. *ex vers. Dion. Exig.* l. i. — Chrysost. *Hom.* LXX *Ad pop. Antioch*.) Mais en quel lieu se faisaient ces veilles? Il est probable que jusqu'au quatrième siècle elles avaient lieu dans les maisons, et plus tard dans les cimetières (V. Pelliccia. *Ibid.* p. 299).

3° Avant le moment assigné pour la pompe funèbre, ou les funérailles proprement dites, l'évêque, suivi de son clergé, se rendait dans la maison où gisait le cadavre, et, s'approchant du cercueil, il récitait certaines prières pour l'âme du défunt, et ensuite il le *saluait*, et les membres du clergé le *saluaient* après lui. Mais en quoi consistait cette *salutation*? Nous l'ignorons complètement, car l'auteur du livre de la *Hiérarchie ecclésiastique*, de qui nous tenons ces détails, garde le silence à cet égard. L'évêque, toujours d'après le même auteur, répandait ensuite de l'huile sur le corps; alors « les parents du défunt le proclament bienheureux, chantent des cantiques d'action de grâces à l'auteur de la victoire, et font des vœux pour qu'un sort semblable leur soit donné à eux-mêmes. »

Dans les premiers temps, les discours prononcés en l'honneur des morts étaient fort courts, et tout se passait dans le secret de la famille. Mais, après la paix rendue à l'Église, nous voyons les plus illustres Pères grecs et latins prononcer à la gloire des grands hommes des oraisons funèbres dont la plupart sont arrivées jusqu'à nous. Nous avons, en effet, celle de S. Meletius par S. Grégoire de Nysse, celle de Constantin par Eusèbe, celles de S. Basile et de S. Césaire par S. Grégoire de Nazianze, celle de Valentinien par S. Ambroise, et beaucoup d'autres dont Théodoret et Nicéphore nous ont conservé des fragments. Mais ces derniers discours étaient prononcés devant une nombreuse assistance; ils avaient lieu dans le local même de la sépulture.

ÉPENDYTES. — C'était, dans l'antiquité, un vêtement usité surtout chez les moines (Hieron. *Vit. Hilarion*.); le mot *ependytes* est dérivé du grec ἐπένδυμα, que S. Augustin traduit par *superinduventum* (*Quæst. in Judic.* l. vii. quæst. 41), ou *superaria*, comme portent les anciennes gloses. S. Hilarion se servait d'un vêtement de cette sorte, mais grossier et composé de peaux d'animaux, car le saint docteur l'appelle un peu plus bas *sagus rusticus*. Les martyrs Abdon et Sennen sont représentés avec ce manteau dans une fresque du cimetière de Pontien (Bottari. tav. XLV). On peut s'en faire une idée en jetant un coup d'œil sur la figure de l'article que nous avons consacré à ces deux martyrs.

ÉPIPHANIE. — V. l'art. *Fêtes immobiles*, I, 2°.

ÉPONGE LITURGIQUE (ἡ ἁγία σπογγία). — Dans la liturgie grecque, l'éponge fait l'office du *purificatoire* usité chez les Latins. Après que les parcelles consacrées ont été retirées du disque, soit de la patène, pour être mises dans le calice (V. l'art. *Cuiller liturgique*), le diacre se sert de la sainte éponge pour purifier ce disque et en faire tomber dans le calice ce qui pourrait y être resté du pain sacré. Après la communion, c'est encore avec l'éponge qu'on purifie le calice. Les Syriens et la plupart des autres Églises orientales l'emploient au même usage; et cette cérémonie a pour but de rappeler, dans le sacrifice non sanglant de l'autel, le rôle que l'éponge a joué dans le sacrifice sanglant que le Sauveur a offert de lui-même sur la croix (V. Goar. Εὐχολόγιον, p. 151).

Hors le temps de la messe, la sainte éponge est conservée avec beaucoup de respect dans un corporal soigneusement plié (V. Macri. *Hiero-Lexic.* ad voc. *Patena*).

EQUI CANONICI. — V. l'art. *Clergé (Immunités)*, II, 3°.

ERMITES ou **ANACHORÈTES**. — Ils ne différaient des simples *ascètes* (V. ce mot) qu'en ce qu'ils se séparaient du commerce des hommes, et menaient, dans des lieux déserts, une vie tout à fait solitaire. Le nom d'ermite vient du grec ἐρημία, désert ; ἐρημος, solitaire ; anachorète, ἀναχώρησις, *recessus*, lieu retiré. Ainsi, les ascètes pouvaient être tels par le seul exercice du silence et de la retraite, tout en vivant au sein des villes et des villages. Mais on n'était ermite ou anachorète qu'au moyen de la séparation personnelle de la société des hommes et d'une existence absolument solitaire. Le premier exemple de la vie anachorétique est fourni par l'illustre solitaire Paul, qui est appelé pour cette raison le *premier des ermites* ; il vécut constamment seul, et n'admit jamais de conversations humaines, si ce n'est dans ses derniers jours, alors que S. Antoine, guidé par l'esprit de Dieu, vint le visiter, et peu après lui rendit les derniers honneurs en ensevelissant son corps. Outre S. Paul, S. Antoine, lui aussi, S. Hilarion et S. Pacôme furent avant tout des anachorètes.

Cependant, quand on parle d'anachorètes, il ne faut pas entendre invariablement qu'ils menaient une vie complètement solitaire comme celle de S. Paul. De tels exemples étaient rares, et ceux qui se vouaient à une telle existence étaient guidés par une inspiration spéciale de Dieu, qui est maître d'appeler et de conduire les âmes qui lui sont le plus chères par telles voies qu'il plaît à sa sagesse de leur tracer. Et on sait que S. Paul fut conduit dans le désert par la voix divine, alors que la persécution de Dèce sévissait avec le plus d'ardeur.

Ce serait donc une dangereuse illusion que de songer même aujourd'hui à une séquestration si absolue ; et, à moins d'un conseil surhumain et d'une vocation toute céleste, on ne saurait trouver la sanctification de son âme dans un moyen si extrême et si fort en dehors des conditions de la vie commune.

On voit qu'il importe infiniment de distinguer entre les institutions monastiques, et les ascétiques et les anachorétiques proprement dites. Et même, à la rigueur, on ne saurait appliquer aux deux derniers genres de vie le titre d'*institutions*, car on ne voit pas qu'il y eût des fondations précises et bien déterminées ni d'*ascètes* dans le premier et le second siècle, ni d'*anachorètes* dans le troisième (V. les art. *Moines* et *Monastères*).

II. — Les premiers anachorètes avaient coutume de choisir pour leur retraite des solitudes désolées et des montagnes abruptes. Ils suivaient en cela l'exemple de celui qui le premier s'était enseveli tout vivant dans le désert. « Paul, nous dit S. Jérôme (*In Vit. Paul.* c. IV), après avoir longtemps erré, rencontra enfin une montagne nue, au pied de laquelle s'ouvrait une profonde caverne, avec un fragment de rocher pour porte. Il y avait en outre dans les anfractuosités de cette même montagne, *per exesum montem*, un grand nombre d'habitations de même sorte. » L'abbé Moïse, dans Cassien (*Coll.* I. c. 2), se sert d'expressions à peu près semblables : *in hoc eremi squallore... horror hujus vastissimæ solitudinis...* — Ruffin, dans sa vie de l'anachorète Élie (*Vit. Pl.* c. XII et XIII), dépeint avec des couleurs plus vives encore ces lieux terribles à voir, plus terribles à habiter : « On racontait qu'il avait passé plus de soixante-dix ans dans une vaste solitude. L'horreur et la terreur de ces déserts, aucune parole ne saurait en donner une idée. On y arrivait par un sentier étroit, rocailleux et difficile à découvrir. Le lieu même où vivait le solitaire était une espèce de caverne terrible et horrible à voir, » *spelunca terribilis quædam et intuentibus plurimum horroris incutiens*. Un peu plus loin, il ajoute : « Nous vîmes ensuite une montagne abrupte, suspendant au-dessus d'un torrent ses cimes menaçantes, *fluviis imminentem elatione minacis saxi*, et épouvantant le regard, et sur la pente de ces précipices étaient échelonnées des grottes d'un difficile accès ; c'est là qu'habitent des solitaires en grand nombre. »

Nous avons en tête du troisième volume de Bottari la reproduction d'un ancien tableau qui répond de la manière la plus frappante à cette description. La gravure précédente en représente un fragment, avec ses cimes abruptes et ses cellules disséminées sur leur sflancs.

Les voyageurs modernes ont retrouvé en diverses contrées de l'Orient beaucoup de ces habitations primitives de moines, et les résultats de leurs observations semblent être une copie soit du tableau dont nous venons de parler, soit des récits des auteurs contemporains cités plus haut. Le dernier de ces explorateurs est M. Charles Texier (*L'architecture byzantine... en Orient...* Londres, 1864). Voici en substance ce qu'il observa dans quelques parties de la Cappadoce. « Dans la vallée d'Urgub (p. 141), par un singulier phénomène qui ne se représente sans doute dans aucune autre partie du globe, les terrains, composés de pierre ponce presque pure, se délitant sous l'influence des eaux pluviales, se divisent en grands cônes parfaitement réguliers, qui acquièrent une hauteur considérable. Toutes les pentes des vallées, tous les côtés des cônes, sont criblés de cellules, qui les ont fait comparer à des ruches. Quelques-unes de ces grottes sont multiples et renferment un assez grand nombre de chambres. On y distingue des habitations, des chapelles et des tombeaux. »

Ces singuliers monuments, avant d'être explorés par M. Texier, l'avaient été par Paul Lucas et par de nombreux voyageurs érudits. Tous ont été d'accord pour y reconnaître l'ouvrage des chrétiens; leurs opinions ne différent que sur la date. M. Hamilton n'hésite pas à reconnaître dans ces grottes les traces du séjour des chrétiens pendant les temps de persécution. En quittant le village de Tatlar, il descend dans un profond ravin qui longe la colline, et aperçoit, de l'autre côté, des grottes taillées dans le roc. Quelques-unes sont placées régulièrement les unes au-dessus des autres; il finit par y arriver à travers d'étroits passages, des cheminées et des escaliers taillés dans le vif du rocher (Hamilton. *Travels in Asia Minor*, t. II, p. 246). Il arriva après mille détours dans une chambre souterraine, où se trouvait déposé depuis un temps immémorial un livre mystérieux. « J'avais, dit M. Texier (Ibid), entendu parler de ce fait en 1834, sans y ajouter foi, et j'avais invité M. Hamilton à le vérifier. Ce volume était un ménologe du douzième et du treizième siècle; les habitants n'osaient y toucher. Les murs de cette salle étaient ornés de peintures représentant des figures de saints, d'ancien style byzantin.

« Une montagne conique isolée est également percée d'un grand nombre de grottes; la plus grande fut évidemment une chapelle. D'autres salles avaient avec le dehors des conduits taillés dans le roc, qui ressemblent à des cheminées. Il y a dans le nombre de ces salles d'anciennes chapelles grecques; d'autres paraissent avoir servi de sépulture. Le D' Barth, qui a visité ces grottes, n'hésite pas à y reconnaître les traces du séjour des chrétiens ; mais il estime que certaines peintures ne sont pas plus anciennes que Léon le Diacre (930), parce que cet auteur en parle (ce n'est pas une raison). Il fallait que ces lieux eussent une grande célébrité parmi les chrétiens, pour qu'ils eussent construit un si grand nombre de chapelles ornées pour la plupart d'une quantité prodigieuse de peintures. Les écrivains ecclésiastiques ne nous parlent-ils pas de ces légions de chrétiens qui se retiraient au désert ? »

ESPRIT (Le SAINT-). — I. — L'antiquité chrétienne ne connut pas d'autre figure de l'Esprit-Saint que la colombe. Cette figure avait reçu, au baptême de notre Sauveur, la plus indubitable et la plus éclatante consécration ; car ce fut sous la forme d'une colombe que l'Esprit de Dieu, voulant se rendre visible, descendit sur la tête du Verbe fait chair : *Descendit Spiritus sanctus corporali specie sicut columba in ipsum* (Luc. III. 22. — Matth. III. 16. — Marc. I. 10. — Joan. I. 32). C'est à cause de sa simplicité, dit Tertullien (*Ad. Valentinian*. II), que cet oiseau fut choisi pour être investi de cet honneur : *In summa Christum demonstrare solita*. Les Pères assignent encore d'autres raisons de cette préférence. Elle serait fondée, au dire de S. Chrysostome (*Homil*. II. *De Pentecost.*), sur ce que, innocente, féconde, familière et amie de l'homme, la colombe retrace admirablement par ces qualités diverses la nature des opérations de l'Esprit-Saint dans l'âme des fidèles. Enfin toujours est-il que, dès le commencement (*Concil. Constantinop.* an 536. act. V), la figure fut religieusement acceptée par l'Église, et que l'art chrétien n'a pas imaginé d'autre type pour retracer l'image de l'Esprit-Saint. S. Paulin voulant offrir aux yeux de ses ouailles de Nola, dans la basilique de Saint-Félix, une représentation symbolique de la Trinité qui pût être saisie de tous, n'hésite pas à adopter pour la troisième personne ce type hiératique et déjà alors invariable (Paulin. Nol. *Epist.* XXXII. 10) :

> Pleno coruscat Trinitas mysterio :
> Stat Christus agno ; vox Patris cœlo tonat
> Et per COLUMBAM SPIRITUS SANCTUS fluit.

C'est pour cela que l'image de la colombe est quelquefois retracée, dans les monuments épigraphiques, à côté du nom de l'Esprit-Saint, témoin une belle inscription d'Afrique (Rossi. *Bull*. 1864. p. 128), où les fidèles sont appelés SATI SANCTO SPIRITV, « saturés du Saint-Esprit. »

C'est dans les baptistères surtout que cette image est invariablement reproduite, soit historiquement, c'est-à-dire en diverses représentations du baptême du Sauveur, par la peinture, la sculpture et la mosaïque, soit comme symbole, et isolément, sur les murailles ou sur les cuves baptismales (V. l'art. *Baptistère*, VII, 3°). Les fonts étaient souvent aussi surmontés d'une colombe d'or suspendue par une chaîne du même métal, comme cela eut lieu notamment dans l'église de Reims à l'occasion du baptême de Clovis. Plus tard, l'usage s'introduisit de renfermer dans ces colombes le saint chrême, comme aussi de réserver la sainte eucharistie dans des vases de cette forme descendant du *ciborium* sur l'autel (V. les art. *Colombe eucharistique* et *Ciborium*). Nous avons, dans les bas-reliefs d'un magnifique sarcophage de marbre du musée du Latran (V. l'art. *Trinité*), une représentation tout à fait exceptionnelle de la Ste Trinité. Les trois personnes divines y sont figurées par trois personnages du même âge et absolument semblables; elles sont occupées à la création d'Ève. Le Saint-Esprit est debout derrière le siége du Père (V. le monument à l'art. *Sarcophage*). L'assistance de l'Esprit-Saint est souvent exprimée dans les monuments iconographiques par une colombe placée sur la tête ou sur l'épaule d'un personnage, d'un docteur de l'Église surtout. C'est ce qu'on appelle la *colombe inspiratrice* (Molan. *De hist. SS. imag.* p. 265. edit. Paquot). Nous en voyons un exemple dans quelques images de S. Grégoire le Grand (V. Macri. *Hiero-Lexic.* ad voc. *Baculus episcopalis*). C'est aussi pour exprimer l'inspiration de l'Esprit-Saint qu'une colombe nimbée est placée sur le dossier d'une chaire épiscopale gravée sur un fragment de marbre des catacombes, que nous donnons ici d'après Bosio (*Roma Sott.* p. 327). (V. notre article *Chaire*, n° 9.)

II. — En tant que sanctifiés par la grâce, et portant en eux-mêmes l'Esprit-Saint, les chrétiens primitifs furent souvent appelés par les Pères *pneumatofori*, πνευματοφόροι, ou *spiritiferi*, « porte-esprit. » Nous avons des exemples de cette glorieuse appellation dans S. Athanase : *Et nos homines spiritiferi*, καὶ ἡμεῖς ἄνθρωποι πνευματοφόροι (*De human. natur. suscept.* p. 600. *Opp.* t. I. edit. 1627); dans S. Irénée (l. v. *Adv. hæres.*), dans S. Basile (*De Spirit. sancto.* IX), dans S. Jérôme (*Epist.* LI), dans S. Cyrille d'Alexandrie (*In cap.* III *Sophon.*). Nous retrouvons l'influence de la même doctrine dans quelques épitaphes antiques où des parents se plaisent à constater que le défunt expira dans l'Esprit-Saint, c'est-à-dire dans la grâce et dans la paix de l'Église. Nulle part cette intention n'est plus clairement exprimée que sur le marbre consacré à S. Protus par sa sœur Firmilla (V. Marchi. p. 198) : *Protus* (mort) *dans le Saint-Esprit de Dieu, repose ici*, ΠΡΩΤΟC ΕΝ ΑΓΙΩ ΠΝΕΥ-ΜΑΤΙ ΘΕΟΥ ΕΝΘΑΔΕ ΚΕΙΤΑΙ. En sortant de cette vie, l'âme de Protus se trouvait dans l'Esprit de Dieu, ou bien, pour parler comme S. Paul, elle était pleine de la charité et de la justice qui sont répandues dans les âmes par la vertu de l'Esprit-Saint qui se donne à elles (*Rom.* v. 5). Une formule identique se voit dans une magnifique épitaphe antérieure à Constantin que M. De' Rossi a lue sur la transenne d'un *arcosolium* du cimetière de Calliste (*Proleg.* p. cxv).

La même pensée se trouve accusée, quoique sous une forme abrégée et un peu voilée, dans une foule d'autres monuments épigraphiques, où les âmes des défunts sont désignées par le nom SPIRITVS, et même SPIRITVS SANCTVS : SPIRITO. SANCTO. INNOCENT. (Reines: class. XX, n. 193); — VICTORIAE. CASTISSIME. (sic) FEMINE. CHRESTVS. FILIVS. MERENTI. SPIRITO. (Boldetti, p. 392); — BENEMERENTI. FILIO..... INNOCENTISSIMO. SPIRITO. (Id. 281). Sur un marbre de la plus haute antiquité (De' Rossi. I. n. 1192), il est dit que LEOPARDVS rendit à Dieu son esprit saint : REDDIDIT DEO SPIRITVM SANCTVM, et que cette sainte âme fut élevée au ciel, ELATVS EST, belle expression, que nous trouvons là pour la première fois. Nous devons observer que la formule SPIRITVS SANCTVS désignant l'âme est caractéristique des inscriptions des trois premiers siècles. Ailleurs le mot SPIRITVS est écrit ISPIRITVS ou même HISPIRITVS, idiotisme barbare fort répandu dans le peuple romain, au déclin de l'empire : HISPIRITO. SAN. MARCIANETI. (Id. 419); — GEMELLINVS. VICTORIE. (sic) CONIVGI. BENEMERENTI. ISSPIRITO (sic). SANCTO. IN. PACE. (Fabretti. p. 571); — BICTORI. DIGNO. ISPIRITO. COIVX. FECIT. (*Ibid.*); — GENSANE. PAX. ISPIRITO. TVO. (Boldetti. 418); — LEVCES. SEVERAE. FILIAE. CARISSIMAE. POSVIT. ET. SPIRITO. SANCTO. TVO. (Lupi. *Sev. epitaph.* tab. I. p. 5). Des *tituli* du troisième siècle attribuent même quelquefois au mot SPIRITVS une désinence neutre : SPIRITA VESTRA DEVS REFRIGERET (Boldetti. 417); — CONIVGA INNOCENTISSIMA.... REFRIGERA CVM SPIRITA SANCTA (Id. 87); — CVM SPIRITA SANCTA ACCEPTVM (Fabretti. p. 574).

Quoi qu'il en soit, il est certain que cette formule était commandée par la discipline de l'arcane (Lupi. *op. laud.* p. 166), car dans les saintes Écritures le mot SPIRITVS est employé pour désigner les fidèles, et cela à cause de l'Esprit de Dieu dont ils étaient le temple (1 *Cor.* VI. 19). C'est ainsi que S. Paul dit de lui-même (1 *Cor.* XVI. 18) : *Refecerunt spiritum meum*, « ils ont consolé mon esprit; » et de Tite son disciple : *Refectus est spiritus ejus ab omnibus vobis*, « vous avez tous contribué au repos de son esprit » (2 *Cor.* VII. 13). Le même apôtre adresse aux Galates cette salutation (*Galat.* VI. 18) : *Gratia Domini nostri cum spiritu vestro, fratres*, « que la grâce de Notre-Seigneur soit avec votre esprit, mes frères. »

Une formule toute semblable fut adoptée par les hommes apostoliques, par S. Barnabé notamment et S. Ignace, qui terminent leurs Épîtres ainsi : *Dominus gloriæ et omnis gratiæ cum spiritu vestro;* — *Salutat vos spiritus meus!* Les paroles suivantes de l'*Apocalypse* (xxii. 17) : *Spiritus et sponsa dicunt : Veni*, sont entendues, par les meilleurs interprètes, des fidèles que conduit l'Esprit de Dieu, et qui, conjointement avec l'épouse, qui n'est autre que l'Église, disent au Christ, qui est l'époux : *Viens !* La liturgie de toutes les Églises, tant orientales qu'occidentales, s'est inspirée de la même doctrine et a adopté la même manière de parler : quand le prêtre célébrant a souhaité la paix au peuple, l'Église lui répond : *Et cum spiritu tuo*. Nous trouvons une invocation à l'Esprit-Saint sur un marbre de Bordeaux, datant du cinquième siècle probablement : AVCILIA PASCASIA AIVTIT (ADIVVET) SPIRITVS S (Le Blant. n. 583). Nous ignorons si l'épigraphie antique fournit d'autres exemples d'un tel fait.

ÉTIENNE (S.). — Ce n'est guère que vers le sixième siècle que les monuments nous fournissent des images du proto-martyr, *primicerius martyrum*, comme l'appelle S. Augustin (Serm. i *De sanctis*); et il y figure, tantôt comme diacre, tantôt comme martyr. Les mosaïques le représentent ordinairement avec le livre des Évangiles à la main, ce qui est, comme on sait, le principal attribut du diaconat. Ainsi en est-il dans celle de Saint-Laurent *in agro Verano*, laquelle est de l'an 578 (Ciampini. *Vet. mon.* t. ii. tab. xxviii); le *codex* que le Saint tient de la main gauche appuyé sur sa poitrine porte ces mots du soixante-douzième psaume (vers. 9) : *Adhæsit anima mea*, protestation d'adhésion et d'attachement à la parole évangélique. L'ancienne mosaïque de l'église de Capoue, qui est de la fin du huitième siècle, le montre aussi avec un livre, mais à couverture gemmée, et le saint diacre y est vêtu d'une riche dalmatique (Id. *ibid.* tav. liv). Plus tard, on ajouta au livre un autre attribut, l'encensoir, comme dans un triptyque grec, publié par Du Cange, et par le P. Henschenius dans les *Acta sanctorum* (Maii, t. i. — V. aussi la figure de notre art. *Colombe eucharistique*).

Il existe au musée de Marseille un beau sarcophage, tiré de la crypte de S. Victor (Millin. *Midi de la France*. pl. lviii. n. 3), où se montre le double sujet de la prédication et de la lapidation de S. Étienne. Debout dans l'attitude de l'allocution, il est entouré de trois personnages représentant le peuple juif, et dont l'un, plus rapproché du Saint, tient de la main droite une pierre, et une épée de la gauche. Gori donne (*Thesaur. vet. diptych.* t. iii. tab. xv) une tablette de bronze doré reproduisant le même sujet, mais sous une face différente. Le saint martyr y est vu au moment où, contemplant les cieux, il y aperçoit le Fils de Dieu, qui est ici figuré par une main radiée sortant d'un nuage (V. l'art. *Dieu*) : *Ecce video cœlos apertos, et Filium Hominis stantem a dextris Dei* (Act. vii. 55). Les instruments de son martyre sont représentés derrière la tête d'Étienne : ce sont huit cailloux. Et on lit au-dessus cette inscription, écrite en deux lignes, et horizontalement :

Ⓐ CTEΦANOC ‖ ΛΙΘΟΒΟΛΕΙΤΑ, c'est-à-dire *Sanctus Stephanus Lithobolita*, « S. Étienne le lapidé. »

Nous avons dans le même auteur (*Ibid.* iii. p. 136) une tablette d'ivoire qui servait de revêtement à une croix-reliquaire de Cortone, renfermant un fragment du bois sacré de la vraie croix, et où S. Étienne est figuré debout, les mains jointes et dirigées en signe d'adoration vers la sainte relique. S. Jean l'Évangéliste se tient de l'autre côté dans la même attitude et se fait reconnaître par l'inscription : Ⓐ ῑ ω. Ο ΘΕΟΛΟΓΟC, *Sanctus Joannes theologus*.

L'histoire de S. Étienne (son martyre, l'invention de ses reliques, ses divers miracles) se trouve retracée sur un intéressant diptyque du Vatican, mais d'une époque un peu basse. Ce qu'il y a surtout de curieux dans ce monument, c'est la vision du prêtre Lucien, où les corps de S. Étienne, de Gamaliel, de Nicodème et d'Abibon sont symbolisés par quatre vases déposés près du lit (V. la fig. à l'art. *Vase*). Aux époques postérieures, on retrouve souvent l'image de S. Étienne, sous diverses formes, sur les ivoires byzantins, dans les calendriers et ménologes grecs, etc.

ÉTIENNE (FÊTE DE S.). — V. l'art. *Fêtes immobiles*, X, 2°.

ÉTOILES. — Jésus-Christ en personne, ou représenté par quelqu'un de ses symboles, est souvent placé dans les monuments antiques entre deux ou plusieurs étoiles. Selon Buonarruoti (*Vetri.* p. 38), ces étoiles sont le signe de la divinité, de l'éternité du Sauveur ; elles indiquent le souverain domaine que son Père lui a donné sur les cieux, aussi bien que le règne éternel qu'il a conquis lui-même par sa passion sur le genre humain auquel il a ouvert les portes de l'empyrée. Cette interprétation s'applique, comme nous l'avons dit, à tous les monuments où Notre-Seigneur est représenté soit par son monogramme (Buon. tav. VIII. 1), soit par un agneau dans un champ parsemé d'étoiles, comme dans la mosaïque de Saint-Vital de Ravenne (Ciampini. *Vet. mon.* II. tab. XVIII), soit par une croix au milieu d'un ciel étoilé, comme dans la mosaïque de Galla Placidia de la même ville (Id. *ibid.* I. tab. LXV).

Quelquefois les étoiles sont au nombre de sept; alors quelques archéologues (Polidori. *Sepolcri Nazariani.* p. 51) estiment qu'on a eu l'intention de représenter en abrégé la constellation de la Grande Ourse, qui, ne disparaissant jamais de l'horizon, fournissait aux premiers chrétiens un symbole parfait pour exprimer la durée indéfectible du paradis. D'autres, se fondant sur le texte du premier chapitre de l'*Apocalypse*, regardent les sept étoiles comme le symbole de l'Église catholique. « Le Fils de l'Homme avait dans sa main sept étoiles, » *habebat in dextera sua septem stellas* (vers. 16). « Les sept étoiles sont les sept anges des sept Églises, » *septem stellæ angeli sunt Ecclesiarum* (vers. 20). Tous les SS. Pères l'ont ainsi entendu. Après S. Cyprien vient S. Augustin, qui exprime sa pensée à cet égard avec une clarté ne laissant rien à désirer (*De civit. Dei.* l. XVII. c. 4) : « L'apôtre Jean écrit à sept Églises, pour montrer qu'il écrit à la plénitude de l'*Église une*, car le nombre sept signifie la perfection de l'*Église universelle*. » On trouve des témoignages analogues dans S. Victorin, évêque de Petau en Styrie (*In Apoc.* n. XVI. ap. Galland. t. IV), dans le vénérable André de Césarée en Cappadoce : « Dans ce nombre sept, dit ce dernier, Jean a embrassé le mystère de toutes les Églises existantes en tous lieux. » Primasius, évêque d'Adrumète, s'exprime presque dans les mêmes termes (*Comment. in Apoc.* Basil. 1544) : « Jean aux sept Églises qui sont en Asie : ce qui veut dire, à l'Église une et septiforme. » S. Jérôme n'est pas moins formel (*In Is.* XV) : « Jean aux sept Églises. Par les sept Églises, la seule Église catholique est désignée. » Après cela, il n'est guère possible de douter que tel ne soit le sens des sept étoiles sur beaucoup de monuments antiques. Si ce symbole est retracé sur des tombeaux, il doit avoir la valeur d'un acte d'adhésion à la communion de l'Église catholique, comme la formule IN PACE dans certaines circonstances (V. l'art. *In pace*); et cette interprétation est surtout plausible pour les monuments dont la date rappelle de grands troubles dans l'Église. Les tombeaux de Milan (Polidori. *ibid.*) seraient dans ces conditions, si, comme l'estiment les savants commentateurs de ces monuments, ils sont du milieu du troisième siècle, époque où se place le schisme de Novatien, le premier antipape.

Une ampe chrétienne du recueil de Sante Bartoli (*Ant. lucerne.* part. III. 29) a sur son disque l'image du Bon Pasteur couronné de sept étoiles. Rien n'empêche de voir ici encore le même sens, l'Église étant la couronne et l'œuvre de prédilection du Pasteur divin; et ce qui corrobore ce sentiment, c'est qu'on y observe aussi l'arche de Noé, qui est un symbole indubitable de l'Église (voir ci-dessus la partie de la lampe qui se rapporte à notre sujet).

Les bas-reliefs d'un beau sarcophage d'Arles (Millin. *Midi de la Fr.* atlas. pl. LXV. 3) placent des étoiles, alternativement une et deux, près de chacun des douze apôtres : c'est sans doute le symbole de la félicité dont ils jouissent dans le ciel. Nous avons aussi dans Marangoni (*Cose gentilesche.* p. 373) un fond de coupe représentant des emblèmes eucharistiques, et où se trouve un jeune homme portant une tunique ornée de quatre étoiles. Une étoile isolée, accompagnée d'un grand nombre de symboles relatifs à la résurrection, se voit aussi sur une pierre gravée antique (Perret. IV. pl. XVI. 8); une autre gemme (*Ibid.* 22), et un chaton d'anneau (*Ibid.* 81) portent une colombe surmontée d'une étoile. Tous ces motifs, entourés de circonstances un peu différentes les unes des autres, sont inspirés par le même ordre d'idées symboliques.

Quelques médailles de Constantin et de ses fils font voir sur le casque de l'empereur le ☧ accosté de deux étoiles à six rayons (Baron. *Ad an.* 312). Quelquefois ce n'est autre chose que le monogramme lui-même qui affecte souvent cette forme ☼; mais alors les rayons sont terminés par de petits globes, ou par une ligne transversale, au lieu que les rayons des étoiles se terminent en pointes aiguës.

ÉTOLE. — V. l'art. *Vêtements des ecclésiastiques dans les fonctions sacrées*, III, 5°.

ÉTRENNES. — L'usage des étrennes dans l'antiquité chrétienne ne nous est connu que par ses abus, et par la sévérité que l'Église mit toujours à les réprimer. C'était un reste de paganisme qui, comme beaucoup d'autres superstitions, s'introduisit dans la société des fidèles par les convertis de la gentilité, et s'y maintint avec une ténacité dont la vigilance des pasteurs ne put triompher qu'à la longue. Or l'Église eut, pour condamner cet usage, inoffensif en lui-même, un double motif : c'est qu'il était alors entaché de superstition et d'injustice.

I. — Chez les anciens, les étrennes, *strenæ*, en grec ξένια, *munera*, étaient des présents qui s'échangeaient en l'honneur des dieux et comme gage d'heureux augure. D'après une tradition romaine dont nous n'avons pas à examiner ici la valeur, les étrennes du 1er janvier, *kalendariæ strenæ*, tireraient leur origine du roi Tatius, qui aurait été dans l'usage d'aller, en ce jour, cueillir la verveine dans le bois sacré de *Strenua*, la Force, ou *Strenia*, déesse de la santé, dans les vues d'attirer sa protection sur l'année qui commençait. D'autres disent que le peuple se rendait en procession au palais du roi sabin pour lui offrir pieusement, avec les souhaits de bonne année, des branches de cet arbuste, qui était censé porter bonheur. Ce qui est certain du moins, c'est que cette simplicité primitive disparut avec les mœurs antiques; au commencement de l'empire, l'abus des étrennes était devenu si excessif, que Tibère, si nous en croyons Suétone, se crut obligé d'en restreindre la distribution aux seules calendes de janvier. Car il s'en donnait encore à l'occasion des fêtes des principales divinités, de celle de Saturne par exemple, au mois de décembre, *Saturnalitia sportula*, et de celle de Minerve, *Minervale munus* (V. llieron. *infra*). Caligula paraît avoir respecté les règlements restrictifs de son prédécesseur; mais il s'en dédommagea en exploitant ses calendes de janvier avec une rapacité inouïe (Sueton. *In Caium*. XLII).

« Il faisait annoncer qu'il recevrait les étrennes au commencement de l'année, et il se tenait tout le jour dans le vestibule de son palais pour accueillir les offrandes du peuple romain, *ad captandas stipes*. »

Les objets qui s'échangeaient à l'occasion du nouvel an étaient fort variés. Après l'âge d'or des *étrennes herbacées*, vint celui des comestibles de toute sorte; on donna plus tard des pièces de bronze, d'argent, d'or; puis des meubles, des vêtements. Les objets d'étrennes les plus ordinaires étaient des pugillaires, ou diptyques, à peu près semblables, quant à l'usage du moins, à nos portefeuilles et à nos agendas (V. notre art. *Diptyques*). Beaucoup de monuments de petites dimensions relatifs aux vœux du nouvel an nous ont été conservés. Ce sont des médailles, des lampes, des tessères de métal ou même de terre cuite, portant des inscriptions comme celle-ci (Caylus. t. IV. p. 286; pl. LXXXVII n. 3) : ANNVM. NOVVM. FAVSTVM. FELICEM. TIBI, qui est écrite sur un fragment de terre cuite. Bellori a publié une médaille de Commode, et Pietro Visconti une lampe avec des légendes analogues (Greppo. *Notes inédites*). Voici, d'après Gori (*Thes. Dipt*. t. I. p. 202), une de ces espèces de tessères en cristal de roche, qui avait été offerte, à l'occasion du nouvel an, à Commode, ainsi que l'indique la légende dont le sens est déterminé par une monnaie de cet empereur incrustée dans ce disque, où l'on voit aussi quelques-uns des objets offerts ordinairement en étrenne, des fruits, une feuille de verveine, etc.

Mais un monument bien singulier en ce genre est un autre fragment de terre cuite du recueil de Caylus (*Ibid*.), dans lequel un Romain se souhaite la bonne année à lui-même et à son fils : ANNVM. NOVVM. FAVSTVM. FELICEM. MIHI. ET. FILIO. Un vœu amical se trouve exprimé par cette formule inusitée sur une agate-onyx donnée par le même Caylus (t. IV. p. 155) : ζηcαιc ακακωc, ce qui veut dire : *vivas sine malo*.

Mais ce n'est que comme observance idolâtrique d'abord que la pratique des étrennes fut réprouvée et censurée par les Pères et les conciles : « Tu vas, disait S. Augustin à ses ouailles (*Serm*. CXCVIII), tu vas célébrer la solennité des étrennes, tout comme un païen. Faut-il donc que ton amour se porte sur des objets tout opposés à ceux de ta foi et de ton espérance? Les autres donnent des étrennes; vous, chrétiens, donnez des aumônes. » Ce fut sans doute à raison de cette origine impure des étrennes, et des mobiles si éloignés de l'esprit chrétien qui en accompagnaient la distribution, qu'elles furent souvent appelées étrennes diaboliques. Cette qualification se rencontre dans beaucoup de textes anciens, et en particulier dans un sermon attribué au même S. Augustin (*Inter Augustinianos*. Serm. CXXV) : « Il se trouve des gens qui aux calendes de janvier reçoivent et rendent des étrennes diaboliques, *diabolicas strenas*. »

« Ils observent les augures, continue le même auteur, *auguria observant*, et, à leurs yeux, il serait d'un fâcheux présage de prêter quoi que ce soit à son voisin le premier jour de l'année; ils n'osent pas même, crainte de malheur, donner du feu de leur foyer à ceux qui leur demandent ce faible service. Mais en revanche la plupart, surtout les habitants de la campagne, mettent à leur porte, pendant la nuit qui précède le premier janvier, des tables chargées de toute sorte de viandes, au service des passants; et ils se persuadent qu'une telle libéralité assure à son auteur une abondance égale sur sa table pendant tout le cours de l'année. »

Il existait encore en France des traces de cette pratique superstitieuse au septième siècle; et un concile d'Auxerre, tenu à cette époque (An. 613.

can. 1), dut, pour la déraciner, s'armer de toutes les rigueurs canoniques : *Non licet kalendis januarii... strenas diabolicas observare.*

II. — Les étrennes n'étaient pas seulement une pratique superstitieuse, elles étaient aussi une pratique injuste, dispendieuse, un impôt vexatoire extorqué au pauvre par le riche. C'étaient les clients qui offraient des étrennes aux patrons, les citoyens au prince, les écoliers aux maîtres. Un curieux passage de S. Maxime de Turin, qui vaut déjà beaucoup comme peinture de mœurs au cinquième siècle (*Homil.* v. *Iter Ital.* Mabillon. t. II. p. 18), mettra ici en relief toute la pensée miséricordieuse de l'Église, toujours disposée à prendre la défense du faible contre le fort, et expliquera le second motif de ses rigueurs contre l'abus des étrennes.

« D'où vient cette habitude où vous êtes, de vous lever de grand matin et de paraître en public avec des présents, c'est-à-dire des étrennes à la main, chacun de vous s'empressant d'aller saluer son ami, et de le saluer par le don, avant de le saluer par le baiser fraternel? Jugez vous-mêmes de ce que peut valoir un tel baiser, baiser vénal, d'autant moins estimable qu'il est acheté plus cher!... Car, au point de vue de l'équité, n'est-il pas injuste que ce soit l'inférieur qui donne à son supérieur, et que celui-là soit obligé de faire à un riche des largesses, qui peut-être emprunte ce qu'il donne? Et une telle munificence, cela s'appelle des étrennes ; on l'appellerait plus justement d'un autre nom, *strenuum* (il y a ici un jeu de mots intraduisible). Car, encore une fois, un malheureux est forcé de donner ce qu'il n'a pas, et d'offrir un présent au détriment de sa famille malheureuse. Les riches, il est vrai, font aussi de ces libéralités ; mais en cela même ils ne sont pas exempts de péché, car le riche ne donne qu'à l'opulent, *cuicumque soli locupleti*, et tandis qu'il ne daigne pas mettre un denier dans la main d'un mendiant, il accourt, aux calendes, chargé d'or chez son ami, lui qui, au jour de la Nativité du Sauveur, est venu à l'église les mains vides ! Vous voyez donc que, aux yeux de la plupart, l'adulation présente vaut mieux que la récompense future. Ils donnent à un baiser de leur supérieur la préférence sur la gloire du Sauveur. Mais ce baiser, nous ne devrions pas l'appeler baiser, car il est vénal. Judas Iscarioth, lui aussi, baisa le Seigneur d'un tel baiser, mais c'était pour le trahir. »

Les écoliers, comme nous l'avons dit, donnaient des étrennes à leurs maîtres. S. Jérôme (*In Ephes.* VI. 4) prend à cette occasion de détourner les évêques et les prêtres de faire enseigner les lettres profanes aux enfants qu'ils avaient eus avant leur ordination, par des rhéteurs et des grammairiens idolâtres, de peur que les étrennes provenant des revenus ecclésiastiques ne fussent employées à quelque mauvais usage. Après avoir cité ce verset de S. Paul : « Élevez vos enfants dans la discipline et la correction du Seigneur, » il ajoute : « Qu'ils lisent cela, les évêques et les prêtres qui instruisent leurs enfants dans les lettres séculières, leur font lire des comédies et chanter les écrits licencieux des mimes, et cela peut-être aux frais de l'Église. Et ainsi, ce que la vierge ou la veuve versent pour leurs péchés dans le trésor, *in corbonam*, ou ce que quelque pauvre aura offert, sacrifiant ainsi tout son pécule, tout cela risque de s'en aller en étrenne des kalendes, ou en sportule de Saturne, ou en don à Minerve, *kalendariam strenam et Saturnalitiam sportulam et Minervale munus*, et d'être employé par un grammairien ou un orateur, soit à leurs usages domestiques, soit aux frais du culte païen, soit à leurs honteux désordres, *sordida scorta.* »

L'usage des étrennes dans les premiers siècles se liait à une foule de pratiques licencieuses dont nous avons traité à l'article *Janvier* (*Calendes de*).

III. Étrennes baptismales. Certains passages des écrivains ecclésiastiques du quatrième siècle, de S. Grégoire de Nazianze en particulier (*Orat.* VIII, 25), supposent assez clairement que des dons, *donaria*, s'échangeaient à l'occasion du baptême entre le néophyte et le ministre du sacrement ou les parrains et marraines. Ces sortes d'objets, auxquels M. De' Rossi a donné le nom d'étrennes baptismales (V. *Bull.* 1867, p. 27 *et alibi*), étaient soit des médailles, soit des lampes enrichies d'emblèmes ou d'inscriptions appropriées à leur pieuse destination. Ces *donaria* étaient ordinairement, pensons-nous, offerts au nouveau baptisé par celui qui l'avait régénéré ou par celui qui l'avait présenté aux fonts sacrés : et tels étaient assurément ces médaillons dont fait mention S. Zénon de Vérone (l. I, tract. 14, 4), comme ayant été, dans les premiers siècles de l'Église, distribués aux néophytes ; ils portaient une triple empreinte qui probablement était un symbole de la Trinité au nom de laquelle s'administrait le baptême. M. De' Rossi regarde aussi comme étrennes baptismales quelques lampes, et spécialement celle du musée de Florence, si connue des antiquaires. Cette lampe qui, comme on sait, a la forme d'un navire, fait voir à la poupe un personnage manœuvrant l'aviron, et à la proue un autre personnage élevant les mains en signe d'actions de grâce. Au sommet de l'antenne est une tablette avec l'inscription DOMINVS LEGEM DAT VALERIO SEVERO EVTROPI VIVAS, inscription allusive, selon toute apparence, à l'admission de Valerius Severus, par le baptême, au sein de l'Église, figurée ici par le navire · *Le Seigneur donne sa loi à Valerius Severus.* L'acclamation EVTROPI VIVAS indiquerait que cet Eutrope était le ministre du baptême auquel Valerius Severus, le nouveau baptisé, aurait offert cette magnifique lampe de bronze en témoignage de reconnaissance. Ces interprétations, que nous empruntons à l'illustre archéologue romain, ne nous semblent pas moins plausibles qu'ingénieuses. (On peut voir à notre art. *Lampes chrétiennes* le dessin de la lampe de Florence.)

EUCHARISTIE. — De tous les mystères du christianisme, l'eucharistie était celui que, dans les premiers siècles, il importait le plus de dérober aux yeux des profanes et de voiler à ceux des catéchumènes. L'idée d'un Dieu fait homme, livrant à sa créature sa chair en aliment et son sang en breuvage, était tellement en dehors ou plutôt au-dessus des conceptions de l'esprit et des ambitions même les plus audacieuses du cœur humain, qu'elle ne pouvait manquer d'être pour les idolâtres, et même pour les adeptes incomplétement initiés, l'objet d'une surprise pareille à celle qu'elle excita dans les disciples, alors que pour la première fois elle fut énoncée par la bouche du Maître : « Cette parole est dure, s'écrièrent-ils, et qui la peut écouter ? » *durus est hic sermo, et quis potest eum audire?* (Joan. vi. 61.)

On comprend assez les dangers aussi bien que les scandales que pouvait soulever cette sublime nouveauté tombant, sans une préparation suffisante, dans des âmes neuves ou dans des esprits hostiles. C'est ce qui explique pourquoi, soit dans son langage écrit, soit dans son langage imagé, l'antiquité épuisa, pour atténuer les dangereuses splendeurs d'un tel mystère, toutes les prudences de la discipline de l'arcane (V. l'art. *Discipline du secret*). Les Pères grecs l'appellent *le bien*, τὸ ἀγαθόν, ou, s'il s'agit des deux espèces, *les biens par excellence*, τὰ ἀγαθά (V. Suicer. *Thesaur. eccl. ad voc.* Ἀγαθός. β). Les liturgies orientales ont cette poétique formule, interprétée par le poëte Fortunat (*Carm.* xxv. l. iii) :

Corporis Agni margaritum ingens.
« La riche perle du corps de l'Agneau. »

Selon une doctrine bien connue et qui trouvera plus loin son développement, l'eucharistie c'est le poisson. Ainsi lisons-nous dans la fameuse inscription de Pectorius d'Autun : « Prends, mange et bois, tenant ἰχθύς dans tes mains. » L'épitaphe d'Abercius, évêque d'Hiéraple en Phrygie, monument plus ancien encore (V. Garrucci, *Mélanges d'épigraphie*, 1er fascicule), exprime la même pensée en termes un peu différents : « La foi me conduisit, et me présenta pour aliment le poisson… très-grand, très-pur, que la Vierge chaste tint dans ses bras. » Toutes ces expressions voilées suffisaient au fidèle qui en avait la clef ; elles ne révélaient rien à celui qui n'était pas initié. S. Zénon de Vérone (*Invitat. ad font.* iii) appelle la sainte eucharistie *Desiderata*, « ce qui est désiré. » Nous en pourrions citer beaucoup d'autres encore ; mais nous avons hâte d'arriver aux monuments figurés, que nous devons surtout ici interroger. Or les emblèmes qui y sont retracés pour rappeler aux fidèles l'auguste mystère, sont empruntés, tantôt à l'Ancien Testament, tantôt au Nouveau.

I. — On sait que l'histoire biblique fournit un certain nombre de figures de l'eucharistie, considérée soit comme sacrifice, soit comme sacrement. Celles-là doivent seules obtenir ici une mention spéciale qui ont été reproduites par les arts d'imitation, parce que nous ne saurions douter que les premiers chrétiens ne leur aient attribué une valeur figurative.

1° Comme figure évidente du sacrifice eucharistique, nous avons une mosaïque de Saint-Vital de Ravenne datant du sixième siècle (Ciampini. *Vet. mon.* ii. tab. xxii), et représentant le sacrifice de Melchisédech, comme il est rapporté au quatorzième chapitre de la *Genèse* (V. à l'art. *Messe*, III, la scène ici indiquée, ainsi que son explication).

2° La manne dont le Seigneur nourrit son peuple dans le désert figurait l'eucharistie, en tant que sacrement ou aliment : c'est l'opinion de presque tous les Pères. Tout en signalant l'immense supériorité de la réalité sur la figure, notre Sauveur daigna exprimer lui-même les rapports de l'une à l'autre : « C'est ici le pain qui est descendu du ciel. Vos pères ont mangé la manne dans le désert, et ils sont morts ; mais celui qui mangera de ce pain vivra éternellement » (Joan. vi. 59), *patres vestri manducaverunt manna in deserto, et mortui sunt; qui manducat hunc panem, vivet in æternum.*

Les monuments primitifs du christianisme n'avaient révélé jusqu'ici que des représentations en quelque sorte contestables du miracle de la manne ; quelques-unes de celles où l'on est convenu de voir invariablement la multiplication des pains nous ont néanmoins toujours paru devoir être interprétées dans ce sens. Mais aujourd'hui nous avons une fresque des catacombes où le fait est représenté d'une manière indubitable, et entouré de circonstances qui lui donnent une signification eucharistique certaine. Nous omettons ici les développements qu'on lira dans un article spécial sur la *Manne*.

3° La position critique de Daniel dans la fosse aux lions, si souvent retracée dans les monuments, était bien certainement destinée à figurer celle des chrétiens au milieu des persécutions. Si donc la nourriture que le prophète Abacuc lui apporte par l'ordre de Dieu et qui consiste ordinairement en un pain et un poisson (V. un sarcophage d'Arles dans Millin. *Midi de la France*, pl. lxvii, et les mémoires de la Société des antiq. de France, t. xxxv. p. 77. *Tombeau de Brescia.* V. le sujet à notre art. *Daniel*), n'est pas la figure de l'eucharistie, ce pain des forts dont les fidèles se munissaient dans leurs épreuves, et que souvent les diacres portaient aux confesseurs de la foi dans les prisons, nous ne saurions vraiment quelle interprétation lui donner ! Nous avons une preuve évidente de ce fait sur le sarcophage de Brescia, cité plus haut, où, avec le pain, Abacuc présente à Daniel le poisson mystique. On a regardé aussi quelquefois ces aliments comme l'image du soulagement que les prières des vivants procurent aux âmes du purgatoire. Mais ce sens n'exclut pas l'autre. (Pour ce sujet, voy. la gravure de l'art. *Sarcophages*, III, et aussi celle de l'art. *Daniel*).

II. — Figures tirées du Nouveau Testament.

1° *Le changement de l'eau en vin aux noces de Cana* (V. l'art. Cana). D'après S. Cyrille de Jérusalem (*Catech.* xxii. 11), ce premier miracle de Jésus-Christ serait une figure du changement du vin au sang du Sauveur. Fondés sur cet enseignement et sur d'autres données encore, la plupart des antiquaires, entre autres Bottari (iii. p. 29) et le P. Marchi (ap. Mozzoni. *Tav. eccl. stor.* secolo iv. not. 29), voient dans la reproduction de ce prodige sur les monuments antiques l'image de la transsubstantiation. Et il est une circonstance digne d'attention, c'est que, presque toujours et notamment dans les sculptures des sarcophages, il se trouve rapproché du miracle de la multiplication des pains qui, ainsi qu'on va le voir, a une signification analogue et plus prononcée encore (V. le sarcophage gravé à l'art. *Sarcophages*, III et IV); il est manifeste qu'on a voulu présenter ainsi sous le même coup d'œil les symboles des deux éléments de l'eucharistie.

Les peintures d'une catacombe chrétienne d'Alexandrie d'Égypte, décrite naguère par le savant M. Wescher et expliquée par M. De' Rossi dans son Bulletin d'octobre 1865, viennent apporter à cette opinion le dernier sceau de la certitude. On y voit d'abord les noces de Cana, ensuite la multiplication des pains et des poissons, et enfin un troisième groupe de plusieurs personnes assises à l'ombre de quelques arbres, et au-dessus desquelles est tracée cette inscription parfaitement conservée : ΤΑϹ ΕΥΛΟΓΙΑϹ ΤΟΥ ΧΥ ΕϹΘΙΟΝΤΕϹ, « les mangeants les eulogies du Christ. » On sait que, à commencer par S. Paul (1 *Cor.* x. 16), les plus anciens écrivains ecclésiastiques ne désignent pas l'eucharistie sous un autre nom que celui d'eulogie (V. ce mot). C'était surtout le langage invariable de l'Église d'Alexandrie, à laquelle appartient l'intéressant monument qui nous occupe, et notamment celui de S. Cyrille, évêque de cette ville, qui emploie constamment ce mot comme étant d'un usage vulgaire, et au singulier et au pluriel pour désigner le pain et le vin consacrés (l. iv. *In Johan.* c. 2. Catena in v. 27. cap. iii. *Johan.* etc.). On peut voir dans Suicer (1 *Thes. cat.* ad voc. Εὐλογία) un grand nombre de textes des autres Pères grecs qui emploient les mêmes mots dans le même sens.

Quand ils ne sont pas placés à côté l'un de l'autre, ces deux sujets se font pendant à droite et à gauche du sujet principal qui occupe le centre de l'urne (V. Bottari. tav. cxxxv et *passim.* — Millin. *Midi de la France.* pl. lxv. 5.)

Nous devons faire observer néanmoins que, à bien peser les paroles de S. Cyrille, le miracle de Cana devrait être pris comme un signe commémoratif plutôt que comme une figure ou un symbole proprement dits. Ce Père cite le fait comme terme de comparaison pour faire saisir et admettre par les fidèles le mystère de la transsubstantiation eucharistique. Mais il ne dit rien de plus. Ce que nous pouvons citer de plus positif à cet égard, c'est un passage de S. Augustin (*Tract.* viii *In Joan.* 1 et 3), où il enseigne que l'époux de Cana était la figure du Sauveur, en ce sens peut-être que ces noces étaient la figure de l'eucharistie, festin que Jésus-Christ sert à ses amis : *Illarum nuptiarum sponsus personam Domini figurabat.* C'est probablement aussi dans le même sens qu'il se trouve représenté sur certains vases eucharistiques, par exemple sur une espèce de burette en argent, *amula, urceolus,* d'une rare élégance, que Blanchini estime être du quatrième siècle (V. Blanchin. *Not. in Anastas. in Vit. S. Urbani*).

Voici cet intéressant monument. Cela indique évidemment le pouvoir donné aux prêtres de changer le vin au sang de Jésus-Christ, comme Jésus-Christ changea l'eau en vin.

2° *La multiplication des pains.* C'est une doctrine reçue parmi les antiquaires chrétiens que, sous l'inspiration et la direction des pasteurs de l'Église, les artistes, en retraçant ce fait, ont eu l'intention de figurer le mystère adorable de l'eucharistie, où Notre-Seigneur se fait l'aliment de l'homme pour lui donner la force de fournir, avec une vertu constante, sa carrière ici-bas, de même que ce même Sauveur nourrit d'un pain miraculeux la foule affamée qui le suivait depuis trois jours dans le désert. Et quand ce miracle est représenté sur un tombeau, il signifie, pense-t-on, que le défunt s'était muni de ce pain céleste avant d'entreprendre le grand voyage de l'éternité, de telle sorte que, comme Élie, « marchant dans la force que donne cette nourriture.... *in fortitudine cibi illius,* il pût arriver jusqu'à la montagne de Dieu, Horeb. » (3 *Reg.* xix. 8.) En effet, pour nous approprier ici une judicieuse remarque de M. De' Rossi (*De monum.* ixerv *exhib.* p. 20), il est démontré par des exemples presque innombrables que l'esprit essentiel de la symbologie chrétienne est de présenter certains symboles et certaines allégories sous l'enveloppe de sujets historiques tirés des Livres saints, et qu'on ne saurait supposer avec quelque vraisemblance que les artistes aient voulu simplement rappeler le sens direct de ces faits en en retraçant l'image.

Il est bien plus essentiel encore, dans l'espèce, d'observer que la multiplication, ordinairement représentée sur les monuments, est la seconde, car on n'y voit jamais que sept corbeilles (V. Buonarr. tav. VIII), tandis que dans le premier miracle il en était resté douze : ce qui prouve une fois de plus, selon la réflexion d'Origène (*Homil.* XII *In Genes.*), réflexion basée sur le texte de S. Jean (VI. 13), que ce miracle et, par conséquent aussi, les représentations qui en ont été faites renferment une allusion évidente à l'eucharistie. En effet, la seconde multiplication fut opérée sur des pains de froment, qui sont l'élément du sacrement, tandis que le premier eut pour objet des pains d'orge. Nous avons dit « ordinairement », car quelques monuments, entre autres les fresques de la catacombe d'Alexandrie, s'opposent à une application trop absolue de cette règle. Dans cette dernière circonstance, la foule se montait à cinq mille personnes (Marc. VI. 44); dans l'autre, à quatre mille seulement (Id. VIII. 9), nombre restreint aux seuls fidèles lesquels, à l'exemple de la multitude qui, pendant trois jours, avait suivi le Rédempteur sans prendre de nourriture, se disposent, par de longues mortifications et de rigoureuses abstinences, à recevoir dignement le pain céleste.

On sait que les deux apôtres qui présentèrent à Notre-Seigneur les pains et les poissons sont André et Philippe (Joan. VI). Cependant, dans la fresque d'Alexandrie, Pierre est substitué au second. Il y a là évidemment une intention symbolique d'attribuer à S. Pierre la primauté du sacerdoce eucharistique. Ceci est un trait de lumière, à l'aide duquel nous pourrions reconnaître S. Pierre offrant les pains ou les poissons dans la plupart des monuments, des sarcophages notamment, où ce fait miraculeux est retracé (V. *Bull.* ib. p. 75).

3° *Représentations de repas.* Il s'en trouve de deux sortes dans les monuments primitifs, et particulièrement dans les catacombes de Rome. Les unes, qui ne sont autre chose que des images du festin céleste (V. l'art. *Représentations de repas*), admettent également des hommes et des femmes, et, comme ils le plus souvent elles servent de décoration à des tombeaux, le nombre des convives varie d'après celui des personnes qui reposent dans le sarcophage ou dans la chambre sépulcrale. Les autres, au contraire, présentent invariablement sept hommes, ni plus ni moins (et pas de femmes), assis à une table où figurent pour tout aliment des pains et des poissons frits. Et nous disons que ces dernières sont des représentations symboliques du festin eucharistique.

Cette scène est retracée en abrégé, sans doute à cause de l'exiguïté de l'espace, c'est-à-dire avec quatre convives seulement (Notre-Seigneur et trois disciples), sur le curieux diptyque de la cathédrale de Milan, monument du cinquième siècle (Bugati. *Mem. di S. Celso.* in fine). La table est en *sigma*, et on y voit un poisson dans un plat au milieu de six pains incisés en croix, *decussati*; et le Sauveur saisit de la main droite un pain pour le donner à ses convives. En effet, à la vue d'un tel tableau l'esprit se reporte naturellement à ce repas que Notre-Seigneur, après sa résurrection, prépara sur les bords de la mer de Tibériade à sept de ses disciples, et où il leur servit (Joan. XXI. 9) du pain et du poisson rôti sur la braise. La peinture est la reproduction exacte en tout point du récit évangélique. Or, d'après le témoignage de tous les Pères et autres écrivains ecclésiastiques qui ont commenté ce passage de l'Évangile, le fait qui y est rapporté est une figure directe de l'eucharistie, exclusive de tout autre sens ; c'est de ce fait, et de ce fait seul, que le *poisson*, ἰχθύς, tire sa signification eucharistique. Toutes les fois que les auteurs anciens désignent l'eucharistie sous le nom arcane de *poisson*, et c'est celui qu'ils lui donnent presque toujours, c'est au festin improvisé sur le rivage de la mer de Galilée qu'ils empruntent cette allégorie.

Deux citations suffiront pour édifier le lecteur à cet égard. La première est tirée d'un anonyme africain du cinquième siècle, dont l'ouvrage (*De promissionibus et prædictionibus Dei*) est imprimé à la suite de ceux de S. Prosper d'Aquitaine. Cet auteur appelle le Christ « le grand POISSON qui, sur le rivage, nourrit de lui-même ses disciples, et s'offrit POISSON, ἰχθύς, au monde entier. » Voici un texte de S. Augustin plus explicite encore (*Tract.* XII *In Joan.*) : « Le Seigneur fit à ses sept disciples un repas composé de poisson qu'ils avaient vu posé sur les charbons ardents, et de pain. Le poisson frit, c'est le Christ; il est aussi le pain qui est descendu du ciel, » *piscis assus, Christus est passus* (Beda. *In Joan.* XXI). Voilà la doctrine écrite.

Si l'on veut maintenant voir cette même doctrine peinte, qu'on jette un coup d'œil sur les admirables fresques récemment découvertes au cimetière de Calliste. A défaut des originaux, qu'il n'est pas donné à chacun d'aller contempler dans ces cryptes sacrées, on en trouvera une excellente copie en tête de la savante dissertation de M. De' Rossi, déjà plusieurs fois citée, et dont nous ne faisons guère qu'exprimer ici la substance; et, à cet aspect, on ne pourra manquer de se convaincre que écrivains et artistes ont eu en vue les mêmes allégories; que les uns et les autres ont voulu, par le double emblème des pains et des poissons, représenter à l'esprit et aux yeux, non pas une union quelconque du fidèle avec Jésus-Christ, mais bien cette union sublime et intime qui s'opère par le moyen de l'aliment eucharistique. Sous la conduite de notre illustre guide, nous allons donc passer rapidement ces peintures en revue. Et pour nous rendre compte de leur immense valeur dogmatique, quant à l'auguste mystère qui fait l'objet de ces recherches, nous devons noter tout d'abord que, par leur style plein de goût comme par la perfection relative de leur exécution, elles se placent bien près du beau siècle de l'art romain, c'est-à-dire à une époque où il est pour nous d'une si haute importance de retrouver l'empreinte ou mieux peut-être l'expression typique de nos croyances, à la première moitié du troisième siècle.

C'est dans deux chambres funéraires, voisines de la crypte de S. Corneille devenue si célèbre par les précieuses découvertes de M. De' Rossi, que se présentent les peintures en question. D'autres chambres ouvrant sur le même corridor ont offert aussi des fresques, dont nous n'avons pas à nous occuper, d'abord parce qu'elles sont fort altérées, et ensuite parce qu'elles reproduisent les mêmes sujets que les premières. Sur les parois de l'une de celles-ci se voit, deux fois retracée, l'image d'un poisson nageant dans les flots, et portant sur son dos une corbeille avec des pains au-dessus, et en dedans un objet rouge et allongé, se distinguant très-nettement à travers le treillis de la ciste, et qui ne peut être qu'un petit vase de verre plein de vin. Cette fiole est marquée dans notre gravure par une teinte plus prononcée. L'ensemble de cet

inappréciable monument n'est-il pas la traduction parlante de ce passage de S. Jérôme (*Ep. ad Rustic.* n. xx) retraçant l'usage où étaient les premiers chrétiens d'emporter chez eux le corps du Seigneur dans une corbeille et son précieux sang dans un vase de verre ? *Nihil illo ditius qui corpus Domini in canistro vimineo, et sanguinem portat in vitro.* Ici il y a un double symbole du Christ : le pain et le poisson. Nous avons, pour le prouver, ces paroles de S. Paulin au sujet de notre Sauveur : *Panis ipse verus et aquæ vivæ piscis* (*Epist.* xiii. *Ad Pammach.* § 11). Le poisson, personnification du Rédempteur, porte et présente aux hommes le pain et le vin, les deux éléments sous lesquels il a voulu leur donner son corps et son sang.

C'est assez d'évidence, pensons-nous, et ce n'est vraiment que *ad abundantiam juris*, que nous ferons remarquer, avec le savant antiquaire romain (Ἰχθυς. p. 21), que les pains qui figurent ici ne sont pas les pains ordinaires appelés *decussati*, mais comme des espèces de galettes cuites sous la cendre, désignées chez les Romains par le nom barbare de *mamphula* ou pains syriaques, sorte de pains sacrés, que les Orientaux, et en particulier les Juifs, avaient coutume d'offrir à leurs prêtres, comme prémices du pain.

Mais les autres peintures du même cimetière, de la même époque et probablement de la même main, viennent jeter un jour tout à fait décisif sur le fait même que nous voulons établir. C'est d'abord, sur une voûte, une table en forme d'élégant trépied, couverte de trois pains et d'un poisson, et placée au milieu de sept corbeilles pleines de pains (V. Ἰχθυς. tab. i. n. 1). On sait que, dans l'antiquité chrétienne, l'eucharistie fut toujours appelée par antonomase *la table du Seigneur*. Or la présence dans celle-ci des pains et des poissons sur le sens desquels nous sommes suffisamment fixés, pensons-nous, complète tellement sa signification eucharistique, qu'on ne saurait lui en assigner une autre.

Cependant les sujets représentés dans la chambre voisine viennent encore corroborer les inductions que nous avons tirées des précédentes peintures. On y voit, en premier lieu, un de ces festins dont le menu se compose de pain et de poissons frits (Ἰχθυς. tab. i. n. 1), au sujet desquels nous

avons donné plus haut des détails suffisants. C'est ensuite (tab. i. n. 2) une table toute pareille à cette table solitaire que nous avons observée dans la chambre précédente, mais avec des circonstances d'un intérêt tout nouveau. Sur la table est un pain et un plat contenant un poisson, toujours les mêmes emblèmes ; mais d'un côté de cet *autel*, un personnage debout, vêtu du seul *pallium* (ou mieux peut-être du *colobium*), qui laisse à nu tout le bras et le flanc droits, impose les deux mains sur ces offrandes ; et, de l'autre côté, une femme également debout lève les bras vers le ciel (V. le sujet à l'art. *Messe*).

Celui qui ne verrait pas là, dit M. De' Rossi, la consécration eucharistique, serait complètement aveugle ; car cette table n'est plus solitaire comme l'autre, que les indices les plus certains nous autorisent néanmoins à interpréter de l'eucharistie ; mais nous avons ici un ascète, ou, pour mieux dire, un prêtre vêtu du *pallium* à la manière des philosophes, et imposant les mains, geste auquel il est impossible, eu égard surtout à la nature des objets déposés sur la table, d'assigner un autre sens que celui de la consécration. Il y a, devant la table, une femme qui prie, et qui est l'image, soit de la personne dont les restes reposent dans le *cubiculum*, soit, et plus vraisemblablement peut-être, celle de l'Église offrant le sacrifice, conjointement avec le ministre de Jésus-Christ, qui est aussi le sien (V. l'art. *Église*).

Mais ce n'est pas à Rome seulement que se révèlent ces symboles eucharistiques ; le langage des autres Églises concorde merveilleusement avec les monuments figurés de la ville éternelle. La doctrine de l'illustre Église de Lyon à ce sujet se trouve exprimée avec une netteté sans égale dans la fameuse inscription grecque d'Autun. Après avoir fait mention du baptême, voici ce qu'elle dit de l'eucharistie : et il faut observer que, divisés sur plusieurs autres parties de ce marbre malheureusement fort mutilé, tous les savants sont unanimes sur l'interprétation de ces deux vers, qu'on nous permettra de citer en latin : *Salvatoris sanctorum dulcem sume cibum, ede et bibe ... piscem in mani-*

bus tenens, « prends la douce nourriture du Sauveur des saints, mange et bois, tenant le poisson dans tes mains. »

Voilà donc une des plus anciennes Églises de la thrétienté qui exprime par les paroles les plus claires ce que celle de Rome a fixé par le pinceau de ses artistes sur les parois de chambres sépulcrales de la fin du deuxième siècle, à savoir que la *douce nourriture du Sauveur*, cette oblation sacrée dont les chrétiens *mangent et boivent*, n'est autre chose que l'*Ἰχθύς, le poisson céleste*, οὐράνιον ἰχθύν. Dans l'épitaphe qu'il destinait à être gravée sur la stèle de son tombeau, Abercius, évêque d'Hiéraple en Phrygie, au temps de Marc-Aurèle, parle aussi de ce poisson divin, qu'a pris *une Vierge immaculée*, et qu'elle a livré aux amis pour être mangé. Nous citons les étonnantes paroles d'après la version latine de dom Pitra (*Spicileg. Solesm.* t. III. p. 534) : || *et apposuit cibum, ex uno fonte piscem,* || *Fides namque singulis produxit : præ grandem, impollutum, quem apprehendit immaculata Virgo, et tradidit amicis ex integro comedendum*.

Le témoignage de l'Église d'Afrique, parlant par l'organe de S. Augustin, n'est pas moins formel. Ce Père désigne l'eucharistie sous ces mystérieuses paroles (*Confess.* t. XIII. 23) : (*Solemnitas*) *in qua ille piscis exhibetur, quem levatum de profundo terra pia comedit*, « le sacrement par lequel ce poisson divin, qui a été pêché au milieu de la mer, sert de nourriture à l'âme pieuse. » Ces paroles n'eussent été comprises de personne, s'il n'eût été en usage dans l'Église d'Afrique de désigner l'aliment eucharistique sous l'arcane du poisson. Bien que les monuments figurés soient rares ailleurs qu'à Rome, M. De'Rossi signale néanmoins dans un marbre de Ravenne (marbre d'un christianisme douteux cependant) un pain entre deux poissons, et dans une mosaïque chrétienne de Pisaure des corbeilles de pains entremêlées de poissons solitaires (*Ἰχθύς*. p. 20). On ne saurait donc douter que l'*Ἰχθύς*, soit qu'il porte sur son dos le pain et le vin, soit qu'il repose avec des pains sur une table solitaire, soit qu'il figure sous la main du prêtre consacrant, ou sur une table où sont assis sept convives, ne doive être regardé comme l'image arcane ou symbolique de Jésus-Christ dans l'eucharistie.

III. — Nous ne devons pas négliger quelques monuments plus anciennement connus, et dans lesquels il serait difficile de ne pas saisir des allusions plus ou moins directes à l'auguste mystère qui nous occupe.

1° Bosio avait découvert au cimetière des Saints-Marcellin-et-Pierre une représentation de festin sortant tout à fait des conditions ordinaires et présentant des circonstances mystérieuses dignes de fixer l'attention de l'antiquaire. On y voit une femme seule, en simple tunique, coiffée selon le type consacré (V. l'art. *Représentation de repas*), assise à une table en forme de carré long, recouverte d'une nappe, et sur laquelle sont placés trois pains et trois tasses avec une seule amphore (V. Bosio.

tav. CXXIX). De la main droite, cette femme fait un gracieux geste d'invitation, et de la gauche elle touche le bord de l'amphore, comme pour indiquer le breuvage qui y est contenu et qu'elle désire distribuer. A chacune des extrémités de la table, un serviteur se tient debout. Le premier présente une coupe à un homme qui s'approche de lui, les épaules couvertes d'une courte *penula* et ayant un bâton à la main, deux choses qui dénotent un voyageur (V. l'art. *Penula*). Le second serviteur appelle de la main un autre personnage tout semblable par le vêtement et l'attitude. Obéissant à leur préoccupation habituelle, les anciens archéologues (V. Bottari. t. II. p. 176) ne voient ici qu'une agape.

Mais si l'on examine attentivement cette peinture, on ne peut s'empêcher d'y découvrir une pensée plus sublime. La composition, d'après l'abbé Polidori (*Conviti. — Amic. catt.* VIII. p. 294 seqq.), serait calquée sur le neuvième chapitre du livre des *Proverbes*, et évidemment relative à la sainte eucharistie. En effet, on lit en cet endroit que la Sagesse, s'étant bâti un palais somptueux soutenu par sept colonnes, voulut, pour offrir aux hommes un salutaire rafraîchissement (V. l'art. *Refrigerium*), y dresser une table abondamment fournie de pain et de vin ; elle envoya des serviteurs pour inviter les petits et les ignorants à prendre leur part de la nourriture qu'elle leur avait préparée, et qui devait leur faire abandonner l'enfance, vivre de la vie véritable, et marcher dans les voies de la prudence : *Relinquite infantiam, et vivite, et ambulate per vias prudentiæ* (*Prov.* IX. 6). Or, d'après l'enseignement des Pères et en particulier de S. Cyprien (*Epist.* LXIII. *Ad Cœcil.*), la Sagesse, c'est le Verbe incarné ; le palais qu'elle construit, c'est l'Église ; les colonnes sont, par rapport à l'Ancien Testament, les prophètes, et les apôtres pour le Nouveau (le nombre sept est un nombre indéfini dans le style des Livres saints et employé pour désigner une chose parfaite) ; les serviteurs envoyés pour porter les invitations sont les ministres de la divine parole ; le pain et le vin, c'est la divine eucharistie sous les deux espèces ; enfin les invités qui, dans la peinture en question, sont représentés en voyageurs, sont l'image des hommes qui voyagent dans les sentiers de la vie présente.

2° Passeri (*Gem. astrif.* t. III. p. 289) propose une explication peut-être plus ingénieuse encore d'un fond de verre que Marangoni avait trouvé, teint de sang en dedans et en dehors, fixé au tombeau d'un chrétien du cimetière de Saint-Saturnin (*Cose gent.* p. 373). Près de l'un des bords de ce verre est un enfant vêtu d'une simple tunique, assis à une table basse où se voient quelques pains dans un plat ; il étend la main droite vers une femme jeune encore, debout au milieu du disque, et qui d'une main tient une coupe et de l'autre un vase au col allongé. Cette femme, couverte d'une ample tunique ornée de quatre étoiles et marquée de la lettre S, incline légèrement la tête vers l'enfant, comme pour prêter l'oreille à sa demande et y satisfaire. Sur le bord opposé à l'enfant, sur un mur arqué, est déposé un grand cratère, derrière lequel cinq tasses sont rangées sur une étagère. On estime que cette intéressante composition se rapporte, comme la précédente, au même passage des *Proverbes*. On y lit : « Si quelqu'un est petit, qu'il vienne à moi » (v. 4), et, en effet, un enfant paraît ici à table. Il y est dit : « Mangez mon pain, et buvez le vin que je vous ai versé (v. 5) : ». et on voit sur la table des pains, et sur les rayons de l'étagère des verres au-dessus d'une grande coupe. Or tout ceci est l'œuvre de la SAGESSE divine, qui est ici personnifiée par la jeune femme à la robe stellée. Car, selon la remarque de Passeri (*Ibid*. 28), toutes les fois que des étoiles sont représentées dans des conditions analogues, elles n'ont d'autre signification que la sagesse et la majesté du Créateur. (V. l'art. *Etoiles*). Pour suivre notre guide jusqu'au bout, nous ferons observer que le vêtement de cette femme porte la sigle S, qu'il traduit par *sapientia* (V. l'art. *Monogrammes sur les vêtements*). De simples vases renfermant des pains passent aussi à bon droit pour un symbole eucharistique ; et il n'est point rare de trouver des objets de ce genre sculptés sur les tombeaux. En voici un exemple.

4° Le lait et même le vase pastoral nommé *mulctra* ou *mulctrale* (Du Cange. ad h. v.) sont aussi regardés par les antiquaires comme des symboles eucharistiques ; il est certain que plusieurs documents fort respectables de l'antiquité chrétienne autorisent cette interprétation. On cite notamment les actes de Ste Perpétue et de Ste Félicité. Notre-Seigneur, apparaissant à la première de ces deux illustres martyres dans sa prison, afin de soutenir son courage, se montre à elle sous l'extérieur d'un pasteur qui lui offre du lait coagulé, *caseum*, qu'elle reçoit sur ses mains croisées (*Ap. Ruinart*. edit. Veron. p. 32), et avec les cérémonies observées par les premiers chrétiens pour la réception de la sainte communion (V. l'art. *Communion*).

On trouvera cette opinion plus plausible encore, si l'on se rappelle que S. Ambroise applique, lui aussi, à l'eucharistie (*De sacr*. l. v. c. 3) ces paroles du *Cantique* (v. 1) : « J'ai bu mon vin avec mon lait. » S. Zénon de Vérone désigne à son tour l'eucharistie sous le même symbole, dans une exhortation aux néophytes (II. 45) : « L'Agneau.... a infusé avec amour son doux lait dans vos lèvres entr'ouvertes et vagissantes. » Le lait étant la nourriture des enfants, cette manière de désigner l'aliment eucharistique doit être relative au nom d'enfants ou de jeunes gens que l'Écriture donne aux chrétiens, *infantes*, *adolescentuli*, ou encore *vituli lactentes* (V. Clem. Alex. *Pædag*. l. I. c. 5 et *passim*). Voici une fresque des cryptes de Lucine qui traduit cette idée d'une manière frappante (De' Rossi. t. I. tav. XII). C'est un vase à lait déposé sur une espèce d'autel ou de cippe et accosté de deux brebis,

images des fidèles. Partant de cette donnée, Buonarruoti (*Vetri*. p. 32. 33), ayant observé dans les catacombes, et en particulier dans la neuvième chambre du cimetière des Saints-Marcellin-et-Pierre, des vases, de la forme des *mulctræ* pastorales, placés sur le dos d'un agneau et entourés d'un nimbe, s'est cru autorisé à regarder ces vases comme des espèces de ciboires usités dans la primitive Église pour renfermer la sainte eucharistie. C'est là une conjecture qui n'est pas sans valeur, mais qui ne s'appuie, que nous sachions, sur aucun témoignage positif de l'antiquité chrétienne (V. le sujet à l'art. *Mulctra*).

4° L'idée, si naturelle du reste, d'employer le blé et la vigne ou les raisins comme symboles eucharistiques, ne paraît pas s'être réalisée dans les temps tout à fait primitifs. Le premier témoignage écrit à cet égard est du neuvième siècle, et les monuments figurés où l'on peut surprendre la même intention ne doivent pas remonter plus haut. Nous citons cependant, à la fin de notre article *Vigne*, un monument récemment découvert qui nous met dans le cas de modifier cette assertion.

Les représentations de la cène, si fréquentes depuis la Renaissance, et dont la plus illustre est la fresque de Léonard de Vinci dans le réfectoire du couvent de Notre-Dame des Grâces à Milan, ne se rencontrent presque jamais dans les catacombes. L'unique exemple connu de cet intéressant sujet est une peinture murale du cimetière de Calliste qui a été transportée au Vatican, et depuis au musée du Latran. Notre-Seigneur y est assis, au milieu de ses douze apôtres, à une table sur laquelle ne paraît aucun aliment ; il tient de la main gauche un volume roulé, et de la droite touche celle de S. Pierre. On croit que ce monument est du quatrième siècle, mais de maladroites retouches datant d'une époque récente lui ont ôté la meilleure partie de sa valeur. M. Perret (vol. I. pl. XXIX) l'a reproduit tel qu'il est aujourd'hui.

EULOGIES, OU PAIN BÉNIT. — I. — Dès l'origine de l'Église, l'usage s'établit de bénir à la fin de la messe ceux des pains offerts par les fidèles, qui n'avaient pas été consacrés, car le diacre ou le sous-diacre ne plaçait sur l'autel que la quantité de pains nécessaire pour le nombre de personnes qui devaient communier. Le célébrant, après avoir béni ces pains, les distribuait, en signe de communion fraternelle, à ceux qui n'avaient point participé aux divins mystères. On les appelait pour cela *eulogies*, ou en grec ἀντίδωρον, c'est-à-dire *compensation* (*Concil. Antioch.* an. 341. can. II), parce qu'ils les prenaient à la place de l'eucharistie.

Il faut observer néanmoins que le nom d'eulogie fut d'abord employé pour désigner les espèces sacramentelles, surtout chez les Grecs et plus spécialement encore dans l'Église d'Alexandrie. S. Paul (1 *Cor.* x. 16) appelle le calice de l'eucharistie : τὸ ποτήριον τῆς εὐλογίας, *calix benedictionis;* et S. Cyrille d'Alexandrie ne se sert pas d'un autre mot pour désigner le pain et le vin consacrés (V. Suicer. *Thes.* ad voc. Εὐλογία).

Voici comment se faisait la bénédiction des eulogies : On prenait des pains azymes, et avant de les porter sur l'autel on les plaçait dans le *diaconicum*, c'est-à-dire sur la table qui se trouvait à la gauche du sanctuaire, et là on les bénissait par de solennelles oraisons. Après quoi, on les divisait, avec un couteau appelé chez les Grecs *sainte lance*, en un certain nombre de particules sur lesquelles on en prélevait autant qu'il en fallait pour le nombre des communiants. Dans ses opuscules, Allegranza (en regard de la page 35) donne le dessin d'un de ces couteaux eucharistiques, d'une forme très-élégante, et dont le manche est orné de bas-reliefs extrêmement curieux (V. cet objet à notre art. *Lance*).

Dès le quatrième siècle, chez les Latins, on donnait aux catéchumènes, qui comme tels étaient exclus de la communion, ce *pain eulogique* (Augustin. *De peccat. merit.* II. 26), qui fut même quelquefois appelé *sacramentum* par S. Augustin, parce qu'il était sanctifié par une bénédiction. « Ce qu'ils prennent, dit ce Père (*De peccator. remiss.* c. XXVI), bien que ce ne soit pas le corps du Christ, est néanmoins une chose sainte, et plus sainte que les aliments vulgaires », *et quod accipiunt, quamvis non sit corpus Christi, sanctum est tamen, et sanctius quam cibi quibus alimur.*

Outre ces pains bénits dans la liturgie et distribués à l'église, les évêques avaient coutume de s'envoyer mutuellement des pains sanctifiés par une bénédiction spéciale, en signe de communion ecclésiastique (Greg. Nazianz. *Orat.* XIX. *In laud. Patr.* — Paulin. *Epist.* I. *Ad Fer.*). Ces pains étaient appelés par les Grecs εὐλογίας, par les Latins *benedictiones* ou *eulogias*, ou encore *panes pro eulogia* (Paulin. *Epist.* II. *Ad Alip.*). Ceci explique le sens de ces expressions qui se rencontrent souvent dans Jean Moschus (Leimon. c. XLII et LXXV) : *Benedictionem unam,* — *benedictiones tredecim,* — *panem unum* — ou *panes tredecim.* S. Paulin et S. Augustin avaient échangé entre eux des *eulogies* (*Epist.* XXXIV). Le premier en avait envoyé aussi à Sulpice-Sévère, à Alipius (*Epist.* XXXI. XXXV) et à d'autres encore.

Nous avons donné à l'art. *Pain eucharistique* un sceau d'eulogie dont l'inscription n'est peut-être que l'adresse du destinataire, Euporius, ΕΥΛΟΓΙΑ ΕΥΠΟΡΙΩ.

II. — Au sixième siècle, on donna au nom d'eulogie une plus grande extension. Ainsi tout repas bénit par un évêque ou un prêtre, soit chez eux, soit dans une maison où ils étaient invités, ou même une réfection quelconque, s'appelait eulogie. Il en fut ainsi surtout dans la Gaule, et S. Grégoire de Tours en rapporte plus d'un exemple. Ainsi (*Hist. Franc.* VIII. 2), parlant du roi Gontran qui avait invité des évêques à dîner, il dit que le matin le roi visita les églises pour prier, et qu'étant venu dans le quartier où il était logé, lui Grégoire, près de l'église de Saint-Avite, celui-ci le pria de venir prendre dans sa maison les *eulogies* de S. Martin. « Le roi, dit-il, entra chez moi avec bonté, vida une coupe à ma prière, et s'en alla gaiement pour le dîner qu'il nous avait fait préparer. » Il n'est pas sans intérêt d'observer ici que, à cette époque, vider une coupe de vin chez un évêque s'appelait une eulogie du patron de son église. Quant au repas royal, le monarque, en y invitant les prélats, l'avait désigné sous le nom de *bénédiction* (V. ci-dessus).

Ailleurs (l. VI, c. 5) nous voyons Chilpéric, sur le point de monter à cheval pour retourner à Paris, dire à l'évêque historien qui était venu le saluer : « je ne vous quitterai point que vous ne m'ayez béni. » Alors l'évêque prit le pain, le bénit, en mangea avec le roi, et celui-ci ayant bu un peu de vin, monta à cheval et se dirigea sur Paris. Les gens du peuple entendaient aussi le mot d'eulogie dans ce sens. Un prêtre en voyage (V. id.

De glor. confess. xxxi) ayant reçu l'hospitalité chez un paysan, celui-ci avant d'aller à son travail demanda du pain à sa femme; mais il ne voulut pas en manger avant qu'il eût été bénit par le prêtre, c'est-à-dire qu'il eût reçu de lui des eulogies : *ab eo eulogias acciperet.*

III. — Enfin l'usage s'établit peu à peu chez les écrivains ecclésiastiques d'étendre ce nom d'eulogie à toute espèce de présent, gratuit ou consacré par un droit quelconque. Ainsi nous lisons au chapitre quatorzième du concile de Meaux : « Il convient que les prêtres, en temps opportun, visitent leurs évêques et les honorent par des eulogies volontaires; » *decet presbyteros cum voluntariis eulogiis tempore congruo visitare et venerari suos episcopos.* Dans son épître aux évêques de Bretagne (cap. iii), Léon IV s'exprime ainsi sur la même matière : « Au sujet des eulogies qui doivent être portées aux saints conciles, nous ne trouvons rien de déterminé par nos pères : ceci est à la disposition de chaque prêtre ; » *de eulogiis ad sacra concilia deferendi nihil invenimus a majoribus terminatum, sed sicut unicuique presbytero placuerit.* C'est dans le même sens que Hincmar défend à ses archidiacres d'exiger des eulogies des prêtres. Au reste ce langage est conforme à celui de S. Paul qui, dans sa deuxième épître aux Corinthiens (cap. viii), donne le nom d'eulogies aux aumônes qui devaient être envoyées aux frères de Jérusalem.

EUSÈBE (ses canons évangéliques). — V. l'art. *Canon,* 5°.

ÉVANGÉLIAIRE. — V. l'art. *Livres liturgiques.*

ÉVANGÉLISTES. — Les quatre évangélistes sont ordinairement représentés sous l'emblème de quatre figures ailées, un homme, un lion, un veau et un aigle. Le premier type de ce symbole se trouve dans Ézéchiel (cap. i); il a été renouvelé par S. Jean dans l'*Apocalypse* (cap. iv. vers. 6. 7) : « je vis autour du trône de l'Agneau quatre animaux.... Le premier animal était semblable à un lion, le second à un veau, le troisième avait un visage comme celui d'un homme, et le quatrième était semblable à un aigle qui vole. »

Les SS. Pères, S. Jérôme, S. Augustin, S. Ambroise, n'interprètent pas cet oracle d'une manière uniforme; mais, au fond, leurs opinions sont plutôt différentes que contradictoires, pour nous servir de l'expression de Zacharia (*De concord. evang.* Colon. 1535), et elles peuvent aisément se concilier.

Elles se résument en deux points principaux : les uns veulent que chacun des quatre animaux exprime le style particulier à chacun des quatre évangélistes; les autres pensent qu'ils se rapportent à Notre-Seigneur, et rappellent les diverses phases de sa vie mortelle. Au point de vue des premiers (S. Augustin. *De consens. evangel.* i. 6.

— S. Hieron. *Comment. in Matth.* Proœm. l'homme doit être attribué à S. Matthieu, parce que cet évangéliste débute par la généalogie hu-

maine du Sauveur : *Liber generationis Jesu Christi, filii David;* le lion à S. Marc, qui, dès son second

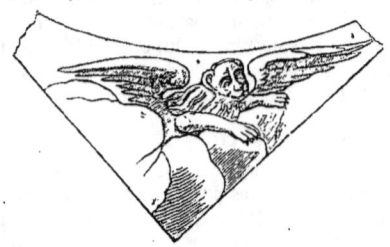

verset, fait entendre la voix du lion rugissant dans le désert : *Vox clamantis in deserto : Parate viam Domini;* à S. Luc, le veau, parce qu'il ouvre l'histoire évangélique par Zacharie, prêtre et sacrifica-

teur; enfin, l'aigle à S. Jean, qui, d'un vol audacieux, s'élance dans des régions sublimes pour dérouler à nos yeux comme la généalogie du Rédempteur : *In principio erat Verbum....*

Au sens des autres interprètes, ces emblèmes s'adaptent à Jésus-Christ en ce que : 1° descendu du ciel, il s'est associé à la nature de l'*homme;* 2° comme un *lion,* il a terrassé ses ennemis; 3° à l'instar du *veau*, il a été victime de pacification; 4° parce que, ayant, par sa propre puissance, rappelé à la vie son corps soumis un instant à l'empire de la mort, il s'est, comme l'*aigle*, enlevé d'un vol rapide vers le ciel.

I. — La représentation des quatre animaux comme symbole des évangélistes ne paraît pas avoir été adoptée dans les monuments chrétiens avant le cinquième siècle. Il n'en existe pas de trace dans les fonds de coupe publiés en si grand nombre par Buonarruoti et récemment par le P. Garrucci, non plus que dans les fresques des cimetières romains, ni dans les sculptures de sarcophages. Un des premiers exemples connus est celui que nous fournit un diptyque d'ivoire du cinquième siècle donné par Bugati (*Memorie di S. Celso.* in fin.); et, depuis cette époque, les monuments du même genre les reproduisent fréquemment.

II. — Les mosaïques des basiliques anciennes de Rome et de Ravenne en offrent un grand nombre d'exemples. Nous citerons celle de Sainte-Sabine exécutée par l'ordre de S. Célestin Ier en 424 (Ciamp. *Vet. monim.* i. tab. xlviii) : l'*aigle* y occupe la première place, le *lion* la seconde. l'*homme* vient ensuite, et enfin le *veau*. L'ordre dans lequel se présentent ces emblèmes varie beaucoup plus dans les différents monuments, selon le caprice des artistes probablement, plutôt que par suite d'une intention systématique. On les voit aussi dans la mosaïque de Galla Placidia de Ravenne, aux quatre coins de la voûte, qui est un ciel étoilé, et dans celle de la chapelle de S. Satyre à Milan, l'une des plus anciennes qui soient connues. C'est ce dernier monument que nous reproduisons ci-dessus (Ferrari. *Monumenti di S. Ambrogio.* p. 154).

Les artistes ont souvent rapproché de ces figures symboliques les images mêmes des évangélistes. C'est ce qui s'observe notamment dans les mosaïques de Saint-Vital de Ravenne, exécutées vers l'an 556 (Id. t. ii. tab. xx. xxi) : on y voit les évangélistes assis, portant des livres ouverts, et surmontés de leurs symboles, et les inscriptions que porte chacun de ces livres montrent qu'à S. Matthieu est attribué l'*homme*; le *lion*, sans ailes, à

S. Marc; le *veau*, également sans ailes, à S. Luc;

enfin l'*aigle* à S. Jean. Cependant ils sont le plus

souvent ailés, soit qu'ils soient représentés à mi-

corps, comme à Sainte-Sabine, ou en pied, comme dans les autres ouvrages de cette nature. Communément, leur tête est nimbée, par exemple dans la mosaïque de l'arc triomphal de S. Paul sur la voie d'Ostie (*Vet. mon.* i. lxviii), datant du pontificat de S. Léon le Grand, 441, et aussi dans celle du grand arc de la basilique Libérienne, due à la munificence de Sixte III, 443. Souvent aussi les animaux symboliques portent les livres des Évangiles; c'est ce qui se voit notamment dans la mosaïque des Saints-Côme-et-Damien, faite par les ordres de Félix IV vers 530 (*Vet. mon.* ii. xv), et encore dans celle de Saint-Apollinaire *in Classe*, à Ravenne, 567 (*Ibid.* II. XXIV).

III. — Costadoni mentionne (*Diatrib. in Græc. icon. ligni S. crucis.* c. IX) une représentation de ce sujet sortant tout à fait des types connus. Elle se trouve dans un missel manuscrit, où la lettre initiale de chacun des Évangiles présente l'image de son auteur, couverte des vêtements ordinaires, dits apostoliques, mais ayant, à la place de sa tête humaine, celle de l'animal symbolique qui lui est attribué, ornée d'un nimbe doré. Ce type bizarre existe aussi dans une très-ancienne église d'Aquilée (Bartoli. *Le antichità di Aquileia*. p. 404).

IV. — Quelques croix de la plus haute antiquité sont ornées, à leurs quatre extrémités, des quatre animaux évangéliques. La raison qu'on en donne, c'est que les évangélistes ont été, par le martyre, les témoins de la divinité et de l'humanité de Jésus-Christ, ou bien encore que, par leur parole et par leurs écrits, ils se sont associés, autant qu'il était en eux, au grand œuvre de la rédemption accompli sur la croix. Nous mentionnerons, par exemple, une croix stationnale donnée par Paciaudi (*De cult. S. Joan. B.* p. 162), et la fameuse croix de Velletri (Borgia. *De cruce Velit.*); mais, dans cette dernière, le nimbe n'est attribué qu'à *l'homme* et à *l'aigle*. Est-ce un simple caprice d'artiste? Nous voyons les honneurs du nimbe réservés à *l'homme* seul dans la mosaïque de Saint-Vital de Ravenne déjà citée, ainsi que dans celles de l'oratoire de Saint-Venance, près de Saint-Jean de Latran (*Vet. mon.* II. XXX), et de Sainte-Euphémie (*Ibid.* XXVI), l'une et l'autre du septième siècle. On a conclu de ces exemples que les artistes de ces temps déjà un peu éloignés de l'antiquité proprement dite, et où le goût primitif s'était déjà altéré, répugnaient à donner cette distinction à celles des figures emblématiques qui étaient privées de raison.

Il existe des croix anciennes qui, à la place des animaux, font voir les bustes des évangélistes eux-mêmes. Telle est une croix pectorale grecque en bronze doré, qui est gravée dans l'ouvrage de Borgia (*De cruce Velit.* p. 133) et qui passe pour l'une des plus anciennes croix connues. Le revers présente, au centre, un personnage vêtu d'une tunique ceinte, la tête nimbée et élevant les mains dans l'attitude de la prière, et que Borgia croit être de la Ste Vierge. Aux quatre extrémités sont quatre figures en buste, vêtues de la tunique et du *pallium*, portant de la main gauche un livre fermé qu'elles désignent avec l'index de la droite. Ce sont les quatre évangélistes.

V. — Les diverses classes de monuments jusqu'ici énumérées ne sont pas les seules qui, par ces représentations symboliques, établissent l'antiquité du culte rendu par l'Église aux évangélistes. On retrouve ces images sur les bases des autels, sur les vases sacrés, sur les vêtements sacerdotaux de la plus ancienne époque, et enfin sur certaines médailles. Paciaudi (*De cultu. S. Joan. B.* p. 163) publie un bronze qui porte sur l'une de ses faces *l'homme* et *l'aigle*, avec cette inscription

ΒΑΘΕΟC (sic) (*Matthæus*) — ΙΟΗΑΝΝΙΣ, et sur l'autre le *lion* et le *veau*, accompagnés de celle-ci : ΒΑΡC (sic) (*Marcus*) — ΛΥCΑΣ.

Chacun de ces deux groupes est séparé par une croix, et la tête de chacun des animaux est surmontée d'une étoile. On ignore l'origine et la provenance de ce curieux monument, car on ne connaît aucune ville qui ait adopté soit les noms, soit les symboles des quatre évangélistes pour types de ses monnaies. Les animaux évangéliques sont sculptés, avec des poissons, sur les fragments d'un très-ancien baptistère publié par M. Albert Lenoir, mais malheureusement sans indication de date ni de provenance (*Instruct. des comités des arts et monum.* in-4°. p. 108-109).

VI. — Dans les bas-reliefs de quelques sarcophages représentant les apôtres groupés des deux côtés de Notre-Seigneur, on suppose que ceux de ces personnages qui portent un *volume* à la main sont les évangélistes, bien que deux apôtres seulement aient écrit le récit des actions du divin Maître. Ce qui donnerait déjà une grande valeur à cette opinion, c'est qu'il existe un sarcophage (Bottari. CXXXI) où ces volumes roulés ne sont donnés qu'à trois personnages. On pense que deux d'entre eux seraient les apôtres S. Matthieu et S. Jean, et que S. Marc y figurerait aussi, bien que simple disciple, comme interprète de S. Pierre, selon une tradition portant que le prince des apôtres était le véritable auteur de l'Évangile qui aurait eu S. Marc pour simple copiste ou éditeur, comme nous dirions aujourd'hui (Tertull. *Contr. Marcion.* IV. 5) : *licet et Marcus quod edidit, Petri adfirmetur, cujus interpres Marcus*. Mais le fait est constaté de la manière la plus indubitable sur une urne sépulcrale du musée d'Arles (n° 36). Tous les apôtres y sont vus, assis des deux côtés de Notre-Seigneur, et avec un volume roulé ou replié à la main. Quatre d'entre eux les ont ouverts, et ce sont bien certainement les évangélistes, car leurs noms sont écrits sur leurs livres, un *codex* pour S. Marc et S. Jean : ΜΑΡ || CVS, ΙΟΑΝ || ΝΙΣ, un volume ou rouleau pour les deux autres : ΜΑΤΗΕVΣ, ΛVCΑΝVΣ (sic).

Il existe à Apt un sarcophage qui, sur ses retours, a les quatre évangélistes, sans les autres apôtres. Ce curieux monument a été publié pour la première fois dans le *Bulletin archéologique* de M. De' Rossi (1866. p. 35).

VII. — M. Perret (*Catac.* II. pl. LXVI) nous fait connaître une fresque fort endommagée d'un *arcosolium* du cimetière de Saint-Zoticus, où l'on croit reconnaître les quatre évangélistes. Ce sont quatre personnages debout, ayant chacun à ses pieds un *scrinium* plein de *volumes*. Près de l'un d'eux se lisent les deux lettres ΜΑ qui peuvent être les initiales du nom de S. Matthieu ou de celui de S. Marc.

M. Stevenson, qui a fait naguère une étude spéciale de ce cimetière, pense, non sans fondement et d'après d'autres exemples analogues, que les personnages sont les saints dont les corps étaient déposés en ce lieu, c'est-à-dire Zoticus, Hyacinthe, Irénée et Amantius : les deux lettres MA qui restent dans l'inscription tronquée, pouvaient appartenir au nom d'Amantius (Stevenson. *Cimit. Zot*, p. 52).

VIII. — Quatre personnages debout, en costume apostolique, tenant chacun un livre à la main, et placés dans des espèces de niches formées par d'élégantes arabesques dans la mosaïque du baptistère de Ravenne (*Vet. mon.* I. tab. LXXII), datant de 451, nous semblent représenter sans le moindre doute les quatre évangélistes ; et nous avons peine à comprendre l'hésitation de Ciampini à cet égard.

ÉVANGILES. — I. — *Leurs représentations.*

1° Aux pieds de Notre-Seigneur, figuré en personne ou sous le symbole de l'agneau, on voit souvent quatre ruisseaux s'échappant d'un monticule. Ces ruisseaux sont l'image allégorique des quatre Évangiles (V. l'art. *Les quatre fleuves*), qui, sortis du sein du Rédempteur, véritable source des eaux vives, se sont répandus sur toute la terre par le canal des apôtres (V. S. Cyprian. *Epist*. LXXXIII. *Ad Jub*. — Theodoret. *In psalm*. XLV. — Beda. *In Genes*. II).

2° A l'instar de ce qui se pratiquait chez les Juifs pour les livres de l'Ancien Testament, les premiers chrétiens renfermaient les livres des Évangiles dans des espèces d'armoires, *aron* : les rouleaux y étaient rangés dans des cases, *foruli, capsæ*, de sorte que l'*umbilicus*, avec sa bossette, fût toujours en avant. On peut se rendre compte de cette disposition, en examinant quelques verres juifs donnés par Buonarruoti (tav. II) et Garrucci (tav. V), celui-ci par exemple où se trouvent figurées de ces armoires en forme d'édicule, et ouvertes; et mieux encore la mosaïque de Galla Placidia de Ravenne (Ciamp. *Vet. mon.* I. LXVII), où se voit un meuble semblable renfermant les Évangiles. Les volumes ou rouleaux des quatre Évangiles sont aussi souvent figurés soit par bout, comme dans les armoires, soit en long, dans les verres dorés (V. Buonarr. XIV. 2). Or, comme ces verres servaient dans les agapes (V. l'art. *Fonds de coupes*), il n'est pas douteux que les livres des Évangiles qui y étaient retracés n'eussent pour but de rappeler aux fidèles que, tout en restaurant leurs forces par la nourriture matérielle, ils devaient songer à repaître leur âme de l'aliment de la parole divine. Cette intention est surtout évidente sur un fragment où est reproduit en même temps le miracle de la multiplication des pains (Id. tav. VIII. 1) : « L'homme ne vit pas seulement de pain, mais de toute parole qui sort de la bouche de Dieu, » *non in solo pane vivit homo, sed in omni verbo quod procedit de ore Dei* (Matth. IV. 4). On sait qu'on lisait l'Évangile pendant les repas (August. *Serm*. LVI. — Hieron. *Ep*. XVIII. *Ad Marcell*.), et ces ornements de coupes renfermaient assurément aussi une allusion à ce pieux usage.

Dans la représentation, soit symbolique par les *quatre fleuves*, soit naturelle par les *quatre* rouleaux, on distingue un témoignage de la foi de la primitive Église aux *quatre* Évangiles authentiques, à l'exclusion des Évangiles apocryphes en circulation dans les premiers siècles. Quelques mosaïques, entre autres celle du baptistère de Ravenne (*Vet. mon.* I. p. 234), qui est de 451, présentent les quatre Évangiles déposés sur autant de tables, avec le titre de chacun d'eux au bas : EVANG. SEC. LVCAM, etc. C'est la traduction de l'antique usage où était l'Église de conserver sur l'autel un *codex* de l'un des Évangiles ouvert, mais seulement, pensons-nous, pendant la liturgie.

3° On donne ordinairement pour attribut à S. Pierre et à S. Paul un volume roulé qu'ils tiennent de la main gauche, et indiquant la charge qui leur fut imposée de prêcher l'Évangile, l'un aux Juifs, l'autre aux gentils ; mais pour montrer qu'il n'y a qu'un Évangile, que la prédication des deux apôtres est une, basée sur la parole du Maître, il arrive quelquefois, principalement sur les verres dorés (Buon. tav. X. XI. XII., etc.), qu'un seul volume est figuré entre eux, dans le champ ; et presque toujours ce volume est surmonté d'une couronne, laquelle représente, selon les plus savants interprètes, la *couronne* du royaume céleste, dont l'Évangile, *bonne nouvelle*, est l'annonce, *evangelium regni* (Matth. IV. 23). Quelques sarcophages antiques (V. Millin. *Midi de la Fr.* pl. XIX et *alibi*) figurent tous les apôtres avec un *volume* ou un *codex* à la main. Notre-Seigneur est au milieu d'eux et enseigne. Les livres que tiennent les apôtres sont ceux de l'Ancien Testament, où ils vérifiaient les textes des prophéties principalement, que le Sauveur citait souvent dans ses discours.

4° Les évêques paraissent aussi dans les anciennes peintures avec l'Évangile à la main gauche (V. Ciamp. *Vet. mon.* II. tab. XXIV), parce qu'ils sont chargés de garder ce précieux dépôt (1 *Tim.* VI. 20) dans toute sa pureté et d'en distribuer aux peuples l'aliment divin. C'est pour cela que, de toute antiquité, il est d'usage, dans la cérémonie de l'ordination de l'évêque, de poser le saint Évangile sur sa tête.

5° Les monuments primitifs placent aussi l'Évangile à la main des diacres, parce que leur office était de le porter et de le lire publiquement. C'est ce qu'on peut voir dans un fond de coupe (Buon. XV. 2), dans une fresque du cimetière de Saint-Valentin (Aringhi. II. — Cf. Macar. *Hagioglypt.* p. 28), dans celle des thermes du pape Formose (Paciaudi. *Sacr. baln.* frontisp.), dans la mosaïque de Saint-Laurent hors des murs, où S. Étienne est figuré avec le même attribut (Ciamp. *Vet. mon.* tav. XXVIII), dans celle de la tribune de Sainte-Marie in *Trastevere* (ap. Bolland. *Propil.* p. 918), dans celle des Saints-Nazaire-et-Celse à Ravenne (Ciamp. *ibid.* LXVI. 2); et ce dernier monument présente cette circonstance curieuse, que près de S. Laurent est figurée une de ces armoires dont nous avons parlé plus haut et dont ce saint diacre avait probablement la garde. Or, dans cette armoire ouverte, on lit, sur leurs cases respectives, les titres des trois Évangiles seulement : LVCAS, MATTEVS, IOANNES. La quatrième case est vide, c'est sans doute celle que doit occuper l'Évangile de S. Marc, que S. Laurent tient ouvert à la main (V. le sujet complet à l'art. *S. Laurent*).

6° Nous avons un fond de coupe (et on sait que cette classe de monuments offre une source inépuisable de richesses archéologiques), représentant l'un des trois Mages, avec son offrande à la main, et derrière lui est placé le livre de l'Évangile (Buonarr. IX. 3), pour marquer que ces saints personnages furent les premiers des gentils à recevoir la *bonne nouvelle*.

7° Le livre des Évangiles paraît avoir été pris quelquefois comme le symbole de Jésus-Christ lui-même, dont il est la parole. Ainsi se trouve-t-il placé tout ouvert sur une chaire entourée des douze apôtres, dans un antique bronze doré que possède une vieille église du Latium (Lupi. *Dissert.* I. 262. — V. à l'art. *Chaire* la dernière gravure).

II. *Culte.* — 1° *Culte public.* Le livre des saints Évangiles fut de tout temps dans l'Église l'objet d'un culte religieux. Le quatrième concile de Constantinople (Act. X. can. 3. ap. Labbe. X. 634) ne fit que renouveler la doctrine du deuxième de Nicée, qui elle-même n'était que l'expression de l'esprit primitif du christianisme, en décrétant qu'on devait rendre au livre de l'Évangile le même culte qu'à l'image même de Jésus-Christ. Les Pères mettaient un zèle infini à en conserver le texte dans toute sa pureté et intégrité, et ils en écrivaient souvent des copies de leur propre main. C'est ce qu'on sait en particulier de S. Pamphile (Hier. *De vir. illustr.* LXXV), d'Eusèbe (*Ibid.* LXXXI), de S. Jérôme (*Epist.* VI). Ces deux premiers, unis, comme on sait, par les liens d'une étroite amitié, s'associèrent plusieurs fois dans un zèle pieux pour cette œuvre importante. Il nous reste encore aujourd'hui plusieurs manuscrits syriaques et grecs où sont fidèlement reproduites les souscriptions qu'avaient mises ces deux grands hommes à la fin des exemplaires corrigés par leurs soins (V. De' Rossi. *Bullettino.* an. I. p. 67) : *Corrigendo accurate ego Eusebius correxi, Pamphilo collationem instituente; — Pamphilus et Eusebius sedulo correxerunt; — manu propria sua Pamphilus et Eusebius correxerunt; — iterum manu nostra nosmet Pamphilus et Eusebius correximus*, etc.

Un savant allemand, M. Tischendorf, a retrouvé et publié à Leipsick en 1863 des fragments des livres de l'Ancien Testament grec de la plus haute antiquité, qui furent collationnés, comme porte une annotation marginale, sur un exemplaire revêtu lui-même d'une souscription de S. Pamphile, où cet illustre martyr atteste l'avoir corrigé sur les *Hexaples* d'Origène (De' Rossi. *ibid.* p. 62). L'abbaye de Fulde conservait un exemplaire des Évangiles écrit de la main de Victor, évêque de Capoue en 544 (Borgia. *De cruce Velit.* p. 182. n. b.). Perpetuus, évêque de Tours, dans un testament devenu célèbre et qui est un des monuments les plus intéressants en ce genre, lègue à Euphronius d'Autun un évangéliaire écrit de la main de S. Hilaire de Poitiers : *Evangeliorum librum quem scripsit Hilarius quondam Pictaviensis sacerdos* (Acherii *Spicil.* t. V. p. 107).

Pour obtenir la correction des copies, on ne reculait devant aucune dépense, ainsi que nous le voyons par les prix marqués à la fin de certains manuscrits plus remarquables (Borgia. *ibid.* 183). Dans le principe, chaque Évangile était écrit dans un volume à part. S. Jérôme (Honor. Augustod. *Gemm. anim.* l. II. c. 88) est le premier qui ait formé ce qu'on a appelé depuis un *lectionnaire* et un *évangéliaire*, et le pape Damase en prescrivit la lecture pendant la liturgie. Cette lecture se faisait dans toutes les langues parlées par les différentes personnes présentes; à Scythopolis, Procope, qui était lecteur et exorciste (Ruinart. edit. Veron. p. 511), lisait l'Évangile en grec et l'expliquait en langue syro-chaldaïque.

Le plus souvent on tenait ces livres sacrés dans des bibliothèques spécialement destinées à cet usage (V. l'art. *Bibliothèques chrétiennes*); plus tard on les plaça dans un des *secretaria* qui s'ouvraient des deux côtes de l'autel, dans l'abside (Paulin. *Ep. ad Sev.* XII). S. Ambroise nous apprend (*Epist.* IV.

class. 1), qu'à Milan on le renfermait dans une châsse ornée d'or : *ibi arca testamenti undique auro tecta, id est doctrina Christi.* Parmi les richesses que le roi Childebert avait apportées d'Espagne, S. Grégoire de Tours (*Hist. Franc.* I. III. c. 10) compte vingt châsses d'or pur, ornées de perles et destinées à contenir le livre des Évangiles : *viginti Evangeliorum capsas detulit, ex auro puro ac gemmis ornatas.* Telle est aussi la description qu'il donne d'une cassette du même genre exécutée par les ordres de la fille de l'empereur Léon : *capsam ad sancta Evangelia recludenda ex auro puro pretiosisque lapidibus præcepit fabricari,* « il ordonna de fabriquer une cassette d'or très-pur et de pierres précieuses, pour y renfermer les saints Évangiles. » (*De glor. confess.* c. LXIII.) Le même usage existait à Rome, car il est dit dans l'ordre romain (p. 7) que le sous-diacre, ayant fait baiser l'Évangile au clergé et au peuple, le renfermait dans la cassette précieuse que tenait l'acolyte.

On peut voir dans les monuments liturgiques de tous les rites les cérémonies pleines de respect et de solennité qui présidaient à la lecture de l'Évangile dans la liturgie sacrée. Il nous est impossible d'entrer dans ce détail, si intéressant qu'il soit.

Dans les conciles on plaçait l'Évangile sur un trône élevé, couvert de riches draperies, d'où il semblait présider ces saintes assemblées (V. Martène. *De antiq. Eccl. rit.* I. II. c. 1. § 9). Une mosaïque du baptistère de Ravenne nous a conservé le représentation de ce solennel usage. On y voit l'Évangile ouvert déposé sur un *suggestus* soutenu par quatre colonnes, et de chaque côté, dans une niche absidale, est figurée une chaire épiscopale : c'est l'image abrégée d'un concile (V. Ciamp. *Vet. mon.* I. tab. XXXVII. — V. l'art. *Conciles*).

Les empereurs chrétiens faisaient placer de même le livre des Évangiles dans les tribunaux, pour rappeler sans cesse aux juges la loi divine, qui est la source et le type de la loi humaine. Les premiers chrétiens avaient coutume de jurer sur les saints Évangiles ; et on connaît la célèbre formule d'anathème DA SCA XPI QVATVOR EVANGELIA, qui se lit sur le *titulus* de Bonusa et de Menna illustré par Jacutius (Romæ. 1758. — V. aussi notre art. *Anathèmes*).

Avec la paix de l'Église arriva le luxe des manuscrits et des couvertures, nouvelle manière de témoigner la vénération qu'on professait pour la parole du Sauveur. On l'écrivit en lettres d'or et sur des membranes teintes en pourpre ; S. Jérôme et S. Éphrem attestent que les moines du quatrième siècle occupaient leurs loisirs à faire de ces riches copies. Le monastère de S. Dimitri, sur le mont Ossa (ancienne Magnésie), possède un magnifique manuscrit contenant les quatre Évangiles écrits en lettres d'or sur parchemin, et avec une admirable finesse, orné de miniatures représentant les quatre évangélistes, et enrichi de notes marginales que la tradition attribue à S. Achillios, évêque de Larisse, et l'une des lumières du concile de Nicée (V. *Archives des miss. scient. et litt.* t. III.

p. 250). On montre aussi à la bibliothèque de Munich un évangéliaire latin du neuvième siècle, écrit en lettres d'argent sur vélin pourpre.

On vit des évangéliaires revêtus de couvertures où brillaient l'argent, l'or, les pierres précieuses, et d'autres ornés de saintes images sculptées par les plus habiles artistes sur des tablettes d'ivoire ou de bronze. Constantin (Cedren. *In Constantin.* ann. 21) avait offert à la basilique de Latran les volumes des Évangiles reliés avec une magnificence extraordinaire. La reine Théodelinde fit un don de même nature à la basilique de Monza (Maffei. *Storia diplom.* p. 319). On voit dans l'ouvrage de Gori (*Thes. diptych.* t. III et *passim*) un grand nombre d'ivoires du cinquième et du sixième siècle, couverts de sculptures chrétiennes, et qui ont servi de couvertures à des évangéliaires. On se servit même souvent pour cet objet de diptyques consulaires (V. Ciamp. *Vet. mon.* I. p. 152 et notre art. *Diptyques*), et on employa pour ornement des saints livres des pierres antiques représentant des sujets profanes (Marangoni. *Cose gent.* p. 70).

Nous donnons ici, comme spécimen, et d'après un dessin de M. Albert (*Mém. de la Société nation. des antiquaires de France.* t. XXXV, 4° série, t. V), la couverture d'un évangéliaire manuscrit attribué à Charlemagne. Les ornements d'orfèvrerie dont il est couvert sont cloués sur un ais de bois dur. Au centre de la composition se voit le Christ assis sur un trône, la tête entourée du nimbe crucifère bordé d'un rang de perles, bénissant à la manière latine, et tenant de la main gauche le livre des Évangiles. La figure est exécutée au repoussé dans une plaque d'or fin. Le trône est décoré d'arcatures, et l'encadrement du tout se compose d'une moulure à double baguette. Une inscription en émail cloisonné borde les quatre côtés du tableau central. Les caractères qui la composent sont des majuscules latines d'un blanc opaque se détachant sur un fond d'émail bleu translucide, entouré lui-même d'un filet d'émail vert opaque semé de points jaunes régulièrement espacés. La bande d'inscription est brisée en plusieurs endroits, surtout au-dessus de la tête du Christ ; mais il est facile de reconstituer les deux hexamètres dont elle se compose. Les voici d'après M. Albert, à qui nous empruntons également la substance de la description qui précède :

MATHEVS ET MARCVS, LVCAS, SANCTVSQVE IOANNES,
VOX HORVM QVATVOR REBOAT TE, CHRISTE REDEMTOR.

2° *Culte privé.* Les premiers chrétiens montraient surtout leur respect pour les saints Évangiles par leur assiduité à les lire et à se pénétrer de la divine doctrine qu'ils renferment. Les SS. Pères ne cessaient de leur conseiller cette lecture, et la leur faisaient envisager comme la meilleure préparation à l'accomplissement de tous les devoirs de la vie (Greg. Magn. *Epist.* LXXVIII). S. Jérôme (*Epist.* XXII), dans ses conseils à Eustochium, veut que « le sommeil le surprenne avec ce livre à la main, et que sa tête appesantie par la fatigue ne tombe que sur une page sainte. » Et le plus bel éloge qu'il croit pouvoir faire du prêtre Népotien (*Epitaph. Nepotian. ad Heliodor.* Ep. LX. n. 11), c'est de dire que, à force de lire et de méditer les saints Évangiles, ce saint prêtre avait fait de son cœur la bibliothèque du Christ : *pectus suum fecerat bibliothecam Christi*.

La dévotion des fidèles pour ces livres sacrés se manifestait sous toutes les formes. Ils les portaient suspendus à leur cou dans leurs voyages et même dans la vie ordinaire. Le diacre Euplius, qui souffrit en 304, fut martyrisé avec son Évangile suspendu au cou (Ruinart. edit. Ver. 361). Ils le portaient en guise d'amulettes, ou de phylactères, pour écarter les maladies (Chrysost. *Homil.* XIX) ; on voit dans les catacombes (V. Bottari. XCIII. 2), aux pieds de certaines *orantes*, de petits coffrets, *scrinia sacra* (Prudent. *Perist.* h. XIII. 7), munis d'une bandelette servant à les suspendre au cou, et qui contenaient quelques parties des saints Évangiles. S. Grégoire le Grand avait envoyé à la reine Théodelinde, pour ses enfants, deux reliquaires de bois précieux renfermant, l'un un fragment de la vraie croix, et l'au-

tre un morceau de l'Évangile. On peut voir un fac-similé de ces petits monuments dans les *Tavole della stor. eccl.* de Mozzoni. t. VII. p. 79, et à notre art. *Crucifix*. On plaçait ce livre divin dans les sépultures, témoin cet exemplaire de S. Matthieu qui fut trouvé sur la poitrine de S. Barnabé au sein du tombeau de cet apôtre, découvert dans l'île de Chypre (Baron. *Ad an.* 485). On le conservait dans les maisons pour écarter les démons (Chysost. *In Joan.* c. XXXI), pour apaiser les incendies (Greg. Turon. *Vit. PP.* VI) ; plus tard, l'Évangile fut mis au nombre des insignes de l'empire : Lothaire désigne son fils Louis le Débonnaire pour son successeur, en lui remettant la couronne, le glaive et l'Évangile (Lami, *De erudit. apostol.* p. 530).

ÉVÊQUES. — I. — Le nom d'évêque, en grec ἐπίσκοπος, qui correspond au latin *inspector* ou *speculator*, désignait chez les Athéniens un magistrat qui visitait chaque année les villes de l'Attique, pour s'informer des abus à réprimer, et pour rendre la justice (Aristoph. *In Avib.* ap.

Suid. ad h. v.) La primitive Église adopta ce nom pour désigner ceux qui président à la république chrétienne, inspectent et réforment les mœurs. Il y a dans les Constitutions apostoliques un chapitre (II. 18) intitulé : *Quod oportet episcopum curare ne peccet populus, quia est ipse* SPECULATOR. Le mot *episcopus* se trouve plusieurs fois dans les livres du Nouveau Testament, et principalement dans les *Actes des Apôtres* (*Act.* xx. 28), et dans les Épîtres de S. Paul (1 *Tim.* III. 2. — *Tit.* I. 7). Les plus anciens Pères l'ont aussi employé, entre autres S. Ignace martyr, dans son épître aux Smyrniens. Mais ce n'est guère qu'au troisième siècle qu'il reçut une signification exclusivement ecclésiastique ; c'est depuis lors qu'on le trouve inscrit sur les tombes épiscopales. Nous en avons un illustre exemple dans la crypte des papes au cimetière de Calliste, où les noms des pontifes sont suivis de l'abréviation du mot ἐπίσκοπος ou *episcopus* — EP ou EPIC. M. De' Rossi (*Bullet.* 1864, n. 7) signale une autre série d'épitaphes d'évêques au cimetière de Saint-Alexandre, sur la voie Nomentane. Donati avait déjà publié celle d'un évêque de Nola, que nous rapportons d'après cet auteur (CLXXXIII. 2), parce qu'elle porte la date hypatique de l'an 327 (Donati. CLXXXIII. 2) :

+ HIC. REQVIESCIT. SCE. ME +
PRISCVS. EPISC. IN. PACE
DPS. V. KL. MART. FL. MAXIMO V. C. CON.

L'évêque était le premier dans la hiérarchie ecclésiastique ; il avait sous sa juridiction, en outre des laïques, les clercs, les diacres, les prêtres ; il n'était soumis qu'à Jésus-Christ (Id. *ibid.*).

Les évêques, à raison de leur âge avancé, furent quelquefois appelés πρεσβύτεροι, *presbyteri*, « vieillards » (Theodoret. *In c.* I. *vers.* 7. *Epist. ad Tit.* et *alibi*), bien que, par l'ordre et le caractère, ils fussent au-dessus des prêtres, auxquels seuls ce nom est resté. On les nomma aussi *sacerdotes*, ou *summi sacerdotes* (Tertull. *De baptism.* XVII), « prêtres par excellence, » revêtus de la plénitude du sacerdoce ; *antistites*, πρῶτοι. Deux évêques d'Arles, S. Hilaire sur son tombeau, qui se voit au musée de cette ville, et Patrocle dans une constitution de Valentinien III, sont nommés *sacro-sanctæ legis antistites* (Cf. Le Blant. II. p. 252. n. 515); *præpositi, pontifices, papæ :* ce dernier titre fut donné surtout à l'évêque de Carthage (*Codic. can. Eccl. Afric.* ap. Pelliccia. I. 88), à quelques évêques des Gaules (Fortunat. Pictav. l. III. *Poem.* — Greg. Turon. *De vit. S. Martini*. IX. 42), aux patriarches orientaux, notamment à celui d'Alexandrie (Epiph. *Hæres*. LXIX), à l'évêque de Jérusalem (Avit. Vien. *Epist.* XXIII), et à d'autres encore. Mais, à partir du cinquième siècle, le titre de pape paraît avoir été réservé dans toute la chrétienté au seul évêque de Rome (V. *Libell. Liberat.* c. XVIII. XXI. XXII. — *Synod.* VI. act. 18. et *Epist. synodal. ibid.*). Les évêques eurent encore le nom de *apostoli*, « apôtres » (V. Idali. *Epist. ad arch. Tolet. Spicileg.* t. I), *apostolici*, « apostoliques » (*Epist.* XXXII *Bonif. et Epist. Desider. Spicileg.* t. I), ou *apostolorum successores*, « successeurs des apôtres » (Optat. Milev. *De schism. Donat.* l. I. etc.). Dans certains pays, ils reçurent les titres de *Dii terreni, angeli ecclesiæ*, « dieux terrestres, anges des Églises » (Aug. *Quæst. Vet. et Nov. Testam.* c. CXXVII. — *Constit. apost.* l. II. c. 26), *judices Ecclesiarum*, « juges des Églises » (Optat. Milev. *loc. laud.*) Les actes des conciles leur donnent quelquefois les qualifications de *reverendissimi, sanctissimi, beatissimi, venerabiles.* Dans leurs lettres, les évêques de l'Occident, dès le septième siècle, prirent par humilité le titre de *servus servorum Dei*, « serviteur des serviteurs de Dieu, » que les papes seuls ont conservé. Dès lors les souscriptions aux conciles renferment des formules exprimant des sentiments d'humilité inspirés sans doute du précepte de S. Pierre, *non dominantes in cleris* (I. 5); *humilis episcopus;* — *Gratuita Dei dispositione.... episcopus;* — le fameux Hincmar de Reims souscrivit ainsi au concile de Pitres en 861 : *Hincmarus nomine non merito Remorum episcopus ac plebis Dei famulus* (Mabillon. *De re Diplom.* t. I. tab. LVII.). Ce n'est qu'après le douzième siècle qu'ils adoptèrent la formule encore en vigueur aujourd'hui : *Dei et apostolicæ sedis gratia*, etc. Le premier qui l'ait employée est, dit-on, un évêque de Chypre, auquel le saint-siège avait donné juridiction sur les Arméniens et les Maronites (*Constit. archiepisc. Nicosien.* apud Pelliccia. *op. et loc. laud.*).

II. — La prééminence des évêques sur les prêtres, prééminence d'ordre et de pouvoir est de droit divin.

Bien que cette question soit plutôt du domaine des théologiens et des canonistes, nous ne pouvons guère nous dispenser d'en indiquer ici les principaux éléments.

Ce n'est qu'au quatrième siècle qu'il s'est trouvé un novateur pour contester un dogme jusque-là universellement admis. Ce sectaire n'était autre qu'Aerius, prêtre d'Arménie, qui enseigna que l'épiscopat n'était point un ordre différent du sacerdoce, et qu'il ne donne aux évêques le droit d'exercer aucune fonction qui ne puisse l'être par les simples prêtres. Cette doctrine ne tarda à être réfutée victorieusement par S. Épiphane (*Hæres.* LXXV. 3); elle a été renouvelée dans les temps modernes par les calvinistes, ce qui a donné lieu aux savantes apologies de Petau (lib. v. *De ecclesiast. hierarch.*), de Morin (*De sacr. eccles. ordinat.* part. III. exercit. 3), de Dartis (*De ord. et dignit. Ecclesiæ*), de Noël Alexandre (*In sæc. IV. dissert.* 44), de Cotelier (*Not. ad epistolas Ignatii*), auxquels se sont joints plusieurs docteurs protestants, entre autres Beverige, Usher, Bingham, etc.

La prééminence de l'épiscopat est établie de la manière la plus évidente dans les Épîtres de S. Paul. Cet apôtre écrit à Tite, son disciple (*Tit.* I. 5) : « Je vous ai laissé en Crète, afin que vous corrigiez tout ce qui est défectueux, que vous établissiez des PRÊTRES dans chaque ville, selon l'ordre que je vous ai donné. » On ne saurait douter que Tite ne fût supérieur à ceux qu'il établissait ; il conservait la haute administration des villes où il avait constitué des ministres d'un ordre inférieur : c'est bien là la fonction de l'évêque, et elle ne peut être exercée qu'en vertu d'un caractère et d'un pouvoir suréminents.

L'évêque était non-seulement administrateur, il était juge, et juge des prêtres ; c'est ce que prouvent ces règles de prudence adressées par S. Paul à un autre de ses disciples, Timothée (1 *Tim.* v. 19) : « Ne recevez pas d'accusation contre un prêtre, si ce n'est sur la déposition de deux ou trois témoins. » A ceux qui prétendent que la prééminence dont nous parlons n'était aux premiers siècles qu'un simple droit de préséance attribué à l'âge, on peut opposer l'exemple de ce même Timothée, qui devait être fort jeune quand il fut élevé à la dignité épiscopale, puisque son maître crut devoir lui donner cet avis (1 *Tim.* IV. 12) : « Faites en sorte que personne ne vous méprise à cause de votre jeunesse; » et cet autre plus significatif encore (1 *Tim.* v. 1) : « Ne reprenez point les *anciens* avec dureté, mais avertissez-les comme des pères. » D'où S. Épiphane (*loc. laud.*) tire cet argument : « Qu'était-il nécessaire de prescrire aux évêques la mesure avec laquelle ils devaient reprendre les prêtres (que souvent, à raison de leur âge, ils devaient regarder comme leurs pères), s'ils n'avaient sur eux aucune autorité ? »

Les plus anciens monuments écrits de l'Église primitive nous montrent l'enseignement et la pratique constamment conformes à ces règles inspirées.

Nous avons une émanation immédiate de la doctrine des apôtres sur cette matière dans les admirables lettres de S. Ignace, cet illustre martyr, qui avait été disciple de S. Pierre et de S. Jean. Nous y trouvons : 1° La distinction nettement accusée des trois degrés de la hiérarchie. « Je vous exhorte, dit-il aux Magnésiens (*Epist. ad Magnes.* VI), à vous conduire en toutes choses avec cet esprit de concorde qui vient de Dieu, regardant l'ÉVÊQUE comme tenant au milieu de vos assemblées la place de Dieu même ; les PRÊTRES comme formant ensemble cet auguste sénat des apôtres ; et les DIACRES qui me sont si chers, comme ceux à qui est confié le ministère de Jésus-Christ. » Il reprend ailleurs cette comparaison (*ad Smyrn.* VIII) : « Soyez tous les imitateurs de l'évêque, comme Jésus-Christ l'est de son Père ; suivez les prêtres comme les apôtres mêmes. Respectez les diacres comme les ministres de Dieu. ».

2° L'institution divine des évêques. « Comme Jésus-Christ, qui est notre vie inséparable (*ad Ephes.* III), a été établi par l'ordre du Père sur toute l'Église, ainsi les évêques l'ont été par l'ordre de Jésus-Christ dans les différentes parties de la terre. »

3° La manière dont on parvenait à l'épiscopat. Il se trouve dans les lettres de S. Ignace deux évêques dont il mentionne l'ordination. Le premier est Damas, évêque des Magnésiens, qui, étant encore jeune et n'étant entré qu'après plusieurs autres dans le clergé, avait été néanmoins élevé au souverain degré du sacerdoce, de préférence aux plus anciens prêtres, qui ne laissaient pas de lui être soumis. « Vous ne devez point user, leur dit-il (*ad Magnes.* III), d'une trop grande familiarité envers votre évêque, ni mépriser sa jeunesse ; mais, au contraire, vous devez lui rendre toute sorte d'honneur et de respect, selon la puissance qu'il a reçue de Dieu le Père, ainsi que j'apprends que font les saints prêtres de son Église, qui, sans prendre avantage de la grande jeunesse dans laquelle il a été élevé à l'épiscopat, lui sont soumis comme prudents selon Dieu ; ou plutôt, ce n'est point à lui qu'ils sont soumis, mais à l'évêque de tous, au Père de Jésus-Christ. » Voilà bien la doctrine de S. Paul, et la réfutation des novateurs. Le second exemple rapporté par S. Ignace est celui de l'ordination de l'évêque de Philadelphie, dont il fait l'éloge, en célébrant surtout la pureté de sa vocation. « J'ai reconnu (*ad Philadelph.* I) que votre évêque n'a point recherché par une vaine gloire le ministère auguste qu'il exerce pour le bien commun de votre Église, et qu'il ne l'a reçu ni de lui-même ni des hommes, mais de son amour pour Dieu et pour Notre-Seigneur Jésus-Christ.

4° La défense à tout le clergé et aux prêtres mêmes de rien entreprendre dans le gouvernement de l'Église sans l'ordre ou la permission de l'évêque. « Il ne vous suffit pas, écrit-il aux Magnésiens (IV), d'être chrétiens seulement de nom, si vous ne l'êtes en effet : semblables à ceux qui ne parlent que de soumission à l'évêque, et qui néanmoins se conduisent en tout sans sa déférence. » A ceux de Smyrne (VIII), il affirme « qu'on regarde comme eucharistie légitime celle qui est célébrée par l'évêque, ou par celui qu'il a commis à sa place ». Enfin il déclare nettement « qu'il n'est permis ni de baptiser, ni de célébrer les agapes sans la permission de l'évêque, et que ce qu'il approuve est agréable aux yeux de Dieu ». S. Ignace était donc persuadé, et enseignait, que l'autorité des prêtres n'étant autre que celle qu'ils avaient reçue de leur évêque, cette autorité devenait stérile dès qu'elle n'était plus unie à son principe, comme un ruisseau coupé ou séparé de sa source ; et que, comme les apôtres faisaient tout au nom de Jésus-Christ qui les avait envoyés, les prêtres devaient aussi faire toutes choses en vertu de la mission de celui qui leur tenait lieu de Jésus-Christ.

Tout cet admirable enseignement est couronné dans les différentes épîtres de S. Ignace par les plus pressantes exhortations qu'il adresse aux peuples de se tenir étroitement unis et serrés autour de leurs évêques : « Là où est le pasteur, là doivent aller les brebis » (*ad Philadelph.* II.). Et un peu plus loin (III) : « Tous ceux qui sont à Dieu et à Jésus-Christ, ceux-là sont avec leur évêque. » Rien n'est admirable comme le motif sur lequel il appuie cette doctrine, qui est le fondement indispensable de la paix et de l'ordre dans l'Église (*Ibid.* IV) : « Il n'y a qu'une seule chair de Notre-Seigneur Jésus-Christ et un seul calice, qui nous unit tous en son sang; un seul autel, comme un seul évêque avec les prêtres et les diacres, qui partagent avec nous le ministère des autels. » Comme l'unité du corps du Sauveur et de l'eucharistie est la cause, l'origine, le modèle de l'unité de l'Église, et comme l'unité du sacrifice et l'unité de l'autel qui est dans le ciel, et qui est signifié par celui qui est dans nos temples, sont les liens de la société et de l'union des fidèles, ainsi l'unité de l'Église est-elle fondée sur celle de l'épiscopat, dont tous les membres sont groupés autour du pontife suprême.

« Pour juger donc, écrit-il aux Smyrniens (VIII), si une société est schismatique ou catholique, vous n'avez qu'à considérer où est l'évêque, parce qu'il est aussi constant qu'une troupe de gens sans évêque et sans succession des pasteurs n'est pas le troupeau de Jésus-Christ, qu'il est certain que l'Église catholique ne peut être sans le Sauveur, et qu'au contraire une Église ne peut être unie à son évêque, et par conséquent à Jésus-Christ, sans être catholique. »

De cet enseignement si clair et si complet d'un disciple du prince des apôtres, rapprochons celui de S. Clément d'Alexandrie. Nous avons ce qui suit au sixième livre de ses *Stromates* : « Dans l'Église, il y a les *progressions* des évêques, des prêtres, des diacres : imitation de la gloire angélique. » Le mot προκοπή ici employé, et que nous rendons par *progression*, désigne les degrés d'une hiérarchie. Que si les évêques n'étaient pas supérieurs aux prêtres et les prêtres aux diacres, ce serait à tort que ces *progressions* seraient assimilées à la gloire des anges, puisque nous savons d'après les saintes Écritures que divers degrés de dignité et d'offices sont établis parmi ces intelligences célestes. On lit des choses toutes semblables au troisième livre du *Pédagogue* du même Père (cap. XII). Voici ce que Tertullien écrit sur le même sujet dans son livre *Du baptême* : « Le droit d'administrer le baptême appartient au grand prêtre qui est l'évêque; ensuite aux prêtres et aux diacres, mais non sans l'autorité de l'évêque. » On ne saurait distinguer plus nettement les trois principaux ordres de la hiérarchie; et telle est aussi la doctrine que S. Cyprien enseigne en vingt endroits de ses épîtres. Au concile de Carthage, que présida ce même saint, un évêque adressa ces belles paroles à ses collègues : « Nous avons succédé aux apôtres, gouvernant l'Église en vertu de la même puissance. »

Si d'autres preuves que celles qui nous viennent de l'Écriture et de la tradition étaient nécessaires pour établir la distinction entre les évêques et les prêtres, ainsi que la prééminence des premiers, il suffirait de lire les anciens catalogues que nous ont laissés S. Irénée, Tertullien, Eusèbe, S. Jérôme, S. Optat de Milève, ainsi que d'autres Pères et historiens, et où ils s'appliquent à tracer avec un soin minutieux la succession des évêques qui ont gouverné les différentes Églises depuis les apôtres jusqu'à l'époque de chacun de ces écrivains. Pourquoi cette précaution, s'il n'y avait dans chaque Église que des prêtres égaux en dignité, et si aucun ne présidait aux autres ?

Nous pourrions encore signaler ici, en faveur de la prééminence des évêques dans la primitive Église, certaines prérogatives et marques d'honneur qui leur étaient exclusivement réservées. Ainsi, par exemple, nous savons que les fidèles de toutes les classes, depuis les plus élevées jusqu'aux plus infimes, étaient dans l'usage de s'incliner devant l'évêque pour demander sa bénédiction; et cet hommage n'était rendu qu'à lui seul. Nous avons la preuve de cet usage dans un grand nombre de Pères, entre autres S. Hilaire de Poitiers (*Adv. Constant.* p. 1240. edit. Maurin.), S. Chrysostome (*Homil.* III. *Ad pop. Antioch.*), Théodoret (IV. 6), et beaucoup d'écrivains que nous ne pouvons nommer ici et qui prouvent que c'était là une coutume commune à toutes les Églises.

Pour ce qui concerne en particulier la bénédiction que les prédicateurs demandaient au commencement de leurs discours, on peut voir notre article *Prédication* (I, 3°). Ajoutons à cela les acclamations qui, dans les premiers siècles, avaient lieu non-seulement à l'occasion des synodes et des élections des évêques, mais aussi lorsqu'ils adressaient leurs instructions aux peuples (V. encore l'art. *Prédication*, III, 3°). On peut voir celles-ci dans les actes du concile d'Éphèse (Act. XI. t. I. p. 1471. *Concilior.* edit. Hardouin) : *Cœlestino custodi fidei,* — *Cœlestino cum synodo concordi,* — *Cœlestino universa synodus gratias agit.* Cependant cet honneur n'était communément décerné qu'aux papes ou aux principaux évêques. Dans les actes de l'ordination d'Éraclius, que S. Augustin, dans sa vieillesse, avait demandé pour successeur à son clergé et à son peuple, lorsque S. Augustin eut dit (Augustin. *Epist.* CCVIII) : « Je veux pour mon successeur le prêtre Éraclius, » le peuple s'écria : « Grâces à Dieu, louanges en Jésus-Christ... Exaucez-nous, ô Christ !... Longue vie à Augustin.... vous père, vous évêque. » Enfin, de même que la multitude accueillit par l'*Hosanna* Notre-Seigneur faisant son entrée à Jérusalem, nous apprenons par S. Jérôme (*In Matth.* XXI) que les peuples accueillaient quelquefois ainsi leurs évêques. On sait aussi qu'à l'église l'évêque occupait un siège élevé au-dessus de ceux des prêtres, et ce siège était quelquefois appelé *thronus altus,* — *excelsus,* — *sublimis,* tandis que ceux des simples prêtres placés à ses côtés étaient dits *throni secundi* (V. l'art. *Chaire*).

III. — Le costume des évêques, dans la haute antiquité, n'était autre que celui des apôtres eux-mêmes, c'est-à-dire un vêtement commun composé de la tunique et du *pallium*. Dès l'époque où les vêtements ecclésiastiques furent établis, on voit en général les évêques latins vêtus de la planète ou *casula*, et les grecs de la dalmatique. Voici, d'après une antique mosaïque de l'oratoire de S. Satyre, annexé à la basilique de Saint-Ambroise de Milan, une image de S. Ambroise qui, mieux que tout autre monument de l'antiquité, peut nous donner une idée du costume épiscopal au cinquième siècle. Le saint évêque est revêtu de la tunique et de la pénule ou planète. Il est représenté, selon l'observation du docteur Labus, dans l'attitude de la prédication (V. *Spieg. delle tav. dell' ist. di Milano di Carlo de Rosmini.* vol. IV. p. 404), attitude oratoire exactement conforme à celle que présentent les monuments les plus classiques de l'antiquité (Ferrari. *Monum. di S. Ambrogio.* p. 16).

Cependant, dans le diptyque de Rambona, qui est du neuvième siècle (Buonarruoti. p. 371), S. Grégoire, S. Sylvestre et Florien portent la dalmatique surmontée du *pallium*. Nous savons, en effet, que l'usage de la dalmatique était quelquefois accordé, comme privilége, par le pape aux évêques, ce qui autorise à penser que la dalmatique était un vêtement plus estimé que la chasuble, dont on ne voit pas qu'aucune concession spéciale ait été faite (V. les art. *Chasuble* et *Dalmatique*). Dans la chasuble-diptyque de Ravenne, illustrée par Mauri Sarti (*De vet. casula diptych.* Faventiæ. 1753), et que ce savant attribue au huitième siècle, tous les portraits des évêques, qui sont au nombre de treize, portent la chasuble.

Les évêques sont représentés soit bénissant, soit priant, les bras tendus, parce que leurs deux principales occupations sont de prier assidûment pour eux-mêmes et pour le peuple (*Hebr.* v. 3), et de faire descendre sur les fidèles les faveurs célestes par leurs bénédictions (V. l'art. *Bénir*). Ils paraissent aussi dans les anciennes peintures et dans les mosaïques (Ciampini. *Vet. monim.* t. II. tab. XXIV) avec le livre de l'Évangile à la main gauche, parce que les évêques sont chargés de garder ce précieux dépôt (1 *Timoth.* IV. 20) dans toute sa pureté, et d'en distribuer au peuple l'aliment sacré. Le dessin est emprunté à la *Rome souterraine* de M. De' Rossi. t. I. tav. VI. C'est pour ce motif que, de toute antiquité, d'après les *Constitutions apostoliques* et le traité *Sur la hiérarchie ecclésiastique*, ce livre divin est placé sur la tête de l'évêque pendant son ordination.

IV. — *Insignes des évêques.* — 1° *La mitre.* Chez les Romains, le mot *mitra* désignait la coiffure des femmes (Servius. *In not. ad* IV *et* VI *Æneid.*), et *mitella* celle des vierges (Apul. *De asin. aur.* l. VII), et ces noms furent adoptés même par les chrétiens dans la même acception (Optat. Milev. l. VI *Ad Parmen.*). La coiffure des rois indiens s'appelait aussi mitre (Philost. *De Vit. Apollon.* l. II. c. 11), c'était peut-être celle qui portait le même nom chez les Juifs, et dont se servaient leurs prêtres dans les fonctions sacrées (*Exod.* XXIX. — *Levit.* VIII). Dans les premiers siècles, la mitre des évêques n'était guère qu'une sorte de bandelette ou une lame étroite de métal liée autour de la tête (*Hist. Method.* pars IV), à peu près semblable à cette lame d'or que portait à sa coiffure le grand prêtre de l'ancienne loi, et sur laquelle étaient inscrits ces mots : *Sanctitas Domino.* Ce dessin, que nous reproduisons d'après Dom Calmet (*Diction. de la Bible,* art. *Prêtre*), en donne une idée exacte.

S. Jean l'Évangéliste, au rapport de Polycrate (Ap. Hieron. *De vir. illustr.* XLV), ornait ainsi son front d'une feuille d'or. Eusèbe raconte le même fait de S. Jacques le Mineur, évêque de Jérusalem (*Hist. eccl.* II. 1), et de S. Marc (*Ibid.* 16). Il paraît évident que telle dut être l'origine de la mitre épiscopale : elle fut appelée pour ce motif στέφανος, *corona* (Euséb. x. 4), ou κίδαρις, *diadema* (Greg. Naz. *Orat.* XXXI). Voici, d'après Dom de Ver

(*Explic. des cérém. de la messe.* t. ii. p. 500. pl. viii), quelle serait l'origine de la mitre proprement dite : d'abord un simple bonnet fixé autour de la tête par la bande qui est toujours la base de la mitre; puis le même bonnet, dont le fond un peu plus élevé, venant à s'abaisser et à rentrer en dedans, se laisse surmonter devant et derrière, et commence à dessiner les deux cornes de la mitre.

Jusqu'au sixième siècle, elle s'écarta peu de cette primitive simplicité, ainsi que l'attestent les monuments. Ce fut à cette époque que Jean Cappadox, évêque de Constantinople, commença à ajouter à la mitre des ornements composés de broderies et de saintes images peintes ou brodées (V. Cantacuzen. l. iii. c. 36. *ap. Pellic.*). Les latins imitèrent bientôt cet exemple, et il est aisé de suivre les transformations de la mitre soit dans les mosaïques, soit dans les mitres anciennes que conservent les trésors des églises. On peut voir par une planche de Macri (*Hiero-Lexic.* ad voc. *Mitra*) qu'elle était encore fort basse au douzième siècle : ce n'était guère alors qu'une espèce de couronne échancrée à la partie supérieure en forme de croissant, et rappelant tout à fait ce que Théophile Raynaud dit de la coiffure des prêtres du paganisme (*Opp.* t. xiii. p. 525) : *Mitra episcopalis bicornis, et patulo curvamine superne hians, respondet pileo cornuto priscorum sacerdotum ethnicorum.*

Les deux fanons qui pendent derrière la mitre ne sont autre chose que les cordons qui servaient à tenir autour de la tête cette coiffure dans son état primitif. La coiffure des trois jeunes Hébreux dans la fournaise, qui est elle-même une espèce de mitre, est presque toujours munie de ces bandelettes. Ceci se remarque particulièrement sur les verres à fond d'or (V. un monument de ce genre publié par le P. Garrucci dans la *Civiltà cattolica.* série v. vol. i. p. 692).

La mitre était un attribut tellement propre aux évêques qu'ils juraient par elle (Aug. *Epist.* cxlvii. — Hieron. *Epist.* xxvi. *Ad. Aug.*), que le mot *corona*, par lequel elle était désignée, signifiait souvent l'épiscopat lui-même, et que le collège de l'évêque s'appelait *socius coronæ* (Alipius. *Epist.* xxxv. *Ad Paulin. inter. epist. Aug.*).

Ce n'est qu'à la fin du onzième siècle que l'usage de la mitre fut concédé aux abbés. Le premier exemple que l'on cite à cet égard est celui de S. Pierre, abbé de la Cava et élève de Cluny, qui reçut ce privilége du pape Urbain II, ainsi qu'il est constaté par les actes d'un concile tenu à Bénévent en 1091 (V. Vicecom. *De missæ apparatu.* lib. iii. cap. 33).

2° *Les sandales.* Ce n'est guère qu'au neuvième siècle que les écrivains ecclésiastiques les placent parmi les insignes des évêques. On a pensé que S. Grégoire le Grand faisait allusion aux sandales des évêques quand il interdisait cette chaussure aux diacres (l. vii. ep. 28); mais cette interprétation est très-douteuse. Une mosaïque de Saint-Vital de Ravenne (Ciampini. *Vet. mon.* ii. tab. xxii) représentant la procession qui eut lieu lors de la consécration de cette basilique, en 547, par l'évêque S. Maximien, peut fournir la matière d'une étude intéressante sur les chaussures tant des laïques que des clercs à cette époque. L'évêque y porte des *souliers* noirs. Le P. Pouillard, examinant la question de l'antériorité du baiser du pied du souverain Pontife à l'introduction de la croix sur sa chaussure, donne les plus curieux détails, éclaircis par de nombreuses planches, sur les chaussures des papes depuis S. Sylvestre (*Del bacio dei piedi dei sommi pontefici....* Roma 1807 — et notre art. *Pieds du souverain pontife* [*baisement des*]).

3° *Les gants, chirotecæ,* sont mentionnés pour la première fois au douzième siècle par Innocent III (l. iii. *De myster. missæ.* c. 41).

4° *L'anneau épiscopal* remonte au moins au quatrième siècle pour l'Occident. On pense que les évêques d'Orient n'en adoptèrent jamais l'usage (V. l'art. *Anneau épiscopal*).

5° *Le bâton pastoral* est d'une origine fort ancienne. Sans nous arrêter à l'opinion qui voudrait le faire remonter aux apôtres, nous citerons celle de Baronius qui, d'après les plus solides autorités (*Ad ann.* 504. n. 38), dit que les évêques s'en servaient certainement au quatrième siècle. Le témoignage de S. Grégoire de Tours a été invoqué pour le sixième (*De mirac. S. Martini.* lib. i. c. 4), mais c'est à tort, selon nous : le passage cité fait mention, non pas d'un évêque portant une crosse, mais d'un archidiacre s'appuyant sur un bâton ordinaire (V. l'art. *Bâton*).

Primitivement, le bâton pastoral était de bois, de cyprès le plus communément : il y en eut d'or et d'ivoire. Plus tard, et dès le commencement du sixième siècle, on eut des crosses ornées d'or, et enfin des crosses d'or ou d'argent massif. Nous en avons la preuve dans le testament de S. Remi, rapporté dans l'Histoire de Flodoard (l. i. c. 13), où il est fait mention d'une crosse d'argent façonnée : *argenteam cambutam figuratam.*

On a donné au bâton pastoral plusieurs noms : celui de *pedum*, parce qu'il ressemble à la houlette du berger qui est recourbée pour saisir et ramener les brebis; celui de *ferula*, du verbe *ferio,*

« je frappe, » parce que le pasteur doit quelquefois user de sévérité envers ses ouailles. Le pape, non plus que les cardinaux-évêques à Rome, ne se sert pas de la crosse. Mais c'est à tort que quelques auteurs, entre autres Grancolas (*Liturgie.* p. 169), avancent qu'il en fut toujours ainsi. Outre que nous trouvons des témoignages contraires à cette assertion dans les écrivains liturgistes (V. Luitprand. Ticin. diac. ap. Ciampini. I. 123), nous avons des images anciennes de S. Grégoire le Grand et de Gélase II (Macri. ad voc. *Baculus*) où ces papes sont représentés avec un bâton surmonté d'une croix ou d'un globe. Innocent III est le premier qui ait affirmé que les papes ne portent pas le bâton pastoral. Or, comme il siégeait en 1199, et que Gélase, qui figure encore avec la crosse, siégeait en 1118, on peut conclure de là que l'usage de cet insigne ne cessa, pour les papes, que vers le milieu du douzième siècle. En Orient, le bâton pastoral n'est pas recourbé, mais droit et surmonté d'un globe, quelquefois d'une croix ou de la lettre T, qui elle-même est une des formes antiques de la croix; quelques-uns de ces bâtons se terminent par deux serpents entrelacés dont les têtes sont affrontées (V. l'art. *Serpent*).

6° *La croix pectorale.* Les évêques portent une croix suspendue sur la poitrine; les Grecs l'appellent τὸ περίαμα (Pelliccia. *op. laud.* I. p. 99). Cet usage a pu dériver de la coutume qu'avaient primitivement les évêques d'avoir sur eux un reliquaire renfermant des ossements de Saints, et plus tard du bois de la vraie croix (Anastas. *Not. ad syn. Cp.* IV. sess. 6). Le reliquaire prit peu à peu la forme d'une croix, et il reçut le nom d'*encolpium* (V. ce mot).

EXALTATION DE LA SAINTE CROIX. — V. l'art. *Fêtes immobiles*, VIII, 2°.

EXARQUES ECCLÉSIASTIQUES. — Ἔξαρχοι, *proesules*, étaient, chez les Grecs, les dignitaires ecclésiastiques que l'Église latine appelle *primats* (V. ce mot). Ils étaient inférieurs aux *patriarches* (V. ce mot), et supérieurs aux *métropolitains* (V. ce mot). Il y avait trois exarques en Orient : c'étaient les évêques d'Éphèse, d'Héraclée, et de Césarée. L'Église avait attribué cet honneur à ces trois villes, comme résidences des préfets impériaux des trois provinces dont elles étaient les capitales. Elles jouissaient de prérogatives spéciales depuis les temps apostoliques. Les exarques exerçaient leur juridiction sur tous les métropolitains du diocèse (civil), et étaient en possession de les ordonner (*Epist. Siric. et Damas.* ap. Holsten. collect. Rom.). Ils recevaient les appels des jugements des métropolitains, et réglaient les différends qui s'élevaient entre ceux-ci et les évêques de leur province (*Conc. Chalced.*). Dans les conciles, ils siégeaient immédiatement après les patriarches. Mais ces trois exarques ne jouirent pas longtemps de ces droits qui, au cinquième siècle, passèrent au patriarche de Constantinople par une disposition du concile de Chalcédoine. Les évêques d'Éphèse, de Césarée et d'Héraclée ne conservèrent que le titre purement honorifique d'exarques. L'évêque de Thessalonique fut honoré du titre de la juridiction d'exarque par le pape Damase, et il dépendait en cette qualité du patriarcat de Rome (Innoc. I. *Epist.* IX). L'évêque métropolitain de Chypre était revêtu du même honneur, et était indépendant du patriarche d'Antioche. En dépit des efforts contraires de celui-ci, le concile d'Éphèse, au cinquième siècle (*Act.* v. c. 8), confirma ses droits et immunités. C'est pour cela que les Grecs appelaient αὐτοκέφαλους l'exarque de Chypre, et l'archevêque de Bulgarie qui était exempt de la juridiction du patriarche de Constantinople (V. pour plus amples détails, Daude. *Hierarchia ecclesiastica.* c. IV. — Pelliccia. *Eccl. polit.* t. I. p. 146. etc.).

EXCEPTORES. — On a donné ce nom, dans la primitive Église, aux notaires ecclésiastiques, et nous avons traité ailleurs cette question (V. l'art. *Notarii*). Il s'agit ici d'une classe de fonctionnaires attachés aux tribunaux civils de l'empire, et qui jouent un rôle important dans les persécutions contre les chrétiens, comme nous le voyons par les actes des martyrs. C'étaient des greffiers qui, sous les juges chargés de condamner les confesseurs de la foi, inscrivaient tous les détails de la procédure ainsi que le jugement qui s'ensuivait. Mais ce qu'il nous intéresse de noter ici, c'est que plusieurs fois ces officiers publics furent convertis à la foi chrétienne par l'admirable spectacle de la constance des saints confesseurs; et l'on en vit même qui, comme eux, souffrirent le martyre. Tel fut S. Cassien, que l'Église honore au 3 décembre, et qui est ainsi qualifié dans le martyrologe : *qui* EXCEPTORIS *diu gerens officium* Ses actes, que nous avons dans Ruinart (p. 267 edit. Veron.) et qui lui donnent le même titre, *militaris* EXCEPTOR, nous ont conservé sur sa conversion d'intéressants détails. « Outré, y est-il dit, de la passion déployée par le préfet Aurelianus dans l'interrogatoire du confesseur Marcellus, il refusa d'écrire jusqu'au bout l'injuste sentence, et jeta à terre son style et ses tablettes, *quas cum sententias* EXCIPERET, *graphium et codicem projecit in terra.* Une si énergique démonstration lui valut une sentence de mort, et il partagea le supplice du martyr. »

S. Genès, martyr d'Arles, était aussi greffier, *exceptor* (Ruin. p. 473. II). Il vivait sous Dioclétien; il était déjà catéchumène du temps de la persécution de cet empereur, et ses actes nous apprennent que, en cette qualité, il se montrait aussi prompt à recevoir dans son cœur les préceptes divins, qu'il était habile à écrire par des signes rapides les paroles de ses patrons; ce qui n'était pas peu dire, « car la vélocité de sa main égalait celle des sons de la voix. » Or, comme il était un jour appelé à écrire un décret de persécution, il refusa son ministère, et pour cet acte généreux il eut la tête tranchée sur les bords du Rhône.

Nous avons, dans le recueil de Muratori (MDCCCLXIX. 10), l'épitaphe d'un *exceptor* du nom de FAVSTVS, qui s'était, lui aussi, converti au christianisme. Il est permis de penser que sa conversion fut déterminée par une cause analogue. Cette inscription est du cinquième ou du sixième siècle.

EXCOMMUNICATION. — L'excommunication est une peine canonique par laquelle un chrétien se trouve séparé de la communion spirituelle des fidèles. Telle était du moins sa nature primitive. Plus tard, cette excommunication fut appelée *mineure*, parce qu'il y en eut une *majeure*, qui privait l'excommunié, non-seulement de la société spirituelle, mais même du commerce temporel et civil de ses frères.

Primitivement donc, l'excommunication n'avait pas d'autre effet que de priver un chrétien des sacrements et des prières dont les fidèles jouissaient (V. Pelliccia. *Polit. eccl.* II. 210). C'est ce que les Grecs appelaient ἀφόρισμον, *séparation*, mot dont ils restreignaient néanmoins la portée à la seule interdiction de la communion eucharistique. A le bien prendre, la pénitence publique n'était qu'une espèce d'excommunication à quatre degrés; car celui-là était excommunié qui, placé dans la quatrième classe des pénitents, n'était privé que de la communion eucharistique; excommunié, celui qui ne participait point aux prières des fidèles : telle était la condition des *écoutants*. Mais plus grave était l'excommunication de celui qui était rangé parmi les *prosternés*, car il ne pouvait pas même communiquer avec les fidèles dans l'audition des Écritures, ni dans celle des instructions des pasteurs.

Tels paraissent avoir été les degrés de l'excommunication canonique chez les anciens. Mais il y en avait une bien plus grave, qui ne peut pas être regardée à proprement parler, vu la condition de ces temps primitifs, comme une peine canonique. Celui qui s'était refusé à la pénitence publique, était chassé de l'Église, et relégué *parmi les païens et les publicains*, selon le texte sacré : *sit tibi sicut ethnicus et publicanus* (Matth. XVIII. 17). Ce n'était pas là une peine canonique proprement dite, mais un moyen qu'employait l'Église pour stimuler le pécheur opiniâtre, afin que, comprenant enfin la misère de sa condition, et revenant à des sentiments meilleurs, il se décidât à se présenter à son évêque pour recevoir de lui la pénitence canonique. C'est peut-être ce que Tertullien entendait par censure divine, *censura divina* (*Apol.* XXXXI) : divine en effet, puisque c'était d'après le précepte de Jésus-Christ que, averti trois fois en vain, ce pécheur était relégué parmi les païens et les publicains. C'était là assurément un genre de peine bien grave, puisque celui qui en était frappé n'était plus compté parmi les chrétiens.

Cependant, si sévère qu'elle fût, cette excommunication n'interdisait point à l'excommunié le commerce civil avec les fidèles ; c'est ce qui ressort clairement de ce texte admirable des *Constitutions apostoliques* (VIII. 40) : « Avec ceux que vous avez excommuniés à cause de leurs péchés, conservez société et vie commune, les soignant, les consolant, les soutenant, et leur disant : Relevez-vous, mains abattues. » Il n'était donc défendu de communiquer avec eux que dans les choses sacrées.

Cette méthode charitable suivie par l'Église à l'égard des pécheurs paraissait, il faut l'avouer, opposée à la doctrine de l'Apôtre (*1 Cor.* v. 11) qui défend même de manger avec des gens de cette sorte. Mais le seul but de S. Paul était de *confondre le pécheur*, afin qu'il prît honte de son égarement et en rougît devant les hommes. C'est ce qui paraît plus clairement encore par ces autres paroles du même apôtre (*2 Thessal.* III. 14) : « Que si quelqu'un n'obéit point à ce que nous ordonnons par notre lettre, notez-le, et n'ayez point de commerce avec lui, afin qu'il en ait confusion. Ne le regardez pas néanmoins comme un ennemi, mais reprenez-le comme un frère. »

Et telle est bien la véritable doctrine de S. Paul, d'après S. Augustin (lib. III. *Contra Parmen.*). Si en effet tout commerce civil eût été interdit avec cette classe de pécheurs, la même interdiction eût dû, à plus juste titre, atteindre les infidèles ; or jamais l'Apôtre ne défend aux fidèles de manger avec ceux-ci, ni de communiquer avec eux dans le commerce journalier de la vie civile. Il est clair par ces témoignages que les anciens n'eurent aucune idée d'une *excommunication majeure*, ayant pour effet l'interdiction du commerce civil. Il n'en est pas moins vrai que l'Église moderne a puisé cette distinction d'*excommunication majeure* et *mineure* dans l'antique discipline sagement interprétée ; car il est certain que l'excommunication mineure avait son équivalent dans cette *ségrégation* canonique des pénitents de la quatrième classe, qui n'emportait d'autre privation que celle de la communion eucharistique ; et on doit reconnaître tous les caractères de l'excommunication majeure, παντελὴς ἀφόρισμος, *omnimoda separatio*, dans cette *expulsion de l'Église* dont nous avons parlé en dernier lieu, bien qu'elle n'eût pas dans le principe les effets terribles qui lui ont été donnés depuis.

Du reste, les sévérités auxquelles l'Église fut entraînée dans le moyen âge et les temps modernes ne manquent pas d'excellentes raisons pour les justifier.

Les principaux motifs furent : 1° d'inspirer aux pécheurs une salutaire confusion, d'où doit procéder la résolution d'embrasser une meilleure vie ; 2° d'effrayer les autres par ces exemples ; 3° d'éviter que les bons ne parussent participer aux désordres des mauvais chrétiens en restant avec eux en communion de toutes choses ; 4° d'arrêter dans sa source la contagion des mauvais exemples, car la société chrétienne se corrompt au contact des hommes pervers, et une bonne mère doit par toutes les sollicitudes possibles préserver ses enfants des dangers et des piéges où leur vertu et leur âme risquent de périr.

On sait qu'en punition de certains crimes on effaçait des diptyques sacrés le nom de ceux qui s'en étaient rendus coupables. Cette peine, en usage dans toute l'antiquité chrétienne, s'appelait *expulsio* ou *rasura nominum e diptychis* (V. Donati. *Dittici degli antichi*. p. 75 et notre art. *Diptyques*). Elle avait une grande ressemblance avec l'excommunication; mais était-ce une même chose? C'est une question douteuse. Pamelius est pour l'affirmative (*In not. ad epist.* LXVI S. *Cyprian.*), ainsi que le cardinal Bona (*Rer. liturg.* l. II. c. 14). Mais le P. Christianus Lupus (Wolf) et quelques autres ont combattu ce sentiment. Qu'il nous suffise d'avoir rappelé une controverse célèbre, qui est plutôt du domaine du droit canon que de celui de l'archéologie.

EXOMOLOGÈSE (Ἐξομολόγησις). — I. — Ce nom est celui qui est le plus communément attribué, dans l'antiquité chrétienne, à la confession sacramentelle. Il est d'origine grecque et dérivé d'un verbe qui signifie *révéler une chose cachée*. Nous le trouvons surtout dans S. Chrysostome, S. Grégoire de Nazianze, S. Basile, etc. Il avait reçu sa première consécration dans l'Évangile (Matth. III. — Marc. I) : Ἐξομολογούμενοι τὰς ἁμαρτίας αὐτῶν, *confitentes peccata sua*. Ce nom passa même chez les Latins, témoin Tertullien qui, dans un livre spécial sur la pénitence (*De pœnitentia*. IX), dit en parlant de la confession : « Cet acte, qui est plus exactement exprimé par un vocable grec, c'est l'exomologèse, » *is actus, qui magis græco vocabulo exprimitur, et frequentatur, exomologesis est.* On le trouve aussi dans S. Cyprien, Pacien et d'autres encore qui, sous ce nom, comprennent quelquefois toutes les parties de la pénitence. Le nom de *confession*, bien qu'assez ancien chez les Latins, ne fut néanmoins d'un usage fréquent qu'après le sixième siècle.

II. — La théologie expose les preuves de l'institution divine de la confession; notre tâche est toute différente : elle consiste seulement à rechercher comment et quand la confession se pratiquait dans la primitive Église. Nous tenons seulement à constater ici un fait essentiel, souvent obscurci par les passions intéressées dans la question : c'est que la confession publique, quand elle avait lieu, était une partie de la pénitence imposée aux pécheurs dans l'exomologèse secrète, qui précédait toujours, et était la seule vraiment nécessaire. Deux lignes d'Origène (*Homil. in psalm.* XXXVII. — *Homil.* II *In ps.* XIII) vont suffire pour éclairer le lecteur à cet égard : « S'il croit (le médecin spirituel) que votre mal est tel qu'il doive être déclaré dans l'assemblée des fidèles, afin d'édifier les autres et de vous réformer plus aisément vous-même, il faut le faire après une mûre délibération et les sages avis du médecin. » Mais le prêtre se contentait d'imposer une expiation secrète toutes les fois que les crimes dont on versait l'aveu dans son cœur étaient de nature à causer de grands scandales et à troubler la paix des familles, s'ils étaient connus, et surtout quand ils étaient sujets à des peines légales, nul ne pouvant être obligé de s'offrir lui-même à la vindicte de la loi.

On a dit que les peines canoniques correspondant à chaque espèce de crime étant connues de tous, la pénitence publique équivalait à une confession formelle; mais il n'en est rien : car, dans les siècles de ferveur, beaucoup de fidèles se condamnaient eux-mêmes à la pénitence publique, par motif de piété. Il était dès lors impossible de distinguer ceux qui subissaient ces peines pour leurs crimes de ceux qui se les imposaient par humilité.

1° *Quels péchés accusait-on dans la confession?* Il ne pourrait exister de doute que pour les péchés secrets et de pensée. Or de nombreux témoignages des Pères établissent que les fautes de cette nature étaient rigoureusement déclarées. S. Irénée, parlant des enchantements par lesquels un magicien nommé Marc séduisait les femmes, rapporte que quand ces malheureuses revenaient à l'Église, touchées par le repentir, elles accusaient non-seulement les coupables actions où elles s'étaient laissées aller avec cet homme pervers, « mais aussi la passion violente qu'elles avaient éprouvée dans le cœur » (*Adv. hæres.* IX). Le passage suivant de Tertullien (*De pœnit.*) suppose évidemment que plusieurs s'éloignaient de la confession précisément à cause de la honte que leur inspirait la nécessité de révéler les plaies cachées de leur âme : « Plusieurs fuient les exercices de la pénitence ou les diffèrent, parce qu'ils les regardent comme une diffamation, et qu'ils ont plus de soin de leur honneur que de leur salut, semblables à ceux qui, ayant contracté des maladies en des parties secrètes de leur corps, n'osent découvrir leur mal aux médecins, et se laissent ainsi mourir avec cette malheureuse honte. » Rien de plus clair que ces paroles d'Origène (*In psalm.* XXXVII) sur le même sujet : « Nous avons souvent parlé de la confession du péché; considérez ce qu'en dit l'Écriture, qu'il ne faut point céler son iniquité ni la cacher intérieurement; et comme ceux qui sont incommodés d'une viande qu'ils ne peuvent digérer, ou de quelques mauvaises humeurs, sont guéris par le vomissement, ainsi ceux qui ont péché sont oppressés et comme suffoqués de l'humeur vicieuse de leurs fautes, s'ils les cachent au dedans d'eux-mêmes; mais s'ils s'en accusent, ils vomissent pour ainsi dire le péché, et suppriment la cause de leur maladie. »

Dans son livre *De lapsis*, S. Cyprien exhortait les pécheurs à la pénitence en leur citant l'exemple de ceux qui venaient confesser aux prêtres avec des larmes amères *la simple pensée* qu'ils avaient eue de sacrifier, ou, ce qui est bien moins encore, la tentation de demander aux magistrats des billets attestant faussement qu'ils l'avaient fait (V. l'art. *Libellatique*) : « Si celui, dit S. Grégoire de Nysse (*Epist. ad Laito. episc.*), qui a pris secrètement quelque chose à son père déclare son larcin au prêtre, il en sera absous. » Et plus loin : « Dans vos afflictions, ayez recours au prêtre comme à votre père; faites-lui part de vos peines et de vos douleurs, il vous consolera. Dans vos péchés, adressez-vous à lui comme à votre médecin, et si vous lui exposez *les replis de votre conscience et les plaies intérieures de votre âme*, il vous donnera les remèdes convenables à votre guérison. Pourquoi ne lui découvrez-vous pas votre péché par la confession? » S. Augustin (*Tract.* xxii *In Joan.*) fait un ingénieux parallèle du pécheur justifié par la confession avec Lazare ressuscité : « Celui qui se confesse sort du tombeau, parce qu'avant sa confession il était caché. Mais quand il déclare l'état de sa conscience, il passe des ténèbres à la lumière; et après sa confession, Jésus-Christ dira par ses ministres ce qu'il dit à ses apôtres en ressuscitant Lazare : Déliez-le et le laissez aller.... »

Si nous voulions pousser plus loin ces citations, nous établirions aisément que les premiers chrétiens accusaient leurs fautes dans tous leurs détails notables, qu'ils confessaient même les péchés légers, qu'en certaines circonstances ils faisaient une confession générale de leur vie entière : en un mot que tout ce qu'il y a d'essentiel dans la pratique actuelle de la confession nous vient de l'antiquité. Nous en trouvons une preuve bien évidente dans la variété infinie des peines édictées par les canons pénitentiaux, dont l'application exigeait la connaissance détaillée des fautes, sans quoi elle eût été purement arbitraire, ce qu'il serait absurde de supposer. On trouvera des choses intéressantes à ce sujet dans l'ouvrage de Grancolas : *L'antiquité des cérémonies qui se pratiquent dans l'administration des sacrements* (p. 452 et suiv.). Nous passons à la seconde partie de la question que nous nous sommes proposée.

2° *Quand urgeait le précepte de la confession, et dans quelles circonstances se pratiquait-elle ?* Pendant les trois premiers siècles, l'Église étant presque continuellement agitée par la persécution, et les âmes pusillanimes ne sachant pas toujours résister à ces terribles épreuves et abandonnant la bonne voie, ce qui leur fit donner le nom de « tombés », *lapsi*, alors la confession se faisait quand l'occasion se présentait, et il n'y avait pas pour cela d'époques fixes. Mais dès que la paix fut accordée à la société chrétienne, bien que les fidèles conservassent la faculté de faire leur confession quand et aussi souvent qu'ils le jugeaient convenable, néanmoins le premier dimanche de carême fut spécialement affecté à l'accomplissement de ce devoir, comme l'attestent les anciens ordres pénitentiaux, les canons des conciles, et d'autres monuments qu'a réunis Martène (*De ant. Eccles. ritib.* l. i. p. 2). Ce n'est guère qu'au neuvième siècle que le ralentissement de la ferveur, ayant porté un certain nombre de fidèles à s'en tenir à la seule confession de précepte, obligea les évêques de prescrire aux fidèles la confession de trois et quatre fois par an.

La confession était la préparation obligée à la réception des autres sacrements, et en particulier de l'eucharistie et de la confirmation. S. Léon, qui n'est ici que l'organe de toute l'antiquité avant lui, fixe ainsi le premier point (*Epist.* xcvii) : « Jésus-Christ, médiateur des hommes, a donné cette puissance aux ministres de l'Église de prescrire l'ordre et la manière de faire pénitence à ceux qui se confessent à eux, et ensuite de les admettre à la communion, après qu'ils avaient été purifiés par une satisfaction salutaire et par la réconciliation. » Dans la *confession* de S. Fulgence rapportée par Ménard dans ses notes au Sacramentaire de S. Grégoire (pag. 225), monument curieux qui n'est à proprement parler qu'une méthode d'examen de conscience, un des péchés représentés comme des plus graves, c'est d'avoir reçu le corps de Jésus-Christ sans s'y être préparé par la confession. S. Cyprien (*De lapsis*) raconte la punition terrible que Dieu infligea à une jeune fille « dont le crime était d'avoir reçu l'eucharistie sans lui découvrir ce qui lui était arrivé. »

III. — On voit que la plupart des données que nous possédons sur la pratique de la confession sont postérieures à l'époque des persécutions. On peut dire que le silence, ou plutôt le langage peu explicite des premiers Pères sur un objet si important, était commandé par la loi du secret dont une des principales prohibitions portait sur la forme des sacrements, qui devait être soigneusement cachée aux profanes et même n'être révélée que graduellement aux initiés (V. Schelstrate. *De disciplina arcani.* c. ii. art. 2). Il n'est pas probable néanmoins qu'une telle loi ait été établie *a priori* et tout à fait au premier âge, alors qu'aucun danger ni aucune trahison n'étaient encore venues mettre en défiance ceux à qui Jésus-Christ avait dit : « Ce qui vous a été confié à l'oreille, prêchez-le sur les toits (Matth. x. 27). » Elle naquit de la nécessité et fut le fruit d'une expérience chèrement achetée. Auparavant les mystères de notre foi étaient librement exposés, et les cérémonies du culte se déployaient sans crainte, même aux yeux des païens.

C'est sans doute à cette époque que fut inventée une calomnie qui est devenue pour nous un trait de lumière dans la question qui nous occupe. Quelques païens ayant vu, dans les assemblées chrétiennes, des fidèles prosternés devant les pontifes ou les prêtres, ce qui, chez les idolâtres, était un acte d'adoration, s'imaginèrent ou feignirent de croire que les chrétiens « honoraient ainsi, en la personne du prélat ou du prêtre, ce que l'homme a de plus honteux, *antistitis ac sacerdotis colere genitalia*, et adoraient en lui ce qu'ils vénéraient dans leurs pères, *et quasi parentis sui adorare naturam* » (V. Minuc. Felic. *Octav.* ix). Il n'est guère douteux que ces chrétiens, dont l'attitude était si étrangement interprétée, avaient été surpris dans l'acte même de la confession sacramentelle, c'est-à-dire au moment où, humblement agenouillés, ils faisaient au ministre de Jésus-Christ l'aveu de leurs fautes.

Et ce qui nous semble donner à cette conjecture tous les caractères de la certitude, c'est que la posture qui avait servi de prétexte à la calomnie était précisément, au témoignage des Pères, celle que prenaient les chrétiens dans la pratique de l'*exomologèse*. Qu'il nous suffise de citer Tertullien (*De pœnitent.* IX) : « L'exomologèse est la discipline par laquelle l'homme se prosterne et s'humilie. Elle règle tout ce qui concerne le vêtement et le vivre : vivifier la prière par le jeûne, pleurer, se prosterner devant les prêtres, s'agenouiller devant les amis de Dieu, » *itaque exomologesis prosternendi et humilificandi hominis disciplina est. De ipso quoque habitu atque victu mandat, jejuniis preces alere, lacrymari, presbyteris advolvi, et caris Dei adgeniculari.* Le P. Marchi (p. 188) a supposé que quelques-unes des chaires des catacombes qui se trouvent placées en dehors des conditions liturgiques ordinaires, ont pu servir de sièges aux pontifes ou aux prêtres dans l'exercice du ministère de la confession. Cette conjecture, qui n'a rien que de raisonnable en elle-même, n'est cependant pas suffisamment appuyée (V. l'art. *Chaire*). Nous détachons de la planche XXVIII de l'ouvrage du savant jésuite un des sièges qui ont donné lieu à cette conjecture.

On lit dans la liturgie de S. Chrysostome que les prêtres qui se préparent à célébrer les saints mystères doivent avant tout se confesser.

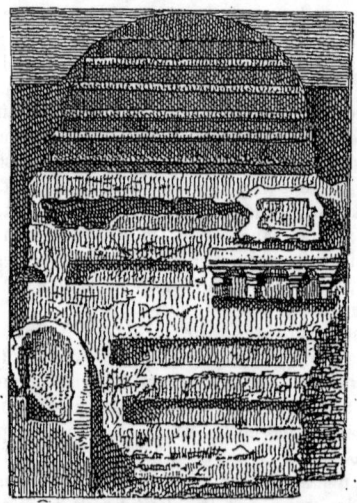

Telle était encore la préparation obligée à la célébration des grandes fêtes ; S. Chrysostome nous l'apprend en particulier (*Homil.* XXX. *In Genes.*) de la fête de Pâques.

On se confessait avant d'entreprendre quelque grand voyage, et surtout avant d'aller à la guerre (V. Grancolas. *ibid.* p. 488). S. Boniface, dans le premier concile qu'il tint en Allemagne, ordonna que chaque chef de corps ou préfet aurait un prêtre pour entendre la confession de ses soldats la veille des batailles. C'est le plus ancien exemple, pensons-nous, d'aumôniers d'armée, et il n'appartient pas à l'antiquité proprement dite ; mais depuis cette époque cette pieuse institution prit de grands développements ; au temps de Charlemagne (Turpin. *De gestis Carol. M.* c. XXIII), c'était déjà une coutume reçue de faire confesser et communier toute l'armée avant de livrer bataille.

Enfin la confession fut toujours regardée comme une préparation indispensable à la mort. S. Augustin, après avoir parlé (*Homil.* XLI) des larcins, de l'ivrognerie, de la médisance, et d'autres péchés semblables, exhorte les fidèles à s'en abstenir, même en état de santé, « de peur d'être surpris par la mort, et de n'avoir pas le temps d'en faire pénitence et de se confesser à Dieu et au prêtre. » La cathédrale d'Aix en Provence possède une épitaphe célèbre, datée, par le consulat d'Anastase, de la fin du cinquième siècle, laquelle atteste que le défunt ADIVTOR mourut saintement, après avoir été admis à la réconciliation par le sacrement de pénitence :

HIC IN PACE QVIESCIT
ADIVTOR QVI POST
ACCEPTAM PŒNITENTIAM
MIGRAVIT AD DOMINVM
ANN. LXV MENSES VII DIES XV
DEPOSITVS S. D. IV KAL IANVARIAS
✠ ANASTASIO V. C. CONSVLE

Il est avéré que S. Augustin (*Epist.* XL) entendit la confession du comte Marcellin, dans sa prison, avant qu'il fût conduit à la mort.

On voit donc que les pasteurs visitaient et réconciliaient ceux qui étaient près de mourir. Nous ne saurions nous dispenser de rapporter encore la navrante description que fait le saint évêque d'Hippone d'une ville menacée d'être prise d'assaut (*Epist.* CCXXIX), et des pieuses préoccupations des habitants au milieu de ces terribles circonstances. « En de telles occasions, quel concours à l'église de personnes de tout âge et de tout sexe, et dont les uns demandent le baptême, les autres la réconciliation, d'autres la pénitence, et tous reçoivent les consolations dont ils ont besoin ! S'il ne se trouve point là de ministres, quel malheur pour ceux qui sortent de cette vie sans être régénérés (baptisés) ou déliés (par la confession) ! Quelle douleur pour leurs proches, s'ils sont fidèles, de ne pouvoir espérer de les avoir avec eux dans le repos de l'éternité ! Quels cris, quelles lamentations, quelles imprécations même de la part de quelques-uns de se voir sans ministres et sans sacrements ! Si au contraire les ministres ont été fidèles à ne point abandonner leurs peuples, ils assistent tout le monde, selon les forces qu'il plaît à Dieu de leur donner. On baptise les uns, on réconcilie les autres, personne n'est privé de la communion du corps du Seigneur, on console, on soutient, on exhorte tout le monde à implorer par de ferventes prières le secours de la miséricorde de Dieu. »

Nous savons qu'on ne refusait point aux criminels la grâce de la réconciliation. S. Grégoire de Tours (*Hist. Franc.* l. v. c. 25) raconte que Dacon, fils de Dagaric, ayant été arrêté par ordre de ce prince, demanda, à son insu, un prêtre de qui il reçut la pénitence et la réconciliation, après quoi il mourut.

EXORCISTES. — C'étaient des clercs qui délivraient les énergumènes de la possession du démon en leur imposant les mains et récitant sur eux les prières publiques (*Concil. Cart.* iv). Cet ordre n'exista point pendant les trois premiers siècles, parce que la foi et la charité qui animaient tous les chrétiens, clercs et laïques, suffisaient pour conjurer les mauvais esprits (Origen. *Contr. Cels.* lib. vii. — Tertullien. *Apol.* xxiii). Il paraît même que les fidèles exerçaient ce pouvoir en faveur des païens, et nous ne saurions résister à la tentation de citer le curieux passage suivant de Tertullien à ce sujet. « Sans les chrétiens, dit-il, qui arracherait vos âmes et vos corps à ces ennemis cachés qui ravagent tout ? Je parle des démons qui vous obsèdent et que nous chassons de vous sans récompense, sans salaire. Il aurait suffi pour notre vengeance de laisser seulement de vous aux esprits immondes une possession libre, et vous, oubliant le bienfait d'une telle protection, vous avez mieux aimé traiter en ennemis des gens qui non-seulement ne vous font pas de mal, mais qui vous sont nécessaires ; ennemis, si vous voulez, mais non des hommes, dites plutôt de l'erreur. »

Un cas d'exorcisme fort extraordinaire est raconté dans les actes de S. Abercius, évêque d'Hiéraple, sous Marc-Aurèle (22 octobr. et Baronius, *ad an.* 173). Lucille, fille de l'empereur, sur le point de partir pour la Syrie pour épouser Lucius Verus, se trouva possédée du démon. Médecins, aruspices et devins, appelés à Rome, ne trouvèrent point dans leur science le moyen de guérir la princesse ; le démon déclara qu'il n'y avait que son ennemi l'évêque d'Hiéraple qui pût lui faire lâcher sa proie. L'empereur fit venir ce prélat, qui délivra Lucille.

Les simples fidèles et les religieux exorcisaient, comme on l'a vu plus haut. Nous en avons un curieux exemple dans la vie de Ste Euphrasie (*Vit. PP.* c. xxix. p. 359. ap. Rosweid.). Il est raconté que cette sainte, exorcisant un énergumène, menaça le démon en ces termes : *Nam si sumo baculum abbatissæ, flagellabo te. Cæterum resistente dæmone, et exire nolente, sumens Euphraxia abbatissæ baculum, dixit ei : Exi* ; « si je saisis le bâton de l'abbesse, je te flagellerai. Or, comme le démon résistait et ne voulait point sortir, Euphrasie prenant le bâton de l'abbesse, lui dit : Sors. » Le bâton de l'abbesse était le signe de l'autorité, et c'est avec cet instrument qu'elle chassait les démons. Cette Euphrasie vivait au temps de Théodoric en Thébaïde. Elle n'était pas abbesse elle-même, mais dans ses mains la crosse de l'abbesse avait le même pouvoir.

Quand la foi se fut affaiblie, l'ordre des exorcistes s'établit peu à peu, mais non en même temps, dans toutes les Églises. S. Pierre, compagnon de martyre du prêtre S. Marcellin sous Dioclétien et Maximien en 302, est peut-être le plus ancien exorciste dont l'histoire ecclésiastique fasse mention (V. Laderchi. *Basilic. SS. Marcellin. et Petr.* p. 5). S. Félix de Nole, après avoir exercé l'ordre du lectorat, fut élevé à celui d'exorciste (Paulin, *Natal.* iv. *S. Fel.*). S. Martin fut ordonné exorciste par S. Hilaire, au témoignage de Sulpice-Sévère (*Vit. S. Martini.* v). La question de savoir si les exorcistes prononçaient les exorcismes sur les catéchumènes avant le baptême est controversée parmi les savants.

Il existe dans les recueils un grand nombre d'inscriptions appartenant à des exorcistes et dont plusieurs offrent des particularités curieuses (V. Oderico. *Inscr. syllog.* p. 258 et Cardinali. *Iscriz. Velit.* p. 213)…. TATA, PALLADIO, EXORC. M. l'abbé Cavedoni donne l'épitaphe d'un exorciste nommé SENTIVS RESPECTVS, trouvée dans un cimetière de Chiusi, en Toscane (*Cimit. crist. di Chiusi.* p. 32). Il y en a une dans le recueil de M. Perret (v. LVV. 5), une dans Boldetti (p. 415) : PETRONIVS EXORCISTA ; une parmi les *Inscr. Christ.* de Marini (p. 383. 3), une dans Mommsen (*Inscr. Nap.* n. 1293), sans parler de celles qui figurent dans les grands recueils de Gruter et de Muratori. BASSILIANVS. AESSORCISTA || COIVGI. BENEMERENTI. IN. PACE (MDCCCLI). Celle qui nous a transmis le nom de l'exorciste MACEDONIVS fut trouvée avec le vase de sang au cimetière des Saints-Thrason-et-Saturnin (Marang. *Act. S. V.* p. 81). A l'article *Ordres ecclésiastiques*, nous avons donné une épitaphe qui prouve que le grade d'exorciste était tenu en haute estime dans la primitive église, car, parmi les états de service de l'évêque Latinus, on ne dédaigne point de noter les douze années qu'il avait passées dans l'exercice de cet ordre. L'inscription de Chiusi, citée plus haut, est une nouvelle preuve du respect que l'antiquité professait pour ce même ordre, puisque Sentius Respectus mourut exorciste à l'âge de soixante ans.

On voit sur un *nymphæum* de Pisaure (Paciaudi. *De Christ. Baln.* tab. iii) un clerc, une croix à la main, exorcisant un homme nu et témoignant par ses contorsions qu'il est agité par l'esprit malin. Au cimetière de Saint-Pontien (Perret. iii. lviii), une fresque d'une époque basse représente,

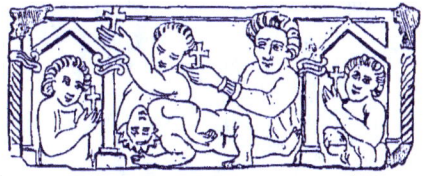

avec S. Marcellin et S. Pollion, l'exorciste S. Pierre, tous trois martyrs sous Dioclétien.

ÉZÉCHIEL. — On voit dans les bas-reliefs de quelques sarcophages chrétiens (Bottari. tav. xxxviii. cxxxiv) une scène à peu près toujours ainsi conçue (Bottari 93) : un personnage vêtu d'une tunique courte et du *pallium* étend la main droite vers deux hommes nus et debout, et vers un autre étendu à terre comme mort, près duquel sont deux têtes, l'une complètement décharnée et l'autre recouverte à moitié de sa peau. On pense que c'est la représentation de la vision d'Ézéchiel (c. xxxvii), alors que, sur l'ordre de Dieu, il ordonna aux ossements desséchés entassés dans un champ d'entendre la parole du Seigneur et de revivre. « Un bruit se fit entendre, et voilà que les os s'approchent des os, chacun à sa jointure. Les nerfs et les chairs recouvraient ces os, et la peau s'étendait sur ces os. » (Vers. 7. 8)

Cette interprétation est fort vraisemblable, car nous lisons dans S. Jérôme (*In Ezech.* c. xxxvii) que la prophétie d'Ézéchiel, qui rappelait évidemment le dogme de la résurrection de la chair, était sans cesse dans la bouche des premiers chrétiens. *Famosa est visio, et omnium Ecclesiarum lectione celebrata.* La présence de cette histoire sur une urne funéraire donne à la conjecture tout le caractère de la certitude. Nous savons, en effet, que les fidèles accumulaient sur ces sortes de monuments les images relatives à la résurrection, plutôt que des sujets lugubres. Dans le marbre dont voici le dessin, le prophète tient à la main gauche un volume qui dénote probablement le livre des prophètes, et derrière lui est un autre homme, vêtu comme lui, qui représente son disciple ; car nous savons que les prophètes avaient un disciple fidèle qui ne les quittait jamais : Élie, Élisée, Jérémie avaient le leur.

F

FAMILLE (LA SAINTE). — Bosio a donné (*Roma sot.* p. 279) le groupe que nous reproduisons ici et qui est peint dans le vide d'un *arcosolium* du cimetière de Calliste. Il se compose, comme on voit, d'une femme voilée, d'un homme vêtu de la tunique et du *pallium*, et enfin d'un enfant de six à huit ans étendant les mains à la façon des *orantes*.

L'idée la plus naturelle, à l'aspect d'une telle peinture, était de supposer qu'elle représentait la Sainte Famille. Cependant, ni Bosio qui l'avait découverte, ni Aringhi et Bottari qui la reproduisirent plus tard, n'admirent cette interprétation ; ils aimèrent mieux y voir un père, une mère et un enfant, qui avaient été réunis dans ce tombeau. Deux raisons probablement motivèrent une opinion que nous oserions presque aujourd'hui appeler une erreur. C'est en premier lieu la doctrine déjà reçue alors que les figures ainsi représentées sur les tombeaux dans l'attitude de la prière étaient la personnification de l'âme, peut-être même le portrait physique des personnes qui y reposaient, ce qui, en thèse générale, est rigoureusement vrai. Mais il n'est pas moins positif que l'orante, quand elle est seule, est quelquefois la Ste Vierge ou la personnification de l'Église. La seconde raison, c'est que c'était la première fois qu'un tableau ainsi conçu s'était présenté dans les cimetières de Rome souterraine ; et, en saine critique, un seul monument ne saurait fournir une base suffisante pour asseoir une doctrine.

Les savants de nos jours ont admis les appréciations que suggèrent le simple bon sens, ainsi que le témoignage des yeux : ils se sont prononcés pour la Sainte Famille. Le P. Garrucci a exprimé ce sentiment dans ses notes à l'ouvrage de L'Heureux (*Macarii Hagioglypta*, p. 242). M. De' Rossi a fait mieux encore : il a publié un monument analogue, récemment découvert au cimetière de Priscille (*Imagines selectæ Deiparæ Virginis*.... tab. IV). Mais ici, les trois figures, à peu près costumées comme celles du cimetière de Calliste, élèvent les mains dans l'attitude de la prière, de la contemplation ou de l'action de grâces ; il n'est cependant possible de l'affirmer que de Marie et de Joseph, parce que la chute du stuc ne laisse voir que les jambes de l'enfant Jésus. On suppose avec toute espèce de fondement que les trois augustes personnages sont représentés après que le divin enfant eut été retrouvé dans le temple, enseignant les docteurs.

On ne saurait néanmoins se dissimuler que les représentations de la Sainte Famille, surtout dans ces conditions, sont extrêmement rares dans les monuments du plus ancien âge. Elles se rencontrent plus fréquemment peut-être sur les sarcophages historiés : nous croyons reconnaître ce sujet dans quelques tombeaux d'Arles. Mais nous en avons un remarquable exemple dans les bas-reliefs d'un sarcophage de Perugia, que nous avons donné à l'article *Enfant Jésus*, auquel nous renvoyons le lecteur.

La Sainte Famille se trouve réunie d'une manière *indubitable* dans la scène historique de la nativité (V. les art. *Nativité, S. Joseph, Adoration des mages, Adoration des bergers, Bœuf [le] et l'âne*).

FENESTELLA CONFESSIONIS. — C'est une ouverture ou petite fenêtre pratiquée au-dessus de la *confession*, c'est-à-dire de la cellule souterraine où reposent les corps des martyrs et des saints en général (V. les art. *Confessio, Martyrium, Memoria*).

On ne saurait rien citer en ce genre de plus ancien ni de plus vénérable que la *fenestella* de la confession de S. Pierre au Vatican (V. Steph. Borgia. *Vaticana confessio Beati Petri*). C'était une baie quadrangulaire que les documents anciens appellent tour à tour *jugulum, billicum, umbilicum*, ménagée pour satisfaire la dévotion des fidèles désireux de vénérer le tombeau du prince des apôtres, tombeau dont personne, pas même les papes, n'avait été admis à approcher depuis la construction de la basilique et la fermeture de la crypte par S. Sylvestre, au quatrième siècle. Cette ouverture était assez spacieuse pour que l'on pût y passer la tête et, au moyen d'un flambeau, contempler l'intérieur de la confession. C'est là que se plaçaient les fidèles pour solliciter, par l'intervention des apôtres, les faveurs qu'ils avaient à cœur d'obtenir.

Une pratique analogue avait été adoptée presque instinctivement dans tous les sanctuaires des saints illustres du monde catholique, et notamment dans les Gaules, ce qui est pour nous d'un intérêt tout spécial. S. Grégoire de Tours (*De glor. confess.* c. XXXVII) en constate l'existence dans la basilique des Saints Vénérand-et-Népotien à Clermont, et la décrit dans des termes presque identiques à ceux dont se sert le livre pontifical quand il s'agit de S. Pierre de Rome : *Caput per fenestellam quicumque vult immittit, precans quæ necessitas cogit, oblinetque mox effectum, si justa petierit*; « chacun a la faculté d'introduire sa tête par la *fenestella*, afin de demander ce qui lui est nécessaire, et il ne tarde pas de l'obtenir, si sa demande est juste. »

Et un détail touchant que nous ne devons pas omettre, c'est que les fidèles faisaient descendre à l'intérieur de ces cryptes sacrées et, autant que possible, jusque sur le tombeau même qui y était renfermé, des linges, *brandea, oraria, palliola*, qui auparavant avaient été pesés dans une balance. Puis ils jeûnaient et priaient jusqu'à ce qu'ils eussent acquis la conviction que leur prière avait été exaucée ; et, dans leur pieuse confiance, ils pensaient s'en rendre compte par le poids que le *palliolum* avait acquis pendant son séjour sur la sainte relique. Nous savons par S. Grégoire de Tours que ceci se pratiquait au tombeau de S. Martin (Greg. Turon. *De mirac. S. Martini.* cap. 11), et cet historien rapporte à ce sujet plusieurs faits miraculeux.

Cet acte de foi peut aujourd'hui paraître empreint d'une naïveté excessive : il prenait néanmoins sa source dans les souvenirs les plus authentiques des prodiges de guérison qui, du vivant de l'apôtre, s'opéraient partout sur son passage. « On apportait, lisons-nous dans les *Actes des apôtres* (v. 15), les malades dans les rues (de Jérusalem) et on les plaçait sur des lits, afin que, Pierre venant, SON OMBRE AU MOINS PASSAT SUR QUELQUES-UNS et qu'ils fussent guéris de leurs infirmités. » C'est d'après le même principe que l'usage s'établit de déposer sur l'autel de la confession les palliums qui, après avoir été bénits par le pape la veille de la fête de S. Pierre, sont retirés tout imprégnés de la vertu de l'apostolat — DE CORPORE BEATI PETRI — pour être distribués aux patriarches et aux archevêques (V. l'art. *Pallium*). — A certains jours, on suspendait à l'intérieur de la crypte une urne où brûlait de l'encens : Borgia affirme que, de son temps, on voyait encore sur le bord de la *fenestella* le clou de bronze auquel était attachée la chaine qui soutenait ce vase. Vers la fin du huitième siècle, le pape Léon III avait fait exécuter à cet effet un magnifique encensoir d'or très-pur du poids de deux livres (*Lib. Pontif.* t. III. p. 282) : *fecit thuribula apostolica ex auro purissimo : ex quibus unum misit intus super corpus ejus (Petri)*.

La *fenestella* de la confession de S. Pierre fut de tout temps l'objet d'une si grande vénération, que les papes se plurent toujours à l'enrichir d'ornements précieux. Ainsi il est rapporté dans le *Livre pontifical* (t. III. p. 184), que Benoit III, qui siégeait en 855, « fit recouvrir *l'umbilicum* de la confession du prince des apôtres, son nourricier (V. l'art. *Oblats*), *nutritoris sui* (ce qui suppose que ce pontife avait été élevé dans le palais apostolique, peut-être comme oblat), d'un cercle d'or très-pur pesant trois livres, — *cooperculum ex auro puris-*

simo, pensan. lib. tres. Il fit aussi garnir d'une lame d'or le pourtour du *jugulus, circuitum billici aurea lamina ornabat* (*Lib. Pontif.* t. III. p. 162).

La confession de la basilique de Saint-Paul, sur la voie d'Ostie, avait aussi sa *fenestella* où, au jour de la fête de l'apôtre, se pratiquaient des rites analogues à ceux dont nous avons parlé plus haut, — *foramen in fundo arcæ super corpus apostoli.* La cérémonie de la thurification y était entourée d'une solennité toute particulière, dont on trouve une curieuse description dans un très-ancien ordre romain publié par notre Mabillon (*Musæum Italicum.* t. II. p. 150).

Les historiens rapportent aussi de nombreux exemples de l'usage de la *fenestella confessionis* pour les églises d'Orient. Elle existait sur le tombeau des 40 soldats martyrs de Sébaste (Sozomen. IX. 2) : *in summa parte ubi martyres jacebant, exiguum foramen apparuit.* D'un passage de l'auteur inconnu d'une description de Sainte-Sophie, publiée par Combefis (p. 255. — Cf Borg. *op. laud.* p. 162), on peut conclure qu'il y avait dans cette célèbre église quelque chose de semblable.

FÊTES IMMOBILES DE L'ANNÉE ECCLÉSIASTIQUE. — Nous consacrons le présent article au rapide examen de l'antiquité des principales fêtes immobiles, selon l'ordre où elles viennent dans chacun des mois de l'année. Les trois grandes fêtes mobiles, Pâques, l'Ascension, la Pentecôte, seront l'objet d'autant d'articles à part.

I. — FÊTES DE JANVIER. — 1° *Circoncision.* Cette fête était certainement établie du temps de S. Léon le Grand ; nous le voyons par une des lettres de ce pape (*Epist.* IV. c. 4), où, après avoir dit qu'un temps est assigné à la célébration de chacun des mystères de notre foi, il ajoute : *aliud quo infans circumciditur.* Mais de sa célébration au 1er janvier nous n'avons pas de preuve antérieure au concile de Tours, célébré en 567 (can. XVIII). Cette fête est marquée dans les plus anciens calendriers, celui de Naples, par exemple, et celui que donne Seldenne (*De synedr. Hebr.* t. II. 1. 3. c. 13) ; elle l'est aussi dans le martyrologe dit de S. Jérôme. Le sacramentaire de S. Grégoire l'énonce par ces mots, *in octavis Domini ;* mais c'est bien de la Circoncision qu'il s'agit, la messe le prouve. Les martyrologes de Bède et d'Usuard portent : *Circumcisio Domini nostri Jesu Christi secundum carnem.*

En fixant au 1er janvier la fête de la Circoncision, l'Église eut pour but d'effacer les restes de superstition païenne qui persévérèrent longtemps en ce jour, au sein du christianisme même. Aussi les anciens missels ont-ils deux messes, l'une de la Circoncision, l'autre sous cette rubrique : *Missa ad prohibendum de idolis* (V. Martène. *De ant. Eccles. discip.* c. XIII. n. 15). Là ne se bornait pas la protestation de l'Église contre les rites impurs du culte de Janus qui souillaient le jour des calendes de janvier ; elle voulut encore le sanctifier par un jeûne solennel, qui paraît avoir été en vigueur jusqu'au neuvième siècle (Vulgat. Alcuin. *De divin. offic.* v) ; S. Ambroise avait établi ce jeûne à Milan « en l'honneur des prémices du sang que l'enfant Jésus avait répandu pour nous dans la circoncision » (*Serm.* xxx). (V. les art. *Janvier* et *Couleurs* [*Symbolisme des*], II.)

2° *Épiphanie.* Au 6 janvier se célèbre cette autre fête de Notre-Seigneur, dont le nom veut dire *manifestation,* parce que, au baptême de Jésus-Christ, le Père le proclama son fils (Luc. II). D'après le cardinal Noris (*Dissert.* II *De epoch. Syro-Macedon.* c. 4), les anciens auraient voulu désigner par le mot *Épiphanie,* moins la *manifestation* du Christ, que la *présence* du Père éternel, qui parla en cette circonstance ; il prouve par plusieurs exemples que ce mot signifie *présence ;* et Spanheim (*De usu et præstant. numism.* diss. v) est de son avis. Mais quoi qu'il en soit de la signification native du mot, il est certain que les Pères, dans les homélies qu'ils ont prononcées à l'occasion de la fête de l'Épiphanie, l'entendent dans le sens de *manifestation, illustration.*

Que le Christ ait été baptisé en ce jour, c'est ce qu'atteste la tradition à peu près unanime des anciens ; et nous trouvons dans S. Clément d'Alexandrie (*Strom.* l. I) des témoignages du deuxième siècle à cet égard. Parmi les Pères primitifs, il en est à peine un ou deux qui paraissent en douter (V. Tillemont. *Vie de J.-C.* art. v. 5.). Aussi l'Église, tant orientale qu'occidentale, assigna toujours le 6 janvier à cette fête, et la célébra en tout temps avec une grande solennité. C'est ce qui ressort des témoignages des Pères (V. *Const. apost.* v. 13. — *Act. sincera. Passio S. Philipp.* Ruinart. p. 694), des constitutions des empereurs Valens, Théodose et Arcadius (*Cod. lib.* III. t. 12. *De feriis.* l. 7). Il est remarquable que l'Épiphanie soit mentionnée par un auteur païen, Ammien Marcellin, à l'occasion du séjour à Vienne de Julien l'Apostat, qui, simulant encore le christianisme auquel il avait secrètement renoncé, la célébra dans l'église de cette ville (XXI. 2) : *Feriarum die quem celebrantes mense januario Christiani Epiphania dictitant* (Greppo. *Not. ined.*). On fêta aussi en ce jour l'arrivée des Mages qui offrirent des présents au Christ (V. Tertull. ap. Tillem. *ibid.* — S. Leo. *Serm. de Epiph.,* etc.), et encore le souvenir des noces de Cana. Cette dernière circonstance nous est révélée par S. Pierre Chrysologue (*Serm.* CLVII. *De Epiphan.*) et par S. Eucher de Lyon (*Homil. in vigil. S. Andr.*). Nous savons, en effet, par S. Paulin (*Carm.* IX *De S. Felice*), que, dès le quatrième siècle, l'Église célébrait en ce jour trois fêtes. D'après S. Augustin (*Serm.* XIX. *De temp.*), les Églises d'Afrique ajoutaient un quatrième motif à cette solennité, le miracle de la multiplication des pains avec lesquels Notre-Seigneur rassasia cinq mille personnes.

Dès le quatrième ou cinquième siècle, ce jour fut un de ceux que les deux Églises avaient consacrés à l'administration solennelle du baptême (Greg. Nyss. *Orat. in S. lum.* — Leo. *Epist.* XVI. 1. etc.). C'est pour cela sans doute que les Grecs l'appelaient encore *diem luminum, sancta luminum*, et *illuminationem*, à cause du nom d'*illumination* qui était donné au baptême. Il y a plus encore : les chrétiens d'Orient avaient coutume d'aller, au milieu de la nuit de l'Épiphanie, puiser dans les fonts de l'eau qui se conservait sans se corrompre toute une année, et même jusqu'à deux et trois ans. S. Chrysostome (*Hom.*, III *Ad pop. Antioch.*) l'atteste spécialement des Grecs, et pour les autres S. Épiphane (*Hær.* LI. 30), lequel ajoute que cette pratique avait lieu en mémoire des noces de Cana.

L'Épiphanie était le jour où les patriarches ou les métropolitains expédiaient aux évêques de leurs provinces respectives des lettres communicatoires pour les informer des jours où les solennités de Pâques, de la Pentecôte et les autres fêtes mobiles devraient être célébrées pendant l'année courante. (Cassian. *Coll.* x. c. 11). Ces lettres étaient appelées *pascales*; il en est arrivé un certain nombre jusqu'à nous, et en particulier plusieurs de S. Denys, de S. Athanase, de S. Cyrille, des papes S. Innocent et S. Léon; nous en avons trois de S. Théophile d'Alexandrie que S. Jérôme a traduites en latin.

3° Le 18, l'Église célèbre la fête de la Chaire de S. Pierre à Rome, fête intitulée au missel et au bréviaire romains : *Cathedra sancti Petri qua Romæ primum sedit*. Cette rubrique désigne, comme l'on voit, une première chaire, *qua primum sedit*, ce qui en suppose une seconde. Et en effet, nous savons aujourd'hui, grâce à la sagacité de M. le commandeur De' Rossi (*Bullett.* 1867. n. 3), que dès l'origine deux chaires de S. Pierre étaient conservées et vénérées à Rome : la première, qui est celle que l'apôtre occupa à son premier séjour à Rome sous l'empire de Claude, se trouvait au cimetière Ostrien, situé entre la voie Nomentane et la Salaria nouvelle, dans le lieu même où S. Pierre baptisait, *ad Nymphas Petri*, ou bien *Fontis S. Petri*; la seconde, relative au second voyage de l'apôtre dans la ville éternelle du temps de Néron, et qui symbolise, au Vatican, les pouvoirs conférés à Pierre par Notre-Seigneur, en récompense de la confession publique que fit l'apôtre de sa divinité : *Sella apostolicæ confessionis*, dit Ennodius de Pavie (*Apologet. pro synod. ap. Sirmond. Opp.* t. I. p. 1647).

Dans la suite des temps, le souvenir de la première s'étant à peu près perdu, et les correcteurs des martyrologes au huitième siècle ne se rendant pas compte des raisons pour lesquelles la fête de la Chaire de S. Pierre était célébrée deux fois, le 18 janvier et le 22 février, eurent l'idée d'assigner la seconde fête à la chaire de S. Pierre à Antioche; leurs manuscrits portent : *cathedra Petri in Antiochia*, ou *apud Antiochiam*, ou encore *qua sedit apud Antiochiam* (V. Georgii. *Martyrol.* Adon. die 22 *febr.*, in. act. 11. t. III. *febr.* p. 283). Induit en erreur par ces confusions, le pape Paul IV, au seizième siècle, assigna au 18 janvier la solennité de la chaire du Vatican, la seule connue alors, et au 22 février celle de la chaire d'Antioche. Mais primitivement le 18 janvier était consacré à la fête de la chaire du cimetière Ostrien, *qua primum Roma sedit*, et la solennité de la chaire du second voyage, qui est vénérée aujourd'hui à Saint-Pierre au Vatican, était célébrée le 22 février. Il n'était point question de la chaire d'Antioche.

II. — FÊTES DE FÉVRIER. — 1° *Purification*. Le 2 février se célèbre une fête qui dans tous les martyrologes des Latins est intitulée *Purificatio S. Mariæ Virginis* (ap. Bolland. *die* II *febr.* § 4); quelques-uns ajoutent : *Hipapanti Domini*; l'ancien romain porte : *Purificatio B. Mariæ Virginis*, et *Hipapanti Domini nostri*. Par ce dernier nom, les Grecs désignaient la mémoire de la rencontre de Siméon dans le temple avec Notre-Seigneur, car le mot *hipapante* équivaut au latin *occursus*.

L'institution de cette fête dans l'une et l'autre Église remonte à la plus haute antiquité. Elle est clairement mentionnée par S. Grégoire de Nysse (*Homil. de occursu Domini. Opp.* t. III), au quatrième siècle, et par plusieurs autres Pères dont on trouvera les témoignages réunis dans Bolland (*loc. laud.*). Quant à l'auteur de la supplication ou litanie qui a lieu en ce jour, les érudits ne sont pas d'accord. Baronius en fait honneur au pape Gélase (*ad an.* 496. n. 30); il est suivi par Martène (*De ant. Eccl. discip.* xv. 2), qui pense que, par ces supplications, ce pontife voulut abolir les fêtes des Lupercales qui étaient encore en vigueur parmi les Romains. D'autres en attribuent l'institution à une époque plus reculée, et croient les reconnaître dans ce passage de S. Cyrille de Jérusalem (*Hom. de occurs. Domini. Bibl. PP.* t. IV) : *Populi gentium una cum Sion manibus præferentes faces obviam procedamus*. Mais l'homélie d'où ces paroles sont tirées n'est pas authentique; et une seule chose est constante, c'est que la procession était usitée au septième siècle. On trouve dans les anciens sacramentaires publiés par Martène (*loc. laud.*) diverses formules très-anciennes pour la bénédiction des cierges.

2° *La Chaire de S. Pierre à Antioche*. Cette fête est fixée au 15 dans quelques calendriers du moyen âge. Le sacramentaire de S. Grégoire la met au 15 des calendes de mars, ce qui correspond au 17 février, ainsi que le second concile de Tours tenu au sixième siècle. Mais il faut observer que ces documents désignent cette fête de la chaire de S. Pierre d'une manière générale, *Cathedra sancti Petri*. Ce ne sont que les commentateurs du moyen âge qui, comme nous l'avons vu plus haut (I, 3), ont entendu cette rubrique de la chaire d'Antioche, tandis qu'il s'agissait de la seconde chaire de S. Pierre à Rome, celle que l'on croit provenir de la maison du sénateur Pudens, et qui est exposée dans l'abside de la basilique Vaticane (V. les explications ci-dessus). Elle est marquée au 12 février dans le fameux calendrier de marbre de Naples, et se célèbre à Rome le 22, depuis Paul IV.

III. — FÊTES DE MARS. — Le 25 de ce mois (VIII *kal. april.*) se célèbre la fête de l'*Annonciation de* la Ste Vierge Marie. Elle est désignée sous différents noms chez les anciens ; on trouve tantôt *la Conception du Christ*, tantôt *l'Annonciation du Christ, le Commencement de la Rédemption*, INITIUM REDEMPTIONIS, *l'Annonciation du Christ dans la Vierge Marie*, et *la Passion du Christ* (Martène. *ibid.* c. XXXI). Le sacramentaire grégorien porte : VIII KAL. APRILIS ANNUNCIATIO ANGELI AD MARIAM, « l'Annonciation de l'ange à Marie. »

Les Bollandistes attribuent l'institution de cette fête aux apôtres (*Mart.* XXV. t. XIII. n. 24). Mais, pour cela, ils sont réduits à se prévaloir de l'axiome de S. Augustin : « tout ce que tient l'Église universelle, et qui n'a pas été établi par les conciles, mais toujours retenu, doit être regardé comme de tradition apostolique (l. IV *De baptism.* 24). » Or il resterait à établir avant tout que l'Église a toujours *retenu cette fête* ; et cela ne ressort pas clairement des textes de S. Grégoire Thaumaturge et d'autres anciens Pères qu'ils invoquent (V. *Nat. Alex. Hist. eccl.* III. § 3. c. 4. — Thomassin. *De fest.* l. II. 12). Martène pense que S. Augustin est le premier qui en ait parlé dans son livre *De la Trinité* (l. IV. c. 5) ; mais le passage cité de ce Père se rapporte à la tradition de l'Église au sujet du jour de la conception du Sauveur, plutôt qu'à la fête instituée pour la célébrer.

Les données les plus authentiques et les plus anciennes que nous possédions à ce sujet nous viennent du concile de Laodicée (can. LI), tenu au quatrième siècle. Les Pères du concile quinisexte en font aussi mention (can. LII) ; et, pour les Églises d'Occident, le dixième de Tolède, tenu en 656 (cap. I. n. 4), qui fixa cette fête au 18 décembre. La fête de l'Annonciation était donc en pleine vigueur dès le quatrième siècle chez les Grecs, qui la traitaient en carême comme un dimanche : jusque-là que, si elle tombait le jeudi ou le vendredi saint, elle emportait avec elle le privilège pour les fidèles d'user de poisson et de vin, comme l'atteste le patriarche Nicéphore (Cf. *Pellic.* II. 54). Si l'on veut savoir l'extension que cette fête prit dans les Églises d'Orient et d'Occident, on peut consulter les Bollandistes (*Ibid.* § 11. 12).

IV. — FÊTES D'AVRIL ET DE MAI. — Avril n'a pas de fêtes *immobiles* de premier ordre.

1° Le 3 mai tombe la fête de l'*Invention de la Ste Croix*. Elle paraît pour la première fois dans le sacramentaire et dans l'antiphonaire de S. Grégoire (*Opp.* t. III). Elle est mentionnée, il est vrai, dans le martyrologe de S. Jérôme ; mais Papebroch pense qu'elle y a été ajoutée après coup par une main moderne (*Maii* III. c. 3. n. 25). Fronto (*Kalend. Roman. not.* p. 76) atteste, lui aussi, qu'il n'en existe pas de trace dans les anciens manuscrits de ce martyrologe, et il pense qu'elle ne fut instituée qu'après l'an 720 dans l'Église latine, et plus tard encore chez les Grecs.

On sait que le bois de la croix fut trouvé par Ste Hélène, mère de Constantin ; c'est un fait que la saine critique ne permet pas de rejeter en présence des témoignages que fournissent à cet égard Socrate (*Hist. eccl.* I. 17), Sozomène (*Hist. eccl.* II. 1), S. Ambroise (*Orat. de obit. Theodos. imp.*), Théodoret (*Hist. eccl.* I. 18). S. Cyrille de Jérusalem, qui vivait au quatrième siècle, atteste même que de son temps « l'univers entier était déjà plein des particules de la croix » (*Catech.* IV).

2° Nous avons encore à constater pour ce mois un fait intéressant et peu connu : c'est une fête en l'honneur de l'empereur Constantin, laquelle est marquée comme il suit dans quelques calendriers des Grecs et des Latins : *Memoria sanctorum gloriosorum a Deo coronatorum, atque apostolis æqualium, imperatorum Constantini et Helenæ* (ap. Bolland. *Die maii* XXI. c. 1). Et, en effet, en vertu d'une constitution d'Emmanuel Comnène (*Nomocanon.* t. VII. c. 1. — Cf. Pellic. *loc. laud.*), les Grecs célébraient la mémoire du fils en même temps que celle de la mère, qui sont appelés *a Deo coronati*, « couronnés de Dieu, » d'une locution en usage parmi les Orientaux pour désigner les empereurs, θεοστέπτους, locution qui fut adoptée au moyen âge chez les Latins, comme on le voit par les chartes carlovingiennes. Ils sont encore appelés « égaux aux apôtres », *apostolis æquales* ; c'est le nom qui est donné à Constantin, notamment dans les ménées, ἰσαπόστολος (Val. *Not. ad* IV *Euseb. lib. de Vit. Constantini.* c. 50), ce qui est rendu exactement par le latin *æqualis apostolis*. La fête de S. Constantin se célébrait donc autrefois dans les deux Églises, et le calendrier de Naples déjà cité porte : *Memoria Constantini imperatoris*. Les Bollandistes attestent qu'elle l'est encore dans quelques Églises de la Bohême, de la Flandre et de la Russie. Ajoutons que, à l'extrémité de la Grande-Grèce, soit la Calabre, il existe un bourg appelé *Saint-Constantin* où le fils de Ste Hélène est honoré le 2 mai par l'office du commun d'un confesseur non pontife (Bolland. *ibid.* § 6). Cette fête est aussi célébrée, mais le 21, par une colonie d'Épirotes qui occupe certaines localités du royaume de Naples.

V. — FÊTES DE JUIN. — 1° Le 24, S. *Jean-Baptiste*. Cette fête doit être de toute antiquité, car on manque de documents pour en assigner l'origine. Dans son cinquante-neuvième sermon *De diversis*, S. Augustin la regarde comme une des plus anciennes de celles que célèbre l'Église. D'un autre côté, il n'est pas un seul calendrier ou martyrologe ancien de l'Église orientale comme de l'Église occidentale qui n'en fasse mention. A Rome, au neuvième siècle, il y avait encore ce jour-là trois messes (*Ord. Rom. in Bibl. PP.* t. XIII) ; et, d'après Amalaire (*De off. eccl.* III. 37), il en était de même dans plusieurs autres Églises. S. Grégoire de Tours (*Hist. Franc.* VIII. 9) nous apprend même que les Églises gallicanes avaient fait de la fête de S. Jean-Baptiste un jour de baptême solennel.

2° La fête de S. *Pierre* et de S. *Paul* est une de celles que l'Église a célébrées dès les premiers siècles ; et primitivement elle prenait même deux jours, le 29 pour S. Pierre, le 30 pour S. Paul. Nous voyons dans le Micrologue (*De eccl. observ.*

XLII. ap. Pellic.), auteur du onzième siècle, que c'est S. Grégoire qui les réunit en une seule solennité au 29. Mais c'est une addition faite à ce livre liturgique vers le dixième siècle, qui est la véritable date de la réunion des deux fêtes (V. Pelliccia. *ibid.* p. 58), et il paraît plus rationnel qu'il en soit ainsi, puisque ces deux apôtres reçurent le même jour la couronne du martyre, c'est-à-dire le 29 juin (Euseb. *Hist. eccl.* II. 23), sous l'empire de Néron, et le consulat de Tuscus et de Bassus.

Il est certain, et Eusèbe le prouve (*Ibid.*) par le témoignage de Caïus qui succéda au pape Zéphirin, ue la fête des deux princes des apôtres était solennisée à Rome dès le deuxième siècle. Prudence l'atteste pour son temps (*Peristeph. hymn.* XIII. vers. 57) :

Aspice, per bifidas urbs Romula funditur plateas,
Lux in duobus fervet una festis.

et nous savons par S. Paulin (*Epist.* XVI. *Ad Delphin.*) que les fidèles s'y rendaient des contrées les plus éloignées de la terre.

Le pape célébrait deux messes, la première à Saint-Pierre, la seconde à Saint-Paul sur la voie d'Ostie : Prudence l'indique clairement (vers. 63) :

Transtiberina prius solvit sacra pervigil sacerdos,
Mox hac recurrit, duplicatque vota.

C'est ce qui a porté dom Ménard à lire dans l'hymne de S. Ambroise (Baron. *Not. ad Martyrol.*), *binis viis*, au lieu de *trinis*, fausse leçon due à la négligence des copistes :

Tantæ per urbis ambitum
Stipata tendunt agmina :
Trinis celebratur viis
Festum sanctorum martyrum.

VI. — Fêtes de juillet. — Le 26, et primitivement le 25, les Grecs aussi bien que les Latins célèbrent la fête de *Ste Anne*. Mais les Grecs, d'après leur ménologe et plusieurs calendriers donnés par les Bollandistes (*Martii die* XX. 1) ont en outre, le 9 septembre, c'est-à-dire le lendemain de la Nativité de la Ste Vierge, une fête de *S. Joachim et de Ste Anne*. Le culte de S. Joachim ne fut adopté que plus tard dans l'Église latine, et nous ne pensons pas qu'il existe une donnée plus ancienne à cet égard que celle qui est fournie par le fameux calendrier de Naples qui, comme on sait, est du neuvième siècle. Ce qu'on lit dans le ménologe sur l'histoire de Ste Anne paraît complètement fabuleux, et emprunté à l'auteur du livre *De ortu Domini*. Les noms des parents de la très-sainte Vierge ne sont guère connus avant le septième siècle ; ils se rencontrent pour la première fois dans la chronique pascale, à laquelle les érudits n'assignent pas une date plus reculée (*Biblioth. PP.* t. XII). Un calendrier grec, édité par Génébrard, fait lire, en ce même jour, 25 juillet : *Dormitio S. Annæ Deiparæ genitricis : Memoria sanctarum mulierum Olympiadis et Euphraxiæ*. Le calendrier de Naples joint aussi le nom de Ste Euphrasie à celui de Ste Anne (V. Pelliccia. *ibid.* 59).

VII. — Fêtes d'août. — 1° Le 6 se trouve la fête de la *Transfiguration de Notre-Seigneur*. Calliste II, qui siégeait au quinzième siècle, passe généralement pour être l'instituteur de cette fête (Baron. *Not. ad Martyrol. hac die*). Mais Martène (*Ant. lect.* t. III) rapporte divers monuments qui autorisent à la faire remonter plus haut, cependant pas au delà du dixième siècle. Les livres des Grecs ne fournissent aucune donnée plus ancienne à cet égard.

2° L'*Assomption de la Ste Vierge* se célèbre le 15 de ce mois, de toute antiquité. S. Grégoire de Tours paraît être le premier qui ait affirmé en propres termes que Marie fut enlevée en corps et en âme dans le ciel (*De glor. Martyr.* l. I. c. 4). Ruinart, dans ses notes sur ce passage, atteste ne pas connaître de plus ancienne autorité écrite à ce sujet. Il est vrai néanmoins que, peu de temps après, cette opinion prit une telle extension, qu'elle s'introduisit dans la liturgie, ce qui ressort d'un sacramentaire gallican inséré dans le *Musæum Italicum* (page 300) et du missel gothique (l. III *Liturg. gallican.*), où, à la messe de l'Assomption, il est dit à plusieurs reprises que le corps de Marie fut transporté dans le ciel.

Autrefois néanmoins la fête de l'Assomption se célébrait le 18 janvier (V. Mabillon. *Curs. Gallic.* l. II. — Florentini. *Not. ad Martyrol. Ad diem jan.* XVIII). Elle est marquée à ce jour dans le martyrologe de S. Jérôme, dans le calendrier de Lucques, dans celui de Corbie et dans d'autres encore que cite Martène. Ceci n'empêchait pas qu'elle ne fût aussi solennisée le 15 août : c'est ce qu'enseignent Rosweide dans ses notes au martyrologe de S. Jérôme, et Constantin, évêque de Chypre (*Act.* IV *Concil. œcum.* VII) ; et pour le neuvième siècle, le calendrier de Naples. Aussi, dans les plus anciens livres de Naples, lisons-nous cette rubrique destinée à distinguer cette seconde fête de l'autre : *S. Maria de augusto mense*, ou, *Festibitas* (sic) *S. Mariæ de augusto mense*. Florentini, dans son martyrologe, établit d'une manière assez plausible que la fête de l'Assomption fut transférée au mois d'août par l'empereur Maurice, au sixième siècle. Quant à sa primitive institution, il n'existe aucun document capable de nous éclairer : nous devons donc la regarder comme remontant aux premiers temps, car elle figure dans les plus anciens martyrologes. Ceux-là sont donc évidemment dans l'erreur qui voudraient en rabaisser l'origine jusqu'au huitième siècle. Le témoignage de Grégoire de Tours suffirait à lui seul pour réfuter cette opinion.

Le plus ancien monument figuré représentant l'Assomption de Marie est une fresque du neuvième siècle, découverte dans la primitive basilique de S. Clément à Rome ; on en peut voir la reproduction dans les tables chronologiques de Mozzoni (sec. IX. p. 108).

VIII. — Fêtes de septembre. — 1° La *Nativité de*

la Ste Vierge Marie, 8 septembre. Nous n'avons pas de preuves que cette fête ait été connue avant le septième siècle. Les deux plus anciens documents à cet égard sont dus à Anastase le Bibliothécaire, qui affirme qu'elle commença à être célébrée sous Sergius I*er*, et l'ancien ordre romain qui, au jugement de Guillaume Cave (*De script. eccl. — De ord. Rom.*), serait une œuvre du huitième siècle.

2° Au 14 est fixée, soit dans les calendriers et martyrologes latins, soit dans les ménées des Grecs, la fête de l'*Exaltation de la sainte croix*. L'objet précis de cette fête constitue une question encore pendante. Pellicia, que nous prenons ici pour guide, penche vers le sentiment de ceux qui supposent qu'elle fut instituée en mémoire de la vision de Constantin. Ce qu'il y a de certain du moins, c'est qu'elle est mentionnée par des écrivains du quatrième siècle, parmi lesquels nous aimons à citer le grand nom de S. Chrysostome attestant (*Homil.* LI. *In act. S. Dominæ.* ap. Ruinart) que de son temps l'Église fêtait au 14 septembre la *mémoire de la croix*. Vient ensuite le témoignage de l'auteur de la *Vie* de S. Euthymius, patriarche de Constantinople au sixième siècle, lequel en parle ouvertement aussi (*ap.* Bolland. VI *april.* 7). Pour l'Église latine, nous avons le martyrologe (ancien) de S. Jérôme, les sacramentaires gélasien et grégorien. Autrefois l'adoration de la croix avait lieu en ce jour à peu près avec les mêmes rites qu'au vendredi saint. On verra sur ces rites une foule de détails intéressants dans Martène (*De ant. Eccl. ritib.* IV. 34. — V. aussi notre art. *Croix [culte de la]* et la gravure qui l'accompagne).

IX. — Fêtes d'octobre et de novembre. — Le mois d'octobre n'a aucune fête immobile de premier ordre. Nous sommes obligés de laisser de côté les autres dans cette rapide esquisse.

1° La Fête de *Tous les Saints*, qui se solennise le 1er novembre, n'est pas connue pour Rome avant le septième siècle : elle date du pontificat de Boniface IV. Mais son institution a cela d'extrêmement mémorable, qu'elle eut lieu à l'occasion de la dédicace du Panthéon païen au culte du vrai Dieu, de la Ste Vierge, de tous les martyrs et confesseurs. Néanmoins cette fête fut spéciale à Rome jusqu'au neuvième siècle : alors, à l'instigation de Grégoire IV, l'empereur Louis le Débonnaire décréta que « la fête de Tous les Saints serait célébrée, aux calendes de novembre, dans les Gaules et la Germanie » (Cf. Pellic. *vol. laud.* p. 63). Elle fut peu à peu adoptée par toutes les Églises de l'Occident, et nous rappelons ici pour mémoire que Sixte IV, au quinzième siècle, lui donna une octave.

2° Le 2 novembre, l'Église célèbre la *Commémoration de tous les défunts*, qui, pour nous servir des expressions de S. Cyprien, « sont morts dans la communion du corps et du sang du Seigneur. »

On trouve dans les plus anciens Pères de nombreuses allusions plus ou moins directes à une commémoration des morts faite à jour fixe. Ainsi Tertullien, dans son traité *De corona* (III. *Opp.* edit. Rigalt. p. 102. A), met cette pratique au nombre de celles qui de son temps s'observaient en vertu de la tradition des ancêtres : *oblationes pro defunctis, pro natalitiis* ANNUA DEI *facimus*. Or qu'il s'agisse ici du saint sacrifice offert annuellement pour les morts, c'est ce que prouvent d'autres passages du même Tertullien qu'on peut rapprocher de celui-ci (V. *De monogamia.* X. — *Ad Scap.* II. — *Adv. Jud.* XIX et XXII. — *De orat.* I. etc.), et aussi de nombreux textes des autres Pères qui emploient le mot *oblation* dans le même sens. On peut voir l'énumération de ces textes dans les notes de Pamélius au traité *De la couronne* (p. 240). Si l'on songe que Tertullien vivait au deuxième siècle, on en pourra conclure que la tradition dont il parle doit remonter jusqu'aux temps apostoliques. S. Augustin, dans son livre *De cura pro mortuis gerenda* (cap. IV), mentionne en termes on ne peut plus clairs cette commémoration universelle et anniversaire en faveur des morts : « L'Église, dit ce Père, a établi que des supplications soient faites dans une commémoration générale, *generali commemoratione*, et sans prononcer aucuns noms en particulier, pour tous ceux qui sont morts dans la société chrétienne et catholique, afin que ceux qui n'ont pas de parents, d'enfants, de proches ou d'amis pour prier en leur faveur, reçoivent ce service de la bonne Mère commune, *ab una eis exhibeantur pia Matre communi.* » Nous pouvons nous en tenir à cette citation, qui ne laisse subsister aucun doute.

On pense que chez les Orientaux la commémoration des morts avait lieu le jour même du vendredi saint. On est, ce semble, autorisé à le conclure, du moins pour le quatrième siècle, d'une homélie que S. Chrysostome prononça, en ce jour, dans un cimetière d'Antioche : c'est la cinquante-septième dans l'édition de Montfaucon.

Cependant la seule chose parfaitement certaine à cet égard, c'est que nos pères avaient affecté un jour de l'année à une commémoration spéciale des morts. Mais quel était ce jour? C'est ce que les anciens calendriers et martyrologes nous laissent ignorer. S. Odilon, abbé de Cluny, au dixième siècle, paraît être le premier qui ait fixé cette fête, pour ses moines, au 2 novembre.

X. — Fêtes de décembre. — 1° Le 25, la *Nativité de Jésus-Christ.* — *Année de la naissance du Sauveur.* Voici ce qui résulte des calculs des chronologistes les plus accrédités sur cette importante question, calculs dont nous donnons le résumé sans discussion. Il est certain que Notre-Seigneur naquit sous le règne d'Hérode dit le Grand, lequel mourut l'an 750 de la fondation de Rome, et l'an 42 de l'ère julienne. La naissance du Sauveur, qui fut baptisé la quinzième année de Tibère, à l'âge de trente ans, selon le récit de S. Luc (III. 23) : *et ipse Jesus erat incipiens quasi annorum triginta*, doit donc être placée la vingt-septième année après la bataille d'Actium : l'an 749 de Rome, répondant à la dernière année d'Hérode ; l'an 41 de l'ère julienne ; la quatrième année de la cent quatre-vingt-treizième olympiade ; l'an du monde 4709, selon la période julienne, et 4000, selon la chronologie d'Usserius : c'est l'année où Auguste fut consul pour la douzième fois, avec Sylla pour collègue.

Jour de la naissance de Jésus-Christ et de la fête de la Nativité. La tradition de l'Église est que le Sauveur du monde naquit le 25 décembre. Ceci ressort de l'accord des Pères grecs et des Pères latins, de S. Augustin entre autres (l. IV. *De Trinit.* c. 5), et de S. Chrysostome (*Homil.* XXXIII). L'antique calendrier publié par le P. Boucher marque en ce jour la fête de Noël. Nous devons dire cependant que quelques anciens Pères ont pensé autrement. Ainsi S. Épiphane (*Hæres.* LI. c. 9) place ce grand événement au 6 janvier ; d'autres, dont S. Clément d'Alexandrie a résumé les témoignages (*Strom.* I. c. 21. edit. Potter. t. I. p. 407), au 19 ou 20 avril, et encore au 20 mai. De la les variations des Églises d'Asie dans la célébration de cette fête. Cette question est traitée au long dans Tillemont (*Hist. eccl.* I. 445. etc.), auquel nous renvoyons le lecteur.

L'opinion commune est que la fête de Noël est plus ancienne dans les Églises d'Occident que dans celles d'Orient, et que celles-ci ne l'empruntèrent aux Latins que vers le quatrième siècle. On en croit voir la preuve dans l'homélie de S. Chrysostome pour le jour de la Nativité (*Homil.* XXXI). En effet, ce Père, s'adressant au peuple d'Antioche, lui rappelle que dix ans auparavant cette fête lui était inconnue ; et, après une assez longue discussion sur le jour de la naissance du Sauveur, il affirme que l'Église de Rome possède à cet égard les renseignements les plus sûrs, et que c'est de cette Église que l'usage de la fête de la Nativité a passé en Orient.

Mais peut-être S. Chrysostome ne veut-il parler que de la pratique consistant à célébrer cette fête solément le 25 décembre. Car il n'est pas douteux que les Églises orientales ne l'aient célébrée dès les premiers siècles, mais le 6 janvier et conjointement avec l'Épiphanie. Le plus souvent, en effet, les Pères grecs désignent la fête de l'Épiphanie sous le nom de Théophanie (Isid. Pelus. I. III. *ep.* 110), nom qui, au témoignage de S. Grégoire de Nazianze (*Homil.* LVIII. LIX), était également donné à la Nativité, car il signifie au propre *apparition de Dieu.* On s'expliquerait ainsi pourquoi il n'y eut pas autrefois de fête spéciale de la Nativité chez les Orientaux. Cassien (*Collat.* X. 40) l'affirme formellement pour les Églises d'Égypte, et note même d'une manière précise la différence qui existait entre les Occidentaux, qui célèbrent, dit-il, les deux fêtes séparément, et les Orientaux, qui les solennisent simultanément le 6 janvier. Des témoignages analogues se trouvent pour l'Église de Chypre dans S. Épiphane (*Exposit. fid.* XXII), pour celle d'Antioche et les autres Églises orientales dans S. Chrysostome (*Hom.* XXI. *De nativ. Christ.*), et enfin pour celles de Jérusalem et de la Palestine parmi de nombreux documents que Cotelier a réunis dans ses notes aux *Constitutions apostoliques* (l. V. cap. 12).

Au contraire, les Églises latines, celles d'Afrique, et même celles des Grecs autres que celles que nous venons de nommer, tinrent toujours pour le 25 décembre, comme on en trouve la preuve dans S. Jérôme (*In Ezech.* I), S. Augustin (*De Trinit.* IV. 5), et même dans S. Chrysostome, S. Grégoire de Nazianze et S. Basile.

Cependant l'uniformité paraît s'être établie dès le quatrième siècle entre les différentes Églises de l'Orient et de l'Occident, qui toutes finirent par adopter définitivement le 25 décembre. On trouve dans les actes du concile d'Éphèse une homélie de Paul, évêque d'Émèse, qui fut prononcée le 29 du mois *chojac* (25 décembre) dans la grande église d'Alexandrie, en présence de S. Cyrille, laquelle a pour titre : *De Nativitate Domini et Salvatoris nostri Jesu Christi.*

De tout temps, l'Église solennisa avec un grand appareil la fête de la Nativité de Jésus-Christ. Quelques monuments épigraphiques semblent nous autoriser à penser que, de toute antiquité, cette fête porta le nom que l'Église lui donne aujourd'hui : ce sont ceux qui offrent le mot *Natale* isolément. Telle est l'épitaphe d'une enfant morte à l'âge de cinq ans, PRIDIE NATALE, la veille de la *Naissance* par excellence (Fabretti. 585. XCIII). Nous voyons que, dès le temps de S. Augustin, la liturgie de cette fête commençait par la nuit qui précède le 25 décembre. Tous les fidèles étaient tenus de se rendre à l'église pendant cette nuit sainte (*Conil. Epaon.* XXXV). Il était interdit de célébrer les saints mystères dans les oratoires privés ou dans les églises rurales ; mais tous devaient assister, dans l'église cathédrale et communier, à la liturgie célébrée par l'évêque (*Concil. Aurel.* I. 25. et *Toletan.* XIII. 8), et cela sous peine d'une excommunication de trois années (*Concil. Agath.* c. LXXXIII).

Les plus anciens sacramentaires de l'Église romaine, celui de S. Gélase, par exemple, et celui de S. Grégoire, ont trois messes pour ce jour-là ; et S. Grégoire constate encore ce fait dans sa huitième homélie sur S. Matthieu. Les anciennes liturgies gallicanes et mozarabes n'en ont qu'une ; il en était de même pour l'ambrosienne, comme on le voit dans le missel de Milan, édité par Pamelius. Dans les Gaules, il y avait déjà deux messes au temps de Grégoire de Tours (l. II. *De mirac. SS. Martyr.* 25. — *De Vit. PP.* VIII). L'usage des trois messes ne s'introduisit en Espagne qu'au quatorzième siècle, et après le quinzième à Milan.

Le jour de Noël, d'après les *Constitutions apostoliques* (VIII. 23), les serviteurs étaient déchargés de leurs travaux ordinaires, le jeûne sévèrement interdit, comme nous l'apprennent le pape S. Léon (*Epist.* XCIII) et le concile de Brague. Une loi de Théodose le Jeune (lib. XV. tit. 5. *De spectac.* l. 5. — Cf. Bingham) interdisait en ce saint jour le jeûne et les spectacles.

2° La fête de *S. Étienne,* premier martyr, se célèbre le lendemain de Noël, 26 décembre, et il en est ainsi depuis le quatrième siècle ; il est permis de le conclure d'une homélie de S. Grégoire de

Nysse, prononcée à l'occasion de cette solennité.

3° La fête S. Jean l'Évangéliste est marquée au 27, dans presque tous les plus anciens calendriers et martyrologes. Dans certaines Églises, elle avait deux messes (V. Durand. *Ration.* vii. 13).

4° Trois jours après la Nativité du Sauveur, vient la fête des SS. *Innocents*. Le ménologe des Grecs, ainsi que la liturgie des Éthiopiens, portent, on ne sait sur quel fondement, leur nombre à quatorze mille. Ils furent toujours en grande vénération dans l'Église. Mais on ne sait pas au juste à quelle époque une fête spéciale leur fut consacrée. Nous savons par Origène (*Homil.* iii. *De diversis*) et par S. Augustin (*De lib. arbitr.* iii. 23) que leur *mémoire fut toujours célébrée dans les Églises*. Il n'est pas certain que, au commencement, leur fête fût distincte de celle de l'Épiphanie. Car c'est à propos de cette dernière solennité que Prudence (*Hymn.* xii. *Cathemer. De Epiphan.*), S. Léon (*Serm.* vi. *In Epiphan.*) et S. Fulgence (*Homil.* iv. *In Epiphan.*) rappellent leur mémoire. Quoi qu'il en soit, leur fête était célébrée autrefois avec de grandes manifestations de deuil et de tristesse ; elle n'admettait ni le *Te Deum*, ni l'*Alleluia*, ni les *doxologies*. Le moyen âge vit de ridicules superstitions s'introduire en ce jour.

FIDELIS (FIDÈLE). — Dans l'antiquité chrétienne, le nom de « fidèle » n'était donné qu'au chrétien baptisé, qui se trouvait ainsi distingué du néophyte et du catéchumène. Ceci ressort également des textes et des monuments épigraphiques. Dans sa *Démonstration évangélique* (l. vii. p. 200), Eusèbe marque clairement la distinction entre l'ordre des « fidèles » et ceux qui « n'ont pas encore été jugés dignes de la régénération par le baptême. » Ceux-ci, s'ils avaient reçu l'imposition des mains et l'impression du signe de la croix, deux choses qui faisaient le catéchumène, pouvaient être appelés « chrétiens », mais pas encore « fidèles » (S. Ambros. l. i. *De sacram.* c. 1). Mais cette différence ne se trouve nulle part aussi nettement marquée que dans ces paroles de S. Augustin (*Tract.* xliv. *In Joan.* c. ix) : « Demandez à un homme : êtes-vous chrétien ? Si c'est un païen ou un Juif, il vous répondra : je ne suis pas chrétien. Mais s'il vous dit : je suis chrétien, vous lui demandez encore : êtes-vous catéchumène ou fidèle ? » Il n'y a donc pas de pléonasme dans l'épitaphe d'INGENVA où cette chrétienne est dite CHRISTIANA FIDELIS (Le Blant. i. 583), et cette formule se trouve plus d'une fois sur les marbres chrétiens. Le langage des conciles suppose aussi partout la distinction entre les fidèles et les catéchumènes : *ne qua fidelis, vel catechumena*, dit celui d'Elvire (can. lxvii).

Au moment de la liturgie où les catéchumènes devaient être exclus, le diacre disait à haute voix : *Quicumque catechumeni recedite ; quicumque* FIDELES, *iterum et iterum pro pace Dominum oremus*. Alors seulement commençait la messe des fidèles, où ceux-ci communiaient. Les *fidèles* seuls avaient le droit de réciter l'oraison dominicale, qui, pour ce motif, était appelée la *prière des fidèles*, εὐχὴ τῶν πιστῶν. On trouve à chaque instant dans les conciles, *cum fidelibus consistere, cum fidelibus orare* (V. Suicer. *Thesaur. eccl.* ad voc. Πιστός). Un autre privilège des fidèles, c'était d'assister aux instructions ayant pour objet les plus profonds mystères de la religion : il n'y avait pas de secrets pour eux. Le titre de « fidèle » était donc pour le chrétien un titre de gloire, et on aimait à le mentionner sur les tombeaux, surtout lorsque l'âge peu avancé du défunt pouvait inspirer quelque doute à cet égard : HIC REQVIESCIT IN PACE FILIPPVS || INFAS (sic) FIDELIS (Marang. *Act. S. V.* 103).

Tel est encore le *titulus* de VRCIA FLORENTINA, morte FIDELIS à l'âge de un an, neuf mois, neuf jours (Id. p. 109), et celui de HERACLIA, morte à cinq ans, cinq mois, vingt-six jours (Id. p. 96). Cette pratique était universelle dans l'Église. Nous la retrouvons dans un antique cimetière de Chiusi en Toscane (Cavedoni. *Ant. cim. Chius.* p. 33) : AVRELIVS MELITVS || INFANS. CRISTAEANVS (sic) || FIDELIS. On croit que cet enfant, mort à quatre ans, deux jours, vivait au troisième siècle, où le nom d'Aurélius était très-répandu. Sur un marbre de Florence (Gori. *Inscr. ant. Etrur.* t. iii. p. 314), une petite fille de trois ans, trois mois et dix jours est dite être morte « fidèle », ΠΙϹΤΗ ΕΤΕΛΕΥΤΗϹΕΝ.

Nous avons beaucoup d'inscriptions mentionnant d'une manière générale la qualité de « fidèles » : HIC JACET EREDAM QVE || VIXIT IN PACE FIDELIS.... (Passionei. p. 117). HIC REQVIESCIT FIDELIS IN PACE || AEMILIANA.... (Muratori. 1821. b. 4). CELERINE FILI FIDELIS QVIESCIS IN PACE (De' Rossi. *Inscr. Christ.* i. p. 140. n. 315). Dans toutes ces épitaphes, la paix, c'est-à-dire la félicité éternelle, est représentée comme le résultat de la « fidélité » acquise par le baptême. Bartoli a publié (*Antichità d'Aquileja.* p. 396. n. 579) un curieux marbre représentant le baptême d'un néophyte qui, dans l'épitaphe entourant cette auguste scène, reçoit le glorieux titre de *fidèle* auquel lui donnait droit sa régénération par le sacrement : INNOCENTI SPIRITO QVEM ELEGIT DOMINVS PAVSAT IN PACE FIDELIS X KALENDAS SEPTEMBRES. Nous plaçons le monument sous les yeux du lecteur. Une épitaphe du cimetière de Priscille, donnée par Boldetti (p. 462), et rendue à sa véritable leçon par Marini (*Arv.* p. 171), constate la pieuse sollicitude d'une aïeule qui, voyant son enfant en danger de mort, s'empressa de demander pour lui le baptême, lui donnant ainsi une marque d'amour vraiment « solide », c'est-à-dire chrétien : CVM SOLDV (*solide*) ANATVS FVISSET A MAYORE SVA ET VIDIT || HVNC MORTI CONSTITVTVM ESSE PETIVIT AB ECCLESIA VT FIDELIS || DE SECVLO RECEGISSET (*recederet*).

Comme dans les textes des Pères et des conciles, le titre de « fidèle » est souvent, dans les inscriptions, mis en opposition avec celui de néophyte ou de catéchumène, *audiens* ; témoin l'épitaphe de deux frères, dont l'un mort avant le baptême est appelé NOEFITVS (sic), et l'autre après le baptême est honoré du titre de FIDELIS (Oderico. *Inscr.* p. 267) : HIC REQVIESCVNT DVO FRATRES INNOCENTES || CONSTANTIUS NEOFITVS QVI VIXIT ANNIS OCTO. M. II. D. VII || IVSTVS. FIDELIS. QVI. VIXIT. ANNIS. VII. (V. l'art. *Néophyte*.) Une inscription de Florence porte qu'un patron « fidèle » avait élevé le tombeau à son élève (*alumna*) catéchumène : SOZOMENETI ALVMNAE AVDIENTI PATRONVS FIDELIS (Gori. op. laud. t. I. p. 228). Les premiers chrétiens plaçaient leur vraie noblesse dans la régénération spirituelle obtenue par le baptême. Ainsi, de même que les Grecs descendant de race consulaire aimaient à s'appeler ὕπατος ἐξ ὑπάτων, *consul ex consulibus*, les chrétiens, nés de parents chrétiens, se glorifiaient d'être nommés πιστὸς ἐκ πιστῶν, *fidelis ex fidelibus* (V. Lupi. *Sev. epitaph.* p. 156).

FLABELLUM LITURGIQUE. — I. — Le *flabellum* est un instrument destiné à chasser les mouches et à tempérer la chaleur. Macri (*Hiero-Lexic.* ad. h. v.) le définit ainsi : *Flabellum seu flabrum, ventulum muscarium, instrumentum, quod ventilando muscæ, calidumque circumambiens aer expelluntur.*

On connait assez l'usage du *flabellum* ou éventail dans l'antiquité, et surtout la place importante qu'il occupait dans le *mundus muliebris*, ou, si l'on veut, dans le mobilier de toilette des dames romaines. Ovide (*De art. amand.* I. 161) peint dans un vers élégant les ressources qu'offrait cet instrument contre l'excès de chaleur :

> Profuit et tenues ventos movisse flabello;

et mieux encore dans ceux-ci (*Amor.* III. 2-37) :

> Vis tamen interea tenues accessere ventos
> Quos faciant nostra flabella manu.

Martial en donne, dans la peinture d'un festin de Zoïle, une idée qui s'empreint des tendances voluptueuses de son génie (III, 72) :

> Et æstuanti tenue ventitat frigus
> Supina prasino concubina flabello.

On s'en servait particulièrement dans les thermes, pendant le bain; et après le bain, comme les anciens se mettaient au lit, des esclaves de la classe de celles qu'on appelait porte-éventail, *flabelliferæ* (Plaut. *Trinum.* act. II. sc. 1. vers. 22), agitaient des *flabella* autour de leurs maîtres, pour protéger leur sommeil contre l'importunité des insectes et de la chaleur (V. aussi Térence. *Eunuc.* III. 82). Les médecins s'en servaient dans l'exercice de leur profession. Nous tenons de M. le Dr Daremberg, si versé dans la connaissance des antiquités médicales, qu'un manuscrit grec de médecine fait voir un médecin visitant un malade et accompagné d'un aide portant un *flabellum*, sans doute pour chasser le mauvais air. Dans l'antiquité, le *flabellum* avait aussi une destination liturgique, si l'on peut s'exprimer ainsi : on s'en servait pour activer le feu dans les sacrifices. On voit souvent cet instrument, sur des vases grecs, à la main de femmes qui sacrifient (V. Enn. Visconti. *Osservaz. su due musaici ant.* p. 7).

Dans l'usage ordinaire de la vie, les premiers chrétiens se servaient aussi d'éventails. Les moines de Syrie, adonnés au travail des mains, s'occupaient à en confectionner, ainsi que beaucoup d'objets du même genre, et il est à présumer que S. Jérôme en faisait lui-même dans son désert de Chalcis. S. Fulgence, évêque de Ruspium, étant encore abbé d'un monastère de la Byzacène, en confectionnait aussi, mais seulement pour le service des autels (*Ap. Surium. Ad diem jan.* 1). Nous dirons plus encore : des personnes vouées à la vie dévote offraient volontiers de ces *muscaria* à leurs amis et en recevaient d'eux. Marcella en ayant envoyé à ses amis de Rome, avec d'autres petits présents, S. Jérôme l'en remercie de leur part (t. I. *epist.* 41). On conserve dans le trésor de Monza l'éventail de la reine Théodelinde. C'est une feuille de cuir longue et étroite, repliée sur elle-même à la façon des paravents, et dont les plis sont réunis à un bout par un fil. Parmi les ornements et les dorures dont il est encore en partie rehaussé, on reconnaît à la section qui se développe des traces d'une inscription latine, aujourd'hui à peu près illisible. (Communication de M. Edmond Leblant.)

II. — Préoccupée dès son origine de tout ce qui peut contribuer à la dignité du culte en général, et par-dessus tout entourer de respect la consécration eucharistique, l'Église, tant orientale qu'occidentale, ne tarda pas à adopter dans sa liturgie un instrument qui jusque-là n'avait eu qu'une destination profane; car il est dans son génie, si large et si peu exclusif, de tourner au profit de la gloire de Dieu tout ce qui n'est pas mauvais en soi, et d'enchaîner même de préférence à son service celles des créatures dont l'esprit du mal a fait le plus longtemps des instruments d'orgueil ou de sensualité. Mais ce que nous aimons surtout à signaler dans une telle pratique, c'est une preuve nouvelle, bien qu'indirecte, de la foi des siècles primitifs à la présence réelle. Il est évident qu'un si grand luxe de précautions eût été sans objet, si les premiers disciples du Sauveur n'eussent vu dans les mystères de l'autel qu'une vaine et froide représentation.

Le plus ancien témoignage que nous possédions en faveur de l'emploi du flabellum dans la liturgie sacrée nous vient des *Constitutions apostoliques* (VIII. 9) : il est dit que pendant la célébration des saints mystères, depuis l'oblation jusqu'à la communion, deux diacres, placés aux deux extrémités de l'autel, agitaient incessamment des éventails, ordinairement en plumes de paon, soit pour tempérer la chaleur dont le célébrant pouvait être incommodé, soit pour chasser les mouches et les autres insectes qui auraient pu se poser sur les pains ou tomber dans les calices. Photius (*Biblioth.* n. CCXXII. l. 5. c. 25) nous a conservé un curieux passage du moine Job qui, en outre des deux principaux buts que s'est proposés l'Église dans l'institution du *flabellum*, nous en révèle un autre d'un ordre plus élevé, et qui est d'empêcher les fidèles, par le mouvement réitéré de cet instrument, de s'arrêter aux superficies ou aux apparences, et de les forcer à élever les yeux de leur foi jusqu'aux adorables réalités du mystère eucharistique. Les liturgies des Pères grecs contiennent de nombreux témoignages à cet égard (V. *Biblioth. PP.* t. II. pp. 51. 78 et *alibi*), et même nous font connaître de nombreux détails qui constituent comme la rubrique du *flabellum*.

S. Germain, patriarche de Constantinople (*Contempl. rer. eccl.* p. 157), nous apprend en particulier que l'agitation du *flabellum* n'avait lieu que jusqu'à l'oraison dominicale, qui était la principale partie de la prière liturgique, après la formule sacramentelle. Il est raconté de S. Épiphane (Ap. Surium. *Ad diem maii* XII) qu'un jour il enleva, pendant la messe, le *flabellum* à un diacre atteint de la lèpre, indice supposé d'incontinence, et le remit à un autre ; et Jean Moschus (*Prat. spirit.* c. XCVI. *in Biblioth. PP.*) rapporte que des enfants de Cœlésyrie, imitant dans leurs jeux les rites du saint sacrifice, n'avaient point oublié celui du *flabellum*, qui était sans doute une des circonstances de la liturgie qui avaient le plus vivement frappé leur attention. Enfin nous voyons parmi les ustensiles sacrés énumérés dans la chronique d'Alexandrie (Ap. Menard. *Not. ad Sacrament. Greg.* p. 319) pour l'église de cette ville, *pretiosa ——caria*. Voici la reproduction d'une ancienne miniature de la bibliothèque Barberini, représentant un diacre agitant le *flabellum* sur la tête d'un prêtre célébrant la messe.

III. — Quant à l'Église latine, les témoignages écrits remontent moins haut, mais ils sont l'organe d'une tradition qui leur est bien antérieure. Ils sont fournis surtout par les constitutions des

ordres monastiques, les coutumes de Cluny, par exemple, et celles de Saint-Bénigne de Dijon (Martène. *De ant. monach. ritib.* IV. p. 61). Le cérémonial des dominicains en prescrit aussi l'usage dans la messe solennelle. S. Hildebert avait envoyé un *flabellum* en présent à un de ses amis (Durant. *De rit. eccl.* x. 2). Dès les temps les plus anciens, les *flabella* figuraient au nombre des objets précieux qu'on exposait aux jours de fête dans les églises. On le voit dans les miniatures du ménologe de Basile et en particulier dans celle qui accompagne la *Vie de S. Théoctiste* (IX janvier), dans l'église de Sainte-Sabine, où ils sont figurés en mosaïque, dans une fresque de Saint-Sylvestre *in Capite* (D'Agincourt. *Peinture.* pl. CI. n. 3). D'Agincourt publie aussi (*Ibid.* pl. XII. 22) une patène antique recueillie dans les catacombes, sur laquelle se trouve gravé un *flabellum*.

IV. — De tout ce que nous avons dit il résulte évidemment que c'était aux diacres que l'Église avait confié le ministère du *flabellum*, et ce fait est démontré surabondamment pour l'Église grecque par le passage des *Constitutions apostoliques* que nous avons cité plus haut. Nous pourrions en trouver une nouvelle preuve dans la *Vie de S. Nicolas* (Ap. Surium. III *april.*), où il est dit que S. Athanase « remplissait le ministère du *flabellum*, car il était diacre, » *erat enim diaconus*. Aussi, dans l'ordination du diacre chez les Grecs, le pontife, entre autres objets qu'il lui remet comme insignes de son grade, lui livre-t-il le *flabellum*, appelé chez eux ῥιπίδιον. Dom Martène (*De ant. Eccl. ritib.* t. II. p. 36. edit. Venet.) donne de nombreux extraits de l'eucologe des Grecs qui nous révèlent de précieux détails à cet égard. Les diaconesses sont formellement exclues de ce ministère, ainsi que le remarque Mathæus Blastares (Cf. Voigt. *De altar. Christian.* p. 340).

Cependant si, chez les Orientaux, l'office du *flabellum* était exclusivement réservé au diacre, il semble que, dans l'Église latine (Martène, *ibid.*), un ministre quelconque pouvait au besoin l'exercer, bien que le diacre eût seul caractère pour cela. Dans la collation du diaconat, les anciens sacramentaires latins (Martène. *op. laud.* t. II) ne mentionnent, comme essentielle, que la remise par l'évêque à l'ordinand de l'étole et du livre des saints Évangiles, et plus tard celle de la dalmatique. Il n'y est point parlé du *flabellum*, ce qui autorise à conclure qu'il était moins exclusivement attribué à cet ordre.

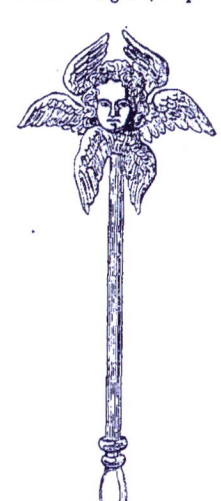

V. — Dans la liturgie, comme dans la vie privée, les *flabella* les plus usités étaient de plumes de paon (*Constit. apost.* loc. cit.), ou de membranes très-fines ou enfin de feuilles de palmier. Le *flabellum* des Grecs, ῥιπίδιον, est fixé au bout d'une hampe en bois et affecte la forme d'un chérubin à six ailes (Bonar. *Rer. liturg.* l. I. c. 25. n. 6). Celui des Maronites et des Arméniens est de forme circulaire, recouvert de lames de métal et entouré de petites sonnettes (V. Le Brun. t. v. p. 58), comme on le voit dans la figure ci-jointe représentant un diacre arménien.

L'usage du *flabellum* subsiste encore chez les Grecs et les Arméniens ; il a disparu de l'Église romaine dès le quatorzième siècle, c'est-à-dire depuis l'époque de la suppression de la communion sous les deux espèces, et n'a été conservé que par le souverain pontife, qui fait porter devant lui deux grands éventails en plumes de paon dans les solennités. Le seul monument de ce genre qui, à notre connaissance du moins, existe encore, est le *flabellum* de Tournus, qui date du neuvième siècle : il est orné d'inscriptions en vers et de curieuses peintures. Ce précieux monument est aujourd'hui en la possession d'un amateur de Paris. M. du Sommerard l'a publié en deux grandes planches, dont l'une est insérée dans son *Atlas des arts du moyen âge* (chap. XIV. pl. IV), l'autre dans son *Album* (IXe série. pl. XVII).

VI. — Nous devons maintenant indiquer sommairement les diverses destinations et significations du *flabellum*, que nous n'avons fait jusqu'ici que mentionner d'une manière incidente. Les liturgistes enseignent que l'Église, en l'adoptant, a été mue par quatre intentions principales. Les deux premières se trouvent énoncées dans ces deux vers du flabellum de Tournus :

> Sunt duo quæ modicum confert æstate flabellum :
> Infestas abigit muscas et mitigat æstum.

1° *Infestas abigit muscas*, il chasse les mouches importunes. Ceci avait une grande importance au temps où l'usage du calice était accordé aux laïques dans l'Église occidentale, comme il l'est encore en Orient, usage qui néanmoins n'a jamais exclu la pratique de la communion sous une espèce unique. Il fallait empêcher les mouches de tomber dans les coupes et de profaner le vin soit avant, soit après la consécration.

2° *Et mitigat æstum*, il atténue la chaleur. Cette précaution n'avait pas seulement pour but de soulager le pontife à l'autel en rafraîchissant l'air autour de lui : *calidum circumambiens aer expellere*, mais plus encore de préserver les divins mystères des profanations matérielles auxquels ils étaient exposés à raison de la transpiration sans cesse excitée chez l'officiant, principalement sous le ciel brûlant de l'Italie, aussi bien que dans les climats orientaux.

3° Il nous reste maintenant à développer les significations mystiques de cet instrument. La première nous est suggérée par le moine Job (*loc. laud.*). Alors que le mystère eucharistique est consommé par la puissance des paroles sacramentelles, rien n'est changé dans les apparences : l'œil du corps continue à voir les substances matérielles qui n'existent plus. Il y avait là un danger pour la foi novice encore des nouveaux initiés, et il était sage d'empêcher leurs regards de se fixer trop attentivement sur ces apparences, *rebus visis inhærere ;* il était bon d'en distraire l'attention de leur esprit, facile à déconcerter, et de l'élever vers l'invisible beauté, vers les réalités sublimes que, pour ménager notre faiblesse, Dieu a voulu recouvrir d'un nuage.

4° Ces interprétations s'appliquent à tous les *flabella*, quelles qu'en soient la matière et la forme ; il en est d'autres qui ne leur conviennent qu'autant qu'ils se composent de plumes de paon, et celles-ci concernent à peu près exclusivement le souverain pontife.

Dans les principes chrétiens, le paon est le symbole de l'homme parfait, juste et saint, qui n'est corrompu par aucun vice ; car, dans l'opinion des anciens (Aug. *Gloss. in c.* II. 3. *Reg.*), la chair du paon est incorruptible. A l'instar du paon, l'homme juste brille de l'éclat varié, non de ses plumes, mais de ses vertus, et de même encore que par son chant cet oiseau chasse les serpents, ainsi l'homme juste met en fuite les démons par sa prière (Aug. *De civit.*

Dei. l. III. c. 4). La gravure que nous insérons ici, tirée d'un calendrier romain du quatrième siècle qu'a publié le P. Boucher (*De doctrina temporum*, p. 279), peut donner une idée de cette espèce d'éventail. Il figure dans la représentation symbolique du mois d'août.

Le rite du *flabellum* avait pris encore son origine dans cet oracle d'Isaïe (VI. 2), où il est dit que les séraphins se tenaient autour du trône de Dieu, et qu'ils avaient chacun six ailes, et que de deux de ces ailes ils voilaient la face du Seigneur. Voilà bien surtout le ῥιπίδιον des Grecs, lequel reproduit l'image d'un séraphin à six ailes. Les deux éventails aux deux bouts de l'autel font l'office des séraphins, et voilent la face du Seigneur. Ils figurent encore les chérubins du propitiatoire antique (*Exod.* XXV. 18. *Num.* VII. 89).

Pour ce qui concerne la personne du souverain pontife, on conçoit que, dans des vues profondes, l'Église ait voulu que, comme le Dieu qu'il représente sur la terre, il apparaisse aux yeux des populations respectueuses entouré de ces plumes de paon qui sont la vive image des séraphins d'Isaïe. Dans la célébration de la messe papale, les *flabella* ont pour but de fixer ses regards en avant, et de les empêcher de se détourner à droite ou à gauche, afin que toute son attention soit concentrée sur les mystères divins. Il n'y a pas jusqu'aux serviteurs qui portent les *flabella* qui n'aient un sens figuré. Ils rappellent au serviteur des serviteurs de Dieu, sur le siège sublime où sa dignité l'élève et où l'orgueil pourrait séduire son cœur, les destinées suprêmes qui l'attendent comme le dernier des mortels. Car ils représentent ces esclaves de l'antiquité qui précédaient, la tête couverte, le convoi funèbre de leurs maîtres, ou qui, même debout près des lits où ceux-ci étaient exposés, agitaient jusqu'au bûcher qui devait les consumer, des éventails sur leurs restes mortels.

Les chérubins vus et décrits par S. Jean (*Apoc.* IV. 6-8) avaient des ailes toutes parsemées d'yeux devant et derrière. C'est sans doute le motif qui a fait choisir les plumes de paon qui, elles aussi, sont pleines d'yeux, comme pour avertir le pontife qu'il doit être dans toutes ses œuvres prudent et circonspect, parce que les innombrables yeux des populations chrétiennes sont sans cesse fixés sur lui, et encore qu'il doit lui-même être tout yeux, afin que rien ne lui échappe dans l'immense bergerie du Christ dont la garde est confiée à sa vigilance (V. notre opuscule *De l'usage du flabellum dans les liturgies antiques*).

FLAMMEUM VIRGINALE. — Tel était, d'après S. Jérôme (*Epist.* XVIII. *Ad Demetriad.*), le nom qu'on donnait au voile des vierges chrétiennes. L'évêque le bénissait à l'église aux jours fixés pour la consécration des vierges (V. l'art. *Vierges chrétiennes*). Il était simple, sans ornement, composé de bandelettes de laine teinte en pourpre ; il n'était pas flottant comme celui de nos religieuses, mais enroulé autour de la tête, d'où lui vint le nom de *mitra* ou *mitella* (Optat. Milev. *De schism. Donat.* l. II. c. 7). Il paraît cependant, d'après S. Jérôme (*Ad Eustoch.*), que quelques vierges portaient un voile flottant sur les épaules, et ce voile était violet : *Et super humeros hyacinthina læna maforte volitans*. Il est appelé *maforte* par d'autres auteurs encore, Papias, S. Isidore, etc. (V. Du Cange. t. IV. p. 311). On croit reconnaître cette espèce de voile dans quelques *orantes* des catacombes (V. Bottari. t. III. p. 149). Le contexte de S. Jérôme semble supposer que les vierges qui portaient ces voiles flottants étaient moins régulières et un peu adonnées à la vanité.

Le voile était un insigne tellement essentiel des vierges chrétiennes, qu'il est quelquefois signalé sur leurs épitaphes : témoin un marbre de Milan du cinquième siècle (V. Amico catt. III. 136) où la vierge DEVTERIA est caractérisée par ces mots : CVM CAPETE (sic) VELATO. Une inscription du recueil de Reinesius (class. XX. 122) exprime la consécration de plusieurs vierges par l'imposition du voile :

```
IN HOC REQVIESCVNT TVMVLO VENE
RANDA CORPVSCVLA SACRAR. VIR. ET
CONSECRAT. VELAMINE....
```

Flectwod donne aussi une épitaphe (*Inscr. ant. sylloge.* p. 51) où le voile est mentionné.

Le cimetière de Priscille a fourni une précieuse fresque (Bosio. p. 549) qui reproduit la cérémonie de l'imposition du voile. Un pontife, que l'on croit être le pape Pie Ier, est assis sur sa chaire et assisté par un personnage debout, qui serait le prêtre S. Pastor. La vierge, qui, selon la même conjecture, serait Ste Praxède ou Ste Pudentienne, est debout et tient déployé dans ses mains le voile que le pontife va saisir pour le lui mettre sur la tête. Cette intéressante scène daterait donc de la première moitié du deuxième siècle (V. la gravure à l'art. *Vierges chrétiennes*). La vierge AVFENIA, dont Marangoni (*Act. S. V.* p. 88) donne l'épitaphe, est représentée sur la pierre avec le voile virginal sur la tête et dans l'attitude de la prière.

FLEURS. — Les premiers chrétiens avaient adopté l'usage antique d'orner les tombeaux de fleurs et de feuillage. Nous le savons par le témoignage des auteurs anciens, et notamment par celui de Prudence (*Cathemerin. hymn.* X. vers. 169-170) :

```
Nos tecta fovebimus ossa
Violis et fronde frequenti.
```

Comme l'Église s'est toujours servie, pour désigner le lieu où règnent les justes, du mot *paradis*, qui veut dire *jardin*, les artistes furent naturellement amenés à décorer comme un jardin délicieux les cimetières ou les cryptes où reposaient les restes vénérés des martyrs et même des simples fidèles, afin d'exprimer la gloire céleste dont ils jouissaient. Aussi les fleurs y sont-elles partout prodiguées, en guirlandes, en faisceaux, en couronnes, dans des vases, dans des corbeilles. D'après une réminiscence antique, on a eu même l'ingénieuse idée de faire entrer dans la décoration de l'entrée de la première chambre du cimetière de Sainte-Agnès (Bottari. tav. cxxxix) des génies ailés portant chacun sur son épaule une petite corbeille de fleurs qu'ils vont répandre sur les tombeaux de ces héros de la foi.

A l'article *Paradis*, I, nous avons donné quelques détails qui prouvent que les roses jouèrent un rôle assez important dans ce genre de décorations, et les rosiers dont la tombe de Sabinianus (V. *ibid.*) est ornée en sont une démonstration matérielle. Bien qu'il ne soit pas des plus com-

muns, cet emblème se rencontre néanmoins dans d'autres monuments funéraires, notamment dans les cryptes du cimetière de Lucine (Rossi. *Roma sott.* t. I. p. 323. tav. XII), et sur un curieux marbre récemment trouvé dans les hypogées de Saint-Calliste (Id. *Bull.* 1868. p. 12). La doctrine des Pères de l'Église s'accorde du reste en ceci avec le langage figuré des monuments (V. Cyprian. *Epist.* VIII; Meliton. *Clavis.* ap. Pitra. *Spicil. Solem.* t. II. p. 414, etc.). Un rite mystérieux et d'une origine obscure pourrait, selon M. De' Rossi, s'expliquer par cette touchante pratique de la primitive Église : c'est l'usage où est le souverain pontife de porter à la main une rose d'or le quatrième dimanche de carême, appelé *Lætare*, du premier mot de l'introït de la messe.

Plus tard, on décora aussi de fleurs et de guirlandes de verdure les basiliques qui, dans leur primitive institution, ne sont autre chose que les *mémoires*, ou les vastes tombeaux des martyrs. Telle fut la pratique de S. Paulin dans sa basilique de Nola; ainsi le prêtre Népotien (Hieron. *In epi-taph. Nepot. epist.* III); ainsi encore S. Séverin ornait de lis les murailles de la sienne (Greg. Turon. *De glor. confess.* c. L). Et comme les fleurs étaient aussi, aux yeux des premiers chrétiens, l'emblème des dons de l'Esprit-Saint, on en faisait pleuvoir dans l'église au jour de la Pentecôte. Les mosaïques des absides des églises de Rome et de Ravenne ont ordinairement pour objet de représenter les délices du paradis, où figurent Notre-Seigneur, la Ste Vierge et d'autres saints; aussi le champ en est-il toujours enrichi de gazons et de fleurs (V. Ciampini. *Vet. monim.* I. tab. XLVI et *passim*). Il en est de même dans les fonds de verre historiés représentant des sujets analogues. Nous devons ajouter qu'une fleur au milieu d'une couronne, placée entre S. Pierre et S. Paul, là où se voit ordinairement le monogramme, a été prise pour un symbole de Jésus-Christ. On en peut voir un exemple dans un vase doré (Buonarruoti. XVI. 1).

FLEUVES (LES QUATRE). — Notre-Seigneur est fréquemment représenté sur les monuments anciens, soit en personne (V. Bottari. tav. XVI. et *passim*. — Millin. *Midi de la France*, atlas. pl. LIX. *passim*), soit sous l'emblème de l'agneau (Buonarruoti. *Vetri.* tav. VI et *passim*), debout sur un monticule, duquel s'échappent quatre ruisseaux. Ce sont, d'après plusieurs interprètes, les quatre fleuves de l'Éden, qui, sortant du paradis terrestre, allaient arroser les quatre parties du monde (*Genes.* II. 10 seqq.); d'autres Pères (Cyprian. ep. LXXIII. *Ad Julian.*—Beda. *Expos. in Genes.* II. — Theodoret. *In psalm.* XLV. — Ambros. *De paradis.* c. III) y voient les quatre Évangiles qui, émanant de la source de la vie éternelle, portent dans l'univers entier l'abondance et la fertilité de la doctrine du Christ. Cette dernière interprétation ne nous semble pas douteuse dans le monument que nous plaçons ici sous les yeux du lecteur et qui présente tout à la fois le Sauveur en personne et l'agneau qui est son symbole. C'est une pierre sépulcrale donnée par Marangoni (*Append. ad act. S. Victorini.* p. 42). Notre-Seigneur y est vu au moment solennel où il confie leur mission à S. Pierre et S. Paul; il est debout sur le monticule et, d'un geste impérieux, il désigne à l'horizon aux deux apôtres une étoile qui figure les régions lointaines qu'ils ont à conquérir. L'agneau est sous ses pieds et sa tête est surmontée de la croix, et enfin à la base du monticule coulent les quatre fleuves évangéliques dont les apôtres étaient chargés de répandre les bienfaits, l'un parmi les Juifs, l'autre chez les gentils, figurés dans ce même monument par les agneaux sortant des deux cités

mystiques Bethléem et Jérusalem (V. l'art. *Église*). Les quatre premiers conciles œcuméniques, que l'antiquité mit si souvent en parallèle avec les Évangiles eux-mêmes, sont quelquefois aussi comparés aux quatre fleuves du paradis terrestre. Dans ses instructions à son clergé, Jessé, évêque d'A-

miens au huitième siècle, se sert de cette comparaison pour faire comprendre la vénération qui était due à ces augustes assemblées (Longueval. *Hist. de l'Égl. gallicane*. t. v. p. 144).

Quelques sarcophages de la Gaule (Millin. *op. laud.* pl. LVIII. 4. LIX. 3. XXXVIII. 8) figurent, sous l'emblème de deux cerfs qui viennent se désaltérer à ces sources, les hommes qui participent aux eaux vives de l'Évangile et aussi à celles de l'eucharistie, jaillissant jusqu'à la vie éternelle (V. l'art. *Cerf*). On voit aussi les deux cerfs dans quelques mosaïques, celle de l'ancienne Vaticane, par exemple (Ciampini. *De sacr. œdif.* tab. XIII). S. Ambroise regarde encore les quatre fleuves comme l'emblème des quatre vertus cardinales (*loc. laud.*). Quoi qu'il en soit, ce sujet était extrêmement populaire dans la primitive Église; il se retrouve sans cesse soit dans les fresques des catacombes, soit dans les sculptures des sarcophages et les fonds de coupe qui y ont été recueillis, soit enfin dans les mosaïques des basiliques; il figurait dans celle que décrit S. Paulin (*Epist.* XXXII. *Ad Sever.*) et dans celle dont fait mention Florus, diacre de Lyon (Mabill. *Analect.* edit. Paris. f°. p. 416). — V. aussi Ciamp. *Vet. mon.* II. tab. XXXVII. XLVI. XLIX. LII. etc.). Pour expliquer et illustrer ce passage de S. Paulin :

> Petram superstat ipse petra Ecclesiæ
> De qua sonori quatuor fontes meant.

Rosweide (*Not. in Paulin.* 158) cite la mosaïque de Saint-Jean de Latran et le sarcophage de Probus et Proba, d'après les dessins de Bosio. Spon rapporte (*Recherches curieuses*, p. 34) que les quatre fleuves du paradis terrestre étaient représentés en mosaïque sous forme humaine, et avec leurs noms au-dessous, dans le pavé de la cathédrale de Reims.

FONDS DE COUPE. — I. — Outre cette espèce de vases connus à Rome sous le nom d'*ampolle di sangue* (V. l'art. *Sang des martyrs*), on en trouve dans les catacombes d'autres encore, qui affectent ordinairement la forme de patère ou de soucoupe, et dont les fonds, qui le plus souvent ont seuls résisté aux injures du temps, offrent des images saintes tracées grossièrement, à quelques exceptions près, sur une feuille d'or; voici d'après quel procédé : L'artiste étendait la feuille d'or sur une rondelle de verre enduite d'une matière visqueuse, et y dessinait son sujet à la pointe, ainsi que l'inscription qui communément l'accompagnait; après quoi il fixait cette plaque sous le pied de la coupe et soumettait le tout à l'action du feu jusqu'à ce que l'adhérence complète des deux parties fût obtenue. Dans celles de ces tasses qu'il nous a été donné d'examiner de près, particulièrement au musée Kircher, et grâce à l'obligeance du P. Marchi, nous avons distingué le point de jonction parfaitement tranché par les nuances différentes des deux verres.

Il s'en trouve quelques-unes où le galbe des figures n'est pas seulement profilé par un simple trait, mais plus fortement accusé par des hachures marquant les principaux effets d'ombre (V. Garrucci. *Vetri ornati di figure in oro.* tav. VI. 1.). Cette perfection relative dénote probablement la main d'un artiste grec, car les verres où elle se fait remarquer ont ordinairement une légende grecque; elle résulte aussi, croyons-nous, de l'emploi d'un procédé plus savant. Quelquefois on se risquait à rehausser de couleurs cette peinture d'une simplicité primitive. Ainsi, des bandes de pourpre sur des tuniques (Perret. IV. pl. XXXIII 114), ainsi les flots de la mer où flotte le vaisseau de Jonas, figurés en vert (Id. XXIX. 76); il existe même un fragment où le visage de Notre-Seigneur guérissant le paralytique est peint avec la couleur de la chair (Id. XXXIII. 102). Quelques draperies blanches sont figurées en argent, comme par exemple les *penulæ* de certains personnages (Id. XXVII. 53. XXIX. 72), et aussi les voiles et bandelettes dont la momie de Lazare est enveloppée (Id. XXXII.

27). Enfin, ailleurs les figures d'or et d'argent se détachent sur un fond d'azur (Id. XXVII et *alibi*).

II. — Les sujets le plus souvent représentés sur ces petits instruments sont : 1° des personnages et des scènes de l'Ancien et du Nouveau Testament, la chute de nos premiers parents, le sacrifice d'Abraham, Moïse, Jonas, Daniel, les jeunes Hébreux dans la fournaise, Tobie, etc.; 2° Notre-Seigneur, d'abord sous la figure du Bon Pasteur, ensuite dans l'action de multiplier les pains, de guérir le paralytique, de ressusciter Lazare, etc.; 3° la Ste Vierge, ordinairement en *orante* entre deux arbres, S. Pierre et S. Paul, réunis, plus rarement isolés, et quelques autres saints de la primitive Église, notamment Ste Agnès, etc.; 4° quelques représentations de fiançailles et de mariage chrétien, des scènes d'intérieur de famille, relatives surtout à l'éducation des enfants, etc.

Nous donnons ici d'après le P. Garrucci (tav. XXXX. n. 3), pour spécimen, une coupe entière où S. Pierre et S. Paul sont représentés. Par le double dessin que nous plaçons ici, le lecteur se fera une juste idée, et de la manière dont les figures sont disposées dans cette espèce de monument, et d'une des formes sans doute les plus vulgaires qu'ils affectaient. Voici d'abord la coupe vue de face :

Ce second dessin en présente le profil : c'est le verre assis sur sa base :

Enfin ce dernier figure le fond, avec ses deux parties réunies : celle où est tracée l'image et qui est l'inférieure, et celle qui constitue le fond du vase ajusté sur l'autre.

III. — Ces fonds de coupe ont été trouvés ci-mentés avec de la chaux à l'extérieur et quelquefois déposés à l'intérieur des sépultures, soit comme moyen de reconnaissance, soit comme simple ornement. Telle est l'origine de ceux que l'on montre aujourd'hui encore dans divers musées, particulièrement dans celui du Vatican, et de ceux qui nous sont connus par les ouvrages des antiquaires chrétiens, tels que Bosio, Boldetti, mais surtout Buonarruoti, dont le livre spécial sur cette matière est devenu classique, et n'a pas de rival pour l'étendue de l'érudition, non plus que pour la sûreté de la critique : *Osservazioni sopra alcuni frammenti di vasi antichi di vetro ornati di figure* (Firenze. 1740. in-4). En 1858, le R. P. Garrucci a publié sous ce titre : *Vetri ornati di figure in oro, Roma*, un volume in-f° destiné à compléter celui de l'illustre sénateur florentin, par deux cent soixante-quatre verres recueillis dans toutes les parties de l'Europe : c'est un grand service rendu à la science des antiquités chrétiennes.

IV. — Quel était l'usage de ces verres chez les premiers chrétiens ? D'après les savants les plus autorisés (V. Secchi. *S. Sabiniano*. p. 39 seqq.), quelques-uns d'entre eux ont dû être employés, comme calices ministériels ou autres, dans la célébration des saints mystères : on se croit du moins autorisé à le supposer d'après certaines légendes caractéristiques dont ils sont enrichis, celle-ci par exemple : ΠΙΕ ΖΗϹΑΙϹ ΕΝ ΑΓΑΘΟΙϹ, « bois, puisses-tu trouver la vie dans CES BIENS, » ces derniers mots désignant communément l'eucharistie dans le langage des plus anciens Pères. Le P. Garrucci rejette cette opinion, pour des raisons qui ne nous paraissent pas assez solides.

Mais leur emploi le plus habituel avait lieu, pense-t-on, dans les agapes ; en effet, les légendes qui y sont tracées portent une singulière empreinte d'amour, de tristesse et de mélancolie : PIE ZEZES, *bois*, *vis*, SPES HILARIS ZEZES CVM TVIS, — DVLCIS ANIMA VIVAS, etc. D'après ce système, on croit reconnaître dans ces verres quatre classes distinctes qui se rapporteraient à quatre espèces d'agapes (V. l'art. *Agapes*) : 1° aux agapes funèbres, quand les sujets représentés sont relatifs à la mort ou à la résurrection ; 2° aux agapes nuptiales, quand ils reproduisent des scènes de mariage ; ainsi, un verre qu'a publié Blanchini (*Not. in Anastas.* CAIUS), représentant deux époux avec cette légende : DIGNITAS AMICORVM ROMANE PIE ..ZESES. CVM TVA ....NE, peut-être IRENE, EVPHROSINE, etc. ; 3° aux agapes de naissance, quand on y voit figurer des enfants ; 4° enfin ceux qui présentent des portraits de saints auraient servi dans les agapes qui se célébraient à l'anniversaire de leur *natale* ; nous en avons une preuve pour S. Laurent dans cette acclamation : VICTOR VIVAS IN NOMINE LAVRETI (*sic*) (Buonarruoti. tav. XIX, 2, et la gravure à notre art. *Agapes*).

V. — Parmi les monuments de cette nature, il en est quelques-uns dont les proportions sont tellement exiguës, que leur destination a constitué un problème archéologique jusqu'ici insoluble. Nous en avons reproduit trois ou quatre dans ce dictionnaire (V. les art. *Pêcheur* et *Tobie*, etc.); on en trouve un plus grand nombre dans l'ouvrage du P. Garrucci (*Vetri. tav.* II. III. IV. etc.). La découverte récente, à Cologne, de quelques fragments d'une antique patène de verre a mis la sagacité de M. De' Rossi sur la voie de l'explication désirée. Il se trouve que cette patène est parsemée de petits disques tout semblables à ceux dont il est ici question, et disposés en cercles concentriques convergeant autour d'un sujet principal. Nous connaissions l'existence de ces patènes de verre dans les premiers siècles par une ordonnance du pape Zéphyrin (Anastas. *In Zephyrin.* II); le monument de Cologne nous révèle la nature de leurs ornements : quand on le considère attentivement, comme l'a fait M. De' Rossi, on s'aperçoit que ces petits médaillons étaient confectionnés à part, et ensuite rapportés sur la patène lorsque le verre était encore en fusion.

Mais comment se fait-il que ces objets se soient répandus isolés dans les musées, de façon à déconcerter toute l'habileté des antiquaires? C'est que le corps de la patène, beaucoup plus mince que les médaillons historiés, venant à se rompre par suite de circonstances quelconques, ceux-ci se détachaient sans se briser. Ce fait s'est produit notamment dans les catacombes, où des patènes de cette sorte furent souvent fixées entières dans la chaux des *loculi*, et l'antiquaire romain a vu l'empreinte de plusieurs, particulièrement dans les hypogées de la voie Salaria nouvelle et de l'Appia.

Comme les petits médaillons soudés dans la patène de Cologne offrent une conformité parfaite avec ceux que l'on trouve isolés dans les catacombes, il est plus que probable qu'ils viennent de la même source, c'est-à-dire de Rome. Ceux-ci, séparés du vase dont ils firent partie, présentent des figures qui d'abord semblent n'offrir aucun sens : par exemple, la tête d'un monstre marin, un lion, un mage seul portant son offrande et sans que l'on

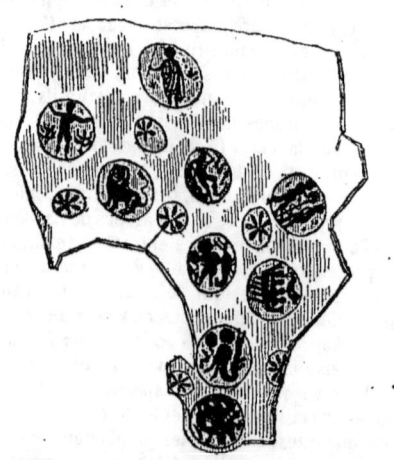

voie à qui il la présente, un personnage seul, les bras étendus.... Réunies dans la patène de Cologne, ces mêmes figures reprennent leur sens. Ainsi le médaillon lion est voisin du médaillon Daniel, celui qui représente un arbre tout seul est rapproché de celui qui fait voir Adam et Ève, et quelquefois l'un ou l'autre seulement (V. De' Rossi. *Bullet.* Décembre 1864. p. 89).

Nous donnons ci-dessus le principal fragment de la patène de Cologne.

V. — La plupart des verres historiés dont nous nous occupons remontent à la plus haute antiquité, et Buonarruoti, juge si compétent en pareille matière, ne craint pas de les attribuer au deuxième, au troisième siècle, et aux premières années du quatrième. Selon lui (*Prefaz.* p. XII-XV), le plus grand nombre dateraient du temps des Gordiens et des Philippes, et le docteur Labus adopte ce sentiment (*Fasti della Chiesa.* t. I. p. 477). Boldetti (p. 212), Bianchini (*In Anastas.* p. 247), Marangoni (*Act. S. Victorin.* p. 65) établissent qu'ils appartiennent indubitablement au temps des persécutions, et ces savants attestent avoir trouvé sur plusieurs d'entre eux des taches de sang tellement multipliées, qu'on avait peine à découvrir les figures. Trombelli (*De cultu sanctorum.* t. II. p. 152) et le cardinal Orsi (*Storia eccl.* l. II. n. 24) tiennent pour démontré qu'ils sont antérieurs à la paix constantinienne et même à la persécution de Dioclétien. Nous devons dire cependant que plusieurs verres du recueil du P. Garrucci ne nous paraissent pas remonter au delà du quatrième siècle. Néanmoins aucune autre classe de monuments ne présente autant d'importance pour l'archéologie chrétienne.

VII. — Il exista aussi, dans l'antiquité chrétienne, une autre espèce de verre, où les figures ne sont point simplement tracées sur une feuille d'or, mais taillées dans le verre même, comme dans les verres de Bohême, si appréciés aujourd'hui parmi nous. Bianchini avait trouvé, au milieu de vieux décombres près de l'église de Sainte-Prisque à Rome, une coupe de ce genre sur la circonférence de laquelle étaient figurées les images des douze apôtres, disposées dans un même nombre d'arcs composant un élégant portique. Sur chacune des colonnes qui supportaient ces arcs, surgissait la croix monogrammatique, renfermée dans un cercle P. Les noms des apôtres étaient inscrits au-dessus de la tête de chacun d'eux, et trois de ces noms étaient encore lisibles : PETRVS, ANDREAS, PHILIPPVS (Bianchini. *In Anastas. Zephyrin.*). On voit dans les divers musées de l'Europe, et notamment au British museum de Londres, quelques fragments de verre du même travail que celui qu'a décrit Bianchini, mais représentant des sujets profanes. La coupe des ruines de Sainte-Prisque ne paraît pas à M. De' Rossi (*Bullett.* 1867. p. 48) postérieure au quatrième siècle ou aux débuts du cinquième. Nous avons donné à l'article *Baptême*, d'après notre illustre maître, un fragment de verre trouvé naguère près des thermes de Dioclétien, et où est représenté, selon ce système, le baptême d'une jeune fille nommée ALBANA.

FOSSORES. — Ce mot vient de *fodere*, « creuser ». Il désignait dans l'antiquité chrétienne ceux qui étaient chargés du soin de la sépulture dans les catacombes et qui sont quelquefois aussi appelés *copiatæ*. Au temps de Trajan, le pape Évariste, ayant divisé la ville de Rome en un certain nombre d'églises ou paroisses, ordonna qu'à chacune d'elles serait attaché un collége de huit ou dix *fossores*, de même que chacune d'elles avait son cimetière particulier. Nous devons cependant dire que ceci n'est qu'une conjecture du P. Marchi (*Monum.* p. 26), conjecture on ne peut plus plausible assurément, mais qui ne s'appuie sur aucun texte jusqu'ici connu. Il paraît avéré du moins que l'institution des *fossores* est aussi ancienne que l'Église, et, selon l'opinion commune, elle aurait été déjà régularisée avant Évariste par S. Clément, son prédécesseur immédiat.

Sur la foi d'un passage faussement attribué à S. Jérôme, on a cru longtemps que les *fossores* formaient dans l'Église un ordre à part, comme les portiers, les acolytes, etc. (*Hieron. Opp.* t. II. *Epist. ad Rustic.*). Cette opinion, un moment abandonnée, a pris de nos jours un nouveau crédit par la découverte de nouveaux témoignages qui militent en sa faveur. Il est certain d'abord que S. Jérôme lui-même leur donne le titre de *clercs* dans un de ses ouvrages authentiques (*Epist. ad Innocent.*), où il décrit ainsi le martyre d'une femme chrétienne de Verceil : *Clerici quibus id officii erat, cruentum linteis cadaver obvolvunt, et fossam lapidibus exstruentes, ex more tumulum parant,* « les clercs auxquels appartenait cet office, enveloppent de linges le cadavre sanglant, et, construisant une fosse avec des pierres, lui préparent son tombeau, selon l'usage. » On lit dans la Chronique Palatine éditée par le cardinal Mai (*Collec. Vatican.* t. IX. p. 133) ces paroles, qui viennent appuyer la cléricature des *fossores* : *Christus in se consecrando Ecclesiam gradus ejus singulos commendavit.... qui sunt ostiarius, fossarius, lector, subdiaconus, diaconus, presbyter, episcopus.* On doit observer que dans cette énumération le *fossarius* ne tient pas la dernière place et que le portier est encore après lui. Les *fossores* sont appelés clercs dans plusieurs lois du Code théodosien (l. VII. tit. 20. *leg.* 12 et *alibi*). Plusieurs d'entre eux ont souscrit les conciles avec les clercs inférieurs.

Mais le fait de la cléricature des *fossores* est encore attesté d'une manière plus indubitable par un document de la plus haute valeur : nous voulons parler des *Gesta purgationis Cæciliani*. Là, la remise de l'église de Cirta aux mains des persécuteurs est enregistrée sous la rubrique : *sedente Paulo episcopo et presbyteris... adstantibus diaconis... subdiaconis... et fossoribus*. Lupi (*Dissert.* pars I. p. 54) pense que l'office de ces clercs consistait seulement à ouvrir les *loculi* dans les parois des cimetières, mais que le soin de creuser les corridors et les cryptes était laissé à d'autres. M. De' Rossi prouve dans le III° volume de sa *Roma sotterranea* (encore sous presse) que cette assertion est erronée. Les *fossores* creusaient non-seulement les *loculi*, mais aussi les galeries. Il paraît certain du moins que les différents travaux des catacombes étaient dévolus à diverses classes de fonctionnaires qui, sous des noms divers, étaient chargés, les uns de creuser les roches, de les pulvériser et de les emporter au dehors, les autres de préparer les cadavres et de les transporter de leurs habitations dans les cimetières suburbains, d'autres de les placer dans les *loculi* ou niches, de les y enfermer, d'y graver, écrire ou peindre les épitaphes (V. l'art. *Funérailles*).

Plusieurs auteurs ont placé au nombre de ces fonctionnaires les *lecticarii* et les *decani*; mais ceci ne doit s'entendre que de Constantinople et non de Rome. Quant aux *libitinarii*, leur nom n'était point connu parmi les chrétiens ; ils étaient employés chez les païens au service de la sépulture.

L'empereur Constantin assigna aux *fossores* des habitations spéciales, *officinas*, dans les différents quartiers de Rome ; et nous avons des épitaphes de quelques-uns de ces fonctionnaires de l'Église qui indiquent la région à laquelle ils étaient attachés, par exemple, celle-ci : IVNIVS . FOSSOR . AVENTINVS . *Fecit sibi* (Boldetti. p. 65). Les fonctions si multiples auxquelles les *fossores* étaient employés supposent évidemment qu'ils ne devaient pas avoir une existence isolée, mais qu'ils étaient organisés en corporations, sous les ordres des évêques et des prêtres. On a trouvé dans les cimetières de Rome un certain nombre de marbres qui nous font connaître les noms de quelques *fossores* : SERGIUS . ET IVNIVS (Boldetti. p. 65); MONTANVS (Aringhi. II. 159); CALEVIVS (Id. *ib.* 658); ATHANASIVS ET ANTIOCHVS (Fabretti. p. 738. n. 492) ; CELERINVS, MAXIMINVS, PATERNVS, FRIGIANVS, HERCVLES (Lami. *De erudit. apost.* p. 278). Dans les épitaphes découvertes par le P. Marchi au cimetière de Sainte-Agnès, sont nommés les *fossores* MAIVS, PROCLVS, CALIGONVS (p. 91).

Quelquefois ces noms de *fossores* sont accompagnés des instruments de leur profession : on en voit un grand nombre d'exemples dans Bosio (p. 505), Boldetti (p. 62), Perret (t. I. pl. XXXIX, XXII). Il existe même, dans le cimetière de Domitille, qui a longtemps passé pour celui de Calliste, l'image en pied, encore visible aujourd'hui,

d'un de ces ouvriers chrétiens nommé DIOGENES, tenant d'une main une pioche et de l'autre une lampe allumée, avec divers instruments de la même profession, épars à ses pieds sur le sol (Boldetti.

p. 60). Cette fresque se trouve dans la région la plus récente du cimetière, laquelle est contemporaine de S. Damase et de la fin du quatrième siècle. C'est un jeune homme à la figure candide, vêtu d'une tunique sans ceinture, marquée sur les épaules et vers l'extrémité inférieure d'un signe ou monogramme imitant un peu la figure de la croix (forme dissimulée). (V. l'art. *Croix*.)

Au commencement, et surtout au temps des persécutions, l'Église pourvoyait elle-même aux frais de la sépulture de ses enfants ; mais dès le quatrième siècle les personnes aisées achetaient, de leur vivant, aux *fossores*, « la place », *locum*, pour leur tombeau et celui des leurs : c'est ce qui est attesté par un grand nombre de marbres (V. l'art. *Sépulture*), et en particulier par une inscription du cloître de Saint-Paul hors des murs (Muratori. *Thes.* t. IV. p. 1863. n. 9). Marini (*Arvali*. II. 695) donne une curieuse épitaphe où se trouve consigné un véritable contrat de vente entre le *fossor Hilarus* et l'acheteur *Artemisius*, avec les noms des témoins *Severus* qui, lui aussi, était *fossor*, et *Laurentius*, et en outre le prix du tombeau bisome : EMPTVM LOCVM AB AR || TEMISIVM VISOMVM || HOC EST ET PRETIVM || DATVM FOSSORI HILA || RO ID EST FOL N ∞ Ō PRAE || SENTIA SEVERI FOSS. ET LAVRENTI. En voici un autre exemple, emprunté au savant ouvrage du P. Marchi (p. 165) : COMPARAVI SATVRNINVS A || SVSTO LOCVM VISOMVM AVRI SOLID || OS DVO IN LVMINARE MAIORE QVE PO || SITA EST IBIQVE FVIT CVM MARITO AN XL.

Enfin un marbre déjà connu, mais donné exactement pour la première fois par M. De' Rossi (*Inscr.* I. 210), porte ce contrat singulier qu'un CALEVIVS, sans doute *fossor*, a vendu à AVIVIVS la troisième place d'un trisome où reposaient déjà deux autres personnes : CALVILIVS ET LVCIVS.

C'est vers le premier quart du cinquième siècle que le corps des *fossores* disparaît avec l'usage des sépultures souterraines ; dès lors l'histoire n'en fait plus aucune mention.

On voit des *fossores* à l'œuvre dans plusieurs fresques des catacombes (Bosio. pp. 305. 335. 339. 375. — Cf. Aringhi. II. pp. 23. 63. 67. 101). Ils ont ordinairement la tête rasée, sont vêtus d'une tunique courte et ceinte, chaussés d'espèces de bottes montantes. L'un d'eux (Bosio. p. 335. — Aringhi. II. 67) se distingue par un manteau jeté sur l'épaule droite et flottant par derrière, et aussi par cette circonstance particulière que les manches de la tunique sont serrées près des poignets, tandis que les autres les ont retroussées jusqu'à l'épaule, à la manière des travailleurs. Il en est qui ouvrent la terre avec une bêche ; d'autres, avec un instrument à peu près de la forme de l'*ascia*, entament avec effort le roc qui s'arrondit en voûte sur leur tête : une lampe est ordinairement suspendue près d'eux. On n'en trouve pas qui soient occupés à creuser les *loculi*, ce qui serait bien plus intéressant encore.

Une peinture du cimetière des Saints-Marcellin-et-Pierre (Bosio. p. 373. — Aringhi. II. 101) présente un *fossor* sans pioche, et portant seulement une lampe avec laquelle il semble éclairer quelqu'un. Il est âgé, porte la barbe, de larges manches non relevées ; si l'on ajoute à cela qu'il indique quelque chose avec l'*index* étendu et semble donner des ordres, on pourra supposer sans trop d'invraisemblance que ce personnage, comme celui dont nous avons noté ci-dessus le costume exceptionnel, était investi de quelque commandement parmi les travailleurs souterrains. La première section de la gravure représente ce personnage, la seconde un *fossor* à l'œuvre. On voit au cimetière de Calliste (Bottari. t. LXXX) une lampe de *fossor* allumée, suspendue à un

clou fixé à la paroi. Nous disons *une lampe de fossor*, parce que celles qu'on allumait pour les cérémonies sacrées dans les *cubicula* étaient suspendues aux voûtes et avaient une forme différente. Celle-ci ressemble exactement à celles que nous avons mentionnées ci-dessus. Grâce à l'obligeance de M. le chevalier De' Rossi, il nous a été donné de voir au cimetière de Saint-Calliste une pioche de *fossor*, en fer très-oxydé, mais parfaitement reconnaissable.

FRATERNITÉ CHRÉTIENNE. — A l'article *Aumône*, nous avons tracé le tableau de la fraternité chrétienne par les œuvres qui la manifestent ; nous n'avons à la considérer ici que dans le langage des premiers disciples de Jésus-Christ.

I. — La fraternité fut connue chez les Juifs ; mais ils en restreignaient les liens dans le cercle de la tribu (V. Clément. Alexandr. *Strom.* l. II. c. 18). Les chrétiens n'en exceptaient personne : « nous sommes aussi vos frères par le droit de la nature, notre commune mère, dit Tertullien aux idolâtres (*Apolog.* XXXIX), quoique vous soyez peu hommes et de mauvais frères. » Lactance est plus explicite sur ce point (*Instit.* l. V. c. 6) : « la vraie religion, dit-il, est la seule qui sache rendre cher un homme à un autre homme, parce qu'elle enseigne que tous les hommes sont unis par les liens de la fraternité, car Dieu est le père commun de tous. » Le martyr S. Justin (*Dialog. cum. Tryph.* p. 323. edit. Paris. 1615) avait déjà dit au sujet des Juifs et des païens : « nous leur disons à tous : vous êtes nos frères. » Dans le dialogue de Minucius Félix, le chrétien Octavius donne constamment le nom de frère à son interlocuteur, le païen Cæcilius.

Cependant il existait entre les chrétiens une fraternité plus étroite. « Mais combien plus dignement, ajoute Tertullien, on nomme frères, et on regarde comme tels, ceux qui reconnaissent en Dieu le même père, qui s'enivrent du même esprit de sainteté, qui, sortis du sein de la même ignorance, ont été frappés de l'éclat de la même vérité? Mais peut-être on nous regarde comme des frères peu légitimes, parce que notre fraternité ne fait jeter aucun cri à la tragédie (allusion aux *Frères Thébains* d'Euripide) ; ou bien parce que les biens que nous possédons nous unissent comme des frères, ce qui, parmi vous, dissout presque toujours la fraternité ! » L'apologie de Minucius Félix a un passage presque identique (xxxi) : « Si nous sommes animés d'un mutuel amour, cessez de vous plaindre, nous ne savons pas haïr ; si nous nous appelons frères, n'en soyez point jaloux . n'avons-nous pas le même Dieu pour père? N'avons-nous pas tous la même foi, et ne sommes-nous pas tous héritiers de la même espérance ? Pour vous, vous ne pouvez vous reconnaître à aucun signe ; vous êtes constamment dévorés de haines mutuelles, et ce n'est que dans le parricide que se manifeste votre fraternité ! » Et ce qu'il y a de singulièrement remarquable, c'est que la fraternité chrétienne avait pour base l'égalité devant Dieu. « Il n'y a pas d'autre cause, dit Lactance (*Instit. divin.* v. 15) à ce nom de frères que nous nous donnons réciproquement, que la conviction que nous sommes égaux, » *nec alia causa est cur in nobis invicem fratrum nomen impertiamus, nisi quia pares esse nos credimus.*

Tel est le caractère principal de la révolution apportée au monde par le christianisme. Depuis le jour où le Sauveur adressa à ses disciples ces paroles : « vous êtes tous frères (Matth. xxiii. 8), » la fraternité s'établit parmi eux, et elle n'a plus cessé d'exister, dans le langage comme dans les actes. Les apôtres donnent à leurs disciples le nom de frères, les mots *viri fratres* sont le début de tous leurs discours; dans leurs épitres, ils appellent collectivement *fratres* les membres des Églises auxquels ces lettres sont adressées ; S. Luc ne désigne jamais autrement les fidèles dans le livre des *Actes* ; tous les Pères adoptèrent ce langage ; S. Cyprien, par exemple, ne commence pas autrement ses lettres. *Pax ecce, dilectissimi fratres, Ecclesiæ reddita est.* Ainsi s'ouvre son traité *De lapsis*, composé après la persécution de Dèce (*Opp.* edit. Oxon. p. 87), lu en plein concile de Carthage ; et qui ne sait que ces touchantes formules se sont conservées jusqu'à nos jours dans les pratiques de la liturgie, comme dans les habitudes de la chaire chrétienne?

La fraternité chrétienne était contractée par le baptême ; c'est ce sacrement qui conférait le nom de frère. Le passage de S. Justin le dit assez clairement (*Apol.* i. c. 65) : *nos autem postquam eum, qui fidem suam et assensum doctrinæ nostræ testatus est, sic abluimus,* AD EOS QUI DICUNTUR FRATRES *adducimus,* ἐπὶ τοῖς λεγομένοις ἀδελφοῖς, « lorsque nous avons lavé (par le baptême) celui qui auparavant a prononcé son adhésion à notre foi et à notre doctrine, nous le conduisons à ceux qui sont appelés FRÈRES. »

Et cette fraternité était consommée par l'eucharistie, qui (1 *Cor.* x. 17) ne fait qu'un pain et un corps de tous ceux qui participent au même pain et au même calice : *unus panis et unum corpus multi sumus, omnes qui de uno pane et de uno calice participamus.*

II. — Mais ce titre de frères adressé par les pasteurs aux membres de la société chrétienne, ceux-ci se le donnaient aussi réciproquement, ἀδελφοί, *fratres;* et l'ensemble des frères s'appelait « la fraternité », ἀδελφότης, (Baron. *Ad. an.* 43. n. xiv). *Fraternitatem diligite,* écrit le prince des apôtres (1 *Epist.* ii. 17), « aimez la société des frères. » Dans une inscription de Cherchell (L. Renier. *Inscript. de l'Algérie.* ii. 4025), les chrétiens composant une Église particulière sont désignés sous le nom collectif de ECCLESIA FRATRUM. Les actes des martyrs sont pleins de ces douces appelations, et ici la fraternité était encore scellée par la communauté des souffrances et de la gloire. Ainsi le martyr Alexandre appelle frère son compagnon Épipode (*Act. SS. Epipod. et Alex. ap. Ruin.* 66. edit. Veron.), bien qu'ils ne fussent nullement unis par les liens du sang. C'est dans le même sens que Ste Blandine est appelée *soror* dans la lettre aux Églises d'Asie. Cette fraternité connue des païens, chez lesquels le mot ne réveillait que des idées licencieuses, parce qu'ils y avaient attaché un sens érotique (Just. Lips. *Var. lect.* l. ii. c. 1), devint le prétexte d'une de leurs plus infâmes calomnies contre les fidèles (V. l'art. *Calomnies,* 2° B. — V. aussi la dissertation d'Arnoldi : *Fratrum et sororum appellatio inter christianos maxime usitata.*

Un certain nombre d'inscriptions des premiers siècles font lire aussi les mots *frater* et *fratres* dans des conditions qui ne permettent guère d'y voir l'expression d'un lien de parenté. « J'ai vu à Pesaro, dit Marini (*Arval. Prefaz.* p. xx), au musée Olivieri, une épitaphe grecque provenant des catacombes romaines, où le défunt ΕΥΝΙΚΥΣ, « ayant mérité d'obtenir la grâce de Dieu, » c'est-à-dire le baptême, ΚΑΛΩΣ ΗΞΙΩΜΕΝΟΣ ΤΗΝ ΧΑΡΙΝ ΤΟΥ ΘΕΟΥ, adresse à tous les fidèles cette salutation : ΕΙΡΗΝΗΝ ΕΧΕΤΕ ΑΔΕΛΦΟΙ, c'est-à-dire, *in pace, fratres.* Nous pensons, ajoute le savant épigraphiste, qu'on doit donner à ce mot le même sens dans l'inscription latine de BACHYLVS publiée par Buonarruoti (*Vetri.* p. 170) : BENE. QVE || SQVENTI || FRATRI. BAC || CHYLO. IN PACE || FRATRES.

Nous en trouvons deux autres dans les notes de feu M. l'abbé Greppo. L'une, tirée de Muratori (*Thesaur.* t. iv. p. MDCCCXXIV. 9), offre une grande analogie avec la précédente, mais en y ajoutant des circonstances du plus haut intérêt : ALEXANDRO FRATRI. BENEMERENTI. VOTVM || MERENTI. FRATRES. REDDIDERVNT. VIXIT. IN. CHRISTO || ANNIS. XXXIII. DECESSIT IDVS. IVNIAS. La seconde (Brunati. p. 108), fort incorrecte, est aussi d'un chrétien nommé Alexandre, qui prie, PAR LE DIEU UN, ses chers *frères* dans le christianisme, FRATRES BONI, de veiller à l'inviolabilité de sa tombe (V. l'art. *Anathème*, II). C'est du moins ce qu'il est aisé de comprendre, bien que la phrase ne soit pas achevée : PETO. A. BOBIS || FRATRES. BONI. PER || VNVM. DEVM. NE. QVIS.... Ajoutons à ces monuments épigraphiques une intéressante épitaphe trouvée au cimetière de Priscille au commencement de 1864 (De' Rossi. *Bullett.* 1864. p. 13) : LEONTI P || AX A FRA || TRIBVS || VALE, « Leontius, les frères te souhaitent la paix, adieu. » Et cette salutation plus touchante encore d'une inscription d'Afrique (Id. *Bullett.* 1864-28) : SALVETTE FRATRES PVRO CORDE ET SIMPLICI || EVELPIVS VOS (*salutat*) SATOS SANCTO SPIRITV, « salut, frères au cœur pur et simple, Evelpius vous salue, vous qui êtes pleins du Saint-Esprit. »

Quelques noms propres paraissent avoir été inspirés par ces idées de fraternité chrétienne, comme d'autres l'ont été par les vertus théologales (V. l'art. *Noms des premiers chrétiens*, II, 2ᵉ classe, 5°). Tel est sans doute celui d'ADELFIVS qui se lit sur un marbre du musée de Lyon (D. Boissieu. p. 597. LXI) : HIC REQVIES || CIT BONE (sic) MEMO || RIAE ADELFIVS. Tel encore celui de l'un des premiers évêques de Metz, S. Adelphe, *Adelphus* ou *Adelphius*, qui, d'après André Du Saussay (*Martyrol. Gallic. die april.* XXVIII), aurait vécu à une époque voisine de celle des apôtres, que d'autres ne placent qu'au quatrième siècle. La même Église de Metz honore au 29 septembre un autre S. Adelphe abbé. Le musée de Bordeaux possède le marbre funéraire d'un enfant de trois ans nommé ADELPHIVS.

FUNÉRAILLES. — Pendant les trois premiers siècles, il ne fut pas possible aux chrétiens d'entourer de la pompe convenable les funérailles de leurs frères; on transportait furtivement les cadavres dans les cimetières, on les y inhumait avec crainte et précipitation ; seulement, dans les rares intermittences des persécutions, on donnait à la sépulture des chrétiens, et surtout à celle des martyrs, toute la solennité que comportait la position de l'Église en ces temps malheureux, témoin les honneurs rendus aux restes de S. Cyprien au milieu du feu le plus ardent de la persécution (V. l'art. *Ensevelissement*). Ce n'est que depuis Constantin qu'on put songer à établir des rites particuliers pour les funérailles, et l'Église en prescrivit dès lors et par l'ordre même de la *parvicie*. Il y avait chez les Romains des *scandapilarii* ou *vespillones* (Suet. *In Domit.* XVII) qui étaient chargés de transporter les cadavres; mais les chrétiens ne se servirent jamais de ces mercenaires ; à l'exemple de Tobie, ils se faisaient un devoir et un honneur de porter les restes des leurs, et cet office appartenait aux parents les plus proches.

Mais, même avant le temps de Constantin, l'Église avait établi des *fossores*, qu'on croit avoir appartenu à la cléricature (V. l'art. *Fossores*), et dont l'office était de transporter et d'inhumer les corps. En donnant à l'Église des droits politiques, Constantin rendit de sages lois pour régler les funérailles. Il établit à Constantinople cinq cent cinquante compagnies de fonctionnaires qui, sous les noms divers de *lecticarii*, *copiatæ* et *decani*, étaient chargés de tout ce qui concerne les derniers devoirs à rendre aux morts ; il les affranchit de tout impôt, et leur accorda beaucoup d'autres privilèges et immunités. Les *lecticarii* étaient chargés ou de confectionner des litières pour placer les cadavres, ou de porter eux-mêmes les corps placés sur les *lecticæ*. D'autres, dont les fonctions répondaient à celles des *libitinarii* des païens, préparaient tout ce qui était nécessaire pour la pompe funèbre. Aux *copiatæ* incombait la charge de porter les corps et d'exécuter les travaux les plus pénibles relatifs à la sépulture. Les *decani* avaient la haute main et la surveillance sur toutes les parties de ce triste ministère, et ils étaient divisés en plusieurs classes. L'existence, ainsi que les fonctions et les privilèges de ces diverses corporations, fut confirmée par Arcadius et Théodose (l. *Non plures.* c. *De sacr. trin.*). Anastase augmenta le nombre des *lecticarii* et des *decani*. Nous n'avons pas à suivre leurs diverses vicissitudes dans le Bas-Empire.

Si, dans les premiers temps, aucune règle ne pouvait être ni prescrite ni observée quant aux convois, il est certain que dès le quatrième siècle ils étaient suivis par une grande multitude de peuple et par un nombreux clergé. Dans les *Constitutions apostoliques* (V. VI. 19), il est prescrit aux prêtres « d'accompagner le mort en chantant des psaumes ». Nous savons par S. Grégoire de Nysse (*Epist. ad Olymp.*) que le peuple assistait en foule aux funérailles. Il décrit la pompe funèbre de sa sœur Macrine, où assistaient, outre les prêtres et les clercs, les moines, les religieuses et le peuple tout entier. Ce qui est certain, c'est que jamais les funérailles ne se faisaient sans la présence des prêtres, comme cela eut lieu en particulier à celles de Ste Paule, où l'on vit de nombreux évêques portant des flambeaux et chantant alternativement des psaumes en hébreu, en grec, en latin et en syriaque (Hieron. *Epist. de epitaph. Paulæ*). Les chants usités dans les funérailles étaient des chants joyeux; par exemple l'*Alleluia* (S. Hieron. *ibid.*). — V. l'art. *Alleluia*). Les moines et le peuple se joignaient au chant des psaumes (*Novel. Justin.* LIX). Les témoignages des Pères sur l'usage des cierges et le chant des psaumes aux funérailles sont innombrables ; S. Chrysostome va jusqu'à prescrire nommément ceux des psaumes que les prêtres doivent chanter (Hom. IV. *In c.* II *ad Hebr.*) : *Cogita quid psallas in illo tempore* : « *Revertere, anima mea, in requiem tuam, quia Dominus benefecit tibi;* » et *iterum* : « *Non timebo mala, quoniam tu mecum es;* » *et iterum* : « *Tu es refugium meum a tribulatione,* » etc. En parlant des funérailles de sa mère, S. Augustin mentionne ce psaume : *Misericordiam et judicium cantabo tibi, Domine;* par lequel s'ouvrait la psalmodie funèbre.

Que la croix fût portée en tête des convois funèbres, c'est ce que nous savons par les *Vies des Pères*, dues à un auteur anonyme, insérées dans le recueil de Surius, et que Bellori a de nouveau publiées et expurgées; il y est dit, à propos du convoi de S. Lupicin : *Dispositis in itinere psallentium turmis cum crucibus, cereis,* « des troupes de chantres étaient disposées en procession, avec des croix et des cierges. » Il ressort d'un passage de S. Chrysostome (*loc. laud.*) que, du temps de ce Père, les Grecs portaient des lampes aux funérailles, tandis que les Latins se sont toujours servis de flambeaux de cire. Il est intéressant d'observer que dès le temps de S. Augustin il exista une distinction entre les funérailles vulgaires et les funérailles plus pompeuses. Constantin, en effet, avait porté des lois pour empêcher que le peuple ne pût être surchargé par des frais de funérailles excessifs. Il prescrivit que chacun pût avoir un cercueil gratis, et qu'il fût toujours accompagné au moins par un *ascèterium*, c'est-à-dire par huit religieux et trois acolytes. Il était ainsi pourvu aux funérailles des pauvres.

Quant à celles des riches, elles étaient aussi réglées par des lois et des tarifs fixes.

Après ces préliminaires, le corps était conduit par le clergé au cimetière, où l'évêque résidait (ceci s'entend des quatre premiers siècles), afin que celui-ci accomplît les derniers rites funèbres, qui consistaient principalement dans la prière que les *Constitutions apostoliques* appellent *sacratissimam precem*, et qui n'était autre que la liturgie eucharistique. Car nous savons par les mêmes *Constitutions apostoliques* et par une foule d'autres documents anciens que, dès la plus haute antiquité, la messe se célébrait en présence du corps avant qu'il fût confié à la terre (Origen. *Comm. in* III *Job*. — Tertull. *De coron. milit.*). S. Augustin dit, à propos des funérailles de sa mère : « que des prières étaient adressées à Dieu, alors qu'on offrit le SACRIFICE DE NOTRE RÉDEMPTION, le cadavre étant déposé près du tombeau, avant qu'il y fût renfermé » (*Confess.* IX. 12); *nam neque in iis precibus, quas tibi fudimus, cum offerretur* SACRIFICIUM PRETII NOSTRI, *jam juxta sepulcrum posito cadavere, priusquam deponeretur*. Posidonius constate le même fait pour les funérailles du fils de Monique (*In ejus Vit. init. Opp.*), et Eusèbe pour celles de Constantin (*De Vit. Constant.* IV. 71); on pourrait citer d'innombrables exemples de cette discipline jusqu'au moyen âge, et les plus anciens livres liturgiques ont tous une messe particulière pour les morts. Cette messe n'avait lieu que le troisième jour après la mort, et les trois jours qui précédaient les funérailles étaient consacrés à des prières continuelles qu'offraient près du corps, dans le cimetière, le clergé, les parents et la masse du peuple chrétien.

Ces délais étaient prescrits par un décret spécial des *Constitutions apostoliques* (VIII. 48), et S. Augustin nous parle des obsèques d'un enfant nommé Evodius, où ce décret fut observé (*Epist.* CCLVII. *Ad Evod.*). Bien plus, les mêmes *Constitutions* ordonnent que ce service soit renouvelé le neuvième et le quarantième jour. Dès la naissance de l'Église, nous savons aussi que le jour anniversaire de la mort était sanctifié, chez les Grecs comme chez les Latins, par des prières, et par l'offrande du saint sacrifice (Tertull. *De coron. milit.* c. III), et Origène nous apprend (*Comm. in Job.*) que cet anniversaire était célébré avec un grand appareil et un nombreux concours de peuple. Voici les raisons que Nicéphore Calliste assigne à cette succession de services funèbres (Cf. Gretzer. in cap. XXII. *Codin. Curopalat.*) : « C'est le troisième jour que la face de l'homme devient méconnaissable ; c'est le neuvième que le corps se dissout, sauf le cœur qui reste encore intact ; enfin le quarantième jour amène la corruption du cœur avec le reste des chairs. » D'autres proposent une interprétation différente, et qui paraît être admise chez les Grecs surtout. D'après cette opinion, le service du troisième jour rappellerait la résurrection de Jésus-Christ après une sépulture de trois jours ; celui du neuvième jour désignerait les neuf chœurs des anges, auxquels on prie Dieu d'associer le défunt ; enfin celui du quarantième jour aurait lieu en mémoire des rites funèbres que le peuple d'Israël observa pendant quarante jours après la mort de Moïse. Les services se faisaient dans le lieu même de la sépulture. S. Grégoire de Nazianze parle aussi de la solennité donnée à l'anniversaire de la mort de son frère Césaire.

Après la liturgie, célébrée en présence du corps, l'évêque et les prêtres donnaient au défunt le baiser d'adieu, et enfin le cadavre était confié à la terre. Quant aux prières qui, dans l'antiquité, suivaient l'inhumation, nous les ignorons complètement, car il est douteux qu'elles fussent les mêmes qui figurent dans les livres rituels du moyen âge. La cérémonie funèbre était close par l'agape, repas de charité que la famille du défunt servait surtout aux pauvres, et qui fut plus tard supprimé par l'Église, à cause des abus qui s'y étaient glissés (V. l'art. *Agapes*).

G

GAMMADIÆ. — Ce sont des espèces de croix composées de la réunion de quatre *gamma*, Γ, à peu près ainsi, ⊥⊤, et que l'on figurait sur les vêtements et autres ornements ecclésiastiques dans l'antiquité chrétienne. Anastase le Bibliothécaire fait souvent mention de ces vêtements, qu'on désigne ordinairement sous le nom de *gammadiæ vestes*. Les chasubles ou planètes en étaient surtout parsemées dans tout le champ, comme on le peut voir dans un curieux monument donné par Ciampini (*De sacr. ædif.* t. IV), et que nous avons reproduit à notre article *Chasuble*; cet ornement se voit aussi dans les chasubles des Grecs telles qu'elles sont encore aujourd'hui (V. Macri. *Hiero-Lexic.* ad voc. *Casula*.).

GAZOPHYLACIUM. — Dans les anciennes basiliques, c'était le lieu où l'on déposait celles des offrandes des fidèles que les canons défendaient de placer sur l'autel, et qui étaient portées directement dans la maison de l'évêque (*Can. apost.* v. vi. — *Syn. Carthag.* IV. can. 93). Il y en avait un autre nommé *corbona*, destiné à recevoir le trésor de l'Église.

GRADUEL. — V. l'art. *Livres liturgiques*, 6°.

GRAFFITI, au singulier *graffito*, du grec γράφειν, « dessiner, écrire, » est un mot italien qui tend à se naturaliser dans notre langue. M. Littré l'admet dans son savant *Dictionnaire de la langue française*. Il désigne, d'une manière générale, tout ce que l'on trouve écrit sur les murailles et dans les monuments de toute nature de l'antiquité. Ces inscriptions populaires étaient tracées tantôt au charbon, tantôt au pinceau; mais le plus souvent avec le style en fer ou en os dont on se servait communément pour écrire sur les tablettes de cire. — Le mot *proscynème*, que quelques antiquaires me semblent employer trop indistinctement, s'applique spécialement à celles de ces inscriptions qui ont un caractère religieux, et rigoureusement même à celles qui expriment une idée d'adoration : προσκύνημα, de πρὸς, « à, vers, » et κυνεῖν, « baiser, » c'est-à-dire « adresser des baisers à ou vers », parce que les anciens adoraient les simulacres de leurs divinités en leur envoyant des baisers avec la main. — *Graffito* serait donc le genre et *proscynème* l'espèce. La plupart des inscriptions cursives trouvées en si grand nombre à Pompéi et qu'a savamment illustrées le P. Garrucci sont de simples *graffiti*; celles que les voyageurs de l'antiquité ont tracées, en grec ou en latin, sur les monuments de l'Égypte et de la Nubie, celles du temple de Neptune sur le promontoire de Théra, celles qui se lisent sur les roches du Sinaï, appartiennent, en général, à la classe des proscynèmes proprement dits. Quelques-uns de ces monuments néanmoins ne portent que des noms de visiteurs : tels sont les colosses d'Ipsamboul et de Memnon, les Syringes de Thèbes, les Pyramides. On peut voir au musée du Louvre l'un des Sphinx du Sérapéum, apporté par M. Mariette, et sur le dos duquel sont inscrits cinq noms, trois phéniciens et deux carthaginois.

L'étude de cette classe de monuments n'est pas, comme on pourrait se l'imaginer, une simple affaire de curiosité : elle est de la plus grande importance pour l'histoire et l'archéologie. Car, si l'on y trouve le plus communément des noms propres de visiteurs, avec indication de l'époque de la visite, des souvenirs et salutations lointaines aux personnes absentes, des formules admiratives sur la beauté des monuments, quelquefois même des réflexions futiles ou malséantes, il s'y rencontre aussi des allusions aux événements contemporains, des constatations de faits et de dates, qui, dans leur laconique précision, fournissent à la critique historique des éléments non moins utiles qu'inattendus : témoin ces *graffiti* déchiffrés naguère, à Rome, sur les murailles de la station de la septième cohorte des *vigiles* (gardiens contre les incendies), et dont plusieurs ont servi à éclaircir certains points restés obscurs jusqu'ici, et même à rectifier quelques passages des fastes consulaires.

A côté des *graffiti* écrits se trouvent quelquefois des *graffiti* figurés : dessins ou caricatures où se jouent les instincts malicieux de la nature humaine, toujours la même à toutes les époques et sous toutes les latitudes. Le chevalier Avellino avait relevé en 1840, sur les murailles d'une maison de Pompéi, quelques dessins de cette espèce représentant diverses scènes de gladiateurs, avec des inscriptions explicatives (V. *Osservaz. sopra alcune iscritz. e diseg. graffiti*). Ainsi encore, M. le chevalier Rosa nous montrait en avril 1869, dans une chambre du Palatin, un profil de Néron tracé à la pointe du couteau, et où la ressemblance était rendue plus frappante par son exagération même. Dans une autre partie du palais des Césars, on voyait naguère une image blasphématoire tracée sans doute par une main païenne, représentant un Christ à tête d'âne, traduction figurée d'une des plus grossières calomnies des idolâtres contre les fidèles. En présence de cette singulière image, qui se conserve aujourd'hui au musée Kircher (et que nous avons reproduite, d'après le P. Garrucci, dans ce dictionnaire (art. *Calomnies*), se tient, dans l'attitude de l'adoration (προσκύνημα), un enfant, dont le nom, Alexamenos, vient d'être trouvé une seconde fois, mais avec la qualification de *fidelis*, dans une chambre voisine. Ce second *graffito*, qui jette un jour décisif sur le premier, et que nous avons pu examiner nous-même sur place, a été publié avec de savants commentaires par M. le chevalier Charles-Louis Visconti dans le *Journal des Arcades* (t. LXII de la nouvelle série). Nous remarquons au même lieu d'autres sujets retracés d'après le même système, par exemple de ces représentations de courses de chevaux si fréquentes dans les monuments chrétiens, et qui, comme on sait, sont allusives à plusieurs passages de l'Écriture et de S. Paul en particulier (1 *Cor.* IX. 24. — 2 *Tim.* IV. 7), où la vie chrétienne est comparée aux courses du cirque, au bout desquelles est la victoire : *sic currite ut comprehendatis*.

Mais il est une classe de *graffiti* qui sont plus particulièrement faits pour intéresser les lecteurs de ce dictionnaire. Ce sont des inscriptions pieuses qui se sont révélées en si grand nombre, depuis quelques années, dans les catacombes romaines, et où des pèlerins venus des régions les plus lointaines pour visiter ces sanctuaires souterrains exhalent les sentiments de leurs cœurs et toute sorte d'invocations pour eux-mêmes ou pour leurs amis et leurs proches, vivants ou défunts. Ceci a lieu surtout dans les cryptes renfermant les tombeaux des martyrs les plus célèbres ; et alors les *graffiti*, en outre de l'intérêt qu'ils offrent au point de vue de la piété, deviennent de véritables documents historiques et topographiques, par l'invocation nominale des saints ensevelis dans l'hypogée où le visiteur a laissé des traces de son passage. Quelquefois même ces quelques mots furtivement écrits par une main inconnue et malhabile peuvent servir à déterminer d'une manière décisive un sépulcre historique vainement cherché par les antiquaires, faute d'indication officielle.

Les personnes auxquelles il n'est pas donné de visiter personnellement les catacombes peuvent se faire une idée aussi juste que possible de l'aspect d'ensemble que présentent ces *graffiti*, en jetant un coup d'œil sur les belles planches de la *Roma sotterranea cristiana* de M. De' Rossi (V. notamment tom. II, tav. V, XXIX, XXX, XXXIII, XXXIV e segg.). Dans le texte de l'ouvrage, on trouvera la copie de ces inscriptions en caractères ordinaires, et on lira avec non moins de profit que d'intérêt les explications du savant explorateur de nos cimetières sacrés. A défaut de cette immense source de renseignements que rien ne peut remplacer, voyez dans le Dictionnaire les articles *Pèlerinages*, — *Culte des saints*, III, — *Inscriptions*, — *Acclamations*, etc. Nous tenons tout au moins à offrir ici au lecteur un spécimen de ce genre d'inscriptions cursives, et nous ne saurions rien choisir de plus intéressant que l'image de S. Corneille ornant le tombeau de ce pape au cimetière de Calliste (De' Rossi. *R. S.* t. I. tav. VI). On voit que des *graffiti* sont inscrits tout autour de l'image et jusque sur son vêtement.

Beaucoup d'inscriptions sépulcrales se rangent dans la classe des *graffiti* : ce sont celles qui très-fréquemment, dans les siècles des persécutions, furent tracées à la pointe sur le mortier frais scellant les loculi, ou au *minium*, au charbon ou même à l'encre sur le marbre ou sur les briques qui leur servent de clôture (V. l'art. *Inscriptions*, II, 2°). Mais le plus grand nombre de ces *graffiti* expriment des souvenirs affectueux adressés aux personnes qui ne sont plus et plus souvent encore des prières pour leur repos éternel. C'est ce dernier caractère qui distingue surtout les *graffiti* chrétiens d'avec les inscriptions du même genre que l'antiquité païenne nous a laissées. On sait en effet que, sur les tombeaux des Pharaons, les visiteurs avaient coutume d'inscrire, avec une date, leurs noms ainsi que ceux de leurs amis vers lesquels, du fond de ces contrées lointaines, leur pensée se reportait avec amour ; et l'un des exemples que l'on cite le plus souvent en ce genre, c'est celui de Sérapion, fils de Nicomacus, qui, étant venu à Philæ visiter le temple de la grande Isis, déesse de cette île, déposa dans ce sanctuaire un tendre et pieux souvenir à l'adresse de ses parents.

Le christianisme, qui ne désavoue aucun des nobles instincts de l'humanité, mais les sanctifie et les dirige vers leur véritable but, s'empara de ce germe pour le féconder. Ainsi, nous voyons déjà un chrétien des premiers temps qui avait entrepris le pèlerinage de Cana en Galilée, y évoquer, lui aussi, le souvenir de ses parents; mais son *graffito* n'est point seulement, comme celui du païen dévot à Isis, une formule commémorative, ou un simple élan du cœur, mais bien une affectueuse prière. Nous trouvons dans la crypte de Saint-Sixte, au cimetière de Calliste, un exemple analogue et plus touchant encore : là, un anonyme inscrit, d'abord à l'entrée de la chapelle, le nom d'une épouse chérie, avec un ardent souhait de vie en Dieu : — *Sofronia, vivas in Domino* ; — secondement, près de l'*arcosolium*, cette autre acclamation, non plus simplement optative, mais affirmative : — *Sofronia dulcis, semper vives in Deo*, « Sofronia, douce amie, tu vivras toujours en Dieu ; » et, comme si ce n'était pas assez pour son cœur, il trace encore un peu plus loin un dernier adieu à cette âme chérie.

Voilà bien la prière pour les morts telle qu'elle est enseignée et pratiquée dans l'Église catholique; et des formules comme celle-ci pourraient être citées par centaines (V. pour les citations l'article *Acclamations*) : VIVAS IN DEO, — VIVA SIS CVM FRATRIBVS TVIS ; — AETERNVM VIVATIS IN XPO ; — ACCEPTA SIS IN CHRISTO, etc., etc.

Les *graffiti* relatifs à l'invocation des saints et exprimant la confiance en leur intercession ne sont pas moins fréquents dans les premiers siècles, et ici encore nous n'avons pas l'embarras du choix (V. l'article *Saints [culte des]*) : ET IN ORATIONIS (*sic*) TVIS ROGES PRO NOBIS QVIA SCIMVS TE IN ✠, « dans tes prières intercède pour nous, parce que nous savons que tu es dans le Christ. » VIBAS IN DEO ET ROGA ; — ORA PRO PARENTIBVS TVIS ; — PETE PRO NOS (*sic*) VT SALVI SIMVS, « prie pour nous, afin que nous soyons sauvés. »

La fresque surmontant le tombeau de Ste Cécile au cimetière de Calliste offre un grand nombre de ces sortes d'inscriptions signées par des pèlerins de toutes les nations, Goths, Lombards, Espagnols, etc. Mais, ce qui est bien plus intéressant encore, on y lit une série de noms romains, à l'exception d'un seul, et qui, selon une conjecture très-fondée de M. De' Rossi, seraient ceux des prêtres qui furent témoins de l'invention et de l'ouverture du tombeau de la sainte martyre par le pape Pascal Ier.

Ces quelques citations suffisent pour faire comprendre tout le parti que l'apologétique catholique peut tirer de la classe d'inscriptions qui fait l'objet de cet article. Puisse l'importance qui s'y attache réveiller le zèle des hommes studieux et surtout celui des ecclésiastiques qui souvent ont sous la main des richesses de ce genre ! Le savant M. Le Blant, dont l'érudition comme épigraphiste et la sagacité comme paléographe sont aujourd'hui connues de tout le monde, a sauvé de l'oubli un grand nombre de monuments de notre Gaule infiniment précieux sous ce rapport. En outre des cryptes de Montmartre explorées par lui avec des résultats on ne peut plus satisfaisants (*Insc. chrét. de la Gaule*. I. p. 270), M. Le Blant nous a fait connaître de très-curieux *graffiti* inscrits sur un autel antique du Ham, et à Minerve en Languedoc (V. un fragment de ces *graffiti* à notre art. *Pèlerinages*), et sur un autre autel élevé par l'évêque Rusticus (*Ib*. p. 185). M. l'abbé Bargès, lui aussi, a publié un intéressant autel découvert dans les environs d'Auriol, enrichi d'inscriptions cursives. En général, les *graffiti* de cette dernière espèce reproduisent les noms des prêtres qui ont célébré sur ces autels érigés dans certains lieux de pèlerinage célèbres.

GRECS (INSTRUMENTS LITURGIQUES SPÉCIAUX AUX). — Le calice et la patène sont deux vases sacrés communs aux Grecs et aux Latins. La patène des Grecs, ou « disque », δίσκος, est plus grande que la nôtre, et telle à peu près qu'elle était primitivement dans les deux Églises (V. les art. *Calice et Patène*). Nous en empruntons à l'ouvrage de Goar (Εὐχολόγιον. p. 117) la représentation; le disque est tel qu'il est disposé au moment de la messe; au milieu est l'hostie du prêtre, marquée de la croix, *sigillum*, σφραγίς, et des sigles IC — XC — N — K — *Jesus Christus vincit*, tracés dans les quatre compartiments formés par la croix grecque; dans le reste du champ de la patène, qui est concave, sont déposés les petits pains destinés à la communion du clergé et du peuple.

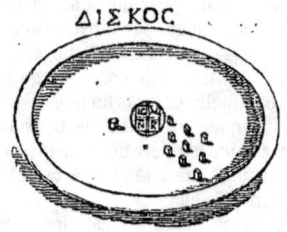

Les Grecs, et les Orientaux en général, emploient dans la célébration de la liturgie quelques autres instruments inconnus aux Églises occidentales. Nous avons consacré à chacun d'eux quelques lignes dans ce Dictionnaire. Ce sont : l'*astérisque*, la *cuiller*, l'*éponge*, la *lance*.

Nous faisons observer une fois pour toutes que quand nous traitons des choses relatives à la liturgie des Grecs, nous parlons ordinairement au présent, parce que, chez eux, les rites et tout ce qui s'y rapporte sont aujourd'hui à peu près ce qu'ils étaient dans les premiers temps.

GYMNASIA PAUPERUM. — V. l'art. *Hôpitaux*.

H

HÉBREUX (LES JEUNES) DANS LA FOURNAISE. — I. — Quelques monuments, entre autres une peinture du cimetière de Calliste (Bottari. tav. LXXXII) et un sarcophage de Milan (Allegranza. *Mon. Crist.* tav. IV), représentent Sidrach, Misach et Abdenago au moment où, conduits devant la statue du roi, ils sont sommés de l'adorer (Daniel. III). Ils portent une simple tunique qui paraît liée au-dessous des hanches ; ils sont coiffés de la *tiare* ou bonnet *phrygien*, tel qu'il se remarque dans les marbres antiques, sur la tête d'Atys et du dieu Lunus, sur celle de Pâris (*Admirand. urb. Rom.* n. IV), et dans es sacrifices du dieu Mithra (Cf. Bottari. II. 87), nfin sur celle de Priam dans le Virgile de la Vaticane. Leur attitude témoigne de leur invincible répugnance pour l'acte d'idolâtrie qui leur es proposé. L'un des deux a les mains liées par devant, comme on l'observe dans les statues de prisonniers qui se conservent au Capitole et au palais Farnèse, et dans les bas-reliefs de l'arc de Constantin. L'autre, dont les mains sont libres, fait de la droite un geste de répulsion. Au sommet d'une colonne se trouve la statue, ou plutôt le buste de Nabuchodonosor, et, devant l'idole, le roi lui-même qui la désigne du doigt, la tête tournée d'un air mpérieux vers les jeunes Israélites. Il est vêtu du costume des empereurs romains ; il a la tête découverte et porte la tunique, et, par-dessus son armure, la chlamyde ; de la main gauche il tient la haste, telle qu'on l'ob-

serve sur les médailles, à la main des dieux et des héros. A côté de lui se tient debout un personnage vêtu comme les soldats romains, à l'exception du *pileus* phrygien dont il est coiffé, et portant une hache sans faisceaux.

Habituellement ce fait, dans les sculptures des sarcophages notamment, a pour pendant celui de l'adoration des mages. Cette circonstance, qui n'a été remarquée que dans ces derniers temps (V. De' Rossi. *Bullet.* 1866. p. 63. 64), prouve qu'il existe entre l'un et l'autre une relation symbolique. Les jeunes Hébreux qui, condamnés à vivre au milieu d'un peuple idolâtre, détestent néanmoins l'idolâtrie et affrontent la mort plutôt que de s'en rendre coupables, sont la figure des païens qui plus tard embrasseront la foi du Christ et mourront pour elle, et dont les mages sont les prémices. Cette explication se trouve complétement confirmée par quelques monuments qui font voir l'étoile miraculeuse au-dessus des jeunes Hébreux refusant d'adorer la statue du roi : il est évident que c'est dans la vue de cette étoile et dans les espérances dont elle est le symbole que ces trois jeunes gens puisent la force de résister aux ordres de cet impie monarque. Parmi les monuments qui présentent cette intéressante circonstance, nous pouvons citer trois sacrophages : l'un du Vatican (Bosio. p. 279), le second de Milan (Allegranza. *Monum. ant. di Milano.* tav. IV), et enfin une curieuse sculpture découverte récemment à Saint-Gilles et publiée par M. De' Rossi (*Ibid.*).

Nous devons faire observer que, toutes les fois que ce fait historique est représenté sur les monuments chrétiens (V. encore Bottari. XXII), on n'a figuré sur la colonne qu'un buste, et jamais une statue, ce qui paraît être en contradiction avec le texte sacré. Ceci ne saurait être l'effet du hasard. Dans les énormes proportions qu'énonce le livre de Daniel, « de soixante coudées de haut, six coudées de large (vers. 1), » *altitudine cubitorum sexaginta, latitudine cubitorum sex*, l'artiste aura sans doute compris la colonne avec le simulacre dont elle était surmontée : il serait difficile d'imaginer une statue en outre d'une taille pareille. Ces représentations sont donc un commentaire matériel du texte divin, commentaire qui puise une grande autorité dans son accord avec les données de l'art antique que nous tenons de S. Clément d'Alexandrie (*Strom.* l. I. p. 418. edit. Potter. n. XXIV). D'après ce Père, les anciens, avant qu'ils eussent trouvé l'art de sculpter des statues, adoraient la Divinité sous la forme de colonnes. Peu à peu ils imaginèrent de figurer une tête au sommet, ensuite des Termes, des Hermès, des bustes. Ils essayèrent un peu plus tard de façonner les statues entières ; mais, dans le principe, les jambes et les bras ne se détachaient point du corps ; telles sont les statues en gaîne que nous trouvons chez les Étrusques et les Égyptiens. Dédale fut le premier qui exécuta des statues ayant jambes et bras, et, surpris de cette nouveauté, ses contemporains crurent qu'il avait trouvé le moyen de faire marcher et agir des statues.

II. — Les Hébreux dans la fournaise. Ce sujet, dont le premier n'est que le préliminaire, se rencontre beaucoup plus fréquemment ; dans une seule circonstance (Bottari. tav. XXII), les deux scènes sont réunies et ne forment qu'un seul tableau. Les jeunes Hébreux sont ordinairement debout dans la fournaise et étendent les bras dans l'attitude de la prière ; ils sont communément coiffés du *pileus* phrygien, et rarement leur tête est découverte (Bottari. LIX et *alibi*). Ils portent le vêtement qui est décrit dans le livre de Daniel (III. 21). « Et aussitôt ils furent enchaînés, et avec leurs habits et leurs chaussures, et tous leurs vêtements jetés au milieu de la fournaise, » *et confestim viri illi vincti, cum braccis suis, et tiaris, et calceamentis, et vestibus missi sunt in medium fornacis ignis ardentis.* Cependant les différents monuments offrent, sous ce rapport, des variétés notables, dont nous ne signalerons que les plus saillantes. Quelquefois les jeunes Hébreux ne portent que la tunique unie, ceinte (Bottari. CLXIX), ou même libre (Id. CXXXIII) ; d'autres fois ce vêtement est orné d'une (Id. CLXXXI) ou de deux bandes de pourpre (Id. LIX) que les anciens appelaient *clavi* ; dans la planche CXLIX déjà citée, la tunique n'en a qu'une, mais il en existe une sur chaque jambe, et elles descendent jusqu'aux pieds. C'est le *patagium* des anciens (V. l'art. *Clavus*). Quelques verres dorés (Garrucci. *Vetri.* I, 1) les produisent d'après ce type. Dans un autre monument (CLXXXVI), un seul des trois personnages a les deux bandes de pourpre descendant jusqu'au bas de la tunique ; les deux autres n'en ont que le diminitif, qui atteint à peine le milieu de la poitrine. Les anciens appelaient ce dernier ornement *paragauda* (V. l'art. *Clavus*, à la fin).

Quelques monuments les représentent vêtus

de la chlamyde, comme dans ce bas-relief inédit, du musée de Latran, où nous l'avons fait copier

d'autres avec la *penula* relevée sur les bras (Id. CLXXXV), ou avec le *sagum* fixé sur la poitrine par une fibule (Id. LXXXVII). Dans ce dernier, la fournaise, comme dans quelques autres, ressemble à un sarcophage sans couvercle, et sur le devant sont trois ouvertures arquées pour introduire le bois ; à l'une des extrémités est un personnage qui attise le feu avec un long bâton. Une peinture du cimetière de Priscille (Bottari. CLVIII) représente la fournaise d'une manière fort singulière : c'est un grand arc ou comme une espèce de berceau se joignant sur la tête des jeunes Hébreux complétement nus.

Nous devons appeler l'attention du lecteur sur un sarcophage du Vatican (Bott. XLI) qui présente une circonstance importante et assez rare, du moins dans les monuments des catacombes. C'est un personnage debout, hors de la fournaise, vêtu de la tunique et du *pallium*, tenant dans la main gauche un volume roulé, et élevant la droite disposée comme pour l'allocution, ou la bénédiction latine (V. l'art. *Bénir*) ; il est tourné vers les trois jeunes gens, qu'il semble exhorter. Bottari se demande si ce personnage ne serait point Daniel, que cependant le livre sacré ne fait point intervenir dans cette circonstance, ou le Fils de Dieu qu'une idée d'artiste aurait, selon lui, placé là, comme le désiré des nations dont l'attente fortifiait dans les épreuves les saints de l'Ancien Testament. En se reportant au texte de Daniel, le savant antiquaire eût pu éviter, ce me semble, toutes ces hésitations.

Il est certain (Dan. III. 49) qu'un quatrième personnage intervint, et Daniel lui donne le nom d'ange : *Angelus Domini descendit in fornacem* ; qu'il rompit les liens des trois martyrs et neutralisa l'ardeur du feu par un vent frais et une douce rosée. Ce qui n'est pas moins certain, c'est que, frappé de ce prodige, Nabuchodonosor s'écria qu'avec ses trois victimes il voyait un homme semblable au Fils de Dieu (Dan. III. 92). *Et species quarti similis Filio Dei.* Quel était ce personnage ? Nabuchodonosor y voyait-il simplement un ange, ou bien, par une illumination céleste, y reconnaissait-il le Fils de Dieu, la seconde personne de la Ste Trinité ? La première opinion est la plus suivie, car l'Ecriture donne souvent aux anges le titre de Fils de Dieu (Job. I. l. II. 1. — *Psalm.* LXXXVIII. 7), et d'ailleurs, selon certains interprètes (Dionys. Carthus. *et alii quidam*), le roi pouvait avoir en vue et désigner par ce nom quelqu'un des demi-dieux admis par la théogonie chaldéenne.

Quoi qu'il en soit, il ne nous semble nullement douteux que l'artiste n'ait voulu représenter dans ce bas-relief le Fils de Dieu. Nous en avons une première preuve dans le volume que le personnage en question porte à la main et que l'antiquité n'a jamais, que nous sachions, donné pour attribut aux anges. Au surplus, le sculpteur, ou celui qui l'a dirigé dans son œuvre, n'a fait vraisemblablement que formuler sur le marbre l'opinion adoptée à cet égard au quatrième siècle, date probable du monument, opinion que nous trouvons exprimée en vers par Prudence, poëte contemporain, qui met dans la bouche du roi un discours (*Apotheos.* vers 130) dont voici le sens :

« La fournaise a reçu trois hommes seulement ; or, bravant les vapeurs et les feux, en voici un quatrième : c'est le Fils de Dieu, je le confesse, et vaincu, je l'adore. »

Nempe, ait, o proceres, tres vasta incendia anhelis
Accepere viros fornacibus ; additus unus
Ecce vaporibus ridens intersecat ignes.
Filius ille Dei est, fateorque, et victus adoro.

Et plus loin (vers. 158) :

« Le Fils (de Dieu, ce n'est pas douteux) opère ces miracles ; je le vois ; Dieu lui-même, et de Dieu le véritable Fils. »

Filius (haud dubium est) agit hæc miracula rerum ;
Quem video : Deus ipse, Dei certissima proles.

Le bas-relief s'écarte cependant du récit de la Bible, en ce que le *Fils de Dieu* n'est point dans la fournaise, mais à côté. Peut-être l'a-t-on placé de la sorte pour rendre plus sensible l'action toute-puissante qu'il exerce sur le feu au-dessus duquel il élève la main avec le geste de la bénédiction ou du commandement. Dans tous les cas, un ivoire du cinquième siècle donné par Gori (*Thesaur. diptych.* t. III. tab. VIII) ne permet guère de douter que les artistes de cette époque n'aient eu l'intention de représenter le Fils de Dieu. Le personnage qu'offre cet intéressant monument est ailé, et il étend une croix sur les flammes pour les apaiser. Ceci paraît non moins certain dans un fond de coupe où Notre-Seigneur est vu étendant sa baguette sur la fournaise, absolument comme dans l'accomplissement de deux de ses miracles, la multiplication des pains et la guérison du paralytique, sujets qui, avec le premier, remplissent tout le pourtour du verre.

Voici une belle lampe d'Afrique, conservée au musée de Constantine, où paraît aussi l'ange ailé, mais dans la fournaise même, en arrière des jeunes Hébreux, au-dessus desquels il s'élève de toute la hauteur de son buste. Ce monument présente une circonstance intéressante et jusqu'ici inobservée : c'est que le dernier de ces enfants, à droite par rapport au spectateur, tient sur sa main gauche un objet ressemblant à un instrument de musique, sur lequel il fait jouer les doigts de la droite : c'est probablement, selon la judicieuse remarque de M. Héron de Villefosse, à qui nous devons la connaissance de cette curieuse lampe d'argile (*Musée archéol.* p. 122), Azarias chantant les louanges de Dieu. Cependant le cantique d'Azarias ne se trouve pas dans l'hébreu ; il a été ajouté par S. Jérôme (Daniel, cap. III, v. 24, seqq.), qui l'a traduit, pense-t-on, sur le grec de Theodotion (V. D. Calmet. *ad h. l.*).

Sur le couvercle d'un sarcophage du Vatican (Bottari. XXII et p. 87. t. I) où le même fait est retracé, l'ange, ou le personnage quelconque désigné par Daniel, placé dans la fournaise, entre deux des jeunes gens, sous la forme d'un adolescent joignant ses bras sur sa poitrine, se distingue d'avec eux en ce que sa tête n'est point coiffée de la tiare phrygienne, mais nue. On voit le troisième Hébreu conduit par un satellite vers la fournaise, sur le bord de laquelle l'un de ses compagnons se penche en lui tendant la main. Cette scène est précédée de celle où le roi, assis sur un pliant, ordonne d'adorer sa statue.

Nous en aurons fini avec cet intéressant sujet, quand nous aurons signalé une circonstance unique, pensons-nous, caractérisant une peinture murale du cimetière de Priscille (Bottari. CLXXXI). C'est une colombe, portant en son bec une branche d'olivier et planant dans les airs au-dessus de la tête des trois Hébreux. On ne saurait méconnaître ici l'intention d'exprimer la paix que, pour les martyrs de l'ancienne loi, le ciel faisait succéder aux fureurs d'un roi impie, et leur délivrance des flammes que sa colère avait allumées pour châtier leur fidélité au Dieu d'Israël. Mais ne pourrait-on pas pousser plus loin encore cette interprétation, et dire que la colombe apportant un symbole de paix et de délivrance était la représentation allégorique de l'ange qui fut envoyé du ciel pour opérer ce prodige ?

La représentation de ce sujet dans les cimetières avait pour but d'encourager les chrétiens au martyre, et de les prémunir contre la crainte de la mort, qui, pour le juste, est suivie de la délivrance (V. Cyprian. *Epist.* LXI. — Greg. Magn.

Dial. III. 18). Elle était encore, d'après S. Irénée (l. v. c. 5. 2) et Tertullien (*De resurrect.*), l'un des nombreux symboles de la résurrection en usage chez les premiers chrétiens. S. Cyrille d'Alexandrie (*Ep.* XXXVII. *Ad Olymp.*) compare l'Église à la fournaise de Babylone, l'Église où les hommes, de concert avec les anges, chantent les louanges du Seigneur et lui offrent continuellement l'hommage de leur reconnaissance.

HÉLÈNE (FÊTE DE SAINTE). — V. l'art. *Fêtes immobiles*, IV, 2°.

HÉMORROÏSSE. — Un grand nombre de sarcophages antiques reproduisent dans leurs sculptures l'histoire de la guérison par Notre-Seigneur de cette femme atteinte d'un flux de sang (V. Bottari. tav. XIX. XXI. XXXIV. XXXIX. XLI. LXXXIV. LXXXV. LXXXIX. CXXXV). Il se trouve aussi représentée sur un sarcophage du quatrième ou du cinquième siècle servant de bassin à la fontaine dite de Sextius à Aix en Provence, et sur celui de S. Sidoine dans la crypte de Ste-Madeleine (*Monum. relat. à Ste Madeleine.* t. I. col. 763). D'après plusieurs Pères, entre autres S. Ambroise (lib. II *In Luc.* c. VIII) et Théophile d'Antioche (*In Evang.* l. VI), cette femme aurait été aux yeux des premiers chrétiens la figure de l'Église *ex gentibus*, et son sang la figure de celui des martyrs. Cassiodore (*In psalm.* XXXII. 2) est d'avis que la frange du vêtement de Notre-Seigneur, au contact de laquelle l'hémorroïsse fut guérie, signifie l'Église, et que cette femme représente la gentilité qui ne trouve le salut qu'en entrant dans l'Église.

Les artistes qui ont exécuté ces urnes funéraires, et qui probablement étaient Grecs, ont suivi le récit de S. Luc, qui, comme on sait, a écrit en grec (Luc. VIII. 43. seqq.). L'hémorroïsse est agenouillée ou profondément inclinée ; elle saisit le bas du manteau du Sauveur qui, sans paraître s'en apercevoir, s'entretient avec un de ses disciples, S. Pierre probablement, auquel l'écrivain sacré attri-

bue cette réponse (Luc. VIII. 45) : « Maître, la foule vous presse, et vous demandez qui vous a touché ! » Quelquefois, le Sauveur touche de la main droite la tête de l'hémorroïsse et jette sur elle un regard de miséricordieuse bonté.

Le dessin est tiré d'un sarcophage du Vatican (V. Bottari. tav. XX).

Ce miracle a été chanté par le poëte Prudence (*Cathem. hymn.* IX. 40) :

Extimum vestis sacratæ furtim mulier attigit.
Protinus salus secuta est ; ora pallor deserit,
Sistitur rivus, cruore qui fluebat perpeti.

« La femme touche furtivement le bas de la robe sacrée. Aussitôt la guérison s'opère ; la pâleur abandonne le visage, le ruisseau de sang qui coulait sans cesse s'arrête. »

Eusèbe (*Hist. eccl.* VII. 18) et Nicéphore (*Hist. eccl.* VI. 15) rapportent qu'à Césarée de Philippe existait une statue en bronze de Jésus-Christ, devant laquelle se tenait la statue de l'hémorroïsse dans une posture suppliante. Noël Alexandre a laissé une dissertation sur ce monument (*Hist. eccl.* t. I. p. 137).

HERMENEUTÆ. — Ce mot, tiré du grec ἑρμηνευτής, veut dire *interprète*. C'était, dans les premiers siècles, le nom d'un ministre de l'Église dont la fonction consistait à traduire, soit les leçons de l'Écriture, soit les discours sacrés, en faveur de ceux qui ignoraient la langue liturgique. Ces interprètes étaient nécessaires dans certaines Églises où le peuple parlait divers dialectes, comme, par exemple, dans celles de la Palestine, où les uns s'exprimaient en grec, les autres en syriaque, et peut-être aussi dans quelques Églises de l'Afrique où, bien que le latin fût dominant, quelques localités reculées avaient conservé la langue punique. S. Chrysostome, qui fit souvent des missions parmi les Scythes (Theodoret. v. 30), appelait à son aide un interprète pour ramener à l'Église catholique les Goths ariens. En Afrique, S. Augustin fut obligé d'ordonner, pour un bourg de son diocèse d'où dépendaient plusieurs villages où le punique seul était entendu, un évêque qui connût ce langage aussi bien que le latin.

L'existence de cette fonction dans l'Église nous est révélée surtout par un passage de S. Épiphane (*Exposit. fid.* XXI), et par les actes de S. Procope qu'a publiés Valois (In Euseb. *Demartyr. Palæst.* I), et où il est dit que ce martyr exerçait trois offices dans l'Église de Scythopolis : il était *lecteur*, *exorciste* et *interprète* pour la langue syrienne.

Bingham (*Orig.* II. 75) cherche à induire de cette institution que la célébration de la liturgie en langue morte était contraire à l'esprit de la primitive Église. Elle prouve précisément tout le contraire, c'est-à-dire que plutôt que de changer la langue liturgique en même temps que les langues vulgaires variaient, elle aima mieux fournir au peuple ignorant un autre moyen de comprendre la liturgie qui devait rester immuable. Et l'Église s'est montrée constamment fidèle à ce principe (V. l'art. *Langues liturgiques*).

HIÉRARCHIE. — V. l'art. *Ordres ecclésiastiques.*

HÔPITAUX dans la primitive Église. — Les pauvres ont été, dès le berceau de l'Église, le premier objet de sa sollicitude. Au milieu du feu des persécutions, il y avait dans son sein une administration organisée pour le soin des malades et le soulagement de toutes les misères (V. l'art. *Aumône*). Ce ministère était confié aux diacres pour les hommes (*Constit. apost.* l. III. c. 19), et, pour les femmes, aux diaconesses, qui, au témoignage de S. Épiphane (*Exposit. fid.* c. XVII), rendaient aux personnes de leur sexe les services intimes qu'exigeaient leurs infirmités, *si opus fuerit balnei gratia, aut visitationis aut inspectionis corporum*. Les diacres et les diaconesses se mettaient chaque jour à la recherche de toutes les infortunes, et informaient l'évêque, qui, accompagné d'un prêtre, visitait à son tour et tous les jours les malades et les nécessiteux de tout genre. Cette discipline nous est révélée par S. Augustin (*De civit. Dei.* l. XXII. c. 8).

Voilà ce qui constituait la richesse de l'Église primitive, et, au troisième siècle, le diacre S. Laurent, sommé par le préfet de Rome de lui découvrir les trésors dont il passait pour être le dépositaire, lui montra, rassemblée devant l'église, une foule de vieillards décrépits, d'aveugles, de muets, d'estropiés, de lépreux, d'orphelins et de veuves pris dans toutes les régions de la ville (Prudent. *Peristeph. hymn.* II. vers. 140 seqq.).

> Tribus per urbem cursitat
> Diebus, infirma agmina
> Omnesque qui poscunt stipem,
> Cogens in unum et congregans.

« Il circule par la ville durant trois jours, recherchant et rassemblant en un seul lieu les troupes infirmes et tous ceux qui demandent leur vie. »

On sait que, gênée dans ses mouvements, l'Église des trois premiers siècles soignait, par le moyen des diacres régionnaires, ses pauvres à domicile. Sous Constantin, grâce à la paix qu'elle dut à ce grand prince, elle commença à avoir des hospices, *nosocomia* ; c'était aux évêques qu'appartenait le soin de les construire et de les administrer, et ils étaient ordinairement placés près de leur demeure, usage qui a persévéré jusque dans le moyen âge. Ces *nosocomia* n'étaient pas, comme les hôpitaux de nos jours, de vastes maisons présentant un caractère d'unité, mais un assemblage de petites cases indépendantes, *domunculæ*, de telle sorte que chaque malade avait sa cellule séparée. Nous le savons par Procope (*De ædif. Justinian.* l. I. c. 2. *Hist. Byzant.* t. III), qui, en parlant d'un ancien *valetudinarium* rétabli et augmenté par Justinien, dit que cette augmentation consista « à y ajouter un certain nombre de « petites maisons », *numero domuncularum*, et de nouveaux revenus annuels, *annuo censu*.

Ce mode d'agglomération donnait à ces hospices l'aspect d'une ville ; tel était celui que, au témoignage de S. Grégoire de Nazianze (*Orat.* III), S. Basile avait construit, par exception et sans doute par nécessité, en dehors de sa ville de Césarée : *paullum extra civitatem pedem effer, ac novam conspice civitatem*, « porte tes pas un peu au delà de la ville, et contemple une nouvelle cité. » Cet établissement avait été doté au moyen des libéralités obtenues par ce grand évêque des personnes riches appartenant à son Église (Greg. presb. *In Vit. init. Opp. S. Greg. Naz.* t. I).

S. Jean Chrysostome en avait bâti plusieurs à Constantinople, et, dès qu'il lui restait de l'argent, il le consacrait à la fondation de quelque nouvel asile (Pallad. *In ejus Vita.* c. v). Palladius, évêque d'Héliopolis (*Hist. SS. Patr. ad Laus.* c. vi. — Cf. Pellic. II. p. 273), nous apprend que sur la montagne de Nitrie, près de la principale église, était un *xenodochium*, fourni de médecins et de faiseurs de *placenta*, *placentarii*. — Ce nom de *xenodochium* désignait un hospice destiné à recevoir les pèlerins aussi bien que les malades.

Il y eut aussi des *nosocomia* en Occident ; S. Jérôme (*Epist.* LXVI) fait mention de celui que son ami Pammachius avait construit au port romain, près d'Ostie. Les fouilles qui se font en ce lieu ont découvert les restes d'un vaste édifice que les savants, et MM. De' Rossi et Visconti en particulier, croient être le *xenodochium* de Pammachius (*Bullet.* 1866. p. 50). Mais quand, en raison du peu d'importance de la ville, il était impossible, faute de ressources, d'en avoir de publics, les évêques faisaient de leur maison même des hôpitaux ; S. Augustin s'asseyait à la même table que ses malades et ses pauvres (Possidius. *In ejus Vita.* c. XXIII).

Nous voyons, au sixième siècle, le roi Childebert Ier fonder un *xenodochium* à Lyon, sous le pontificat de S. Sacerdos, à l'instigation de ce prélat et de la reine Ultrogothe (V. *Breviar. Lugd. ad diem sept.* XII). Voici le plan de celui qui était annexé à l'ancienne Vaticane et où

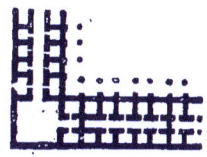

les papes, à l'exemple de S. Grégoire le Grand, donnaient l'hospitalité aux pèlerins (Ciampini. *Sacr ædif.* tab. VII. seqq.).

Ces établissements s'appelaient encore *pauperum gymnasia*, parce que des hommes d'une haute distinction et d'une grande sainteté, comme S. Grégoire de Nazianze, ne craignaient pas de s'y renfermer pour prodiguer aux indigents les soins de la charité et plus encore les leçons de la piété.

Au commencement, comme nous l'avons vu, les évêques présidaient par eux-mêmes les *nosocomia* et les entretenaient à leurs frais. Mais quand le cercle de leur autorité et de leur juridiction se fut élargi, ils furent obligés de se décharger de ce soin, quant au spirituel principalement, sur des prêtres, des diacres ou même des clercs inférieurs ; et leur économe fournissait aux malades ce qui leur était nécessaire. Quand les hospices eurent pris une plus grande importance et que des rentes annuelles leur furent assurées par de riches chrétiens, leur administration, tant spirituelle que temporelle, fut confiée à des préfets appelés *nosocomi*, ou *præfecti valetudinariorum*, et qui rendaient compte à l'évêque ; nous voyons, au cinquième siècle, le concile de Chalcédoine porter un décret (can. VIII) pour resserrer les liens de cette subordination déjà un peu relâchés. Ces préfets étaient ordinairement des prêtres : ainsi Eustathe, évêque de Sébaste, impose les mains à Aerius pour lui confier l'administration d'un asile de ce genre (Epiph. *Hæres*. l. III. *De hæres. Aeriana*); S. Jean Chrysostome choisit pour cet office les deux plus saints prêtres de son église, et S. Basile son chorévêque (*Epist*. CCCXCII). A Alexandrie, au témoignage de Palladius (*Ibid*. l. I. c. 7), c'était aussi un prêtre qui exerçait les fonctions de *præfectus xenodochii*; tous les historiographes de l'Église attestent le même fait. Au moyen âge, l'évêque confiait ordinairement cette préfecture à ses diacres (V. les art. *Paraboloni* et *Titres*).

Dans l'antiquité les hôpitaux étaient ordinairement dédiés au Saint-Esprit, qui était représenté sous l'emblème de la colombe, son symbole, soit sur la façade, soit en quelque autre endroit apparent (V. Wernsdorf. *De columbæ in sacr. loc. simulacro*). On sait que le principal hôpital de Rome est placé sous ce vocable; il existait déjà à la fin du cinquième siècle, et l'emplacement qu'il occupe était près du cirque de Néron (V. Fantucci. *Trattat. di tutte le opere pie nell' alma città di Roma*. c. I. 1602).

HOSPITALITÉ CHEZ LES PREMIERS CHRÉTIENS. — Ce fut là une des principales vertus des premiers disciples de Jésus-Christ. Elle était un épanouissement naturel du grand principe de la charité. S. Paul ne cessait de la recommander aux fidèles : « soyez toujours prêts à donner l'hospitalité, » écrit-il *Aux Romains* (XII. 13), *hospitalitatem sectantes*; et *Aux Hébreux* (XIII. 2) : « ne négligez pas l'hospitalité, car, par elle, quelques-uns ont reçu chez eux des anges sans les connaitre, » *hospitalitatem nolite oblivisci, per hanc enim latuerunt quidam, angelis hospitio receptis*. Ceci est une allusion à ce qui était arrivé à Abraham et à Lot qui furent appelés à exercer les devoirs de l'hospitalité envers les anges et envers Dieu lui-même.

Sans autre liaison que celle de la même foi et de la même religion, les chrétiens se regardaient et se traitaient réciproquement comme des frères et des amis (V. l'art. *Fraternité chrétienne*), ne faisant d'autre distinction que celle du mérite et n'attendant d'autre récompense que celle de l'autre vie. Et même il leur était prescrit de ne pas faire un choix trop attentif de ceux à qui ils donnaient l'hospitalité, de peur qu'en voulant choisir les meilleurs ils ne perdissent le mérite de leur action (V. Ambros. *Lib. de Abraham*. v. *De offic*. II. 21, III. 7. — Aug. *Epist*. XXXVIII. n. 2).

La vertu de l'hospitalité brillait d'un si vif éclat dans nos pères, que les ennemis de la religion nouvelle en étaient choqués et regardaient cette étroite liaison comme un excès d'amitié. Tertullien fut plus d'une fois obligé de réfuter les calomnies qui naissaient de ces préjugés injustes : « Mais ce sont ces œuvres d'amour qui aigrissent le plus violemment contre nous quelques-uns d'entre vous. Voyez, disent-ils, comme ils s'aiment les uns les autres !... comme ils sont prêts à mourir les uns pour les autres !... Ils ne nous blâment encore de nous désigner sous le nom de *frères* que parce que, parmi eux, toute dénomination de parenté n'est que le témoignage d'une affection simulée.... Mais peut-être on nous regarde comme des frères peu légitimes, parce que notre fraternité ne fait jeter aucun cri à la tragédie (allusion aux *Frères Thébains* d'Euripide) ; ou parce que les biens que nous possédons nous unissent comme des frères, ce qui, parmi vous, dissout presque toujours la fraternité. En effet, confondant nos cœurs et nos âmes, nous n'hésitons pas à confondre nos biens » (*Apologet*. XXXIX). L'ensemble de ces devoirs de la charité est admirablement résumé dans ce seul mot du grand Apologiste : *negotia christianæ factionis*, « les affaires (essentielles) de la faction chrétienne. »

Lucien, toujours attentif à observer les mœurs des chrétiens pour les travestir ou pour s'en moquer, parle très au long de leurs libéralités, qu'il appelle profusion, à l'égard de ceux qui avaient les mêmes sentiments et professaient la même religion. Il décrit fort exactement surtout le soin avec lequel ils recevaient ceux qui s'étaient signalés par quelque service, et le zèle qu'ils mettaient à leur fournir toutes les commodités du voyage. Ces détails sont enchâssés dans le portrait qu'il trace du fameux imposteur Peregrinus qui, après avoir reçu le baptême et s'être fait emprisonner pour la foi, par suite d'une secrète connivence avec les magistrats, et après avoir abusé longtemps de la bonne foi et de la charité des fidèles, fut enfin découvert et chassé. Cet imposteur se brûla publiquement dans la cérémonie des jeux olympiques, et Lucien se trouva au nombre des spectateurs, comme il l'écrit à Chronius (Lucian. *De morte Peregrin*. t. II. *Op*. p. 766).

Il y avait dans ces satiriques écrits un éloge involontaire des chrétiens; Lucien prétendait vouer aux moqueries du monde des œuvres que Julien, plus pervers que lui, ne pouvait s'empêcher d'admirer, et qu'il s'efforça d'introduire dans son néopaganisme. Nous le savons par S. Grégoire de Nazianze (*Orat*. III) et plus en détail par l'historien Sozomène (v. 16). Celui-ci rapporte même *in extenso* une lettre de l'apostat à Arsace, grand sacrificateur de la Galatie, où il lui enjoint de prendre soin des étrangers, et de faire bâtir des maisons pour les recevoir, lui proposant en cela l'exemple des chrétiens, dont, à son avis, la religion devait son extension à leur charité envers les étrangers, à leur sollicitude pour la sépulture des morts, et à la gravité de leurs mœurs, qu'il taxe d'hypocrisie, *simulata*: — *Nec attendimus quid Christianorum religionem auxerit : humanitas scilicet in peregrinos, et in sepeliendis mortuis sollicita diligentia, et simulata morum gravitas.*

L'hospitalité était donc la vertu de tous les chrétiens sans exception, et bien que S. Paul la mette au nombre des vertus spéciales à un évêque, *oportet episcopum hospitalem esse* (1 *Tim.* III. — 2 *Tit.* I. 8), il veut que tout fidèle la pratique; il exige en particulier que celles d'entre les veuves qui veulent se consacrer au service de l'Église s'y soient exercées de longue main. « Que la veuve choisie.... puisse obtenir le témoignage.... qu'elle a exercé l'hospitalité, qu'elle a secouru les affligés, qu'elle s'est appliquée à toutes les bonnes œuvres » (1 *Tim.* v. 10), *in operibus bonis testimonium habens.... si hospitio recepit, si sanctorum pedes lavit*. Nous avons déjà vu que l'Apôtre recommandait instamment l'hospitalité aux Romains et aux Hébreux. S. Pierre (1. IV. 9) exhorte tous les fidèles à exercer cette vertu avec plaisir et sans murmurer, *hospitales invicem sine murmuratione*. Parmi les vertus qu'il aime à louer dans Caïus, S. Jean (III. 5) n'en trouve pas de plus éminente que celle-ci : « Mon bien-aimé, vous agissez en vrai fidèle dans tout ce que vous faites pour les frères, et particulièrement pour les étrangers, » *carissime, fideliter facis quidquid operaris in fratres, et hoc in peregrinos.* Il affirmait de plus qu'exercer l'hospitalité envers les hommes apostoliques, c'était entrer en participation des fruits de leurs travaux (*Ibid.* 8). « Nous devons les recevoir ainsi, afin de coopérer avec eux au progrès de la vérité, » *ut cooperatores simus veritatis.*

Dès les temps les plus reculés, les fidèles de Rome se firent remarquer par leur zèle à secourir les pèlerins, et en particulier ceux qui étaient persécutés et exilés pour la foi. Dans une lettre écrite de Rome sous la persécution de Dèce, et qui se trouve dans les œuvres de S. Cyprien (*Epist.* xx), nous lisons l'éloge de deux sœurs, Numeria et Candida, qui recueillaient et pourvoyaient de toutes choses les nombreux confesseurs d'Afrique qui venaient chercher un asile dans la ville éternelle (V. De' Rossi. *Bullet.* 1866. p. 40).

Tertullien, pour détourner les femmes chrétiennes d'épouser des maris infidèles, allègue la difficulté et les obstacles qu'une telle union mettrait à l'exercice de l'hospitalité envers les frères. *Si pereger frater adveniat, quod in aliena domo hospitium ?* (*Ad uxor.* II. 4.)

Enfin le droit de l'hospitalité était tellement sacré aux yeux des chrétiens, que celui-là était censé rompre la communion qui refusait aux étrangers cette marque de fraternité. Nous pouvons nous rendre compte des idées reçues à ce sujet, en voyant l'indignation avec laquelle S. Firmilien se plaint de ce que le pape Étienne avait défendu aux fidèles de Rome de loger les députés de S. Cyprien, après le concile sur la matière du baptême · *Inter Cyprian. Epist.* LXXV) *Ut venientibus non solum pax et communio, sed et tectum et hospitium negaretur.*

Les évêques exerçaient surtout l'hospitalité avec une générosité qui, au dire de S. Jérôme (*Epist.* II *Ad Nepotian.*), n'était pas la moindre de leurs gloires en ces beaux temps de la charité chrétienne. Aussi recommande-t-il à Népotien, entre autres bonnes pratiques, de tenir toujours sa table ouverte aux pauvres et aux étrangers, assuré d'avoir ainsi dans leur personne Jésus-Christ pour hôte. Voici l'éloge que S. Chrysostome fait de son évêque Flavien, et il ne croit pas pouvoir rien dire qui lui soit plus honorable (*Serm.* 1 *In Genes.*). « Sa maison, comme si elle lui eût été laissée pour cet usage par ses ancêtres, est toujours ouverte aux étrangers et aux voyageurs. Tous ceux qui, en quelque lieu que ce soit, souffrent des tribulations, ceux qui se réunissent pour la défense de la vérité, trouvent dans cette maison une hospitalité spontanée, ils y reçoivent si bien tout ce qu'exigent leurs besoins et leur service, qu'on ne sait si elle doit être appelée la maison de l'évêque ou celle des voyageurs. Que dis-je? elle est d'autant plus la sienne, qu'elle appartient aux étrangers ; car tout ce que nous avons sera d'autant plus à nous, que ce nous sera commun avec nos frères. La meilleure manière de garder l'argent, c'est de le mettre dans la main du pauvre. »

L'hospitalité était aussi la grande vertu des moines, et la meilleure preuve de leur utilité. Car, dès l'origine de la vie cénobitique, les monastères furent bien plutôt des hospices que de simples habitations de religieux. Dans son apologie contre Rufin, voici ce qu'en dit S. Jérôme : « Dans notre monastère, l'hospitalité nous est à cœur, et tous ceux qui viennent à nous sont accueillis avec un visage brillant de joie et de charité. » On se portait au-devant des hôtes, comme si l'on eût reçu Jésus-Christ dans sa chair. Nous lisons au chapitre cinquante-troisième de la règle de Saint-Benoît : « Que tous les hôtes qui nous surviennent soient reçus comme Jésus-Christ lui-même, qui nous dira un jour : *J'ai été voyageur et vous m'avez reçu.* » La réception commençait par la prière, et ensuite les hôtes étaient conduits dans le cénacle destiné à cet usage, et qui était séparé de la clôture du monastère, non loin du vestibule. Dans chaque monastère, la surveillance et le soin de la maison des hôtes et voyageurs étaient confiés à l'un des plus anciens religieux, qui était appelé maître des hôtes, *magister hospitum*, fonction que mentionne Cassien, ainsi que la règle de Saint-Benoît. Les hôtes étant reçus, on leur lavait les pieds avant le repas, usage venu des moines d'Égypte. La communauté tout entière prenait part à la joie de l'arrivée des nouveaux hôtes, en rompant le jeûne en leur honneur; et même aux aliments secs, *xérophagie*, les seuls admis ordinairement, on ajoutait, ce jour-là, quelque mets cuit (Cassian. *Collat.* II. c. 21).

Cependant, si largement qu'elle fût accordée, l'hospitalité devait être entourée de certaines précautions, car elle ne se bornait point à l'admission du voyageur au foyer domestique, mais elle s'étendait aux choses saintes et à la participation aux mystères eucharistiques. Aussi le voyageur devait-il exhiber ses lettres de communion, lettres de paix, ou lettres formées, qu'il avait dû obtenir de son évêque avant de s'éloigner de l'Église à laquelle il appartenait. Nous prions le lecteur de se reporter, pour cet objet, à nos articles *Lettres ecclésiastiques* et *Tessères*.

HUILES SAINTES. — Dès le quatrième siècle, l'usage s'était établi de transporter de Jérusalem, pour la satisfaction de la piété des fidèles, de l'huile bénite qui brûlait jour et nuit dans les lieux saints. S. Grégoire le Grand nous apprend (l. VIII. *ep.* 35. *Ad Leont.*) que l'ex-consul Leontius lui avait fait don d'un vase de l'huile qui brûlait devant la vraie croix, *oleum sanctæ crucis*. Il en fut de même de l'huile des lampes des tombeaux des apôtres et des martyrs. Les papes en distribuaient aux fidèles, pour suppléer les reliques des martyrs eux-mêmes, que, dans ces siècles de foi, on ne livrait qu'avec une extrême parcimonie. Du Cange (*Glossar.* ad voc. *Oleum benedictum* et Ἔλαιον), et Suicer (*Thes. eccl.* ad v. Ἔλαιον) donnent de longs détails sur la manière de bénir ces huiles, sur l'usage de les emporter absorbées par du coton dans de petites fioles, et de s'en faire des onctions à certains jours, et encore sur les nombreuses guérisons que Dieu opérait par ce moyen.

Le pieux usage dont il est ici question est encore attesté par S. Grégoire de Tours (*Hist. Fr.* VIII. 15. *De glor. conf.* IX et *alibi*), qui rapporte plusieurs guérisons opérées au moyen de l'huile du tombeau de S. Martin. Paul Diacre attribue la même efficacité à l'huile de l'autel dédié au saint évêque de Tours, dans la basilique des Saints-Paul-et-Jean à Ravenne. Le poëte Fortunat et son compagnon Félix y avaient trouvé l'un et l'autre un remède à un mal d'yeux. S. Bonnet, évêque de Clermont, guérissait aussi les malades en les oignant avec de l'huile de la confession de S. Pierre (ap. Bolland. *Ad diem. jan.* XV).

Les papes envoyaient de ces huiles saintes aux souverains et aux personnages distingués. Nous en pouvons citer un illustre exemple : S. Grégoire le Grand fit don à Théodelinde, reine des Lombards, de soixante-cinq fioles dont le contenu avait été pris aux tombeaux des martyrs les plus vénérés. Quelques-unes de ces ampoules portent encore leurs étiquettes en totalité ou en partie (Marchi. p. 254). On peut voir, en copie, le curieux catalogue de ces huiles dans l'ouvrage de Frisi (*Mem. della chiesa Monzese.* p. 63. tav. II), et en fac-similé dans les *Papiri diplommatici* de Marini : il a été tracé par la même main que les étiquettes. Il commence par ce titre : *Not. de olea scorum martyrum qui Romæ in corpore requiescunt*, et se termine par cette souscription du personnage qui avait été chargé de les porter : *quæ olea sca temporibus domini Gregorii papæ adduxit Johannes indignus et peccator dominæ Theodelindæ reginæ de Roma*.

La plupart de ces petits vases qui se conservent au trésor de Monza sont en verre ; mais plusieurs sont en métal, ornés de figures, et ils offrent un grand intérêt archéologique. Le P. Mozzoni (*Tav. istor. eccl.* sec. VII) en a publié six des plus remarquables, et nous lui avons emprunté celui qui figure ici. On y voit représentées l'adoration

des mages et celle des bergers, avec cette légende : ΕΛΕΟΝ (pour ΕΛΑΙΟΝ) ΞΥΛΟΥ ΖΩΗΣ ΤΩΝ ΑΓΙΩΝ ΧΡΙΣΤΟΥ ΤΟΠΩΝ, « huile du bois de la vie des lieux saints du Christ. » D'autres portent cette légende ou d'autres semblables : ΕΥΛΟΓΙΑ ΚΥΡΙΟΥ ΤΩΝ ΑΓΙΩΝ ΤΟΠΩΝ, « eulogies des lieux saints du Seigneur. » Et tous offrent des sujets relatifs aux mystères de l'Homme-Dieu : la Nativité, la Résurrection, l'Ascension, le triomphe de la croix ; ce qui autorise à penser que ces vases sont de ceux qui primitivement avaient été apportés de Jérusalem à Rome, pleins de l'huile des lieux saints. Marini estime même que cette huile y était encore, et que les ampoules de verre contenaient seules de celle des martyrs. Il faut dire cependant que l'opinion de l'illustre épigraphiste semble en contradiction avec la liste rédigée par le prêtre Jean, où ces fioles, comme les autres, portent des noms de martyrs. Gori (*Thesaur. diptych.* t. II. tab. VII) donne deux tablettes d'ivoire, appartenant également au trésor de la basilique de Monza, sur lesquelles il nous semble difficile de méconnaître d'un côté Théodelinde avec son fils Adaload, de l'autre le roi Agilulfe. Ne peut-on pas conjecturer avec beaucoup de probabilité que c'était un pugillaire ou diptyque dans lequel était fixé le catalogue en question ?

Bien que le pieux usage qui nous occupe ait été très-fréquent dans l'antiquité chrétienne, cependant les seules ampoules d'huiles saintes ou d'eulogies parvenues jusqu'à nous, en dehors de celles de Jérusalem, sont celles de l'illustre martyr Mennas de la persécution de Dioclétien, et dont le corps conservé dans un sanctuaire non loin d'Alexandrie d'Égypte était le but de nombreux pèlerinages. Ces ampoules, toutes du même modèle, sauf quelques variétés dans les accessoires, sont en terre cuite et ont la forme de flacons aplatis. Elles représentent, ordinairement sur les deux faces, le saint les bras étendus comme les orantes des catacombes, avec une croix équilatérale de chaque côté de la tête, et au-dessous des bras deux animaux difficiles à déterminer. M. De' Rossi en a donné deux dans son *Bulletin* de 1869, p. 20 et 44. La première, trouvée à Arles, porte au revers cette inscription, qui ne laisse aucun doute sur l'attribution du monument : ΕΥΛΟΓΙΑ ΤΟΥ ΑΓΙΟΥ ΜΗΝΑ, « eulogie de saint Mennas. » Nous reproduisons ici la seconde, à raison de son élégance ; elle a été recueillie près d'Alexandrie, et probablement sur l'emplacement même du sanctuaire de S. Mennas. On remarquera que la légende Ο ΑΓΙΟΣ ΜΗΝΑΣ occupe des deux côtés de la tête la place de deux croix du type commun.

Comme le culte même du saint, ses ampoules se répandirent en nombre infini dans toutes les contrées de l'Orient et même de l'Occident ; et aujourd'hui les musées de l'Europe, notamment celui de la bibliothèque nationale de Paris, ceux de Londres, de Florence, de Turin en renferment un certain nombre. Quelques cabinets particuliers en possèdent aussi, et nous en conservons dans notre modeste collection un exemplaire apporté d'Égypte par un ami.

HYMNES DANS L'OFFICE DES GRECS. — I. Dans l'Église grecque, les hymnes sont appelées *canons*, et elles constituent une partie notable de l'office divin. Ces canons se placent après les psaumes de David, les prières et les *troparia* ou strophes, avant la fin des offices qui se chantent ou se récitent la nuit, soit à l'église, soit en particulier.

Ces *canons* se divisent ordinairement en neuf *odes* ; la seconde manque toujours, elle est remplacée par un cantique de l'Écriture, selon la férie. Après la quatrième *ode*, le canon est de nouveau interrompu par la lecture des leçons de la vie du saint du jour, prononcée à haute voix par le prêtre, laquelle lecture étant terminée, les autres *odes* du canon sont chantées sans interruption. Et il n'y a pas toujours un seul *canon* dans le même office, mais quelquefois deux et trois, rarement quatre, à raison de la concurrence de plusieurs fêtes en un même jour.

Le nombre neuf, pour les *odes* du *canon* n'est pas absolument de rigueur : il se trouve quelquefois réduit à trois, ou quatre, et alors le *canon* est appelé τριῳδίον ou τετρῳδίον. Mais le mot τριῳδίον, *triodium*, est susceptible d'un sens plus étendu, car il désigne souvent, non pas seulement un *canon* composé de trois *odes*, mais le livre même qui contient ces sortes de canons, et qui pour ce motif est mis au nombre des livres ecclésiastiques.

II. — Ces canons prennent des noms différents, selon la matière dont ils traitent. Les uns sont appelés Ἀναστάσιμοι, parce qu'ils ont pour objet la résurrection de Jésus-Christ. Ils prennent le nom de Σταυρώσιμοι, de la croix, Νεκρώσιμοι, et Ἀναπαύσιμοι, des morts, — Σταυρονεκρώσιμοι, de la croix et des morts, — Παρακλητικοί, du soulagement des âmes, — Ἱκετήριοι, de la Trinité, — Δογματικοί, des dogmes, etc.

Ainsi donc, les canons se divisent en odes, les odes en *troparia* plus ou moins nombreux. Tantôt les *troparia* (strophes) sont libres, tantôt liées ensemble par des acrostiches, qui se composent quelquefois de toutes les lettres de l'alphabet, de sorte que le premier vers de la première strophe commence par Α et celui de la dernière par ω, d'autres fois d'un certain nombre de lettres exprimant soit l'éloge d'un saint, soit quelque sentence qui s'y rapporte. Un des plus beaux acrostiches de cette espèce est celui de l'office des trois grands docteurs S. Basile, S. Grégoire de Nazianze, S. Jean Chrysostome (V. l'art. *Acrostiche*, à la fin).

III. — Ce qui peut nous donner une idée de l'importance que les Grecs attachaient à cette partie de leur office, c'est qu'ils eurent toujours leurs hymnographes en grande vénération et tinrent à conserver leur effigie. En 1601, Maxime, évêque de Cythère, dans l'île de Chypre, publia à Venise, d'après un ancien manuscrit, un *triodium* dont le frontispice était encadré par une série de médaillons contenant les portraits des principaux hymnographes de l'Église grecque, avec leurs noms inscrits autour de leurs têtes, à la façon des légendes des médailles. Nous reproduisons ici ce curieux monument, avec l'explication que le P. Papebroch en a donnée dans les *Acta sanctorum*. t. III. april. p. 788.

Au sommet se présente, dans un médaillon plus grand, l'effigie de Notre-Seigneur.

Puis, dans la colonne de droite, on voit S. Germain, patriarche de Constantinople, qui est honoré le 12 mai, et qui, pour la cause de la foi, fut chassé de son siége sous Léon l'Arménien ; S. Sophrone, patriarche de Jérusalem, qui, avec S. Jean de Damas, travailla à la restitution des Ménées ; — Philothée, patriarche de Constantinople au quinzième siècle, dont la foi fut un moment suspecte, mais qui revint à l'unité et y persévéra jusqu'à sa mort ; — André, archevêque de Crète, qui est honoré le 4 juin ou juillet ; — Jean, métropolitain des Euchaïtes, auteur du fameux canon pour la commémoration des trois grands docteurs (V. plus haut, II, et l'art. *Acrostiche*) ; — Georges, archevêque de Nicomédie, à une époque incertaine. Viennent ensuite trois évêques connus de nom seulement, Methodius, Cyprien et Anatole : on ne saurait supposer que ces noms désignent les trois grands évêques qui les portèrent avec tant de gloire, car alors l'ordre des temps se trouverait singulièrement interverti dans la liste. Cette liste se termine par des noms également inconnus : Leo Despotes, Leo Magister, Basilius Pegoriotes, Justinus, Sergius.

La colonne gauche renferme quatorze écrivains de l'ordre monastique. Les plus connus sont : S. Jean de Damas, et Cosme, élevé avec lui, depuis évêque de Majuma, duquel il est fait mention au 14 octobre des *Acta sanctorum* ; — Joseph nommé communément l'hymnographe, dont la vie se trouve au 3 avril (*op. laud.*) ; — Théophanes, surnommé Graptus, parce qu'il avait eu le front souillé d'une inscription injurieuse par l'iconomaque Théophile ; il est mentionné seul au 11 octobre, et avec son frère Théodore le 27 décembre. Les autres sont totalement inconnus : ce sont Byzantius, Étienne Hagiopolites, Georges Siceliotes, Siméon, Philothée, Arsène, Babylas, Éphrem de Carie, André Pyrrhus ou Rufus et enfin Studites.

Tout au bas du catalogue figure une femme, Cassia, noble vierge du milieu du septième siècle, dont l'éloge se trouve dans Allatius (Dissert. i. *De libris Eubr. Grec.* p. 71), à propos du *canon* du samedi saint. « Femme d'une orthodoxie à l'abri de tout soupçon, animée d'une inspiration plus sainte que cette Sáppho si célèbre dans l'antiquité, de telle sorte que la Grèce chrétienne n'eut sous ce rapport rien à envier à la Grèce païenne. »

IV. — Le clerc qui à l'office est chargé d'entonner les hymnes, s'appelait Κανονάρχης (*canonarcha*), de Κανών, canon, et ἄρχομαι, *incipio*, je commence (V. Goar. *Eucholog. græc.* p. 23). Il est pris parmi les lecteurs. Le mot *entonner* n'exprime pas exactement la fonction de ce clerc, qui est de suggérer à demi-voix le commencement de chaque strophe ou de chaque verset aux chantres qui, manquant de livres ou même ne sachant pas lire, sont obligés de psalmodier ou de chanter de mémoire. Il y a un *canonarcha* de chaque côté du chœur, et celui qui

est supérieur à l'autre s'appelle *protocanonarcha*.

IMAGES. — I. — L'usage des images est de toute antiquité dans l'Église. La controverse à cet égard n'est guère possible que pour les trois premiers siècles, et encore, même pour cet âge primitif, les monuments écrits et figurés viennent-ils attester cet usage avec certitude. (Pour les représentations de martyrs, V. l'art. *Martyre*.)

Nous livrons à l'appréciation du lecteur la question tant controversée de la fameuse statue qui aurait été érigée dans la ville de Paneas, en l'honneur du Sauveur, par la femme qu'il avait guérie du flux de sang (Matth. ix. 20). Eusèbe (*Hist. eccl.* vii. 18) rapporte le fait sérieusement, attestant avoir vu lui-même la statue; et Sozomène (v. 21) ajoute que cette statue ayant été brisée par les païens au temps de Julien l'Apostat, les chrétiens en recueillirent respectueusement les débris et les déposèrent dans l'église. Si les images eussent été aussi sévèrement proscrites qu'on le suppose pendant les premiers siècles, le père de l'histoire ecclésiastique, qui vivait si près de cette époque, eût-il admis si facilement la possibilité du fait? Il atteste encore dans le même endroit qu'il circulait de son temps des images de Notre-Seigneur, de S. Pierre et de S. Paul exécutées en peinture, *d'après une ancienne tradition*, et Constance, fille de Constantin, l'avait prié, dit-on, de lui procurer celle du Sauveur. S. Augustin atteste aussi (*De consens. evangelist.* l. i, n. 16) le même fait pour le temps où il vivait: *Pluribus locis simul eos* (*Petrum et Paulum*) *cum illo* (*Christo*) *pictos viderant.*

Personne n'ignore le célèbre passage où Tertullien (*De pudicit.* x) mentionne les images du Bon Pasteur représentées au fond des coupes à l'usage sacré et profane des premiers chrétiens; et plusieurs de ces verres existent aujourd'hui encore au musée du Vatican. Sévère-Alexandre avait placé dans son laraire l'image de Jésus-Christ (Lamprid. *Alex. Sev.* xxix); il l'avait sans doute fait exécuter d'après un type existant chez les chrétiens. Quand les Pères des siècles suivants, tels que S. Grégoire de Nazianze (*Epist.* xlix. *Ad Olymp.*), S. Grégoire de Nysse (*Opp.* t. ii. l. 198), le pape S. Damase (*Vit. Sylv.*), S. Paulin de Nole (*Nat. S. Felic.* ix et x), S. Augustin dont nous venons de citer le témoignage, S. Jérôme (*In Joan.* iv), parlent des peintures et des sculptures usitées de leur temps, ils supposent toujours que cette pratique était conforme à celle de la primitive Église. Du temps de S. Basile, il existait à Césarée de Cappadoce une image de la Vierge unie à celle du martyr Mercure, devant laquelle ce Père aimait à prier; et S. Jean de Damas cite ce fait en faveur de l'antiquité de l'usage et du culte des images (*De imagin. orat.* 1). *Quod imaginum institutio non nova, sed prisca sit et apud sanctos et eximios Patres nota sit et usitata, disce....* « que l'institution des images soit, non pas nouvelle, mais ancienne; qu'elle ait été connue et usitée chez les saints et les illustres Pères, en voilà la preuve.... »

Dans son *Manuel d'archéologie* (25), Müller affirme que les opinions des premiers chrétiens variaient beaucoup au sujet de l'usage et du culte des images, selon le caractère de chaque nation. Rome pencha toujours en faveur des beaux-arts, et elle fut la première à en promouvoir le développement; mais quand cet auteur prétend que, en Afrique, Tertullien, S. Augustin, S. Clément d'Alexandrie paraissent leur avoir été plutôt contraires, par suite sans doute de la rudesse naturelle à la race africaine, il y a dans un tel jugement une exagération évidente.

Mais nous avons mieux que des preuves historiques, nous avons sous les yeux les monuments eux-mêmes, des images de Jésus-Christ et de sa sainte Mère, de S. Pierre et de S. Paul et de beaucoup d'autres saints, des représentations d'histoires de l'Ancien et du Nouveau Testament, remontant indubitablement aux temps qui ont précédé Constantin.

1° *Les peintures des catacombes.* Boldetti (p. 17-20), Bottari (ii. p. 29. iii. 102), Mamachi (319. note), le cardinal Orsi (*Storia eccl.* vi. 26) avaient déjà jugé qu'un grand nombre de ces fresques devaient être attribuées au deuxième et au troisième siècle. Le célèbre docteur Labus, mort il y a peu d'années, c'est-à-dire à une époque où la critique monumentale était déjà fort avancée, s'associe pleinement à cette opinion (V. *Annal. de phil. chrét.* t. xii. p. 357), et l'appuie par un examen savant et raisonné de quelques-uns des sujets représentés dans les cimetières. Raoul-Rochette (*Tableau des catac.* p. 54-56 et *passim*) attribue au troisième siècle quelques-unes de ces peintures, principalement celles du cimetière de Calliste, où il remarque un fini et une perfection de dessin dignes de l'antiquité. La figure du Bon Pasteur, si commune dans les catacombes, et qui fut la première représentation symbolique du Sauveur, est en général d'une telle perfection, que d'Agincourt (*Hist. de la peint.* v. 20) ne craint pas de faire remonter jusqu'à la fin du deuxième siècle une magnifique décoration de voûte dont ce sujet occupe le centre (Bosio. *Rom. sott.* p. 537). La statue de marbre, dont nous donnons le dessin à l'article *Bon Pasteur*, n'est inférieure aux peintures ni en beauté, ni en ancienneté.

Mais ceux à qui il n'est pas donné de visiter en personne les catacombes romaines, peuvent dès aujourd'hui se faire une idée des peintures dont elles sont décorées, grâce aux belles planches de l'ouvrage de M. Perret et mieux encore à celles de la *Rome souterraine* de M. De' Rossi, qui, exécutées par le procédé de la chromolithographie, avec une fidélité irréprochable, ne laissent plus rien à désirer à cet égard. On distingue dans ces peintures, dit M. Ch. Lenormant (*Mélang. d'archéolog.* t. III), la tradition purement romaine, qui les lie presque sans intermédiaire aux monuments de la fin du premier siècle ; et on peut, avec toute espèce de fondement, supposer que les plus anciennes ont été exécutées dans le courant du troisième siècle, dans les intervalles de paix dont jouit alors l'Église romaine. Dans un nouveau voyage à Rome, le même savant, qui est à nos yeux un juge on ne peut plus compétent, a acquis la conviction que plusieurs des peintures du cimetière de Domitille remontent à la fin du premier siècle, et qu'il s'en trouve au cimetière de Prétextat qu'on peut rapporter avec certitude à l'âge des Antonins (*Les catacombes romaines en* 1858). D'autres connaisseurs non moins habiles, dont quelques-uns sont protestants, ne craignent pas de comparer les décorations des catacombes, surtout en ce qui concerne la distribution des sujets et le caractère de l'ornementation, aux peintures murales des beaux temps de l'empire. En effet, leurs élégantes arabesques rappellent de la manière la plus frappante les fresques de Pompéi et celles des thermes de Titus, dont elles sont évidemment inspirées. Suivant le P. Marchi (*Arti Crist. primit.* p. 158), quelques-unes dateraient du milieu du deuxième siècle. Enfin, l'illustre chevalier De' Rossi (*De monum.* ιχσγν *exhibent.* p. 26. seqq.) démontre à son tour la haute antiquité des peintures nouvellement découvertes dans les cryptes de Saint-Calliste par des preuves irrécusables tirées soit de la topographie des catacombes, soit du style et des principaux caractères qui distinguent ces fresques, soit encore des inscriptions dont elles sont accompagnées. Le même savant a porté ce fait au dernier degré de l'évidence dans sa notice accompagnant les plus anciennes vierges des catacombes (*Imagini scelte della B. Vergine Maria, tratte dalle Catacombe Romane.* Rome. 1863).

Mais ces données, présentées ici d'une manière un peu vague, M. De' Rossi les précise dans sa *Rome souterraine*, en classant chronologiquement les produits de l'art chrétien sous six catégories principales : peintures symboliques, représentant des idées par des signes de convention ; peintures allégoriques, reproduisant les paraboles évangéliques ; peintures historiques de l'Ancien et du Nouveau Testament ; images de Jésus-Christ, de la sainte Vierge et des saints ; scènes diverses empruntées à l'histoire de l'Église ; enfin représentations des faits relatifs à la liturgie et aux rites. Les développements que ne comporte pas un article de dictionnaire, le lecteur studieux les trouvera dans les ouvrages traitant *ex professo* des antiquités des catacombes, et, sans parler des livres de M. De' Rossi qui sont la source de toute cette doctrine, dans l'excellent résumé de M. le docteur Spencer Northcote dont M. Paul Allard nous a donné une excellente traduction, et dans celui de M. le comte Desbassayns de Richemont.

2° *Verres à fond d'or*. Ces coupes sont ornées des images de Notre-Seigneur, de S. Pierre et de S. Paul, de Ste Agnès, et de divers sujets des deux Testaments. Or leur antiquité n'est pas moins démontrée que celle des fresques des catacombes. Buonarruoti, qui fait autorité dans cette matière, prouve, par des caractères archéologiques certains, que la plupart de ces verres datent du temps des persécutions (*Vetri.* p. 126-155. etc.). Plusieurs, en effet, ont été trouvés dans des cimetières fermés, et par conséquent appartiennent à la plus ancienne époque (p. VII) ; d'autres étaient couverts de sang (Marangoni. *Act. S. Victorin.* p. 65) ; quelques-uns ressemblent exactement, quant à la forme, aux vases païens du deuxième et du troisième siècle (Buonarr. p. 185) ; il s'en est rencontré où des coiffures de femmes et des vêtements rappellent les types des médailles de Mammée, d'Otacile, de Julia Pola, de Tranquillina (Id. tav. XXII. XXIII. XXIV). D'autres savants, tels que Boldetti (p. 212), Blanchini (*In Anastas.* p. 247), Trombelli (*De cultu Sanctor.* t. II. p. 152), pensent que ces fonds de coupe sont antérieurs non-seulement à la paix constantinienne, mais encore à la persécution de Dioclétien. On ne saurait cependant appliquer ces attributions chronologiques à tous les monuments de cette nature, mais nous croyons que les plus récents datent du quatrième siècle (V. notre art. *Fonds de coupe*).

3° *Les sarcophages de marbre à bas-reliefs* sont en général d'une époque plus basse, et doivent être classés entre le quatrième et le huitième siècle. Cependant, si nous avions besoin de puiser dans ce genre de monuments une nouvelle preuve en faveur de l'antiquité du culte des images, nous pourrions invoquer le témoignage du docteur Labus (*Annal. de phil. chr.* t. XXI. p. 367), celui de D'Agincourt (*Sculpture.* pl. V), celui de Settele (*Importance des monum. des cim. rom.*) qui en placent quelques-uns au troisième siècle.

La statuaire chrétienne offre des monuments d'une antiquité plus reculée encore, bien qu'en petit nombre. Au village d'Uskouk, l'antique *Prusias ad Hyppium*, M. Eugène Boré trouva la statue d'une femme assise, dans un déplorable état de mutilation, privée de la tête et des bras. Quoique l'exécution en fût bonne, il crut y reconnaître la figure de la Mère de Dieu, se fondant sur les détails du costume et sur le témoignage des vieillards qui l'avaient vue entière et tenant aux bras un enfant (*Correspondance d'un voyage en Orient.* t. I. p. 202). Ce serait assurément un des plus anciens monuments de ce genre, contemporain peut-être de la statue de S. Hippolyte, qui enrichit aujourd'hui les collections du Latran. Ce dernier monument est regardé comme le chef-d'œuvre de la sculpture chrétienne primitive. La tête et les bras sont modernes; mais les parties antiques ont un tel caractère d'élégance, et le style en est si pur, que, au jugement des hommes les plus compétents, la statue ne peut être postérieure au troisième siècle. Nous reproduisons ici une réduction du beau dessin que M. Perret a donné de ce monument.

II. — Ce que nous venons de dire des monuments iconographiques des trois premiers siècles atténue singulièrement la portée qu'on a voulu attribuer au décret du concile d'Elvire (can. LVII). Il est évident que le goût des images était dans l'esprit du christianisme. Si donc ce concile, tenu en 305, semble les proscrire, ce dut être une mesure exceptionnelle et toute de circonstance. En effet, le décret en question fut porté alors que l'Église se trouvait sous la menace de la persécution de Dioclétien : on pouvait craindre que des peintures décorant les murs des églises ne fussent exposées à la profanation. C'est alors, pense-t-on, que les fidèles adoptèrent l'usage des peintures portatives sur tablettes de bois, qui leur offraient l'avantage de satisfaire leur dévotion sans s'exposer aux effets de la persécution des idolâtres. Il est certain, d'autre part, que l'interdiction portée par le concile ne s'appliquait point aux peintures des catacombes, qui, éloignées des regards des hommes, ne pouvaient devenir des objets de scandale ni de profanation. Il est vrai de dire néanmoins que les Pères d'Elvire se montrèrent moins favorables aux images peintes.

Aussi, dès que le danger que la sagesse du concile avait voulu éviter fut passé, on vit les images se multiplier, sous l'inspiration du génie chrétien, dans les églises bâties *sub dio* : rien ne serait plus facile que d'accumuler ici les témoignages. Il n'existe aujourd'hui rien de plus ancien, ni de plus parfait que la mosaïque de Ste Pudentienne, exécutée de 390 à 398 par les prêtres Leopardus et Ilicius. S. Paulin de Nola et S. Ambroise, qui furent contemporains de ces prêtres, font allusion dans leurs poésies à des peintures de basiliques se rattachant à la même classe. Par ces monuments, et par beaucoup d'autres du même genre, on peut juger de la nature des images que, dès la première année de la paix, on plaçait dans la partie la plus sacrée des basiliques, et aussi de l'usage qui en était fait d'après les prescriptions et règlements des pasteurs de l'Église (V. *Bull.* 1867. p. 59. édit. française.). Depuis cette époque, l'usage ne fit que se répandre de plus en plus jusqu'au onzième, de revêtir entièrement l'intérieur des églises de peintures et de mosaïques (V. Prudent. *Peristeph. hymn.* XII. — Paulin. *Natal.* IX. *S. Felic.*). Les voûtes, les murs, le sol même en étaient couverts ; la basilique de Saint-Marc à Venise peut donner une idée de ce genre de décoration. Sur les murs du Parthénon d'Athènes, qui, comme on sait, avait été converti en église, on voit encore des restes de peintures chrétiennes d'un bon style, exécutées avec une heureuse hardiesse sur la surface polie d'un beau marbre penthélique (V. *Revue archéol.* t. IV. p. 50 et pl. LXIV. — V. aussi notre art. *Mosaïque*).

Les pasteurs de l'Église voulaient que les peuples eussent sans cesse sous les yeux des images saintes, comme excitation à la piété, à la componction. S. Grégoire de Nysse ne pouvait retenir ses larmes quand il contemplait la peinture si souvent reproduite du sacrifice d'Abraham (*Concil. Nic.* II. act. 4). On y trouvait, comme dans les catacombes, des histoires de l'Ancien et du Nouveau Testament, les portraits de Notre-Seigneur, de Marie, des apôtres, des évêques de chaque Église, comme à Saint-Paul hors des murs de Rome la série des portraits des papes en mosaïque. C'était, au profit des ignorants surtout, une prédication et un enseignement perçus par le moyen des yeux ; et ceci était si bien dans l'intention des Pères que souvent cette intention était formellement exprimée par des inscriptions ; témoin celle-ci, qui se lit au sommet de l'arc triomphal de la vieille mosaïque de Sainte-Marie Majeure : XISTVS EPISCOPVS PLEBI DEI (Ciampini. *Vet. mon.* I. tab. II), « Sixte évêque au peuple de Dieu. »

Souvent ces peintures étaient accompagnées d'inscriptions explicatives des sujets (Greg. Turon. *Hist. Franc.* XXII) et de sentences en lettres d'or (Anastas. *In Damas.* 12 et *passim*). On y voyait même assez fréquemment des paysages, des marines, des animaux, des chasses (Paulin. *Nat.* X. *S. Fel.* — Hil. *Epist. ad Olympiod.* l. IV. ep. 61). Ces compositions étaient quelquefois allégoriques ; mais le principal but que se proposaient les pontifes des premiers siècles, en les faisant exécuter sur les murailles des basiliques, c'était d'attirer et d'occuper l'attention des fidèles pendant les agapes, et de les prémunir ainsi contre les dangers de l'intempérance. Des draperies ornées de figures flottaient devant les portes du sanctuaire et autour de l'autel (Epiphan. *Epist. ad Joan. Hierosol. episc.* t. ii. Opp. p. 317).

III. — Quiconque a parcouru avec quelque attention, ne fût-ce que comme simple amateur, les monuments de l'antiquité chrétienne, n'a pu manquer d'être frappé de la constante uniformité qui existe, quant aux sujets représentés, entre les produits des différentes branches de l'art. La peinture murale retrace les mêmes histoires, les mêmes symboles que la peinture sur verre (fonds de coupe), la mosaïque s'en empare à son tour; les sculptures des sarcophages et autres ne s'écarteront pas davantage de ce cercle, lequel sera respecté même par la glyptique, autant du moins que pourra le permettre l'exiguïté de ses produits.

Une telle régularité suppose nécessairement une règle uniforme, hiératique, tracée par l'autorité de l'Église et par la tradition, et destinée à soustraire aux dangers de l'arbitraire une partie si essentielle du culte. Le magistère ecclésiastique avait sans aucun doute fixé la série de ce qu'on pourrait appeler les *cycles historiques* ou *allégoriques*, tant du Nouveau que de l'Ancien Testament, que les artistes devaient suivre religieusement, et qui, comme on sait, embrassaient une admirable variété de motifs. Et cette règle devait être d'autant plus inflexible, soit pour le choix des sujets, soit pour celui de leurs accessoires et la manière de les représenter, que dans les vues de l'Église les images constituaient, comme nous l'avons dit, un vaste système d'enseignement.

De là sort un criterium on ne peut plus sûr, pour guider le critique dans l'interprétation des représentations diverses qui décorent nos monuments primitifs. Du moment que la preuve nous est acquise que rien, en cette importante matière, ne se faisait sans l'autorité des pasteurs, il est clair qu'on ne doit prendre ces images que dans un sens strictement catholique, conforme à la tradition universelle, et non point au jugement privé d'un écrivain quelconque. Ainsi, toutes les fois que l'Écriture elle-même indique le sens d'une allégorie, comme par exemple dans le fait de Jonas, que le Sauveur s'applique à lui-même (Matth. xii. 39), ou dans celui de Noé dans l'arche que l'apôtre S. Pierre, dans sa première Épître (iii. 20. 21), nous représente comme la figure du baptême, on ne saurait adopter une autre signification que celle qui est donnée par l'Esprit-Saint. Lorsque l'Écriture sainte ne parle pas ouvertement, on doit alors avoir recours au sentiment commun des Pères : et tels sont les principes que nous avons constamment pris pour guides dans l'élaboration de ce Dictionnaire.

IV. — Tout ce que nous avons dit jusqu'ici de l'*usage* des images dans la primitive Église prouve implicitement le *culte* qui leur était rendu. Quel autre motif pourrait-on supposer au zèle que mettaient les premiers chrétiens à répandre partout avec tant de profusion les représentations des objets les plus chers de leur piété et de leur vénération? Aussi, quand, aujourd'hui encore, nous nous trouvons en présence des peintures des catacombes, du Christ de Saint-Calliste, par exemple, des vénérables madones des cimetières de Domitille, des Saints-Marcellin-et-Pierre, de Sainte-Agnès, des innombrables images du Bon Pasteur, nous sentons-nous pénétrés doublement, et par la douce et miséricordieuse majesté dont elles portent l'empreinte, et par le souvenir des prières et des larmes que la piété de nos pères répandit devant ces saintes images durant les trois siècles de persécution.

Que si les preuves écrites nous manquent pour les premiers âges, nous devons nous souvenir de la loi du secret, dont les rigoureuses prescriptions devaient probablement se porter sur un point du culte qui si aisément eût provoqué la calomnie. Mais nous avons, et nous pourrions produire en abondance les témoignages des héritiers immédiats des traditions primitives. Aussi, en vingt endroits de ses œuvres, Prudence inculque-t-il le culte des images, et en particulier dans sa neuvième hymne, où il dit que, s'étant prosterné sur le tombeau de S. Cassien pour lui exposer avec larmes toutes les misères de sa vie, il se trouva tout à coup en présence de la sainte effigie du martyr, percée encore des innombrables plaies que lui avaient faites, avec leurs styles à écrire, ses ingrats écoliers (vers. 6 seqq.) :

> Dum lacrymans mecum reputo mea vulnera, et omnes
> Vitae labores, ac dolorum acumina,
> Erexi ad cœlum faciem, stetit obvia contra
> Fucis colorum picta imago martyris,
> Plagas mille gerens, totos lacerata per artus,
> Ruptam minutis præferens punctis cutem.

S. Paulin de Nole appelle *vénérable*, c'est-à-dire digne de culte, l'image de S. Martin (*Epist.* xxii. 3) :

> Martinum veneranda viri testatur imago.

Un auteur ancien que nous ne connaissons que par la bibliothèque de Photius, Éraclides de Nysse, avait écrit deux lettres dont l'une avait pour objet l'antiquité de la vénération des images. Nous savons par Theodoret (*Hist. eccl.* xxvi) qu'à Rome, dans le propylée de toutes les officines, se voyaient des images de S. Siméon Stylite, placées là comme une protection et un refuge. On lit dans les *Collectanea* d'Anastase le Bibliothécaire (p. 172. *In vii syn.*) la relation d'une conférence de S. Maxime avec Théodose, évêque de Césarée, où il est dit que tous les Pères qui y assistaient saluèrent par des génuflexions l'image du Sauveur et celle de la bienheureuse Vierge Marie. Enfin S. Grégoire le Grand (lib. vii. epist. v. *Ad Januar. Calarit.*) avertit Januarius de retirer *avec le culte et la vénération* convenables, de la synagogue des Juifs, une image de la Vierge et une croix qu'un clerc nommé Pierre avait été contraint à y porter. Les témoignages de cette nature sont innombrables, on les trouvera dans les théologiens : ce que nous en avons cité suffit à notre dessein. Ajoutons seulement que, pour protester contre l'erreur des iconoclastes, l'Église grecque, au sein de laquelle régnait plus qu'ailleurs l'erreur de ces hérétiques, eut pour coutume spéciale de représenter avec une image à la main les saints qui s'étaient particulièrement distingués dans la défense de la doctrine de l'Église sur ce point capital (V. *Menol. Basil.* 6. *Vet.* p. 94).

IMAGINES CLYPEATÆ. — On appelait ainsi chez les Romains certaines images de grands hommes représentés en buste dans un bouclier qu'on suspendait dans les temples (V. Buonarruoti. *Osservaz. supra alc. medaglioni.* p. 9-11). L'antiquité chrétienne adopta un usage à peu près semblable pour les images de Jésus-Christ. On le peignait quelquefois en buste dans un espace circulaire en forme de bouclier : c'est ce que nous voyons en particulier au centre d'une voûte de chapelle au cimetière de Saint-Calliste (Bottari. tav. LXX; la figure est reproduite à notre art. *Jésus-Christ*), et ce portrait du Sauveur est peut-être le plus ancien où l'on reconnaisse le type traditionnel adopté depuis. Des images *clypeatæ* du Bon Pasteur, mais figuré en pied, se rencontrent aussi très-fréquemment aux voûtes des cryptes des catacombes (V. l'art. *Bon Pasteur*). Notre-Seigneur était encore représenté en buste et comme *in clypeo* dans la mosaïque du grand arc de Saint-Paul hors des murs (Ciamp. *Vet. mon.* I. tab. LXVIII), dans les anciens diptyques d'ivoire, tels que celui de Rambona (Buonarruoti. *Vetri.* p. 262), où le *clypeus* est soutenu par deux anges ailés. Un autre diptyque (ap. Calogerà. *Raccolta.* t. XL. p. 295) fait voir au centre du bouclier ou, si l'on veut, de la couronne également portée par deux anges, une croix grecque à la place de l'image du Sauveur. Nous avons un illustre exemple de cet usage pour une époque un peu antérieure au septième siècle : il nous est fourni par la peinture de l'oratoire de Sainte-Félicité, en haut de laquelle était une image pareille du Christ en buste (Raoul Rochette. *Disc. sur les types imit.* p. 25) ; il se propagea jusque dans les bas temps (V. Du Cange. *Gloss. lat.* ad voc. *Scutum, Scutaria, Thoracida*).

Dans les églises, ce genre d'ornement avait pour but de montrer qu'elles étaient érigées principalement en l'honneur de Jésus-Christ. Un grand nombre de sarcophages tirés des cimetières de Rome offrent aussi l'image de deux époux sculptée dans un bouclier ou dans une coquille (Bottari. XX), ou même celle d'un personnage seul (Id. XXXVI. XL. LXXXIX). Nous donnons ici celle de la planche vingtième.

IMMUNITÉ. — V. les art. *Clergé* et *Églises*.

IMPRÉCATIONS. — V. l'art. *Anathèmes*, II.

INDICTION. — Ce mot désigne un système chronologique dont il est indispensable d'avoir la clef pour se guider dans la lecture des inscriptions, du moins depuis le sixième siècle (Muratori. *Thes.* 1819. 1), et des textes d'histoire depuis Constantin. C'est à la fin de l'année 312 que commence l'usage de marquer les époques par les indictions. L'indiction était une révolution ou un cercle de quinze années. La première année de ce cercle s'appelle la première indiction, et les autres ensuite selon leur ordre jusqu'à la quinzième, après laquelle on recommence à compter la première indiction (Tillemont. *Empereurs.* IV. p. 143). (V. l'art. *Inscriptions*, VIII, 1, 2°.)

D'après Baronius (Adon. 312. n. 10), le nom et la chose viendraient de ce que Constantin ayant réduit le service militaire de seize à quinze ans, il fallait tous les quinze ans imposer ou, selon le terme latin, *indiquer* le tribut extraordinaire destiné à payer les soldats licenciés. Cette interprétation, sans être tout à fait certaine, est néanmoins plus vraisemblable, dit le savant Tillemont (*Ibid.* 144), que les conjectures de plusieurs autres personnes habiles.

Quoi qu'il en soit de l'origine des indictions, il est nécessaire de savoir qu'il y en avait de trois sortes : celle des Césars, qui commençait le 24 septembre, et dont on s'est longtemps servi en France et en Allemagne ; celle de Constantinople, qui commence avec l'année des Grecs, le premier du même mois ; celle vulgairement dite des papes, qui, depuis quelques siècles, ne la comptent que du 1ᵉʳ janvier 313.

Le P. Petau semble dire que celle de Constantinople était usitée généralement parmi les Grecs dès les temps de l'empereur Anastase, et peut-être depuis Théodose le Jeune. Il doute même si originairement l'indiction n'a pas commencé au 1ᵉʳ septembre. On assure que c'est celle dont se servaient les empereurs de Constantinople. On montre par divers endroits de l'histoire du cinquième siècle qu'on la comptait ainsi dans la Syrie, aussi bien qu'à Rome, et S. Ambroise en parle comme de l'usage ordinaire et universel. Quelques-uns n'ont commencé les indictions qu'en 314, ou en septembre 313. Mais on voit par divers exemples qu'ils les font compter du mois de septembre 312, et la chronique pascale d'Alexandrie constitue une preuve certaine qu'elles ont été établies dès cette année-là (V. De' Rossi. *Inscr. Christ. Rom.* t. I.

Proleg. p. xcviii). D'autres veulent qu'elles l'aient été dès le temps de Jules César ou d'Auguste ; mais c'est une assertion purement gratuite, car il est impossible de trouver aucune trace d'indiction dans les auteurs qui ont écrit antérieurement à Constantin.

Le premier document où elles soient marquées, est la date du concile d'Antioche tenu en 341, sous la quatorzième indiction, comme nous le lisons dans S. Athanase, si du moins le passage est de lui : le P. Petau en doute (Tillemont. *ibid.*). Ce doute ne peut plus exister aujourd'hui, car on a retrouvé une version syriaque de plusieurs lettres de ce Père, qui sont toutes datées par l'indiction ; or la série de ces lettres commence à l'an 329 (V. De' Rossi. *op. laud.* t. I. Prolegom. p. LVII). Mais on convient que S. Ambroise parle de l'indiction dans une lettre de l'an 386, où il marque qu'elle commençait au mois de septembre. Depuis cette époque, elle est commune dans le code, où il est parlé de celle de 367, et dans les autres documents de l'histoire ecclésiastique et profane. Mais on assure que les indictions y sont assez souvent marquées d'une manière inexacte.

Onuphre cite un écrit sur les indictions d'un Chyrius Fortunatianus, qu'il croit être l'évêque d'Aquilée, célèbre du temps des fils de Constantin. Mais le P. Petau dit ignorer complètement cet écrit ; il ne sait non plus où l'on a pris que le concile de Nicée ordonne aux évêques de marquer l'indiction dans leurs lettres. Il rejette aussi comme suspect le concile de Rome sous le pape Jules, qui porte la date de la sixième indiction. On voit que tout cela n'est pas sans confusion, même sous la plume des Onuphre, des Noris, des Petau, desquels le docte Tillemont a tiré cette doctrine.

M. De' Rossi prouve par divers documents nouvellement découverts, et notamment par les lettres de S. Athanase citées plus haut, que c'est en Égypte que l'usage des indictions a commencé. On les voit généralement en vigueur dans cette contrée sous les règnes de Constantin et de Constance, et on n'en trouve pas de vestige ailleurs avant le milieu du cinquième siècle ; Rome n'en fournit pas d'exemple avant l'année 517, du moins dans les monuments épigraphiques.

Il est une autre question très-importante sur laquelle M. De' Rossi (p. c.) jette beaucoup de lumière : c'est celle de savoir quand et dans quelles parties de l'empire on a commencé à compter les indictions du 1er janvier et du 1er septembre ; on comprend que si ce point reste obscur, il est impossible d'assigner d'une manière positive l'époque des monuments datés par les indictions. On ne saurait douter, dit ce savant, que les indictions n'aient eu primitivement leur point de départ des calendes de septembre de l'an 312, en Occident, en Orient et en Égypte, la seule Afrique exceptée ; et il en est ainsi jusque vers le milieu du sixième siècle pour les monuments de toute nature.

C'est à cette dernière époque que commencent à paraître quelques inscriptions dont il n'est guère possible de mettre la date en harmonie avec les données chronologiques les plus sûres, à moins de supposer que cette date est réglée d'après le système d'indictions commençant aux calendes de janvier.

INDULGENCES. — V. l'art. *Libelles des martyrs.*

INNOCENTS (FÊTE DES). — V. l'art. *Fêtes immobiles*, X, 4°.

INNOCENTS (MASSACRE DES). — La frise d'un sarcophage, antérieur probablement au cinquième siècle, et qui se trouve dans la crypte de Sainte-Madeleine à Saint-Maximin (*Monum. de Ste Madeleine.* t. I. col. 735. 736), nous offre l'un des rares exemples que nous connaissions de ce sujet dans l'antiquité chrétienne. On y voit Hérode assis sur un pliant de forme antique, faisant de la main un geste impératif, et devant lui deux soldats qui, exécutant ses ordres, enlèvent chacun un enfant. L'un des deux, qui est armé d'une épée, tient sa victime élevée au-dessus de sa tête, et semble se disposer à la précipiter à terre avec violence. Plus loin, se présente une femme aux cheveux épars,

qui est sans doute la mère réclamant son enfant. Ce tableau remplit l'un des côtés du couvercle, partagé en deux par la tablette destinée à recevoir le *titulus* du défunt ; et il est digne de remarque que l'autre partie est occupée par l'*Adoration des mages*, sujet offrant avec le premier un contraste qui n'échappe à personne, et devait sans doute, dans l'intention de l'artiste, encourager les chrétiens persécutés en leur montrant que Dieu sait déjouer les projets des méchants et soustraire qui il veut à leur fureur.

Un diptyque d'ivoire de la cathédrale de Milan, à peu près de la même époque que le tombeau, offre le même sujet représenté presque exactement de la même manière. Voyez ci-dessus, p. 153, la reproduction de cette partie du bas-relief. Il se trouve encore dans la mosaïque de l'arc triomphal de Sainte-Marie Majeure, œuvre datant aussi du cinquième siècle (Ciamp. *Vet. mon.* I. tab. LI). Mais ici ce n'est que la première scène de cette sanglante tragédie. Les soldats envoyés par Hérode semblent notifier les ordres qu'ils ont reçus à un grand nombre de femmes qui tiennent leurs enfants dans leurs bras. Le premier de ces soldats, qui est sans doute le chef, se retourne vers ses compagnons, et de la main leur indique leurs victimes. M. Rigollot (*Arts de sculpt. au moyen âge*) a publié un diptyque d'ivoire, attribué au temps de Théodose le Jeune, où cet événement est sculpté. On voit que la plupart des monuments que nous avons à citer pour l'objet qui nous occupe se rapportent à la même date, c'est-à-dire au cinquième siècle.

IN PACE (ΕΝ ΕΙΡΗΝΗ). — De toutes les acclamations funéraires en usage chez les premiers chrétiens, celle-ci est la plus commune et en même temps la plus intéressante; elle constitue un caractère indubitable de christianisme pour les marbres où elle se lit : aucune sépulture païenne n'en a fourni d'exemple (Lupi. *Sev. epitaph.* p. 76). — Cavedoni. *Ragg. dei mon. delle art. Crist.* p. 33). Cependant les Juifs l'ont employée avant les chrétiens, et plusieurs de leurs tombeaux à Rome, distingués d'ailleurs par des attributs spéciaux tels que le candélabre à sept branches, portent la formule ΕΝ ΕΙΡΗΝΗ (V. une dissertation de M. l'abbé Greppo sur cette inscription. Lyon. 1835). Nous citerons à notre tour celle-ci, qui, par un double caractère, rappelle le style des épitaphes chrétiennes : ΕΝ ΕΙΡΗΝΗ Η ΚΟΙΜΗCΙC ΑΥΤΗC (Oderico. *Sylloge....* p. 253), c'est-à-dire : IN PACE DORMITIO EIVS. Et il devait en être ainsi, car cette formule est d'origine hébraïque. Le salut ordinaire chez les Hébreux était PAX VOBISCVM (*Genes.* XLIII. 23) ou PAX TECVM (*Judic.* VI. 23), et il ne s'est jamais perdu dans les langues sémitiques (Secchi. *S. Sabiniano.* p. 37). Personne n'ignore que notre Sauveur saluait ainsi : PAX VOBIS (Joan. XX. 19. 26); et il prit soin d'expliquer à ses disciples que, dans sa bouche, cette salutation avait une sincérité et une efficacité que le monde ne pouvait lui donner (Joan. XIV. 27). Des textes évangéliques, cette formule de salutation passa dans l'usage de la liturgie chrétienne, et bientôt dans les inscriptions funéraires : c'est là que nous avons à l'étudier. Sa signification varie suivant certaines circonstances que nous devons signaler, et qui en font tantôt une prière pour les morts, tantôt une affirmation ou acclamation de leur félicité, tantôt enfin un témoignage de l'orthodoxie de leur foi.

1° Nous croyons que le plus ordinairement elle est employée dans le premier sens. C'est un salut ou souhait de bonheur des vivants à l'égard des morts, tel qu'il s'est conservé dans l'office de l'Église : REQVIESCANT IN PACE. Ceci est surtout évident quand il se trouve dans l'épitaphe un nom de défunt au vocatif : VRSE IN PACE (Lupi. *Sev. epit.* p. 56), — VICTORI IN PACE, — ACHILLEV IN PACE, — DOMITI IN PACE (Buonarr. *Vetri.* p. 164), — SPES PAX TIB. (Mai. *Collect. Vatic.* v. 449), — ΕΥCΤΑΤΙ ΙΡΗΝΗ COI (*Act. S. V.* 575); ou au datif, cas qui suppose un verbe sous-entendu : BENEMERENTI IN PACE, — IVLIANO ANIME (sic) INNOCENTISSIMAE IN PACE (Lupi. *ibid.* 19. 59); ou bien encore quand la phrase est conçue de façon à exprimer un souhait : PAX TECVM (Lupi. 175. — Marang. *Act. S. V.* 125. — Perret. V. XLII. 3), PAX TECVM PERMANeat (à Paris. Biblioth.), — TECVM PAX CHRISTI (*Act. S. V.* 94), IN PACEM (sic) ESTOTE (Passionei. 119), — TE CVM PACE (Lupi. 71. 72); ou en caractères grecs (Boldetti. 475), ΧΟΝ ΡΑΚΕ, bizarrerie qui n'est pas sans exemple ailleurs : une inscription du musée Borgia (Marini. *Arval.* 393) présente cette singulière orthographe des mêmes mots : TE. QVN. PACAE. PAX TECVM SIT (Le Blant. *Inscr. chrét. de la Gaule.* I. 433). Cette dernière formule est quelquefois abrégée ainsi : TECVPC, comme on le voit sous le portique de Sainte-Marie *in Trastevere* (Marini. *Arv.* 634). Voici une épitaphe qui offre une intéressante variété de la même acclamation : SPIRITVM CAPRIOLES. IN P (*Act. S. V.* 102).

La discipline du secret ne permettait pas toujours d'énoncer ces souhaits de bonheur d'une manière intelligible à tous; ils doivent être complétés par ces mots : SVSCIPIAT CHRISTVS (Lupi. *ibid.* 175), « que le Christ te reçoive dans sa paix; » pensée que nous trouvons exprimée équivalemment dans l'inscription suivante : GAVDENTIA SVSCEPEATVR (sic) IN PACE (Fabretti. 571). D'autres prennent la forme d'un touchant adieu : VALE IN PACE, — VALE MIHI KARA IN PACE (*Act. S. V.* 105. 124); d'autres expriment la pensée exclusivement chrétienne d'un repos et d'un sommeil passager dans la tombe : IN PACE DOMINI DORMIAS (Boldetti. 418); et celle-ci en langage barbare : DVRMAT IN PAKAI (*Act. S. V.* 104). Ces paroles du psaume (IV. 9) sont inscrites sur un *titulus* de Bainson (Marne) : IN PACE DORMIAM ET REQVIESCAM (Le Blant. I. 450). Nous avons dans Fabretti : CVIVS ANIMA IN PACE REQVIESCAT (567), formule évidemment inspirée de la prière liturgique. Citons encore cette touchante prière adressée par des parents en faveur d'une enfant *plus douce que le miel* : LAVRINIA MELLE DVLCIOR QVIESCAS IN PACE (*Act. S. V.* 85).

Ailleurs, l'acclamation est construite avec un verbe à l'impératif : DORME IN PACE (Gazzera. *Iscr. Piem.* Suppl. p. 9); — SEMPER VIVE IN PACE (Marang. *Gos. gent.* p. 454). D'autres énoncent l'idée non moins chrétienne que, pour le fidèle, la mort est la véritable vie : VIVAS IN PACE (Boldetti. 420);

vibe in pace (*Act. S. V.* 90); d'autres, plus explicites encore, font entrer dans les souhaits de félicité qu'elles adressent aux morts la douce croyance que c'est au sein de Dieu même qu'ils doivent trouver la paix et le bonheur : cvm deo in pace (Boldetti. 419); in deo pacem (Mai. *Collect. Vat.* v. 446); — ειρηνη coi εν θεω (Fabretti. 591); — iphnh. coi. en. ovpanω, *pax tibi in cœlo* (Olivieri. *Marm. Pisaur.*); — in pace domini dormias, « dors dans la paix du Seigneur » (Boldetti. p. 418); — dans la paix et la bénédiction : in pace et benedictione (Boldetti. 420); la paix avec le rafraîchissement, qui n'est autre chose que la délivrance de l'âme des expiations temporaires du purgatoire : in pace devs tibi refrigerit (*refrigeret*) (Boldetti. 418); — in pace et in refrigerivm (*Act. S. V.* 122); la paix, non-seulement en Dieu, mais dans la société des justes : in pace anima ipsivs.... cvm ivstis anima ipsivs (Boldetti. 420); ou encore : cvm santis (sic), — pax cvm angelis, « la paix avec les anges » (Cavedoni. *Cimit. Chius.* p. 10). Une épitaphe donnée par le P. Lupi (*Sev. epit.* p. 176) représente la paix éternelle comme la récompense, non-seulement de la foi, mais aussi de la virginité : te in pace cvm virginitate tva. Nous n'avons pas trouvé une formule aussi ouvertement optative que celle-ci, rapportée par Morcelli : leo. te. in. pace. faciat, « Léon, que le Christ te reçoive en paix » (Marini. *Arv.* p. 422); de toutes les inscriptions de ce genre, celle-ci est celle qui explique le plus clairement la formule te in pace.

2° Quand la formule in pace est construite avec un verbe au présent ou au passé, elle n'est plus un souhait ou une prière, mais une affirmation de la félicité du défunt, une salutation à une personne que l'on croit fermement être déjà dans le sein de Dieu, comme le *Dominus tecum* adressé par l'ange à la Ste Vierge; c'est une acclamation proprement dite, une sorte de formule d'apothéose. Et nous ne doutons pas que, dans ces conditions, l'in pace ne désigne souvent la sépulture d'un martyr. Tel est le *titulus* de la martyre Filumena, vulgairement appelée Ste Philomène, filvmena pax tecvm, qui ici doit se compléter par le présent est, car l'antiquité tint toujours que « prier pour un martyr, c'était lui faire injure (Augustin. *Serm.* 159). » Tels sont surtout ceux où l'acclamation est accompagnée du vase, comme cela arrive si souvent (V. Boldetti. p. 427. 433. 435 et *passim*).

Quoi qu'il en soit, nous citons ici quelques-unes des principales variétés de la formule employée dans ce second sens : dormit in pace (Fabretti. 554); — in. pace. bene. dormit (Cardinali. 189. cxxv); — dormit in somno pacis (Giorgi. *De monogr. Christi.* 33); — in pace somni (Fabretti. 554. 46); — pavsat in pace (Boldetti. 399); — in pace reqvievit (Id. 431); — reqviescit in pace (*Ibid.*); — qviescit in pace aeterna (*Act. S. V.* 107); — vivis in gloria dei et in pace domini nostri ☧ (Oderico. *Syllog.* 264), « tu vis dans la gloire de Dieu et dans la paix de Notre Seigneur Jésus-Christ. »

— « Dans la paix d'ἰχθύς, » dit l'inscription d'Autun, ἰχθύος ειρήνη; — « dans la maison éternelle de Dieu, » in pace.... et in domo eterna dei (Bottari. tav. vii. n. 8), porte un *titulus* des catacombes. Une inscription romaine (Marangoni. *Act. S. V.* p. 127) fait lire une formule à peu près semblable : raptvs eterne (sic) domvs, mais avec cette circonstance extraordinairement remarquable que l'acclamation in pace qui règne en haut du marbre est gravée au milieu d'une couronne : la paix dans la gloire. Cela équivaut à peu près à eterna. pace. ovans, « triomphant dans la paix éternelle, » formule unique d'une épitaphe de Cagliari (Muratori. mcmxlv. 7).

Rien de plus affirmatif que ces formules. Nous avons aussi redit in pace (Id. 118), qui semble exprimer le retour de l'âme dans sa véritable patrie, et precessit nos in pace, inscription trouvée dans la basilique de Reparatus en Afrique (*Rev. archéol.* iv. 662) et qui énonce l'espoir de retrouver la personne aimée dans le séjour des délices où *elle a précédé les siens*.

Quelques inscriptions constatent la *réception* de l'âme dans la paix du Seigneur : svsceptvs in pace (Boldetti. 400), ou petitvs in pace, ce qui, selon M. De' Rossi (i. 288. n. 666), équivaut à ces autres formules : accercitvs in pacem, ou ab angelis (Id. 31. 31); — et mieux encore : natvs in pace (Marang. ib. p. 88), né en paix ou à la paix, c'est-à-dire par la mort à la véritable vie; — mater dvlcissima in pace xpi recepta; — hirice.... qvem dominvs svscepit in pace; les deux dernières appartiennent au Piémont (Gazzera. *Iscr. Crist. del Piem.* 35), où cette variété paraît avoir été plus commune qu'ailleurs.

Enfin, d'autres inscriptions célèbrent la joie de l'élu dans le séjour de la paix : letaris in pace (Boldetti. 419); — in pace delicivm (Fabretti. 553. 42) (V. l'art. *Paradis*). D'autres ne se contentent pas d'affirmer sa félicité, exvperantia in pace, mais elles se hâtent de mettre à profit le crédit que cette félicité lui donne, en se recommandant à son intercession auprès de Dieu : pete pro nobis felix (Aringhi. i. 521), « tu es dans la paix, prie pour nous, toi qui jouis déjà du bonheur ! »

Quelques inscriptions sont évidemment inspirées de ces mots du canon de la messe : *Qui nos præcesserunt in somno pacis*. — in pace precessit, qvae nos praecesservnt in somno pacis (V. Le Blant. *Inscr. chrét. de la Gaule.* i. 584). pracessit ad. pacem, inscription de l'an 385 (De' Rossi. i. p. 155. n. 354).

3° La formule qui nous occupe est regardée par un grand nombre d'antiquaires, entre autres par Boldetti (*Osservaz.* p. 394), par Zaccaria (*De usu inscr. christian.* p. 26), comme un témoignage de l'orthodoxie du défunt; elle atteste, selon eux, qu'il a vécu ou au moins qu'il est mort dans la paix, soit dans la communion de l'Église. Voici d'abord une inscription qui semble ne laisser aucun doute à cet égard : hic. reqviescet. in pace. fede. cvstitvtvs (*constitutus*). ilarvs. qvi. vixit.

ANNVS. PL. MS. XXV (Maffei. *Mus. Veron.* p. 359). Ce qui signifie que cet Hilarus, d'abord étranger à la vraie foi, ainsi qu'à la paix qui en est le résultat dès cette vie, acquit l'une et l'autre en embrassant la communion catholique. Peut-être peut-on rapprocher de cette formule celle-ci : IN PACE PREPOSITVS (Boldetti. 417), et, mieux encore, la suivante, qui présente explicitement l'acquisition de la *paix* comme le résultat de la foi en un seul Dieu : ....QVI IN VNV DEV CREDEDIT IN PACE (*sic*) (Id. p. 456). Une pierre d'Afrique (V. *Bullet.* 1874, p. 127) porte aussi : PAX DEI PATRIS.

Mais l'épitaphe d'Hérilas (Fabretti. 757) est conçue en termes plus clairs encore; il y est dit, en effet, « qu'il mourut dans la *paix de l'Église catholique,* » DECESSIT IN PACE FIDEI CATHOLICAE. Cet Hérilas appartenait à la nation des Goths, infectée en grande partie, comme on sait, de l'hérésie arienne : c'est ce qui explique la précaution qu'on a prise de constater sur son tombeau qu'il était mort catholique, précaution inconnue jusqu'à ces temps malheureux; car, à Rome, l'éloge contenu dans ces paroles : VIXIT IN PACE, est extrêmement rare, si rare que, sur plus de onze mille inscriptions chrétiennes recueillies sur le territoire romain, M. le chevalier De' Rossi ne l'a rencontré que onze fois, une fois sur mille (*De tit. Carthag.* p. 15); encore ce savant regarde-t-il comme fort vraisemblable que ces onze *tituli* n'appartiennent pas à des fidèles de l'Église romaine, mais bien à quelques-uns des innombrables chrétiens qui affluaient aux tombeaux des apôtres de toutes les contrées de l'univers, et qui y étaient quelquefois surpris par la mort, comme cela arriva au parent d'un Leucadius de Pavie, dont le corps fut, par les soins de ce dernier, déposé au cimetière de Priscille : DEPRENSVS IN LOCO PEREGRE (V. Cavedoni. *Cimit. Chius.* p. 36). Une autre épitaphe atteste qu'un chrétien nommé CALLISIVS a élevé un tombeau à son fils IVLIVS, qui était « mort dans la *paix* », où probablement il n'avait pas vécu : IN PACE MORIENTI (Id. 432). L'inscription suivante nous semble cependant s'opposer à ce que cette judicieuse observation s'applique absolument à tous les cas : IN PACE DEFVNCTVS VERECVNDVS NATVS IN VRBE ROMA (Boldetti. 404), « mort en paix Verecundus né dans la ville de Rome. » Dans une inscription grecque, publiée par Marangoni (*Act. S. V.* append. p. 72), la formule DORMIT IN PACE est précédée de ces mots : CREDIDIT FIDE, « il crut d'une ferme foi, » éloge qui semble représenter le « sommeil dans la paix » comme la récompense de la pureté de la foi. Nous donnons l'épitaphe en latin : AVRELIANVS || PAPILLAGONVS || DEI SERVVS CREDIDIT FIDE || DORMIT IN PACE || RECORDETVR IPSIVS || DEVS IN SAECVLA.

Mais enfin à Rome l'hérésie étant une bien rare exception, il est évident qu'on ne devait guère s'y préoccuper du soin de constater l'orthodoxie sur les tombeaux. Il en était tout autrement dans les pays envahis par l'hérésie. Plus la vraie foi y était rare, plus l'acclamation VIXIT IN PACE devait y être vulgaire, parce que les catholiques devaient tenir essentiellement à ce que leur tombeau ne pût être confondu avec ceux des hétérodoxes. Ainsi en est-il pour l'Afrique, qui, dès le début du quatrième siècle, fut déchirée par le schisme des donatistes, et bientôt après par l'hérésie arienne que les Vandales y avaient apportée. Et en effet, sur seize épitaphes de Carthage, données par D. Pitra dans son *Spicilége* (t. IV) et expliquées par M. De' Rossi (*Ibid. in fin.*), douze font lire la formule VIXIT IN PACE; et dans le très-petit nombre de marbres africains connus auparavant, il s'en trouve déjà quatre qui la portent en toutes lettres, en latin ou en grec, et huit où la même acclamation se présente avec de légères modifications, IN PACE VIXIT, par exemple (Léon Renier. *Rev. arch.* XI. 442).

D'autres monuments d'Afrique affirment d'une manière non équivoque que, aux yeux de la chrétienté de cette contrée, la paix était le résultat de l'union des fidèles avec l'Église. Ainsi il existe dans la basilique d'Orléansville, fondée en 319, un pavé en mosaïque où sont répétés à satiété les mots : SANCTA ECCLESIA, et, au centre de ce même pavé, règne, comme complément de la pensée, l'inscription SEMPER PAX. Ajoutons que, sur la porte d'une antique église, en Syrie, on lit : ΕΙΡΗΝΗ ΚΑΘΟΛΙΚΗ ΕΚΑΠCΙΑ ΑΓΙΑ ΚΥΡΙΟΥ, — *pax omnibus, catholica ecclesia sancta domini*. Il existe donc, conclut M. De' Rossi avec toute sorte de raison (*Bullet.* 1874, p. 128), dans les usages épigraphiques, comme dans le salut liturgique, une mutuelle corrélation entre les mots *pax* et *ecclesia*.

Le VIXIT IN PACE se rencontre aussi fréquemment à Lyon (De Boissieu. *Inscr. ant. de Lyon.* p. 599), à Viviers (Le Blant. *Annal. de phil. chrét.* t. XVIII. p. 240. 4ᵉ série), et en général dans presque toutes les villes ou provinces de notre Gaule qui au cinquième ou au sixième siècle furent infectées de l'hérésie arienne. Et cette espèce de cachet d'orthodoxie était encore plus important quand il s'agissait d'un prêtre dont la foi doit surtout être à l'abri de tout soupçon. Ainsi trouvons-nous sur la tombe du prêtre Romanus de Lyon (De Boissieu. p. 580), avec l'acclamation BONAE MEMORIAE, attestant que sa mémoire est sans tache, la formule plus explicite encore : VIXIT IN PACE, qui témoigne à la postérité qu'il vécut dans la paix de l'Église (V. l'art. *Prêtre*). On trouve à Viviers cette formule un peu différente : VITAM DVXIT IN PACE (Le Blant. *ibid.* et p. 8 du tirage à part), et à Briord : OBIED (*sic*) IN PACE (Id. *Réponse à une lettre de* 1680. p. 19).

La formule REQVIESCIT IN SOMNO PACIS est caractéristique de l'épigraphie chrétienne du Piémont. Il n'est presque pas d'inscription dans le recueil de l'abbé Gazzera qui ne commence par ces mots, ou par ceux-ci, quoique plus rarement : REQVIESCIT IN PACE (p. 29. seqq.). Nous devons dire cependant qu'un certain nombre des inscriptions de ce recueil, données avec confiance par le savant auteur, ont été reconnues fausses.

C'est aussi comme une formule d'apothéose

chrétienne que doit s'interpréter la légende AVGUSTA IN PACE qui se lit sur une médaille de l'impératrice Salonine, et de laquelle M. de Witte, dans un savant mémoire, a conclu au christianisme de cette princesse (*Mémoire sur l'impératrice Salonine*. Bruxelles. 1852).

Cette légende constitue un fait unique dans la numismatique romaine impériale (V. la pièce à notre article *Numismatique*).

Plusieurs textes de S. Cyprien semblent autoriser à entendre quelquefois la formule IN PACE comme dénotant spécialement une mort précédée de la réception des derniers sacrements de l'Église. En effet, s'élevant contre une excessive confiance qui portait quelques chrétiens à marcher au martyre sans se préoccuper de cette suprême réconciliation avec Dieu par les sacrements, ce Père affirme qu'on doit leur donner la *paix* avant le combat : *Pax danda est omnibus militaturis*. Il emploie souvent le mot *pax* dans le même sens (*Epist.* LIV).

Ceci pourrait peut-être s'appliquer à la plupart des inscriptions avec la formule DECESSIT IN PACE ou autres semblables que nous avons citées précédemment. Le même sens doit probablement, et à plus forte raison, être attribué à une très-curieuse inscription que donne Passionei (p. 118. n. 43) et où il est dit que la défunte Ermogenia a été déposée « *in agape* », c'est-à-dire *in charitate*, dans la charité obtenue ou recouvrée par les sacrements de la *réconciliation* : XIII. CAL. APRIL || DP. || ERMOGENIA || IN AGAPE. Nous ne connaissons pas d'autre exemple de cette intéressante formule.

4° D'après plusieurs interprètes, Bottari, Muratori, et en dernier lieu M. De' Rossi (*De monum.* IXOYN *exhibent.* p. 17), il existerait, quant au sens, une parfaite identité entre l'acclamation IN PACE et la figure de la colombe portant à son bec un rameau d'olivier. L'une est la traduction figurée de l'autre, et souvent la formule et le symbole se trouvent réunis sur le même marbre (V. Boldetti. 372. — *Act. S. V.* 85. 98. 108. 126. etc.). Une mosaïque du Vatican fait lire une inscription qui vient à l'appui de cette opinion : c'est le mot PAX accompagnant la colombe avec la branche d'olivier (Marini. *Arv.* p. 266). Il en est exactement de même sur un marbre portant cette épitaphe : GENSANE PAX ISPIRITO TVO (*sic*) (Boldetti. 418). Mgr de Falloux possède dans sa chapelle domestique à Rome une inscription dont il a bien voulu me permettre de prendre une empreinte, et où le nom du défunt et la formule IN PACE sont inscrits dans une colombe représentée à mi-corps : MAXEM || TI IN PACE ; la colombe n'exprime pas la paix par elle-même, mais l'âme du défunt ; c'est à l'olivier qu'est attachée l'idée de paix (Augustin. *De doctrin. Christ.* II. 17) ; un marbre du musée du Latran (De' Rossi. *Bullet.* 1864, p. 11) fait lire la formule IN PACE dans une couronne d'olivier ; et par leur ensemble, la colombe et la branche d'olivier équivalent à cette formule connue : SPIRITVS IN PACE (Marini. *Papiri diplom.* 244) ; — BESSVLA SPIRITVS TVVS IN PACE (Boldetti. 420). Que si le poisson vient encore s'y joindre, il faudra interpréter le tout par cette acclamation plus complète : SPIRITVS IN PACE ET IN CHRISTO (Boldetti. 318). On voit quelquefois un olivier sculpté sur une des faces latérales du tombeau de Lazare (Bottari. XLIX). C'est sans doute un symbole de paix, une traduction figurée de notre formule.

La formule IN PACE se trouve quelquefois figurée par un monogramme composé des lettres RI, ou en grec IRE, IRENE.

5° Bien que l'acclamation qui fait l'objet de cet article soit presque toujours relative à la paix de l'âme, il n'est pas douteux qu'elle n'ait été quelquefois employée pour exprimer le repos du corps par le respect de sa sépulture. Il n'est pas trop possible de donner un autre sens à l'acclamation qui termine l'épitaphe de Karitus (ap. Aringhi. t. I. p. 610) : OSSA TVA BENE REQVIESCANT ; non plus qu'à celle-ci, qui vient encore plus directement à notre sujet (Boldetti. p. 401) : LOCVS HIC ET IN FVTVRO IN PACE. Januaria s'est préparé à elle-même ce *lieu* pour que son corps y repose en paix, non-seulement quelque temps, mais toujours. Nous devons ranger dans la même classe une épitaphe de Trèves, dont nous ne citons que les mots qui ont rapport à la question qui nous occupe..., POSVIT TITVLVM HIC IN PACE QVIESCIT (Le Blant. I. p. 344) ; et mieux encore celle-ci, de la même provenance (Id. p. 330) : HIC AMANT || IAE IN PACE || HOSPITA C || ARO IACET, « ici repose en paix, par une hospitalité passagère (HOSPITA), la chair d'Amantia. »

Ces précautions étaient le résultat du respect que les chrétiens ont toujours professé pour leurs corps qui, de leur vivant, avaient été le temple de l'Esprit-Saint, et qui, pour l'avenir, étaient réservés à une glorieuse résurrection. De là ces anathèmes contre les violateurs des tombeaux, qui se rencontrent si souvent dans les épitaphes des chrétiens, et dont on peut voir de nombreux exemples à notre art. *Anathème*. L'usage de ces formules comminatoires existait déjà chez les Juifs, comme le prouve l'inscription suivante, que nous empruntons au recueil de Muratori (p. 1923. 11) :

```
        PEON GETA SENEX
     HEIC OBDORMIVIT IN PACE
       DORMITO EIVS CVM IVSTIS
   DORMITIO EIUS MEMORIAE EIVS
  ET SI QVIS IPSVM VEXAVERIT
VLTOR ERIT DEVS ISRAEL . IN . SAECULUM
```

On voit avec quelle insistance la *paix* du tombeau est ici garantie contre toute violation à venir : « Peon Geta, vieillard, s'est ici endormi en paix, son sommeil est avec les justes, le lieu de son sommeil c'est sa *mémoire* (son tombeau. — V. les art. *Confessio, Memoria*, etc.), et si quelqu'un venait à le vexer (à troubler son repos), son vengeur sera le Dieu d'Israël éternellement. »

INSCRIPTIONS. — I. — *Recueils épigraphiques* (V. la préface du premier volume des *Inscriptions romaines* de M. De' Rossi dont cet historique n'est à peu près que la substance abrégée).

Il n'existe pas de recueil d'inscriptions chrétiennes antérieur à Charlemagne. C'est sous le règne de ce prince que se révèlent, dans les disciples d'Alcuin, les premiers essais en ce genre. Mais les premiers collecteurs se sont, en général, peu préoccupés de l'importance historique des inscriptions; ils paraissent s'être plutôt proposé de composer, avec les inscriptions métriques dans le goût de S. Damase, des espèces d'anthologies où ils pussent trouver des modèles pour des compositions analogues.

Des collections de cette époque, trois seulement sont arrivées jusqu'à nous, en totalité ou en majeure partie. La première, par l'importance des monuments qu'elle contient, est la célèbre collection palatine, aujourd'hui vaticane, que Gruter a éditée. La seconde, beaucoup plus courte, est celle de Glosternburg; elle a cependant sur la première l'avantage d'être exclusivement chrétienne, et n'a été exactement connue que par M. De' Rossi. Un autre exemplaire de la même collection à peu près semblable est celui de Goetwich, que le même savant soupçonne avoir une grande affinité d'origine avec les itinéraires du septième siècle qui, dans ces derniers temps, ont si utilement guidé les antiquaires dans la recherche des sépultures des martyrs. La troisième est la collection de Verdun que M. De' Rossi est venu exhumer dans la bibliothèque de cette ville. Nous aimons à noter ici que les trois plus anciens recueils sont conservés en deçà des Alpes.

Depuis les temps d'Alcuin, jusqu'à la renaissance du quatorzième siècle, il existe une lacune dans ces études. Quelques inscriptions se trouvent disséminées dans des livres traitant d'autres matières; mais pas de recueils proprement dits.

Plusieurs collections parurent dans le cours des quatorzième et quinzième siècles, et presque toutes en Italie. Mais les épigraphes chrétiennes y sont en petit nombre et pêle-mêle avec les païennes. Pierre Sabinus, professeur à l'archigymnase romain, est le premier qui, depuis la Renaissance, réunit un corps spécial d'inscriptions chrétiennes. Ce recueil, dédié au roi de France Charles VIII, longtemps égaré, a été retrouvé naguère à la bibliothèque de Saint-Marc à Venise.

Depuis cette époque, jusqu'au milieu du seizième siècle, le trésor de l'épigraphie chrétienne ne s'est accru que d'un petit nombre de monuments perdus dans les collections profanes. Mais alors cette science commença à être sérieusement en honneur, et de nombreux savants s'appliquèrent à l'art difficile de relever fidèlement ces inscriptions. L'exactitude de Martin Smet, sous ce rapport, ne tarda pas à trouver de nombreux imitateurs, et les inscriptions, malheureusement trop rares, qu'ont données ces hommes studieux offrent tout au moins de solides garanties.

Alde Manuce le jeune répara les effets du dédain ou de la négligence de ses devanciers. Le recueil des Manuce, qui ne compte pas moins de vingt volumes de différents formats à la Vaticane, se complète de notes très-anciennes (d'Alde Manuce l'ancien, selon toute apparence), lesquelles sont consignées dans un codex du Vatican. Insuffisamment compulsés par Cittadini et Doni et même par le célèbre Marini, ces documents n'ont révélé tous leurs trésors qu'à M. De' Rossi, qui reproduit dès son premier volume plusieurs des inscriptions qui y sont renfermées. A ces manuscrits des Alde on en peut ajouter un de la bibliothèque Chiggi, compilé sous le pontificat de Pie V par un anonyme espagnol; mais les inscriptions chrétiennes qu'il contient sont pour la plupart d'une époque un peu basse.

Le total des inscriptions comprises dans les manuscrits et les livres mentionnés jusqu'ici, et prises dans toutes les contrées du monde chrétien, n'atteint pas le chiffre de mille. C'est tout ce que le trésor de l'épigraphie chrétienne avait pu amasser depuis le neuvième siècle jusqu'en 1578.

Alors un éboulement survenu sur la voie Salare-Nouvelle révéla la Rome souterraine oubliée depuis bien des siècles : ses hypogées commencèrent à être de nouveau exploités pour cet objet comme pour le reste. Ciacconio, Macarius, Winghe en furent les premiers explorateurs; mais c'est Bosio qui en est le véritable Christophe Colomb, et c'est à lui qu'appartient notamment l'honneur d'avoir réuni un corps déjà imposant d'inscriptions chrétiennes, lesquelles se trouvent disséminées dans son grand ouvrage (V. l'art. *Catacombes*, II, 3°).

Au dix-septième siècle, la matière commence à devenir plus abondante, et en 1616 Gruter répond à un vœu public en éditant, d'après les manuscrits de Scaliger, son grand recueil, où une place spéciale est consacrée aux inscriptions chrétiennes, en nombre exigu cependant, car la collection de Bosio restait encore inédite, et Gruter ne profita pas même de toutes les ressources qu'il eût pu se procurer, soit personnellement, soit par ses amis Cittadini, Sirmond, etc., qui avaient recueilli un certain nombre d'inscriptions chrétiennes, dans les basiliques de Rome principalement. A ce recueil vinrent bientôt se joindre les travaux successifs de Doni, Aléandre, etc. Puis se produisent les collections de Sébastien Maccio, de Peiresc, de Jean Brutius, etc.

Jusqu'ici, nous n'avons guère que des collections mixtes; mais nous touchons à l'époque où l'épigraphie chrétienne aura ses recueils à part, ses interprètes spéciaux, son histoire. En 1632, l'œuvre de l'immortel Bosio parait par les soins de Severano. Or, en outre des inscriptions contenues dans la *Rome souterraine* et intercalées dans son texte, la bibliothèque de la Vallicella possède un recueil spécial de celles des églises *sub dio*, signé Secua, Bosio et Severano. Immédiatement après Bosio et Aringhi son traducteur, nous sommes heureux d'avoir à citer notre Montfaucon, qui a laissé un petit recueil d'inscriptions de la ville de Rome dont le manuscrit se trouve à la Bibliothèque nationale de Paris.

Nous abordons maintenant un monde connu de tous. Fabretti était d'une exactitude admirable, mais l'imperfection des moyens typographiques dont il dut se servir fait vivement regretter la perte de ses manuscrits. Boldetti est plus riche qu'aucun autre; malheureusement, sa négligence égale sa richesse. Marangoni, son collègue, est moins inexact, surtout dans son principal ouvrage : *Appendix ad Acta S. Victorini*. Et quand on songe que ces deux hommes avaient exploré les catacombes pendant plus de trente ans, on ne saurait trop déplorer la perte des papiers de ce dernier, qui furent dévorés par un incendie. L'admirable ouvrage de Buonarruoti sur les verres dorés peut nous donner la mesure du prix qui doit s'attacher au recueil d'inscriptions chrétiennes de ce savant, recueil qui se conserve en manuscrit à Florence. Le P. Lupi, contemporain et ami de Boldetti et de Marangoni, sans parler de ses ouvrages imprimés où règne une sûreté de critique si fort appréciée des antiquaires, a laissé encore de précieux manuscrits que possède la Vaticane.

Après tant de travaux partiels, la nécessité de réunir en un grand corps toutes les inscriptions chrétiennes dispersées dans les livres ou encore inédites devait enfin être reconnue et appréciée. Gori le premier en eut la pensée, et qui ne regretterait les circonstances qui l'empêchèrent de la réaliser, quand on sait, d'après son propre témoignage, que son projet était de disposer les marbres de telle sorte que « les mystères de la religion, les rites, les dignités, la hiérarchie et la discipline ecclésiastiques en fussent illustrés? » Nul mieux que Muratori n'était en état de mettre à exécution l'idée de Gori. Nous devons lui savoir gré, faute de mieux, d'avoir, dans son *Trésor*, séparé les monuments chrétiens d'avec les profanes, et personne avant lui n'en avait réuni un nombre aussi considérable. Passeri et Olivieri paraissent avoir eu l'intention de reprendre, après la publication du recueil de Muratori, le projet de la classification systématique de Gori; mais rien ne prouve qu'ils aient essayé de le mettre à exécution.

Maffei, le véritable fondateur de la critique lapidaire, avait entrepris, de concert avec Séguier, un grand corps d'inscriptions où les chrétiennes se trouvaient classées à part; et, à peu près en même temps, Bacchini, Bottari, Terribilini et Blanchini lui-même se proposaient un travail analogue. Encore un projet avorté.

Le célèbre Zaccaria avait à son tour pris l'engagement de classer les inscriptions chrétiennes des huit premiers siècles d'après le système de Gori ; mais son ouvrage, qui aurait embrassé la religion tout entière, dogmes, sacrements, hiérarchie, institutions ecclésiastiques, ne devait pas encore présenter un corps complet, mais seulement un choix d'inscriptions à l'usage des théologiens.

Il est à remarquer que les meilleurs esprits de cette époque furent travaillés de l'idée de mettre l'épigraphie au service de la théologie, idée féconde qui ne trouvera que dans les vastes travaux de M. De' Rossi sa pleine réalisation. Quoi qu'il en soit, il n'est resté, des projets de Zaccaria, qu'un livre médiocre : *De l'usage des inscriptions dans les choses théologiques*, ouvrage imité de celui du P. Danzetta, resté inédit.

Marini était bien, ce semble, l'homme de qui l'on devait attendre le grandiose monument qui était dans les vœux de tous; mais le temps lui manqua pour donner au grand recueil qu'il avait entrepris une forme régulière et digne de la lucide exactitude de son génie; aussi n'a-t-il laissé que des matériaux confus, sans liaison et sans explications. Mais on peut se faire une idée de ce que devait être cet ouvrage dans la pensée de son auteur, par ce qu'en a publié le cardinal Maï dans le cinquième volume de son *Spicilège*. De toute l'Italie, mais de nulle autre contrée, ses amis lui envoyaient des inscriptions; lui-même recueillait celles de Rome; mais il se borna à exploiter les églises et les autres édifices *sub dio*, il ne descendit point dans les catacombes. Il y a plus encore : s'il compulsa les livres, il négligea presque complétement les manuscrits, soit à Rome, soit au dehors. Ses notes néanmoins renferment des inscriptions de tout l'univers pour les dix premiers siècles, huit mille six cents latines, sept cent cinquante grecques à peu près.

Après l'impression du volume dont nous avons parlé, le cardinal Maï se sentit faillir à la tâche qu'il s'était imposée. Il eut alors l'heureuse idée de se décharger sur un homme plein de jeunesse, d'énergie et d'avenir, du soin de réunir enfin la collection complète et définitive de toutes les inscriptions antiques chrétiennes, dont le nombre, à raison des fouilles aujourd'hui reprises avec ardeur dans les catacombes, grâce à la généreuse et intelligente initiative de Pie IX, doit s'accroître presque indéfiniment.

Cet homme, objet d'une si haute confiance, n'est autre, on le comprend, que M. De' Rossi, qui, sans parler de la sagacité presque divinatoire de son esprit, qui le rend éminemment propre aux travaux de cette nature, se trouvait préparé par les études de sa vie entière à reprendre en sous-œuvre le monument toujours inachevé, nous devrions dire à peine ébauché, auquel cependant tant d'illustres savants avaient mis la main. Et telle était, aux yeux des hommes spéciaux, l'évidence de la vocation de M. De' Rossi, que, dès 1844, le P. Marchi le voyant à l'œuvre, alors que ses premiers débuts sérieux comme épigraphiste remontaient à peine à deux années, ne craignit pas de le compromettre publiquement en annonçant, dans son ouvrage sur les catacombes, et tout à fait à son insu, qu'il donnerait bientôt un recueil complet d'inscriptions chrétiennes. M. De' Rossi se tint pour engagé, et il se mit courageusement à l'œuvre.

Les inscriptions chrétiennes du monde entier, jusqu'au sixième siècle inclusivement, doivent composer la matière de l'immense recueil que prépare cet illustre épigraphiste. Naturellement la priorité appartenait aux inscriptions de Rome; onze mille sont déjà sous la main de l'auteur, et un premier volume qui vient de paraître, 1857-1861, bien qu'il ne comprenne encore que les inscriptions funéraires portant une note chronologique certaine, n'en réunit pas moins de treize cent soixante-quatorze, nombre qui dépasse déjà de près des deux tiers celui des plus riches collections connues jusqu'ici. Ce volume est la clef de toute l'épigraphie chrétienne, car il fournit, pour toute la période qu'il embrasse, les six premiers siècles, une série de types dont il suffira de rapprocher les inscriptions sans date pour leur en assigner une ; il est évident que chacune d'elles devra se ranger à côté des *tituli* datés avec lesquels elle offrira le plus d'analogie par les formules, les symboles, la langue, le style, l'orthographe, les caractères paléographiques.

L'ouvrage de M. De' Rossi, qui est désormais le manuel indispensable de l'archéologue chrétien, a pour titre : *Inscriptiones Christianæ urbis Romæ, septimo sæculo antiquiores. — Edidit Joannes Baptista De' Rossi Romanus*. Il aura cinq ou six volumes, que le public savant attend avec une vive impatience.

Quant aux inscriptions des autres contrées du monde chrétien, nous avons quelques collections spéciales qui, chacune pour le pays qu'elle exploite, suppléent au travail non achevé de l'illustre Romain. L'abbé Gazzera a publié en 1849 les inscriptions chrétiennes du Piémont (Turin. Imprimerie royale). Mais nous devons à un de nos compatriotes, M. Edmond Le Blant, un ouvrage d'une tout autre importance, la collection des *Inscriptions chrétiennes de toute la Gaule antérieures au huitième siècle*. Le premier volume a paru en 1856, et le second en 1865 ; le recueil renferme plus de huit cents inscriptions, et il fait autorité soit par la pureté des textes, soit par la sûreté de l'érudition qui préside aux commentaires.

II. — *De l'élément purement matériel des inscriptions chrétiennes.* Comme les profanes, les inscriptions chrétiennes, considérées à ce point de vue, peuvent se diviser en deux classes : inscriptions *gravées* et inscriptions *écrites*, et toutes les matières solides y ont été plus ou moins employées : la pierre, le bois, l'argile, les métaux, le verre, l'ivoire. Nous avons consigné *ex professo* aux articles *Anneaux, Fonds de coupe, Numismatique, Diptyques*, et incidemment dans un grand nombre d'autres, le peu que nous avions à dire au sujet des inscriptions sur pierres fines, sur verre, sur métaux et sur ivoire. Ici nous n'avons à nous occuper que des inscriptions plus strictement monumentales, de ce que les antiquaires comprennent sous le nom générique de *res lapidaria*, et même presque uniquement des épitaphes ou inscriptions funéraires des premiers chrétiens.

1° Les inscriptions *gravées* en creux sur le marbre ou sur la pierre commune forment au moins les neuf dixièmes de celles que l'antiquité nous a laissées. La plupart de ces épigraphes, à l'instar de ce qui se pratiquait chez les Romains, ont été peintes en rouge dans le creux des lettres. Boldetti (p. 328) atteste en avoir vu un certain nombre de cette sorte dans les catacombes romaines, et il suppose, mais sans fondement bien solide, pensons-nous, que c'est là un indice de martyre, pour cette raison que, selon Pline, il n'y a pas d'autre couleur que le rouge pour exprimer le sang dans les peintures : *Cum non sit alius color qui in picturis proprie sanguinem reddat* (Plin. XXXIII. 7). On a, même dans les catacombes, des exemples de *tituli* chrétiens dont les lettres étaient dorées dans le vide ; hors de là, nous ne sommes pas en mesure d'en citer de plus anciens que celui de l'évêque Flavius, qui siégeait à Verceil au sixième siècle. Son épitaphe, qui se voit encore aujourd'hui dans la cathédrale de cette ville, conserve, au témoignage de l'abbé Gazzera (*Iscr. Piem.* p. 106), des traces de son ancienne dorure.

On a quelques exemples d'inscriptions en mosaïque. Nous en trouvons une dans l'ouvrage de Boldetti (p. 547) : FIRMINA. IN. PACE. Marangoni a publié l'épitaphe d'une chrétienne nommée TRANQVILLINA, écrite avec des pierres blanches et des verres de couleur, incrustés dans la chaux qui cimentait le marbre. Elle était répétée avec un ✠ en haut et en bas.

Quelquefois on se bornait à dorer les lignes exprimant quelque fait spécialement remarquable. Ainsi, dans une épitaphe de Chiusi, aujourd'hui à la cathédrale de cette ville, les deux dernières lignes sont dorées, parce qu'elles contiennent la date du monument, qui est le huitième consulat de Valentinien III, lequel correspond à l'an 455 : COSS. || DIVI VALENTINIANI || AVG. VIII. C'est une marque de distinction qui se rencontre aussi dans les manuscrits anciens, tels que le fameux psautier latin de Saint-Germain des Prés, qui est écrit en lettres d'argent sur parchemin pourpre, sauf les mots DEVS et DOMINVS qui sont en or (Montfaucon. *Palæograph.* loc. cit.).

Il se rencontre assez souvent, dans les cimetières souterrains de Rome, des inscriptions grossièrement tracées avec la pointe d'un clou ou de tout autre instrument commun sur le mortier servant à assujettir la tablette de marbre ou les briques du *loculus*. Boldetti (p. 434) donne le fac-simile de quelques-unes. On en jugera mieux encore par le *loculus de Constantia*, vierge et néophyte, reproduit par le P. Lupi (*Sev.* 116). C'est à tort qu'on a placé dans cette classe les inscriptions cursives qui se lisent sur les parois des cryptes ou des corridors voisins ; celles-ci sont votives (V. notre art. *Pèlerinages*).

En parlant de certaines lames de plomb roulées recueillies par lui dans quelques sépultures des catacombes, et où, selon une pratique d'ailleurs bien constatée, on avait coutume d'écrire les actes de quelques martyrs (V. cet objet gravé à l'art. *Actes des martyrs*), Boldetti (p. 324) suppose que des épitaphes de simples chrétiens ont pu être tracées d'après ce procédé et placées à l'intérieur des tombeaux. Si le fait était constant (Boldetti n'en cite pas d'exemples), ces épitaphes devraient aussi être rangées dans la classe des inscriptions gravées.

2° Les inscriptions métriques composées par le pape Damase, spécialement en l'honneur des plus illustres martyrs, sont gravées en caractères d'une élégance exceptionnelle, et qui font l'admiration des antiquaires. L'alphabet en fut inventé par un calligraphe nommé Furius-Dionysius Philocalus, qui consacra exclusivement son talent aux œuvres de ce pontife, pour qui il professait une sorte de culte, ainsi qu'il nous le révèle lui-même sur un de ses marbres : DAMASI PAPÆ SVI CVLTOR ATQVE AMATOR. Nous donnons ici, d'après la *Rome souterraine* de M. De' Rossi (t. I. p. 120), un spécimen de la meilleure manière de ce calligraphe.

3° *Inscriptions écrites.* Les plus communes sont celles qui sont tracées au *minium* ou au *cinabre*, à l'aide du pinceau, sur le marbre, la brique ou le mortier. Les Étrusques paraissent, si nous en croyons Gori (*Præfat. ad inscr. Donian.*), avoir été les premiers à pratiquer ce genre de peinture. On lit une foule d'inscriptions de ce genre sur les murailles des maisons particulières et des édifices publics de la ville antique de Pompéi ; il en est de même dans les catacombes de Naples. On sait que la célèbre inscription de Severa, qu'a illustrée le P. Lupi et qui se trouve aujourd'hui au musée du Latran, est peinte au minium sur une petite tablette de marbre blanc. Or, bien qu'elle remonte au règne de Claude le Gothique, c'est-à-dire à l'an 269, elle est aussi intacte que le premier jour; celles de Pompéi ont résisté à toutes les injures de l'air et du temps. Fabretti (VIII. 579) en avait remarqué plusieurs sur marbre et sur tablettes d'argile au cimetière de Castulus, et Bosio sur enduit de murailles (l. III. c. 41) au cimetière de Cyriaque (V. aussi Lupi. p. 39). M. Wescher a signalé un fait analogue dans une catacombe chrétienne d'Alexandrie d'Égypte (V. *Bull. Rossi*. 1865. n. 7).

On cite une inscription sépulcrale écrite en lettres d'or, sans gravure : c'est celle d'une jeune fille nommée *Fructuosa*. Mais les auteurs qui en parlent (V. Lupi. p. 38) n'assignant ni sa provenance, ni son âge, ce monument unique ne prouve rien en faveur d'un usage en ce sens.

On a un certain nombre d'inscriptions écrites à l'encre. Boldetti avait trouvé au cimetière de Calliste un petit vase d'argile dont voici le dessin, et dans lequel on pouvait distinguer une matière noire desséchée présentant à l'œil les éléments dont se composait l'encre des anciens. L'illustre antiquaire se confirma dans son opinion en voyant tout à côté du lieu où était déposé cet encrier une inscription évidemment écrite avec la matière qui y était contenue.  D'autres exemples sont rapportés par Lupi, et entre autres (*loc. laud.*) l'épitaphe de S. Florentin, écrite à l'encre sur une tablette de marbre, qui se conserve au séminaire Romain avec le corps de ce jeune martyr. Une inscription du cimetière de Sainte-Catherine de Chiusi est aussi écrite en noir sur l'enduit du tombeau d'un *arcosolium* : NERANIO FELICIANO.... (Cavedoni. *Cimit. Chius.* p. 63). Le P. Marchi (p. 112) trouva au cimetière de Sainte-Agnès une tablette funéraire en brique rouge, portant une inscription finement tracée au pinceau avec une matière blanche. C'est une particularité à noter. En général, ces inscriptions peintes dénotaient la sépulture des pauvres.

Enfin la précipitation qui présidait à l'œuvre de la sépulture pendant les persécutions ne laissait souvent aux parents du défunt que le temps de tracer au charbon son nom et une courte épitaphe. On en montre plusieurs exemples au nouveau musée du Latran ; et Marangoni avait déjà publié celle d'une chrétienne appelée SEVERINA dont le nom était ainsi écrit sur deux des trois briques fermant le *loculus* (V. Lupi. p. 39). Sans doute dans l'intention de ceux qui écrivaient ces fragiles épitaphes, elles ne devaient pas être définitives : ce n'était qu'un simple tracé destiné à guider le ciseau du graveur. Ce qui autorise à le penser pour la plupart des cas, c'est qu'on rencontre de ces sortes d'inscriptions au charbon dont les premières lettres seulement sont creusées, le temps ayant manqué à l'ouvrier pour achever son œuvre.

C'est aussi pour gagner du temps, et souvent encore par un simple motif d'économie impérieusement commandée par le malheur des circonstances, que les chrétiens enlevaient des marbres aux tombeaux des idolâtres, et au revers de ces marbres écrivaient ou gravaient leurs propres épitaphes. Les marbres de cette espèce, qu'on a nommés opisthographes, ce qui veut dire écrits sur les deux faces, ne sont pas rares dans les cimetières romains (V. l'art. *Catacombes*, VI, 2° *objection*) ; l'inscription païenne est tournée vers l'intérieur du *loculus*, et la chrétienne apparaît sur la galerie du cimetière. Nous citons la suivante du recueil de M. De' Rossi (p. 172); elle est de l'an 591. Les deux inscriptions ne sont pas même écrites dans le même sens :

Chrétienne.	Païenne.
HIC POSITA EST ADEO DATA. ⊘ AN. VI. M. III ☧ XXXIII IN PACE DEP. III NON. MAI. TATIANO ET SVMMACO	D. M. AVRELIO VICTO RINO MIL ⊘ LEG II PARTH ⊘ SEVE RIANAE ⊘ FFF AE TERNAE ⊘ QVI PIT POST ⊘ QVI BIXIT ANNOS XXX MIL ANNOS \ II FFEC AVR.

III. — 1° *De la ponctuation des marbres en général, et des marbres chrétiens en particulier.* La ponctuation lapidaire diffère de celle du discours écrit, comme l'orthographe ; elle est réglée d'après un système tout différent ; on pourrait presque dire que le plus souvent elle n'a d'autre règle que le caprice des lapicides. Cependant il y a un système de ponctuation lapidaire qu'on pourrait jusqu'à un certain point appeler classique : c'est celui qui consiste à mettre un point après chaque mot, excepté à la fin des lignes et à la fin de l'inscription, système qui a pour but évident de distinguer les mots ordinairement peu distants les uns des autres. Si l'on jette un coup d'œil sur un recueil d'inscriptions bien soigné, on verra que, à toutes les époques de l'antiquité, il se rencontre des marbres ainsi ponctués, et ce sont en général les plus corrects.

Il existe néanmoins des inscriptions, soit païennes, soit chrétiennes, en nombre infini qui ne présentent aucun signe de ponctuation, ou qui n'en ont qu'après certains mots abrégés. Ainsi les marbres romains du premier âge de la république en manquent totalement, et, dans la plupart de ceux du cinquième et du sixième siècle de notre ère, les *quadratarii* paraissent en avoir presque perdu l'usage. Ceux de la Gaule sont en général peu ponctués.

Mais s'ils se sont souvent montrés avares de signes de ponctuation jusqu'à les omettre complètement, d'autres fois, par contre, les graveurs en ont été prodigues jusqu'à séparer les syllabes et même les lettres du même mot par des points (V. Lupi. p. 69) : COL. V. M. BAR. IVM. TOTVM ; le mot *columbarium* est ici divisé par quatre points. Voici une division par syllabes ; c'est une inscription de Trèves (Le Blant. I. p. 384) :

HIC IN PACE. RE. QVI. ES
CIT. MAR. TI. OL. A. FI. DE. LIS
IN. PA. CE. A ☧ ω SAM. DA. TIVS
VR. SVS. FILIVS SOVS TI. TV*lum*   *suit.*

Parmi les inscriptions grecques, nous citerons la suivante, d'après Lupi (p. 72) :

ΔΗ. ΜΗ. ΤΡΙ. ΟΣ
Α. ΓΑ. ΘΟ. Δω. Ρω
ΤΕ. ΚΝω

Demetrius Agathodoro filio.

Nous avons cru devoir donner ces développements, observe Pelliccia, à propos de ce système de ponctuation (III. p. 161), afin qu'on ne pense pas que les marbres ponctués d'après une telle méthode appartiennent aux bas temps. On la trouve en effet, non-seulement sur les monuments chrétiens du deuxième et du troisième siècle, mais encore sur les monuments publics de la même époque, témoin une inscription du deuxième siècle en l'honneur de Gordien, donnée par le même P. Lupi (p. 73).

Nous ajouterons ici une observation relative à un objet qui a souvent induit en erreur des personnes même versées dans la science épigraphique. On a supposé, mais à tort, que les virgules substituées aux points accusaient une origine relativement moderne. Il est vrai qu'il se trouve des virgules dans quelques inscriptions du moyen âge, et Severano en donne une dans son livre sur les sept Églises de Rome qu'il avait transcrite dans les archives de la basilique vaticane. Mais il n'est pas moins certain que les lapicides de l'antiquité proprement dite connurent ce genre de ponctuation. C'est ce que prouve un très-ancien marbre d'Aveja restitué par Giovenazzo (V. Pellic. p. 169).

Jusqu'ici nous n'avons fait mention que des marques de la ponctuation commune, bien que disposées tout autrement que dans les livres. Nous devons maintenant donner quelques détails sur certains signes tout à fait arbitraires employés par les graveurs d'inscriptions des diverses époques qui constituent le domaine de cette étude.

2° Le premier, le plus répandu de tous dans l'épigraphie, soit antique, soit chrétienne, est une sorte de cœur ou de feuille ♥ qu'on plaçait après chaque mot, ou même après chaque lettre, ou seulement à la fin des lignes, etc. C'est ce qui se voit dans un intéressant marbre publié par Boldetti (p. 329) et que nous reproduisons ici :

On a pris longtemps ces objets pour des signes de douleur ; mais ils se trouvent souvent sur des monuments autres que des tombeaux, et nous avons montré à l'article *Cœur* qu'on ne doit y voir que de simples signes de ponctuation, ou des motifs de pur ornement.

On voit quelquefois une espèce de feuillage ⚚ (Perret. v. pl. xvi. 17. — xvii. 18), ou ⚚ (De' Rossi. i. n. 245), ou ⚚ (Id. n. 419), ou encore des palmes renversées, ⚚ (Id. n. 722); ailleurs (Id. xxix. 71), ce sont des *o* séparant les mots, ou encore des *s* (De' Rossi. i. n. 192). D'autres fois, une marque ressemblant au chiffre arabe 6, comme sur un *titulus* de Palerme, dans Lupi : D 6 M 6.

Ailleurs ce sont des espèces d'astérisques; exemple une pierre du cimetière de Priscille (Bottari. iii. 116) :

```
BENEMERENTI ✳ IENVARI
AE QVE ✳ VISIT ANNOS PLVS
MINVS L ✳ RECESSIT DE ✳ SECV
LVM ✳ S III KALENDAS APRIL
            IN PACE
```

En voici une autre (*Ibid.*), où l'on remarque, outre ces étoiles, des espèces de *v* grossièrement tracés :

```
EVTYCIANE ✳ QVE VI
XIT ANNIS XXX ⊂ ✳ ME
SES ⊃ VI ∠ ORAS ▷ V ◁ BENE
MERENTI ∠ IN PACE
```

Parmi les rares *tituli* de la Gaule qui portent des signes de ponctuation, nous avons remarqué celui-ci ↘ (Le Blant. pl. n. 223), et ailleurs (228) ↘ ou ↯, qui se trouve aussi dans les inscriptions romaines, avec quelque modification ↘ (De' Rossi. i. 102), et qui n'est autre chose que l'A de l'écriture grecque cursive. Ailleurs, c'est un simple point, mais de forme triangulaire (De' Rossi. i. 94. *passim*. — Le Blant. n. 231 et *passim*), etc.

Nous pourrions pousser beaucoup plus loin cette énumération, mais elle risquerait de devenir puérile, car, à part le signe affectant la forme d'une feuille, qui est assez fréquent pour qu'on doive supposer qu'il constitue un système arrêté de ponctuation, tout le reste n'est, pensons-nous, qu'affaire de fantaisie chez les lapicides.

Nous devons cependant rapporter, en terminant, une inscription du cimetière de Calliste (Boldetti. 341), où la ponctuation est marquée par le monogramme du Christ :

```
IANVARIA ☧ IN PACE QVAE
VIXIT ☧ ANNOS XVIII, etc.
```

et une autre (p. 549) dont tous les mots sont séparés par des croix, indépendamment des points :

```
III. ✝ KAL. ✝ MAR. ✝ FOR.
TVNVLA. ✝ QVE. ✝ BIXIT. ✝
ANN. ✝ L. ✝ ET. ✝ MES ✝
              III.
```

Si l'on pouvait s'en rapporter pleinement à l'exactitude de Boldetti, on devrait placer la dernière à une époque un peu basse, eu égard à la forme des croix, qui s'éloigne beaucoup de la simplicité de ce signe sacré à sa première apparition sur nos monuments. Olivieri (*Marm. Pisaur.* p. 66) a publié une épitaphe grecque dont tous les mots sont séparés par le monogramme du Christ; mais le monument paraît suspect à M. De' Rossi.

Vers la fin du quatrième siècle, ou plus sûrement au commencement du cinquième, la croix ornementale, de la forme dite équilatérale, commence à se montrer dans les inscriptions de Rome (V. De' Rossi. *Inscr.* I. p. 33). Dès les premiers temps où elle prévaut sur les autres formes du *signum Christi*, elle est employée dans le corps des inscriptions. Un peu plus tard, l'usage s'établit de la placer en tête des *tituli* (R. S. t. I. p. 345).

IV. — *De l'orthographe des inscriptions chrétiennes.* C'est surtout dans la classe des épitaphes ou inscriptions funéraires des premiers chrétiens que s'observent des caractères dénotant la corruption de l'orthographe. On aurait tort néanmoins de tirer de ces défectuosités grammaticales des conclusions défavorables à l'antiquité de ces monuments, car, dans les premiers siècles de notre foi, la plupart des fidèles, sortis des conditions infimes de la société, se préoccupaient bien plus de la pureté des mœurs que de celle du langage.

Commençons donc par parler de l'orthographe lapidaire en général. D'après les auteurs qui ont traité cette matière, et en particulier Goltzius, Fabretti, Boldetti, la différence qui existe entre l'orthographe lapidaire et celle du discours ordinaire, vient de ce que les Romains, dans les inscriptions, se sont conformés à la prononciation; car nous savons par Cicéron et Aulu-Gelle que la prononciation différait de l'écriture. Une raison qui n'est pas non plus sans valeur, c'est que, dans ce genre de composition, on s'étudiait à imiter le style et l'orthographe antiques, plutôt que de se régler sur la prononciation moderne, bien qu'elle fût plus correcte, et sur l'orthographe du discours écrit. Et la source de cette coutume provenait probablement de ce que, au temps de Cicéron, les hommes cultivés avaient déjà abandonné l'ancienne prononciation pour la laisser aux gens du peuple. Ainsi, sur les marbres même publics, écrits à la meilleure époque de la langue des Romains, la lettre E est souvent employée pour I. C'est pour cela qu'on rencontre souvent sur les marbres des mots sentant le barbarisme, et qu'on a pu regarder comme le résultat de l'ignorance des lapicides; de telle sorte que ceux qui ne sont pas initiés à cette vieille orthographe se trompent souvent dans l'interprétation des inscriptions et dans la détermination de leur âge.

Nous trouvons dans Goltzius (*Thesaur. Roman. antiq.*) et dans Fabretti les principaux chefs de cette orthographe lapidaire. Nous allons en reproduire quelques-uns qui, étant communs aux inscriptions chrétiennes et aux romaines, ouvriront l'intelligence des premières à ceux qui aspirent à se former à l'étude de l'antiquité ecclésiastique. Nous omettrons tout ce qui est encore en question, aussi bien que ce qui ne revient pas directement à notre sujet, car on ne doit pas oublier que nous nous adressons aux commençants; les hommes expérimentés n'ont pas besoin de notre aide.

A. — 1° La diphthongue AE est le plus souvent écrite AI sur les anciens marbres : AIRE pour AERE, — AETERNAI pour AETERNAE, — BONAI pour BONAE, etc.

<pre>
            CONSTANTIAE FILIAI
            CARISSIMAE QUAI
            VIXIT.... (Passionei. p. 16. n. 30.)
</pre>

2° Le génitif féminin des noms de la première déclinaison se termine quelquefois en AES : FAVSTINAES pour FAVSTINAE, PRISCAES pour PRISCAE, etc.

3° On trouve, à la place de l'E initial d'un mot, la diphthongue AE : AEGO pour EGO, etc.

4° AD pour AT : ADQVE pour ATQVE, etc.

B. — Rien n'est plus fréquent que la substitution du B en V, et réciproquement, non-seulement sur les marbres, mais aussi sur les monnaies dont les légendes étaient cependant gravées avec beaucoup de soin. Ainsi : ALBEI pour ALVEI, — SIBE pour SIVE, — IVBENIS pour IVVENIS (De' Rossi. I. 107. n. 207), — SERBVS pour SERVVS, — BIBVS et BIBAS pour VIVVS et VIVAS, — BOBIS pour VOBIS, etc. Le V pour le B : PLACAVILE pour PLACABILE, — VASE pour BASE, — VENEMERENTI pour BENEMERENTI, — INCOMPARAVILES pour INCOMPARABILES (De' Rossi. loc. laud.).... Ces substitutions sont surtout fréquentes avant le quatrième siècle.

C. — Dans quelques noms propres, cette lettre est assez souvent employée pour G : CALBA pour GALBA, — CALLVS pour GALLVS, — REFRICERIVS pour REFRIGERIVS (Boldetti. 346). Quelquefois le C est mis pour le Q : CINQVE ANNIS (Fabretti. p. 424. n. 383), et réciproquement : QVRAM pour CVRAM. D'autres fois il est redondant : IVNCXIT, — VICXIT, etc.

D. — Il est mis quelquefois pour le T : QVODANNIS pour QVOTANNIS, et réciproquement SET pour SED, — QVIDQVIT pour QVIDQVID (Inscr. d'Ans. Le Blant. I. 31), etc. Ailleurs, bien que rarement, il est remplacé par un c retourné Ɔ : Goltzius et Muratori en fournissent quelques exemples; mais peut-être cette substitution apparente n'est-elle que l'effet de la négligence du graveur qui aura oublié la ligne verticale du D.

E. — Rien n'est plus fréquent que l'emploi de cette lettre pour l'I : CIVES pour CIVIS, — SOLEDAS pour SOLIDAS, — DOLEA pour DOLIA, — GENETRIX pour GENITRIX, — MERETO pour MERITO, etc. C'est surtout dans les inscriptions chrétiennes que cette conversion se présente souvent. On peut voir, dans Fabretti, CVBECVLARIA pour CVBICVLARIA, — ANIMA DVLCES pour ANIMA DVLCIS (De' Rossi. I. n. 370), — IN SOMNO PACES pour PACIS, — OBIET pour OBIIT (De Boissieu. 581), — FVET pour FVIT, — ARGVTISSEMVS pour ARGVTISSIMVS (Le Blant. I. 42), — IN XPI NOMENE pour NOMINE (Id. 66). On trouve souvent dans les inscriptions de la Gaule TETOLVM ou TETVLVM pour TITVLVM (Le Blant. I. pp. 340-342). C'est encore ici une note de haute antiquité; car Varron (De re rust. I. 3) dit que les prêtres de son temps, chez lesquels l'ancienne prononciation s'était conservée, disaient VEAM pour VIAM, — VELLAM pour VILLAM. Nous voyons aussi la diphthongue EI prendre sur les marbres la place de l'I : EIDVS pour IDVS, — LEIBERTAS pour LIBERTAS, etc.

F. — On lit souvent sur les marbres romains la lettre F pour PH : DAFNE pour DAPHNE, — TRIVMFATOR pour TRIVMPHATOR, et dans les inscriptions chrétiennes NEOFITVS pour NEOPHYTVS, etc. La lettre F, mais renversée, remplace quelquefois le V : VIꟻIT pour VIVIT, — AMPLIAꟻIT pour AMPLIAVIT, — DIꟻI pour DIVI, etc. Cependant nous n'en connaissons pas d'exemples dans l'épigraphie chrétienne.

H. — Cette lettre tantôt abonde, et tantôt manque, même sur les pierres du meilleur goût et de la plus certaine antiquité. Ainsi nous trouvons ERES pour HERES, et par contre HEGIT pour EGIT, — HAVE pour AVE; il en est quelquefois de même dans les noms propres : HOCTAVIA (Boldetti. p. 287). Parfois, là où manque le H devant un V voyelle, celui-ci (v) prend la nature du v consonne, comme dans une inscription du recueil de Gori (p. 119), où nous lisons VIVS pour HVIVS.

I. — Nous avons dit que l'E est quelquefois remplacé par l'I; de même on rencontre assez souvent l'I pour l'E sur les marbres de la plus ancienne époque : CAVIAS pour CAVEAS, — NI pour NE, — PONTIFIX pour PONTIFEX. On trouve souvent sur les marbres, sur ceux de la Gaule en particulier, REQVISCIT pour REQVIESCIT (Le Blant. I. 57-67 et passim). L'épitaphe de S. Eusèbe à Verceil (Gazzera. p. 91), monument du quatrième siècle, fait lire EXPONINS pour EXPONENS, et IGNI pour IGNE. Souvent aussi on lit l'I redoublé à la place de l'E. Ainsi, dans Fabretti (p. 597. n. 279), PRIMIGIINIOBIINIMIRIINTI pour PRIMIGENIO-BENEMERENTI. Ce savant pense que ce sont les *quadratarii* grecs qui introduisirent cette orthographe dans les marbres romains, à raison de la ressemblance de l'H grec avec le double I : II. Il en donne pour preuve que les mêmes monuments où le double I est employé pour l'E font lire aussi ordinairement le Λ grec pour L latin.

A une époque plus récente, les graveurs ajoutent par euphonie un I en tête des mots qui commencent par une double consonne : ISPIRITVS (Reines. cl. XX. n. 328), — ISCRIBONIVS (Boldetti. 407), — ISTEFANVS (Buonarruoti. *Vetri* 112). Nous lisons même dans Lupi une épitaphe où l'I est ajouté à un mot commençant par une simple consonne : IMARITATA pour MARITATA (Marangoni. *Act. S. Vict.* p. 100).

K, L, M. — Nous n'avons pas d'observations spéciales à faire sur ces trois lettres, si ce n'est que le K est souvent remplacé par le C et réciproquement, et que le l est parfois écrit en grec ʌ, comme on a vu plus haut.

N, O, P, Q. — La lettre n est quelquefois retranchée dans certains mots où elle doit être : COIVX pour CONIVX, — CRESCES pour CRESCENS, — MESES pour MENSES, etc., etc.

La lettre o usurpe de temps en temps la place de l'v : DEDERONT pour DEDERVNT, — SONT pour SVNT, — TRIOMPHVS pour TRIVMPHVS, etc.

De même le p est souvent mis pour b : APSENS pour ABSENS, — PLEPS pour PLEBS.

Le q se voit employé pour le c : PEQVNIA pour PECVNIA, — QVOSQVONQVE pour QVOSCVMQVE, — QVOI pour CVI, ou QVI, — QVOIVS pour CVIVS. Mabillon observe encore que cette lettre est quelquefois mise sur les marbres comme signe de ponctuation, ou comme ornement entre les lettres composant un même mot : PVDENQTIANA, nom écrit sur la porte de l'église de Sainte-Pudentienne à Rome, et où le q est superflu.

R, S, T. — Rien de particulier à noter sur la première de ces lettres.

La lettre s est souvent redondante : AVXSILIVM, — VXSOR, comme encore à la fin de certains mots : CONIVXS, — FELIXS, etc. Cette lettre se trouve souvent réduite à la forme du r grec sur les marbres chrétiens ; Reinesius, Lupi, etc., en citent d'innombrables exemples : ΓΕΡΤΙΜΕΓ ΕΡΑϹΛΙVΓ QVI VIXIT ANNIR.... (Lupi. p. 54) ; à partir du troisième siècle, le *sigma* grec Σ prend la forme dite lunaire C : ΕΠΑΥϹΑΤΟ ΖΟϹΙΜΟϹ (Lupi. Sev. epitaph. p. 102), *Requiescit Zozimus*.

Enfin la lettre T se substitue assez souvent au D : ATFINES pour ADFINES, — AT-IT pour AD-ID, etc.

V, Y, OY. — Nous avons déjà vu que le v prend souvent la place du B. — Il se substitue quelquefois aussi à l'i : AVRVFEX pour AVRIFEX ; et encore à la lettre O : OCTVBRIS pour OCTOBRIS (Le Blant. *ib.*), — SVBOLES pour SOBOLES, — NEGVCIATOR pour NEGOCIATOR (De Boissieu. 593) ; SACERDVS, dans l'épitaphe de S. Rusticus, évêque de Lyon (Id. 569) ; et enfin à la lettre Y : ILLVRICVM pour ILLYRICVM, — SVRIA pour SYRIA, — SVMMACVS pour SYMMACVS (De' Rossi. i. p. 172) ; et ceci n'est pas particulier au style lapidaire. Un marbre d'une haute antiquité dans Lupi porte SVNEROTEM pour SYNEROTEM.

Nous remarquons que les marbres chrétiens montrent quelquefois la lettre v sous sa forme ronde u. Mais dans le *titulus* que rapporte Lupi, et qui semble postérieur au quatrième siècle, l'u ne paraît que dans les sigles numériques, ce qui donne à penser que le *quadratarius* l'a ainsi formé, afin de mettre une différence entre les éléments des mots et ceux des nombres (V. Pelliccia. iii. 153) ; car dans la même inscription le v a toujours sa forme ordinaire quand il entre dans la composition des mots.

La lettre Y paraît aussi sur les marbres à la place du v : SYARIVM FORVM pour SVARIVM. On doit dire même que cette orthographe avait tellement prévalu que les graveurs l'observaient presque toujours au commencement des mots. Ainsi lisons-nous sur un marbre du cimetière de Blasilla (Cf. Pelliccia. *vol. laud.* p. 153) :

AGATORI IN P
QVI VIXIT ANN

Agatori in pace qui vixit annos, etc.

Enfin les anciens, les chrétiens surtout, employèrent la diphthongue OY dans les inscriptions latines, écrites en caractères grecs, genre d'inscriptions dont nous parlerons bientôt : ΛΟΥΝΑ pour ΛVNA, — ΝΟΒΕΙΜΒΡΕΙΒΟΥϹ pour NOBEMBRIBVS, *novembribus*.

Pour résumer ce qui précède, nous devons faire observer : 1° que la différence qui existe entre l'orthographe lapidaire et celle du discours commun, ne doit pas être attribuée à l'ignorance ou à l'impéritie des graveurs ; 2° que cette orthographe ne prouve rien contre l'antiquité des marbres. Nous ne voulons pas méconnaître néanmoins la part qui doit être faite à la négligence et à l'inhabilité des ouvriers dans ces défectuosités, principalement en ce qui concerne l'abréviation des diphthongues et la suppression de lettres nécessaires.

V. — *Des inscriptions latines écrites en caractères grecs, et des épitaphes latino-grecques*. La coutume d'écrire des inscriptions de différents genres en lettres grecques était déjà reçue chez les anciens Romains : c'est ce dont on peut s'assurer en jetant un coup d'œil sur les recueils de Reinesius (Class. xx n. 110-118. etc.) et de Doni (Class. ii. n. 158. p. 163). Les chrétiens adoptèrent cet usage. Quelle en est l'origine ? C'est ce qu'il serait difficile de dire au juste. Était-ce manie de gréciser, comme chez nous est venue la manie d'angliciniser ? Ou bien faut-il adopter l'interprétation de quelques savants qui supposent qu'on voulait ainsi indiquer l'origine grecque du défunt ? Ce qu'il y a de plus probable, c'est que ceux qui écrivaient le latin en lettres grecques le faisaient parce qu'ils n'avaient pas l'habitude de l'alphabet latin.

A ses débuts, l'Église de Rome se composa en grande partie de Grecs, de Juifs et d'Orientaux, qui tous parlaient la langue grecque. Car il ne faut pas oublier qu'avant d'arriver à Rome, le christianisme avait passé par Antioche, cette capitale gréco-orientale du monde romain. Parmi les chrétiens de Rome que S. Paul nomme dans ses Épîtres *aux Romains* (xvi. 7. 15. 21. 23), *aux Colossiens* (v. 10. 12), *à Timothée* (iv. 21. 23), il s'en trouve vingt-trois qui portent des noms grecs. Cet apôtre écrivit en grec son épître aux Romains ; S. Pierre et S. Clément, écrivant au nom de l'Église de Rome, se servent aussi du grec. Le pape Victor (193-202) est cité comme le premier qui dans l'Église de Rome ait composé des ouvrages en latin.

Quoi qu'il en soit, nous allons rapporter quelques exemples de cette espèce d'inscriptions. Dans Boldetti (Cf. Pellic. p. 154), du cimetière de Priscille :

BAΛE. PIA BIKTωPIA
ΦHKI ΦEIΛEIE COYAI
BEITAΛEHNII

ce qui revient à : *Valeria Victoria feci* (pour *fecit*) *filiæ suæ Vitalianæ*. En voici une du même genre, reproduite par le P. Lupi (*Sev.* p. 61) ; elle est du musée Kircher :

BENEμEPENT ΦIΛIE
ΘEOΔωPE KYE BIΞIT
μHCIC XI ΔIHC XVII

Benerementi filiæ Theodoræ quæ vixit mesis (pour *menses*) XI. *dies* XVII. Quelquefois des lettres grecques sont entremêlées aux latines, comme dans cette épitaphe du cimetière de Cyriaque (Boldetti. 343) :

ΛΛEZAΝΔPO BENE
MEPENTI IN ΠACE

Mais comme, chez les Romains, on en vint à mêler dans la conversation des mots grecs aux latins pour se donner l'air de cultiver la langue des Hellènes, cette affectation gagna jusqu'aux femmes, et les poëtes satiriques du temps, Juvénal et surtout Martial, ne se firent pas faute d'exercer contre un tel ridicule leur verve acérée (V. Martial. l. x. *epigr.* 68). Or cette promiscuité ne tarda pas à s'introduire dans le style lapidaire lui-même. Vous trouverez en plusieurs endroits de Fabretti, de Boldetti, de Lupi, des marbres où l'acclamation IN PACE est écrite en grec au bas d'une épitaphe latine : EN EIPHNH. M. De' Rossi transcrit (*Inscr. christ.* t. I. p. 122) une inscription grecque de la fin du quatrième siècle, en tête de laquelle les années, les mois et les jours du défunt, ainsi que les noms des consuls, sont en latin. Le *titulus* suivant est au musée Kircher :

IVLIAE SEVEPAE KYPI....
AΓAΘH, etc.

où l'on voit *Julia Severa* appelée, dans une épitaphe latine, des qualifications grecques KYPIA AΓAΘH, *domina bona*. En voici une qui est toute grecque (Lupi. p. 64), à l'exception du mot PACE qui est latin, mais écrit en caractères grecs :

KYPIAKHTH ΓAYTATE (pour ΓAYKYTATH)

Ailleurs on lit même (Boldetti. 400) :

KATAΘECEIC EN ΠAKE.
IN ΠAKE.

On peut voir dans le même auteur d'autres monuments du même genre, et de plus des inscriptions romaines écrites avec les notes numérales des Grecs.

Rien n'égale la bizarrerie d'une épitaphe donnée par M. Perret (v. pl. x. n. 23) : ΦAECICT-*Fecit*, BIKTωPIA-*Victoria*, deux mots latins écrits en grec ; le reste en grec : ΔIATPOΦω ACYNKPITω, *Nutritori Asyncrito*....

Il est très-remarquable que l'usage de mélanger ainsi les lettres grecques avec les latines a persisté jusqu'au onzième siècle. Voici, en effet, une inscription qui se lit sur les portes de bronze de Saint-Paul hors des murs, portes qui ne remontent pas plus haut que cette date :

ΠΑΝΤΑ
LEON STRA
TVS VENIAM
MIIII POC
CO REATVS

A l'avant-dernière ligne, la lettre initiale du mot ROGO (POCCO), à moins qu'on ne lise POSCO, est grecque, de même que celle du nom PANTALEON, Π au lieu de P. Ici la confusion fut sans doute le fait de l'ouvrier, qui était Grec, car on sait que ces portes furent faites à Constantinople l'an MLXX.

Peut-être sommes-nous en droit de conclure de ceci que toutes les inscriptions de cette nature appartenant à l'antiquité sont dues, elles aussi, à des *quadratarii* grecs.

VI. — *De la phraséologie lapidaire commune aux chrétiens et aux païens*. La religion chrétienne ne répudiait que l'idolâtrie ; aussi nos pères ne craignirent jamais de suivre les traces des anciens en tout ce qui ne présentait rien d'essentiellement profane, ni de directement incompatible avec leur foi. Ils adoptèrent notamment sans scrupule la phraséologie classique dans toutes ses formules inoffensives, ou qui étaient susceptibles de se plier à un sens chrétien.

Avant donc de définir les caractères qui distinguent d'une manière bien tranchée nos monuments épigraphiques de ceux des anciens, nous devons d'abord dire un mot de ceux qui sont communs aux uns et aux autres.

Cet examen devrait se porter en premier lieu sur les signes exprimant, dans les monuments funéraires, l'invocation aux dieux mânes : D. M., ou en grec : Θ. K. Mais nous avons traité cette intéressante question dans un article à part (D. M.), auquel nous prions le lecteur de se reporter. De même pour les mots LOCVS et LOCA, indifféremment adoptés dans les deux cultes pour désigner le tombeau (V. l'art. *Loculus*).

1° Les chrétiens, comme les idolâtres, eurent la coutume de marquer sur leurs épitaphes les jours de la mort et ceux de la vie du défunt. Plusieurs antiquaires, entre autres Mabillon, Fabretti et surtout Fontanini, ont avancé à tort que la mention des calendes et des nones était un caractère exclusivement propre aux chrétiens ; le P. Lupi a eu raison de rejeter cette opinion. Mais celui-ci paraît se tromper à son tour en invoquant en faveur de sa thèse quelques épitaphes du recueil de Gruter, où les calendes et les nones marquent, non pas le jour de la mort, mais bien celui de la dédicace du tombeau (V. Pelliccia. III. p. 205). Il ne nous est néanmoins pas possible de douter, en présence de plusieurs *tituli* empruntés à Gruter par Lupi lui-même (Grut. p. DLXXVIII. 1. — DXCIX. 9), que les païens n'aient été dans l'usage de noter, comme les chrétiens le firent plus tard, le jour de la mort par les calendes, les nones et les ides.

Outre le jour de la mort, les anciens notaient aussi celui de la sépulture (Fabretti. lib. II) :

SEPVLTA. EST. A. D. VI. K. APRILIS....

Et ailleurs :

CONDITA. XIII. K. OCTOBRIS....

Mais de ce que les épitaphes païennes marquent, soit le jour de la dédicace de l'autel sépulcral, soit celui de la mort, par les calendes, les nones et les ides, tout ce qu'on est rigoureusement en droit de conclure, c'est que les fidèles leur empruntèrent cet usage, mais nullement que ce point de conformité puisse induire à confondre les unes avec les autres. Ce qui rend une telle confusion impossible, c'est que, chez les chrétiens, la mention des nones, ides, etc., est presque invariablement accompagnée d'une formule étrangère aux anciens, du mot *depositio* par exemple, ou de tout autre exprimant une déposition passagère que doit terminer la résurrection finale.

2° Les chrétiens imitèrent encore leurs ancêtres dans le soin de marquer sur leurs épitaphes les années, les mois, les jours et jusqu'aux heures de la vie du défunt. Que tel ait été l'usage des païens, c'est ce que prouvent une foule d'inscriptions qu'on peut lire dans le deuxième livre de l'ouvrage de Fabretti et ailleurs. Quant aux chrétiens, comparaison faite, il paraît que la mention des heures est chez eux plus fréquente, toutes choses égales pour tout le reste. Superflu de citer les épitaphes faisant mention des années, mois et jours : il n'en est presque pas une dans l'antiquité d'où cette mention soit absente. Qu'il suffise d'en rapporter une ou deux où les heures sont notées. La première est prise de Boldetti (p. 344) :

DOROTEO FILIO DVL
CISSIMO QVI VIXIT M. VI.
D. XX. OR. IIII. IN PACE.

Et qu'on ne croie pas que ce soin si minutieux ait été pris seulement pour un enfant, à raison de la brièveté de sa vie, qui ne s'est pas prolongée au delà de six mois, vingt jours, quatre heures. Voici une autre épitaphe où la même exactitude est observée, bien qu'il s'agisse d'une vierge de dix-huit ans, deux mois, vingt-sept jours, quatre heures (du cimet. de Processus dans Lupi. p. 56) :

ZENVARIA BIRGO PVELLA QVE
VIXIT ANNOS XVIII. MES. DVO. XXVII. OR. III.

Telle était aussi la coutume des chrétiens grecs (Boldetti. p. 391) :

CTEΦANIN EZHCEN ETH E' MHNEC. Δ. HME
PAC. I. DωPACIAC ENΠTA.

Stephania vixit annos quinque, menses quatuor, dies duodecim, horas decem, irreprehensibilis, « cinq ans, quatre mois, douze jours, dix heures. »

On alla jusqu'à noter des fractions de l'heure. Des inscriptions païennes ajoutent quelquefois un s après la désignation des heures (Fabretti. 96. 117). Orelli, qui reproduit le monument (*Inscr. lat. select.* t. II. p. 325. n. 4718), n'hésite pas à voir dans ce caractère l'indication d'une demi-heure, et il serait difficile d'en trouver une plus plausible. Ces détails minutieux n'étaient pas toujours négligés par les disciples du Christ. Nous en avons la preuve dans l'épitaphe d'un enfant qui n'avait passé sur cette terre qu'un temps bien court (Fabretti. 95. 218), un an, huit jours, trois heures et demie.

INNOCENTIVS. INNOCENTIO
FILIO. PIO. PRO. INNOCENTIA. SVA
BENEMERENTI. QVI. VIXIT
ANNO. VNO. DIEBVS. VIII. ORAS. III S
IN PACE

Mais voici quelque chose de bien plus curieux encore, et dont l'explication exigerait une connaissance que nous n'avons pas de la division des heures dans l'antiquité, et chez les Romains en particulier (Fabretti. 94. 219) :

BENEMERENTI. IN. PACE
SILVANA. QVAE. HIC. DORMIT
VIXIT. ANN. XXI. MENS. III
HOR. IV. SCRVPVLOS. VI

Silvana avait vécu vingt et un ans, trois mois, quatre heures, six *scrupules*. Qu'était-ce que ces scrupules, et combien y en avait-il dans l'heure ? Forcellini (ad voc. *Scrupulus*) dit qu'il y en avait vingt-quatre à l'heure : *Scrupulus vigesima quarta pars horæ*. Est-ce une notion positive, ou bien en juge-t-on ainsi par analogie, le mot *scrupulus* ou *scripulum* ayant la signification propre de désigner la vingt-quatrième partie de l'once ? Pour preuve de son assertion, le lexicographe cite l'inscription ci-dessus, qui forme précisément pour nous le nœud de la question.

Les anciens avaient encore coutume de constater quelquefois, non-seulement le jour de la mort, mais encore l'heure où elle était arrivée, comme il paraît pour une inscription du cimetière de Prétextat (Boldetti. p. 396) :

AVRELIA EVGENIA BENEMERENTI QVE VIXIT
ANNIS XVIII MENSE VNO DIES XII. ORA NONA
DEPOSITA NONV KAL. HOCTOBRES

La neuvième heure du jour des calendes d'octobre est celle de la mort. Il y a quelque chose de plus précis encore dans une épitaphe du cimetière de Priscille (ap. Boldett. — Cf. Pellic. p. 209), où il est expliqué que Julianetta avait vécu à peine six heures au delà du dixième mois de sa quatrième année, et que, quand elle expira, six heures seulement s'étaient écoulées de la nuit par laquelle commençait son dernier jour : la mère affligée ne voulait rien négliger d'une vie si courte.

Notons enfin que, toujours à l'instar des anciens, les fidèles, par une bizarrerie dont nous n'avons pas le secret (peut-être n'était-ce qu'une erreur du *lapidarius*), notaient sur leurs tombeaux les mois au delà du nombre douze. Ainsi (pour les païens, exemple pris dans Gruter. p. DCLXXXVI. 7), Januaria avait vécu treize ans, *quarante mois*, quatre jours. Voici un *titulus* chrétien présentant la même singularité (Pellic. III. p. 210) :

IVLIA. SIBINILLA. VIXIT A.
VIIII. M. XVIIII. D. I. M. IN PACE.

Sibinilla avait vécu neuf ans, dix-neuf mois, un jour.

Quelquefois, avant le nombre des années, des mois, des jours, on remarque la lettre N. Elle doit s'entendre par *numero*, comme dans l'épitaphe de Masatta (Bold. p. 372), qui avait vécu ANNOS N (*umero*). XXXIII. MENSES. N. III. DIES. N. VIII, et avait passé avec son Virginius (mari qui n'avait pas eu d'autre femme auparavant. — V. l'art. *Virginius, Virginia*), sans la moindre discorde : ANNOS. N. XII. MENSES. N. VI, etc.

Ce sigle fut aussi employé par les païens, mais plus rarement que par les nôtres. Nous en avons un exemple dans Gruter. (CMLXX. 5). Quelquefois les chrétiens, pour distinguer l'N des notes numériques, y ajoutèrent un petit °, ainsi que cela se pratique aujourd'hui (Boldetti. — Cf. Pellic. *ibid*.) : ...VIXIT IN PACE ANN. n° III.

Quand quelque doute existait au sujet du jour ou du mois, on usait d'une formule dubitative, afin de ne point manquer à la vérité, par exemple des mots NON PLENIS (Boldetti) : ...QVI. VIXIT. ANNIS. XII. NON. PLENIS. Mais bien plus communs étaient les sigles P. M., *plus minus*, tracés dans les diverses inscriptions avec de légères variantes : PM sans point intermédiaire ; PM, ou PL.M., ou P.L.M. Soit, par exemple, l'épitaphe de Nabira dans Muratori (CMLXXXII. 7) :

NABIRA. IN. PACE. ANIMA. DVLCIS
QVI BIXIT ANNOS P. XVI. M. V.

Sans la ligne, le P ne doit être pris que pour PLVS.

Il est important néanmoins d'observer que, si les chrétiens adoptèrent cette expression dubitative, c'était bien moins par manque de mémoire que pour se conformer au style lapidaire, car nous avons de leurs marbres où la formule se trouve en même temps que l'indication précise des dates. Nous en prenons deux au hasard dans Boldetti, l'une du cimetière de Sainte-Hélène, l'autre de celui de Cyriaque :

REFRIGERIVS. QVI. VIXIT
ANNOS PL. M. VI. M. VIIII. D
V. QVESCET. IN PACE

La mention des mois et des jours exclut ici toute espèce de doute.

ANIMA. DVLCIS. PATERNA. QVE
VIXIT. MECV. ANNIS. P. M. A. XL
DI. XX I etc.

Ici le lapicide donne dans un certain luxe de sigles, car, bien qu'il ait écrit le mot ANNIS en entier, il le répète encore par son initiale A. après le P. M. Cette formule dubitative fut aussi en usage chez les Grecs. Mais ils réduisaient ordinairement le sigle à un Π, initiale du mot ΠΛΕΟΝ ΕΛΑΤΤΟΝ, *plus minus*.

3° Ce serait ici le lieu de parler de divers ornements qui sont communs aux marbres chrétiens et aux païens, par exemple, figures d'animaux, palmes, couronnes, empreintes de pas, Génies, Victoires, etc. Mais on trouvera dans ce Dictionnaire des articles spéciaux sur tous ces sujets et sur bien d'autres encore.

Les portraits des défunts sont souvent figurés, au moins intentionnellement, dans les sépultures des premiers chrétiens, tantôt gravés ou tracés au pinceau sur les tablettes funéraires, comme sur celle d'une chrétienne nommée Antonia, trouvée par Boldetti au cimetière de Cyriaque et transportée ensuite sous le portique de Sainte-Marie *in Trastevere* où Lupi en prit copie (Lupi. *Sev. epit.*

p. 50. tab. I. n. III) ; tantôt exécutés en ivoire, en os, etc., et placés en dedans des tombes, ou fixés à l'extérieur dans le ciment. Il fut découvert aussi une sculpture de ce genre dans l'intérieur d'un *loculus* au cimetière de Saint-Thrason (Marangoni. *Act. S. Vict.* p. 82). Sur le marbre de DECENTIUS (Fabretti. p. 736. n. 472) est figuré au pinceau le grossier profil d'une tête d'homme qui ne peut être que celle du défunt. On peut en dire autant de la figure en pied de POMPEIA ARETUSA (Id. p. 579. XXXIII). Ainsi encore, dans Aringhi (II. p. 259), le portrait de RESPECTUS en buste, inscrit dans une couronne, avec les bras étendus ; et dans Marini (*Iscr. alban.* p. 32), celui d'une petite fille nommée PRIMA, qui n'avait pas encore accompli sa troisième année. Il est aussi très-probable que les figures en prière, dites *orantes* (V. l'art. *Prière [Attitude de la]*), si fréquentes dans nos hypogées, ne sont autre chose que des portraits. En voici un exemple tiré du cimetière de Comodilla (Perret. v. pl. VII) et qui date de 375. C'est une chrétienne du nom de Petronia, accostée de deux colombes.

4° M. Edmond Le Blant, de l'Institut, a été amené par un marbre chrétien de Crussol dans l'Ardèche, marbre du milieu du septième siècle probablement, à constater un fait intéressant pour l'histoire de l'épigraphie : c'est qu'il existait, soit chez les païens, soit chez les chrétiens, des formules pour les inscriptions, comme il y en avait pour les actes et contrats. L'éminent épigraphiste réunit un certain nombre de monuments de localités éloignées les unes des autres présentant des mentions d'une ressemblance tellement frappante, qu'on ne saurait douter de l'existence de modèles où puisaient les compositeurs d'inscriptions. Ces modèles laissaient en blanc, ou remplaçaient par une indication générale, *tantus, ille*, etc., le lieu que devaient occuper les noms propres, les dates, et autres indications spéciales. Nous croyons cependant que ce fait ne s'observe sur les marbres chrétiens qu'à une époque déjà un peu basse, le sixième siècle peut-être (Le Blant. *Sur les graveurs des inscript. ant.* Paris. 1859).

VII. — *Des caractères qui, étant propres aux marbres chrétiens, les distinguent des païens.* Les marbres chrétiens se distinguent des païens par des symboles et des formules.

1° Les principaux symboles ou emblèmes qui constituent une marque de christianisme pour les inscriptions des premiers siècles, sont le poisson, la colombe, l'agneau ou la brebis ou le bélier, le phénix, le coq, le cheval, le cerf, la colombe, le tonneau, l'ancre, le navire, le phare, les coquillages, etc., etc. On peut voir dans ce Dictionnaire les articles spéciaux que nous donnons sur chacun de ces objets. Nous nous bornons à indiquer ici les principaux éléments de ce langage hiéroglyphique des premiers siècles, dont la signification arcane a besoin d'être expliquée et quelquefois même justifiée. Mais il est bien entendu (et il serait superflu d'insister sur ce point) que les tombeaux des fidèles ne sauraient être un instant confondus avec ceux des idolâtres, quand les traits de l'Ancien et du Nouveau Testament s'y trouvent retracés en relief ou autrement, ceux-là notamment qui rappellent d'une manière plus ou moins claire le dogme consolant de la résurrection de la chair, tels que Job, Jonas, la vision d'Ézéchiel, la résurrection de Lazare, et une foule d'autres qui décorent les pierres tumulaires et par-dessus tout les sarcophages de l'Italie, de la Gaule, de l'Espagne, etc. (V. l'art. *Sarcophage*, et de plus tous ceux qui ont pour objet les différents faits des deux Testaments représentés sur les tombeaux.)

2° *Des formules*. Si, comme nous l'avons vu précédemment, le style lapidaire, en tout ce qu'il a d'indifférent en lui-même, passa naturellement des marbres des anciens à ceux des disciples de Jésus-Christ, l'esprit de la religion nouvelle ne tarda pas néanmoins à se manifester sur la sépulture chrétienne par des formules entièrement neuves et puisées dans un ordre d'idées étranger aux idolâtres. Ces formules, toutes empreintes de foi, d'espérance, d'une douce résignation, sont en très-grand nombre ; mais, pour ne pas faire ici double emploi, nous prions le lecteur de se reporter aux articles où nous en avons traité avec détail, et notamment à ceux qui ont pour titre : *Acclamations*, — *Paradis*, — *Purgatoire*, — *Lux*, — *Refrigerium*, — *In Pace*, etc.

Bornons-nous à rappeler d'une manière générale que « l'espérance du chrétien étant pleine d'immortalité, » comme s'exprime le livre de la *Sagesse* (III. 4), cette pensée d'immortalité brille sous toutes les formes dans les cimetières des premiers fidèles ; la mort y est partout représentée comme un sommeil : DORMITIO, — DORMIT IN PACE ; comme un doux repos : QVIESCIT IN PACE, — IN SOMNO PACIS, etc. ; et la sépulture comme une *déposition* passagère : DEPOSITIO, DEPOSITVS, tandis que les païens, regardant leur sépulture comme définitive, disaient : SITVS, POSITVS, COMPOSITVS, et appelaient la tombe la « demeure éternelle », DOMVS AETERNA, OU AETERNALIS. Rien n'est plus tranché que ces formules, où se dessine la physionomie des deux cultes par la différence si accentuée de leurs idées au sujet de la destinée finale du corps humain.

La formule est tantôt écrite en toutes lettres : DEPOSITVS (De' Rossi. I. p. 43), DEPOSITIO (*Ib.* 41) ; tantôt abrégée : DEP, OU DE, quelquefois DEPT (*Id.* 56) ; tantôt représentée par la seule initiale D, soit simple, soit surmontée d'une ligne transversale, D̄, comme sur la pierre de BONIFATIA donnée par Boldetti (p. 401) :

BONIFATIA IN PACE D̄. III. N̄. D.

Bonifacia in pace deposita tertio nonas decembris.

Ailleurs la déposition est exprimée par les consonnes initiales des deux premières syllabes D. P.

c'est ce que nous montre le titulus de cecilivs, encore dans Boldetti (p. 397) :

D. P. CECILII. PRID. ID. IVN.

Le plus souvent, ces deux lettres sont jointes sans aucune ponctuation : dp. Les inscriptions grecques font lire le mot κατάθεσις, qui correspond au latin *depositio* : ainsi (Boldetti. 402) :

ΚΥΡΙΑΚΗΤΗ ΓΑΥΤΑΤΗ ΚΑΤΑΘΕϹΕΙϹ ΕΝ ΠΑΚΕ.

On rencontre quelquefois sur les marbres chrétiens de la plus ancienne époque, au lieu du depositvs, la formule decessit, ou même recessit, qui était vulgaire chez les païens ; mais elle manque rarement d'être complétée par l'addition de quelque terme exclusivement chrétien, par exemple : recessit de secvlvm (*sic*) (Passionei. p. 121), — decessit de secvlvm (De' Rossi. i. 103 et 193), — fvit in saecvlvm (Id. 108. 211), — de secvlo exivit (Id. 33), — visit in saecvlvm (Id. 42), etc. La langue chrétienne a seule employé le mot *sæculum* pour désigner la vie présente. Voici une autre formule qui a été, croyons-nous, peu remarquée : reddit ou reddidit, formule elliptique qui n'était que l'abréviation de celle-ci : reddidit debitvm vitae svae (Marangoni. *Act. S. Vict.* p. 81-83).

Nous ne saurions pousser plus loin cette énumération. Beaucoup d'autres formules donnent aux marbres un caractère chrétien, que le lecteur reconnaîtra à leur analogie avec celles que nous avons indiquées soit dans cet article, soit plus encore dans ceux auxquels nous avons renvoyé (V. la fin du premier paragraphe de ce n. 2°). De ce nombre serait cette expression d'un *titulus* de l'an 379 (De' Rossi. i. p. 130) : absolvtvs de corpore, qui représente la mort comme une délivrance des entraves importunes de la chair et rappelle le mot de S. Paul : « Qui me délivrera de ce corps de mort ? » *Quis me liberabit de corpore mortis hujus?* (*Rom*. vii. 24.) Nous devons à plus forte raison nous abstenir de signaler celles de ces formules qui, exprimant quelque dogme de notre foi, ne laissent pas l'attribution un instant douteuse, comme celle-ci où est attestée la croyance de la défunte à la résurrection (Inscription de l'an 493. Rossi. i. 401) :

HIC. IN. PACE. REQVIESCET LAVRENTIA. L. F. QVAE CREDIDIT RESVRRECTIONEM....

VIII. — *De la manière de déterminer l'âge des inscriptions chrétiennes.* Cette question est de la plus haute importance, car nos monuments épigraphiques ayant surtout un intérêt dogmatique, leur valeur probante se mesure sur leur antiquité, ou tout au moins sur la certitude de leur âge.

Or, parmi les inscriptions chrétiennes, les unes portent une note chronologique ou historique certaine, les autres des indices plus ou moins caractérisés, bien que toujours un peu vagues. L'âge des premières nous est connu d'une manière précise ; l'âge des secondes ne se détermine qu'approximativement.

1. La note chronologique la plus sûre et la plus commune est fournie : 1° par les consulats. Les noms des consuls étant connus, on n'a qu'à se reporter aux fastes consulaires pour trouver l'année de l'ère vulgaire à laquelle ils correspondent et qui est la date du monument. Jusqu'ici ces fastes étaient restés pleins d'irrégularités et d'incertitudes, et par conséquent ne fournissaient pas toujours des données aussi satisfaisantes qu'on aurait pu le désirer ; les travaux récents de l'illustre Borghesi, et en dernier lieu ceux de M. De' Rossi, ont éclairci la plupart des difficultés chronologiques qui s'y rencontraient. Le premier volume de la collection d'inscriptions chrétiennes de Rome, dont les savants prolégomènes nous sont d'un si grand secours dans la rédaction de cet article, est le guide le plus sûr qu'on puisse suivre quant à cet objet pour les six premiers siècles, qui ont fourni déjà à l'éminent antiquaire treize cent soixante-quatorze inscriptions datées.

La plus ancienne est de l'an 71, qui correspond au troisième consulat de Vespasien. On en trouve d'autres en 107 et 111, et de là à 267, huit seulement irrégulièrement échelonnées. A partir de cette époque jusqu'en 542, elles se succèdent presque sans interruption d'année en année. Dans notre Gaule, la plus ancienne inscription datée est de 334 ; elle figure à la page 542 du recueil de M. de Boissieu et à la page 138 du premier volume de celui de M. Le Blant ; elle est contemporaine de Constantin le Grand. Ce sont les provinces du Midi, à partir de Lyon, qui en offrent le plus grand nombre.

Nous citons un exemple de Rome (De' Rossi. i. n. 3) :

SERVILIA. ANNORVM. XIII
PIS. ET BOL. COSS.

Les deux consuls ici désignés sont Pison et Bolanus, qui avaient obtenu les faisceaux en 111.

En voici une de Lyon, portant la date du 29 juillet 422 (De Boissieu. p. 550) :

HIC REQVIESCIT PASCASIA
DVLCISSIMA INFANS
QVAE VIXIT ANI DVOBVS
MENS TRIBVS ET
DIES X OBIIT
IIII KAL AVG
HONORIO XIII ET
THEODOSIO X CONSS

« Ici repose Pascasia, très-douce enfant, qui a vécu trois mois et dix jours ; elle est morte le iv des calendes d'août, sous le treizième consulat d'Honorius et le dixième de Théodose. »

Le mot *consul* est presque toujours écrit en abrégé : cos, — coss, — cons, — conss ; nous avons dans le *titulus* de Severa, illustré par le P. Lupi :

COSVLE CLVDIO ED PATERNO.

Depuis l'an 307, alors que pour la première fois la création régulière des consuls fut interrompue par les troubles survenus entre Maxence et ses collègues, interruption qui se renouvela souvent depuis par des causes analogues, et surtout après la division de l'empire, dont chaque partie nommait ses consuls ; on data les inscriptions en prenant pour point de départ le dernier consulat, et on dit : la première, la seconde, la troisième, etc., année après le consulat de tel et tel : POST CONSVLATVM.... ANNO I OU II, etc. Et ici nous trouvons des abréviations analogues aux précédentes : POST CONS, — POST CONSS, — P. C., — PC., — POST CONSVLATVM, — POST CONSVLATV, — POST CONSOL.

Cette formule néanmoins paraît rarement jusqu'en 542. Alors, c'est-à-dire après Basile le Jeune, et pendant plus d'un demi-siècle, de 542 à 565, où toute élection avait été supprimée, le POST CONSVLATVM BASILII IVNIORIS fut adopté comme point de départ dans tout l'empire, et en particulier dans les Gaules, à quelques exceptions près, et ces ères incertaines donnent lieu à deux supputations différentes : celle dite de Marcellin, qui commence à l'an 541, et celle de Victorin l'année suivante ; soit par exemple (De' Rossi. I. n. 1081) :

```
HIC REQVIESCIT IN PACE
MUSTELA SPE QUAE VIXIT
ANN . PLM . L DEP . SVB D.
IIII ID . NOV IT PC BASILI IVN.
```

Iterum post consulatum Basilii junioris, « la seconde année après le consulat de Basile le Jeune. »

En 566 arrive le consulat de Justin, qui forme une nouvelle ère de neuf ans ; ce consulat néanmoins, non plus que ceux des empereurs suivants, n'ayant pas été promulgué hors des limites de l'empire d'Orient, l'ère POST CONSVLATVM BASILII continua d'être en usage en divers lieux, particulièrement dans les Gaules sous Justin et sous Maurice Tibère. On trouve encore des inscriptions datées des années XXV-XXVI, etc., après le consulat de Basile, dates qui anticipent déjà d'une et deux années sur celui de Justin.

2° Les indictions (V. notre article spécial sur ce système chronologique). Les plus anciennes inscriptions datées par les indictions sont de 423 et de 443, et ces deux exemples sont les seuls connus jusqu'au milieu du cinquième siècle. En Gaule, le premier titre qui ne porte d'autre indication chronologique que l'indiction est de l'an 491 (Le Blant. n. 388). Le monument est de Véséronce (Isère). A Rome, les deux premières datent de 517 et de 522 (V. De' Rossi. I. n. 965 et 985). Au commencement, c'est-à-dire jusque vers le milieu du sixième siècle, on continua à joindre les noms des consuls à l'indiction ; depuis cette époque, on se mit à dater par les indictions toutes seules (V. De' Rossi. I. Proleg. p. XCIX) : désignation complètement inutile, système défectueux qui s'introduisit sans doute alors que les consuls ordinaires par lesquels les années étaient désignées, avaient cessé d'être régulièrement créés, et que, grâce à la barbarie et à l'ignorance toujours croissantes, beaucoup en étaient venus à ne plus attacher aucune importance à la constatation des dates sur les monuments. Dans son second appendice (n. 1177 seqq.), M. De' Rossi réunit plusieurs inscriptions de cette espèce.

Quand il s'agit des indictions, il importe d'observer la distinction des lieux. Dans les contrées dépendant de l'empire de Constantinople, et cela jusqu'à la chute de cet empire, tantôt les années de l'empereur sont seules marquées, tantôt l'indiction y est jointe. Il en est de même dans certaines provinces de l'Occident qui furent longtemps sous la domination des empereurs grecs, à Naples par exemple. Dans les Gaules, l'indiction avait été adoptée même avant les rois mérovingiens ; mais jusqu'au consulat de Justin, qui tombe à l'année 540, on usait des notes hypathiques ou consulaires, quelquefois en omettant l'indiction. Quoi qu'il en soit, les monuments prouvent (V. Pelliccia. III. p. 302) que, chez les Gaulois, la supputation consulaire ne cessa qu'avec les consuls mêmes, après quoi ils datèrent tantôt par l'indiction, tantôt par l'année du roi. Après Clovis, ils inscrivirent quelquefois sur les marbres l'année du pontife romain.

3° Les dates par les consuls, par les indictions ou autres sont ordinairement complétées et précisées par la désignation du jour du mois solaire, des calendes, des ides, des nones : X. C. IVN. — VIII NON. IVL. — PRIDIE IDVS AVG., etc., ou par le jour du mois lunaire : LVNA XVII, etc. ; par les jours de la semaine, exprimés sous leurs noms païens, presque toujours : DIES IOVIS, — DIE MARTIS, — VENERIS, — MERCVRI, etc. C'est en 404 seulement qu'apparaît pour la première fois sur une épitaphe la désignation chrétienne du dimanche : DIE DOMINICA (De' Rossi. I. n. 529) ; il y en a un autre exemple en 452 (Id. n. 855). Nous disons « sur une épitaphe », car elle se trouve déjà dans le cycle pascal de S. Hippolyte. Ailleurs le samedi est aussi marqué par son nom ecclésiastique : DIE SABATI (V. id. tab. III.).

4° Pendant les six premiers siècles, au delà desquels nous n'allons pas, on ne rencontre aucune inscription datée par une ère qui soit propre aux chrétiens : ni par la dionysienne, fixée par Denys le Petit en 525, et qui n'est autre que l'ère vulgaire ; ni par l'ère de Dioclétien, dite *ère des martyrs* depuis le septième siècle seulement, époque relativement tardive où les chrétiens l'adoptèrent (V. notre art. *Persécutions*, 10°). Jusqu'au septième siècle, les chrétiens se conformèrent aux supputations chronologiques en usage dans chaque contrée ou province : et c'est là une étude ardue pour la détermination de l'âge des monuments et dans laquelle il ne nous est impossible d'entrer.

5° Quelques savants ont avancé que l'usage s'était établi à Rome, dès le quatrième siècle, de dater les épitaphes par les papes, en négligeant les consuls. Mais les monuments jusqu'ici découverts ne justifient nullement cette assertion. Parmi les titres datés, recueillis par M. De' Rossi, deux seulement portent des noms de pontifes romains, et encore est-il prouvé que cette indication a un motif spécial excluant toute idée de système. Le premier est celui de EVPLIA, morte sous le pape Libère : DEPOSITA IN PACE SVB LIBE*rio ep.* (De' Rossi. I. n. 139); le second celui de ERENIS, sous Damase : DECESSIT... SVB DAMASO EPISCO (n. 190). Le savant antiquaire romain voit ici, avec sa sagacité habituelle, l'intention de constater l'orthodoxie des deux défunts, par un acte d'adhésion à deux papes dont l'autorité était disputée par des compétiteurs. Pour Libère, c'était l'antipape Félix. Or on sait que le peuple, qui était très-attaché à son pasteur légitime, apprenant que l'empereur Constance voulait qu'il partageât l'autorité épiscopale avec l'intrus, s'écria d'une voix unanime : *Unus Deus, unus Christus, unus episcopus!* « un Dieu, un Christ, un évêque! » (Theodor. *Hist. eccl.* II. 17.) Le compétiteur de Damase était Ursicinus, qui n'avait pour lui qu'une faible faction.

On voit que ces deux faits ne prouvent rien en faveur du prétendu usage de dater les *inscriptions funéraires* par les pontifes.

Nous n'en dirons pas autant des autres classes d'inscriptions, de celles par exemple qui étaient tracées sur les édifices religieux. Dès la fin du quatrième siècle ou le commencement du cinquième, il est constant que les monuments de ce genre furent datés par les noms des papes de préférence à ceux des consuls. La formule la plus ordinaire était celle-ci : SALVO, par exemple, SIRICIO EPISCOPO OU EPISCOPO ECCLESIAE SANCTAE (Baron. — Bosio. — Cf. De' Rossi. VIII); plus rarement, et seulement peut-être quand l'inscription n'était faite qu'après la mort du pontife : TEMPORIBVS SANCTI INNOCENTII EPISCOPI. Les inscriptions métriques n'étaient assujetties à aucune formule fixe, on le conçoit. Celle de la basilique de Sainte-Sabine commence par ces vers :

CVLMEN APOSTOLICVM CVM CAELESTINVS HABERET
PRIMVS ET IN TOTO FVLGERET EPISCOPVS ORBE (*Ib.*).

La coutume de marquer la date des monuments sacrés ou de leurs décorations par le nom des évêques ne fut adoptée hors de Rome qu'un peu plus tard. Il existe dans les provinces des monuments de ce genre des quatrième, cinquième et même sixième siècles qui portent soit la désignation d'une ère locale, soit les noms des consuls, sans aucune mention des évêques, ou, si leur nom y est inscrit, c'est plutôt pour rappeler la dédicace que la construction de l'édifice. A Rome au contraire, telle était déjà au quatrième siècle la majesté qui entourait les papes, qu'ils marchaient à peu près de pair avec les premiers magistrats de la république : ce qui autorise à le penser, c'est que les auteurs d'inscriptions se mirent spontanément à dater les édifices sacrés par les noms des pontifes, comme la loi voulait que les monuments profanes le fussent par les noms des empereurs. Et, en effet, la formule est la même : SALVO EPISCOPO, comme SALVIS DD. NN... AVGVSTIS. Les localités les plus rapprochées de Rome furent, paraît-il, les premières à imiter en cela l'exemple de la métropole. Un *titulus* votif, du cinquième siècle à peu près, a été trouvé près de Tusculum, lequel portait le nom de l'évêque du lieu, absolument d'après la même formule : SALVO LOTVNATO EPISCOPO. Depuis le sixième siècle, cette pratique se propagea partout : et les noms des évêques ne furent pas les seuls à marquer l'époque de la fondation des édifices religieux, on y trouve quelquefois des noms de prêtres et de diacres, et même ceux des abbesses et autres supérieurs de monastères (V. De' Rossi. *loc. laud.*).

Cette manière de dater un monument est toujours un peu vague, car elle ne marque que le pontificat et rarement l'année. M. De' Rossi (*Proleg.* c. III. pars 1. § 1) atteste ne connaître que deux monuments où la date soit ainsi précisée, un à Narbonne et un autre à Parenzo. Quand au nom de l'évêque vient se joindre celui des consuls ou l'année d'une ère quelconque, alors toute incertitude disparaît, et cela se rencontre quelquefois soit à Rome, soit dans les provinces. Ainsi, par exemple, nous avons deux inscriptions (De' Rossi. n. 980 et 989) qui notent des concessions de tombeaux faites par le pape Hormisdas. Cette mention toute seule laisserait flotter ces monuments entre les années 514 et 523 qui forment les limites de ce pontificat : la mention des consuls les place à 522 et 523, les deux dernières années d'Hormisdas. Il en est de même d'une concession toute pareille émanée du pape Jean III, la dernière année de son règne, c'est-à-dire en 565, en faveur du sous-diacre MARCELLVS (Id. n. 1096).

2. Nous devons signaler maintenant les indices moins précis qui n'établissent l'âge des inscriptions que d'une manière approximative.

Observons d'abord que, dans ses caractères généraux, l'épigraphie chrétienne se fait remarquer par une admirable unité dans toutes les contrées les plus éloignées les unes des autres, et les plus différentes de mœurs et d'habitudes : unité dans les pensées, unité dans les sentiments, unité dans le tissu et les formules essentielles du style épigraphique. On comprend néanmoins que la conformité ne saurait aller au delà, et que, en tout ce qui est accessoire, chaque contrée conserve son cachet à part : ainsi les marbres de la Gaule diffèrent, quant aux formes d'une importance secondaire, de ceux de l'Italie, ceux de l'Afrique de ceux de l'Espagne; il y a même des différences assez sensibles d'une ville à une autre ville de la même province; si bien que M. De' Rossi (*Tit. Carthag.* p. 16) a trouvé des points de dissemblance entre les inscriptions d'Ostie et celles de Rome. Or, si peu importantes qu'elles paraissent en elles-mêmes, ces variétés méritent néanmoins une sérieuse attention de la part de l'historien, car elles marquent, par leur présence, et plus encore par leur nombre, par la spécialité de leurs notes chronologiques, par le nom de quelque ministre sacré, ou par d'autres circonstances locales, les origines du christianisme dans les localités auxquelles elles appartiennent, l'établissement d'une Église chrétienne plus ou moins nombreuse, à une époque plus ou moins ancienne dans les diverses contrées de l'Orient et de l'Occident.

Mais il est bien entendu que, dans ce résumé tout élémentaire, nous devons nous en tenir aux généralités.

Il y a deux genres d'inscriptions, qui diffèrent totalement par la diction et le style (V. De' Rossi. *Proleg.* cap. v. § 5). 1° Les premières se font remarquer par la simplicité et la brièveté : le plus souvent, un nom et rien de plus. Mais elles portent ordinairement des symboles, et surtout des symboles arcanes. De plus, l'emploi des caractères grecs y est très-fréquent. A ces inscriptions d'une simplicité primitive s'en joignent d'autres qui, en outre des noms, présentent des acclamations grecques ou latines dans le goût le plus pur de l'antiquité : VIVAS IN DEO, — IN DOMINO, — IN PACE, — CVM SANCTIS, — INTER SANCTOS, etc. — PETE PRO NOBIS, — PRO PARENTIBVS, — PRO CONIVGE, — PRO FILIIS, — PRO SORORE, etc. — REFRIGERA, IN REFRIGERIO, — SPIRITVM TVVM DEVS REFRIGERET, — DEVS TIBI REFRIGERET, etc. (V. l'art. *Acclamations* et l'art. *Refrigerium*). Il faut observer encore que les âmes y sont quelquefois appelées SPIRITVS SANCTI (V. l'art. *Esprit-Saint*). Il est de ces épitaphes où sont marqués l'âge, le jour de la mort ou de la *déposition*, et quelques louanges du défunt, et encore les noms de ceux qui élevèrent le monument, mais toujours avec la sobriété et l'élégance des formules primitives. Que si l'on y remarque des fautes d'orthographe, des incorrections de grammaire et de syntaxe, ces fautes ont un côté intéressant, en ce qu'elles nous révèlent la langue et la prononciation vulgaires des premiers siècles.

2° Les inscriptions du second genre s'éloignent beaucoup de cette simplicité et de cette élégance. Presque toujours on y lit l'âge, le jour de la mort et surtout celui de la sépulture, mais avec des formules et des constructions toutes différentes des anciennes ; souvent l'épitaphe s'ouvre par les louanges du défunt, en termes ampoulés et prétentieux : MIRAE SAPIENTIAE — INNOCENTIAE — SANCTITATIS. Une nouveauté encore plus tranchée, c'est la mention fréquente de la condition du défunt.

Une autre série de ces sortes d'inscriptions se compose de celles qui commencent par ces mots : HIC REQVIESCIT IN PACE, — HIC IACET, — HIC POSITVS EST, etc. Ici disparaissent presque en entier les acclamations dans le goût primitif ; à leur place, des formules affectées, tourmentées, se ressentant de l'âge de fer des rhéteurs. Quant aux symboles, ils s'y rencontrent rarement, principalement ceux qui présentent un sens arcane ; on y voit le monogramme constantinien, la croix et les autres signes du christianisme triomphant (V. les art. *Monogramme du Christ*, *Croix*, etc.).

On comprend que les inscriptions du premier genre représentent le style en vigueur avant la pacification de l'Église ; elles dénotent la précipitation et la douleur des jours de persécution, où l'on jetait à la hâte et sans espérance de la transmettre à la postérité une parole de tendresse ou de piété sur la tombe de ses proches. Les épitaphes de la seconde classe appartiennent à une époque de paix et de sécurité, époque où, la contrainte ayant cessé, le style lapidaire dut nécessairement subir une transformation complète. Depuis Constantin jusqu'à la fin du sixième siècle, on ne retrouve presque plus de trace des acclamations primitives, et même presque aucune diction se rattachant au style de ces acclamations.

C'est vers le milieu du quatrième siècle que se produisent fréquemment ces formules de louange exagérée : MIRAE BONITATIS ATQVE SANCTITATIS, — MIRAE INDVSTRIAE ATQVE BONITATIS, — MIRAE INNOCENTIAE AC SAPIENTIAE. Sur la fin de ce siècle et vers le commencement du cinquième, s'introduisent graduellement ces débuts solennels : HIC POSITVS, — HIC IACET, — HIC QVIESCIT OU REQVIESCIT ; et enfin sur la fin du cinquième et le commencement du sixième, de telles formules deviennent d'un usage presque général.

On peut suivre pas à pas ces diverses phases du style lapidaire dans le premier volume du recueil de M. De' Rossi, lequel ne renferme, comme nous l'avons dit, que des inscriptions datées.

Il ne faudrait pourtant pas juger trop rigoureusement ces règles de critique, et en conclure que, aussitôt après la liberté donnée à l'Église par les édits de Milan, les fidèles abandonnèrent tout à coup les anciennes formules qui leur rappelaient de si chers et si douloureux souvenirs. Ceux qui avaient souffert sous la persécution de Dioclétien ou qui avaient été élevés à cette sanglante époque, continuèrent à les employer encore après l'an 312 ; et ce ne fut que peu à peu qu'elles tombèrent en désuétude. Et encore est-il certain que, hors de Rome, elles se maintinrent beaucoup plus longtemps. Mais enfin il reste démontré que ces formules appartiennent au langage et à la foi des temps de persécution.

Par contre, il n'est pas impossible de trouver avant Constantin des inscriptions prolixes et semblant tout à fait dépaysées à cette époque de simplicité. Ainsi M. De' Rossi donne-t-il à la fin de ses prolégomènes une inscription recueillie par lui au cimetière de Calliste, monument que des indices historiques placent au commencement du quatrième siècle, et qui est rédigée en cette prose mesurée que Gennade appelait *quasi versus*, et dont on ne connaissait d'exemples que beaucoup plus tard.

3° L'étude attentive des marbres pourrait fournir encore une foule de données qui, bien qu'un peu vagues, ne sont pas néanmoins sans valeur historique. Nous ne pouvons en indiquer ici que quelques-unes.

Ainsi :

A. La formule DEPOSITVS, — DEPOSITIO, caractérise particulièrement les inscriptions des quatrième et cinquième siècles, bien qu'on en ait quelques exemples antérieurs.

B. Les sigles D. M., *Diis Manibus*, ne se rencontrent jamais, sauf une ou deux exceptions appartenant aux provinces, sur les titres postérieurs au quatrième siècle (V. l'art. *D. M.*).

C. Un groupe de monuments où domine le monogramme du Christ doit être réputé postérieur à Constantin. Car, quoiqu'il soit à peu près certain que ce signe auguste était déjà en usage parmi les chrétiens avant la conversion de cet empereur, son emploi sur les monuments a été rare jusqu'à sa victoire sur Maxence (V. l'art. *Monogramme du Christ*).

D. La présence de la croix permet rarement de placer une inscription avant le cinquième siècle (V. l'art. *Croix*).

E. Le poisson, soit figuré, soit écrit, et placé dans les conditions qui lui donnent une signification arcane, ne se trouve plus après le cinquième siècle sur les monuments épigraphiques de Rome; mais il se rencontre longtemps encore après cette époque sur ceux des provinces (V. l'art. *Poisson*).

F. Une remarque générale est à consigner ici : c'est que les formules et les symboles sont adoptés plus tardivement dans les provinces et s'y maintiennent encore alors que déjà ils ont disparu à Rome. Il est important de tenir compte de ce fait, quand il s'agit de déterminer l'âge des inscriptions non datées.

I. Dans les premiers siècles, l'Église pourvoyait elle-même à la sépulture de ses enfants. Ce n'est que depuis le quatrième siècle que, pour dégrever le trésor de la communauté des fidèles, les personnes aisées commencèrent à acheter aux *fossores* un *lieu* pour leur sépulture et pour celle de leurs familles. Ainsi ces formules : EMPTVM(A) FOSSORE, — COMPARAVI LOCVM, etc., ou toute mention de marchés relatifs à la sépulture, ne permettent pas d'attribuer une inscription à une époque plus reculée.(V. les art. *Fossores, Sépulture, Loculus*, etc.).

L. Quant aux imprécations contre les violateurs des tombeaux, elles ne paraissent que dans le cours du sixième siècle : elles caractérisent une époque où le respect pour les morts avait déjà grandement diminué parmi les chrétiens (V. l'art. *Anathèmes*), puisque ceux-ci se croyaient obligés de mettre leurs restes sous la garantie de tels anathèmes.

IX. — *Division*. Les inscriptions chrétiennes peuvent se diviser en deux grandes catégories, dont l'une comprend celles qui se rapportent aux personnes, l'autre celles qui concernent les choses.

1. Dans la première classe viennent se ranger toutes les inscriptions intéressant l'histoire des martyrs, des confesseurs ; celle des pontifes, des prêtres, des diacres et de tous les ordres inférieurs de la hiérarchie ecclésiastique, y compris les *fossores*, les *librarii*, les *notarii*, ainsi que les autres fonctionnaires attachés au service de l'Église; celle des moines, des vierges, des veuves ; celle des néophytes, des catéchumènes, des fidèles ; celles des dignités militaires, des emplois civils, des diverses professions libérales ou manuelles exercées par les premiers chrétiens. La plupart de ces épitaphes sont funéraires, et ce sont les plus anciennes, les plus nombreuses et les plus intéressantes pour l'étude des origines chrétiennes; tout ce que nous avons dit précédemment des inscriptions en général s'applique surtout à cette classe. Bien mieux que les recueils imprimés ou autres dont nous avons parlé au n. I du présent article, la collection formée au palais de Latran par les soins de M. le chevalier De' Rossi mettra l'archéologue et l'amateur à même de se rendre compte des ramifications de cette importante famille de nos monuments primitifs : les *titres* y sont rangés avec un ordre parfait et d'après une méthode lucide qui en rend l'étude facile et attrayante.

2. La deuxième classe se compose de monuments en général moins anciens ; les quatrième, cinquième et sixième siècles, et plus encore les siècles suivants, qui sont en dehors de nos limites, en font presque tous les frais. Les collecteurs qui se sont occupés de la classification de cette catégorie d'inscriptions, et notamment Marini dont le cardinal Maï a publié l'ouvrage posthume (*Collect. Vatic.* t. v), y font entrer tout ce qui a rapport aux vœux, aux prières, aux éloges des saints et à leurs reliques, aux fastes et aux cycles, calendriers, etc.

Mais les inscriptions qui offrent le plus d'intérêt sont celles qui sont relatives aux dédicaces de monuments religieux, à leur ornementation, à leurs réparations, et enfin à tout ce qui concerne directement le culte.

1° *Dédicace*. Nous avons vu plus haut (n. VIII) que la fin du quatrième siècle et le commencement du cinquième fournissent des exemples de monuments portant à leur frontispice la mention et la date écrites de leur dédicace. Nous citons maintenant, d'après Vermiglioli, un marbre de Pérouse (*Inscript. Perug.* t. II. p. 442) se rapportant à un objet analogue.

```
MEMM.VS. SALLVSTIVS
SALINVS. MANNIVS. V-
BASILICAM. SANCTORVM
ANGELORVM. FECIT. IN
QVA. SEPELLIRI. NON. LICET.
```

2° *Réparation*. M. Edmond Le Blant (t. I. p. 496) reproduit, d'après M. Mommsen, un marbre de l'an 377, conservé à l'hôtel de ville de Sion, rappelant déjà une réparation faite à un palais impérial : ce monument a encore cela de remarquable qu'il offre le premier exemple connu du monogramme du Christ sur un édifice civil ; voici cette curieuse inscription :

```
DEVOTIONE. VIGENS.
AVGVSTAS. PONTIVS. AEDIS A ☧ ω
RESTITVIT. PRAETOR.
LONGE. PRAESTANTIVS. ILLIS.
QVAE. PRISCAE. STETERANT.
```

3° *Ornements*. Le pape Hilarus chante, dans une inscription métrique de sa façon, les peintures qu'il avait fait exécuter dans la basilique de Sainte-Anastasie.

```
ANTISTES DAMASVS PICTVRAE ORNAVIT HONORE
TECTA QVIBVS NVNC DANT PVLCHRA METALLA DECVS
```

DIVITE TESTATVR PRETIOSIOR AVLA NITORE
QVOS RERVM EFFECTVS POSSIT HABERE FIDES.
PAPAE HILARI MERITIS OLIM DEVOTA SEVERI
NECNON CASSIAE MENS DEDIT ISTA DEO.

Nous avons une inscription analogue de S. Paulin sur une peinture de la basilique de Fundi (Paulin. edit. Veron. p. 206). La plupart des mosaïques des anciennes églises de Rome, de Ravenne, etc., ont aussi des inscriptions rappelant le nom de leur fondateur et la date de leur fondation, témoin celle de Sainte-Sabine citée plus haut, celle des Saints-Côme-et-Damien (Ciampini. *Vet. mon.* t. II. tab. XVI), celle de l'abside de l'ancienne Vaticane (*De sacr. œdif.* tab. XIII. — V. ce dernier monument à notre art. *Abside*), etc. Les murailles intérieures des basiliques étaient quelquefois aussi ornées de légendes métriques destinées à honorer les saints et à instruire les fidèles. On en trouvera un grand nombre dans Fortunat (*Miscel.* l. I. c. 5. — II. 15. 16 et *passim*), plusieurs entre autres qui furent inscrites dans la basilique de Saint-Martin de Tours.

Les portes des basiliques avaient également des inscriptions : exemples l'ancienne de Sainte-Pudentienne, celle de Saint-Paul hors des murs, celle de Saint-Pierre au Vatican. Celle-ci, exécutée en mosaïque, se lisait à l'intérieur des portes de Saint-Jean de Latran (Ciampini. *Sacr. œd.* p. 8) :

SERGIVS IPSE PIVS PAPA HANC QVI COEPIT AB IMIS
TERTIVS EXPLEVIT ISTAM QVAM CONSPICIS AVLAM.

4° *Autels*. Il existe un grand nombre d'inscriptions d'autels ; Marini en donne quelques-unes (ap. Mai. *op. laud.* p. 74 seqq.). On peut voir dans Ferrari (*Monum. di S. Ambrogio.* p. 117) celles du fameux autel de Saint-Ambroise de Milan. Mais rien en ce genre, à notre connaissance du moins, ne remonte aussi haut que les légendes qui décorent l'autel du Ham, au département de la Manche (V. Mabillon. *Annal. S. Benedict.* t. I. p. 538). On voit dans l'une d'elles que S. Fromond, évêque de Coutances, a fait élever un temple et un autel en l'honneur de la Ste mère de Dieu, qu'il les a dédiés le 15 août, et qu'il a institué une fête anniversaire en mémoire de cette dédicace (Cf. Le Blant. I. p. 181). Cet intéressant monument appartient à la seconde moitié du septième siècle. L'autel de Saint-Ambroise est du neuvième.

5° *Baptistères et fonts baptismaux*. On connaît les nombreuses légendes de ce genre qu'offre la ville de Rome, et en particulier celle du baptistère de Constantin qui commence par ces vers :

GENS SACRANDA POLIS HIC SEMINE NASCITVR ALMO
QVAM FECVNDATIS SPIRITVS EDIT AQVIS
MERGERE PECCATOR SACRO PVRGANTE FLVENTO
QVEM VETEREM ACCIPIET PROFERET VNDA NOVVM....

L'inscription des fonts commence ainsi :

AD FONTEM VITAE HOC ADITV PROPERATE LAVANDI
CONSTANTIN FIDEI IANVA XPS ERIT.

(V. Ciampini. *Sacr. œdif.* p. 23.) Ces légendes ont été composées par le pape Sixte III, c'est-à-dire au commencement du cinquième siècle. Nous avons quelque chose de plus ancien encore dans notre Gaule : ce sont les inscriptions que S. Paulin de Nola envoya à Sulpice-Sévère pour un baptistère d'Aquitaine (Paulin. *Epist.* XII *Ad Sever.*).

Il ne faut pas confondre ces inscriptions avec celles qui étaient destinées aux fontaines de l'*atrium* des basiliques et où les fidèles se lavaient les mains et le visage avant d'entrer dans le lieu saint. S. Léon le Grand avait fait placer devant la basilique de Saint-Paul, sur la voie d'Ostie, un *cantharus* qui fut enrichi d'une belle inscription métrique, la quelle se trouve dans les notes du P. Sirmond aux œuvres d'Ennodius de Pavie (ap. Sirmond. t. I. p. 1146). Il en était de même chez les Grecs : ainsi un cratère placé devant l'église de Saint-Diomède, à Constantinople (Grancolas. *Comment. in breviar.* cap. XXIX), portait ces mots on ne peut plus appropriés à la nature du monument :

ΝΙΨΟΝ ΑΝΟΜΗΜΑΤΑ ΜΗ ΜΟΝΑΝ ΟΨΙΝ.

« Lave tes iniquités, et non pas seulement ta face. »

(V. l'art. *Cantharus*.)

6° Plusieurs autres parties des basiliques anciennes, telles que l'ambon, le *ciborium*, ainsi que leurs dépendances, les bains notamment, et les bibliothèques (V. l'art. *Bibliothèques chrétiennes*), étaient aussi ornées d'inscriptions (V. Maï. t. V. p. 181 seqq.).

7° *Vases sacrés*. L'inscription suivante était gravée sur un calice d'argent, ministériel selon toute apparence, que S. Rémy avait donné à l'église de Reims (2° *Voyage de deux bénédict.* p. 234) :

HAVRIAT HINC POPVLVS VITAM DE SANGVINE SACRO
INIECTO AETERNVS QVEM FVDIT VVLNERE CHRISTVS
REMIGIVS REDDIT DOMINO SVA VOTA SACERDOS.

Nous devons citer, pour en finir avec cette matière, une autre inscription votive qui se lit sur un disque d'argent trouvé à Pérouse en 1717, et qu'a illustré Fontanini (*Discus argenteus votivus veterum Christianorum.* Romæ. 1727). C'est un des monuments les plus connus, où se remarque la formule solennelle DE DONIS DEI : DE. DONIS. DEI. ET. DOMINI. PETRI. VTERE. FELIX. CVM. GAVDIO.

X. — *Sigles.* Comme complément de cette étude sommaire sur les inscriptions chrétiennes, nous avons dressé un catalogue des sigles ou abréviations qui s'y rencontrent le plus communément pendant les six premiers siècles. Quand ces sigles ont plusieurs significations, le bon sens et la sagacité du lecteur les détermineront pour chaque cas particulier, selon la matière et les circonstances.

A.

A. — Anima, — annos, — ave.
A. B. M. — Animæ benemerenti.
ACOL. — Acolytus.
A. D. — Ante diem, — anima dulcis.
A. D. KAL. — Ante diem calendas.
A. K. — Ante calendas.
AN. — Annum, — annos, annis, ante.

ANS. — Annos, — annis.
AP., *ou* APR., *ou* APL. — Aprilis.
A. Q. I. C. — Anima quiescat in Christo.
A. R. I. M. D. — Anima requiescat in manu Dei.
AVG. — Augustus, — Augusti.
A. ω. — Alpha, omega.

B.

B. — Benemerenti, — bixit *pour* vixit.
B. AN. V. D. IX. — Vixit annos quinque, dies novem.
BENER. — Veneriæ.
B. F. — Bonæ feminæ.
BIBAT. — Bibatis *pour* vivatis.
B. I. C. — Bibas (*pour* vivas) in Christo.
B. M., *ou* BO. M., *ou* BE. ME., *ou* BO. ME. — Bonæ memoriæ.
B. M. F. — Benemerenti fecit.
BMT. — Benemerenti.
BNM., *ou* B. N. M. R. — Benemerenti *ou* Benemerentibus.
B. Q. — Bene quiescat.
B. Q. I. P. — Bene quiescat in pace.
BVS. V. — Bonus vir.

C.

.. — Consul, — cum.
CAL. — lendas.
CC. — Consules, — carissimus, *ou* carissima conjux.
CESQ. I. P. — Quiescit, *ou* quiescat in pace.
C. F. — Clarissima femina, — curavit fieri.
CH. — Christus.
C. H. L. S. E. — Corpus hoc loco sepultum est.
CL. — Clarus, — clarissimus.
C. L. P. — Cum lacrymis posuerunt.
CL. V. — Clarissimus vir.
C. M. F. — Curavit monumentum fieri.
C. O. — Conjugi optimo.
C. O. B. Q. — Cum omnibus bonis quiescas.
COI. — Conjugi.
COIVG. — Conjux.
CONI. — Conjugi.
CONS. — Consul.
CONT. VOT. — Contra votum.
COS. — Consul.
COSS. — Consules.
C. P. — Clarissima puella, — curavit poni.
C. Q. — Cum quo, *ou* cum qua.
C. Q. F. — Cum quo fecit, *pour* vixit.
C. R. — Corpus requiescit.
CS. — Consul.
C. V. A. — Cum vixisset annos.
CVNG. — Conjux.

D.

D. — Dies, — defunctus, — depositus, — dormit, — dulcis.
D. B. M. — Dulcissimæ benemerenti.
D. B. Q. — Dulcis, bene quiescas.
D. D. — Dedit, — dedicavit, — dies.
D. D. S. — Decessit de sæculo.
DE., *ou* DEP. — Depositus, — deposita, — depositio.
DEC. — Decembris.
DF. — Defunctus, — defuncta.
DIAC. — Diaconus.
DIEB. — Diebus.
D. III. ID. — Die tertia idus.
D. I. P. — Dormit, *ou* decessit, *ou* depositus in pace.
D. M. — Diis Manibus.
D. M. S. — Diis Manibus sacrum.
D. M. — Dormit.
D. N., *ou* DD. NN. — Domino nostro, *ou* dominis nostris (*les empereurs*).
DP. — DPS. — DPT. — Depositus, — depositio.

E.

E. — Est, —, et, — ejus, — erexit.
EID. — Eidus *pour* idus.
EPC. — EPVS, — EPS, — episcopus.
E. V. — Ex voto.
E. VIV. DISC. — E vivis discessit.
EX. TM. — Ex testamento.

F.

F. — Fecit, — fui, — filius, — filia, — femina, — feliciter, — felix, — fidelis, — februarius.
F. C. — Fieri curavit.
FE. — Fecit.
F. F. — Filii, — fratres, — fieri fecit.
F. F. Q. — Filiis filiabusque.
F. K. — Filius carissimus, — filia carissima.
FL. — Filius.
FLAE. — Filiæ.
F. P. F. — Filio, *ou* filiæ, poni fecit.
FS. — Fossor, — fossoribus, — fratribus.
F. V. F. — Fieri vivus fecit.
F. VI. D. S. E. — Filius sex dierum situs est.

H.

H. — Hora, — hoc, — hic, — hæres.
H. A. — Hoc anno.
H. A. K. — Ave anima carissima.
H. L. S. — Hoc loco situs, *ou* sepultus est.
H. M. — Honesta mulier.
H. M. F. F. — Hoc monumentum fieri fecit.
H. R. I. P. — Hic requiescit in pace.
H. S. — Hic situs, *ou* sepultus est.
H. T. F., *ou* P. — Hunc titulum fecerunt, *ou* posuerunt.

I.

I. — In, — idus, — ibi, — illustris, — jacet, — januarius, — julius....
IAN. — Januarius.
ID. — Idus, — idibus.
I. D. N. — In Dei nomine.
IDNE. — Indictione.

I. II. — Jacet hic.
III. — Jesus.
IIIS. — Jesus.
II. — Duo, — secundo.
IN. B. — In bono, in benedictione.
IND. — Indictione, — in Deo.
IN. D. N. — In Dei nomine.
IN. D. V. — In Deo vivas.
INN. — Innocens, — innocuus, — in nomine.
IN. P., *ou* I. P. — In pace.
INPC. — In pace.
IN. X. — In Christo.
IN. ☧. — In Christo.
IN. XPI. N. — In Christi nomine.
I. P. D. — In pace Dei.
IX. — Jesus Christus.

K.

K. — Kalendas, — carus, — carissima.
K. B. M. — Carissimo benemerenti.
K. D., — I , — M., etc. — Calendas decembres, — januarias, — maias, etc.
K. K. — Carissimi.
KL. KLEND. — Calendas.
K. R. M. — Carissimæ, — carissimo.

L.

L. — Locus, — lubens, — quinquaginta.
L. A. — Libenti animo.
L. F. C. — Libens fieri curavit.
L. M. — Locus monumenti.
LNA. — Luna.
L. S. — Locus sepulcri.

M.

M. — Memoria, — martyr, — mensis, — menses, — merenti, — maias, — mater, — merito, — monumentum.
MA. — MAR. — MART. — Martyr, — martyrium, — martias.
MAT. — Mater.
M. B. — Memoriæ bonæ.
MERTB. — Merentibus.
MES. — Meses *pour* menses.
MM. — Martyres.
M. P., *ou* PP. — Monumentum, *ou* memoriam, posuit, *ou* posuerunt.
MR. F. S. C. — Mœrens fecit suæ conjugi.
M. R. T. — Merenti, — merentibus.
M. S. — Menses, mensibus.

N.

N. — Nonas, — numero, — novembris, — nomine, — nostro.
NAT. — Natalis, — natale.
NBR. — Novembris.
N. DEVS. — Nobile deus.
NO., *ou* NON. — Nonas.

NON. APR. — IVL. — SEP. — OCT., etc. — Nonas aprilis, — julii, — septembris, — octobris, etc.
NN. — Nostris, — numeris.
NOV. — Novembris.
NVM. — Numerus.

O.

O. — Oras, — optimus, — obitus, — obiit.
OB. — Obiit.
OB. IN. XPO. — Obiit in Christo.
OCT. — Octobris, octavas.
OCTOB. — October.
O. E. B. Q. — Ossa ejus bene quiescant.
O. H. S. S. — Ossa hic sepulta sunt.
OM., *ou* OMIB. — Omnibus.
OMS. — Omnes.
OP. — Optimus.
O. P. Q. — Ossa placide quiescant.
OSS. — Ossa.

P.

P. — Pax, — pius, — posuit, — ponendum, — posuerunt, — pater, — puer, — puella, — per, — post, — pro, — pridie, — plus, — primus, etc.
PA. — Pace, pater, etc.
PARTB. — Parentibus.
PC. — Pace, — poni curavit.
P. C. P. CONS. — Post consulatum.
P. F. — Poni fecit.
P. H. — Positus hic.
P. I. — Poni jussit.
P. M. — Plus minus, — post mortem, — piæ memoriæ.
PONT. — Pontifex.
P. P. — Præfectus prætorio.
PP. K. L. — Prope calendas.
PR. — PRB. — PRBR. — PREB. — PSBR. — Presbyter, *ou* presbyteri.
PR., *ou* PRID. K. IVN. — Pridie calendas junii....
P. R. Q. — Posterisque.
PRN. — Pridie nonas.
PTR. — Posteris.
P. V. — Prudentissimus vir.
P. Z. — Pie zeses, *pour* bibas, vivas.

Q.

Q. — Qui, — quo, — quiesce, — quiescit, — quiescas.
Q. B. AN. — Qui bixit, *pour* vixit, annos....
Q. FEC. MEC. — Qui fecit, *ou* vixit mecum.
Q. FV. AP. N. — Qui fuit apud nos.
Q. I. P. — Quiescat in pace.
Q. M. O. — Qui mortem obiit.
Q. V. — Qui vixit.

R.

R. — Recessit, — requiescit, — requiescas, — retro, — refrigera, — refrigere.

REG. SEC. — Regionis secundæ.
RE. — Requiescit, *ou* requiescat, — repositus.
RIPA. — Requiescas in pace anima.
RQ. — Requievit *ou* recessit.

S.

S. — Suus, — sua, — sibi, — salve, — somno, — sepulcrum, — solve, — situs, — sepultus.
SAC. — Sacer, — sacerdos.
SAC. VG. — Sacra virgo, *ou* sacrata.
SCLI. — Sæculi.
SC. M. — Sanctæ memoriæ.
SCORVM. — Sanctorum.
SD. — Sedit.
S. D. V. ID. IAN. — Sub die quinto idus januarii.
SEP. — September, — septimo.
S. H. L. R. — Sub hoc lapide requiescit.
S. I. D. — Spiritus in Deo.
S. L. M. — Solvit lubens merito.
S. M. — Sanctæ memoriæ.
S. O. V. — Sine offensa ulla.
SP. — Sepultus, — sepulcrum, — spiritus.
SPF. — Spectabilis femina.
SS. — Sanctorum, — suprascripta....
ST. — Sunt.
S. T. T. C. — Sit tibi testis cœlum.

T.

T. et TT. — Titulus.
TB. — Tibi.
TIT. P., *ou* PP., *ou* FF. — Titulum posuit, *ou* posuerunt, *ou* fecerunt.
TM. — Testamentum.
TPA. — Tempora.
TTM. — Testamentum, — titulum.

V.

V. — Vixit, — vixisti, — vivus, — viva, — vivas, — quinque, — venemerenti *pour* benemerenti, — votum, — vovit, — vir, — uxor, — vidua.
V. B. — Vir bonus.
V. C. — Vir clarissimus.
V. F. — Vivus, *ou* viva, fecit.
VG., *ou* VGO. — Virgo.
V. H. — Vir honestus.
V. K. — Vivas carissime.
V. I. AET. — Vive in æternum, *ou* in æterno.
V. I. FEB. — Quinto idus februarii.
V. INL. — Vir inlustris, illustris.
VIX. — Vixit.
V. NON. — Quinto nonas.
V. O. — Vir optimus.
VOT. VOV. — Votum vovit.
VR. S. — Vir sanctus,
V. S. — Vir spectabilis, — votum solvit.
V. T. — Vita tibi.
VV. CC. — Viri clarissimi.

VV. F. — Vive felix.
V. X. — Uxor carissima, — vivas carissime.

X.

X. — Christus, — decem.
XI. — X̄P̄I. — Christi.
X̄O. — X̄T̄O. — Christo.
XPC. — XS. — Christus.
XX. — Viginti.

Z.

Z. — Zezes *pour* vivas; Zesu *pour* Jesu....

INSTRUMENTS ET **EMBLÈMES** REPRÉSENTÉS SUR LES TOMBEAUX CHRÉTIENS. — Il y en a de deux sortes : les instruments de profession et les instruments de martyre.

I. — Dans l'antiquité chrétienne, comme dans l'antiquité profane, on avait coutume de représenter comme symbole, sur les monuments funéraires, les instruments propres à la profession libérale ou industrielle du défunt. Nous choisirons quelques exemples qui se rapportent à cet usage.

1° Des pierres sépulcrales de sculpteurs portent des marteaux, des ciseaux, des coins, etc. (Boldetti. p. 516 et 317), et l'attribution de ces objets est d'autant moins douteuse, que l'une des épitaphes mentionne la profession elle-même : MEATIO APRILI ARTIFICI SIGNARIO. Il existait au cimetière de Sainte-Hélène une pierre tumulaire (Fabretti. *Insc. ant.* p. 587) où figure un personnage nommé EVTROPOS, qui était sculpteur de sarcophages : c'est ce qui résulte du bas-relief où il est représenté travaillant avec son fils à la sculpture d'une urne funéraire et entouré des instruments de sa profession; et, outre ce premier sarcophage, on en voit sur la même pierre un autre plus petit qui paraît être la représentation de celui-là même que l'artiste avait destiné à recevoir ses restes, ainsi qu'il paraît par son nom qui s'y lit encore : ΕΥΤΡΟΠΟϹ (V. la gravure à l'art. *Sarcophages*). Un marteau et une équerre gravés sur un marbre du cimetière de Calliste indiquent aussi, d'après Muratori (*Thes.* t. IV. p. 1839. n. 7), la profession de *marmorarius;* on en peut dire autant d'une scie à marbre gravée sur le tombeau d'EXVPERANTIUS (Bosio. p. 435).

2° La profession de sculpteur désignée ailleurs par un niveau, une règle et une équerre (Perret. v. pl. XLVII. 19), ou par un marteau, un niveau et quelques autres instruments de fer (Id. *ibid.* pl. LXXIII. 9). Un niveau à liquide avec un ciseau et un poinçon figurent aussi sur une curieuse pierre employée autrefois dans le pavé de l'église de Sainte-Agnès hors des murs de Rome (Rossi. p. 188. n. 433). Ce *titulus* est de la fin du quatrième siècle

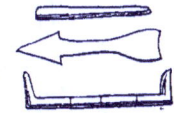

3° Le *loculus* d'un peintre porte pour emblèmes professionnels un compas, un poinçon, deux pinceaux (Marangoni. *Acta S. Victorin.* p. 125).

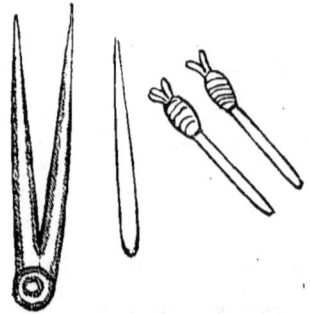

4° Celui d'un écrivain public probablement : des tablettes, un style, et un faisceau de roseaux pour écrire, auquel est attaché un encrier (V. la figure de l'art. *Librarii*).

5° Un personnage debout devant un *modius* plein de blé, et tenant en main une baguette, indique, selon toute apparence, la sépulture d'un mesureur public avec la règle ou *rutellum* propre à sa profession (Lupi. *Sev. epitaph.* p. 51. — V. la gravure à l'art. *Modius*).

6° Une pelle gravée en regard de l'épitaphe d'un chrétien nommé EVFRANIO, et qualifié FABER, contient une allusion évidente à sa profession (Murat. IV. 1865. n. 9). Mais la gravure que nous donnons ici, d'après un estampage pris sur une pierre sépulcrale du musée de Latran (n. 33), dépeint cette profession d'une manière plus évidente encore : le forgeron frappe sur son enclume, tandis que son aide souffle à la forge.

7° L'occupation habituelle des femmes dans l'antiquité était de tisser les vêtements : il n'est donc pas étonnant qu'on ait gravé un *métier à tisser* sur le tombeau d'une chrétienne nommée SEVERA SELEUCIANE portant la date de l'an 279 (Lupi. *op. laud.* p. 28 et 29). La navette est figurée à côté du métier, et au-dessous un morceau de tissu, échantillon de l'industrie de cette femme.

8° Des peignes à carder la laine expriment hiéroglyphiquement le titre de *lanarius pectinarius* (Lupi. *ibid.* p. 22. 29. 50).

9° Sur un marbre funéraire du cimetière de Calliste (Fabretti. p. 574), on voit un personnage rustique nommé *Léon*, tenant à la main une espèce de râteau, avec une bêche et une serpe, et ayant un chien à ses pieds : c'est l'image d'un de ces

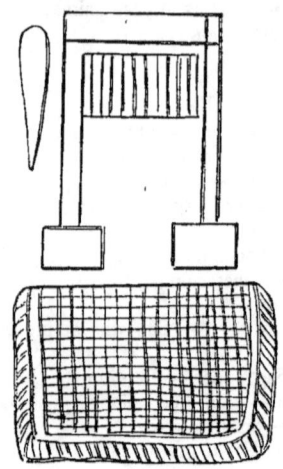

pauvres cultivateurs de la campagne romaine qui avaient embrassé le christianisme. Un marbre publié par d'Agincourt (*Sculpt.* pl. VII. 5) représente, entre autres choses, un laboureur conduisant une charrue traînée par deux bœufs, devant lesquels court un chien, et de plus une femme assise devant la maison et entourée des animaux de sa basse-cour : c'est une touchante peinture de la vie des champs sur le tombeau d'un cultivateur, et probablement aussi de sa femme. Il y a ici une circonstance extrêmement importante à noter : c'est que, à côté de cette scène agreste, est figurée la chute de nos premiers parents, Adam et Ève, près de l'arbre fatal, c'est-à-dire le péché originel et le travail de la terre qui en est la punition : *Maledicta terra in opere tuo : in laboribus comedes ex eo cunctis diebus vitæ tuæ* (Genes. III, 17). Nous avons ailleurs un marbre où est figuré un semeur (Perret. V. LII). Nous donnons ici ce singulier monument d'une exécution toute primitive, répondant à l'humble condition du personnage.

10° Le cimetière de Sainte-Cyriaque a fourni

une pierre où, à côté d'une coupe grossièrement tracée, est l'inscription : ANTILOCO PINCERNAE ; c'est la seule fois, au dire de Marini (*Iscriz. Alban.* p. 188), que le mot PINCERNA se lit sur un *titulus* chrétien, bien que la profession qu'il désigne fût souvent exercée par les premiers fidèles (Lami. *De erudit. apost.* p. 230). Peut-être doit-on voir aussi un *pincerna* sur une pierre (Boldetti. p. 367) qui montre un chrétien nommé POPULONIO, ou *Populonius*, debout, tenant d'une main un vase de la forme du préféricule, et de l'autre une espèce de patère.

11° La profession de *boulanger* est exprimée en 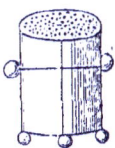 même temps par le mot PISTOR... et par un *modius* plein de blé qui, comme on sait, était le symbole ou l'enseigne du collége des *pistores*, sur l'épitaphe d'un chrétien appelé *Vitalis*, BITALIS PISTOR..., inscription portant la date de 401 (De' Rossi. I. p. 212. n. 495).

12° La gravure que nous plaçons ici, d'après Boldetti (p. 340), exprime sans doute la profession d'*auriga*, cocher.

13° Mais les monuments les plus intéressants de tous sans contredit, quant à l'objet qui nous occupe, sont ceux des *fossores* (V. l'art. *Fossores*), classe d'ouvriers chrétiens, appartenant probablement à la cléricature et chargés de préparer la sépulture des fidèles. On a recueilli dans les catacombes un grand nombre de marbres, où le titre de *fossor* ou *fossarius* est accompagné d'une pioche (V. Boldetti. p. 53. 59. 65) ou de quelque autre instrument de cette profession. M. Perret a réuni la plupart de ces instruments dans la planche XXXI de son premier volume, et les principales inscriptions où se trouve la qualification de *fossor* sont reproduites dans les trois planches suivantes. Mais tout ce qu'on peut désirer de connaître à cet égard se trouve réuni dans une peinture du cimetière de Calliste (Boldetti. p. 60) représentant le FOSSOR DIOGENES, tenant d'une main une pioche à peu près de la forme de l'*ascia*, de l'autre une lampe allumée, avec divers instruments appartenant à la même profession épars à ses pieds sur le sol (V. la gravure à l'art. *Fossores*).

14° Boldetti avait publié (184) une pierre sépulcrale où il voyait un instrument de martyre. M. De' Rossi l'a donnée de nouveau (*Bullettino.* 1864. p. 36), mais avec sa véritable attribution :

c'est un instrument à arracher les dents, avec une dent déjà extraite. L'interprétation de l'archéologue romain se trouve irrécusablement confirmée par une pierre inscrite où se voit le même instrument de dentiste, *vulsella*, avec la dent encore serrée dans la pincette, et accompagné d'un *specillum*, qui, comme on le

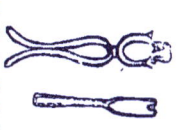

sait, servait aux chirurgiens pour sonder les plaies (V. *Bull. ib.*). Un marbre inédit du musée du Latran (class. XVI. n. 22 et 33) représente quelque chose de plus complet encore en ce genre : une trousse de chirurgien, dont voici le dessin :

II. — *Instruments de martyre*. On sait que les fidèles conservaient religieusement et renfermaient, quand la chose était possible, dans les tombeaux des martyrs les instruments de leur supplice (V. l'art. *Objets trouvés dans les tombeaux chrétiens*). Mais quand ils ne pouvaient avoir ces instruments en nature, ils en représentaient les images, soit sur la pierre, soit sur les murailles des hypogées, soit sur la chaux par un simple trait à la pointe. Ainsi, la pierre sépulcrale du martyr saint Agapit avait une lance, celle de la martyre Véronice un glaive (V. Mai. *Collect. Vatic.* v. p. 452), celle de S. Exuperantius présentait une chaudière en flammes; deux martyrs du cimetière de Calliste sont peints sur leur tombeau attachés à un poteau (Boldetti. l. I. c. 60) ; le *titulus* du martyr *Herminus*, publié par Vermiglioli (*Iscriz. Perug.* II. 452), porte, à côté de l'indication du genre de supplice : PLUMBALIS CAESUS, l'empreinte des *plumbatæ* ou lanières garnies de plomb, avec le monogramme du Christ et des palmes. Le bûcher, accompagné de la couronne et des palmes sur le marbre du martyr FELIX, indique, selon Fabretti (p. 566. XLI), qu'il succomba par le feu. Sur les trois briques qui fermaient le tombeau de la martyre FILUMENA, dont les restes, trouvés en 1802 au cimetière de Priscille, reposent aujourd'hui dans l'église de Mugnano, au royaume de Naples, étaient retracés, avec les symboles de la palme et de l'ancre, deux instruments de supplice, une torche et des flèches (V. Perret. v. pl. XLII).

Mais voici quelque chose qui nous paraît plus positif encore, et nous ne sachons pas que le fait ait été jusqu'ici remarqué. L'inscription suivante est rapportée par le P. Zacharia dans ses lettres sur les antiquités de Pise (Cf. Gori. *Symb. Dec.* t. vi. p. 182) :

VITALISSIMAE. CONIVGI. BENEMERENTI. APOLLINARIS
MARITVS. FECIT. QVE. DECESSIT. VII. IDVS. IVNIAS. ET
DEPOSITA. DIE. V. IDVS. IVNIAS. CESQVET
IN PACE. MA⟨is⟩. CO⟨ta⟩.

On pourrait supposer que ce monument est celui d'une martyre. Cela paraît indiqué par la figure, unique dans son genre, qui se voit à gauche de l'épitaphe : une femme debout, voilée, priant les bras étendus, et dont le cou est percé d'un glaive. Mais l'inscription vient encore confirmer cette attribution, car les abréviations dont se compose la dernière ligne ne peuvent guère se lire autrement que *martyrio coronata*.

Nous citons tous ces monuments d'après des archéologues d'une grande valeur; nous ne devons pas dissimuler néanmoins que nous n'avons pas une pleine confiance soit dans leur authenticité, soit dans les interprétations qui leur sont données.

Dans une crypte chrétienne découverte à Milan, en 1845, où était un corps de martyr avec le vase de sang, on voyait, peintes sur la muraille, des chaînes, un croc, *uncus*, une potence avec sa corde, ainsi que d'autres instruments de torture (V. *Alcuni sepolcri ant. Crist. in Milano*. tav. i. fig. 1), instruments divers qui attestent que le martyr a été enchaîné, mis à la question, déchiré avec l'*uncus*, et enfin décapité : *Historiam pictura refert* (V. la gravure à l'art. *Martyre*). Nous n'ignorons pas que quelques archéologues modernes rejettent la doctrine que nous venons d'énoncer; mais s'il est possible de contester l'attribution de quelques-uns de ces objets, il en resterait encore assez d'incontestables pour établir que l'usage de représenter des instruments de supplice sur les tombeaux des martyrs a réellement existé dans la primitive Église.

INTERCESSEURS (évêques). — On rencontre souvent, dans l'histoire et dans les conciles des Églises d'Afrique, le nom d'*intercessor* ou *interventor*, attribué comme titre d'honneur à des évêques. Il est utile d'en assigner la signification et l'origine pour l'intelligence des textes.

Il était d'usage dans les Églises d'Afrique, et peut-être aussi dans quelques autres, que, quand un siège épiscopal était vacant, le primat désignât un des évêques de la province, tant pour administrer le diocèse pendant la vacance que pour promouvoir et préparer la mûre élection d'un nouvel évêque.

Le but d'une telle institution était évidemment de sauvegarder les intérêts de l'Église et de procurer son plus grand bien; mais elle ne tarda pas à ouvrir la porte à un double abus. En premier lieu, l'*intercesseur* trouvait dans les fonctions qui lui étaient déléguées l'occasion de se concilier les bonnes grâces et la faveur du peuple, et de substituer ses propres convenances à celles de l'Église, soit en laissant vaquer le siège au delà des termes nécessaires, soit en travaillant à sa propre élection, si ce siège offrait plus d'avantages que le sien. Pour obvier à un tel abus, les Pères du cinquième concile de Carthage, tenu en 401, décrétaient que la gestion de l'*intercesseur* ne pourrait se prolonger au delà d'une année, et que si, pendant cet espace de temps, il n'avait pas amené l'élection d'un évêque, on devrait mettre un autre *intercesseur* à sa place.

Pour prévenir un autre abus non moins funeste, les mêmes Pères portèrent un canon ainsi conçu (can. viii) : « Il a été décidé qu'il ne serait permis à aucun intercesseur de retenir pour lui-même la chaire (le siège) à laquelle il a été attaché provisoirement en cette qualité, et cela nonosbstant toutes les démonstrations ou séditions des peuples ; mais il lui est prescrit de mettre tous ses soins à ce qu'un évêque leur soit donné dans l'espace d'une année. Que s'il néglige de le faire, l'année étant expirée, qu'on assigne à cette Église un autre *interventor*. »

INVENTION DE LA Ste CROIX. — V. les art. *Fêtes immobiles*, IV, 1°, et *Croix* [*culte de la*]).

J

JANVIER (calendes de). — Le christianisme ne parvint qu'avec beaucoup de peine et de temps à avoir complètement raison des superstitions du paganisme. Celles-là se maintinrent surtout avec obstination, qui trouvaient d'intimes complicités dans les instincts et les penchants les plus impérieux du cœur humain.

Telles furent en particulier les pratiques idolâtriques et licencieuses du 1er janvier. Des païens mal convertis en apportaient la semence dans les rangs des fidèles ; ceux-ci ne surent pas toujours se préserver de la contagion, et plus d'une fois l'Église vit ses armes spirituelles s'émousser contre des désordres séculaires.

I. — Tertullien, qui écrivait au deuxième siècle, alors que la persécution stimulait la ferveur et épurait la foi, eut déjà néanmoins à combattre bien des tendances de ce genre. Il reprochait aux fidèles (*De idololatr.* xiv) d'observer les saturnales et les calendes de janvier, et d'être moins soigneux de l'intégrité de leur culte que les idolâtres de leurs vaines observances : « Nous, dit-il, qui avons nos fêtes aimées de Dieu, on nous voit suivre les saturnales, les rites superstitieux du 1ᵉʳ janvier, les féries brumales (en l'honneur de Bacchus), et les matronales (aux calendes de mars) ! Oh ! combien plus exacte est la fidélité des gentils pour les cérémonies de leur secte ! Ils se gardent bien, eux, d'imiter aucune des solennités chrétiennes ! Ils ne voudraient point s'associer à notre dimanche, ni à notre Pentecôte, alors même qu'ils en auraient connaissance ; ils craindraient trop de paraître chrétiens ! Pour nous, nous n'avons aucune honte de passer pour païens. »

La paix donnée à l'Église ne fit que développer ces abus. Les empereurs chrétiens avaient conservé comme féries civiles les calendes de janvier, mais en abolissant les rites idolâtriques qui y étaient attachés. L'habitude fut plus forte que la loi, et résista longtemps encore aux sévérités des conciles aussi bien qu'au zèle des Pères. Prudence nous a laissé une éloquente protestation « contre la coutume *invétérée* où étaient les chrétiens du quatrième siècle d'honorer, par l'observation des auspices et par des festins dissolus, les fêtes des calendes du mois de Janus. » Il déplore « une damnable tradition qui, partant des ancêtres, va atteindre leurs derniers descendants, dont les cœurs irréfléchis ne savent pas rompre la chaîne d'une superstition surannée (*Contra Symmach*. l. ı. vers. 136 seqq.). »

.... Jano etiam celebri de mense litatur
Auspiciis epulisque sacris, quas inveterato,
Heu miseri ! sub honore agitant, et gaudia ducunt
Festa kalendarum. Sic observatio crevit,
Ex atavis quondam male cœpta : deinde secutis
Tradita temporibus, serisque nepotibus aucta,
Traxerunt longam corda inconsulta catenam,
Mosque tenebrosus vitiosa in sæcula fluxit !

Le langage de S. Jean Chrysostome n'est pas moins véhément. Il flétrit « cette folle impiété qui observe les jours, s'attache aux augures, et se persuade que si la nouvelle lune de janvier se passe dans la joie, l'abondance et la liesse, tout le reste de l'année doit lui ressembler. On allumait des feux sur les places publiques, on ornait de couronnes les portes des maisons. Pompes du diable, puérilités insensées ! » (Chrysost. *Homil*. xxiii. *In eos qui novilunia observant*.)

La plupart des Pères de l'Église, entre autres S. Augustin (*Serm*. v. *De calend. jan.*), S. Pierre Chrysologue (*Serm*. clv. *In Biblioth. max. PP.* l. vii. p. 963), Asterius d'Amasie (*Homil*. iv. *De fest. kalend.* — Cf. Bingham. ix. 8), S. Ambroise (*Serm*. xvii), ont exhalé à ce sujet des plaintes amères. Et le concile *in Trullo* (can. lxii) a condamné ces actes idolâtriques : *Kalendas quæ dicuntur, et vota et brumalia quæ vocantur.... ex fidelium universitate omnino tolli volumus.*

II. — La superstition ne va guère sans l'immoralité. Aussi aurait-on peine à se figurer combien de désordres, non moins ridicules que coupables, traînait après lui ce reste de paganisme qui s'obstinait à vivre au sein d'une société régénérée par le christianisme. « Les jeux, dit S. Chrysostome (*Ibid.*), qui se passent en ce jour dans les tavernes, mettent véritablement mon cœur à la torture, *illi me maxime excruciant*, car ils sont pleins d'impiété et d'intempérance....On voit, dès le point du jour, des femmes et des hommes occupés honteusement à remplir et à vider des coupes.... »

S. Augustin, ou l'auteur quelconque d'un sermon inséré dans ses œuvres (*Serm*. cxxix), nous a laissé la peinture indignée des incroyables mascarades qui déshonoraient ce jour : « En ces jours de folie, des hommes païens, renversant l'ordre de toutes choses, se couvrent de hideux travestissements destinés à les rendre aussi conformes que possible aux objets de leur culte. Des hommes misérables, et, ce qui est déplorable à dire, dont quelques-uns sont baptisés, prennent des formes étranges, des apparences monstrueuses propres à inspirer honte et douleur. Quel esprit sage pourra s'imaginer qu'un homme qui n'est pas complètement fou ose se déguiser en cerf ou en quelque autre bête que ce soit ? Les uns se revêtent de peaux de mouton, prennent des têtes d'animaux, contents, enchantés s'ils réussissent à se transformer en bêtes, de façon à n'être plus reconnus pour des hommes. En quoi ils montrent et prouvent qu'ils ont moins encore l'extérieur que l'esprit et le cœur des animaux qu'ils imitent.

« D'une autre part, n'est-il pas énorme et honteux que des hommes se revêtent de tuniques de femme, et, par un déguisement déshonnête, s'efforcent d'efféminer une figure virile sous des traits de fille, ne reculant pas devant la honte d'emprisonner dans des vêtements féminins des bras faits pour porter les armes ; ils portent des mentons barbus et veulent paraître des femmes ! »

Il faut dire néanmoins que de tels désordres n'étaient le fait que d'un certain nombre de mauvais chrétiens, tels qu'il s'en trouve dans tous les temps, et surtout de ceux qui s'étaient tardivement rendus à la foi, sans pouvoir complètement dépouiller le vieil homme. La masse des fidèles avait horreur de ces excès, et suivait docilement la voix des pasteurs. « Convient-il à un chrétien, dit S. Augustin (*Serm*. cxxviii), de célébrer les calendes comme les païens, et de tenir une conduite tout opposée à sa foi et à son espérance ?... Les autres prêtent l'oreille aux chants de la luxure ; vous, écoutez les leçons de l'Écriture. Ils courent au théâtre ; vous, courez à l'église. Ils s'enivrent ; jeûnez. Et si vous ne pouvez pas jeûner aujourd'hui, au moins dînez avec sobriété. »

Il paraît qu'au sixième et au septième siècle les ridicules mascarades dont il est parlé ci-dessus se pratiquaient encore dans quelques parties de la France ; car, en 578, un concile d'Auxerre (can. i) défend de se déguiser le 1ᵉʳ janvier en vache ou en cerf, *cervolo vel vetula facere*. Le troisième concile de Brague, tenu en 572 (cap. lxxx), inflige trois années de pénitence à celui qui aurait pris les vêtements d'un autre sexe : *si quis... faciem suam transformaverit. in habitu muliebri, et mulier in habitu virili, emendatione pollicita, tres annos pœniteat* (ap. Labbe. c. v. col. 901). Un ancien pénitentiel tiré d'un manuscrit d'Angers marque trois ans de pénitence pour de telles folies : *Si quis calendis januariis in vitula vel cervolo vadet, tribus annis pœniteat.* C'est aussi pour protester contre ces désordres et les déraciner efficacement que l'Église établit au 1er janvier la fête de la Circoncision (V. l'art. *Fêtes de l'Église*, 1°), rappelant le premier sang répandu pour nous par le Sauveur. Il y eut aussi en ce jour un jeûne et une messe spéciale pour demander à Dieu l'extirpation de l'idolâtrie (V. l'art. *Étrennes*). Le second concile de Tours, tenu en 567, avait déjà prescrit à tous les prêtres et à tous les moines de faire au 1er janvier des prières publiques dans leurs églises, afin d'apaiser le ciel irrité par tant de désordres indignes des chrétiens.

JEAN-BAPTISTE (S.). — Le culte de S. Jean-Baptiste fut très-répandu dès les premiers siècles dans les Églises grecque et latine. Le principal motif de l'importance attribuée à ce culte, c'est que, comme précurseur du Messie, S. Jean est « comme la limite entre les choses anciennes et les choses nouvelles, limite où finit le judaïsme et où commence le christianisme » (Tertullien. *Adv. Marcion.* l. IX. c. 339). Fabricius (*Biblioth. Græc.* t. IX), Combéfis (*Biblioth. Concionatoria.* t. VIII) ont rassemblé les principaux discours que nous a légués l'antiquité sur la conception, la nativité et la décollation du précurseur ; une foule d'auteurs que cite Paciaudi (*De cultu S. Joan. Baptist.* p. 3) ont recueilli tout ce qui a été écrit dans les premiers siècles sur sa vie, sa pénitence, sa prédication, son zèle, sa prison, etc. Du Cange a composé un savant traité sur sa décollation et sur les diverses inventions de son chef (*Du chef de S. Jean-Baptiste.* Paris. 1665). Dans la plupart des liturgies orientales, par exemple dans celles dites de S. Jean Chrysostome, de S. Jacques, des douze apôtres, de S. Marc (V. Paciaudi. *Op. laud. Dissert.* IV), S. Jean-Baptiste est nommé au canon immédiatement après la Ste Vierge. Nous donnerons un rapide aperçu des principaux monuments que la piété et les arts lui ont consacrés.

I. — Églises érigées sous son vocable. La première de toutes, c'est la basilique du Sauveur, bâtie par Constantin, sous le vocable du précurseur, près du palais de Latran, sur le mont Cœlius, et qui est l'Église mère de l'univers catholique. On a prétendu qu'elle tirait son nom du baptistère de Constantin qui se trouve à une faible distance ; mais le contraire est prouvé soit par de très-anciens manuscrits des archives du Latran où sa dédicace sous le nom de Saint-Jean est clairement constatée, soit par les titres de quelques homélies de S. Grégoire le Grand qui y avaient été prononcées (Ugon. *Storia delle stazioni di Roma.* staz. IV. p. 38). Nous savons par Anastase le Bibliothécaire

(*In S. Sylvestr.* edit. Bianch. Romæ. 1718-1723) que le même empereur en avait encore fait construire une à Ostie et une autre à Albano ; et Du Cange (*Constantinop. Christ.* lib. IV. § 4. n. 9) en mentionne une à Constantinople, dont il ne reste pas d'autre trace que cette mention.

On croit communément à Naples que Constantin le Grand, par suite d'un vœu fait dans une tempête dont il aurait été assailli en venant de Sicile à Naples, avait bâti en cette ville, sur l'emplacement d'un temple d'Hadrien, une église sous le vocable de S. Jean-Baptiste. Mais Mazochi a prouvé que les faits ne pouvaient s'adapter qu'à l'histoire de Constantin, fils de Constans (*De cath. Neap.* pars II. c. 3). Il paraît plus positif qu'un temple de Mars fut changé en une église de Saint-Jean-Baptiste à Florence par les premiers apôtres de cette ville, qui s'est placée sous la protection du saint précurseur (Villani. *Croniche.* l. I. c. 60). On sait aussi que l'un des deux oratoires qu'éleva S. Benoît sur l'emplacement du temple d'Apollon sur le mont Cassin, fut dédié à S. Jean-Baptiste (S. Greg. *Dialog.* l. II. c. 8). Une tradition porte qu'à Milan un temple de Janus fut converti en une église sous le titre de *Sancti Joannis ad quatuor facies* (Castellion. *Mediol. antiq.* pars I. fasc. II). Aux sixième et septième siècles, il y avait à Ravenne deux églises consacrées au saint précurseur, dont l'une en mémoire de la décollation et dite *In marmorario* (Rubeus. *Hist. Raven.* l. II et III).

A Monza, la reine Théodelinde en bâtit une qu'elle enrichit de dons et de dotations de toute sorte ; et son mari Agilulfe imita sa piété en fondant une église de Saint-Jean-Baptiste à Turin (V. Paciaudi. *Op. laud.* p. 15 et 16.). Paciaudi énumère un grand nombre d'autres églises bâties en l'honneur du saint dans les temps postérieurs en diverses localités. On a vu (à l'art. *Baptistères*) que les baptistères, qui étaient eux-mêmes de véritables églises, et étaient toujours placés sous le vocable du précurseur, renfermaient ordinairement un autel en son honneur, des statues et des peintures reproduisant sa figure, et quelquefois même de ses reliques.

II. — Monuments iconographiques. Nous savons par le témoignage des Pères et des conciles que les images du précurseur étaient très-fréquentes dans l'antiquité. On les peignait jusque sur les voiles et les parements des autels, et on montre des monuments de ce genre à Milan (*Ambros. Basilic. monum.* vol. I. c. 73), à Venise (Georg. *De sacr. minister.* t. I. c. 29) et ailleurs. S. Épiphane (*In* VII *syn. act.* VI) dit qu'aux personnes qui recherchaient la délicatesse dans le vêtement, on montrait les images de S. Jean-Baptiste vêtu de peau de chameau ; et c'est en effet sous ce vêtement que les monuments nous le présentent le plus ordinairement, principalement dans le sujet assez souvent reproduit du baptême de Notre-Seigneur, par exemple dans la peinture si connue du cimetière de Pontien, dans plusieurs mosaïques (Ciampini. *Vet. Mon.* II. tab. XXIII), sur quelques pierres gravées, et médaillons de bronze (Vettori. *Mem. œr. explic.* p. 68. et frontispice), où il est vu répandant l'eau sur la tête du Sauveur avec une coquille et portant à la main gauche un *pedum*.

Il y avait des images du précurseur montrant du doigt le Messie, soit en personne (*Concil. in Trullo.* can LXXXIII), soit sous le symbole de l'agneau (VII *syn.* act. III). Voici une cornaline antique du musée Vettori (*Op. laud.* ib.) où il est représenté portant sur sa main un livre fermé où repose l'agneau divin, allusion à ce célèbre verset de l'Apocalypse (v. 9) : « Vous êtes digne, Seigneur, de recevoir le livre et d'en lever les sept sceaux, parce que vous avez été mis à mort et que vous nous avez rachetés par votre sang. » Les artistes l'ont cependant

représenté en costume dit apostolique, avec la tunique et le *pallium*, comme par exemple sur un fond de coupe donné par Buonarruoti (*Vetri.* tav. VI. n. 1) et qui serait certainement l'une des plus anciennes images du précurseur, si l'on doit suivre l'opinion du docte sénateur, plutôt que celle qui y veut voir S. Paul. Ce type se retrouve dans une

mosaïque du septième siècle que reproduit Paciaudi (*Op. laud.* p. 182).

Quoi qu'il en soit, il est ainsi vêtu et de plus nimbé dans une mosaïque du septième siècle (Ciampini. *Vet. mon.* II. tab. XXXI), au centre d'une croix d'ivoire à peu près de la même époque (Paciaudi. *Op. laud.* p. 182), et encore dans un ancien diptyque donné par Gori (*Thesaur. diptych.* t. III. p. 235), ainsi que sur une calcédoine attribuée au cinquième siècle où il est représenté en buste (Paciaudi. *Op. laud.* p. 189).

Dans les ménées des Grecs, l'image de S. Jean-Baptiste est ailée, en mémoire de ce passage d'Isaïe appliqué par Jésus-Christ lui-même au précurseur (Marc. I. 2) : *Ecce ego mitto angelum meum ante faciem tuam, qui præparabit viam tuam ante te.* « voici que j'envoie devant ta face mon ange, qui préparera ta voie devant toi. » Il élève la main droite en signe d'allocution, et de la gauche il tient une croix et un phylactère où sont écrits en grec ces mots : *Pœnitentiam agite, appropinquavit enim regnum cœlorum,* « faites pénitence, car le royaume des cieux est proche. »

On voit dans la mosaïque du grand arc de Sainte-Marie Majeure (an. 443) l'annonciation de la naissance de S. Jean-Baptiste. Un ange ailé paraît adresser la parole à Zacharie qui est debout, un glaive à la main, devant un édicule représentant l'autel des parfums (Ciampini. *Vet. mon.* tom. I. tab. XLIX. n. 1. 2. 3). Sa mort est retracée dans l'ancienne mosaïque du portique de Saint-Jean de Latran. Le précurseur, dont la tête déjà abattue est emportée dans un plat par un licteur, se tient encore à genoux devant le bourreau dont le glaive est élevé (Ciamp. *De sacr. ædif.* t. II. n. 5).

JEAN-BAPTISTE (FÊTE DE S.). — V. l'art. *Fêtes immobiles*, V, 1°.

JEAN (S.) **L'ÉVANGÉLISTE.** — L'aigle est celle des quatre figures emblématiques des évangélistes que les artistes de l'antiquité, comme les commentateurs de l'Écriture, attribuent à S. Jean (V. l'art. *Évangélistes*), et nous pensons que c'est la plus ancienne manière de représenter le disciple bien-aimé. Ce que nous connaissons de plus ancien, en fait de représentation personnelle de cet apôtre, ce sont deux verres dorés, où il est vu en buste s'entretenant avec Pierre, désigné sous son nom primitif : SIMON. IOHANNES (V. Garrucci. *Vetri ornati di fig. in oro.* tav. XXIV. 4 et 5).

Des monuments d'une époque plus récente, quelques mosaïques du sixième siècle, par exemple, le montrent jeune, comme toujours, les cheveux à la nazaréenne, la tête nimbée, avec le costume apostolique, tunique longue et *pallium*, tenant son Évangile serré contre sa poitrine. Dans celle de Saint-Vital de Ravenne, qui est de 547, il est assis et tient en ses mains le *codex* de son Évangile ouvert, et devant lui est une petite table où l'on remarque un style et un encrier ; l'aigle symbolique est placé au-dessus de sa tête (V. la gravure à l'art. *Évangélistes*). Lambèce (*Biblioth: Cæsar. Vindebon.* t. II. pars. 1. p. 571) publie une miniature d'un manuscrit grec d'une haute antiquité où l'on voit S. Jean assis, dictant son Évangile à un diacre. Au neuvième siècle, il est représenté debout, avec un volume à la main, dans la mosaïque de Sainte-Marie-Nouvelle, avec trois autres apôtres occupant chacun une niche des deux côtés d'une niche principale où la Ste Vierge est assise, l'Enfant Jésus sur ses genoux (Ciampini. *Vet. mon.* t. II. tab. LIII). Il paraît à peu près avec les mêmes conditions, vêtu d'une tunique verte et d'un manteau jaune, dans une grossière, quoique très-curieuse peinture de la même époque décorant la crypte de S. Urbain *in Caffarella* à Rome. Il se tient à droite de Marie, et S. Urbain à gauche (Perret. vol. I. pl. LXXXIII). L'ancienne mosaïque du portique de Saint-Jean de Latran (Ciamp. *De sacr. œdif.* tab. II. 8) fait voir le supplice de S. Jean devant la porte Latine. La scène n'est pas complète, parce que la mosaïque est endommagée ; on distingue seulement la flagellation de l'apôtre, et l'injurieuse scène de la coupe de ses cheveux.

Les plus anciennes représentations du crucifiement de Notre-Seigneur ne manquent jamais de se conformer au récit évangélique où S. Jean rapporte de lui-même (Joan. XIX. 25 et 26) qu'il se tenait au pied de la croix avec la mère du Sauveur. L'un et l'autre appuient leur visage sur leur main en signe de douleur (V. l'art. *Mains [significations de leurs diverses attitudes]*). Ainsi le voit-on dans

une fresque du cimetière de Saint-Jules (Bottari. tav. CXCII), dans le célèbre diptyque de Rambona illustré par Buonarruoti (à la suite des *Vetri*, p. 285). Sur sa tête sont tracés grossièrement ces mots : DISSIPVLE (sic) ECCE (*mater tua*). Il en est à peu près de même sur une tablette d'ivoire fort antique, en forme d'instrument de paix que mentionne le sénateur Florentin, et provenant de la collégiale de Civitale au diocèse d'Aquilée. A côté du Christ est S. Jean avec cette inscription : AP. ECCE. M. TVA. *Apostole, ecce mater tua* (V. l'art. *Crucifix*). Dès les premiers siècles, des basiliques furent placées sous le vocable de S. Jean l'Évangéliste, entre autres, selon quelques-uns, celle de Saint-Jean de Latran ; et l'ancienne Vaticane avait un autel en son honneur élevé par le pape Symmaque (Ciamp. *De sacr. œdif.* p. 60. 1. D).

JEAN L'ÉVANGÉLISTE (FÊTE DE S.). — V. l'art. *Fêtes immobiles*, X, 3°.

JÉRUSALEM ET **BETHLÉEM** (CITÉS TYPIQUES). — V. l'art. *Église* (L').

JÉRUSALEM (ENTRÉE TRIOMPHALE DE JÉSUS A). — Ce fait important de la vie mortelle du Sauveur se trouve représenté presque exclusivement sur les sarcophages antiques (V. Aringhi. t. I. p. 277. t. II. p. 159 et *passim*). Notre-Seigneur y est imberbe, il est monté sur une ânesse (Matth. XXI), qui tantôt est accompagnée de son ânon (Id. t. II. p. 161), tantôt seule (Id. t. I. p. 277) ; sa main droite est élevée comme pour la bénédiction latine (V. l'art. *Bénir [Manières de]*), soit en signe d'allocution. Un personnage représenté petit, comme tous ceux qui jouent un rôle secondaire, étend un manteau sous les pieds de la monture du Sauveur, et on en voit un autre monté sur un arbre pour en couper les branches et les jeter sur son passage (Matth. XXI. 8). Dans d'autres (Aringhi. t. I. p. 329), on observe encore plusieurs Israélites, dont la figure respire la joie, se tenant à l'entrée de la porte de la ville sainte et portant des palmes et des guirlandes. Quelquefois (Bottari. tav. XXI) la foule est figurée par un seul individu qui, en avant de Notre-Seigneur, élève les bras et semble entonner l'*Hosanna filio David* (Matth. XXI. 9).

Dans ce triomphe passager du Rédempteur, les premiers chrétiens voyaient une figure de sa résurrection et de sa rentrée définitive dans le ciel (V. Aringhi. l. VI. c. 12). Ils aimaient aussi à y distinguer la prédiction figurée de la conquête que Jésus-Christ devait faire à sa loi sainte des nations idolâtres dont l'âne était la figure (Euseb. *In Is.* c. XXXII. 20. — Greg. Naz. *Orat.* p. 622). Parmi les auteurs qui se sont occupés de cette question, les uns veulent que Notre-Seigneur se soit servi dans cette conjoncture de l'ânesse, qui figurait la Synagogue sur laquelle il avait également empire, et cette opinion, outre qu'elle concorde avec le texte de S. Matthieu (XXI. 7), est la seule que l'inspection des sculptures des sarcophages autorise à admettre. D'autres pensent qu'il monta l'âne, duquel seul les autres évangélistes font mention, et que cet animal n'avait jamais servi à personne : *Super quem nemo hominum sedit* (Marc. xi. 2), parce qu'au Sauveur seul avait été réservé un souverain domaine sur les nations qui lui avaient été données par son Père, comme son héritage propre et exclusif (*Ps.* ii. 9).

Bien que, avant que Salomon eût fait venir des chevaux d'Égypte, l'âne fût regardé comme une monture honorable et distinguée (*Jud.* xii. 14), il est certain néanmoins qu'il n'en était plus de même au temps de Jésus-Christ, et que, s'il adopta cette monture, ce fut parce que, à raison de sa douceur et de sa pauvreté, elle dénotait le règne pacifique et humble du Messie, qui n'avait pour but que la conquête des cœurs. Nous avons dit que ce sujet se rencontre rarement ailleurs que sur les sarcophages. Bianchini donne cependant (*Demonstr. hist. eccl. sæc.* i. tab. ii. n. 17) une ancienne mosaïque du cimetière du Vatican où il est représenté. Nous reproduisons comme illustration de cet article, d'après un dessin du savant ouvrage de M. le comte Melchior de Vogüé (*Les églises de la terre sainte*, pl. v), un fragment de mosaïque de la basilique de Bethléem, qui, bien qu'elle date du douzième siècle seulement, est assurément calquée sur un type antique. Nous n'avons plus d'autre monument à citer qu'un diptyque de la métropole de Milan (Bugati, *Mem. di S. Celso.* in fin.), remontant au cinquième siècle. Le sujet, sur cet ivoire, est exécuté à peu près comme dans les sculptures des sarcophages.

On représente quelquefois l'âne seul, comme cela se voit dans un fond de coupe du recueil de Buonarruoti (tav. ix. fig. 4). Mais quand il se trouve ainsi isolé, il peut signifier, d'une manière abrégée, soit l'entrée de Jésus-Christ à Jérusalem, soit la Nativité, mystère dans la représentation duquel figure souvent cet animal (V. l'art. *Bœuf [Le] et l'âne*, et l'art. *Nativité*). Peut-être ces images, si multipliées dans les premiers siècles, furent-elles le principal prétexte de la calomnie des gentils contre les fidèles, consistant à dire qu'ils adoraient un Dieu sous la forme d'un âne (Tertull. *Apol.* xvi. — Min. Fel. *Oct.*). Quoi qu'il en soit, le verre cité présente deux particularités dignes de remarque : c'est d'abord le mot ASINVS écrit dans le champ, et ensuite une sonnette suspendue au cou de l'âne, circonstance qui s'observe également dans quelques sarcophages (Aringhi. t. i. p. 295-331, etc.), et qui était conforme à un usage antique (Apul. lx). C'est ce que prouvent quelques monuments profanes, entre autres un bas-relief en bronze, et une grande intaille en cristal de roche publiée par Buonarruoti dans son ouvrage sur les médaillons (*Medaglioni.* p. 95-345).

A l'exemple de Jésus-Christ, les évêques des temps primitifs avaient coutume de se servir d'un âne dans leurs courses apostoliques, ainsi que l'attestent S. Grégoire de Tours de Saint-Martin (*De glor. conf.*), Théodoret d'Eusèbe de Samosate (*Hist. eccl.* l. iv. c. 14), etc.

JÉSUS-CHRIST. — I. — Les chrétiens du premier âge possédèrent-ils des portraits authentiques, des images contemporaines du Rédempteur ? Malgré l'immense intérêt et la légitime curiosité qui s'attachent à une pareille question, la science n'est pas en mesure de lui donner une solution satisfaisante.

La fameuse controverse qui s'éleva, dès le second siècle, au sujet de la beauté ou de la laideur de notre Sauveur, semble même exclure toute idée d'un type reconnu comme primitif; et, deux cents ans avant S. Augustin (*De Trinit.* viii. 4-5), S. Irénée avait déjà affirmé positivement (*Contr. hæres.* i. 25) que ce type ne se trouvait nulle part.

On aimerait à penser que la figure du Christ, qui faisait le premier comme le plus cher objet de la piété de nos pères dans la foi, dut aussi faire éclore les premiers essais d'art chrétien. Malheureusement l'antiquité ne fournit aucune donnée qui autorise cette supposition. Et l'abstention si regrettable des premiers chrétiens à cet égard s'explique par l'horreur que leur inspirait l'idolâtrie; par cette haine vive, implacable, comme toutes les réactions, qui proscrivit indistinctement toutes les productions d'un art qui n'avait eu jusque-là d'autre emploi que de fournir des aliments aux superstitions païennes. On conçoit que la puissance d'un tel préjugé, auquel ne surent pas se soustraire même les hommes les plus éminents, tels qu'Athénagore, qui enveloppa les monuments de l'art dans l'abjuration de ses anciennes erreurs (*Legat. pro Christ.* p. 26) ; on comprend, dis-je, qu'une telle répulsion, jusqu'à un certain point fondée, ait détourné longtemps les chrétiens de s'initier aux pratiques de l'art, et ait même déterminé les artistes convertis à la foi à abandonner une profession dont l'exercice passé était pour eux une source de remords et un motif de pénitence. Pour peu que cette abstention se soit prolongée, le souvenir exact des traits du divin Rédempteur eut le temps de s'effacer de toutes les mémoires ; et quand des idées plus calmes et plus saines succédèrent aux susceptibilités excessives du zèle, on dut invoquer des traditions flottantes et avoir recours à ces données vagues d'où sortent des types toujours plus ou moins arbitraires.

Il est certain néanmoins qu'un type tel quel, de convention, fut admis d'assez bonne heure. Était-il déjà fixé du temps de Constantin? Tout ce que nous pouvons affirmer, sur le témoignage d'Eusèbe (*Hist. eccl.* vii. 18), c'est qu'il existait dès lors des portraits du Christ. Il semble résulter du texte de S. Augustin, cité plus haut, que, cent ans environ après l'époque dont nous parlons, il était encore loisible aux artistes de donner libre carrière à leur fantaisie, et d'introduire dans ces images d'innombrables variétés de physionomie : *Dominicæ facies carnis innumerabilium cogitationum diversitate variatur et fingitur.*

Cependant, au deuxième siècle, si l'on admet le jugement de quelques savants de premier ordre, entre autres du Dr Labus (dans les *Annal. de phil. chrét.* xxi. 357), était peinte dans une chapelle du cimetière de Calliste (Bosio. p. 253) une image qui paraît être le point de départ de cette forme hiératique qui a traversé tous les siècles, et qui a inspiré le génie de Léonard de Vinci, de Raphaël, d'Annibal Carrache. Le Sauveur des hommes y est représenté en buste à la manière des anciennes *imagines clypeatæ* des Romains ; il s'y montre avec le visage de forme ovale, légèrement allongée, la physionomie grave, douce et mélancolique, la barbe courte et rare terminée en pointe, les cheveux séparés au milieu du front et retombant sur les épaules en deux longues masses bouclées, tel enfin qu'on peut le voir dans le dessin que nous en donnons ici. Si l'antiquité de cette image est

bien reconnue (et elle a pour elle le préjugé favorable qui place la plupart des fresques du cimetière de Calliste à l'époque la plus rapprochée du meilleur temps de l'art romain), il faudrait dire que le goût des premiers chrétiens et de ceux des siècles suivants lui aurait donné la préférence sur les nombreuses variétés dont parle S. Augustin, parce que, mieux que toute autre, elle répondait à l'idéal que la piété primitive s'était créé de la physionomie du Sauveur, d'après le portrait moral qui ressort des pages inspirées de l'Évangile.

Quoi qu'il en soit, le type en question se retrouve dans les monuments de l'art, à travers toute la période byzantine ; il est figuré sur cinq des principaux sarcophages du musée du Latran (Bottari. tav. xxi-xxv), dont le style et l'exécution appartiennent, selon Émeric David (*Disc. hist.* p. 64-92), au siècle de Julien. Il est reproduit dans le baptistère du cimetière de Saint-Pontien (Bottari. xliii et xliv), monument du temps du pape Hadrien Ier, selon toute apparence ; et Boldetti avait découvert au cimetière de Calliste une peinture toute semblable, mais qui périt quand on voulut la détacher de la muraille (*Cimit.* 21 et 64). Il se reproduit dans les anciennes mosaïques de Rome et de Ravenne des quatrième, cinquième, sixième siècles et des suivants, à Sainte-Constance (Ciamp. *De sacr. ædif.* xxxii), à l'ancienne Vaticane et à l'ancienne confession de S. Pierre (*Ibid.* xiii et xiv), à Saint-André *in Barbara* (*Vet. Mon.* i. lxxvi), à l'église des Saints-Côme-et-Damien (ii. xvi), à Sainte-Praxède (ii. xlvii), à Sainte-Agathe Majeure de Ravenne (i. xlvi), à Saint-Michel de la même ville (ii. xvii), etc. Enfin ce type, qui est dû, pense-t-on, aux artistes grecs, après avoir traversé sans la moindre modification tout le moyen âge, passa aux premiers maîtres de la Renaissance, et se révèle tout entier dans les peintures de Giotto (Raoul Rochette, *Disc. sur les typ. imit.*, p. 30).

II. — Le type des traits du Rédempteur qui a décidément prévalu étant, de l'aveu de tous, purement conventionnel, la question de savoir si Jésus-Christ était beau ou laid reste toujours pendante. Comme nous l'avons dit, les sentiments des Pères à cet égard étaient fort partagés. S. Justin (*Dialog. cum Tryph.* 83-88, etc.) et S. Clément d'Alexandrie (*Pædag.* l. iii. c. i. — *Strom.* l. iii.) sont les premiers, croyons-nous, qui se soient persuadés que le Christ, voulant être en tout fidèle au rôle d'humiliation qu'il avait embrassé pour la rédemption des hommes, avait dû revêtir des formes abjectes. Tertullien paraît avoir partagé cette opinion (*Adv. Jud.* xiv), et, dans sa logique souvent un peu paradoxale, il tirait de la laideur supposée du Sauveur un argument en faveur de sa divinité (*De carn. Christ.* ix). Les Pères du quatrième et du cinquième siècle furent divisés. S. Grégoire de Nysse, S. Jérôme, S. Ambroise, S. Augustin, S. Chrysostôme, Théodoret (V. Molan. *Hist. SS. imag.* p. 403 *et passim*) enseignèrent la doctrine qui semble ressortir le plus évidemment des livres saints, c'est-à-dire que

Notre-Seigneur charmait les hommes par la beauté de ses traits, comme il les entraînait par le charme de sa parole : *Speciosus forma præ filiis hominum, diffusa est gratia in labiis tuis* (Ps. XLIX. 3). Au contraire, S. Basile, S. Cyrille d'Alexandrie et d'autres encore s'attachèrent au sentiment de S. Justin, et soutinrent que, par humilité, Jésus-Christ avait voulu être laid, et même, selon S. Cyrille, le plus laid des enfants des hommes (V. Ém. David, *Hist. de la peint.*, p. 26).

L'Église ne se prononça jamais sur cette question. Mais, sans affirmer que le Rédempteur fût doué de cette beauté humaine qui consiste dans une régularité et une harmonie parfaites des traits, il n'est pas permis de douter qu'il ne fût beau par l'expression de la physionomie, ce qui constitue la véritable beauté. Et en effet, si quelque chose dépouille le visage de l'homme de ce genre de beauté, ce ne peut être que le vice, c'est-à-dire la laideur morale qui s'y reflète nécessairement, et il est certain que l'homme ne connut cette laideur qu'après la chute originelle. Or Jésus-Christ étant la sainteté par essence, « l'éclat, dit S. Jérôme (*In Matth.* 1. 9), et la majesté de la divinité cachée sous l'enveloppe de sa chair rayonnaient sur sa face humaine et y mettaient un charme qui attirait et subjuguait tous ceux qui avaient le bonheur de le contempler. » C'était à peu près aussi l'opinion d'Origène : « Peut-être, disait-il, manquait-il quelque chose à la beauté du Sauveur, mais l'expression de son visage était noble et céleste (*Contr. Cels.* VI. 75). » Tout ceci revient à dire qu'il n'y a pas de laideur possible dans un corps habité par la divinité.

III. — Les images de Jésus-Christ appelées *acheiropoïètes*, c'est-à-dire qui passaient pour avoir été faites sans la participation de la main de l'homme, ne peuvent être rangées parmi les œuvres d'art. Il n'y a pas de preuves qu'elles aient été connues dans les premiers siècles, et on ne saurait dans aucun cas y rechercher les traces d'un type primitif. Celles de ces images qui ont acquis le plus de célébrité sont la *Véronique*, soit la face de notre Sauveur imprimée sur un linge qu'une sainte femme y avait appliqué (Molan. p. 406) ; celle qui apparut miraculeusement, dit-on, au moment où S. Sylvestre consacrait la basilique de Saint-Jean de Latran, et se voit au sommet de la tribune ou abside de cette église (Cancellieri. *Sacr. teste degli apost. Pietro e Paolo.* p. VI) ; et enfin celle qui se conserve dans l'oratoire de Saint-Laurent près de la même basilique (Marangoni, *Orat. di S. Lorenzo.* XXII). Ces vénérables monuments sont néanmoins depuis bien des siècles l'objet d'une dévotion très-fondée, et qui souvent fut récompensée par des faveurs célestes accordées à la foi des fidèles de tout l'univers catholique.

La même incertitude, pour ne rien dire de plus, règne au sujet de la statue qui aurait été érigée par l'hémorroïsse, du portrait envoyé par Jésus-Christ même au roi Abgare, etc.

Cependant le fait de l'existence d'images de Jésus-Christ, d'origine gnostique, au second siècle, ne saurait être contesté. Nous savons en effet par le témoignage de S. Irénée (*Adv. hæres.* l. I. c. 24) et de S. Augustin (*De hæres.* VII) qu'une femme de la secte de Carpocrate, nommée Marcellina, faisait adorer à Rome, sous le pontificat d'Anicet, une statue de Notre-Seigneur au milieu de celles de S. Paul, d'Homère et de Pythagore. Personne n'ignore que l'empereur Sévère-Alexandre, un siècle plus tard, rendait aussi dans son laraire un culte au Dieu des chrétiens dont le simulacre s'y trouvait en compagnie de ceux d'Abraham, d'Orphée, d'Apollonius de Tyane (Lamprid. *In Alex. Sev.* XXIX). Ces images étaient probablement modelées sur celles qui circulaient parmi les gnostiques aux deuxième et troisième siècles. Une pierre basilidienne, que Raoul-Rochette croit être à peu près de cette époque (*Discours sur les typ. imit.*, p. 21), pourrait peut-être nous donner une idée du modèle adopté par ces sectaires. Mais nous devons faire observer que cette figure diffère essentiellement du type traditionnel du cimetière de Calliste, forme décidément catholique, et qui puise, selon nous, une grande autorité dans sa conformité presque complète avec un portrait sur ivoire dont nous donnons ici un dessin d'après une empreinte que nous avons prise au musée chrétien du Vatican ; ce dernier monument est, au jugement du chevalier De' Rossi, de toutes les images du Sauveur, tracées d'après le type traditionnel et trouvées dans les catacombes, la plus incontestablement antique.

IV. — On trouvera, dans ce Dictionnaire, un grand nombre d'articles spéciaux sur chacun des événements, des miracles surtout, qui ont marqué l'existence de l'Homme-Dieu sur la terre, et qui ont été représentés par les arts d'imitation dans l'antiquité chrétienne. Le présent article n'admettra donc que des notions générales s'appliquant à la personne du Sauveur dans toutes les positions et dans toutes les classes de monuments.

1° Notre-Seigneur est habituellement représenté jeune et imberbe, ce qui est une allusion à sa nature divine qui n'est point soumise aux vicissitudes du temps : *Non est transmutatio, nec vicissitudinis obumbratio* (Jac. VXII) ; il paraît surtout ainsi quand il opère quelque miracle, parce que c'est alors qu'il fait acte de divinité, en se montrant maître de la nature. Quand, au contraire, il enseigne ses apôtres, il est figuré dans la maturité de l'âge, avec de la barbe, ce qui convient à qui possède en propre la plénitude du vrai et le communique aux autres. Telle est une fresque (Bottari. CXL) où on le voit assis, ayant à ses pieds deux cassettes pleines de volumes, qui ne sont autres que les livres de l'Ancien et du Nouveau Testament. Cette intention est surtout manifeste quand il est représenté disputant dans le temple avec les docteurs de la loi; car bien que, à l'époque où ce fait eut lieu, il n'eût que douze ans, la taille que lui donnent les artistes n'est pas inférieure à celle des autres figures qui l'entourent (Bottari. XV. XXVIII. LIV. CXLVI. — Perret. I. pl. L. — Admirable fresque trouvée en 1849), parce que dans un âge tendre selon la chair il était adulte et même mûr pour la sagesse, et maître des maîtres. Sedulius a exprimé cette pensée dans de beaux vers (*Op. pasch.* l. II. vers 134), que nous avons cités à l'article *Enfant Jésus.* Notre-Seigneur enseignant a ordinairement sous les pieds un escabeau, *suppedaneum* (Bottari. CXLVI), marque d'honneur et d'autorité (V. l'art. *Suppedaneum.* — V. les gravures de l'art. *Enfant Jésus,* p. 277-278).

2° Même dans les monuments où le type traditionnel n'est pas pleinement respecté, les cheveux sont communément longs, divisés sur le front, bouclés aux extrémités (Bottari. CLIII. — Buonar. tav. IX. I. — Aringhi. p. 689). Une ancienne tradition dont Théodore le Lecteur est l'organe au sixième siècle (ap. du Cange. *Infer. œvi numism.* n. 28) portait qu'il avait les cheveux un peu rares et ondulés. La tête est presque toujours nue; sur quelques sarcophages seulement, il porte une espèce de béret, mais plus petit que celui dont les Juifs sont coiffés dans ces sculptures de tombeaux (V. l'art. *Juifs sur les sarcophages*), et collant sur le derrière de la tête comme une calotte (Bottari. XXXII). Une seule fois à notre connaissance (Bottari. XXXI. I), il est coiffé d'un béret très-plat, couvrant le sommet de la tête. C'est peut-être le manque d'espace, sous la corniche du sarcophage, qui a obligé le sculpteur à aplatir ainsi cette coiffure. Dès avant Constantin on voit de temps en temps la tête de Notre-Seigneur ornée du nimbe. Cet insigne lui est attribué plus fréquemment au temps de cet empereur, et toujours depuis; au sixième siècle, pour distinguer le Sauveur d'avec les anges et les saints auxquels, à cette même époque, les honneurs du nimbe furent aussi décernés, on traça au dedans du sien la croix ou le monogramme (V. l'art. *Nimbe*).

3° Toutes les fois que Notre-Seigneur opère une guérison, celle du paralytique par exemple, celle de l'aveugle ou de l'hémorroïsse, etc., il est représenté plus grand que ces divers personnages, pour marquer sa supériorité. Il en est de même sur certains sarcophages bisomes où deux époux sont debout à ses côtés ou prosternés à ses pieds (Bottari. XXVIII et *passim*). C'était l'usage dans l'antiquité, comme on le peut voir dans un bas-relief qui existe à Capoue (Mabillon. *Iter Ital.* I. 103), et où l'architecte est figuré dans des proportions très-inférieures à celles de la divinité qui est près de lui; ceci s'observe aussi dans beaucoup d'autres monuments. Sur les portes de la basilique de Saint-Paul, Notre-Seigneur ressuscité paraît beaucoup plus grand que nature, sans doute pour marquer que son corps est transformé et glorieux (Ciampini. *Vet. mon.* I. XVIII. 21).

4° Notre-Seigneur a quelquefois un globe sous les pieds, pour montrer son empire sur l'univers ou son exaltation dans le ciel (Buonarruoti. XVII. 1). Ailleurs il est assis sur ce même globe, comme par exemple dans plusieurs des sujets du bas-relief du fameux diptyque de la cathédrale de Milan (Bugati. *Mem. di S. Celso.* in fin.), et dans un grand nombre de mosaïques antiques (V. Ciampini. *Vet. mon.* I. 270. tab. VII. — II. 68. tab. XIX, et p. 193. tab. XXVIII. — V. à l'art. *Pierre* (S.) une gravure où le Sauveur est assis sur un globe au milieu de ses apôtres). D'autres fois, il est accompagné de deux anges, pour attester, contre les ariens, la consubstantialité du Verbe, auquel sont dus les honneurs divins (V. *Dittico di Rambona.* ap. Buonarr. p. 269. V. aussi Ciampini. *Vet. mon.* I. tab. II, et notre art. *Anges*). Ailleurs, le buste de Notre-Seigneur dans un disque, comme les *imagines clypeatæ* (V. ce mot), est soutenu par deux anges (Buonarr. 262), comme sur un ancien diptyque et dans la mosaïque du grand arc de Saint-Paul à Rome (Ciampini. *Vet. mon.* I. tab. LXVIII).

5° Nos monuments antiques donnent encore à Notre-Sauveur d'autres attributs d'autorité et de puissance : et d'abord la verge qu'il porte souvent à la main, et qui est, selon Eusèbe (*Serm.* c. 2), « l'insigne de sa royauté et de son pouvoir de discipline, » *regni significatio, vel correptio disciplinæ* : elle est aussi l'insigne de la puissance sacerdotale (Durant. *Ration. div. off.* III. 15) et celui de la doctrine, selon Cassiodore (*Gloss. in Exod.* VII) : *Per virgam doctrina significatur*. Mais comme c'est surtout quand il opère des miracles qu'il a la verge à la main (résurrection de Lazare, changement de l'eau en vin, multiplication des pains, etc.), elle est le plus ordinairement la marque du pouvoir absolu que son Père lui a donné sur toutes les créatures.

Nous devons mentionner en second lieu le volume qu'il présente déroulé à S. Pierre, pour montrer d'abord que c'est à l'Agneau qu'il a été donné d'ouvrir le livre des prophéties de la loi ancienne accomplies en sa personne (*Apoc.* V. 9), et ensuite qu'il était appelé à expliquer à ses apôtres le sens de cette même loi resté clos jusqu'à sa venue : *Aperuit sensum, ut intelligerent Scripturas* (Luc. XXIV). La tradition de ce volume déroulé au prince des apôtres était aussi l'emblème des pouvoirs souverains qu'il lui déléguait pour gouverner son Église. Le fait se trouve figuré dans les monuments de tout genre et en particulier dans quelques fonds de tasses comme celui que nous mettons ici sous les yeux du lecteur (Garrucci. *Vetri.* x. 8. — V. aussi l'art. *Pierre* [S.] *et S. Paul*, 14, 3°).

Dans d'autres monuments, les verres dorés surtout, il est figuré, dans de petites proportions, couronnant S. Pierre et S. Paul (Buonarr. xii) ou d'autres saints (xx-xxiii, etc.), ou deux époux (Garrucci. xxvii. 4. xxix. 1. 2. 5; et notre art. *Mariage*, II); et alors il a ordinairement sous les pieds un volume déroulé (xxiii. 7). La puissance de la doctrine est admirablement exprimée par le fragment de bas-relief du cimetière de Sainte-Agnès que nous mettons ici sous les yeux du lecteur (Bottari. cxxxvi). Le divin Maître fait de la main droite le geste oratoire bien connu, il tient de la gauche un livre, *codex*, ouvert, et une ciste ou *scrinium* à anse, pleine de volumes, est

déposée à ses pieds. Le volume seul ou en nombre est de temps en temps employé comme personnification de Notre-Seigneur sous l'emblème de son Évangile (Garrucci. *Vetri.* xiii. 2-6). Jésus-Christ est remplacé quelquefois aussi par son monogramme (Bottari. xxx. — Garrucci. xi. 2-4. etc.) ou même par une fleur dans une couronne (Id. xiv. 2. 4. etc.).

Voici une belle fresque du cimetière de Sainte-Agnès (Bosio. *Roma sot.* p. 453. — Perret. vol. ii. 61. xxi), représentant Notre-Seigneur imberbe (circonstance exceptionnelle) instruisant ses disciples : six personnages seulement figurent le collége apostolique.

6° L'intervention anticipée du Fils de Dieu se trouve quelquefois exprimée dans la représentation de certains faits de l'Ancien Testament. Ainsi, par exemple, on voit dans un verre doré (Garrucci. iii. 15) le Sauveur derrière Daniel qui donne la pâtée au dragon; Daniel se retourne vers lui, parce que du Fils de Dieu dont il est la figure il attend toute sa force en cette circonstance contre le dragon babylonien qui est la figure du serpent infernal vaincu par Jésus-Christ; sur quelques sarcophages où sont mis en scène les jeunes Hébreux dans la fournaise (Bottari. xxii. xli), sujet très-commun dans nos monuments antiques, un personnage se tient debout près de la fournaise, bénissant d'une main, ou, si l'on veut, faisant un geste de commandement, et de l'autre tenant un volume roulé. C'est encore le Fils de Dieu qui, selon Daniel (iii. 92), vient rompre les liens des trois martyrs et neutraliser l'ardeur du feu par un vent frais et une douce rosée (V. les gravures de l'art. *Hébreux* [*les jeunes*] *dans la fournaise*). Dans un diptyque du cinquième siècle donné par Gori (*Thesaur. diptych.* t. iii. tab. viii), le Fils de Dieu, au lieu de la main nue, étend sa croix sur les flammes, circonstance qui ne laisse aucun doute au sujet de l'attribution du personnage.

7° Les artistes ont eu souvent l'ingénieuse idée de substituer la personne même du Sauveur aux personnages de l'Ancien Testament qui étaient ses figures, afin de faciliter l'intelligence de l'allégorie. Ainsi Moïse frappant le rocher, qui est ordinairement mis pour S. Pierre (V. l'art. *Pierre* [S.] *et S. Paul*, IV, 4°), est de temps en temps, par exception, figuré sous les traits de Notre-Seigneur (Garrucci. tav. ii. 10), et quelques sarcophages représentent avec une parfaite ressemblance Moïse frappant le rocher à l'une des extrémités de leur façade principale, et à l'autre bout Jésus-Christ ressuscitant Lazare. Notre-Seigneur se trouve aussi parfois substitué à Abraham sacrifiant son fils (Id. ii. 8). Car Abraham est aussi la figure de Jésus-Christ, dans ce sens qu'à l'un comme à l'autre il a été dit : « Je te donnerai les nations pour héritage, et la terre pour empire. » (*Ps.* II. 8. — V. l'art. *Sacrifice d'Abraham.*)

8° *Vêtement.* Le vêtement attribué au Rédempteur dans les monuments antiques, sauf ses représentations en Bon Pasteur, consiste invariablement dans la tunique recouverte du *pallium*, et ici il est superflu de citer. Sa tunique est ornée de deux bandes de pourpre sur le devant, dans les verres dorés (V. Buonarr. et Garrucci. *passim*, et Perret. vol. IV. pl. XXVI. 47), dans les peintures des cimetières, et en particulier dans la première chambre du cimetière de Calliste, et enfin dans les mosaïques des Saints-Côme-et-Damien (Ciampini. I. p. 60), et dans celle de Saint-André *in Barbara* (Id. I. 242); ces bandes ou *clavi* sont quelquefois en or, par respect et par honneur, comme à Sainte-Agathe Majeure de Ravenne (Id. I. 184. XLVI. — V. l'art. *Clavus*). Il est probable que le vêtement de Notre-Seigneur était blanc. On sait que cette couleur était fort usitée chez les Juifs; un auteur apocryphe sous le nom d'Abdias donne à S. Barthélemi un *colobium* et un manteau blancs; cet auteur, selon les érudits (Salmas. *In Tertull. De pallio.* p. 446), voulait parler du vêtement des scribes. S. Clément d'Alexandrie (*Pædag.* II. 10) recommande cette couleur aux chrétiens, sans doute dans la supposition que telle était celle que préférait le Sauveur. L'histoire évangélique nous le montre toujours en blanc, quand il paraît comme Dieu : sur le Thabor (Marc. IX. 2), devant Pilate (Luc. XXIII. 11), dans la vision de S. Jean, au commencement de son *Apocalypse* (I. 13). Les artistes chrétiens, dirigés, comme on sait, par les pasteurs de l'Église, le représentent en blanc, quand il enseigne, par exemple dans un fond de coupe (Buonarr. v. 3. — Perret. IV. VXVII. 53), où ses habits se détachent en blanc sur un fond d'azur; dans les mosaïques de Rome (Ciampini. *Vet. mon.* II. tab. XVI. — I. tab. LXXVII) et dans celle de la chapelle de Saint-Aquilin à Milan (Allegranza. *Monum. di Mil.* p. 12); en un mot, dans tous les monuments où il paraît comme maître de la vérité, soit au milieu des docteurs de la loi, soit entouré de ses disciples (Perret. II. XXIV).

Notre-Seigneur est à peu près toujours chaussé de sandales, chaussure qu'il avait adoptée par humilité et recommandée à ses apôtres, parce que, dans la Palestine, elle était en usage chez les gens de la basse classe. Les exceptions sont des idées d'artistes, voulant ainsi témoigner de leur respect pour la personne adorable du Rédempteur. Ils lui ont donné des chaussures plus riches, des cothurnes serrant exactement le pied (Buonarr. v. 3).

V. — Nous avons traité dans ce Dictionnaire de tous ceux des symboles de notre Sauveur que l'antiquité a reproduits par les arts d'imitation. Nous terminerons ce travail par la nomenclature attribuée à S. Damase (*Carm.* VI. in *Patrolog.* Migne. t. XIII. col. 378) des noms symboliques ou autres, sous lesquels Notre-Seigneur a été désigné dans les saintes Écritures :

Spes, Via, Vita, Salus, Ratio, Sapientia, Lumen, Judex, Porta, Gigas, Rex, Gemma, Propheta, Sacerdos, Messias, Zebaot, Rabbi, Sponsus, Mediator, Virga, Columna, Manus, Petra, Filius, Emmanuelque, Vinea, Pastor, Ovis, Pax, Radix, Vitis, Oliva, Fons, Paries, Agnus, Vitulus, Leo, Propitiator, Verbum, Homo, Rete, Lapis, Domus, omnia Christus-Jesus.

Il y a dans l'*Anthologie grecque* (lib. I) deux petits poëmes qui ont servi de modèle à celui-ci. Et S. Damase les a peut-être même surpassés; car en sept vers il a renfermé, sans une syllabe rédondante, toutes les appellations par lesquelles les prophètes et les apôtres ont caractérisé le Verbe fait chair.

L'œuvre du pape Damase a été imitée au cinquième siècle par le poète Orientius : *De epithetis Salvatoris nostri;* cet auteur a de plus donné l'explication de tous les noms du Sauveur : *Explanatio nominum Domini* (*Thesaur. anecdot. Mart.* t. V, p. 43). Il est à remarquer que les plus beaux génies de l'antiquité se sont exercés sur ce sujet, qui offre tant d'attraits à la piété. Il a fourni notamment à S. Denys l'Aréopagite le texte d'un livre spécial.

JEU (TABLES DE), *tabulæ lusoriæ.* — Les tombeaux antiques ont présenté assez souvent les divers instruments de jeu propres à tous les âges de la vie. En outre du motif général qui faisait renfermer dans la tombe les objets aimés de la personne défunte pendant sa vie, c'était une pensée familière aux anciens que de comparer la vie humaine au jeu de dés. On retrouve cette pensée à travers toute l'antiquité grecque et romaine, dans les écrits des philosophes comme dans les pièces de théâtre (V. Raoul Rochette. *Mém. de l'Académie des inscriptions et belles-lettres,* t. XIII, p. 634).

Mais parmi les instruments de jeu à l'usage des hommes de tout âge et de toute condition, ceux qui se rencontrent plus fréquemment dans les tombeaux grecs et romains de la Campanie sont les osselets et surtout les dés, *tali, tesseræ*, presque toujours en ivoire, souvent aussi en os, avec le cornet, *pyrgus, fretillus, turicula, orca, pyxidula,* servant à les jeter sur la « table à jouer », πλινθίον, *tabella lusoria.* Ce cornet est habituellement d'ivoire, et la table de marbre.

On possède un certain nombre de ces tables de jeu, avec des inscriptions qui ne laissent aucun doute sur leur attribution; et ce qu'il y a de plus remarquable, c'est qu'elles ont été trouvées dans divers cimetières chrétiens de Rome, où elles étaient employées, comme tant d'autres marbres antiques, à clore une niche sépulcrale. L'une de ces tables, tirée du cimetière de Basilla, se voit au musée Kircher et a été publiée d'abord par le P. Lupi (*Dissert.... in nuper invent. Sev. M. epitaph.* p. 57. tab. IX. n. 6). En voici la reproduction.

L'inscription, qui était tournée en dedans du tombeau comme pour tous les marbres opisthographes, se traduit aisément : « Tu as perdu, lève-toi.

« — Tu ne sais pas jouer ; — Fais place au (vrai) joueur. » VICTVS LEBATE ‖ LVDERE NESCIS ‖ DA LVSORI LOCV.

Il en existe une seconde, tirée du cimetière de Sainte-Agnès, et qu'a publiée Boldetti (p. 449). Voici l'inscription : DOMINE FRATER ‖ ILARIS SEMPER ‖

LVDERE TABVLA, « Seigneur, mon frère, jouons toujours gaiement sur cette table. » Boldetti a rapproché de cet objet un *pyrgus* qui a été trouvé ailleurs, mais qui représente celui qui a dû servir pour ce jeu. Nous en donnons ici la coupe intérieure, divisée en trois sections en ressaut, au moyen desquelles on voulait éviter toute fraude dans le jet des dés ; deux dés se voient au fond du cornet.

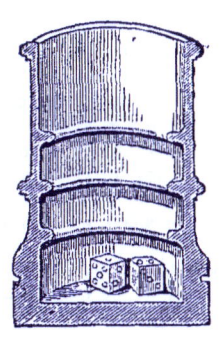

Une troisième table de même nature, tirée du musée Capponi, se trouve reproduite dans le grand recueil de Muratori (I. DCLXI. 3), et elle porte une acclamation à peu près identique à la précédente : SEMPER IN HANC (sic) ‖ TABVLA HILARE ‖ LVDAMVS AMICI, « Toujours sur cette table, jouons gaiement, mes amis. »

La quatrième, recueillie au cimetière de Calliste, a été donnée par Marangoni (*Act. S. Victorin.* in Append. p. 140). Les paroles qu'elle fait lire, bien qu'évidemment relatives au jeu, sont difficiles à interpréter.

La cinquième est de provenance incertaine. Le cardinal Passionei (*Inscr. ant.* Append. p. 176) a transcrit aussi une inscription de table de jeu que M. Raoul Rochette cite comme nouvelle, mais qui n'est autre, pensons-nous, que celle du monument du musée Kircher, inexactement copiée.

Tous ces objets ayant été recueillis dans des sépultures chrétiennes, on peut naturellement supposer qu'ils furent à l'usage de personnes appartenant au christianisme. Rien, dans ces tables de jeu, ni dans leurs légendes, ne répugne à une telle attribution. Nous savons d'ailleurs que des chrétiens exercèrent la profession de fabricants de dés à jouer et de divers objets de cette nature (V. l'art. *Professions exercées par les premiers chrétiens*).

JEÛNE. — La loi du jeûne dans l'Église chrétienne est aussi ancienne que l'Église elle-même. Elle découlait naturellement de l'exemple de Jésus-Christ (Matth. IV. 2) et des apôtres (Act. XIII. XIV), ainsi que du précepte général de la pénitence, si souvent inculqué par le Sauveur ; elle fut inspirée par la nécessité où est le chrétien, homme surnaturalisé et céleste, de réduire son corps en servitude (1 Cor. IX. 27), de vaincre ses appétits, sources principales de toutes les mauvaises passions, afin que, dégagée de ces entraves, l'âme puisse librement s'élever à Dieu (1 Cor. VII. 5).

Les jeûnes de l'Église se rapportent à trois chefs principaux : le carême, les vigiles, les quatre-temps.

I. — 1° Les plus anciens Pères des deux Églises, entre autres Tertullien (*Adv. Psychic.*), S. Épiphane (*Exposit. fid.*), S. Augustin (*Epist.* v. *Ad Jan.* n. 28), S. Jérôme (l. II *Contr. Jov. Epist.* LIV. *Ad Marcell.*), S. Léon pape (*Serm.* XLIII. 2), ont enseigné que les apôtres avaient institué un jeûne solennel de quarante jours pour imiter le jeûne de Moïse (*Exod.* XXXIV. 28), celui d'Élie (3 *Reg.* XIX. 8), et celui de Notre-Seigneur Jésus-Christ. Aussi trouvons-nous fréquemment chez les Latins le mot de *quadragesima*, dont nous avons fait *carême*, comme celui de τεσσαρακοστή chez les Grecs, et notamment dans les actes des conciles de Nicée (I. can. 5) et de Laodicée (can. L). C'est donc à tort que Baillet, dans son histoire du carême (*Opp.* I. edit. Lugd.), avance que le jeûne quadragésimal n'était pas encore pratiqué dans toutes les Églises au quatrième siècle. S. Basile (*Orat.* II) et S. Grégoire de Nysse (*Opp.* II. edit. Paris.) affirment que de leur temps il existait partout : *Hoc tempore per universum terrarum orbem denunciatur jejunii præconium*. Mais nous avons à cet égard un témoignage plus précieux encore : c'est celui de S. Hippolyte, qui dans son cycle pascal, que tout le monde peut lire aujourd'hui encore sur le siège de sa statue déposée au musée du Latran, constate l'usage établi de toute antiquité de rompre le jeûne quadragésimal les dimanches : *Solvere oportet jejunium ubi dominica inciderit*. Nous donnons ces paroles en latin pour en faciliter l'intelligence au commun des lecteurs.

2° Dans la primitive Église, la discipline du jeûne était d'une grande sévérité ; car elle n'admettait pas même l'usage de l'eau, au dire de Tertullien (*De jejun.* vi). Il est vrai que Tertullien était déjà montaniste quand il composa son Traité du jeûne ; mais son témoignage en ceci est d'accord avec d'autres autorités non suspectes. Ainsi, dans son hymne sur Fructuosus, Prudence nous apprend que ce martyr refusa un verre d'eau que ses frères lui avaient apporté pour le rafraîchir ; et le motif de son refus était que c'était un jour de jeûne, et que l'heure de *none* n'avait pas sonné :

> Jejunamus.... recuso potum,
> Nondum nona diem resolvit hora.

Les malades seuls obtenaient la permission de rompre le jeûne par un peu d'eau fraîche : c'est S. Jérôme qui nous révèle cette exception (*Epist. ad Eustoch.*).

Ce n'est donc qu'à l'heure de *none*, c'est-à-dire à trois heures après midi, que le jeûne était rompu, et on ne faisait pas d'autre repas que celui-là. Mais quels étaient les aliments dont on usait ? Les *Constitutions apostoliques* vont nous l'apprendre (v. 17) : « Vous devez jeûner, en usant seulement de pain et de légumes, et vous abstenant de vin et de viande. » Telle paraît avoir été à peu près partout la discipline primitive. Au quatrième siècle, l'usage des fruits secs fut admis chez les Grecs ; mais on n'alla pas plus loin, car le concile de Laodicée (can. L) prescrivit la *xérophagie*, c'est-à-dire les aliments secs pour toute la durée du carême : *Oportet totam quadragesimam jejunare, xerophagia utentes*. Ce mot est composé de deux vocables grecs : ξηρός, sec et φαγεῖν, manger. Mais l'usage de la xérophagie était beaucoup plus ancien dans l'Église latine ; Tertullien atteste (*Ibid.* I) qu'elle y existait déjà au deuxième siècle. Néanmoins cette discipline a duré plus longtemps chez les Grecs, puisque, si l'on en croit Balsamon (*In can.* xiv *concil. Ancyr.*), dans certains lieux de l'Église orientale, on en était encore, au douzième siècle, aux légumes et aux fruits secs. Les Latins, au contraire, dès le septième siècle, avaient abandonné la xérophagie ; ils commencèrent même dès lors à manger non-seulement des légumes cuits, mais du poisson, et quelquefois même des oiseaux aquatiques, usage qui ne tarda pas à s'établir chez les Orientaux, au témoignage de l'historien Socrate (*Hist. eccl.* II. 7).

3° Le jeûne quadragésimal ne fut pas, dès l'origine de l'Église, observé constamment dans le même temps. Ainsi, aux deuxième et troisième siècles, il commençait le lundi de la Quinquagésime, et n'allait que jusqu'au jeudi de la semaine sainte, excepté les samedis et les dimanches, principalement chez les Orientaux. Quelques autres pensent qu'au quatrième siècle, à Rome surtout et dans certaines autres Églises des Latins, on ne jeûnait pas le jeudi, et cela pendant tout le carême ; ils se fondent sur un décret du pape Melchiade qui, pour compléter le jeûne des quarante jours, y ajouta la semaine de la Sexagésime. L'origine de la Septuagésime est attribuée aux Grecs, qui, ayant supprimé, à l'exemple des Latins, le jeûne du jeudi, auraient été ainsi amenés à ajouter au carême une autre semaine, c'est-à-dire celle de la Septuagésime. Mais ce qui est hors de doute, c'est qu'au quatrième siècle les Pères du concile de Laodicée décrétèrent que le jeûne quadragésimal commencerait le lundi après le dimanche de la Quadragésime jusqu'au samedi saint (*Decret. Gratian.* cap. *Non liceat.* vii. *De consecr.* dist. 3). Est-ce aux Grecs que les Latins ont emprunté cette discipline? Nous savons pour le sûr que S. Grégoire le Grand passe communément pour être l'auteur de celle que nous suivons aujourd'hui encore, et qui consiste à commencer le jeûne le mercredi de la Quinquagésime.

D'un autre côté, il résulte clairement des écrits de ce pontife que, de son temps, le carême commençait encore le dimanche, et non le mercredi précédent. Voici ses paroles : « Il me reste, dit-il (*Homil.* xvi *in Matth.*), à vous expliquer encore quelque chose au sujet du temps du carême. A partir de ce jour (c'était le dimanche, comme il paraît par l'évangile qu'il commente, et qui est encore celui que nous lisons le premier dimanche de carême) jusqu'aux joies de la solennité pascale nous avons six semaines : ce qui fait quarante-deux jours. Or, comme nous en soustrayons six à l'abstinence, il ne reste plus que trente-six jours de jeûne. » Cette discipline persévéra jusqu'au neuvième siècle, témoin Amalaire (*De div. offic.* I. 7), qui atteste que de son temps on ne jeûnait que trente-six jours à Rome. Les Pères du huitième concile de Tolède supposent que telle était alors la coutume de toutes les Églises de l'Occident qui, s'associant aux vues mystiques de S. Grégoire et d'autres Pères des premiers siècles, regardaient le carême comme les dîmes ou décimes de toute l'année. On trouve une ingénieuse explication de cette pensée dans S. Isidore de Séville (*De eccl. off.* I. 36). C'est du onzième siècle seulement que date la discipline d'après laquelle le jeûne du carême s'ouvre le mercredi avant le premier dimanche ; ces quatre jours parfont la quarantaine. Parmi les Églises occidentales, celle de Milan est la seule qui, par suite de l'attachement qu'elle professe pour les usages de l'antiquité, ne commence le jeûne que le lundi après le premier dimanche de carême.

4° Nous avons dit précédemment que, pendant toute la durée du carême, les Orientaux exceptaient du jeûne les dimanches et les samedis. Ils avaient peut-être l'intention d'imiter ainsi les saints de l'ancienne loi ; car nous voyons que

« Judith (cap. VIII) jeûnait tous les jours.... sauf les sabbats, et les néoménies et les fêtes de la maison d'Israël. » C'est pour cela que toutes les Églises, tant orientales qu'occidentales, adoptèrent l'usage de ne pas célébrer de fêtes de saints les jours de jeûne. Ainsi, les Pères de Laodicée décrétèrent (can. XXXI) qu'il ne fallait pas « fêter les *natales* des martyrs en carême, mais faire les commémorations des SS. martyrs les samedis et les dimanches. » C'est en vertu de cette règle que les Latins renvoyèrent à une autre saison la fête de l'*Annonciation* qui, dans l'ordre du temps, tombait en plein carême (*Concil. Tolet.* x. 1); et, pour la même raison, les Grecs, qui ne voulurent pas transférer cette fête, ne jeûnaient pas le jour où elle se trouvait. Quoi qu'il en soit, l'usage de ne jeûner ni le samedi ni le dimanche paraît s'être maintenu chez les Latins jusqu'au sixième siècle ; car c'est alors que les conciles décrètent partout que le dimanche sera désormais seul excepté (*Concil. Agath.* c. XII. *Aurelian.* IV. 2). Les Orientaux ont conservé l'ancienne discipline.

II. — Le jeûne dit des quatre-temps, *quatuor tempestatum*, remonte aussi à la plus haute antiquité, car, comme son origine se perd dans la nuit des âges, une règle de critique dont S. Augustin est le premier auteur, autorise à le regarder comme d'institution apostolique. Or il est vraisemblable que les apôtres en empruntèrent la pensée et le type à la loi mosaïque ; car on sait que les Juifs avaient un jeûne dans le quatrième mois, comme dans le cinquième, le septième et le dixième. On l'appelle jeûne des quatre-temps, parce que nous sanctifions chacune des quatre saisons de l'année par un jeûne de trois jours.

Cependant autrefois ces jeûnes n'avaient pas lieu les mêmes jours que de notre temps. La discipline variait beaucoup à cet égard selon les lieux, comme l'atteste S. Isidore de Séville (*De offic. div.* I. 37). Il ne paraît pas que la discipline telle que nous l'observons aujourd'hui ait été fixée avant le onzième siècle ; elle le fut bien certainement après le concile de Clermont, tenu, comme on sait, sous le pontificat d'Urbain II.

III. — *Des jeûnes des vigiles et des stations.* Le jour qui précède une fête de l'Église s'appelle la vigile de cette fête. Ce nom vient évidemment de l'antique discipline, en vertu de laquelle les fidèles s'assemblaient à l'église le jour qui précédait une fête, et passaient toute la nuit dans l'exercice de la liturgie psalmodique ; ce qui avait lieu surtout quand il s'agissait d'une fête de martyr. Voici un précieux passage de S. Basile sur ce sujet (*Homil.* XIII *In psalm.* 114) : « Déjà depuis le milieu de la nuit, réunis dans le saint temple du martyr, louant par des hymnes le Dieu des martyrs, vous avez persévéré jusqu'au jour, attendant mon arrivée. » On voit par là que les chrétiens consacraient à la psalmodie la nuit tout entière, sans prendre de sommeil. C'est pour cela qu'on donna le nom de *vigile* à ce jeûne qui, commençant après l'heure de vêpres, ne se terminait qu'avec la liturgie mystique et la réception de l'eucharistie.

Ce jeûne s'appela quelquefois *station*, parce que la visite ou station qui se faisait au tombeau des martyrs emportait avec elle le jeûne : c'est pour cela que le mot de *station* fut quelquefois pris par les Pères comme équivalent de *jeûne* (Tertull. *De anima.* XXIV). Mais lorsque les stations étaient fixées au dimanche ou à d'autres jours, dans la matinée, elles n'emportaient plus de jeûne avec elles. C'est donc à tort, pensons-nous, que Duguet établit une distinction entre la station et le jeûne (*Conférences*, t. I, p. 117) ; car il est évident que la station n'emportait le jeûne que quand elle avait lieu la nuit, comme celle qui se faisait aux vigiles des martyrs. Or, comme la vigile supposait toujours le jeûne, auquel on ne pouvait vaquer au jour de dimanche (car jeûner le dimanche était un scandale, dit S. Augustin. *Epist.* LXXXVI), si une vigile se rencontrait le dimanche, le jeûne se faisait le samedi, selon l'ancienne discipline.

IV. — L'essentiel du jeûne consiste à ne faire qu'un seul repas. Qu'il en fût ainsi dans la primitive Église, principalement dans les Églises occidentales, c'est ce que nous apprend Cassiodore (*Comm. in psalm.* XIV) : *Antiquis mos erat semel cibum sumere.* Or cet usage découlait de la manière de vivre des anciens, qui, bien qu'ils consacrassent la journée aux travaux de l'agriculture, ne prenaient cependant leur nourriture que le soir. Salvien rappelle en ces termes ces antiques mœurs : « Est-ce que les anciens supportaient avec douleur et gémissements cette vie parcimonieuse et agreste lorsqu'ils mangeaient de vils et rustiques aliments devant les mêmes foyers où ils les avaient cuits, et qu'il ne leur était pas permis de prendre cette nourriture avant le soir ? » De ces vieilles coutumes, il resta aux Romains eux-mêmes et aux autres peuples cultivateurs la pratique de ne faire qu'un seul repas proprement dit, qui était un souper, vers le coucher du soleil. Celui qui aurait fait son repas vers le milieu du jour était noté par les censeurs, et nous voyons Cicéron (III *In Verrem*) censurer Verrès de ce qu'il donnait le jour aux plaisirs de la table, et la nuit à des désordres plus répréhensibles encore.

Cependant ceci ne doit s'entendre que du repas proprement dit, car les anciens avaient coutume de prendre quelque nourriture, pour soutenir leurs forces, dans le courant de la journée, à midi ou à d'autres heures ; mais on se contentait alors de ce qui tombait sous la main ; c'était ce qu'on appelait *prendere*, manger, comme nous disons vulgairement, « sur le pouce. » C'est ce que fait entendre Festus (*In epist. Senecæ* LXXXIII) : *Prandicula antiqui dicebant, quod scilicet medio die caperetur.* Aussi ce repas supplémentaire était-il pris debout, comme Suétone nous l'apprend d'Auguste (*In August.* LXXVIII). On prenait aussi, dans le courant de la journée, un *jentaculum*, espèce de potage qui se buvait plutôt qu'il ne se mangeait, comme Dorléans le remarque pour les anciens

Gaulois, dans son commentaire sur Tacite (*Annal.* I. 12), car alors les cuillers n'étaient pas encore connues.

Toute nourriture qui se prenait soit avant soit après midi, surtout par ceux qui travaillaient des mains, était désignée sous le nom générique de *merenda*, repas de midi, *meridies* (Du Cange, *Gloss. lat. ad. h. v.* — Plaut. *Asinar.*). C'est donc à tort, on le voit, que plusieurs écrivains ont avancé que les anciens ne mangeaient qu'une fois par jour : s'ils ne faisaient qu'un seul repas régulièrement servi vers le soir, ils prenaient de petites réfections durant la journée. Par ce qui précède, il est facile de comprendre ce qu'était le jeûne des anciens chrétiens. Il n'admettait aucun de ces petits repas supplémentaires, mais seulement le repas du soir, *cœna*. Mais quand les mœurs des Romains eurent commencé à s'amollir, ils adoptèrent communément le dîner de midi, et faisaient dans la journée deux repas réguliers. Et, en cela, les Romains avaient imité les Grecs, qui mangeaient à toute heure du jour. C'est pourquoi Plaute appelle (*Ibid.*) *pergræcare* l'habitude de manger souvent : *Jentando, meridiando, comessando, pergræcando vitam ducere*.

Depuis cette époque, peu à peu l'ancien usage de ne manger que vers le soir les jours de jeûne fut abandonné par les chrétiens eux-mêmes, et remplacé par le repas de midi : on se persuada qu'on pourrait ainsi satisfaire à la loi du jeûne, pourvu qu'on s'abstînt de souper et de prendre de petites réfections dans la journée.

L'antique usage resta en vigueur pendant les trois premiers siècles ; mais il commença à céder graduellement vers le quatrième. Néanmoins, pendant les quatre premiers siècles, ce repas unique est toujours désigné dans le langage des Pères sous le nom de *cœna*, souper (V. Aug. *serm.* LXII. *De temp.* — Paulin. *epist.* XXIV. *Ad Amand.* — Ambr. *in Hexam.*). Mais après ce terme, comme on faisait le repas à midi et qu'on ne pouvait guère aller ainsi jusqu'au lendemain à la même heure, peu à peu l'Église toléra que les fidèles prissent après vêpres quelque nourriture ; mais on ne donna point à cette réfection le nom de souper, nom que son exiguïté ne pouvait admettre. On l'appela *collation*, d'un terme emprunté aux moines : comme ceux-ci, aux jours de jeûne, s'étaient mis vers le même temps à prendre un peu de vin et de pain, en y ajoutant quelquefois des fruits secs, pendant la réunion, *collatio*, qui avait lieu vers le soir pour entendre la lecture de l'Écriture et des Pères, on transféra à cette légère réfection le nom de la réunion elle-même, et laïques et prêtres, comme les moines eux-mêmes, l'appelèrent *collation* (*Ex Regul. S. Basil.* c. LIII, et *Reg. S. Bened.* c. XLII).

Il faut remarquer néanmoins que si, dès le cinquième siècle, ces *refectiunculæ* furent accordées à la faiblesse humaine, les chrétiens ne se permirent jamais, jusqu'à l'époque des scolastiques, autre chose que la xérophagie et une légère portion de pain et de vin. C'est alors seulement que le relâchement s'introduisit en cette matière et que bientôt il ne resta plus de la *collation* que le nom. Il fallut que les conciles remissent en vigueur l'ancienne discipline.

JOB. — I. Dans les monuments primitifs, les peintures représentent ordinairement Job sur un monceau de fumier, selon la Vulgate et les Septante : *sedens in sterquilinio*. C'est ce que représente cette fresque du cimetière de Calliste publiée par Bosio et plus correctement par Perret (vol. I. pl. XXV). Les bas-reliefs, et en particulier celui du sarcophage de Junius Bassus (Bosio. p. 45. — Cf. Bottari. tav. XV) qui reproduit la scène de la manière la plus complète, suivent le texte hébreu et placent Job sur la cendre.

Job est ordinairement revêtu d'une simple tunique, d'où sortent entièrement l'épaule et le bras droit ; rarement il porte le *pallium*. En réduisant son vêtement à une si simple expression, les artistes ont eu probablement en vue d'exprimer le profond avilissement où il était tombé du faîte de la richesse ; car cette manière de porter la tunique était propre aux esclaves et aux gens adonnés aux travaux pénibles : *expapillato brachio*, dit Plaute (*Mil. glor.* IV. 4) ; quelquefois même on donnait aux esclaves une tunique qui n'avait que la manche gauche, afin qu'ils fussent toujours disposés au travail. Partout il est dans une attitude qui respire la tristesse et l'abattement : cela paraît surtout dans la belle fresque du cimetière de Calliste reproduite ci-dessus ; sa tête est inclinée, ses bras pendants, son œil plein de mélancolie. Le bas-relief du sarcophage de Junius Bassus que nous avons pris pour type et qui, avec un autre tombeau encore inédit découvert récemment à Rome, est le seul monument de sculpture romaine ou même italienne reproduisant le type de Job, fait voir, devant lui, sa femme et un de ses amis qui étaient allés le visiter. La femme est vêtue de long comme les personnes de condition quand elles sont affligées. Elle tient à la main et dirige vers son mari un objet que Bottari suppose être un *flabellum* ou éventail ou encore un miroir, ce qui nous paraît au moins fort douteux. Nous ne saurions non plus admettre avec le P. Garrucci (*Hagioglypta*. p. 69. note) que ce soit un *colum vinarium* avec lequel cette femme se dispose à frapper son mari. Il nous semble bien plus naturel de dire avec Severano (l. II. c. 8. — Cf. Aringhi. lib. II. c. 10) que c'est un pain qu'elle lui présente au bout d'un bâton. De la main gauche, elle soulève sous son nez un pan de son vêtement, afin de se préserver de la puanteur qui s'échappait des plaies de son malheureux époux, ou de celle de son haleine qui, comme il s'en plaint lui-même, était devenue pour elle un objet de répugnance : *Halitum meum exhorruit uxor mea* (xix. 17). Un troisième personnage, qui n'est autre qu'un des amis de Job, se tient debout devant elle. Nous avons une

fresque des catacombes (Bottari. tav. xci) où Job, assis sur le fumier, tient à la main un objet avec lequel il semble toucher sa jambe. C'est sans doute le fragment de poterie à l'aide duquel, selon le texte sacré (ii. 8), il nettoie ses plaies : *testa saniem radebat*.

M. Edmond Le Blant a publié, d'après un manuscrit de Peiresc (brochure in-8, Paris, 1860), la copie d'un bas-relief d'Arles représentant Job dans les mêmes conditions que le tombeau de Bassus, avec quelques différences néanmoins : la femme de Job y est seule devant son mari; celui-ci, au lieu d'être assis sur le fumier traditionnel, occupe un pliant de forme antique, *sedes decussata*, et enfin il repose son pied droit sur trois objets de forme globuleuse dont il nous paraît difficile de déterminer la nature.

Nous avons lieu de croire que ce type, conforme à celui de l'Italie, n'était pas celui auquel les artistes de la Gaule donnèrent la préférence. Ils en avaient adopté un autre, dont l'exemple le plus complet se trouve sur un sarcophage du musée lapidaire de Lyon (n. 764) provenant de l'Ardèche. Job y est assis sur un monceau de pierres ou de fumier, vêtu d'une tunique et d'un court manteau; il tient devant lui quelque chose comme un volume déroulé. Devant lui, à une certaine distance, deux de ses amis, en costume de voyage, coiffés du béret pointillé, se le montrent du doigt et le regardent avec une expression de cruelle ironie (V. notre *Explication d'un sarcophage chrétien du Musée lapidaire de Lyon*, Mâcon, 1864, où le monument est gravé et illustré). Plusieurs urnes du musée d'Arles, et notamment celle qui porte le n° 39, présentent une scène absolument semblable. Ce dernier ne diffère de celui de Lyon qu'en ce que les deux amis qui, comme ici, paraissent provoquer Job par leurs reproches amers, sont placés, l'un devant lui et l'autre derrière; un autre tombeau (V. Millin. *Midi de la Fr.* xlvii. 1) ne fait voir qu'un seul ami, debout devant Job, dans l'attitude de l'allocution.

II. — Le personnage de Job est représenté sur les monuments funéraires de l'antiquité chrétienne comme figure de la résurrection de la chair. C'est une chose dont tout le monde convient, parce que les premiers chrétiens étaient convaincus que Job avait annoncé ce réveil suprême plus clairement qu'aucun autre prophète. Voici le passage sur lequel cette conviction est fondée (Job. xix. 25 seqq.) : *Scio quod Redemptor meus vivit, et in novissimo die de terra surrecturus sum; et rursum circumdabor pelle mea, et in carne mea videbo Deum meum. Quem visurus sum ego et non alius; reposita est hæc spes mea in sinu meo*, « je sais que mon Rédempteur est vivant et que je ressusciterai au dernier jour. Je serai de nouveau revêtu de ma peau, et je verrai mon Dieu dans ma chair. Je le verrai moi-même, et non un autre, et je le contemplerai de mes propres yeux : cette espérance repose dans mon sein. » Ce texte n'est autre que la version faite par S. Jérôme sur l'hébreu, en 402; et comme il exprime le dogme catholique avec plus de clarté et de précision que les versions précédentes, il fut bientôt adopté par toutes les Églises latines. Il ne tarda même pas à être introduit dans la prière liturgique. Il figure, à l'office des morts, dans les plus anciens manuscrits de l'*Antiphonaire* et du *Responsorial* de S. Grégoire le Grand, comme nous l'apprenons par une bienveillante communication des bénédictins de Solesmes : le premier mot est seul changé : *credo*, pour *scio*, *quod Redemptor*....

C'est aussi à dater de cette époque que ce même texte fait son apparition sur les tombeaux, où il tient la place des symboles figurés que l'antiquité employait pour rappeler la résurrection. Ainsi, à Verceil (V. Gazzera. *Iscr. Piem.* p. 107), nous lisons, sur le sépulcre de l'évêque S. Flavien mort vers le milieu du sixième siècle, cette profession de foi, qui est mot à mot le texte de la Vulgate : SCIO QVIA RE || DEMTOR MEVS || VIVIT ET IN NO || VISSIMO DIE DE || TERRA SVRREC || TVRVS SVM ET || RVRSVS CIR || CVMDABOR || PELLE MEA ET || IN CARNE ME || A VIDEBO DM || REPOSITA EST || HAEC SPES ME || A IN SINV MEO. Des inscriptions de Naples et de Rimini le reproduisent aussi, en substituant néanmoins CREDO à SCIO, et SVSCITADIT ou SVSCITAVIT ME à SVRRECTVRVS SVM (Muratori. 1841. v. 1899. 1. etc.). On trouve à Rome des formules qui, sans transcrire exactement les paroles de Job, en sont évidemment inspirées. Ainsi, en l'an 493 : HIC. IN. PACE. REQVIESCET. LAVRENTIA. QVAE. CREDIDIT RESVRRECTIONEM (V. De' Rossi. i. n. 900 et encore 1087).

Mais de ce que la version de S. Jérôme, à raison de sa clarté, rendit tout à fait populaire l'opinion relative à la valeur du texte de Job comme prophétie de la résurrection de la chair, il ne suit nullement que cette opinion n'existait pas auparavant dans l'Église. Observons d'abord que les versions précédentes, et notamment celle des

Septante et l'ancienne italique qui en est la traduction littérale, exprimaient déjà ce dogme d'une manière très-nette : *Novi enim quia æternus et potens est qui soluturus est me, in terra resuscitare pellem meam quæ portavit hæc*, « je sais, porte cette version, que celui qui doit me détruire est éternel, et qu'il doit ressusciter sur la terre ma peau (mon corps) qui a souffert toutes ces choses (tous ces maux). » Mais, sans nous engager dans une discussion de textes qui n'est point dans notre but, nous pouvons prouver, soit par les témoignages des Pères, soit par celui des monuments figurés, que le célèbre passage fut toujours pris dans le sens que l'Église catholique lui a constamment attribué depuis.

Parmi les docteurs de l'Église qui se sont prévalus du texte de Job pour l'objet qui nous occupe, le plus rapproché de S. Jérôme dans l'ordre des temps est S. Ambroise. Voici ce que le grand évêque de Milan dit dans son traité sur la mort de son frère Satyre (lib. II *De fide resurr.*) : « Que si le saint Job, ayant à essuyer toutes les injures et adversités de cette vie, sut les surmonter par la patience, c'est qu'il se promettait, dans la résurrection future, une compensation aux maux présents, espérance qu'il exprimait ainsi : *Suscitabit corpus meum hoc quod multa mala passum est*, « Dieu ressuscitera ce mien corps qui a souffert « tous ces maux. » S. Ambroise cite encore dans le même sens le même texte, qui n'est autre, comme on voit, que celui des Septante, dans deux autres ouvrages, composés en 383 et 387 (*De interpell. Job et David*, et *Comment. in psalm.* CXVIII).

Dans sa dix-huitième catéchèse, consacrée au développement de l'article du symbole *Carnis resurrectionem*, S. Cyrille de Jérusalem fait, lui aussi, usage du texte en question comme preuve évidente de la résurrection : « Je sais…. celui qui doit rappeler sur la terre ma peau qui supporte les travaux présents, *quæ istos labores exantlat*. » Or il y a ici plus que l'autorité du génie et de la science, il y a un texte d'enseignement officiel, l'enseignement de l'Église distribué en son nom à ceux qui se préparaient au baptême ; ce qui, pour le dire en passant, devait rendre vulgaire la preuve tirée de Job.

Sur la fin du premier siècle, vivait S. Clément Romain, disciple de S. Pierre, compagnon de S. Paul dans son apostolat, et pape à son tour. Après avoir, dans sa première épître aux Corinthiens, développé toutes les comparaisons que fournit la renaissance des choses de la nature, et donné même une poétique description de celle du phénix (V. cette description à l'art. *Phénix*), ce grand docteur, qui, selon S. Irénée (III. 3), entendait encore retentir à ses oreilles la prédication des apôtres, en vient enfin aux preuves de la résurrection tirées de l'Écriture, et les confirme toutes par le texte de Job, d'après les Septante : *Et resuscitabis carnem meam hanc, quæ omnia hæc perpessa est*, « et vous ressusciterez cette mienne chair, qui a enduré toutes ces misères » (Clem. Rom. *Epist. ad Cor.* I. c. 26. edit. Migne. col. 266). Chacun sait l'autorité qui s'attache à un tel document, qui est tout ce que l'Église possède de plus imposant et de plus beau, après l'Écriture sainte. Cette lettre est citée avec une déférence sans restriction et un respect illimité par tous les grands hommes de l'antiquité chrétienne, par S. Denys de Corinthe qui vivait quatre-vingts ans après S. Clément (ap. Euseb. *Hist. eccl.* IV. c. 23), par S. Irénée (*loc. laud.*), par S. Clément d'Alexandrie (*Strom.* l. IV. p. 517), par Origène (lib. II *De princip.* c. 3), et par plusieurs écrivains postérieurs dont la série comble, et au delà, du moins par voie d'adhésion, la lacune qui existe, quant à la présente question, entre S. Clément Romain et S. Cyrille de Jérusalem.

Les monuments figurés viennent à leur tour attester la valeur qui fut toujours attribuée pendant les quatre premiers siècles au type de Job. Personne ne nie qu'il n'ait été représenté sur les tombeaux comme figure de la résurrection. Or tous les monuments romains qui le reproduisent sont antérieurs à S. Jérôme. Le plus moderne de tous, le sarcophage de Bassus, porte une date hypathique qui correspond à 395, près d'un demi-siècle avant la promulgation de la version du solitaire de Bethléem. Les peintures remontent encore plus haut : elles appartiennent aux cimetières de Domitille, de Saint-Calliste, des Saints-Marcellin-et-Pierre *inter duas lauros*; et selon les juges les plus compétents, elles doivent s'échelonner au moins dans le cours du troisième siècle. (Pour plus amples détails sur la question de Job, voyez notre *Explication d'un sarcophage chrétien du musée lapidaire de Lyon*, p. 45 et suiv.)

JONAS. — Il n'est pas une classe de monuments dans l'antiquité chrétienne où l'histoire de Jonas ne soit reproduite. On la trouve dans les bas-reliefs des sarcophages (V. Aringhi. I. p. 315. II. p. 143. — Millin. *Midi de la Fr.* pl. LXVII. 1), sur les pierres sépulcrales (Perret. v. I. pl. LXVII. II. pl. XXVIII et *passim*), dans les fresques des catacombes (Aringhi. I. 533. — II. 59. *passim*), sur des médaillons de métal (Buonarr. *Vetri.* tav. I), sur des lampes (Sante Bartoli. *Ant. Lucern.* n. 29 et 30), sur des pierres gravées (Perret. v. IV. pl. XVI. n. 5. 8), sur des fonds de coupe de verre (Mamachi. I. p. 255), sur des diptyques (d'Agincourt, *Sculpt.* pl. XII. 3).

Jonas a toujours été regardé comme l'une des figures les plus frappantes de Jésus-Christ (Petr. Chrys. *Serm. de Jonæ proph. signo*). Son histoire est fréquemment citée par les SS. Pères comme figurant la résurrection du Sauveur, et avec toute sorte de raison, puisque le Sauveur s'en était fait à lui-même l'application (Matth. XII. 39), et aussi la résurrection universelle, vérités essentielles sur lesquelles il importait d'insister, parce qu'elles étaient violemment attaquées par les ennemis de la foi chrétienne, comme nous l'apprenons de

S. Augustin (*In psalm.* LXXXVIII). Nous ne saurions nous dispenser de citer ici l'éloquent parallèle qu'établit le même Père entre Jonas et Notre-Seigneur : « Comme Jonas passa du navire dans le ventre de la baleine, le Christ passa du bois (de la croix) dans le tombeau, c'est-à-dire dans les profondeurs de la mort ; et de même que le premier subit cette épreuve pour le salut de ceux que la fureur de la tempête mettait en péril, ainsi le Christ pour le salut de ceux qui sont battus par les flots de ce monde. » Et encore : « De même qu'il fut d'abord enjoint à Jonas de prêcher aux Ninivites, et que néanmoins sa prédication ne fut entendue par eux qu'après sa sortie du ventre de la baleine, de même, bien que la prophétie eût été d'abord envoyée aux gentils, elle ne leur parvint qu'après la résurrection de Jésus-Christ » (*Epist. ad Deogratias*. quæst. VI. *De Jona*. 34).

La représentation de cette histoire avait encore le double but d'encourager les chrétiens dans les temps de persécution, et, en offrant un acte de foi à la toute-puissance de Dieu, de répondre aux sarcasmes des païens contre ce fait qu'ils regardaient comme impossible, au témoignage du même Père (Epist. CII. *In quæst.* VI *de Jona*. n. 30) : *Hoc genus quæstionis multo cachinno a paganis graviter irrisum animadverti*. Jonas est représenté, tantôt introduit par un des hommes de l'équipage dans

la gueule du monstre, tantôt rejeté par ce monstre sur la plage, tantôt couché ou assis sous la *cucurbite* garnie de feuilles et de fruits, tantôt enfin reposant tristement, soit sous l'arbuste desséché, soit sans aucun abri. Assez souvent, ces quatre phases de son histoire sont réunies dans le même tableau, comme dans une fresque du cimetière de Saint-Calliste (Bottari. LVI), où elles se voient distribuées dans quatre compartiments distincts, dont nous reproduisons les trois premiers. La dernière scène est surtout singulièrement touchante. Pour en donner une idée, nous ne pouvons mieux faire que de mettre en parallèle un dessin de M. Perret, que nous donnons ici (v. I. pl. LXVII),

avec un passage de S. Cyprien (*Epist.* XI), qui semble en être la description : *Juvenis anxius, et cum quadam indignatione subtristis, maxillam manu sustinens, mæsto vultu sedebat,* « un jeune homme anxieux, et montrant une tristesse mêlée d'une certaine dose d'indignation, soutenant sa mâchoire de la main, était assis portant la mélancolie sur son visage. »

Tous ces tableaux peints, sculptés ou gravés, montrent Jonas dans un état de nudité complète, excepté peut-être une curieuse fresque du cimetière de Saint-Calliste (Bottari. LXV), où il est vêtu d'une tunique et élégamment drapé dans un manteau ou *pallium*. Il est couché, un peu soulevé sur son coude, et sous les rayons du soleil figuré par une tête radiée, selon le texte sacré : « Le soleil frappa sur la tête de Jonas, et il suait, » *percussit sol super caput Jonæ, et æstuabat* (Jonas. IV. 8). Ailleurs, on le voit porter sa main sur sa tête pour se préserver de la chaleur dont il paraît vivement incommodé. Quelquefois même le soleil est vu, sous la forme d'une tête humaine sortant d'un nuage, dardant ses rayons sur le prophète couché à terre, et accablé de lassitude (fresque du cimetière de Calliste. Bottari. tav. LXV, v). Nous avons un beau sarcophage tiré du cimetière du Vatican (Id. tav. XLII), où la tempête qui fut la cause de l'infortune du prophète est représentée par une demi-figure ailée sortant de l'anfractuosité d'une montagne et soufflant avec fureur sur le navire. C'est évidemment une réminiscence de l'antiquité, qui donnait des ailes aux vents. Sur un autre bas-relief, elle est figurée par un triton qui, dominant le vaisseau de Jonas, souffle avec violence dans une conque (Id. tav. LXXXV et CXXXVII). Il y a ordinairement sur le navire, dont la forme varie beaucoup selon les différents monuments, trois ou quatre personnages, dont l'un tient Jonas par les jambes et l'introduit dans la gueule du monstre ouverte pour l'engloutir.

Un bas-relief (Id. tav. XXXI) fait voir, à la proue, à côté de cette scène, un jeune homme qui semble répandre des larmes. Peut-être est-ce Jonas lui-même, vu au moment où sa sentence vient d'être prononcée : les bas-reliefs des catacombes offrent de nombreux exemples des diverses scènes de la même histoire ainsi rapprochées. Sur une pierre sépulcrale donnée par M. Perret (v. pl. LVII) on voit Jonas, sous la figure d'un enfant en bas âge, seul, debout en présence du monstre à la gueule béante ; il porte la main à ses yeux, il pleure, et a l'attitude d'un petit enfant effrayé. Ailleurs encore, les artistes l'ont représenté comme un enfant : ce fait, souvent répété, doit avoir quelque intention allégorique ; les savants ne s'en sont point occupés.

Le monstre marin a toujours des formes bizarres et fantastiques ; c'est quelquefois un capricorne (Bottari, tav. CXX). Il n'entre pas dans nos vues de passer en revue les diverses opinions des savants sur la nature de ce monstre, non plus que les interminables controverses au sujet de l'arbrisseau qui abrita Jonas, controverses où l'on vit deux grands génies et deux grands saints, S. Augustin et S. Jérôme, dépenser, en sens opposé, tant d'érudition et d'éloquence. L'ancienne Vulgate dit *cucurbita*, celle de S. Jérôme *hedera*. Qu'il nous suffise de constater que les artistes chrétiens ont à peu près constamment adopté la première. On en conclut que les représentations diverses de l'histoire de Jonas sont antérieures à la version de S. Jérôme, c'est-à-dire à l'an 384. Quoi qu'il en soit, voici une sculpture de sarcophage antique (De' Rossi. *Bull.* 1866. p. 46) qui semble avoir été inspirée par la version de saint Jérôme. On peut voir dans les *Hagioglypta* de Ma-

carius, édités par le P. Garrucci (p. 211), une curieuse dissertation sur le *monstre marin* et sur l'*arbuste* de l'histoire de Jonas.

JOSEPH (LE PATRIARCHE). — L'histoire de Joseph présentait dans toutes ses circonstances une figure saisissante et comme un calque fidèle de celle du Rédempteur ; et les premiers chrétiens ne pouvaient trouver un sujet plus propre à leur rappeler les persécutions et les douleurs infligées à l'Homme-Dieu, douleurs et persécutions dont toute sorte de motifs leur interdisaient, comme on sait, la représentation directe. Les Pères aimaient à proposer aux fidèles les enseignements qui ressortent du rapprochement de la figure avec la réalité, et les monuments, qui n'offrent d'ordinaire que la traduction matérielle de leurs leçons orales, durent reproduire souvent la figure de Joseph.

Cependant ces images ne sont arrivées qu'en petit nombre jusqu'à nous, et celles que nous possédons sont d'une antiquité fort contestable. Ce que nous connaissons de plus ancien et de plus curieux en même temps à cet égard, c'est une peinture d'un manuscrit grec de la Bibliothèque impériale de Vienne, que d'Agincourt croit pouvoir faire remonter au quatrième ou au cinquième siècle (V. Atlas. pl. XIX. *Peinture*). En tête du tableau, et dans des proportions plus étendues que le reste, on voit Joseph essayant de détourner la main droite de Jacob de la tête d'Éphraïm pour l'attirer sur celle de Manassé, afin d'obtenir pour celui-ci la première bénédiction que le vieillard destinait à son frère (*Genes.* XLVIII. 17). Au-dessous de ce sujet principal, dans une série de petits compartiments, sont reproduits les faits les plus saillants de la vie du patriarche. On le voit tour à tour racontant son songe à ses frères, arrivant auprès d'eux dans la campagne où ils gardent leurs troupeaux, expliquant le songe de Pharaon, enfin célébrant les funérailles de son père. La Sainte-Chapelle de Paris possédait une magnifique sardonyx, aujourd'hui au cabinet national, que l'on a cru longtemps représenter Joseph expliquant le songe de Pharaon. Peiresc a fait justice de cette attribution fantastique et prouvé que c'est Germanicus rendant compte à Tibère de ses expéditions guerrières (Cf. Millin. *Midi de la Fr.* t. I. p. 95). Aringhi et Bottari croient voir dans une fresque du cimetière de Calliste (tav. LVII) Joseph accompagnant les restes de son père de l'Égypte à la sépulture de ses ancêtres, dans la vallée de Mambré. Si cette attribution était fondée, et nous aurions beaucoup de peine à l'admettre, il serait étonnant que ces antiquaires eussent pris pour des chrétiens condamnés *ad arenas* huit personnages qui, dans l'autre partie de la même frise, montent et descendent plusieurs escaliers en portant avec effort des sacs sur leurs épaules. Cette peinture devrait plutôt être relative aux provisions que fit Joseph pour nourrir l'Égypte pendant les sept années de disette, et ces huit hommes représenteraient les manœuvres qui portaient les sacs de blé dans les greniers publics. Mais tout ceci est plus que problématique. L'histoire du patriarche se trouve retracée à peu près dans tous ses détails sur un curieux vase hexagone en ivoire conservé dans le trésor de la cathédrale de Sens, mais d'une basse époque et d'un mauvais style (V. Millin. *Voyage dans le midi de la France.* Atlas, pl. IX. XA-XB).

JOSEPH (S.). — Il n'existe pas, à notre connaissance, de monuments antiques où S. Joseph soit représenté isolément. Il paraît comme personnage accessoire là où la vérité historique exige sa présence, par exemple dans les sujets de la nativité de Notre-Seigneur, de l'adoration des bergers, de l'adoration des mages, du recouvrement de Jésus au temple (V. les articles répondant à ces mots). En général, il est jeune dans les monuments des quatre premiers siècles, et après cette époque, c'est-à-dire lorsque les bonnes traditions commencent à s'altérer, il est d'un âge mûr, tantôt chauve (Bottari. tav. LXXXVI), tantôt la tête couverte d'une épaisse chevelure (Id. LXXXV. — Allegranza. *Monum. sacr. di Mil.* tav. IV); il est ordinairement vêtu de la tunique et du *pallium*; mais s'il est figuré avec quelqu'un des attributs de sa profession, qui, selon l'opinion commune, était celle de charpentier (V. Molanus. *De hist. SS. imag.* p. 269), par exemple avec la scie, comme dans un diptyque de la cathédrale de Milan (Bugati. *Memor. di S. Celso.* p. 282), ou avec l'*ascia*, comme sur le sarcophage de S. Celse de la même ville (Bugati. *op. laud.* p. 242), alors il porte le costume des travailleurs, cheveux courts, tunique à une seule manche.

Dans tous ces sujets, S. Joseph garde la position modeste que lui assignent les récits évangéliques, toujours sur le second plan, dans une attitude méditative. On le voit évidemment pénétré de son devoir de protecteur de la Ste Famille; il veille sur elle avec amour, se tenant ordinairement debout derrière le siège de la Ste Vierge quand l'enfant Jésus repose sur ses genoux, et quelquefois même étendant sa main, en signe de protection, sur leur tête (Perret. vol. V. pl. XII); si le divin enfant est dans son berceau, S. Joseph est assis auprès de ce précieux trésor. Bandini a publié un ivoire antique (*In tabulam eburn.* in fine) où se montre une double scène : en haut, le songe de S. Joseph ; un ange ailé se tient près de son lit, et étend la main vers lui en signe d'allocution : *Noli timere accipere Mariam conjugem tuam* (Matth. I. 209).

A la partie inférieure, c'est le voyage à Bethléem; l'ange conduit la monture sur laquelle la Ste Vierge est assise, le bras droit passé autour du cou de Joseph, dont la figure respire un respect affectueux. Nous ne saurions mieux faire que de reproduire ici cet intéressant monument.

JOUETS D'ENFANT TROUVÉS DANS LES TOMBEAUX CHRÉTIENS. — Une habitude funéraire que nous révèlent invariablement les sépultures de tous les peuples de l'antiquité consistait à renfermer dans les tombeaux les objets que le défunt avait le plus affectionnés pendant sa vie (V. l'art. *Objets trouvés dans les tombeaux*). Mais, chez les chrétiens, cet usage était vivifié par la foi, et un pieux symbolisme était caché pour eux sous une pratique purement profane et superstitieuse chez les anciens. Ainsi les jouets d'enfant recueillis en si grand nombre dans les catacombes romaines et conservés dans le musée chrétien du Vatican avaient surtout pour but de rappeler cette sentence de l'Évangile si importante pour le règlement de la vie chrétienne (Matth. xviii. 2. — Cf. 1 Cor. xiii. 11) : « Si vous ne vous convertissez pas et ne devenez semblables à des enfants, vous n'entrerez point dans le royaume des cieux. » Nous trouvons, ce semble, une preuve nouvelle à l'appui de cette observation que nous empruntons à l'abbé Cavedoni (*Ragguaglio critico dei mon. delle art. Crist.* p. 42), dans ce fait que des objets de cette nature se révèlent quelquefois dans les tombeaux de personnes adultes : témoin les *poupées d'ivoire* que fournit, entre mille autres choses, le cercueil de Marie, femme d'Honorius et fille de Stilicon (Cancellieri. *De secret. basilic. Vatic.* ii. 995 seqq.).

Boldetti (p. 496 segg. tav. 1) énumère les principaux *jouets d'enfant* recueillis dans les divers cimetières. Ce sont : 1° des espèces de *marionnettes* ou *poupées d'ivoire* ou d'os, que les Latins appelaient *crepundia*. Buonarruoti (*Prefaz.* p. xi) avait observé dans le musée Carpegna plusieurs de ces marionnettes ayant les jambes et les bras détachés, de manière à s'ajuster ensemble et à se mouvoir au moyen d'un fil métallique, et provenant des cimetières de Saint-Calliste et de Sainte-Priscille. Le P. Lupi, l'un des antiquaires qui ont le plus parcouru les catacombes, atteste que ces marionnettes sont au nombre des objets qui se rencontrent le plus souvent dans les tombeaux d'enfants (*Dissert. e lett....* t. ii. p. 17. 21). Nous possédons un objet de ce genre, provenant du cabinet de M. l'abbé Greppo. En voici le dessin.

2° De petits vases de terre cuite, destinés à recueillir les étrennes. Le musée Carpegna en possédait un qui avait la forme d'une tête humaine (Buonarr. *ibid.*). La planche de Boldetti citée plus haut présente un de ces vases tout semblable aux *salvadanaj* ou *tirelires*, encore aujourd'hui en usage chez les enfants.

3° De petits masques d'ivoire ou de terre cuite (Boldetti. — Buonarr. *loc. laud.*) composés de plusieurs morceaux.

4° Des clochettes, *tintinnabula*, usitées chez les anciens pour l'amusement de l'enfance ; c'est un des objets le plus fréquemment trouvés dans les cimetières chrétiens et dans beaucoup d'anciennes églises de Rome.

5° Les bulles, qui se portaient au cou en guise d'amulettes. Pour rendre compte de la présence des objets de cette nature dans les cimetières chrétiens, il n'est pas nécessaire de se reporter, comme le fait Raoul-Rochette (*Mém. de l'Acad. des inscr.*, t. xiii., p. 735), aux pratiques du paganisme ; il est bien plus naturel d'en faire remonter l'usage aux *phylactères* des Juifs, ainsi que nous y autorise S. Jean Chrysostome (*Homélie* lxxii). C'étaient ordinairement des espèces de reliquaires ou *encolpia*, comme ceux qui avaient été déposés dans de très-anciens sépulcres du Vatican (Bottari. i. 155. — V. les fig. de notre art. *Encolpia*), quelquefois de simples boîtes à parfums comme celles qu'a fournies le sarcophage de l'impératrice Marie (Cancellieri. *Op. et loc. laud.*). Fabretti (p. 574. lix) publie trois petites tessères, portant chacune le nombre heureux de six, et extraites du tombeau d'un enfant au cimetière de Calliste.

6° Voici, d'après M. Perret (vol. iv. pl. viii. n. 3), un fragment d'un petit cheval en terre cuite, que trouva M. Paris au cimetière de Saint-Sébastien.

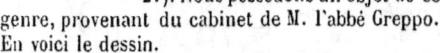

Nous ne devons pas dissimuler que les objets de cette nature, quand ils sont fixés à l'extérieur des *loculi*, n'y figurent souvent que comme simples ornements ou comme moyen de reconnaissance.

JOURDAIN (fleuve). — Le fleuve du Jourdain est représenté dans les monuments antiques, et en particulier dans les sculptures des sarcophages (Bottari. tav. xxix), à peu près comme les personnifications des fleuves dans l'antiquité païenne. C'est un vieillard, un roseau à la main, une couronne de roseaux sur la tête, et appuyé sur une urne d'où s'échappe la source. Il figure de la même manière dans la mosaïque de Saint-Jean *in fonte* de Ravenne, avec son nom écrit au-dessus de sa tête,

iordann (Ciamp. *Vet. mon.* i. tab. lxx) et dans une miniature du *Livre des Juges* de la Vaticane. La mosaïque de Sainte-Marie *in Cosmedin* de la même ville (Id. *ibid.* ii. tab. xxiii) reproduit aussi ce type mythologique, mais avec cette différence que deux pattes d'écrevisse remplacent sur la tête du vieillard la couronne de roseaux.

Le fleuve lui-même est figuré dans quelques sculptures retraçant l'enlèvement d'Élie (Bott. tav. LII), dans une peinture du baptême de Jésus-Christ au cimetière de Pontien, dans une autre fresque du cimetière de Calliste (Bottari. LXXII), sur un médaillon de bronze représentant le baptême de Notre-Seigneur, avec le nom du fleuve en bas : IORDA (Vettori. *Num. œr. explic.* Frontisp.), dans quelques fonds de coupe, où il coule aux pieds du Sauveur (Buonarr. tav. VI. 1), enfin dans certaines mosaïques, comme celle des Saints-Côme-et-Damien à Rome (Ciampini. *Vet. mon.* II. tab. XVI) avec l'inscription : IORDANES. Quelques sarcophages (Bottari. XV et XXXII) font voir, sous les pieds de Notre-Seigneur assis et enseignant, une demi-figure humaine tenant des deux mains un voile qui, enflé par le vent, s'étend en arc sur sa tête. On a quelquefois supposé (Cavedoni. *Ragguaglio crit....* p. 50) que c'était encore l'emblème du Jourdain, sur les bords duquel Jésus-Christ expliquait souvent sa doctrine (Cf. Marc. x. 1. — Joan. x. 40). (V. l'art. *Ciel.*)

JUGATIO. — V. l'art. *Canon,* 4°.

JUIFS REPRÉSENTÉS SUR LES MONUMENTS CHRÉTIENS. — Les sarcophages, à l'exclusion de toute autre classe de monuments, offrent dans leurs sculptures des Israélites coiffés de certains bérets plats et marquetés de petits points (V. Bottari. tav. LXXXV et *passim.* — Millin. *Midi de la Fr.* pl. LXIV et *passim.* — Musée lapid. de Lyon. n. 764). Cette coiffure ne leur est attribuée que dans les sujets relatifs au voyage dans le désert, par exemple dans le fait si souvent reproduit de Moïse frappant le rocher (*Exod.* XVII), dans celui du même Moïse expliquant le livre de la loi (*Exod.* XXIV, sujet dont nous ne connaissons qu'un seul exemple, et fort douteux (Bottari. *ibid.*), dans la représentation du passage de la mer Rouge (Millin. *loc. laud.*). Ces mêmes bérets paraissent encore dans une scène que tous les archéologues, Aringhi, Bottari et même le judicieux Buonarruoti, ont prise pour l'arrestation de S. Pierre (V. les art. *Moïse* et *Pierre* [S.] *et S. Paul*); nous ne devons pas dissimuler que telle est encore l'opinion des archéologues modernes.

Mais il est à nos yeux indubitable qu'il s'agit avant tout de la révolte du peuple de Dieu tourmenté par la soif dans le désert : il s'y trouve toujours deux Israélites saisissant par les bras Moïse qui semble résister à leur violence. Ils lui

reprochaient amèrement, comme on sait, de les avoir tirés de l'Égypte pour les faire mourir de soif, et telle était leur exaspération, qu'ils furent sur le point de le lapider, comme il le dit lui-même (*Exod.* XXIV. 4). Ce qui donne une force décisive à cette interprétation, qui du reste laisse place au sens figuré, c'est que la scène en question ne manque à peu près jamais de précéder le miracle de l'eau jaillissant du rocher sous la baguette du législateur, miracle qui fut la réponse aux plaintes et aux murmures des Israélites, et qu'elle ne s'observe nulle part ailleurs. Au surplus, s'il était question de l'arrestation de S. Pierre, les bérets plats que portent invariablement les deux acteurs de cet acte de violence seraient une exception unique et inexplicable dans de telles conditions. Observons encore que, dans ces différents sujets, Moïse a toujours la tête découverte, les Israélites qui l'entourent portent seuls la coiffure en question. Le reste du costume de ces Israélites consiste en une tunique courte, un *sagum* fixé sur l'épaule par une fibule, et des sandales comme il leur était prescrit dans la loi d'en user en voyage (*Exod.* XII. 11). Il est probable que le béret était aussi une coiffure de voyage usitée chez les Juifs du temps où ces urnes sépulcrales ont été sculptées.

K

KYRIE ELEISON. — Ce sont deux mots grecs qui signifient : *Domine, miserere,* « Seigneur, ayez pitié. » C'est une formule de prière qui, dans sa brièveté, renferme l'aveu implicite de toutes nos misères, et la confiance que le Dieu que nous invoquons nous viendra en aide dans tous nos besoins et dans tous les périls qui menacent notre âme. Isaïe (XXXIII. 2) priait par une formule presque identique : *Domine, miserere nostri, te enim expectavimus,* « Seigneur, ayez pitié de nous, car nous vous avons attendu. » Et Baruch (c. III) : *Audi, Domine, et miserere,* « écoutez, Seigneur, et ayez pitié. » C'est le cri de détresse de tous les malheureux, c'est celui qu'adressaient au Sauveur tous ceux que quelque grande misère attirait sur son passage : les aveugles de Jéricho (Matth. xx. 30) : « Seigneur, ayez pitié de nous, fils de David ; » la Chananéenne (Matth. xv. 22) : « Ayez pitié de moi, Seigneur, fils de David ; » les dix lépreux (Luc. XVII. 13) : « Jésus, notre maître, ayez pitié de nous. »

Aussi l'Église commença-t-elle à adopter cette invocation en faveur des catéchumènes et des pénitents, qui sont les aveugles et les lépreux spirituels. C'est un touchant spectacle que celui de toute l'Église assemblée, priant pour ces deux grandes classes d'infirmes ; il nous est révélé par les *Constitutions apostoliques* (VIII. 6). Le diacre énonçait à haute voix une série de demandes en leur faveur, et après chacune de ces demandes, un chœur d'enfants disait : *Kyrie, eleison,* et le peuple tout d'une voix répétait les mêmes paroles.

A l'article *Litanie,* on verra quelques-unes des circonstances où la liturgie primitive a placé cette invocation. Il s'agit ici de la messe. Or l'usage de la réciter à la messe est de toute antiquité (V. Giorgi. *Liturg. Roman. pontif.* l. III. c. 12 seqq.). Cependant il n'en existe pas de traces connues avant S. Sylvestre, qui, selon Hugues Victorin (l. II *Offic.* c. 14), l'y aurait introduite vers l'an 320, l'ayant empruntée aux Grecs, qui l'emploient très-fréquemment à toutes les heures de l'office.

Une opinion vulgaire, autrefois fort répandue, en attribuait l'introduction dans la messe à S. Grégoire seulement. Mais c'est à tort, car il est constant qu'elle avait été adoptée soixante ans avant ce pape, soit par le saint-siège, soit par toutes les provinces de l'Italie et de la Gaule. Nous en avons pour preuve le troisième canon du deuxième concile de Vaison, tenu en 529 : *Et quia tam in sede apostolica, quam etiam per totas orientales et Italiæ provincias dulcis et nimirum salutaris consuetudo est intromissa, ut Kyrie eleison frequentius cum grandi affectu et compunctione dicatur, placuit etiam nobis, ut in omnibus ecclesiis nostris ista tam sancta consuetudo, et ad matutinum, et ad missas, et ad vesperam, Deo propitio, admittatur.*

Mais, dans l'antiquité proprement dite, il n'y avait rien de fixe sur le nombre de fois qu'on devait le dire, de telle sorte que le célébrant le répétait à son gré aussi souvent que sa dévotion le lui inspirait. Il en était encore ainsi du temps de S. Grégoire et pendant les siècles suivants ; quand le pape célébrait, c'était lui qui en fixait le nombre ; et les chantres continuaient jusqu'à ce qu'il leur fît signe de cesser : *Ut ei annuat si vult mutare numerum letaniæ* (Ord. Rom. 1. 9). Ce n'est qu'au onzième siècle qu'il fut prescrit de ne le répéter que neuf fois, y compris le *Christe eleison* qui se dit trois fois. Dans le rite ambroisien, on dit trois fois le *Kyrie eleison :* après le *Gloria in excelsis,* après l'évangile, et à la fin de la messe. Dans le rite latin, cette invocation se répète neuf fois, comme nous l'avons dit : trois fois pour le Père, trois fois pour le Christ son Fils, *Christe eleison,* trois fois pour le Saint-Esprit. Mais pourquoi adresse-t-on le *Kyrie* trois fois au Père, et trois fois au Saint-Esprit ? C'est parce que ces deux personnes seules n'ont qu'une nature. On dit trois fois *Christe eleison* au Fils, parce que, bien qu'il soit de la même nature que le Père et le Saint-Esprit, il en a une seconde, la nature humaine, qu'il a adoptée, et dans laquelle il a été *oint* par son Père, *unctus,* ce qui est la même chose que *Christus.* On verra dans les auteurs liturgistes plusieurs autres raisons expliquant l'usage de répéter neuf fois le *Kyrie* à la messe. Consulter surtout Durand (*Ration.* IV. 12), Crispi, archevêque de Ravenne (*Myster. evang. leg.*), Martène (*De ant. Eccl. rit.* c. IV), Le Brun (I. 164), Grancolas (*Les anciennes liturgies.* 464). Le *Kyrie eleison* fut aussi employé comme acclamation dans les conciles (V. l'art. *Acclamations*).

L

LABARUM CONSTANTINIEN. — I. — Voici la description qu'en donne Eusèbe, qui atteste l'avoir vu plusieurs fois — *quod et nos aliquoties vidisse meminimus* (*Vit. Constantin.* l. I. c. 31). « C'était une haste allongée revêtue d'or, et munie d'une antenne transversale à l'instar de la croix. Au-dessus, à la sommité de cette même haste, était fixée une couronne d'or et de pierreries. Au centre de la couronne était le signe du nom salutaire (de Jésus-Christ) : à savoir un monogramme désignant ce nom sacré par ses deux premières lettres groupées, le P au milieu du X (V. l'art. *Monogramme du Christ*).

« Ces mêmes lettres, l'empereur eut la coutume de les porter depuis lors sur son casque. Or à l'antenne du *labarum* qui est obliquement traversée par la haste était suspendue une espèce de voile, ou tissu de pourpre, enrichi de pierres précieuses artistement assemblées entre elles et qui éblouissaient les yeux par leur éclat, et de broderies d'or d'une beauté indescriptible. Ce voile fixé à l'antenne était aussi large que long, et avait à sa partie supérieure le buste de l'empereur chéri de Dieu et de ses enfants, brodés en or, ou plutôt peut-être leurs médailles en or, suspendues au-dessous de la bannière. L'empereur usa toujours de ce salutaire étendard, comme d'un signe protecteur de la puissance divine contre ses ennemis, et fit porter dans toutes ses armées des enseignes exécutées sur le même modèle. »

Après cette description, on ne peut se dispenser de citer celle que le poëte Prudence a donnée de ce même étendard (*Contra Symm.* 1) :

> Christus purpureum gemmanti textus in auro
> Signabat labarum. Clypeorum insignia Christus
> Scripserat. Ardebat summis crux addita cristis.

Quelle que soit la variété des types du monogramme, soit sur les monnaies de Constantin lui-même et sur celles de ses successeurs, soit sur les monuments de différents genres, il ne nous paraît nullement douteux que le *labarum* ne portât la première forme, celle qui est incontestablement la plus ancienne avec le X oblique, ☧. Le texte d'Eusèbe nous semble suffisamment clair à cet égard : *Littera P in medio sui decussata.* C'est ainsi qu'il paraît sur un beau sarcophage du Vatican (Bottari. tav. xxx) et sur une lampe de la collection de Passeri (Giorgi. *De monogram. Christi.* p. 10. n. 1).

Pour tout le reste, il est rare que les *labara* représentés sur les diverses classes de monuments soient parfaitement conformes à la description d'Eusèbe. Ainsi beaucoup n'ont pas la draperie, par exemple le sarcophage cité ; d'autres, tels que la lampe de Passeri, au lieu des effigies des empereurs, font lire sur cette draperie, ou sur un cartel qui en tient lieu, les paroles de la vision de Constantin : EN TOY || TΩ NIKA ; dans d'autres enfin (V. Garrucci. *Monete di Costant.* — *Vetri.* 103), le monogramme est tracé sur le voile, au lieu d'être renfermé dans la couronne ; et c'est le type le plus commun sur les médailles. Ces différences ont pu se produire du vivant même de Constantin, à raison des différentes officines d'où sortaient les enseignes ; mais encore une fois, elles ne sauraient prévaloir contre le témoignage d'un témoin oculaire qui a dû décrire le véritable type.

Les successeurs de Constantin maintinrent religieusement l'usage de cet étendard sacré ; ils se firent quelquefois représenter au revers de leurs monnaies, appuyés sur le *labarum* chrismé. On en a des exemples depuis Constans I, Vetranion, Magnence, etc. (V. Cohen. *Médailles imp.* t. vi. pl. vii. 112. viii. 16. ix. 2. x. 6, et notre art. *Numismatique*, II).

En haine du christianisme qu'il avait apostasié, Julien supprima le monogramme du *labarum*. Baronius (*Ad ann.* 363, n. 27. 30) affirme qu'il n'y fut réintégré que sous Gratien ; mais nous ferons observer que les monnaies de Jovien, successeur immédiat de l'Apostat (Cohen. *ibid.* xiii. 21), présentent le même type que ci-dessus, c'est-à-dire l'empereur appuyé sur le *labarum* orné du monogramme, ce qui ne permet guère de douter que ce signe sacré n'eût été déjà rétabli par ce prince sur les étendards de son armée (V. l'art. *Numismatique*).

II. — Le *labarum* de Constantin, celui-là même que, dès le lendemain de sa vision, il fit exécuter en or et en pierreries par ses orfèvres, et qui servit de type à tous les autres, fut conservé, dit-on, comme une relique. Socrate suppose que de son temps, c'est-à-dire vers l'an 430 (*Hist. eccl.* i. 2), on le gardait dans le palais de Constantinople, et, si l'on en croit Théophane, cité par Tillemont (*Empereurs.* iv. 12), il s'y voyait encore au neuvième siècle.

Constantin faisait porter le *labarum* sacré partout où il voyait que ses troupes fléchissaient, et aussitôt, dit Eusèbe (*Vit. Const.* ii. 7), Dieu, récompensant sa foi, faisait pencher la victoire de ce côté-là, et mettait les ennemis en fuite.

Il choisit parmi ses gardes cinquante des plus forts et des plus courageux, et qui en même temps étaient le plus animés de la crainte de Dieu, pour se tenir toujours autour de cet étendard et le porter alternativement (V. l'art. *Staurophori*). Ceux qui le portaient, d'après le récit du même historien (*Ibid.* c. ix), n'étaient jamais blessés dans le combat, et il raconte que, dans une occasion périlleuse, celui qui le tenait s'étant effrayé, et l'ayant passé à un autre pour s'enfuir, fut aussitôt percé d'un dard qui le tua, tandis que l'autre ne reçut pas un seul coup, bien que plusieurs traits vinssent se fixer dans la hampe de bois. Eusèbe atteste avoir appris ces faits de la bouche de Constantin lui-même.

Ce qui reste du moins incontestablement établi, c'est la confiance qu'inspirait ce signe auguste, la vaillance qu'il donnait aux armées chrétiennes et la terreur qu'il portait dans les rangs ennemis. C'est ce qui se vit notamment à la bataille d'Andrinople entre Constantin et Licinius : la vue seule de l'étendard sacré glaçait d'effroi les soldats de ce dernier, et « partout où fut portée la croix, la victoire la suivit (Euseb. *ibid.* xii). » On sait encore que, avant la bataille de Chrysopolis donnée peu après, ce même Licinius, instruit par une expérience chèrement achetée, recommanda à ses soldats de se défier de la vertu fatale de la croix qui brillait sur l'étendard de Constantin, tandis que, au contraire, l'empereur chrétien excitait les siens par ce signe puissant (Id. *ibid.* l. ii, c. 12).

Ceux qui portaient le *labarum* s'appelaient *draconarii*, d'un nom continué après la substitution du monogramme du Christ au dragon ou serpent qui auparavant décorait les enseignes romaines (V. l'art. *Draconarius*). Théodose le Jeune, en 416, leur accorda de grands et nombreux priviléges, dont Baronius donne l'énumération (*An.* 312, 57).

On a proposé du mot *labarum*, que d'autres écrivent *laborum*, des étymologies fort diverses, et entre lesquelles il serait difficile de choisir, car elles manquent également de fondement ; nous nous abstenons pour ce motif de les rapporter ici (V. l'art. *Monogramme du Christ*).

LAÏQUE (Λαϊκός). — Ce mot, dérivé de λαός, « peuple, » a été employé, dès les premiers siècles, par les auteurs ecclésiastiques, pour désigner tous les fidèles qui n'appartenaient point au clergé. Nous avons ces paroles remarquables dans l'épître de S. Ignace aux Magnésiens (p. 55. — Cf. Suicer. *ad v.* Λαϊκός) : « De même que le Seigneur ne fait rien sans son Père, ainsi vous ne devez rien faire sans l'évêque, que vous soyez prêtre, diacre ou *laïque*. » On rencontre souvent dans les *Canons apostoliques* cette expression : « Si quelque clerc ou laïque, » εἴ τις κληρικὸς ἢ λαϊκός (can. XIII et passim). S. Justin le Martyr (*Respons. ad quæst. orth.* XCVII) dit : *Filiam sacerdotis fornicantem igne comburit; viri vero* LAICI *lapidibus enecat.* Justinien a la constitution suivante (*Ad Epiphan. Constantinop.*) : LAICUS *non statim ad episcopatum traducitor.* Theophylacte (*In cap.* IV *Marci*) énumère ainsi les divers ordres de l'Église : « Les uns sont vierges et solitaires ; d'autres vivent dans les monastères et les congrégations ; d'autres enfin sont LAÏQUES et mariés. » Cette distinction entre les laïques et les clercs, follement niée par quelques modernes, entre autres par Nicolas Rigault (*Not. in Cyprian epist.* II), Claude Saumaise et Jean Seldenus (Cf. Bingham. I. 42), se trouve également exprimée de la manière la plus nette dans une foule d'auteurs latins des trois premiers siècles. Rien n'est plus clair que ces paroles de S. Clément Romain : « Au souverain prêtre des attributions spéciales ont été données, aux prêtres un lieu propre, et aux clercs inférieurs des ministères particuliers ; le LAÏQUE obéit à des préceptes *laïques*. » Tertullien, censurant la légèreté et la témérité des hérétiques en matière d'ordination (*De præscript.* XLI), dit : « Aujourd'hui prêtre, qui demain laïque, car ils confèrent même aux laïques les fonctions sacerdotales. » (V. aussi id. *De fuga in persecut.* II. — *De bapt.* XVIII et *passim*). S. Cyprien n'est pas moins formel (*Epist.* LV. p. 244. edit. Oxon. *Epist.* LIX. p. 265); dans ce dernier passage, il fait ressortir la différence des devoirs des laïques d'avec ceux des prêtres : *Viderint* LAICI *hoc quomodo curent; sacerdotibus labor major incumbit.* Pour plus de développement, V. notre article *Ordres ecclésiastiques*.

On trouve dans les documents des premiers siècles des dénominations équivalentes, mais qui tendent au même but, la distinction des clercs d'avec les laïques. Ainsi βιωτικοί, *sæculares*, du mot βίος, vie, et κοσμικοί, *mundani*, parce que les laïques mènent une vie séculière ; mais ces noms distinguent les laïques non-seulement d'avec les clercs, mais encore d'avec les ascètes qui vivaient solitaires, et s'étaient affranchis des soins et des occupations du monde (S. Chrysost. *Homil.* III *In Lazar. Homil.* XXIII *In Roman.*). Les fidèles étrangers à la cléricature étaient encore appelés ἰδιῶται, *idiotæ*, c'est-à-dire hommes privés. S. Paul, comme on sait, s'était servi de cette expression (1 Cor. XIV. 16), et on la traduit ordinairement par « ignorant », *indoctus*; S. Chrysostome (*Homil.* XXXV. *In* 1 *Cor.* XIV) veut au contraire qu'elle signifie *laïque*: ἰδιώτην δὲ τὸν λαϊκὸν λέγει ; et Théodoret est du même avis (*In* 1 *Cor.* XIV) : « S. Paul appelle *idiotam*, ἰδιώτην, celui qui est constitué dans l'ordre des laïques. » On peut citer aussi dans le même sens Origène (*Contra Celsum.* l. VII), et mieux encore Synesius, qui oppose sans cesse le mot ἰδιώτας à ἱερεῖς, « sacrés. » Ainsi, parlant quelque part (*Epist.* LXVII) des clercs qui avaient mérité d'être privés de leur office, il dit : « Avec ceux-là, il faut traiter comme avec de simples particuliers, ὡς ἄντικρυς ἰδιώτας. »

La distinction des laïques et des clercs peut, jusqu'à un certain point, être établie d'après les classifications des monuments épigraphiques chrétiens faites au Latran par M. De' Rossi.

LAMPES CHRÉTIENNES. — I. — L'usage de placer des lampes dans les sépultures fut commun à tous les peuples de l'antiquité. C'est à tort que quelques antiquaires ont regardé cette pratique chez les chrétiens comme une imitation du paganisme ; les fidèles l'avaient reçue des Juifs (Catalani. *Comment. ad ritual Roman.* tit. VI c. 1. 7), et, pour eux comme pour ces derniers, les lampes étaient le symbole de la lumière éternelle que l'Église implore en faveur des défunts, et, mieux encore, de la gloire dont les saints jouissent au sein de Dieu, après avoir brillé pendant leur vie des splendides lumières de la foi (Hieron. *Advers. Vigilant.* et *Vit. Paulæ*) : *Ad significandum lumine fidei illustratos sanctos decessisse, et modo in superna patria lumine gloriæ splendere.* Ils rappelaient ainsi la promesse du Sauveur (Matth. XIII. 43) : *Justi fulgebunt sicut sol in regno Patris eorum,* « les justes brilleront comme le soleil dans le royaume de leur Père ; » et ils aimaient à exprimer dans leurs épitaphes, sous mille formes variées, les espérances que cette promesse fait naître, la lumière étant un des principaux éléments du bonheur céleste, et cette lumière n'est autre que le Christ lui-même (V. l'art. *Lux*) :

LVCE NOVA FRVERIS LVX TIBI CHRISTVS ADEST,

est-il dit du préfet Probus (ap. Bottari. I. p. 53).

Ceci a donné lieu à la supposition, évidemment exagérée, que la plupart des lampes qui, en nombre presque infini, enrichissent aujourd'hui les musées de l'Europe, eurent une destination funéraire. Il est très-vrai que, dans les catacombes de Rome, comme dans celles de Naples, de Corneto, etc., on en a trouvé, et on en trouve encore presque à chaque pas, fixées à l'extérieur des niches sépulcrales, quelquefois même à l'intérieur. Le P. Lupi (*Epitaph. Sever.* p. 116) donne le dessin du *loculus* entr'ouvert de CONSTANTIA, vierge et martyre, devant lequel brûle une lampe assujettie avec du mortier; les lampes placées dans de telles conditions sont presque toujours d'argile.

Outre les lampes proprement dites, il s'est rencontré dans un corridor du cimetière de Cyriaque, renfermant des tombeaux de martyrs, des espèces de bougeoirs en terre cuite, propres à recevoir des chandelles, et placés, comme les lampes, dans des niches (V. Marchi. p. 111).

Mais enfin, ce qui doit décidément faire abandonner l'ancienne opinion attribuant à la majeure partie de ces lampes une destination funéraire, c'est qu'il s'en découvre tous les jours des quantités énormes, et même des fabriques entières en diverses localités de Rome et notamment au mont Aventin, et dans les ruines du palais des Césars. Ce dernier fait s'explique, sans remonter aux fidèles qui, dès le temps de Néron, se recrutaient dans la maison même des maîtres du monde, par les séjours passagers que firent dans ce palais plusieurs des empereurs chrétiens, Constantin d'abord, puis Constant, Honorius, Valentinien III, Pétrone-Maxime, Sévère (ce sont eux que mentionnent en particulier les chroniqueurs et les poëtes). On sait aussi que plus tard les empereurs byzantins pourvoyaient à l'entretien de ce palais par des fonctionnaires *ad hoc*, dont on peut suivre les traces jusqu'au huitième siècle (V. De' Rossi. *Bullet.* 1° fasc. 1867).

On doit conclure de toutes ces découvertes que, en outre de leur service funéraire, les lampes chrétiennes, comme les profanes, eurent deux autres destinations qui probablement même furent les plus vulgaires : l'usage domestique et les illuminations publiques.

Dans les habitations privées, on les plaçait sur des consoles ou sur des candélabres de bois ou de métal.

On sait que les païens avaient coutume d'illuminer, soit à l'occasion des solennités religieuses, soit aux jours de réjouissances publiques. Les chrétiens imitèrent cette pratique pour leur culte, dès l'aurore de la liberté de l'Église. Eusèbe raconte notamment (*Vit. Const.* IV. 22) que Constantin faisait illuminer splendidement la ville pendant la nuit de Pâques.

On peut voir dans le Bulletin de M. De' Rossi (*loc. cit.*) le dessin de douze des plus intéressantes lampes provenant de la trouvaille récente du mont Palatin.

Ce savant pense encore que plusieurs de ces lampes ornées de symboles chrétiens servirent d'étrennes baptismales, et il met de ce nombre la lampe monumentale de Florence dont nous parlons plus bas.

II. — Parmi les lampes chrétiennes d'une autre origine que les catacombes romaines, on doit citer celles qui furent découvertes, en nombre prodigieux, par Melchior Fossati dans un hypogée étrusque : l'une d'elles représentait la Transfiguration (Raoul Rochette, *Mém. de l'Acad. des inscr.*, t. XIII, p. 762, note), sujet extrêmement rare dans les monuments primitifs du christianisme, et l'attribution en est peut-être ici un peu douteuse. Des sarcophages chrétiens, trouvés en 1834 dans la nécropole étrusque de Vulci, étaient surmontés de lampes d'argile, et les inscriptions se terminaient par ces formules : PAX CVM SANTIS (sic) ou CVM ANGELIS (Id. p. 763).

L'Égypte en a fourni aussi un nombre considérable; elles se trouvent aujourd'hui dispersées dans plusieurs musées de capitales : celui de Turin en possède plus qu'aucun autre. Nous en avons vu plusieurs provenant de Milo; elles sont presque toutes ornées de la croix. La ville de Cherchell en Afrique, l'ancienne Cæsarea, en a donné beaucoup, ainsi que plusieurs autres localités de l'Algérie.

Enfin elles abondent partout où il y a des sépultures chrétiennes, et dans notre Gaule, à Lyon surtout, à Vienne, à Arles, etc. En voici une, au cycle de Jonas, qui a été trouvée à Semur, en Auxois. Nous en avons donné l'explication dans une lettre à M. Edmond Le Blant (Belley, 1872). Nous sommes, ce semble, autorisé à penser qu'un usage que nous trouvons en tant de contrées diverses fut universellement adopté dans l'Église.

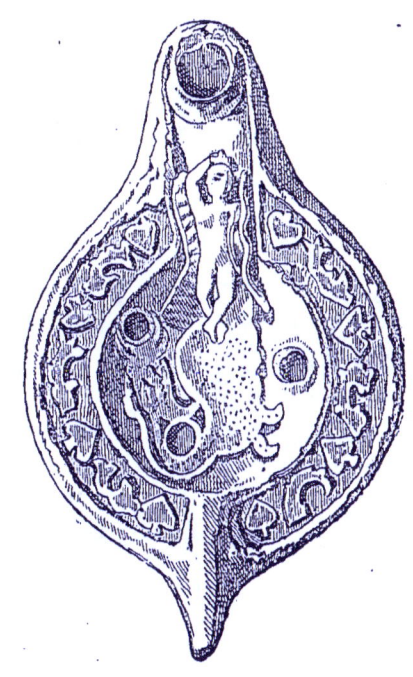

III. — Les lampes chrétiennes sont, pour la plupart, en terre cuite, quelques-unes sont en bronze, peu en argent. Boldetti en a publié une du cimetière de Saint-Calliste (*Cimit.* p. 297. tav. i. 6), sans ornement, mais précieuse par la matière; elle est d'ambre; c'est probablement la seule. Nous devons une mention spéciale à un monument d'une élégance exceptionnelle : c'est une lampe qui fut trouvée, avec un grand nombre d'objets précieux, dans le tombeau de la princesse Marie, femme de Stilicon et fille de l'empereur Honorius. Elle est en or et en cristal, en forme de coquille, avec une mouche d'or servant de couvercle à l'orifice destiné à l'introduction de l'huile : le tout traité avec un art exquis.

Les lampes de bronze portent généralement les caractères d'une époque moins ancienne que celles d'argile. Il s'en est rencontré fort peu dans les hypogées romains; mais elles sont en général munies de chaînes de métal qui ont servi à les suspendre aux voûtes des chapelles et des cryptes; on dit que quelques-unes ont été trouvées encore à leur place, et il est évident qu'elles étaient destinées à guider la marche des fidèles et à éclairer les *cérémonies* religieuses qui se pratiquaient dans ces souterrains (Bottari. t. iii. p. 67. et 69. — V. aussi notre art. *Cierges et Lampes*).

Bosio atteste avoir observé à la voûte d'une crypte du cimetière de Saint-Calliste le crochet de fer destiné à recevoir une chaîne de lampe (Cf. Marchi. p. 161), et Boldetti en avait recueilli une dans celui de Priscille encore munie de sa chaîne. On voit beaucoup de lampes de cette espèce dans les divers recueils, et en particulier dans celui de Sante Bartoli (*Le antiche lucerne sepolcrali.* tav. xiv. xxv. xxx. etc.); la plupart sont reproduites par M. Perret, qui en ajoute d'autres encore (*Catacombes*. vol. iv. pl. v). Mais aucune n'est aussi intéressante que celle qui se conserve dans le cabinet du grand-duc de Toscane. Cette lampe de bronze, recueillie au siècle dernier dans les fouilles du mont Cœlius, a la figure d'une grande barque de la forme la plus gracieuse, symbole bien connu de l'Église (V. l'art. *Église*); un personnage, où l'on a cru reconnaître S. Pierre, assis à la poupe, tient en main le gouvernail, et à la proue, un autre personnage debout étend et élève les mains dans l'attitude de la prière ou de la prédication; cette légende, dont une partie était jusqu'ici restée inexpliquée, est inscrite au sommet de l'antenne : DOMINUS LEGEM || DAT VALERIO SEVERO || EVTROPI VIVAS. M. De' Rossi regarde ce monument comme un objet d'étrenne baptismale et donne à l'appui de sa conjecture les raisons les plus plausibles, que nous avons résumées à notre article *Étrennes*, III, auquel le lecteur voudra bien se reporter. Nous devons dire que quelques-unes des lampes de bronze qui existent dans les musées sont fort suspectes aux hommes compétents, qui ne sont pas éloignés de les regarder comme des œuvres de faussaires.

Toutes les lampes d'argile ne furent pas affectées à l'usage funéraire que nous avons dit plus haut; un certain nombre de celles des catacombes étaient placées, soit dans de petites niches, soit sur des consoles en saillie le long des parois des corridors, dont elles étaient appelées à tempérer l'obscurité en faveur des fidèles qui fréquentaient ces cryptes sacrées.

IV. — Les lampes antiques ont généralement la forme d'une petite barque, *navicella*, objet qui, comme nous l'avons dit plus haut, renfermait un des emblèmes les plus populaires de la primitive Église (V. l'art. *Navire*). Parmi celles des catacombes (les lampes d'argile du moins), c'est le petit nombre qui offre des emblèmes parlants. Les autres sont dépourvues de tout type, ou n'en ont que d'assez insignifiants; et si elles conservent, à

raison de leur provenance et de l'usage auquel elles furent affectées, un intérêt pieux, elles n'en offrent aucun au point de vue de la science et de l'art. Celles qui sortent de cette catégorie commune portent des symboles analogues à ceux qui figurent sur les pierres sépulcrales et les sarcophages, et dont les principaux sont : la palme, la couronne, l'agneau, le poisson, la colombe, le monogramme du Christ, A et ω. Celles du sixième siècle et en deçà sont souvent ornées de croix gemmées ou de monogrammes (*Antichita di Ercolano*. t. IX. tav. XLVI. n. 1).

On y voit aussi quelquefois le Bon Pasteur (Bartoli. *Op. laud.* III n. 28) ; l'une d'entre elles présente ce type, si aimé des premiers chrétiens, entouré d'une foule d'autres figures symboliques (*Ibid.* n. 25). Ailleurs (n. 30), c'est Jonas sous la cucurbite (V. pour ce type la gravure ci-dessus, II), ou les têtes des douze apôtres disposées en cercle, tout autour du disque (*Museum Corton.* tab. LXXXIV) ; une fois seulement, à notre connaissance du moins, l'image du coq (Perret. IV. p. XVII. n. 1).

Les lampes chrétiennes de notre Gaule diffèrent peu de celles de l'Italie ; seulement, comme elles sont moins nombreuses, les types les plus importants s'y rencontrent plus rarement. Ceux qu'on y observe le plus communément sont la croix, le monogramme du Christ et la colombe. Une de celles de Lyon porte le type assez rare, et, il faut le dire, assez équivoque, du lièvre (V. notre art. *Lièvre*). Nous possédons cette lampe, qui nous vient du cabinet de feu M. l'abbé Greppo. Elle est en argile rouge. Nous en conservons une autre de la même provenance, qui est ornée d'un sujet plus intéressant encore et d'une signification plus obvie : c'est la colombe sur le bord d'un vase (V. ce petit monument et son explication à l'art. *Vase*).

Dans d'autres contrées éloignées, des lampes se trouvent qui ont un caractère particulier et auxquelles s'attache un grand intérêt. Ainsi un assez bon nombre de ces petits monuments nous est venu d'Égypte avec des types tout nouveaux et fort variés, souvent avec des inscriptions grecques. Celles de l'Afrique française, qui sont en immense quantité, se font remarquer par un style plus rapproché de celui des lampes européennes, mais peut-être plus varié par les types : elles en offrent de rares, et surtout des combinaisons jusqu'ici inconnues. Ainsi le musée d'Alger s'enrichit, en 1858 (V. le *Moniteur* du 5 juillet de cette année), d'une de ces lampes chrétiennes, d'une forme très-gracieuse, en argile rouge. Elle a pour type un poisson occupant le milieu du disque, et entouré d'un cercle formé par six dauphins. Münter en cite une de la même provenance (p. 112) qui est ornée d'un cerf, et une autre du chandelier mosaïque (pour l'interprétation de ce type, V. l'art. *Candélabre des Juifs*). Voici un fragment de terre cuite qui n'est autre que le disque d'une lampe africaine représentant deux agneaux au-dessus de deux croix gemmées, gracieuse composition symbolisant l'agneau de Dieu immolé sur la croix pour le salut des hommes (V. *Annuaire de la Société archéologique de la province de Constantine*. 1862, pl. IX).

Aucun des symboles tout à fait primitifs ne se voit sur les lampes de bronze : c'est la croix, par exemple, plutôt que le monogramme, et jamais le poisson ; c'est ce qui a déterminé les antiquaires à leur attribuer une origine relativement moderne.

Brunati (101. CCXXIV) décrit une lampe en terre cuite, appartenant au Collège Romain, où sont tracés simplement à l'encre ces deux mots grecs : Ο. ΑΓΑΘΟC. CΑΚΕΡδΟC, que l'on peut traduire par *sanctus sacerdos*. Ce saint dut être en Égypte l'objet d'une grande vénération, car nous retrouvons son nom et son image dans une catacombe d'Alexandrie, dont l'explication donnée par M. Wescher a été insérée dans le *Bulletin d'archéologie chrétienne* de M. De' Rossi (août et octobre 1865). D'Agincourt en a publié une qui ne présente pas la même obscurité (*Terres cuites*. pl. XXII. n. 14). C'est aussi une lampe d'argile provenant probablement de l'Égypte, si l'on en juge par le style, tout à fait identique à celui de quelques autres monuments du même genre apportés de ce pays, et inscrites aussi de légendes grecques. Celle-ci fait lire un nom commun à plusieurs martyrs, Polyeucte : ΤΟΥ ΑΓΙΟΥ ΠΟΛΥΟCΤΟC. Dans son Bulletin de 1866 (p. 72), M. De' Rossi a bien voulu adhérer à notre appréciation de ce monument.

LANCE (LA SAINTE) (Ἁγία λόγχη), *lancea, gladiolus*. Instrument liturgique chez les Grecs.

C'est une espèce de couteau dont la lame a la forme d'une lance et dont le manche allongé se termine par une croix. Cet ustensile joue un rôle important dans la liturgie des Grecs (V. la liturgie de S. Chrysostome, dans Goar. ΕΥΧΟΛΟΓΙΟΝ. p. 60 et 116). Il servait à séparer de la masse du pain offert l'hostie qui devait être consacrée. Il est intéressant de voir le détail de cette cérémonie dans l'ordre de la messe connu sous le nom de S. Chrysostome. Voici ce qu'on y lit à propos de la prothèse ou préparation de la messe (V. notre art. *Prothèse*) : « Le prêtre saisit de la main gauche le pain, et de la droite la sainte lance, avec laquelle il trace le signe de la croix sur le sceau de la forme offerte, et dit trois fois : EN MÉMOIRE DU SEIGNEUR ET DIEU ET SAUVEUR JÉSUS-CHRIST. Et aussitôt il enfonce la sainte lance dans la partie droite du sceau, et l'ouvrant, il dit : COMME UNE BREBIS, IL A ÉTÉ CONDUIT A LA MORT. Enfonçant de même cette sainte lance dans la partie gauche, il dit : ET COMME UN DOUX AGNEAU QUI SE TAIT DEVANT CELUI QUI LE TOND, AINSI IL N'A PAS OUVERT SA BOUCHE. Enfonçant de nouveau la sainte lance dans la partie supérieure du pain, il dit : APRÈS CES HUMILIATIONS IL A ÉTÉ DÉLIVRÉ DE LA MORT. Il en fait autant à la partie inférieure et dit : QUI RACONTERA SA GÉNÉRATION? A chaque incision, le diacre dit, en tenant son étole à la main : PRIONS LE SEIGNEUR ! Le même diacre dit ensuite : ENLEVEZ, SEIGNEUR ! et le prêtre, dirigeant la sainte lance obliquement dans la droite de la forme offerte, en détache le saint pain, disant : SA VIE EST ENLEVÉE DE LA TERRE, ÉTERNELLEMENT, MAINTENANT ET TOUJOURS, ET DANS LES SIÈCLES DES SIÈCLES, AMEN ! Et inclinant le pain sur le saint disque (la patène), après que le diacre a dit : IMMOLEZ, SEIGNEUR ! le prêtre le sacrifie en forme de croix, disant : EST IMMOLÉ L'AGNEAU DE DIEU QUI ÔTE LE PÉCHÉ DU MONDE, POUR LA VIE ET LE SALUT DU MONDE ! Alors il tourne le pain de l'autre côté qui a une croix au-dessus, et le diacre dit : PERCEZ, SEIGNEUR ! Le prêtre, le perçant du côté droit avec la sainte lance, dit : ET UN DES SOLDATS OUVRIT SON CÔTÉ AVEC SA LANCE ; ET AUSSITÔT IL EN SORTIT DU SANG ET DE L'EAU. »

II. — On trouve des traces d'un usage à peu près semblable dans l'Église occidentale. Avant d'être transportés au saint autel, les pains destinés au sacrifice étaient déposés sur la table dite diaconique, *mensa diaconica* (Cabasut. *Notit. concil. Dissert.* XI. § 1). Là ils étaient bénits par des oraisons solennelles. Après cette bénédiction, on les divisait en plusieurs parties avec un couteau exclusivement réservé pour cet usage et que les liturgistes appellent *culter eucharisticus*. Quelques-unes de ces parcelles étaient d'abord mises à part pour la consécration et pour la communion du prêtre et des fidèles. On réservait les autres pour les distribuer à ceux qui, sans être exclus de la communion de l'Église catholique, n'étaient pas disposés à communier.

Ainsi la fraction ou incision du pain avait lieu bien avant la messe des fidèles, c'est-à-dire avant le canon pendant lequel les prêtres distribuaient aux fidèles le corps du Seigneur, comme nous le lisons dans Honorius d'Autun (*Gemma animæ*. lib. I. cap. LXIII).

Mais il paraît que, avant cet auteur, les pains étaient incisés en autant de parties qu'il y avait de communiants, de telle sorte que, après la consécration, ils pussent être facilement rompus par le prêtre, conformément à ce que fit Jésus-Christ lui-même en instituant l'eucharistie, *benedixit, fregit, deditque discipulis suis*.

Nous reproduisons ici, d'après Allegranza (*Opusc. erudit.* tab. III. p. 25), un couteau eucharistique que l'on croit avoir appartenu à S. Thomas de Cantorbéry. Cet instrument, qui se conservait dans le trésor de l'église des chanoines réguliers de S. André de Verceil, est à deux tranchants, la lame est évidée par le milieu, et le manche, en bois de myrte est couvert de bas-reliefs représentant les emblèmes des douze mois de l'année.

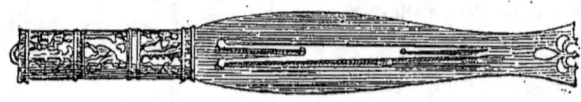

LANGUES LITURGIQUES. — En quelles langues la liturgie fut-elle célébrée aux temps apostoliques et aux siècles suivants? Dans les langues qui étaient vulgaires à cette époque chez chacun des peuples auxquels l'Évangile fut annoncé. Ainsi on regarde comme certain que les apôtres et leurs premiers successeurs célébrèrent en langue chaldaïque ou syriaque à Jérusalem et en plusieurs autres lieux; en grec à Antioche, à Alexandrie et dans d'autres villes de langue grecque; en latin dans les contrées de l'Occident où la langue latine était vulgaire. Un fait semblerait au premier abord contredire cette doctrine : c'est qu'à Rome, pendant les trois premiers siècles et probablement plus longtemps encore, la liturgie, ainsi que la lecture des Écritures, du moins dans les assemblées présidées par le Pape, se faisait en langue grecque (V. De' Rossi. *Roma sott.* t. II. p. 236-237). Mais la contradiction n'est qu'apparente : on sait en effet, comme nous l'avons fait observer ailleurs (art. *Inscriptions*, V), que la première chrétienté de Rome se composa en grande partie de Grecs et d'Orientaux, dont le grec était la langue vulgaire. Qu'il en ait été de même pour les langues des autres pays, c'est ce qu'établit avec évidence ce passage d'Origène contre Celse (I. VIII) : « Les Grecs se servent de mots grecs, les Romains de mots romains, et tous les autres peuples prient et louent Dieu chacun dans sa langue.... Dieu étant le maître de toutes les langues exauce ceux qui le prient en tant de langues diverses, comme s'ils priaient en une seule et même langue. Car il n'est pas comme les hommes qui, sachant une langue ou barbare ou grecque, ignorent les autres, et ne se mettent pas en peine de ceux qui parlent une langue différente de la leur. » Il est évident que le grand docteur constate ici la pratique liturgique telle qu'elle existait de son temps.

I. — Voilà une preuve générale; on en donne de spéciales pour chaque langue.

1° *Langue égyptienne ou copte.* S. Antoine ne savait pas le grec, car il ne put entendre que par le moyen d'un interprète les philosophes grecs qui vinrent pour conférer avec lui (Athanas. *In ipsius Vit.*). Or S. Antoine comprenait la liturgie, il était très-attentif à tout ce qui se lisait à l'église, et en conservait le fruit dans son cœur; et on sait que sa vocation fut déterminée par ce mot de l'Évangile dont il entendit la lecture de la bouche du diacre : « Si tu veux être parfait, va, vends tout ce que tu possèdes et le donne aux pauvres, viens et suis-moi, et tu auras un trésor dans le ciel. » (Matth. xix. 21.) La liturgie où S. Antoine recueillit cette sentence féconde était donc en langue égyptienne, puisque, selon S. Athanase son biographe, il n'en comprenait pas d'autre.

Nous savons néanmoins par S. Jérôme (*Præf. in Paralip.*) que la version grecque des Septante se répandit beaucoup, dans toute la partie de l'Asie qui s'étend de Constantinople à Antioche, ainsi que dans toute la Palestine, et qu'elle y était d'un usage universel. Les copies qui circulaient dans ces contrées étaient celles qui avaient été écrites par les soins d'Origène, et qu'y avaient répandues Eusèbe et le martyr S. Pamphile. Paul Diacre nous apprend aussi que la liturgie grecque de S. Basile devint plus tard très-commune chez ces peuples (*Epist. ad Fulgent.*). Or il n'est pas moins avéré que la plupart des Orientaux, notamment ceux de certaines parties de l'Égypte, les Cappadociens, les Lycaoniens, les Galates, les Syriens, usaient de dialectes particuliers (Cf. Renaudot. 1. *dissert.* 1. c. 6). Aussi savons-nous qu'il y avait dans les églises des *interprètes*, pour traduire l'Évangile au peuple ignorant qui n'entendait pas très-nettement la langue liturgique (V. l'art. *Hermeneutæ*).

2° *Langue arménienne.* S. Sabas ayant vu un certain nombre d'Arméniens se ranger sous sa discipline, leur céda une église « où ils lisaient l'Évangile et faisaient toute la liturgie en leur langue ». Ces Arméniens étaient catholiques, sans quoi S. Sabas ne les eût pas reçus dans sa communion (V. Bocquillot. *Hist. de la liturg.* p. 250). Personne n'ignore que la liturgie arménienne est encore aujourd'hui en vigueur.

3° *Langue besse.* S. Théodose, contemporain et voisin de S. Sabas, avait trois monastères, un de Grecs, un d'Arméniens et un troisième de Besses. On ne sait d'où venaient ces derniers ni quelle était leur langue; Bolland (*Ad diem jan.* x. p. 692) suppose sans assez de fondement que cette langue n'était autre que l'esclavonne. Mais ce qui est certain, c'est que les religieux de ce nom faisaient l'office en leur propre langue, aussi bien que les Grecs et les Arméniens : leur séparation en trois maisons distinctes n'avait pas d'autre motif. Et ce qui le prouve, c'est que (Bolland. *ibid.*) quand ils avaient à participer aux sacrements, ils commençaient par écouter la lecture des divines Écritures, chacun dans leur église, et ne se réunissaient tous dans celle des Grecs qu'au moment où ils devaient recevoir la sainte eucharistie.

4° Les Éthiopiens, convertis par S. Frumence, que S. Athanase leur avait donné pour évêque, et les Scythes, amenés à la foi du temps de S. Jean Chrysostome, durent aussi avoir leur liturgie en langue vulgaire; car il n'y a nulle apparence qu'ils entendissent le grec, et moins encore que, contrairement à la discipline jusque-là universellement observée, comme nous l'avons vu par le témoignage d'Origène, on leur eût donné un service divin en langue inconnue.

II. — Venons maintenant aux Églises occidentales. Il n'y a pas de raison de supposer que la liturgie y ait été célébrée dans une autre langue que la latine. La conquête romaine, comme le remarque S. Augustin (*De civit. Dei.* xix. 5), avait imposé la langue latine, comme une nécessité, à toutes les nations conquises. Les peuples d'Afrique, dit Juste-Lipse (*De recta pronunciat. ling. latinæ*), comme ceux d'Espagne, de Pannonie, d'Angleterre, adoptèrent avec joie cette langue, au point d'oublier à peu près complètement la leur. « Apulée, ajoute ce savant, dans ses *Florides*, le témoigne par rapport à l'Afrique, et les sermons de S. Cyprien, de S. Augustin et d'autres Pères en font foi. Pour les Gaulois, Strabon, dès le temps d'Auguste, dit qu'on ne les devait point appeler Barbares, ayant pris les coutumes des Romains, aussi bien que leur idiome. Il affirme la même chose des Espagnols, et Velleius en dit autant de ceux de Pannonie. Et il paraît, par Tacite, qu'Agricola inspira aux Anglais le désir d'être éloquents dans la langue latine, bien qu'auparavant ils eussent dédaigné de s'en servir. » Est-il donc étonnant que dans toutes les nations occidentales on ne rencontre que des liturgies latines?

Il suffira de cette citation pour l'Angleterre et l'Espagne; nous devons donner sur l'Afrique, les Gaules et l'Illyrie quelques détails qui intéresseront le lecteur.

1° *L'Afrique.* Le latin y était tellement vulgaire, que S. Augustin (*Confess.* l. i. c. 14. 3) nous dit de lui-même qu'il l'avait appris sur les genoux de ses nourrices. De quatre cents évêques dont se composait l'Église de cette contrée, on n'en pourrait pas nommer un seul qui prêchât autrement qu'en cette langue, témoin les œuvres de Tertullien, de S. Cyprien, de S. Optat, de S. Augustin, de S. Fulgence, qui s'adressent au commun des fidèles, soit sous forme de sermons, soit sous forme de traités. Tels sont les traités des deux premiers *Sur l'oraison dominicale*, *De la mortalité*, *De la virginité*, l'*Exhortation au martyre*, etc. On eût même difficilement trouvé des ecclésiastiques qui connussent la langue punique, devenue comme une espèce de patois qui ne se parlait que dans quelques villages écartés. Le peuple même l'avait oubliée; car S. Augustin voulant un jour citer aux habitants d'Hippone un proverbe africain, dut le mettre en latin sous peine de n'être pas saisi : *Latine vobis dicam, quia Punice non omnes norunt* (Serm. de verb. Apost. 167).

2° *Les Gaules.* Le latin n'était pas moins commun parmi les Gaulois, et nos anciens évêques n'employaient pas d'autre langage pour instruire leurs peuples, soit de vive voix, soit par écrit. Ici les preuves sont superflues. Il nous plaît cependant de rapporter, d'après Sulpice-Sevère (*Vit. S. Martin.* 1. 7), un trait de la vie de S. Martin, qui fait voir à quel point la langue des Romains était familière à nos pères. On sait que ce saint fut enlevé de force de son monastère par une immense multitude de peuple des villages voisins qui le voulaient pour évêque, contre l'avis de quelques prélats et en particulier contre l'opposition de celui d'Angers, qui s'appelait *Defensor*. Or le *lecteur* n'ayant pu se faire jour à travers la foule pour entrer dans l'église, le premier venu ouvrit le psautier, et le verset sur lequel il tomba fut celui-ci : *Ex ore infantium et lactentium perfecisti laudem propter inimicos tuos, ut destruas inimicum et* DEFENSOREM ! (l'ancienne version portait *defensorem*, la nouvelle fait lire *ultorem*), « vous avez tiré la louange de la bouche des nouveau-nés et des enfants à la mamelle pour confondre l'ennemi et le *défenseur* (*Psalm.* VIII. 3) ! » A cette lecture, le peuple tout aussitôt poussa un grand cri, voyant dans ce verset providentiellement amené une allusion à l'évêque *Defensor*, qui s'était déclaré contre Martin.

3° *L'Illyrie.* S. Jérôme, né et élevé dans l'Illyrie ou la Dalmatie, parle de la langue latine comme de sa langue maternelle. Il se plaignait même d'en avoir perdu la fleur en s'appliquant avec ardeur à l'étude de l'hébreu : « Ce que j'ai gagné dans l'étude de cette langue, je laisse à d'autres le soin de le dire ; pour moi, je sais ce que j'ai perdu de la mienne, » *ego quid in* MEA *amiserim scio* (*Præf. Comment. in Ep. ad Galat.*)

III. — Voilà donc un point bien fixé, c'est que l'esprit de l'Église primitive fut toujours que le service divin se fît dans la langue vulgaire des nations nouvellement converties, qui n'entendaient pas d'autre langue que la leur. Nous avons même des exemples de cette tolérance pour des temps qui n'appartiennent plus à l'antiquité ; tel est celui des Esclavons, qui, convertis au neuvième siècle, obtinrent du pape Jean VIII la permission de célébrer la liturgie dans leur langue. Et à une époque tout à fait moderne, c'est-à-dire au commencement du dix-septième siècle, sous Paul V, il n'a pas tenu au saint-siège que les Chinois ne jouissent de la même faveur.

Mais il n'est pas moins vrai que l'Église se refusa toujours à suivre dans ses liturgies les variations successives que subissaient les langues des peuples chez lesquels elles étaient en usage, elle s'en tint constamment à ses textes primitifs. A Rome même, où le latin devait nécessairement prévaloir, les origines grecques de la liturgie laissèrent une longue trace que plusieurs siècles parvinrent à peine à effacer (V. De' Rossi. *loc. laud.*). Dans les sacramentaires romains, dans les manuscrits du neuvième siècle, l'interrogatoire des catéchumènes commence par ces mots : *qua lingua confitentur Dominum Nostrum Jesum Christum ?* Et un acolyte répondait : *græce*. Après cette époque, les professions de foi, dans ces mêmes manuscrits, sont écrites en lettres latines, mais en langue grecque : preuve évidente de la persistance de l'usage de l'idiome liturgique primitif jusqu'en des temps où celui-ci n'était plus entendu, et où l'on était obligé de l'écrire en lettres latines, pour mettre le prêtre en état de le prononcer matériellement.

C'est ce qui explique pourquoi la plupart des liturgies se trouvent aujourd'hui écrites en diverses langues savantes que le peuple n'entend plus. Ainsi les Grecs, les Coptes ou Égyptiens, les Arméniens, les Éthiopiens, etc., ne comprennent plus la langue de leur liturgie, à moins qu'ils ne l'aient étudiée. Et les Églises séparées par le schisme sont ici d'accord avec l'Église catholique, parce que toutes ont compris de quelle importance il était de ne rien innover sur ce point, et de combien d'inconvénients eût été hérissée la pratique contraire.

1° La majesté de nos mystères ne saurait se prêter à tous les changements qui se produisent sans cesse dans le langage humain. On s'exposerait à les rendre méprisables en y employant un langage qui vieillit vite et se trouve presque méconnaissable de siècle en siècle. Ainsi les psaumes de Marot, qui faisaient les délices de la cour de François Ier, seraient aujourd'hui burlesques s'ils étaient chantés dans nos églises. Que serait-ce si l'on chantait la messe dans un langage usé et plus propre à exciter le rire que la piété ?

2° Il faudrait donc soumettre sans cesse les livres liturgiques à de nouvelles traductions ! Mais outre les incommodités de toute sorte qui en résulteraient pour les fidèles, outre le grave inconvénient de dépouiller les choses saintes de ces formes vénérables qui les ont fixées dans la mémoire et dans le respect des peuples, ne serait-ce pas assujettir l'Église à un travail de surveillance incessant pour prévenir les erreurs qui pourraient se glisser dans ces traductions en des langues nouvelles qui n'auraient pas encore acquis la précision et la justesse si nécessaires dans les choses dogmatiques ? Qui ne sait que les ariens, en changeant une seule lettre dans le symbole de Nicée, y glissèrent une erreur capitale qui fut la source de tant de maux et de troubles dans l'Église ?

3° Nous voyons que la langue latine est un lien commun qui unit toutes les Églises d'Occident. C'est par elle que toutes les Églises de Rome, de France, d'Espagne, d'Allemagne, etc., communiquent ensemble. Comment les évêques expliqueraient-ils les sentiments de leurs Églises dans les conciles œcuméniques si la langue qui leur est commune s'était perdue ?

4° Si les Grecs et les Latins, etc., avaient changé la langue de leurs liturgies, que serait devenue pour les clercs l'étude des langues savantes ? Ces langues, dont la conservation à travers les siècles obscurs n'est due qu'au zèle éclairé du clergé, se seraient perdues comme l'idiome de nos anciens Gaulois, dont il ne reste pas vestige. Et quelles pertes n'aurait pas entraînées celle de ces langues? A quoi serviraient les originaux de l'Écriture sainte, les anciennes versions, les commentaires, tous les ouvrages des Pères, si l'on n'entendait plus les langues dans lesquelles ils sont écrits? Comment la tradition aurait-elle pu se conserver dans une si longue suite de siècles? Tant de conciles tenus par nos pères seraient devenus inutiles.

Il serait infiniment désirable assurément que tout le monde entendît ce qui se dit dans la liturgie sacrée. Ce serait un grand sujet d'édification et une consolation pour les fidèles. Mais l'Église y a pourvu en enjoignant à ses ministres d'initier les peuples aux grandes pensées exprimées dans la liturgie, et qui ne sont que plus pénétrantes pour être enveloppées de formes mystérieuses et exprimées dans un langage hiératique qui porte l'auguste empreinte des siècles. L'esprit de l'Église sur cette matière se résume tout entier dans ce décret du concile de Trente (Sess. XXI. l. 8. *De sacrif. miss.*): « Quoique la messe contienne de grandes instructions pour les fidèles, il n'a pourtant pas été jugé à propos par les anciens Pères qu'elle fût célébrée partout en langue vulgaire. C'est pourquoi chaque Église retiendra en chaque lieu l'ancien usage qu'elle a pratiqué. Afin pourtant que les brebis de Jésus-Christ ne souffrent pas la faim, le saint concile ordonne aux pasteurs et à tous ceux qui ont charge d'âmes, que souvent, au milieu de la célébration de la messe, ils expliquent eux-mêmes ou fassent expliquer par d'autres quelque chose de ce qui se lit à la messe, et particulièrement sur quelque mystère de ce très-saint sacrifice, surtout les jours de dimanche et de fêtes. » (V. les art. *Liturgie* et *Messe*.)

LAPSI (TOMBÉS). — I. — La persécution de Dèce, après une période de paix relativement assez longue, surprit l'Église dans un grand relâchement. Aussi n'eut-elle aucune peine à y faire des apostats, dans les rangs du clergé aussi bien que dans ceux du peuple. Sans doute des défections de ce genre n'avaient pas été jusque-là sans exemple ; mais nous prenons la question au troisième siècle, parce que c'est de là que date l'établissement de la discipline à l'égard des *tombés*.

De toute part on vit de ces chrétiens dégénérés blasphémer ce qu'ils avaient adoré, c'est-à-dire abjurer la foi, *blasphemati*, offrir de l'encens aux idoles, *thurificati*, s'associer aux sacrifices des païens, *sacrificati*, ou même, par une singulière aberration de conscience, acheter, pour sauver leur vie, des attestations d'une infidélité dont ils n'étaient point coupables, *libellatici*. Ces quatre dénominations représentent les principales classes de *tombés*.

Quelques-uns sacrifiaient spontanément, sans y être contraints par la violence des tourments, souvent même avant qu'on les arrêtât pour les interroger : « Soldats vaincus sans combat, » dit S. Cyprien (*De lapsis. Opp. Cyprian.* p. 185). Dans une lettre à Fabius, évêque d'Antioche (Cf. Euseb. *Hist. eccl.* VI. 41), S. Denys d'Alexandrie dit qu'il y en eut qui s'empressaient de courir aux autels des dieux, en proclamant hautement qu'ils n'avaient jamais été chrétiens. D'autres, selon S. Cyprien (*Ibid.*), se voyant remis au lendemain, pressaient les magistrats de recevoir leur abjuration et leur nouveau serment avant la nuit, et montaient aussitôt au Capitole pour y consommer au plus vite leur apostasie.

Ici, ce mot de capitole ne s'applique pas exclusivement à celui de Rome. Toutes les villes qui, avec le joug de la domination des Romains, avaient subi celui de leurs divinités, adopté leurs rites, imité leurs temples, avaient donné aux plus illustres de ceux-ci le nom de capitole, surtout quand ils étaient bâtis sur quelque éminence. C'est dans ce sens général que le cinquante-neuvième canon du concile d'Elvire, en Espagne, a dit : *Prohibemus ne quis Christianus.... ad idolum* CAPITOLII, *sacrificandi causa, ascendat*. C'est du capitole de Carthage que S. Cyprien veut parler (*Ibid.* 189), quand il raconte qu'un chrétien, monté au capitole pour renoncer au Christ, devint muet aussitôt après avoir prononcé la formule impie. Toulouse avait aussi son capitole : c'est là que son évêque S. Saturnin fut arrêté par les païens, c'est du haut du capitole et jusqu'au bas de sa rampe, *a summa capitolii arce, per omnes gradus* (*Martyrol. Rom.* XXIX nov.), qu'il fut traîné par un taureau furieux amené pour le sacrifice.

Une dernière et plus odieuse circonstance doit être rappelée. Tandis que les vrais chrétiens affrontaient les supplices les plus atroces plutôt que de goûter aux viandes immolées, les déserteurs de la foi du Christ apportaient avec eux de quoi sacrifier. « Malheureux, dit S. Cyprien (*Ibid.*), qui ne comprenaient pas que sur ce même autel où ils offraient des hosties impures, ils sacrifiaient en même temps leur salut et leur espérance, et qu'ils brûlaient leur foi dans ces feux sacrilèges ! » Tout cela, dit-il ailleurs (*Ibid.* p. 189), offrait un navrant spectacle, et celui-là eût été aussi dur que le fer, *durus et ferreus*, qui, en présence de tant de ruines d'âmes, eût pu retenir ses larmes !

II. — Mais enfin le danger cessa, le calme succéda à la tempête, et il fallut songer à réparer tous ces désastres. La plupart de ces infortunés, reconnaissant l'énormité de leur faute, sollicitaient leur rentrée dans l'Église, mais avec une ardeur le plus souvent indiscrète, et par toutes sortes de moyens, surtout par la faveur des martyrs et des confesseurs, auxquels, à force de sollicitations et d'instances, ils arrachaient des milliers de ces billets ou *libelles* (V. l'art. *Libelles des martyrs*) attestant qu'ils leur avaient donné la paix.

La conduite à tenir à leur égard était difficile à déterminer ; la sévérité avait ses périls comme l'indulgence. Trop de facilité ouvrait toute sorte de brèches dans le vénérable édifice de la discipline antique; une rigueur excessive risquait de jeter les *tombés* dans le découragement, et de là dans le schisme et l'hérésie. Ces principes extrêmes se personnifièrent dans deux de ces esprits inquiets et indociles parmi lesquels se trouvent toujours les novateurs : Novatien, qui excluait absolument les *tombés* de toute espèce de la réconciliation, même en espérance, et voulait qu'on les abandonnât, sans le secours du ministère de l'Église, à la miséricorde divine; et Félicissime, qui, au contraire, prétendait qu'ils fussent admis sans pénitence et sans épreuve.

L'Église s'étant montrée également éloignée des deux excès opposés, Novatien et Félicissime firent schisme, le premier à Rome, le second à Carthage.

D'ardentes controverses et de longs troubles s'ensuivirent, surtout pendant les seize mois que dura la vacance du saint-siége, entre le martyre de S. Fabien et l'élection de S. Corneille. Cette circonstance du veuvage de l'Église mère rendit S. Cyprien vraiment maître de la position, et lui fournit l'occasion de déployer toutes les ressources de son génie et de son zèle. Du fond de la retraite ignorée où il avait cherché un abri contre l'orage, non-seulement il instruisait son clergé et gouvernait son église de Carthage; mais, dans l'intérêt de l'Église universelle, il entretenait une correspondance active avec le clergé de Rome qui, dans ces difficiles circonstances, avait saisi résolûment et tenu avec fermeté le timon de la barque de Pierre.

Ce sont les principes de sévérité, mitigés par la miséricorde, développés dans cette série de lettres qui servirent de base un peu plus tard aux constitutions du concile de Carthage au sujet des tombés; juste pondération entre la rigueur et la faiblesse que S. Cyprien caractérise lui-même ainsi dans sa cinquante et unième lettre : *Libelli, ubi lapsis nec censura deest quæ increpet, nec medicina quæ sanet* : « libelle où ne manque aux tombés ni la censure qui reprend, ni le remède qui guérit. »

On a supposé, mais à tort, que les règlements sur ces matières sont contenus dans le traité *ex professo* composé par Cyprien sous le titre de *De Lapsis*. Ce traité fut, selon toute apparence (*Epist.* LI. p. 94), lu à l'ouverture du concile, dont il n'est pour ainsi dire que l'introduction ou le programme. Le concile fut convoqué en 251; S. Cyprien y proclama l'élection toute récente du pape Corneille, avec lequel il s'entendit sur toutes les questions à régler, *participato invicem nobiscum concilio* (Cyprian. *Epist.* LIV. p. 109).

Les degrés de culpabilité des *tombés* étaient fort divers. Il fut décidé en conséquence qu'on examinerait les circonstances des fautes des coupables, leurs intentions, leurs engagements, afin de fixer la durée de la pénitence de chacun. On ne mettait pas en doute, par exemple, qu'on ne dût traiter avec beaucoup plus d'indulgence ceux qui, après avoir longtemps résisté à la violence des tourments, n'avaient été abattus que parce qu'on ne leur accordait pas la grâce de mourir; et on jugeait que trois ans de larmes et de pénitence suffisaient pour les faire admettre à la communion. Pour donner une base fixe à cet examen, on dressa des règlements sur les différents cas qui se présentaient, et on les envoya, ce semble, à tous les évêques (Tillemont. IV. p. 97). Telle serait, si on en croit Baronius (*An*. 254. n. 49), l'origine des canons appelés depuis *pénitentiaux*.

Le principe général fut donc que nul ne devait être admis à la paix sans avoir fait une véritable pénitence.

Les *tombés* ne devaient être absous qu'après qu'ils auraient accompli celle qui leur avait été imposée, selon la qualité, la gravité et les circonstances de leur chute. Mais s'ils venaient à tomber malades avant d'avoir complètement acquitté cette dette, on leur accordait dès lors la communion, restriction miséricordieuse déjà exprimée précédemment par S. Cyprien et le clergé de Rome.

Le concile d'Elvire, tenu à peu près un demi-siècle après celui de Carthage, vint apporter des rigueurs inouïes à la discipline sur ce point. Il voulait que quiconque après son baptême serait tombé dans l'idolâtrie, ne fût plus admis à la communion, même à la fin de sa vie (can. I. Concil. t. I, p. 969). On éprouve le besoin d'adopter l'interprétation de Duguet, supposant qu'il ne s'agissait dans ce décret que de l'idolâtrie double, c'est-à-dire spontanée et sans provocation (*Discipline de l'Église*, t. I. p. 291).

III. — L'apostasie fut dès le temps d'Origène (*Contr. Cels.* III) un cas d'irrégularité pour les saints ordres. D'après S. Athanase (*Epist. ad Rufinian.* Opp. t. II. p. 41. édit. Paris.), le pardon, pour un crime pareil, devait être accordé à un laïque, après résipiscence, mais il était exclu du clergé : *Nec detur tamen locus in clero*. Le tombé qui aurait été ordonné par surprise devait être éloigné des fonctions saintes : ainsi le régla le concile de Nicée (can. X), et cette règle remonte bien plus haut encore; S. Cyprien (*Epist.* LXVIII) affirme qu'à Rome, comme en Afrique et dans tout l'univers catholique, les évêques avaient décidé « que les hommes de cette sorte pouvaient bien être admis à accomplir la pénitence (canonique), mais devaient être éloignés de l'ordination du clergé et de l'honneur du sacerdoce » *ejusmodi homines ad pœnitentiam quidem agendam posse admitti, ab ordinatione autem cleri atque sacerdotali honore prohiberi*. Les ariens eux-mêmes, qui ne se piquaient guère de fidélité aux règles canoniques, suivirent quelquefois cette discipline, par exemple, à l'égard du sophiste Asterius, qui était connu pour avoir sacrifié aux dieux de l'empire (Athanase. *De syn. Arim. et Seleuc.* Opp. t. I. p. 887. édit. Paris.). Il est vrai de dire qu'ils ne se tinrent pas longtemps dans la règle. Car, si nous en croyons Philostorge (*Hist. eccl.* II. 14), les principaux évêques de la secte, Eusèbe de Nicomédie, Maris de Chalcédoine, Teognis de Nicée, Léontius d'Antioche, Antonius de Tarse, Menophantes d'Éphèse, Numenius, Eudoxius, Alexandre et Asterius de Cappadoce, sacrifièrent tous aux dieux des gentils sous la persécution de Dioclétien.

On doit reconnaître, néanmoins, que quelques-uns de ces évêques avaient été consacrés dans l'Église avant l'apparition de l'arianisme. D'où il faut conclure, ou que les évêques qui les ordonnèrent ignoraient leur chute, ou que, dans certains cas, l'Église jugeait à propos de déroger en cela à la discipline commune. Baronius (*Ad an.* 335. n. 8) et quelques autres accusent l'historien Eusèbe d'être tombé dans le crime d'idolâtrie. Le P. Peteau (*Animadv. in Epiphan. hæres.* LXIV. n. 2), Huet (*Origenian.* I. 4) et Pagi (*Critic. ad Baron.* an. 251. n. 6) chargent aussi Origène d'une telle tache, sur le témoignage de S. Épiphane. Valois (*Not. in Euseb.* VI. 39), Ellies Dupin (*Bibliot.* I. p. 144) et Guillaume Cave (*Hist. litt.* I. p. 128) cherchent à l'en laver. Duguet (*Opp. laud.* I. p. 209) prouve assez bien que c'est un bruit fabuleux, que les ennemis d'Origène inventèrent longtemps après sa mort, et que S. Épiphane avait admis sans preuve.

Quant aux évêques et aux clercs tombés en temps de persécution dans le crime d'idolâtrie, ils étaient, comme les laïques, admis à la grâce de la pénitence, mais dégradés de leur ordre, exclus de leurs fonctions, et même de la participation aux saints mystères en qualité de clercs. C'est ainsi que Trophime fut traité au temps de S. Corneille et de S. Cyprien. Celui-ci affirme (*Epist.* XLVIII) que cette règle était en vigueur à Rome et dans tout le monde catholique. Un concile d'Afrique, au nom duquel il dut écrire aux Églises d'Espagne, s'était prononcé dans ce sens contre deux évêques de cette contrée, Basilide et Martial, lesquels étant *tombés*, prétendaient se prévaloir de leur pénitence pour retenir leurs sièges. Nous trouvons la même règle dans les canons de Pierre, évêque d'Alexandrie (can. x. — Cf. Bingh. II. 315), et dans ceux du premier concile d'Arles (I. 13) qui met au rang des tombés, non-seulement ceux qui avaient sacrifié et abjuré la foi, mais aussi ceux qui avaient livré les vases sacrés et les livres saints (V. l'art. *Traditeurs*) : tous ces clercs sans distinction devaient être à perpétuité éloignés du ministère des autels; cependant on pourrait trouver dans l'histoire ecclésiastique des exemples de réintégrations arrivées à une époque d'un certain relâchement dans la discipline, dans certains cas exceptionnels où l'Église, dans sa sagesse, jugeait qu'il était plus avantageux pour ses intérêts de rétablir ces tombés dans leurs grades que de les en tenir pour toujours éloignés.

IV. — Souvent on vit les *lapsi* consoler l'Église par l'ardeur avec laquelle ils se relevaient pour courir au martyre. Ainsi plusieurs de ceux qui avaient succombé sous Dèce, *prima acie*, se relevèrent généreusement plus tard, *secundo prælio* (Cyprian. *Append.* p. 17), sous Gallus probablement. Un fait extraordinaire en ce genre se produisit dans la passion des martyrs de Lyon, sous Marc-Aurèle : c'est que ceux qui avaient apostasié furent néanmoins laissés en prison avec les autres, et que, par une grâce spéciale, il leur fut donné de revenir à la foi et de la sceller de leur sang.

LAUDES. — V. l'art. *Office divin*, I.

LAURENT (S.). — Nous avons dans les dissertations du P. Lupi (*Dissert. e lett.* t. I. p. 192-197) deux monuments antiques représentant le martyre de S. Laurent. Le premier est un camée où l'on voit le saint diacre étendu sur le gril : deux bourreaux attisent le feu au-dessous, un troisième apporte du bois pour l'alimenter. Le second objet est un médaillon de plomb. Le martyr est représenté au moment où, retourné sur le gril par un satellite, il rend son âme à Dieu : cette âme est figurée sous l'emblème d'une femme qui s'élève, les mains jointes, au-dessus du corps, et reçoit sur sa tête une couronne d'un bras isolé qui est la personnification de Dieu le Père (V. l'art. *Dieu*). L'empereur est présent, assis sur un siège curule, la tête laurée, portant d'une main un sceptre, et de l'autre faisant un signe de commandement. Un deuxième satellite se tient debout près de lui. Nous avons donné cette médaille à notre article *Ame*. Elle a pour légende SVCESSA VIVAS; et Successa est représentée au revers s'offrant elle-même à Dieu devant le tombeau du diacre martyr, avec un flambeau à la main. Un verre

donné par Arevalo (*In Prudent.* p. 936) le représente aussi sur le gril, le ventre du côté du feu, et son nom, LAVRECIV, est écrit en haut.

En sa qualité de diacre, S. Laurent est toujours représenté avec l'Évangile à la main, parce que l'office du diacre était de lire l'Évangile (V. l'art. *Évangile*). C'est le type ordinaire que voici : S. Laurent y porte le vêtement connu sous le nom de *birrus* (V. ce mot). Dans une mosaïque du sixième siècle qui se voit à Saint-Laurent *in agro Verano* de Rome, église fondée et dotée par Constantin, il porte un livre ouvert où on lit ces paroles qui expriment le zèle du saint diacre pour les pauvres : *Dispersit, dedit pauperibus* (Ciampini. *Vet. mon.*

tab. LXVI. 2). On lui donne aussi pour attribut une croix, et souvent une croix gemmée (Aringhi. II. 354), pour montrer sans doute qu'il porta la croix de Jésus-Christ jusqu'au martyre, ou bien encore pour désigner sa qualité de diacre, car, en cette qualité, il était chargé de porter la croix dans les offices divins. C'est probablement pour cette raison que le même attribut lui est aussi donné dans les vieilles mosaïques. Ainsi, il porte la croix et l'Évangile dans la mosaïque de la basilique de Galla Placidia de Ravenne (*Vet. mon.* I. LXVII), monument du cinquième siècle, et il est debout devant le gril enflammé. Dans un

fond de verre, il a le monogramme du Christ derrière la tête comme une auréole avec l'A d'un côté, l'ω de l'autre, ce qui signifie que celui dont le nom divin est abrégé sous ce signe habitait dans l'âme du saint martyr (Bottari. tav. CXCVIII). Il est quelquefois représenté assis entre S. Pierre et S. Paul (Garrucci. *Vetri.* XX. 7), pour indiquer que ces deux apôtres ayant introduit S. Laurent dans la cité céleste, lui en font les honneurs en lui donnant la première place (V. Buonarr. p. 104). Dans un autre verre, il est représenté seul, avec cette légende : VICTOR VIVAS IN NOMINE LAVRETI (Buonarr. XIX. 2) ; il est probable que cette coupe avait servi à quelque agape, donnée à l'occasion de la fête du saint martyr, qui se célébrait à Rome avec beaucoup de solennité (V. la gravure à l'art. *Agape*) ; on voit dans le sacramentaire de S. Grégoire qu'on y célébrait deux messes (édit. Menard, p. 119). Celles qui se disaient près du tombeau du saint *in agro Verano* n'avaient pas lieu dans la même église, mais dans deux églises différentes et juxtaposées, l'une appelée *major* et l'autre *speciosior et nova* : cette dernière renfermait les reliques du martyr (V. De' Rossi. *Bulett. archeol.* 1864, p. 43).

LAVEMENT DES MAINS (χέρνιψ). — V. l'art. *Ablutions*, III.

LAZARE (RÉSURRECTION DE). — S. Jean Chrysostome (*Homil.* IX) pense qu'en ressuscitant Lazare, Jésus-Christ a voulu dire : Moi qui ressuscite un homme, je ressusciterai un jour tous les hommes. Un grand nombre de Pères de l'Église, entre autres S. Ambroise (*De fid. resurr.* l. II. § 77) et S. Grégoire de Nysse (*Serm. de pasch. et resurrect.*), interprètent dans le même sens ce miracle du Sauveur.

C'est donc pour tenir sans cesse en éveil dans le cœur des premiers chrétiens la pensée consolante de la résurrection de la chair, pensée bien nécessaire surtout pour soutenir leur courage au milieu des persécutions, que les pasteurs de l'Église faisaient reproduire à satiété la résurrection de Lazare dans les catacombes et dans les monuments chrétiens en général. Aussi ce sujet est-il un de ceux qui se présentent le plus souvent, sur les sarcophages comme sur les simples pierres des *loculi*, dans les peintures des cimetières comme dans les mosaïques des églises (Ciampini. *Vet. mon.* II. tab. 97). Prudence lui consacre un quatrain dans son diptyque (XXXVIII) :

Conscius insignis facti, locus in Bethania
Vidit ab inferna te, Lazare, sede reversum.
Adparet scissum fractis foribus monumentum,
Unde putrescentis redeunt membra sepulti.

« Témoin d'un fait insigne, un lieu à Béthanie, te vit, ô Lazare, revenu des demeures inférieures. Ouvert, les portes étant brisées, apparaît le monument d'où sont sortis les membres à demi corrompus de celui qui y avait été enseveli. »

Et on tenait si fort à retracer toujours et partout ce salutaire souvenir, que, à défaut de l'image de Lazare peinte ou sculptée sur les tombeaux, on fixait à l'extérieur de ces monuments des statuettes en métal ou en ivoire qui le représentaient (Boldetti. *Cimit.* p. 523).

Pour se conformer à l'usage des Juifs et aussi au récit de S. Jean (XI. 44), les artistes anciens figurent habituellement Lazare comme une petite momie enveloppée de bandelettes, la tête voilée d'un suaire, qui le plus souvent encadre la face et la laisse à découvert (Buonarr. *Vetri.* tav. VII. 1), et placée debout à l'entrée d'un édicule ; Notre-Seigneur est devant lui, qui le touche avec une verge (c'est le type commun), ou étend vers lui la main droite, tandis que de la gauche il tient un volume à moitié ouvert (Bottari, tav. XXVIII. XLII et *alibi*). Quand sa main droite est libre, il bénit ordinairement la momie à la manière latine (Aringhi. II. 121). On le voit aussi parfois imposer la main sur la tête de Lazare (Id. II. 183). Nous avons remarqué une fresque du cimetière de Calliste (Id. I. 565) où la momie ressemble exactement à une chrysalide. Serait-ce une allusion parlante à la résurrection ?

Les sculptures de quelques sarcophages de la

Gaule (V. au musée lapidaire de Lyon, n° 764 ; — et Millin, *Midi de la France*, Atlas. pl. LXV, n° 5) font voir la momie étendue par terre, sans le tombeau.

Les bandelettes et le suaire sont ordinairement blancs, ainsi qu'on peut s'en assurer par quelques verres (Buonarr. VII. 2. — Perret. IV. pl. XXXII. 97), dont le fond est d'or, comme presque toujours, et les draperies de la momie d'argent. Cette manière d'ensevelir les morts venait sans doute de l'Égypte ; c'est le système de momification tel que nous le voyons employé pour les nombreux corps qu'on transporte en Europe dans un but de curiosité ou de spéculation. Que cet usage fût reçu chez les Juifs, c'est ce que nous savons, non-seulement par le sujet qui nous occupe, mais encore par les figures du livre de la *Genèse* citées par Buonarruoti, d'après Lambèce (*Bibl. Cæs.* I. II. p. 1008), où l'on voit les corps de Jacob et de Rachel ensevelis d'après cette méthode. Le ménologe de Basile montre aussi enveloppés de bandelettes, *institis*, et le suaire autour de la face, le cadavre de Michée (V *jun.*), ainsi que celui de Josué (I *sept.*), lequel est placé dans un sarcophage où se trouvent sculptés en bas-relief Adam et Ève.

Les chrétiens adoptèrent aussi le même usage en certains lieux, comme on le peut conclure du témoignage des Pères et d'autres auteurs qui parlent des *institæ*. Le ménologe de Basile, déjà cité, fait voir enseveli de cette manière le corps de S. Philarète (XI *dec.*) et, ce qui est fort bizarre, les âmes de S. Ammon (IV *dec.*) et de S. Alexandre (IX *nov.*) s'envolant au ciel dans ce costume.

Le sépulcre de Lazare est une espèce de grotte taillée dans la roche vive, selon la coutume des Juifs, et il est probable qu'il était un peu élevé au-dessus du sol et qu'on y montait par quelques degrés, comme le montre la gravure ci-dessus ; car, à peu près partout, il est figuré comme un édicule précédé d'un péristyle et d'une rampe. Contrairement au texte sacré, quelques artistes (Buonarr. VII. 3) ont donné à ce tombeau une porte à deux battants, tandis que, comme le fut plus tard celui du Sauveur, il était fermé par une pierre. Parfois (Aringhi. II. 331) le sépulcre est creusé dans la roche brute et ne présente aucune intention d'architecture, et sur les deux montants de l'entrée s'élèvent des arbustes, symbole du séjour céleste (V. l'art. *Arbres*).

Moins initiés peut-être aux coutumes des Juifs, certains artistes ont représenté Lazare couché dans un sarcophage, tantôt strigilé (Bottari. tav. LXXXIX), tantôt orné de têtes de lion, ou peut-être soutenu par des sphinx, motif très-rare dans les monuments chrétiens (Id. tav. CXCIII).

Severano et Aringhi font observer que les artistes ainsi que les écrivains ecclésiastiques donnent à Lazare la taille d'un enfant, sans doute pour indiquer qu'il revient à une nouvelle vie. Cependant S. Épiphane (*Hæres.* LXVI) dit avoir trouvé dans les traditions qu'il avait trente ans quand il fut ressuscité, et qu'il vécut encore trente années après. On observe au cimetière de Saint-Hermès (Aringhi. II. 329) une fresque où, par une singulière idée d'artiste, la momie est debout, *in plano*, sans l'édicule accoutumé, et sans aucun point d'appui. On voit qu'il existe dans ces diverses représentations des variétés assez notables ; nous en citerons encore quelques-unes, entre beaucoup d'autres que nous devons négliger, faute d'espace.

Les peintures et les verres dorés ne produisent que les deux personnages essentiels, Jésus ressuscitant et Lazare ressuscité : on le voit dans le verre orbiculaire qui est ici gravé ; nous ne connaissons à cette règle qu'une seule exception, qui est fournie par un fragment de mosaïque qu'a publié le P. Marchi (*Monum.* tav. XLVII), et où figure une des sœurs de Lazare prosternée et tendant les mains vers le Maître. Ce qui est une exception pour les peintures de tout genre est une règle invariable dans les bas-reliefs des sarcophages. Cette classe de monuments, en général plus modernes, présente toujours cette touchante scène complétée par la présence de Marthe et de Marie, comme dans cette gracieuse sculpture du cimetière du Vatican : Marthe est debout à la droite du Sauveur, et Marie agenouillée en arrière (Bottari. XLII), selon le récit évangélique (Joan. XI. 32) ; quelquefois celle-ci est seule, prosternée ou agenouillée, aux pieds du Sauveur (Id. I. 323 et *alibi*), ou baisant respectueusement sa main (Id. I. p. 423). Une curieuse pierre sépulcrale du recueil de M. Perret (IV. 13), malheureusement brisée, présente derrière Notre-Seigneur deux mains qui restent seules du personnage de Marie.

Il arrive quelquefois que la scène s'élargit encore, de façon à admettre, conformément au texte sacré (*Ibid.*), plusieurs disciples du Sauveur vers lesquels il se tourne comme pour exciter leur attention ou invoquer leur témoignage (V. la gravure). Au contraire, on rencontre de temps en temps, notamment sur les pierres sépulcrales (Id. I. 19), la momie de Lazare seule dans son édicule, et sans Notre-Seigneur.

Dans la manière de grouper les figures et les personnages, les artistes chrétiens des premiers siècles semblent s'être étudiés à rapprocher certains faits de l'Ancien et du Nouveau Testament qui ont entre eux quelque analogie. C'est ainsi que presque partout, mais particulièrement sur les sarcophages, le sujet de Moïse frappant le rocher fait pendant à la résurrection de Lazare. Ils sont même quelquefois réunis, par exemple dans le même compartiment d'une fresque d'*arcosolium* (Aringhi. II. 123); et dans une autre fresque du cimetière de Saint-Hermès (*Ibid.* 329), Jésus-Christ et Moïse offrent une conformité à peu près complète de vêtement, d'attitude et même de visage. Le rapprochement de ces deux sujets se trouve même sur de simples pierres sépulcrales (Perret. v. pl. LXIII. 29), et on comprend qu'il avait pour but de rappeler aux fidèles la toute-puissance de Dieu, qui sait, quand il lui plait, faire sortir de l'eau d'un rocher aride et rappeler à la vie un mort de quatre jours.

Le tombeau de Lazare, comme mémorial d'un des principaux miracles de Notre-Seigneur, fut conservé avec soin par les fidèles, qui, au témoignage de S. Jérôme (*Epist.* II), le visitaient pieusement, en même temps que les sanctuaires et autres lieux mémorables de la Palestine. Le même docteur écrit encore (*De loc. Hebr.* verbo *Bethania*) qu'on avait bâti sur ce tombeau une église, que Bède mentionne à son tour. Ce sanctuaire dut être construit après Constantin, car l'itinéraire de Jérusalem écrit du temps de cet empereur n'en fait pas mention.

LEÇONS. — V. l'art. *Office divin.* Append. 2.

LECTEURS. — C'étaient des clercs dont l'office consistait à lire publiquement dans l'église les saintes Écritures. Ils montaient pour remplir cet office à l'ambon qui, pour ce motif, est quelquefois appelé le *tribunal des lecteurs* (Sozomen. IX. 2). Les lecteurs étaient aussi chargés de la garde des livres saints. Tertullien (*Præscript.* XLI) et S. Cyprien (*Epist.* XXXIII) sont les premiers qui fassent mention de cet ordre. On aurait tort néanmoins d'en conclure que l'ordre des lecteurs n'existait pas avant ces Pères. On a des inscriptions qui le font remonter bien au delà de cette époque (V. De' Rossi. *Bullet* 1871, p. 52), et les auteurs les plus graves en font une institution des temps apostoliques. Pendant les trois premiers siècles, les fonctions de lecteur étaient surtout confiées aux chrétiens qui avaient confessé la foi devant les païens et les bourreaux. Cependant on prenait souvent, pour les remplir, des jeunes gens et des enfants. S. Épiphane, évêque de Pavie, fut ordonné lecteur à huit ans, et S. Félix de Nole dès ses jeunes années (Bingham. *Origin. eccles.* II. 34). On sait que Julien l'Apostat, fort jeune encore, avait été lecteur dans l'Église de Nicomédie (Socrat. *Hist. eccl.* l. III. c. I). Un marbre antique de la cathédrale de Fiesole nous a conservé le nom d'un jeune MESSIVS ROMVLVS, qui avait été ordonné lecteur à quinze ans (V. Buonarr. *Vetri.* p. 115); et une inscription de Viviers en France mentionne un lecteur mort à treize ans — SEVERVS LECTOR INNOCENS QVI VIXIT IN PACE ANNIS TREDECE (*sic*) (Millin, *Midi de la Fr.*, t. II, p. 106). C'est aussi à l'âge de treize ans que S. Damase pape avait été d'abord *exceptor* (V. l'art. *Exceptores*), puis lecteur dans la basilique du Saint-Sauveur, où son père avait déjà exercé les mêmes fonctions (Ant. Merenda. *Ad S. Damasi Opp. Prologom.* p. 113. *Patrolog.* Migne. c. XIII). Au contraire, nous avons à Rome (De' Rossi. I. p. 216. n. 507) l'épitaphe d'un RVFINVS LECTOR, qui, au commencement du cinquième siècle, exerçait ces modestes fonctions à l'âge de trente et un ans.

Voici un verre doré où Notre-Seigneur est vu imposant les mains à deux enfants, nommés l'un IVSTVS, l'autre ELECTVS (Buonarruoti. tav. XVII, 2). Le P. Garruni, dont nous reproduisons le dessin, lit ce dernier nom CASTVS. Le savant antiquaire florentin voit dans cette représentation un symbole de l'ordination au grade de lecteur que ces jeunes chrétiens auraient reçue; et il pense qu'un père de famille aurait fait exécuter cette image comme un mémorial de la consécration de ses deux fils au service des autels.

Les lecteurs avaient quelquefois auprès de leur évêque une position toute de confiance qui prouve que plusieurs étaient d'un âge mûr, et restaient peut-être dans cet ordre toute leur vie. C'est ainsi que nous voyons S. Just. évêque de Lyon, se faire accompagner, dans sa fuite en Égypte, par son lecteur Viator, seul confident de ses projets : *solo consiliorum participe* (Ap. Surium. 2 sept.).

Dans les grandes Églises d'Orient, comme celles d'Antioche et de Constantinople, il y avait un grand nombre de lecteurs, organisés en une espèce de corporation, sous la présidence d'un chef, appelé *primicerius lectorum* (Concil. Antioch. sub Domno). Mais les fonctions des lecteurs étaient plus étendues chez les Grecs que dans l'Église latine. Comme les Grecs n'avaient pas d'acolytes, le lecteur en remplissait chez eux l'office, consistant principalement à allumer les cierges et les lampes de l'autel, à précéder le célébrant avec un flambeau à la main pendant la célébration des saints mystères.

La fonction du lecteur étant regardée comme très-importante, et la plupart d'entre eux étant pourvus de cet ordre dans la première jeunesse, il y avait des écoles où on leur enseignait l'art de lire, et où surtout on les initiait à l'intelligence des divines Écritures (Isid. Hisp. *De ecles. offic.* II. 11). Il parait que l'instruction qu'on leur donnait était assez étendue : on peut du moins le conclure d'un passage de S. Augustin (*De consens. evang.* I. 15). Celui qui présidait cette école s'appelait *primicier de l'école des lecteurs*; M. l'abbé Greppo a illustré l'épitaphe d'un STEPHANVS qui remplissait ces importantes fonctions dans l'Église de Lyon au sixième siècle (*Revue du Lyonnais*. t. XIII. p. 185).

Il nous reste un grand nombre d'inscriptions mentionnant cet ordre de la cléricature (V. Greppo. ibid. p. 194). Passionei (*Inscr. ant.* p. 112) en publie une qui est de 461. Le P. Marchi donne (*Arti crist.* p. 26) l'inscription du lecteur Auguste, que ses fonctions attachaient à la basilique du Vélabre : LECTORIS DE BELABRV, et celle d'un autre lecteur du *titre* de Fasciola, auquel est donné le nom singulièrement élogieux d'ami des pauvres (p. 27) : CINNAMIVS OPAS LECIOR TITVLI FASCIOLE AMICVS PAVPERVM (V. aussi p. 198). Nous avons dans le premier volume de M. De' Rossi (p. 42) le *titulus* d'Héraclius, *lecteur de la deuxième région*, et (p. 62) celui d'un lecteur de *Pallacina*, titre qui est aujourd'hui celui de Saint-Marc. Le premier est de 338, et le second de 348.

Le même savant publie et illustre dans son *Bulletin* (1867, p. 51) l'épitaphe du lecteur LEOPARDVS, du titre de la basilique Pudentienne, et cette inscription portant la date de 384 est le plus ancien monument qui mentionne ce titre.

En Afrique, les lecteurs étaient chargés de lire toutes les Écritures, y compris l'Évangile, au témoignage de S. Cyprien ; il en était de même dans les Églises d'Espagne (*Concil. Tolet.* I). Le *livre* est le principal attribut du lecteur dans les monuments figurés. C'est ce qu'on peut voir dans le bas-relief d'un *nymphæum* de l'Isaure (Paciaudi. *De Christ. baln.* tab. III), et mieux encore dans le verre doré reproduit plus haut et où l'on distingue un rouleau, *volumen*, entre les mains de IVLIVS.

LECTIONNAIRES. — V. l'art. *Livres liturgiques*, IV.

LEGIO FULMINATRIX. — Ceci est un épisode de la guerre de Marc-Aurèle contre les tribus barbares du Danube, en 174 de notre ère. C'est dans le pays des Quades, près de la rivière de Gran, qu'eut lieu le mémorable événement désigné par le titre du présent article.

I. — Voici, en résumé, le récit de l'historien Dion, qui vivait au milieu du IIe siècle (l. LXXI, 8). Au plus fort des chaleurs de l'été, les Romains s'étaient laissé envelopper par des multitudes ennemies, en un lieu désavantageux et qui manquait d'eau. Ils semblaient condamnés à périr, soit par les armes, soit par la soif. Les Quades, après les avoir longtemps harcelés par des attaques acharnées, mais toujours repoussées, avaient fini par les laisser se consumer sous les feux du soleil, lorsque tout à coup des nuées s'amoncellent au ciel et versent sur les Romains des torrents de pluie, « non sans la volonté des dieux, » dit toujours l'historien. « Ce bienfait, ajoute-t-il, rendit la vie aux Romains, et alors on les vit lever la tête et recevoir l'eau dans leurs bouches, puis ils la recevaient dans leurs casques et dans leurs boucliers pour s'abreuver à l'aise, et, avec eux, leurs chevaux. Les Quades, les voyant ainsi occupés, crurent le moment propice et se précipitèrent pour les accabler ; mais le ciel (ap. Xiphil. LXXI, 9, 10) s'arme alors contre les ennemis des Romains et lance sur les Quades des flots de grêle avec des tonnerres qui les brûlent et les dispersent. » —

« Ainsi, on voyait en un même lieu l'eau et le feu descendre du ciel pour rafraîchir et désaltérer les uns, pour brûler et faire mourir les autres, » jusqu'à ce que les barbares, se déclarant vaincus par une force surhumaine, vinrent, en jetant leurs armes, demander à leurs ennemis un abri contre les flammes qui les dévoraient.

On voit par ce curieux récit de l'historien Dion qu'il croyait fermement à une intervention du ciel. Et tous les écrivains païens qui rapportent le fait expriment les mêmes convictions. « La gloire, dit le poëte Claudien, n'en appartient point aux chefs d'armée, » *laus ibi nulla ducum* (*Panegyr.* VI. *consulat. Honorii. poem.* XXIII). Des témoignages analogues sont fournis par Capitolin, contemporain de Dioclétien et de Constantin, par Themistius qui, lui aussi, vivait au IV° siècle (V. Tillemont. *Hist. emp.*, t. II, p. 369), etc.

Les auteurs appartenant au christianisme ne sont pas moins unanimes à reconnaître et à proclamer le caractère miraculeux de la victoire de Marc-Aurèle. Mais si les uns et les autres sont d'accord sur ce point, ils diffèrent totalement sur la cause à laquelle le prodige doit être rapporté.

Les païens en font honneur aux divinités de l'Empire, et en particulier à Jupiter Pluvius. C'est ce qu'atteste l'un des bas-reliefs de la colonne Antonine dont nous donnons ici le croquis, et qui montre cette divinité, les bras étendus, jetant la pluie d'un côté et la foudre de l'autre. Quelques-uns supposaient que cette délivrance surnaturelle était l'œuvre de la puissance magique qui dominait les dieux eux-mêmes et forçait le ciel à s'ouvrir. Dion attribue (*loc. laud.*) les conjurations qui avaient amené un tel résultat à deux magiciens,

l'Égyptien Arnuphis qui était de la suite de l'empereur, et Julien, originaire de Chaldée. D'autres enfin étaient d'avis que ce prodigieux ouragan avait été obtenu par la vertu et les prières de Marc-Aurèle lui-même. « Ses prières (de Marc-Aurèle), dit Capitolin (Antonin. *Philosoph.* XXIV), eurent le pouvoir de faire tomber la foudre sur les machines de guerre de l'ennemi, et obtinrent de la pluie pour son armée qui mourait de soif, » *fulmen de cœlo precibus suis contra hostium machinamentum extorsit, suis pluvia impetrata quum siti laborarent.* C'était aussi l'opinion de Claudien, qui écrivait 250 ans après l'événement (*Panegyr.* v. 347 et suiv.) : « Les vertus de Marcus ont pu mériter toute obéissance du dieu tonnant. »

TUNC CONTENTA POLO MORTALIS NESCIA TELI
PUGNA FUIT; CHALDEA MAGO SEU CARMINA RITU
ARMAVERE DEOS ; SEU, QUOD REOR, OMNE TONANTIS
OBSEQUIUM MARCI MORES POTUERE MERERI.

II. — Comme nous l'avons dit plus haut, ceux de nos écrivains qui ont mentionné le fait ne sont pas moins affirmatifs quant à l'intervention divine ; mais ils attribuent la délivrance de l'armée de Marc-Aurèle aux soldats chrétiens qui se trouvaient dans cette armée et qui se seraient mis en prière pour obtenir la protection du Dieu véritable.

Le premier auteur dont on invoque le témoignage pour cette délicate question est S. Apollinaire d'Hiéraple, autorité on ne peut plus imposante, puisque cet évêque était contemporain de Marc-Aurèle. Malheureusement, Eusèbe, qui le premier mentionne ce témoignage dans sa chronique et dans son *Histoire ecclésiastique* (v. 5), ne nous fait point connaître le texte ; et tous ceux qui depuis ont cité cette source, l'ont fait sur la foi de l'évêque de Césarée. Mais nous ne sommes pas réduits à ce seul auteur : nous avons d'abord Tertullien, dont le texte est on ne peut plus affirmatif (*Apolog.* v et *ad Scapulam*, IV) : *Marcus quoque Aurelius in Germanica expeditione christianorum militum orationibus ad Deum factis, imbre in siti illa impetravit* (*Ad Scap.*) ; puis S. Grégoire de Nysse (*Orat.* II *In* XL *martyr.*), S. Jérôme (*In Euseb. chronic. ad an.* 174), Orose, auteur de la fin du IV° siècle (*Hist. adv. pagan.* VII, 15), et enfin Xiphilin, abréviateur de Dion Cassius au XI° (LXXI, 9, 10).

III. — Mais l'hommage le plus significatif qui ait été rendu à la puissance de la prière chrétienne en cette mémorable circonstance serait dû à l'empereur lui-même, qui, dans une lettre écrite aux magistrats de l'empire et au sénat pour leur annoncer sa victoire, aurait proclamé qu'il la devait aux supplications adressées à leur Dieu par ceux de ses soldats qui professaient la religion du Christ. Si cette pièce importante nous eût été conservée, on comprend que la question serait tranchée de la manière la plus incontestable ; mais elle avait déjà disparu du temps de Justinien, c'est-à-dire dès le premier quart du vi[e] siècle, car c'est au règne de cet empereur ou peu après que les critiques fixent la fabrication d'une autre lettre destinée à remplacer la première ; celle-ci, reconnue apocryphe par Scaliger, Saumaise et en dernier lieu par Tillemont (*Hist. emp.*, t. II, p. 560), est imprimée à la suite de la seconde apologie de S. Justin, et rapportée aussi par Onuphre et Baronius (*ad ann.* 174). Mais cette substitution ne semble-t-elle pas supposer la préexistence d'une véritable épître impériale dont on déplorait la perte, et que l'on aurait tenté de refaire de mémoire, ce qui expliquerait les grossières invraisemblances où sont tombés les faussaires du vi[e] siècle?

Quoi qu'il en soit, l'on ne voit pas trop comment on pourrait se soustraire à l'assertion si formelle et si explicite de Tertullien au sujet de ce grave document. Voici ses paroles (*Apologet.* v) : « Nous vous montrons, écrit-il, un de nos protecteurs dans le vertueux empereur Marc-Aurèle, dont les lettres assurent que l'armée romaine, épuisée de soif en Germanie, fut désaltérée au moyen d'une pluie obtenue par les prières des soldats chrétiens, » *christianorum* FORTE *militum precationibus impetrato imbri*. L'Apologétique fut écrit en 200, c'est-à-dire vingt-six ans à peine après l'événement dont il est ici question ; Tertullien y parle de la lettre impériale de façon à faire croire qu'il l'avait eue sous les yeux ; et comment supposer qu'il eût osé invoquer contre les païens une pièce qui n'eût jamais existé, et cela à une époque où tant de témoins oculaires eussent pu se lever pour le convaincre d'imposture?

Eusèbe cite la lettre d'après Tertullien ; mais, ainsi qu'Orose, il se borne à dire que, de son temps, la croyance générale était qu'elle existait encore, *exstare etiam nunc apud plerosque dicuntur* (Oros. VII, 15) ; S. Jérôme, au contraire, en traduisant ce passage de la chronique, l'affirme positivement, *exstant*.

Le mot *forte*, « peut-être, » expression dubitative, que fait lire le texte de Tertullien cité plus haut, suppose que Marc-Aurèle ne se prononçait qu'avec une certaine hésitation sur l'intervention du Dieu des chrétiens ; mais on conçoit qu'un empereur idolâtre, et même persécuteur des fidèles, devait éviter de se mettre en trop flagrante contradiction avec lui-même et de heurter de front les préjugés des Romains. Et comment s'étonner de ces timidités, quand on voit, deux siècles plus tard, le premier des empereurs chrétiens, Constantin, se condamner lui-même, sur certains points, à des réserves dont l'ardeur de sa foi avait tant à souffrir ?

On se demande encore comment il se fait que, convaincu qu'il devait la victoire au Dieu des chrétiens, Marc-Aurèle ait paru l'attribuer aux divinités de l'Olympe, en mettant en scène sur la colonne Antonine Jupiter Pluvius ?

Ceci pourrait s'expliquer par les mêmes raisons qui nous rendent compte de l'ambiguïté de son langage ; mais ce qu'il y a de mieux à dire, c'est que la colonne Antonine ne fut point érigée par Marc-Aurèle, mais bien par son successeur Commode.

IV. — Il reste néanmoins une question à résoudre, et cette question n'est pas sans importance : existait-il dans l'armée de Marc-Aurèle une légion entièrement composée de chrétiens, et cette légion s'appelait-elle Fulminante, *Fulminatrix* ?

Une seule chose nous semble pleinement démontrée, c'est qu'il y avait dans cette armée des soldats chrétiens et que la victoire fut attribuée à leurs prières. Les écrivains ecclésiastiques n'affirment rien de plus. Tertullien dit simplement : *christianorum militum precationibus impetrato imbri* (*loc. laud.*). Orose ne s'exprime pas autrement : *invocatione nominis Christi per milites christianos* (*loc. laud.*). Eusèbe affirme, d'après l'autorité du seul Apollinaire, l'existence de cette légion chrétienne. Mais, comme nous l'avons fait observer ci-dessus, cet historien ne nous a pas mis dans le cas d'apprécier la valeur du texte de l'évêque d'Hiérapole.

Il n'est pas moins difficile d'admettre qu'il y eût une légion appelée Fulminante. Les monuments attestent que, déjà sous Néron (Onuphre dit même sous Auguste, et il cite des inscriptions), la XIIe légion, nommée par quelques-uns Mélitine, d'une ville de la petite Arménie où elle avait été, dit-on, levée, portait le nom caractéristique de *Fulminata*; mais rien ne prouve qu'il y en eût une appelée *Fulminatrix*. Xiphilin paraît être le premier (au XIe siècle) qui lui ait donné ce titre (Xiphil. *loc. laud.*). Tout au plus pourrait-on alléguer en faveur de cette opinion que Marc-Aurèle ne fit, après la délivrance de son armée, que changer la dénomination de *Fulminata* en *Fulminatrix*. Mais ce ne serait qu'une assertion purement gratuite. Sous M. Antoine, la XIIe légion était connue sous le nom de *Antiqua* (V. Mozzoni, sec. II. not. 65). On suppose que plus tard elle put être nommée *Fulminata*, à cause d'un foudre que les soldats qui la composaient portaient, comme *épisème*, sur leur bouclier ou sur toute autre partie de leur armure. Quelques monuments découverts à différentes époques donnent un certain poids à cette supposition. Un tombeau de Modène (Id. *l. l.*) fait voir, parmi d'autres pièces d'armure militaire, une cuirasse ayant un foudre à la partie qui correspond à l'épaule. Il est présumable que cette cuirasse put être appelée *thorax fulminatus*, et par suite *Fulminata* la légion qui l'avait pour insigne distinctif. On a découvert à Pompéi une statue du tribun militaire M. Olconius Rufus dont la cuirasse est aussi ornée d'un foudre sur chaque épaule.

LETTRES ECCLÉSIASTIQUES. — I. — Avant d'entreprendre un voyage, les premiers chrétiens se présentaient à leur évêque, et lui demandaient une attestation, ou tessère, *contesseratio hospitalitis*, dit Tertullien au livre des *Prescriptions* (cap. XX), lettres de recommandation qui leur servaient pour se faire reconnaître, pour être admis à la communion et à l'hospitalité des communautés chrétiennes chez lesquelles ils passaient.

Comme les fidèles n'avaient rien de caché pour ceux qui, selon l'expression de S. Paul, étaient les domestiques de la foi, *domestici fidei* (*Galat.* VII. 10), et avec lesquels ils ne faisaient qu'un même corps : *Corpus sumus de conscientia religionis, et disciplinæ unitate, et spei fœdere*, « nous faisons un même corps par l'engagement à la même religion, l'unité de la discipline, le concert de l'espérance » (Tertull. *Apol.* xxxix), ils devaient user des plus grandes précautions pour ne pas recevoir des imposteurs, des infidèles, ou des chrétiens errants ou frappés de quelque juste anathème, à la participation des saints mystères et aux douceurs d'une conversation à cœur ouvert. Aussi les *Constitutions apostoliques* (c. x) frappent-elles d'excommunication ceux qui auraient reçu sans cette espèce de passe-port, *præter commendatitias litteras*, un clerc ou un laïque qui n'étaient pas en règle avec l'Église. Et, bien que cette source de documents soit moins ancienne que son nom semblerait le supposer, il n'est pas douteux que l'usage qui y est consacré ne fût déjà en vigueur du temps de S. Paul, puisque cet apôtre allègue aux Corinthiens la notoriété de sa personne et de ses œuvres pour se dispenser d'exhiber les siennes (2 *Cor.* III. 1.) : « Avons-nous besoin, comme quelques-uns, de lettres de recommandation auprès de vous ou de votre part? » *numquid egemus (sicut quidam) commendatitiis epistolis ad vos, aut ex vobis?* Un des plus beaux exemples que nous puissions citer de ces recommandations est la lettre que les martyrs de Lyon remirent à S. Irénée lorsqu'il se rendit à Rome auprès du pape Éleuthère : « Nous te souhaitons en toutes choses et toujours, salut et bénédiction en Dieu, père Éleuthère ! Nous avons prié notre très-saint frère et collègue Irénée de te remettre cette lettre. Nous te le recommandons et te prions de le regarder comme un homme rempli d'amour et de zèle pour le testament et la loi nouvelle du Sauveur. Si nous pensions que la dignité contribue au mérite, nous te le recommanderions comme un homme élevé à l'honneur du sacerdoce » (ap. Euseb. *Hist. eccl.* v. 4).

Lucien (*De morte Peregrin.* t. II. p. 766), qui connaissait bien les habitudes hospitalières des chrétiens, trouve le moyen de les railler parce qu'ils s'étaient laissé tromper par un imposteur nommé Peregrinus, qui, après avoir longtemps abusé de la bonne foi des fidèles, finit par être découvert et chassé.

Julien, au contraire, pénétré d'admiration pour cette sage institution, voulut en doter le paganisme, auquel il s'efforçait de rendre la vie, en lui insinuant du sang chrétien dans les veines. C'est ce que nous apprenons de S. Grégoire de Nazianze, dans son troisième discours contre ce prince; et l'historien Sozomène, qui rapporte le même fait (*Hist. eccl.* v. 16), transcrit une lettre entière de l'Apostat à Arsace, grand sacrificateur de la Galatie, laquelle renferme les prescriptions les plus précises à ce sujet. Ce qui concerne les lettres de recommandation est surtout remarquable : « Pénétré d'admiration principalement pour les notes et tessères des lettres épiscopales, par lesquelles on a coutume de se recommander réciproquement les voyageurs, il ordonna que, de quelque part qu'ils vinssent, les étrangers fussent reçus comme des connaissances et des amis, et fussent soignés avec bonté, sur le témoignage de notes de même nature. »

II. — L'assistance des étrangers et la sûreté du commerce entre les fidèles n'étaient pas les principales raisons qui déterminèrent l'Église à établir les lettres de communion. Elle avait des vues plus importantes et des desseins plus élevés. Les lettres de communion étant principalement pour les ecclésiastiques, elles servaient à unir les pasteurs les plus éloignés, à ne faire de tous les évêques qu'un seul épiscopat, et de plusieurs sociétés chrétiennes qu'une seule Église, comme dit excellemment Tertullien (*Præscript.* xx) : « Tant et de si grandes Églises ne sont pourtant qu'une seule et première Église, venue des apôtres, et de laquelle sortent toutes les autres. De cette façon, toutes sont la première Église, toutes sont apostoliques, lorsque toutes ensemble gardent l'unité, lorsque toutes ont la communion de la paix, et l'appellation de fraternité, et la même tessère d'hospitalité, tous droits qui ne sont point régis par un autre moyen que par l'unique tradition d'un même sacrement. » Au contraire, les sociétés hérétiques n'entretenaient aucun commerce d'union et de charité, ni avec les Églises apostoliques, ni avec aucune de celles qui leur étaient unies. « Elles ne sont pas apostoliques (cap. xxxii), et les Églises qui, d'une manière quelconque, sont apostoliques, ne les reçoivent pas à la paix ni à la communion. » S. Optat (lib. II *De schism. Donat.* n. 3) et S. Augustin (*Epist.* xliv. 3) se servent de cet argument contre les donatistes, pour prouver qu'ils sont un démembrement de l'Église catholique, un ruisseau détourné de sa source.

Et nous voyons ces règles mises en pratique dans toute la primitive Église. Ainsi les Pères du deuxième concile d'Antioche qui déposèrent Paul de Samosate, donnèrent avis de sa déposition au pape Denys, à Maxime d'Alexandrie et à tous les évêques du monde, afin qu'aucun n'entretînt avec lui le commerce des « lettres de communion », et qu'on en adressât à Domnus qui lui avait été substitué (V. Euseb. *Hist. eccl.* VII. 30). Lorsque l'élection du pape Corneille et l'intrusion de Novatien tenaient, dans les commencements, les évêques éloignés dans l'incertitude et le doute, S. Cyprien fut d'avis de suspendre la communication des Églises d'Afrique à l'égard de l'un et de l'autre, et d'adresser les lettres au clergé de Rome, en attendant que les députés qu'il avait envoyés à cette Église lui apportassent des nouvelles propres à l'éclairer (Cyprian. *Epist.* xlv). Le même saint nous apprend dans sa quarante-deuxième lettre, adressée au pape Corneille, que les papes faisaient connaître leur promotion aux grands métropolitains, et qu'ensuite on n'exigeait d'eux aucun nouvel éclaircissement, à moins que leur élection n'eût été contestée. S. Cyprien (*Epist.* LXVII) écrivant au pape Étienne pour l'engager à écrire à son tour aux évêques des Gaules, et au peuple d'Arles en particulier, d'excommunier Marcien, évêque de cette ville qui s'était lié avec les novatiens, lui recommande de ne pas manquer de lui faire connaître celui qu'on aura placé sur ce siège, « afin qu'il sache à qui adresser ses lettres. »

III. — Les lettres dont il est ici question portaient encore le nom de communicatoires, et s'entendaient d'une attestation de communion avec l'Église : elles furent aussi appelées, pour cette raison, « pacifiques, » *pacificæ*, ou, d'un mot dérivé du grec, *irenicæ*, ecclésiastiques, canoniques. C'étaient, comme on vient de le voir, celles que les évêques s'adressaient mutuellement pour témoigner de l'union qui existait entre eux en matière de foi, et pour faire connaître aux peuples les évêques avec lesquels ils pouvaient sûrement communiquer. C'était un moyen de nourrir et d'entretenir la communion générale des Églises entre elles et de toutes avec l'Église mère. Mais comme ces lettres étaient sujettes à être falsifiées par les hérétiques, les trois cent dix-huit Pères de Nicée prescrivirent qu'elles fussent contre-signées par les lettres Π, Υ, Α, Π : ce qui désignait les trois personnes de la Sainte Trinité, Πατήρ, *Pater*, Υἱός, *Filius*, Ἅγιον Πνεῦμα, *Sanctus Spiritus* (Sarnelli. *Lett. eccl.* t. I. p. 7). Elles portaient souvent aussi l'initiale du nom de Pierre, dont la chaire était le centre où convergeaient, comme autant de rayons, toutes ces lettres dont le nom de *pacifiques* venait surtout de la *paix*, qui est le fruit de la communion ecclésiastique (*Bull.* 1868, p. 44). En Occident, les évêques le plus souvent les scellaient du sceau de leur anneau épiscopal (Augustin. *Epist.* CCXVII. — *Concil. Aurelian.* I [*In præfat. Clodov.*]).

Quand une lettre communicatoire, soit encore « salutatoire », avait été reçue dans une Église particulière, la coutume était de la porter à la connaissance des fidèles en en donnant lecture du haut de l'ambon.

A l'exception de l'*Épître aux Hébreux*, toutes les lettres de S. Paul sont des lettres communicatoires ; le grand apôtre les écrivait aux diverses Églises pour « communier avec elles, » et pour entretenir celle où il se trouvait dans le moment en la société de Jésus-Christ, avec les Églises auxquelles il adressait sa parole écrite.

S. Chrysostome fait mention des lettres de paix dans une de ses homélies sur la *seconde Épître aux Corinthiens* (*Homil.* III), et Eusèbe en rapporte d'illustres exemples dans son *Histoire ecclésiastique*. La première (IV. 14) est la lettre de l'Église de Smyrne à l'Église de Philomélie et à celles du Pont touchant le martyre de S. Polycarpe ; une autre des Églises de Lyon et de Vienne (v. 1) au sujet des premiers martyrs de leurs provinces, aux Églises d'Asie et de Phrygie ; enfin il donne la lettre de S. Denys, évêque de Corinthe, aux Lacédémoniens, aux Athéniens, aux Nicomédiens, et à différentes autres communautés chrétiennes, afin de les confirmer dans la foi et de les maintenir dans l'union. Tout le monde sait que ces lettres, les deux premières surtout, comptent parmi les plus précieux et les plus vénérables monuments de l'histoire ecclésiastique primitive.

IV. — Les lettres de communion s'appellent encore lettres formées, *litteræ formatæ*, parce qu'elles avaient une forme déterminée, ou étaient écrites en caractères de convention, afin qu'elles ne pussent pas être contrefaites, sorte de chiffre dont les catholiques seuls avaient la clef (V. l'art. *Tessères*, II, 2°). Un passage de S. Basile (*Epist.* CCCIII) semble favoriser cette interprétation. Peut-être portaient-elles ce nom parce qu'elles étaient signées, scellées ou souscrites par quelques témoins. Car τόπος, ou *forma*, signifiait originairement un cachet, comme *bulla* le signifia depuis dans la basse latinité (V. Duguet. *Conférence ecclés.* t. I. p. 430).

Quoi qu'il en soit, il paraît que ce nom de lettres *formées* n'était pas commun à toutes les lettres de communion, mais spécial à celles que l'on délivrait aux ecclésiastiques. Nous en avons la preuve dans deux lettres de S. Sidoine Apollinaire. Par la première, il recommande à un évêque un des lecteurs de son Église, que ses affaires obligeaient à sortir de Clermont (l. VI. *epist.* 8) : « Comme son nom, dit-il, est inscrit au rôle des lecteurs, j'ai dû lui délivrer, en sa qualité de clerc, une lettre formée. » L'autre, où il s'agit aussi d'un lecteur, fait lire des termes plus précis encore (VII. 2) : « En sa qualité de lecteur, il a dû obtenir de moi des lettres de l'espèce de celles qu'on appelle formées. » Les Grecs avaient aussi pour désigner cette sorte de lettres un mot équivalent à formées. Le concile d'Antioche (can. VIII) les appelle « canoniques », ce qui les distingue évidemment des autres qui étaient délivrées indifféremment à tous ceux qui voyageaient. Car, après avoir dit au canon septième : *Nullus externus sine pacificis suscipiatur*, ce qui regarde tout le monde ; il dit au suivant : *Nec presbyteri qui sunt in pagis dent* CANONICAS *epistolas*. D'où il paraît que les prêtres qui pouvaient donner les lettres ordinaires de communion dites pacifiques, n'avaient pas le droit de délivrer celles qui sont nommées canoniques, et qui, par conséquent, étaient différentes.

Il y avait encore cette différence entre les lettres des laïques et celles des clercs, que les unes ne donnaient droit qu'à la communion, tandis que les autres étaient nécessaires même pour voyager. Nous avons vu que le concile d'Antioche avait défendu de recevoir aucun voyageur sans lettres de paix ou de communion, *sine pacificis*. Mais celui de Laodicée défend à tous les ecclésiastiques de voyager sans lettres canoniques, *sine litteris canonicis* (can. XLI). Les évêques eux-mêmes ne pouvaient entreprendre de longs voyages sans lettres formées, qu'ils devaient recevoir des métropolitains, ou, en Afrique, du primat de chaque province : *Placuit ut nullus episcoporum naviget sine* FORMATA *primatis,* dit un concile de Carthage de l'an 397 (*In cod. Afric. post can.* LVI). Le pape Zozime accorda à Patrocle, évêque d'Arles, le droit de donner à tous les évêques des sept provinces des Gaules des lettres formées pour venir à Rome; et il déclara que non-seulement il ne recevrait aucun évêque ou ecclésiastique des Gaules sans de telles lettres, mais qu'il séparerait de la communion ceux qui violeraient cette ordonnance (V. Duguet. I. p. 429).

V. — Le concile de Chalcédoine (can. XI) établit encore une distinction entre les lettres de recommandation, *commendatitiæ,* qui se donnaient aux personnes d'une grande distinction, ou à ceux dont l'honorabilité avait été mise en question, et les lettres de communion qu'on accordait aux autres; il ajoute que ce sont celles-ci qu'on doit donner aux pauvres.

Nous voyons au reste par S. Jérôme, *in Origene* (*De script. eccles.* t. IV. *Opp.* p. 116), qu'une recommandation, *sub testimonio ecclesiasticæ epistolæ,* était une recommandation bien puissante.

VI. — L'office de porter les lettres ecclésiastiques de quelque nature qu'elles fussent appartenait aux lecteurs et aux sous-diacres. Ainsi nous voyons (Cf. Tillemont. III. p. 425) qu'un sous-diacre du nom de Clément fut chargé, pendant la vacance du saint-siège entre S. Fabien et S. Corneille, de rendre la correspondance si active alors entre le clergé de Rome et celui de l'Église de Carthage, privée, elle aussi, de son pasteur S. Cyprien, qui avait dû se retirer momentanément devant la persécution. Plusieurs des lettres de S. Cyprien au clergé de Rome furent aussi portées par ce même Clément. Et le saint évêque de Carthage raconte lui-même que cette discipline était tellement rigoureuse, que, devant dans une autre circonstance écrire au clergé de Rome, et n'ayant pas de clerc sous sa main, parce que tous les siens étaient absents, il ordonna à cet effet Saturus lecteur, et le confesseur Optatus sous-diacre (Cyprien. *Epist.* XXIV). On se servait néanmoins quelquefois d'un prêtre, quand à la charge de rendre une lettre à sa destination se joignait quelque mission délicate exigeant une prudence consommée. Ainsi, c'est par le prêtre Primitivus que S. Cyprien envoie au pape Corneille l'épître qu'il lui écrit après la condamnation de l'antipape Novatien par le concile de Carthage, et ce prêtre était chargé d'expliquer verbalement tout ce qui s'était passé en Afrique à ce sujet (Tillemont. IV. p. 104).

L'usage de faire porter la correspondance ecclésiastique par des clercs s'est conservé, si nous en croyons Sarnelli (*loc. laud.* 9), chez les évêques de la Pouille, qui ont retenu une foule de pratiques de la vénérable antiquité.

LIBELLATIQUES. — I. — S. Cyprien parle très-souvent des libellatiques dans ses Œuvres, particulièrement dans ses lettres (V. *Epist.* XXXI. LII. LXVIII et *passim*). Les libellatiques étaient une classe de tombés (V. l'art. *Laps.*) qui, sans avoir commis aucun acte d'idolâtrie, ni vouloir se montrer matériellement infidèles à la foi, croyaient pouvoir concilier leurs devoirs de chrétiens avec le soin de leur sécurité contre les menaces de la persécution, en se procurant, à prix d'argent ou autrement, des libelles ou certificats attestant qu'ils avaient obéi en cela aux édits des empereurs : *Fecisse se dixit quidquid alius faciendo commisit* (Cyprian. *De laps. Opp.* p. 190. edit. *Oxon.*). Ces libelles se lisaient en public : de telle sorte que ceux qui les avaient obtenus scandalisaient l'Église de Dieu, et réjouissaient les idolâtres par une apostasie simulée. Leur crime était moindre sans doute que celui des apostats effectifs qui avaient, ou mangé des viandes immolées, ou brûlé de l'encens devant les idoles, ou participé aux sacrifices. L'austère évêque de Carthage, et avec lui le clergé de Rome dans une lettre qu'il lui adressait pendant la vacance du saint-siège (*Inter Cyprianicas.* p. 42), semblent les mettre sur la même ligne.

Tous n'étaient pas coupables au même degré, et les Œuvres de S. Cyprien lui-même permettent de les ranger en plusieurs classes :

1° Les plus criminels étaient ceux qui demandaient eux-mêmes aux magistrats ou aux officiers chargés de rechercher les chrétiens et de dresser le dénombrement des familles, à être inscrits dans leur registre comme étant de la religion du prince et serviteurs des divinités de l'empire, ou qui, du moins, s'y laissaient inscrire sciemment et sans réclamation : *Illa professio denegantis, contestatio est Christiani quod fuerat abnuentis* (Cyprian. *ibid.*). Ils avaient sacrifié, dès lors qu'ils avaient voulu qu'on crût qu'ils l'avaient fait.

2° Ceux de la seconde classe étaient plus excusables; car la chose s'était faite en leur absence et sans leur participation directe : un de leurs amis, ou même un païen, s'était chargé de tout, et eux n'avaient eu qu'à donner leurs ordres. Le clergé de Rome (*Ibid.*) les condamne cependant à une exacte et laborieuse pénitence : *Non enim immunis est a scelere, qui ut fieret imperavit.*

3° D'autres, cédant aux instances de leurs parents, quelquefois même aux sollicitations des magistrats mus par un sentiment de compassion naturelle, ne faisaient que permettre d'une manière générale que l'on écrivît ce que l'on voudrait. Le péché de ceux-ci était encore moins grand ; cependant il ne laissait pas de mériter encore l'excommunication et la privation des sacrements : *Nec est alienus a crimine, cujus consensu licet non a se admissum crimen, tamen publice legitur.... qui vult videri propositis adversus Evangelium vel edictis vel legibus satisfecisse, hoc ipso jam paruit quod videri paruisse se voluit* (*Ibid.*).

4° Enfin, les moins coupables de tous étaient

ceux qui n'avaient eu que la pensée de se servir de ce moyen pour éviter la persécution et le danger d'une chute plus criminelle, et qui néanmoins se soumettaient à la pénitence et en venaient demander à leur évêque l'ordre et la manière : *Quanto et fide majores, et timore meliores sunt* (Cyprian. *De laps.* p. 190) *qui quantumvis nullo sacrificii aut libelli facinore constricti, quoniam tamen de hoc vel cogitaverunt, hoc ipsum apud sacerdotes Dei dolenter et simpliciter confitentes, exomologesin conscientiæ faciunt, animi sui pondus exponunt, salutarem medelam parvis licet et modicis vulneribus exquirunt, scientes scriptum esse : Deus non irridetur.* Texte précieux, qui prouve jusqu'à l'évidence la confession secrète, et la confession des péchés de simple pensée, car chez ces chrétiens timorés il n'y avait eu qu'une complaisance momentanée et tout intérieure pour une tentation délicate. Les libellatiques de cette sorte pouvaient passer pour de véritables confesseurs de la foi, et il serait peut-être difficile de trouver, dans une violente persécution, des hommes de bien qui valussent de tels pénitents (Cyprian. *Epist.* LII. p. 170).

Il semblerait même ressortir du texte, auquel on se contente de renvoyer, que quelques-uns se faisaient le même scrupule d'avoir eu la pensée d'acheter à prix d'argent le droit de rester fidèles. Tertullien, dans un traité composé depuis sa chute (*De fuga.* XII), condamne durement cette pratique, qui cependant était celle de plusieurs Églises entières. Rien n'était plus légitime, selon la réflexion de S. Pierre d'Alexandrie (can. XII. *Concil.* t. I. p. 966), que cet usage qu'on faisait de son bien, puisqu'on prouvait ainsi qu'on préférait à l'argent son salut et sa conscience, au moment même où se produisaient tant d'exemples opposés. Ce Père estime même que Jason et quelques autres disciples de S. Paul en usèrent ainsi à Thessalonique ; car après une violente sédition, où Jason avait été pris, comme un de créance avec Paul et Silas, ils donnèrent de l'argent aux magistrats et furent relâchés.

II. — Baronius, et Bingham jusqu'à un certain point, professent, au sujet des libellatiques, une opinion toute particulière. Ils supposent qu'ils sont ainsi appelés, parce qu'ils avaient pris soin de se munir d'une attestation ou libelle pour une apostasie réellement consommée, afin de n'être pas exposés à perdre le bénéfice de leur lâcheté, en se voyant de nouveau poursuivis comme chrétiens. Il est évident que cette précaution même les eût rendus plus coupables encore. Aussi le sentiment de ces deux savants hommes nous paraît-il impossible à concilier avec l'indulgence relative dont cette classe de *tombés* fut l'objet de la part de l'Église et même de S. Cyprien, si sévère cependant pour les apostats. En effet, dans le concile tenu en 251 à Carthage par ce saint évêque, sur l'affaire des *tombés*, il fut décidé que ceux des libellatiques « qui avaient embrassé la pénitence l'année précédente, aussitôt après leur chute, seraient immédiatement admis à la communion, » tandis qu'au contraire ceux qui avaient réellement sacrifié aux idoles, seraient traités avec beaucoup plus de rigueur, sans qu'on leur ôtât néanmoins l'espoir du pardon (Cyprian. *Epist.* LII et LIII).

S'il s'agissait des évêques, ou autres ministres de l'Église, qui avaient accepté des attestations de cette sorte, on déclare qu'eux aussi, bien que leur crime fût plus grave encore que celui des autres libellatiques, pourraient être admis à la pénitence, mais qu'ils seraient dégradés du sacerdoce et exclus des fonctions ecclésiastiques. Les laïques libellatiques étaient frappés d'incapacité ou d'irrégularité pour les saints ordres. Et S. Cyprien ajoute, pour les clercs, que, lors même qu'aucun règlement n'eût été fait à cet égard, leur indignité était manifeste et leur exclusion de droit. On a vu néanmoins à l'article *Lapsi* que cette règle ne paraît pas avoir été tout à fait inflexible.

LIBELLES DES MARTYRS. — C'étaient des espèces de lettres de recommandation que les martyrs donnaient à ceux qui étaient sujets à la pénitence publique, pour les dispenser de la totalité ou d'une partie de leur peine. Et par martyrs, on entend ici non-seulement ceux qui avaient déjà souffert, mais ceux qui étaient condamnés aux mines ou à la prison pour la foi chrétienne. Il n'y avait en ceci rien d'arbitraire, mais tout était réglé par la discipline de l'Église.

Ceux donc qui subissaient quelques peines canoniques allaient trouver les martyrs et leur demandaient des lettres pour leur évêque, par lesquelles celui-ci était prié d'user d'indulgence envers le pénitent. Ceci se pratiquait au temps de Tertullien (*Ad Marc.* I), et non-seulement en Afrique, mais jusque dans l'Égypte, comme on le peut voir par S. Denys d'Alexandrie, dans un passage très-remarquable (*Ap. Euseb.* l. IV. c. 42). A Smyrne, en Asie, les « tombés » vinrent aussi avec de grands cris implorer le secours de S. Pione qui y était prisonnier pour la foi. Nous savons par S. Cyprien que les martyrs « examinaient et pesaient scrupuleusement les désirs des postulants, le genre et la qualité de leurs crimes, de peur de leur rien promettre, ou de rien demander pour eux aux évêques sans de justes raisons ou trop légèrement (Cyprian. *Epist.* II). » Après ce mûr examen, les martyrs, s'ils le jugeaient à propos, leur délivraient une lettre où ils soumettaient de nouveau le désir des pénitents au jugement de l'évêque. Celui-ci, pour éviter toute surprise, et s'assurer que les martyrs n'avaient pas été trompés par des paroles feintes, envoyaient leurs diacres dans les prisons, afin de les éclairer de leurs conseils et par les préceptes des Écritures, c'est-à-dire de leur montrer si la doctrine de la loi évangélique permettrait ou défendait d'accéder à leurs vœux. Les évêques ne flattaient point les martyrs, dans le cas où ils demandaient trop ou excédaient par leur demande les limites du droit.

Dans leurs *libelles*, les martyrs désignaient nommément ceux à qui ils « désiraient que la paix fût accordée », comme s'exprime toujours S. Cyprien, à qui cette doctrine est empruntée et qui nous a laissé cette antique formule dans sa dix-septième lettre : « Tous les confesseurs au pape Cyprien, salut (on sait qu'à cette époque on donnait le nom de pape à tous les évêques. V. l'art. *Pape*). Sache que nous avons donné la paix à tous ceux qui te seront présentés, pour les fautes qu'ils ont commises. Nous avons voulu que cette formule fût portée à ta connaissance et à celle des autres évêques. Nous désirons que vous ayez la paix avec les saints martyrs. Lucianus a écrit ceci en présence du clergé, de l'exorciste et du lecteur. »

Nous avons dit que cette formule était très-antique. On abusa quelquefois étrangement de l'autorité qui s'y attachait. Quelques confesseurs donnaient de ces billets à tous ceux qui les sollicitaient, et sans aucun discernement. Ce Lucien dont nous venons de prononcer le nom, homme d'une foi fervente et d'un courage invincible, mais qui à une indulgence extrême joignait une grande ignorance des maximes de l'Évangile, se faisait surtout remarquer par sa facilité à cet égard (Cypr. *Epist.* xxiii. 1). Aussi, après la persécution de Dèce, fut-il défendu aux martyrs, d'après les instances de S. Cyprien lui-même, de former des *libelles* aussi largement conçus ; désormais ils durent désigner les noms de ceux auxquels ils préféraient que la paix fût donnée ; et ils n'accordaient leur protection « qu'à ceux dont la pénitence touchait à une satisfaction complète. » Les martyrs les plus éclairés sur l'esprit et la discipline de l'Église ne donnèrent pas dans ces excès. On cite S. Mappalique qui s'était contenté de recommander sa mère et sa sœur, et S. Saturnin qui n'avait jamais donné de libelle à personne (*Ibid.*).

Le motif de cette discipline est la réversibilité des mérites excédants des martyrs et des justes en faveur des pécheurs : *Credimus*, dit S. Cyprien (*Epist.* xiii), *quidem posse apud judicem plurimum martyrum merita et opera justorum*, « nous croyons que grande est devant le juge la puissance des mérites des martyrs et des œuvres des justes. » On voit là un exemple bien ancien de la pratique des indulgences dont la doctrine remonte à l'origine de l'Église.

Il faut observer néanmoins que ces *libelles* n'étaient mis à exécution qu'après que ceux de qui ils émanaient avaient reçu la couronne du martyre ; et encore l'évêque ne leur donnait-il pas leur effet de sa propre autorité, mais de l'avis de ses coprovinciaux : de telle sorte que si ceux-ci, à raison de la persécution, ne pouvaient être réunis, les *tombés* n'étaient délivrés de leur pénitence, en vertu du *libelle* obtenu, qu'après la cessation de l'orage (V. l'art. *Pénitence canonique*).

LIBRARII. — Dans l'antiquité profane et ecclésiastique, les *librarii* étaient ceux qui écrivaient et transcrivaient les livres, et qui recopiaient en toutes lettres l'œuvre abrégée des sténographes. *Dictavit notarius*, dit Suidas, que nous demandons la permission de citer en latin (ΟΡΙΓΕΝΗΣ), *et* LIBRARII *ac mulieres, edoctæ eleganter scribere, descripserunt*. On les appela aussi *amanuenses*, de *manus*, serviteurs de la *main*, desquels on se servait pour écrire, et *antiquarii*, vocable qui paraît surtout s'appliquer à la reproduction ou à la réparation des vieux livres des bibliothèques, endommagés par la vétusté (V. Lami. *De erudit. apost.* p. 497. iv). Les secrétaires qui écrivaient les lettres de leurs maîtres et s'appelaient, pour ce motif, *ab epistolis*, peuvent être rangés dans la classe des *librarii*. Les qualités qu'on exigeait d'eux étaient surtout l'exactitude, la netteté et, autant que possible, l'élégance de l'écriture : ce qu'implique le nom de calligraphes, καλλιγράφοι, qui leur est donné dans la langue des Grecs.

Les objets retracés ici et qui sont gravés sur un marbre des catacombes sans inscription (Perret. v. pl. LXXIII. 6), sont probablement les instruments de la profession de *librarius* : ce sont des tablettes, un style et un faisceau de roseaux à écrire, auquel est attaché un encrier.

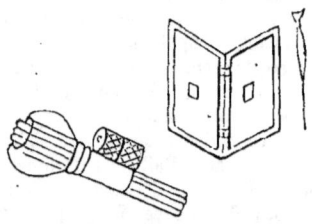

Il dut y avoir un grand nombre de *librarii* parmi les chrétiens, dès l'origine de l'Église, car il fallait des exemplaires fort multipliés des livres saints et des Œuvres des Pères, etc., soit afin d'en fournir aux bibliothèques qui étaient attachées à chaque Église (V. l'art. *Bibliothèques chrétiennes*), soit pour donner satisfaction à l'empressement des fidèles, « dont l'aliment quotidien, dit S. Jérôme (*Epist.* vi. *Ad Florent.*), était de méditer jour et nuit sur la loi de Dieu, » soit par-dessus tout, afin de pourvoir aux besoins de la liturgie. On sait que Constantin, ayant bâti un grand nombre d'églises à Constantinople, chargea Eusèbe de faire exécuter à Alexandrie, ville féconde en habiles calligraphes, cinquante exemplaires de la Bible grecque pour le service de ces mêmes églises (Euseb. *Vita Constantin.* iv. 34). On croit que la fameuse Bible du Vatican, éditée naguère par le cardinal Mai, et qui porte le n° 1209 parmi les manuscrits de cette célèbre bibliothèque, n'est autre probablement que l'une des copies commandées par Constantin (V. Vercellone. *Dell' antich. cod. Vatic. della Bibbia Greca.* p. 12).

L'usage, très-répandu chez les premiers chrétiens, de porter suspendus à leur cou dans des reliquaires (V. les art. *Évangiles* et *Encolpia*) quelques fragments des saints Évangiles, et même d'en confier à la tombe des morts dans des cassettes d'argent, de bronze ou de plomb (V. Ciampini. *Vet. mon.* c. XVI), dut aussi occuper un grand nombre de scribes.

Aucune occupation n'était plus estimée que celle des *librarii* chrétiens, dont l'œuvre était même souvent comparée à celle des prédicateurs, les uns et les autres ayant pour but commun l'utilité de l'Église par la propagation de la parole divine. Aussi plusieurs grands hommes ne dédaignèrent-ils point de s'y adonner, par exemple S. Pamphile, prêtre et martyr de Césarée (Euseb. *Hist. eccl.* VII. 32), qui, non content d'entretenir de nombreux copistes, copia de sa main beaucoup de livres, entre autres ceux d'Origène, soit pour augmenter sa riche bibliothèque, soit aussi pour en faire des libéralités. S. Lucien, prêtre d'Antioche, si nous en croyons Siméon Métaphraste, exerçait aussi la profession de *librarius* avant d'être élevé au sacerdoce. S. Jérôme avait beaucoup de copistes à son service (*loc. laud.*). Ce fut de bonne heure l'occupation des ascètes et des moines ; et les femmes même n'en étaient pas exclues. On sait que le diacre Ambroise de Césarée avait procuré à Origène, pour transcrire ses Œuvres, outre des scribes ordinaires, plusieurs jeunes filles habiles dans l'art de la calligraphie (Euseb. *Hist. eccl.* VI. 25) ; et nous apprenons de Palladius (*Hist. lausiac.*, XXXIX ; cité par M. l'abbé Greppo dans sa savante note sur les *librarii* et les *notarii*) qu'il exista de nombreux monastères de vierges chrétiennes qui s'adonnèrent à ce genre de travail. Il y avait à Rome des maîtres pour former les *librarii*, et une loi de Dioclétien (Mai. *Collect. Vat.* v. p. 286) réglant le prix des choses vénales et aussi les honoraires de diverses professions, fixe la rétribution mensuelle que chaque élève devait à ces professeurs : *Librario sibe* (sic) *antiquario in singulis discipulis menstruos quinquaginta*.

LIÈVRE. — La signification du lièvre sur les monuments de l'antiquité chrétienne n'a pas été jusqu'ici nettement définie par les antiquaires. Cet emblème se présente, bien qu'assez rarement, sur les pierres sépulcrales, sur les lampes, sur les pierres gravées, avec des caractères qui semblent être la traduction figurée de divers passages de l'Écriture relatifs à la *course* de la vie, au bout de laquelle est la récompense : « Courez de telle sorte que vous remportiez la victoire » (1 *Cor.* IX. 24. — V. aussi 2 *Tim.* IV. 7). Ainsi un marbre du cimetière de Saint-Urbain (Boldetti. 370) est orné d'un lièvre courant à gauche vers une colombe qui porte au bec un rameau d'olivier chargé de feuilles et de fruits ; sur une pierre gravée du recueil de M. Perret (IV. pl. XVI. 44) un lièvre court vers le monogramme de Notre-Seigneur, et une palme est au-dessous ; il en est de même, sauf la palme, sur le *titulus* d'un chrétien nommé IRENEVS (Id. v. XLVII), et ici le monogramme vers lequel se dirige le lièvre est grossièrement tracé dans un cercle. Il nous semble évident que dans le premier exemple la colombe avec la branche d'olivier représente l'heureuse issue de la vie humaine, comme dans la scène du déluge elle annonce à Noé sa délivrance ; dans les deux autres, c'est Notre-Seigneur figuré par le chrisme qui se trouve placé au bout de la lice, comme la récompense du vainqueur.

Ce qui rend, pensons-nous, cette explication encore plus plausible, c'est une curieuse inscription des catacombes (Perret. v. LVII) qui est tracée entre un lièvre et un cheval à la course : la signification bien connue de ce dernier emblème (V. l'art. *Cheval*) détermine tout à fait, à notre avis, le sens du premier. Et ceci nous rappelle que deux tessères, portant l'une un cheval à la course, l'autre un lièvre surmonté d'une palme, ont été trouvées cimentées à l'extérieur de deux tombeaux des catacombes (Boldetti. p. 506), et assurément dans la même intention. A-t-on voulu indiquer la possession du paradis et la jouissance de ses délices en gravant sur le tombeau d'un enfant un lièvre mangeant un raisin (Perret. v. XLI)? Le recueil de Fabretti (p. 581. 84) offre un autre exemple de ce symbole dans les mêmes conditions.

D'autres exemples, eu égard aux circonstances où ils se trouvent, peuvent avoir un sens différent. Ainsi sur des lampes d'argile dont plusieurs ont été découvertes à Lyon, et dont l'une provient du cabinet de l'abbé Greppo, est aujourd'hui dans le nôtre. Le même type s'est retrouvé sur une lampe recueillie en 1875 par M. Cavallari dans une catacombe chrétienne près de Girgenti en Sicile (V. *Bulletin d'archéologie chrétienne*, 1875, p. 83). Le lièvre exprime peut-être l'idée de la vigilance chrétienne jointe à la vitesse de la course. Un lièvre poursuivi par un chien, sur un camée (Perret. IV. XVI. 43), peut exprimer la misérable condition des premiers chrétiens, harcelés par la persécution. Un nymphæum, ou urne baptismale de Pisaure (Paciaudi. *De baln.* p. 153), déjà souvent cité, fait voir, dans un des compartiments du bas-relief dont il est décoré, un bélier et un lièvre affrontés. Symboles, l'un de la force, l'autre de la timidité, ils ont été sans doute placés sur un monument de ce genre pour avertir le nouveau baptisé que quelquefois il devra lutter et résister avec énergie, et que souvent la fuite lui sera conseillée, comme plus utile, par la prudence chrétienne. Nous exposons avec une juste hésitation nos conjectures sur une matière où nous avons dû marcher à peu près sans guide.

LION. — L'antiquité a toujours regardé le lion comme le symbole de la force et de la vigilance, parce qu'il passe pour dormir les yeux ouverts, ainsi qu'Alciat l'exprime dans un élégant distique (*Embl.* v) :

Est leo, sed custos, oculis quia dormit apertis;
Templorum idcirco ponitur ante fores.

« C'est un lion, mais un gardien, parce qu'il dort les yeux ouverts; c'est pour cela qu'il est placé devant les portes des temples. »

En plaçant des lions de marbre ou de bronze à la porte et en diverses parties de ses temples, le christianisme imita, non point une pratique païenne, mais l'exemple de l'Église judaïque (*Paralip.* XXVIII. 17). Salomon, d'après les instructions de David son père, avait fait exécuter des lions d'or et d'argent pour le temple de Dieu. Quelques fonds de coupe représentent l'arche d'alliance, avec deux lions, tantôt à droite et à gauche du chandelier à sept branches, tantôt des deux côtés de la porte avec un volume entre les pattes (V. pour exemple la 1ʳᵉ gravure de notre art. *Évangile*). S. Charles Borromée, dans le quatrième concile provincial présidé par lui, donnant des instructions pour la construction des églises, prescrit d'en orner les portes de figures de lions, pour indiquer la vigilance des pontifes, et inspirer du respect et de la crainte aux fidèles qui y entraient. Plusieurs églises antiques de Rome ont conservé les leurs, entre autres celles de Saint-Laurent hors des murs, des Douze-Apôtres, de Saint-Laurent *in Lucina*, des Saints-Jean-et-Paul sur le mont Cœlius, de Saint-Saba sur le mont Aventin, etc. (V. Ciampini. *Vet. mon.* I. c. 3). Deux grandes têtes de lion sont placées sur l'architrave du portique de Saint-Georges *in Velabro*, comme sur celle de Saint-Jean-Porte-Latine (V. Merangoni. *Delle cose gent.* p. 367).

Plusieurs de ces lions tiennent dans leurs serres un porc-épic ou un autre animal, un homme ou un enfant; Marangoni pense qu'ils sont d'origine égyptienne, et il est incontestable qu'il y en a beaucoup à Rome de cette provenance; quelques-uns portent même des inscriptions hiéroglyphiques, comme on le voit sur la base de la figure ici annexée (Ciampini. I. tab. XVII. n. 3 et 4). L'un de ceux qui ornent la porte de Saint-Laurent *in agro Verano*, joue avec un enfant, ce qui, selon Ciampini, mar-

que la mansuétude dont l'Église doit user envers les néophytes. Celui qui semble déchirer un animal de ses ongles et de ses dents, serait l'image de la juste sévérité dont les pasteurs doivent s'armer quelquefois contre ceux qui s'obstinent à méconnaître leur autorité. Quoi qu'il en soit de ces interprétations dont nous laissons au lecteur le soin d'aprécier la valeur, il paraît certain que ce sont là des symboles d'origine asiatique très-ancienne.

C'est pour les mêmes raisons qu'on avait coutume de sculpter sur le dossier des chaires épiscopales deux têtes de lion, ou d'en façonner les bras en forme de lions ailés à l'imitation du trône de Salomon dont les deux bras étaient formés par deux lions, et sur les six degrés duquel six autres lions étaient debout (3 *Reg.* X. 18). On peut voir des exemples de l'un et l'autre à Sainte-Marie *in Trastevere*, à Sainte-Marie *in Cosmedin*, à Saint-Pierre-ès-Liens, à Sainte-Balbine, etc. (Bottari. II. p. 69. — Marangoni. *loc. laud.*). Des lions servent encore de base aux chandeliers, surtout à ceux qui portent le cierge pascal, ainsi qu'aux colonnes des ambons (V. Ciamp. I. tab. XVII). On en voit aussi quelquefois sur des pierres sépulcrales (V. Boldetti. p. 569. — Perret. v. pl. LXIX. 3).

LITANIES. — I. — Dans le langage des plus anciens écrivains ecclésiastiques, ce mot désignait en général toute sorte de prière publique. C'est là le sens du grec λιτανεῖαι et λιταί, auquel équivaut le latin *supplicationes*, *rogationes*. Eusèbe (*In vit. Constantini.* II. 14) nous apprend que quand Constantin avait à livrer bataille, il s'efforçait de se rendre Dieu favorable par des prières qu'il appelle λιταί, « supplications, » et ailleurs (IV, 61) « litanies », λιτανεῖαι. Les Pères grecs, entre autres S. Chrysostome (*Homil.* III *In Coloss.*), emploient la même expression; et nous la retrouvons dans une loi d'Arcadius, où ce prince interdit aux hérétiques « de s'assembler le jour ou la nuit dans les rues pour y faire *la litanie, ad litaniam faciendam* » (*Cod. Theod.* I. XVI. tit. 5. *De hæret.* I. 30).

Le mot *litanie* ne tarda pas néanmoins à être pris, dans une acception plus restreinte, pour désigner certaines supplications solennelles qui se faisaient à l'effet de conjurer quelque calamité imminente. L'opinion vulgaire attribue l'institution de ces prières publiques connues sous le nom de *rogations* à S. Mamert, évêque de Vienne vers le milieu du cinquième siècle.

Mais il est avéré qu'elles étaient déjà usitées en Orient avant le temps de S. Basile, comme le prouve le témoignage de ce Père (*Epist.* LXIII. *Ad. Neocæsar.*). En Occident même, S. Mamert n'en eut pas l'initiative proprement dite; S. Sidoine Apollinaire, son contemporain, qui était avec lui en relations de correspondance, atteste qu'elles existaient avant lui, mais la pratique en était vague, tiède, rare, irrégulière, *vagæ, tepentes, infrequentes, ac oscitabundæ*, et qu'on n'y avait recours qu'à l'occasion d'un danger pressant (Sidon. lib. v. epist. XIV). Le mérite de S. Mamert fut d'en faire une institution régulière et périodique, en les fixant aux trois jours qui précèdent l'Ascension du Sauveur, et d'introduire dans la célébration de ces litanies une solennité et une ferveur jusque-là inconnues. « Dans ces litanies que Mamert a instituées, dit S. Sidoine, on jeûne, on prie, on psalmodie, on pleure. » Du temps de S. Augustin, ces Rogations solennelles étaient déjà en vigueur dans les Églises d'Afrique. Voici ce que, dans un de ses sermons (*Serm.* CLXXIII), ce Père dit de l'esprit spécial qui doit vivifier le jeûne des trois jours des Rogations : « Sans aucun doute, celui-là aime les blessures de ses péchés, qui, en ces trois jours, ne demande pas à la prière, au jeûne, à la psalmodie les remèdes spirituels dont il a besoin pour les guérir. »

Les Rogations, selon la réforme de S. Mamert, furent adoptées dans les Églises d'Espagne, mais on les renvoya à la semaine d'après la Pentecôte; et il faut reconnaître que cette pratique était beaucoup plus conforme à l'ancienne discipline de l'Église, qui n'admettait pas de jeûne pendant les cinquante jours qui séparent la fête de la Pentecôte de celle de Pâques (*Concil. Germer.* can. II).

II. — Le pape S. Grégoire le Grand a attaché son nom à l'institution à Rome (590, première année de son pontificat) de *Rogations* spéciales, lesquelles, sous le nom de « litanie septiforme », devaient être célébrées le VII des calendes de mai, c'est-à-dire le 15 avril, par le concours de sept sociétés d'hommes et de femmes qui, en ce même jour, sortaient simultanément de sept églises désignées à l'avance, et se réunissaient pour faire ensemble des supplications communes. On appela cette litanie *crucis nigræ*, parce qu'au jour où elle se célébrait, on recouvrait les croix et les autels de voiles noirs, et que les fidèles suivaient la procession avec des vêtements noirs, en signe de deuil et de pénitence (*Ration. div. offic.* l. VI. c. 102).

Cette solennité est rapportée par S. Grégoire lui-même; elle l'a été depuis par Walfrid Strabon, qui l'appelle la grande litanie, *litaniam majorem*. Quelques auteurs ont pensé que ce nom marquait une distinction entre les rogations de S. Grégoire et celles de S. Mamert; mais il n'en est rien, car partout aussi, dans les actes du concile de Mayence (can. XXXIII), dans les *Capitulaires* de Charlemagne (l. v. c. 85), etc., nous voyons que celles de l'évêque de Vienne sont nommées *litaniæ majores* : *Placuit nobis*, dit le concile cité, *ut litania major observanda sit a cunctis Christianis diebus tribus....*

Ces litanies majeures, ainsi que leur nom l'indique, étaient communément accompagnées de processions, en tête desquelles était portée la croix, cette tessère de la profession chrétienne (V. l'art. *Staurophori*). Ceci ressort évidemment du témoignage de S. Grégoire le Grand (l. II. epist. 2), et aussi d'une loi de Justinien (*Novell.* CXXIII. c. 32) qui interdit aux laïques de célébrer les litanies sans les évêques et les clercs qui leur sont subordonnés, *sine sanctis episcopis, et qui sub eis sunt reverendissimis clericis*; et en outre de déposer les croix (portées dans les processions) ailleurs qu'en des lieux vénérables. Quelquefois la procession elle-même n'est désignée que sous le nom de *litanie*. Voici ce que nous lisons du pape Sergius dans le livre pontifical (*In Serg.*) : « Il disposa qu'aux jours de l'Annonciation du Sauveur, de la Nativité, et de la *Dormition* de la Ste Mère de Dieu, la *litanie* sorte de Saint-Hadrien et se dirige vers Sainte-Marie. » On trouve même dans les auteurs *litaniæ procedere*, pour exprimer l'action de marcher processionnellement (Du Cange. h. v.).

Un extérieur simple et décent, une attitude mortifiée et pénitente, telles étaient les dispositions requises des chrétiens pour assister aux litanies. S. Sidoine reprend avec sévérité (v. *Epist.* 7) ceux qui osent s'y rendre, *castinorati ad lætanias*, ce qui veut dire couverts d'étoffes précieuses, comme celles qui se faisaient avec du poil *de castor*; et les canons (*Concil. Mogunt.* ubi supra) ont toujours interdit d'y aller « à cheval, avec des vêtements précieux, » prescrivant, au contraire, « de s'y présenter pieds nus, couvert de cendre et de cilice, sauf le cas d'infirmité. »

III. — On demande maintenant ce qu'on doit entendre par « litanie mineure ». On ne saurait rejeter complètement l'opinion de ceux qui pensent qu'elle ne consistait que dans le *Kyrie eleison* plusieurs fois répété, soit à matines, soit à la messe ou à d'autres parties de la liturgie, formule abrégée de supplications que toutes les Églises ont adoptée pour les différentes heures de l'office du jour et de la nuit. Ce sentiment peut invoquer des autorités respectables. Le cardinal Bona (*Divin. psalmod.* XIV. 4) atteste que cette formule d'invocation, qui veut dire « Seigneur, ayez pitié de nous », est appelée « litanie » dans les liturgies de S. Jacques, de S. Basile, de S. Jean Chrysostome. Il est probable aussi que c'est à la même prière que font allusion S. Augustin, S. Cyprien, S. Chrysostome, quand, dans leurs homélies, ils parlent de *litanies*. Cela n'est pas douteux pour S. Benoît, qui, au neuvième chapitre de sa règle, traitant de l'office divin, s'exprime ainsi à ce sujet : « Après les psaumes, la leçon de l'Apôtre qui doit être récitée par cœur, et le verset, vient la supplication de la « litanie », c'est-à-dire le *Kyrie eleison*. »

Sans doute, à l'époque où vivaient ces Pères, les *litanies* ne présentaient pas la forme développée et complète qu'elles ont aujourd'hui. Cependant on aurait tort d'affirmer absolument que l'invocation des saints en était absente ; et Bingham a manqué de sincérité en omettant, dans un pur intérêt de secte et pour faire passer une assertion erronée, un beau passage de S. Chrysostome où il est évidemment question de litanies spéciales accompagnées de processions et où les saints étaient invoqués (*Homil. contr. ludos et theatra*) : « Nous avons eu des *litanies*, λιτανεῖαι, ou supplications, où toute notre ville affluait comme un torrent aux lieux des apôtres. Nous implorions comme nos avocats S. Pierre et le bienheureux André, *cette paire d'apôtres*, et aussi Paul et Timothée. »

Donc la première différence entre les grandes et les petites litanies consiste dans le plus ou le moins de développement des formules. On peut en assigner d'autres encore : les litanies majeures se célébraient avec un plus grand concours du clergé, du peuple et des moines, à des jours fixes de l'année et dans toutes les Églises en même temps. Les litanies mineures, au contraire, avaient comme un caractère privé, se célébrant isolément, irrégulièrement, dans une Église particulière, à raison de nécessités locales. Aussi quand il s'agissait des grandes, tout était réglé d'avance dans les sacramentaires, le jour où elles devaient être célébrées chaque année, le lieu d'où le cortège devait partir, celui où il devait se rendre, ainsi que les stations intermédiaires. On peut s'en assurer en jetant un coup d'œil sur le sacramentaire de S. Grégoire, édité et annoté par Pamelius (V. les art. *Processions* et *Stations*).

LITURGIE. — On distingue deux espèces de liturgie : la liturgie psalmodique et la liturgie eucharistique.

I. — Liturgie psalmodique. Dès le berceau de l'Église, les chrétiens adoptèrent l'usage de réciter les psaumes de David dans leurs temples, avant la liturgie du sacrifice. Cette pratique est d'institution apostolique. Nous savons par Tertullien (*De jejun.* c. x et xi) qu'au deuxième siècle on récitait des psaumes à la troisième, à la sixième, à la neuvième heure du jour, et il appelle ces heures « apostoliques ». Les Constitutions dites apostoliques prescrivent des prières consistant surtout dans la récitation des psaumes (l. vIII. c. 34), *mane, tertia, sexta, nona diei hora, vespere, et ad galli cantum*. Mais comme la crainte des païens ne permettait pas toujours aux fidèles de s'assembler, ils psalmodiaient chacun en particulier, ou deux ou trois ensemble (*Ibid.*). Bien plus, il y avait parmi eux une pieuse émulation, et ils se provoquaient réciproquement, *quis melius Deo suo caneret*, dit Tertullien (*Ad uxor.* l. II. ad fin.).

Il résulte évidemment de ces données que les premiers chrétiens vaquaient tous les jours, en public ou au moins en particulier, à la psalmodie. Et dès le quatrième siècle les chrétiens de l'Orient, comme ceux de l'Occident, de tout âge et de toute condition, étaient tellement adonnés à cette sainte pratique, que, au dire de S. Jérôme (*Ad Marcellin.*), « au lieu des chants d'amour » autrefois en usage, « le laboureur, en conduisant sa charrue, chantait l'*alleluia* ; le moissonneur se récréait par le chant des psaumes ; le vendangeur, en maniant la serpette recourbée, chantait quelques fragments de poésies davidiques, *aliquid Davidicum*. » L'habitude qu'ils en avaient contractée faisait que tous, même les laïques de la condition la plus infime, savaient les psaumes de mémoire (Augustin. *Enarr. in psalm.* LXXXVIII) ; et cette religieuse discipline se maintint jusqu'à la fin du huitième siècle (Beda. *Hist.* l. III. c. 17. l. IV. c. 18), époque à laquelle les clercs seuls restèrent chargés de la psalmodie publique.

Depuis le premier siècle jusqu'au quatrième, les psaumes furent récités en Orient dans la version des Septante ; et les Latins usèrent jusqu'à S. Jérôme de la version ancienne dite *italique*. S. Jérôme, d'après l'ordre de Damase, les expurgea de certaines fautes, et les distribua dans un ordre méthodique pour l'usage de la liturgie (*Concil. Rom. sub Damas.* an. 382), et ce psautier fut, sous Théodose, donné même aux Églises grecques (*Epist. Theodos. ad Damas. Concil.* t. I), qui l'acceptèrent, comme l'attestent leurs psautiers actuels, appelés par eux ὡρολόγιαι. Vers la fin du cinquième siècle, le pape Gélase corrigea de nouveau le livre des psaumes, y ajouta des hymnes, et les distribua dans un ordre nouveau. — Cet article a son complément dans ceux qui ont pour titres *Office divin* et *Prière publique*.

II. — Liturgie eucharistique. C'est l'ordre des leçons, prières et cérémonies qui accompagnent le sacrifice. Il y en eut plusieurs, tant en Orient qu'en Occident.

Liturgies orientales. On n'est pas fixé sur l'ordre de la liturgie établie par les apôtres : les monuments font défaut. On sait seulement que l'Oraison dominicale en était la prière principale, mais non pas la seule, car S. Justin, qui vivait à une époque si rapprochée de celle des apôtres, nous a transmis plusieurs autres parties de la liturgie en usage au deuxième siècle.

La plus ancienne est celle qui est connue sous le nom de *liturgie des apôtres*, et qui est communément attribuée à S. Clément pape. On ne connaît aucune Église qui s'en soit servie après le quatrième siècle (Bocquillot, *Hist. de la liturg.*, l. I, c. 9). Il y a ensuite celle dite *de S. Jacques*, qui fut celle des Églises d'Antioche et de Jérusalem, et qui, de l'aveu même des plus célèbres critiques luthériens et anglicans, remonte très-certainement aux premiers siècles de notre ère. Elle fut abrégée par S. Basile, dont elle prit le nom ; elle s'appela plus tard liturgie de S. Jean Chrysostome, parce que ce Père lui avait fait subir de nouvelles modifications. Une autre liturgie porte le nom de

S. Cyrille de Jérusalem : elle se trouve dans le missel édité à Rome par le Maronite Schialath. Les jacobites se servent de vingt-huit liturgies différentes, dont les plus insignes sont celle de S. Cyrille de Jérusalem et celle de S. Cyrille d'Alexandrie : celle-ci était attribuée autrefois à l'évangéliste S. Marc. Aux liturgies *jacobites* on doit joindre encore celle de *S. Grégoire de Nysse*, qui est probablement d'un moine nommé Grégoire Acindinus, celle de *S. Jean l'Évangéliste*, qu'on attribue à un patriarche de ce nom, celle de *S. Pierre second*, que les uns croient appartenir à Pierre d'Apamée, les autres à Pierre Gnaphæus (Renaudot, *Hist. de l'Égl. alexandr.*, c. xxviii) ; celle de Jacques Bardatus, auteur de la secte des jacobites ; celles enfin de Moïse Barcephas et du moine Severus, qui sont propres aux jacobites syriaques. Les Orientaux ont aussi la liturgie de *S. Jean patriarche*, vulgairement *Acœmete*, la liturgie de *Grégoire*, autrement *Abulfarage*, et enfin celle de *Philoxène, évêque d'Hiérapolis*. Il existe une liturgie particulière pour les Éthiopiens ou Abyssins, une autre pour les Arabes nestoriens ; les Arabes melchites ont aussi la leur, appelée *euchologium arabicum* ; elle est à l'usage de tous les chrétiens qui habitent le Sinaï, les côtes de la mer Rouge, les déserts de l'Arabie. Les Arméniens de la Cilicie usaient autrefois de la liturgie de *S. Marutas, métropolite de Tagritha*. On trouvera des notions plus étendues et plus détaillées sur les liturgies orientales dans Goar, Renaudot, etc.

Liturgies occidentales. On en compte quatre principales : la romaine, la gallicane, l'espagnole, autrement dite mozarabique, et l'ambroisienne.

La romaine a S. Pierre pour premier auteur, mais elle a été peu à peu modifiée et augmentée, à l'instar des vieilles liturgies des Grecs. Les plus anciens monuments qui nous restent de cette liturgie primitive des Latins sont trois sacramentaires : le *léonien*, le *gélasien*, le *grégorien*. Le premier, qui porte le nom de Léon Ier, est antérieur à ce pape, car il renferme des rites d'un caractère plus ancien. Il a été en usage dans l'Église romaine depuis le quatrième siècle : c'est l'opinion commune. Nous possédons de ce sacramentaire deux manuscrits, appartenant, l'un à la bibliothèque Vaticane, l'autre à la bibliothèque d'Este, celui-ci édité par Muratori (*Liturgia Romana vetus*). Le second porte le nom du pape Gélase, bien qu'il ne soit pas de lui. Il est néanmoins regardé comme l'un des plus anciens ordres liturgiques de l'Église romaine. Le cardinal Tomasi l'a publié d'après un manuscrit de la bibliothèque de la reine Christine de Suède. Enfin le troisième s'appelle grégorien, parce que S. Grégoire le Grand l'a remanié, ou *continué*, pour nous servir de l'expression de Jean Diacre (*In ejus Vit.* lib. iii. c. 21), d'après un ancien ordre dont l'Église romaine usait auparavant et qui probablement n'était autre que le sacramentaire gélasien. Mais le grégorien lui-même a été, depuis S. Grégoire, augmenté à diverses reprises de nouveaux rites. Dom Ménard l'a publié d'après les meilleurs manuscrits. On peut voir dans le *Musæum Italicum* de Mabillon, et dans Hittorp, quelques ordres romains appartenant au moyen âge.

Les ordres liturgiques que nous venons d'énumérer furent exclusivement en usage pendant les premiers siècles dans l'Église romaine, dans les églises suburbicaires, et dans la plupart des autres Églises de l'Italie ; et il est probable qu'il n'y avait alors qu'une seule liturgie dans tout l'Occident. Mais vers le sixième siècle un autre ordre liturgique fut apporté d'Orient en Espagne par les Goths (Pelliccia *Polit. eccl.* i. p. 243), et il fut appelé mozarabe, à cause des Arabes habitant l'Espagne qui professaient le christianisme, ce qui fit donner à ce mélange de populations le nom de *Mixti Arabes*. Le quatrième concile de Tolède étendit à toute l'Espagne l'usage de cette liturgie, et elle y subsista jusqu'au onzième siècle.

Ce fut vers le cinquième siècle que les Gaules commencèrent à avoir une liturgie particulière, laquelle fut appelée gothique ou gallicane. On en attribue la rédaction, tantôt à S. Hilaire, évêque de Poitiers, tantôt à Musæus, prêtre de Marseille, tantôt à S. Sidoine Appollinaire. Elle fut suivie dans les Gaules jusqu'au huitième siècle. Nous en avons quatre éditions différentes : 1° le *missel gothique*, édité par Mabillon, d'après un manuscrit vieux déjà de plus de mille ans du temps de ce savant bénédictin ; 2° le *missel des Francs* ; 3° le *missel gallican ancien*, d'après un très-ancien manuscrit de la bibliothèque de Bobio (Mabill. *Mus. Ital.*). Il est certain que cette liturgie gallicane fut autrefois en usage dans les Églises d'Angleterre (Usser. *De antiquit. Britan.* l. ii. c. 9).

Enfin l'Église de Milan eut aussi sa liturgie particulière, et qui prit le nom de S. Ambroise, lequel cependant n'avait fait qu'ajouter de nouveaux rites à un ordre liturgique déjà existant avant lui. Le fond de cette liturgie subsiste encore aujourd'hui, mais profondément modifié (V. Visconti. *De rit. miss.* c. xxii).

III. — Il est assurément regrettable qu'aucune des antiques liturgies ne nous soit parvenue dans son intégrité. On donne de cette perte plusieurs raisons :

1° La liberté qui, dans les premiers temps, était laissée à chaque évêque de faire pour son Église une liturgie spéciale. Car, chaque Église ayant la sienne, il n'y avait pas de raison d'en notifier la connaissance aux autres chrétientés. De plus les évêques n'étant pas astreints à leur usage, et conservant la faculté d'en composer de nouvelles ou de faire des additions et modifications aux anciennes, ne durent pas se préoccuper du soin de les transmettre intègres à leurs successeurs. Et l'on conçoit qu'il dut en être ainsi jusqu'à ce que le siège de Pierre pût, à la faveur de la paix, exercer sur l'ordre liturgique, comme sur tout le reste, la suprême autorité qu'il avait reçue de Jésus-Christ : *Pasce agnos meos,... pasce oves meas.*

2° De savants interprètes des antiquités ecclésiastiques, Renaudot (*Collect. liturg. orient.* t. I. dissert. 1) et Le Brun (t. II. *Dissert. liturg.*), ont avancé que pendant plusieurs siècles on s'abstint de mettre par écrit les liturgies, et qu'on les apprenait de mémoire. Cette assertion est un peu absolue, et Muratori l'a réfutée dans la préface de son édition de l'ancienne liturgie romaine (c. 1). On voit dans le traité d'Origène *Contre Celse*, que celui-ci avait trouvé chez des prêtres chrétiens des livres que, d'après la description qu'il en donne, il est facile de reconnaître pour des recueils d'oraisons liturgiques. On ne saurait nier d'autre part que les catéchèses de S. Cyrille de Jérusalem ne contiennent de notables fragments de liturgies antiques. A peu près à la même époque, c'est-à-dire vers le milieu du quatrième siècle, S. Hilaire de Poitiers, au rapport de S. Jérôme (*De script..eccl.*), écrivait un sacramentaire pour son Église.

Il serait donc plus exact de dire que tout n'était pas écrit, et encore que les copies des parties écrites étaient rares et tenues secrètes. Au surplus, les persécutions, celle de Dioclétien surtout, qui s'attachèrent particulièrement à détruire les livres des chrétiens, jettent sur cette question une obscurité devant laquelle la critique sera toujours impuissante. Il est certain que la fin du quatrième siècle et le début du cinquième marquent l'époque où les liturgies commencèrent à être intégralement écrites et publiquement répandues (V. plus haut, II). Il faut néanmoins faire une exception pour le canon, qui, selon toute probabilité, se transmettait oralement, et ne fut écrit que vers le sixième siècle.

3° Il est avéré que, par suite des injures du temps, les liturgies même que l'on sait avec certitude avoir été autrefois écrites, sont aujourd'hui en partie perdues ; par exemple l'ancienne gallicane, l'espagnole, l'africaine, dont nous ne possédons que des fragments. A plus forte raison, les liturgies tout à fait primitives, qui n'étaient, il faut s'en souvenir, que des formules spéciales à certaines Églises, ont-elles dû, même en admettant qu'elles aient été écrites, être effacées par les nouvelles et peu à peu perdues.

4° La dernière raison, c'est que les anciennes liturgies ont été par la suite si souvent soumises à des retouches et à des additions, qu'il est devenu impossible d'y discerner l'œuvre des premiers auteurs. Ainsi, nous avons des liturgies sous les noms de S. Chrysostome et de S. Basile, et rien n'empêche de croire qu'elles furent primitivement composées par ces Pères ; mais nous n'avons aucun moyen de distinguer leur main au milieu des innombrables altérations que les Grecs leur ont fait subir.

5° Quoi qu'il en soit, bien que les liturgies des quatre premiers siècles ne nous soient pas arrivées intègres et pures d'alliage, cependant il en reste dans les écrits des anciens Pères tant et de si notables fragments, que nous en pouvons tirer deux conclusions certaines : premièrement, que l'Église primitive avait des formes de culte fixes et certaines ; secondement, que nous pouvons nous rendre compte jusqu'à un certain point, de l'ordre et de la méthode qu'elle observait dans les principales parties du ministère sacré (V. pour compléter cet article, les art. *Prière publique dans la primitive Église* et *Livres liturgiques*).

LIVRES LITURGIQUES. — L'intérêt qui s'attache à cette matière nous oblige à en pousser l'étude au delà des limites de l'antiquité proprement dite, c'est-à-dire jusqu'à l'époque de Charlemagne, où se termine à peu près la période de formation définitive des livres liturgiques. Les principaux de ces livres sont :

1° LE SACRAMENTAIRE, *sacramentarium*, ou *liber sacramentorum*. Il renferme l'ensemble des prières que le célébrant récite à l'autel pour convertir les espèces du pain et du vin au corps et au sang de Jésus-Christ ; et son nom lui vient de la confection même de la sainte eucharistie, qui est appelée le *sacrement* par excellence.

S. Gélase et S. Grégoire le Grand sont les principaux auteurs du sacramentaire de l'Église romaine. Le passage suivant de Walfrid Strabon (*De reb. eccl.* c. XXII) assigne à chacun de ces deux papes la part qui lui appartient dans la rédaction de ce livre : « Le pape Gélase, cinquante et unième dans le catalogue, passe pour avoir mis en ordre les prières composées par lui et par d'autres. Les Églises des Gaules se servirent de ses oraisons, et elles sont encore retenues par plusieurs ; et comme beaucoup de choses y paraissaient incertaines, à raison de l'incertitude de leurs auteurs, et ne présentaient pas un sens complet, le bienheureux Grégoire prit soin de réunir tout ce qui offrait de suffisantes garanties, et ayant retouché ce qui était trop long ou peu conforme au bon goût, il composa le livre dit *Des sacrements*, comme son titre l'indique. Que si l'on y trouve encore certaines choses qui s'écartent du but qu'il s'est proposé, elles n'y ont point été insérées par lui, mais il faut croire qu'elles y ont été surajoutées par d'autres moins soigneux. »

Nous trouvons à peu près l'équivalent dans la *Vie de S. Grégoire* par Jean Diacre (lib. II. c. 17). Mais ces deux auteurs supposent toujours que les deux grands pontifes ont travaillé sur des matériaux laissés par leurs prédécesseurs, entre lesquels nous devons citer notamment S. Célestin, qui siégeait en 422, et S. Léon le Grand, qui le suivit de près et qui est connu pour avoir apporté de nombreux et notables perfectionnements à la liturgie (Honor. Augustod. *Gemma animæ*. c. XLIX) : ceci soit dit néanmoins sans rien préjuger au sujet de l'attribution qui est faite à ce pape du sacramentaire dit *léonien*, inséré en tête du recueil des anciennes liturgies romaines de Muratori.

Si nous en croyons Gennade, cité par Du Cange (ad voc. *Sacramentarium*), des auteurs plus anciens encore, Salvien, Musæus, prêtre de Marseille, et Voconius, évêque de Castellane en Mauritanie, auraient déjà composé des sacramentaires, *sacramentorum volumina.*

Pamelius est, croit-on, le premier qui ait publié par l'impression le sacramentaire de S. Grégoire, dans sa collection d'anciens manuscrits liturgiques (*Liturgicon Ecclesiæ latinæ.* Colon. 1571. 2. in-4°). La seconde édition est due à Angelo-Rocca, qui le donna d'après l'exemplaire du Vatican et l'accompagna de scolies (Romæ. 1797). Dom Hugues Ménard en fit une troisième en 1642, à Paris, et l'enrichit de notes érudites, et encore très-appréciées aujourd'hui. Voici, d'après cette dernière édition, le titre de ce vénérable monument liturgique : *In nomine Domini hic liber sacramentorum de circulo anni expositus a S. Gregorio papa Romano editus ex authentico libro bibliothecæ cubiculi scriptus* — QUALITER MISSA ROMANA CELEBRATUR.

2° Le MISSEL, *missale.* « Livre ecclésiastique où est contenu l'office des messes, composé d'abord par le pape Gélase, puis disposé dans un meilleur ordre par S. Grégoire le Grand. » On voit par cette définition, que nous empruntons à Du Cange (*Glossar. Latin.* ad voc. *Missale*), que le missel primitif n'était autre que le *sacramentaire* dont nous venons de parler ; mais ce missel, ainsi que celui des Gaules et d'autres encore que nous ne pouvons qu'indiquer dans ce rapide aperçu (V. Thomasii. *Codices sacramentorum nongentis annis vetustiores : Missale Gothicum, missale Francorum, missale Gallicanum vetus.* Romæ. 1680), ne contenait que le saint canon, les oraisons et les préfaces, c'est-à-dire ce que les évêques ou les prêtres devaient réciter ou chanter à l'autel. Ce que les diacres, les sous-diacres et les lecteurs étaient chargés de dire, chacun selon l'office de son ordre, était mis à part dans autant de livres spéciaux, dont le détail viendra un peu plus bas.

Il y eut plus tard deux autres espèces de missels : les uns qui, outre les éléments du sacramentaire primitif, contenaient encore ce que se chante à l'autel, *l'introït,* le graduel, *l'Alleluia,* le *trait, l'offertoire,* le *Sanctus,* la communion. Les missels de cette sorte étaient destinés à l'usage des églises du second ordre, qui possédaient un diacre et un sous-diacre pour l'office de l'évangile et de l'épître, mais un nombre de chantres insuffisant, de telle sorte que le prêtre et ses ministres devant s'associer au chant du chœur, avaient besoin d'un missel renfermant tout ce qui s'y chantait.

Enfin, vers le neuvième siècle, vinrent les missels qu'on appela *pléniers,* parce qu'aux éléments que nous venons d'énumérer, ils joignaient les *leçons,* les *épîtres,* les *évangiles,* c'est-à-dire qu'ils se composaient de tout ce qui était récité par le prêtre à l'autel, par les lecteurs, diacres et sous-diacres à l'ambon (V. l'art. *Ambon*) et par les chantres au chœur. Les missels pléniers étaient nécessaires pour les paroisses de la campagne où manquaient les ministres inférieurs. Aussi voyons-nous que, quand ils visitaient ces humbles églises, les évêques s'informaient toujours, entre autres choses, s'il y avait un missel plénier, *si missale plenarium habeat* (*Region. inquisit.* n. x et xi). Et dans leurs synodes, ils faisaient lire par le diacre, après l'évangile, un avertissement enjoignant aux curés et aux autres prêtres d'avoir un missel de cette sorte (*In append: Region.* p. 602. — Cf. Bocquillot. p. 215).

Ces missels étaient nécessaires aux simples prêtres, à cause des messes basses qui commencèrent à être en vogue dès le neuvième siècle ; et plus encore aux curés de la campagne, parce qu'alors il était défendu aux laïques de chanter dans l'église des leçons et même l'*Alleluia* (*Capitul.* lib. v. cap. 112). Les curés étaient même tenus de chanter le *Sanctus* avec le peuple avant de commencer le canon. Ce n'est qu'au temps de Charlemagne que certains prêtres, pour abréger leur messe, s'avisèrent de commencer le canon pendant que le peuple chantait le *Sanctus.* Cet empereur si zélé pour le culte de Dieu porta (ann. 789), afin de réprimer cet abus, une ordonnance, qu'en 858 Hérard, archevêque de Tours, renouvela pour sa province ecclésiastique.

Les bibliothèques publiques qui se sont enrichies des dépouilles de nos anciens monastères contiennent encore beaucoup de missels des trois espèces que nous venons de passer en revue, et la plupart étalent encore toutes les richesses de la calligraphie et de la peinture dont la patiente piété et l'habile main des moines se plaisaient à les orner. Nous ne citerons pour exemple que le célèbre missel du huitième siècle qui fut à l'usage de l'Église de Florence, et que possède aujourd'hui la bibliothèque Barberini à Rome (Lami. *De erud. apost.* p. 124). Il est revêtu de lames d'ivoire sculpté.

3° L'ÉVANGÉLIAIRE, *evangeliarium* ou *evangelistarium,* εὐαγγέλιον.

Dans un article à part (*Évangiles*) qui nous permet d'abréger celui-ci, nous avons fait ressortir le respect que l'Église catholique a de tout temps professé et manifesté pour le livre sacré des Évangiles. Nous ne parlerons ici que du livre du diacre, contenant les évangiles qui doivent être lus ou chantés à toutes les messes de l'année.

Dans les premiers siècles de l'Église, chaque Évangile était écrit dans un volume à part. C'est S. Jérôme qui, d'après les ordres du pape Damase, les réunit en un seul volume, et les disposa dans un ordre approprié à la liturgie (Honor. Augustodun. *Gemm. anim.* l. II. c. 88). Car avant ce Père, c'est-à-dire pendant les trois premiers siècles, les passages qui devaient être lus à la messe n'étaient point fixés d'avance ; l'évêque les indiquait au diacre, à son choix et sur le moment même. Les différents volumes qui contenaient ces textes sacrés étaient confiés à la garde des lecteurs : ceux-ci étaient chargés de les soustraire aux regards des païens, qui plus d'une fois les livrèrent aux flammes (Euseb. *Hist. eccl.* VIII. 2 et 3), et de les préserver aussi des mains profanes des hérétiques (Optat. Milev. *De schism. Donat.* l. ii. — Augustin. *Contr. Crescent. gram.* iii. 7). Ce n'est donc que depuis qu'il fut distribué par S. Jérôme selon les convenances de la liturgie que ce livre s'est appelé *évangéliaire.*

Les *évangéliaires* destinés au service de l'autel sont de deux sortes: les uns comprennent le texte complet et suivi des Évangiles; et les passages qui doivent être lus à la messe y sont indiqués, soit par des notules marginales, soit par des tables *ad hoc* disposées au commencement ou à la fin du volume. Ils sont sans doute conformes au système de S. Jérôme; et tel est un magnifique manuscrit grec de la bibliothèque de Saint-Marc de Florence (Lami. p. 768), au commencement duquel cette circonstance est énoncée : *Declaratio comprehendens temporis evangeliorum lectionum, et evangelistarum successionum, undeque incipiunt, et ubi desinunt.* Les autres, au contraire, et ce sont les plus modernes, présentent un recueil de passages détachés du texte et appropriés à la série des dimanches et des fêtes.

On cite un nombre considérable d'évangéliaires manuscrits, exécutés avec un grand luxe calligraphique, et dont plusieurs sont extrêmement respectables par leur origine. Un des plus intéressants et des plus anciens textes connus de l'Évangile (on croit qu'il a été copié d'un manuscrit du deuxième ou du troisième siècle), c'est le célèbre évangéliaire gréco-latin désigné dans la science sous le nom de « manuscrit de Cambridge » et qui appartenait à l'église de Saint-Irénée ou de Saint-Just de Lyon, d'où il fut enlevé par les protestants vers l'an 1560 et envoyé par Théodore de Bèze à l'université de Cambridge. Il porte en marge l'indication des leçons du texte sacré, suivant la convenance des principales fêtes de l'année. Voici le fac-simile d'un passage de ce manuscrit, tiré de l'Évangile de S. Jean (xxi. 23) : « Le bruit se répandit que ce disciple (S. Jean) ne mourrait pas. Et Jésus ne dit pas : il ne mourra pas, mais si je veux qu'il demeure ainsi jusqu'à ce que je vienne, que vous importe ? » Il existe à Verceil un évangéliaire qui passe pour avoir été écrit de la main

ΕΥΑΓΓΕΛΙΟΝ ΚΑΤΑ
ΙΩΑΝΗΝ ΕΤΕΛΕϹΘΗ.

ΕΞΗΛΘΕΝΟΥΝΟΥΤΟϹΟΛΟΓΟϹΕΙϹΤΟΥϹ
ΑΔΕΛΦΟΥϹ ΚΑΙΕΔΟΞΑΝΟΤΙΟΜΑΘΗΤΗϹ
ΕΚΕΙΝΟϹΟΥΚΑΠΟΘΝΗϹΚΕΙ ΚΑΙΟΥΚΕΙΠΕΝΑΥΤΟ
ΟΙΗϹ ΟΥΚΑΠΟΘΝΗϹΚΕΙϹ ΑΛΛΑΕΑΝΑΥΤΟΝ
ΘΕΛΩΜΕΝΕΙΝ ΕΩϹΕΡΧΟΜΑΙΠΡΟϹϹΕ

Euangelium secund
Iohanen explicit.

Exiuit ergo hic uerbus aput fratres
et putauerunt quoniam discipulus
ille non moritur et non dixit illud
ihs non morieris sed si eum
uolo manere usque dum uenio quid ad te

de S. Eusèbe, évêque de cette ville au quatrième siècle; il a été publié à Milan en 1748 par Jean-André Irico et à Rome par Blanchini en 1749 (Lami. *De erudit. apost.* p. 498). S. Hilaire de Poitiers avait aussi transcrit un évangéliaire qui appartint plus tard à Perpétuus, évêque de Tours au cinquième siècle, lequel le légua à Euphronius d'Autun (V. ce testament dans le *Spicilége* de d'Achéry. t. v. p. 107, et dans Grégoire de Tours. Append. p. 1317). Mais il paraît que ce legs ne fut pas exécuté, car on montrait dans le trésor de la cathédrale de Tours un évangéliaire qu'on croit être celui-là même.

La bibliothèque Vaticane possède (n° 1209) une Bible grecque, écrite sur trois colonnes et qui a été publiée par le cardinal Mai. Dans une savante dissertation lue à l'Académie pontificale d'archéologie, le 14 juillet 1859, le P. Vercellonne, barnabite, a prouvé que ce manuscrit est probablement un des cinquante exemplaires qui furent écrits à Alexandrie d'Égypte d'après les ordres de Constantin, par les soins d'Eusèbe, pour le service des églises de Constantinople. Il porte en marge des indications qui achèvent de démontrer sa destination liturgique, telles que ἀρχή, τέλος, λέγε, ὦδε, στῆκε. — « Commencement, — fin, — lisez, — ici, — arrêtez. »

Le lecteur ne nous saura pas mauvais gré de mettre sous ses yeux un spécimen de cet illustre codex. C'est le vingt-cinquième verset du dernier chapitre de l'Évangile de S. Jean : « Il y a encore beaucoup d'autres choses que fit Jésus ; et si elles étaient rapportées en détail, je ne crois pas que le monde pût contenir les livres où elles seraient écrites. »

On a des évangéliaires du cinquième et du sixième siècle, le gothique d'Ulphilas, par exemple, le syriaque de la bibliothèque Laurentienne à Florence, celui de Saint-Germain-des-Prés (V. Lami. op. laud. p. 723. 731. 824. 828 et passim).

4° Le LECTIONNAIRE, *lectionarius* ou *lectionarium*. C'est le livre qui contient les épîtres et les leçons qui doivent être lues à la messe. On l'a encore appelé *apostolus*, parce que la majeure partie des leçons destinées à la messe étaient tirées des Épîtres de l'apôtre S. Paul. Considéré à ce dernier point de vue, il a été désigné sous le nom barbare d' « épistolier », *epistolarium*. Souvent aussi il est nommé *comes* : « les ecclésiastiques, dit Papias, cité par Du Cange (*Gloss. lat.* voc. *Comes*), appellent *comes* le recueil des leçons célestes, » *comes vocatur ab ecclesiasticis congregatio cœlestium lectionum*. Pamelius (*Epist. ad Microlog.*) veut que ce livre ait été rédigé par S. Jérôme. Mais si le prologue de ce traité adressé à l'empereur Constance qu'a publié dom d'Achéry (*Spicileg*. t. xiii. p. 253) est véritablement de S. Jérôme, il faudrait en conclure que le nom de *comes* avait été attribué au lectionnaire bien avant ce Père. Quelques-uns pensent qu'il fut ainsi nommé, parce que les ecclésiastiques doivent l'avoir comme un fidèle et inséparable compagnon. C'est la pensée de Phocas le grammairien (Cf. Du Cange. *loc. laud*) :

Te longinqua petens COMITEM sibi ferre viator
Ne dubitet; parvo pondere multa vehis.

« Dans ses lointaines pérégrinations, que le voyageur n'hésite pas à te prendre pour compagnon ; tu portes beaucoup de choses sous un petit volume. »

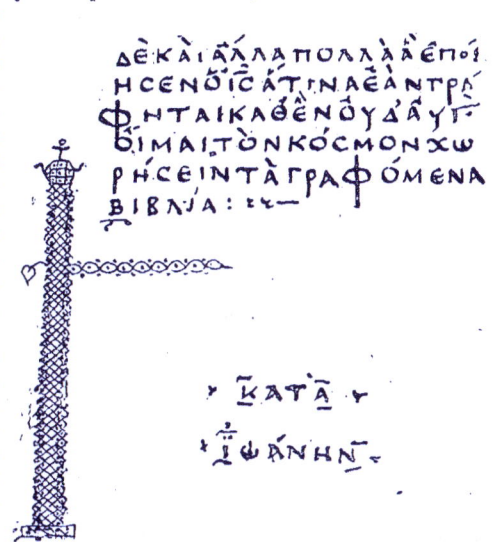

Et en effet, les Épîtres de S. Paul ont toujours été regardées comme le manuel des prêtres, qui ne doivent cesser de les lire et de se pénétrer de l'abondante et sublime doctrine qu'elles renferment.

Quelquefois les lectionnaires contenaient en même temps les leçons tirées des prophètes, les épîtres et même les évangiles ; mais il y avait aussi des *épistoliers* ne renfermant que les épîtres et des *lectionnaires* pour les autres leçons exclusivement. Ainsi la bibliothèque de Magliabecchi (*Magliabecchiana*) à Florence possède plusieurs lectionnaires grecs comprenant les épîtres et les évangiles ἀποστολοεὐαγγέλια ou encore *synaxaria*, livre des synaxes (Lami. p. 803 et *passim*), et la Laurentienne des évangéliaires purs, autres que ceux dont nous avons donné la liste précédemment (Lami. p. 830).

5° Le BÉNÉDICTIONNAIRE, *benedictionalis liber* : « livre ecclésiastique contenant les bénédictions à l'usage des évêques et des prêtres » (Du Cange, *ad hanc voc.*). Dans les messes solennelles, il était d'usage de bénir le peuple avant de lui distribuer la sainte communion. C'est après l'Oraison dominicale que l'évêque prononçait la prière composée à cet effet, et il en est encore de même aujourd'hui. Il y avait une autre bénédiction pour la fin de la messe. Raban Maur (*De instit. cleric.* xxxii) en parle dans son premier livre, mais il semble confondre cette bénédiction avec la collecte qui se récite après la communion, puisqu'il dit que c'est après cette oraison que le diacre congédie le peuple. Les anciens sacramentaires ne font mention que de la bénédiction qui se donnait après l'Oraison dominicale, soit avant la communion.

Lambèce cite (*Bibliot. Cæsar.* t. i. n. 14) un

manuscrit de la Bibliothèque impériale auquel il attribue une ancienneté de mille soixante ans, et où, après le sacramentaire de S. Grégoire, est inséré sous le nom de ce pape un bénédictionnaire, ou recueil des bénédictions solennelles que l'évêque donnait au peuple avant la communion. Dans le missel gothique donné par Tomasi (*Codices sacrament*. p. 263), et depuis par Mabillon sous le titre de *Liber sacramentorum Ecclesiæ Gallicanæ* (*Iter Italic*. t. I. pars altera. p. 278), il y a des bénédictions presque pour toutes les messes solennelles; il y en a aussi quelques-unes dans le missel gallican, mais elles sont différentes de celles qui sont rapportées dans le bénédictionnaire attribué à S. Grégoire, et que Lambèce a imprimé dans le deuxième tome de la Bibliothèque impériale. L'éditeur de la nouvelle édition des Œuvres de ce pape leur a donné place dans son supplément avec une autre copie beaucoup plus ample de ce bénédictionnaire, tirée de la bibliothèque de Saint-Thierry près de Reims. Il croit que ce qui a rendu les manuscrits de ce bénédictionnaire extrêmement rares, c'est qu'il était détaché du sacramentaire, et qu'il faisait un volume à part pour l'usage des évêques, à qui on le présentait lorsque le moment était venu de bénir le peuple (V. Dom. Ceillier. t. XVII. p. 343).

6° L'ANTIPHONAIRE, *antiphonarium*. C'est le livre qui contient les *introït* et les autres antiennes de toutes les messes de l'année, qui sont chantées par le chœur. On l'a aussi appelé *cantatorium* et en France *graduale*, parce que ce livre se plaçait sur un pupitre, *gradus* ou *analogium* (Du Cange. ad voc. *Cantatorium*). S. Grégoire le Grand est le principal auteur de l'*antiphonaire* romain, comme nous l'apprenons de Jean Diacre (*In ejus Vit*. II. 6) : *Antiphonarium centonem cantorum studiosissimus nimis utiliter compilavit*, « il mit le plus grand soin à compiler le centon antiphonaire, et le fit de la manière la plus utile pour les chantres. » Rupert rapporte le même fait (*De divin. offic*. l. II. c. 21) : *Gregorius antiphonarium regulariter centonizavit et compilavit*.

Nous avons dit *le principal auteur*, car le texte de Jean Diacre porte qu'il y avait dès avant le pontificat de ce saint un antiphonaire à l'usage de l'Église, et que S. Grégoire ne fit que le corriger, soit en réformant les antiennes qui ne lui paraissaient pas assez bien choisies pour être employées au culte de Dieu, soit en donnant plus de gravité et d'harmonie au chant : *More sapientissimi Salomonis, propter musicæ compunctionem dulcedinis*; « à l'instar du très-sage Salomon, pour la douceur et la gravité de la musique; » car ce pape était fort habile dans l'art de la musique.

Pour assurer l'avenir du chant tel qu'il l'avait réglé, il établit à Rome une école de chantres, et lui assigna quelques terres avec deux maisons, l'une près de Saint-Pierre, l'autre près de Saint-Jean de Latran. Jean Diacre, qui avait vu cette école encore en pleine vigueur, raconte que de son temps on conservait avec respect dans l'église de Latran l'original de l'antiphonaire de S. Grégoire; que l'on montrait le petit lit sur lequel il se reposait en donnant ses leçons de chant, la goutte et les autres infirmités dont il était atteint ne lui permettant de se tenir ni debout ni assis, et le fouet dont il menaçait ses petits écoliers.

La méthode de chant établie par S. Grégoire, ainsi que son antiphonaire, fut reçue dans plusieurs provinces de l'Occident. Augustin, allant en Angleterre, emmena des chantres de cette école romaine, qui, en passant dans les Gaules, instruisirent aussi les Gaulois; mais ces premiers maîtres étant morts, le chant se corrompit peu à peu, tant en Angleterre qu'en France. Le pape Vitalien ayant élevé Théodore au siége de Cantorbéry, celui-ci emmena avec lui Jean, excellent maître de musique, qui rétablit le chant en plusieurs endroits (Joan. Diac. *op. laud*. n. 8). Charlemagne (*Ibid*. 9) voulant aussi se conformer au chant romain, laissa à Rome, en quittant cette ville, deux ecclésiastiques de sa suite auprès du pape Hadrien, afin qu'ils se formassent dans les bonnes méthodes (V. l'art. *Chantres*, et complétez-le par celui-ci).

Quoique l'antiphonaire de S. Grégoire renferme toutes les parties de la messe qui se chantent en notes, on lui a conservé le nom de l'antienne qui se dit au commencement et qu'on appelle *introït*. Toutes ces antiennes, de même que les *graduels*, les *offertoires*, les *communions*, sont aujourd'hui les mêmes que nous voyons dans l'antiphonaire de S. Grégoire. Il commence au premier dimanche de l'Avent et finit au vingt-troisième après la Pentecôte.

Nous avons énuméré dans cette rapide esquisse les livres qui servent à la liturgie eucharistique, c'est-à-dire à la messe. C'était là tout notre but. La haute antiquité de ces livres, la sainteté de leurs auteurs, le soin avec lequel ils ont été rédigés, l'autorité sacrée de l'Église qui leur a donné sa sanction et les a constamment préservés de toute altération, comme renfermant le dépôt hiératique de ses traditions, tout concourt à faire de l'ensemble de ces livres le plus vénérable monument du trésor de l'Église, après le canon des divines Écritures.

LOCUS, — LOCULUS. — Le mot *locus*, pour désigner un tombeau, se rencontre fréquemment dans les inscriptions funéraires, tant profanes que chrétiennes, avec cette différence cependant que chez les païens il accompagne souvent une urne cinéraire (Pellicia, *De eccl. polit*. III. 199), tandis qu'au contraire les chrétiens l'écrivent en toutes lettres, LOCVS ou LOCA, et sur les tombeaux où reposent des corps entiers; car on sait qu'ils restèrent toujours étrangers au système de crémation des anciens, et bien plus encore à ces horribles sépultures communes appelées *puticuli*, où ceux-ci jetaient les cadavres des pauvres pêle-mêle avec ceux des animaux les plus immondes, pratiques païennes que repoussait le respect religieux des fidèles pour des corps promis à une seconde vie.

Il s'agit ici principalement des sépultures des catacombes : ce sont des niches oblongues creusées dans les parois des corridors et des cryptes, fermées par des tablettes de marbre, comme dans le dessin ci-contre, où, pour donner un exemple d'une clôture de tombeau complète, l'on a réuni, avec l'épitaphe, quatre des symboles chrétiens les plus usités, le monogramme du Christ, l'ancre, la colombe et la palme.

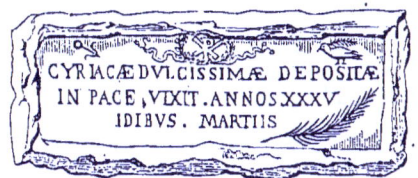

Quelquefois le *loculus* est clos par des briques, ordinairement au nombre de trois, cimentées exactement avec de la chaux, afin que l'odeur des corps en putréfaction ne pût s'en échapper (V. Boldetti. p. 213).

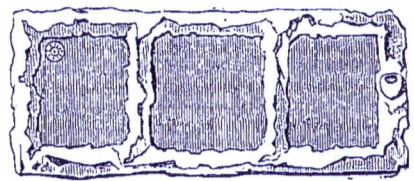

La figure fait voir en outre, fixé à l'une des extrémités, un vase connu sous le nom de vase de sang (V. l'art. *Sang des martyrs*).

Voici un autre *loculus* dont deux des briques ont été enlevées, et laissent voir le cadavre, ce qui permet de se rendre un compte exact de ce genre de sépulture.

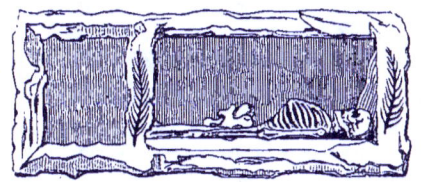

Nous ajoutons à ces monuments la pierre du tombeau historique de S. Hyacinthe donnée par le P. Marchi (tav. XLIII).

Ces clôtures de différents genres sont quelquefois désignées dans les inscriptions sous le nom de *tabulæ* (V. Buonarr. *Vetri. Prefaz.* xxxiv). Le P. Marchi fait observer que cette forme de sépulture, modelée sur le tombeau du Sauveur, est exclusivement

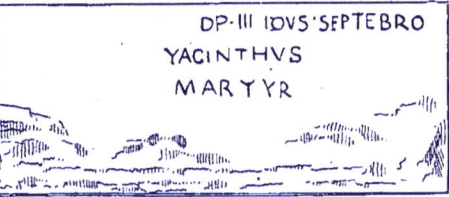

chrétienne, et dérive de la foi à la résurrection des corps (p. 59).

Il s'est rencontré au cimetière de Cyriaque des *loculi* au nombre de vingt, qui, au lieu de présenter leur façade tout entière parallèlement à la voie, sont creusés dans la profondeur de la roche, de telle sorte que la tête est dirigée vers le fond et que les pieds seuls s'offrent à l'ouverture (Id. tav. XIV). On conçoit les difficultés que durent rencontrer les *fossores* pour exécuter ces gaînes, et c'est ce qui explique pourquoi elles sont beaucoup plus spacieuses que les autres. Cependant une crypte chrétienne d'Alexandrie d'Égypte présente une série de *loculi* de cette sorte très-régulièrement creusés (Wescher. Notice sur une catacombe chrétienne à Alexandrie) ; ce genre de sépulture était très-usité en Égypte et en Palestine.

Dans la langue archéologique, les tombeaux qui nous occupent s'appellent *loculi*, et il ne nous parait nullement douteux que ce nom n'ait une origine biblique, bien que, dans les Livres saints, du moins dans la Vulgate, il s'applique spécialement au cercueil, comme, par exemple, pour l'Ancien Testament, à la caisse où fut renfermée la momie de Joseph : *Repositus est in* LOCVLO *in Ægypto* (*Genes.* L. 25), et, pour le Nouveau, au cercueil du fils de la veuve de Naïm : *Tetigit* LOCVLVM (*Jesus*) (Luc. VII. 14). Cependant les marbres portent invariablement LOCVS, et cette formule est assurément une des plus anciennes comme des plus simples que présentent les cimetières chrétiens : LOCVS BENENATI, — LOCVS IOVINI (Boldetti. 53), — LOCVS PETRI SVBDIACONI (Reines, *Class.* XX. 57), et en grec : ΤΟΠΟC ΑΝΑΠΑΥCΑΙΟC (Bosio. l. III. c. 61).

Très-commune en Italie, elle est plus rare dans la Gaule (Le Blant. I. 116) ; Lyon en fournit un exemple (De Boissieu. 597. LIX) : IN HOC LOCO REQVI || ESCET IN PACE BONE || MOMERIE (*memoriæ*) PRELECTA. Souvent le mot LOCVS est sous-entendu, ainsi que le fait naturellement supposer le nom du défunt au génitif : PRISCIANI, — PROIECTI (Mai. *Collect. Vatic.* t. V. p. 399), — VICTORIS (*Act. S. V.* p. 91).

Les tombeaux renfermant deux, trois ou quatre corps sont distingués par les mots moitié grecs, moitié latins BISOMVS (Reines. XX. 40), TRISOMVS (Bosio. 216), QVADRISOMVS (Fabretti. 552). Ainsi, par exemple : HIC EST LOCVS QVEM SE VIVA || GENTIA BISOMV COMPAPAVIT (Boldetti. 53), « ici est le lieu que Gentia a acheté de son vivant pour un tombeau bisome. » Mais QVADRISOMVS est le terme collectif le plus étendu que fournissent les marbres pour caractériser un tombeau à plusieurs cadavres. On a cependant trouvé dans un LOCVLVS huit et jusqu'à quinze corps, en certains lieux où la nature de la roche offrait assez de consistance pour permettre, sans danger d'éboulement, l'excavation d'une gaîne si profonde (V. Marchi. 117), et l'on se trouvait rarement dans ces favorables conditions.

Le mot *polyandre* a été adopté par les antiquaires modernes pour désigner une sépulture collective (V. Marchi. *Archet*. p. 118) dépassant le nombre quatre.

Il y avait ordinairement trois, quatre, et jusqu'à douze rangs de *loculi* superposés. Ce dessin est emprunté au P. Marchi (tav. xv). Pour ménager la place, on avait soin de séparer les différents âges, et il est curieux de voir, dans un assez court espace du cimetière de Cyriaque (Marchi. tav. xv), trois zones parallèles de niches, pour les grands, les moyens et les petits corps. Cependant les *loculi* de la plus ancienne époque étaient beaucoup plus hauts et plus spacieux, parce qu'alors la multiplicité des sépultures n'avait pas encore fait une nécessité de l'économie de l'espace (V. De' Rossi. *Bullet*. 1865. p. 59). Par une bizarrerie difficile à expliquer, on trouve parfois des *loculi* taillés en ligne courbe, de sorte qu'on a dû plier les cadavres pour les y faire entrer (Id. tav. vxIII).

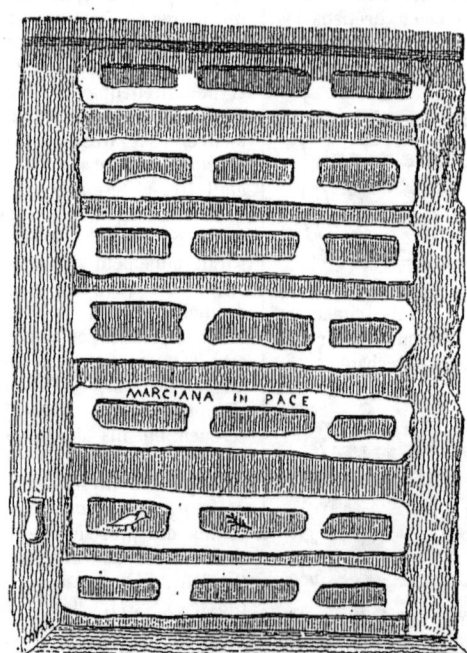

En certains lieux, on voit des *loculi* tout tracés, mais qui n'ont jamais été creusés (Id. p. 164 et tav. xxvIII). On a quelques exemples de *loculi* pratiqués, non pas dans les parois, mais sous le pavé des catacombes (Id. tav. xxI. xxvI. etc.). Il en est de même dans les anciens cimetières

chrétiens de Chiusi, en Toscane (Cavedoni. *Cimit. Chiusi*. p. 20).

A Rome, les briques qui servaient à clore les *loculi* étaient tirées des nombreuses officines qui se trouvaient dans la campagne voisine. Le plus souvent elles portent la marque du potier et celle du propriétaire de la fabrique, lequel est souvent un empereur, par exemple EX PRÆDIIS AVGVSTI — NOSTRI FIG PVBLICIANAS. Marini pense (Cf. De' Rossi, *ib*. p. 40) que l'empereur dont il est ici question n'est autre que Marc-Aurèle; quelquefois aussi les noms des consuls, ce qui fournit une donnée approximative sur la date du tombeau, lorsque ces briques sont en nombre et uniformes. On peut voir dans Boldetti (p. 528 segg.) et dans Fabretti (t. vIII) un grand nombre de ces briques écrites. Voici l'empreinte du sceau d'un de ces petits monuments qui offre cette circonstance particulièrement intéressante qu'elle fut fabriquée dans les propriétés de Lucille, femme de Lucius Verus et fille de Marc-Aurèle (Boldetti, p. 530); O — *pus Doliare* EX PRÆDIIS LVCILLÆ. VERI. (Pour compléter cet article, V. les mots : *Sépultures*, — *Ensevelissements*, — *Cimetières*, — *Fossores*, — *Sarcophages*, — *Cupela*, et surtout *Catacombes*, VI, 2°.)

LUMINARE CRYPTÆ. — Quelques-unes des salles des catacombes recevaient du jour par une ouverture verticale ou oblique pratiquée dans la voûte et donnant sur la campagne, ouverture qui s'appelait luminaire, *luminaire cryptæ*. Plusieurs de ces *luminares* ont été pratiqués après la paix constantinienne, mais la plupart datent du temps des persécutions, car on a des exemples de chrétiens qui y furent précipités, entre autres la martyre Candida, *per* LUMINARE CRYPTÆ *jactantes, lapidibus obruerunt* (*Act. SS. Marcellin. et Petr.* ap. Bolland. II *jun*. n. 10). S. Jérôme (*In Ezech*. LX) et Prudence (*Peristeph*. XI) les décrivent (V. leurs textes à l'art. *Catacombes*, p. 125 et 124), et Anastase le Bibliothécaire (*In Marcell*.) parle d'un *cubiculum clarum*, encore ouvert de son temps, dans une crypte du cimetière de Priscille, près du corps de S. Crescention. Plusieurs inscriptions les mentionnent, entre autres celle d'un EVSEBIVS qui avait acheté son tombeau du *fossor* OCAPATVS : AD CATACVMBAS AD LVMENAREM (*sic*) (Perret. vol. I. pl. xxxIII. n. 7).

Il paraît qu'il y avait de *grands* et de *petits* luminaires : on est du moins en droit de le conclure de cette inscription d'un tombeau bisome placé sous un luminaire majeur (Marchi. p. 165) : COMPARAVI SATVRNINVS A ‖ SVSTO LOCVM VISOMVM AVRI SOLID ‖ OS DVO IN LVMINARE MAIORE QVE PO ‖ SITA EST IBI QVE FVIT CVM MARITO AN XL. « Moi, Saturninus, j'ai acheté de Justus un lieu bisome, deux sous d'or, dans (ou sous) le luminaire majeur.... »

Les grands luminaires sont peut-être ceux qui, arrivés à deux ou trois mètres de distance des voûtes de la catacombe, s'élargissent en cône renversé, de façon à projeter la lumière dans les deux pièces composant une *crypte* et dans une partie plus ou moins étendue du corridor qui les sépare (V. Marchi. tav. xxix). Dans ce dernier cas, le luminaire est quelquefois divisé en deux compartiments dont chacun éclaire séparément l'une des deux chambres. C'est ce qui se voit dans une crypte du cimetière de Calliste où, selon M. De' Rossi, aurait été inhumé Miltiade, le dernier des papes qui ait eu sa sépulture dans ce cimetière (*Rom. sott.* t. i. cap. xvii). On a même des exemples de luminaires subdivisés en plusieurs parties. Ainsi, au cimetière de Zoticus (V. Stevenson. *Cimit. di Zotico*. p. 28), on observe un étroit soupirail qui, s'élargissant peu à peu, finit par se partager en trois soupiraux plus petits, dont l'un est perpendiculaire, les deux autres obliques. Ce luminaire était pratiqué dans un ambulacre qui fut, aux siècles de la paix, entouré de constructions dénotant ordinairement, comme le luminaire lui-même, le voisinage d'un lieu historique très-fréquenté par les pèlerins.

Les petits luminaires, dont le cimetière de Sainte-Hélène fournit un exemple (Id. tav. vi et vii), descendent verticalement en lignes parallèles depuis leur ouverture sur la campagne jusqu'à la chambre qu'ils sont destinés à éclairer.

La largeur de ces luminaires (V. Marchi. p. 168) est ordinairement d'un mètre carré. Quand ils traversent des couches de tuf granulaire ou lithoïde, leurs parois se soutiennent d'elles-mêmes ; mais s'ils rencontrent des gisements de pouzzolane, de sable ou de terre végétale, ils sont revêtus d'un mur assez solide pour résister à la poussée des terres. Les murailles ne se terminent pas au niveau du sol, mais elles s'élèvent un peu au-dessus, afin d'empêcher les éboulements et les alluvions. Cette précaution devint inutile dans les temps obscurs où les habitants de la campagne romaine, pour prévenir les accidents auxquels ces ouvertures les exposaient, eux et leurs bestiaux, les comblèrent de terre et de pierres. On peut voir de ces luminaires représentés dans les planches viii, xix, etc. du P. Marchi, et dans le livre de M. Perret, vol. ii, pl. ix, xi, lxii, etc. Nous en donnons ici un spécimen (Marchi, xxix).

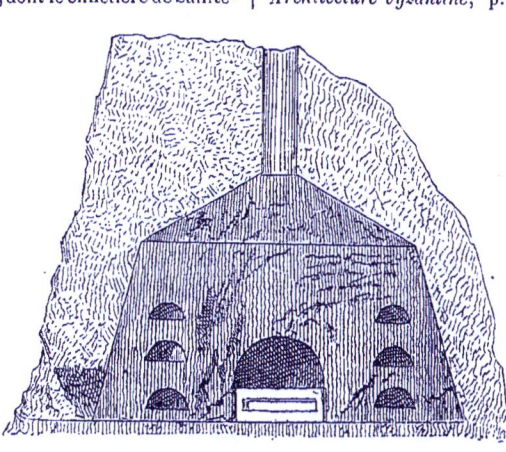

Le système de tombeau en *arcosolium*, avec luminaire ou puits d'aération, se retrouve en Orient. En voici un exemple, pris dans les sépultures souterraines antiques de la Cappadoce (Charles Texier, *Architecture byzantine*, p. 40). Il est exactement conforme à ceux des catacombes.

LUX. — D'après les notions que nous révèlent les Écritures inspirées, l'enfer est un lieu de ténèbres (*Eccli.* xxi. 11. — Joel. ii. 2. — Sophon. ii. 15. — Amos. v. 18. — Matth. viii. 12. etc.); le paradis, c'est la lumière ; et cette lumière, c'est Dieu lui-même, la « lumière éternelle »(*Eccl.* xlvi. 18. — Sapient. vii. 26) ; Dieu qui sera la lumière, c'est-à-dire le bonheur du juste : *Erit tibi Dominus in lucem sempiternam* (Is. lx. 19). « C'est dans cette lumière, Seigneur, que nous contemplerons la lumière, » c'est-à-dire que nous puiserons la félicité : *in lumine tuo videbimus lumen* (Psalm. xxxv. 10). Les textes sacrés exprimant la même idée sont innombrables.

Partout aussi Jésus-Christ est appelé lumière : *Erat lux vera, — ego sum lux mundi* (Joan. I. 9. VIII. 12). Dans l'inscription grecque d'Autun (v. VIII), il est nommé « lumière des morts », φῶς τῶν θανόντων; dans l'hymne au Christ de S. Clément d'Alexandrie, « lumière durable », φῶς ἀΐδιον, et dans l'hymne cinquième de Synesius, « lumière primitive, » φῶς παγαῖον. Et enfin, sur une lampe d'argile provenant du mont Sion à Jérusalem, on lit cette formule plus significative que toutes les autres (*Revue archéol.* juillet 1868) : Φως χ ΦΕΝΙ ΠΑΣΙΝ, φῶς χριστοῦ φένι (pour φαίνει) πᾶσιν, « la lumière du Christ brille pour tous. » Quelques crucifix anciens font lire, à la place du titre ordinaire : φῶς, ou bien encore LVX MVNDI (V. l'explication à l'art. *Crucifix*). Parmi les nombreux symboles de Jésus-Christ qu'énumère S. Damase (*Carm.* XI. t. VIII. *Biblioth. vet. PP.*), celui-ci figure des premiers :

Spes, Via, Vita, Salus, Ratio, Sapientia, LUMEN!

Aussi, dans la prière publique, l'Église, dont le langage liturgique s'inspire toujours de l'esprit des Livres saints comme de celui de ses docteurs primitifs, implore-t-elle pour ses enfants qui ne sont plus, la lumière indéfectible dans laquelle se résument toutes les délices du ciel : *Lux perpetua luceat eis;* les lampes qu'on avait coutume de placer à l'extérieur, et quelquefois même à l'intérieur des tombeaux chrétiens, avaient trait à la même idée. Au canon de la messe, l'Église sollicite en faveur des morts un lieu de lumière, *locum lucis*, et, dans diverses parties de son office, selon les anciens sacramentaires (*Sacram. Gelas.* ap. Muratori. *Lit. Rom. vetus.* t. I. col. 749 et 760) : « un lieu lucide, la clarté de la lumière; » *locum lucidum, luminis claritatem*. Un monument liturgique encore antérieur, le sacramentaire de S. Léon (ap. Murat. *ibid*, I. 453), a cette collecte : *Præsta, Domine, animæ famuli tui.... ut eam mortalibus nexibus expeditam* LUX ÆTERNA *possideat*, « accordez, Seigneur, à l'âme de votre serviteur.... que, dégagée des liens mortels, elle soit possédée par la lumière éternelle. » Nous apprenons par les actes de Ste Perpétue (VIII) qu'il fut accordé aux prières de cette martyre de voir son frère Dinocrate sortir du lieu des ténèbres et entrer dans le séjour de la lumière : *Video locum illum quem videram tenebrosum, esse lucidum*. Dans un autre passage des mêmes actes (XI), le paradis est encore appelé lumière immense, *lux immensa*.

Le style des inscriptions funéraires des premiers siècles est tout imprégné de cette même idée; mais, dans cette classe de monuments, les mots *lux*, *lumen* sont plus souvent employés comme acclamations ou affirmations de la gloire des justes que comme prière en leur faveur. Nous connaissons peu de marbres où ils se lisent dans ce dernier sens. En voici cependant un exemple bien frappant : c'est une invocation implorant pour une âme l'admission au « paradis de la lumière » : DEVS TE DEPRECOR VT PARADISVM LVCIS POSSIT

VIDERE. Elle est du cloître de Saint-Ambroise de Milan et a été publiée pour la première fois par M. Le Blant dans sa *Réponse à une lettre* de 1680 (p. 13).

La plupart des autres épitaphes constatent ou acclament la félicité, soit la lumière en possession de laquelle les saints sont établis. Et c'est là un des plus brillants caractères qui distinguent la religion du Christ d'avec le paganisme, qui sur les tombeaux ne sait parler que des ténèbres où dorment ceux qui ont disparu du milieu des vivants. M. Edmond Le Blant a réuni dans une note de son savant ouvrage sur les *Inscriptions chrétiennes de la Gaule* (t. I, p. 13) plusieurs épitaphes où cette désolante doctrine se trouve exprimée : citons celles-ci pour faire saisir le contraste : THALLVSA. HOC. TVMVLO. CONDITA. LVCE. CARET, « Thalussa, renfermée dans ce tombeau, est privée de la lumière » (Murat. 1384. 7); — HIC. IACEO. IN. TENEBRIS (Doni. cl. x. 79); — HAEC IACET IN TENEBRIS (Cf. Le Blant. *loc. laud.*), « je suis ici, ou elle est ici couchée dans les ténèbres. »

Au contraire, sans se préoccuper de l'obscurité momentanée où leur dépouille mortelle était déposée, les premiers chrétiens ne songeaient qu'à célébrer la lumière divine au sein de laquelle leur âme était plongée pour l'éternité.

Ainsi, nous lisons sur la pierre funéraire d'une jeune martyre : AETERNA TIBI LVX TIMOTHEA IN ☧, « Timothée, tu jouis de la lumière éternelle dans le Christ » (Mai. *Collect. Vatic.* I. 450), et sur celle d'un enfant : CVIVS SPIRITVS IN LVCE DOMINI SVSCEPTVS EST (Giorgi. *De monogram. Christi.* p. 53). Cette inscription est de l'an 397. Le *titulus* de Probus, préfet du prétoire au quatrième siècle, porte qu'il jouit de la « lumière nouvelle », c'est-à-dire de la lumière définitive, éternelle, et que cette lumière n'est autre que le Christ lui-même :

LVCE NOVA FRVERIS LVX TIBI CHRISTVS ADEST

(Bosio. p. 49. — Bottari. t. I. 53). Une épitaphe de l'an 354 (De' Rossi. I. p. 76) témoigne de la confiance que le défunt Anastase a échangé les *ténèbres* contre la *lumière* : QVI LVCEM T [*enebris mutavit amaris*] (restitution de M. De' Rossi). C'est ce qui se retrouve à peu près textuellement dans notre Gaule, témoin cette inscription de Vaison (Le Blant. I. 13) :

A TENEBRIS. LVMEN PRÆBENS DE LVMINE VERO.

Nous lisons dans une belle inscription métrique de l'an 363, empruntée au recueil de l'illustre antiquaire romain (p. 88), cette formule qui exprime élégamment la même pensée :

RECEPTVS || *splendori*. CVM LVMINE. CLARO.

Et celle-ci de 393 (p. 180. n. 412) qui représente la *lumière* comme la récompense de la foi en Jésus-Christ :

IN CHRISTVM CREDENS PREMIA LVCIS ABET (*sic*).

« Croyant au Christ, il possède les récompenses de la lumière. »

M

MACHABÉES (FÊTE DES). — L'Église primitive eut des fêtes pour quelques-uns des plus insignes martyrs de l'Ancien Testament, comme pour ceux du christianisme même. Telle fut la fête des Machabées, ces sept frères dont la courageuse résistance à la tyrannie d'Antiochus Épiphane et la mort glorieuse pour la défense de la loi judaïque furent universellement célébrées au quatrième siècle, soit par le culte de toutes les Églises, soit par d'innombrables panégyriques. S. Jean Chrysostome n'a pas moins de trois homélies prononcées à cette occasion, et dans lesquelles il parle de leur fête comme étant célébrée à Antioche avec une affluence de peuple extraordinaire (Chrysost. *Homil.* XLIV. XLIX. L).

Nous savons par le témoignage de S. Augustin (*Homil.* CIX. *De divers.*) que les chrétiens de cette ville avaient une basilique sous le vocable des Machabées, et il nous reste de ce Père deux sermons pour leur solennité et où il s'applique à démontrer qu'ils furent véritablement martyrs chrétiens. Nous pouvons conclure de là que la fête des Machabées était solennellement célébrée en Afrique au temps de S. Augustin. Le premier de ces deux sermons commence par ces mots : « La gloire des Machabées vous a fait ce jour solennel. » Le fait nous est d'ailleurs sûrement connu par le célèbre calendrier de l'Église de Carthage, où on lit : *Kal. aug. sanctorum Machabeorum* (V. *Patrol.* Migne. t. X.... col. 1223). S. Grégoire de Nazianze a aussi pour cette solennité un sermon où il dit (*Orat.* XXII. *De Machab.*) : « C'est en l'honneur du nom des Machabées que nous célébrons cette fête; car, bien que plusieurs s'abstiennent de les honorer, parce qu'ils n'ont pas combattu après le Christ, ils sont dignes néanmoins de l'être, parce qu'ils ont déployé une âme forte en faveur des lois et des institutions de leur patrie. » Nous trouvons des discours analogues parmi ceux de S. Gaudence, évêque de Brixium (*Serm.* XV. *De Mach.*), d'Eusèbe d'Émesse (*Homil. de Machab.*), du pape Léon le Grand (*Serm.* LXXXII. *De sept. Machab.*). L'église de Saint-Just, à Lyon, avait été en premier lieu dédiée aux Machabées.

Il est donc évident que cette fête était répandue dans toute l'Église catholique. S. Grégoire de Nazianze en donne pour raison qu'ils furent de tout point admirables dans leurs actions, et même, sous un certain rapport, plus admirables que les martyrs qui ont sacrifié leur vie pour la religion après la mort du Christ (*loc. laud.*) : « Ceux, dit-il, qui après les passions du Christ ont subi le martyre, que pouvaient-ils faire, alors que, persécutés à l'exemple du Christ, ils étaient mis en demeure d'imiter la mort qu'il avait acceptée pour notre salut? Ceux qui, sans l'ascendant d'un tel exemple, ont déployé tant de courage, ne se fussent-ils pas montrés plus héroïques encore, s'ils avaient eu cet exemple pour stimulant dans leurs épreuves? »

La fête des Machabées est marquée aux calendes d'août dans le sacramentaire de S. Gélase (Muratori. *Lit. Rom. vet.* t. I. col. 658), ainsi que dans le martyrologe romain : *Antiochiæ passio sanctorum septem fratrum Machabæorum, cum matre sua, qui passi sunt sub Antiocho Epiphane.* Le martyrologe ajoute que les reliques de ces martyrs avaient été transportées à Rome et qu'elles se conservaient dans l'église de Saint-Pierre-ès-Liens.

L'histoire des Machabées ne se trouve pas seulement dans les Écritures canoniques ; l'historien Josèphe, au témoignage de S. Jérôme (*De script. eccl.*), en avait aussi adressé le récit à Polybe de Megalopolis. Voici les noms que leur donne l'écrivain juif : la mère de ces héros s'appelait Salomona ; le fils aîné Machabée, le second Aber, le troisième Machir, le quatrième Judas, le cinquième Achas, le sixième Arath, le dernier Jacob (V. Baron. *Not. ad martyrol. Rom. ad kalend. aug.*).

MAGES (ADORATION DES). — C'est un des sujets du Nouveau Testament le plus fréquemment reproduits dans les monuments antiques. C'était une profession de foi à la divinité de Jésus-Christ et à la maternité divine de Marie, et une protestation contre les hérésies qui attaquaient ces deux dogmes. On donne encore un autre motif à ces représentations : on pense que les fidèles, qui pour la plupart étaient nés dans le paganisme ou de parents païens, voulaient, en multipliant ainsi la figure des mages qui furent les prémices des gentils, se rappeler le bienfait de leur vocation au christianisme. On pourrait citer à l'appui de cette interprétation un fond de coupe où se voit un mage portant son offrande à la main, et ayant derrière lui, dans le champ du verre, le volume de l'Évangile (Buonarr. IX. 3).

Les mages sont presque toujours au nombre de trois, selon l'ancienne tradition de l'Église latine, bien antérieure à S. Léon, à qui on en a quelquefois attribué l'origine. Quelques artistes ont suivi une autre tradition : ils mettent quelquefois quatre mages, d'autres fois deux seulement, comme on le peut voir dans les représentations de Vierges publiées naguère par M. De' Rossi. Ce sont là simplement des licences d'artistes, sacrifiant les traditions reçues à un vain amour de symétrie, et tenant à donner à la Ste Vierge la place centrale.

Ils sont ordinairement vêtus d'une tunique courte et ceinte, et par-dessus, du *sagum* ou de la chlamyde. Ils sont coiffés du *pileus* phrygien, ce qui fait croire que ces personnages venaient de la Perse. Leurs jambes sont nues ou protégées par une espèce de caleçon collant à la manière des Barbares, et que ceux-ci appelaient *anaxirides*. Nous avons au moins un monument où ils portent des bottes et des éperons (Bottari. LXXXI). Millin publie un sarcophage (*Midi de la France*. pl. LXVI) qui les représente au moment où ils aperçoivent l'étoile; deux d'entre eux la désignent du doigt au troisième. Le même sujet se trouve dans un bas-relief donné par Bartoli (*Sopra un' arca marmorea....Torino*. 1768). C'est le début de l'histoire.

Quelques monuments montrent la seconde scène, qui est la comparution des mages devant Hérode. Telle est une fresque découverte en 1847 au cimetière de Sainte-Agnès. Le roi porte la main sur son cœur comme pour protester de ses bonnes dispositions en faveur du nouveau roi des Juifs (Perret. vol. II. pl. XLVIII). Un sarcophage du quatrième siècle, existant à Ancône, fait voir la même scène; mais il y a de plus, près d'Hérode, quelques autres personnages auxquels il adresse la parole et qu'il semble consulter (Bartoli. *op. laud.*).

Dans le sujet proprement dit de l'Adoration des mages, on les voit debout devant l'Enfant Jésus que tient sur ses genoux sa mère, assise sur un siège ressemblant aux chaires épiscopales antiques, et qui est parfois composé d'un treillis d'osier (Bottari. XXII); à côté du siège ou derrière, S. Joseph se tient debout, et une pierre sépulcrale donnée par M. Perret (v. XII) le montre étendant la main sur la tête de Marie et de Jésus en signe de protection. Ceci semblerait appuyer l'opinion du P. Marchi supposant que ce personnage est le Saint-Esprit et non pas S. Joseph. Nous hésiterions beaucoup à admettre ce sentiment d'un savant très-pieux, mais un peu trop ami des interprétations symboliques.

Le divin Enfant, au lieu d'être sur les genoux de sa mère, repose quelquefois dans le berceau ou dans la crèche. Souvent aussi le *tigurium* est représenté sur le second plan, et le bœuf et l'âne sont auprès du berceau (V. l'art. *Bœuf* (Le) et *l'âne*).

Dans la mosaïque du grand arc de Sainte-Marie-Majeure (Ciampini. *Vet. mon.* I. LI), le Dieu enfant, comme marque de sa royauté, est assis sur un trône entouré d'anges, et à ses pieds on voit les mages debout qui lui offrent leurs présents. Mais ceci est particulier aux mosaïques, qui s'éloignent déjà de la simplicité des types primitifs, et les entourent d'une pompe jusque-là inusitée et que la pleine possession de la paix pouvait seule permettre. Cette mosaïque est du milieu du cinquième siècle.

Les monuments de tous genres montrent chacun des mages portant une seule offrande, et non pas trois, comme quelques savants l'ont supposé. Communément, le premier offre un vase et une couronne d'or, le second, une espèce de patère qui est supposée contenir la myrrhe, le troisième un vase du même genre sur lequel est l'encens façonné en colombe, et qu'il présente sur un pan de son vêtement. La forme de ces dons varie cependant : soit, pour exemple, une peinture du cimetière de Calliste, où ils sont renfermés dans de petits coffrets (Bottari. LXXXII). L'étoile qui guida les Mages complète souvent le tableau, et brille au-dessus de la tête de la Ste Vierge (*Monum de Ste Mad.* I. p. 755. — Allegranza. *Monum. di Milano*. tav. IV), et, ordinairement, le premier mage la désigne de la main, ou bien avec le vase en forme de préféricule qu'il offre à Notre-Seigneur (Id. LXXXVI).

Dans une peinture récemment découverte par suite d'un éboulement extérieur de terrain, au cimetière de Cyriaque, l'étoile est remplacée par le monogramme du Christ : c'est une intéressante singularité dont on ne connaît pas d'autre exemple. M. Le Blant avait néanmoins signalé quelque chose de semblable sur des sarcophages d'Arles, où l'étoile renfermée dans un cercle ressemble à certaines formes du chrisme que fournissent les monuments antiques, les mosaïques notamment. L'étoile, c'était bien le Christ qui « éclaire tout homme venant au monde », et qui, dans la personne des mages, illumina de sa lumière divine ceux qui étaient assis à l'ombre de la mort et marchaient dans les ténèbres de l'idolâtrie. M. De' Rossi a récemment publié le monument dans son *Bulletin archéologique* (octobre 1862).

On remarque une particularité fort curieuse sur le bas-relief d'un sarcophage du cimetière de Sainte-Agnès (Id. XXXIII) : c'est que le premier des mages agite sur la tête de l'Enfant Jésus un *flambellum* qu'il tient de la main droite, pendant que de la gauche il présente son offrande.

Il existe quelques verres dorés de petite dimension (V. Garrucci. *Vetri*. IV. 7. 8. 9. 10. 11) où un seul mage est représenté avec son offrande à la main; et l'un d'eux (n. 8) offre cette circonstance remarquable, déjà notée plus haut, que derrière le mage est figuré le volume de l'Évangile pour rappeler que les mages furent les premiers parmi les gentils à recevoir la *bonne nouvelle*. Le n° 9 est entouré d'un cercle de métal et muni d'un anneau, ce qui indique qu'il était destiné à être porté au cou. Ces petits médaillons que l'on trouve aujourd'hui isolés étaient encastrés dans des patènes de verre, dont ils se sont détachés par la rupture du vase (V. l'explication que nous avons donnée à ce sujet à notre art. *Fonds de coupe*).

On peut citer aussi quelques médailles et médaillons de bronze représentant le même sujet, et qui durent être affectés au même usage (V. Mamachi. lib. II. § 3. p. 211). Pasqualini, chanoine de Sainte-Marie-Majeure, possédait un objet de ce genre (*Hagioglypta*. p. 78); M. Edm. Le Blant a publié dans l'*Athénée français* (février 1856, p. 9) un ustensile à peu près semblable : c'est une plaque de bronze où le sujet est représenté au repoussé.

Le P. Mozzoni (*Tavole cronologiche critiche della stor. della Chiesa universale*. secolo IV. p. 47. Venezia. 1857) a publié trois cuillers d'argent sur l'une desquelles l'adoration des mages est figurée en or et en émail. Ces curieux monuments ont été trouvés près d'Aquilée, en 1792.

Mais nous ne saurions rien présenter à nos lecteurs de plus digne de leur attention que le dessin ci-contre, qui reproduit avec une grande fidélité une fresque encore inédite du cimetière de Calliste.

MAINS (SIGNIFICATION DE LEURS DIVERSES ATTITUDES). — I. — *Mains recouvertes d'une draperie*. C'était dans l'antiquité une marque de respect. Ainsi, quand Jésus-Christ confère à S. Pierre sa mission, le prince des apôtres reçoit toujours sur ses mains, recouvertes d'un pan de son manteau, le phylactère que lui remet le Sauveur. Ainsi en est-il sur les innombrables sarcophages où ce sujet est représenté (Bottari. tav. XXI. XXII segg.), dans les mosaïques, celle de Sainte-Constance par exemple (Ciampini. *Sacr. ædif.* tab. XXXII), sur les simples pierres sépulcrales (Marangoni. *Act. S. Vict.* p. 42), etc. Ainsi voyons-nous encore, dans des monuments dont quelques-uns ne sont pas postérieurs au quatrième siècle (V. Perret. vol. I. pl. VII), S. Pierre recevant sur un pan de son manteau les clefs du royaume des cieux de la main de Notre-Seigneur (V. aussi Bottari. XXI-V, et notre art. *Clefs de S. Pierre*), et depuis cette époque il n'est jamais représenté autrement dans cette circonstance capitale de sa vie. Les mosaïques des basiliques de Rome et de Ravenne (Ciampini. *Vet. mon.* t. I. tab. LXVIII. LXX. II. tab. XV. XVI. XXVIII. XXXIX. XLV. XLVI.

etc.) font voir les martyrs tenant aussi sur leurs mains voilées la couronne qu'ils viennent de recevoir du Sauveur assis ou debout au milieu d'eux. On doit interpréter dans le même sens l'attitude tout à fait analogue de certains personnages qui se montrent sur des tombeaux antiques (V. Bottari. XXV. *passim*), prosternés devant Notre-Seigneur, et dirigeant vers lui, non-seulement leurs mains, mais encore des regards pleins d'une vive espérance : ils attendent du divin Rémunérateur le prix de leur foi et de leurs œuvres.

Dans une représentation de la fuite en Égypte qui se trouve au 26 décembre du ménologe de Basile, on voit une femme qui, sortie d'une porte de ville qui est sans doute la figure abrégée de cette province, se dirige à la rencontre du Dieu enfant. Or elle a les mains couvertes d'un voile, ce qui assurément ne peut être regardé que comme un acte de soumission et d'hommage. Cette pratique respectueuse s'est conservée, ainsi que tant d'autres remontant à la plus haute antiquité, dans les usages de l'Église romaine : quand les cardinaux s'approchent du pape, soit pour recevoir le chapeau, soit pour lui prêter foi et obéissance, ils doivent avoir les mains voilées d'un pan de leur cape.

II. — *Mains élevées et étendues.* C'est un geste de prière ou d'adhésion. Il peut être pris dans ces deux sens quand il s'agit des apôtres debout des deux côtés du Sauveur, et dirigeant vers lui leur main droite. Les auteurs classiques autorisent l'une et l'autre interprétation. Comme prière, Virgile :

Ille humilis supplexque oculos, dextramque precantem
Protendens.
(*Æneid* xii. 931.)

On peut voir dans Bottari (t. 145) des citations analogues d'Ovide, de Sénèque le Tragique, de Stace, de Silius Italicus. Mais nous pensons qu'ici c'est plutôt un signe d'assentiment et de respectueuse déférence pour la parole du divin Maître. Lucain, Claudien, Valerius Flaccus, Suidas (*Ibid.* 116) attestent que tel était le sens qu'on lui donnait ordinairement dans l'antiquité.

C'était aussi, dans certaines circonstances, un geste d'acclamation, d'applaudissement, témoin Varron, Pline, Columelle, Martial (Id. p. 165). Ainsi, dans le sujet de l'entrée triomphale à Jérusalem (V. Bottari. xxxix. *passim*), si souvent répété, on distingue toujours, à la suite du Sauveur monté sur l'ânesse, un ou plusieurs personnages élevant en l'air la main avec empressement et des lèvres desquels on croit entendre sortir le solennel *Hosanna filio David!* A l'article *Bénir,* nous avons traité du geste d'allocution ou de bénédiction.

III. — *La main à la joue.* Dans l'antiquité, porter sa main à sa joue, ou appuyer son visage sur sa main, était un geste exprimant la douleur. C'est dans cette attitude que les provinces conquises sont représentées au revers de quelques médailles. Dante se sert de cette figure (*Purgatorio.* l. vii) pour dépeindre la douleur du roi Guillaume de Navarre :

L'altro vedete, ch'a fatto a la guancia
De la sua palma sospirando letto.

« Voyez cet autre qui, soupirant, a fait à sa joue un lit de sa main. »

Justinien avait fait placer devant la basilique de Sainte-Sophie, à Constantinople, une statue de Salomon, qui inclinait sa joue sur la paume de sa main, comme pour témoigner son étonnement et son déplaisir d'avoir été surpassé en magnificence : emphatique façon d'exprimer la singulière prétention d'élever Sainte-Sophie au-dessus du temple de Jérusalem (V. Buonarruoti. *Osservaz. sopra alcuni medaglioni.* p. 335).

L'Église primitive, qui s'était fait une loi de respecter les traditions de l'antiquité en tout ce qui ne portait pas un caractère essentiel de paganisme, a constamment suivi cette pratique de l'art ancien dans ses monuments divers. Ainsi, quand Jésus comparait devant Pilate, sujet assez fréquent dans nos bas-reliefs antiques (Bottari. tav. xxii. *passim*), ce juge pusillanime, sur le point de laver ses mains pour repousser la responsabilité du sang innocent, porte sa main droite à sa joue, en détournant la tête avec une expression très-marquée de tristesse ou de contrariété.

Les plus anciens crucifix font voir dans la même attitude douloureuse la Ste Vierge et S. Jean au pied de la croix, et même les images du soleil et de la lune (V. l'art. *Crucifix,* V, 1° et 2°).

MAISONS. — 1° On rencontre quelquefois, sur les tombeaux des premiers chrétiens, des maisons peintes ou sculptées (V. Aringhi. i. p. 522. Mamachi. *Orig. Crist.* iii. p. 39). 2° Il serait difficile d'assigner à ces représentations un sens un peu certain. Cependant on pense généralement que les fidèles en avaient puisé l'idée dans les saintes Écritures, qui donnent souvent à la tombe le nom de maison : *Sepulchra eorum domus illorum* (Ps. xlviii. 10).

Aussi, à la place de la maison elle-même, leurs marbres portent quelquefois le mot *Domus :* DOMVS AMORATI (Boldetti. p. 463). — HIC QVIESCIT ANCILLA DEI QVE DE || SVA OMNIA POSSEDIT DOMVM ISTA.... (Marini. *Iscriz. Albane.* p. 189). On trouve même DOMVS AETERNA (Perret. v. pl. xxxvi. n. 110) ; RAPTVS AETERNE DOMVS, pour IN AETERNAM DOMVM (Marangoni. *Act. S. Victorini.* p. 127) ; ou encore DOMVS AETERNALIS (Passionei. *Inscr. ant.* p. 113. n. 11), formules funéraires probablement acceptées, comme le D. M. de la tradition païenne, mais qui dans l'esprit des premiers chrétiens n'avaient plus d'autre signification que celle de *sepulchrum* et qui, dans tous les cas, ne seraient pas plus opposées au dogme de la résurrection des corps que le verset déjà cité du psaume : *Sepulchra eorum domus illorum* IN AETERNVM.

La *maison*, prise comme symbole, ainsi que le mot DOMVS inscrit sur les tombeaux, peut aussi se rapporter au corps lui-même que S. Paul appelle la « maison de notre habitation terrestre », *terrestris domus nostra hujus habitationis* (2 Cor. v. 1). Alors cette formule, figurée ou écrite, équivaudrait à celle-ci : « Ici repose le corps, ou la maison périssable.... » et renfermerait un acte de foi implicite à la résurrection. Elle ne serait, sur la dépouille d'un chrétien, que la traduction du verset de l'apôtre, dont nous complétons la citation : « Nous savons que si la maison de notre habitation terrestre se dissout (dans cette tombe), nous avons un édifice qui est de Dieu, une maison non fabriquée de main d'homme, éternelle dans le ciel. »

Ce qui donne à cette conjecture une grande vraisemblance, c'est le monument publié par Mamachi, d'après toutes les *Romes souterraines*.

La *maison* sculptée sur une pierre sépulcrale, et dont voici la reproduction, est accompagnée, entre autres symboles, du tombeau de Lazare, selon le type ordinaire, un édicule à l'entrée duquel la momie est debout ; et il faut observer que Notre-Seigneur n'est point là, comme dans presque tous les autres monuments, pour le ressusciter.

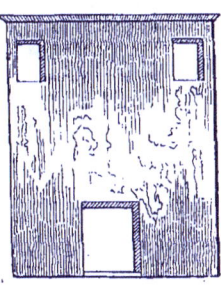

Lazare attend sa résurrection, de même que le corps de CALEVIVS représenté par la maison attend, lui aussi, le réveil suprême dans le sépulcre.

MANIPULE. — V. l'art. *Vêtements des ecclésiastiques dans les fonctions sacrées*.

MANNE. — La manne, qui est une des figures les plus certaines de l'eucharistie (V. l'art. *Eucharistie*, I, 2°), dut occuper sa place parmi les représentations symboliques multipliées dans les monuments primitifs du christianisme. Et cependant jusqu'ici les antiquaires n'en ont signalé à peu près aucun exemple. Pour nous, une étude attentive et persévérante nous a convaincu que plusieurs des nombreuses représentations où, par habitude et faute d'attention, on est convenu de voir indistinctement le miracle de la multiplication des pains, ont pour intention directe la manne, et pour intention figurative l'eucharistie.

Cette interprétation nous paraît certaine, notamment pour deux fresques, l'une du cimetière de Priscille (Bottari. tav. CLXIV), l'autre du cimetière de Calliste (Id. LVII), dans lesquelles deux scènes se font pendant à droite et à gauche d'un *arcosolium* : d'un côté, un personnage debout désigne de la main quatre ou sept corbeilles ; de l'autre côté, ce même personnage, absolument semblable par la figure et le vêtement, fait jaillir de l'eau d'un rocher. C'est évidemment Moïse dans l'un et dans l'autre cas, d'une part frappant le rocher d'Oreb (V. l'art. *Moïse*), de l'autre indiquant des *gomors* remplis de manne.

Le cimetière de Calliste offre un troisième exemple plus clair encore, s'il était possible. Ici le personnage que nous tenons pour Moïse se trouve, dans une peinture divisée en trois compartiments, placé au centre. Le miracle du rocher d'Oreb manque ; mais, en revanche, les cistes au nombre de sept, au milieu desquelles Moïse se tient debout avec une verge à la main, contiennent non pas des pains, mais quelque chose qui ressemble plutôt à des fruits. Or nous savons par le texte de l'*Exode* (XVI. 32) que la manne présentait l'apparence de la graine de la coriandre, assurément plus semblable à des fruits qu'à des pains. Que si, à toute force, on s'obstinait à y voir des pains (et la chose n'est pas douteuse dans les fresques précédemment citées), on pourrait penser que l'artiste s'est inspiré du trente et unième verset, où il est dit que la manne avait le goût du pain pétri avec du miel, et que, par une de ces interprétations libres ou même arbitraires dont nous verrons plus bas un exemple certain, du goût il aura conclu à la forme.

Mais ce monument offre une double circonstance du plus haut intérêt, et qui nous semble de nature à corroborer notre interprétation : c'est que, à gauche de la première scène, est une figure virile debout, exactement conforme au type traditionnel du Sauveur, élevant la main droite en signe d'allocution, et portant sur un pan relevé de son manteau six pains incisés en croix, *decussati*, ce qui rappelle le texte de S. Jean (v. 41) : « Je suis le pain vivant descendu du ciel, » pain figuré par la manne, rapprochée de son type dans le même tableau. A droite est la Samaritaine, tirant de l'eau du puits (V. l'art. *Samaritaine*), eau qui, avec l'eau divine jaillissant dans la vie éternelle que Jésus-Christ promet à cette femme, a les mêmes rapports signalés plus haut entre la manne et l'aliment eucharistique. Et il faut observer que les comparaisons que le divin Maître établit dans les deux cas sont conçues dans des termes presque identiques : « Vos pères ont mangé de la manne et ils sont morts » (Joan. IV. 59). « Celui qui boit de cette eau aura soif de nouveau (Joan. IV. 13). (1°) «Mais celui qui mangera de ce pain vivra éternellement. » (2°) «Mais celui qui boira de l'eau que je lui donnerai n'aura plus soif éternellement. » Donc la manne, figure certaine de l'eucharistie, placée entre deux autres symboles eucharistiques, tel est le résumé de ce tableau si évidemment conçu dans des intentions dogmatiques.

Deux tombeaux de Marseille (V. Millin. *Voyage dans le midi de la France*. pl. XXXVIII. 8. et LIX. 5) présentent la même figure symbolique, mais avec un degré d'évidence exceptionnel. Un personnage debout, qui n'est autre que Moïse, touche ou désigne de la main trois vases rétrécis par le haut et dans lesquels on ne saurait méconnaître trois *gomors* pleins de manne, car ici il n'y a aucune apparence ni de corbeilles ni de pains. Bien plus, à côté de cette scène se trouvent les deux Israélites portant une grappe de raisin dont il est parlé au livre des *Nombres* (XIII. 24). N'est-on pas autorisé à regarder ces deux objets systématiquement rapprochés comme les symboles du pain et du vin eucharistiques? D'autant plus que le reste de l'espace est occupé par deux cerfs se désaltérant aux ruisseaux qui jaillissent sous les pieds de l'Agneau de Dieu, image frappante des fidèles étanchant la soif de leurs âmes aux sources vivifiantes du Sauveur (V. la scène des deux cerfs représentée à l'article *Cerf*).

Mais si, malgré leur évidence, les données qui précèdent peuvent paraître encore contestables, voici une fresque de la fin du quatrième siècle découverte en 1863 au cimetière de Cyriaque, près de Saint-Laurent *in agro Verano*, qui représente le miracle de la manne sans aucun mystère (V. De' Rossi. *Bullettino*. ottob. 1863. p. 76). Ce charmant

tableau, qui occupe tout un côté d'une crypte, est dominé par un nuage d'où la manne tombe en petits flocons azurés que quatre Israélites, deux hommes et deux femmes, reçoivent sur leurs pénules relevées, marque de respect très-usitée dans l'antiquité (V. des exemples de ce geste aux art. *Moïse* et *Clefs de S. Pierre*, plus à l'art. *Mains*). Ceci n'est pas conforme au récit de l'Écriture (*Exod.* XVI. — *Num.* XI), où il est dit que la manne tombait en forme de rosée, que les Israélites la cueillaient lorsque la terre en était couverte. Mais, pour rendre son tableau plus saisissant, l'artiste a imaginé de la faire recevoir par ces Israélites au moment même où elle tombait du ciel. Cette représentation est entourée de circonstances qui en déterminent clairement la signification eucharistique. Elle sert de décoration à une chambre où sont ensevelies des vierges chrétiennes ; et elle vient comme complément du sujet peint dans la lunette de l'*arcosolium*, lequel n'est autre que les vierges

sages qui, grâce à la manne eucharistique dont elles eurent soin de se nourrir, maintinrent leur lampe allumée jusqu'à la fin, et les vierges folles qui laissèrent éteindre la leur, pour avoir négligé de prendre cet aliment divin (V. l'art. *Vierges prudentes et vierges folles*).

MANSE. — V. l'art. *Clergé*, II, 3°.

MANSIONARII. — C'étaient, dans l'antiquité ecclésiastique, des fonctionnaires attachés au service des basiliques, comme gardiens probablement, leur nom supposant *résidence*, *mansio*, dans l'église ou dans ses dépendances. S. Grégoire le Grand parle dans son troisième dialogue (c. xxv) d'un mansionnaire appelé Abundius : *Vade ad Abundium mansionarium et roga illum*.... Mais nous avons, au sujet de ces fonctionnaires, un témoignage antérieur de deux siècles, et qui d'après Marini (*Papiri diplom.* p. 301) est le plus ancien que l'on connaisse. C'est une inscription en caractères damasiens où il est fait mention d'un mansionnaire nommé Julius, duquel un chrétien du nom de Faustinus avait acheté le *lieu* de sa sépulture :
LOCVS FAVSTINI QVEM COMPARAVIT A IVLIO MANSIONARIO.

On est, ce semble, en droit de conclure de ce précieux monument que les mansionnaires avaient, outre la garde des églises, une part dans leur administration temporelle, et que c'était à eux qu'on devait s'adresser pour obtenir des concessions de sépultures, soit sous le portique, soit dans l'intérieur des basiliques, comme on traitait avec les *fossores* pour les *loculi* des catacombes (V. l'art. *Fossores*).

Quoi qu'il en soit, leur qualité de gardien ou de *sacriste* ne paraît pas douteuse. Voici comment Panvinius (*De interpretat. voc. obscur. eccl.* ad h. v.) définit leurs attributions : « On appelait *mansionarius* le gardien et le conservateur des édifices ecclésiastiques, des temples, des autels. C'est comme *familier* et *domestique*, du mot *mansio*. »

On a quelquefois confondu les *mansionarii* avec les *paramonarii* (V. ce mot) ; mais il ne paraît pas que cette confusion soit motivée.

MAPPA. — Nous devons donner une courte explication de ce mot, qui se rencontre quelquefois dans ce Dictionnaire, notamment à propos des diptyques consulaires.

Au propre, *mappa* n'est autre chose qu'une serviette, qui servait dans les repas, chez les anciens comme chez nous.

Plus tard cette serviette ou morceau d'étoffe quelconque, tout en conservant son nom, devint un insigne de la dignité de consul, et en général de tous les magistrats qui étaient appelés à présider les jeux publics. Ils jetaient la *mappa* dans l'arène pour donner le signal des courses.

L'origine de cet usage, malgré tout ce qu'on en a dit, ne nous paraît pas constatée. Dans une lettre de Théodoric à Faustus, préfet du prétoire, Cassiodore (*Variar.* lib. III. epist. 51) l'attribue à

Néron. Selon lui, cet empereur prolongeant un jour son repas outre mesure, le peuple s'impatienta du retard apporté à son plaisir favori. Alors Néron, qui de sa *maison dorée* entendait les murmures de la multitude, aurait jeté sa serviette par la fenêtre, pour donner le signal de l'ouverture du spectacle. Cette anecdote, dont la source n'est point indiquée et que d'autres, du reste, attribuent au roi Tarquin (V. Du Cange. ad voc. *Mappa*), nous semble en contradiction avec le texte de Suétone sur ce même empereur (Sueton. *Nero*. c. XXII). Le biographe raconte, en effet, que quand Néron se montrait dans le cirque pour lutter de vitesse avec les cochers, il chargeait un de ses affranchis de jeter la *mappa*, office exercé d'ordinaire par les magistrats : *Aliquo liberto, mittente mappam unde magistratus solent*. Ceci suppose, en effet, que l'usage en question existait déjà depuis longtemps. Quelques écrivains lui ont attribué une antiquité qui peut paraître exagérée : ils l'ont fait remonter jusqu'aux Phéniciens.

Les Pères et les autres auteurs ecclésiastiques en font plus d'une fois mention. Tertullien, dans son livre *Des spectacles* (cap. XVI), lance cette boutade contre la *mappa*, qui, comme signal, devait avoir la première part de son indignation contre les jeux eux-mêmes : *Non vident missum quid sit. Mappam putant; sed est diaboli ab alto præcipitati figura*, « ils ne voient pas (les spectateurs) ce qu'est l'objet jeté. Ils croient que c'est une *mappa*; mais c'est la figure du diable précipité d'en haut. »

Quoi qu'il en soit, nous voyons ceci en action sur les couvertures d'ivoire des diptyques consulaires (V. Gori. *Thesaur. diptych. consular. et ecclesiast. passim*). Le consul, debout, ou assis sur son siège curule, tient la *mappa* dans sa main élevée, tantôt la droite, comme sur celui de Liége, tantôt la gauche, exemple celui de Bourges. Mais nulle part on ne peut s'en rendre un compte plus exact que sur le diptyque de Basile, consul ordinaire en 541. Le monument se conserve au cabinet du grand-duc de Toscane; Basile y est vu en pied, soutenant de la main gauche un sceptre surmonté d'une croix, et de la droite entr'ouverte laissant échapper la *mappa*; au-dessous de lui quatre quadriges sont représentés à la course, ce qui suppose que le signal est donné. L'image de Rome, selon la coutume, est sculptée à côté du consul et dans les mêmes proportions que lui ; elle passe une de ses mains sur l'épaule de Basile, et de l'autre elle porte les faisceaux consulaires (V. aussi le diptyque de consulaire ecclésiastique reproduit à notre art. *Diptyques*).

La *mappa* devint l'insigne des empereurs d'Orient, surtout depuis que le consulat leur fut conféré à perpétuité.

Cependant cet objet changea, par la suite, de forme, et en quelque sorte de nature. Ce fut une espèce de petit coussin allongé, qu'on remplissait de poussière, pour imiter le gonflement de la *mappa* repliée, et il prit alors le nom d'*acatia*, qui veut dire une voile. Codinus (*De off. Et.* c. VI. p. 37) fait de cette poussière un mémorial d'humilité pour les empereurs : *imperatorem humilem esse, ut mortalem, neque propter imperii fastigium efferri, neque se tumidum jactare debere*. Du Cange (*Dissert. med. æv.* tab. VI, et *Famil. Byzant.* n. LX) rapporte une image de Michel Paléologue portant cette *acatia*.

La figure ici gravée, et représentant un consul avec l'*acatia* à la main, est tirée d'un ivoire de Milan (V. Gori. *Thes. vet. dipt.* t. II. tab. XVIII).

Au centre de quelques tombeaux chrétiens (V. Bottari. tav. XX et *alibi*) sont sculptés dans des disques (V. l'art. *Imagines clypeatæ*) des personnages dont la noblesse est dénotée par le *laticlavus* qui orne leur poitrine, et qui tiennent à la main un objet ressemblant à la *mappa*, et que Bottari (t. I. p. 73) regarde comme tel. Mais cet objet ne se distingue point du volume, qui, lui aussi, est un des insignes des hommes de condition élevée (V. l'art. *Volumes*).

Il existe des diptyques consulaires qui, en passant à l'usage de l'Église, ont subi dans leurs bas-reliefs des modifications assez notables pour que des consuls soient devenus, grâce à ces retouches, ou des saints de l'Ancien et du Nouveau Testament, ou des dignitaires de l'Église. Quelques-uns de ces personnages sont encore reconnaissables, en ce qu'ils conservent plusieurs des attributs de leur première dignité, entre autres la *mappa* à la main (V. l'art. *Diptyques*, II, 2° *Question archéologique*, C).

MARIAGE CHRÉTIEN. — I. — *Monuments qui y sont relatifs*. Parmi ces monuments, les uns représentent la célébration même du mariage, les autres n'en reproduisent que la commémoration.

1° La célébration du mariage est figurée sur quelques fonds de tasse qui, sans aucun doute, servirent dans des festins de noces ou agapes nuptiales. Nous en citerons deux (Garrucci. *Vetri*. tav.

xxvi. 11 et 12) qui, se complétant l'un l'autre, offrent à peu près l'ensemble des rites, ou tout au moins des circonstances principales qui accompagnaient la célébration du mariage dans l'antiquité chrétienne. Les époux sont debout au milieu du disque, et, selon un usage qui remonte aux temps judaïques les plus reculés (Tob. vii. 15), et que nous savons avoir été adopté par les premiers chrétiens (Tertull. De orat. xii), ils joignent leurs mains, ou plutôt l'époux saisit le bras de l'épouse au-dessus du poignet, absolument comme on voit Hercule tenant celui de Minerve dans un verre païen donné par Buonarruoti (Vetri. tav. xxvii).

L'abbé Andreini (Buonarr. ibid. p. 208) possédait une pierre gravée représentant deux époux se donnant la main avec cette acclamation : vtere fx felix.

L'un de ces deux verres (et c'est celui que nous reproduisons ici) fait voir, dans le champ, entre les deux époux, le monogramme du Christ, sans doute pour exprimer, d'après l'enseignement de S. Paul (1. Cor. v. 39), que le mariage des chrétiens se contracte sous la sanction de Jésus-Christ ; dans l'autre monument, c'est une couronne rappelant celle qu'on avait coutume de

placer sur la tête des époux (Tertull. De corona. xiii) : Coronant nuptiæ sponsos. Ailleurs (Garrucci. tav. xxvii. 4), c'est Notre-Seigneur lui-même qui place la couronne sur leurs têtes. Autour des personnages est écrite une légende : martvra efectete, vivatis, ou vivatis in deo, acclamations, souhaits de fidélité et de vie en Dieu, qui se rencontrent habituellement dans cette espèce de verres.

Le premier montre, derrière l'épouse, un volume roulé qui est probablement le contrat de la dot (Tertull. Ad uxor. ii. 3), tabulæ nuptiales (V. aussi tav. xxvii. 1) ; dans le second, les mains jointes des époux dominent soit un petit autel, soit une tablette, et plus vraisemblablement une colonne marquée de huit bossettes représentant peut-être la somme de la dot. Dans l'un et l'autre, la femme est placée à droite par rapport à l'époux, selon les anciens rites grecs et latins (Goar. Euchol. p. 386. — Martène. De ant. Eccl. rit. l. i. c. 2) ; elle n'est point voilée, parce que les chrétiens, par horreur pour les superstitions qui se rattachaient au flammeum des païens, n'adoptèrent l'usage du voile pour la cérémonie nuptiale qu'assez tard,

probablement du temps de S. Ambroise (Ambros. De virgin. xv) ; elle porte des vêtements fort riches, ornés de pierres précieuses, vraies ou figurées par la brocherie.

Nous citerons, d'après le P. Mozzoni (Tav. ist. eccl. sec. iv. p. 47), un coffret de toilette, orné de figures profanes, et portant l'acclamation suivante, précédée du monogramme avec l'a et l'ω : secvnde et proiecta vivatis in christo. Ce curieux objet appartint, comme on le voit, à une épouse chrétienne ; c'était probablement un cadeau de noces. Le même auteur donne (sect. v. p. 55) le dessin d'une médaille d'or très-rare frappée à l'occasion du mariage de Marcien et de Pulchérie, et dont le revers fait voir les deux époux nimbés, se donnant la main ; et, sur le second plan, Notre-Seigneur, la tête entourée du nimbe crucifère, imposant sa main droite sur l'épaule de Marcien et la gauche sur celle de Pulchérie. Cette scène est entourée de la légende acclamatoire : feliciter nvptiis.

II. — *Monuments commémoratifs.* On pourrait citer ici une foule de verres dorés représentant les portraits réunis de deux époux, quelquefois avec ceux de leurs enfants (Buonarruoti. tav. xxii

segg. — Garrucci. xxx), d'autres fois couronnés par Jésus-Christ, comme on le peut voir dans la figure ici gravée (Garrucci. Vetri. tav. xxix. n. 1), verres dont la plupart ont servi dans les agapes funèbres, et aussi des pierres gravées, par exemple celle qui, d'après le P. Lupi (Sev. epitaph. p. 64. 1), figure deux époux sous l'emblème de deux poissons accostant une ancre ; ou encore des bagues nuptiales avec inscriptions (Spon. Miscell. sect. ix. p. 297) ; soit enfin une foule d'épitaphes où sont exprimés de touchants regrets, des souvenirs de bonheur domestique, des éloges de vertus, et jusqu'au nombre des années d'une union fortunée. Mais la nécessité d'être bref nous fait passer immédiatement à la classe la plus importante de ces monuments, les sarcophages.

Toute l'antiquité s'est plu à figurer sur les tombeaux des scènes de mariage, et les premiers chrétiens se sont conformés à cette coutume, qui n'avait en soi rien de blâmable ; car son but principal était de conserver sur le marbre les portraits d'époux chrétiens et de transmettre ainsi à leurs enfants le souvenir de leurs vertus. Le plus souvent, ces couples sont représentés en buste dans un médaillon, comme on en voit deux exemples sur un même sarcophage du cimetière de Sainte-Agnès (Bottari. tav. cxxxvii), quelquefois dans une coquille (Id. tav. xciv. — Maffei. *Verona illustr.* part. iii. p. 54. — V. aussi la figure de l'art. *Imagines clypeatæ*). L'épouse tient l'époux embrassé avec une tendresse pleine de pudeur, et celui-ci, dont la poitrine est presque toujours traversée par le *laticlavus*, comme marque de noblesse, porte à la main un volume qui, selon quelques archéologues, figure le contrat matrimonial, mais qui, plus probablement, n'est qu'un attribut commun à tous les personnages constitués en dignité (V. l'art. *Volumes*, I, 9°).

Sur quelques-unes des urnes sépulcrales, le sujet est représenté à peu près comme dans les verres dorés cités plus haut : les époux y sont en pied dans le compartiment central, l'épouse à droite invariablement ; ils se donnent la main, et sur leur visage règne une expression de profonde douleur. C'est comme le dernier adieu, le *congé* que les époux prennent l'un de l'autre, à l'exemple de presque tous les cippes des tombeaux grecs (Visconti. *Mus. Pio-Clement.* v. p. 117. vii. p. 72). Tels sont, en particulier, les tombeaux de Probus, préfet du prétoire au quatrième siècle, et de Proba Faltonia, sa femme (Bottari. tav. xvii. et xviii.), et celui de Valeria Latobia, BALERIA LATOBIA (Id. xx). Dans l'un et l'autre, la femme porte un vêtement très-ample, couvrant la tête et descendant jusqu'aux pieds, et qui était propre aux femmes mariées, d'où *nubere*, dans le sens ordinaire de *couvrir* ou *voiler* (Ambros. l. l. *De Abraham.* c. 2. n. 93) ; et l'époux tient à la main droite une petite pièce d'étoffe, qui sans doute n'est autre que la *mappa*, insigne des consuls et autres magistrats qui la jetaient dans l'arène comme signal des jeux (V. l'art. *Mappa* et la figure de l'article *Vêtements des premiers chrétiens*).

L'un de ces deux tombeaux, dans les angles formés par les arcatures des niches qui le divisent, fait voir des tourterelles becquetant des fruits, et qui, selon S. Ambroise (*Ibid.* ii. c. 8. 53), sont le symbole de la fidélité conjugale ; l'autre, de chaque côté de l'épitaphe, des dauphins auxquels l'antiquité attribuait le même sens emblématique.

Nous avons maintenant à citer un monument qui, à lui seul, réunit tous les genres d'intérêt que nous trouvons dispersés dans les autres. C'est un sarcophage de marbre blanc, du deuxième ou du troisième siècle, découvert à Arles en 1844 (V. le *Bulletin de l'Instit. de corresp. archéol.*, ann. 1844, p. 12 et suiv.). La façade du tombeau est divisée, par cinq colonnettes, en quatre compartiments. Dans le premier, un guerrier jeune et imberbe, nu (costume héroïque), tient un cheval par la bride ; dans le second, le jeune homme a l'air d'adresser la parole à une femme jeune aussi : c'est la demande en mariage ; le troisième offre la cérémonie du mariage lui-même : ici le guerrier est plus avancé en âge, et porte la barbe ; sa main droite et celle de la jeune femme se joignent au-dessus de l'autel de l'hyménée, et de l'autre main le guerrier tient le rouleau, symbole du contrat de mariage. Dans le dernier compartiment enfin, le même guerrier, déjà sur le retour de l'âge, ce qui est indiqué par une barbe épaisse et touffue, tient encore un cheval, pour exprimer sans doute que jusqu'à sa mort il n'a pas changé de profession. La composition de ce bas-relief, absolument conçue dans le goût de l'antiquité, ferait douter du christianisme du tombeau, si elle n'admettait divers symboles usités dans les sarcophages chrétiens, par exemple les colombes becquetant des fruits, et, ce qui est surtout d'une signification on ne peut plus claire, le miracle de la multiplication des pains, sculpté sur les petits côtés. Les parties brisées laissent découvrir, bien qu'avec un peu de peine, des apôtres avec des volumes à la main, comme sur les tombeaux romains. Peut-être le sarcophage est-il antique, et n'a-t-il reçu que les modifications exigées par sa destination chrétienne. Fabretti (x. 303) trace la description du tombeau des deux époux, CATERVIVS et SEVERINA, qui se conserve à Tolentino. Ils sont représentés debout au centre du sarcophage et se donnant la main. Nous citons l'inscription de l'une des faces, où la foi à la résurrection future est exprimée :

QVOS PARIBVS MERITIS IVNXIT MATRIMONIO DVLCI
OMNIPOTENS DOMINVS TVMVLVS CVSTODIT IN AEVVM
CATERVI SEVERINA TIBI CONIVNCTA LAETATVR
SVRGATIS PARITER CHRISTO PRAESTANTE BEATI.

« Ceux que, avec des mérites égaux, le Seigneur tout-puissant unit par un doux mariage, le tombeau les garde jusqu'à la consommation des siècles. Catervius, Severina se réjouit d'être encore unie à toi (dans la tombe). Puissiez-vous, avec la grâce du Christ, ressusciter également heureux. »

Un grand nombre de verres antiques à fond d'or représentent, avec les époux, ou seulement sur les genoux de la mère, un ou plusieurs enfants (Boldetti. *Cimit.* p. 202).

En voici un qui met en scène une mère tenant sur ses genoux sa jeune fille, sur la tête de laquelle

sa sœur ou une servante agite un *flabellum* pour la préserver de la chaleur et des mouches. Ce gracieux monument a été donné par Boldetti (*Cimit.* p. 202) ; il n'a été compris que par Passeri, qui l'a reproduit dans son appendice au *Thesaurus vele-*

rum diptychorum de Gori (tab. v), et en a donné l'explication à la page 23. Le P. Garrucci l'a reproduit à son tour (*Vetri*. tav. 21), mais dans l'état de détérioration où il se trouve aujourd'hui au musée de la bibliothèque Vaticane.

Quelques-uns des sujets figurés sur ces verres semblent être relatifs à l'éducation de la famille (V. Garrucci. tav. xxix. seqq.).

Citons d'abord le premier numéro de la planche xxxii, qui offre un tableau d'un charme inexprimable et d'un style excellent. Une mère, ou peut-être une nourrice, assise sur un large banc, penche affectueusement la tête vers son enfant debout devant elle, lui met la main droite sur l'épaule, et semble lui présenter sa mamelle gauche découverte, vers laquelle l'enfant dirige ses deux petites mains étendues; le tout avec cette touchante légende: COCA VIVAS PARENTIBVS TVIS, « Coca, vis pour tes parents. »

Nous reproduisons ici de préférence, à cause de l'élégance de son style, de la perfection relative de son exécution, et surtout de la certitude de son christianisme, déterminé par le monogramme, le n° 4 de la planche xxix. On y voit deux époux et leurs deux enfants, un garçon revêtu de la dalmatique avec *calliculæ* sur les épaules et sur les pans inférieurs, et une fille portant la pénule ornée de deux *clavi* élégamment brodés. Ces enfants tiennent chacun un volume, dont l'un est à moitié déroulé. Ne serait-on point en droit de reconnaître ici une leçon de lecture? Le père élève la main en signe d'allocution et les enfants semblent écouter attentivement sa parole. Cette charmante scène est complétée par l'inscription POMPEIANE TEODORA VIVATIS. C'est un souhait d'heureuse vie adressé à ces enfants Pompeianus et Theodora par leurs parents.

Ailleurs (xxxii. 2), BVLCVLVS, assis sur un siège élégant, donne une leçon de musique à son jeune fils ONOBONE, debout devant lui et tenant ouvert un livre ou cahier où l'on distingue des signes qui ne sont pas des lettres alphabétiques, tandis que BENEROSA, la mère ou la sœur de l'enfant, bat la mesure avec le pied.

Beaucoup d'inscriptions sont aussi destinées à rappeler de doux souvenirs de famille. Ainsi une épouse est louée de ce que, contrairement à la coutume des femmes païennes, elle avait été la mère et en même temps la douce nourrice de son enfant (Boldetti. 389): ALICIAE SEVERAE. MATRI. || ET. NVTRICI. DVLCISSIMAE || FEMINE. B. M. Ailleurs est mentionné le nombre et quelquefois le nom des enfants qu'a laissés une femme chrétienne. Sur la tombe d'ALEXANDRIA, on lit: EX QVEM HABVIT FILIAM NOMINE ADTICENEM (Boldetti. 409); et sur celle d'VRBICA, ABET FILIOS DVO (Marang. *Cose gent.* 456). L'épitaphe de Victoria porte: REMISIT FILIOS V (Boldetti. 411), et celle de PATERNA: DIMISIT. FILIUM. AN. VI (Id. 433). Mais il y a quelque chose de plus touchant encore dans celle d'une jeune femme, une autre VICTORIA, qui laissait, elle aussi, un tout petit enfant, mais sans l'avoir jamais vu, on ne sait par suite de quelle malheureuse circonstance, car il avait déjà dix mois à la mort de sa mère: REMISIT FILI || VM. M. X. CVIVS FACIEM NON VIDIT (Id. 413). Une autre mère (V. Passionei. p. 64. n. 19) avait eu sept enfants, dont quatre l'avaient précédée dans le sein du Seigneur: FILIOS AVTEM|| PROCREAVIT VII EX QVIBVS SECV || ABET AD DOMINVM IIII. Par exception, une mention analogue se trouve sur la tombe d'un mari: PVBLIVS ANAGIVS.... REMISIT LIB. N. VIII (Fabretti. 579. LXXVII).

III. — L'antiquité chrétienne nous a transmis une foule de monuments épigraphiques où se produisent sous toutes les formes les témoignages des regrets, de la douleur, de la tendresse d'un époux survivant à l'égard de la compagne qui l'a précédé dans la tombe, et réciproquement (V. l'art. *Contra votum*).

1° C'est d'abord par des éloges que s'exhale le plus naturellement la douleur. Ces éloges, simples au deuxième et encore au troisième siècle, deviennent plus ambitieux après l'époque de Constantin, et finissent souvent par revêtir des formes emphatiques d'une longueur démesurée et parfois peu convenables aux disciples de la croix. Quoi qu'il en soit, des expressions comme celles-ci: CONIVGI OPTIMO ET INNOCENTISSIMO, — CONIVGI FIDELISSIMAE, — CONIVGI SANCTAE, — DIGNAE ET BEATAE, MERENTI ET BENEVIVENTI, — COMPARI CASTAE, — CONIVGI PVDICISSIMAE, — OBSEQVENTISSIMAE, ces expressions qu'on rencontre à chaque page des recueils, prenaient chez les époux chrétiens un caractère de sincérité et de vérité qui n'existait pas dans la société romaine, où le lien conjugal était si peu respecté, par la facilité même qu'on avait de le rompre.

2° Et encore, dans les épitaphes chrétiennes, ces formules vagues étaient plus rares, et ordinairement l'éloge était motivé. On aimait surtout à y rappeler la concorde qu'avait entretenue entre les époux le fidèle accomplissement des devoirs réciproques, et en particulier la vie irréprochable de l'épouse. En voici une tirée du cimetière de Sainte-Blasilla (Lupi. *Sever. epitaph.* p. 145), et que, soit les louanges données à la vertu de l'épouse, soit la tessère ιχθγϲ qui la termine, rangent parmi les monuments les plus intéressants des catacombes : CECILIVS. MARITVS. CECILIAE || PLACIDINAE. COIVGI. OPTIMAE. || MEMORIAE. CVM. QVA VIXI. ANNIS. X. || BENE. SENE. VLLA. QAERELLA. ΙΧΘΥϹ, « Cecilius mari, à Cecilia Placidina, son épouse d'excellente mémoire, avec laquelle il a vécu dix ans, heureusement et sans aucune querelle. »

Les formules de ce genre, où un époux se plaît à évoquer le doux souvenir de la constante harmonie qui charma son union, sont très-fréquentes : SINE LESIONE ANIMI MEI (Passionei. LXIV. 19); MECVM FECIT... SINE VLLA CONTROVERSIA (De' Rossi. f. n. 1128. p. 519); QVAE VIXIT MECVM INCVLPABILITER ET CVM OMNI SVAVITATE DVLCISSIME : « Qui a vécu avec moi d'une vie irréprochable, avec toute espèce de suavité et douceur » (Id. *Bullettino archeol.* 1864. p. 34); SINE VLLA DISCORDIA (Boldetti); QVAE NVMQVAM MECVM DISCORDIA (De' Rossi. *ib.* n. 194). L'épitaphe d'VRBICA (Gruter. MLVIII.4) présente cette variété intéressante : QVAE EIVS. OBSEQVIO. || SEMPER. NOBIS. CONVENIT. || IN MATRIMONIO, « Qui, par son attention respectueuse, a maintenu une constante harmonie dans notre mariage. » Ailleurs l'éloge porte sur l'assiduité aux devoirs purement matériels de la vie conjugale : RVFINA. QVE. MECVM. BENE. LABORAVIT, « Rufina, qui a bien travaillé avec moi » (Marang. *Act. S. Vict.* p. 123). M. De' Rossi (t. I. p. 85) donne un *titulus* où, par allusion à la création de la femme, une épouse est appelée la *côte* de son mari, et c'est une expression de tendresse très-rare sur les monuments épigraphiques, mais dont on trouve des exemples dans les textes anciens et particulièrement dans ceux des Pères grecs (Greg. Nazianz. — Cf. Rossi. *ib.*). Voici la première ligne de l'inscription, qui est de 362 : VISCILIVS. NICENI COSTAE. SVAE.

Mais rien n'égale en ce genre le pieux témoignage d'affection conjugale que révèle une inscription des environs de Padoue, donnée par Muratori (*Thesaur.* MCMIX. 3). On y voit qu'une veuve avait, de la Gaule, franchi cinquante *mansions*, pour venir célébrer la commémoration de son mari sur son tombeau, MEMORIAM, c'est-à-dire l'anniversaire de sa mort, qui l'avait surpris loin de sa patrie :

MARTINA. CARA. CONIVX. QVAE
VENIT DE. GALLIA. PER MANSIONES
L. VT. COMMEMORARET. MEMORI
AM. MARITI. SVI
BENE. QVIESCAS. DVLCISSIME.

3° Il est une classe de formules non moins fréquentes, et plus intéressantes peut-être, parce qu'elles sont caractéristiques du mariage chrétien. Telle est la qualification de VNIVIRA, quelquefois VNIBIRA, donnée à un certain nombre de femmes, et qui indique qu'elles n'avaient été mariées qu'une fois. On a eu certainement l'intention de lui en faire un titre d'honneur, car l'esprit de l'Église primitive improuvait les secondes noces, sans aller cependant jusqu'à les prohiber. Une autre épithète est indifféremment appliquée aux deux époux : c'est celle de VIRGINIVS et VIRGINIA, exprimant le mariage contracté dans la virginité et par conséquent la monogamie (V. l'art. *Virginius, Virginia*). On sait que S. Paul imposait cette condition aux veuves qui devaient être choisies pour l'office de diaconesses : *Quæ fuerit unius viri uxor* (1 Tim. v. 9); il en exigeait autant de ceux qui pouvaient être appelés à l'épiscopat ou au sacerdoce : *Unius uxoris virum* (Ibid. III. — Tit. I. 6).

4° Enfin, une dernière manière d'exprimer le prix que l'on attachait aux souvenirs d'une union fortunée, c'était d'en supputer sur les marbres la durée avec la précision la plus minutieuse, tenant compte des jours et des heures mêmes (V. Marangoni. *Act. S. Vict.* p. 81) : ANNIS. XXXVII. M. VIII. — De Boissieu. p. 594 : ANNIS. V. MENS. VII. DIES. IIII). L'épitaphe que IANVARIA fit inscrire sur la tombe de son mari FELIX, monument retrouvé au cimetière de Prétextat, et publié par Marangoni (*Cose gent.* p. 465), va jusqu'à l'indication des heures : AN. || N. XIII. MEN. || X. DIES. XVI. OR. III, « Treize ans, dix mois, seize jours, trois heures. »

5° D'après toutes ces marques d'affection, ces expressions de regret, ces témoignages rendus par des maris à la vertu de leur épouse, nous pouvons juger de ce qu'était la société conjugale sous la loi chrétienne pratiquée dans sa pureté et sa ferveur primitives. Voici un tableau tiré des gnomes du concile de Nicée (Revillout, p. 58) où est dépeinte d'une manière admirable la sollicitude de l'Église pour le maintien de la pureté et de l'union conjugales. Nous ne pouvons rien citer de plus ancien pour l'objet qui nous occupe : « Une femme est aimée de Dieu et des hommes à cause de sa sagesse et de la bonne administration de sa maison, car la beauté vaine, il y a une vengeance qui la poursuit. — Orne-toi pour ton mari, par les œuvres de tes mains et par la sagesse de la bouche. Les saintes appellent leur mari mon seigneur. — N'aime pas à te parer, ô femme! Mais souviens-toi de toutes les belles qui sont dans le sépulcre. Celles mêmes qui gisent sur le lit de la maladie, la beauté cesse en elles. — Orne ton âme pour l'amour de Dieu et donne ton cœur à la parole de Dieu. Écoute-le. — Un homme sage ne s'attachera pas à une femme insensée. Or celle qui n'obéit pas à son père ou à son mari est une insensée. — Mon fils éloigne-toi d'une femme qui aime la parure, car ce sont signaux d'adultère que les étalages d'anneaux et de clochettes (boucles flottantes de cheveux). — Tu reconnaîtras une femme qui hait le péché à la pureté de son visage; quant à celle qui met du noir à ses yeux, elle montre par là sa fatuité. — On gâte une belle image avec la fumée des lampes. »

Les écrits des Pères et des historiens des premiers siècles nous ont transmis aussi au sujet de la famille, telle qu'elle fut organisée par la sagesse de l'Église, des documents qui renferment des leçons de la plus haute moralité. S'inspirant des préceptes du Maître, déjà développés par S. Paul, les Pères et les conciles avaient réglé jusque dans les plus menus détails les devoirs réciproques des époux dans les différentes circonstances de la vie, de façon à établir et à entretenir entre eux la paix et la concorde. L'époux était pour sa femme un ami et un protecteur plein de tendresse, l'épouse avait pour son mari une soumission tempérée par l'amour et la confiance. L'Église avait tellement à cœur d'écarter tout ce qui aurait pu troubler une si enviable harmonie, que, même dans les choses libres relatives à la religion, elle accordait toujours la prépondérance à l'autorité du mari. Ainsi, par exemple, le deuxième concile d'Arles, tenu en 330, avait décrété (can. xxii) qu'une femme, sans le consentement de son époux, ne pouvait être admise à la pénitence publique : *Pœnitentiam conjugatis nonnisi ex consensu dandam* (V. l'art. *Pénitence canonique*).

Le concile d'Elvire régla aussi, quant aux femmes mariées, l'économie de la correspondance, de telle sorte qu'une épouse chrétienne ne pouvait jamais ni écrire, ni recevoir, même dans un but religieux, une lettre en son nom propre. Quand la chose était nécessaire, elle écrivait au nom et du consentement de son mari (*Concil. Eliberit.* can. LXXXI) : *Ne feminæ suo potius quam maritorum nomine laicis scribere audeant, qui fideles sunt; vel litteras alicujus pacificas ad suum solum nomen scriptas accipiant* (Quant aux lettres appelées ici *pacifiques*, V. l'art. *Lettres ecclésiastiques*).

L'histoire ecclésiastique des premiers siècles offre de nombreux exemples d'époux qui, pour une plus grande perfection, établissaient entre eux, d'un consentement réciproque, les relations d'une sainte fraternité. Nous ne connaissons pas jusqu'ici de marbres funéraires relatant cette circonstance. Il s'en trouve un dans l'antique *pagus* d'Aoste (Isère), et M. Ed. Le Blant l'a consigné au second volume de ses *Inscriptions chrétiennes de la Gaule* (p. 51) ; les époux avaient nom Ampelius et Syngenia. L'épitaphe porte qu'ils « vécurent dans l'affection et la tendresse conjugale environ soixante années... » Telle fut l'excellence de leur vie que, la femme, se séparant de son époux pendant plus de vingt ans, garda une continuelle chasteté :

.... QVORVM VITA TALIS *fuit ut lin* QVENS CONIVX MARITVM XX *annos*.... } Restitution EXCEDENS IN CASTITATE PERPE*tua* } de PERDVRARET. } M. Le Blant.

Nous n'ignorons pas qu'on a cru voir ici l'indication de la chasteté conservée dans le veuvage ; mais les termes de l'inscription ne nous semblent pas pouvoir se prêter à cette interprétation.

MARTYRARII. — C'étaient des clercs préposés à la garde des *martyria* ou tombeaux des martyrs (V. les art. *Confessio, Martyrium, Memoria...*). Dans l'Église romaine, ces fonctions étaient en grand honneur ; et le pape S. Sylvestre place, dans la hiérarchie cléricale, les *martyrarii* au-dessus des sous-diacres (Anast. Biblioth. *In Sylvestr.*) : *Constituit ut si quis desideraret in Ecclesia militare, etc.... ut esset prius ostiarius, deinde lector, et postea exorcista per tempora, quæ episcopus statuerit, deinde acolythus annis quinque, subdiaconus annis quinque,* CUSTOS MARTYRUM *annis quinque, presbyter annis tribus, etc., et sic ad ordinem episcopatus ascendere,* « il décréta que, si quelqu'un désirait militer dans l'Église.... il fût d'abord portier, ensuite lecteur, puis exorciste pendant l'espace de temps jugé convenable par l'évêque ; après acolyte cinq ans, sous-diacre cinq ans, GARDIEN DES MARTYRS cinq ans, prêtre trois ans, et qu'il montât ainsi par degrés à l'ordre de l'épiscopat. » S. Grégoire de Tours fait mention d'un *martyrarius Proserius* (*Miraculor.* l. II. c. 46). S. Léon le Grand fut le premier pape qui attacha près du tombeau des apôtres S. Pierre et S. Paul des gardiens, qu'Anastase appelle ici *cubicularii* (*In Leon I*). (V. l'art. *Cubicularii.*)

MARTYRE. — Au seizième siècle, le pape Grégoire XIII fit exécuter par le Pomarancia, dans le pourtour de l'église de Saint-Étienne-le-Rond à Rome, une série de tableaux à fresque représentant les principaux supplices des martyrs. Un jésuite, le P. Michel, avait été l'instigateur de la mesure, et l'artiste, faute de modèles antiques, avait emprunté ses types aux récits et aux descriptions si animées des *Actes des martyrs*. Sans doute ces sortes de représentations n'étaient pas dans les usages des temps tout à fait primitifs du christianisme : les catacombes n'en offrent pas d'exemples. Mais, pour atteindre le même but, qui était de frapper l'esprit des multitudes illettrées et de leur inspirer le courage dont elles pouvaient avoir besoin en ces temps de persécution, au lieu des supplices des martyrs eux-mêmes, on offrait à leurs yeux la représentation de la constance des saints de l'ancienne loi, par exemple Daniel dans la fosse aux lions, les jeunes Hébreux dans la fournaise de Babylone, etc. Comme exception, nous devons citer une belle fresque du cimetière de Calliste récemment découverte, et où l'on peut reconnaître un chrétien comparaissant devant le magistrat qui semble l'interroger et peut-être le condamner. Le magistrat, couronné de laurier, est debout sur une estrade et le jeune homme se tient dans une fière attitude au pied du tribunal. Un autre personnage près de lui porte en ses mains des objets difficiles à distinguer et qui sont probablement les instruments du sacrifice (V. De'Rossi. *Roma sott.* t. II, tav. XXI). On sait que le crucifix lui-même, pour des raisons que nous avons données dans notre article spécial sur cette matière, n'apparaît dans nos monuments publics que vers la fin du sixième siècle. Cependant les tortures des héros de la foi durent être retracées aux yeux des fidèles dès les temps qui suivirent immédiatement les persécutions. Nous avons un discours de S. Asterius, évêque d'Amasée au quatrième siècle, sur le martyre de Ste Euphémie, qui n'est autre chose que la description détaillée de peintures représentant son supplice dans une église qui avait été érigée en son honneur (V. Ruinart. edit. Veron. p. 431). Rien n'est curieux comme cette description, où le saint évêque s'efforce de lutter avec l'artiste lui-même par la vivacité des couleurs : *Neque enim*, dit-il, *nos musarum alumni pejores pictoribus colores habemus*, « nous, élèves des Muses, nous n'avons pas de couleurs inférieures à celles des peintres. » Il nous reste aussi des hymnes du poète Prudence (*Peristeph.* IX et XI) qui contiennent, avec le panégyrique de S. Cassien et de S. Hippolyte, la description de tableaux représentant leur martyre dans leurs églises à Rome et à Imola.

S. Grégoire de Nysse (*Opp.* t. II. p. 1011. Paris. 1615) célèbre, dans un de ses discours, le martyre de S. Théodore peint sur les murailles d'une église qui lui était dédiée. L'éloquence de S. Basile (*Opp.* t. I. p. 515. Paris. 1618) recommande aux artistes chrétiens du même âge le martyre de S. Barlaam comme un sujet digne de leur talent et comme un ornement convenable à son église.

Des sujets de cette nature étaient souvent aussi retracés sur des bijoux et autres objets portatifs. On connaît un camée et un médaillon de plomb reproduisant très-vivement le martyre de saint Laurent (V. Lupi. *Dissert. e lett.* t. I. p. 192 et 197, et notre art. *Ame*). — Le supplice de S. Jean devant la porte latine était représenté en tous ses détails dans la mosaïque du portique de Saint-Jean de Latran (Ciampini. *De sacr. œdif.* tav. II. 8), dont plusieurs parties étaient déjà fort endommagées quand Ciampini en releva le dessin. Nous voyons le massacre des Saints Innocents sur un sarcophage de la crypte de S. Maximin, sur un diptyque de Milan (Bugati. *Mem. di S. Celso.* in fin.), sur un autre publié par M. Rigollot, et enfin dans la mosaïque de l'arc triomphal de Sainte-Marie-Majeure (Ciampini *Vet. mon.* t. I. tab. XLIX), monuments du commencement du cinquième siècle (V. la gravure de l'art. *Saints Innocents*).

Enfin on a découvert tout récemment (1875) dans la basilique souterraine de Ste Pétronille, au cimetière de Domitille, deux colonnes de *ciborium*, sur lesquelles est représenté en bas-relief le martyre des SS. Nérée et Achillée. La sculpture est du IV° siècle; voici la reproduction de celle des deux colonnes qui a le moins souffert : son attribution est hors de doute, car la scène est surmontée du nom d'Achillée, ACILLEVS, gravé sur le fût.

En voilà assez pour prouver que les représentations de martyres n'avaient rien d'opposé à l'esprit essentiel du christianisme, et que la contrainte imposée à l'Église par les persécutions fut la seule cause qui les empêcha de se produire plus tôt. Peut-être les fresques de Saint-Étienne-le-Rond, par l'accumulation de tant d'atrocités, peuvent-elles révolter la délicatesse des époques de décadence; mais aussi le spectacle de la constance de nos pères au milieu de ces tourments inouïs n'est-il pas bien fait pour réveiller et entretenir dans les cœurs cette sainte énergie qui enfante les mâles vertus, et soutient l'homme dans le combat de la vie, au bout de laquelle brille la couronne des braves?

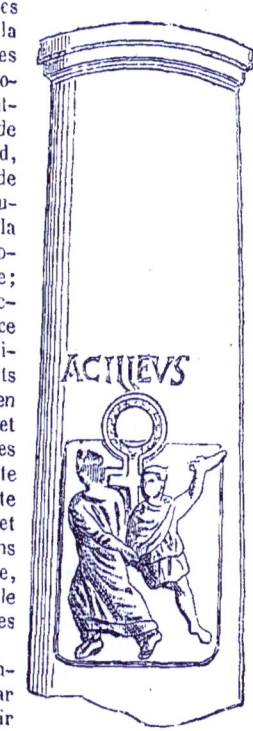

L'œuvre du Pomarancia fut gravée par Tempesta pour servir d'illustration au traité de Gallonio sur les tourments des martyrs (Rome, 1591); ces planches ont été reproduites dans le troisième volume du grand ouvrage de Mamachi (*Origin. et antiq. Christ.*), et encore dans le deuxième volume de son petit traité (*Dei costumi de' primit. Crist.*, à partir de la page 232). Ce que le lecteur aurait de mieux à faire pour avoir une idée des tourments des martyrs de la foi, ce serait de parcourir ces planches. Pour ceux qui n'en auraient pas la facilité, nous allons tracer un rapide tableau des principaux genres de supplices qu'inventa contre eux l'atroce génie de l'intolérance et de la persécution.

1° *Ils étaient suspendus de différentes manières :* les uns sur la croix droite, à l'exemple du Sauveur lui-même, comme S. Siméon, évêque de Jérusalem (Euseb, *Hist. eccl.* III. 32); les autres sur la croix renversée, comme S. Pierre (Orig. ap. Euseb. *ibid.* I). Ce supplice était très-commun et exécuté de différentes manières. Les matrones Symphorose et Théonille furent suspendues par les cheveux (Ruinart. edit. Veron. p. 235), et Gorgonius et Dorothée par le cou (Euseb. VIII. 6). Eusèbe (*Ibid.* 9) parle de martyrs pendus par un pied. Plusieurs martyrs de la Thébaïde furent suspendus par les pieds à deux arbres placés à une certaine distance l'un de l'autre, violemment repliés à leur extrémité et assujettis dans cette position par des cordes : à un moment donné, on coupait les cordes, les deux arbres se redressaient et le patient se trouvait écartelé (Euseb. *ibid.*). D'après une tradition consignée dans la légende de S. Marcel de Chalon au bréviaire lyonnais (3 sept.), ce martyr aurait subi ce supplice avant de consommer son sacrifice, en 179, sous Marc-Aurèle. D'autres étaient pendus par les poignets avec un énorme poids aux pieds : exemple le lecteur Marianus (Ruin. p. 341).

2° *Torturés et battus*. Il y avait le supplice du chevalet, exprimé dans les actes par les mots *equuleo suspendi*, ou *tendi in rotis* (Ruin. *passim*) : c'était le tourment préliminaire, et ensuite venaient communément les torches ardentes qu'on appliquait tour à tour à tous les membres, *lampades flammantes, candelæ ardentes*. S. Théodore fut étiré à l'aide de cordes sur un appareil fixé en terre et son corps s'allongea jusqu'à huit pieds : *funibus et trocleis extensus* (Ruin. 517). S. Victor fut broyé sous une meule de moulin (Id. 262). Le supplice du *nerf jusqu'au cinquième trou* : cet instrument de torture était ainsi nommé, parce qu'à l'aide de nerfs on étirait violemment et on engageait dans des trous de plus en plus espacés les pieds du patient renversé sur son dos, et jusqu'à ce que cette tension amenât la mort par la rupture du ventre. On a trouvé à Pompéi un *nervus* propre à recevoir dix condamnés à la fois. Plusieurs des quarante-huit martyrs de Lyon périrent par ce supplice (Ruin. 55), jusqu'au septième trou, selon la traduction de Ruffin, et jusqu'au cinquième, selon le texte grec de la lettre des Églises de Lyon et Vienne. Celui-ci semble avoir été le maximum. Origène le subit jusqu'au quatrième trou à l'âge de près de soixante-dix ans (Euseb. VI. 39). Nous lisons dans les actes des SS. Claude et Astère (Ruin. 235), au sujet de la martyre Théonilla, que le président Lysias ordonna que ses quatre membres fussent attachés à quatre pieux plantés en terre, qu'on lui frappât avec un bâton le dos et tout le corps, et qu'on lui mît des charbons ardents sous le ventre. La tension était si violente, que les épaules en étaient disloquées et que les membres pendaient comme morts : c'est ce qui arriva au martyr Aitala (Id. 501).

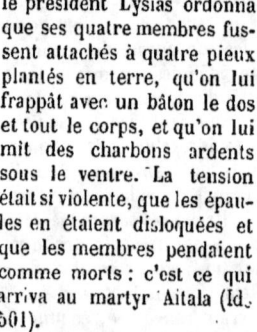

3° *Déchirés, percés, mutilés*. Déchirés avec des crocs, *uncus*, avec des ongles, *ungula*, ou des peignes de fer, *pectines ferrei*, avec des fouets composés de chaines de bronze, au bout desquelles étaient des boules de plomb, *plumbeis cæsi*. Beaucoup de ces instruments ont été recueillis dans les cimetières des martyrs, et plusieurs sont conservés au musée chrétien du Vatican. M. Perret en a reproduit quelques-uns dans la planche quatorzième de son quatrième volume (Ruin. 146. 237). Le P. Lupi avait vu une *plumbata* trouvée dans un *loculus* des catacombes romaines (V. Dissert. t. I. p. 265) et M. De' Rossi cite (*Rom. sott.* t. II. p. 164) deux balles de plomb revêtues de bronze provenant du cimetière de Calliste, lesquelles, selon toute probabilité, avaient fait partie d'un ustensile de cette sorte. Il est certain que plusieurs de ces instruments de supplice avaient d'abord servi à des usages vulgaires et domestiques; mais quand ils se rencontrent dans des tombeaux chrétiens, il n'est pas douteux qu'ils furent employés pour torturer les martyrs. Tel est, à notre avis, l'*uncus* que nous donnons ici et qui est un objet étrusque. Le saint prêtre Basile vit détacher de son corps sept listes de sa peau, *septem lora* (Id. 513). Les sept fils de Ste Symphorose furent percés en différentes parties du corps, l'un à la gorge, un autre à la poitrine, un troisième au cœur, les autres au nombril, dans les reins, dans le flanc; le dernier fut coupé par le milieu (Ruin. 21). On coupa à S. Victor le pied avec lequel il avait renversé l'autel de Jupiter (Id. 261). Les actes mentionnent beaucoup d'autres mutilations : des yeux arrachés, des pieds, des mains, des nez, des oreilles coupés (Euseb. VIII. 12). Les tyrans, lorsqu'ils se voyaient vaincus par la constance des martyrs, finissaient ordinairement par leur faire trancher la tête (Ruin. *passim* et notre art. *Colysée*).

A notre article *Instruments sur les tombeaux*, nous avons mentionné une crypte chrétienne, découverte en 1845 à Milan, près de l'église de Saint-Nazaire, renfermant le corps d'un chrétien, et sur les murailles de laquelle étaient peints divers objets dénotant la sépulture d'un martyr, des chaînes, un croc, *uncus*, une potence avec sa corde, ainsi que d'autres instruments de torture : nous en plaçons ici le dessin.

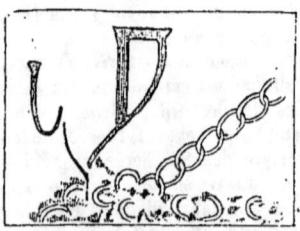

4° *Soumis à divers supplices par le feu*. Plusieurs martyrs de la Mésopotamie furent suspendus la tête en bas, suffoqués par le feu et brûlés

(Euseb. vɪɪɪ. 12). On a trouvé en 1844 dans un tombeau bisome des catacombes le corps d'un enfant de douze ans brûlé depuis la tête jusqu'au milieu des cuisses (Marchi. p. 270). Ordinairement, on enfonçait les jambes du patient jusqu'aux genoux dans une fosse, on lui liait les mains derrière le dos et on l'attachait à un poteau entouré de sarments : d'où vint aux chrétiens le sobriquet de *sarmentitii* (Ruin. 372. — Tertull. *Apol*. 1). Tel paraît avoir été le genre de mort de S. Polycarpe, évêque de Smyrne (Ruin. 27). Tout le monde sait que S. Laurent mourut sur un gril. Il y avait encore l'immersion dans l'huile bouillante, dans la poix fondue, dans la chaux vive. Tels furent les supplices de S. Jean l'Évangéliste, de Ste Potamienne, et de cette multitude de martyrs qui souffrirent du temps de S. Cyprien et qui sont connus dans la langue hagiologique sous le nom de MASSA CANDIDA (Ruin. 175. n. 11). Du plomb fondu fut versé dans la bouche de S. Boniface (Id. 252). S. Taracus fut percé sous les aisselles avec un pieu enflammé, son compagnon Probus le fut dans les flancs et dans le dos, et Andronicus eut les doigts mutilés avec le même instrument, *obeliscus* (Ruin. 389). Les *Actes des martyrs* mentionnent encore des clous et des lames de fer rouge et d'autres tortures par le feu, plus cruelles les unes que les autres.

5°· *Broyés* sous la dent des bêtes féroces. Ce fut le glorieux trépas de S. Ignace d'Antioche (Ruin. 11), et d'une foule d'autres dont le sang arrosa l'arène du Colysée. S. Hippolyte fut emporté par deux chevaux indomptés qu'on fouetta avec fureur, et son corps fut déchiré, mis en pièces, son sang arrosa tout l'espace parcouru, ses chairs restèrent en mille lambeaux attachées aux pierres, aux ronces et aux épines (*Peristeph*. xı. — V. l'art. *Sang des Martyrs*), où les fidèles allèrent les recueillir avec piété. Beaucoup de martyrs furent précipités d'un lieu élevé, comme S. Jacques le Mineur du haut de la plate-forme du temple. La célèbre matrone Symphorose, qui souffrit en Campanie, fut ainsi précipitée dans une rivière avec une pierre attachée au cou (Ruin. 21).

Les *Actes des martyrs* mentionnent une foule de tourments dont le détail ne saurait trouver ici sa place : des chrétiens couchés sur des pointes aiguës, sur des débris de poterie, etc., des mâchoires brisées et des dents violemment arrachées, des instruments aigus enfoncés sous les ongles, des jambes rompues, les noyades sur des navires désemparés et livrés au caprice des flots, des patients renfermés dans des sacs de cuir avec un chien et un aspic, avec des scorpions et des vipères (Ruin. 327. 306. 252. — Euseb. *Hist. eccl*. vɪɪɪ. 12 et *passim*). Dans le catalogue de l'abbé de Tersan (n. 194) est décrit un petit monument de bronze plein d'intérêt. C'est un navire sur lequel sont placés un homme et un lion. L'auteur du catalogue voit ici un martyr abandonné sur la mer à cet animal destiné à le dévorer. Nous trouvons ce dernier fait consigné dans les notes de feu M. l'abbé Greppo.

En compulsant les ouvrages qui ont traité de cette matière, et notamment ceux de Gallonio, celui de Blanchini (*Demonstr. Hist. eccl.* 3 vol. in-fol.), et avant tout les martyrologes en général, il serait aisé d'y trouver les noms de plus de cent instruments de torture et de divers genres de supplices. Peu de personnes sans doute auraient goût à cette étude, dont le résultat est si peu honorable pour l'humanité.

MARTYROLOGES. — I. — L'Église mit toujours un soin extrême à recueillir les actes de ses martyrs et de ses confesseurs (Cyprian. *Epist*. xxxvɪɪ. *Ad presb. et diac.*). Le pape S. Clément (*Lib. pontif. In Clem.*), disciple de S. Pierre, avait institué sept notaires qui, chacun dans la *région* qui lui était assignée, recueillaient ces actes, et S. Fabien leur adjoignit sept sous-diacres pour les surveiller et les diriger dans cette œuvre importante (V. l'art. *Notarii*).

Les actes étaient lus dans l'assemblée des fidèles au jour anniversaire de la mort de ces héros chrétiens, jour appelé *natale* dans la langue ecclésiastique (V. l'art. *Natale*). Le fait est énoncé d'une manière générale par le ʟ° canon du concile de Carthage, tenu en 401 : *Liceat legi passiones martyrum, cum anniversarii dies eorum celebrantur*. Il l'est, pour l'Église romaine en particulier, par la lettre du pape Hadrien à Charlemagne (Labbe. *Concil*. t. vɪɪ) : *passiones sanctorum martyrum sancti canones censuerunt ut liceat eos in ecclesia legi, cum anniversarii eorum dies celebrantur*, et encore par Jean Diacre (*Præf. in vit. Gregor M.*). Il l'est, pour l'Église gallicane par S. Césaire d'Arles (*Serm*. ccc in append. *Opp. S. Augustin.*) et par la liturgie gallicane qu'a éditée Mabillon et où les noms des martyrs sont insérés ; et enfin par S. Grégoire de Tours (*De glor. MM.* ʟxxxvɪ), qui l'atteste des actes de S. Polycarpe : *Lecta igitur passione, cum reliquis lectionibus, quas canon sacerdotalis invexit, tempus ad sacrificium advenit*. S. Jérôme fait évidemment allusion au même usage dans son second livre contre Ruffin (37) : *Prodat nobis confessionis suæ acta, quæ hucusque nescivimus, ut inter alios Alexandriæ martyres hujus quoque gesta recitemus* : « qu'il produise (Ruffin) les actes de sa confession, lesquels nous sont jusqu'ici inconnus, afin que nous les lisions avec ceux des autres martyrs d'Alexandrie. » Nous devons prendre dans le même sens les paroles de S. Augustin (*Serm*. cɪ *de divers.*) : *audistis persequentium interrogationes, cum sanctorum passio legeretur*.

Le nombre de ces sortes de mémoires s'accrut bientôt dans chaque Église, parce que les diverses communautés chrétiennes se communiquaient réciproquement par lettres les actes de leurs martyrs ; il nous reste plusieurs de ces lettres, dont les plus célèbres sont celles des chrétiens de Smyrne sur le martyre de S. Polycarpe, et celles des fidèles de Lyon et de Vienne à leurs frères d'Asie et de Phrygie (V. Euseb. *Hist. eccl*. ɪv. 15. v. 1.).

Ainsi, en outre de leurs calendriers spéciaux, les Églises eurent, mais plus tard, c'est-à-dire vers la fin du septième siècle, des livres renfermant le récit succinct des actes de leurs martyrs et de leurs confesseurs propres, aussi bien que de ceux des autres chrétientés, de telle sorte que la mémoire de chacun de ces héros de la foi pût être rappelée dans l'assemblée des fidèles au jour anniversaire de leur passion ou de leur mort naturelle. C'est ce qu'atteste S. Grégoire le Grand (*Epist.* l. VII. ep. 19), et telle est sans aucun doute l'origine des martyrologes.

II. — Quelques auteurs ont pensé (Molanus. *De martyrolog.* c. 1. seqq.) que les martyrologes sont plus récents que les calendriers, d'autres les ont confondus ensemble. C'est une double erreur. Les calendriers diffèrent essentiellement des martyrologes. Dans le calendrier, on marquait simplement le nom du saint ou du martyr, le jour de sa mort ou celui de sa fête : c'est ce qu'on peut voir dans les calendriers de Rome et de Carthage publiés par le P. Boucher (*Can. pasch.* c. xv. — Mabillon. *Analect.* III. 398). Le martyrologe au contraire mentionnait en outre le genre de martyre, le lieu et l'époque où il avait été consommé, ainsi que le nom du juge. Chaque Église avait son calendrier propre, il en est peu qui aient eu un martyrologe particulier. Les martyrologes ne concernaient pas une Église spéciale, mais l'Église catholique tout entière ; ils comprenaient les martyrs et confesseurs de tout l'univers, dont les noms étaient empruntés aux divers calendriers (V. l'art. *Calendrier*).

III. — Il est bien avéré que l'Église romaine possédait un martyrologe au temps de S. Grégoire (*loc. laud.*) : *Pene omnium martyrum, distinctis per singulos dies passionibus, collecta in uno codice nomina habemus,* « nous avons les noms de presque tous les martyrs réunis dans un seul livre, où leurs passions sont distribuées à chaque jour. » On peut citer un témoignage plus ancien encore de ce fait : Walfrid Strabon (*De reb. eccles.* c. XXVIII) atteste que l'Église de Cordoue en avait un sous le règne de Théodose. Mais quel fut l'auteur du premier martyrologe ? C'est ce qu'il serait difficile de dire avec quelque fondement. On a avancé que le premier travail était dû à Eusèbe de Césarée, et que S. Jérôme en avait donné une version latine. Mais les paroles d'Eusèbe ne disent pas clairement s'il s'agit ici d'un martyrologe proprement dit ou d'une collection d'actes de martyrs : ἀρχαίων Μαρτύρων συναγωγήν, *veterum martyrum collectionem.* La plupart des critiques se prononcent pour le dernier sentiment (Baron. *Præf. in martyrol. Rom.*).

Quoi qu'il en soit, il paraît certain que le martyrologe auquel S. Grégoire fait allusion n'était autre que le martyrologe général appelé Hiéronymien, et qui a été édité par Fiorentini sous le nom de *Vetustius occidentalis Ecclesiæ martyrologium* (V. De' Rossi. *Roma sott. crist.* t. I, p. 112). D'après l'opinion très-fondée de Mansi (*ib.*), il ne serait qu'une sorte de centon composé de morceaux mal cousus d'anciens calendriers et de martyrologes antérieurs, *ut melius centonem dixeris martyrologiorum quam unicum martyrologium.* Le martyrologe romain actuel n'est probablement qu'un abrégé du précédent, qui fut trouvé au neuvième siècle par Adon à Ravenne. Il passait pour avoir été envoyé par un pape à un évêque d'Aquilée. Ce martyrologe reçut le nom de *romanum parvum ;* il a été successivement augmenté par Adon, Usuard et enfin refondu par Baronius, qui l'a en outre enrichi de notes érudites.

IV. — Le moyen âge a produit plusieurs martyrologes dont, à raison de leur importance, nous devons donner ici la nomenclature, d'après le P. Bolland (*Præfat. in act. Horum*).

Bède, moine de l'Église d'Angleterre, passe pour avoir composé un martyrologe qui se trouve inséré au tome troisième de l'édition de ses œuvres faite à Venise en 1563, et qui a été imprimé à part par Plantin en 1564. Mais l'authenticité de cet ouvrage paraît douteuse à Bolland ; en effet, Usuard affirme (*Præfat. epist. in ejus Martyrol.*) que, dans son martyrologe, Bède avait laissé plusieurs jours vacants. Or toutes les copies qui existent de ce martyrologe, soit imprimées, soient manuscrites, marquent à chaque jour, sans exception, des mémoires de martyrs et d'autres saints.

Cependant, qu'un véritable martyrologe de Bède ait existé jusqu'au temps de Florus, sous-diacre de l'Église de Lyon, c'est ce qui n'est nullement douteux, car l'histoire rapporte comme un fait certain que ce dernier l'avait complété sous l'empire de Charlemagne. Si bien que l'ouvrage de Bède prit le nom de Florus, surtout depuis que celui-ci y eut ajouté des éloges plus développés d'un certain nombre de saints.

Usuard, moine de l'ordre de S. Benoît, composa son martyrologe à la prière de Charlemagne, d'autres disent de Charles le Chauve, qui, au dire de Sigebert (*L. de Scrip. eccl.* c. 85), voyait avec peine que S. Jérôme et Bède, visant à une brièveté excessive, avaient omis beaucoup de choses nécessaires et laissé vacants plusieurs jours des calendes. Usuard s'appliqua donc, en faveur de ce prince, à combler ces lacunes, et rédigea un martyrologe complet en marquant soigneusement des fêtes de saints à chacun des jours des calendes. Mais Usuard lui-même, dans son épître dédicatoire à l'empereur, avoue avoir compilé son ouvrage de divers martyrologes des saints Pères, et notamment de ceux de S. Jérôme, de Bède et de Florus. Molanus édita le martyrologe d'Usuard, d'abord en 1568, puis en 1583. Il eut ensuite plusieurs éditions, qu'on peut voir dans les Bollandistes. Raban Maur, abbé de Fulde et depuis archevêque de Mayence, qui fleurit sous les empereurs Louis le Pieux et son fils Lothaire, écrivit aussi un martyrologe, qui fut publié par Henri Canisius (*Antiq. lect.* t. VI.)

Sous l'empire du même Lothaire, Wandebert, moine de l'abbaye de Prum, de l'ordre de S. Benoît, composa un nouveau martyrologe en vers héroïques, qu'il dédia à Otrèque en 842. Il fut attribué à Bède et imprimé dans le premier volume de ses œuvres sous le titre de « Éphémérides de Bède »; mais un peu plus tard Molanus l'édita de nouveau, mais sous le nom de son véritable auteur avec le martyrologe d'Usuard.

Un autre martyrologe, mais en prose, est dû à S. Adon, évêque de Vienne en France, au même siècle; et à la suite de Jacques Mosamber, Rosweide le publia après en avoir collationné le texte sur trois manuscrits.

Au commencement du dixième siècle, B. Notker, surnommé Balbulus ou le Bègue, moine de Saint-Gall, en Suisse, écrivit son martyrologe, que nous avons dans Canisius. Quant à celui que Ditmar (*Chronic.* l. VII) dit avoir composé, ou il est enfoui dans un coin ignoré de quelque bibliothèque, ou il est tout à fait perdu.

MARTYRS (NOMBRE DES). — Si l'on veut bien jeter un coup d'œil sur le rapide tableau que nous avons tracé des persécutions (V. ce mot), on pourra se faire une idée de la multitude innombrable de victimes qui durent être immolées, durant trois siècles, par les ennemis de la foi chrétienne. Il s'est trouvé cependant, dans les temps modernes, des écrivains pour s'inscrire en faux contre un fait plus éclatant que le soleil. L'anglican Dodwel en particulier, dans une de ses dissertations cyprianiques (*Append. ad opp. Cyprian.* edit. Oxon. dissert. XI. p. 65), s'est imposé la tâche impossible de détruire, sur ce point capital de nos origines, tous les éléments de la certitude historique. Ses sophismes ont été réduits à néant par dom Ruinart (*Præfat. ad. Act. sinc. MM.* c. II), et la controverse n'est guère sortie depuis des termes où l'a laissée le savant Bénédictin.

On comprend que c'est principalement sur les martyrs anonymes que portent les dénégations de Dodwel, et que, pour en diminuer le nombre, il cherche à se faire une arme du silence réel ou supposé des documents contemporains, ou même de l'absence de ces documents.

Il est certain que nous n'avons pas tout ce que l'antiquité avait écrit sur les premiers combats de l'Église; la persécution de Dioclétien, qui s'exerça sur les livres aussi bien que sur les personnes, dut faire disparaître une foule de noms et d'actes de martyrs, ainsi que beaucoup d'autres sources précieuses pour l'histoire ecclésiastique. Prudence déplore amèrement ces pertes dans de beaux vers que nous ne pouvons nous dispenser de mettre sous les yeux du lecteur (*Peristeph.* I. 74. seqq.) :

> O vetustatis silentis obsoleta oblivio!
> Invidentur ista nobis, fama et ipsa extinguitur.
> Chartulas blasphemus olim nam satelles abstulit,
> Ne tenacibus libellis erudita sæcula
> Ordinem, tempus, modumque passionis proditum,
> Dulcibus linguis per aures posterorum spargerent.

« O funeste oubli de l'antiquité silencieuse! On nous ravit nos titres, on veut même en éteindre jusqu'à la mémoire! Nos annales, un impie satellite nous les a ravies jadis, de peur que les siècles instruits par des livres fidèles, ne fissent parvenir, par le moyen d'une douce tradition, aux oreilles de la postérité, l'ordre, le temps, le mode de la passion de nos héros. »

On voit qu'il s'agit bien ici des actes des martyrs détruits par la fureur jalouse des persécuteurs.

Il n'est pas moins indubitable que tout ne fut pas écrit : les notaires apostoliques, en dépit de leur zèle et de leur sollicitude, se trouvèrent souvent dans l'impossibilité de tenir note des noms de tous les martyrs que les tyrans immolaient presque chaque jour par milliers, et le plus souvent en masse et sans aucune formalité juridique, comme dit Ruinart (*Adnot. in Euseb.* p. 316) : *quasi tumultuose et nulla observata juris formula.* Notre Mabillon, qui, comme on sait, poussa presque jusqu'à l'excès la sévérité au sujet du culte des saints inconnus (*De cultu sanctorum ignot. epist. ad Euseb. Roman.* Paris. 1699. et edit. emendat. 1705), ne fait pas difficulté d'avouer néanmoins que, « dans les premiers temps, le nombre des martyrs était si considérable, qu'il fut souvent impossible d'inscrire tous leurs noms dans les calendriers, non-seulement des Églises étrangères, mais même des lieux où ils avaient souffert (*Iter Ital.* p. 139). »

Et il faut bien admettre cette explication des lacunes et de l'insuffisance de nos annales primitives. Autrement, de ce que, par exemple, personne ne nous a transmis les noms des victimes de la persécution de Néron, on serait en droit de nier ses horribles et incalculables massacres, sur lesquels néanmoins nous avons le témoignage non suspect d'auteurs païens, tels que Tacite (*Annal.* XV. 44), Suétone (*In Neron.* XXXVIII), et Juvénal (*Satyr.* I. vers 155). Ainsi de la persécution de Domitien dont le païen Brutius (Cf. Mamachi. *Orig.* I. p. 425) est pour ainsi dire le seul historien, et de celle de Trajan dont les martyrs ne sont nommés, ni par Pline qui les avait fait traîner au supplice, ni par aucun autre écrivain (Pline *Epist.* lib. X. ep. 97).

La violence des persécutions, les dangers de toute sorte à travers lesquels devaient passer les chrétiens occupés des soins pieux de la sépulture de leurs frères moissonnés par tant de genres de supplices, et la hâte qui nécessairement présidait toujours à ce ministère saint, expliquent suffisamment aussi pourquoi un si grand nombre de ces tombeaux sacrés ne portent ni nom, ni inscription quelconque. On se contentait d'y tracer à la hâte quelque signe symbolique ou simplement mnémonique dont le sens est souvent resté obscur pour la postérité.

Mais nous ne sommes pas réduits à ces arguments négatifs : les preuves positives du nombre immense des martyrs abondent tellement dans nos écrivains primitifs, qu'il serait impossible et superflu de les citer ici. On doit se souvenir d'abord que Tacite (*Annal.* XV. 44) appliquait déjà à ceux qui, sous Néron, furent convaincus de haine du genre humain, c'est-à-dire de christianisme, et punis comme tels, l'expression non équivoque de *ingens multitudo*. Dans l'impossibilité de rien préciser, la plupart des Pères et des historiens énoncent le fait d'une manière sommaire, et il n'en est pas un qui ne se serve du mot *innombrable* pour désigner la multitude des héros de la foi. A propos des martyrs de Lyon, S. Grégoire de Tours (*Hist. Franc.* l. i. c. 27) donne l'appréciation suivante : « Là (à Lyon) une si grande multitude de chrétiens fut égorgée pour la confession du nom du Seigneur, que des fleuves de sang chrétien coulaient dans les places publiques : de telle sorte que nous n'avons pu recueillir *ni le nombre, ni les noms* des victimes. » Sous Dioclétien la persécution fut si atroce en Espagne, que les idolâtres purent un moment se flatter d'avoir déraciné le christianisme, et qu'ils voulurent éterniser le souvenir de ce prétendu triomphe en traçant ces mots sur des colonnes de marbre, érigées à la gloire de l'empereur : .... NOMINE CHRISTIANORVM DELETO (Baron. *Ad an.* 308. VIII).

On trouve à chaque page des historiens ecclésiastiques des phrases telles que celles-ci, écrite par Eusèbe au sujet de la persécution d'Antonin le Pieux, ou mieux peut-être de Marc-Aurèle (*Hist. eccl.* v. 1) : « Des martyrs en nombre presque infini, *infiniti prope martyres*, même dans les autres parties de l'univers, furent ennoblis d'un généreux trépas souffert pour Jésus-Christ ; » et sur celle de Sévère (Id. v. 5) : « L'ardeur de la persécution s'enflammait si fort de plus en plus, que des chrétiens en nombre presque infini, *fere infiniti*, étaient décorés de la couronne du martyre. »

Nous nous abstenons de parler ici de Rome, le foyer principal de la persécution : « On ne saurait dire combien Rome est pleine de corps de martyrs, et combien son sol est riche en sépulcres sacrés. » Ces paroles sont de Prudence, auteur presque contemporain (*Peristeph. S. Laurent*). Il dit ailleurs (*S. Hipp.*) : « Nous avons vu d'innombrables cendres de Saints dans la ville de Romulus... Mais si vous me demandez les noms.... il m'est difficile de vous les dire, tant de peuples de justes furent immolés par une fureur impie, alors que Rome la troyenne adorait les dieux de ses pères ! »

Ceux dont on n'avait pu connaître ni les noms ni le nombre étaient quelquefois désignés dans l'histoire et même dans les actes par certaines phrases ou expressions de convention, comme les suivantes qu'on lit dans les actes de S. Épipode et de S. Alexandre (*Ap. Bolland.*) : « Ils ne sont inscrits que dans le livre de la vie. » On donna le nom de *massa candida* à cette multitude de martyrs qui furent couronnés à Utique et à Saragosse (Baron. *Ad ann.* 261. 48. 49), et que le martyrologe romain (III nov.) inscrit de cette sorte : *Cæsaraugustæ; sanctorum* INNUMERABILIUM *martyrum*. Les martyrs de la légion Thébéenne reçurent le nom générique de *legio felix* (Greg. Turon. l. I *Mirac.* c. 75).

Les martyrologes fournissent des données plus précises et plus explicites, car, outre cette légion de martyrs *de nom propre* qu'ils nous font connaître, ils enregistrent des martyrs *innommés*, par groupes de dix, de cinquante, de cent, de mille, etc. Nous voyons, en effet, dans le martyrologe occidental de S. Jérôme, la mention de trente (I januar.), de quarante-six (*Ap. Baron.*), de cent vingt (XXV oct.), de deux cent soixante-dix (I jul.), et même de trois cents (XXII dec.), et de trois mille (XXII dec.) fidèles, qui, ayant souffert généreusement le martyre, n'ont laissé en ce monde aucune trace de leur nom. Mais on en trouve un nombre infiniment plus considérable encore dans le martyrologe romain ; le lecteur en peut voir dans Boldetti (p. 107), une très-curieuse énumération qui ne saurait trouver ici sa place. Il y a des nombres de soixante-dix, de cent soixante-cinq, de deux cent soixante-deux, de neuf cents (III dec. X aug. XVII jun. I mart.). Au 9 juillet est marqué S. Zénon avec dix mille deux cent trois autres martyrs sous Dioclétien, etc., etc.

Ajoutons que le catalogue des huiles de Monza (V. l'art. *Huiles saintes*) porte en deux endroits : ALII SCI MVLTA MILIA (*sic*), — et ailleurs le nombre CCLXII-CXXII, etc.

Nous savons que les contradicteurs professent peu d'estime pour l'autorité des martyrologes. Mais sans parler du respect qui est dû à des noms tels que ceux d'Eusèbe et de S. Jérôme, ni de la confiance que méritent des travaux hagiologiques composés sur les plus anciens calendriers et sur d'autres documents encore dont quelques-uns sont perdus aujourd'hui, il nous reste à exposer une preuve plus spécialement archéologique et qui prête un appui non moins décisif qu'inattendu aux nomenclatures des martyrologes, comme aux récits des historiens et aux affirmations sommaires des Pères de l'Église.

Il s'est rencontré dans les catacombes un certain nombre d'inscriptions accompagnées de notes numérales. Boldetti, entre autres (p. 79 et 83), en donne deux, l'une de l'an 107, l'autre de l'an 204, dates marquées par les consuls, et qui portent les chiffres XXX et XL. Ni cet antiquaire, ni le P. Lupi, ni Muratori, qui ont reproduit ces épitaphes, n'ont observé cette circonstance. Aringhi (I. 495). Mabillon (*It. Ital.* 546), et Fabretti (546. n. VI) qui lui-même en a publié une avec le chiffre X, sont les premiers qui en aient tenu compte ; mais ils prirent ces chiffres pour de simples numéros d'ordre des sépultures. Pietro Visconti soupçonna (*Sposizione d'alcune ant. iscr. crist.* Roma. 1524) qu'ils devaient avoir une tout autre importance, et une portée tout autrement glorieuse pour la religion et la science. Il fut amené à cette conjecture par un passage de Prudence (*Peristeph.* hymn. XI) où ce poëte, après avoir parlé des innombrables corps saints que renferment les cimetières romains, et des inscriptions qui se lisent sur beaucoup de *loculi*, ajoute qu'un très-grand nombre de marbres ne contiennent que des indications sommaires par des chiffres :

> Sunt et multa tamen tacitas claudentia tumbas
> Marmora quæ solum significant numerum,

et que lui-même se souvient d'avoir appris que les restes de soixante hommes étaient réunis dans le même sépulcre, martyrs obscurs dont le Christ seul connait les noms :

> Sexaginta illic defossa mole sub una
> Relliquias memini me didicisse hominum
> Quorum solus habet comperta vocabula Christus.

Ce texte fut un trait de lumière qui mit Visconti sur la voie d'une plus juste interprétation des chiffres en question. Il se trompe néanmoins quand il s'attribue en cela la priorité : Mamachi avait déjà tiré parti de cette preuve en faveur du grand nombre des martyrs (*Origin.* I. p. 460. not. 3 et 4). Quoi qu'il en soit, il est évident par le texte de Prudence que les chiffres xxx et xl des marbres de Boldetti indiquent la sépulture de trente et de quarante martyrs, comme le x de l'inscription de Fabretti signifie que dix martyrs sont réunis dans le même tombeau.

Mais alors même que les vers de Prudence n'eussent pas existé, la constatation des dates par les consulats marqués sur ces pierres sépulcrales eût suffi à elle seule pour conduire à ce résultat. En effet, la première porte les noms de L. Licinius Surra et de C. Sosius Senecion. Or ces deux personnages étaient consuls à l'époque où sévissait la persécution de Trajan. La seconde inscrit le consulat de L. Fabius Chilus Septimianus qui obtint les faisceaux pour la seconde fois avec M. Annius Libon au temps où Septime-Sévère faisait mettre à mort tous ceux qui se déclaraient chrétiens.

On voit que ces monuments épigraphiques viennent à leur tour confirmer d'une manière irrécusable la vérité des persécutions de Trajan et de Septime-Sévère que dom Ruinart (*Præf.* III. 31) avait établie par les actes de S. Ignace, par l'autorité d'Eusèbe (*Hist. eccl.* l. III. c. 36) et de Tertullien (*Ad Scap.* et *Apolog.* II.), contre Dodwel qui avait affirmé qu'après Domitien l'Église de Jésus-Christ jouit d'une paix parfaite.

Un grand nombre d'autres marbres avec des nombres ont été trouvés dans les catacombes (V. Boldetti. 435. 436); beaucoup ont été négligés et perdus par suite de l'ignorance où l'on était de la signification de ces signes, et les fouilles en découvrent fréquemment de nouveaux. On pourrait, il est vrai, objecter que si ces chiffres indiquent un nombre déterminé de cadavres, ils ne sauraient établir aucun préjugé relativement à la qualité des personnes. Mais, outre que le passage de Prudence cité plus haut nous éclaire suffisamment sur le sens à leur donner, toute espèce de doute disparait en présence de quelques épitaphes où le chiffre est suivi de la qualification de martyr. Sans nous arrêter à celles que cite Boldetti (p. 233) et qui sont suspectées par les savants, nous rapporterons celle-ci qu'a publiée Marini et après lui Bottari (*R. S.* l. II. p. 173) : *locus martyrum* CCLXVIII. *in Christo.* Cette épitaphe était gravée sur la base d'une des colonnes de l'ancienne basilique vaticane, dont Bottari a donné le dessin (*l. l.*). On a trouvé sous la crypte de S. Corneille, au cimetière de Calliste (V. De' Rossi. *Rom. sott. crist*, t. v. p. 280 et tav. IV), une inscription graphique constatant la présence en ce lieu des corps des SS. Cerealis, Sallustia, et de leur vingt compagnons martyrs, auxquels Ste Lucine avait réuni les restes de S. Corneille. Voici le fac-simile de cette inscription, qui est probablement contemporaine de la sépulture de ces martyrs. Mais s'il en est ainsi, il faut supposer, ou que les sigles scs (*sanctus*) qui précèdent le nom de Cerealis furent ajoutés plus tard, peut-être par un *martyrarius* (v. ce mot), ou que cette qualification de *saint* était déjà en usage avant le cinquième siècle, époque à laquelle on en attribue ordinairement les débuts (V. l'art. *Saint* [*qualification de*]). Nous devons nous borner à cette indication sommaire des principaux faits qui prouvent de quelle immense multitude de martyrs l'Église de Jésus-Christ fut couronnée pendant les trois premiers siècles de son existence.

Nous en avons dit assez pour faire voir qu'aucun sophisme n'est capable de lui ravir cette auréole, qui est l'une de ses gloires les plus pures et l'un des plus solides arguments en faveur de son origine divine. Le lecteur studieux consultera avec fruit, outre la préface de Ruinart, l'ouvrage de Mamachi (*Origin. et antiq. Christ.* t. I. p. 459), une savante dissertation du recueil de Zaccaria (*Dissert. di stor. eccl.* t. XI. p. 1), etc., etc...

MATINES. — V. l'art. *Office divin*, 1.

MATRICULE. — Ce mot ne désigne, au propre, qu'un catalogue, une description (ou inscription), ou un index : Ματρίκιον καὶ ἀρχέτυπον τῆς Νουμιδίας (Codin. *Canon. eccl. Afric.* can. 86. — Cf. Donati. p. 33). Louis de la Cerda (*Ibid.*) la définit ainsi : *Matricula dicitur titulus et catalogus Ecclesiæ.* Chez les auteurs ecclésiastiques, ce mot est employé dans deux sens différents :

1° Pour désigner le catalogue où étaient inscrits les clercs qui participaient aux distributions de l'Église, et étaient entretenus par elle (V. l'art. *Chanoines [Clerici canonici]*). C'est dans ce sens qu'il est employé par les conciles, en particulier par ceux d'Agde (c. II), d'Orléans (IV. 13), d'Auxerre (c. III), et encore par les *Capitulaires de Charlemagne* (l. VII. c. 167) (V. notre art. *Clergé [Moyens d'existence]*). Ce catalogue était tenu par le premier diacre ou archidiacre.

2° Le mot *matricule* s'emploie aussi pour exprimer le rôle où l'on écrivait les noms des pauvres nourris par l'Église. On lit dans le testament de S. Remi (Cf. Macri. *ad h. v.*) cette disposition : *Matricula Sanctæ Mariæ, quæ dicitur Xenodochion, ubi duodecim pauperes stipem expectant, solidus dabitur*, « Matricule de Sainte-Marie, qui est appelée Xenodochion, où douze pauvres attendent leur subsistance, un sou sera donné. » Les pauvres eux-mêmes inscrits dans ce catalogue furent appelés *matriculæ*. Nous n'en rapporterons par exemple que ce passage de la *Vie de Ste Radegonde* par Fortunat (c. XVII) : *Præter quotidianam mensam, qua refovebat matriculam*.... Le plus souvent ils étaient nommés *matricularii* (Du Cange. *Ibid.*).

Les actes de l'élection du pape Corneille contiennent une statistique du clergé et des pauvres qui recevaient des subsides mensuels de l'Église romaine en 254, et ils étaient au nombre de plus de 1500 (V. De'Rossi. *Bullett.* 1866. p. 9).

On donnait encore le nom de *matricularii* ou de *matriculæ* à cette classe de pauvres qui étaient employés aux offices les plus humbles de l'Église, comme de la balayer, de sonner les cloches, etc. (V. Alcuin. *Epist.* VII. *ex his a Mabillon. edit.*), et celui de *matriculariæ* aux diaconesses, aux *presbyteræ* et aux veuves qui étaient nourries aux frais de l'Église. Ces *presbyteræ* étaient des veuves vivant dans la continence, ou des femmes qui avaient été unies à des prêtres avant leur ordination, et en vivaient séparées depuis (Baron. *Ad an.* XXXIV. n. 289). C'étaient quelquefois des matrones qui prenaient soin des objets de l'Église. C'est dans ce sens qu'il faut le prendre toutes les fois qu'on le rencontre dans les auteurs anciens et dans les monuments épigraphiques. Nous voyons dans les actes de Ste Praxède qu'elle avait été déclarée *presbytera* par le pape Pie Ier.

Dans les Églises d'Afrique, on nommait aussi *matricula*, ou *archivus*, un registre qui se tenait soit chez le primat, soit chez le métropolitain, et où était soigneusement inscrite la date de l'ordination des évêques de la province, afin de régler par ce moyen toutes les questions de préséance dans les conciles et ailleurs. Ceci se pratiquait partout, mais plus spécialement en Afrique. Nous voyons en effet S. Augustin (*Epist.* CCXVII) réprimander sévèrement le primat Victorinus de ce que, dans sa lettre de convocation au concile provincial, il n'avait pas observé l'ordre convenable pour l'inscription des évêques de Numidie, le mettant, lui Augustin, avant d'autres prélats plus anciens que lui.

MATRONEUM (ματρόνικον). — C'était le lieu réservé aux matrones dans les basiliques anciennes. Il en est fait souvent mention dans Anastase le Bibliothécaire, notamment à propos de la vie du pape Symmaque (n. 25) et de celle de Grégoire IV (n. 474).

Le *matroneum*, autrement appelé *locus mulierum*, occupait, dans les antiques basiliques, une des sections de la nef septentrionale (V. l'art. *Basiliques*, IV, B, 2°). Cette règle ne paraît pas néanmoins avoir été sans exception.

L'église des Saints-Côme-et-Damien, au *forum* romain, présente à cet égard une singularité intéressante à noter ; c'est que le *matroneum* était situé derrière l'abside, dans une salle d'où l'on avait vue sur l'autel et même sur la chaire de l'évêque, par trois ouvertures cintrées, pratiquées l'une à droite, l'autre à gauche et la troisième au fond de la coquille.

Cette disposition étant sans exemple dans les monuments existants et ayant été au surplus nécessitée par la conformation toute spéciale de l'église, qui se compose de la réunion de trois temples antiques, ne prouverait rien par elle-même.

Mais les données de l'histoire viennent attester que l'exemple ne fut pas unique dans l'antiquité. La même disposition architectonique existait anciennement sous la basilique libérienne ou Sainte-

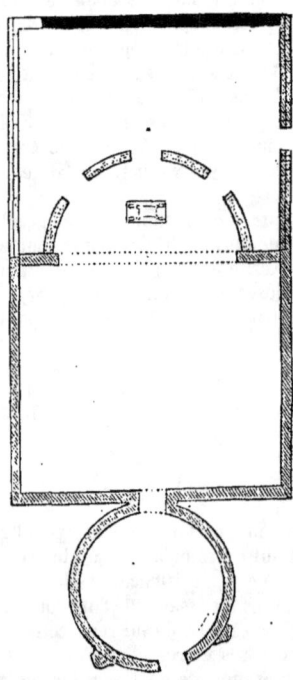

Marie *ad Præsepe*, reconstruite au cinquième siècle par Sixte III. C'est le pape Pascal Ier qui la changea (IXe siècle) à cause des inconvénients qu'offrait la présence des femmes en un lieu si rapproché du sanctuaire (*Lib. Pontif. In Pascal.* n. 447).

On peut voir le plan de l'ancienne église des Saints-Côme-et-Damien, ainsi qu'une savante illustration du monument, dans le Bulletin de M. De' Rossi (1867. sept. oct.). Nous reproduisons ici ce plan pour la facilité du lecteur.

MEMORIA. — V. l'art. *Confessio.*

MÉNÉES ET MÉNOLOGES. I. — Les ménées sont des livres ecclésiastiques à l'usage des Grecs, ainsi appelés de μήνη, mois, parce qu'ils se composent de douze volumes dans lesquels sont distribués, pour chaque mois, et jour par jour, les noms des Saints qui y correspondent et de plus un abrégé de leur vie, ainsi que l'office, la messe qui se célèbre en leur honneur et plusieurs oraisons. La compilation primitive de cet ouvrage, qui n'est guère autre chose que ce que nous appelons « propre des saints » dans nos liturgies occidentales, est attribuée à quatre auteurs principaux : Nicéphore Paschaleus, Théophylacte Tzanfurnarus, Matheus Galathionus et Théophanes Zenacius (Paciaudi. *Antiq. Christ.* p. 191).

Jusqu'au seizième siècle, on n'eut que des ménées manuscrits, mais enrichis d'un grand nombre de miniatures représentant les faits les plus remarquables de la vie des Saints. Plusieurs de ces manuscrits se conservent à Rome, à Florence, à Venise et ailleurs. Ils furent alors imprimés pour la première fois à Venise avec des images grossièrement exécutées, et l'ont été souvent depuis.

Comme documents historiques, les ménées ne doivent pas être lus sans précautions, ni les données qu'ils fournissent employées sans critique. Cependant les savants même les plus sévères, tels que Tillemont et Baillet, ne font pas difficulté d'admettre leur témoignage, quand il s'agit d'établir le culte des Saints, tel qu'il a été pratiqué dans l'Église grecque, dès les premiers temps où l'on a célébré leur fête.

Nous n'ignorons pas que les écrivains de cette école, qui professent, en théorie, un profond dédain pour ces livres, ne laissent pas néanmoins d'en tirer parti, même quant à l'histoire des Saints et aux événements qui s'y rattachent ; et les nombreux emprunts qu'ils leur font, même pour constater des faits qui n'ont pas d'autre source, semblent constituer une contradiction que le savant P. Honoré de Sainte-Marie relève habilement et non sans un certain ton d'ironie (*Réflexions sur les règles de la critique.* t. I. p. 180).

II. — Plusieurs auteurs, entre autres le P. Bolland, dans sa préface aux *Acta sanctorum* (cap. IV. § XI), et ceux qui n'ont fait qu'analyser son travail, tels que Pelliccia (*De Ecc. polit.* t. II. p. 16), ont confondu les ménologes (μήνη mois, et λόγος) avec les ménées. Ils en diffèrent néanmoins essentiellement. Le ménologe est, chez les Grecs, ce qui correspond à notre calendrier, ou à notre martyrologe, divisé par chaque mois de l'année. Il ne contient autre chose que l'abrégé des vies des saints de chaque jour ou la simple commémoration de ceux dont la vie n'a pas été écrite. Il y a différentes espèces de ménologes, sur lesquels le livre d'Allatius (*Dissert.* I. *De libr. eccles. græc.*) renferme de longs détails qui ne sauraient trouver ici leur place.

Pour les ménologes, comme pour les ménées, il faut s'en tenir aux exemplaires primitifs. Car les Grecs, depuis leur schisme, y ont inséré les noms de plusieurs hérétiques auxquels ils rendent les honneurs qui ne sont dus qu'aux véritables Saints.

Un des plus célèbres ménologes qui existent est celui qui est connu sous le nom de ménologe de Basile, parce qu'il fut écrit, au dixième siècle, par les ordres de l'empereur Basile dit le Macédonien. Il est orné de miniatures représentant les Saints dont il contient l'histoire abrégée, avec les circonstances caractéristiques de la vie ou de la mort de chacun d'eux, des martyrs principalement. Ce manuscrit, qui se conserve à la bibliothèque Vaticane, est une mine d'intéressantes études pour les archéologues et les artistes, et nous le mettons nous-même souvent à contribution dans ce dictionnaire. Le cardinal Sfondrato, neveu du pape Grégoire XIV, avait chargé Baronius de l'examiner et d'en faire une étude attentive. Nous ne connaissons pas les résultats du travail du célèbre annaliste. Henry Canisius a publié une version latine du ménologe, d'après une copie de la bibliothèque du cardinal Sirleti ; mais ce ménologe diffère considérablement de celui de Basile. C'est au cardinal Annibal Albani qu'était réservé l'honneur d'en donner une édition latine exacte, avec le texte grec en regard, et la reproduction par la gravure de toutes les miniatures de l'original. C'est un beau volume in-folio, divisé en trois parties, imprimé avec grand luxe à Urbin, en 1727.

MER ROUGE. (PASSAGE DE LA). — Ce sujet se trouve représenté en bas-relief sur quelques sarcophages de l'Italie et de la Gaule. La sortie d'Égypte, qui arrachait les Hébreux à la fureur de Pharaon, était, aux yeux des premiers chrétiens, la figure de la rédemption par laquelle les hommes sont délivrés de la puissance du démon ; la foi nous dirige vers le paradis comme Moïse a conduit le peuple de Dieu vers la terre promise (Greg. Nyss. *hom.* III *In Cant.* — Chrysost. *Hom. ad neophyt.*). La poursuite de Pharaon exprime allégoriquement les efforts de l'ennemi de l'homme pour l'arrêter sur la route du salut (Augustin. *serm.* XC *De temp.*). Le passage de la mer Rouge était la figure du baptême ; c'est l'enseignement de tous les Pères, qui se trouve résumé dans ce seul mot de S. Augustin : *Per mare transitus baptismus est* (*Serm.* CCCLII), et qui remonte jusqu'à S. Paul (1. Cor. X. 2) : *Omnes in Moyse baptizati sunt in nube et in mari*, « tous ont été baptisés sous la conduite de Moïse, dans la nuée et dans la mer. »

Les diverses représentations du passage de la mer Rouge prennent ordinairement le récit biblique au moment où les Israélites, après avoir traversé les flots à pieds secs, se trouvent en sûreté sur le rivage, et où les eaux se rejoignent pour engloutir les Égyptiens. Quelquefois cette représentation est abrégée, réduite à ses termes les plus simples ; c'est surtout quand elle est associée sur le même monument à d'autres faits de l'Ancien et du Nouveau Testament, comme par exemple sur un sarcophage du cimetière du Vatican (V. Bottari. tav. xl). Pharaon, la lance à la main, debout sur un quadrige à la manière des Grecs, déjà à moitié submergé dans les eaux au-dessus desquelles se montrent quelques têtes d'Égyptiens ; Moïse, sur la rive opposée, étendant sa verge sur la mer ; derrière lui, un homme et un enfant qui représentent la multitude des Israélites : voilà à quoi se réduit ce tableau.

Mais d'autres urnes sépulcrales (V. Bottari. tav. cxciv. — Millin. *Midi de la Fr*. pl. lxvii) offrent cette imposante scène avec plus de détails ; elle occupe leur face antérieure dans toute son étendue. On y voit les Hébreux, en pleine sécurité, chargés de leurs bagages, emportant leurs enfants sur leurs épaules ou les conduisant par la main, tandis que Moïse, toujours debout sur le bord de la mer, semble protéger leur marche. Une horrible confusion règne parmi les Égyptiens, qui roulent à terre ou dans les flots, pêle-mêle avec leurs chevaux et leurs chars. Derrière eux, mais dans le lointain, on aperçoit les murailles d'une ville qui est, ou Ramessès, d'où les Égyptiens étaient partis, ou Phiahirot, dernier lieu de campement du peuple de Dieu (voici l'urne d'Arles).

Millin donne un sarcophage d'Aix (*Midi de la*

Fr., pl. l. et au musée de cette ville), où sont retracées quelques circonstances antérieures et postérieures au fait principal. Le petit côté de gauche, par rapport au spectateur, fait voir le pharaon sur son trône, annonçant à Moïse sa résolution de laisser partir son peuple ; et le législateur, tourné vers les Israélites qui sont à la porte du palais, leur montre un volume roulé où sans doute est écrit le décret de délivrance. Cette dernière circonstance, qui ne manque pas d'intérêt, n'a été jusqu'ici signalée par personne que nous sachions. Aux pieds de Moïse se voient un enfant, un chien et quelques autres animaux domestiques pour indiquer la faculté qui est accordée aux descendants de Jacob d'emmener leurs enfants et leurs troupeaux (*Exod*. xi. 31).

Sur la façade principale se déroule, à peu près comme dans les monuments dont on vient de parler, le tableau de la délivrance d'Israël et de la destruction des Égyptiens. Parmi les personnages qui partent avec leurs enfants et leurs bagages, on en remarque un qui porte, enroulé autour de son cou comme un bourrelet, un manteau où, selon l'ordre de Moïse (*Exod*. xii. 34), était renfermée de la farine pétrie et non levée.

A la partie inférieure du bas-relief, on doit observer une femme couchée, le coude appuyé sur une corbeille pleine de fruits : c'est la représentation allégorique de l'Égypte, telle qu'elle se voit sur les médailles (Oisel. *Numism. ant*. xxxii. 10. ap. Millin. *loc. laud*.) et les pierres gravées (Gori. *Gemm. mus. Florent*. ii. 52). Plus loin est un vieillard, également couché et versant de l'eau d'une urne renversée : c'est la personnification de la mer Rouge, d'après les idées antiques. A l'extrémité droite de la principale face du sarcophage, est une femme qui frappe un tambour avec une baguette : on ne saurait hésiter à y reconnaître la prophétesse Marie, sœur d'Aaron, qui chante le cantique de la délivrance (*Exod*. xv. 20).

Le petit côté de droite nous montre la suite de la sortie d'Égypte. C'est d'abord un Israélite portant sur ses épaules le manteau renfermant la pâte non fermentée ; puis Moïse présentant à une femme un fruit qu'il vient de cueillir sur un arbre, au pied duquel est un enfant qui tend la main vers cette même femme ; et tout à fait à l'extrémité, un groupe d'Israélites contemplant cette scène. Il est présumable que l'artiste a voulu exprimer ici la paix et le bonheur qui succèdent aux persécutions.

Trois sarcophages d'Arles, deux au musée et un à Saint-Trophime, reproduisent *in extenso* et avec de légères différences d'exécution le passage de la mer Rouge. On remarque dans leurs bas-reliefs une particularité curieuse : c'est que, en avant du groupe des Israélites qui viennent de passer la mer Rouge, est figurée la colonne lumineuse, reconnaissable aux flammes qui couronnent son chapiteau.

Aucune peinture antique du passage de la mer Rouge n'est parvenue jusqu'à nous. Il est probable cependant qu'il en exista quelqu'une vers le quatrième siècle. Car on conserve à la bibliothèque de la rue Richelieu des manuscrits grecs dont les miniatures, représentant ce fait miraculeux, offrent une frappante analogie de composition avec les sarcophages d'Arles et de la villa Mattei dont nous avons parlé : ceci donnerait lieu de supposer la préexistence d'un tableau qui aurait servi de type aux uns et aux autres (V. Millin. *op. laud.* II. p. 357).

Il existe une mosaïque du cinquième siècle qui retrace aussi l'histoire de la délivrance du peuple de Dieu : c'est celle de l'arc triomphal de Sainte-Marie-Majeure (Ciampini. (*Vetr. mon.* LIX). Mais la scène est prise au moment même où le passage s'opère, et non pas, comme sur les urnes sépulcrales, lorsque les eaux réunies engloutissent les Égyptiens. On distingue, au milieu des flots, un large espace ouvert où se déroulent les longues colonnes des Israélites, et, à une certaine distance, les Égyptiens sortant d'une ville et se précipitant à la poursuite de leurs anciens esclaves.

MESSE. — I. — Le premier nom qui ait été donné au sacrifice eucharistique, c'est celui de *fraction du pain* (*Act.* xx. 6. 7.). S. Paul l'appelle tantôt *cène du Seigneur* (1 Cor. II. 20), tantôt *communion* (1 Cor. x. 18). On l'a appelé encore *liturgie* par excellence, *mystère, sacrement, oblation* ou *prosphora, sacrifice, dominicum, agenda*, etc. (V. Bocquillot. *Traité hist. de la liturg.* chap. 1) ; *synaxe, collecte, les solennels, le service,* la *supplication* (V. Casalius. *De vitib. Christian.* p. 79), et encore *eulogie divine,* ou *eulogie mystique;* les Grecs l'ont quelquefois nommée *hierurgia,* et ἀγαθόν, *le bien* par excellence.

Quelques-uns de ces noms étaient destinés à faire comprendre aux fidèles ce que renferme ce mystère ; d'autres, au contraire, avaient pour but d'en cacher le nom et la véritable nature aux profanes et aux persécuteurs. Mais le nom que lui a donné le plus communément l'Église latine et qui est resté parmi nous, c'est celui de *messe*. Les écrivains ecclésiastiques ne sont pas d'accord sur sa signification. On a voulu voir l'origine du mot *missa* dans celui de *missach,* qui, au livre du *Deutéronome,* signifie oblation volontaire ; mais le nom de messe ne se trouve dans aucun auteur des trois premiers siècles. S. Ambroise fournit, pensons-nous, le plus ancien exemple de ce vocable pour désigner le saint sacrifice : *Sequenti die (erat autem dominica) missam facere cœpi,* « le jour suivant (c'était un dimanche), j'ai commencé à faire la messe. » L'épître d'où est tiré ce passage est de l'an 385, suivant les Bénédictins (*Epist.* xx. t. II, p. 853). Sans tenir compte de quelques autres explications qui n'ont pas été admises, nous devons dire tout d'abord que la plus plausible de toutes est celle qui fait dériver le mot *missa* de *mittere,* envoyer, congédier, et cette explication a l'avantage de trouver sa raison d'être dans la discipline primitive qui voulait qu'on renvoyât ou congédiât les catéchumènes après le sermon, c'est-à-dire au moment où commençait la *messe* proprement dite : *Post sermonem,* dit S. Augustin, *fit missa catechumenis, manebunt fideles,* « après le sermon a lieu le renvoi des catéchumènes, les fidèles resteront. » Le quatrième concile de Carthage (can. 84) exprime la même doctrine, qui s'appuie encore sur le sentiment de S. Avite de Vienne, de S. Isidore de Séville, de Florus, de Rémy d'Auxerre, etc. On appelait tout le commencement de la liturgie auquel étaient admis les cathécumènes, la *messe des catéchumènes ;* elle comprenait l'introït, les leçons de l'Ancien et du Nouveau Testament, l'homélie de l'évêque, qui ordinairement n'était que l'explicitation des leçons qu'on venait de lire (Ambros. *epist.* xx. *Ad Sororem*). La partie de la liturgie à laquelle les fidèles seuls assistaient, s'appelait *messe des fidèles*. S. Césaire d'Arles (*Serm.* LXXXI) dit : *Tunc fiunt missæ... quando corpus et sanguis Christi offeruntur.* C'est la messe proprement dite, la messe des fidèles. Dans un sens plus large, on a quelquefois donné le nom de *messe* à tous les offices du jour et de la nuit, aux fêtes des Saints, parce que la célébration du saint sacrifice est la principale action par laquelle on les sanctifie ; dans les bas temps, on appela de ce nom même les foires, parce que, selon le cardinal Bona, elles se tenaient à certains jours de fête, où le peuple allait en foule entendre la messe (V. l'art. *Liturgie*).

II. — Dans les premiers siècles, les évêques ne célébraient pas seuls, mais avec d'autres évêques ou des prêtres, qui étaient cosacrificateurs. C'est ce qu'on appelait συνλειτουργῆσαι, et συλλειτούργειν, *concelebrare, consacrificare* (Concil. Chalced. act. 4. — Athanas. *Apol.* II). Cela s'observait chez les Grecs comme chez les Latins, et l'Église a conservé ce rit dans la cérémonie de l'ordination des prêtres et des évêques. Les *Constitutions apostoliques* (VIII) décrivent l'évêque entouré à l'autel de ses prêtres, qui célèbrent et communient avec lui. Ceci ressort aussi du treizième chapitre du concile d'Éphèse, et le quatorzième canon de celui de Clermont prescrit qu'aux principales fêtes les prêtres, au lieu de célébrer séparément en divers lieux, viennent assister l'évêque dans la ville épiscopale. Au concile de Chalcédoine, Bassianus dit de l'intrus Étienne qu'il avait été son prêtre, et qu'en cette qualité, durant quatre années, il célébrait avec lui, communiait avec lui, *quatuor annis mecum celebrabat, mecum communicabat.* Dans un antique rituel donné par Morin, on lit ce titre de chapitre : *De diversis sacerdotibus super unam oblatam celebrantibus,* « des divers prêtres qui célèbrent sur une seule *oblata.* »

Quand les évêques se visitaient les uns les autres, ils avaient aussi coutume de *concélébrer,* en témoignage de communion (Uran. *Vit. S. Paulin. Nol.*) : aussi vit-on, à Constantinople, les apocrisiaires du saint-siège refuser de célébrer avec Photius, qui s'était séparé de la foi romaine (Joan. VIII. *Epist. ad Calc. synod.* XIII). Un vestige de l'antique usage des *concélébrants* s'est conservé dans la vénérable église de Lyon. Aux messes pontificales ou même aux messes solennelles célébrées par un dignitaire, ou un prêtre quelconque, il y a toujours six ou quatre prêtres assistants, revêtus des habits sacerdotaux. Quand le pontife est assis sur sa chaire épiscopale au fond du presbytère, les prêtres sont assis à ses côtés (V. l'art. *Prêtres et* l'art. *Chaire*); quand il monte à l'autel et y fait ses fonctions, ils y montent avec lui, et y demeurent sous ses yeux aux côtés de l'épître et de l'évangile.

III. — Les apôtres, ainsi que leurs premiers disciples, célébraient souvent dans les maisons privées. S. Paul *rompit le pain aux fidèles dans le troisième cénacle* d'une habitation particulière (*Act.* xx); et une tradition constante rapporte que S. Pierre célébrait les saints mystères dans la maison du sénateur Pudens, sur l'emplacement de laquelle fut depuis construite l'église de Sainte-Pudentienne (Baron. *Not. ad martyrol. Rom.* xix *maii.* V. notre art. *Oratoires domestiques*). Dans le feu des persécutions, le saint sacrifice n'avait lieu que dans des lieux cachés et souvent dans les cimetières appelés catacombes; c'est là surtout que les fidèles trouvaient assez de sécurité pour leurs assemblées. Plus d'une fois cependant ils y furent poursuivis par les païens. Qui ne se souvient de cette messe célébrée au troisième siècle devant le tombeau des martyrs Chrysanthus et Daria, dans un souterrain de la voie Salare, et où, par ordre de Numérien, un grand nombre de fidèles furent ensevelis vivants? Quand, après la pacification de l'Église, cette tombe célèbre fut découverte, on vit, au témoignage de S. Grégoire de Tours, avec les ossements blanchis de ces martyrs épars sur le sol, les vases sacrés qui avaient servi au saint sacrifice (Greg. Turon. *De glor. MM.* i. 28).

Les catacombes de Rome offrent une foule de monuments qui sont des témoins vivants de cette pratique (V. les art. *Autel, Arcosolium, Confession,* etc.), qui du reste ne fut point restreinte à Rome seule. S. Denys d'Alexandrie (Euseb. *Hist. eccl.* vii. 1), et dans notre Gaule S. Gatien, apôtre de Tours (Greg. Turon. *Hist. Fr.* x. 31), tenaient aussi leurs synaxes dans des cimetières et des cryptes; et par suite du respect qu'inspiraient ces lieux sacrés, l'usage d'y célébrer la messe se prolongea longtemps encore après les persécutions. Les évêques et les prêtres captifs pour la foi célébraient souvent dans leur prison, et y distribuaient le pain des forts aux autres confesseurs.

IV. — Nous avons, dans une mosaïque de S. Vital de Ravenne datant du sixième siècle (V. Ciampini. *Vet. mon.* ii. tab. xxii), la représentation des deux plus évidentes figures du sacrifice eucharistique que nous offre l'histoire biblique.

D'un côté Abel offrant à Dieu représenté en haut du tableau par l'emblème de la main (V. l'art. *Dieu*) un agneau qui, comme on sait, est la plus ancienne figure de l'agneau véritable qui devait un jour s'immoler pour le salut des hommes. De l'autre part, c'est le sacrifice de Melchisédec, composé de pain et de vin, comme le sacrifice eucharistique. Et, pour rendre plus frappante encore l'analogie qui existe entre le sacrifice figuratif et le sacrifice réel de la loi nouvelle, l'artiste a placé le grand prêtre devant un autel où sont déposés deux petits pains et un vase de vin (calice *ansé*), tandis que de ses deux bras élevés vers la main divine il offre un pain plus grand. Il est vêtu de la *penula* ou planète recouvrant une tunique ceinte: de telle sorte que, par l'attitude comme par le vêtement, il ressemble exactement à un prêtre chrétien du rit grec célébrant le saint sacrifice.

Ainsi se trouvent ingénieusement rapprochées dans un même tableau deux figures du même mystère qui se sont produites à plus de deux mille ans de distance, rapprochement qu'expriment aussi ces paroles que l'Église a insérées au canon de la messe: « Daignez regarder, Seigneur, d'un visage propice et serein ces offrandes, et les agréer, comme vous daignâtes agréer les dons du juste Abel et le sacrifice de notre patriarche Abraham, et celui que vous offrit notre grand-prêtre Melchisédec. — *Munera justi Abel... et quod tibi obtulit summus sacerdos tuus Melchisedec, sanctum sacrificium, immaculatam hostiam.*

La consécration eucharistique est représentée d'une matière mystérieuse et symbolique dans une fresque du cimetière de Calliste, dont nous avons donné l'explication à l'article *Eucharistie* (II, 3°) ; nous offrons ici la copie de ce précieux monument, comme plus appropriée au présent article.

V. — Dans le principe on ne célébrait la messe qu'une fois la semaine : c'était le dimanche, d'après la discipline de S. Paul, qui avait prescrit de *faire des collectes* le lendemain du sabbat, *una sabbati* (1 *Cor.* xvi). S. Justin le Martyr atteste dans sa deuxième apologie que cette discipline s'observait de son temps. Cependant, dès le deuxième siècle, les chrétiens occidentaux commencèrent à célébrer la liturgie eucharistique deux fois la semaine, en outre du dimanche, c'est-à-dire aux jours des *stations*, du mercredi et du vendredi (V. Pelliccia. i. 247). Au quatrième siècle, l'Église orientale spécialement à ces trois jours en ajouta un quatrième, le samedi (Basil. *epist.* cclxxxix *Ad Cæs. patric*). En Occident, la discipline, à la même époque, n'était pas uniforme à ce sujet dans toutes les Églises : « dans quelques-unes, au témoignage de S. Augustin (*Ep.* liv. *Ad Januar.*), il n'y avait pas de jour où l'on *n'offrît* ; ailleurs il n'y avait de messe que le samedi et le dimanche, ailleurs le dimanche seulement. » En effet, le sacrifice quotidien était établi soit dans les Églises d'Afrique (Id. *Epist.* xcviii), soit dans celles d'Espagne (Ilieron. *Epist.* xxviii. — *Concil. Tolet.* i. *ibid.*) ; il en était de même au quatrième siècle dans l'Église de Constantinople (Chrysost. *hom.* ii *In Ep. ad Ephes.*). Enfin, le sixième siècle vit la messe quotidienne s'établir en tous lieux, comme le prouvent les ordres gélasien et grégorien.

Il y a plus : après le cinquième siècle, en Occident du moins, on célébrait non-seulement la messe solennelle tous les jours, mais à certaines fêtes il était permis au même prêtre ou au même évêque d'en célébrer deux. Les jours où l'on célébrait plusieurs messes étaient appelés *polyliturgiques*. Cette coutume paraît s'être généralisée au sixième siècle, où l'usage des messes privées n'était pas encore très-répandu. Car, comme aux fêtes solennelles « la multitude des fidèles était si grande, que la basilique ne pouvait les recevoir tous en même temps, il était nécessaire de renouveler l'oblation du sacrifice ; » et ces paroles qu'ajoute le pape S. Léon, auteur de cette ordonnance, *ex forma paternæ traditionis*, supposent que c'était déjà un usage ancien (S. Leo. *epist.* ii *Ad Dioscor.*). En effet, dès le quatrième siècle, Prudence fait mention de deux messes célébrées par le même prêtre, le 29 juin, jour de la fête de S. Pierre et de S. Paul (*Peristeph.* xii. v. 63).

Transtiberina prius solvit sacra pervigil sacerdos
Non hac recurrit, duplicatque vota.

C'est le plus ancien témoignage que nous possédions à ce sujet. Or ce qui s'était fait d'abord pour donner satisfaction à tous les fidèles, se fit plus tard sans nécessité aux fêtes solennelles. Ainsi, au huitième siècle, il y avait des Églises où on célébrait quatre messes le jour de la Nativité du Sauveur (*Sacrament. Gellon.* ap. Martène) ; et partout il y en avait deux aux calendes de janvier (V. *Kalend. Front.* et Durant. *Rat.* l, vi. c. 5), et trois en quelques lieux (*Sacrament. Gellon. ibid.*). Le jeudi saint, il y en eut généralement trois dans toutes les Églises latines (*Sacrament. Gelas. et al.* ap. Martène). Dans les Gaules, il était permis à tous les prêtres de célébrer deux messes tous les jours de la semaine de Pâques (*Missal. Gallic.* ap. Thomasium). A Rome, dès le quatrième siècle, le jour de Saint-Pierre et de Saint-Paul on célébrait trois messes. Cette discipline varia souvent encore pendant le moyen âge ; nous renvoyons, pour cette période qui est en dehors du cercle tracé à notre travail, à l'ouvrage de Durant, auteur du quatorzième siècle, où l'on trouvera tous les détails désirables à ce sujet.

Nous devons cependant ajouter ici deux observations qui s'appliquent à tous les temps : c'est d'abord que les prêtres qui célébraient plusieurs fois, purifiaient leurs doigts dans le même calice, duquel on versait ce qui avait servi à les purifier dans un vase décent, pour être consommé à la dernière messe, soit par les prêtres eux-mêmes, soit par le diacre ou un autre clerc, ou par quelque laïque en état de grâce, *innocenti* ; deuxièmement, que nulle part un prêtre ne pouvait dire deux messes au même autel (*Concil. Antissiod.* c. x. — Greg. Turon. *Hist. Franc.* v. 49), discipline qui persévéra au moins dans quelques Églises, jusqu'au dixième siècle.

Les jours où l'on ne célébrait pas de messe proprement dite, c'est-à-dire seulement la messe des présanctifiés (V. plus bas), s'appelèrent *aliturgiques*, ceux où il y en avait une, *liturgiques*, et ceux où le prêtre en célébrait plusieurs prirent le nom de jours *polyliturgiques*, comme il a été dit ci-dessus.

VI. — Quelles étaient les heures auxquelles les chrétiens célébraient les saints mystères ? — On sait par le témoignage des écrivains contemporains que, dans le temps des persécutions, on ne pouvait se réunir que la nuit (Ap. Baron. *Ad an.* xxxiv. Allat. *De consens. orient. et occident. Eccl.* iii. 13). Aussi Pline écrivait-il à Trajan que les chrétiens s'assemblaient avant le jour, *ante lucem convenire* (l. x. *epist.* 97), et Tertullien appelle leurs assemblées *antelucanas, nocturnas convocationes* (Tertull. *Apolog.* ii. et l. ii *Ad uxor.* 4). Mais, dès que l'Église eut conquis la paix avec la liberté, elle offrit le sacrifice de jour, et aux jours de fête à l'heure de tierce, aux jours privés à l'heure de sexte, en carême et aux jours de jeûne en général à l'heure de none, qui répond à trois heures après midi (Amalar. *De offic. Eccl.* iii. 42). C'est au moyen âge que l'usage s'établit de célébrer de nuit, quatre jours de l'année : la Nativité du Sauveur ; le samedi saint, dont la messe est ainsi désignée dans les anciens rituels, *in nocte sancta* ; la fête de S. Jean-Baptiste, principalement dans les Gaules ; et dès le sixième siècle, le samedi des quatre-temps, jour où l'on conférait les saints ordres (V. S. Léon. *Epist.* x). Pour compléter cet article, le lecteur est prié de se reporter aux articles *Communion, Stations et Liturgie.*

VII. — DIFFÉRENTES ESPÈCES DE MESSES.

1° *Messe solennelle.* C'est celle que nous appelons aujourd'hui *grand'messe, messe principale, capitulaire, canonique, conventuelle,* et qui se célèbre avec chant et cérémonies solennelles, avec assistance de ministres plus ou moins nombreux, y exerçant chacun la fonction de son ordre. C'est ainsi que la messe se célébrait dans l'antiquité, et la pompe en était encore augmentée par l'affluence du peuple qui y offrait et communiait.

2° *Messes privées.* Bien que la messe chantée et solennelle fût de règle dans la primitive Église, cependant, par exception, on peut citer des exemples très-anciens de messes célébrées en particulier et sans appareil. En effet, que les messes privées s'appellent ainsi à raison du lieu, parce qu'elles sont dites dans un oratoire particulier; à raison du temps, parce qu'elles se célèbrent non en un jour de fête, mais en un jour ordinaire; à raison des assistants, parce qu'il n'y en a qu'un seul ou un petit nombre; soit enfin de ce que le prêtre y communie seul, ou de toute autre cause, il est vrai de dire dans tous les cas qu'elles ont toujours été permises et très-anciennement usitées, et cela se peut prouver par des témoignages ou par des exemples. S. Grégoire de Nazianze (*Orat.* xix) assure que son père célébrait quelquefois dans sa chambre, et que sa sœur Gorgonia possédait un autel domestique. Nous devons ajouter que l'on montre à *Santa Maria in porticu di Campitelli* de Rome un petit autel portatif qui, d'après une tradition immémoriale, aurait appartenu à S. Grégoire de Nazianze lui-même (V. l'art. *Autel portatif*). Le prêtre Paulinus raconte dans sa *Vie de S. Ambroise* que le grand évêque de Milan avait immolé la sainte victime dans la maison d'une dame de qualité qui l'en avait prié (V. l'art. *Oratoires domestiques*). Constantin, aussitôt après son baptême, si l'on en croit Eusèbe (*In ejus Vit.* iv. 17), aurait construit un oratoire dans son palais, et de plus une chapelle ambulante destinée à le suivre dans les camps. S. Paulin de Nole, au rapport de son historien Uranius, se voyant près de mourir, fit dresser un autel devant son lit, y célébra le saint sacrifice, et bientôt après s'endormit dans le Seigneur.

3° *Messes en l'honneur des Saints.* Qui ne sait les stations et les sacrifices qui, au berceau même de l'Église, se célébraient en l'honneur et sur le tombeau même des martyrs, au jour anniversaire de leur passion? Tertullien le dit dans son livre *De corona militis* (c. III) : « Tous les ans, aux jours *natalices* (V. l'art. *Natale*), nous faisons des oblations. » S. Cyprien s'exprime d'une manière plus claire encore (*Epist.* xxxiv) : « Nous offrons toujours des sacrifices pour eux, c'est-à-dire en leur honneur, *pro eis, pro illorum scilicet honore,* toutes les fois que nous célébrons les passions des martyrs et leur commémoration anniversaire. » Dans son épître trente-septième, il prescrit à son clergé de noter avec soin les jours où les martyrs sortent de cette vie et de lui en donner avis : « afin, dit ce grand évêque, que nous puissions célébrer ici des oblations et des sacrifices en leurs commémorations. » Les fidèles de l'Église de Smyrne viennent confirmer l'antiquité de cette discipline lorsque, dans l'admirable lettre où ils racontent le martyre de S. Polycarpe (Eusèbe. *Hist. eccl.* l. IV. c. 15), ils attestent avoir recueilli ses ossements vénérables, afin de les honorer chaque année par des sacrifices. On pourrait citer à l'infini : le lecteur peut rechercher lui-même les témoignages de S. Augustin (L. xx. *Contr. Faust. Manich.*), de S. Cyrille de Jérusalem (*Catech. mystag.* v. 6) et d'autres encore. Nous devons faire observer que les Pères que nous avons nommés ne parlent que des martyrs, parce que les fêtes des confesseurs n'ont été instituées qu'après l'époque où ces Pères ont vécu (V. les art. *Confesseurs, Martyrs,* etc.).

4° *Messes votives.* Le nom est nouveau, relativement du moins, mais la chose est antique. C'étaient des sacrifices soit pour une nécessité quelconque, soit pour rendre grâces de quelque bienfait. Il n'est pas difficile d'en trouver des vestiges pendant les quatrième et cinquième siècles de l'Église. Nous savons en effet qu'à Constantinople, aussi bien qu'à Alexandrie, des fêtes publiques furent instituées en mémoire de la délivrance de ces villes d'un horrible tremblement de terre (Sozomen. *Hist. eccl.* viii. — V. notre art. *Processions*). Dans sa *Cité de Dieu* (lib. xxii), S. Augustin fait mention d'un prêtre d'Hippone qui offrit le saint sacrifice dans l'intérieur de sa maison pour en chasser les démons. Plusieurs messes de cette espèce se trouvent marquées dans le sacramentaire gélasien édité par Muratori, comme par exemple « pour le salut des fidèles vivants, — pour demander la pluie, — pour la stérilité, etc. » Les titres de plusieurs autres messes votives se lisent dans le sacramentaire de la bibliothèque de la reine de Suède, vieux de plus de neuf cents ans quand il fut édité : « Pour le salut des fidèles vivants, — pour les voyageurs, — pour le *natale* d'un prêtre, — pour la mortalité des animaux, — pour la consécration des vierges, — pour les rois, — pour les infirmes, etc., etc. » Cornelius Schulting (*Biblioth. ecclesiat.* III. p. 1) a recueilli dans les missels de diverses Églises cent vingt messes votives pour diverses nécessités et pour divers états des hommes. Du reste, étant obligé de nous borner, nous devons renvoyer pour de plus amples détails sur cette matière aux ouvrages de Visconti (*De missæ ritibus.* III. 13 et seqq.), de Martène (*De antiq. monach. ritib.* II. 6. n. 44) et de Guyer (*Heortologia.* l. IV. c. 31).

5° *Messes pour les morts.* Il est de tradition apostolique d'offrir le saint sacrifice pour les morts. Tertullien mentionne souvent ces messes, et particulièrement dans le passage du livre *De corona* que nous avons cité plus haut et que nous complétons ici : « Nous faisons des oblations pour les morts à leur jour anniversaire. » Parmi les erreurs qu'il reproche à Aetius, S. Épiphane (*Hær.* LXXV) place en première ligne celle qui consiste à nier que le saint sacrifice doive être offert pour ceux qui ne sont plus. S. Ambroise célèbre pour Valentinien, pour Théodose et pour son frère Satyre (*De obitu Valentiniani.* n. LVI. — *De obitu Theodosii.* n. III. — *De excessu fratris sui Satyri.* in fine). Au moment d'offrir pour ce dernier le saint sacrifice, voici la prière qu'il adresse à Dieu : « Je me tourne vers vous, Seigneur tout-puissant, et je vous recommande cette âme innocente, et pour elle je vous offre mon hostie : ah ! propice et serein, recevez l'offrande du frère, le sacrifice du prêtre. » Ce Père ajoute (*De obit. Theodos.* ibid.) : « Les uns font ces pieux offices le troisième et le trentième jour, d'autres le septième et le quarantième. »

Qui ne sait que S. Augustin a écrit un livre tout entier sous ce titre : « Du soin pour les morts, » *De cura pro mortuis*, où il témoigne en vingt endroits de la coutume de l'Église de prier et d'offrir des sacrifices pour les morts ? Que la même pratique ait existé chez les Grecs, c'est ce qu'établissent jusqu'à l'évidence leurs plus anciens écrivains, les *Constitutions apostoliques* (l. VIII. c. 42), S. Cyrille de Jérusalem (*Catech. mystag.* v. 6), S. Jean Chrysostome (*Homil.* XLI. *In 1 ad Corinth.*) et beaucoup d'autres encore. On peut consulter le livre de Léon Allatius *Sur le purgatoire*, livre où sont réunis un grand nombre de canons des conciles grecs, qui mettent en relief la constante harmonie des deux Églises sur ce dogme catholique.

6° *Messe des présanctifiés.* Elle était particulière aux Grecs. Son nom vient de ce qu'on n'y consacre point le corps et le sang de Jésus-Christ, mais qu'on consomme ce qui a été consacré auparavant. Elle avait lieu chez les Grecs, selon le concile *in Trullo*, tous les jours du carême, excepté le samedi et le jour de l'Annonciation, parce que les jours du carême sont des jours de deuil, et que la célébration du sacrifice eucharistique est au contraire un sujet d'allégresse pour l'Église. L'Église orientale observe encore ce rit aujourd'hui ; l'Église occidentale ne l'adopta jamais que pour le vendredi de la semaine sainte.

Voici comment il se pratique chez les Grecs : Le dimanche, outre l'oblation du jour, on consacre cinq autres pains pour les cinq fêtes suivantes jusqu'au samedi. Chaque jour on se rassemble à l'église à l'heure de vêpres, et pendant les prières de cette heure on consomme les oblations consacrées auparavant, après avoir récité les psaumes graduels, et certains cantiques, leçons et oraisons qu'on peut lire dans l'eucologe annoté par Goar (p. 187 seqq.). Quant à l'antiquité de cette messe, les avis sont partagés. Léon Allatius (*op. laud.*) la fait remonter aux apôtres. D'autres, entre lesquels le cardinal Bona, la placent au temps du concile de Laodicée. Enfin on pense généralement que l'usage s'en était établi graduellement avant le concile *in Trullo*, dont le canon cinquante-deuxième en fait une mention expresse.

MÉTROPOLITAINS. — Ils reçurent différents noms dans l'antiquité, savoir : *episcopi primi*, ἐπίσκοποι πρῶτοι, « premiers évêques ; » κεφαλαί, « têtes (*Can. apost.* XXXV) ; *primæ sedis episcopi*, « évêques du premier siège (*Concil. Cartag.* III), » « évêques de la première chaire, » *primæ cathedræ* (*Concil. Illeberit.*). En Afrique, ils étaient appelés « vieillards », *senes*.

Le nom d'*archevêque* ne se rencontre nulle part avant le quatrième siècle, il se lit pour la première fois peut-être dans S. Athanase, au catalogue adressé par Meliteus à l'évêque Alexandre ; il se répandit au cinquième siècle et devint depuis d'un usage presque général. La qualification de *métropolitain* nous est révélée par le quatrième canon de Nicée, et elle se rencontre fréquemment depuis, soit dans les décrets des conciles, soit dans les œuvres des écrivains ecclésiastiques.

L'évêque *métropolitain* est donc, comme on l'a déjà compris, celui qui est préposé à la première ville d'une province. Grande divergence dans les auteurs au sujet de l'origine de cette dignité. Pierre de Marca (*Concord.* lib. VI. c. 1) affirme qu'elle fut établie par les apôtres ; il en voit le spécimen dans Tite et Timothée, qui laissèrent le titre de métropole aux sièges où ils avaient été institués par les apôtres. C'est aussi le sentiment de Beveridge, d'Usserius, de Wolf, de Schelestrate, et de beaucoup d'autres dont on peut voir l'énumération dans l'ouvrage de Giorgi auquel ces détails sont empruntés (*De antiq. Ital. metropol.*). D'autres prétendent que les métropolitains furent établis peu après les temps apostoliques, comme par la force des choses, et enfin confirmés par les canons des conciles.

Le premier sentiment paraît plus probable. Nous voyons les apôtres inaugurer leur ministère dans les principales villes de l'empire romain, afin d'attaquer l'idolâtrie dans ses principaux centres, et les sièges occupés par eux conservent une prééminence naturelle sur tous les autres. S. Pierre prend tout d'abord possession d'Antioche, puis de Rome ; S. Marc, son disciple, établit son siège à Alexandrie, etc. Les Épîtres de S. Paul ne sont adressées qu'aux premières villes de chaque province, et S. Jean, dans son *Apocalypse*, ne mentionne que les plus insignes Églises ; il s'était fixé lui-même à Éphèse, qui était la capitale de l'Asie Mineure. Si donc les métropoles civiles devinrent des métropoles ecclésiastiques, c'est parce que de celles-ci étaient partis les évêques qui fondèrent les autres Églises de chaque province. Il est évident que, dans ses lettres *aux Corinthiens* et *aux Thessaloniciens*, S. Paul considère Corinthe et Thessalonique comme les métropoles de la Macédoine et de l'Achaïe. Eusèbe (*Hist. eccl.* III. 4) et S. Chrysostome (*Homil.* I *Ad Tit.*) enseignent que cet apôtre avait confié à Tite le gouvernement de toutes les Églises de l'île de Crète, et à Timothée la présidence de celles de toute l'Asie.

Les principaux offices du métropolitain étaient d'ordonner ou de faire ordonner les évêques de leur province, de concilier les différends qui pouvaient s'élever entre eux, et surtout de convoquer et de présider les synodes, etc. On ne peut guère douter que S. Cyprien n'ait exercé les fonctions de métropolitain, car dans sa quarantième épitre il se sert de ces termes on ne peut plus clairs : *les évêques de notre province.* Le concile de Nicée a des canons (vi[e] et viiie) pour fixer la juridiction des métropolitains : il la suppose par là même établie. Renouvelant ces dispositions et celles des canons apostoliques (can. xxxv), le concile d'Antioche tenu en 332 (V. Ballerini. *Dissert. in. ant. collect. canon*, in 2. iii. *opp. Leon. M.* cap. iv) confirme (can. ix) les attributions du métropolitain. « Il faut, disent les Pères de ce concile, que les évêques de chaque pays reconnaissent que l'évêque de la métropole a le droit d'administrer toute la province, car c'est au siège métropolitain que tous ont recours pour le règlement des affaires. Il nous semble donc opportun de décréter qu'il jouira de la prééminence d'honneur et que les autres évêques ne feront rien sans son assentiment en dehors des limites de leur diocèse et de ses dépendances, et cela conformément aux règles établies par nos Pères. »

MISSEL. V. l'art. *Livres liturgiques*, 2°.

MITATORIUM. — On ne sait pas au juste ce qui était désigné par ce nom dans nos anciennes basiliques. L'opinion la plus probable est que c'était un lieu dans l'intérieur du *diaconicum* où les clercs changeaient d'habits, et cette opinion lit *mutatorium.*

MITRE. — V. l'art. *Évêques*, IV.

MODIUS. — On trouve quelquefois un *modius*, « boisseau, » figuré sur les tombeaux chrétiens.

L'exemple le plus connu est celui que cite le P. Lupi (*Epitaph. Sever.* p. 51. tab. viii), et dont voici la reproduction ; il est fourni par l'épitaphe d'un chrétien appelé Maximinus : MAXIMINVS QV || I VIXIT ANNOS XXIII || AMICVS OMNIVM, « Maximinus, qui vécut vingt-trois ans, ami de tous. » Maximinus est représenté lui-même sur la pierre, debout, une règle à la main, près d'un boisseau plein de blé et duquel sortent encore des épis.

Le savant jésuite pense que ce *modius* pourrait être l'image figurée de la *mesure pleine, pressée, débordante* (Luc. vi. 28), que Maximinus espérait obtenir, après sa sortie du tombeau, du juste et généreux rémunérateur de nos faibles mérites. Peut-être ces épis font-ils allusion à ce « grain de froment, qui, après être mort dans la terre, rapporte beaucoup de fruit (Joan. xii. 24). » En voici un autre exemple, emprunté à Boldetti (p. 371), et qui doit avoir le même sens. Ce *modius* est gravé sur la tombe d'un chrétien nommé GORGONIVS.

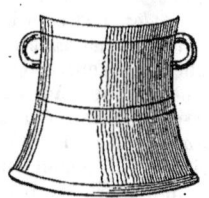

Il est certain que les premiers chrétiens usaient volontiers de symboles de cette nature puisés aux sources de l'Évangile. Il serait possible cependant que celui-ci fût relatif à la profession du chrétien Maximinus, qui était peut-être un de ces officiers publics chargés de mesurer le blé, *mensores cereris augustæ*. La règle qu'il porte à la main et qui servait à arraser le blé dans les boisseaux tendrait à le faire croire. L'épitaphe d'un VITALIS (BITALIS) PISTOR est aussi ornée d'un *modius* (V. l'art. *Instruments sur les tombeaux*, 11°), et il n'est guère possible d'y méconnaître un symbole de profession.

Chez les anciens, le *modius* placé sur la tête de quelques divinités était le symbole de l'abondance, *frugum abundantiæ* (Pierius, *Hieroglyph.* p. 406). Et il est intéressant d'observer que le patriarche Joseph, représenté en sa qualité de vice-roi et de gouverneur de l'Égypte, sur un siège pontifical de Ravenne (Murat. *Rer. Ital. script.* t. ii, p. 215), a aussi sur sa tête une sorte de boisseau, qui est sans doute ici le symbole de l'abondance qu'il avait procurée au royaume d'Égypte par sa sage administration.

MOINES (ORIGINE DES). — I. — L'origine de la vie monastique ne remonte pas au delà du quatrième siècle (V. l'art. *Ascètes*) ; jusque-là, l'état de trouble et de persécution où s'agitait l'Église avait rendu impossible ce genre d'existence qui ne s'assoit que dans le calme et la paix.

S. Antoine fut le premier qui, dans les parties les plus reculées de la Thébaïde, réunit un certain nombre de chrétiens, pour y mener une vie commune et vouée à la pratique des conseils évangéliques (Bolland. *Act. januar.* t. ii. die xvii). Son exemple fut suivi par Eugènes ou *Hones* en certains lieux de la Mésopotamie ; par Pacôme et Hilaire ou Hilarion en Palestine ; par Æmatha et Macaire, disciples d'Antoine lui-même, dans les déserts de l'Égypte et de la Syrie (Athanas. *In Vit. Hilarion.*).

Cette institution fut apportée de l'Orient en Occident par S. Athanase et ses compagnons qui, en 341, fuyant la persécution des ariens, se réfugièrent à Rome (Id. *In epitaph. Marcell.*) : de là dans les Gaules par S. Martin, évêque de Tours (Sulp. Sev. *Vit S. Martin.* iv et v); et en Afrique par S. Augustin (Possidon. *Vit. S. Aug.* cap. ultim.), qui atteste lui-même (*L. de morib. Eccl. cath.* xxxi) que de son temps il y avait déjà des moines dans tout l'univers. Nous avons donné, dans un article spécial, auquel nous renvoyons, un tableau chronologique des *ordres religieux* jusqu'au sixième siècle inclusivement.

II. — Ils furent appelés *moines*, de μόνος, seul, à cause de leur vie solitaire, et *cénobites*, de κοινός, commun, et de βίος, vie, à cause de la vie commune qu'ils menaient. Ils s'abstenaient de viande et de vin (Augustin. *loc. laud.*), ils se nourrissaient de pain et de fruits secs, sauf le dimanche, où il leur était permis de manger des légumes cuits (Cassian. *In Vit. Eutym.*); et encore se procuraient-ils cette chétive nourriture, aussi bien que leurs vêtements, par le travail de leurs mains, ce qui fait dire à S. Jérôme (*Ibid.*) qu'ils avaient les mains calleuses. Ainsi, pendant toute la semaine, ils vaquaient au travail des mains et à la prière; le dimanche, ils se rendaient à l'église, où ils avaient une place à part; là ils chantaient les psaumes et communiaient avec les fidèles, et, après la liturgie, ils se retiraient dans leurs monastères (V. Altass. *Ascetic.* i et ii).

Sur la montagne de Nitrie, habitée par cinq mille solitaires, il n'y avait, au témoignage de Palladius (cap. vii), qu'une seule église, mais très-vaste : *In hoc monte Nitriæ una est maxima ecclesia.* Parmi un si grand nombre de religieux, il n'y avait que huit prêtres, et le plus ancien disait seul la messe.

S'ils étaient peu nombreux, ils étaient gouvernés par un seul chef (Hieron. *Ad Rustic.*); s'ils étaient en plus grand nombre, ils étaient divisés par centuries, sous un *centenarius*, centenier, ou par décuries, sous un *decanus*, doyen, avec un chef à la tête de chaque division, et toutes les divisions obéissaient à un abbé qui était le père de la communauté, ou ἀββᾶς; autrement *hegumenus*, c'est-à-dire *præses*, et *archimandrita*, archimandrite, de *mandra*, bercail, parce qu'il était, dans le bercail, *le gardien et le docteur des brebis* (Id. *Ad Eustoch: De virginit. servand.* — Augustin. *De morib. Eccl. cath.* xxxi).

Telle fut la primitive institution de l'état monastique. Mais à peine un siècle s'était-il écoulé depuis leur naissance, qu'un certain relâchement s'introduisit dans cette admirable vie, en Orient comme en Occident. Le judicieux Pelliccia (*De eccles. polit.* i. p. 110) attribue cette diminution de ferveur à ce que les moines commencèrent alors à rechercher et à obtenir les charges cléricales. On sait, en effet, par le témoignage du pape Sirice (*Epist.* i. c. 3) que dès le quatrième siècle, en Occident, ils furent peu à peu admis dans les rangs du clergé, soit à la demande de l'abbé, soit sur les réclamations du peuple, comme nous l'apprenons de S. Jérôme (*Ibid*).

En Orient, comme dès le commencement, faute de clercs, l'évêque appelait quelquefois les moines à remplir les fonctions cléricales dans la liturgie (Sozom. *Hist. Eccl.* viii. 17), peu à peu, depuis le cinquième siècle, leurs abbés, appelés chez les Grecs *archimandrites*, furent élevés au sacerdoce, et leurs moines aux divers ordres de la cléricature. Bientôt, par un de ces envahissements dont l'histoire offre de nombreux exemples, les moines s'efforcèrent de prendre le pas sur les clercs, si bien qu'au cinquième siècle ils venaient immédiatement après les prêtres et avant les diacres (Epiphan. *Hæres.* lxviii). Les archimandrites assistaient même aux conciles (*Concil. Constantinop.* i. etc.), et plus d'une fois ils furent honorés de la dignité épiscopale (Sulpic. Sev. *De Vit. S. Martin.* c. x).

Jusque-là néanmoins les moines initiés aux saints ordres ne formaient qu'une faible minorité; ce n'est qu'au sixième siècle que S. Grégoire égala l'institut monastique à la cléricature, et promut aux ordres sacrés les moines, quoique non initiés aux ordres mineurs (l. ix. *epist.* 13), disposition qui fut confirmée au commencement du septième siècle par Boniface IV. De là vient qu'à cette époque les moines sont appelés *clercs* (V. Mabillon. *Præfat. ad Sæc.* ii *ordin. S. Benedict.*).

Mais comme, dès le cinquième siècle, les moines d'Occident s'étaient déjà beaucoup éloignés de l'esprit primitif de leur institution (V. Sulp. Sev. *Dial.* i. c. 8), au sixième S. Benoît fut suscité pour les y rappeler et pour perfectionner encore la pratique monacale (Mabill. *Sæc.* i. — *Annal.* t. i.). En peu de temps, ses règles se répandirent dans l'Occident, et, abandonnant leurs constitutions anciennes, tous les moines occidentaux se rangèrent sous la loi de ce grand maître, de telle sorte qu'au huitième siècle il n'y avait déjà plus d'autre ordre monastique parmi les Latins (Id. *Præfat. ad Sæc.* iv).

III. — Les moines du premier âge n'avaient pas de règle écrite, ni divisée par chapitres; les enseignements des anciens se transmettaient par la tradition, et l'Évangile était le fond unique de leur règle (V. Coteler. *Comment. ad vet. PP. apophteg.* sect. iv). Le premier qui ait tracé en Orient des règles pour les moines est S. Basile, évêque de Césarée de Cappadoce, au quatrième siècle; et ces règles furent adoptées par tous les moines orientaux, qui les observent encore aujourd'hui, avec de légères modifications exigées par les temps et les lieux.

De l'Orient, la règle de saint Basile pénétra en Occident vers le sixième siècle. Car jusque-là les moines des Gaules et des Espagnes n'avaient pas eu de règles fixes : quelques opuscules ascétiques leur en tenaient lieu, opuscules dus d'abord à S. Césaire, évêque d'Arles (*Vit. ap. Sur.* c. xv, *die aug.* xxvi), puis à Cassien et à S. Martin de Tours. Ainsi S. Columban au sixième siècle fut le premier qui traça dans les Gaules une règle monastique complète dans toutes ses parties, et c'est dans le même temps à peu près que S. Isidore, évêque de Séville, en composa une *ex professo* pour les moines espagnols, qui la retinrent jusqu'au huitième siècle (V. Pelliccia. *Ibid.* 115).

IV. — Le vêtement des moines fut toujours pauvre et grossier, mais différent de formes selon les instituts et les pays. Les cénobites d'Égypte avaient adopté le *lebitus* ou *colobium*, la *cuculla* et la *melotes*. Mais le principal et le plus répandu était celui que nous appelons *cuculla*, d'après S. Benoît et les décrétales des papes. Il fut en usage chez les anciens moines, même avant S. Benoît, et Sozomène (*Hist. eccl.* iii. 13) le décrit ainsi : « Les moines se couvraient la tête d'un vêtement qu'on appelle vulgairement cuculle. » S. Éphrem en fait aussi mention, et nous savons par Palladius (*Hist. Lausiac.* xiii) que ce saint la portait, ainsi que les disciples de S. Pacôme. Nous trouvons encore la mention de la cuculle dans Cassien et S. Dorothée. Or la cuculle couvrait la tête et descendait jusqu'au milieu des épaules : dans l'ordre de Saint-Benoît, elle couvre le corps entier.

Le *colobium*, autrement dit *lebitus*, était un vêtement de lin sans manches. Cassien (*De instit. cœnobil.* l. i. c. 5) dit de ses moines : « Ils sont vêtus de *colobia* de lin, qui ne dépassent guère le poignet et laissent les mains à découvert. » Le vêtement dit *melotes* ou *melotæ* revient souvent dans les vies des Pères, et Cassien (i. 6) le décrit par ces mots : « Leur dernier vêtement (des moines d'Égypte) est une peau de chèvre, appelée *melotes* ou *pera*. » De même S. Jérôme, dans sa préface à la règle de S. Pacôme (n. iv) : « Une peau de chèvre, qu'on appelle *melotes*. » Ruffin (*Vit. PP.* ix) : « *Melotes*, qui est une peau de chèvre. » S. Benoît usa aussi de ce vêtement, si nous en croyons S. Grégoire (*Dialog.* l. ii. c. 7). On sait que S. Paul, dans son *Épître aux Hébreux* (xi. 37), atteste que ce vêtement, le plus pauvre de tous, était celui des prophètes et des justes réduits à fuir dans les déserts pour se soustraire à la persécution. On peut voir des spécimens des vêtements des anciens moines dans un curieux tableau des funérailles de S. Éphrem, que Bottari a reproduit au commencement de son troisième volume. Les différentes occupations de ces solitaires y sont aussi représentées dans une série de groupes, parsemés sur les flancs d'une montagne déserte et aride. Ne connaissant rien de plus ancien en ce genre, nous retraçons ici un de ces groupes. Trois religieux sont dans une grotte. Le plus ancien est assis sur un siége de bois, et, tout en travaillant à une corbeille, instruit ou exhorte un jeune moine assis à ses pieds, et qui paraît très-attentif à la parole de son maître. Le troisième, à genoux et les mains élevées, prie en dirigeant ses yeux sur une image sainte, celle de Notre-Seigneur ou de la Ste Vierge probablement, qui est attachée au rocher, et devant laquelle brûle une lampe suspendue à la voûte. A terre sont déposés des paniers, dont l'un n'est pas achevé.

Il y avait encore un autre habit à l'usage des moines, lequel s'appelait *maforte* : c'était un petit manteau couvrant la tête et les épaules, mais différent de la cuculle. Était-ce la même chose que l'ἀνάλαβον, *superhumerale*, que portaient les moines d'Égypte ? Ce qui indiquerait une certaine différence, c'est que, d'après les auteurs anciens, ce vêtement s'étendait en forme de croix sur les épaules.

Chez les Grecs et les Orientaux, le *pallium* était l'habit propre et spécial aux moines, selon Sulpice-Sévère (*Epist. ad Masull.*), et on les appelait pour ce motif *agmina palliata*. Chez les Grecs, les personnes des deux sexes vouées à la vie cénobitique portaient le *pallium* de couleur noire. Manuel Comnène. *in extremis*, voulut, par esprit de pénitence et d'humilité, être habillé de noir, comme les moines : c'est ce que nous apprend Nicétas (*In Vit. ips.* l. vii). Pour le travail quotidien, la cuculle eût été gênante ; S. Benoît lui substitua pour cet effet une autre espèce de vêtement appelé *scapulaire*, parce qu'il descendait de la tête jusqu'en bas du dos ; la cuculle devint un vêtement de cérémonie et de chœur (V. l'art. *Ordres religieux*).

Le costume adopté par les anachorètes se retrouve encore aujourd'hui parmi les peuplades de la Syrie et du Liban. C'est la tunique noire qu'elles portent sur la peau et le *cucullus* qui sert encore, sous le nom de *bournous*, de vêtement à toute la population arabe (V. Texier. *Archit. Byzant.* p. 36).

V. — Études monastiques. La science ne fut pas le but principal de l'institution monastique. Cependant le maintien de l'ordre et de la ferveur dans les monastères n'était pas possible sans les études. Le ministère qu'exerçaient les moines, et dont on ne se fait pas aujourd'hui une idée bien juste, suppose évidemment que la science y était cultivée (V. l'art *Monastères*).

Voici comment se composait l'établissement de Tabenne, le premier de tous et qui eut pour fondateur S. Pacôme. Les monastères étaient sous la conduite d'un père ou abbé qui avait un second pour le soulager dans le gouvernement. Un économe prenait soin du temporel, et il avait aussi un second. Les monastères étaient divisés en maisons qui avaient chacune son prieur. Chaque maison était divisée en chambres ou cellules, et chaque cellule servait de retraite à trois religieux. Trois ou quatre maisons formaient une tribu. Enfin il y avait de grands monastères composés de trente ou quarante maisons, dont chacune avait environ quarante religieux.

S. Pacôme était le général de tous ces monastères et en faisait la visite. D'après Palladius, il y avait à peu près sept mille religieux dans l'ordre de Tabenne. On y recevait des enfants aussi bien que des hommes faits, sans parler des catéchumènes qu'on y préparait au baptême; on faisait leçon trois fois par jour à ceux qui en avaient besoin, et tous étaient obligés d'apprendre au moins le Nouveau Testament et le psautier. Le prieur de chaque maison faisait trois fois par semaine une conférence à ses religieux ; ces conférences sont appelées *disputes* ou *catéchèses* (V. dans S. Jérôme la règle de saint Pacôme). Les religieux conféraient ensuite entre eux de ce qui avait fait l'objet de la conférence. Tout ceci suppose déjà un certain mouvement d'études.

Mais l'enseignement des moines ne se bornait pas au personnel déjà si nombreux de leur maison, il s'étendait aux peuples des localités voisines. L'économe du monastère leur expliquait les mystères de la foi trois fois par semaine, une fois le samedi, deux fois le dimanche ; et S. Pacôme faisait personnellement toutes les semaines des catéchismes et des leçons sur l'Écriture sainte à des paysans auxquels il avait bâti une église à la prière de leur évêque; il instruisait aussi les catéchumènes.

Les leçons sur l'Écriture sainte qui avaient lieu, soit à l'intérieur, soit à l'extérieur des monastères, n'étaient pas, comme on pourrait le croire, un simple développement des préceptes moraux qui en ressortent, mais on y abordait l'exégèse. C'est ce qui est raconté de S. Pacôme par l'auteur contemporain de sa *Vie* (Cf. Mabillon. *Étud. mon.* p. 16). Il donnait même à ses disciples la faculté de lui proposer leurs doutes, et ceux-ci rédigeaient ses réponses par écrit, afin que d'autres en pussent profiter.

A l'étude de l'Écriture, il est constant que les disciples de S. Pacôme joignaient celle des SS. Pères. Le saint instituteur les avertissait, néanmoins de ne lire Origène qu'avec certaines précautions, à cause des erreurs qui sont répandues dans ses œuvres. Et telle était l'opinion du monde au sujet de l'intelligence et du savoir de ces religieux, qu'on vit des philosophes venir à Tabenne pour les interroger. Il est dit que l'un d'eux, nommé Théodore, répondit à ces sages avec une justesse et une éloquence qui les frappa d'étonnement. A la demande de S. Pacôme, ce même moine improvisa quelquefois des conférences avec une merveilleuse facilité.

S. Basile prescrivit à ses religieux à peu près la même discipline que S. Pacôme avait donnée aux siens. On recevait parmi eux des enfants, on les instruisait jusqu'à ce qu'ils fussent en âge de faire choix d'un état. S. Jean Chrysostome affirme le même fait des monastères de son pays (*Def. vit. mon.* xvi). Quant aux disciples de S. Basile, ils tenaient aussi entre eux des conférences, et rien n'est intéressant comme les avis qu'il leur donne (Epist. i *Ad. Greg. Nazian.*) sur la manière de s'y comporter. Il leur recommande de ne point chercher à l'emporter les uns sur les autres, d'éviter l'ostentation et tout air de vanité, l'esprit de contention et de dispute. Il va même jusqu'à régler le geste et le ton de voix.... Par les conférences de Cassien, si pleines de doctrine et d'érudition, on peut juger des connaissances qu'exigeaient ces luttes intellectuelles parmi les moines.

Les fonctions des abbés étaient tellement multipliées et difficiles qu'elles exigeaient une culture peu commune, et que la règle de Saint-Benoît met sur le même rang que le mérite de la vie : *vitæ merito et sapientiæ doctrina* (cap. LXIV). S. Augustin témoigne, il est vrai, que plusieurs hommes parvenus à une sainteté éminente avaient vécu dans la solitude sans le secours des livres ; mais il a soin d'en excepter ceux qui sont chargés de l'instruction des autres, *nisi ad alios docendos* (*De doctrin. Christ.* l. 1. c. 39). La règle de saint Ferréol dispense l'abbé du travail des mains, réservant son temps pour l'étude de ce qu'il doit enseigner à ses religieux.

Mais on se fera une idée plus juste encore du degré de doctrine qui leur était nécessaire, si l'on réfléchit à la position qu'eurent les abbés dans l'Église dès les premiers siècles. Ils étaient appelés, comme on sait, à assister aux conciles si fréquents alors, à y donner leur avis, à y souscrire. Ainsi S. Pacôme assista-t-il avec plusieurs de ses religieux au concile de Latopoli, où se trouvèrent aussi deux évêques qui avaient été ses disciples (*Pachom. Vit.* n. LXXII. — Cf. *Mabill.* p. 25). S. Basile atteste que de son temps les simples moines intervenaient à ces saintes assemblées. Dans la suite, et dès le sixième siècle, on vit des évêques députer à leur place des abbés aux conciles, quand ils étaient retenus eux-mêmes par quelque grave motif; Mabillon (*op. laud.* p. 26) en cite de nombreux exemples, et conclut par ces mots : « Quelle figure auraient faite dans ces augustes assemblées des moines ignorants et incapables ? »

Les études dans les monastères durent se fortifier encore, lorsque les moines commencèrent à être élevés à l'état clérical. Les monastères devinrent même alors des espèces de séminaires où les clercs étaient réunis aux religieux, et où les études des uns et des autres étaient communes comme la prière et la table. Il en était ainsi dans le monastère de Ruspium, sous S. Fulgence (*In. Vit. ejus.* n. XLIII), et aussi dans une autre maison où ce saint se retira et où on élevait des clercs pour les emplois et les dignités ecclésiastiques : *Ecclesiasticæ dignitati multos viros idoneos nutrientes* (*Ibid.* xxx).

S. Grégoire de Tours suppose évidemment que, de son temps, les monastères de notre Gaule étaient aussi des écoles où l'on allait se former aux sciences ecclésiastiques, lorsqu'il dit que Mérovée, fils de Chilpéric 1er, roi de France, après avoir reçu la tonsure cléricale, fut envoyé par son père au monastère de Saint-Calais pour y être instruit dans les règles du sacerdoce, *ut ibi sacerdotali erudiretur regula* (Greg. Turon. *Hist. Franc.* v. 14).

Aussi la plupart des hommes éminents qui ont honoré et éclairé l'Église par leur sainteté et leur doctrine ont-ils été formés dans les monastères : ou ils y ont passé une partie considérable de leur vie, ou ils y ont composé quelques-uns de leurs ouvrages. Des quatre grands docteurs de l'Église grecque, deux ont été certainement religieux, S. Basile et S. Jean Chrysostome, sans parler de S. Grégoire de Nazianze de qui il a été dit qu'il aima mieux être moine que mondain (*In ej. Vit.* ap. Mabill. 38). S. Athanase vécut lui-même quelque temps parmi les solitaires de l'Égypte, pour lesquels il écrivit la *Vie de S. Antoine*.

On en peut dire autant à peu près des grands docteurs de l'Église latine : à la réserve de S. Ambroise, les trois autres, S. Jérôme, S. Augustin, S. Grégoire le Grand, ont fait profession de la vie religieuse. C'est dans le monastère de Saint-Pierre de Cantorbéry, fondé par les moines missionnaires qu'avait envoyés le même S. Grégoire, que Benoît Biscope avait appris la discipline monastique, que le vénérable père fit profession de toutes les sciences qu'il enseigna dans son monastère à ses frères, et aux séculiers dans l'Église d'York. S. Aldelm et plusieurs autres marchèrent sur ses traces.

Les monastères ont fourni ou formé une multitude d'évêques, tant en Orient qu'en Occident ; et c'était là qu'on allait les chercher aux époques difficiles où l'Église avait besoin d'hommes à grand caractère et puissants en doctrine. Et ils étaient bien l'œuvre du cloître, puisque la plupart y étaient entrés dès leur plus tendre jeunesse, tels que S. Épiphane, S. Attique patriarche de Constantinople, Alexandre évêque de Basinopolis, Palladius d'Hellenopolis, et une infinité d'autres parmi les Grecs : chez les Latins, S. Césaire d'Arles, S. Donat de Besançon, S. Boniface apôtre de l'Allemagne, etc., etc. Plusieurs d'entre eux étaient entrés dans le cloître lorsqu'ils ne savaient pas lire ; ils n'en sont sortis que pour être évêques. Nous savons par le témoignage de S. Sulpice-Sévère, que, comme les monastères de Lérins, celui de Saint-Martin de Tours était tellement renommé comme école de science et de sainteté ecclésiastiques, qu'il n'y avait pas alors une ville qui ne tînt à avoir un évêque pris parmi ses disciples. D'autres qui ne s'étaient rangés sous la discipline monastique qu'à l'âge de vingt ou vingt-cinq ans, et ils sont très-nombreux, n'avaient évidemment pas puisé ailleurs leur capacité pour l'épiscopat.

Or ce n'est pas seulement au cinquième et au sixième siècle qu'on prit les évêques parmi les religieux, c'est dès l'origine de l'institution monastique. Ainsi le moine Dracontius avait été choisi pour cette dignité par S. Athanase ; et, pour vaincre ses craintes, ce grand Saint put lui proposer déjà l'exemple de sept autres solitaires qui avaient été tirés de leurs retraites pour se voir placés à la tête de diverses Églises. Nous avons vu plus haut que, du vivant même de S. Pacôme, deux de ses disciples avaient été élevés à la dignité épiscopale. Les papes, loin de s'opposer à cet usage, l'approuvèrent au contraire par leurs décrétales, comme le prouvent celles de S. Siricius, d'Innocent Ier, de Boniface et de Gélase. L'empereur Honorius témoigne, lui aussi, que cette pratique est la meilleure (*In cod. Theodos.*) : *Ex monachorum numero rectius ordinabunt.*

En dehors de l'ordre épiscopal, on pourrait citer une foule de grands écrivains ecclésiastiques qui s'étaient formés dans les monastères, et, bien que beaucoup de leurs ouvrages se soient perdus, il en reste assez pour témoigner de l'état florissant des études monastiques dans les premiers siècles. Nous disons *dans les premiers siècles*, car pour le moyen âge et les temps modernes, c'est une vérité devenue banale, et nous n'avons pas à nous occuper de ces époques. Ainsi, S. Éphrem, S. Isidore de Péluse, S. Nil l'ancien, S. Cassien, S. Vincent de Lérins, S. Maxime, Anastase le Sinaïte, etc., étaient des moines non moins distingués par leur savoir que par leur vertu.

Sans doute, le fond des études qui se faisaient dans ces saintes solitudes se composait surtout de la science sacrée dans toutes ses branches, Écriture sainte, patrologie, saints canons, auteurs ascétiques, hagiologie, etc. L'éloquence, l'art de bien dire, y était aussi en grand honneur : c'était par là que brillait S. Fulgence, non moins que par la profondeur de sa doctrine : *Fulgentius*, dit l'auteur de sa *Vie* (Mabill. *loc. cit.* 45), *fulget super cæteros scientia mirabili, eloquentia speciali.* Des éloges tout à fait analogues sont donnés à S. Grégoire, évêque d'Agrigente, et à l'abbé Platon (*Ibid.*).

Mais nous dirons plus encore : les études monastiques, dès ces temps reculés, admettaient les sciences profanes, tout ce qui est du ressort des arts libéraux. Plusieurs religieux se sont fait un nom par la variété de leurs connaissances ; nous aimons à citer ici l'éloge que S. Sidoine Apollinaire (l. IV. *epist.* 2) fait du savant religieux Mamert Claudien : « Il fut, dit-il, une bibliothèque vivante de toute l'érudition latine et chrétienne; il fut excellent orateur, dialecticien, poëte, prédicateur et géomètre, musicien et controversiste. »

VI. — Tout ce mouvement d'études, que nous n'avons pu ici qu'esquisser rapidement, atteste l'existence dans les monastères de bibliothèques nombreuses et spéciales (V. l'art. *Bibliothèques chrétiennes*). Par la règle de S. Pacôme (x et *Vit.* n. xxxviii), nous savons qu'il y en avait une dans chacune de ses maisons, et que le soin en était confié à l'économe et à son second. Ces bibliothécaires rangeaient les livres sur des tablettes par ordre de matières, chacun selon sa classe : ce qui donne déjà à penser que le nombre en était considérable : *libri omnes suis accurate loculis dispositi ad duorum quos dixi spectabant curam.* Il était aussi prescrit à chaque religieux d'avoir un grand soin des livres qu'il empruntait à la bibliothèque commune. Quand les moines allaient à l'office ou au réfectoire, nul ne devait laisser son livre ouvert; et chaque soir, le second était tenu de compter exactement les livres d'usage et qu'on devait renfermer jusqu'au lendemain dans un lieu *ad hoc* (Pachom. reg. c. *omnes codices.* — Id. *in reg. monach.* c. viii) : *Custos sacrarii habeat deputatos, a quo singulos singulis accipiant, quos prudenter lectos vel habitos semper post vesperam reddant. Prima autem hora singulis diebus codices petantur.* Or, comme il y avait à Tabenne un grand nombre de religieux (sept mille. — V. *supra*), chaque maison en comptant quarante, et chaque monastère trente ou quarante maisons, si chaque religieux avait son livre d'usage courant, et s'il en restait encore assez pour faire une bibliothèque, on peut inférer de là que le nombre des livres était fort considérable.

Que s'il en était ainsi à une époque si rapprochée du berceau de la vie monastique, on peut penser que les bibliothèques devinrent encore plus nombreuses et plus riches dans les monastères qui furent fondés depuis. Nous pouvons nous en faire une idée par les données qui nous ont été transmises sur le zèle que mettaient les premiers religieux à copier des livres. C'était là l'unique occupation des religieux du monastère de Saint-Martin de Tours : *Ars ibi, exceptis scriptoribus, nulla habebatu*, dit Sulpice-Sévère (*Vit. S. Martin.* vii). S. Fulgence s'y employait lui-même excellemment et c'est là une de ses gloires (*Vit. S. Fulg.* xxx. *Hist. mon. d'Orient.* p. 295. 441. 517. — Cf. Mabill. 48); et le même éloge est donné aux saints solitaires Lucien, Philorome et Marcel, sans parler d'une infinité d'autres. Il est aussi fait mention de cet exercice dans la règle de l'abbé Isaïe (c. xxiii); il ne voulait pas que le solitaire mît de la vanité ou de l'affectation à l'ornementation de ses livres : *Si feceris librum, ne exornes illum : hoc quippe affectum tuum ostendit.* A l'époque où S. Benoît fonda son ordre, l'art de transcrire les livres florissait dans les monastères d'Italie. Un défenseur nommé Julien trouva alors dans celui de saint Equitius quantité d'antiquaires à la besogne : *antiquarios scribentes* (Greg.-M. *Dial.* l. i. c. 4). — (V. notre art. *Librarii*).

Rien n'est plus concluant à ce sujet que ce beau passage de Cassiodore (*Instit.* xxx) s'adressant à ses moines de Viviers : « J'avoue que de tous les travaux du corps qui vous peuvent convenir, celui de copier les livres a toujours été de mon goût plus que tout autre. D'autant plus que, dans cet exercice, l'esprit s'instruit par la lecture des livres saints, et que c'est une espèce de prédication pour les autres auxquels les livres se communiquent. C'est prêcher de la main, en convertissant ses doigts en langues; c'est publier aux hommes dans le silence les paroles du salut, et c'est enfin combattre contre le démon avec l'encre et la plume. Autant de mots qu'écrit un antiquaire, ce sont autant de plaies que reçoit le démon. En un mot un solitaire assis dans son siège pour copier des livres, voyage dans différentes provinces sans sortir de sa place, et le travail de ses mains se fait sentir même où il n'est pas, *operatur absens de corpore suo.* » Nous mettons ici sous les yeux du lecteur un religieux à l'œuvre (V. *Voyage littéraire de deux bénédictins*, 2e partie, page 64). C'est la reproduction d'une ancienne miniature représentant le moine Radulfe de l'abbaye de S. Wast, transcrivant les œuvres de S. Augustin. Bien que d'une époque relativement moderne, cette miniature peut donner une idée aussi exacte que possible d'un moine *antiquaire* du temps même de S. Benoît.

On pourrait croire que les livres qui se trouvaient ainsi dans les monastères n'étaient autres que ceux de l'Écriture sainte et ceux qui concernaient la vie religieuse. Nous avons déjà ci-dessus répondu implicitement à cette observation. Cassiodore nous fournit à ce sujet un témoignage on ne peut plus positif. Dans ses *Institutions* à ses moines, il nous apprend qu'il ne se contenta pas d'amasser tous les livres de l'Ancien et du Nouveau Testament avec leurs commentaires, mais qu'il rechercha encore tous ceux qu'il crut propres à disposer les esprits à cette sainte lecture.

Dans ces vues, il réunit à grands frais tous les ouvrages des SS Pères, et en particulier ceux de S. Cyprien, de S. Hilaire, de S. Ambroise, de S. Jérôme, de S. Augustin, et l'extrait que l'abbé Eugipius avait fait des écrits de ce Père, sans parler des Grecs, dont il recommande la lecture à ceux qui en savaient la langue. Il recueillit en outre tous les historiens qu'il put trouver traitant des choses du peuple de Dieu et de l'Église, tels que Josèphe, Eusèbe, Orose, Marcellin, Prosper, les livres de S. Jérôme et de Gennade touchant les écrivains ecclésiastiques, et enfin Socrate, Sozomène et Théodoret, qu'il fit réunir par Épiphane le Scolastique en un corps d'histoire, qui n'est autre que celle que nous avons encore aujourd'hui sous le titre d'*Histoire Tripartite*. Il crut enfin qu'il était nécessaire à des religieux de lire les cosmographes et les géographes, et même les rhéteurs et les grammairiens, dont la connaissance lui paraissait utile pour l'intelligence de l'Écriture. En un mot, pour ne rien omettre, il voulut encore joindre à sa bibliothèque les principaux auteurs de médecine, afin que ceux qui étaient chargés de l'infirmerie y pussent trouver les moyens de soulager les malades.

Ce grand homme termine cette énumération par une prière où il demande à Dieu de daigner ouvrir l'esprit de ses religieux à l'intelligence des Livres saints; il les exhorte enfin eux-mêmes à profiter des avantages qu'il leur a procurés : *Eia nunc, carissimi fratres, festinate in Scripturis sacris proficere, quando me cognoscitis pro doctrinæ vestræ copia, adjutorio dominicæ gratiæ, tanta vobis et talia congregasse.*

On pourrait facilement rappeler des témoignages attestant que le même zèle pour amasser des livres et pour en multiplier les exemplaires par la copie se fit remarquer partout ailleurs dans les monastères les plus réglés. Personne aujourd'hui n'ignore que ce sont les moines qui nous ont conservé tous les chefs-d'œuvre de l'antiquité profane et sacrée : c'est là un thème cent fois développé. C'est l'abbaye de Corbie en Saxe qui a sauvé les cinq livres des *Annales* de Tacite ; et nous aurions perdu sans ressource le précieux traité de Lactance *Sur la mort des persécuteurs* si on ne l'avait retrouvé dans les restes de la bibliothèque de Moissac en Quercy.

Les religieuses s'employèrent aussi à la transcription des livres. Ste Mélanie la jeune y réussissait parfaitement ; elle écrivait vite, d'un beau caractère, et sans faire de fautes, *scribebat celeriter*, dit l'auteur de sa *Vie* (Ap. Mabill. 52), *pulchre, et citra errorem*. Les religieuses du monastère de Ste Césarie, sœur de S. Césaire d'Arles, animées par l'exemple de leur abbesse, copiaient les Livres sacrés, aussi bien que les Stes Harnilde et Renilde, abbesses d'un monastère de bénédictines en France. On sait que S. Boniface (*Epist.* XXVIII) pria une abbesse de lui écrire en lettres d'or les Épîtres de S. Pierre. (Nous renvoyons pour tous les détails relatifs aux études monastiques au savant ouvrage de Mabillon, *Traité des études monastiques*, surtout à la première partie. On verra au septième chapitre ce que S. Benoît a fait pour établir les bonnes études dans ses monastères).

MOÏSE. — Moïse est une des plus évidentes figures de Jésus-Christ. C'est à ce titre que les premiers chrétiens ont reproduit si fréquemment son image dans leurs monuments de tout genre. Ils se sont attachés de préférence, on le comprend, aux circonstances de sa vie qui présentent les allusions les plus directes à celle du Sauveur.

1° Moïse détachant sa chaussure pour s'approcher du buisson ardent sur le mont Oreb (*Exod.* III. 5). C'est là que Dieu se manifeste à lui, pour lui conférer la mission de tirer son peuple de l'Égypte. Il est ordinairement seul, et, en déliant les cordons de ses sandales, il porte ses regards avec une expression de frayeur vers le lieu où la voix divine se fait entendre. Cette voix est quelquefois figurée par une main sortant d'un nuage, comme par exemple dans une fresque du cimetière de Calliste (Bottari. tav. LXXXIII) et dans une mosaïque de Saint-Vital de Ravenne (Ciampini. *Vet. mon.* II. tab. XXI. 3). Ailleurs Dieu lui-même est représenté sous la figure d'un vieillard ; il est debout, et il dirige l'index de sa main droite vers Moïse, comme pour lui intimer ses ordres, que celui-ci exécute (Bottari. tav. LXXXIV) sous ses yeux. Ici, comme presque partout ailleurs, Moïse est vêtu de la tunique surmontée du pallium. Une magnifique fresque du cimetière de Saint-Calliste (Perret. vol. I. pl. XXIV), dont voici la réduction, le fait voir avec une simple tunique ornée sur le devant de deux bandes de pourpre, et dont l'éclatante blancheur tranche sur le teint basané de son corps. Le couvent de Sainte-Catherine du mont Sinaï possède une mosaïque du sixième siècle où l'on voit Moïse à genoux devant le buisson ardent (L. de la Borde. *Voyage dans l'Arabie Pétrée*, atlas).

Ce fait de la vie du législateur des Hébreux est, d'après S. Grégoire de Nazianze (*Orat.* XLII) et S. Augustin (*Serm.* CI), la figure des renoncements du baptême. Sa représentation sur les sépultures chrétiennes aurait donc eu pour but d'attester que, régénéré par le baptême, le fidèle était mort dans la grâce de l'Esprit-Saint (Isid. Hispal. *Quæst. in Exod.* c. VII), et que, pour se rendre digne de paraître devant Dieu, il s'était dépouillé de ses péchés et de ses vices, comme Moïse avait dû déposer sa chaussure pour s'approcher du buisson ardent.

2° Moïse au passage de la mer Rouge (*Exod.* XIV). Quand le peuple d'Israël, ayant traversé la mer Rouge à pied sec, se trouve en sûreté sur l'autre rive, on voit Moïse étendant une verge sur les eaux pour les réunir et engloutir les Égyptiens (V. Millin. *Midi de la Fr.* atlas. pl. LXVII. — Aringhi. p. 331. — Bottari. tav. CXCIV). Ce sujet, ainsi que le précédent, était la figure du baptême : *Per mare transitus*, dit S. Augustin (*Serm.* CCCLII. n. 3), *baptismus est* (V. l'art. *Mer rouge* [passage de la]).

3° Moïse et la manne. Quelques peintures où, au premier abord, on croirait distinguer le miracle de la multiplication des pains par Notre-Seigneur, représentent, au sens de certains interprètes, Moïse désignant la manne aux Israélites. (Bottari. tav. LVII. 3 et 5). En effet, les objets que Moïse touche de sa verge miraculeuse dans des corbeilles ressemblent communément à des fruits (Id. LVI. 1. CXIII. 4). Or on sait que l'Écriture (*Exod.* XVI. 31) compare la manne aux fruits ou aux grains de la coriandre (V. l'art. *Manne*).

4° Moïse frappant le rocher (*Exod.* XVII. 6). Ce sujet est retracé dans les bas-reliefs de presque tous les sarcophages de l'Italie et de la Gaule (V. Millin. *Midi de la Fr.* atlas. pl. LXI. LXVI et *alibi*); il l'est quelquefois aussi sur de simples pierres sépulcrales (Perret. v. LXIII), sur des médaillons de métal (Id. IV. XX), sur des verres historiés (Boldetti, p. 200), etc. Mais les sarcophages le montrent presque toujours précédé d'une scène préliminaire que les antiquaires n'ont pas comprise (V. l'art. *Juifs sur les monum. chrét.*): c'est la révolte du peuple tourmenté par la soif dans le désert; on y voit deux Israélites saisissant avec violence Moïse par les deux bras, et ayant l'air de lui reprocher de les avoir tirés de l'Égypte pour les faire mourir de soif (*Exod.* XXIV. 4). — (V. la gravure de l'art. *Juifs*.) Vient ensuite la représentation du miracle lui-même.

Habituellement le législateur des Hébreux est vu touchant avec une verge le rocher d'où s'échappe tout aussitôt une abondante source, et les Israélites s'y précipitent pour se désaltérer. Tel paraît-il, entre mille autres exemples, dans les bas-reliefs d'un tombeau de Milan, que nous plaçons sous vos yeux (Bugati. *Memor. di S. Celso.*

tav. I. p. 242). Plus rarement (Bottari. XLIX. — Millin. *ibid.* LXVI. 8), l'histoire est prise au moment où le miracle est déjà opéré, et Moïse, un volume à la main gauche, montre de la droite aux Israélites l'eau providentielle

Dans les peintures, il est toujours seul : exemple une fresque du cimetière de Ste Agnès (Perret. vol. II. pl. XXXIII), l'un des plus remarquables monuments de ce genre qu'aient fournis les catacombes.

C'est surtout dans cette action miraculeuse que Moïse figure le Sauveur; et, pour faire ressortir cette ressemblance, les artistes ont eu l'attention de donner presque invariablement pour pendant à Moïse frappant le rocher Jésus-Christ ressuscitant Lazare, et de les représenter l'un et l'autre avec une parfaite conformité de figure et de costume (V. Bottari. CXXIX).

Il est également, selon l'enseignement des Pères, la figure de S. Pierre, qui, établi guide du peuple chrétien, fait jaillir de la pierre qui est Jésus-Christ, *petra autem erat Christus* (1. *Cor.* X. 4), les eaux de la vie éternelle, et ouvre à tous les hommes les sources vivifiantes de sa doctrine (V. Maxim. Taurin. *Homil.* I. edit. Venet. 1741. — Hieron. *Epist. ad Rustic. monach.* — Leo Magn. serm. III *De ejus assumpt. in pontif.*). Quelques monuments semblent avoir été inspirés par cette doctrine, par exemple un fonds de coupe dans le champ duquel le nom PETRVS est écrit à côté de l'image de Moïse frappant le rocher (V. Boldetti. p. 200. — Perret.

IV. pl. XXVIII. 63), et certains sarcophages où Moïse rappelle, à s'y méprendre, le type traditionnel de la figure de S. Pierre (V. Bottari. tav. CXXXIV). Séduits par cet ingénieux rapprochement qu'autorisent du reste les textes ainsi que les monuments que nous venons de citer, plusieurs antiquaires, entre autres Bottari, Polidori, Marchi, etc., excluant complétement le sens direct, se sont crus en droit de supposer aux artistes chrétiens l'intention de proposer partout et toujours le prince des apôtres sous la figure de Moïse.

Ces artistes ne manquaient pas de raisons cependant pour retracer, sans intention allégorique, ce grand miracle aux yeux des fidèles. En leur rappelant les ressources inattendues que la toute-puissance de Dieu savait mettre en œuvre pour sauver son peuple réduit à la plus extrême détresse, il devait ranimer le courage dans leurs cœurs abattus par les persécutions sans issue apparente de l'iniquité triomphante.

4° Moïse recevant les tables de la loi (*Exod.* xxxi. 18). On voit ce sujet sur la plupart des monuments et en particulier des sarcophages qui reproduisent le miracle de l'eau jaillissant du rocher sous la verge de Moïse (V. Bosio. *passim.*). Une main sortant d'un nuage lui présente les tables du Décalogue. Il les reçoit avec respect, et son pied droit est quelquefois posé sur un tertre ou un rocher, qui rappellent le mont Sinaï où eut lieu ce mémorable événement (Bottari. tav. xxvii). On peut regarder la représentation de ce fait si souvent répétée comme une protestation contre la doctrine des manichéens qui prétendaient (S. August. *Ep.* ccxxxvi. n. 2) que Moïse avait reçu la loi du prince des ténèbres et non pas du vrai Dieu. Sur les tombeaux, ou les parois des chambres sépulcrales, elle attestait que le défunt avait échappé à la contagion de cette hérésie, fort répandue dans les premiers siècles.

6° Moïse brisant les tables de la loi, à la vue de l'idolâtrie du peuple (*Exod.* xxxii. 19). Il est debout, tenant les tables de la main gauche, et élevant la main droite en signe d'allocution ; ses cheveux sont hérissés, sa figure est pleine d'une sainte colère (Bottari. tav. lxvii).

7° Moïse envoyant des émissaires pour explorer la terre promise (*Num.* xiii). Nous assignons ce sens, d'après Bosio et Bottari, à une fresque du cimetière de Priscille (Bottari. tav. clxi. 3). Trois personnages seulement y figurent : l'un d'eux, qu'à sa longue tunique ornée de bandes de pourpre, et à la verge qu'il tient à la main, on juge être supérieur aux deux autres vêtus de court, semble leur donner des ordres et leur indiquer un objet lointain. Le premier serait Moïse, les deux autres Josué et Caleb, qui, comme on sait, firent partie de l'expédition

8° En outre de ces monuments où sont représentés quelques faits isolés de l'histoire de Moïse, nous avons cette histoire presque complètement reproduite dans une série de tableaux dont se compose la mosaïque de Sainte-Marie-Majeure à Rome, laquelle date du cinquième siècle (V. Ciampini. *Vet. monim.* i. tab. lvi. seqq.). On y voit d'abord (tab. lvi. 2) la fille de Pharaon assise sur un trône, confiant à la mère de Moïse le soin de nourrir son enfant sauvé des eaux. Trois jeunes filles accompagnent cette femme ; l'une porte l'enfant enveloppé, l'autre la corbeille où il a été trouvé. Au bas de ce tableau, se présente Moïse accusé d'homicide devant Pharaon. Puis (n. 1) le mariage de Moïse et de Sephora, et le même Moïse gardant les brebis de Jethro, son beau-père. Ce dernier sujet est reproduit aussi dans la mosaïque de Saint-Vital de Ravenne (Ciamp. *Vet. mon.* ii. tab. xxi. 4). Le cinquante-septième compartiment le montre rentrant en Égypte avec sa femme et ses enfants après son exil au pays de Madian ; il porte la verge à l'aide de laquelle il opérera tant de prodiges. Son frère Aaron vient à sa rencontre et se prosterne devant lui. Plus bas, les Israélites murmurant contre leur Dieu voient tomber au milieu d'eux une pluie de cailles. Vient ensuite l'histoire du veau d'or (lviii) ; puis (lx) Moïse faisant jaillir l'eau du rocher, et au-dessous, Moïse encore ordonnant à Josué de se porter avec une troupe d'élite à la rencontre des Amalécites, tandis qu'il monte lui-même sur la montagne pour prier.

On aperçoit, au tableau suivant (lix. 2), le combat engagé dans la plaine, et sur la montagne Moïse faisant soutenir par Aaron et Hur ses bras fatigués d'une longue prière. Le soixante et unième compartiment fait voir la révolte de Coré et de ses compagnons contre le législateur (*Num.* xvi) ; et enfin, dans le soixantième (fig. 2), Moïse remet aux Israélites le livre du *Deutéronome*, leur ordonnant de le garder dans l'arche d'alliance.

9° Nous ne connaissons guère qu'un exemple antique de la représentation de Moïse dans le sujet de la transfiguration. Il nous est fourni par une mosaïque de Sainte-Catherine au mont Sinaï (L. de la Borde. *op. cit.*). Moïse est placé à la gauche de Notre-Seigneur. Ce sujet est aussi retracé, mais d'une manière figurée, dans la mosaïque de Saint-Apollinaire de Ravenne, monument du sixième siècle (V. l'art. *Transfiguration*).

MONASTÈRES (V. les art. *Moines* et *Ascètes*). — Dès le début de leur institution, les moines s'étaient tellement multipliés, que S. Antoine en avait cinq mille sous sa direction (Rufin. *Vit. Patr.* i. c. 2), et Sérapion dix mille (Id. *ibid.* c. 18) : si bien que les recoins les plus reculés de l'Orient étaient plus fréquentés que les cités les plus populeuses. Notre Gaule ne resta pas en arrière de ce pieux mouvement, témoin les monastères de Lérins et de Marseille, et celui de l'Ile-Barbe aux portes de Lyon que l'on a prétendu faire remonter jusqu'à la persécution de Septime-Sévère. Le monastère d'Agaunum paraît aussi être un des plus anciens de nos contrées.

Les moines durent se bâtir des maisons, différentes suivant le genre de leur institut. Au cinquième siècle, ils habitaient des lieux abrupts et déserts; et les cellules étaient construites tout autour d'un bâtiment principal qui tenait le milieu. Ce genre de monastère fut appelé *cœnobium*, et les moines qui l'habitaient, *cénobites*, noms relatifs à la vie commune (V. l'art. *Moines*).

D'autres religieux, que S. Jérôme nomme *Remobothi* (*Ep. ad Eustoch. De virg. serv.*), et Cassien *Sarabaitæ* (*Collat.* xviii. 7), avaient des habitations beaucoup moins spacieuses, parce que, réunis au nombre de deux ou de trois seulement, et sans abbés (*Id. ibid.*), ils avaient fixé leur demeure dans l'intérieur des villes ou des bourgades (Hieron. *ibid.*). Mais ce genre de vie monastique est condamné par les écrivains du cinquième siècle, et le nom de *moine* fut réservé aux seuls cénobites. Les monastères proprement dits (μοναστήριον, lieu où l'on vit seul, de μόνος, seul) étaient donc, dans le principe, situés dans les déserts; cet état de choses dura peu, car, dès la fin du quatrième siècle, les moines se rapprochèrent des villes; mais leurs maisons étaient placées hors de l'enceinte des murailles (Aug. *Retract.* l. i. c. 21): ce n'est qu'après le cinquième siècle que les cénobites se fixèrent à l'intérieur des cités.

Les monastères de femmes datent de la même époque que ceux des moines, le quatrième siècle (V. les art. *Vierges et Veuves*). S. Antoine en bâtit un en Égypte, à la tête duquel il plaça sa sœur (V. Athanas. *In Vit. Ant.* c. xix); et S. Pacôme donna aussi sa sœur pour supérieure à une communauté de vierges fondée par lui en Palestine (*Ipsius Vit.* inter *Vit. PP.* c. xxviii). S. Basile bâtit plusieurs monastères de filles dans le Pont et la Cappadoce; et cette institution se développa à un tel point en Orient, qu'au commencement du cinquième siècle on compta jusqu'à deux cent cinquante vierges dans un seul *cœnobium* (Theodoret. *Hist. eccl.* c. xx).

En Occident, il y eut aussi de nombreux monastères de vierges dès le quatrième siècle, ainsi que l'attestent les écrivains contemporains, et en particulier S. Jérôme. A Rome, Ste Constance en éleva un près de la basilique de Sainte-Agnès (*Cod. S. Petri. ap. Bosium.* p. 418); celui que Marcella établit d'après les conseils de S. Athanase était probablement situé dans l'*ager Veranus*, près de la basilique de Saint-Laurent et du cimetière de Cyriaque (De' Rossi. *Bullett.* 1865. p. 77); S. Eusèbe de Verceil en fondait un à peu près à la même époque près de son église (Maxim. Taurin. *Serm. de S. Euseb.*). S. Ambroise en établit à Milan (Ambros. *Exhort. ad. virg. laps.* c. vii), et S. Augustin en Afrique (Possid. *In ejus Vit.* c. ult.). Il en existait dans notre Gaule au cinquième siècle, au témoignage de Sulpice-Sévère (*Dial.* iv. *De vit. S. Martini*). Le monastère de S. Ambroise fut particulièrement célèbre. Parmi les vierges qui l'habitèrent dès le début, brillait surtout la sœur du Saint, Marcellina, et la compagne de celle-ci, Candida. Ce Père atteste lui-même qu'il en venait de Plaisance, de Bologne, et jusque de la Mauritanie pour recevoir le voile de ses mains : *De Placentino sacrandæ virgines veniunt, de Bononiensi veniunt, de Mauritania veniunt ut hic velentur* (Ambros. *De Virgin.* lib. i. cap. 10). On trouva dans l'église de Saint-Nazaire, du temps de S. Charles, l'épitaphe d'une vierge qui, probablement, appartenait à ce monastère : DAEDALIA VIVAS IN CHRISTO. La simplicité de la formule atteste l'antiquité du monument.

MONOGRAMME DU CHRIST. — I. — Ce monogramme est formé de la combinaison du X et du P, qui sont les deux premières lettres du nom grec du Christ, ΧΡΙΣΤΟΣ, *compendio totum Christi nomen includitur*, dit Primasius (*In Apocal.* vi. 13). Il représente en même temps le nom de Jésus-Christ et la figure de sa croix. Une antique inscription de Sivaux (département de la Vienne), dont nous donnons ici le fac-simile, offre la forme la plus ancienne et la plus correcte du monogramme du Christ. Un peu plus tard, ce signe auguste subit une légère modification, par le raccourcissement des deux lignes croisées dont se compose le X (☩), et enfin un changement plus notable encore par la substitution d'une simple ligne transversale à la lettre X (☩). S. Éphrem, qui vivait au quatrième siècle, atteste que cette dernière forme du monogramme était fort usitée en Orient (Ephrem. *Opp.* edit. Asseman. — Cf. Garrucci, *Vetri*, p. 104). Il paraît même qu'elle fut la seule connue en Égypte. Letronne (*De la croix ansée égyptienne*, p. 16) assure n'avoir trouvé le ☩ sur aucun des monuments chrétiens de cette contrée. L'adoption de ce type fut sans doute motivée par son affinité avec la croix ansée égyptienne. Le ☩ est aussi le seul monogramme qui se voie dans les Bibles alexandrines, celle du Vatican par exemple, celle du Sinaï éditée tout récemment par Tischendorf, et celle de Cambridge (V. De' Rossi. *Bullett.* 1863. p. 62). — (V. notre art. *Livres liturgiques*, 3°.)

Du reste, bien que les plus usitées, les deux formes dont nous venons de parler ne sont pas les seules : les monuments, ceux de l'Occident du moins, en fournissent un grand nombre d'autres; on les trouvera reproduites dans les ouvrages de Boldetti (p. 534), de Macarius (*Hagioglypta*. p. 162), et encore dans les traités spéciaux d'Allegranza et de Giorgi sur cette matière (Giorgi. *De monogrammate Christi*).

Le plus souvent, le monogramme du Christ est accosté des lettres A et ω (pour l'explication de ces signes, V. l'art. A et ω). Quand il affecte la seconde forme, que nous appelons cruciforme, ou croix monogrammatique, ces deux lettres sont quelquefois suspendues par des chaînettes aux deux bras de la traverse horizontale (V. Boldetti. p. 345, et mieux Bottari. tav. xliv.). Cette circonstance se remarque particulièrement dans les monuments d'une certaine élégance. On la trouve parfois néanmoins sur de simples pierres sépulcrales : le recueil de M. De' Rossi en offre plus d'un exemple (*Inscr. Christ. Rom.* t. I. n. 661, 666 et *alibi*) : et ceci paraît propre au cinquième siècle ; les deux inscriptions citées portent les dates de 430 et 431. Un autre marbre romain, postérieur de quelques années (n. 776), montre les sigles A et ω ainsi suspendus aux extrémités supérieures du X dans un monogramme de la forme constantinienne la plus pure. C'est le seul fait de cette nature que nous ayons rencontré.

Le monogramme, très-fréquemment partout et à peu près toujours dans les Gaules, est renfermé dans une couronne, ou tout environné de palmes (V. l'art. *Pal-*

mes) : ce qui marque la victoire remportée par le nom du Christ sur tous ses ennemis. Une signification analogue s'attache au monogramme cruciforme quand il se trouve fixé au milieu de la lettre N (Ñ), ce qu'on ne saurait interpréter autrement que par ΧΡΙCΤΟC ΝΙΚΑ, *Christus vincit* (V. Bosio. p. 400).

Quelquefois il est tracé dans le vide d'un triangle (Fabretti. p. 573 et notre art. *Triangle*), qui est le symbole de la Trinité. D'autres fois, on le voit arboré sur la tête de Notre-Seigneur en personne (Boldetti. p. 60 et notre art. *Jésus-Christ*), ou sur celle du Bon Pasteur, ou encore sur celle de l'agneau, qui sont ses plus touchants symboles (Manachi. III. 18. — Bottari. tav. XXI. — V. aussi une des figures de notre art. *Église*), ou encore dans l'intérieur du nimbe dont la tête du Sauveur est entourée, comme on l'observe notamment dans la mosaïque de Saint-Aquilin de Milan (V. Allegranza. *Monum. Crist. di Milano.* tav. I. — V. aussi notre art. *Nimbe*). Sur des tombeaux de plomb trouvés à Saïda en Phénicie, il se présente avec cette circonstance singulièrement intéressante, que les fameuses sigles ΙΧΘΥC (V. l'art. *Poisson*) sont inscrites circulairement dans les intervalles des jambages du monogramme.

Le X tout seul fut sans doute aussi un monogramme plus abrégé encore du nom du Christ. Il s'en trouve d'assez nombreux exemples dans les monuments, et Julien l'Apostat, en parlant de son hostilité contre le christianisme, disait qu'il faisait la guerre

au X (*Misop.* p. 99 et 111. edit. Paris. 1583). Au revers de quelques médailles impériales, à partir de Valentinien, père de Valens (V. Cohen. t. VI. p. 401. n. 53. 70), cette lettre tient souvent la place du monogramme sur la draperie du labarum. Peut-être même est-ce là la plus ancienne forme, celle du premier âge de la discipline de l'arcane, parce qu'elle rappelait d'une manière moins sensible que le chrisme proprement dit le nom du Christ.

II. — La plupart des auteurs catholiques qui ont écrit sur le monogramme du Christ, et dont les témoignages sont résumés dans le Traité de Giorgi (*op. laud.* c. II), en font remonter l'origine jusqu'aux temps apostoliques, et estiment qu'il dut prendre naissance en Orient, alors que, pour la première fois, les fidèles adoptèrent le nom de chrétiens : ce qui expliquerait pourquoi il se composa de lettres grecques et non de caractères latins. Ce serait à ce monogramme que, toujours selon les mêmes écrivains, se rapportent, soit le passage de l'*Apocalypse* (VII. 2) où le signe des élus est appelé signe du Dieu vivant, *Vidi angelum.... habentem signum Dei vivi*, soit cet autre texte (XIV. 1) où il est dit que les élus faisant cortège à l'Agneau avaient son nom et celui de son Père écrits sur le front. Rapprochant l'objet indiqué dans ces textes du signe prédit par Ézéchiel (IX. 4-6), ils croient y reconnaître l'exacte description du monogramme du Christ.

Quoi qu'il en soit de la valeur de ces interprétations, il est difficile d'admettre, comme l'ont soutenu quelques critiques extrêmes, protestants pour la plupart, que ce signe ait été complètement inconnu dans l'Église avant Constantin. Tous les antiquaires les plus sûrs, de Buonarruoti à M. le chevalier De' Rossi, ont tenu pour certain que les fidèles des trois premiers siècles en ont fait usage ; et le contexte des chapitres vingt-huit et vingt-neuf de la *Vie de Constantin* par Eusèbe suppose évidemment que ce prince fit retracer sur son *labarum* un signe, non pas inventé par lui ou pour lui, mais dès longtemps consacré dans la société chrétienne. Telle fut assurément la conviction des chrétiens des temps postérieurs, car s'ils eussent cru que le type du monogramme avait été pour la première fois révélé par Jésus-Christ à Constantin dans sa célèbre vision, ils en eussent respecté la forme, la tenant pour hiératique. Or qui ne sait par combien de phases successives il a passé, jusqu'à ce qu'enfin il se soit trouvé réduit à la forme de la croix simple? (V. De' Rossi. *De tit. Carthag.* passim.)

D'une autre part, il est avéré par une épitaphe que sa date consulaire place avant le règne de Constantin, que déjà alors les chrétiens avaient un monogramme composé des deux lettres I et X (Ἰησοῦς Χριστός) ainsi groupées ✳ (De' Rossi. *Insc. Christ.* t. I. 16. n. 10). Est-il croyable qu'ils n'aient pas eu l'idée de s'approprier aussi, et même de préférence, le ☧, signe très-connu dans l'antiquité, et qui, employé par les païens, aurait eu l'avantage, tout en offrant aux fidèles les initiales du nom du Christ, de donner satisfaction à ce besoin d'arcane qui fut un des caractères les plus saillants de la primitive Église? Ils pouvaient en effet le voir fréquemment sur quelques médailles grecques impériales, et en particulier sur un médaillon de Trajan-Dèce, et ces monogrammes présentent une conformité tellement exacte avec celui que nous appelons monogramme du Christ, que de savants numismatistes ont cru pouvoir y signaler la main d'un monétaire chrétien qui, sans s'arrêter à ce que les sujets mythologiques représentés dans le champ avaient d'incompatible avec les dogmes de l'Évangile, avait voulu y introduire le signe déjà admis parmi les chrétiens (V. l'art. *Numismatique*, I, 1°).

Tout ceci établit, en faveur de la préexistence du monogramme du Christ au règne de Constantin, une de ces probabilités qu'on ne saurait repousser sans témérité. Malheureusement les monuments jusqu'ici connus sont insuffisants pour élever le fait à la hauteur d'une vérité démontrée. La question se trouverait néanmoins tranchée, si l'on admet, d'après la grave autorité de M. De' Rossi : 1° que le petit *loculus* que nous reproduisons ici

et qui a été récemment trouvé au cimetière de Calliste (*Bullet.* 1868. p. 42, n. 2), représente le monogramme du Christ formé par l'ingénieuse combinaison des lettres dont se compose le mot grec ΛΟΡΑΤΑ ; 2° que ce monument doit être avec certitude attribué au troisième siècle.

Nous ne pouvons nous arrêter à la discussion d'un certain nombre d'inscriptions de martyrs, enrichies du monogramme, qui ont été bien souvent citées avec une pleine confiance. La critique moderne a reconnu que les unes sont fausses (V. Bosio. l. III. c. 22), les autres de date secondaire, c'est-à-dire tracées après la pacification de l'Église. Nous n'hésitons pas à ranger parmi ces dernières l'épitaphe de SIMPLICIVS et de FAVSTINVS (Marchi. p. 27), précieuse néanmoins à d'autres points de vue. Et M. De' Rossi, celui de tous les antiquaires chrétiens de nos jours qui a le plus de droits à être cru sur parole, affirme qu'aucun monogramme du Christ proprement dit, gravé ou peint sur un monument daté, antérieur à l'an 312 (V. *Roma sott.* 2. II. p. 317), n'est parvenu jusqu'à nous (*Tit. Carthag.* p. 33). Il existe, il est vrai, un fragment d'inscription qui paraît appartenir à l'an 298 ; mais la date est mutilée et reste par conséquent douteuse.

C'est à l'époque de Constantin que le ☧ paraît pour la première fois d'une manière certaine sur les *tituli* romains datés. Jusqu'à ces derniers temps, le plus ancien marbre connu orné de ce signe était de l'an 331 (Id. *ibid.* p. 38. n. 39). Mais tout récemment un monument d'une époque antérieure a été trouvé sous le pavé de la basilique constantinienne de Saint-Laurent *in agro Verano* : il est de 323. Il n'échappera à personne que cette année est précisément celle de la mort de Licinius, et c'est à cette époque seulement que le chrisme commence à être gravé sur les monnaies constantiniennes (V. De' Rossi *Bullett.* 1863. p. 22). C'est en 355 que pour la première fois il se trouve placé entre les signes Α et ω. En 347, on voit apparaître d'autres formes, celles notamment où la croix se montre d'une manière plus visible. C'est d'abord le monogramme où le type ci-dessus admet au milieu du X une ligne transversale ☩. Bientôt après le X lui-même est supprimé, et ne laisse plus que les éléments composant la croix monogrammatique, forme qui, jusqu'à la fin du quatrième siècle, marche de pair avec l'ancienne. Dès le début du cinquième siècle, le P disparaît à son tour, et la croix latine †, ou grecque +, se substitue aux monogrammes. De telle sorte qu'après 405 le ☧ s'éclipse presque complètement, du moins à Rome, et particulièrement sur les épitaphes ; que la croix monogrammatique devient de plus en plus rare, et que l'une et l'autre s'effacent à peu près sans exception devant la croix nue, qui prend enfin possession du monde. En faveur de l'identité de la croix avec les divers monogrammes qui l'ont précédée, on peut tirer une nouvelle preuve d'un monument récemment publié et qui n'est autre que la Bible grecque du mont Sinaï. Là le ⳨ se trouve retracé en quatre endroits : à la fin de la prophétie de Jérémie, deux fois à la fin de celle d'Isaïe, et, ce qui est bien plus concluant, au milieu du mot ECTAYRΩΘH, *crucifixus est*, du huitième verset du deuxième chapitre de l'*Apocalypse* (De' Rossi. *Bullett*. 1863. p. 62).

La disparition du monogramme s'opère moins rapidement dans le reste de l'Occident; et, en Italie même, les inscriptions des Alpes Cottiennes présentent encore d'assez fréquents exemples du monogramme ordinaire vers la fin du cinquième siècle. Un fragment de sarcophage de Lyon (de Boissieu. p. 545), gravé au bas de la page précédente, ne nous paraît pas beaucoup antérieur à cette époque.

Au temps de Charlemagne, sans doute à raison de la faveur qu'avaient reprise les bonnes études et du goût renaissant pour l'imitation des choses antiques, le monogramme redevient en grand honneur. C'est ce qu'on peut voir notamment par les souscriptions de quelques conciles tenus sous l'empire de ce prince, et dont nous possédons les originaux (V. Mabillon. *De re Diplom*. l. v. tab. LIV. LV. LVII. edit. Paris. p. 452. seqq.). Il se montre alors très-fréquemment dans les diplômes et même dans les inscriptions sépulcrales. Nous donnons ici, comme spécimen, la souscription du fameux Hincmar de Reims au premier concile de Pitres.

Les deux autres signatures apposées au concile de Soissons sont celles d'Inginaldus de Poitiers et de Dodo d'Angers.

III. — Voici les principales classes de monuments sur lesquelles le monogramme du Christ se trouve retracé.

1° Les églises et basiliques primitives étaient marquées de ce signe sacré, soit à l'extérieur (Boldetti. *Cimit*. p. 358), soit à l'intérieur, principalement dans les mosaïques qui en décorent l'abside ou l'arc triomphal, comme, par exemple, dans celles des Saints-Côme-et-Damien à Rome (Ciampini. *Vet. monim*. t. II. p. 60), et dans celle de Galla Placidia de Ravenne (*Id*. t. I. tab. LXV et LXVI), soit sur les chapiteaux des colonnes, et enfin sur les murailles intérieures et sur le voile du sanctuaire (Mabillon. *De re Diplom*. l. II. c. 10. p. 110). En voici un d'une élégante forme, pris de l'abside de l'église de Qhalb-Louseh, dans la Syrie centrale (De Vogüé, *Syrie centrale*. pl. 129).

Au-dessus de la traverse sont tracées les sigles A et ω, et au-dessous le nom du Christ en toutes lettres XPICTOC. Un des plus anciens exemples du monogramme du Christ nous est offert par un marbre conservé à l'hôtel de ville de Sion; il est de l'an 377 (V. Mai. *collec. vatic*. t. v. *ex sched*. Marini. p. 375. n. 1). Mais c'est à tort que l'on avait attribué une destination religieuse au monument où ce monogramme est tracé: c'est un édifice civil.

2° Les baptistères. On peut conjecturer que le signe du Christ y était reproduit, par un petit édifice de ce genre qui se trouve sculpté à côté d'une basilique chrétienne, sur un sarcophage antique de Rome : le monogramme est tracé sur une petite tablette surmontant le toit de ce baptistère (V. le monument à l'art. *Baptistères*).

3° Les monuments funéraires. Depuis l'époque constantinienne jusqu'à celle où la croix fait son apparition, il n'est presque pas de pierres sépulcrales qui ne portent l'empreinte du monogramme du Christ. Dans les épitaphes, il est quelquefois appelé par antonomase SIGNVM DOMINI (Boldetti. p. 345), ou simplement SIGNVM ☧, ce qui revient à dire SIGNVM CHRISTI (*Id*. p. 399). Ainsi, par exemple, il est dit que le défunt repose IN SIGNO ☧, sous la protection du signe du Christ (*Id*. p. 273); ailleurs IN ☧, *in Christo* (Lupi. *Sev. epitaph*. p. 133).

Bosio (p. 215) donne un marbre où le monogramme est surmonté de la légende du *labarum* constantinien, IN HOC VINCES, ce qui, par allusion à la vision de l'empereur, exprime certainement la victoire que SINFONIA et ses fils avaient remportée par la vertu du nom de Jésus-Christ, ou peut-être une exhortation aux chrétiens de se prévaloir de ce nom sacré pour triompher des ennemis de leur salut. D'autres monuments funéraires paraissent avoir le même sens. Ainsi, sur une pierre sépulcrale des catacombes (Mamacchi. *Origin. Christ*. t. III. p. 62), on voit un personnage vêtu d'une pénule très-ample, tenant de la main droite un monogramme cruciforme dont la haste allongée repose à terre, absolument comme, au revers de leurs médailles, les empereurs chrétiens portent le *labarum*. Quelques médailles byzantines d'Anastase Ier par exemple, et de Justinien Ier (V. Sabatier. t. I. pl. VIII 24. XII. 3), montrent à leur revers des Victoires, absolument avec le même attribut et dans la même attitude que ce personnage. Nous trouvons dans Marangoni (*Act. S. Vict.* append. p. 98) cette inscription fort curieuse, inspirée probablement par une pensée analogue : BI A ☧ ω TA, *bita* pour *vita*, la vie. Est-ce un nom propre ou un touchant hommage rendu au nom de Jésus-Christ qui est la vie — *ego sum vita* ?

Olivieri (*Marm. Pisaur.* p. 66) a publié une épitaphe grecque, que quelques savants, nous devons le dire, regardent comme douteuse, mais qui offre cette singularité que tous les mots dont elle se compose sont séparés par le monogramme, comme ailleurs ils le sont par des espèces de cœurs ou de feuilles (V. l'art. *Cœur*). Le même signe se rencontre aussi sur quelques-unes de ces tuiles ou autres ouvrages de terre cuite qu'on employait pour fermer les *loculi* (Fabretti. VII. VI). Celui-ci est détaché d'une tuile d'une sépulture du cimetière de Cyriaque (Boldetti. 337). Il était quelquefois, dans

ces sortes de monuments, exécuté en mosaïque, comme Boldetti l'avait remarqué aux cimetières de Cyriaque et de Priscille : il en donne un exemple à la page 338 ; d'autres fois il était formé sur la chaux par des cubes simplement juxtaposés. Dans une crypte funéraire servant de sépulture à une vierge chrétienne, crypte récemment découverte au cimetière de Cyriaque, le monogramme tient la place de l'étoile des Mages (V. l'art. *Adoration des Mages*).

Les sarcophages de marbre sont aussi très-souvent ornés du monogramme du Christ, ordinairement au centre de leur partie antérieure, soit simplement dessiné dans un cercle (Bottari. tab. XXXVII), soit gemmé et placé au milieu d'une riche couronne, ou au sommet d'une croix également gemmée. Dans ce dernier cas, il tient la place occupée ordinairement par Notre-Seigneur en personne, et, comme lui, il est entouré des douze apôtres (Bottari. tav. XXX). On connaît de ces tombeaux où le monogramme est tracé sur le fût des colonnes ou des pilastres qui règnent à leurs extrémités (Id. tav. CXXXVI).

Une crypte découverte à Milan, en 1845 (V. ce que nous en avons dit à notre article *Martyre*) fait voir sur ses parois un monogramme d'une forme irrégulière, et qui, en outre de l'A et de l'ω, est encore entouré de sept étoiles. Dans l'opinion de quelques archéologues, ces sept étoiles dont les monuments chrétiens offrent de nombreux exemples (V. notre art. *Étoiles*), figureraient en abrégé la Grande Ourse, et, selon les mêmes savants, seraient un symbole de l'indéfectibilité du bonheur dont les saints jouissent au ciel :

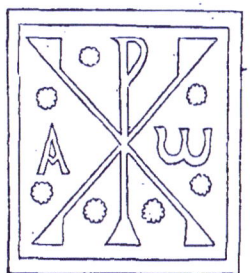

et la raison qu'ils en donnent, c'est que les étoiles dont se compose cette constellation ne disparaissent jamais de l'horizon, *metuentes æquore tingi* (Virgil. *Georg.* l. I, 246), *æquore immunes* (Ovid. *Metamorph.* XIII, v. 295). C'est pourquoi les anciens en avaient fait, sur leurs monnaies, le symbole de l'apothéose et y avaient placé le séjour des âmes justes, où, *tanquam in loco cœli superiori, ævo æterno fruerentur*, comme l'exprime Passeri (*Delle gemme astrifere*, t. II, p. 36). Le monument qui nous occupe serait l'application chrétienne de cette doctrine, surtout si l'on admet, comme l'indiquent les caractères les moins équivoques, que nous avons affaire à une sépulture de martyr.

4° Les lampes d'argile ou de métal, tirées des cimetières chrétiens (V. l'art. *Lampes chrétiennes*). Le plus souvent il s'y trouve isolé, rarement associé à quelques autres symboles. On en peut voir plusieurs dans le recueil de Bartoli (*Le antich. Lucerne sepolcr.* part. III, n. 22 segg.). Giorgi (*De monogram. Christ.* p. 10) en a publié quatre où le monogramme est sous diverses formes, et dont l'une est ornée du *labarum* complet, entre deux soldats debout, appuyés d'une main sur la lance, de l'autre sur le bouclier.

5° Les fonds de coupe de verre des premiers siècles recueillis dans les catacombes romaines et ailleurs (V. Buonarruoti. *Vetri.* passim ; et Garrucci *Vetri ornati di fig. in oro.* tav. XXV et *alibi*). Il se voit sur cette classe de monuments, tantôt isolé (Boldetti. p. 194. fig. 4), tantôt entre S. Pierre et S. Paul, sur une colonne, symbole de l'Église (*Ibid.* n. 2. — V. ce sujet à l'art. *S. Pierre et S. Paul*), quelquefois entre deux étoiles, sur une tablette près de Notre-Seigneur (Buonarruoti. tav. VIII. fig. 4), ou entre deux époux dont il consacre les liens (V. notre art. *Mariage*), enfin derrière la tête d'un Saint, de S. Laurent par exemple, en guise de nimbe (Aringhi. t. II. l. 6. c. 21), pour indiquer que Jésus-Christ soutient ses Saints et habite dans leurs cœurs.

6° Les bijoux, les médailles que les premiers chrétiens portaient suspendus à leur cou en guise d'amulettes (Aringhi. l. vi. c. 33), et ces petites boites d'or ou d'autre métal (Bosio. p. 105) destinées à renfermer, soit des reliques, soit le livre des Évangiles, soit des fragments du bois de la vraie croix (V. les art. *Amulettes* et *Encolpia*).

Il paraît qu'on faisait même des monogrammes isolés et portatifs, comme nos croix et nos médailles. Il existe au musée du Vatican un objet que d'Agincourt croyait être un moule d'argile destiné à en tirer des exemplaires. Mais nous apprenons de M. De' Rossi que le monogramme en question est en marbre *palombino*, qui ressemble à l'argile : ce n'était pas un moule, mais une pièce détachée d'un *opus tessellatum* ou marqueterie.

Secondement, les anneaux. Il s'y trouve, ou seul (Boldetti. p. 302, n. 25), ou accosté des sigles A et ω (Vettori. *Num. œr. explic.* p. 52), ou accompagné de quelques autres symboles (V. Perret. vol. iv. pl. xvi). Sur une cornaline où est gravé l'ιχθυς symbolique, le X, qui est la seconde lettre de ce mot, se combine avec un P pour former le signe du Christ (*Hagioglypta*. p. 233). On le retraçait aussi sur les sceaux, et Boldetti trouva sur la chaux d'un *loculus* des catacombes romaines une empreinte où se lisait la légende SPES DEI, combinée de telle sorte que le P du monogramme y tenait lieu du P dans le mot SPES (Boldetti. p. 336).

Aux objets d'art que nous ont laissés les premiers chrétiens, nous devons rapporter une statuette de S. Pierre (Bellori. *Lucerne. ant.* part. iii, n. 27), bénissant de la main droite, à la manière latine, et de la gauche tenant appuyé sur son épaule le monogramme cruciforme. Cela signifie sans doute que S. Pierre était appelé à porter jusqu'aux extrémités du monde le nom divin par la vertu duquel il avait guéri le boiteux à la porte du temple : *in nomine Jesu-Christi Nazareni, surge et ambula* (*Act.* iii. 6), et qui devait être dans sa main l'instrument de toute sorte de prodiges (V. le monument à l'art. *Pierre* (*S.*) *et S. Paul*).

7° Maisons. Plusieurs écrivains anciens, entre autres S. Chrysostome et S. Cyrille d'Alexandrie (*Contra. Julian. aug.* l. vi), attestent que les premiers chrétiens avaient coutume de tracer le monogramme du Christ dans leurs habitations. Le fait a été naguère vérifié, pour l'Orient, par M. le comte Melchior de Vogüé. Dans un grand nombre de villes chrétiennes des montagnes de la Syrie, ruinées probablement depuis l'invasion musulmane, ce savant a trouvé ce signe sacré sculpté en relief sur la plupart des portes. Ces monogrammes sont d'une singulière élégance.

Nous en prenons deux exemples au hasard. Le premier, d'une localité dite Serdjilla, présente cette particularité intéressante qu'au-dessus de la traverse est tracé un X, qui, se combinant avec le P, exprime doublement le nom du Christ (De Vogüé, pl. 34).

Celui-ci, qui se termine par un lemnisque gracieusement entrelacé, a été trouvé à Retourza, sur la porte d'une habitation à laquelle on a donné le nom de Maison du Sculpteur (*Id.*, pl. 43).

8° Monnaie publique. On sait que Constantin faisait graver le monogramme sur les boucliers, sur les casques et sur les cuirasses de ses soldats (Prudent. *Contra. Symm.* l. i. vers 487. — Lactant *De mort. persecut.* xliv) :

Christus purpureum gemmanti textus in auro
Signabat labarum: Clypeorum insignia Christus
Scripserat : ardebat summis crux addita cristis.

Nous avons des médailles de cet empereur où il le porte lui-même sur ces trois pièces de son armure, et ses successeurs imitèrent son exemple. Il existe une monnaie de Majorien (Cohen. t. vi. p. 515) qui fait voir le buste de l'empereur avec une fibule au sommet du bras gauche, laquelle est ornée du monogramme.

Il est de tradition constante que Constantin le fit placer isolément sur la monnaie publique, et les pièces de cette espèce ne sont pas rares. Plusieurs savants les ont décrites, et en ont fait l'objet de travaux particuliers, entre autres M. Feuardent, dans la *Revue numismatique* en 1856, M. l'abbé Cavedoni, de Modène, dans un ouvrage spécial en 1858, et le P. Garrucci, dans son livre sur les verres dorés (p. 86 suiv.). L'une d'elles montre d'un côté Constantin avec la légende CONSTANTINVS MAX. AVG., et au revers un serpent dont le ventre est percé par la haste du *labarum*, au sommet duquel est le monogramme de la forme accoutumée : et dans le champ l'inscription SPES PVBLIC., pour marquer que la paix publique doit être le résultat de la destruction de l'ancien serpent par le règne victorieux du Christ (V. le monument à l'art. *Serpent*). Les tyrans Magnence, Décence, Vétranion, Népotien, adoptèrent eux-mêmes cet auguste signe sur leurs médailles (Du Cange. *Famil. Byzant.* tab. xii et xiii). Tristan (t. iii. p. 633) donne deux pièces de Vétranion dont l'une porte au revers le monogramme avec la légende HOC SIGNO VICTOR ERIS; et l'autre deux *labara* avec le même monogramme (V. notre art. *Numismatique*, 11).

Des emblèmes de victoire accompagnent souvent le signe du Christ. Ainsi un chapiteau de colonne d'Arles (Millin. *Midi de la France.* pl. lxiv. 2) le fait voir enfermé dans une couronne de chêne et emporté dans les airs par l'aigle romaine. C'est une belle et noble allégorie du triomphe du christianisme, dont tout dans cette ville antique de la Provence rappelle les glorieux débuts.

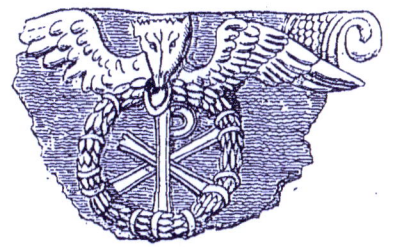

Le monogramme du Christ dut être déjà très-populaire quatorze à quinze ans après la victoire de Constantin, et étroitement lié à son nom. En effet, nous le voyons figurer, quoique avec des circonstances assez bizarres, dans le poëme que Porphyre (Publius Optacianus Porphyrius) adressa au vainqueur de Maxence pour obtenir son rappel de l'exil. Par un de ces jeux d'esprit qui se produisent aux époques de décadence littéraire, le poëte eut la singulière idée, dans un endroit où il compare le monde romain à un vaisseau et Constantin au pilote qui le gouvernait, de tracer avec ses vers la figure d'un navire dont le gouvernail présentait la forme du monogramme. Le P. Garrucci a reproduit ce tour de force dans son ouvrage sur les verres dorés (p. 105).

9° Les meubles et ustensiles domestiques. On montre au monastère de Sainte-Croix de Poitiers, comme ayant appartenu à Ste Radegonde, femme de Clotaire Ier, fils de Clovis, un pupitre en bois, sur lequel le monogramme de Notre-Seigneur est grossièrement sculpté dans une couronne, entre deux croix gemmées qui ne sont elles-mêmes que des monogrammes cruciformes (*Mélanges d'archéol.*, t. III. p. 156).

On a ce même monogramme sur un vase de bronze qui paraît avoir servi de mesure légale (V. Le Blant. *Inscr. chrét. de la Gaule.* t. I et pl. n° 244). Pignorio, cité par Bottari (t. I. p. 102), atteste avoir vu une strigile sur laquelle le monogramme était ainsi combiné avec le nom du possesseur de cet instrument : CRESC ☧ ENTIA. La même combinaison se remarque quelquefois dans les inscriptions sépulcrales : A ☧ GRICE (De' Rossi. *Inscr. Christ.* I. p. 111 n. 221). On trouve encore le signe du Christ sur des cuillers d'argent (id. *Bull.* 1868, p. 79-84 et 1873, p. 118), et jusque sur des colliers d'esclaves fugitifs. Giorgi en publie plusieurs (p. 39. — Cf. Fabretti. VII. 365) et entre autres celui de l'esclave d'un acolyte attaché apparemment à l'antique basilique de Saint-Clément à Rome : A DOMINICV CLEMENTIS. L'usage de ces colliers date de Constantin (Pignor. *Epist.* XXIV. — Spon. *Miscellan.* 304) ; ce prince, suivant les inspirations du christianisme, remplaça par cette pratique inoffensive la coutume barbare de marquer au front ces malheureux, et ordonna que le monogramme du Christ fût gravé sur la plaque de métal qui était suspendue à leur cou, afin de faire comprendre à l'esclave que c'était à ce nom libérateur qu'il était redevable de cet adoucissement à son sort.

Le lecteur aimera sans doute à trouver ici le dessin d'un de ces objets non moins rares qu'intéressants. Nous l'empruntons au *Bulletin* de M. De' Rossi (174. n. 1). L'esclave appartenait à un chrétien nommé Maximianus, dont la demeure était située au *forum* de Mars, et qui exerçait la profession d'*antiquarius*, ou transcripteur de livres anciens (V. l'art. *Librarii*). L'inscription porte : « Arrêtez-moi (parce que je suis en fuite) et ramenez-moi au *forum* de Mars chez Maximianus antiquarius ».

IV. — Nous devons signaler encore quelques autres circonstances où l'on employait le monogramme du Christ dans l'antiquité chrétienne.

1° Les évêques avaient coutume de le tracer en tête de leurs lettres dites formées ou pacifiques (V. l'art. *Lettres ecclésiastiques*) ; il est présumable que quelques-unes des pierres annulaires qui en sont revêtues servirent à cet usage. Quant à l'usage lui-même, S. Jean Chrysostome y fait évidemment allusion dans cette phrase d'une de ses homélies (*Homil.* X *In. Epist. ad Coloss.* IV) : « Nous mettons au commencement de nos lettres le nom du Seigneur. » Il est probable qu'un fait analogue est désigné dans une autre homélie sur l'adoration de la croix attribuée au même Père (*in tom.* II *Opp. ejusd.* edit. Montfaucon), et où il est dit qu'on scellait ces lettres avec la croix. Le monogramme était souvent en ce temps-là appelé croix, témoin le texte de Prudence cité plus haut, où il est bien indubitablement question du signe constantinien. On s'en servit plus tard pour les diplômes (Mabillon. *De re Diplom.* l. v. tab. XLV). On a vu plus haut qu'au temps de Charlemagne les évêques adoptèrent de nouveau cet usage pour leurs souscriptions aux conciles.

2° Un signe tout semblable au ☧ était employé comme marque ou *memento* pour noter certains passages remarquables des auteurs qu'on avait lus. S. Isidore de Séville et Cassiodore en font mention et l'appellent *chrisimus* ou *achrisimus*. Le premier (*Origin.* l. 1. cap. 20) le définit ainsi : Κρίσιμον, *hæc sola ex voluntate uniuscujusque ad aliquid notandum ponitur*, « ce signe est placé pour marquer quelque chose, selon la volonté de chacun ; » et il en donne la figure en marge.

3° Dans certaines Églises, le monogramme du Christ avec l'Λ et l'ω était le premier texte d'initiation des catéchumènes. On leur présentait ces sigles (V. l'art. Λ et ω) pour les instruire des deux natures en Jésus-Christ, et de la rédemption consommée par la mort du Sauveur sur la croix. A Milan, on avait coutume de les tracer sur un linge grossier, *cilicium*, couvert de cendre, et placé en dedans de la porte orientale de l'église de Sainte-Thècle (Muratori. *Rer. Ital. script.* t. IV. p. 66), où, après diverses cérémonies préliminaires, les catéchumènes étaient introduits par les portiers et par le sous-diacre, pour entendre la doctrine et en suivre des yeux l'explication sur ces signes mystérieux.

V. — Tout ce que nous avons dit jusqu'ici concerne le sigle qui renferme, outre la figure déguisée de la croix, l'abrégé du nom du Christ, ΧΡΙϹΤΟϹ. A une époque moins ancienne, mais qu'il serait bien difficile de préciser, paraît un monogramme du nom de Jésus, IHS (IHϹΟΥϹ). Il est emprunté aux Grecs, bien que dans leurs peintures, qui sont aujourd'hui exactement ce qu'elles étaient dès le début de l'ère byzantine, l'usage ait prévalu de représenter ce nom sacré par deux lettres seulement : IϹ. Ce monogramme est hybride, attendu que la lettre grecque H est suivie de la lettre latine s. Mais on sait que les Grecs du bas-empire employèrent fréquemment celle-ci, comme on le peut voir dans beaucoup de leurs médailles. En adoptant ces sigles, les Latins ne firent qu'ajouter une croix au milieu de H : I Ĥ s. On dit que S. Bernardin fut le principal propagateur de ce nouveau monogramme.

Mais nous croyons qu'on n'en vint pas là sans transition, et que, étudiée attentivement, l'antiquité pourrait fournir des types attestant une transformation graduelle. Avant d'abandonner le premier monogramme pour le second, on commença par les réunir. Nous en avons un très-curieux exemple dans une inscription du recueil du P. Lupi (*Epitaph. Sev.* p. 157), marbre qui doit être très-ancien, car il est décoré d'une ancre, symbole des temps les plus reculés (V. les art. *Ancre* et *Inscriptions*). Voici le monogramme, ou plutôt les deux monogrammes, non pas confondus, mais seulement rapprochés : IH ☧.

Il existe un autre monument où ils sont groupés. C'est une mosaïque du sixième siècle, de la chapelle de Saint-Satyre à Saint-Ambroise de Milan, où se voit S. Victor, portant d'une main une croix et de l'autre le signe ci-contre (V. Ferrari. *Monum. di S. Ambrogio.* p. 175.) Voici le monument lui-même. Ce monogramme, d'une forme toute

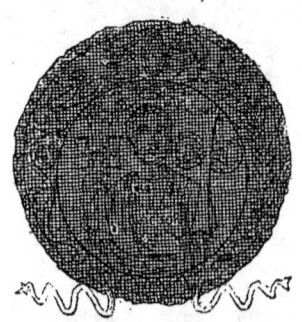

nouvelle, fut sans doute imaginé pour compléter l'ancien chrisme qui ne renfermait que le nom du Christ, par l'adjonction des initiales de celui de Jésus. En effet, nous avons ici d'abord la croix monogrammatique formée par la lettre médiale qui n'est autre que le P, et par une ligne transversale faisant la croix. Mais le P est pourvu d'une haste allongée représentant la première lettre du nom du Sauveur I ; et les deux lignes perpendiculaires fixées aux extrémités de la traverse forment évidemment la lettre H, qui est le second élément de ce nom sacré. Cette ingénieuse combinaison de lettres a donc pour résultat : IHϹΟΥϹ ΧΡΙϹΤΟϹ, JESUS CHRISTUS.

MONOGRAMMES. — L'usage de lier ensemble les lettres composant un nom, ou seulement quelques-unes d'entre elles, est très-ancien. On remarque en effet de ces monogrammes sur les médailles consulaires : par exemple, le nom de Rome est ainsi abrégé sur une monnaie de la famille Didia, celui de Marcius et celui d'Ancus sur quelques pièces de la famille Marcia.

Il est présumable qu'on commença par réunir au moyen de simples ligatures deux ou trois lettres ensemble (V. Gruter. p. CLXIX. 1. DCCXXXIX. 2. MVII. 3. MLXXV. 10. MXCIV. 1. etc.) (les médailles consulaires en offrent de nombreux exemples), et que de là vint l'usage des monogrammes proprement dits. Il en existe beaucoup sur les plus anciennes médailles grecques, exprimant les noms de certaines villes (V. la *Paléographie* de Montfaucon). Un médaillon de Mæonia à l'effigie de Trajan-Dèce présente à sa partie supérieure un monogramme absolument identique, quant à la forme, au monogramme du Christ (*Mélanges d'Archéol.* t. III. p. 197). (V. cette médaille à l'art. *Numismatique*, I, 3°.)

Cet usage continua et se développa beaucoup sous le Bas-Empire ; on trouve le nom de Ravenne ainsi exprimé sur des médailles frappées dans cette ville (Du Cange. *Familles byzant. Maurice.* p. 104). Nous y ajoutons les monogrammes d'Arles et de

Milan. Fabretti (p. 523) donne le monogramme d'Olibrius sur une plaque destinée à être portée au cou

Arles.　　　Milan.　　　Ravenne.

d'un esclave de ce Claudius Hermogenianus Olibrius. La numismatique byzantine, surtout à partir d'Anastase Ier, est vraiment le règne du monogramme. Dans les deux premières planches de son ouvrage (*Monnaies byzantines*. Paris, 1862), M. Sabatier a réuni la plupart de ceux qui sont inscrits, tant sur les monnaies byzantines proprement dites que sur celles des princes ostrogoths ou vandales. En voici trois exemples :

Théodose II.　　Nicéphore Phocas.　　Manuel II Comnène.

Les monuments de l'épigraphie chrétienne antique en ont déjà un assez grand nombre. Nous citerons ceux d'Aurelia (Perret v. pl. XLIX. 23), de Petrus (Muratori. p. 1923. 1), de Valentina (Boldetti. p. 361. On lit les monogrammes de Pelegrina et de Turcius sur une cassette d'argent appartenant à M. le duc de Blacas. La formule IN PACE est figurée en monogramme sur le *titulus* de Venidius Flaccus (Fabretti. p. 584. XCII), BI, et aussi au numéro suivant, sur la tombe d'une chrétienne nommée IRENIANA; ici le mot IRENE, qui signifie aussi PAX, est écrit en monogramme. Le mot BENEMERENTI est aussi exprimé monogrammatiquement dans une inscription antique (Fabretti. p. 569. n. CXXX). Cette abréviation, interprétée AMATE, est une des plus curieuses connues (Perret. v. pl. LVII. n. 10).

Amate.

Celle-ci se lit : LOCVS RVFINAE.

Beaucoup de monogrammes tracés sur les marbres chrétiens sont antérieurs à l'époque de Constantin. M. De' Rossi atteste que le troisième siècle en fournit déjà un assez grand nombre, et il en rapporte dans son *Bulletin* de 1863 (p. 34) un très-curieux qui règne au centre d'un sarcophage représentant Ulysse devant les sirènes (V. la gravure de l'art. *Ulysse*). Les vieilles mosaïques de Rome, de Ravenne et autres portent ordinairement le monogramme de celui qui les fit exécuter ou même de celui qui fonda l'église (V. Macarius. *Hagioglypt*. p. 41).

L'usage des monogrammes devint de plus en plus fréquent dans les bas temps. Le calendrier imprimé par Lambèce porte à son frontispice un certain accouplement de lettres représentant, selon ce savant, le nom de l'empire romain d'Orient, et, selon M. De' Rossi, les mots : VALENTINE, FLOREAS, IN DEO. Le monogramme de Childebert décore un marbre trouvé à la Chapelle-Saint-Éloi (Lenormant. *Cim. méroving*. p. 34) et ceux de Clovis Ier et de Clotaire Ier au bas de deux chartes souscrites par ces princes en 497 et 526 (*Ibid*. p. 33).

Les souverains pontifes se servirent aussi de monogrammes pour exprimer leurs noms dans les mosaïques dont ils décoraient les basiliques romaines (Alemanni. *De Lateran. parietin*. c. III), ainsi que sur leurs monnaies (Vignoli. *Antiq. pontif. Rom. denar*.) et sur leurs bulles, comme les empereurs, les rois et les princes dans leurs diplômes (Du Cange. *Glossar. Latin*. ad voc. *Monogram*.).

On en trouve aussi fréquemment sur les diptyques, comme, par exemple, celui d'Areobindus publié par Donati (*Dittici degli antichi*. p. 83. pl. IV), et que nous avons reproduit à l'article *Diptyques*. Nous ne parlons ici ni du monogramme du Christ, ni des monogrammes inscrits au bas des vêtements : ils font l'objet de deux articles spéciaux.

MONOGRAMMES SUR LES VÊTEMENTS. — Les peintures et les mosaïques chrétiennes font voir souvent des vêtements marqués à leur partie inférieure de certaines lettres ou monogrammes. D'après le P. Garrucci (*Vetri*. p. 112), cet usage paraît n'être devenu général que vers la fin du IIIe siècle, ou le commencement du IVe.

Les antiquaires sont partagés sur le sens qui doit leur être assigné. Les lettres qui s'y trouvent le plus communément sont T, X, I, H, Γ. Les uns veulent que le T signifie la croix dite en *tau* ou *commissa*; le X la croix *decussata*; l'I le nom de Jésus; l'H encore le nom de Jésus représenté par sa seconde lettre : INCORC. Telle est l'opinion de Bosio (*Roma sott*. l. IV. c. 5), d'Aringhi (*Roma subt*. II. l. VI. c. 28). Mais les savants d'une critique plus sûre, tels que Ciampini (*Vet. monim*. pars. I. c. 13) et surtout Buonarruoti (*Vetri*. p. 89), pensent qu'il ne faut chercher aucun mystère dans ces lettres, qui ne seraient autre chose qu'une marque de fabrique.

Boldetti (l. II. c. 58) ne se prononce pas, et Suarez, évêque de Vaison (*Diatrib. de vestib. litterat*. p. 7), est d'avis que les ouvriers, les mosaïstes notamment, ont distribué ces lettres selon leur caprice, et seulement pour se conformer à un usage antique répandu parmi les patriciens et les citoyens considérables, et consistant à inscrire ainsi sur leurs vêtements des noms, des titres, des vers, toutes choses qui leur donnaient beaucoup de prix.

Le fait est que la figure Γ dont les robes étaient quelquefois ornées s'appelait *grammadia* (Macri. *Hierolexicon* ad h. v.). Allegranza (*Monum. crist. di*

Milano p. 14) adopte l'opinion de Vettori (*De monogram. Christi.* p. 7), supposant que ces sigles peuvent représenter tantôt le nom, ou la patrie, ou la marque de l'ouvrier, tantôt le Christ, la croix, les apôtres, et quelquefois le nom ou la patrie du personnage lui-même dont le vêtement est décoré de ces lettres. En résumé, beaucoup d'obscurité règne dans cette matière. Comme spécimen de ces sortes de marques, voir à l'article *Chaire* le dessin d'un fond de coupe représentant Notre-Seigneur avec quelques martyrs (p. 159), plus la figure de la page 160, etc.

MOSAÏQUES CHRÉTIENNES. — L'usage des revêtements en mosaïque comme décoration des monuments religieux et funéraires exista, chez les premiers chrétiens dès l'époque des persécutions. On n'en saurait douter en présence des nombreux vestiges d'ouvrages de cette nature qui se rencontrent dans les catacombes de Rome : monogrammes, croix en *tau* et autres signes symboliques composés avec de petits fragments de pierre ou de verre. Boldetti (p. 522) en reproduit quelques-uns qu'il avait rencontrés dans les cimetières de Calliste, de Prétextat, de Sainte-Agnès.

Marangoni (*Act. S. V.* p. 99) mentionne la tombe d'une enfant de sept ans du nom de TRANQUILLINA, entourée d'une mosaïque de pierres blanches, de verres coloriés et dorés, sur laquelle l'épitaphe était tracée par le même procédé.

Des fragments intéressants se sont révélés au P. Marchi (V. *Monum. delle art. crist.* tav. XLVII) dans la crypte des SS. Protus et Hyacinthe, au cimetière de Saint-Hermès. La mosaïque servait de décoration à un *arcosolium;* on y distingue encore la résurrection de Lazare, Daniel dans la fosse aux lions, et un personnage dont la tête a disparu, mais qu'à son attitude on doit reconnaître pour le paralytique emportant son grabat. Si nous ajoutons à cela un petit fragment, représentant un coq, qui était fixé à un tombeau chrétien (*Perret.* v. pl. VII. 3), nous serons au bout de notre énumération pour les temps qui ont précédé Constantin (V. ce fragment à l'art. *Coq*).

Cette rareté s'explique par les difficultés de tout genre que rencontrait, en de pareils lieux et en des temps si agités, un travail si long et si minutieux. Nous devons tenir compte aussi des déprédations et du vandalisme dont les cimetières sacrés des chrétiens et des martyrs furent l'objet à diverses époques. Quoi qu'il en soit, ce n'est qu'au quatrième siècle que commence le règne véritable de la mosaïque chrétienne; c'est alors seulement qu'elle se déploie librement, en plein air, dans les basiliques principalement.

Quatrième siècle. C'est cependant encore par un monument souterrain que doit s'ouvrir le rapide exposé que nous allons tracer des mosaïques qui furent exécutées de Constantin à Charlemagne. On a découvert à Rome en 1858 une catacombe qui eut, croit-on, pour fondatrice Ste Hélène, et à laquelle on a donné le nom de cette princesse. Or plusieurs des *cubicula* de ce cimetière sont pavés en mosaïques de l'époque constantinienne, mais exécutées dans le goût de l'antiquité. Elles sont remarquables par la variété et l'élégance de leurs compartiments et de leurs entrelacs; une seule montre à son centre une colombe tenant entre ses pattes un rameau vert (V. Perret. II. pl. LXIV). En voici la reproduction.

Nous devons citer encore ici, faute de données certaines sur sa date, une mosaïque d'un bon style qui ornait une crypte près de la cathédrale de Vérone, et qui fait supposer chez les chrétiens des artistes habiles, suivant la remarque de Maffei qui nous en a conservé le dessin (*Mas. Veron.* p. CCVIII). Mais ce monument offre un intérêt tout spécial en ce qu'il prouve que, chez les chrétiens, comme chez les peuples de l'antiquité, ces sortes de travaux furent quelquefois, surtout quand ils étaient considérables, exécutés par cotisation, par souscription, comme nous dirions aujourd'hui, EX. STIPE, — AERE COLLATO : c'est la formule que font lire les marbres antiques. La mosaïque de Vérone renferme, dans trois encadrements de formes différentes, les noms des personnes qui avaient pris part à cette œuvre pie, en en faisant exécuter à leurs frais un certain nombre de pieds, l'un dix, les deux autres chacun cent vingt :

MARIN.	EVSEBIA	HYMERIA
COL. CVM	CVM. SVIS	CVM. SVIS
SVIS. P. X	TESSELLA	P. CXX
	VIT. P. CXX	

La haute Italie fournit plus d'un exemple d'inscriptions de ce genre.

Une des plus anciennes et la plus belle de toutes les mosaïques chrétiennes, au jugement des savants, est celle qui décore l'abside de l'antique église du titre de Pudens, connue sous le nom de Sainte-Pudentienne. Elle date de la première reconstruction de cette église, c'est-à-dire du pontificat de S. Sirice, vers la fin du quatrième siècle. Notre-Seigneur y est représenté au milieu de ses Apôtres, dont dix seulement sont aujourd'hui visibles, les deux autres ayant été supprimés à l'occasion de travaux exécutés dans l'abside en 1588 par le cardinal Henri Gaetani. En dépit de quelques retouches malheureuses faites à cette époque, on regarde encore cette mosaïque, d'un style vraiment classique, comme un des chefs-d'œuvre de l'art romano-chrétien (Vitet. *Journal des Savants*. Janvier 1863). Par une négligence vraiment inexplicable, Ciampini n'a point publié ce monument dans son ouvrage spécial sur la matière. M. De' Rossi est le premier qui l'ait fait connaître avec quelque détail (*Bullet*. Juillet. 1867).

Les décorations en mosaïque furent prodiguées dès le début dans la vénérable basilique de Saint-Pierre au Vatican. Il y eut des ornements de ce genre aux chapiteaux corinthiens des colonnes (V. Ciampini. *De sacr. œdif.* p. 33) ; mais les murailles intérieures, ainsi que les voûtes et la façade extérieure de ce temple auguste furent enrichies de mosaïques représentant divers faits de l'Ancien et du Nouveau Testament (Ciamp. *ibid.* tab. x seqq.). L'abside en eut de plus élégantes encore (Id. p. 42. — V. la gravure de notre art. *Abside*), et le pavé fut composé d'une marqueterie des marbres les plus précieux (Id. p. 35).

C'est probablement aussi à la munificence de Constantin que sont dues les deux belles compositions qui s'étalent au milieu des niches cintrées pratiquées dans le mur d'enceinte du baptistère de Sainte-Constance (Id. tab. xxxii), près de Sainte-Agnès sur la voie Nomentane : l'une représente Notre-Seigneur conférant la mission à S. Pierre et à S. Paul, l'autre le Sauveur livrant les clefs au chef de ses apôtres.

Le zèle de l'empereur ne fut pas moins vif en Orient : de magnifiques ouvrages en mosaïque furent exécutés par ses ordres dans les basiliques que sa piété y fondait, à Jérusalem et à Constantinople particulièrement (Euseb. *Vit. Constant.* iv. 58). Dans sa lettre à Maximus au sujet de l'église de cette dernière ville, église fondée en 337, Constantin fait même mention des artistes en mosaïque qui y avaient été employés (V. *Cod. Theodos.* l. iii. tit. 4).

A Ravenne, l'évêque Ursus, qui vivait en 378, construisit vers le même temps une église qui porte son nom, et dont la coquille absidale fut décorée d'images en mosaïque (V. Furietti. *De musivis.* p. 68). C'est le premier exemple apparaissant dans cette ville, qui bientôt va rivaliser sous ce rapport avec Rome elle-même.

C'est à peu près à cette époque que nous croirions pouvoir attribuer une belle mosaïque chrétienne découverte dans le voisinage de Constantine et qui se trouve reproduite dans l'*Annuaire de la Société archéologique de la province de Constantine* (année 1862, pl. iv). C'est un des plus remarquables spécimens des débuts de l'art byzantin en Afrique. Au centre, dans un cadre à double baguette, est inscrite une légende latine qui est une définition exacte de la conscience : IVSTVS || SIBI || LEX EST, « le juste est à lui-même sa loi. » Autour du cadre, sont disposés deux oiseaux, et à chacun des angles est un vase d'où s'échappe une élégante guirlande composée d'une branche de cette fleur trilobée où quelques interprètes voient un symbole de la Trinité. L'inscription, où se remarque un *lambda* au lieu de l'L latine, se compose de cubes de marbre noir et blanc. Les vases, les fleurs et les oiseaux offrent des couleurs rouges, vertes et jaunes empruntées à la nature, tandis que les demi-teintes sont obtenues à l'aide de dés de marbre gris, jaune clair et vert mat. Nous avons tenu à donner une courte description de cet intéressant *lithostrotum*, parce qu'il n'existe plus que dans le dessin de l'*Annuaire*, auquel nous l'empruntons.

Nous avons aussi à déplorer la perte d'une autre magnifique mosaïque (pavage) de la basilique de Tebessa, dont heureusement M. le commandant Sériziat a rapporté un beau et fidèle dessin de son habile main. Ce qui rend le monument plus intéressant encore, c'est que quatre tombes y sont engagées, avec inscriptions en beaux caractères du quatrième siècle à peu près, dont l'une est celle d'un évêque du nom de PALLADIVS, et une autre rappelle un prêtre nommé QVODVVLTDEVS.

D'un passage de Symmaque (L. viii, *epist.* 42. Cf. Furiet. *ibid.*) on peut conclure que ce fut dans le même temps que s'introduisit un nouveau genre de mosaïque, où les pâtes de verre colorié ou doré furent en partie substituées au marbre devenu rare : ce système fut surtout adopté pour les absides des basiliques, tant de Rome que des provinces.

Cinquième siècle. Ciampini place au début de ce siècle la mosaïque de Sainte-Agathe-Majeure de Ravenne (*Vet. monim.* part. i. 184), représentant Jésus-Christ assis entre deux anges, dans l'attitude de l'enseignement : elle est due à l'évêque Exuperantius (V. ce monument à notre art. *Anges,* p. 427). Galla Placidia, fille de Théodose le Grand, a attaché son nom à celles qui décorent, dans la même ville, l'église des Saints-Celse-et-Nazaire, fondée par elle en 440, et qui depuis a porté son nom (Furietti, p. 68). Cette même princesse fit aussi exécuter à Saint-Paul-hors-des-murs de Rome la belle décoration de l'arc triomphal appelé *arc de Placidie,* laquelle existe encore, mais avec des restaurations de Clément XII (Ciampini. *op. laud.* i, 228). On lui attribue en outre l'église de Saint-Aquilin de Milan, primitivement de Saint-Genès, et par conséquent la mosaïque de l'abside, qui cependant porte la trace de retouches postérieures (Allegranza. *Monum. ant. Crist. di Milano.* dissert. i). Celle de la chapelle de Saint-Satyre dans la basilique de Saint-Ambroise peut, d'après les indices archéologiques les plus sûrs, être aussi attribuée au cinquième siècle (V. Ferrari. *Monum. di S. Ambrogio.* p. 24 et 25). On y voit, entre autres choses, le buste du martyr S. Victor dans un médaillon, au milieu des figures emblématiques des quatre évangélistes (V. ce médaillon à la fin de notre art. *Monogramme du Christ*).

Sixte III, de 432 à 440, fit exécuter, à Sainte-Marie-Majeure, deux séries de tableaux dont les sujets sont empruntés à l'Ancien Testament, et décorent les attiques surmontant les colonnes de la nef principale (Id. *ibid.* p. 195).

A l'année 451 se rattachent les mosaïques de Saint-Jean *in Fonte,* soit du baptistère de Ravenne, dues à la munificence de l'évêque Néon (*Ibid.* 178). En 462, le pape S. Hilaire décora la voûte de Saint-Jean-l'Évangéliste, dans le baptistère de Latran, d'une mosaïque à fond d'or, au centre de laquelle l'Agneau de Dieu se montre dans une guirlande de fleurs (Anastas. *In Hilar.*). Nous ne saurions oublier celle de Sainte-Sabine, exécutée en 424 par Célestin Ier, et où se lit une inscription métrique en lettres d'or, sur fond bleu lapis, dans une zone allongée, aux deux extrémités de laquelle deux figures de femme représentent les deux Églises, EX CIRCVMCISIONE, et EX GENTIBVS (Ciamp. i. tab. XLVII. XLVIII. — V. ce sujet gravé à notre art. *Église*). C'est vers l'an 465, sous le pape Simplicus, que fut exécutée celle de S. André *in Barbara* de Rome.

Divers passages de S. Sidoine Apollinaire (*Carm.* XXIII *In Narbon.* — *Epist.* lib. II. ep. 10) attestent que, même dans les provinces, ce genre de luxe était usité pour les édifices sacrés et profanes. Furietti estime (p. 70) qu'on peut rapporter à cette époque deux mosaïques découvertes, l'une dans la cathédrale de Nimes, l'autre dans l'église de Saint-Remi de Reims.

L'an 472 vit exécuter à Sainte-Agathe *in Suburra* de Rome, par les soins du chef Goth Ricimer, un tableau de ce genre représentant Jésus-Christ assis sur un globe au milieu de ses apôtres (Ciamp. i. tab. LXXVIII), monument offrant cette remarquable [circonstance que S. Pierre, qui est à la droite du Maître, porte une espèce de tiare, tandis que les autres apôtres ont la tête découverte (V. la reproduction et l'explication de cette mosaïque à notre art. *S. Pierre et S. Paul*). On voit par là que ces Barbares ne dédaignaient pas les pratiques de la civilisation romaine ; Théodoric donna de nombreuses marques de son goût éclairé pour les arts et en particulier pour la mosaïque (V. Cassiodor. l. VII *Variar. in formul. curæ palat.*), qu'il employa à profusion à la décoration du palais qu'il s'était bâti à Pavie ; son effigie figurée d'après ce procédé existait à Naples ; mais ce qui lui fait plus d'honneur encore, ce sont les mosaïques de Sainte-Marie *in Cosmedin* de Ravenne, représentant Jésus-Christ baptisé par S. Jean, et les apôtres rangés en cercle tout autour de lui (Ciamp. II. 78).

En 468, le pape Simplicius embellit l'Église de Saint-André *in Barbara* d'images en mosaïque qui existaient encore du temps de Ciampini (I. tab. LXXVI. et p. 242) ; Anastase (*In Sym.*) en signale de fort remarquables, sous le pape Symmaque, à la date de 498 ; *Basilicam B. Petri marmoribus ornavit... et ex musivo agnos, cruces, palmas fecit ;* ce pontife en fit établir sur les murailles intérieures de la basilique de Saint-Pierre, représentant le Sauveur, S. Pierre et S. Paul et divers autres Saints (*De sacr. ædif,* p. 83), et d'autres encore sur un autel dédié à l'archange S. Michel dans l'Église de Saint-André *ad B. Petrum* (*De sacr. ædif.* p. 86). On croit que c'est à cette époque que se rattachent celles dont quelques vestiges se distinguent encore aujourd'hui à Saint-Félix d'Aquilée (Bertol. *Delle antich. d'Aquil.* p. 340).

Sixième siècle. C'est aussitôt après la ruine de la domination des Goths en Italie que parurent les plus admirables mosaïques de Ravenne, ville si riche en monuments de ce genre ; et d'abord celles de Saint-Vital, église fondée par Justinien en 541. Les plus remarquables sont celles qui sont établies dans le sanctuaire, des deux côtés de l'autel, et où sont mis en scène les archevêques Ecclesius et Maximianus, l'empereur Justinien et l'impératrice Theodora, des prêtres et des officiers de la cour. Au centre était un vase surmonté d'une colombe faisant jaillir l'eau avec ses ailes. On peut voir dans Ciampini (*Vet. monim.* II. tab. XXII) ces deux curieux groupes, infiniment précieux pour l'étude des costumes de l'époque, et dont nous avons fait graver le premier à notre art. *Penula.*

Vers le même temps, l'archevêque Ecclesius convertit sa propre maison en une église dite de Sainte-Marie-Majeure, et dans la coquille absidale de laquelle les mosaïstes exécutèrent l'image de Marie avec une habileté admirable (Rub. *Hist. Raven.* p. 153. — Cf. Furietti. 74). Maximianus qui lui succéda sur le trône archiépiscopal, bâtit, au rapport d'Agnellus, l'église de Saint-Étienne, et dans la tribune plaça l'image du martyr, *in tribuna cameris tessellis variis elaboratam* (Agnell. *In. Vit. Maxim.* — Cf. Furiet. *ibid.*). Agnellus, à son tour, archevêque de la même ville, orna les murailles de l'église de Saint-Martin, dite *cœlum aureum*, d'images de martyrs et de vierges représentées d'après le même procédé (Murator. *Antiq. Ital.* II. 362). Ciampini (*Vet. mon.* II. 63) parle d'un autre morceau exécuté en 545 dans la bibliothèque dépendante de l'église de Saint-Michel archange.

Il fut découvert dans la ville de Tergeste (Furiet. 74), à l'occasion de la construction d'une nouvelle église, un magnifique pavé lithostrote, qu'une inscription attribue à cette époque, laquelle offre du reste d'autres exemples de pavés de ce genre dans des édifices profanes ; nous citerons notamment celui que l'archevêque Victor fit établir en 546 dans un bain attenant à la basilique de Saint-Ursus de Ravenne (*Ibid.* 75).

Peu d'années après, deux autres églises de cette ville furent à leur tour enrichies d'images en mosaïque, celle de Saint-Apollinaire *in Classe*, et celle de Saint-Apollinaire-Nouveau dans l'intérieur de la cité. Dans la première (V. Ciamp. II. 79. 89) on remarque l'image de S. Apollinaire dans l'attitude de la prière et vêtu de la planète (l'un des plus anciens exemples de ce vêtement. — V. l'art. *Chasuble*), et au-dessus, le mystère de la transfiguration figuré symboliquement (V. la gravure de l'art. *Transfiguration*).

Ce que Justinien avait fait pour l'église de Saint-Vital de Ravenne, il le renouvela et avec plus de uxe encore, à Constantinople, pour Sainte-Sophie, dont les murailles, en grande partie, reçurent des revêtements en mosaïque, comme nous le savons par le témoignage de Paul le Silentiaire (*Descrit. S. Soph.* pars. I. vers. 230. — Cf. Furietti. 75). L'empereur employa le même genre de décoration dans son palais (Procop. l, I. *De œdif. Justin. ibid.*).

Pour revenir maintenant à Rome, parmi les mosaïques de cet âge que cite Anastase, nous devons mettre en première ligne celles des Saints-Côme-et-Damien, sous Félix IV, 526-530 (Anast. *In Fel. IV*). Il y a ici deux grandes compositions, dont l'une, dans l'arc triomphal, montre l'Agneau divin, dans les conditions de la vision de l'*Apocalypse, tanquam occisus* (*Apoc.* IV), placé sur un trône gemmé, entouré de quatre anges et de sept candélabres (Ciamp. *Vet. mon.* II. tab. xv); l'autre, dans la voûte hémisphérique de l'abside (Id. *ibid.* XVI). Jésus-Christ debout sur des nuages, et dominant deux groupes de personnages : les plus rapprochés du Sauveur de chaque côté sont S. Pierre et S. Paul, lui présentant S. Côme et S. Damien qui tiennent sur un pan de leur manteau la couronne du martyre; et aux deux extrémités de ce magnifique tableau, on voit S. Félix portant un édicule qui n'est autre que la basilique même dont il est le fondateur, et S. Théodore tenant une couronne sur le pan relevé d'une riche chlamyde (V. le monument gravé et expliqué à notre art. *Trinité*).

Anastase mentionne une autre mosaïque dans l'église de Saint-Laurent *in agro Verano*, sous le pontificat de Pélage II (en 578), dont l'effigie paraît à l'extrémité gauche avec le modèle de la basilique sur la main (Ciamp. II. xxviii). On y voit Notre-Seigneur assis sur un globe, ayant à ses côtés S. Pierre et S. Paul, S. Laurent, S. Etienne et S. Hippolyte.

Dans notre Gaule, aux temps mérovingiens, l'usage s'était aussi introduit de décorer de travaux en mosaïque, soit les tombeaux, témoin celui de Frédégonde, épouse de Chilpéric Ier, qui était autrefois à Saint-Germain des Prés (V. le monument gravé dans Grégoire de Tours, edit. Ruinart. p. 1277) ; soit les églises : S. Grégoire de Tours (*Hist. Fr.* V. 46) signale pour cet objet celles d'une basilique bâtie à Châlons par l'évêque Agræcula, du temps de Chilpéric; et encore de belles mosaïques sur fond d'or dans une église de Cologne, dédiée à cinquante des martyrs de la légion Thébéenne (*De Glor. MM.* I. 62.

Dans la seconde moitié de ce siècle, la cathédrale de Saint-Eusèbe de Verceil fut aussi décorée, par les soins de l'évêque Flavien, d'une série de tableaux en mosaïque représentant les principaux faits de *Actes des apôtres*, à partir de la descente du Saint-Esprit. Chaque tableau est accompagné de deux vers explicatifs, qui paraissent postérieurs aux mosaïques elles-mêmes. L'abbé Gazzera en a reproduit quelques spécimens à la suite de son ouvrage sur les inscriptions du Piémont.

Septième siècle. Ce siècle vit éclore dans Rome beaucoup de mosaïques dont Anastase nous a transmis le souvenir, et Ciampini le dessin. Tout le monde connaît la belle image de Ste Agnès, debout, un livre à la main, couronnée d'un bandeau gemmé et couverte de splendides vêtements, image qui se trouve dans l'abside de la basilique de la jeune martyre sur la voie Nomentane. C'est un ouvrage de l'an 626, dû à la piété du pape Honorius Ier (V. Perret. II. 4. 1). Severinus, successeur d'Honorius, restaura la mosaïque de l'abside de Saint-Pierre qui, depuis sa fondation par Constantin, avait subi de déplorables avaries (Anastas. *In Severin.*).

Les papes qui vinrent après ne restèrent pas en arrière du zèle de leurs prédécesseurs et dotèrent beaucoup d'églises de la ville de travaux de ce genre. Ainsi, en 641, sous Jean IV, l'arc et la voûte absidale de l'oratoire de Saint-Venance, attenant au baptistère de Latran (Id. *In Joan IV*), et en 642 la voûte surmontant un autel de l'église de Saint-Étienne sur le mont Cœlius, dédié aux SS. Primus et Felicianus (Ciamp. II. 109) et représentant les deux Saints debout, et au-dessus d'eux une main tenant la couronne du martyre (V. l'art. *Dieu*).

Ciampini rapporte à l'an 682 l'image de S. Sébastien que l'on montre encore à Saint-Pierre-ès-Liens de Rome (Ciamp. ii, xxxiii. — V. cette image à notre art. *S. Sébastien*), et à l'an 688 celle de Ste Euphémie, figurée en *orante*, entre deux serpents, monument fait par les soins du pape Sergius, dans l'église de la Sainte (*Ibid*. xxxiv. — V. la figure à notre art. *Couronne*). Ce même pontife, au dire d'Anastase, avait déjà restauré, en 687, la mosaïque de l'*atrium* de la basilique du prince des apôtres.

Huitième siècle. Le goût des travaux en mosaïque, loin de se ralentir en ce siècle, prit un nouvel essor, et on vit même se réaliser, dans la pratique de cet art, un véritable progrès. Le premier monument par ordre de date est une belle image de la Ste Vierge, dans la basilique Vaticane, du fait de Jean VII, en 705. En 1692, alors que Paul V fit mettre la dernière main à la destruction de ce vénérable temple, l'image fut transportée à Florence et placée dans la chapelle de Ricci, à l'église de Saint-Marc : une longue inscription citée par Furietti (*De musiv*. 79) atteste le fait.

Nous savons par le livre pontifical que ce même pape, en 705, décora de mosaïques historiées les murailles de l'oratoire de la Mère de Dieu à l'intérieur de Saint-Pierre. Torrigio (*De crypt. Vatic*. ii. 117) nous en a conservé le détail. On y voyait trois fois l'image de S. Pierre, prêchant à Jérusalem, civitas hiervsalem, à Antioche, civitas antiochia, à Rome, civitas roma. S. Pierre et S. Paul y étaient figurés au moment de leur dispute avec Simon le Magicien indiqué par le mot magvs, et en présence de Néron. Simon était vu précipité du haut des airs où il s'était élevé ; on y avait représenté, en outre, l'annonciation de Marie et la visitation d'Élisabeth ; la nativité de Notre-Seigneur, l'adoration des Mages; la présentation de l'enfant Jésus aux mains du vieux Siméon ; la guérison d'un aveugle ; l'entrée de Jésus-Christ à Jérusalem sur une ânesse ; son crucifiement ; enfin, Marie, debout, recevant l'offrande de la chapelle des mains du pape Jean (Torrig. i. 117). Ciampini rapporte que cette mosaïque fut sauvée de la destruction et transportée à Sainte-Marie *in Cosmedin* (*De sacr. œdif*. 75). On en montre encore à la sacristie un fragment qui faisait partie du sujet de l'adoration des Mages.

Au Latran, en 742, le pape Zacharie renouvelle le *triclinium* qui se trouvait au devant de la basilique et le décore de mosaïques (Anast. *In ejus Vit*.). Panvinio (*De sept urb. eccl*. 42) et Paul de Angelis (*Annot. ad Petr. Mall*. p. 16. ap. Furiet. 80) font mention d'autres embellissements de ce genre que Grégoire III, prédécesseur de Zacharie, avait ajoutés à l'oratoire dans la basilique de Saint-Pierre.

En 757, c'est le pape Paul qui construit et décore de mosaïques une église en l'honneur des SS. Étienne et Sylvestre, et embellit de même les murailles de l'oratoire de Sainte-Marie *inter Turres*, ainsi qu'une autre chapelle à l'intérieur de la Vaticane (Torrig. ap. Fur. *ibid*.). Les rois lombards firent aussi paraître, vers la même époque, un goût prononcé pour les décorations en mosaï-

que. En 725 Luitprand bâtit à Olonna l'église de Saint-Anastase (Warnfrid. *ibid*.), qui, comme nous le savons par une inscription du recueil de Gruter, en possédait d'assez remarquables (Cf. Murator. *Ant. med. æv*. ii. 363). C'est ici que se placent, pense-t-on, celles dont, au siècle dernier, il fut retrouvé des fragments à Gemignano en Toscane (Furiet. *ibid*.).

On voit par là que cet art ingénieux était alors cultivé ailleurs qu'à Rome, et notamment dans plusieurs villes de l'Italie ; et le décret du deuxième concile de Nicée (act. vii) contre les iconoclastes, lequel accorde une mention spéciale aux images en mosaïque, ne contribua pas peu à le faire fleurir. Du reste, une époque dominée par des princes tels que Hadrien Ier et Charlemagne devait être pour les arts comme pour les lettres une ère de renaissance.

On peut placer ici la date d'un curieux manuscrit qui se conserve dans la bibliothèque des chanoines de Lucques, dont Mabillon fait mention (*Ad sæc*. viii), que Muratori rapporte à l'empire de Charlemagne (*op. laud*. ii. 366), et qui contient des recettes pour teindre les cubes destinés à la composition des mosaïques. Ces recettes, au nombre de trois, sont ainsi énoncées dans un langage barbare : *De tictio omnium musivorum*, « de la teinture des mosaïques, » — *De inoratione musiborum*, « de la dorure des mosaïques, » — « *De mosibum de argento*, « des mosaïques d'argent. »

C'est à Rome que se rencontrent, à cette époque, les plus nombreuses mosaïques. Citons Saint-Marc en 774 (Ciamp. ii. 119), un oratoire dans Saint-Jean de Latran, dû au zèle du pape Zacharie ; les églises des Saints-Nérée-et-Achillée, et de Sainte-Suzanne *ad Duas Lauros*, décorées par les soins de Léon III de mosaïques dont on peut voir la reproduction dans Ciampini.

En 797, Léon III avait orné d'une belle mosaïque une salle du palais de Latran, connue sous le nom de *triclinium ;* elle se compose d'un arc et d'une voûte ; on la voit aujourd'hui dans une sorte de tribune extérieure formant une des façades de la maison de la *scala santa*, sur la place de Saint-Jean-de-Latran. Au côté gauche de l'arc, Jésus-Christ assis tient d'une main deux clefs qu'il présente à S. Sylvestre, de l'autre un étendard surmonté d'une croix qu'il remet à Constantin, couronné, armé d'une épée et serrant l'étendard sur sa poitrine. Au côté droit, et dans une disposition toute semblable, S. Pierre présente un *pallium* au pape Léon III et un étendard à Charlemagne. La composition de la voûte fait voir l'apparition de Notre-Seigneur aux onze apôtres après sa résurrection.

Charlemagne, qui avait, en 795, permis au pape Hadrien d'enlever et de transporter où bon lui semblerait les marbres et les mosaïques qui se trouvaient à Ravenne, tant dans les temples que sur les murailles et les pavés (*Epist*. xii. ap. Baron. *ad. an*. 795), fonda lui-même à Aix-la-Chapelle dans la même année, selon Muratori (t. ii. *Med. æv*.

p. 364) ou en 802, si l'on en croit Ciampini (ii. 129), une nouvelle église qu'il enrichit d'images en mosaïque.

Neuvième siècle. Le zèle des premiers papes de ce siècle pour procurer à leurs églises ce genre de décoration ne fut pas moindre que celui des âges précédents. Le livre pontifical cite, sous Pascal Ier, l'église de Sainte-Marie *in Dominica* en 815, la basilique du prince des apôtres en 817, comme ayant été pourvues de mosaïques. En 822, c'est l'église de Sainte-Praxède; en 824, la chapelle de Saint-Zénon dans la même église ; vers 820, celle de Sainte-Cécile (Ciamp. ii. p. 140. 154). Anastase signale à la reconnaissance des amis des arts trois autres pontifes : Grégoire IV, qui en 827, dans la Vaticane, surmonta d'une voûte en mosaïque l'autel de S. Grégoire ; Sergius II, qui, en 844, décora de même l'abside des Saints-Sylvestre-et-Martin; Léon IV, qui, en 847, fonda aussi à Saint-Pierre un oratoire d'une admirable beauté, avec une abside revêtue d'une mosaïque à fond d'or. Ajoutons Benoît III, à qui est due en 856 la restauration et la décoration en mosaïque de la basilique de Sainte-Marie *trans Tiberim*.

Les autres villes de l'Italie ne négligèrent point cet art à la même époque. En 836, sous Louis le Débonnaire, la tribune de la fameuse basilique ambrosienne à Milan fut enrichie d'une belle mosaïque qu'a illustrée Puriccelli (*Monum. basilic. Ambros.*). L'anonyme Salernitain (Cf. Furiet. 86) mentionne un insigne lithostrote de l'an 855 exécuté dans une église que fonda à Salerne l'évêque Bernard. Ciampini rapporte deux mosaïques qu'il croit être de la main d'un artiste grec : l'une qui avait été établie par Nicolas Ier en 858 dans l'église de Sainte-Marie-Nouvelle de Rome ; l'autre qui serait de la fin du neuvième siècle et qui se voyait encore du temps de ce savant dans la cathédrale de Capoue (ii. 162. 166).

Le soin qu'a mis Ciampini à mentionner cette circonstance prouve qu'il la regarde comme exceptionnelle. Et en effet, les Italiens ne partagent pas l'opinion, assez généralement reçue ailleurs, qui confond sous le nom d'œuvres byzantines la plupart des mosaïques chrétiennes. M. Barbet de Jouy (*Mosaïq. chrét.* Préf. p. xv) pense, lui aussi, que, pour la période comprise entre le quatrième et le neuvième siècle, rien n'est moins motivé que ces attributions, d'ailleurs très-vagues. Les mosaïques exécutées depuis Constantin jusqu'au pontificat de Nicolas Ier n'ont pas le caractère byzantin; et cela s'entend non-seulement de Rome, mais de Milan et d'autres lieux.

A Ravenne même où, par des causes historiques connues du lecteur, refluèrent incontestablement des influences orientales, le style du dessin des plus anciennes mosaïques n'est pas grec.

Nous mettons fin à cette rapide revue qui déjà a dépassé de beaucoup les limites de l'antiquité proprement dite. Du reste, il y a ici un point d'arrêt, au moins pour Rome, où il n'existe pas de vestiges de mosaïques exécutées de 868, qui est la date de celle de Sainte-Françoise romaine, à l'année 1130, qui vit paraître celle de la façade de Sainte-Marie *in Trastevere*.

MULCTRA (vase pastoral). — L'image du Bon-Pasteur, dans nos monuments antiques, est souvent accompagnée d'un vase à anses, suspendu tantôt à son bras (Buonarr. vi. 2), tantôt aux branches d'un arbre, près de lui (Perret. v. pl. lxviii), ou bien encore déposé à ses pieds. C'est le vase à lait ou vase pastoral : il se remarque

dans un grand nombre de monuments, entre autres dans la sixième chambre du cimetière de Calliste, où il est attaché à un *pedum* (V. ce mot) que porte un agneau couché, lequel tient ici la place du Bon-Pasteur.

Ces vases pastoraux s'appelaient, dans l'antiquité, *mulctræ* ou *mulctralia* (Servius. *In egl.* iii), parce qu'ils servaient principalement à traire le lait. Du Cange (*Gloss. Latin. ad h. v.*) assigne à chacun de ces deux mots une signification spéciale : *mulctra, vas in quo mulgetur.* — *Mulctrale, locus in quo coagulationes fiunt*. Il y avait d'autres vases plus grands, et qui, à raison de l'usage différent auquel ils étaient employés, étaient désignés sous le nom de *sinus* (Servius. *In eglog.* vi). C'était le vase à traire que S. Augustin et S. Isidore de Séville (V. *Orig.* vi) appellent aussi *alveus lactis*. Ciampini avait dans son musée un de ces vases, au rapport de Buonarruoti, qui en donne le dessin (*Vetri.* p. 51).

Un grand nombre de sarcophages présentent des bergers occupés à traire des brebis ou des chèvres (Bottari. xx. — Maffei. *Veron. illustr.* part. iii. p. 54), et on peut là se faire une idée de la forme du vase à lait antique. Quoi qu'il en soit, quelques savants sont d'avis que, outre sa signification pastorale directe, le vase à lait renferme quelquefois une allusion symbolique au sacrement de l'Eucharistie, et à l'appui de cette interprétation ils citent les actes de Ste Perpétue et de Ste Félicité, où il est raconté que la première de ces deux martyres reçut (dans sa vision) de Notre-Seigneur du lait coagulé sur ses mains croisées, comme pour la réception de la sainte communion (V. l'art. *Eucharistie*, III, 5°). Les monuments, et en particulier les fresques des catacombes, ne laissent pas le moindre doute à cet égard. Ainsi nous voyons dans les plus anciennes peintures du cimetière de Domitille l'agneau qui

est la plus incontestable personnification du Christ ayant à ses côtés le vase à lait suspendu au bâton pastoral. Ce même agneau divin est peint aux quatre angles d'une voûte du cimetière des SS. Marcellin-et-Pierre (Bosio. *Rom. sott.* p. 363) portant sur le dos la *mulctra* nimbée, comme on voit dans la crypte de S. Corneille le divin poisson portant aussi sur son dos la ciste renfermant le pain et le vin (V. l'art. *Eucharistie*, II, 3). Mais nous avons un monument où le symbole arcane du vase se montre plus évident encore (V. De' Rossi. *Rom. sott.* I, p. 349). Ici le vase est placé sur un autel, avec l'accompagnement obligé du *pedum*, et entouré du troupeau, comme ailleurs le pasteur lui-même. Il est clair que l'autel supportant le vase tient ici la place du pasteur qui est le Christ; et cet autel n'est autre que l'autel de l'oblation mystique où le fidèle reçoit, non pas du pain et du vin, mais la chair et le sang du divin Pasteur.

Le vase à lait était pris quelquefois comme symbole du printemps (V. Bottari. III. 62). Le distique suivant, qui fait allusion à cette interprétation, se trouve inscrit en tête du mois de mars, dans un ancien calendrier édité par le P. Boucher (*De doctrin. temp.* p. 277):

Tempus ver, hædus petulans, et garrula hirundo
Indicat, et sinus lactis, et herba virens.

« Le printemps est indiqué par le bouc pétulant, par la babillarde hirondelle, par le *vase à lait*, par l'herbe verdoyante. »

N

NAPPES DE L'AUTEL. — L'usage de recouvrir les autels de linges blancs, et de lin, remonte aux premiers siècles: cette pratique fut inspirée aux pasteurs par le respect dû à la sainte Eucharistie.

I. — L'Église grecque, qui est restée en général plus fidèle que la latine aux anciens usages liturgiques, n'en use pas autrement à cet égard qu'elle ne faisait dès le commencement. Voici quelques détails curieux empruntés à Siméon de Thessalonique (*De templo et missa*). On fixait aux quatre coins de la table de l'autel quatre morceaux de drap qu'on appelait *évangélistes*, parce que les noms et les images des quatre évangélistes y étaient retracés, pour faire entendre que l'Église, représentée par la sainte table, est composée des fidèles que Jésus-Christ a appelés des quatre points cardinaux par la voix des quatre évangélistes.

Sur ces quatre pièces de drap on plaçait une première nappe, appelée, selon cet auteur, *ad carnem*, parce qu'elle est la figure du linceul blanc dans lequel le corps de Notre-Seigneur fut enseveli. D'autres réservent ce nom au corporal qui est en contact plus immédiat avec la *chair* du Sauveur (V. l'art. *Corporal*). Cette nappe était recouverte d'une seconde d'un tissu plus fin, parce que, toujours d'après la même autorité, elle représente la gloire du Fils de Dieu assis sur l'autel, comme sur son trône. Enfin venait le corporal. Ainsi, sur les autels des Grecs il n'y avait à proprement parler que deux nappes, car les quatre *évangélistes* ne constituaient point une couverture.

II. — Les plus anciens documents concernant cette matière dans l'Église latine, et qui ne remontent pas au delà de S. Sylvestre, ne font mention que des corporaux. Car il serait difficile d'assigner une date à un décret faussement attribué à Pie Ier, qui vivait un siècle et demi avant S. Sylvestre, décret qui suppose clairement l'existence de trois nappes, outre le corporal (*Si per negligentiam. De consecrat.* dist. II). La nappe dont, au témoignage de S. Optat de Milève, étaient couverts, de son temps, les autels de bois sur lesquels on célébrait les saints mystères, étant unique, rien ne prouve qu'elle fût autre chose que le corporal lui-même. « Qui des fidèles ignore que pendant la célébration des mystères le bois des autels est recouvert d'un linge? » (L. VI. *De schism. Donatist.*)

Divers documents remontant au sixième siècle indiquent assez clairement que, du moins à cette époque, si ce n'est plus tôt, les autels, ainsi que les dons offerts en sacrifice, étaient couverts de voiles de soie ou d'autres étoffes précieuses. S. Grégoire de Tours le suppose dans le récit d'un songe qui lui fut envoyé: *Cum jam altarium cum oblationibus pallio serico opertum esset*, « comme déjà l'autel, avec les oblations, avait été recouvert du manteau de soie » (*Hist. Franc.* XXII.). Nous voyons dans Anastase le Bibliothécaire divers dons de cette nature faits aux églises de Rome par des princes et par des papes. Le plus ancien exemple cependant date du septième siècle, c'est-à-dire du pontificat de S. Vitalien. Sous ce pape, l'empereur Constans étant venu à Rome, et ayant visité la basilique de Saint-Pierre, lui fit présent d'une pièce de drap d'or pour couvrir l'autel: *Super altare pallium auro textile* (*In Vitalian.* 135. 15). Au huitième siècle, Zacharie offrit au même autel une couverture de même étoffe, enrichie de pierreries et ornée de la représentation de la nativité de Notre-Seigneur : *Fecit vestem super altare beati Petri ex auro textam, habentem nativitatem Domini Dei et Salvatoris Jesu Christi, ornavitque eam gemmis pretiosis* (Anast. *In Zach.* 219. 5), et il en fut de même dans les siècles suivants.

Les expressions, *in altari*, *super altare*, dont se sert constamment le Bibliothécaire pour désigner ces sortes de tapis, témoignent qu'ils n'étaient pas simplement destinés à servir de parements au devant des autels, mais à recouvrir la table elle-même comme les nappes la recouvrent aujourd'hui, et à recevoir le corporal. Thiers pense que ces pièces d'étoffes précieuses (*Autels*. p. 165) servaient de nappes et de parements tout à la fois, se déployant tout autour de l'autel ou tout au moins sur le devant.

NARTHEX. — Dans certaines grandes basiliques antiques, il y avait deux *narthex*, le narthex extérieur et le narthex intérieur ; ils étaient placés aux deux extrémités de l'*atrium*.

Pour l'intelligence de cette matière, nous reproduisons ici le plan de l'article *Atrium*.

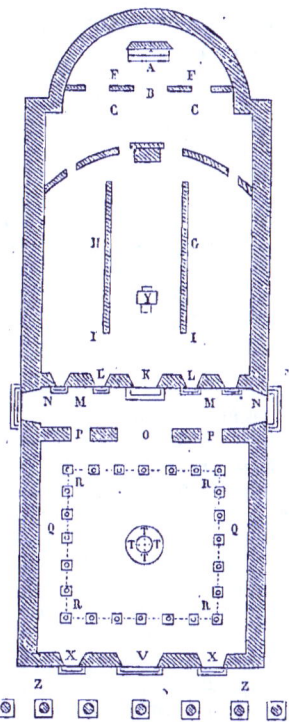

I. Le narthex extérieur, qu'on a quelquefois appelé « vestibule, » προπυλαίον (Procop. l. v. c. 6), « propylée », πρόπυλον, ou πρώτη εἴσοδος, « première entrée (Euseb. *Hist. eccl.* IX) », ressemblait aux portiques ou aux péristyles de quelques édifices modernes et mieux encore au *chalcidicum* des basiliques profanes de l'antiquité. Il régnait sur toute la largeur de l'*atrium* (V. dans le plan ZZ.). L'anonyme dont l'ouvrage a été publié d'abord par Lambèce, puis par Combéfis, et enfin par Banduri, après avoir dit que Sainte-Sophie avait quatre narthex tout à fait distincts de l'*area*, ajoute que l'un d'eux s'appelait narthex *extérieur*. Les quatre narthex qu'il mentionne étaient quatre portiques, dont deux sur la partie occidentale, c'est-à-dire du côté de la façade de l'église, étaient superposés l'un à l'autre, comme cela se voit aujourd'hui encore dans l'ancienne et très-intéressante église de Tournus (Saône-et-Loire) ; le troisième sur la partie septentrionale, le quatrième au midi ; il n'y en avait pas à l'orient, selon la juste observation de Du Cange. Mais aucun de ces narthex n'était celui que l'anonyme appelle *extérieur*; car si, pour qu'on pût donner ce nom à un narthex, il suffisait qu'il fût en dehors de la nef, il s'ensuivrait que tous devraient être tenus pour extérieurs. C'est en effet parce qu'ils n'étaient pas en dedans, que Justinien put les comparer aux quatre fleuves qui sortaient du paradis terrestre. Mais comme enfin il est dit qu'il y en avait un extérieur, il faut nécessairement que ce narthex fût encore distinct des quatre autres. Or nous ne voyons pas à quoi ce nom pourrait convenir, si ce n'est au premier et extérieur vestibule de l'église, et que les Grecs modernes appellent encore *narthex du dehors*.

C'est sous ce narthex extérieur en forme de portique soutenu par deux, cinq et jusqu'à sept colonnes, comme on l'observe dans le plan cité plus haut, que furent pratiquées les sépultures des fidèles, dès qu'il fut permis d'ensevelir les morts dans l'intérieur des villes (*Concil. Nannet. an.* 658. can. VI). L'anonyme déjà plusieurs fois cité atteste encore que, par l'ordre de l'empereur Justinien, tous ceux qui, pour leurs crimes, avaient été séparés de la communion de l'Église devaient se tenir dans le narthex extérieur, sans pouvoir avancer plus loin dans le lieu saint. C'était probablement aussi dans les églises de petites dimensions et dépourvues d'*atrium* et de cloître la place des pénitents de la première classe, auxquels il n'était pas permis de pénétrer dans le narthex intérieur ; car autrement ils n'auraient pas été relégués en dehors des portes du temple, ce qui est formellement prescrit par le canon ajouté à la lettre canonique de S. Grégoire Thaumaturge : « Les *pleurants* doivent se tenir hors de la porte de l'oratoire, » puisque les *écoutants* sont admis en dedans de la porte, dans le narthex.

II. — Comme nous l'avons dit, les deux narthex étaient séparés l'un de l'autre par l'*atrium*. Le *narthex intérieur*, ou *ferula*, était donc un portique intérieur séparé de la nef par un mur (MM), et non pas par une cloison de bois, comme quelques-uns l'ont pensé. En effet, s'il eût été dans la nef même de l'église, et distingué seulement par une cloison d'avec le lieu où se tenaient les *fidèles*, ou baptisés, lesquels étaient admis à la communion des choses saintes, comment les auteurs anciens auraient-ils pu dire que « le narthex est hors de l'église? » Si donc nous pesons attentivement les paroles de Paul le Silentiaire dans la description de la basilique de Sainte-Sophie, nous nous convaincrons que le narthex de cette église ne différait point du portique intérieur. « Après ces vestibules du cloître, dit-il, règne un espace de toute la largeur de l'église, où l'on entre par de larges portes. Ce lieu est appelé par les Grecs *narthex*. De là on entend les louanges de notre bienfaiteur Jésus-Christ; de là, le peuple peut entrer dans l'église par sept portes. Une de ces portes correspond au front de l'étroit narthex qui est au midi, une seconde s'ouvre au nord, les cinq autres donnent au couchant dans la dernière muraille du temple. » (Cf. Mamachi. *Costumi*. I. 280.) Ce passage ne signifie pas autre chose, sinon que de l'*atrium* on passait par d'amples portes (POP) à un espace long de toute la largeur de l'église, lequel espace s'appelait *narthex*, et duquel ensuite on entrait dans la nef par sept portes, dont deux étaient latérales au narthex (NN) et les autres s'ouvraient dans le mur occidental de la nef (LLKLL).

Le narthex était donc séparé de la nef de l'église par une muraille, et non par une simple cloison, dont ni Eusèbe, ni Procope, ni aucun autre écrivain ancien n'ont fait mention. C'est donc par erreur que plusieurs auteurs, même savants, s'isolant des témoignages des contemporains, ont supposé que les églises antiques étaient semblables à certaines églises grecques modernes, dont la nef est partagée par une cloison en deux parties inégales, la portion la plus rapprochée de la porte étant moins longue que l'autre, et appelée pour cela *narthex*.

Dès que la distinction des pénitents et des catéchumènes en diverses classes eut été établie, on dut assigner à chacune de ces classes une place spéciale dans l'église.

Le narthex était destiné aux catéchumènes, aux énergumènes, et aux pénitents appelés *écoutants*, parce qu'il leur était permis d'écouter de ce lieu les hymnes et les psaumes qui se chantaient dans l'église, et aussi les instructions que distribuaient les ministres de la parole divine (V. l'art. *Pénitence publique*). Aussi, selon les *Constitutions apostoliques*, était-il prescrit qu'après une ordination l'*ordonné* adressât la parole au peuple, et que, quand il avait fini de parler, le diacre dit d'un lieu élevé : « Sortent les *écoutants* et les infidèles. » Nous savons par l'auteur du dernier canon ajouté à la lettre de S. Grégoire Thaumaturge que l'*audition* avait lieu en dedans de la porte du vestibule, dans le narthex, où pouvaient se tenir ceux qui avaient péché, jusqu'au renvoi des catéchumènes, et entendre la parole divine, après quoi ils sortaient. Les *écoutants* appartenaient au second ordre des pénitents, puisque ceux de la troisième classe appelés *prosternés* se plaçaient, non dans le narthex, mais en dedans de l'église, dans la nef.

On permettait aussi quelquefois, même aux païens, aux Juifs, aux hérétiques et aux schismatiques de pénétrer dans le narthex et d'entendre la prédication de la parole évangélique, afin qu'ils pussent se convertir, si Dieu leur faisait la grâce de toucher leur cœur.

NATALE ou **NATALIS**. — *Natalis*, sous-entendu *dies*, dans le style ecclésiastique des premiers siècles, et en particulier dans celui des martyrologes et des inscriptions funéraires, exprime, non pas la naissance selon la chair, mais la naissance à la vie éternelle. Les monuments sont tellement innombrables, qu'il est superflu de citer. Soient seulement pour exemple deux épitaphes : SANCTIS MARTYRIBVS TIBVRTIO ‖ BALERIANO ET MAXIMO QVORVM ‖ NATALES (*natalis*) EST XVIII KALENDAS MAIAS, « aux Saints martyrs Tiburtius, Valerianus et Maximus, desquels le *natalis* est le XVIII des calendes de mai » (*Mamachi*. II. 230). — PARENTES FILIO MERCVRIO FECE ‖ RVNT QVI VIXIT ANN. V. ET MESES VIII ‖ NATVS IN PACE IDVS FEBRV., « les parents ont fait (ce monument) à leur fils Mercurius, qui a vécu cinq ans et huit mois, et qui EST NÉ dans la paix aux ides de février » (Marangoni. *Act. S. Vict.* p. 88). C'était un enfant de huit ans dont la mort était la naissance à la véritable vie.

Pour les martyrs et pour tous les chrétiens qui atteignent le port du salut, la mort est la fin de l'exil, c'est-à-dire la *naissance* à une vie qui ne doit plus s'éteindre : *Dum ingerit morti*, dit S. Eucher, *genuit æternitati* (*Homil.* I. *sub. nom. Euseb. Emiss.*). Aussi le jour de la mort était-il célébré par les premiers fidèles comme un jour de fête; ils ornaient le vestibule de la maison mortuaire de couronnes et de guirlandes (Greg. Nazianz. *Orat.* XXXVIII), ils en décoraient l'extérieur de verdure, de draperies et de flambeaux.

On a vu par deux inscriptions citées plus haut, et il en est de même dans toutes celles de la plus ancienne époque, que l'on se bornait à y mentionner le jour du mois de la *déposition* ou *natale*, sans se préoccuper de l'année. C'est que la première indication suffisait pour le but que l'on se proposait, et qui n'était autre que de fixer le jour où devait se célébrer l'anniversaire, soit des martyrs, soit des simples chrétiens. La mort des Saints non martyrs est cependant désignée d'ordinaire par le mot *depositio*.

On rencontre assez souvent, dès le quatrième siècle surtout, des inscriptions chrétiennes où le jour de la mort est marqué par le *natale* d'un martyr ou d'un pontife. Ainsi, dans le recueil de M. De' Rossi (p. 66. t. I), nous avons l'épitaphe de STVDENTIA déposée au jour anniversaire du *natale* du pape Marcellus, qui tombe le XVII des calendes de février, c'est-à-dire le 16 janvier. Quelquefois aussi le mot *atalis* désignait des anniversaires d'une autre sorte, par exemple celui de l'invention des reliques de quelque saint, comme *natalis reliquiarum sancti Stephani*. Dans le calendrier de Polemius Silvius (Cf. Northrat. *Rom. subt.*), la fête du Saint-Sacrement est appelée *natalis calicis* et celle de la Nativité de Notre-Seigneur *natalis Do-*

mini corporalis (V. les art. *Station.* — *Calendrier.* — *Martyrologes.* — *Diptyques*).

NATIVITÉ DE MARIE. — V. l'art. *Fêtes immobiles*, VIII, 1°.

NATIVITÉ DE NOTRE-SEIGNEUR. — Nous ne connaissons pas de peinture antique représentant ce sujet; nous ne le trouvons que sur des sarcophages, sur des pierres gravées ou des pâtes de verre.

Plusieurs Pères de l'Église ont écrit que Notre-Seigneur était né dans une grotte naturelle. On a montré de tout temps et on montre aujourd'hui encore ce lieu vénéré, sur lequel, au témoignage d'Eusèbe (*De Vit. Constant.* lib. III. cap. 43), Ste Hélène éleva une église. Mais les artistes de l'antiquité se sont constamment écartés de cette tradition, et ont basé leurs compositions sur le sentiment qui suppose qu'une pauvre chaumière, faite de main d'homme, a été le théâtre de cet auguste mystère. En effet, les bas-reliefs de plusieurs sarcophages font voir l'enfant-Dieu emmailloté dans un berceau composé d'un treillis en forme de corbeille, en avant d'un *tugurium* (V. Bottari. I. tav. XXII. II. tav. LXXXVI). Ici, il est vrai, le mystère de l'adoration des Mages est réuni à celui de la naissance du Rédempteur, et si l'on adoptait l'opinion selon laquelle la visite de ces personnages n'aurait eu lieu que quelques jours après la nativité, on pourrait supposer que le Sauveur ne se trouvait plus alors au lieu qui l'avait vu naître; mais la présence du bœuf et de l'âne sur les deux urnes sépulcrales citées plus haut repousse cette supposition.

On remarquera sur le premier des deux bas-reliefs une double circonstance pleine de charme: près de la tête du Sauveur, S. Joseph se tient debout, portant de la main gauche quelque chose qui semble rappeler la tige de lis que l'iconographie lui a donnée plus tard, et étendant la droite vers le divin enfant; et en arrière de Joseph, paraît la Ste Vierge assise sur un rocher entre deux palmiers dont les branches se réunissent en berceau sur sa tête.

Deux autres sarcophages (Bottari. II. tav. LXXXV. et III. XCIII) représentent l'enfant Jésus couché sur une estrade ornée de voiles qui pendent sur le devant, sans ses parents, sans le *tugurium*, mais entouré seulement des bergers et des deux animaux traditionnels (V. l'art. *Adoration des bergers*). Dans le sarcophage de Saint-Ambroise à Milan (V. la figure de l'art. *Bœuf* [Le] *et l'âne*), Notre-Seigneur est seul, sur une espèce de lit à tétière, entre le bœuf et l'âne et au-dessus de sa tête l'étoile miraculeuse (Allegranza. *Sacr. mon. di Mil.* tav. v). Ceux de Rome le représentent la tête hors du berceau, sans appui, et on a voulu voir dans cette circonstance une allusion un peu forcée, selon nous, à ce texte de S. Luc (IX. 58): *Filius hominis non habet ubi caput reclinet,* « le Fils de l'homme n'a pas où reposer sa tête. » Tantôt la tête du Rédempteur est nue, tantôt enveloppée conformément au récit évangélique (Luc. II. 7. 12). Le diptyque de la cathédrale de Milan (Bugati. *Mem. di S. Celso.* in fin.) retrace cette intéressante scène avec un charme tout spécial (V. les art. *Joseph* [S.] et *Bœuf* [Le] *et l'âne*).

Les pierres gravées et les pâtes de verre, bien que dans un espace infiniment plus restreint, produisent des circonstances plus caractérisques du mystère. Nous en citerons deux. La première, du musée Vettori (*Num. œr. explic.* p. 37), bien qu'elle ne remonte pas au delà du septième siècle, présente néanmoins beaucoup d'intérêt. Ici nous avons la crèche, où Jésus est couché, en-

veloppé de langes, et la tête ornée du nimbe crucifère; à travers les montants de la crèche, le bœuf et l'âne sont vus de face. A droite, l'étoile des Mages, à gauche la lune, symbole de la nuit qui couvrit l'auguste mystère. Au-dessous de la crèche, Marie, voilée, à demi couchée sur un petit lit, et vis-à-vis de la divine mère, Joseph assis, l'un et l'autre portant le nimbre uni.

Philippe Venuti (*Accadem. di Cortona.* t. VII, p. 45) décrit une pâte verte du sixième siècle, où sont plus résolûment abordées les difficultés que présente un tel sujet. C'est la moitié d'une espèce de camée de forme demi-circulaire (l'autre partie est perdue) qui probablement se pliait comme un diptyque. Au milieu, Marie, nimbée, est couchée

sur un lit, enveloppée dans une *stola* à la grecque, comme une femme après sa délivrance. A côté d'elle, dans un berceau, est l'enfant Jésus, vêtu d'une simple tunique, les bras enveloppés, la tête ornée du nimbre crucifère. Près du berceau, le bœuf et l'âne. Dans l'angle droit, formé par la section du cercle, Joseph assis, nimbé, vêtu du *pallium*, le coude appuyé sur le genou, et la main à la joue, dans une attitude méditative. L'angle gauche montre les trois Mages prosternés, ayant chacun un vase à la main. A la partie supérieure de la circonférence du cercle, on lit cette inscription : η γεννησις, *nativitas*. Une bande transversale, régnant au bas du demi-cercle, porte une autre inscription relative sans doute au sujet, qui était probablement la purification, car, bien qu'assez fruste, l'inscription peut se lire : η υπαπαντε ιηρα μητρος χρηστου, *occursus sacer* ou *obviatio matris Christi*. Les Grecs, d'après le Micrologue (*De eccles. observ.* c. xlvii), désignaient ainsi cette fête, parce que « en ce jour les vénérables personnes Siméon et Anne allèrent au-devant du Seigneur quand il fut présenté au temple, » *venerabiles personæ Simeon et Anna eo die obviaverunt Domino dum præsentaretur in templo.*

Le sujet de la Nativité se trouve quelquefois sculpté sur de simples pierres sépulcrales. Voici un fragment de 343 (*Placido et Romulo co...*) qui prend la scène au moment de la visite des bergers;

le croissant de la lune est figuré au-dessus des deux animaux (De' Rossi, *Inscr.* I, p. 51).

NAVIRE. — Le navire voguant à pleines voiles est un des symboles les plus vulgaires de l'an-

tiquité chrétienne, et les nombreux témoignages des Pères qui s'en sont occupés (V. Boldetti, p. 23, 505, 525) lui ont donné la valeur d'un hiéroglyphe du premier ordre. Sur les tombeaux, où il se rencontre très-fréquemment, particulièrement sur ceux des cimetières de Rome (V. Boldetti, p. 360 seqq. — Perret. vol. v. pl. xxxii, xxxvi et alibi), c'est le symbole d'une navigation heureusement accomplie. Car les premiers chrétiens con-

sidéraient la tombe comme un port, non point en tant qu'elle était un lieu de repos pour le corps dont nos pères prenaient peu de souci, mais parce que l'âme, agitée jusque-là par les flots inconstants de cette vie mortelle, y trouvait le terme de ses vicissitudes et son entrée dans une cité permanente. Ce but suprême est souvent indiqué par un phare qui brille dans le lointain et vers lequel le navire dirige sa course (V. Mamachi. *Origin.* iii. 91. — Perret. v. pl. xli. 10 et la figure de l'art. *Phare*). Le navire serait donc ici le symbole de l'âme du défunt, qui, comme la femme forte dont il est parlé au livre des *Proverbes* (xxxi. 14), « est semblable au navire d'un marchand qui va chercher au loin son pain, » *facta est quasi navis institoris, de longe portans panem suum.* C'est pour cela peut-être qu'un nom est quelquefois écrit sur le flanc du vaisseau comme dans un titulus du recueil de Passionei : evsebia (Passionei. *Iscriz. ant.* p. 125). Cette intention de faire du navire un emblème de l'âme serait évidente, d'après le P. Lupi (*Dissert. e lett.* t. i. p. 20), sur un marbre du musée Kircher où dans le vaisseau sont figurés deux grands vases d'argile, lesquels représenteraient symboliquement les corps de deux chrétiens ensevelis dans le même tombeau (V. l'art. *Vase*, où cette signification symbolique est développée). Mais elle nous paraît plus claire encore, quand, à la place du phare, la pierre sépulcrale fait voir le monogramme du Christ, qui est là pour le Christ lui-même et vers lequel le navire, c'est-à-dire l'âme humaine, vogue à pleines voiles, comme vers l'objet de tous ses désirs, et la récompense de ses efforts et de ses vertus (V. Perret. v. pl. liii. 6).

Le navire est encore le symbole de l'Église, surtout quand il repose sur le dos d'un poisson, comme dans la pierre annulaire illustrée par Aléandre (*Nav. eccles. referent. symb.* Romæ. 166), et dans une autre gemme du recueil de Ficoroni. (*Gemm. ant. litt.* tab. xi. 8. p. 105). C'est Jésus-Christ, le divin ιχθυς, soutenant son Église. On doit assigner le même sens à un jaspe du cardinal Borgia (*De cruce Velit.* p. 213), où l'on voit un pilote qui n'est autre que Jésus-Christ, dont le nom ιηcoρc est gravé au revers de la pierre, et six rameurs qui en supposent six autres de l'autre côté, représentation symbolique des douze apôtres.

M. De' Rossi a publié un fragment de sarcophage de Spoleto en Ombrie, faisant partie de son cabinet, où le même sujet est sculpté en bas-relief, mais avec des variétés dignes de remarque. Ici les rameurs sont les quatre évangélistes, dont deux seulement appartiennent au collége apostolique. ioan-

nes, lvcas, marcvs. S. Mathieu est supprimé par la rupture du marbre. Il est probable que

S. Pierre était à la poupe, jetant son filet à la mer : ce qui le suppose évidemment, c'est l'attitude du Sauveur qui, assis à la proue, élève la main droite et semble commander au prince des apôtres (Luc. v. 4) : « Avance en pleine mer et jette tes filets pour la pêche. » La nacelle cingle vers le port, où se voit un phare qui indique l'heureux terme du voyage des chrétiens ici-bas, de même que la barque, qui est l'Église, figure le véhicule qui les conduit aux rivages de la bienheureuse éternité. Le rôle des rameurs attribué ici aux évangélistes symbolise la doctrine évangélique, fondement de la foi enseignée dans l'Église, force et guide des fidèles dans la périlleuse navigation de cette vie.

Tracé sur les sépultures chrétiennes, le symbole du navire, pris dans ce sens, attesterait que le défunt avait vécu et était mort dans la communion de l'Église. Il équivaudrait à la formule IN PACE et à la colombe portant dans son bec une branche d'olivier. Bien plus, l'analogie de ces emblèmes est tellement incontestable, que nous les trouvons quelquefois réunis tous trois sur le même sépulcre, comme par exemple sur celui du martyr GENIALIS. La colombe est posée sur la proue, et l'inscription GENIALIS || IN PACE est tracée au-dessus de la barque (Perret. v. pl. XXXII). Il arrive enfin que, par suite d'une coutume chrétienne bien connue des antiquaires, le navire n'est souvent qu'une simple allusion à un nom propre: la pierre sépulcrale d'une jeune fille nommée NABIRA (Boldetti. p. 373) en fournit un exemple.

NAVIS (NEF). — Dans les monuments les plus anciens, l'Église est toujours représentée comme un vaisseau, une nef; les apôtres sont des pêcheurs, des pilotes, qui conduisent ce grand navire, cette *arche*, hors de laquelle il n'y a pas de salut. C'est là sans doute l'un des motifs qui inspirèrent aux premiers chrétiens un goût si prononcé pour les emblèmes maritimes (V. les art. *Navire.* — *Phare.* — *Ancre.* — *Poisson*, etc).

Cette idée se trouve développée sous toutes ses faces dans le passage suivant des *Constitutions apostoliques* (II. 57), qui présente un tableau animé et des plus intéressants des assemblées de la primitive Église : « Évêque, lorsque tu réuniras l'assemblée des serviteurs de Dieu, veille, *patron de ce grand navire*, à ce que la décence et l'ordre y soient observés. Les diacres, comme autant de *nautoniers*, assigneront les places aux *passagers*, qui sont les fidèles.... Avant tout, l'édifice sera long, en forme de *vaisseau*, et tourné vers l'orient, ayant de chaque côté, dans la même direction, un appartement contigu, *pastophorium* (V. l'art. *Pastophoria*). Au milieu siégera l'évêque, ayant de part et d'autre les sièges de ses prêtres. Les diacres debout, vêtus de manière à pouvoir se porter où besoin sera, feront l'office des *matelots qui manœuvrent les flancs du vaisseau.* Ils auront soin que, dans le reste de l'assemblée, les laïques observent l'ordre prescrit, et que les femmes séparées des autres fidèles gardent le silence. Au centre, le lecteur du haut d'un lieu élevé (c'est l'ambon) lira les livres de l'ancienne loi, et, après sa lecture, un autre commencera le chant des psaumes, qui sera continué par le peuple. Puis on récitera les Actes des apôtres et les Lettres de S. Paul. Après quoi un diacre ou un prêtre fera la lecture de l'évangile, que tous, clergé et peuple, écouteront debout et en silence. Ensuite les prêtres, l'un après l'autre, et enfin l'évêque, *pilote du navire*, exhorteront le peuple ; à l'entrée, du côté des hommes, les portiers; du côté des femmes, les diaconesses, représentant *l'homme de l'équipage qui règle les frais avec les passagers.* »

Durant (*De ritib. Eccl.* l. I. c. 5) résume ainsi la doctrine de l'antiquité à cet égard : « Nous sommes avertis que nous sommes placés en ce monde comme dans une mer, qui est habituellement agitée et troublée par la violence des vents, et que l'on ne peut traverser en sûreté que dans le vaisseau de l'Église. »

NÉCROLOGES. — Lorsque l'usage des diptyques des morts commença à tomber en désuétude (V. notre art. *Diptyques*), ils furent peu à peu remplacés par les *nécrologes*, ou *obituaires*, qu'on appela encore *livres des morts* et *livres anniversaires* (V. Du Cange. ad voc. *Necrologium*), et quelquefois même *livres de vie*. On y inscrivait, dans les églises cathédrales, collégiales, abbatiales, monastiques, les noms des défunts, évêques, chanoines, abbés, frères, amis, bienfaiteurs, et de toutes les personnes agrégées (Le Brun. *Dissert.* xv. part. 2. art. 3. § 13), et même, si l'on en croit Salig (*Dipt.* c. XIX), celui des étrangers.

Que ces livres tirent leur origine des diptyques, c'est ce qu'affirment, entre autres, Bona (l. II. c. 14. n. 2) et Mabillon (*Annal. ord. S. Benedict.* t. III. an. 859). Celui-ci dit formellement que les obituaires furent introduits chez les moines dès le début de l'ordre de Saint-Benoît, c'est-à-dire dès le commencement du sixième siècle; il atteste même en avoir vu des exemplaires datant de cette première époque. Mais pour le septième siècle les témoignages abondent. Nous lisons en effet dans les *Annales bénédictines* du même Père (t. III. loc. laud.), qu'une matrone du nom de Théodelaine, en la quarante-troisième année du règne de Clotaire, roi de France, c'est-à-dire en 630 à peu près, demanda que son nom fût inscrit dans le *livre de la vie*, en considération des libéralités qu'elle avait faites au monastère de Saint-Denys ; et dans le même temps, une demande toute semblable est formulée dans le testament de Berchramme, évêque du Mans. L'Angleterre adopta aussi, au même siècle, l'usage des obituaires. Bède rapporte en effet (*Hist. Anglic.* l. IV. c. 14) que le jour de la déposition d'Oswald, roi de Northumbrie, mort le 5 août 642, était inscrit dans le *livre des défunts*, qu'il appelle encore *annale*, ou anniversaire. Nous nous abstenons de citer les documents du huitième siècle et des suivants; ils sont innombrables, non-seulement pour la France et l'Angleterre, mais pour d'autres contrées encore ; et d'ailleurs notre tâche ne va pas jusque-là.

II. — Mabillon, à l'endroit déjà cité, donne de curieux détails sur les moyens expéditifs qu'employaient les moines pour faire inscrire leurs morts dans les obituaires des monastères avec lesquels ils avaient contracté société. Aussitôt après la mort de l'abbé ou de quelque moine plus insigne, on expédiait un courrier avec un rouleau, *rotulus* (le courrier s'appelait pour cela *rotuliger*), ou une lettre encyclique à tous les monastères ou églises de la même association, pour donner avis de cette mort à l'abbé, ou au prévôt ou doyen du lieu. Cette lettre portait en outre les noms de ceux qui étaient morts depuis l'expédition précédente. Dans chaque monastère où passait ce courrier, on inscrivait dans une cédule, avec les noms des personnes dont il venait annoncer la mort, le jour de son arrivée, afin qu'il pût justifier de sa fidélité à remplir son mandat. Enfin dans chacun des monastères associés, on inscrivait ces noms dans l'obituaire avec la date précise de la mort. Quelquefois, on traçait dans ces polices ou cédules des vers lugubres sur la mort des personnes les plus considérables.

III. — Le nécrologe se lisait à prime après le martyrologe (Bona, *loc. cit.*), et, chez les moines, après la lecture de la règle (Mabill. *loc, cit.*). Mais on ne récitait à haute voix que les noms de ceux dont chaque jour ramenait l'anniversaire ; et si, dans le nombre, il s'en trouvait qui eussent fait quelques dons ou largesses aux églises ou monastères, on distinguait ordinairement ces personnes en chantant le psaume *De profundis* avec l'oraison compétente.

IV. — Nous trouvons dans Martène (*De antiq. monach. ritib.* l. i. c. 5. n. 22) des renseignements plus précis sur l'ordre suivi pour la lecture des noms des défunts dans les nécrologes des monastères. On proclamait d'abord le nom des abbés, si le jour où se lisait le nécrologe était l'anniversaire de leur mort, ensuite celui des moines, et des étrangers qui avaient fait quelque bien au monastère, de façon à mériter de voir leur nom admis dans l'obituaire. Entre les abbés et les moines, et les autres, il y avait quelques différences : la mort des premiers était notée par les paroles suivantes : *Depositio Domni N. abbatis* ; la mort des seconds par le seul mot *obiit*. L'ordre de leur inscription était réglé d'après les grâdes ou dignités qu'ils avaient occupés pendant la vie. En premier lieu venaient les abbés, et les moines après ; ensuite les prévôts, puis les chantres, et successivement les sacristains, puis les évêques, les prêtres, les empereurs, les rois, les reines, et enfin les soldats. Dans les obituaires des moines, on inscrivait aussi les *Saints* : ainsi nous lisons dans celui de Saint-Germain-des-Prés au premier janvier : *Depositio Domni Odilonis abbatis.* On trouve d'autres exemples de cette coutume dans Heften (*Disquisit monast.* — Cf. Donati. *Ditt* p. 74).

Ajoutons que, pour la plus grande commodité du lecteur, on réunissait le plus souvent dans un seul livre le martyrologe, la règle et l'obituaire. Quand on récitait les noms des bienfaiteurs, les moines avaient coutume, non-seulement de rappeler la qualité des bienfaits dont les monastères leur étaient redevables, mais encore d'indiquer les prières qui devaient être dites pour eux ; il nous est resté une formule de ce genre dans l'obituaire de Saint-Germain-des-Prés déjà cité. Dans quelques monastères, on ne faisait qu'une mention générale des bienfaiteurs, par ces mots : *Commemoratio omnium fratrum et familiarium defunctorum ordinis nostri* ; celui qui tenait le chapitre répondait : *Requiescant in pace*, et tous, *Amen* (V. notre art. *Moines*). Nous devons borner là ces notions qui nous éloignent déjà un peu de l'antiquité proprement dite, mais que nous avons dû ajouter ici comme complément de ce que nous avons dit sur les diptyques.

NÉOPHYTE. — I. — Du grec νεόφυτος, ce mot signifie au propre « nouvellement planté ». Dans le style de l'Église primitive, il désignait les nouveaux baptisés, parce qu'ils étaient récemment plantés, ou greffés en Jésus-Christ, dans sa vigne qui est l'Église : telle est l'explication donnée par S. Cyrille de Jérusalem (1 *Catech. in princip*). Quand il est opposé au titre de *fidèle*, le mot néophyte équivaut à *cathécumène* (V. à la fin de l'article). Dans son sixième sermon aux *néophytes* (*In Biblioth. PP.* t. xiv. p. 396), S. Zénon les appelle *tripondes homines*, c'est-à-dire chargés du *poids*, ou de la pratique des trois vertus théologales. S. Augustin et d'autres Pères les nomment *enfants*, à raison de leur récente naissance à la grâce ; et en cela ils ne faisaient que s'inspirer du langage de S. Pierre lui-même, qui dans sa première épître (cap. ii. vers. 2) dit : « Comme des enfants nouveau-nés, désirez ardemment le lait spirituel et pur, qui vous fera croître pour le salut, » *sicut modo geniti infantes, rationabile, sine dolo lac concupiscite, ut in eo crescatis in salutem*. Aussi l'Église a-t-elle adopté ces mêmes paroles pour l'introït de la messe du dimanche dit *in albis depositis*, parce que les nouveaux baptisés déposaient ce jour-là la robe blanche qu'ils avaient portée pendant les huit jours qui suivaient leur baptême.

Comme l'usage, ou plutôt l'abus s'était introduit d'attendre, pour recevoir le baptême, un âge avancé, et ordinairement même un état de maladie extrême, on avait donné à ces tardifs néophytes le nom de *clinici*, « couchés » (S. Cyprian. *epist.* LXXVI. *Ad. Magn.*). Mais bientôt la sévérité des conciles s'éleva contre un pareil désordre : celui de Néocésarée déclara irréguliers ceux qui s'y livraient, et le sixième de Paris, confirmant cette sentence, substitua au nom de *clinici* celui de *grabbatarii*. Nous voyons aussi que cette pratique souleva la réprobation des Pères, et en particulier celle de S. Grégoire de Nazianze (*Orat.* XL), de S. Chrysostôme (*Homil.* XXIII *In act. apost.*), etc.

ANTIQ. CHRÉT.

Quoi qu'il en soit, la coutume abusive de différer le baptême jusqu'à la mort nous explique pourquoi il nous est parvenu un si grand nombre d'épitaphes de néophytes de tous les âges. Ainsi, nous avons celle de Constantius, enfant de huit ans, trois mois, six jours (Oderici. *Syll.* p. 266), celle de Romanus, mort à l'âge de neuf ans et quinze jours (Passionei. p. 124. 82), celle de Fortunatus, néophyte à trente-six ans (Lupi *Dissert.* t. I. p. 132), celle de Perpetuus, trente ans (Oderici, *ibid.* p. 32). M. De' Rossi (I. p. 109) reproduit cette inscription plus exactement; celle d'Innocentius, vingt-trois ans (Vignoli. *Vet. inscr. rel.* p. 333. *in sched.* Greppo). Tout le monde connait le fameux tombeau de Junius Bassus, et son épitaphe portant qu'il mourut néophyte à l'âge de quarante-deux ans, en 359 (Bosio. p. 45. — Bottari, tav. xv). Corsini (*Dissert.* II. *post Not. Græc.*) donne le *titulus* d'une néophyte de cinquante-cinq ans, nommée Stratonica.

Quelquefois le titre de vierge se trouve joint sur les marbres à celui de néophyte, comme par exemple sur celui de VLPIA FAVSTINA qui a été trouvé au cimetière de Mustiola à Chiusi, et dont nous devons la connaissance à l'abbé Cavedoni (*Cimit. Chiusin.* p. 43) : VLPIAE. FAVSTINAE. VIRGINI. NEOFYTAE (*sic*). Telle est encore l'épitaphe d'une chrétienne du nom de PRINCIPIA, qualifiée VERGO (*sic*), ET NEOFETA (*sic*), découverte à Milan, il y a peu d'années (V. *Amico cattol.* t. III. p. 136). On trouvera d'autres *titres* de néophytes dans Boldetti (p. 807), Bosio (p. 433), Maffei (*Mus. Veron.* p. 180. n. 5), M. Perret (pl. VI. XVI. LIII). etc. Il est à remarquer que la plupart de ces inscriptions sont du quatrième siècle. Une épitaphe publiée par Cardinali (201. CXXXIV) offre une très-intéressante particularité : c'est que le nom du néophyte est surmonté du poisson, symbole du nouveau baptisé (V. l'art. *Poisson*, II). On y remarque aussi un nouvel exemple des altérations que le ciseau des marbriers faisait subir à l'orthographe du mot *neophytus* : MARCIANVS. ENONFITVS.

Le fait de la réception du baptême *in extremis* est encore constaté par un certain nombre d'inscriptions attestant qu'un chrétien a été surpris par la mort, alors qu'il était encore revêtu de la robe blanche, *in albis*. Ainsi un marbre de Cologne (Le Blant. I. 476) porte qu'un enfant de trois ans, nommé Valentinien, IN ALBIS CVM PACE RECESSIT. Fabretti (cap. VIII. n. LXX) donne une autre inscription où il est dit d'un néophyte que, à l'octave de Pâques, il déposa ses *aubes* sur son tombeau (Visconti. *De rit. baptism.* p. 701). Le même auteur en a réuni quelques autres, avec un certain nombre de passages de Grégoire de Tours où sont mentionnées des morts arrivées pendant la semaine *in albis* (V. l'art *Aubes baptismales*).

Quelques auteurs, entre autres Vettori (*Num. œr. explic.* c. XVII), pensent que les formules *accepit, percepit, consecutus est*, qui expriment indubitablement la réception du baptême, attestent en outre qu'il fut reçu dans un âge mûr.

II. — L'antiquité chrétienne appliquait aussi la qualification de néophyte à ceux qui étaient promus à l'épiscopat ou aux autres ordres sacrés sans avoir subi l'épreuve des degrés inférieurs de la cléricature : *non neophytum*, dit S. Paul (1 *Tim.* III), *ne in superbiam elatus, incidat in judicium diaboli*, « non néophyte, de peur que, s'élevant par l'orgueil, il ne tombe dans la même condamnation que Satan. » C'est à ce titre que Photius fut appelé néophyte au quatrième concile de Constantinople (can. IV), et que son élection fut déclarée nulle.

Les Pères ont regardé l'aigle comme le symbole des néophytes, qui par le baptême sont renouvelés et initiés à une vie nouvelle, comme l'aigle, dans l'opinion des anciens, revenait périodiquement à la jeunesse.

Le titre de néophyte est quelquefois opposé à celui de *fidèle*, qui désigne toujours le chrétien baptisé, et alors il s'entend du catéchuménat. On lit dans Oderico (*Syll.* p. 268) l'épitaphe de deux frères dont l'un était mort avant le baptême, NEOFITVS, et l'autre baptisé, FIDELIS (V. l'art. *Fidelis*).

NIMBE. — I. — Le nimbe ou diadème est, dans l'iconographie chrétienne, l'attribut de la sainteté. C'est une espèce de cercle ou de disque lumineux qui entoure la tête, comme un reflet de la gloire céleste (Honor. Augustod. l. I. c. 133). Les païens le donnaient à leurs dieux, et même à certaines personnifications de cités et de fleuves, comme on le peut voir dans de curieuses miniatures de la Bibliothèque nationale, publiées par M. Chanot, dans la *Gazette archéologique* de MM. de Witte et F. Lenormant (2ᵉ année, 2ᵉ livraison, pl. 11 et p. 34). On en attribue l'origine aux Égyptiens, desquels il passa aux Grecs et aux Romains (V. Buonarruoti. *Vetri.* p. 60). Un peu plus tard, on en décora, par adulation, la tête des empereurs : Ainsi Trajan le porte dans le bas-relief de l'arc de Constantin, et Antonin le Pieux au revers d'une de ses médailles (Oisel. pl. 67. — Cf. Buon. *ibid.*), Servius. (*In lib.* III. *Æneid.* v. 590) le définit ainsi : *Proprie nimbus est, qui deorum et imperatorum capita quasi nebula clara ambire fingitur.*

Cet usage devint plus fréquent encore, si bien que les artistes chrétiens, ne le considérant plus comme un attribut exclusif des fausses divinités, mais comme un simple ornement, continuèrent à en orner les images des princes, les personnifications des villes, des provinces, des vertus, alors que déjà ils nimbaient la tête du Sauveur, celle des anges, des apôtres et des autres Saints. C'est ainsi que, dans la mosaïque du grand arc de Sainte-Marie-Majeure, le nimbe est attribué à Notre-Seigneur et à quelques anges, et en même temps à Hérode (V. Ciampini. *Vet. monum.* I. p. 200). Il en est de même dans la mosaïque de Saint-Vital de Ravenne, où cette distinction est donnée à Justinien et à Theodora sa femme, comme à Jésus-Christ, aux anges et aux Saints (Id. op. II. tab. XXII).

Et ce n'est pas là le premier exemple, à beaucoup près, pour les empereurs chrétiens. Ainsi la tête nue de Constantin le Grand est déjà entourée du nimbe sur deux sous d'or de ce prince. L'un porte au revers cette légende : VICTORIOSO. SEMPER (Miomnet. t. II. p. 227), l'autre : GAVDIVM. ROMANORVM (Morelli. *Specim. univ. rei num.* — Cf. Sabatier, *Médailles byzantines,* I. p. 52). Le cabinet de Paris possède un beau médaillon d'or de Fausta, seconde femme de cet empereur, où sont figurées deux femmes debout soutenant le nimbe au-dessus de la tête de l'impératrice assise (*Ibid.*).

On voyait autrefois à la principale porte de Saint-Germain-des-Prés les statues de quelques rois de la première race ornées du nimbe aussi bien que celle de S. Germain lui-même (Ruinart. *Not. in Greg. Turon.* — Mabillon. *Annat. Benedict,* an 557. t. I. p. 169) ; et ceci put avoir lieu, non-seulement parce que le nimbe ou diadème était devenu un des attributs de la royauté, mais encore parce que les empereurs de Constantinople avaient transmis à ces monarques les ornements et prérogatives des anciens augustes, et notamment ceux du consulat (Greg. Turon. *Hist. Franc.* l. II. c. 38), témoin la statue de Clovis qui, à Saint-Germain-des-Prés, porte le sceptre surmonté de l'aigle. Cette promiscuité se fait remarquer aussi dans la Bible grecque manuscrite de la Vaticane, dans le ménologe de Basile, et pour les temps postérieurs dans *Les familles byzantines* de Du Cange.

Bien que, dans l'origine, le nimbe ne représente autre chose qu'un disque de lumière, il faut observer néanmoins que les artistes chrétiens qui lui donnaient différentes couleurs dans les images des tyrans et des princes païens, comme par exemple le rouge ou le vert, attachèrent toujours une idée de supériorité au nimbe d'or, couleur qui exprime plus fidèlement la lumière, et que, par ce motif, ils le réservèrent pour les Saints et les empereurs chrétiens.

II. — Pour préciser l'époque où le nimbe commença à être adopté dans l'iconographie chrétienne, et l'ordre dans lequel il le fut pour les différentes classes d'images, nous devons prendre pour base les plus anciens monuments qui nous sont restés, et les soumettre, sous ce rapport, à un examen attentif.

Les vases de verre à fond doré, que les antiquaires font remonter pour la plupart au milieu du troisième siècle, montrent Notre-Seigneur tantôt avec le nimbe (V. Buonarruoti. tav. IX. XV. XVII.. — Perret. t. IV. pl. XXI. XXV), tantôt dépourvu de cette auréole. Le fragment ici gravé doit être un des plus anciens monuments où la tête du Christ porte cette auréole. Notre-Seigneur y est représenté dans l'acte de la guérison du paralytique (*Ibid.* IX. 1). Il y en a un autre dans l'ouvrage du P. Garrucci (*Vetri.* tav. VII. 17), représentant Notre-Seigneur au milieu des sept corbeilles de pains. Ce genre de monuments retrace rarement l'image de la Ste Vierge : nous n'en connaissons que deux exemples, et ils la représentent nimbée (Perret. IV. pl. XXI. 1 et 17). Le P. Garrucci en a donné trois ou quatre nouveaux (*Vetri.* tav. IX), où la mère de Dieu paraît sans nimbe.

Viennent ensuite les mosaïques dont l'âge nous est à peu près exactement connu, et dont les principales, décorant les églises de Rome et de Ravenne, ont été reproduites dans les deux ouvrages de Ciampini, auxquels nous renvoyons le lecteur une fois pour toutes (*Vetera monimenta,* 2 vol. in-4°. — *De sacris œdificiis a Constantino Magno constructis.* 1 vol. in-4°).

Pour commencer par les mosaïques des tympans des portes de Sainte-Constance qui passent pour avoir été exécutées par les ordres de Constantin, le Sauveur y est vu avec le nimbe, et les apôtres sans nimbe. Dans celle de Sainte-Agathe-Majeure à Ravenne (400 à peu près), la tête de Notre-Seigneur est entourée du nimbe orné à l'intérieur d'une croix gemmée ; deux anges ont le nimbe simple. Le nimbe crucifère orne la tête de Jésus-Christ dans l'arc de Sainte-Sabine de Rome (424) ; les apôtres en sont dépourvus, ainsi que les figures emblématiques des quatre évangélistes, et d'autres personnages qui sont probablement les premiers papes. A Sainte-Marie-Majeure (433),

le nimbe n'est donné qu'à Jésus et aux anges. A Saint-Nazaire-et-Saint-Celse de Ravenne (440), il en est de même. L'arc triomphal de Saint-Paul (441) fait voir le Rédempteur avec le nimbe radié. S. Pierre et S. Paul ainsi que les animaux symboliques des quatre évangélistes avec le nimbe uni. Dans la chapelle du baptistère de Saint-Jean de Latran (462), le nimbe orne la tête de l'Agneau de Dieu, celles des quatre évangélistes, ainsi que celles de leurs animaux symboliques. La mosaïque de S. André *in Barbara,* qui est de 463 et non pas de 643, comme nous l'avions dit d'après une fausse indication de Ciampini, fait voir les apôtres sans diadème ; Notre-Seigneur seul le porte orné de la croix. Dans la mosaïque de Sainte-Agathe de Rome (472), détruite en 1592, le Rédempteur paraissait avec le nimbe, les apôtres ne l'avaient pas. Dans celles des Saints-Côme-et-Damien (530) l'agneau mystique n'a pas le diadème, les anges l'ont ; dans la tribune de la même église, il est attribué à Notre-Seigneur, à l'agneau, à S. Pierre, à S. Paul, et non aux SS. Côme et Damien ; l'arc qui se voit à gauche présente le Christ avec le nimbe crucifère, les anges avec le nimbe uni, et les deux martyrs sans auréole. Dans l'église de Saint-Vital de Ravenne, dont les mosaïques sont de l'an 547, le Sauveur est nimbé ainsi que l'Agneau mystique, les anges, les apôtres, les évangélistes et plusieurs autres Saints.

Plus tard, le nimbe dont la tête de Jésus-Christ est entouré se trouve quelquefois orné, dans le vide, du monogramme accosté de l'A et de l'ω. Nous en avons un exemple dans la mosaïque de Saint-Aquilin à Milan (Allegranza. *Sacri monum. antichi di Milano.* tav. I), dont nous donnons ici la reproduction.

Ce que nous avons de plus ancien à citer, après ces ouvrages en mosaïque, c'est un diptyque d'ivoire du cinquième ou du sixième siècle appartenant à la cathédrale de Milan (V. Bugati. *Memorie di S. Celso.* in fin.). Notre-Seigneur y est représenté nimbé, en diverses circonstances de sa vie. Le même ornement y est aussi donné à l'Agneau divin et aux emblèmes des évangélistes. Quelques fresques des catacombes font voir des têtes nimbées (Bottari. tav. CLV. et CLXVI), mais leur style décèle un âge trop moderne pour qu'elles puissent ici entrer en ligne de compte.

III. — De l'étude qui précède, il résulte clairement que les images du Sauveur sont les premières auxquelles furent décernés par les artistes chrétiens les honneurs du nimbe ; celles des anges vinrent en second lieu, ensuite celles des évangélistes et de leurs animaux symboliques, puis celles des apôtres, et enfin celles des autres Saints. Mais à quelle époque cet usage fut-il adopté pour chacune de ces classes de représentations ? Nous en avons, pour les images de Notre-Seigneur, des exemples bien antérieurs à Constantin : ils sont fournis par ces verres dorés que nous avons mentionnés plus haut. Il devint plus fréquent au temps de cet empereur, et passa tout à fait en règle après lui.

Pour les anges, ce fut vers le début du cinquième siècle que s'introduisit la coutume de les peindre avec le nimbe, mais il n'y a pas de preuve qu'elle soit devenue générale avant la fin du sixième, car c'est S. Isidore de Séville qui en parle le premier. Dès lors, pour distinguer les images du Rédempteur d'avec celles des anges, on traça une croix et quelquefois le monogramme dans le vide de son diadème, et ce signe distinctif lui a été constamment réservé depuis : *Christi corona per crucis figuram a Sanctorum coronis distinguitur*, « la couronne du Christ se distingue de celles des Saints par la figure de la croix » (Durand. *Rat. divin. offic.* l. I. cap. 3. n. 20).

Quant aux images des évangélistes, des apôtres et des Saints en général, il n'est pas impossible d'en trouver de nimbées dès la même époque ; et nous en avons des exemples dans quelques fonds de coupe représentant des Saints, entre autres Ste Agnès et S. Hippolyte (Boldetti. p. 193. tav. III. n. 3. p. 201. tav. VI. n. 19). Mais il est certain que l'usage ne s'universalisa qu'à la fin du cinquième siècle : c'est ce qu'autorisent à conclure et la mosaïque de Saint-André *in Barbara* exécutée vers l'an 463, et le silence de S. Isidore.

Nous ne devons pas omettre ici un fait fort curieux : c'est que le nimbe est quelquefois attribué à certains oiseaux symboliques, à la colombe par exemple, qui d'assez bonne heure a été prise pour le symbole du Saint-Esprit. Nous voyons une colombe ainsi nimbée sur le dossier d'une très-ancienne chaire épiscopale des catacombes (Bosio. p. 327. — V. le monument à notre art. *Esprit saint*), où sans doute elle exprime l'inspiration donnée par l'Esprit de lumière au prédicateur de la parole divine. Un des plus anciens verres de la collection de Buonarruoti (tav. VI. 1) fait voir sur un palmier un phénix dont la tête est nimbée ; on sait que cet oiseaux fabuleux avait été adopté par les premiers chrétiens comme symbole de la résurrection et de l'immortalité (V. l'art. *Phénix*).

IV. — Quel but se proposèrent les artistes chrétiens en décorant du nimbe les images saintes ? Ce fut principalement, quant au Rédempteur, de rappeler sa souveraineté, d'exprimer la splendeur de sa divinité et de sa gloire, et peut-être aussi de faire allusion à son glorieux titre de soleil de justice. Honorius d'Autun, dans le passage que nous avons cité en commençant, affirme qu'on nimba la tête des anges et des Saints pour indiquer la gloire céleste dont ils jouissent. Il ajoute que le nimbe affecte la forme d'un bouclier rond, pour exprimer la protection divine dont les bienheureux sont couverts comme d'un bouclier.

Mais, comme les Pères (Greg. Nazianz. *Orat.* XL) distinguent trois espèces de lumières, dont la première, la seule véritablement substantielle, est Dieu, la seconde les anges, la troisième les hommes, et en particulier ceux que leurs vertus rapprochent le plus de Dieu, on pense que, par ce disque de lumière, les artistes chrétiens ont voulu donner une idée de cette lumière communiquée aux anges et aux hommes par Dieu lui-même, source de la lumière éternelle. On pourrait dire encore, pour ce qui concerne les Saints, que les justes portant Jésus-Christ dans leur âme, selon l'expression de S. Paul : *Vivit in me Christus*, ce qui leur a fait donner par S. Ignace les noms de Θεοφόροι, *Deiferi*; ναοφόροι, *templiferi*; Χριστοφόροι, *Christiferi*; on doit entendre que le diadème qui leur est attribué est celui même de Jésus-Christ, dont la splendeur se reflète sur eux. C'est probablement à cette idée que fait allusion un fragment de verre (Aringhi. II. 265) où S. Laurent est vu avec le monogramme du Christ derrière la tête, en guise de nimbe.

On pourrait dire encore beaucoup de choses sur le nimbe et sur les diverses formes qu'on lui a données, mais ce serait anticiper sur le domaine du moyen âge. Une de ces formes néanmoins doit être signalée ici, parce qu'elle remonte probablement au sixième siècle. C'est la forme quadrangulaire qui est attribuée aux personnages vivants. Les plus anciennes images de S. Grégoire le Grand en sont ornées. Dans la mosaïque de la galerie extérieure du *triclinium* de S. Jean de Latran, mosaïque exécutée du temps de Charlemagne, on voit cet empereur avec le nimbe quadrangulaire; il en est de même du pape Léon III, son contemporain, tandis que S. Pierre, jouissant déjà de la gloire céleste, porte le nimbe circulaire. Le prince des apôtres, assis sur un trône élevé, remet au pontife le *pallium* et à l'empereur un étendard. On remarque le même contraste dans une miniature d'un très-ancien manuscrit du Mont-Cassin, où l'abbé Jean, par les ordres duquel le codex avait été transcrit, a derrière la tête le nimbe carré,

tandis que S. Benoît, assis sur le siège abbatial, ainsi qu'un ange debout derrière lui, sont ornés du diadème circulaire.

NOÉ (ARCHE DE). — L'arche où Noé fut sauvé du déluge avec sa famille a toujours été regardée comme la figure de l'Église, hors de laquelle les hommes ne sauraient trouver le salut. C'est l'image de l'Église militante, qui leur ouvre un abri assuré d'où ils ne sortiront, après les tempêtes de cette vie, que pour jouir de la paix éternelle au sein de l'Église triomphante. Les innombrables représentations de ce fait dans les monuments primitifs avaient donc pour but de rappeler aux fidèles l'amour que Dieu leur avait témoigné en les appelant à la foi (S. Hippol. *Homil. in Theophan.* Opp. p. 263). S. Ambroise l'avait fait peindre dans sa basilique, avec ces vers au bas du tableau (Puricelli. *Basilic. Nazarian.* p. 285) :

Arca Noe nostri typus est, et spiritus ales,
Qui pacem populis ramo prætendit olivæ.

Dans les cryptes et sur les tombeaux, il signifiait que les fidèles dont les corps reposaient en ces lieux étaient morts dans la communion de l'Église : c'était l'équivalent de la formule IN PACE (V. l'art. *In pace*). La même idée s'y trouvait encore exprimée par la présence de Noé lui-même, dont le nom signifie *repos* (Epiph. *Hæres.* XXXIX. n. 7).

L'arche a ordinairement, dans nos monuments figurés, la forme d'un coffre carré, juste assez grand pour contenir la personne de Noé. Dans le sarcophage de Saint-Ambroise à Milan (Allegranza. *Sacr. monum.* tav. v. n. 12), elle est de forme hexagonale, et marquée d'un F vu à rebours, double caractère dont nous ne connaissons pas d'autre exemple; dans une urne funéraire de Vérone, publiée par Maffei (*Mus. Veronense.* p. 279), elle ressemble à un dé marqué du nombre cinq. Voici, d'après Boldetti (p. 363), une figure qui rappelle cette forme, moins le signe numéral, remplacé par un O. Dans une peinture du

cimetière de la voie Salaria (Bottari. tav. CLXXII), elle est ronde, ornée de têtes de lions dans toute sa circonférence, ce qui rappelle exactement la forme de la ciste antique, et repose sur six pieds : cette dernière circonstance se reproduit toutes les fois que l'arche est arrêtée sur une montagne; c'est le contraire quand elle est représentée voguant sur les flots (*Rom. subt.* passim). Une peinture de voûte du cimetière des Saints-Marcellin-et-Pierre (Bott. tav. CXVIII) la montre placée dans une barque, double symbole de l'Église.

Quelquefois une fenêtre est ouverte sur le devant de l'arche. Le couvercle est ordinairement relevé par derrière comme celui d'un coffre, ou bien il est complétement supprimé. Noé étend les bras, dans l'attitude de la prière, ou bien il dirige ses mains du côté de la colombe qui vole vers lui, apportant à son bec le rameau d'olivier. Il est vêtu d'une tunique large, sans ceinture, ornée le plus souvent d'une double bordure au bout des manches, et de deux bandes perpendiculaires de pourpre sur le devant, et quelquefois de la *penula*, qui était un vêtement de circonstance (V. l'art. *Penula*). On remarque sur un sarcophage des catacombes (Aringhi. I. 335) cette singulière circonstance que dans l'arche, à la place de Noé, surgit un arbre. Bottari (I. 192) pense que cet arbre est un olivier, et que, en le plaçant dans l'arche, symbole de l'Église, l'artiste a eu l'intention de désigner la paix qui peut-être, à l'époque de l'exécution du tombeau, lui avait été donnée après quelque persécution. On a aussi interprété ce sujet de la résurrection (V. l'art. *Arbres*, 6°). Et en effet, le bas-relief représente en même temps l'histoire de Jonas dont la signification est analogue, et l'arche est à l'abri près d'un rocher. Il faut remarquer que ces deux sujets se trouvent fréquemment rapprochés, si bien que, dans un autre sarcophage (Bottari. tav. CXXXI), le sculpteur a placé la colombe sur la poupe du vaisseau de Jonas vers laquelle Noé tend ses mains pour la recevoir. Ailleurs (Id. XLI), Noé saisit dans ses mains la branche d'olivier apportée par la colombe qui s'abat sur un arbre, dépouillé de ses feuilles, et même de ses branches, image de la désolation universelle causée par le déluge.

L'arche paraît sur de simples pierres sépulcrales (Perret. vol. V. pl. XL. n. 132. LXXXVII. 8). On la voit aussi, au milieu de beaucoup d'autres symboles, et sous la forme d'un petit coffre surmonté de la colombe, sur une pierre gravée (Polidori. *Pesce. Amic. catt.* t. I. p. 252), et sur une belle lampe de bronze (Bellori. *Antiche lucerne. part.* III. tav. 29), où elle est encore associée à l'histoire de Jonas, qui se montre au-dessous, vomi par le monstre marin; et enfin sur un médaillon de bronze (Buon. *Vetri.* tav. I. fig. 1). M. Savinien Petit a publié dans les *Mélanges d'archéologie* (vol. III. pl. XXIX et XXX),

deux dessins, dont l'un n'est que la reproduction plus exacte d'une peinture des catacombes déjà connue, et du troisième siècle, représentant Noé dans l'arche, d'après le type ordinaire : nous en donnons la copie; l'autre est le dessin grandi du type d'une médaille d'Apamée, commun à Septime-Sévère, à Macrin et à Philippe le père, et qui, de l'aveu de tout le monde, se rattache à la tradition du déluge universel (Eckel. *Doctrin. num.* t. III). La priorité du type appartient néanmoins aux chrétiens, car il se trouve au cimetière de Domitille, dans un hypogée primitif, c'est-à-dire des temps apostoliques (V. De' Rossi, *Bullet.* 1865. p. 44).

Il y a ici une double scène : d'abord, Noé accompagné de sa femme, circonstance unique dans les monuments connus jusqu'à ce jour; et, outre la colombe rapportant le rameau d'olivier, un autre oiseau, qui ne peut être que le corbeau, est posé sur le couvercle relevé de l'arche. Le devant du κιβωτός porte l'inscription NΩE. Seconde scène : Noé et sa femme debout, hors de l'arche, ayant l'un et l'autre la main gauche sur la poitrine, et la droite ainsi que les yeux élevés vers le ciel, en signe d'admiration et d'action de grâces. La médaille elle-même est gravée dans l'excellent travail de M. Charles Lenormant intitulé : *Des signes de christianisme qu'on trouve sur quelques monuments numismatiques du troisième siècle* (p. 4) et nous l'avons reproduite nous-même à l'art. *Numismatique*, I, 2°. Le corbeau qui paraît ici ne se rencontre pas dans les monuments des catacombes; nous le trouvons sur un bas-relief de D'jemila en Algérie (*Revue archéol.* IV° année. p. 196), mais avec cette circonstance caractéristique qu'il y est occupé à dévorer des cadavres. Un fragment de bas-relief muré sous le portique de Sainte-Marie *in Trastevere* (V. Bott. II. 181) représente Noé et ses trois fils rendant grâces à Dieu, en dirigeant leurs mains et leurs yeux au ciel, et debout devant un autel d'où s'élèvent des flammes : *Ædificavit Noe altare Domino* (Genes. VIII. 20).

NOEL (FÊTE). — V. l'art. *Fêtes immobiles*, X, 1°.

NOIX. — Les SS. Pères et en particulier S. Grégoire (cap. VI *In Cant.*), Philon (*In Vit. Mosis.* I. III) et d'autres encore, ont regardé la noix comme le symbole de la perfection. Ce serait donc pour marquer la vertu consommée du chrétien que, dans la primitive Église, on mettait des noix dans les tombeaux : témoin cette noix d'ambre portant sculpté sur l'une de ses sections

le sacrifice d'Abraham, et que Boldetti (p. 298. tav. I. n. 10) avait trouvée encore fixée à l'extérieur d'un *loculus* des catacombes. Mais c'est surtout le symbole du Christ que les écrivains des premiers siècles se sont plu à y voir. Voyez plus haut ce petit monument.

Nous transcrivons ici un curieux passage de S. Augustin (*Serm. de temp. dom. ant. Nativ.*) qui en dira plus à ce sujet que toutes les explications que nous pourrions donner : *Nux trinam habet in suo corpore substantiæ unionem, corium, testam, et nucleum. In corio, caro; in testa, ossa; in nucleo interior anima comparatur. In corio nucis, carnem significat Salvatoris, quæ habuit in se asperitatem, vel amaritudinem passionis; in nucleo, interiorem declarat dulcedinem deitatis, quæ tribuit pastum, et luminis subministrat officium. In testa, lignum interserens crucis, quod nos discrevit id, quod foris, et intus fuit; sed quæ terrena et cœlestia fuerunt, Mediatoris ligni impositione sociavit*, « la noix a dans son corps l'union de trois substances : le cuir (la pellicule), la coquille et le noyau. Dans le cuir est représentée la chair; dans la coque les os ; dans le noyau l'âme intérieure. Le cuir de la noix signifie la chair du Sauveur, qui a éprouvé en elle l'aspérité, soit l'amertume de la passion ; le noyau signifie la douceur intérieure de la divinité, qui donne la nourriture, et fournit l'office de la lumière. La coque représente le bois de la croix, qui, en s'interposant, a séparé en nous ce qui est extérieur de ce qui est en dedans, mais a réuni par l'imposition du bois du Sauveur ce qui est terrestre et ce qui est céleste. » S. Paulin exprime à peu près les mêmes idées dans ces vers (*In nat.* IX *S. Felicis*) :

. . . . In nuce Christus,
Virga nucis Christus, quoniam in nucibus cibus intus,
Testa foris, sed amara super viridi cute cortex :
Cerne Deum nostro velatum corpore Christum,
Qui fragilis carne est, verbo cibus, et cruce amarus.

« Dans la noix, c'est le Christ; le bois de la noix, c'est le Christ, parce qu'à l'intérieur des noix est la nourriture; la coque à l'extérieur ; mais par-dessus est une écorce verte qui est amère : voyez là Dieu-Christ voilé par notre corps, lequel est fragile par la chair, nourriture par le verbe, et amer par la croix. »

NOMBRES (ALLÉGORIES ET SIGNIFICATIONS DES). — Il n'est pas douteux que, dans les saintes Écritures, à raison du double sens qu'elles renferment, les nombres n'aient souvent une signification symbolique. Nous pouvons appeler ici en témoignage le Juif Philon, aussi bien que S. Clément d'Alexandrie, l'épître attribuée à S. Barnabé, comme le *Pasteur* d'Hermas. Qui ne sait que S. Ambroise et S. Augustin usent sans cesse du sens symbolique des nombres dans leurs homélies ? Preuve évidente que ce langage était familier au commun des fidèles, sans quoi les développements évangéliques des docteurs de l'Église eussent été pour eux lettre close.

1° Prenons pour exemple le nombre dix, nombre parfait en tout point, dit S. Clément d'Alexandrie (*Strom.* l. VI. p. 782. edit. Pott.), *undequaque perfectus*. « Le nombre dix, commente Hervet, est la fin et le complément de tous les nombres, au delà duquel le génie et la raison ne peuvent rien imaginer, car il n'y a rien au delà. » Philon, que S. Clément suit presque toujours en cette doctrine, tient ce nombre pour si parfait, qu'il en donne le nom à Dieu lui-même : il l'appelle *decimum* (*De cong. quæst. erudit.* t. I. § 439). C'est pourquoi l'illustre prêtre d'Alexandrie ne trouve rien de plus apte que ce nombre à symboliser le salut éternel, qui est la perfection de tout ce que le chrétien peut espérer en cette vie et posséder dans l'autre. C'est le denier de la parabole évangélique, considéré dans sa valeur numérique, *denarius*, salaire qu'à la fin de la journée le maître de la vigne fait distribuer aussi bien à ceux qui ont travaillé quelques heures seulement qu'à ceux qui ont porté tout le poids du jour, *hoc est salutis quam significat denarius* (*Strom.* l. IV. p. 580). S. Augustin se montre du même avis, quand il donne à la récompense qui nous attend au ciel, alors que la réalité aura remplacé l'espérance, *cum fuerit de spe facta res*, le nom de *denarium*, assignant pour base de cette interprétation le nombre *dix* dont ce mot est dérivé, *qui accipit nomen a numero decem* (Tract. XVII *In Joan.*).

Ce n'est donc pas sans fondement qu'on interprète comme un souhait de salut certains nombres à base décimale, x, xx, etc., qui sont écrits sur des poissons de verre recueillis dans les catacombes (Boldetti. p. 516). Il paraît naturel de supposer à ces signes une signification équivalente à celle de l'acclamation ϹⲰϹΑΙϹ qui se trouve inscrite sur des poissons de bronze de la même provenance (V. Costadoni. *Pesce. tav.*), et qui, venant du verbe σώζω, *salvo*, est bien évidemment un de ces souhaits de salut éternel que les premiers chrétiens aimaient à échanger dans les tendres épanchements de leur charité fraternelle.

Les païens se servaient aussi du nombre x comme formule de salut. On lit : *votis* x, *votis* xx, sur l'arc de Constantin, aussi bien qu'au revers d'un grand nombre de médailles. Cette formule est encore inscrite sur quelques colonnes milliaires, comme sur celle que donne le cardinal Mai (*Collect Vatic.* v. 268) : *votis* x *multis* xx, pour Valentinien, Valens et Gratien. Sur les pierres *lettrées* de Ficoroni on rencontre de simples signes numériques, de nature décimale (*Gem. litt.* tab. III. 24. etc.), ce qui doit être un souhait de salut, attendu que ce souhait est exprimé en toutes lettres sur d'autres gemmes du même : recueil DVLCIS VITA — VITA TIBI — VTERE FELIX (tab. VII).

Le nombre sept est encore un de ceux auxquels on attribue une valeur symbolique. Aux yeux de S. Jérôme (*In Amos.* v), « c'est un nombre saint, ce que prouve le sabbat, auquel jour Dieu s'est reposé de toutes ses œuvres. » Aussi avait-on un soin particulier de noter ce nombre sur les tombeaux, comme nous le voyons notamment dans l'épitaphe d'un enfant nommé MERCVRIVS, trouvée au cimetière de Sainte-Mustiola de Chiusi en Toscane (Cavedoni. *Cimit. Chiusin.* p. 38), lequel enfant était mort dans l'année *sabbatique* de sa vie, c'est-à-dire à sept ans et sept mois : QVI VIXSIT ANNIS VII MESES VII.

2° *Nombres sur les vêtements.* Ils y sont aussi retracés avec une intention allégorique (V. l'art. *Monogrammes sur les vêtements*). Les artistes qui, ainsi que nous l'apprenons de S. Paulin, basaient invariablement leurs peintures sur des règles hiératiques, employaient les nombres représentés par certaines lettres, dans un sens analogue à celui que, par une application mystique de la parabole de la semence (Matth. XIII. 8), les Pères attribuaient à ces mêmes lettres dans leurs homélies, prononcées, comme on sait, devant des auditoires où les profanes se mêlaient souvent aux fidèles. Ainsi, par exemple, le signe =, qui probablement n'était autre chose que la lettre grecque Ξ, représentait sur les pans du vêtement de Ste Agnès (Buonarruoti. tav. XIV. 1) le nombre soixante, qui est consacré aux vierges. Plusieurs Pères ont en effet attribué le cent pour un au martyre et le soixante à la virginité (V. S. Cypr. *Epist.* LXX. — Prudent. *Peristeph.* XIV. 19 seqq.). S. Jérôme, dans l'apologie de ses livres contre Jovinien, donne le cent pour un aux vierges, le soixante aux veuves, le trente aux épouses. Que si le monogramme = est la lettre H renversée, qui représente chez les Grecs le nombre huit, il serait, d'après divers témoignages, le symbole de l'autre vie, de la béatitude, de la résurrection (*Not. Coteller. et Menard. ad epist. Barnab.*). Qu'il suffise de ce peu de mots pour donner une idée générale de la théorie. Les applications poussées un peu loin, bien que souvent fort ingénieuses, tomberaient facilement dans l'arbitraire.

3° Tous les chiffres, sur les monuments antiques, n'ont pas une valeur symbolique. Ceux que présentent quelques épitaphes des catacombes ont été regardés par certains antiquaires (Aringhi. I. 495. — Amati. — Settele, etc.) comme de simples numéros d'ordre des hypogées. Mais Visconti (*Sposiz. d'alcune ant. iscr. crist.* Roma. 1824), s'appuyant sur le témoignage on ne peut plus clair de Prudence (*Peristeph. Passio S. Hippolyt.* vers. 1-15), a prouvé, et tous les savants se sont rangés à son avis, que ces chiffres indiquaient le nombre des chrétiens ou des martyrs ensevelis dans chaque tombeau. Ainsi, N. XXX. SVBRA. ET. SENEC. COSS (Visconti, *op. laud.* p. 8) signifie que trente chrétiens, victimes de la persécution, ont été déposés dans cette sépulture sous le consulat de Surra et de Senecion.

Nous n'ignorons point que la valeur de cette théorie a été contestée par M. De' Rossi (V. l'art. *Martyrs* [Nombre des].

NOMS DES PREMIERS CHRÉTIENS. — Pour mettre de l'ordre dans cette importante matière, nous parlerons d'abord des noms génériques, s'appliquant à tous les chrétiens, et en second lieu de leurs noms propres.

I. — NOMS GÉNÉRIQUES. Nous divisons ces premiers noms en noms honorifiques et en noms injurieux.

1. *Noms honorifiques.* Ceux qui se convertissaient à la vraie religion, soit du judaïsme, soit du paganisme, étaient appelés ou, mieux peut-être, s'appelaient entre eux :

1° Μαθηταί, *discipuli* (Act. apost. VI. 2 et passim). On donnait ce nom chez les Juifs à ceux qui se rangeaient sous la discipline d'un maître; nos pères l'adoptèrent pour exprimer leur adhésion à la doctrine et aux préceptes de Jésus-Christ.

2° Πιστοί, *fideles* (Ephes. I. 1. — Coloss. I. 2. etc.), ou *credentes*, pour marquer leur attachement à la foi de Jésus-Christ. Ceux qui étaient nés de parents chrétiens s'appelaient *ex fidelibus fideles*, ΠΙΣΤΟΙ ΕΚ ΠΙΣΤΩΝ (Lupi. *Sever epitaph.* p. 136).

3° Ἐκλεκτοί, *electi.* S. Paul dit *élus de Dieu* (Rom. VIII. 33. — Coloss. III. 12), S. Pierre simplement *élus* (Petr. I. 1). On appelait ainsi les chrétiens, parce qu'ils étaient choisis de Dieu, dans les nations ou dans la synagogue, pour être appelés à la foi chrétienne.

4° Ἅγιοι, *sancti,* parce qu'ils avaient été *sanctifiés par le sang de Jésus-Christ* et appelés à la sainteté. De là l'appellation de *sanctifiés* employée par l'Apôtre (1 Cor. I. 2), et après lui par les Pères (Clemens Roman. *Ep. ad Cor.* I. 9. — Chrysost. *Homil.* I. *In* 1 *ad Cor.*).

5° FRATRES, *frères,* nom donné d'abord par Notre-Seigneur à ses disciples : *Omnes vos fratres estis* (Matth. XXIII. 8), et encore quand, après sa résurrection, il enjoint à Madeleine d'aller trouver *les frères,* c'est-à-dire les apôtres (Joan. XX. 17). Ce nom ne fut pas seulement appliqué aux apôtres (1 Cor. V. 11 et *alibi*), mais aux chrétiens en général (Clem. *In ep. ad Cor. loc. laud.* — Ignat. M. *Ep. ad. Ephes.* n. XVI, etc.), parce qu'ils avaient le même père qui est Dieu, la même mère qui est l'Église, parce qu'ils avaient été régénérés par le même baptême, et que tout était commun entre eux. De là le nom de *fraternité* donné à la société des chrétiens par les apôtres (1 Petr. II. 17) et par les Pères (Clem. Rom. 1 *Ad Cor.* III). S. Cyprien termine ordinairement ses épîtres par cette salutation : *Fraternitatem universam meo nomine salutate,* « je salue en mon nom l'universalité des frères. » (V. l'art. *Fraternité.*)

6° CONSERVI, *conserviteurs.* Les apôtres se donnèrent d'abord ce nom entre eux, témoin S. Paul qui l'applique à ses coadjuteurs dans l'apostolat, à Epaphras (Coloss. I. 7) et ensuite à Tichicus (*Ibid.* IV. 7). S. Jean, dans l'*Apocalypse,* désigne ainsi les fidèles (VI. 11), et on continua à le faire dans les siècles suivants (Lactant. *Instit. divin.* XVI).

7° CHRISTIANI, *chrétiens.* Ce fut à Antioche (Act. XI. 26) que pour la première fois les fidèles furent appelés chrétiens. S. Épiphane (*Hæres.* XXXIX. 1 et 4), et presque tous les auteurs ecclésiastiques, sauf peut-être Tertullien (*Apol.* V) et Eusèbe de Césarée, ont placé cet évènement sous le règne de Claude. Baronius le fixe à la première année de ce règne, et Mamachi (*Orig. Christ.* l. i. § 3) le fait remonter à l'an 42 ou 43 de notre ère. D'après le savant dominicain, on n'aurait point songé à donner aux fidèles un nom caractéristique, tant qu'ils s'étaient exclusivement recrutés parmi les Juifs, c'est-à-dire jusqu'à la conversion du centurion Cornélius, qui fut le premier des gentils appelé à la foi. Peu après, beaucoup d'habitants d'Antioche suivirent son exemple (*Act.* xi). Il est vraisemblable que, pour éviter les dissensions qui eussent pu naître des noms divers de Juifs et de Grecs, on adopta l'appellation générale de *chrétiens*, dérivée du nom même du Christ. Il ne manqua cependant pas d'écrivains qui, par amour de l'allégorie, voulurent, dès les premiers temps, faire dériver ce nom du chrême dont on oignait le front des baptisés. Théophile d'Antioche (*Append. in Opp. Justin. M.*) et S. Cyrille de Jérusalem avaient adopté ce sentiment (*Catech.* iii *mystagog.*). Dans une incription de Cherchell, l'ancienne Césarée de Mauritanie, un chrétien est appelé CVLTOR VERBI, « adorateur du Verbe » (L. Renier. *Inscr. de l'Algérie.* n. 4025).

8° Jessæi, *Jesséens.* S. Épiphane (*Hœres.* xxix) dit que, avant de s'appeler chrétiens, les disciples de Jésus-Christ portaient le nom de *Jesséens,* soit de Jessé, père de David, soit de Jésus, Sauveur du genre humain ; et ce Père appuie cette opinion sur le témoignage d'un livre de Philon intitulé *De Jessœis.* Mais on rejette l'autorité de ce livre (Mamachi. *op. laud.* i. § 4), dont on attribue le titre à une erreur des copistes de l'ouvrage *De vita contemplativa,* et, pour ce motif, on doute que les chrétiens aient jamais porté ce nom.

9° Therapeutæ, *thérapeutes ;* ils furent ainsi appelés, si l'on en croit Eusèbe (*Hist. eccl.* l. ii. c. 17), soit parce que, comme des médecins, ils guérissaient de leurs affections vicieuses ceux qui s'approchaient d'eux, soit parce qu'ils rendaient à la Divinité un culte chaste et sincère. Les érudits ne sont pas d'accord sur la question de savoir si les thérapeutes, dont Eusèbe parle d'après Philon, étaient des chrétiens habitant l'Égypte, ou bien des Juifs suivant une manière de vivre particulière. Nous ne saurions entrer ici dans cette discussion, au sujet de laquelle on peut consulter les commentaires de Scaliger et de Vossius sur ce passage de l'évêque de Césarée.

10° Pisciculi, *petits poissons.* Qu'il suffise de rappeler à ce propos un beau passage de Tertullien, qui explique d'une manière aussi complète que possible cette gracieuse appellation : « On nous appelle petits poissons, dit ce Père (*De baptism.* i), parce que, selon le divin poisson Jésus-Christ, nous prenons naissance dans l'eau (du baptême), et que nous ne nous sauvons qu'en restant dans cette eau, c'est-à-dire dans la grâce du baptême » (V. l'art. *Poisson.*)

11° Gnostici, *gnostiques.* Il n'est pas douteux que quelques Pères n'aient appelé *gnostiques* ceux qui professaient la religion orthodoxe de Jésus-Christ. Le mot grec γνωστικός signifie un homme de science et d'étude, possédé du désir de *connaître* et d'apprendre. S. Clément d'Alexandrie l'applique au chrétien par ces belles paroles (*Strom.* i. 545. edit. Oxon. 1715) : « Si le Seigneur est la vérité, la sagesse et la vertu de Dieu, comme il l'est en effet, il est clair que celui-là est *gnostique,* qui l'a connu, et par lui le Père. » Ce nom fut quelquefois affecté spécialement aux *ascètes,* par exemple à ceux de l'Égypte par S. Athanase (Ap. Socrat. l. iv. c. 25).

12° Ecclesiastici, non pas dans le sens de clercs, mais en tant qu'ils appartenaient à l'Église, et pour les distinguer des Juifs, des gentils et des hérétiques (Euseb. iv. 7. v. 27. — Cyrill. Hieros. *Catech.* xv. 4.)

13° Theophori ou deiferi, *porte-Dieu.* Dès le deuxième siècle, S. Ignace se l'attribue souvent à lui-même ; toutes ses lettres commencent par ces mots : *Ignatius qui et Theophorus.* La même appellation se trouve dans les actes de son martyre. Trajan lui ayant demandé : « Est-ce donc que tu portes dans ton cœur le crucifié ? » Il répondit : « Il en est ainsi, car il est écrit : *J'habiterai en eux.* » (*Act. ap.* Ruinart. edit. Veron. p. 8.) Mamachi démontre par le témoignage d'un grand nombre de Pères que ce nom n'était pas spécial à S. Ignace, mais qu'il était commun à tous les chrétiens (*Orig. Christ.* i. p. 62). S. Siméon est appelé *Deifer,* Θεοφόρος, mais dans un sens différent, c'est-à-dire parce que, au jour de la présentation de Jésus au Temple, ce saint vieillard avait reçu le divin Enfant dans ses bras (Luc, ii, 25).

14° Cristiferi, *porte-Christ.* On en trouve plusieurs exemples dans les Pères (Ignat. *Ep. ad Ephes.* — Athanas. orat. i *Contr. gent.* 1. 6 et *alibi*). Les chrétiens furent appelés *Christophores,* parce que, intimement unis à Jésus-Christ, ils semblaient le porter dans leur cœur.

15° Spiritiferi, ou pneumatophori, *porte-esprit,* parce qu'ils étaient pleins de l'onction du Saint-Esprit. Nous avons sur ce sujet d'admirables passages de S. Irénée, de S. Athanase, de S. Basile, de S. Jérôme, de S. Cyrille d'Alexandrie (V. Mamachi. i. p. 63). L'inscription de Cherchell, citée plus haut (n. 7), les appelle satos sancto spiritv, « plantés dans l'Esprit-Saint. »

16° Sanctiferi, *porte-saint,* parce qu'étant les temples vivants de la Divinité, ils portent en eux le Saint des Saints, qui est Dieu même (Ignat. M. *Epist. ad Ephes.* ix).

17° Templiferi, *porte-temple,* en grec νεωφόροι. Notre-Seigneur étant appelé par les Pères, non-seulement le *Saint* par excellence, mais encore le *temple de Dieu,* il s'ensuit que ceux qui portaient Jésus-Christ dans leur cœur, pouvaient être appelés *templiferi* (Cyprian. l. i *Testimon.* xv).

18° Nous groupons ici, pour éviter les longueurs, quelques dénominations qui dénotent la simplicité, l'innocence, l'amour de la paix et de la chasteté, la douceur et l'humilité, et que nous trouvons disséminées, soit dans les écrits des

Pères, soit dans les monuments épigraphiques V. Mamachi. I. § 9) : *Parvuli, adolescentuli, agni* (V. l'art. *Agneau*), *vituli lactentes, infantes, columbæ, pulli columbarum, veri Israelitæ, filii Dei, filii Altissimi, semen Abrahæ.*

19° CHRISTI, *christs*. Bien que ce titre n'appartienne à proprement parler qu'à Notre-Seigneur, plusieurs Pères l'ont donné aux fidèles (Ambros. *De obit. Valent.* Opp. t. II. 1189. epist. 1690. — Hieron. *In psalm.* CIV), dans un sens plus large. Le mot *christ*, signifiant *oint*, a pu être appliqué à tous ceux qui ont reçu l'onction du chrême dans le Saint-Esprit. Mais cette appellation cessa bientôt d'être usitée, par respect pour le Sauveur à qui seul elle appartient en propre.

20° CHRESTIANI. Les païens, qui ignoraient l'origine du nom de chrétien, et qui appelaient Notre-Seigneur *Chrestum*, d'un nom usité parmi eux, furent amenés à introduire la même corruption dans le mot *Christiani* (Justin. *Apol.* I. p. 54. edit. 1615. — Clement. Alex. *Strom.* l. II. n. 4. — Tertull. *Apol.* III. — Lactant. IV et VII. etc.).

21° CATHOLICI. La véritable Église prit de bonne heure le nom de *Catholique* ou universelle, obligée qu'elle était de se distinguer des hérétiques qui n'avaient qu'une existence restreinte à certaines localités (Ignat. *Ep. ad Smyrn.* VIII) ; et ceux qui faisaient partie de cette Église reçurent aussi le nom de *catholiques*, qu'ils portent encore aujourd'hui (Pacian. *Epist. ad Sempron.* p. 81. t. II *Concil. Hisp.* edit. Aguirre).

22° DOGMATICI. Dans les livres du Nouveau Testament, le mot *dogma* désigne quelquefois la religion chrétienne, et les Pères adoptèrent ce langage (Chrysost. *Homil.* V *In Epist. ad Ephes.* — Theodoret. *In Epist. ad Ephes.* II. 15. — Basil. *De Spirit. S.* c. XXVII). C'est pour cela que, dans leurs œuvres, les chrétiens furent souvent dits, οἱ τοῦ δόγματος, *illi dogmatis*, ceux du dogme, ou dogmatiques (Euseb. *Hist. eccl.* l. VII, cap. 30).

23° ORTHODOXI, *orthodoxes*. Les Pères ont souvent nommé ainsi ceux qui professaient la véritable religion de Jésus-Christ, le mot grec d'où est dérivé *orthodoxe* signifiant *recte sentientes*. Le mot *orthodoxe* était tellement reçu comme protestation contre les erreurs des non-catholiques, que les Grecs, d'après l'ordre de l'empereur Michel et de son épouse Theodora, donnèrent au premier dimanche de carême les noms de *dominica orthodoxiæ, dominica rectæ sententiæ, panegyris rectæ sententiæ, solemnitas rectæ sententiæ*, parce que ce fut en ce jour que fut anathématisée, au septième siècle, l'hérésie des iconoclastes (Philot. patriarch. Constantinopl. *In dom. Quadrages.*).

24° HELLENISTÆ, *hellénistes*. Les critiques ne sont pas d'accord sur l'origine de ce nom donné aux chrétiens. Mais l'opinion la plus probable est qu'on doit communément entendre par *hellénistes* ceux qui, avant de devenir chrétiens, étaient des prosélytes du judaïsme. Nous disons *communément*, parce qu'il est avéré qu'on nomma ainsi quelquefois les Grecs qui passaient directement de l'idolâtrie au christianisme (V. Mamachi. l. I. § 11).

2. *Noms injurieux*. — A. — Noms injurieux donnés aux chrétiens par les Juifs et les idolâtres.

1° ATHÆI, *athées*. De toutes les injures adressées aux fidèles par les idolâtres, celle-ci est la plus grave, et nous en avons connaissance par les réclamations des apologistes, notamment par celles de S. Justin (*Apol.* I. alias II. 6), de Tatien (*Extrem. orat. ad. Græc. in Opp. Justin.* p. 276. edit. Maurin.), d'Athénagore (*Legat.* n. 3), de Tertullien (*Apol.* X), de Minucius Felix (*Octav.* p. 8. edit. 1652), d'Arnobe (l. I. p. 1 et 2 edit. 1651). Les païens, voyant que les disciples du Sauveur n'adressaient leurs hommages à aucune des divinités connues d'eux, leur infligèrent l'épithète flétrissante d'*athées*, hommes sans Dieu.

2° MAGI, MALEFICI, PRÆSTIGIATORES, *magiciens, artisans de prestiges et de maléfices* (*Act. S. Bonos.* ap. Ruinart. p. 665 et *alibi*), à cause des miracles opérés par Notre-Seigneur, et de ceux qui se faisaient sans cesse parmi les chrétiens à cet âge d'or de notre foi.

3° GRÆCI, *Grecs*, de ce qu'ils portaient habituellement le *pallium* des philosophes grecs, au lieu de la toge romaine.

4° IMPOSTORES, *imposteurs* (Hieron. *Ep.* X. *Ad Furiam*). Notre-Seigneur le premier avait été appelé *imposteur :* on traita ses disciples comme on l'avait traité lui-même, ainsi qu'il l'avait annoncé. Ce titre injurieux était aussi la conséquence et comme le complément de celui de Grec, à cause du proverbe devenu vulgaire, *Græcus impostor*.

5° SOPHISTÆ, *sophistes* (Prudent. *Carm.* XIV. *De Roman.*). Notre-Seigneur avait été nommé par Lucien *crucifixus sophista*, « le sophiste crucifié » (*De mort. Peregrin.*), et cette injure équivalait à peu près à la précédente, dans l'intention des ennemis du nom chrétien. On en peut dire autant de celle de *séducteurs*, qui fut aussi infligée à nos pères dans la foi (Augustin. *In psalm.* LXIII).

6° SUPERSTITIONIS NOVÆ, PRAVÆ, IMMODICÆ, EXITIABILIS ATQUE MALEFICÆ, *d'une superstition nouvelle, perverse, immodérée, portant ruine et maléfice*. Tous ces reproches se trouvent dans Suétone (*Nero* XVI), dans Pline, l. X. epist. 97), dans Tacite (*Annal.* l. XV. 44), et aussi dans un grand nombre de monuments épigraphiques (Gruter. p. 238. — Baron. *Annal. an.* 504. IX).

7° RELIGIONIS BARBARÆ AC PEREGRINÆ ATQUE BARBARI, *d'une religion barbare et étrangère, et barbares eux-mêmes* (Porphyr. ap. Euseb. *Hist. eccl.* l. VI. 19. — *Act. MM. Lugdun.* ap. Ruinart. p. 57. n. XVI. edit. 1689). Le prétexte de ces qualifications injurieuses venait probablement de ce que la religion chrétienne était l'œuvre d'un Juif et par conséquent d'un Barbare, aux yeux des Grecs et des Romains.

8° MALI DÆMONES, *méchants démons* (*Act. S. Ignatii.* II. 11). C'est ainsi que les appelait Lucien (*De mort. Peregrin.*), κακοδαίμονες, DESPERATI (Salmas. *Ad Lactant* V. 9), PARABOLARII (Tertull. *Apol.* XLII, BESTIARII (*Ibid.*). Tous ces noms étaient infligés aux fidèles à raison de leur constance dans les tourments et les supplices, constance qui, aux yeux des païens, ne pouvait être que l'effet du désespoir et d'une sorte de folie.

9° SARMENTITII et SEMAXII. Tertullien (*Apol.* L) explique ces dénominations : « Vous pouvez maintenant nous appeler *sarmentices* et *semaxes*, parce que, nous tenant attachés à une demi-perche, vous nous brûlez dans un cercle de sarments. C'est là notre genre de victoire ; c'est notre robe de parade, c'est sur ce char que nous triomphons. » Un évêque d'Afrique porta le nom de SARMENTIVS (Morcelli. *Afr. christ.* t. II, p. 311).

10° BIOTHANATI, *qui meurent de mort violente ou de mort volontaire* (Tertull. *De anima.* LVII). C'était en effet la fin ordinaire des chrétiens des trois premiers siècles, et, en pensant les flétrir, les païens ne faisaient que constater leur propre cruauté. La fosse où l'on précipita les sept enfants de Ste Symphorose fut appelée *ad septem biothanatos*, « la tombe des sept suicidés. »

11° Ici, plusieurs noms exprimant la folie, la simplicité, l'ignorance et la grossièreté, l'obstination dans une doctrine perverse : HEBETES, STOLIDI, OBTUSI, RUDES, IDIOTÆ, INDOCTI, FATUI, OBSTINATI, ET DEPLORATÆ, PERDITÆ ATQUE INLICITÆ FACTIONIS (Mamachi. I. p. 88).

12° LUCIFUGAX NATIO, AC LATEBROSA, ET MUTA IN PUBLICO, *nation fuyant la lumière, cherchant les ténèbres et muette en public* (Min. Fel. *Octav* VIII), de ce qu'ils habitaient des lieux souterrains, et de ce que les païens les regardaient comme étrangers aux devoirs de la vie publique.

13° PLAUTINA PROSAPIA, ET PISTORES, CERDONES (Min-Fel. *ibid.*); ce qui veut dire, *semblables à Plautus*, qui, pressé par une extrême pauvreté, se loua à un meunier, pour gagner son pain en tournant la roue.

14° ASINARII, ASINICOLÆ (Tertull. *Apol.* XVI), parce qu'on les accusait d'adorer la tête d'un âne (V. la figure de l'art. *Calomnies*).

15° L'éloignement que les chrétiens témoignaient pour les pratiques du paganisme leur attira de la part des idolâtres ces autres dénominations flétrissantes : EXTRANEI, FACTIOSI, REI LÆSÆ DIVINITATIS ATQUE IMPERII, SACRILEGI, PROFANI ET VANI, *étrangers, factieux, coupables de lèse-divinité et de lèse-empire, sacrilèges, profanes et vains* (Mamachi. I. 91), HOSTES GENERIS HUMANI, *ennemis du genre humain* (Tertull. *Apol.* XXXII), PRINCIPUM, *des princes* (Id. XXXV), PUBLICI, *du public* (*Ibid.*), REI MAJESTATIS, *coupables de lèse-majesté* (Id. XXXVIII), HOMICIDÆ (Id. II), INCESTUOSI (*Ibid*), PESSIMI (*Act. MM. Torachi* etc. ap. Ruin. p. 458), SCELERATISSIMI (Tertull. *Apol.* VII), REI OMNIUM SCELERUM (*Ibid*, II), INFRUCTUOSI IN NEGOTIIS (*Ibid.* XLII), *homicides, incestueux, très-méchants, très-scélérats, coupables de tous les crimes, inutiles dans les affaires.*

16° SIBYLLISTÆ (Origen. *Contr. Cels.* l. v. n. 61), de ce que les nôtres, pour convaincre les idolâtres, en appelaient quelquefois, et non sans succès, à l'autorité des Sibylles (V. l'art. *Sibylles*).

17° JUDÆI. On comprend que l'origine de la religion chrétienne, la patrie du Sauveur et des apôtres, la langue de la Bible, plusieurs dogmes communs aux deux religions, dont l'une n'était au fond que le complément de l'autre, aient pu donner lieu à une telle confusion (Lactant. *De divin. instit.* l. v. c. 22). Aussi en racontant l'expulsion des chrétiens de la ville de Rome par l'empereur Claude, Suétone (*Claud.* XXV.) les appelle-t-il *Juifs*.

18° GALILÆI. Ce nom vint probablement aux fidèles de la part des Juifs, par mépris. Les païens l'adoptèrent, Julien l'Apostat n'en employait pas d'autre (*Julian. Ep.* ap. Sozom. l. v. c 16), et S. Grégoire de Nazianze nous apprend qu'il défendit d'appeler les chrétiens autrement (*Orat.* III).

19° NAZARÆI. Ce sont encore les Juifs qui sont les premiers auteurs de celui-ci : ils appelaient notre religion *sectam Nazarenorum* (*Act.* XXIV. 5). En voici la raison : les Juifs professant un souverain mépris pour tout ce qui venait de la Galilée, province dans laquelle se trouvait Nazareth où ils savaient que Notre-Seigneur avait été élevé, croyaient injurier les fidèles en les appelant *Nazaréens* (Epiphan. *Hæres.* XXIX. — Hieron. l. II *In Isa.* et l. I *In Amos*). Les païens à leur tour, de ce que cette dénomination était employée par les Juifs ennemis de la nouvelle religion, conclurent qu'elle renfermait un sens dérisoire et injurieux, et en conséquence ne l'épargnèrent pas aux disciples de Jésus-Christ (Prudent. *Peristeph. hymn.* II et XIV).

B. — Noms injurieux donnés aux catholiques par les hérétiques.

1° PHYSICI ou ANIMALIA. Ce nom fut inventé par les montanistes, parce que les catholiques méprisaient leurs *oracles* et leur *paraclet Montan* ; ils les appelèrent pour cela *animaux* (Tertull. *Adv. Praxeam.* I. — *De monogam.* I.), comme si, privés d'âme, ils n'eussent eu que ce qui est commun à tous les animaux. D'autres hérétiques s'associèrent à cette injure contre les vrais croyants (Clem. Alex. *Strom.* l. IV).

2° Les valentiniens les appelèrent MUNDANOS ou SECULARES (Iren. I. 6. 4) et CARNALES (Id. *Adv. hæres.* XIV. II), *mondains, séculiers, charnels*, parce que, contrairement aux rêveries de ces novateurs, et des gnostiques en général, les catholiques soutenaient que la *chair* n'était point l'œuvre d'un mauvais esprit, mais celle du souverain créateur de toutes choses.

3° ALLEGORISTÆ. Les chiliastes ou millénaires, qui soutenaient que le Christ devait régner mille ans sur la terre avec les Saints, nommèrent les catholiques *allégoristes*, parce qu'ils ne prenaient pas à la lettre le passage de l'*Apocalypse* sur le règne de mille ans (*Apoc.* XX. 4).

4° SIMPLICES. Les catholiques qui ne croyaient qu'à un seul principe, éternel et créateur, étaient appelés *simples* par les manichéens, qui en reconnaissaient deux, un bon et un mauvais. Ceux-ci appelaient les évêques catholiques *magistros simplicium*, « maîtres des simples. » (Man. *Epist. ad*

Marcel. ap. Zaca. in *Collectan. monum. eccl. Græc. et Latin.* edit. 1698. p. 7.)

5° Dans le langage des novatiens, les orthodoxes étaient des *cornéliens*, parce qu'ils tenaient pour Corneille, le vrai pape (Eulog. *ap. Phot. Biblioth.* cod. 200); des *apostats*, parce qu'ils ne pensaient pas (Pacian. *Epist.* II *Ad Symphor.*) que ceux qui, étant tombés dans le crime d'idolâtrie, revenaient à résipiscence, dussent être privés de la communion; des *synédriens*, à cause du concile même qui avait condamné l'erreur des novatiens, concile que ceux-ci appelaient sanhédrin, *synedrium*; enfin, comme la plupart de ceux qui étaient tombés, avaient sacrifié sur le Capitole (Pacian. *loc. laud.*), les nôtres, pour les avoir accueillis après leur pénitence, reçurent des novatiens le titre intentionnellement injurieux et calomnieux de *capitolins*.

6° Les ariens appelèrent les catholiques *eusthatiens*, d'Eusthatius, évêque d'Antioche (Sozom. VI. 21); *pauliniens*, de Paulin, évêque de la même ville (Tillemont. *Hist. eccl.* VI. art. 81); *athanasiens*, de S. Athanase (Id. *ibid.*); et enfin *homoousiens*, de tout parce qu'ils défendaient la consubstantialité du Verbe.

7° Les aétiens flétrirent les catholiques du surnom de *chronites* ou *temporaires*, parce qu'ils croyaient, au dire de ces calomniateurs, que notre religion devait bientôt périr; les apollinariens, de celui d'*anthropolâtres*, ou adorateurs d'un homme (Greg. Nazian. *Orat.* LI), parce qu'ils tenaient le Christ pour vrai Dieu et vrai homme, tandis que ces sectaires soutenaient qu'il n'avait pas une âme humaine, mais que le Verbe était uni seulement à un corps, et à un corps d'une nature différente du nôtre; enfin les origénistes, qui enseignaient que nous ressusciterons, non pas avec le corps que nous avons maintenant, mais avec un corps différent de figure et de substance, donnaient aux nôtres les noms de *philosarques* (Hieron. *Epist.* II *ad Pammach.*), PHILOSARCAS, CARNIS AMICOS, SUBSTANTIA LUTEOS (Id. *In Jerem.*), CARNEOS, ANIMALES, JUMENTA, parce qu'ils faisaient profession de croire que nous ressusciterons avec les mêmes corps, tels qu'ils sont, avec la même nature, les mêmes chairs, le même sang, etc.

8° Les fidèles furent appelés par les nestoriens, *cyrilliens* (Labbe. *Concil.* t. III. p. 746. *Act. conc. Ephes.*), parce qu'ils étaient pour S. Cyrille d'Alexandrie, qui avait réfuté leur hérésie; enfin, et par contre, *nestoriens* par les monophysites, à cause de la communauté de croyance qui existait entre les nestoriens et les catholiques quant aux deux natures de Jésus-Christ, communauté qui n'impliquait nullement l'adhésion de ceux-ci à l'erreur des nestoriens, relativement à la dualité de personnes.

9° Les schismatiques n'épargnaient pas plus l'injure aux orthodoxes que les hérétiques. Ainsi, pour les lucifériens, l'Église catholique était le « lupanar et la synagogue de l'Antechrist et de Satan » (Hieron. *Dial. adv. Luciferian. Opp.* t. IV.

p. 298. edit. Martian.), » parce que les évêques qui avaient failli au concile de Rimini avaient été reçus par elle à pénitence et laissés dans leurs sièges.

Les ennemis de la religion catholique tentèrent dans tous les temps, comme on vient de le voir, de la flétrir par des qualifications injurieuses. Mais ce qu'il y a de bien remarquable, c'est qu'elle n'admit jamais d'autres noms que ceux qui exprimaient sa divine origine. A l'exemple de S. Paul, qui reprenait sévèrement ceux qui se disaient être à Apollo, ou à Céphas, ou à Paul, les catholiques eurent toujours horreur des noms qui eussent pu accuser une origine spéciale; ils ne voulurent jamais être appelés pétriens, de S. Pierre, soit pauliens, de S. Paul, bien qu'ils eussent reçu la foi par le ministère de ces apôtres. Voilà donc la différence qui, dans tous les siècles, exista entre les vrais fidèles et les hérétiques : c'est que ceux-ci se laissèrent imposer les noms d'ariens, de montanistes, de sabelliens, etc., noms qui impriment un cachet tout humain à leurs sectes, tandis que les premiers, au contraire, n'acceptèrent jamais d'autre titre que celui de chrétiens, dérivé du Christ même, ou celui d'orthodoxes, qui marque la pureté et la rectitude de la foi, ou enfin le glorieux titre de *catholiques*, qui atteste la diffusion de leur Église dans tous les temps et dans tous les lieux.

II. — NOMS PROPRES. Il y en a de deux sortes : ceux qui sont communs aux chrétiens et aux païens, et ceux qui ont une origine exclusivement chrétienne.

Première classe. — *Noms communs aux chrétiens et aux païens.* Les premiers chrétiens n'avaient aucune répugnance, toutes les fois que cela n'atteignait point la délicatesse du sentiment religieux, à conserver les noms qu'ils avaient reçus de leurs parents païens, et qu'eux-mêmes avaient portés avant leur conversion. C'était peut-être, dans les temps de persécution, un moyen de se soustraire aux recherches des idolâtres. Aussi trouvons-nous sur les marbres, comme dans les actes des martyrs et les écrivains ecclésiastiques de cette époque, plusieurs classes de noms qui ne présentent aucun caractère exclusif de christianisme. Nous allons passer en revue ces diverses catégories, nous en tenant à un petit nombre de noms pour chacune d'elles.

Noms dérivés :

1° DES DIVINITÉS DU PAGANISME. Ces noms sont nombreux dans la primitive Église, et plusieurs, épurés par de généreux disciples de la croix, furent plus tard invoqués comme des noms de Saints. Il est aisé d'y reconnaître, soit dans leur forme primitive, soit dans une dérivation évidente, les noms ou surnoms de : APOLLON, *Apollo*, (1 *Cor.* XVI. 12); ce nom se retrouve encore au sixième siècle (De' Rossi. *Inscr. Christ. Rom.* t. I. n. 1013); *Apollinaris* (Marangoni. *Act. S. Vict.* p. 122); *Apollinaria* (Muratori. *Thes.* 1830. 6); *Apollonius* (*Martyrol. Rom.* XIV febr.); *Phœbes* (*Rom.* XVI. 1); *Pythius* (*Act. S. V.* 83). — ARTEMIS, sibylle delphique;

Artæmisius (Marini. *Arval.* 695); ΑΡΤΕΜΕΙϹΙΑ (Perret. v. pl. LXXVIII. 5). — BACCHUS, *Bacchus* (Ib. 113); *Bacchius* (Id. *Cose gent.* 455); *Dionysius* (surnom de Bacchus, de son temple de Nysa); *Dionysia* (*Act. S. V.* 113); *Liberia* (*Ib.* 87); *Liberia* (Vignoli. *Inscr. select.* 334). — LES DIOSCURES, *Castor, Pollux*, sur un marbre donné par Marangoni (*Act. S. V.* 131); *Castoria* (*Ibid.* 98). — CALLIOPE, l'une des neuf Muses; *Calliopa* (*Martyr.* VIII jun.); *Calliopius* (VII april.). — CÉRÈS, *Cerealis*, et de son nom grec, *Demeter, Demetrius* (*Act. S. V.* 115) : celui-ci fut porté par un grand nombre de martyrs; ΔΗΜΗΤΡΙΑ (*Ibid.* 701). — DIANE, *Dianesis* (*ibid.* 89); *Cinthia* (du mont *Cynthus*, lieu de la naissance de cette déesse (Vignoli. 332). — EROS : un évêque d'Arles, au commencement du cinquième siècle, portait ce nom; *Erotis* (Perret. *Catac.* v. 46) : une martyre de Cappadoce, sous Dioclétien (XXVII *oct.*), s'appelait *Erotheides*. — HERCULES, *Herculanus* (Perret. LVIII); *Eraclius, Eraclia* (*Act. S. V.* 76, 120); ΗΡΑΚΛΕΙΑ (*Ibid.* 77); *Heraclius*, martyr (XXII *oct.*). — HYGIE, déesse de la santé; *Hygias* (*Act. S. V.* 457). — JANUS, *Janus*, (Murator. 387. 1); *Janilla* (Id. 1886. 6). — JUPITER, *Jovina* (*Act. S. V.* 120); *Jovianus* (Perret. XXVII); *Jovinus* (Marini. *Iscr. Christ.* 383); *Jovita*, martyre (XV *febr.*). — Du nom de JUPITER AMMON, une foule de noms chrétiens, *Ammon, Ammonius, Ammononia* (*Martyrol.* passim). — *Olympius* (*Act. S. V.* 106); *Olympia* (Cardinali. *Is. Velit.* 203); *Olympiades*, martyr (XV *april.* I dec. etc.). — LÉDA, *Læda* (Boldetti. 579). — LUCINE, *Lucina* (Id. 428). — MARS, *Martia*, martyre (XXI *jun.*); *Martianus* (Bold. 487); *Martialis, Martinus* (passim); *Martinianus* (II. *jul.*); *Marzia* (*Act. S. V.* 134). — MELISSÆ, nom d'une nymphe à laquelle l'antiquité attribuait l'invention de l'art de préparer le miel, se trouve dans Marangoni (*Act. S. V.* 96). — MERCURE, *Mercurius* (*Ibid.* 82); *Mercuria* (*Ibid.* 98); *Mercurianus* (*Ibid.* 4); *Mercurus* (Fabretti. 551); *Mercurialis* (XXIII *maii*); *Mercurilis* (Mai. *Coll. Vat.* v. 395); *Mercurianelis* (Rossi. *Inscr.* I. p. 71); *Mercurina* (Le Blant. I. 74); *Mercuriolus* (Cancellieri. *Orsa e Simplic.* p. 18). — Du nom grec de Mercure, HERMÈS, *Ermes* (Bold. 483); ΕΡΜΟΓΕΝΗΣ (*Act. S. V.* 72); *Ermogenia* (*Ibid.* 94); *Hermes* (beaucoup de martyrs, II *nov.* I *mart.* etc.); *Hermogenes* (Id. X *dec.* II *sept.*). Ces noms se répandirent beaucoup dans la primitive Église, sans doute en mémoire de cet *Hermas*, que S. Paul salue dans son *Épître aux Romains* (XVI. 14) et qui était un de ses disciples. — MINERVE, *Minervia* (Bold. 491); *Minervinus* (XXXI *dec.*); *Minervus* (XXV *aug.*); — de son nom grec ΑΘΗΝΗ, *Athenodorus*, martyr en Mésopotamie, sous Dioclétien (XI *nov.*); *Athenogenes*, évêque de Sébaste, martyrisé dans la même persécution (XVI *jul.*). — de son nom PALLAS, *Palladius* (Osann. 559. XIV); ce fut aussi, au quatrième siècle, le nom d'un solitaire de Nitrie, qui devint ensuite évêque d'Hélénopolis, en Bithynie. Au 24 mai, on honore une martyre du nom de *Palladia*. — MUSÉE, le nom de ce demi-dieu fut aussi porté par un chrétien (Perret. v. XXXIX 130).

— NEMESIS, *Nemesis* (Murat. 1515. 9.); *Nemesius* (XX *febr.*); *Nemesianus* (X *sept.*); *Næmisina* (De' Rossi. *Inscr.* I. 272). — NÉRÉE, un des chrétiens que S. Paul salue dans sa lettre *aux Romains* (XVI. 15), portait le nom de ce dieu marin, *Nereus*. — Le martyrologe romain marque au 17 février un martyr qui s'appelait comme le fondateur de la ville éternelle, *Romulus*. — SATURNE, *Saturninus*, était un nom très-commun dans la primitive Église (Marchi. p. 85. — (*Act. S. V.* 82); *Saturnin*, l'un des apôtres que le pape S. Fabien envoya dans les Gaules au troisième siècle, fut le fondateur de l'Église de Toulouse; *Saturnina* (*Act. S. V.* 80). — S. Ambroise avait un frère du nom de *Satyrus*, que l'Église honore le 17 septembre; les marbres (De' Rossi. I. 198) et les actes des martyrs font lire quelquefois ce nom. — Un martyr d'Afrique (XVIII *febr.*), un évêque de Phénicie (XX *febr.*), sous Dioclétien un évêque d'Émesse (VI *febr.*), et au moins douze autres martyrs, avaient reçu et conservé le nom du dieu des forêts, *Silvanus*. — Nous avons vu au musée du Latran (*Inscr.* class. XVIII. n. 17) un marbre où est inscrit le nom d'une *Urania*; Oderico donne aussi (261) celui d'un fidèle dérivé du nom de la Muse de l'astronomie : *Uranius*. — Il n'y a pas jusqu'à la plus impure des divinités dont le nom n'ait été sanctifié par quelques disciples de Jésus-Christ. Nous avons dans Boldetti (477) l'épitaphe d'une chrétienne appelée *Venus*. Les dérivés ne sont pas rares : *Venere* (Marini. *Iscr. crist.* 452); *Venerius* (Perret. XXXII); *Venerius*, évêque de Milan; *Venerius*, ermite dans l'île des Palmes (IV *mai.* XIII *sept.*); *Venerigine* (Oderico. *Sylloge.* 259). — Du nom grec de *Venus Aphrodite, Aphrodisias* (*Act. S. V.* 97); *Aphrodisius*, m. (XX *april.*); *Aphrodisius*, prêtre et martyr à Alexandrie (XXX *april*).

Il se rencontre un certain nombre de noms tirés des divinités de l'Égypte; ils sont particulièrement attribués aux fidèles de ce pays. Mais souvent les auteurs ou les marbres leur donnent une terminaison grecque ou latine, comme *Serapio*, de SERAPIS (Boldett. 469). Ils paraissent néanmoins avec leur forme originelle dans les actes de quelques martyrs de la Thébaïde (V. Giorgi. *De mirac. S. Coluthi*).

2° DES AUGURES. *Auguris* (Perret. XXXV); *Augurius* (Marchi. p. 39); *Augustus* (Id. 26); *Auspicius*, martyr. (VIII *jul.*); *Desiderius*, m. (XXV *mart.*); *Donata* (Perret). XXI; *Expectatus* (Gazzera. *Iscr. del Piem.* 28); *Faustinus* (Marchi. 27); *Faustus*, m. (I *aug.*); *Felix* (*Act. S. V.* 129); *Felicia* (Perret. LXII); *Felicissimus* (Passionei. 118); *Felicitas* (Perret. III. 1), et leurs dérivés en grand nombre; *Firmus*, m. (II *febr.*); *Firmia* (Maffei. *Mus. Veron.* 281); *Firmina* (Lupi. *Sev. epit.* 57); *Macarius*, m. (V *sept.*), et sur plusieurs marbres, dans sa forme grecque; *Magnus*, m. (XV *febr.*); *Optatus* (Perret. XV); *Profuturus* (Id. XLI); *Pretiosa* (Wiseman. *Fabiola*, p. 264).

3° DES NOMBRES. *Primus, Prima, Primenia* (Fabretti, 579); *Primenius* (De' Rossi. *Inscr.* I. 206); *Primigenius* (Marini. *Arv.* 96). — *Secundus*, m. (IX *jan.*); *Secundilla*, m. (II *mart.*); *Secundolus*, m. (VII *mart.*); *Secundinus* (Perret. XLI). — *Tertius*, confess. (VI *dec.*) — *Quartus*, disciple des apôtres (III *nov.*); *Quartinus* (*Act. S. V.* 112). — *Quartina* (Boldetti. p. 479). — *Quintus*, m. (X *maii*). — *Sextus* (Perret. LXII). — *Septimus* (Id. LXIX); *Septimius* (Id. XVII). — *Octaliana* (Marang. *Cos. gent.* 454); *Octavia* (Fabretti, 375); *Octavius*, m. (XX *nov.*); *Octavianus* (De Boissieu. suppl. 14). — *Decia* (Aringhi. II. 262). — *Chylianus*, martyr évêque (VIII *jul.*).

4° DES COULEURS. *Albanus*, m. (XXI *jun.*); *Albano* (Marini. *Arv.* 266); *Albina* (Reines. 952). — *Candidus* (Perret. XXXVI). *Candida* (De' Rossi. I. 346). *Candidiana* (Doni. 539-70). — *Flavius* (Bosio. 433); *Fusca*, v. m. (XIII *febr.*); *Fusculus* m. (VI *sept.*). — *Nigrinus* (Le Blant. I. 388). — *Rubicus* (Passionei. 118); *Rufus* (Mai. *Collect. Vat.* t. v. 404).

5° DES ANIMAUX. Les noms tirés des appellations par lesquelles on désignait les animaux, domestiques ou sauvages, timides ou féroces, étaient déjà en usage chez les païens; mais il semble qu'ils aient été encore plus communs chez les chrétiens. Peut-être doit-on attribuer à un motif d'humilité cette sorte de prédilection. *Aper* (*Act. S. V.* 93). — *Æquitius* (Oderico, 33). — *Agnes*, v. m. (XXI *jan.*); *Agnellus* (XVI *dec.*). — *Aquila*, m. (XXIII *jun.*); *Aquilinus*, m. (XVI *maii*); *Aquilius* (Le Blant. I, 157). — *Asella* (*Act. S. V.* 120); *Asellus* (Maffei. *Mus. Veron.* 281); *Asellicete* (Marini. *ibid.* 393); *Asellicus* (*Ibid.* 422); *Asellianus* (Boldetti. 487); *Asellius* (Marin. *ibid.* 293); *Asinia* (Lupi. *Sev. ep.* 102). — *Basiliscus*, m. (III *mart.*); — *Capra* (Bold. 361); *Capreolus*, évêque de Carthage, sous Théodose; *Capriola* (*Act. S. V.* 85); *Capriole* (*Ibid.* 102); *Caprioles* (Perret. v. v.). — *Castora* (Maffei. *Mus. Veron.* 264); *Castorius* (Gruter. 1050, 10); *Castorinus* (*Act. S. V.* 129). — *Catellus* (Bosio. 106); *Catulinus*, m. (XV *jul.*); *Catullina* (*Act. S. V.* 131). — *Cerviola* (Mai. *Coll. Vat.* v. 424); *Cervinus* (Lupi. *Sev. ep.* 173); *Cervonia* (*Cos. gent.* 460). — *Columba*, m. (XVII *sept.*) et ses dérivés *Columbanus*, etc. — *Dracontius* (Buonarr. *Vetri.* 169). — *Felicula* (Fabretti. 549), et *Fœlicla* sur un marbre romain que nous possédons. — *Filumena* (Bold. 476); *Filumenus* (Lupi. *ibid.* 137). — *Formica* (Murat. 1872. 5). — *Leo* (Passionei. 125), *Leonilla*, *Leontia* (Marini. *Iscr. Alb.* 188); *Leonteia* (Id. *Arv.* 422); *Leontius* (De Boissieu. suppl. 4). — *Leopardus* (Perret. XXXI). — *Lepusculus Leo* : ces deux noms formant un singulier contraste dans la même personne sont inscrits sur un marbre romain de l'an 404 (De' Rossi. I. p. 226). — *Lupus*, m. (XIV *oct.*); *Lupercus* (Perret. XL); *Lupicinus* (Marini. *Arv.* 296); *Lupicus* (Bold. 398); *Lupula* (Le Blant. I. 396). — *Merola* (De Boissieu, 545); *Merulus*, m.

(XVII *jan.*). — *Muscanianete* (Marang. *Cos. gent.* 456); *Muscula* (Perret. XXXVIII). — *Onager* (Bold. 428). — *Palumba* (Murat. 1919. 11); *Palumbus* (Bold. 413). — *Panteris* (Perret. L). — *Pecus* (Mai. *Coll. Vat.* v. 397); *Pecorius* (Lupi. *Sev. ep.* 181). — *Porcaria* (De Boissieu. 561); *Porcella* (Bold. 376); *Porcus*, *Porcia* (Boldett. p. 449). — *Serpentia* (Boldetti. 482). — *Soricius*, de *sorex*, souris. (*Act. S. V.* 153.) — *Taurus* (Bold. 413); *Taurinus* (Perret. LVIII). — *Tigris* (Fabret. II. 287); *Tigridina* (Bold. 346); *Tigridius* (Le Blant. I. 26); *Tigrinianus* (Bold. 416); *Tigrinus* (Reines. XX. 398); *Tigrius*, m. (XII *jan.*). — *Turdus* (Bold. 400). — *Turtura* (De' Rossi. I. 425). — *Ursa* (Bold. 429); *Ursacius* (Lami. *De erudit. apost.* 355); *Ursicinus* (Perret. XXXVI); *Ursulus* (Marini. *Iscr. Alb.* 193); *Ursula* v. m. (XXI *oct.*); *Ursus* (Bold. 308). — *Vitella* (Bottari. II. 127); *Vitellianus* (Maffei. *Mus. Ver.* 483).

Plusieurs de ces noms, ayant été portés par des martyrs, se sont conservés jusqu'à nos jours. Nous lisons sur une pierre gravée donnée par Macarius (*Hagiogl.* 200) le nom de ΠΙΧΘΥΣΑ dérivé de ΙΧΘΥΣ, poisson; il était sans doute relatif à ce symbole (V. l'art. *Poisson*).

La figure même de plusieurs animaux est employée sur quelques marbres comme signe phonétique des noms qui s'y trouvent écrits. Ainsi le nom de *Porcella* (Bold. 376) est accompagné d'une petite truie gravée sur la pierre; celui de *Dracontius* (Id. 386), d'un serpent; celui d'*Onager* (Id. 428), d'un âne, dessiné sur la chaux; celui de *Capriolus*, d'une petite chèvre : voici le fac-simile de cette curieuse épitaphe (Perret. v. pl. v. M.); celui de *Turtura*, de deux tourterelles (Mai. *Coll. Vat.* v. 451); celui d'*Aquilius*, de deux aigles (De Boissieu. 562). On voit aussi un aigle au vol sur le tombeau d'une chrétienne nommée *Aquilina* (Bold. 397), et un lion sur celui d'un *Pontius Leo* (grand corridor du Vatican). Des signes de natures différentes se trouvent employés dans le même sens. En voici un qui n'a pu trouver sa place ailleurs (V. *Passionei.* 210. 57) : GENETHLIA IVGATI COIVGI IN PACE. L'inscription est accompagnée d'un objet qui est sans doute un joug, et fait allusion au nom du mari IVGAS.

6° DES CHOSES RELATIVES A L'AGRICULTURE. *Agellus* (De Boissieu. suppl. 24. — Gazzera. 24); *Agricia* (De Boiss. 552); *Agricola*, m. (III *dec.*); *Arator*, m. (XXI *april.*); *Armentarius*, év. (XXX *jan.*). — *Cepasus*, *Cepasia*, de l'oignon (*Act. S. V.* 81. 112); *Cepula*

(*Cos. gent.* 457); *Cerealis* (Bold. 399); *Cicercula* (Marini. *Arv.* 827); *Citrasius*, de *citrus*, citron (Boldetti. p. 407). — *Fabius*, de la fève (Perret. XL); *Fructuosus*, m. (XXI *jan.*); *Fructulus* (XVIII *febr.*); *Frumentius*, év. (XXVII *oct.*). — *Hortulanus*, év. en Afrique (XXVIII *nov.*). — *Laurina, Laurentius* (*Act. S. V.* 85), du laurier. — *Olibio*, de l'olive (Bold. 82) ; *Oliva*, vierge (III *jun.*). — *Palmatius*, m. (X *maii*); *Pastor* (Marini. *Arv.* 255); *Piperusa*, de *piper*, poivre (Marini. *ibid.* 492); *Piperion*, martyr à Alexandrie (XI *mart.*). — *Rusticus*, évêque de Lyon au quatrième siècle, *Rustica* (*Martyrol.* passim). — *Silvanus, Silvana* (De Boiss. 138); *Silvia* (Le Blant. I. 363) ; *Silbina* (Boldett. p. 492); *Stercorius* (Fabret. 582); *Stercoria* (Marchi. tav. XV); CTЄPKOPI (Boldett. p. 377). — Ces derniers noms, qui se rencontrent très-fréquemment sur les marbres chrétiens, et presque jamais sur les païens, étaient pris sans doute par motif d'humilité (V. Fabretti. *loc. laud.*); ils semblent rappeler ce texte de S. Paul (1 *Cor.* IV. 13) : *Tanquam purgamenta hujus mundi facti sumus, omnium peripsema usque adhuc*, « nous sommes devenus comme les ordures du monde et les balayures de tous, » et alors ils auraient trait au mépris public dont les chrétiens étaient l'objet. — *Tilia*, du tilleul (*Act. S. V.* 91). — *Vindemialinus* (Maffei. *Mus. Ver.* 358. 8); *Vindemialis*, évêque en Afrique, martyr sous Hunnéric (Greg. *Hist. Fr.* l. II. c. 5).

7° DES FLEURS. *Amaranthus* (Marang. *Cos. gent.* 464). — *Balsamia* (Oderico. 540). — *Corona.* m. (XIV *mai*). — *Florus*, m. (XXII *dec.*); *Flora* (De Boiss. 31); *Florentius* (Marini. *Arv.* 171); *Florentia* (Perret. LXIV); *Florentinus* (*Act. S. V.* 125); *Florida, Floris* (*Ibid.* 85); *Florius*, m. (XXVII *oct.*); *Flos*, m. (XXXI *dec.*); *Flosculus*, évêque (II *febr.*) ; un enfant martyrisé sous Valérien (XVII *sept.*) portait le gracieux diminutif de *Flocellus.* — *Liliosa*, martyre à Cordoue (XXVII *jul.*); *Laurinia* (*Act. S. V.* 85). — *Mellitus* (*Ibid.* 100). — *Narcissus*, m. (XVII *sept.*). — *Rosa*, m. (IV *sept.*); *Rosarius* (De' Rossi. I. n. 930); *Roseta* (Marang. *Cos. gent.* 456); *Rosius*, conf. (I *sept.*); *Rosula*, m. (XIV *sept.*).

8° DES CHOSES MARITIMES. Les appellations, aussi bien que les symboles relatifs à la navigation, furent adoptés par les premiers chrétiens dès les premiers âges de l'Église; et ce genre de symbolisme dérive immédiatement du Nouveau Testament. Voici les noms de cette espèce qui se rencontrent le plus souvent sur les marbres : *Marinus* (Bosio. 564); *Marina* (Maffei. *Mus. Ver.* 208) ; *Maritimus* (Fabret. VIII, 5); *Maritima* (Reines. XX. 443). — *Nabira* (Bold. 373), accompagné d'un navire comme signe phonétique; *Naucello* (Id. 485); *Nauticus* (Aringhi. II. 621) ; *Navalis*, m. (XVI *dec.*); *Navicia* (De' Rossi. I. p. 40); *Navigius, Navigia* (Murat. 1997. 1924); *Nautico* (Bosio. 506); *Navicius* (Doni. XX. 64). — *Pelagia* (Bosio. 215) : ce même nom se trouve dans une inscription donnée par Marangoni (*Act. S. V.* 107), mais avec un poisson entre deux ancres ; *Pelagio* (Bos. 507); *Pelagius* (Marchi. 163); *Pelacianus* (Fabret. 549). — *Thalasia* (Le Blant. I. 147); *Thalassus* (Reines. XX. 395); *Thalassiæ* (Spon. *Miscell.* 232); *Talassobe* (Bosio. 283).

9° DES FLEUVES. *Cydnus*, d'un fleuve de Cilicie (Bold. 392), CYDNO NATO KARISSIMO. — *Inachus*, d'un fleuve qui a fait donner au Péloponnèse le nom d'*Inachia* (Fabret. 548). — *Siquana*, nom d'une chrétienne dont le *titulus* a été trouvé dans le quartier Saint-Just à Lyon (De Boiss. 567). — *Rodane*, martyre de Lyon; nous avons aussi *Rodanus* dans la collection vaticane du cardinal Mai (v. 401. 8) — *Jordanis* (Murat. 1972). — *Nilus* (*Ibid.*). L'Église d'Évreux honore le 22 janvier un martyr du nom de *Orontius*, qui souffrit sous Dioclétien.

10° DES CONTRÉES ET DES VILLES. *Afra*, m. (XXIV *mai*); *Africanus*, m. (X *april.*); *Alexandra* (Boldett. p. 484); *Araba*, m. (XIII *mart.*); *Ausonia*, martyre de Lyon. — *Calcedonius* (*Act. S. V.* 108); XAAKHΔONIC, *Chalcedonis* (Fabretti. 592); *Creticus*, (Boldett. p. 430); *Cyprianus*, évêque de Carthage, martyr (XVI *sept.*). — *Daciana* (Maffei. *Mus. Veron.* 179). — *Dalmatius* (d'Agincourt. *Sculpt.* III. 10). — *Galatia* (Bold. 808) ; *Garamantius*, d'une contrée de la Libye (*Act. S. V.* 82); *Græcinia* (Boiss. suppl. 358); *Galla* (Le Blant. I. 363). — *Heraclia* (Lupi, ev. ep. II). — *Italia* (Pelliccia, *Polit. eccl.* IV. 152). — *Laodicia* (Mai. v. 437) ; *Ligurinius* (Reines. XX. 115); *Libya*, martyre en Syrie (XV *jun.*) ; *Lydia* marchande de pourpre à Philippes (S. Paul). — *Macedonia* (Boldett. p. 477); *Macedonius* (De' Rossi. I. 349) ; *Maurus* (Perret. XXX); *Mesia* (Marini. *Pap.* 244). — *Nolanus* (Passionei.123. n. 74). *Norica* (De' Rossi. 500); *Numidianus* (NOYMIΔ IANOC) (crypte des Dapes). — *Partenope* (Perret. XX. 82). — *Pelusius*, martyr à Alexandrie (7 *april.*); *Pausilippus*, m. (XV *april*) ; *Roma* (Aringhi. II. 169). — *Romanus* (Passionei. 124); POMANOC (*Mus. Lateran. inscr.* class. XVIII). — 9. *Sabina*, m. (XXIX *aug.*); *Sabinianus*, m. (XXIX *jan.*), *Sabinus*, m. (XXV *jan.* et Boldett. p. 545); *Sabinilla* (Mai. *Coll. Vat.* v. 447); *Sabinillius* (De' Rossi. I. 269); *Samnius* (Bold. 534); *Salonice* (Id. 419); *Sebastianus* (passim); *Sequanus* (XIX *sept.*); *Sidonia* (Bold. 481); *Sircia* (Perret. LXIII); *Surrentius* (Mai. ib. p. 423). — *Tessalius* (Bold. 443) ; *Thessalonica*, m. (VII *nov.*) ; *Tiburtius* (Mamachi. II. 230); *Transpadanus* (Mai. *ibid.* 408); *Troadius*, martyr à Néocésarée dans le Pont (Greg. Nyss. *In act. Greg. Thaum.*); *Trojanus*, évêque de Saintes (Greg. Turon. *Glor. conf.* c. LIX) ; *Tuscula* (Bold. 436).

Dans une très-ancienne litanie que Trombelli a insérée au recueil de Calogera (1ʳᵉ série, t. XXXII. p. 238), figure au rang des vierges-martyres une sainte *Jérusalem*, qui n'est point mentionnée dans les martyrologes. Les Bollandistes en parlent au 26 juillet (*In prætermissis*, p. 229), et supposent qu'elle souffrit le martyre avec un saint *Appion*. Mais l'histoire de l'un et de l'autre est pleine d'incertitudes.

11. DES MOIS. *Aprilis* (Bold. 409. 420. — Maffei. *Mus. Ver.* 288. — Marini. *Arv.* 506). — *December* (Marang. *Cos. gent.* 467 : ΔЄKЄMBPOC (Perret. v. LXXVII. 7) ; *Decembrina* (Bold 589). — *Februa-*

rius (Le Blant. I. 324). — *Januaria* (Marini. *Arv.* 170); *Januaris* (Bold. 55); *Januarius* (Gazzera. Append. II); *Januarinus* (Fabrett. 552). — *Julius* (Marini. *Papiri.* 301). — *Junia* (Perret. XL); *Junianus* (Id. XXXII). — *Kalendius* (Bold. 490). — *Maius* (Marchi. 91). — *Martius* (Id. 410). — *Nonnosa* (De' Rossi. I. p. 204); *Nonnosus* (Le Blant. I. 110). — *October* (Act. S. V. 92).

12° DES QUALITÉS OU DES DÉFECTUOSITÉS DU CORPS. *Balbina* (Perret. XXIX). — *Capito*, m. (XXI. jul.); *Callistus*, de καλός, beau ; *Callista* (XIV oct. II sept.); *Crispinus* (Perret. VI. p. 158); *Crispus*, m. (XIV oct. et alibi.); *Currentius* (Passionei. 116). — *Eucharis* (Marini. *Iscr. Alb.* 32); *Euchadria* (Nicolaï. *Basil. di S. P.* 139); *Eucharistus* (Mai. *Coll. Vat.* V. 376); ΕΥΧΑΡΙϹΤΟϹ (Aringhi. I. 522); *Eucharistianus* (Bold. 382). — *Fronto*; m. (XVI april.). — *Longina* (Bold. 475). — *Pulcheria*, V (X sept.). — *Venustus* (VI maii). — *Venustianus*, m. (XXX dec.).

13° NOMS INDIQUANT UNE QUALITÉ MORALE. Ils sont innombrables. Nous en citons quelques-uns comme au hasard : *Agathon*, m. (XVII dec.) et ses dérivés: *Amandius* (De Boiss. 15); *Amantius* (Perret. LIV); *Angelica* (Id. XXIII. 43); *Aristo* (De' Rossi. I. 166). — *Bona* (Bold. 381); *Bonosus* (Ciampini. *Vet. mon.* I. 275); *Bonusa* (Perret. LXV); *Benignus* (Bold, 489). — *Candidus* , *Candida* (Martyrol. passim); *Candidianus* (De' Rossi. I. 44); *Casta* (Mai. *Coll. Vat.* V. 425); *Castinus* (Act. S. V. 82); *Castus* (Bold. 390); *Concordia* (Perret. XIV); *Constantia* (Marini. *Isc. Alb.* 51); *Constantius* (Act. S. V. 96); *Clemens* (Ibid. 89); *Clementianus* (Ibid. 132). — *Decentius* (Bold. 345); *Digna* (Bold. 492); *Dignitas* (Id. 410); *Dignantius* (Le Blant. I. 350); *Dulcitius* (Perret. LXXV); *Dulcitudo* (Bold. 410. — *Eusebius* (Id. 82); ΕΥCΕΒΙΑ (Id. 71). — *Facundus* (Perret. XXVI); *Firmus* (Act. S. V. 133); *Fortissima* (Marini. *Iscr. crist.* 433); *Fulgens*, *Fulgentius* et tous ses dérivés, parmi lesquels nous nous plaisons à citer le gracieux diminutif *Fulgentilla* d'une inscription romaine de l'an 385 (De' Rossi. I. 155). — *Generose* (Mamachi. III. 243); *Generosus*, *Generosa* (passim *in Martyrol.*); *Grata*, v. (I maii); *Gratinianus*, m. sous Dèce (I jun.); *Gratus*, m. (V dec.) — *Hidonitas* (Oderico. 349); *Honorata* (De Boiss. 47); *Honoratus*, évêque de Milan (VIII febr.); *Hospitius* (XXI maii). — *Ingenua* (Steiner. 840); *Innocentia* (Bold. 79); *Innocentina* (Perret. XXXVII); *Innocentius* (passim); *Justa*, *Justus* (Marini. Pap. 244); *Justina* (Perret. LIII). — *Lucia*, de *lux*; *Luminusus*, pour *Luminosus* (De' Rossi. I. 499). — *Nobilis* (De Boiss. 534). — *Patiens* (évêque de Lyon); *Pretiosa*, nom d'une fille de douze ans, consacrée à Dieu, à la fin du quatrième siècle (De' Rossi. I. 213); *Pudens*, *Pudentiane* (Murat. 1854); *Probus* (Martyrol.). — *Reverens* (Oderico. 34). — *Sanctus*, *Sanctinus* (Murat. 1985. 12); *Sanctula* (Steiner. 855); *Sedatus* (Id. 830); *Serenus* (Bosio. 534); *Severus* (Marchi. 85); *Simplicius* (Id. 27); ϹΙΜΠΛΙΚΙΑ (Act. S. V. 71); *Studentius* (Murat. 1907. — *Venerandus* (Marini. Pap. 352); *Vera* (Perret. LVII); *Verus* (Act. S. V. 85); *Verecunda* (Perret. LI); *Vigilantius* (Passionei. 125); *Virissimus* indiquant la force morale (Bold. 431).

14° NOMS INDIQUANT UNE ORIGINE SERVILE. Le christianisme primitif comptait dans ses rangs un grand nombre d'esclaves affranchis (Min. Fel. *Octav.* VIII. — Hieron. *In Ep. ad Galat.* v. — Tertull. *Apol.* III) ; mais les noms accusant cette origine sont relativement assez rares. Car les fidèles étaient pleins du sentiment de leur affranchissement par Jésus-Christ : « Il n'y a parmi vous, disait S. Paul (*Galat.* III. 25 *et alibi*), ni esclaves ni hommes libres; vous êtes un en Jésus-Christ. » Nous empruntons quelques-uns des noms de cette espèce aux marbres et aux actes des martyrs. Deux martyrs portant le nom de *Servus* souffrirent sous Hunnéric, l'un à Carthage (XVII *aug.*), l'autre à Tibur (VII dec.). Le martyrologe romain mentionne encore au 24 mai la passion d'un *Servilius*, nom d'une *gens romana* très-illustre, et au 20 avril celle d'un *Servilianus*, ce dernier sous Trajan, et enfin celle d'un *Servulus*, martyr à Adrumète le 21 février. Ce nom se lit aussi sur un marbre romain de l'an 424 (De' Rossi. I. 277). Les recueils d'inscriptions fournissent, entre quelques autres, les suivants : *Bernacle* (Boldetti. 55); *Bernacla* (Fabrett. VIII. 140), pour *Vernacula*; *Serbulus* (Reines. 987); *Servule* (Bosio, 213), *Verna* (Maffei. *Mus. Veron.* 358); *Vernacia* (Act. S. V. 9.); *Vernacla* (Le Blant. I. 119); *Vernacolo* (Bosio. 408); *Vernacula* (Bold. 54), etc.

15° On peut mettre encore parmi les noms communs aux chrétiens et aux païens ceux qui ont une désinence diminutive, et auxquels s'attache une signification gracieuse et caressante. Ils sont le plus souvent donnés aux femmes : *Augustula* (Marchi. 30); *Capriola* (Perret. LXXV); *Castula* (Doni. XX. 91); *Catulina* (Act. S. V. 131); *Fabiola* (De' Rossi. I. 334); *Feliciola* (Perret. LXVII); *Formicula* (Bold. 545); *Fortunula* (Gazzera. Append. 14); sur le tombeau d'une jeune fille en 444 (De' Rossi. 313) figure le charmant diminutif de *Gemmula*, petite perle, petit bijou, comme nous dirions aujourd'hui; *Muscula* (Id. 112); *Rosula*, m. (XIV sept.); *Serenilla* (Bold. 565); *Sanctula* (Stein. 855).

Il y en avait d'autres terminés en *enis*, comme *Julianenis*, pour *Julianæ*; *Zosimenis*, pour *Zosimæ*; ou en *etis*, *Irenetis*, *Ispetis*, *Joannetis*, *Leopardetis*, etc. (V. Lupi. *Sev. ep.* 157). L'usage de ces dernières formules caressantes remonte au moins au commencement de l'empire ; on en trouve des exemples sous Claude et même sous Auguste (V. Cavedoni. *Cimit. Chius.* p. 157) : *Nerania Julianenis*.

16° NOMS HISTORIQUES. Les actes des martyrs en offrent un nombre considérable : *Agrippina*, vierge martyre sous Valérien (XVII mai.); *Alexander* (Martyrol. passim); *Amphion*, évêque en Cilicie, confesseur sous Maximien (XII jun.); *Amulius* (Boldett. 475); *Anastasius* (Boldett. p. 493 et passim); *Annon*, évêque de Cologne (IV dec.); *Anti-*

gonius, m. à Rome (xxvii *febr.*); *Antiochus*, m. à Sébaste (xv *jul*,); *Antonius* (passim); *Apelles*, des premiers disciples de Jésus-Christ, salué par S. Paul (Rom. xvi); *Arcadius* (xii *jan.* et *alibi*); *Archelaus* (iv *mart.*); *Augustus*, martyr à Nicomédie (vii *maii*). — *Dædalia* (Mai. lb. : 177); *Darius*, martyr à Nicée (ix *dec.*); *Demetrius* (passim); *Democritus*, m. (xxxi *jul.*); *Diocles*, m. en Istrie (xxiv *maii*); *Diomedes*, m. à Laodicée (xi *sept.*); *Domitianus*, diacre, m. à Ancyre (xxviii *dec.*). — *Epictetus*, m. (xxii *aug.*). — *Fabius*, m. à Césarée (xxxi *jul.*); *Flavius*, *Flavia*, prénom des Vespasiens (vii *mai.* v *oct.*). — *Hadrianus*, m. à Césarée (v *maii* et *alibi*); *Heraclius*, plusieurs martyrs. *Honorius* (passim). — *Miltiades*, pape. — *Narses*, m. en Perse sous Sapor (xxvii *mart.*). — *Orestes*, m. sous Dioclétien (ix *nov.*); *Otacilia*, nom de la femme de l'empereur Philippe. — *Patroclus*, m. (xxi *jan.*); *Peleus*, évêque, m. en Phénicie, sous Dioclétien (xx *febr.*); *Philadelphus*, m. (x *maii*); *Plato*, m. à Ancyre (xxii *jul.*); *Plutarchus*, m. (xxviii *jun.*); *Pompeius*, évêque de Pavie (xiv *dec.*); *Poppea* (Boldett. p. 361); *Ptolomæus*, soldat à Alexandrie, m. (x *dec.*); *Pyrrus* (Boldetti. p. 415). — *Saloninus* (De' Rossi.R.1.c. tav. xxvii. 4); *Seleucus*, m. (xvi *febr.*); *Socrates*, m. (xix *apr.*). — *Themistocles*, m. en Lycie, sous Dèce (xxi *dec.*); *Theodorius*, m. (xxvi *mart.*); *Thraseas*, évêque, m. à Smyrne (v *oct.*); *Tiberius*, m. sous Dioclétien (x *nov.*); *Timolaus*, m. à Césarée sous le même (xxiv *mart.*); *Titus*, disciple de S. Paul, évêque de Crète; *Titus*, diacre, m. à Rome (xvi *aug.*). — *Valens*, évêque, m. (xxi *maii*); trois martyrs portant les noms de trois empereurs romains, *Valerianus*, *Macrinus* et *Gordianus*, souffrirent à Nyon, en Suisse. Ils étaient sans doute frères; on ignore tout de leur histoire, sauf leur martyre. *Varus*, soldat, m. sous Maximin (xix *oct.*); *Volusianus*, évêque de Tours du temps de Childéric, fils de Clovis (Greg. Turon. *Hist. Fr.* l. ii. c. 26).

Deuxième classe. — *Noms exclusivement chrétiens.*

Noms dérivés :

1° DES DOGMES DE LA RELIGION. *Anastasia* (Perret. lxi); *Anastasius* (Bold. 363); *Athanasius*, *Athanasia* (*Martyrol.* passim). — *Christianus*, etc.; *Christeta*, m. (xxvii *oct.*); *Christinus*, *Christophorus* (xxv *jul.*). — Plusieurs sont allusifs à la rédemption : *Aquisita* (Act. S. V. 125); *Redempta* (Lupi. Sev. ep. 185); ΡΕΔΕΜΠΤΑ, le même nom en caractères grecs (Act. S. V. 109); *Redemplius* (Vermiglioli. Iscr. Perug. 589); *Redemptus* (Lupi. ibid. 110. — Gazzera. 10. — De Boissieu. Append. 4); *Reparatus* (Nicolaï. 232). — Le salut : *Salutia* (Bosio. 552); *Salvius* (xi *jan.*); *Soteris* (Act. S. V. 91). — La prédestination : ΡΕΚΕΠΤΟΣ, *Receptus* (Aringhi. iv. 37. p. 124). — La renaissance et l'adoption par le baptême : *Adepta* (De Boissieu. 554); *Renatus* (Act. S. V. 84); *Restitutus* (Bold. 599);

très-commun dans le martyrologe; et la vie spirituelle : *Viventius* (Act. S. V. 106); *Vivianus* (Id. 134); *Vitalis* (Id. 88); *Vitalissimus* (Id. 123); *Zoe* (Id. 129) : ΖΩΤΙΚΗ (Osann, 441. cxix). — *Refrigerius*, *Refrigeria* (Boldetti. 346, 287) est relatif à l'admission de l'âme au bonheur céleste (V. l'art. *Refrigerium*). — *Pnumulus*, de πνεῦμα, esprit, répond à *plenus Spiritu Sancto* : ce nom se lit sur un marbre de Lyon (De Boissieu. 582).

2° DES FÊTES ET DES RITES DE L'ÉGLISE. *Epiphanius* (De' Rossi. 1. 236); *Epiphana*, martyre sous Dioclétien (xii *jul.*); la mère de l'empereur Héraclius Ier s'appelait *Epiphania*. — *Natalis*, *Natalia*, m. (xxvii *jul.*); *Natalio* (Bold. 492). — *Pascasia* (De Boiss. 550); *Pascasius* (Giorgi. De mon. Crist. 33); *Pascasus* (Act. S. V. 108); *Pasqualina* (Nicolaï. Basil. di S. P. 250). — *Parasceves*, m. (xx *mart.*); *Eulogia* (Buonarr. Vetri. tav. iii. 2). — *Sabbatius* (Passionei. 135); *Sabbatia*, *Sabbatus* Boldett. p. 490). — *Quadragesima*, nom inscrit sur le manche d'une cuiller d'argent de Porto. Les fidèles recevaient ordinairement le nom de la fête où ils étaient nés.

La dévotion pour les martyrs engagea souvent les chrétiens à prendre les noms des plus illustres d'entre eux. Ils adoptèrent souvent aussi un nom commun à tous, *Martyrius*, *Martyria* (V. Lupi. Sev. ep. 182. — Gruter. mliii. 3. — Marangoni. Doni. etc.), nom qui ressemble à celui de Toussaint, adopté quelquefois par les modernes. On pourrait supposer que ce nom était donné au baptême à ceux dont les parents avaient subi le martyre.

3° DES VERTUS CHRÉTIENNES. AGAPE et IRENE, « l'amour et la paix, » et leurs nombreux dérivés, étaient des noms que les premiers chrétiens affectionnaient singulièrement. Aussi se rencontrent-ils très-fréquemment dans les monuments primitifs, par exemple dans une fresque du cimetière des Saints-Marcellin-et-Pierre (Bottari. cxxvii), et bien qu'ici ils aient une signification symbolique, allusive au festin céleste que représente la peinture, il est certain qu'ils sont souvent employés au propre, notamment dans une épitaphe du cimetière de Saint-Calépode (Boldetti. p. 55), et dans le *titulus* de la martyre *Agape*, dont le corps avait été donné à Morcelli par Pie VII.

Ruinart (p. 348. edit. Veron.) enregistre les actes des Stes *Agape*, *Chionia* et *Irene*, dont les noms, ainsi qu'il est expliqué dans les actes mêmes (§ xi), signifient *Charitas*, *Nivea*, *Pax*. On lit dans le recueil de M. de Boissieu (593) l'inscription funéraire d'un marchand lyonnais nommé *Agapus*; dans Muratori celle des chrétiennes *Agape*, *Rustica* et *Irene*; dans M. Perret (v. pl. lxii), celle d'*Agapetus*; et dans le premier volume de M. De' Rossi (p. 99), celui d'*Agapenis*. Qui ne connaît le magnifique sarcophage de la vierge chrétienne *Aurelia Agapetilla* (Boldetti. 416)?

M. De' Rossi a trouvé au cimetière de Calliste (*Roma sott.* p. 262) une épitaphe consacrée par une chrétienne nommée ΠΙΣΤΕ, Foi, à sa sœur ΣΠΕΣ, Espérance : PISTE SPEI ‖ SORORI ‖ DVL ‖ CISSIMAE ‖ FELI-

ANTIQ. CHRÉT.

On aimait à réunir quelquefois dans la même famille les noms des trois vertus théologales : Foi, Espérance, Charité, *Pistis, Elpis, Agapes* (De' Rossi. inscr. 19). Le martyrologe romain marque au 1er août trois vierges ainsi nommées, martyrisées sous Hadrien. Passionei donne (118. 47) l'épitaphe d'une chrétienne appelée *Fides*. La première femme de Boëce, fille du consul Festus, s'appelait *Helpis* (Collombet. *Hist. des lett. lat. aux quatrième et cinquième siècles*. p. 218).

De *Elpis*, espérance, on fit *Elpidius* : l'Église de Lyon eut un évêque de ce nom en 426 (*Breviar. Lugd.* xi sept.); on en pourrait citer plusieurs autres exemples : *Elpizusa, Elpidephorus*, « Porte-Espérance » (Boldetti. 366). Un martyr de Perse, que l'Église honore le 2 novembre, portait aussi cette rare appellation. On trouve encore *Ispes* (Perret. xxxii) ; *Spesina* (Vermiglioli. *Iscr. Perug.* 587) ; *Sperantia* (Boldetti. 49).

De χάρις dérivèrent *Caritose* (Perret. lxxvii), *Caritosa* (Pellicia. *Polit. eccl.* iv. 156), et enfin *Charitina*, vierge et martyre sous Dioclétien (v oct.), et *Chariton*, nom d'un martyr qui fut jeté dans une fournaise ardente (iii sept.).

De *Irene*, la paix, on forma *Ireneus* (Perret. xlvii). Sans parler de l'illustre évêque de Lyon, ce nom fut celui d'un assez grand nombre de martyrs. L'Église de Gaza en Palestine eut un évêque appelé *Irenion*; on l'honore le 16 décembre.

A ce nom on peut ajouter ceux qui expriment la fraternité chrétienne : *Adelfius* (De Boiss. 597) ; *Adelphus* (*Martyrol. Gallic.* xxviii april.).

4° De la piété. *Adeodatus* (Perret. xxxi) ; *Adeodata* (De' Rossi. i. 164), « Dieudonné ; » *Angelica* (Perret. xxiii) ; *Aromatia*, qui peut s'entendre de la bonne odeur de la vertu (Maffei. *Mus. Veron.* 279). — *Cyriacus* (Marini. *Arv.* 266) ; *Cyricus* (*Act. S. V.* 89), et tous les noms dérivés de κύριος, lesquels expriment dans toutes ses nuances la piété envers le *Seigneur*. — *Deicola* (xviii jan.); *Deogratias* (*Kalend. Carthag.* ap. Ruin. 532) ; *Deusdedit* (De' Rossi. i. n. 913), nom commun dans le martyrologe. — *Evangelius* (Perret. iv). — *Martyr* (Lupi. *Sev. ep.* 32); *Memoriolus* (Le Blant. i. 107), nom qui rappelle une formule élogieuse très-fréquente sur les marbres chrétiens, bonae memoriae. — *Pientia*. (Fabretti. 579); *Pius*, le premier pape de ce nom souffrit sous Antonin. — *Sanctus*, martyr de Lyon ; *Sanctinus* (De' Rossi. i. n. 1174); *Sanctulus* (Bold. 49.)

Les noms dérivés de θεος, exprimant l'amour de Dieu, comme *Theophilus*, et les autres rapports que la piété établit entre Dieu et l'homme, sont extrêmement nombreux dans l'antiquité chrétienne : θεοτεκνε, *Deigenite*; θεοκτιστη, *Deocreata* (Marini. *Iscr. Alb.* 98. n. 7). On honore dans l'île de Paros, au 10 novembre, une vierge nommée *Theoctistes* ; *Theodotus*, « donné ou consacré à Dieu ; » m. (iv jan.); *Theodosius*, « offert à Dieu ; » *Theophanes*, « montré par la Divinité, » m. (iv dec.); *Theoticus*, « qui a rapport à l'intuition de Dieu ; » m. (viii mart.); *Theopiste*,

« qui espère en Dieu ; » m. (xx sept.) ; *Theoprepides*, « qui est digne de Dieu, » m. (xxvii mart.) ; *Theopompus*, « envoyé ou inspiré de Dieu, » m. (xxi maii); *Theogonius*, « né de Dieu, » m. à Édesse sous Maximien (xxi aug.), etc., etc.

Le martyrologe mentionne, au 13 janvier et au 16 septembre, deux martyrs de Cordoue portant le nom éminemment chrétien de *Servus Dei*, « serviteur de Dieu. » Le même nom se lit sur certain nombre de marbres des premiers siècles (V. *Act. S. V.* 132). Nous devons dire cependant qu'il paraît avoir été employé quelquefois comme qualificatif d'une certaine classe de personnes, peut-être des martyrs. Boldetti, qui l'avait d'abord pris pour un nom propre sur une tombe du cimetière de Prétextat (Bold. p. 437), remarqua plus tard l'inscription servvs dei imprimée avec un sceau sur la chaux d'un *loculus* du cimetière de Sainte-Agnès. Ceci donnerait à penser que les fidèles marquaient ainsi d'autres tombes où l'on n'a pas remarqué ces caractères grossièrement tracés. — *Ancilla Dei*, « servante de Dieu, » fut aussi un nom propre, selon M. De' Rossi (i. 132). Nous avons encore *Quodvultdeus* dans une inscription de l'an 366 (*Ibid.* 99). Ce nom, qui exprime une habitude de soumission à la volonté divine, n'était pas rare dans les premiers siècles. Il fut porté par un évêque de Carthage au cinquième siècle, et par un évêque donatiste au temps de S. Augustin.

Un marbre de Naples (Fabretti. p. 757) fait lire le nom *Habetdeus*, plus rare que le précédent, mais auquel on peut assigner le même sens : c'était celui d'un abbé mort en 515.

5° Il y avait une foule de noms significatifs, dont les uns dénotaient la fermeté et la victoire du chrétien sur le péché et sur les ennemis de son salut: *Bellator* (*Act. S. V.* 93); *Fortissima* (Marini. *Iscr. Crist.* 433) ; *Valens* (i jun.); *Victor* (Bold. 807); *Victora* (Perret. xlvii) ; *Victoria* (*Act. S. V.* 88); *Victoricus* m. (xi dec.) ; *Victorina* (Bosio. 534); *Victricius*, évêque et confesseur sous Julien (vii aug.); *Victurus*, m. en Afrique (xviii dec.); *Vincens* (Perret. xxvi. 57); *Vincensa* (Perret. xxvi) ; *Vincentius* (Fabretti. iii. 30).

Nous trouvons dans Reinesius (xx. 221) l'équivalent de ce nom, nice, du grec νικάω, *vinco*.

D'autres exprimaient la joie spirituelle qui était le caractère distinctif du vrai chrétien, toujours calme et content au milieu des tribulations (I *Thess.* v. 16): *Gaudentiolus* (Le Blant. i. 364) ; *Gaudentius, Gaudiosus* (Fabretti. iv. 46 et *passim*) ; *Hilara* (Marchi. 53) ; *Hilaris, Hilaritas* (Bold. 397. 407. etc.); *Hilarius* (*Martyrol. passim*); *Hilarus* (Marchi. 39) ; *Ilarissus* (Marini. *Arv.* 405) ; *Jubilator* (Aringhi. ii. 175).

Nous trouvons *Exillaratus* dans le recueil de M. De' Rossi (i. n. 1178); *Abundantius* (*Iscr. Alb.* 189) ; *Æterius* (Bold. 343) ; *Beatus* (Perret. 59); *Cælestinus* (De' Rossi. i. 72) ; *Felix, Felicio* (*Iscr. Alb.* 110. 26) ; *Felicissimus* (*Act. S. V.* 91). — Les noms de *Viator, Viatorinus* (Perret. lxiv. 25), et autres semblables, rappellent que le chrétien est un voyageur qui se dirige vers sa véritable patrie.

Les chrétiens sont souvent appelés, dans les textes sacrés, « enfants de lumière: » *Vos filii lucis estis* (1 *Thessal*. v. 5). Quelques noms propres paraissent avoir été inspirés par ces textes. Nous trouvons dans Boldetti (p. 407) une curieuse inscription où des noms dérivés de *lux* sont répétés jusqu'à trois fois: LVCEIO LVCELLO FLORENTIO || QVI VIXIT ANN. XIIII MENS) IIII || DIEB. XXVIII. ORIS XS. LVCEIVS || RVFINVS PATER CONTRA VOTVM.

Le nom AETERNALIS qu'offre un marbre de Sivaux (Vienne), de la plus haute antiquité, peut se rattacher à cette classe. Nous ne connaissons pas d'autre exemple de ce mot pris pour nom propre.

6° NOMS DE BAPTÊME. Il est constant que les premiers chrétiens changeaient quelquefois leurs noms, soit avant, soit pendant la cérémonie du baptême (Theodoret. *Serm*. VIII. *in fine*), quand ces noms avaient une dérivation profane et païenne, et qu'ils prenaient ceux des Saints, de S. Pierre, par exemple, de S. Paul, de S. Jean (Euseb. *Hist. eccl*. c. xxv). S. Chrysostome le leur recommande formellement (*Homil*. XXI *In Genes*.), et il leur rappelle (*Homil. de S. Melet*.) que plusieurs habitants d'Antioche donnaient à leurs enfants le nom de S. Melecius. Le concile de Nicée défendit (can. XXX) d'imposer aux nouveaux baptisés d'autres noms que ceux des Saints, et de préférence ceux des martyrs.

Il ne parait pas que cette discipline ait été en vigueur avant la pacification de l'Église. Pour les premiers siècles du moins, l'absence des noms de Saints sur les marbres, si déjà alors ces noms étaient adoptés par les fidèles, s'expliquerait suffisamment par la loi impérieuse du secret. Nous ne saurions non plus nous dissimuler que, même pendant les trois siècles suivants, les noms de Saints ne paraissent dans les monuments épigraphiques que très-rarement, et, on peut dire, par exception : il est aisé de s'en convaincre par les énumérations que nous avons données jusqu'ici. Gori (*Inscr.. etrur*. III. p. 322) affirme en particulier du nom de Jean qu'il n'apparait point dans les épitaphes des chrétiens avant le cinquième siècle. Faut-il en conclure que la coutume en question ne s'établit que lentement, ou bien que, pour éviter la confusion qui aurait pu résulter d'une telle substitution, on conserva l'usage de n'inscrire dans les épitaphes que le nom primitif? Ce qui donnerait quelque poids à cette dernière supposition, c'est que, dans un certain nombre d'inscriptions qui sont probablement les premières qui portent un nom de baptême, celui-ci n'est qu'ajouté au nom propre, et avec une formule qui indique clairement celui des deux qui fut adopté en second lieu : *Muscula quæ et Galatea*; Galatée était probablement une martyre dont *Muscula* avait pris le nom à son baptême; l'inscription (De' Rossi. I. n. 224) est de l'an 383. Nous avons ailleurs (Marang. *Cose gent*. 458): *Asellus qui et Martinianus*; — *Macrina quæ Jovina* (*Act. S. V.* 88); il y a ici un nom mythologique, *Jovina*, qui, pour devenir digne d'être adopté comme protection par un fidèle, avait dû être sanctifié par le martyre; *Vitalis qui et Dioscorus* (*Cos. gent*. 465); — *Aureliæ Secundinæ quæ et Lecticurria* (Lupi. *Sev. ep*. 117. not.). La même formule se remarque encore vers la fin du septième siècle dans l'épitaphe du roi Cedualla, baptisé par Sergius sous le nom de Pierre : HIC DEPOSITVS EST CEDVALLA QVI ET PETRVS (Beda. *Hist. eccl. gent. Angl*. lib. v. c. 7. *in fine*). Nous avons un exemple tout semblable dans les actes de S. Pierre Balsamus (Ruinart. 441. n. 1) ; à la question qui lui était adressée au sujet de son nom, il répondit : *Nomine patrio Balsamus dicor, spirituali vero nomine, quod in baptismo accepi, Petrus dicor*, « mon nom de famille est Balsamus, mais Pierre est le nom spirituel que j'ai reçu au baptême. » A cet exemple on peut en ajouter un autre qui lui est contemporain : c'est celui de S. Innocent, évêque de Tortone (Bolland. t. II. *april*. p. 483); *derivato a patre vocabulo Quintius appellabatur; nomine autem proprio, quod in baptismi gratia acceperat, Innocentius dicebatur*.

Par reconnaissance, S. Cyprien ajouta à son nom propre celui du saint prêtre Cecilius, auquel il était redevable de sa conversion (Hieron *Vir. illustr.* LXVII). Eusèbe en fit autant pour le martyr Pamphile, dont il avait longtemps admiré et partagé le zèle bibliographique. S. Augustin portait le nom d'Aurelius, nom complétement étranger à sa famille. Il l'avait probablement emprunté à S. Ambroise, en reconnaissance du baptême qu'il avait reçu de l'évêque de Milan.

Cependant on peut citer quelques noms de Saints inscrits isolément sur les marbres ; il est probable qu'ils furent imposés à la naissance même par des parents chrétiens à leurs enfants, qui n'en eurent jamais d'autres ; tandis que ceux que nous venons d'énumérer ne furent joints aux noms propres qu'à l'époque de la conversion de ceux qui les portaient.

Sur la fin du quatrième siècle, on rencontre quelquefois le nom de Marie précédé ou suivi d'un autre nom, LIVIA MARIA IN PACE (De' Rossi. I. n. 325), ΜΑΡΙΕ ΙΦΙΝΙ, *Mariæ Iphinæ* pour *Rufinæ* (*Act. S. V.* 77). Il est seul dans cette touchante invocation graphite sur le seuil de la crypte papale au cimetière de Calliste; MARTYRES SANCTI IN MENTE AVITE (*habete*) MARIAM, et dans deux inscriptions données par M. Perret (v. c.): MARIA IN PACE, et (LXIIII 23) MARIA FECIT FILIAE CIRICE. M. de Boissieu (p. 585) publie le *titulus* d'une centenaire lyonnaise qui portait au cinquième siècle ce nom vénéré : MARIA VENERABELIS (*sic*). Un marbre du cimetière des Saints-Thrason-et-Saturnin (*Act. S. V.* 89) fait lire le nom de la mère de la Ste Vierge, ANNA; mais il est rare.

Nous citons maintenant quelques noms d'apôtres: *Andreas* (Vermiglioli. *Iscr. Perug*. 589); ΑΝΔΡΕΑC (Osann. 428. XLIV). — *Johannis* (Marini. *Pop*. 251). Ce nom se montre déjà fréquemment au commencement du cinquième siècle (De' Rossi. 1. 278. 280). — *Paulus* (*Act. S. V.* 105). — De Rossi. 1. 191); ΦΛΑΥΙΟC ΠΑΥΛΟC, *Flavius Paulus* (*Act. S. V.* 73); *Paula* (Id. 106). — *Petrus* (Marchi. 27); ΠΕΤΡΟC (Osann. *ibid.* XLVI); et ses dérivés *Petrius* (*Act. S. V.* 129); *Petronia* (Montfaucon. *Iter. Ital.* 118). Nous trouvons *Thomas* en 490 (De' Rossi. n. 894), et dans le recueil d'Osann le dérivé de *Stephanus*, CΤΕΦΑΝΙΝΟC (485. XI), *Stephaninus*.

Dans l'Orient, les païens, en embrassant la foi, prenaient volontiers des noms empruntés à l'Ancien Testament (Procope. *In Isa.* XLIV). Ainsi, avant de subir le martyre, qui est un baptême de sang, cinq Égyptiens (Euseb. *De martyr. Palæstin.* XI) voulurent quitter leurs noms idolâtriques pour adopter ceux des prophètes Hélie, Jérémie, Isaïe, Samuel et Daniel. Et, comme on interrogeait l'un d'eux sur sa patrie, il répondit *Jérusalem*, ayant sans doute en vue cette Jérusalem dont S. Paul a dit (*Galat.* IV. 26) : *Illa autem quæ sursum est libera est, quæ est mater nostra* : « cette Jérusalem qui est d'en haut est libre, et elle est notre mère. » On peut trouver, même partout ailleurs, des noms hébreux adoptés par des chrétiens. Celui de Susanne n'est pas rare dans les inscriptions. On ne peut guère méconnaître, malgré une substitution de lettre très-commune dans les premiers siècles, le nom de *Rébecca* dans un *titulus* de Rome de la fin du quatrième siècle, donné par M. De' Rossi (I. p. 196. n. 450) ; REVECCAE INNOCENTI.... Une épitaphe de 406 (Id. p. 236. n. 558) nomme un HELIAS ARGENTARIVS. Beaucoup de noms de martyrs appartiennent à cette classe : *Moyses*, à Alexandrie (XIV *febr.*) ; *Samuel* et *Daniel*, en Mauritanie (XIII *oct.*) ; *Tobias*, à Sébaste sous Licinius (II *nov.*), etc.

NONE. — V. l'art. *Office divin*, II.

NOSOCOMIUM. — V. l'art. *Hôpitaux*.

NOTARII. — Les *notarii*, dans l'antiquité profane et ecclésiastique, appelés par les Grecs ταχυγράφοι et ὀξυγράφοι, étaient, à proprement parler, des sténographes. Ils écrivaient sous la dictée, avec une rapidité incroyable, et par signes abréviatifs, *notæ*. On peut voir un spécimen de ces caractères secrets, attribué à Tullius Tiron, affranchi et secrétaire de Cicéron, à la suite du *Thesaurus inscriptionum* de Gruter, et dans le traité de Mabillon, *De re diplomatica*, p. 457. Et pour avoir la clef des procédés graphiques de cette écriture de convention, on lira avec fruit un opuscule de Morcelli intitulé : *Delle note degli antichi Romani*. M. l'abbé Greppo, dans sa savante note sur les *notarii*, donne à cet égard quelques notions abrégées qui peuvent suffire à satisfaire le lecteur simplement curieux.

L'art de la sténographie dut être connu dès la plus haute antiquité, car nous voyons au psaume XLIV que David, voulant donner une idée de la vélocité de son improvisation prophétique, ne trouve rien de mieux que de la comparer à la rapidité du style de l'écrivain : *lingua mea calamus scribæ velociter scribentis*.

Quant à l'incroyable vitesse de cette écriture, nous en pouvons juger par de nombreux témoignages des auteurs anciens, et en particulier par ce distique de Martial (*Epigr.* l. XIV) :

> Currant verba licet, manus velocior illis;
> Nondum lingua suum, dextra peregit opus.

« Quelle que soit la course des paroles, la main les surpasse en rapidité. La langue n'a pas achevé, que déjà la droite a accompli son œuvre. »

Nous aimons à rapprocher de cette citation de beaux vers que le poëte Ausone adressait à son notaire ou secrétaire :

> Quam præpetis dextræ fuga!
> Tu me loquentem prævenis.
> Quis, quæso, quis me prodidit?
> Quis ista jam dixit tibi,
> Quam cogitabam dicere?
> Quæ furta corde in intimo
> Exercet ales dextera?
> Quis ordo rerum tam novus,
> Veniat in aures ut tuas
> Quod lingua nondum absolverit?

« Quelle n'est pas la fuite de ta main rapide? — Tu préviens ma parole. — Qui donc, dis-moi, qui est-ce qui m'a trahi? — Qui t'a dit d'avance ce que je songeais à dire? — Quels larcins dans l'intime de mon cœur vient exercer ta main ailée? — Quel est donc ce nouvel ordre de choses, — Qu'arrive à tes oreilles ce que ma langue n'a pas encore achevé? »

Il y avait à Rome des écoles où se formaient ces notaires. Le cardinal Mai (*Collect. Vat.* v. p. 296 sqq.) publie une loi de Dioclétien fixant les prix des choses vénales et les honoraires des diverses professions. On y trouve la rétribution mensuelle que chaque écolier devait au maître notaire (p. 311) : *Notario in singulis pueris menstruos quinquaginta quinque*. On manque de base pour apprécier la valeur de ce signe ⚹, qui précède l'énoncé du nombre.

Les *notarii* étaient quelquefois nommés *exceptores*, parce qu'ils saisissaient, pour les fixer par l'écriture, les paroles d'un auteur qui dictait ou

celles d'un orateur prononçant un discours[1] (V. l'art. *Exceptores*). Fort répandus chez les anciens, ces notaires ne le furent pas moins parmi les premiers chrétiens. On sait que le martyr Cassien en exerça les fonctions, qu'il tenait même une école où il enseignait ce genre d'écriture, et que c'est avec les instruments dont ils se servaient pour ce travail, que ses élèves le mirent à mort (Prudent. *Peristeph.* IX. 21 seqq.). Boldetti (*Osserv.* p. 334) donne un ivoire représentant, pense-t-on, ce martyr au milieu de ses élèves, auxquels il enseigne l'art d'écrire et de tracer des notes dans un pugillaire. Voyez plus haut ce curieux monument.

Le plus important de leurs offices fut de recueillir les actes des martyrs. Leur mode d'écriture, si expéditif, les mettait à même de tout relever avec la plus complète exactitude, et aussi avec secret : les interrogatoires des martyrs et leurs réponses, les arrêts de condamnation prononcés contre eux, leurs dernières paroles, et jusqu'aux plus minutieuses particularités de leur supplice. C'est par ce moyen que nous sont parvenus les actes que nous possédons, publiés pour la plupart par le bénédictin Ruinart, et dont plusieurs remontent au commencement du deuxième siècle, entre autres ceux de S. Ignace et de S. Polycarpe. Boldetti (p. 332) donne un style à écrire, trouvé par lui dans un *loculus* chrétien, et dont le manche est en forme de dauphin. On peut sans trop d'invraisemblance supposer que le tombeau était celui d'un notaire apostolique, et que le dauphin dont on connaît l'extrême vélocité est ici l'emblème de la rapidité de la main de cet écrivain ecclésiastique, de telle sorte qu'on pourrait appliquer à cet instrument le mot du psalmiste (XLIV. 2) : *Calamus scribæ velociter scribentis.* Mais il nous semble plus probable que cet instrument n'est autre chose qu'une fibule.

Nous reproduisons ici, d'après le même Boldetti (p. 512, fig. 64), le dessin d'un style, aigu à l'une de ses extrémités et aplati à l'autre pour effacer les mots sur la cire : ce qu'Horace exprime par ces mots : *sæpe stylum vertas.*

La première institution des notaires apostoliques est attribuée à S. Clément, qui, ainsi que nous l'apprend le livre pontifical (Ap. Anast. Bibl. *in Clement. I.* n. 5), « partagea les diverses régions de Rome entre de fidèles notaires de l'Église, lesquels, chacun dans son quartier, devaient rechercher avec sollicitude et curiosité les gestes des martyrs. » S. Fabien, qui souffrit le martyre sous Trajan-Dèce, paraît avoir réorganisé cette institution ; il établit sept diacres à la tête des sept régions de Rome, et plaça les sept notaires sous la surveillance d'autant de sous-diacres (Anast. *In Fabian.* n. 5). Une très-ancienne tradition suppose que Prochorus, l'un des sept premiers diacres (Act. VI. 5), fut secrétaire de S. Jean l'évangéliste. Une peinture antique publiée par Lambèce (*Lib.* II. *comm.* c. VII) le représente écrivant sous la dictée de l'apôtre. Le même sujet se voit dans des miniatures des bibliothèques de S. Marc et de S. Laurent à Florence.

Les notaires ecclésiastiques étaient aussi chargés d'écrire les actes des conciles, et de relever les discussions qui avaient lieu au sein de ces saintes assemblées. Ainsi nous savons par Eusèbe (*Hist. eccl.* VII. 29) que les *notaires* rapportèrent *in extenso* la dispute de Malchion avec Paul de Samosate au concile d'Antioche, et Socrate (*Hist. eccl.* II. 30) en dit autant de celle de Basile d'Ancyre et de Photin au concile de Smyrne.

A l'exemple des plus célèbres orateurs de l'antiquité profane, les Pères de l'Église étaient entourés de *notarii* qui écrivaient leurs discours à mesure qu'ils étaient prononcés. Socrate (VII. 41) nous apprend que beaucoup d'homélies de S. Chrysostome furent ainsi recueillies. Les évêques en avaient à leur service pour écrire leurs lettres ; le grand S. Athanase, avant son élévation à l'épiscopat, avait rempli ces fonctions auprès du patriarche Alexandre (Sozom. *Hist. eccl.* II. 17). Les recueils d'inscriptions nous ont transmis les noms de plusieurs *notarii*, entre autres ceux d'un Calepodius et d'un Andreas (Muratori. p. 1847. x. 412. 1).

Voici, d'après M. De' Rossi (*Bullet.* 1871. p. 113), celle d'un notaire ecclésiastique, du quatrième ou du cinquième siècle, conservée à Spolète en Ombrie :

```
HIC QVIESCIT DRITTIVS
DALMATIVS NOTARI
VS ÆCLESIAE (sic)...
. . . . . . . . .
```

NUMISMATIQUE CHRÉTIENNE. — Cette matière ne sera considérée ici que sous le rapport des signes de christianisme que présente la monnaie publique pendant les six premiers siècles.

Rigoureusement, ce travail devrait commencer à Constantin le Grand, puisque c'est sous son règne que la religion nouvelle fait sa première apparition officielle dans la monnaie comme dans les monuments de toute nature. Il est cependant quelques faits isolés antérieurs à ce prince que nous ne saurions nous dispenser d'enregistrer ; car, à un titre quelconque, ils appartiennent à l'histoire de la science. Nous nous contenterons de les exposer simplement et brièvement, laissant au lecteur le soin d'en apprécier la valeur.

I. — *Numismatique chrétienne avant Constantin.* Trois marques de christianisme ont été signalées par les numismates sur des médailles antérieures à la pacification de l'Église : ce sont le monogramme du Christ, la représentation du déluge, la formule IN PACE.

1° Un médaillon à l'effigie de Trajan-Dèce, frappé à Mæonia de Lydie, offre cette particularité fort curieuse, que, au sommet du revers, lequel représente Bacchus dans un char traîné par deux panthères, les lettres X et P du mot APX qui fait partie de la légende, se trouvent combinées de façon à former exactement le monogramme du Christ ☧.

Des savants de premier ordre, tels que M. le baron J. de Witte et M. Ch. Lenormant, se sont crus en droit d'affirmer qu'un monétaire chrétien a voulu, en accouplant ces deux lettres, introduire subrepticement sur la pièce qu'il gravait le signe encore mystérieux de la foi nouvelle (V. Ch. Lenormant. *Signes de christian. sur des monum. numism. du troisième siècle*, dans les *Mélang. d'archéol.* t. III).

L'interprétation des illustres numismatistes a rencontré, nous ne saurions le dissimuler, d'assez nombreux contradicteurs. On a allégué à l'encontre que des sigles absolument semblables se trouvent déjà sur des monnaies incontestablement antérieures au christianisme, par exemple, sur des médaillons de bronze des Ptolémées et sur des tétradrachmes d'Athènes ; et, après un examen attentif des pièces, nous avouons que les efforts qui ont été faits pour constater de notables différences entre ces derniers monogrammes et celui du médaillon de Mœonia, ne nous ont pas pleinement convaincu.

Il y a plus encore : l'attribution donnée par ces savants aux sigles dont il s'agit a l'inconvénient de trancher une question grosse de difficultés : celle de savoir si le chrisme était en usage avant Constantin. En dépit des raisons assurément très-imposantes qui militent en faveur de l'affirmative, aucun monument de date certaine n'est venu jusqu'ici donner à cette opinion les caractères de la certitude (V. notre art. *Monogramme du Christ*).

2° Nous avons à parler maintenant de quelques médailles d'Apamée de Phrygie, à l'effigie de Septime-Sévère, de Macrin et de Philippe le père, portant au revers une double scène, qui, de l'aveu de tous les interprètes de l'antiquité, se rattache à la tradition du déluge, sujet qui, comme on sait, est une des figures les plus vulgaires de la symbolique chrétienne (V. notre art. *Noé*).

Sur ces médaillons, on distingue, dans l'arche d'abord, et ensuite hors de l'arche, deux personnages, un homme et une femme, que l'époque et l'origine du monument ont tout d'abord induit les antiquaires à prendre pour Deucalion et Pyrrha. Mais deux oiseaux placés sur le couvercle de l'arche entr'ouverte, un corbeau, et une colombe portant un rameau d'olivier dans ses pattes, constituent une particularité complètement étrangère aux traditions relatives au fils de Prométhée. Et, ce qui est bien plus décisif encore, c'est qu'un nom est gravé sur le devant de l'arche, dans lequel les érudits ont reconnu (et les ignorants le reconnaîtraient comme eux) le nom de Noé, ΝΩΕ, écrit exactement comme dans le grec des Septante (V. le même mémoire de M. Lenormant).

Il restera toujours sans doute une grave difficulté à expliquer, celle de savoir comment un sujet judaïque, rendu chrétien par l'idée de la rédemption qu'y attachaient les fidèles de la primitive Église, a pu s'introduire sur les médailles d'Apamée, et même y être répété sous plusieurs règnes. Eckel lui-même recule devant l'explication (*De doctrin. num.* t. III. p. 137), tout en maintenant le fait, « car, dit-il, nul ne saurait être admis à le révoquer en doute, par la seule raison qu'il en ignore les causes. »

3° Enfin, il existe un denier de bronze de l'impératrice Salonine, femme de Gallien, au revers duquel se lit la légende tout à fait insolite : AVGVSTA IN PACE, légende qui entoure l'impératrice assise à gauche, et tenant d'une main une branche d'olivier et un sceptre de l'autre.

C'est le savant M. de Witte qui, dans un remarquable mémoire imprimé à Bruxelles en 1852, a entrepris d'interpréter cette légende. Appliquant à l'intéressant monument qui nous occupe les notions que fournit l'archéologie chrétienne sur la célèbre formule acclamatoire IN PACE (V. notre art. IN PACE), formule qu'il croit reconnaître ici, il s'efforce de prouver, et non sans succès à notre avis, tant par cet argument que par d'autres empruntés à l'histoire

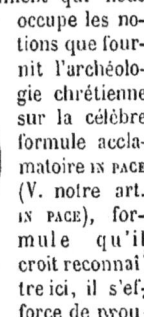

et tirés surtout des vertus et du caractère de Salonine, que cette princesse était chrétienne, et qu'elle mourut *dans la paix* ou dans la communion de l'Église.

II. — *Numismatique chrétienne depuis Constantin le Grand jusqu'à Julien l'Apostat.* Si l'on considère attentivement la suite des monnaies de Constantin et de ses fils Césars, on sera naturellement amené à ces trois conclusions générales, savoir : que tant que vécurent ses adversaires et ses compétiteurs, cet empereur toléra sur ses médailles les images des divinités du paganisme, qui en effet s'y rencontrent très-fréquemment ; mais que dès qu'il fut devenu, par la défaite de Licinius, arrivée en 323, maître et arbitre du monde romain tout entier, il les en exclut tout à fait, leur substituant des types commémoratifs de ses hauts faits militaires ou de ses institutions civiles, et probablement déjà quelques symboles chrétiens ; et qu'enfin, lorsqu'il eut fondé une nouvelle métropole de l'empire, il plaça librement sur ses monnaies et sur celles des Césars ses fils, soit le monogramme du Christ, soit d'autres signes propres à la vraie religion.

Après ces données générales que nous empruntons à M. l'abbé Cavedoni (*Ricerche critiche intorno alle medaglie di Constantino Magno e de' suoi figliuoli insignite di tipi e di simboli Cristiani.* Modena. 1858), il serait difficile d'assigner d'une manière précise l'époque où les signes de christianisme apparurent pour la première fois dans la numismatique impériale, et plus encore de fixer l'ancienneté relative de l'apparition de chacun de ces signes.

En outre du savant Modénois dont nous venons de prononcer le nom, plusieurs numismatistes ont, dans ces derniers temps, tenté la solution du problème, entre autres M. Feuardent, dans une brochure intitulée : *Essai sur l'époque à laquelle ont été frappées les médailles de Constantin et de ses fils portant des signes de christianisme* (Paris. 1857); et en dernier lieu le R. P. Garrucci, jésuite, dans un appendice à son ouvrage sur les verres dorés : *Numismatica Costantiniana portante segni di Cristianesimo* (Roma. 1858).

Ce dernier savant range les médailles de Constantin et de ses fils encore Césars en diverses séries, selon la conformité de la légende des revers, et, à l'aide des données que fournit l'histoire, il s'efforce de déterminer l'âge de chacune d'elles.

A. — Un certain nombre de pièces portent la légende VIRTVS EXERCITVS ; et un fait digne de remarque et qui a été peu observé jusqu'ici, c'est que trois de ces pièces appartiennent aux deux Licinius.

1° LICINIVS P. AVG. Buste de Licinius père à droite.
R. VIRTVS EXERCIT. Enseigne terminée par une croix, avec VOT. XX sur la draperie, et au pied de l'étendard deux prisonniers assis. — P. B.

2° LICINIVS IVN. NOB. CAES. Buste lauré de Licinius jeune.

R. Id. Enseigne sur aquelle sont écrits les mots : VOT XX, et dans le champ le ☧ — P. B.

3° LICINIVS IVN NOB CAES. Buste de Licinius fils à droite.
R. Id. comme le revers du n. 1. — P. B.

4° CONSTANTINVS AVG. Buste de Constantin à droite, casqué et vêtu de la cuirasse.
R. VIRTVS EXERCIT. Même type qu'au n. 1. — P. B.

5° CONSTANTINVS AVG. Tête laurée de Constantin.
R. Id. id. — P. B.

6° Id. Buste casqué de Constantin à droite.
R. Id. Enseigne avec l'inscription VOT. XX, terminée par une sphère, le monogramme ☧ à gauche dans le champ. — P. B.

7° DN CRISPO NOB CAES. Buste casqué de Crispus à droite, vêtu de la cuirasse.
R. Id. Comme au revers du n. 1. — P. B.

8° CONSTANTINVS IVN NOB CAES. Buste de Constantin jeune à gauche, orné d'un riche diadème.
R. Id. Enseigne terminée par une lance, avec le VOT. XX, les deux prisonniers au pied, et, dans le champ à gauche, le ☧. — P. B.

(Pour les provenances et les éditeurs de ces pièces, v. Garrucci. *op. laud.* p. 88.)

On est autorisé à penser que les pièces composant cette série ont été frappées entre les années 321 et 323. Car plusieurs d'entre elles faisaient partie d'une masse de près de 50 000 médailles trouvée en 1644 dans le voisinage de Boulogne, où l'on remarquait les têtes des deux Licinius, de Constantin père et fils, de Crispus, de Fausta et d'Hélène, mais où celle de Constant faisait complétement défaut : ce qui prouve que l'enfouissement du trésor avait eu lieu avant l'année 323, qui est celle où ce dernier prince fut fait César par son père. Peut-être même pourrait-on supposer que ces monnaies furent frappées deux ans plus tôt En effet, Licinius père ayant persécuté les chrétiens dès l'an 319, il serait bien étonnant que, dans les officines monétaires de l'empire soumis à Constantin, on eût continué à frapper des types chrétiens au revers des deux Licinius.

B. — Les mêmes arguments concourent à assigner à peu près le même âge à une série de pièces fort intéressantes, aux effigies de Constantin père, de Crispus et de Constantin junior, portant au revers, avec plusieurs signes de christianisme que nous indiquerons sommairement, la légende VICTORIAE LAETAE PRINC PERP. (V. Garrucci. p. 90. col. 1).

1° CONSTANTINVS AVG. Buste de Constantin dont le casque est partagé par une large bande sur laquelle est sculpté le ☧ entre deux étoiles symboliques.
R. VICTORIAE.... Deux victoires soutenant un bouclier sur lequel on lit VOT PR, et soutenu par un piédestal ou un autel, sur le fût duquel est sculptée la lettre I....

2° Id. Buste de Constantin à droite, le casque orné sur le devant du ☧ et sur le derrière de cet autre monogramme ⳨.

R. Id.

5° Id. Buste de Constantin casqué avec le monogramme gravé à rebours (V. Banduri. t. II. tab. IX. p. 215).

4° IMP CONSTANTINVS AVG. Buste casqué à gauche, sur le casque deux ☧ séparés par la bande qui soutient l'aigrette. Nous donnons ici le dessin de cette pièce, qui appartient au cabinet de France.

Quelques exemplaires frappés à Siscia ou à Arles ou à Trêves ont, à la place des ☧, deux étoiles qui ne sont, de l'avis des savants (Cavedoni. op. laud. p. 20), autre chose que le monogramme du Christ, composé, comme on en a beaucoup d'exemples, des lettres I et X, *Jesus Christus*.

5° IMP CONSTANTINVS MAX AVG. Tête de Constantin à droite, coiffée d'un casque orné d'une couronne de laurier.

R. Id. Comme au n. 1, avec cette différence que sur l'autel est un carré en creux contenant un ☧ en relief; et dans un autre exemplaire une croix grecque +.

6° D N CRISPO NOB CAES. Buste de Crispus à droite.
R. Même légende, même type, avec la croix sur l'autel.

7° CONSTANTINVS IVN N C. Buste de Constantin jeune à gauche, lauré et vêtu d'une cuirasse portant le ☧ sur l'épaule.

8° Id.
R. VICTORIAE... id., la même croix grecque sur l'autel.

9° Banduri (t. II. p. 250) et quelques autres auteurs publient une médaille d'or de Constantin le Grand, ayant au revers le monogramme rectiligne ⳨, et la légende VICTORIA CONSTANTINI AVG. C'est, comme on sait, la seconde forme du chrisme; elle suppose par conséquent la pièce moins ancienne.

C. — GLORIA EXERCITVS. Cette légende se lit au revers d'un grand nombre de pièces de Constantin jeune, et de Constant ses fils, et de Delmace son neveu, avec divers types chrétiens dont voici le plus commun : « Deux soldats debout, casqués, tenant chacun une haste et appuyés sur un bouclier. Entre eux le *labarum* constantinien » (Banduri. t. II. p. 242).

Ailleurs, deux soldats tiennent une enseigne militaire surmontée du ☧ (Garrucci. p. 94); ailleurs, un seul soldat debout avec haste et bouclier, et la croix dans le champ, ou le ☧ à l'exergue (Feuardent. pl. VII. 2), ou encore une étoile symbolique dans cette dernière position.

D'autres pièces offrent cette variété que les deux militaires ont entre eux deux enseignes, au milieu desquelles règne le monogramme ☧ ou la croix (Banduri. II. p. 339. — Feuardent. VII. 7), dans le champ et non sur la draperie des enseignes.

D. — Il existe quelques pièces avec la tête de Constantinople, de Rome ou du peuple romain attribuées à Constantin ou à ses fils. M. Feuardent (*Essai*. pl. VII. n. 3) en publie une inédite.

1° CONSTANTINOPOLIS. Buste jeune casqué à gauche.
R. Sans légende. Victoire debout tenant la haste et un bouclier, posant le pied droit sur une proue de navire. Dans le champ le ☧ ; à l'exergue s. CONST. (*Signata Constantinopoli*).

2° VRBS ROMA. Buste casqué de la nouvelle Rome à gauche.
R. La louve allaitant Romulus et Remus, et dans le champ le ☧ entre deux étoiles (décrite par Eckel. *Doctrin*. VIII, p. 97).

E. — Enfin, nous avons quelques médailles de *consécration* où le titre de DIVVS est donné à Constantin. Eckel (t. VIII. p. 473) ne connut, parmi les empereurs chrétiens, que Constantin, Constance, son fils, Jovien et Valentinien Ier, qui aient reçu ce titre après leur mort. Un marbre de Chiusi en Toscane (V. Cavedoni. *Cimit. Chius*. p. 45) permet d'ajouter à cette liste le nom de Valentinien III.

Voici la description de la pièce, P. B. du module du quinaire.

DIVO CONSTANTINO. Buste voilé de Constantin à droite.

R. AETERNA PIETAS. Constantin debout à gauche, en habit militaire, tenant une haste d'une main, et de l'autre un globe surmonté de la croix monogrammatique sur un globe ☧ (Banduri. II. p. 267. — Cohen. VI. p. 123). Banduri (*Ibid*. 268) décrit une autre pièce du musée Baudelot qui ne diffère de celle-ci qu'en ce que la croix simple y remplace le monogramme.

Cette énumération, que nous sommes loin de présenter comme complète, suffit du moins à faire voir combien les caractères de christianisme étaient devenus fréquents sur la monnaie publique, sous le règne du premier empereur chrétien.

Mais on a accusé ce prince d'avoir introduit dans sa monnaie une confusion étrange des symboles du christianisme avec ceux des superstitions païennes, et en second lieu d'avoir laissé percer un attachement invincible aux fausses divinités en y maintenant leurs images.

Deux mots suffiront pour expliquer ces contradictions apparentes.

La première allégation est fondée sur une erreur de fait ; elle porte sur la supposition que le monogramme du Christ ou la croix se trouvent tracés soit dans le champ de médailles représentant Mars : MARTI PATRI CONSERVATORI, ou la figure du soleil : SOLI INVICTO COMITI, ou même quelquefois sur le bouclier du dieu de la guerre. Mais, après mûr examen, on a reconnu (V. Cavedoni. p. 19) que la prétendue croix n'est qu'un signe numérique, peut-être mal formé, et moins le monogramme du Christ que ce signe indifférent ※ (Garrucci. p. 99).

Quant aux pièces qui représentent les divinités du paganisme, on a quelquefois mis leur caractère mythologique sur le compte des officiers monétaires ; d'autres l'ont attribué à une certaine tolérance, à la faveur de laquelle les païens purent, pendant quelque temps, continuer à faire graver les images de leurs divinités sur les médailles qui devaient être distribuées dans leurs jeux ; cette judicieuse remarque, qui est due à Eckel (VIII. 136), nous paraît surtout pouvoir s'appliquer aux petits bronzes frappés en Égypte, à l'occasion des vœux publics, VOTA PVBLICA, avec les figures d'Isis, de Sérapis et d'Anubis (V. Cohen. t. VI. p. 170. n. 551 suiv. 555. etc.).

Toutes ces raisons ont pu contribuer, chacune dans une certaine mesure, à produire un fait dont on s'est trop étonné, selon nous.

Mais ce fait s'explique d'une manière bien plus naturelle et plus satisfaisante par les données de la chronologie.

On doit observer d'abord qu'aucune des médailles de Constantin où figurent Hercule, Mars et Jupiter ne lui donne le titre de MAXimus qu'il reçut du sénat en 315 ; on est donc, ce semble, en droit de conclure de là que ces pièces ont été frappées avant cette époque. Nous n'avons d'une autre part aucune raison de les croire postérieures à 311, qui est l'année où, après la défaite de Maxence, Constantin fit, à Rome, profession publique de christianisme ; nous en avons au contraire une excellente pour les regarder comme plus anciennes : c'est qu'il y est tour à tour qualifié César et Auguste. Donc toutes les pièces qui portent la légende MARTI PATRI CONSERVATORI ou MARTI PROPVGNATORI, sur lesquelles il est appelé tantôt CAES, tantôt AVG, doivent avoir été frappées entre 307 et 308, année où il fut fait Auguste par Maximien. Il en est de même de celles qui font lire HERCVLI CONSERVATORI ou IOVI CONSERVATORI, parce qu'elles lui donnent tantôt le titre de César, tantôt celui d'Auguste, et jamais celui de MAX.

Pour ce qui est du type du soleil, SOLI INVICTO COMITI, il ne doit pas être antérieur à 315, à cause du titre MAX qu'il porte, sur deux pièces particulièrement (Banduri. II. 248. 285), où il est joint à la mention du quatrième consulat. Il ne doit pas non plus être restreint à cette année, car le même type se rencontre sur les monnaies de Constantin jeune et de Crispus créés César, en 317. Mais il est essentiel d'observer que les pièces avec ce type sont frappées en bronze : or les monnaies de ce métal dépendaient du sénat ; elles ne prouvent donc rien par rapport à l'empereur. En outre de ces pièces qui sont communes au père et à ses deux fils Césars, la même image se trouve reproduite sur les médailles de Constantin le Grand, de Crispus et de Constantin II, avec la légende CLARITAS REIPVB, frappées dans les ateliers monétaires de Trèves, d'Arles et de Lyon, d'où proviennent aussi celles au type SOLI INVICTO COMITI (V. pour plus de détails Cavedoni, passim. — Garrucci. p. 101. etc.).

Nous devons faire observer que ces dernières formules n'emportent pas nécessairement des idées païennes. L'admiration qu'inspiraient les hauts faits de Constantin put aisément, en ces temps de rhétorique emphatique, le faire comparer au soleil qui, dès son apparition à l'orient, inonde de ses rayons le monde entier. Et nous savons que les orateurs, comme les poëtes, employèrent souvent de telles figures pour célébrer sa gloire (V. Euseb. Vit. Const. I. 43. — Ottatian. Porphyr. Carm. III. VIII. XVI. etc.).

On comprend que nous ayons dû donner certains développements sur ces premiers débuts de la numismatique chrétienne. Nous allons maintenant signaler rapidement les types nouveaux qui apparaissent sur les monnaies des fils Augustes et des successeurs de Constantin jusqu'à Julien.

1° La plus importante de ces innovations, et qui paraît s'être produite dans l'année même qui suivit la mort de Constantin, c'est l'introduction de l'A et de l'ω aux côtés du chrisme. Ce type se voit au revers d'une médaille d'or de Constance (Banduri. II. p. 227), et d'une pièce de même métal à l'effigie de Constantin le Grand avec la légende VICTORIA MAXVMA (Tanini. Suppl. p. 265). La collection du Vatican possède un petit bronze reproduisant exactement ce dernier type. Le P. Garrucci le cite d'après le catalogue ms. de Vettori, p. 142.

L'A et l'ω se retrouvent encore peu après la mort de Constantin sur une médaille d'argent de grand module décrite par Eckel (Doctrin. VIII. 112) et qui fut, selon toute apparence, frappée à l'occasion de la victoire remportée par Constance sur son frère Constantin en 340. Une pièce d'argent de Constant (Cohen. VI. p. 249) offre cette particularité, que le revers qui porte la légende VIRTVS EXERCITVM (sic) avec quatre enseignes militaires, fait voir la lettre A sur la seconde de ces enseignes, l'ω sur la troisième et le ☧ en haut. Quoi qu'il en soit, il est probable que ce ne fut qu'après la condamnation d'Arius à Nicée qu'on commença à ajouter ces sigles au monogramme sur les monuments (V. nos art. A et ω et Monogramme du Christ), bien qu'il ne soit nullement douteux que le passage de l'Apocalypse n'ait été cité antérieurement par les auteurs comme preuve de la divinité de Jésus-Christ.

2° CONSTANT. — FL. IVL. CONSTANS PIVS FELIX AVG Buste diadémé de Constant à gauche avec une cuirasse ornée du ☧.

R. GLORIA REIPVBLICÆ. Constant et Constance en toge, assis, la tête laurée et nimbée : le ☧ entre leurs têtes.

3° Id. Buste diadémé à droite.

R. TRIVMPATOR GENTIVM BARBARARVM. Constant, lauré et en habit militaire, tenant le labarum et posant le pied sur une proue de vaisseau.

On retrouve ce type, quelquefois avec de légères modifications, parmi les monnaies de Constance, et ᵃvec la légende FEL. TEMP. REPARATIO, parmi celles de Magnence et de Constance Galle (Cohen, VI pp. 334 et 351.).

4° D. N. CONSTANS P. F. AVG. Buste diadémé.

R. FEL. TEMP. REPARATIO. Constant debout en habit militaire sur un vaisseau; il tient un globe surmonté d'un phénix ou d'une petite victoire, et le *labarum*. Même type à Constance (Cohen. p. 265. 302), à Magnence (334) et à Constance Galle (351).

5° CONSTANS P. F. AVG. Buste diadémé à droite.

R. VICTORIA AVGG. Victoire marchant à gauche et tenant une couronne et une palme. Dans le champ le ☧.

6° CONSTANCE II. — CONSTANTIVS P. F. AVG.

R. VIRTVS CONSTANTI AVG. OU VIRTVS DD. NN. AVGG. OU VICTOR OMNIVM GENTIVM. Constance tenant le *labarum* et appuyé de l'autre main sur un bouclier; tenant une haste et un bouclier orné du ☧.

7° Id. Id.

R. CONCORDIA MILITVM. Figure militaire debout et de face, regardant à droite, tenant de chaque main un *labarum*; sur la tête une étoile. Même type à Vétranion et à Constance Galle.

8° D. N. CONSTANTIVS P. F. AVG. Buste diadémé à droite avec paludament.

R. SALVS AVG. NOSTRI. Dans le champ A☧ω : il y a ici une formule qui équivaut à peu près à la fameuse devise de la vision constantinienne, que nous allons du reste trouver en toutes lettres sur un moyen bronze du même empereur : HOC SIGNO VICTOR ERIS (Cohen. VI. p. 317. n. 250). On y voit Constance tenant le *labarum* et un sceptre, et couronné par la Victoire.

9° NÉPOTIEN, neveu de Constantin, ne régna que vingt-huit jours. Il a néanmoins (musée du Vatican) une médaille d'or au revers de laquelle paraît Rome casquée, VRBS ROMA, assise, tenant un globe surmonté du ☧ et une haste renversée. Le droit porte autour du buste diadémé de l'empereur la légende : D. N. IVL. NEPOTIANVS P. F. AVG.

10° VÉTRANION, un moment collègue de Constance II (règne de dix mois).

D. N. VETRANIO P. F. AVG. Buste diadémé à droite.

R. RESTITVTOR REIPVBLICAE. Vétranion tenant le *labarum* et une petite Victoire sur un globe.

Nous avons cité ailleurs incidemment celles des monnaies de ce prince qui offrent quelque intérêt à notre point de vue. Nous donnons ici la plus remarquable. Le *labarum*, en outre du ☧ sur la draperie, est surmonté de la croix. Pendant la période qui suit immédiatement la mort de Constantin, ses fils, tiraillés par les influences contradictoires des défenseurs des idées nouvelles et de ceux des traditions du passé, se montrent tour à tour novateurs courageux, et timides esclaves des anciennes

institutions ainsi que des préjugés qui les environnent; tantôt ils font les décrets les plus sévères contre les superstitions païennes, tantôt ils permettent que, sous leurs yeux, les préfets de Rome élèvent des temples à Apollon et au génie du peuple romain (V. M. Beugnot. *Destruction du paganisme en Occident*. t. I. p. 153). Il n'est pas étonnant que ces mêmes hésitations se fassent remarquer dans leurs monnaies, tantôt ornées des symboles triomphants de la foi chrétienne, tantôt souillées des types les plus abjects du paganisme.

Il est remarquable que c'est sous le règne éphémère des deux derniers princes que nous avons nommés, que les derniers vestiges de la mythologie disparaissent de la numismatique.

Les marques du christianisme se multiplient sous leurs successeurs, Magnence et le César Décence, son frère, princes à demi barbares. Mais leurs revers offrent peu de variété.

11° MAGNENCE. — D. N. MAGNENTIVS P. F. AVG.

R. FELICITAS REI PVBLICAE. Magnence debout portant le *labarum* et un globe surmonté d'une Victoire. Même type avec des légendes différentes : RESTITUTOR LIBERTATIS, — VICTORIA AVG. LIB. ROMANOR. *Labarum* et branche de laurier.

Ce prince a un grand bronze au revers duquel est tracé, occupant tout le champ, le A☧ω d'après le plus beau type, avec la légende : SALVS DD. NN.

AVG. ET CAES, type déjà connu sous Constance II (Banduri. II. p. 568). Même type à Décence.

Une autre pièce (M. B.), aussi fort intéressante, est celle qui présente deux Victoires debout, tenant une couronne au centre de laquelle on lit V. MVLT. X; et sur le bord de la couronne le ☧ ou le ☧ (Cohen. VI. pp. 335 et 344 pour Décence).

12° CONSTANCE GALLE. — Ce César, qui par ses injustices et ses cruautés s'était rendu indigne du nom de chrétien, a laissé dans ses monnaies un nombre de types chrétiens relativement restreint. Nous en avons déjà cité quelques-uns; voici les autres.

D. N. CONSTANTIVS NOB. CAES. Tête nue à droite.

R. Étoile dans une couronne de laurier surmontée d'une croix.

Ailleurs (Cohen. 353. n. 4.) : R. Gloria romanorvm. Gallus debout en habit militaire, tenant le *labarum*.

Une pièce au revers d'Isis, vota pvblica (id. p. 354. n. 49), se montre dans la suite de ce prince comme un prélude aux apostasies de son frère, dont il avait partagé l'éducation et probablement aussi les sentiments, dans une certaine mesure.

III. — *Numismatique chrétienne depuis Julien l'Apostat jusqu'à Augustule, soit la fin de l'empire d'Occident.*

1° Celui qui, par la sanglante initiation du taurobole, avait cru effacer de son front le sceau indélébile de son baptême, ne pouvait laisser le sceau du Christ sur ses monnaies. — Quelques numismatistes attribuent néanmoins à Julien un médaillon de bronze où figure le ☧ sur un étendard que tient l'empereur. Mais si la pièce, décrite d'après le catalogue Wiczay, est authentique, ce dont il est permis de douter, elle a dû être frappée aux premiers débuts de Julien comme César, car elle représente au droit son buste très-jeune, avec la légende d. n. cl. ivlianvs n. c.

Toutes ses autres pièces (et on en connaît de cent trente-quatre types à peu près), ou ne portent aucun symbole religieux, ou présentent les images de quelqu'une des divinités païennes, Apollon, Jupiter, le Nil-dieu, deo sancto nilo, le Génie d'Antioche, mais surtout les divinités égyptiennes, Anubis, Isis, Sérapis, le bœuf Apis, etc. Le plus souvent même, c'est le buste de Julien qui est représenté avec le nom et les attributs de Sérapis, de même que dans la tête d'Isis Faria tous les savants (V. Banduri. Tanini. *passim*) s'accordent à reconnaître le portrait d'Hélène, femme de Julien. Quant aux bustes réunis, soit accolés, soit en regard de Sérapis et d'Isis, il n'est pas douteux qu'ils ne représentent l'empereur et l'impératrice.

Ces types de divinités égyptiennes, sur les médailles de ce règne, sont extrêmement nombreux. Mionnet (*De la rareté des médailles romaines*. t. ii. p. 296) en énumère près de soixante pour Julien seul, sans compter celles où les deux têtes sont réunies, et celles d'Hélène qui ne paraît guère autrement que sous le nom d'Isis Faria et avec le diadème ou la fleur de lotus sur la tête.

2° Sous Jovien, successeur immédiat de Julien, et dont les persécutions de celui-ci avaient fait un *confesseur de la foi*, le christianisme reprend, sur la monnaie publique, sa place un moment usurpée, et c'est pour ne plus la perdre à l'avenir. On remarque, il est vrai, dans la suite de ce prince quelques revers avec les divinités égyptiennes ; mais c'étaient probablement des coins oubliés du règne précédent, ou des Juliens refaits. On peut encore expliquer ce fait, pour Jovien, comme pour les empereurs suivants, à peu près jusqu'à Théodose, comme une concession faite à ce qui restait d'idolâtres, et en vue de leurs vœux publics, car ces pièces portent toutes la légende vota pvblica.

En revanche, nous y trouvons des types chrétiens nouveaux, entre autres celui que présente le revers d'un médaillon de bronze (V. Mionnet. ii. p. 306) où l'empereur est vu à cheval en pacificateur, précédé par un soldat portant le *labarum* constantinien, et suivi par la Victoire qui le couronne : le tout entouré de la légende adventvs avgvsti. La courte durée du règne de Jovien (sept mois et vingt jours) ne permet guère d'attribuer cette médaille à un autre événement que son *arrivée* à Antioche, après la paix désastreuse qu'il avait conclue avec les Perses. Une autre pièce du même module présente, avec la légende victori. avgvs. le *labarum* terminé en croix, en outre du ☧ sur la draperie. M. Sabatier (*Monnaies byzantines*. t. i. p. 25) attribue à Jovien un *triens* d'or frappé à Ravenne, orné du globe crucifère. L'attribution est contestée par M. Cohen. Cependant l'apparition du globe surmonté de la croix ne constituerait point ici un fait isolé ; car on va voir ce type se montrer incontestablement aux règnes suivants, et s'établir d'une manière définitive sous Honorius et Arcadius.

3° Valentinien Ier, Valens, Procope, Gratien, Valentinien II, apportèrent peu de modifications dans la monnaie quant aux signes de christianisme. Le type le plus commun est toujours le *labarum* à la main de l'empereur, à cette légère différence près que le simple X y remplace quelquefois le ☧. Et on sait, par le témoignage de Julien lui-même, que le monogramme était souvent restreint à cette première lettre du nom du Christ. Le ☧ figure parfois au sommet d'un bouclier ou d'une couronne de laurier, renfermant l'indication des vœux publics. Un type nouveau se produit sous Valentinien Ier : c'est un sceptre surmonté du ☧ à la main de l'empereur, avec la légende restitvtor reip. (Cohen. vi. p. 399). Nous signalons celui-ci pour Valentinien : une Victoire assise, tenant dans sa main droite une croix sur un globe ;

et pour Gratien : l'empereur en habit militaire sur un vaisseau, dont la Victoire tient le gouvernail, d'un côté une couronne, de l'autre une croix.

4° Sous Théodose Ier, justement appelé Grand,

qui eut l'insigne honneur d'établir définitivement la foi romaine dans tout l'empire, et de remettre toutes les églises entre les mains des catholiques, peu de types nouveaux se font remarquer. On a de ce prince un certain nombre de pièces où le monogramme cruciforme ou la croix figurent dans le champ, avec divers sujets et légendes rappelant des souvenirs de victoires ; d'autres revers présentent des Victoires portant un globe surmonté d'une croix. Ailleurs (Banduri. I. p. 505) c'est l'empereur lui-même qui porte ce globe. Au revers d'un petit bronze (Cohen. VI. p. 459. n. 40), avec la légende GLORIA REIPUBLICAE, on voit une porte de camp surmontée de deux tours et du ☧.

Flaccille, épouse de Théodose, a des revers charmants où l'on semble avoir voulu faire allusion à la haute piété de cette impératrice. Le monogramme du Christ s'y montre entouré de plusieurs circonstances intéressantes. Le plus fréquent de ces revers est celui où se voit une Victoire assise, écrivant sur un bouclier le signe du Christ, qui

fut le gage de la victoire de Constantin et continua à être celui du salut de la république, comme le dit la légende de ces pièces, où le bouclier est tantôt suspendu à un arbre, et tantôt repose sur un cippe, SALVS REIPUBLICAE. Un moyen bronze avec la même légende montre Flaccille, debout de face, regardant à droite et se croisant les mains sur la poitrine ; et dans le champ une croix, une palme, le ☧, ou une étoile et la croix.

5° Les médailles du tyran Maxime, celles de son fils Victor, ainsi que celles d'Eugène, usurpateur comme eux, ont des signes de christianisme plus rares, et ceux qui s'y produisent ne sortent pas des types communs.

6° En se partageant l'empire de leur père, Honorius et Arcadius adoptèrent les mêmes types de monnaies ; il paraît même que pendant un certain temps les mêmes hôtels monétaires servirent pour les deux empires d'Orient et d'Occident. Une notable innovation est due à ces deux princes ; c'est d'abord l'introduction du monogramme du Christ sur le sceptre : VICTORIA AVGG. L'empereur debout, de face, posant le pied droit sur un lion, et tenant de la main gauche un sceptre surmonté du ☧ et deux javelots de la droite (Cohen. ibid. Honor. n. 20) ; un autre type devint alors commun : le globe crucifère porté par une victoire (Ibid. n. 24, pour Honorius, et Sabatier. t. I. p. 104, pour Arcadius). Il existe des pièces où les trois têtes, d'Arcadius, d'Honorius et de Théodose II, vues de face, sont surmontées d'une petite croix grecque (Sabatier. t. I. pl. III.).

7° Deux impératrices ont porté le nom d'Eudoxie, AEL. EVDOXIA OU EVDOCIA, l'une femme d'Arcadius, l'autre de Théodose II ; cette ressemblance de nom rend difficile la distinction des médailles de ces deux princesses. Il existe néanmoins un sou d'or qu'on regarde comme appartenant sûrement à la première : il porte au revers, autour d'une couronne renfermant le chrisme, cette légende pieuse et insolite : SALVS. ORIENTIS. FELICITAS. OCCIDENTIS (Sabatier. I. p. 109, et pl. IV. n. 25), légende où quelques numismatistes voient une allusion évidente au partage qui venait d'avoir lieu. La pièce appartient au cabinet de France.

8° Sous Placidie, fille de Théodose, successivement femme d'Ataulphe et du patrice Constance, on peut signaler des marques de christianisme dans des conditions inusitées jusque-là : par exemple, cette princesse porte souvent le ☧ ou la croix sur l'épaule droite (Cohen. Placid. n. 1 et 5). Ce type est, sur une médaille d'or (Cohen. n. 10), accompagné de la légende VICTORIA AVGG., et le buste de l'impératrice y est couronné par une main venant d'en haut, et qui est la personnification de Dieu (V. l'art. Dieu). Ailleurs (n. 5), SALVS REIPVBLICAE, Victoire assise sur une cuirasse, écrivant le ☧ sur un bouclier qu'elle tient sur ses genoux. Quelquefois c'est une Victoire debout, s'appuyant sur une longue croix, surmontée d'une étoile ; ou encore le ☧ ou la croix dans une cou-

ronne de laurier. On doit attribuer ces emblèmes aux mêmes motifs que nous avons indiqués pour Flaccille.

Désormais le globe crucifère devient de plus en plus fréquent et nous nous abstiendrons de le signaler.

9° Au temps de Valentinien III et de Théodose le Jeune, la croix paraît à peu près sur toutes les pièces dans diverses positions, et remplace presque complètement les deux formes du monogramme du Christ.

On peut citer de Valentinien III, empereur d'Occident, un médaillon d'or vraiment remarquable par le luxe d'emblèmes chrétiens qu'il présente : au droit, D. N. PLACIDIVS VALENTINIANVS P. F. AVG. Buste diadémé de l'empereur à gauche, vêtu du manteau impérial, tenant un livre et un sceptre surmonté d'une croix ✝.

R. VOT. XXX. MVLT. XXXX. Valentinien en habit consulaire, avec un diadème orné d'une croix, présentant la main à une figure agenouillée, et tenant un sceptre surmonté d'une croix (Banduri. t. II. p. 573). Deux choses sont à observer ici : d'abord le premier exemple, à notre connaissance du moins, de la croix sur le diadème impérial ; et ensuite un emblème de victoire qui ne dut être probablement qu'un acte de basse adulation envers un prince si méprisable. La même réflexion s'applique à une autre pièce, où l'on voit, avec la légende victoria avgg, Valentinien debout le pied sur la tête d'un dragon, et tenant d'une main une croix, de l'autre un globe surmonté d'une Victoire. Théodose le Jeune a un revers à peu près semblable. Sur une autre pièce portant la même légende, les deux collègues, debout de face, tiennent chacun une croix et un globe (Banduri. ibid.).

Voici encore un type digne d'attention : victoria avgvstorvm. Victoire à demi nue, assise sur un bouclier, posant sur un cippe un autre bouclier que lui présente un Génie et sur lequel est inscrit le ☧.

Ailleurs (Cohen. Valent. III. n. 21), Valentinien en buste, tenant d'une main la mappa des jeux publics, et la croix de l'autre.

Voici une intéressante pièce de Licinia Eudoxia, épouse de Valentinien; comme l'empereur, elle porte la croix sur son diadème. Banduri (ii. p. 563)

rapporte un petit bronze, au droit duquel apparaît la main divine tenant une couronne de perles suspendue sur la tête de cette princesse; la même scène est répétée au revers, avec une croix dans le champ, et la légende : gloria romanorvm.

10° Théodose le Jeune, qui gouvernait l'Orient, ne méritait pas beaucoup plus que son collègue de voir célébrer sa vaillance et ses victoires. Il obtint néanmoins à peu près les mêmes honneurs des monétaires complaisants.

gloria orbis terrae (Banduri. ii. p. 558). Cette légende ambitieuse entoure l'empereur en habit militaire, portant le labarum de la main droite, et de la gauche un globe surmonté d'une croix.

salvs reipvblicae. Ici les deux empereurs sont réunis. On les voit assis, de face, la tête nimbée, chacun une longue croix à la main gauche, et un volume dans la droite. Ailleurs, sous la même légende, Théodose seul, la tête laurée, assis, une palme à la main droite, la croix à la gauche ; et à côté de lui, une autre figure avec les mêmes attributs. Quelquefois il a une longue croix qu'il appuie sur son épaule, à peu près comme S. Pierre dans les anciennes sculptures.

gloria romanorvm. Buste casqué, la haste à la main droite, et le ☧ au milieu de la cuirasse.

11° Le rapide passage de Pétrone Maxime et d'Avite sur le trône des Césars n'a laissé aucun souvenir spécial dans la numismatique chrétienne.

12° En Orient, sous Marcien et Léon, nous voyons se reproduire les types familiers aux règnes précédents ; l'empereur, avec paludamentum, appuyé d'un côté sur le labarum, et portant sur le bras gauche un globe surmonté de la croix ; l'empereur avec les attributs consulaires, la mappa, et une croix appuyée sur l'épaule ; des Victoires soutenant de longues croix, etc., etc. Eckel (viii. 191) cite un sou d'or qui paraît avoir été frappé en mémoire du mariage de Marcien et de Pulchérie. Il porte la légende feliciter nvptiis (sic), et l'empereur et l'impératrice s'y montrent nimbés, debout, se donnant la main, et au milieu, le Christ debout, avec le nimbe surmonté d'une croix. Il y a ici un ensemble de circonstances d'un intérêt vraiment exceptionnel.

A Rome, Majorien est fréquemment représenté avec le ☧ sur son bouclier, et au revers terrassant le dragon et s'appuyant sur la croix. Mais ce prince a un type nouveau. Au droit d'une pièce d'argent : d. n. ivlivs maiorianvs. p. f. avg., il paraît en buste, avec une fibule ornée du ☧ au sommet du bras gauche.

13° Sous la légende salvs reipvblicae, plusieurs pièces font voir Anthème et Léon nimbés et en toge, soutenant ensemble une croix à longue haste, et tenant chacun un globe (Cohen. Anth. n. 1) ; ou bien soutenant un globe surmonté d'une croix, et une haste à l'autre main (Id. n. 5).

Ailleurs (n. 9), un type nouveau. Les deux empereurs diadémés et en habit militaire, debout, se donnant la main. Entre leurs têtes est une tablette carrée surmontée d'une croix, sur laquelle est écrit le mot pax.

14° Mais dans tout ce que nous avons vu jusqu'ici, rien ne s'est encore rencontré, si nous en exceptons la légende de la médaille d'Eudoxie d'Arcadius, d'aussi significatif ni d'aussi prononcé, comme profession de foi et témoignage de pieuse reconnaissance, que la légende salvs mvndi entourant la croix sur une pièce d'or d'Olybrius. Un tel acte dans un règne de trois mois honore singulièrement ce prince.

15° Aucune innovation dans les types chrétiens ne se fait remarquer sous les règnes suivants, Zénon, Glycère, Jules Nepos. Romulus Augustule, en qui expire l'empire d'Occident, n'est pas plus riche. Le type le plus ordinaire de ses monnaies est une croix dans une couronne de laurier.

IV. — *Numismatique chrétienne depuis la chute de l'empire d'Occident jusqu'à la fin du sixième siècle.*

1° C'est sous le règne d'Anastase Ier que le type romain disparaît presque complètement de la monnaie, pour faire place au caractère byzantin, qui s'y conserve, bien qu'à travers de nombreuses modifications, jusqu'à la prise de Constantinople. L'art monétaire tomba dès lors, surtout pour le cuivre, dans une grande décadence, et, depuis Héraclius, dans une complète barbarie. Anastase ordonna que les pièces de cuivre (lesquelles avaient quatre modules distincts) porteraient la marque de leur valeur; et cet *indice* y était inscrit en lettres numérales grecques ou latines, exprimant le nombre d'unités pour lesquelles la monnaie avait cours légal, tant dans les provinces d'Orient que dans celles d'Occident.

Ces marques de valeur, inscrites au revers, sont presque toujours surmontées d'une croix pattée, ou cantonnées de plusieurs. Nous reproduisons ici pour exemple, d'après M. Sabatier (t. I. pl. x. n. 1), un *follis* de cuivre de Justin Ier qui pourra donner une idée de la plupart des pièces du même module et du même métal jusqu'à Phocas. Celle-ci néanmoins offre un caractère particulièrement intéressant : c'est que, au droit, le buste de l'empereur porte sur la poitrine le monogramme con-

stantinien. Justinien Ier a une pièce absolument semblable, à cette différence près, que le ☧ y est entouré d'un cadre gemmé (Sabatier. *ibid.* pl. xii. n. 22). Les monnaies de ce dernier prince ont quelquefois le ☧ au lieu de la croix au-dessus de la lettre numérale (Id. pl. xvi. n. 8); d'autres fois le revers tout entier est occupé par un monogramme composé du X coupé par une ligne verticale (xviii. 2 et 8).

Sous Anastase, Justin et Justinien, la monnaie d'or et d'argent rappelle beaucoup celle des règnes précédents, soit pour le style, soit pour les principaux types chrétiens; elle est beaucoup moins barbare que celle de cuivre. Justinien Ier introduit un type qui se perpétuera à peu près pendant tout le Bas-Empire : c'est le buste casqué de l'empereur vu de face et portant de la main droite un globe surmonté d'une croix (*Ibid.* xiii. n. 13).

2° Les monnaies des rois goths qui occupèrent l'Italie de 476 à 553, et celles des Vandales qui régnèrent en Afrique de 428 à 534, prennent place dans la série byzantine, parce qu'elles portent ordinairement l'effigie de l'empereur d'Orient contemporain, Anastase, Justin Ier ou Justinien Ier. Elles ont souvent la croix au revers. Il en est de même pour quelques médailles autonomes, du même temps, de Ravenne (Id. xix. 33) et de Carthage. Au revers d'une pièce de cette dernière ville (xx. 28), on voit un personnage nimbé, debout et de face, appuyé sur une croix à longue haste.

3° Les monnaies de Justin II ne diffèrent point de celles des trois règnes précédents, du moins quand ce prince y figure seul. Mais un certain nombre de pièces où il est représenté avec sa femme Sophie, assis ou seulement en buste, font voir une croix entre les têtes des deux Augustes et ont le mot vita inscrit à l'exergue (Id. xxi. 9. 10. 12. 13. etc.). Cette formule, dont jusque-là un seul exemple s'est présenté sur une pièce aux deux têtes de Justin Ier et de Justinien Ier (Sabatier. I. pl. xi. n. 22), et devient fréquente sous Justinien II et Sophie, est interprétée par quelques numismatistes comme un souhait de longue vie : vita longa ! Mais comme elle ne se rencontre que sur les monnaies où la croix est retracée entre les deux têtes, on pourrait penser que le mot vita se rapporte à ce signe auguste qui est la source de la vie véritable.

4° Quelques revers de Tibère Constantin offrent pour la première fois ces croix pattées, haussées sur plusieurs degrés, ou sur un globe, dont le type deviendra très-fréquent un peu plus tard (Sabatier. I. pl. xxii. nn. 13. 14. 15. etc.), surtout depuis Héraclius.

5° Nous voici arrivé à l'an 582, c'est-à-dire à peu près au terme que nous avons dû fixer à cette étude. Aussi bien, jusqu'à Phocas qui ouvre le septième siècle (602), la numismatique ne présente aucune circonstance nouvelle un peu saillante sous le rapport du christianisme.

Dans le courant de ce siècle, c'est-à-dire depuis Héraclius jusqu'à Justinien II, se produit la légende deus adivta romanis (Sabatier. I. pl. xxxix suiv.) avec la croix de formes très-variées. C'est aussi sous ce prince que la monnaie byzantine fait lire pour la première fois en grec la légende constantinienne en τοττο νικα. Elle paraîtra de nouveau, mais avec une forme hybride, sous Nicéphore Ier Logothète : iisvs. cristvs. nica.

Nous devons maintenant jeter un regard en arrière sur une classe de monuments numismatiques que fournit notre histoire nationale.

L'opinion de quelques numismatistes, entre autres de Charles Lenormant, est que, comme celle des rois goths et des vandales, la monnaie mérovingienne porta l'effigie des empereurs, du moins sous Anastase et Justin Ier. Or c'est précisément à cette époque qu'elle commence à présenter des signes de christianisme.

En effet, le chrisme paraît sur des monnaies qui, avec beaucoup de fondement, sont attribuées à Thierry Ier, roi de Metz en 511 (communiqué par M. de Witte). Childebert, roi de Paris à la même époque, a aussi des revers ornés du ☧ ou d'une croix (V. pour tous ces détails Combrouse, *Cata-*

logue raisonné des monnaies nationales). Clotaire Ier, encore en 511, roi de Soissons, a la croix sur un globe. Ce prince est vu quelquefois en vainqueur, sur un char, une croix à la main. Sous Théodebert Ier, successeur de Thierry comme roi d'Austrasie en 534, des pièces avec Victoires appuyées sur la croix, buste royal ou impérial avec globe crucifère, monogramme d'une forme un peu différente.

Caribert ou Cherebert, en 567, roi de Paris, a des monnaies avec ce type nouveau.

Gontran, roi d'Orléans et de Bourgogne en 561, Victoire crucifère dans un char.

Thierry II ou Théodoric, successeur du précédent en 596, croix monogrammatique, cantonnée de petits globes.

Sous Clotaire II, roi de Soissons, croix haussée et pattée, et au-dessous un globe entre deux étoiles.

La monnaie de Dagobert Ier, II et III, rois d'Austrasie, présente la croix dans des conditions très-variées : croix haussée, quelquefois accostée de l'A et de l'ω, croix haussée revoisée, croix ancrée du haut et du bas, croix haute, etc.

Celle de Sigebert II a la croix haussée sur un globe et ses tranches tripointées, et encore les types suivants :

Ceux-ci se font surtout remarquer dans la monnaie de Clovis II. C'est la première fois que nous rencontrons la croix haussée sur trois degrés, comme sous l'empereur Tibère Constantin.

De là à la fin de la première race, les mêmes types se continuent ; la seule innovation un peu notable se produit sous Thierry IV : c'est la croix haussée, renfermée dans une couronne.

Il a été publié récemment (1866) un denier de Charlemagne, d'un style presque classique, qui présente un type tout nouveau et du plus haut intérêt : c'est une façade d'église, avec une croix grecque sur la porte et une autre au sommet du fronton, et de plus la légende RELIGIO XPICTIANA (sic). Le même revers se retrouve sous Lothaire (V. ces deux pièces dans l'*Annuaire de la Société française de numismatique*. 1re année. pl. XII, p. 178).

V. — Au huitième siècle, la monnaie byzantine prend des caractères de christianisme plus tranchés encore, en ce qu'elle admet, outre des légendes pieuses, les images de Jésus-Christ, de la Ste Vierge, des anges et des Saints.

Nous outrepassons les limites de l'antiquité ; mais il le faut, d'abord à cause de l'intérêt qui s'attache à de tels types, et ensuite pour donner une idée aussi complète que possible de la numismatique byzantine, au point de vue sous lequel nous la considérons.

1° C'est sous Justinien II Rhinotmète (705) que se montre pour la première fois, au revers d'un sou d'or, Jésus-Christ en buste, avec la croix derrière la tête, le livre de l'Évangile à la main, et la légende DN. IHS. REX. REGNANTIVM (Sabatier. II. pl. XXXVII. n. 2).

Sous Basile Ier et Constantin VIII (867), la croix sur laquelle repose la tête du Sauveur commence à être renfermée dans un nimbe, ce qui est la première apparition sur la monnaie du nimbe crucifère (Id. pl. XLVI. 22) ; et ce nimbe est gemmé depuis Nicéphore II Phocas (963) jusqu'à la fin du Bas-Empire.

Jean Ier Zimiscès (969) introduit un type nouveau : par motif d'humilité, il supprime sa propre effigie et même son nom ; il met à la place, au droit, le buste du Christ avec la légende EMMANOYHA, et, des deux côtés de la tête, les sigles IC—XC ; au revers, l'inscription IESVS XPISTVS BASILEVS BASILEWN (Id. XLVIII. 3), *Jésus-Christ, roi des rois*.

Toutes les fois que le Sauveur est assis et de face, il tient la main droite élevée en signe d'allocution, et cette circonstance se remarque depuis Basile Ier jusqu'à Manuel Ier Comnène.

Au contraire, quand il est debout, il tient d'une main l'Évangile, et couronne de l'autre l'empereur : depuis Alexandre, Romain Ier, Jean II Comnène, jusqu'à Jean l'Ange Comnène.

Quand il y a deux empereurs, comme Andronic II et Michel IX (Id. pl. LX), Notre-Seigneur est debout entre eux, et en couronne un de chaque main.

2° L'image de la Ste Vierge paraît sur la monnaie byzantine à partir du règne de Léon VI, dit le Sage (886), c'est-à-dire cent quatre-vingt-un ans après celle de son divin Fils (V. Sabatier. *ibid*. pl. XLV. n. 11). Le premier type la représente en buste, les mains étendues, avec les sigles ΜΡ inscrites à droite de la tête voilée; et ΘV à gauche, et la légende MARIA.

Sous Nicéphore II Phocas (963), le buste de Marie est nimbé, et elle présente une longue croix à l'empereur (Id. XLVII, 12).

La monnaie de Jean Ier Zimiscès nous la montre sous deux aspects différents, mais toujours en buste : au droit, elle couronne l'empereur, et au revers elle est vue de face avec son Fils appuyé contre sa poitrine : c'est le premier exemple, sur la monnaie du moins, de ce type devenu presque invariable des Vierges byzantines. Voici une pièce d'argent de ce type, au revers de laquelle ce prince, qui, comme nous l'avons vu plus haut, avait fait hommage de son empire à JÉSUS-CHRIST, ROI DES ROIS, fit graver la pieuse inscription dont voici le sens : MÈRE DE DIEU, PLEINE DE GLOIRE, CELUI QUI MET EN TOI SON ESPÉRANCE, N'EST JAMAIS MALHEUREUX, MAIS EST COMBLÉ DE BIENS (*Id. ib.*, n. 18).

Depuis Romain III Argyre (1028) et Theodora,

on la voit fréquemment debout couronnant l'empereur également debout (Id. XLIX. n. 2), et alors elle est à peu près invariablement vêtue de la planète.

Elle se montre sur un sou d'or de Romain IV Diogène (Id. L. n. 15), à peu près comme nos Vierges modernes, debout, tenant son enfant dans ses bras avec la légende ΠΑΡΘΕΝΕ. ΟΙ. ΠΟΛΥΑΙΝΕ : « A toi, vierge, digne de toutes louanges ! »

A dater du règne de Michel VII Ducas et Marie (1071), qu'elle soit assise, en buste ou en pied, la Ste Vierge a presque toujours sur la poitrine un médaillon renfermant la tête de l'enfant Jésus (Id. pl. LI. n. 519), ce qui produit absolument l'effet de la fibule de l'*orarium*, telle qu'elle se voit dans les verres dorés et quelques mosaïques.

Sous les Paléologues Michel VIII, Andronic II et Jean V, se produit un type tout à fait spécial (p. LIX. n. 3. LX. 13) : la Ste Vierge, les bras étendus, de face, est entourée des murailles crénelées d'une ville. Cette ville n'est autre que Constantinople, qui, dès l'ère constantinienne, si nous en croyons Du Cange (*Constantinop. Christ.*), avait été placée sous la protection de Marie. Jean V

a un type qui lui est propre ; il s'est fait représenter donnant la main à la Vierge (Id. LXII. n. 17).

3° Images des Saints. A partir du règne de Michel VI le Stratiotique (1056), les effigies et les noms des divers Saints commencent à figurer sur la monnaie byzantine (V. Sabatier. t. I. pag. 27). Ainsi, nous trouvons l'archange S. Michel sur des monnaies de Michel VI et d'Isaac II l'Ange; S. Constantin sur celles d'Alexis Ier Comnène et d'Alexis II l'Ange ; S. George sur celles de Jean II Comnène, d'Isaac II l'Ange, de Jean Ducas Vatatsès, empereur de Nicée; S. Théodore et S. Démétrius sur les monnaies de Manuel Ier Comnène, et, sur celles de Théodore Vatatsès, Ducas Lascaris empereur de Nicée ; S. Eugène sur des monnaies d'argent et de cuivre de tous les empereurs grecs de Trébizonde. Ce Saint y est vu tantôt debout, tantôt en buste ou à cheval : la persistance de ce type donne lieu de penser que S. Eugène était le patron de la famille Comnène.

La pratique de représenter les Saints sur la monnaie se répandit de bonne heure dans les différentes parties de l'Europe, en Italie notamment et dans les villes libres (Olearius. *Prodromus hagiologiæ numismat.* — Cf. Vermiglioli. *Lezioni*).

VI. — *Appendice sur les origines de la monnaie des Papes.* — C'est au huitième siècle que commence la numismatique pontificale proprement dite. Les papes S. Grégoire III (731-740) et Zacharie (741-751) sont les premiers qui aient battu monnaie en leur nom propre. Le premier y ajoute, au revers, le nom de S. Pierre, comme on le voit dans

cette pièce : GREH (*Gregorii*) PAPAE, sous-entendu *monetæ*, SCI PTR (*Sancti Petri*). Les pièces de Zacharie ont, à l'avers, son nom seul ZACHARIAE et au revers PAPAE.

Dans tous les temps, comme l'observe Eckel (*Doctrin. num.* t. I. *Proleg.* p. 70), le droit de battre monnaie fut regardé comme l'attribut de la souveraineté : *omni ævo jus feriundæ monetæ summæ in republica potestatis argumentum fuit habitum*. Cependant la forme insolite de ces pièces, leur métal (le cuivre), ainsi que l'absence de l'effigie du pontife, dénotent, de l'avis des hommes spéciaux (V. les citations d'auteurs dans Mozzoni, *Tav. cron. sec.* VIII. p. 40), un principat nouveau, imparfait, temporaire, exercé en vertu de la seule nécessité de la chose publique, et c'est ainsi que l'histoire nous le représente de 727 à 754. On sait en effet que, en ces temps malheureux, où les empereurs de Byzance laissaient Rome et son territoire dans un complet abandon et restaient même sourds à toutes les réclamations de secours et de protection qui leur étaient adressées contre les attaques continuelles des Lombards, les Papes durent se rendre à l'appel du peuple et prendre en main les rênes du pouvoir.

C'est sous Hadrien Ier (772-795) que la monnaie porte pour la première fois non-seulement le nom du Pape seul : HADRIANUS PAPA, — SCI PETRI, mais encore son effigie. En outre, ces pièces sont en argent ; leur empreinte est toute semblable à celle des monnaies des empereurs byzantins

et des ducs de Bénévent. D'où l'on conclut que le domaine temporel était dès lors décidément

assis, admis dans le droit public et exercé souverainement par les Papes.

Léon III, en rétablissant, en 800, l'Empire d'Occident, associe à son nom, sur la monnaie, le nom et l'effigie de Charlemagne. D'un côté, en légende SCS PETRUS, en monogramme, dans le champ, LEO PAPA ; au revers la légende CAROLVS entoure le buste de l'empereur qui tient à la main l'épée nue, pour marquer que la dignité impériale, conférée aux rois Francs, leur imposait la charge glorieuse de protéger l'Église et le patrimoine de S. Pierre. C'est à ce même titre

que le nom du successeur du premier empereur d'Occident figure sur la monnaie pontificale. Par exemple, nous avons des pièces de Benoît III (855), sur lesquelles se lit le nom de Lothaire : légende de l'avers : SCS PETRVS, et, en monogramme, au centre : BENEDICTVS PAPA ; sur l'autre face : HLOTHARIVS IMP, et en monogramme PIVS.

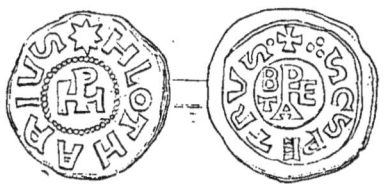

VII. — *II° Appendice.* — Des sceaux de plomb suspendus aux bulles des Papes, pour en constater l'authenticité.

On ne sait pas au juste à quelle époque remonte l'origine de l'usage de ces sortes de sceaux. On n'en connaît aucun qui soit certainement antérieur au septième siècle. Nous en donnons ici, d'après la continuation des tables chronologiques de Mozzoni (*sec.* IX. p. 103), quelques-uns comme spécimens ;

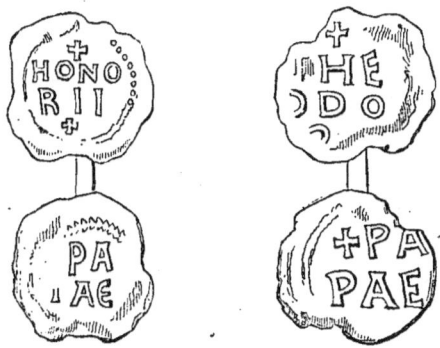

ils ont été dessinés d'après les originaux qui se

conservent à Rome. Ils appartiennent : 1° à Honorius Ier (638), 2° à Théodore Ier (649), 3° à Agathon (682), 4° à Jean IV (686), 5° à Constan-

tin (754), 6° à Zacharie (752), 7° à Paul Ier (767).

Dans tous ces sceaux, le nom du pape est surmonté d'une croix grecque ou équilatérale, et il en est de même pour tous les papes jusqu'en 895, comme on le voit dans les *papiri* de Marini, p. 3 et suiv. Une particularité intéressante se fait remarquer sur ceux de Sergius Ier (690) : c'est que, outre la croix grecque qui précède le nom du pape, au-dessous duquel est encore tracé le monogramme du Christ ☧, le même monogramme surmonte au revers le mot PAPAE.

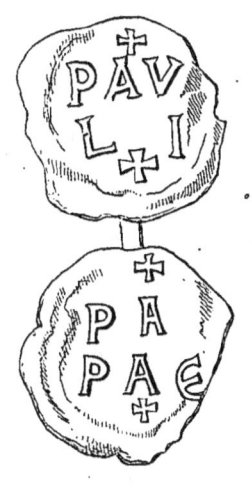

Partout le nom du pape et son titre sont au génitif, parce que le mot *sigillum* est sous-entendu, par exemple (SIGILLVM) SERGII PAPAE. Quelques pontifes exceptionnellement, entre autres Jean VIII (872) et Alexandre II (1061), ont fait placer leur effigie sur l'une des faces de leur sceau. Plus tard on y mit les têtes de S. Pierre et de S. Paul, séparées par une croix latine à longue haste : cette pratique, qui s'observe encore aujourd'hui, ne paraît pas remonter au delà du pontificat de Pascal Ier, en 1099.

O

OBITUAIRES. — V. l'art. *Nécrologes*.

OBJETS TROUVÉS DANS LES TOMBEAUX CHRÉTIENS. — Tous les peuples de l'antiquité aimaient à orner et à meubler pour ainsi dire la tombe par les objets qui servaient aux besoins comme aux plaisirs de la vie. C'était une espèce d'illusion au moyen de laquelle on semblait prolonger l'existence au delà de ses limites. Les chrétiens adoptèrent cet usage, mais ils le sanctifièrent par des intentions symboliques tirées du génie de la religion nouvelle, qui est esprit et vie; et souvent même, comme on le verra, la nature des objets déposés dans les tombeaux ou murés à leur extérieur constituait un langage qui lui était exclusivement propre.

1° *Les tissus d'or* dont le christianisme conserva l'usage de revêtir, après leur mort, les personnages de distinction. Outre l'exemple si connu de Ste Cécile (V. l'art. *Cécile* [Ste]), on peut citer celui de Probus, préfet du prétoire, et de sa femme Proba Faltonia, dont on conserve encore à Rome l'urne funéraire, et dont les corps furent trouvés enveloppés d'une robe tissue d'or ; et celui de l'impératrice Marie, dont les vêtements fondus fournirent trente-six livres pesant d'or (Cancellieri. *De secret. Basilic. Vatic.* t. II. p. 1000). Des débris de tissus d'or furent aussi trouvés naguère par le P. Marchi (p. 268) parmi les reliques du martyr Hyacinthe. Ces riches vêtements se rencontrent quelquefois dans le *loculus* du chrétien le plus humble, dont on ornait ainsi la dépouille en mémoire de ses vertus, et, le plus souvent, du sang versé pour la foi. Ainsi, au cimetière de Calliste, les restes d'un fidèle désigné par cette simple inscription : MARTINI IN PACE, étaient couverts d'un habit d'or (Bottari. II. p. 22). Cet usage dégénéra en abus et provoqua au quatrième siècle les véhémentes apostrophes de S. Jérome (*In Vit. Pauli*).

2° *Les bijoux et les meubles de toilette.* — *Miroirs.* Ceux que publie Boldetti (p. 501) et qui sont au nombre de quatre, semblaient à cet antiquaire faits d'un mélange de bronze et de plomb, comme

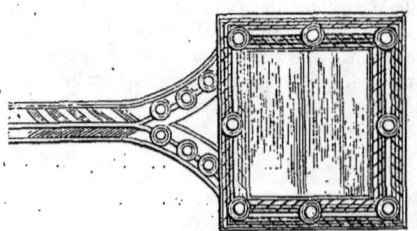

étaient les miroirs de Brindes, si renommés dans la haute antiquité. — *Colliers, boucles d'oreilles, anneaux de toute espèce* (V. l'art. *Anneaux*) ; *bracelets* qui ornaient la personne même des morts, et qui se trouvent assez souvent dans les cimetières chrétiens, encore attachés, soit au bras, soit au poignet des squelettes. Sur l'un de ces bracelets (Boldetti. p. 501. tav. II. n. 15) sont gravés les douze signes du zodiaque, sujet dans lequel les interprètes de l'antiquité chrétienne (Cavedoni. *Ragguaglio critico de' mon. delle art. Crist.* p. 44) voient une allusion à l'instabilité des choses humaines, s'appuyant sur un passage de l'*Ecclésiaste* (I. 6. — V. la fig. de l'art. *Zodiaque*). Des anneaux d'or et de bronze, des miroirs d'argent se trouvent aussi dans les sépultures chrétiennes de la Gaule (Le Blant. I. p. 209. et Cochet. *passim*).

Il est facile, quoi qu'en pense Raoul-Rochette (*Mém. de l'Acad. des Inscript.* t. XIII. p. 757), d'expliquer chrétiennement l'emploi des *bijoux* pour orner la personne des morts. Les vierges et les matrones notamment étaient considérées comme les épouses de Jésus-Christ dans le ciel ; il était donc naturel qu'on ornât leurs restes vénérés d'objets qui pussent symboliser leurs vertus ; et ceci est tout à fait conforme à la vision de l'*Apocalypse* (XXI. 2) : « J'ai vu la sainte cité, la nouvelle Jérusalem descendant du ciel, séjour de Dieu, PRÉPARÉE COMME UNE ÉPOUSE PARÉE POUR SON ÉPOUX, » *vidi sanctam civitatem Jerusalem novam descendentem de cœlo a Deo, paratam sicut sponsam ornatam viro suo.* Aussi voyons-nous dans les peintures des catacombes une foule de vierges et de veuves, représentées dans l'attitude de la prière, ornées de riches colliers, de bracelets, etc. (V. Perret. t. III. pl. III et IV et une de ces figures à notre art. *Paradis*). — *Boîtes à parfums.* Celle que donne Boldetti (*loc. laud.*) est de bronze, elle a un couvercle en calcédoine entouré d'un cercle de métal doré. Il y en avait aussi plu-

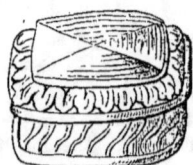

sieurs dans le tombeau de l'impératrice Marie, fille de Stilicon, femme d'Honorius. M. De' Rossi (*Bullet.* 1863. p. 54) publie pour la première fois cinq de ces vases en agate, et de plus la description complète des objets que contenait ce sarcophage historique. Voici la reproduction des deux plus remarquables.

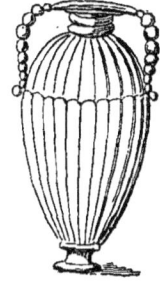 

— *Fibules* de diverses formes, en métal émaillé ou en ivoire (Boldetti. p. 519. tav ix. fig. i. 13).

— *Aiguilles à cheveux*, — *discriminalia* ou *discernicula*, quand elles servaient à séparer les cheveux sur le milieu du front (Isid. Hispal. *Orig.* l. xix. c. 30). On voit quatre de ces épingles les plus curieuses gravées dans Boldetti (*Ibid.* tav. iii. n. 18. 19. 20. 21). Voici le n° 21. M. l'abbé Greppo possédait un objet de ce genre spécialement intéressant par cette inscription tracée sur trois de ses faces (l'épingle était hexagone) : + ROMVLA ‖ VIVAS. IN DEO. ‖ SEMPER. Romula est le nom de la femme chrétienne à laquelle ce bijou avait appartenu.

Le luxe s'était glissé ici encore au temps de Tertullien (*De vel. virgin.* c. xii). — Petites *tessères* de cristal en forme de poisson (Boldetti. 515), tessères en os ou en ivoire, et en particulier tessères d'hospitalité, entre lesquelles Boldetti (p. 514. tav. viii. n. 70) a donné un demi-œuf d'ivoire portant gravés sur sa partie plane les portraits de deux personnages chrétiens, opposés l'un à l'autre, avec cette inscription : DIGNITAS AMICORVM. VIVAS. CVM. TVIS. FELICITER (V. cette figure aux art. *Œuf* et *Tessère*). *Tessères de jeu*, ou *dés* d'os et d'ivoire; sur l'une de ces tessères se remarque l'image d'un lièvre (Boldetti. tav. iv. p. 506), et sur une autre celle d'un cheval, deux symboles relatifs à la course de la vie humaine (V. les art. *Lièvre* et *Cheval*). — *Peignes* d'ivoire et de buis. Boldetti en publie trois (p. 503. tav. iii) parmi ceux qu'il avait trouvés encore attachés aux sépulcres. Des peignes d'ivoire faisaient partie du mobilier sacré de la primitive Église (Du Cange. *Glossar.* ad voc. *Pecten*), vu l'usage où étaient les prêtres de peigner leurs cheveux avant la célébration des saints mystères. Millin a donné le fac-simile du peigne de S. Loup (*Midi de la France.* pl. i. fig. 3), qui se conserve dans le trésor de la cathédrale de Sens (V. cet objet gravé à l'art. *Peigne*). L'un des peignes reproduits par Boldetti porte le nom d'*Eusebius Annius* : EVSEBI. ANNI, personnage qui probablement appartenait à la cléricature. — *Perruques, cure-dents, cure-oreilles* d'ivoire ou de métal (Boldetti. tav. vi. p. 511). — *Couteaux* à manche de métal sculpté (*Ibid*). — *Clous de fer, têtes de clous* historiées, et autres objets usuels dont les antiquaires ne nous paraissent pas avoir expliqué d'une manière satisfaisante la présence en ces lieux.

La tombe d'une chrétienne, nommée RVFINA, au cimetière des Saints-Thrason-et-Saturnin (Marangoni. *Act. S. V.* p. 83), présente une particularité peu commune et d'un grand intérêt. Parmi les ossements, on recueillit une figure de femme représentée sur un morceau d'os de forme circulaire, et que l'on présuma être le portrait de la défunte.

Une circonstance plus singulière encore, c'est une cuiller d'argent fichée dans le ciment d'un *loculus* que distinguaient trois vases avec trois noms IVLIVS. HERMON. BALE. (Marang. *Cose gentil.* p. 455). Ce ne pouvait guère être autre chose qu'un signe de reconnaissance.

3° *Des lampes*, quelquefois murées à l'extérieur des tombeaux, d'autres fois déposées à l'intérieur. C'est une pratique imitée des Juifs, qui, eux aussi, honoraient par des lumières les funérailles et la tombe de leurs frères (Buxtorf. *Synag.* cap. xlix. — Baron. *Ad an.* lviii). La lampe placée en dedans du *loculus* signifiait la *lumière éternelle*, que l'Église implore pour le défunt, selon l'illustre exemple du sarcophage de Probus (Bottari. tom. i. p. 53) :

LVCE. NOVA. FRVERIS. LVX. TIBI. CHRISTVS. ADEST.

(V. l'art. *Lampes*.)

4° *Des monnaies antiques* ont été fixées en grand nombre aux sépultures chrétiennes des catacombes. Elles n'y figurent le plus souvent qu'à titre de pur ornement, quelquefois pour indiquer l'époque de la sépulture, par le règne des empereurs auxquels ces monnaies appartiennent (Aringhi. t. i. p. 340. ii. p. 299). Beaucoup, dit Boldetti (p. 563), furent trouvées au cimetière de Sainte-Hélène, et une partie des beaux médaillons du cardinal Capergna que Buonarruoti a illustrés (*Osservaz. sopra alcuni medaglioni....*) provenaient de cette source. Marangoni (*Act. S. V.* p. 64. 111. 114, et *Cose gentil.* p. 382. segg.) en mentionne un grand nombre, notamment de Marc-Aurèle dans le tombeau d'un martyr anonyme, et de Dioclétien dans celui du pape S. Caïus. Il se trouvait une médaille de Domitien et une de Marc-Aurèle avec des corps qu'on a attribués à des compagnons de Ste Ursule (*Act. S. V.* p. 384), etc.

Voici une médaille de Sévérine, femme d'Aurélien, qui était fixée à un tombeau des Catacombes (*Roma. sott.* t. i. tav. xvii. n. 4).

Mais dans quelques cas aussi, ni l'un ni l'autre

de ces motifs ne semble pouvoir être admis ; c'est l'avis de Buonarruoti : ce savant assure que dans un seul tombeau du cimetière de Sainte-Agnès il observa des médailles, au nombre de dix et plus, d'empereurs différents et de temps très-éloignés (*Vetri. Prefaz.* p. xi); son avis est qu'elles y avaient été déposées comme moyen de reconnaissance. Mais il est essentiel d'observer que quand les monnaies sont à l'intérieur du tombeau, il n'y en a jamais qu'une seule, ou, s'il y en a plusieurs, elles portent toutes l'effigie du même empereur (Cf. Aringhi. i. p. 603. ii. 567), de telle sorte qu'on peut affirmer qu'elles y furent déposées pour marquer l'époque de la sépulture, et non point comme une réminiscence de la monnaie destinée au nocher Caron, ainsi que l'affirme sans fondement Raoul-Rochette (*Mém....* p. 752). Boldetti dit avoir trouvé une médaille de Sévère-Alexandre sous un vase (entre la chaux et le vase) attaché au *loculus* du martyr Dorothée, qui avait souffert à l'âge de six mois (Boldetti. p. 544). Beaucoup de ces médailles, ainsi qu'un grand nombre de pierres gravées recueillies dans les cimetières romains, enrichissaient le musée Carpegna (Boldetti. p. 496). Les sépultures chrétiennes de la Gaule renferment aussi quelquefois des médailles du Haut et du Bas-Empire (V. Le Blant. *Inscript. chrét. de la Gaule.* i. p. 210).

5° Nous devons dire ici que certaines *plantes* qui se conservent toujours vertes ont été souvent placées dans les tombeaux et sarcophages antiques, sous la tête du défunt; et cela, non point, comme on l'a avancé sans fondement, pour procurer aux corps l'incorruptibilité, mais bien pour signifier, dit Durant (*De rit. eccl.* lib. vii. c. 25), que « ceux qui meurent dans la paix de Jésus-Christ, ne cessent pas de vivre; car, quoiqu'ils meurent au monde selon le corps, néanmoins, selon l'âme, ils revivent en Dieu. » Le laurier était ordinairement l'arbre auquel on donnait la préférence : il s'en est trouvé au sein de l'urne qui, dans l'ancienne basilique vaticane, contenait les restes des apôtres Simon et Jude (Aringhi. i. 146), ainsi que dans les tombeaux de S. Humbert, de S. Zenobius, évêque de Florence (Boldetti. p. 511), et de Valère évêque de Conserans (*Ibid.* p. 709). Deux fonds de tasse où est retracé le miracle de la résurrection de Lazare, font voir un laurier couronné d'un riche feuillage (Buonarr. tav. vii. 1. — Bott. tav. dxcvii. 1).

6° Mais les objets les plus intéressants et les plus vénérables qu'aient fournis les catacombes, ce sont les *instruments de supplice* que la piété des fidèles renfermait dans les tombeaux des martyrs (V. l'art. *Martyre*), et que, selon la pensée de S. Léon (*Serm. in natal. S. Laurentii*), ils regardaient comme de glorieux trophées de leur courage et de leur victoire : *In honorem triumphi transierunt etiam instrumenta supplicii.* C'est ce motif qui fit conserver les chaînes de S. Pierre, le gril de S. Laurent, une des flèches de S. Sébastien. Mais quand ils le pouvaient, ils plaçaient ces objets sacrés dans le tombeau lui-même avec les reliques du martyr. S. Babylas ordonna que ses chaînes fussent ensevelies avec lui (Chrysost. *Homil. in S. Babyl.* m.); S. Sabinus demande à n'être point séparé, après la mort, du caillou avec lequel il devait être précipité dans le fleuve (*Act.* ap. Surr. xiii mart.); S. Ambroise trouva dans le tombeau des martyrs S. Vital et S. Agricola les clous et le bois de la croix sur laquelle avait expiré ce dernier (*Exhort. virgin.* ii. 9). On peut voir beaucoup d'autres exemples de ce genre dans Boldetti (lib. i. c. 60), Aringhi (lib. i. et xxix), Mabillon (*Iter Ital.* p. 79), etc.

On y a recueilli aussi des clous, témoin celui qui fut trouvé dans un *loculus* du cimetière de Sainte-Agnès, encore fixé dans le crâne du martyr (Aringh. i. 152), des ongles de fer, des tenailles (Bosio. p. 26). Quatre gros clous et un cinquième recourbé en forme de croc avaient été déposés dans le tombeau d'un chrétien nommé Q. VELIVS IVLIANVS, au cimetière de Sainte-Catherine de Chiusi (Cavedoni. *Cimit. Chiusin.* p. 67). Cette circonstance, jointe à celle que des ossements mêlés à de la terre ensanglantée existaient aussi dans le même tombeau, donne à penser que ce chrétien avait été crucifié ou attaché à un poteau. Enfin on enfermait encore dans les tombeaux des martyrs d'autres objets, comme les actes de leur passion écrits sur des rouleaux de plomb (Boldetti. p. 524). — V. la fig. de l'art. *Actes des martyrs*), les vases de sang, les linges imbibés de sang (V. l'art. *Sang des martyrs*).

OBLATIONARIUM. — C'était dans les vieilles basiliques un lieu, ou une petite table placée près de l'autel pour recevoir les offrandes des fidèles. Il en est question dans les liturgies dites de S. Chrysostome et de S. Jacques (Ap. Renaudot. *Hist. Orient.*), sous le nom de προθεσις. L'Ordre romain l'appelle tour à tour *oblationarium*, *prothesis*, *paratorium*. Si ces noms divers ne remontent pas à la haute antiquité, il est certain cependant que S. Cyprien (*De op. et eleemos.* p. 203. edit. Rigalt.), S. Paulin (*Epist.* xii. *Ad Sever.*) et le quatrième concile de Carthage (can. xciii) désignent le même objet par d'autres noms. Nous donnons, sous le titre *Prothèse*, un article spécial sur cette matière.

OBLATIONS. — Les oblations des fidèles dans la primitive Église étaient de deux sortes. Les unes étaient destinées à la sustentation des ministres de l'Église : elles consistaient en blé, huile, légumes, fruits, lait, miel, volaille et autres comestibles ; mais on ne présentait pas ces objets à l'autel, et comme il s'y était introduit des abus, les *Canons apostoliques* (can. III. c. 4) prescrivirent de les porter directement à la maison de l'évêque. On offrait aussi de l'argent pour le même objet (Tertull. *Apol.* xxxix). L'évêque en distribuait une partie aux ministres inférieurs, selon le besoin de chacun, et de ce qui restait il faisait trois autres parts, une pour son usage personnel, une pour la fabrique de l'église, une troisième pour les pèlerins et les pauvres : ainsi l'avait réglé le pape Simplicius (*Epist.* xi. *ap. Baron. an.* 476. n. 42).

La seconde espèce d'oblations destinée au sacrifice se composait de pain et de vin. On recevait aussi du blé, des raisins, de l'encens, et de l'huile pour le luminaire de l'église. Tous les fidèles, hommes et femmes, qui devaient communier étaient tenus d'offrir le dimanche (Fabian. PP. *ep.* III. *Ad Hil.*). Le deuxième concile de Mâcon, tenu en 582, fit un décret sur cette matière : *Ut omnes fideles diebus dominicis, viri et mulieres, altaris oblationem faciant in pane et vino sub anathematis pœna*, « que tous les fidèles, aux jours de dimanche, hommes et femmes, fassent l'oblation de l'autel, en pain et en vin, sous peine d'anathème. » Cette prescription était renouvelée de l'*Exode* (xxiii. 15), et S. Cyprien (*De opere et eleemos.*) se plaint d'une femme riche qui fut surprise les mains vides au moment de l'oblation et communia de l'offrande des pauvres. S. Augustin renouvela cette plainte (*Serm.* ccxv *De temp.*). Nous savons par le témoignage de S. Jérôme (*Epist. ad Heliod.*) que les moines eux-mêmes, qui alors étaient laïques, y étaient assujettis comme les autres fidèles.

Les oblations n'étaient point déposées immédiatement entre les mains des prêtres, ni à l'autel, ni confusément. Les hommes et les femmes les portaient tour à tour dans un lieu destiné à cet usage, et appelé par les Grecs *gazophylacium*, et par les latins *oblationarium*. C'étaient des espèces d'armoires, probablement mobiles, placées près du *diaconicum* où se recevait d'abord tout le pain et tout le vin offerts par les hommes entre les mains du diacre, par les femmes entre les mains de la diaconesse : là, le diacre examinait si les oblations étaient dignes ou non, c'est-à-dire si les offrants étaient dans les conditions exigées pour être admis à offrir. Étaient exclus, les usuriers, les hérétiques, ceux qui avaient attenté aux immunités de l'Église, les pécheurs publics, ceux qui n'étaient pas en état de communier, les pénitents publics, tous ceux qui étaient liés par les censures.

Quand le diacre avait fait cet examen préalable, il portait les offrandes à l'autel, et pendant ce temps-là le chœur chantait l'offertoire. Voici comment, d'après l'ordre romain, le pape officiant pontificalement recevait les oblations. Le souverain pontife descendait dans le *senatorium* où se tenaient les princes, des mains desquels il recevait immédiatement les oblations ; il remettait le pain au sous-diacre régionnaire, lequel le transmettait à son tour au second sous-diacre, et celui-ci le plaçait dans une nappe blanche soutenue par deux acolytes. L'archidiacre recevait le vin, il le versait dans un calice porté par le sous-diacre, et quand ce calice était plein, il en versait le contenu dans un autre vase tenu par l'acolyte. Le pape passait de là dans le lieu où se tenaient les matrones, *matroneum* (V. ce mot), pour recevoir leurs oblations avec les mêmes cérémonies. Pendant ce temps-là l'évêque hebdomadaire recevait le pain du reste du peuple dans une nappe qu'il tenait de ses propres mains, accompagné d'un diacre qui recevait le vin.

De tout le pain offert, l'archidiacre prélevait la quantité nécessaire pour la communion du peuple. Cela fait, le pape, assis sur sa chaire, remettait une ampoule de vin au sous-diacre oblationnaire, celui-ci la donnait à l'archidiacre qui passait le vin dans une passoire d'argent (V. l'art. *Colum vinarium*), et le versait dans le calice avec quelques gouttes de l'eau apportée par le sous-diacre. Le pape s'étant levé de son trône, se rendait à l'autel, où il recevait les oblations du prêtre hebdomadaire, des diacres, des primiciers. Enfin l'archidiacre, prenant des mains de l'oblationnaire le pain offert par le peuple, le présentait de nouveau au pape, qui le plaçait sur l'autel, pendant que l'archidiacre y posait le calice à la droite du pain.

Entre les *oblata* et les *oblationes*, il y a la différence du genre à l'espèce : l'oblation est tout ce qui est offert à Dieu ; par *oblata* on n'entend que ce qui est offert pour servir de matière au sacrifice. Quelque chose de cette discipline primitive s'est conservé dans la messe solennelle du rit ambroisien : six vieillards et six matrones offrent, chacun de leur côté, trois hosties et un vase de vin blanc.

OBLATS. — I. L'usage d'offrir les enfants à l'Église et de les vouer, dès leur bas âge, au service de Dieu remonte aux premiers siècles du christianisme. Cette oblation était, de la part des parents, comme un sacrifice et une abdication des joies et des espérances de la famille, renoncement sublime que pouvait seule inspirer la religion nouvelle, si féconde en vertus inconnues au monde ancien. Le plus communément, ces sortes d'offrandes avaient lieu devant le tombeau des apôtres ou des martyrs, comme il est constaté par les monuments et en particulier par l'inscription d'un enfant de neuf ans du nom de Projectus (V. De' Rossi. *Bullet.* Édit. française. 1869. p. 50) : NVTRICATVS DEO CRISTO (sic) MARTYRIVVS. Et ceci, à Rome notamment, était tenu à grand honneur par les chrétiens de toutes les conditions, même les plus élevées. Nous savons en effet par Prudence (*Peristeph.* II. v. 517. seqq.) que les membres les plus éminents du sénat, dont plusieurs même avaient exercé les sacerdoces païens, venaient ainsi consacrer à Dieu leurs enfants des deux sexes, dans la basilique bâtie sur le tombeau de S. Laurent; et ce que le poëte raconte, il l'avait vu de ses yeux :

> Videmus inlustres domos
> Sexu ex utroque nobiles
> Offerre votis pignora
> Clarissimorum liberum.

Nous ne pouvons mieux faire que de mettre sous les yeux des lecteurs un médaillon publié pour la première fois par M. De' Rossi (Ib. pl. III. n. 5), et où se trouve représentée une cérémonie de ce genre : c'est un père qui présente à la confession du diacre martyr un calice et son enfant, nommé Gaudentianus ; au revers, la même scène est figurée de nouveau, mais sous l'allégorie du sacrifice d'Abraham. Il est probable que la médaille fut faite pour être suspendue au cou de Gaudentianus, en mémoire de sa consécration au service de Dieu.

S. Paulin fait aussi mention (Poem. XXI. carm. XIII. in S. Felic. v. 314. seqq.) d'un noble enfant, Turcius Asterius, que, comme un nouveau Samuel, ses parents avaient voué au service divin et à l'exercice des plus sublimes vertus évangéliques :

> Quem simul unanimes vera pietate parentes
> Infantem Christo constituere sacrum,
> Ut, tanquam Samuel, primis signatus ab annis,
> Cresceret in sanctis votus alente Deo.

Ce même Père parle ailleurs (Ib. v. 66. seqq.) d'une jeune vierge nommée Eunomia, qui avait été mise au rang des épouses du Christ, aussitôt après sa naissance :

> Et simul Eunomia æternis jam pacta virago
> In cœlo thalamis, quam matris ab utere raptam
> Festino placitam sibi Christus amore dicavit.

L'antiquité nous fournit un nombre presque infini de généreuses filles qu'une vertu précoce avait portées à se consacrer à Jésus-Christ, et, parmi les plus illustres, les Thècle, les Agnès, les Cécile, les Catherine, etc. On sait que Ste Mélanie (Ap. Surium 31 jan.) offrit sa fille au Seigneur, aussitôt que ses yeux furent ouverts à la lumière, *quum primum lucem aspexit.*

II. Mais nous avons à nous occuper surtout des jeunes garçons offerts à l'Église par leurs parents, *clerici a cunabulis.* On demande s'ils étaient, dès leur bas âge, agrégés au clergé par la tonsure et l'ordre du lectorat. Morin l'affirme formellement (De sacr. ordinat. pars III. exercit. 15) et, à l'appui de son assertion, il cite de nombreuses et importantes autorités, entre autres une lettre du pape Sirice (Epist. I. c. 8), un canon du troisième concile de Carthage (en 394). Mais le témoignage le plus clair que produise cet auteur, est ce décret du deuxième concile de Tolède (589) : *De his quos voluntas parentum a primis infantiæ annis clericatus officio mancipavit, statuimus observandum, ut mox cum detonsi, vel ministerio lectorum contradiditi fuerint, in domo ecclesiæ sub episcopi præsentia a præposito sibi debeant erudiri.* Un très-ancien ordre romain (Cf. Morini. ib.) dit en parlant des ordres : *In quacumque schola reperti pueri bene psallentes, tollantur inde et nutriantur in schola cantorum et postea fiant cubicularii.* On trouve dans ce même monument liturgique une oraison *ad puerum tonsurandum.* La voici : *Domine Jesu-Christe, qui es caput nostrum et corona omnium sanctorum, respice propitius super infantiam famuli tui N.* etc.

A l'article *Lecteurs,* nous avons rapporté plusieurs exemples d'enfants admis très-jeunes à cet ordre. Nous ajouterons ici celui de l'abbé Euthymius dont la vie, écrite par Cyrille de Scytopolis, nous fait connaître que cet Euthymius fut offert à l'âge de trois ans à Otreius, évêque de Mélitine (V. Martène, De ant. eccl. rit. t. II, lib. I, cap. III, n. 3), baptisé, tonsuré et ordonné lecteur de cette église : *qui susceptum puerum baptizavit, et totondit, commissæque sibi ecclesiæ lectorem fecit, atque in episcopio accepit et enutrivit.*

Notre S. Remi de Reims dut être oblat dès sa naissance, car il est dit dans sa Vie, par Hincmar, qu'il vécut vingt-deux ans dans la cléricature, *in clericali conditione,* et soixante-quatorze ans dans l'épiscopat : ce qui représente les quatre-vingt-seize années que vécut ce grand évêque, *in episcopatu vero septuaginta et quatuor continentissime ministravit, nonagesimo sexto ætatis anno terræ corpus reddidisse* (V. aussi du Saussay, *Martyrol. gallicanum.* t. I, p. 32).

III. On a pu comprendre par tout ce qui précède que les enfants voués par leurs parents au culte de Dieu étaient, en vertu de cette consécration, adoptés par l'Église qui les avait reçus, nourris et élevés sous les yeux et dans la demeure de l'évêque. Et cette initiation de l'enfance à l'exercice de la cléricature avait, dit le cardinal Bona (Rev. liturg. t. I, c. XXV. n. 18), l'avantage de former de bonne heure des sujets très-habiles dans les choses ecclésiastiques, *oriebatur ut rerum ecclesiasticarum peritissimi essent, in quibus fuerant ab infantia enutriti.* Aussi n'était-il pas rare que ces jeunes oblats, élevés ainsi à l'ombre du sanctuaire, parvinssent plus tard aux plus hautes dignités de l'Église et même au souverain pontificat. Le Livre pontifical en offre de nombreux exemples, notamment dans la vie d'Hadrien Ier, de Sergius Ier, de Léon IV, de Benoît III, de Nicolas Ier, d'Étienne VI et d'autres encore. De là cette filiale appellation de *nutritor*, « nourricier, » que ces papes se plaisaient à donner par reconnaissance au prince des apôtres, parce que, dès leur bas âge, ils avaient été nourris dans le palais patriarcal aux frais du patrimoine de S. Pierre, *nutritoris nostri principis apostolorum*, lisons-nous dans une bulle de Sergius Ier, publiée d'abord par Marini et plus exactement par M. De' Rossi (*Bull.* 1870).

Parmi les oblats célèbres élevés à la papauté, nous devons citer en particulier Grégoire II et Léon III, au sujet desquels le Livre pontifical donne des détails plus précis : *a parva ætate*, dit-il du premier, *in patriarchio nutritus, sub sanctæ memoriæ domno Sergio papa subdiaconus, atque sacellarius factus, bibliothecæ curam suscepit*. Pour Léon III: *a parva ætate in vestiario patriarchii enutritus et educatus, omnemque spiritualem disciplinam spiritualiter eruditus tam in psalterio, quam in sacris divinisque Scripturis pollens, subdiaconus factus in presbyteratus honorem provectus est*. Ce sont là d'illustres exemples de l'éducation ecclésiastique, telle qu'elle convenait à celui qui voulait se vouer au ministère de l'Église romaine et qui pouvait, dans la suite, être appelé à en devenir le chef.

IV. La piété était assurément, surtout dans les premiers temps, le mobile de ces sortes de consécrations de l'enfance au culte divin. Mais il pouvait aussi s'y joindre des vues moins pures et moins désintéressées. Aussi l'Église ne tarda-t-elle pas à mettre un frein aux abus qui pouvaient en résulter, en refusant de reconnaître et de consacrer l'irrévocabilité de cet acte. Les formules d'oblation paraissaient, à la vérité, bien absolues, celle-ci, par exemple, tirée d'anciens manuscrits de la règle de S. Benoît, par Dom Martène : *trado puerum istum in devotione Domini Nostri Jesu-Christi coram Deo et sanctis ejus, ut persistat omnibus diebus vitæ suæ*. C'était un reste de la dureté du droit chez les Grecs et les Romains, et de la législation qui donnait aux parents sur leurs enfants une autorité tellement illimitée, qu'ils pouvaient même les vendre en cas de nécessité.

L'Église n'admit jamais qu'avec les réserves de droit ces idées exagérées de l'autorité paternelle; et, dès le quatrième siècle, le troisième concile de Carthage décrète que, arrivé à l'âge de puberté, l'oblat soit mis en demeure de faire librement son choix entre l'état de mariage et celui de célibat : *cum ad annos pubertatis venerint, cogantur aut uxores ducere aut continentiam profiteri*. La discipline ne fut pas, il est vrai, partout la même à cet égard; mais elle alla sans cesse s'adoucissant dans le sens de la liberté naturelle qui appartient à l'être raisonnable de disposer de lui-même. Elle subit déjà de notables modifications sous Charlemagne (V. Thomassin. *Discipl. eccl.* p. 1. c. 57) ; et elle fut complètement abolie au douzième siècle par les papes Célestin III et Innocent III. Ce dernier (*Lib.* xv, *epist.* 116) écrivit à l'évêque de Lyon au sujet des enfants oblats que si, à l'âge de quinze ans, ils refusaient d'accomplir le vœu de leurs parents, pleine faculté leur fût donnée de rentrer dans le siècle, de peur qu'ils ne parussent rendre à Dieu un service forcé : *eis non adimatur ad sæculum redeundi facultas, ne coacta præstare Deo servitia videantur*.

Enfin le concile de Trente fixe à seize ans la profession religieuse, à vingt-deux la réception du sous-diaconat, et abroge définitivement la vieille coutume de consacrer les enfants — *a cunabulis*, — au service de l'Église.

OEUF (symbole). — Boldetti affirme (p. 519) avoir trouvé, dans le tombeau d'un martyr dont il ne dit pas le nom, et aussi parmi les reliques des Stes Balbina, vierge, et Théodora, martyre, des œufs de marbre tout semblables à ceux de poule. Il avait aussi observé plus d'une fois, dans des *loculi* de martyrs, des coquilles d'œufs naturels. Raoul-Rochette (*Mém. de l'Acad. des inscr.* t. xiii. p. 781) est d'avis que ces objets ont rapport à la célébration des agapes, où les œufs étaient le principal aliment. Cette observation peut avoir plus de fondement que les idées d'origine païenne que ce savant développe ici, pour rester fidèle à son système.

Mais nous préférons de beaucoup les raisons mystiques que l'abbé Cavedoni assigne à ce symbole (*Ragguaglio critico de' monum. delle arti Crist.* p. 48), parce qu'elles ont l'avantage de sortir des entrailles mêmes du christianisme, dont l'esprit vit toujours dans les monuments des premiers siècles, si peu importants qu'ils puissent paraître.

L'œuf était regardé comme un symbole de *régénération*, et en particulier de *la résurrection des corps* (V. Catalani. *ap. Caved. loc. laud.*). De là le pieux usage, qui s'est perpétué jusqu'à nos jours, de manger l'œuf bénit, avant toute autre nourriture, le jour de la *pâque de résurrection*, appelée aussi, pour le même motif, *pâque de l'œuf*. S. Augustin (*Serm.* cv. 8. Opp. t. v. p. 379) considérait l'œuf comme un symbole d'espérance ; or l'espérance principale du chrétien porte sur la résurrection finale : *Restat* spes, *quæ, quantum mihi videtur,* ovo *comparatur. Spes enim nondum pervenit ad rem ; et* ovum *est aliquid, sed nondum est pullus*, « reste l'espérance, qui, à mon avis, peut être comparée à l'œuf. L'espérance, en effet, n'est pas encore parvenue au but ; de même l'œuf est quelque chose, mais il n'est pas encore le poussin. »

L'œuf, dans les sépultures chrétiennes, était donc l'un des innombrables symboles de résurrection au moyen desquels nos pères dans la foi échappaient à l'horreur que la mort inspire à ceux qui n'ont pas d'espérance.

A l'article *Tessères*, nous avons donné, d'après

Boldetti, un demi-œuf d'ivoire, qui avait servi comme tessère d'hospitalité.

OFFERTORIUM. — C'était un grand plat usité dans les Églises de la Gaule pour recevoir les pains que les fidèles venaient offrir à l'autel. A Rome, les offrandes étaient reçues dans des nappes par des acolytes qui passaient dans les rangs des fidèles. On a quelquefois confondu le vase dit *offertorium* avec la patène. Du Cange (*Gloss. latin.* ad h. v.) prouve que ce sont deux vases tout à fait distincts. Il cite une ancienne chronique où il est fait mention d'un *offertorium* en or, ayant sa patène de même métal, et parle de plusieurs autres de ces vases en argent, ainsi que de leur patène.

OFFICE DIVIN. — On entend par *office divin* l'ensemble des prières vocales que le clergé doit réciter chaque jour. On appelle encore ces prières *heures canoniques* ou *canoniales*, soit parce qu'elles sont prescrites par les canons, c'est-à-dire par les règles ou lois de l'Église, soit parce qu'elles doivent être dites à certaines heures fixées par la même autorité (V. Grancolas. *Comment. hist. sur le bréviaire romain.* I. 1. c. 3).

Le mot office, *officium*, dans son acception générale, signifie *devoir*; ce que chacun est tenu de faire. C'est dans ce sens que Cicéron et S. Ambroise intitulent les ouvrages qu'ils ont composés, l'un sur les devoirs des hommes dans la vie civile, *De officiis*, l'autre sur la conduite chrétienne, *Liber officiorum*. Appliqué à la prière canonique, ce mot désigne donc le *devoir* par excellence, l'acquit de la dette essentielle de l'homme envers Dieu. Et plusieurs Pères l'ont employé dans ce sens, entre autres S. Jérôme dans sa *Vie de S. Pacôme* : « Prions, dit-il, chantons, rendons au Seigneur notre OFFICE, » *reddamus Domino officium*. Il l'appelle ailleurs (*In Reg.* c. XLVII) « l'œuvre de Dieu », *opus Dei.*

Par d'autres, il est nommé « cours », *cursus*, parce que la récitation de l'office divin est réglée sur le cours du soleil. C'est ainsi que S. Colomban intitule le quarante-septième chapitre de sa règle, *De cursu*, « de l'office. » S. Grégoire de Tours (*De glor. mart.* l. 1) atteste qu'il avait écrit un ouvrage sur les cours ecclésiastiques, *De cursibus ecclesiasticis*. Il dit ailleurs (*Ibid.* c. 11): « L'abbé se lève avec ses moines, *ad celebrandum cursum*. » Fortunat, évêque de Poitiers, adopte cette même dénomination, lorsque, dans sa *Vie de S. Germain de Paris*, il rapporte la manière dont ce Saint récitait son office en voyage : « Chemin faisant, il récitait toujours le *cours* tête nue. » S. Boniface de Mayence, recommandant à ses prêtres d'observer l'office de l'Église, se sert aussi du nom de cours: *Speciales horas, et cursum Ecclesiæ custodiant.*

Les Grecs donnent à l'office divin le nom de *canon*, et c'est de là (on le peut supposer encore) qu'est venu l'usage d'appeler canoniales les heures qui le partagent. S. Basile, dans sa règle, dit « assister au canon de la psalmodie, » *canoni psalmodiæ*. Et, d'après Jean Moschus (*Prat. spirit.* c. XL), les heures sont la mesure du tribut que nous devons payer à Dieu chaque jour, ainsi que les fermiers payent à leurs maîtres certaines mesures de grain pour les terres qu'il leur a louées : *Psalmodia vestra canon appellatur, sicut.....*

Cassien emploie le mot *synaxis*, « assemblée (V. l'art. *Synaxe*), » parce qu'on s'assemblait pour chanter les psaumes ; ce qui équivaut à *collecta*, que fait lire la règle de Saint-Pacôme (II. 10). Dans la règle de Saint-Benoît, comme dans d'autres auteurs et dans plusieurs conciles, c'est *opus Dei*, ou *agenda*, parce que l'office divin est réputé l'une des plus importantes actions de l'Église.

Enfin, on l'a encore appelé *missa*, parce que, à la fin de l'office, on congédiait le peuple, comme on le fait à la fin de la messe proprement dite. Cette dénomination était déjà en usage au commencement du sixième siècle, car le concile d'Agde, tenu en 506, désigne ainsi (can. III) l'office du matin et celui du soir: *In conclusione matutinarum vel vespertinarum missarum.*

Le nom de *bréviaire* ne remonte pas au delà du cinquième siècle; le Micrologue, qui vivait en 1080, paraît être le premier qui l'ait employé. Mais la chose que désigne ce mot *breviarium*, c'est-à-dire *breve orarium*, « prière abrégée, » est beaucoup plus ancienne. S. Benoît, comme il l'atteste lui-même, avait déjà réduit la prière canonique à une forme plus brève. Avant lui, on récitait le psautier chaque jour intégralement ; S. Benoît le divisa de façon qu'il ne fût récité qu'une fois dans la semaine.

Dans un article sur la *Prière publique chez les premiers chrétiens*, nous avons montré d'une manière générale que, dès le commencement, il y eut dans l'Église des prières réglées quant au temps et quant aux formules. Nous donnerons ici, pour chacune des heures canoniales, une notice spéciale, mais rapide et succincte, comme l'exige la nature de ce recueil.

Les Juifs partageaient le jour en quatre heures égales, auxquelles ils allaient prier dans le temple : tierce, sexte, none, vêpres. Nous voyons, dans les *Actes*, les apôtres se conformer encore à cet usage. Ils étaient en prière à l'heure de tierce quand le Saint-Esprit descendit sur eux ; à l'heure de sexte, S. Pierre monte, pour prier, dans le cénacle de la maison où il se trouve, *in superiora* (*Act.* X. 9) ; à l'heure de none, ce même apôtre monte au temple avec S. Jean pour y offrir à Dieu la prière fixée à cette heure (*Act.* III. 1) ; à Philippes en Macédoine, S. Paul et Silas se mettent en prière au milieu de la nuit (*Act.* XVI. 25).

Telle est bien certainement la première origine et la base des heures canoniques chez les chrétiens ; et les monuments de la tradition la plus rapprochée des temps apostoliques en font foi, tant pour l'Église d'Orient que pour celle d'Occident. Tertullien (*De jejun.* X) fait mention de tierce, de sexte et de none ; S. Cyprien (*De orat. dominic.*) dit en outre qu'il faut prier le matin, le soir et pendant la nuit. On trouve des témoignages analogues dans Origène (*De orat.* xii), dans S. Clément d'Alexandrie (*Strom.* vii. 7), dans S. Jérôme (*Epist. ad Demetriad.*), et dans un grand nombre d'autres Pères dont l'énumération se trouve dans le traité de Bona *sur la psalmodie.*

Un passage on ne peut plus clair des *Constitutions apostoliques* (viii. 34) prouve que, sur la fin du quatrième siècle, la psalmodie était déjà réglée, dans les Églises d'Orient du moins, à peu près telle qu'elle existe aujourd'hui dans l'Église universelle. Nous citons en latin : *Precationes facite mane, tertia hora, et sexta, et nona, et vespere, atque ad galli cantum,* « faites des prières le matin, à la troisième heure, à la sixième, à la neuvième, le soir, et au chant du coq. »

Le quatrième concile de Carthage, tenu en 398, porte déjà la peine de privation d'honoraires (can. xlix).contre un clerc qui, hors le cas de maladie, se dispense d'assister aux vigiles.

Avant la constitution définitive de l'office divin, il dut y avoir d'assez grandes variétés à cet égard entre la pratique des Églises orientales et celle des Églises occidentales, et même entre les différentes Églises de la même langue et du même rit. Nous retrouvons néanmoins dans l'antiquité tout l'ensemble des heures tel qu'il existe aujourd'hui.

· I. — *Matines et laudes.* Ce fut d'abord la nécessité qui, pendant les persécutions, obligea les chrétiens à s'assembler la nuit pour prier, *antelucanis cœtibus,* dit Tertullien (*De coron.* iii. *Apolog.* ii et passim). Quand la paix fut donnée à l'Église, elle continua cette pratique, soit pour nourrir la piété chez les ascètes, soit pour assigner aux laïques eux-mêmes un temps plus opportun pour la prière et plus favorable à la dévotion.

Les anciens divisaient la nuit en quatre veilles, de trois heures chacune, qui étaient mesurées par la clepsydre, car, comme les Romains ne connaissaient point les horloges solaires ou autres, dont, au dire de Polidore Virgile (*De invent. rer.* v. ii. — Cf. Pelliccia. i. 222), on ignore l'origine, ils se servaient d'hydrologes, qu'on a appelées *clepsydres ;* c'étaient certains vases où l'on mettait une quantité d'eau donnée, laquelle, en s'échappant goutte à goutte, marquait l'intervalle des heures. Il est probable que les chrétiens se servaient aussi de cet instrument dans leurs églises pour partager la nuit en veilles égales, qu'ils appelèrent, selon leur ordre, première, seconde, troisième, quatrième veille. Leur première veille commençait à l'heure de vêpres, la seconde à minuit, la troisième au chant du coq, la quatrième au crépuscule du matin. La nuit étant ainsi divisée, on chantait des psaumes particuliers à chacune des trois premières veilles (V. Belet. *Explic. divin. offic.* c. xx. — Cf. Pell. *ibid.*) : de là le premier, le second, le troisième nocturnes. A la quatrième veille, qui se terminait au lever du soleil, on chantait *matines, matutinum* (de *matuta,* qui veut dire *aurore.* Forcellini. *Lexic.* ad h. v.), qui contenait les psaumes que nous appelons *laudes,* et dont le premier était le soixante-deuxième, appelé dans les *Constitutions apostoliques* (viii. 33) *psalmus matutinus,* ψαλμὸς ὀρθρινός, à raison de son début : « Dieu, ô mon Dieu, je viens à toi dès l'aurore, » *Deus, Deus meus, ad te de luce vigilo.* Nous savons encore ce fait intéressant par S. Chrysostome, S. Athanase et Cassien, qui font ressortir les motifs d'un tel choix. Il est remarquable que ce psaume est aujourd'hui encore le premier de l'office de laudes.

Au cinquième siècle, ou à peu près, la primitive piété des chrétiens s'étant déjà attiédie, ils n'assistaient plus aussi assidûment à toutes les veilles de la nuit. Dès lors, peu à peu s'introduisit l'usage de ne s'assembler à l'église qu'à la quatrième veille, et de réciter tout d'un trait la psalmodie entière : c'est de là que le nom collectif de *matines, matutinæ,* fut donné à l'ensemble des nocturnes. Les moines eux-mêmes paraissent s'être mis, dès la même époque, à chanter ensemble les nocturnes et *laudes* à l'heure matinale, *matutina hora.* Il en fut de même aussi dans toutes les Églises d'Occident, hormis celle de Rome. Depuis le quatrième siècle, chaque nocturne eut trois psaumes, selon le nombre des heures de la veille. Pour la même raison, on en chantait trois aussi à laudes (V. Sozom. *Hist. eccl.* iii. 13).

II. — *Prime, tierce, sexte* et *none.* C'est ce que nous appelons les petites heures.

Prime fut autrefois aussi appelée « matine », *matutina.* Son institution, si nous en croyons Cassien, serait moins ancienne que celle des autres heures canoniales, car ce Père affirme qu'elle prit naissance de son temps, c'est-à-dire au cinquième siècle, dans le monastère de Bethléem (Cassian. *Instit.* iii. 2), et elle fut adoptée surtout chez les Latins. Cette heure ne serait-elle point celle qui est communément désignée sous le nom de *oratio diluculo,* dans les *Constitutions apostoliques* (viii. 4), par S. Basile (*In Reg. fus. disp. interrog.* xxxvii. — Cf. *ibid.*) et par d'autres Pères encore? C'est là une question encore pendante parmi les liturgistes. Pelliccia (*Ibid.* 226) est d'avis que les témoignages des Pères mûrement pesés autorisent à penser qu'il s'agit ou de *laudes,* ou de la psalmodie domestique, car ils ne font aucune mention de l'heure de *prime.* Ce n'est qu'au douzième siècle qu'il est question de la récitation à *prime* du symbole de S. Athanase (Durand. *Ration. div. off.* v. 5).

Tierce, comme le supposent évidemment les autorités que nous avons citées en commençant, a fait partie de l'office divin dès le berceau de l'Église. Les anciens et les modernes ont cherché à expliquer par des raisons mystiques la préférence accordée à cette heure pour la psalmodie. Il n'est pas douteux que, en consacrant à la prière les heures de *tierce,* de *sexte* et de *none,* on n'ait eu en vue d'honorer ceux des mystères de la religion qu'elles rappellent. Nous devons croire que S. Cyprien interprète fidèlement les sentiments de l'Église primitive, lorsqu'il dit (*De orat. domin.*) qu'on prie à tierce pour honorer la descente du Saint-Esprit, à sexte le crucifiement de Notre-Seigneur, à none sa mort, etc. Mais, tout en tenant compte de ces considérations mystiques, on ne saurait nier que l'Église n'ait eu aussi égard en cela à la distribution civile du jour, qui était le seul moyen de s'entendre pour la fixation de l'heure de chaque office. Tertullien l'insinue assez clairement (*De jejun.* xiv).

Quoi qu'il en soit, chacune des petites heures se composait de trois psaumes. Nous le savons pour le cinquième siècle par Cassien (*Ibid.*) et pour le sixième par S. Benoît (*Reg.* xvii).

Sexte. Les chrétiens psalmodiaient encore à la sixième heure du jour. Or, dès le quatrième siècle, l'un des trois psaumes affectés à cette heure était, au témoignage de S. Basile, le quatre-vingt-dixième, qui aujourd'hui se récite à complies dans le bréviaire romain : « Celui qui demeure sous l'assistance du Très-Haut, se reposera sous la protection du Dieu du ciel, » *qui habitat in adjutorio Altissimi, in protectione Dei cœli commorabitur.* L'heure de *sexte*, étant celle où le Fils de Dieu fut élevé en croix, était sanctifiée, non-seulement par la psalmodie, mais encore par les pleurs et les supplications des fidèles (Athanas. *loc. laud*).

None, c'est-à-dire la neuvième heure, étant celle où le Christ rendit son âme à son Père, fut déjà consacrée à la prière par les apôtres (*Act.* iii); les chrétiens respectèrent cette tradition (*Const. ap.* viii. 34. etc.).

Nous ignorons quelle était la distribution des psaumes aux heures canoniques pendant les trois premiers siècles. La division que l'Église adopta dès le cinquième et qu'elle suit encore aujourd'hui, parait avoir été faite au quatrième en Orient, sous l'empire de Théodose l'Ancien (Walfrid. Strab. *De reb. eccl.* xxv). Mais on sait d'une manière certaine que c'est depuis S. Pacôme que les psaumes sont fixés au nombre de trois pour chacune des heures canoniques (Sozom. *Hist. eccl.* iii. 13). Et c'est aussi au quatrième siècle qu'elles furent appelées *canoniques*, à raison du *canon* ou de la règle ecclésiastique prescrivant le nombre des psaumes à réciter à chaque heure (Rufin. *in Vit. PP.* l. iii. c. 5).

III. — *Vêpres et complies.* « Vêpres se fait, dit S. Augustin (*Serm. in ps.* xxix), quand le soleil se couche, » *vespera fit, quando sol occidit.* Le nom de *vêpres* vient, d'après S. Isidore de Séville (*De eccl. off.* c. xxii. *Etymol.* l. vi. c. 35), de l'étoile appelée *Vesper*, qui se lève lorsque le soleil tombe. » La coutume de psalmodier au coucher du soleil a toujours été en vigueur dans l'Église depuis son origine, et le nom de *vêpres* fut de très-bonne heure assigné à la psalmodie de cette heure. Nous en avons pour témoins les *Constitutions apostoliques* (xiii. 31), S. Basile (*Op. et loc. laud.*), le concile de Laodicée (c. xviii), S. Ambroise (L. iii. *epist.* ii), S. Jérôme (*Ad Eustoch. de custod. virg.* — *Epitaph. Paulæ*).

Tous ces témoignages prouvent qu'autrefois la psalmodie de vêpres, *vespertina*, avait lieu après le coucher du soleil. Aussi, soit en Orient (Socrat. *Hist. eccl.* v. 21), soit en Occident (Hieron. *Comment. in psalm.* cxviii. — Cassian. *De instit. mon.* iii. 6), l'heure de vêpres fut-elle appelée *lucernarium*, λυχνικόν, ou *hora lucernaria*, parce qu'on allumait les flambeaux pour cet office : *Accensa lucerna*, dit S. Jérôme (*Epist. ad Lætam*), *vespertinum Deo redditur sacrificium;* les *Constitutions apostoliques*, après avoir prescrit pour vêpres le psaume cent-quarantième (ii. 59), le nomment (viii. 35) *psalmum lucernalem*, τὸν ἐπιλύχνιον ψαλμόν. On sait aussi que celle des hymnes de Prudence (*Cathemerinon.* v) qui était destinée à être chantée à cette heure est intitulée *Ad incensum lucernæ.* On continua à peu près uniformément à chanter vêpres après le coucher du soleil chez les Grecs, comme chez les Latins, jusqu'au huitième et au neuvième siècle (Beda. l. iii *In Esdr.* c. 28. — Amalar. *De off. eccl.* iv. 7); ce n'est qu'à partir de cette époque que s'introduisit en Occident l'usage de l'Église de Rome, qui récitait vêpres immédiatement après *none*, avant le coucher du soleil. Et l'histoire nous apprend (Theodoret. *De vit. PP.* c. ii) que cette pratique était aussi celle de certains moines de l'Orient. Elle devint universelle après le neuvième siècle. L'Église de Milan dit encore les vêpres le soir, selon l'ancienne discipline; et ne les termine qu'aux flambeaux (V. Grancolas. *Traité de l'off. divin.* p. 348).

Autrefois le nombre des psaumes qui se récitaient à vêpres était plus considérable qu'aujourd'hui : il était de douze aux quatrième et cinquième siècles chez les moines, bien qu'alors les psaumes de complies fussent récités en même temps que ceux de vêpres, comme nous l'apprennent Sozomène (*loc. laud.*) et Cassien (*De cant. nocturn. orat.* l. ii. c. 56). Au sixième siècle, ce nombre fut réduit en Occident à quatre ou à cinq : c'est ce que prouve la règle de Saint-Benoît (c. xviii) qui, pour les choses liturgiques, s'écartait très-peu de la discipline commune de son temps.

Les anciens ne parlent pas de *complies*, car l'heure de vêpres était la dernière psalmodie du jour, comme nous l'avons vu; et les psaumes qui aujourd'hui se disent à complies étaient propres à vêpres, comme semble le supposer au quatrième siècle S. Basile (*In reg. fus. disp.* loc. laud.), qui, en parlant de vêpres, « alors que s'étendent les premières ténèbres de la nuit, » dit qu'il faut alors chanter le quatre-vingt-dixième psaume, *Qui habitat in adjutorio Altissimi*, psaume que nous chantons à complies. Les *ténèbres* dont parle ce Père doivent s'entendre du crépuscule du soir; car l'hymne de complies porte, *Lucis ante terminum*, « un peu avant le terme de la lumière. » Après le cinquième siècle, en Occident, on commença à séparer complies de vêpres, et nous pouvons conclure des termes de la règle de Saint-Benoit (*loc. laud.*) que cette pratique était vulgaire au sixième siècle parmi les Latins. Autrefois, *complies* se composaient des trois psaumes du bréviaire romain actuel, c'est-à-dire du quatrième, du quatre-vingt-dixième, et du cent-trente-troisième ; ce n'est qu'au neuvième siècle qu'on y ajouta le trentième psaume.

Appendice. — Nous n'avons parlé jusqu'ici que des psaumes qui forment la partie essentielle et la plus notable de la prière publique de l'Église. Mais les *heures canoniques* admettent encore dans leur composition d'autres éléments, dont nous devons en quelques mots faire connaître la véritable origine.

1° Les *versets*, VERSUS. Nous désignons par ce terme la prière ou acclamation formant le début des heures canoniques. Il y en a deux principaux : celui par lequel s'ouvrent toutes les heures : *Deus, in adjutorium meum intende...*; et celui qui est spécial à complies : *Converte nos, Deus, salutaris noster*....

On les appelle versets, *versus*, non parce qu'ils tiennent dans une seule ligne, comme quelques-uns l'ont avancé, mais parce qu'ils sont comme la tête ou le chef, *caput*, des heures. Ainsi, on a dit que les saints Évangiles se composent de onze cent soixante-deux chefs, *capitibus*, ce qui veut dire versets, parce que les anciens avaient coutume d'écrire chaque verset à la ligne, afin qu'ils fussent séparés les uns des autres (Vossius. ad voc. *Capitula*.)

Quant à l'usage de commencer les heures par le verset *Deus, in adjutorium*, on a voulu, mais sans fondement, le faire remonter jusqu'au pape Damase. Cassien est le premier qui en fasse mention (*Collat.* x. 10), et encore n'est-il pas très-sûr que ce soit à propos des heures canoniques. Ce qui est parfaitement constaté, c'est que cette pratique liturgique date au moins du sixième siècle. S. Benoit la prescrit formellement dans sa règle (c. IX); et du temps du saint fondateur, le verset *Domine, labia mea aperies* se disait après le *Deus, in adjutorium*, lequel ne fut reçu à matines que plus tard.

Le verset de complies, *Converte nos*.... est d'institution récente; personne que nous sachions n'en avait parlé avant Durand, qui vivait au treizième siècle (*Rational.* v. 2); ceux qui ont voulu lui assigner une ancienneté plus reculée basent leur opinion sur des raisons mystiques, plutôt que sur les données positives de l'histoire (Cf. Turrecremat. *In reg.* I *Benedict.*).

2° Les *leçons*, LECTIONES. La lecture des leçons fut toujours et partout entremêlée à la psalmodie. Primitivement, chaque psaume était suivi d'une leçon ; il en était du moins ainsi au quatrième siècle dans quelques églises d'Orient (*Concil. Laodicen.* c. LIX). En général néanmoins, ce n'était qu'après chaque nocturne qu'on lisait un chapitre de l'Ancien ou du Nouveau Testament. Et ces leçons étaient fixées pour chaque saison de l'année, de telle sorte que, au témoignage de S. Augustin (*Præfat. in Epist.* 1 *Joan.*), il n'était pas permis de les remplacer par d'autres. Aussi voyons-nous dans les œuvres des Pères (Chrysost, *homil.* LXIII. *Ad pop. Antioch.*) que, dès le quatrième siècle, les *Actes des apôtres* étaient lus dans le cours de la psalmodie (V. notre art. *Pentecôte*); et l'Église est restée fidèle à cette pratique.

Au septième siècle, comme il paraît par le troisième concile de Constantinople (c. LXIII), les Grecs commencèrent à substituer quelquefois, dans la psalmodie, les actes sincères des martyrs à l'Écriture, usage qui ne pénétra qu'au neuvième siècle chez les Latins ; c'est alors que s'introduisirent dans l'office les saintes histoires et les homélies des Pères (Joan. Diac. *Vit. S. Greg. Præfat.*). C'est aussi dans les liturgistes du neuvième siècle que se lit pour la première fois le *Jube, domne, benedicere,* formule par laquelle le lecteur demande la bénédiction au président (V. en particulier Amalaire. *De eccl. off.* IV. 5). Dans l'antiquité proprement dite, avant que la leçon commençât, le diacre réclamait le silence à haute voix, *clara voce*, dit S. Augustin (*De civit. Dei* XXII. 8. — V. etiam Ambros. *Præf. in Psalm.* — Isid. Hispal. *De eccl. off.* I. 10), et alors tous, pour se préparer à entendre la leçon, se munissaient du signe de la croix, et s'asseyaient (Amalar, *op. cit.* III. 11). Nous rappelons pour mémoire (car ceci est en dehors de nos limites) que le verset *Tu autem, Domine, miserere nostri*, qui termine la leçon, est une pratique du douzième siècle.

3° Les *capitules*, CAPITULA, OU CAPITELLA. On appelle de ce nom les leçons qui se récitaient dans la psalmodie *diurne*, et qui étaient plus courtes que les chapitres dont la lecture intégrale avait lieu à l'office *nocturne;* les *capitules*, empruntés, eux aussi, à l'Écriture sainte, ne paraissent dans la psalmodie qu'au sixième siècle (*Concil. Agath. anni* 506. can. XXX). Il est vrai de dire néanmoins que, à cette époque relativement antique, il y avait, même dans les heures du jour, des leçons plus étendues que les capitules proprement dits.

4° *Répons*, RESPONSORIA. L'opinion vulgaire attribue aux Italiens, et à une époque peu reculée, l'invention des répons qui suivent les leçons. On a été probablement induit à le supposer par le mot *responsorium*, qui n'est pas d'une latinité bien pure. Il n'est pas moins incontestable que la règle de Saint-Benoit (cap. IX) fait mention des *responsoria* et que par conséquent l'usage en existait déjà au sixième siècle, au moins en Occident.

5° Les *cantiques*, CANTICI. On désigne ainsi, quant à l'office canonial, les odes des prophètes, de Moïse, d'Ézéchiel, de Zacharie, d'Isaïe, des trois jeunes Hébreux dans la fournaise, — de la Sainte Vierge, et de Siméon, auxquels on ajoute le *Te Deum*.

C'est depuis le cinquième siècle que les *cantiques* furent ajoutés à la psalmodie; mais on ignore dans quel ordre ils étaient disposés. Nous voyons, toujours par la règle de Saint Benoit (cap. XI), que quelquefois au sixième siècle, chez les moines, l'abbé désignait à son gré ceux de ces cantiques qui devaient être chantés. Le *Magnificat* ne parait pas dans la psalmodie avant le neuvième siècle; Amalaire est le premier qui en fasse mention (iv. 3 et 12). Le *Te Deum*, dont on fait honneur, mais sans preuve suffisante, à S. Augustin et à S. Ambroise (Mabillon. *Analect.* t. iii....), se chantait déjà au sixième siècle, à la psalmodie nocturne, avant la lecture de l'évangile (V. *Reg. S. Benedict.* xi. — S. Greg. Magn. *Dial.* l. iv. c. 4. — V. aussi notre art. *Te Deum*).

6. *Antiennes*, ANTIPHONÆ, du grec ἀντιφωνή, *vox reciproca*, « voix alternative, dit S. Isidore de Séville (*Orig.* xi. 18), qui se chante à deux chœurs. » D'après cette définition, on voit que, anciennement, on désignait sous le nom générique d'*antienne* le chant des psaumes exécuté alternativement par des chantres distribués en deux chœurs; et tout psaume ainsi chanté s'appelait antienne, soit chez les Grecs, soit chez les Latins (Sozom. *Hist. eccl.* vii. 8). Mais au sixième siècle on appliqua le nom d'antienne au verset qui précède l'intonation du psaume (Amalar. iv. 7); et on l'étendit encore, vers la même époque, à cet autre verset que nous appelons *invitatoire* à matines: on le voit également et dans la règle de Saint-Benoit (cap. ix) et dans l'ordre romain.

7° *Les hymnes*, HYMNI (ΥΜΝΟΙ), de ὑμνέω, *celebro*, « je célèbre. » S. Augustin définit les hymnes « des chants contenant les louanges de Dieu, » *hymni cantus sunt continentes laudem Dei* (Augustin. *In psalm.* lxxii). La définition qu'en donne à son tour S. Isidore de Séville (*De offic.* i. 6) exprime d'une manière plus précise la forme métrique qui caractérise ces chants: CARMINA *quæcumque in laudem Dei, hymni dicuntur.*

L'usage des hymnes dans l'Église est aussi ancien que l'Église elle-même. Les plus beaux génies de l'antiquité chrétienne se sont exercés dans ce genre de composition. Qui ne connait la magnifique hymne de S. Clément d'Alexandrie? Στόμιον πώλων ἀδαῶν.... « frein des jeunes coursiers indociles, aile des oiseaux qui ne s'égarent pas, gouvernail véritable des navires, pasteur des agneaux du roi; réunis tes chastes enfants, pour que saintement ils louent, pour que, d'une voix pure, ils chantent avec candeur le Christ, conducteur des enfants, Roi des Saints, Verbe tout-puissant du Père très-haut, arbitre de la sagesse, éternelle colonne des travaux: Sauveur de la race humaine, Jésus: pasteur, laboureur, gouvernail, frein, aile céleste du très-saint troupeau.... » Mais c'est surtout depuis le quatrième siècle qu'abondent ces chants sacrés. C'est alors qu'apparait Synésius, cet évêque philosophe de Ptolémaïs, qui met au service de la foi chrétienne le génie des Grecs dont il est tout imprégné et célèbre dans des vers pleins d'élégance et d'harmonie la grandeur de Dieu, son ineffable puissance, sa triple unité, la rédemption des âmes, la fin des sacrifices sanglants, et le commencement d'une loi plus douce pour l'univers; chants sublimes dont plus d'une fois s'est inspiré notre Lamartine, celui de tous les poëtes modernes qui se rapproche le plus de Synésius par les affinités de son génie. C'est alors que brillent S. Grégoire de Nazianze, S. Paulin de Nole, Prudence, etc.

On a souvent affirmé que les hymnes de ces grands hommes n'étaient point destinées à l'usage de l'Église. Une telle assertion nous parait trop absolue pour tous, et tout à fait inexacte pour Prudence, dont plusieurs des *chants quotidiens, cathemerinon*, furent certainement affectés à l'office divin, et figurent aujourd'hui même encore dans le bréviaire romain. On peut citer en particulier celui de la fête des Innocents pris dans l'hymne sur l'Épiphanie (*Cathemer.* xii. v. 125 seqq.): *Salvete, flores martyrum....* qui se dit à laudes.

Aucune incertitude de ce genre n'existe au sujet des chants de S. Ambroise; S. Augustin (*Confess.* ix. 12) atteste formellement qu'ils étaient chantés à l'église; il cite spécialement en plusieurs endroits de ses œuvres l'hymne commençant par ces mots: *Deus, creator omnium*, et une autre encore qui avait pour objet la pénitence de S. Pierre après le chant du coq (*Retract.* i. 21). Quelques critiques lui attribuent aussi plusieurs de celles qui sont insérées dans le bréviaire. Dom Ceillier (t. vii, p. 566), d'après les autorités les plus sûres, lui en donne douze dont il cite les titres, et on en trouverait plus de cinquante autres indiquées dans différents auteurs avec plus ou moins de fondement.

S. Hilaire de Poitiers avait aussi, au témoignage de S. Jérôme (*Script. eccl.* c. cxi), écrit un volume d'hymnes, qui furent adoptées par les plus insignes Églises d'Espagne, comme il parait par le quatrième concile de Tolède (can. xii), dont les pères approuvèrent ces hymnes et en confirmèrent l'usage. De toutes ces pièces, une seule reste: c'est une hymne pour matines, exhalant le parfum le plus pur de la piété antique. S. Hilaire l'avait adressée à sa fille Abra, comme un tendre souvenir: *Ut memor mei semper sis.* Elle commence par ce vers: *Lucis largitor optime*, et se termine par la doxologie suivante, que quelques critiques (V. *Hist. litt. de la France*, t. i. p. 154, B.) croient avoir été ajoutée après coup:

Gloria tibi, Domine,
Gloria Unigenito,
Cum Spiritu paraclito
Nunc et per omne sæculum.

« Gloire à toi, Seigneur, gloire au Fils unique, avec l'Esprit paraclet, maintenant et en tous les siècles. »

S. Sidoine Apollinaire (*Lib.* iv. *epist.* 11) nous apprend que Claudien Mamertin (Mamercus), qui vivait au cinquième siècle, fut auteur de plusieurs hymnes, dont une surtout est de la part du saint évêque d'Auvergne l'objet d'éloges enthousiastes, et bien significatifs sous la plume d'un homme si lettré. On croit que cette pièce n'est autre que celle qui se chante encore à laudes, le dimanche de la Passion :

> Pange lingua gloriosi
> Prœlium certaminis...

D'autres hymnes furent composées pour des Églises particulières par de savants hommes, tels que Népos, Athénogène, S. Éphrem, etc.; mais il ne reste de ces ouvrages qu'un souvenir, et ce que les historiens, et en particulier Eusèbe, nous en disent est trop vague pour que nous puissions en tenir un compte sérieux. Une femme célèbre, Helpis, femme de Boëce, a laissé deux hymnes en l'honneur de S. Pierre et de S. Paul. Chilpéric, roi de Soissons, fils de Clotaire Ier, en avait aussi composé, mais elles n'ont jamais été en usage dans l'Église (V. Arevalo. *Hymnodia, hispanica*, p. 107).

La pratique des Églises quant à l'introduction des hymnes dans l'office divin n'a pas toujours été uniforme. Quelques-unes, tenant pour principe que l'office ne devait admettre que des choses tirées de l'Écriture, en exclurent absolument la poésie et toute composition humaine. C'est la doctrine du premier concile de Brague (can. xxxii), tenu en 563. D'autres moins rigides, et se prévalant de l'exemple de Jésus-Christ, des apôtres, et encore de celui des Saints dont nous avons rappelé les œuvres, en adoptèrent l'usage, et, en 633, le quatrième concile de Tolède donna sa sanction à cette pratique. L'une et l'autre, du reste, peut s'autoriser d'exemples respectables tirés de l'antiquité.

Quoi qu'il en soit, les écrivains antérieurs au sixième siècle ne font mention que des hymnes de matines et de vêpres (Hieron. *In psalm.* LXIV. — Socrat. *Hist. eccl.* VI. 8). Ce n'est que depuis cette époque qu'on commença à en réciter à toutes les heures (*Reg. S. Benedict.* loc. ult. cit.).

OISEAUX. — En outre des colombes qui jouent un rôle si important dans la symbolique de l'antiquité chrétienne (V. l'art. *Colombe*), on rencontre sans cesse dans les chapelles et autres lieux des catacombes des oiseaux au vol ou au repos (V. Aringhi. I. p. 569. II. p. 63 *et passim*). Nous donnons ici pour exemple le croquis d'une fresque emprunté à la *Rome souterraine* de M. De' Rossi (t. I, tab. XIV). Mais rien n'est aussi

gracieux en ce genre qu'une peinture de voûte de la crypte historique découverte naguère au cimetière de Prétextat (V. De' Rossi. *Bullet.* 1863. p. 3). Au milieu de guirlandes de roses et d'épis de blé, on voit une multitude de nids où de petits oiseaux attendent ou reçoivent la becquée de leurs mères. Cette peinture se trouve reproduite à l'article *Saisons (les quatre)*, où nous prions le lecteur de se reporter. Mais nous ne résistons pas au plaisir de mettre sous ses yeux dès à présent un sujet analogue, quoique beaucoup moins compliqué : c'est une charmante fresque du cimetière de Sainte-Sotère que M. De' Rossi publie dans le troisième volume de sa *Rome souterraine* (tab. XIII) récemment mis au jour, et où des oiseaux se jouent à travers des pampres chargés de fruits.

C'est là une élégante décoration imitée de l'antique et digne des meilleurs temps de l'art romain.

Quelquefois les chrétiens ont voulu, pense-t-on, retracer ainsi une figure allégorique de l'ascension du Sauveur, et on cite à l'appui un passage de S. Grégoire qui a signalé cette analogie (Homil. XXIX. *In Evang.*) : *Avis recte appellatus est Dominus, quia corpus carnem ad æthera liberavit,* « c'est avec raison que le Seigneur a été appelé oiseau, parce que son corps a été enlevé dans les airs. »

C'était peut-être aussi la représentation symbolique des âmes des martyrs et des fidèles en général, lesquelles, en s'échappant de leurs corps au milieu des tourments ou simplement des tribulations de la vie, pouvaient dire avec le Prophète

(Ps. cxxiii. 6) : *Anima mea sicut passer erepta est de laqueo venantium : laqueus contritus est, et nos liberati sumus*, « mon âme, comme le passereau, a été arrachée au filet de l'oiseleur : le filet s'est rompu, et nous avons été délivrés. » Nous savons, en effet, que, dès les premiers siècles, les oiseaux furent regardés comme le symbole des martyrs : *Alia caro volucrum*, dit Tertullien, *id est martyrum qui ad superiora conantur* (De resurrect. LII), « autre est la chair des oiseaux, c'est-à-dire des martyrs, qui dirigent leur vol vers les régions supérieures. » Que, sur les tombeaux, les oiseaux soient le symbole de l'âme des défunts, c'est ce dont on ne peut douter devant un très-ancien marbre de Rome (De' Rossi. *Inscr.* t. I. n. 937) où sont gravés deux oiseaux sur les têtes desquels se lisent les noms de deux personnes ensevelies dans le tombeau : BENERA et SABBATIA.

Des oiseaux dans des cages se trouvent de temps en temps peints sur les parois des cimetières, ou dessinés au trait sur des vases de verre, tels que celui qu'a donné Boldetti (p. 154. tav. VI). On suppose qu'ils représentent l'âme humaine emprisonnée dans les entraves corporelles, ou bien encore les martyrs sous la pression de la cruauté des tyrans. Quoi qu'il en soit, l'usage de cette allégorie s'est conservé longtemps dans l'Église. Il nous en reste un double exemple dans la mosaïque de la tribune de Sainte-Marie *in Trastevere*. L'une de ces cages est placée près du prophète Jérémie, avec cette inscription : *Christus Dominus captus est in peccatis nostris*, « le Seigneur Jésus-Christ a été pris dans nos péchés, » ce qui est une allusion à la passion du Sauveur ; l'autre près d'Isaïe avec ces mots : *Ecce virgo concipiet et pariet filium*, « voici qu'une vierge concevra et mettra au monde un fils, » mots qui se rapportent à son incarnation, par laquelle il fut renfermé neuf mois dans le sein virginal de Marie, comme l'oiseau dans sa cage.

Aujourd'hui encore, à la cérémonie de la canonisation, on offre au pape, entre autres présents, des oiseaux renfermés dans des cages, lesquels rappellent, si l'on en croit Francesco Penia cité par Boldetti (*Osservaz.* p. 25), les vertus et les mérites des Saints.

Des oiseaux, réels ou chimériques, étaient, comme pur ornement, peints très-fréquemment sur les parois des églises primitives, sculptés sur les sarcophages, les diptyques (V. Paciaudi. *De cult. S. Joan. Baptist.* p. 260), etc., brodés sur les voiles des temples, sur les vêtements sacrés, etc. Voyez, pour compléter ces notions, l'article *Animaux représentés sur les monuments chrétiens*.

ONCTION (L'EXTRÊME-). — Dans l'Église latine, ce sacrement fut appelé, tantôt *sacramentum exeuntium*, « le sacrement de ceux qui sortent (de cette vie), » tantôt *unctio sancti olei*, « l'onction de l'huile sainte, » ou bien *unctio sacra*, « l'onction sacrée ; » le nom d'*extrême-onction* a prévalu, il est seul en usage aujourd'hui. Chez les Grecs, il fut nommé, soit ἅγιον ἔλαιον, « l'huile sainte, » soit εὐχέλαιον, mot composé qui veut dire *prière accompagnée d'huile*.

L'institution d'aucun sacrement n'est exprimée, dans le Nouveau Testament, avec plus de clarté que celle de l'extrême-onction. « Quelqu'un est-il malade parmi vous, dit l'apôtre S. Jacques, qu'il appelle les prêtres de l'Église, et qu'ils prient sur lui, l'oignant d'huile au nom du Seigneur, et la prière de la foi sauvera le malade, et le Seigneur le soulagera : et s'il est en état de péché, ses péchés lui seront remis, » ..... *ungentes eum oleo in nomine Domini ; et oratio fidei salvabit infirmum ; et si in peccatis sit, remittentur ei* (Jac. v. 14. 15). Ces paroles énoncent nettement l'effet spirituel et l'effet corporel de l'onction sainte.

Il est peu parlé de ce sacrement chez les écrivains des trois premiers siècles ; la raison principale de ce silence se tire de la discipline du secret qui portait principalement sur la doctrine et les rites des sacrements (V. l'art. *Secret [discipline du]*). La seconde, c'est que, en ces temps de persécution, bien peu de chrétiens mouraient dans leur lit, et que pour eux le martyre tenait lieu de tout le reste. Mais depuis le troisième siècle il existe une tradition constante au sujet de l'extrême-onction. Parmi les Grecs, nous avons le témoignage d'Origène (*Hom.* II *In Levit.*), qui parle, comme le ferait un père du concile de Trente, de la rémission des péchés par la pénitence et l'extrême-onction, et cite textuellement le passage de S. Jacques. S. Chrysostome (L. III *De sacerd.*) rapporte le même texte sacré, et, faisant en outre appel à la pratique de l'Église, il présente l'extrême-onction comme un moyen divinement établi pour remettre les péchés. Victor d'Antioche et S. Cyrille d'Alexandrie ne sont pas moins formels.

Parmi les Latins, on invoque surtout l'autorité du pape Innocent Ier, qui, interrogé sur le sens de l'Épître de S. Jacques, répond (*Ep. ad Decent.* VIII) : « Qu'il n'y a pas de doute que les paroles de cet apôtre ne doivent s'entendre des fidèles malades que l'on doit oindre avec de l'huile consacrée par l'évêque. » Le témoignage de S. Augustin et celui du sacramentaire de S. Grégoire achèvent d'établir d'une manière indubitable la foi de l'Église primitive à cet égard (Augustin. *Serm.* CCXV. *De temp.* — *Sacr. Gr. Off. fer. in Cœna Domini*). Fortunat de Poitiers (*Vit. S. German. Paris.* XVI) rapporte l'histoire d'une femme guérie par l'onction de l'huile que lui avait appliquée S. Germain de Paris. S. Grégoire de Tours raconte plusieurs faits de la même nature.

Les évêques et les prêtres furent toujours les ministres de ce sacrement. Prenant à la lettre les paroles de S. Jacques : *Inducant presbyteros Ec-*

clesiæ. Il paraît que dans le principe on appelait plusieurs prêtres pour donner simultanément les onctions; et cette discipline se conserva longtemps, car Charlemagne, comme nous lisons dans sa *Vie* par le moine d'Angoulême (cap. xxiv), fut administré par plusieurs évêques. Innocent III a défini qu'un seul prêtre suffit pour conférer le sacrement de l'extrême-onction.

On ne saurait dire au juste sur quelles parties du corps se faisaient les onctions dans les temps anciens. La discipline, sur ce point, n'était pas la même chez les Grecs que chez les Latins; elle a varié même dans l'Église latine. Un seul point est parfaitement constaté, parce qu'il est énoncé de la même manière dans toutes les éditions du sacramentaire de S. Grégoire : c'est qu'on faisait les onctions en forme de croix (V. Grancolas. *Antiquit. des cérém. des sacrem.* p. 530). Il paraît qu'outre celles qui étaient tracées sur le front et sur quelques-uns des sens, on oignait aussi les parties du corps où le malade ressentait de la douleur.

L'huile des infirmes était renfermée dans une espèce de tabernacle pratiqué dans une des murailles du sanctuaire. Il en existe un remarquable exemple dans l'église de Sainte-Cécile à Rome. Le tabernacle est pratiqué dans un pilastre, et orné de deux colonnes engagées et d'un entablement en mosaïque. Le vase qui la contenait affectait diverses formes, qu'il serait aujourd'hui bien difficile de déterminer. Mabillon (*It. Ital.* i. p. 217) atteste en avoir vu un en forme de bélier au monastère de Bobbio. Mais nous ne pensons pas que cet objet ait rien de commun avec l'antiquité proprement dite.

ORAISON DOMINICALE. — Les premiers chrétiens la regardèrent toujours, non pas seulement comme une méthode, mais bien plutôt comme une formule hiératique de prière, qui doit être récitée textuellement, telle qu'elle est sortie de la bouche du Sauveur. C'est l'enseignement de tous les Pères. Ainsi, Tertullien (*De orat.* c. 1) : « Notre-Seigneur a déterminé aux nouveaux disciples du Nouveau Testament une nouvelle formule de prière. » S. Cyprien (*De orat. dominic.*) : « Le Seigneur lui-même nous a donné la formule de prier..... Sachons, d'après l'enseignement du Seigneur, comment nous devons prier. » Aussi l'Église l'a-t-elle, dès le principe, placée dans tous ses offices.

1° Dans l'administration du baptême. Le nouveau baptisé la récitait en sortant des fonts : « Après cela, étant debout, il dit l'oraison que nous a enseignée le Seigneur, » portent les *Constitutions apostoliques* (vii. 44. — *Vid. etiam* Chrysost. *Hom.* vi). Au fidèle seul, à l'exclusion de tous, même des catéchumènes, il était permis de la prononcer, parce que seul, en sa qualité d'enfant de Dieu par le baptême, il a le droit d'appeler Dieu *son père*. Elle était proprement et exclusivement l'*oraison des fidèles*, εὐχὴ πιστῶν, comme s'exprime S. Chrysostome. Aussi les catéchumènes, en priant, bien qu'ils eussent les bras étendus, comme les fidèles, devaient-ils tenir la tête un peu inclinée, tandis que les baptisés élevaient les yeux vers le ciel, où réside leur Père.

2° Dans la célébration du sacrifice eucharistique. Nous savons par S. Augustin (*Homil.* lxxxiii) et S. Jérôme (*Contr. Pelag.* l. iii. c. 3) pour l'Église latine, par S. Cyrille de Jérusalem (*Catech mystag.* v) et S. Chrysostome (*Homil. in Eutrop.*) pour l'Église grecque, que l'Oraison dominicale a toujours fait partie essentielle de la prière liturgique. Les paroles de S. Jérôme sont remarquables : « Dieu a enseigné à ses apôtres à dire tous les jours avec foi, au sacrifice de son corps : Notre père, qui es aux cieux.... » Il faut observer cependant quelques légères différences de rites dans les différentes contrées. Ainsi, dans l'Église grecque, comme dans la gallicane, elle était récitée simultanément à la messe par le prêtre et par tout le peuple, tandis que, dans les autres, et en particulier dans la romaine, le prêtre seul prononçait la formule sacrée (V. Mabillon. l. vii. *ep.* 64). Il existe dans la liturgie mozarabique une pratique toute spéciale : le prêtre seul articule à haute voix l'Oraison dominicale, mais les fidèles répondent *amen*, pendant une courte pause que fait le célébrant après chacune des demandes dont elle se compose.

3° Plusieurs conciles (*Conc. Gerund.* can. x. — *Tolet.* iv. can. 9) prescrivent de la réciter aux heures de matines et de vêpres. Les fidèles en usaient fréquemment aussi dans leurs prières privées (Chrysost. *In psalm.* cxli), et les *Constitutions apostoliques* veulent que chacun la récite au moins trois fois par jour (vii. 24), en l'honneur de la Sainte Trinité, comme le démontre Coutelier (*In hunc. loc.*) par divers témoignages. S. Ambroise ordonne que les vierges la répètent après chacun des psaumes qu'il leur était prescrit de chanter dans leur lit (*De Virgin.* l. iii). La demande « Notre pain quotidien » se rapportait, dans l'intention des fidèles, au pain eucharistique; c'est du moins ce qu'affirme S. Cyprien (*De orat. Domin.*).

Le quatrième concile de Tolède (can. ix) menace de la perte de leur emploi les clercs même inférieurs qui ne récitaient pas chaque jour l'Oraison dominicale dans l'office public ou privé, les appelant « d'orgueilleux contempteurs du précepte du Sauveur ». Enfin, l'usage de cette auguste prière était regardé comme tellement essentiel à la pratique du christianisme, que les hérétiques et les schismatiques eux-mêmes n'osaient s'en abstenir (Optat. Milev. *Contr. Donat.* l. ii et iii. — Augustin. *epist.* cxii. *Ad Innocent.*

ORARIUM. — I. — Dans les monuments chrétiens de toute nature, et principalement dans les fonds de coupe dorés, sont représentées des figures, celles de S. Pierre et de S. Paul, par exemple (V. Buonarruoti. *Vetri.* tav. x et xi), celle de

Ste Agnès (Id. tav. xviii. — V. la 2° fig. de l'art. *Ste Agnès*), portant sur leurs épaules une draperie arrêtée sur la poitrine par une fibule ornée quelquefois de pierreries, ou garnie de franges, comme le fait voir l'image d'une enfant de cinq ans, nommée soteris, tracée en *orante* sur une pierre sépulcrale des catacombes (V. Cavedoni. *Ragguaglio critico de'monum. delle arti Cristian.* p. 60). Voici un des fonds de tasse cités plus haut, qui peut donner une idée juste de cette sorte de vêtement.

La multiplicité des monuments où cette sorte de manteau se fait remarquer, notamment sur les personnages en prière (V. Bottari. tav. cxxxix. cliii. etc.), a donné à penser que les premiers chrétiens s'en revêtaient par respect quand ils voulaient adresser leurs vœux à Dieu; et cela, fait observer Buonarruoti, particulièrement dans les principales villes où se trouvaient un grand nombre de chrétiens convertis de la synagogue, car c'était là une pratique juive, et la draperie dont ce peuple se servait pour la prière publique était une espèce d'éphod, différent de celui du grand prêtre, et semblable à celui dont le roi David se revêtit devant l'arche. Le manteau que porte Zacharie, père du précurseur, dans le ménologe de Basile (xxiii *sept.*), nous en fournit un modèle et il est parfaitement conforme à celui des deux apôtres dans les verres cités plus haut.

C'est probablement à l'usage de ces sortes de draperies que S. Jean fait allusion (*Apoc.* iv. 4) quand, décrivant les vingt-quatre vieillards prosternés devant le trône de l'Agneau, il leur donne des manteaux blancs. Les auteurs des antiques mosaïques des églises de Rome ont interprété ce passage de l'*Apocalypse* en représentant ces vieillards avec de grands voiles blancs qui leur couvrent non-seulement les épaules, mais encore les mains, ce qui, dans l'antiquité, était le propre des suppliants (Plaut. *Amphitr.* act. i. sc. 1. — Ovid. *Metamorph.* lib. xi); et c'est ainsi que sont figurés les ambassadeurs des Gabaonites dans le livre des *Juges*, à la bibliothèque du Vatican.

Cette espèce de manteau ayant été abandonné par les laïques, fut retenu par les clercs, ainsi que cela eut lieu pour beaucoup d'autres vêtements, et il devint un ornement sacré dont les écrivains ecclésiastiques font souvent mention sous le nom de *stola, orarium* (V. Durand. *De rit. eccl. cathol.* c. iv. n. 14).

II. — La première acception du mot *orarium* est purement profane. Primitivement, en effet, lorsqu'il se rencontre dans les auteurs, soit païens, soit chrétiens, il ne signifie autre chose que ces petits linges avec lesquels les anciens s'essuyaient le visage, et qu'ils appelèrent encore *sudarium, strophium, linteolum.* S. Ambroise (*Epist.* liv) fait mention de ces espèces de mouchoirs, et dit que les fidèles de son temps en déposaient sur le tombeau de S. Gervais et de S. Protais, comme cela se pratiquait aussi à Rome dans la confession de S. Pierre, et qu'ils les en retiraient enrichis de la vertu de guérir : *Quanta oraria jactitantur, et tactu ipso medicabilia reposcuntur?* (V. l'art. *Fenestella confessionis.*) Ce sont aussi de ces *oraria* que les chrétiens du temps des persécutions jetaient devant les martyrs, afin que leur sang précieux ne se perdît pas dans la terre. C'est ce qui est raconté spécialement de S. Cyprien dans sa *Vie* écrite par Pontius : *Fratres linteamina et oraria ante eum ponebant, ne sanctus cruor defluus absorberetur a terra* (V. les art. *Reliques*, et *Sang des martyrs*).

Quoi qu'il en soit, il paraît bien certain que telle est l'origine de l'étole ecclésiastique (V. l'art. *Vêtement des ecclésiastiques dans les fonctions sacrées,* 5.) Et l'on donne diverses raisons du nom d'*orarium* qui lui fut conservé.

Quelques écrivains grecs, entre autres Théodore Balsamon (*In can.* xxi *concil. Laodic.*) et Mathieu Blastares (*In Nomocan.*), font dériver ce nom du verbe ὁράω, *video, observo,* « je vois, j'observe ; » et cela parce que les prêtres qui sont revêtus de l'*orarium* ont l'obligation d'examiner avec soin et d'observer tout ce qui doit être fait dans les saints mystères, et de l'indiquer, en agitant l'*orarium,* aux diacres qui sont sur l'ambon.

D'autres le tirent du substantif ὥρα, *cura, custodia :* parce que tous les ministres sacrés qui portent l'*orarium*, évêques, prêtres et diacres, doivent soigner et garder les peuples fidèles, aussi bien que les mystères et les choses saintes confiées à leur sollicitude et à leur garde.

L'étymologie la plus naturelle à notre avis, surtout si l'on admet l'origine hébraïque indiquée plus haut, c'est de tirer *orarium* du verbe *orare,* « prier, » parce qu'il est d'usage dans l'administration des sacrements.

Enfin, quelques autorités des plus respectables veulent que cette dénomination soit relative à la fonction de prêcher, *oro*, « je parle, je discours, » parce que l'Église revêt de l'*orarium* ou de l'étole les orateurs sacrés, tous ceux qui annoncent la parole de Dieu. C'est le sentiment du quatrième concile de Tolède (can. xxxix), du Vénérable Bède

(*In Collectan.* cap. *De septem ordin.*), de l'auteur du traité *De divinis officiis*, vulgairement attribué à Alcuin (Cap. *Quid signific. indumenta*), de Raban Maur (*Re instit. cleric.* lib. ii. cap. 19), etc.

ORATOIRES DOMESTIQUES. — I. — Pendant les trois premiers siècles, et surtout lorsque sévissait la persécution, les chrétiens tenaient leurs assemblées et exerçaient leur culte partout où ils pouvaient trouver un refuge ; champs, solitudes, navires, étables, prisons, tout leur tenait lieu de temple, dit un ancien auteur : *quivis locus, ager, solitudo, navis, stabulum, carcer, instar templi ad sacros conventus peragendos fuit* (Dion. Alexandr. Episc. — Cf. Euseb. *Hist. eccl.* vii. 22). Il n'est pas moins avéré toutefois qu'il exista même dès lors des églises publiques où les fidèles se réunissaient dans les intervalles de paix qui leur étaient de temps en temps laissés, car l'histoire nous apprend que plus d'une fois les empereurs en décrétèrent la démolition (V. Arnob. l. iv. Tertull. *Apolog.* x.). Alors, pour suppléer aux églises proprement dites, ils se faisaient des oratoires domestiques, où se tenaient les synaxes et se célébraient les divins mystères. La pièce affectée à cet usage était ordinairement le cénacle, placé à la partie supérieure des habitations particulières, *supremo œdium pars* (Festus, ap. Pelliccia, t. i, p. 162). Nous le pouvons conclure de quelques passages des Actes des apôtres (c. xiii) et, pour Rome en particulier, des Actes des martyrs, et de différents témoignages de l'histoire ecclésiastique (V. *Act. S. Pontii*, ap. Baluz. *Miscell.* t. ii. *Act. S. Pudentianæ*, etc.). On avait choisi ce lieu de préférence, parce qu'il avait le double avantage de soustraire les mystères divins aux yeux des idolâtres et de distinguer en cela le culte chrétien des pratiques du paganisme, qui plaçait les simulacres de ses dieux au rez-de-chaussée des maisons, bien que dans l'endroit le plus écarté.

Cette précaution néanmoins ne suffit pas toujours à écarter les profanes. Nous savons en effet que plus d'une fois le secret des mystères chrétiens e put être sauvegardé. Nous en avons du moins un exemple dans un curieux document de la fin du premier siècle probablement : c'est le fameux dialogue intitulé *Philopatris*, vulgairement attribué au sophiste Lucien et imprimé à la suite de ses œuvres (V. édit. Firmin Didot, 1840, p. 776). Quoi qu'il en soit, l'auteur anonyme de cet écrit raconte (ΦΙΛΟΠΑΤΡΙΣ, n. 23. seqq.) que, ayant pénétré dans une demeure, opulente, paraît-il, il se trouva, après avoir franchi plusieurs escaliers contournés, dans un cénacle aux lambris dorés, *in aurea tecta*, au milieu d'une réunion d'hommes à l'extérieur austère, au visage pâle et prosternés vers la terre, *homines vultibus in terram pronis pallidosque*, description où l'on s'est toujours accordé à reconnaître une assemblée chrétienne. Ce fait établit que, en Orient comme en Occident, les fidèles se réunissaient pour les synaxes dans les cénacles qui, à raison de leur position au faîte des habitations, étaient appelés chez les Grecs τὰ ὑπερῷα.

II. — Dès que la paix constantinienne eut rendu la liberté à l'Église et à son culte, de grandes basiliques et des temples plus modestes surgirent sur tous les points du monde romain, et l'on cessa *généralement* de célébrer les saints mystères dans les oratoires domestiques, ou pour mieux dire dans les pièces consacrées jusque-là à ce saint usage dans l'intérieur des habitations privées. La prière et la psalmodie y furent désormais seules permises : *In oratorio*, dit S. Augustin (*Epist.* 121), *præter orandi et psallendi cultum nihil penitus agatur.* Nous avons dit *généralement*, car cette règle ne fut pas toujours inflexible et plus d'une fois encore les synaxes se célébrèrent dans les demeures particulières. Nous remarquons même que les prescriptions des conciles de cette époque sont empreintes d'une certaine réserve ; celui de Laodicée tenu en 320 et celui de Gangres en 328 déclarent inconvenant l'*oblation* dans les habitations des fidèles, sans l'interdire d'une manière absolue, si ce n'est dans le cas où l'on prétendrait la substituer au culte des églises publiques et où elle aurait lieu sans la permission de l'évêque, à qui les canons de l'Église attribuaient le droit de la donner (V. Gattico. *op. laud.* c. iv. n. 9). On sait que S. Ambroise, pendant qu'il était à Rome, ne fit pas de difficulté d'aller célébrer la messe dans la maison d'une noble matrone qui habitait au delà du Tibre (Paulin, Diac. *in Vitâ Ambros.* c. x). Et cet exemple n'est pas le seul que l'on pourrait citer. Une tolérance plus grande encore paraît avoir existé en cette matière dans l'Église orientale, car S. Cyrille d'Alexandrie (*Epist.* ix *ad Cælest.*) suppose que ces sortes de permissions étaient assez fréquentes et même que tout prêtre avait coutume, en cas de nécessité, de les présumer.

Dans tout ce qui précède, il est question des synaxes et des sacrifices qui se célébraient dans les habitations privées, c'est-à-dire dans des pièces communes que l'on affectait à cet usage. Mais il paraît bien constaté que, dès le quatrième siècle, des oratoires proprement dits, ou, si l'on veut, de petites églises que les Latins appelaient *basiliculæ privatæ* et les Grecs εὐτηρίους οἴκους, ou simplement εὐτήριον, furent *construites* dans l'intérieur des maisons chrétiennes ou des monastères ; quelquefois même, ces oratoires ou *basiliculæ* étaient mis à la disposition du public, et leur porte s'ouvrait sur la voie commune (Gattico. *op. laud.* p. 77). Constantin en avait établi deux dans son propre palais, et Eusèbe nous a conservé à ce sujet de curieux détails. L'un de ces oratoires, qui semble se rattacher à la classe des chapelles tout à fait privées, était dans la pièce la plus élevée de la demeure impériale, *in totius palatii eminentissimo cubiculo*, et ce prince y avait placé une croix d'or enrichie de pierres précieuses, *signum dominicæ passionis ex auro pretiosisque lapidibus elaboratum* (Euseb. *in. Vitâ Constantini M.* lib. iii. cap. 49). Le second était comme une véritable église, où l'empereur présidait tous ceux qui y étaient admis, *in palatio quædam velut ecclesia, in qua ipse præibat cunctis, qui in ecclesia illa erant ascripti*; il y lisait les saintes Écritures et prononçait lui-même les prières solennelles avec toutes les personnes de sa cour, *et sacros codices in manus sumens, oracula a Deo edita attento animo meditabatur. Posthac solemnes preces cum universo aulicorum cœtu recitabat* (Id. lib. iv. cap. 17). Les fils de Constantin se conformèrent à ce pieux usage, ainsi que leurs successeurs. Socrate raconte de Théodose le Jeune qu'il avait organisé son palais de telle sorte qu'il ne différait pas beaucoup d'un monastère, *palatium suum sic instituit, ut a monasterio non multum discreparet;* et à l'heure de matines il y psalmodiait, alternativement avec ses sœurs, des hymmes en l'honneur de Dieu, *matutino tempore, ipse una cum sororibus suis hymnos in Dei laudem alternis vicibus recitare consueverat.* Depuis la conversion de Clovis, les rois de France eurent toujours aussi dans leurs palais des oratoires au service desquels des clercs étaient spécialement attachés ; S. Grégoire de Tours donne à cet égard des détails auxquels nous renvoyons le lecteur (Greg. Turon. *Hist. Franc.* lib. viii. cap. 44 et passim).

Des fouilles pratiquées à Rome tout récemment en vue de nouvelles constructions ont fait découvrir, près des thermes de Dioclétien, des constructions que les archéologues, et M. De' Rossi en particulier (V. *Bull.* 1876, n. 2), regardent comme un oratoire privé, construit au sein d'une maison de riches chrétiens du quatrième siècle, et qui n'est pas sans analogie avec un édifice découvert au siècle passé près de Saint-Prisque dans le palais de Cornelius Pudens, édifice décoré de fresques représentant les apôtres. Si l'attribution donnée à l'édicule qui vient d'être mis au jour se confirme par des caractères nettement tranchés, la découverte jettera une lumière décisive sur l'importante question traitée dans le présent article.

III. — Depuis le quatrième siècle, comme on vient de le voir, les chrétiens vaquaient à la prière dans leurs oratoires privés ; mais les SS. Pères (S. Chrysost. *In Tim.*), ainsi que les canons apostoliques, établissent constamment une distinction entre la prière privée et la prière publique, et c'est ici que s'appliquent surtout les prescriptions formulées par S. Augustin que nous avons rappelées plus haut (n. II), et que S. Benoît renouvela pour ses disciples (*Regul.* cap. lii) : « Que l'oratoire, dit-il, soit ce que son nom indique, et que rien ne s'y fasse qui soit en dehors de sa destination : *oratorium hoc sit quod dicitur, nec quicquam ibi aliud geratur aut condatur.* Rien en cette matière n'était livré à l'arbitraire, ou à la dévotion des fidèles ; et la pureté de la discipline était tellement intéressée à ce que la prière, même différente de celle de la liturgie proprement dite, se fît selon les règles canoniques dans les oratoires privés, que les évêques se faisaient un devoir de les visiter, afin de veiller à ce que tout se passât d'une manière correcte. C'est ce que supposent évidemment les canons d'un concile arien d'Antioche tenu en 340, et auquel rien ne nous empêche d'emprunter la constatation d'un fait de discipline générale.

Le deuxième concile de Carthage (can. xxiii) dispose en outre : 1° que les évêques devront établir des instructeurs chargés d'examiner rigoureusement les prières privées ; 2° que les fidèles devaient être tenus de soumettre à ces délégués épiscopaux les formules de prières qu'ils désiraient employer, et qu'ils ne pourraient les mettre en usage qu'après qu'elles avaient été reconnues conformes, quant à l'esprit, à la prière canonique. On voit quelles sages limites étaient alors imposées à la dévotion privée, souvent indiscrète et peu scrupuleuse sur l'exactitude, si importante cependant en ces matières. Les fidèles s'adonnaient aussi dans leurs oratoires domestiques à la lecture des Livres saints, et cette lecture était faite à haute voix, non-seulement par les hommes, mais encore par les femmes (*Concil. Cæsaraug.* can. i. anno 381). Bien plus, pour que ces réunions fussent licites, le concile de Gangres (can. iv), tenu au quatrième siècle, exigeait : 1° qu'elles n'eussent pas lieu sans le consentement de l'évêque ; 2° qu'un prêtre y fût présent ; 3° que ce prêtre ne pût les présider qu'en vertu d'une délégation de l'évêque.

ORDINATION. — I. — L'action de conférer les saints ordres. Nous considérons d'abord cette question au point de vue archéologique, et nous citons quelques monuments qui y sont relatifs. Dans une crypte du cimetière de Sainte-Agnès (Bottari. tav. cxxxviii), on voit deux chaires épiscopales, et on sait qu'il n'y en a ordinairement qu'une au fond de l'abside. On pense que la seconde était ici destinée à l'installation des évêques dans la cérémonie de leur sacre, car le livre pontifical (*In Joan.* iii) nous apprend que jusqu'au temps de Jean III, qui vivait au milieu du sixième siècle, l'usage s'était conservé de consacrer les évêques dans les catacombes. Ce pape en ordonna plusieurs dans le cimetière des Saints-Tiburcius-et-Valerianus (Anastas. n. 110). On ne peut guère se refuser à voir une ordination dans un bas-relief d'un *arcosolium* du cimetière de Saint-Hermès (Aringhi. ii. 329). Un pontife assis sur une chaire élevée par cinq degrés au-dessus du sol, et tenant un livre déroulé dans sa main gauche, étend la droite sur la tête d'un homme debout devant lui, et vêtu, par-dessus la tunique, du *colobium* ou de la dalmatique ornée sur le devant de deux *clavi* de pourpre. C'est donc, selon toute probabilité, l'ordination d'un diacre. Des deux côtés du trône se tiennent debout deux autres personnages drapés à l'antique, comme le pontife lui-même, et qui sont sans doute deux prêtres qui l'assistent dans cette fonction sainte. Sur un verre doré (Buonarr. tav. xvii. 2), Notre-Seigneur, dont le nom est ainsi écrit sous ses pieds : ZESVS, est debout entre deux enfants, nommés, l'un IVLIVS et l'autre ELECTVS, lesquels portent chacun un livre appuyé sur la poitrine. Le savant antiquaire florentin pense que ce monument renferme une touchante allégorie rappelant que ces deux enfants

avaient été honorés de l'ordre du lectorat, que la discipline primitive permettait de conférer aux enfants en bas âge (V. la figure à l'art. *Lecteur*).

II. — Si l'on veut consulter le livre pontifical, on verra que, dans les premiers siècles, les papes faisaient tous les ans, au mois de décembre, une grande ordination. Le nombre des prêtres et des diacres appelés au service de l'Église de Rome, et des évêques destinés à être envoyés dans d'autres diocèses, y est marqué avec une scrupuleuse exactitude pour chaque pontificat, à commencer par celui de S. Pierre. Il est dit du prince des apôtres : *Hic fecit ordinationes per menses decembrios : episcopos sex, presbyteros decem, diaconos octo,* « il fit des ordinations pendant les mois de décembre : six évêques, dix prêtres, huit diacres. »

Cependant il ne paraît pas que, pendant les trois premiers siècles, il y ait eu des époques de l'année exclusivement consacrées aux ordinations. Les évêques étaient nommés selon la forme fixée par les canons, et étaient ordonnés dès que les églises vaquaient. Quant aux prêtres, aux diacres et aux clercs inférieurs, ils étaient initiés en tout temps, selon les besoins de l'Église. En effet, S. Cyprien ordonna le lecteur Aurelius aux calendes de décembre, et l'hypodiacre Optatus au mois d'août (Pearson. *Annal. Cyprian.* ann. CCL. n. 15 et 20). S. Paulin fut fait prêtre le jour de la Nativité du Sauveur (Paulin. *Epist.* VI *Ad Sever.*). Nous pensons donc que les ordinations de décembre marquées au livre pontifical étaient les ordinations générales, lesquelles n'excluaient point celles que les nécessités de ces temps agités obligeaient de faire indifféremment à toutes les époques de l'année.

Ce n'est guère qu'après le quatrième siècle qu'elles furent définitivement fixées aux Quatre-Temps. Pendant ce même siècle, on commença à ne plus conférer les saints ordres que le dimanche et les jours de fêtes solennelles ; auparavant on le faisait indifféremment tous les jours de la semaine : c'est ce que Pagi a prouvé contre Papebrock par les plus solides arguments (Pagi. *Critic. in Baron.* ann. LXVII. n. 14). C'est donc de la coutume établie seulement au quatrième siècle qu'il faut entendre le passage où S. Léon dit que les ordinations faites un autre jour que le dimanche sont contraires aux canons et à la tradition des Pères (S. Leo. *epist.* LXXXI. *Ad Dioscor.* c. 1). Le pape Gélase, qui vivait peu après S. Léon, paraît avoir apporté quelques modifications à cette discipline. Dans sa neuvième lettre aux évêques de Lucanie, ce pontife décrète que « les ordinations des prêtres et des diacres ne pourront avoir lieu qu'à des époques déterminées, c'est-à-dire au jeûne du quatrième mois, du septième et du dixième, et encore à celui du commencement du carême, et le jour de la mi-carême, et au jeûne du samedi, *vers l'heure de vêpres.* » Deux choses sont nouvelles dans cette constitution : l'ordination de la mi-carême, et l'heure de vêpres du samedi.

Pendant les trois premiers siècles, on conférait les saints ordres, non-seulement dans les églises, mais encore dans les maisons particulières, témoin S. Cyprien (*Epist.* XLV). Cette tolérance cessa à la paix de l'Église. Théodoret nous apprend (*Philot.* c. III) que quelquefois les solitaires furent ordonnés dans leur propre cellule. Mais, en droit commun, cette auguste cérémonie dut se faire non-seulement dans l'intérieur des temples, mais publiquement, à la messe ; et cet usage fut adopté dans les deux Églises dès le temps de S. Cyprien (*Epist.* CCLII. *Ad Antonian.*).

ORDRES ECCLÉSIASTIQUES. — I. — Les novateurs se sont efforcés d'effacer la distinction entre le clergé et les laïques ; cette distinction est pourtant de droit divin. Sous l'ancienne loi, les fonctions sacerdotales étaient exclusivement réservées à la tribu de Lévi (*Exod.* XIII *et passim*). En substituant la réalité à l'ombre, Jésus-Christ a, lui aussi, confié son ministère à des hommes *séparés* des fidèles par un caractère spécial, *segregati,* ἀφορίσμενοι, consacrés par la prière et l'imposition des mains (*Act.* xiii. 2), et à ce titre chargés de « propager l'Évangile de Dieu » (*Rom.* i. 1). Fier de cette auguste mission, S. Paul voulait que « les hommes sussent bien qu'il était (non pas un simple chrétien), mais le ministre de Dieu, le dispensateur des mystères du Christ, » *sic nos existimet homo ut ministros Christi, et dispensatores mysteriorum Dei* (1 *Cor.* iv. 1). Les apôtres, « établis évêques pour régir l'Église de Dieu » (*Act.* xx. 28. — 1 *Petr.* v. 2), *posuit episcopos regere Ecclesiam Dei*, exécutant les ordres qu'ils avaient reçus du divin Maître, ou obéissant à une inspiration de l'Esprit-Saint dont l'assistance leur était promise (Chrysost. *In 1 Tim.* i), imposent les mains à des prêtres (1 *Tim.* iv. 14) et à des diacres (*Act.* vi. 3), pour les seconder dans leur apostolat.

Depuis les temps apostoliques, toute la tradition établit la distinction de droit divin entre les clercs et les laïques. S. Ignace martyr (*Epist. ad Magnesian.* n. vi) atteste, dès le premier siècle, que toujours le peuple fut distinct de l'évêque, des prêtres, des diacres et gouverné par eux. Dans sa première Épître aux Corinthiens (xli.), S. Clément Romain fait entendre clairement que la hiérarchie de l'Église chrétienne était constituée dès l'origine, et déjà alors soumise à des lois que nul ne pouvait enfreindre. De même S. Justin martyr (*Apol.* ii) distingue clairement entre les frères et celui qui les préside. S. Clément d'Alexandrie rapporte que, après la mort de Domitien, S. Jean parcourut l'Asie, pour établir dans ses diverses provinces des évêques, fonder de nouvelles Églises, et agréger au clergé des hommes qui lui étaient signalés par l'Esprit-Saint.... « Que de saints évêques j'ai connus, dit S. Augustin (*De morib. Eccl. cath.* i. 32), que de prêtres, que de diacres, et d'autres ministres des divins sacrements ! » On retrouve dans les canons des plus anciens conciles, du premier de Nicée, par exemple, de celui de Laodicée, du quatrième de Carthage, non-seulement les noms des différents ordres de la cléricature, mais une foule de détails sur leurs offices, l'ordre de leur ministère, etc. Mais cet ordre de preuves que nous ne faisons qu'effleurer est plutôt du ressort des théologiens et des canonistes.

II. — La qualification de *clerc*, sans désignation de l'ordre, est très-rare sur les marbres. Nous la lisons cependant dans cette inscription de Tortone (Reinesius. p. 993. cccxiii), et le simple clerc qui y est mentionné avait été *præpositus* : B. M. ‖ VLPIO CANDIDO LAVDABILI PATRI ‖ EX PP. ET CLERICO....

Mais alors même que tous les écrits des Pères et les actes des conciles seraient perdus, nous pourrions reconstruire l'édifice entier de la hiérarchie ecclésiastique par le moyen des éléments que fournit l'archéologie, et notamment par les inscriptions sépulcrales de l'Italie et de la Gaule, mais surtout par celles des cimetières de Rome et des catacombes en particulier, qui ici, comme en tout ce qui intéresse les origines de notre foi, sont une mine inépuisable. Dans les articles spéciaux que nous avons consacrés à chacun des ordres ecclésiastiques, on trouvera quelques-uns de ces monuments épigraphiques ; mais rien n'égale sous ce rapport les richesses accumulées dans le musée du Latran par le savant et infatigable chevalier De' Rossi. La dixième et la onzième section des inscriptions fixées aux murailles du portique supérieur contiennent, par ordre, les titres des divers grades de la hiérarchie, y compris ceux des *fossores*, des *notarii*, des *librarii*, etc., etc., et tels qu'ils sont mentionnés dans la *Vie de S. Sylvestre* au livre pontifical (xxxv. 20) : portiers, lecteurs, exorcistes, acolytes, sous-diacres, *martyrarii*, diacres, prêtres, évêques. La deuxième est consacrée aux veuves et aux vierges vouées à Dieu, aux *fidèles*, aux néophytes, aux catéchumènes, etc.

Le docteur Labus a publié dans ses notes aux *Fasti della chiesa* (t. iii. p. 580) une inscription qui est sans doute le plus ancien monument de ce genre où soient mentionnés les ordres d'évêque, de prêtre, d'exorciste et de lecteur. C'est l'épitaphe du saint évêque Latinus, qui monta sur le siège de Brescia vers la fin du troisième siècle. Elle offre cette particularité curieuse que le nombre d'années pendant lesquelles Latinus exerça ces différents ordres y est marqué : Évêque, trois ans sept mois ; prêtre, quinze ans ; exorciste, douze ans. Le même tombeau renfermait aussi les restes du lecteur Macrinus, et de Latinilla, peut-être fille de l'évêque avant son ordination :

```
FL. LATINO. EPISCOPO
ANN. III. M. VII. PRESBI
AN. XV. EXORC. AN. XII
ET. LATINILLAE. ET. PL
MACRINO. LECTORI
FL. PAVLINA. NEPTIS
B. M.        M. P.
```

Il existe à Fiesole (V. Foggini *De Rom. it. Petr.* p. 308) une autre inscription de la fin du quatrième siècle qui est extrêmement précieuse pour l'histoire des ordres ecclésiastiques. On y voit notamment qu'ils étaient quelquefois conférés *per saltum*, comme disent les théologiens.

ORDRES MINEURS. — Ce sont ceux qui confèrent aux clercs le pouvoir d'exercer dans l'Église les fonctions subalternes. On les appelle mineurs par opposition aux ordres majeurs ou sacrés. Quelques savants soutiennent que les ordres mineurs sont d'institution apostolique ; d'autres pensent qu'ils furent établis beaucoup plus tard ; il serait difficile de fixer au juste l'époque de l'institution de chacun d'eux.

Le pape S. Corneille (*Epist. ad Fab. Antioch. ap. Euseb.*) dit que de son temps il y avait dans l'Église romaine quarante-deux acolytes, des lecteurs et quarante-deux portiers. Tertullien (*Præscript.* xli) et S. Cyprien (*Epist.* xxiv. xxxiii.

xxxiv) mentionnent les lecteurs. Ce dernier parle aussi des acolytes (*Epist.* xlii. lv. lxxviii) et des exorcistes (*Ep.* lxxviii). Il est vraisemblable que les fonctions dévolues aux clercs mineurs ne sont autre chose que quelques-unes de celles des diacres, fonctions dont la nécessité obligea l'Église à décharger ceux-ci successivement.

Au quatrième siècle les ordres mineurs étaient,

chez les Latins au nombre de six : le *sous-diaconat*, qui plus tard fut placé parmi les ordres sacrés, les ordres des *lecteurs*, des *exorcistes*, des *acolytes*, des *portiers*, et des *chantres* (*Concil. Carthag.* iv. an. 398). Ces derniers étaient appelés confesseurs, parce que leur fonction était de confesser le nom de Dieu en chantant ses louanges. Dans l'antique oraison du vendredi saint, ils sont nommés après les portiers : *Oremus pro lectoribus, ostiariis, confessoribus* (V. l'art. *Chant ecclésiastique*). En quelques lieux, les chantres étaient aussi appelés *psalmistes* (Greg. Turon. *Vit. Patr.* vi). A Rome, il y avait à la même époque des *gardiens des martyrs* (*Concil. Rom. sub Sylvestr.*). — (V. l'art. *Martyrarii.*) Les Grecs avaient aussi des sous-diacres et des lecteurs (*Concil. œcum.* viii. act. 10. c. 5), et dans quelques Églises, des *exorcistes*, des *interprètes des langues*, des *copistes* (Epiph. *Exposit. fid.* c. 21). — (V. l'art. *Fossores.*)

Voici, d'après le livre pontifical (*In Vit. Sylvestr.* xxxv. 20), l'ordre hiérarchique établi par S. Sylvestre parmi les ministres de l'Église : « Celui qui désirait militer dans l'Église.... devait être d'abord portier, puis lecteur, exorciste, acolyte, sous-diacre, gardien des confessions des martyrs (*martyrarius*), diacre, prêtre.... et s'élever ainsi jusqu'à l'ordre de l'épiscopat. » (On trouvera dans ce Dictionnaire un article spécial sur chacun de ces ordres.)

La bibliothèque de la cathédrale d'Autun possède un très-ancien manuscrit du sacramentaire de S. Grégoire, où sont représentés les ordres mineurs avec les vêtements et les attributs particuliers à chacun d'eux, y compris le sous-diaconat, ce qui est une preuve évidente de la haute antiquité du monument (V. l'art. *Sous-diacres*); que nous reproduisons ici d'après la copie qu'en ont donnée Durand et Martenne dans leur *Voyage littéraire de deux religieux bénédictins*, t. ii, p. 153.

ORDRES RELIGIEUX. — Dans les articles *Ascètes, Moines, Monastères, Ermites,* nous avons donné des notions générales et sommaires sur l'origine de la vie ascétique et de la vie cénobitique.

Dans celui-ci, nous tracerons, selon la méthode du P. Mozzoni (*Tavole cronologiche della storia della Chiesa universale....* Venezia, 1856), un rapide tableau chronologique des ordres religieux depuis l'origine du christianisme jusqu'au sixième siècle, inclusivement.

Premier siècle. — S. Jean-Baptiste, qui, tout jeune encore, se retirait dans le désert, est regardé par la plupart des interprètes des Livres saints comme le prototype de la vie monastique (Baron. *Annal.* ad an. xxxi. n. 15). Dans sa vingt-deuxième lettre à Eustochium, S. Jérôme l'appelle *le prince des moines.* « L'auteur de la vie monastique, dit ce

Père, c'est Paul; l'illustrateur, c'est Antoine; et, pour remonter plus haut, le prince, c'est Jean-Baptiste. » Voilà donc la vie *ascétique* personnifiée dans Jean-Baptiste, l'*anachorétique* dans Paul, la *monastique* dans Antoine. Nous devions citer ce texte et constater nettement les distinctions qui en ressortent, afin de guider le lecteur dans les détails qui vont suivre.

On assigne à bon droit aux ordres religieux une origine apostolique. Car les plus hautes autorités affirment que la vie religieuse fut pratiquée par les apôtres, qui s'étaient obligés, par un vœu au moins implicite, à la pratique des conseils évangéliques, alors que, abandonnant tout ce qu'ils possédaient, ils s'attachèrent à la personne du Sauveur (V. Hieron. *Epist.* cxx. cxviii. cxxx. etc. — Bernard. *Apol. ad Guill. abbat.* x. — Cassian. *Collat.* xviii. 5. etc.).

Le juif Philon (Ap. Passagl. *De immac. Virg. Deip.* sect. vi. c. 6. art. 1), contemporain des apôtres, a décrit la vie pure et mortifiée des thérapeutes, dont Eusèbe a voulu faire des chrétiens, mais qui plus probablement étaient Juifs. Ils s'étaient retirés dans des cellules sur la montagne de Nitrie, au delà du lac Mœris, et ils s'y livraient, comme devaient le faire plus tard les Pères du désert, qui donnèrent à ce lieu tant de célébrité, à l'oraison et à l'étude des saintes lettres.

DEUXIÈME SIÈCLE. — Nous n'avons à constater pour ce siècle aucun fait nouveau quant à l'objet qui nous occupe. Les récits que nous trouvons dans les *Actes des apôtres* nous apprennent que, dans les premiers temps, c'est-à-dire à l'âge d'or du christianisme, tous les disciples du Sauveur vivaient absolument comme des religieux. Ils n'avaient qu'un cœur et qu'une âme, mettaient tout en commun, fortune, travail, prière, vendaient tous leurs biens pour en consacrer le prix aux besoins de tous, et faisaient ainsi disparaître du même coup, *pour nous servir des expressions de M. de Montalembert* (*Moines d'Occident.* i. 47), la richesse et la pauvreté. Tous les croyants vivaient de la sorte : c'est ce dont il n'est pas permis de douter en parcourant les premiers chapitres des *Actes des apôtres* (ii. 44. 45. iv. 32. 34. 35. 37). Ce tableau de la société chrétienne s'applique aux trois premiers siècles, où tous les chrétiens gardèrent un caractère, nous ne dirons pas *monastique* avec l'illustre historien des Moines d'Occident, mais *ascétique*. Il y a là une nuance fort notable qu'il importe de ne pas perdre de vue (V. l'art. *Ascètes*).

TROISIÈME SIÈCLE. — An 250. — L'Égyptien Paul, à l'âge de vingt-deux ans, se réfugie dans le désert de la Thébaïde pour se soustraire à la persécution (Hieron. *Vit. Paul.* v). Là, par le genre de vie qu'il embrasse, il prélude à la vie *érémitique*, ce qui lui a fait donner le nom de premier ermite.

270. — Commencements de S. Antoine, ce grand maître de la vie monastique en Orient. A peine âgé de dix-huit ans, il vend son riche patrimoine, et ayant confié sa sœur à un monastère de vierges, il visite dans le désert les plus illustres solitaires, s'appliquant à retracer en lui-même les vertus qui brillaient en chacun d'eux, et à repousser avec le secours de l'oraison et du jeûne les tentations par lesquelles l'enfer cherchait à le détourner de ses généreux desseins (Athanas. *Vit. S. Anton.* v).

285. — S. Antoine se confine dans un vieux château du désert, où il passera vingt ans dans la plus étroite retraite (Bolland. *jan.* xvii).

296. — Débuts de S. Pacôme, ce célèbre père des moines, qui se retire dans le désert à vingt ans (Bolland. *maii* xiv).

QUATRIÈME SIÈCLE. — 305. — S. Antoine, après vingt ans d'étroite solitude dans le désert de Thébaïde, commence à admettre des disciples (Athanas. *op. laud.* xiv). Il est visité par Hilarion, jeune homme de quinze ans, qui à l'école d'un si grand maître prend un goût si vif pour la vie monastique, qu'il en devient un des modèles les plus accomplis (Hieron. *Vit. Hilarion.* iii).

311. — S. Antoine, devenu père d'un grand nombre de moines, se transporte à Alexandrie pour fortifier les fidèles persécutés par Maximin (Athanas. *op. laud.* xlvi).

321. — Les institutions monastiques commencent à se propager avec une grande rapidité. Il ne faut pas les confondre avec les institutions *ascétiques*, ou les *anachorétiques* proprement dites (V. l'art. *Ascètes*).

328. — Les monastères des grands maîtres S. Antoine et S. Pacôme sont visités par S. Athanase (V. Baron. *an.* cccxxxviii. 34). Des philosophes païens eux-mêmes visitent S. Antoine, et confessent qu'ils retirent de grands avantages de ses enseignements (Athan. *op. laud.* lxxii).

334. — S. Antoine, à la prière de Constantin, écrit à cet empereur et à ses fils pour leur donner de salutaires instructions (*Ibid.* lxxx). Mais peu après, ayant adressé une supplique à ce même prince en faveur de S. Athanase alors persécuté par les ariens, il n'obtient de lui aucune réponse favorable : tant était grand l'ascendant acquis par ces sectaires sur son esprit (Sozom. ii. 31)!

339. — Pour faire connaître et apprécier à l'Occident les immenses avantages de la vie solitaire, S. Athanase y popularise les actions de S. Antoine (Hieron. *epist.* cxxvii. *Ad princip.* v). Il le fait par ses écrits et plus encore en conduisant avec lui, à Rome où il s'était rendu pour sa défense, quelques solitaires insignes, tels qu'Ammonius (Socrat. iv. 23), dont les exemples produisent la plus vive sensation au sein de la ville éternelle.

341. — S. Antoine abbé écrit à l'intrus arien Grégoire Cappadox qui divisait l'Église d'Alexandrie (Athanas. *Hist. Arian.* n. xiv), ainsi qu'à Balac qui le protégeait par les armes (Id. *Vit. Ant.* n. lxxxvi).

344. — Ici se place la fondation par S. Pacôme de l'illustre monastère de Tabenne, dans la haute Thébaïde, qui fournit bientôt une foule d'insignes cénobites, tels que S. Théodore et S. Arsiesius ou Orcèse (V. Tillemont. *Mém.* t. vii. p. 469, et pour

Orcèse. p. 479). S. Pacôme est le premier qui ait écrit une règle complète et détaillée.

352. — S. Eusèbe, évêque de Verceil, est le premier en Occident qui associe la vie monastique à la vie cléricale, vivant et faisant vivre ses clercs dans les jeûnes, les prières, la lecture et le travail des mains (V. Tillemont, *Mém.* t. vii. 531). On ne sortait de ce clergé, dit S. Ambroise, que pour être évêque ou martyr. Il y a lieu de croire que telle est la plus ancienne origine des chanoines réguliers.

355. — L'opinion la plus probable fixe à cette année le voyage que S. Antoine fit à Alexandrie, à la prière de S. Athanase (V. Tillemont. vii. 670. note viii). Il s'y fit admirer et vénérer des païens eux-mêmes par l'austérité et l'éclat de ses vertus, nées d'une philosophie nouvelle.

356. — S. Hilarion, célèbre par ses florissantes *laures* anachorétiques, effrayé des louanges humaines et des honneurs que lui attiraient ses miracles, prend la fuite et, jusqu'à sa mort, mène une vie errante de solitude en solitude (V. Tillemont. vii. p. 569 suiv.).

358. — S. Basile prêche dans le Pont et y établit différents monastères : les vertus qui s'y pratiquaient excitent l'admiration des peuples et obtiennent les plus grands éloges de S. Grégoire de Nazianze (Tillemont. ix. 43).

360. — S. Martin établit le premier monastère des Gaules, à deux lieues environ de Poitiers. S. Grégoire de Tours l'appelle *monasterium Locociagense*, nom que Bulteau (*Hist. de S. Benoît.* p. 37) traduit par Ligugé.

361. — S. Apollonius fonde un grand monastère sur une montagne du territoire d'Hermopolis en Thébaïde, où l'on tenait par tradition que Notre-Seigneur avait été mené dans son enfance (V. Tillemont. x. 37).

363. — La vierge Ste Syncletica se rend célèbre dans le magistère monastique près d'Alexandrie. Sa *Vie* est jointe aux œuvres de S. Athanase, mais il n'est pas sûr qu'elle soit de lui.

365. — Les moines de Tabenne donnent l'hospitalité à S. Athanase (Bolland. *maii.* xiv).

367. — S. Orcèse gouverne avec une merveilleuse sagesse le monastère de Tabenne (Tillemont. vii. 499). Ce qui est surtout à remarquer pour cette époque et pour ce monastère, c'est le zèle des religieux pour le travail des mains. S. Épiphane exalte le mérite de ces œuvres en les mettant en opposition avec la vie oisive des hérétiques messaliens.

372. — S. Martin, dès le début de son épiscopat, fonda le célèbre monastère de Marmoutiers, vraie pépinière d'évêques (Sulp. Sev. *Vit. S. Martini.* x). L'histoire de ces temps nous montre dans un grand nombre des moines qui illustraient l'Église d'Orient de vaillants et généreux défenseurs de la foi de Nicée alors si violemment attaquée. Celui qui se place à la tête de ces apologistes, c'est S. Macaire l'Égyptien (Tillemont. viii. 606). Tant de zèle pour la défense de la vérité enflamma contre ces moines la haine de Valens, prince arien.

377. — Les monastères de vierges jettent à Milan un vif éclat, surtout à cause des enseignements de S. Ambroise, qui y attirent un grand nombre de jeunes filles étrangères (Ambros. *de Virgin.* i. 10. — V. les art. *Monastères* et *Vierges chrétiennes*).

385. — Les pèlerinages de S. Jérôme, de Ste Paule et de plusieurs autres Romains illustres en Orient contribuent puissamment au développement des institutions monastiques (Tillemont. xii. 100).

388. — S. Augustin introduit, par son exemple, la vie monastique en Afrique (*Vit. S. Augustin.* iii. 2). Ste Paule bâtit trois monastères de religieuses et un de moines : elle donne celui-ci à Jérôme, qui y joint un hospice pour les pèlerins (Tillemont. xii. 122).

391. — S. Augustin, élevé au sacerdoce, établit un monastère de religieux et un de vierges à Hippone. Les religieux ne tardent pas à se répandre dans toute l'Afrique (*Vit. S. August.* iii. 5).

396. — S. Augustin, plein de l'esprit de Dieu, introduit dans son clergé la pauvreté et la vie commune, ces deux boulevards de l'édifiante observance (*Ibid.* iv. 2. n. 8).

Cinquième siècle. — 401. — S. Honorat, issu d'une illustre famille des Gaules, décorée de la dignité suprême du consulat, fonde la célèbre abbaye de Lérins. On croit qu'il choisit ce lieu de préférence afin de ne pas s'éloigner de Léonce, évêque de Fréjus, dont les conseils et les exemples lui étaient précieux (V. Tillemont. xii. p. 468).

410. — S. Eucher édifie par ses vertus le monastère de Lérins.

411. — Et, après y avoir passé quelque temps, il recherche une retraite plus éloignée encore dans une île voisine qu'on appelait alors Lero, aujourd'hui Sainte-Marguerite. S. Eucher entretenait une active correspondance avec S. Honorat, et nous voyons que S. Hilaire était en tiers dans ce doux et édifiant commerce épistolaire (Tillemont. xv. 122).

422. — Le monastère de Teledan offre d'éclatants exemples de paix et une admirable assiduité aux exercices religieux (Théodoret. *Vit. PP.* c. iv).

424. C'est à cette date que se rattache l'institution des *acémètes* (non dormants) par Alexandre, d'abord abbé à Constantinople. Son monastère était situé à l'embouchure du Pont-Euxin, probablement en un lieu de la Bithynie appelé Gomon. Si ces religieux portaient le nom d'acémètes, *qui ne dorment pas*, nom composé de l'α privatif et de κοιμάω, « je dors, » ce n'est pas que chaque moine ne prît jamais de sommeil ; c'est la communauté, prise collectivement, qui ne dormait pas, parce qu'elle pratiquait la psalmodie perpétuelle : les religieux étaient distribués en diverses classes qui se succédaient les unes aux autres pour chanter sans interruption les louanges de Dieu (V. Tillemont. xii. 497).

426. — S. Maxime, abbé de Lérins, conjointement avec S. Hilaire (Tillemont, xv, 392. 43). De là sortent le célèbre S. Loup, et son frère Vincent (Eucher. *Ad Hil.* p. 40).

428. — Les moines de Constantinople prennent l'initiative de la résistance aux erreurs de Nestorius, et essuient par ce motif une cruelle persécution (Tillemont. xiv. 314).

430. — S. Caprais, illustre moine de Lérins. Usuard, Adon et d'autres encore le font abbé de ce monastère. Tillemont (xii. 679) prouve qu'il ne l'était pas, mais seulement le conseiller de S. Honorat : *Ille imperio, iste consilio*, comme porte l'homélie attribuée à Fauste.

431. — S. Dalmace, vénéré comme chef des monastères de Constantinople, contribue beaucoup, avec ses moines, à éclairer Théodose au sujet du légitime concile d'Éphèse (Mozzoni. v. 52).

444. — Fondation du célèbre monastère de Condat au mont Jura par les saints frères Romain et Lupicin (Bolland. xxviii *febr.*).

448. — Contre Eutychès, archimandrite (soit *prince des moines*) de Constantinople, hérétique obstiné, s'élèvent un grand nombre de moines, zélés défenseurs du dogme catholique. Le premier concile de Constantinople est souscrit par vingt-trois archimandrites orientaux qui condamnent ce novateur (V. Mansi. *Concil.* vi. 751)

451. — Parmi ces moines fidèles brillent surtout Fauste, Martin et S. Marcel, abbé des acémètes. Les deux premiers méritèrent que S. Léon leur écrivît à diverses reprises pour les louer de leur conduite (*Epist.* lxiii. lxxiv). Et nous avons deux lettres où Théodoret félicite S. Marcel de la fermeté de sa foi (*Epist.* cxli. cxlii).

461. — Les environs de Jérusalem se voient sanctifiés par une multitude de solitaires qui, sous la conduite et les exemples de S. Euthymius, font fleurir, ici l'observance monastique avec la perfection de la vie commune, là l'exemple des plus austères abstinences dans une rigoureuse solitude, au point qu'on pouvait les croire morts à tout besoin physique, et n'ayant de vie et d'ardeur que par une intime union de leur âme avec Dieu. L'historien Évagre (l. i. c. 21) nous a laissé d'édifiants détails à ce sujet.

484. — Après Eutychès, Acace de Constantinople, qui cherchait à corrompre les moines pour les attirer à son parti, vit un grand nombre de religieux, encouragés dans leur zèle pour la foi par les lettres du pape, s'opposer avec énergie à toutes ses perfides suggestions. Ils rendirent d'immenses services à la foi et à l'unité catholique, qui, on peut le dire, ne se soutinrent alors en Orient que grâce à leur héroïque constance. Au premier rang brillent les abbés-prêtres Thalasius, Hilaire et Ruffin (V. Tillemont. xvi. 562).

493. — Les saints moines Saba et Théodore, créés supérieurs des monastères de la Palestine, rendent de grands services à la cause catholique contre les artifices hypocrites de l'empereur Anastase (Tillemont. xvi. 644). C'est le temps où le futur patriarche des moines d'Occident, S. Benoît, sanctifie les jours de son adolescence et de sa jeunesse dans son humble cellule de Subiaco (V. Mozzoni. v. *Citaz.* n. 780).

Sixième siècle. — 501. — Les institutions monastiques de l'Afrique sont fortifiées par les exemples de l'évêque S. Fulgence, promoteur de l'observance religieuse, même au sein de l'exil auquel l'ont condamné les ariens (Baron. *an.* 504. 53).

504. — S. Hilaire fonde, au sein des Alpes Romagnoles, un monastère qui, grâce à la faveur du roi Théodoric, acquiert une grande renommée (Bolland. *Vit. Hilar.* maii xv).

506. — Ainsi, dans la Valérie, S. Equitius, célèbre par ses prédications, bien que laïque (mais sauf la permission du pape Symmaque), et dont les moines se distinguaient particulièrement par leur assiduité à copier des livres (Baron. *ann.* 504. 11 seqq.).

511. — Les saints abbés Saba (V. Pagi. *an.* 512. n. 4) et Théodose (Id. *ibid.* 511. n. 10) défendent héroïquement la foi contre les ruses et les violences de l'empereur Anastase.

513. — Dédicace d'un célèbre monastère de vierges à Arles, par les soins de S. Césaire, avec la haute sanction du souverain pontife (Pagi. *an.* 508. n. 9).

516. — Nouveaux et généreux efforts des moines d'Orient en faveur de la foi (Pagi. 516. n. 6).

517. — Solennelle fondation du célèbre monastère d'Agaune (Saint-Maurice) par Sigismond, roi de Bourgogne. Nous qualifions cette fondation de *solennelle*, parce que le monastère existait déjà, ayant été établi en 507 par l'abbé S. Severin (Pagi. *an.* 515 — Baron. 522).

521. — Le monastère de Kildare, en Irlande, s'élève à une grande célébrité, à raison des exemples et des miracles de la vierge Ste Brigide (Bolland. i. *febr.*).

523. — S. Fulgence continue à donner au monde les plus beaux exemples de modestie monastique, exemples d'autant plus efficaces, qu'à son caractère d'évêque ce Saint ajoutait alors le titre glorieux de confesseur de la foi (Baron. 522. 15).

528. — S. Benoît passe de Subiaco au Mont-Cassin, où il jette les fondements de ce fameux monastère qui est le principal siége de son ordre (Greg. *Dialog.* ii. 8), auquel il donne son immortelle règle. Le temps y est partagé entre le travail des mains et la prière. Cependant cette règle prévoit le cas où les travaux manuels devront être remplacés par l'étude, ce qui deviendra plus particulièrement nécessaire par la suite, alors que la plupart des moines seront revêtus de la dignité sacerdotale ; on sait qu'au début ils étaient tous laïques, comme leur illustre fondateur lui-même.

541. — Cassiodore, grande lumière de ce siècle, ayant embrassé l'institut de Saint-Benoît, fonde un monastère près de Squillacci en Calabre, lieu nommé Castel par S. Grégoire le Grand (l. vii. *epist.* xxxi. xxxiii), et qui prit le nom de Viviers, parce que Cassiodore fit un monastère double : l'un au bas de la montagne pour les *cénobites*, l'autre sur la hauteur pour les *ermites* (V. Muratori. *Annal. d'Ital.* an. 556).

543. — Frédégard, évêque du Mans, demande quelques moines à S. Benoît (Pagi. an. 543. 5).

544. — S. Maur est envoyé par S. Benoît dans les Gaules, où il fonde le célèbre monastère dit de Saint-Maur-sur-Loire (Id. *Not. chronol. ad an.* 544. n. 9 seqq.).

547. — Dédicace de ce monastère, à laquelle interviennent tous les évêques de la province (Id. *Ad an.* 547. n. 14). — Fondation d'un autre grand monastère à Arles (Id. *an.* 553. n. 32. 33).

551. — Les moines apportent des Indes dans l'empire romain la culture du ver à soie, devenue dans la suite des temps une source d'immenses richesses (Procop. *De Bello Goth.* IV. 17).

563. — S. Colomb ou Colme, déjà fondateur d'un premier monastère en Irlande, passe en Angleterre avec douze de ses compagnons, y évangélise les Pictes et y bâtit une insigne abbaye (Bède. *De gest. Angl.* III. 4).

569. — Une inscription de cette année (569), découverte à Capoue, atteste l'existence de monastères de vierges, ayant leurs abbesses, et vivant sous la règle de Saint-Benoît :

HIC REQVIESCIT IN SOMNO PACIS
IVSTINA ABBATISSA FVNDATRIX
SANCTI LOCI HVIVS QVAE VIXIT
PLVS MINVS ANNOS LXXXV. DEPOSITA
SVB DIE KALENDARVM NOVEMBRIVM
IMP. D. N. N. IVSTINO. P. P. AVG.
ANN. III. P. C. EIVSDEM INDICTIONE TERTIA

« Ici repose dans le sommeil de la paix Justine, abbesse fondatrice de ce saint lieu. Elle vécut (plus ou moins) quatre-vingt-cinq ans. Elle a été *déposée* le jour des calendes de novembre, sous l'empire de Justin, père de la patrie, auguste, l'an III après le consulat de ce même prince, indiction troisième. »

(Ap. Muratori. *Annal. d'Ital.* an. 569.)

575. — S. Grégoire le Grand, ayant abdiqué la préfecture de Rome, embrasse la vie monastique dans le monastère de Saint-André, à Rome même, sous la règle de Saint-Benoît, comme le prouve Mabillon dans ses *Vetera analecta* (*Dissertatio de vita monastica Gregorii papæ I*).

579. — S. Grégoire le Grand, envoyé en qualité de nonce du pape à la cour de Constantinople, emmène avec lui quelques moines, avec lesquels il continue sa vie religieuse (S. Greg. *Præfat. ad libr. Moral.* c. 1).

585. — S. Colomban, moine irlandais, passe avec S. Gall et d'autres moines ses compatriotes dans les Gaules, et y établit une règle qui distribue le temps entre la prière, la lecture et le travail des mains (Mabillon. *Act. SS. Ordin. S. Benedict. Sæc.* II).

590. — S. Colomban fonde le célèbre monastère de Luxeuil (Id. *ibid.* lib. VIII).

591. — S. Arède abbé laisse en mourant un monastère bâti sur ses terres près de Limoges, et qu'il avait gouverné avec grande sagesse et habileté (Greg. Turon. *Hist. Franc.* l. X. c. 29. edit. Ruinart. p. 523).

596. — L'insigne monastère bénédictin de Saint-André à Rome fournit au souverain pontife des missionnaires pour la conversion des Anglais, sous la conduite de S. Augustin, apôtre de l'Angleterre. Celui-ci y établit la vie commune parmi les moines attachés aux nouvelles Églises, où ils tenaient lieu de chanoines (V. Baron. *Ad ann.* 596. 597).

ORIENTATION DES ÉGLISES CHRÉTIENNES. — Des règlements remontant, pense-t-on, à l'origine même de l'Église, et qui furent fixés par la suite dans les *Constitutions apostoliques* (II. 57, et les notes de Cotelier), prescrivaient que les églises fussent disposées de façon que la porte regardât l'occident, et que l'abside présentât sa convexité à l'orient : ainsi les fidèles, en priant, avaient le visage tourné vers l'orient ; et la principale des nombreuses raisons mystiques qu'on ait données de cette disposition, c'est que nous devons diriger nos yeux vers le paradis terrestre, que Dieu avait placé à l'orient, afin d'entretenir en nous le regret de l'avoir perdu, ainsi que le désir d'arriver au ciel, qui est le véritable Éden.

Quoi qu'il en soit, il ne paraît pas que cette règle ait toujours été obligatoire, car nous savons par Socrate (*Hist. eccl.* V. 21), par S. Paulin de Nola (*Epist.* XII *Ad Sever*), par Eusèbe (*Hist. eccl.* X. 4), qu'il y fut dérogé dès les premiers siècles. Ces dérogations pouvaient, à la vérité, avoir leur motif dans la nécessité de protester contre certains hérétiques qui avaient imaginé de voir Jésus-Christ dans le soleil. Toujours est-il que tout système d'orientation peut trouver son modèle à Rome même parmi les plus anciennes églises. Ainsi : sanctuaire à l'est : Saint-Laurent-hors-des-Murs, Ara Cœli, Saint-Paul ; au sud : Saint-Jean de Latran, Saint-Grégoire, et d'autres encore ; au nord, Sainte-Marie du Peuple, Sainte-Marie *ai Monti*, etc. ; à l'ouest : Saint-Pierre, Sainte-Marie-Majeure, Saint-Clément, Sainte-Praxède.

On a dit que, pour conserver au moins l'esprit de l'usage primitif, on avait, dans les églises orientées à l'inverse, disposé l'autel de façon que le célébrant eût le visage tourné vers le peuple et par conséquent vers l'orient. Mais, dans toutes les basiliques de Rome, l'autel est ainsi tourné, quelle que soit leur orientation. On doit conclure de là que rien n'était invariablement fixé à cet égard.

ORPHÉE (SES REPRÉSENTATIONS DANS LES MONUMENTS CHRÉTIENS). — I. — On rencontre quelquefois dans les monuments chrétiens du premier âge la figure mythologique d'Orphée. Le cimetière de Domitille renferme les deux seules peintures représentant cet intéressant sujet qui soient parvenues jusqu'à nous : elles sont l'une et l'autre du même style, et assez remarquables par leur élégance pour que Boldetti ait cru pouvoir les faire remonter au règne de Néron (*Cimit.* p. 26). Dans la première de ces fresques (Bosio. *Rom. sott.* p. 239). — Cf. Bottari. t. II. tav. LXIII), Orphée est placé au centre d'un octogone entouré de huit compartiments égaux, où sont peints alternativement des traits de l'Ancien et du Nouveau Testament, avec des animaux se rapportant au sujet principal. Il est assis sur un rocher, entre deux arbres qui s'inclinent vers lui, et joue de la lyre au milieu de divers animaux sauvages et domestiques qui semblent l'écouter attentivement. On dirait que l'artiste, en exécutant ce tableau, a eu sous les yeux celui qu'a décrit Philostrate (*Imag.* vi. — Cf. Bott. ii. p. 64), et qui reproduisait sans doute le type reçu dans l'antiquité païenne, tant il existe entre l'un et l'autre de conformité quant à la figure, à l'attitude et au vêtement du principal personnage. « Il est assis, dit le sophiste de Lemnos (Bottari. t. ii. p. 30), un léger duvet garnit ses joues, il est coiffé de la tiare droite, toute brillante d'or, *tiaram auro fulgentem, in capite rectam gestans* (traduction de l'éditeur); son œil annonce le génie et une inspiration divine.... Le sens tout religieux de ses chants respire dans l'expression de son visage.... Son pied gauche, appuyé à terre, soutient sa lyre, inclinée sur son flanc, et du pied droit il bat la mesure » (*Imag.* vii. *Philostratorum et Callistrati opp. recognov. Ant. Westermann.* Paris. Didot, 1849). L'Orphée de Philostrate était encore, comme le nôtre, entouré d'arbres, d'oiseaux, d'animaux de toute espèce, car la Fable supposait que, par la douce harmonie de ses chants, non-seulement il attirait à lui les hommes et se rendait les dieux propices, mais encore qu'il apaisait le courroux de la mer, suspendait le cours des fleuves, et qu'à ses accents les arbres et les forêts tout entières quittaient leur place pour le suivre :

.... Insecutæ Orphea sylvæ,

dit Horace (Lib. i *Carm.* od. 12), et un peu plus loin :

.... Auritas fidibus canoris
Ducere quercus.

Mais le poëte philosophe donne ailleurs l'explication rationnelle et positive de ces faits merveilleux, en assignant le motif qui avait fait attribuer une telle puissance à la lyre du chantre sublime. On sent ici le souffle de ce scepticisme qui, au temps d'Auguste, sapait déjà les vieilles croyances :

Sylvestres homines sacer interpresque Deorum
Cædibus et victu fœdo deterruit Orpheus,
Dictus ob hoc lenire tigres rabidosque leones.
(*De art. poet.* vers. 360.)

« C'est pour avoir détourné du meurtre et de la barbarie les hommes sauvages, se faisant ainsi l'interprète des dieux, qu'Orphée est dit avoir adouci les tigres et les lions. »

Manilius (*Astron.* lib. v. vers 257) exprime d'une manière énergique la vertu de ses chants, en supposant qu'ils prêtaient la sensibilité aux rochers et des oreilles aux forêts :

Et sensus scopulis et sylvis addidit aures.

Les données mythologiques ont été, ainsi que nous l'avons dit, exactement suivies dans les monuments des catacombes. Sur les arbres entre lesquels Orphée est assis, sont perchés un paon et d'autres oiseaux qui semblent comme suspendus à ses lèvres et captivés par les sons harmonieux de sa lyre. Autour de lui on remarque un lion, un ours, une panthère, un serpent, qui représentent les animaux sauvages ; de l'autre côté, des animaux domestiques, un cheval, un mouton, une tortue et divers insectes. Il porte la tunique deux fois ceinte, au-dessous des reins et sur les flancs, et par-dessus le *sagum*.

Dans ce monument, comme dans tous les autres, chrétiens ou profanes, il a ces espèces de caleçons à la mode orientale appelés *anaxyris*, lesquels se prolongeant jusqu'aux pieds forment chaussure. Ici ce vêtement est garni, sur chaque jambe, d'une étroite bande d'étoffe d'une nuance distincte, semblable à ces bandes de pourpre (*clavi*) qu'on remarque si fréquemment sur les tuniques et les *penulæ* des personnages des catacombes. La tiare dont sa tête est couverte se trouve encore mentionnée par le même Philostrate le Jeune dans la *Vie d'Apollonius* (lib. i. c. 25. Rubenius, dans son livre *De re vestiaria* (lib. ii. c. 16), observe, d'après Bosio (*Roma sott.* lib. ii. c. 35), qu'elle se voit sur les marbres antiques représentant le chantre de Thrace. Nous ne connaissons qu'un seul marbre où il soit représenté : c'est un fragment de sarcophage d'Ostie, récemment découvert (V. la gravure plus bas). La seconde peinture du cimetière de Calliste (Bosio. p. 255. — Cf. Bottari. t. ii. tav. lxx) diffère un peu de la première quant aux accessoires. Elle se trouve dans le fond d'un monument arqué, ou *arcosolium*. Ici Orphée porte une tunique plus collante, à manches étroites, et le *pallium*, ou peut-être un *sagum* très-long, lequel, tombant des épaules, le couvre et l'environne de la ceinture jusqu'aux pieds, tandis que dans la peinture précédente ce manteau est fixé sur les épaules. Tel était le costume des musiciens, ainsi que l'atteste Horace (*De art. poet.* vers. 215) :

.... Traxitque vagus per pulpita vestem.

Tibulle (Lib. iii. *Eleg.* 4. vers. 35) donne à Apollon, dont la lyre est, comme on sait, le principal attribut, le manteau descendant jusqu'aux pieds, et Ovide (*Fast.* lib. vi. vers. 687) s'exprime comme il suit au sujet d'un joueur de lyre :

>   ....Et ut tibicina cœtum
>   Augeat, in longis vestibus ire jubet.

« Afin d'augmenter le nombre de ses auditeurs, il paraît vêtu de long. »

Mais, ce qui revient tout à fait à notre sujet, Callistrate, parlant de la statue d'Orphée, dit que son vêtement descendait des épaules jusqu'aux talons, et qu'il était coiffé de la tiare persane comme dans notre peinture, — *Ornabat eum tiara persica auro distincta a vertice sursum erecta, tunicaque ab humeris ad pedes demissa, balteo aureo circa pectus adstringebatur* (*Stat.* vii. traduction de l'éditeur). Sur le genou gauche, il tient appuyée la lyre, d'une forme absolument semblable à celle que lui attribuent soit les écrivains, soit les marbres, les gemmes et les médailles antiques, mais différente par sa forme de celle qu'il porte dans l'autre fresque. Celle ci est arrondie à sa partie supérieure et ses deux côtés forment deux espèces d'arcs, comme celle que décrit Philostrate (Lib. i *Imag.* n. 10), tandis que l'autre se termine par deux pointes.

Après les deux fresques de Domitille que nous venons de décrire (on en a trouvé depuis peu une troisième (V. De' Rossi, *Rom. sott.* t. ii, tav. xviii.), on peut citer une lampe d'argile publiée dans le grand ouvrage de M. Perret sur les Catacombes (t. iv. p. 17. n. 1), où Orphée est représenté jouant de la lyre et entouré d'animaux divers. Quelques lampes du même genre figurent dans différents musées, et l'imperfection du travail qui s'y fait remarquer accuse une époque de décadence. Le cabinet des antiques de la Bibliothèque nationale en possède une (Raoul-Rochette. *Mém. sur les Cat.* p. 118). Le même sujet se trouve aussi gravé sur une pierre fine recueillie dans une sépulture chrétienne des cimetières romains, et que Mamachi (*Origin. et antiq. Christ.* t. iii. p. 81. note 2) signale comme faisant partie, au temps où il écrivait, du musée Vettori. M. Visconti en a trouvé un autre sur un sarcophage d'Ostie; nous

en donnons ici le dessin. On sait, par le témoignage de Pausanias (lib. ix. c. 30 et alibi), que, dans l'antiquité, plusieurs artistes l'avaient sculpté en marbre et coulé en bronze. Il s'agit surtout ici de la statue érigée à Orphée sur l'Hélicon, et qui, selon toute apparence, a servi de type à toutes les images de ce personnage d'époque romaine parvenues jusqu'à nous (Raoul-Rochette. 1er *mém.* p 119). On sait qu'il figure au revers de certaines médailles d'Antonin le Pieux et de Marc-Aurèle, frappées à Alexandrie (Zoega. *Num. Ægypt.* p. 181. n. 159. — Morell. *Recueil.* pl. xi). Caylus, à son tour, a publié deux pierres gravées qui offrent à peu près la même composition, et qu'il présumait avoir été exécutées en Égypte (*Recueil.* iii. pl. xiii. n. 1. et *Rec.* iv. pl. xlviii. n. 1).

II. — Mais ce n'est pas sans quelque surprise que les personnes peu versées dans l'étude des monuments primitifs du christianisme verront le personnage mythologique d'Orphée représenté absolument d'après les types antiques, dans un cimetière chrétien, au milieu des prophètes de la Bible et des Saints de la nouvelle loi. Pour dissiper une surprise à quelques égards légitime, nous devons expliquer à quel titre il y figure.

Si, en tant que fils d'Apollon, Orphée appartient à la fable, il peut aussi à bon droit être considéré comme personnage historique, car il semble bien sévère, dirons-nous avec le savant abbé Greppo (*Dissert. sur les laraires de l'emp. Sévère-Alexandre.* p. 22), de rejeter l'existence d'un Orphée. Or il est un fait qu'il faut avant tout constater comme base de tout notre raisonnement : c'est que ce personnage était, dans les premiers siècles chrétiens, de la part des SS. Pères eux-mêmes l'objet d'un singulier respect, et comme d'une espèce de culte. Nous omettons ici les témoignages qui l'établissent ; ils viendront chacun en son lieu. Quand nous aurons emprunté tour à tour aux écrits d'Origène, de S. Grégoire de Nysse, de Lactance, de Théodoret et d'autres encore, des passages, pour nous rendre compte des motifs d'une telle vénération, nous aurons prouvé implicitement et surabondamment le fait de cette vénération elle-même.

Ces motifs, ainsi qu'il résulte pour nous d'une étude attentive de cette intéressante matière, se réduisent à trois principaux :

1° La conformité, sur beaucoup de points, des idées répandues dans les poésies attribuées à Orphée avec la doctrine de la Bible et les mystères évangéliques.

Que les écrits d'Orphée ne remontent point, quant à leur forme actuelle, à l'époque où l'histoire a placé l'existence de leur auteur présumé, qu'ils aient été interpolés par une pieuse fraude dans des temps relativement modernes, c'est ce qui a été cent fois affirmé d'une manière, selon nous, un peu trop absolue par les antiquaires citramontains ; mais c'est là une question que nous n'avons pas à examiner : nous prenons, tel qu'il se présente historiquement, le fait de la vénération des premiers chrétiens pour le chantre de

Thrace; nous nous prévalons surtout, les monuments à la main, des honneurs publics qui lui furent rendus par les arts d'imitation, et nous recherchons les causes de ce double phénomène.

Cependant des critiques des plus autorisés en ces matières ont pensé que probablement ces poëmes avaient été rédigés d'après des sources antiques conservées peut-être par la seule tradition (V. Greppo. *op. laud.* p. 22). Mais enfin si nous accordons que des interpolations relatives aux mystères de la foi chrétienne aient pu avoir lieu dans les premiers siècles, il ne nous semble nullement nécessaire d'avoir recours à la supposition d'une supercherie pour expliquer les sentiments religieux d'une si grande élévation qui respirent dans quelques-uns de ces hymnes, et surtout l'expression si nette du dogme de l'unité de Dieu qui s'y trouve reproduite sous les formes les plus variées et les plus poétiques. Il nous paraîtrait bien téméraire de taxer d'une crédulité puérile des hommes tels que S. Justin et S. Clément d'Alexandrie, qui ont cru qu'*Orphée* avait réellement professé et enseigné ces dernières doctrines. Sans se dissimuler le caractère si prononcé de polythéisme qui avait marqué la première phase de son existence, au point que, non content de donner son culte aux divinités reconnues, il en avait ajouté trois cent soixante nouvelles au catalogue déjà si riche du Panthéon des Grecs, vérifiant ces paroles du *Deutéronome* (cap. XXXI) : *Novi recentesque venerunt, quos non coluerunt patres eorum*, le martyr S. Justin, qui, au deuxième siècle, avait passé de la philosophie platonicienne à la foi du Christ dont il devint bientôt un des plus vaillants apologistes, tient pour incontestable son retour à des idées plus saines, et le changement survenu notamment dans ses opinions au sujet de la nature et de l'unité de Dieu, devrait, selon ce Père, être attribué à la connaissance qu'il avait acquise des livres de Moïse dans un voyage en Égypte (Justin. M. *Ad Græc. cohort.* XIV). Il est essentiel d'observer que cette leçon d'histoire était donnée par l'apologiste chrétien aux Grecs, le peuple le plus éclairé de l'antiquité, et qui, connaissant mieux que nulle autre nation les poésies d'Orphée, n'eussent pas manqué de mettre sur le compte des interpolations, si elles eussent existé, les passages dont S. Justin se faisait une arme pour saper leurs vieilles erreurs.

Voici, entre autres fragments rapportés par le docteur chrétien à l'appui de son raisonnement, les vers adressés par Orphée à son fils Musée pour redresser ses enseignements précédents. Nous citons à notre tour ce curieux passage dans la traduction en vers latins que nous trouvons dans divers recueils (V. Aringhi. t. II. p. 564) :

Solis canto piis, procul, oh! procul este profani!
Tu, Musæe, audi, lunæ sate stirpe silentis.
Perniciosa prius, vitæ adversa futuræ,
Ex me cognosti : sed nunc te vera docebo.
Inspectans Verbum divinum, huic totus inhære.
Pectoris hoc mentem sacri, gressusque guberna.

Incedens recta, Regemque hunc orbis adora.
Unicus est, per se existens, qui cuncta creavit.

« Je chante pour les seuls pieux, arrière les profanes ! — Toi, Musée, écoute, descendant de la lune silencieuse ! — Les doctrines pernicieuses te sont venues de moi précédemment contre la vérité de la vie future ; — Maintenant je te donnerai un enseignement plus juste. — Contemplant le Verbe divin, adhère à lui pleinement. — Forme d'après ce principe ton esprit et tes démarches ; — Marchant avec droiture, adore ce Roi de l'univers ; — Il est unique, existant par lui-même, lui qui a créé toutes choses. »

A l'exception du second vers qui assigne à Musée une extraction quelque peu sidérale, tous les autres, le dernier surtout, sont d'une admirable exactitude, nous pourrions presque dire d'une rigueur théologique irréprochable.

Le témoignage de l'illustre prêtre d'Alexandrie n'est ni moins clair ni moins concluant que celui du martyr-apologiste. Voici ce qu'il dit au sujet de la conversion opérée dans les idées d'Orphée sur la Divinité (Clement. Alex. *Hort. ad gent.*...) : « Le Thrace, interprète des choses sacrées et poëte en même temps, le fils d'Œagre, Orphée, après avoir enseigné la religion des Orgyres et la théologie des idoles, chanta, bien qu'un peu tard, une sainte palinodie. » Ici sont rapportés des vers exprimant sur la nature de Dieu des idées analogues à celles de l'hymne donné par S. Justin.

Théodoret (Lib. III *De princ.* x. 1) nous a conservé un fragment qui offre des points de rapprochement vraiment frappants avec la doctrine de l'Évangile sur la grandeur et la magnificence divines. Pour que l'on puisse établir le parallèle, voici d'abord un passage de la *première Épître de S. Paul à Timothée*, où l'on surprend à chaque ligne le même fond d'idées, et souvent les mêmes expressions (1 *Tim.* VI. 15. 16) : *Beatus et solus potens Rex regum, et Dominus dominantium : qui solus habet immortalitatem et lucem inhabitat inaccessibilem ; quem nullus hominum videt, sed nec videre potest, cui honor et imperium sempiternum. Amen,* « le seul puissant, le seul Roi des rois, et le Seigneur des seigneurs ; qui seul possède l'immortalité, qui habite une lumière inaccessible, qu'aucun homme n'a vu ni ne peut voir, à qui est l'honneur et l'empire dans l'éternité. *Amen.* »

Nous traduisons maintenant les vers attribués au sublime poëte de Thrace :

« Dieu est parfait, lui qui a parfait à lui seul toutes choses ; — il voit tout, et il n'est donné à l'œil d'aucun homme de le voir ; — Il n'est vu de personne, parce que nous sommes environnés de brouillards extérieurs, — Et que notre nature mortelle, la faiblesse de nos organes, les entraves de notre chair s'y opposent. — Résidant au sommet de l'Olympe, assis sur un trône d'or, — Il foule de ses pieds la terre, et étend sa main jusqu'aux dernières limites de l'Océan ;... Bien qu'il réside dans le ciel, rien sans lui ne se fait aux profondeurs de la terre, — Il régit la tête, le milieu et la fin. »

2° La vénération des premiers chrétiens pour Orphée s'explique en second lieu par cette opinion, fort répandue parmi eux, que, comme les sibylles, il était auteur de prédictions véritables sur Dieu et sur Jésus-Christ, son Fils. S. Augustin atteste cette croyance, en circulation de son temps, et ne dit rien qui autorise à supposer qu'il s'inscrive en faux contre elle (Augustin. *Contra Faust.* lib. xvii. cap. 15) : *Sibyllæ et Orpheus de Filio Dei aut Patre vera prædixisse, seu dixisse perhibentur*, « les Sybilles, ainsi qu'Orphée, passent pour avoir prédit, ou dit des choses véritables sur le Fils de Dieu. » Et il faut convenir qu'aux yeux des païens qui cherchaient la lumière, comme à ceux des nouveaux convertis, des témoignages de cette nature devaient avoir une singulière force, car celui d'Orphée venait coïncider avec une foule d'autres pronostics qui préoccupèrent si vivement le monde avant la naissance de Jésus-Christ, de l'annonce d'événements extraordinaires, d'une ère nouvelle, d'un nouvel âge d'or, etc.

Qui oserait traiter légèrement, par exemple, cette tradition si connue, selon laquelle Auguste, après la réponse qu'il avait reçue de la Pythie de Delphes, bâtit sur le Capitole, à la place même où s'élève aujourd'hui la vénérable église de Santa Maria d'Ara Cœli, un autel avec cette dédicace : Ara. Primogeniti. Dei. (V. Joan. Antioch. lib. x. p. 98, dans le vingt-troisième volume des *Écrivains de l'hist. byzantine*. — Suidas. *ap. Fabric. Biblioth. græc.* ad voc. Hesychius, etc., etc.)

Qui n'a entendu parler des prédictions de la sybille Érythrée, dont les vers acrostiches, traduits en latin par Cicéron bien des années avant la naissance de Jésus-Christ, sont cités avec tant de respect par le grand Constantin dans son fameux discours *Ad cœtum Sanctorum* (Ap. Euseb. orat. Ad cœt. SS. cap. xviii. xix).

Qui ne sait le parti que tiraient les premiers chrétiens, et Constantin lui-même dans la harangue dont je viens de parler, de la quatrième églogue de Virgile, où ils croyaient reconnaître l'annonce de la venue du Messie?

Ultima Cumæi venit jam carminis ætas;
Magnus ab integro sæclorum nascitur ordo.
Jam redit et Virgo, redeunt Saturnia regna;
Jam nova progenies cœlo demittitur alto.

« Déjà est arrivé le dernier âge de l'oracle de Cumes ; — Un grand ordre de siècles s'ouvre intégralement. — Déjà la Vierge est revenue, et le règne de Saturne revit ; — Déjà une nouvelle progéniture est envoyée du haut du ciel. »

Bien souvent cette pièce a été mise en parallèle avec quelques-unes des prophéties d'Isaïe, et Lactance, celui de tous les écrivains ecclésiastiques des premiers siècles qui fut peut-être le plus versé dans la littérature romaine, en cite plusieurs vers auxquels il attribue ce sens, et dit de Virgile (Lactant. *Divin. Inst.* vii. 24. 1. 5) ces remarquables paroles : *Nostrorum primus Maro non longe fuit a veritate*, « Maro, le premier d'entre nous, ne fut pas loin de la vérité. » Quoi qu'on puisse penser de cette opinion, il est certain que tous les efforts des commentateurs pour saisir le véritable objet de ce petit poëme sont restés jusqu'à ce jour sans résultat satisfaisant ; et, d'une autre part, il n'y a rien dans l'horoscope virgilien, sauf quelques expressions mythologiques, qui ne puisse rigoureusement s'appliquer à la naissance du Sauveur du monde. Il n'est pas impossible que Virgile ait connu les livres sacrés des Hébreux d'une manière quelconque, peut-être par la version des Septante, qui lui est antérieure de beaucoup, et qui était répandue dans toutes les parties du monde romain.

5° Venons à la troisième raison qui a, selon nous, inspiré aux premiers chrétiens l'idée de rendre à Orphée, par les arts d'imitation qui sont toujours plus ou moins la fidèle traduction des idées en cours dans la société, des honneurs publics qui nous étonnent aujourd'hui, et qui seraient en droit de nous surprendre bien plus encore, si nous ne savions que ces honneurs ne sont que relatifs, et qu'on ne doit y voir que l'effet de la contrainte qui, par la pression qu'elle exerçait sur l'Église naissante, la mettait dans la nécessité de revêtir des mille travestissements de l'allégorie le culte qu'elle rendait à son Dieu. Orphée était donc aux yeux des fidèles une figure, et les plus brillantes lumières de l'Église, telles que Théophile d'Antioche et S. Clément d'Alexandrie, avaient vu dans le personnage, ou, si l'on veut, dans le mythe d'Orphée adoucissant les bêtes féroces au son de sa lyre, une image symbolique du Dieu fait homme attirant à lui tous les cœurs par le charme de sa parole ; et, ce qu'il y a de particulièrement remarquable, c'est que Jésus-Christ semble avoir annoncé lui-même cette attraction divine qu'il devait exercer : *Ego si exaltatus fuero a terra, omnia traham ad meipsum* (Joan. xii), « quand je serai élevé au-dessus de terre, j'attirerai tout à moi. » Les livres prophétiques de l'Ancien Testament, et en particulier ceux d'Isaïe, nous tracent un tableau des merveilles annoncées comme devant se réaliser à l'avénement du Messie, qui rappelle tous les effets prodigieux attribués par l'antiquité à la lyre du chantre de Thrace, et nul doute que ces sortes de rapprochements faits chaque jour par les chrétiens, beaucoup plus adonnés que nous ne le sommes aujourd'hui à la lecture des livres divins, n'aient puissamment contribué à rendre populaire et presque sainte cette figure à travers les voiles de laquelle ils voyaient et vénéraient leur Sauveur. Tout ce que les poètes ont dit d'Orphée maîtrisant pour ainsi dire la nature entière par ses harmonieux accords, aussi bien que les peintures tracées par la main des artistes, ne semble-t-il pas comme un reflet de ces prophétiques paroles d'Isaïe sur le divin rejeton de la tige de Jessé? (Is. xi. 6 seqq.)

« Sous son règne, dit le prophète, le loup habitera avec l'agneau, le léopard reposera auprès du chevreau, la génisse, le lion, la brebis demeureront ensemble, et un petit enfant suffira pour les conduire. L'ours et le taureau prendront la même nourriture ; leurs petits dormiront l'un près de l'autre ; le lion et le bœuf iront aux mêmes pâturages. L'enfant à la mamelle se jouera avec l'aspic ; l'enfant nouvellement sevré portera la main dans la caverne du basilic. Ces animaux ne nuiront plus et ne tueront plus sur la montagne sainte, parce que la science de Dieu, immense comme la mer, inondera la terre. »

Après avoir commenté ce passage du plus sublime des poëtes bibliques, Lactance (*Inst.* lib. vii. c. 24) le met en parallèle avec plusieurs fragments de la sibylle de Cumes et de l'Érythrée, qui s'en rapprochent par les plus frappantes analogies. Obligé de restreindre ce travail dans certaines limites, nous renvoyons le lecteur studieux au livre des *Institutions divines* du grand apologiste.

Les plus illustres des anciens Pères se sont appliqués à faire ressortir et à expliquer l'irrésistible ascendant, la force secrète et toute-puissante qu'exerçait le Verbe divin sur les cœurs pour les adoucir et les civiliser. Et, d'abord, S. Jérôme (Hieron. *In Matth.* ix. 19) : « Certainement, l'éclat et la majesté de la divinité voilée, qui rayonnait sur sa figure humaine, était bien capable, au premier aspect, d'attirer à lui ceux qui le regardaient. Si, en effet, l'aimant et le succin ont la force de s'unir, par l'attraction, des anneaux, des pailles et fétus, combien plus le Seigneur de toutes les créatures ne pouvait-il pas attirer à lui ceux qu'il voulait ! »

Mais ce qui est plus digne encore d'attention, c'est que, dans un autre endroit, le même Père (Hieron. l. iii. *In. c.* xxi *Matth.*) s'exprime, au sujet de la puissance du regard et de la majesté toute divine du Rédempteur, presque dans les mêmes termes que Philostrate, en retraçant la physionomie d'Orphée. « L'œil d'Orphée, dit Philostrate (V. plus haut), annonce le génie et une inspiration toute divine.... Le sens religieux de ses chants respire dans l'expression exaltée de son visage. » Laissons maintenant parler, dans sa belle langue, le solitaire de Bethléem au sujet de Jésus, le véritable Orphée : *Igneum quiddam atque sidereum radiabat ex oculis ejus, et divinitatis majestas lucebat in facie,* « quelque chose d'igné et de céleste rayonnait de ses yeux, et la majesté de la divinité resplendissait sur son visage. » Origène développe des idées analogues dans sa vingtième homélie sur le vingt-neuvième chapitre de S. Matthieu.

S. Clément d'Alexandrie va plus loin encore. Après avoir parlé d'Orphée et du pouvoir qu'on prêtait à ses chants, il fait voir combien plus irrésistible encore et bienfaisante est la parole de Jésus : « Mais la puissance de mon chantre à moi, dit-il, ne se borne pas à de si vulgaires prodiges ; il est venu comme un libérateur rompre la dure servitude, briser la tyrannie que le démon faisait peser sur les hommes ; et nous attirant doucement sous le joug suave et bienfaisant de la religion et de la piété envers Dieu, il rappelle vers le ciel, notre véritable patrie, nos cœurs inclinés vers la terre. Lui seul, oui, seul de tous les Orphées, il a su dompter les animaux les plus difficiles à vaincre, c'est-à-dire les hommes : les oiseaux qui représentent les hommes légers ; les serpents qui sont les traîtres ; les lions, les rapaces ; les pierres, les rochers, les arbres, ce sont les insensés ; mais plus insensible que les rochers est l'homme, entravé par l'ignorance. Eh bien ! toutes ces bêtes si cruelles, ces pierres si dures, les chants célestes de notre Sauveur les ont transformées en hommes pleins de mansuétude. Voyez quelle est la puissance du nouvel Orphée, qui des pierres a fait des hommes, et des bêtes féroces a fait des hommes doux et débonnaires » (Clement. Alex. *Cohort. ad gent.*).

Eusèbe, dans son panégyrique de Constantin (*De laud. Constantin. Magni.* xv), prend les choses à un point de vue un peu différent, et applique d'une manière curieuse et élégante le symbole d'Orphée à Notre-Seigneur. « Le Sauveur des hommes, dit-il, par l'instrument du corps humain qu'il a voulu unir à sa divinité, s'est montré envers tous salutaire et bienfaisant, comme l'Orphée des Grecs, qui, par l'habileté de son jeu sur la lyre, apprivoisait et domptait les bêtes féroces. Les Grecs, dis-je, chantent ces prodiges, et croient que les accents inspirés du divin poëte non-seulement agissaient sur les animaux, mais encore touchaient les arbres, qui, à sa voix, quittaient leur place pour le suivre. Ainsi en est-il de la parole du Rédempteur, parole pleine d'une divine sagesse, qui, en s'insinuant dans le cœur des hommes, y guérit tous les vices. Et la nature humaine, adoptée par lui, résonne sous sa main comme un luth sublime, charme, ravit, enchante, non point des animaux privés de raison, mais des créatures humaines qui ont reçu du ciel une âme intelligente ; elle polit et adoucit les âpres mœurs des Grecs et des barbares, met un frein aux instincts les plus désordonnés et les plus féroces. »

Il serait aisé de multiplier les citations établissant, ainsi que celles qui précèdent, que la primitive Église a regardé Orphée comme une figure de Jésus-Christ. Mais en voilà assez pour notre but, et ceux qui seraient désireux de pousser plus loin cette étude, pourraient consulter, entre autres écrivains de l'antiquité chrétienne, S. Grégoire de Nysse (*Orat. in Hexamer.*), S. Irénée (*Advers. hæret.* l. v. c. 8), S. Jean-Chrysostome (*Homil.* xii *In cap.* ii *Genes. Homil.* xxiii *In cap.* vi. *Homil.* xix *In cap.* ix), S. Léonce, évêque de Chypre (*Cont. Hebr. Opp.* t. v), Cassiodore (*In psalm.* xlix), etc.

Nous ne devons pas omettre de rappeler ici que, sous le nom d'Orphée, on a quelquefois désigné David, le roi prophète et psalmiste, qui est universellement reconnu pour une des figures les plus incontestées de Jésus-Christ. C'est ce que nous apprenons notamment de Georges Pisides, diacre de Constantinople, qui, au septième siècle, écrivait un poëme en vers iambiques sur la création du monde (*De mundi opific. Biblioth. PP.* t. viii). Voici l'amplification que donne le poëte de ce verset de David, *extendens cœlum sicut pel-*

lem, « vous étendez les cieux comme un pavillon » (*Psalm.* CIII. 3) :

> Tu pellis instar explicavisti polum,
> Namque tuus Orpheus fila contrectans lyræ
> Deum canentis, nuncupat pellem polum.

« Tu as développé le pôle à l'instar d'une peau, car ton Orphée faisant vibrer les cordes de sa lyre qui chante Dieu, appelle le pôle (le ciel) une peau (un pavillon). »

Enfin, pour donner une idée aussi complète que possible de l'incroyable richesse de conceptions gracieuses et poétiques qu'a fournies aux SS. Pères et aux écrivains ecclésiastiques en général la merveilleuse histoire du chantre de Thrace, ainsi que les miracles de sa lyre, transcrivons encore deux lignes de S. Justin, complétant le passage cité plus haut (*Cohort. ad Græc.* loc. cit.), et où l'apologiste compare les hommes justes et vertueux « à des instruments de musique, à des lyres dont les cordes, vibrant sous le divin archet descendu du ciel, font pénétrer jusque dans le plus intime des cœurs les enseignements célestes, » *atque ita divinum de cœlo plectrum descendens, quasi instrumento quopiam citharæ alicujus, vel lyræ, viris justis utens divinarum nobis et cœlestium rerum cognitiones revelaret.*

III. — Nous en avons dit assez pour expliquer la présence de l'image d'Orphée dans les cimetières chrétiens des Catacombes. Mais si les premiers fidèles avaient besoin d'être justifiés par des raisons nouvelles du reproche d'idolâtrie que, à défaut de réflexion, on pourrait être tenté de leur adresser à ce sujet, cette justification leur serait fournie par S. Augustin qui, dans son livre de la *Cité de Dieu* (lib. XVIII. c. 14), fait observer que si Orphée, Musée, Linus, ainsi que d'autres personnages de l'antiquité profane et fabuleuse, étaient adorateurs des idoles, ils ne reçurent jamais eux-mêmes les honneurs divins : *Orpheus, Musæus, Linus, etc., Deos coluerunt, non pro Diis culti sunt.*

En effet, l'hommage le plus élevé et le plus significatif qu'il ait reçu parmi les païens est celui sans doute que lui rendit l'empereur Sévère-Alexandre, en l'introduisant, comme nous l'apprend l'historien Lampride (*Alex. Sev.* XXIX), dans son laraire ou chapelle domestique, en compagnie d'Apollonius, du Christ, d'Abraham, d'Alexandre le Grand, étrange association qui, mieux qu'aucune autre chose, peut servir à caractériser l'esprit de ce siècle de transition, où le polythéisme, partagé entre des erreurs anciennes qui lui échappaient et des croyances nouvelles qu'il repoussait, doutant de lui et de son génie, et cherchant partout ailleurs qu'en lui-même la foi qui lui manquait, essayait d'établir entre des opinions opposées une sorte de compromis bizarre, et s'efforçait d'accoupler des noms ou des images, comme pour concilier des doctrines.

Or, bien que les statues des personnages cités par Lampride fussent placées dans le grand laraire, *lararium majus*, supérieur en dignité au *lararium secundum*, qui n'était probablement (Greppo. *Laraires de Sév. Alex.* p. 32) qu'une salle de bibliothèque ou un musée destiné à recevoir les bustes des grands hommes, il ne paraît pas que l'on soit autorisé à regarder comme des honneurs divins ceux qu'il partageait avec le conquérant macédonien, avec le sophiste de Tyane, et qui ne pouvaient avoir le caractère d'un culte d'adoration proprement dite que pour Jésus-Christ, associé à des noms si disparates par suite d'un inqualifiable éclectisme.

Ajoutons, en finissant, que cette vénération pour Orphée, si elle se tenait dans de justes bornes, n'était pas aussi opposée à l'esprit du christianisme qu'on pourrait le croire au premier abord. Bien des gens s'étonneraient si on leur montrait, par des témoignages cependant irrécusables, combien étaient larges les idées des premiers chrétiens, et surtout celles des plus anciens auteurs ecclésiastiques sur le salut des gentils qui ont eu la connaissance de Dieu et ont observé la loi naturelle.

On ne peut songer à rassembler ici les textes des Pères, et notamment des Grecs, qui viendraient développer cette doctrine (Voir à ce sujet la troisième dissert. de D. Calmet sur l'*Épître aux Romains*, et l'art. *Gentils* dans son *Dictionnaire de la Bible*).

Qu'il suffise de rappeler que plusieurs d'entre eux, se fondant sur ces paroles de la *première Épître de S. Pierre* (III. 19) : *His qui in carcere erant spiritibus veniens prædicavit*, « il alla (Jésus-Christ) prêcher aux esprits qui étaient en prison, » ont pensé qu'un certain nombre de gentils avaient reçu la prédication du Fils de Dieu aux enfers, durant le séjour qu'il y fit dans l'intervalle entre sa mort et sa résurrection. Nicétas, sur le quarante-deuxième discours de S. Grégoire de Nazianze, raconte une singulière histoire dans laquelle Platon, apparaissant à un chrétien qui parlait de lui comme d'un impie, lui apprit qu'il avait été le premier à croire alors à la parole du Sauveur.

Quoi qu'il en soit du fait en lui-même, vrai ou supposé, il constate l'opinion des premiers siècles sur le salut des gentils, puisqu'il était admis comme ne répugnant point à la foi. Il en est de même de cette autre tradition qui supposait que l'empereur Trajan avait été délivré des peines de l'enfer par les prières de S. Grégoire le Grand. C'est ce qu'un vieux poëte a rendu par ces deux vers (Arévalo. *Hymnodia hispanica*. p. 139) :

> Ille Trajanum revocans ab orco
> Efficit dignum superum catervis.

(V. Estius, in lib. IV. dist. 46. 241. — V. aussi la curieuse dissertation de l'abbé Emery sur la mitigation des peines des damnés.)

Nous ne nous étonnerons donc plus de cette espèce de culte rendu à Orphée par l'antiquité chrétienne ; car si, d'un côté, il reposait sur des idées exagérées de sa valeur comme prophète, de la conformité de sa doctrine avec celle des Livres saints, et de plus sur des rapprochements quelquefois un peu arbitraires, quoique toujours ingénieux, entre lui et le Sauveur, question que, encore une fois, nous n'avons pas à examiner; d'un autre côté, il avait aussi sa source dans un sentiment de tolérance large, non moins qu'éclairée, dont aujourd'hui bien peu de chrétiens seraient capables : les uns le dépassant hors de toute raison, les autres ne sachant pas l'atteindre; étroitesse d'esprit d'une part, oubli des droits de la justice de l'autre : chez tous, manque de connaissance exacte et pure du véritable esprit du christianisme : *Nescitis cujus spiritus estis* (Luc. XI. 55).

ORPHELINS (SOIN DES).—V. l'art. *Aumône*. 5°.

OSTENSORIUM. — V. l'art. *Ambon*.

P

PAIN EUCHARISTIQUE. — I. — *Nature du pain eucharistique*. Le récit des trois évangélistes, S. Matthieu (XXVI), S. Marc (XIV) et S. Luc (XXII), suppose évidemment que notre Sauveur se servit de pain azyme (ἄζυμος, sans levain) pour instituer la sainte eucharistie, car cette institution suivit immédiatement la manducation de la pâque, où le pain levé était interdit : *Erat enim dies azymorum* (Matth. XXVI. 17); et cette interdiction durait autant que les solennités pascales.

Néanmoins, bien qu'il semble plus convenable d'imiter en cela Jésus-Christ dans la célébration du saint sacrifice, l'Église a toujours tenu qu'il n'eut point l'intention d'obliger ses apôtres et leurs successeurs à préférer le pain azyme au pain levé. Si le Seigneur prit du pain azyme, c'est qu'il n'y en avait pas d'autre sur la table où il avait soupé avec ses disciples. Aussi, en racontant l'institution de l'eucharistie, les évangélistes et S. Paul lui-même se contentent-ils de dire qu'il prit du pain, sans expliquer s'il était levé ou sans levain, ce qui indique assez que l'un et l'autre étaient propres au sacrement.

Nous ne voyons rien dans l'histoire des apôtres qui puisse nous autoriser à penser qu'ils aient donné à l'une de ces espèces de pain une préférence exclusive. Les fidèles de Jérusalem (*Act.* II. 46) « se rendaient tous les jours dans le temple dans l'union du même esprit, et y persévéraient dans la prière; et *rompant le pain* dans la maison, ils prenaient leur nourriture avec joie et simplicité de cœur. » Ces paroles doivent s'entendre des repas de charité (V. l'art. *Agapes*) que faisaient les chrétiens dans leurs assemblées publiques. Or il n'est pas probable qu'ils eussent deux espèces de pain dans ces réunions saintes, du pain azymé pour l'eucharistie, et du pain commun pour les agapes; car il n'y avait alors ni loi ni coutume qui exigeassent une telle différence. Tout porte donc à croire que les apôtres et leurs disciples usaient indifféremment de l'un et de l'autre, selon les temps, les lieux et les personnes; que dans l'Église de Jérusalem et dans les autres où le plus grand nombre des fidèles judaïsaient encore, ils célébraient avec eux la fête de Pâques avec des pains sans levain, soit dans le sacrifice, soit dans le repas commun, mais que, dans les autres temps où les Juifs mangeaient du pain levé, et dans les Églises des nations où la loi des azymes n'atteignait point, ils se servaient de pains levés et consacraient ceux qui leur étaient offerts par les fidèles.

Les auteurs ecclésiastiques ne fournissent aucune preuve qu'il en ait été autrement pendant les huit premiers siècles. On ne surprend même pas dans leurs ouvrages le moindre indice pouvant servir de base à une conjecture quant à l'usage du pain azyme à l'exclusion du pain levé, ou réciproquement. Si l'on pouvait prêter quelque créance à l'histoire que racontent les anciens scolastiques, Alexandre d'Allez (*Sacrement. euch.* p. IV. art. 1) et S. Thomas (*In* IV *Sent. dist.* q. 11. a. 2), au sujet des ébionites, on y verrait à bon droit la preuve que toutes les Églises se servirent d'abord de pain azyme dans les saints mystères, et qu'elles n'adoptèrent ensuite le pain levé qu'en haine de ces hérétiques qui, se croyant tenus aux cérémonies de l'ancienne loi autant qu'à l'Évangile, offraient des pains azymes dans leurs mystères. Mais la saine critique a depuis longtemps rejeté cette histoire, que le cardinal Bona ne craignait pas de traiter de fable, et qui n'a été fabriquée que mille ans et plus, après l'événement qu'elle suppose.

Ceux qui ont avancé que cette innovation était due au pape Alexandre Ier, qui siégeait en 109 et que S. Irénée donne pour le cinquième évêque de Rome, ne sont pas mieux fondés, car ils n'apportent à l'appui de leur opinion aucun témoignage de quelque valeur; et les actes de ce saint pontife ne renferment pas un mot qui soit relatif à ce prétendu décret.

Au contraire, les plus anciens Pères, à partir de S. Justin (*Apolog.* II), parlent du pain eucharistique comme d'un pain commun, ordinaire. Nous devons dire néanmoins que le témoignage de cet apologiste, ainsi que ceux de S. Irénée (IV. 34), de S. Grégoire de Nysse (*Orat. in bapt. Christ.*), de S. Cyrille de Jérusalem (*Catech.* III) et de quelques autres que l'on cite ordinairement pour cet objet (V. Grancolas. *Les ancien. liturg.* p. 567), ne nous paraissent pas aussi concluants qu'on le suppose ; car quand ils disent, comme S. Irénée (et le langage des autres est identique) : « Ce n'est plus un pain commun, mais l'eucharistie, » il est évident que ce terme, *pain commun*, est ici employé par opposition à ce qu'il devient par la consécration, mais ne désigne pas plus du pain levé que du pain azyme.

Mais Tertullien voulait bien certainement parler du pain commun quand il disait à sa femme dans la prévision qu'après lui elle contracterait de nouveaux liens (*Ad uxor.* II. 5) : « Si votre époux (païen) sait que ce que vous mangez avant toute nourriture est du pain, croira-t-il que ce pain est celui que l'on dit ? » L'expression de S. Ambroise, ou de l'auteur quelconque du livre *Des sacrements* (IV. 4), est plus claire encore : « Vous me direz peut-être, jugeant par les apparences, que c'est le pain que je mange ordinairement : » *meus panis est usitatus.* S. Grégoire trouva une femme incrédule de la présence réelle, parce qu'elle reconnut dans le pain consacré que le saint pontife lui présentait celui qu'elle avait elle-même offert après l'avoir pétri de ses mains (Joan. Diac. *In Vit. Greg.* lib. II. cap. 41). Et de ce fait particulier on peut conclure que la pratique générale était d'offrir du pain ordinaire pour la sainte eucharistie.

C'est à tort qu'on a conclu du sixième canon du seizième concile de Tolède tenu en 693 que dès lors le pain azyme était exigé ; ce décret porte sur la forme du pain, plutôt que sur sa nature : « On ne mettra plus de pain sur l'autel pour le consacrer, s'il n'est entier, propre, et fait exprès ; » or ces qualités conviennent aux deux espèces de pain.

Il y a cependant ici une prescription nouvelle : c'est que le pain destiné à être consacré ne doit pas être pris au hasard parmi les pains communs, mais fait exprès, *panis ex studio præparatus*, et avec un soin tout particulier. Or tout pain fait de fine fleur réunit ces conditions de netteté et de blancheur, *nitidus*, qu'il soit azyme ou levé.

Il y a beaucoup d'apparence qu'au neuvième siècle il régnait encore une complète indifférence entre l'une et l'autre de ces espèces de pain, dans l'Église grecque comme dans l'Église latine. Car si, à cette époque, les Grecs eussent été attachés à l'usage du pain levé, adopté par eux certainement depuis le sixième siècle, (Bona. *De reb. liturg.* I. 23. § 7), et très-probablement dès l'origine, et les Latins au pain azyme, est-il probable que Photius, si attentif à récriminer contre l'Église de Rome pour des bagatelles, telles que l'usage où étaient les ecclésiastiques latins de raser leur barbe, eût manqué d'adresser un reproche au pape Nicolas Ier sur un objet aussi important que la matière de l'eucharistie ?

De tout ceci on peut conclure que l'usage exclusif du pain azyme pour l'eucharistie ne s'est établi dans l'Église latine que dans l'intervalle de temps qui s'est écoulé entre Photius et Michel Cérulaire, qui consomma le schisme commencé par Photius.

Ce temps comprend à peu près deux siècles, et suffisait pour former une coutume ayant force de loi dans l'Église où elle était suivie. Du vivant même de Photius, il y avait déjà dans l'Occident des prêtres et même des Églises qui se servaient de pain azyme de préférence au pain levé. Le témoignage d'Ildefonse, évêque d'une Église d'Espagne, en est une preuve pour son diocèse et peut-être pour l'Espagne tout entière ; celui de Raban Maur en est une pour l'Allemagne, et nous ne nous rendons pas compte des doutes de quelques liturgistes à cet égard, et particulièrement de ceux du savant et judicieux Bocquillot (*Liturg. de la messe*, p. 286) ; *panem infermentatum* est une expression assez claire.

Quoi qu'il en soit, voici comment on suppose que ce changement s'opéra peu à peu.

II. — *Forme du pain eucharistique.* Depuis longtemps, les fidèles, et principalement les ministres de l'Église, prenaient un soin particulier des pains destinés à être offerts à l'autel. Il paraît même que dès le quatrième siècle ces pains étaient de figure ronde; S. Épiphane l'affirme positivement (Cf. Grancolas. *Les ancien. liturg.* p. 561); Sévère d'Alexandrie les appelle *cercles* (*In ordin. miss.*), et, dans le récit du miracle de S. Omer, le moine Ison désigne de même l'hostie de la messe. L'auteur des dialogues publiés sous le nom de S. Césaire (*Dial.* III) dit que le corps de Jésus-Christ dans le ciel a ses organes et ses membres, mais que sur l'autel il est rond. S. Grégoire appelle ces pains *couronnes*, et Surius, dans la vie de S. Othmar, qui vivait au huitième siècle, rapporte (*Ad* XVI *nov.*) que quand on ouvrit son tombeau, on trouva sous sa tête de petits pains en forme de roues, *panis rotularis*, qu'on nomme communément *oblationes*. C'est la forme qu'ont les pains eucharistiques dans une miniature d'un très-ancien manuscrit de la bibliothèque de Saint-Germain-des-Prés, dont nous donnons ici un croquis (Sirmond, *De azym. pan.* 5. ci-dessus p. 562). Un prêtre y est représenté entre deux autels, dont l'un, selon le rit judaïque, porte deux victimes, un agneau et un bélier; l'autre, qui est l'autel chrétien, est surmonté d'un calice et de pagnottes rondes, incisées en croix. Les pains eucharistiques ont aussi dans les Églises orientales la forme ronde, et sont marqués de la croix. Chez les Grecs, c'est une croix unique, entre les bras de laquelle sont inscrits les sigles IC-XC- N.-K. IHCOYC XPICTOC NIKA, *Jesus Christus vincit.*

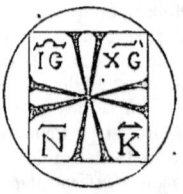

Chez les Syriens et les Égyptiens, les croix sont en nombre, parsemées dans le champ, et alternati-

vement grecques et latines. Les hosties de cette dernière Église ont aussi au centre des croix monogrammatiques, soit le X, et portent dans une partie de leur circonférence la légende ΑΓΙΟC.ICΧΡΟC, *sanctus panis.* Nous en donnons le dessin d'après

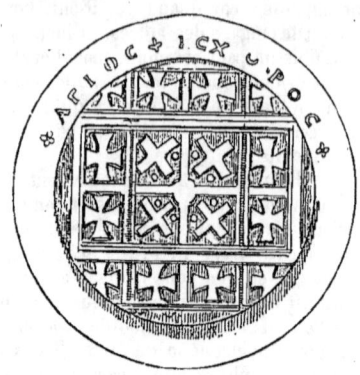

le même auteur. Le concile de Tolède, dont nous avons cité plus haut un passage, porte en outre que le pain préparé pour l'autel devait être petit, *modica oblata*, net et fait exprès.

Il est avéré que les anciens avaient coutume d'imprimer un sceau sur les pains offerts à l'autel. Un sceau qui probablement était destiné à cet usage, fut trouvé dans les catacombes au siècle dernier. Il a été publié naguère par M. De' Rossi (*Bullet.* 1865, p. 80), d'après un manuscrit du P. Ménestrier, qui lui-même en avait emprunté le dessin aux papiers laissés par Winghe. C'était probablement l'empreinte des pains qu'Euporius offrait à l'autel : ΕΥΛΟΓΙΑ ΕΥΠΟΡΙΩ.

Dans la suite, le relâchement s'étant introduit, les messes basses devinrent communes, et les ministres même cessèrent de communier à la grand'messe : autres raisons de diminuer le volume des pains. Pour les faire plus petits, plus nets et plus commodes, on inventa des fers dès le neuvième siècle (V. Mabillon. *De azymo*). On ne saurait néanmoins conclure absolument de l'usage de ces fers que les pains qu'on y cuisait fussent sans levain, car les Grecs s'en servent aussi ; mais il est probable qu'ils contribuèrent beaucoup à amener cette pratique.

Bien que ces pains azymes fussent de petites dimensions dès les premiers temps où l'usage s'en introduisit, on ne doit pas se les figurer minces et déliés comme ceux qui se font de nos jours. Ils avaient assez d'épaisseur pour qu'on pût facilement les rompre pour la communion des fidèles ; et il en était encore ainsi au douzième siècle. « Pour nous, dit le cardinal Humbert (*Epist. ad Leon. Acrid.* — Cf. Bocquillot. 288), nous offrons au saint autel de petites hosties faites exprès de fine fleur, saines et entières, et, après la consécration, nous les rompons pour nous communier nous-mêmes et aussi le peuple. »

Pour porter la sainte communion aux malades, on rompait une hostie dont on prenait seulement une parcelle, et non une forme entière. Ce fait, consigné dans les coutumes de Cluny (1070), prouve une fois de plus que l'usage des premiers siècles relatif à la dimension de ces pains persévéra longtemps dans l'Église.

Les pains d'autel étaient ronds partout, mais assez différents par leurs formes accessoires, comme il paraît par le cinquième concile d'Arles, tenu dans le courant du sixième siècle, et qui prescrit que les oblations offertes à l'autel soient faites uniformément dans toute la province. On trouve dans Bocquillot, Grancolas, etc., beaucoup de détails sur cet intéressant sujet pour les siècles du moyen âge et les temps modernes, qui n'entrent pas dans notre tâche.

Cependant nous ne résistons pas au plaisir de mettre sous les yeux du lecteur, d'après Dom Martène (*De antiq. monachor. ritib.* II. 8), la description des précautions et cérémonies respectueuses qui accompagnaient chez les moines la confection des hosties.

On faisait des hosties, dans les monastères, toutes les fois qu'on en avait besoin. Il y avait néanmoins deux époques principales destinées à ce travail, savoir : un peu avant Noël et avant Pâques. Faisons observer en passant qu'il fallait, pour que ces pains durassent si longtemps, qu'ils fussent, comme nous l'avons dit, épais et solides.

Les novices triaient le froment sur une table, grain par grain; on les lavait ensuite et on les étendait sur une nappe blanche pour les faire sécher au soleil. Celui qui les portait au moulin lavait les meules, se revêtait d'une aube, et mettait un amict sur sa tête.

Le jour de faire les pains étant venu, trois prêtres ou trois diacres, avec un frère convers, après l'office de la nuit, mettaient des souliers, se lavaient les mains et le visage, se peignaient et récitaient en particulier dans une chapelle l'office de laudes, les sept psaumes et les litanies. Les prêtres et les diacres, revêtus d'aubes, venaient dans la chambre où la confection des pains devait avoir lieu; le frère convers y avait déjà préparé le bois le plus sec et le plus propre à faire un feu clair. Tous quatre, ils gardaient un silence absolu; l'un répandait la fleur de farine sur une table polie, propre, réservée exclusivement à cet usage, et dont les bords étaient relevés afin de contenir l'eau qu'il jetait sur cette farine pour délayer la pâte. C'était de l'eau froide, afin que les hosties fussent plus blanches. Le convers, avec des gants, tenait le fer, et faisait cuire les hosties, six à la fois. Les deux autres coupaient ces mêmes hosties avec un couteau fait exprès (V. page 409, article *Lance*, un de ces couteaux eucharistiques) et à mesure qu'elles étaient coupées, elles tombaient dans un plat couvert d'un linge blanc. Ce travail durait longtemps dans les grandes communautés, et néanmoins se faisait à jeun. Cet usage a duré dans les monastères jusqu'au quinzième siècle (V. aussi dom Claude de Vert. *Dissert. sur les mots Messe et Communion*. p 162). On consultera encore avec fruit, sur la question du pain eucharistique, une savante dissertation du P. Sirmond, *Disquisitio de azymo, sempern in altaris usuǵfuerit apud Latinos*. Paris, 1651. Aux pages 121, 122 et 123 de cet opuscule, l'auteur donne le dessin des pains eucharistiques chez les Latins, chez les Grecs, les Syriens et les Alexandrins, dessin que nous avons reproduit plus haut.

PAINS (MULTIPLICATION DES). — Ce miracle de Notre-Seigneur est reproduit si souvent dans les monuments primitifs, qu'il est presque superflu de citer. Nous renvoyons pourtant à la planche LXXXV de Bottari, qui retrace le type commun, Notre-Seigneur imposant une main sur des pains, l'autre sur des poissons qui lui sont présentés par deux de ses disciples, et à ses pieds sont des corbeilles renfermant les restes. Un sarcophage du Vatican (Id. pl. XIX) présente une variante digne d'être notée : les pains sont à terre dans trois corbeilles sur lesquelles le Sauveur étend sa baguette, tandis qu'il place la main gauche sur les poissons que lui offre un disciple.

Quelquefois le miracle est représenté en abrégé et comme hiéroglyphiquement par cinq pains et deux poissons, comme sur un marbre du recueil de M. Perret (t. v. pl. XLVII-18).

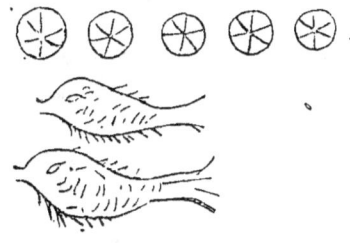

La représentation du miracle de la multiplication des pains avait plusieurs sens symboliques :

1° Elle rappelait la résurrection future : de même qu'il fut possible à Jésus-Christ de multiplier les pains, il ne sera pas plus impossible à la toute-puissance divine de rendre à leur état primitif les corps des hommes.

2° L'Église voulut aussi par là engager les fidèles à remercier Dieu de la multiplication des fruits de la terre pour le passé et à la lui demander pour l'avenir. Aussi au quatrième dimanche de carême où se lit, d'après S. Jean, le récit de ce miracle, trouvons-nous ces paroles à la préface de la messe, dans le sacramentaire de S. Grégoire : *Et te creatorem omnium de præteritis fructibus glorificare, et de venturis suppliciter exorare* : « il est juste et convenable.... et de te glorifier, toi créateur de toutes choses, pour les fruits passés, et de te supplier humblement pour les fruits futurs. » De la considération des biens temporels les fidèles devaient s'élever à celle des biens spirituels; de là cette oraison de la cinquième semaine après la Pentecôte, où vient le récit de la multiplication des pains selon S. Marc : *Te duce transeamus per bona temporalia, ut non omittamus æterna*, « que, sous ta conduite, nous passions à travers les biens temporels, de façon à ne pas perdre les biens éternels. » On voit ainsi que les peintures des catacombes et des églises primitives concouraient avec les prières de la liturgie à inspirer aux chrétiens les mêmes sentiments de piété.

3° L'Église voulut encore exciter les fidèles à rendre grâces à Dieu de les avoir placés au nombre des élus et des vrais enfants d'Abraham, en multipliant le nombre par l'adoption obtenue en Jésus-Christ. Ceci ressort de l'épître de ce même quatrième dimanche de carême empruntée à la *Lettre de S. Paul aux Galates.*

4° Mais le principal motif, était de mettre sans cesse sous les yeux des fidèles l'image du miracle perpétuel de la multiplication du pain céleste pour la sanctification de leur âme dans l'eucharistie. C'est pour cela que, des deux multiplications opérées par Notre-Seigneur, on ne voit *ordinairement* représentée que la seconde, qui fut faite sur des pains de froment, tandis que la première eut pour objet du pain d'orge (V. l'art. *Eucharistie*). En opérant ce miracle, Notre-Seigneur a presque toujours une baguette à la main (Buonar. *Vetri.* tav. VIII.); sur un sarcophage reproduit par Bottari (III. p. 201), on remarque cette circonstance particulière que de la main du Sauveur, sans la baguette qu'il porte ordinairement, s'échappent des rayons qui vont atteindre chacune des corbeilles, au nombre de trois. Les principales classes de monuments où ce sujet se trouve représenté sont les peintures, les sarcophages (V. Bosio. *passim.*), les pierres sépulcrales (Perret. *loc. laud.*), les verres historiés (Buonarruoti. *loc. laud.*), les mosaïques (Ciampini. *Vet. monim.* II. 98). Sur un sarcophage du Vatican (Bottari XXXVII) la scène serait complétée par une circonstance intéressante racontée dans l'Évangile de S. Jean (VI. 15). Des Juifs, le saisissant par les bras, *semblent vouloir l'enlever pour le faire roi* (V. l'art. *Eucharistie*). C'est l'interprétation de Bottari; nous en proposons, à l'art. *Juifs*, une autre qui nous paraît plus plausible.

PAIX (INSTRUMENT DE). — La coutume de se donner le baiser de paix, entre fidèles, avant la communion eucharistique, est de toute antiquité dans l'Église (V. l'art. *Baiser de paix*). Quand on crut devoir supprimer cet usage, on y substitua celui de faire baiser une petite image sculptée sur marbre, et appelée: *osculatorium, asser ad pacem, lapis pacis, tabula pacis* (Du Cange, ad voc. *Osculum pacis*). Du temps de Tertullien, au lieu de cet instrument de paix, on donnait à baiser la patène, avec cette réserve cependant qu'on ne « la présentait ni aux courtisans à cause de leur ambition, ni aux envieux, ni à ceux qui étaient opposés à la paix et à la tranquillité » (Ap. Macri). L'usage de l'instrument de paix, à la messe solennelle, s'est conservé dans la liturgie de l'Église de Lyon.

L'église de Cividale, en Frioul, possède une *paix évangéliaire* qui est probablement le plus ancien objet de ce genre qui soit parvenu jusqu'à nous : elle remonte au huitième siècle. C'est une tablette d'ivoire représentant le crucifiement de Notre-Seigneur dans tous ses détails, et entourée d'un cadre d'argent doré, orné de pierreries et d'arabesques d'une grande richesse. Mozzoni (sec. VIII. p. 89) donne le dessin de ce monument que nous reproduisons ici.

PALIMPSESTE. — I. Ce mot est composé de deux vocables grecs, πάλιν, « de nouveau, » et ψάω, « je gratte. » Dans l'antiquité, il désignait certaines tablettes ou feuilles d'essai, où l'on écrivait tout ce que l'on voulait, sauf à y faire des ratures, des surcharges, à en gratter l'écriture. Ulpien lui donne le nom de *charta deletilis*, papier destiné à être raturé, papier de rebut : c'est ce que nous appellerions *brouillon*. Pour mettre les feuilles de papier ou de parchemin en état de servir de nouveau, on en faisait disparaître la première écriture, à l'aide de l'éponge.

Les écrivains qui avaient à cœur de ne produire que des ouvrages très-soignés, les essayaient souvent à plusieurs reprises sur le palimpseste avant de les livrer au public, et Catulle (1 *Epigr.* 4) se moque de la prétendue facilité d'un poëte nommé Suffenus à faire de méchants vers de premier jet et sans ratures :

> Sed tu ne toties domini patiare lituras,
> Neve notet lusus tristis arundo tuos.

« Tu ne souffres pas les ratures multipliées de ton maître, ni que le roseau sévère réprime les jeux de ton indiscrète fécondité. »

Cicéron fait, lui aussi, usage du mot palimpseste dans une lettre à Trebatius (*ad. Fam.* VII, *Epist.* 18), où il exprime son étonnement de la patience de celui-ci à recopier ses propres épîtres sur le palimpseste. « C'est une épargne fort louable sans doute, mais je cherche ce qui a pu mériter d'être ainsi effacé sur ce petit papier, *chartula* .... car je ne puis croire que vous gratiez mes lettres pour y écrire les vôtres. Voudriez-vous me faire entendre que vos affaires sont peu prospères, et que le papier vous manque ? »

II. — Les procédés du palimpseste, en se reproduisant au moyen âge, ont causé à la littérature antique des pertes que nous ne saurions trop déplorer. Mais les services immenses rendus à cette même littérature par les calligraphes des monastères, qui, durant une longue série de siècles, furent les seuls copistes des livres anciens, doivent singulièrement atténuer les torts dus surtout à l'entraînement des circonstances (V. l'art. *Moines*, VI). Car il ne faut pas oublier que, dès que le christianisme se trouva en possession de trésors littéraires émanés du génie de ses propres docteurs, il se fit, dans la domaine des lettres une véritable révolution, excessive peut-être comme toutes les réactions, mais conforme aux tendances générales de l'esprit humain. Alors les auteurs anciens tombèrent nécessairement dans un discrédit momentané, et ce n'est pas la faute des moines copistes si Euripide et Virgile étaient laissés de côté par les lecteurs chrétiens, dont toutes les préférences se reportaient sur S. Grégoire de Naziance ou sur Sedulius. De là, pour se dispenser d'acheter du parchemin dont le prix était alors très-élevé, la malheureuse idée de déloger des tablettes de leurs bibliothèques les écrivains de l'antiquité qui ne leur étaient plus demandés, et d'en oblitérer l'écriture pour écrire à la place des auteurs dont le débit était plus assuré. Tantôt ils effaçaient les caractères au moyen d'une préparation chimique, tantôt ils les grattaient avec un instrument tranchant.

Les manuscrits qui ont subi l'une de ces deux opérations s'appellent *codices palimpsesti* ou *rescripti*. Il paraît certain que l'on a perdu de cette manière plusieurs pièces de théâtre grecques, des comédies de Plaute et diverses oraisons de Cicéron.

Heureusement, il a été découvert de notre temps des procédés qui permettent de faire revivre l'écriture primitive, après avoir fait disparaître les surcharges du moyen âge. Et ce sont surtout deux ecclésiastiques de nos jours qui se sont appliqués, avec un merveilleux succès, à réparer les fautes et les erreurs des copistes d'alors. Ces deux hommes qui ont si bien mérité de la science, sont M. Angelo Maï, professeur de langues orientales à la bibliothèque ambroisienne de Milan, devenu plus tard bibliothécaire du Vatican, et qui a fait revivre ainsi la *République* de Cicéron. Le second n'est autre que M. l'abbé Peyron de Turin, qui a découvert, sous la nouvelle écriture dont on les avait surchargés aux siècles obscurs, plusieurs fragments inédits des oraisons de Cicéron pour Scaurus, Tullius et contre Claudius. On doit aussi à ce savant la restitution, par le même procédé, d'un grand nombre de constitutions du code Théodosien complètement inconnues jusqu'à lui.

La voie ouverte par ces deux savants hommes a été suivie depuis par beaucoup d'autres, et surtout par M. Tischendorf, érudit allemand qui s'est rendu célèbre par de grands travaux sur la Bible, et en particulier par la publication de nombreux palimpsestes. Il s'est exercé notamment sur un manuscrit fameux de notre Bibliothèque nationale, qui se compose de feuillets détachés en écriture onciale du quatrième siècle, comprenant des fragments de l'Évangile et de l'Ancien Testament. Ce précieux monument fut apporté de Constantinople à Florence par Lascaris, et de Florence à Paris par Catherine de Médicis. C'est au treizième siècle que, sur le texte primitif, fut écrite une homélie de S. Ephrem. M. Tischendorf, à force de patience et de sagacité, a déchiffré l'un et l'autre et a publié son travail à Leipzig en 1845, sous le titre de *Codex Ephræmi Syri rescriptus, sive fragmenta Veteris Testamenti.* M. François Lenormant a bien voulu, à notre demande, faire exécuter le calque d'un passage de ce palimpseste, que nous offrons ici à nos lecteurs comme simple spécimen. Le texte inférieur est un passage tronqué du chapitre v de l'Ecclésiaste (vers. 5-17); nous tenons ce renseignement de M. Léopold Delisle, de l'Institut.

PALLIUM. — Le pallium est un insigne réservé aux archevêques et à quelques évêques occupant certains sièges privilégiés ou qui l'ont obtenu par un privilége personnel. Les canons, et en particulier le canon sixième du concile de Mâcon, de l'an 581, défendent aux prélats qui y ont droit de célébrer la messe sans le *pallium* : *Ut archiepiscopus sine pallio missas dicere non præsumat* (Tom. v. Concil. p. 968). C'est un ornement de forme circulaire qui entoure le cou comme une espèce de collier, et se termine par deux bandelettes tombant, l'une sur la poitrine, l'autre sur le dos (Nic. de Bralion. *Pallium archiep.*). Il se compose de laine blanche parsemée de croix noires, qui ont remplacé la figure du Bon-Pasteur dont il était primitivement orné (Baron. *Ad an.* 216); les agneaux qui fournissent cette laine sont solennellement bénits le jour de la fête de Sainte-Agnès dans la basilique de cette martyre, sur la voie Nomentane.

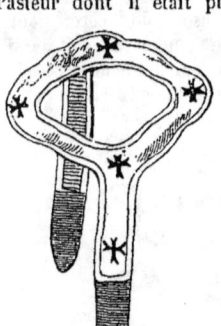

Le *pallium* est, pour les prélats qui le portent, le symbole de l'humilité et du zèle, car il rappelle la brebis égarée rapportée sur les épaules du Bon-Pasteur. On l'attache sur la chasuble avec trois épingles d'or, lesquelles indiquent la charité, ou les trois clous de la croix sur laquelle le Bon-Pasteur fut attaché pour l'amour de ses brebis.

L'origine du *pallium* comme insigne épiscopal n'est pas sans quelque obscurité. La première donnée certaine que nous possédions sur son existence est une constitution du pape S. Marc, disposant que l'évêque d'Ostie, qui est en possession de donner au pape la consécration épiscopale quand celui-ci n'est pas évêque avant son exaltation à la chaire apostolique, portera le *pallium* dans cette cérémonie (Baron. *Annal.* an. 336). Or on sait que S. Marc siégeait en 336, et son décret suppose évidemment que le *pallium* existait déjà auparavant. Mais dans les premiers siècles il avait certainement une forme plus ample.

Le plus ancien exemple de *pallium* figuré est celui que porte S. Celse, évêque de Milan, sur un sarcophage de cette ville qui passe pour être du quatrième siècle : ce *pallium* est orné d'une seule croix (V. Millin. *Voy. en Italie* t. i. p. 108). Une mosaïque du huitième siècle (Ciampini. *Vet. monim.* t. ii. tab. xl.) fait voir S. Pierre remettant à S. Léon un pallium à une seule croix, et qui, du reste, diffère fort peu de celui de nos jours.

PALME. — I. — La palme fut, chez tous les peuples, un symbole de victoire : *Quid per palmam,* dit S. Grégoire le Grand (L. ii *In Ezech.* hom. xvii), *nisi præmia victoriæ, designatur?* La primitive Église l'adopta pour exprimer le triomphe du chrétien sur la mort par la résurrection : *Justus ut palma florebit,* « le juste fleurira comme la palme (*Psalm.* xci. 13), » sur le monde, le démon, la chair, par le généreux exercice des vertus chrétiennes : *Palma victoriæ signum est illius belli, quod inter se caro et spiritus gerunt* (Origen. *In c.* xxi *Joan.* — Ambros. *In Luc.* vii). Sur les tombeaux, la palme est le plus souvent accompagnée du monogramme du Christ, ce qui signifie que toute victoire du chrétien sur ses ennemis est due à ce nom et à ce signe divins : ΕΝ ΤΟΥΤΩ ΝΙΚΑ, *in hoc vinces.* Cette intention paraît surtout évidente, quand, comme ici (Bosio. p. 436), le chrisme est tout entouré de palmes. Peut-être la même signification doit-elle être donnée à la palme jointe au Bon-Pasteur ou au *pedum* qui en est le signe hiéroglyphique, au poisson (Perret. iv. xvi. 3. 10. 49), ou à toute autre figure symbolique du Sauveur. Si elle est gravée sur des objets portatifs, sur des bijoux, par exemple (Perret. *Ibid.* et 13. 25. etc.), la palme nous semble exprimer, non point la victoire déjà remportée, mais la victoire attendue; elle aurait alors servi, selon nous, à encourager le chrétien luttant encore dans la vie, en plaçant sous ses yeux le prix réservé au

vainqueur. Voici un type assez fréquent sur les tombeaux des catacombes. Le chrisme y est en touré d'une couronne de laurier et accosté de deux palmes.

II. — Mais la palme est par-dessus tout le symbole du martyre, car, pour les chrétiens, mourir, c'est vaincre : *ergo vincimus cum occidimur*, dit Tertullien (*Apol.* L) ; et, comme S. Grégoire le rappelle avec toute sorte d'à-propos (*loc. laud.*), « c'est au sujet de ceux qui ont vaincu l'antique ennemi dans le combat du martyre, et qui maintenant jouissent de leur victoire dans la patrie, qu'il est écrit : *Palmæ in manibus eorum*, « des palmes sont dans leurs mains » (*Apoc.* VII 9). Aussi la *palme du martyre* est-elle devenue, dans le langage de l'Église, une expression classique et comme sacramentelle. Les diptyques, les actes des martyrs, les martyrologes nous font lire sans cesse : *Martyrii palmam accepit*, — *martyrii palma coronatus est*, — *martyrii palmam meruit obtinere*, — *cursum palmiferum consummavit*, dit Cassiodore (*De persecut. Vandal.* apud. Ruin. l. v. p. 73), « il a reçu la palme du martyre, — il a été couronné de la palme des martyrs, — il a mérité d'obtenir la palme du martyre, — il a consommé la course au bout de laquelle est la palme. » Ste Agathe répond au tyran : « Si vous ne faites pas déchirer mon corps par vos bourreaux, mon âme ne pourra entrer dans le paradis de Dieu avec la *palme du martyre*. »

De là est venu l'usage de peindre les martyrs avec une palme à la main ; et ce symbole est devenu si populaire que personne ne s'y méprend : *Fortes athletas populis palma designat esse victores*, « aux yeux des peuples, la palme dénote que les vaillants athlètes ont remporté la victoire, » dit Cassiodore (*Variar.* I. 28). Chacun d'eux, dit Bellarmin (T. II. *De Eccl. triumph.* l. II. c. 10), est représenté avec l'instrument spécial de sa passion ; l'attribut commun à tous est la palme. Dans la mosaïque de Sainte-Praxède (Ciampini. *Vet. mon.* t. II. tab. XLV), de chaque côté du grand arc, on voit, exactement selon le texte de l'*Apocalypse* (VII. 9), une multitude de personnages, *turbam magnam quam dinumerare nemo poterat*, portant à la main des palmes. D'autres mosaïques, celles de Sainte-Cécile et des Saints-Côme-et-Damien, par exemple, offrent deux palmiers encadrant tout le tableau, et chargés de fruits qui sont l'emblème des mérites des martyrs. Ce symbole avait déjà été employé dans les catacombes. Ainsi, dans une peinture d'*arcosolium* (Marchi. tav. XLI), sur une pierre sépulcrale (Marangoni. *Act. S. Vict.* p. 42), sur un certain nombre de sarcophages (Bottari. tav. XXII et alibi). Tous ces monuments représentent Notre-Seigneur entre S. Pierre et S. Paul ; le palmier qui est près de celui-ci est ordinairement surmonté d'un phénix, double symbole de résurrection particulièrement attribué à l'apôtre des gentils, parce qu'il fut le premier et le plus zélé prédicateur de ce dogme consolant (V. l'art. *Phénix*).

III. — Il est indubitable que la palme se rencontre très-souvent sur des tombeaux de fidèles non martyrs, dont plusieurs même portent des dates postérieures aux persécutions (Aringhi. II. 639). Elle était devenue un ornement tellement vulgaire, qu'on eut des moules en terre cuite (V. d'Agincourt. *Terres cuites.* XXXIV. 5) dont on se servait comme d'un moyen expéditif pour estamper l'empreinte d'une palme sur la chaux fraîche encore des *loculi*, expédient souvent fort utile dans l'extrême hâte qui, en temps de persécution, présidait à ces sépultures clandestines.

Quoi qu'il en soit, il n'est pas moins avéré que fréquemment aussi on employa la palme comme symbole de martyre. Le *titulus* de la jeune martyre FILVMENA fait voir une palme au milieu d'instruments de supplice (Perret. v. XLII. 3) ; il s'en trouve plusieurs autres exemples dans Boldetti (p. 233). Il nous semble difficile de ne pas voir un indice de martyre sur une pierre sépulcrale (Perret, v. XXXVII. 120) où la défunte est représentée debout avec une palme à la main gauche et une couronne à la droite, devant un cartouche renfermant l'inscription : (I)NOCENTINA DULCIS FI(lia). Ce type

devint fort commun plus tard, surtout dans les mosaïques. On ne peut guère méconnaître une intention analogue dans ces palmes qui sont tracées sur l'enduit enveloppant des vases de sang (Bottari. tav. CCI segg.), non plus que dans celles qui décorent le disque de quelques lampes ayant brûlé devant des tombeaux de martyrs (Bartoli. *Ant. lucern.* part. III. tav. XXII).

Mais puisqu'il est établi que la palme est commune à toutes les sépultures chrétiennes, il s'ensuit qu'elle n'est point un signe assuré de martyre, à moins qu'elle ne soit jointe à d'autres indices reconnus pour certains, tels que des inscriptions exprimant la mort violente, les instruments de martyre, le vase ou des linges teints de sang. Interpellée sur cette grave question, la congrégation des indulgences et des reliques répondit le 10 avril 1668 : *Censuit S. C. re diligentius examinata, palmas et vas illorum (martyrum), sanguine tinctum, pro signis certissimis habenda esse.* Papebroch et Mabillon furent d'avis que ces deux signes devaient se prendre *cumulativement*, de telle sorte que la *palme* seule, sans le vase de sang n'était pas une preuve suffisante du martyre. Boldetti soutint qu'on devait les prendre séparément comme ayant la même valeur. Nonobstant ce décret, Fabretti exclut la palme, et affirme que, dans la reconnaissance des corps saints, il ne s'était jamais fondé que sur le vase de sang. Après lui, Muratori (*Antiq. med. œv. dissert.* LVII) démontra que la palme seule ne suffisait pas pour prouver le martyre. Enfin, Benoît XIV (*De beatif. et can.* l. IV. pars II: p. 28), bien qu'il cite le décret en question, déclare néanmoins que « dans la pratique de ceux qui président aux fouilles des cimetières, la seule base sur laquelle on se fonde, c'est, non pas la palme, mais le vase teint de sang. » (Au sujet du vase de sang, lisez attentivement l'art. *Sang des Martyrs*, IV).

PAON. — Symbole de la résurrection. On sait que cet oiseau perd ses plumes chaque année à l'approche de l'hiver, *annuis vicibus*, comme s'exprime Pline (*Hist. nat.* l. X. § 22. p. 241. t. IV. edit. Taur.), pour s'en revêtir de nouveau au printemps, alors que la nature semble sortir du tombeau. C'est pour cela que les interprètes de l'antiquité chrétienne (Bosio. *R. sott.* p. 641.— Cf. Aringhi. *Rom. subterr.* II. l. VI. c. 56. p. 612) le regardent comme un symbole non équivoque de la résurrection ; et Mamachi (*Antiq. christ.* t. III. p. 92) fait observer que, bien que cette opinion ne s'appuie pas sur l'autorité des Pères, il n'y a néanmoins aucune raison plausible de la rejeter. S. Antoine de Padoue (*Serm. fer. 5 post Trinit.*) avait déjà représenté, sous l'emblème du paon, notre corps ressuscitant au dernier jour : *In generali resurrectione qua omnes arbores, id est omnes Sancti, incipiunt virescere, pavo ille (corpus nostrum) qui mortalitatis pennas abjecit, immortalitatis recipiet*, « à la résurrection générale, où tous les arbres, c'est-à-dire tous les Saints, commencent à reverdir, ce paon (qui n'est autre que notre corps), qui a rejeté les plumes de la mortalité, recevra celles de l'immortalité. »

S. Augustin signale (*De civit. Dei.* l. XXI. c. 4) une autre qualité du paon qui autorise à le regarder comme le symbole de l'immortalité : c'est l'incorruptibilité que l'opinion de son temps attribuait à la chair de cet oiseau. Ce qui donne un grand poids à cette opinion, c'est que nous trouvons dans les cimetières romains le paon uni à d'autres figures qui renferment, de l'avis de tout le monde, une allusion au dogme de la résurrection et de l'immortalité, par exemple le Bon-Pasteur, l'arche de Noé, l'histoire de Jonas, la résurrection de Lazare, figures dont l'ensemble formule admirablement une pensée unique.

Nous citerons deux exemples où le paon est représenté posé sur un globe, la queue développée en roue étalant ses longues plumes pleines d'yeux : peintures où l'artiste a eu évidemment l'intention d'exprimer par le globe la terre que quitte le corps ressuscité, et par les plumes le ciel vers lequel il se dirige. Le premier de ces deux monuments a été trouvé dans le cimetière des Saints-Marcellin-et Pierre (Bottari. t. II. pl. XCVII) ; le second appartient à la sixième et dernière chambre de la catacombe de Sainte-Agnès (Id. t. III. pl. 184). Dans ce

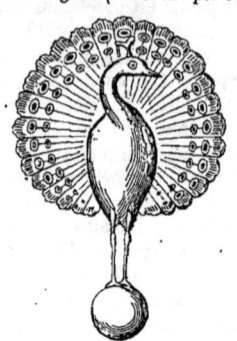

dernier, selon Boldetti (*Cimit.* p. 163) et Lupi (*Dissert.* II. t. I. p. 204), sont représentés les corps des martyrs sous l'image symbolique d'un tonneau porté par huit hommes dans un lieu où d'autres tonneaux sont conservés ; et il est à croire qu'on a voulu représenter la résurrection de ces mêmes martyrs par le paon, dont l'image domine cette scène.

Dans un monument arqué des catacombes de Saint-Janvier à Naples, on voit le même sujet vis-à-vis d'un paon peint avec deux de ses petits, sortant à demi d'une espèce de panier en forme de nid (D'Agincourt. *Peinture.* pl. II. n. 9). La même particularité se remarque dans les peintures d'une catacombe chrétienne découverte à Milan en 1845, près de la basilique de Saint-Nazaire ; mais ici les deux petits paons qui accompagnent le grand paraissent comme renfermés dans une espèce de treillis en forme de palissade (Polidori. *Sopra alcuni sepolcri ant. Crist. scop. in Milano.* 1845. p. 57). On remarquera que ce paon est accompagné de sept étoiles, symbole dont l'explication est donnée à l'article *Étoiles*.

Le symbole du paon est assez rare dans les monuments funéraires chrétiens. Il n'est cependant pas sans exemple, soit dans notre Gaule, soit en Italie. On remarque deux paons avec le vase sur l'épitaphe du prêtre Romanus, qui fait partie du musée lapidaire de Lyon (De Boissieu. *Inscript. de Lyon.* p. 580). M. Le Blant assure (*Inscript. chrét. de la Gaule.* I. p. 136) ne l'avoir rencontré que trois fois en Gaule. Nous n'en connaissons que deux exemples sur les monuments de Rome : l'un est

-fourni par la pierre sépulcrale de AVRELIA PROBA (Boldetti. p. 361), où un paon et une brebis sont gravés en regard l'un de l'autre ; le second vient également de Rome, mais se trouve sous le grand escalier de la bibliothèque de S. M. le roi de Sardaigne, à Turin (Gazzera. *Iscr. del Piem. Append.* p. 8). La figure du paon est ici placée près d'un vase d'une élégante forme, dans l'espace que laisse libre, au commencement de la seconde ligne, l'inscription suivante :

DEP. CASTI. IIIIX. KAL. MAIA. VIXIT. ANNOS
XXXXII. DIES. XXIII. IN PACE

Le paon associé au vase se voit aussi, mais avec des conditions d'élégance exceptionnelles, dans la chambre (*cubiculum*) dite des Cinq-Saintes, au cimetière de Sainte-Sotère (De' Rossi. *Rom. sott.* t. III. tav. XIII). Il est placé au sein du jardin de délices, c'est-à-dire du paradis (V. ce mot), et offre un double symbole d'immortalité, et près de l'image d'une de ces saintes, ARCADIA IN PACE, dont il représente l'âme bienheureuse.

Le paon est pris quelquefois, dans les représentations des saisons qu'offrent quelques monuments chrétiens, comme le symbole du printemps. On en voit un exemple dans l'un des petits côtés du sarcophage de Junius Bassus (Bottari. t. I. p. 4). Dans les peintures d'un ancien calendrier, édité par Lambèce, le paon est employé pour figurer le mois de mai. Le paon figure au nombre des animaux réunis autour d'Orphée, dans les peintures chrétiennes représentant ce sujet (V. Bottari. pl. LXIII. et la figure de l'art. *Orphée.* —V. l'art. *Saisons*).

PAPE. — I. — L'évêque de l'Église romaine est le successeur de S. Pierre qui « a occupé vingt-cinq ans le siège de Rome (Euseb. *Chronic.* an. LXIV), et l'occupe encore, toujours vivant dans ses successeurs (Petr. Raven. *Epist. ad Eutych.*), lesquels sont en tout les héritiers du ministère de Pierre » (Siric. *Ep. ad Himer. episc. Tarracon.*). Ainsi, de même que Pierre « à qui les clefs du royaume céleste ont été confiées (Matth. XVI. 19), paissant, par l'ordre de Dieu, l'Église mère de toutes les Églises.... obtint le principat universel » (*Ep. Hadrian. in syn. œcum.* VIII. art. 2), de même le pontife romain, en sa qualité de successeur de Pierre, « exerce un apostolat auquel nul ne saurait, sans crime, contester la primauté sur tous les autres épiscopats » (Augustin. *De baptism.* II. 1). C'est pourquoi, dès les premiers siècles, « toutes les questions qui pouvaient admettre quelque doute, lui furent constamment, et par une coutume invariable, rapportées, comme au chef suprême de tous les évêques de l'univers (Damas. *Ep. ad omn. episc. Orient.* ap. Theodoret. *Hist. eccl.* v. 10); car, dit S. Irénée, disciple de S. Polycarpe, disciple de S. Jean, le disciple bien-aimé du Sauveur, c'est vers l'Église romaine, à cause de son autorité et de sa suprématie, *propter potiorem principalitatem*, que doivent converger toutes les autres Églises, c'est-à-dire les fidèles dispersés dans tout l'univers » (*Adv. hæres.* III. 3). Aussi « tous les Pères les plus anciens de la république chrétienne ont-ils enseigné que le pontife romain, établi comme au point culminant de la citadelle, *in summitatis arce*, a le soin de toutes les Églises (Athanas. *Apolog.* II), et tous l'ont regardé comme étant seul dans l'Église véritablement prêtre et juge, suivant les besoins et les circonstances » (Cyprian. l. I. epist. 3. *Ad Cornel.*).

De tout ce qui précède, nous sommes en droit de conclure que le pontife romain, avec la *primatie* de toutes les Églises (Jul. I. *Epist.* 1), a reçu le pouvoir d'instituer les évêques des autres Églises (V. *Concil. Chalced.* act. I. et VII. — Cyprian. l. III. ep. 13. *Ad Steph.* — Theodoret. *Hist. eccl.* v. 23. etc., etc.), de porter des lois et d'en dispenser (Gelas. *Epist.* 1. — S. Greg. l. I. XII. ep. 31); que de tout temps on dut appeler à son tribunal, tout jugement étant suspendu jusqu'à ce que « la cause eût été jugée en dernier ressort par l'évêque de Rome » (*Concil. Sardic.* c. IV). Cette juridiction souveraine dès le premier siècle se prouve par les faits les plus incontestables. Ainsi, on sait que, du vivant même de S. Jean, l'Église de Corinthe vit sa paix troublée par des divisions intestines. Or à qui s'adressa-t-elle pour les apaiser? Il semblerait naturel que ce fût à cet apôtre; mais non, on en appela à S. Clément, évêque de Rome, et qui n'était que le troisième successeur de Pierre. Lorsque Marcion, fauteur des désordres qui désolaient la chrétienté d'Asie, est frappé d'anathème, ce n'est pas à sa métropole de Césarée qu'il en appelle, ni à l'Église d'Éphèse, que gouvernait alors un disciple de S. Paul, ni à la chaire d'Antioche, le premier et le plus vénérable siège d'Asie. C'est à Rome qu'il va plaider sa cause et demander des lettres de paix. A la même époque, S. Polycarpe, disciple de S. Jean, vient consulter le pape Anicet au sujet du jour qu'il fallait adopter pour la célébration de la Pâque (V. Cruice. *Hist. de l'Égl. de Rome de l'an 192 à 224*). De nombreux exemples fournis par l'histoire ecclésiastique de ces temps primitifs établissent que l'évêque de Rome, bien longtemps avant le concile de Nicée, exerçait sa suprématie même sur les grandes métropoles d'Alexandrie et d'Antioche, aussi bien que sur toutes les églises de l'Afrique, de l'Espagne et de la Gaule.

II. — Voici les principaux noms qui ont été donnés au souverain pontife dans l'antiquité chrétienne : ils expriment tous, d'une manière plus ou moins directe, la primauté qui lui a été de tout temps reconnue sur l'Église catholique tout entière : souverain pontife, et évêque des évêques (Tertull. *De pudicit.* 1. — *Act. S. Sebastian.* — *Concil. Carthag.* ap. S. *Cyprian.*), père des pères, élevé au faîte de l'édifice apostolique (Steph. Carthag. *Epist. ad Damas. papam*), pontife des chrétiens (Euseb. *Chronic.* an. XLIV), pasteur et gardien des troupeaux du Christ (Ambros. *epist.* LXXXI. *Ad Siric.*), pierre ou fondement de l'Église (Hieron. *Epist. ad Damas.*), tête ou chef de l'Église (*Concil. Chalced. ep. ad S. Leon.*), chef de toute foi (Philipp. legat. Cœlestin. PP.), préfet de tout l'univers, chef de la famille du Christ (Chrysost. t. VI. edit. Paris. p. 282), grand prêtre et pape universel (VIII *Synod. ad Hadrian.*), brillant de la dignité du principat pastoral (Theodor. Studit. l. 1. *epist.* 53. *Ad Leon.* PP.), le premier de tous les prêtres (Hilar. *In synod. Rom.*), l'appui et le soutien de l'Église (S. Isidor. *De Vit.*), président de l'Église (Augustin. l. 1. *Contr. Julian.* ç. 6), établi pour toutes les nations l'interprète de la voix du bienheureux Pierre (*Concil. Chalced.* loc. laud.), maître de tout l'univers (Chrysost. *homil. ultim. Ad Joan.*), souverain père (Episc. German. *Ad Joan. VIII*), père très-saint (Alcuin. *Epist. ad Hadrian.*), pierre et ornant le siège de Pierre (Theodor. Studit. *Epist. ad Paschal PP.*), premier prédicateur de l'Église (S. Greg. *Moral.* XIII. 8), vicaire des apôtres sur le siège du bienheureux Pierre (Luitprand. *Vit. Othon. I*), gardien de la foi (Petr. Chrysolog. *Serm.* CVII), pierre fondamentale de l'Église catholique (*Concil. Chalced.* act 1). Au concile de Florence, les Grecs exprimèrent comme il suit leur sentiment sur la primauté du pontife romain : « Nous confessons que le pape est souverain pontife, vicaire du Christ, pasteur et maître de tous les chrétiens, revêtu du droit d'administrer l'Église de Dieu. » D'innombrables témoignages des Pères et des conciles, aussi bien que les plus éclatants monuments de l'histoire ecclésiastique, concourent à établir cette vérité fondamentale de la primauté du siége de Pierre. Mais le développement de ces preuves est du domaine des théologens et des canonistes (V. l'art. *Patriarches*).

III. — Du nom de pape. L'opinion la plus plausible est que ce nom n'est autre chose que la transformation latine du grec πάπας ou πάππας qui veut dire père, et exprime la paternité spirituelle qu'exerce à l'égard des fidèles le sacerdoce chrétien. L'antiquité l'attribua indifféremment à tous les évêques, et même aux prêtres et aux clercs de l'ordre inférieur, surtout dans l'Église grecque. Dans son épître à Pammachius, S. Jérôme appelle du nom de *papes* Jean, évêque de Jérusalem, et Épiphane, évêque de Chypre; et les écrivains ecclésiastiques des premiers siècles offrent une foule d'exemples analogues. Prudence (*Peristeph.* XI.

vers. 127) donne la même qualification à l'évêque Valère, dans son hymne sur le martyre de S. Hippolyte, qui lui est adressé :

Rorantes saxorum apices vidi, optime papa.

Il en était ainsi surtout dans les Gaules. Au Puy, l'épitaphe de l'évêque SCVTARIVS lui donne le nom de pape : SCVTARI PAPA VIVE DEO (V. les *Annales des congrès scientifiques de France*. 1856. t. II. p. 358). Ainsi Fortunat (*Opp.* pars. I. p. 3) ouvre par cette suscription une lettre à Euphronius, évêque de Tours : *Domno sancto, et meritis apostolico domno, et duplici patri Euphronio papæ Fortunatus*, « au maître saint, seigneur apostolique par les mérites, et double père Euphronius pape, Fortunat. » Le même poëte (*Ibid.* p. 19) donne la qualification de pape à l'évêque Leontius dans une pièce qu'il lui adresse pour le féliciter de son zèle à restaurer la basilique de Saint-Eutrope à Saintes :

Quantus amor Domini maneat tibi, papa Leonti,

« Quel ardent amour du Seigneur demeure en toi, ô pape Leontius. »

S. Sidoine Apollinaire se sert aussi de cette formule dans sa correspondance avec ses collègues dans l'épiscopat. Soit pour exemple (*Epist. Lib.* IX. *Ep.* x) : *Sidonius Domino papæ Aprunculo, salutem.* — C'est Aprunculus, évêque de Langres. — *Sidonius Domino papæ Lupo, salutem* (*Epist.* XI et passim). (V. etiam. Greg. Turon. *Hist.* l. II. 27. x. 4. — Anastas. *Collat. S. Maxim. M.* p. 116. etc.) Et il paraît que cette locution était tellement vulgaire, que les païens eux-mêmes en avaient connaissance. Le proconsul d'Afrique, Galerius Maximus, adresse à S. Cyprien ce reproche : « Tu t'es fait le pape d'hommes d'un esprit sacrilége, » *tu papam te sacrilegæ mentis hominibus præbuisti* (Ruinart. *Act.* n. 4. edit. Veron. p. 189).

On nomma aussi papes les simples prêtres qui sont, eux aussi, les *pères* des peuples. Le prêtre Fronto est ainsi appelé dans les actes de S. Théodore d'Ancyre (Ruinart. p. 304. edit. Veron.). Les actes de S. Julien et de Ste Basilisse, qui souffrirent le martyre dans le quatrième siècle, donnent aussi le nom de πάππας à un prêtre nommé Antoine (Id. *Act. Select.* p. 364). Mabillon (*Analect.* IV) avait déjà remarqué que ce nom est attribué aux prêtres dans les actes de S. Mamare et autres martyrs d'Afrique. Chez les Grecs, le même nom sert aussi à désigner les évêques et les prêtres, mais avec une prononciation et une inflexion différentes : πάπας pour les premiers, παπάς pour les seconds. Peu à peu, dans l'Église orientale, cette dénomination fut étendue aux clercs inférieurs : un lecteur est appelé pape dans une *novelle* d'Alexis Comnène.

Mais enfin, à une époque qu'il n'est pas aisé de déterminer, le nom de *pape* fut réservé au pontife romain, à l'exclusion de tous les évêques, principalement dans l'Église Latine. Le premier exemple que nous ayons du titre de pape attribué par antonomase au souverain pontife est tiré du concile de Tolède, tenu en 405. Et depuis, nous le voyons ainsi qualifié dans les auteurs du sixième siècle (V. Benoît. xiv. *De synod. diœces.* l. i. c. 3. n. 4), entre autres Ennodius, S. Avit, Cassiodore, Libérat, etc. Auparavant, le nom de pape n'était pour le souverain pontife, comme pour les autres, qu'une marque d'affection filiale que lui donnaient les fidèles. Ainsi, dans une inscription funéraire, le diacre Severus appelle ainsi Marcellin qui siégeait sous Dioclétien, et d'après la permission duquel il avait ouvert une double chambre avec *arcosolia* et luminaire, pour sa propre sépulture et celle des siens : IVSSV PAPÆ SVI MARCELLINI (V. De' Rossi. *Inscr.* t. i. *Prolegom.* p. cxv). Plus tard, nous voyons un Philocalus se dire l'ami et le familier de *son pape* Damase, DAMASI SVI PAPÆ CVLTOR ATQVE AMATOR (Id. *ibid.* p. lvi). Pour plus amples notions à ce sujet, V. Onuphr. Panvin. *In voc. ecclesiast. interpret.* — Baron. *In not. ad martyrol.* passim. — Abraham Echellens. *Comment. de origine nominis papæ.* — Ang. Rocca. *De roman pontificis nomenclatura.*)

PÂQUES. — Sous le nom de Pâques, l'Église primitive comprenait et la passion, et la résurrection du Sauveur, qui est le véritable agneau pascal immolé pour notre salut. Aussi quand les anciens parlent de la Pâque, nous devons entendre une solennité embrassant un espace de quinze jours, la semaine consacrée à la douloureuse mémoire de la passion, et celle qui est vouée à la commémoration du glorieux mystère de la résurrection. C'est ce qui ressort également des témoignages des Pères, et en particulier d'un sermon de S. Augustin, prononcé le dimanche *in albis depositis* (*Sermon* xix, parmi ceux qu'a publiés le P. Sirmond), et de la législation impériale : on lit, en effet, dans le code théodosien (l. ii. tit. 8 *De feriis.* ii) : *Sanctos quoque Paschæ dies, qui septeno vel præcedunt numero, vel sequuntur, in eadem observatione numeramus,* « les saints jours de la Pâque, qui sont au nombre de sept avant, et de sept après (la fête de la résurrection), sont également observés par nous. » Le texte de l'évêque d'Hippone n'est pas moins formel : « Nous vous engageons, dit-il à ses fidèles, à vivre comme des hommes qui savent qu'ils auront à rendre compte à Dieu de leur vie tout entière, *et non pas seulement de ces quinze jours.* »

Cependant les anciens avaient deux noms différents pour distinguer la Pâque douloureuse d'avec la Pâque glorieuse; ils appelaient celle-ci « Pâque de la résurrection », *Pascha resurrectionis,* πάσχα ἀναστάσιμον, et celle-là « Pâque du crucifiement », *Pascha crucifixionis,* πάσχα σταυρώσιμον.

I. — Personne n'ignore que la question de la célébration de la Pâque fut, dans les premiers siècles, l'objet de longues et ardentes controverses. Nous ne saurions nous dispenser de donner ici quelques détails sur l'origine et la nature de ces débats.

Les chrétiens d'Orient, et en particulier ceux de l'Asie Mineure, par respect pour l'autorité et l'exemple de S. Polycarpe, évêque de Smyrne, et disciple des apôtres, célébraient la Pâque de résurrection le quatorze de la lune qui suit l'équinoxe du printemps, quel que fût le jour de la semaine où il tombait : c'est de là que leur vint le nom de *quartodécimans,* ou de chrétiens judaïsants. Les autres fidèles au contraire, et à leur tête l'Église romaine, avaient dès le commencement et par suite d'une tradition apostolique, adopté l'usage de ne célébrer la résurrection du Sauveur qu'un dimanche, jour où ce grand événement avait été accompli, et spécialement le dimanche qui suit immédiatement le quatorzième jour de la lune de mars.

La question s'engagea entre le pape S. Anicet et S. Polycarpe qui, vers l'an 152 ou 160, s'était rendu à Rome pour en conférer avec lui. Et comme l'un et l'autre se faisaient fort de l'exemple de leurs ancêtres dans la foi, il n'est pas étonnant que chacun ait soutenu sa coutume avec zèle et amour.

Mais il est essentiel d'observer que jusque-là la question était purement disciplinaire, et n'intéressait nullement le dogme : il s'agissait simplement de célébrer la Pâque un jour de préférence à un autre. Aussi le pape Anicet, se contentant de confirmer par un décret synodal, et en présence même de S. Polycarpe, l'usage de l'Église romaine, usage qui déjà avait été adopté par la plupart des autres Églises d'Occident, ne voulut point s'opposer d'autorité à ce que le saint évêque de Smyrne continuât à observer la coutume de son Église. Bien plus, il tint à donner en cette circonstance un bel exemple de modération chrétienne, et à montrer que cette divergence d'opinions n'avait nullement rompu le lien de concorde et de charité qui unit les membres avec le chef ; et bien que, en sa qualité de successeur du prince des apôtres, il fût revêtu d'une dignité supérieure à celle de Polycarpe, simple évêque d'une Église particulière, il voulut lui céder l'honneur de célébrer à sa place les saints mystères; et ils se séparèrent dans la paix. Ce trait si important de l'histoire ecclésiastique nous a été transmis par S. Irénée, disciple de S. Polycarpe (*Epist. ad Victor.* t. i. *Opp.* p. 344), et que nous verrons bientôt jouer lui-même un rôle actif dans la question de la pâque.

Assoupie pendant une quarantaine d'années, la contestation se réveilla vers la fin du siècle, par le fait de Polycrate, évêque d'Éphèse, qui fit savoir au pape Victor, alors régnant, qu'il avait décidé de nouveau avec son Église de célébrer la Pâque le quatorzième jour de la lune de mars. Il est évident que l'affaire entrait dans une phase nouvelle, et revêtait un caractère de gravité qu'elle n'avait point alors qu'elle se débattait entre Anicet et Polycarpe. Tout le monde put comprendre, par les circonstances qui l'accompagnaient, que de purement disciplinaire la question devenait dogmatique. Il s'agissait en effet de sauver l'unité de la discipline gravement compromise par de telles divergences, et par un refus obstiné d'obéissance à l'autorité de l'Église.

Il s'agissait bien plus encore de résister à la tendance de quelques chrétiens qui prenaient prétexte d'une pratique spéciale pour maintenir ou introduire de nouveau l'esprit et les usages du judaïsme dans l'Église chrétienne. Ce projet était même ouvertement avoué par quelques-uns, et entre autres par le prêtre Blastus qui, vers l'an 182, agita l'Église romaine par le plus impudent prosélytisme en ce sens : c'est ce qu'on peut lire dans un catalogue d'hérésies attribué à Tertullien, qui vivait alors, catalogue qui est annexé au livre des *Prescriptions* (cap. LIII) : « A tous ces hérétiques vient s'ajouter Blastus, qui veut secrètement introduire le judaïsme, car il dit que la Pâque ne doit pas être observée autrement que selon la loi de Moïse, le quatorzième du mois. *Or qui ne sait que la grâce évangélique est annulée, si l'on réduit le Christ à la loi ?* » Les paroles que nous soulignons peuvent faire comprendre l'importance doctrinale de la question.

La conduite du pape Victor dans ces difficiles conjonctures offre un mélange de fermeté et de circonspection qui n'a pas toujours été suffisamment appréciée.

A l'exemple des apôtres S. Pierre et S. Paul, et se basant sur les règles de discipline émanées de ses prédécesseurs, Sixte, Télesphore, Hygin, Pie et Anicet, il invita les principaux évêques de la chrétienté à se réunir pour délibérer sur la question en litige ; et en conséquence, des conciles eurent lieu dans les Gaules, dans le Pont, dans l'Osdroëne, dans l'Achaïe, et dans d'autres contrées encore, pendant qu'une assemblée analogue se tenait à Rome sous la présidence du pape. Or tous ces conciles furent unanimes à reconnaître comme seule légitime la coutume de l'Église romaine, et fixèrent irrévocablement la fête de Pâques au dimanche qui suit immédiatement le quatorzième jour de la lune de mars. C'était la chrétienté presque entière qui se déclarait ainsi, car les décisions prises à cet égard obtinrent l'adhésion de tous les évêques qui n'avaient pu participer aux délibérations des conciles de leurs provinces respectives.

Le seul Polycrate, qui cependant avait reconnu la juridiction de l'évêque de Rome, en convoquant, d'après ses ordres, un grand nombre de ses frères dans l'épiscopat, Polycrate, par une contradiction vraiment inexplicable, opposa une résistance obstinée au sentiment de l'Église qui venait de se manifester avec tant d'éclat et d'unanimité.

S. Victor, voyant l'unité ainsi mise en jeu et compromise par une imperceptible minorité, frappa d'excommunication Polycrate, les Églises d'Asie et leurs adhérents. Et il est important d'observer que personne n'eut l'idée de contester le droit du pape ; seulement, ceux qu'atteignait la sentence d'excommunication cherchèrent, comme tous les hérétiques, à en atténuer la portée par de vains subterfuges ; ils s'efforcèrent d'en arrêter l'exécution, et il ne paraît pas douteux que, grâce à l'intervention non moins chaleureuse que charitable de S. Irénée et de quelques évêques fidèles, les effets en restèrent suspendus.

Mais enfin, malgré l'indulgence accordée aux *personnes* par le souverain pontife, il est certain que la *doctrine* resta sous l'anathème ; et, un siècle plus tard, c'est-à-dire en 325, la juste sévérité de Victor recevait une éclatante sanction dans les décisions du concile de Nicée, qui mit les quartodécimans au nombre des hérétiques.

L'unité de pratique se trouvait ainsi rétablie, et il ne pouvait guère exister désormais de différences que celles qu'auraient amenées de faux calculs des phases de la lune ou l'usage d'un cycle fautif. Le concile de Nicée, comme nous l'apprenons du pape S. Léon (Epist. LXIV *Ad Marciam. imp.*), prit soin lui-même d'obvier à ces variations, en décidant que le patriarche d'Alexandrie, qui possédait dans sa ville épiscopale une célèbre école d'astronomie, serait chargé de notifier d'avance aux autres Églises le jour où la fête de Pâques devait être célébrée, et le pape, qui avait reçu cette notification par des lettres spéciales, la transmettait à toutes les Églises d'Occident.

II. — La fête de Pâques fut toujours dans l'Église l'objet d'une grande vénération et d'une sainte allégresse. — Ce jour fut appelé le « roi des jours », *dierum rex* ; la « fête des fêtes », *festivitatum et celebritatum celebritas* ; un jour « aussi élevé au-dessus de tous les autres, même de ceux qui appartiennent à Jésus-Christ, que le soleil est au-dessus des étoiles », *cæteris omnibus, iis etiam qui ipsius Christi sunt, tanto superior, quanto sol stellas antecellit* (Greg. Nazianz. *Orat.* XIX). Il était quelquefois aussi nommé le « dimanche de la joie », *Dominica gaudii* (Pagi. *In Baron. an.* 370. n: IV).

La joie publique se produisait par toute sorte de manifestations, et notamment par des illuminations splendides pendant la nuit de Pâques (V. des détails sur ces illuminations à l'art. *Lampes*, 1).

Au point du jour, *matutina luce rumpente*, les fidèles accouraient à l'église, et ils s'embrassaient fraternellement, en disant : « Le Seigneur est sorti du tombeau, » *surrexit Dominus de sepulcro* (V. les ordres antiques dans Martène), pratique que les Grecs ont conservée, ainsi qu'on le peut voir dans le traité d'Allatius (*De consens. utriusq. Eccl.* III. 18). Alors l'évêque commençait la messe dans le rit solennel, et tous les assistants, à l'appel du diacre : *Venite populi*, venaient recevoir la communion. Dès les premiers siècles, les évêques avaient coutume de s'envoyer mutuellement la sainte eucharistie en guise d'eulogie (V. Valois dans ses notes à Eusèbe. *Hist. eccl.* I. 2) ; et ils s'écrivaient à cette occasion une lettre dont Marculfe nous a conservé la formule (I. II). Mais cette pratique avait déjà été interdite par le concile de Laodicée (can. IV), tenu un peu après le milieu du quatrième siècle.

Les empereurs, à l'occasion de la solennité de Pâques, ouvraient les prisons, et rendaient la liberté aux condamnés, sauf à quelques-uns qui étaient coupables de crimes plus graves. Ceci nous est révélé, non-seulement par les lois impériales, mais aussi par les textes des Pères, de S. Ambroise par exemple (*Epist.* XXXIII), de S. Grégoire de Nysse (Homil. III *De resurr. Christ.*), de S. Chrysostome (Homil. XXX *In Genes.*). Les crimes exceptés de cette indulgence étaient le parricide, l'inceste, le faux monayage, l'homicide, la rapine, etc.

Les particuliers imitaient la libéralité des souverains en rendant la liberté à leurs esclaves ; et bien que la juridiction des tribunaux fût suspendue pendant les solennités pascales, elle avait néanmoins son cours pour tout ce qui concernait la manumission des esclaves (*Cod. Justin.* l. III. tit. 12. *De feriis.* l. 8). Les pauvres recevaient en ce jour des secours plus abondants ; et Eusèbe nous apprend que Constantin (*Vit. ejus.* IV. 22), « lorsque brillait la Pâque du Seigneur, faisait distribuer dans toutes les provinces soumises à l'empire romain les dons les plus opulents. »

PARABOLANI. — C'étaient des ministres inférieurs de l'Église qui, d'après les données que l'antiquité nous a transmises à leur sujet, paraissent avoir rempli à l'égard des pauvres l'office d'infirmiers, *ut debilium corpora curarent*. Théodose le Jeune, dans une loi qui les concerne (*Cod. Theodos.* l. XVI. tit, 2. leg. 42), leur donne le titre de clercs et les soumet à la juridiction de l'évêque. Cet ordre de fonctionnaires ecclésiastiques, selon toute probabilité, fut institué par Constantin, qui érigea, comme on sait, en institutions régulières, plusieurs offices charitables qui jusque-là avaient été exercés spontanément par les fidèles.

L'étymologie de leur nom n'est pas certaine. Parmi toutes celles qui ont été proposées, Bingham (*Origin.* t. II. p. 49) donne la préférence à l'opinion qui suppose que le mot *parabolanus* vient de deux mots grecs signifiant qu'ils exerçaient un ministère dangereux, παράβολον ἔργον, étant voués au service des malades, et spécialement de ceux qui étaient atteints de la peste ou de toute autre maladie contagieuse. Ce qui rend cette interprétation plausible, c'est que ceux qui étaient appelés à Rome *bestiarii*, parce que leur triste condition était de combattre les bêtes féroces dans l'amphithéâtre, étaient nommés, chez les Grecs, *paraboli* ou *parabolarii*, d'un verbe qui signifie exposer la vie de l'homme au péril (Socrat. VII. 22). On sait que les premiers chrétiens, à raison de leur courage à braver la fureur des bêtes féroces, avaient été, eux aussi, surnommés *parabolarii* (V. l'art. *Noms des premiers chrétiens*, I, 2, 8°). C'est donc probablement parce qu'ils exposaient leur vie au service du prochain, que ces clercs furent appelés « hommes aux fonctions dangereuses », *parabolani*.

PARADIS. — Dans les monuments chrétiens, l'idée du paradis est exprimée, tantôt par des symboles, tantôt par des formules.

I. — D'origine hébraïque, le mot *paradis* équivaut à jardin réservé, *hortus conclusus* (Forcellini. ad h. v.). Les Pères l'appellent tour à tour *verger éternel*, lieu de délices *où les fleurs s'épanouissent sans cesse;* ils en célèbrent sur tous les tons les *parfums exquis*. Le poëte Dracontius (*De Deo.* l. III. vers. 679), résumant leur doctrine, nous représente les élus

Inter odoratos flores et amœna vireta,

« Au milieu des fleurs odorantes et de riants vergers. »

C'est avec des couleurs analogues que, dans les actes de Ste Perpétue, Saturus dépeint le paradis (*Act.* c. XI.) : *Spatium grande.... quasi viridarium, arbores habens rosæ et omne genus flores;* toujours des gazons, des roses, des fleurs de toute espèce. Au chapitre troisième des mêmes Actes, on voit les martyrs réunis dans ce verger céleste, sous un rosier.... se nourrissant à satiété de parfums inénarrables, *In viridario, sub arbore rosæ.... odore inenarrabili alebamur, qui nos satiabat*. Mille images du même genre, dont il serait aisé d'emprunter les citations aux écrivains de notre antiquité, assimilent le séjour des bienheureux à tout ce qu'il y a de plus riche, de plus gracieux dans la nature. L'esprit humain, bientôt à bout de ressources, éprouvant le besoin de se créer un type tel quel de la félicité réservée à l'homme dans l'autre vie, en demande les éléments à ce qui fait ses délices dans celle-ci.

Les liturgies orientales, dans les prières qu'elles adressent à Dieu pour les âmes des fidèles qui ne sont plus, représentent le paradis désiré sous les couleurs les plus poétiques. Citons, par exemple, celle d'Alexandrie, portant le nom de S. Basile (Ap. Renaudot, *Liturg. orient.* t. I. p. 73) : « Introduisez-les, Seigneur, et rassemblez-les dans le lieu de la verdure, *in locum herbidum*, εἰς τόπον χλόης, sur les eaux du repos, dans le paradis de volupté, d'où sont bannis la douleur, la tristesse, les gémissements, dans la splendeur de vos Saints. »

Au reste, les textes anciens fissent-ils défaut, les monuments figurés suffiraient à eux seuls pour nous révéler les idées des premiers chrétiens à cet égard. Et ces monuments sont de deux espèces : ceux qui sont consacrés à la mémoire des morts, et ceux qui ont pour objet la gloire de Jésus-Christ, de la Ste Vierge et des Saints.

1° Les tombeaux de nos pères dans la foi, d'où toujours l'espérance chrétienne bannit toute idée de tristesse et de deuil, présentent partout l'image allégorique du paradis, des arbres, des fleurs, des couronnes et des guirlandes, un printemps éternel,

TEMPORE CONTINVO VERNANT VBI GRAMINA RIVIS,

lisons-nous dans une belle inscription métrique de Rome remontant au quatrième siècle (De' Rossi. t. I. p. 141. n. 317).

Entre toutes ces manifestations de la foi et de la confiance des premiers chrétiens qui se produisent à l'infini et sous les formes les plus variées dans leurs nécropoles souterraines et sur leurs monuments funéraires en général, il est un sujet auquel appartient de droit la priorité ; ce sont certaines images représentant la réception de l'âme du défunt par son patron ou protecteur dans le séjour de la céleste béatitude. Nous en avons un exemple particulièrement saisissant dans un *arcosolium* découvert, il y a quelques années, au cimetière de Cyriaque, près S. Laurent *in agro Verano*. Sur la face antérieure du sarcophage, une *orante* est debout entre

deux personnages, que l'on suppose être S. Pierre et S. Paul, et qui écartent devant elle deux élégants rideaux pour l'introduire dans la maison de sa glorieuse éternité. Voici ce tableau d'après M. De' Rossi (*Bullet.* 1863. p. 76).

Une représentation analogue a été trouvée naguère dans la basilique de Sainte-Pétronille, au cimetière de Domitille. Nous la reproduisons dans notre article spécial sur ce monument (art. *Pétronille*).

L'âme déjà admise et établie dans le séjour des justes est ordinairement figurée, comme on le voit ici, par une femme debout entre deux arbres, dans une attitude contemplative, ou de bonheur extatique, et cela sur les plus simples pierres sépulcrales (Perret. v. pl. v. II.-L.), comme sur les plus riches sarcophages de marbre (Rossi. *Rom. Sott.*, p. 95). — Cf. aussi *Monum. de Ste Mad.* I. 104). L'acclamation IN PACE, qui accompagne souvent ces figures orantes, exprime la paix céleste qui est leur récompense inaliénable. C'est ce que nous montre une charmante fresque du troisième siècle du cimetière de Sainte-Sotère (De' Rossi. *Roma sott.* t. III, tav. I), où la chrétienne (martyre peut-être) Dionysas est vue avec quatre autres personnages, au milieu d'un jardin plein de fleurs, de fruits, et où volent des oiseaux de toutes sortes.

Il existe toute une classe de sarcophages où le type du paradis est marqué par des arbres (Bottari. XIX. — Millin. *Midi de la Fr.* LXV. LXVIII), ou par des ceps de vigne (Bott. XXVIII) formant colonnes entre les différents groupes de personnages. Ailleurs (Millin. *ibid.* LIX. 3. — Garrucci. *Vetri.* II. 9), il est figuré par un souvenir parlant de la terre promise : ce sont deux Israélites qui emportent sur leurs épaules une énorme grappe de raisin (*Num.* XIII. 24). Les *cubicula* des catacombes, qui ne sont autre chose que des sépultures de famille (V. l'art. *Cubicula*), offrent des ornements analogues (Bottari. LXXVIII. CXXIII), mais distribués avec plus de richesse et de magnificence,

à raison de l'étendue de l'espace ; ce sont quelquefois de véritables bosquets, au sein desquels est assis le divin Pasteur qui semble prodiguer à ses élus ses doux entretiens (Bottari, LXXX, et notre art. *Pasteur* [*le bon*]). D'autres fois l'âme est figurée par une colombe posée sur l'arbre, emblème du paradis (Lupi. *Ser. epitaph.* tav. XVII. p. 157) ou au milieu des fleurs dont la pierre sépulcrale est décorée dans la même intention: Ceci se remarque sur le marbre de Sabinianus que nous donnons ici, et qui provient de la crypte de S. Alexandre, sur la voie Nomentane. L'acclamation SPIRITVS TVVS IN BONO, « ton âme repose dans le bien par excellence, » qui est inscrite au centre, a, comme on voit, une signification analogue à celle des rosiers qui donnent à cette simple pierre l'aspect du jardin céleste, *arbores habens rosæ*.

Mais nous ne devons pas oublier que ce n'est qu'à titre de souhait, ou comme témoignage d'une pieuse confiance dans la miséricorde divine, que ces touchantes allégories paraissent sur les tombeaux des simples fidèles. Elles se montrent, à plus juste titre, et aussi avec plus de magnificence, dans les monuments érigés à la gloire du Sauveur, à celle de Marie et des autres Saints. Telles sont, par exemple, les mosaïques qui décorent les absides des principales basiliques de Rome et de Ravenne. Celle des Saints-Côme-et-Damien (Ciampini. II. tab. XVI et XVII), celle de Sainte-Cécile (*Ibid.* LII), celle de Sainte-Marie *in Dominica* (*Ibid.* XLIII), à Rome, et celle de Sainte-Agathe-Majeure, à Ravenne (Id. I. tab. XLVI), re-

présentent Notre-Seigneur debout ou assis sur un trône couvert de pierreries, environné d'anges et de Saints, au milieu d'un splendide *viridarium* émaillé de mille fleurs. La Ste Vierge (Ciamp. II. XLIV), S. Sébastien à Saint-Pierre-ès-Liens de Rome (*Ibid.* XXXIII), S. Apollinaire, dans la basilique de son nom, à Ravenne (*Ibid.* XXIV), sont aussi placés au sein d'un paradis figuré de la même manière. Et nous retrouvons ce type sur des monuments d'une antiquité bien plus reculée, c'est-à-dire sur ces fonds de coupe dorés qui servirent aux agapes pendant les persécutions. Là aussi (V. Buonarruoti. XVIII. XXI. — Garrucci. IX. 8), les Saints déjà établis dans la gloire foulent un sol couvert de fleurs, ou prient entre deux arbres, image abrégée du paradis. Et ces différentes classes de monuments, auxquels il faut joindre encore les fresques des catacombes, nous montrent ces bienheureux personnages, même ceux dont l'existence ici-bas fut le plus modeste, vêtus avec toute sorte de magnificence, comme étant admis aux noces de l'Agneau. Les vierges surtout et les veuves, Ste Agnès, par exemple (Boldetti. 194. fig. 3), Ste Priscille (Perret. III. pl. III et IV), Ste Cécile

(Id. *ibid.* pl. XXXIX), y apparaissent toutes couvertes de précieuses étoffes, parées de bracelets, de colliers, d'anneaux, etc., en un mot comme une épouse pour son époux (*Apoc.* XXI. 2).

2° Les monuments nous offrent une seconde classe de représentations allégoriques du paradis : ce sont ces festins, si souvent reproduits, soit en peinture sur les parois des cryptes et chambres sépulcrales des catacombes romaines (Aringhi. p. 77, 85 *passim*), soit en sculpture sur les sarcophages recueillis dans les cimetières de la ville éternelle (Id. II. p. 267) : le musée du Latran possède plusieurs urnes inédites où se remarque cet intéressant sujet. Ces allégories découlent directement de l'esprit des Écritures, car souvent, dans l'Évangile (Luc. XII. 37. XXII. 29. etc.), le bonheur est figuré sous l'emblème d'un festin. Jusqu'à nos jours, on avait pris ces représentations pour des agapes ; mais l'archéologie moderne, d'après l'initiative de l'abbé Polidori, leur a rendu leur véritable sens (V. l'art. *Représentations de repas*). On doit regarder comme des signes hiéroglyphiques du paradis les vases tout seuls ou les pains isolés qui se rencontrent assez fréquemment sur les marbres funéraires des premiers chrétiens (V. les art. *Pains* et *Vases*). Tous les emblèmes de gloire, d'immortalité, de résurrection dont nous avons traité à part dans ce Dictionnaire, tels que la palme, le paon, le phénix, etc., se rattachent au sujet que nous développons ici (V. ces divers articles).

II. — *Les formules.* Il existe un nombre infini d'épitaphes des premiers siècles où le bonheur du ciel est exprimé, soit sous forme de souhait, d'espérance (V. l'art. *Purgatoire*), soit sous forme d'acclamation, dans les trois principaux éléments que lui assignent les textes sacrés et liturgiques, *rafraîchissement, lumière* et *paix* (V. les art. *Refrigerium, Lux* et *In pace*). Au premier rang des autres formules affirmant ou acclamant la félicité éternelle, nous devons placer celles qui renferment une prière adressée aux âmes saintes supposées déjà dans le sein de Dieu, et pour celles-ci nous renvoyons à l'article *Invocation des Saints*. Nous en citons quelques autres comme au hasard : ACCEPIT REQVIEM IN DEO, « il a acquis le repos en Dieu » (*Act. S. V.* p. 97). — REQVIEM ADCEPIT (sic) IN DEO PATRE NOSTRO ET CHRISTO EIVS, « il a reçu le repos en Dieu notre père, et dans son Christ » (Gruter. 1052. n. 12). En voici une à peu près semblable, mais qui offre un haut intérêt, en ce qu'elle renferme une profession de foi à la divinité de Jésus-Christ : HIC IACET. PERPETVVS. IN. CHRISTO‖DEO. SVO, « ici repose Perpetuus dans le Christ son Dieu » (Muratori. MCDXXIII. 5). VIVIS IN GLORIA DEI, « tu vis dans la gloire de Dieu » (*Ibid.* p. 69). — BEATIOR IN DEO CONDEDIT (sic) MENTEM, « plus heureux, il a remis son âme en Dieu » (De Boissieu. *Inscr. Lyon.* 550). — SCIMVS TE IN ✠ (*Christo*), « nous savons que tu es en Jésus-Christ (Marini. *Arval.* 562), » et ailleurs (Id. 266) : SCIO NAMQVE BEATAM, « car nous te savons heureuse. » — ACCEPTA APVD DEVM (Bosio. *Rom. sott.* 105), ΜΙΡΙΝΑ ΑΚΕΠΤΑ ΙΝ ΧΡΤΟ, « reçue en Dieu, en Jésus-Christ, » même formule en lettres grecques (Fabretti. p. 391. n. 254) ; » — IN DOMO ETERNA DEI, « dans la maison éternelle de Dieu » (Bottari. tav. VII. n. 8) ; » — RECEPTVS AD DEVM (De'Rossi. I. n. 5). La formule ELATVS EST (*Ad Deum*), « il a été élevé vers Dieu » (Id. 1192), » nous paraît unique dans son genre. — Nous avons, dans une épitaphe de Chartres (Le Blant. I. 304) cette autre expression, assez insolite : VITAM TRANSPORTAVIT IN CAELIS, « il a transporté sa vie dans les cieux. » Celle d'AVRELIVS FELIX, dans Marangoni (*Act. S. Vict.* p. 127), porte RAPTVS ETERNE (sic) DOMVS, ce qui rappelle ce mot de l'Ecclésiaste (c. XII) : *Ibit homo in domum æternitatis suæ,* « l'homme ira dans la maison de son éternité. » Celle d'Eugenia exprime qu'elle a été *rendue* (à sa véritable patrie) : EVGENIAE REDDITAE PRIDI. NON. SEPT.... (Boldetti. p. 407) ; et ce qui est bien plus significatif encore, c'est que la formule IN PACE qui surmonte le *titulus* est enfermée dans une couronne : double *image* de la récompense céleste. — Nous citons en latin d'après Lupi (*Sev. epitaph.* 166) celle-ci, qui est écrite en grec barbare : *Deus qui sedet ad dexteram Patris, in loco Sanctorum tuam nectaream animulam descripsit,* « le Dieu qui est assis à la droite du Père, a inscrit dans le lieu des Saints ta petite âme nectarée. » — Oderico (*Syllog. vet. inscr.* p. 264) donne une leçon un peu différente : *Deus qui sedes ad dexteram Patris in locum Sanctorum tuorum Nectarii animulam transtulisti :* « Dieu qui sièges à la droite du Père, tu as transporté dans le séjour de tes Saints la chère âme de Nectarius. » C'est l'épitaphe d'un enfant, ainsi que l'indiquent assez ces expressions caressantes : *délicieuse petite âme,* formule qui n'est pas sans analogue dans les inscriptions funéraires chrétiennes (V. Lupi. *l. laud.*) ; mais en tant qu'elle énonce l'admission de l'âme dans le *séjour des Saints* (Dieu.... a inscrit ton âme dans le lieu des Saints), elle appartient à une classe spéciale et assez nombreuse. — FRVCTVOSVS ANIMA TVA CVM IVSTIS, « Fructuosus, ton âme est avec les justes (Mai. *Collect. Vat.* v. 381), » « parmi les âmes innocentes, » INTER INNOCENTIS (sic) (Perret. v. pl. XVII. 20), — INTER SANTOS (sic) (Oderico. 541), A TERRA AD MARTYRES, « de cette terre au séjour des martyrs » (De Boissieu. p. 547), — « dans le sein des *patriarches,* » QVIESCENTI IN SINV ABRAHAE ISAC ET IACOB (Murat. *Thes.* 1825. 7), — IN GREMIO ABRAHAM (Marini. *Papiri.* 244). La formule ACCERCITVS AB ANGELIS, désignant l'âme d'un enfant que *les anges ont appelé* et placé près d'eux, nous paraît unique dans son genre ; elle est du cimetière de Calliste (V Fabretti. 581. LXXXVI).

Le mot de *paradis* désignant le bonheur des Saints ne paraît pas dans les inscriptions chrétiennes, à notre connaissance du moins, avant les dernières années du quatrième siècle. Le premier monument de ce genre où nous l'ayons rencontré est de 382 : c'est l'épitaphe de Théodora, dont nous avons cité plus haut un fragment : TEMPORE CONTINVO....

En parcourant les recueils d'inscriptions chrétiennes, on retrouvera partout des expressions de joie et d'allégresse émanant de ce sentiment filial de la confiance en Dieu qui montrait aux premiers chrétiens leurs frères défunts assis dans la gloire.

PARALYTIQUE. — L'image du paralytique guéri par Notre-Seigneur et emportant son grabat sur son dos se rencontre très-fréquemment dans les peintures des cimetières, sur les sarcophages antiques, sur les verres à fond d'or (Buonarruoti. *Vetri.* IX. 1 et 2), sur les diptyques (Bugati. *Memor. di S. Celso* p. 282), etc. Elle était regardée par les premiers chrétiens comme un des nombreux symboles de la résurrection, et encore comme l'image de la guérison de l'âme dans le sacrement de pénitence. Régulièrement le paralytique est vêtu d'une tunique ceinte et d'un caleçon, vêtement qui, au dire de Casaubon (*In Trebell. in Saturnin.* — Cf. *Buonarr.* p. 59), était propre aux soldats, aux voyageurs exposés plus que tous autres aux rigueurs des saisons, et qui, pour le même motif, put être aussi celui des malades. Il est toujours représenté plus petit que Notre-Seigneur, pour marquer son infériorité, et il en est de même toutes les fois que le Sauveur exerce sa puissance sur les hommes, notamment par des guérisons miraculeuses. Notre-Seigneur est debout, vêtu d'après le type ordinaire, et il étend sur le paralytique sa main disposée comme pour bénir, geste qui peut avoir ici un sens impératif. Nous avons un fragment de sarcophage (Bottari. tav. xxxi) où le Rédempteur est accompagné d'un personnage chauve, à figure austère, tenant d'une main des volumes et élevant l'index de l'autre en signe d'allocution et avec un certain air d'autorité. C'est probablement un de ces scribes qui, par une pharisaïque interprétation de la loi, trouvaient mauvais que le paralytique emportât son lit le jour du sabbat (Joan. v. 10) : *Sabbatum est, non licet tibi tollere grabbatum tuum*).

Sur un sarcophage romain (Bottari. cxcv) le lit que porte le paralytique se termine par une têtière en forme de poisson ; est-ce une allusion au divin ιχθυς, qui exerce ses fonctions de Sauveur en guérissant les maux physiques des hommes avant de racheter leurs âmes par l'effusion de son sang.

A une époque un peu plus tardive, c'est-à-dire au sixième siècle, les monuments, et en particulier les mosaïques, reproduisent de préférence celle de ces guérisons qui est rapportée par S. Luc au chap. v de son Évangile (v. 18. 19), et qui, à raison de la circonstance intéressante qui la caractérise, était plus propre à produire un effet pittoresque. Les parents ou les amis du paralytique ne pouvant, à cause de la foule, pénétrer dans la maison où se trouvait Notre-Seigneur, montent sur le toit et le descendent avec des cordes. Ce sujet paraît pour la première fois, à notre connaissance du moins, dans une mosaïque de S. Apollinaire de Ravenne (cinquième siècle). Mais nous reproduisons ici, d'après M. Rohault de Fleury, et avec sa permission (*Évangile*. pl. xliii. fig. 5), une miniature d'une Bible manuscrite de la bibliothèque nationale (n° 510), qui, quoique beaucoup plus moderne (neuvième siècle), a l'avantage de représenter le fait d'une

manière plus complète. (Pour compléter cet article, V. *Piscine probatique*.)

PARAMONARII. — Il est question de ces fonctionnaires ecclésiastiques dans le deuxième canon du concile de Chalcédoine. Il paraît que dans l'Église romaine les *paramonarii* n'étaient autres que des *mansionarii* ou portiers ; car, dans sa traduction du canon de Chalcédoine, Denis le Petit rend le mot παραμονάριος par *mansionarius*. De plus, S. Grégoire le Grand, parlant d'un certain Abundius mansionnaire, l'appelle gardien de l'Église ; et il dit ailleurs que les fonctions du mansionaire sont d'allumer les lampes et les chandelles de l'église (Greg. Magn. *Dialog*, I. iii. 35). Cependant Justel pense que *paramonarius* équivaut à *villicus* et désigne le régisseur des propriétés ecclésiastiques ; Beveridge rend ce mot par *administrateur des choses ecclésiastiques* (Justel. *Biblioth. jur. canon.* t. i. p. 94. — Bever. *Not. in conc. Chalced. can.* ii. p. 109). Bingham (*Orig.* ii. 72) adopte cette opinion, qui s'appuie sur l'autorité de plusieurs autres savants (V. l'art. *Mansionarii*).

PAROISSE (παροικία). — I. — Pendant les trois premiers siècles, ce mot désignait communément, non point ce que nous appelons aujourd'hui une église paroissiale, mais le cercle de la juridiction d'un évêque, c'est-à-dire une ville autour de laquelle se groupaient un nombre plus ou moins considérable de bourgs et de villages (V. l'art. *Diocèse*). Le diocèse, modelé sur la circonscription civile de ce nom, était le siège d'un exarque ou d'un patriarche, et embrassait plusieurs provinces : c'était la plus vaste juridiction ecclésiastique, après celle du souverain pontife.

Au quatrième et au cinquième siècle, nous voyons les deux dénominations indifféremment appliquées aux paroisses rurales et aux paroisses épiscopales ou urbaines. Pour ce qui est du nom de paroisse d'abord, il est donné à ces petites divisions diocésaines par le concile de Chalcédoine (can. xvii), lequel décrète que les « paroisses rurales », ἀγροικικαί παροικίαι, resteront invariablement sous la juridiction de l'évêque qui les possède de toute ancienneté. Le concile de Vaison, célébré en 442, dispose (can. ii) que le pouvoir de prêcher sera donné aux prêtres, « non-seulement dans les villes, mais aussi dans toutes les PAROISSES. » Enfin ce mot se trouve employé dans le même sens, et fréquemment, par S. Jérôme (Contr. Vigilant. c. ii), par Sulpice-Sévère (Dial. i. c. 4), par Theodoret (Epist. cxiii), par Innocent I (Epist. ad Decent. c. v), et par d'autres écrivains de ce temps, bien qu'il continue à désigner également la PAROISSE épiscopale. L'historien Socrate (l. i. c. 27) attribue sans doute aussi au mot paroisse la même signification, lorsque, en parlant des localités situées sur le lac Mareotis, lesquelles étaient sous la juridiction de l'évêque d'Alexandrie, il dit que c'étaient autant de paroisses dépendantes de sa ville.

De même, on trouve quelquefois le nom de DIOCÈSE appliqué à de simples églises paroissiales, comprises dans le territoire du diocèse épiscopal. Ainsi, quand S. Sidoine Apollinaire dit (l. ix epist. 6) qu'il a parcouru ses diocèses, après quoi il est rentré chez lui, *peragratis forte* DIŒCESIBUS, *quum domum veni*, il ne peut entendre que les églises paroissiales placées sous sa houlette. Ainsi encore, dans la conférence de Carthage (Die i. c. 176) nous lisons : « L'union parfaite d'une Église ne se borne pas à la ville seule, elle admet aussi tous les diocèses. » S. Grégoire de Tours s'exprime de même (*Hist.* l. iv. c. 13) : *Cautinus episcopus in Brivatensem diœcesim psallendo adire disposuerat*. La raison de ceci, c'est que ces églises, desservies par des prêtres, étaient comme de petits diocèses, ainsi que s'exprime le livre pontifical au sujet des vingt-cinq titres établis dans la ville de Rome par le pape Marcellus : *Viginti quinque titulos.... constituit, quasi* DIŒCESES. Les canons des conciles les appellent tantôt églises diocésaines, *ecclesias diœcesanas* (Concil. Tarracon. c. viii), tantôt églises rurales, *ecclesias rurales*. De là vient que le concile de Niocésarée (c. xiii) donne aux prêtres qui les occupent le nom de prêtres ruraux, ἐπιχώριοι πρεσβύτεροι, par opposition aux prêtres établis dans l'église de la ville, ou cathédrale.

Les églises paroissiales reçurent encore la dénomination spéciale de TITRES (V. ce mot), pour les distinguer de l'église de l'évêque, parce qu'elles avaient des prêtres et des diacres qui leur étaient particulièrement assignés et qui, pour cette raison, étaient dits posséder un titre (V. les art. *Cardinaux* et *Curés*).

II. — L'établissement des églises paroissiales fut l'effet naturel de la diffusion du christianisme. A mesure que s'augmentait la multitude des croyants, les églises épiscopales ou cathédrales devenaient insuffisantes aux besoins du peuple. De là la nécessité de diviser le troupeau fidèle, et d'ériger de nouvelles églises épiscopales, afin que chacun pût assister aux cérémonies religieuses, et profiter des différents offices du divin ministère ; de telle sorte que tous eussent la possibilité de « persévérer dans la doctrine des apôtres, dans la communion de la fraction du pain, et dans la prière (*Act.* ii. 42). » Le livre pontifical (*In vit. Marcell.*) nous apprend que plusieurs des *titres* ou églises de Rome furent établis seulement afin de pourvoir au baptême du grand nombre de païens qui se convertissaient à la foi, et aussi à la sépulture des martyrs. C'était là un ministère restreint, et en effet on verra à l'article *Curés* quelle était la nature et quels furent les développements successifs des attributions des prêtres titulaires de ces églises subordonnées.

Or, comme les villes et les diocèses dont elles étaient le siège différaient beaucoup entre elles par l'étendue de leur territoire et le chiffre de leur population, il est certain que la nécessité de créer des églises paroissiales ne se fit pas sentir partout en même temps, ni au même degré. Ainsi, pour ce qui concerne certaines villes, telles que Jérusalem et Rome, il est permis de conjecturer de plusieurs passages des *Actes* et des *Épîtres* de S. Paul, qu'elles possédèrent plusieurs églises dès le temps des apôtres. Quoi qu'il en soit de cette conjecture, nous savons du moins par le témoignage de S. Optat (V. l'art. *Basiliques*) qu'avant la fin du troisième siècle, c'est-à-dire vers le commencement de la persécution de Dioclétien, il en existait déjà quarante dans la ville de Rome. Il n'y avait cependant que vingt-cinq titres urbains proprement dits ; les autres étaient des églises suburbaines bâties au-dessus des cimetières, qui, selon les catalogues les plus sûrs, étaient au nombre de vingt et un (V. De' Rossi. *Roma sott.* i. 205).

Quant aux villes de moindre importance, appelées par Eusèbe πολίχναι, *oppidula*, il n'est pas étonnant qu'elles n'aient eu qu'une église pendant ces temps de trouble. Telle était cette ville chrétienne de Phrygie, dont, au rapport de Lactance (*Instit.* l. v. c. 11) et d'Eusèbe (*Hist.* l. viii. c. 11), toute la population, y compris la magistrature, hommes, femmes et enfants, fut, par les ordres d'un préfet sanguinaire, brûlée avec son église, en invoquant le Christ, Dieu de tous, *Christum omnium Deum invocantibus*. Ce sont ces villes, exiguës par leur territoire et leur population, qui donnent raison à l'opinion de ceux qui affirment qu'il exista dans les premiers siècles des églises épiscopales auxquelles aucune église paroissiale n'était attachée.

Cependant il y eut des villes peu importantes par elles-mêmes qui possédaient de vastes territoires, et dans ces territoires un grand nombre d'égliges rurales, desservies par des prêtres et des diacres, même au plus fort de la persécution. Telle était Cyrus dans la Comagène, qui eut Théodoret pour évêque. Les canons des conciles d'Helvire (c. LXXVII) et de Néocésarée (c. XIII), dont le premier fut tenu au commencement et le second vers la fin de la persécution de Dioclétien, parlent de ces paroisses et règlent les attributions des prêtres et des diacres qui les desservaient. S. Épiphane (*Hæres.* LXVI. 11) atteste le même fait, au milieu du troisième siècle pour la Mésopotamie, et S. Denys d'Alexandrie pour l'Égypte et la Libye. On voit donc que, à mesure que la nécessité s'en faisait sentir, les évêques multipliaient les églises, non-seulement dans leur ville épiscopale, mais encore dans les bourgs et villages de leur diocèse.

III. — Il paraît certain que, dans les premiers temps, les églises paroissiales établies dans les villes épiscopales n'étaient point desservies, comme celles des bourgs et villages, par des prêtres à titre fixe, mais par des clercs de l'église mère que l'évêque y envoyait alternativement chaque dimanche. S. Épiphane (*Hæres.* LXIX *Arian.* c. 1) affirme qu'il en était autrement à Alexandrie, et que là « toutes les églises de la communion catholique, soumises à un seul archevêque, avaient leur prêtre particulier, lequel exerçait le saint ministère en faveur de la population agglomérée autour de chacune d'elles : « *Suus cuique præpositus est presbyter, qui ecclesiastica munera iis administrat, qui circa ecclesias illas habitant.* »

Il est évident qu'il s'agit ici d'une exception, car ce Père n'eût pas pris tant de soin de constater pour une église particulière une pratique qui eût été commune à toutes. Cependant il ne dit point que cette exception fût unique, et c'est à tort que le P. Petau (*Adnot. ad hunc loc.*) le taxe d'erreur; car il n'y a rien dans son texte qui s'oppose à l'opinion de ce savant, consistant à dire que la discipline en question était reçue dans toutes les grandes villes. Valois, dans ses notes à Sozomène (*Hist. eccl.* l. I. c. 15), soutient, au contraire, que S. Épiphane énonce ici un usage exclusivement propre à la ville d'Alexandrie, et que pas une Église au monde, sans en excepter Rome même, ne confiait, à l'époque qui nous occupe, ses paroisses urbaines à un seul prêtre. Ce savant l'affirme surtout pour le temps où vivait Innocent Ier; alors le pape avait coutume d'envoyer, par des acolytes, la sainte eucharistie (*fermentum*) consacrée par lui aux prêtres qui, le dimanche, desservaient les titres de Rome, en vertu d'une délégation spéciale, afin qu'ils ne pussent pas, surtout en ce jour, se croire séparés de sa communion (Innocent. I. *Ad Decent.* c. v.). Quelque chose de cette discipline se maintint à Constantinople jusqu'à l'époque de Justinien. Car une des *novelles* de ce prince (*Nov.* II. c. 1) fait mention de trois basiliques, celles de Sainte-Marie, de Théodore et d'Irène qui n'avaient pas de clercs à elles, mais recevaient des prêtres de l'église cathédrale, qui allaient à tour de rôle y célébrer les offices divins.

Quant aux paroisses rurales, elles eurent beaucoup plus tôt leurs propres prêtres; il eût été plus difficile de les faire desservir habituellement par des prêtres de la ville se succédant les uns aux autres dans cet office.

IV. — Lorsque le moment fut venu d'attacher à poste fixe un prêtre à chacune des paroisses de la ville et des localités qui en dépendaient, ce prêtre n'eut point tout d'abord le droit de s'attribuer les revenus de sa paroisse, consistant en dîmes ou oblations quelconques. Car, dans la primitive Église, tous les revenus ecclésiastiques étaient versés dans le trésor de l'Église épiscopale; l'évêque seul en avait la haute administration, et c'est sous sa direction que la distribution mensuelle ou annuelle en était faite aux clercs de son diocèse (V. l'art. *Clergé*). A Constantinople, aucune église paroissiale n'eut de revenus séparés jusqu'au milieu du cinquième siècle (Theod. Lect. — Cf. Bingham. t. III. p. 602). C'est à cette époque qu'un certain Marcianus, ayant été fait économe (V. ce mot) par Gennade, décida que les clercs de chaque églises'attribueraient les offrandes qui leur seraient faites. Dans l'Église occidentale, notamment en Espagne, l'ancienne discipline était encore en vigueur au milieu du sixième siècle, quant au clergé de la ville épiscopale; mais il paraît que dès lors les églises rurales commencèrent à avoir leur revenu particulier (*Concil. Bracar.* II. can. 2). En Gaule et en Germanie, le régime de la communauté semble s'être maintenu beaucoup plus longtemps (V. Bingham. l. IX. c. 8).

PARRAINS ET MARRAINES. — L'institution des parrains et marraines pour les baptisés remonte à l'origine de l'Église. Tertullien en fait mention (*De baptism.* I. 28), ainsi que S. Basile (*Epist.* CXXVIII), S. Augustin en plusieurs lieux, et d'autres Pères et écrivains ecclésiastiques. Le concile de Nicée (can. XXII) prescrivit que les hommes ne pourraient tenir sur les fonts des jeunes filles ni des femmes, ni réciproquement; et, d'après les *Constitutions apostoliques* (lib. III. 16), les fonctions de parrain étaient souvent remplies par les diacres pour les hommes, et par les diaconesses pour les femmes. Dans tous les cas, les parrains devaient être chrétiens, baptisés, ni excommuniés, ni interdits, ni suspens.

Leur office consistait à présenter le candidat à l'évêque ou au prêtre, à l'instruire des choses nécessaires (S. Thomas. III part. quæst. 67. art. 8), à prononcer pour lui la profession de foi s'il était enfant, à rendre à l'évêque ou au prêtre l'Oraison dominicale, à promettre pour lui de renoncer au démon, à ses œuvres et à ses pompes (V. les art. *Renoncements, Profession de foi au baptême*), à lui donner quelquefois son nouveau nom, à le recevoir à sa sortie des fonts sacrés (V. l'art. *Aubes baptismales*, II), enfin à communier avec le nouveau baptisé pendant toute l'octave. Les parrains recevaient différents noms, relatifs à leurs différentes fonctions : *afferentes, sponsores, fideijussores, patres spirituales, paranymphi, susceptores*. Ils étaient obligés de veiller sur le baptisé, même quant à ses intérêts temporels, jusqu'à l'âge adulte, s'il était enfant; de le porter au bien, de lui rappeler les promesses de son baptême par leurs conseils et leurs exemples.

PASSION DE NOTRE-SEIGNEUR (REPRÉSENTATION DE LA).

Les scènes de la passion sont à peu près complétement exclues des monuments primitifs du christianisme. Le motif de cette réserve, c'est qu'on avait également à craindre, par le spectacle des ignominies de l'Homme-Dieu, de provoquer les dérisions des idolâtres, et de scandaliser la foi chancelante encore des néophytes. Aussi ne trouvons-nous, et encore dans une seule classe de monuments, les sarcophages, qu'une seule représentation directement relative à cette douloureuse histoire, la comparution devant Pilate. Cette *règle générale* que les pontifes de l'Église avaient prescrite aux artistes chrétiens, ne souffre que de très-rares *exceptions*, que nous ferons connaître tout à l'heure.

I. — La comparution pure et simple est sculptée sur un beau sarcophage de Vatican (Bottari. tav. xxiv). Notre-Seigneur est debout devant Pilate qui l'interroge, il élève l'index de sa main droite et semble parler. Le président, en habit militaire, est assis sur une chaise curule placée sur une estrade élevée, et à ses pieds est un vase reposant sur un trépied : c'est le tribunal dont parle le texte sacré, *sedit pro tribunali* (Joan. xix. 13), et tel qu'il figure au revers de quelques médailles d'Auguste et de Vitellius. Cette scène est mieux caractérisée sur d'autres tombeaux (Bottari. tav. xv. xxii. xxxiii. xxxv). Notre-Seigneur, dans une posture qui respire l'humilité et la douceur, est représenté entre deux soldats, il porte à la main un volume roulé qui désigne sa doctrine pour laquelle il est traduit devant ce tribunal inique. On voit ensuite Pilate soucieux, témoignant par son regard oblique et par sa main portée à la joue l'hésitation de son âme à condamner l'innocent (V. la gravure de l'art. *Mains*). Un serviteur, debout devant lui, lui donne à laver, selon la coutume des Juifs, pense-t-on, chez lesquels se laver les mains équivalait à une protestation d'innocence (*Deuter*. xxi. 6). Derrière Pilate est une tour figurant le prétoire. On doit remarquer que le serviteur porte une patère de la main gauche, et

qu'il est couronné, ce qui lui donne une parfaite ressemblance avec les victimaires qu'on voit sur les bas-reliefs antiques et sur les médailles. Le président a le costume et la couronne des empereurs. Toute cette confusion accuse évidemment l'inexpérience et l'embarras où était l'artiste ayant à traiter un sujet tout nouveau pour lui. Il n'a rien trouvé de mieux que de prendre ses types dans les monuments profanes.

Il est essentiel d'observer que la comparution devant Pilate, à peu près invariablement, a pour pendant le sacrifice d'Abraham (Bottari. tav. xv) ou même que ces deux scènes se trouvent tout à fait rapprochées (Millin. *Midi de la Fr.* pl. lxvii. n. 4) : on ne saurait méconnaître ici l'intention de mettre en regard la figure avec la réalité. Un sarcophage de Rome (Bottari. tav. clxxxxiii) et un d'Arles (Millin. *Op. laud.* pl. lxvii. 4) semblent présenter la comparution devant Anne ou Caïphe, car le juge, assis sur un pliant, n'est point, comme Pilate, vêtu à la romaine. Dans le dernier, c'est surément Caïphe; il est assis sur un monceau de pierres et n'a pas le *suppedaneum;* Notre-Seigneur se tient incliné devant lui, les mains liées derrière le dos, et on voit un satellite qui le frappe par derrière : *Prophetiza nobis, Christe, quis te percussit* (Matth. xxvi. 68), « prophétise-nous, Christ, qui t'a frappé. »

II. — Les exceptions que nous avons annoncées sont peu nombreuses. Les unes portent sur des circonstances précédant la comparution devant Pilate, les autres sur des scènes qui la suivent.

1° On trouve, bien que fort rarement, sur les sarcophages, une scène préliminaire de la passion : Notre-Seigneur lavant les pieds à S. Pierre (Bottari. tav. xxiv). Millin. (*Op. laud.* pl. lxiv. 4) a publié un tombeau d'Arles où le même sujet est reproduit, avec cette circonstance particulière, qu'on distingue sur l'estrade où reposent les pieds de S. Pierre, une de ses sandales (V. l'art. *Ablutions*, 3° *podonipsia*. — Gravure). Dans ce bas-relief, comme dans le précédent, la comparution devant Pilate et le lavement des pieds se font pendant et occupent les deux extrémités.

Le second trait préliminaire est encore fourni par un monument de la France (*Monum. de Ste Madeleine*. t. i. p. 462) : c'est le baiser de Judas : le traître tient à la main la bourse aux trente deniers, si l'on ne préfère y voir celle du collège apostolique que le maître lui avait confiée (Joan. xiii. 29) : *Loculos habebat*. Nous n'avons rencontré ce sujet sur aucun sarcophage de Rome : le seul exemple que nous en connaissions en Italie se trouve sur celui de Vérone, qui est gravé dans l'ouvrage de Maffei (*Verona illustr.* part. iii. p. 54).

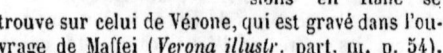

Judas donnant le baiser à son maître et suivi de soldats armés est représenté sur un diptyque ayant appartenu aux carmélites de Lucques.

Le dessin que nous donnons ici est tiré d'une mosaïque du sixième siècle à Saint-Apollinaire de Ravenne. En avant du Sauveur recevant le baiser du traître, on voit les satellites armés, dont l'un étend la main pour l'arrêter; en arrière sont groupés les apôtres, et au premier rang S. Pierre tirant son glaive du fourreau pour la défense de son maître.

Un sarcophage du Vatican (Bottari. tav. xxxv) représente très-clairement l'arrestation de Notre-Seigneur au jardin des Oliviers par deux soldats armés, l'un d'une épée, l'autre d'une lance : *Tanquam ad latronem existis cum gladiis et fustibus comprehendere me* (Matth. xxvi. 55). Les urnes funéraires de la Gaule, on a pu le remarquer, étant généralement d'une époque un peu basse, admettent plus fréquemment ces premières scènes de la passion. Ainsi un sarcophage de Marseille (Millin. pl. lviii. 5) en réunit deux à lui seul : 1° Notre-Seigneur emmené par des hommes armés de bâtons; 2° Notre-Seigneur devant Pilate.

2° Nous avons maintenant à signaler la représentation, mais tout à fait exceptionnelle, de quelques circonstances de la passion proprement dite. Mais, dans ces exceptions mêmes, on verra que le besoin de mystère se fait toujours sentir, et que des formes mystiques voilent aux yeux des fidèles le spectacle affligeant des souffrances de leur Sauveur. Ainsi un sarcophage du musée du Latran produit deux scènes insolites, il est vrai, le

couronnement d'épines et le portement de croix; mais l'artiste a choisi le moment où la croix est portée par Simon le Cyrénéen, et une couronne; non pas d'épines, mais de laurier, est posée respectueusement par un soldat sur la tête du Christ. Un seul monument, de ceux qui sont connus jusqu'ici, une fresque du cimetière de Prétextat (V. Perret. i. pl. lxxx), va un peu plus loin et retrace tout à fait sans dissimulation la scène douloureuse qui suit immédiatement le couronnement d'épines. Deux soldats sont debout devant Notre-Seigneur, et l'un des deux, avec une expression de cruelle ironie sur le visage, frappe avec un roseau la tête du Rédempteur déjà ceinte de la couronne d'épines : c'est absolument la traduction de ces paroles de S. Marc (xv. 19) : *Percutiebant caput ejus arundine*. Cette peinture, qui constitue un fait unique dans son genre et comme exceptionnel, a une grande importance, car, au témoignage des savants les plus autorisés, de M. De' Rossi notamment, elle remonte au deuxième siècle.

Voici le monument :

PASSION (reliques de la). — I. — Le saint sépulcre, d'après la reconstitution qui en fut faite par les bénédictins sur la description qu'en a laissée S. Cyrille de Jérusalem, se composait de deux chambres, creusées dans le roc, et dont l'une servait de vestibule à l'autre, selon l'antique usage des Juifs (Genes. xxiii. 19. xxv. 9). La première pièce était close, au témoignage du prêtre Juvencus (*Hist. evang.* ap. Galland. IV. 628) qui écrivait vers l'an 328 :

Limen concludunt immensa volumina petræ,

« La porte est fermée par d'immenses volumes de pierres. »

L'autre, toute creusée dans le vif d'une roche profonde, était assez élevée pour qu'un homme debout pût à peine en toucher la voûte avec la main. Elle avait son entrée à l'orient, laquelle fut fermée d'une grande pierre et scellée du sceau officiel. Le corps de Notre-Seigneur fut placé à la partie septentrionale, dans un *loculus* profond de sept pieds et élevé de trois palmes au-dessus du sol. Dom Calmet ajoute (*In Matth.* XXVIII) que la tête était tournée vers l'orient. Voici, d'après M. le comte de Vogué (*Églises de la terre sainte*, p. 125), la coupe du monument dans son état primitif. La grande ouverture légèrement cintrée, à droite, représente le vestibule, celle de gauche la chambre sépulcrale. Au fond, dans la paroi nord du rocher, on voit la banquette sur laquelle fut déposé le corps du Sauveur ; une petite porte établissait la communication entre les deux salles.

II. — Les reliques proprement dites de la passion sont :

1° *Le titre de la croix*. Il se conserve à Rome dans la basilique de Sainte-Croix en Jérusalem. Nous renvoyons pour les détails au savant ouvrage de De Corrieris, *De Sessorianis præcipuis passionis D. N. J. C. reliquiis*. Quand le titre fut trouvé par Ste Hélène, il était dans toute son intégrité ; il n'en reste plus qu'un fragment, qui a été découvert en 1492 dans la voûte de la basilique sessorienne ; et il a, selon la mesure romaine, sept pouces de hauteur et treize de largeur. La matière sur laquelle il est écrit paraît être du bois ou de l'écorce de bois ; les lettres sont rouges sur fond blanc. On sait que l'inscription entière était IESVS NAZARENVS REX IVDÆORVM (Sozom. II. 1). Le nom de IESVS était représenté, dans le texte latin, comme dans le grec, par les sigles IS, et quand il fut retrouvé en 1492, on lisait pour l'un et l'autre ces seules paroles IS NAZARENVS RE. Quant à l'inscription hébraïque, elle était encore très-reconnaissable au seizième siècle ; mais au dix-septième elle disparut totalement, sauf quelques faibles traces qui restent encore aujourd'hui, comme s'effacèrent aussi les lettres IS dans les textes grec et latin. On peut consulter encore l'ouvrage de Nicquet, *Titulus sanctæ crucis* (Antverpiæ. 1678).

2° *Le clou et l'épine* qu'on vénère dans l'église de Trèves. Outre Ruffin, Théodoret et d'autres écrivains, S. Ambroise parle aussi de la découverte, faite par Ste Hélène, des clous avec la croix (*De obit. Theod.* 47). Mais, au point de vue de l'authenticité, on donne la préférence à celui-ci sur ceux qui se conservent en d'autres lieux, parce qu'il fut donné à cette cité célèbre par l'impératrice elle-même, don reconnu par un solennel décret du pape Léon X. Un fragment avait été rompu au bout de ce clou ; l'église de Toul le possède. La ville de Trèves garde un petit morceau détaché de la couronne ; quant à la couronne elle-même, personne n'ignore qu'elle se trouve à Paris, où le saint roi Louis IX la rapporta ; elle est dépouillée néanmoins de

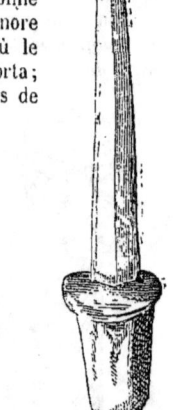

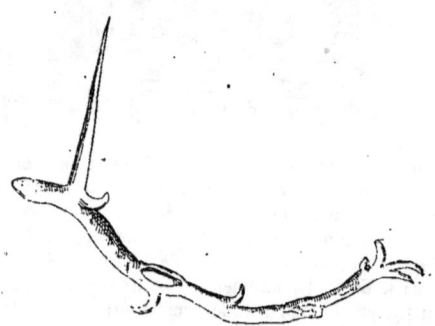

la plupart de ses épines, qui sont en grande vénération en différents lieux.

3° *La sainte tunique* appartient encore à l'heureuse ville de Trèves. Elle est longue de cinq pieds à peu près, et un peu plus d'une extrémité de l'une des manches à l'extrémité de l'autre, quand elles sont étendues. Chaque manche a un pied et demi de longueur, et un pied de largeur. Sous les manches elle n'est large que d'un pied et deux doigts, et à l'extrémité inférieure de cinq pieds six doigts. La matière du tissu n'est plus reconnaissable. Quelques-uns pensent que c'est un mélange de lin et de laine ; mais cela est peu probable, parce que la loi mosaïque interdisait ces mélanges (*Deuteron.* XXII. 11), et Josèphe atteste que cette loi était encore en vigueur du temps de Jésus-Christ (*Antiq. Jud.* l. IV. c. 8, § 11).

Le sentiment le plus commun est que la sainte tunique est de laine. La couleur est difficile à déterminer d'une manière précise; tout ce qu'on peut affirmer, c'est qu'elle est d'une nuance foncée. On remarque d'un côté quelques traces d'usure qu'on attribue au frottement de la croix, et on y distingue, quoique confusément, des gouttes de sang.

4° *Le saint suaire* se conserve à la cathédrale de Turin. C'est un long linceul de lin, selon le texte de l'Évangile (Joan. xix. 40) ; d'où est venu, dit le vénérable Bède (*In Marc.* iv. 15), l'usage de célébrer le saint sacrifice de l'autel, non sur de la soie ou sur quelque autre étoffe précieuse, mais sur du lin, produit de la terre. Et cet usage fut érigé en loi par S. Sylvestre (Anastas. *In. Sylv.* i. 29). Le corps du Sauveur ayant été, selon la coutume des Juifs, enveloppé dans plusieurs suaires, d'autres églises encore sont en possession de reliques de cette nature : ce sont les églises de Besançon et de Cadouin, dans la partie du diocèse de Périgueux qui appartenait autrefois à celui de Sarlat. Ce dernier suaire présente, nous assure-t-on, toutes les marques d'une authenticité incontestable.

5° *L'éponge* qui servit à abreuver le Rédempteur de fiel et de vinaigre est à Saint-Jean de Latran, et Baronius assure qu'elle garde encore une couleur sanguine (*Ann.* 34. 122).

6° *La lance* enfin, trouvée en 1098 par les croisés à Antioche (Pagi. *In Baron ann.* 1098. n. 7), puis tombée aux mains de Bajazet, fut donnée par celui-ci en 1492 à Innocent VIII, qui la déposa dans la basilique du Vatican (Rainald. *Contin. Baron. ann.* 1492. n. 16).

Nous n'avons mentionné ici que les reliques de la passion dont l'authenticité est sûre. Il est superflu de parler des objets de ce genre qu'une piété peu éclairée a répandus dans le monde. On s'abuserait néanmoins, si l'on voyait une question de supercherie, par exemple, dans les clous, au nombre de vingt-quatre, qui sont en vénération en divers lieux. Plusieurs ne sont que des fac-simile, consacrés le plus souvent par l'adjonction de quelques parcelles, ou l'introduction d'un peu de limaille des véritables clous de la passion dans de petites cavités pratiquées à cet effet. Qui ne sait que la piété des peuples peut trouver même dans de simples imitations de ces objets sacrés un aliment légitime, et que d'une autre part la possession de fragments, si minimes qu'ils soient, de ces vénérables reliques doit suffire à la satisfaire ?

PASTEUR (LE BON-). — Dans le langage biblique, l'action de la Providence sur les hommes est presque toujours exprimée par des images et des allégories empruntées à la vie pastorale. Dieu est un pasteur, le monde est un immense bercail (Ezech. xxxiv. — *Psalm.* xxii. — Is. xliv. etc.). Mais c'est surtout au Messie et à son œuvre que s'appliquent ces images (Ezech. *ibid.* 23. etc.), qui, par une transition naturelle, viennent se relier aux textes du Nouveau Testament, et notamment aux paraboles où Jésus-Christ se présente lui-même comme le modèle et le type du Bon-Pasteur (Luc. xv. — Joan x. 14).

Les Pères avaient puisé les premiers à cette double source les expressions pieuses et poétiques sous lesquelles ils désignaient le Sauveur : « Pasteur des agneaux royaux, dit S. Clément d'Alexandrie (*Hymn. Christi Salvatoris, Pædagog.* l. iii. edit. Potter. p. 312), ποιμὴν ἀρνῶν βασιλικῶν ; pasteur des brebis raisonnables, προβάτων λογικῶν ποιμήν. » S. Abercius, évêque d'Hiéraple, au temps de Marc-Aurèle, dit de lui-même, dans l'épitaphe qu'il avait composée pour être gravée sur la stèle de son tombeau, qu'il est le « disciple du Pasteur chaste et pur :

Ἀβερκίος εἰμὶ μαθητὴς ποίμενος ἁγνοῦ.

(*Mélanges d'épigraphie ancienne*, 1re livraison, p. 5. — Cf. Pitra, *Spicileg. Solesm.* t. iii. p. 332.)

Les artistes chrétiens, si habiles à profiter des données que leur fournissaient les saintes lettres pour la décoration des monuments de tout genre, devaient trouver, eux aussi, des éléments plus que suffisants pour composer, indépendamment de tout secours étranger, l'une de leurs plus belles et de leurs plus chères images. Aussi, de même qu'elle était l'expression la plus familière de la mission du Rédempteur, la figure du Bon-Pasteur fut-elle la forme la plus habituelle sous laquelle on le représentait, surtout dans les temps mauvais qui faisaient à l'Église une loi impérieuse du secret et du mystère. C'est là un des sujets les plus anciens auxquels l'art chrétien se soit exercé. Tertullien le signale déjà comme servant à la décoration des vases sacrés ou autres (*De pudicit.* vii et x) et Bosio avait trouvé dans les catacombes une image du Bon-Pasteur que d'Agincourt fait remonter à la fin du deuxième siècle (Bosio. p. 537. — D'Aginc. *Hist. de la peint*, t. v. p. 20). La popularité de cette image devint bientôt universelle : on la retrouve dans les Gaules (Millin. *Midi de la Fr.* pl. lxv) et en Afrique (*Annal. archéol.* vie an. p. 196), et partout ailleurs qu'à Rome même, et jusque dans un hypogée de Cyrène (Pacho. *Voy. de la Cyrénaïque*. pl. LI. p. 376).

Elle paraît dans tous les genres de monuments : fresques des cimetières, lampes d'argile, bas-reliefs des sarcophages, bas-reliefs de stuc sur les parois des catacombes (V. De' Rossi. *Imag. Virg. Deip.* tab. IV), pierres sépulcrales, verres dorés, anneaux, pierres gravées, etc. C'était comme une homélie matérielle qui, se présentant partout aux yeux des fidèles, leur rappelait, soit les bienfaits de l'incarnation par laquelle l'humanité dévoyée est ramenée au bercail, soit la miséricorde du Sauveur qui va chercher le pécheur, et par les sollicitudes de sa grâce tient à lui épargner jusqu'à la fatigue du retour. C'est ce que Sedulius, prêtre et poëte du cinquième siècle, a chanté dans de beaux vers (*Paschal*. l. I. *Invocat*.)

..... Ut semita vitæ
Ad caulas me ruris agat, qua servat amœnum
PASTOR ovile bonus, qua vellere prævius albo
Virginis agnus ovis, grexque omnis candidus intrat.

« Afin que le sentier de la vie me conduise dans l'enceinte du bercail, où le Bon-Pasteur garde sa chère bergerie, où sous la conduite de l'agneau de la brebis vierge, de l'agneau à la blanche toison, le candide troupeau entre tout entier. »

C'était un symbole de zèle et de miséricorde, dont le *pallium* des archevêques, sur lequel le Bon-Pasteur était, dit-on, retracé primitivement (Baronius. *Ad an.* 216), et qui n'est aujourd'hui que parsemé de petites croix, est le mémorial. C'est aussi sans doute une pensée de zèle pour le salut des âmes qui inspira à l'Église l'idée de faire lire, au commencement de ses conciles, la parabole du Bon-Pasteur. Nous trouvons, bien qu'à une époque assez basse (le concile de Londres de 1237), un témoignage positif de cet usage, qui cependant doit remonter à l'antiquité proprement dite : *Lecto igitur solemniter evangelio, scilicet Ego sum Pastor Bonus,* SICUT MORIS EST, « lecture de l'évangile étant donc faite solennellement, à savoir : *Je suis le Bon-Pasteur,* COMME C'EST LA COUTUME. » (Matth. Paris. p. 417. — Cf. Bott. I. 160).

C'était encore, selon S. Jérôme (Hieron. *In Is.* XI), un symbole de la résurrection future, et de l'efficacité illimitée de la rédemption de Jésus-Christ (*Ad Ocean.* ep. LXIX. 1). La pensée de la résurrection devait être naturellement réveillée par cette image dans le cœur des fidèles ; comme si elle eût dit : « Ne craignez point de sacrifier pour Dieu ce corps mortel, car un jour celui-là même viendra dans toute sa majesté divine le rappeler à la vie, et à une vie immortelle, que vous contemplez ici sous la forme d'un pasteur » (Hieron. *In Isai.* c. XL. *Opp.* t. III. col. 303, edit. Maurin.).

Nous avons lieu de croire que les premiers chrétiens, pour se familiariser avec cette salutaire pensée, aimaient à porter sur eux des objets propres à la leur rappeler. Ainsi Paciaudi (*De Baln.* Frontisp.) donne une hématite où le jugement est mis en scène d'une manière hiéroglyphique.

Le Bon-Pasteur, en costume antique, élève les bras à la manière des orantes, au-dessus d'un agneau qui est à sa droite et d'un bouc à sa gauche, lesquels, l'un et l'autre, tiennent la tête inclinée, comme dans l'attente de leur sentence. Au revers de la pierre se lisent ces mots : ΑΓΑΘΗ ΗΝΑΚΟΗΘΗ, *Agatha exaudita est*. C'est le nom d'une femme chrétienne qui, selon toute apparence, portait ce bijou suspendu à son cou en guise d'amulette ou d'*ex-voto*, comme l'indique l'anneau dont il est muni à sa partie supérieure.

Les liturgies anciennes étaient pleines d'idées et de sentiments analogues. Ainsi, une oraison *post sepulturam* se lit dans un sacramentaire romain antérieur au huitième siècle, où l'on suppose que le juste, après sa résurrection, est rapporté sur les épaules du Bon-Pasteur, pour être placé dans le séjour de l'éternelle félicité : *Quemque morte redemptum, debitis solutum, Patri reconciliatum,* BONI PASTORIS HUMERIS REPORTATUM, *in comitatu æterni regis perenni gaudio, et Sanctorum consortio perfrui concedat.*

Le Bon-Pasteur des monuments chrétiens diffère peu du type antique, fixé, pense-t-on, à la plus belle époque de l'art grec, et par la main de Calamis (Rochette, *Mém. de l'Acad. des inscr.* t. XIII. p. 104). C'est un beau jeune homme, imberbe, sauf de bien rares exceptions (Perret. II. pl. LI), parce que, au dire de S. Augustin (Ap. Bolland. VII *mart.*), la jeunesse du divin Pasteur est éternelle : il a les cheveux courts, l'œil plein de tendresse. Il porte une tunique courte, ceinte autour des reins, et quelquefois encore sous les bras, ornée de bandes de pourpre (Bottari. XCIII), ou de *calliculæ*. Cette tunique est parfois recouverte d'un petit manteau, d'une espèce de chlamyde, ou de *sagum*, ou bien encore de la pénule de peau, *scortea*. Sa jambe est revêtue d'une sorte de réseau de bandelettes, *fasciæ crurales*; mais sa chaussure admet d'assez nombreuses variétés. Il est presque toujours tête nue : par exception, on le trouve coiffé d'un pétase à larges bords (Garrucci. *Corniola del sec.* II. p. 20), ou d'une couronne radiée (Allegranz. *Opusc.* p. 177). Sa tête est quelquefois surmontée du monogramme (Mamachi. *Origin. Christ.* III. 18), ingénieuse manière d'exprimer son identité avec le Rédempteur des hommes, ou entourée du nimbe (Ciamp. *V. m.* I. LXVII), ou enfin d'une couronne de sept étoiles, comme sur le disque d'une belle lampe des catacombes (Bellori. *Le ant. lucern.* part. II. 29. — V. le monument à l'art. *Étoiles*). On lui donne à peu près invariablement le bâton pastoral, *pedum,* le vase à lait, *mulctra,* et la flûte à sept tuyaux, *syrinx* (V. les art. spéciaux sur les trois attributs).

Nous avons dit que le Bon-Pasteur évangélique se distingue peu de celui du berger des monuments grecs et romains. Il est cependant impossible de les confondre. Celui-ci est presque toujours nu et dansant, tandis qu'au contraire le Pasteur chrétien se fait remarquer par la gravité mélancolique de son attitude.

En soumettant les scènes pastorales semées à profusion dans les monuments chrétiens à une certaine classification, on pourrait, presque sans effort, y suivre pas à pas les différentes phases de la parabole du Bon-Pasteur.

1° On le verrait se préparant à partir et manifestant sa tristesse et sa mélancolie en portant sa main sur sa tête, geste de douleur dans les habitudes des anciens (V. l'art. *Main* [*Attitudes de la*]).

2° Le départ. Un pasteur menant un chien en laisse, et sur le point de saisir la *pera* pastorale suspendue à un arbre (Fabretti. 549. xiv).

3° Le repos dans la course. Berger assis à terre, avec un air de lassitude, et ayant devant lui son chien qui fixe sur son maître un regard sympathique (Perret. vol. v. pl. xxxi).

Voici un fond de tasse (Garrucci. tav. vi. 5) où le pasteur, assis sous de frais ombrages, étend la main en signe d'allocution, paraissant s'entretenir avec deux brebis placées à ses côtés et qui prêtent à sa parole une sympathique attention.

4° Mais la plus commune de toutes ces scènes pastorales est celle où le Bon-Pasteur paraît avec la brebis sur les épaules. Il est presque toujours entre deux arbres, sur chacun desquels est perché un oiseau. Le sentiment du zèle satisfait, la joie mêlée d'amour qui respirent sur son visage, sont la traduction sensible du texte de saint Luc : « Et quand il a retrouvé sa brebis, il la charge sur ses épaules, plein de joie. » Nous ne saurions mettre sous les yeux du lecteur rien d'aussi parfait en ce genre qu'une statue de marbre blanc qui se conserve au musée du Latran. L'antiquité n'a rien produit de plus beau.

Nous trouvons dans des monuments d'Afrique un type différent. Ici le Bon-Pasteur ne porte pas la brebis sur ses épaules, mais il la serre sur sa poitrine avec le bras gauche, tandis que de la main droite il tient le vase pastoral (V. *Annuaire archéologique de la province de Constantine*, 1856-57, pl. x). Cette manière de porter la brebis rappelle cet hémistiche de Tibulle (*Eleg.* J. i. ii. 12) :

Non agnamve sinu pigeat fostumve capella
Desertum oblita matre referre domum.

La figure est tirée d'un curieux sarcophage découvert à Collo (Chullu).

5° Quand le Bon-Pasteur chargé de la brebis est seul (Bottari. 362), ou simplement accompagné de son chien (Bottari. xcvii), avec ou sans le *pedum*, il se dirige vers la bergerie après avoir accompli heureusement son voyage. Alors on aperçoit dans le lointain le *tugurium*, près duquel deux brebis couchées semblent attendre avec inquiétude le retour du pasteur (Bottari. xcviii.—Costadoni. *Pesce*... ap. Calogera. t. xli. p. 315).

6° Mais quand enfin il est près d'atteindre le but, le Bon-Pasteur n'est plus seul : autour de lui se presse le troupeau, représenté toujours au moins par deux brebis qui élèvent vers lui leurs yeux avec d'inexprimables caresses ; et le retour définitif est exprimé par un ou deux vases à lait déposés à terre et sur lesquels est appuyé le *pedum*, désormais inutile au berger au repos (V. Perret. vol. iii. pl. xxv. et notre art. *Mulctra*).

On peut retrouver aussi tout entière, dans les divers produits des arts de l'antiquité chrétienne, la seconde parabole (Joan. x), où le divin Maître énumère, en se les attribuant, les qualités et les fonctions d'un bon pasteur.

1° Le pasteur debout, à moitié tourné vers la bergerie, d'où sortent des brebis, semble les appeler, et elles paraissent répondre à sa voix (x. 3. 4) : « Les brebis entendent sa voix, et il appelle ses propres brebis et les conduit hors de la bergerie » (Bottari. xlii). Le *tugurium*, ici comme dans la plupart des circonstances où le même sujet est reproduit, a la forme d'un temple dont la façade, ornée de deux colonnes, est couronnée par un fronton. Et ceci n'est pas sans une raison mystique : c'est que le *tugurium* ou bercail est la figure de l'Église. « L'Église, est-il dit dans les *Constitutions apostoliques* (lib. ii. cap. 57), est assimilée, non-seulement au navire, mais au bercail. »

2° Le troupeau est rendu au lieu du pâturage, et le pasteur veille sur lui avec amour; tantôt debout (Perret v. pl. lxviii), appuyé sur la houlette, il joue de la *syrinx* au milieu de ses brebis paissant ; tantôt assis et dans une attitude paisible (Bottari. xlviii), il les contemple en silence : « Je suis le Bon-Pasteur, je connais mes brebis et mes brebis me connaissent. » (Joan. *ibid.* 14.) Quelquefois, incliné sur le *pedum*, le pasteur bénit ou caresse de la main ses brebis échelonnées sur la pente de la montagne (Bott. cxxxi). Scènes charmantes que Fortunat a si bien dépeintes dans ces vers (Opp. pars. 1. lib. 2. cap. 13) :

Sollicitus, quemquam ne devoret ira luporum
Colligit ad caulas pastor opimus oves.
Assiduis monitis ad pascua salsa vocatus,
Grex vocem agnoscens, currit amore sequax.

« Craignant que l'une d'elles ne devienne la proie de la fureur des loups, le Bon-Pasteur rassemble ses brebis dans la bergerie. — Appelé par d'incessantes exhortations aux gras pâturages, le troupeau, reconnaissant sa voix, accourt avec amour à la suite du pasteur. »

Voici, d'après M. De'Rossi (*Bull.* 69, juin), une médaille de dévotion où se trouve représentée d'une manière aussi complète que possible une de ces gracieuses scènes pastorales, tout à fait dans le goût et le style des meilleures sculptures des sarcophages du troisième siècle. Le pasteur, appuyé

sur son bâton ou sa houlette, veille avec sollicitude sur son troupeau échelonné sur le penchant de la montagne ; le chien est aux pieds du maître et se retourne vers lui, comme pour attendre ses ordres.

Sur certains sarcophages, le Sauveur, toujours en berger, est au milieu de ses douze apôtres, lesquels ont chacun une brebis à leurs pieds. Mais une circonstance importante à signaler, et qui ne l'a jamais été, que nous sachions, c'est que, à la droite du divin Pasteur, est une brebis plus grande que les autres et à laquelle il prodigue ses caresses. Or cette brebis est celle qui correspond à celui des apôtres dans lequel il est aisé de reconnaître le type traditionnel de S. Pierre.

Ces représentations des douze apôtres groupés autour du Bon-Pasteur avaient pour but (Allegranza. *Opusc.* p. 177) de fournir une image du zèle avec lequel les pasteurs des âmes devaient exercer leur ministère de paix et de miséricorde (V. pour plus amples détails notre *Étude archéol. sur l'agneau et le Bon-Pasteur*, p. 56-88). Le Bon-Pasteur se trouve assez fréquemment représenté au milieu des emblèmes des quatre saisons (V. Boldetti. p. 466. — Bottari. t. i. en tête de la préface, et tav. lv. — Buonarr. *Vetri.* p. i. etc.). On pense que c'est pour indiquer sa constante sollicitude à paître ses brebis, en différents lieux et de diverses manières, selon la convenance des saisons (V. l'art. *Saisons*).

PASTOPHORIA. — Le cardinal Bona pense que c'était la même chose que les *secretaria*, dans les basiliques anciennes. Et en effet, le texte des Constitutions apostoliques (ii. 57) semble donner raison au savant liturgiste : *ex utraque parte pastophoria*, ἐξ ἑκατέρων τῶν μερῶν παστοφόρια. Mais Bingham donne à ce nom une signification plus étendue, et prétend que les *pastophoria* comprenaient non-seulement le *diaconicum* et le *scevophylacium* (V. ces mots), mais encore les logements de tous les ministres et gardiens de l'église, appelés *paramonarii*, *mansionarii* et *martyrarii* (V. ces mots).

PATÈNE. — La patène est un des vases sacrés qui ont été employés de toute antiquité dans le ministère des autels (Paoli. *De patena argent. Forocorneliensi.* c. 1. seqq.). Elle est ainsi appelée du latin *patere*, à raison de sa forme ouverte et aplatie, *vas late patens*, dit S. Isidore de Séville (*Orig.* l. xx. c. 4). L'usage de ce vase remonte aux premiers siècles de l'Église, bien que le Livre pontifical (cap. xvi) semble en attribuer l'invention à S. Zéphyrin.

La matière des patènes était la même que celle des calices (V. l'art. *Calice*). Il y avait des patènes dites *ministeriales*, plus grandes que celle dont se servait le prêtre, parce qu'elles étaient destinées à recevoir les pains consacrés qu'on distribuait au peuple. Il y en avait d'autres appelées *chrismales*, parce qu'on y renfermait le saint chrême pour le baptême et la confirmation ; mais celles-ci étaient concaves. Le livre pontifical dit de S. Sylvestre qu'il offrit une patène chrismale en argent : *patenam chrismalem argenteam obtulit* (*In Sylv.*). On voit dans les trésors des églises des patènes d'une grande dimension qui ont servi d'ornement aux autels. Les plus anciennes sont décorées d'images et de figures symboliques. Jean Diacre (*Vit. S. Athanas. episc. Neapol.*) en mentionne une où était représentée la face de Notre-Seigneur avec des anges à l'entour. Boldetti (p. 494) en donne une autre où sont retracées les figures de S. Pierre et de S. Paul. Jean Patrizzi a composé, en 1706, une savante dissertation sur la patène dont se servait S. Pierre Chrysologue, et au centre de laquelle on voit un agneau avec une croix et d'autres symboles.

On découvrit à Cologne en 1864 les débris d'une patène de verre tout enrichie de petits disques de même matière, représentant, dans leur ensemble, un certain nombre de sujets chrétiens. Cette espèce de patène dut être commune dans les premiers siècles, si l'on en juge par la quantité considérable de ces petits médaillons aujourd'hui répandus dans les musées (V. l'art. *Fonds de coupe*). Mais, parmi les monuments de ce genre qui existent encore, nous ne connaissons rien de plus intéressant qu'une patène d'argent doré trouvée en 1846 en Sibérie, contrée qui jusqu'ici n'avait fourni aucun objet chrétien des siècles primitifs (V. *Bull. d'arch. chrét.* 1871. pl. IX. n. 1). Cette patène, décrite par M. le comte Stroganoff, a quinze centimètres de diamètre; elle est ornée d'un bas-relief au repoussé, représentant une croix gemmée fixée sur un globe terrestre parsemé d'étoiles, et accompagnée de deux anges tenant une baguette de la main gauche (pour l'intelligence de cet attribut, V. notre art. *Anges*, II, 14), et dirigeant leur main droite en signe d'adoration vers la croix, sous laquelle coulent les quatre fleuves mystiques (V. l'art. *Fleuves [les quatre]*). Des lettres aujourd'hui à moitié effacées sont tracées entre les têtes des anges, car on sait que, comme les calices, les patènes étaient quelquefois enrichies d'inscriptions.

Dans les Églises orientales, la patène, appelée *disque*, est beaucoup plus grande que chez les Latins, parce qu'on y place le calice aussi bien que les *oblata*. Elle est recouverte d'une étoile d'or ou de quelque autre métal précieux, surmontée d'une petite croix, afin de tenir soulevé le voile qui couvre la patène, et l'empêcher de toucher les saintes espèces : cet instrument est appelé *astérisque* (V. ce mot). Cette étoile rappelle celle qui guida les Mages au berceau du Sauveur; l'intention paraît évidente par les paroles que prononce le prêtre en plaçant l'étoile sur le *disque* (Matth. II. 9) : *Et veniens stella astitit supra ubi erat puer.*

Toutes les liturgies orientales ont des formules de bénédiction pour le *disque*. Celle de la liturgie copte est particulièrement remarquable (V. Renaudot. *Lit. orient.* t. I. p. 324) : « Étendez, Seigneur, votre main divine sur ce disque bénit, qui doit être rempli de charbons ardents, *carbonibus ignitis*, par les particules de votre corps, lequel sera offert sur l'autel. » C'est par une métaphore familière aux chrétiens orientaux que les particules de l'eucharistie qui doivent reposer sur le disque sont appelées *charbons*. Ils nomment souvent le Christ *charbon vivant*, parce qu'en lui habite corporellement toute la plénitude de la divinité. De là vient que dans les Theotokia alexandrins la vierge Marie est appelée *encensoir d'or, qui a contenu le charbon vif et véritable.* On voit souvent aussi dans les prières orientales que le charbon, dont les lèvres d'Isaïe furent touchées pour être purifiées, fut souvent pris pour le type de l'eucharistie; et les hymnes qui se chantent dans les églises d'Orient pendant la distribution des divins mystères, expriment souvent aussi cette idée que « dans le pain les mortels reçoivent un feu divin ».

PATRIARCHES. — On appelait ainsi, dans les temps primitifs (*patriarcha*, πατριάρχης), le « premier auteur d'une famille, celui de qui tous les autres descendaient » (Suid. *Lexic.* ad h. v). C'est pour cela que, dans la république chrétienne, on donna ce nom aux évêques des Églises qui, instituées par les apôtres, étaient comme les mères de toutes les autres. Il y eut dès le principe trois Églises patriarcales, celle de Rome, celle d'Antioche, celle d'Alexandrie, auxquelles s'adjoignirent bientôt celles de Jérusalem et de Constantinople. Les évêques de ces Églises s'appelaient *patriarches*.

Jusqu'au quatrième siècle, leurs droits ne furent pas autres que ceux des métropolitains (V. ce mot). Mais, comme dès cette époque il s'éleva des dissensions que les conciles provinciaux eux-mêmes ne pouvaient apaiser, il fut concédé des droits plus étendus aux évêques des plus anciennes Églises pour connaître des causes majeures, pour ordonner les métropolitains, juger les causes qui les concernaient, convoquer les conciles nationaux; c'est aussi aux patriarches qu'on appelait des sentences des métropolitains (Justin. *Novell.* CXXIII. c. 10. 22).

1° *Patriarcat de Rome.* L'évêque de Rome, outre la primatie sur toutes les autres Églises, dont il jouit de droit divin, porte encore, de toute antiquité, le nom et exerce les fonctions de patriarche, parce que l'Église romaine « est celle où les apôtres ont répandu toute leur doctrine avec leur sang (Tertull. *Præscrip.* XXXVI) » et qu'elle domine sur toutes les autres Églises de l'univers, comme dit Origène, ἀρχαιότατη Ἐκκλησία (Ap. Euseb. *Hist. eccl.* VI. 44). Le pontife romain est patriarche dans deux sens distincts : à raison des droits patriarcaux dont il jouit *ordinaria potestate* sur les Églises de son patriarcat, et ensuite à cause de la primauté de juridiction qu'il exerce sur les autres patriarches, même de l'Église orientale.

Le droit patriarcal dont l'évêque de Rome fut muni dès l'origine de l'Église est inhérent à sa primauté. Car les patriarches orientaux eux-mêmes appelèrent à son autorité dans presque toutes les causes importantes : ainsi, au troisième siècle, le patriarche d'Alexandrie (*Conc. Rom. sub Dionys. R. P. an. 263*); au quatrième, S. Athanase, patriarche du même siège (Theodoret. *Hist. eccl.* I. 4); au même siècle, S. Chrysostome, évêque de Constantinople (Sozom. *Hist. eccl.* VIII. 28), appela à Rome d'un jugement du patriarche d'Alexandrie. L'évêque de Rome a donc toujours, partout et par tous, été regardé à bon droit comme le patriarche des patriarches.

2° *Patriarcat d'Antioche.* L'évêque de cette ville fut toujours décoré du nom et des droits de patriarche, soit parce qu'Antioche fut « le premier siège du prince des apôtres »(Euseb. *Chron.* an. 39), soit parce qu'elle était la métropole de tout l'Orient (Euseb. *Vit. Const.* III. 56). Sous la juridiction du patriarche d'Antioche étaient placées les quinze provinces de l'Orient (*Concil. Ephes.* I. 2), correspondant aux quinze provinces dont se composait le *diocèse d'Orient*, selon la division politique de l'empire faite sous Vespasien (Petr. de Marca. *De concord. sacerdotii et imperii.* l. 1).

3° *Patriarcat d'Alexandrie.* Le fondateur de l'Église d'Alexandrie fut S. Marc, disciple de S. Pierre; c'est pour cela qu'elle fut appelée « siège évangélique », *sedes evangelica* (Hieron. *De scrip. eccl. In Marco*). L'évêque d'Alexandrie exerça les droits patriarcaux, non-seulement en Égypte, mais dans.la Pentapole, la Libye, la Thébaïde. Les patriarches catholiques gouvernèrent l'Église d'Alexandrie du premier au septième siècle, époque à laquelle les Sarrasins s'étant emparés de l'Égypte, des patriarches de la secte des jacobites usurpèrent le siège et le séparèrent de la communion de l'Église romaine. Et bien qu'au seizième siècle le patriarche Gabriel ait reconnu la primauté du successeur de S. Pierre, cette union fut de peu de durée (V. Bolland. *Hist. patriarch. Alex.* t. v. jun.). Le patriarche d'Alexandrie est redevenu jacobite, et il réside au Caire.

4° *Patriarcat de Jérusalem.* L'Église de Jérusalem doit être comptée parmi celles que fondèrent les apôtres; son premier évêque fut Jacques d'Alphée, surnommé *le Juste*; et elle a le titre de siège apostolique (Euseb. *Hist. eccl.* VII. c. ult.). Elle eut dans sa juridiction les trois Palestines et la Syrie. Ce fut bien moins à raison de l'étendue du diocèse qu'en considération de la dignité incomparable de la ville, où se sont accomplis les principaux mystères du christianisme, que l'évêque de Jérusalem fut mis au rang des patriarches au quatrième siècle, par les Pères du premier concile de Nicée (can. VII), qui maintinrent néanmoins dans leurs anciens droits les métropolitains de Césarée, auxquels l'évêque de Jérusalem était subordonné auparavant.

5° *Patriarcat de Constantinople.* — L'évêque de Byzance avait été, jusqu'au quatrième siècle, soumis à la juridiction du métropolitain d'Héraclée en Thrace. Mais dès que Constantin eut choisi cette ville pour en faire la capitale de l'empire, il ne cessa de combler d'honneurs ses évêques, auxquels, dès le quatrième siècle, les Pères du premier concile de Constantinople assignent la première place, après le pontife romain (c. III. an. 381). Au cinquième siècle, leur juridiction fut encore agrandie par les Pères du concile de Chalcédoine (Act. I. an. 451), qui lui attribuèrent les droits patriarcaux sur les provinces de l'Asie, du Pont et de la Thrace, de sorte que cette juridiction ne s'étendit pas sur moins de soixante-cinq métropoles et sept cents évêchés (Nil. Doxopatr. ap. Allat. *De consens. orient. et occident. Eccl.*). Les prérogatives de ce siège, en s'augmentant sans cesse, finirent par inspirer à ses titulaires la prétention de s'égaler au pontife romain, et aboutirent enfin au schisme de Photius, qui vint désoler l'Église au neuvième siècle et qui dure encore.

6° Il y eut en Occident des patriarches à titre purement honorifique. Ainsi, les rois Goths et Lombards d'Italie donnaient cette qualification aux métropolitains de leurs États. C'est de là que vint ce titre d'honneur aux évêques d'Aquilée, dont il est tant parlé dans l'histoire. Quelques évêques de l'Église de France furent aussi honorés de cette dignité. Elle fut attribuée à Priscus et à Nicetius, archevêques de Lyon, ancienne capitale du royaume de Gontran; à Rodolphe, archevêque de Bourges, capitale des trois Aquitaines. Ces patriarcats disparurent avec les royaumes dont les métropoles qui y étaient soumises furent démembrées (V. Thomassin. l. II. c. 4).

PATROLOGIE. — I. — La *patrologie* est l'étude des Pères et des divers écrivains ecclésiastiques. Elle embrasse leur biographie, leur bibliographie et la recherche des témoignages que chacun d'eux fournit en faveur de la religion et de l'Église. La *patristique* a un rôle plus restreint : elle se borne à tirer des ouvrages de ces écrivains tout ce qu'ils renferment en faveur des dogmes, pour les démontrer historiquement; et, comme on voit, elle n'est qu'une branche de la *patrologie* elle-même.

Dans les langues orientales, les docteurs et les prêtres furent toujours honorés du nom de *Pères*, parce que celui qui communique à un autre la vie spirituelle, soit par l'enseignement, soit par le ministère sacerdotal, se trouve, quant à l'âme, dans la même position que le père naturel quant au corps. Les Grecs employèrent le mot de *Père* dans le même sens : Alexandre donna ce titre à son maître Aristote (V. Clément. Alexandr. *Strom.* I. c. 1).

Nous retrouvons cet usage dans le Nouveau Testament : S. Paul se dit le père des Corinthiens qu'il avait convertis (I. Cor. IV. 14) : « Je vous avertis comme mes enfants très-chers, *ut filios carissimos vos moneo*. Et il ne tarde pas à expliquer la source de cette paternité (*Ibid.* 15) : « C'est moi qui vous ai engendrés en Jésus-Christ par l'Évangile, » *nam in Christo Jesu per Evangelium vos genui*.

Toute l'Église chrétienne s'est montrée d'autant plus fidèle à cette tradition, que chez nos pères le prix de l'instruction spirituelle était infiniment mieux senti que chez les peuples païens (Basil.

Epp. 337 et 339). Jusque bien avant dans le moyen âge, le titre de *Père*, papa, aujourd'hui réservé au seul évêque de Rome, fut indifféremment attribué à tous les docteurs, et particulièrement aux évêques (V. l'art. *Pape*, III).

Cependant le titre de *Père* s'applique d'une manière plus spéciale encore à cette classe de docteurs de l'Église qui, ayant vécu dans les premiers temps, se distinguèrent par leur piété et leur amour pour le christianisme, qui le propagèrent par leur parole et leurs écrits, et qui, par les ouvrages qu'ils nous ont laissés, attestent la foi de l'Église primitive (V. Mœhler. *Patrologie. Introduction.* III. Trad. Cohen).

Tous les écrivains ecclésiastiques n'ont cependant pas obtenu cet honneur ; quatre qualités étaient requises pour être rangé au nombre des *Pères* de l'Église : « une érudition plus qu'ordinaire, la sainteté, l'approbation de l'Église, l'antiquité » (D. Bonaventure d'Argonne. *De optima legendorum Ecclesiæ Patrum methodo*. part. I. c. 1).

La première qualité ne s'entend pas néanmoins d'une manière absolue, mais d'une manière relative. Il suffisait que la science fût grande, eu égard à l'époque et aux circonstances où ces écrivains avaient vécu. Plusieurs, en effet, et des plus anciens, ont obtenu le titre de Père sans être remarquablement savants : par exemple, S. Clément Romain, S. Ignace le Martyr, etc.

La *sainteté* est en revanche d'une nécessité absolue, car l'idée que l'on se fait d'un Père de l'Église comprend non-seulement la paternité spirituelle acquise par l'enseignement, mais aussi celle qui résulte de l'exemple de toutes les vertus chrétiennes : *Vos estis sal terræ* (Matth. v. 13).

Quant à l'approbation de l'Église, elle se manifeste de diverses manières. Dans les premiers temps, l'impression immédiate produite sur la masse des fidèles par l'ensemble de la vie et des actions d'un docteur déterminait à elle seule son admission au nombre des Pères. La satisfaction universelle causée par la manière dont il défendait la foi chrétienne, et mieux encore l'usage public que l'Église faisait de ses écrits, dans un concile, par exemple, pour combattre une hérésie, devenait pour lui une approbation implicite. Parfois aussi, à côté de cet hommage tacite, l'Église accordait une approbation plus positive et plus solennelle. Ainsi, le pape S. Léon le Grand, S. Thomas d'Aquin et S. Bonaventure furent élevés par des bulles pontificales au rang de Pères de l'Église.

Quelques Pères, à raison de l'ardeur de leur zèle, de l'étendue exceptionnelle de leur érudition et des services plus signalés rendus par eux à l'apologie de la religion, reçurent le titre glorieux de *docteurs de l'Église*. Ceux qui ont mérité et obtenu cette éminente distinction sont, pour l'Église orientale, S. Athanase, S. Basile le Grand, S. Grégoire de Nazianze et S. Chrysostome ; et pour l'Église occidentale, S. Ambroise, S. Jérôme, S. Augustin, S. Grégoire le Grand, S. Hilaire de Poitiers, auxquels plus tard furent ajoutés S. Léon le Grand, S. Thomas d'Aquin et S. Bonaventure. Plusieurs Pères ont été admis dans l'office divin au nombre des docteurs, lesquels cependant ne sauraient être placés sur le même rang que les précédents : tels sont S. Isidore de Séville, le vénérable Bède, S. Anselme et S. Bernard.

Au contraire, quelques anciens auteurs ecclésiastiques que vulgairement on qualifie de Pères, n'ont point droit à ce titre, parce qu'ils manquent des deux dernières qualités que nous avons énumérées, la sainteté et l'approbation de l'Église ; ou que du moins ils n'ont reçu qu'une approbation restreinte. On les appelle *écrivains ecclésiastiques*. Tels sont Papias, Clément d'Alexandrie, Origène, Tertullien, Eusèbe de Césarée, Rufin d'Aquilée, etc. Pour ce qui concerne Clément d'Alexandrie, nous devons dire cependant que plusieurs martyrologes (*Martyrol. Usuard. ad mens. Decemb.* 4) lui donnent le nom de saint, et nous ne voyons pas qu'on le lui ait jamais contesté de ce côté des Alpes ; et sous le rapport de l'érudition, nous ne pensons pas qu'il ait été surpassé par aucun autre Père à titre incontesté.

Reste la quatrième condition, l'*antiquité*. Ici les opinions les plus divergentes se sont produites, et l'époque où doit se clore la liste des Pères n'a point encore été déterminée. Il est incontestable que l'autorité d'un Père est d'autant plus grande qu'il se rapproche davantage des temps apostoliques ; le témoignage d'un écrivain de l'un des trois premiers siècles au sujet des traditions primitives présente évidemment plus de garantie que celui des Pères qui ont vécu à une époque plus rapprochée de nous. Cependant le signe caractéristique qui nous occupe ne saurait être limité à une époque précise. Mais, pour lui conserver toute sa valeur, l'Église catholique a rangé les Pères en trois classes ou en trois périodes, qui indiquent le genre d'autorité qui s'attache aux écrits de chacun d'eux. La première période comprend les trois premiers siècles, la seconde va jusqu'à la fin du sixième, et la troisième se termine avec le treizième. Mais il doit y avoir des Pères comme des saints tant que l'Église subsistera, et le Pape ne saurait perdre le droit de décerner ce titre aux hommes de tous les temps qui se montrent éminents en science et en sainteté.

II. — Les hommes studieux de tous les temps se sont occupés de l'histoire littéraire des Pères de l'Église. Mais S. Jérôme est le premier qui l'ait écrite *ex professo* ; avant lui, Eusèbe avait mentionné, mais incidemment, dans son *Histoire ecclésiastique*, les auteurs qui l'avaient précédé. Le livre de S. Jérôme, qui fait plus d'un emprunt à celui de l'évêque de Césarée, est intitulé : *De viris illustribus, liber ad Dextrum prætorio præfectum* ; en cent trente-cinq articles, il comprend tous les écrivains bibliques et ecclésiastiques jusqu'en 393 ; les ouvrages de S. Chrysostome, déjà parus alors, sont les derniers qu'il mentionne. Ce que Suétone et Plutarque avaient fait pour les païens, S. Jérôme le fit pour les écrivains de l'Église chrétienne, mais avec des vues plus élevées : son ouvrage n'avait pas seulement pour but de conserver la mémoire des grands hommes et de leurs écrits, mais surtout de venger le christianisme des allégations des Celse, des Porphyre, des Julien, etc., prétendant qu'il n'était embrassé que par des hommes ignorants. Sous le n° 135, S. Jérôme donne la liste de ceux de ses propres ouvrages déjà publiés à cette époque. Sophrone a traduit en grec ce livre de S. Jérôme, et dans les bonnes éditions on met la traduction en regard du texte.

Gennadius, prêtre de Marseille, qui florissait en 490, a continué jusqu'à la fin du cinquième siècle l'ouvrage de S. Jérôme, et termine aussi son œuvre par l'énumération de ses propres ouvrages. Viennent ensuite S. Isidore de Séville qui le poursuivit jusqu'en 610, et Ildefonse de Tolède qui y ajouta quelques notions supplémentaires.

Chez les Grecs, Photius est le premier qui, au neuvième siècle, se soit livré à un travail de ce genre. Son *Myrobiblion*, connu vulgairement sous le nom de *Bibliothèque de Photius*, où règnent une érudition et une critique peu communes, a sauvé de l'oubli beaucoup de fragments d'auteurs païens et chrétiens presque complétement inconnus.

Après les auteurs que nous venons de nommer, il y eut sous ce rapport une lacune chez les Occidentaux. Honorius, prêtre d'Autun, mort en 1120, et Sigebert de Cambrai, en 1112, ne fournissent que de courtes notices, et, après eux, il y a une nouvelle interruption jusqu'au quinzième siècle : en 1492, Jean de Trittenheim, abbé de Spanheim, publia un livre, *De scriptoribus ecclesiasticis*, pour lequel il avait mis à contribution les ouvrages existants, et y ajouta des détails précieux sur la littérature du moyen âge. Il eut pour successeur Aubert Myrée, qui, dans un ouvrage portant le même titre, compléta le travail de Trittenheim et le surpassa pour le mérite de l'exécution; il descend jusqu'à la moitié du seizième siècle (V. Mœhler. *Op. laud.* p. 24). Tous les ouvrages que nous venons d'énumérer sont réunis dans la *Bibliotheca ecclesiastica* d'Albert Fabricius (Hambourg, 1718).

Le dix-septième siècle ouvre une ère nouvelle pour les études relatives à la patrologie. La renaissance de la critique donna à cette science une direction plus sûre et mit en honneur le goût de notre littérature ecclésiastique. Des trésors jusque-là enfouis surgirent de toute part et vinrent apporter leur utile tribut à l'apologétique catholique.

En 1613, Robert Bellarmin fit paraître son ouvrage *De scriptoribus ecclesiasticis*. En 1633, Pierre Halloix en donna un nouveau, mais restreint à l'Église orientale, sous ce titre : *Illustrium Ecclesiæ orientalis scriptorum qui sanctitate et cruditione floruerunt* (Douai 2 vol. in-f°).

Le bénédictin Nicolas le Nourry mit au jour, de 1703 à 1715, de savantes dissertations sur les Pères des quatre premiers siècles, sur leur doctrine, leur mode d'enseigner : *Apparatus ad bibliothecam maximam veterum Patrum et antiquorum scriptorum ecclesiasticorum* (Lyon, 2 vol. in-f°).

L'ouvrage le plus étendu qui eût encore paru est celui d'Ellies Dupin, qui n'a pas moins de 47 vol. in-8° : *Nouvelle bibliothèque des auteurs ecclésiastiques*, contenant l'histoire de leur vie, le catalogue, la critique, la chronologie de leurs ouvrages (Paris, 1686-1711). Beaucoup de science, mais orthodoxie suspecte, jugements trop souvent hasardés, injustice envers le moyen âge, mal compris par l'auteur. Pour tirer parti sans inconvénient des grandes ressources de cet ouvrage, il est essentiel de lire simultanément celui de Richard Simon, qui redresse les erreurs de Dupin.

Il serait plus sûr encore de s'en rapporter à l'ouvrage de Dom Remi Ceillier, qui reprit la même tâche, et apporta à son exécution une sûreté de doctrine et une sagesse de critique à peu près irréprochables : *Histoire générale des auteurs sacrés et ecclésiastiques*, qui contient leur vie, le catalogue, la critique, le jugement, la chronologie, l'analyse et le dénombrement des différentes éditions de leurs ouvrages, ce qu'ils renferment de plus intéressant sur le dogme, sur la morale et sur la discipline de l'Église, etc. (Paris, 1729-1763, 23 vol. in-4°).

Ceillier emprunte beaucoup de choses aux *Mémoires de Tillemont, pour servir à l'histoire ecclésiastique des six premiers siècles* (Paris, 1693, 16 vol. in-4°), ouvrage qui est une vraie mine d'or pour tous ceux qui étudient l'histoire de la primitive Église.

Après ces ouvrages et ceux de divers éditeurs de bibliothèques des Pères et de Vies de saints, on ne saurait oublier de citer avec éloges les bénédictins de la congrégation de Saint-Maur, qui, dans leurs diverses éditions des SS. Pères, nous ont fourni tout ce qui a été fait jusqu'à présent de plus parfait dans cette branche de la science.

Les Allemands ne se mirent que tard au niveau d'un tel progrès (V. Mœhler. *Patrol.* p. 27). Ils se bornèrent d'abord à quelques compilations, telles que celles de Wilhelmi, de Wiest, de Winter, de Godwitzer, etc. Le bénédictin G. Lumper sortit seul de la ligne; il composa avec beaucoup de soin et d'érudition une *Histoire théologique et critique de la vie, des écrits et de la doctrine des SS. Pères et d'autres écrivains ecclésiastiques* (Augsbourg, 1789-99, 13 vol. in-8°). Malheureusement, il ne s'est occupé que des trois premiers siècles. Winter ne va pas même jusqu'à la fin du troisième. On a de Busse, ci-devant professeur à Braunsberg (Munster, 1828), une *Esquisse de l'histoire de la littérature chrétienne*, s'étendant jusqu'au quinzième siècle, et qui, sans être précisément dépourvue de mérite, ne répond pas néanmoins à la grandeur du sujet.

Les protestants ont grandement négligé cette science, et lorsqu'ils l'ont abordée, c'est avec une passion qui dépouille leurs ouvrages de tout droit à la confiance. L'auteur le plus recommandable qu'ils aient fourni est W. Cave, qui a écrit sur les trois premiers siècles divers traités dont voici les titres : *Histoire littéraire des auteurs ecclésias-*

tiques; — le *Christianisme primitif;* — les *Antiquités apostoliques;* — *Vies, actes et martyres des apôtres et évangélistes;* — *Histoire de la vie, de la mort et du martyre des saints contemporains et des apôtres.* Tout ceci est contenu dans un volume in-f° (Londres, 1677). Cave a publié aussi la *Vie des Pères du quatrième siècle*, qui a été continuée par H. Wharton jusqu'au seizième.

On peut citer encore quelques écrits moins considérables, tels que : *Commentarius de scriptoribus ecclesiasticis antiquis illorumque-scriptis*, de Casimir Oudin (Leipsick, 1722) : ouvrage poussé jusqu'au quinzième siècle. — La *Bibliotheca latina ecclesiastica*, d'Albert Fabricius, est, dit Mœhler (*Ibid.* p. 28), un ouvrage composé avec beaucoup de zèle, avec un jugement sain et indépendant (In-f° ; Hambourg, 1718).

III. — Un fait frappe tout d'abord celui qui étudie dans les textes anciens l'histoire des origines chrétiennes : c'est que, pendant plus d'un siècle, même abstraction faite des écrits des apôtres, il ne rencontre sur sa route que des écrivains grecs.

La principale cause de ce phénomène réside sans doute dans l'origine même du christianisme, qui, né en Orient, ne fut transporté que plus tard en Occident. La première apparition de S. Pierre à Rome ne date que du règne de Claude, en 42 (Patrizi. *De Evangeliis*, l. I. c. 2. n. 24); et c'est ce qui explique encore pourquoi les premiers ouvrages chrétiens, composés en Italie même, eurent des Grecs pour auteurs ou tout au moins furent écrits en langue grecque. Le grec était encore la langue officielle de l'Église au commencement du troisième siècle ; on pourrait en voir la preuve dans ce fait curieux que c'est en cette langue que sont écrites les épitaphes des papes jusqu'à S. Corneille (V. la *Rome souterraine* de M. De' Rossi).

La seconde cause doit être demandée aux tendances du génie des Grecs, qui les portèrent toujours de préférence vers la spéculation, tandis que l'esprit des Latins est plus enclin aux choses positives et aux questions pratiques. De là vient que les premiers éprouvèrent de bonne heure le besoin de formuler leurs croyances et de les défendre par la plume dès qu'ils les virent attaquées, et on sait que bien souvent cette activité remuante et dialectique, voulant expliquer la matière évangélique d'après les formules de la philosophie, les égara en des subtilités regrettables. Les seconds au contraire donnèrent à leur activité une direction plus morale : ils s'appliquèrent par-dessus tout, par la parole, à imprimer dans le cœur de l'homme le sceau de la vie chrétienne, et lorsque vinrent les persécutions dont Rome fut le premier théâtre, au lieu d'écrire, ils priaient; au lieu de repousser la calomnie par l'arme du raisonnement, ils triomphaient par la patience et démontraient la divinité de leur religion en lui sacrifiant leur vie.

Aussi ne fut-ce que vers la fin du deuxième siècle que surgit un écrivain latin, Tertullien, qui fut seul de cette langue, alors que la Grèce avait déjà un nombre considérable d'écrivains, entre lesquels brillent les premiers apologistes. Et lorsque décidément s'ouvrit l'ère de la littérature chrétienne latine, le caractère propre à chacun des deux peuples se dessina dans leurs écrits : d'un côté la théorie, de l'autre la pratique ; les Grecs, en général plus spéculatifs, plus savants, plus scientifiques, mais aussi plus mobiles, plus légers; les Latins moins brillants, mais plus fermes dans la foi, plus adonnés aux questions relatives au domaine de la vie ordinaire. Nous avons dit *en général*, car il faut tenir compte d'exceptions fort notables : ainsi un des Pères qui se sont le plus distingués dans le développement des questions pratiques est un Grec, S. Chrysostome, tandis que par contre un des plus grands théoriciens appartient à l'Église occidentale, et c'est S. Augustin. Disons aussi qu'au point de vue de la science S. Jérôme peut être placé à côté des plus éminents des Grecs.

Mais enfin, la distinction subsiste, et d'une manière on ne peut plus tranchée; mais les deux caractères se complètent pour faire un tout harmonieux ; le caractère plus tranquille et plus réfléchi des Occidentaux forma un contre-poids à celui des Grecs, plus facile à remuer et par conséquent moins propre à l'action. Et c'est un trait admirable de la Providence, que le chef de l'Église ait été établi dans l'Occident, où se trouve en général une raison plus saine, plus calme, plus de tact et de profondeur pratique.

IV. — D'après Dom Ceillier, Mœhler, etc., nous allons tracer une rapide esquisse de notre littérature chrétienne pendant les trois premiers siècles, qui seuls sous ce rapport offrent quelque obscurité. L'histoire patrologique des époques suivantes se trouve partout. Au surplus, nous ne saurions songer à l'aborder ; la richesse de ses éléments nous entraînerait à des développements que ne comporte point la nature élémentaire de cet ouvrage. En faveur des hommes studieux, nous reproduirons, pour chacun des écrivains des trois premiers siècles, les détails bibliographiques donnés par Mœhler. Ces notices seront particulièrement appréciées de ceux qui, à raison de leurs études, ont besoin d'être renseignés sur la pureté des textes anciens.

PREMIÈRE PÉRIODE. — PÈRES APOSTOLIQUES. — Au commencement on écrivait peu : la religion chrétienne se présentait comme une révélation divine, et non point comme le résultat de recherches scientifiques; ses apôtres racontaient simplement le fait de leur mission, affirmaient leurs doctrines, et confirmaient le tout par leurs miracles. De là la rareté et la nature spéciale des travaux littéraires de cette époque. La *rareté :* les Pères dits apostoliques parce qu'ils furent les disciples immédiats des apôtres, sont au nombre de cinq ou six au plus, et leurs écrits authentiques forment un trésor fort restreint. La *nature* de leurs travaux est des plus simples : sauf le livre du *Pasteur*, ce ne sont que des lettres qui s'échangent entre hommes intimement liés, pour se communiquer mutuellement ce qui les intéresse, les événements qui les atteignent, leurs joies et leurs peines, et aussi des instructions et des exhortations propres à se guider et à se soutenir les uns les autres.

On a observé cependant (V. Mœhler. I. p. 57) que ces humbles débuts de la littérature chrétienne, qui se déploient dans un laps d'une quarantaine d'années, de S. Clément à Papias, contiennent déjà en germe les principales formes sous lesquelles l'activité scientifique se développa plus tard. Dans l'épître à Diognète, nous démêlons la forme de l'apologie contre les païens ; dans les épîtres de S. Ignace, celle de l'apologie contre les hérétiques; dans celle de S. Barnabé, un essai de dogmatique spéculative; dans le *Pasteur*, les premiers linéaments d'un système de morale chrétienne; dans les lettres de S. Clément Romain, le premier développement de la science qui se formula plus tard par le droit ecclésiastique ; et enfin, dans les actes du martyre de S. Ignace, le plus ancien monument historique.

1° *S. Clément Romain.* — Ce premier des Pères apostoliques fut disciple de S. Pierre et de S. Paul (Iren. *Adv. Hæres.* III. 3. Euseb. *Hist. eccl.* III. 16. Hieron. *Script. eccl.* XV.—Origen. *De princip.* II. 3). Il fut ordonné évêque par les apôtres et succéda à S. Pierre sur le siége de Rome. Voilà tout ce qu'il y a de certain dans son histoire. Selon Tertullien (*Præscript.* XXXI) et les autres écrivains latins qui l'ont suivi, mais dont il faut excepter S. Jérôme (*loc. laud.*), Clément aurait succédé immédiatement au prince des apôtres, tandis que dans la liste des évêques de Rome que nous ont transmise S. Irénée, Eusèbe et d'autres Grecs, il n'occuperait que la troisième place après cet apôtre, c'est-à-dire qu'il suivrait S. Lin et S. Anaclet (Iren. *loc. laud.* Euseb. III. 2. — Epiphan. *Hæres.* XXVII. 6). Cette dernière opinion est plus généralement adoptée, comme plus ancienne, et attestée par des témoins plus dignes de foi.

Il nous reste de S. Clément quatre épîtres, deux adressées aux Corinthiens et deux à des Vierges. La première est d'une authenticité incontestable, et constitue un des monuments les plus importants de l'antiquité chrétienne ; elle acquit une grande célébrité dans les premiers siècles ; S. Irénée (*Adv. Hæres.* III. 3. n. 3) la cite avec respect et l'appelle une excellente épître, et Eusèbe affirme qu'elle se lisait publiquement dans beaucoup d'Églises, comme celles des apôtres mêmes (Euseb. *Hist. eccl.* III. 16).

Cette épître fut écrite principalement à l'occasion d'une division qui, la seconde fois depuis S. Paul et pour les mêmes motifs, déchirait l'Église de Corinthe. De simples fidèles tentaient d'usurper le ministère sacerdotal, enseignant publiquement dans les assemblées, ce qui allait à ruiner la société chrétienne par la destruction de la hiérarchie. C'est à la demande de la portion saine de cette communauté que Clément, vers l'an 70, selon l'opinion la plus probable, écrivit sa lettre qui devait faire rentrer les rebelles dans le devoir. Il y développe avec éloquence les avantages et la nécessité de l'union dans l'Église, et établit avec force l'origine divine de l'ordre hiérarchique dans la société chrétienne.

Deux choses encore doivent être signalées dans cette épître : l'enseignement du dogme de la résurrection de la chair (cap. XXV), à l'appui duquel il cite même la fable du phénix, argument qui tirait toute sa force de la croyance vulgaire alors au sujet de cet oiseau fabuleux (V. notre art. *Phénix*). En second lieu, S. Clément affirme l'existence d'autres mondes au delà de l'Océan (cap. XX) : ce lui fut autrefois un sujet de reproche ; mais on sait si les événements lui ont donné raison.

La seconde épître de S. Clément aux Corinthiens, dont nous ne possédons plus que quelques fragments, n'a jamais eu le crédit de la première ; elle fut rejetée par les anciens, au dire de S. Jérôme, et son contenu ne tient point devant une saine critique.

Les deux épîtres à des Vierges, ou à des ascètes des deux sexes, demeurées inconnues jusqu'en 1752, et qui furent découvertes à cette époque par Wettstein dans une version syriaque, sont rangées par les meilleurs critiques au nombre des ouvrages authentiques de S. Clément (Mœhler. I. p. 88).

Les ouvrages apocryphes du même Père ont été réunis en une collection connue sous le nom de *Clementina*.

Le premier a pour titre : *Recognitiones S. Clementis*; il est divisé en deux livres. Le titre semble indiquer un roman religieux. Et en effet, d'après l'*Art poétique* d'Aristote, le moment où, dans une pièce de théâtre, des parents ou des amis longtemps séparés se retrouvent, s'appelle la *récognition*, ἀναγνωρισμός. C'est tout à fait ce qui a lieu dans l'œuvre attribuée à S. Clément : après une longue séparation, Faustinien et Matthidia, son père et sa mère, retrouvent leurs fils Clément, Fauste et Faustin. Peut-être y a-t-il là un rapport allégorique, pour faire entendre qu'à la connaissance de soi-même en Jésus Christ se rattache la véritable reconnaissance de l'homme.

Cet ouvrage apparaît dans l'antiquité chrétienne sous divers titres, tirés tantôt de l'ensemble, tantôt de quelques-unes de ses parties. On le retrouve sous celui de *Itinerarium, Gesta, Historia Clementis*; ou bien, parce que l'apôtre S. Pierre y joue le principal rôle, sous celui de *Itinerarium vel periodi, actus Petri*, ou de *Disputatio Petri cum Simone Mago*.

Le héros du roman, désireux de s'instruire des vérités relatives à Dieu et à l'âme humaine, apprend fort à propos qu'un merveilleux prophète a paru en Judée. Barnabé, arrivé à Rome pour y prêcher, décide Clément à se rendre en Palestine auprès de Pierre, pour s'instruire plus à fond. Il le trouve à Césarée, et reçoit de lui les premiers enseignements sur les connaissances préliminaires du christianisme, sur la révélation dans l'Ancien et le Nouveau Testament, sur la personne de Jésus-Christ et son royaume. Le second livre rapporte la dispute de Pierre avec Simon le Magicien. Après cela, Pierre se rend de Césarée à Tripoli. Là, dans une suite de sermons qui remplissent les livres IV, V et VI, il développe les principaux points de la doctrine chrétienne, mise en parallèle avec les folies du paganisme, et conclut par une exhortation au baptême, comme seul remède à tous les maux spirituels.

Le livre VII donne l'histoire de la famille de Clément, qui retrouve dans une île sa mère et ses frères qu'il croyait perdus.

Les trois derniers livres traitent principalement du dogme du libre arbitre et de la prescience de Dieu, problème aride qui a toujours inquiété l'esprit humain. L'ouvrage se termine par la conversion de Faustinien.

Nous ne possédons aujourd'hui des *Récognitions* qu'une traduction latine faite par le prêtre Rufin d'Aquilée, vers l'an 420, à la prière de S. Gaudence, évêque de Brescia, à qui il l'a dédiée.

Le recueil connu sous le nom de *Homiliæ Clementinæ* paraît n'être qu'une édition un peu modifiée des *Récognitions*.

Il existe encore cinq épîtres portant le nom de S. Clément, et qui ont été placées en tête des Décrétales du faux Isidore.

Enfin les *Actes des martyrs* qu'on lui a attribués ne résistent point à un examen sérieux.

Éditions. — La version des *Récognitions* par Rufin fut publiée pour la première fois à Bâle en 1526, avec les fausses Décrétales ; puis à Paris en 1541 et 1568, à Cologne en 1569, et dans le recueil des Pères, à Lyon, 1677. L'édition de Cologne renferme aussi les Clémentines et un extrait du voyage de S. Pierre pour convertir les Gentils, avec des notes de Wenrad. Le texte grec de ce dernier ouvrage fut donné pour la première fois par Turnèbe (Paris 1554), et la traduction latine par Perionius. Tous les ouvrages supposés de S. Clément se trouvent dans le recueil de Cotelier, t. I, et dans Galland, t. II. Les *Récognitions* ont été réimprimées dans la nouvelle *Bibliotheca PP. Latinorum selecta*, t. I, chez Gersdorf, Leipzig, 1838 (Mœhl. I. p. 92).

2° *S. Barnabé.* — Dans le petit nombre de monuments subsistants de la littérature chrétienne primitive, on place une épître attribuée à S. Barnabé, la même que les *Actes des apôtres* mentionnent souvent avec éloge. Il était originaire de l'île de Chypre, lévite et, si l'on en croit une ancienne tradition, l'un des soixante-douze disciples de Jésus-Christ (Clém. Alex. *Strom.* II. 20). Son véritable nom était Josès, que les apôtres changèrent en celui de Barbabé, et c'est celui qui lui est resté dans l'histoire (*Act.* IV. 36. La Vulgate et S. Jérôme disent *Joseph*). C'était un homme vertueux, rempli de l'Esprit Saint, ferme dans la foi (*Ibid.* XI. 24 seqq.). Ces hautes qualités attirèrent sur lui l'attention des apôtres, qui le choisirent dès le commencement pour le service de l'Évangile et surtout pour les missions étrangères. C'est à lui qu'est due la fondation et l'extension de l'Église d'Antioche en Syrie, et aussi, en grande partie, la propagation de l'Évangile dans les contrées septentrionales de l'Asie Mineure, à laquelle il travailla concurremment avec S. Paul, de l'an 44 à l'an 52 (*Act.* XV. 2).

L'épître qui existe sous le nom de cet homme apostolique est appelée par Origène *Épître catholique*, Ἐπιστολὴ καθολική. Toute l'antiquité l'a reconnue et admise pour authentique. Ce n'est que dans les temps modernes qu'elle a été attaquée. S. Clément d'Alexandrie (*Strom.* II. 6, 7, 14, 15, 18), Origène (*De princ.* III. 18. — *Comm. in ep. ad Rom.* I. 24), la citent en plusieurs endroits, et comme étant de S. Barnabé, et comme faisant autorité. Celse la reconnaissait comme un écrit reçu par les chrétiens (Origèn. *Contr. Cels.* I. 63). Enfin, S. Jérôme dit positivement, dans son catalogue des écrivains ecclésiastiques (c. VI), que Barnabé, lévite et apôtre, a écrit une épître ayant pour but l'édification de l'Église, *ad ædificationem Ecclesiæ pertinentem*.

L'opinion contraire se fonde principalement sur un passage équivoque d'Eusèbe (*Hist. eccl.* III. 25), où cet historien la place parmi les ouvrages *supposés*. Ceci veut dire seulement que l'Épître de S. Barnabé n'avait pas été admise dans le canon, mais non point qu'elle ne dût pas être regardée comme l'œuvre de cet apôtre.

Le titre de cette lettre étant perdu, on ne sait point au juste à qui elle était adressée ; mais on voit que l'auteur avait principalement en vue les chrétiens judaïsants, qui, à côté de l'Évangile, conservaient un attachement excessif aux traditions judaïques.

Éditions. — L'archevêque Usher est le premier qui se soit occupé de la publication de l'Épître de S. Barnabé, en 1643 ; mais l'édition fut dévorée par un incendie. Dom Ménard avait formé un projet analogue, mais la mort, qui le surprit en 1644, l'empêcha de le réaliser. Ce fut Dom d'Achéry qui, l'année suivante, livra à l'impression le travail de Ménard : c'est la première édition gréco-latine de cet ouvrage. Le texte grec lui fut procuré par le jésuite Sirmond, qui l'avait trouvé à Rome dans les papiers du P. Torriani. L'ancienne version latine est tirée d'un manuscrit de l'abbaye de Corbie. L'une et l'autre sont très-incomplètes : le commencement manque dans le texte grec, et la fin dans la traduction que Ménard y ajouta. Isaac Vossius confronta ce texte avec celui de trois autres manuscrits, celui de Médicis, celui du Vatican et un troisième appartenant à un couvent de Théatins de Rome ; il ajouta en outre de bonnes notes à sa rédaction, et le fit réimprimer en 1646, à Amsterdam, avec les épîtres de S. Ignace. Cotelier entreprit une nouvelle édition latine de cette épître et l'inséra dans son recueil des Pères apostoliques (Paris, 1672) ; réimprimé par Jean Leclerc (Anvers, 1698) et augmenté de remarques par Jean David en 1724. Indépendamment de Fell et de Le

Moyne, Richard Russel a aussi imprimé cette épitre dans son recueil des Pères apostoliques (Londres, 1746). Galland a inséré dans sa *Biblioth. vet.* 66, le texte de Cotelier, avec des remarques de lui-même et d'autres auteurs, (Mœhl. I. p. 105).

3° *Hermas.* — S. Paul, dans son épître aux Romains (XVI. 14), salue un personnage qu'on croit être celui-ci : *Salutate.... Hermam*, et qui, d'après les plus anciens auteurs ecclésiastiques, serait l'auteur du livre intitulé *le Pasteur*, Ποιμήν. « Je crois, dit Origène (*Comm. in ep. ad Rom.* loc. laud.), que cet Hermas est l'auteur du livre que l'on appelle *le Pasteur*. » Le témoignage d'Eusèbe (*Hist. eccl.* III. 3) s'accorde parfaitement avec cette assertion, ainsi que celui de S. Jérôme (*Catal.* c. x) ; ils attestent que c'était là l'opinion généralement reçue dans l'Église, et qu'elle était fondée sur la tradition.

Ce livre du *Pasteur* jouissait dans l'antiquité chrétienne de la plus haute considération ; et alors que le canon des Écritures n'était pas encore fixé, les plus anciens écrivains estimaient cet ouvrage à l'égal des livres reconnus depuis pour canoniques, et le plaçaient parfois sur le même rang. S. Irénée le range, sous le nom de *Scriptura*, parmi les livres saints (*Adv. hæres.* IV. 20) ; S. Clément d'Alexandrie (*Strom.* I. 29. 17 *et alibi*) et son disciple Origène (*Explanat. in ep. ad Rom.* XVI. 14) s'en servaient de même, ainsi que Tertullien, lorsqu'il était encore catholique, dans son livre *De oratione* (c. XII). Tout ceci prouve qu'on le regardait véritablement comme l'œuvre d'un disciple des apôtres, et qu'on lui accordait une autorité apostolique comme à l'Épître de S. Clément.

Ceci suffirait pour réfuter l'opinion des modernes, qui veulent que l'auteur du *Pasteur* fût le frère du pape Pie Ier, qui a siégé de 140 à 152. On n'eût pu songer à placer parmi les livres canoniques le livre d'un homme qui avait vécu à une époque déjà si éloignée de celle des apôtres. Or Eusèbe était tout disposé à lui décerner cet honneur, si l'opposition de quelques personnes ne l'en eussent empêché ; opposition fondée surtout sur ce motif que c'eût été donner une autorité divine à un livre que l'on reconnaissait sans doute pour authentique, mais non digne d'être assimilé à ceux des apôtres.

Le titre de ce livre est tiré de cette circonstance que l'ange qui instruit Hermas lui apparaît sous la forme d'un berger. Son but est de faire connaître comment l'homme peut devenir un vrai chrétien et comment le christianisme doit passer dans la vie pratique. Il se divise en trois livres : le premier se compose de *Visions*, le second de *Préceptes*, le troisième de *Comparaisons*.

Éditions. — La plus ancienne est celle de Jacques Faber (Paris, 1513, in-f°), chez Henri Étienne l'aîné ; elle a été suivie de celle de Gerbal (Strasbourg, 1522) ; de celles publiées dans les orthodoxographes de Jean Herold (Bâle, 1555), et de Grinæus (Bâle, 1569) ; puis dans les bibliothèques des Pères (Paris, 1575, 1589, 1610, 1644, 1654 ; Cologne, 1618 ; Lyon, 1677). Le *Pasteur* parut aussi en 1655, avec des remarques de Gaspard Barth, conjointement avec d'autres écrits patristiques (Mœhl. I. p. 116).

Cet ouvrage, revu avec soin par Cotelier, fut publié dans son recueil des Pères apostoliques en 1672, et cette édition fut réimprimée par Jean Fellus (Oxford, 1685), et Jean Leclerc (Amsterdam, 1698 à 1724), avec des rectifications dans le texte et de nombreuses notes scientifiques. Albert Fabricius inséra aussi le *Pasteur* dans son *Codex apocryphus Novi Testamenti*, t. II, p. 739, précédé du témoignage des auteurs anciens en faveur de ce livre et accompagné de nombreux éclaircissements (Hambourg, 1719). Enfin Montfaucon rassembla les fragments épars des textes grecs, et Galland les donna dans son édition de la Bibliothèque des anciens Pères (Venise, 1742). (V. Mœhl. I. p. 116.)

4° *S. Ignace d'Antioche, surnommé Théophore.* — On possède peu de détails biographiques sur les débuts de ce Père. La seule chose bien constatée par l'histoire, c'est qu'il fut disciple de l'apôtre S. Jean, et ordonné par lui comme successeur de S. Évodius, au siège épiscopal d'Antioche en Syrie, qu'il occupa pendant environ quarante ans, troisième évêque après S. Pierre (*Act. S. Ignat.* c. 1 — Euseb. *Hist. eccl.* III. 36). Il subit le martyre sous Trajan, qui, passant par Antioche en 106 à l'occasion de son expédition contre les Parthes, voulut voir Ignace dont la renommée était éclatante, l'interrogea lui-même et prononça la sentence qui condamnait le Théophore à être conduit à Rome chargé de chaînes, pour être livré aux bêtes dans l'amphithéâtre. Les détails de ce lugubre voyage, ainsi que ceux du martyre de S. Ignace, furent écrits par les personnes qui l'accompagnaient, et ces Actes sont un des monuments les plus authentiques de ces temps primitifs (*Ap. Ruin.* edit. Veron. p. 13).

Nous avons de S. Ignace sept épîtres authentiques, et ce qui leur donne un caractère infiniment touchant, c'est qu'elles furent écrites pendant les haltes que fit le bâtiment qui portait le martyr vers le lieu de son sacrifice, haltes qui lui permirent de se mettre en rapport avec les différentes communautés chrétiennes des localités qu'il traversait, de recevoir des députations des Églises qui n'étaient pas sur son passage, enfin de prodiguer à tous, soit par écrit, soit de vive voix, ses instructions et ses conseils.

De Smyrne, il écrivit aux Éphésiens, aux Magnésiens, aux Tralliens et aux Romains ; de Troade, aux Philadelphiens, aux Smyrniotes, et à Polycarpe leur évêque (Euseb. *Hist. eccl.* III. 36).

A l'exception de l'épître à Polycarpe et de celle aux Romains, les circonstances qui ont donné lieu aux cinq autres étant à peu près les mêmes, leur contenu ne diffère pas considérablement. Ces lettres sont consacrées à combattre deux tendances opposées et également éloignées du vrai christianisme, et qui divisaient surtout les Églises de l'Asie Mineure : d'un côté les ébionites, chrétiens judaïsants, qui ne comprenaient dans Jésus-Christ que l'apparence extérieure, c'est-à dire l'humanité, méconnaissant en lui la partie la plus sublime, sa divinité; de l'autre côté, les docètes, classe de chrétiens tout idéaliste, qui, séduite par la partie spirituelle dont le christianisme leur avait donné la première notion, rejetaient tout l'Ancien Testament comme une œuvre satanique, et ne voulaient rien reconnaître d'humain dans Jésus-Christ. Ainsi, tandis que les premiers niaient la divinité de Jésus-Christ, les autres ne croyaient pas à son humanité et soutenaient que le Rédempteur n'avait fait que prendre la forme et la figure d'un homme.

Pour dissiper de telles erreurs, Ignace comptait sur l'ascendant que sa qualité de disciple de S. Jean donnait à ses paroles; mais elles puisaient aussi une grande autorité dans la position où il se trouvait, au moment d'aller sceller de son sang le témoignage qu'il rendait à la vérité divine. Il ne jugea pas néanmoins suffisantes de telles influences, et il s'appliqua encore, dans son épître, à établir l'union parmi les fidèles et à renouer les liens de la subordination qui les attachaient à la hiérarchie dont l'évêque est la tête et le centre, et sans l'autorité de laquelle le maintien de l'union et de la paix est impossible. C'est dans son épître aux Smyrniotes (c. viii) que se rencontre pour la première fois l'expression d'Église catholique, Ἐκκλησία καθολική. Et c'est ce qui explique cette autre expression qu'il emploie en saluant l'Église de Rome : Προκαθημένη, τῆς ἀγάπης ; on y reconnaît le centre du grand cercle qui embrasse et unit toute la chrétienté.

Nous avons dit que le motif qui donna lieu à l'épître aux Romains est différent de celui des autres. Cette lettre eut pour but de détourner les Romains, dont il connaissait l'amour pour lui, de faire aucune démarche pour l'arracher à la mort et le séparer plus longtemps de Jésus-Christ. Il la remit à des Éphésiens, qui, de Smyrne, se dirigeaient sur Rome par une voie plus courte. Rien dans l'histoire ecclésiastique n'est aussi touchant que cette épître.

L'objet de l'épître à Polycarpe était de le charger de transmettre ses dernières instructions à son Église d'Antioche, qu'il ne pouvait plus soutenir lui-même, et il trace à l'évêque de Smyrne des règles précieuses pour l'accomplissement de ses devoirs envers les peuples chrétiens.

Outre les sept épîtres authentiques de S. Ignace, il en existe huit autres qui portent son nom, mais qui, d'après l'opinion générale, sont supposées.

Éditions. — Les premières éditions des épîtres tant vraies que supposées de S. Ignace ne produisirent que des traductions latines (en voir le détail dans Mœhler. i. p. 166). Valentin Pacæus fut le premier qui publia, d'après un manuscrit d'Augsbourg, le texte grec de douze d'entre elles, à Dillingen en 1557 et à Paris en 1558 et 1562. Cette édition est estimée. À peu près en même temps, il en parut une seconde d'après un autre manuscrit par les soins d'A. Gessner, à Zurich, en 1559, et encore avec une nouvelle traduction de Brunne, et des notes de Wairlen (Anvers, 1566 et 1572; Paris, 1608 ; Genève, avec des scholies, 1623).

Toutes ces éditions contenaient les épîtres faussées et interpolées de S. Ignace. L'archevêque anglican Usher fut assez heureux pour découvrir le premier, dans la bibliothèque de l'Université de Cambridge, une vieille traduction latine de huit petites épîtres authentiques, et un autre manuscrit semblable dans celle de R. Montaigu. Il la publia à Oxford en 1644. Deux ans après, Isaac Vossius trouva le texte grec de ces épîtres dans la bibliothèque de Médicis à Florence, et les fit imprimer à Amsterdam en 1646, avec la traduction latine d'Usher. Mais le manuscrit florentin était défectueux, il y manquait l'épître aux Romains. Vossius essaya de la rétablir dans son état primitif, d'après la traduction latine de l'épître interpolée. Cette édition fut renouvelée à Londres en 1680. Précédemment, Usher avait déjà donné une nouvelle traduction du texte grec de Vossius, à Londres en 1649. Enfin Cotelier entreprit une autre traduction des petites épîtres de S. Ignace, ainsi que de quelques autres Pères ; elle se trouve dans son édition des Pères apostoliques (Paris, 1672, t. ii). En 1689, Dom Ruinart trouva les *Actes des martyrs* de S. Ignace, ainsi que le texte original de l'épître aux Romains : ils furent publiés plus tard par Grabe, à Oxford, 1699 et 1714, dans le t. ii. des *Spicileg SS. PP.* Il passa enfin sous cette forme dans le recueil de Cotelier, publié par Léon Leclerc (Amsterdam, 1648 et 1724). Les éditions suivantes sont plus ou moins accompagnées de dissertations savantes et de scholies, comme, par exemple, celle d'Ittig (Leipzig, 1699). Aldrich en donna à Oxford, 1708, une meilleure édition, d'après une copie plus soignée du manuscrit Médicis. Elle était cependant encore bien loin d'échapper à tout reproche. En conséquence, Thomas Smith, d'Oxford, en publia en 1709 une nouvelle, beaucoup meilleure, et que Galland suivit dans sa *Bibliothèque des anciens Pères.* L. Frey, dans son édition, *Epistolæ SS. PP. apostolicorum* (Bâle, 1742), et R. Russel, *Opera genuina SS. PP. apostolicorum* (Londres, 1746), ont aussi suivi le texte de Smith. L'édition de Thilo (Halle, 1821), est faite d'après le texte de Vossius, mais avec les variantes de Smith (V. Mœhl. i. p. 167).

5° *S. Polycarpe.* — Il avait connu les apôtres et d'autres personnes qui avaient vu le Sauveur; c'est ce que nous apprend son disciple S. Irénée (*Adv. Hæres.* iii. 3). D'après Tertullien (*Præscrip.* xxxii) et S. Jérôme (*De vir. ill.* xvii). S. Jean lui-même l'ordonna évêque de Smyrne. Il administra cette Église durant de longues années, et finit sa carrière par le martyre, sous Marc-Aurèle. Nous savons par Eusèbe (*Hist. eccl.* v. 20), renseigné lui-même par S. Irénée (*loc. laud.*), que, fidèle aux instructions qu'il avait reçues de S. Ignace (V. plus haut), Polycarpe avait écrit plusieurs lettres concernant la foi, soit à des Églises du voisinage, soit à des particuliers. Nous n'en possédons malheureusement qu'une seule, celle qu'il adressa aux Philippiens. S. Irénée en parle en ces termes : « Il existe une lettre de Polycarpe aux chrétiens de Philippes, très-excellente et très-utile pour connaître le caractère de sa foi et sa manière d'annoncer la vérité (*ibid*). » S. Jérôme assure que de son temps on la lisait encore dans les Églises d'Asie (*De vir. ill*, t. 1).

Cette lettre a pour objet principal de louer les Philippiens de la charité avec laquelle ils avaient accueilli S. Ignace et ses compagnons et de les prémunir contre les séductions des hérétiques, principalement des docètes. Cet écrit est de l'an 107 à 108.

Indépendamment de cette lettre, il nous reste encore cinq fragments de réponses dont S. Polycarpe était l'auteur. Mais leur authenticité n'est pas hors de doute.

Éditions. — Jacques Faber fut le premier qui découvrit l'épître de S. Polycarpe en une traduction latine, et il la publia à Paris en 1498, avec les œuvres de S. Denys l'Aréopagite et onze épitres de S. Ignace. Elle fut plusieurs fois réimprimée depuis : à Strasbourg, en 1502 ; à Bâle, en 1520 ; à Cologne, en 1536, 1557 et 1569 ; à Ingolstadt, en 1546, etc. Le texte grec fut publié pour la première fois, avec l'ancienne traduction latine, par Pierre Halloix, à Douai, en 1633, d'après un manuscrit de Torriani, que J. Sirmon lui avait communiqué. Quatorze ans après, il en parut une autre édition plus soignée encore, par Usher (Londres, 1647). Celle-ci a pour base un autre texte grec que Claude Saumaise avait copié et communiqué à Vossius, et qu'Usher avait collationné avec le texte grec de Halloix. Ce nouveau texte se trouve encore dans l'édition publiée par Maderus à Helmstadt, en 1653. Cotelier se servit aussi de cette rédaction dans son recueil des Pères apostoliques ; mais à l'ancienne édition latine il en joignit une nouvelle (Paris, 1672). Cette édition fut suivie de celle d'Étienne Lemoine (Leyde, 1694), qui collationna les précédentes sur le texte des manuscrits de Médicis, que Leclerc suivit dans son édition d'Amsterdam, 1698. Puis vinrent deux éditions anglaises, publiées toutes deux à Oxford, l'une par Aldrich, en 1708, et l'autre par Th. Smith, en 1709. Cette épître a trouvé place aussi dans les éditions portatives des Pères apostoliques de Frey (Bâle, 1742) et de Russel (Londres, 1740). Galland l'a réimprimée dans sa Bibliothèque, d'après l'édition de Smith ; il y a joint les fragments, dont il soutient l'authenticité (V. Mœhl. 1. p. 177).

6° *L'épître à Diognète*. — Ce monument fut d'abord attribué à S. Justin le Martyr, et imprimé à la suite de ses œuvres. Tillemont a prouvé par des raisons péremptoires que cet écrit est beaucoup plus ancien ; mais son auteur n'est pas connu.

La circonstance qui a donné lieu à la composition de cette épître mérite d'être connue. Nous y voyons que, dans les premiers temps, les païens étaient surtout gagnés au christianisme par le spectacle de la sainte vie des fidèles. Ceci leur paraissait inexplicable, et c'est pour s'éclairer à cet égard qu'un certain Diognète, que l'auteur désigne sous le titre de κράτιστος, *très-capable, distingué*, adressa à un disciple des apôtres la question suivante : Quel est le Dieu que les chrétiens adorent avec tant de confiance, qu'ils en méprisent le monde, bravent la mort et s'aiment si tendrement entre eux ? Pourquoi ne reconnaissent-ils pas les dieux des Grecs, et rejettent-ils les superstitions des Juifs ? Pourquoi enfin, si le christianisme est la vraie religion, n'a-t-il pas paru plus tôt ? »

L'apologiste anonyme répond à ces questions avec une éloquence et une profondeur qui font de cette pièce un des monuments les plus importants de l'histoire ecclésiastique.

Éditions. — Première impression de cette épitre, avec notes et introduction latine, dans les œuvres de S. Justin, par Henri Étienne, Paris, 1592 ; puis encore à Paris en 1615 et 1636, et à Cologne en 1686 ; et enfin dans l'excellente édition de S. Justin, par Dom Maran, Paris, 1742. Elle se trouve aussi, précédée d'une savante dissertation, dans les Prolégomènes de Galland, t. 1. p. 68 (Mœhl. 1. p. 188).

7° *Papias*. — Évêque d'Hiéropolis, dans la Petite Phyrgie, Papias florissait vers l'an 118. Plusieurs anciens historiens affirment qu'il était disciple de S. Jean et ami de S. Polycarpe (Iren. *Hæres*. v. 33. — Hieron. *ep*. 76. 3, *ad Theodorum* (Euseb. *Chronic. ad an.* 216).

Ce fait intéressant reste néanmoins douteux, d'après plusieurs passages de ses œuvres. On ne sait rien des événements de sa vie, sinon qu'il était très-instruit dans les saintes Écritures. Il dut sa grande réputation aux peines qu'il se donna pour rassembler les traditions verbales sur les discours et les actes de Jésus-Christ et de ses disciples ; il réunit en cinq livres les résultats de ses recherches, sous le titre de : *Explications des discours du Seigneur*, λογίων Κυριακών ἐξηγήσεις. Cet ouvrage existait encore au treizième siècle ; mais il ne nous en reste aujourd'hui que le petit nombre de fragments répandus dans Eusèbe, S. Irénée et quelques autres écrivains. Papias passe pour être le premier auteur du système du millénarisme ; il racontait aussi dans son ouvrage plusieurs choses qui ne se trouvent point dans l'Écriture Sainte, mais qu'il assurait avoir puisées dans la tradition orale, comme, par exemple, de nouvelles paraboles et de nouveaux préceptes moraux, parmi lesquels il se trouve des choses fabuleuses et indignes de foi. Il jouissait néanmoins d'une grande réputation, et S. Irénée lui-même semble lui avoir accordé plus de créance qu'il n'en méritait.

Les points qui ont conservé aujourd'hui de l'intérêt pour nous, ce sont les renseignements sur les évangiles de S. Matthieu et de S. Marc (Euseb. *Hist. eccl*. III. 39), les traditions sur la chute des anges que Dieu avait désignés pour présider au monde (Andr. *Cosor*. c. 34 *in apol*. p. 67), sur la mort de Judas (Theophil. *in. Act. app.*) et sur le prétendu discours du Sauveur à l'appui du royaume millénaire (Iren. *adv. Hæres.* v. 33).

Les fragments qui restent de l'ouvrage de Papias ont été recueillis par Halloix et Grabe, et augmentés d'un nouveau morceau par Galland, dans la Bibliothèque des anciens Pères.

DEUXIÈME PÉRIODE. — ÉCRIVAINS ECCLÉSIASTIQUES DU DEUXIÈME SIÈCLE. — Ce siècle vit une grande richesse de productions se développer sous toutes les formes ; mais les dialogues et les traités sur les matières religieuses vinrent se substituer, du moins en grande partie, aux épîtres, qui jusque-là avaient composé le fond à peu près unique de la littérature chrétienne. L'Église, attaquée au dedans par la *gnose* et au dehors par l'idolâtrie encore dominante, produisit alors ses premiers apologistes ; on vit apparaître des hommes doués de talents admirables, d'une profonde érudition et d'une grande éloquence, qui, des rangs ennemis passant à la foi chrétienne, appliquèrent les connaissances qu'ils avaient acquises à défendre scientifiquement la cause de l'Église contre les incrédules et les hérétiques. Un peu plus tard, les écrivains ecclésiastiques abandonnèrent peu à peu la forme de l'apologie proprement dite, pour adopter celle de la polémique ; de purement défensive, leur attitude devint aggressive : ils défendirent leur religion en attaquant ouvertement le paganisme ; de là cette méthode de rétorsion ou d'arguments *ad hominem* qui rend si curieuse la lecture des écrivains de cette époque, en nous révélant sur le culte et les mœurs des anciens une foule de circonstances que nous aurions toujours ignorées sans eux.

Ce siècle vit aussi les premiers essais d'histoire ecclésiastique ; Hégésippe composa en cinq livres des mémoires qui s'étendent depuis Jésus-Christ jusqu'à son temps, c'est-à-dire jusqu'au pape Éleuthère (Euseb. *Hist. eccl.* II. 23. Pothius. *Biblioth.* c. 232).

Ici l'abondance des matières nous oblige à réduire cette notice presque aux proportions d'une simple nomenclature : il nous suffira d'indiquer nos sources pour mettre le lecteur studieux en mesure d'étendre ses connaissances. Des détails et éclaircissements précieux sur la doctrine de chacun des écrivains ecclésiastiques sont donnés par les deux auteurs qui nous servent ici de guide, et doivent être lus avec attention par ceux qui ont à cœur de s'instruire. Car c'est là, à proprement parler, le but de la patrologie et la source des déductions pratiques qui doivent être le résultat de cette étude.

1° *S. Justin, martyr et philosophe.* — Justin était Grec d'origine ; il naquit au commencement du deuxième siècle à Flavianopolis, l'ancienne Sichem en Samarie. Il fut d'abord agrégé à la secte philosophique des Platoniciens ; mais l'amour de la vérité l'engagea à la rechercher à une source plus pure ; il étudia en conséquence les prophètes,

Jésus-Christ et ses disciples, il implora par la prière les lumières d'en haut. Les exemples de patience et d'héroïsme que donnaient les chrétiens dans une persécution survenue peu de temps après, venant en aide à ses réflexions, le déterminèrent à embrasser le christianisme, en l'an 133. Il résolut dès lors de consacrer à la défense de la foi chrétienne toute son activité, ainsi que les connaissances qu'il avait acquises par l'étude de la philosophie ; il établit une école à Rome, où il se rendit à deux reprises différentes. Mais bientôt sa vigueur et sa hardiesse à démasquer la faiblesse et les impostures des prétendus sages dont il avait quitté les rangs, lui attirèrent leur haine et particulièrement celle d'un cynique nommé Crescens, ce qui lui valut les honneurs du martyre, vers l'an 167.

Les ouvrages authentiques de S. Justin qui nous restent sont deux Apologies du christianisme et un dialogue avec le juif Tryphon, où il défend la religion chrétienne contre le judaïsme.

La première de ses Apologies fut composée et publiée sous Antonin le Pieux, qui régna de 138 à 161 ; mais on ne peut pas en préciser l'époque d'une manière absolue. Il y démontre que l'idée qu'on doit se faire d'un chrétien n'est pas celle d'un homme vicieux, comme l'affirmaient les ennemis, mais au contraire celle d'un homme honorable en tout point. Pour arriver à ce but, il établit ce qui suit : 1° Les chrétiens ne commettent point les crimes dont on les accuse. 2° Ils ne sont point coupables en abandonnant la religion existante ; ils agissent au contraire sagement. 3° D'autant plus que les doctrines de leur religion sont parfaitement fondées en théorie. 4° Leur culte n'a rien de nuisible en soi ; il excite au contraire à tout ce qu'il y a de bien ; 5° Leur innocence ressort de l'examen des motifs pour lesquels on les persécute.

La *Seconde Apologie*, adressée à Marc-Aurèle, selon le sentiment le plus probable, est plus courte que la première ; il paraît que ce fut cette Apologie qui le fit mettre à mort. Elle fut motivée par la condamnation de quelques personnes qui avaient embrassé la foi et auxquelles on n'avait pas d'autre crime à reprocher ; comme corollaire des plaintes qu'il adressait à ce sujet à l'empereur, il prend avec plus de force que jamais la défense du christianisme.

Le *Dialogue avec Tryphon* eut lieu à Éphèse entre Justin et ce Juif, qui jouissait alors d'une haute réputation et d'une grande autorité parmi ses coreligionnaires. Cet entretien est l'ouvrage le plus étendu, le plus important et le plus remarquable de S. Justin. Il y est souvent question de l'attitude hostile que les Juifs avaient prise dès le commencement vis-à-vis des chrétiens (V. l'art. *Persécutions*, I). Leurs vils artifices pour faire haïr les fidèles de tout le monde et les objections par lesquelles ils combattaient les doctrines chrétiennes, s'y trouvent exposées. Il est à remarquer que nous voyons pour la première fois, dans cet ouvrage, un exemple détaillé du parti que les chrétiens tiraient, pour leur apologie, de l'Écriture sainte et de l'histoire.

Écrits douteux de S. Justin. — *De la monarchie*, qui traite de l'unité de Dieu en opposition avec le polythéisme des païens. *Discours aux Grecs*, réfutation de la mythologie grecque, dont la nature sensuelle et corruptrice est peinte laconiquement, mais avec une admirable justesse. *Exhortation aux Grecs* : l'auteur s'y sert des connaissances qu'il a acquises dans ses nombreux voyages en Égypte, en Italie, etc., pour prouver que les sages de la Grèce, tant poètes que philosophes, n'ont rien produit de vrai sous le rapport religieux, et sont en contradiction perpétuelle entre eux et avec eux-mêmes sur les premiers principes : ceci est l'objet de la première partie. Dans la seconde, il démontre que la vraie religion ne pouvait être connue que par la révélation : ce qui se trouve çà et là chez les poètes et les philosophes grecs sur l'unité de Dieu, sur la résurrection, etc., leur a été connu indirectement par la révélation.

Écrits supposés. — *Lettre à Zenas et à Serenus*; — *Exposition de la vraie confession de la foi*; — *Questions et réponses aux orthodoxes*; — *Questions des chrétiens aux Grecs et des Grecs aux chrétiens*; — *Réfutation de quelques opinions d'Aristote*.

Ouvrages perdus. — Il nous manque, si nous ne nous trompons pas, son livre de la *Monarchie de Dieu*, et son *Psaltes*, dont le sujet est inconnu, et un traité contre le paganisme. — Il avait écrit un ouvrage contre toutes les hérésies, et notamment contre Marcion, dont deux passages seulement nous ont été conservés par S. Irénée. Eusèbe termine sa liste par cette assertion vague, que plusieurs autres étaient entre les mains des chrétiens. Anastase le Sinaïte en cite un sur l'Hexaméron, œuvre des six jours ; dans les œuvres de S. Maxime, on trouve quelques passages d'un traité sur la *Providence et de la foi*. Si nous en croyons Methodius et plus tard S. Jean de Damas, S. Justin avait encore composé un livre sur la *Résurrection*.

Éditions. — La première édition grecque fut publiée par Robert Étienne, en 1551; mais elle est incomplète. Vers le même temps, nouvelle édition par Fred. Sylburg, avec traduction latine par Lang, plusieurs tables de matières et remarques (Heidelberg, 1590); édition réimprimée à Paris en 1615 et 1636, avec l'addition des œuvres d'Athénagore, de Théophile d'Antioche, de Tatien et d'Hermias. L'édition de Cologne, 1686 (proprement de Wittemberg), contient aussi les commentaires de Korthold sur les susdits apologistes, déjà imprimée à Kiel en 1675. Dom Maran fit mieux que tous ses prédécesseurs : il donna un texte collationné sur plusieurs manuscrits et éclairé par d'excellentes notes. La préface contient en outre de profondes recherches concernant, soit la critique, soit l'explication des passages difficiles, non-seulement de S. Justin, mais encore d'Athénagore, de Tatien, de Théophile et d'Hermias (Paris, 1742; Venise, 1747).

Divers éditeurs s'attachèrent à quelques ouvrages particuliers de S. Justin ; ainsi, Grabe publia à Oxford, en 1700, la première Apologie avec la traduction de Lang et les observations de Korthold. Trois ans après vinrent les deux discours aux Grecs, l'écrit sur l'unité de Dieu, et la seconde Apologie avec les notes de Robert et Henri Étienne, de Grabe et d'autres. Ce travail est dû à Hutchin. Samuel Jebb se chargea des dialogues de S. Justin (Londres, 1719), avec un certain luxe typographique. Jean Thirleby fit paraître à Londres, en 1722, les deux Apologies, avec des remarques de lui-même et de divers commentateurs. Thalemann publia aussi les deux Apologies, mais en grec seulement, d'après le texte de Grabe, avec de nouvelles notes (Leipsig, 1755). Le texte de l'édition de Paris de Dom Maran fut publié aussi à Wurtzbourg, en 1777, en trois volumes, mais sans notes; on le trouve encore dans la Bibliothèque des anciens pères de Galland.

La meilleure des traductions de S. Justin est celle de Jean Lang (Bâle, 1565, 3 vol.). C'est celle dont on s'est servi dans toutes les éditions subséquentes. Toutefois elle n'est parfaite ni pour le sens, ni pour l'expression (Mœhl. 1. p. 274 suiv.).

2° *Tatien.* — Assyrien de naissance, Tatien voulut étudier la littérature et la mythologie de la Grèce et de Rome (Tatien. *Contr. Græc.* XLII. 35); il se fit même initier aux mystères des Grecs (*Ib.* XXIX). Mais il ne trouva pas là ce qu'il cherchait : son avidité d'apprendre avait besoin d'un aliment plus solide. Providentiellement, il fit connaissance avec les livres des chrétiens, et avec un de leurs plus grands docteurs, S. Justin, dont il devint le disciple, d'après S. Irénée (*Adv. hæres.* I. 28, n. 1). Mais après la mort de son maître il retourna en Orient et tomba dans les erreurs des gnostiques, et notamment des valentiniens. Il devint même le fondateur d'une nouvelle secte, les encratites, qui regardaient le mariage comme un concubinage et s'abstenaient de viande et de vin.

Tatien est auteur d'un écrit apologétique intitulé : *Discours contre les gentils*, πρὸς Ἕλληνας, composé vers l'an 172, alors qu'il appartenait encore à l'Église catholique. On n'y trouve aucun des principes gnostiques dualistes qu'il adopta plus tard. Cependant, déjà travaillé par les principes valentiniens, contre lesquels il luttait peut-être encore intérieurement, il a imprimé à son ouvrage un certain cachet d'hésitation et d'irrésolution fatigante.

Devenu gnostique, Tatien publia encore d'autres écrits, que S. Jérôme assure avoir été innombrables (*Script. eccl.*, XXIX), mais qui sont perdus pour nous. Quelques passages de ces œuvres nous ont été conservés dans divers écrivains ecclésiastiques, particulièrement dans les œuvres de S. Clément d'Alexandrie (*Strom.*, III, 12).

Éditions. — La première édition de l'Apologie de Tatien est due à Jean Priscus, qui la publia en grec à Zurich, en 1546, avec l'écrit d'Antoine Melissa et les sentences de Maxime. Conrad Gesner en donna, la même année et dans la même ville, une traduction latine qui a été réimprimée dans la Bibliothèque des Pères (Paris, 1575, 1589, 1610; Cologne, 1618; Lyon, 1677). Le même texte grec, avec la traduction de Gesner en regard, a été réimprimé plusieurs fois depuis : à Bâle, en 1555, dans l'*Orthodoxographie* de S. Hérold; à Paris, dans l'*Auctuarium PP.*, avec notes de Fronton Le Duc ; puis dans les éditions de S. Justin (Paris, 1615, 1636, et Cologne, 1686), avec les remarques de Korthold. L'édition de Worth (Oxford, 1700), surpasse à tous égards les précédentes ; ce savant améliora la traduction de Gesner, y ajouta des variantes tirées de trois nouveaux manuscrits, et divisa l'ouvrage en chapitres. Enfin, en 1742, l'Apologie de Tatien parut dans l'édition de S. Justin par Dom Maran, dont nous avons déjà parlé. Sa rédaction a été adoptée dans la Bibliothèque des anciens Pères de Galland, et une réimpression in-8° a été faite à Wurtzbourg, en 1788 (Mœhl. I. p. 289).

3° *Athénagore.* — La biographie d'Athénagore est pleine d'obscurités, ou, pour mieux dire, les éléments n'en existent nulle part. Nous savons seulement qu'il est auteur d'une apologie qui est arrivée jusqu'à nous, et qui est bien supérieure à celle de Tatien. Il passe pour avoir été directeur de l'école des catéchistes d'Alexandrie.

L'Apologie d'Athénagore fut présentée, vers l'an 177, à Marc-Aurèle et à son fils Commode. Elle est intitulée : *Legatio pro christianis*, πρεσβεία περὶ χριστιανῶν. Il y rappelle et réfute victorieusement les trois plus atroces calomnies intentées aux chrétiens : l'athéisme, l'inceste, les festins de Thyeste (V. l'art. *Calomnies*, 2° A, B et l'art. *Noms des premiers chrétiens*, I, 2, *Noms injurieux*, 1°).

Athénagore composa encore un ouvrage sur la *Résurrection des morts*, qui ne le cède en rien au précédent, et le surpasse même sous plusieurs rapports. C'est un des traités les plus forts que l'antiquité nous ait laissés sur cette importante matière. Il ne se contente pas de repousser les attaques des ennemis de la foi, il expose encore avec une grande netteté, quand l'occasion s'en présente, les dogmes de la religion chrétienne.

Éditions. — Avant même la publication de l'Apologie, George Valla publia à Venise, en 1498, une traduction latine de l'écrit sur la résurrection des morts. Mais la première édition grecque-latine fut donnée par Pierre Nannius (Paris et Louvain, 1541, in-4°, et réimprimée à Bâle, en 1550, et parmi les Orthodoxographes, 1555, in-f°). L'Apologie a été mise en latin par trois traducteurs différents : Gesner (Zurich, 1557; Bâle, 1558); Lanz, dans son édition de Saint-Justin (Bâle, 1565), et enfin par Suffridius Petri, avec beaucoup de notes (Cologne, 1567, in-8°). Les deux écrits furent insérés avec la version de Gesner dans les collections des Pères de Paris, Lyon et Cologne. — L'Apologie et e traité *De resurrectione* parurent en grec et en latin, avec des notes rédigées par H. Étienne (Paris, 1557, Zurich, 1559 1560), dans l'*Auctuarium Bibl. PP.* (Paris, 1624), et dans les éditions de S. Justin (1615, 1636, 1686). A Oxford, l'évêque Fell en publia une édition in-12, avec de courtes notes, en 1682 ; Leipzig, 1684, 1685, avec des notes de Rechenberg. Dans toutes ces éditions, on a conservé la traduction latine de Gesner, excepté dans la dernière. L'édition d'Ed. Dechair (Oxford, 1706) est bien supérieure aux précédentes ; il rectifia le texte d'après de nouveaux manuscrits et y ajouta des variantes et d'excellentes notes des anciens commentateurs. Dom Maran, dans son édition de S. Justin, a donné aussi ces deux écrits revus avec un soin extrême (Paris, 1742 ; Venise, 1747). Il a surtout amélioré de beaucoup la version de Gesner, collationné le texte sur d'autres manuscrits et éclairci les passages les plus difficiles par de savantes notes. On le trouve aussi dans le troisième volume de l'édition des œuvres polémiques des Pères (Wurtzbourg, 1777), mais sans notes. L'Apologie seule a été imprimée par Gottl. Lindner (Langensalza, 1774), avec des éclaircissements fort étendus (Mœhl. I. p. 306).

4° *S. Théophile d'Antioche.* — S. Théophile fut évêque d'Antioche vers l'an 168 ; il fut le sixième dans la succession apostolique (Euseb. *Hist. eccl.* IV. 24). Ce grand évêque, non moins remarquable par son zèle pour la foi que par sa science, a laissé un ouvrage intitulé : *Trois livres à Autolycus*, que Eusèbe et S. Jérôme placent en tête de ses œuvres (Euseb. *Hist. eccl.* I. c.—Hieron *de Script.* c. xxv.)

Cet Autolycus était un païen qui avait attaqué les dogmes du christianisme d'une manière à la fois savante et spirituelle. Dans son premier livre, Théophile défend la croyance chrétienne à l'égard de Dieu qu'Autolycus avait cherché à rendre ridicule. Les deux autres livres ont pour but de prouver la fausseté de la religion païenne et mythologique.

On admire surtout dans S. Théophile une connaissance approfondie de la littérature et de l'histoire des Grecs : c'est ce qui rend surtout regrettable la perte d'autres ouvrages qu'il avait composés, et dont nous n'avons plus la liste exacte. Nous savons seulement par Eusèbe et S. Jérôme que dans le nombre se trouvait un livre contre Marcion, un contre Hermogènes, et quelques petits traités sur les vérités de la religion chrétienne, et un commentaire sur les Évangiles et les Proverbes de Salomon, ouvrage d'une authenticité moins certaine (Hieron. *de Script. eccl.* c. xxv.— Euseb. *Hist. eccl.* l. IV. 2). Il paraît, encore d'après S. Jérôme (*ad Algasiam.* ep. 121.), que Théophile avait composé une harmonie des Évangiles.

Éditions. — La première édition grecque des trois livres à Autolycus est celle de Conrad Gesner ; elle contient le texte tel que Jean Frisius l'avait copié sur le manuscrit arlenien à Venise ; elle parut à Zurich en 1546, in-f°, avec l'Apologie de Tatien, l'écrit d'Antoine Mélissa et les sentences de Maxime; la même année, Conrad Clauser en publia une version latine qui passa dans la Bibliothèque des Pères, de Paris, Cologne et Lyon. La première fois que le texte fut publié avec la traduction latine en regard, ce fut parmi les Orthodoxographes de Jean Hérold (Bâle, 1555), et puis dans l'*Auctuarium* de la Bibliothèque des Pères (Paris, 1624), avec des notes de Fronton Le Duc ; et enfin dans l'édition des Œuvres de S. Justin (Paris 1615, 1636, Cologne, 1686), avec les éclaircissements de Korthold. Toutes ces éditions laissaient beaucoup à désirer. Jean Fell d'Oxford se chargea d'en corriger les défauts. Il consulta un nouveau manuscrit de la bibliothèque Bodléienne, rectifia par son secours le texte, remplit les lacunes, améliora partout où il le jugea nécessaire la traduction latine et éclaircit par de bonnes notes les passages obscurs. Enfin il y ajouta encore une table chronologique. Cette édition parut à Oxford en 1684. Mais celle que Christophe Wolf donna à Hambourg en 1724, surpassa encore la précédente. Auparavant déjà, le professeur Schelgwig, de Gand, avait eu le projet de donner une meilleure édition des œuvres de S. Théophile ; il communiqua son travail préliminaire à Wolf, qui le réunit au sien et y joignit les notes de Le Duc, de Fell, de Korthold, et des dissertations de Grabe, de Sonciet, de Bullus, etc. Dom Maran collationna les éditions précédentes avec le manuscrit de Paris, et par rapport au troisième livre, en fit une nouvelle traduction et y ajouta ses propres notes, ainsi que des fragments d'ouvrages perdus de S. Théophile. Son travail parut dans l'édition des quatre plus anciens apologistes grecs (Paris, 1742 ; Venise, 1747). Cette dernière impression est très-fautive. Galland se servit aussi de cette édition des bénédictins, mais en la collationnant avec l'anglaise de Fell et avec celle de Wolf. Le même texte de Dom Maran a été encore réimprimé dans l'édition de Wurtzbourg, 1777 (Mœhl. i. p. 326).

5° *Hermias.* — L'histoire ne nous apprend rien de ce personnage, auquel est attribué un écrit apologétique ayant pour titre : *Irrisio gentilium philosophorum*, Διασυρμὸς τῶν Ἐξωφιλοσόφων. Ce n'est à proprement parler qu'un développement de la remarque de Tatien, que cet auteur semble avoir pris pour modèle : « Si tu adoptes les maximes de Platon, tu verras Épicure se dresser contre toi. Si tu suis Aristote, les partisans de Démocrite t'accableront d'injures (*Lat. Contr. græc.* c. xv).

Éditions. — Cet écrit, infiniment précieux au point de vue de la polémique chrétienne, eut une première édition grecque-latine à Bâle en 1553, in-8 ; la traduction était de Raph. Seiler ; une seconde fut publiée, avec quelques écrits d'autres anciens Pères, à Zurich, 1560, par Gesner ; celle de l'*Auctuarium* (Paris, 1624), par les soins de Fronton Le Duc, est plus correcte. Cet ouvrage fut encore publié avec les œuvres de S. Justin (Paris, 1615). L'édition d'Oxford, 1700, contient un texte corrigé et de bonnes notes de W. Worth. Enfin Dom Maran donna, dans son édition de S. Justin, un texte soigné d'Hermias (Paris, 1742 ; Venise, 1746, 1768 ; Wurtzbourg, 1777) (Mœhl. i, p. 330.)

6° *Quadratus, Aristides, Agrippa Castor, Ariston de Pella.* — Quadratus passe pour avoir été le disciple des apôtres (Hieron. *De vir.* c. xix) et Eusèbe le compte au nombre des hommes du plus grand mérite qui suivirent immédiatement l'âge apostolique. (Euseb. *Hist. eccl.* v. 17).

Il fut évêque d'Athènes vers l'an 125. Il remit en 126 un mémoire en faveur des chrétiens à l'empereur Hadrien qui était venu à Athènes pour se faire initier aux mystères d'Eleusis, et cette noble plaidoirie mit fin à la persécution (Hieron. *Catal.* xix). Il ne reste de cette Apologie qu'un fragment conservé par Eusèbe et où Quadratus explique la différence qui existe entre les miracles de Jésus-Christ et les effets du pouvoir des démons (Euseb. *Hist. eccl.* vi. 23).

Quadratus eut pour contemporain Aristide, philosophe athénien, qui, en se faisant chrétien, conserva, comme S. Justin, le manteau de philosophe. Lui aussi présenta à Hadrien un mémoire, dans lequel il met à profit les écrits des philosophes eux-mêmes pour justifier le christianisme (Hieron. *ep.* 83. *ad. Magnum*). Cette Apologie, qui, d'après Usuard (*ad diem* 31 *aug. et* 3 *octob.*), aurait encore existé au huitième siècle, est aujourd'hui perdue. Agrippa, surnommé Castor, fut aussi le contemporain de ces deux apologistes. Pendant que ceux-ci défendaient l'Église contre les païens, Agrippa démasquait les manœuvres des hérétiques, notamment celles de Saturnin et de Basilide. Nous ne connaissons pas plus cet écrit que les précédents.

Peu après florissait un autre apologiste, mais son nom a eu peu de retentissement dans l'antiquité. C'est Ariston de Pella, qui composa un petit traité intitulé : *Disputatio Jasonis et Papisci*. C'est un dialogue entre Jason, Juif converti au christianisme, et Papiscus, autre Juif d'Alexandrie qui attaque la vérité de la religion chrétienne avec toute l'opiniâtreté de sa nation. Jason remporte la victoire, et son interlocuteur se rend, croit et demande le baptême. Ce dialogue fut écrit en grec, mais un certain Celse le traduisit en latin. Nous n'en possédons ni le texte, ni la traduction, mais seulement l'épître dédicatoire de cette traduction, adressée par Celse à un évêque du nom de Vigile, et sur lequel l'histoire se tait absolument.

7° *S. Méliton de Sardes.* — Méliton, évêque de Sardes en Lydie, vivait sous le règne de Marc-Aurèle. Ce fut, au deuxième siècle, un des plus brillants flambeaux de l'Église d'Orient ; Tertullien assure qu'il passait généralement pour prophète.

Ses ouvrages furent nombreux, témoin la liste qu'en ont donnée Eusèbe et S. Jérôme. Mais de tout cela il ne nous reste que quelques fragments. Dans le nombre, il y en avait un qui, en six livres, se composait d'extraits du Nouveau Testament. Cet ouvrage dut sa grande réputation à la liste des livres canoniques de l'Ancien Testament qu'on y trouve, et qui est la première qui ait été dressée par un chrétien.

Méliton écrivit encore un livre sur la célébration de la Pâque, un livre d'instructions pour mener une vie vertueuse, un sur les prophètes, un sur l'Église, un sur le dimanche, un sur la nature de l'homme, un sur la création, un sur la subordination des sens à la foi, un sur l'âme, le corps et l'esprit, un sur le bain du baptême, un sur la vérité, un sur la naissance de Jésus-Christ, un sur la prédiction, un sur l'hospitalité, un sur le démon, un sur la révélation de S. Jean, un sur le Verbe incarné.

Son ouvrage capital, et qui fut le dernier, est une magnifique Apologie, que Méliton présenta vers l'an 170 à Marc-Aurèle et dont Eusèbe nous a conservé un fragment (*Hist. eccl.* iv. 26).

Anastase le Sinaïte nous a conservé les fragments de deux autres ouvrages omis par Eusèbe et S. Jérôme. L'un est intitulé : *De l'incarnation du Christ*, περὶ σαρκώσεως Χριστοῦ, et l'autre : εἰς τὸ πάθος. On les trouve l'un et l'autre dans Galland.

On citait au temps du pape Gélase un ouvrage de Méliton, que ce pontife rangea parmi les livres apocryphes : *Mort de la bienheureuse Vierge Marie*.

8° *S. Denys de Corinthe*. — Ce fut, selon Eusèbe (*Chronic. ad. an. M. Aurel.* xi), en 170 que Denys prit le gouvernement de l'Église de Corinthe ; il brilla dans l'Église grecque du même éclat que Méliton dans l'Église orientale.

Il écrivit huit lettres qu'Eusèbe appelle *catholiques* ; elles sont adressées à diverses communautés qui lui avaient demandé des conseils (Euseb. *Hist. eccl.* iv. 23.) Il ne nous en reste que quelques fragments, qui font vivement regretter ce qui est perdu.

9° *Claude Apollinaire d'Hiéraple*. — C'est encore au règne de Marc-Aurèle, à l'an 170, que se rapporte le souvenir d'Apollinaire, évêque d'Hiéraple en Phrygie. Il succéda, croit-on, à S. Abercius (Tillemont. *Mém. eccl.* ii. 452).

Apollinaire fut regardé comme un des plus célèbres écrivains de son temps. Eusèbe eut sous les yeux plusieurs de ses ouvrages, et une liste incomplète des autres (*Hist. eccl.* iv. 27). Dans le nombre est une Apologie adressée à Marc-Aurèle et très-vantée par S. Jérôme (*Catal.* c. xxvi). Elle fut composée vers l'an 175 : il y est question de la victoire de l'empereur sur les Marcomans et les Quades et de la légion Fulminante (Euseb. *Hist. eccl.* v. 5. — V. l'art. *Legio fulminatrix*). Eusèbe cite encore d'Apollinaire cinq livres contre les hérétiques, deux sur la vérité, et trois contre les Juifs. Photius (*Cod.* xiv) lui attribue un écrit sur la piété, et Théodore un ouvrage contre les sévériens, branche des encratites (Theod. *Fab. Hær.* ii. 21). On trouve dans le *Chronicon pascale* ou *Alexandrinum* la citation de deux passages d'un ouvrage de ce Père intitulé : *De Paschate* (Galland. *Biblioth.* i. 680).

Apollinaire combattit aussi l'hérésie, notamment celle des montanistes, qui commençaient alors à lever la tête (Eusèbe. *Hist. eccl.* iv. 27).

Tous les auteurs qui ont parlé d'Apollinaire, entre autres Théodoret et Photius, s'accordent à louer sa science des Écritures et le bon goût qui distingue son style.

10° *Bardesanes et Harmonius*. — Bardesanes naquit en Mésopotamie (Hieron. *Catal.* c. xxxiii. Euseb. *Hist. eccl.* iv. 30). Il demeurait à Édesse ; il fut néanmoins surnommé le Babylonien (Hieron. *Contr. Jovin.* ii. 29), parce que c'était probablement à Babylone qu'il avait acquis les vastes connaissances qui le distinguent. Il était versé non-seulement dans la langue syriaque, sa langue maternelle, mais il entendait le grec, et avait été initié à toutes les sciences des Chaldéens, les mathématiques et l'astronomie (Euseb. *Prop. ed.* i. c.)

Ferme dans la foi, d'abord jusqu'à mériter le titre de confesseur, il finit par se laisser entraîner dans les systèmes de Valentin ; et plus tard, désabusé des rêveries de ce gnostique, il tomba dans d'autres erreurs. On assure qu'il inventa de nouveaux ordres d'éons (*Epiphan.* l. c.) ; qu'il admettait deux principes suprêmes ; qu'en rejetant la véritable incarnation de Jésus-Christ dans la Ste Vierge, il lui donnait un corps *astérique* (Theodorat. *Ep.* 145) ; qu'il soumettait l'homme à la fatalité, sinon quant à l'âme, du moins quant au corps (V. l'art. *Abraxas*).

Son fils Harmonius suivit son système, et renferma les erreurs de son père dans des hymnes et des cantiques, adaptés aux airs les plus en vogue parmi les Syriens, qui continuèrent à les chanter jusqu'au quatrième siècle, où elles furent remplacés par les compositions poétiques de S. Ephrem.

Du reste, Bardesanes fut un des écrivains les plus féconds de son siècle ; il composa, au dire de S. Jérôme, une quantité immense d'ouvrages (Hieron. *Catal.* l. c.— Euseb. iv. 30), surtout contre Marcion et contre presque toutes les hérésies qui surgirent à cette époque. On vantait par-dessus tout un dialogue contre l'astrologue Abibas, dédié à l'empereur Marc-Aurèle. Eusèbe en a conservé un fragment.

Bardesanes eût grandement édifié l'Église, s'il n'eût cédé aux séductions de l'orgueil et à l'ardeur de son imagination.

11° *Hégésippe*. — Comme nous l'avons dit déjà, Hégésippe fut le premier historien de l'Église. Juif de naissance, et appartenant à la communauté chrétienne de Jérusalem, il fit un voyage à Rome, du temps du pape Anicet, et visita en route plusieurs Églises, entre autres celle de Corinthe et son évêque Primus. Il resta à Rome jusqu'à la mort du pape Sotère en 176, et mourut en 180, d'après la *Chronique alexandrine*.

Ce fut à Rome qu'il composa son histoire en cinq livres, depuis la mort de Jésus-Christ jusqu'à son temps (Euseb. i. c. — Hieron. *Catal.* c. xxii). Nous savons par Eusèbe et Photius qu'entre autres excellentes choses que contenait cette histoire, on y lisait avec intérêt le témoignage que, dans toutes les Églises qu'il a connues, il a trouvé la véritable tradition apostolique, conforme à celle de Jérusalem, berceau du christianisme (Euseb. *Hist. eccl.* iv. 22).

La perte de l'ouvrage d'Hégésippe est des plus regrettables ; il eût été d'une haute importance, non-seulement pour le récit des faits relatifs aux origines de l'Église, mais aussi pour l'histoire des dogmes. Grabe et Galland ont recueilli les fragments qui nous restent d'Hégésippe.

12° *S. Irénée*. — Irénée vit le jour, vers l'an 140, en Asie Mineure, probablement à Smyrne, car c'est de Polycarpe, évêque de cette ville et disciple de l'apôtre S. Jean, qu'il reçut, dans sa première jeunesse, l'enseignement du christianisme. Irénée avait aussi été instruit par d'autres hommes apostoliques, et en particulier par Papias. Tout dans ses écrits rappelle ses relations intimes avec les disciples des apôtres; il dit de lui-même : « Ce que j'ai entendu en ce temps-là (de Polycarpe) par la grâce de Dieu, je ne l'ai pas mis par écrit, mais je l'ai déposé dans mon cœur, et je l'ai renouvelé, par la même grâce de Dieu, chaque jour avec simplicité. »

Son zèle, qui le poussa à prêcher aux peuples non encore convertis, l'amena dans notre Gaule, où Pothin, évêque de Lyon, avait déjà vu ses travaux couronnés de la bénédiction divine. Pothin l'ordonna prêtre; il reçut bientôt des martyrs de Lyon l'honorable mission de porter par écrit au pape Éleuthère leur opinion au sujet des doctrines montanistes qui cherchaient à séduire les habitants de la Gaule, après avoir échoué dans la ville éternelle. Nous avons cité ailleurs la lettre de recommandation dont il était porteur (V. l'art. *Lettres ecclésiastiques*, I). Pendant son séjour à Rome, la persécution sévit à Lyon et emporta, avec de nombreuses victimes, l'évêque Pothin. Irénée fut sacré à sa place en 178.

C'était un temps d'orage pour l'Église : d'un côté, les gnostiques et les montanistes jetaient l'ivraie dans le champ du Seigneur; de l'autre, la paix intérieure était troublée par les disputes au sujet de la Pâque. Irénée réfuta les hérétiques et se posa en médiateur entre les évêques; sa conduite à l'égard du pape Victor est particulièrement remarquable (V. l'art. *Pâques*, I).

Rendu à son ministère, Irénée gagna en peu de temps la majeure partie de la ville de Lyon au christianisme : aussi, la persécution de Septime-Sévère étant venue, cette illustre Église donna au monde un spectacle admirable. Des flots de sang coulèrent dans la ville, et Irénée partagea le sort de ses ouailles ; il souffrit le martyre vers l'an 202.

Un grand nombre d'écrits sont sortis de la plume de ce grand évêque ; mais de la plupart il ne nous reste que les titres. Outre la lettre au pape Victor sur la célébration de la Pâque, il composa un écrit contre le prêtre Blastus, intitulé : *Du schisme*, περὶ σχίσματος; il adressa aussi des lettres à un prêtre de Rome nommé Flavinus (Euseb. *Hist. eccl.* t. c.), qui, abandonnant la doctrine de S. Polycarpe dont il avait été le disciple, avait adopté les principes gnostiques. Il avait encore composé un ouvrage sur le paganisme, λόγος πρὸς Ἕλληνας, et une exposition de la tradition catholique adressée à son frère Martin. Eusèbe compte aussi Irénée parmi ceux qui ont combattu Marcion. S. Maxime avait connaissance d'un autre ouvrage intitulé : *De la foi*, adressé à un diacre de Vienne nommé Démétrius.

De tout cela il ne reste rien ; mais nous sommes assez heureux pour posséder le principal ouvrage d'Irénée, celui qu'il composa contre les hérétiques, et que, d'après S. Jérôme, on cite sous le titre de : *Adversus hœreses*. Cet ouvrage est le plus ancien, le plus complet, et en même temps le plus profond qui ait été composé sur ce sujet, et celui où les apologistes suivants ont puisé comme dans une source généralement approuvée. L'époque de sa publication tombe dans les vingt dernières années du deuxième siècle. Bien que l'ouvrage ait été composé en grec, son texte original, par une circonstance incompréhensible, est presque entièrement perdu, et il ne nous en reste qu'une traduction latine. Celle-ci est néanmoins d'une très-haute antiquité, et fut peut-être faite sous les yeux d'Irénée lui-même. Elle est du reste fort barbare et pleine d'hellénismes, ce qui, d'une autre part, est une garantie de fidélité. Les Pères grecs nous ont conservé plusieurs passages de l'original, dont quelques-uns fort étendus : ils attestent l'exactitude de la version latine. S. Épiphane, dans son ouvrage sur les hérésies, a copié le premier livre presque en entier ; d'autres fragments se trouvent dans Eusèbe, Théodoret, S. Jean de Damas, etc.

Cet ouvrage a échappé à toutes les critiques qui ont cherché à en entamer l'authenticité.

Éditions. — La première fut publiée par Érasme (Bâle, 1526), d'après trois manuscrits différents, dont un romain. Elle fut réimprimée plusieurs fois par Frobenius en 1528, 1534, 1548, 1554, 1560, in-f°; à Paris, 1528, 1545 in-f°; et une jolie édition en fut faite in-8° en 1563. Ce premier essai ne fut pas très-heureux ; on y rencontre partout des lacunes et des fautes de toute espèce. Les deux éditions suivantes des calvinistes Nicolas Gallasius (Genève, 1570) et Grynæus (Bâle, 1571), ne sont pas beaucoup meilleures. Le premier ne fit qu'y ajouter quelques notes, et le second remplaça l'ancienne traduction de la partie du premier livre dont S. Épiphane nous a conservé le texte grec, par une nouvelle de Jonas Cornarius. Le travail de Feuardent (François), publié à Cologne en 1596 et réimprimé en 1625, 1630 (Paris, 1639, 1675, in-f°), est infiniment supérieur aux autres. Cet éditeur avait pu collationner le texte avec un manuscrit du Vatican ; il compléta les cinq derniers chapitres qui avaient manqué jusqu'alors, et ajouta quelques fragments du texte grec, ainsi que des notes de J. Bill et de Fronton Le Duc. Cette édition laissait pourtant encore beaucoup à désirer. Ernest Grabe en entreprit donc une nouvelle, qui parut à Oxford en 1702, et qui peut passer pour superbe quant à la partie typographique. Il rassembla les variantes, les fragments grecs et les notes avec une abondance qui touche à la prodigalité. Mais la division du texte n'est pas toujours heureuse, tandis que sa partialité pour le système des puritains dont il faisait partie, l'entraine souvent dans des interprétations inexactes. Dom Massuet surpassa tous ceux qui l'avaient précédé. Il rectifia le texte en le collationnant avec trois nouveaux manuscrits, recueillit les fragments grecs, éclaircit le texte par des notes succinctes, entreprit une nouvelle division en chapitres et en paragraphes, précédés de sommaires, en indiquant en marge l'ancienne division. Le second tome contient les dissertations sur les divers systèmes des hérétiques dont il est question dans l'ouvrage, sur la vie et les écrits d'Irénée, et enfin sur sa doctrine. L'ouvrage se termine par le recueil des notes des anciens éditeurs; ce travail offre le parfait modèle d'une édition critique. Il parut à Paris en 1710, et fut réimprimé à Vienne en 1734. Cette dernière édition contient aussi les fragments de Pfaff et la polémique à leur sujet avec Scipion Maffei. Le texte de Massuet se trouve aussi dans l'édition de Wurtzbourg et Bamberg, 1783 (Mœhl. I. p. 422).

13° *Miltiade, Modeste, Musanus, Rhodon, Maxime.* — Les écrivains dont voici les noms sont des apologistes de l'école de S. Irénée; on ne connaît malheureusement de leurs ouvrages que les titres.

Miltiade, que Tertullien (*adv. Valent.* v) appelle *Sophista ecclesiarum* à cause de l'érudition qu'il mit au service de la défense du christianisme, florissait dans la seconde moitié du deuxième siècle. Il écrivit un livre contre les montanistes, et deux autres ouvrages, aussi d'une tendance polémique, l'un contre les Juifs et l'autre contre les hérétiques. S. Jérôme prisait singulièrement ce dernier (*Epist.* 83 *ad Magn.*). Enfin, Miltiade écrivit encore une apologie du christianisme, qu'il adressa aux *autorités temporelles*, c'est-à-dire probablement aux gouverneurs romains dans les provinces (Hieron. *Catal.* L. 39).

Modeste écrivit principalement contre les marcionites (Euseb. *Hist. eccl.* IV. 25), et un traité contre les hérétiques en général qui fut connu de S. Jérôme.

On dut à Musanus un ouvrage contre les encratites, qu'il dédia à ses frères tombés dans cette erreur, œuvre d'un grand renom en son temps (Euseb. *Hist. eccl.* IV. 28).

Rhodon, originaire d'Asie, vint à Rome pour étudier sous Tatien; il sut toutefois, quand il le fallut, répudier et combattre les erreurs de son maître (Euseb. *Hist. eccl.* v. 13). Mais son principal ouvrage est dirigé contre les marcionites.

Vers le même temps, sous Commode et sous Sévère, florissait Maxime. On ne sait pas au juste si c'était le même qui gouvernait alors l'Église de Jérusalem. Il écrivit contre les marcionites un ouvrage en forme de dialogue philosophique sur l'origine du mal et sur la création de la matière. On en trouve un fragment dans le *Philocalia* d'Origène (c. XIV).

14° Cinq commentateurs : *Pantænus, Héraclite, Candide, Appion, Judas.* — Le nombre des écrivains de cet ordre est restreint à cette époque, parce que les hérésies se multipliant portaient naturellement les efforts des auteurs ecclésiastiques vers la controverse.

Pantænus est le premier qui se soit fait remarquer sur le terrain de l'exégèse. D'après un passage un peu obscur de S. Clément d'Alexandrie (*Strom.* L. 1.), il aurait été originaire de Sicile et, dans sa jeunesse, adepte de la secte stoïcienne (Hieron. *Catal.* c. 36). Mais, après avoir été initié au christianisme par un disciple des apôtres, il se livra à l'étude de l'Écriture sainte, et cela avec tant de succès, qu'il fut appelé à présider l'école des catéchistes d'Alexandrie, dont plusieurs même lui attribuent la création première (V. l'art. *Écoles dans l'antiquité chrétienne*). Il accepta un peu plus tard la mission de prêcher l'évangile dans l'Inde; il revint ensuite à Alexandrie, où il continua son enseignement jusqu'au règne de Caracalla, en 212. Outre des leçons orales, il composa plusieurs commentaires sur la Bible, dont il nous reste quelques petits fragments qu'Halloix a recueillis (Halloix. *Vit. Pantæn.* p. 851).

Héraclite écrivait sous Commode et Sévère. Nous apprenons d'Eusèbe (*Hist. eccl.* v. 27) qu'il commenta les Épîtres apostoliques, c'est-à-dire celles de S. Paul.

Candide et Appion, qui appartiennent à la fin du deuxième siècle, écrivirent des commentaires sur l'Hexaméron, ou œuvre des six jours.

Judas, contemporain des précédents, composa une dissertation sur les 70 semaines de Daniel, et un calcul chronologique sur l'empereur Sévère, en 202.

15° *Saint Sérapion, Victor, Polycrates, Théophile de Césarée, Palmas, Bacchylus.* Ces écrivains se sont fait surtout une réputation par leurs lettres : les intrigues des montanistes et les discussions au sujet de la célébration de la Pâque en font le sujet principal.

Sérapion était évêque d'Antioche vers l'an 190. Il écrivit une lettre où il est prouvé par l'autorité de plusieurs Pères, et par l'accord de toutes les Églises, que la doctrine des montanistes est rejetée comme contraire à celle des apôtres. Cette lettre est souscrite par plusieurs autres évêques, d'où on pourrait conclure qu'elle émanait d'un concile (Euseb. *Hist. eccl.* v. 19). Une seconde lettre était adressée à un certain Dominus, qui avait apostasié le christianisme pour se faire juif. Mais ce qui est plus important encore, c'est qu'il fut auteur d'un évangile apocryphe, intitulé *Évangile de S. Pierre*. Ce livre ne fut pas trouvé irréprochable au point de vue de la doctrine; mais il a cela de très-intéressant que, dans un fragment conservé par Eusèbe (*Hist. eccl.* VI 12), il établit que, dans l'opinion de l'Église primitive, le canon et la tradition étaient inséparables l'un de l'autre, et aussi de l'autorité de l'Église.

Victor Africain est rangé par S. Jérôme au nombre des écrivains ecclésiastiques. Il monta sur le siège de Rome en 192, et fut le treizième pape. Il s'appliqua surtout à terminer le différend relatif à la célébration de la Pâque (V. l'art. *Pâques*). Il écrivit diverses encycliques aux évêques pour les engager à examiner cette affaire en commun et à lui faire part de leurs opinions à cet égard. Il écrivit encore d'autres lettres sur le même sujet, ainsi que sur d'autres articles de foi (Hieron. *Catal.* c. 34).

A la tête des évêques d'Asie qui s'opposaient aux conciliantes intentions de Victor, se trouvait Polycrates, évêque d'Ephèse. Il convoqua les évêques de la province et écrivit au pape Victor une lettre synodale du résultat de cette conférence (Hieron. *Catal.* c. 45).

Au même temps vivait Théophile, évêque de Césarée en Palestine. Lui aussi convoqua un concile qui se déclara unanimement pour l'usage de Rome contre Polycrates. Eusèbe donne la lettre qu'il écrivit à cette occasion (*Hist. eccl.* v. 25).

Dans le Pont, les évêques s'étaient aussi assemblés sous la présidence de Palmas, évêque d'Amastris, pour régler la célébration de la Pâque. On attribue à Palmas la lettre écrite à cette occasion, et qui concorde avec l'avis de Victor (Euseb. *Hist. eccl.* IV. 23).

Bacchylus, évêque de Corinthe, et successeur de Denys, rédigea aussi, au nom des évêques d'Achaïe, un écrit sur le même sujet, dont S. Jérôme fait un grand éloge (*Catal.* c. 44).

Les évêques de la Gaule, de l'Égypte et d'autres pays encore adressèrent des lettres aux Églises. Tous se prononcèrent en faveur de la tradition apostolique conservée dans l'Église de Rome (Euseb. v. 23).

16° Les Actes des martyrs constituent une branche importante de la littérature des trois premiers siècles, et nous ne devons pas les passer ici sous silence (V. l'art. *Actes des Martyrs*).

1° *Actes de S. Ignace d'Antioche.* — Les auteurs de ces actes étaient des compagnons de voyage du saint, mais on ignore leurs noms. Leur authenticité est à l'abri de toute contestation. Quelques auteurs néanmoins les ont suspectés; mais le dominicain Mamachi les a vengés avec la dernière évidence.

Éditions. — Usher est le premier qui en ait découvert et publié la version latine (Londres, 1647); l'original grec l'a été par Ruinart, 1689, et puis dans la collection plus complète qu'il fit paraître à Amsterdam en 1713, et que Poiret publia avec des additions à Vérone, en 1791. Ces actes ont été plusieurs fois réimprimés après la première édition de Ruinart, par exemple dans le *Spicilegium* de Grabe, t. II (Oxford, 1699), et avec les épîtres de S. Ignace, par Smith (*ibid,* 1709), et enfin dans les recueils d'Ittig, de Le Clerc, de Galland, etc. (Mœhl. I, p. 439).

Les actes suivants se trouvent dans les mêmes recueils.

2° *Actes de Sainte Symphorose et de ses fils.* — A l'occasion de l'inauguration d'un palais à Tibur, en 120, l'empereur Hadrien, ayant consulté les augures, fit mourir cette veuve avec ses sept fils, à cause de leur foi. Les actes de ce martyre, qui portent toutes les marques de l'authencité, auraient eu pour auteur, d'après quelques manuscrits, Jules Africain, mais l'attribution est douteuse.

3° *Actes de Sainte Félicité et de ses fils.* — Sainte Félicité souffrit à Rome sous Antonin le Pieux, l'an 150 selon Ruinart, en l'an 164 selon Tillemont. Ses actes sont cités par S. Grégoire le Grand, par S. Pierre Chrysologue et par Adon de Vienne, et leur authenticité est certaine.

4° *Actes de S. Polycarpe.* — Ceux-ci forment sous le rapport historique et dogmatique un des plus précieux monuments de cette époque. C'est une lettre encyclique écrite au nom de l'Église de Smyrne, pour rendre compte de la glorieuse mort de son évêque; elle est adressée à l'Église de Philadelphie en particulier, et à toutes les Églises de la terre en général. Le nom de l'écrivain et celui de de la personne chargée de remettre la lettre sont marqués à la fin; le premier s'appelait Évariste, le second Marc. S. Irénée en posséda un exemplaire qui, d'après un *post-scriptum*, avait été copié par Caius. Eusèbe la regardait comme si importante, qu'il l'a insérée presque en entier dans son histoire.

Éditions. — Indépendamment des recueils cités plus haut, ces actes se trouvent aussi dans les Vies des Pères orientaux, par Halloix, t. II, et chez les Bollandistes, t. II. Dans le recueil de Ruinart, ainsi que dans celui de Galland, on lit le texte grec avec une double traduction, l'une ancienne, l'autre moderne, par Cotelier (Mœhl. I, p. 440).

5° *Actes de S. Pothin et de ses compagnons.* — Les détails de ce martyre sont consignés dans une lettre admirable des serviteurs de Jésus-Christ, à Lyon et à Vienne, aux frères d'Asie et de Phrygie. L'auteur n'en est pas connu, mais on pense avec toute sorte de fondement que S. Irénée, qui travaillait avec tant d'ardeur à affermir l'union entre les Églises d'Orient et d'Occident, y eut une part considérable.

6° *Actes de S. Justin.* — Ces actes se trouvaient en grec dans le recueil de Siméon Métaphraste; toutefois ils ne sont pas d'une authenticité incontestable. Le fond en est peut-être historiquement vrai, bien que l'on sente dans l'exécution que le rédacteur n'a pas été témoin oculaire des faits qu'il raconte. La grande simplicité du style fait juger que ces actes remontent à une très-haute antiquité.

Éditions. — Ils ont paru pour la première fois en une traduction latine du cardinal Sirlet, dans la vie des SS. Pères (Rome, 1558), t. II, p. 2, de Lipoman. Papebroch donna le premier le texte grec d'après Siméon Métaphraste, dans les Actes des martyrs, juin, t. II, p. 20. Ils passèrent de là dans le recueil de Dom Ruinart, dans Galland, et dans l'édition des Œuvres de S. Justin par Dom Maran; le meilleur travail qui ait été fait sur ces actes est celui de Mazochi : *Comment. in vet. marmor. Calend. Eccl. Neapol.*, 1769 (Mœhl. I. p. 444).

TROISIÈME PÉRIODE. — ÉCRIVAINS ECCLÉSIASTIQUES DU TROISIÈME SIÈCLE. — Jusqu'ici l'Église catholique avait tiré presque exclusivement ses défenseurs des écoles païennes ; c'était une source de faiblesse relative, dans des docteurs dont la science avait une base toute profane et qui avaient dû se former par les seules forces de leur génie à la défense des vérités de la foi; c'était de plus une cause de travestissements innombrables du dogme chrétien de la part des esprits légers qui puisaient leurs plus déplorables erreurs dans la philosophie grecque dont ils ne pouvaient point secouer les chaînes.

Le troisième siècle vit s'opérer un immense progrès sous ce rapport : c'est alors que les grandes écoles chrétiennes furent fondées pour la plupart, et que celles qui existaient déjà furent améliorées et développées. Le plus célèbre et le plus important de tous ces instituts est celui d'Alexandrie (V. l'art. *Écoles chrétiennes*). Cette ville était alors le siège principal de la science et de l'érudition grecques; un musée fondé par Ptolémée Lagus (Strab. I, 17, § 8), et agrandi par Tibère (Sueton. *in Tib.* c. xxiv), y était entretenu aux frais de l'empereur. Là on enseignait toutes les connaissances humaines, et les étudiants, réunis dans une pension (V. Mœhl. II, p. 9), y achevaient leur éducation littéraire. Alexandrie était le lieu de réunion des savants vers lequel la jeunesse, avide d'instruction, gravitait de toutes les provinces de l'empire.

Cet état de choses pouvait devenir dangereux au progrès du christianisme, ou bien au contraire du plus grand avantage si, en se faisant chrétien, un pareil établissement devenait l'objet d'une louable émulation. C'est cette dernière supposition qui heureusement se réalisa. Alors à l'enseignement du catéchisme, pour lequel un établissement existait déjà depuis longtemps à Alexandrie (Euseb. *Hist. eccl.*, v. 10), on joignit d'abord un cours raisonné de christianisme, et peu à peu l'enseignement général des sciences philosophiques.

Les avantages que l'Église retira de cette institution furent de la plus grande importance. Une foule de savants, d'évêques, de saints et de martyrs en sortirent, et telle fut la considération qu'elle inspirait, que les païens, après avoir plusieurs fois tenté de la détruire, en vinrent, vers la fin du troisième siècle, à prier S. Anatole, élève de la classe des catéchistes, d'accepter la succession d'Aristote à l'Académie d'Alexandrie.

Un des principaux résultats de cette révolution fut la naissance et le développement de la philosophie religieuse catholique, c'est-à-dire de la véritable gnose. Jusque-là les dogmes de la foi chrétienne n'avaient été exposés qu'historiquement; on commença alors à en établir scientifiquement les données transmises par la tradition. Les services que les Pères de cette période rendirent à l'Église, en suivant cette voie, sont incontestables. Ils ne se bornèrent point à combattre avec tout le poids de leur autorité les païens et les hérétiques, mais ils exercèrent encore sur l'intérieur même de l'Église l'influence la plus salutaire, en la purifiant des erreurs qui s'y étaient glissées. Ce fut le résultat de leurs efforts pour coordonner les doctrines de la croyance chrétienne et en former un corps de système scientifique.

L'école des catéchistes d'Alexandrie donna encore aux études exégétiques une impulsion plus vive, et elles furent suivies sur une échelle plus vaste qu'elles ne l'avaient été jusqu'alors.

1° S. *Clément d'Alexandrie* (Titus Flavius Clemens) ouvre la liste des écrivains ecclésiastiques du troisième siècle. Né païen, il passa à la foi chrétienne à une époque qui n'est pas connue. Il voyagea beaucoup pour s'instruire, et parvint à un degré de science et d'érudition vraiment incroyable. On compte, dans les tables des bonnes éditions de ce Père, et de celle de Potter en particulier, plus de six cents auteurs cités dans ses ouvrages, chiffre prodigieux dont aucun auteur chrétien de ces premiers siècles n'a approché, et que le seul Athénée parmi les païens a dépassé.

Clément fut ordonné prêtre d'Alexandrie, en l'an 189; il succéda à Pantœnus dans la présidence de l'école des catéchistes, où il eut pour élèves Origène et S. Alexandre, qui devint évêque de Jérusalem (Euseb. *Hist. eccl.* VI-XIV).

Le premier de ses ouvrages a pour titre : λόγος προτρεπτικός, *cohortatio ad gentes* : c'est une exhortation aux gentils pour les engager à embrasser la foi chrétienne.

Le second est le παιδαγωγός, *Pædagogus*, c'est-à-dire le précepteur et le conducteur sur la voie du salut. Il est destiné à ceux qui, ayant déjà acquis la foi, ont besoin d'être conduits à la pratique de la vie chrétienne. Cet écrit est divisé en trois livres, qui, d'après l'auteur lui-même, concernent trois choses différentes à considérer dans l'homme : les mœurs, les actions, les inclinations.

Le troisième ouvrage de S. Clément, dont le but est de conduire l'homme au plus haut point de l'enseignement chrétien, a pour titre Στρώματα, *les Tapis*. Il est divisé en huit livres, et c'est sans contredit ce qui a paru à cette époque de plus important dans la littérature chrétienne. S. Clément explique lui-même son titre, qui au premier abord peut paraître singulier : « Ces livres renferment les vérités chrétiennes mêlées aux doctrines de la philosophie ou plutôt couvertes et cachées par elles, comme le noyau est caché sous l'écorce des fruits. » Ce procédé avait pour but d'empêcher l'abus que l'on aurait pu faire de la doctrine chrétienne; mais il faut convenir que le mélange n'est pas sans quelque confusion.

Nous possédons de ce Père un quatrième ouvrage : τίς ὁ σωζόμενος πλούσιος, *quis dives salvetur?* C'est le commentaire des paroles du pasteur : « il est plus facile à un chameau (ou à un câble) de passer par le trou d'une aiguille qu'à un riche d'entrer dans le royaume de Dieu. » Il y fait voir que les richesses ne sont point un obstacle absolu à l'acquisition du ciel, et qu'elles peuvent même devenir un moyen de salut.

Plusieurs ouvrages de S. Clément sont perdus. Ce sont ses *Hypotyposes* ou *Institutions*, un écrit sur la célébration de la Pâque, *de Paschate*, un autre intitulé *Canon ecclesiasticus*. Il avait aussi composé des traités sur le *Jeûne*, sur la *Calomnie*, sur la *Patience*. Il nous reste des fragments de deux dissertations sur la *providence* et sur l'*Ame*.

Enfin, S. Clément parle lui-même, dans ceux de ses ouvrages que nous possédons, de divers écrits qu'il avait achevés auparavant, tels que celui de la *Continence* (*Pædag.* II, 10), auxquels il avait à mettre la dernière main, ceux sur la *Résurrection* (*Pædag.* II, 20), sur les *Anges* (*Strom.* VI, p. 631), sur le *Démon* (*Strom.* IV, p. 507), sur les *Prophètes* (*Strom.* v, p. 531), etc.

Les œuvres faussement attribuées à S. Clément portent les titres suivants : *Excerpta ex scriptis Theodoti et doctrinâ, quæ orientalis vocatur, ad Valentini tempora spectantis epitome; Eclogæ ex scripturis Prophetarum; Adumbrationes in epistolas catholicas*. On trouve ces écrits apocryphes dans les éditions complètes de ce Père.

Éditions. — Quelques-unes ne contiennent que le texte grec, par exemple celle de Petrus Victorius, 1550, in-f°, d'après un manuscrit de la bibliothèque Médicis de Florence, et celle de Ferd. Sylburg (Heidelberg, 1592). — Une traduction latine, sans le texte grec, du *Logus protrepticus*, du *Pédagogue* et des *Stromates* parut à Florence, en 1551, chez Laurent Torretini. Les deux premiers eurent pour traducteur Gentien Hervet, chanoine de Reims, le troisième Cyriaque Strozza. Les extraits de Théodote et les prophéties ne s'y trouvent point ; cependant Hervet traduisit aussi les *Stromates*, et cette version, faite par lui seul, fut publiée à Bâle, in-f°, en 1560 et 1566. Thomas Guarin, de Paris, la publia in-8° en 1566, puis in-f° en 1572, 1590, 1592, 1612. Les trois mêmes ouvrages, ainsi que le livre : *Quis dives salvetur?* les extraits des prophètes et le livre apocryphe *Adumbrationes*, furent recueillis dans la *Bibliothèque des Pères* (Lyon, 1677, t. III). Quant à la traduction d'Hervet, elle est dure, obscure, et souvent fautive pour le sens : toutefois ceux qui essayèrent de la corriger ne furent pas beaucoup plus heureux.

La première édition grecque-latine fut publiée par Dan. Heinsius ; il corrigea Hervet en plusieurs lieux et y joignit des remarques et celles de Sylburg, Leyde (1616, in-f°). Cette édition fut réimprimée à Paris, en 1621 et 1629, avec des notes de Fronton du Duc, et aussi en 1641. Cette dernière édition fut suivie de celle de Cologne, 1688, qui est moins exacte et moins correcte que les précédentes. Aucune de ces éditions n'étant pleinement satisfaisante, l'évêque anglican Potter se chargea d'en faire une nouvelle : il traduisit de nouveau la *Cohortatio ad gentes*, corrigea pour le reste la version d'Hervet, rassembla les fragments épars et les réunit aux autres ouvrages, même apocryphes (Oxford, 1715 ; réimpression plus exacte à Venise en 1757, puis en trois volumes in-8°, à Wurtzbourg, en 1778 et 1779).

L'ouvrage *Quis dives salvetur?* fut d'abord découvert dans un manuscrit du Vatican, parmi les homélies d'Origène et annoncé comme l'œuvre de ce dernier par Ghisler. Matth. Cariophyle le traduisit et le fit reparaître à Lyon, en 1633, dans le t. III du Commentaire sur Jérémie. Cependant Fr. Combefis en publia une nouvelle version accompagnée de notes, et sous le nom de Clément, dans l'*Auctuarium noviss. Bibl. PP.*, t. I (Paris, 1672), d'où elle passa dans la Bibliothèque des PP. de Lyon. D'autres éditions enrichies de notes furent publiées par J. Fell (Oxford, 1683) et Ittig (Leipzick, 1700).

Quant aux *Excerpta ex Scriptis Theodoti*, Hervet ne voulut point les traduire, parce que leur contenu le scandalisait. Combefis les traduisit, à la vérité ; mais, par la même raison, il s'abstint de publier son travail. Alb. Fabricius fut le premier qui les admit dans *Biblioth. græc.* La version publiée par Potter avait été faite par Rob. Pearse, qui y avait joint de bonnes notes (Mœhl. II. 77).

2° *Origène*, surnommé *Adamantius*, naquit à Alexandrie, en 185, de parents chrétiens. Son père Léonides fut son premier maître ; il étudia ensuite sous S. Clément d'Alexandrie, auquel il succéda à la tête de l'école catéchétique de cette ville (Euseb. *Hist. eccl.* VI, 19), où il brilla d'un vif éclat et rendit de signalés services à l'Église. Ordonné prêtre à quarante ans par Alexandre, évêque de Jérusalem, il fut dépouillé de sa chaire et exilé par Demetrius, à la juridiction duquel cette ordination irrégulière semblait vouloir le soustraire. Il ouvrit alors à Césarée une école de science chrétienne qui rivalisa avec celle d'Alexandrie. Il fut emprisonné et torturé sous la persécution de Dèce, en 250, et mourut à Tyr, en 254, à l'âge de soixante-neuf ans.

Aucun homme dans l'antiquité chrétienne ne surpassa Origène par les dons de l'esprit, par le zèle et la fécondité.

On range ordinairement ses écrits en cinq classes : ouvrages *bibliques, apologétiques, dogmatiques, pratiques, correspondance*.

A. *Ouvrages bibliques*. — Ils se subdivisent, 1° en *critiques* : tels sont l'*Hexaple*, qui est un tableau synoptique de six textes différents de l'Ancien Testament : le texte hébreu en caractères hébraïques, le même texte en caractères grecs, la version d'Aquila, celle de Symmaque, celle des Septante, celle de Théodotion. Ce travail avait pour but de mettre les chrétiens en état de juger de l'importance des différences qui existent entre le texte hébreu et la version des Septante admise dans l'Église chrétienne. Tel est encore le *Tétraple*, qui ne se compose que des versions des Septante, d'Aquila, de Symmaque et de Théodotion. 2° *Exégétiques*, qui comprennent les commentaires sur les diverses parties des Livres saints. 3° *Parénétiques*, c'est-à-dire des homélies ou discours moraux.

B. *Ouvrages apologétiques*, dont le plus important est celui qui a pour but la réfutation de Celse, philosophe de l'école d'Épicure. Il est divisé en huit livres. Cet ouvrage nous est parvenu en entier; il n'en est pas de même de nombreux traités qu'il avait composés contre les hérétiques.

C. *Ouvrages dogmatiques.* — Un seul de cette classe nous est resté, et encore dans une traduction latine de Ruffin. Il est intitulé : περὶ ἀρχῶν, *de Principiis*. De nombreuses erreurs s'y font remarquer.

D. *Ouvrages pratiques.* — Ceux-ci ont une valeur toute particulière. Ils expriment dans un langage populaire les sentiments les plus vifs d'une véritable piété. Le premier a pour titre *De oratione*; il se divise en deux parties, une sur la prière en général, la seconde sur l'Oraison dominicale. Le second est une *Exhortation au martyre*, adressée aux fidèles à propos de la persécution de Maximien.

E. *Lettres.* — Eusèbe en avait réuni plus de cent. La seule que nous possédions dans son intégrité est celle à Jules l'Africain, qui traite de l'authenticité de l'histoire de Susanne dans le prophète Daniel (Euseb. *Hist. eccl.* vi, 36).

On a attribué, mais sans fondement, à Origène divers ouvrages, entre autres un *Dialogue sur la vraie foi en Dieu contre les montanistes*, et un traité contre les hérésies, intitulé *Philosophumena*.

Éditions. — Ghisler publia le premier sept des homélies d'Origène, en grec, avec traduction latine (Lyon, 1629); et B. Corderius en fit imprimer dix-neuf à Anvers, en 1648, avec une traduction de lui. Huet publia à Rouen, en 1668, en grec et en latin, le commentaire sur S. Matthieu, d'après un manuscrit de la bibliothèque du Roi à Paris, et un autre appartenant à la reine Christine de Suède, et ensemble le commentaire sur l'Évangile de S. Jean, d'après un manuscrit de Paris. Les huit livres contre Celse, publiés d'abord en latin, à Rome, en 1481, le furent plus tard, d'après des manuscrits des bibliothèques électorales de Bavière, en grec, avec une version de Gelanius et des notes de Hœschel (Augsbourg, 1605; Cambridge, 1658 et 1677, par W. Spencer). Ces deux dernières éditions renferment aussi la *Philocalia* d'Origène. Le livre *De oratione* fut d'abord imprimé à Oxford, en 1686, in-12, d'après un manuscrit appartenant à la reine Christine de Suède et avec une traduction latine; une nouvelle édition en fut imprimée à Bâle, 1694, et une autre fort belle par Reading (Londres, 1728). L'*Exhortatio ad martyrium* fut publiée d'abord en grec et en latin, par Wettstein (Bâle, 1674), avec le dialogue contre les marcionites et l'épître à Jules l'Africain. L'épître de celui-ci à Origène avait déjà été mise au jour par Hœschel (Augsbourg, 1602). Enfin la *Philocalia*, que Génébrard traduisit le premier en latin, fut publiée dans cette version, à Paris, en 1574. Jean Tarin en donna le texte et la traduction à Paris, 1618, in-4°, et Spencer avec d'autres écrits d'Origène à Cambridge, en 1658 et 1677.

Jacques Merlin fut le premier qui essaya une édition complète des œuvres d'Origène (Paris, 1512, 1519, 1522, 1530, et Venise 1516, en 2 vol.). Le recueil de Génébrard (Paris 1574, 2 vol.) est meilleur et plus complet; réimprimé en 1604, 1619, et à Bâle, 1620. L'édition de Merlin avait aussi été revue et réimprimée par Érasme et par B. Rhénanus, à Bâle, 1526, 1536, etc. Mais toutes ces éditions n'offraient que la traduction latine. Le clergé français fixa cependant son attention sur cette entreprise, et dans son assemblée générale de 1536, Aubert, docteur de Sorbonne, fut chargé de publier une édition complète des œuvres d'Origène, en grec et en latin; mais il ne l'exécuta pas. Alors Daniel Huet, évêque d'Avranches, se mit à l'œuvre. Toute la partie des *Exegetica* qui nous est parvenue en grec avait été imprimée en 2 vol. in-f° (Rouen 1668, Paris 1679 et Cologne 1685), quand Huet renonça tout à coup à cette œuvre; ces éditions sont par conséquent fort incomplètes. Mais l'excellente monographie intitulée *Origeniana* qu'il avait donnée comme introduction à cet ouvrage, est un travail fort précieux. Plus tard Charles de La Rue, bénédictin de Saint-Maur, se chargea de l'entreprise et rendit par là un grand service à la littérature patristique. Faisant un usage judicieux de travaux antérieurs, il publia une édition complète d'Origène, en grec et en latin, en 4 vol. in-f°, 1733-39. Sa mort, survenue en 1739, ayant interrompu ce travail, son neveu Vincent de La Rue publia le dernier volume en 1759. Ce recueil est remarquable sous tous les rapports, tant pour l'intégrité du texte que pour la critique, les corrections et l'exécution typographique. Chaque livre est précédé d'une introduction historique et critique. Le texte est enrichi de nombreuses et savantes notes, et au dernier volume on a joint l'*Origeniana* de Huet, l'apologie d'*Origène* par S. Pamphile, et quelques autres écrits ayant rapport à ce Père (Mœhl. II. p. 176).

3° *Jules l'Africain* était, selon Suidas (8. v. *Africanus*), Libyen, mais il demeurait à Emmaüs en Palestine. Il fut élève d'Héraclas à l'école des catéchistes d'Alexandrie, et honoré du sacerdoce selon toute probabilité. Il florissait sous les règnes d'Éliogabale et de Sévère Alexandre.

Jules l'Africain jouissait chez les anciens d'une haute réputation de science, qu'il dut surtout à ses recherches historiques; Sozomène (*Hist. eccl.* I. 21) le met au nombre des historiens chrétiens.

Voici les titres de ses ouvrages :

Chronographia ou *De temporibus*, ouvrage chronologique en cinq livres, suivant parallèlement l'histoire sainte et l'histoire profane depuis la création du monde jusqu'à la troisième année d'Éliogabale, l'an 221 de Jésus-Christ, soit la première année de la 250° Olympiade.

Deux lettres adressées, l'une à Origène au sujet de l'histoire de Suzanne (v. plus haut), l'autre à Aristide, où il tente de concilier, à l'aide des traditions qui lui avaient communiquées les parents du Seigneur, les deux généalogies de Jésus-Christ qui se trouvent dans S. Matthieu et S. Luc.

Eusèbe (*Hist. eccl.* vi-31), Photius (*Cod.* 34) et Suidas (*Hist. c. dissert.* 14.) attribuent encore à

Jules l'Africain un ouvrage en quatre livres intitulé κεστοί, traitant de la médecine et de l'histoire naturelle.

Enfin, quelques manuscrits lui font honneur, on ne sait sur quel fondement, des *Actes des martyrs* de S. Symphorose, et l'abbé Tritenheim le fait auteur de divers traités : *De Trinitate, De Circumcisione, De Attalo, De Sabbato*.

Éditions. — Les deux lettres furent d'abord publiées par l'Espagnol Léon Castrius, avec son commentaire sur Isaïe, en 1570, et puis par Génébrard, parmi les œuvres d'Origène. Ces deux éditions sont en latin seulement. Le texte grec parut pour la première fois à Augsbourg en 1602, par les soins de Hœschel, et puis, revu et augmenté par R. Wettstein, à Bâle en 1674. La meilleure édition de la première lettre est celle de La Rue (*Opp. Orig.* 2. 1). Galland a rassemblé tous les fragments dans sa *Biblioth.* t. 11. (Mœhl. 11, p. 180.)

4° *Saint Alexandre de Jérusalem*, disciple de Pantenus et de S. Clément d'Alexandrie, élu d'abord évêque de Flaviopolis en Cilicie (Tillemont, *Mém.* 111. 83), fut appelé en 213 au siège de Jérusalem, et termina sa vie par le martyre dans la persécution de Dèce (Euseb. *Hist. eccl.* vi. 39). Il fut l'un des hommes les plus instruits et les plus actifs de son temps. Il manifesta son zèle dans la science, moins peut-être en écrivant lui-même (il ne nous reste de lui que quelques fragments de lettres), qu'en fondant à Jérusalem une bibliothèque où il rassembla les principaux ouvrages des savants chrétiens, et particulièrement leurs épîtres, celles, par exemple, de S. Hippolyte, de Bérylle de Bostra, etc. (Euseb. *Hist eccl.* vi-20).

5° *Ammonius d'Alexandrie*, surnommé Saccas. Né chrétien, il se consacra tout entier à la philosophie, et fonda à Alexandrie une école publique qui devint célèbre (Hierocl. ap. Photium. *Cod.* 241.)

Eusèbe (*l. c.*) dit que cet Ammonius, qu'il désigne comme maître d'Origène, composa un ouvrage *De consensu Moysis et Jesu*; plus une harmonie des Évangiles. Enfin on trouve sous son nom, dans les éditions de ses œuvres (V. Mœhl. 11. p. 186), une biographie d'Aristote et un commentaire sur cette biographie ; mais ni l'une ni l'autre ne lui appartiennent.

L'Harmonie des évangiles d'Ammonius, traduite par Victor de Capoue, parut à Mayence en 1524 par les soins de Memler, puis à Cologne en 1532, et dans la *Biblioth. max. PP.* 1677. t. 11. v. 111. Galland. t. 11, accompagnée de notes.

6° *S. Hippolyte*. — Une obscurité impénétrable couvre la vie de ce Père. Ce qu'il y a de certain, c'est qu'il fut disciple de S. Irénée, il nous l'apprend lui-même (Ap. Phot. *Cod.* 121), et qu'il connut Origène (*Id.*). Il n'est pas moins incontestable qu'il fut évêque (Euseb. *Hist. eccl.* vi. 20), mais on n'a jamais pu préciser le siège. Mais la statue de ce grand homme trouvée sur la route de Rome à Tivoli en 1551, et qui se voit aujourd'hui au musée de Latran, semble supposer que ce fut Porto, le port romain, plutôt que *Portus Romanus* en Arabie, comme on l'a soutenu (V. la reproduction de cette statue à notre art. *Images*, p. 350).

Eusèbe et S. Jérôme nous ont donné de ses ouvrages, dont il ne nous reste que des fragments, une liste qui se complète par celle qui est gravée sur le siège de sa statue. On peut les ranger sous quatre rubriques différentes.

A. *Écrits exégétiques*. Des commentaires sur l'*Hexameron*, et peut-être sur le livre de la Genèse tout entier ; sur les Psaumes, sur le Cantique des cantiques, sur les Proverbes et l'Ecclésiaste, sur Isaïe, Ezéchiel et Daniel. Plus deux commentaires historiques et exégétiques sur l'histoire de Saül et de la pythonisse, et sur Suzanne ; le second seul nous est parvenu. Il reste moins encore de ses travaux sur le Nouveau Testament ; commentaire sur S. Mathieu et S. Luc ; la liste de la statue porte aussi un écrit sur l'Évangile et l'Apocalypse de S. Jean ; plus des odes sur toutes les saintes Écritures.

B. *Écrits parénétiques*. De ses nombreuses homélies, il ne nous reste que celle intitulée : *Sermo in sancta theophania*, c'est-à-dire du baptême de Jésus-Christ, qui dans la primitive Église se célébrait en même temps que sa naissance et l'adoration des Mages. D'autres traitaient d'Elcana et d'Anne, parents de Samuel, de la fête de Pâques, de la théologie ou science de Dieu, du Cantique des cantiques, et de quelques passages d'Isaïe et de Daniel. Selon S. Jérôme, il avait prononcé en présence d'Origène une homélie *De laude Domini Salvatoris* (Hieron. *Catal.* 1. c). Une *Exhortatio ad Severinam* est aussi indiquée sur le monument : la personne à laquelle elle est adressée est, selon l'opinion la plus probable, Severa, femme de l'empereur Philippe.

C. *Écrits dogmatiques et polémiques*. 1° *De Christo et Antechristo*. 2° Un écrit contre Marcion, et un livre contre toutes les hérésies, au nombre de trente-deux. 3° *De theologia et incarnatione contra Beronem et Heliconem hæreticos*. 4° *Demonstratio adversus Judæos*. 5° *Adversus Græcos seu contra Platonem de causa universi*. Les deux derniers sont portés sur la chaire de marbre, ainsi que le suivant. 6° *De Deo et carnis resurrectione*. 7° *De charismatibus apostolica traditio*. Eusèbe et S. Jérôme disent qu'Hippolyte avait écrit sur le *jeûne du samedi* et sur la *communion quotidienne*, et que plusieurs lettres de lui se trouvaient dans la bibliothèque de l'évêque Alexandre à Jérusalem.

D. *Ouvrages chronologiques*. Un cycle pascal écrit en entier sur l'un des côtés de la chaire où est assise la statue. Ce cycle, dressé pour fixer la célébration de la fête de Pâques, était la seconde partie d'un ouvrage perdu, intitulé *de Pascha*, et dont la première contenait une chronologie s'étendant jusqu'à la première année du règne de l'empereur Alexandre.

E. *Écrits apocryphes*. 1° Une fausse chronique. 2° *De consummatione mundi, de Antechristo et de secundo Christi adventu.* 3° *Tractatus de duodecim apostolis et de septuaginta discipulis.* 4° Divers commentaires supposés sur l'Écriture sainte.

Éditions. — Les divers écrits de S. Ilippolyte, ayant été découverts à des époques différentes et par des hommes différents, furent par la même raison, publiés successivement. C'est ainsi que Gudius fit paraître le traité *De Christo et Antechristo* en grec, à Paris en 1661, et Combe fit la traduction dans l'*Auctuar. Bibl. PP.* (Paris, 1672). Gérard Voss donna le traité *Adversus Noetum* dans son édition de S. Grégoire Thaumaturge (Mayence, 1604). Possevin, la *Demonstratio adversus Judæos* (Venise, 1603). David Hæschel inséra le fragment *Contra Platonem* dans les notes au Photius (Augsbourg, 1601). Enfin Scaliger donna le cycle pascal dans son *Emendat. temp.* (Paris, 1583). Les traductions se trouvent dans les diverses collections des Pères que nous avons citées.

La première collection complète des œuvres de S. Hyppolyte fut entreprise par Léon Mill, qui mourut avant de l'avoir achevée, et W. Janus, professeur à Wittemberg, qui avait promis de publier le résultat du travail préparatoire laissé par Mill, ne tint pas sa promesse. A la fin, Fabricius rassembla avec un soin et un zèle infatigables tout ce qui avait été jusqu'alors découvert et commenté, et publia tout ce qui restait de S. Hippolyte, soit complet, soit par fragments, en 2 vol. à Hambourg, 1716-1718. Il a ajouté au texte de nombreuses notes de lui-même ou d'autres commentateurs. Le second volume renferme un choix de plusieurs petits écrits des Pères du troisième siècle. Cette édition fut suivie de celle de Galland, qui est rangée dans un meilleur ordre ; elle se trouve dans le t. II de la *Biblioth. PP.* Les diverses pièces sont rangées, soit par ordre de dates, soit par ordre de matières, et sont éclaircies par des notes (Mœhl. II, p. 215).

7° *Apollonius* fut un des plus vigoureux adversaires du montanisme. On ne sait rien de sa personne ni de son origine. Il vivait du temps de Commode et de Septime-Sévère, et il composa un ouvrage fort étendu contre Montanus et ses deux prophétesses, Prisca et Maximilla, quarante ans après sa première apparition : par conséquent vers l'an 210. Tertullien, affilié à cette secte, essaya de réfuter les accusations contenues dans le septième livre d'Apollonius. Quelques fragments de cet ouvrage nous ont été conservés par Eusèbe (*Hist. eccl.* v. 18).

8° *Caïus* se distingua, sous le règne de Sévère et de Caracalla, entre tous les membres du clergé romain par son érudition et son éloquence. Il avait été disciple de S. Irénée et était venu à Rome sous le pontificat de Zéphyrin (Hieron. *Catal.* c. LIX) ; là il fut ordonné prêtre et, s'il faut en croire Photius (*Cod.* 48), il aurait été sacré évêque *in partibus*. On place sa mort vers la fin du règne de Caracalla, en 217.

Caïus s'occupa principalement de controverse contre les hérétiques, avec lesquels il lutta par écrit et en paroles. Voici ses principaux ouvrages : 1° *Disputatio adversus Proclum.* Ce Proclus était le plus savant organe et le plus ferme appui des montanistes. On en lit quelques fragments dans Eusèbe. 2° *Parvus Labyrinthus*, ouvrage perdu. 3° On croit qu'il avait aussi écrit contre Cérinthe à propos du millénarisme et de son apocalypse (Theodore. *Hæres. Fab.* II. 3). 4° Photius lui attribue encore le livre *De universo* ou *De causa universi*, que nous avons mis au nombre des productions de S. Hippolyte. 5° Enfin, dans ces derniers temps, on lui a attribué un fragment anonyme découvert dans la bibliothèque ambroisienne de Milan, et qui renferme une liste des livres canoniques, environ de la fin du deuxième siècle.

Les fragments qui nous restent de ces écrivains se trouvent chez Galland. t. II. p. 204.

9° *Asterius Urbanus.* — On s'accorde aujourd'hui à le regarder comme l'auteur d'un ouvrage en trois livres et très-approfondi contre les montanistes, et qui avait été précédemment attribué tour à tour à plusieurs écrivains. Les quelques fragments conservés par Eusèbe sont tout ce que nous savons d'Asterius Urbanus.

10° *Denis le Grand d'Alexandrie.* — Il était païen et rhéteur, mais se convertit à l'école d'Origène, et succéda à Héraclas comme chef de l'école des catéchistes d'Alexandrie, sa ville natale (Euseb. *Hist. eccl.* VII. 11), puis comme évêque de cette même ville, en 247. Son zèle, son activité, sa science, sa constance dans la foi lui méritèrent le nom de Grand de la part de ses contemporains, et de la part de S. Athanase celui de *magister Ecclesiæ catholicæ*. Il mourut en 264 (Euseb. *Hist. eccl.* VII, 27, 28, VIII. 20).

De l'immense trésor d'écrits dont Denis dota l'Église, il ne nous est parvenu qu'une série de quelques fragments plus ou moins considérables. Ce que nous possédons ne se compose guère que de lettres, dont S. Jérôme donne le catalogue par ordre chronologique et qui s'échelonnent de 250 à 264 (Hieron, *Catal.* c. LXIX).

Denis composa, à diverses époques, des dissertations dont voici les titres : 1° *De promissionibus adversus Nepotem*, deux livres écrits vers l'an 255. 2° *De natura ad Timotheum filium.* 3° *Elenchus et apologia ad Dionysium Romanum.* Des fragments assez considérables de ces ouvrages se trouvent dans Eusèbe (VII. 24. 25. 26. *Præparat. evangel.* VII. 19).

Ouvrages apocryphes : 1° *Epistola ad Paulum Samosatenum.* 2° *De situ Paradisi*, et diverses lettres, etc.

Éditions. — Le premier qui rassembla les fragments de Denis le Grand, fut Galland dans la *Biblioth. vet. PP.* t. III. p. 481-540. Il les divisa en deux parties, dont la première contient les restes des diverses dissertations, avec l'*Epistola canonica*, et la seconde les lettres : le tout enrichi des notes des Pères Valois et Coutant (*Epist. Roman. Pontif.* Rome, 16981) sur l'apologie du pape Denis.

11° *S. Corneille* fut élevé au siége de Rome en 251, et le premier, depuis l'origine de l'Église, il eut un compétiteur dans l'antipape Novatien. Ce schisme fut dissipé par un concile de Rome de la même année. L'empereur Gallus exila Corneille en 252 à Civitá Vecchia, où il termina bientôt sa vie par le martyre.

La littérature chrétienne fut enrichie par lui de quelques lettres, écrites en grec à Fabien, évêque d'Antioche, et à S. Cyprien, évêque de Carthage. Plusieurs, écrites en latin à ce dernier, se trouvent dans ses œuvres (*Cypr. Epist.* 46 et 48). On lui attribue encore, mais sans fondement suffisant, deux décrétales chez le faux Isidore : *Epistola ad Lupicinum* et *De disciplina et bono pudicitiæ*.

Éditions. — Toutes ces lettres et les fragments se trouvent chez Galland, t. III, p. 385, et chez Coutant, *Epist. Roman. pontif.* Rome, 1698 (Mœhl. II, p. 241).

12° *S. Étienne*, prêtre de Rome, succéda à S. Corneille en 253, après le court pontificat de Lucius. Il travailla sans relâche à maintenir l'unité dans l'Église. Mais ce qui l'occupa le plus, ce fut la discussion avec les Églises d'Afrique et quelques-unes de celles d'Orient sur la validité du baptême des hérétiques. Il mourut en 257, probablement par le martyre. Il écrivit plusieurs lettres, entre autres aux évêques des Gaules, sur le schisme d'Arles (Cypr. *Ep.* 67), aux Églises d'Orient (Euseb. *Hist. eccl.* VII. 5), et à S. Cyprien, au sujet du baptême des hérétiques (*Id.* VII. 5). De tout cela il ne nous reste rien.

13° *S. Denis* monta sur la chaire de S. Pierre en 259 et mourut en 269. Nous connaissons de ce pape trois lettres, qui offrent à la fois la preuve de son érudition et de sa sollicitude pastorale : 1° *Epistola encyclica adversus Sabellianos*, aux évêques d'Égypte, pour combattre les erreurs relatives à la Trinité; 2° une seconde à Denis d'Alexandrie, pour lui demander des explications sur des assertions erronées qu'on lui attribuait au sujet de l'hérésie de Sabellius; 3° une troisième à l'Église de Césarée, pour la consoler des désastres que lui avait causés l'invasion des Barbares.

Ce qui nous reste de ce pape se trouve dans Galland, t. III, p. 538, et chez Coutant (*loc. laud.* S. Mansi, *Collect. concilior*, t. I. p. 1009).

14° *S. Grégoire le Thaumaturge*, ou le *faiseur de miracles*, est un des hommes les plus extraordinaires qui aient paru dans l'Église catholique. Il naquit à Néo-Césarée, dans la province de Pont, d'une famille païenne; il devint chrétien après avoir suivi longtemps l'enseignement d'Origène, qui finit par lui faire abandonner l'étude des sciences profanes, dans lesquelles il excellait, pour s'appliquer à la théologie. Sa renommée de sagesse et de piété le fit bientôt élever au siége de Néo-Césarée. Il mourut en 270, emportant la consolation de ne laisser à Césarée que dix-sept païens, nombre égal à celui des chrétiens qu'il y avait trouvés en prenant l'administration de cette Église (Greg. Nyss. *in Vit. Greg. Thaumat.* c. 28).

La grandeur de son génie éclate dans ses écrits, comme celle de sa sainteté dans ses œuvres et ses miracles. Voici les titres de ses ouvrages, qui, bien que peu nombreux, ont recueilli le respect des plus anciennes églises :

1° *Oratio panegyrica in Origenem*. C'est l'historique du zèle déployé par Origène pour sa conversion et l'expression de sa reconnaissance pour cet illustre maître. Ce panégyrique (V. Mœhler. II. p. 250) est pour nous d'une haute importance, en ce qu'il nous fait connaître la méthode de l'enseignement chrétien, qui différait de celle que les païens avaient adoptée par rapport aux sciences; nous y trouvons en outre plusieurs notices intéressantes sur les principes et les systèmes qui régnaient à cette époque dans les académies.

2° *Symbolum, seu expositio fidei*. Cet écrit a toujours été fort estimé : il a pour garant S. Grégoire de Nysse, S. Basile et S. Grégoire de Nazianze (Greg. Naz. *Orat.* XXXI. n. 28). Rufin l'intercala dans sa traduction de l'Histoire ecclésiastique d'Eusèbe (*Hist. eccl.* VII. 25) ; il est cité par le cinquième concile œcuménique (Mansi. t. XI) et par le patriarche Germain de Constantinople (*Biblioth. PP.* Lugdun. t. XIII. p. 62).

3° *Metaphrasis in Ecclesiasten*.

4° *Epistola canonica*. Elle fut écrite à propos de l'invasion des Goths et d'autres peuples germains sous le règne de Gallien, auxquels malheureusement se joignirent des chrétiens pour exercer toute sorte de violences. Grégoire y expose à un évêque du Pont, qui l'en avait prié, la conduite à tenir à l'égard de ceux qui viennent se confesser d'actes de ce genre. Cet écrit est un des plus anciens monuments relatifs à l'organisation intérieure de l'institution de la pénitence.

Ouvrages supposés : 1° *Expositio fidei prolixior*. 2° *Duodecim anathematis capitula de fide*. 3° *Expositio fidei ad Ælianum*. 4° *Disputatio de anima*. 5° *Quatuor homiliæ*.

Éditions. — Une édition des œuvres de ce Père fut publiée d'abord par Gérard Voss, à Mayence, 1604, et une autre plus complète et meilleure à Paris, 1621, 1622, in-f°. Celle-ci renferme, non-seulement les écrits supposés de S. Grégoire, mais encore ceux de S. Macaire d'Alexandrie et ceux de S. Basile de Séleucie. La traduction de Voss se trouve aussi dans la *Biblioth. PP.* La dernière édition de tous les ouvrages authentiques seulement est celle qui fait partie du t. III de Galland, p. 385-469, où l'on trouve aussi la lettre d'Origène à S. Grégoire et la vie de ce saint par S. Grégoire de Nysse. L'*Epistola canonica* est accompagnée des commentaires de Zonaras et de Balsamon.

La *Metaphrasis in Eccles.*, avec la traduction de Bill, a été souvent publiée dans les ouvrages de S. Grégoire de Nazianze (*Orat.* LIII) et séparément avec des notes, à Bâle en 1550, par Œcolampade, et dans le *Catena PP. Græc.* (Anvers, 1614). Le *Symbolum* a été imprimé séparément dans les collections des conciles (Mansi, t. I, 1025. — Fabricius, *Biblioth. græc.* vol. V. l. V. c. I). L'*Epistola canonica* parut pour la première fois à Tarragone en 1584, avec les précédents canons de pénitence ; puis en grec et en latin avec le commentaire de Balsamon (Paris, 1641, Oxford ; 1672. *Pandect. Canon.* t. II, p. 24). Enfin, le panégyrique fut publié d'abord à Augsbourg, 1605, avec les œuvres d'Origène, et puis à Anvers, 1613, grec et latin, avec quelques notes. Bengel (Stuttgart, 1722) en fit l'objet spécial d'un excellent travail, que Galland suivit et qui est le meilleur que nous possédions (Mœhl. II, p. 254).

15° *Firmilien*, évêque de Césarée en Cappadoce, en 233. Il fut élève d'Origène et de S. Grégoire le Thaumaturge (Euseb. *Hist. eccl.* VI, 26, 27). S. Basile parle de plusieurs ouvrages de Firmilien (*De spirit.* 1. c. 29) ; mais nous ne connaissons qu'une seule lettre de lui, qu'il écrivit à S. Cyprien au sujet du décret du pape Étienne. Elle est dans le recueil des lettres de ce dernier (*Ep.* 75).

16° *Bérylle*, évêque de Bostra, à la même époque, était tombé dans une grave erreur au sujet de la personne de Jésus-Christ ; mais Origène parvint, en 244, à le ramener dans le bon chemin. Eusèbe (VI. 20) dit qu'il avait écrit plusieurs lettres, et d'autres petits ouvrages d'un grand mérite.

17° S. Jérôme (*Catal.* c. LVII) parle encore d'un autre disciple d'Origène, nommé *Tryphon*, qui était fort versé dans l'Écriture sainte et écrivit des dissertations sur divers passages.

18° S. *Anatole* fleurit sous le règne d'Aurélien jusqu'à celui de Carus. Il était né à Alexandrie, et avait été élevé à l'école des catéchistes de cette Église ; il tenait, au dire d'Eusèbe (*Hist. eccl.* VII. 32), le premier rang parmi les savants de son temps pour sa vaste érudition dans toutes les connaissances philosophiques et mathématiques. A l'époque du second concile d'Antioche, il fut sacré évêque de Césarée en Palestine, et, en 270, il fut transféré au siége de Laodicée.

Ce Père, si distingué par sa science, a cependant peu écrit. Il nous reste quelques fragments d'un ouvrage de lui, en six livres, intitulé : *Institutiones arithmeticæ*. Il composa aussi un cycle pascal fort estimé. Il en existait une traduction de la main de Rufin (Euseb. *Hist. eccl.* VII. 28).

Le cycle pascal fut d'abord publié et commenté par Boucher (*De doctrina temporum*, p. 439-449, Anvers, 1634), puis avec le texte grec d'Eusèbe et la version latine de Galland (t. III, p. 545-558).

19° *Malchion*, prêtre de l'Église d'Antioche, fut le contemporain du précédent. Au second concile contre Paul de Samosate, il fut appelé, quoique simple prêtre, à lutter contre cet hérétique, et le confondit par la force de son argumentation. La conférence fut écrite sur-le-champ par des sténographes (V. l'art. *Notarii*) et jointe à la lettre synodale adressée au pape Denis, ou peut-être à son successeur Félix, lettre rédigée aussi par Malchion, au témoignage de S. Jérôme (l. c.). Il s'en trouve des fragments considérables dans Eusèbe (*Hist. eccl.* VII. 30). Galland les a insérés dans sa *Biblioth.* (t. III, p. 558).

20° S. *Archélaus* était, en 277, évêque de Caschar, ou, selon d'autres, de Charræ en Mésopotamie (Hieron. *Catal.* LXXII). C'était un homme d'une haute intelligence. Il fut le premier à combattre le manichéisme dans son fondateur ; il soutint contre lui une discussion publique dont nous possédons encore les actes.

Zacagni les publia le premier, d'après un manuscrit du Vatican, dans ses *Collectan. monument. Eccl. græc. et lat.* (Rome, 1698). Fabricius les donna ensuite dans son édition des œuvres de S. Hippolyte, t. II, p. 134. L'édition la plus complète et la meilleure est celle de Galland (*Biblioth.* t. III, p. 565) ; il suivit celle de Zacagni, et y joignit de bonnes notes pour l'éclaircissement du texte (Mœhl. II, p. 266).

21° *Théonas*, évêque d'Alexandrie, de 282 à 300 (Euseb. *Hist. eccl.* VII, 32). Nous possédons de lui une lettre dont la suscription est : *Luciano cubiculariorum præfecto*, écrite dans la première année du règne de Dioclétien (V. l'art. *Cubicularii*). On y voit que les principaux emplois à la cour et dans le gouvernement étaient alors entre les mains des chrétiens, qui exerçaient leur culte en pleine liberté (Cf. Euseb. *Hist. eccl.* VIII, 1, 6. — Lactant. *De morte persecut.* XV).

La première édition de cette lettre est celle de d'Achery (*Spicileg.* t. XII, p. 545, Paris, 1655, et réimprimée en 1723, t. III, p. 297). Quant à son authenticité, voyez la continuation des Bollandistes, t. IV. *Mens. Aug.* p. 583-585.

22° *Pierius*, successeur du grand Denis à l'école des catéchistes d'Alexandrie, par sa vertu, ses talents et sa science, mérita d'être appelé le second Origène (Euseb. l. c.) ; on croit qu'il fut martyr. Parmi ses écrits, on compte un ouvrage intitulé : *Tractatus in Pascha et Hoseam prophetam* (Hieron. *Præf. in Os.* — Photius. *Cod.* 119). Il a écrit aussi un commentaire sur l'Évangile de S. Luc (Phot. l. c.) et sur la première aux Corinthiens (Ceillier. III, 549). S. Jérôme (*Ep.* 70 *ad Magn.*) regardait Pierius comme un des écrivains les plus distingués de l'Église grecque.

23° *Théognoste* succéda à Pierius dans la chaire de l'école d'Alexandrie, en 282. S. Athanase vante son érudition et son zèle pour la science (*Ep.* IV *ad Serapion*), et, d'après le témoignage de Photius (*Cod.* 106), il aurait été disciple d'Origène.

Théognoste est auteur d'un grand ouvrage dogmatique en sept livres, intitulé : *Institutiones theologiæ*, qui n'a pas paru irréprochable à S. Grégoire de Nysse, mais que S. Athanase a défendu. Le peu de fragments de cet écrit cités par ce Père ont été recueillis par Galland (*Biblioth.* t. III, p. 662, 663).

24° S. *Pamphile*, né à Béryte en Phénicie, après d'excellentes études dans sa ville natale, se mit encore, à Alexandrie, sous la discipline de Piérius : c'est là qu'il se forma à la science de la théologie et de l'Écriture sainte (Phot. *Cod.* 118, 119) et puisa ce goût si prononcé pour les bonnes études qui, après la sainteté de sa vie, fut le trait le plus saillant de son caractère. Ordonné prêtre à Césarée (Euseb. *Hist. eccl.* VII. 32), il employa sa grande fortune à fonder dans cette ville une bibliothèque, où plusieurs Pères, entre autres S. Jérôme, et Eusèbe, puisèrent leurs vastes connaissances théologiques et littéraires (Hieron, *Ep.* 34 et *Miscell.*). Il attacha aussi à cette église une école, dont il se réserva lui-même une chaire; il fut couronné du martyre en 309, dans la persécution de Maximin.

S. Pamphile publia une nouvelle édition des Septante, d'après les corrections d'Origène, et notamment d'après les autographes de l'Hexaple et du Tétraple, qui se conservaient à la bibliothèque de Césarée. Montfaucon supposa aussi (*Bibl. Coislin.* p. 78), se fondant sur quelques manuscrits, que la division euthalienne des chapitres des Actes des apôtres, telle qu'elle se trouve dans le commentaire d'Œcuménius et dans plusieurs des éditions de la Bible par Robert Étienne, a été faite dans l'origine par S. Pamphile, Euthalius lui-même avouant que la bibliothèque de Césarée lui a été d'un grand secours pour son travail (V. Mœhler. *Op. laud.* t. II, p. 273). S. Pamphile composa, en collaboration avec Eusèbe devenu son ami, une apologie d'Origène (Euseb. *Hist. eccl.* VI. 33) en six livres. Nous ne possédons de cet ouvrage que le premier livre, traduit par Rufin.

Cette apologie s'imprimait communément avec les œuvres de S. Jérôme et d'Origène. Plus tard elle fut publiée par de la Rue, dans les *Opp. Origen.* t. IV, et par Galland (*Biblioth.* t. IV), avec les actes du martyre de ce saint.

25° *S. Lucien*, prêtre d'Alexandrie, vers la fin du troisième siècle, à un talent particulier pour l'enseignement joignait une vaste érudition et une connaissance approfondie des saintes Écritures (Euseb. *Hist. eccl.* VIII, 13). Il souffrit le martyre à Nicomédie, sous Maximin, le 17 janvier 312.

Il est auteur de travaux critiques sur le texte de l'Écriture et de quelques ouvrages dogmatiques (Hieron. *Catal.* l. c.). On lui attribue aussi la rédaction d'une exposition succincte du dogme de la Trinité, présentée par les évêques au concile d'Antioche, en 341.

26° *Phileas*, contemporain de S. Lucien, et évêque de Thmuis (Damiette) en Égypte, homme de haute naissance, riche, mais plus remarquable encore par sa piété et son zèle, reçut la palme du martyre dans la persécution de Maximin (Euseb. *Hist. eccl.* IX, 11). Il écrivit un livre très-précieux, *De laude martyrum*, dont Eusèbe nous a conservé un fragment considérable. Maffei a découvert une seconde lettre de ce martyr, souscrite par trois autres évêques d'Égypte, adressée à Meletius, évêque de Lycopolis, au sujet de sa résistance schismatique au patriarche Pierre d'Alexandrie.

Cette lettre et le fragment de la première se trouvent dans Galland, t. IV, p. 65, et Ruinart (*Act. mm. edit.* Veron. p. 273).

27° *Alexandre*, évêque de Lycopolis, dans la province de Thébaïde en Égypte. Né païen, il fut d'abord disciple de Manès; mais converti, il réfuta l'hérésie de ce dernier, *De Manichæorum placitis*. C'est Photius qui le premier nous en a révélé l'existence (Phot. t. I). Leo Allatius en a publié quelques fragments, et Combefis a mis au jour l'ouvrage entier. Son édition a été réimprimée par Galland, t. IV.

28° *S. Methodius*, selon S. Jérôme et Socrate, évêque d'Olympe en Lycie et plus tard de Tyr en Phénicie (Hieron., *Catal.* 83. — Socat. *Hist. eccl.* VI. 13), et, selon d'autres plus modernes, évêque de Patara, aussi ville de la Lycie. Il souffrit le martyre à Chalcis en Grèce, probablement sous Dioclétien, en 311.

Les écrivains contemporains de S. Methodius font le plus brillant éloge de son génie et de sa science, et ses écrits viennent confirmer pleinement ce jugement. Eusèbe, dans un intérêt de secte, le passe sous silence, mais S. Jérôme a réparé la lacune. Voici les titres de ses ouvrages : 1° *Symposion, seu convivium decem virginum*, imitation, quant à la forme, du célèbre ouvrage de Platon sous le même titre, mais tout opposé par son sujet, car il s'agit d'une dissertation très-étendue sur les avantages de la virginité, en forme de dialogue (Mœhl. II, p. 280). 2° *De libero arbitrio*, dialogue entre un valentinien et un catholique sur le libre arbitre. 3° *De resurrectione*, encore un dialogue qui, comme le précédent, ne nous est pas parvenu en entier. S. Épiphane et Photius en ont donné des extraits assez étendus, et le dernier en a résumé le tout, qui autorisent à penser que nous n'en avons pas beaucoup perdu. 4° *De creatis*, contre le système d'Origène sur la création du monde. Fragments dans Photius (*Cod.* 255). 5° *Contra Porphyrium*, ouvrage apologétique et polémique contre les accusations anti-chrétiennes de Porphyre. Quelques fragments dans S. Jean de Damas. 6° Un commentaire sur la Genèse et le Cantique des cantiques, un traité *De Pythonissa contra Origenem* (Hieron., *Catal.* I), un dialogue intitulé *Xenon* (Socrat, *Hist. eccl.* VI. 13), un livre *De Martyribus* (Theodoret. *Dial.* I, *De immutab.* Opp., t. IV, p. 371). De tout cela, quelques fragments insignifiants. 7° Trois homélies d'une authenticité douteuse : *De Simeone et Anna, In ramos palmarum, De cruce et passione Christi*. 8° Écrits supposés : *Revelationes S. Methodii*, et *Chronicon S. Methodii*.

Éditions. — Le premier recueil des œuvres de S. Methodius et de ses fragments fut fait par Combefis, dominicain (Paris, 1644), édition incomplète ne contenant qu'en partie le *Convivium decem virginum*. Leo Allatius en donna une complète, d'après un manuscrit du Vatican; il l'accompagna d'une traduction latine et d'une *Diatriba de Methodiorum scriptis* (Rome, 1656). L'année suivante, autre édition du Jésuite Possini, avec une autre version et nombreuses notes. Combefis se mit de nouveau à la besogne, et donna une édition complète et corrigée dans l'*Auctuarium PP.* (Paris, 1672, t. I), d'où elle passa dans la *Biblioth. SS. PP.* Galland publia, d'après cette édition, dans son t. III, p. 670, tous les ouvrages et fragments de Methodius et enrichit le texte de savantes notes de Combefis, de L. Allatius et de Valois.

29° *Tertullien.* — Pour donner sans interruption la série des écrivains de l'Église grecque, nous avons laissé en arrière, depuis les dernières années du deuxième siècle, celle des écrivains latins, qui s'ouvre par Quintus Septimius Florens Tertullianus, né à Carthage, en 160. Païen de naissance, il embrassa le christianisme à l'âge de trente ou trente-six ans, vers les premières années du règne de Septime Sévère. Il fut ordonné prêtre, probablement à Carthage, et vint à Rome peu après. Il embrassa la foi avec l'ardeur de son âme africaine, et la défendit d'abord dans une suite d'admirables ouvrages, contre les païens, les Juifs et les hérétiques. Mais bientôt la tendance de son caractère à l'exaltation et à un rigorisme excessif l'entraîna dans les erreurs des montanistes, vers l'an 203; et de ce moment il déploya contre la religion catholique tout le zèle qu'il avait d'abord montré en faveur de la vérité. On a supposé, malheureusement sans assez de fondement, que Tertullien avait fini par rentrer dans le sein de l'Église. Il vécut jusqu'à un âge fort avancé et mourut vers l'an 240 (Hieron. — Ceillier. t. II, p. 277).

Les Œuvres de Tertullien se divisent, comme sa vie, en deux périodes, la catholique et la montaniste; mais la classification étant difficile, nous allons d'abord les ranger selon leur contenu, et nous donnerons ensuite, d'après les meilleures autorités, un tableau où elles sont classées selon leur date et leur caractère d'orthodoxie ou d'hérésie.

A. ÉCRITS APOLOGÉTIQUES CONTRE LES PAÏENS ET LES JUIFS. — 1° *Liber christianæ religionis apologeticus.* Cette apologie, qui est le plus connu comme l'un des plus importants ouvrages de Tertullien, est adressée aux *Antistites Romani imperii*, c'est-à-dire, selon l'interprétation la plus plausible, aux gouverneurs ou proconsuls des provinces. 2° *Ad nationes*, apologie intimement liée à la précédente, mais s'adressant non point aux magistrats, mais au public. 3° *De testimonio animæ*, dont l'idée principale est que le christianisme a son fondement dans la nature humaine, nous donne en outre de précieux détails sur l'état du paganisme et sur ses rapports avec l'humanité. 4° *Ad Scapulam*, traité en faveur des chrétiens adressé à Tertullus Scapula, président de la province d'Afrique à Carthage, qui se montrait cruel envers les chrétiens au moment où ils étaient partout ailleurs traités avec modération. 5° *Adversus Judæos*, où il est prouvé, par les prophètes, que le Messie attendu a réellement paru dans Jésus de Nazareth.

B. ÉCRITS APOLOGÉTIQUES ET POLÉMIQUES CONTRE LES HÉRÉTIQUES.

1° *De Præscriptione hæreticorum*, ou *adversus hæreticos*, le plus parfait et le plus précieux des ouvrages de Tertullien. Il y développe contre les hérétiques l'argument qu'il appelle lui-même *argumentum præscriptionis*, tiré du droit romain où la prescription devient un titre, c'est-à-dire qu'après une certaine durée de jouissance le détenteur d'un objet en devient le légitime propriétaire, et que l'*onus probandi* tombe à la charge de celui qui le revendique. C'est en ce sens que Tertullien applique ce terme technique à la situation de l'Église vis-à-vis de l'hérésie. L'Église catholique n'a pas besoin de prouver sa doctrine, elle a en sa faveur la longue possession de la tradition dans la succession apostolique. Les hérétiques, au contraire, étant venus plus tard, et n'ayant eu aucune communication avec les apôtres, c'est à eux à prouver leurs assertions contre l'Église. S. Irénée s'était déjà servi de cet argument avec succès. 2° *De baptismo*, dissertation apologétique et dogmatique sur le sacrement de baptême, contre la sectes des caïnites, qui rejetaient le baptême dans l'eau, puisque, selon eux, il était indigne de Dieu d'attacher la communication de son esprit à un élément matériel. 3° *Adversus Hermogenem*. Cet Hermogène, prêtre de Carthage, avait embrassé la secte des gnostiques, qui, pour expliquer l'origine du mal, avait recours au dualisme, plaçant en face de Dieu une matière éternelle comme lui, principe indépendant duquel le monde avait été formé. 4° *Adversus Valentinianos.* C'est un écrit où Tertullien soulève le voile de la théologie mystérieuse de Valentin, et la réfute, moins par le raisonnement que par le ridicule. 5° *De anima.* L'auteur examine à fond les anciennes théories philosophiques de l'âme, reconnaît ce qu'elles ont de bon, réfute ce qu'elles ont de faux. 6° *De cruce Christi.* Ouvrage dirigé principalement contre Marcion, Apelles et autres gnostiques qui refusaient à Jésus-Christ la véritable nature humaine : plusieurs ne lui laissant que l'apparence extérieure d'un corps; d'autres, avec Apelles, lui donnant un corps astérique et quelques-uns un corps *animal*, c'est-à-dire se développant de l'âme. 7° *De resurrectione carnis*, contre les gnostiques qui, ne reconnaissant pas de véritable incarnation, ni par conséquent de véritable résurrection de Jésus-Christ, ne pouvaient pas non plus admettre la résurrection des corps. 8° *Scorpiace*, écrit polémique contre les gnostiques et notamment contre les valentiniens, qui représentaient le martyre comme inutile, après la satisfaction de Jésus-Christ. Tertullien prouve que la confession extérieure de Dieu et de Jésus-Christ, faite avec courage, est un devoir envers Dieu dont aucun prétexte, aucune interprétation sophistique de l'Écriture ne saurait dispenser. 9° *Adversus Marcionem.* Le sujet de l'ouvrage est la discussion des principes de Marcion sur Dieu, sur Jésus-Christ et sur leurs rapports avec l'humanité. Quoique cet ouvrage ait été composé pendant sa période montaniste, il est un des meilleurs que Tertullien ait produits et des meilleurs qui aient été écrits sur ce sujet. Les questions les plus compliquées sur l'unité de Dieu et ses propriétés, sur la liberté de l'homme et l'origine du mal, etc., y sont expliquées et développées avec une singulière perspicacité. 10° *Adversus Praxeam*. Ce Praxéas, supprimant les trois personnes divines, enseignait que la sainte Vierge avait conçu du Père, qui lui-même s'était fait homme. En réponse à cette erreur, Tertullien, bien qu'il ait été le premier à traiter ces matières en latin, explique le mystère de la Trinité avec beaucoup plus de clarté et d'exactitude qu'aucun des Pères grecs de la même époque.

C. Ouvrages pratiques.

1° *De Pœnitentia*. Tertullien y défend les principes catholiques sur la pénitence contre les montanistes, qui s'en écartaient. 2° *De patientia*, traité écrit par l'auteur sur les avantages de la patience pour l'esprit et le corps, et pour protester contre les emportements de son propre caractère. 3° *Ad martyres*, exhortation à la fermeté adressée aux confesseurs emprisonnés. 4° *De oratione*. L'auteur fait ressortir l'excellence de l'Oraison dominicale et en donne une belle interprétation. 5° *Ad uxorem*. Exposition des principes catholiques sur le mariage, réfutation des raisons qu'on allègue en faveur des secondes noces, conseil à sa femme, dans le cas où elle s'écarterait en cela de la pratique de l'Église, de ne pas contracter un mariage mixte. 6° *De spectaculis*. Exhortation aux chrétiens de s'abstenir des spectacles, des jeux du cirque, et en particulier des jeux séculaires qui, sous Septime-Sévère, en 198, se célébrèrent à Rome et dans les provinces. 7° *De idololatria*. S'éloigner de toute participation non-seulement directe, mais indirecte à l'idolâtrie, confection et vente d'images pour le culte païen, construction de temples, pratiques de magie et d'astrologie, leçons de littérature païenne, etc., etc. 8° *De corona*. Un soldat, après la campagne contre les Parthes, sous Septime-Sévère et Caracalla, ayant refusé de mettre sur sa tête la *corona castrensis* qui lui avait été décernée, fut chassé de l'armée et mis en prison. Tertullien le défend dans ce traité, comme ayant suivi l'esprit de l'Église chrétienne; mais, étant déjà montaniste, il exagère la doctrine et dépasse le but. 9° *De fuga*. Est-il permis à un chrétien de prendre la fuite en temps de persécution? Sous l'inspiration du sombre montanisme, Tertullien répond négativement, réponse également contraire à l'Évangile et à la tradition de l'Église. 10° *De exhortatione castitatis*. Écrit analogue à celui *Ad uxorem*, et où il persuade à un ami, qui avait perdu sa femme, de ne pas se remarier. 11° *De monogamia*, même sujet que le précédent. 12° *De virginibus velandis*. Les vierges chrétiennes jouissaient du privilège de paraître sans voile à l'église, pratique qui semblait contraire au conseil de S. Paul (1 Cor. xi.5). Tertullien, le montaniste, s'élève avec force et toute sorte d'exagérations contre cette coutume, devenue générale. 13° *De habitu muliebri* et *De cultu fœminarum*. Deux livres, ne formant qu'un ouvrage contre le luxe des femmes. 14° *De pudicitia*. Tertullien y contredit avec une arrogance sans exemple tous les principes exposés dans son traité de *Pœnitentia*, et y soutient la doctrine particulière aux montanistes, savoir que le péché mortel, et notamment l'apostasie pendant la persécution, le meurtre, l'adultère, etc., ne peuvent être remis; de sorte que, pour sauver la sainteté de l'Église, il faut repousser de son sein tous les pécheurs de ce genre et les abandonner à la justice divine. 15° *De jejuniis adversus psychicos*. Exagération, contre la pratique des catholiques *psychistes*, de la rigueur du jeûne. 16° *De pallio*. On avait blâmé Tertullien d'avoir quitté sa toge romaine pour le manteau des philosophes : *a toga ad pallium*, disait-on. Il répond à ces plaisanteries par toutes les ressources de son esprit. Cet écrit, rempli de gaieté et d'allusions aux choses du temps, est excessivement obscur et a fait le désespoir des commentateurs.

II. Ouvrages perdus ou supposés.

1° *Perdus*. Dans son livre *De anima*, il en cite un *De paradiso*, et en promet un *De fato et libero arbitrio* (l. lv. 20); il indique ensuite un livre *De spe fidelium* (*Contr. Marcion.*, iii, 24), et en outre contre Apelles (*De car. Christ.* l. viii). Il écrivit en grec *De baptismo, De spectaculis, De velo virginum*, et encore *De corona militis*. S. Jérôme connaissait de lui un ouvrage *De Ecstasi*, en sept livres (*Catal.* l. iii), et lui attribue encore ces dissertations, *De vestibus Aaronis, De circumcisione, De animabus puris et impuris, De virginitate, De molestiis nuptiarum* (*Ep.* 128, ad Fabiolam; ad Damas. 124. *Ep.* 18, 22, ad Eustoch., advers. Jovinian. i, 7). Un ancien manuscrit indique aussi comme étant de lui des traités : *De animæ summissione, De superstitione sæculi, De carne et anima*. De tout cela, il ne reste rien.

2° *Supposés*. — *De Trinitate*, qui n'est pas l'ouvrage qu'il avait écrit sous ce titre. *De cibis judaicis. De definitionibus fidei et dogmatum ecclesiasticorum.* Plusieurs poëmes, entre autres, *De judicio Domini, De genesi, De Sodoma, De Jona et Ninive, Ad Senatorem*, etc.

III. Un bénédictin allemand, le P. Lumper, qui s'était livré à une étude approfondie des œuvres de Tertullien, en dressa un tableau chronologique et critique que nous allons reproduire (P. Lumper, *Hist. Theolog., crit.*, etc. *Diss. de Q. Sept. Tertulliano*, apud Migne, *Patrolog. Ser.* I. t. I). Ce tableau servira de guide pour la lecture de cet écrivain.

LIVRES D'UNE ORTHODOXIE CERTAINE.		LIVRES MONTANISTES.	
1° Livres d'époque certaine.		1° Livres d'époque certaine.	
Ad Martyres. . . .	an. 197	De Corona. . . .	an. 201
De Spectaculis . . .	198	De Cultu fœmina-	
De Idololatria. . . .	198	rum.	201 ou 202
Apologeticus. . . .	199	De Fuga.	202

LIVRES D'UNE ORTHODOXIE CERTAINE.	LIVRES MONTANISTES.
Ad Nationes....... 199	Scorpiace 204
De Testimonio animæ. 199	I adv. Marcionem. 207 ou 208
	De Pallio, vers. . . . 208
	Ad Scapulam, vers. . 211
2° Livres d'époque incertaine, mais antérieurs à l'an 200.	2° Livres d'époque incertaine, mais postérieurs à l'an 199.
De Oratione.	II, III et IV adv. Marcionem.
De Baptismo.	De Patientia.
Ad uxorem.	De velandis virginibus.
	De Exhortatione castitatis.
	De Monogamia.
	De Jejuniis.
	De Pudicitia.
	Adv. Hermogenem.
	Adv. Praxeam.
	De Anima.
	Adv. Valentinianos.
	De Præscriptione.
	De Carne Christi.
	De Resurrectione.

Livres incertains quant au montanisme et quant à l'époque :
De Pœnitentia.
Adversus Judæos.

Éditions. — L'obscurité du style de Tertullien et la nature particulière de sa latinité ont beaucoup embarrassé ses copistes et par suite ses critiques. Il n'y a point d'écrivain qui ait fourni des variantes aussi nombreuses et aussi importantes que Tertullien ; mais, en revanche, il n'y en a point qui ait trouvé tant et d'aussi zélés commentateurs, ce qui n'empêche pas que ses ouvrages ne laissent encore beaucoup à désirer.

La première édition de ses Œuvres fut publiée par Beatus Rhenanus (Bâle, 1515), d'après deux manuscrits. Ce texte fut réimprimé plusieurs fois, notamment en 1550 et 1556. René de la Barre (Paris, 1580), et avant lui Jacques Pamelius, s'efforcèrent d'en donner une édition complète et satisfaisante, ce dernier, en 1579, à Anvers. Ce travail se répandit dans un grand nombre d'éditions différentes, quoique le commentaire qui s'y trouve joint, dépasse toute mesure par son étendue. Tertullien trouva un nouveau commentateur et éditeur dans le jésuite Louis de la Cerda (Paris, 1624, 1641, 2 vol.). Ce travail, surchargé d'interprétations, est demeuré incomplet. Nicolas Rigault commença par publier quelques écrits séparés de Tertullien (Paris, 1628), et donna son édition complète en 1634, et une seconde en 1635. Le texte en est corrigé d'après de nouveaux manuscrits et éclairci par des remarques critiques, tant de Rigault lui-même que d'autres philologues, et parmi ces remarques il y en a qui portent aussi sur le contenu même de l'ouvrage. En 1635 et 1641, il y ajouta un volume de supplément, contenant les commentaires qui avaient paru jusqu'alors. Philippe Priorius donna une nouvelle édition de Tertullien en 1664. Elle est moins complète que celle de Rigault et n'a que peu de valeur. Le capucin George d'Amboise publia à Paris, 1646-1650, un commentaire de Tertullien en 3 volumes, et sous le titre singulier de *Tertullianus redivivus*. Ce travail offre un grand étalage de science, mais il est d'une prolixité excessive et dépourvu de critique. Cette édition fut suivie de celle de Moreau, augustin (Paris, 1658, 3 volumes), intitulée : *Tertulliani omniloquium alphabeticum rationale tripartitum*. Le premier volume contient les divers ouvrages de l'auteur, avec des dissertations sur ses erreurs véritables et supposées ; dans les deux autres volumes, on trouve des lieux communs tirés de ses ouvrages et rangés par ordre alphabétique. Les éditions de Venise, 1701 et 1708, avec des notes choisies, ainsi que celle de Cologne, 1716, n'offrent rien de particulier. Celle de Giraldi (Venise, 1744) est meilleure ; on y a joint plusieurs dissertations qui avaient paru dans l'intervalle, telles que celle de Havercamp sur l'Apologétique. Les bénédictins de la congrégation de S. Maur se sont à la vérité occupés aussi de cet utile travail ; mais le désir de voir paraître une édition de Tertullien publiée par eux n'a jamais été rempli. Semler a donné à Halle, 1769-1773, une belle édition en 5 vol. in-8°, d'après celle de Bâle, 1521, avec de bonnes notes critiques ; cette édition fut complétée en 1776 par Schutz, qui, dans un sixième volume, donna une table des matières et un vocabulaire. C'est d'après cette édition que s'est réglé Oberthur, dans celle qu'il a donnée des Pères latins, t. I et II, mais en n'admettant qu'un petit nombre des notes les plus importantes. Les éditions de Cailleau, Milan, 1821, et de Gersdorf, 1839, sont à peu près égales en mérite, si ce n'est que cette dernière se distingue comme plus complète et offre une plus saine critique.

Plusieurs des ouvrages de Tertullien ont été publiés à part. Tels sont : l'*Apologeticus*, qui l'a été avec une grande supériorité par Havercamp (Leyde, 1718). *De oratione*, par Pancirolli et Muratori, t. III des *Anecdot. lat.* (Pavie, 1713). *De præscriptionibus*, par Ch. Lupi (Bruxelles, 1675). *De pallio*, par Richer (Paris, 1601), par Théodore Marcilius, 1614, par Saumaise (Leyde, 1622). *Ad nationes*, par Jac. Gotfried (Genève, 1625), etc. (Mœhl. II. p. 399).

30° *Minucius Felix* (Marcus) était avocat et jurisconsulte à Rome, Romain ou Africain, c'est ce qu'on ne sait pas au juste. Païen d'origine, il exerça encore sa profession d'avocat (V. l'art. *Profession des premiers chrétiens*, 1°) au témoignage de Lactance (*Instit.* v. 1) et de S. Jérôme (*Catal.* c. 58). Il vivait vers la fin du deuxième siècle, et, selon quelques-uns, avant Tertullien.

Nous possédons de Minucius Felix une fort belle apologie du christianisme, intitulée *Octavius*. C'est un dialogue entre un païen nommé Cæcilius Natalis, et un chrétien, Januarius Octavius, avocat comme Minucius Felix, dialogue qui s'ouvre à l'occasion d'un acte d'idolâtrie du premier à l'égard de la statue de Sérapis.

S. Jérôme atteste (*Catal. loc. cit.*) qu'il existait de son temps un autre ouvrage circulant sous le nom du même auteur, et ayant pour titre : *De fato, vel contra mathematicos*, mais d'une authenticité douteuse.

Éditions. — Nous ne possédons de Minucius Felix qu'un manuscrit, conservé autrefois dans la bibliothèque du Vatican, et maintenant dans celle de Paris. La première édition fut publiée par Faust. Sabæus (Rome, 1543), mais placée par erreur dans les œuvres d'Arnobe, comme étant le huitième livre (*octavus*); plus tard, Gelenius en donna une autre édition à Bâle, en 1546, avec plusieurs corrections qui ne sont pas toutes également heureuses; puis à Leyde, en 1552 ; enfin Érasme le réimprima à Bâle en 1560. Aucun de ces éditeurs ne reconnut l'erreur de Sabæus. François Baudouin fut le premier qui restitua l'ouvrage à son véritable auteur, dans une édition de Heidelberg, 1569, et il fut imité par Fulvius Ursinus, dans sa nouvelle édition d'Arnobe (Rome, 1583); Elmenhorst (Hanovre, 1603 ; Hambourg, 1610, 1612) et Wower (Bâle, 1603) ne firent guère mieux que ceux qui les avaient précédés. Ils furent de beaucoup surpassés par Désiré Héraut (Paris, 1613) et Nicolas Rigault (Paris, 1643, in-4°), qui, en 1645, la réimprima avec les œuvres de F. Firmius Maternus, en 1666 avec celles de S. Cyprien. Ces deux dernières éditions sont, en outre, enrichies de notes des précédents éditeurs. Ouzelius (Leyde, 1672) essaya de remédier aux imperfections que Rigault avait laissé subsister; malheureusement, son beau travail est défiguré par de fausses citations dans les notes. Cellarius (Halle, 1699) et Gronovius (Leyde, 1709) ne firent pas faire de grands progrès à l'ouvrage. J. Davis (Cambridge, 1707 et 1711), ainsi que G. Lindner et Langensalza, 1760, lui rendirent de plus grands services ; ils le publièrent avec celui de S. Cyprien : *De idolorum vanitate*. Cette édition porte en tête une préface d'Ernesti, et contient une riche collection de notes et de dissertations critiques et explicatives. La seconde édition de 1773 est encore meilleure, car bien des choses en sont corrigées et mieux ordonnées. Galland (*Bibl. vet. PP.* t. II) se servit des éditions de Davis de 1707 et 1711 et des excellents travaux des savants qui l'avaient précédé. Après la première édition publiée par Lindner, Minucius Felix le fut aussi à Wurzbourg, en 1782, parmi les pièces latines, t. IV, ou *S. Cyprien*, t. II, mais sans le vaste appareil critique qui enrichissait l'édition originale (Mœhl. II. 421).

31° S. Cyprien (Thascius Cæcilius Cyprianus), issu d'une famille sénatoriale et païenne de Carthage, distingué par sa science comme par la beauté de son génie, enseigna d'abord avec éclat la rhétorique dans sa ville natale (Pontius, *in Vit. Cyprian.* c. IV). Mis en rapport avec un saint prêtre nommé Cæcilius, il embrassa le christianisme après un mûr examen, et fut baptisé en 245 ou 246. Peu de temps après, on le pria d'accepter la dignité sacerdotale, et un peu plus tard il fut sacré évêque, bien que néophyte et en dépit de ses résistances. Obligé de se cacher pendant la persécution de Dèce, il continuait néanmoins à gouverner son Église par lettres. La paix étant rendue à l'Église sous Valérien, il tint entre les années 253 et 256 divers conciles pour réparer les brèches faites à la discipline par la persécution. Après six ans d'un glorieux épiscopat, il termina sa carrière par le martyre, vers l'an 257.

La forme des écrits de S. Cyprien indique elle-même les rubriques sous lesquelles ils doivent être rangés. Ils se divisent en deux genres différents, d'une étendue à peu près égale : ce sont des dissertations au nombre de treize, et des lettres au nombre de quatre-vingt-une.

A. DISSERTATIONS. — 1° *Liber ad Donatum de gratia Dei.* — Ce Donatus auquel l'ouvrage est adressé, est un personnage inconnu; mais nous savons qu'il était un nouveau converti que Cyprien exhorte à fuir les plaisirs du monde et à servir Dieu dans l'innocence. La doctrine de la grâce y est admirablement traitée. — 2° *De idolorum vanitate*. Il se divise en trois parties : la première traite de l'idolâtrie, de son origine, de sa nature, etc.; la seconde contient une exposition succincte de la foi chrétienne sur l'unité de Dieu, sa spiritualité, etc.; la troisième explique en peu de mots le dogme de l'incarnation et de la divinité de Jésus-Christ. — 3° *Testimonia adversus Judæos ad Quirinum*. C'est une espèce d'apologie du christianisme, mais contre les Juifs, du moins dans ses deux premiers livres ; le troisième renferme la partie pratique, c'est-à-dire un règlement de vie chrétienne en cent vingt titres, puisé dans l'Écriture. — 4° *De habitu virginum*. Ouvrage destiné à porter remède au relâchement qui s'était glissé dans les mœurs chrétiennes, et notamment dans la discipline des vierges consacrées à Dieu, pendant le long repos dont on avait joui depuis l'empereur Sévère-Alexandre jusqu'à la mort de Philippe. Il date de 248 ou 249. 5° *De unitate Ecclesiæ*, ou *De simplicitate Prælatorum*, ouvrage composé à l'époque où l'église de Carthage et celle de Rome étaient agitées en même temps par Félicissime et Novatien. S. Cyprien y développe le principe de l'unité du christianisme et de l'Église en opposition à l'hérésie et au schisme. Il est le premier qui ait formulé cette doctrine par l'axiome : *Extra Ecclesiam nulla salus*. 6° *De lapsis*, composé à l'occasion de la persécution de Dèce et des nombreuses apostasies qu'elle amena (V. l'art. *Lapsi*). 7° *De Oratione Dominica*, en trois parties : 1° l'excellence de l'Oraison dominicale ; 2° l'explication détaillée de cette prière ; 3° prescriptions pratiques qui en ressortent. 8° *De mortalitate*. A l'occasion de la peste qui commença à désoler Carthage en 252, Cyprien s'efforce de relever le courage des fidèles, en représentant que la mort n'a rien d'affreux pour le chrétien. 9° *Ad Demetrianum*. C'est une apologie du christianisme contre un personnage nommé Démétrien, qui s'en était constitué l'ennemi implacable. 10° *De exhortatione martyrii ad Fortunatum*, traité composé à la demande de l'évêque Fortunatus, à propos d'une persécution qui est probablement celle de l'an 252. 11° *De opere et eleemosynis*. Cet écrit fut, selon toute apparence, composé pendant la paix de l'Église, dans le but d'exciter les fidèles à la charité et à la bienfaisance. 12. *De bono patientiæ*. Exhortation à la patience, composée à propos des discussions sur le baptême des hérétiques, question qui risquait de troubler la paix et l'unité de l'Église par l'irritation qu'elle excitait dans les esprits. 13° *De zelo et livore*, composé à la même occasion et dans le même but que le précédent.

B. Lettres. — La copieuse collection de ses lettres a pour nous un intérêt particulier, en ce qu'elles offrent un tableau complet de l'esprit et de la vie, de la discipline et de l'administration de l'Église : tableau se développant dans une série de faits, et non point dans une théorie abstraite, et nous n'y apprenons pas seulement ce qui concerne l'Église de Carthage, mais, S. Cyprien, par sa position aussi bien que par la haute estime que lui conciliaient sa sainteté et son mérite, se trouvant mêlé à tous les intérêts et à tous les événements qui préoccupèrent l'Église de son temps, sa correspondance nous transporte sur le vaste théâtre de l'Église universelle et nous instruit de tout ce qui s'y passe. Toutes les questions importantes du moment y sont traitées tour à tour, telles, par exemple, que la discipline pénitentiaire à l'égard des *tombés*, l'*unité*, l'épiscopat, la primatie de l'Église lors des affaires du schisme, le rapport de l'hérésie à l'Église dans les discussions relatives à la validité du baptême des hérétiques, etc., etc. Il nous est impossible de donner ici le détail de ces lettres : on en trouvera une analyse dans Dom Ceillier et une nomenclature raisonnée dans Mœhler (t. II. p. 452 et suiv.). On y verra aussi la série des ouvrages faussement attribués à ce Père.

Éditions. — On a fait des œuvres de S. Cyprien de nombreuses éditions, qui peuvent se diviser en sept classes. La première, composée des *Lettres* parues à Rome en 1471 par les soins de Schweinheim et Panartz, et la même année à Venise, chez Vindelin de Spire. Une troisième dans la même ville en 1483, suivie de quelques autres sans noms de lieu ni dates. Une première édition parisienne de 1500 fut suivie en 1512 d'une seconde par Rembolt et Waterloes. Érasme publia à Bâle, en 1520, chez Frobenius, une édition se distinguant des précédentes par une critique plus saine. Elle fut réimprimée à Bâle en 1525, 1530, 1540, et à Cologne, 1522, 1544; à Lyon, 1528, 1535; à Paris, 1541 (avec beaucoup de fautes); à Anvers, 1541, 1542; à Venise, 1546, 147. L'édition de Manuce (Berne, 1543) vaut mieux que toutes les précédentes; elle contient un livre de lettres de plus que les autres (le cinquième comprenant quinze lettres). Morellius en publia une nouvelle en 1564, où il inséra quelques ouvrages apocryphes. Puis vint le digne et actif Pamélius, qui collationna tous les manuscrits avec un zèle infatigable, écrivit une vie du saint, et essaya de classer les lettres dans un ordre chronologique, avec un commentaire détaillé. Son édition parut à Anvers, 1568, 1589; à Paris, de 1574 à 1644, huit fois; à Cologne, 1575, 1617; à Genève, 1593, 1617. Rigault entreprit une nouvelle édition, pour laquelle il collationna deux nouveaux manuscrits. Mais les notes où, sous prétexte d'éclaircir le texte, il s'efforça de dénaturer et de présenter sous un faux jour la suprématie de Rome et quelques points de discipline, lui attirèrent l'opposition du savant cardinal Albaspina. Cette édition, publiée à Paris, 1648, 1649, et à Londres, 1650, le fut encore à Paris, en 1666, par Dupuys, avec les notes de Pamélius et d'autres. L'édition de Fr. Reinhard d'Altdorf, 1681, ne contient que les lettres. Pour l'exactitude du texte, la beauté de l'ordonnance et celle de l'impression, l'édition de Joseph Fell, évêque d'Oxford, 1682, surpassa toutes les précédentes. Le texte est corrigé d'après quatre manuscrits nouvellement collationnés; les divisions en sont bonnes; il y a en marge des notes indicatives du contenu : l'ouvrage est enrichi de notes critiques et explicatives, d'une biographie de S. Cyprien, *Annales Cyprianici* de Pearson, de celle du diacre Pontius et de quelques dissertations : excellente édition republiée à Paris, 1700; à Brème, 1690; à Amsterdam, 1699. Enfin Étienne Baluze fit un nouveau travail sur ce Père, afin de corriger les défauts des précédentes éditions. Il commença sa publication en 1710, et, après une interruption, fut surpris par la mort en 1717, alors que l'impression était fort avancée. Dom Maran se chargea de l'achever. Il collationna le texte avec trente manuscrits différents et l'éclaircit par des notes critiques; l'ordre des écrits fut changé et une savante dissertation fut placée par Dom Maran en tête de l'ouvrage. Cette édition parut à Paris, 1726, 1733; à Venise, 1728, 1758; à Wurtzbourg, 1782. Quelques dissertations ont aussi été publiées séparément, comme, par exemple, *De idolorum vanitate*, Langensalza, 1760; les lettres aux Papes, par Coustant (Rome, 1710; Paris, 1721). (Mœhl. II. p. 516.)

32° *Novatien*, né en Phrygie, selon Philostorge (*Hist. eccl.* VIII, 15), fut baptisé à Rome par simple ondoiement dans son lit où le retenait une maladie grave. En dépit de l'irrégularité qui atteignait les *clinici*, et l'opposition du peuple, il fut nommé prêtre par son évêque, Fabien apparemment. Il se montra peu digne de cette faveur, car pendant la persécution de Dèce il refusa d'exercer son ministère auprès des confesseurs. Plus tard, c'est-à-dire vers l'an 251, il se porta comme compétiteur du pape Corneille, qui venait d'être nommé, et se fit sacrer évêque de Rome par trois évêques gagnés à son parti (Euseb. *Hist. eccl.* VI, 43). Mais un concile de Rome l'excommunia bientôt, et il devint un objet de répulsion dans toutes les Églises, et le schisme se termina en 252.

Novatien, malgré le triste rôle qu'il avait joué

dans l'Église, a néanmoins laissé des écrits fort estimés. S. Jérôme en donne une liste assez nombreuse, mais dont la plupart sont perdus (*Catal.* c. LXX). 1° *Liber de Trinitate*, où l'auteur traite des trois personnes divines et s'efforce de combiner le dogme de la Trinité avec celui de l'unité de Dieu. 2° *De cibis judaicis epistola*, écrit dont le but est de faire voir que la loi de Moïse sur les animaux purs et les animaux immondes n'a pas prétendu établir une distinction absolue. 3° *Epistola cleri Romani*. Cette belle et importante encyclique du clergé romain avait été rédigée par Novatien, ainsi que S. Cyprien nous l'apprend lui-même, et signée par lui en 251. 4° Il écrivit encore des traités : *De Paschate ; De Sabbato ; De circumcisione ; De sacerdote (Veteris Testamenti?)*; *De Oratione; De Attalo ; De Instantia*. Il ne reste rien de tout cela, non plus que des nombreuses lettres qu'il écrivit à l'occasion de son schisme.

Éditions. — La première du traité de la Trinité et de sa lettre sur les aliments juifs fut publiée par Jean Gaigny (Paris 1545), et une seconde d'après un autre manuscrit par Gelenius (Bâle, 1550, 1562) ; ces deux écrits parurent avec quelques corrections ou plutôt quelques conjectures, dans l'édition de Tertullien par Pamélius, 1579, de la Barre (Paris, 1520). La première édition séparée fut faite par Whiston (Londres, 1709) et puis par Welchmann (Oxford, 1724), enfin par John Jackson (Londres, 1728). On y trouve aussi la lettre de Novatien à S. Cyprien ; cette édition est fort belle. La dernière et la meilleure est celle de Galland, t. IV. C'est d'après elle que le texte a été imprimé dans l'édition de Wurtzbourg, 1782, (*Opp.* 66. *Latin.* vol. IV). (Mœhl. II. p. 524.)

33° *Victorinus*, évêque de Pettau, en Styrie, vivait vers la fin du troisième siècle (Hieron, *Catal.* c. LXXIV), et, selon toute probabilité, souffrit le martyre sous Dioclétien. On n'a que peu de détails sur sa vie, et il reste peu de chose de ses ouvrages. D'après S. Jérôme, il s'occupa surtout d'exégèse biblique ; ses principaux commentaires sont : sur la Genèse, l'Exode, le Lévitique, Isaïe, Ézéchiel, Habacuc, l'Ecclésiaste, le Cantique des cantiques, sur S. Matthieu et l'Apocalypse. Il écrivit aussi contre toutes les hérésies. On lui attribue, mais sans motifs suffisants, deux poëmes : *De Jesu-Christo Deo et homine*, et *De Ligno vitæ*. Bède le croyait auteur d'une hymne *De S. Cruce, de Paschate vel de Baptismo*, qui se trouve parfois dans les œuvres de S. Cyprien.

Le traité *De fabrica mundi* (c'est le titre de son commentaire sur la Genèse) fut d'abord publié par Bove (*Hist. litt. de Scriptor. eccl.* t. I. p. 103, Londres, 1689) ; puis avec des notes par Walker (Oxford, 1740 ; Bâle, 1741), et enfin par Galland, t. IV, p. 40 sq. Les scholies sur l'Apocalypse furent insérées par Galland, t. IV, p. 52 sq, d'après l'édition donnée par Millanius à Bologne en 1558. Le commentaire sur le même livre se trouve dans la bibliothèque des Pères (Paris, 1644, t. I, Lyon, t. III). Les poëmes sont dans Fabricius (*Poetar. vet. Eccl. Opp.* p. 761. (Mœhl. II. p. 527.)

34° *Commodianus*, surnommé par lui-même Gazæus, était probablement Africain et né au troisième siècle, dans le paganisme. On ne sait aucun détail sur sa conversion ; mais on possède de lui un ouvrage en vers intitulé : *Instructiones adversus gentium deos*, divisé en trois parties, et où il cherche : 1° à inspirer aux païens le dégoût du paganisme en en révélant les folies ; 2° à attirer les Juifs à la foi chrétienne ; 3° à développer la doctrine de l'Église sur les catéchumènes, les fidèles et les pénitents.

Le jésuite Sirmond ayant découvert cet ouvrage, Rigault le publia à Toul en 1650 ; et il parut avec les œuvres de S. Cyprien (Paris, 1666). Commodien fut imprimé de nouveau à Wittemberg, en 1705, avec des dissertations de Dodwel et Schurtzfleisch, puis avec Minucius Felix par Davis (Cambridge, 1711) dans la *Collectio Pisaurensis poetarum latin.*, t. VI, p. 621, où l'on s'est servi pour le texte de la seconde édition de Rigault. Galland a joint à Commodien un autre poëme, *Adversus gentes*, que Muratori avait publié pour la première fois sous le nom de Paulin de Nola. L'auteur, qui était né païen, appartient évidemment à une époque fort reculée, mais rien n'indique au juste ce qu'il était.

35° *Arnobe*, né à Sicca, Afrique proconsulaire, s'y distingua d'abord comme professeur d'éloquence, et combattit avec ardeur le christianisme. Averti par un songe de se faire chrétien, il n'obtint le baptême qu'après avoir, pour épreuve exigée de son évêque, composé un écrit apologétique en faveur de la religion qu'il avait jusque-là combattue ; et cet ouvrage, intitulé *Disputationum adversus gentes libri VII*, est le seul qu'il ait laissé, et qui a suffi pour le faire admettre au nombre des écrivains et apologistes du christianisme. Il fut composé vers l'an 304. Le livre d'Arnobe, divisé en sept parties, plein de force et d'éloquence, renferme néanmoins des erreurs empruntées surtout au gnosticisme, erreurs qui s'expliquent par l'époque où il l'écrivit. Non encore converti, il manquait de l'instruction suffisante, et surtout du secours de l'Écriture sainte, qu'il ne cite jamais ; ce n'est pas que, placé hors l'Église, il ne l'eût pas encore reçue et en ignorât le contenu (son Apologie prouve le contraire), mais plutôt que, pour le but qu'il se proposait, qui était le renversement du paganisme, il crut devoir emprunter ses arguments exclusivement à la raison.

Éditions. — La première édition d'Arnobe est celle de Faust-Labée (Rome, 1543), d'après le manuscrit du Vatican. L'éditeur y a ajouté le dialogue de Minucius Felix, qu'il croyait lui appartenir ; de sorte qu'au lieu de sept livres il y en a huit. Puis vinrent celles de Gelenius (Bâle, 1546), d'Érasme (*Ibid.*, 1560), de Thomassin (Paris, 1570), de la Barre, avec Tertullien (Paris, 1580), qui sont toutes à peu près semblables. La dernière seulement a une table et quelques scholies. On en peut dire autant de Thomas Canter (Anvers, 1582). Dans les éditions qui suivirent celle-ci, Minucius Felix fut séparé d'Arnobe; celle de F. Baudouin (Leyde, 1659) est un travail précieux renfermant des corrections et des remarques critiques, ainsi que de courtes explications. Celle de Fulvius Ursinus (Rome, 1583) est dédiée au pape Grégoire XIII. Les éditions qui suivirent, furent celles d'Anvers, 1586, 1604 : la première avec quelques observations, la seconde avec des notes de Stewechius; celle d'Elmenhorst (Hanovre, 1603, 1610), la dernière beaucoup plus complète et meilleure; celle-ci fut contrefaite à Cologne, en 1604. Celle d'Elmenhorst avait été précédée par une bonne édition, accompagnée de commentaires précieux, publiée par Hérault (Paris, 1605). L'édition d'Anvers de Stewechius fut réimprimée à Douai, 1634, avec des notes de Léandre de Saint-Martin. Claude Saumaise surpassa tous ceux qui l'avaient précédé en zèle et en jugement, en exécution riche et savante. Son édition, qui parut à Leyde en 1651, renferme aussi les commentaires d'Elmenhorst, Hérault et autres. Il en préparait une seconde, lorsqu'il mourut, en 1652. Les premières feuilles sont insérées dans les œuvres de S Cyprien, de Priorius (Paris, 1666). Le texte de l'édition de Leyde se retrouve aussi chez Galland, t. III, p. 134 sq., avec des notes choisies. Oberthur, qui adopta l'édition de Canter, y ajouta beaucoup de corrections d'après Saumaise (Wurtzbourg, 1783). Enfin Orelli a consacré son beau talent à Arnobe, qu'il a rangé parmi les classiques latins. Son édition, où peut-être la philologie tient trop de place et dont l'exécution n'est pas très-brillante, a paru à Leipsick, en 1816, et en deux volumes, dont le second renferme le commentaire. On trouve encore Arnobe dans la Bibliothèque des Pères (Paris, 1639, t. I du supplément, Cologne, 1618, t. III, et Lyon, 1677, t. III). (Mœhl. II. p. 541.)

36° *Lactance*, disciple d'Arnobe, païen de naissance, selon toute probabilité, embrassa le christianisme plus tard, mais sans doute avant la persécution de Dioclétien (*Instit.* v. 4). Il enseigna la rhétorique à Nicomédie (Hieron. *Catal.* c.lxxxv) et fut précepteur de Crispus, puis de Constantin. On croit qu'il mourut à un âge très-avancé, à Trèves, peu après son élève, mis à mort en 325. Lactance surpassa par la pureté du style et l'élégance de l'expression tous les Pères de l'ancienne Église, et il fut surnommé le Cicéron chrétien.

Voici les ouvrages de lui qui nous restent :
1° *De opificio Dei*. Le sujet de la dissertation est l'organisation de la nature humaine, et il s'efforce de suppléer à ce qui manque dans les écrits de Cicéron sur la même matière. — 2° *Institutionum divinarum libri VIII*, apologie très-ample de la religion chrétienne, où l'auteur se propose de ramener sur la voie de la vérité ceux qui s'en étaient éloignés et d'y raffermir ceux qui y étaient encore. Le premier livre est intitulé : *De falsa religione*; le second : *De origine erroris*; le troisième : *De falsa sapientia*; le quatrième : *De vera sapientia*; le cinquième : *De justitia;* le sixième : *De vero cultu;* le septième : *De vita beata.* — 3° *Epitome institutionem ad Pentadium*. C'est un abrégé de l'ouvrage précédent, fait par Lactance lui-même (Hieron. *Catal.* c. LXXX). — 4° *De ira Dei*, traité destiné à concilier la justice de Dieu avec sa bonté, conciliation que n'ont jamais su faire ni la philosophie grecque, ni la gnose. — 5° *De morte persecutorum*. Son but est de démontrer historiquement la vérité de la religion chrétienne par la fin tragique de ceux qui ont persécuté l'Église de Jésus-Christ. L'ouvrage se termine par la mort de l'impératrice Valérie et le rétablissement de la paix de l'Église, ce qui désigne l'an 314.

Ouvrages perdus : Symporion, poëme en vers hexamètres des jeunes années de Lactance. — S. Jérôme parle d'un *Itinéraire* d'Afrique à Nicomédie, également en vers hexamètres. Huit livres de lettres, dont quatre à Probus, deux à Sévère et deux à Demetrius, traitent la plupart de géographie et de philosophie (Hieron. *loc. laud.*).

Ouvrages supposés : un poëme *De Phœnice*, un autre *De Pascha*, enfin celui *De passione Domini.*

Éditions. — Aucun Père de l'Église n'a été imprimé aussi souvent que Lactance. Sur près de cent douze éditions qu'il a eues, nous ne pouvons noter que les plus remarquables. La première est celle de Pannarz et Schweinheim, imprimée en 1465 dans le *Monasterium Sublacense* ; puis à Rome en 1463, 1470, 1474, et neuf fois à Venise entre les années 1471 et 1498. Celles-ci furent suivies de l'édition augmentée d'Ægid. Delphi (Paris, 1500, 1509, 1513, et Cologne 1506). En attendant, Parrhasius donna à Venise, en 1509, une nouvelle édition un peu plus complète que les précédentes ; Tuccius en publia une à Florence en 1513, et Egnatius une à Venise en 1515. L'édition de Cratander de Bâle, 1521, 1524, 1532, est semblable à celles-là pour le contenu. Celle de Fasitelius (Venise, 1535), réimprimée à Lyon en 1541, 1548, avec quelques additions de Masure. et enfin à Paris, 1561, ne vaut pas beaucoup mieux. Celle de Bétulejus, 1563, est bonne, mais un peu trop surchargée. L'édition publiée par Thomasius, évêque de Lérida, à Anvers, 1570, 1587, à Paris, 1589, se distingue surtout par une critique attentive et soignée; celle de Cujas (Lyon, 1587; Cologne, 1613; Genève, 1613) a moins de valeur. Celle d'Isæus (Césène, 1646) se place non-seulement avec avantage à côté des précédentes, mais les surpasse même sous plusieurs rapports. Le texte est précédé de dissertations et de remarques historiques et critiques ; elle a été réimprimée à Rome en 1650. Galée publia une autre édition à Leyde, 1660. Celle de Thomas Spark (Oxford, 1684) s'accorde en général avec le texte de Thomasius et d'Isæus ; le livre *De morte persecutorum* s'y trouve pour la première fois. Cellarius donna en 1698 une nouvelle édition augmentée d'un grand nombre de remarques critiques ; elle fut réimprimée avec des corrections par Walch à Leipsik, en 1715. Heumann de Gottingue la réimprima aussi en 1736, avec quelques augmentations peu importantes. Celle de Buneman (Leipsick, 1739, 2 vol.; Halle, 1764) surpassa toutes les précédentes par l'exactitude et l'esprit de critique. L'*Epitome institutionum* s'y trouve complété par le fragment découvert par Pfaff, et le tout est enrichi d'un grand nombre de notes choisies dans les éditions précédentes. Celle de Le Brun et Lenglet-Dufresnoy (Paris, 1748, 2 vol.) est encore meilleure, et excellente sous tous les rapports. Enfin, la plus complète de toutes fut publiée à Rome, 1755-1760, par Édouard S. Xav. Galland, t. IV, a pris pour base de son travail la dernière édition de Paris, qui a été aussi suivie par Oberthur (Wurtzbourg 1784, 2 vol.) et par l'éditeur des Deux-Ponts, 1798. — Divers ouvrages détachés de Lactance ont été publiés séparément, comme le *De morte persec.* par le Nourry (Paris, 1710) et *Lactantii epitome instit.* de Pfaff (Paris, 1712) par Davisius (Cambridge, 1718, etc.). (Mœhl. II, p. 558.)

POST-SCRIPTUM. — La littérature chrétienne de cette époque se complète par un certain nombre d'écrits apocryphes, auxquels nous devons consacrer quelques lignes.

Ces écrits peuvent se diviser en deux classes : ceux qui furent composés par des membres de l'Église catholique, et ceux qui eurent pour auteurs des hérétiques.

PREMIÈRE CLASSE. — Ce sont des évangiles qui-ne contiennent rien de contraire aux doctrines ni aux faits exposés dans le canon du Nouveau Testament, mais qui y ajoutent des détails destinés soit à inculquer plus vivement les dogmes, soit à édifier le lecteur, soit enfin à remplir des lacunes qui se trouvent dans l'histoire évangélique. — 1° *Evangelium Nicodemis*, ouvrage composé en hébreu, puis traduit en grec par Ananias, au temps de Théodose et de Valentinien. Ce n'est guère qu'un récit détaillé et dramatique de la passion du Sauveur et de sa descente aux enfers. Sa tendance est apologétique, et a pour but de prouver, par la suite de l'instruction criminelle et par les œuvres des princes des prêtres, que Jésus-Christ était réellement Fils de Dieu et Dieu lui-même. — 2° *Historia Josephi fabri lignarii*. Cet évangile, écrit en syriaque, existe encore en arabe. C'est le récit que Notre-Seigneur est censé faire à ses disciples, sur le mont des Oliviers, de la vie de S. Joseph. — 3° *Evangelium infantiæ Jesu*. C'est un récit de la vie de Jésus-Christ depuis sa naissance jusqu'à son voyage à Jérusalem à l'âge de douze ans. — 4° *Proto-evangelium Jacobi minoris*. Le sujet de celui-ci est la naissance de Marie, le choix qui est fait d'elle pour être la mère du Rédempteur, son mariage avec le charpentier Joseph, et la naissance du Sauveur; jusqu'au massacre des Innocents à Bethléem. — 5° *Evangelium Thomæ Israelitæ*. Il prend l'histoire de l'enfant Jésus à sa cinquième année et la poursuit jusqu'au voyage à Jérusalem. — 6° *Anaphora Pilati*. Il dut exister un rapport adressé par Pilate à Tibère au sujet du jugement et de la mort de Jésus-Christ. C'était l'usage constant des gouverneurs de provinces dans les cas analogues (Justin. *Apol.* I. 48. — Tertullien, *Apol.* XXI). Mais ces *Acta Pilati* sont depuis longtemps perdus, et c'est leur souvenir qui inspira à quelques chrétiens l'idée d'y suppléer, et la relation que nous avons offre tous les signes de la supposition.

Éditions. — Le premier qui ait fait un recueil de ces écrits apocryphes, est Michel Neander, dans l'ouvrage *Apocrypha seu narrationes de Christo, Maria, Joseph*, paru à Bâle en 1545 et 1567. Le recueil de Nicolas Glaser (Hambourg, 1614) est moins riche; on y trouve peu de chose sur les apocryphes proprement dits, mais, en revanche, beaucoup de témoignages extérieurs au sujet de Jésus-Christ. L'Orthodoxographie de Hérold (Bâle, 1555) contient plus de matières, ainsi que les *Monum. SS. PP. orthodox.* de Grynæus (Bâle, 1569) et de la Barre (*Hist. christ. vet. PP.* Paris, 1583). Tous ces éditeurs furent de beaucoup surpassés en zèle, en instruction et en talent par Alb. Fabricius. Son *Codex apocryphus Nov. Testam.* parut à Hambourg, 1703 et 1709, en 2 vol. in-8, avec un troisième volume supplémentaire en 1719 et 1743. Les *Pseudo-epigrapha* du Nouveau Testament y sont représentés avec beaucoup de soin, tant en entier que par fragments, et l'éditeur y a réuni quelques autres ouvrages, tels que le *Pasteur* d'Hermas. Nous ne devons pas omettre un livre anglais : *A new and full method of settling the canonical autority of the New Testament, by the Rev. Jerem. Joner* (Oxford, 1798, 3 vol.), dont le premier contient des fragments, et le second des ouvrages de ce genre qui nous ont été conservés entiers. Le recueil le plus récent, mais dont malheureusement le premier volume a seul paru, est celui de Thilo, *Codex apocryph. Nov. Testam.* (Leipsick. 1822).

DEUXIÈME CLASSE. — 1° *Les livres sibyllins*. Le nom de sibylle remonte à la plus haute antiquité grecque et se trouve à toutes les époques de cette histoire. Dès les premiers temps de Rome jusque bien avant dans les temps chrétiens, mais surtout jusqu'à la fin du troisième siècle, on attacha aux oracles des sybilles une grande importance politique et religieuse (V. l'article spécial que nous avons consacré à cette matière).

Éditions. — La première édition des livres sibyllins fut publiée par Xyste Bétulejus, d'après un manuscrit d'Augsbourg, à Bâle, en 1545, in-8, chez Oporinus, et une seconde en 1555, in-8°, dans la même ville, chez Castaglio, avec sa version latine assez faible et quelques corrections critiques ; puis le texte dans l'*Orthodoxographie* (Bâle, 1555, 1569). L'édition de Paris, 1566, ne contient que le texte grec, d'après Bétulejus. Jean Opsopée, muni de sources plus riches (trois nouveaux mss), disposa une nouvelle édition (Paris, 1589, 1599, 1607, in-8°), grec et latin, avec beaucoup de notes très-bien faites et d'éclaircissements historiques du texte. On en trouve une réimpression dans la *Biblioth. vet. PP.* de la Bigne, t. VIII. L'éditeur suivant, Servat. Gallæus (Amsterdam, 1689, in-4°), collationna, à la vérité, le texte avec un nouveau manuscrit et essaya d'expliquer différents passages ; mais son travail ne vaut pas beaucoup mieux que celui d'Opsopée, dont il inséra les commentaires dans son édition. Galland adopta aussi l'édition de ce dernier dans sa *Biblioth.* t. I. p. 335. Dans ces derniers temps, Birger Thorlacius a donné une dissertation à ce sujet dans ses *Libri Sibyllist. vet. Eccles.* (Ilavniæ, 1815), et *Conspectus doctrin. christ. qualis in sibyllist. libris contin.* (*Ibid*, 1816), ainsi que Bleek dans le Journal théologique de Schleiermacher, etc., cahier I (Berlin, 1819). Enfin le card. Maï et M. Alexandre, inspecteur de l'université de France, ont donné de nouveaux textes plus purs que les anciens (V. notre art. *Sibylles*, II, à la fin).

2° Parmi les prophètes païens que citent souvent les premiers apologistes, se trouve un certain Hydaspes, qui, comme les sibylles, avait aussi prédit la venue du Messie (V. Justin. *Apol.* I. 44. — Clement. Alex. *Strom.* v. 5). Il ne nous est rien resté de ces prophéties, qui, bien que supposées, nous révèlent la direction des esprits à cette époque au sujet d'un prochain changement dans le monde, annoncé de toute part. — 2° *Hermès Trismégiste.* Il est cité surtout par Athénagore (*Legat. pro Christ.* xxix), Lactance (*Instit.* I, 6), l'auteur du *Cohort. ad Græc.* 48, etc. C'est l'Hermès égyptien, nom collectif auquel on rapporte toute la sagesse de l'Égypte, ce qui explique comment Jamblique a pu lui attribuer la composition de trente mille volumes. Nous possédons sous le nom d'Hermès un ouvrage intitulé *Pœmander*, qui parle de Dieu, de la création du monde et de la nature en langage platonique, et contient un exposé clair mais erroné de la Trinité. La meilleure édition de ce livre est celle de Fr. Patricius (Ferrare, 1591; Londres, 1626). On attribue encore à Trismégiste divers ouvrages peu importants à notre point de vue. — 3° *Le testament des douze patriarches* fut composé certainement par un chrétien pour faciliter la conversion des Juifs au christianisme. Il ne contient pas seulement sur la vraie divinité et humanité de Jésus-Christ de très-beaux témoignages fort importants par leur antiquité, mais il est encore précieux par sa forme.

Éditions. — Mathieu Paris raconte qu'en 1268 l'évêque Robert de Lincoln reçut de Grèce un manuscrit de cet ouvrage, qu'il traduisit en latin avec le secours d'un religieux. Cette version fut imprimée à Paris en 1541, 1549, et 1610; à Bâle, 1550; à Haguenau, en 1552, d'où elle passa dans la Bibliothèque des Pères. Grabe en donna une édition grecque-latine, corrigée, dans son *Spicileg.*, vol. I Oxford, 1698), et une seconde meilleure en 1714. La première a été réimprimée par Fabricius dans son *Cod. apocryph.*, t. I, et la seconde par Galland, t. I.

Nota. — Nous tenons à faire observer de nouveau que, dans cet article relativement assez long, nous n'avons eu d'autre prétention que de tracer, avec le secours des auteurs les plus sûrs, un simple programme à l'usage de ceux qui désirent entreprendre l'étude si importante de la patrologie. C'est aussi pour les aider dans cette étude que nous avons reproduit à peu près textuellement les notions bibliographiques de Mœhler sur chacun des écrivains ecclésiastiques des trois premiers siècles.

PÊCHEUR. — I. — L'antiquité désigna souvent le Christ, non-seulement sous l'emblème du poisson (V. ce mot), mais encore sous celui du pêcheur. Il voulut, dit S. Grégoire de Nazianze (*Orat.* xxi), se faire pêcheur, afin de tirer de l'abîme le poisson, c'est-à-dire l'homme qui nage dans les eaux inconstantes et périlleuses de cette vie. Nous lisons dans S. Cyrille de Jérusalem (*Procatech.* iv) : « Jésus te prend à l'hameçon, ô homme, non pour te faire mourir, mais pour que, étant mort, tu renaisses à la vie. » Dans son hymne au Christ sauveur (vers. 24 seqq.), S. Clément d'Alexandrie exprime la même idée sous des formes poétiques : « Pêcheur des hommes que tu sauves, les poissons sacrés qui étaient dans la mer du vice, tu les retires de l'onde ennemie par une vie douce. »

Les monuments servant de commentaire à ces textes ne sont pas rares. Nous avons d'abord une cornaline de la collection de Vallarsi (Costadoni. *Pesce.* tav. n. xxx), très-antique, si l'on en juge par la perfection du travail. Là le Christ, dont le nom symbolique ιχθυς est écrit dans le champ, est représenté à moitié nu, selon l'usage des gens de cette profession ; il tient d'une main un petit panier renfermant les amorces, et de l'autre une ligne au bout de laquelle est suspendu un poisson, que le divin pêcheur considère avec amour et complaisance. Sur un petit verre donné par le P. Garrucci (*Vetri.* vi. 10), Notre-Seigneur, en tunique et *pallium*, tient suspendu à la main un gros poisson qu'il a pris à la ligne.

Le Sauveur se trouve encore figuré sous cet emblème sur un antique sarcophage de Rome, d'une conception très-ingénieuse. En outre des autres scènes très-compliquées qui s'y remarquent, et qui toutes, pense-t-on, sont relatives à la vie de Notre-Seigneur, on y voit un jeune homme soutenant d'une main par le milieu la canne de la ligne dont un pêcheur tient le bout (V. grande galerie du Latran, et Bottari. tav. xlii et la gravure de notre art. *Coquillages*), et de l'autre main montre à ce même pêcheur un poisson déjà pris à l'hameçon, afin qu'il le tire hors de l'eau. A l'extrémité opposée du tombeau, le jeune homme paraît de nouveau, mais présentant à son maître les poissons que, d'après ses ordres, il a pêchés au filet. La figure que nous

donnons ici d'après un sarcophage d'Ostie publié par M. Charles-Louis Visconti, représente aussi, soit le pêcheur divin, soit le pêcheur d'hommes envoyé par lui. Il porte d'une main un poisson déjà pris, de l'autre le panier à amorces.

II. — On peut penser avec l'abbé Polidori (*Pesce.* part. 1) que ce jeune homme n'est autre que S. Pierre, qui, choisi par Jésus-Christ pour son vicaire, fut, après lui, le chef des pêcheurs d'hommes. Nous voyons en effet que, soit pour la prédication, soit pour la pêche miraculeuse, le Sauveur choisit la barque de Pierre (Luc. v. 4); il lui ordonne, dans cette dernière circonstance, de la pousser au large, et c'est alors qu'il lui dit : *Ex hoc jam homines eris capiens.* Ce qui fait que, de toute antiquité, S. Pierre fut représenté en pêcheur ; c'est à raison de cette qualité, que lui assigne le Sauveur lui-même, et pour en perpétuer la *mémoire*, que S. Clément d'Alexandrie (*Pædag.* III. 106) recommande cette image aux premiers chrétiens comme une de celles qui devaient orner leurs anneaux : *Et si quis est qui piscetur, meminerit apostoli et puerorum qui ex aqua extrahuntur.* De là vient que les souverains pontifes ont adopté la même image pour leur sceau, appelé pour cela l'*anneau du pêcheur*, et où S. Pierre est représenté pêchant au filet, tandis que Notre-Seigneur pêche à la ligne. Dans un ivoire antique (Mamachi. *Costumi.* 1. Prefaz. p. 1), une barque est gravée avec l'inscription ιχθυς ; le Sauveur y fait les fonctions de pilote, et S. Pierre tire hors de l'eau un filet renfermant un gros poisson. Les apôtres et leurs successeurs durent être très-souvent représentés en pêcheurs : nous en rapportons ici un exemple de la plus haute antiquité, qui se trouve dans ce qu'on appelle la chambre des sacrements au cimetière de Calliste (V. Rossi. ιχθυς. tab. II. n. 4).

Le premier sujet représenté, dans une série de tableaux parfaitement coordonnés, est Moïse frappant le rocher d'Oreb, c'est-à-dire S. Pierre faisant jaillir du flanc du Sauveur, figuré par le rocher, *petra erat Christus* (1 Cor. x. 4), les eaux de la vie éternelle, soit la source vivante de sa doctrine et de ses sacrements. Dans ces eaux salutaires, le ministre de Jésus-Christ jette sa ligne, et en retire un poisson, c'est-à-dire un homme converti à la foi.

Ce sujet est représenté absolument de la même manière dans les souterrains primitifs du cimetière de Domitille (De' Rossi. *Bullet.*, 1865. p. 44), mais d'un style beaucoup meilleur.

Costadoni donne à la fin de sa dissertation sur le poisson une gemme d'une bizarrerie extrême : elle représente un homme tout nu, à l'exception d'une peau de poisson qui lui sert de manteau et de coiffure. D'une main, il semble donner des ordres, et de l'autre il porte la *sporta* du pêcheur. D'après Polidori, à qui nous empruntons cette interprétation sans la garantir, ce personnage serait le Christ, de qui on peut dire qu'il fut poisson par l'adoption de notre humanité, qu'il fut pêcheur

par la vertu de sa parole, et qu'il donna à d'autres cette mission de pêcheurs, ce que semble indiquer le geste de la main élevée en signe de commandement, geste tout semblable à celui qu'il fait sur une foule d'autres monuments où il est représenté conférant sa mission à ses apôtres. En prophétisant la mission des apôtres, Jérémie les désignait déjà (xvi. 16) sous leur titre de pêcheurs : « Voilà que j'enverrai un grand nombre de pêcheurs, dit le Seigneur, et ils pêcheront les enfants d'Israël. » C'est là du moins le sens figuré du passage.

PEDILAVIUM. — V. l'art. *Ablutions*, II.

PEDUM (HOULETTE PASTORALE). — Dans la langue archéologique, le *pedum* n'est autre chose que la houlette, principal attribut du berger. On le voit fréquemment à la main du Bon-Pasteur dans les innombrables représentations de ce sujet si cher à la primitive Église. Quelquefois, c'est une simple verge, comme dans un fond de coupe antique du recueil de Buonarruoti (tav. v. 1), parce que, selon la remarque de S. Grégoire de Nazianze (*Orat.* XIX. XLIII), si les bergers se servaient, pour conduire ou réunir leur troupeau, de la houlette qui, pour ce motif, était recourbée à l'une de ses extrémités, ils employaient aussi la verge pour frapper au besoin, et les peintures des cimetières nous offrent de nombreux exemples de l'une et de l'autre. Mais le bâton ou *pedum* est beaucoup plus fréquent dans la main du Bon-Pasteur, ce qui fait dire aux Pères que, à son exemple, les pasteurs des âmes doivent toujours préférer la mansuétude à la rigueur.

Le *pedum* repose quelquefois sur le vase à lait (Perret. II. pl. XXV) pour marquer le retour du berger ; on le voit appuyé sur une large patère pleine de fleurs ou de fruits, sur un marbre de Carthage donné par dom Pitra et illustré par le chevalier De' Rossi (*De Christian. tit. Carthag.* pl. VIII), et cette circonstance est restée jusqu'ici enveloppée de mystère. Une gemme antique (Perret. v. XVI. 4) offre l'association non moins difficile à expliquer du *pedum*, du poisson et de la palme. Dans une mosaïque de Ravenne, publiée dans l'ouvrage de Ciampini (I. tab. LXVII), le Bon-Pasteur porte à la main une croix au lieu du *pedum*. On

peut, sans trop d'invraisemblance, supposer à l'artiste l'intention de rendre, par cette substitution, le sens de ces mots de la parole évangélique : « Le Bon-Pasteur donne sa vie pour ses brebis. » On sait que le *pedum* est l'origine du bâton pastoral de l'évêque (V. l'art. *Évêques. Insignes des évêques*, III, 5).

PEIGNES. — Des peignes d'ivoire ou de buis ont été assez fréquemment trouvés dans des sépultures chrétiennes (V. l'art. *Objets trouvés dans les tombeaux chrétiens*). Boldetti en a publié trois (pag. 505. tav. III. nn. 22, 23, 24) : un de ces peignes avait appartenu à un personnage nommé Eusebius Annius dont il porte le nom écrit en abrégé : EVSEBI. ANNI.; ce savant assure en avoir rencontré un grand nombre « attachés encore aux sépulcres des cimetières ». Que ces peignes aient été déposés là comme instrument de martyre, comme le suppose Boldetti, ou même avec une intention symbolique quelconque, c'est ce qui ne parait guère admissible. Une telle pratique se rattache à un usage vulgaire dans l'antiquité, et qui consistait à renfermer dans la tombe les objets, et notamment les objets de toilette, qui avaient été à l'usage du défunt (V. l'art. déjà cité).

C'est cependant un fait parfaitement avéré par de nombreux témoignages d'écrivains ecclésiastiques, que les peignes d'ivoire faisaient partie du mobilier de la primitive Église, d'après l'usage où étaient les prêtres de peigner leurs cheveux, avant de s'approcher de l'autel, afin d'y paraître avec plus de décence. C'est ce qu'atteste, entre autres, Du Cange (*Gloss. Latin.* ad voc. *Pecten*) : *Pecten inter ministeria sacra recensetur, quod scilicet sacerdotes ac clerici antequam in ecclesiam procederent, crines pecterent*. Le chanoine Benedetto (n. 57 et 146), dans une curieuse description qu'il nous a laissée de la procession que faisait le souverain pontife de Saint-Jean de Latran à la basilique Vaticane, à l'occasion des grandes litanies, fait mention de cet instrument. Il y avait dans les sacristies des diverses églises un lit où le pape, ordinairement avancé en âge, pût se reposer. Là on lavait ses pieds souillés par la poussière, et en étendant sur ses épaules une serviette, le diacre et le sous-diacre présentaient le peigne destiné à rétablir l'ordre dans sa chevelure, et à la dégager des souillures de la poussière et de la sueur contractées dans ces processions, qui étaient fort longues (V. Cancellieri. *De secretariis basilic. Vatican.* t. I. p. 254, et *Tre pontific.* p. 87). Dans le manuscrit du Vatican, n° 4731, cité par Gattico (*Act. cærem.* p. 179), cette dernière circonstance est exprimée comme il suit : *Sunt necessaria pro personâ pontificis pecten, et tobalea circumponenda collo ejus, quando pectinatur*, « il faut, pour la personne du pape, un peigne et une serviette destinée à être passée autour de son cou, pendant qu'on le peigne. »

Des inventaires rapportés par Du Cange enregistrent fréquemment cet instrument (Cæsarius. lib. VIII *Dialogor.* cap. 85) : *Item pectinem unum ex ebore*; « *Item*, un peigne d'ivoire; » — *Item calicem unum;* — *Pectinem eburneum unum ;* — *Sunt ibi octo cingula serica, et sex pectines eburnei;* « il y a là huit ceintures de soie, et six peignes d'ivoire. » Nous trouvons une mention analogue dans un très-ancien inventaire de notre cathédrale de Belley : *pectinos* (sic) *de evodio duos*.

Plusieurs de ces peignes, monuments d'une assez haute antiquité, se conservent de nos jours encore dans les trésors sacrés des églises; le docteur Labus en cite plusieurs dans son ouvrage sur les antiquités de Saint-Ambroise (p. 49); le peigne de S. Loup se voit dans le trésor de la cathédrale de Sens, et Millin en a publié le dessin (*Midi de la France*. t. I. p. 97. pl. I. n. 3). Il est de grande dimension, orné de pierres précieuses et d'animaux symboliques, comme on le voit ici.

PEINTURE. — V. l'art. *Images*.

PÈLERINAGES. — Dès les premiers siècles de l'Église les chrétiens aimèrent à fréquenter par dévotion les lieux consacrés par la vie, les douleurs et la mort de l'Homme-Dieu, ainsi que les tombeaux des martyrs, imitateurs de Jésus Christ. Ils le firent à l'exemple de Saint Paul qui avait entrepris un pieux pèlerinage aux Lieux saints (Hieron. *epist.* XIX *Ad Paulam*), ainsi qu'il le raconte lui-même. Les femmes aussi bien que les hommes (Greg. Nyss. *Orat. de his qui Hieros. adeunt*) se rendaient au tombeau du Sauveur; il n'y avait pas de nation, au quatrième siècle, qui n'y fût représentée par un nombre plus ou moins considérable de dévots pèlerins (Euseb. *Hist. eccl.* VI. 25), et on sait que la Gaule possédait dès lors, pour faciliter ce voyage à nos ancêtres, un *Itinéraire de Bordeaux à Jérusalem* (V. cette pièce à la suite de l'*Itin.* de Chateaubriand). Parmi les pèlerins célèbres du quatrième siècle on peut citer S. Hilarion (Hieron. *Epist.* XLIX *Ad Paulin.*), le prêtre Philorhomus (Baron. *Ad an.* 362), S. Triphilius, évêque de Leucosie dans l'île de Chypre (Bolland. *Ad diem. jun.* XIII). S. Basile le Grand entreprit aussi ce pèlerinage et séjourna quelque temps à Jérusalem ; nous l'apprenons de lui-même (*Epist.* CCXXIII : n. 2). Son frère S. Grégoire de Nysse imita son exemple. Du temps de Théodose l'Ancien, Andronicus, *argentarius* de l'empereur, se rendit aux Saints Lieux avec sa femme (Surius. *Ad diem sept.* XXVI). Le nom de S. Jérôme se présente ici de lui-même ; il fut précédé ou suivi par Philastrius de Brixia, Porphyrius, évêque de Gaza, Rufin d'Aquilée, etc. (V. Mamachi. t. II, p. 32). Au nombre des femmes illustres par leur naissance qui, par motif de piété, surent braver les périls de ce voyage, on trouve dans les lettres de S. Jérôme Mélanie, Paula, Fabiola, Eustochium (*Epist.* II *Ad Florent.* XLIV. LXXXIX. *Ad Ocean.* etc.). Mamachi (*Ibid.*) donne pour les siècles suivants une nomenclature de noms non moins illustres qui accomplirent aussi le pèlerinage de Jérusalem. Mais peu après le quatrième siècle de graves abus s'étaient déjà glissés dans ces voyages, entrepris d'abord dans des vues si pures et si religieuses (Greg. Nyss. *op. laud.*).

Après le pèlerinage à Jérusalem, le plus cher à la piété des premiers chrétiens, était celui des tombeaux des martyrs, et par-dessus tout des apôtres S. Pierre et S. Paul, où affluaient sans cesse les fidèles, non-seulement de l'Occident, mais des contrées les plus éloignées de l'Orient (Nicol. I. R. P. *Epist.* II *Ad Mich. imper.*). L'antiquité chrétienne fournit des traces presque innombrables de la vénération des fidèles pour la sépulture des martyrs et des Saints en général. Prudence (*Peristeph. hymn.* XI *et passim*), S. Augustin (*De cura pro mort. habend.* VII), S. Paulin (*Epist.* XX *et alibi*), S. Sulpice-Sévère (*Dial.* I c. 3), S. Grégoire de Tours (*De glor. confess.* LXII), S. Sidoine Apollinaire (*Ep.* v. 7), offrent les témoignages les plus précieux à cet égard. Un des premiers exemples du pèlerinage au tombeau des apôtres, pèlerinage qui se place à la date de 270, est celui de toute une famille venue de Perse à Rome, où elle subit le martyre : *Romæ, via Cornelia, sanctorum martyrum Marii et Marthæ conjugum, et filiorum Audifacis et Abachum nobilium Persarum, qui Romam temporibus Claudii principis* AD ORATIONEM *venerant*, « à Rome, sur la voie Cornélienne, les saints martyrs Marius et Marthe époux, et leurs fils Audifax et Abachum, nobles Perses, qui étaient venus à Rome, POUR PRIER du temps de l'empereur Claude » (*Martyrol. Rom.* XIX *jan.*). On peut lire dans S. Grégoire de Tours (*De mirac. S. Martini*) de nombreux et intéressants détails sur l'affluence des pèlerins qui avait lieu au tombeau de S. Martin, et sur les miracles qui s'y opéraient.

Mais ce qui est peut-être encore plus concluant, c'est que les cimetières souterrains de Rome ont conservé jusqu'à nos jours des preuves palpables de cette sainte pratique : ce sont des inscriptions en caractères cursifs, tracées à la pointe du style ou au charbon, sur l'enduit des murailles de certains sanctuaires ayant servi de sépulture aux martyrs les plus illustres. Il nous a été donné d'en lire de nos yeux un grand nombre dans la crypte de S. Calliste, où le savant chevalier De 'Rossi a découvert naguère les tombeaux de plusieurs papes et de martyrs du troisième siècle. Beaucoup de ces *graffiti* (V. *Civilta cattolica.* Luglio. 1854. p. 125), inscrits dès le troisième et le quatrième siècle, n'expriment que les noms des visiteurs ; mais d'autres offrent de pieuses pensées et de touchantes prières, qui prouvent que les pèlerins auxquels ils sont dus avaient été conduits en ces lieux par un sentiment tout autre que celui de la curiosité (V. l'art. *Invocation des saints*). Ainsi, dans la crypte de S. Corneille, et jusque sur les vêtements de son image, peinte en pied à côté de celle de S. Cyprien, outre une dizaine d'autres signatures, celles de huit prêtres au moins qui sans doute, selon la judicieuse observation de M. De' Rossi, y avaient célébré le saint sacrifice : BENEDICTUS PRB.-THEODORVS PRB.-IOANNES PRB., etc. (*Rom. sott.*, t. I. p. 285 et la gravure de l'art. *Graffiti*). Voici le *fac-simile* de la tablette de marbre qui fermait le tombeau de S. Corneille. Elle porte, elle aussi, des *graffiti*, parmi lesquels on a pu déchiffrer les noms de cinq personnages : TVFILATVS, pour *Theophilactus* ; PETRS-*Petrus* ; ATRIANVS ; LEO ; ΓΡΕΓΟΡΙ.

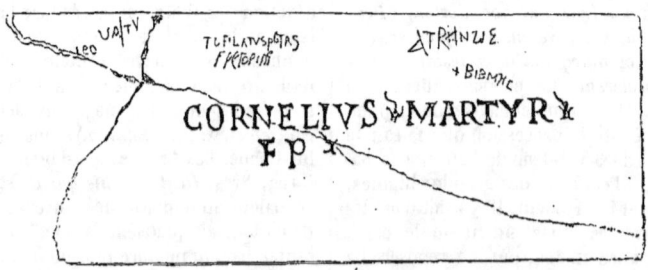

On a trouvé près de Sainte-Constance sur la voie Nomentane (V. De' Rossi. *Inscr. Christ.* t. I. p. 310. n. 71) un monument qui est pour nous d'un intérêt tout spécial. C'est une belle épitaphe métrique de deux jeunes gens de la Gaule, NATIONE GALLA GERMANI FRATRES, qui étaient morts le même jour dans le cours de l'année 442, et qui étaient réunis dans le même tombeau. On peut supposer qu'ils avaient été appelés à Rome par un motif de piété. Le savant M. Ed. Le Blant (*Inscr. chrét. de la Gaule*, I. p. 270 suiv.) constate dans la crypte de Montmartre, où, selon l'opinion la plus probable, eut lieu le martyre de S. Denys et de ses compagnons, des inscriptions de même nature, et qui semblent indiquer que là, comme à Rome, des pèlerins ont laissé des traces de leur passage. Il en existe sur un autel antique du Ham, et à Minerve en Languedoc sur un autre autel élevé par l'évêque Rusticus (*Ib.* p. 185). Nous transcrirons ici quelques-unes des signatures tracées sur ce dernier autel, et on verra que, comme dans la crypte papale de S. Calliste, ce sont le plus souvent des noms de prêtres qui y avaient célébré la messe. 1. DSDE PBR. *Deusdet Presbyter*. 2. PERVS PE. 3. AGELBERTVS PRSBT. 4. RAGAMFREDVS LEVITA (*Diacre*). 5. WILIELMVS LEVITA. Il y a ici en surcharge PBT, ce qui suppose que ce diacre renouvela son pèlerinage après son élévation à l'ordre de prêtrise. 6. MEMETO LOCY DNE SACDOTIS MEI. *Memento loci, Domine, sacerdotis mei*, peut-être pour *sacerdotii mei* (souvenez-vous, Seigneur, du lieu *de mon sacerdoce, c'est-à-dire du troupeau qui m'est confié*). 7. VIDALES ITERO PRENTIS; c'est aussi la commémoration d'une seconde visite : *Vidalis itero præsentis*, le génitif du nom *Vidalis* sous-entend le mot *signum*. 8. ADEMVNDO + DEIDONA +, ce sont probablement les signatures de deux époux qui avaient fait ensemble le pèlerinage de Minerve. Voici le *fac-simile* de ces signatures :

M. l'abbé Bargès a publié un intéressant autel découvert dans les environs d'Auriol et qui porte aussi des inscriptions cursives (V. notre art. *Autel*).

On voit au musée lapidaire de Lyon l'épitaphe d'un marchand nommé AGAEVS, laquelle, au nombre de ses vertus, signale surtout l'assiduité à visiter les sépultures des Saints, LOCA SCORVM ADSEDVE (De Boissieu. *Inscr. antiq. de Lyon.* p. 593). Un passage de S. Paulin (*Epist. ad Delphin.* XVI) établit l'antiquité de l'usage qui veut qu'à certaines époques les évêques se rendent *ad limina apostolorum : Romæ* CUM SOLEMNI CONSUETUDINE *ad beatorum apostolorum limina venissemus*.

PÉNITENCE CANONIQUE. — I. — Pendant les premiers siècles, l'Église infligeait aux pénitents trois espèces de peines. Ceux qui n'étaient coupables que de fautes relativement moins graves étaient simplement privés du droit d'oblation dans l'Église (V. l'art. *Oblation*); ils ne pouvaient ni apporter leurs offrandes à l'autel, ni participer à la sainte eucharistie. Chez les Latins, cette peine s'appelait « séparation », *segregatio*, et chez les Grecs elle était désignée par un mot équivalent, ἀφορισμός.

Les pécheurs du second degré, tombés dans des fautes plus considérables, se voyaient non-seulement privés de la communion, mais exclus de l'assemblée des fidèles ; il leur était interdit d'assister à la liturgie.

Enfin, ceux qui, coupables de crimes capitaux, y avaient persévéré, étaient tout à fait chassés de l'Église, et leur nom était effacé de la liste des fidèles.

La méthode en usage pour l'imposition de ces différents degrés de pénitence se trouve tracée en détail dans les *Constitutions apostoliques* (l. II, c. 12 seqq.). Voici les principaux traits de cette discipline : L'évêque chassait les coupables de l'église ; mais dès qu'ils étaient hors du lieu saint, les diacres, prenant en pitié leur position, leur offraient leurs bons offices auprès de l'évêque. Celui-ci, faisant droit à la prière de ses ministres, permettait aux pénitents de rentrer, examinait s'ils étaient animés de repentir et dignes d'être admis de nouveau dans l'église. Dans le cas de l'affirmative, il leur imposait un jeûne de deux, trois, cinq ou sept semaines, selon l'espèce et la gravité de leurs fautes, et ensuite il les renvoyait absous. Mais si, après trois monitions faites par l'évêque, le chrétien coupable de quelque grand crime refusait de se soumettre à la pénitence canonique, il était dès lors regardé « comme un païen et un publicain, » et l'évêque ne l'admettait plus à l'église comme un chrétien (*Const. apost.* xvi. 37. 38).

Cette sévérité de l'Église n'était point sans tempérament : si le pécheur ainsi exclu manifestait du repentir de ses fautes, on lui permettait de fréquenter l'église au rang des catéchumènes du premier degré (V. l'art. *Catéchuménat*), et ensuite l'évêque l'admettait dans la classe des pénitents (*Ibid.* 39). Et encore, pendant que durait leur exclusion de l'église, ces pécheurs n'étaient point complétement séparés de la communion des fidèles ; au contraire, les *Constitutions apostoliques* font à ceux-ci un devoir de les fréquenter, de les consoler, de les soutenir, de les encourager par de bonnes paroles (*Ibid.* 40) : tant les pasteurs avaient à cœur leur résipiscence, guidés qu'ils étaient par le précepte du Seigneur ! « Je ne veux pas la mort du pécheur, mais qu'il se convertisse et qu'il vive (Ezech. xviii. 32). » Nous avons dans Tertullien (*Apolog.* xxxix) la trace très-reconnaissable de ces trois espèces de peines. « Dans nos assemblées, dit-il, ont lieu des exhortations, des châtiments et une censure divine, » *exhortationes, castigationes, et censura divina*.

Jusque-là la pénitence, quant à sa gravité et à sa durée, était à peu près livrée à la disposition des évêques ; et il serait plus exact de l'appeler *publique* que canonique. Ce n'est qu'au troisième siècle que l'Église se vit forcée de soumettre cette matière à une législation régulière, afin de repousser les erreurs mises en circulation par Novatus, prêtre de l'Église d'Afrique, et Novatianus, diacre de celle de Rome, et consistant à nier le pouvoir qu'a l'Église de remettre les péchés.

Elle établit alors quatre degrés de pénitence : 1° πρόσκλαυσιν, *fletum*, « les pleurs ; » 2° ἀκρόασιν, *auditionem*, « l'audition ; » 3° ὑπόπτωσιν, *substrationem*, « la prostration ; » 4° enfin, σύστασιν, *consistentiam*, « la consistance. » Les pénitents de la première classe étaient donc les *pleurants*, ceux de la seconde les *écoutants*, ceux de la troisième les *prosternés*, ceux de la quatrième les *consistants*.

Voici, d'après S. Basile expliqué par Hermopolus (Cf. Pelliccia. *Eccl. polit.* ii. p. 145), le rôle assigné à chacune de ces classes de pénitents. *Pleurant*, celui qui se tient hors de l'église et prie ceux qui entrent dans le lieu saint d'offrir pour lui leurs prières ; *écoutant*, celui qui se tient dans le *narthex* (V. ce mot), sauf le temps de l'instruction qu'il lui est permis d'aller entendre dans l'intérieur de l'église ; *prosterné*, celui qui, dans l'église, se tient derrière l'ambon (V. ce mot) et sort avec ceux des catéchumènes qui portent le même nom ; *consistant*, celui qui prie avec les fidèles, mais ne peut être admis aux sacrements qu'après avoir subi intégralement cette dernière épreuve (V. les art. *Catéchumènes*, *Libelles des martyrs*, *Excommunication*). On trouvera dans les canonistes, ainsi que dans les ouvrages de Bingham, Pelliccia, Selvaggio, les détails que ne comporte point le but de ce Dictionnaire.

Quant à la place qu'occupait dans les églises chacune des classes de pénitents, on s'en rendra un compte exact en examinant les plans expliqués qui accompagnent les articles *Atrium* et *Basiliques*.

La pénitence canonique n'eut que des applications très-restreintes ; dans le principe, elle ne fut infligée que pour trois espèces de crimes : l'idolâtrie, l'adultère et l'homicide (Petav. *De pœnit.* l. vii. c. 22) ; et encore toutes les classes de personnes n'y étaient pas sujettes. Ainsi, à raison des graves inconvénients qui auraient pu s'ensuivre, les membres supérieurs du clergé en étaient exempts, quelquefois aussi les femmes, les jeunes gens, les personnes mariées, si ce n'est du consentement réciproque du mari et de la femme (*Concil. Arelat.* ii. can. 81) : *Pœnitentiam conjugatis nonnisi ex consensu dandam* (*Ibid.* ii. 13).

En outre, la pénitence canonique n'était applicable qu'à des crimes publics, et nul ne pouvait y être soumis sans avoir été d'abord appelé en jugement et juridiquement convaincu. C'est ce que S. Augustin affirme en plusieurs endroits (*Serm.* cccli. c. 4. n. 10). Ajoutons que la pénitence canonique n'était universelle qu'à un degré limité : le premier concile de Nicée est le seul qui ait fait trois canons pénitentiaux de cette nature, pour les apostats et idolâtrants. Depuis lors aucun concile œcuménique n'en a promulgué : aussi sur ce point de discipline régna-t-il toujours beaucoup de variété, ce qui fait le plus grand honneur à la prudence et à la sagesse de l'Église ; chaque évêque, ou synode ou Église particulière appliqua plus ou moins les rigueurs de la pénitence canonique, selon les temps, les lieux et les personnes, à telle ou telle espèce de crime public, et sachant tempérer ces peines quand il le fallait, comme elle le fait encore quant aux cas réservés, dans le for de la conscience.

II. — *Réconciliation des pénitents.* Le temps fixé pour la pénitence canonique étant écoulé, si le pécheur donnait des garanties suffisantes de son repentir, de sorte qu'on pût le croire digne de rentrer dans la communion des fidèles, on procédait alors à sa réconciliation.

1° Au commencement, le droit de réconcilier les pénitents était réservé à l'évêque. Cependant, si le pécheur se trouvait en danger de mort, *cujus exitus urgere cœperit*, S. Cyprien (*Epist.* xiii) reconnaît ce pouvoir au prêtre, et, à son défaut, au diacre même. Cette doctrine est consacrée par le trente-deuxième canon du concile d'Elvire. Chez les Grecs, les diacres ne jouirent jamais d'une telle concession. Il faut néanmoins distinguer entre la réconciliation publique et la réconciliation privée. Quand il s'agissait d'un pénitent *in exitu posito*, le prêtre, en l'absence de l'évêque ou par son ordre, allait trouver le malade, et le réconciliait sans solennité dans la maison où il était retenu; mais dans aucun cas il ne lui était permis de réconcilier publiquement dans l'église (*Concil. Hispal*, II. — *Agath*. XLIV. — Cf. Pell. *ibid.*), pouvoir exclusivement attribué à l'évêque par les canons, et que le pape S. Léon (*Epist*. LXXXVIII), au cinquième siècle, refusait même aux chorévêques (V. ce mot). Ce n'est qu'au début du moyen âge que les évêques commencèrent à déléguer aux simples prêtres la fonction de la réconciliation publique (*Capitul. reg. Franc*. l. VII. c. 143), et dès le neuvième siècle nous voyons que les curés étaient en possession de ce droit pour leurs paroisses.

2° Chez les Orientaux, la cérémonie de la réconciliation des pénitents avait lieu le vendredi, ou le samedi de la semaine sainte. Ainsi, dans leur lettre d'appel au concile de Chalcédoine contre la sentence d'excommunication dont ils avaient été frappés par Eutychès, les moines se plaignent « de ce qu'on avait laissé passer et le jour salutaire de la passion, et la nuit sainte, et la fête de la résurrection, époques où les SS. Pères avaient coutume de remettre aux pécheurs les peines encourues par eux, sans qu'ils eussent été relevés de leur excommunication. » Pour ce qui est du samedi saint, nous avons le témoignage de S. Grégoire de Nysse (*Epist. ad Lat.*). « Il est juste, dit ce Père, qu'en ce jour nous ramenions à Dieu, non-seulement ceux qui sont transformés par la régénération, mais aussi ceux qui, par la pénitence, rentrent dans la voie de la vie. »

En Occident, c'était le jeudi saint, témoin S. Cyprien; et, pour le cinquième siècle, le pape Innocent Ier atteste qu'il en était ainsi dans l'Église romaine (*Epist*. I. c. 7): *Quinta feria ante Pascha eis remittendum Romanæ Ecclesiæ consuetudo demonstrat*. Cependant l'Église de Milan et celles d'Espagne avaient adopté, sur ce point de discipline, la pratique des Orientaux (V. Pellic. *ibid.* p. 195).

3° C'était pendant la solennité de la messe que, dans l'Église d'Orient comme dans celle d'Occident, l'évêque réconciliait les pénitents. S. Ambroise, en constatant cette discipline, en assigne la raison (*De pœnit*. l. II. 5) : « Toutes les fois que les péchés sont pardonnés, nous prenons le sacrement du corps du Sauveur, pour montrer que c'est par la vertu de son sang que la rémission des péchés est accordée. » Les conciles, entre autres le deuxième de Carthage (can. III), interdisent aux simples prêtres *reconciliare quemquam in publica missa*; S. Léon (*loc. laud.*) applique à ce cas spécial la défense faite par lui aux chorévêques, *publice quidem in missa quemquam pœnitentem reconciliare*. On ne sait pas au juste à quel moment de la liturgie était fixée cette cérémonie. Les uns supposent (Optat. Milev. l. II. *Contr. Donat.*) que c'était avant la récitation de l'Oraison dominicale, d'autres après l'homélie de l'évêque (Tertull. *De pudic.* XIV), d'autres avant l'offrande (*Sacramentar.* a Petav. edit.). Ceci paraît avoir été l'usage des Églises de la Gaule ; un ordre romain (*In Biblioth. PP.*) porte que c'était avant le commencement de la messe. Il reste prouvé du moins que la réconciliation avait lieu à la messe, et il en était de même chez les Grecs, comme l'attestent leurs livres liturgiques, et en particulier l'eucologe édité par Goar.

4° Les rites de cette réconciliation sont curieux à connaître. L'évêque était assisté de son clergé dans cette importante opération (Cyprian. *Epist.* X et XI). « Le jeudi saint (*Capitul. reg. Franc*. v. 52), les pénitents publics, dans la cendre et le cilice, se rendaient en présence de l'évêque, la componction sur le visage, *prostrato vultu.* » Entrés dans l'église, ils s'arrêtaient derrière l'ambon, dans la nef du milieu. Alors l'évêque se rendait du presbytère au chœur du clergé et montait à l'ambon. Le diacre s'approchait de lui et lui adressait ces paroles (*Ex. sacrament. Gregor. in cap. feria.* V) : « Voici, ô vénérable pontife, le temps de la miséricorde, le jour de la propitiation divine et du salut des hommes... » *Adest, o venerabilis pontifex, tempus acceptum, dies propitiationis divinæ et salutis humanæ....* Suit une longue prière au prélat de réconcilier les pénitents dont les sentiments de repentir paraissaient dans tout leur extérieur. Alors l'archidiacre ajoutait ceci : « Réintégrez en eux, pontife apostolique, tout ce que l'influence du démon y a corrompu, et, grâce aux mérites de vos efficaces prières, rapprochez cet homme de Dieu, par la grâce de la réconciliation divine, afin que celui qui auparavant se déplaisait dans ses péchés, se félicite maintenant de plaire au Seigneur dans la région des vivants, après avoir vaincu l'auteur de la mort.... » *Ut qui antea in suis delictis sibi displicebat, nunc jam placere se Domino in regione vivorum, devicto mortis auctore, gratuletur.*

Après cette allocution, l'évêque récitait trois ou sept oraisons pour implorer la miséricorde divine sur les pénitents ; et il leur imposait les mains du haut de l'ambon, ce qui était comme la formule sacramentelle de la réconciliation.

Un fait remarquable de pénitence publique est attesté par une inscription de l'an 520, trouvée à Lyon en 1857, et que publie M. de Boissieu (*Ainay, son autel, son amphithéâtre, ses martyrs*, p. 99). La voici dans son langage barbare :

```
IN HOC TVMVLO REQVIISCET BO
NAE MEMORIA CARUSA RELIGIO
SA QVI EGIT PENETENTIAM
ANNVS VIGENTI ET DVOS ET VIXE
IN PACE ANNVS SEXAGENTA QVI
NQVE OBIET DIAE XIII KALENOC
TVBRS RVSTIANO ET VITALIANO V CL.
```

In hoc tumulo requiescit bonæ memoriæ Carusa religiosa, quæ egit pœnitentiam annos viginti et duos, et vixit in pace annos sexaginta quinque. Obiit die XIII *calendas octobris, Rustiano et Vita-*

liâno viris clarissimis consulibus. L'épithète de *religieuse* donnée à cette *Carusa*, épithète qui n'est pas sans exemple sur les marbres, à partir du sixième siècle surtout (*religiosa fœmina*), semble attester qu'elle fut du nombre de ces pieux fidèles qui se condamnaient volontairement à la pénitence, par esprit d'humilité (V. l'art. *Exomologèse*), et l'épreuve qu'elle subit ne dura pas moins du tiers de sa vie, vingt-deux ans sur soixante-cinq.

PENTECÔTE. — I. — Dans l'antiquité, le nom de *Pentecôte* était tantôt employé dans un sens plus étendu, pour désigner tout l'intervalle de cinquante jours qui sépare la fête de Pâques de celle de la Pentecôte ; tantôt il s'appliquait strictement à la fête de la descente de l'Esprit-Saint. Tertullien a deux passages fort remarquables où la première de ces deux acceptions est clairement consacrée. Nous lisons d'abord dans son traité *Sur l'idolâtrie* (c. xiv) : « Chez les païens, chaque fête ne prend qu'un jour de l'année. Vous, au contraire, chrétiens, vous avez les octaves. Bien plus, prenez toutes les solennités des gentils, et ajoutez-les à la suite les unes des autres, vous ne trouverez pas de quoi remplir une Pentecôte, » c'est-à-dire une fête de cinquante jours. Nous trouvons ailleurs ces paroles non moins significatives : « Pâques est le jour le plus solennel pour le baptême ; mais la Pentecôte a, pour disposer les bains sacrés, tout l'espace de temps pendant lequel la résurrection du Seigneur a été *fréquentée* parmi les disciples (pendant lequel le ressuscité est demeuré parmi ses disciples) et la grâce du Saint-Esprit leur a été accordée. » Le vingt-huitième canon apostolique et le vingtième canon du concile d'Antioche font mention de la quatrième semaine de la Pentecôte, ce qui revient absolument à la même doctrine. Il en est de même de la loi de Théodose le Jeune, où la Pentecôte est appelée *Quinquagésime*, ce qui veut dire fête de cinquante jours (*Cod. Theod.* l. xv. tit. 5. *De spect. lex* 5).

II. — Les usages et pratiques qui s'observaient pendant ces cinquante jours, peuvent se réduire à trois points principaux.

1° *Lecture et méditation des Actes des apôtres*. C'était le plus essentiel exercice proposé aux fidèles pendant ces saints jours ; plusieurs endroits des œuvres de S. Chrysostome en offrent la preuve. Mais il est une des homélies de ce Père (*Homil.* lxiii) qui vient directement à la question ; car elle a pour titre : « Pourquoi les *Actes* sont-ils lus pendant la Pentecôte ? » S. Chrysostome répond que, pour chaque solennité, a lieu dans l'Église la lecture des passages de l'Écriture qui s'y rapportent. Ainsi, le jour de la Passion, c'est tout ce qui regarde la croix ; le samedi saint, c'est-à-dire la veille de Pâques, ce sont les textes où sont racontées les circonstances de la trahison, du crucifiement, de la mort et de la sépulture ; enfin, le jour de Pâques, on lit le récit de la résurrection.

Mais il semble que cette règle n'est pas suivie pour les jours de la Pentecôte ; car l'Église lit alors les *Actes*, où sont relatés les miracles que les apôtres n'ont opérés qu'après la descente du Saint-Esprit. S. Chrysostome répond que les miracles racontés dans ce livre étaient la démonstration de la résurrection du Sauveur, et que c'était par conséquent pour confirmer les fidèles dans la foi à ce grand mystère, qu'on mettait sous leurs yeux le récit de ces prodiges aussitôt après les solennités de la croix et surtout de la résurrection dont ils étaient la preuve.

Du reste, l'usage dont il est ici question est établi par les écrits de plusieurs autres Pères, par ceux de S. Augustin (*Tract.* vi *In Joan.*) et de Cassien notamment (*Instit.* l. ii. c. 6). Le quatrième concile de Tolède (iv. xvi), tenu sur la fin du sixième siècle, offre à cet égard un nouveau témoignage.

2° *Interdiction du jeûne et de la prière à genoux, comme au jour de dimanche*. Pendant ces cinquante jours, l'Église était toute à la joie de la résurrection du Sauveur ; ses chants étaient des chants d'allégresse, l'*Halleluiah!* retentissait dans tous les offices. C'est pour cela qu'elle ne voulait pas que le jeûne et les prostrations, qui sont des œuvres de pénitence et des démonstrations de deuil, vinssent se mêler à ces fêtes.

Qu'il en ait été ainsi dès les premiers temps, c'est ce qui ressort du témoignage de Tertullien (*De coron.* iii), et de celui de S. Épiphane (*Exposit. fid.* xxii) que nous avons cités ailleurs (V. l'art. *Prière* [*Attitude de la*]). Et cette coutume fut érigée en loi de l'Église par le concile de Nicée (can. xx) : « Comme il se trouve des personnes, disent les Pères de cette sainte assemblée, qui fléchissent le genou le jour de dimanche et aussi *aux jours de la Pentecôte*, il a paru bon au saint concile, afin que l'uniformité règne à cet égard dans toutes les Églises, que tous, en ces jours, se tiennent debout pour offrir à Dieu leur prière. »

Il ne paraît pas néanmoins que toutes les Églises aient adopté cette discipline, ou du moins qu'elles l'aient observée aussi exactement pendant le temps de la Pentecôte qu'aux jours de dimanche. S. Augustin témoigne du moins que l'universalité de la pratique ne lui est pas complètement démontrée (*Epist.* cix. *Ad Januar.*) : *Ut stantes in illis diebus (Pentecostalibus) et omnibus dominicis oremus, utrum ubique observetur, ignoro.* Cassien (*Collat.* xx. 11) est plus affirmatif, et dit formellement que cette règle n'est pas admise dans les monastères de Syrie, bien qu'elle fût religieusement observée en Égypte, contrée toute voisine.

3° *Relâche des spectacles, des jeux du théâtre et du cirque*. Tous ces divertissements et autres du même genre furent interdits par Théodose le Jeune (*Cod.* l. xv. tit. 5. *De spect.* lex 5), pendant toute la durée de la Pentecôte. Et les motifs assignés à une telle sévérité par ce pieux prince sont dignes d'être connus. C'est que ce temps est consacré à une plus solennelle adoration, où les esprits des chrétiens doivent être plus appliqués au culte de Dieu, ainsi qu'à la commémoration des miracles opérés par les apôtres en confirmation de l'Évangile.

Mais cette interdiction qui frappait les plaisirs mondains ne s'étendait point aux actions juridiques, ni à l'administration de la justice, et moins encore au travail des mains, toutes choses qui, à raison de leur nécessité, n'admettent pas, sans de graves inconvénients, une interruption prolongée. Aussi S. Augustin, dans le dix-neuvième des sermons qu'a édités le P. Sirmond, a-t-il pu dire en l'octave de Pâques: « Les jours fériés sont passés, voici venir ceux des conventions, des affaires et des litiges. » On a cru voir une contradiction à cette doctrine dans les *Constitutions apostoliques* qui mettent la Pentecôte au nombre des jours où les artisans et les serviteurs doivent cesser leurs travaux ; mais il s'agit ici de la fête même de la Pentecôte entendue dans son sens le plus étroit (*Const. apost.* VIII. 33): *In Pentecoste ferientur ob Spiritus Sancti adventum iis qui in Christum crediderint.*

On voit que, prise dans son sens le plus étendu, la Pentecôte embrasse la fête de l'Ascension (V. l'art. *Ascension*).

III. — Le terme de cette longue solennité était la fête proprement ou strictement dite de la Pentecôte, c'est-à-dire la commémoration du jour de la descente de l'Esprit-Saint, *dies Spiritus Sancti*, ἡμέρα Πνεύματος, « le jour de l'Esprit, » comme l'appelle S. Grégoire de Nazianze (*Orat.* XLVI. *De Pent.*). Nous avons déjà vu que cette fête est d'origine apostolique, d'après l'opinion généralement admise. Ce qu'il y a de bien certain du moins, c'est qu'elle se célébrait du temps d'Origène, car il en parle dans son livre *Contre Celse*, comme Tertullien en avait déjà parlé (*De idolol.* XIV), ainsi que S. Irénée (*De Paschate*).

Le nom de Pentecôte avait déjà été adopté par les Juifs, qui, eux aussi, célébraient solennellement le cinquantième jour après Pâques, soit en mémoire de la loi qui leur avait été donnée sur le Sinaï, soit à cause de la cueillette des fruits.

Dès les premiers temps, la fête de la Pentecôte fut célébrée avec une grande solennité. Partout elle était précédée d'un jeûne, dont le rit différait peu, au commencement, de celui qui était en usage le samedi saint. En effet, à la sixième heure de la nuit qui précédait la fête de la Pentecôte, les fidèles se réunissaient à l'église, ainsi que les catéchumènes (Augustin. *Serm.* CCXXVII. *Ad infant.*), auxquels l'évêque administrait le baptême pendant cette nuit. On commençait par la lecture des leçons pour l'institution des catéchumènes ; venaient ensuite les litanies, qui étaient au nombre de trois, comme le samedi saint. Puis on bénissait le cierge avec le chant de l'*Exultet*, auquel on ajoutait certaines formules spéciales à cette nuit. Et enfin, les fonts étant bénis, les catéchumènes étaient baptisés. Toute cette discipline nous est révélée par les plus anciens sacramentaires et en particulier, pour notre Gaule, par un missel de Tours et un de Chartres de l'an 700, et un ancien pontifical de l'Église de Besançon, qu'on peut voir dans Martène.

La multiplicité des cérémonies qui avaient lieu dans la nuit de la Pentecôte explique pourquoi la liturgie de la psalmodie y était fort abrégée, et se bornait aux trois leçons mentionnées plus haut et à trois psaumes.

Voilà pour les offices de la nuit.

Le matin, avant le commencement de la liturgie mystique, on chantait sur un ton solennel la psalmodie de l'heure de tierce, qui est celle où le Saint-Esprit descendit sur les apôtres. C'est en mémoire des langues de feu que l'usage s'établit au moyen âge de faire tomber dans l'église une pluie de fleurs pendant tierce, et même de légères particules d'étoupe enflammées.

PENULA. — C'était un vêtement rond, fermé de toute part, sauf une ouverture pour passer la tête. Tertullien (*Apolog.* VI) en attribue l'invention aux Lacédémoniens ; mais elle fut surtout en usage chez les Romains, qui lui donnèrent son nom, ou qui plutôt modifièrent le nom grec φαινόλης en *penula* ou *penola* (V. Doni. *De utraque penula*, à la suite de l'ouvrage de Rubenius *De re vestiaria*. p. 318). Les Gaulois la portaient aussi, comme on le voit dans un grand nombre de statues trouvées dans les Gaules (Id. p. 322). La *penula* était un habit d'hiver destiné à préserver de la pluie et du froid, et on s'en servait surtout dans les spectacles, où, comme on sait, le peuple était exposé à toutes les injures de l'air (Cicero. *Ad Attic.* XIII.— Juvenal. *Sat.* V. etc.).

Dans le calendier de Valentin (Cf Bottari, I. p. 123), le mois de décembre est figuré par un jeune homme vêtu de la *penula* pour se préserver de la pluie, représentée par la statue de Jupiter Pluvius près de laquelle est placé ce jeune homme. Voici une sculpture du Vatican qui peut donner une idée juste de ce qu'était la *penula* à son état primitif.

On portait la *penula* en voyage, et on sait que S. Paul (2 *Timoth.* IV. 13), qui voyageait beaucoup, en faisait usage. S. Pierre, S. Paul et S. Laurent sont représentés avec des *penulæ* de ce genre, bien qu'un peu taillées en pointe sur le devant, dans un verre antique publié par Buonarruoti (tav. XVI. 2). On donne quelquefois à la Ste Vierge une *penula* tout à fait semblable à la planète ou chasuble antique. On en peut voir un exemple dans un ivoire cité à notre article *Vierge (la Ste)*. C'était aussi l'habit des cultivateurs, des bergers, des chasseurs :

l'image du Bon-Pasteur, dans les monuments chrétiens, en est à peu près toujours revêtue ; on la remarque aussi absolument dans la même forme, c'est-à-dire très-courte, à peu près semblable à la mosette de nos évêques, sur les épaules de de deux chasseurs, au revers d'une médaille de Caracalla (Ap. Bott. I. 205).

Sous la république et les premiers Césars, la *penula* était de laine grossière, et quelquefois de cuir, auquel cas elle s'appelait *scortea*, et c'était dans le principe un vêtement très-lourd, et qui fut interdit aux femmes par Sévère-Alexandre (Lampride). Sous Domitien, la *penula* commença à remplacer la toge, en dépit de la désapprobation des hommes graves et ennemis de la nouveauté, qui allaient jusqu'à mettre ce changement de costume au nombre des causes de la corruption de l'éloquence, parce que les étroites proportions de la *penula* favorisaient infiniment moins que l'ampleur de la toge les mouvements oratoires (*De causis corrupt. eloq.* xxxix).

Mais alors on employa à la confection des *penulæ* des étoffes précieuses, on leur donna plus d'ampleur et de largeur. On a un exemple de cette mode nouvelle dans deux figures publiées par Orsati (*Monum. Patav.* p. 233 ap. Bott.) et qui seraient, selon cet auteur, celles de deux de ces magistrats que les Romains appelaient *apparitores*. Dès lors il y eut deux espèces de *penulæ*, celles du peuple, courtes et grossières ; celles des sénateurs et des gens de condition, amples et riches et qui, flottant jusques sur les pieds, furent pour cela appelées *planètes*. Une loi de Gratien, Valentinien et Théodose, publiée en 382 (Buonarr. p. 108), permet l'usage de ces dernières aux chefs militaires, mais en même temps elle dispose qu'à celles des sénateurs seront cousues des bandes de pourpre. Il paraît que, pour plus grande commodité, on y pratiqua à une certaine époque deux ouvertures latérales pour passer les bras. Cette dernière circonstance se fait remarquer sur une statue du musée du Capitole, et dans une autre de la villa Borghèse.

Dans les peintures des cimetières chrétiens de

Rome (Aringhi. II. p. 105 *et alibi*), on rencontre souvent des figures vêtues de *penulæ* ornées de ces bandes de pourpre, ornement mentionné du reste par S. Eucher (L. II *Ad Salon. Biblioth. PP.* t. VI. p. 856) et Sedulius (*In. 2 Tim. Biblioth. PP.* VI. 578). En voici un exemple. La figure est tirée d'une fresque du cimetière des Saints-Marcellin-et-Pierre (Bosio. p. 577).

Ces pénules devinrent communes aux deux sexes, et les femmes de condition y ajoutèrent des broderies et autres ornements d'une grande richesse. Dans une mosaïque de Ravenne (Ciampini. *Vet. monim.* t. II. tab. XXII) où est représentée l'impératrice Théodora entrant dans l'*atrium* de l'église avec un vase qu'elle va offrir, les femmes de la suite de cette princesse portent des *penulæ* qui peuvent donner une idée de cette magnificence. On comprend que c'est là, et non dans les

penulæ de voyage, que se trouve l'origine des *planètes* ou *chasublés* ecclésiastiques (V. l'art. *Chasuble*. V. aussi la planche de l'art. *Prière* [*Attitudes de la*]).

PERISTERIUM. — V. l'art. *Colombe eucharistique.*

PERRUQUES. — Boldetti rapporte (p. 297) que, dans le tombeau d'une chrétienne anonyme et à laquelle il donne le titre de martyre, au cimetière de Sainte-Cyriaque, il trouva une perruque disposée en tresses et placée encore sur la tête de la défunte. Elle était de lin, et teinte de façon à imiter la couleur des cheveux que nous appelons châtains.

L'usage et l'abus des faux cheveux dans l'antiquité profane est fort connu. Martial et Juvénal (*Sat.* v. vers. 120 *et alibi*) ont exercé leur verve satirique aux dépens des femmes qui prétendaient se rajeunir par ce moyen, « renfermant leur tête dans une espèce de fourreau, » *quasi vaginam capitis*, et des hommes qui changeaient de couleur selon les saisons, ou des vieillards qui croyaient tromper la Parque par leur chevelure blonde. » Ces perruques, confectionnées par des artistes que le même Juvénal appelle *structores capillaturæ*, étaient fort grossières ; elles se composaient de cheveux teints et collés ensemble. Rien n'est plus ridicule que la peinture que fait Lampride de la perruque de l'empereur Commode. Elle était poudrée avec de la raclure d'or et arrosée de parfums gluants auxquels la poudre s'attachait.

De quelques passages des Livres saints on infère que ce genre de luxe était aussi répandu chez les femmes dans l'antiquité judaïque. On cite en particulier, pour cet objet, un passage d'Isaïe (III, 17) : *Decalvabit Dominus verticem filiarum Sion et Dominus crinem earum nudabit;* ce qui voudrait dire, si l'on admet la version de la vulgate par les théologiens de Louvain : « Le Seigneur déchevèlera la tête des filles de Sion, et découvrira leurs perruques. » S. Paulin interprète ce verset dans le même sens, car il dit de ces filles (*Epithalam. in Julian. et Sam.*), que, parce qu'elles ont grossi leur tête en y appliquant une multitude de cheveux étrangers, le Seigneur les couvrira de confusion en les rendant chauves :

> Quæque caput falsis cumulatum crinibus augent,
> Triste gerent nudo vertice calvitium.

Quant aux chrétiens, ils ne surent pas toujours se préserver de la contagion de la mode; ou du moins, en passant au christianisme, les païens n'abandonnaient pas facilement les coutumes de leur vie profane. Les chevelures longues et flottantes furent, surtout pour les femmes et dans tous les temps, un objet de vanité; et ici l'abus seul est blâmable, car S. Paul avait dit (1 *Cor.* II.) : « Si la femme nourrit sa chevelure, c'est sa gloire, parce que les cheveux lui ont été donnés pour lui servir de voile » (V. l'art. *Vêtements des premiers chrétiens*). Mais celles qui se trouvaient peu favorisées sous ce rapport, cherchaient naturellement à y suppléer par des moyens factices. Les Pères de l'Église censurent avec sévérité un tel luxe. Tertullien notamment s'élève contre la coutume où étaient les femmes de tourmenter leur chevelure, « à laquelle elles ne laissaient pas de repos ; » *Quid crinibus vestris quiescere non licet?* Et on ne saurait guère méconnaître l'abus des faux cheveux dans un passage (*De cultu fœmin.* VII) où il parle « de certaines énormités de chevelures sûtiles et textiles, » *affigitis nescio quas enormitates sutilium atque textilium capillamentorum.* S. Jérôme, dans une lettre à Marcella (*Epist.* XXIII), désigne ouvertement la manie de porter perruque chez les femmes qui, « à l'aide de cheveux étrangers, bâtissent sur leur tête un édifice postiche, » *quæ capillis alienis verticem struunt.*

Par contre, S. Grégoire de Nazianze (*Orat. de laud. Gorgon.*) fait un mérite à sa sœur Gorgonia de ne point porter de ces cheveux frisés, ni de ces perruques qui auraient déshonoré sa vénérable tête par leur déguisement : *Non illam aurum ornabat... non coma retorta et supposititia, quæ venerandum caput fraude sua ignominia afficeret.* Ces perruques s'élevaient souvent en forme de tours : c'est ce que les auteurs du temps ont appelé *turritum capitis ornamentum,* — *turritam coronam,* — *vittam turritam* (V. Thiers. *Hist. des perruques,* p. 17). Il en est question dans plusieurs passages du même Père, de S. Jérôme et de S. Paulin. Ce dernier a ce distique on ne peut plus significatif dans son poëme *Contra mulierum ornatus* :

> Aut implexarum strue, tormentoque comarum
> Turritum sedeas ædificata caput.

Au temps de ces Pères, les hommes portaient aussi des perruques; et S. Astère, évêque d'Amasée en Cappadoce, au quatrième siècle, au nombre des folies qui avaient lieu aux calendes de janvier, signale les perruques dont les hommes couvraient leur tête comme les femmes, — *more feminarum crobylum imponit* (V. notre art. *Janvier* [*Calendes de*]). Le poëte chrétien Rufus Festus Avienus, qui vivait sous Théodose, s'égaie aux dépens d'un cavalier chauve dont la perruque avait été enlevée par le vent (*Carm.* X. — Cf. Thiers, *op. laud.*, p. 18).

On rencontre très-fréquemment dans les fresques et les sculptures des catacombes des figures de femmes en prière ou assises à des festins, dont la chevelure, toujours abondante, est accommodée avec beaucoup d'artifice. Ces chevelures marquent leur époque et sont d'un grand secours pour la détermination de l'âge des monuments; d'un autre côté, elles ne prouvent rien contre la modestie et la simplicité des femmes chrétiennes, car il faut se souvenir que les personnes représentées en ces lieux sont vues dans leur gloire, elles sont les épouses du Christ dans le ciel, et, à ce titre, les artistes leur ont prodigué les ornements et les parures les plus splendides.

PERSÉCUTIONS. — I. — La persécution commença pour l'Église chrétienne sur les lieux mêmes qui avaient été son berceau. Aussitôt après l'ascension de Jésus-Christ, les Juifs prirent ombrage de ses progrès, et essayèrent de tous les moyens pour l'anéantir (*Act.* IV. v). « Depuis les apôtres, dit Tertullien (*Contr. Gnostic.* x), la synagogue n'a cessé d'être une source de persécutions, » *synagogam fontem persecutionum ab apostolis.* Ils l'attaquèrent d'abord par la calomnie, et bientôt par le glaive. Le diacre Étienne, âme intrépide, *plein de l'Esprit-Saint*, dont la parole enflammée convertissait les multitudes, en même temps que ses aumônes soulageaient leurs misères, fut lapidé. Après la mort de ce premier martyr, les Juifs devinrent de plus en plus altérés du sang chrétien. On ne voyait, en Palestine et dans les contrées voisines, que des hommes et des femmes traînés en prison par des satellites que les princes des prêtres envoyaient partout à leur recherche. Saul mit toute l'ardeur de son âme au service des passions haineuses qui poursuivaient les chrétiens (*Act.* XXVI). Frappés de terreur, les fidèles se dispersèrent dans la Judée et la Samarie (*Act.* VIII), quelques-uns passèrent en Phénicie et dans les principales villes de la Syrie, d'autres se dirigèrent vers l'île de Chypre.

Mais les apôtres se souvenant des promesses du Sauveur, loin de céder à l'orage, demeurèrent à Jérusalem, prêts à répandre leur sang pour la foi dont le dépôt leur avait été confié. Saul lui-même, miraculeusement appelé à la lumière de l'Évangile, de persécuteur devint apôtre (*Act.* viii), et bientôt après finit la persécution des Juifs contre les chrétiens. Cette paix dura jusqu'aux temps de l'empereur Claude. Mais, sous le règne de ce prince, Hérode Agrippa ayant obtenu le royaume de Judée, et voulant donner satisfaction aux haines de ses nouveaux sujets qui n'étaient qu'assoupies, vers l'an 40 de Notre-Seigneur, fit trancher la tête de Jacques, frère de Jean (*Act.* xii), et jeter en prison S. Pierre, se réservant de le mettre à mort après la fête de Pâques. Le prince des apôtres fut délivré par une intervention divine, et le persécuteur, s'étant rendu à Césarée, y fut mangé par les vers.

Bien que, depuis la mort de Jacques et la délivrance de Pierre, nous n'ayons aucune connaissance positive de nouvelles persécutions suscitées contre l'Église par les présidents de Palestine, jusqu'au martyre de l'autre Jacques, disciple du Sauveur et évêque de Jérusalem, nous lisons néanmoins dans les *Actes* que plusieurs fois, soit dans cette capitale (*Act.* xxii), soit ailleurs, les Juifs s'ameutèrent, contre S. Paul principalement (*Act.* xiv. xvi. seqq.), et voulurent le mettre à mort. Annanus, grand prêtre des Juifs, voulant illustrer les débuts de son pontificat par quelque action d'éclat, assembla le sanhédrin, fit comparaître l'évêque de Jérusalem comme coupable d'impiété et le fit condamner à être lapidé. Jacques, selon le récit d'Hégésipe (Ap. Euseb. *Hist. eccl.* ii. 23), fut précipité du haut du temple, et achevé à coups de levier par un foulon.

II. — Les païens ne tardèrent pas à imiter l'exemple des Juifs; et sans compter un certain nombre de persécutions partielles et locales qui furent l'effet immédiat de tumultes populaires (V. Mamachi. *Orig. Christ.* t. i. p. 414), nous énumérerons rapidement celles qui, édictées par les empereurs, eurent un caractère officiel et des effets plus ou moins généraux dans tout l'empire. On en compte, jusqu'à Constantin, dix principales.

1° *Persécution de Néron.* Commencée l'an 64, elle dura quatre ans. Le prétexte de cette persécution fut l'incendie de Rome, allumé par la fureur de Néron lui-même et dont il croyait rejeter ainsi l'odieux sur les chrétiens. La véritable cause de cet incendie était le désir qu'il nourrissait de donner son nom à la ville, après l'avoir reconstruite. Tacite a décrit (*Annal.* xxv. 44) les horribles supplices infligés aux fidèles par ce monstre, et dont le principal consistait à les enduire de matières résineuses et à les allumer en guise de flambeaux pour éclairer ses jardins pendant la nuit. Le martyrologe romain fait au 24 juin une mémoire générale de tous ces martyrs, disciples des apôtres. Ce fut la seconde année, c'est-à-dire en 65, que S. Pierre et S. Paul furent martyrisés. Il est certain, en dépit de l'assertion contraire de quelques critiques, que cette persécution s'étendit aux provinces, non pas au commencement, car, alors la persécution n'ayant pour prétexte avoué que l'incendie de la ville, il est évident que les chrétiens de Rome pouvaient seuls y être impliqués. Mais l'instruction de la cause les ayant déchargés de ce grief, on se rabattit sur l'accusation d'être les ennemis du genre humain. Dès lors il n'y avait plus de raison d'épargner les chrétiens des provinces (V. De' Rossi, *Bullet.* 1865. p. 93). Les plus illustres martyrs que l'on puisse citer, sont, à Milan, S. Gervais et S. Protais, S. Nazaire et S. Celse, et probablement, à Ravenne, S. Vital; S. Hermagore et S. Fortunat à Aquilée, S. Polycète à Saragosse, etc. C'est aussi dans cette persécution que dut souffrir l'évangéliste S. Marc, ainsi que Ste Thècle, puisqu'elle a toujours été regardée comme la première personne de son sexe qui ait subi le martyre.

2° *Persécution de Domitien,* de 94 à 96. Imitateur des vices de Néron, ce qui le fit appeler *Néron* par Juvénal (*Satir.* iv. 38), et avec plus d'énergie encore par Tertullien, « portion de Néron par la cruauté, » *portio Neronis de crudelitate* (*Apol.* v), après avoir accablé les chrétiens d'impôts exorbitants, il publia contre eux des édits sanguinaires. Ses plus illustres victimes furent Flavius Clemens, son cousin germain et personnage consulaire, qu'il fit mettre à mort en 95 (Sueton. *Domit.* xv), et S. Jean l'Évangéliste, qu'il fit jeter dans une chaudière d'huile bouillante, d'où celui-ci sortit sain et sauf (Tertull. *Præscript.* xxxvi). On place communément à cette époque le martyre de S. André, de S. Denys l'Aréopagite, de S. Onésime, converti par S. Paul, de S. Nicomède, prêtre de Rome (V. Tillemont. i. 129), et celui de S. Antipas, à Pergame (Bolland. ii *april*).

L'historien Hégésippe, cité par Eusèbe (*Hist. eccl.* l. iii. cap. 32), rapporte un fait qu'on a peu remarqué au sujet des enfants de Jude, *frère du Sauveur,* comme parlent les Évangiles : c'est qu'ils confessèrent la foi chrétienne sous Domitien, et furent toujours honorés dans l'Église de Jérusalem, et comme parents du Sauveur, et comme martyrs.

3° *Persécution de Trajan,* de 97 à 116. Il ne paraît pas que ce prince ait publié de nouveaux édits contre les chrétiens, car ni Tertullien ni S. Méliton ne les mettent au nombre des persécuteurs. Il fit seulement connaître son aversion pour eux en diverses circonstances, et en particulier dans une réponse fort connue à Pline, dans laquelle il approuve la conduite de ce proconsul de Bithynie, qui, tout en rendant hommage à l'innocence des fidèles, envoyait néanmoins au supplice ceux qui refusaient d'apostasier. Il n'en fallait pas davantage pour exciter contre eux la fureur des peuples et des magistrats. Il faut observer que c'est là le premier acte qui ait décidément déclaré la religion chrétienne illicite. Jusque-là les fidèles, sauf pendant la durée des deux premières persécutions, étaient restés dans le droit commun, et protégés par la tolérance des Césars.

On pourrait encore voir une des causes de la

persécution de Trajan dans l'aversion qu'il professait pour les corporations connues à Rome sous les noms de *collegia, corpora, sodalitia*. Il put envisager comme telles les assemblées des chrétiens, et les redouter d'autant plus qu'elles étaient secrètes. C'est sous Trajan que souffrirent S. Siméon de Jérusalem, S. Ignace d'Antioche, et probablement Ste Domitille, nièce de Flavius Clemens. Cette persécution sévit particulièrement en Syrie et en Bithynie. Mais Eusèbe semble affirmer (III. 33) que, bien qu'elle ait été fort violente en beaucoup d'endroits, elle ne fut cependant pas universelle. Grotius pense néanmoins (Ap. Ittig. *Hist. eccl.* sec. II. p. 279) qu'elle fit couler plus de sang chrétien que celles de Néron et de Domitien, parce qu'elle fut plus générale. Un fait isolé prouve surtout la violence de cette persécution : c'est le rapport que l'on dit avoir été adressé à Trajan par Tiberianus, gouverneur de la Palestine, et dans lequel celui-ci se plaignait de la triste besogne dont on l'avait chargé, lassé d'envoyer les chrétiens à la mort, bien plus que ceux-ci ne l'étaient d'y courir.

4° *Persécution d'Hadrien*, de 118 environ à 129. Elle fut très-violente, au rapport de S. Jérôme (*Epist.* LXXXIV), bien qu'elle ne vînt d'aucun édit de ce prince, mais du désir des ennemis des chrétiens de flatter son penchant aveugle et exclusif pour les superstitions païennes, et sa haine pour tout ce qui était étranger (Spartian. *Vit. Hadrian.* p. II. edit. 1620). On pense aussi que cette persécution put avoir pour cause les abominations des carpocratiens et de quelques autres hérétiques, qui furent découvertes au temps d'Hadrien, désordres que l'on attribua à tous les chrétiens indistinctement (Cyp. *Diss.* II. c. 29). Le zèle si prononcé de ce prince pour les superstitions païennes n'y fut sans doute pas étranger. Ces dispositions, attestées par divers actes de sa vie, le sont aussi dans une inscription honorifique qui lui fut décernée au nom du sénat et du peuple romain : OB. INSIGNEM. ERGA. CAERIMONIAS. PVBLICAS. CVRAM. AC. RELIGIONEM (Fabretti. 184. 629). Il est permis de supposer ce zèle peu sincère chez un prince si éclairé, et que des vers composés dans ses derniers moments semblent accuser de sentiments assez peu religieux. Selon Baronius (*Ad an.* 150. § 4), cette persécution aurait été provoquée par une révolte des Juifs, que l'on confondait toujours avec les chrétiens.

Elle fut souvent interrompue, et définitivement arrêtée, pense-t-on (Hieron. *Epist.* VIII), par les éloquentes apologies de S. Quadrat et de S. Aristide (V. leurs notices à l'art. *Patrologie*). C'est sous Hadrien que souffrirent le pape S. Alexandre 1er, avec les prêtres Eventius et Théodule, dont le tombeau a été retrouvé naguère sur la voie Nomentane; S. Eustache, avec Ste Théopiste, sa femme et leurs enfants Agape et Théopiste (Fronto. *Calend.* II sept.). On pense que c'est aussi à cette époque que se place le martyre de Ste Séraphie et de Ste Sabine en Ombrie; celui de S. Symphorose et de ses sept enfants à Tivoli; celui de S. Marcius, évêque de Tortone en Lombardie, de S. Second à Asti (Bolland. XVIII *apr.*); et enfin celui de S. Antiloque, premier martyr de l'Église de Sardaigne (Baron. XIII *dec.*), et d'autres encore. En Orient, on cite un grand nombre de martyrs, parmi lesquels brille Ste Zoé avec Hespère son mari et leurs enfants Cyriaque et Théodule (Bolland. II *maii*).

5° *Persécution de Marc-Aurèle*, de 161 à 178. Le nom d'Antonin donné par les anciens à Marc-Aurèle, principalement sur ses médailles, a fait souvent attribuer cette persécution à Antonin le Pieux. Mamachi notamment est tombé dans cette confusion (V. *Origin. Christ.* I. p. 432). Ce qui a pu y donner lieu, c'est que S. Justin avait adressé à ce prince sa première Apologie; mais bien que, sous son règne, des chrétiens aient été mis à mort dans les provinces en vertu de lois préexistantes, il est certain qu'il ne publia aucun édit contre eux; bien plus, faisant droit aux réclamations de S. Justin, il écrivit en faveur des fidèles à toute la province d'Asie, et aussi aux Athéniens, aux Thessaloniciens, à ceux de Larisse en Thessalie et à tous les Grecs (Euseb. *Hist. eccl.* IV. 26). Marc-Aurèle était un prince doux et bon; il y eut néanmoins sous son règne une violente persécution. On l'attribue en partie aux excitations des philosophes, auxquels cet empereur s'était imprudemment livré (Justin. *Apol.* I. p. 47.), et en particulier de l'un d'eux nommé Crescens, qui fut, comme on le sait d'autre part, le principal instigateur des vexations et de la mort que subit l'illustre apologiste S. Justin.

Il ne paraît pas qu'il ait porté de nouvelles lois contre les chrétiens (Tertull. *Apol.* V), mais il ordonna l'application des anciennes. Cependant l'Église ne manqua pas alors de défenseurs, car, outre S. Justin qui adressa à Marc-Aurèle sa seconde Apologie, il y eut encore S. Méliton, S. Apollinaire d'Hiéraple, puis Athénagore et Miltiade qui écrivirent en sa faveur des traités pleins d'énergie (V. Tillemont. II. p. 343-349 (V. les notices de ces apologistes à l'art. *Patrologie*). C'est dans cette persécution que souffrirent l'apologiste S. Justin à Rome, Ste Félicité et ses sept enfants, S. Polycarpe à Smyrne, S. Pothin et ses compagnons à Lyon, et probablement S. Bénigne à Dijon, S. Speusipe à Langres, S. Andoche près d'Autun, S. Marcel à Chalon-sur-Saône, S. Valérien à Tonnerre, etc. La persécution de Marc-Aurèle est la première qui ait sévi dans les Gaules.

6° *Persécution de Septime-Sévère*, de 200 à 211. Au commencement, Sévère fut favorable aux chrétiens. Mais vers l'année 204, qui est la sixième de son règne, il s'éleva *dans toutes les Églises* une violente tempête (V. *Act. MM. Scillit.* Ruinart. ed. Veron. p. 73), si violente, que beaucoup de chrétiens crurent à l'avènement de l'Antechrist (Euseb. *Hist. eccl.* VI. 7). D'abord la persécution avait fait son œuvre sans aucunes lois de Sévère, mais en vertu des anciennes que remit en vigueur Plautien, favori de l'empereur, qui gouvernait l'Italie pendant que celui-ci était engagé dans une expédition contre les Parthes. On croit que c'est alors que fut martyrisé le pape Victor.

Le peuple romain, s'imaginant que les chrétiens étaient cause des malheurs publics, demandait souvent qu'on les exposât aux lions. Mais en 201, l'empereur étant en Palestine, où il avait été appelé par une révolte des Juifs, défendit d'abord sous les peines les plus sévères à tous les sujets de l'empire de se faire ni juifs ni chrétiens (Sulp. Sev. II. 45), et bientôt après, soit qu'on ait donné plus d'extension à cet édit, soit qu'on en ait publié de nouveaux, il est certain que la persécution atteignit, et avec une cruauté inouïe jusque-là, tous ceux qui appartenaient précédemment au christianisme (Euseb. VI. 7. — Hieron. *V. ill.* LII). Elle fit d'illustres victimes dans toutes les provinces, elle en fit surtout un grand nombre à Alexandrie, non-seulement parmi les habitants de la ville, tels que Léonide, père d'Origène, mais parmi ceux de l'Égypte et de la Thébaïde qu'on y amenait pour les immoler (Euseb. V. 1). S. Clément d'Alexandrie avait vu de ses yeux les tortures infligées aux chrétiens sous ce règne, et il dit que les martyrs se succédaient comme les eaux de sources inépuisables (*Strom.* lib. II. cap. 22. edit. Potter. p. 494).

Lyon fut dans la Gaule ce qu'Alexandrie fut en Égypte : elle vit alors martyriser dans ses murs S. Irénée et ses nombreux compagnons. Ce fut aussi sous Sévère que souffrirent les douze célèbres martyrs Scillitains, et encore Ste Perpétue, et Ste Félicité qu'il ne faut pas confondre avec celle qui fut couronnée sous Marc-Aurèle. Cette persécution fit éclore les deux plus admirables Apologies de la foi chrétienne, celle de Tertullien et celle de Minucius Félix (V. l'art. *Patrologie*).

7° *Persécution de Maximin*, 235 à 237. Maximin fut tout d'abord excité à persécuter les chrétiens par la haine qu'il avait vouée à son prédécesseur Sévère-Alexandre, qui les aimait (Euseb. VI. 28). L'Orient fournit aussi un prétexte de persécution, c'est-à-dire diverses calamités, et notamment de fréquents tremblements de terre, dont, selon la coutume, on rejeta la faute sur les chrétiens (Cypr. *Ep.* LXXV). La persécution atteignit d'abord les évêques et tous ceux qui étaient appelés à prêcher l'Évangile (Euseb. *loc. laud.*); elle s'étendit ensuite à tous les fidèles. Elle ne fut pas générale, mais très-violente en certains endroits, en Cappadoce par exemple. Elle donna la couronne du martyre à plusieurs papes, particulièrement à S. Pontien et à S. Antère. On doit mettre encore au nombre des plus illustres qui souffrirent alors, Ambroise, cet ami d'Origène, qui eut une si grande part à ses travaux sur les Livres saints, et à qui le savant docteur d'Alexandrie dédia son traité *Contre Celse*. Ambroise avait été ordonné diacre, et Maximin, comme on sait, sévissait surtout contre les ministres de l'Église. S. Jérôme (*De viris illustr.* LVI) rend à Ambroise ce glorieux témoignage « qu'il fut insigne par la gloire de la confession du nom du Seigneur, » *confessionis dominicæ gloria insignis fuit.*

8° *Persécution de Dèce*, de 249 à 251. Par haine pour la mémoire de son prédécesseur Philippe, qui passe pour avoir été chrétien et qu'il avait mis à mort (Euseb. VI. 29), Dèce entreprit d'extirper le christianisme, déjà très-répandu. Les édits sanguinaires qu'il se hâta de publier aussitôt après son avénement au pouvoir portèrent la terreur et la mort dans toutes les parties de l'empire (Euseb. VI. 29). Une de ses premières victimes fut le pape Fabien, martyrisé le 20 janvier 250. S. Corneille, son successeur, obtint la même palme deux ans après. Les martyrs furent innombrables dans cette persécution ; les plus célèbres après ceux que nous avons cités sont : S. Saturnin, premier évêque de Toulouse ; S. Babylas, évêque d'Antioche ; S. Alexandre, évêque de Jérusalem ; Ste Agathe, vierge à Catane. Nous ne devons pas omettre Origène, qui souffrit aussi sous Dèce toute sorte de tourments pour la foi, sans cependant avoir le bonheur de consommer son martyre, car les persécuteurs ne voulaient pas le faire mourir, mais le vaincre par la souffrance ; il ne fut délivré que par la mort de Dèce, arrivée en 251. Comme Maximin, ce persécuteur s'attachait surtout aux sommités de l'Église, aux pontifes, aux prêtres, aux plus illustres chrétiens. Il visait moins à faire des martyrs que des apostats, ce qui a fait dire à S. Cyprien (*Epist.* VII) : *Acerbissimos cruciatus, absque solatio mortis*. Il avait inventé dans ce but des supplices inouïs jusque-là. Il ne réussit que trop malheureusement, et l'Église eut alors à déplorer bien des chutes (V. l'art. *Lapsi*).

On a placé communément en Lycie, sous la persécution de Dèce, le martyre de S. Christophe, qui est honoré le 9 mai chez les Grecs, et le 25 juillet chez les Latins.

Cette persécution eut cependant un excellent effet en Orient : ce fut elle qui détermina S. Paul à se soustraire à la mort par la fuite, et qui par conséquent peupla de pieux ermites les déserts de la Thébaïde.

9° *Persécution de Valérien*. Au commencement de son règne, ce prince manifesta à l'égard des chrétiens des sentiments équitables (Euseb. VII. 10). Eusèbe dit même (*Hist. eccl.* lib. VII. c. 10) que beaucoup de fidèles faisaient partie de sa maison, qui, au témoignage de S. Denys d'Alexandrie, ressemblait à une église. Mais la cinquième année, c'est-à-dire en 257, Marcien, ennemi juré des fidèles, ayant capté sa confiance, changea complétement ces heureuses dispositions, et le détermina à persécuter l'Église. La tempête augmenta surtout en 258, date d'un nouvel édit de l'empereur. Ce fut alors que les papes S. Étienne et S. Sixte II à Rome, le diacre S. Laurent et peu après S. Cyprien à Carthage (Cypr. *Epist.* LXXX. LXXXII. *et* ap. Ruinart. p. 171. *Act. S. Cyprian.*), et non loin de Constantine, les chrétiens dont les noms sont inscrits dans une célèbre inscription tracée sur un rocher, et dont nous devons la connaissance à des officiers français, beaucoup d'autres en divers lieux, furent immolés pour la foi. Au même temps

(Greg. Turon. *Hist.* l. 1. c. 30. 1), un grand nombre de chrétiens furent mis à mort dans les Gaules par les Barbares.

Nous savons que Dodwel a prétendu limiter la persécution de Valérien aux seuls pasteurs de l'Église. Pour toute réponse à cette assertion, nous transcrirons les paroles suivantes que S. Cyprien écrivait à son clergé (*Epist.* LXXVI) : « Suivant votre exemple, une nombreuse portion du peuple a confessé comme vous, et comme vous a été couronnée : *exemplum vestrum secuta multiplex plebis portio, confessa est vobiscum pariter, et pariter coronata est.* » D'ailleurs les termes mêmes du décret donnent un démenti au docteur anglican.

En 259, alors que Valérien fut pris par les Perses, Gallien qui, selon l'historien Orose (VII. 22), aurait été épouvanté du terrible jugement de Dieu sur son père, rendit la paix aux chrétiens ; mais Macrin, qui était maître de l'Égypte, continua à vexer les fidèles d'Alexandrie (Euseb. *loc. laud.*). Il y eut aussi des martyrs sous Claude le Gothique, bien que ce prince n'eût publié aucun édit de persécution, et c'est à son règne que se rapporte, croit-on, la passion de Ste Sévère, dont le P. Lupi a illustré si savamment l'épitaphe (*Dissert. et animadv. in nuper invent. Severæ M. epitaph.* Panormi. 1734). Sous Aurélien, il y eut aussi du sang chrétien répandu. C'est à ce règne que se rattache le martyre de Ste Mustiola de Chiusi, l'antique *Clusium* : cette martyre paraît avoir été parente de Claude le Gothique (V. Cavedoni. *Cimit. Chius*). Après la mort de ce dernier, en 279, la république resta six mois sans maître. Cependant les préfets des provinces ne s'abstinrent pas, durant cet interrègne, d'immoler de nouvelles victimes (V. Pagi. *Ad an.* 260). C'est sous Aurélien que se place le martyre de S. Denys, premier évêque de Paris, celui de S. Victor de Marseille, celui du pape Caius. L'apologiste Arnode florissait à la même époque (V. la notice à l'art. *Patrologie*).

10° *Persécution de Dioclétien et Maximien*, de 303 à 310. Pendant les dix-huit premières années de Dioclétien, les chrétiens jouirent d'une paix relative, surtout en Orient ; il y eut cependant déjà en Occident un certain nombre de martyrs, parmi lesquels brillent au premier rang Maurice et sa légion Thébéenne, qui furent immolés, selon toute apparence, le 22 septembre 286, par Maximien, collègue de Dioclétien. Ce fut en 303 seulement, et après de longues hésitations, qu'il céda aux instances du césar Galère, altéré du sang des chrétiens. Cependant son premier édit se borna à exclure les chrétiens de tous les bénéfices de la vie civile, à faire abattre les églises et brûler les Livres saints (Euseb. VIII. 2). On sait que ce fut pour avoir refusé de livrer les livres de l'Église dont, en sa qualité de diacre, il avait la garde, que S. Vincent fut alors martyrisé à Valence, en Espagne. Peu après en vint un second et bientôt un troisième vouant à la prison et à la mort les évêques et les clercs seulement, et en 304 un quatrième qui étendait la persécution à tous les chrétiens. Après l'abdication de Dioclétien, la persécution fut renouvelée par Maximien, en 312, et Licinius, dans les provinces en son pouvoir, la prolongea jusqu'en 315, au mépris du mémorable édit de tolérance que, conjointement avec Constantin, il avait publié à Milan en 313. Les martyrologes nomment un assez grand nombre de martyrs à cette époque, parmi lesquels on distingue surtout les quarante soldats qui souffrirent à Sébaste, en Arménie (IX *mars*). Après la mort de Licinius, Constantin, demeuré seul maître de l'empire, donna à l'Église une paix qui ne fut plus guère troublée, et encore partiellement, que par l'apostat Julien et par les empereurs ariens, Constance, Valens, etc.

Parmi les plus illustres martyrs de la persécution de Dioclétien on doit compter S. Sébastien, S. Pamphile, si connu par son zèle pour la science, et probablement Ste Agnès.

Dioclétien eut le singulier honneur de donner son nom à une ère nouvelle. Même après ce qu'en ont écrit Baronius, Petau, Noris, Tillemont, Scheltrate, etc., cette ère conservait encore quelque chose de vague, notamment en ce qui concerne l'usage qu'en firent les chrétiens de l'Égypte et de l'Abyssinie. Aujourd'hui, grâce aux études de Letronne sur les inscriptions grecques de l'Égypte, toute incertitude a cessé (V. Cavedoni. *L'era dei martiri*). Après avoir illustré trois inscriptions de Philé dans la haute Égypte, datant des années 164 et 169 de l'ère de Dioclétien, il les fait suivre de deux dissertations, dont la seconde est intitulée : *De l'origine et du caractère de l'ère de Dioclétien*. Or de cette dernière il résulte : 1° que le point de départ de cette ère est la première année de l'empire de Dioclétien, supputée à la manière des Égyptiens, et correspondant au 29 août 284 de Jésus-Christ ; 2° que cette ère, imaginée et mise en usage par les païens, sans doute à cause du zèle de ce prince pour le paganisme et de sa haine contre les chrétiens, fut ensuite adoptée par les fidèles eux-mêmes, qui, pour en déguiser l'origine, la nommèrent *ère des martyrs*, appellation qui ne doit pas néanmoins être prise dans toute sa rigueur chronologique. Car nous avons vu que la dixième persécution qui porte le nom de Dioclétien ne compte que de la dix-huitième ou même de la vingtième année de son empire, bien qu'il y ait eu des martyrs dès la première.

L'histoire des persécutions présente une foule de difficultés chronologiques et autres dont nous ne pouvions aborder la constatation dans ce rapide aperçu. Nous avons constamment suivi les opinions le plus généralement reçues, et pris pour guides les auteurs les plus sûrs, entre autres Mamachi (*Origin. et antiq. Christ.* t. 1. l. 2. c. 8), et surtout les incomparables *Mémoires* de notre Tillemont.

III. — A la vue de tant d'atrocités exercées contre les chrétiens, on se demande si tous les princes persécuteurs étaient donc des hommes cruels ; et aussitôt se présentent à l'esprit les noms des Trajan et des Marc-Aurèle. On peut y en ajouter d'autres encore qui, bien qu'ils ne figurent pas dans la liste officielle et un peu arbitraire, il faut l'avouer, des ennemis déclarés du nom chrétien, ont cependant répandu le sang de nos frères : ainsi, Vespasien et son fils Titus, qui avaient fait rechercher avec tant de rigueur les descendants de David, dont plusieurs avaient embrassé le christianisme, pour éteindre dans leurs personnes la race des anciens rois. On se souvient aussi que S. Apollinaire de Ravenne avait souffert sous cet empereur (Usuard. xxii jul.) : *Natalis beati Apollinaris episcopi, qui.... sub Vespasiano Cæsare, inter ipsa vicissim sibi succedentia tormenta, gloriosum martyrium consummavit.*

Ainsi Antonin le Pieux. Si divers faits restent obscurs dans l'histoire de ce prince par son homonymie avec Marc-Aurèle, la persécution n'est point contestable. Dodwel lui-même ne la nie pas, puisque, contrairement à tous les documents chronologiques, il place sous ce règne, non-seulement le martyre de S. Polycarpe, mais encore celui de S. Justin.

Ainsi encore Sévère-Alexandre. Les cruautés exercées sous ce prince trouvent de nombreux incrédules, à cause de son caractère bien connu de douceur et de justice. Mais tout s'explique, quand on réfléchit que cette persécution fut bien moins son œuvre personnelle que celle des jurisconsultes si puissants sous son règne, et qui, étant animés d'une haine implacable contre les fidèles, se prévalaient des lois existantes pour sévir contre eux. Mais encore est-on en droit de flétrir la cruelle faiblesse de l'empereur.

On pourrait en citer beaucoup d'autres.

Mais enfin, comment des hommes doués, de l'avis de tous, des qualités qui font les bons princes, furent-ils amenés à se montrer sévères et cruels envers les chrétiens? On en peut assigner plusieurs causes.

D'abord la pression tyrannique des passions populaires. Dans leur haine stupide, les multitudes cherchaient à se dédommager des calamités dont elles étaient parfois accablées, en provoquant les mesures les plus acerbes contre des hommes auxquels elles les attribuaient ou feignaient de les attribuer, et des princes lâches ou pusillanimes ne demandaient pas mieux que de leur accorder cette diversion. « Ils pensent, dit Tertullien (*Apolog.* xl), que les chrétiens sont la cause de tous les malheurs publics, de toutes les souffrances du peuple. Si le Tibre monte jusqu'aux murailles, si le Nil ne monte pas sur les champs qui l'environnent, si le ciel tarit, si la terre s'ébranle, si la famine, si la contagion paraissent, aussitôt on crie : *Aux lions les chrétiens !* CHRISTIANOS AD LEONES.

Deuxièmement, l'influence et les menées des philosophes. A partir du règne d'Hadrien surtout, beaucoup d'entre eux, animés d'une haine violente contre les chrétiens, poussaient sans cesse à poursuivre les fidèles, et les masses populaires, et les sommités de la société romaine, et les chefs de l'empire. Outre Celse et Porphyre, on peut nommer Arrien, Fronton, Lucien, Crescent, Philo- strate. Ces hommes ne pouvaient voir sans envie d'illustres chrétiens, profondément versés dans l'étude de la philosophie, revêtus, eux aussi, du manteau de philosophe, enseigner avec autorité des doctrines nouvelles, mettre à découvert les contradictions et l'inanité des leurs, et surtout flétrir leur cupidité et leur bassesse, leurs désordres monstrueux, comme le faisaient notamment S. Justin et son disciple Tatien.

Enfin, il ne faut pas oublier que les empereurs étaient revêtus de la dignité de *souverains pontifes*, titre qui résumait tous les sacerdoces de la vieille Rome. Ce titre était fort considéré, et les empereurs en exerçaient volontiers les pouvoirs, même dans des choses qui peuvent paraître minimes. Pline consultait Trajan, ou recourait à son autorité comme souverain pontife, et ce prince lui répondait comme tel (*Epist.* x. 73. 74). C'est en qualité de souverain pontife que Domitien avait ordonné, suivant le rit antique, le supplice de plusieurs vestales qui avaient oublié leurs devoirs (Sueton. *Domit.* viii). Plus tard, Sévère-Alexandre figurait, en vertu de ce même titre, dans les sacrifices solennels (Lamprid. *Alexandr.* xl.).

On regardait ces fonctions comme si importantes et si essentiellement liées à la dignité impériale, que, lorsque Gratien y renonça, cet acte excita un grand mécontentement dans les sommités du paganisme (V. Zosim. ix. 36).

Or, évidemment, ce souverain pontificat leur imposait la charge de protéger contre tout culte ennemi le culte qui était reconnu comme celui de l'empire. De plus il les mettait en relation intime, en communauté de cause avec les pontifes d'un ordre inférieur, les prêtres de toutes les classes, les divers collèges religieux, c'est-à-dire avec tout ce qu'il y avait dans la société romaine de plus hostile à la religion nouvelle, et qui devait nécessairement exercer sur eux une forte pression dans ce sens.

Ajoutons que beaucoup étaient affiliés à des collèges ou associations religieuses. Pour ne parler que d'une seule, mais qui était la plus importante, citons celle des *Fratres arvales*, chargés spécialement de faire des sacrifices annuels pour la prospérité des récoltes. Les inscriptions recueillies dans le précieux ouvrage de Marini (*Gli atti e monumenti dei Fratelli arvali*) nous y montrent Néron et même Trajan, malgré l'éloignement qu'il éprouvait pour ces sortes d'associations, Hadrien, Antonin, Marc-Aurèle, Septime-Sévère, Gordien, etc.

On sait que, de nos jours, M. Henzen a repris l'œuvre de Marini et découvert de nombreux fragments des actes de cette célèbre corporation.

PÉTRONILLE (BASILIQUE DE SAINTE). — La découverte de ce monument est un des événements archéologiques les plus considérables qui se soient produits depuis le commencement de la nouvelle ère d'exploration des catacombes romaines. Elle est due au zèle et à la sagacité de l'illustre auteur de la *Roma sotterranea cristiana :* lui seul peut unos servir de guide dans la rapide esquisse que nous allons tracer des merveilleux résultats de ses recherches.

I. — A un mille et demi des murs de Rome, au-dessous d'une terre connue dans les temps modernes sous le nom de *Tor Marancia*, entre la voie Ardéatine et la voie d'Ostie, règne une des plus vastes nécropoles chrétiennes du territoire suburbain. C'est ce qu'on appelle le cimetière de Domitille, parce qu'il est creusé sous le *prædium* de Flavia Domitilla, nièce de l'empereur Domitien. Bosio l'avait pris pour le cimetière de Calliste: mais il y a une vingtaine d'années que, d'après les données les plus sûres des topographes et des actes des martyrs, M. De' Rossi avait cru pouvoir lui restituer son véritable nom. Toutefois, pour changer en certitude les judicieuses conjectures du nouveau Bosio, une découverte était encore à faire, celle des monuments signalés dans les sources qui l'avaient mis sur la voie : nous voulons parler des tombeaux des saints éponymes du cimetière, Pétronille, et les *cubicularii* de Domitille, Nérée et Achillée, qui furent aussi les compagnons de son martyre. Sur la foi des actes de ces saints, actes d'une authenticité douteuse (*ap. Bolland.* t. II. *maii*), la vierge Pétronille, qui avait précédé ces martyres dans cet hypogée, avait passé pour la fille de S. Pierre, qualification qui lui est attribuée jusque dans la liste des ampoules de Monza au sixième siècle : *filiæ sancti Petri*, y est-il dit (V. l'art. *Huiles saintes*). Cependant les hagiographes et les critiques avaient toujours été d'avis que ceci ne pouvait s'entendre que d'une filiation spirituelle. Baronius va plus loin encore et observe que ce vocable de Pétronille est un *cognomen* dérivé, non pas de Petrus, mais de Petronius, qui était l'aïeul des Flavius Augustes et des Domitilles chrétiennes. L'épitaphe de son sarcophage portait AVRELIAE PETRONILLAE. Or, la généalogie des Flavius s'ouvrant par un PETRO, on comprend aisément qu'une femme du nom de Petronilla fût issue de cette illustre race et tînt à Domitille elle-même par les liens d'une parenté plus ou moins rapprochée (*Bull.* 1865. p. 22).

Quant au tombeau de notre vierge, il résulte des documents mentionnés plus haut qu'il était placé dans une basilique occupant le point central du cimetière de Domitille. C'était donc là qu'on devait rechercher cet édifice ; et en effet, au mois de mars 1854, c'est-à-dire dès le début des opérations de la Commission d'archéologie sacrée instituée par Pie IX, opérations dont le premier objet fut le déblaiement de ce même cimetière, l'édifice commença à se révéler par diverses constructions et d'autres indices auxquels le flair de l'archéologue exercé ne saurait se méprendre. Mais une revendication du propriétaire du sol vint arrêter les travaux, qui n'ont pu être repris qu'après un laps de vingt années, grâce à la généreuse initiative de Mgr Xavier de Mérode. Ce prélat, toujours empressé à favoriser les entreprises favorables à la religion et à la science, acheta de ses deniers le vaste *Latifundium* de *Tor Marancia*, ainsi que la vigne voisine où s'ouvre l'entrée monumentale du cimetière des Flavius Clemens chrétiens, et les fouilles furent rouvertes en novembre 1873.

Nous ne pouvons songer à suivre le savant explorateur dans toutes les phases de sa découverte, nous en noterons du moins les points principaux. Successivement se montrèrent, au niveau du deuxième étage de la catacombe, des bases de colonnes, puis des pans de murs, des nefs, une abside, le tout dénotant un édifice de gigantesques proportions, presque égal en étendue à la basilique constantinienne de Saint-Laurent *in agro Verano*. C'était bien là indubitablement l'église désignée par les documents anciens sous le nom de Pétronille ou de Nérée-et-Achillée, cet auguste sanctuaire où, au sixième siècle, S. Grégoire le Grand avait prononcé, en face des tombeaux de ces martyrs, une de ses plus mémorables homélies. En effet, une pierre fut trouvée sous l'aire de l'abside, où se lisait une partie de l'éloge historique des SS. Nérée et Achillée, composé au quatrième siècle par le pape Damase, et qu'il fut aisé de compléter à l'aide des copies conservées dans les anciens manuscrits, lesquels déterminent jusqu'à la place que l'épigraphe métrique damasienne occupait primitivement.

D'autres trouvailles sont venues graduellement établir avec un vrai luxe d'évidence l'identité du monument. C'est, en premier lieu, une colonne de marbre blanc, gisant dans la petite nef de droite, et faisant voir sur son fût le supplice d'un martyr sculpté en bas-relief avec l'inscription ACILLEVS (pour *Achilleus*) en caractères du quatrième siècle, nom qui, on le comprend, n'est autre que celui d'Achillée, l'un des deux martyrs, eunuques de Domitille ; un tronçon de marbre qui faisait sans doute partie de la colonne représentant le martyre de Nérée, a été trouvé à une faible distance de l'autre, et l'on est en droit d'espérer que le fragment contenant le bas-relief et l'inscription NEREVS se retrouvera aussi quelque jour.

M. De' Rossi suppose avec toute sorte de fondement que nous avons ici deux des quatre colonnes qui soutenaient le *ciborium* recouvrant l'autel isolé (V. le dessin de la colonne de S. Achillée à notre art. *Martyre* [*représentation du*]).

La seconde découverte que nous avons à signaler n'est ni moins intéressante, ni moins probante. C'est, au fond d'un *cubiculum*, une fresque indiquant, selon toute probabilité, le lieu où était placé le sarcophage de Pétronille, et représentant deux figures en pied, dont l'une étend les bras en *orante* et l'autre tient sa main droite affectueusement appuyée sur l'épaule de la première. Près de la tête de celle-ci est inscrit son nom VENERANDA, avec la date de sa mort : DEFVNCTA VII IDVS IANVARIAS ; la seconde n'est autre que Ste Pétronille, comme l'indique son nom légèrement altéré, PETRONELLA MARTYR. Le groupe figure la réception de Veneranda au paradis par Pétronille, qu'elle avait sans doute prise pour sa patronne ou sa protectrice (V. à notre art. *Paradis* une peinture analogue à celle-ci et le texte expliquant cette pratique de l'iconographie chrétienne). On remarquera le titre de martyre attribué ici à Ste Pétronille, bien qu'aucun document ne porte qu'elle l'ait été : c'est une erreur qui n'est pas sans exemple dans les sanctuaires suburbains, où l'on voit divers personnages et même des papes postérieurs au temps des persécutions qualifiés par ce titre purement honorifique. Voici un croquis de la fresque de Veneranda.

II. — La fondation de la basilique de Ste Pétronille date de la fin du quatrième siècle, et se place entre 390 et 395, sous le pontificat de Siricius, pontife connu par son zèle pour l'entretien et la décoration des tombeaux des martyrs. Dans le premier quart du sixième siècle, elle dut déjà être restaurée par le pape Jean.

C'est à la fin de ce même siècle que S. Grégoire le Grand prononça dans cette basilique l'homélie mentionnée plus haut et où il déplore les calamités qui accablaient l'Italie par suite des incursions des Lombards, de la peste, et de fléaux de toute

sorte : *ubique mors, ubique luctus, ubique desolatio* (S. Greg. Opp. t. 1. p. 1569). C'est à peu près à la même époque que se place le pèlerinage du prêtre Jean, envoyé à Rome par Théodelinde, pour apporter à cette reine des Lombards des huiles des saints tombeaux. Or au nombre de ces huiles figurent, comme nous l'avons indiqué déjà, celles de Pétronille, Nérée et Achillée, renfermées dans une même ampoule avec celles des basiliques de Damase, de Marcus et de Marcellianus qui étaient voisines de celle de Pétronille.

Pendant tout le cours du septième siècle, cette basilique fut visitée par une foule de pèlerins de toute nation, et en particulier des Gaules, de la Germanie et de la Bretagne. C'est ce qu'attestent les anciens itinéraires imprimés dans le tome Ier de la *Roma sotterranea cristiana* (page 180 et suiv.).

Mais les dévastations exercées en 755 par les Lombards dans les cimetières et les basiliques des alentours de Rome obligèrent le pape Paul Ier, aussitôt après le rétablissement de la paix, à transporter en lieu sûr les reliques des saints les plus illustres, et l'une des premières de ces translations fut celle du corps de Ste Pétronille. Un tombeau fut élevé au Vatican pour recevoir ce précieux dépôt. C'est ce qui explique pourquoi on ne trouva aucun vestige de sa sépulture dans les ruines de la basilique bâtie en 752 par Étienne II dans un lieu appelé Mausolée, *in loco qui Mausoleon appellatur* (Lib. pont. in Steph. 11). Ce mausolée, converti par ce pontife en église de Ste-Pétronille, n'est autre que le tombeau d'Honorius et de Marie son épouse, dans lequel fut trouvé, au seizième siècle, tout le *mundus muliebris* de cette princesse (V. notre art. *Objets trouvés dans les tombeaux chrétiens*, 2°).

Aucun document historique ou épigraphique n'autorise à penser que les reliques de Nérée et d'Achillée aient été alors tirées de leur sépulcre primitif, pour être transférées dans la ville. Tout ce que nous savons positivement, c'est qu'en 1213 elles furent déposées à Saint-Hadrien au Forum (Baron. *ad martyrol*. 12 maii). Le cardinal Baronius, titulaire de l'église des SS-. Nérée - et - Achillée *intra muros*, obtint du pape Clément VIII que leurs reliques, ainsi que celles de Domitille, fussent concédées à son titre, restauré par lui avec beaucoup de magnificence ; et le grand annaliste voulut que le cortège triomphal organisé par ses soins passât sous les arcs des empereurs de la famille Flavia, afin de constater la haute noblesse de Domitille, de la race des Vespasiens.

Depuis le huitième siècle jusqu'à la découverte opérée de nos jours, la série des faits relatifs à la basilique de Pétronille est restée couverte de la plus complète obscurité.

III. — Comme nous l'avons dit, l'édifice était fondé au deuxième étage de la catacombe et par conséquent enterré dans la plus grande partie de sa hauteur, car, du pavé jusqu'au sommet de ce qui reste, le monument mesure encore une élévation de sept mètres vingt. Mais, par son sommet, il émergeait du sol et recevait le jour par des fenêtres pratiquées à la partie supérieure des murailles, absolument comme cela se voit encore dans la basilique de Ste-Agnès sur la voie Nomentane.

L'aire de la basilique, d'après M. Lefort dans la *Revue archéologique* (juin 1874. p. 373), où le lecteur trouvera une description complète du monument, est inscrite dans un pentagone irrégulier, et divisée en deux parties inégales : la première section rectangulaire contenait à droite une chambre dont la destination est difficile à déterminer, tandis que le surplus devait former une sorte de vestibule d'où l'on pénétrait dans l'église ; la seconde section, qui constitue l'église proprement dite, est divisée en trois nefs et séparée de la précédente par un mur percé de trois baies correspondantes à chacune des nefs.

Toute la partie de l'édifice qui émergeait de terre est écroulée et l'intérieur a été trouvé rempli de ses décombres. Toutefois la partie adossée à la roche vive, c'est-à-dire les murs de l'abside et le périmètre du temple, est intacte, mais entièrement dénudée : on suppose avec beaucoup de fondement que ces parois étaient enduites d'un *intonaco* et décorées de peintures, dont la perte serait d'autant plus déplorable, qu'elles se placeraient à la même date que les plus beaux monuments de l'art chrétien au quatrième siècle, par exemple l'admirable mosaïque de Ste Pudentienne.

A quelles causes doit-on attribuer la destruction du monument? C'est ce qu'il serait difficile de dire. Il ne paraît pas tout au moins que cette déplorable ruine soit l'œuvre des hommes, car on retrouve à l'intérieur chaque objet à la place où il était tombé. M. Michel De' Rossi l'attribue à un tremblement de terre ; l'édifice, selon lui, aurait été déjà fort endommagé par ceux du cinquième siècle, et sa ruine consommée par ceux du neuvième.

PHARE. — Sur les sépultures chrétiennes, le phare, soit isolé (Fabretti. p. 566), soit accompagné du navire qui semble se diriger vers lui à pleines voiles (Boldetti. 372), indique le port où vient aboutir une heureuse navigation, c'est-à-dire le terme d'une existence pleine de mérites et de vertus, et la récompense qui attend le chrétien au bout de sa carrière. Cette intention symbolique est d'autant plus évidente dans le marbre de HOMIA (Fabretti. *loc. laud.*) que, par une ingénieuse combinaison, l'épitaphe de cette chrétienne se trouve placée entre une palme et une couronne, emblèmes de victoire.

Dans son *Bulletin* de 1869, page 12, M. De' Rossi donne un singulier marbre où est grossièrement figuré un phare, sur la base duquel est inscrit un monogramme qui se lit ΑΟΡΑΤΑ, *invisibilia* ; et de plus, les lettres dont ce mot se compose sont groupées de façon à former le ☧. Si l'on rapproche cette épitaphe de la précédente, on comprendra qu'il y a ici une allusion évidente à l'âme arrivée au port du salut et entrée en possession de la récompense *invisible* ici-bas (V. la gravure à l'art. *Monogramme du Christ*, p. 478).

Le symbole du phare est figuré dans la gravure ci-après par une espèce de tour à quatre étages en retraite, surmontée d'une flamme et absolument semblable au *rogus* ou bûcher funéraire qui se voit au revers de quelques médailles impériales de consécration, notamment sur celles d'Antonin le Pieux, de Marc-Aurèle, de Commode, etc. (V. Mionnet. *De la rareté et du prix des médailles romaines.* t. I. pp. 218. 226. 241). Cette ressemblance est tellement frappante, que le docte Fabretti lui-même (*Ibid.*) s'y est mépris, ne réfléchissant pas sans doute qu'une pareille image, dérivée des habitudes de la sépulture romaine, ne pouvait se produire à aucun titre sur les monuments funéraires des chrétiens, qui n'admirent en aucun temps l'usage de brûler les morts (V. l'art. *Sépulture*).

PHÉNIX. — Ce symbole se rencontre, bien qu'assez rarement, dans les monuments chrétiens. Voici le type de convention qu'on a donné à cet oiseau fabuleux : bec long et aigu, poitrine saillante, queue peu allongée. C'est l'idée qu'on s'en peut faire d'après trois médailles illustrées par Munter (*Symb. vet. eccl.* pars. II. tab. 3. n. 69). La première est d'Alexandrie, à l'effigie d'Antonin le Pieux (Zoega. *Num. Ægypt. imper.* tab. XI) ; la tête du phénix est entourée d'un nimbe radié, elle a pour légende : AIΩN ou AETERNITAS. Dans la seconde, qui est une monnaie de bronze de Constans (Banduri. II. 231), le phénix, debout sur un bûcher, porte une couronne à son bec. Enfin la troisième fait voir le phénix sur un globe dans la main de Constantin (Banduri. II. 568). Les deux dernières pièces portent la légende : FELIX TEMPORVM REPARATIO.

D'après la description de ce type, on peut reconnaître un phénix dans un oiseau que l'on voit tourné vers Notre-Seigneur montant au ciel, dans la mosaïque de l'abside des Saints-Côme-et-Damien à Rome (Ciampani. *Vet. monim.* II. tab. XVI), monument d'une grande valeur, puisqu'il date de 550 environ ; la mosaïque de Sainte-Praxède (Id. *ibid.* tab. XLVII) nous en montre aussi un posé sur un palmier ; enfin nous voyons le même symbole dans les curieuses fresques d'un cimetière chrétien découvert en partie près de Saint-Nazaire à Milan (Polidori. *Sepolcr. Crist. scop. a Milano.* p. 58. tav. I. n. 1). L'attribution de ce symbole, dans les trois monuments que nous venons de citer, peut trouver sa confirmation dans l'urne sépulcrale d'un MARCIVS HERMES donnée par Fabretti (p. 378. n. XXXI), où se voient de chaque côté du *titulus* un phénix sur un bûcher.

Les païens avaient pris cet oiseau pour symbole de l'éternité, les chrétiens en firent celui de la résurrection. S. Clément pape, le plus ancien des Pères apostoliques, en développe les significations mystiques dans ses deux épîtres aux Corinthiens (*Epist.* I. c. 24-26. II. c. 9). Des idées analogues sont exprimées par S. Ambroise (*Hexameron.* l. v. c. 22). Job avait déjà dit (et on sait que ces deux Pères se sont inspirés de ses oracles) : « Je mourrai dans mon nid, et je multiplierai mes jours comme le palmier (ou comme le phénix), » *in nidulo meo moriar, et sicut palma multiplicabo dies* (Job. xxix. 18). Tertullien traduit par phénix : *Sicut phenix multiplicabo dies.* C'est une nouvelle profession de foi du patriarche de l'Idumée à la résurrection de la chair. Aussi, sur les plus anciennes mosaïques, comme nous l'avons vu par celle de Sainte-Praxède, de même que sur les sarcophages (Bottari. tav. xxviii. — Millin. *Midi de la Fr.* pl. lxiv. n. 4), sur les pierres gravées (Perret. vol. iv. pl. xvi. 68), la palme ou le palmier furent

ils souvent joints à l'image du phénix. Les rapports entre ces deux symboles, dont le nom est le même en grec, φοῖνιξ, rapports fondés sur la propriété de renaissance, de vie, de félicité qu'on leur supposait à l'un et à l'autre, étaient dans les idées que les chrétiens avaient reçues de l'antiquité (Pline. *Hist. nat.* xii. 4) ; et nous trouvons un nouvel exemple de leur association dans une des fresques de l'antique chapelle de Sainte-Félicité, découverte à Rome en 1813 près des Thermes de Titus. Cette peinture, qui représente la martyre avec ses sept fils, immolés comme elle pour la foi, montre deux palmiers sur chacun desquels repose un phénix (V. Mai. *Disc. prélimin. des miniatures du Virgile du Vatican.* Rome 1835). César Boccella (*Pragmalog. catholica.* t. xvi. n. 7. p. 116) atteste avoir vu aussi cet oiseau mystérieux sur un palmier au sommet de l'arc d'une chapelle de la catacombe de Syracuse.

Il est important d'observer que quand S. Paul se trouve représenté sur quelque monument antique, le phénix sur le palmier est toujours derrière cet apôtre. Témoin un fond de tasse publié par Buonarruoti (tav. vi. 6) ; témoin deux sarcophages donnés, l'un par Aringhi (t. i. p. 307), l'autre par Maffei (*Verona illustr.* t. iii. c. 3. p. 57), et enfin les mosaïques de Sainte-Praxède et de Sainte-Cécile (Ciamp. *Vet. mon.* ii. tab. xlviii. lii). Cette particularité, si souvent répétée qu'on pourrait presque la prendre pour une formule hiératique, n'est assurément pas sans quelque motif mystérieux. Ne peut-on pas penser que l'antiquité fit du double symbole du palmier et du phénix l'attribut de l'apôtre des gentils, parce qu'il a été le principal et le plus zélé prédicateur du dogme de la *résurrection,* comme il est aisé de s'en convaincre, par ses Épîtres, par son discours à l'Aréopage, et par plusieurs passages des *Actes.*

Le nimbe dont la tête du phénix est quelquefois entourée, *igneus cingit honos,* comme s'exprime Claudien (*De phenice.* v. 17), et il en est ainsi du phénix de la mosaïque de Sainte-Cécile que nous reproduisons ici, est un nouveau caractère d'immortalité. Nulle part l'image du phénix, comme emblème d'espérance et de résurrection, n'est mieux à sa place que sur les tombeaux;

on sait que Ste Cécile voulut que cette image décorât le sépulcre qu'elle avait fait préparer pour le corps de S. Maxime, afin d'attester, disent les actes, la foi que ce martyr avait toujours professée pour cette vérité consolante (Ap. Boldetti. p. 359). Cependant ce symbole est très-rare sur les pierres sépulcrales, du moins avec son attribut le plus caractéristique, qui est le nimbe radié ou uni, dont on ne connaît que deux exemples dans ces conditions, l'un sur un tombeau de l'an 385 (De' Rossi. *Inscr. christ.* t. i. p. 155) et l'autre sur un marbre du cimetière de Calliste (Id. *Rom. sott. crist.* t. ii, p. 313). En voici un remarquable exemple, imprimé au revers d'un médaillon ou sceau de plomb du diacre Siricius. Mais il paraît bien certain que l'on doit reconnaître le phénix dans plusieurs

de ces oiseaux que l'on a coutume de désigner indistinctement sous le nom de colombes. Ceci serait vrai surtout de l'oiseau portant à son bec une palme qui, comme nous l'avons observé plus haut, a en grec le même nom φοῖνιξ. Nous en avons un exemple indubitable dans un oiseau qui était sculpté sur la porte principale de l'ancienne basilique de S. Paul : cet oiseau a la palme au bec et au-dessus de sa tête est écrit en toutes lettres le mot FENIX.

Un troisième symbole de la résurrection est quelquefois aussi associé à celui du phénix : c'est la vigne, comme nous le voyons dans la catacombe de Milan citée plus haut. Que les pampres de vigne aient été pris dans ce sens allégorique par les premiers chrétiens, c'est ce que prouvent les témoignages de plusieurs Pères, et celui de S. Cyrille de Jérusalem en particulier (*Catech.* xviii). « Si les branches des vignes et des autres arbres, dit-il, bien que séparées du tronc, poussent quand on les replante, l'homme, pour qui ont été faites toutes ces choses, serait-il le seul à ne pas ressusciter ? » Le phénix, dans les monuments chrétiens, est certainement aussi quelquefois relatif au baptême, qui rappelle l'homme à une nouvelle et plus heureuse vie. C'est pour cela que ce sacrement fut appelé *sacramentum regenerationis,* « säcrement de la régénération » (Joan. III. — *Tit.* III. 5). Or, le baptême étant lui-même la figure de la résurrection, est à son tour symbolisé par cet oiseau mystérieux et en quelque sorte sacré (Clement. *Epist.* I *Ad Cor.* c. 25. Tertull. — Lactant....).

Les plus anciens Pères de l'Église n'ont pas rejeté l'histoire du phénix; et il ne sera peut-être pas sans intérêt de mettre ici en parallèle ce qu'en ont dit deux écrivains presque contemporains, l'un chrétien, l'autre païen. Le premier est S. Clément, que nous venons de citer. « Contemplons, dit ce pape, disciple de S. Pierre, ce qui arrive dans les contrées orientales, c'est-à-dire en Arabie. Il est un oiseau qu'on appelle phénix : étant seul de son espèce, il vit cinq cents ans; et quand il est sur le point d'être dissous par la mort, il se fait un tombeau avec de l'encens, de la myrrhe et d'autres aromates, dans lequel, le temps venu, il entre et meurt. Mais de sa chair pourrie naît un ver, lequel, nourri de la substance du mort, prend des plumes. Et bientôt, devenu plus fort, il enlève le *loculus* où reposent les os de son prédécesseur. Chargé de ce fardeau, il dirige son vol de la région arabique vers l'Égypte et la ville qui est appelée Héliopolis; et quand il y est arrivé, en présence de nombreux spectateurs, il dépose ces restes sur l'autel du Soleil, et retourne d'où il est venu. Les prêtres examinent avec soin les mémoires des temps, et ils trouvent que l'oiseau est venu après cinq cents ans révolus. »

Voici maintenant ce que, une trentaine d'années plus tard, écrivait Tacite (*Annal.* VII. 28), l'un des esprits les plus éclairés et les plus fermes de l'antiquité: c'est une histoire de la fin du règne de Tibère : « Sous le consulat de Paulus Fabius et de L. Vitellius, parut en Égypte, après une longue période de siècles, le phénix, oiseau merveilleux, qui fut pour les savants grecs et nationaux le sujet de beaucoup de dissertations. Je rapporterai les faits sur lesquels ils s'accordent, et un plus grand nombre qui sont contestés et qui pourtant méritent d'être connus. Le phénix est consacré au Soleil. Ceux qui l'ont décrit conviennent unanimement qu'il ne ressemble aux autres oiseaux ni par la forme, ni par le plumage. Les traditions diffèrent sur la durée de sa vie. Suivant l'opinion la plus accréditée, elle est de cinq cents ans. D'autres soutiennent qu'elle est de quatorze cent soixante et un. Le phénix parut, dit-on, pour la première fois sous Sésostris, ensuite sous Amasis, enfin sous Ptolémée, le troisième des rois Macédoniens; et chaque fois il prit son vol vers Héliopolis, au milieu d'un cortège nombreux d'oiseaux de toute espèce, attirés par la nouveauté de sa forme. Mais de telles antiquités sont pleines de ténèbres. Entre Ptolémée et Tibère, on compte moins de deux cent cinquante ans. Aussi quelques-uns ont-ils cru que le dernier phénix n'était pas le véritable, qu'il ne venait pas d'Arabie, et qu'on ne vit se vérifier en lui aucune des anciennes observations. On assure, en effet, que, arrivé au terme de ses années, et lorsque sa mort approche, le phénix construit dans sa terre natale un nid auquel il communique un principe de fécondité d'où doit naître son successeur. Le premier soin du jeune oiseau, le premier usage de sa force, est de rendre à son père les devoirs funèbres. La prudence dirige son entreprise. D'abord il se charge de myrrhe, essaye sa vigueur dans de longs trajets, et lorsqu'elle suffit à porter le fardeau et à faire le voyage, il prend sur lui le corps de son père, et va le déposer et le brûler sur l'autel du Soleil. Ces récits sont incertains, et la fable y a mêlé ses fictions. Néanmoins on ne doute pas que cet oiseau ne paraisse quelquefois en Égypte. »

PHIALA. — V. l'art. *Cantharus.*

PHYLACTÈRES. — V. les art. *Amulettes* et *Volumes.*

PIEDS DU SOUVERAIN PONTIFE (BAISEMENT DES). — I. — L'usage de baiser les pieds du souverain pontife remonte à l'origine même du christianisme. D'après Baudoin (*Calceus antiq.* p. 225), le mot *adorare*, qui au propre signifie approcher quelque chose de sa bouche, *ori admovere*, aurait été employé dans l'antiquité pour désigner cet acte de respect, et toutes les fois que l'Évangile notamment l'adopte pour exprimer l'hommage rendu, soit à Notre-Seigneur, soit à ses apôtres, il est probable qu'il n'a pas d'autre sens. C'est ainsi que le chef de la synagogue et l'hémoroïsse « adorèrent » le Sauveur, en se prosternant devant lui et en baisant ses pieds (Marc. V. 23. 26). Le même honneur fut rendu aux apôtres, et en particulier à S. Pierre, lors de son entrée à Césarée, par le centurion Corneille (*Act.* X. 25 seqq.) : *obvius venit ei, et procidens ad pedes ejus, adoravit.*

L'histoire ecclésiastique du premier siècle offre une foule d'exemples analogues. Ainsi nous lisons dans les actes des martyrs Hippolyte, Eusèbe et leurs compagnons, qui souffrirent à Rome, que plus d'une fois eux et les autres fidèles se prosternèrent aux pieds du pape S. Étienne. Il est aussi raconté dans les actes de Ste Susanne que les époux Claudius et Pedeigna (Ap. Baron. III. 204. n. 8), que la femme ayant appris la conversion de son mari, se porta à la rencontre du pape Caïus, se prosterna à ses pieds, les baisa, et sollicita elle-même son initiation à la foi : *et ad pedes procidens eosque* EX MORE *exosculata, œque se ad fidem recipi postulavit.* Ce fait, prouvé pour les débuts du troisième siècle, et de plus les mots *ex more*, font voir que cette femme ne fit que se conformer à un usage déjà établi.

Les données de la liturgie concordent ici avec celles de l'histoire. Dans un ancien ordre romain que l'on croit avoir été recueilli par S. Gélase, et où sont décrits les rites des premiers siècles, nous voyons qu'à la messe pontificale le diacre, avant de lire l'Évangile, vient baiser les pieds du souverain pontife, *deinde diaconus osculans pedes Pontificis* (V. Pouillard. *Del bacio de' piedi de' Sommi Pontefici*. p. 2).

Si l'on parcourt les Vies des Papes au *Liber pontificalis*, on y trouve, pour les temps anciens, huit fois la mention d'un tel hommage rendu au pape, tantôt sous le nom d' « adoration », tantôt sous celui de « salutation », tantôt sous celui de « baiser des pieds ». On y peut ajouter l'exemple de l'empereur Justin à l'égard du pape Jean, *humiliavit se pronus in terram et adoravit Beatissimum Papam Joannem*; celui de Justinien pour Agapit, celui de Justin II pour le pape Constantin, celui du roi Luitprand pour S. Zacharie, celui du roi Pépin et de Charlemagne pour Étienne II, celui de Louis le Pieux pour Étienne IV, etc. (V. *Lib. Pontif.* à tous ces noms de papes). Nous lisons dans le même livre pontifical que, à l'élection de Léon IV, en 847, le même honneur fut rendu à ce pape, « d'après la coutume antique, » non-seulement par le clergé, mais aussi par tous les grands personnages qui assistaient à cette cérémonie : *Omnes pergentes cum gaudio, multaque aviditatis lætitia... ad Lateranense patriarchium perduxerunt*, QUI MOREM CONSERVANTES ANTIQUUM, OMNES EIUS OSCULATI SUNT PEDES.

Nous pourrions accumuler encore les citations ; mais il suffit de ce qui précède pour établir l'antiquité et la persévérance de cet usage respectueux envers le souverain pontife, et pour mettre en évidence la vénération que les empereurs, les rois, les évêques et les fidèles de toutes les classes professèrent toujours pour le vicaire de Jésus-Christ.

II. — Mais le moment vint où l'humilité des papes, s'alarmant de cette sorte de culte rendu à leur personne, éprouva le besoin de le faire remonter du disciple au Maître ; et, pour forcer les peuples à imprimer à leur piété une direction nouvelle et plus digne d'elle, ils firent retracer sur leur chaussure le signe auguste de la croix. C'est ce que Valentini observe judicieusement dans son livre spécial sur cette matière (*De osculatione pedum Romani Pontificis*, p. 149) : *merito igitur Pontifex Maximus gentes, quas ad ipsius pedes procumbere videbat, ad crucem Domini, quam sandalis impressit, osculandam traduxit*. Ce savant homme aurait pu ajouter que S. Pierre avait en ceci donné l'exemple à ses successeurs, alors que, voyant le centurion Corneille prosterné à ses pieds, il dit en lui saisissant la main : « Lève-toi, et moi aussi je ne suis qu'un homme, » *surge, et ego ipse homo sum* (Act. x. 26).

Il n'en est pas moins certain que, primitivement, comme aujourd'hui encore, l'intention des fidèles était de rendre, par le baisement du pied, un hommage personnel au vicaire de Jésus-Christ. Pour prouver le contraire, quelques érudits, entre autres Angelo Rocca, ont été amenés à soutenir que, dans tous les temps, la croix avait été figurée sur la chaussure des papes. Nous aurons donc ruiné cette opinion, quand nous aurons établi, par le témoignage des monuments, que le fait en question ne se révèle qu'à une époque relativement moderne.

III. — Disons d'abord que cette question ne saurait s'agiter pour les temps apostoliques : tout le monde sait qu'alors les sandales proscrites par le Sauveur, *neque calceamenta* (Matth. x. 10), furent la seule chaussure des évêques 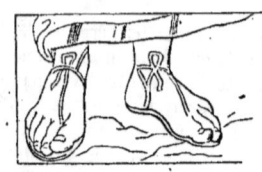 et des clercs en général, comme le prouvent les monuments figurés de toutes les classes, verres dorés, bas-reliefs des sarcophages, fresques (V. à notre article *Ordination* un pontife conférant les saints ordres et qui est chaussé de simples sandales pareilles à celles de la gravure ci-dessus).

Le premier pape que l'on voie représenté avec une chaussure pleine ou creuse, *calceus* chez les Romains et chez les Grecs ὑπόδημα κοῖλον, est, selon l'opinion commune des archéologues, S. Antère recevant les Actes des martyrs de la main des notaires apostoliques (V. la gravure de l'art. *Actes des martyrs* : c'est une fresque du cimetière de Calliste). Or la chaussure de ce pape, élu en 237, est unie et sans aucun ornement.

Il y a ici une lacune dans les monuments ; mais la célèbre statue de S. Hippolyte, qui se voit aujourd'hui au musée du Latran et où cet évêque, qui vivait sous Sévère-Alexandre, est représenté avec une chaussure pleine, d'une étoffe très-fine et dépourvue d'ornement, nous autorise à penser que celles des papes du même siècle n'étaient pas plus ornées. (V. cette statue gravée à notre art. *Images*, p. 350).

Aussitôt après la pacification de l'Église par Constantin, S. Sylvestre, voulant entourer le culte chrétien de plus de solennité, porta d'abord son attention sur les vêtements sacrés, qu'il rendit plus somptueux, particulièrement pour la célébration des saints mystères. C'est ce que nous apprennent ses actes, où nous lisons notamment que ce Pontife aux *calcei cavi* unis substitua d'autres pantoufles plus précieuses par la matière et les ornements (V. Pouillard, p. 7). On montre dans le trésor de S. Martin *ai Monti* de Rome un soulier que l'on croit avoir appartenu à ce pape, et qui, s'il est authentique, viendrait fournir au récit

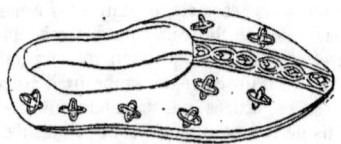

des actes l'autorité dont ils ont besoin. Il est de velours vert, décoré de broderies ou applications en or et en soie ; en voici le dessin, recomposé d'après les fragments qui restent.

Nous avons dit : s'il est authentique. Car la

même sacristie possède une mitre, réputée aussi de S. Sylvestre, dont la forme, appartenant évidemment à la fin du moyen âge, semblerait jeter quelque discrédit sur la première relique, si l'on veut absolument qu'elles aient l'une et l'autre appartenu au même personnage. Mais enfin si cette pantoufle est moderne, elle fournit une preuve de plus en faveur de notre thèse, car, bien qu'elle soit assez richement décorée, comme on le voit, on n'y saurait rien découvrir qui ressemble du plus loin possible à une croix.

On ne manque pas de raisons néanmoins pour la supposer contemporaine de S. Sylvestre et de Constantin. La principale de ces raisons, c'est qu'elle est, pour la forme comme pour les ornements, exactement conforme aux *calcei cavi* que portent les figures des monuments des second, troisième, quatrième et cinquième siècles, et entre autres les figures impériales et sénatoriales de la même époque. Telle est, dans le bas-relief de l'arc de Constantin, la chaussure de Trajan sacrifiant à diverses divinités. Telle encore celle de Marc-Aurèle dans les bas-reliefs fixés aux parois du grand escalier du palais des conservateurs au Capitole, notamment dans celui où l'empereur voilé, en sa qualité de souverain pontife, reçoit des mains de Rome le globe, symbole de la puissance impériale. Il en est de même dans les diptyques, notamment pour la figure de Flavius Félix, consul en 428 (Gori. *Thes. vet. diptych.* t. I. tav. II. p. 131), et pour l'image de Justinien dans le diptyque augustal et consulaire du musée Riccardi, et encore pour celle de l'empereur Justin le Jeune (Gori. *Ib.* tav. IX et XI. p. 267).

Quoi qu'il en soit enfin de l'âge de la pantoufle en question, la seule chose qu'il nous importe de constater, c'est qu'elle ne porte point la figure de la croix. La chaussure de S. Grégoire le Grand donnée par Angelo Rocca et par les Bollandistes (t. I. *Mart.* lib. XI. cap. XV. *Vit. S. Greg.*) n'en a pas davantage, non plus que celle du pape Honorius I*er*, dans la mosaïque de Sainte-Agnès-hors-des-Murs, ni celle de S. Pascal I*er*, à Sainte-Praxède, à Sainte-Cécile, à Sainte-Marie *in Dominica*, à Sainte-Pudentienne (Giorgi. *Liturg. Rom. Pontif.* t. XIV. p. 122). On n'en découvre pas non plus de trace sur les pieds des personnages représentés dans la mosaïque de Sainte-Marie *in Trastevere*, entre autres sur ceux du pape Innocent II, qui fit exécuter le monument, et dont l'élection date de 1130, de S. Calliste, de S. Jules, de S. Corneille. On peut voir également ce dernier pontife reproduit dans une fresque du cimetière de Saint-Calliste, et publiée dernièrement avec une exactitude irréprochable par le chevalier De' Rossi (*Rom. sott. crist.* t. I. tav. VI). La chaussure, comme celle d'Honorius à Sainte-Agnès et d'autres encore, est ornée d'une espèce de feuille de trèfle que l'on a facilement prise pour une croix (V. la gravure à l'art. *Graffiti*)

Hadrien IV, élu en 1154, ne portait point non plus de croix sur ses souliers : on a pu s'en assurer à l'ouverture de son tombeau. Même remarque pour Innocent III, successeur du précédent (1216), peint dans l'église de Sainte-Bibiane : il ne porte rien qui ressemble à la croix, non plus que les images des papes peintes par les ordres de ce même pontife sous le portique de Saint-Laurent-hors-des-Murs. Nous voici arrivés à l'an 1285, et la même abstention se fait remarquer sur la statue d'Honorius IV, dans l'église *Aracœli*, et plus tard encore dans la tribune ou coquille absidale de Saint-Jean-de-Latran pour le personnage de Nicolas VI (1288). Enfin, Boniface VIII, dont l'avènement date de 1303, est représenté d'après l'ancienne tradition, comme on le peut voir dans sa statue aux grottes Vaticanes, aussi bien que dans son simulacre à genoux à Saint-Jean-de-Latran.

Mais voici contre l'antiquité de l'usage de la croix sur la chaussure des papes un argument négatif qui a bien aussi sa force. Nous avons un certain nombre d'écrivains liturgistes de la plus grave autorité, échelonnés du huitième au treizième siècle, et qui, dans des ouvrages sur les rites de l'Église, se livrent aux détails les plus minutieux au sujet des vêtements ecclésiastiques, des ornements sacrés en général, et des chaussures en particulier. C'est d'abord Alcuin, qui a traité dans un chapitre spécial des vêtements ecclésiastiques ; c'est Raban Maur, dans son ouvrage *De institutione clericati* (l. I. cap. 22) ; Amalaire (*De offic. eccles.* lib. II. cap. 25) ; Ives de Chartres, dans un sermon sur la signification des vêtements sacrés (V. aussi *Microlog. de offic. eccles.*) ; Étienne Durand (*De ritib. eccles.*) ; Guillaume Durand (*Rational. divin. offic.*) ; c'est enfin le pape Innocent III, antérieur au précédent de près d'un siècle, auteur d'un savant ouvrage sur les mystères de la messe, où se remarque un chapitre (cap. XLVII) traitant *ex professo*, et dans le plus grand détail, des souliers et des sandales des papes : *De caligis et sandaliis*. Or pas un de ces auteurs ne fait la moindre allusion à la croix qui aurait été l'ornement, et le principal ornement de ces chaussures. Un oubli de cette nature est-il admissible ? Et ne doit-on pas avouer qu'un usage que l'on cherche à faire remonter au berceau du christianisme n'était pas encore connu au treizième siècle ?

IV. — Mais enfin quel est le premier pape qui eut l'idée d'attribuer ainsi au signe sacré de notre rédemption un hommage qui jusque-là s'était adressé à la personne ou mieux à la dignité du vicaire de Jésus-Christ ? C'est ce qu'il est difficile de préciser.

Tout ce que nous savons, c'est que le plus ancien monument où se révèle sans équivoque cette pieuse innovation, c'est la statue de marbre d'Innocent VII, Côme Meliorato, Napolitain, successeur de Boniface IX et dont l'élection est de 1404. Cette statue se trouve dans les grottes Vaticanes, et elle présente une croix de la forme la plus simple et la plus correcte, comme on le peut voir ici. Celle de la pantoufle de Martin V, mort en

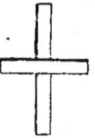

1431, est de la même forme, dans son effigie en bas-relief de bronze placée au pied de l'autel de la confession de la basilique de Saint-Jean-de-Latran. C'est une bande croisée, unie, s'étendant sur toute la longueur et la largeur du soulier.

Dès lors la croix sur la chaussure devint un attribut réservé au souverain pontife; nous en avons une preuve certaine dans l'histoire de ce dernier pape. Lorsque l'antipape Félix V eut abdiqué sa prétendue papauté, bien que plusieurs prérogatives du pontificat lui eussent été laissées, il lui fut formellement interdit de porter la croix sur sa chaussure, aussi bien que l'anneau du pêcheur, etc.

Un peu peu plus tard de légères modifications de forme et d'ornement furent introduites dans cet insigne de la dignité pontificale. Voici celui de Paul II (1464), qui ne se distingue des précédents que par de petits globes qui y sont retracés en relief. Celui de S. Pie V a une décoration en losange, et celui de Clément XIV a dans les angles de la croix des rayons lumineux. La pantoufle de Pie VII, que nous donnons ici, marque la dernière de ces modifications.

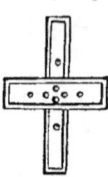

PIERRE ET PAUL (SS.). — I. — On ne saurait douter que, dès le quatrième siècle, des images des deux apôtres ne fussent généralement répandues dans l'Église chrétienne. Eusèbe en avait vu plusieurs exécutées en peinture (*Hist. eccl.* VII. 18) et il affirme qu'elles avaient été faites par les gentils que les deux apôtres avaient convertis à la foi. S. Augustin atteste à son temps, de son temps, « des images du Christ et des apôtres s'offraient *de toute part* à la contemplation des fidèles sur les murailles des églises. » Il est parlé dans les actes de S. Sylvestre (Ap. Fuhrmann. *De bapt. Const.* t. II. p. 68) de deux personnages que Constantin aurait vus en songe et qu'il reconnut dans les portraits de S. Pierre et de S. Paul que ce pontife avait placés sous ses yeux. Quelque parti que l'on prenne au sujet de la vision elle-même, on est en droit d'inférer de ce trait que l'Église romaine possédait dès lors un modèle consacré pour l'effigie de ces deux apôtres.

Mais quel était ce type, et à quelle époque remontait-il? Les monuments du quatrième siècle que nous possédons, entre autres le médaillon de bronze, la statuette de S. Pierre, deux monuments que nous reproduisons plus bas (II, 4°), quelques verres dorés probablement plus anciens encore (Buonarruoti. x. 2. — Boldetti. p. 202. tav. VII. 22), enfin la célèbre statue assise du prince des apôtres que l'on vénère dans la basilique de Saint-Pierre, nous autorisent pleinement à conclure que ce type n'était autre que celui que décrit Nicéphore Calliste. Que cet écrivain du quatorzième siècle ait puisé ses données dans d'anciens auteurs que lui fournit la bibliothèque de Constantinople, dans laquelle il avait passé les plus belles années de sa vie, ou qu'il ait basé sa description sur les anciennes images qu'il avait sous les yeux, peu importe; il est visible qu'entre le modèle décrit et le type retracé par les arts d'imitation la conformité est exacte, du moins quant aux éléments essentiels (V. Niceph. Callist. *Hist. eccl.* II. 37). S. Pierre a la taille droite et haute, la tête et le menton fournis d'un poil épais et crépu, mais court, le visage rond et les traits un peu vulgaires, les sourcils arqués, le nez long et aplati à l'extrémité. S. Paul, au contraire, est d'une stature basse et un peu courbée, il a le front dénudé, la barbe longue et droite, le visage ovale, les sourcils bas, le nez droit et allongé; dans tous les traits, ainsi que dans le teint, quelque chose de délicat qui caractérise ordinairement les gens d'une certaine condition, surtout quand ils sont d'une complexion peu robuste, comme S. Paul nous l'apprend de lui-même (2 *Cor.* x. 10): *Præsentia corporis infirma.*

Les ménées des Grecs (Ap. Buonarr. p. 76) donnent un portrait à peu près identique, à cette seule différence près qu'ils attribuent la calvitie à S. Pierre comme à S. Paul, circonstance qui se remarque aussi, mais par une rare exception, dans quelques monuments peut-être exécutés par des artistes grecs. Nous citerons pour exemple la mosaïque de Sainte-Sabine à Rome (Ciampini. *Vet. mon.* t. I. tab. XLVIII).

Il faut observer aussi que S. Paul est quelquefois représenté avec le front garni de cheveux. Ces derniers portraits sembleraient supposer qu'il y avait dans l'antiquité deux types de cet apôtre, l'un exécuté au début de son apostolat, époque où il était encore assez jeune, et l'autre plus tard; et dans les siècles postérieurs, les artistes purent parfois s'inspirer du premier. La description de Nicéphore s'accorde parfaitement avec ce qu'ont dit de ces figures chrétiennes d'autres écrivains plus rapprochés de l'origine. En effet, s'il s'agit de la petite stature de S. Paul, S. Chrysostome l'appelle *tricubitalem*, « haute de trois coudées » (Orat. XXX *In princ. apost.*); sa calvitie, ainsi que la forme allongée du son nez, sont attestées par le dialogue intitulé *Philopator*, faussement attribué à Lucien et imprimé dans ses Œuvres (Lucian. *Philopat.* § 12. t. IX. p. 249), mais émané certainement d'une source païenne. Des choses toutes semblables se lisent au sujet de cet apôtre dans les actes de Ste Thècle (Grab. *Spicil. PP.* I. 95), document défectueux en quelques-unes de ses parties, mais pleinement exact en ceci (Lami. *De erudit. apost.* 1046).

Les portraits des deux apôtres se trouvent à profusion sur les vases de verre à fond doré, qui, comme on sait, remontent en partie au temps des persécutions (V. l'art. *Fonds de coupe*), et les innombrables monuments de ce genre qui nous sont connus nous dispensent d'invoquer, pour attester le fait, le témoignage de S. Jérôme. Or, en dépit de l'impéritie des artistes de cet âge, et plus encore peut-être des difficultés qui s'attachaient à ce genre de travail, on démêle sans trop d'efforts, dans ces ébauches informes, la plupart des linéaments appropriés dès lors aux figures des deux apôtres. Quant aux sarcophages, sauf peut-être deux ou trois (Bottari. xv. etc.), ils représentent invariablement S. Pierre et S. Paul d'après le type traditionnel. Nous citerons un des plus anciens, celui de Probus et de Proba, datant de la fin du quatrième siècle (Bottari. xvi).

Tout ce qui précède établit, ce nous semble, d'une manière certaine, que le type en question était fixé au quatrième siècle. Mais jusqu'où remonte-t-il, et sommes-nous fondés à le regarder comme original? Le lecteur jugera. S. Basile, écrivant à Julien l'Apostat (*Epist.* 360) au sujet de l'invocation des apôtres et des martyrs, confesse que leurs images lui étaient chères, qu'il les vénérait et les baisait pieusement, que toutes les églises en étaient décorées, et enfin que la coutume de les peindre « datait des temps apostoliques ». S. Ambroise (*Epist. ad univ. Ital.* ap. Buonarr. p. 75) connut un portrait de S. Paul qui passait pour avoir été transmis à son siècle par une tradition non interrompue, et telle était l'opinion de S. Chrysostome qui avait toujours près de lui un de ces portraits quand il lisait les Épîtres du grand apôtre, afin de fixer alternativement son regard et sa pensée sur le texte et sur l'image (*Ibid.*).

Mais quelle que soit la valeur de ces autorités, leurs témoignages restent encore dans le vague. Voici un fait avec sa date : sous le pontificat d'Anicet, en 160, existait à Rome (Iren. l. i. c. 24) une femme carpocratienne, nommée Marcellina, laquelle honorait et encensait, dans un oratoire à elle, l'image de l'apôtre Paul, au milieu de celles d'Homère et de Pythagore (Augustin. *De hæres. ad Quodvultd.* n. vii). Nous voilà bien près des temps apostoliques, car en 160 vivait encore S. Polycarpe, disciple de S. Jean l'Évangéliste, et maître de S. Irénée, à qui nous devons la première connaissance de ce fait iconographique si important. Il n'est donc nullement contraire à la vraisemblance de supposer que, dès le commencement, les fidèles aient tenu à posséder de vrais portraits de S. Pierre et de S. Paul auxquels ils devaient la foi, le plus précieux des trésors. Cette marque de reconnaissance était d'ailleurs tout à fait dans les usages de l'antiquité, en Asie, en Grèce et à Rome, où l'on aimait à conserver et à entourer de respects les images des ancêtres, des bienfaiteurs et des grands hommes.

II. — Voici les principales classes de monuments où S. Pierre et S. Paul sont représentés.

1° Nous devons donner la priorité aux *verres à fond d'or*, moins sans doute à raison de la perfection artistique, qui n'est nulle part aussi défectueuse, qu'à cause de leur incontestable antiquité, et des détails archéologiques du plus haut intérêt qui s'y rencontrent. Nous trouvons un certain nombre de ces précieux fragments de verres reproduits par la gravure dans l'ouvrage spécial de Buonarruoti, quelques autres dans Mamachi, Bosio, Boldetti, Fontanini, etc. Mais il est devenu superflu de citer les planches de ces différents auteurs depuis que le R. P. Garrucci, dans un ouvrage intitulé : *Vetri ornati di figure in oro* (Roma, 1158), en a publié de nouveaux dessins dus au crayon de feu le R. P. Martin, avec un supplément de fragments inédits dépassant de plus de moitié toutes les autres collections réunies.

Les figures de S. Pierre et de S. Paul y sont représentées quelquefois isolément, S. Pierre seul (tav. x. n. 5. xiv. 3), S. Paul seul (*Ibid.* vii. 5); nous en avons un exemple, que nous proposons de préférence à raison de sa singularité, dans deux de ces petits disques de verre détachés de grandes patènes, dont nous avons parlé à notre article *Fonds de coupe*. La figure de S. Paul est retracée selon le type le plus pur; mais, par un bizarre caprice d'artiste, S. Pierre y est figuré comme un adolescent complètement imberbe (Garrucci. xiv. 3 et 5). Mais le plus souvent ils sont réunis

en buste (V. la fig. de l'art. *Orarium*), comme dans les planches x. xii. xiii. xiv, ou en pied (planches ix. xi. etc.), ou assises (planches xiv. xv. etc.). S. Augustin dit (*De consens. evang.* i. 10) que de son temps, en Afrique, on avait coutume de peindre Notre-Seigneur en personne ou remplacé par son monogramme (V. les deux figures à la page suivante) entre S. Pierre et S. Paul (tav. xvi. 5); mais un grand nombre de verres font voir le Sauveur déposant des couronnes sur les têtes des deux apôtres (xii. 1. 2. 3. 4. 5. 6. 7); d'autres montrent ceux-ci aux côtés de la Ste Vierge en *orante* (ix. 6. 7), ou bien encore avec Ste Agnès (xxi. 1. 2. 3), Ste Peregrina (*Ibid.* 6), ou S. Laurent (xx. 7) entre eux deux. Les deux apôtres se trouvent dans un même verre avec d'autres Saints, par exemple S. Pastor et S. Damas (xxiii. 2), ou S. Philippe, S. Simon et S. Thomas (xxv. 6), etc. Souvent dans le champ, entre les deux têtes, se voient, soit une couronne vers laquelle ils ont les yeux fixés comme vers la récompense promise à leur apostolat (x. 2. 4), soit le monogramme tenant la place de Notre-Seigneur (xi. 2. 3), soit une rose (x. 6. 8) ou d'autres fleurs, figurant encore Jésus-Christ qui est la véritable fleur de Jessé sur laquelle repose la plénitude de la grâce de l'Esprit-Saint, fleur incorruptible, éternelle; soit enfin un ou plusieurs volumes (xiii. 2. 3. 4. 5. 6) qui sont probablement aussi la personnification de notre Sauveur sous l'emblème de son Évangile. Quelquefois S. Paul est désigné sous le nom qu'il portait avant sa conversion : SAVLVS (XI. 3. XVII. 7). Un fragment (XVI. 2) représente S. Pierre assis, un volume roulé à la main, et devant lui est une femme debout, qui pourrait être Ste Praxède ou Ste Pudentienne, écoutant la parole de l'apôtre. D'autres mettent en scène les deux apôtres au moment où ils confèrent ensemble du ministère qui leur est confié (XV. 1. 5). Une grande animation se fait remarquer sur leurs

visages; ils sont assis sur un *bisellium*; ils ont chacun un volume à la main; mais tandis que Paul s'en sert comme de point d'appui à sa main droite, Pierre présente le sien avec une certaine vivacité à son compagnon dans l'apostolat.

2°. *Les peintures*. Nous trouvons peu de peintures proprement dites, dans les catacombes, qui reproduisent les figures de S. Pierre et de S. Paul. Boldetti dit (p. 64) que les images en pied de ces apôtres étaient peintes, avec un volume à la main, sur l'une des faces du tombeau du célèbre *fossor* Diogènes (V. l'art. *Fossores*); mais cette partie du monument n'existe plus et n'a été, que nous sachions, reproduite nulle part. Le cimetière de Priscille (Bottari. tav. CLXVI) fournit une grossière et assurément peu antique image de S. Paul seul, dans l'attitude de la prédication, avec cette inscription : à droite PAVLVS PASTOR, et à gauche APOSTOLVS. La tête est nimbée. Mais si les fresques sont rares, les mosaïques sont on ne peut plus communes. Celles qui font voir les images des deux apôtres sont, à Rome, celles du baptistère de Sainte-Constance, qui est du temps de Constantin (Ciampini. *De sacr. œdif.* tab. XXVII), de Sainte-Sabine, 424 (Id. *Veter. monim.* I. tab. XLVIII), de Sainte-Agathe *in Suburra*, 472 (Id. *ibid.* tab. LXVII), de Sainte-Marie *in Cosmedin*, 553 (Ib. II. XXIII), de Saint-Laurent *in agro Verano*, 578 (Ib. II. XXXVIII), de Saint-André *in Barbara*, 643 (Ib. I. LXXVI), de Sainte-Praxède, 818 (Ib. II. XLVII), de Sainte-Cécile, 820 (Ib. II. LII), de l'ancienne Vaticane, d'une époque incertaine, mais un peu basse (*De sacr. œdif.* tab. XIII); à Ravenne, celle du baptistère, 451 (Ciamp. *Vet. mon.* II. p. 234); à Capoue, fin du huitième siècle (Ib. tab. LIV).

5° *Sarcophages et pierres sépulcrales*. Ils s'y rencontrent si fréquemment, soit séparément, soit avec les autres apôtres, qu'il est ici superflu de citer. Il suffit d'ouvrir les ouvrages de Bosio, Aringhi et Bottari. On en trouvera d'autres exemples encore dans Maffei (*Musœum Veron.* p. 484), dans Allegranza (*Monum. Christ. di Milano.* tav. IV et IV), dans Bugati (*Memor. di S. Celso.* tav. I). Le midi de la France en fournit aussi un certain nombre, ainsi qu'on le peut voir dans l'ouvrage de Millin ayant pour titre : *Voyage dans le midi de la France*. (*Atlas*. pl. XXXVIII. LIX. LXIV. LXIX. — V. la gravure 2° à l'art. *Sarcophages*), et dans le livre anonyme sur les *Monuments inédits relatifs à l'apostolat de Ste Marie-Madeleine en Provence* (t. 1. p. 735).

Voici le type à peu près invariable de ce sujet sur les tombeaux antiques : Notre-Seigneur debout, sur le monticule aux quatre fleuves (V. ce mot), a à sa gauche S. Pierre, à qui il remet un volume déroulé, emblème des pouvoirs qu'il lui confère; l'apôtre le reçoit ordinairement, par respect, sur un pan de son manteau (V. Bottari. XXV); à droite se trouve S. Paul, profondément incliné. Notre-Seigneur de son bras droit étendu semble indiquer un objet lointain, qui n'est autre que l'univers entier, que les apôtres sont appelés à lui conquérir. Le même sujet est représenté d'une manière complètement identique sur une pierre sépulcrale donnée par Marangoni (*Act. S. Vict.* p. 42. — V. ce sujet à la page 327), dans la mosaïque de Sainte-Constance citée plus haut, et sur un fond de coupe antique trouvé dans les catacombes (Buonarruoti. tav. VI. 1). La plupart de ces monuments font voir aussi les deux cités typiques, d'où sortent des agneaux, symbole des fidèles : du côté de S. Pierre, Jérusalem, parce que le prince des apôtres était appelé à convertir les Juifs, et du côté de S. Paul, Bethléem, qui avait vu la vocation des gentils dans la personne des Mages, parce que S. Paul était l'apôtre de la gentilité (V. les gravures de l'art. *Église*). Quelquefois le Sauveur est remplacé par une croix gemmée surmontée de son monogramme, des deux côtés de laquelle les apôtres sont groupés, donnant les mêmes marques d'adhésion (Bottari. XXX).

Les bustes des deux apôtres sont grossièrement gravés sur la pierre sépulcrale d'un chrétien nommé ASELLVS (Boldetti. p. 193); et nous avons vu au cimetière de Calliste un fragment inédit de sarcophage, dont les angles extérieurs sont décorés des faces de S. Pierre et de S. Paul, comme ailleurs ils portent des masques du soleil et de la lune (V. l'art. *Soleil [Le] et la Lune*).

4° *Bronzes*. Dans le cimetière de Calliste ont été trouvés deux médaillons de bronze, l'un par Boldetti (V. p. 192), c'est celui que nous reproduisons ici, non point tel que cet antiquaire l'a donné, mais d'après un dessin plus exact relevé par les soins de M. De' Rossi sur l'original qui se conserve au musée de la bibliothèque Vaticane (V.

Bullet. 1864. nov, et déc.). Il est d'un style admirable et, selon l'appréciation de l'illustre archéologue, il ne doit pas être postérieur à l'empire de Sévère-Alexandre, c'est-à-dire à la première moitié du troisième siècle.

L'autre fut recueilli par l'abbé Giuseppe Velli, et publié par lui dans ses *Memorie storiche delle sacre teste de' santi Pietro e Paolo* (p. 101): ils sont conservés au musée chrétien du Vatican, mais le second est grandement suspect. A Saint-Pierre de Rome, une statue en bronze du prince des apôtres est en possession de la vénération du monde catholique depuis les premiers siècles. On pense généralement qu'elle fut coulée au temps de Constantin sur le modèle d'une statue antique dont on ne fit que changer la tête pour la rendre conforme au type traditionnel, et cette conformité est parfaite (V. Cancellieri. *De secretar. Basilic. Vatic*. t. III. p. 1503). D'autres la font contemporaine de celle de S. Hippolyte qui se trouve aujourd'hui au musée de Latran, c'est-à-dire de la première moitié du troisième siècle (V. De Magistris. *Act. MM. ad Ostia Tiberin.*). Il en a été trouvé une autre de petit module, mais d'un excellent travail, dans les catacombes; S. Pierre y porte, appuyé sur son épaule gauche, la croix monogrammatique, comme, dans les sculptures, la croix gemmée. Cette statue a été

publiée par Sante Bartoli (*Lucerne ant.* part. III. tav. XXVII). Il en est aussi parlé dans l'ouvrage de Foggini, *De Romano itinere D. Petri et episcopatu*, p. 484, et dans plusieurs autres auteurs. Nous en plaçons un dessin fidèle sous les yeux du lecteur.

5° *Lampes*. Une lampe de bronze, non moins remarquable par la perfection du style que par l'idée qu'elle exprime, trouvée dans les fouilles du mont Celius (V. dans Foggini, la pl. p. 485), représente une barque de la forme la plus gracieuse, sur laquelle se voient deux personnages (V. cette lampe à notre art. *Lampes*), l'un assis à la poupe, tenant de la main droite une rame et de la gauche le gouvernail; l'autre, debout à la proue, les bras élevés, et le visage tourné vers la rive que la barque vient de quitter. Maffei (*Verona illustr*. part. III. p. 59. — Mamachi (*Origin. Christ*. l. I. c. I. § 4), et d'autres encore, voient dans la barque l'Église, et dans les deux figures S. Pierre en dirigeant le gouvernail, et S. Paul prèchant la parole divine. Nous hésiterions beaucoup à admettre cette interprétation; car elle a trouvé dans ces derniers temps des contradicteurs dont l'autorité a le plus grand poids à nos yeux (V. ce que nous en avons dit à notre art. *Étrennes*, III).

6° *Pierres gravées*. Bosio et Mamachi (*Dei costumi dei primitivi Crist*. Prefaz.) donnent une pierre annulaire où sont gravées les effigies de S. Pierre et de S. Paul. Il existe un onyx antique (V. Perret IV. pl. XVI. 85) montrant S. Pierre marchant sur les flots. A une certaine distance de

la barque agitée par la tempête, et soutenue par un poisson, on voit Notre-Seigneur tendant la main au chef de ses apôtres qui est sur le point

d'être submergé. Dans le champ se lisent ces sigles grecques : IHC. ΠET. *Jesus Petrus*. Nous y ajoutons une fresque des catacombes représentant le même sujet (De' Rossi. *Roma*, S. I. tav. XIV.)

L'usage de graver ces images sur les sceaux s'est continué jusques dans le moyen âge ; elles figurent sur celui d'Eugène IV, avec cette épigraphe : SVB ANVLO CAPITVM PRINCIPVM APOSTOLORVM. Et Baldini (*Not. ad Anast.* t. IV. p. 29) affirme qu'on en a des exemples depuis l'an 625.

III. — *Attitude et vêtement.*

1° *Attitude.* Toutes les fois que S. Pierre et S. Paul n'ont pas le *volumen* à la main (V. l'art. *Volumes*), les monuments des diverses classes les représentent avec la main droite ou tout à fait étendue, ce qui était dans l'antiquité une marque d'adhésion : c'est ainsi que, dans les sculptures des sarcophages, les apôtres manifestent leur respect pour la parole de Jésus-Christ qui les enseigne (V. Bottari. XVI) ; ou bien la main, sortant seule de dessous le manteau qui enveloppe tout l'avant-bras, est disposée comme pour la bénédiction latine, ce qui fut d'abord un geste oratoire, propre à ceux qui se disposaient à parler et réclamaient ainsi le silence (V. l'art. *Bénir*).

2° *Vêtement.* Sans parler de la tunique, vêtement qui, couvrant immédiatement le corps et exigé par la décence, était commun à tous, et se portait plus long ou plus court, selon les circonstances, les apôtres nous apparaissent tantôt enveloppés du *pallium*, tantôt couverts de cette espèce de manteau que les Romains appelaient *lacerna*, et qui, étant ouvert par devant, se fixait sur la poitrine par une fibule, tantôt enfin de la *penula* (V. ce mot), vêtement usité surtout dans les voyages et pour se préserver du froid et de la pluie. Les peintures, mosaïques, sculptures, nous montrent les apôtres invariablement avec le costume dit philosophique, c'est-à-dire avec le *pallium* sur la tunique, exactement selon ce qui est dit de S. Pierre dans le livre des *Récognitions* (VII. 6) : *Indumentum hoc est mihi quod vides, tunica cum pallio.* Il en est de même dans les verres dorés, toutes les fois qu'ils y sont représentés en pied, debout ou assis. En voici un exemple, qui fournit

un des plus fidèles et des plus beaux types des

deux apôtres (Garrucci. *Vetri*. XV. 4). Mais quand ils sont vus seulement en buste (Garrucci. tav. X. XII. XIII. XIV. etc.), ils portent presque toujours la *lacerna*, ou peut-être l'*orarium*, orné sur le devant d'une fibule plus ou moins riche (V. les deux apôtres ornés de l'*Orarium* à ce mot). Il n'est pas douteux que les apôtres n'aient usé souvent de la *penula* ; ce genre de vêtement leur était nécessaire pour les nombreux voyages exigés par les travaux de l'apostolat. S. Paul priait Timothée (2. *Tim.* IV. 13) de lui rapporter la sienne, qu'il avait laissée à Troade, et Tertullien (*De corona milit.* VII) dit, en parlant du vêtement de cet apôtre : *Habebat etiam penulam Paulus.* Nous ne connaissons cependant qu'un seul monument où S. Pierre et S. Paul soient vêtus de la pénule : c'est un fond de coupe donné par Buonarruoti (tav. XVI. 2), et que nous avons déjà cité plus haut. Ils s'y voient assis sur une espèce de chaise longue avec S. Laurent au milieu d'eux. Comme une pieuse croyance fort répandue dans la primitive Église supposait que nos deux apôtres étaient chargés d'accompagner les martyrs au séjour des bienheureux, on a pensé que la *penula* que portent ici les trois personnages renfermait une allusion au voyage du ciel heureusement accompli par le saint diacre sous la conduite de ces guides vénérés. Les apôtres sont ordinairement chaussés de sandales, mais ils ont aussi très-fréquemment les pieds nus (V. l'art. *Vêtements des apôtres et des premiers chrétiens*).

IV. — *Attributs particuliers à chacun des deux apôtres.*

I. *Attributs de S. Pierre.* Ils sont tous affirmatifs de sa prééminence sur les autres apôtres.

Ainsi 1° de nombreux monuments, peintures, mosaïques, sculptures, nous le montrent avec les clefs en main, ou dans l'acte même de les recevoir du divin Maître (V. l'art. *Clefs de S. Pierre*) : c'est une traduction figurée des promesses faites par le Sauveur à celui qu'il établissait chef de ses apôtres et de son Église : *Tibi dabo claves regni cælorum* (Matth. XV. 19).

2° On sait que, voulant préluder à ses souffrances par un exemple d'humilité, notre Sauveur lava les pieds de ses apôtres (Joan XIII. 5). Or, quand ce fait est représenté dans nos monuments antiques, c'est toujours S. Pierre, et S. Pierre seul, qui est mis en scène (V. l'art. *Passion de Notre-Seigneur*). Un sarcophage d'Arles le fait voir manifestant par ses gestes et par l'animation de son visage son étonnement et sa confusion, comme dans le texte sacré : «Vous, Seigneur, me laver les pieds, à moi ! » *Domine, tu mihi lavas pedes !* (Joan. XIII. 6. — V. la gravure de l'art. *Ablutions*, p. 4).

3° S'il est représenté avec S. Paul, dans les fonds de coupe par exemple, souvent l'artiste le distingue par quelque marque particulière destinée à montrer que, bien que collègues dans l'apostolat, S. Pierre et S. Paul ne sont pas égaux. Quand ils sont figurés en buste (V. Bottari. tav. CXCVII), vêtus l'un et l'autre de la *lacerna*, ce vêtement, qui est uni pour S. Paul, est orné chez S. Pierre d'une bordure de perles ou de *caliculæ* tout autour du cou ; quand ils sont assis (V. Boldetti. p. 197. n. 8), S. Pierre occupe une chaire à dossier, tandis que S. Paul n'a qu'un simple banc ou *subsellium*. Et en général, quand ils paraissent s'entretenir ensemble (Garrucci. *Vetri.* IX. v. 2), S. Pierre fait ordinairement un geste d'allocution ou présente d'un air impérieux un volume à son interlocuteur ; celui-ci au contraire écoute attentivement, fait de la main un signe d'adhésion ou l'appuie sur le volume qu'il tient sur ses genoux.

Si S. Pierre est représenté avec tous les autres apôtres, comme dans la mosaïque du baptistère de Ravenne (Ciampini *Vet. mon.* I. p. 254), en outre de l'emblème caractéristique des clefs, il est coiffé d'une espèce de tiare, tandis que tous les autres ont la tête nue ; cette circonstance, à nos yeux, très-importante, et que personne, à notre connaissance du moins, n'avait observée jusqu'ici, le lecteur peut la vérifier lui-même par la gravure que nous plaçons sous ses yeux. Dans une des fioles de Monza (Mozzoni. VII. p. 84 B.), dont le disque est orné des bustes des douze apôtres, S. Pierre, à la droite du Sauveur, porte une couronne radiée qui le distingue de ses collègues dans l'apostolat. Une peinture d'*arcosolium* du cimetière de Calliste (Marangoni. *Act.* V. p. 40) représentant Notre-Seigneur enseignant ses apôtres, fait voir, à côté du Sauveur nimbé, S. Pierre également nimbé, et le seul des douze ayant cette distinction. Dans les bas-reliefs, les mosaïques, et d'ailleurs toutes les fois que Notre-Seigneur, au milieu de ses disciples choisis, leur confère ses pouvoirs, c'est invariablement à S. Pierre qu'il remet le volume déroulé, symbole du souverain pouvoir d'enseignement et de direction qui lui est conféré, nonseulement sur les *agneaux*, mais encore sur les *brebis* (V. Bosio; *Sarcoph.* passim). Ailleurs, toujours sur les sarcophages, le divin Maître en Pasteur, entouré de ses douze apôtres et de douze brebis placées au-dessous de chacun d'eux, caresse tendrement de la main une brebis plus grande que les autres et qui correspond exactement au prince des apôtres (Bottari. CXXXI).

4° Mais voici qui est bien plus important encore pour attester la croyance des siècles primitifs à la primauté de S. Pierre. Moïse, chef de l'Église judaïque et législateur des Hébreux, était la figure de Pierre, vicaire de Jésus-Christ et chef visible de l'Église chrétienne; ou plutôt le second n'était que le continuateur du premier, comme le Nouveau Testament était le complétement de l'Ancien. C'est là une vérité dont la tradition était constante et vulgaire parmi les premiers chrétiens, et qui était souvent développée dans l'enseignement des Pères (V. l'art. *Moïse*). Telle est l'origine des innombrables reproductions de la figure de Moïse dans les monuments chrétiens. Et ces représentations le prennent presque toujours dans le trait qui constitue la plus vive ressemblance entre le rôle du Moïse ancien et celui du Moïse nouveau, c'est-à-dire la percussion du rocher d'Oreb. Ici, en effet, le rapprochement n'est pas arbitraire, il est indiqué par S. Paul lui-même (1 *Cor.* X. 4) · « Les Israélites buvaient l'eau jaillissant de la pierre, et cette pierre était Jésus-Christ, » *petra autem erat Christus*. Moïse tire du rocher une eau qui étanche la soif des Hébreux, Pierre fait jaillir du vrai rocher, « qui est le Christ, » la source mystérieuse de la grâce qui arrive aux fidèles par les canaux des sacrements. Une peinture vraiment merveilleuse, découverte naguère dans une crypte du cimetière de Calliste, qu'on a surnommée la *Chambre des Sacrements*, déroule cette doctrine sous nos yeux dans une série de tableaux disposés avec un art infini. En premier lieu, on y voit Moïse, ou plutôt S. Pierre, frappant le rocher mystique; du fleuve qui s'en échappe un personnage assis retire un poisson au bout d'une ligne (V. la figure à l'art. *Pêcheur*) : c'est l'image de la conversion d'un idolâtre par la vertu de la grâce découlant du flanc du Sauveur; plus loin, dans cette même eau divine, ce même homme est baptisé par un ministre debout devant lui et appuyant sa main sur la tête du néophyte pour la triple immersion (V. la figure à l'art. *Baptême*); à quelque distance encore, un prêtre, étendant les mains sur un pain et un poisson, consacre la sainte Eucharistie (V. la figure à l'art. *Messe*); et enfin sept personnages assis à une table prennent part au festin sacré, où ne figurent comme précédemment que le pain et le poisson.

Mais quelque palpable que soit cette démonstration, nous avons des monuments qui la rendent plus certaine encore. C'est d'abord un fond de coupe (Boldetti. p. 200. —Garrucci. tav. x. 9) où la détermination du personnage frappant le rocher se trouve fixée par le nom même de Pierre, PETRVS, écrit dans le champ, et encore par la conformité parfaite de la tête avec le type traditionnel du prince des apôtres. Ce même type n'est pas moins reconnaissable dans la plupart des sculptures de sarcophages où le sujet qui nous occupe se trouve reproduit.

Il y a plus encore dans le bas-relief d'un sarcophage magnifique et vraiment précieux sous tous les rapports, monument du quatrième siècle découvert il y a peu d'années à Saint-Paul-hors-des Murs (V. ce monument à l'art. *Sarcophages*). On y voit d'abord S. Pierre au moment où Notre-Seigneur lui annonce sa chute, et en même temps la prière qu'il adresse à son Père pour que la foi de son vicaire, une fois converti, n'éprouve plus de défaillance. Le coq est à ses pieds, ce qui ôte toute hésitation sur l'attribution du personnage de S. Pierre. Le prince des apôtres porte à la main la verge, symbole de l'autorité qui lui est confiée et qui n'est jamais attribuée, dans nos monuments, à aucun autre apôtre (V. aussi Bottari. tav. LXXXV). Un peu plus loin, il fait usage de ce sceptre pour frapper le rocher mystique dont on voit sortir une eau abondante. C'est la divine parole annoncée par Pierre au jour de la Pentecôte. La synagogue se scinde en deux parts : d'un côté, ceux des Israélites qui accourent avec avidité aux eaux vivifiantes du Christ ; de l'autre (et ceci est l'objet d'une troisième scène), ceux qui, fermant les yeux à la lumière, conspirent contre Pierre, le saisissent par le bras et le trainent devant les tribunaux des scribes (*Act. apost.* XII). Et ici encore Pierre tient la verge du commandement dont, libre ou captif, il ne se dessaisira plus. Cette interprétation est celle du P. Marchi ; on peut voir à notre art. *Juifs* jusqu'à quel point nous croyons pouvoir l'admettre. Allegranza (*Opusc.* p. 177) donne une pierre antique chrétienne très-curieuse, qui fait voir le Bon-Pasteur entouré de douze figurines en pied qui ne sont autres que les douze apôtres. Or le premier à droite est reconnu pour S. Pierre à la verge qu'il tient à la main.

5° A bien examiner les représentations du fait miraculeux de la multiplication des pains, dans les sculptures de sarcophages notamment, nous avons lieu de penser que l'on pourrait reconnaître la figure de S. Pierre substituée à celle d'André ou de Philippe, comme dans le sujet précédent elle est mise à la place de celle de Moïse.

L'attention de M. De' Rossi a été mise en éveil à cet égard par une fresque de la catacombe chrétienne d'Alexandrie décrite naguère par M. Wescher (*Bullet.* agost. 1860), et où cette substitution ne laisse pas de doute, car le nom de S. Pierre ΠΕΤΡΟC, est écrit en toutes lettres au-dessus de la tête du personnage qui offre le pain au Sauveur ; l'autre apôtre est S. André, ΑΝΔΡΕΑC.

Or, la multiplication des pains et des poissons étant une des figures les plus incontestées de l'Eucharistie, il est évident que l'intention des artistes ou plutôt de ceux qui les guidaient était d'attribuer ainsi à S. Pierre les prémices du sacerdoce eucharistique, comme la fresque de Saint-Calliste lui attribue, sous la figure de Moïse, la primauté quant à l'administration du baptême et des autres sacrements.

6° En se prévalant contre la primauté de S. Pierre de la position respective qu'occupent les deux apôtres dans les différentes classes de monuments, soit l'un par rapport à l'autre, soit tous deux par rapport à Notre-Seigneur, quand ils sont représentés à ses côtés, les hétérodoxes ont mis les écrivains catholiques dans la nécessité d'accorder beaucoup d'importance à une question archéologique qui en offre assez peu par elle-même.

La droite était-elle, chez les anciens, réputée la place la plus noble, et de ce que S. Pierre occupe quelquefois la gauche, est-on en droit d'en inférer qu'il était regardé dans la primitive Église comme inférieur à S. Paul ? Telles sont les questions qui ont exercé les plus graves depuis Pierre Damien (*Opusc.* XXXV), S. Thomas (*Lect.* I *In Galat.*), Durand (*Rat. div. off.* VII. 24), Molanus (*Hist. SS. imag.* III. 24), De Marca (*De primat. Petr. Opusc.* ap. Baluz. n. 21), Allatius (*De Eccl. Occid. et Orient. consens.* p. 86), Mabillon (*De re diplom.*), jusqu'au P. Garrucci et à l'abbé Polidori. Sans entrer dans la discussion du premier point en litige où le pour et le contre peuvent être soutenus, nous dirons, quant au second, qu'alors même que S. Pierre serait toujours placé à gauche, ce fait ne prouverait rien contre sa primauté établie par tant d'autres arguments ; on en pourrait conclure tout au plus que les artistes avaient en vue, bien moins les peintures en elles-mêmes que les spectateurs, par rapport auxquels ce qui est à droite dans le dessin se trouve à gauche, et réciproquement. Et encore cette interprétation est-elle superflue ; car les monuments les plus anciens qui soient en notre possession (si nous en exceptons le médaillon de bronze reproduit plus haut [n. 4]), les verres dorés, donnent, à peu près sans exception, la droite à S. Pierre et la gauche à S. Paul. Ce n'est que plus tard que, communément dans les sculptures et les mosaïques, et plus tard encore, mais constamment, dans les plombs des papes, cet ordre fut interverti (V. Mamachi. t. V. p. 503). On ne saurait supposer assurément au souverain pontife l'intention de constater son infériorité sur les sceaux mêmes destinés à imprimer le cachet de l'authenticité aux actes de son autorité souveraine comme successeur de Pierre et vicaire de Jésus-Christ.

Quoi qu'il en soit, nous ne devons pas omettre ici une ingénieuse interprétation que quelques auteurs ont donnée de cette disposition des deux figures (V. Cancellieri. *Le sacre teste de' S. Apost. Pietro e Paolo.* p. 87), à propos des bustes des deux apôtres conservés à Rome. S. Paul occupe la droite, disent ces interprètes, comme descendant de la tribu de Benjamin, dont le nom signifie *filius dextræ*. Sur la base du buste de S. Paul est gravé ce distique :

CEDIT. APOSTOLVS. PRINCEPS. TIBI. PAVLE. VOCARIS
NAM. DEXTRAE. NATVS. VAS. TVBA. CLARA. DEO

7° Un des attributs les plus ordinaires de S. Pierre, c'est la croix et, communément, la croix gemmée, qu'il tient appuyée contre son épaule gauche, tandis que de la main droite il reçoit de Notre-Seigneur le volume déroulé. C'est là le type commun dans les sarcophages, les pierres sépulcrales, les mosaïques et les verres dorés. La statue de bronze que nous avons reproduite plus haut porte la croix monogrammatique. L'attribut de la croix fait allusion au genre de mort de cet apôtre, et le monogramme, qui n'est autre chose que l'abréviation du nom du Christ, rappelle entre ses mains le pouvoir qui lui avait été donné d'opérer des miracles par la vertu de ce nom auguste. « Je n'ai ni or ni argent, dit-il à cet infirme qui implorait sa pitié à la porte du temple, mais AU NOM DE JÉSUS-CHRIST DE NAZARETH, lève-toi et marche » (*Act*. III. 6). Un sarcophage de la crypte de S. Maximin (V. *Monum. sur l'apost. de Ste Madeleine*. t. I. col. 767) offre, dans la résurrection de Tabithe, un intéressant exemple de l'exercice de ce pouvoir du prince des apôtres (V. l'art. *Tabithe*).

On montre aussi à Fermo, en Italie (V. *Amico catt*. VII. 397), un tombeau où tous les sujets représentés en bas-relief sont relatifs à la vie de saint Pierre. Il existe sur ce monument une monographie de l'avocat de Minicis que nous n'avons pu nous procurer.

2. *Attributs de S. Paul.*

1° Les monuments antiques placent très-fréquemment derrière l'image de S. Paul un phénix sur un palmier, double emblème de résurrection qui a en grec le même nom φοῖνιξ. On en peut voir de fréquents exemples dans les mosaïques (Ciampini. *Vet. mon.* II. tab. XLVII. LII), les sarcophages (Aringhi. I. 307. — Maffei. *Veron. illustr.* part. III. c. 3. p. 57), et même sur des fonds de tasse (Buon. VI. 1). Cette particularité, qui ressemble presque à une formule hiératique, eut sans doute pour but d'honorer le principal prédicateur de la résurrection future (V. l'art. *Phénix*).

2° On croit que S. Paul porte quelquefois comme attribut le livre de ses Épîtres. Ainsi le voit-on dans une mosaïque du sixième siècle de Sainte-Marie *in Cosmedin* de Ravenne, paraissant offrir deux volumes roulés au trône de l'Agneau, tandis que S. Pierre, de l'autre côté, a ses clefs dans les mains (V. Ciampini. *Vet. mon.* II. XXIII).

3° L'attribut du glaive, qui fut l'instrument de sa mort, n'a été donné à l'apôtre des gentils que dans les bas temps. Voici un des plus anciens monuments qui, à notre connaissance, représente l'apôtre avec cet attribut. C'est une mosaïque qui

se trouvait dans l'*atrium* de l'ancienne Vaticane appelé *Paradis*, au-dessus du tombeau d'Othon II, mort à Rome, en 983, après avoir rétabli sur la chaire pontificale le pape Benoît VII qu'avait détrôné Crescentius. La mosaïque se voit aujourd'hui dans les grottes Vaticanes.

PIERRE ET PAUL (FÊTE DES SS.). — V. l'art. *Fêtes immobiles*, V, 2°.

PIE ZESES. — V. l'art. *Acclamations*, II.

PISCINE PROBATIQUE. — Nous ne connaissons qu'un seul monument de provenance antique où elle soit représentée d'une manière certaine : c'est un sarcophage du cimetière du Vatican (Bottari. tav. XXXIX). Ce sujet occupe le centre du

tombeau. Une bande ondulée figurant la piscine sépare transversalement deux rangs de figures qui ne sont autres que les malades venant chercher leur guérison dans cette eau bienfaisante. La plupart de ces malheureux sont vêtus d'une simple tunique surmontée de la pénule, vêtement dont on se servait contre le froid et la pluie (V. l'art *Pe-*

nula). Dans l'étage supérieur, on voit, au milieu des infirmes, le paralytique déjà guéri emportant son grabat, et Notre-Seigneur le bénissant; en bas, au contraire, c'est un paralytique encore étendu sur le sien : il tient sa main sur sa tête en signe de douleur et paraît implorer de loin la bonté du Sauveur. Ce malade est sans doute celui qui depuis trente-huit ans attendait en vain une main secourable pour le précipiter dans la piscine au moment favorable (Joan. v. 5). Son lit est orné d'une draperie pendante du genre de celle que les anciens appelaient *stragulum* ou *stragula* (Valla. *Elegant. ling. Latin*. VI. 46. — Cf. Bottari. I. 163). Au fond de la scène est figuré un portique de trois arcs soutenus par des colonnes. Le texte sacré dit qu'il y avait cinq portiques (Joan. v. 3), et Quaresme rapporte que, de son temps, deux des arcs de la partie occidentale étaient encore debout (*Hist. terræ sanctæ*. IV. 9. — Cf. Bott. *ibid*.). Il existe au musée de Vienne (Isère) un fragment de sarcophage où l'on croit reconnaître aussi la piscine probatique (V. Le Blant. *Inscr. chrétiennes de la Gaule*. II. 141).

PLANTES DE PIEDS SUR LES TOMBEAUX CHRÉTIENS. — C'est là un hiéroglyphe rare et curieux, sur le sens duquel les antiquaires ne sont pas d'accord. Le plus souvent ces empreintes de pas sont dirigées dans le même sens, quelquefois cependant elles vont en sens contraire (Fabretti. p. 472); d'autres fois il s'en trouve deux allant dans une direction, et deux dans une direction opposée (Lupi. *Epitaph. Sev.* p. 68) ; enfin, on ren-

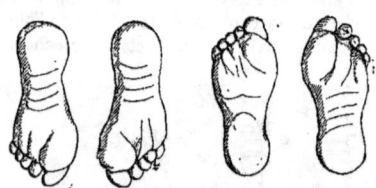

contre, bien que plus rarement, des pieds vus de profil (Id. p. 70). Nous ne saurions entrer ici dans

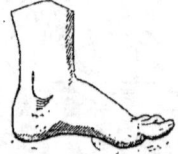

le détail de toutes les explications qui ont été proposées de ce symbole (V. Pelliccia. *Polit. eccles.* III. 225), nous nous contenterons d'indiquer celles qui nous paraissent les plus plausibles.

1° On a pensé d'abord que ces plantes de pieds imprimées sur des pierres sépulcrales étaient destinées à marquer la possession, ou l'inaliénabilité du tombeau (*Possessio, pedis positio*), d'après cet adage des anciens : *Quicquid pes tuus calcaverit, tuum erit*, « tout ce que ton pied aura foulé sera à toi. » Un grand nombre de sceaux antiques, avec lesquels on marquait une chose comme sienne, affectent cette forme de plante de pied (V. un sceau de cette espèce à l'art. *Anneaux*). Plusieurs antiquaires (V. Lupi. *ibid*, 69) donnent une inscription qui semble confirmer cette première interprétation; la voici : QVIE IANAE, avec deux pieds derrière lesquels ces sigles : H. D. Lupi a lu : QVIE*ti* IANAE *hic* DORMI*entis*; Pelliccia (*Ibid.* 227) au contraire interprète le deux sigles par HÆRES DONAVIT, ou HÆREDES DONAVERUNT, formule de possession qui n'est pas rare sur les marbres antiques. Chez les Hébreux, une cession de droit n'était censée parfaite que si le cédant avait ôté sa chaussure pour la livrer au cessionnaire (*Ruth*. v. 2).

2° Pelliccia (*Ibid.* 226) a imaginé une seconde explication assez ingénieuse. Ayant observé que, chez les Grecs, les pieds étaient pris pour le signe ou le symbole d'une chose perdue, si bien que du mot ποῦς, pied, ils ont formé le verbe ποδεῖν, qui, selon les interprètes, signifie « être pris d'un grand regret d'une chose perdue », il suppose qu'en gravant sur les tombeaux des empreintes de pieds, les anciens ont voulu exprimer la douleur qu'ils éprouvaient de la perte des leurs. L'opinion de l'abbé Cavedoni au sujet des plantes de pieds dessinées de profil ne s'éloigne pas beaucoup de celle-là : il pense qu'elles expriment une idée de vénération et de singulière affection envers les morts, et que les parents et amis venaient les baiser comme représentant les pieds de ceux qu'ils pleuraient. Ainsi Madeleine ne se lassait pas de baiser les pieds de Jésus, après les avoir arrosés de ses larmes (Cavedoni. *Ragguaglio di monum. delle art. Crist.* p. 40).

3° Le P. Lupi (*Ibid.*) rappelle que chez les païens les pierres qui portaient de ces images de pieds étaient des monuments votifs à l'occasion d'un heureux retour après un long et périlleux voyage; en sorte que ces plantes de pieds, qui semblent aller et revenir, auraient été l'expression équivalente de cette formule, qui se lit assez fréquemment sur les marbres antiques : SALVOS. SALVOS. REDIRE; ou de cette autre : PRO. ITV. AC. REDITV. FELICI (Lupi. *op. laud.* p. 69), et le docte jésuite conclut que les fidèles s'emparèrent de cette idée, comme de tant d'autres, pour en faire l'allégorie du voyage de la vie heureusement et saintement accompli (V. l'art. *Pèlerinages*). Cette explication puise une grande probabilité dans la formule IN DEO qui quelquefois accompagne les plantes de pieds (Boldetti. p. 419), et qui reviendrait à dire *Obiit*, ou *Decessit in Deo*, formule calquée sur cette phrase de la Bible : *Ambulavit in Deo* (*Genes*. v. 24).

POISSON (SYMBOLE). — De tous les symboles de la primitive Église, aucun ne fut d'un usage plus vulgaire ni plus universel que le *poisson*. Il est employé comme métaphore, dans le discours, par les SS. Pères et les autres écrivains ecclésiastiques, figuré comme formule arcane sur les monuments de toute nature, soit par l'inscription de son nom grec, ΙΧΘΥΣ, soit par son image peinte, gravée ou sculptée, soit enfin par la réunion du nom et de l'image, comme sur ce curieux anneau trouvé près de Rome (De' Rossi. *Bull.* 1873. pl. iv. v), et où le poisson lui-même tient lieu de l'initiale ι du mot ιχθυς. On comprend donc qu'il ne s'agit ici,

ni de ces poissons qui, à diverses époques, durent entrer, pour la fidélité historique, dans la représentation de certains faits évangéliques, ni de ceux que les artistes ont placés dans leurs compositions diverses comme simples motifs d'ornementation; mais bien, et uniquement, du poisson isolé, retracé, dans une intention symbolique, sous l'empire de la discipline du secret, particulièrement sur les tombeaux et les pierres annulaires, par les chrétiens des quatre premiers siècles (V. De' Rossi. *De Christ. monum.* ιχθυν *exhibent.* in t. ιι *Spicil. Solesm.*) Or, dans la pensée de nos pères, ce symbole eut une double application : au Christ et au chrétien.

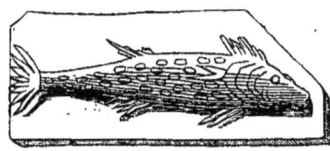

I. — Soit hasard, soit disposition providentielle, il se trouve que le mot grec ιχθυς, qui signifie poisson, fournit les initiales des cinq mots Ἰησοῦς, Χριστὸς, Θεοῦ, Υἱὸς, Σωτήρ, soit, en français, JÉSUS CHRIST FILS DE DIEU SAUVEUR. Comment et par qui cette énigme fut-elle découverte? C'est ce qu'il serait difficile de dire : on suppose qu'elle put venir d'Alexandrie, où quelques chrétiens, ayant cherché de bonne heure à substituer un nouvel acrostiche à ceux qui, au témoignage de Cicéron (*De divin.* ιι. 54), formaient les sutures des vers attribués aux sibylles, en auront surpris les éléments dans ce mot mystérieux. Des livres, l'ἰχθυς énigmatique aurait passé dans le langage vulgaire des premiers chrétiens ; et il est certain que, dès le deuxième siècle, le sens en était familier aux fidèles, puisque S. Clément d'Alexandrie, qui leur recommande de faire graver sur leurs sceaux l'image du poisson (*Pædag.* ιιι. 106), s'abstient de leur en expliquer le motif. Nous le savons du reste positivement par le témoignage de l'auteur africain anonyme du livre *De promission. et benedict. Dei* (ιι. 39) : *Ἰχθυν, latine piscem, sacris litteris, majores nostri interpretati sunt hoc ex sibyllinis versibus colligentes;* « l'interprétation de l'ἰχθὺς, ou poisson, nos pères l'ont tirée des vers sibyllins, » et il nous plaît de reproduire l'explication si claire que S. Augustin donne de l'acrostiche (*De civit. Dei* xviii. 25) : « Des cinq mots grecs qui sont Ἰησοῦς, Χριστὸς, Θεοῦ, Υἱὸς, Σωτήρ, si vous réunissez les premières lettres, vous aurez ιχθυς, poisson, dans lequel nom le Christ est désigné mystiquement. »

Quoi qu'il en soit, la découverte, peut-être fortuite, d'un mot qui se prêtait si merveilleusement à exprimer le nom de Jésus-Christ, ses deux natures, sa qualité de Sauveur, dût être une véritable révélation ; et on comprend que, s'emparant d'une donnée si féconde, les SS. Pères durent donner carrière à leur imagination et à leur piété, pour rechercher dans la nature même du poisson des analogies avec les différents attributs du Rédempteur des hommes. Et, partant de cette supposition que l'ιχθυς fut avant tout employé comme énigme, nous nous figurons que l'ère des interprétations symboliques ne s'ouvrit que postérieurement. Ces interprétations sont nombreuses dans les textes anciens ; nous nous bornerons à indiquer rapidement les plus dignes d'attention.

Le Christ est appelé *poisson* :

1° *Parce qu'il est homme.* Dans le langage figuré de l'Écriture et de la primitive Église, la vie présente est une mer : *Ubique mare sæculum legimus,* dit S. Optat (ιιι. p. 68); et, selon S. Ambroise (L. ιv *In Luc.* v), les hommes sont des poissons qui nagent dans cette mer : *pisces qui hanc enavigant vitam.* Un pieux pèlerin des premiers siècles inscrivait cette prière sur une des parois de la crypte des papes martyrs au cimetière de Calliste : « Demandez que Verecundus avec les siens accomplisse heureusement sa navigation, *bene naviget.* » Donc, en revêtant notre nature, le Verbe est devenu *poisson* comme nous ; « il a daigné être caché dans les eaux du genre humain, il a voulu être pris au lacet de notre mort (Greg. Magn. *Homiliar.* in Ev. l. ιι. *Hómil.* xxiv), *Ipse enim latere dignatus est in aquis generis humani, capi voluit laqueo mortis nostræ.* Aussi, mis en demeure de payer l'impôt, Notre-Seigneur veut-il que la petite pièce de monnaie qui doit y pourvoir se trouve dans la bouche d'un poisson, afin que, le poisson étant le symbole de son humanité, ιχθυς, *in quo is erat qui tropice piscis appellatur* (Origen. *In Matth. homil.* xιιι. 10), il fût bien entendu qu'il payait le cens, non pas en tant que Fils de Dieu (les rois n'exigent pas l'impôt de leurs fils [Matth. xvιι. 24]), mais en tant qu'homme.

2° *Parce qu'il est Sauveur.* Le poisson pêché par le jeune Tobie dans le Tigre, pour délivrer Sara du démon et rendre la vue à Tobie le père, offrait une analogie frappante avec le Sauveur qui, par l'éclat de sa divine doctrine, tire le monde des ténèbres où il était plongé, et, par la vertu de sa croix, terrasse le démon jusque-là maître de la terre. Les SS. Pères n'ont eu garde de négliger ces ingénieux rapprochements, et nous avons choisi parmi beaucoup d'autres l'explication de S. Optat de Milève (L. ιιι. *Adv. Parmen.* c. 2). A propos du tribut payé par Jésus-Christ, l'anonyme africain (*loc. laud.*) dit que le poisson porteur du *didrachma* est l'image du Christ s'offrant POISSON pour le salut du monde entier, *toti se offerens mundo ἰχθυν.* C'est à ce même titre de victime qu'on l'assimile encore aux poissons *frits* qu'il servit à sept de ses disciples sur les bords de la mer de Tibériade, car, dit S. Grégoire, dont nous complétons ici la citation, « lui aussi fut comme rôti par la tribulation au temps de sa passion, » *quasi tribulatione assatus tempore passionis suæ.* Même idée dans S. Augustin (Tract. cxxiii *In Joan.*) : « Le poisson frit, c'est le Christ, » *piscis assus Christus est.* Et le vén. Bède (*In cap.* xxi *Joan.*) résumant la doctrine des anciens, en a fait un aphorisme qui depuis est resté dans la langue archéologique : *Piscis assus, Christus est passus,* « le poisson frit, c'est le Christ souffrant ! » L'évêque Séverin (V. ap. Bottari. t. iii p. 30) croit reconnaître une image analogue dans les deux poissons avec lesquels Notre-Seigneur rassasia cinq mille personnes dans le désert. « Venons donc, dit-il, au roi des angéliques phalanges, et nous retrouverons dans les poissons la spirituelle victime, le Sauveur, le Prêtre. » On a vu que l'acrostiche ιχθυς se rapporte à cet ordre d'idées, puisqu'il représente le Christ dans sa qualité éminente de *Fils de Dieu Sauveur !*

Nous ne possédons qu'un seul exemple de la reproduction intégrale de l'ιχθυς comme acrostiche proprement dit : il est fourni par un marbre grec chrétien, trouvé il y a quelques années dans un polyandre d'Autun (V. l'art. *Acrostiche*). Partout ailleurs il ne figure que comme chiffre ou tessère : c'est-à-dire que les sigles ιχθυς sont simplement écrits horizontalement en tête ou à la fin de l'inscription : ou bien si elles sont superposées verticalement (V. Fabretti. 329), les lettres restent isolées, et sans entrer aucunement dans la composition des premiers mots de chacune des lignes du *titulus,* avec lequel elles ne peuvent même se combiner, car les seules épitaphes ornées de ce chiffre qui nous soient parvenues sont latines, tandis que le mot POISSON est écrit en grec ; tel est le marbre d'EVTHERION (Fabretti. *ibid*) : le mot ιχθυς s'y trouve écrit deux fois, horizontalement en tête du *titulus,* et verticalement en tête des cinq lignes dont il se compose. Une sixième lettre est ajoutée, c'est un N qui s'interprète par ΝΙΚΑ, *vince* : c'est une acclamation de victoire au *Fils de Dieu Sauveur !*

Une pierre tumulaire des catacombes, aujourd'hui au musée Kircher, produit ce symbole avec un véritable luxe de circonstances intéressantes : une ancre y est gravée entre deux poissons, et ces emblèmes sont surmontés de l'inscription ιχθυς ζωντων, *piscis viventium,* ce qui revient à dire: Jésus-Christ, Fils de Dieu, Sauveur des vivants. » L'ancre exprime ici une ferme espérance dans le Dieu Rédempteur représenté par le *poisson,* et l'association de ces deux symboles, association qui se reproduit très-fréquemment sur les marbres (De' Rossi. ιχθυς. *Index inscr.* n. 47 seqq.), et presque toujours sur les pierres annulaires (Id. *Index sigill. et gemm.* n. 83 usq. fin.), est, en hiéroglyphe, l'équivalent des acclamations écrites : SPES IN CHRISTO — SPES IN DEO — SPES IN DEO CHRISTO, si communes dans les monuments primitifs. Voici une opale du musée Vettori ayant sur l'une de ses faces l'ιχθυς symbolique, et sur l'autre l'ancre cruciforme (*Num. Or. explic.* p. 92).

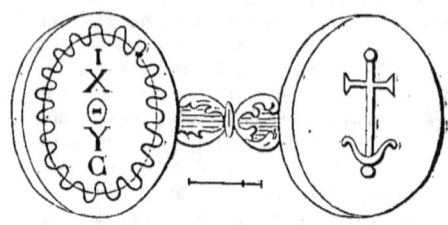

Mais ce sont surtout les objets portatifs à l'usage de la piété des premiers chrétiens, anneaux, pierres gravées, amulettes de toutes sortes et de toute matière, ivoire, nacre de perles, émail, pierres précieuses, qui produisent le type du poisson dans des conditions propres à faire ressortir leur foi, leur confiance et leur amour envers le Dieu Sauveur. Tantôt ce sont des poissons de verre ou de métal, destinés à être suspendus au cou comme amulettes (V. Costadoni. tav. n. iv et iii. 19) et dont quelques-uns portent même les acclamations les plus significatives. Tel est un poisson de bronze sur lequel est écrit le mot cωcαιc, *salva* (Id. iv. 22), ce qui, hiéroglyphe et inscription réunis,

compose cette invocation : « Jésus-Christ, Fils de Dieu, sauve-nous, » ou *Domine, salva nos.* Costadoni (xi. 35) donne une gemme ornée de deux poissons, avec cette inscription en trois lignes : ιχ || cωτηρ || θυ. On voit que c'est la tessère ιχθυς, avec cette différence que le mot cωτηρ, Sauveur, partout ailleurs représenté, comme les autres mots de l'acrostiche, par son initiale c, est ici écrit en toutes lettres.

Sur d'autres pierres (vii. 28), c'est la croix qui, associée au symbole du poisson, vient compléter le sens, en mettant sous les yeux l'instrument sur lequel s'est opérée la rédemption. On ne doit sans doute pas entendre autrement l'association du monogramme du Christ aux sigles ιχθυς, circonstance intéressante que présentent des tombeaux de plomb de Saïda en Phénicie illustrés par M. De' Rossi (*Bull.* 1873. p. 85), à qui nous empruntons ce dessin. Dans une représentation de la guérison du paralytique (Bottari. cxcv), l'artiste a eu l'ingénieuse idée de donner au dossier du lit la forme d'un poisson; or, comme nous trouvons le même type dans une mosaïque de Saint-Apollinaire de Ravenne, nous sommes, semble-t-il, autorisés à penser qu'il ne s'agit pas ici d'un simple ornement, mais que nous devons y voir une allu-

sion au divin ιχθϒϹ, qui se montre déjà *Sauveur* en guérissant les maux physiques des hommes, en attendant qu'il les rachète par l'effusion de son sang. Foggini possédait une pierre annulaire fort singulière où, d'après l'avis de quelques savants (V. Mamachi. *Origin.* ι, 56), serait représentée la promesse d'un rédempteur faite à Adam et à Ève après leur péché. Le serpent tentateur s'y montre avec la fatale pomme à la bouche, et nos premiers parents sont à genoux dans une attitude humiliée. Un personnage profondément incliné étend vers eux ses mains, comme pour les relever. Ce personnage ne serait autre que le Verbe divin, qui, reposant ses pieds sur un poisson, indique ainsi la nature humaine qu'il doit revêtir dans la plénitude des temps. Or, comme son incarnation devait apporter le salut au monde submergé dans l'erreur et le péché, on a placé à côté de ce sujet principal l'arche de Noé avec la colombe, et de plus une ancre dénotant la sécurité qui serait alors donnée à ceux qui naviguaient dans la mer tempêtueuse de ce monde. Les poissons figurés sur le disque de certaines lampes d'argile (V. Perret. ιv. ιx. 5 pl. xιx. 1) peuvent aussi faire allusion à la lumière véritable que le Christ apporta au monde par son incarnation (Joan. t. ιx).

3° *Parce qu'il s'est fait l'aliment de l'homme dans l'eucharistie*: Étant donné que le poisson est, dans la langue parlée comme dans celle des signes, substitué à Jésus-Christ, il était naturel qu'on se servît de ce symbole pour couvrir l'adorable mystère que l'Église primitive s'appliqua toujours à soustraire aux profanes. Manger le poisson, signifia donc se nourrir de la chair du Christ. Nous prions le lecteur de se reporter à notre article *Eucharistie* (n. III), où nous avons établi, soit par les textes, soit par les monuments figurés de l'antiquité chrétienne, et en particulier par les peintures récemment découvertes au cimetière de Calliste, que le poisson avait incontestablement une signification eucharistique. Nous ajouterons seulement que les cistes (V. *Ibid.*) renfermant le pain et le vin, les deux éléments de l'eucharistie, semblent accuser en outre l'intention de présenter Notre-Seigneur dans sa qualité d'instituteur du sacrement, car le divin *Poisson* porte ces cistes sur son dos, comme ailleurs (V. plus bas 5°) il soutient le vaisseau de l'Église.

4° *Parce qu'il est l'auteur du baptême.* On cite un hiéroglyphe baptismal où un enfant est vu assis sur un poisson (V. Polidori. *Pesce.* part. ι.) L'enfant, c'est le baptisé auquel l'Église donne le nom d'enfant nouveau-né : *Quasi modo geniti infantes* (premier dimanche après Pâques) ; le poisson, c'est le Christ, auteur du baptême : *Piscis natus aquis, auctor baptismalis ipse est,* dit Orientus, évêque d'Elvire ou d'Auch en 450 (*Commonit.*). S. Optat de Milève avait déjà exprimé la même idée un siècle auparavant (*Adv. Parmen.*) : *Hic est piscis qui in baptismate per invocationem fontalibus undis inseritur, ut quæ aqua fuerit, a pisce piscina vocitetur;* ce qui veut dire que le Christ descendant invisiblement dans l'eau des fonts (V. la gravure de l'art. *Eau baptismale*), la sanctifie par sa grâce et lui donne la vertu de nous purifier de la tache originelle : *Christus est qui baptizat* (Joan. ι 33); et du mystérieux poisson, cette eau prend le nom de *piscine.* De là vint l'usage de représenter des poissons sur les vasques baptismales et dans les baptistères en général (V. des détails sur cet intéressant sujet à l'art. *Baptistères*, VII, 2.)

5° *Parce qu'il est le fondateur et le soutien de l'Église.* Nous ne manquons ni de textes, ni de monuments prouvant que l'Église fut souvent symbolysée par le navire ou la barque (V. les art. *Église* et *Navire*). Ceci devient plus évident encore quand la barque repose sur le dos d'un poisson, comme, par exemple, sur une pierre annulaire illustrée par Aléandre dans l'opuscule bien connu intitulé : *Nav. Eccl. referent. symb.* (Romæ, 1626), et dans un autre bijou que publie Ficoroni (*Gemm. litter.* tab. xι. 8). On comprend que le poisson n'est autre que le Christ lui-même, sur qui l'Église s'appuie pour affronter les orages.

Un sens analogue pourrait, selon nous, être attribué à une chaire épiscopale gravée sur une gemme antique (*Saggi di dissert. dell' Academ. di Cortona.* t. vιι. dissert. ιιι. n. xιιι), et portant écrit sur son dossier le mot ιχθϒ pour ιχθϒϹ. La chaire, hiéroglyphe de l'enseignement évangélique, peut facilement aussi être prise pour celui de l'Église (V. cette gemme à l'art. *Chaire*).

II. — *Le poisson symbole du chrétien.* Jésus-Christ et ses apôtres étant souvent désignés sous le nom de pêcheurs et figurés comme tels (V. l'art. *Pêcheur*), il devint naturel d'appeler poissons les hommes gagnés à la foi chrétienne par le divin appât de la parole. Cette appellation fut inspirée par les histoires de pêches si fréquentes dans l'Évangile, et particulièrement par la pêche miraculeuse, où Notre-Seigneur a voulu mettre la réalité à côté de la figure (Luc. v. 4 seqq.). Monté sur la barque de Pierre, qui était figure de son Église, le Maître commence par pêcher les âmes en annonçant la bonne nouvelle à la foule qui le suivait; et aussitôt après, il fait prendre sous ses yeux, par ses apôtres, une quantité énorme de poissons, qui étaient la figure des multitudes qu'ils devaient convertir un jour; et afin qu'ils ne pussent se méprendre sur la signification de ce miracle, il leur annonce immédiatement que désormais ils vont être pêcheurs d'hommes.

Ailleurs (Matth. xιιι. 4 seqq.), le divin Maître, voulant faire comprendre que, parmi les baptisés, il s'en trouverait qui ne se tiendraient pas fermes dans la grâce de leur vocation, et que pour cette raison, les élus seraient à la fin des temps séparés des réprouvés, se sert encore d'une parabole empruntée aux usages de la pêche : quand les pêcheurs, dit-il, ont tiré leurs filets sur le rivage, ils rejettent dans la mer les mauvais poissons et ne gardent que les bons. Par ces citations auxquelles il serait aisé d'en ajouter beaucoup d'autres, on voit pourquoi les Pères, fidèles imitateurs du langage évangélique, employaient si souvent cette figure. Dans une de ses hymnes destinées à être chantées en chœur par les fidèles, S. Clément d'Alexandrie (*Opp.* t. 1. p. 312. edit. Oxon.), après avoir donné au Christ le titre de *pêcheur d'hommes*, désigne sous celui de « *poissons chastes* ceux qui sont attirés par lui à une douce vie hors de l'onde funeste de la mer du vice. » Tertullien (*De baptism.* 1) par respect pour le grand Poisson, le poisson par excellence qui est le Christ, appelle les chrétiens, d'un gracieux diminutif, des « petits poissons », *pisciculi* : « Nous sommes de petits poissons, puisque, par notre ιχογς Jésus-Christ, nous naissons dans l'eau (c'est-à-dire dans le baptême), et que nous ne pouvons être sauvés qu'autant que nous restons dans cette eau, » c'est-à-dire, qu'autant que nous persévérons dans la grâce du sacrement.

S. Jérôme raconte d'un certain Benosus qui s'était retiré du monde pour mener une vie érémitique dans une île de la Dalmatie, que « fils du POISSON qui est le Christ, et par conséquent poisson lui-même, il cherche les lieux aqueux, *aquosa petit.* » S. Athanase le Sinaïte, patriarche d'Antioche, donnant aux poissons le nom de *reptiles*, selon les exemples qu'en fournissent les Écritures (V. Calmet. *Dictionn. de la Bible*, au mot *Reptiles*), écrit que « les baptisés sont des *reptiles*, pêchés pour la nourriture de Dieu, par ceux qui furent autrefois pêcheurs, et qui maintenant sont apôtres » (*Biblioth. PP.* t. 1. *In Hexamer.*). S. Grégoire de Nazianze enseigne que, autre est la chair des oiseaux, c'est-à-dire des martyrs, qui furent baptisés dans leur sang, autre celle des *poissons*, auxquels l'eau baptismale suffit, *quibus aqua baptismatis sufficit* (*De resurrect.* LII). Les citations pourraient devenir innombrables. Bornons-nous à la célèbre inscription d'Autun, où le nom de *poisson* est non-seulement donné au Christ et à la sainte eucharistie, mais encore attribué par Pectorius à son père Ascandeus.

Dans les monuments figurés, on doit regarder comme emblèmes des chrétiens les poissons suspendus à l'hameçon, comme sur une pierre gravée et sur un sarcophage cités à l'article *Pêcheur* (n. I), aussi bien que ceux qui sont pris dans un filet (*Ibid.*). On doit interpréter de même ce symbole dans un marbre publié par Marangoni (*Act. S.* V. p. 114) où est gravée une ancre debout figurant une croix, de laquelle descend une corde ou une ligne avec un poisson à l'extrémité. On a eu aussi l'intention de représenter les chrétiens dans les poissons qui décorent les pavés en mosaïque de quelques églises anciennes (V. Costadoni. XI. 41), et en particulier dans ceux qui existent à la cathédrale de Ravenne (Montfaucon. *Antiq. expliq.* II. 370), et qui, selon Ciampini (*Vet. monim.* I. p. 185), seraient du commencement du cinquième siècle. C'est absolument dans le même sens que bon nombre de marbres funéraires portent cette image du poisson conjointement avec la formule IN PACE, celui de Léon par exemple (Boldetti. 564), celui de Pastor (Id. 366), celui de Melitus (Id. 409), ceux d'Émilius et de Priscinus : ces deux derniers monuments ont, au centre, un monogramme, vers lequel se dirige d'un côté un poisson et de l'autre une colombe (Id. 371. 453). Quelques tombeaux d'Afrique produisent le poisson dans des conditions différentes de ce que montrent les monuments de Rome et de l'Europe en général. Ainsi, sur un sarcophage de Soûr-Ghozlan, il est renfermé dans des espèces de cartouches (V. Ch. Texier. *Architect. byzant.*, p. 35).

Souvent sur les pierres annulaires, et plus rarement sur les pierres sépulcrales, on observe une ancre accostée de deux poissons. Quant aux gemmes, il suffit d'en citer une de la dissertation de Costadoni, portant, outre le symbole, le mot PELAGI en légende (v. 25), et deux qu'a publiées Munter (tab. 1. nn. 1 et 2). Pour la seconde classe de monuments, nous signalerons le tombeau d'une femme du nom de MARITIMA (Boldetti. 370), et celui d'EVTYCHIANES (Id. 366). Les savants ne sont pas d'accord sur l'interprétation de ces deux poissons. Lupi, dans plusieurs de ses dissertations, et en particulier dans celle qui a pour objet l'épitaphe de Ste Sévère martyre (p. 64 de notre éd.), les regarde comme l'emblème de l'union conjugale, (Cf. *Dissert.* VI. part. 1. p. 236). L'abbé Polidori est d'un avis contraire, et cela pour deux raisons : 1° parce que quelques-unes de ces gemmes, qui sont *lettrées* (ou inscrites), ne font lire qu'un seul nom ; or, dans la supposition du P. Lupi, il devrait y en avoir deux, celui du mari et celui de la femme, comme en effet cela se voit sur les vases de verre qui ont servi aux agapes nuptiales (V. Buonarruoti. *Vetri.* tav. XXI. 3. XXIV. 1. XXV. 2 et notre art. *Agapes*) ; 2° parce que l'ancre entre deux poissons se trouve sur certains monuments dont la nature exclut toute idée d'union conjugale, par exemple sur le *titulus* de Maritima déjà cité, dont les termes supposent la virginité, bien plutôt que le mariage, la défunte est en effet ainsi appelée *venerabilis*, terme qui, dans l'antiquité, équivalait à *monacus* ou *monaca* (Du Cange. ad. voc. *Venerabilis*). Tout ceci s'applique également au marbre d'*Eutychianes*.

Quelquefois on a substitué à l'ancre le monogramme ou la croix. Nous avons un exemple du premier sujet dans Munter (l. 1. n. 24) : le monument, trouvé à Tunis, se conserve en Danemark ; et un du second sur une gemme gravée dans la dissertation de Costadoni (tav. VII. 28). Polidori possédait une pierre de cette dernière espèce. Dans cette dualité, Costadoni ne voit qu'une affaire de symétrie; Polidori, au contraire, croit y découvrir un sens mystérieux. Selon lui, les deux poissons symbolisent les deux peuples dont la réunion forme l'Église primitive, les Juifs et les gentils : *fecit utraque unum*. Il est certain que la dualité ici signalée est très-fréquemment rappelée sur les monuments antiques, soit par les deux cités typiques, Jérusalem, *Ecclesia ex circumcisione*, et Bethléem, *Ecclesia ex gentibus* (V. l'art. *Église*) ; soit par deux femmes, distinguées par ces mêmes inscriptions, et au-dessus desquelles sont représentés S. Pierre et S. Paul, chacun à la place que lui assigne sa vocation spéciale (Ciampani. *Vet. monim.* i. xlviii. 191. et la gravure de notre art. *Église*). Mais nous avouons que l'application des deux poissons au même mystère ne nous paraît pas suffisamment motivée. Nous avons aussi quelque peine à goûter l'explication, trop ingénieuse à notre avis, que ce savant donne des gemmes où les deux poissons se trouvent placés en sens inverse l'un de l'autre.

Un monument bien voisin de l'antiquité, s'il ne lui appartient pas tout à fait, nous fournit un sujet qui n'est pas sans analogie avec ce qui précède, et qui est, croyons-nous, unique dans son genre : c'est l'antique porte de Saint-Zénon de Vérone, dont l'un des compartiments fait voir, entre deux arbres couverts de feuilles, deux femmes allaitant, l'une deux poissons, l'autre deux enfants. On peut voir là encore l'image des deux Églises.

Un précieux monument découvert naguère à Modène offre quelque chose de plus frappant encore : ce sont deux poissons, ayant entre eux sept pains croisés, dont deux sont déjà dans leur bouche (De' Rossi. *Bullet.* 1865. p. 76). Il est évident que ce sont deux fidèles, *pisciculi*, qui se nourrissent du pain eucharistique.

La plupart des poissons portatifs dont nous avons parlé précédemment (n. 1, 2°) sont généralement regardés comme des tessères baptismales qu'on distribuait, selon un très-ancien usage, aux nouveaux chrétiens (V. Allegranza: *Opusc. erudit.* p. 107), pour leur servir de gage des droits qu'ils acquéraient par le baptême, et qui étaient, selon l'observation de Tertullien, « la communication de la paix, l'appellation de la fraternité, le rapprochement de la tessère d'hospitalité, tous droits qui ne sont point régis par un autre moyen que l'unique tradition d'un même sacrement » *Præscript.* xx). L'usage de décorer de poissons les lieux où s'administrait le sacrement découle du même principe. C'est ainsi qu'on voit deux poissons figurés dans deux belles mosaïques qu'ont données les ruines d'un antique baptistère, près de Sainte-Prisque, à Rome (Lupi. *Dissert.* i. 83), monument qui est conservé au musée Kircher. Voici une sculpture de chapiteau de la basilique de Tebessa (Algérie) où sont représentés deux poissons. Dans l'état où sont aujourd'hui les ruines de cette

église, il est difficile d'assigner la place qu'occupa ce chapiteau ; mais les indications que nous fournit M. le commandant Seriziat, qui a relevé le dessin, nous permettent de supposer qu'il couronnait une des colonnes du baptistère. Munter parle (p. 49. tab. i. 26) d'un couvercle de vasque baptismale existant en Zélande, sur lequel sont fixés trois poissons en cuivre, disposés en forme de triangle. Bien que ce monument doive à bon droit être regardé comme appartenant au moyen âge, on peut supposer qu'il reproduit le type du médaillon qu'on distribuait aux baptisés, et que S. Zénon appelle *denarium aureum triplicis numismatis unione signatum*, « denier d'or marqué d'une triple empreinte » (l. i. tract. 14. 4). Maffei estime que ce médaillon pouvait être de cire(*Osservaz*. t. vi. art. 1. p. 224) ou de toute autre matière, en forme de monnaie, recouverte d'une feuille d'or, et qu'on y imprimait quelque symbole allusif à la Trinité, au nom de laquelle le baptême s'administre. Nous aurions donc sur le couvercle cité par Munter, dans la triple image du poisson, le symbole des baptisés, et dans la forme du triangle le symbole de la Trinité (V. les art. *Trinité* et *Baptistères*).

Boldetti avait trouvé dans les catacombes (V. p. 516) trois poissons de verre présentant cette circonstance intéressante qu'un chiffre est écrit sur chacun d'eux : x. xx. xxv. On sait que, dans les saintes Écritures, les nombres avaient quelquefois un sens symbolique, et plusieurs Pères se sont étudiés à en développer la valeur (V. l'art. *Nombres*). On peut donc conjecturer que les chiffres écrits sur ces poissons ont aussi leur langage mystérieux. Et le sens de ce langage pourrait être un souhait de salut éternel analogue à celui qui est exprimé en lettres grecques sur quelques poissons de bronze : cωcaιc V. plus haut. n. I, 2°). La valeur décimale de ces nombres rappelle, en effet, un passage de S. Clément d'Alexandrie où ce Père, à propos du denier que, dans la parabole évangélique, le maître de la vigne fait distribuer à ses ouvriers, signale dans cette monnaie le symbole du salut éternel : *Hoc est salutis quam significat denarius* (*Strom.* l. IV. p. 580. ed. Oxon.). Par ces mots, il est à présumer que S. Clément, au lieu de la pièce de monnaie promise, veut faire allusion à sa valeur numérique, le nombre dix, nombre parfait, *undequaque perfectus*, comme il dit ailleurs (*Strom.* VI. 782), et par là même très-apte à symboliser le salut éternel, qui est la perfection, le *nec plus ultra* de tout ce que le chrétien peut espérer en cette vie et posséder dans l'autre. S. Augustin fait voir qu'il est du même avis, lorsqu'il donne à la récompense qui nous est réservée en paradis, *cum fuerit de spe facta res*, le nom de *denarium*, et qu'il assigne pour motif à cette attribution le nombre dix, dont le mot *denarium* est dérivé : *qui accipit nomen a numero decem* (*Tract.* XVII. *In Joan.*).

Dans une savante dissertation que nous avons plusieurs fois citée, M. De' Rossi a établi, avec cette clarté et cette érudition qui le caractérisent, que l'emploi de la figure du poisson ou de son nom ιχθυς, comme symbole ou arcane, est une pratique à peu près exclusivement propre aux premières époques du christianisme, et qu'après Constantin (un peu plus tôt ou un peu plus tard) cet emblème ne paraît plus guère sur les monuments qu'à titre d'ornement. Le P. Secchi, dans son remarquable travail sur l'inscription d'Autun (p. 28), observe très-judicieusement que l'époque où les chrétiens firent usage de ce symbole est précisément celle où la discipline du secret était en vigueur. On a pu voir, en effet, dans le cours de cet article, que les écrivains qui ont précédé Constantin, S. Clément d'Alexandrie, Origène, Tertullien, se contentent de l'indiquer, de l'enseigner, mais sans en donner l'explication ; au lieu que les autres, S. Optat de Milève, et mieux encore S. Augustin, en développent ouvertement le mystère. Le péril passé, l'arcane n'avait plus de raison d'être (V. les art. *Dauphin*, *Pêcheur*, *Eucharistie*).

POLYANDRE. — V. l'art. *Loculus*.

PORTE. — Jésus-Christ a dit de lui-même (Joan. X. 9) : « Je suis la porte. Si quelqu'un entre par moi, il sera sauvé, et il entrera, et sortira, et trouvera des pâturages, » *ego sum ostium. Per me si quis introierit, salvabitur; et ingredietur, et egredietur, et pascua inveniet.* D'après cette donnée, et bien que les monuments soient rares, nul doute que les premiers chrétiens n'aient regardé la *porte* comme un symbole du Sauveur. Elle se trouve évidemment dans cette intention cinq fois figurée sur le sarcophage antique de l'église de Saint-Aquilin de Milan (Allegranza. *Monum. ant. di Milan.* tav. II). L'arc de la porte de l'antique basilique de Saint-Georges de la même ville fait lire, écrits des deux côtés du monogramme du Christ, ces quatre vers qui expriment la même idée :

Janua sum vitæ : precor omnes intro venite :
Per me transibunt qui cœli gaudia quærunt.
Virgine qui natus, nullo de patre creatus,
Intrantes salvet, redeuntes ipse gubernet.

« Je suis la porte de la vie : je vous prie, venez tous dedans : — Par moi passeront ceux qui cherchent les joies du ciel. — Celui qui est né d'une vierge, engendré par aucun père. — Qu'il sauve ceux qui entrent, et qu'il gouverne aussi ceux qui reviennent. »

Un bas-relief antique sur bronze doré (Lupi. *Dissert. e lett.* I. p. 262), trouvé dans l'église de Santa-Maria della Monterella, dans le Latium, fait voir, entre autres objets, une porte d'excellent style, sous laquelle est un agneau avec la croix, et tout autour ces paroles : *Ego sum ostium, et ovile ovium*, « je suis la porte et le bercail des brebis. »

Le Christ est déjà appelé dans les psaumes *porte du ciel*, *porte du Seigneur*, *porte de justice*, par laquelle les justes entreront. Et S. Augustin nous exhorte à y entrer (*In psalm.* XCIX) : *Intret grex in portas, non foris remaneat ad lupos*, « que le troupeau entre dans les portes, qu'il ne reste pas dehors, exposé aux loups. »

PORTIERS. — C'étaient les plus humbles des clercs mineurs dans l'Église primitive. Ils sont appelés tour à tour *janitores*, *ostiarii*, *ædituí*.

Ils étaient préposés, comme leur titre l'indique, à la garde des portes de l'église, afin d'empêcher les païens d'y pénétrer et de veiller à ce que hommes et femmes entrassent chacun par la porte destinée à leur sexe (V. la gravure de l'art. *Ordres mineurs*). Dans l'Église grecque, les portiers n'étaient chargés que de la porte des hommes, celle des femmes était confiée à des diaconesses. Les *Constitutions apostoliques* expriment nettement cette distinction (lib. VIII. cap. 28) : *Janitores stent ad introitum virorum custodiendi caussa, diaconissæ vero ad mulierum*. C'est donc à tort qu'on a avancé, d'une manière absolue, que cette classe de clercs n'existait que chez les Latins. S. Épiphane (*Exposit. fid.* n. XXI) et le concile de Laodicée (can. XXIV) prouvent que cet ordre n'était pas étranger à l'Église grecque. Une novelle de Justinien (*Nov.* III. c. 1) parle des portiers comme existant à Constantinople, et en restreint le nombre à cent, pour les églises de la ville. Il paraît certain néanmoins que l'ordre de portier ne fut jamais adopté universellement dans les Églises grecques, et qu'il ne se maintint que peu de temps dans celles qui l'avaient reçu.

Quoi qu'il en soit, les portiers étaient encore chargés de faire ranger les pénitents et les catéchumènes à leurs places respectives, et de maintenir le silence dans le lieu saint (*Concil. Carthag.* IV. an. 398). Ils annonçaient aux fidèles le jour et l'heure des assemblées, ce qui exigeait, surtout au temps des persécutions, une grande prudence, afin que ces réunions saintes ne fussent point découvertes, ni les chrétiens signalés à l'attention publique. Enfin ils avaient la garde des objets appartenant à l'église, et remplirent souvent les fonctions de trésoriers. Ce dernier service semble avoir été le plus important, car il est le seul dont fasse mention la formule de leur ordination telle qu'elle se trouve dans le quatrième concile de Carthage (c. 9) et dans l'ordre romain (Pars. II. *Biblioth. max. PP.* t. XIII. p. 704). En remettant à l'ordinand les clefs de l'église (dans l'Église latine du moins, la formule des Grecs n'est pas connue), l'évêque lui adressait ces paroles : *Sic age, quasi redditurus Deo rationem de his rebus, quæ his clavibus recluduntur,* « conduis-toi comme ayant à rendre compte à Dieu des choses qui sont fermées sous ces clefs. »

Les portiers avaient leur logement dans des cellules ménagées à l'extérieur des basiliques (Bingham. vol. III. p. 274), afin qu'ils fussent toujours prêts à exercer les fonctions de leur ordre (V. les développements que nous donnons à ce sujet à notre art. *Sépultures,* IV).

C'est au commencement du troisième siècle que les documents ecclésiastiques font pour la première fois mention des portiers, et le plus ancien de ces documents est une lettre du pape Corneille (Ap. Euseb. *Hist. eccl.* VI. 43). Depuis cette époque les Pères en parlent fréquemment, entre autres S. Jérôme (*In cap.* II. *Epist. ad Tit.*), S. Paulin (*Epist.* V. *ad Sev.*), S. Augustin (*Serm.* XLV. n. 51), etc. Nous avons dans le recueil de Gruter (MLXI. 6) l'épitaphe d'un VRSATIVS VSTIARIVS (sic), marbre existant à Trèves. C'est, à notre connaissance, la seule mention lapidaire de l'ordre de portier.

PRÆFECTI VALETUDINARIORUM. — V. l'art. *Hôpitaux.*

PRÉDICATION DANS LES PREMIERS SIÈCLES CHRÉTIENS.

I. — *Les discours.*

1° Les discours adressés aux fidèles par les orateurs chrétiens furent appelés tour à tour, *tractatus* (Optat. Milev. *Contr. Parmen.* l. IV et passim. — Ambros. *Epist.* XIV. *Ad Marcellin.* — Hieron. *Ep.* LXV. etc.) : ce nom s'appliquait surtout aux discours qui avaient pour objet l'explication de quelque passage de l'Écriture ; — *disputationes* (Augustin *Tract.* LXXXIX. *In Joan.* — Hieron. *Epist.* XXII. *Ad Eustoch.* 15), qui désignait plus particulièrement les discussions des apôtres avec les Juifs ou les gentils, et plus tard celles des Pères avec les hérétiques ; — *doctrinæ,* διδασκαλίαι : ce mot, qui exprime proprement l'exposition de la doctrine, fut employé de préférence par les Pères grecs ; les Latins donnèrent souvent le nom de *docteurs* à ceux qui se livraient à ce genre d'instruction (Augustin. *Serm.* CXXII. — Vincent. Lirin. *Commonit.* XXVII) ; — *homiliæ,* du mot grec ὁμιλίαι, équivalant aux *sermones* des Latins (Augustin. *Enarrat. in ps.* CXVIII. *Proœm.*) : c'étaient des instructions familières et à la portée de toutes les intelligences ; le mot *adlocutiones* ou *locutiones,* souvent employé par les Pères, a une signification vague et générique (Tertull. *De anima.* IX. — Greg. Magn. l. VII. *epist.* 52).

2° Avant de commencer son discours, le prédicateur traçait le signe de la croix sur son front. C'est assurément à cet usage que S. Methodius (*De Simeone et Anna*) fait allusion, quand il appelle une de ces homélies *navem sermonis crucis signaculo insignitam,* « le navire du discours orné (ou muni) du signe de la croix. » Les Pères se munissaient surtout de ce signe sacré quand ils avaient à disputer avec les hérétiques (Cyrill. Hierosol. *Catech.* XIII). L'orateur prononçait ensuite une courte prière, à l'exemple de S. Paul : *Sermoni oratio debet anteire,* dit S. Chrysostome (*Homil.* XXXIII), *sic Paulus facit, quum in exordiis suarum epistolarum orat,* « le discours doit être précédé de la prière : Paul en use ainsi quand il prie au début de ses épîtres. » De là ces formules si fréquentes dans S. Augustin : *Det nobis Dominus aperire mysteria* (*Ad psalm.* XCI et CXXXI), — *Donet mihi aliquid dignum de se dicere,* « que le Seigneur nous donne d'ouvrir les mystères, » « qu'il me donne de dire quelque chose de digne de lui. » Il se recommandait aussi aux prières de ses auditeurs : *Adjuvet Deus orationibus vestris, ut ea dicam quæ oportet me dicere et vos audire,* « que Dieu exauce vos prières, afin que je dise ce qu'il faut dire et ce que vous devez entendre. » L'orateur adressait de nouvelles prières à Dieu, pour implorer ses lumières, quand, dans le cours de son instruction, il se présentait quelque question difficile. Enfin il terminait ordinairement par une invocation à la Ste Trinité. Soient pour exemples, parmi les Grecs, S. Grégoire de Nazianze : *In Christo Jesu Domino nostro, cui gloria et Patri cum Spiritu sancto in sæcula sæculorum. Amen* ; et, parmi les Latins, S. Léon : *Per Christum Dominum nostrum, qui vivit et regnat cum Patre et Spiritu sancto in sæcula sæculorum. Amen* (V. Ferrari. *De rit. S. concion.* cap. XXII.)

3° En certains lieux, le prédicateur débutait par le salut, *Pax vobis,* auquel le peuple répondait : *Et cum spiritu tuo.* C'est ce que les *Constitutions apostoliques* appellent πρόσρησιν. S. Optat dit que cette formule était usitée en Afrique tant avant qu'après le sermon. Elle était quelquefois remplacée par celle-ci : *Benedictus Deus,* « Dieu soit béni ! » (Chrysost. *Homil.* IV. *Ad Antioch. pop.*) D'assez bonne heure l'usage s'établit de demander la bénédiction à l'évêque président. S. Chrysostome atteste (*Homil.* IX. XI. etc.) que cela se pratiquait surtout dans les temps de grandes calamités ; et, chez les Grecs, nous trouvons souvent en tête des homélies des Pères et des *Vies des Saints* cette formule : εὐλόγησον, πάτερ. — *Benedic, pater* (V. Ferrari. cap. IX), « Bénissez, père. »

4° Avant la lecture de l'Écriture sainte qui précédait toujours l'instruction, les diacres, à l'instar des lévites de l'ancienne loi (2 Esdras. VIII. 7), imposaient silence au peuple (Chrysost. *Hom.* XIX.

In Act. apost. — Greg. Turon. Hist. Franc. liv. iv. prop. fin. — Isid. Hispal. De eccl. off. c. x. etc.), soit de la voix (Chrysost. Hom. xvii), soit de la main (Albin. Flacc. De divin. offic c. De celebr. miss.), soit en agitant l'orarium, principalement dans les Églises orientales (Balsam. Ad can. xxii. synod. Laodic.). Nous savons aussi que, avant de prendre la parole, l'orateur lui-même réclamait le silence. Nous en avons plusieurs exemples dans les Actes des apôtres : ainsi au douzième chapitre (vers. 17), il est dit de S. Pierre : Annuens eis manu ut tacerent, narravit, « leur faisant de la main signe de se taire, il raconta; » au treizième chapitre (vers. 16): Surgens autem Paulus, et manu silentium indicens, ait.... « Paul se levant, et imposant silence de la main, parla ainsi. » Les orateurs, dans l'antiquité, imposaient silence à leur auditoire, tantôt par ce petit bruit aigu qu'on obtient par la pression du pouce sur le medius, tantôt en élevant l'index et le medius, comme pour la bénédiction latine, tantôt en étendant la main entière avec dignité : Tunc Paulus, extenta manu, cœpit rationem reddere (Act. xxvi. 1), « alors Paul, étendant la main, commença sa justification (devant Agrippa). »

5° Ordinairement, le prédicateur énonçait, dès le début de son discours, le sujet qu'il allait traiter (Chrysost. De Lazar. iii) ; quelquefois on annonçait plusieurs jours à l'avance soit le sujet lui-même, soit encore le texte qu'on se proposait de développer (Id. Homil. x In c. i Joan.). En montant au lieu d'où il devait prêcher, l'orateur portait à la main le livre saint, afin de lire ou de faire lire son texte par le lecteur, texte qui devait toujours avoir rapport au temps ou à la fête ; il quittait le livre et le reprenait alternativement quand il avait quelque nouveau passage à citer. Les Pères prêchaient quelquefois ex abrupto sur le texte qui se présentait à l'ouverture du livre. C'est ce qui arrivait souvent à S. Augustin, qui acceptait ce texte comme une inspiration divine (Homil. xxvii. 1. 50): Aliquid de pœnitentia dicere divinitus jubemur, « il nous est divinement enjoint de vous dire quelque chose de la pénitence ; » et ailleurs (Serm. lxiii): Ab illo (Domino) expectavit cor meum jussionem proferendi sermonis, « mon cœur a attendu du Seigneur l'ordre de vous adresser ce discours. » Origène improvisa aussi, mais seulement après sa soixantième année (Euseb. vi. 36). S. Chrysostome n'osa aborder cette périlleuse méthode que dans des cas tout à fait urgents (Sozom. viii. 19), coactus ex tempore habuit rationem. Nous savons aussi par plusieurs de ses homélies qu'il lui arrivait souvent de s'interrompre pour suivre une inspiration soudaine, ou pour répondre aux exigences de quelque incident imprévu (Homil. iv In Genes.). S. Augustin, S. Grégoire de Nazianze, S. Basile ont laissé des chefs-d'œuvre d'improvisation. Ces discours étaient recueillis par des notaires, familiarisés avec l'art de la sténographie (V. l'art. Notarii); quelques-uns les écrivaient furtivement (Euseb. vi. 36. — V. Ferrari. p. 311). Si quelque miracle s'était opéré récemment, et depuis la dernière assemblée, le prédicateur le racontait ou en faisait lire la relation par un lecteur. S'il s'agissait d'une guérison, on présentait au public celui qui en avait été l'objet, afin d'édifier le peuple et de le porter à rendre gloire à Dieu et à ses Saints (Augustin. Serm. xxix et passim.)

6° Les Pères avaient grand soin de ménager l'attention des fidèles. Aussi ne dépassaient-ils jamais, dans leurs discours, l'espace d'une heure, limite de rigueur paraît-il par certaines précautions oratoires où ils se plaignent d'être pressés par l'heure, et s'excusent d'abréger leurs développements : Sicut et nos loqui possumus, — quantum hora sermonis permittit, dit S. Augustin, « comme il nous est permis de parler, — autant que nous le permet l'heure assignée au discours » (Serm. cxliii De temp. — V. aussi Origen. Hom. ii In Genes. — Cyrill. Hierosol. Catech. xiii. — Petr. Chrysol. Serm. cxxi....). Mais par quel moyen mesuraient-ils cette heure ? Par la clepsydre probablement, dont Cassiodore donne cette élégante description (Variar. l. i. epist. 449) : Ad horologium ubi solis meatus sine sole cognoscitur, et aquis guttantibus horarum spatia terminantur, « l'horloge où la marche du soleil est connue sans le soleil, et où les espaces des heures sont marqués par des eaux coulant goutte à goutte. »

II. — Les prédicateurs.

1° Le pouvoir et le devoir de prêcher appartiennent essentiellement aux évêques, successeurs des apôtres, auxquels il a été dit : Euntes docete.... Mais, en cas d'empêchement légitime, ils purent toujours se faire suppléer par un prêtre. Ainsi S. Chrysostome prêcha souvent avant son élévation à l'épiscopat (Pallad. In ips. Vit.), et Valère, évêque d'Hippone, qui, Grec de naissance, s'exprimait difficilement en latin, se déchargea fréquemment du ministère de la parole sur S. Augustin (Possid. In Vit. Aug. v) ; celui-ci paraît être néanmoins le premier prêtre qui en ait été chargé dans l'Église d'Afrique. Quelquefois les évêques faisaient lire leurs homélies par les notaires qui les avaient écrites : S. Grégoire le Grand, souffrant de l'estomac, prêchait ainsi souvent par l'organe d'un notaire apostolique (Homil. xxi Lib. xl homil.). Les diacres étaient aussi appelés à prêcher (Concil. Vasens. ii. can. 2), mais seulement quand le prêtre était empêché par la maladie de remplacer l'évêque dans cet office. Il est certain que, dans les premiers temps, principalement pendant les persécutions, les diacres annonçaient la parole de Dieu. Nous avons dans les Actes (vii) un beau sermon de S. Étienne ; Philippe, l'un des sept premiers diacres, est appelé évangéliste (Act. xxi), non qu'il ait écrit un Évangile, mais parce qu'il exerçait le ministère de la parole évangélique. Aussi voyons-nous, dans l'ardeur des persécutions, les tyrans rechercher et immoler avec un zèle de préférence les diacres, parce que leurs incessantes exhortations soutenaient les forts et encourageaient les faibles. Les Pères, dans l'impossibilité de se transporter partout où l'œuvre de Dieu les appelait, prêchaient souvent par lettres, à l'exemple de S. Paul. Ainsi S. Clément, S. Cyprien, S. Athanase, S. Chrysostome du fond de leur exil ou de leur prison, instruisaient encore leurs chères ouailles. Souvent même, après avoir prononcé leurs homélies dans leurs cathédrales, ils en envoyaient des copies aux absents (V. Ferrari. l. II. c. 3).

En principe, la prédication était interdite aux laïques. Par exception cependant, on permit quelquefois à des hommes d'une doctrine sûre d'enseigner en particulier, comme catéchistes, et S. Jérôme (*De script. eccl.* XXXVI) atteste qu'un grand nombre de laïques illustres se succédèrent en cette qualité dans la célèbre école d'Alexandrie (V. l'art. *Écoles chrétiennes*). L'antiquité nous fournit même quelques exemples de laïques qui furent chargés par les évêques de prêcher publiquement dans l'église. Ainsi Origène, avant son ordination, fut appelé à cet honneur par Alexandre, évêque de Jérusalem (Eusèb. *Hist. eccl.* VI. 19), et encore par Théoctiste de Césarée.

Les femmes, selon le précepte de S. Paul, n'eurent jamais la faculté de porter la parole dans l'assemblée des fidèles. Seulement on chargeait quelquefois celles qui étaient reconnues capables, d'instruire en particulier les femmes catéchumènes (*Concil. Carthag.* IV. 12).

2° Bien qu'il ressorte de divers passages du

Nouveau Testament que Notre-Seigneur et les apôtres prêchaient souvent debout, il est certain néanmoins que la posture classique et essentielle de celui qui enseigne avec autorité est d'être assis, et c'est ainsi que le Sauveur nous apparaît dans les circonstances solennelles (Luc. II. 14. — Matth. V et XVI. — Luc. VI. — Joan. VIII). Dans les chapelles des catacombes, et dans les basiliques primitives, on remarque invariablement au fond de l'abside la chaire où s'asseyait l'évêque pour enseigner (V. l'art. *Chaires*). Il y avait aussi un siége sur la plateforme de l'ambon, et nous savons par S. Chrysostome, par Nicéphore Calliste (*Hist. eccl.* XIII. 4) et Cassiodore (*Tripart.* X. 4), que l'orateur chrétien s'y asseyait pour prêcher. Ce qui le prouve surabondamment, c'est que les Pères se levaient quand ils étaient emportés par un mouvement pathétique, ou quand ils avaient à adresser une prière à Dieu : *Surgentes oremus*, « levons-nous pour prier (Origen. homil. XX in Num.); » — *Et sermo noster satis processit, surgentes et nos ipsi extendamus manus*, « notre discours a atteint ses bornes, levons-nous, et nous aussi levons les mains, » allusion à l'attitude de la prière chez les premiers chrétiens (V. l'art. *Prière*) (Athanas. *Hom. de Sem.*).

Nous croyons devoir reproduire ici une curieuse lampe chrétienne trouvée en 1874 dans les ruines d'une villa romaine sur la colline du Pausilippe, et où se voit un orateur assis selon le type classique dont nous venons de parler (De' Rossi. *Bullet.* 1874, pl. X).

III. — *Les auditeurs.*

1° Les apôtres et les Pères donnaient à leurs auditeurs le nom de *frères*. Nous en avons de nombreux exemples, dans les Épîtres de S. Paul, dans les *Actes des apôtres*, dans S. Justin (*Apol.* II *Dialog. cum Tryph.*), dans Athénagore (*Legat. pro Christian.*), dans S. Clément d'Alexandrie (*Strom.* II et V), dans Tertullien (*Apol.* XXXIX), dans Minucius Felix, S. Optat, S. Augustin, etc. (V. l'art. *Fraternité*). Ils les appelaient aussi quelquefois *Saints* (1 Petr. Rom. I. 15. — 2 Cor. XIII. Philipp. IV. — Act. IX et XXV). Ignat. et Polycarp. *in epist.* — Tertull. *Ad uxor.* VI *et passim*). De là vinrent *fraternitas vestra, sanctitas vestra, caritas vestra, fratres carissimi, dilectio vestra, dilectissimi*, qualifications affectueuses que nous trouvons dans les discours d'Origène, de S. Zénon de Vérone, de S. Athanase, de S. Hilaire, de S. Cyrille de Jérusalem, de S. Basile, de S. Grégoire de Nazianze, de S. Ambroise, de S. Chrysostome, de S. Augustin, etc.

2° La lecture des Pères, des Grecs surtout, prouve que les fidèles se tenaient debout pour entendre la parole de Dieu, et il paraît par un passage de S. Optat de Milève que cette posture était prescrite (L. IV *Adv. Parmen.*). S. Augustin donnait aux malades la permission de s'asseoir, et blâmait sévèrement ceux qui le faisaient sans permission et sans motifs légitimes (*De catechiz. rud.* XIII. tract. XIX In Joan. etc.). Nous voyons dans Eusèbe (*De Vit. Constant.* IV. 33) que Constantin écouta debout, par humilité et par respect, une homélie de l'évêque de Césarée (V. l'art. *Bâton*).

3° En général, le plus grand silence était exigé

et observé pendant la prédication ; il était même interdit aux pauvres de le troubler en circulant dans l'église pour demander l'aumône. Cependant le peuple était dans l'usage d'interrompre quelquefois le prédicateur par de vives acclamations. Elles avaient deux objets principaux : le premier de faire entendre qu'on avait saisi les explications données. Ainsi, dans son soixante-troisième sermon, S. Augustin, à propos de l'Évangile de S. Jean, ayant témoigné la crainte que des discussions un peu subtiles auxquelles il s'était livré au sujet des trois puissances de l'âme, la mémoire, l'intellect, la volonté, n'eussent pas été comprises, tout le peuple éleva la voix pour le rassurer, et s'écria : *Memoria ! memoria !* D'autres fois c'était un acte de chaleureuse adhésion. Ainsi, Paul d'Émèse, prêchant sur l'incarnation en présence de S. Cyrille d'Alexandrie (*Inter homil. ejusd.* vii), n'eut pas plutôt prononcé ces paroles : *Peperit itaque Deipara Maria Emmanuelem,* « Marie, mère de Dieu, enfanta Emmanuel, » que tout l'auditoire exprima à haute voix son adhésion à cette vérité : *Ecce fides eadem est, donum Dei, Cyrille orthodoxe ; hoc audire cupiebamus ; qui non ita loquitur, anathema sit !* « Voilà bien la vraie foi, don de Dieu, ô orthodoxe Cyrille ; c'est ce que nous désirions entendre ; celui qui ne parle pas ainsi, qu'il soit anathème ! » Nous ne saurions passer sous silence cette magnifique acclamation du peuple de Constantinople à S. Chrysostome, laquelle nous a été conservée par Georges, patriarche d'Alexandrie (*In ips. vit.* xlii), et où l'orateur à bouche d'or est proclamé *un treizième apôtre : Revera dignus es hoc sacerdotio, o apostolorum tertie decime. Christus te ad nos misit, ut salvas faceres animas nostras, et potares de fontibus Salvatoris ; quod ipse tibi dedit, etc....* « en vérité, tu es digne de ce sacerdoce, ô treizième apôtre. Le Christ t'a envoyé à nous, pour que tu sauves nos âmes, et que tu les abreuves aux sources du Sauveur ; c'est la mission qu'il t'a confiée. » Ces acclamations étaient souvent accompagnées de bruyants applaudissements des mains et des pieds ; on agitait en l'air des *oraria* ou des mouchoirs, ou même des chlamydes (Hieron. *Epist.* lxxv). Mais les Pères réprouvèrent toujours ces sortes de manifestations transportées du théâtre, et recherchées seulement par des hommes vains, tels que Paul de Samosate qui allait jusqu'à les réclamer comme un droit (Euseb. *Hist. eccl.* vii. 26).

C'est quelquefois dans l'attitude de la prédication que les évêques et les prêtres sont représentés sur leur tombeau. En voici un singulier exemple, fourni par une simple pierre sépulcrale du cimetière de Priscille (Perret. t. v. pl. xxii). On y voit un prédicateur assis sur une chaire d'une forme toute primitive, et dont l'auditoire se compose d'une femme, représentation réelle, quoique abrégée, et d'une brebis, représentation symbolique du peuple chrétien écoutant la parole de Dieu.

IV. — *Les temps et les lieux consacrés à la prédication.*

1° Dès la naissance de l'Église, le dimanche fut un jour de réunion et de prédication pour les fidèles (*Act.* xx) : nous le savons par S. Jérôme (*Epist.* cl. *Ad. Hedib.*), S. Augustin (*Epist.* lxxxvi. *Ad Casulan.*), S. Ambroise, S. Chrysostôme, etc. On prêchait encore aux jours de fêtes et en particulier à celles des martyrs (Chrysost. *Orat. adv. Judæos*) ; à la consécration des évêques : ainsi S. Grégoire de Nazianze prêcha à l'occasion de celle de Sasimorus (*Orat.* vii) ; S. Grégoire de Nysse et S. Chrysostome portèrent eux-mêmes la parole à la cérémonie de leur propre ordination. Il y avait encore un sermon au jour anniversaire de ces solennités : exemple S. Augustin (*Homil.* xxiv et xxv *Lib.* l *hom.*), S. Léon le Grand (*Serm.* i. ii. iii), etc. Plusieurs discours de S. Augustin prouvent qu'il en était de même à la consécration des basiliques et des autels : ainsi Faustus, évêque de Reims, prêcha à Lyon à l'occasion de la dédicace d'une église, c'est S. Sidoine Apollinaire qui nous l'apprend (*Epist.* iii). On prêchait encore aux vigiles de certaines fêtes (Gaudent. Brix. *Tract.* iv) et tous les jours du carême et de la semaine de Pâques. S. Césaire d'Arles prononçait des homélies presque tous les jours, aux heures de matines et de prime ; S. Ambroise était dans le même usage (Augustin. *Confess.* vi. 3) ; et S. Augustin renvoya souvent ses auditeurs à ses instructions de la veille ou d'un jour précédent; il y avait en certains lieux deux sermons par jour, et quelquefois dans la même assemblée : le prêtre prêchait le premier et l'évêque venait corroborer sa parole par une paternelle exhortation ; c'est ce que nous apprenons de S. Chrysostome, de S. Jérôme et d'une foule d'autres Pères. Enfin quand deux ou plusieurs évêques se trouvaient ensemble dans la même congrégation, plusieurs parlaient successivement, comme firent à Constantinople, au rapport de S. Jérôme, S. Épiphane et Jean de Jérusalem.

2° L'Église fut toujours le lieu ordinaire de la prédication chez les chrétiens, comme le temple et la synagogue chez les Juifs. On prêchait d'un lieu élevé, afin que le peuple pût mieux entendre la parole de Dieu. Ce lieu, pendant les persécutions, était la chaire creusée dans le tuf au sein des cimetières, et dans les basiliques la chaire encore ou siège de marbre au fond de l'abside. S. Augustin (*De civit. Dei.* xxii. 8) désigne sous le nom d'*exedra* l'hémicycle où sa chaire s'élevait par des gradins au fond de sa basilique : *in gradibus exedræ in qua de superiori loquebar loco* (V. l'art. *Chaire*). On prêchait aussi du haut de l'ambon, placé entre le sanctuaire et la nef (V. l'art. *Ambon*). On prêcha quelquefois aussi des degrés de l'autel, ainsi que S. Grégoire de Nysse nous l'apprend de lui-même (*Orat. de baptism.*), et comme il ressort de ces beaux vers de S. Sidoine Apollinaire (*Carm. eucharist. ad Faust. episc.*) :

Seu te conspicuis gradibus venerabilis aræ
Concionaturum plebs sedula circumsistit...

Sur la prédication dans les premiers siècles on trouvera beaucoup de détails dans Bingham (*Origin. eccl.* t. i. p. 321), et à peu près tout ce qu'on peut désirer dans l'ouvrage de Ferrari *De ritu sacrarum Ecclesiæ veteris concionum.* In-4°. Veronæ, 1731.

PRÉMICES DES FRUITS. — V. l'art. *Clergé*, I, 6°.

PRESBYTERA. — V. l'art. *Matricule*.

PRÊTRES. — Ceux qui étaient placés au second degré de la hiérarchie ecclésiastique furent, dès le principe, appelés chez les Grecs πρεσβύτεροι, ce qui équivaut à *seniores*, « vieillards, » moins à raison de leur âge que de leur maturité, de leur sagesse, de leur doctrine ; l'Église latine, pour les désigner, adopta aussi le nom de *presbyteri*. Nous disons *dès le principe*, parce qu'un fragment d'inscription grecque énonçant en abrégé ce titre ecclésiastique, ΠΡ (πρεσβύτερος), a été trouvé dans la plus ancienne partie de l'hypogée de Lucine : ce qui prouve que ce mot était déjà tellement enraciné dans les usages de l'épigraphie au deuxième siècle, qu'il suffisait de le désigner par ces simples sigles ΠΡ (V. De' Rossi. *Roma sott.* t. i. p. 342). On nomma encore les prêtres *sacerdotes*, des choses sacrées, *a sacris*, qu'ils sont appelés à traiter.

I. — Le premier office du prêtre est d'*offrir* le sacrifice du corps et du sang de Jésus-Christ. L'épitaphe d'un prêtre nommé Marinus, trouvée à Saint-Gervais, mentionne la fonction sacerdotale de distribuer la sainte eucharistie aux fidèles et loue ce prêtre de son assiduité à s'en acquitter (V. Le Blant. *Inscr. chrét. de la Gaule*, t. ii. p. 90) :

HOC IACET IN TVMVLO SACRA QVI MYSTI
CA SEMPER DIVISIT POPVLIS PIETATE
HONORE DECORVS
QVEM NEMVS AELYSIVM MARINVM
CONCLAMAT OMNE

Il y a ici une expression qui pourra causer quelque surprise : c'est le *nemus Ælysium*, « le bois de l'Élysée, » emprunté au style mythologique pour désigner le séjour des élus. Mais, comme le fait observer le savant éditeur, ce n'est pas la première fois que la mention des Champs-Élysées se trouve employée dans les textes et dans les monuments chrétiens : nous en avons un célèbre exemple dans le cimetière des Aliscamps (Champs-Élysées) à Arles. On sait que dans l'antiquité chrétienne, et en particulier dans les inscriptions funéraires, le paradis est fréquemment assimilé à un jardin plein d'arbres et de fleurs, ce qui ne s'éloigne pas beaucoup du NEMVS AELYSIVM de l'inscription de Saint-Gervais (V. notre art. *Paradis*), *viridarium arbores habens rosæ*, lisons-nous dans les actes de sainte Perpétue. Le second office du prêtre est de *bénir*. C'est pourquoi S. Éphrem dit quelque part (*Serm. de timore Dei*): « Honore les prêtres, afin que la bénédiction de leur bouche descende sur toi. » S. Antoine s'inclinait devant les prêtres comme devant les évêques pour recevoir leur bénédiction. La troisième fonction du prêtre est de *présider* les assemblées chrétiennes en l'absence de l'évêque, ou d'occuper le premier rang après lui, quand il est présent. La quatrième est de *prêcher*, mais seulement en vertu de la délégation de l'évêque, qui est le premier et essentiel ministre de la parole divine ; car, dans la cérémonie de la consécration de l'évêque, on met le livre des Évangiles sur ses épaules (V. l'art. *Prédication*). La cinquième fonction du prêtre est de *baptiser*, pouvoir qui implique celui d'administrer ceux des autres sacrements qui ne sont pas réservés à l'évêque.

Le prêtre avait le droit de s'asseoir à l'église avec l'évêque, ce qui était interdit au diacre, avec cette différence cependant que l'évêque occupait un siège élevé appelé *thronus celsus*, tandis que celui du prêtre était dit *thronus secundus* (V. l'art. *Chaire*). Les prêtres étaient rangés en demi-cercle aux côtés du prélat ; c'est pour cela que les *Constitutions apostoliques* (lib. ii. cap. 3) leur donnent les noms collectifs de *spiritualis corona*, *circuli presbyterii*, *corona Ecclesiæ*. Dans les chapelles et églises des catacombes, on voit encore les sièges des prêtres, ainsi que la chaire épiscopale, taillés dans le tuf au fond de l'abside (V. Marchi.

Monum. delle art. crist. tav. xxxvi), et la même disposition se fait remarquer dans toutes les vieilles basiliques de Rome, dans celle de Saint-Ambroise à Milan, et mieux peut-être qu'en tout autre, dans celle de Nola, qui aujourd'hui encore est, quant à cet objet, telle que S. Paulin la fit construire. Dans les ordinations, ils avaient le droit d'imposer les mains aux nouveaux prêtres (Concil. Carthag. iv), et de nombreux monuments du quatrième siècle et des suivants prouvent qu'ils siégeaient au second rang dans les conciles provinciaux et en souscrivaient les définitions après les évêques.

Le corps des prêtres attachés à chaque église était appelé *presbyterium* chez les Latins, et chez les Grecs du nom correspondant, πρεσβυτέριον, ou encore συνέδριον τοῦ πρεσβυτερίου, « l'assemblée du presbytère, » *senatus Ecclesiæ, senatus Christi, consiliarii episcopi, consilium Ecclesiæ.* Depuis les premiers siècles jusqu'au cinquième, les prêtres et les diacres ne formaient avec l'évêque qu'un corps ; ils constituaient son sénat, et, pour nous servir de l'expression du pape Siricius (*Epist.* ii. — Felic. PP. *Epist.* iv), ils régissaient de concert avec lui « le trône apostolique ». En conséquence, il était défendu à l'évêque de conférer les saints ordres sans leur consentement, aussi bien que d'entendre les causes et de rendre la justice en leur absence. Bien plus, l'évêque ne devait qu'avec le conseil du presbytère traiter les affaires relatives à la discipline et au patrimoine de l'Église (*Concil. Carthag.* iv. 22. 23.— Greg. Turon. *dial.* ii *De mirac.* S. *Martini.* — *Concil. Turon.* ii. 7. — *Tolet.* vi): Aussi arrivait-il que quand l'évêque mourait ou s'éloignait de son siége, le presbytère tenait sa place, en s'abstenant néanmoins de traiter les affaires d'une importance majeure (*Epist. cler. Rom. ap. Cyprian. Epist.* v et xxxi), et surtout de conférer les ordres (S. Ignat. *Epist. ad Antioch.* — Cyprian. *Epist.* x.). Au moyen âge, le presbytère prit le nom de chapitre.

Quant à l'âge requis pour être admis à l'ordre de la prêtrise, il ne paraît pas qu'il y eût rien de fixe pendant les premiers siècles, si l'on excepte le décret du pape Siricius, prescrivant que, quand un clerc avait été initié au diaconat à l'âge de trente ans, il ne pouvait être ordonné prêtre que cinq ans après, c'est-à-dire à trente-cinq ans. Justinien défendit, pour l'Orient, qu'un diacre fût élevé à la prêtrise avant sa trente-cinquième année ; mais en Occident il fut reçu de les ordonner à trente ans, tant dans les Gaules qu'en Espagne et en Germanie (V. Pelliccia. *De Eccl. polit.* t. i. p. 58), à moins que la nécessité ne fît fléchir la règle.

Dès que l'évêque avait pris les informations voulues sur les mœurs et l'âge des diacres, et que le peuple avait donné son adhésion à leur ordination, ils étaient promus à l'ordre de la prêtrise. L'ordination du prêtre était autrefois simple et courte dans l'Église orientale aussi bien que dans l'Occidentale ; elle se réduisait à ceci : que l'évêque, conjointement avec les prêtres de son Église, imposait les mains à l'*ordinand*, en récitant les oraisons *ad hoc* (1 *Tim.* — *Const. apost.* l. viii. c. 16. — *Concil. Carthag.* iv. 3. — Hieron. *In Is.* c. lviii). Dès le sixième siècle, à l'imposition des mains et à l'oraison, on joignit l'onction des mains, dans les Églises des Gaules, de l'Espagne et de l'Afrique ; ce n'est qu'au neuvième que cette cérémonie fut adoptée par l'Église romaine et les autres Églises latines (Nicol. PP. *In respons. ad Rodulf. archiep. Biturig.* — Cf. Pelliccia. i. 59). Les Églises d'Orient y restèrent toujours étrangères, s'en tenant à l'ancienne discipline. Les autres cérémonies, la tradition des vases, par exemple, ne remontent pas plus haut que le dixième siècle.

II. —. Les grands collecteurs d'inscriptions nous ont conservé un nombre considérable d'épitaphes antiques où la dignité de prêtre est mentionnée. Le seul hypogée de Lucine en a fourni trois, dont le moins ancien est un Maximus qui, selon toute probabilité, est celui qui fut confesseur de la foi en 250 (V. De' Rossi. *loc. cit.*). On a trouvé il y a peu d'années dans le cimetière de Calliste l'inscription d'un prêtre nommé Denis, qui, pense-t-on, mourut vers le milieu du troisième siècle ; il était en même temps médecin et probablement Grec : ΔΙΟΝ ΥϹΙΟΥ || ΙΑΤΡΟΥ || ΠΡΕϹΒ ΥΤΕΡΟ (V. l'art. *Professions exercées par les chrétiens*). C'est là un fait important à constater, car on comprend de quelle importance était la profession de la médecine dans les premiers siècles, comme elle l'est aujourd'hui pour nos missionnaires. Et en effet, les documents anciens font mention d'un certain nombre de diacres, de prêtres et même d'évêques qui exercèrent cet art salutaire. Cancellieri en énumère plusieurs dans le catalogue qu'il a dressé des saints médecins, à la suite de ses *Memorie di S. Medico martire* (Roma, 1812). On peut voir aussi sur cette question Lami (*De eruditione apostolorum*, p. 538).

Nous reproduisons d'après Marini (*Papiri diplom.* p. 301) une autre épitaphe, qui doit dater à peu près du temps du pape Damase, si l'on en juge par les caractères qui sont conformes à ceux auxquels ce pontife a attaché son nom, et qui, entre autres choses, a cela de particulièrement intéressant qu'elle est le premier monument qui atteste l'existence des *mansionarii* (V. ce mot) : LOCVS FAVSTINI QVEM COM || PARAVIT A IVLIO || MANSIONARIO SVB || CONSCIENTIA PRES || BYTERI MARCIANI. Faustinus avait acheté ce lieu pour sa sépulture du *mansionarius* Julien, sous la conscience (sans doute pour caution) du prêtre Marcianus.

Voici une inscription métrique de l'an 381 que nous empruntons au recueil de M. De' Rossi : PRAESBYTER HIC SITVS EST CELERINVS NOMINE DIctus || CORPOREOS RVMPENS NEXVS QVI GAVDET IN ASTRIS || DEP VIII KAL IVN FL SYAGRIO ET EVCERIO, « Un prêtre repose ici, ayant nom Celerinus, — délivré des liens du corps, il jouit maintenant dans les astres.... » Celle-ci a été publiée par Maffei (*Mus. Veron.*

p. 279. n. 9) : LOCVS MAXIMI PRESBYTERI. L'épitaphe de deux époux chrétiens, Alexius et Capriola, nous fait connaître les noms des prêtres Archelaüs et Dulcitius, avec l'autorisation desquels ces fidèles s'étaient préparé leur tombeau de leur vivant : ALEXIVS ET CAPRIOLA FECERVNT SE VIVI || IVSSV ARCHELAI ET DVLCITII PRESBB (Perret. v. LXXV. n. 1). L'épitaphe d'un prêtre nommé Benegestus fut trouvée dans un ancien cimetière, près de Velletri (Amaduzzi. *Anecdoct. litt. Rom.* t. II. p. 484) : VENEGESTVS (pour Benegestus) PREVITER || (pour *presbyter*) IN PACAE (sic) DOMini DORMIT. La collection des Génovéfains de Lyon a fourni au musée lapidaire de cette ville l'épitaphe d'un prêtre du nom de Romanus, que nous rapportons ici d'après M. de Boissieu (*Inscr. de Lyon.* p. 580), à cause de deux circonstances intéressantes : la première, c'est que la formule IN PACE, étant précédée du mot VIXIT, vient témoigner de l'orthodoxie de ce prêtre (V. l'art. *In pace*); c'est, en second lieu, le vase gravé au-dessous du *titulus*, symbole très-commun, comme on sait, sur les marbres chrétiens (V. l'art. *Vases sur les tombeaux*), mais qui nous paraît être ici le symbole de la profession de Romanus.

Voici cette inscription dans toute la barbarie de son orthographe : IN HOC TVMOLO || REQVIISCIT BONAE || MEMORIAE ROMANVS || PRESBITER QVI VIXIT || IN PACE ANNIS LXIII || OBIIT NONVM K FEB || RARIAS. On trouvera d'autres épitaphes de prêtres, ou mentionnant des prêtres, dans Gruter (MLIV. 25), dans Reinesius (*Class.* XX. passim.), etc. Nous terminerons cet article par l'épitaphe métrique d'un prêtre nommé Sisinnius, attribuée au pape Damase, et qui est tout au moins d'un poète de son école (*Patrolog.* Migne. t. XIII. col. 1218).

PRESBYTER HIC VOLVIT SISINNIVS PONERE MEMBRA
OMNIBVS ACCEPTVS POPVLIS DIGNVSQVE SACERDOS
QVI SCIRET SANCTAE SERVARE FOEDERA MATRIS
BLANDVS AMORE DEI SEMPER QVI VIVERE NOSSET
CONTENTVSQVE SVO NESCIRET PRINCIPIS AVLAM.

« Le prêtre Sisinnus a voulu déposer ici ses membres, — Aimé de tout le peuple, prêtre vraiment digne — Qui sut garder ses engagements envers la sainte Mère (l'Église), — L'amour de Dieu brilla toujours dans sa vie, — Content de sa position, il ne connut point la cour du prince. »

PRIÈRE (ATTITUDES DE LA). — I. — Les premiers chrétiens avaient coutume de prier debout, les mains étendues, un peu élevées vers le ciel, et la face tournée vers l'orient. La preuve matérielle de cet usage, du moins quant aux trois premières circonstances, se rencontre à chaque pas dans les monuments primitifs : les fresques, les sarcophages, les pierres sépulcrales, des catacombes romaines spécialement, les verres historiés qu'on y recueille en abondance, les vieilles mosaïques qui décorent les basiliques primitives, etc., offrent des fidèles des deux sexes, et surtout des femmes, représentés dans cette attitude (V. Aringhi. *passim.* et en particulier. II. p. 285).

On donne vulgairement à ces figures le nom d'*orantes*. Elles se font souvent remarquer par la richesse et l'élégance de leur costume, elles portent de grandes tuniques, ou mieux des dalmatiques à manches larges et drapées, quelquefois garnies de

broderies et de bandes de pourpre; elles sont parées de colliers, de bracelets et d'autres bijoux (V. Bosio. *Rom. sott.* p. 429). La figure ci-dessus est tirée du cimetière de Sainte-Agnès. Ces vêtements somptueux sembleraient au premier abord constituer une contradiction ou un contraste avec la modestie bien connue des femmes chrétiennes de la primitive Église. Mais, en décorant ainsi leur image, on avait bien moins pour but de retracer aux yeux ce qu'elles avaient été dans la vie, que d'exprimer allégoriquement la gloire dont elles jouissaient dans le ciel : dans les sépultures de tout genre, l'*orante* placée ordinairement entre ces arbres, image hiéroglyphique du paradis, était le symbole de l'âme devenue l'épouse de Jésus-Christ et admise à ce titre au festin céleste. Ainsi s'explique la magnificence du vêtement de Ste Priscille représentée en *orante* dans le cimetière de son nom (V. Perret. *Catacombes.* vol. III. pl. III. — V. la figure à notre art. *Paradis*, p. 576). Telle est encore l'image de Ste Praxède qu'on peut voir dans une belle mosaïque romaine, couverte de la tête aux pieds de pierres précieuses (V. Ciampini. *Vet. monim.* t. II. tab. 47). Dans une vision célèbre, Ste Agnès s'était montrée à ses parents, huit jours après son martyre, revêtue de draperies précieuses, et, pour employer l'expression de ses actes, *auro textis cycladibus induta* (V. notre *Notice hist. liturg. et archéol. sur le culte de Ste Agnès.* p. 82). Ce texte devint le type de la plupart des images de la jeune martyre, type dont nous ne saurions citer un plus bel exemple qu'un verre doré, publié par Boldetti (*Cimit.* p. 194. tav. III. fig. 3), et que nous avons reproduit à l'art. *Agnès* [Ste].

Si ces saintes et les orantes en général sont figurées dans une attitude suppliante, ce n'est pas qu'elles aient quelque chose à solliciter pour elles-mêmes, puisqu'elles sont établies dans la gloire mais c'est parce qu'elles intercèdent auprès de Dieu en faveur des vivants qui se sont placés sous leur protection : c'est ce que nous voyons dans ces innombrables formules de prières inscrites par les pèlerins près de ces saintes images (V. l'art. *Graffiti*) ; et la sainte Vierge elle-même est quelquefois, pour le même motif, représentée dans cette posture de suppliante, *omnipotentia supplex*, comme s'expriment les Pères (V. Marie en orante dans un fond de tasse reproduit à notre article *Vierge* [la sainte]).

Il est une particularité que nous ne devons pas passer sous silence : c'est que plusieurs de ces femmes en prières, qui sans doute étaient de nobles matrones romaines, comme fatiguées d'une oraison prolongée, ont les bras soutenus par des hommes que, à leur costume, on peut supposer être leurs serviteurs (Bosio. p. 389. 405. — Aringhi. II. 17) : ce qui rappelle Moïse recevant d'Aaron et d'Ur un service analogue (*Exod.* XVII. 12).

L'usage dont il est ici question est attesté non-seulement par les monuments figurés, mais aussi par les documents écrits de l'antiquité chrétienne. « Les chrétiens, dit Tertullien (*Apologet.* XXX), prient en élevant les yeux au ciel et en tenant les mains étendues, parce qu'elles sont innocentes ; la tête nue, parce que nous ne rougissons pas, » *Illuc suspicientes (in cœlum) Christiani manibus expansis, quia innocuis, capite nudo, quia non erubescimus.*

Prier les mains *élevées* est une attitude naturelle à tout homme qui s'adresse à la Divinité ; cette posture suppliante s'est retrouvée chez toutes les nations, même païennes : chez les Égyptiens, ainsi que l'attestent leurs monuments funéraires ; chez les Étrusques : nous avons observé au musée Campana, transporté à Paris, deux statues de Chiusi, en terre cuite, dont les bras sont ainsi élevés ; chez les Romains, comme on le peut voir au revers de bon nombre de médailles impériales, celles de Trébonien-Galle, par exemple : la figure en prière est accompagnée de la légende : PIETAS. AVGG. (V. Mionnet. *Rareté des médailles romaines.* II. p. 13). Mais Tertullien nous fait observer que, soit l'attitude, soit l'intention des fidèles étaient bien différentes de celles des idolâtres : « Pour nous, dit ce Père (*De orat.* XI), nous ne nous contentons pas d'élever les mains, comme font les païens, mais nous les étendons en souvenir de la passion du Seigneur, » *nos vero non attollimus tantum, sed expandimus, e dominica passione modulatum* ; ils voulaient imiter Jésus-Christ en croix, comme il est raconté de quelques martyrs au moment de leur supplice, en particulier de S. Montanus, disciple de S. Cyprien (Ruinart. p. 235), et des SS. Fructuosus, Augurius et Eulogius (Usuard. XII *kal. febr.*) : *Manibus* IN MODUM CRUCIS EXPANSIS ORANTES. Plusieurs autres Pères ont exprimé la même idée. Aussi est-il facile de distinguer dans les monuments figurés les *orantes* chrétiennes d'avec celles qui se rencontrent dans le domaine du paganisme. Celles-ci élèvent les mains verticalement, de façon que la flexion du coude forme un angle droit ; les chrétiennes, au contraire, portent les bras dans une position presque horizontale ; et il est très-remarquable que Tertullien (*De orat.* XIII) s'applique à décrire cette différence de la manière la plus minutieuse, afin d'éloigner toute idée d'imitation idolâtrique : « Nous n'élevons pas les mains avec ostentation, mais avec modestie, avec modération, » *ne ipsis*

quidem manibus sublimius elatis, sed temperate, ac probe elatis.

Aujourd'hui le prêtre seul observe à la messe ce rit de la vénérable antiquité, lequel a conservé dans la liturgie de l'illustre Église de Lyon son caractère tout à fait primitif, car le prêtre déploie complètement ses bras en forme de croix pendant qu'il récite l'oraison qui suit immédiatement l'élévation.

Nous devons faire observer que, dans la primitive Église, les catéchumènes priaient debout comme les fidèles, avec cette différence cependant que ceux-ci tenaient la face un peu élevée vers le ciel (Tertull. *De coron.* III), tandis que les premiers inclinaient légèrement la tête, parce qu'ils n'avaient pas encore obtenu, par le baptême, l'adoption divine, le titre d'enfants du *Dieu qui est au ciel.*

Les orantes des catacombes, comme celles des autres monuments chrétiens, sont communément vêtues de dalmatiques, comme on le voit dans la première figure du présent article ; d'autres fois elles portent d'élégantes pénules ornées de bandes de pourpre, comme la seconde, qui est la reproduction d'une fresque du cimetière de Calliste conservée aujourd'hui au musée chrétien du Vatican (Perret. I. pl. xxxiv) ; ou le *colobium* à manches courtes, comme celle-ci, qui a en outre un *pallium* couvrant la tête et se rabattant sur les épaules. Souvent elles sont accostées de deux colombes, symbole de la simplicité et de l'innocence chrétiennes. La figure est du cimetière de Comodilla (Perret. v.

pl. vii). Ces différents costumes sont aussi attribués aux figures viriles représentées en prière (V. la figure de la page 631, 1re colonne).

II. — Cependant le rit de prier debout n'était point exclusif; les premiers chrétiens priaient aussi quelquefois à genoux. Nous en avons un exemple dans les *Actes des apôtres* (xxi. 5) : « Et nous étant mis à genoux sur le rivage, nous priâmes, » et un second dans la *Vie* de S. Jacques le Majeur de qui les genoux, par suite de ses prières prolongées, étaient devenus gros comme ceux d'un chameau ; et un autre fort célèbre aussi dans les actes du martyre de S. Ignace (Ruinart. vii. p. 10. edit. Veron.). Dans les temps moins anciens, cette coutume devint encore plus fréquente. Nous savons par le témoignage d'Eusèbe (*In Vit. Constantin. M.* iv. 21. 61) que Constantin fléchissait souvent les genoux pour offrir à Dieu sa prière. S. Jérôme écrit à la vierge Démétrias (*Epist* viii) : « Fréquemment la sollicitude de ton âme t'a portée à fléchir les genoux, » *frequenter te ad figenda genua sollicitudo animæ suscitavit* ; et à Marcella (*Epist.* xxiii *De ægrot. Blesillæ*) : « Elle fléchit les genoux sur la terre nue, » *flectuntur genua supra nudam humum*.

Il est probable que l'usage de prier à genoux fut adopté par les chrétiens à l'exemple des Hébreux. Nous lisons en effet dans les saintes Écritures que Salomon, en dédiant son temple à Dieu, avait mis ses deux genoux en terre, *utrumque genu in terram fixerat* (3 *Reg.* viii. 54), et que Daniel, trois fois par jour, se prosternait les genoux en terre et priait : *Tribus temporibus in die flectebat genua sua et orabat* (*Dan.* vi. 10). Il est dit encore que, au moment de son martyre, S. Étienne (*Act.* vii. 59) se mit à genoux pour prier en faveur de ceux qui le lapi-

daient. S. Luc nous apprend aussi que notre Sauveur, au jardin de Getsemani, pria dans cette posture humiliée (Luc. xxi. 41) : *Et positis genibus orabat*. On comprend que, d'après ce divin exemple, les chrétiens aient adopté cette manière de prier comme une marque de deuil, une démonstration de tristesse et de douleur ; c'est ce qui ressort de ces vers de Prudence, l'un des plus fidèles organes de l'antiquité chrétienne (*Cathem. hymn.* ii. 50) :

> Te voce, te cantu pio
> Rogare curvato genu
> Flendo et canendo discimus,

Par la voix, par un chant pieux, — Nous prions le genou courbé, — Pleurant et chantant, comme nous l'avons appris. »

C'est ce que met plus encore en évidence la coutume de l'Église primitive dans la pratique de la liturgie. L'Église avait prescrit dès le principe qu'on priât debout les dimanches et durant tout le temps pascal, en signe de joie, et à genoux tout le reste de l'année, en signe de pénitence. Cette règle était déjà en vigueur du temps de S. Justin (*Quæst. ad orthodox. resp.* 115) ; elle est mentionnée par Tertullien (*De coron. milit.* iii) et constatée par S. Jérôme dans ce curieux passage où il parle de S. Paul (*Comment. Epist. ad Ephes. Proœm.*). « S. Paul resta à Éphèse jusqu'à la Pentecôte, temps de joie et de victoire, où nous ne fléchissons pas les genoux, ni ne nous courbons vers la terre, mais où, ressuscités avec le Seigneur, nous nous élevons vers le ciel. » Ce même usage fut érigé en loi canonique au premier concile de Nicée (can. ult.). Sur cette manière de prier, commune aux Juifs et aux chrétiens, il est instructif de voir ce qu'ont écrit Pamelius dans ses notes au traité de Tertullien *De corona* (c. iii. n. 38) et Suicer (*Thesaur. eccles.* ad v. ronv).

On sait que les anciens, quand ils avaient à implorer de quelque puissant personnage une faveur ou une grâce, se prosternaient devant lui, embrassaient ses genoux ou ses pieds. Les monuments antiques écrits et figurés nous fournissent de nombreux exemples de cet usage (Virgil. *Æneid*, l. iii. — Senec. *De brevit. vit.* c. viii. — Hom. *passim.*, etc.). Or nous remarquons cette même manière de prier sur plusieurs tombeaux chrétiens (Bottari. Tav. xxiv, xxv, xxviii.). Au centre de ces sarcophages, on voit, aux côtés de Notre-Seigneur debout, deux personnes, un homme et une femme ordinairement, surtout dans les monuments de l'Italie, ainsi prosternés devant lui et semblant vouloir lui baiser les pieds.

Une urne sépulcrale d'Arles, publiée par Millin (*Midi de la France.* Atlas. Pl. lxvi) et plus exactement par M. Edm. Le Blant dans la *Gazette archéologique* de MM. de Witte et Fr. Lenormant (pl. 19), présente une circonstance exceptionnellement intéressante. C'est que, en outre des deux personnes qui sont couchées aux pieds du Sauveur, deux autres s'inclinent profondément et pleurent, ainsi que l'indique le linge qu'ils tiennent sur leurs yeux pour essuyer leurs larmes. Prier avec larmes est une pratique de tous les temps, comme le rappelle le savant académicien avec un grand luxe d'érudition. Nous oserons ajouter une observation importante qui semble lui avoir échappé, ainsi qu'à Bottari. C'est que ces personnages suppliants sont probablement les parents du défunt enseveli dans le sarcophage, et qu'ils implorent en sa faveur la miséricorde du juge des vivants et des morts. C'est une nouvelle preuve qui doit, selon nous, être ajoutée à celles qui attestent dans la primitive Église la constante pratique de la prière pour les morts.

Nous croyons donc que Bottari se trompe quand il suppose que ces personnages prosternés représentent les défunts d'un tombeau bisôme.

Voici le sujet d'après la belle gravure de la *Gazette archéologique*.

Quant aux figures de chrétiens priant à genoux, les monuments figurés font complétement défaut, ce qui prouve, comme il a été établi plus haut, que les *orantes* sont l'image de l'âme glorifiée. Conformément aux prescriptions apostoliques, les hommes assistaient à la prière publique dans les temples, la tête découverte, et les femmes voilées.

Dans quelques Églises d'Afrique, les vierges s'étaient affranchies de cette règle : c'est pour les y ramener que Tertullien composa son traité *De velandis virginibus*. Nous devons enfin ajouter, d'une manière générale, que les Pères mettaient tout leur zèle à exclure de la prière des fidèles tous les gestes et toutes les pratiques extérieures entachées de quelque caractère bien marqué de paganisme. Aussi Tertullien (*De orat.* xii) reprend-il avec sévérité les chrétiens qui, à l'exemple des idolâtres, croyaient devoir, pour rendre leur prière agréable à la Divinité, se dépouiller de leurs pénules.

PRIÈRE PUBLIQUE DANS LA PRIMITIVE ÉGLISE. — A l'article *Liturgie* (n. III), après avoir énuméré quelques-unes des raisons qui expliquent comment il se fait qu'aucune des liturgies antiques ne nous soit parvenue dans son intégrité, nous avons dit que néanmoins il en restait des parties assez considérables pour démontrer, 1° que l'Église primitive avait des formes fixes pour l'exercice de son culte, 2° que ces données, si incomplètes qu'elles soient, suffisaient pour nous rendre compte, jusqu'à un certain point, de l'ordre et de la méthode qu'elle suivait dans les principales parties du ministère divin.

Le présent article est le développement de cette dernière proposition.

I. — DES FORMULES DE LA PRIÈRE AUX TEMPS APOSTOLIQUES. La pratique apostolique embrassait deux ordres distincts de formules : celles qu'elle conserva de la religion des Juifs, et les formules nouvelles qu'elle introduisit comme propres au culte chrétien.

1. Quant aux premières, il est certain que les Juifs avaient des formes fixes de culte, dont les apôtres usèrent librement toutes les fois qu'ils avaient des raisons de se joindre à eux pour la prière, ou que la nécessité l'exigeait ou que les convenances le leur conseillaient. Or la liturgie des Juifs se composait de deux parties distinctes, dont l'une concernait le ministère du temple, l'autre le ministère de la synagogue; et elles avaient cela de commun que, dans l'une comme dans l'autre, les prières publiques avaient des formules arrêtées et constantes.

Le ministère du temple, tel qu'il existait au temps de Notre-Seigneur, comprenait la récitation du décalogue et des phylactères, coupés par trois ou quatre formules d'oraison, la bénédiction du peuple, les oblations, les sacrifices, la musique, la symphonie, le chant des psaumes, et en outre ce qui était spécial à chacune des fêtes de l'année. Bingham, que nous prenons pour notre principal guide, sauf les précautions et réserves de droit, donne sur toutes ces choses, d'après les plus savants docteurs juifs, les plus curieux détails : le lecteur studieux pourra aller les chercher lui-même dans son ouvrage (t. v. l. 13. chap. 4 et suiv.).

Le ministère de la synagogue différait de celui du temple en ce qu'il n'avait pas de sacrifice, mais seulement des prières, la lecture des Écritures, leur prédication et leur explication. Parmi les prières, celles-là étaient les plus anciennes et les plus solennelles qui s'appelaient *Schemoneh Esreh*, ou *duodeviginti precationes*, lesquelles passent pour avoir été instituées par Esdras et la grande synagogue au temps de la captivité. Peu avant la ruine de Jérusalem, ils y en ajoutèrent une nouvelle contre les chrétiens, qui y sont traités d'apostats et d'hérétiques : DEUS EXSECRETUR *Nazarœos!*

Or, si l'on excepte cette imprécation, comme il est prouvé par les interprètes des antiquités judaïques (V. Bingh. *ibid*. p. 123) que toutes les autres formules du ministère du temple comme de celui de la synagogue étaient en pleine vigueur au temps de notre Sauveur et de ses apôtres, on ne saurait douter qu'ils ne se soient associés à ces prières dans les nombreuses circonstances où nous savons (*Evang*. et *Act*. passim) qu'ils fréquentèrent le temple et la synagogue.

2. On demande maintenant quelles furent les premières formes de liturgie proprement chrétienne que les apôtres instituèrent. Voici celles qu'on regarde comme certaines : 1° l'Oraison dominicale, c'est-à-dire la formule de prière que Jésus-Christ avait livrée à ses disciples; 2° les formules des sacrements, particulièrement du baptême et de l'eucharistie, lesquelles ont toujours et sans aucune variation été employées dans l'Église; 3° la formule de la profession de foi au baptême, consistant surtout dans la récitation du symbole composé par les apôtres eux-mêmes; 4° les formules de la renonciation à Satan et de la consécration à Jésus-Christ dans le baptême; 5° les hymnes, psaumes et autres glorifications de Dieu empruntées aux saintes Écritures; 6° les formules de bénédiction du peuple, telles que celle-ci : « Que la grâce de Notre-Seigneur Jésus-Christ, la charité de Dieu le Père, et la communication de l'Esprit-Saint soient avec vous tous, amen; » *gratia Domini nostri Jesu Christi, et charitas Dei, et communicatio Sancti Spiritus sit cum omnibus vobis, amen* (2 Cor. xiii. 13); 7° enfin la récitation de l'histoire de l'institution de l'eucharistie, qui, avec l'Oraison dominicale, passe pour avoir été usitée depuis les apôtres au saint sacrifice de l'autel. On voit que, même au temps où l'Église était favorisée des dons les plus merveilleux et les plus extraordinaires du Saint-Esprit, elle ne laissa pas de s'astreindre à des formes certaines dans le culte divin. Son esprit est toujours le même.

II. — DOCUMENTS POUR LE DEUXIÈME SIÈCLE. Les écrivains ecclésiastiques s'accordent à voir la désignation d'une formule fixe et hiératique dans le passage de la célèbre lettre de Pline à Trajan où il est dit que les chrétiens se réunissaient avant le jour pour chanter alternativement une hymne au Christ, comme Dieu, *carmen Christo, quasi Deo, dicere secum invicem* (L. x. epist. 97). Cette notion, qui paraît si positive, était sans doute venue à Pline par l'indiscrétion de quelque apostat. Ce témoignage, du reste, concorde parfaitement avec un fait analogue que les anciens historiens attribuent, pour le même siècle, à S. Ignace : cet évêque martyr aurait établi dans son Église d'Antioche un chant d'*antiennes*, c'est-à-dire un mode de célébrer la Ste Trinité par des chants alternatifs (Socrat. v. 8); et S. Ignace lui-même, dans sa lettre aux Magnésiens (n. vii), suppose que cette méthode de prière fut adoptée par les autres Églises : *Sit una communis precatio*. Eusèbe cite (v. 28) un auteur de la fin du deuxième siècle qui mentionne « des psaumes et des cantiques des *frères* depuis longtemps déjà écrits par les fidèles, par lesquels ils célébraient le Christ *Verbe de Dieu*, en lui attribuant la divinité. » On sait que Lucien, ou l'auteur quelconque du dialogue *Philopatris*, s'était glissé dans une assemblée de chrétiens, et outre la curieuse description qu'il nous a laissée du lieu aussi bien que de l'attitude des fidèles (V. l'art. *Oratoires domestiques*), il parle encore des chants qu'il y avait entendus, « une prière commençant par le Père (c'est l'Oraison dominicale), et se terminant par une hymne de plusieurs noms, » ce qui rappelle probablement les supplications prononcées par le diacre pour les diverses classes de l'Église, et à chacune desquelles le peuple répondait : *Kyrie eleison* (V. une excellente note de Selvaggio. iii. p. 97).

On ne saurait méconnaître l'indication d'une véritable forme de prières régulières dans ce passage de la deuxième Apologie de S. Justin où il parle « de prières communes, et de supplications que prononçaient les fidèles, tant pour eux-mêmes que pour le nouveau baptisé, *illuminato*, ainsi que pour toutes les autres nations. » Nous avons quelque chose de plus positif encore de notre S. Irénée (l. i. c. 1), c'est la mention de formules usitées dans les assemblées chrétiennes et se terminant par ces mots : εἰς τοὺς αἰῶνας τῶν αἰώνων, *per sæcula sæculorum* : c'est évidemment la doxologie qui se chantait à la consécration de l'eucharistie, et qui se trouve dans les *Constitutions apostoliques* (viii. 12), comme il suit : *Quoniam tibi omnis gloria, veneratio, gratiarum actio; honor et adoratio Patri et Filio et Spiritui sancto, nunc et semper et in infinita ac sempiterna sæcula sæculorum*, « à toi toute gloire, vénération, actions de grâces; honneur et adoration au Père et au Fils et à l'Esprit-Saint, maintenant et toujours et dans les siècles des siècles infinis et éternels. » A quoi le peuple répondait, *amen*.

A peu près vers le même temps vivait S. Clément d'Alexandrie, qui (*Strom*. vii. 6) appelle l'Église « l'assemblée de ceux qui sont appliqués aux prières, n'ayant en quelque sorte qu'une voix et qu'un cœur. » Aussitôt après vient Tertullien, dont les témoignages à cet égard sont innombrables. Tantôt il s'agit du baptême dont il énumère les cérémonies et formules d'institution purement ecclésiastique: *Lex tinguendi imposita est et forma præscripta* (*De bapt*. xiii); tantôt des assemblées où il atteste qu'on lisait les Écritures, qu'on chantait des psaumes, qu'on prononçait des discours (*De anima*. ix). Ailleurs (*Apol*. xxxix) il parle des prières publiques faites par l'Église pour « les empereurs, les ministres et les puissances. » A son tour, il vient attester l'usage (*De spect*. xxv) de la formule terminée par la conclusion *sæcula sæculorum*. Ste Perpétue, dans sa vision (V. l'art. *Eucharistie*), fait une allusion évidente à l'usage liturgique de faire répondre par le peuple, *amen*, après la réception de l'eucharistie, et encore à celui de chanter le *trisagion* angélique : *Introivimus, et au-*

divimus vocem unitam Ἅγιος, Ἅγιος, Ἅγιος, *sine cessatione*. Il est donc évident que l'Église, au deuxième siècle, avait déjà des formules de prières publiques autres que celles que Notre-Seigneur avait prescrites.

III. — DOCUMENTS POUR LE TROISIÈME SIÈCLE. A mesure que nous avançons, les preuves deviennent plus nombreuses, de sorte qu'il devient de moins en moins important d'en multiplier les citations. Au commencement de ce siècle, voici S. Hippolyte, martyr et évêque, qui recueille comme une première compilation des liturgies primitives : *apostolica traditio de officiis ecclesiasticis* (Cf. Bingham. v.140), ouvrage qui passe pour être, si l'on nous permet cette expression, la première édition des *Constitutions apostoliques*. Il n'est pas douteux du moins que cette collection ne représente les formules alors en usage dans l'Église. Le même auteur a écrit un autre livre d'*odes sur diverses parties de l'Écriture*. Le titre de cet ouvrage est un de ceux qui sont inscrits sur le siège de sa statue, conservée aujourd'hui au musée du Latran, ᾠδαὶ εἰς πάσας τὰς Γραφάς. Dans un autre traité, *De consummatione mundi et Antichristo*, le même Saint recommande l'usage des odes spirituelles, des doxologies, des psaumes, et il regarde comme un signe de la venue de l'Antechrist l'*extinction de la liturgie* (In Biblioth. PP. t. II). Donc la liturgie existait. Origène nous fournit deux données précieuses. D'abord il mentionne clairement, dans sa onzième homélie sur Jérémie, des formules fixes de prière qui étaient de son temps d'un usage commun dans l'Église. En second lieu, il répond à Celse qui prétendait avoir trouvé des invocations aux démons dans des livres de prêtres chrétiens, que c'étaient des prières solennellement récitées dans les assemblées de jour et de nuit en l'honneur de Jésus qui est Dieu (*Contr. Cels.* l. VI).

Au même siècle, S. Cyprien, en outre de l'Oraison dominicale, qui, comme on le voit, est partout mentionnée dès le commencement (V. l'art. *Oraison dominicale*), indique des formules dont on se servait alors pour le baptême et l'eucharistie (*De laps.* et *Epist.* VII) ; pour le baptême, des interrogations et réponses à une formule de foi dont le premier et le dernier chapitre se lisent dans une de ses épîtres (LXIX. *Ad Magn.*) ; et pour l'eucharistie, il parle d'une préface qui la précédait, et en toutes lettres de l'acclamation *Sursum corda*, et de la réponse du peuple : *Habemus ad Dominum*. Nous nous abstenons de citer Firmilien, contemporain de S. Cyprien, nous trouverions les mêmes choses dans ses ouvrages. S. Grégoire Thaumaturge, fondateur et évêque de l'Église de Néocésarée, laissa à cette Église une liturgie, à laquelle elle s'attacha si fortement, que, au dire de S. Basile (*De Spirit. S.* XXIX), elle ne permit jamais qu'on y changeât un mot ou une formule quelconque. Quelques années après la mort du Thaumaturge, l'Église de Néocésarée adopta néanmoins les prières dites *litanies*, bien qu'elles n'eussent pas été composées par son évêque.

Indiquons rapidement, pour ce même siècle, *plusieurs chants de psaumes* composés par un évêque égyptien nommé Nepos (Euseb. VII. 24). Une formule de louange en l'honneur de la Trinité dont S. Denys d'Alexandrie faisait usage (Basil. *ibid.* XXIX. 3) ; une hymne du martyr Athénogènes en l'honneur du Saint-Esprit ; une hymne en action de grâces pour l'heure de vêpres (Basil. *ibid.*). Nous retrouvons ici la trace certaine de l'usage de répondre *amen* après la réception de l'eucharistie, usage déjà mentionné par le pape S. Corneille, qui siégeait vers le milieu du troisième siècle (*Epist. apud Euseb.* IV. 43), et qui le sera souvent par les Pères du siècle suivant, S. Jérôme, S. Ambroise, S. Cyrille, S. Augustin, etc.

IV. — DOCUMENTS POUR LE QUATRIÈME SIÈCLE. Au début de ce siècle se présente l'apologiste Arnobe, qui, défendant contre les gentils le culte des chrétiens, dit « qu'ils invoquent Dieu, et lui demandent ce qu'ils désirent, » et que les païens pouvaient aisément le savoir, et entendre de leurs oreilles les accents des voix fidèles implorant la divine miséricorde (lib. I). Ailleurs il dit que dans les assemblées chrétiennes on adore le Dieu souverain (lib. IV), qu'on implore la paix pour tous, et la grâce pour les magistrats, les armées, les rois, etc. Tout ceci est en harmonie parfaite avec les anciennes liturgies, et accuse un ordre de prières fixes. Dans son livre *Sur la mort des persécuteurs* (XLVI, XLVII), Lactance rapporte une prière que Maximin prétendait avoir reçue d'un ange, et qu'il fit réciter à ses soldats avant sa bataille contre Licinius ; et Eusèbe (*Vit. Const.* IV. 19) rappelle aussi des prières que Constantin prescrivit à ses soldats, infidèles ou chrétiens, pour être dites tous les dimanches. Ce même empereur (Euseb. *ibid.* IV. 17) avait établi dans son palais une sorte d'église, où il récitait des prières solennelles avec les gens de sa cour (V. l'art. *Oratoires domestiques*).

Nous rapportons ces exemples pour faire voir que les fidèles étaient déjà accoutumés aux prières à formules déterminées. Dans son *Apologie*, S. Athanase atteste que dans son Église il prononçait des prières publiques auxquelles le peuple répondait tout d'une voix ; quand il disait : *Oremus pro salute piissimi augusti Constantii*, tout aussitôt l'acclamation suivante s'élevait de la multitude assemblée : *Christe, auxiliare Constantio*. Nous savons par Rufin (*Hist.* I. 14) une intéressante circonstance de l'enfance de ce même S. Athanase : c'est que, s'étant amusé à baptiser sur les bords de la mer plusieurs de ses jeunes compagnons qui étaient catéchumènes, il observa tout ce qui se pratiquait dans l'Église, même les rites les plus secrets et les plus mystiques, notamment les questions et les réponses.

Le poëte Juvencus, qui florissait en Espagne sous Constantin, avait, comme nous l'apprend S. Jérôme (*De script. eccl.* LXXXIV), mis en vers hexamètres plusieurs parties de l'*ordre des sacrements*, expression liturgique, s'il en fut. On sait que S. Pacôme avait établi parmi ses moines une psalmodie biquotidienne où les psaumes étaient entremêlés de prières (Hieron. *epist.* xxii. *Ad Eustoch.*). Nous avons parlé ailleurs (V. l'art. *Liturgie*, III) des précieux fragments des anciennes liturgies que S. Cyrille de Jérusalem a consignés dans ses catéchèses, et des services rendus à la liturgie vers le même temps par S. Hilaire de Poitiers. Les canons du concile de Laodicée contiennent une foule de règlements relatifs aux chantres, au chant des psaumes entremêlés de leçons, aux prières usitées à none et à vêpres, aux oraisons qui doivent être prononcées par les évêques sur les catéchumènes et les pénitents, à l'administration du baptême, etc. S. Épiphane, fait évêque de Salamine vers l'an 368, donne une pleine approbation aux huit livres des *Constitutions apostoliques*, en ce qu'elles renferment tout *l'ordre canonique*, qui fait l'objet du dernier livre (Epiph. *Hæres*. LXX. 10).

En plusieurs endroits de ses œuvres, S. Optat de Milève suppose évidemment l'usage, dans l'Église, des psaumes, des hymnes et autres formules de prières (V. surtout *lib.* III). S. Basile, étant encore simple prêtre, écrivit pour l'usage de l'Église de Césarée une liturgie que S. Grégoire de Nazianze, à qui nous devons la connaissance de ce fait, appelle *precum descriptiones, et sacrarii concinnitates* (*Orat.* xx. *De laud. Basil.*). L'existence de cette liturgie est attestée un peu plus tard par Pierre Diacre et Proclus de Constantinople (Cf. Bingham. *ibid.* p. 174), et S. Basile lui-même (*Epist.* LXIII. LXVIII. CCXLI) parle expressément de formules de prières pour tous les ordres de fidèles, et entre dans des détails précis à cet égard. Mais il est bien entendu que ceci ne prouve rien en faveur de l'authenticité de la liturgie connue aujourd'hui sous le nom de S. Basile. S. Grégoire de Nazianze, qui loue son ami d'avoir composé des formules de prières pour son Église, mentionne plus d'une fois lui-même les renonciations, la profession de foi, la formule d'alliance avec le Christ, et d'autres rites du baptême (*Orat.* III). Il rapporte aussi que Julien était pénétré d'admiration pour la fidélité de l'Église à conserver religieusement ces vieilles formes de culte. Enfin il décrit les chants, les flambeaux et les autres rites qui furent observés aux obsèques de Constantin. S. Éphrem composa, si nous en croyons Sozomène et Théodoret (IV. 29), des hymnes et des cantiques en réfutation de ceux qu'avait autrefois publiés l'hérétique Harmonius.

Il nous serait facile d'ajouter ici beaucoup de témoignages empruntés à S. Jérôme, à Eusèbe, à S. Hilaire, à Innocent I*er*, et à d'autres Pères de la fin du quatrième ou du commencement du cinquième siècle. Mais ceux que nous avons cités suffisent surabondamment à notre but.

Nous devons néanmoins faire une exception en faveur de S. Chrysostome et de S. Augustin, parce qu'on peut tirer presque en entier de leurs ouvrages la liturgie des Églises d'Afrique et des Églises orientales.

1. SAINT CHRYSOSTOME. Personne n'ignore qu'il existe, sous le nom de ce Père, une liturgie complète, embrassant toutes les parties du culte divin. Mais les éléments nous manquent pour juger jusqu'à quel point on peut la regarder comme étant l'ouvrage de ce Père : ce monument est donc ici hors de cause. Mais ce dont on ne saurait douter, c'est que l'on trouve, dispersées dans les œuvres de S. Chrysostome, de nombreuses et considérables parties des anciennes liturgies, dont l'ensemble suffirait presque à recomposer en son entier tout le ministère du culte divin dans les Églises orientales ; et tel est l'objet du rapide aperçu que nous donnons ici.

La première chose à noter, c'est que S. Chrysostome nous indique, en plusieurs homélies, quel ordre on observait pour la lecture des Livres saints à l'église, comment les différents livres de la Bible étaient distribués selon les divers temps de l'année (*Hom.* VII) ; il signale même les passages qui lui servirent de texte pour les discours à son peuple. La *Genèse* était lue dans le temps du jeûne quadragésimal ; au jour de la passion du Sauveur, toutes les parties qui concernent la croix ; le samedi saint, tout ce qui a rapport à la trahison, au crucifiement, à la mort, à la sépulture de Jésus-Christ ; au jour de la résurrection et aux autres fêtes, les passages qui y sont relatifs ; enfin, aux jours qui s'écoulent entre Pâques et la Pentecôte, le livre des *Actes des apôtres*, parce qu'il contient le récit des miracles des apôtres depuis la descente du Saint-Esprit en eux (*Homil.* XXXIII), ces miracles constituant la preuve la plus éclatante de la résurrection du Sauveur.

Viennent ensuite les oraisons à formules déterminées qui étaient prononcées publiquement à l'église par les fidèles : S. Chrysostome en signale en plusieurs endroits, par exemple là où il dit (*Homil.* XV) que toute la ville, les boutiques étant fermées, passe la journée entière en supplications, invoquant Dieu d'une voix commune. Ailleurs (*Homil.* XXIX), ce sont les oraisons pour les énergumènes, où tout le peuple, unissant ses voix, prie Dieu, *jugi concordia, magnoque clamore*, qu'il ait pitié d'eux. Dans sa seconde homélie sur *l'obscurité des prophètes*, il enseigne que la prière commune doit être préférée à la prière privée, parce qu'alors c'est le corps de l'Église tout entier qui, d'un cœur et d'une voix unanimes, répand sa prière en présence des prêtres offrant les vœux de l'assemblée. Dans la soixante-douzième homélie, il mentionne trois prières qu'on avait coutume de réciter, pour les démoniaques, pour les pénitents, pour les communiants, et il ajoute que, à la dernière, les enfants se joignaient aux adultes, parce qu'on était persuadé que Dieu se laissait plus facilement fléchir par leur innocence et leur simplicité.

Quant à l'Oraison dominicale, nous ne saurions citer tous les passages de S. Chrysostome d'où il ressort qu'elle était fréquemment prononcée dans l'église, non par tout le peuple, mais par le peuple des baptisés seulement (V. l'art. *Oraison dominicale*).

Dans la cinquante-deuxième homélie, il rappelle l'antique usage d'après lequel l'évêque, en entrant à l'église, donnait la paix au peuple, par diverses formules, et en particulier par celles-ci : *Pax omnibus, Pax vobiscum, Sursum corda*. De l'usage particulier de souhaiter très-fréquemment la paix au peuple dans le ministère de l'autel, et de la réponse : *Pax etiam spiritui tuo*, il prend occasion d'exhorter les fidèles à conserver entre eux la paix et la concorde (*Hom.* LII *in eos qui Pascha jejunant*).

Nous apprenons de lui (*Homil.* III *Ad Coloss.* et I *In Isaiam*) que la doxologie angélique *Gloria in excelsis Deo* était usitée de son temps, ainsi que l'acclamation Κύριε, ἐλέησον, et σῶσον, *Domine, miserere nostri*, et *serva nos*. Et dans le même lieu, réprouvant les clameurs et les indécentes gesticulations du peuple dans l'église, il ajoute : « Comment ne te souviens-tu pas de ces mots que tu chantes ici même : *Servez le Seigneur dans la crainte et le tremblement ?* Est-ce donc là servir avec tremblement ? » Ailleurs (*Homil.* LII) il parle de la coutume où l'on était, au moment où le diacre commençait l'évangile, de se lever et de s'écrier : *Gloria tibi, Domine!* L'hymne appelée séraphique, *Sanctus, Sanctus, Sanctus Dominus Deus Sabaoth*, était déjà alors usitée dans le sacrifice eucharistique ; S. Chrysostome l'atteste en plusieurs endroits (*Homil.* XIV. XXIV. etc.). Il mentionne aussi ouvertement la préface qui précédait cette hymne ou *trisagion*, qu'il appelle ailleurs (*Homil.* III *De pœnit.*) modulation mystique, *mysticam modulationem*.

Le lecteur voit que nous entrons ici en plein pays de connaissance.

Nous trouvons dans d'autres homélies du même Père d'autres formules prononcées par le diacre dans le ministère sacré, et qui pour être relatives, la plupart du moins, à des usages qui n'existent pas chez nous, n'en sont pas moins curieuses et intéressantes ; par exemple : *Erecti stemus honeste*, « tenons-nous droits avec décence » (*Homil.* XXIX). Ailleurs (*Homil.* II *In 2 Cor.*), *attendamus, hæc dicit Dominus*, « soyons attentifs, voici ce que dit le Seigneur, » — *Recte stemus et oremus*, « tenons-nous droits et prions, » — *Pro catechumenis intente oremus*, « prions avec ferveur pour les catéchumènes, » — *Oremus omnes communiter*, « prions tous ensemble, » — *Sancta sanctis*, « les choses saintes aux saints, » — *Alii alios noscite*, « reconnaissez-vous les uns les autres. » Les fidèles, par cette dernière acclamation, étaient avertis d'examiner s'il ne se serait point glissé dans la prière publique quelque infidèle, ou quelque Juif, païen, hérétique, catéchumène, pénitent.

La vingt-quatrième homélie sur la *première Épitre de S. Paul aux Corinthiens* contient les formules d'actions de grâces dans la consécration de l'eucharistie, lesquelles se terminaient par le *sæcula sæculorum* (V. *Homil.* XXXV).

Les renoncements dans le baptême, la profession de foi par la récitation du symbole, la formule d'alliance avec le Christ, tout cela est souvent rappelé et en particulier dans la vingt et unième homélie : « Souviens-toi de ces paroles que tu prononças au moment de ton initiation aux saints mystères : *Je te renonce, Satan, et à tes pompes, et à ton culte*, » et ailleurs (*Homil.* XLVII) : « Tu as donné congé à toutes ces pompes, tu t'es voué au culte du Christ, le jour où tu fus jugé digne des mystères sacrés. »

Enfin, pour ce qui concerne la psalmodie, il dit (I *Comment. in psalm.* CXVII) que dans une des principales solennités le peuple avait coutume de chanter ces paroles du cent dix-septième psaume : *Hæc est dies quam fecit Dominus ; exultemus et lætemur in ea*. Dans un autre endroit (*In psalm.* CXXXVII) il nous apprend que la psalmodie était exécutée en partie par les prêtres qui entonnaient, en partie par le peuple qui leur répondait. Il note trois psaumes qui se chantaient l'un le matin, l'autre le soir, et le troisième à d'autres heures du jour (*In psalm.* CXL). Enfin son commentaire sur le cent quarante-quatrième psaume nous révèle l'usage du chant alternatif des psaumes.

Ce petit nombre de détails, que nous avons glanés çà et là et pour ainsi dire au hasard, suffisent pour montrer à quel degré de perfection la liturgie était arrivée dans l'Église orientale vers la fin du quatrième siècle.

2. SAINT AUGUSTIN. Un travail pareil à celui qui précède peut être fait sur S. Augustin, et il sera plus satisfaisant encore, car on y retrouvera la liturgie des Églises d'Afrique presque dans son intégralité. Peu de mots suffiront pour vous mettre à même d'en juger.

S. Augustin avait divisé le culte public en cinq parties : psalmodie, lecture des Livres saints, récitation du sermon, déprécation de l'évêque, indication de l'oraison par la voix du diacre.

1° Pour ce qui est de la psalmodie, il la représente (*Epist.* CXIX. *Ad. Januar.* c. 18) comme l'exercice du peuple à l'église, toutes les fois qu'une autre partie du ministère n'est pas exécutée. Aussi parle-t-il avec éloge (*Confess.* IX. 7), soit de la méthode pour le chant des psaumes introduite par S. Athanase, soit du chant alterné établi par S. Ambroise. De plus, dans son livre contre Hilaire (*In Retract.* II. 11), il défend la coutume de l'Église de Carthage consistant à dire devant les autels des hymnes tirées du livre des *Psaumes*, soit avant l'oblation, soit pendant la distribution de l'eucharistie au peuple. Il parle ailleurs (*De civit. Dei.* XXII. 8) des hymnes de vêpres, et de l'*alleluiah* qui se chantait tous les jours dans certaines églises, et dans d'autres seulement pendant les cinquante jours entre Pâques et la Pentecôte. Nous savons par Possidius son biographe (c. XXVIII) que pendant l'invasion des Vandales en Afrique, qui arriva peu avant sa mort, rien ne l'affligeait plus que de voir que les hymnes et laudes avaient cessé dans les Églises, et que, dans la sienne en particulier, les solennités qui sont dues à Dieu étaient tombées en désuétude.

2° S Augustin raconte en mille endroits que les saintes Écritures étaient lues dans les Églises, et que chaque lecture était appropriée à la solennité, comme, par exemple, les *Actes des Apôtres* entre Pâques et la Pentecôte (*Exposit. in 1 Joan. Præfat.*).

3° Voici comment il décrit les prières faites par l'évêque dans l'oblation : une oraison pour toute l'Église, les acclamations *Sursum corda, Gratias agamus Domino Deo nostro, Pax vobiscum*, et les réponses du peuple; l'usage du baiser de paix (V. l'art. *Baiser de paix*). Bien qu'il ne donne pas en entier les formules des prières que faisait le prêtre devant l'autel, il en rappelle néanmoins quelques parties, et il y renvoie souvent, soit dans ses sermons, soit dans ses réfutations des hérétiques. Il cite tout spécialement les prières pour les incrédules, afin de leur obtenir la foi ; pour les croyants, afin qu'ils persévèrent ; pour les ennemis infidèles, pour les fidèles, etc. (*De bono persev.* VII).

4° Il mentionne encore les prières annoncées par le diacre, appelé, pour ce motif, *præco ecclesiæ*, et qu'il distingue des *déprécations* de l'évêque. Celles-ci consistaient en une invocation continue prononcée par le prélat, et à laquelle le peuple ne prenait part qu'en y répondant à la fin ; celles du diacre au contraire étaient comme une admonition indiquant au peuple pour qui il devait spécialement prier, le diacre ne faisant qu'énoncer l'objet, et le peuple priant seul à proprement parler par une de ces invocations : *Audi nos, Domine*, « Écoutez-nous, Seigneur, » ou *Juva nos, Domine*, « Venez-nous en aide, Seigneur, » ou enfin *Miserere nobis, Domine*, « Ayez pitié de nous, Seigneur. » Nous pourrions ajouter ici plusieurs autres formules que S. Augustin nous apprend avoir été employées soit pour l'institution des catéchumènes, soit pour l'administration des sacrements, soit pour d'autres ministères ecclésiastiques. Nous terminerons cette rapide analyse par la citation du troisième canon d'un concile de Carthage auquel S. Augustin assista probablement : *Placuit ut preces quæ probatæ fuerint in conciliis, sive præfationes, sive commendationes, sive manus impositiones, ab omnibus celebrentur*, « il a plu (au saint concile) que les prières qui ont été approuvées dans les conciles, soit préfaces, soit supplications, soit imposition des mains, soient célébrées par tous. » Un concile de Milève (can. II) prescrit les mêmes choses à peu près dans les mêmes termes. Ceci imprime aux choses de la liturgie un caractère de fixité obligatoire que nous avons déjà eu occasion de constater pour l'époque à laquelle nous sommes arrivés (V. Selvaggio. lib. II. part. 1. c. 7.).

PRIMAT. — C'est en Afrique que le nom de cette dignité, qui correspond à celle d'*exarque* (V. ce mot) chez les Grecs, se rencontre pour la première fois. Comme Carthage était la métropole de toute la province (Cyprian. *Ep. ad Quirin.*), il est probable que le titre de primat fut d'abord attribué exclusivement à son évêque (V. *Concil. Carthag. an. 346*, et Cypr. *Ep.* LIV). Mais lorsque Constantin eut divisé l'Afrique en six provinces, l'évêque de Carthage, comme les évêques des autres chefs-lieux de provinces, ne conserva plus d'autres droits que ceux de métropolitain. Cependant l'un de ces prélats portait le titre de *primat* et en exerçait la juridiction ; mais ces droits étaient attachés à l'âge du titulaire et non à son siège (De Marca. *De primat.*).

En Espagne et en Gaule, les évêques qui étaient légats du pape avaient aussi le titre de *primats*; ainsi les évêques de Séville et de Tarragone en Espagne, ceux d'Arles et de Vienne dans la Gaule (Isid. Hisp. *Chron.* l. II. — Simplic. R. P. *Epist.* I. — Hormisd. *Epist.* XXIV). Au huitième siècle, le pape Zacharie confère le titre de *primat* à l'évêque de Mayence (Marian. *Hist.* l. III). En Angleterre, les évêques de Londres et de Cantorbéry le possédèrent aussi (Beda. *Hist. eccl. Angl.* I. 33). Ce n'est qu'au douzième siècle que l'évêque de Pise l'obtint d'Alexandre III (V. Pellicia. *Eccl polit.* t. I. p. 148).

PRIMAUTÉ DE S. PIERRE. — V. l'art. *Pierre* (S.) *et S. Paul*, IV.

PRIME. — V. l'art. *Office divin*, II.

PRIMICIERS. — Dans son acception générale, le nom de *primicier* s'appliquait à tous ceux qui, dans un ordre quelconque, étaient inscrits les premiers sur un catalogue, parce que la tablette où les noms étaient tracés était enduite de cire, *cera, primi-cerius*. S. Augustin appelle S. Étienne *primicier des martyrs* (*Serm.* I. *De Sanctis*), parce qu'il fut le premier à répandre son sang pour la foi, et que son nom figure en tête du sanglant catalogue auquel tous les siècles devaient ajouter leur contingent. A Constantinople, comme le nom du grand *chartophylax*, qui était en même temps archidiacre, occupait le premier rang au catalogue de l'église, il s'appelait primicier (*Concil. Constant. sub Men. act. V*). Ainsi dans les Gaules, il y avait le primicier de l'école des lecteurs (V. l'art. *Lecteur*), et à Rome, le primicier des notaires (Greg. Magn. l. I. *epist.* 22), parce qu'ils étaient inscrits en première ligne au livre de leur ordre ou collège. Aringhi (t. I. p. 216) donne une curieuse inscription (du cinquième siècle) d'une chrétienne nommée MATRONA, laquelle était femme d'un *primicier* des faiseurs de tentes, et fille d'un *primicier* des monétaires : VXOR CORNELI PRIMICERI CENARIORVM (*sic.*) FILIA PORFORI PRIMICERI MONETARIO || RVM.

Ce nom donné *sine addito*, dans les anciens titres, à un personnage, n'a qu'un sens vague et indéterminé. Nous voyons que, en Espagne, le primicier était celui qui présidait les clercs mineurs (*Concil. Emeritan.* x. 14) ; il avait aussi autorité sur les laïques attachés au service des églises sous le nom de *basilicani*, et qui avaient la charge de fournir l'encens, la matière du chrême, les cierges, les voiles du baptême, et d'autres objets de ce genre. En Italie, ils s'appelaient *œditui* (Paulin. Nol. *Epist.* vi), et à Rome *mansionarii*. (V. ce mot). Comme on les employait aux offices les plus humbles, on leur donna aussi le nom de *colliberti* (*Concil. Chalced. act.* v *ex version. Dionys. Exig.*).

PROCESSIONS. — I. — Le mot *procession* est dérivé du verbe *procedere*, « marcher. » Casalius (*De rit. eccl.* cap. xlii) définit comme il suit les processions usitées dans l'Église catholique : « La procession consiste en des prières publiques du peuple fidèle marchant en ordre vers une station désignée, pour implorer le secours de Dieu. »

Les processions, en tant qu'elles ont pour but d'obtenir de Dieu des bienfaits et de lui rendre grâces pour les faveurs obtenues, furent d'un usage fréquent dans l'Ancien Testament. Au retour de la captivité de Babylone, une procession eut lieu en actions de grâces autour des murs de Jérusalem (Esdras, ii. 12. 30). A la prise de Jéricho, Dieu voulut que le peuple fît sept fois processionnellement le tour de la ville, précédé de l'arche que portaient des prêtres (Josue. vi). On pourrait en citer beaucoup d'autres exemples (2 *Reg.* vi. 3 *Reg.* viii). Notre-Seigneur se dirigea processionnellement suivi du peuple vers Jérusalem, quand il y fit son entrée triomphale, alors qu'il allait accomplir les mystères de la rédemption. Voilà pour l'Ancien Testament.

Mais quelle est l'origine des processions dans l'Église chrétienne ? Aucun document ne nous fournit le moyen de l'assigner d'une manière précise ; nous sommes par là même autorisé à la faire remonter aux temps apostoliques, d'après la règle de S. Augustin (*Lib.* iv. *contr. Donat.*) : « Ce que tient l'Église universelle, et qui n'a pas été établi par les conciles, mais a été toujours retenu, ne peut avoir d'autre origine que la tradition apostolique, et doit être regardé comme tel. » Non pas que nous prétendions que, dès le temps des apôtres, et pendant les trois siècles des persécutions, l'Église ait pu avoir ses processions publiques, nous voulons dire seulement que, d'après les instructions laissées par les apôtres, elle en fit dès que la liberté du culte lui fut donnée. Et encore est-il certain que, même dans les temps les plus malheureux, il s'en faisait dans les catacombes, aux tombeaux des martyrs (V. l'art. *Stations*).

Pour les temps postérieurs, nous avons des témoignages innombrables des Pères, et en particulier de Tertullien (*Ad uxor.* lib. ii. c. 4), de S. Jérôme (*Ad Eustoch. ep.* xxii), de S. Sidoine Apollinaire (*Lib.* ii. *epist.* 17), de S. Ambroise (*Serm.* viii et *Epist.* xxix). Ce dernier dit que certains moines allaient en procession au tombeau des Machabées, en chantant des psaumes, et cela « d'après une coutume immémoriale », *ex consuetudine usque veteri*. L'antiquité des processions est encore établie par les conciles (V. Baron. *Not. ad martyrol. Rom. die april.* xxv), et par le témoignage des plus anciens et des plus doctes interprètes des offices divins, tels que Walfrid Strabon (*De reb. eccl.* xxviii), Rupert (*De divin. offic.* vii, 27), Hugues Victorin (*Erudit. theolog.* tit. xiv), Bède, Gennade, etc., etc.

II. — Nous avons parlé à l'article *Litanie* des processions périodiques qui furent établies dès les premiers temps qui suivirent la paix de l'Église. Il y avait encore des processions lorsqu'on transférait les corps de martyrs d'un cimetière dans une ville, ou d'une église à une autre église ; les anciens historiens en citent de nombreux exemples : ainsi, sous le pape S. Marcel, il se fit, dit-on, à Rome une procession solennelle à l'occasion de la translation des corps des SS. Marcellin, Claude, Cirinus et Antonin. Qui ne sait avec quelle pompe S. Ambroise ordonna une cérémonie de ce genre pour la translation des reliques de S. Gervais et de S. Protais (Augustin. *Confess.* vii. 16) ? On peut voir encore pour cet objet spécial Socrate (*Hist. eccl.* ii. 26), Théodoret (*Hist. eccl.* iii. 9), S. Jérôme (*Adv. Vigilant.*), S. Grégoire de Tours (*Hist. Franc.* iv. 25). etc.

L'Église avait aussi des processions à l'occasion de la fondation des églises et des monastères (Justinian. *Novell.* lxvii). L'évêque, accompagné du peuple, plaçait de sa main la première pierre de ces édifices, sur laquelle il fut d'usage, dès le cinquième siècle, d'inscrire le nom de l'évêque, le jour et l'an de la fondation. Nous en avons une preuve intéressante dans une pierre de cette sorte exhumée des fondements d'une vieille église de Marseille (Pelliccia. *Polit. eccl.* i. 285) :

DO : ET XPO MISERANTE. LIM. UOC. C. L. K. T.
E. ANNO IIII. C. S. VALEN.
TINIANO. AVG. VI. KL. D. XVIIII. ANNO EPTVS RVSTI.

D'après cette inscription, la pose de cette première pierre eut lieu sous le quatrième consulat de Valentinien, qui correspond à l'année 390, et la dix-neuvième année de l'épiscopat de Rusticus. Nous consignons ici ce souvenir, qui est un peu hors d'œuvre dans cet article, parce que nous ne trouvons pas à le placer ailleurs.

Un autre motif de procession dans l'Église primitive, soit dans l'Orient (Niceph. *De Theodos. senior. Hist.* l. xiv. c. 49), soit dans l'Occident (Greg. Turon. *Hist. Franc.* iv. 5), c'était l'irruption de la peste ou un tremblement de terre. Une procession de ce genre fut célébrée à Constantinople sous Théodose le Jeune, à l'occasion d'un horrible tremblement de terre qui, trois mois durant, ébranla et anéantit en partie non-seulement cette capitale, mais encore un grand nombre de villes de la Thrace, de la Macédoine et de la Bithynie. L'empereur, avec le patriarche, s'y montra nu-pieds à la tête du clergé et du peuple, et prononça, en fondant en larmes, cette humble prière : « Délivrez-nous, Seigneur, de votre juste colère et de tous nos crimes, en considération de notre repentir, car vous avez ébranlé et bouleversé la terre à cause de nos péchés, en pénétrant nos cœurs de crainte, afin que vous soyez glorifié par nous, vous qui seul êtes clément et miséricordieux » Depuis lors cette procession se renouvela chaque année. Nous en trouvons une curieuse représentation dans les miniatures du ménologe de Basile (26 janvier), et nous croyons être agréable au lecteur en la reproduisant ici (*V. Menol. Basil. edit. græco-latin. Cardin. Annibal. Albani. Paris*, 2º. p. 137. — Urbini, 1737). Dès le quatrième siècle (Socrate. *Hist. eccl.* II. 22), on en fit pour obtenir la pluie ou le beau temps, pour conjurer l'attaque de l'ennemi (Sidon. VII. *epist.* 1), ou le développement de quelque hérésie (Socrat. VI. 8. — Sozom. VIII. 8).

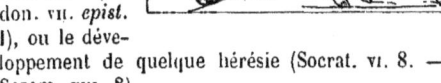

III. — Pour bien entendre le langage des Pères et des plus anciens écrivains ecclésiastiques sur l'objet qui nous occupe, il est important d'observer qu'ils attachent souvent le même sens au mot *statio* qu'au mot *processus*; ce n'est guère qu'au moyen âge qu'on dit *processio*. C'est une manière de prendre la partie pour le tout, ou l'accessoire pour le principal, car, au propre, le mot *station* ne désignait autre chose que la célébration de la liturgie annoncée d'avance comme devant avoir lieu dans une église spéciale et à un jour fixe ; d'où cette rubrique, qui se trouve si fréquemment dans les sacramentaires : *Statio ad Sanctam Mariam majorem... ad Sanctum Petrum.* Tous les anciens missels de l'Occident font lire des annotations analogues (V. l'art *Stations*).

Donc, la *station* étant notifiée, le peuple allait attendre le pontife dans un lieu plus ou moins rapproché de l'église où la liturgie devait être célébrée, et de là il se rendait avec lui en bon ordre à cette même église ; ceci nous donne la clef de cette autre locution : *procedere ad populum* (Augustin. *De civit. Dei.* XXIII. 8), dont se servaient les évêques, parce que, en réalité, ils allaient rejoindre le peuple qui les attendait, afin de se diriger avec lui en procession vers l'église indiquée. Ce mode de procession est probablement le plus ancien, car nous voyons que, dès le quatrième siècle (Augustin. *loc. laud.*), les fidèles se rendaient en procession à la *station* en chantant des psaumes, rit que S. Ambroise appelle la coutume de cette époque (*Epist.* XXIX).

IV. — Voici quel était l'ordre des processions dans l'antiquité : en tête était portée la croix, usage remontant au quatrième siècle (Evagr. IV. 25. — Socrat. VI. 28), et, au cinquième, Justinien en fait une loi (*Novell.* CXXIII. 32), qui est observée en Orient comme en Occident (*Concil. Nicæn.* II. 4. — Greg. Turon. *Vit. PP.* I. 7). La croix était portée le plus souvent par un diacre, quelquefois par un clerc inférieur qui, à Constantinople, et même quelquefois à Rome, s'appelait *staurophorus* (V. ce mot), mais plus communément dans cette dernière ville, *draconarius* (V. ce mot). Après la croix venait le diacre, et plus tard l'archidiacre portant le livre des Évangiles ; à Constantinople, cette fonction était dévolue à un diacre de seconde classe auquel on donnait le titre de *Præfectus Evangelio* (Cf. Macri. ad v. *Processio*, et Pelliccia. I. 286). Après le diacre, le peuple, distribué par classes et ordres, les clercs, les moines, les laïques ; puis les femmes, les religieuses, et enfin la jeunesse et les enfants (Greg. Magn. II. *ep.* 2). Tous marchaient pieds nus (Paul Diac. l. XXVI), chantaient des psaumes sans interruption (Ambros. *ibid.* — Aug. *ibid.*), et portaient à la main des cierges allumés (Sozom. VIII. 8. — Greg. Turon. *De glor. MM.* I. 44). On verra à l'article *Staurophori* qu'on mettait aussi des flambeaux allumés des deux côtés de la traverse de la croix stationale. En dernier lieu marchait, avec les prêtres, l'évêque portant de sa propre main le bois sacré de la croix ou des reliques de Saints (Greg. Turon. *De glor. confess.* LXXIX. — Rufin. *Hist. eccl.* II. 33) (V. les art. *Stations, Liturgie, Translations de reliques, Staurophori, Draconarii, Litanies*).

PROFESSION DE FOI BAPTISMALE. — I. Comme le renoncement au démon (V. ce mot), la profession de foi fut toujours rigoureusement exigée de ceux qui se disposaient à recevoir le baptême. Et si, pour les autres cérémonies préliminaires à la réception de ce sacrement, l'origine apostolique ne peut être établie que par induction, nous avons, dans les *Actes des Apôtres* mêmes (cap. VIII), des exemples indubitables de celle-ci. Avant d'accéder à la prière de l'eunuque de la reine Candace, le diacre Philippe commença tout d'abord par l'interroger sur sa croyance : « Il m'est permis de vous baptiser, s'il m'est prouvé que vous croyez de tout votre cœur, » *si credis ex toto corde, licet*. — Et le néophyte répondit : « Je crois que Jésus-Christ est le fils de Dieu, » *credo filium Dei esse Jesum Christum* (v. 37).

Voilà l'origine de la pratique dont il est ici question, et toute la tradition catholique nous en montre la continuité à travers les siècles ; la raison seule nous dit que croire les vérités de la foi chrétienne est une condition indispensable pour devenir chrétien : « Il faut croire d'abord, dit S. Basile (l. III *ad Eunom.*) et ensuite être consigné par le baptême, *baptismate consignari*.

Nous transcrivons ici la formule que donnent les *Constitutions apostoliques* (l. VII. c. 41), formule qui est aussi explicite que possible et porte tous les caractères d'une œuvre primitive : « Après le renoncement, lorsque le catéchumène se fait inscrire, il doit dire : J'adhère à Jésus-Christ, et je crois, et je suis baptisé dans le seul non engendré, *in unum ingenitum*, εἰς ἕνα ἀγέννητον, seul vrai Dieu tout-puissant, Père du Christ, créateur et architecte de toutes choses, de qui tout vient ; et dans le Seigneur Jésus-Christ, son Fils unique, premier-né de toute créature, qui, avant les siècles, a été engendré (non créé) par le bon plaisir du Père, par lequel tout a été fait de ce qui est au ciel et sur la terre, toutes choses visibles et invisibles ; qui au jour marqué (dans les desseins de Dieu) est descendu des cieux, et a pris chair, et est né de la sainte Vierge Marie, et s'est conduit saintement dans la vie selon les lois de Dieu son Père, et a été crucifié sous Ponce-Pilate, et est mort pour nous; et après qu'il a eu souffert, est ressuscité des morts le troisième jour, est monté aux cieux et siége à la droite de son Père, et reviendra avec gloire à la consommation des siècles, pour juger les vivants et les morts ; et son règne n'aura plus de fin. Je suis aussi baptisé dans le Saint-Esprit, c'est-à-dire dans le Paraclet, Esprit qui a opéré dans tous les saints depuis l'origine du monde, et qui ensuite a été aussi envoyé aux apôtres par le Père, selon la promesse de Notre Sauveur, le Seigneur Jésus-Christ, et, après les apôtres, aussi à tous ceux qui, dans la sainte Église catholique, croient à la résurrection de la chair, à la rémission des péchés, au royaume des cieux et à la vie du siècle à venir. »

Avec un peu moins de précision, c'est exactement la profession de foi qui fut adoptée à la première fixation des liturgies, et qui est encore la même aujourd'hui (*Ordo romanus. tit. de Sabb. Sancto*) : « Le pontife interroge : Croyez-vous en Dieu, Père tout puissant, créateur du ciel et de la terre ? — Je crois. — Croyez-vous en Jésus-Christ, son Fils unique, Notre Seigneur, qui est né et a souffert ? — Je crois. — Croyez-vous au Saint-Esprit, à la sainte Église catholique, à la communion des saints, à la rémission des péchés, à la résurrection de la chair, à la vie éternelle ? — Je crois. »

Quant à la nécessité d'adhérer aux divers articles du symbole, nous avons pour chacun d'eux le témoignage de quelque Père : — Pour la vie éternelle et la rémission des péchés, S. Cyprien (Ep. LXX) : *nam cum dicimus : Credis in vitam æternam et remissionem peccatorum per sanctam Ecclesiam? intelligimus remissionem peccatorum non nisi in Ecclesia dari*. La profession de foi à la rémission des péchés renferme donc implicitement, d'après ce Père, l'adhésion à l'Église catholique, puisque en Afrique, tout au moins, cet article était ainsi complété : « Je crois la rémission des péchés *par la sainte Église*. »

Pour « la résurrection des morts », S. Chrysostome (*Homil. in 1. Cor.* c. 15) : « Quand nous sommes sur le point d'être baptisés, on nous fait dire : Je crois la résurrection des morts ; et c'est sur l'affirmation de cet article de foi que nous sommes admis au baptême. »

Pour « la sainte Église catholique », S. Jérôme (*Dialog. adv. Lucifer.* c. v) : « C'est la coutume au baptême, après qu'on a interrogé sur la croyance à la Trinité, de demander : Croyez-vous la sainte Église catholique, la rémission des péchés ? »

On demandait à S. Augustin si la simple profession de foi de l'eunuque (v. plus haut) en Jésus-Christ sauveur ne suffisait pas, et si toutes les autres interrogations n'étaient pas superflues? Ce Père répondait que cela suffisait dans les cas pressants, parce qu'en déclarant qu'on croit en Jésus-Christ, on fait par là même profession de croire tout ce qu'il a enseigné.

Le concile de Laodicée (can. XLVII) répond à cette question en décrétant que celui qui a été baptisé en cas de nécessité, de maladie par exemple, doit se présenter à l'église après sa guérison pour se faire instruire, s'il y a lieu, et dans tous les cas, pour faire une profession plus explicite de sa foi.

Ainsi on voit que la profession de foi baptismale ne comprenait pas seulement les choses qui sont écrites dans le saint Évangile, mais aussi celles dont la connaissance ne nous est venue que par la tradition.

Du reste, les questions accessoires devaient varier selon les différentes Églises, et porter particulièrement sur les points attaqués par les hérésies locales.

II. — On a vu par ce qui précède que la profession de foi avait lieu une première fois pendant le cours du catéchuménat, et suivait immédiatement la cérémonie du renoncement. S. Augustin le fait entendre clairement dans son livre de *la Foi aux catéchumènes* (l. II. c. 1). Mais le témoignage de S. Cyrille d'Alexandrie (l. VII. *contr. Julian.*) est encore plus explicite : « Dès que nous avons chassé les ténèbres de notre esprit, et que nous avons pris congé des troupes des démons, et que prudemment nous avons renoncé à toutes leurs pompes et à leur culte, nous professons la foi au Père, au Fils et au Saint-Esprit. » Nous trouvons aussi dans Salvien (l. IV. *de Provident.*) ce passage, qui vient parfaitement à notre objet : « Je renonce au diable, dites-vous, à ses pompes, à ses spectacles, à ses œuvres. — Et ensuite, quoi ? — Je crois, dites-vous, en Dieu le Père et en Jésus-Christ son Fils. Donc vous commencez tout d'abord par renoncer au diable, pour croire en Dieu; parce que celui qui ne renonce pas au diable, ne croit pas en Dieu; et par là même, celui qui retourne au diable, abandonne Dieu. »

L'ordre romain, qui est de toute antiquité, et que suivent encore aujourd'hui toutes les Églises, ne procède pas autrement. Immédiatement après le dernier renoncement, il ajoute : *Credis in Deum Patrem creatorem cœli et terræ?* — Et le néophyte répond : *credo*.

Mais cette profession était renouvelée au moment même de l'administration du baptême, comme le renoncement. Elle était prononcée d'un lieu élevé. Cette double circonstance nous est révélée par S. Augustin, racontant, dans ses Confessions (VIII. 21), le baptême de Victorinus : « Quand l'heure fut arrivée de professer sa foi, profession qui se fait d'après une formule fixe et apprise de mémoire, et d'un lieu élevé, selon la coutume de Rome..... »

La profession de foi était répétée à trois reprises différentes : c'est du moins l'opinion commune, qui se fonde notamment sur un passage du livre de la *Hiérarchie ecclésiastique* (*cap. de Bapt.*), et sur deux textes plus clairs de S. Ambroise qui seront cités plus bas. Et cette triple adhésion avait lieu : 1° en l'honneur des trois personnes divines; 2° comme protestation contre la triple tache contractée par le cœur, *corde*, par la bouche, *verbo*, par les œuvres, *operibus*: — *Non potest quis*, dit S. Ambroise (*De Spir. sanct.* c. II), *nisi trina confessione purgari*. Et ailleurs (l. II. *Sacram.* c. 7) : *tertio interrogatus* : *Credis et in Spiritum Sanctum ? dixisti : Credo, ut multiplicem lapsum superioris œtatis absolveret trina confessio*, « interrogé une troisième fois : Crois-tu à l'Esprit-Saint ? tu as dit : Je crois, afin que les fautes multipliées soient effacées par trois confessions de foi. »

Ce passage du grand évêque de Milan suppose, non pas que la même profession de foi était prononcée trois fois, comme Visconti l'entend à tort, selon nous, mais qu'une adhésion spéciale était exigée pour chacune des trois personnes divines. Et ce Père s'en explique clairement dans la suite de ce texte, qui viendra un peu plus bas.

Il n'est pas douteux néanmoins que par cette triple interrogation l'Église n'ait l'intention de rappeler et d'imiter les trois interpellations que le Sauveur adressa à S. Pierre (XXI. 15. 16. 17), et les trois protestations d'amour et de dévouement de cet apôtre : *Simon Joannis, diligis me plus his?*

S. Ambroise fait ce rapprochement (l. II. *Sacram.* c. 7) : « Pour vous offrir un exemple, l'apôtre S. Pierre qui... avait renié trois fois son maître, pour laver ensuite cette triple chute, interrogé une troisième fois s'il aime le Seigneur, lui répond : Vous connaissez tout, Seigneur, et vous savez bien que je vous aime ; il le dit une troisième fois, pour être absous une troisième fois. C'est ainsi que (au baptême), le Père pardonne le péché, le Fils pardonne, et aussi le Saint-Esprit. » S. Cyrille d'Alexandrie (l. XII. *in Johan.* c. 64), à propos de la triple interrogation de Notre-Seigneur, et de la triple réponse de l'apôtre, dit aussi : « C'est de là que l'Église a tiré sa règle d'interroger à trois reprises différentes celui qui s'approche du baptême, afin qu'il soit rangé au nombre des fidèles par une triple confession. »

III. — Le catéchumène, au moment du renoncement, était tourné vers l'occident ; nous en avons donné la raison dans l'article relatif à cette cérémonie. Mais, pour prononcer sa profession de foi qui suivait immédiatement, il se tournait aussitôt vers l'orient. Cette circonstance est soigneusement signalée par tous les Pères, parce qu'elle est pleine de mystère. Ainsi, S. Grégoire de Nazianze (*Orat.* XL. *in sanct. Bapt.*) : « Tourné vers l'occident, tu répudies Satan, puis regardant l'orient, tu confesseras Dieu. » S. Jérôme (*In Amos.* c. VI) n'est pas moins formel : « Dans les mystères, nous renonçons d'abord à celui qui est à l'occident, et qui meurt en nous avec nos péchés ; mais, la face vers l'orient, nous faisons pacte avec le soleil de justice, dont nous nous engageons à le servir. » Sévère d'Alexandrie (*Tit. de Bapt.* Cf. Vicecom. p. 339) : « Après qu'il a renoncé (à Satan), il se tourne vers l'orient, et dit trois fois : J'adhère à toi, ô Christ, etc. » S. Ambroise (l. *de iis qui myst. init.* c. II) : « Tu te tournes vers l'orient ; car celui qui renonce au diable, se tourne vers le Christ, et le regarde en face. »

Tous ces témoignages sont unanimes à constater une même discipline, bien qu'ils soient d'origines différentes ; et les interprètes en donnent plusieurs raisons.

La première, c'est que le néophyte, en faisant à Dieu un solennel hommage de sa foi, doit contempler le soleil de justice qui sera désormais son modèle, et que, à son baptême, il s'engage à imiter par sa vie.

La seconde raison, c'est que, en regardant l'orient, où Dieu avait placé le paradis terrestre, duquel notre premier père s'était vu chassé par son crime, les néophytes comprirent que ce lieu, ou, pour mieux dire, celui dont il n'était que la figure, leur serait ouvert par leur baptême. C'est la pensée de S. Cyrille de Jérusalem (*Catech.* I. *mystog.* x).

Enfin, ils prononçaient leur profession de foi, les yeux élevés vers le ciel et la main droite étendue (Grég. Nazianz. *Contr. Julian.* loc. laud.), à haute voix et d'un lieu élevé (S. Augustin. *Confess.* ib.) ; et ils la scellaient par un serment (*Hist. can.* xv. *in Matth.*) : « Ceux qui doivent recevoir le baptême, professent d'abord qu'ils croient au Fils de Dieu à sa passion et à sa résurrection, et un serment sert de garantie à cette profession, » *et huic professioni sacramento fides redditur*.

En dernier lieu, acte de cette profession de foi était écrit dans un registre *ad hoc*, et signé de la main du néophyte, ou à son défaut de celle de son parrain. On cite à ce sujet un passage de Nicétas, commentateur de S. Grégoire de Nazianze (*In orat. Greg. Naz.* XL) : « En conséquence, dit cet écrivain, suivant le conseil de Salomon, soyons pénétrés de crainte, et gardons notre cœur avec toute sorte de vigilance, de peur que nous ne soyons trouvés en contradiction avec notre propre signature, que nous avons tracée en confession de notre foi (Vicecom. *Ant. Bapt. rit.* l. II. c. 27). »

Nous avons même beaucoup de raisons de croire qu'ils scellaient cet acte avec leur anneau. Plusieurs passages de Tertullien semblent l'indiquer (*De bap.* c. VI), et notamment celui du neuvième chapitre de son livre *de Pudicitia*, où il explique *ex professo* cette matière de la profession de foi : « Il a reçu alors (le néophyte à son baptême) un anneau avec lequel il scelle la confession de sa foi, » *annulum quoque accepit tunc primum, quo fidei pactionem interrogatus obsignat.*

PROFESSIONS EXERCÉES PAR LES PREMIERS CHRÉTIENS. — Les seules qui leur fussent absolument interdites étaient celles qui avaient quelque connexion avec l'idolâtrie, ou qui étaient de nature à porter les hommes au mal. Ils devaient rester étrangers à une foule d'industries qui avaient pour objet l'embellissement des temples, l'entretien des cérémonies idolâtriques. Ainsi, il n'y avait pas parmi eux de statuaires fabriquant des idoles, ni de peintres représentant les fausses divinités.

Il s'en trouva qui, ne comprenant pas l'incompatibilité du christianisme avec de telles industries, s'excusaient de fabriquer des idoles en disant qu'ils ne les adoraient pas. « Tu les adores, répliquait Tertullien (*De idol.* VI), toi qui les mets à même d'être adorées; tu ne les adores pas avec le parfum de quelque sacrifice grossier, mais avec le parfum de toi-même. Ce n'est pas la vie d'un animal que tu leur sacrifies, c'est ton âme. Tu leur immoles ton génie; ce sont tes sueurs que tu leur offres en libations. Ton intelligence, voilà l'encens que tu fais fumer en leur honneur! Tu es pour eux plus qu'un prêtre, puisqu'ils te doivent d'avoir des prêtres! »

Il n'y avait pas parmi les chrétiens de vendeurs d'objets destinés aux temples et aux sacrifices. Le même Tertullien (*Ibid.* XI) lance tous ses anathèmes contre les vendeurs d'encens, *thurarii,* pour le service des idoles. Pas d'usuriers, pas de mimes, de pantomimes ni autres comédiens.

Mais on comptait parmi les disciples de Jésus-Christ :

1° Des jurisconsultes (Arnob. l. II *Contr. gent.*); cependant on ne sait pas au juste si ceux qui faisaient profession ouverte de christianisme étaient admis à exercer leur office pendant les persécutions. L'un des plus illustres jurisconsultes chrétiens est Minucius Félix, auteur d'un dialogue apologétique intitulé *Octavius.* On place encore au nombre des jurisconsultes les sénateurs Hippolyte et Apollonius (Balduin. *Præf. in Min. Fel.*), et Tertullien, qui, au rapport d'Eusèbe (*Hist. eccl.* v.

21), était très-versé dans la connaissance des lois romaines.

Nous lisons dans le recueil de M. De' Rossi (t. I. p. 64) une magnifique inscription métrique (an. 348) d'un jurisconsulte chrétien nommé CAIANVS, qui eut la singulière gloire d'être distingué et choisi pour ami par Constantin, dès la première arrivée de ce prince à Rome, laquelle eut lieu, comme on sait, en 326.

.... VBIQVE
ADVENIT HOSPES ROMANVS PRINCEPS IN VRBEM
QVI FVIT HIC PRIMVM IVRIS CONSVLTOR AMICVS.

Nul doute que Caianus ne dût cette flatteuse préférence à sa qualité de chrétien, car Constantin, ayant trouvé les sénateurs et les grands en général obstinément attachés au paganisme, conçut dès lors, si nous en croyons l'historien Zozime (*Hist.* II. 29. — Cf. Rossi. *ibid.*), le projet de transférer la capitale à Byzance.

2° Des médecins. On sait que S. Luc était médecin (*Coloss.* IV. 15. — Hieron. *De viris illustr.* Opp. t. IV. p. 100); on croit que les martyrs Côme et Damien l'étaient aussi et exerçaient gratuitement leur art en faveur des pauvres. Paciaudi (*De cult. S. Johan. Baptist.* p. 389) a publié un ancien diptyque grec, où ces deux saints sont représentés avec les instruments de leur profession, selon le type adopté par l'art classique, c'est-à-dire une spatule entre le pouce et l'index de la main droite, et sur la gauche la boîte à remèdes. Voici cet intéressant monument.

Nous aimons à rappeler ici que, parmi les compagnons du martyre de S. Pothin, évêque de Lyon, il y avait un médecin nommé Alexandre, Phrygien de naissance, qui, avant de répandre son sang pour la foi, s'était signalé, quoique laïque, par un zèle intrépide à annoncer la parole de vie (Euseb. *Hist. eccl.* l. v. c. 1).

Un grand nombre de marbres funéraires mentionnant cette profession nous ont été conservés (V. Boldetti. p. 416. et alibi). On cite surtout l'épitaphe de S. Medicus, médecin de nom comme de profession, et martyr, au sujet duquel nous avons un curieux ouvrage de Cancellieri : *Memorie di S. Medico M.* Roma, 1812. L'intrépide érudit a fait suivre ce mémoire d'une notice et d'un catalogue complet, où à chaque mois de l'année se trouvent cités les Saints et les Saintes qui se sont distingués dans l'exercice de la médecine.

Le cardinal Wiseman (*Fabiola*. chap. xxxi) donne l'épitaphe grecque d'un médecin qui était prêtre en même temps (V. l'art. *Prêtres*). Nous devons citer, d'après Reinesius (*Syntagm.* 898. v), celle-ci, où la qualité de chrétien est exprimée, ce qui n'est pas fréquent dans les premiers temps : ENΘΑΔΕ ΚΕΙΤΑΙ. ΑΛΕΞΑΝ || ΔΡΟC. ΙΑΤΡΟC. ΧΡΙCΤΙΑΝΟC || ΚΑΙ ΠΝΕΥΜΑΤΙΚΟC. Cependant cet exemple n'est pas le seul : M. De' Rossi (*Rom. sott.* t. i. tav. xxi. n. 9) donne l'épitaphe d'un prêtre nommé Denys qui, lui aussi, exerçait cette profession : ΔΙΟΝΥCΙΟΥ || ΙΑΤΡΟΥ || ΠΡΕCΒΥΤΕΡΟΥ. On comprend combien, dans les premiers siècles, il était important pour les fidèles que leurs prêtres fussent en état de donner des soins à leur corps aussi bien qu'à leur âme, comme cela a lieu aujourd'hui encore dans nos missions étrangères. Et, en effet, l'épitaphe de Denys trouve son commentaire naturel dans les mémoires d'autres diacres, prêtres ou même évêques, qui, au temps des persécutions surtout, se livrèrent à cet art salutaire, quelquefois même avec une grande habileté (V. Lami. *De erudit. apost.* p. 588).

3° Quelques écrivains ont soutenu, mais à tort, que la profession des armes était interdite aux fidèles. Interrogé par des soldats sur la question de savoir ce qu'ils devaient faire pour se sauver, S. Jean-Baptiste leur répond (Luc. iii. 14), sans blâmer aucunement leur état, qu'ils sachent se contenter de leur solde. Le centurion Corneille est loué dans les *Actes* (x. 1) comme un homme juste et craignant Dieu. Les actes des martyrs (*Act. S. Symph.* ap. Ruinart. p. 20. édit. Veron.), aussi bien que les apologistes (Tertull, *Apol.* v. *Ad Scap.* iv), et toute l'histoire ecclésiastique des premiers siècles (Euseb. *Hist. eccl.* vii. 15) prouvent jusqu'à l'évidence que beaucoup de soldats et même des légions entières professaient le christianisme, témoin la légion Thébéenne dont l'histoire est rapportée par S. Eucher, et que Mosheim lui-même a défendue contre les négations de quelques protestants ses coreligionnaires.

On a dit, un peu légèrement peut-être, que la mention de l'état militaire est rare sur les marbres, parce que la qualité de soldat de Jésus-Christ primait et effaçait chez le chrétien celle de soldat d'un empereur. On pourrait cependant citer bon nombre d'épitaphes où elle se lit, par exemple (Bosio. p. 217) : TITIANVS MILES || IN PACE QVIESCIT. Le recueil de Boldetti (p. 432) a celle d'un chrétien qui avait servi dans le corps qu'on désignait sous le nom de *protectores* : BVLPER. VETERANVS EX. PROTECTORIBVS. Nous lisons encore dans le même auteur (p. 415. 416) : PYRRO MILITI. — FELICISSIMVS MILES. Une autre inscription de Rome (Aringhi. t. ii. p. 170) mentionne un militaire qui avait un grade dans les prétoriens : AVR. CALANDINVS. MIL. COH. VIII || PR. OPT. C. SECVNDI. Nous trouvons aussi un militaire chrétien sur un marbre de Milan (Labus. *Monum. di S. Ambrog.* p. 80); le *titulus* est surmonté du monogramme du Christ. Marangoni en donne plusieurs, entre autres celui d'un centurion : CENTVRIO COHOR. X. VRB (*Acta S. Vict.* p. 102. — V. encore Passionei. 123. 75. — Muratori. MCMIL. 4. etc. etc.).

4° Des marchands. Tertullien (*Apol.* xlii) répond aux païens qui reprochaient aux nôtres de s'éloigner des affaires et d'être des hommes inutiles en ce monde : « Nous ne sommes pas sans forum, sans marché.... *sans boutiques....* sans foires. Nous aussi, nous sommes.... marchands comme vous. » Mais il ajoute ailleurs (*De idol.* xi) que les

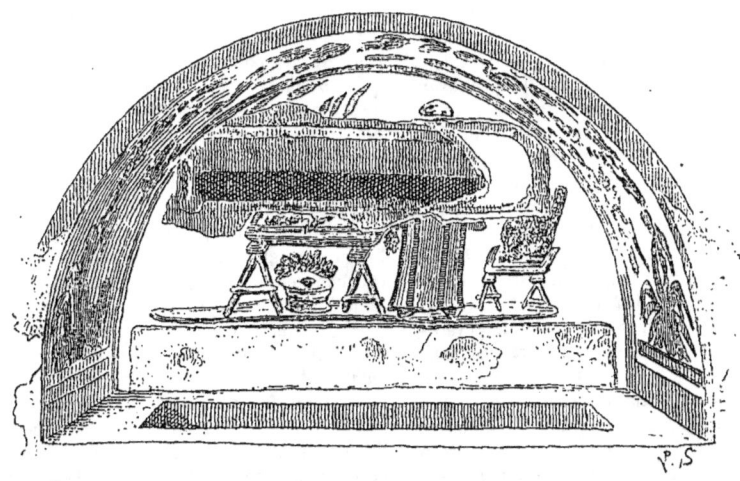

négociants chrétiens se distinguaient des autres en bannissant la cupidité de leurs cœurs. Eusèbe dit à son tour (*Demonstr. evangel.* l. i. c. 8. 50) que les premiers chrétiens ne dédaignaient ni l'agriculture ni le commerce. Mais en toutes choses ils étaient modérés, fuyaient la cupidité et la passion des richesses (Lactant. *Inst. divin.* c. xviii. — Cypr. *De laps.* p. 123. edit. 1682).

Une fresque récemment découverte au cimetière de Sainte-Sotère (V. De' Rossi. *Roma sott.* t. iii. tav. xiii) offre un sujet d'autant plus curieux qu'il est unique dans son genre parmi les peintures cimetériales, qui, comme on sait, admettent bien rarement des scènes de la vie réelle. C'est une marchande de légumes représentée dans la lunette d'un *arcosolium*. Malgré l'ouverture qui y a été postérieurement pratiquée pour l'établissement d'un *loculus*, abus dont on a tant d'exemples dans les catacombes (V. l'art. *Ad sanctos*), on distingue aisément une femme debout, vêtue d'une tunique talare, jaune, ornée de *clavi* de couleur obscure ; et sa profession est déterminée par la présence des objets de son industrie : ce sont, sur des banquettes, dans une corbeille au-dessous, et sur une sorte d'escabeau, des herbages étalés pour la vente. L'humble profession de cette femme contraste singulièrement avec la sépulture distinguée et relativement luxueuse sous un *arcosolium* richement décoré.

5° Il y eut souvent au service des empereurs païens, *famulitium aulicum*, des affranchis chrétiens, qui remplissaient auprès d'eux diverses charges, celle de scribe, par exemple, ou de secrétaire, appelé *commentariensis* (Lami. *De erudit. apost.* p. 250), ou encore *librarius* (V. ce mot), celle de *tabellarius*, espèce de courrier, selon Du Cange, chargé de porter les lettres de l'empereur. Passionei (124. n. 84) nous fait connaître l'épitaphe d'un de ces fonctionnaires : RVFVS TABELLA || RVS DEPOSITVS III IDV || NEC ; celle d'*arcarius*, gardien de la caisse, celle de *cubicularius*, gardien de la chambre du maître. Plusieurs *cubicularii* d'empereurs reçurent la palme du martyre, entre autres Hyacinthe, *cubicularius* de Trajan, qui, après avoir subi divers tourments, mourut de faim dans sa prison (*Martyrol. rom.* v non. julii). On peut citer encore Lucien, prévôt des *cubicularii* de Dioclétien, qui avait converti beaucoup d'officiers du palais, entre autres Dorothée, Pierre et Gorgone, qui furent martyrs (Tillemont. *Hist. eccl.* l. v. p. 7 8. 180). Muratori (p. 1857, 411. 541. 398 *et alibi*) rapporte un grand nombre d'inscriptions de *cubicularii*, et Eusèbe (*Hist. eccl.* l. vi) dit que la plupart des fonctionnaires de la cour de Sévère-Alexandre étaient chrétiens (V. l'art. *Cubicularii*).

Les fonctions de silentiaire avaient sans doute beaucoup d'analogie avec celles des cubiculaires. Gruter cite (MLIII. 10) l'épitaphe d'un chrétien qui les avait exercées : EX. SILENTIARIO. SACRI. PALATII. La charge de VESTITOR IMPERATORIS, désignée quelquefois par les mots VESTIARIVS AVGVSTI, était exer-

cée par un chrétien sous le sixième consulat d'Honorius, c'est-à-dire en 404 (Bosio. p. 149). Nous avons aussi, dans une inscription de Trèves (Le Blant. i. 382), un « gardien de la pourpre impériale », nommé Boniface, BONIFATI A VESTE SACRA. Le séjour prolongé des empereurs dans cette ville explique pourquoi beaucoup de marbres de ce genre y ont été trouvés. M. Le Blant (p. 373) donne encore celle d'un « courrier de l'empereur » de la même provenance : VRSACIVS CVRSOR DOMINICVS.

Nous avons l'épitaphe d'un *archiater* ou *princeps medicorum* (Aringhi. i. 415), nommé Timothée. Les *archiatri* étaient au nombre des hauts fonctionnaires de la cour impériale (Alciat. l. ii. *tit.* 100. *De comitibus et archiatris*). Le même auteur (*Ibid.* 417) donne l'inscription d'un *scriniarius*, archiviste, ou gardien des archives, fonction importante, souvent mentionnée dans les lois romaines et qui exigeait des connaissances fort étendues.

La profession de grammairien, qui revient fréquemment dans les inscriptions païennes (Gruter. p. 651. 9. et 1035. 5. et 6. — Reines. *class.* i. p. 215. *class.* xi. p. 647. 111), se rencontre plus rarement dans celles des fidèles. Passionei (p. 115) rapporte néanmoins l'épitaphe d'un Boniface qui l'exerçait. Nous avons dans le recueil de M. De' Rossi celle d'un maître d'école, MAGISTER LVDI (i. n. 1242), et aussi celle d'un maître de littérature, MAGISTER LVDI LITTERARII (*Ibid.* n. 1167).

La profession d'échanson, *pincerna*, se rencontre plus rarement. Elle fut néanmoins exercée par un chrétien, auquel Oderico donne le titre de martyr (*Vet. inscr. sylloge.* p. 251) : ANTILOCO PINCERNAE || Q. V. A. XXX. Le corps de cet Antilocus avait été trouvé au cimetière de S. Saturnin, accompagné d'un vase ensanglanté.

6° Les inscriptions sépulcrales des catacombes mentionnent fréquemment les offices de monétaires (Aringhi. i. 416), de *rationalis*, probablement comptable, receveur ou administrateur du fisc (Id. 117), de *scutarius*, fabricant de boucliers ; ceux de vendeurs de pourpre, dont il est déjà question dans les actes *Actes des apôtres* (xvi. 14), de sculpteur (V. l'art. *Sarcophages*, IV), de peintre, de *fabri argentarii*, *ferrarii*, *lignarii*; M. De' Rossi (i. 142. n. 318) transcrit le titulus d'un peintre nommé Aurélius Felix : AVR. FELIX PICTOR || CL. ANTONIO ET Syagrio CONSS : la date est l'an 382 ; de lapidaire, de potier, d'apprêteur de peaux, de fabricant de tentes pour les soldats, de tisseur, de charbonnier, de charpentier, de pêcheur, et une foule d'autres professions dont le lecteur studieux trouvera une curieuse et savante nomenclature dans l'ouvrage de Lami (*De eruditione apostolorum.* p. 184. 476). Le P. Marchi (p. 26), après Bosio, nous fait connaître l'épitaphe d'une vendeuse d'orge, épitaphe d'une incorrection tout à fait en rapport avec l'humilité de la condition de cette femme : DE BIANOBA || POLLECLA QVE ORDEV BENDET DE BIANOBA, et (p. 28) celle d'un tisseur d'étoffes de lin, LINTEARIVS. La profession de boulanger est aussi quelquefois mentionnée sur les marbres : BITALIS PISTOR (Rossi. I. p. 212. n. 495), et dès le cinquième siècle, celle de *pastellarius*, qui sans doute différait peu de la précédente, car ce mot signifie *faiseur de petits pains* (Forcellini. ad h. v.); Muratori (527. v) a publié l'épitaphe d'un MARCELLVS patron de la corporation des *pastellarii* : LOCVS.... MARCELLI ‖ PATRONI CORPORIS PASTELLARIORVM.

On lit dans Boldetti (p. 416) une inscription intéressante, dans laquelle un chrétien nommé LVCILIVS VICTORINVS est qualifié d'ARTIFEX. ARTIS. TESSERARIE. LVSORIE (il faut lire sans doute TESSERARIAE). La profession de cet homme était donc celle de fabricant de dés à jouer, *tali*, auxquels on donnait aussi le nom de *tesserœ lusoriœ*. On ne s'étonnera pas de voir un chrétien exercer ce métier, quand on se souviendra combien on a trouvé dans les catacombes d'objets de ce genre et d'autres ayant avec eux plus ou moins d'affinité, et se rattachant à la même industrie (V. l'art. *Jeu* [Tables de]).

Plusieurs collecteurs (V. Garrucci. *Vetri*. tav. XXXIX-6) ont donné un curieux fond de tasse représentant un tailleur d'habits à son comptoir, et, au milieu de la boutique, un chaland essayant un vêtement. D'autres habits sont suspendus à une traverse au-dessus de la tête du *vestiarius*. Des scènes de ce genre se voient souvent sur les murailles des maisons de Pompéi (V. *Le antichità d'Ercolano*. t. III. tav. XLII) et aussi sur un sarcophage publié par Gori (*Inscr. antiq.* t. III. tav. XX).

Reinesius (n. 820) a dans son recueil une inscription mentionnant la profession de SVTOR, *cordonnier*. Parmi les professions d'un ordre inférieur qu'exercèrent les chrétiens, des premiers siècles, il faut compter celle qui nous est indiquée par cette courte épitaphe : LOCVS. FORTVNATI. CONFECTORARI (Muratori. CMLIV. 5). Nous voyons par une inscription du recueil de Gruter (CCCLXI. 5) que cette appellation peu commune désignait les artisans que nous nommons charcutiers, et qu'ils formaient une corporation avec les SVARII.

On remarquera que, à l'époque primitive, les fidèles étaient réduits par la pauvreté, qui était l'apanage de la plupart d'entre eux, à exercer les métiers les plus humbles, ce qui les fit appeler par Juvénal (*Sat.* IV. vers. 150) du nom injurieux de *cerdones*, qui équivaut, dans notre langue, au mot trivial *gagne-petit*. Ainsi, nous avons l'inscription sépulcrale d'un *capsarius* (Marchi. p. 27), soit gardien des habits des baigneurs dans les thermes publics. L'usage dans la primitive Église était de graver sur les tombeaux les instruments de la profession des défunts. On peut voir de longs détails à ce sujet à l'article *Instruments divers sur les tombeaux.*

PROPHETEA. — Ce mot désignait dans l'antiquité des églises ou *mémoires* érigées en l'honneur, ou plutôt sous le vocable d'un prophète. C'est ainsi que, dans le concile de Constantinople, célébré sous Mennas (Act. III. t. v. *Concil*. p. 67), il est fait mention du *propheteum* d'Isaïe, τοῦ προφητείου τοῦ ἁγίου Ἡσαίου. Théodore le Lecteur dit aussi (lib. II. p. 568) que les restes du prophète Samuel avaient été déposés dans un temple érigé en son honneur, ἐν τῷ προφητείῳ αὐτοῦ, *in propheteo ipsius*.

Par la même raison, les églises des apôtres étaient appelées *apostolea*. C'est sous ce nom que Sozomène (*Hist. eccl.* lib. IX. c. 10) désigne la basilique de Saint-Pierre à Rome, et encore celle des Saints-Pierre-et-Paul que Rufin, personnage consulaire, avait construite dans le faubourg de Chalcédoine, en l'honneur des deux apôtres, assignant lui-même à cet édifice la dénomination d'*apostoleum*, ἀποστολεῖον ἐξ αὐτῶν ὠνόμασε (Consultez l'article *Basiliques chrétiennes*).

PROPHÈTES. — Nos monuments antiques montrent assez fréquemment des prophètes de l'ancienne loi, représentés dans des scènes historiques ayant un sens figuré, applicable, soit aux faits, soit aux dogmes de la nouvelle alliance. Ainsi Noé dans l'arche, Moïse dans les principales circonstances de sa carrière, Daniel dans la fosse aux lions, Élie enlevé au ciel, Ézéchiel évoquant les morts, Tobie avec le poisson miraculeux, Jonas dans les diverses vicissitudes de son rôle de prophète, Job dans sa détresse, Joseph le patriarche, David avec sa fronde, etc.... Chacun de ces personnages a dans ce Dictionnaire son article spécial.

Mais les prophètes prophétisant, c'est-à-dire figurés dans l'acte même de leur prophétie, et placés en face des objets prédits par eux, ceci constitue une rareté archéologique qui ne devait se révéler que de nos jours, grâce à la découverte de nouveaux monuments.

Il existe au cimetière de Saint-Calliste une belle fresque, qui fut publiée par Bosio (*Roma sotter.* p. 255), et que M. Perret a reproduite (*Catacombes.* vol. I. pl. XXI) dans l'état de mutilation où elle se trouve aujourd'hui. En voici un croquis fidèle. On y voit un personnage à l'aspect vénérable, debout, élevant la main droite en geste de l'allocution, et portant un regard inspiré sur cette scène représentée devant lui : des tours, expression abrégée d'une ville, en avant desquelles est une femme assise, tenant un enfant sur ses genoux. La planche de M. Perret n'a plus que le personnage debout, le reste a péri. Bosio avait distingué dans ce personnage un prophète, portant ses regards sur une ville « à laquelle il prédit quelque chose », mais sans rattacher à ce sujet le groupe de la mère et de l'enfant, et sans même assigner à la cité une attribution quelconque.

Or voici que les travaux dirigés par la Commission archéologique des catacombes viennent de révéler au cimetière de Priscille un tableau ayant avec celui-ci les plus frappantes analogies, mais avec des caractères plus tranchés qui ouvrent la voie à une interprétation plausible. Ici, en effet, il y a aussi une mère avec son enfant; mais au-dessus de leur tête brille une étoile, que désigne du doigt le personnage debout, portant de la main gauche un volume roulé.

Il est évident que nous avons ici la Ste Vierge Marie avec son divin Fils, et l'étoile miraculeuse. Quant à la figure debout, M. De' Rossi (*Imagini scelte della beata Vergine Maria tratte dalle catacombe Romane*, p. 8) n'hésite point à y voir un prophète, et, dans ce prophète, Isaïe qui a prédit l'enfantement de la Vierge, et, en vingt endroits de ses oracles, annoncé l'astre et la lumière salutaire qui devait dissiper les ténèbres du paganisme (Isa. IX. 2. LX. 2. 3. 19. — Luc. I. 78. 79). Et en effet, le personnage en question se présente avec des attributs qui s'opposent absolument à ce qu'on le prenne ou pour S. Joseph, ou pour un des Mages, comme on serait porté à le supposer d'après d'apparentes analogies.

Nous pensons que le sens de la fresque de Saint-Calliste se trouve ainsi éclairci : le geste du prophète, qui désigne en même temps, et la Vierge et les tours, semble annoncer la gloire de Bethléem où devait naître le Sauveur du monde : « Et toi, Bethléem Ephrata, s'écrie le prophète Michée (v. 2), la plus petite entre les villes de Juda, de toi doit venir celui qui dominera sur Israël, » *et tu Bethleem Ephrata, parvulus es in millibus Juda : ex te mihi egredietur qui sit dominator in Israel.* Des compositions de cette sorte ne durent pas être rares dans l'antiquité, bien que peu d'exemples en soient arrivés jusqu'à nous. Elles devinrent plus fréquentes dans les bas temps; M. De' Rossi cite (*loc. laud.*), entre beaucoup d'autres, une grossière sculpture du neuvième siècle transportée de Fiesole dans une église de Florence, représentant deux prophètes dans la même attitude et le même vêtement que celui du cimetière de Priscille, et se tenant aux deux côtés de la Ste Vierge.

Mais voici quelque chose de plus clair encore. La gravure reportée à la page suivante est la reproduction d'un fragment de verre doré que le P. Garrucci a publié dans la *Civittà cattolica* (série v. vol. 1. p. 692). Le premier compartiment à gauche représente un personnage debout, la main étendue vers une figure radiée, qui tient un globe entre ses mains ; à leurs pieds est une ciste et un volume qui en sort presque en entier. La figure radiée n'est autre que le Rédempteur lui-même, devant lequel se tient le prophète Isaïe, qui si souvent, et en particulier dans le soixantième chapitre de ses prophéties, compare le Messie au soleil, à une lumière resplendissante qui doit remplacer pour Israël les astres matériels qui éclairent le monde : « Le soleil ne t'éclairera plus pendant le jour, la lune ne luira plus sur toi: le Seigneur lui-même sera ta lumière éternelle, et ton Dieu sera ta gloire, » *non erit tibi amplius sol ad lucendum per diem, nec splendor lunæ illuminabit te : sed erit tibi Dominus in lucem sempiternam, et Deus tuus in gloriam tuam* (LX. 19).

Le volume, comme on voit, a des dimensions plus grandes que ceux qui s'observent en si grand nombre dans les monuments de toute sorte et en particulier dans les fonds de coupe. Ceci trouve encore son explication dans le texte du prophète, car il s'agissait d'écrire le plus grand événement qui se soit jamais réalisé dans le monde, c'est-à-dire la naissance d'Emmanuel du sein d'une vierge, et pour cela Dieu lui-même lui avait ordonné de choisir pour y consigner cet événement « un grand volume », *sume tibi librum grandem* (Is. VIII).

Le second compartiment fait voir une femme en prière qui n'est autre que la mère de Dieu, entre deux arbres qui représentent les deux Testaments. C'est elle que le prophète montre de la main avec une admiration mêlée de respect : *Et accessi ad prophetissam, et concepit et peperit filium (Ibid. 3),* » je me suis approché de la prophétesse, et elle a conçu et mis au monde un fils. »

L'identité du prophète ne peut pas être mise en doute, non plus que l'interprétation de toutes ces figures que nous empruntons au savant jésuite. Car dans la dernière section de ce précieux monument est Isaïe entre deux satellites qui sont occupés à le scier avec une scie de bois. Or on sait qu'il était de tradition chez les Juifs que ce prophète avait subi un tel supplice, pour avoir annoncé avec trop de hardiesse à Manassé la parole divine et surtout la venue du Messie. S. Jérôme atteste que cette tradition s'était propagée et maintenue jusqu'à l'époque où il vivait. Il assure même que les chrétiens interprétaient d'Isaïe les mots *secti sunt*: « ils ont été sciés, » qui font partie de l'énumération que donne S. Paul (*Hebr.* XI. 37) des supplices infligés aux Saints : *Unde et nostrorum plurimi illud, quod de passione sanctorum ad Hebræos ponitur,* SERRATI SUNT, *ad Isaiæ referunt passionem* (Hieron. *In Isaiam.* XV. c. 7).

De là il faut aller jusqu'aux mosaïques absidales des vieilles basiliques, pour rencontrer des représentations de prophètes, et encore n'en trouvons-nous pas dans les plus anciennes. Celle de Capoue (Ciampini. *Vet mon.* t. II. tab. LIV), datant du huitième siècle seulement, produit Jérémie et Isaïe, accostant Notre-Seigneur, représenté en buste *in clypeo* (V. l'art. *Imagines clypeatæ*). Les deux prophètes tiennent chacun un phylactère déroulé où sont écrits des passages légèrement altérés de leurs prophéties. Pour Jérémie : FORTISSIME MAGNIPOTENS || (dans le texte, *magne et potens* [XXXII. 18]) DNS EXERCITVVM NOMEN TIBI ; — pour Isaïe : ECCE DNS DS IN FORTITVDINE || VENIET ET BRA CHRI EIVS (dans le texte, *brachium ejus* [Is. XL. 10.]) DOMINABITVR.

PROPINARE, Philotésie. I. — Dans leurs festins, les anciens avaient coutume de passer, après y avoir légèrement trempé les lèvres, la coupe à leur voisin de table, ou à toute autre personne qu'ils désignaient par son nom. Cela s'appelait *propinare*. — *Propinare*, dit Forcellini (*Lexic. totius latinit.* ad h. v.), *est probibere, seu præguslato leviter vino, poculum alteri offerre.* Cette coutume semble avoir pris naissance dès la plus ancienne période de la civilisation des Grecs, à la langue desquels le mot lui-même est emprunté : προπίνω. Nous savons en effet par Homère (*Iliad.* IV. v.) que, au jour solennel qu'ils appelaient φιλοτησίαν, les princes des Grecs se faisaient apporter des coupes d'or et d'argent, et que, après y avoir eux-mêmes goûté, ils les offraient à quelque convive de leur choix, lequel devait leur faire raison. Juvénal se sert du mot propre *propinare* pour rappeler que, au festin de Didon, cette reine passa la coupe à Bythias (V. 127) :

Hæc propinavit Bythiæ pulcherrima Dido
In patera...

La description de Virgile doit être citée, comme donnant une idée de l'usage antique (*Æneid.* l. v. 736 seqq.) :

Dixit et in mensam laticum libavit honorem,
Primaque, libato summo tenus adtigit ore.
Tunc Bythiæ dedit increpitans ; ille impiger hausit
Spumantem pateram, et pleno se proluit auro.

Le *propinare* était une marque d'affection, et de plus un acte religieux.

1° Il s'attachait à cette pratique une telle idée de bienveillance et de cordialité, qu'on lui avait donné le nom de φιλοτησία, mot dérivé de φιλότησις, « amitié, » et qui signifie tout ce qui est propre à entretenir les sentiments affectueux et les relations amicales. Aussi le *propinare* impliquait-il toujours un souhait de bonne santé et de bonheur en général, *propinare salutem*, comme nous lisons dans Plaute (Stich. III. 2. 15). Gelasimus, le parasite, dit à son amphitryon : *Dii dent quæ vis !... Propino tibi salutem plenis faucibus*, « que les Dieux t'accordent ce que tu désires... Je porte ta santé à pleine gorge, » formule familière à la race des joyeux compagnons.

Cette marque d'amitié pouvait bien n'être pas toujours sans inconvénient. Ainsi Martial (II. 15) loue un certain Hermus, à la bouche fétide, de ce qu'il faisait grâce à son prochain d'une telle courtoisie :

Quod nulli calicem propinas,
Humane facis, Herme, non superbe.

2° On buvait en l'honneur des dieux que l'on voulait se rendre propices, et la coupe qui se vidait en cette intention, à la fin du repas, s'appelait *crater boni Dei*, ou *boni genii*. La coupe elle-même portait quelquefois la formule de ce *toast*, comme nous dirions aujourd'hui. Ainsi un verre à fond d'or, du recueil du P. Garrucci (*Vetri.* tav. XXXV. n. 1), offre cette légende, qui est un échantillon du genre : ORFITVS ET CONSTANTIA IN NOMINE HERCVLIS ACERRENTINO FELICES BIBATIS. C'est une invocation à Hercule achérontique en faveur des époux Orfitus et Constantia, souhait de fécondité et de vie fortunée. Les époux sont représentés en buste et entre eux est une statuette d'Hercule. Un autre verre où se voit le même demi-dieu donnant la main à Minerve (*Ibid.* 8), fait lire une acclamation à peu près semblable : « Tiche, qu'Hercule achérontique te soit propice ! » Le but d'une telle invocation en faveur de nouveaux époux était de leur obtenir des enfants robustes et intrépides comme Hercule lui-même.

Le caractère religieux de l'usage qui nous occupe était tellement connu, que les Pères de l'Église ne manquaient pas de détourner les fidèles de prendre part à un acte tenu à bon droit comme idolâtrique. S. Zénon (*Tract.* v. 9) fait observer aux femmes chrétiennes qui épousaient des maris païens, combien c'était une chose inconvenante de boire le vin offert au démon, en le puisant dans la coupe d'un mari infidèle : *reliquias poculi propinati lambendo labris exhauris, futurique haustus quasi quasdam primitias auspicaris, totum prorsus iniquitatis spiritum bibens concipis per maritum; infelix, jam plus in te est quam in templo remansit !* « Malheureuse ! il y a maintenant en toi (après avoir bu) plus qu'il n'est resté dans le temple ! »

II. — La pratique constante de l'Église du Christ à son origine fut de se conformer, dans la vie civile, aux usages de l'antiquité, tout en les sanctifiant, s'il y avait lieu de le faire, par le souffle de l'esprit nouveau. C'était un moyen détourné, mais efficace, de simplifier et d'abréger sa lutte contre des superstitions qui, heurtées de front, eussent longtemps peut-être résisté au travail de rénovation sociale qu'elle avait mission d'accomplir. Au lieu de supprimer la coutume païenne, on la remplaçait par un usage chrétien correspondant. Les idolâtres buvaient en l'honneur de leurs dieux ou de leurs héros, les chrétiens vidaient la coupe en l'honneur de Jésus-Christ et des Saints, ou encore au repos des défunts.

Une anecdote racontée par S. Grégoire de Nazianze (*Orat. contr. Julian.* p. 8) constate le fait et de plus le soin extrême qu'avaient les fidèles d'éviter en ceci toute participation aux pratiques des païens. « Quelques soldats chrétiens, dit ce Père, induits en erreur par Julien l'apostat, étaient tombés dans l'idolâtrie. Or, étant de retour dans leur maison, ils se mirent à table, et saisissant la coupe, selon l'usage, ils invoquèrent le Christ en élevant les yeux au ciel et faisant le signe de la croix. Mais un de leurs compagnons qui savait ce qui s'était passé, s'écria indigné : Qu'est-ce que ceci ? Vous invoquez le Christ, après l'avoir renié ! Couverts de confusion, ces soldats allèrent confesser leur faute, et protestèrent à haute voix que, en dépit du piège où ils s'étaient laissé surprendre, ils n'avaient jamais cessé d'être chrétiens. Le même fait est rapporté par Sozomène (l. v. c. 17) et par Théodoret (l. iii. c. 17), mais ce dernier ne fait point mention de l'invocation au Christ.

Les formules acclamatoires qu'employaient les chrétiens étaient adaptées à la nature des repas ou agapes qui se célébraient parmi eux et qui étaient de trois espèces (V. l'art. *Agapes*). La plus commune, comme la plus vague de ces acclamations (V. ce mot), était le PIE ZESES « Bois. Vis ! » D'autres étaient plus explicites, par exemple : BIBAS IN PACE DEI, « Bois dans la paix de Dieu ! » (Buonarruoti. *Vetri.* tav. v. 1), et celle-ci : BIBAS CVM EVLOCIA « Bois, ou vis avec Eulocia, ton épouse. » Elle est plus complète encore dans un verre de la même collection, où l'amphitryon, en donnant la coupe à son voisin, lui enjoint de la transmettre à son tour à un autre convive : DIGNITAS AMICORVM PIE ZEZES CVM TVIS OMNIBVS BIBE ET PROPINA (Buonarr. tav. xv. 1), « Le plus digne des amis, bois et vis avec tous les tiens et porte à ton tour une santé. » En voici un où est inscrite la même légende avec une légère variété (pour la formule PIE ZEZES voyez l'art. *Acclamation*, I, 1°. — Fabretti. *Inscr.* 593).

Comme nous l'avons dit plus haut, les Saints étaient souvent invoqués dans ces circonstances ; et S. Eusèbe d'Alexandrie explique ainsi, dans une de ses homélies, l'esprit de cette pratique (*Homil.* viii. p. 669, édit. Mai. t. ix. *Collect. Vatic.*) : « Les saints martyrs au nom desquels vous célébrez les agapes, y interviennent, et celui qui traite ses frères au nom des martyrs, reçoit à sa table les martyrs eux-mêmes. » Le sens un peu vague de ce passage est déterminé d'une manière précise par les formules acclamatoires qui se lisent sur un grand nombre de fonds de coupe, celle-ci, par exemple, où S. Laurent est invoqué : VITO VIVAS IN NOMINE LAVRETI (*Laurentii*) (Garrucci. *Vetri.* tav. xx. 2). Et tel était le motif de cette sainte joie à laquelle les chrétiens s'excitaient les uns les autres, et qui présidait toujours à leurs repas fraternels : SPES HILARIS ZEZES CVM TVIS (Buonarr. tav. ii. 1). Ce pieux usage existait en Afrique, et nous savons par S. Augustin (vi. 2) que sa sainte mère apportait aux jours de fête une petite coupe pleine de vin mêlé d'eau : Monique commençait par y tremper elle-même ses lèvres, pour se conformer à l'usage ; et s'il se trouvait dans le lieu de l'agape plusieurs tombes saintes, elle faisait circuler la coupe à la ronde.

La coutume de boire en l'honneur de Jésus-

Christ et des Saints pénétra chez tous les peuples chrétiens, même chez ceux qui sont en dehors de la race latine. Elle existait chez les Bulgares, en rapport d'un ancien auteur cité par Mabillon (*In præfat. ad sæc.* VI *Benedictin.*) : *quondam in terra Bulgarorum quidam nobilis potensque paganus bibere me feliciter petivit, ut in illius Dei amore, qui de vino sanguinem suum facit*, « jadis, dans la terre des Bulgares, un noble et puissant païen me supplia avec instance de boire pour l'amour de ce Dieu qui du vin fait son sang. » On voit que ce païen avait déjà une teinture de christianisme, et qu'il n'ignorait pas le dogme de la transsubtantiation.

Janus Delmer (Cf. du Cange. ad voc. *Bibere*) rapporte dans ses commentaires à l'ancien droit aulique de Norvége (p. 534) qu'autrefois les Danois et les Norvégiens étaient dans l'usage de boire, le jour de la nativité du Sauveur, en mémoire de S. Olaus qui avait apporté la religion chrétienne dans ce royaume, et que cet usage avait été introduit afin d'abolir les superstitions païennes (V. aussi Bartolini. *Antichità di Danimarca*. l. I. c. 8). Car auparavant ces peuples buvaient en mémoire et en l'honneur d'Odin, de Thorus, de Niordus et de Treja, leurs fausses divinités. Cet auteur ajoute que, à l'époque où il écrivait, la même coutume subsistait encore en Islande; on y buvait, non-seulement à l'occasion de Noël, mais encore dans les festins de noces et autres, en l'honneur de Dieu le Père et de Jésus-Christ, et l'on voyait chez les habitants de ces contrées des cornes, ou rhytons (*rhytium*), dorées ou argentées, qui servaient à ces sortes de libations.

La formule de ces libations était solennelle et mérite d'être citée; elle nous a été conservée dans la vie de S. Wenceslas par Christian de la Scala (p. 56 ap. du Cange. *loc. laud.*) : « Se rendant de nouveau dans le lieu du festin, raconte cet auteur, il saisit une coupe, l'éleva en présence de tous les convives, et prononça à haute voix ces paroles : *In nomine Beati archangeli Michaelis, bibamus hunc calicem, orantes et deprecantes, quo animas nostras introducere nunc dignetur in pacem exultationis perpetuæ,* « au nom du Bienheureux archange Michel, buvons ce calice, le priant et le suppliant qu'il daigne introduire nos âmes dans la paix de l'allégresse éternelle! » Et comme les fidèles lui eurent répondu d'une seule voix : *Amen!* il vida la coupe, donna à tous le baiser de paix, et regagna son logis. »

III. — Mais on conçoit que la sainteté même du but que l'on se proposait dut servir de prétexte à beaucoup d'excès. L'on se croyait obligé de répondre à des *toasts* portés en l'honneur de Jésus-Christ et de ses Saints, en mémoire de personnes vénérées, et alors on dépassait les bornes de la tempérance (V. l'art. *Agapes*, n° 5). Dès le troisième et quatrième siècles, nous voyons les Pères s'élever avec douleur et véhémence contre de tels abus. « Que dirai-je des provocations des buveurs, dit S. Ambroise (*De Elia et jejunio.* c. 17)? Pourquoi rappeler ces serments insensés que l'on ne croit pas pouvoir violer sans se rendre coupable? Buvons, disent-ils, pour le salut des empereurs, et que celui qui ne boira pas soit réputé avoir forfait à son devoir envers eux : celui-là en effet semble ne pas aimer l'empereur, qui refuse de boire à sa santé! Buvons au salut des armées, à la valeur des chefs, à la santé des enfants? Et ils croient que de tels vœux montent jusqu'à Dieu!... O folie des hommes qui regardent l'ivresse comme un sacrifice! *Bibamus, inquitant, pro salute imperatorum, et qui non biberit sit reus in devotione; videtur enim non amare imperatorem, qui pro ejus salute non biberit. Bibamus pro salute exercituum, pro comitum virtute, pro filiorum sanitate ; et hæc vota ad Deum pervenire judicant!... O stultitia hominum qui ebrietatem sacrificium putant!*

Le même abus existait en Afrique, nous en pouvons juger par ce passage de l'auteur de l'ouvrage *De duplici martyrio*, traité attribué à S. Cyprien et qui s'imprime à la suite de ses œuvres : « L'ivrognerie est tellement commune dans notre Afrique, qu'elle n'est presque pas regardée comme un crime. Ne voyons-nous pas, aux mémoires des martyrs, des chrétiens forcer d'autres chrétiens à s'enivrer, *an non videmus ad martyrum memoriam christianum a christiano cogi ad ebrictatem?* Pense-t-on que ce soit là un crime moindre que d'immoler un bouc à Bacchus, » *an hoc levius crimen esse ducimus quam Baccho hircum immolare?*

S. Augustin exhale à ce sujet des plaintes non moins éloquentes : *Per inimicam amicitiam* (Serm. 231. *De tempore*), *adjurare homines non erubescunt, ut potum amplius accipiant quam oportet; qui enim alterum cogit, ut se plus quam opus est bibendo inebriet, minus malum ei erat, si carnem ejus vulneraret gladio, quam animam ejus per ebrietatem necaret. Certa bibendi lege contenditur, qui poterit vincere laudem meretur ex crimine,* « par une amitié ennemie, on ne rougit pas d'adjurer des hommes à boire plus qu'il ne convient; celui qui contraint un autre à boire au delà du besoin et jusqu'à s'enivrer serait assurément moins coupable s'il eût frappé sa chair avec le glaive, plutôt que d'avoir tué son âme par l'ivresse. Il y a une espèce de lutte à qui boira le mieux, et celui qui l'a emporté obtient des éloges pour son crime. »

Assurément rien n'était plus éloigné de l'esprit chrétien que de tels désordres; ils étaient renouvelés des plus mauvais temps du paganisme, alors que c'était une vertu de savoir vaillamment porter le vin, que des souverains comme Alexandre contraignaient leurs convives à boire outre mesure (*Plut. in Artaxerx.*), et que le roi du festin était en droit d'exiger que chacun bût autant que lui-même. Dans un festin offert à tous les grands de son royaume, Assuérus donna à cet égard des preuves de modération et de sagesse qui ont mérité les éloges des saints Livres. Bien qu'il y eût à cette table royale des vins de toute sorte et en grande abondance, le roi voulut laisser à chacun en cela une entière liberté : *nec erat qui nolentes cogeret ad bibendum* (Esther. I. 8) ; et pour maintenir cette honnête liberté, il avait placé à la tête de chaque table un des personnages les plus élevés de sa cour, *præponens mensis singulos de principibus suis, ut sumeret unusquisque quod vellet.*

La sévérité des conciles eut souvent à s'exercer contre ces déplorables coutumes. On cite en particulier celui de Nantes tenu en 650 (can. xv), qui, à raison des abus, défendit de boire à l'honneur des saints et au salut des âmes, et de prendre autre chose, dans les assemblées ou confréries, qu'un morceau de pain et un verre de vin (Cf. Longueval. *Hist. de l'Église gallic.* t. IV. p. 6).

Nous trouvons une interdiction toute semblable dans le capitulaire de Charlemagne de 789 : *Omnino prohibendum est omnibus ebrietatis malum, et istas conjurationes quas faciunt per sanctum Stephanum, aut per nos aut per filios nostros prohibimus*, « le mal de l'ivresse doit être défendu à tous sans exception ; et nous prohibons ces espèces de conjurations que l'on fait en l honneur de S. Étienne, ou par nous ou par nos fils. » Dans son capitulaire (cap. xiv), Hincmar de Reims interdit à ses prêtres, « quand ils se rendaient aux collectes (assemblées), d'oser s'enivrer, et de boire à l'âme des saints ou à son âme à lui, ou de contraindre les autres à boire, ou de s'ingurgiter à la sollicitation des autres, » *ne ad collectam venientes se inebriare præsumerent, nec precari in amore sanctorum, vel ipsius animæ bibere, aut alios ad bibendum cogere, vel se aliena precatione ingurgitare.*

Si ceci atteste la dégénérescence des mœurs à une certaine époque, nous y voyons aussi une preuve incontestable du zèle et de la puissance de l'Église à ramener les mœurs dans les voies de l'Évangile !

PROTHÈSE (Πρόθεσις). I. — Au propre, ce mot signifie « proposition ». Dans les liturgies orientales, il désigne un petit autel, *mensula*, placé à la droite du « bêma » (V. ce mot), et où, avant de commencer la messe, le prêtre, aidé de ses ministres, prépare le pain et le vin et dispose tout ce qui est nécessaire pour le sacrifice. Telle est la définition que du Cange donne de la prothèse (*Gloss. græc.* ad voc. πρόθεσις), d'après les auteurs anciens, et notamment Germain de Constantinople, dont il cite au long les témoignages.

Nous savons en outre par Gretzer (*In Codin. Curopalat.* c. xvII. *De offic. et official. curiæ et Ecclesiæ Constantinopolitanæ*), que les *oblata* restaient sur cette table jusqu'à l'offertoire. « Alors, dit l'auteur de la science ecclésiastique (Ap. Renaudot. 1. p. 186), le prêtre se dirige vers le petit autel de la prothèse, où il reçoit l'AGNEAU (c'est-à-dire le pain eucharistique), qu'il examine exactement, afin de s'assurer qu'il est sans fissure, car la fissure est un défaut, et l'Écriture prescrit que l'agneau soit sans défaut. Or l'*oblata*, c'est-à-dire le pain destiné au sacrifice, est l'agneau d'un an prescrit dans la vieille loi, et qui ne doit pas avoir de défaut. Si donc l'*oblata* a des fissures ou ruptures quelconques, on ne peut l'offrir légitimement, non plus que le vin tourné au vinaigre. » Et un peu plus loin : « Quand le prêtre a reconnu que rien ne manque de ce qui lui est nécessaire, pain, vin, encens, charbons, et en outre tous les vases et instruments du ministère sacré, et que le tout est en l'état convenable, il saisit l'*oblata*, et l'essuie légèrement, comme le Seigneur Christ fut lui-même lavé avant d'être livré au prêtre Siméon... Enfin il dépose l'hostie, et la place sur le disque, ou patène, instrument qui signifie la crèche, et l'enveloppe dans un voile de lin, comme fit la Vierge à la naissance du divin enfant. Mais le disque, qui signifie d'abord la crèche, figure aussi le sépulcre. » Tous ces détails appartiennent à la liturgie copte-égyptienne de S. Basile (V. les art. *Grecs* et *Patène*).

C'est ici sans doute que se place la bénédiction préliminaire des éléments eucharistiques, dont la formule s'appelait *Oratio proœmii*, ou *Oratio propositionis panis*, ou *protheseos*. Voici l'oraison que nous trouvons dans cette même messe de S. Basile (Ap. Renaudot. *Liturg. orient.* t. I. p. 3) : « Seigneur Jésus-Christ, Fils unique, Verbe de Dieu le Père, et consubstantiel et coéternel à ce même Père ainsi qu'à l'Esprit Saint, tu es le pain vivant qui es descendu du ciel, et qui nous as prévenus, et as sacrifié ton âme (ta vie) parfaite et sans défaut, pour la vie du monde : nous prions et supplions ta bonté, ô ami des hommes, montre ta face sur ce pain et sur ce calice, que nous avons déposés sous cette tienne table sacerdotale : bénis-les †, sanctifie-les †, et consacre-les † : transforme-les, de sorte que ce pain devienne ton saint corps, et le mélange qui est dans ce calice, ton sang précieux ; afin qu'ils soient à nous tous la protection, le remède, le salut de nos âmes, de nos corps, de nos esprits ; parce que tu es notre Dieu, et qu'à toi seul est due gloire et puissance, avec ton Père si bon, et l'Esprit vivifiant et à toi consubstantiel, maintenant et toujours et dans tous les siècles des siècles. Amen. »

II. — « Ceci étant fait, dit le patriarche Gabriel (Cf. Renaudot. I. p. 187), le prêtre enveloppe le pain eucharistique dans un voile de soie, le place sur sa tête et se met en marche, précédé d'un diacre un cierge à la main. Nous plaçons ici une figure qui peut donner une idée de cette cérémonie, bien qu'elle représente un diacre transportant la sainte hostie à la messe des présanctifiés du vendredi saint (V. Goar. *Euchol. græc.* p. 177). Un autre diacre tient l'ampoule du vin élevée sur sa tête et enveloppée dans un voile de soie, et, en avant de lui, un diacre portant un flambeau. Tous font une fois le tour de l'autel, et pendant cette procession on récite certaines oraisons en langue copte. Le tour de l'autel étant achevé, le prêtre se tient à sa place, la face tournée vers l'orient, et le diacre, également à la place qui lui est assignée, tient les yeux dirigés vers l'occident. Alors le prêtre place l'hostie sur sa main gauche et la signe trois fois du signe de la croix, ainsi que l'ampoule du vin que le diacre tient toujours enveloppée dans son étoffe de soie. »

Ὁ ΑΓΙΟϹ   ΜΑΚΑΡΙΟϹ

C'est ainsi que l'officiant fait son entrée à l'autel au milieu des flambeaux et des parfums, entouré de ses ministres qui chantent et se prosternent devant lui, le priant de se souvenir d'eux dans l'oblation de ces dons.

Les Égyptiens ne sont pas les seuls qui, à l'exemple des Grecs, suivent ce rit ; il se pratique aussi chez les Jacobites, témoin Denis Barsalibi (Cf. Renaudot. *ib.*), dans son commentaire à la liturgie de S. Jacques, lequel ajoute : « La cérémonie consistant à transporter processionnellement, avant l'oblation du sacrifice, les sacrements (c'est-à-dire les éléments) du petit autel au grand, en circulant autour de celui-ci, représente la descente de Jésus-Christ parmi nous, ainsi que toute la période de sa conversation divine en terre. »

La même coutume existait chez les Éthiopiens, selon ce qu'en rapporte Alvarez (*Ibid.*), qui, après avoir mentionné la procession autour du maître-autel, dit de plus qu'on agite de petites sonnettes, auquel signal tous se prosternent devant les saintes offrandes, toujours à l'exemple des Grecs.

III. — Tout ceci prouve avec évidence que les Orientaux professent un profond respect pour les saintes espèces, non-seulement après que la consécration sacramentelle leur a donné une nouvelle dignité, mais aussi dès qu'elles étaient destinées au sacrifice. Ils rendent à ces éléments un honneur anticipé, à raison du changement qu'ils doivent bientôt subir ; et c'est un véritable culte, un culte spécial, supérieur à celui des saintes images. Aussi voyons-nous dans l'histoire ecclésiastique d'Alexandrie que leur profanation, même avant la consécration, était regardée comme un crime : si bien qu'un évêque du nom de Saca fut déposé pour avoir rompu et foulé aux pieds le Δῶρον, c'est-à-dire l'hostie, alors qu'elle était déjà déposée sur l'autel.

On sait même que ce culte donna lieu à une accusation d'idolâtrie contre les Grecs, au concile de Florence, tenu pour la réunion des deux Églises. Quelques théologiens latins prétendirent qu'ils rendaient aux *oblata*, avant qu'ils fussent changés au corps et au sang de Jésus-Christ, des honneurs dont de simples éléments ne sont point dignes. Les Grecs répondirent que le culte attribué aux simples éléments n'était point un culte de latrie. Au commencement du dix-huitième siècle, Gabriel Severus, métropolite de Philadelphie, publia à Venise une apologie de la pratique des Orientaux à cet égard ; cette pièce fut plus tard éditée de nouveau par ce savant homme, avec une version latine en regard et de nombreuses notes.

IV. — Dans son traité des offices de l'Église et de la cour de Constantinople (cap. XVII § XXXIII. seqq.), Codinus Curopalate nous a transmis de curieux détails sur la part que l'empereur prenait à la procession de la prothèse, à l'occasion de son couronnement.

Quand le moment était venu de transporter les *oblata*, quelques diacres se détachaient du reste du clergé et allaient chercher le nouvel empereur. Celui-ci entrait avec eux dans le lieu de la prothèse, où il se revêtait d'un manteau tissu d'or ; puis, la couronne en tête et portant à la main gauche un bâton appelé *narthex* ou *ferula*, il ouvrait la procession, escorté de cent hommes d'armes ; venaient ensuite les diacres, puis les prêtres portant les oblations. L'empereur, s'approchant ensuite de la porte majeure ou basilique du Saint des Saints (sur la porte dite *basilique*, V. l'art. *Basiliques chrétiennes*, III, p. 92, 2ᵉ col. dernier paragraphe), où le patriarche l'attendait, s'arrêtait à l'intérieur de cette porte où ils se saluaient réciproquement par une inclination de tête. Alors passait un diacre qui, tenant le *pallium* patriarcal de la main droite, s'arrêtait devant l'empereur et entonnait à haute voix ces paroles : « Daigne le Seigneur Dieu se souvenir de la puissance de ton règne dans son royaume, en tout temps et en tout lieu et dans les siècles des siècles. Amen. » Ce chant était répété par les autres diacres et prêtres qui suivaient. Et quand ils franchissaient les portes du sanctuaire, chacun d'eux chantait au patriarche le même verset, avec cette modification de droit : « Que le Seigneur se souvienne de ton pontificat, en tout lieu, etc. »

Ces cérémonies étant accomplies, l'empereur saluait le patriarche, déposait le *paludamentum*, et se retirait à sa place. Au moment de la communion que, en ce jour, il recevait à l'intérieur des cancels avec les ministres sacrés, il prenait de sa propre main l'espèce du pain, et le précieux sang dans un calice que lui présentait le patriarche. Mais, avant de communier, il encensait en forme de croix l'autel d'abord, puis le patriarche, lequel, recevant l'encensoir des mains impériales, lui rendait à son tour les honneurs de l'encens. C'est alors que, dépouillant sa tête de la couronne qu'il consignait entre les mains du diacre, il se nourrissait du sacrement de l'autel.

V. — Bien que la cérémonie de la prothèse semble propre aux Grecs et aux Orientaux en général, nous ne pensons pas qu'il soit impossible d'en retrouver des traces dans les liturgies de nos Églises occidentales.

Visconti affirme (*De missæ apparatu.* lib. VII. cap. 16) que le rit ambroisien admet, principalement à l'Église métropolitaine, et dans les messes solennelles, un petit autel où l'on dépose les vases sacrés et les autres objets nécessaires au sacrifice, en attendant qu'on les transporte sur le maître-autel ; à quel moment? C'est ce qu'il n'explique point.

La procession pour le transport des *oblata* avait lieu aussi dans l'Église de Tours : elle partait, non point d'un autel placé dans le sanctuaire, mais de la sacristie. Au moment de l'offertoire, le premier dignitaire du chapitre, qui est le trésorier, marche en tête, vêtu du pluvial. Après lui vient un céroféraire et ensuite le sous-diacre avec les burettes de l'eau et du vin recouvertes d'un voile. Après un autre céroféraire, vient le diacre avec la patène, également couverte. Après un troisième céroféraire, un autre diacre avec le calice et le corporal enveloppés dans un voile, sur lequel il porte deux petites tablettes où sont peintes des images de saints et qui servent pour donner la paix. Enfin un quatrième céroféraire ferme la procession, qui se termine au maître-autel, où l'on célèbre la messe solennelle.

La pratique de la vénérable Église de Lyon, qui porte l'empreinte si prononcée de son origine orientale, se rapproche encore beaucoup plus de celle des Grecs. Ici l'administration, précédée de l'épreuve du pain et du vin, se fait dans une des chapelles qui avoisinent le chœur, et la procession pour le transport des *oblata* est entourée d'une pompe et s'accomplit avec une gravité qui produisent toujours sur les fidèles une profonde impression.

PULPITUM. — V. l'art. *Ambon.*

PURGATOIRE. — La foi de l'antiquité chrétienne au purgatoire s'établit archéologiquement par les innombrables monuments des premiers siècles où se révèlent des prières pour les morts. Adressées à Dieu pour obtenir le soulagement et la délivrance des âmes, ces prières supposent évidemment qu'on croyait à l'existence d'un séjour intermédiaire d'expiation entre la félicité absolue et la damnation irrévocable. Rien, sous ce rapport, n'est plus ancien, ni plus concluant, comme témoignage de la croyance primitive, que la prière liturgique. Or, au canon de la messe, l'Église demande pour ceux qui ne sont plus, qui *dorment du sommeil de paix,* un lieu de rafraîchissement, de lumière et de paix : *locum refrigerii, lucis et pacis ut indulgeas deprecamur.* Ces trois demandes, qui se trouvent encore formulées dans plusieurs autres parties de la prière publique (*Sacram. Gelas. ap. Muratori. Lit. Rom. vet.* t. I. col. 749-760), représentent les trois éléments essentiels du bonheur céleste, tel que le type en est retracé par les divines Écritures. Rien ne serait plus intéressant que de parcourir pour cet objet les liturgies orientales, les plus vénérables par leur antiquité ; on y trouverait partout des formules de prière analogues à celles des liturgies de l'Occident : « Souvenez-vous, Seigneur, de tous ceux qui appartenaient à l'ordre sacerdotal et qui aujourd'hui reposent, et de ceux qui vivent dans l'état séculier. Faites que les âmes de tous reposent dans le sein de nos saints pères Abraham, Isaac et Jacob (*Lit. S. Basil. Alexandrin.* ap. Renaudot. I. 72). »

« Souvenez-vous, Seigneur, de ceux qui sont morts dans la foi orthodoxe, et qui sont nos pères et nos frères ; faites que leurs âmes reposent avec les Saints et les justes. Introduisez-les dans le lieu de la verdure, sur l'eau de la réfection, dans le paradis de volupté, et avec ceux dont nous avons récité les noms (*Lit. S. Greg. Alexandrin.* ibid. p. 113), » et ainsi de toutes les autres, avec de légères différences dans les termes (V. l'art. *Paradis,* I).

Et les premiers chrétiens étaient tellement pénétrés de ces idées, qu'ils les ont exprimées sur presque toutes les tombes de leurs frères, sous forme affirmative ou d'acclamation pour les martyrs et les Saints, et sous forme optative ou déprécative pour ceux dont l'admission immédiate au paradis leur était encore douteuse. Pour ne pas faire double emploi, nous nous abstenons de répéter ici ce que nous avons dit ailleurs au sujet du *rafraîchissement,* de la *lumière* et de la *paix;* mais nous prions le lecteur de se reporter, pour avoir une notion complète de la démonstration archéologique du *purgatoire,* à nos articles *Refrigerium, Lux* et *In pace.* Nous nous bornons à ajouter ici celles des formules antiques de prière pour les morts qui ne rentrent pas, ou ne rentrent qu'indirectement, dans ces trois catégories.

I. — Il y a des formules purement optatives, exprimant un vœu, un souhait de salut, de vie, de délivrance, de bonheur : *Puisses-tu vivre en Dieu, dans le Seigneur Jésus-Christ :* VIVAS IN DEO (Boldetti. 340), IN DEO VIVES (Id. 419), — EN ΘΕΩ ZHCHS, *in Deo viras* (Fabretti. 590. CVI), VIBAS (sic) IN DOMINO ZESU (sic) (Id. 575. 149), — ACCEPTA SIS IN CHRISTO (Boldetti. 341) — VIVE ILA IN XTO DEO (Crypte de S. Alexandre) ; — *Vis avec tes frères ou avec les Saints :* VIVA SIS CVM FRATRIBVS TVIS (Boldetti. 419), VIBAS INTER SANCTIS (Id. 80) : cette dernière inscription date du consulat de Paternus et de Marinianus, en 268 ; — *Vis éternellement :* VIVES IN AETERNVM (Perret. V. XXV. 47), VIBE (sic) IN AETERNO (Bold. 417) ; — *Repose doucement :* LEA BENE CES QVAS (*requiescas*) (Bold. 432) ; — ISPIRITVS TVVS BENE REQVIESCAT IN DEO (Marang. *Cose gent.* 456) ; — *Repose dans le bien par excellence :* SPIRITVS IN BONO QAESCAT (sic) Perret. V. XXVI. 56) ; — ISPIRITVS TVVS IN BONO (Fabretti. 575. LXII) ; — ISPIRITVS TVVS IN BONO SIT (Mai. *Collect. Vat.* V. 446). Plusieurs *graf-*

fiti du cimetière de Calliste expriment des vœux analogues (V. n. III, ci-après).

II. — Il en est qui recommandent explicitement le défunt à la miséricorde divine ; soient pour exemple : *Seigneur, je te prie qu'il puisse voir le paradis de la lumière :* DEVS TE PRECOR VT PARADISVM LVCIS POSSIT VIDERE (Le Blant. *Rép. à une lett.* de 1680. p. 13); — *Que Dieu se souvienne de lui dans les siècles :* RECORDETVR IPSIVS DEVS IN SAECVLA (*Act. S. V.* 72. en grec); — *Que Dieu seul défende ton âme, Alexandre :* SOLVS DEVS ANIMAM TVAM DEFENDAD (sic) ALEXANDRE (sic). (Perret. v. LXXV, 6); *Seigneur, que jamais l'âme de Veneria ne soit plongée dans les ténèbres :* DOMINE NE QVANDO ADVMBRETVR SPIRITVS VENERES (Marini, *Inscr. christ.* 452. 16).

III. — D'autres contiennent une prière adressée aux Saints, afin d'obtenir leur intercession en faveur des morts. Citons d'abord celle-ci, où des parents recommandent leur fille à une Sainte nommée Basilia ; elle se trouve au musée du Latran, où nous l'avons copiée (Sect. VIII. n. 17) : DOMINA BASSILIA COMMANDAMVS (sic) TIBI CRESCENTINVS ET MICINA FILIA NOSTRA (sic) CRESCEN.... Parmi les nombreux *graffiti* ou inscriptions cursives écrites par de pieux pèlerins aux tombeaux des martyrs, parmi celles surtout que M. De' Rossi a lues au cimetière de Calliste (V. *Rom. sott.* t. II. p. 381-388) et dont la plupart datent des troisième et quatrième siècles, plusieurs recommandent aux SS. papes qui y sont ensevelis (V. *Civiltà cattolica*. 1854. p. 125) des personnes chères. Par exemple : *Otia petite.... pro parente (et) fratribus ejus.... (ut) vivant in bono*. Celle-ci peut s'entendre de la navigation vers le port du paradis : *Pet (ite) ut Verecundus cum suis bene naviget*, « demandez pour Verecundus et pour les siens une heureuse navigation.* » On lit ce *graffito*, qui a la même signification que les précédents, dans la catacombe de Saint-Alexandre sur la voie Nomentane : *Pro Silvina ora cum Alexandro* (V. les art. *Acclamations* et *Graffiti*).

IV. — Quelques inscriptions implorent pour un défunt son admission à la vie éternelle, et réclament en même temps le secours des prières de ce même personnage auprès de Dieu : IOVIANE VIBAS IN DEO ET ROGA (Boldetti. 418); — ISPIRITVS REQVIESCAT IN DEO PETE PRO SORORE TVA, « Fais profiter ta sœur des premiers effets de ton crédit auprès de Dieu ! »

V. — Ailleurs, l'épitaphe réclame de ceux qui la liront le suffrage de leurs prières en faveur de celui qui repose sous la pierre sépulcrale : QVISQVIS DE FRATRIBVS LEGERIT ROGET DEVM VT SANCTO ET INNOCENTI SPIRITV AD DEVM SVSCIPIATVR, « Quiconque des frères lira (cette épitaphe), qu'il prie Dieu que la sainte et innocente âme soit reçue auprès de Dieu » (Lupi. *Sev. epitaph.* p. 167). Celle de la néophyte Stratonice exprime un vœu analogue (Id. p. 34), quoique en termes plus obscurs.

VI. — Habacuc apportant des aliments à Daniel dans la fosse aux lions, sujet mille fois représenté dans les monuments primitifs, passe pour être la figure du soulagement que nos prières procurent aux âmes du purgatoire (V. Aringhi. II. 504. pour les témoignages des Pères). C'est du moins une des interprétations données à ce type dans l'antiquité ; mais elle n'est pas la seule : les aliments apportés par le prophète sont aussi la figure de l'eucharistie (V. l'art. *Daniel*, I, 2°).

PURIFICATION DE LA VIERGE. — V. l'art. *Fêtes immobiles*, II, 1°.

R

RECEPTORIUM. — C'était une espèce de parloir contigu aux anciennes basiliques, et qui s'appela encore *salutatorium*. Il en est fait mention dans S. Sidoine Apollinaire (l. v. *epist.* 17), Sulpice-Sévère (*Dial.* II. c. 1), le premier concile de Mâcon (can. II), Théodoret et beaucoup d'autres auteurs. Théodoret, à propos de Théodose (*Hist. eccl.* v. 18) venant demander l'absolution à S. Ambroise, dit qu'il le trouva assis *in salutatorio :* ce que Scaliger entend à tort de la maison de l'évêque où les étrangers étaient reçus. C'était un lieu faisant partie des dépendances de l'église où l'évêque et les prêtres se tenaient pour y recevoir le peuple, quand il venait réclamer leur bénédiction ou leurs prières, ou les consulter sur des affaires difficiles. Sulpice-Sévère (*Dialog.* II. n. 1) nous représente ainsi S. Martin assis dans une espèce de sacristie et ses prêtres dans une autre, recevant des visites et s'occupant d'affaires.

RÉCONCILIATION DES PÉNITENTS. — V. l'art. *Pénitence canonique*, II.

REFRIGERIUM. — Le *rafraîchissement* est l'un des éléments du bonheur que l'Église implore pour l'âme de ses enfants qui ne sont plus, *locum refrigerii*, lisons-nous au *Memento* des morts du canon de la messe, *ut indulgeas deprecamur*. Ces mots sont de toute antiquité dans la liturgie : on les retrouve dans une oraison *ante sepulturam* du sacramentaire de S. Gélase (V. Muratori. *Lit. Rom. vet.* I. col. 749) : *Ut digneris dare ei.... locum refrigerii*, et dans une collecte du même monument liturgique (Id. *ibid.* col. 760) : *Dona omnibus* *quorum hic corpora requiescunt, refrigerii sedem.*

I. — Dans son sens direct, le mot *refrigerium* est ordinairement employé par les auteurs sacrés et ecclésiastiques pour exprimer un repas, et en général tout soulagement ou *rafraîchissement* du corps par la nourriture. Dans le *Livre de la sagesse* (II. 1) les méchants désignent par ces mots la cessation des jouissances matérielles pour l'homme au moment de la mort : *Non est refrigerium in fine hominis*; et S. Paul ne caractérise pas autrement la généreuse hospitalité qu'il recevait dans la maison d'Onésiphore (2 *Tim.* I. 16) : *Sæpe me refrigeravit.* — *Refrigerium* conserve la même acception dans les écrivains de l'antiquité chrétienne. Sous la plume de Tertullien, les agapes (*Apolog.* XXXIX) sont un rafraîchissement que les riches procurent aux pauvres : *Inopes refrigerio isto juvamus*; et les tempéraments qu'on apporte à la rigueur du jeûne (*De jejun.* X) sont un rafraîchissement pour la chair du chrétien : *Carnem refrigerare.* En plusieurs passages des actes de Ste Perpétue, le verbe *refrigerare* est pris pour désigner ces repas de charité que les fidèles étaient quelquefois admis à faire dans les prisons avec les martyrs. Ceci paraît surtout indubitable dans le passage suivant (*Act. ap. Ruin.* p. 86. n. XVI). Le tribun traitait les martyrs plus durement, parce que, sur l'avis de quelques gens crédules, il craignait qu'ils ne se tirassent de la prison par des enchantements magiques. Perpétue lui dit : « Pourquoi ne nous accordez-vous pas des rafraîchissements, *quid utique non permittis* REFRIGERARE, puisque nous sommes de très-nobles condamnés, les condamnés de César, destinés à combattre le jour de sa fête ? N'est-il pas de votre honneur que nous y paraissions bien nourris, *si pinguiores illo producamur* ? »

Or, le paradis étant souvent, dans les textes sacrés, principalement du Nouveau Testament (Matth. XXII. 2. XXV. 10. etc. — *Apoc.* XIX. 7. etc.), comparé à un festin, il était naturel que le mot *refrigerium*, pris au figuré, exprimât aussi le festin céleste : *Justus.... si morte præoccupatus fuerit, in refrigerio erit*, « le juste, même surpris par la mort, ira s'asseoir au banquet du ciel. » On entend aussi du rafraîchissement à la table du Seigneur ce passage des *Actes* (III. 20) : *Cum venerint tempora refrigerii a conspectu Domini.* Tertullien (*De idolol.* XLIII) emploie la même image pour peindre le bonheur du pauvre Lazare qui, ayant été, pendant sa vie, repoussé de la table du mauvais riche, est assis au festin éternel avec Abraham : *Lazarus apud inferos in sinu Abrahæ refrigerium consecutus*; et les prières de la femme fidèle en faveur de son mari défunt ont pour but de lui obtenir ce rafraîchissement si désirable (*De monogam.* X) : *Pro anima ejus orat, et refrigerium ad postulat ei.* Il fut donné à Ste Perpétue de voir dans le lieu de rafraîchissement son frère Dinocrate (*Act. cap.* VIII) pour la délivrance duquel elle avait beaucoup prié : *Video Dinocratem refrigerantem.* L'oraison que nous avons citée plus haut, d'après le sacramentaire de S. Gélase, et que l'Église récite encore aujourd'hui, semble implorer littéralement pour l'âme fidèle un siège au festin du Père céleste : *refrigerii sedem.*

II. — Cette idée de rafraîchissement se révèle sur un grand nombre de tombes chrétiennes, soit sous forme d'acclamation en l'honneur des Saints déjà admis aux noces de l'Agneau, soit, et plus souvent encore, comme souhait ou prière en faveur de ceux qu'une expiation passagère en tient encore éloignés. Ainsi que nous venons de le dire, cette formule peut quelquefois être prise pour affirmative du bonheur déjà acquis : IN REFRIGERIO (Boldetti. p. 418), IN REFRIGERIO ANIMA TVA (Fabretti. p. 547), — IN REFRIGERIO ET IN PACE (Gruter. 1057. 10), — IN PACE ET IN REFRIGERIVM (*Act. S. V.* p. 122). Mais le plus souvent c'est un vœu exprimé de la manière la plus claire, soit que le verbe reste sous-entendu, comme dans un *titulus* reproduit incomplètement par Fabretti (p. 114. n. 283) : OB REFRIGERIVM, ou dans celui-ci du recueil de M. Perret (v. pl. LXI. 5) : DVLCISSIMO ANTISTHENI CONIVGI SVO REFRIGERIVM, soit, et bien plus sûrement encore, quand il est exprimé : VICTORIA REFRIGERERIS SPIRITVS TVS IN BONO (Wiseman. *Fabiola.* p. 2), — AVGVSTVS IN BONO REFRIGERES DVLCIS (*Act. S. V.* p. 80), — REFRIGERA CVM SPIRITA SANCTA (Marangoni. *Cose. gent.* p. 460). La même formule est employée sur un marbre de l'an 291 (V. Boldetti. p. 87.) — CAIO VIBIO ALEXANDRO ET ATISIAE POMPEIE REFRIGERETIS (Perret. v. pl. XLVI. 10).

Aucun doute n'est possible sur la valeur de la formule comme prière quand le nom de Dieu s'y trouve invoqué. Et c'est ce qui se rencontre trèssouvent : ANTONIA ANIMA DVLCIS TIBI DEVS REFRIGERET (Boldetti. p. 418), — DEVS REFRIGERET SPIRITVM TVVM (Lupi, *Sev. epit.* p. 137), — REFRIGERA DEVS ANIMAM HOM.... (Perret. v. pl. XXVI. n. 115) ; SPIRITA VESTRA DEVS REFRIGERET (Boldetti. p. 417) ; — CVIVS SPIRITVM IN REFRIGERIVM SVSCIPIAT DOMINVS (Muratori. *Nov. thesaur.* p. 1922. 1). Le P. Marchi avait trouvé celle-ci au cimetière de Prétextat, et nous l'avons copiée sur son manuscrit ; elle est en caractères grecs : DEVS CHRISTVS OMNIPOTENS SPIRITVM TVVM REFRIGERET. Quelquefois le rafraîchissement est demandé en faveur du défunt par l'intercession des Saints (V. l'art *Saints* [*Invocation des*]).

Dans la croyance constante de l'Église dès son origine, le purgatoire se compose de deux éléments, souffrance et privation. Le *rafraîchissement* imploré pour les morts, par l'Église dans sa liturgie, comme par les fidèles dans les inscriptions sépulcrales, doit donc aussi renfermer une double idée : cessation de la douleur et acquisition du bien par excellence, SPIRITVS TVVS IN BONO, comme nous lisons sur quelques tombes ; et c'est ainsi que nous devons l'entendre, toutes les fois que nous le rencontrons sur les marbres aussi bien que dans les textes anciens (V. l'art. *Purgatoire*).

RELIQUAIRES. — V. l'art. *Encolpia.*

RELIQUES (CULTE DES). — On entend par reliques, dans l'Église catholique, tout *ce qui reste des Saints*, après le passage de leur âme à une vie meilleure. Dans le sens strict, ce nom s'applique au corps entier et à chacune de ses parties, même les moins considérables, *tantillæ reliquiæ*, comme s'exprime S. Grégoire de Nazianze (*Orat.* 1. *Contr. Julian.*). Dans un sens plus large, on appelle aussi reliques les vêtements, linges et autres objets qui furent à l'usage des Saints, ou en contact avec leurs corps ou leurs ossements (V. Suarez. *Disput.* t. 1. dist. 55). Les Pères donnent aux reliques une infinité de noms expressifs, selon les différents rapports sous lesquels ils les considèrent. Voici les principaux :

1° *Beneficia*. C'est le terme dont se sert S. Grégoire le Grand, soit qu'il envoie à Dinamius, patrice de la Gaule, des particules des chaînes de S. Pierre dans une croix (*Epist.* XXXIII. lib. 3), *cui de catenis ejus* BENEFICIA *sunt inserta;* soit qu'il fasse don à Brunehaut, reine des Francs, de reliques des SS. apôtres (*Epist.* LI. lib. 5), *sanctorum* BENEFICIA; soit qu'il accorde, à la demande de S. Augustin, évêque d'Angleterre, des ossements du martyr S. Sixte (L. 12. *Resp. ad interrog. Aug.* cap. IX), *certa sanctissimi et probatissimi martyris* BENEFICIA. Le procès-verbal de la dédicace de l'église de Saint-Ange *in foro piscium* (V. Boldetti. p. 653), par le pape Étienne II, désigne par ces mots toutes les reliques qui y furent placées : *Hæc sunt nomina sanctorum quorum* BENEFICIA *hic sunt.*

2° *Benedictio*. Le même pape S. Grégoire appelle de ce nom, dans une de ses épîtres, une relique de l'évangéliste S. Marc : *Suscepimus autem* BENEDICTIONEM *S. evangelistæ Marci.*

3° *Busta*. Ce mot désigne à proprement parler le lieu où l'on brûlait et où l'on ensevelissait les corps (Festus. *De signific. verb.* ad voc. *Bustum*). Cependant plusieurs auteurs l'ont employé pour désigner les corps en général, et les reliques des Saints en particulier (Surius. III nov. et VII mart.).

4° *Cineres*. Dans un passage bien connu contre Vigilance, S. Jérôme (*Epist.* LIII. *ad Repar.*) se sert de cette expression. S. Isidore de Péluse l'emploie aussi dans le même sens (L. v. *epist.* 57) : *Si te offendit quod martyrum corporum* CINEREM *propter eorum erga Deum charitatem honore afficiamus.* S. Grégoire de Tours en offre encore des exemples (*De Vit. PP. ubi de S. Nacet.*), et en particulier quand il parle des reliques nécessaires pour la consécration d'une église, *ut eam quorumpiam sanctorum cineribus sacraremus.* Et ceci donna même lieu au sobriquet de *cinericii*, imposé aux fidèles par un certain Elindius, parce qu'ils vénéraient les cendres des Saints. Le mot *concineratio* n'est pas très-différent de celui-ci ; il fut aussi employé, ainsi que *favilla sancta*, qui se trouve dans les Œuvres de S. Jérôme, *favillam sanctam oculis apponentes* (*Epist.* XIV. *ad Marcelin.*), et ailleurs *pulvis vilissimus, et favilla nescio quæ.... linteamine involuta* (*Adv. Vigilant. ad Rip. loc. laud.*).

5° *Exuviæ*. Cette expression se lit dans les actes de la translation de S. Trudon, (Surius XXIII nov.) : *Concivium suorum pretiossimas* EXUVIAS.... *venerabiliter excipientes.*

6° *Gleba* est très-fréquent dans les hagiographes, et exprime la nature matérielle du corps de l'homme, qui n'est plus que terre, *gleba*, quand il est abandonné par l'esprit qui lui donnait la vie. Du Cange en cite plusieurs exemples (*Gloss. Lat.* ad h. v.).

7° *Insignia*. C'est ainsi que sont appelées quelques reliques insignes découvertes par l'évêque Léotère (*Ap. Baron.* an. 1008. n. 1) : *Reperta sunt ibi antiquorum sanctorum insignia.*

8° *Lipsana*. C'est sous ce nom que sont désignés les corps des sept vierges et martyres que S. Théodote avait retirés d'un marais où ils avaient été précipités par les païens (*Act. S. Theodot.* ap. Ruinart. p. 365) : *Venerunt ad paludem.... et sacra lipsana abstulerunt.*

9° *Patrocinia sanctorum* (Du Cange. ad h. v.) exprime la protection que les martyrs et les autres Saints accordent aux fidèles en récompense de la foi et de la vénération dont ceux-ci entourent leurs reliques.

10° *Pignora sanctorum*. Cette locution est très-commune dans S. Grégoire de Tours (*Hist. Franc.* lib. IX. cap. 40 et passim. — *Vid. etiam Surium*, 6 mart.).

11° *Sanctuaria*. S. Grégoire le Grand nomme fréquemment ainsi les reliques des Saints, et en particulier dans une lettre adressée à Castorius, évêque de Rimini, pour l'engager à placer certaines reliques dans un oratoire (*Lib.* II. *epist.* 9, *et lib.* I. *epist.* 55) : SANCTUARIA *suscepta cum reverentia collocabis* (V. Du Cange. ad h. v.). On se servit aussi du mot *sanctuale*. Il est dit, dans la *Vie de S. Boniface*, évêque de Mayence (cap. V), qu'un imposteur, voulant se faire passer pour un apôtre, distribuait au peuple ses cheveux et ses ongles comme des reliques, *capillos et ungulas suas populis pro* SANCTUALI *tribuebat, seducens populum.*

12° *Xenia sanctorum*. Ceci exprime surtout les reliques, en tant qu'elles sont offertes à quelqu'un. Ainsi, on lit dans la *Vie de S. Bernard* (lib. IV. cap. 1) que, revenant de Rome, il rapporta des parcelles précieuses des corps des apôtres et des martyrs : *Ex sanctorum apostolorum martyrumque corporibus* XENIA *secum retulit pretiosa.*

— Le culte des reliques remonte au berceau de l'Église. Il commence à S. Étienne, le premier des martyrs, dont les précieux restes sont recueillis avec une tendre sollicitude par des hommes *craignant Dieu* (*Act.* VIII. 2), et des documents innombrables nous permettent de le suivre pas à pas à travers les siècles. L'admirable traité de S. Jérôme contre l'hérétique Vigilance (*Opp.* edit. Martian. t. IV. pars 2) qui avait osé attaquer la croyance et la discipline de l'Église primitive sur cet important objet, pourrait suffire à lui seul comme démonstration, nous y renvoyons le lecteur studieux. Nous entrerons dans quelques détails en faveur de ceux qui n'ont pas la possibilité de recourir aux sources.

Nous parlerons d'abord, selon la division indiquée plus haut, *des corps mêmes des Saints*, et en second lieu des différents objets qui obtenaient, eux aussi, une sorte de culte, comme ayant eu quelques rapports ou quelque contact avec leurs personnes.

I. — Partant de cette double idée que les restes des Saints étaient pour ceux qui les possédaient une protection et un encouragement à la vertu, les premiers chrétiens cherchaient à s'en procurer à tout prix. Ils se précipitaient au milieu des amphithéâtres et des arènes pour enlever les corps des martyrs, pour recueillir leur sang avec des éponges, des linges, des matières absorbantes quelconques (V. l'art. *Sang des martyrs*); ou bien ils se procuraient à prix d'argent ces reliques sacrées, et après les avoir obtenues d'une manière quelconque, ils les baisaient et les embrassaient avec piété, ils les couvraient de parfums, les enveloppaient dans de riches étoffes, notamment dans des dalmatiques d'or ou de pourpre, dont les débris se retrouvent encore dans les *loculi* des catacombes (Boldetti. l. i. c. 58), enfin ils leur donnaient une sépulture honorable, et souvent même décorée avec toute sorte de magnificence (V. Boldetti. l. iii. c. 22), et ces tombeaux devenaient pour eux des sanctuaires où ils portaient leurs hommages et leurs prières.

Un des plus anciens exemples de ce culte empressé nous est fourni par les actes de la passion de S. Ignace, martyrisé à Rome sous Trajan. Nous y voyons que les fidèles recueillirent avec un soin respectueux, et au milieu des plus grands dangers pour eux-mêmes, les restes de ce pontife, afin de les rendre à son Église d'Antioche (Ruinart. edit. Veron. p. 15). Dans la lettre de l'Église de Smyrne (Euseb. *Hist. eccl.* iv. 15) sur le martyre de S. Polycarpe, il est dit que les fidèles enlevèrent ses ossements, « plus précieux pour eux que l'or et les pierreries les plus rares, et les placèrent en lieu convenable, *ubi decebat*. » Et c'était bien un culte religieux que les chrétiens rendaient à ces restes vénérés, puisque les païens manifestèrent la crainte de voir Polycarpe remplacer le Christ sur les autels; et du reste, le texte même indique clairement qu'une fête annuelle serait célébrée en leur honneur : *Quo etiam loci nobis ut fieri poterit, congregatis, in exultatione et gaudio præbebit Dominus natalem martyrii ejus diem celebrare,* « dans ce même lieu, où nous nous réunirons, comme il sera possible de le faire, Dieu nous donnera de célébrer avec joie et allégresse le jour natal de son martyre. » Une crainte toute semblable fut manifestée par le président d'Espagne Decianus, au sujet de S. Vincent. Espérant avoir raison de la constance du saint diacre, il le menace de détruire son corps, afin d'empêcher l'inscription du *titulus*, ainsi que les autres honneurs que l'Église ne manquerait pas de lui rendre. Cette circonstance nous est connue par les actes du saint martyr et aussi par ces vers de Prudence (*Peristeph.*) :

> Sed restat illud ultimum
> Inferre pœnam mortuo,
> Feris cadaver tradere,
> Canibusque carpendum dare.
> Jam nunc et ossa extinxero,
> Ne sit sepulcrum funeris,
> Quod plebs gregalis excolat,
> Titulumque figat martyris.
> Mergam cadaver fluctibus.

« Mais il reste encore une dernière vengeance : c'est infliger même au mort un châtiment, en livrant son cadavre aux bêtes, en le donnant à dévorer aux chiens. J'aurai ainsi anéanti jusqu'aux ossements, afin qu'il ne reste pas même une tombe que vienne vénérer le menu peuple, et inscrire le titre du martyr. Je jetterai le cadavre dans les flots... »

Sous la persécution de Dioclétien, Aglaé envoie son serviteur Boniface dans l'Orient avec des chars, de l'or et des parfums pour lui rapporter des corps de martyrs; et cet or servit à racheter le corps de Boniface lui-même qui fut arrêté et mis à mort pour Jésus-Christ; les riches étoffes servirent à l'envelopper, et les chars à le ramener à sa maîtresse qui le conserva religieusement (Ruinart. *ibid.* 249).

Les sommes dépensées pour le rachat des corps saints étaient souvent fort considérables; mais les fidèles ne craignaient point d'y mettre des trésors, persuadés que par ces généreux sacrifices ils se préparaient des trésors éternels, comme il est dit dans les actes des SS. Firmus et Rusticus (Maffei. *Supplem. ad Ruinart.* p. 548. col. 2) : *Emerunt (Terentius cum Gaudentio) beatorum corpora martyrum Firmi et Rustici,* UT THESAUROS SIBI CONDERENT IN ÆTERNUM. On sait que plus tard Luitprand, roi des Lombards, débours une somme considérable pour retirer le corps de S. Augustin des mains des Barbares (Paul Diac. *De gest. Longobard.* l. vi. c. 48. part. 1. t. 1. *Rer. Italic.* p. 506), et que de pieux chrétiens en firent autant pour arracher aux païens les reliques de S. Jean-Baptiste (Rufin. *Hist. eccl.* l. ii. c. 28). Dans ses notes au martyrologe romain (vii *april.* d), Baronius atteste que ce fait était très-commun pendant l'ère des martyrs : *Christianos consuevisse redimere corpora sanctorum ad sepeliendum ea, acta diversorum martyrum sæpe testantur.*

Mais il ne leur était pas toujours possible de satisfaire leur piété à cet égard. Les païens, auxquels l'empressement des chrétiens était bien connu, mettaient tout en œuvre pour leur soustraire les corps saints (V. Boldetti. p. 90), et quand ils voyaient que rien ne pouvait déjouer les pieuses ruses des fidèles, ils brûlaient ces corps et en jetaient les cendres au vent ou les livraient aux flots de la mer; et souvent ils se voyaient vaincus par des chrétiens héroïques qui s'efforçaient d'éteindre avec du vin et des aromates les ossements à demi consumés (Ruin. *Act. SS. Fructuosi, etc.* p. 191).

Pour preuve du prix que les premiers chrétiens attachaient à la possession des saintes reliques, on doit rappeler encore les vives discussions et les combats qui eurent lieu quelquefois entre villes ou contrées diverses, pour se les disputer; témoin, pour nous en tenir à un exemple puisé dans notre histoire, les longues contentions entre les habitants de Poitiers et ceux de Tours au sujet du corps de S. Martin (Greg. Turon. *Hist. Franc.* l. i. c. 43. V. aussi Evagr. *Eccl. hist.* i. 13. — Evod. *De mirac. S. Steph. Suppl. ad t.* vii *Opp. S. Augustini.* — Cassian. *Collat.* vi. 1. etc.).

Le culte des reliques était tellement enraciné dans les mœurs de l'Église primitive que les novateurs eux-mêmes le conservaient religieusement quand ils se séparaient du centre de l'unité; ils mettaient tout en œuvre pour se procurer des corps saints qu'ils regardaient comme la sanctification indispensable du lieu de leurs assemblées. Ainsi vit-on les novatiens dérober les reliques de S. Sylvain dans le cimetière de Maximus où elles avaient été déposées aussitôt après son martyre avec celles de Ste Félicité. On ne sait pas au juste à quelle époque ce larcin fut commis; mais ce fut certainement vers le milieu du troisième siècle, car c'est en 251 que Novat s'était séparé de l'Église.

Mais il est un fait qui parle plus clairement encore de la pratique de la primitive Église à cet égard, c'est que, dès son origine, elle a inséparablement uni le culte des reliques de ses Saints au sacrifice eucharistique en célébrant les mystères augustes sur le tombeau des martyrs : cet autel doublement sacré s'appela *memoria, martyrium, confessio* (V. l'art. *Confession*). Le pape S. Félix, qui siégeait en 269, érigea en loi positive cet usage primitif (*Lib. pontif. In S. Felic.* n. 2). Après les persécutions, les premières basiliques *sub dio* furent construites directement au-dessus des cryptes qui renfermaient les corps saints (V. l'art. *Basiliques chrétiennes*), et plus tard on transporta ces corps dans les villes, et des temples somptueux s'élevèrent de toutes parts pour les abriter. Enfin le cinquième concile de Carthage (can. x) décréta qu'aucune église ne pourrait être consacrée sans que des reliques n'eussent été placées sous l'autel (V. l'art. *Autel*). Plus tard on déposa des reliques dans les portes des églises (Baron. *Not. in martyrol.* xviii *nov.*), et les fidèles les baisaient avant d'entrer. On les renfermait encore dans les sacristies (Tillemont. *Hist. eccl.* t. i. art. 10), ou dans des armoires disposées à droite et à gauche de l'autel (Bocquillot. *Lit. sacr.* p. 97). On conservait parfois des corps saints, en totalité ou en partie, dans des oratoires privés (Joan. Diac. l. iii. c. 58. *Vit. S. Greg. Magn.*), et même dans les maisons, ainsi que Prudence semble l'indiquer (*Peristeph.* vi. vers. 150); et dans son hymne sur S. Vincent (*Ibid.* vers. 344.), il l'affirme positivement du sang recueilli par divers procédés :

Ut domi reservent posteris.

On plaça souvent des reliques dans des croix, et cela jusques dans les temps modernes, témoin la croix de l'obélisque de la place Saint-Pierre à Rome ; dans les crucifix de bois, dans la tête notamment : exemple, le célèbre crucifix de Lucques ; dans les images saintes qu'on peignait sur les murailles des églises. Ainsi, le crucifix en mosaïque de l'abside de Saint-Clément reçut, comme l'atteste l'inscription qui règne au bas du monument, un fragment de la vraie croix, une dent de S. Jacques et une de S. Ignace martyr (Boldetti. iii. xxii. — V. une foule de détails historiques, qui ne sauraient trouver ici leur place, dans l'ouvrage de Trombelli, *De cultu sanctorum.* t. ii. part. 1). Les fidèles portaient aussi des reliques suspendues à leur cou dans des croix ou des reliquaires de diverses formes. Bosio (p. 105) donne le fac-simile d'une croix d'or et d'un petit coffret du même métal, munis l'un et l'autre d'un double anneau qui détermine assez l'usage auquel ils étaient affectés. Ces petits monuments furent trouvés dans des sarcophages antiques, exhumés en 1571, du cimetière du Vatican (V. l'art. *Encolpia*).

II. — La vénération des fidèles ne se bornait pas aux corps des Saints, elle embrassait tous les objets qui leur avaient appartenu ou avaient été avec eux en contact plus ou moins immédiat.

1° Pour les martyrs, les instruments de supplice. Un discours portant le nom d'Eusebius Gallianus et qu'on a quelquefois attribué à S. Eucher (*Biblioth. PP.* t. iv. p. 669) mentionne cet usage et, parmi ces objets justement vénérés, cite notamment les chaines qui avaient serré les membres des martyrs. Personne n'ignore que celles du prince des apôtres, qui se conservent encore aujourd'hui dans la basilique de Saint-Pierre-ès-Liens à Rome, furent dès les temps les plus reculés un objet de vénération, et l'Église célèbre même le 1er août une fête en leur honneur. S. Grégoire le Grand, qui fait plusieurs fois mention de ces précieuses reliques (*Epist.* i. 36. vii. 26), rapporte qu'on en distribuait de la limaille renfermée dans de petites clefs d'or; il avait lui-même envoyé une de ces clefs à Childebert, roi de France (*Epist.* vi. lib. 6), et une autre à un illustre personnage de la Gaule, nommé Dinamius (xxxiii. lib. 3). Il en était de même des chaînes de S. Paul qu'on possédait aussi à Rome (Id. *Epist.* iv. 30) ; S. Chrysostome avait déjà célébré ces dernières.

Quelques martyrs, entre autres S. Babylas, regardant leurs chaines comme leur plus beau titre de gloire, à l'exemple de S. Paul qui aimait à s'appeler *vinctus Christi,* « l'enchainé du Christ (*Ephes.* iii. 1. *Philem.* i. 9), demandaient qu'elles fussent déposées avec leur corps dans leur tombeau (Chrysost. *De S. Babyl. Contr. Julian.* ii). S. Ambroise avait recueilli non-seulement le sang des SS. Vital et Agricola, mais encore les croix de leur supplice et les clous qui les y avaient attachés (*loc. cit. supr.*). Les débris de vases d'argile sur lesquels S. Vincent avait été couché étaient grandement vénérés des fidèles (Prudent. *Pe-*

risteph. v. vers. 553). S. Augustin mentionne une des pierres de la lapidation de S. Étienne, laquelle, apportée à Ancône, contribua beaucoup à répandre le culte du premier martyr (*Serm.* cccxxiii. 2). Divers instruments de supplice ont été trouvés dans des tombeaux de martyrs, et le musée du Vatican en possède un certain nombre (V. l'art. *Objets trouvés dans les tombeaux chrétiens*).

2° On reconnaissait aussi une vertu miraculeuse, soit à l'huile prise dans les lampes qui brûlaient devant les corps des Saints (V. Fontanini. *De S. Augustin. corpore.*— Chrysost. *Homil. in SS. MM.* — Greg. Turon. *De mirac. S. Martini.* l. i. c. 2. — V. dans ce Dictionnaire notre article *Huiles saintes*) ; soit à des linges, *brandea*, qu'on avait appliqués sur leurs tombeaux (Greg. Turon. *De glor. MM.* c. xxix), ou seulement suspendus dans la crypte où reposaient leurs restes, comme cela se pratiquait dans la *confession* de S. Pierre au Vatican (*Lib. Pontif. In Nicol. I.* — V. notre art. *Fenestella confessionis*) ; soit enfin à la poussière même recueillie dans leurs *loculi* ou leurs *mémoires* (Greg. Nyss. *Orat. in S. Théodor.* — Greg. Turon. *Hist. Fr.* l. viii. 15. *De glor. MM.* l). A l'article *Chaire* nous avons parlé du culte rendu dans l'antiquité aux chaires des apôtres et des évêques (V. cet article).

3° Les vêtements et autres objets ayant été à l'usage des Saints. S. Chrysostome (*Homil.* viii. *Ad pop. Antioch.*) s'écrie à ce sujet : « Combien est grande la vertu des Saints ! Puisque les hommages des chrétiens ne s'adressent pas seulement à leurs paroles et à leurs corps, mais aussi à leurs vêtements ! » Du vivant même de S. Paul, on se servait, pour opérer des guérisons, des linges et des ceintures qui avaient touché son corps (*Act.* xix. 12). Les actes des SS. Épipode et Alexandre, martyrs de Lyon (Ruinart. p. 62. edit. Veron.), nous apprennent que le premier ayant perdu en fuyant devant les persécuteurs une de ses sandales, une pieuse veuve qui leur avait donné asile la recueillit et la conserva précieusement. S. Antoine gardait le manteau de S. Paul l'ermite pour s'en revêtir aux jours de fête (Hieron. *In Vit. Paul.*). Nous savons par Sulpice Sévère (*Vit. B. Martini.* 19) que des fils extraits des vêtements de S. Martin guérissaient les malades, et par S. Paulin de Périgueux (*De Vit. S. Martini.* p. 311. in *Bibliot. PP.* t. vi) que le peuple s'arrachait les débris de sa couche.

4° Les lieux qu'ils avaient habités, ceux surtout où ils avaient séjourné plus longtemps, ou qui étaient devenus célèbres par quelques-uns de leurs miracles ou par d'autres actions d'éclat. C'est ainsi que l'on construisit une basilique sur le lieu où S. Martin avait partagé son manteau avec un pauvre (Venant. Fortunat. *Epigr.* v. l. 1) ; on érigea aussi des oratoires sur les lieux signalés par ses principaux miracles (Id. l. ix. *Epigr.* 1 seqq.). Mais les fidèles avaient surtout en honneur les lieux sanctifiés par la mort des Saints. C'est là que de préférence on bâtissait des églises, à Rome notamment ; et partout les exemples sont innombrables. Ainsi l'impératrice Eudoxie, épouse de Théodose II, avait construit une basilique sur le lieu du martyre de S. Étienne, hors de la porte de Galilée (Evagr. *Hist. eccles.* l. i. cap. 22. — V. Laderchi. *De Basilic. SS. Marcellini et Petri*). S. Grégoire de Tours raconte que toute sorte de vertus miraculeuses étaient attribuées à la fontaine où avait été lavée la tête du S. martyr Julien (*De passion. S. Julian.* c. iii. ap. Muratori. p. 852). (V. l'art. *Translations de reliques*.)

5° Nous ne saurions préciser au juste l'époque où l'on commença à jurer sur les reliques des Saints pour attester la vérité, comme on le fait aujourd'hui encore sur les Évangiles dans quelques pays catholiques. Mais nous en avons des exemples depuis le sixième siècle. Ainsi S. Grégoire le Grand appelle les personnages les plus notables de la ville de Ravenne à se présenter sous la conduite de l'archidiacre au tombeau de S. Apollinaire, afin d'attester, la main posée sur ces saintes reliques, s'il était vrai que les évêques de cette ville fussent en possession de porter le *pallium* hors de l'église, comme le prétendait l'évêque Jean, à qui il avait interdit cette pratique. Jean Diacre qui rapporte le fait (*Vit. S. Greg.* iv. 7) nous a conservé la formule de ce serment prescrite par le saint pontife.

RENIEMENT DE S. PIERRE (prédiction du). — Cette particularité humiliante de la vie du prince des apôtres se trouve représentée sur un certain nombre de sarcophages de l'Italie (Bottari tav. xx. xxi. xxiii *et alibi*). Elle est plus rare dans les monuments de la Gaule. Deux exemples seulement nous sont connus : l'un est fourni par un tombeau de Marseille, le tombeau dit de S. Chrysanthe et de Ste Darie (Millin. *Midi de la France*. pl. lviii. n. 4), l'autre par un monument de la même classe, provenant de Balaruc, dans l'Ardèche, et appartenant aujourd'hui au musée lapidaire de Lyon (V. notre *Explication d'un sarcophage chrétien du musée lapidaire de Lyon*. Mâcon, 1864.)

En retraçant à leurs yeux cette scène, les premiers chrétiens se proposaient surtout de se prémunir contre la présomption toujours funeste dans les épreuves où la foi est en jeu, et, d'une autre part, de s'exciter à la confiance en la miséricorde divine, qui inspire elle-même le repentir pour se mettre dans la nécessité d'accorder le pardon.

On remarque ordinairement que Notre-Seigneur n'a pas la main disposée comme pour la bénédiction ou la simple allocution, mais qu'il étend vers S. Pierre sa main renversée, dont trois doigts seulement se détachent comme pour exprimer les trois négations.

S. Pierre porte l'index de la main droite à ses lèvres, geste négatif qui semble protester qu'aucune parole contraire à la fidélité qu'il doit à son maître ne sortira de sa bouche : « Alors même qu'il me faudrait mourir avec vous, je ne vous renierai point, » *etiamsi oportuerit me mori tecum, non te negabo* (Matth. xxvi. 35). Ce geste fut toujours reçu dans l'antiquité comme exprimant le silence (Ovid. *Metam.* ix. vers. 691.— S. Augustin. *De civit. Dei*. l. xviii. 5.— Martianus Capella. l. i. *versus fin.*). Les figures d'Harpocrate que nous a transmises l'art antique sont toutes dans cette attitude (Cf. Bott. t. ii. p. 2). On cite aussi une médaille du musée Strozzi, où Mercure est représenté imposant le silence avec le doigt rapproché des lèvres (Id. *ibid.* p. 64).

« Quelle est la vertu de cet oiseau, — Le Sauveur le montre à Pierre : — Trois fois avant que le coq chante, — Il prédit qu'il le reniera. »

(V. l'art. *Coq*.)

Le type qu'on vient de décrire est vulgaire, on peut le voir partout et notamment dans une sculpture de sarcophage du cimetière du Vatican (Bosio, *Rom. sott.* p. 87), où S. Pierre se trouve en face de la servante, qu'on nomme Ballita (Cf. Tillemont, *Mém.* S. Pierre, art. 3).

Nous reproduisons ici un monument qui s'en écarte. C'est une fresque du cimetière de Cyriaque nouvellement découverte (V. De Rossi. *Bullett. archeol.* 1863, octobr.), et c'est la première fois, à notre connaissance, qu'on trouve le reniement de S. Pierre représenté en peinture. Ici S. Pierre ne porte pas son doigt à ses lèvres, mais il recule d'effroi à la vue du visage de son maître empreint d'une énergique sévérité, et de ces trois doigts élevés dans l'intention manifeste de peindre à ses yeux sa triple infidélité.

Dans la plupart des cas, le coq est aux pieds de S. Pierre, qui lui-même est très-rapproché de Notre-Seigneur. Il en est ainsi dans les deux sarcophages de la Provence cités plus haut. D'autres fois (Bottari. tav. xxxiv), le coq est placé au sommet d'une colonne élégamment cannelée et rudentée, comme ci-dessus. La fresque du cimetière de Cyriaque, où tout est exceptionnel, le fait voir sur une espèce de socle. Le Sauveur le montre du doigt à l'apôtre, qui, de l'autre côté de la colonne, proteste de sa fidélité par le signe ordinaire. Prudence a décrit cette scène (*Cathemerin. hymn.* i. vers. 49) dans les vers suivants :

Quæ vis sit hujus alitis
Salvator ostendit Petro :
Ter antequam gallus canat
Sese negandum prædicat.

Autrefois on voyait en avant de la basilique de Saint-Jean de Latran un coq de bronze sur une colonne de porphyre ; et l'on pense (Rasponi, *De basilic. Lateran.* lib. i. c. 14) que c'était, pour les successeurs de Pierre, un avertissement de se tenir en garde contre les défaillances de la faiblesse humaine.

RENONCEMENTS DU BAPTÊME. — I. — De toutes les cérémonies qui précèdent le baptême, celle-ci est une des plus importantes et des plus anciennes. S. Pierre, avant de baptiser, au jour de la Pentecôte, ses premiers néophytes au nombre de trois mille (*Act.* ii, 40), leur adresse cette recommandation : « Sauvez-vous de cette génération perverse, » *salvamini a generatione ista mala*. Plusieurs écrivains ecclésiastiques ont entendu ceci des renoncements baptismaux, ou de quelque chose d'équivalent (V. Vicecom. *De ant. baptism*. lib. ii. c. 16). Cette interprétation ne nous semble pas rigoureuse. Mais voici un texte de S. Paul, que S. Jérôme applique positivement à cet objet (1 *Timoth*. vi. 12) : « Embrassez la vie éternelle, à laquelle vous avez été appelé, après avoir si glorieusement confessé la foi en présence d'une multitude de témoins, » *confessus bonam confessionem coram multis testibus*. Suit le commentaire de S. Jérôme : « Après avoir confessé une bonne confession dans le baptême, en renonçant au siècle, et à ses pompes, en présence de beaucoup de témoins, en présence des prêtres, ou des diacres, et des vertus célestes. »

S. Ambroise applique aussi aux renoncements du baptême un passage du même apôtre (*Coloss.* ii. 20) : « Si vous êtes morts avec Jésus-Christ à ces premiers éléments du monde, pourquoi vous en faites-vous encore des lois, comme si vous viviez dans le monde, » *si mortui estis cum Christo ab elementis hujus mundi, quid adhuc tanquam mundo viventes decernitis?*

Tout ceci, il faut en convenir, donnerait pleine

raison à S. Basile, qui (*De Spirit. Sanct* xxvii) fait remonter aux apôtres la pratique en question : « Toutes les autres choses qui se pratiquent au baptême, comme de renoncer à Satan, et à ses anges, d'où les avons-nous?... N'est-ce pas de la tradition apostolique ? »

Pour le deuxième siècle du moins, nous avons le témoignage de Tertullien, et un témoignage qui ne laisse pas de place au doute (*De corona milit.* III.) : « Avant que d'entrer dans l'eau, nous faisons dans l'église une solennelle protestation entre les mains de l'évêque de renoncer au diable, à ses pompes et à ses anges, » *aquam adituri ibidem, sed et aliquanto prius in ecclesia sub antistitis manu, contestamur nos renuntiare diabolo, et pompæ et angelis ejus.* Il s'exprime à peu près de même en plusieurs autres endroits (*De spect.* IV. — *Ad martyr.* VIII. — *De habitu mulier.* VI. — *De pœnit*, VI).

Mais il est superflu d'insister sur ce point ; les preuves sont innombrables, et nous nous contentons de renvoyer le lecteur aux principaux écrivains qui les fournissent : Origène (*In epist. ad Rom.*), Pacien (*Parœn. ad. pœnit.*), S. Ambroise (l. I. *Hexam.* c. 40 — *De iis qui myst. init.* c. II. — l. I. *Sacram.* c. 2), S. Ephrem (*De renuntiat. in bapt.*), S. Chrysostome (*Hom.* XXI ad pop. Antioch. et homil. VI. in ep. Paul. ad Coloss, t. II), S. Jérôme (*Ad cap.* VI *Amos, et ad cap. Matth.*), S. Augustin (*Serm.* CXVI. — *Epist.* LXXXIX, — *De morib. Eccl. cath.* l. II. — *De fide ad catech.* c. I. *et concion ad catech.* c. I.), S. Cyrille d'Alexandrie (l. VII *contr. Julian.*), Salvien (*De pœnitent.* l, VI), — Bède (*In Job.* VIII), S. Grégoire le Grand (*Lib. sacrament.*) etc., etc.

Les Constitutions apostoliques renferment la formule même (l. VII. c. 41) que les catéchumènes doivent apprendre par cœur et prononcer à haute voix au jour du baptême : « Je renonce à Satan et à ses œuvres, à ses pompes, à son culte, à ses anges et à ses machinations, et à tout ce qui dépend de lui. »

II. — Les Pères ont vu, dans divers faits de l'Ancien et du Nouveau Testament, des figures plus ou moins claires des renoncements du baptême.

Un des plus évidents d'après Bède (*In Job.* VIII) serait le fait du jeune Tobie jetant une partie du foie du poisson miraculeux sur des charbons ardents, pour conjurer le démon : « Le Seigneur, dit ce Père, voulant s'unir l'Eglise venue de la gentilité..... commande d'abord à chacun des croyants de renoncer à Satan, et à toutes ses œuvres, et à toutes ses pompes... ce qui est brûler le foie du poisson sur les charbons ardents. Après quoi l'ange, saisissant le démon, l'enchaine, parce que, après le renoncement au diable et la confession de la vraie foi, suit la rémission des péchés, le démon étant chassé par l'eau du baptême. » Bède signale les mêmes analogies dans le Syrien Naaman (4 *Reg.* v. 14), qui s'était lavé sept fois dans le Jourdain et, ayant ainsi purifié de la lèpre sa chair, qui devint comme celle d'un enfant, ce qui est l'image exacte du changement opéré par le baptême dans les néophytes, *sicut modo geniti infantes* (1 *Petr.* II. 2), s'engage à ne plus sacrifier aux dieux des nations (Beda, *in h. loc.*).

Un autre modèle du catéchumène renonçant au démon serait, au sens de S. Anselme (*Enarrat. in c.* XIX *Matth.*), ce publicain de l'Évangile (Luc. v. 27 seqq.) qui, à la voix du Sauveur, abandonna sans hésiter, pour suivre celui qui ne possédait rien en ce monde, et les gains terrestres, et sa parenté et ses richesses, persuadé qu'en renonçant aux trésors de la terre, il gagnait des trésors incorruptibles dans le ciel. « Il nous a laissé une forme parfaite de *renoncement*, puisque non-seulement il abandonna les lucres et la gestion des impôts, mais qu'il méprisa le péril qu'il pouvait courir de la part des princes du siècle... »

III. — Raban Maur (*De Instit. cleric.* c. XXVIII) suppose évidemment qu'une première renonciation avait lieu dans le cours des épreuves du catéchuménat : *catechizandi ordo hic est : interrogatur paganus, si renuntiat diabolo.* Mais elle était intégralement renouvelée au baptême avant les exorcismes, la profession de foi, et les autres cérémonies (V. Vicecom. *Op. laud.* l. II. c. 17), et cela dans l'intérieur du baptistère, comme il paraît par plusieurs passages d'Origène (*In ep. ad Rom.*), de S. Ambroise (*De iis qui myst.. init.* c. 2, et lib. I *Sacram.* c. 2), de S. Cyrille de Jérusalem (*Catech.* I. *myst.*). Pour prononcer ce renoncement, le catéchumène était placé sur un lieu élevé, afin que les assistants pussent l'entendre. C'est ce que Tertullien nous apprend de son propre baptême (*De pall.* v.).

Mais une circonstance qui peut au premier abord paraître extraordinaire nous est révélée par les anciens Pères, et en particulier par l'auteur du livre de la hiérarchie ecclésiastique (c. *De bapt.*) et par S. Grégoire de Nazianze (*Orat.* XL. *de bapt.*), et par Élie de Crète commentant le livre de la Hiérarchie : c'est que le renonçant était dépouillé de ses vêtements, et, c'est du moins l'opinion commune des interprètes de l'antiquité, paraissait dans un état de nudité complète. Aussi ressemblait-il à un athlète appelé désormais à combattre des ennemis redoutables, *quasi athleta Christi*, dit S. Ambroise (l. I. *Sacram.* c. 2), *quasi luctamen hujus sæculi luctaturus;* et pour rendre cette ressemblance plus frappante, les catéchumènes, au moment du renoncement, entrelaçaient leurs mains comme pour engager un combat simulé : *stant, figuram certaminis explicantes.... manus complicantes* (*Concil, Cpt.* v. act. I).

Cette nudité était encore une protestation contre l'orgueil qui a perdu les démons auxquels renonçait le néophyte, et une manière de montrer qu'il entendait se dépouiller du vieil homme et renoncer à toutes les choses du monde.

Nous devons dire cependant que, dans sa seconde catéchèse mystagogique (n. II.), S. Cyrille de Jérusalem suppose évidemment que le catéchumène n'était *complètement* dépouillé de ses vêtements qu'au moment d'entrer dans les fonts. Jusque-là, il gardait sa tunique, et, pour le renoncement, il n'avait quitté que sa chaussure et son vêtement de dessus. Mais dans les fonts la nudité était absolue. « O chose admirable! dit ce Père, vous avez paru nu aux yeux de tous, et vous n'en avez pas eu honte! C'est que vous reproduisiez l'image de notre premier père Adam, qui dans le paradis était nu, et n'en rougissait pas! »

Le néophyte se tenait debout, la face tournée et la main étendue vers l'occident, comme vers la région qu'habite l'*esprit de ténèbres*, dont il secouait le joug (Cyril. Hieros. *Catech.* I. *mystag.*). S. Jérôme (*In Amos*, VI) l'exprime aussi clairement : *In mysteriis primum renuntiamus qui in occidente est.*

IV. — La formule antique du renoncement était à peu près identique à celle qui est encore en usage de nos jours.

Nous avons vu plus haut celle des Constitutions apostoliques. Dans leurs œuvres, les Pères en mentionnent d'autres qui n'en diffèrent en rien d'essentiel.

S. Ambroise (l. I. *Hexam.* c. 4) : *Abrenuncio tibi, diabole, et angelis tuis et operibus tuis et imperiis tuis.* S. Chrysostome (*Homil.* XXI *ad pop. Antioch.*): *Abrenuntio tibi, Satane, et pompæ tuæ, et cultui tuo.* S. Jérôme (*In cap.* v. *Matth.*) : *Renuncio tibi, diabole, et pompæ tuæ, et vitiis tuis, et mundo tuo, qui in maligno positus est.*

Il paraît que les adultes prononçaient leur renoncement sur une simple invitation. Mais les enfants ou, à leur défaut, leurs parrains, répondaient aux questions qui leur étaient adressées par l'exorciste (Johan. Beleth. *De divin. office.* c. xc.), et probablement, du moins dans l'Église latine, d'après la formule contenue dans le sacramentaire de S. Grégoire et qui n'est autre que celle du rituel romain actuel : *Abrenuncias Satanæ?* Resp. *Abrenuncio.* — *Et omnibus operibus ejus?* Resp. *Abrenuncio.* — *Et omnibus pompis ejus?* Resp. *Abrenuncio.*

Une recommandation pressante lui était ensuite adressée de ne plus oublier ses engagements (Ambr. *De iis qui myst. init.* c. 41) : *Memor esto sermonis lui, et nunquam tibi excidat tuæ series cautionis,* » souviens-toi des paroles que tu viens de prononcer, et que jamais ne t'échappe le souvenir de tes engagements. »

C'était aussi comme garantie de fidélité que la présence de nombreux témoins était exigée, selon le précepte de S. Paul que nous avons vu plus haut expliqué par S. Jérôme.

De plus, ces engagements étaient consignés dans un livre *ad hoc* (V. l'art. *Matricule*), dont S. Ambroise a dit (*loc. laud.*): *Tenetur vox tua non in tumulo mortuorum, sed in libro viventium,* « ta parole est fixée, non pas dans le tombeau des morts, mais dans le livre des vivants. » Ajoutons ces lignes si remarquables de S. Augustin (lib. IV. *Ad catechum.* c. 1) : *Diabolo vos renunciare professi estis: in qua professione, non hominibus, sed Deo, et angelis ejus conscribentibus dixistis: Renuncio,* « vous avez fait profession de renoncer au diable : or, dans cette profession, ce n'est pas aux hommes, mais à Dieu et à ses anges, qui ont écrit (vos engagements), que vous avez dit : JE RENONCE ! »

Sur l'importante matière qui fait l'objet de cet article, nous ne saurions mieux faire que d'engager les lecteurs à lire en entier la première catéchèse mystagogique de S. Cyrille de Jérusalem.

REPAS CHEZ LES PREMIERS CHRÉTIENS. — I. — Tertullien nous en donne une idée complète dans ce passage de son Apologétique (XL) : « Nos repas sont fondés sur la religion. Nous n'y admettons ni bassesse ni immodestie. On ne se met à table qu'après s'être nourri d'une prière à Dieu. On se repait autant qu'il faut pour satisfaire la faim. On boit autant qu'il suffit à des hommes pudiques. On mange sans perdre de vue qu'on doit adorer Dieu pendant la nuit. On s'entretient sans oublier que Dieu écoute. Après qu'on s'est lavé les mains et qu'on a allumé des flambeaux, on engage chacun à chanter, au milieu de tous, les louanges du Seigneur, en recourant aux saintes Écritures ou de son propre fonds. Par là on voit comment il a bu. La prière termine également le repas. »

Ainsi, 1° prière avant le repas, 2° pendant le repas, entretiens édifiants et modestes, 3° après le repas, ablution des mains, suivant l'usage des anciens, 4° puis enfin des chants religieux et encore la prière en actions de grâces. Minucius Felix (*Octavius.* p. 308. edit. Ouzel. Lugduni Batavorum. 1672) donne des détails à peu près identiques. « Non-seulement la chasteté, mais la sobriété président à nos repas : nous ne faisons point d'excès et une grave modestie tempère notre gaieté. » Pour n'être point exposés à s'écarter de la sobriété chrétienne, les fidèles s'abstenaient avec soin de paraître aux festins des idolâtres; et nous lisons dans les Œuvres de S. Cyprien (Cypr. *Epist.* LXVII. p. 170 seqq. edit. Oxon.) que, au troisième siècle, un évêque d'Espagne, nommé Martial, ayant oublié le soin de sa dignité jusqu'à s'asseoir à un banquet de cette sorte, se vit accusé d'idolâtrie et déposé de l'épiscopat.

La sobriété était une des plus essentielles vertus du christianisme primitif, et les Écritures ainsi que les ouvrages des Pères nous ont transmis à cet égard toute sorte de détails. S. Matthieu ne mangeait jamais de viande. S. Jacques (Clem. Alexandr. *Pædag.* II. I.) ne se nourrissait que de pain et d'eau, et S. Pierre de lupins, si nous en croyons S. Grégoire de Nazianze (*Orat. de cura paup.*). S. Paul avait fait le vœu des nazaréens (*Act.* XXI. 29) et comme dans son *Épître aux Romains* il proclame (XIV. 21) qu'il est bon de ne pas boire de vin, il est à croire qu'il faisait lui-même ce qu'il conseillait aux autres. S. Jérôme écrivait à Marcella (*Epist.* XXXVI. 5) : « Parce que nous ne nous livrons pas à l'ivrognerie, et que nos bouches ne s'ouvrent pas aux éclats d'un rire indécent, on nous appelle continents et tristes. »

Parmi les principales qualités de la pénitence, Tertullien énumère la « modération du boire et du manger, rien pour la satisfaction du ventre, tout pour le simple soutien de la vie. » Le repas pur dans le style de ces temps primitifs était celui où l'on ne mangeait pas de viande, et que le même Tertullien (*De pœnit.* I. 9) appelle *xerophagia manducation de choses sèches*. Prudence (*Cathem. hymn.* III. 61) donne une touchante et gracieuse description de la frugalité d'un repas chrétien :

> Sint fera gentibus indomitis
> Prandia de nece quadrupedum :
> Nos oleris coma, nos siliqua
> Fœta legumine multimodo
> Paverit innocuis epulis.

« Aux nations indomptées, — De cruels repas de la chair des quadrupèdes : — A nous les herbages, la gousse grosse de grains nombreux — Nous repaît de mets innocents. »

Le poëte énumère ensuite les autres parties du menu de ces repas chrétiens, le lait et le fromage :

> Spumea mulctra gerunt niveos
> Ubere de gemino latices,
> Perque coagula densa liquor
> In solidum coit, et fragili
> Lac tenerum premitur calatho.

le miel d'Attique :

> Mella mihi Cecropia
> Nectare sudat olente favus,

et les doux fruits des vergers :

> Hinc quoque pomiferi nemoris
> Munera mitia proveniunt.

Et cette frugalité, outre qu'elle était dans les principes du christianisme, avait encore une convenance particulière, parce que les repas avaient souvent lieu près des tombeaux des martyrs. Les païens eux-mêmes connaissaient la tempérance des premiers chrétiens, et Lucien caractérise, sous ce rapport, nos pères dans la foi, en les appelant « pâles », κατωχριομένοι.

Chaque fois qu'ils vidaient la coupe, les premiers chrétiens avaient coutume d'invoquer le nom de Jésus-Christ (Sozom. v. 17), et cela même quand la coupe ne contenait que de l'eau, *ad aquæ poculum*, dit S. Grégoire de Nazianze (*Orat.* III). Il est probable qu'ils prononçaient alors quelques-unes des acclamations inscrites sur les fonds de coupe qui sont arrivés jusqu'à nous, et en particulier celles-ci : VIVAS IN CHRISTO (V. les art. *Agapes, Fonds de coupe, Propinare*), — BIBAS IN PACE DEI (Buonarr. tav. v. I). — BIBE ET PROPINA (Id. XV. I), et le plus souvent PIE ZEZES (Id. et Garrucci. *Vetri con fig. in oro*, passim).

Il était d'usage chez les Romains d'offrir des présents, *apophoreta*, dans les festins. Nous ne saurions dire si les chrétiens se conformaient à cet usage. Une anecdote racontée par S. Ambroise semblerait le supposer (*Exhort. virgin.* cap. I, n. 1). Ce père avait assisté à la translation à Bologne d'un corps de martyr. Or, dans un sermon prêché par lui à Florence sur ce sujet, il dit métaphoriquement, à propos de cette cérémonie, *ad Bononiense invitatus convivium, ubi sancti martyris celebrata translatio est*, qu'il en avait apporté, comme apophorète, quelques parcelles du corps de ce Saint, *apophoreta plena gratiæ et sanctitatis*.

II. — Il ne paraît pas du reste que la disposition de la table chez les chrétiens différât essentiellement de ce qu'elle était chez les anciens. On en peut juger par une curieuse fresque du cimetière des Saints-Marcellin-et-Pierre (Bottari. tav. CXXVII) que nous donnons ici.

La table où sont assis les convives est de forme semi-circulaire, c'est-à-dire en *sigma*, forme très-usitée dans l'antiquité (Martial l. XIV. *epigr.* 87). Les écrivains ecclésiastiques ont employé ce mot

dans le même sens que les profanes. S. Pierre Chrysologue dit de Notre-Seigneur assistant au souper du publicain Matthieu : *Discumbebat Jesus plus in Matthei mente, quam in sigmate*, « Jésus était assis dans l'esprit de Matthieu, plus que dans le *sigma* (*Serm.* XXIX); » et dans un autre endroit, il peint ainsi l'orgueilleuse ostentation des pharisiens : *Dum pharisæus veste clarus, primus in sigmate....* « le pharisien, en habit de fête, est le premier au *sigma*. » Telle était aussi, selon Paulin, auteur de la *Vie de S. Martin* (L. III. *In biblioth. PP.* tom. VIII. col. 1026), la forme de la table où étaient assis les invités de l'empereur Maxime :

> Hos inter medius, qua sigma flectitur orbe
> Presbyter accubuit....

« Au milieu d'eux, là où le *sigma* s'infléchit en rond, le prêtre s'assit. »

On ne voit rien sur cette table ; mais dans le vide de l'hémicycle est une autre petite table ronde, en forme de trépied, sur laquelle sont placées trois assiettes, un quadrupède entier déposé sur la table nue, et deux couteaux, dont l'un se termine en pointe aiguë, l'autre est arrondi à l'extrémité, comme nos couteaux de table. Athénée (IV) décrit une de ces petites tables exactement comme nous voyons celle-ci. Varron (IV. 25) l'appelle *cibilla*, d'autres *mensa escaria*, « table à déposer les mets. » A terre est une amphore à deux anses.

Les convives sont au nombre de trois, deux hommes, et une femme qui occupe le milieu de la table, *qua sigma flectitur orbe*. Ils ne sont pas couchés, mais assis, et il en est de même dans toutes les représentations de repas qui se rencontrent dans les catacombes. Manger couché était un signe de mollesse. Il parait avoir été aussi quelquefois, dans la haute antiquité, un privilège du rang ou une récompense de la valeur. Chez les Macédoniens (Cf. Bott. III. p. 141), cela n'était permis qu'à celui qui avait tué un sanglier hors des filets ; jusque-là il devait manger assis.

Aux deux extrémités, mais en dedans du *sigma*, sont assises deux femmes, qui sans doute sont chargées du service. L'une doit découper la viande avec ces couteaux déposés sur la table, et en mettre les fragments sur les assiettes pour les présenter aux convives. Sénèque décrit ainsi (*Epist*. XLVIII) l'opération des serviteurs affectés à cet office, *Diribitores, carptores : alius preciosas aves scindit, et clunes certis ductibus circumferens eruditam manum, et in frusta excutit*, « l'un découpe les oiseaux précieux, et décrivant d'une main savante sur les cuisses certaines lignes, les divise en morceaux. » L'autre est chargé de préparer la boisson. Celle-ci semble donner ses ordres à un jeune homme debout devant la petite table, vêtu d'une tunique libre à bandes de pourpre, et qui tient à la main une coupe ; elle lui fait signe du doigt de remettre cette coupe à l'autre femme, probablement pour qu'elle en déguste le contenu avant de la présenter aux convives : ce qui fait croire que ces deux servantes faisaient aussi la fonction de *prægustatrices*, l'une pour le vin, l'autre pour la viande.

A la partie supérieure du tableau, au-dessus de la tête des convives, sont tracés les noms de ces deux femmes dans une inscription qui indique impérativement un des devoirs de leur office, et ces noms qui signifient *charité* et *paix* sont essentiellement chrétiens : AGAPE MISCE MI, Agape doit verser le vin dans la coupe : IRENE DA CALDA, Irène doit y mêler de l'eau chaude. Ceci rappelle un usage très-commun dans l'antiquité, usage qu'on a désigné par un mot hybride composé *ad hoc* : *thermopotare*, boire chaud.

Le monument dont nous venons de nous occuper n'est pas unique dans son genre ; M. De' Rossi a trouvé naguère une autre fresque représentant le même sujet ; mais il parait que les convives sont en nombre, car l'inscription est au pluriel.

L'explication que nous avons donnée est littérale, mais elle n'exclut nullement le sens symbolique qui peut s'attacher à cette peinture, ainsi qu'à toutes celles du même genre (V. l'art. *Représentations des repas*).

REPAS (REPRÉSENTATIONS DE). — Les catacombes de Rome offrent assez fréquemment des représentations de repas, tantôt peintes sur leurs parois, tantôt sculptées sur les sarcophages (V. Aringhi. t. II. p. 77. 83. 119. 123. 185. 199. 267). Tous les antiquaires, et notamment Aringhi (t. II. p. 600), Bottari (III. 107), Boldetti (46), et les autres qui depuis ont accepté leurs appréciations de confiance, s'étaient accordés à y voir des *agapes* (V. l'art. *Agapes*), et il faut convenir que c'était l'idée qui se présentait tout naturellement. L'abbé Polidori (*Amico catt.* t. VII. p. 390. VIII. 174. 262) est le premier qui, après un mûr examen, ait donné à ce sujet une autre interprétation, laquelle est aujourd'hui universellement adoptée. Nous nous bornerons à peu près à présenter ici la substance du travail de ce savant archéologue.

I. — Parlons d'abord des raisons qui excluent l'idée d'agapes.

1° On doit observer en premier lieu que, dans l'ornementation des cimetières, des églises, des sarcophages, des pierres sépulcrales, les premiers chrétiens n'avaient d'autre but que de fortifier en eux la foi et l'espérance par des symboles ou des traits d'histoire propres à réveiller ces sentiments, et d'adoucir l'idée de la mort par des images relatives à la résurrection des corps et à la béatitude éternelle. Or, qu'est-ce que les agapes avaient de commun avec ces idées ? Et quelle nécessité de les rappeler par des peintures à ceux qui tous les jours, ou y participaient eux-mêmes, ou tout au moins en avaient la réalité devant les yeux ? S. Paulin, décorant de peintures les murailles de sa basilique (*Nat.* IX *S. Felic.*) où il donnait des agapes, eut-il jamais l'idée d'y faire retracer l'image de ces repas ?

2° Dans les véritables agapes, outre le pain et le vin, on servait aussi des viandes (Chrysost. *Hom.* XXII. — Augustin. *Contr. Faust.* XX. 20). Or rien de semblable ne se voit dans les tableaux en question : il n'y a que du pain et du vin ; peut-être à une seule exception près (V. l'art. *Repas chez les premiers chrétiens*), quelquefois même ces deux éléments qui font la base de tout repas y sont supprimés, ainsi que les ustensiles propres à couper ou à diviser les viandes. Mais ces repas, si pauvres

sous le rapport des mets, se distinguent en revanche par la richesse des lits, des tables en *sigma*, recouvertes de tapis et de coussins précieux, toutes choses réservées, en ces temps reculés, aux *triclinia* des riches. Ou bien, si les agapes eussent été conformes aux représentations qui existent dans les catacombes, comment expliquer que tout ce luxe eût pu se déployer au sein des cimetières ou même des Églises, qui, au temps des persécutions, n'étaient certes pas ce qu'elles furent depuis Constantin?

II. — Quel est donc le sens véritable de ces représentations si multipliées? Personne n'ignore que le bonheur céleste est le plus souvent figuré dans les saintes Écritures sous l'emblème d'un festin. « Ceux qui auront été trouvés veillant à l'arrivée du maître, le maître, qui n'est autre que Jésus-Christ, s'étant ceint, les fera mettre à table, et les servira de ses mains (Luc. XII. 37), » .... *præcinget se, et faciet illos discumbere, et transiens ministrabit illis.* — « Je dispose en votre faveur du royaume, comme mon Père en a disposé pour moi, afin que vous buviez et mangiez à ma table dans mon royaume, » ... *ut edatis et bibatis super mensam meam in regno meo* (Luc. XXII. 29). Raphaël, voulant révéler à Tobie sa nature angélique, lui dit (Tob. XXII. 19) : « Je paraissais manger et boire avec vous ; mais j'use d'une nourriture et d'un breuvage qui ne peuvent être vus des hommes. » On pourrait multiplier à l'infini les citations des saints Livres où la félicité céleste est comparée à un banquet. C'est sous l'inspiration de ces divins oracles que Tertullien représente Lazare au festin d'Abraham (*De idololatr.* XIV). Les actes des SS. Marianus et Jacques racontent que, ces martyrs étant en prison pour la foi de Jésus-Christ, le martyr Agapius leur apparut pendant leur sommeil, assis à un joyeux festin, et que, transportés eux-mêmes par l'esprit de charité de cet *agape céleste*, ils virent venir à eux l'un des trois enfants qui la veille avaient été immolés avec leur mère, ayant au cou une couronne de roses, et à la main une palme verte, et qui leur dit : « Réjouissez-vous grandement, car demain *vous souperez avec nous*, — *cras enim nobiscum et ipsi cœnabitis* » (Ruinart. p. 199. edit. Veron. col. 1).

Le mot *refrigerium* a souvent la signification de festin (V. Buonarruoti. *Vetri.* p. 144) ; or ce mot se trouve très-fréquemment employé sur les marbres chrétiens comme formule d'augure de la félicité éternelle pour les défunts : IN REFRIGERIO ANIMA TVA VICTORINE (Fabretti, p. 547). SPIRITVM TVVM DEVS REFRIGERET (Lupi. *Sev. epitaph.* p. 137), et l'Église termine le *memento* à la messe en souhaitant aux défunts *locum refrigerii*, ce qui s'entend des délices du paradis, en un mot du *festin céleste* (V. l'art. *Refrigerium*). C'est donc le festin céleste que les premiers chrétiens avaient l'intention de figurer sous cet emblème, afin de s'encourager eux-mêmes par l'espérance de ce bonheur, et aussi pour se consoler de la mort des leurs qu'ils aimaient à se figurer assis à la table du père de famille (V. l'art. *Paradis*). Et c'est là une des représentations de l'antiquité qui se sont le plus fidèlement conservées au moyen âge. Nous en avons un exemple dans le bas-relief du tombeau de Sanche d'Aragon, dans l'église de *Santa Maria della Croce* à Naples, quatorzième siècle (V. d'Angincourt, planches, 1er vol. pl. XXXI). On y voit neuf femmes assises à une table somptueusement servie, et celle qui occupe le milieu (c'est probablement la reine) a les mains jointes sur la poitrine et les yeux élevés au ciel.

Quelques-unes de ces représentations se rapportent à l'eucharistie (V. l'art. *Eucharistie*). On peut regarder comme des diminutifs ou des représentations abrégées de repas, et ayant le même sens, les pains tout seuls et les tasses toutes seules qui sont figurés sur certains marbres chrétiens, et dont on trouvera des exemples dans Boldetti (p. 208) et dans Mamachi (*Origin.* III. 60).

RÉPONS. — V. l'art. *Office divin.* Append. 4°.

RÉSURRECTION DE NOTRE-SEIGNEUR. — Ce sujet se voit rarement sur nos anciens monuments : encore y est-il toujours enveloppé de formes mystiques. Voici le type ordinaire : Deux soldats debout sont appuyés sur leurs boucliers, et au milieu d'eux s'élève, soit le monogramme rectiligne, ordinairement gemmé, comme on le voit sur un fragment de sarcophage du Vatican (Perret, *Catac.* v. Frontispice), soit une croix surmontée d'une couronne dans laquelle est inscrit le même sigle, comme sur le sarcophage de S. Piat (Le Blant. t. I. p. 303) : c'est exactement le même type que celui d'une lampe antique donnée par Giorgi (*De monogram. Christi.* p. 10), avec cette seule différence que, au bas de la couronne, est une tablette contenant l'inscription du *labarum* : EN TOY || TΩ NIKA. Le même sujet se trouvait encore sur une tombe de marbre qui a existé à Nimes, sur une autre découverte à Manosque, et enfin sur un sarcophage de Soissons (V. Le Blant. *op. laud.* p. 304).

Un tombeau de la crypte de S. Maximin (*Monum. de Ste Madeleine.* I. 466) présente le Sauveur sous l'arc formant l'entrée de son sépulcre qui est en forme d'édicule, et tendant la main droite en signe d'allocution vers les deux soldats, dont l'un s'appuie d'une main sur son bouclier et tient une

lance de l'autre. Le sarcophage de S. Celse à Milan (Bugati, *Mem. de S. Celso.* p. 242. tav. I) offre une représentation plus complète encore de la résurrection du Sauveur, comme on le peut voir ici. Les deux Maries sont debout devant le tombeau, dont la porte a la forme d'une tour. L'une de ces deux femmes, la tête baissée, contemple et montre de la main le linceul du Sauveur qui est déposé sur le seuil, circonstance qui, dans le texte sacré (Joan. xx. 5 et 6), est attribuée à S. Jean et à S. Pierre; l'autre élève les yeux au ciel et voit l'ange qui en descend pour annoncer la résurrection (Matth. xxviii. 5). Derrière le monument est Thomas, prosterné devant son divin maitre et touchant du doigt la plaie de son côté.

La résurrection est représentée, mais d'une manière un peu différente, sur un des intéressants reliquaires que S. Grégoire le Grand avait envoyés à la reine Théodelinde pour ses enfants (V. Mozzoni. *Tav. di stor. eccl.* vii. 79). Notre-Seigneur, dont le corps est rayonnant, au milieu d'une nuée lumineuse, se présente à Marie-Madeleine, qui se prosterne à ses pieds. Le jardin est figuré par des arbres et une fontaine. Une des fioles, de la même provenance, montre au-dessus du tombeau une inscription grecque d'un style un peu barbare qui signifie *Christus resurrexit* (Mozzoni. *Ib.* p. 84. fig. c.). D'un côté de l'édicule un ange, de l'autre les deux Maries. Voici cet intéressant monument

que nous avons déjà donné à la page 226, pour un autre objet. Le même sujet est gravé sur un médaillon qu'a publié Münter (*Symb.* pars. i. tab. i. n. 4), et le sens y est aussi déterminé par le mot ΑΝΑϹΤΑϹΙϹ qui y est inscrit. Comme nous l'avons dit, ce sujet est rare; il est ordinairement remplacé par la figure de Jonas, délivré après trois jours de sa captivité dans le ventre du monstre marin, et quelquefois par Samson emportant sur ses épaules les portes de Gaza (Buonarr. *Vetri.* tav. i. fig. 1). Directes ou emblématiques, ces représentations sur les tombeaux, et nous ne les trouvons guère ailleurs, étaient un des nombreux résultats du système chrétien primitif, consistant à faire constamment disparaître *les tristesses de la mort, ainsi que les défaillances que la vue de la tombe inspire à notre nature*, sous des images de résurrection et des symboles d'espérance.

RÉSURRECTIONS. — Outre la résurrection de Lazare, si fréquemment représentée sur les monuments de l'Église primitive (V. l'art: *Lazare*), nous trouvons dans les bas-reliefs de quelques sarcophages (Aringhi. ii. 399. — Cf. Bottari. iii. 181) certains sujets qui rappellent les autres résurrections opérées par Notre-Seigneur. Le monument auquel nous renvoyons ici fait voir deux enfants nus, l'un debout, c'est-à-dire déjà ressuscité, l'autre étendu à terre, visiblement encore immobile et que le Sauveur touche de sa verge toute-puissante.

Une urne sépulcrale de Saint-Maximin (Millin. *Midi de la France.* pl. lxvi. 1) met en scène la résurrection de la fille du prince de la synagogue. Cette jeune fille est étendue sur son lit, entourée de la foule des parents et amis qui faisaient les premiers préparatifs des funérailles, et Notre-Seigneur lui prend la main pour la relever : *Tenuit manum ejus* (Matth. ix. 25). Mais, auparavant, on voit Jésus-Christ assis et le père de cette jeune fille prosterné à ses pieds : *Princeps accessit et adorabat eum*, lui disant : « Seigneur, ma fille vient de mourir ; mais venez, imposez-lui la main et elle vivra, » *Domine, filia mea modo defuncta est; sed veni, impone manum super eam, et vivet* (Ibid. 18). Deux autres personnes debout de chaque côté du Sauveur semblent unir leurs supplications à celles de ce père infortuné ; elles pleurent et se couvrent les yeux d'un pan de leur manteau. A côté du lit, on voit une femme prosternée et touchant le bord du vêtement du Sauveur ; c'est l'hémorroïsse, dont la guérison est racontée dans le même chapitre (V. l'art. *Hémorroïsse*). Ces deux miracles sont groupés, bien qu'ils se soient passés successivement. Les exemples de semblables rapprochements ne sont pas rares dans les sculptures des tombeaux antiques. D'autres sarcophages de la Gaule présentent la résurrection de Tabithe par S. Pierre (V. l'art. *Tabithe*).

Le dessin que voici fait voir le même fait, d'après S. Luc (viii. 59 suiv.). Nous lui avons donné

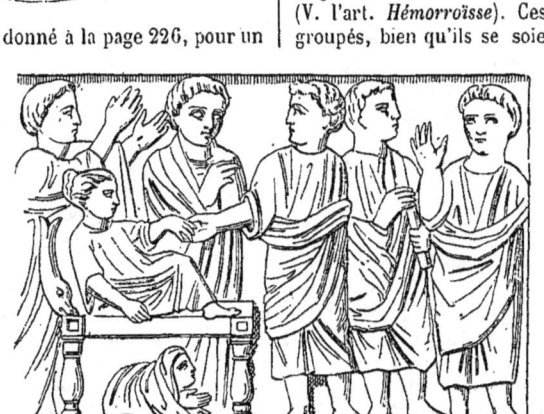

la préférence, parce que la sculpture, prise d'un

sarcophage du musée du Latran, est d'un meilleur style, et que, selon le récit de cet évangéliste, sans rien donner à la fantaisie, elle ne met en scène que les seules personnes que Notre-Seigneur avait admises, le père debout derrière le lit de sa fille, la mère prosternée aux pieds du Sauveur, et les trois apôtres Pierre, Jacques et Jean (v. 51) : *non permisit intrare secum quemquam, nisi Petrum, Jacobum et Joannem, et patrem et matrem puellæ.* On remarquera que la tête du lit se termine en forme de poisson ou de dauphin, comme celle du grabat du paralytique dans un autre bas-relief romain (Bottari. cxcv). Doit-on voir dans cette circonstance l'intention de marquer que, par la guérison des maux physiques, Jésus-Christ prélude déjà à son grand rôle de Sauveur des hommes? (V. l'art. *Poisson.*)

ROGATIONS. — V. l'art. *Litanies*, n. 1.

ROSES (V. l'art. *Fleurs*).

S

SACRAMENTAIRE. — V. l'art. *Livres liturgiques*, I.

SAINT (QUALIFICATION). I. — Dans les monuments de l'antiquité proprement dite des deux Églises, grecque et latine, cette qualification SANCTUS, ὁ Ἅγιος, n'est point donnée aux apôtres, non plus qu'aux martyrs ou autres chrétiens d'une vertu héroïque et qui étaient devenus l'objet d'un culte dans l'Église. On disait simplement : *Petrus, Paulus, Vincentius, Agnes*, etc. (V. Buonarruoti. *Vetri.* tav. x-xiii. etc). Le calendrier romain publié par le P. Boucher, et ensuite par Ruinart à la suite de ses *Acta sincera*, calendrier qui passe pour être du quatrième siècle, c'est-à-dire du temps du pape Libère, ne fait jamais lire le mot *Sanctus* devant les noms, soit des souverains pontifes, soit des martyrs dont il consigne la *déposition*. Mais ce qualificatif se rencontre presque toujours dans celui de Carthage, qu'on fait généralement remonter au cinquième siècle, et qui a été imprimé pour la première fois par Mabillon dans le tome troisième de ses *Analecta*. Cependant, comme il y est quelquefois omis, on en peut conclure que l'usage d'en faire précéder les noms des Saints ne faisait alors que s'introduire et que peut-être ce calendrier n'était qu'une copie d'un calendrier plus ancien qui ne portait pas le *Sanctus*, mais à laquelle on avait ajouté quelques noms nouveaux auxquels il était déjà attribué.

Le premier calendrier où cette qualification se rencontre constamment est celui de Polemius, qui date de 449 (*Ap. Bolland.* t. i. januar. p. 43). A une époque peu éloignée de celle-là, on l'observe aussi devant le nom des apôtres, dans les mosaïques; non point encore dans celle de Saint-Jean *in Fonte* de Ravenne qui est de 451 à peu près (Ciamp. *Vet. mon.* t. i. tab. lxx), mais dans celle de Sainte-Agathe *in Suburra* de Rome, exécutée en 472 (Ciamp. *ibid.* t. i. tab. lxxvii), ainsi que dans celles qui suivent par ordre chronologique, celle des Saints-Côme-et-Damien, par exemple, de 530, sous Félix III (Id. t. ii. tab. xvii).

On remarque, il est vrai, la qualification de sanctvs et de sanctissimvs sur des marbres funéraires incontestablement antiques : sanctissimae f. pavlae, etc. — gentianeti sanctissimae, — alexandriae conivgi sanctae, — lavrentia sancta ac venerabilis femina (Mai. *Collect. Vatic.* v. p. 438). Mais elle n'a pas d'autre signification que celle de *chère* ou *très-chère*, et équivaut à la formule si commune, carissimae, amantissimae ; elle se lit même dans beaucoup d'inscriptions païennes (Boldetti. p. 378. 379). Quand, dans les monuments épigraphiques du cinquième siècle, on rencontre la lettre S isolée (De' Rossi. *De Christian. tit. Carthag.* p. 13), elle a la signification de *spectabilis* plutôt que celle de *sanctus*. Nous devons dire cependant qu'un vers de Prudence (*Peristeph.* iv. 35) porte : *Sancte Genesi* : c'est S. Genès, martyr d'Arles. Cet exemple du quatrième siècle ne prouverait rien s'il est unique, et encore peut-on y voir une simple formule poétique sans analogue dans le langage hiérarchique de l'Église à cette époque :

> Teque præpollens Arelas habebit,
> Sancte Genesi.

II. — La qualification dominvs, domina, paraît avoir précédé celle de sanctvs. C'est ainsi que, dans sa prison, et sur le point de subir le martyre (Ruinart. p. 81. iv), Ste Perpétue est appelée par son frère : *Domina soror, jam in magna dignitate es*, « Madame ma sœur, vous voilà élevée à une grande dignité. » Nous regardons comme très-probable que cette qualification, assez fréquente sur les marbres, désigne ordinairement le martyre. Nous citerons pour exemple une inscription inédite du musée du Latran (Sect. viii. n. 17) où des parents recommandent leur enfant à une Sainte appelée domina bassilia. Nous trouvons dans Boldetti (*Cimit.* p. 492) : domine congisosaneti... probablement pour conivgi sosaneti, diminutif de svsanna. Bosio (p. 409) avait lu cette prière sur un marbre du cimetière de Saint-Hippolyte : refrigeri tibi domnvs ipolitvs. *Refrigeri* est un idiotisme vulgaire pour *refrigeret*. Voici une épitaphe qui prouve jusqu'à l'évidence que, dans l'antiquité, les termes de *Dominus* et de *Sanctus* étaient employés dans un sens très-différent l'un de l'autre, puisqu'ils sont appliqués à la même personne : DOMINAE. FELICITATI. COMPARI || SANCTAE. QVAE. DECESSIT (Boldetti. p. 252). On pourrait la traduire ainsi : « A Ste Félicité (c'était probablement une martyre), épouse chérie, *sanctæ*. »

L'équivalent de DOMINA se trouve dans cette épitaphe grecque (Id. p. 566): ΑϹΚΛΗΠΙΑΔΟϹ ΤΗ ΚΥΡΙΑ... L'attribution nous paraît surtout indubitable dans un *titulus* de 426 (De' Rossi. *Inscr.* I. II. 653) où il est question d'un tombeau acheté devant le monument de la martyre EMERITA, — LOCVM ANTE DOMNA EMERITA, phrase absolument analogue à la formule si fréquente AD SANCTOS, AD MARTYRES, OU ANTE OU RETRO SANCTOS, etc. (V. l'art. *Ad sanctos*). Dans sa lettre sur l'invention des reliques de S. Étienne, le saint prêtre Lucien, parlant de la sépulture de Gamaliel et de son fils près du tombeau du premier martyr, se sert aussi de la même expression : *Juxta Domnum Stephanum*.

III. — Le mot SAINT, outre la sainteté de la vie, désigna aussi la consécration des personnes ou des choses à la divinité : tout ce qui appartenait à la religion s'appelait saint, même chez les païens. A l'origine du christianisme, les chrétiens se donnaient le nom de saints, parce qu'ils étaient le peuple choisi de Dieu ; et quand ce nom cessa d'être attribué à la communauté chrétienne tout entière, il fut encore réservé aux évêques, aux prêtres, aux diacres, aux moines et aux vierges, à raison de leur ordination ou de leur consécration à Dieu.

Enfin cette qualification étant tombée en désuétude pour le clergé et les personnes vouées à la vie religieuse, fut, dans les bas temps, attribuée aux empereurs de Constantinople, peut-être à cause de l'onction du saint chrême dont leur front avait été sanctifié, à moins qu'on n'aime mieux y voir simplement un de ces titres dont l'adulation de ces temps de décadence était si prodigue envers ces tristes maîtres du monde. Quoi qu'il en soit, nous voyons qu'Alexis Comnène est qualifié SAINT (*Biblioth. Coisliana.* p. 103. — Cf. Du Cange. *ad v.* Ἅγιος) dans un décret d'un concile publié par Montfaucon, où on lit : *Ab optimo et Sancto imperatore nostro Alexio Comneno... et Sanctus imperator noster*. On lit aussi de Manuel Comnène, dans les notes d'un manuscrit de la bibliothèque de France, portant le n° 2476 : *A Sancto Imperatore nostro Domno Manuele Comneno*, etc.

SAINTS (CULTE DES). — Le témoignage des Pères au sujet du culte rendu aux martyrs et aux Saints en général dans la primitive Église sont innombrables. Mais les démonstrations qui ressortent de leurs textes sont surtout du domaine de la théologie ; nous nous bornerons donc à en citer et le plus souvent à en indiquer un petit nombre sur le culte en général et sur l'invocation des Saints.

I. — Au troisième siècle, Origène (*Homil.* III), ayant fait mention des martyrs, ajoute : *Horum memoria semper, ut dignum est, in Ecclesia celebratur*, « leur mémoire est toujours, comme il est convenable, célébrée dans l'Église. » S. Cyprien (*Epist.* XII. x) recommande de noter avec le plus grand soin le jour de la passion des martyrs, « afin que l'on puisse célébrer leur mémoire. » Eusèbe de Césarée (*Præp. ev. l.* XIII) atteste que ce genre de culte se célébrait tous les jours de son temps, et qu'on honorait les soldats de la vraie piété comme les amis de Dieu. » S. Basile (*Epist.* CCXCI) affirme de son côté « que les martyrs sont honorés avec un grand zèle par ceux qui espèrent en Dieu », il rappelle que c'était une vieille coutume dans l'Église, et c'est ce que supposent aussi les Pères cités plus haut. Les discours du même saint sur les quarante martyrs, sur S. Mamas, sur S. Gordius, sur Ste Julitte, prouvent surabondamment que telles étaient la foi et la pratique de son temps.

Ce culte consistait principalement à célébrer leur *natalia* (V. l'art. *Natale*), à fréquenter leurs *mémoires* ou basiliques, (V. les art. *Basiliques*, *Confession*), à implorer leur protection. S. Grégoire de Nazianze en fournit la preuve en divers endroits, et en particulier dans son discours contre Julien et dans le dix-huitième sur S. Cyprien. Nous renvoyons encore pour le même objet aux homélies de S. Chrysostome sur les martyrs Inventius et Maximus, sur Ste Pélagie, vierge et martyre, sur S. Ignace, martyr, sur les SS. Romain, Julien, Babylas, Barlaam et Lucien martyrs, sur S. Mélèce d'Antioche, évêque; sur les vierges et martyres Bérénice, Prosdoce, et Domna leur mère. Nous lisons ces remarquables paroles dans un discours sur les martyrs Celse et Nazaire, attribué à S. Maxime, et imprimé dans les Œuvres de S. Ambroise : « Honorons les bienheureux martyrs princes de la foi, intercesseurs du monde, les cohéritiers de Dieu... Nous devons honorer les serviteurs de Dieu ; combien plus les amis de Dieu ! *Honorare debemus servos Dei : quanto magis amicos Dei !* Enfin vient S. Augustin, dont le témoignage ne laisse rien à désirer. (*Contr. Faust.* c. XXI) : Le peuple chrétien célèbre les mémoires des martyrs avec une religieuse solennité, » *populus Christianus memorias martyrum religiosa solemnitate concelebrat...*

Répondant aux invectives de Julien contre le culte que l'Église primitive rendait aux martyrs, S. Cyrille d'Alexandrie dit qu'il n'y a dans ce culte rien d'étrange et qu'il est même de toute nécessité que des honneurs perpétuels soient rendus à ceux qui se sont distingués par de si hauts faits. Et pour prouver combien une telle pratique est à l'abri de tout reproche, il cite l'exemple des anciens Grecs qui, chaque année, célébraient, avec de grands honneurs et un immense concours des peuples de toute la Grèce, l'anniversaire des soldats qui avaient trouvé à Marathon un trépas glorieux. Le panégyrique des héros morts pour la patrie était prononcé par les plus éloquents orateurs, comme chez les chrétiens on célébrait les louanges des héros morts pour Jésus-Christ (V. S. Cyril. Alex. *adv. Julian.* lib. VI, 203 E, 204 A, edit. ex typ. reg. 1638).

On sait que Ste Aglaé, après avoir reçu le corps de S. Boniface, racheté par ses serviteurs au prix de cinq cents sous d'or (V. l'art. *Reliques*), lui éleva une église, qui assurément est une des plus anciennes dont l'histoire fasse mention, et où fut plus tard inhumé le corps de S. Alexis : *Consurgens Aglaes obviavit sancto corpori, et reposuit illud ad stadia urbis quinque, donec œdificaret domum dignam passioni ejus* (Mss. Vatic. apud Merini. *De templo et cœnobio SS. Bonifacii et Alexii. Hist. monum. Rom.* 1750). On croit que c'est sur le même local qu'est placée aujourd'hui l'église que Rome conserve sous le vocable de ces deux Saints.

L'inscription de Constantine que nous avons déjà citée à l'art. *Martyrs*, est un monument du culte rendu par les Églises d'Afrique à des chrétiens qui souffrirent dans ces contrées, peut-être à diverses époques, mais plus probablement durant la persécution de Valérien (V. l'inscription dans l'*Hist. de S. Augustin*, par M. Poujoulat. t. 1. p. 315-325).

Les liturgies offrent un ordre de preuves peut-être plus concluant encore. Dans le sacramentaire de S. Léon (Ap. Murat. *Lit. rom. vet.* col. 293), la préface de la messe des SS. Tiburce et Valerius porte : *Tibi enim festiva solemnitas agitur, tibi dies sacrata celebratur quam B. sancti Tiburtii martyris sanguis in veritatis tuæ testificatione profusus...* « une fête solennelle est faite en votre honneur, le jour sacré est célébré où le sang du bienheureux martyr S. Tiburce a été versé en témoignage de votre vérité. » Nous signalons encore le sacramentaire de S. Gélase (p. 7), le missel gothique (p. 242), le missel des Francs (p. 359), etc., le sacramentaire de S. Grégoire le Grand (col. 129 *et passim*). Les martyrologes et les calendriers sont aussi des monuments irrécusables de la tradition à cet égard, et le savant Molanus en a tiré le meilleur parti dans son ouvrage sur les martyrologes, au chapitre dix-huitième, qui a pour titre : *De utilitate martyrologiorum contra hæreses* (V. nos art. *Martyrologes, Calendriers eccl.*).

Pour dédommager le lecteur de la sécheresse de ces citations, nous devons mettre ici sous ses yeux l'admirable récit que S. Chrysostome (*Hom.* LIII. *In Ignat. mart.*) nous donne des honneurs rendus à la mémoire de S. Ignace d'Antioche, après son martyre : « Lorsqu'il eut donné sa vie dans cette ville de Rome, ou plutôt qu'il fut monté au ciel, il revint à Antioche couronné. Rome a reçu son sang, qui a coulé dans ses murs ; mais vous, vous avez honoré ses reliques. Vous vous êtes réjouis de son épiscopat ; les chrétiens de Rome l'ont vu lutter, vaincre et recevoir la couronne ; mais vous, vous le possédez pour toujours. Dieu vous l'avait ôté pour un instant, et il vous l'a rendu avec beaucoup de gloire. Comme ceux qui empruntent de l'argent rendent avec intérêt ce qu'ils ont reçu, ainsi Dieu, vous ayant emprunté ce précieux trésor pour peu d'instants, et l'ayant montré à Rome, vous l'a renvoyé avec un nouvel éclat. Vous avez envoyé un évêque, et vous avez reçu un martyr ; vous l'avez envoyé avec des prières, et vous le recevez avec des couronnes, non-seulement vous, mais toutes les villes intermédiaires ; car de quels sentiments n'ont-elles pas été affectées quand elles ont vu transporter ses reliques ? Quels fruits de joie et de bonheur n'ont-elles pas recueillis ? Combien ne se sont-elles pas réjouies ? De quelles acclamations n'ont-elles pas salué le vainqueur couronné ? Car, de même que les spectateurs, s'élançant dans l'arène, et s'emparant du glorieux combattant qui a vaincu tous ses antagonistes et s'avance environné d'une gloire éclatante, ne lui permettent pas de toucher la terre, mais le portent chez lui en faisant retentir l'air de ses louanges, ainsi les fidèles de toutes les villes, recevant tour à tour de Rome ce saint corps, l'ont porté sur leurs épaules, et ont accompagné le martyr couronné jusque dans cette ville-ci, au milieu de mille acclamations, célébrant par des hymnes la gloire du vainqueur, et se raillant du démon, parce que ses artifices avaient tourné contre lui, et que tout ce qu'il avait voulu faire contre le martyr était retombé sur lui-même.

Les honneurs rendus aux Saints dans l'antiquité chrétienne ont une foule de témoins encore existants dans les monuments primitifs, des catacombes romaines spécialement, où les images des Saints se montrent partout peintes sur les murailles, images qui remontent au deuxième siècle, et même, selon les hommes les plus compétents, au premier. Les images de S. Pierre et de S. Paul, de Ste Agnès et d'une infinité d'autres brillent dans ces fonds de coupe de verre doré qui se retrouvent à chaque pas dans les cimetières sacrés ; or les savants qui se sont occupés de cette classe de monuments affirment que la plupart datent de l'ère des martyrs, c'est-à-dire des trois premiers siècles. Nous ne citons que *ad abundantiam juris* les mosaïques et les diptyques qui sont venus un peu plus tard, mais qui en général reproduisent les types de l'antiquité la plus reculée (V. l'art. *Images*).

II. — *Invocation*. Ici encore les Pères sont unanimes. Trombelli a accumulé leurs témoignages (V. Tromb. *De cultu sanctorum.* dissert. V. c. 16). Origène (*In Cant.* l. III) pose ainsi le principe et le motif de cette pratique : « Il nous est permis d'affirmer que tous ces hommes, sortis de la vie présente, conservent leur charité envers ceux qu'ils ont laissés ici-bas, qu'ils s'intéressent à leur salut, et qu'ils les assistent de leurs prières et de leurs intercessions auprès de Dieu. » S. Cyprien écrivait en 248 (*Epist.* LVII) que les hommes vivant encore sur la terre sont aidés par les prières des Saints qui règnent auprès de Dieu ; et dans son livre *De habitu virginum* (in fine) : « Souvenez-vous de nous, dit-il, vierges, quand votre virginité aura commencé à recevoir sa récompense. » S. Basile, dans sa dix-neuvième homélie sur les quarante martyrs, atteste que de son temps la coutume d'invoquer les Saints était commune parmi les fidèles. Le lecteur studieux pourra voir dans l'ouvrage de Trombelli cité plus haut les textes les plus clairs de S. Grégoire de Nazianze, de S. Grégoire de Nysse, de S. Chrysostome, de S. Augustin. Le premier sermon de celui-ci sur S. Étienne renferme ces paroles remarquables : « Nous nous recommandons donc à vos prières. Car celui-là sera bien mieux exaucé aujourd'hui en faveur de ceux qui le lapidaient. » Qui ne connaît cette belle invocation de S. Jérôme à Paula (*Epist.* xxvi) dans une épître qui n'est autre chose que l'épitaphe de cette sainte veuve : « Adieu, Paula, viens en aide par tes prières à l'extrême vieillesse de celui qui t'honore. Ta foi et tes œuvres t'associent au Christ. Aujourd'hui en sa présence, tu obtiens plus facilement ce que tu demandes. » S. Paulin de Nole, Prudence, S. Grégoire le Grand, S. Grégoire de Tours, etc., apportent aussi à ce sujet leurs lumières.

Les Actes des martyrs fournissent à cet égard des documents qui ne sont ni moins nombreux, ni moins formels. Ceux des martyrs Scillitains (Ruinart. edit. Veron. p. 74), qui souffrirent en 200, se terminent par ces paroles : « C'est le 17 du mois de juillet que ces martyrs du Christ ont été consommés (*consummati sunt*), et ils intercéderont désormais pour nous auprès de Notre-Seigneur Jésus-Christ. » Une pensée analogue règne dans ceux de S. Maxime, martyrisé en 250 (Ruin. *ibid.* p. 133. n. ii), dans ceux de S. Théodore d'Ancyre, dont la passion est de l'an 303 (Id. 307. n. xxxi). « Désormais, dit ce dernier, dans le ciel, je prierai pour vous avec confiance. » Toutes les plus anciennes liturgies renferment des monuments qui ne laissent pas le moindre doute sur la pratique de la primitive Église. Nous ne citerons pour l'Occident que celle de S. Léon (*Ap. Murat.* col. 296) : *Impetret, quæsumus, Domine, fidelibus tuis auxilium oratio justa sanctorum*, « nous vous en prions, Seigneur, que la prière juste des Saints obtienne secours à vos fidèles. » Et pour l'Orient, ce passage de la catéchèse mystagogique de S. Cyrille de Jérusalem, où ce Père explique la liturgie : *Postea recordamur eorum qui obdormierunt, sanctorum patriarcharum, prophetarum, apostolorum, martyrum, ut Deus eorum precibus et legationibus orationem nostram suscipiat*, « ensuite nous nous rappellerons ceux qui se sont endormis, les saints patriarches, prophètes, apôtres, martyrs, afin que Dieu, en vertu de leurs prières et de leur intercession, reçoive notre demande. »

III. — Mais la spécialité de cet ouvrage exige que nous donnions ici une large place à une classe de monuments plus exclusivement du domaine de l'archéologie; nous voulons parler des monuments épigraphiques. Nous citerons quelques-unes de ces épitaphes où les survivants se recommandent à ceux qui ne sont plus et qu'une ferme confiance en Dieu fait supposer admis dans le séjour des Saints, confiance qu'exprime si clairement, en particulier, celle de Gentianus (*Arv.* 562) : ET IN ORATIONIS TVIS ROGES PRO NOBIS QVIA SCIMVS TE IN ✣ (*Christo*), « dans tes prières, demande pour nous, car nous te savons dans le Christ; » et cette autre : ORO SCIO NAMQVE [BEATAM] (*Ibid.* 266), « je te prie, parce que je te sais bienheureuse. » Voici celles qu'a réunies Marini (*Arv.* 295. not. 12), et nous les donnerons avec tous leurs solécismes et autres irrégularités : VIBAS IN DEO ET ROGA (Boldetti. 418); — ORA PRO PARENTIBUS TVIS (Muratori. 1833. 6); — PETE PRO PARENTES TVOS (*Mus. Veron.* 264. 13); — PETE PRO FILIIS TVIS (Oderico. *Syll.* 262); — PETE PRO CONIVGEM (Id. 263); — PETAS PRO SORORE TVA (Marang. *Cose gent.* 159); — PETAT PRO NOBIS (*Inscr. Bibl. S. Greg.* p. 343); — PETAS PRO NOBIS FELIX (Id. 344); — PETE PRO NOS VT SALVI SIMVS (*App. ad Act. S. V.* 90), « prie Dieu pour nous, afin que nous soyons sauvés; » — TV PETE PRO EO (Fabretti. viii. 30); — PETE ET ROGA PRO FRATRES ET SADOLES TVOS (Buonarr. *Vetri.* 167); — PRO HVNC VNVM ORAS SVBOLEM QVEM SVPERSTITEM RELIQVISTI (*Iscr. Alban.* 189), « prie pour l'unique enfant que tu as laissé après toi; » — IN ORATIONIS TVIS ROGES PRO NOBIS (*Ibid.* 37). — Nous citons intégralement celle-ci que nous avons copiée au musée du Latran (Sect. viii. n. 17) : DOMINA BASSILIA CVMMANDAMVS TIBI CRESCENTINVS ET MICINA FILIA NOSTRA CRESCEN QVE VIXIT MEN X ET DES. C'est une touchante prière adressée par des parents en faveur de leur enfant à une sainte du nom de Basilia. Bosio (p. 409) atteste avoir lu au cimetière de Saint-Hippolyte une inscription où le *refrigerium* était imploré par l'intercession de ce Saint : REFRIGERI TE DOMNVS IPOLITVS. La qualification de DOMINUS, DOMINA, a précédé celle de *sanctus, sancta* (V. l'art. *Saint [qualification]*). Une prière analogue a été trouvée naguère dans une crypte du cimetière de Prétextat; elle est adressée aux martyrs Januarius, Agapitus et Felicissimus : REFRIGERI pour REFRIGERENT, IANVARIVS AGATOPVS (sic) FELICISSIMVS MARTYRES (De' Rossi, *Bullett.* 1863. p. 3).

Mais rien n'est aussi formel sous ce rapport qu'une formule écrite dans une épitaphe du quatrième siècle, trouvée naguère à Saint-Laurent *in agro Verano* (De' Rossi. *Bullett. archeol.* 1864. page 34). Il y est dit que les SS. Martyrs seront appelés comme avocats pour rendre témoignage de la sainteté de la vie de Cyriaque devant le tribunal de Dieu et du Christ : CVIQVE PRO VITAE SVAE TESTIMONIVM (sic) SANCTI MARTYRES APVD DEVM ET CHRISTVM ERVNT ADVOCATI. On ne saurait trouver une preuve plus évidente de la confiance des premiers chrétiens dans l'intercession des Saints et l'efficacité de leurs suffrages.

Dans la fameuse inscription grecque de Saint-Pierre-l'Étrier d'Autun (V. *Mélanges d'épigr.* Iʳᵉ liv.), Pectorius prie son père de se souvenir de lui dans le ciel : *Dans la paix d'ἰχθύς, souviens-toi de ton fils Pectorius*, ΜΝΗϹΕΟ ΠΕΚΤΟΡΙΟΥΟ. Le P. Marchi (*Architett.* 104) donne une inscription grecque fort curieuse, où celui qui l'a écrite et celui qui l'a gravée se recommandent aux prières des chrétiens dont la dépouille repose sous le marbre : *Memèntote nostrum in sanctis precibus vestris, et ejus qui incidit et ejus qui scripsit.* Un fragment de verre doré publié par le P. Garrucci (x. 1) fait lire, à côté de la tête de S. Pierre, cette invocation adressée à cet apôtre : PETRVS PROTEGat.

L'inscription suivante, que nous empruntons au recueil de Muratori (MCMXXV. 2), et qui était accompagnée d'un de ces vases appelés à Rome *ampolle di sangue*, se rapporte au culte de Ste Félicité martyre, à laquelle Petrus et Pancara avaient fait un vœu :

PETRVS. ET. PANCARA. BOTVM. PO
SVENT. MARTYRE. FELICITATI.

On trouve sur les parois des catacombes de Rome un nombre infini de prières tracées à la pointe par les pèlerins. M. De' Rossi (V. *Rom. sott.* t. II. p. 17, 18, et notre article *Graffiti*) en a recueilli beaucoup dans la fameuse crypte des papes martyrs au cimetière de Calliste. Ainsi, par exemple, deux chrétiens portant les noms d'Elaphius et de Dionysius se recommandent chacun séparément, mais par une formule identique, aux SS. martyrs : Εἰς μνείαν ἔχετε, « daignez vous souvenir. » Un autre, taisant son nom, dit l'équivalent en latin : *In mentem habete.* D'autres prières sont plus explicites et plus spéciales : *Otia petite.... pro parente et fratribus ejus, ut vivant cum bono. — Petite ut Verecundus cum suis bene naviget.* Nous devons citer encore cette invocation répétée: *Suste sancte, sancte Suste*, laquelle s'adresse à un illustre martyr, le second des papes qui portèrent le nom de Sixte. — M. Edm. Le Blant a lu à Montmartre plusieurs inscriptions cursives de la même nature que celles-ci (V. l'art. *Pèlerinages*).

Dans un article spécial, *Ad sanctos, Ad martyres*, nous traitons au long d'une pratique bien touchante de piété envers les Saints et fort répandue chez les premiers chrétiens : elle consistait à se procurer à tout prix le bonheur de reposer le plus près possible de leurs tombeaux ; et quand on avait obtenu cette faveur, on ne manquait pas de la constater sur l'épitaphe par ces formules : SOCIATVS MARTYRIBVS, — POSITVS AD SANCTOS, AD MARTYRES, etc.

Cet article, où il est surtout question des martyrs, doit être complété par l'article *Confesseurs*, qui traite du culte rendu dans l'antiquité aux Saints qui n'ont pas répandu leur sang pour la foi.

SAISONS (LES QUATRE). — A l'exemple des peuples de l'antiquité, et des Romains en particulier, les premiers chrétiens avaient coutume de représenter les emblèmes des quatre saisons sur leurs monuments, et notamment sur leurs tombeaux, ainsi que sur les parois de leurs chambres sépulcrales (Boldetti. *Cimit.* p. 466) ; mais c'était dans des vues bien différentes.

Nous savons par le témoignage des SS. Pères que ces représentations étaient à leurs yeux un des nombreux symboles de la résurrection future : « Toute cette révolution régulière des choses, dit Tertullien (*De resurrect. carn.* cap. XII), est une figure de la résurrection des morts, » *totus igitur hic ordo revolubilis rerum testatio est resurrectionis mortuorum.* Ailleurs (*Apolog.* cap. XLVIII) il reproduit avec plus d'énergie encore le même rapprochement : « Ce monde vous étale de toute part le témoignage et le modèle de la résurrection humaine. Chaque jour, la lumière s'éteint et se rallume ; les ténèbres succèdent aux ténèbres ; les astres expirent et revivent ; les saisons recommencent, quand elles ont fini, » *tempora ubi finiuntur, incipiunt.* Origène dit aussi (*In Epist. D. Paul. ad Rom.* v. 6) que la saison de l'hiver signifie la mort, comme le printemps est l'image de la vie nouvelle.

I. — Les emblèmes des quatre saisons sont représentés en bas-reliefs sur les petits côtés du sarcophage de Junius Bassus, et Bottari est le premier qui les ait signalés (*Scult. e pitt.* t. I. in capo della prefaz.). Une autre urne sépulcrale publiée par Buonarruoti (*Vetri.* p. 1) en offre un second exemple. Mais le même sujet paraît avec beaucoup plus d'élégance dans une peinture de voûte du cimetière de Pontien (Bosio. *Rom. sott.* p. 139. — Cf. Bottari. tav. XLVIII), dont il occupe quatre compartiments, groupés autour du Bon-Pasteur, qui est peint au centre.

1° Le printemps est un enfant au milieu d'un jardin régulièrement tracé, il a un genou en terre et tient d'une main une tige de lis épanouie, de l'autre un lièvre, et semble offrir à Dieu ces deux

objets. Un lièvre est aussi figuré dans la même position sur un bas-relief du palais Carpegna, et Bottari, qui a publié le monument (*Admir. Rom.*

ant. p. 79) appelle cet animal un chevreau ou un lièvre, *capreolum.* Un sarcophage des environs de Rome qu'a donné Montfaucon (*Antiq. explic.* t. v. *Suppl.* pl. 51) fait voir également un chevreau comme emblème du printemps. Nous devons dire néanmoins que d'autres monuments (*Musœum Rom.* sect. ii. n. 41. — Cf. Bott. i. p. 212) attribuent le lièvre au mois d'octobre, qui est celui où l'on chasse le lièvre, bien que les poëtes assignent cette chasse à la saison d'hiver (Virgil. *Georg.* lib. i. vers. 508. — Horat. lib. i. *Sat.* ii. vers. 105. *Epod.* od. ii. vers. 35), ce qui fait que Calpurnius appelle les lièvres *niveos lepores* (*Eclog.* vii. vers. 58).

2° L'été est figuré par un homme qui moissonne. Les Grecs exprimaient les quatre saisons, nom‑

mées dans leur langue ὧραι, sous des figures de femmes, et les Romains sous l'emblème de jeunes gens (Montfaucon. *Suppl.* t. v. lib. 5, chap. 10. n. 2); mais elles sont représentées sous deux figures seulement, une d'homme, l'autre de femme, dans le tombeau des Nasons (tav. xxii e segg.). Quelques médaillons du cabinet du grand-duc de Toscane (Buonarruoti. *Medagl. ant.* c. cxxiii) à l'effigie de Commode, par exemple celui où cet empereur jeune est accompagné de Verus, montrent les quatre saisons sous l'apparence de quatre génies, d'autres sous la figure de quatre femmes.

3° L'automne est un vendangeur, qui appuie une échelle contre un arbre autour duquel grimpe

un cep de vigne. L'arbre est, selon toute apparence, un orme, que dans l'antiquité on donnait ordinairement pour appui à la vigne (Virgil. *Georg.* lib. i. vers. 2. — Plin. lib. xvi. cap. 7. — Columel. lib. v. cap. 6). Dans un marbre antique que nous fait connaître encore notre Montfaucon (*Suppl.* t. i. pl. 62), représentant une scène de vendange, on voit une multitude de génies avec des échelles qu'ils appuient à des arbres, d'où pendent des grappes de raisin. Deux gemmes antiques du recueil de Maffei (n. 58 et 59) attribuent à l'automne d'autres symboles dont ce savant donne l'explication *in extenso.*

4° L'hiver est figuré par un jeune homme devant un grand feu, portant de la main droite un objet difficile à déterminer, et de la gauche un flambeau allumé, qui dénote la longueur des nuits en cette saison et le besoin qu'on a de la lumière pour bannir les ténèbres ; à sa droite est un arbre dépouillé de son feuillage. Dans un calendrier que cite Bottari, le mois de décembre a aussi en main une grande torche. Mais ce qui est bien plus difficile à

expliquer, même après les longues dissertations de Maffei (*Gemm. ant.* part. iv. n. 58 et 59), c'est une sculpture du cimetière de Sainte-Agnès (Boldetti. *loc. laud.*), figurant l'hiver portant de la main droite une branche chargée de feuilles, et de la gauche un oiseau.

II. — Le second monument chrétien que nous avons à citer quant à l'objet de cet article, c'est une magnifique fresque du cimetière de Saint-Calliste (Bosio. pag. 223. — Cf. Bottari. tav. lv). Ici les figures sont un peu différentes, et rangées deux à deux, et sur une seule ligne des deux côtés du Bon-Pasteur. L'hiver est un agriculteur en tunique ceinte, coiffé du *pileus*, la bêche sur l'épaule, et placé entre un grand feu et un arbre dépouillé ; l'automne, un jeune homme presque nu, tenant une grappe de raisin, de l'autre main une corne d'abondance ; l'été un jeune homme moissonnant, et plus vêtu que l'hiver lui-même, anomalie difficile à interpréter, à moins qu'on n'adopte le sentiment de quelques antiquaires qui pensent que les vêtements que porte ici l'Été sont destinés à le défendre contre les rayons brûlants du soleil ; le printemps enfin, un jeune homme muni seulement d'une écharpe flottante et cueillant des roses.

III. — Mais rien n'égale en richesse, sous ce rapport, la peinture de voûte d'une crypte historique du cimetière de Prétextat récemment découverte (V. De' Rossi. *Bullett.* 1863. p. 3). Cette voûte est divisée horizontalement en quatre zones : la plus élevée est décorée de lauriers, la seconde de pampres chargés de fruits, la troisième d'épis de blé, la quatrième de roses. Toutes, sauf la première qui contient l'emblème de l'hiver, pré‑

sentent, en outre, des oiseaux au vol et de petits oiseaux dans des nids. Quatre scènes d'agriculture répondant encore aux quatre saisons sont peintes sur les quatre grands arcs qui soutiennent la voûte. Ces fresques sont d'une grande élégance, et on estime qu'elles remontent au temps des premiers Antonins. Voici un croquis de cette peinture.

On a pu remarquer que tous ces types sont à peu de chose près ceux qu'employaient les païens pour représenter les saisons. C'est que le peintre, comme le poëte, est obligé d'admettre, pour exprimer un ordre d'idées donné, les images reçues, et d'adopter, sous peine de n'être pas compris, le langage des signes tel qu'il le trouve établi.

Cependant on voit, dans deux des compartiments d'une décoration de voûte du cimetière de Calliste, deux figures à demi couchées, un homme et une femme, où l'on croit reconnaître aussi les emblèmes des saisons : les deux autres, qui probablement faisaient pendant à celles-ci, ont disparu. Si l'attribution est juste, comme nous n'en doutons pas, nous avons ici un type nouveau de cet intéressant sujet. La femme tient à la main une fleur blanche à large calice, qui serait l'emblème du printemps, et la figure virile, un bassin plein de fruits : ce serait l'automne. Bosio avait déjà publié cette peinture. M. De' Rossi l'a reproduite d'après l'original et avec sa couleur naturelle (V. *Rom. sott.* tav. XXV), et c'est à lui qu'appartient cette attribution, qui nous semble très-plausible.

IV. — Mais une circonstance toute spéciale nous paraît déterminer nettement le sens chrétien de nos monuments, et donner à des emblèmes indifférents en eux-mêmes un caractère qui empêche de les confondre avec ceux des anciens. C'est que la figure du Bon-Pasteur ne manque presque jamais d'accompagner les symboles des saisons. Nous sommes convaincu que l'association de ces symboles exprime l'inaltérable sollicitude que déploie le pasteur de nos âmes à paître et à garder ses brebis en des lieux différents et de différentes manières, suivant les diverses saisons de l'année. Le Bon-Pasteur n'est-il pas, en effet, la plus vive image de la Providence divine ?

Nous savons, au surplus, que la succession régulière des saisons, ainsi que les bienfaits spéciaux que tour à tour elles apportent à la terre, était un des motifs les plus habituels par lesquels les premiers chrétiens s'excitaient à la reconnaissance et à l'amour envers la Providence. Ces sentiments nous sont particulièrement révélés par un beau passage de l'apologie de Minucius Felix (Octav. edit. Ouzel. Lugd. Batav. 1672. pag. 130) :

« Que dirai-je de cette vicissitude perpétuelle des saisons si nécessaire pour toutes les productions de la terre ? Le printemps avec ses fleurs, l'été avec ses moissons, l'automne avec ses fruits, l'hiver avec ses olives, ne nous annoncent-ils pas un père et un auteur ? Un pareil ordre serait d'abord dérangé, s'il n'avait été établi par une sagesse suprême. Avec quelle prévoyance tout a été disposé ! La douce température du printemps succède aux frimas de l'hiver, et les fraîcheurs de l'automne aux chaleurs de l'été ; de manière que nous passons insensiblement d'une saison à l'autre, et que nous sommes préservés du danger qui résulterait pour nos corps du passage subit d'un froid rigoureux à une chaleur excessive. »

SAMARITAINE. — Les monuments des catacombes reproduisent assez rarement cet intéressant sujet. Nous n'en connaissons que quatre exemples, deux bas-reliefs de sarcophages et deux fresques. Une observation générale que nous devons faire tout d'abord, c'est que, dans ces diverses représentations, Notre-Seigneur est toujours debout, bien que S. Jean, le seul évangéliste qui raconte cette histoire (Joan. iv. 5), dise que le Sauveur s'était assis pour se reposer de la fatigue du voyage.

La composition des deux sculptures est à peu près identique. Dans l'une et l'autre, il y a un puits, semblable à un vase rétréci vers son orifice, et sur deux supports verticaux une poulie, en forme de quenouille, forme, selon toute apparence, usitée dans l'antiquité, car elle se retrouve, ainsi que les autres détails du sujet, sur un sarcophage de Vérone (Maffei. *Verona illustr.* part. iii. p. 54). Notre-Seigneur indique de la main le puits ou le seau suspendu, et semble dire comme dans l'Évangile : *Da mihi bibere* (Joan. iv. 7). L'un des deux reliefs (Bottari. tav. xxiii) montre la Samaritaine vêtue de la tunique et du *pallium* : c'était le vêtement des hommes, selon Tertullien (*De pallio.* c. i), et celui des femmes de basse condition, au témoignage de S. Jérôme (*Epist.* vi. *Ad Demetriad.*). Elle a la tête nue, serrée seulement par une bandelette, ce qui dénote la mondanité (Tertull. *De Virg. veland.* vii). Dans le second sarcophage

(Bott. cxxxvii), sa tête est couverte d'une espèce de coiffe. Ici il est intéressant d'observer que, aux pieds du Sauveur, l'artiste a figuré quelques volumes liés ensemble, sans doute pour indiquer la céleste doctrine qu'il annonçait à cette femme sous l'allégorie de l'eau. Le dessin qui précède et qui représente le type le plus ordinaire, est tiré d'un sarcophage du cimetière de Sainte-Agnès (V. Bottari. tav. cxxxvii).

Une fresque du cimetière de Calliste (Id. lxvi) fait voir la Samaritaine seule : elle porte une tunique courte à larges manches et ornée sur le devant de deux bandes de pourpre. Le puits n'a pas de poulie. Enfin le dernier monument que nous avons à mentionner, une peinture publiée pour la première fois par M. Perret (t. i. pl. lxxxi), offre une différence assez notable. La Samaritaine, dont la figure est remarquable de noblesse et de dignité, vêtue d'une tunique longue et flottante, n'est pas vue, comme précédemment, au moment où elle puise l'eau : elle la présente au Sauveur dans une tasse, et Notre-Seigneur, élevant la tête et la main d'un air inspiré, paraît adresser à cette femme ces belles paroles : *Si scires donum Dei*, « si tu savais le don de Dieu » (Joan. iv. 10).

SAMSON. — Samson, emportant sur son dos les portes de Gaza, est regardé par les Pères de l'Église comme la figure de Jésus-Christ rompant les portes de l'enfer, c'est-à-dire du lieu inférieur où les âmes justes attendaient sa venue, et leur ouvrant les portes du ciel (V. Aringhi. l. v. c. 12). Ce sujet est rarement représenté dans les monuments primitifs : ce qu'on prend pour Samson n'est ordinairement que le paralytique emportant son grabat. Je ne crois pas qu'on en puisse citer d'autre exemple d'une antiquité non contestée que celui qu'offre, au milieu de plusieurs autres symboles chrétiens, un médaillon de bronze publié par Ciampini (*De duobus emblemat.* p. 4) et par Buonarruoti (*Vetri.* tav. i. n. 1). On pourrait peut-être y ajouter une fresque du cimetière de Saint-Hermès (Bottari. pl. clxxxvii. 2). L'objet porté par le personnage qui y figure diffère assez du type connu du lit du paralytique pour qu'on ait lieu d'y reconnaître une porte de ville.

SANDALES DES ÉVÊQUES. — V. l'art. *Évêques*, IV, 2.

SANG DES MARTYRS. — I. — Rien n'est plus connu que la vénération des premiers chrétiens pour le sang des martyrs. A leurs yeux, ce sang était la plus pure gloire de l'Église, il marquait du sceau de la sainteté la terre où il coulait : « Tu es sainte, ô Rome, du sang précieux des Saints : »

Sancta es, sanctorum pretioso sanguine, Roma !

Ainsi chantait un vieux poëte cité par Moreri (au mot *Rome*). Telle était aussi la gloire que S. Cyprien revendiquait pour sa chère Carthage (*Epist.*x. edit. Oxon. p. 183) : « Oh! heureuse notre Église... qu'illustre le glorieux sang des martyrs! Par les œuvres des frères, elle était blanche; maintenant par le sang des martyrs elle a acquis la splendeur de la pourpre! »

Nos pères dans la foi croyaient aussi, d'après l'enseignement des saints Pères, que, loin d'épuiser les veines de l'Église, le sang répandu pour la foi « était une semence » (Tertull. *Apolog.* i), semence d'une admirable fécondité pour l'Église dont elle multipliait les enfants à l'infini, et qu'elle enrichissait des dons célestes. « De même, disait aussi S. Chrysostome (*In passion. SS. Inventin. et Maxim.*), que les plantes arrosées prennent de l'accroissement, ainsi notre foi fleurit par les attaques et s'accroît dans les agitations. Les jardins reçoivent moins de fécondité des eaux qui les arrosent, que les Églises du sang de leurs martyrs. »

II. — On conçoit que, pénétrés de ces idées, pleins d'un respect religieux pour le sang des martyrs et d'une vive confiance dans son efficacité, les fidèles aient dû mettre un pieux empressement à le recueillir et à le préserver de toute profanation,

Ne quid plenis fraudaretur ab exequiis,

dit Prudence (*Hymn.* xi). Et c'est ce qu'attestent en effet d'innombrables témoignages de l'antiquité chrétienne, et en particulier les actes des martyrs, où l'on voit, à chaque page, des chrétiens se précipiter dans les arènes, s'attacher aux pas de leurs frères traînés à la mort, et recevoir dans des linges, dans des éponges ou toute autre matière absorbante ce sang généreux qui coulait à flots pour la cause de Jésus-Christ. Les fidèles ne craignaient pas d'exercer ce ministère saint même sous les yeux des tyrans et des bourreaux, et plusieurs durent à un acte de ce genre la couronne du martyre. Et ici les femmes rivalisaient de constance avec les hommes : témoins ces sept généreuses chrétiennes qui furent immolées pour avoir rempli ce saint office à l'égard de S. Blaise, évêque de Sébaste en Cappadoce, martyrisé dans cette ville sous la persécution de Licinius (*Ado martyrol. ad diem februar.* xv).

C'est Rome surtout, la ville des martyrs par excellence, qui offrit journellement, pendant trois siècles de persécution, ce spectacle de foi pleine de courage et de péril. Deux illustres vierges, deux sœurs qui vivaient à une époque très-rapprochée de celle de S. Pierre et de S. Paul, brillent en tête de cette phalange de généreux chrétiens : ce sont Ste Prudentienne et Ste Praxède, qui vouèrent toute leur vie et toute leur fortune à la sépulture des SS. martyrs : et nul n'ignore qu'on voit aujourd'hui encore dans les habitations de ces deux Saintes, converties en églises depuis les premiers siècles, des puits où, selon une tradition des plus respectables et non interrompue, elles venaient verser le sang des martyrs qu'elles avaient recueilli avec des éponges.

III. — Sans nous en tenir à ces généralités, nous pourrions citer ici une foule d'exemples spéciaux de cette touchante pratique de l'Église persécutée. Nous en prenons au hasard deux ou trois de ceux que nous avons sous la main.

On lit dans les actes de S. Vincent (Ruinart. edit. Veron. p. 248) que les frères qui assistaient au martyre de ce lévite « baisaient les traces de ses pas, touchaient avec une pieuse curiosité les plaies de son corps, et recueillaient son sang dans des linges, afin de le laisser comme une protection à leurs descendants, *posteris profuturum.* »

Le poëte Prudence chante le même fait dans son hymne sur le diacre martyr (*Peristeph. hymn.* v, vers. 341) :

> Plerique vestem lineam
> Stillante tingunt sanguine.
> Tutamen ut sacrum suis
> Domi reservent posteris.

« Beaucoup (de fidèles) teignent une étoffe de lin du sang qui coule (des veines des martyrs). C'est une protection sacrée qu'ils réservent dans leurs maisons pour leurs descendants. »

Ces deux témoignages, qui se terminent par la même pensée et presque par les mêmes mots, prouvent que les fidèles cherchaient surtout dans le sang des martyrs une protection pour eux, pour leur maison, pour leur postérité, à laquelle ils comptaient le léguer comme un précieux héritage. Et c'était la destination de toutes les reliques en général.

On sait avec quelle pieuse reconnaissance S. Gaudence, évêque de Brescia, reçut de S. Ambroise, pour en enrichir son église, quelques parties du ciment teint du sang de S. Gervais et de S. Protais dont les restes avaient été récemment retrouvés : « Nous possédons, s'écrie-t-il avec joie (*Opp.* p. 339. edit. Quirin.), le sang de ces martyrs ramassé dans du gypse. Nous n'avons rien à désirer en fait de preuve, car nous avons le sang qui est le témoin de la passion. »

L'usage de recueillir le sang des martyrs était commun à toutes les Églises, témoin cette réponse que, peu après l'ère des martyrs, S. Hilaire de Poitiers faisait à l'empereur Constance : « Partout le sang des martyrs est recueilli, partout leurs ossements vénérés sont offerts en témoignage (*Contr. Constant. imp.* c. viii). Nous apprenons par les actes proconsulaires de S. Cyprien (V. Ruinart. edit. Veron. p. 190) que les fidèles qui assistaient à sa mort jetaient devant lui *linteamina et manualia.*

Quant à la double circonstance des linges et des éponges dont on se servait pour absorber et ravir à la terre où il était tombé ce sang vraiment saint, nous avons une poétique description de Prudence renfermant les détails les plus précis au sujet du supplice de S. Hippolyte, traîné, comme on sait, à travers les épines et les pierres par des chevaux indomptés : les linges absorbaient le sang tombé à terre, et les éponges celui qui avait jailli sur les ronces du chemin (*Peristeph. hymn.* xi, vers. 141) :

> Palliolis etiam bibulæ siccantur arenæ,
> Ne quis in infecto pulvere ros maneat.
> Si quis et in sudibus recalenti adspergine sanguis
> Insidet, hunc omnem spongia pressa rapit.

On cite comme s'étant employée à ce pieux office Serena, femme de l'empereur Dioclétien. Car il est écrit dans les actes de Ste Susanne, vierge et martyre, rédigés, croit-on, par les notaires de l'Église romaine (*Ap. Surium.* xi *aug.*), qu'elle reçut le sang de cette martyre dans son voile, essuyant avec soin la terre qui en était imprégnée. Les actes de Ste Cécile rapportent aussi que tous ceux qui avaient été convertis par elle et qui se trouvaient présents à sa passion, s'empressèrent de recevoir dans des voiles le sang qui s'échappait de son cou cruellement frappé par la hache à trois reprises différentes (*Ex cod. Vatic.* ap. Boldetti. p. 134), et ces linges tout imprégnés de sang furent retrouvés avec le corps, ainsi que l'atteste le pape Pascal Ier dans sa bulle d'invention et de translation des reliques (V. notre art. *Cécile [Sainte]*).

Bien souvent on a pu voir dans d'autres tombeaux de martyrs des linges et des éponges teints de leur sang, et qui y avaient été placés par des témoins de leur mort héroïque, comme pour compléter leur sépulture (Boldetti. 149).

IV. — Cependant nous croyons avec Mabillon (*Euseb. Rom. ep.* p. 18), que le plus souvent l'éponge n'était employée que comme moyen d'absorption, et qu'on exprimait ensuite dans des vases de verre ou d'argile le sang dont elle était imprégnée: *Spongiis exceptum in ampullis reponebant.* Quelquefois même on l'introduisait dans le vase. On peut voir dans Boldetti (p. 149) le dessin d'une ampoule de ce genre, qui, brisée d'un côté, laisse voir l'éponge qui se trouve à l'intérieur ; et le P. Lupi

(*Sev. mart.* p. 32) atteste qu'il en existait une en nature au musée Kircher. Mais nous ne connaissons aucun texte ancien qui autorise à affirmer qu'on recevait le sang dans le vase lui-même au moment où il coulait des plaies du martyr, à moins qu'on ne prenne au sérieux le récit de Grégoire de Tours (*De glor. mart.* XII) au sujet du sang de S. Jean-Baptiste qui aurait été reçu dans une coupe d'argent par une matrone gauloise, laquelle se trouvait à Jérusalem au moment du martyre du précurseur.

V. — Chacun sait que des vases semblables à ceux que nous venons de décrire ont été trouvés en grand nombre, scellés à l'extérieur et quelquefois déposés à l'intérieur des tombeaux des catacombes. Or un fait qui se reproduisait avec tant d'insistance devait naturellement appeler l'attention et exciter la curiosité des explorateurs et des archéologues. Ils durent se demander tout d'abord ce que contenaient ces vases et en second lieu quel but les fidèles s'étaient proposé en les joignant à la sépulture de leurs frères.

1° Que contiennent les vases des catacombes ? Bosio, se fondant sur les données que fournissent les anciens rituels réunis par Durant (*Ration.* c. VII), supposa que les uns, ceux sans doute qui ne présentaient d'autre couleur que celle de la matière dont ils sont composés, verre ou argile, étaient simplement des vases à eau bénite (*Roma sott.* p. 20); d'autres au contraire, dans sa conviction, contenaient du sang et du sang de martyr, celui-là même que les fidèles avaient recueilli sur le lieu de leur supplice. Mais il paraît restreindre cette appréciation (p. 21) aux vases renfermés à l'intérieur des *loculi*. Aringhi, le traducteur latin de Bosio (*Roma subt.* I. 495-502), crut, lui aussi, que les uns avaient contenu de l'eau bénite ; mais pour ceux qui étaient teintés en rouge, il hésita entre le vin eucharistique et le sang de martyr, tout en penchant néanmoins pour le sang.

Quoi qu'il en soit, cette dernière attribution ne tarda pas à prendre faveur ; elle fut bientôt généralement admise comme un fait démontré, et dès lors les vases en question furent indistinctement désignés à Rome sous le nom de *ampolla di sangue*. Il est certain que celles de ces ampoules dont le contenu ne s'est pas complètement évaporé, paraissent teintées d'une couleur rouge plus ou moins foncée, et que l'œil y distingue des espèces de croûtes semblables à du sang desséché et durci. Ceci deviendra intelligible par le dessin que nous

mettons ici sous les yeux du lecteur : le vase était joint à un corps donné en 1838 par le pape Grégoire XVI à l'Œuvre de la Propagation de la Foi de Lyon et était accompagné de l'inscription EXUPERI,

dont le laconisme atteste la haute antiquité (V. Greppo. *Notice sur S. Exupère, martyr*).

Les linges et les éponges imprégnés de sang qui, comme nous l'avons dit plus haut, avaient été quelquefois trouvés dans ces ampoules, venaient donner un corps à ces observations. De plus, on apportait encore pour preuve une opération chimique due au philosophe Leibnitz. Il est vrai de dire que ce que l'on prenait pour une affirmation n'était, dans le texte du savant protestant, qu'un simple *soupçon*, entouré d'une prudente réserve : *inde nata nobis merito* suspicio *est sanguineam potius materiam esse quam terrestrem seu mineralem* (V. Fabretti. *Inscr. domest.* c. viii. p. 556). L'insuffisance de l'analyse opérée par ce grand homme, non plus que l'hésitation avec laquelle il la propose lui-même, n'étonneront personne, si l'on réfléchit que la naissance de la chimie, comme science proprement dite, n'eut lieu que près d'un siècle plus tard. Mais un fait récent semblerait mettre ici une certitude à la place du simple soupçon de Leibnitz. Nous voulons parler d'une expérience semblable à la sienne, mais opérée au moyen des procédés de la science moderne, sur le contenu d'une ampoule découverte en 1844 dans une crypte sépulcrale chrétienne, près de l'église de Saint-Nazaire à Milan. Le rapport authentique du chimiste Broglia, en date du 18 avril 1845, atteste que le vase contenait une substance animale qui, dans sa conviction, n'était autre que du sang (V. *Sepolcri cristiani scoperti in Milano*, p. 43. — Milano, 1845).

Il y a plus encore : dans plusieurs vases des catacombes qui avaient été et étaient restés exactement bouchés, on a trouvé du sang liquide, mais blanc à la surface, parce que la partie séreuse s'était séparée de la matière colorante. Mais il suffisait d'agiter le vase pour que le sang, se recomposant, reprît sa couleur naturelle. Bosio avait plus d'une fois constaté le fait, et Mabillon l'admet sur son témoignage (*Ep. Euseb.* n. 4. 2 edit.); Boldetti (p. 137) en cite plusieurs exemples observés par lui-même, particulièrement au cimetière de Cyriaque ; et nous avons en dernier lieu l'autorité du P. Marchi, qui, dans ses longues explorations des cimetières romains, atteste avoir été témoin de faits de même nature.

Nous ne mentionnons que pour mémoire certains vases enveloppés encore d'une couche épaisse de mortier sur lequel figurent diverses abréviations du mot sangvis : sa — sang (Aringhi. t. i. p. 498); — sa satvrnini (Id. p. 496) : inscriptions qui, si elles étaient authentiques, constitueraient une preuve irrécusable en faveur de la présence du sang dans les vases où elles sont tracées. De savants paléographes, M. De' Rossi, d'après les documents authentiques, et le R. P. Garrucci, d'après la forme des caractères (V. *Hagioglypta*. p. 107), ont reconnu que ces monuments sont faux. Ils avaient été remis par le faussaire lui-même à l'abbé Crescenzio, qui, à son tour, avait, sans le vouloir, induit en erreur Severano, éditeur de Bosio. C'est ainsi que ces vases ont été introduits dans la *Roma sotterranea*.

Cet usage de joindre le sang des martyrs aux sépultures chrétiennes s'observa en plusieurs lieux autres que Rome. Outre l'exemple de Milan cité plus haut, nous en avons un de la catacombe de Sainte-Catherine de Chiusi (V. Cavedoni. *Cimit. Chius.*

p. 81), et qui se présente avec des circonstances exceptionnelles. Au lieu d'un vase quelconque, on a observé à l'intérieur d'un *loculus* un petit creux pratiqué dans le tuf lui-même, et où était déposée de la terre imprégnée de sang, terre qui avait été recueillie sans doute sur le lieu du supplice. Cette terre, après la reconnaissance du tombeau, qui est bisome, et selon toute apparence celui de deux martyrs, a été enfermée respectueusement dans deux petits vases.

Outre les vases de verre et de terre cuite, de toute forme et de toute origine, où la présence du sang a pu être constatée, il s'est trouvé que plusieurs de ces coupes historiées et à fond d'or qui servaient dans les agapes et peut-être aussi dans les saints mystères (V. l'art. *Fonds de coupe*), en portaient également des traces très-visibles. Boldetti (p. 188) affirme en avoir rencontré un certain nombre. Il est touchant de penser que ces calices qui avaient servi aux fidèles pour s'administrer le sang adorable du Christ répandu pour leur rédemption, aient pu à leur tour recevoir le sang de ces mêmes fidèles répandu pour la gloire du Christ.

2° La seconde question est plus grave encore : c'est de savoir quel but se proposaient les premiers chrétiens en fixant aux tombeaux de leurs frères des vases contenant du sang de martyr. L'antiquité ne nous fournit aucun document positif qui soit propre à nous éclairer à cet égard. Mais, une fois en possession du premier fait, la présence du sang des martyrs dans les vases, les explorateurs des cimetières chrétiens, Boldetti surtout (l. i. c. xxvi. segg.) et les antiquaires de la même école crurent pouvoir en conclure que les ampoules de sang étaient destinées à marquer la sépulture des martyrs eux-mêmes. Cette opinion avait besoin de preuves et l'on crut les avoir trouvées dans quelques textes anciens : ceux que nous avons rapportés ci-dessus et dont nous laissons au lecteur le soin d'apprécier la valeur quant à la question présente, ont été allégués comme preuve de la thèse qui nous occupe, non-seulement par les auteurs du xve et du xvie siècles, mais encore par beaucoup d'écrivains modernes, entre autres par Dom Guéranger dans un opuscule spécial, par l'abbé Greppo (*Op. laud.* p. 19), avec plus d'étendue encore par le P. Secchi (*Mem. di archeol. crist. sul corpo di S. Sabiniano M.*, p. 15) et depuis par M. le docteur Kraus, dans deux mémoires successifs publiés, l'un à Francfort en 1868, l'autre à Fribourg en Brisgau en 1872. Et ces témoignages parurent tellement imposants à Raoul Rochette, qui jusque-là avait combattu la doctrine du vase de sang, qu'il crut devoir, dans une lettre au P. Secchi, rétracter tout ce qu'il avait précédemment écrit à ce sujet.

Enfin, comme il s'agissait de distinguer des fausses reliques celles qui pouvaient être proposées à la vénération des fidèles, on invoqua l'intervention de la Congrégation des rites, laquelle donna, le 10 avril 1668, sous Clément IX, l'avis suivant :

Cum de notis disceptaretur ex quibus veræ sanctorum martyrum reliquiæ a falsis dignosci possint, eadem sancta Congregatio censuit palmam et vas illorum sanguine tinctum pro signis certissimis habenda esse. Il est essentiel d'observer que ce décret, qui a été renouvelé de nos jours par la même Congrégation, n'affirme rien quant à la présence du sang dans tel ou tel vase en particulier ; mais, pour que l'ampoule puisse être tenue comme indice certain du martyre, elle suppose qu'il a été dûment constaté qu'elle contenait réellement du sang.

Sans croire porter atteinte au respect qui est dû à la Congrégation des rites, même quand il s'agit de l'appréciation d'un fait purement archéologique, plusieurs personnages, recommandables par leur piété, non moins que par leur savoir, entre autres le célèbre Muratori, crurent pouvoir n'adhérer au décret qu'avec une certaine réserve. La plupart d'entre eux, et en particulier Mabillon, Aringhi, Fabretti, s'en écartèrent d'abord pour ce qui concerne la palme, si énergiquement défendue par Boldetti, et de nos jours encore par le P. Marchi. En analysant la controverse élevée à ce sujet, le grand pape Benoit XIV rapporte cette dissidence sans la blâmer et s'y rallie lui-même (*De canoniz. SS.* l. IV part. 11, cap. VIII, n. 26) ; et dès lors cette partie du décret fut regardée comme abrogée.

Pour ce qui est du vase lui-même, des doutes ont été plus d'une fois exprimés sur sa valeur comme preuve du martyre par les hommes les plus graves. Au siècle passé, Mabillon, ce père de la critique moderne, se montra fort perplexe à ce sujet. Après s'être d'abord prononcé contre cette doctrine dans son célèbre opuscule intitulé : *De cultu sanctorum ignotorum*, il déclara plus tard adhérer au décret de 1668. Mais une lettre intime du 12 février, dont l'original se conserve à la Bibliothèque nationale, exprime de nouveau des doutes que, selon son expression, « le respect dû au Saint-Siège et à la Congrégation des rites l'empêche de mettre au jour. » Muratori, dans une lettre à Ansaldi (Cf. Le Blant. *D'une publication nouvelle sur le vase de sang.* p. 5) laisse aussi percer des hésitations qu'il dissimule par déférence.

De nos jours, des antiquaires d'une grande autorité ont aussi manifesté une opinion contraire, sans que le Saint-Siège ait prononcé contre eux aucune censure, il est essentiel de le constater. Nous ne citerons que le R. P. de Buck, jésuite néo-bollandiste (*De phialis rubricatis quibus martyrum romanorum sepulcra dignosci dicuntur.* Bruxelles, 1855), et M. Edmond Le Blant, membre de l'Institut (1° *La Question du vase de sang*, Paris, 1858 ; — 2° *D'une publication nouvelle....* 1869). Les lecteurs qui désireraient connaître plus à fond l'état de cette importante et délicate question, ne consulteraient pas sans fruit ces savantes publications. Pour nous, pleins de respect pour les décisions de la Congrégation des rites, nous nous bornons à conclure de ce qui précède que la preuve du martyre par le vase ne nous paraît pas avoir été jusqu'ici établie *archéologiquement*.

SARCOPHAGES CHRÉTIENS. — La sépulture des premiers chrétiens était humble et pauvre (V. les art. *Cimetières, Ensevelissement, Loculi, Sépultures*). Mais, toutes les fois que les circonstances laissaient un libre essor à ce sentiment de piété pour les morts qui fut l'un des caractères les plus saillants du christianisme dès son origine, on vit des fidèles distingués par leur naissance ou par leur fortune se donner des tombeaux de marbre ou même de porphyre, plus ou moins enrichis de sculptures. Chez nos pères dans la foi, comme chez les païens, on donnait aux tombeaux de cette classe le nom de *sarcophage*, comme nous le voyons par des textes anciens et par des monuments épigraphiques : *Arcam in qua mortuus ponitur*, dit S. Augustin (*De civit. Dei.* lib. XVIII, c. 5), *omnes jam sarcophagum vocant*. Nous aimons à citer aussi le témoignage du poëte Prudence (*Cathemer.* III. v. 201) :

> Spes eadem mea membra manet,
> Quæ redolentia funereo
> Jussa quiescere sarcophago.

Une épitaphe romaine de l'an 345 établit le même fait : IN HOC SARCOFAGO CONDITUS (*Inscr. christ. Rom.* n. 530).

Les chrétiens, qui n'admirent jamais le système païen de la crémation, s'inspirant des éloges donnés par le Sauveur à Madeleine, *ad sepeliendum me fecit*, et aussi de l'exemple de la sépulture de Jésus-Christ, regardaient comme un devoir de piété d'embaumer les corps de leurs frères avec de précieuses aromates : c'est à quoi Prudence fait allusion dans les vers transcrits plus haut. Or, pour des corps ainsi embaumés, et qui devaient être déposés dans des hypogées ouverts, à l'instar de ceux de la Palestine (V. l'art. *Catacombes*, VI, 2), toujours accessibles aux vivants, le mode de sépulture le plus convenable était le sarcophage ; aussi fut-il adopté pour les tombes les plus distinguées et les plus vénérables, même dès les temps apostoliques.

Quelle place les sarcophages occupaient-ils dans les cimetières souterrains ? Dans les catacombes romaines, dès l'origine jusqu'à la seconde moitié du troisième siècle, ils étaient déposés sur le sol, adossés aux parois des vestibules, des grands ambulacres des hypogées, ou encore dans des chambres construites *ad hoc* et assez vastes pour qu'un sarcophage pût être abrité sous un grand arc, dans chacune des parois, excepté celle où s'ouvrait la porte. Il en existe un exemple dans la *crypta quadrata* de S. Janvier, le fils aîné de Ste Félicité, au cimetière de Prétextat (De' Rossi. *Roma S.* t. III. p. 442). Plus tard, ces sarcophages déposés sur le sol contre les parois cédèrent la place aux simples *loculi* (V. ce mot), et, pour les sépultures plus riches, on adopta le système de l'*arcosolium* (V. ce mot), tombeau creusé dans la masse du tuf et imitant la forme du sarcophage. Cependant l'usage du sarcophage lui-même ne fut pas complétement abandonné, on continua à en adosser aux parois des grands corridors, des vestibules et même des plates-formes des escaliers. Quelques-uns ont été retrouvés de nos jours encore à leur place, dans ces conditions, au cimetière de Prétextat (De' Rossi. *Ib.*). Cet usage reprit même une nouvelle faveur à la fin du troisième siècle; alors les sarcophages furent quelquefois incorporés aux *arcosolia*, et se substituèrent aux tombeaux qui avaient été auparavant pratiqués dans le tuf.

Quelle était la position des sarcophages dans les cimetières pratiqués à la superficie du sol? A Rome, ils étaient rangés autour des basiliques, bâties au-dessus des cryptes les plus célèbres. C'est ce que l'on voit en particulier dans les cimetières de Calliste et de Ste-Sotère. Les tombeaux (sarcophages de marbre ou de terre cuite ou sépulcres construits) n'y étaient pas toujours juxtaposés comme dans nos cimetières modernes, ce qui eût soustrait à la culture de trop grands espaces de terrain, mais souvent superposés par couches dans la profondeur du sol, système déjà adopté par les Juifs. Il en était de même dans les autres contrées, dans les provinces du Rhin, par exemple, dans toute la Germanie romaine, la Dalmatie, l'Istrie, la Vénétie, etc. On en peut citer un grand nombre d'exemples dans la Gaule, notamment dans le midi de la France; mais aucun de ces cimetières n'est aussi célèbre que celui des Aliscamps (Champs Élysées) à Arles, cimetière auquel Dante fait allusion dans son *Enfer* (IX. 112, 115): *Si come ad Arli ove 'l Rodano stagna, Fanno i sepolcri tutto 'l loco varo*, « comme à Arles, où le Rhône est stagnant, les sépulcres rendent tout le sol gibbeux. » Dans cette nécropole, les tombeaux étaient groupés autour de plusieurs sanctuaires, dont les plus connus sont la basilique de Saint-Pierre et celle de Saint-Honorat où fut enseveli S. Trophime, fondateur de l'Église d'Arles.

Les sarcophages étaient quelquefois divisés à l'intérieur en deux, trois et jusqu'à quatre compartiments, selon le nombre des corps qu'ils devaient recevoir, et alors ils s'appelaient, d'un mot hybride, *bisomus, trisomus, quadrisomus* (Reines. *Inscr. class.* xx, n. 289). Le *bisomus* était surtout employé pour la sépulture de deux époux; en voici un exemple (Boldetti, p. 287): IN. M. I. S. TVRDVS. ET. CECILIA. BISOMV. Les lettres du commencement se lisent: *In monumento isto sunt*. Une autre épitaphe (Id. 342) désigne les deux personnes qui occupent un *bisomus*: BISOMV VICTORIS || ET VICTORIES QVAE || RECESSIT IN PACE. Bosio (*Roma sotter*. p. 75. — Cf. Bottari. tav. XVIII) avait rencontré au cimetière du Vatican un sarcophage renfermant les corps des papes Léon Ier, II, III et IV.

On pourrait diviser ces monuments en deux classes principales. La première comprendrait ceux dont les quatre faces ou au moins trois d'entre elles, le devant et les retours, sont décorées de sculptures en bas, demi ou très-haut relief, aussi bien que la frise qui les couronne; dans la seconde classe se rangent ceux qui n'offrent des sujets que sur leur face antérieure, et sont ornés, en totalité ou en partie, de ces espèces de cannelures sinuées qu'on appelle *strigiles*, à cause de leur ressemblance avec l'instrument de ce nom dont les Romains se servaient pour essuyer la sueur qui couvrait leur corps après les exercices gymnastiques (V. l'art. *Strigiles*).

Les sarcophages de la première catégorie ont quelquefois deux ordres de bas-reliefs, séparés par une frise où l'on a retracé des emblèmes ou de petits sujets allégoriques (V. Aringhi. t. I. p. 277. — Millin. *Midi de la Fr*. atlas. pl. LXI. 4). Mais le plus communément il n'y a qu'un seul rang de figures, et alors elles ont des proportions plus grandes, et offrent en général plus de mérite sous le double rapport du style et de l'exécution.

Ces sculptures reproduisent des faits de l'Ancien et du Nouveau Testament (V. notre art. *Scènes de l'Ancien et du Nouveau Testament*), entremêlés, toujours dans une intention mystérieuse, de scènes de la vie pastorale (Bottari. tav. CLXIII. — V. notre *Étude archéol. sur l'agneau et le Bon Pasteur*. Mâcon, 1860), ou de pêche (Bott. XLIII), ou bien encore de représentations de repas (V. notre art. *Représentations de repas*), le tout allusif à la résurrection et aux délices de la vie future.

Les figures étaient prises parmi celles qui, comme le pasteur et l'orante, avaient un caractère assez vague pour ne réveiller aucun soupçon chez les idolâtres. Quant aux sarcophages décorés de sujets bibliques et incontestablement chrétiens, il n'en a été jusqu'ici trouvé aucun que l'on puisse attribuer à une époque antérieure à Constantin. Il n'est pas impossible néanmoins qu'il en ait été fait dans les intervalles de paix et de tolérance qui eurent lieu surtout au troisième siècle, et l'un des plus beaux et du christianisme le moins douteux de tous ceux qui sont réunis au musée du Latran est regardé par les hommes compétents comme antérieur à la paix constantinienne. Mais enfin le plus grand nombre est du temps de Constantin et des époques suivantes. Aussi appartiennent-ils aux cimetières supérieurs et aux basiliques suburbaines des quatrième et cinquième siècles; les autres (exclusivement chrétiens) ont été généralement trouvés dans les cimetières souterrains.

Il faut observer que les sculptures des sarcophages sont empreintes d'un symbolisme plus compliqué et plus couvert que les peintures des catacombes, quoiqu'elles soient en général moins anciennes que celles-ci. Le motif de cette réserve, c'est que, à raison de leur masse, ces urnes funéraires devaient être travaillées en plein air, souvent sous les yeux des profanes, et placées pour la plupart dans les basiliques ou les cimetières supérieurs, accessibles à tout le monde, et en des temps où la pacification et la liberté de l'Église étaient encore sujettes à de fréquentes intermittences.

Communément, chaque groupe de figures est séparé de celui qui le précède et de celui qui le suit par une colonne ornée de pampres et souvent même de petits Génies cueillant des raisins (Bott. tav. xxxviii); quelquefois les scènes et les personnages, isolés ou groupés, sont séparés par des palmiers tenant lieu de colonnes (Id. xix), ou par de simples pampres chargés de fruits (xxviii); ou bien encore ils sont abrités sous des arcades dont l'ensemble figure un portique d'une élégante architecture (Tav. xxi. — Millin. *ibid.* pl. xxvii. 2).

Nous devons une mention spéciale à une classe de tombeaux bisomes, destinés à la sépulture de deux époux. Ils ont ordinairement au centre une coquille ou un espace circulaire où se voient, à l'instar des *imagines clypeatæ* des anciens (V. ce mot), deux figures en buste (V. la planche plus bas); dans quelques sarcophages de la Gaule (Millin. *ibid.* lxv. 3), le milieu est occupé par la tablette ou tessère, et les figures des époux, placées chacune dans un médaillon à part, au centre des deux sections de la frise, sont soutenues par des Génies ailés. D'autres fois, le compartiment du milieu est rempli du haut en bas par deux personnages en pied, se donnant la main en pleurant : c'est l'adieu suprême des deux époux. Tel est le tombeau de Probus, préfet du prétoire, et de Proba Faltonia sa femme (Bott. xvii), tombeau très-remarquable de la fin du quatrième siècle.

Les sarcophages strigilés sont d'une composition plus simple et plus régulière ; il en est qui n'ont absolument pas de personnages, mais, au centre, le monogramme du Christ dans une couronne, et des pilastres aux deux extrémités (xxxvii). D'autres offrent, au milieu de leur face antérieure, deux ou trois figures, et une à chaque extrémité (xxvi. xxxvi. — Millin. *ibid.* lviii. 2). On en trouve que l'on pourrait appeler mixtes, parce qu'ils renferment des figures dans la majeure partie de leur face principale, et que les strigiles, souvent distribués en deux étages, ne prenant que la moindre partie de l'espace, n'y sont employés que comme accessoire (xxxvii). Une singulière élégance résulte de cet ensemble.

Au-dessus des sarcophages à figures règne parfois une frise ou un couvercle où sont sculptés des personnages dans de moindres proportions, et qui a pour l'épitaphe une tablette, soutenue par des Génies ailés (Id. lxxxv). Ce que l'on peut citer de plus remarquable en ce genre, c'est la frise supérieure du célèbre tombeau de Junius Bassus, où l'on voit des agneaux exécutant plusieurs scènes du Nouveau et même de l'Ancien Testament (V. ce que nous en avons dit à l'art. *Agneau*, I, 3, et la gravure de ce sujet qui y est annexée). Ce sarcophage, le plus riche de tous ceux qui nous étaient connus avant la découverte de l'admirable monument de ce genre que nous donnons plus bas, et qui, pour ce motif, mérite une mention spéciale, se voit aujourd'hui engagé dans une des parois de la crypte de Saint-Pierre au Vatican. Outre la beauté de ses sculptures, il offre un intérêt tout spécial, en ce qu'il porte son épitaphe et sa date, tandis que la plupart sont anépigraphes :

IVN. BASSVS V. C. QVI VIXIT ANNIS XLII. MEN. II. IN IPSA PRÆ-
FECTVRA VRBI NEOFITVS IIT AD DEVM VIII KAL. SEPT. EVSEBIO
ET YPATIO COSS.

Cette inscription nous fait connaître que Junius Bassus fut préfet du prétoire dans la première moitié du quatrième siècle et qu'il mourut néophyte, c'est-à-dire nouvellement baptisé, suivant la coutume abusive de ces temps (V. les art. *Néophytes* et *Fidèles*), à l'âge de quarante-deux ans, sous le consulat d'Eusebius et d'Ypatius, c'est-à-dire en 359. On remarquera encore la pieuse formule IIT AD DEVM, « il est allé à Dieu, » qui exprime le bonheur d'une mort chrétienne.

Tout ce qui précède s'applique en général aux sarcophages de Rome que l'on peut voir dans les ouvrages de Bosio, Aringhi, Bottari et en nature au musée du Latran, aussi bien qu'à ceux qui se sont rencontrés en assez grand nombre dans d'autres contrées de l'Italie, et qu'ont publiés différents auteurs, entre autres Allegranza (*Monum. ant. Crist. di Milano*), Bugati (*Memor. di S. Celso.* p. 242), Maffei (*Musæum Veronense.* p. 484), etc.

On vit quelquefois, à la plus ancienne époque, en Italie principalement, des sarcophages antiques affectés à la sépulture de personnages appartenant au christianisme ; mais c'était en général lorsque leurs sculptures n'avaient pas un caractère trop tranché de paganisme : c'étaient, par exemple, des scènes pastorales, de marine, d'agriculture, de festin, auxquelles on donnait la préférence à cause de leurs relations plus ou moins directes avec la symbolographie chrétienne. Et même, en ce cas, on avait encore soin de les sanctifier en y retraçant quelque symbole chrétien, ou tout au moins une inscription propre à prévenir toute méprise (V. Marangoni. *Delle cose gentilesche....* cap. xli. p. 314). Telle est, pour nous en tenir à un seul exemple, une magnifique urne sépulcrale (Boldetti. 466) où furent déposés les restes d'une vierge chrétienne nommée AVRELIA AGAPETILLA. Outre la qualification de ANCILLA DEI qui détermine et le christianisme et la consécration de cette vierge au service de Dieu, on a représenté Aurelia de chaque côté de la tablette dans l'attitude de la prière chrétienne (V. l'art. *Prière*). Quelquefois, outre l'inscription, on ajoutait quelques symboles chrétiens, comme dans un tombeau que donne M. De' Rossi (*Inscr. Christ. Rom.* t I. p. 72), et dont le couvercle paraît être dû en entier à une main chrétienne. Ainsi nous voyons le type biblique de Jonas introduit avec une intention analogue sur le cartouche central d'un sarcophage qui se trouve dans les jardins de la villa Médicis, au Pincio, sarcophage qui, entre autres sujets profanes, présente le mythe d'Éros et Psyché. Un tombeau où cette scène érotique était sculptée sans ces correctifs a été trouvé au cimetière de Calliste, enfoui dans la terre et noyé dans le mortier. Des savants, devant l'autorité desquels nous aimons ordinairement à nous incliner, ne sont pas éloignés d'attribuer à cette dernière image une signification symbolique chrétienne; mais les arguments apportés à l'appui de cette ingénieuse interprétation ne nous paraissent pas concluants : à nos yeux, la question n'est pas mûre.

Le sarcophage que nous plaçons ici, monument du quatrième siècle, trouvé il y a peu d'années dans les fondations du *ciborium* de l'autel de Saint-Paul-hors-des-murs, et qui aujourd'hui fait le plus bel ornement du nouveau musée du Latran, est un des plus remarquables modèles en ce genre que nous puissions proposer à nos lecteurs. Il ne se recommande pas moins par le style et l'exécution que par la hauteur de l'enseignement ressortant des figures qui y sont sculptées et qui représentent les principaux mystères de notre foi : 1° Les trois personnes divines occupées à la création d'Ève ; 2° le péché originel et le Verbe présentant à Adam et à Ève les épis et l'agneau, symboles de la part de travail dévolue à chacun d'eux ; 3° le miracle de Cana, image de la transsubstantiation ; 4° la multiplication des pains et des poissons, symbole de l'Eucharistie ; 5° la résurrection de Lazare, figure de la résurrection finale de la chair ; 6° l'adoration des Mages, vocation des peuples infidèles à la foi ; 7° la guérison de l'aveugle, qui est la figure de l'illumination du genre humain plongé dans les ténèbres avant la venue du Messie ; 8° Daniel dans la fosse aux lions, type des martyrs, avec Habacuc lui apportant une nourriture qui représente encore le pain des forts ; 9° la prédiction du reniement de S. Pierre qui devait être suivie de celle de sa conversion et de sa primauté sur les autres apôtres, primauté marquée par la verge qu'il porte à la main ; 10° Moïse frappant le rocher d'Oreb, ce qui est encore l'image de S. Pierre faisant jaillir du rocher, qui est le Christ, la grâce et la parole divine (V. les art. *Trinité, Adam et Ève, Cana, Multiplication des pains, Lazare, Mages, Aveugles, Daniel, Pierre* [S.], *Moïse*).

Nous donnons d'autres sarcophages de Rome

aux articles *Apôtres, Hébreux, Scènes de l'Ancien et du Nouveau Testament*, et un de Perugia (Etats-Romains) à l'article *Enfant-Jésus*.

II. — L'usage des tombeaux chrétiens ornés de sculptures paraît s'être répandu dans notre Gaule dès le quatrième siècle, et y être devenu commun dès le cinquième. Nous avons, à ce sujet, un précieux passage de S. Grégoire de Tours (*De glor. confess.* c. xxxv. *Opp.* p. 922). Ce père de l'histoire de France atteste que de son temps il existait dans la basilique de Saint-Vérand, près de Saint-Allire, des sarcophages de marbre blanc, sur lesquels plusieurs miracles de Jésus-Christ et des apôtres étaient représentés en relief. Au chapitre suivant, il mentionne encore un tombeau sculpté, *sepulcrum sculptum, meritis gloriosum*, et qui était celui d'une chrétienne nommée CALLA, comme l'atteste ce fragment d'inscription : SANCTÆ MEMORIÆ GALLÆ.

Il existe encore un assez grand nombre de ces monuments funéraires dans diverses parties de la France, mais surtout dans le Midi, à Aix, à Saint-Maximin, à Arles, à Marseille (V. Millin. *Op. laud.* et aussi les *Monuments inédits sur l'apostolat de Ste Madeleine en Provence*. t. i. *passim*). Le savant M. Edm. Le Blant veut bien nous en signaler d'autres, avec figures, à Clermont, à Saint-Piat près Maintenon, à Carpentras, dans l'île Saint-Honorat, à Manosque, à Narbonne, à Poitiers, à Reims, à Soissons, à Tarascon, à Toulouse, à Vaison, à Vienne ; et avec ornements chrétiens sans figures, à Auch, à Béziers, à Bordeaux, à Elne, à Moissac, à Saint-Denis près de Paris. Le musée lapidaire de Lyon (n. 764) en possède, depuis quelques années, un bien intéressant, provenant de Balazuc, dans l'Ardèche. Nous en avons donné la monographie dans un opuscule spécial (Mâcon, 1864). Il s'en conservait aussi un fort beau à Rignieux-le-Franc, village du département de l'Ain. D'après nos indications, ce tombeau a été acquis par le musée du Louvre (Voyez-le ci-après, p. 719).

Nos sarcophages chrétiens offrent de si nombreuses analogies avec ceux de l'Italie, que souvent on les croirait sortis des mains des mêmes ouvriers. Ceci donne à penser que l'Église, qui ne laisse rien au hasard ni au caprice des hommes, avait fixé primitivement les principaux types d'après lesquels devaient être exécutées ces urnes funéraires, de même qu'elle avait consacré, ainsi que nous le pouvons conjecturer d'un célèbre passage de S. Clément d'Alexandrie (V. l'art. *Anneaux*), les symboles qui devaient orner les anneaux des fidèles. Sans doute des artistes, formés au foyer même de l'Église catholique, rayonnaient de là, à la suite des apôtres envoyés par le pontife romain, dans les différentes contrées livrées à leur zèle, et y portaient les règles hiératiques qui, d'après un système doctrinal bien connu des archéologues, étaient appelées à présider à la décoration des tombeaux, comme à celle des églises elles-mêmes.

Voilà ce qui explique les nombreux points de ressemblance entre les tombeaux historiés de la Gaule et ceux de Rome et de l'Italie en général. Mais il n'est pas moins positif que les nôtres se distinguent de ces derniers par d'assez notables différences, tant dans le style de leur architecture que dans les motifs de leur ornementation et la nature des sujets qui y sont représentés, toujours tirés néanmoins, les uns et les autres, de l'histoire sainte et de la symbolique chrétienne. Car l'Église ne prétendit jamais enchaîner le génie des différentes nations qu'elle soumettait au joug de la foi ; elle se plut au contraire à lui laisser un libre essor en tout ce qui n'est que de simple forme, et n'intéresse ni le dogme, ni la discipline essentielle.

Nous ne saurions signaler dans cette courte notice les différences architectoniques, et nous devons laisser aux hommes spéciaux un examen technique auquel nos études ne nous ont point préparé. Nous nous contenterons de dire, en passant (et cette observation est encore suggérée par M. Le Blant), qu'il y a chez nous deux familles très-tranchées de sarcophages : ceux du Sud-Est, qui ont pour type les marbres d'Arles, et sont d'un style relativement meilleur, quoique en général moins élégant et moins correct que celui des tombeaux romains ; et ceux du Sud-Ouest, ceux de Toulouse, beaucoup plus lourds et plus barbares.

Nous allons énumérer quelques-uns des caractères spéciaux de nos marbres, quant aux sujets qui s'y trouvent figurés.

1° Le passage de la mer Rouge, qui ne se voit que rarement en Italie, et encore sous une forme abrégée et au milieu de beaucoup d'autres sujets (Aringhi. *Rom. subt.* t. I. p. 331. II. 397), se déploie dans tous ses détails sur plusieurs urnes du midi de la France, dont il occupe à lui seul toutes les faces (Millin. *ibid.* L et LXVII). C'est, comme personne ne l'ignore, le symbole de la délivrance de l'âme des liens de ce corps de mort, et de sa sortie de cette terre d'exil, et en outre de son affranchissement par le baptême (V. à l'art. *Mer Rouge*, un tombeau d'Aix représentant ce sujet).

2° Nous avons remarqué en France, et pas ailleurs (il ne s'agit ici que des sarcophages), la représentation de plusieurs faits qui sont la suite du précédent et en complètent le sens. Ils sont tous relatifs au voyage des Israélites vers la terre promise. C'est d'abord le miracle des cailles tombant en prodigieuse quantité dans le camp des Israélites (*Exod.* XVI. 3. 13), sujet tout à fait inusité ailleurs, et qui n'existe, à notre connaissance, que sur un seul sarcophage que possède le musée d'Aix (n. 291), et dans la mosaïque de l'arc triomphal de Sainte-Marie-Majeure à Rome (Ciampini. *Vet. mon.* I. LVIII). Vient ensuite le prodige de la manne (*Exod.* XVI. 13. 14), que nous n'hésitons pas à reconnaître sur le couvercle de deux sarcophages de Marseille (V. l'art. *Manne*) (Millin. XXXVII. 8. LIX. 3) ; et enfin les deux Israélites envoyés par Moïse pour explorer la terre de Chanaan, et qui rapportent une énorme grappe de raisin suspendue à un bâton (*Num.* XIII. 24), objet contenant une évidente allusion aux délices du paradis, la véritable terre de promission (V. ce sujet sur un fond de coupe doré à notre art. *Paradis*).

3° Les marbres de l'Italie montrent rarement l'histoire de Susanne, du moins d'une manière indubitable. Ce que les catacombes offrent de plus positif à cet égard, c'est une allégorie, et encore elle est peinte (V. l'art. *Susanne*). Cette histoire se trouve au contraire sans cesse répétée sur les monuments funéraires de la Gaule (Millin. LXIV. 3. LXVI. 8. LXVII. 4), et ce qui leur est exclusivement propre, c'est que, à côté de Susanne, on remarque habituellement un serpent enroulé autour d'un arbre, et cherchant à atteindre de son dard des colombes, ou seulement leurs œufs qui reposent dans un nid sur les branches de ce même arbre (*ibid.*). Il y a sans doute ici un rapprochement intentionnel entre la perfidie du serpent et celle des vieillards, calomniateurs de l'innocence. Il faut observer encore que Susanne occupe ordinairement le centre du sarcophage (*ibid.*), comme si elle était le sujet principal, tandis qu'ailleurs elle ne figure que parmi les sujets accessoires, cette place étant réservée ou à Notre-Seigneur, ou à son monogramme, ou à sa croix. Cette persistance à reproduire l'histoire de Susanne, qui, comme on sait, est le symbole de l'Église persécutée (S. Hippol. *In Susan.* v. 7. 274. edit. Fabric.), et à faire ressortir par des symboles accessoires la cruelle perfidie des ennemis de cette chaste femme, doit avoir une raison locale. N'était-elle point destinée à rappeler et à flétrir les piéges incessants, les attaques insidieuses auxquelles l'Église des Gaules fut en butte aux quatrième et cinquième siècles de la part des ariens, et plus encore la persécution sanglante des Goths, des Bourguignons et des Vandales, infectés de cette hérésie, contre les catholiques de nos contrées? Cette explication nous semble trouver une solide base dans l'usage où était l'Église primitive, comme nous l'avons indiqué en divers lieux de cet ouvrage, de réfuter les hérésies, et de caractériser sa position agitée au milieu du monde romain, par des images sensibles, aussi bien que par les traités de ses apologistes (V. à l'art. *Susanne* un fragment de sarcophage d'Arles qui la représente).

4° L'absence presque totale des scènes de la Passion sur les monuments de l'antiquité chrétienne proprement dite est un fait trop connu pour qu'il soit nécessaire de le rappeler ici et d'en expliquer les causes (V. les art. *Crucifix* et *Passion de J. C.*). Soit que les sarcophages de France appartiennent à une époque plus basse, soit que l'éloignement du foyer le plus habituel de la persécution laissât une plus large part de liberté au christianisme dans nos contrées, toujours est-il que la représentation de certaines circonstances des douleurs de Jésus-Christ s'y montre beaucoup plus fréquemment. Ainsi un sarcophage de Marseille (Millin. LVIII) en réunit deux à lui seul : Jésus emmené par des satellites armés de bâtons, Jésus devant Pilate ; les urnes funéraires de l'Italie ne vont jamais au delà de cette dernière circonstance ; les exceptions sont fournies par des monuments que leur âge place à l'extrême limite de l'antiquité (V. l'art. *Passion*). Nous avons sur un tombeau d'Arles (id. LXVII) la comparution au tribunal de Caïphe. Notre-Seigneur, incliné devant ce juge, a les mains derrière le dos, et un satellite le frappe (Matth. XXVI. 68). Nous n'avons remarqué ce fait nulle part ailleurs. Le sarcophage dit de Ste Madeleine (*Monum. de Ste Mad.* I. 466) fait voir la trahison de Judas, qui baise son maître et porte à la main la bourse aux trente deniers, sujet qui ne se trouve, à notre connaissance, sur aucun autre, si ce n'est sur celui de Vérone (Maffei. *Veron. illustr.* part. III. p. 54).

5° La représentation de la résurrection du Sauveur est encore un caractère spécial des marbres de la Gaule. On la trouve à Saint-Piat, à Manosque, à Soissons, sous sa forme mystique (Le Blant. *Inscr. chrét.* I. 503), le monogramme ou la croix entre deux soldats appuyés sur le bouclier et la lance. Sur un sarcophage du Midi, les soldats n'ont ni lance ni bouclier ; ils ont l'air de tomber en arrière, comme frappés de frayeur ou d'étonnement (Millin. LXXV. 3). Mais la représentation directe n'a été remarquée par nous que dans le bas-relief d'un sarcophage de la crypte de Saint-Maximin (*Ste Madeleine*. I. 767) et dans celui d'une urne de Milan (Bugati. *Mem. di S. Cels.* p. 242).

6° Les miracles de Jésus-Christ sont seuls admis dans la décoration des monuments de la classe qui nous occupe. Un sarcophage de la Gaule, celui de S. Sidoine dans la crypte de S. Maximin (*Monum. de Ste Mad.* I. 767), offre la seule exception à cette règle qui soit venue à notre connaissance : c'est la résurrection de Tabithe par S. Pierre (*Act.* IX) (V. l'art. *Tabithe*). Cependant l'abbé Polidori (*De conviti effigiati ne' monum. sacr. — Amico catt.* t. VII. p. 397) cite un sarcophage de Fermo, en Italie, qui présente une singularité archéologique plus tranchée encore : c'est que non-seulement on y voit le même miracle, mais que tous les sujets qu'il représente sont tirés des Actes des apôtres et relatifs à la vie de S. Pierre.

7° Le massacre des SS. Innocents est encore un sujet qui ne se rencontre que sur les marbres de la Gaule, et, comme celui de Susanne, et encore celui du martyre de S. Étienne que nous avons remarqué sur un sarcophage de Marseille, il est assurément relatif aux persécutions qui, aux quatrième et cinquième siècles, agitaient l'Église dans nos contrées. La frise du sarcophage de S.-Maximin, antérieur probablement au cinquième siècle, en offre un exemple (*Monum. de Ste Mad.* I. col. 735. 736). Ce tableau remplit l'un des côtés du couvercle, partagé en deux parties par la tablette du *titulus*; et il est digne de remarque que l'autre côté est occupé par l'Adoration des Mages, comme pour relever le courage des chrétiens persécutés, en leur montrant que Dieu sait, quand il le veut, déjouer les projets des méchants.

8° Nous signalerons une dernière circonstance qui nous paraît tout à fait caractéristique des tombeaux de notre Gaule : c'est que souvent les apôtres, écoutant l'enseignement du divin Maître, sont assis (Millin. LIX. 4), tandis que partout ailleurs ils sont debout. Sur un riche sarcophage du Midi (id. LXVI. 2), ils occupent des chaires ou fauteuils dont les bras se terminent en dauphins, et un certain nombre de personnes, hommes et femmes, sont debout derrière eux. Le sarcophage de Rignieux mentionné plus haut, et qui est encore inédit, est en tout semblable à celui-ci, et nous le donnons comme spécimen des sarcophages de la Gaule. Tout ceci est inusité en Italie, et le monument porte un cachet tout à fait original. On pour-

rait ajouter à ce qui précède la Présentation de l'enfant Jésus au temple, interprétation douteuse néanmoins, d'un motif unique sculpté sur un tombeau de Marseille (id. LVI. 5).

On sait que quelques sarcophages antiques, même chrétiens, portent à leurs deux angles supérieurs deux masques qu'on regarde comme l'emblème du soleil et de la lune (V. notre art.

Soleil [le] et la Lune). Or, à la place de ces masques, plusieurs urnes d'Arles, et entre autres celles qui au musée de cette ville portent les n°˙ 15, 98, 126, ont une tête de jeune homme, qui n'est autre, selon l'interprétation qui nous a été communiquée par M. De' Rossi, que celle de S. Genès, patron d'Arles. Le principe d'une telle pratique est sans doute le désir qu'avaient les premiers chrétiens de placer leur sépulture sous la protection des martyrs. Il paraît qu'il en fut de même à Rome, car nous avons pu voir, parmi les dernières découvertes du cimetière de Saint-Calliste, un fragment de sarcophage où sont sculptées, dans les mêmes positions, les têtes de S. Pierre et de S. Paul, substituées aux masques du soleil et de la lune.

Voilà les principales des circonstances essentielles par où nos marbres se distinguent de ceux des contrées ultramontaines.

Des différences plus prononcées encore se font remarquer dans les accessoires, c'est-à-dire dans les symboles servant de décoration aux frises qui couronnent quelques-unes de ces urnes sépulcrales. Nous notons rapidement les motifs les plus saillants qui constituent ces différences.

1° Des Génies ailés, occupés, les uns, à la droite de la tablette, aux opérations de la vendange; les autres, à gauche, à celles de la moisson (Millin. LVIII. 5) : sujet presque unique dans de telles conditions. On y pourrait voir un symbole eucharistique, mais plus sûrement, eu égard au génie de l'antiquité, une image de la félicité céleste.

2° Deux cerfs s'abreuvant aux ruisseaux qui jaillissent du monticule où reposent les pieds de l'Agneau (V. les art. *Agneau divin*, et *Fleuves [les quatre]*).

3° Douze brebis (Millin. *ibid.* 2), ou douze colombes, des deux côtés du monogramme régnant au centre de la frise et figurant les douze apôtres (id. LVI. 6).

4° Les douze apôtres debout avec des faisceaux de volumes à leurs pieds (id. LXVI. 2. — V. l'art. *Volumes*).

5° Mais ce qui nous semble plus caractéristique encore que tout ce qui précède, c'est l'association habituelle, et souvent même la substitution complète du dauphin à la colombe, dans les vides formés par les arcatures. Ces dauphins sont ordinairement affrontés, deux à deux, et soutiennent sur leurs naseaux une corbeille ou une coquille (*Monum. de S¹ᵉ Mad.* I. 763. — Millin. LIV. 4), ou bien encore le chrisme accosté de l'α et de l'ω dans une couronne (Millin. XXXVIII. 8), et à chacune des deux extrémités de la frise est parfois figuré un triton jouant de la conque (id. LXVII. 2). L'antiquité avait pris le dauphin pour symbole de la fidélité conjugale, comme la colombe (Ambros. l. II. *De Abraham.* 8. 53). Mais il ne faut pas oublier que le sens général et commun des représentations de dauphins sur les tombeaux est un symbole de piété pour les morts, parce que ces animaux passaient pour donner des soins affectueux à la sépulture de l'homme (Aringhi. II. 624).

6° Enfin nous voyons sur le tombeau de la crypte de S.-Maximin (*Monum. de S¹ᵉ Mad.* I. 441) deux griffons soutenant la tessère. C'est une réminiscence évidente de l'antiquité, comme plusieurs autres de ces emblèmes marins, qui du reste se plièrent aisément à une explication chrétienne suggérée par une foule de textes bibliques.

III. — Nous avons dit en commençant que ce genre de sépulture relativement luxueuse ne fut guère possible qu'après les persécutions ; et en effet, il est peu de sarcophages chrétiens qui remontent au delà du règne de Constantin le Grand. Interrogé sur cette question, le professeur Vermiglioli les échelonne du quatrième au huitième siècle (Brunati, dans les *Annales de philos. chrét.* t. XXI. p. 365). Nous avons dit *en général*, car il paraît certain que quelques-uns doivent être reportés à une époque plus reculée. De même qu'il fut possible de construire de véritables églises pendant les intervalles de temps souvent assez longs qui s'écoulaient entre les diverses persécutions (V. l'art. *Basiliques*), les chrétiens purent aussi, à la faveur de ces intermittences de paix, faire exécuter, à l'instar des tombeaux antiques qu'ils avaient sous les yeux, des sarcophages historiés. Rufin, qui écrivait sur la fin du quatrième siècle, parle de tombeaux chrétiens comme déjà anciens de son temps, sur lesquels l'histoire de Jonas était figurée (*Hist. eccl.* II. 55). Nous avons dans *Rome souterraine* (Bottari. tav. XIX) un sarcophage représentant, entre autres sujets, Daniel offrant la pâtée au dragon (Dan. XIV. 26, V. la première gravure de l'art. *Daniel*), composition qui a paru au docteur Labus si ingénieuse et si parfaite, qu'il n'a pas hésité à en attribuer l'exécution au troisième siècle ou aux premières années du quatrième (V. *Annal.* loc. laud. p. 367). S'appuyant sur des raisons analogues, le savant archéologue milanais assigne la même antiquité à deux autres sarcophages du cimetière du Vatican (Bottari, XLII. LXXXVII). D'Agincourt qui, lui aussi, a publié le premier, le fait remonter au troisième siècle, ainsi que plusieurs autres dont il donne la gravure (*Hist. de l'art. Sculpt.* pl. V). D'après Goldaghen (*Introd. in sacr. Script.* t. II. *ib.*), certains tombeaux d'une bonne exécution où il croit voir l'histoire de Susanne, devraient se placer à la même époque. Le chanoine Settelle (*Importanza de' monum.... de cimit. di Roma.* dans le t. II des *Actes de l'Academ. rom. d'archéol.*) remarque dans un devant d'autel en terre cuite, reproduisant la comparution de Jésus-Christ devant Pilate, un tel mérite de style, qu'il doit, selon lui, appartenir au siècle de Trajan ; le même antiquaire constate dans quelques urnes du Vatican une perfection artistique infiniment supérieure aux bas-reliefs de l'arc de Constantin. Enfin M. De' Rossi (*Inscr. Christ. Rom.* t. I. p. 19) a édité un fragment portant la date certaine de 273, et atteste que le cimetière de Prétextat, où il l'a recueilli, a révélé dans ces dernières années beaucoup d'autres sarcophages d'une époque bien antérieure à Constantin, mais ornés de sculptures purement allégoriques. Celui qui est gravé à notre article *Enfant-Jésus* est un remarquable spécimen des sarcophages de l'Ombrie. On peut, à notre avis, le comparer aux meilleurs monuments de cette classe.

Nous avons dû insister sur l'antiquité aussi bien que sur l'intérêt doctrinal que présentent les sarcophages, parce qu'une défaveur imméritée s'attache vulgairement à cette classe de monuments. Les sarcophages de France sont en général d'une époque plus basse et d'un travail plus grossier, comme nous l'avons déjà fait observer. Quelques-uns néanmoins, ceux d'Arles, d'Aix et de Marseille, par exemple, pourraient bien remonter au troisième siècle, c'est-à-dire à l'époque de la mission envoyée dans nos contrées par le pape Fabien : ces villes, étant plus rapprochées de l'Italie, durent être les premières à ressentir les influences venues du centre. On a vu aussi que certains sujets qui s'y trouvent reproduits avec une insistance marquée supposent que plusieurs furent exécutés aux époques orageuses des quatrième et cinquième siècles.

IV. — Par qui furent exécutés les sarcophages chrétiens? Nous n'hésitons pas à répondre : par des artistes chrétiens, surtout depuis Constantin.

Qu'il y ait eu, en effet, des sculpteurs parmi les fidèles de la primitive Église, c'est un fait dont il est impossible de douter. L'existence même des nombreux tombeaux à bas-reliefs suffirait au besoin pour le prouver. On y remarque une telle intelligence, ou, pour mieux dire, un tel sentiment de l'esprit chrétien, une si lucide entente des exigences de la foi nouvelle, le culte de l'esprit y perce si énergiquement, même sous le dédain des perfections de la forme, qu'une œuvre de cette nature ne pouvait évidemment sortir d'une main idolâtre. Il est vraisemblable néanmoins que ces artistes s'étaient formés à la pratique de l'art avant leur initiation au christianisme (V. l'art. *Professions des premiers chrétiens*) : la conformité des sarcophages chrétiens avec ceux des anciens en tout ce qui est architecture et ornementation en fait foi. Ils ne faisaient que changer les sujets des sculptures, tout en les plaçant dans un cadre antique.

Nous ne connaissons les noms que d'un nombre fort restreint de ces imagiers primitifs. Baronius (*Annot*. t. III. an. 303. n. cxv) cite comme ayant exercé cet art les cinq martyrs Claudius, Nicostratus, Symphorianus, Castorius et Simplicius. Ils furent suivis deux ans plus tard dans le martyre par Severus, Severianus, Carpophorus et Victorinus, qu'on croit aussi avoir été sculpteurs (V. aussi Adon. *Martyrol*. ad. VIII nov.). Mais la tradition sur laquelle repose ce fait a sa source dans des actes fort suspects (Tillemont. *Mém*. t. IV. p. 745). Au surplus, leur texte, fût-il sincère, ne prouverait qu'une chose, à savoir, qu'étant sculpteurs, ils aimèrent mieux mourir plutôt que de fabriquer des idoles; mais il ne s'ensuit nullement qu'ils aient sculpté des images chrétiennes.

Boldetti (p. 316) transcrit l'épitaphe d'un sculpteur ou statuaire nommé MAETIVS APRILIS trouvée par lui au cimetière de Priscille :

MAETIO. APRILI. ARTIFICI. SIGNARIO. QVI. VIXIT
ANNIS. XXXVII. MENSES. DVO. DIES. V.
BENEMERENTI. IN P.

Un marteau et un ciseau, gravés sur le marbre, viennent compléter cet indice de profession. Le même auteur rapporte ensuite plusieurs autres *tituli* où la profession n'est exprimée que par des instruments. Ce sont ceux des sculpteurs CRESCENTO, AVR. VINCENTIVS, LAVRENTIVS, PAVLINVS. Un marteau et une équerre gravés sur un tombeau du cimetière de Calliste indiquent aussi, d'après Muratori (*Thesaur*. IV. p. 1839. n. 7), la profession de *marmorarius*. On en peut dire autant d'une scie à marbre que fait voir la pierre sépulcrale d'EXVPERANTIVS (Bosio. p. 433).

Mais le monument le plus précieux pour cet objet, car, à en juger par la forme des caractères de l'inscription (V. *Roma sott*. III. p. 443), il doit être au moins du troisième siècle, c'est le tombeau d'Eu-

trope, dont nous devons la connaissance à Fabretti (c. VIII. p. 587. CII, sous la rubrique *en cœmeterio D. Helenæ*). Car cet Eutrope est non-seulement sculpteur, mais sculpteur de sarcophages. Il est représenté lui-même, sur sa pierre sépulcrale, occupé à travailler une de ces urnes, avec l'aide d'un jeune apprenti qui fait tourner, au moyen d'une corde dont il tient les deux bouts dans ses mains, l'instrument aigu avec lequel Eutrope fouille le marbre. Sur la même pierre est figuré un autre petit sarcophage achevé, et dont la tablette, entourée de dauphins, contient le nom ΕΥΤΡΟΠΟΣ. Fabretti fait d'Eutrope un martyr, parce que derrière lui est un personnage debout portant à la main un vase tout semblable par la forme à nos verres à boire, et que le savant antiquaire croit représenter le vase de sang. Nous avouons que la preuve nous paraît légère. Le vase de sang était la grande et bien légitime préoccupation du moment et celle de Fabretti en particulier (V. à notre article *Sang des martyrs* ce que nous disons de sa correspondance avec Leibnitz à ce sujet). La seule chose qui soit bien constatée, c'est qu'Eutrope était chrétien. La colombe portant à son bec la branche d'olivier en est une preuve, et mieux encore la formule si prononcée de l'épitaphe : *Sanctus Dei cultor Eutropus in pace*. ΑΓΙΟΣ. ΘΕΟCΕΒΕC. ΕΥΤΡΟΠΟC. ΕΝ ΙΡΗΝΗ. La suite de l'inscription semble indiquer que la pierre fut gravée par le fils de cet Eutrope, qui aurait été sculpteur comme son père : ΥΙΟC ΕΠΟΙΗCΕΝ, *filius fecit*. Voyez ce curieux monument, p. 721.

Nous avons, sous la date certaine du cinquième siècle, le nom d'un DANIEL, que, par une lettre adressée au sénat, Théodoric avait appelé de Rome à Ravenne pour y exercer sa profession. Cassiodore rapporte (*Variar.* l. III. *ep*. 19) le rescrit par lequel le roi Visigoth, après avoir loué l'habileté de ce Daniel à sculpter et à orner le marbre, lui confère le privilége de vendre de ces urnes funéraires aux habitants de Ravenne. Nous aimons à citer les paroles qui dénotent chez ce prince une pieuse sollicitude, aussi bien qu'un goût éclairé

pour les arts : *Artis tuæ peritia delectati, quam in excavandis atque ornandis marmoribus diligenter exerces, præsenti auctoritate concedimus, ut, te rationabiliter ordinante, dispensentur arcæ, quæ in Ravennati urbe ad recondenda funera distrahuntur, quarum beneficio cadavera in supernis humata sunt, lugentium non parva consolatio*. Il paraît que ce Daniel signait pour ainsi dire ses ouvrages en y sculptant l'histoire de Daniel qui faisait allusion à son nom. Cette observation est de Passeri (*Append. ad Thes. dipt. Gorii*. p. 71). Bugati (*Mem. di S. Celso*. p. 167) fait observer que c'est à peu près à cette époque que la décadence se fait décidément remarquer dans ce genre de monuments. Depuis lors, en effet, les tombeaux différent totalement de ceux de la bonne époque, soit par l'imperfection du travail, soit par les sujets qui y sont représentés. Le lecteur peut s'en convaincre en jetant un coup d'œil sur les planches III, IV, V du deuxième volume de l'ouvrage de Ciampini (*Vet. monim*. p. 6), représentant des sarcophages du cinquième et du sixième siècle, et mieux encore par celui que nous donnons ici d'après une photographie et qui est sans doute l'œuvre de ce Daniel, bien que l'observation de Passeri ne lui soit pas applicable quant à la nature des figures qui y sont sculptées. On y voit S. Pierre et S. Paul, mais dans des conditions qui ne sont plus celles des quatre premiers siècles. Celles-ci les représentent comme apôtres aux côtés du Sauveur et le plus souvent recevant la mission divine. Ici, au contraire, les deux apôtres sont vus comme dans les mosaïques absidales de la même époque, présentant, en leur qualité de martyrs, leur couronne au Sauveur assis sur un siége élégant. Ce tombeau ne se distingue pas moins de ceux de la plus ancienne époque par le style de son architecture, style dont le trait le plus saillant est ce couvercle en forme de toit, *tectum imbricatum*, presque aussi élevé que le corps du sarcophage.

SCEAUX. — V. les art. *Anneaux* et *Anneau épiscopal.*

SCÈNES DE L'ANCIEN ET DU NOUVEAU TESTAMENT. — Tous ceux qui ont acquis une connaissance, si superficielle qu'elle soit, des peintures et des sculptures que nous a léguées l'antiquité chrétienne, ont pu remarquer que les artistes entremêlaient sans cesse les histoires du Nouveau Testament avec celles de l'Ancien. Cette pratique s'est maintenue longtemps encore après l'époque où des raisons de prudence empêchaient les premiers chrétiens de produire aux yeux les diverses scènes de la passion de Jésus-Christ (V. l'art. *Passion de Notre-Seigneur*). On lit en effet dans Augustin Biscop (Mabillon. *Ann.* t. I. ad an. 685. § 47) qu'étant allé à Rome, il revint enrichi d'une foule d'objets précieux, entre autres d'une grande quantité de volumes sacrés et de saintes images, qui présentaient avec un art admirable comme la concordance figurée des deux Testaments. Par exemple, l'une de ces images mettait en scène, d'un côté Isaac portant le bois de son sacrifice, et de l'autre Jésus-Christ portant sa croix; d'autres faisaient voir le serpent d'airain élevé dans le désert par Moïse, et Notre-Seigneur élevé sur l'arbre de la croix (V. l'art. *Serpent*).

Ces rapprochements étaient plus fréquents encore dans les temps primitifs, et les sarcophages en particulier présentent à peu près invariablement un fait de l'Ancien Testament faisant pendant au fait du Nouveau, dont il est la figure : ainsi, par exemple, d'un côté le sacrifice d'Abraham, de l'autre Jésus devant Pilate (Bottari. tav. xxxiii), Moïse frappant le rocher et Jésus-Christ ressuscitant Lazare : les deux faits occupent ordinairement les deux extrémités d'une urne sépulcrale (Bott. tav. xxxii). Rien ne serait plus facile que de continuer ce parallèle. Et les témoignages écrits des auteurs contemporains font bien voir que ces dispositions n'étaient point fortuites; elles étaient le résultat d'un système très-arrêté. S. Paulin joignit le précepte à la pratique; il nous révèle dans les vers suivants l'esprit qui avait dirigé les décorations de sa basilique de Nola (*Poem.* xxviii. vers. 170) :

Miremur.... sacras veterum monumenta figuras :
Et tribus in spatiis duo Testamenta legamus;
Hanc quoque cernentes rationem lumine recto
Quod nova in antiquis tectis, antiqua novis lex
Pingitur ; est enim pariter decus utile nobis,
In veteri novitas, atque in novitate vetustas.
Ut simul et nova vita sit, et prudentia cana.
Ut gravitate senes, et simplicitate pusilli,
Temperiem mentis gemina ex aetate trahamus,
Jungentes nostris diversum moribus aevum.

« Contemplons les figures sacrées, monuments des anciens : — Et dans trois compartiments, nous lirons les deux Testaments ; — Si nous considérons ce tableau d'un œil intelligent, — Nous comprendrons que la nouvelle loi est figurée par l'ancienne, comme l'ancienne est peinte dans la nouvelle ; — Et ces décorations sont pour nous pleines d'enseignements utiles, — La nouveauté dans ce qui est ancien, et l'ancienneté dans la nouveauté. — Ainsi, que notre vie soit nouvelle, et en même temps vieille par la prudence. — Soyons vieux par la gravité, et jeunes par la simplicité, — Tempérant notre âme par la réunion des deux âges, — Alliant en nous les mœurs de chacun d'eux. »

Nous avons, dans un poème de Prudence intitulé *Diptychon*, un curieux monument de cet usage de la primitive Église. L'auteur passe en revue les faits de l'Ancien et du Nouveau Testament dans un certain nombre de quatrains, et à peu près dans le même ordre où ils étaient représentés dans les églises. Et quelques savants, se fondant sur certains manuscrits (V. Arevalo. *In Prudent. Diptych.* p. 668), au lieu de *Diptychon*, appellent ce poème *Dittochæum*, c'est-à-dire *duplex cibus*, du grec δίττος, *duplex*, et ὀχή, *cibus*, « nourriture; » et Arevalo (688) cite à l'appui de cette opinion ces vers de S. Paulin :

Qui videt hæc vacuis agnoscens vera figuris,
Non vacua fidam sibi pascet imagine mentem.

« Celui qui sait discerner la vérité sous des figures vaines (en apparence), — Saura trouver dans cette image un solide aliment pour sa foi. »

Le P. Garrucci (*Hagioglypta*. p. 54. note) n'admet pas l'étymologie ci-dessus : il dit *Dittacheum*, *in duobus locis*, parce que ces peintures occupaient les deux côtés, la droite et la gauche, du portique des basiliques. Cette séparation des histoires des deux Testaments se remarquait en effet dans les mosaïques, exemple celle de Sainte-Marie-Majeure, où les peintures du Nouveau occupaient le grand arc (Ciamp. *Vet. mon.* I. p. 206), et celles de l'Ancien les deux côtés du portique (*Ib.* p. 211).

Dans leur sollicitude pour l'instruction de leurs ouailles, les pasteurs de ces temps primitifs avaient l'intention de leur rappeler, par ce mélange, que les deux Testaments avaient le même Dieu pour auteur, et cela afin de les prémunir contre certaines hérésies des premiers siècles qui supposaient l'existence de deux ou de plusieurs principes, et qui, bien que fort divergentes dans leurs erreurs insensées, s'accordaient néanmoins pour affirmer que l'Ancien Testament était l'œuvre du mauvais principe (V. les figures que nous donnons à l'art. *Testaments [les deux]*, qui est le complément de celui-ci).

Nous ne devons pas omettre de faire mention à ce propos d'un livre très-curieux, intitulé *Biblia pauperum*, où, dans une série d'images gravées sur bois, accompagnées de quelques lignes d'explication, les faits du Nouveau Testament sont mis en parallèle avec ceux de l'Ancien, qui en étaient la figure ou la prophétie. Ce livre, qui est une des plus anciennes productions *xylographiques* antérieures à l'invention des caractères mobiles, a été plus d'une fois reproduit au quinzième siècle. Mais ces concordances figurées du Vieux ou du Nouveau Testament sont surtout intéressantes en ce qu'elles sont des copies de très-anciens manuscrits : c'est ce qu'avait déjà annoncé dès 1861 M. Heider dans son livre sur la *Typologie chrétienne des monuments figurés du moyen âge* (Vienne, 1861). Ce même savant, en collaboration avec M. Albert Camesina, vient de mettre au jour (1863), d'après un manuscrit du monastère de Saint-Florian, près de Vienne, cette *Biblia pauperum*, qui, encore qu'elle soit assez éloignée des monuments primitifs, a du moins l'avantage de nous montrer quels sont ceux des types de l'art antique chrétien qui se sont conservés jusqu'à la dernière période du moyen âge, quels sont ceux qui ont été plus ou moins transformés ou totalement oubliés (*Bull*, 1re année, n. 5. p. 40).

SCÉVOPHYLAX. — C'était un des nombreux fonctionnaires attachés au service des basiliques dont les auteurs anciens nous ont conservé la curieuse nomenclature. Son emploi consistait à garder les vases sacrés, les ustensiles et autres choses précieuses qui se conservaient dans les *scrinia* des églises, et il était le plus souvent confié à un prêtre, comme on le voit dans Théodore le Lecteur (l. II), assurant que Macédonius était prêtre et scévophylax de l'Église de Constantinople. Sozomène (v. 8) nous apprend que le célèbre Théodore, prêtre d'Antioche, était *gardien des vases sacrés*, et même qu'il fut mis à mort sous Julien, parce qu'il avait refusé de livrer le trésor confié à sa garde. Le scévophylax paraît avoir souvent cumulé avec ses fonctions celles de chartophylax, qui était le gardien des archives (V. Suicer. *ad h. v*).

SCRINIA. — C'étaient des espèces de coffres destinés, chez les anciens, à renfermer diverses sortes d'écrits : *Scrinia libellorum, scrinia memoriæ, scrinia dispositionum, scrinia epistolarum* (V. Gothofrid. *Cod. Theod.* t. II. p. 145). Les anciens les portaient toujours avec eux, d'abord par nécessité, et plus tard, comme marque d'honneur, de dignité.

Les premiers chrétiens enfermaient les Livres saints dans des cistes de cette sorte, rondes ou carrées ; Prudence les appelle *scrinia sacra* (*Peristeph. hymn.* XIII. 7), quand il dit que les Œuvres de S. Cyprien dureront « tant qu'il existera un seul livre, tant qu'il y aura des *scrinia* des saintes lettres, »

Dum liber ullus erit, dum scrinia sacra litterarum.

On en voit souvent figurés dans les monuments primitifs. Ainsi une *orante* du cimetière de la voie Latine a un *scrinium* de chaque côté d'elle (Bottari. tav. XCIII), et celui qui est à la droite est muni d'une attache destinée à le suspendre au cou. Il en est de même de celui qui, sur un sarcophage du cimetière de Sainte-Agnès (Bottari. CXXXI), est déposé aux pieds de Notre-Seigneur (V. à l'art. *Jésus-Christ* le dessin n. 3). Celui que nous reproduisons figure au-dessous du siège de l'enfant Jésus enseignant dans le temple : c'est une fresque du cimetière de Calliste (Bottari. tav. LIV). Notre-Seigneur a un *scrinium* devant lui, surtout quand il est représenté disputant avec les docteurs. Quelques mosaïques font voir aussi les évangélistes avec des *scrinia* pleins de volumes à leurs pieds. Ainsi en est-il pour S. Luc et S. Marc dans celle de Saint-Vital de Ravenne (Ciampini, *Vet. monim.* t. II. tab. XX. 2. XXI. 1).

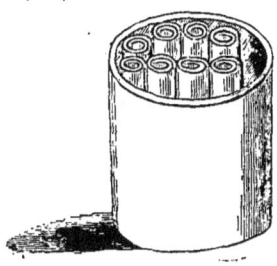

Sur un fragment de sarcophage du Vatican représentant la guérison du paralytique, se voit, à côté de Notre-Seigneur, un personnage (V. la figure de l'art. *Paralytique*) devant lequel est déposé un *scrinium* de forme carrée et muni sur le devant d'une serrure. Ce personnage, qui a aussi deux volumes à la main, n'est autre qu'un de ces scribes dont l'office était de lire et d'interpréter la loi. Ces volumes et ces *scrinia* étaient l'attribut de leur dignité, comme chez les Romains ils étaient l'insigne des hommes adonnés à la culture des lettres (V. l'art. *Diptyques*, I).

Il y avait encore de petits coffrets carrés, étroits, en ivoire, pour renfermer les volumes isolément. On en observe de curieux exemples dans certains fonds de coupe (Boldetti. p. 198.8. — Garrucci. *Vetri*. XXXIII. 1).

Chez les Grecs, ces *scrinia* s'appelaient χαρτοφυλάκια, et prenaient, selon leurs destinations spéciales, quelques-uns des noms cités plus haut. Ces détails et beaucoup d'autres se trouvent dans les commentaires du Code théodosien par Godefroy (Gothofrid. *Cod. Theod.* t. II. p. 145).

SCRUTINS. — V. l'art. *Catéchuménat*.

SCULPTEURS CHRÉTIENS. — V. l'art. *Sarcophages*, IV.

SÉBASTIEN (S.) — Le culte de S. Sébastien à Rome est très-ancien ; sa fête est déjà marquée dans un calendrier romain édité par le P. Boucher, et qui date à peu près du commencement du quatrième siècle. Une église a été construite sous son vocable au-dessus du cimetière qui porte son nom. Ce lieu où, selon une ancienne tradition, les corps de S. Pierre et de S. Paul furent déposés momentanément, s'appelait proprement les *catacombes*, et ce n'est que par extension que ce nom a été donné depuis à l'ensemble des cimetières romains souterrains.

Un bas-relief en terre cuite, re résentant le martyre de S. Sébastien, avait été trouvé au cimetière de Sainte-Priscille, avant les explorations de Bosio, qui en donne le dessin (p. 571. — V. Bottari. tav. CLXXXIX) d'après celui qui se conserve au Vatican, car déjà alors le monument avait disparu pour passer dans un musée privé. L'antiquité que Bottari semble attribuer à ce bas-relief nous semble exagérée, car il paraît, d'après une inscription accompagnant le dessin du Vatican, qu'il servait comme de retable à un autel joint à la paroi du cimetière, et la représentation d'une scène de martyre est un fait qui s'éloigne totalement de l'esprit et des habitudes des premiers âges de la foi. Mais, bien qu'il ne nous paraisse guère possible de faire remonter ce bas-relief au delà du sixième siècle, nous devons noter quelques détails archéologiques intéressants à étudier.

Le Saint est représenté dans un âge mûr, et il en est de même dans une mosaïque de la fin du dix-septième siècle, qui se conserve à Saint-Pierre in Vincoli (Ciampini. Vet. mon. II. tab. XXXIII). Dans la terre cuite, il a les cheveux longs et flottants et pas de barbe, tandis que la mosaïque lui donne la barbe et les cheveux courts, le montre vêtu de l'habit militaire, et portant sa couronne de martyr sur un pan de sa chlamyde. Bottari (III. 168) explique cette anomalie, en disant que l'artiste du bas-relief aura voulu se conformer pour la chevelure à l'usage que les invasions des Barbares avaient déjà introduit en Italie, tandis que, pour la barbe, il se reporta au temps de Dioclétien, où on ne la portait pas, ainsi qu'il est prouvé par les médailles. Le martyr est attaché à un poteau que les Latins appelaient *stipitem*, et où l'on enchaînait les malfaiteurs. Ceci est conforme au récit de Lampride (*In Alexandr.*), qui parle aussi du *titulus* qui était fixé au-dessus de sa tête, et ne paraît pas ici, sans doute faute d'espace. Eusèbe (*Hist. eccl.* v. 1) mentionne l'écriteau où était énoncé le crime d'Attale, l'un des martyrs de Lyon : *Attalus Christianus*; le Dominiquin s'est inspiré de ce récit dans son tableau du martyre de S. Sébastien : il a écrit au-dessus de sa tête : *Sebastianus Christianus*.

On doit observer encore une espèce de tablette ou de *suppedaneum* sur lequel reposent les pieds du martyr, absolument comme celui qui est communément donné à Notre-Seigneur en croix. Trois soldats à moitié nus tirent leurs flèches contre le Saint, un troisième bande son arc avec effort, un quatrième, assis à terre avec son arc brisé à la main, contemple la victime ; enfin, en avant de ces satellites, est un chef à cheval, se retournant vers eux et semblant leur intimer ses ordres.

SECRET (DISCIPLINE DU). — Les monuments écrits et figurés des premiers siècles chrétiens sont enveloppés de mystère ; l'allégorie et le symbolisme y règnent partout ; le langage des Pères et des docteurs est plein de réticences ; les produits de l'art ne sont à proprement parler qu'un ensemble d'hiéroglyphes et d'énigmes dont les initiés seuls ont le mot.

Ce fait n'est point le résultat du hasard ou du caprice, mais bien d'une discipline systématique, imposée à la primitive Église par les dangers et les innombrables pièges qu'elle trouvait dans sa position au sein du monde païen. La plupart des Pères voient l'origine de cette discipline dans ces paroles de Jésus-Christ (Matth. VII. 6) : « Ne livrez point le saint (les choses saintes) aux chiens, ni ne jetez pas vos perles devant les pourceaux, » *nolite dare sanctum canibus, neque mittatis margaritas vestras ante porcos*. Ce qui est du moins incontestable, c'est qu'on retrouve des traces de cette pratique dans les premiers documents écrits de la tradition chrétienne.

Il n'est pas probable néanmoins qu'elle ait existé, comme loi positive, tout à fait dès le premier âge et que les apôtres, non plus que leurs successeurs immédiats aient songé à environner de tant de mystère leur doctrine ni leurs rites, bien que leur enseignement fût sagement gradué, comme le passage suivant de S. Paul nous le révèle évidemment (1 Cor. III. 1) : « Et moi, mes frères, je n'ai pu vous parler comme à des hommes spirituels, mais comme à des personnes encore charnelles, et comme à des enfants en Jésus-Christ. » Nous voyons en plusieurs lieux des *Actes des apôtres* que sa prédication fut constamment basée sur ces principes.

Une seconde observation générale que nous devons faire, avant d'aller plus loin, c'est que nous n'entendons point que la discipline de l'arcane n'ait jamais admis d'exception : elle fléchissait toutes les fois que le bien de la religion l'exigeait. Alors les mystères de la foi étaient publiés, non-seulement devant les catéchumènes, mais en présence des ennemis. Nous en avons de fréquents exemples dans les apologistes, qui souvent n'eurent pas de moyens plus efficaces qu'une entière franchise pour repousser les calomnies dirigées contre les fidèles, celles surtout qui n'étaient basées que sur l'altération ou le travestissement de la doctrine. La discipline du secret dut naître de l'expérience que l'Église ne tarda pas à acquérir à ses dépens, des périls d'une trop confiante publicité. C'est ce que prouverait un parallèle bien étudié entre les apologistes du troisième siècle, qui ne répondant souvent que par récrimination, gardent sur bien des points une extrême réserve, et S. Justin, antérieur d'un demi-siècle, qui est bien plus explicite, notamment sur la Trinité et l'Eucharistie.

Quoi qu'il en soit, elle avait pour but de cacher aux idolâtres, et même en partie aux catéchumènes, les choses que les uns eussent pu tourner en dérision, faute de les comprendre, et dans lesquelles les autres eussent pu trouver une trop rude épreuve pour leur foi novice encore.

I. — Tertullien (*Apologet.* vii) en affirme l'existence d'une manière générale, et il s'en fait même un argument contre les accusations sans fondement, puisqu'elles portaient sur des choses qu'aucun chrétien ne révélait. « Si nous sommes toujours cachés, dit-il, quand a-t-on vu ce que nous commettons ? Qui a pu le dévoiler ? Ce ne sont pas assurément nos complices, puisque par leur essence même tous les mystères obligent fidèlement au secret. » Ailleurs (*De præscript. adv. hæret.* xli), il signale comme un des caractères des hérésies de son temps l'abus qui s'y était introduit de ne tenir aucun compte de cette discipline salutaire : « Je n'omettrai point la description de la vie hérétique, combien elle est futile, combien terrestre, combien humaine ; sans gravité, sans autorité, sans discipline.... Et d'abord, qui est catéchumène, qui est fidèle parmi eux ? (V. les art. *Catéchuménat* et *Fidèle.*) Cela demeure incertain, car tous entrent indistinctement (dans le lieu saint), tous *écoutent*, tous prient également ; si même il survient des gentils, on jettera le saint aux chiens, et aux pourceaux les perles, bien que non véritables. »

Nous pouvons citer un autre fait qui le prouve avec la dernière évidence : c'est la division des catéchèses de S. Cyrille de Jérusalem. Les premières qui furent prononcées devant les catéchumènes, ne renferment pas un mot relatif aux mystères et surtout au sacrement de l'Eucharistie ; celles de la seconde classe, au contraire, que ce grand évêque consacra à l'instruction des seuls *fidèles* ou baptisés, s'expriment au sujet de ces mêmes mystères d'une manière tellement claire qu'on ne peut rien désirer de plus. Aussi recommande-t-il expressément de ne jamais communiquer ces dernières instructions aux catéchumènes, ni aux non-initiés (*Præf. catech.*). « Lorsque la catéchèse est récitée, si quelque catéchumène vient te demander : Que disaient les docteurs ? ne dis rien à cet homme du dehors. »

1° La discipline du secret avait principalement pour objet les mystères les plus profonds et les plus ardus de la religion nouvelle, et notamment la Trinité. S. Ambroise (*Epist.* xxxiii. *Ad Marcellin.*) dit que, « après les leçons et le *traité* (l'instruction), les catéchumènes étant renvoyés, il livrait le symbole seulement aux compétents, dans les baptistères. » Ces compétents, comme on le sait, étaient ceux qui, arrivés au dernier degré du catéchuménat, devaient recevoir communication du symbole, afin d'être instruits surtout du mystère de la Ste Trinité au nom de laquelle ils allaient être baptisés. La même réserve était observée en Orient. Nous le voyons dans Sozomène, qui, au chapitre dix-neuvième du premier livre de son *Histoire ecclésiastique*, a soin d'expliquer que s'il omet le symbole de Nicée, c'est parce qu'il était vraisemblable que son livre tomberait aux mains de quelques-uns de ceux qui ne sont pas initiés aux mystères.

On peut conclure la même chose du livre d'Origène contre Celse (*Lib.* i), où, énumérant ceux des mystères du symbole qui ne sont cachés à personne, il ne désigne que la nativité du Sauveur, son crucifiement, sa résurrection, le jugement dernier, et notre résurrection future, et ne fait aucune mention du mystère de la Trinité. Or est-il admissible qu'il l'eût oublié, s'il eût été au nombre de ceux qui pouvaient être révélés à tous?

Il suffit d'ajouter ici le témoignage de S. Cyrille de Jérusalem (*Catech.* vi), dont la clarté ne laisse rien à désirer : « Jamais il ne fut parlé à un gentil quelconque du mystère arcane du Père, du Fils et du Saint-Esprit ; nous n'en parlons pas même ouvertement devant les catéchumènes ; mais nous parlons souvent d'une manière occulte, de telle sorte que les fidèles, ceux qui savent la chose, comprennent, et que ceux qui l'ignorent, ne soient point scandalisés d'une révélation prématurée.

Les *compétents* seuls recevaient aussi communication de l'Oraison dominicale. Nous renvoyons pour ce point à notre article spécial sur l'*Oraison dominicale*.

2° Les sacrements, non-seulement un ou deux, mais tous sans exception, non-seulement quant à leurs rites, mais encore quant à leur essence, tombaient sous la loi du secret. S. Basile a dit d'une manière générale de tous les sacrements, et nommément du baptême, de l'eucharistie et de la confirmation, ces paroles qui peuvent servir de préface à tout ce que nous avons à constater à cet égard (*De Spirit. S. ad Amphiloc.* xxvii) : « Ce que les non-initiés n'ont pas la permission de voir, il ne convient pas d'en faire circuler publiquement la doctrine dans un écrit. »

Nous le savons pour le baptême par Théodoret (*Epitom. Decret.* c. xviii) qui, entreprenant de parler de ce sacrement, dit auparavant : « C'est ici que nous avons surtout besoin d'un langage mystique. » S. Cyrille d'Alexandrie (L. i. *Contr. Julian.*) déclare à son tour qu'il passe sous silence ce qui est d'une plus difficile intelligence au sujet du baptême : « De peur que, portant aux oreilles des profanes les choses arcanes, je n'offense le Christ qui a dit : « Ne jetez point les choses saintes aux chiens, etc. » C'est aussi du baptême que parle S. Jean Chrysostome dans sa quarantième homélie sur la première Épître aux Corinthiens, en ces termes : « Je veux parler, mais je n'ose à cause de ceux qui ne sont pas initiés. » On trouve des témoignages tout semblables dans S. Grégoire de Nazianze (*Orat.* XI. *De bapt.*) et dans beaucoup d'autres Pères que nous nous abstenons de citer faute d'espace. Plusieurs des noms donnés au baptême renferment un sens arcane qui ne pouvait être saisi que par les initiés. La formule *percepit*, qui se lit sur beaucoup de marbres antiques, était inintelligible aux profanes : « il a reçu, » sous-entendu, le baptême.

Quant à l'auguste sacrement de l'eucharistie, qui ne sait les mille précautions avec lesquelles les Pères en parlaient? Ils ne le désignaient presque jamais par son nom, mais seulement par des expressions symboliques, τὸ ἀγαθόν, LE BIEN par excellence, *corporis Agni margaritum ingens*, « la sublime perle du corps de l'Agneau, » comme l'appelle Fortunat, d'après les liturgies orientales (*Carm.* XXV. l. 3). On a vu à l'art. *Eucharistie* le développement de toutes les figures et allégories employées pour le désigner tant dans le langage écrit que dans le langage figuré. Palladius, dans sa *Vie de S. Chrysostome*, à propos de la profanation du sang de Jésus-Christ qui eut lieu dans l'Église de Constantinople à l'occasion d'un tumulte populaire, se sert de cette expression arcane : *symbola effusa*, « les symboles furent répandus. »

Ici les témoignages se pressent et sont d'une telle évidence, que les dissidents eux-mêmes, qui se sont déclarés contre la tradition catholique au sujet de la loi du secret en général, ne peuvent s'empêcher de convenir qu'elle fut toujours observée pour l'eucharistie (V. Bingham. IV. p. 128). De leur aveu, il suffit, pour s'en convaincre, d'avoir une connaissance même superficielle des écrits des Pères. Tout le monde connaît cet axiome de S. Augustin (*Tract.* XCVI. *In Joan.*) : « Les sacrements des fidèles ne sont point livrés aux catéchumènes, » et cet autre : « Les catéchumènes ne savent ce que reçoivent les chrétiens. » La même chose dans S. Chrysostome (*Homil.* LXXII *In Matth*) : « Le mystère de l'eucharistie.... les initiés seuls le connaissent. »

Mais S. Cyrille de Jérusalem est plus frappant encore (*Catech.* I. *Ad baptizand.*) : s'adressant à ceux qui doivent bientôt être baptisés, il les console des restrictions présentes par l'espoir des révélations futures : « Les initiés savent la nature de cette coupe, vous la saurez vous aussi sous peu. » Les discours et homélies prononcés en présence des catéchumènes sont sans cesse entrecoupés par ces réserves : « Les fidèles savent, les initiés savent ce que nous disons, je parle aux fidèles, etc. (V. Bona. *De reb. liturg.* l. I. c. 16). » — « Si l'on demande à un catéchumène, dit encore l'évêque d'Hippone (*Tract.* II. *In Joan.*), s'il croit en Jésus-Christ, il répond tout aussitôt : Oui ; mais si on lui demande : Mangez-vous la chair du fils de l'homme ? il ne sait ce que nous disons. » — « Qu'est-ce, dit-il encore ailleurs (*In psalm.* CIII), qui est caché et non public dans l'Église ? Le sacrement du baptême, le sacrement de l'eucharistie ; nos bonnes œuvres sont vues des païens, mais nos sacrements leur sont cachés. »

S. Abercius, évêque d'Hiéraple, au second siècle, raconte dans son épitaphe (V. Pitra. *Spicil. Solesm.* t. III. p. 552) qu'ayant visité Rome, la Syrie et la Mésopotamie, partout la roi lui servit le POISSON. Et, après avoir énuméré les admirables qualités de ce poisson, et fait mention du pain et du vin, il ajoute : « Que celui qui entend ce que j'ai dit, prie pour Abercius » (V. l'art. *Poisson*).

Nous n'avons pas à répéter ici ce que nous avons dit en plusieurs endroits de ce Dictionnaire au sujet de l'exclusion des catéchumènes de la célébration des saints mystères (V. les art. *Catéchuménat*, *Messe*, etc.). « Nous célébrons les saints mystères portes closes, dit S. Chrysostome ; et ceux qui ne sont pas encore initiés, nous les empêchons d'y assister (*Homil.* XXIII. *In Matth.*). » Entre autres choses qui sont prescrites aux diacres dans les *Constitutions apostoliques* (II. 57), il leur est expressément recommandé, non-seulement de renvoyer les non-initiés, mais encore de garder les portes de l'église, de peur qu'ils n'y entrent furtivement pendant la célébration de l'eucharistie. Aussi voyons-nous avec quelle sévérité S. Épiphane et S. Jérôme reprimandent les marcionites de ce qu'ils admettent indistinctement à leurs mystères les catéchumènes avec les fidèles, méconnaissant ainsi une des plus essentielles règles de l'Église.

L'administration de l'huile sainte, soit du sacrement de confirmation, était aussi voilée aux profanes. S. Basile (*De Spirit. S.* c. XXVIII) nous donne une idée de la discrétion qui était observée au sujet de ce sacrement, lorsqu'il dit qu'il n'était pas même permis aux non-initiés de fixer les yeux sur l'huile qui se conservait pour cela : « Quant à l'onction elle-même de l'huile sainte, qui osa jamais en parler ouvertement ? » Le pape Innocent Ier, répondant à Decentius, évêque d'Eugubium, qui l'avait interrogé sur la forme du sacrement de confirmation, dit (*Epist.* I. c. 3) : « Je ne puis dire les paroles (sacramentelles), de peur que je ne paraisse trahir, plutôt que répondre à une consultation. »

Il en était de même des saints ordres : il n'était pas permis de les conférer en présence des catéchumènes. Nous trouvons un canon sur ce sujet dans les actes du concile de Laodicée (can. V) : « Qu'il soit interdit de célébrer les ordinations sous les yeux des écoutants. » Lorsque S. Jean Chrysostome veut parler en public de cet office ainsi que des prières solennelles qui sont usitées dans la consécration des ordinands, il s'exprime obscurément à cause des catéchumènes (*Homil.* XVII. *In 2 ad Cor.*) : « Celui qui est appelé à initier quelqu'un aux saints ordres réclame les prières des fidèles au moment de la cérémonie, et ceux-ci approuvent par leur assentiment ce qui se fait, et acclament les choses qui sont connues des initiés. Car il n'est pas permis de tout découvrir devant ceux qui ne sont pas initiés. »

Ce qui est dit ici de l'ordination doit aussi s'entendre de l'onction des infirmes. On le peut conclure de ces paroles de S. Basile, lesquelles viennent immédiatement après ce qu'il dit du saint chrême, et doivent par conséquent en être distinguées : « Quel discours parla jamais ouvertement de l'onction de l'huile ? » Nous ne voyons pas en effet qu'aucun Père se soit jamais exprimé clairement au sujet de ce sacrement devant les catéchumènes ou les infidèles, ni que les paroles de sa forme aient été écrites nulle part. S. Augustin (*Enarrat. in psalm.* CXLI) dit bien que nous recevons les divers sacrements de différentes manières : « Les uns, comme vous savez, sont reçus par nous dans la bouche, les autres par tout le corps. » Il est évident qu'il désigne, bien qu'à mots couverts, l'eucharistie, qui se reçoit dans la bouche, et ensuite l'extrême-onction, qui est reçue sur toutes les parties du corps. S. Jérôme ne s'exprime pas d'une manière plus claire sur ce dernier sacrement : ce qu'il en dit à propos du mot *olivier* dans son commentaire sur le quatorzième chapitre d'Osée, c'est que le fruit de l'olivier « est celui avec lequel on oint ceux qui combattent dans le cirque, *in agone certantes*. » Les autres Pères Grecs et Latins observent au sujet de l'extrême-onction la même réserve.

Outre les raisons générales que nous avons assignées à la discipline du secret, il en est encore d'autres que nous énumérerons en deux mots. On craignait que la simplicité des rites chrétiens ne causât quelque étonnement, et peut-être même du scandale chez ceux qui n'en pénétraient pas encore le sens, car les dehors d'un culte en esprit et en vérité offraient un frappant contraste avec les splendides cérémonies, et surtout avec les sacrifices dont les catéchumènes avaient été jusque-là témoins dans le judaïsme et le paganisme d'où ils étaient issus. C'est ce qu'a si bien exprimé S. Jean Chrysostome dans sa vingt-troisième homélie sur S. Mathieu : « Nous célébrons les mystères portes closes ; non point que nous supposions quelque côté faible dans nos mystères, mais parce que ceux que nous en éloignons sont encore trop faibles pour y participer. »

Une seconde raison, c'était de concilier à nos mystères de la part des non-initiés le respect qui leur est dû : « La vénération des mystères est conservée par le silence, dit S. Basile (*De Spirit. S.* XXVII). » S. Augustin exprime la même pensée en d'autres termes (*Serm.* I inter 40 a Sirmond. edit. t. 10) : « Vous ne devez pas vous étonner, très-chers frères, si dans la célébration des mystères mêmes nous ne vous avons rien dit de ces mystères, et si nous ne vous avons pas donné tout aussitôt l'interprétation de ce que nous faisons. C'est que nous avons dû entourer des choses si saintes et si divines des honneurs du silence. »

Enfin, on peut dire encore, et le témoignage des Pères nous y autorise, qu'on voilait aux catéchumènes la doctrine des sacrements et en particulier celle du baptême et de l'eucharistie, afin d'exciter davantage leur curiosité et d'enflammer leur zèle, de telle sorte qu'ils se missent le plus tôt possible dans le cas d'y participer et de les connaître par leur propre usage et par leur expérience. « Si les sacrements des fidèles, dit-il (*Homil.* XCVI. *In Joan.*), ne sont pas découverts aux catéchumènes, ce n'est pas qu'ils ne pussent en supporter la connaissance, mais c'est afin qu'ils les désirent avec une ardeur proportionnée au soin qu'on met à les leur cacher. » Et ailleurs (*Homil.* CIX) : « Les Juifs ne connaissent pas le sacerdoce selon l'ordre de Melchisédec. Je parle aux fidèles : s'il est quelque chose que les catéchumènes n'entendent pas, qu'ils secouent leur paresse, et se hâtent vers l'intelligence de ces choses. » Et ailleurs encore (*De verb. Domini. homil.* XLVI) : « Ceux qui ne mangent pas encore, qu'ils se hâtent vers le festin auquel ils sont invités. Voici venir la Pâque, donne ton nom pour le baptême. Si la fête ne suffit pas à t'exciter, laisse-toi gagner par la curiosité, afin que tu saches ce que nous disions par ces paroles : *Celui qui mange ma chair et boit mon sang, demeure en moi et moi en lui.* »

II. — Nous avons dit que le même besoin de mystère se fait remarquer dans les monuments figurés. Il en est ainsi notamment dans les peintures, les sculptures, les inscriptions des catacombes de Rome : il n'y était admis qui pût trahir aux yeux des profanes qui se seraient furtivement introduits dans ces cryptes sacrées le secret des choses saintes. On n'y voyait ni crucifix, ni croix (dans la période primitive du moins), ni représentation de martyre (V. les art. *Croix, Crucifix, Martyre*). On observera même que, dans les sculptures des sarcophages, le symbolisme est beaucoup plus compliqué et enveloppé que dans les peintures et les simples pierres sépulcrales des cimetières souterrains. La raison en est que, devant être exécutées en plein air, et en général figurer dans les cimetières supérieurs, ou même dans l'intérieur des basiliques, ces sculptures devaient aussi se conformer plus strictement à la loi du secret.

Toute la religion, ses dogmes, ses enseignements moraux, ses espérances, ses promesses, sont figurés en un langage hiéroglyphique, dans un vaste système de symbolisme savamment organisé, et dont on trouvera les éléments épars dans ce Dictionnaire (V. en particulier l'article *Symboles*). Ce sont des faits de l'Ancien et du Nouveau Testament, des figures empruntées à la mythologie, des scènes de la vie pastorale, des animaux, des plantes, des objets maritimes, mais par-dessus tout le poisson, mystérieux symbole du Christ et du chrétien (V. l'art. *Poisson*). La foi à la résurrection des corps, qui devait consoler et fortifier les fidèles au milieu des persécutions et des misères communes de la vie, est surtout reproduite sous une foule d'emblèmes ; et on verra que la majeure partie des objets sculptés ou peints sur les tombeaux et sur les parois des cryptes, et auxquels nous consacrons un grand nombre d'articles, se rapportent à cette vérité consolante.

SECRETARIA. — C'étaient deux espèces de tabernacles, ou mieux peut-être de sacristies pratiquées dans l'abside, des deux côtés de l'autel des basiliques anciennes (V. l'art. *Pastophoria*); dans l'un de ces *secretaria*, on conservait la sainte eucharistie, et dans l'autre les Livres saints, et quand il avait des proportions plus vastes, des bibliothèques (V. l'art. *Bibliothèques chrétiennes*). S. Paulin en fait mention dans sa description de la basilique de Saint-Félix. Le saint dit que les vers suivants indiquaient la destination de chacun d'eux :

A la droite de l'abside :

Hic locus est, veneranda penus qua conditur, et qua
Promitur alma sacri pompa ministerii.

A la gauche :

Si quem sancta tenet meditandi in lege voluntas,
Hic poterit residens sacris intendere libris.

Bottari (t. I. p. 68) croit voir une allusion à cet usage dans le bas relief d'un sarcophage antique (tav. XIX). Au centre du tombeau est une *orante*, aux pieds de laquelle est déposé, d'un côté, un vase surmonté d'une colombe (V. ce vase à l'art. *Colombe eucharistique*) et qui est regardé comme un vase eucharistique, et de l'autre côté un faisceau de volumes liés ensemble. On peut reconnaître une vraie sacristie dans le plan d'une petite église souterraine du cimetière dit *della Salita del cocomero* (Marchi. tav. XXXVIII. N).

SELIQUASTRUM. — C'était un siége d'une forme élégante et majestueuse, d'un caractère archaïque, dont se servaient les femmes dans l'antiquité. Le grammairien Hygin (*De Sign. cœlest.* cap. IX. — Cf. Bottari. t. III. p. 23) attribue à Cassiopée, reine d'Éthiopie et mère d'Andromède, un siége de cette espèce : *Sedens in seliquastro collocata est*. Arnobe (lib. II. p. 76. edit. Hanov.) distingue le *seliquastrum* d'un autre siége, également à l'usage des femmes dans leurs maisons, et se terminant en arc, *arquata sellula*.

Les monuments chrétiens produisent fréquemment des personnages assis sur des siéges auxquels peuvent s'appliquer également ces deux définitions. Telle est la chaire où est assise la Ste Vierge dans plusieurs fresques et sculptures des catacombes ; il faut voir surtout, pour cet objet, un beau sarcophage du cimetière de Sainte-Agnès (Bottari. tav. CXXXIII) : le siége qu'occupe la Mère de Dieu tenant son divin Enfant sur ses genoux, dans le sujet de l'adoration des Mages, a le dossier arqué et les côtés évasés avec une grâce toute spéciale.

SEMAINE (JOURS DE LA). — I. — On a beaucoup discuté sur l'origine de la division du temps en semaines. On a fait honneur de l'invention, tantôt aux Égyptiens, tantôt aux Assyriens. Mais il est évident que la division hebdomadaire remonte à l'origine même du monde, et qu'elle est basée sur les sept jours de la création indiqués par Moïse au début de la Genèse. C'est des Juifs qu'elle passa aux autres peuples orientaux, et en particulier aux Assyriens, qui, d'après les textes cunéiformes (V. J. de Witte, *Gazette archéol.* 1877, p. 51), employèrent dans leur calendrier le nombre sept, qui, sans doute par suite des traditions primitives, a été regardé chez tous les peuples comme un nombre sacré. Ils divisaient les mois en quatre parties égales, composées chacune de sept jours, du premier au sept, du sept au quatorze, du quatorze au vingt-un et enfin du vingt-un au vingt-huit. Le mois ayant régulièrement trente jours, les deux derniers restaient en dehors de la série des quatre hebdomades, qui reprenait le mois suivant du premier au sept.

Les Grecs divisaient le mois en trois décades ; les Romains avaient adopté une division inégale, par *calendes*, *nones* et *ides*. Ils nommèrent *calendes* le premier jour du mois, du grec καλέω, *voco*, « j'appelle, » parce que c'était le jour où le pontife appelait le peuple, afin de lui notifier celui où l'ordre des fêtes devait lui être annoncé. Cet autre jour était désigné sous le nom de *nones*, parce qu'il précédait les *ides* de neuf jours. Enfin les *ides*, d'un ancien vocable *iduo*, qui veut dire *divido*, « je divise, » étaient le jour qui partageait le mois à peu près par le milieu (V. Pelliccia. *Polit. eccl.* t. II. p. 7).

Les Orientaux sont les premiers qui aient désigné les jours de la semaine par les noms des planètes. Il est probable que ce système dérive des observations astronomiques et des anciennes opinions sur l'harmonie des sphères et sur les heures planétaires ; c'est le sentiment de S. Clément d'Alexandrie (*Strom.* edit. Potter. p. 712) : *Illo dierum septenario singulos septem planetarum motus.... intelligo*, « je comprends que ce septenaire de jours est basé sur les mouvements des sept planètes. »

Mais il n'est pas exact de dire que les Chaldéens assignèrent à chaque jour le nom de la planète qui présidait à ce jour. S'il en était ainsi, l'ordre des noms des jours serait différent. En effet, les tables astronomiques des Chaldéens étaient conçues de telle sorte, que Saturne occupait la première place, parce qu'il était la plus haute des planètes alors connues, et le plus ancien des sept grands dieux. Jupiter venait ensuite, puis Mars, le Soleil, Vénus, Mercure, et enfin la Lune. On voit donc que si les noms des jours eussent été réglés d'après la *présidence* des planètes, le premier jour de la semaine dériverait de Saturne, le second de Jupiter, le troisième de Mars, le quatrième du Soleil, le cinquième de Vénus, le sixième de Mercure, le septième de la Lune.

Or il en est tout autrement, et la raison, c'est que les Orientaux donnèrent à chaque jour non pas le nom de la planète qui présidait à ce jour, mais celui de la planète qui présidait à sa première heure. Ainsi, comme, selon leurs tables astronomiques, c'était le soleil qui présidait à la première heure du premier jour de la semaine, et la lune à la première heure du second jour, etc., il s'ensuivit que le premier jour fut consacré au soleil et en prit le nom, que le second reçut le nom de la lune, et ainsi des autres.

II. — Ce système étant une fois adopté, et généralement mis en usage par les peuples de l'antiquité, passa naturellement aux chrétiens par la nécessité de se conformer au langage commun. Aussi trouvons-nous les jours de la semaine désignés par leurs noms païens dans les écrits des plus anciens Pères, aussi bien que dans les monuments épigraphiques : *Deos nationum nominari lex prohibet*, dit Tertullien (*De idololatr.* c. xx) : *non utique ne nomina eorum pronuntiemus, quæ nobis ut dicamus conversatio extorquet*, « de nommer les dieux des nations, la loi le défend ; mais elle ne nous empêche pas d'articuler des noms que les habitudes de la conversation nous arrachent forcément. Ainsi, nous sommes bien obligés de dire : *le temple d'Esculape, le vicus d'Isis, le prêtre de Jupiter*, et d'autres choses semblables... Ce n'est pas que j'honore Saturne, si je prononce son nom.... Ce que la loi veut, c'est que je ne les nomme pas comme dieux. »

Dans un rescrit de Constantin, donné le v des nones de juillet, sous le consulat de Crispus et de Constantin II, c'est-à-dire en 321, on lit cette phrase : DIEM SOLIS *venerationis suæ celebrem ;* la même expression se trouve dans un autre rescrit du même prince, sous la date des nones de mars : *Artium officia venerabili* DIE SOLIS *quiescant :* c'est une interdiction du travail du dimanche, appelé ici encore le *jour du soleil.* Baronius (*Ad ann. Christi* 321) pense que l'empereur chrétien s'était servi de ce langage, parce que la loi en question s'adressait aux idolâtres comme aux fidèles. Mais les documents ne manquent pas pour prouver que la coutume de désigner les jours par leurs noms païens demeura vulgaire, même dans les actes publics, pendant les quatrième, cinquième et sixième siècles. Eusèbe (*Hist. eccl.* l. iv. cap. 18) désigne ainsi le dimanche : *Hunc salutarem diem, quem* LUCIS, VEL SOLIS DIEM *appellamus*, « ce jour salutaire que nous appelons jour de la *lumière* ou du *soleil.* » Pour le cinquième siècle, Sozomène atteste le même fait au moins chez les Grecs (*Hist. eccl.* cap. viii) : *Tum die dominico, quem Hebræi appellant primum diem hebdomadæ, vel sabbati, Græci autem* SOLIS *nomine nuncuparunt*, « le jour du Seigneur, que les Juifs appellent le premier jour de la semaine, ou après le sabbat, les Grecs le nomment le jour du soleil. » Le dimanche est aussi appelé de son nom païen dans un grand nombre de lois du Code théodosien, et notamment dans un rescrit des empereurs Valentinien, Théodose et Arcadius, daté du vii des ides d'août, sous le consulat de Timasius et de Promotus, c'est-à-dire en 389.

Mais les inscriptions en fournissent des exemples presque innombrables. Le P. Lupi en a recueilli quelques-unes pour chaque siècle, depuis le troisième, auquel appartient la fameuse épitaphe de SEVERA qu'il a illustrée (DIE BENERES), jusqu'au sixième. Au quatrième siècle, il cite celles de SIMPLICIVS, de PASCHASIVS et d'HELIA, lesquelles, bien qu'écrites sous des empereurs chrétiens et déposées dans des cimetières chrétiens, portent néanmoins des dates énoncées par DIE SATVRNI, DIE IOBIS, DIE BENERIS (*Sev. epitaph.* p. 18 et 19). A la même époque se rattache un fragment qui se trouvait employé dans le pavé de la basilique de Saint-Clément, et qui fait lire DIE VENERIS au lieu de FERIA SEXTA, qui était le vendredi (Id. p. 100). Gori (*Inscr. Etrusc.* t. II. p. 168) en donne une de l'an 468 qui appelle aussi le dimanche DIEM SOLIS. Une épitaphe grecque à peu près de la même époque, engagée dans le pavé de la basilique de Saint-Laurent hors des murs de Rome, porte ΗΜΕΡΑ ΔΙΟΣ, DIES SOLIS, pour le dimanche. Nous avons DIE LUNAE dans un *titulus* de la collection de Muratori (p. 383. IV), DIE MARTIS dans le *Journal des savants* de Pise (tom. VI), DIE SATVRNI dans Boldetti (p. 94) et dans Bianchini (*Proleg. ad Anast.* t. II. p.-68). L'épitaphe de MARTIA à Saint-Ambroise de Milan est datée du jour de Jupiter, DIE IOVIS (Ferrari. *Monum. di S, Ambrogio*, p. 49).

III. — Cependant, dès les temps des apôtres, les jours de la semaine eurent, dans l'Église de Dieu, des noms exclusivement chrétiens. S. Jean dans son *Apocalypse* (I. 10) appelle déjà le premier jour *le jour du Seigneur* (V. l'art *Dimanche*). Et il est aisé de voir dans les œuvres des plus anciens Pères que, quand ils se servent des dénominations païennes, ce n'est que pour obéir à la loi du secret, ou bien pour se faire comprendre de tous. Ainsi quand S. Justin, dans sa *Première apologie* (lib. I. c. 67), veut parler du jour où a lieu l'assemblée de tous les fidèles qui habitent les villes et les villages environnants, c'est-à-dire du dimanche, il dit « le jour du soleil, comme on l'appelle vulgairement, » *solis, ut dicitur, die.* Il est évident que c'est avec répugnance qu'il se sert de cette expression, et uniquement parce qu'il s'adresse à des païens. S. Clément d'Alexandrie (*Strom.* l. VII. edit. Pott. p. 877) met ouvertement en parallèle les noms chrétiens avec leurs correspondants profanes. « Il sait (le vrai gnostique) les insignes (les désignations énigmatiques) du jeûne de ces jours, c'est-à-dire du quatrième et du sixième (du mercredi et du vendredi). Le premier est appelé (par les païens) le jour de Mercure, celui-ci le jour de Vénus, » *novit ipse jejunii quoque enigmata horum dierum, quarti, inquam, et sexti. Dicitur autem ille quidem Mercurii, hic vero Veneris.*

La première méthode de supputation fut simplement empruntée aux Juifs ; elle consistait à compter les jours à partir du sabbat, le premier, le second, le troisième jour après le sabbat. C'est ainsi que le dimanche est appelé dans les Évangiles *prima sabbati* (Matth. XXVIII. 1. — Marc. XVI. 9), ou *una sabbati* (Luc. XXIV. 1. — Joan. XX. 1), et de même dans les *Actes des apôtres* (xx. 7).

On désigne encore les jours de la semaine sous le nom de *féries*, première, seconde, troisième férie, etc., à partir du dimanche, et c'est le nom qui est resté dans la langue liturgique, *nostro more dies feriæ sunt nomen habentes* (Beda. *In hymn.*).

Ce mot est dérivé du verbe *ferire*, « frapper, » parce que, chez les Romains, il désignait les jours où l'on immolait des victimes, les jours de sacrifices, où les affaires étaient suspendues. Les chrétiens, qui croyaient que tous les jours sans distinction devaient être consacrés au culte de Dieu, et surtout être marqués ou fériés par la cessation du péché, *nos autem ferias dicimus, quod omni die feriare, id est cessare a peccato debemus* (*Concil. in Trull.* can. LXVI), appelèrent *féries* tous les jours de la semaine. Le mot est employé dans ce sens par tous les Pères, par Tertullien, S. Basile, S. Chrysostome, S. Augustin. Ce dernier reprend avec sévérité quelques chrétiens qui aiment mieux dire le *jour de Mars* ou *de la Lune* que la seconde, la troisième férie, etc. (S. Augustin. *In psalm.* XCIII). « Le premier jour après le sabbat est le jour du Seigneur; le second après le sabbat est la seconde férie, que les séculiers appellent le jour de la Lune; le troisième après le sabbat est la troisième férie, qui est appelée par les païens le jour de Mars; le quatrième du sabbat est la quatrième férie, qui est dite le jour de Mercure par les païens, et même par plusieurs chrétiens. Mais nous ne voulons pas qu'ils le disent; et plût à Dieu qu'ils se défissent d'une telle habitude! Car ils ont leur langue à part dont ils doivent se servir. Il est mieux que d'une bouche chrétienne ne sorte qu'un langage ecclésiastique! »

SÉPULTURES. — I. — Les premiers chrétiens avaient adopté l'usage reçu chez les Romains, et consacré par la loi des Douze Tables, d'inhumer leurs morts hors de l'enceinte des villes. Mais ils évitèrent toujours avec un grand soin de confondre les restes de leurs frères avec ceux des païens, et dès le principe ils eurent des sépultures à eux.

Nous pouvons citer un curieux exemple de cette répugnance des fidèles. C'est une inscription donnée par Muratori (MDCLXVIII. 6), où il est dit qu'un nommé IVCVNDVS, en se faisant chrétien, avait vendu un droit de sépulture qu'il possédait sur un tombeau païen, IVS OLLARVM. Et il est intéressant de noter que ce droit fut acheté par un esclave d'Antonia, femme de Drusus, ce qui place le contrat vers le règne de Claude, peut-être même à une époque un peu plus reculée. Muratori assure que ce marbre existait à Florence : nous en transcrivons les deux dernières lignes ; c'est probablement la plus ancienne mention du nom de chrétien qui se soit rencontrée sur les monuments funéraires :

FAVSTVS. ANTONIAE. DRVSI. IVS
EMIT. IVCVNDI. CHRESTIANI. OLL

Un autre fait à constater ici, c'est le soin que les premiers chrétiens et les Saints eux-mêmes eurent toujours de procurer à leurs corps, toutes les fois que la possibilité leur en était laissée, une sépulture honorable.

Ainsi on raconte de. S. Torpès, martyr (Bosio. p. 8), qu'au moment où il était conduit au lieu de son supplice, il obtint de passer devant la maison d'un de ses amis nommé Andronicus, pour lui recommander de lui donner un tombeau après sa mort, lui assurant pour cette œuvre de piété la récompense céleste : *Clamans eum ad se, plorans et osculans eum dixit : Amice, sequere me, et sepeli corpus meum. Credo in Domino, quia mercedem consequeris.* S. Victor, martyr (*Ap. Sur.* t. III. XIV maii), pria les questeurs de laisser transporter ses restes dans le monument que, selon une ancienne coutume, il s'était préparé de son vivant : *Habeo enim loculos jampridem mihi paratos.* Dans son testament, le martyr S. Eustratius ordonna, lui aussi, que sa dépouille mortelle fût envoyée dans sa patrie, et il chargea spécialement l'évêque de Sébaste de l'accompagner lui-même : *Adjuravit eum ut per seipsum iret, et portaret reliquias suas* (Sur. t. VI. III dec.). L'Égyptien S. Mennas fit une recommandation analogue, et ses vœux ne furent point déçus, car de pieux chrétiens arrachèrent ses restes aux flammes dans lesquelles ils avaient été jetés et les rendirent à la patrie du martyr, après les avoir enveloppés dans de riches étoffes et embaumés avec des aromates (Id. XI nov.) (Sur le culte de S. Mennas et les huiles recueillies devant son tombeau, V. notre art. *Huiles saintes*, p. 345, 346). L'embaumement était aussi en usage à Rome, et l'on a trouvé au cimetière de Calliste un sarcophage renfermant un corps embaumé, comme une momie, *more ægyptio*. Ste Fortunée, devant avoir la tête tranchée avec ses frères, donna vingt pièces d'or au bourreau pour que son corps ne fût pas brûlé, mais enseveli dans la terre (*Cod. S. Cœcil. ap. Bosio. ibid.*). S. Sabinus, martyr d'Hermopolis en Égypte, se voyant conduit vers le fleuve où il avait été condamné à être précipité avec une pierre aux pieds, pria les assistants d'aller au bout de trois jours recueillir son corps sur le rivage et de l'inhumer, et la pierre avec lui (Id. t. II. XIII mart.).

II. — Dans les premiers siècles, l'Église était chargée de subvenir aux frais de la sépulture de ses enfants, et ce devoir était par elle tellement pris au sérieux, que, encore au temps de S. Ambroise (*De offic.* l. II. c. 28), il était permis, dans le cas de nécessité extrême, de vendre pour cet objet les vases sacrés du ministère des autels, décision qui passa même plus tard dans la législation de l'Église (*Decr.* p. II. 12. p. 11. cap. *Aurum.* § *Nemo pot.*). Les monuments primitifs nous autorisent cependant à penser que, même à cet âge d'or du christianisme, ceux des fidèles auxquels leurs facultés le permettaient, ne voulant pas être à charge à l'Église, achetaient à leurs frais, et de leur vivant, le lieu de leur sépulture et de celle de leurs parents et amis (V. l'art. *Fossores*). EMERVM (sic) SE VIVAS (sic) LOCV BISONI (*bisomum*) (Bosio. 1. III. c. 41). Des parents aimaient quelquefois à constater dans l'épitaphe d'un fils chéri qu'il s'était préparé lui-même son tombeau du fruit de son travail : FILIVS DVLCISSIMVS DE SVO LABORE SIBI FECIT (Boldetti. 52). On recevait quelquefois d'un ami le don d'un tombeau : HVNC LOCVM. DONABIT M. ORBIVS HELIVS. AMI. CVS. KARISSIMVS (Lupi. *Dissert. e lett.* I. p. 169). Le plus souvent on l'achetait des *fossores :* EMIT. A. CELERINÓ. FOS (*Ibid.*). Mais c'est surtout après la paix rendue à l'Église, époque à laquelle les tombes cessèrent d'être creusées par l'autorité du pape ou des prêtres, que cette pratique devint tout à fait fréquente (V. Marchi. p. 85) ; alors les pauvres seuls étaient inhumés aux frais de la communauté. On trouve même assez souvent sur les épitaphes de cette époque l'énoncé du prix payé aux *fossores*, soit pour un tombeau particulier, soit pour une sépulture de famille. Le P. Marchi s'est livré sur ce sujet à des calculs qui nous paraissent plus ingénieux que concluants (V. Cavedoni. *Ragguaglio crit.* p. 10 et 11).

Vers le temps des premiers empereurs chrétiens (V. Lupi. *Op. et loc. laud.*), il se trouva des fidèles qui, par motif de pauvreté, ouvraient les tombeaux d'autrui pour y introduire leurs morts ; il y en eut d'autres que la cupidité porta à y rechercher l'or, l'argent, et différents objets précieux qu'on avait alors coutume d'ensevelir avec les défunts, et jusqu'aux marbres dont ils pouvaient tirer quelque gain (V. Cancellieri. *De secret. basilic. Vatic.* t. v. p. 1878). Ces profanations, qui devinrent peu à peu assez communes, expliquent les imprécations et les anathèmes que les épitaphes de cette époque et celles des temps postérieurs contiennent contre les violateurs des tombeaux (V. à l'art. *Anathèmes* de curieux détails sur ce sujet).

Ce respect que les premiers chrétiens professaient pour des corps sanctifiés donna lieu à mille précautions de cette nature, lesquelles se traduisirent en ces formules de prières ou d'anathèmes que font lire si fréquemment les épitaphes des premiers siècles.

III. — Il y eut chez les premiers chrétiens deux espèces de sépultures, celles qui étaient creusées dans les entrailles de la terre, et que nous appelons catacombes, et celles qui étaient pratiquées, comme celles des païens, à fleur du sol.

1° On a vu à l'article *Catacombes* à peu près tout ce qu'il est nécessaire de savoir sur les premières ; ces sépultures souterraines furent creusées par les chrétiens et non point empruntées aux latomies ou arénaires des idolâtres, comme on l'a cru longtemps. Les tombeaux sont des espèces de niches ou gaines horizontales ouvertes dans les flancs des corridors ou des cryptes, et on les appelait LOCVS ou LOCULUS (V. l'art. *Loculus*). Après y avoir déposé le cadavre, on fermait le tombeau avec une tablette de marbre ou avec des briques, sur lesquelles on traçait ordinairement le nom du défunt, son âge, le jour de sa déposition, et en outre quelques emblèmes religieux. Prudence avait souvent contemplé ces sépultures, et il les décrit dans un poëme adressé à Valerianus, évêque de Saragosse (*Peristeph. hymn.* XI) : « D'innombrables cendres de Saints, dans la ville de Romulus, ont été vues par nous, ô Valerianus, prêtre du Christ. Les *tituli* sont gravés sur les tombeaux ; mais me demandes-tu les noms de chacun ? Il me serait difficile de te satisfaire... Beaucoup de sépultures parlent par les lettres qui y sont inscrites, et disent, ou le nom d'un martyr, ou une épitaphe quelconque. »

Innumeros cineres Sanctorum Romulea in urbe
  Vidimus, o Christi Valeriane sacer.
Incisos tumulis titulos, et singula quæris
  Nomina ? Difficile est ut replicare queam.
. . . .
Plurima litterulis signata sepulchra loquentur,
  Martyris aut nomen, aut epigramma aliquod.

V. l'art. *Martyrs* (Nombre des).

Les ouvrages traitant des antiquités chrétiennes de tous les pays, et surtout de celles de la Rome souterraine, sont pleins de ces inscriptions dont l'étude est si importante pour l'histoire de nos origines (V. l'art. *Inscriptions*). Le tombeau y est quelquefois appelé DOMVS, « maison (V. ce mot), » par exemple DOMVS AMORATI ; d'autres fois MEMORIA (Id. p. 341), QVINTILIANI MEMORIA (V. l'art. *Confession*).

Outre les simples *loculi*, il y avait aussi des sarcophages de marbre, ornés de figures en bas-relief, de symboles sacrés, de faits de l'Ancien et du Nouveau Testament : c'étaient les sépultures des riches (V. les art. *Sarcophages* et *Arcosolia*). On comprend que, eu égard aux difficultés d'exécution que présentaient ces tombeaux distingués, la plupart d'entre eux sont postérieurs à l'époque des persécutions.

La sépulture dans les cimetières souterrains fut en usage, parmi les chrétiens, non-seulement pendant les trois premiers siècles, mais encore assez longtemps après, c'est-à-dire jusqu'au second lustre du cinquième siècle. Depuis la liberté de l'Église, on les recherchait encore par motif de dévotion ; nous avons un grand nombre de textes anciens (S. Augustin. *De cura pro mort gerend.* c. VII), et d'inscriptions funéraires, soit en Italie (Marchi. pl. 150), soit dans les Gaules (Le Blant. t. I. p. 83), qui attestent que les chrétiens aimaient à placer leur tombe dans le voisinage et sous la protection des martyrs et des confesseurs : POSITVS AD SANCTOS, AD MARTYRES (V. l'art. spécial sur cette matière, *Ad Sanctos, ad Martyres*).

Il y eut des sépultures souterraines, non-seulement à Rome, mais en Orient, à Antioche, à Alexandrie, à Chypre. Il y en avait en Afrique. On connaît les fameuses catacombes de Naples, celles de plusieurs villes de la Sicile, Messine, Syracuse, celles de Malte, celles de la Toscane et de Chiusi en particulier, illustrées naguère par l'abbé Cavedoni (Modena. 1853). Il en existait en Espagne, à Elvire, à Saragosse, à Séville; dans les Gaules, à Agaune, à Cologne, à Trèves, etc. (V. Boldetti. l. II).

2° Mais l'intérêt immense qui s'attache à ces nécropoles souterraines ne doit point faire oublier les sépultures ordinaires, pratiquées en plein air. Il en exista chez les chrétiens dans tous les temps, pendant les persécutions comme depuis la pacification de l'Église. Car la loi romaine, qui refusait aux chrétiens sa protection et même sa tolérance, respectait leurs tombeaux. La sépulture des fidèles, comme celle des païens, était garantie par le droit commun, et, comme elle placée sous la juridiction des *pontifes* chargés de veiller à la conservation et à l'inviolabilité des monuments funéraires sans distinction, et en bénéficiant d'une telle protection, les chrétiens ne croyaient nullement compromettre leur conscience. Ceci n'a pas besoin de preuve pour les époques postérieures à Constantin. Ces tombeaux ou *mémoires* étaient construits autour des grandes basiliques, et on a découvert de nos jours et reconnu pour chrétien un hémicycle de ce genre contigu à une basilique de Palestrine et qui jusqu'à présent avait passé pour païen (V. De' Rossi. *Bullett.* april. 1864). Voici, d'après M. De' Rossi (*Roma sott.* I. p. 94), un dessin qui peut donner une idée du système le plus commun de ces sortes de sépultures non souterraines. Entre deux parois verticales construites parallèlement, et séparées par un étroit passage, sont établies, à une distance suffisante pour recevoir un cadavre dans le sens de sa longueur, des espèces d'étagères composées de tablettes de marbre ou de simple maçonnerie, sur chacune desquelles reposait un cadavre. Ce mode de sépulture, adopté par les païens à l'époque où ils abandonnèrent le système de la crémation des corps, fut aussi employé à Rome par les chrétiens.

L'existence de ces sortes de cimetières n'est pas moins constatée pour les trois premiers siècles. Il est beaucoup de localités où les conditions géologiques et hydrauliques du sol ne permettaient pas l'excavation de galeries souterraines, et où l'absence

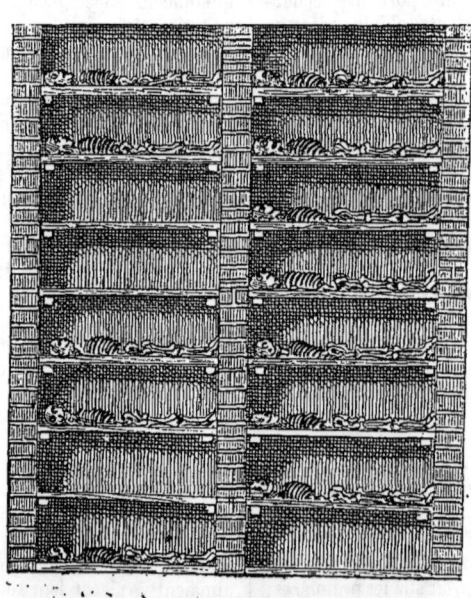

de ces catacombes est parfaitement constatée, de même que le souvenir de cimetières chrétiens primitifs s'est conservé dans les traditions locales. Il en existait à Carthage au commencement du troisième siècle, puisque en 203, au témoignage de Tertullien (*Ad Scapulam.* c. III), la populace ameutée en réclama la destruction : *Areæ eorum non sint.* S. Cyprien, évêque de cette ville, martyrisé en 258, fut inhumé *in area Macrobii Candidi procuratoris*, et l'année suivante d'autres martyrs reçurent la sépulture dans une *area* dont le nom n'est pas consigné dans leurs actes (Ruinart. p. 208). Les reliques de S. Ignace martyrisé sous Trajan furent reportées de Rome à Antioche et inhumées dans le cimetière hors de la ville, proche de la porte Daphnitique. La découverte du tombeau de S. Gervais et de S. Protais à Milan, tombeau qui était déjà proclamé très-ancien en 386 par S. Ambroise (*Epist.* XXII. — Cf. Rossi. *ibid.*), vient s'ajouter à tous les autres. Le sol sous lequel est creusée la célèbre catacombe de S. Calliste, où précédemment des traces plus ou moins considérables de sépultures avaient été distinguées (comme aussi au-dessus du cimetière de Cyriaque *in agro Verano*), présente aujourd'hui, par le fait de récentes découvertes, l'aspect d'une immense nécropole. Les sépultures de cette sorte ne sont pas rares dans notre Gaule : M. Le Blant, de l'Institut, a donné dans le second volume de ses *Inscriptions chrétiennes de la Gaule* (p. 52) le plan d'un cimetière chrétien, découvert à Vienne, en Dauphiné, et M. De' Rossi en signale un non moins vaste dans l'ancienne *Julia Concordia*, en Vénétie (*Bull.* 1874, p. 133).

Un fait qui n'est pas moins avéré, c'est que les sépultures chrétiennes furent plus d'une fois confisquées en vertu d'édits impériaux. Valérien interdit aux fidèles les réunions qu'ils tenaient dans leurs cimetières, possédés par eux légalement et à titre collectif, *ecclesia fratrum*, et peu après Gallien les leur permit de nouveau. Dioclétien et Maximien les confisquèrent une seconde fois, et Maxence les leur restitua. Or, de ce qu'il fallut des édits spéciaux pour enlever aux chrétiens la liberté de se réunir dans les cimetières, on doit conclure que la législation ordinaire leur en reconnaissait la légitime possession. Et il importe de constater que les sépultures souterraines elles-mêmes ne furent réellement protégées que par le droit de propriété reconnu et plus respecté qu'on ne le suppose vulgairement par les maîtres du monde, car il est impossible de soutenir que leur existence ait toujours échappé à la connaissance des magistrats (V. encore le Bulletin de M. De' Rossi d'août 1864).

Du reste, la forme et toutes les conditions de ces sépultures chrétiennes *sub dio*, appelées *cellæ* ou *cubicula memoriæ*, durent être les mêmes que celles des tombeaux construits depuis l'ère de la paix, avec leurs hémicycles ou *exedræ*, leur *area*, ou *hortus* ou *pomarium*, et conformes aussi à ce que l'on sait des sépultures païennes de la même époque. Plusieurs monuments épigraphiques aussi bien que des témoignages de l'histoire pourraient être cités, qui changeraient la conjecture en certitude. M. De' Rossi se borne à rapporter une inscription de Cherchell, où il est constaté qu'un chrétien des premiers siècles avait laissé par testament à l'église à laquelle il appartenait, ECCLESIAE SANCTAE... RELIQVIT MEMORIAM, c'est-à-dire un lieu de sépulture réunissant toutes ces dispositions, AREAM AD SEPVLCRA, et CELLAM.... Les dimensions de *l'area* funéraire, en longueur et en largeur, étaient indiquées par des inscriptions comme celle-ci : IN. FRONTE. pedes (par exemple x). IN. AGRO. pedes (p. xx). Ces dimensions étaient quelquefois très-considérables. Ainsi la crypte de Lucine, qui est devenue une partie du cimetière de Calliste, et où S. Corneille fut inhumé vers le milieu du troisième siècle, était originairement renfermée dans une area de 100 pieds *in fronte* et de 180 *in agro*.

De même, les actes de S. Alexandre, évêque et martyr du temps de Marc-Aurèle, nous apprennent que l'espace assigné à son tombeau et au cimetière qui l'entourait était de trois cents pieds, *pedes per circuitum loci* CCC (*Bull.* 1875, p. 146). l'rudence nous révèle un fait analogue pour le tombeau de S. Hippolyte : *metando eligitur tumulo locus* (*Peristeph.* XI. v. 151). Cependant ces mesures ne sont pas toujours marquées dans les épitaphes chrétiennes pour chaque tombeau en particulier, parce que l'aire cimetériale était quelquefois la propriété de la communauté des fidèles, *ecclesia fratrum*, et administrée par elle.

Ce serait ici le lieu de parler des réunions, anniversaires, sacrifices et repas de corps que *l'ecclesia fratrum* célébrait dans les cimetières, surtout près des tombeaux des martyrs. Mais, pour éviter les redites et les doubles emplois, nous renvoyons aux articles *Agapes* et *Stations*.

IV. — Comme les païens, les chrétiens avaient dans leurs cimetières, et cela dès les premiers temps, des constructions dont l'ensemble était désigné par le nom collectif *custodia* (*monumenti*). Or ces fabriques avaient une double destination : servir, comme l'indique le nom de *custodia*, de logements aux gardiens et aux *fossores*, et ménager un refuge à ceux qui étaient condamnés ou recherchés pour la cause de la foi. On distingue encore dans le vestibule du cimetière de Domitille les restes d'un petit escalier qui devait sans doute aboutir à un étage supérieur où ces sortes de logements étaient ménagés. Et les choses étaient disposées de telle sorte que de ces *custodiæ* l'on pût aisément et promptement descendre dans les cryptes et les galeries souterraines. C'est ainsi que l'on peut se rendre compte d'un fait souvent rapporté dans l'histoire du christianisme primitif, à savoir que les pontifes et les fidèles se cachaient et habitaient *dans les cimetières*. Évidemment, il eût été impossible de vivre longtemps jour et nuit dans les cryptes souterraines : on se tenait dans les logements supérieurs et on n'en descendait qu'au moment où il devenait nécessaire de se mettre en sûreté.

Ces aménagements nous expliquent encore que, même après la pacification de l'Église, plusieurs papes se soient installés *dans les cimetières* : Libère à Sainte-Agnès, Boniface à Sainte-Félicité, Jean III aux Saints-Triburce-Valérien-et-Maxime (*Lib. Pontif. ad hæc nom.*).

Au temps de ces papes, plusieurs cimetières, notamment ceux qui possédaient de grandes basiliques, avaient non-seulement quelques chambres pour les *fossores*, mais encore de grands édifices de toute sorte, des hospices pour les pèlerins, des maisons pour les *mansionarii* (V. ce mot), et pour les différents fonctionnaires attachés à leur service.

Sous Constantin, les bâtiments des grandes basiliques possédaient déjà des aires et des jardins entourés de portiques, des loges pour les gardiens, des bains et même des baptistères (Euseb. *Vit. Constantin.* IV. 59. — Cf. De' Rossi. *Roma sott.* III. p. 465). On peut citer pour exemples le sanctuaire de S. Félix de Nole, appelé aujourd'hui encore *cimitile*, en mémoire de son ancienne destination, *cœmeterium*; à Rome, les cimetières du Vatican et de Saint-Paul sur la voie d'Ostie, et, quoique avec moins de somptuosité, ceux de la voie Appia, celui *ad catacumbas* à Saint-Sébastien, celui de Prétextat qu'habita Jean III et enfin celui de Calliste. Pour ce qui concerne Saint-Paul en particulier, il existe une inscription, aujourd'hui complètement restituée par M. De' Rossi (*Op. laud.* p. 464), constatant les réparations que fit exécuter au sixième siècle un personnage du nom d'Eusèbe aux dépendances du cimetière attenant à la basilique de l'apôtre; et rien autant que cette description ne pourrait donner au lecteur une idée de la magnificence de ces sortes de constructions. Ce cimetière était environné de portiques soutenus par des colonnes et décorés de peintures, et auxquels étaient annexés des bains revêtus de marbre et munis de tous les accessoires habituels. Au-dessus des portiques et des thermes régnaient des habitations tellement somptueuses, qu'on leur donna le nom de *palatium*. L'entrée publique des cryptes souterraines était précédée d'un vestibule, et au centre de l'aire s'élevait une fontaine entourée de cancels (V. notre art. *Cantharus*), et une chambre pour un gardien chargé de veiller spécialement sur les ornements de métaux précieux qui pouvaient tenter la cupidité des voleurs. Les portes du quadriportique des cimetières étaient ornées de *sigilla*, petites statues probablement de bronze. Des transennes ou balustres de marbre remplissaient les entre-colonnements du portique, les galeries supérieures et les autres parties de cette splendide réunion d'édifices, qui dut déjà être complétement restaurée à la fin du sixième siècle.

V. — L'usage d'ensevelir les morts hors de l'enceinte des villes, et en particulier dans les catacombes, persévéra à peu près sans exception jusqu'à Constantin; du moins, on se contenta dès lors d'une tombe creusée sous le sol des galeries, car les pierres tumulaires qu'on trouve dans cette position portent des dates consulaires du quatrième siècle. Ce prince fut le premier qui, dérogeant à la loi commune, choisit, avec l'assentiment de l'Église, sa sépulture dans la basilique des SS. Apôtres à Constantinople (Euseb. *In vit. Constantin.* l. IV. 60). Le clergé et le peuple restèrent soumis à l'ancienne discipline, et l'inhumation dans les catacombes ne cessa tout à fait, comme on l'a vu plus haut, qu'au cinquième siècle. Les empereurs Théodose et Honorius suivirent l'exemple de Constantin (*Ex Chrysost. homil.* XXVI *In Epist. 2 ad Cor.*), et peu à peu d'autres personnages considérables désirèrent aussi procurer cet honneur à leur dépouille mortelle: si bien que Gratien et Valentinien se virent obligés de réprimer cet abus par une loi. L'Église, de son côté, résista avec énergie à ce sentiment de dévotion indiscrète, ou mieux peut-être de vanité, qui portait beaucoup de gens à demander un tombeau dans l'intérieur même des temples: c'est ce que prouvent les statuts du pape Pélage II sur cette matière, ainsi que les prescriptions d'un grand nombre de conciles de l'Espagne, de l'Allemagne et de la Gaule (V. Pelliccia. *De eccl. polit.* II. 315), et mieux encore les actes des nombreuses translations de corps de martyrs qui eurent lieu dès les temps primitifs. Ce n'est qu'au septième siècle que l'indulgence de l'Église commença à permettre ou tout au moins à tolérer partout les inhumations, non pas dans l'intérieur, mais dans le pourtour des temples, usage qui, comme on le peut conclure du décret de Pélage cité plus haut, s'était déjà introduit en Italie un siècle plus tôt.

SERPENT. — Considéré symboliquement, le serpent a été pris chez les premiers chrétiens dans trois significations différentes.

1° Comme signe de la victoire de Jésus-Christ sur le démon. Ainsi on figurait un serpent enroulé au pied du monogramme ou de la croix, afin de montrer « que celui qui avait vaincu par le bois était à son tour vaincu par ce même bois, » *ut qui in ligno vincebat, in ligno quoque vinceretur* (préface de la Passion). On parle de quelques gemmes antiques retraçant cet intéressant sujet. Nous n'en connaissons pas d'exemple, mais si elles existent,

ces sortes de représentations ne doivent pas être antérieures à l'époque de Constantin.

Cet empereur, si nous en croyons son panégyriste Eusèbe (*In Vit. Constantin.* lib. III. cap. 3), s'était fait peindre lui-même dans le vestibule de son palais, avec le signe victorieux de la croix sur la tête, et perçant avec la pointe de la hampe de son *labarum* le dragon terrassé sous ses pieds. Ce type fut aussi reproduit au revers d'une des médailles de ce prince et d'une pièce de son fils Constance (V. les art. *Numismatique* et *Draconarius*). En voici un spécimen, reproduit par Aringhi (t. II. p. 705), d'après Baronius.

Une très-curieuse lampe d'argile, du commencement du sixième siècle probablement, trouvée

en 1866 dans les ruines du palais des Césars à Rome, représente Notre-Seigneur debout, foulant aux pieds un serpent qu'il perce encore avec une longue haste surmontée d'une croix, tandis qu'un autre reptile, se dressant à la gauche du Sauveur, brandit son dard contre lui. On voit en outre un lion sous ses pieds : de telle sorte que l'ensemble de cette scène paraît être la traduction du treizième verset du psaume XI : *super aspidem et basiliscum ambulabis, et conculcabis leonem et draconem* (V. De' Rossi. *Bull*. 1867. p. 12. n. 1).

L'iconographie ancienne représente souvent aussi les Saints terrassant le serpent, pour exprimer leur courage à combattre les tentations et à vaincre l'esprit des ténèbres.

En mémoire de la destruction de l'idolâtrie, qui était le règne du démon, on avait anciennement coutume de porter dans les processions ou litanies majeures (V. ces mots) un serpent, conjointement avec la croix et la bannière (Claud. episc. Andegav. *De processionibus*, cap. III). Allegranza affirme (*Monum. sacr. ant. di Milano*. pag. 96) que l'usage s'est conservé à Vicence de faire précéder ainsi dans les processions la croix du clergé par un serpent ou dragon.

2° Les premiers chrétiens employèrent encore la figure du serpent pour personnifier cette vertu qui, selon S. Bernard (*In Cantic.*), est la régulatrice de toutes les autres, et sans laquelle toute vertu deviendrait vice, c'est-à-dire la prudence, si instamment recommandée par Jésus-Christ à ses disciples : « Soyez prudents comme des serpents, *estote prudentes sicut serpentes*. Et comme c'est surtout dans les évêques que cette vertu doit briller d'un vif éclat, selon le précepte de S. Paul à son disciple Timothée (1 *Tim*. III. 2) : *Oportet episcopum .... esse prudentem*, on a observé que souvent les images des anciens évêques sont entourées et comme encadrées d'un serpent. C'est pour le même motif que chez les Latins, du moins dans les temps anciens, le bâton pastoral se termine presque toujours aussi à sa partie supérieure par une tête de serpent, tandis que celui des évêques Grecs porte à son sommet un globe de cristal qui signifie la divinité de Jésus-Christ, roi des cieux (S. Isid. Hispal. *De divin. offic*. — Cf. Macri. *Hierolexic*. ad voc. *Bacul. pastoral*.)

Dans un bas-relief de marbre, servant de décoration à la porte méridionale de la basilique de Saint-Ambroise de Milan, on voit ce grand évêque tenant de la main gauche une crosse ainsi serpentée, et de la droite une espèce de thyrse avec trois bandelettes flottantes sous le cône supérieur, façonné à peu près comme une pomme de pin. Et ce qui est plus remarquable encore, c'est que les bras et les jambes du siège ou de la chaire sur laquelle S. Ambroise est assis, ont aussi la forme de serpents. Ce curieux monument se trouve reproduit dans la lettre initiale de la sixième dissertation du P. Allegranza sur les monuments chrétiens de Milan (page 93).

3° Nous voyons enfin le serpent pris comme figure de la croix et de Jésus-Christ lui-même. Gretzer et Jacques Bosio ont longuement développé ces allégories dans leurs ouvrages spéciaux sur la matière (*De cruce*. — *De cruce triumphante*).

L'esprit d'hérésie gâta, il est vrai, cette doctrine et corrompit ce culte, qui dérivaient en droite ligne de l'enseignement de Jésus-Christ : *Sicut Moyses exaltavit serpentem in deserto, ita exaltari oportet Filium Hominis* (Joan. III. 14), « comme Moïse éleva le serpent dans le désert, il faut de même que le Fils de l'Homme soit élevé. » Les ophites, suivant en cela les nicolaïtes et les premiers gnostiques, rendirent au serpent lui-même un culte direct d'adoration, et les manichéens le mirent aussi à la place de Jésus-Christ (S. Augustin. *De hæres*. cap. XVII et XLVI). Et nous devons regarder comme extrêmement probable que les talismans et amulettes avec la figure du serpent qui sont arrivés jusqu'à nous, proviennent des hérétiques de la race de Basilide, et non pas des païens, comme on le suppose communément (V. l'art. *Abraxas*).

Mais cela n'empêche pas que les fidèles, alors que toute sorte d'obstacles s'opposaient à l'exhibition extérieure de la croix (V. l'art. *Croix*), n'aient adopté, pour la remplacer, l'emblème du serpent, comme ils employèrent ceux de l'agneau, du Bon-Pasteur (V. ces mots), comme ils se servirent du monogramme et d'une foule d'autres signes arcanes (V. Gori. *De mitrato capite Jesu Christi crucifixi*. cap. V); ils purent garder sur eux de ces sortes d'amulettes, mais en reportant leurs hommages et leur confiance sur celui dont le serpent n'était à leurs yeux que la figure, et qui seul fut immolé pour le salut des hommes. C'est ce que S. Ambroise enseigne formellement en plusieurs endroits (*De Spirit. sancto*. lib. III. cap. 9) : *Imago enim crucis æreus serpens est.... qui proprius* (*De Salomon*. cap. XII et serm. LV *De cruce Christi*) *erat typus corporis Christi, ut quicumque in eum aspiceret, non periret*, « car l'image de la croix, c'est le serpent d'airain.... qui était le propre type du corps du Christ, de telle sorte que quiconque le regarderait, ne périrait pas. »

Mais nous avons mieux encore que ces serpents isolés employés comme amulettes et signes arcanes de Jésus crucifié : le fait lui-même tel qu'il est raconté au livre des *Nombres* (cap. XXI. 9), se trouve représenté dans un verre doré, précieux sous plusieurs rapports. On y voit Moïse, une verge à la main, et montrant avec l'index de la gauche un énorme serpent dressé devant lui; un second personnage représentant le peuple juif est de l'autre côté du serpent.

On peut lire dans le commentaire au psaume trente-septième l'application parénétique que S.

Ambroise fait du type du serpent à chacun de nous, et qui commence par ces mots : *Imitare serpentem,* « imitez le serpent. » Il le représente notamment comme le symbole de la résurrection et de l'immortalité.

4° On sait qu'il existe dans la basilique de Saint-Ambroise à Milan un serpent d'airain sur une colonne de granit. Mille fables ont été débitées sur le compte de ce monument.

Il paraît parfaitement avéré que ce fut Arnulphe, archevêque de Milan, qui, en 1001, l'apporta de Constantinople, où ce prélat avait été envoyé en qualité d'ambassadeur par Othon III (V. Ferrari. *Monument. di S. Ambrogio.* p. 20). Ainsi disparaît la supposition que ce serpent proviendrait d'un temple d'Esculape sur les ruines duquel la basilique aurait été bâtie. Il est établi au surplus que ce simulacre diffère totalement par sa forme de celui qui était consacré au dieu de la médecine.

Un autre système non moins fabuleux consista à dire que ce serpent n'était autre que celui-là même que Moïse avait élevé dans le désert; et il est très-vrai que le bon archevêque Arnulphe l'avait reçu comme tel, et comme tel aussi placé dans sa cathédrale, soit que les Grecs se fussent eux-mêmes abusés sur l'origine de l'objet, auquel cas on ne comprendrait pas trop qu'ils s'en fussent dessaisis, soit, plus probablement, qu'ils aient usé dans cette circonstance de cette vieille fourberie proverbiale qui les a toujours caractérisés. Quoi qu'il en soit, il est prodigieux qu'un évêque ait ignoré que le serpent d'airain des Israélites fut mis en pièces par les ordres du roi Ézéchias, à cause du culte superstitieux que les Israélites lui rendaient : *Confregit serpentem œneum, quem fecerat Moyses, siquidem usque ad illud tempus filii Israel adolebant ei incensum* (4 Reg. xviii. 4).

Toujours est-il que l'opinion populaire ne tarda pas à attribuer au serpent de Saint-Ambroise une vertu curative. Les mères invoquaient cette image pour délivrer leurs enfants des vers, qui avaient avec le serpent une certaine ressemblance. C'est ce qui résulte des *actes* ou procès-verbaux de la visite de S. Charles à cette basilique : *Est quædam superstitio ibi mulierum pro infantibus morbo verminum laborantibus.*

Une telle superstition pourrait s'excuser jusqu'à un certain point, soit par l'origine qu'on prêtait à ce serpent, lequel eût en effet mérité un grand respect et une grande confiance s'il eût été ce que croyait le vulgaire; soit parce qu'on le regardait comme le symbole de la croix, qui est la source de toutes les grâces.

S. Charles Borromée ne considéra pas les choses avec tant d'indulgence : il supprima la superstition.

SEXTE. — V. l'art. *Office divin,* II.

SIBYLLES. — I. — Toute l'antiquité chrétienne a admis, comme un fait indubitable, qu'il avait existé, au sein du paganisme, soit une, soit plusieurs femmes, auxquelles Dieu avait confié, dans une certaine mesure, l'esprit prophétique, sinon pour tirer directement les païens des ténèbres de l'idolâtrie, au moins pour les disposer à recevoir la lumière divine. Cependant les Pères de l'Église ne confondaient point ces femmes, connues sous le nom de sibylles (Σιοῦ ϐουλή, « conseil de Dieu [Lact. *Inst. div.* I. 6], » ou Σιοῦ ϐυλλή, « pleine de Dieu, ») avec les vrais prophètes. Ceux-ci, divinement inspirés, ont prophétisé avec une pleine intelligence des oracles dont ils étaient les organes, tandis que les sibylles, comme tous les prophètes du même genre, tout en annonçant des choses vraies, obéissaient aveuglément et sans connaissance de cause à l'inspiration divine : leurs livres eux-mêmes en renferment l'aveu (l. III. 4. XII. 295).

II. — La collection des livres sibyllins que nous possédons aujourd'hui fut publiée par un chrétien anonyme vers l'an 138 (Galland. *Biblioth. PP. Prolegom.* t. I. p. 78). Elle se compose d'anciens oracles qui circulaient parmi les païens, et de notions qui leur étaient parvenues par la voie de traditions hébraïques, et par-dessus tout de passages de l'Ancien et du Nouveau Testament.

Bien qu'il se trouve dans ces livres un singulier amalgame de choses apocryphes et même ridicules, ils furent néanmoins tenus en grande estime par les Pères, comme nous le verrons tout à l'heure, et la lecture de ces oracles, même dans l'état où ils nous sont parvenus, est d'une grande utilité pour l'intelligence des auteurs ecclésiastiques des premiers siècles.

Quelques-uns des vers sibyllins sont postérieurs à S. Justin, sans cependant outrepasser le troisième siècle; d'autres, au contraire, sont beaucoup plus anciens, et deux doctes Allemands ont prouvé que plusieurs remontaient à près de deux cents ans avant l'ère chrétienne, comme l'avait déjà conjecturé Vossius.

Les anciens Pères, les Grecs notamment, ont incontestablement emprunté beaucoup de choses aux Juifs alexandrins, autrement dits hellénistes. Or ils avaient trouvé dans les traditions dont ceux-ci étaient dépositaires, un souvenir constant de la sibylle babylonienne ou chaldéenne, ou, selon d'autres, érythrée, qui passait pour avoir composé certaines parties des oracles sibyllins aujourd'hui existants, et qui étaient les plus anciens et les seuls alors connus (l. III. §2 et 4); ils dataient probablement du règne de Ptolémée Philométor, correspondant à la date ci-dessus.

On en trouve huit livres dans les bibliothèques des Pères de Cologne, de Lyon et de Paris, aussi bien que dans celle de Galland, publiée à Venise en 1765. Le cardinal Mai a donné, d'après un manuscrit du Vatican, les livres onzième, douzième, treizième et quatorzième (*Script. vet. nov. collect.* t. III). Mais il est surtout une édition qui, tant par la pureté du texte que par la richesse des dissertations et commentaires, se recommande au lecteur studieux : c'est celle de M. Alexandre (Paris,

Didot. 2 vol. in-8. 1841-1853), à laquelle cette notice fera plus d'un emprunt.

III. — On sait déjà que les plus anciens Pères attachèrent beaucoup d'importance aux oracles des sibylles, parce qu'ils pensaient, en appelant à leur témoignage, opposer un argument irrésistible aux erreurs des païens. Nous allons nommer les principaux, et d'abord les Grecs.

1° Sans parler d'un discours que S. Clément d'Alexandrie (*Strom.* VI. p. 762. edit. Pott), on ne sait sur quel fondement, prête à S. Paul, et où l'apôtre engage ses auditeurs à lire les oracles des sibylles, leur donnant l'assurance qu'ils y trouveraient beaucoup de choses relatives à un Dieu unique et aux choses futures, le premier écrivain que l'on cite est Hermas, qui passe pour avoir été disciple de S. Paul, et qui, dans son livre du *Pasteur* (l. I. vis. 1. § 2), nomme une sibylle qu'on croit être celle de Cumes.

2° S. Clément pape, martyrisé vers la fin du premier siècle, invoque dans son épître aux Corinthiens le témoignage d'une sibylle sur le jugement futur par le feu, si l'on en croit l'ancien auteur des *Questions aux orthodoxes*, ordinairement imprimées à la suite des œuvres de S. Justin.

3° S. Justin, qui écrivait sous Antonin le Pieux, vers le milieu du deuxième siècle (*Cohort. ad Græc.* § 37), pensait que la sibylle qui a écrit certains livres paraissant appuyer le christianisme n'était autre que celle de Cumes, qu'il fait fille de Bérose, mais à tort, et qu'elle avait chanté par un mouvement divin ou tout au moins surnaturel. Il ressort, en outre, du texte de ce Père qu'il était convaincu que, dans ces livres qu'il regardait comme sibyllins, se trouvait condamnée la superstition des païens, et qu'ils renfermaient les témoignages les plus éclatants sur la vanité des fausses divinités, en faveur de l'unité de Dieu, et même de la divinité du Christ. Tout ceci appartient au huitième livre, § 2, des oracles sibyllins, livre où l'avènement du Sauveur ainsi que les principaux faits de sa vie mortelle sont racontés d'une manière si claire, qu'on croirait y lire une page de l'Évangile. Telle était la conviction de S. Justin, et il l'exprime encore dans une foule d'autres passages de ses Œuvres.

4° Tatien, disciple de S. Justin, parle une fois de la sibylle (*Adv. Græc.* § 41) : il la fait postérieure à Moïse, et antérieure à Homère.

5° Vers le même temps, c'est-à-dire sous le règne de Marc-Aurèle, écrivait Athénagore, que quelques-uns regardent comme ayant présidé le premier l'école chrétienne d'Alexandrie. Ce Père cite aussi les sibylles (*Legat.* § 30. *post. Opp. Justin.*).

6° Mais nul n'a autant insisté sur la valeur des livres sibyllins que Théophile d'Antioche, qui écrivait sous Commode, et qui, dans son livre intitulé *Autolicus* (l. II. § 36. etc.), nous a conservé le *Procemium* tout entier, composé de quatre-vingts vers. Il attribue à la sibylle le caractère de véritable prophétesse, il montre qu'elle est pleinement d'accord avec les prophètes hébreux, soit qu'ils annoncent le passé, le présent ou l'avenir.

7° Peu après Théophile vient S. Clément d'Alexandrie. Celui-ci affirme (et bien que cette opinion se trouve dans le prétendu discours de S. Paul [*loc. laud.*], il est évident qu'elle est celle de S. Clément lui-même) que les païens, eux aussi, ont eu des prophètes choisis de Dieu, qui prédisaient réellement les choses futures par inspiration divine ; or parmi ces prophètes il place les sibylles et Hystaspe, sentiment qui lui est commun avec S. Justin son maître. Dans le même ouvrage (l. II. p. 358) il se range à l'avis d'Héraclite, enseignant que la sibylle chante des choses qui lui sont révélées d'en haut. Mais peu après (p. 384), assignant à la sibylle une plus haute antiquité qu'à Orphée, il convient que d'autres ne sont pas de son avis au sujet des vers qu'il lui attribue. Il énumère ensuite beaucoup d'opinions sur ces prophétesses, qui l'inclinent à penser qu'il n'y en a pas eu une seule, ou un petit nombre, mais une multitude, τῶν σιβυλλῶν τὸ πλῆτος. Mais il faut convenir qu'il règne beaucoup de confusion dans tout ce qu'il dit à ce sujet. Bientôt même, poussé à bout par les invectives des ennemis de la foi chrétienne, entre autres Celse et Julien, qui, taxant de fausseté tous les arguments qu'on tirait des livres sibyllins, avaient surnommé les chrétiens sibyllistes, S. Clément se vit contraint à ne plus leur opposer la sibylle comme païenne, mais à avancer qu'elle était plutôt Juive (V. *Cels. ap. Origen.* v. 61.)

Depuis S. Clément d'Alexandrie, les Pères grecs, S. Basile, S. Chrysostome, S. Épiphane et les autres du quatrième siècle, gardent un profond silence au sujet des sibylles et des livres sibyllins. S. Grégoire de Nazianze seul en fait mention (*Carm.* II), mais en poëte plutôt qu'en évêque. Il faut même constater un fait, c'est que dès le début du troisième siècle les écrivains les plus graves d'entre les Grecs, si nous en exceptons S. Clément d'Alexandrie, commencèrent à abandonner complètement l'argument tiré du témoignage des sibylles en faveur du christianisme. Le vulgaire continua néanmoins longtemps encore à rechercher ces oracles, dont le nombre au troisième siècle s'était accru hors de toute mesure.

IV. — Les Latins ayant eu, plus tard que les Orientaux, connaissance des livres des sibylles, furent plus longtemps aussi à leur accorder confiance. Les écrivains de l'Église latine qui s'en montrent partisans, sont : 1° Tertullien, qui, suivant ici l'exagération habituelle de son génie, va jusqu'à leur attribuer l'antériorité à toute autre production de l'esprit : *Ante enim sibylla quam omnis litteratura extitit*, et à proclamer avec emphase leur véracité : *Illa scilicet sibylla veri vera vates* (L. II. *Ad. nat.* 12. — *De pallio.* II).

2° Un demi-siècle après, Arnobe les cite avec non moins d'éloges (*Contr. gent.* l. I. p. 38. edit. 1651).

3° Sur la fin du même siècle, l'Africain Commodien (*Carm. apolog. in Spicileg. Solesm.* t. I. p. 20) adopte aussi leur témoignage.

4° Lactance a plus de poids dans son jugement. Il attribue à ces oracles une vertu presque divine (*De divin. instit.* l. I. c. 6, et encore lib. VII. 23). On a prétendu qu'en parlant ainsi, Lactance se plaçait au point de vue des païens et s'accommodait à leur langage; mais il n'en est rien : Lactance, comme S. Justin, Théophile d'Alexandrie, Tertullien, a cru que les sibylles étaient à la vérité les organes du démon, mais que néanmoins, de temps en temps, par l'ordre de Dieu et contraintes par son irrésistible volonté, hors d'elles-mêmes et comme en fureur, elles avaient prononcé des oracles véritables (lib. VII. 24) : *Sibylla vaticinans furensque proclamat.*

5° Nous ne devons pas négliger le témoignage de Constantin, qui, dans son fameux discours *Ad cœtum sanctorum* (c. XX), probablement composé par Eusèbe, invoqua, lui aussi, l'autorité des oracles sibyllins en faveur du christianisme, contre l'obstination des idolâtres.

6° S. Jérôme se montre favorable aux sibylles dans son premier livre *Contre Jovinien* (c. XLI).

7° Au cinquième siècle, S. Ambroise, ou peut-être le diacre Hilaire (*Epist. ad Corinth.* II), sans répudier la valeur de leur témoignage, attribue leur inspiration au démon.

8° Mais S. Augustin se déclare ouvertement en leur faveur, bien qu'il convienne que, de son temps, les exemplaires de leurs oracles étaient fort rares, surtout en Afrique (*De civit. Dei.* l. XVIII. 23). C'est ce Père qui a donné l'explication la plus claire de l'acrostiche ιχθυς (V. les art. *Acrostiche* et *Poisson*). Et on peut regarder comme certain que si les premiers chrétiens ne puisèrent pas le symbole du *poisson* dans les oracles sibyllins, ils empruntèrent du moins le fréquent usage du mot ιχθυς aux cinq premiers vers applicables au Sauveur, lesquels, par leurs initiales, formaient l'acrostiche de ce mot. La seule inscription chrétienne antique qui reproduise avec une fidélité complète cet acrostiche a été trouvée à Autun (V. l'art. *Acrostiche*), et il est probable, pour ne pas dire certain, qu'elle fait allusion à celui des vers sibyllins. Pour en revenir à S. Augustin, il témoigne encore la plus grande vénération pour les sibylles dans son livre *Contra quinque hæreses* (IV).

9° On pourrait citer encore S. Prosper (*De promiss.* l. III) et S. Isidore de Séville (l. VIII. c. 8) et quelques autres; mais ils n'ont rien avancé d'eux-mêmes, ils ont parlé favorablement des sibylles d'après l'autorité de Lactance ou de S. Augustin. Nous nous en tenons à cet exposé purement historique, car il ne convient pas à la nature de ce recueil que nous entrions dans les controverses que cette intéressante question a soulevées dans tous les temps.

SOLEA. — C'était, dans les basiliques primitives, un espace qui précédait immédiatement le sanctuaire, et qui était élevé de quelques degrés au-dessus du sol des ambons (V. ce mot), ou chœur des clercs mineurs. C'est là que venaient recevoir l'eucharistie ceux à qui l'entrée du sanctuaire était interdite, c'est-à-dire tous les fidèles qui ne faisaient pas partie du clergé, ou bien encore les clercs même *in sacris* qui, à cause de quelque grande faute, avaient été réduits à la communion laïque.

A raison de l'élévation de ce lieu, l'évêque qui s'y tenait pour distribuer la sainte communion aux fidèles était vu de tout le monde, comme S. Jérôme le fait observer dans son épître *Contre les lucifériens : Episcopum corpus Domini adtrectantem, et de sublimi loco eucharistiam populo ministrantem,* « l'évêque tenant en ses mains le corps du Seigneur, et d'un lieu élevé administrant l'eucharistie au peuple. » C'est à cause de cette sainte destination que la *solea* était pavée d'une marqueterie de marbres précieux; Cedrenus rapporte que le pavé de la *solea* de la grande église de Constantinople était tout composé d'onyx (*Ap. Menard.* p. 319).

C'est là que siégeaient les sous-diacres et les lecteurs, au dire de Siméon de Thessalonique (Cf. Sarnelli. *Basilocogr.* p. 85). Là se tenaient aussi les diacres qui devaient être ordonnés prêtres : deux diacres, sortant du sanctuaire, venaient recevoir l'ordinand en ce lieu, pour le conduire jusqu'aux portes saintes, où il était reçu par deux prêtres, qui, l'ayant introduit dans le sanctuaire, entouraient avec lui la table sainte (Sarnelli. *ibid.*).

SOLEIL (LE) **ET LA LUNE.** — Aux angles de certains sarcophages païens on remarque deux masques de proportions colossales, quelquefois coiffés du *pileus* phrygien que les antiquaires regardent comme les figures du soleil et de la lune (V. Bottari. XXXII. LXXVI) et dont l'antiquité avait fait l'image allégorique de la vie humaine. Employées comme décoration de nos monuments funéraires, ces figures prennent un autre sens que celui que leur assignaient les païens, et deviennent le symbole de l'espérance chrétienne. Les tombeaux ne sont pas la seule classe de monuments où figurent ces masques; on les voit sur des monuments d'un ordre plus élevé, par exemple sur l'autel de la basilique de Saint-Laurent-hors-des-murs de Rome, dont la composition révèle dans tous ses détails l'imitation d'un sarcophage antique (Ciampini. *Vet. mon.* l. I. tab. XLV. fig. 4).

Quoi qu'il en soit, il existe des sarcophages chrétiens aux angles desquels se voient aussi deux demi-figures humaines, dont l'une, représentant le soleil, est ordinairement coiffée d'une couronne radiée, et quelquefois du bonnet phrygien, selon le type des représentations de Mithra (Bottari. tav. XLII. LXXXVI, XXXI et CLXIII). Comme ces deux figures se trouvent à peu près sous des formes identiques sur les tombeaux païens et sur les chrétiens, nous les donnons ici d'après un sarcophage antique de la villa Corsini à Rome. On remarquera que la lune a la tête surmontée d'un croissant (Bottari. t. I. p. 124).

Quand ils accompagnent le Bon-Pasteur, comme dans une belle lampe du recueil de Sante Bartoli

(*Lucerne antiche*. part. III. n. 29), le soleil et la lune pourraient avoir un sens différent et exprimer l'éternité, comme on interprète ce même sujet pour les médailles (Eckel. VI. 423), et rappeler que le Christ est le *Pasteur éternel*. Cette explication est de l'abbé Cavedoni (*Ragguaglio delle art. Crist.* p. 32).

Le soleil et la lune, sous forme humaine, sont figurés sur les plus anciens crucifix, pour exprimer le fait miraculeux de l'obscurité simultanée dont ces deux astres furent atteints au moment de la mort du Rédempteur, ou mieux peut-être pour exprimer les deux natures de Jésus-Christ, comme nous l'avons expliqué à l'art. *Crucifix* (V, 1°); c'est ce qu'on voit dans la fresque du cimetière du pape S. Jules (Bottari. t. LXXXII) où est peint un Christ vêtu d'une tunique sans manches, et qui est probablement l'une des plus anciennes images qui existent de Jésus-Christ en croix. Les mêmes attributs se font remarquer sur le crucifix du diptyque de Rambona (Buonarruoti. *Vetri*. p. 141), où, comme pour épargner aux fidèles toute hésitation, l'artiste a, ainsi que le montre aussi l'exemple précédent, écrit les noms du soleil et de la lune au-dessus de leurs têtes: SOL — LVNA. Le soleil et la lune sont également figurés, et de la même manière, sur le fameux crucifix de Velletri (Borgia. *De cruce Velit.*), et Borgia les signale encore sur un christ peint dans un évangéliaire syriaque du sixième siècle. Mais ce qu'il y a de particulièrement remarquable dans le diptyque de Rambona, c'est que les deux demi-figures humaines qui symbolisent le soleil et la lune portent un flambeau d'une main, tandis qu'elles tiennent l'autre appuyée à leur joue en signe de douleur (V. pour plus de détails les art. *Mains* et *Crucifix*). Il paraît que, d'assez bonne heure, les fidèles tinrent à substituer à ces emblèmes qui, extérieurement du moins, pouvaient passer pour une imitation servile du paganisme, d'autres sujets ne prêtant point à équivoque.

Ainsi, parmi les découvertes nouvelles faites par M. De' Rossi au cimetière de Calliste, nous avons vu un fragment de sarcophage aux angles supérieurs duquel figurent, au lieu du soleil et de la lune, les têtes de S. Pierre et de S. Paul. C'est d'après le même principe, c'est-à-dire le zèle des premiers chrétiens pour le culte des martyrs, et le désir de placer leur sépulture sous leur protection, que la tête de S. Genès d'Arles a été sculptée aux angles de quelques sarcophages de cette ville, et en particulier de ceux qui, au musée, portent les n°˙ 15, 98, 126. On voit aussi la tête de ce martyr sur un fragment du musée lapidaire de Lyon, n° 618. Ce sujet fut longtemps pour nous une énigme, dont le mot nous a été enfin révélé par la sagacité et la bienveillance toujours désintéressée de M. De' Rossi. Des masques de même nature décorent aussi des sarcophages de Milan (V. Allegranza. *Sacri monum. di Milano*. — Ferrari. *Monum. di S. Ambrogio*); et en jugeant par analogie, on peut supposer que ce sont les têtes de S. Gervais et de S. Protais.

SOUS-DIACRES. — Les sous-diacres ou hypodiacres sont les clercs qui servent immédiatement les diacres dans la liturgie. Les uns soutiennent que le sous-diaconat fut institué par Jésus-Christ, d'autres l'attribuent aux apôtres, d'autres enfin en placent l'origine vers la fin du premier siècle. C'est au milieu du troisième siècle que les écrivains ecclésiastiques en font mention pour la première fois. S. Cyprien en parle au moins dix fois dans ses épîtres, et S. Corneille (*Epist. ad Fab.* ap. Euseb. VI, 43) énumère sept sous-diacres dans le catalogue qu'il donne des clercs de l'Église romaine.

Le sous-diaconat fut, jusqu'au douzième siècle, mis au nombre des ordres mineurs dans l'Église latine, comme il l'est aujourd'hui encore chez les Grecs. Cependant, dès l'an 589, il emporta l'obligation de la continence (Baron. *Ad hunc ann.* n. 48). Gruter (MXLIX. 8, MLIX. 1) donne des inscriptions mentionnant des sous-diacres; Reinesius (*Classis* XX. 57) rapporte l'épitaphe de Pierre sous-diacre de la quatrième région de l'Église romaine; M. De' Rossi (I. 500) celle de Marcellus sous-diacre de la sixième; Zaccharia (*Ap. Calogera*. t. XXXV. p. 145), celle du sous-diacre SANCTVLVS, trouvée à Saint-Laurent-hors-des-murs de Rome; et M. De' Rossi, entre beaucoup d'autres, celle d'APPIANVS, qui est du milieu du cinquième siècle (I. 324. n. 743); enfin M. Le Blant (I. 396) celle d'un sous-diacre de Trèves : VRSINIANO SVBDIACONO. Nous trouvons dans Martorelli (*De reg. Thec. calam.* p. 529) le *titulus* d'une Paula fille du sous-diacre Paul ΕΝΘΑ. ΚΙΤΗ. ΠΑΥΛΑ. ΠΑΥΛΟΥ. ΥΠΟΔ=ΘΥΓΑΤΗΡ... Celle-ci est transcrite dans l'ouvrage du P. Marchi (p. 239): AGATIO SVBD‖ PECCATORI ‖ MISERERE DS; nous la citons à cause de sa touchante formule, « Seigneur, ayez pitié du pécheur Agatius sous-diacre ».

SPORTULE. — V. l'art. *Clergé*, I, 1°.

STATIONS AUX TOMBEAUX DES MARTYRS ET DES CONFESSEURS, ET AUTRES. — 1. — L'Église, dès son origine, eut un soin extrême de tenir note exacte du jour, ainsi que des circonstances de la passion de ses martyrs : ce jour s'appelait *natale* (V. les art. *Natale, Calendriers, Notarii*, etc.), et le Catalogue où il était fixé servait de guide pour en célébrer l'anniversaire, *stato die*, comme le prescrit S. Cyprien (l. III. ep. 6) : *denique et dies eorum, quibus excedunt, annotate, ut commemorationis eorum inter memorias martyrum celebrare possimus*, et comme, dans sa lettre à Trajan, Pline le constate, bien instruit au moins en cela des habitudes des fidèles ; c'est du retour périodique de ces assemblées que leur est venu le nom de *stations*.

D'autres pensent (V. Ugonio. *Breve discorso intorno le stazioni*) que le mot de *station* passa de la milice romaine à la milice chrétienne ; et en effet, nous avons dans Tertullien (*De orat. — De coron. milit. — De jejun.*) : *Si statio de militari exemplo nomen accepit, nam et militia Dei sumus*. D'où le docte Gabriel de l'Aubépine conclut (*De jejun. et station. observ.* IV. n. 10) que, comme dans les stations militaires, les sentinelles montaient la garde tout le jour, de même les fidèles « n'abandonnaient pas la station de l'Église avant l'heure de none, » et pendant tout ce temps on observait un jeûne rigoureux.

On se réunissait autour des tombeaux des martyrs et des confesseurs, et sur le sarcophage même renfermant leur dépouille mortelle on offrait d'abord à Dieu le sacrifice eucharistique (V. les art. *Autel, Confession, Arcosolium*) ; et ensuite tous, sans distinction de rang ni de fortune, prenaient part à ces repas de charité qu'on nommait *agapes* (V. ce mot).

Que ces stations fussent sanctifiées par l'oblation de la victime divine, c'est ce qu'attestent mille témoignages irrécusables. S. Cyprien, notamment, en fait foi dans sa trente-septième lettre à son clergé de Carthage : *Celebrantur hic a nobis oblationes et sacrificia ob commemorationes eorum (martyrum).* Tertullien est plus clair encore (*De coron.* II) : *Oblationes pro natalitiis annua die facimus.* La célèbre lettre de l'Église de Smyrne à celle du Pont (Euseb. *Hist. eccl.* IV. 25) atteste aussi que les fidèles recueillirent précieusement les restes de S. Polycarpe, pour les placer en lieu sûr, de façon à pouvoir s'y réunir pour célébrer chaque année son glorieux trépas : *Convenientibus concedat Deus natalem illius martyris diem cum hilaritate et gaudio celebrare.*

A Rome, on ne saurait douter que les fidèles célébraient ces anniversaires dans les cimetières mêmes où reposaient les corps des martyrs. L'histoire de ces temps héroïques nous en fournit d'innombrables exemples. Ainsi, nous lisons dans le calendrier du P. Boucher (*De doctrin. temp.* p. 268) que, le sixième jour avant les ides de juillet, on fêtait l'anniversaire des SS. Félix et Philippe au cimetière de Priscille, celui des SS. Martial, Vital et Alexandre au cimetière dit des *Jordani*, celui de S. Sylvain, dont le corps avait été arraché à sa sépulture par les novatiens, au cimetière de Saint-Maxime, et enfin au cimetière de Prétextat la mémoire de S. Januarius. Le cardinal Tomasi avait puisé des notions analogues dans les plus anciens livres liturgiques de l'Église romaine ; il y avait même lu avec plus de précision encore que, la veille des ides de juillet, jour *natalice* des Sept Frères martyrs, il y avait station en quatre lieux différents : sur la voie Appia au cimetière de Prétextat, en l'honneur de S. Januarius, et qu'ensuite il y avait une première messe sur la voie Salaria dans la partie septentrionale du cimetière de Priscille, une seconde messe au lieu dit Saint-Alexandre, *in cœmeterio Jordanorum*, et enfin une troisième au lieu de Sainte-Félicité (Tomasi. *Opp.* edit. Rom. II. 491).

Qui n'a pas entendu parler de la mort violente que trouvèrent, sous le règne de Numérien, un grand nombre de chrétiens de Rome dans la catacombe de la voie Salaria, où ils s'étaient réunis pour célébrer la fête des SS. Chrysante et Daria, des SS. Diodore prêtre et Marianus diacre, les païens ayant muré l'entrée du souterrain pendant qu'on offrait le saint sacrifice (Baron. *ad an.* 284)? On lit aussi dans les Actes du pape S. Etienne (Cf. Baron. *ad ann.* 260 IV) : *Stephanus a militibus ad se capiendum a Valeriano missis inventus, sacrificium Deo offerens intrepidus et constans, perficiens cœpta, in loco qui dicitur cœmeterium Callisti, ante altare in sua decollatus est sede :* « Étienne ayant été, par les soldats qu'avait envoyés Valérien pour le prendre, trouvé offrant le sacrifice à Dieu, ferme et intrépide, achevant l'action commencée, dans le lieu appelé cimetière de Caliste, fut décollé sur son siège en avant de l'autel. » Mais on ne saurait rien désirer de plus clair ni de plus circonstancié que ces vers de Prudence (*Peristeph.* XI. vers. 195 seqq.) au sujet de l'immense concours de fidèles qui affluaient au tombeau de S. Hippolyte le jour anniversaire de son martyre :

> Jam cum se renovat decursis mensibus annus'
> Natalemque diem passio festa refert,
> Quanto putas studiis certantibus agmina cogi,
> Quæve celebrando vota coire Deo!

Après les persécutions, alors que de splendides basiliques s'élevèrent sur les tombeaux des martyrs, on donna à ces fêtes commémoratives plus de solennité et de magnificence ; l'espace immense de ces églises admettait un concours plus nombreux, et le plus souvent les papes présidaient eux-mêmes les stations qui s'y faisaient. S. Grégoire le Grand se signala en ceci par un zèle ardent ; il aimait surtout, à l'exemple de S. Léon, à prononcer dans ces assemblées des homélies ayant pour objet la gloire des martyrs dont ces basiliques recouvraient les sépulcres (V. l'art. *Prédication*). Nous trouvons dans le recueil de ses Œuvres celles qui furent données dans les basiliques de Sainte-Agnès, des SS.-Marcelin-et-Pierre, de S.-Pancrace, de S.-Félix, des SS.-Processus-et-Martinien, de S.-Laurent, des SS.-Nérée-et-Achillée, etc. (V.

l'art. *Pétronille* [*Basilique de Sainte-*]), ainsi que l'attestent leurs titres : *Homilia habita in basilica SS. N. N. in die natali ejus* ou *eorum*. Et les titres de ces homélies, rapprochés des rubriques du missel romain actuel, prouvent que les stations se font encore aujourd'hui à Rome exactement selon les règles fixées au sixième siècle par S. Grégoire. Nous savons par Jean Diacre (*In Vit. Greg.* l. ii. c. 2) que ce pape, si zélé pour les cérémonies de l'Église, se rendait aux stations en grande pompe, avec le primicier, les chantres, les acolytes régionnaires à la suite de la croix stationale (V. les art. *Croix*, III, *Draconarius*, *Staurophori*).

II. — Outre les anniversaires des martyrs, il y eut de bonne heure d'autres jours de stations, et nous croyons, bien qu'une certaine confusion règne dans cette matière, que ce nom fut appliqué en général à toutes les assemblées du peuple pour les synaxes.

1° Les récits des *Actes* (ii. 46 *et alibi*) ne permettent pas de douter que, dans le principe, les apôtres rassemblaient les fidèles de Jérusalem tous les jours, *quotidie*. Mais il n'est pas moins vrai que le jour de leur assemblée solennelle était le dimanche (*Act.* xx. 6. 7. — 1 *Cor.* xii. 2) ; et quand vinrent les persécutions, il ne paraît pas qu'il y eût d'autre jour ordinaire de station que celui-là. S. Justin, dans sa deuxième Apologie, semble le supposer : « C'est au jour du soleil que communément nous nous assemblons. » Le mot *communément*, en établissant la règle, laisse place aux stations exceptionnelles, comme celles des martyrs, quand elles tombaient dans la semaine.

2° Peu après ce saint martyr, on ajouta au dimanche, du moins dans certaines Églises, d'autres jours d'assemblée.

Ainsi parle Tertullien (*De orat.* xiv) des jeûnes et stations de la quatrième et de la sixième férie, c'est-à-dire du mercredi et du vendredi, qui furent pour ce motif appelés *dies stationarii*. Et si le dimanche fut choisi en mémoire de la création et de la résurrection de Jésus-Christ (Justin. *ibid.*), le motif de la préférence donnée aux féries quatrième et sixième vint de ce que l'une était le jour où les Juifs avaient tenu conseil pour mettre Notre-Seigneur à mort, et l'autre celui de la passion de ce même Sauveur (Augustin. *ep.* lxxxvi. *Ad Casulan.*). Quoi qu'il en soit, nous savons par Tertullien (*Ibid.*) et S. Basile (*Epist.* cclxxxix) qu'en ces jours on célébrait l'eucharistie ; et nous sommes en droit de conclure de ces témoignages que le saint sacrifice était précédé et suivi des mêmes offices que le dimanche, psalmodie, lecture des Écritures, prières pour les catéchumènes et les pénitents, etc.

3° Les auteurs anciens font aussi souvent mention du samedi comme jour stationnaire. Mais nous manquons de documents pour assigner soit l'origine, soit les raisons de cette coutume. S. Athanase est le premier qui en ait parlé (*Homil. de semente*) : encore n'assigne-t-il à cette station d'autre but que d'adorer Jésus-Christ, le maître du sabbat, tout en excluant néanmoins toute intention d'imitation du judaïsme : *Non quod judaismi morbo laboremus, sed Dominum sabbati Jesum adoraturi*. Et nous devons en ceci distinguer entre les Églises latines et les Églises grecques : les premières, si nous en exceptons celle de Milan, traitaient le samedi comme un jour de jeûne, et les Églises orientales comme un jour de fête. La différence qu'il y avait entre la station du samedi et celle du dimanche, c'est que celle-ci excluait le travail et que l'autre l'admettait.

Mais le samedi et le dimanche étant plus saints que les autres jours de la semaine, étaient précédés de *vigiles*, lesquelles retenaient les fidèles à l'église pendant la plus grande partie de la nuit, ce qui leur fit donner le nom de *pernoctationes*, et de *pervigiliæ*. S. Chrysostome (*Homil.* iv *De verb. Esaiæ*) dit l'équivalent de *pernoctationes*, *et perpetuæ stationes*.

Les stations de cette espèce avaient lieu dans d'autres circonstances encore : dans les supplications motivées par de graves nécessités de l'Église ; on en peut voir des exemples dans S. Chrysostome, S. Augustin, Rufin, Socrate, Sozomène, Théodoret (Cf. Bingham. v. 288) ; à certaines fêtes solennelles de l'année, l'Épiphanie, Pâques, l'Ascension, la Pentecôte, au témoignage de Tertullien, de Lactance, de Socrate (Cf. *ibid.*) ; aux anniversaires des martyrs, etc.

Pour ce qui concerne l'Église latine, il est souvent fait mention des vigiles ou *pernoctationes* dans le concile d'Elvire (can. xxxv), dans les Œuvres de S. Jérôme (*Ep.* vii. *Ad Lætam.* — *Comment. in Daniel.* iv), de S. Ambroise (*Serm.* xix *In ps.* cxviii), de S. Augustin et de S. Hilaire, etc. Il est vrai de dire néanmoins que ces autorités ne prouvent à la rigueur que pour les vigiles privées ou pour les vigiles communes de l'office de matines qui ne commençait qu'après minuit. S. Sidoine nous fournit seul un témoignage direct (L. v. *epist.* 17) au sujet de la vigile de la fête de S. Just, évêque de Lyon.

4° Pendant le carême, il y avait des assemblées quotidiennes, tant pour la prière que pour l'audition de la parole de Dieu. Mais on ne consacrait l'eucharistie que le samedi et le dimanche, comme il paraît par un canon du concile de Laodicée (can. xlix). Anciennement il n'y avait aux jours de jeûne quadragésimal d'autre messe que celle des présanctifiés (V. l'art. *Messe*, VI), excepté les samedis, les dimanches, et le jour de l'Annonciation. Aussi ne doit-on entendre par stations proprement dites que les jours où l'on consacrait l'eucharistie, et où l'on rompait le jeûne après la réception de la communion qui s'appelait communion stationnale, ce qui a fait donner encore à ces jours le nom de « demi-jeûnes », *semijejunia* (Tertull. *De jejun.* xiii). Tertullien, dans un autre endroit (*Ibid.* xiv), distingue nettement les stations du mercredi et du samedi, en les désignant absolument sous le nom de *stations*, d'avec celles du vendredi saint, qu'il appelle *jeûnes*.

5° Enfin, les cinquante jours entre Pâques et la Pentecôte étaient tous observés comme jours de joie, et ne faisaient pour ainsi dire qu'une fête continuelle, et cela de toute antiquité, car Tertullien le constate déjà dans son livre *Sur l'idolâtrie* (xiv); et dans un autre endroit (*De coron. milit.* iii) il affirme que tous ces jours étaient assimilés au dimanche quant aux offices religieux.

III. — On donnait aussi le nom de *stations* aux églises, oratoires ou autres lieux, où les processions s'arrêtaient pour y faire certaines prières, y chanter des antiennes, et y célébrer la liturgie (V les art. *Processions. Litanies, Messe,* IV, etc.). Mais une église était spécialement désignée comme point de départ de la procession, et la réunion du clergé et du peuple à ce rendez-vous commun s'appelait *collecte*. Ainsi, par exemple, lorsque la station, ou but de la procession, était fixée dans la basilique de Saint-Paul, la *collecte* se faisait à Sainte-Sabine sur le mont Aventin.

STAUROPHORI. — Composé de deux mots grecs dont l'association signifie *porte-croix*, ce nom était donné anciennement aux clercs qui portaient les croix dans les processions.

Cet usage était en vigueur vers la fin du quatrième siècle; témoin la *Vie de S. Porphyrius*, évêque de Gaza, dont la traduction latine par Hervet est insérée, au vingt-six février, dans la collection bollandienne. Nous avons un illustre exemple de cette pratique dans S. Chrysostome, dont, comme on sait, l'élection au siège de Constantinople est de l'an 398. Comme les ariens, privés d'églises par Théodose, se rassemblaient dans les lieux publics et parcouraient la ville en bravant les catholiques par des chants impies et injurieux pour la foi de Nicée, le saint évêque, voulant soustraire ses ouailles aux dangers qu'elles eussent pu trouver dans les paroles insidieuses des hérétiques, crut devoir répondre à la tumultueuse démonstration de ceux-ci par une sainte et pacifique procession en tête de laquelle marchaient des *staurophori* portant des croix avec des flambeaux allumés. C'est l'historien Sozomène (*Hist. eccl.* c. viii) qui nous a conservé ces précieux détails. Bientôt les Pères du cinquième concile, dans leurs décrets et acclamations contre les acéphales et les sévériens, et en outre ceux du deuxième concile de Nicée, érigèrent en loi la discipline, libre jusque-là, de faire porter dans les processions, en avant du peuple chrétien, la croix, comme l'étendard de la réparation du monde.

Les croix ainsi portées dans les processions n'étaient point, comme l'usage s'en est établi plus tard, fixées à de longues hampes; elles n'avaient aucun support. C'est ce qu'on peut voir dans le ménologe de Basile, au 27 octobre et au 26 janvier, où sont représentées des processions qui avaient eu lieu en mémoire de deux tremblements de terre, arrivés, l'un sous le règne de Théodose le Jeune, l'autre sous celui de Justinien. Nous avons donné au mot *Processions* une miniature du ménologe de Basile représentant cette dernière. Nous reproduisons ici le staurophore qui y figure (V. l'art. *Processions*).

Souvent les flambeaux dont nous avons parlé étaient fixés aux bras de la croix, et nous apprenons de Socrate (*Hist. eccl.* vi. 8) qu'il en était ainsi dans la procession organisée par les soins de S. Chrysostome contre les ariens. « Les croix d'argent, dit l'historien, imaginées par Jean, *a Joanne excogitatæ*, devant être portées dans des supplications nocturnes, étaient munies de cierges allumés, fournis par l'impératrice Eudoxie. » On peut se faire une idée de ces croix avec flambeaux par une belle croix gemmée et fleurie qui est peinte à fresque dans une crypte du cimetière de Pontien (V. Bottari. tav. xliv), et dont la traverse supporte deux cierges allumés (V. la figure à l'art. *Croix*, III).

Nous n'avons parlé que de l'Église orientale; mais il est à présumer que le rit dont il est ici question était observé à Rome à peu près à la même époque. M. De' Rossi (*Inscr. Christ. Rom.* i. p. 232. n. 544) nous fait connaître un fragment d'inscription du commencement du cinquième siècle, qui semble en établir la preuve. C'est l'épitaphe d'un *staurophore* nommé Jean, selon une restitution probable : LOCVS IOANNIS STAVROFORIS.... Il paraît cependant qu'à Rome le nom de *draconarius* (V. ce mot) était plus communément donné au porte-croix.

Ces croix processionnelles sont plus communément appelées *stationales*. Charlemagne, après son couronnement, avait fait don à la basilique du Sauveur (Saint-Jean de Latran) d'une croix de ce genre, tout enrichie de pierreries, et qu'il destina expressément à être portée dans les litanies publiques. Nous devons citer les paroles du Livre pontifical (*In Leon. III.* n. xxiv. xxv) : *Item in basilica Salvatoris D. N. J., quam Constantinianam vocant, obtulit crucem cum gemmis hyacinthinis, quam almificus pontifex in litania præcedere constituit secundum petitionem ipsius piissimi imperatoris.* Le titre de *stationale* est affecté d'une manière positive à la croix de Saint-Pierre que portait le sous-diacre régionnaire en tête de la procession qui se dirigeait vers les *stations* (V. ce mot). Elle est désignée par ces mots : *crux stationalis Sancti Petri*, dans l'ordre romain de Benoît, chanoine de la basilique Vaticane (*Ap. Mabill. Mus. Ital.* ii. 124).

Ciampini donne plusieurs croix stationales dans le second volume de son ouvrage *Vetera monimenta*.... Mais aucun monument de ce genre n'égale en intérêt celle du Vatican et celle de Velletri, qu'a illustrées dans deux ouvrages spéciaux le cardinal Étienne Borgia (V. les art. *Processions, Litanies, Draconarius*). On peut voir ces deux croix monumentales aux articles *Croix* et *Crucifix*.

STAUROPHYLAX (GARDIEN DE LA CROIX). — C'était, à Jérusalem, le titre d'un dignitaire ecclésiastique, qui était chargé de garder le bois sacré de la vraie croix dans l'église de la Résurrection, *Anastasis*, comme, dans les autres églises, la garde des reliques des martyrs était confiée à des fonctionnaires appelés *custodes martyrum*, ou *martyrarii* (V. ce mot). Le titre suivant se lit en tête d'un sermon manuscrit de la bibliothèque Barberini (V. Macri ad v. *Staurophylax*) : *Chrysippi presbyteri Hierosolymorum*, et STAUROPHYLACIS *Sanctæ Resurrectionis*. Du Cange (ad h. v.) cite un *staurophylax* qui fut ordonné évêque après l'exil d'Élie, évêque de Jérusalem : *Elias episcopus Hierosolymitanus.... exilio traditur, et pro eo Joannes* CRUCIS CUSTOS *episcopus ordinatur*. Mais le plus ancien *staurophylax* dont l'histoire ait conservé le souvenir est S. Porphyrius, qui mourut évêque de Gaza vers l'an 421 (V. Borgia. *De cruce Vatic.* p. 54. not.). Du Cange dit que, sous les rois Francs de Jérusalem, un chanoine de Sainte-Anastasie conservait le titre et exerçait les fonctions de gardien de la croix. Le patriarche de Jérusalem portait aussi ce titre.

STICHARIUM (Στοιχάριον). — C'était une tunique blanche dont les évêques et les diacres se servaient dans les cérémonies sacrées (V. Zeigler. *De diaconis et diaconissis vet. Eccl.* XII. 27), avec cette différence cependant que celle des évêques était ample et ondulée, celle des diacres étroite et unie. Ce vêtement était surtout en usage pour les prêtres et les diacres dans l'Église grecque, où il y avait des *sticharia* de pourpre pour le carême, excepté la fête de l'Annonciation, le dimanche des Palmes et le samedi saint (Codin. Curopalat. cap. IX. n. 7), parce que chez les Orientaux la pourpre était une couleur de deuil. Durant (*De rit. Eccl.* l. II. c. 9. n. 8) pense que le *sticharium* n'était autre chose que l'*aube* des Latins, mais cette assertion ne nous paraît pas suffisamment motivée.

STRIGILES. — On appelle *strigiles* ces sortes de cannelures sinuées qui servent d'ornement à un certain nombre de sarcophages antiques (Bottari. tav. XVII. XIX. XXXVII. etc.). On leur donne ce nom à cause de leur ressemblance avec cet instrument de fer, d'argent, de cuivre ou d'ivoire, etc., en forme de S, dont les anciens se servaient pour râcler la peau de ceux qui se baignaient ou celle des athlètes dans les gymnases (Apulée. *Florid.* II. — V. *etiam* Werwen. *De unctionibus veterum*. p. 490). On sait que les chrétiens en avaient adopté l'usage dans leurs bains, et Pignorio, cité par Bottari (I.

102), dit en avoir vu un dont le manche portait cette inscription, CRESC*RENTIA, et qui présente, comme on voit, un caractère certain de christianisme.

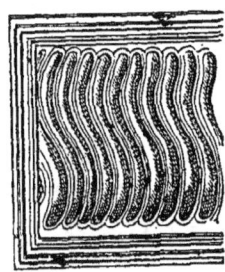

Il n'est donc pas étonnant que nos pères dans la foi aient aussi employé dans la décoration de leurs tombeaux le motif d'ornementation que l'antiquité avait emprunté à cet objet usuel. Quand le sarcophage avait une élévation un peu considérable, l'artiste, pour éviter l'effet disgracieux de strigiles d'une trop grande dimension, divisait la façade du tombeau en quatre parallélogrammes (Bott. XXVI), séparés quelquefois par une frise élégante (Id. CXXXVII). On peut, jusqu'à un certain point, se rendre compte des procédés et des outils que les artistes mettaient en œuvre pour exécuter ce genre d'ornement, en jetant un coup d'œil sur la pierre sépulcrale du sculpteur Eutrope (Fabretti. p. 587) : il y est représenté, avec deux aides, sculptant un sarcophage strigilé, et tous les instruments de son art sont épars autour de lui (Nous avons donné ce marbre à notre art. *Sarcophages*).

STYLITES (ΣΤΥΛΙΤΑΙ). — I. — C'étaient des solitaires qui vivaient au sommet d'une colonne, στύλος, d'où leur est venu le nom de *stylites*. Siméon est le premier qui ait embrassé cette manière de vivre : *Hic primus*, dit Théodoret (*Hist. eccl.* l. I. cap. 13), *stationem in columna instituit*. Ce saint, qui florissait dans la première moitié du cinquième siècle (il était né vers l'an 388, dans un village situé sur les confins de l'Euphratésienne et de la Cilicie [Tillemont. *Mém.* t. V. p. 350]), ce saint s'était acquis par ses vertus et ses miracles une célébrité tellement éclatante, que, pour ne pas douter de la véracité des récits qui en sont arrivés jusqu'à nous, il ne faut rien de moins que l'autorité de Théodoret, qui avait vu de ses yeux ces prodiges de sainteté ; et le témoignage d'un grand nombre d'historiens, tels qu'Antoine, disciple de Siméon, Théodore le Lecteur, Évagre, etc. « On accourait de tous côtés pour voir cette merveille (Théodoret. *ibid.*), et ceux qui en avaient été témoins se hâtaient de l'apprendre aux autres. Siméon se trouva ainsi connu, non-seulement de tout ce qu'il y avait d'hommes dans l'étendue de l'empire romain, mais encore des Perses et des Mèdes, des Sarrasins, des Éthiopiens et des Homérites, des Ibériens et des Scythes sauvages, qui n'ont point de villes ni de demeures fixes. Il était si connu dans Rome avant même qu'il demeurât sur une colonne, que tous les artisans de la ville avaient de petites statues de lui, εἰκόνας, qu'ils regardaient comme une protection pour leurs demeures. Il était révéré jusque dans les cours des plus grands princes. Les empereurs romains lui écrivaient avec respect sur les affaires les plus importantes, et on va jusqu'à dire qu'ils se déguisaient pour venir le visiter. Les rois et les reines de Perse s'informaient avec soin de ses actions et de ses miracles, et se tenaient honorés d'avoir quelque part à sa bénédiction. »

Initié de bonne heure à la vie monastique, il habita successivement différents monastères, puis se retira dans une maison solitaire au pied de la montagne de Télanisse, et enfin au sommet de cette montagne dans un petit enclos de pierres sèches qu'il s'y fit bâtir. Là il pratiqua des austérités vraiment incroyables, et c'est depuis cette époque surtout que sa renommée se répandit au loin, et attira auprès de lui des multitudes telles, « qu'il semble, dit Théodoret, que ce soit une mer qui reçoit par tant de chemins divers, comme par autant de fleuves, ce nombre infini de peuples qui y vient de tous côtés. » Chacun voulait s'approcher de lui, et s'efforçait de le toucher; on lui rendait des honneurs qui pouvaient presque passer pour extravagants.

C'est pour se soustraire à des importunités qui risquaient de devenir un écueil pour son humilité, qu'il conçut l'idée de se fixer au sommet d'une colonne. Il en eut d'abord une de six coudées de haut, ensuite une de douze, puis une de vingt-deux; et celle sur laquelle il demeurait en 440 (il avait commencé ce genre de vie probablement vers l'an 423) était de trente-six coudées. Le désir qu'il avait de s'envoler au ciel, dit Théodoret, faisait qu'il s'éloignait toujours de plus en plus de la terre. Plus tard, les peuples lui en élevèrent une de quarante coudées; et c'est sur celle-ci qu'il acheva sa course, ayant vécu en stylite trente-sept ans. Un autel avait été dressé au pied de la colonne.

Sa colonne, selon le récit d'Évagre, aurait eu à peine deux coudées, soit trois pieds, de circonférence; Tillemont (*Ibid.* p. 361) pense qu'il y a une erreur dans le texte de cet historien, et qu'il a voulu en marquer le diamètre. On suppose que le sommet était entouré d'une balustrade sur laquelle le Saint s'appuyait pour prendre son repos, car il ne pouvait se coucher faute d'espace. Il n'avait du reste rien qui le garantit des rigueurs de l'hiver, ni de la chaleur de l'été, ni de la violence des pluies et des vents, ni de toutes les injures de l'air. On montre encore aujourd'hui à Kalat-Sema'n, dans la Syrie centrale, entre l'église et le monastère de Saint-Siméon, la base sur laquelle reposait cette fameuse colonne (V. la planche 139 du bel ouvrage de M. Melchior de Vogüé). En voici le dessin.

On peut voir dans un tableau antique représentant les funérailles de S. Éphrem, tableau que Bottari reproduit par la gravure en tête de son troisième volume, un stylite sur sa colonne, recevant d'un solitaire qui est à terre sa nourriture au bout d'une corde. On pense que le stylite n'est autre que S. Siméon et celui qui l'assiste le jeune Antoine qui écrivit sa *Vie*. C'est ce que donne à entendre Rosweide (Not. III *Ad Vit. Sim. Styl.*): *Quidam autem juvenis astitit ei Antonius nomine, qui vidit, et scripsit.*

II. — Ce genre de vie avait peu d'attraits et n'eut jamais qu'un nombre fort restreint d'imitateurs. Et encore ne fut-ce pas immédiatement : Théodore le Lecteur (lib. II) assure même qu'au commencement les moines d'Égypte en prirent scandale et lancèrent contre le stylite un libelle d'excommunication; mais ils ne tardèrent pas à rentrer en communion avec lui, ayant apprécié plus équitablement ses intentions et ses mérites.

La liste des solitaires qui suivirent les traces de Siméon est donc fort courte dans l'histoire. On cite un certain Daniel, qui aurait été son disciple (Theod. Lect. l. I), et qui devint lui-même fort célèbre. Les Grecs l'honorent le 11 décembre; et le ménologe de Basile a en ce jour deux peintures où ce solitaire est représenté sur une colonne. La seconde offre cette particularité intéressante qu'un pont de bois est appuyé sur la colonne et conduit à l'église voisine. Évagre (l. VI. 23) nomme un autre Siméon, Siméon stylite junior, pour le distinguer de l'ancien, qui vivait du temps de Maurice, c'est-à-dire vers la fin du sixième siècle : il demeura, dit-on, soixante-huit ans sur une colonne. Jean Moschus (*Prat. spirit.* c. XXXVI) nomme deux ou trois stylites vers le même temps. Surius raconte (Cf. Bingham. t. III. p. 18) qu'un évêque d'Hadrianopolis, nommé Alipius, renonça à son siége, afin de pouvoir vivre sur une colonne, où il aurait passé soixante ans. Il s'était adjoint un chœur de moines et deux de vierges, avec lesquels il chantait alternativement, nuit et jour, des hymnes et des psaumes. Enfin, un catalogue des lieux saints du temps de Charlemagne, catalogue publié pour la première fois par M. De' Rossi (*Bullet.* nov. 1865), mentionne un autre disciple ou imitateur de S. Siméon à Bethléem et un autre à Gethsemani, etc.

La vie de stylite était peu praticable en Occident, à raison de la rigueur des hivers. Aussi n'en connaît-on qu'un seul exemple, celui d'un diacre nommé Vulfilaïc, Lombard d'origine, qui vécut quelque temps sur une colonne à une lieue de Carignan, dans le territoire de Trèves, et la quitta par obéissance à son évêque (Greg. Turon. *Hist. Franc.* l. VIII. § 15). Il raconta lui-même à S. Grégoire de Tours que, « le temps de l'hiver étant venu, il souffrit horriblement de l'intensité du froid, qui plusieurs fois fit tomber les ongles de ses pieds ; et l'eau en se gelant sur sa barbe y formait des glaçons qui pendaient comme des chandelles, » *in barbis meis aqua gelu connexa candelarum more dependeret.*

III. — Ces saints solitaires n'étaient point, comme on pourrait le penser, exclusivement adonnés aux exercices de la vie contemplative. Si nous en jugeons par S. Siméon et par Vulfilaïc, ils exerçaient un véritable apostolat, et leur parole avait d'autant plus d'ascendant, qu'elle était appuyée par l'exemple de vertus héroïques et d'austérités jusque-là sans exemple. « Après l'heure de none et à un autre moment de la journée (c'est toujours le récit de Théodoret), Siméon faisait à ceux qui se trouvaient au pied de sa colonne des exhortations toutes divines, écoutait leurs demandes, guérissait les malades, accordait les différends, car il faisait quelquefois la fonction de juge, et rendait des jugements très-équitables.

« Lorsque le soleil se couchait, il disait adieu aux hommes, pour ne plus parler qu'à Dieu seul. En congédiant le peuple, il lui donnait sa bénédiction, que l'on recevait avec un très-grand respect. On lui apportait pour cela l'encensoir. »

Plus d'une fois aussi, son influence s'étendit sur les affaires générales de l'Église ; elle combattit l'impiété des idolâtres, celle des Juifs et des hérétiques. Il écrivait à l'empereur sur ces sortes de sujets ; l'empereur Léon lui avait demandé son sentiment sur le concile de Chalcédoine, et sur Timothée Élure, usurpateur du siége d'Alexandrie ; il flétrit l'usurpation et protesta de son respect pour le concile. Il réveillait le zèle des magistrats en ce qui regardait le service de Dieu ; quelquefois même il exhortait les prélats à veiller avec plus de sollicitude sur les âmes qui leur étaient confiées.

Le stylite de Trèves, en embrassant cette vie austère, avait eu en vue, lui aussi, non-seulement sa propre sanctification, mais encore le bien spirituel des peuples. Il avait construit sa colonne au sommet d'une montagne consacrée à Diane, qui y avait une statue colossale. Il ne cessa d'exhorter les peuples qui accouraient en foule au pied de sa colonne, que lorsqu'il les eut déterminés à abandonner ce culte impie. Et quand il vit que la persuasion était à son comble, il descendit de sa colonne et renversa l'idole.

SUBSELLIUM. — On appelle ainsi un petit support ou escabeau sur lequel, dès la plus haute antiquité, les personnes de distinction ou revêtues d'autorité appuyaient leurs pieds, quand elles étaient assises. C'était une marque d'honneur et de préséance, dont l'invention, si l'on en croit S. Clément d'Alexandrie, est due aux Perses (*Strom.* I. 16). Homère attribue le *subsellium* à Hélène et à Ulysse (*Odyss.* IV. vers. 136. X. vers. 315). Dans nos monuments chrétiens, il est ordinairement donné à Dieu le Père, quand il reçoit les offrandes d'Abel et de Caïn (Bottari. CXXXVII), à Notre-Seigneur, quand il préside et enseigne ses disciples (Perret. II. pl. XXIV). Ainsi Notre-Seigneur est vu au fond de la coquille absidale de la basilique d'Aix-la-Chapelle assis sur un siège élégant, et les pieds reposent sur un support de cette sorte (Ciamp. *Vet. mon.* t. II. tab. XLI), comme on le voit ici ; à la Ste Vierge, notamment dans le sujet de

l'adoration des Mages (Bottari. XL). Les anciennes chaires épiscopales ont aussi le *subsellium* (V. l'art. *Chaires*). Les premiers chrétiens en laissaient l'honneur aux évêques, et évitaient, par humilité, de s'en servir. C'est ce que S. Jérôme recommande à Eustochium : *Scabello te causeris indignam* (*Epist.* XXII. *Ad Eustoch.*). On voit qu'il était quelquefois appelé *scabellum*; on trouve aussi *subpositorium*, *suppedaneum*, en grec ὑποπόδιον mais ce dernier mot est presque exclusivement appliqué au support des pieds de Jésus en croix.

SUGGESTUS. — V. l'art. *Ambon*.

SUPPLICATIONS. — V. l'art. *Litanies*.

SUSANNE. — Susanne, délivrée de la mort par Daniel, a été regardée dans l'antiquité chrétienne comme un symbole de la résurrection. Elle était aussi le type de l'Église persécutée, et les deux vieillards la figure des deux peuples qui l'attaquèrent, les païens et les Juifs (S. Hippolyt. *In Daniel et Susan.* v. 7. p. 274. edit. Fabric.). Les monuments de l'Italie offrent assez rarement ce sujet. Les seuls où il se trouve, à notre avis, d'une manière incontestable, sont trois sarcophages de marbre : celui du palais Carpegna donné par Buonarruoti (*Vetri*. p. 1), et deux autres tirés des cimetières du Vatican et de Calliste (Bottari. xxxii. lxxxv). Susanne y est voilée, vêtue d'une longue tunique et du *pallium*, debout, les bras étendus comme les *orantes*; elle est placée entre les deux vieillards impudiques qui paraissent lui parler avec une grande animation. Nous devons dire néanmoins que beaucoup d'archéologues des plus autorisés ne voient dans cette figure qu'une simple *orante*.

La représentation de l'histoire de Susanne paraît être plus commune sur les sarcophages de la Gaule (V. Millin. *Midi de la Fr.* pl. lxv. 5. lxvi. 8. lxvii. 4). Tous ces bas-reliefs montrent Susanne entre les deux vieillards, ce qui détermine tout à fait l'attribution, et le dernier la place, en outre, entre deux arbres, derrière lesquels les deux vieillards se tiennent cachés (Daniel. xiii. 16) dans l'attitude évidente d'hommes qui guettent une proie ardemment convoitée. Les autres monuments qui offrent une femme isolée, dans l'attitude de la prière ou de la lecture, comme dans un bas-relief dessiné à Arles par le P. Arthur Martin et que nous donnons ici (*Hagioglypta*, p. 246).

Il est important d'observer dans ces monuments de la Gaule qu'à côté de Susanne est ordinairement figuré un serpent (lxv et lxvii) enroulé autour d'un arbre, et cherchant à atteindre de son dard des colombes qui reposent dans un nid au sommet de cet arbre. Il serait difficile de méconnaître ici l'intention de faire un rapprochement entre la perfidie du serpent et celle des vieillards. Quoi qu'il en soit, une telle persistance à reproduire l'histoire de Susanne, et à faire ressortir par des symboles accessoires la perfidie des ennemis de cette chaste femme, doit avoir une raison locale. Nous ne croyons pas être éloigné de la vérité en supposant qu'on eut ainsi l'intention de rappeler et de flétrir les pièges incessants, les attaques insidieuses auxquelles l'Église des Gaules fut en butte aux quatrième et cinquième siècles de la part des ariens, et plus encore la persécution sanglante des Goths, des Bourguignons et des Vandales, infectés de cette erreur, contre les catholiques de nos contrées.

On avait cru voir dans un fond de coupe (Garrucci. *Vetri con fig. in oro.* tav. iii. n. 7) Susanne au bain, entre les deux vieillards, et dans un état de complète nudité. Une telle représentation, qui s'écarterait si fort des habitudes de décence de l'art chrétien primitif, devait naturellement paraître suspecte. Aussi une étude plus attentive du monument a-t-elle montré que le personnage pris pour Susanne n'était autre que le prophète Isaïe, scié avec une scie de bois, selon une tradition reçue chez les Juifs (V. la figure à l'article *Prophète*), supplice auquel il aurait été condamné, soit par le roi Manassès, soit par le peuple lui-même, et qui aurait fait du prophète une figure du Messie qu'il annonçait, mourant, comme lui, par le bois et, comme lui encore, mourant innocent. C'est l'interprétation de plusieurs Pères (Tertull. *In Marc.* iii. c. 6. —

Cf. Origen. *In Isai.* 1. — Ambros. *In psalm.* cxviii). M. Perret (t. i. pl. lxxviii) a publié une peinture allégorique de cette histoire, trouvée en 1845 au cimetière de Calliste, et non moins rare qu'in- génieuse. Elle représente une brebis au-dessus de la tête de laquelle est écrit le nom svsanna, et placée entre deux animaux, dont l'un est certainement un loup, et l'autre un léopard, autant que l'imperfection de cette ébauche permet d'en juger. Le mot SINIORIS pour SENIORES surmonte la tête du loup. Voyez plus haut ce curieux monument.

SYMBOLE DES APOTRES. — I. — On peut considérer le *Symbole des apôtres* à deux points de vue différents : quant à la doctrine et quant à la forme.

Tout le monde convient que la doctrine résumée dans le Symbole des apôtres a Jésus-Christ pour auteur, et les apôtres pour propagateurs. C'est ce que Tertullien exprimait déjà avec une entière clarté dans son livre des *Prescriptions* contre les hérétiques (chap. xxxvii) : « Nous marchons dans la règle qui a été donnée à l'Église par les apôtres, aux apôtres par le Christ, au Christ par Dieu le Père. » Et ici nous ne rencontrons pas de contradicteurs ; Calvin parle comme Tertullien (*Institut. Christ.* II. 16), et Vossius (n. xxi *Dissert. de trib. Symb. apostol. Athanasian. et Constantinopol.*) professe à cet égard une doctrine que le plus pur catholicisme ne saurait désavouer.

II. — Mais une question vivement agitée encore parmi les érudits du siècle dernier, c'est de savoir si le symbole, reçu comme apostolique dans l'Église depuis le quatrième siècle, a été véritablement rédigé par les apôtres eux-mêmes, et quant à l'ordre des articles, et quant aux paroles qui les expriment. Fidèlement attaché à la tradition de l'Église catholique, nous tenons, non-seulement qu'il est l'œuvre des apôtres, mais encore qu'il fut composé par eux, alors que, réunis à Jérusalem, ils allaient se disperser dans l'univers entier, et qu'ils voulurent, avant de se séparer, fixer une règle de foi vraiment uniforme et catholique, destinée à être livrée, partout la même, aux catéchumènes.

III. — Invoquons d'abord le fameux canon de critique promulgué par S. Augustin (l. II, *Contra Donatist.*) et admis de tout temps par l'Église : « Ce que tient l'Église universelle ; et qui n'a pas été établi par les conciles, mais a toujours été retenu, cela doit être cru comme venant de l'autorité apostolique. » Or, de l'avis de tous, le Symbole a été reçu au plus tard au cinquième siècle par l'Église universelle, comme apostolique et composé par les apôtres ; d'une autre part, personne n'a jamais cité aucun concile auquel il puisse être attribué.

On connaît au juste l'époque d'où date le Symbole de Nicée ; l'origine du symbole de Constantinople est un fait historique que nul n'ignore. Mais personne à même essayé d'assigner une date au Symbole des apôtres.

IV. — Dès les premiers siècles, l'imposture tenta d'introduire sous les noms des apôtres, dans le domaine de la tradition catholique, des œuvres de mauvais aloi. Les unes ont été rejetées aussitôt qu'elles ont vu le jour : tels sont les Évangiles de S. Paul, de S. André, de S. Barthélemi, etc. D'autres, avec des caractères de supposition moins sensibles, comme les *Canons* et les *Constitutions apostoliques*, en ont imposé plus longtemps à la crédulité des siècles où la critique était peu éclairée. Mais enfin la lumière s'est faite, et chacun sait aujourd'hui que ces deux recueils, bien que renfermant une foule de traditions fort respectables et souvent même apostoliques, portent un titre usurpé.

Le Symbole, au contraire, est, depuis plus de quatorze cents ans, en possession incontestée de son titre d'*apostolique*. De tous ceux en effet qui, depuis Rufin, ont parlé de ce Symbole, soit incidemment, soit *ex professo*, pas un ne s'est avisé de le lui disputer.

V. — Mais encore, c'est ici une question qui est du domaine de l'histoire, et qui peut parfaitement être résolue par l'étude attentive des monuments de la tradition des premiers siècles.

Sans remonter jusqu'à S. Paul, comme fait le P. Petau (*Theol. dogm. de Trinit.* III. 1. § 5), qui pense que, dans sa *première Épître aux Corinthiens* (VIII. 5), le grand Apôtre fait allusion au Symbole comme à une règle de foi déjà connue dans toutes les Églises, et exigée avant le baptême des catéchumènes et des initiés, nous invoquerons, au deuxième siècle, le témoignage de S. Irénée (L. I. *Adv. hæres.* 2) : « L'Église, dit ce Père, disciple des disciples immédiats des apôtres et de leurs disciples, l'Église, disséminée dans l'univers et jusqu'aux extrémités de la terre, a reçu des apôtres et de leurs disciples cette foi qui reconnaît « le Dieu, Père, tout-puissant, » *quæ est in Deum Patrem omnipotentem*. Au déclin du même siècle et au début du troisième, Tertullien, comme nous l'avons vu déjà, non-seulement l'attribue aux apôtres, mais en donne même le résumé. Et, dans son livre contre Praxéas (c. II), il atteste formellement que « cette règle de foi était déjà en vigueur dès la première prédication de l'Évangile, et bien longtemps avant l'apparition des premiers hérétiques. » Le Symbole des apôtres n'est pas moins reconnaissable dans ces deux questions que S. Cyprien (*Epist.* LXX) met au nombre de celles qu'on adressait aux catéchumènes avant le baptême : *Credis in vitam æternam, et remissionem peccatorum?*

Au quatrième, voici S. Ambroise (lib. I. ep. 7. *Ad Simplician.*), ce Père affirme « que l'on doit croire le *Symbole des apôtres*, que l'Église romaine garde et conserve toujours intact. » A son tour, Lucifer de Cagliari (*Lib. de non conveniend. cum hæret.*) déclare que, au lieu de suivre les errements des hérétiques, « nous pouvons nous assurer que les apôtres ont cru *un seul Dieu, Père, tout-puissant, et son Fils unique, Jésus-Christ, et le saint Paraclet, Esprit de Dieu.* » Qui ne connaît la savante exposition *de la foi et du symbole* (*Opp. Augustin.* t. III. p. 50) que, vers la fin du même siècle, S. Augustin, encore simple prêtre, donna au concile d'Hippone?

Enfin, nous arrivons à Rufin, qui florissait vers la fin du quatrième siècle ou au commencement du cinquième. Cet historien, de qui on a affirmé (avec quel fondement? on vient de le voir par les citations précédentes) qu'il fut le premier à dire que les apôtres sont les auteurs du Symbole, écrit ceci (*Lib. de exposit. symb. int. Opp. Hieron.* t. v. p. 127) : « il est constant par l'autorité des ancêtres (*tradunt patres nostri*) que tous les apôtres, réunis ensemble, et sous l'inspiration de l'Esprit-Saint, dont ils étaient remplis, composèrent ce Symbole, » et il l'établit par de nombreux arguments. Or il est essentiel d'observer que ce même Rufin qui, sur d'autres points, trouva de violents contradicteurs, entre lesquels brille surtout S. Jérôme, ne rencontra en ceci aucune opposition, et que tous, ou adhérèrent formellement à sa doctrine, ou tout au moins s'abstinrent de s'inscrire en faux contre elle. Or qui ne sait combien ce siècle a produit d'hommes éminents par la science, et par-dessus tout inviolablement attachés à la sainte antiquité ?

Au cinquième siècle, nous avons Célestin Ier, qui, dans sa fameuse lettre à Nestorius, appelle ouvertement le Symbole *Symbolum ab apostolis traditum*; et le concile d'Éphèse qui, dans son rapport à Théodose sur la déposition de cet hérésiarque, définit le Symbole : « La foi enseignée au commencement par les apôtres, et plus tard exposée par les trois cent dix-huit pères dans la métropole de Nicée. » Si nous interrogeons S. Jérôme, il l'appelle (*Contr. Joan. Hierosol.* xxvIII) : « Le Symbole de la foi et de notre espérance, lequel, transmis par les apôtres, n'est pas écrit sur des tablettes et avec de l'encre, mais sur les tables du cœur. » Mais les témoignages de S. Léon, de S. Maxime de Turin, de S. Isidore de Séville, etc., appartiennent à une époque où toute apparence d'obscurité a disparu : « La confession brève et parfaite du Symbole catholique, qui est composé des sentences de chacun des douze apôtres, est tellement munie de la force céleste, que toutes les opinions des hérétiques peuvent être décapitées par son glaive » (S. Leo. *epist.* xxxI. *Ad Pulcheriam aug.* c. 4).

Et ce n'est pas seulement dans l'Église de Lyon, dont S. Irénée était évêque, ni dans celle de Carthage où écrivait Tertullien, ni dans celle de Cagliari, gouvernée par Lucifer, ni dans celles de Milan, de Turin et d'Aquilée, que l'on croyait que les apôtres avaient composé le Symbole portant leur nom ; on le tenait encore pour certain dans l'Église de Rome, mère et maîtresse de toutes les Églises, dans toutes les Églises d'Orient, d'Égypte, d'Afrique et d'Allemagne, etc. (V. dom Ceillier. t. I. p. 519).

VI. — De ce que nous avons dit jusqu'ici, nous devons tirer deux conclusions.

La première, c'est que les Pères dont nous invoquons le témoignage ne parlent pas seulement de la substance de la doctrine, mais encore de la contexture des paroles. En effet, 1° ils présentent le Symbole comme un monument public, connu, certain, et ils le citent même par ses premiers mots ; 2° ils l'opposent aux hérétiques comme une règle de foi ouvertement et sciemment violée par eux ; 3° ils avouent que les pères de Nicée l'ont développé, et ont expliqué en termes plus clairs ce qui était contenu implicitement dans des expressions plus générales et plus concises ; 4° ils l'invoquent comme un dépôt inviolablement gardé par les Églises, avec ses articles distincts et ses formules fixes. Donc ce Symbole exista dès le commencement, non pas seulement dans la substance de sa doctrine, mais dans l'intégralité de sa rédaction.

Seconde conclusion : les Pères attribuent aux apôtres l'origine du Symbole avec une clarté qui ne laisse rien à désirer. Car 1° ils le citent constamment sous le nom des apôtres ; 2° ils affirment en propres termes que c'est par les apôtres mêmes qu'il a été légué à l'Église ; 3° ils vont jusqu'à assurer qu'il se compose de sentences sorties de la bouche de chacun des apôtres. Donc le Symbole des apôtres porte le cachet évident de son origine apostolique.

On pourrait ajouter, et prouver aisément, par les règles de la saine critique, qu'il ne contient rien qui ne soit conforme à la simplicité et à la gravité apostoliques.

Mais nous allons au plus pressé, et nous terminons cet article par l'examen d'une difficulté qui pourrait embarrasser quelques personnes.

VII. — Si le Symbole a vraiment les apôtres pour auteurs, comment se fait-il que les anciens écrivains qui nous l'ont conservé ne se soient pas rencontrés dans les termes, et qu'ils en aient même marqué les articles d'une manière un peu différente?

On répond à cela, d'abord d'une manière générale : 1° que les apôtres n'avaient pas mis le Symbole en écrit : nous avons vu que S. Jérôme l'affirme clairement, ainsi que Rufin. Et cet état de choses dura plusieurs siècles ; les évêques le défendaient formellement aux catéchumènes (*Serm.* xxii. *De tradit. Symb.* — Chrysost. *serm.* lxi *In Symb.* — *Liturg. Gallican.* ap. Mabill. *It. Ital.* I. pars altera. p. 340), et pour le fixer dans leur mémoire, on le récitait jusqu'à trois fois en leur présence. Or l'expérience prouve qu'il est moralement impossible qu'une formule si détaillée soit rapportée, récitée, écrite dans les mêmes termes par cent personnes différentes qui ne l'auraient apprise que de mémoire, et sur le récit des autres. 2° Les Symboles que l'on produit aujourd'hui comme ayant été en usage dans les Églises d'Orient, de Rome et d'Aquilée, ne sont que des traductions, qui peut-être n'ont pas même été faites immédiatement sur l'original, et encore par des personnes qui vivaient en différents temps et en différents lieux, qui ne parlaient pas la même langue, et qui, par conséquent, ne pouvaient s'exprimer dans les mêmes termes.

Du reste, les lecteurs de ce Dictionnaire doivent être mis en état de confronter eux-mêmes ces différentes formules, qui appartiennent à l'histoire de nos origines ; et ils se convaincront que les variantes sont peu notables et n'impliquent jamais contradiction. Nous en reproduisons le tableau, tel qu'il a été dressé par Rufin et copié par dom Ceillier (*Op. et loc. laud* p. 521).

ÉTAT COMPARATIF DES QUATRE ANCIENS SYMBOLES.

SYMBOLE VULGAIRE.	SYMBOLE D'AQUILÉE.	SYMBOLE ORIENTAL.	SYMBOLE ROMAIN.
1. Credo in unum Deum Patrem omnipotentem, creatorem cœli et terræ.	1. Credo in Deum Patrem omnipotentem, invisibilem et impassibilem.	1. Credo in unum Deum Patrem omnipotentem.	1. Credo in Deum Patrem omnipotentem.
2. Et in Jesum Christum Filium ejus unicum Dominum nostrum.	2. Et in Jesum Christum unicum Filium ejus Dominum nostrum.	2. Et in unum Dominum nostrum Jesum Christum unicum Filium ejus.	2 Et in Christum Jesum unicum Filium ejus Dominum nostrum.
3. Qui conceptus est de Spiritu sancto, natus ex Maria virgine.	3. Qui natus est de Spiritu sancto, ex Maria virgine.	3. Qui natus est de Spiritu sancto, ex Maria virgine.	3. Qui natus est de Spiritu sancto, ex Maria virgine.
4. Passus sub Pontio Pilato, crucifixus, mortuus et sepultus, descendit ad inferos.	4. Crucifixus sub Pontio Pilato, et sepultus, descendit ad inferos.	4. Crucifixus sub Pontio Pilato, et sepultus.	4. Crucifixus sub Pontio Pilato, et sepultus.
5. Tertia die resurrexit a mortuis.	5. Tertia die resurrexit a mortuis.	5. Tertia die resurrexit a mortuis.	5. Tertia die resurrexit a mortuis.
6. Ascendit ad cœlos, sedet ad dexteram Dei Patris omnipotentis.	6. Ascendit ad cœlos, sedet ad dexteram Patris.	6. Ascendit ad cœlos, sedet ad dexteram Patris.	6. Ascendit ad cœlos, sedet ad dexteram Patris.
7. Inde venturus est judicare vivos et mortuos.	7. Inde venturus est judicare vivos et mortuos.	7. Inde venturus est judicare vivos est mortuos.	7. Inde venturus est judicare vivos et mortuos.
8. Credo in Spiritum sanctum.	8. Et in Spiritu sancto.	8. Et in Spiritu sancto.	8. Et in Spiritu sancto.
9. Sanctam Ecclesiam catholicam, sanctorum communionem.	9. Sanctam Ecclesiam catholicam.	9. Sanctam Ecclesiam catholicam.	9. Sanctam Ecclesiam catholicam.
10. Remissionem peccatorum.	10. Remissionem peccatorum.	10. Remissionem peccatorum.	10. Remissionem peccatorum.
11. Carnis resurrectionem.	11. Hujus carnis resurrectionem.	11. Carnis resurrectionem.	11. Carnis resurrectionem.
12. Vitam æternum.	12. Vitam æternam.	12. Vitam æternam.	12. Vitam æternam.

VIII. — La conformité presque littérale de ces quatre professions de foi fait évanouir l'objection proposée; et les imperceptibles différences qui existent entre elles s'expliquent suffisamment par les raisons que nous avons données précédemment. Quelques-unes de ces variantes ont dès raisons d'être spéciales qui ne nuisent nullement à l'harmonie de l'ensemble. La plus notable est celle qui se remarque au premier article du Symbole d'Aquilée et consistant en ces mots, *impassible et invisible*. Mais une note marginale de Rufin nous avertit que ces deux mots sont étrangers, même au symbole de l'Église d'Aquilée, auquel ils ne furent ajoutés qu'après l'apparition de l'hérésie de Sabellius, qui soutenait que Dieu le Père avait souffert, d'où ses partisans furent appelés *patripassiens*.

Il existe une autre variante au quatrième article dans les différents exemplaires; mais elle ne tombe que sur les termes et nullement sur le sens, qui est partout le même, la *descente aux enfers*, exprimée d'une manière plus ou moins explicite. La dernière difficulté tombe sur l'article de la *vie éternelle*. On dit qu'il ne se trouve ni dans le symbole d'Aquilée, ni dans celui des Églises d'Orient, ni dans le romain. Mais, outre que cet article figure dans les meilleures copies, entre autres dans celle que donne Rufin, comme on vient de le voir, et dans d'autres encore (Cyrill. Hierosol. Catech. xviii. 22. — S. Leon. epist. xxvii. Ad Pulcher.), tous les Pères s'accordent à dire que cet article est renfermé implicitement dans celui qui énonce la *résurrection de la chair* (Rufin. loc. laud. ad fin. — Augustin. Serm. cciv. 12 et passim).

On a allégué encore d'autres Symboles qui offriraient des divergences plus profondes avec le romain, comme par exemple celui de S. Irénée, celui d'Origène, celui de S. Grégoire Thaumaturge, etc. Ce ne sont point là des Symboles proprement dits, mais bien plutôt des expositions de la foi catholique, et peut-être même des explications du Symbole des apôtres, car elles lui sont exactement conformes quant au sens et au fond de la doctrine.

SYMBOLES CHRÉTIENS. — Quand nous passons en revue les monuments primitifs du christianisme, mais par-dessus tout les catacombes romaines, qui sont le principal siège de nos origines, nos yeux rencontrent partout de mystérieux caractères qui intéressent puissamment notre foi et excitent notre curiosité. Tantôt ce sont des personnages et des faits de l'Ancien Testament contenant une allusion plus ou moins directe à ceux du Nouveau; tantôt des figures empruntées aux fables du paganisme, telles qu'Orphée jouant de la lyre, et adoucissant les bêtes féroces par le charme de ses accents; tantôt diverses scènes de la vie des pasteurs ou de celle des pêcheurs; ailleurs, des animaux réels ou chimériques, le poisson, l'agneau, le bélier, la colombe, le paon, le phénix, l'aigle, le coq, le cheval, le cerf, le dragon, le serpent, le centaure, le lion (V. les art. se rapportant à la plupart de ces mots); d'autres fois, ce sont des objets inanimés, des arbres, une palme, une couronne, des raisins avec leurs pampres, une montagne, une ancre, un navire lancé à toutes voiles et un phare dans le lointain, une lyre, un tonneau, une balance, une ou plusieurs maisons, des empreintes de pas, quatre ruisseaux jaillissant sous les pieds du Rédempteur, le monogramme du Christ, etc. (V. les articles se rapportant à ces différents mots).

Tous ces objets se trouvent reproduits, par toutes les branches de l'art du dessin, sur tous les genres de monuments, depuis les tombeaux jusqu'aux simples bagues que les chrétiens portaient aux doigts (V. l'art. *Anneaux*).

Voici, d'après le P. Garrucci (*Civiltà cattolica*. an. 1857), une cornaline du deuxième siècle qui, sur une surface d'un centimètre (le dessin est six fois plus grand que l'original), en contient sept des principaux: l'ancre accostée de deux poissons, la croix en *tau* surmontée de la colombe avec le rameau d'olivier et ayant l'agneau à sa base, l'arche de Noé avec la croix en *tau* au milieu, un poisson isolé avec son nom ΙΧΘΥC inscrit dans le champ, et enfin l'image du Bon-Pasteur portant la brebis sur ses épaules.

Quelques-uns des symboles chrétiens sont désignés dans un célèbre passage du *Pédagogue* de S. Clément d'Alexandrie (L. III. n. 106), comme les plus convenables pour la décoration des anneaux ou cachets des fidèles. Du témoignage de ce Père il résulte: 1° que l'usage des symboles était déjà en vigueur au deuxième siècle; 2° qu'une signification sacrée était fixée à ces représentations, et que, tant celles qu'il désigne, que les autres qui sont répandues avec profusion dans les monuments des premiers siècles, constituent un vaste système de symbolisme, et toute une langue hiéroglyphique, qui, par un certain nombre de signes de convention, résumait les principaux mystères, ainsi que les enseignements du christianisme.

Les savants s'accordent généralement à penser que les images symboliques dont nous nous occupons étaient comme autant de tessères ou signes de ralliement auxquels les chrétiens se reconnaissaient entre eux (V. l'art. *Tessères*); et cela est vrai surtout de celles qui décorent des objets portatifs et d'un usage habituel. Mais le motif général de ce langage occulte vient de ce besoin de secret et de mystère que les persécutions imposaient à la société des chrétiens (V. l'art. *Discipline du secret*). Ils s'étaient fait une langue hiéroglyphique par la même raison qui les condamnait à cacher leur existence dans des grottes et des cimetières souterrains, ce qui leur fit donner par les païens le nom de « race fuyant la lumière et cherchant les ténèbres » (Minuc. Felix. *Octav.* VIII).

Il a été dit souvent que les chrétiens avaient emprunté l'usage des symboles aux peuples de l'Orient, et notamment aux Égyptiens. Pendant un séjour de plus de deux siècles au milieu de ce dernier peuple, les Juifs durent sans aucun doute s'initier à la connaissance et se former à la pratique de l'écriture symbolique; et assurément, Moïse, « qui était instruit dans la science des Égyptiens (*Act.* VII. 22), » ne négligea pas celle des hiéroglyphes; et nous savons positivement par S. Clément d'Alexandrie (*Strom.* V) qu'il expliquait par la méthode hiéroglyphique, c'est-à-dire sous de mystérieux symboles d'animaux, les préceptes de la loi morale. Les divers motifs de la décoration du tabernacle avaient aussi, selon ce Père, été puisés à la même source par le législateur des Hébreux. Née dans l'Orient, issue du judaïsme, qui, comme nous venons de le voir, avait lui-même puisé immédiatement dans la civilisation asiatique la connaissance usuelle des signes hiéroglyphiques, la foi chrétienne s'exprima naturellement dans cette langue conventionnelle, la seule qui fût familière aux peuples de ces contrées. Le langage de l'Ancien Testament et surtout celui des prophètes, étincelant d'images mystiques et d'énigmes sacrées, exerça sans aucun doute une immense influence au sein de la famille du Christ. Mais il ne faut pas oublier que, pour apprendre à rendre ou à cacher ses idées sous d'ingénieuses enveloppes, elle n'eut qu'à s'inspirer des discours de son divin Maître, qui lui-même ne présente jamais le vérité autrement que sous le demi-jour de l'allégorie: *Sine parabola non loquebatur illis* (Marc. IV, 34). Il voulait ainsi ménager la faiblesse intellectuelle de ses auditeurs, et les prémunir contre l'abus qu'ils eussent pu faire de la divine parole, car, loin de la multitude, il se réservait de tout expliquer en détail à ses disciples, lesquels, devant être les dépositaires de sa doctrine, avaient besoin d'être initiés avec précision à son véritable sens: *Seorsum autem discipulis suis disserebat omnia* (Ibid.).

Telle est, sans que nous ayons besoin de la chercher ailleurs, la source authentique du symbolisme chrétien. L'esprit du maître est passé dans les disciples; sa méthode revit dans l'enseignement que l'Église distribue en son nom; elle rayonne dans la liturgie, et se reflète sur les monuments figurés. La langue symbolique est donc un instrument divin que Jésus-Christ a laissé à son Église, et l'Église s'en est servie, durant les premiers siècles de son existence, afin de voiler les vérités saintes aux regards profanes, tout en en multipliant partout l'expression matérielle pour l'enseignement et l'édification des siens.

SYNAXE (*synaxis*, συνάξις). — Ce mot est employé par les auteurs ecclésiastiques dans deux acceptions différentes. Tantôt il désigne l'assemblée des fidèles, tantôt l'eucharistie, ou plus exactement la sainte communion.

1° La racine de *synaxis* est le verbe grec συνάγω, « je réunis, » et le sens propre et direct du mot est *réunion, assemblée:* aussi Casaubon, et après lui Suicer (*Thesaur. ecclesiast.* B. p. 1110), observent-ils avec toute raison que *synaxe* est synonyme de *synagogue:* les deux vocables ont une origine commune. Seulement, les premiers chrétiens adoptèrent une désinence différente, afin de distinguer leurs réunions d'avec celles des Juifs d'abord, et ensuite d'avec les assemblées des hérétiques, car S. Épiphane nous apprend, dans sa dispute contre les ébionites, que ces sectaires notamment avaient adopté le nom de *synagogue* et non celui d'Église, et qu'ils appelaient ceux qui les présidaient « chefs de la synagogue », *archisynagogos.*

Quoi qu'il en soit, il est certain que συνάξις est une expression à peu près inconnue dans la langue grecque avant la naissance du christianisme; nous ne sachons pas qu'il se trouve dans aucun auteur appartenant à l'antiquité proprement dite, tandis que συναγωγή y est fréquemment employé. Il est vrai que le nom de *synaxe* fut quelquefois attribué à la synagogue des Juifs, mais par des écrivains chrétiens et modernes. On ne peut guère citer, sous ce rapport, que l'archevêque bulgare Théophylacte, qui vivait, selon toute probabilité, au dixième siècle, et qui, par habitude, s'en sert dans son commentaire au vingt-deuxième chapitre de S. Matthieu (vers. 62). Il reproche aux Juifs d'avoir eu recours (pour faire garder le tombeau du Christ) à l'étranger Pilate, plutôt qu'à l'assemblée, *synaxe*, établie par la loi (de Moïse) : ἀντὶ τῆς νενομισμένης συνάξεως.

Parmi les Pères qui emploient le mot *synaxis* pour assemblée, S. Cyrille de Jérusalem se présente en première ligne. Dans sa quatorzième catéchèse (cap. xxiv), il parle des synaxes qui avaient lieu le jour de l'Ascension du Sauveur, comme les dimanches, et fixe dans quel ordre les leçons devaient y être lues. Mais les assemblées où les catéchèses étaient prononcées n'étaient point appelées synaxes; ce nom était réservé aux réunions du dimanche et des jours de fête où l'instruction se complétait de la psalmodie. Cette distinction se trouve exprimée d'une manière plus ou moins claire dans plusieurs passages de S. Cyrille, qu'a rapprochés Touttée dans sa savante préface (S. Cyrill. Hierosol. Opp. edit. Venet. 1763. Præfat. pag.

cxxi). Ailleurs (*Catech.* i. cap. vi), S. Cyrille presse les chrétiens de fréquenter les *synaxes* après leur baptême aussi bien qu'auparavant : « Assiste avec zèle aux synaxes, non-seulement aujourd'hui que les clercs l'exigent de toi, mais aussi après la grâce (du baptême) reçue. En effet, si, avant que tu l'eusses reçue, cette assiduité était bonne et louable, est-ce donc qu'elle cesserait de l'être parce que la grâce t'a été donnée? Si, avant d'être planté, tu avais besoin d'être arrosé et cultivé, cela ne t'est-il pas plus nécessaire encore après ta plantation? » Dans la quatrième catéchèse (cap. xxv), le même Père recommande pour les *synaxes* la pureté du corps et la netteté des vêtements, etc.

Tous les Pères Grecs se servent de la même expression quand ils parlent des assemblées des fidèles ; et d'abord S. Chrysostome : « Pourquoi, dit-il (*Homil.* xxix. *In Act.*), est-ce que je m'épuise en efforts et en paroles, si vous devez toujours être semblables à vous-mêmes? Si les *synaxes* n'opèrent rien de bon en vous? Mais, disent-ils, nous prions! Mais à quoi servent leurs prières, si elles ne sont pas accompagnées des œuvres? » Il insiste sur cette pensée dans une autre homélie (*Homil.* v *In Matth.*) : « Il ne fallait pas que, à peine sortis de la *synaxe*, vous entreprissiez des œuvres indignes de la *synaxe*; mais, aussitôt rentrés dans vos maisons, vous devriez prendre en main LE LIVRE, βιβλίον, appeler vos femmes et vos enfants à la communion de ce que vous aviez entendu, et ensuite vous livrer aux affaires intéressant la vie présente. »

S. Basile appelle l'assemblée αἰσθητὴν συνάξιν, *sensilem synaxim*, « synaxe sensible (*Homil.* t. *In psalm.* xxviii), » par opposition à l'union spirituelle des fidèles, servant Dieu en esprit et en vérité, et à laquelle il donne le nom de *cour sainte.* La théologie s'est emparée de cette expression, elle dit l'*Église visible :* « Si quelqu'un (ce sont les paroles de ce Père) fait son dieu de son ventre, ou de la gloire, ou de l'argent, ou de quelque autre chose qu'il honore d'un amour excessif; celui-là n'adore pas le Seigneur, il n'est point « dans la *cour sainte* », ἐν τῇ αὐλῇ τῇ ἁγίᾳ, bien qu'il paraisse digne d'être admis dans les synaxes sensibles des fidèles. »

Socrate (*Hist. eccl.* lib. v. cap. 22. p. 235. B) suppose évidemment que sous le nom de *synaxe* on entendait tout l'ensemble de l'office divin, y compris la célébration des saints mystères. Suicer affirme sans fondement que cet historien établit une distinction entre la synaxe et la liturgie. En parlant de la pratique de l'Église d'Alexandrie, il dit : « A Alexandrie, à la férie quatrième, et encore à celle qu'on appelle *Parasceve*, on lit les saintes Écritures, et les docteurs les interprètent; et on fait tout ce qui appartient à la synaxe, hormis la célébration des mystères, δίχα τῆς τῶν μυστηρίων τελετῆς. » C'est une exception pour le vendredi saint, exception qui s'observe encore de nos jours.

2° Nous avons dit que le mot *synaxis* signifie encore la célébration des saints mystères, ou plutôt la participation à ces mystères sacrés. Le terme n'est point détourné de son sens radical; seulement ici, au lieu de désigner la réunion d'un certain nombre de personnes, il exprime, selon la pensée de S. Denys l'Aréopagite dans son Traité des Sacrements, la *conjonction*, ou union intime, *du fidèle avec le Christ*. Et il paraît par le commentaire de Pachimères (Ad cap. III *Eccl. Hierarch.*) que cette acception du mot *synaxis* est la plus ancienne. « Par *synaxe*, dit ce paraphraste, il ne faut pas entendre la congrégation du peuple, *comme plusieurs l'interprètent aujourd'hui*, mais la conjonction avec Dieu, c'est-à-dire la communion, » τὴν πρὸς Θεὸν συναγωγὴν καὶ κοινωνίαν.

Il est plus explicite encore dans l'explication du chapitre quatrième : « Notez qu'il appelle (S. Denys) *synaxe* la seule liturgie, en tant que ceux qui sont dignes y participent aux divins mystères; elle tire donc son nom, non point de ce qu'elle réunit le peuple, mais de cette *communion avec un seul*, en vertu de laquelle nous sommes unis au Christ, notre Sauveur, comme les membres au chef. »

Et nous avons lieu de regarder cette interprétation comme juste, car le même S. Denys, au commencement de son livre de la Hiérarchie céleste, appelle συναγωγόν (qui réunit) ce Dieu qui opère cette conjonction par le sacrement; nous citons en latin : *Et convertit nos ad congregantis Patris unitatem, et ad deificam simplicitatem.*

S. Chrysostome a employé le mot dans les deux sens. Il appelle dans ses homélies (*Homil.* XI. *De stat.*) les saints mystères : συνάξιν φρικωδεστάτην, *synaxim maxime tremendam*, et συνάξιν ἁγίαν, *synaxim sanctam*.

3° Le mot de *synaxe* n'apparaît point dans les auteurs latins de l'antiquité ecclésiastique proprement dite. Nous ne le trouvons guère que vers le cinquième siècle, dans les règles monastiques, où il est synonyme de *collecte*, employé précédemment pour désigner les assemblées ecclésiastiques (Hieron. *In epitaph. Paulæ*. — Cæsar. Arelat. *Serm.* XII).

Cassien (*Institut cœnob.* lib. II. cap. 10) désigne par ce mot l'assemblée des moines réunis pour la prière et la psalmodie, et c'est le plus ancien écrivain que l'on cite pour cet objet. Un peu plus tard, le sens de ce vocable se restreint encore, et n'exprime plus que le *cours* ou *office ecclésiastique* (Du Cange. ad voc. *Synax.*). La glose dit : « Synaxe, chant des heures, ou cette heure où le soleil descend de son axe, comme si l'on disait sans axe, *et dicitur quasi* SINE AXE. On lit dans la règle de Saint-Benoît (cap. XVII) : « La synaxe du soir se termine par quatre psaumes avec antiennes. » Celle de Saint-Colomban porte (cap. VII) : « Sur la synaxe, c'est-à-dire sur le cours des psaumes, plusieurs choses sont à distinguer.... » La règle de Saint-Donat (cap. XXVI) dit : « Que celui-là fasse pénitence, qui a oublié l'humiliation dans la synaxe, c'est-à-dire dans le cours ; » et le soixante-quinzième chapitre a pour titre : *De la synaxe*, c'est-à-dire « du cours des psaumes ». On trouve ailleurs la distinction entre la synaxe matinale et la synaxe vespertinale (Mabill. *Liturg. Gallican.* p. 109) : *Sequenti nocte opportunum tempus synaxis matutinalis advenerat*, etc. *Ad nonæ synaxim*, « à la synaxe de none » (IV *Sæc. Benedict.* part. I. p. 399. *Sæc.* v. p. 15).

SYNCELLES. — On appelait de ce nom des clercs qui autrefois habitaient avec l'évêque, *dans la même chambre*, σύγκελλοι, pour être les témoins de sa vie et de ses mœurs. Cette institution exista soit en Orient (*Concil. Chalced.* act. v), soit en Occident (Greg. Magn. IV. *epist.* 24). Au sixième siècle, S. Grégoire le Grand, ayant éloigné les laïques de sa demeure pontificale, voulut que des clercs et des moines d'une vie sainte habitassent avec lui (Joan. Diac. *In ejus Vita*. I. 11 et 12). Il existe un édit de Théodoric ordonnant que les évêques, les prêtres et les diacres eussent des compagnons de chambre, *cancellaneos* (Ap. Ennod. *Opusc.* III. c. 7); les conciles en firent autant pour l'Espagne (*Concil. Gerunden.* c. VI. — *Tolet.* IV. etc.) et pour les Gaules (*Concil. Turon.* II. c. 4). En Orient, les patriarches eurent aussi leurs syncelles, dont l'un s'appelait grand ou premier syncelle, πρωτοσυγκέλλος, et assistait aux conciles avec le patriarche. On vit même, au huitième concile général, le syncelle de Jérusalem siéger avec les Pères (Act. I). Quelquefois il succédait à son maître dans la dignité patriarchale (V. Cedren. *Hist.* l. v). Les protosyncelles en vinrent souvent à ce degré d'orgueil, qu'ils prétendirent, dans les *sessions du saint office*, c'est-à-dire dans les conciles patriarchaux, siéger au-dessus du métropolitain (Cf. Pelliccia, I. p. 80). Les évêques choisissaient leurs syncelles parmi les plus distingués en doctrine, car ils avaient recours à leurs lumières dans toutes les conjonctures importantes (*Act. conc. Nicen.* II. apud Baron. an. 687).

SYRINX (FLUTE PASTORALE). — A l'instar de la plupart des représentations profanes de bergers, souvent dans les monuments chrétiens, mais depuis le milieu du troisième siècle seulement, on donne au Bon-Pasteur la *syrinx* ou flûte pastorale à sept tuyaux, mot dérivé du grec συρίζειν, « siffler, jouer du chalumeau. » Tantôt il la tient à la main (De' Rossi, *Bull.* 1868) ou la porte à sa bouche (Id. v. pl. LXVIII); tantôt elle est suspendue à son bras (Bott. CLXIX) ou à son côté par une bandelette en bandoulière (Id. CLXXIV. *et passim*); quelquefois elle est déposée près de lui, comme on l'observe dans un fragment de verre historié du recueil de Buonarruoti (tav. v. 2).

Cet instrument primitif, dont les bergers se servaient pour rappeler leurs troupeaux au bercail, a été de bonne heure, ainsi que les autres attributs pastoraux, pris comme terme d'une touchante allégorie par les Pères de l'Église, et S. Grégoire de Nazianze, après avoir décrit l'inquiète sollicitude du berger qui, monté sur une éminence, remplit

les airs du son mélancolique de sa *syrinx*, jusqu'à ce qu'il ait réuni les brebis dispersées (*Orat.* 1. 28. 43), conclut que, pour rappeler les âmes à Dieu, le Pasteur spirituel doit, à son exemple, employer plus souvent la flûte que le bâton pastoral.

Le graveur d'une cornaline antique, donnée par Polidori (*Amico catt.* I. p. 252), a eu l'ingénieuse idée de suspendre, au lieu de la *syrinx*, une ancre renversée à la main du Bon-Pasteur. C'est là un caractère qui distingue nettement cette pierre des monuments profanes de même espèce, car elle révèle l'intention évidente d'exprimer l'espérance chrétienne sous l'un de ses emblèmes les plus vulgaires. Et à ce propos, nous devons ajouter que souvent sur les sarcophages (Bott. xxxv), et presque inévitablement sur les pierres gravées (Perret. iv. pl. xvi), ce symbole de l'ancre, quelquefois avec beaucoup d'autres, accompagne la figure du Bon-Pasteur. Or, pour appliquer aux choses archéologiques un principe énoncé d'une manière générale par S. Grégoire le Grand (*Homil. in Evang.* l. ii. hom. 24), est-il admissible qu'un fait souvent répété soit sans mystère : *Non vacat mysterio quod iteratur in facto?*

T

TABITHE (RÉSURRECTION DE). — On sait que cette sainte femme fut ressuscitée par S. Pierre, à la prière des habitants de Joppé (*Act.* ix). Ce fait ne se trouve représenté, que nous sachions, sur aucun monument de Rome ; nous en connaissons deux exemples dans notre Gaule : le premier est fourni par le sarcophage dit de S. Sidoine, évêque d'Aix, monument qui paraît avoir été exécuté au quatrième siècle (V. *Monum. relat. à Ste Madeleine.* t. I. col. 767), et qui aujourd'hui encore subsiste dans la crypte de Ste-Madeleine, à l'abbaye

de Saint-Maximin. Voici la reproduction de ce bas-relief, qui offre des particularités fort curieuses.

Conformément au texte sacré, S. Pierre est debout, et tend la main à Tabithe, que sa voix vient de rappeler à la vie. Près du lit où elle est assise et qui est muni de rideaux suspendus par des boucles à une tringle, deux enfants de taille inégale sont agenouillés et étendent leurs mains vers l'apôtre en signe de reconnaissance. De l'autre côté du lit se voient de face deux femmes portant un costume à peu près semblable à celui de la plupart des religieuses de notre temps, et qui était l'habit des veuves dans l'antiquité chrétienne (*Concil. Arausican.* I. 27). Ces deux femmes représentent ici les veuves qui vinrent supplier S. Pierre de leur rendre celle qui par sa charité et ses bonnes œuvres leur était devenue si chère, « lui montrant en versant des larmes les tuniques et autres vêtements qu'elle leur faisait » (*Act.* ix. 59). On remarque près du lit un de ces sièges sans bras et recouverts d'une draperie qui se rencontrent si souvent sur les sarcophages des catacombes. Le second exemple, tout semblable au précédent, se trouve sur un tombeau du musée d'Arles, sous le n° 70.

La résurrection de Tabithe est aussi représentée sur un sarcophage de la cathédrale de Fermo (Polidori. *Conviti. nell' Amico cattol.* vii. p. 397), qui présente cette singularité archéologique que tous les sujets de son bas-relief sont tirés des *Actes des apôtres*, et se rapportent à la vie de S. Pierre.

TABLEAUX D'AUTEL. — V. l'art. *Diptyques.*

TABULÆ NUPTIALES ou DOTALES. — Dans la plupart des monuments représentant des scènes de mariage chrétien, notamment dans les verres dorés et les sarcophages, on voit, soit à la main de l'un des époux, soit à terre, soit dans le champ, des *volumes* roulés (V. l'art. *Mariage chrétien*); les antiquaires pensent qu'on a voulu figurer ainsi le contrat matrimonial, où la dot était stipulée et promise. Les auteurs profanes en font souvent mention, et nous avons aussi à ce sujet le témoignage de plusieurs écrivains ecclésiastiques, celui de Tertullien (Lib. II. *Ad uxor.* c. 3), par exemple, et celui de S. Jérôme (*Epist. ad Furiam*). Il y en a quelquefois deux dans les peintures de verres (Buonarruoti. tav. XXIII. 3) : l'un représenterait la promesse de dot par la femme, l'autre la reconnaissance de cette même dot par le mari.

TE DEUM LAUDAMUS. — Une opinion vulgaire attribue cette hymne, tantôt à S. Ambroise seul, tantôt à ce Père et à S. Augustin conjointement. Lorsque ce dernier fut baptisé par le saint évêque de Milan, saisis l'un et l'autre et simultanément d'un divin enthousiasme, ils se seraient mis à le chanter alternativement, *prout Spiritus Sanctus dabat eloqui illis*, et au grand étonnement de toute l'assistance. Cette dernière supposition repose en grande partie sur l'autorité de la *Chronique de Dacius*, qui aurait été l'un des successeurs de S. Ambroise; mais ce document est unanimement rejeté par les critiques (Mabillon. *Analect. vet.* t. I. p. 487. édit. Paris. 1723). On cherche encore à l'étayer du témoignage du quatrième concile de Tolède, tenu en 633, qui aurait approuvé l'hymne comme étant de cette provenance. Ce concile dit simplement que S. Hilaire et S. Ambroise avaient composé des hymnes pour leurs Églises, mais sans aucune mention spéciale du *Te Deum*.

La seule chose certaine, c'est qu'elle date de près d'un siècle après la mort de S. Ambroise, et qu'elle eut pour auteur un écrivain de la Gaule. Pagi (*Critic. in Baron.* 388. n. XI) assure que Gavant l'avait trouvée dans un ancien bréviaire manuscrit attribué à Abundius, et que dans d'autres livres liturgiques non moins anciens elle porte le titre de *hymnus Sisebuti monachi*. A son tour, Usserius (*De symb.* p. 2) affirme que dans deux très-anciens manuscrits elle est attribuée à Nicetius. Est-ce S. Nizier, évêque de Lyon, qui siégeait au milieu du sixième siècle, ou S. Nicet, qui occupait le siège de Trèves en 527? Les savants inclinent pour ce dernier, et pensent qu'il est le véritable auteur du *Te Deum*. Les moines bénédictins, dans leur édition de S. Ambroise, refusent absolument à ce dernier l'honneur de l'avoir composé, et Guillaume Cave, qui avait d'abord professé le sentiment contraire (*Hist. litt* vol. I. p. 215. — Cf. Bingham.

Origin. t. VI. p. 51), après avoir examiné plus sérieusement la question (*Op. laud.* vol. II. p. 75), s'est rangé à l'avis des savants éditeurs.

On doit donc, pensons-nous, adopter à cet égard la conclusion d'Édouard Stillingfleet (*Orig. Britan.* cap. IV. p. 221), à savoir que le *Te Deum* fut composé par Nicet de Trèves, et que par conséquent il tire son origine de l'Église gallicane. Ce qu'il y a de très-certain, c'est que peu après le temps où siégeait cet évêque, il en est fait mention dans la règle de Saint-Benoît (cap. XI) et dans celle de Saint-Césaire d'Arles, qui l'une et l'autre en prescrivent le chant. Ajoutons que dom Ménard (*Not. ad Sacrament. Greg.* p. 585), dont l'autorité en ces matières est si imposante, assure n'avoir trouvé aucune mention de cette hymne dans les écrivains antérieurs à ces deux Saints.

C'est donc à tort que quelques auteurs, entre autres Macri (*Hiero-Lexic.* ad voc. *Te Deum*), attribuent à S. Gélase l'introduction du *Te Deum* dans l'office.

TEMPÉRANCE CHRÉTIENNE. — V. l'art. *Repas chez les premiers chrétiens.*

TESSÈRES. — I. — La plupart des images symboliques en usage parmi les premiers chrétiens étaient, de l'avis des savants, de véritables tessères ou signes de ralliement, auxquels ils se reconnaissaient entre eux, et qui les déterminaient à exercer les uns envers les autres, sans crainte et sans déguisement, les devoirs de la charité fraternelle (V. les art. *Symbole* et *Fraternité*).

On doit reconnaître particulièrement ce caractère à ceux de ces signes qui rappelaient le nom du Christ, tels que le monogramme et le poisson (V. ces mots), représentés partout dans les monuments primitifs, et notamment sur des objets portatifs, les anneaux par exemple (V. l'art. *Anneaux*). Telles sont les pierres gravées qu'a publiées Ficoroni (*Gemmæ ant. litt.* tab. XI). On a trouvé fréquemment dans les catacombes romaines des petits poissons de bronze ou de cristal qui, selon toute probabilité, n'avaient pas d'autre destination (V. Boldetti. p. 516). On les distribuait aux nouveaux baptisés comme *tessères* des droits que le baptême leur conférait, et, comme tels, ils les portaient suspendues à leur cou (V. Costadoni. *Pesce simbolo.* tav.). Ces intéressants objets sont percés d'un petit trou pour y passer un cordon : c'est ce que nous avons observé en particulier dans un petit poisson en pierre ou en métal qui se trouve au musée Campana, dans une vitrine destinée aux petits bronzes.

On rencontre encore dans les cimetières des premiers chrétiens beaucoup de *tessères* proprement dites, en or ou en ivoire, et entre autres plusieurs de celles qu'on appelle tessères d'hospitalité (Boldetti. 506-508). Il s'en est aussi trouvé dans la Gaule, et Millin en donne une fort curieuse provenant de Marseille (*Midi de la France*. atlas. 61. pl. XXII, 5). On cite ici, à raison de l'intérêt tout exceptionnel qui s'y attache, un objet que Boldetti avait recueilli lui-même dans une sépulture chrétienne et qu'il publie dans son ouvrage (p. 514. tav. VII. 70). C'est un demi-œuf d'ivoire, sur la partie plane duquel sont gravées les têtes opposées de deux personnages que l'on reconnaît pour chrétiens au monogramme du Christ dont ces têtes sont surmontées.

On ne peut guère douter que ce curieux monument ne soit une tessère d'amitié, quand on lit ces paroles sur le bord de la circonférence extérieure : DIGNITAS AMICORVM VIVAS CVM TVIS FELICITER. Les têtes sont sans doute celles de deux amis : l'œuf était, selon toute probabilité, partagé en deux parties égales, une pour chacun d'eux, et ornées des mêmes sujets.

Ce qui paraît autoriser cette conjecture, c'est qu'elle se base sur un usage bien connu de l'antiquité, et que nous trouvons expliqué comme il suit par le scoliaste d'Euripide (*In Medœam.* vers. 613). « Les voyageurs qui avaient reçu l'hospitalité dans une maison, rompaient, avant de la quitter, une tessère, dont ils emportaient la moitié, laissant l'autre à leurs hôtes ; de telle sorte que si, à l'avenir, il leur arrivait de se visiter de nouveau, eux ou quelqu'un de leurs enfants, l'hospitalité pût être renouvelée, en présentant la moitié de la tessère, qui devait s'ajuster à l'autre. » Tertullien, au trente-sixième chapitre de ses *Prescriptions*, fait allusion à cet usage, lorsqu'il parle de la tessère de foi que Rome avait jointe avec les Églises d'Afrique. »

On ne trouvera pas mauvais que nous citions ici, après le grave Justel (*Cod. canon. Eccl. univ.* p. 93), un curieux passage du *Pœnulus* de Plaute (Act. v. sc. 2) où cette coutume est mise en action, et où se trouve vérifiée cette particularité que la tessère pouvait servir aux enfants de celui qui l'avait rompue. C'est par ce moyen que le fils adoptif d'Antidamas, Agorastoclès, se fait reconnaître de l'ami de son père, le Carthaginois Hannon.

« AGORASTOCLÈS. S'il est vrai que vous cherchiez le fils adoptif d'Antidamas, je suis celui que vous cherchez. — HANNON. Hem ! qu'est-ce que j'entends ? — AGOR. Que je suis le fils d'Antidamas. — HAN. S'il en est ainsi, voulez-vous confronter la tessère d'hospitalité, je l'ai apportée. — AGOR. Eh bien ! donc, montrez-la ! C'est bien cela. J'ai la pareille à la maison. — HAN. O mon hôte, je vous salue de tout cœur. Car votre père, puisque Antidamas est votre père, a été mon hôte ; cette tessère d'hospitalité a été partagée entre lui et moi. — AGOR. Donc un logement vous sera donné chez moi. Car je ne répudie point les devoirs de l'hospitalité. »

Nous avons souvent rencontré en France, notamment à Lyon et dans le Midi, la médaille de Nîmes, COL. NEM., rompue en deux parties, dont chacune conservait la tête d'un des deux empereurs Auguste et Tibère, qui y sont opposées. Il n'est guère possible d'y méconnaître un exemple de l'usage qui nous occupe, car la rupture de la pièce est très-nette et ne peut être l'effet d'un accident, supposition que ne repousse pas moins la fréquence du fait en question.

II. — On voit que ce n'est pas nous éloigner de la vraisemblance que de supposer que les chrétiens aient pu, et dû peut-être, dans les premiers temps, conserver une pratique qui n'avait rien de contraire à leurs principes.

Mais, outre ces tessères, dont la valeur reposait tout entière sur une convention réciproque, ils en eurent bientôt d'autres auxquelles l'autorité de l'Église communiquait une bien plus haute importance.

1° La principale, celle qui était d'un usage plus général, fut le Symbole des apôtres (V. Benoît XIV. *De sacrif. miss.* sect. I. n. 149). Le symbole écrit fut adopté de préférence, non-seulement afin que le chrétien, en y trouvant une expression succincte et cependant complète des vérités révélées, ne fût point exposé à faire fausse route dans le domaine invariable de la foi, mais encore afin que les fidèles pussent échanger tout d'abord un mot d'ordre d'orthodoxie qui les fit distinguer des hérétiques et des mauvais chrétiens, dont le nombre n'était déjà alors que trop considérable : *Idcirco*, dit Rufin d'Aquilée (*Lib. de exposit. symb. ad Lactantium.* § 11), *istud indicium posuerunt, per quod cognosceretur qui Christum vere secundum apostolicas regulas prædicaret*.

Aussi, lorsque, pour une raison quelconque, ils passaient d'une Église à une autre, c'est-à-dire d'une communauté de vrais croyants à une autre assemblée de même nature, on les interrogeait aussitôt sur leur foi, et ils étaient reconnus pour orthodoxes à la récitation du Symbole. C'est ainsi que les soldats avaient aussi un mot d'ordre, appelé *symbolum*, qu'ils devaient répéter exactement (Rufin. *loc. laud.*) : *Et si forte occurrerit quis de quo dubitetur, interrogatus, symbolum prodat si sit hostis vel socius*. Nous devons ajouter que la discipline primitive, encore en vigueur du temps de S. Augustin (*De symb.* I. 1), défendait de livrer le Symbole par écrit, de peur qu'il ne vînt à tomber entre les mains des infidèles, qui, en l'apprenant, eussent pu se faire admettre aux mystères les plus sacrés. Les *fidèles* l'apprenaient de mémoire : *In corde scribite*, dit ce Père.

2° Mais cela ne suffisait pas encore ; et pour prévenir toute méprise, et échapper au danger de recevoir, nous ne dirons pas des imposteurs et des infidèles, mais des chrétiens errants ou se trouvant sous le coup de quelque juste anathème, on exigeait des étrangers et des inconnus des lettres de communion; sans cela, on ne les admettait ni à l'eucharistie, ni à la table commune, car alors ils étaient comme désavoués de l'Église et déchus de tous les priviléges de la société et de l'unité des fidèles. Les lettres de communion, qui s'appelaient encore *lettres formées*, *lettres pacifiques*, etc., sont dans ce Dictionnaire l'objet d'un article à part (V. les articles *Lettres ecclésiastiques* et *Hospitalité*).

De telles surprises eussent eu des conséquences plus funestes encore pour les confesseurs et les martyrs détenus dans les prisons. L'Église leur envoyait des diacres ou d'autres ministres pour les servir, les consoler et les encourager dans leurs épreuves (V. au hasard les Actes des martyrs, et en particulier ceux de Ste Perpétue et de Ste Félicité). Il fallait nécessairement, pour obtenir la confiance des captifs si souvent trompée, quelque marque distinctive, une tessère en un mot. Voici un sceau de bronze qui, selon toute probabilité, servit

cet usage, et que Fabretti, on ne sait pourquoi, suspecte d'origine basilidienne (p. 536. n. xlviii). Feu M. l'abbé Greppo n'hésitait point à regarder l'objet comme chrétien, et comme une tessère équivalant à une lettre d'admission ou de crédit. L'inscription est difficile à entendre, et il est probable qu'elle contenait des abréviations, et des choses obscurcies à dessein (V. l'art. *Discipline du secret*). « A la première ligne, dit ce savant (*In sched.*), à l'opinion duquel ses longues études sur l'histoire des persécutions donnent un si grand poids, les caractères ministe.... peuvent bien avoir rapport à ce ministère de zèle et de charité. A la seconde, on peut lire le nom d'aemil *ius* et même en toutes lettres et fautivement aemillivc. Mais à cette ligne encore et à la suivante je crois reconnaître une exhortation au courage des martyrs : et. sta. naeci. mil es, « Sois un valeureux soldat en présence de la mort. » Tout cela, il faut en convenir, concorde parfaitement avec le type de Daniel dans la fosse aux lions, représenté au bas du sceau, et qui peut être aussi l'image d'un chrétien condamné aux bêtes.

TESTAMENTS (les deux). — Il s'agit de certains emblèmes par lesquels ils sont figurés dans les monuments primitifs du christianisme. Cependant nous n'avons là-dessus que des données un peu conjecturales.

1° Le bas-relief d'un beau sarcophage du cimetière de Sainte-Agnès n'offre que deux faits : Daniel dans la fosse aux lions, à droite par rapport au spectateur, et l'Adoration des Mages à gauche. Mais le premier de ces deux sujets se trouve placé entre deux personnages debout, vêtus de la tunique et du *pallium*, et portant de la main gauche un volume roulé, et l'un des deux tient la droite dans l'attitude de l'allocution ou de la bénédiction latine (V. l'art. *Bénir*). Les interprètes de l'antiquité figurée ont donné peu d'attention à ces deux personnages; Bottari, qui seul s'en est préoccupé (t. iii. p. 25. tav. cxxxiii), pense qu'ils sont la personnification des deux Testaments dont les deux faits représentés sont tirés : l'un des deux personnages en effet est tourné du côté de l'Adoration des Mages, et l'autre regarde la scène de Daniel entre les lions.

2° Nous croyons reconnaître la même intention dans une fresque du cimetière de Calliste (Bott. t. ii. p. 27. tav. lx). Divisé en trois sections, ce tableau représente, au milieu, Daniel dans la fosse aux lions, et dans chacune de ses sections latérales un personnage assis sur un pliant, *sedes decussata*, vêtu du costume philosophique, et étendant, l'un la main gauche disposée comme pour la bénédiction latine, ce qui peut, nous le répétons, n'être qu'un geste d'allocution, l'autre la droite complètement ouverte. Aux pieds de chacun d'eux est un *scrinium* plein de volumes

v. l'art. *Scrinia*). Celui qui est à la droite de Daniel tient en outre un volume roulé de la main droite; il est âgé et porte une longue barbe, tandis que l'autre est jeune et imberbe. Le premier, à notre sens, doit être Moïse ou la personnification de l'Ancien Testament; le second, Jésus-Christ, représentant la loi nouvelle. En effet, celui que nous regardons comme Moïse porte à la main la loi qu'il a reçue; le Messie, au contraire, qui n'a pas de livre à la main, annonce la loi de grâce qu'il est venu apporter au monde et qui n'est pas encore écrite.

3° Ceci paraît peut-être plus clairement encore dans quelques mosaïques. Nous prenons pour exemple celle de Saint-Vital de Ravenne (Ciampini. *Vet. monim.* t. II. tab. xx et xxi), où le rapprochement intentionnel des figures des deux Testaments ne laisse pas de doute. Les sujets sont placés aux côtés de deux fenêtres qui se font face : du côté de l'évangile, S. Jean et S. Luc, avec leurs animaux symboliques; au-dessous de celui-ci est Moïse recevant les tables de la loi, et au-dessous du premier, Jérémie tenant un volume déroulé ; devant lui est une colonne surmontée d'une couronne, ce qui, pense-t-on, est l'emblème de Jérusalem, où Jérémie était prophète, et qui était la capitale de la Palestine. Au-dessous de la fenêtre, deux anges ailés, soutenant une croix gemmée accostée de l'A et de l'ω dans une couronne, servent de trait d'union entre les deux groupes, *fecit utraque unum* (*Ephes.* II. 14). Du côté de l'épître, scène analogue : S. Mathieu et Moïse détachant sa chaussure, et un peu plus bas gardant les brebis de Jéthro ; S. Marc et Isaïe, en avant duquel est aussi une tour couronnée.

Nous devons ajouter que, en général, dans les basiliques anciennes, la mosaïque du grand arc ou arc triomphal est consacrée aux histoires du Nouveau Testament, et celles des deux côtés du portique aux faits de l'ancienne loi. C'est ce qu'on remarque surtout à Sainte-Marie-Majeure de Rome.

4° Une lampe du recueil de Bartoli (*Antich. lucerne.* parte. III. tav. xxv) fait voir, près de la *cucurbite* où s'abrite Jonas, un cyprès. Ces deux plantes seraient encore l'emblème des deux Testaments, l'un temporaire, l'autre définitif et immuable. L'Ancien serait figuré par la *cucurbite*, plante qui, fragile et peu durable de sa nature, le fut moins encore dans le fait de Jonas, puisque, à sa racine, elle avait le ver préparé de Dieu pour la faire sécher (Jonas, IV. 7). C'est ce que dit clairement S. Augustin : *Umbraculum cucurbitæ sunt promissiones Veteris Testamenti*, « l'ombrage de la cucurbite, ce sont les promesses du Vieux Testament (*Epist.* CII. *Ad presbyt. Deogratias*). Le cyprès au contraire, à raison de sa dureté et de son incorruptibilité, a été placé là pour figurer le Nouveau Testament dont le règne est éternel (V. Ambros. *In psalm.* CXLVIII. serm. 4. et Greg. Magn. *Expos. in Cant.* I. 36).

Les païens eux-mêmes regardaient le cyprès comme le symbole de la durée et de l'éternité. C'est pour cela qu'ils employaient son bois pour

les statues de certains dieux, et pour le sceptre de Jupiter. A ceux qui étaient morts pour la patrie, on décernait l'honneur d'être ensevelis dans des cercueils de cyprès; et c'était sur des tables de cyprès que Platon voulait qu'on gravât les lois (Hoffman. t. I. ad voc. *Cypressus*). Il est probable que l'image de cet arbre sculptée sur les tombeaux avait trait à l'immortalité de l'âme.

Enfin, quelques antiquaires ont cru voir la figure ou l'emblème des deux Testaments dans les deux oliviers entre lesquels la Ste Vierge est représentée, notamment sur les verres à fond d'or (V. Garrucci, *nella Civiltà cattolica*. série v. t. 1. p. 692 et 697). On fonde cette opinion sur un passage de S. Proclus, qui en effet semble la favoriser (*Orat.* II. *De incarnat. In cap.* III. vers. 10. *Zachariæ*) : « Les deux oliviers sont les deux Testaments : et pourquoi le prophète les appelle-t-il des oliviers ? C'est parce que, de même que les oliviers ne perdent jamais leur verdure, ainsi les deux Testaments sont de précieux témoins du Verbe incarné » (V. l'art. : *Scènes de l'Ancien et du Nouveau Testament*).

TÉTRASTYLE. — V. l'art. *Atrium*.

TIERCE. — V. l'art. *Office divin*, II.

TITRES. — I. — C'est au pape Évariste, quatrième successeur de S. Pierre, en 112, qu'on attribue communément la création des premiers *titres* ou paroisses de la ville de Rome : *Hic titulos*, dit le livre pontifical (*In Evarist.*) *in urbe Roma divisit presbyteris.* Nous voyons néanmoins dans le même livre (*In Clet.*) que, d'après les instructions laissées par S. Pierre, S. Clet, qui siégeait en 81, et n'était séparé du prince des apôtres que par le pontificat de S. Linus, ordonna vingt-cinq prêtres pour la ville de Rome (c'est la leçon la plus sûre, d'autres disent trente-cinq) : *Hic ex præcepto beati Petri xxv presbyteros ordinavit in urbe Roma.* Il est évident qu'il ne s'agit pas ici d'ordinations successives, mais d'un collége de vingt-cinq prêtres composant le personnel de l'Église romaine. Doit-on en conclure qu'Évariste ne fit que régulariser ou ériger en loi un état de choses déjà en vigueur vingt ans avant lui ? Toujours est-il que c'est de cette époque que l'on fait dater l'institution des *titres*, ou prêtres-cardinaux, appelés à desservir les églises auxquelles devaient dès lors se rattacher, chacun selon la *région* qu'il habitait, les fidèles disséminés dans la ville de Rome.

Ce pontife érigea aussi les sept diaconies, *septem diaconos instituit*, et telle est l'origine des cardinaux-diacres. L'institution des cardinaux-évêques ne devait venir que beaucoup plus tard, sous le pontificat d'Étienne IV, au commencement du neuvième siècle, car le Livre pontifical, qui enregistre avec une scrupuleuse exactitude les ordinations faites par les premiers papes, énonce purement et simplement le nombre des prêtres et des diacres, et, quand il s'agit des évêques, sacrés par ces mêmes pontifes, il a toujours soin d'expliquer qu'ils sont destinés à être envoyés en divers lieux, *episcopos per diversa loca*, et non employés au service de l'Église romaine.

Quand on se reporte à la date de l'institution qui nous occupe, et qui correspond à la treizième année du règne de Trajan, c'est-à-dire aux premières années du deuxième siècle, on est amené à se demander quels pouvaient être ces *titres*, où étaient situées ces églises *paroissiales*, auxquelles le pape Évariste préposait des prêtres, alors que l'existence éphémère de la société chrétienne était réduite à se dissimuler aux yeux du paganisme persécuteur? A l'exemple de ce qui se pratiqua dès le principe à Jérusalem et dans la Judée en général, c'était dans les maisons de quelques fidèles dévoués que l'Église romaine, à son début, réunissait ses enfants pour les synaxes : *Frangentes circa domos panem, sumebant cibum cum exsultatione et simplicitate cordis* (Act. II. 41-46. v. 42), « rompant le pain de maison en maison, ils prenaient cette nourriture avec joie et simplicité de cœur. »

II. — Mais, pour remonter aux premières origines, nous devons rappeler que, d'après les traditions les plus sûres, S. Pierre se rendit à Rome en deux reprises différentes, sous l'empire de Claude et sous celui de Néron. La première fois, il se réfugia dans le cimetière dit Ostrien, situé entre la voie Nomentane et la Salaria : c'est là qu'il inaugura son ministère dans la ville éternelle ; là fut sa première chaire, celle que les anciens manuscrits hiéronymiens appellent: *cathedra S. Petri qua primum Romæ sedit*; c'est là qu'il baptisa ses premiers néophytes, *ad nymphas S. Petri*, — *cœmeterium ubi Petrus baptizabat*, portent les mêmes documents. Ceci est la rectification d'une erreur séculaire, et c'est à M. De' Rossi qu'elle est due (V. notre art. *Fêtes de l'année ecclésiastique*, I, 3). Une tradition non moins constante rapporte que, à son second voyage, S. Pierre reçut une généreuse hospitalité dans la maison du sénateur Pudens, située dans le *vicus patricius*; et c'est là que fut établi le premier centre proprement dit de réunion de cette Église naissante, c'est-à-dire la cathédrale du prince des apôtres, qui fut celle de ses successeurs pendant trois cents ans, et qui n'est autre, sauf de nombreuses transformations, que la vénérable église de Sainte-Pudentienne, *Vetustissimum omnium titulum Pudentis nomine appellatum*, dit Baronius. Ce titre passa plus tard à Sainte-Praxède. Voici un monument qui semble confirmer cette respectable tradition. C'est une mosaïque du quatrième siècle qui a été conservée jusqu'en 1595, dans l'église appelée par les anciens *Pudentiana* ou *titulus Pudentis*, et, qui plus est, dans la chapelle même où existe encore la table de bois sur laquelle on croit que S. Pierre célébrait les saints mystères. Cette mosaïque, détruite au XVIe siècle, mais dont heureusement Ciacconio nous a conservé une copie, représente, comme on le voit, un personnage nimbé semblant adresser la parole à deux brebis placées à ses côtés. En dépit de l'infidélité évidente du dessin, elle dut certainement reproduire le type connu de la figure de S. Pierre, et le commentaire dont Ciacconio accompagne sa copie atteste que l'on regardait le monument comme destiné à perpétuer le souvenir de la prédication de l'apôtre en ce lieu (De' Rossi. *Bull.* 1867, p. 43).

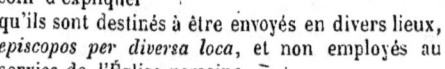
MAXIMVS FECIT CVM SVIS

Il faut observer cependant qu'étant la cathédrale du pape, cette basilique ne put pas être dans le principe un *titre* presbytéral. Seulement Pie Ier y ajouta, en 142, un oratoire dont il fit pour le prêtre Pastor, son frère, un titre qui s'appela depuis *titulus Pastoris*. C'est ce qui a lieu aujourd'hui dans nos cathédrales, où une chapelle ou un oratoire est affecté au *titre* paroissial.

Il y eut aussi des titres dans les maisons de plusieurs autres chrétiens illustres, dans celle de Priscus et d'Aquila, par exemple, personnages que S. Paul salue nommément dans son *Épître aux Romains* (XVI. 3) ; sur le mont Aventin, dans celle de Lucine, illustre matrone qui, elle aussi, fut l'hôte des apôtres S. Pierre et S. Paul ; dans celle de S. Clément au pied du mont Cœlius ; dans celle d'Eudoxie, etc. Parmi ces titres primitifs figurent aussi ceux d'Equitius, de Vestine, de Pammachius, de Fasciola, etc. Plus tard, quelques *titres* tirèrent leur nom des saints auxquels l'église était dédiée, comme ceux de Sainte-Cécile, de Sainte-Marie *trans Tiberim* ; d'autres fois ils prenaient celui des pontifes qui les avaient établis, Jules, Damase, etc.

III. — Quel fut le nombre des *titres* établis par S. Évariste ? Bien que le Livre des pontifes garde à cet égard un complet silence, il est à croire qu'il fut égal à celui des prêtres que S. Pierre avait prescrit d'ordonner pour le service de l'Église romaine. Quoi qu'il en soit, le nombre de ces *titres* était encore de vingt-cinq au commencement du troisième siècle. Nous voyons en effet à cette époque le pape S. Urbain, qui le premier prescrivit que les vases sacrés seraient en argent, en faire confectionner vingt-cinq, nombre égal à celui des *titres* de Rome, *hic fecit ministeria sacra omnia argentea viginti-quinque* (*Lib. Pont. in Urban.*) Il en était encore ainsi en 304, sous le pontificat de Marcellus (*Lib. Pontif. in Marcell.*). Au cinquième siècle, il fut porté à vingt-huit et se maintint à ce chiffre jusqu'à Honorius II ; il s'éleva ensuite depuis le treizième siècle à quarante-quatre ; il est aujourd'hui de cinquante.

Nous lisons dans l'ouvrage du P. Marchi (p. 26) les épitaphes de plusieurs prêtres des anciens *titres* de Rome : LOCVS PRESBYTERI BASILI TITVLI SABINAE. — LOC. ADEODATI PRESB. TIT. PRISCAE. etc. Les inscriptions des clercs mineurs mentionnent aussi souvent le *titre* auquel ils étaient attachés en qualité de lecteurs, par exemple, ou d'acolytes (V. les art. *Lecteurs* et *Acolytes*).

IV. — En outre des *titres* desservis par des cardinaux-prêtres, il y eut aussi, comme nous l'avons dit, des diaconies (V. Platin. *De cardinalis dignitate et offic.* c. II. § 71). qui n'étaient autre chose que des maisons hospitalières, auxquelles étaient annexés des oratoires, et où étaient nourris et entretenus les pauvres, les orphelins, les vieillards, etc.; à ces établissements furent attachés des diacres, qu'on appela aussi cardinaux. Lorsque le temps ou plutôt les bouleversements qui si souvent ont agité la Ville éternelle eurent fait disparaître ces hospices, les chapelles seules conservèrent le nom de diaconies. Au commencement, ces diaconies furent au nombre de sept seulement, pour les sept diacres de l'Église romaine. Ce n'est qu'au douzième siècle qu'on y en ajouta sept autres, afin que chacune des quatorze régions civiles de la ville eût la sienne. Et les diacres-cardinaux prirent leurs noms de ces diaconies, qui elles-mêmes étaient désignées par le numéro de la région à laquelle elles correspondaient (V. l'art. *Curés*).

On a beaucoup disserté sur l'origine de ce nom de titre donné aux églises. Selon les uns, il viendrait des tombeaux des martyrs qui s'appelaient *tituli;* selon d'autres, des titres fiscaux, lesquels, apposés sur un objet quelconque, faisaient que cet objet était dévolu au prince. Dans ce sens, les églises auraient tiré leur nom de titre de leur consécration même au roi des rois. Altaserra (*Not. in Anast.*) explique comme il suit cette origine : « Les églises s'appelaient titres, parce que quand un prêtre était ordonné, son ordination se faisait sous son titre, c'est-à-dire avec désignation d'une église spéciale, dont l'ordonné était appelé titulaire. »

TOBIE. — Les premiers chrétiens, d'après l'enseignement des SS. Pères, regardaient le poisson, que, par l'ordre de l'ange, le jeune Tobie pêcha dans les eaux du Tigre, comme la figure du Sauveur (S. Augustin. *Serm.* IV. *De SS. apost. Petro et Paulo.* — S. Optat et Milev. *lib.* III *Contr. Parmen.* vers. init.). De même que le poisson avait par son foie délivré Sara du mauvais esprit, et par son fiel rendu la vue au vieux Tobie, ainsi Jésus-Christ, par sa passion, a chassé le démon du monde et dissipé les ténèbres dans lesquelles l'humanité était ensevelie (V. l'art. *Poisson*).

Les diverses représentations de ce sujet qui sont arrivées jusqu'à nous suivent à peu près la succession des événements de la touchante histoire de Tobie. Une fresque des catacombes présumée du deuxième siècle (D'Agincourt. *Peinture.* pl. VII n. 5) fait voir le jeune Tobie au début de son voyage et conduit par l'ange. Une autre peinture (Bottari (tav. LXV) le représente dans un état de nudité à peu près complète, portant de la main droite un poisson suspendu à un hameçon, et de la gauche

le bâton du voyageur. Dans une troisième fresque découverte en 1849 (Perret. vol. III. pl. XXVI) au cimetière des Saints-Thrason-et-Saturnin et que nous reproduisons parce que la scène y est représentée d'une manière plus complète, il est vu présentant le poisson à l'ange vêtu d'une longue tunique. Ici encore Tobie est nu, sauf une ceinture sur les hanches. Mais en général il porte une tunique courte et ceinte, et tient la main dans la gueule du poisson : ainsi sur un verre doré du recueil de Buonarruoti (tav. II. n. 2) et sur un autre monument absolument semblable, mais à fond d'azur, dans l'ouvrage de M. Perret (vol. IV. pl. XXV. 33). Le P. Garrucci (*Vetri.* III) en a publié trois à peu près semblables ; en voici un. Il est probable que ces deux verres qui, vu l'exiguïté de leurs dimensions, faisaient partie de coupes ordinaires (V. l'art. *Fonds de coupe*, V), servirent dans des agapes nuptiales, car dès les premiers temps Tobie et Sara furent cités comme les modèles des époux chrétiens.

Le R. P. Marchi nous fit voir et nous expliqua en 1844 une belle patère de bronze où la pêche de Tobie est gravée au trait, et que le savant Jésuite croit avoir servi dans les premiers siècles à l'administration du baptême par infusion. Et M. De' Rossi cite (*De christian. monum.* ιχθυν *exhibent.* p. 13. note) une peinture du cimetière de Saint-Saturnin nouvellement trouvée, qui retrace toute cette histoire d'une manière plus complète qu'aucun autre monument jusqu'ici connu.

Enfin on voit, dans une fresque des catacombes, le jeune Tobie, précédé de son chien, et portant à la main un objet qu'on croit être le cœur et le fiel du poisson (*Hagioglypt.* p. 76), et sur un sarcophage de Vérone (Maffei. *Verona illustrata.* part. III. p. 54), devant une maison ou un portique, un chien caressant un vieillard. C'est le retour de Tobie : il est dit au onzième chapitre (vers. 9) du livre de *Tobie* que le chien qui l'avait accompagné le précéda pour annoncer son arrivée à son vieux père : *quasi nuntius advenit, blandimento suæ caudæ gaudebat.*

Il n'est pas hors de propos d'observer ici que ces représentations, si souvent répétées dans la primitive Église, alors que rien ne se faisait en ce genre, soit dans les cimetières, soit dans les basiliques, sans l'autorité des pasteurs, prouvent jusqu'à l'évidence que le livre de Tobie fut dès les premiers temps placé dans le canon des Livres saints. Et ce fait est un exemple, entre mille autres, des avantages que l'apologétique catholique tire de l'étude des monuments primitifs (V. l'art. *Archéologie*).

TONSURE. — Dans l'antiquité, c'était un opprobre et une marque de servitude que d'avoir la tête rasée. Même chez les premiers chrétiens, les gens voués aux travaux manuels portaient les cheveux très-courts, témoins ces travailleurs appelés *fossores* qui sont souvent représentés dans les cimetières souterraines de Rome (V. Aringhi, t. II. p. 23. 63. 67. 101. etc., et la figure de notre art. *Fossores*).

Les moines, dès l'origine de leur institution, se rasaient complètement par un sentiment d'humilité ; les auteurs anciens en font foi, et en particulier S. Paulin de Nole (*Epist.* IV et VII). Au sixième siècle, les clercs, qui rivalisaient de perfection avec eux, imitèrent leur exemple ; mais il est certain que jusque-là ils se contentaient de porter la chevelure courte, pour se distinguer de la mollesse des mondains. S. Paul avait enseigné (1 *Cor.* II. 4) que c'était une ignominie à un chrétien de nourrir sa chevelure et sa barbe ; et nous voyons, depuis les temps les plus reculés, les papes et les conciles, s'inspirant du précepte de l'Apôtre, tracer à cet égard les règles les plus sévères pour les ecclésiastiques.

Ainsi, le pape Anicet, qui siégeait en 167, fait une constitution spéciale sur cette matière (*Lib. Pontif. In Vit. Anic.*): *Ut clericus comam non nutriat, secundum præceptum Apostoli.* S. Damase (*Epist.* VIII) reproche à ceux qui avaient ordonné un clerc sans qu'il eût coupé sa chevelure, *qui comatus ordinatus fuerat*, d'avoir oublié, ou de n'avoir pas lu les paroles de S. Paul. Le quatrième concile de Carthage, tenu en 436 sous le pontificat d'Anastase, et approuvé par Léon III, décrète, *ut clericus nec comam nutriat, nec barbam* (Labbe. t. II). Plus tard, c'est-à-dire en 641, sous Sergius, le concile quinisexte (can. XXI) dispose qu'un clerc quelconque, qui serait tombé dans un crime grave, emportant sa déposition et sa radiation du canon et du catalogue du clergé, soit privé de la tonsure : *comam nutriat ad instar laicorum.*

On pourrait prouver aussi par de nombreux et très-anciens exemples que telle fut toujours la pratique de l'Église. Ainsi, Prudence (*Peristeph.* XIII), parlant de la réception de S. Cyprien dans le clergé de Carthage, signale cette circonstance comme caractéristique :

Defiua cæsaries compescitur ad breves capillos.

Nous apprenons de l'historien Socrate (III. 1) que Julien l'Apostat ayant désiré, pour couvrir ses vues hypocrites, recevoir dans l'Église de Nicomédie l'ordre de lecteur, n'y fut admis qu'après avoir tondu sa chevelure jusqu'à la peau, *detonsis ad cutem crinibus*. Évagre, qui, comme on sait, a pris l'histoire ecclésiastique aux temps du concile d'Éphèse, époque où s'arrête celle de Socrate, mentionnant l'élévation de Marcianus, fils d'Anthemius, à l'ordre de la prêtrise, a soin de noter que la tonsure des cheveux précéda l'ordination : *Detonsa coma, presbyter est ordinatus* (*Hist. eccl.* lib. II. c. 26). Dans la Gaule, S. Germain d'Auxerre, au cinquième siècle, fut initié à la cléricature par S. Amator, au moyen de la tonsure (*Vit. S. German., ap. Surium.* XXXI *jul.*); et au sixième siècle, S. Éon reçut avec la même cérémonie, parmi ses clercs, S. Césaire d'Arles (*Ibid.* XXVII *aug.*).

La tonsure proprement dite, c'est-à-dire la couronne cléricale, date aussi du sixième siècle, et ce n'est que par de fausses interprétations de textes qu'on a prétendu en faire remonter l'usage jusqu'à l'origine du christianisme. Cette couronne était absolument conforme à celle que portent aujourd'hui encore les religieux de l'ordre de Saint-François, et elle était pour les clercs une marque de dignité les distinguant des pénitents et des moines qui conservèrent la tonsure complète, à moins qu'ils ne fussent admis à la dignité sacerdotale, ce qui ne vint que plus tard, comme on sait. S. Isidore de Séville (*De offic. eccles.* II. 4) et S. Grégoire de Tours (*De glor. martyr.* l. I. c. 28) font déjà mention de cette couronne, et le quatrième concile de Tolède en fixe ainsi la forme en 633 : *Omnes clerici, detonso superius capite toto, inferius solam circuli coronam relinquant.* C'est ainsi que la représentent les monuments du sixième siècle, entre autres une fresque du cimetière de Calliste représentant le pape S. Corneille (V. De' Rossi. *Roma sott.* tav. VI), figure ici reproduite, et encore la mosaïque de Saint-Apollinaire de Ravenne qui date de 567, et où ce saint évêque est vu avec une tonsure telle qu'elle est décrite par le concile de Tolède (V. Ciampini. *Vet. mon.* t. II. tab. XXVII. — V. aussi notre art. *Transfiguration*).

Cette sainte assemblée la ramena à son institution normale, car déjà alors des abus s'étaient introduits, et en Espagne surtout on voyait des lecteurs qui entretenaient de longues chevelures, se contentant de porter une étroite tonsure au sommet de la tête, *in capitis apice modicum circulum*, comme celle des ecclésiastiques de nos jours.

Quoi qu'il en soit, l'origine de cet usage vint probablement d'une tradition vague, supposant que S. Pierre avait porté une couronne semblable, en mémoire de la passion du Sauveur, et surtout du couronnement d'épines (Greg. Turon. *De glor. martyr.* VIII). Ce qu'il y a de certain, c'est que, depuis cette époque, l'iconographie lui assigna cet attribut comme marque de prééminence sur les autres apôtres. C'est ce que montrent les mosaïques, ainsi que les plus anciens manuscrits (V. Borgia. *De cruce Velit.* p. 84). Pour plus amples détails, on peut consulter Chamillard (*De corona, tonsura et habitu cleric.*) et du Saussay (*Panopl. cleric.*).

TOUR EUCHARISTIQUE. — V. l'art. *Colombe eucharistique.*

TOURTERELLES. — La tourterelle est représentée par les SS. Pères comme le modèle et le symbole, soit de la fidélité conjugale, soit de la virginité : *In turture incorruptæ generationis natura, vel immaculati corporis castimonia* (S. Ambros. L. II *De Abraham.* c. VIII. n. 55). L'antiquité pensait qu'elle se contente d'un seul mâle, et qu'elle reste veuve quand elle l'a perdu (Aristot. *De animal.* c. XLIV). C'est pour cela que, dans les angles formés par les retombées des niches de quelques sarcophages bisomes, on voit des tourterelles becquetant des fruits dans des corbeilles renversées. Tel est celui de Probus et de Proba, où les deux époux sont figurés en pied dans la niche centrale, se serrant la main, en signe de suprême adieu (Bottar. tav. XVII et XVIII), et aussi une autre urne sépulcrale trouvée à Arles en 1844 (V. l'art. *Mariage*).

TOUSSAINT (FÊTE). — V. l'art. *Fêtes immobiles*, IX, 1°.

TRADITEURS (TRADITORES). — L'histoire ecclésiastique désigne sous ce nom ceux qui, au temps de la persécution de Dioclétien, livraient aux païens, pour être brûlés, les livres saints et les vases de l'Église. Le premier concile d'Arles (c. XIII), qui est aussi le premier qui ait été tenu depuis cette persécution, décrète que les clercs convaincus de ce crime seront déposés de leur charge. Nous voyons par les actes de ce concile que ceux qui avaient eu la lâcheté de dénoncer leurs frères, en livrant les registres ou livres matricules où leurs noms étaient inscrits, étaient aussi tenus pour coupables du crime de tradition, et chassés des rangs du clergé : *De his qui scripturas sacras tradidisse dicuntur, vel vasa Domini, vel* NOMINA FRATRUM *suorum, placuit nobis ut quicumque eorum in actis publicis fuerit detectus, non verbis nudis, ab ordine cleri amoveatur.* Les donatistes imputèrent souvent cette espèce de tradition, mais calomnieusement, à Cœcilianus, évêque de Carthage, et à ceux qui l'avaient ordonné. A cette accusation, S. Augustin répondait (*Epist.* L. *Ad Bonifac.*) que si elle était fondée et qu'elle pût lui être démontrée comme telle, il n'hésiterait pas à anathématiser cet évêque, même mort. Il est avéré que Cœcilianus fut déclaré innocent au concile d'Arles et qu'il fut même appelé à y siéger, et en souscrivit les actes (V. Tillemont. VI. p. 708).

Mais ceux qui attribuaient de telles choses à Cœcilianus étaient eux-mêmes *traditeurs*, et ils en étaient venus à ce degré d'impudence, que de s'absoudre les uns les autres, pour accuser les innocents, ainsi que S. Optat de Milève (l. I. p. 39) et S. Augustin (*Contr. Crescon.* l. III. c. 27) le démontrent par les actes du concile de Cirtha, où s'était passée cette triste scène qui se dressait devant eux comme un témoin écrasant.

Les actes du concile de Cirtha furent conservés avec soin, et S. Augustin et S. Optat en donnent le passage capital, le seul qui soit arrivé jusqu'à nous (Augustin. *In Cresc.* I. 3. 27. — Optat. l. I. p. 39). Il s'y trouva onze ou douze évêques, tous de la province de Numidie, qui avait pour capitale cette ville de Cirtha, nommée ensuite Constantine par l'empereur Constantin. Après s'être absous de leur apostasie, ils terminèrent le concile par l'acte qui l'avait fait convoquer, à savoir l'élection d'un évêque de Cirtha. Leur choix tomba sur un traditeur, le sous-diacre Sylvain qui avait livré les vases sacrés le 19 mai 303. Secundus, évêque de Tigisite, qui avait présidé cette assemblée, tâcha de pallier sa lâcheté, en alléguant qu'il avait craint que la sévérité ne déterminât un schisme. S. Augustin ne semble pas condamner sa conduite (*Epist.* CLXII). Mais ces évêques traditeurs furent les premiers auteurs du schisme des donatistes (V. Tillemont. VI. p. 10).

TRANSENNA. — C'était une espèce de grillage en marbre usité dans les chapelles des catacombes pour protéger les reliques des martyrs contre la profanation et même contre l'indiscret, quoique pieux, empressement des fidèles. Boldetti (V. *Cimit.* p. 35) avait rencontré une de ces *transennes* presque entière dans le cimetière de Calliste et il en donne le dessin : on voit dans le sarcophage découvert le corps du martyr, et la rupture du grillage à sa partie inférieure autorise à penser qu'il avait été une barrière insuffisante pour garantir cette relique. Mais rien n'égale en intérêt celle que publie M. De'Rossi (*Inscr. Christ. Urbis Romæ.* t. I. *Proleg.* p. CXV) et qui porte une magnifique inscription de la fin du troisième siècle. Par les soins du même antiquaire, la balustrade qui entourait primitivement l'autel et la chaire de la fameuse crypte des papes, au cimetière de Calliste, a été rétablie au moyen des débris retrouvés épars sur le sol (V. dans le 2ᵉ vol. de la *Roma sott.* Pl. I. A) la restauration complète de la crypte.

Beaucoup d'autres cancels du même genre ont été trouvés, mais plus ou moins brisés, dans ce cimetière, ainsi que dans ceux de Priscille et de Sainte-Hélène. M. Perret (IV, pl. VII) en donne un fragment dont voici la reproduction. L'usage en

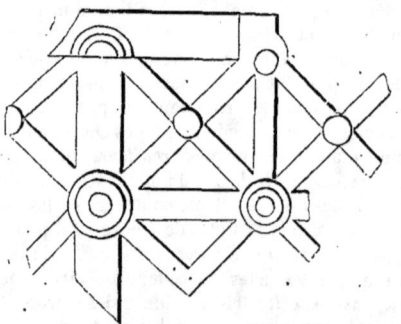

fut conservé pour la *confession* des basiliques supérieures (V. l'art. *Confession*); les auteurs en font souvent mention. On croit que les magnifiques transennes que l'on admire dans la basilique de Saint-Clément à Rome appartenaient primitivement à l'église antique aujourd'hui souterraine. Nous lisons dans le Livre pontifical au sujet de Sixte III : *Ornavit transennam, et al-* *tare, et confessionem S. martyris Laurentii,* « il orna la transenne, et l'autel, et la confession du saint martyr Laurent. » Et S. Paulin, décrivant la basilique de Saint-Félix à Nola, dit (*Ep. ad Sever.*) : *Lætissimo vero conspectu tota hæc basilica memorati confessoris aperitur trinis arcubus paribus, perlucente transenna,* « d'un aspect très-gai, toute cette basilique dudit confesseur s'ouvre par trois arcs égaux, devant lesquels brille une transenne. » Nous trouvons des mentions analogues dans S. Grégoire de Tours (L. I. *De glor. conf.* 37), dans Bède (*Hist. Angl.* c. III), dans Evodius (*De mirac. S. Steph.* c. XII). L'usage des transennes existait aussi dans les églises d'Afrique. En voici un curieux fragment dessiné à Cherchel par M. le commandant Sériziat. Ses compartiments, dans la partie supérieure, sont, comme on voit, combinés de façon à figurer le monogramme du Christ, accosté des sigles A et ω.

Les fidèles avaient coutume d'introduire par les ouvertures de ces grillages des voiles et des linges quelconques appelés *brandea* par les auteurs anciens, pour les mettre en contact avec le tombeau ; après quelques jours de veilles, de prières et de jeûnes, on retirait ces objets avec la pieuse confiance qu'ils s'étaient imprégnés d'une vertu surnaturelle, à laquelle on avait recours pour obtenir des guérisons et autres effets miraculeux (V. l'art. *Fenestella confessionis*). Le même Grégoire de Tours (*De glor. MM.* I. c. 28) parle très au long des voiles et des clefs d'or que l'on suspendait ainsi dans la confession de S. Pierre. Les Œuvres de S. Grégoire le Grand fournissent aussi de nombreux détails sur ces objets ainsi que sur leurs effets miraculeux (Paul diac. *In Vit. S. Greg.* II. 42). Les *transennes* des catacombes furent probablement à l'origine des cancels protégeant le sanctuaire dans les basiliques primitives (V. l'art. *Cancel*).

Les tombeaux construits sur le sol (et non souterrains) étaient souvent aussi protégés par des transennes et surmontés d'un *tegurium*. Il existe même des sarcophages de marbre ornés de sculptures imitant les transennes de marbre ou les cancels de bronze et divisées en plusieurs sections par de petits pilastres. Il y en eut aussi quelquefois aux portes, aux fenêtres et autour de l'ouverture extérieure des luminaires des catacombes.

TRANSFIGURATION (FÊTE). — Cette fête se trouve mentionnée dans les plus anciens ménologes des Grecs, entre autres dans celui qu'a édité Canisius (*Antiq. lect.* l. III. — Cf. Pellic. II. p. 61), aussi bien que dans les plus anciens martyrologes manuscrits des Latins (V. Baronius. *Not. ad martyrol. ad diem aug.* VI). Il existe aussi à ce sujet une constitution d'Emmanuel Comnène (*Cod. lit. De feriis. append.*).

Calliste III, qui siégeait au milieu du quinzième siècle, établit pour cette fête un office spécial, auquel il attacha les mêmes indulgences que celles de la solennité du Corps de Dieu. C'est pourquoi quelques historiens, entre autres Platina, ont attribué à ce pape l'institution de la fête elle-même C'est une erreur contre laquelle protestent tous les monuments les plus anciens de l'histoire ecclésiastique. En 850, sous l'empereur Lothaire, Wandebert en fait mention dans son martyrologe en vers (Trithem. *De vir. illustr. ord. S. Benedict.* II. 36. — Cf. Baron. *ibid.*) :

> Idibus octavis mortem passura, crucemque,
> Christi sancta caro æthereum dedit ante figuram.

« Au huit des ides (d'août), destinée à la mort et à la croix, — La sainte chair du Christ présenta auparavant une figure éthérée. »

Au huitième siècle, S. Jean de Damas prononce sur cette fête un discours commençant par ces mots : « Allons, pieuse assemblée, célébrons ce jour avec des cœurs joyeux. » Nous en avons aussi un de S. Léon, c'est le quatre-vingt-quatorzième de ceux de ce pape, ce qui prouve pour le milieu du cinquième siècle, au moins quant à l'Église de Rome. Baronius cite encore des sermons de S. Éphrem, de S. Basile de Séleucie, de S. André de Crète, dont les manuscrits grecs se trouvent dans la bibliothèque Sforza. Ces derniers témoignages, sur la valeur desquels néanmoins il existe quelques doutes, feraient remonter la fête de la Transfiguration au quatrième siècle.

Mais nous possédons pour cette époque une autorité décisive, c'est le second concile de Nicée, dans les actes duquel, entre autres écrits de Léonce de Chypre, est signalé un discours sur la transfiguration du Seigneur, *De transfiguratione Domini*.

TRANSFIGURATION DE NOTRE-SEIGNEUR. — Ce sujet, auquel Raphaël a dû l'inspiration d'un chef-d'œuvre sans égal, est très-rarement représenté dans les monuments de l'antiquité chrétienne, du moins en Occident. L'église de Sainte-Catherine, au mont Sinaï, est décorée d'une série de tableaux en mosaïque, où Moïse est vu dans les principaux événements de sa vie et en dernier lieu dans le mystère de la Transfiguration (V. L. de La Borde, *Voyage dans l'Arabie Pétrée*, atlas). Ces mosaïques sont du quatrième siècle. D'Agincourt (*Sculpt.* l. XII. n. 24. 25) a publié une sculpture qu'il croit être de la même époque, et où cet intéressant sujet est aussi retracé (V. l'art. *Lampes*). Melchior Fossati affirme l'avoir trouvé sur une lampe recueillie par lui à Corneto dans un hypogée étrusque qui avait été occupé par les chrétiens (V. Rochette. *Mém. de l'Acad. des inscr.* t. XIII. p. 762). Ce que nous avons de plus ancien après ces monuments, ce sont deux mosaïques, l'une de Saint-Apollinaire de Ravenne datant du sixième siècle, l'autre des Saints-Nérée-et-Achillée de Rome, mais du huitième siècle seulement. La première présente la transfiguration sous des formes allégoriques des plus ingénieuses. Notre-Seigneur n'y est pas figuré en personne ; à sa place est une croix dans un ciel étoilé, des deux côtés de laquelle se tiennent Moïse et Élie, vus à mi-corps dans un nuage. Les trois apôtres que le Sauveur avait choisis pour être les témoins de sa gloire, Pierre, Jacques et Jean, sont représentés par trois brebis, et d'autres brebis figurant les autres apôtres sont placées au bas de la montagne (Ciampini. *Vet. mon.* II. tab. XXIV. — V. l'art. *Agneau* dans ce Dictionnaire). Voici la reproduction fidèle du monument.

Dans la seconde (Id. *ibid.* XXXVIII), Notre-Seigneur en personne, placé au sommet de l'arc, étend la main droite et bénit ; il est vêtu d'une tunique rouge et d'un manteau blanc. Moïse et Élie sont à ses côtés. Un peu plus bas, deux apôtres, que l'on croit être Jacques et Jean, relèvent un pan de leur manteau blanc à la hauteur de leurs yeux éblouis par l'éclat du visage du divin Maître : *Resplenduit facies ejus sicut sol*

(Matth. xvii. 2). Le même sujet se trouve sur un sarcophage d'Ostie (Millin.).

TRANSLATIONS DE RELIQUES. — Nous trouvons dès le commencement du deuxième siècle des translations de reliques. Le premier exemple, croyons-nous, est celui de S. Ignace martyr, dont les restes furent transportés de Rome, lieu de son martyre, à Antioche, son Église (Ruinart. p. 13. *Act.* n. v), d'abord dans un cimetière, et plus tard dans une des basiliques de la ville, par les soins de Théodose le Jeune (Evagr. *Hist. eccles.* i. 16). S. Chrysostome (*Homil. in Ignat. M.*) donne le détail des solennités dont les fidèles entourèrent cette première translation, et des grâces qu'ils en retirèrent. S. Pontien était mort en Sardaigne, et son corps fut transféré à Rome, dans un cimetière qui porta depuis son nom; il en fut de même de S. Corneille que l'on croit avoir souffert à Centumcelles (Cività-Vecchia) (V. Tillemont. *Hist. eccles.* iii. p. 470).

Après la pacification de l'Église, ces cérémonies devinrent plus nombreuses et plus solennelles. La plus célèbre de toutes est la translation faite par l'empereur Constance des reliques de S. André, de S. Luc et de S. Timothée à Constantinople (Hieron. *adv. Vigilant.* Opp. t. iv. col. 282). On doit citer ensuite celle de S. Babylas de Daphné à Antioche, et dont la pompe extraordinaire irrita si fort Julien l'Apostat (Sozomen. *Hist. eccl.* v. 19. 20). Rien n'est plus connu, en ce genre, que l'invention, la translation des reliques des SS. Étienne, premier martyr, Gamaliel, Nicodème et Abibon, sous Théodose et Honorius, cérémonie qui, effectuée au milieu d'un concours immense, fut signalée par de nombreux prodiges (Augustin. *Suppl.* t. vii) (V. à l'art. *Vase* une gravure représentant le songe où le lieu de la sépulture de ces saints fut révélé au prêtre Lucien). S. Ambroise, si zélé pour la gloire des martyrs, fit en pleine persécution de Justine la translation des corps des SS. Gervais, Protais et Nazaire (S. Gaudent. *Tract. in dedic. Basilic.* in *Biblioth. PP.* t. v. p. 969) pour procéder à la consécration de sa basilique non encore achevée en 386. On sait aussi ce que fit S. Paulin pour honorer le tombeau de S. Félix et les diverses reliques qu'il transporta dans les basiliques élevées près de ce glorieux sépulcre (*Poem.* xviii).

Parmi les Saints qui n'appartiennent pas à la classe des martyrs, on doit rapporter, en première ligne, la translation des restes de S. Chrysostome de Comane, lieu de son exil, à Constantinople (Theodoret. *Hist. eccl.* v. 31), et de là à Rome; et, dans notre Gaule, celle de S. Martin, faite par le pieux évêque Perpetuus, translation qui fut accompagnée de tant de circonstances intéressantes et curieuses (V. Dom Gervaise. *Vie de S. Martin,* l. iv). Dans l'ouvrage de J. Bosio sur la passion de Ste Cécile, nous lisons des lettres du pape S. Pascal Ier sur l'*invention du corps de cette Sainte*, où il est dit que ce saint pontife les porta de ses propres mains (V. pour plus amples détails sur les translations, Trombelli. *De cultu sanctorum.* Dissert. vii. c. seqq. et en particulier notre art. *Cécile* [*Ste*]).

Les Pères, et en particulier S. Jérôme (*Epist.* xvii), Evodius (l. ii. c. 2.), et, plus que tous les autres, S. Grégoire de Tours (*Hist. Franc.* ix. 40), décrivent avec les plus minutieux détails la pompe qui présidait à ces cérémonies qu'un peuple immense suivait en procession, avec des flambeaux, en chantant des psaumes et brûlant des parfums, etc.

Mais c'est surtout au septième siècle que ces translations devinrent plus fréquentes; elles se faisaient quelquefois en masse. Cela se vit notamment à l'époque de la consécration du Panthéon d'Agrippa à la Ste Vierge et à tous les saints martyrs et confesseurs par le pape Boniface IV. D'après les mémoires du temps, dont Baronius nous a laissé le résumé dans ses notes au martyrologe romain (*Ad diem martyrii* xiii), trente-deux chariots furent employés à transporter dans ce temple les ossements des martyrs tirés des différentes catacombes, et qui y furent déposés avec beaucoup de solennité et conservés avec une grande décence, *decentissime collocata*.

Paul Ier tira aussi, en 761, un grand nombre de corps saints de leurs sépultures souterraines, pour en enrichir les différents titres, diaconies et monastères de la ville. Il en dota avec une sollicitude particulière le monastère de Saint-Sylvestre dont il était le fondateur. Pascal Ier généralisa la mesure et entreprit de transporter à Rome tous les corps des martyrs. On n'évalue pas à moins de deux mille trois cents ceux que ce pontife, qui siégeait en 817, déposa dans l'église de Sainte-Praxède. Dans les translations opérées par ces deux derniers pontifes figurent plusieurs papes, entre autres Anthère, Miltiade, Lucius, Caïus, Zéphirin, Denys, Pontius, Sirice, Anastase, Célestin, etc., parmi lesquels on reconnaît quelques-uns de ceux de la crypte papale du cimetière de Calliste.

Ce qui détermina les papes à s'écarter de la règle qu'ils s'étaient prescrite de laisser intacte la sépulture des martyrs, règle qui était encore en pleine vigueur du temps de S. Grégoire le Grand, c'est l'état d'abandon où les cimetières étaient tombés par suite de l'invasion des barbares et en particulier des Lombards qui, non contents de briser et de profaner les tombeaux, s'étaient même emparés de plusieurs corps saints. On peut lire dans les *Osservazioni* de Boldetti (lib. i. cap. 12) une peinture saisissante de ces désastres.

Il n'entre pas dans notre plan de parler des cérémonies du même genre que virent le huitième et le neuvième siècle et en particulier de la quantité prodigieuse de corps qui furent, par les soins de Pascal Ier, transférés dans l'église de Sainte-Praxède. Nous nous contenterons de faire observer qu'une inscription qui se lit encore aujourd'hui dans cette vénérable église peut donner une idée de la prudence et des précautions infinies dont l'Église s'entourait dans cette œuvre délicate du discernement des reliques, afin de ne point donner dans l'erreur.

Le lecteur qui serait curieux de connaître le cérémonial qui accompagnait les translations aux siècles du moyen âge, les fêtes, processions triomphales, etc., pourrait jeter un coup d'œil sur les *Vies* des papes de cette période au *Liber pontificalis*, entre autres sur celles d'Honorius II, de Martin V, de Paul Ier, de Pascal Ier, etc.

TRIANGLE. — Ce signe n'est pas très-commun sur les monuments chrétiens ; c'est pourquoi sans doute les auteurs qui se sont occupés des symboles du christianisme primitif l'ont à peu près totalement négligé. M. De' Rossi est le premier, à notre connaissance, qui lui ait accordé quelque attention, et nous ne ferons que résumer ici ce qu'il en dit dans un savant travail inséré au quatrième volume du *Spicilége* de Solesmes, p. 497, sur quelques inscriptions de Carthage. Les exemples de ce symbole qui figurent ici sont à peu près les seuls connus. Le premier est tiré d'Aringhi (*Rom. subt.* t. I. p. 605), le deuxième et le troisième de Lupi (*Sev. epitaph.* p. 64. 102), le quatrième de Boldetti (*Cimit.* p. 402), le cinquième et le sixième renfermant l'A et l'ω et accostant le monogramme du Christ figurent sur un *titulus* de provenance lyonnaise, découvert par M. De' Rossi dans un manuscrit de la bibliothèque Barberini, et publié par M. Edm. Le Blant (*Inscr. chrét. de la Gaule.* t. I. p. 107), enfin le septième est tracé sur le cinquième des marbres africains illustrés par le savant archéologue romain.

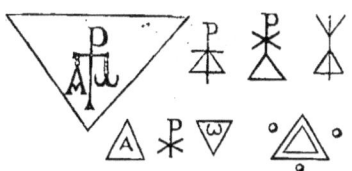

On doit observer que tous ces triangles, sous une forme ou sous une autre, sont invariablement unis au nom du Sauveur, ce qui autorise à penser qu'ils doivent avoir quelque relation avec sa personne. Or, pour assigner quelle est la nature de cette relation, il faudrait connaître au juste la signification du triangle. Personne n'ignore que, dans la pratique de l'iconographie moderne, il est pris pour le symbole de la Trinité. Jusqu'où remonte cette attribution du signe du triangle? C'est ce qu'il serait difficile de dire, et rien ne prouve que l'antiquité l'ait connue ; rien, dis-je, si ce n'est les monuments que nous rapportons ici, et auxquels on ne saurait assigner un autre sens. La présence de ce symbole sur un marbre d'Afrique donne, ce semble, une certaine valeur à cette interprétation ; il s'y trouverait comme un acte de foi au mystère de la Ste Trinité, dogme pour lequel cette contrée eut tant à souffrir de la part des Vandales. Si l'on accorde ce premier point, nous serons en droit d'en conclure que le triangle atteste la divinité de Jésus-Christ toutes les fois qu'il est joint à son auguste monogramme, ce qui a lieu dans tous les cas jusqu'ici connus. (V. l'art. *Trinité*). S. Zénon de Vérone suppose (lib. I. tract. 14. 4) que dans les premiers siècles on distribuait aux nouveaux baptisés certains médaillons portant une triple empreinte qui, dans l'opinion de Maffei (*Osservaz.* t. VI. art. I. p. 221), n'était autre chose qu'un symbole relatif à la Trinité au nom de laquelle s'administre le baptême, *denarium aureum triplicis numismatis unione signatum*. Une grave difficulté semble, il est vrai, s'opposer à ce que les paroles de l'évêque de Vérone soient prises à la lettre : on ne saurait admettre que, dans l'état de dénûment où se trouvait l'Église, elle pût distribuer une médaille d'or à chacun de ceux qu'elle admettait au baptême, et qui étaient en grand nombre. Cependant ce Père revient fréquemment dans ses œuvres sur cet objet, qu'il désigne ailleurs (*Tract.* 42 *a neoph.*) par *unum stipendium*. Quelques interprètes n'ont vu là qu'une expression symbolique indiquant les trois sacrements, du baptême, de la confirmation, de l'eucharistie, que le néophyte recevait le même jour: *triplicis numismatis unione signatum*. — Le sens naturel est, à notre avis, seul admissible, et nous pensons ou que la tradition de la médaille d'or constituait, quant à la nature du métal, un usage particulier à l'église de Vérone, ou que l'épithète *aureus* exprimait métaphoriquement la valeur morale qui s'attachait à l'objet matériel, comme mémorial du baptême. On peut citer à l'appui de cette interprétation le couvercle d'une urne baptismale publiée par Münter (*Symb.* p. 49. tab. I. 26), sur lequel se voient trois poissons disposés en forme de triangle : les poissons désignent les baptisés et le triangle la Ste Trinité.

TRINITÉ. Ce n'est qu'assez tard que les chrétiens s'essayèrent à représenter la Divinité sous une forme humaine (V. l'art. *Dieu*). Tracer une image matérielle des mystères de la Ste Trinité était plus dangereux et plus difficile encore. On eut recours d'abord à un symbole, celui du triangle, dont les exemples sont rares sur les monuments arrivés jusqu'à nous ; Rome en fournit deux autres. Lyon un, un ou deux s'en sont trouvés en Afrique (V. l'art. *Triangle*). L'apparition du Seigneur à Abraham sous la figure de trois anges à forme humaine (*Genes.* XVIII) fut toujours regardée par les Pères et par l'Église primitive comme une figure de la Trinité.

C'est assurément dans cette intention que ce sujet se trouve reproduit dans l'ancienne mosaïque de Sainte-Marie-Majeure, monument du cinquième siècle (Ciampini. *Vet monim.* I. tab. LI. I). On voit d'abord le patriarche rencontrant les trois anges, devant lesquels il se prosterne, n'en saluant qu'un seul, comme l'observe S. Augustin : *Tres vidit, unum adoravit* (Augustin. l. II *Contr. Maxim.* c. 16), rendant ainsi hommage au Dieu un en trois personnes : *Nonne*, dit le même Père, *unus erat hospes, in tribus, qui venit ad patrem Abraham?* (*Serm.* CLXXI). Un peu plus bas

les trois divins hôtes sont assis à une table, et devant chacun d'eux est un petit pain de forme triangulaire, ce qui n'est pas sans une intention symbolique évidente. Cette seconde scène est aussi reproduite dans une mosaïque de Saint-Vital de Ravenne (Ciampini, *Vet. mon.* I. tab. XX), dont nous donnons ici un croquis.

Les représentations antiques du baptême de Notre-Seigneur offrent une image plus frappante encore de la Ste Trinité ; les trois personnes y apparaissent distinctement, le Père dans la main qui sort du nuage, et tient lieu de la voix disant :

Celui-ci est mon fils bien-aimé; le Fils, que S. Jean baptise dans le Jourdain ; le Saint-Esprit, figuré par la colombe (V. l'art. *Baptême*). Telle était sans doute la peinture de l'église de Saint-Félix de Nola que S. Paulin décrit ainsi :

> Toto coruscat Trinitas mysterio,
> Stat Christus amne, vox Patris cœlo tonat,
> Et per columbam Spiritus sanctus fluit.

« La Trinité brille de tout l'éclat de son mystère, — Le Christ est dans le fleuve, la voix du Père tonne du haut du ciel, — Et le Saint-Esprit se montre dans la colombe. »

Contre l'opinion de Ciampini (*Vet. mon.* II, p. 61), nous verrions une représentation de la Ste Trinité dans une mosaïque des Saints-Côme-et-Damien, datant du sixième siècle (*Id.* tab. XVI). Notre-Seigneur enseigne sur la montagne, une main tient une couronne suspendue sur sa tête, et on sait que cette main est la représentation hiéroglyphique de Dieu le Père (V. l'art. *Dieu*); enfin le Saint-Esprit est figuré par une colombe à tête radiée qui vole vers Jésus-Christ. Mais un sarcophage récemment découvert et qui fait le plus bel ornement du musée du Latran présente quelque chose de plus clair encore. La Ste Trinité y est représentée par trois personnages barbus, et paraissant être du même âge, pour exprimer la coëternité des trois personnes divines. Elles sont occupées à la création d'Ève. Le Père est assis sur un siège en treillis recouvert d'une draperie, et

avec le *subsellium* (V. l'art. *Subsellium*). Un second personnage debout devant lui, et qui est le Fils, ayant le visage tourné vers le Père, tient soulevé le corps d'Ève qui vient de sortir du flanc d'Adam encore étendu à terre. Enfin le troisième person- nage, qui est le Saint-Esprit, se tient debout derrière le siège du Père. Le monument où nous puisons cet intéressant sujet est de la seconde moitié du quatrième siècle. Il a été trouvé dans les fondements de la basilique de Saint Paul, qui avait été bâtie par Théodose (V. la fig. de l'art. *Sarcophages*, I.)

Les trois personnes divines sont nommées dans quelques inscriptions antiques. On en lit une dans la Rome souterraine de Bosio (p. 148), qui cependant n'est pas de l'époque des catacombes : IN NOMINE PATRIS OMNIPOTENTIS ET DOMINI NOSTRI IESV ☧ FIL || ET SANCTI PARACLETI.... La même formule est facilement reconnaissable (Le Blant. *Inscr. chrét. de la Gaule*. I, p. 222) sur un marbre très-fruste trouvé à Saint-Taurin d'Évreux il y a peu d'années. M. De' Rossi (I. p. 222. n. 523) donne une inscription de l'an 403 commençant par ces mots : QVINTILIANVS. HOMO. DEI || CONFIRMANS TRINITATEM..... Cette formule, jusque-là inusitée, exprime sans doute la foi à la Ste Trinité.

TRISAGION (OU HYMNE CHÉRUBIQUE). — Voici quelle était la forme primitive de cette hymne : *Sanctus, Sanctus, Sanctus Dominus Deus sabaoth : pleni sunt cœli et terra gloria ejus, benedictus in sæcula : amen.* Ainsi lisons-nous au huitième livre des *Constitutions apostoliques* (cap. LXXII). Un peu plus tard, l'Église ajouta quelques mots : *Sanctus Deus, Sanctus fortis, Sanctus immortalis, miserere nobis*. Cette addition eut lieu au concile de Chalcédoine (Act. I), à propos de la condamnation de Dioscore. Les orthodoxes adoptèrent cette modification, si nous en croyons S. Jean de Damas (*De orthodox. fide*, l. III, c. 10), pour proclamer leur foi à la Ste Trinité.

Aussi lorsque Pierre Gnaphée, voulant introduire l'hérésie des théopaschites affirmant que la nature divine avait souffert sur la croix, eut ajouté cette clause : *Qui crucifixus es pro nobis*, tout aussitôt les évêques catholiques y firent une nouvelle addition consistant à dire : *Sanctus Deus, Sanctus fortis, Sanctus immortalis, Christe rex, qui crucifixus es pro nobis, miserere nostri* : c'est ce que nous apprenons de Théodore le Lecteur (lib. II) et de plusieurs autres historiens. Mais ces additions, quelles qu'elles fussent, n'étaient pas sans exciter des troubles dans les Églises tant de l'Orient que de l'Occident, dont la plupart les rejetaient ; et dans plusieurs provinces de l'Europe on se mit à chanter, à la place de ces additions plus ou moins suspectes à cause de leur nouveauté, cette formule simple et sommaire : *Sancta Trinitas, miserere nobis.*

C'est surtout au milieu de la sainte synaxe, c'est-à-dire après la préface, que se chantait cette hymne chérubique. S. Cyrille de Jérusalem (*Catech.* v. n. 5) et S. Chrysostome (*Hom. in Seraphim*. t. III. *Opp.*) en parlent comme terminant l'action de grâces ; et plusieurs conciles de l'Occident (*Concil. Vasense* II. can. 4) prescrivent de la dire à toutes les messes, soit matinales, soit quadragésimales, soit même aux messes des défunts : cette dernière prescription avait sans doute pour but de réprouver la fausse opinion de ceux qui estimaient que cette hymne de joie et vraiment *triomphale* n'était pas convenable dans les messes lugubres.

Cependant elle se chantait dans d'autres occasions encore, comme il paraît par le canon du concile de Chalcédoine déjà cité. Quelques commentateurs Grecs des rites sacrés mettent une distinction entre la simple formule : *Sanctus, Sanctus Deus Zebaoth*, qu'ils appellent *epinicion* ou hymne triomphale, et cette autre plus longue, *Sanctus Deus, Sanctus fortis*, etc. (V. plus haut), qui serait le *trisagion*. D'après eux, la première formule aurait été chantée à la messe des *fidèles*, la seconde à la messe des catéchumènes : ce qui n'est pas très-éloigné de la pratique actuelle de l'Église.

TRISOMUS. — V. l'art. *Sarcophage*, I.

TUNIQUE (*Tunicella*). — Les sous-diacres ont toujours eu un vêtement propre à leur ordre, appelé tantôt *tunica*, tantôt *tunicella*, quelquefois *roccus* et *subtile*. Mais quelles étaient dans l'antiquité la matière et la forme de cet habit, c'est ce qu'il serait difficile de déterminer. Des termes de la lettre de S. Grégoire le Grand à Jean de Syracuse (*Ep.* LXIV. lib. 7), on peut conclure qu'elle était de lin et *talaris*. Dans les bas temps, on lui donna la forme de la dalmatique, avec des manches plus étroites. Les dénominations de *roccus* et de *subtile* appartiennent au moyen âge. Les évêques ont conservé l'usage de porter, quand ils officient pontificalement, la tunique et la dalmatique sous la chasuble.

U

ULYSSE, FIGURE DU SAUVEUR. — Nous devons tout d'abord justifier par une citation imposante l'énoncé de cette question paradoxale en apparence. Voici ce que prêchait au cinquième siècle S. Maxime, évêque de Turin (*Homil.* I *De passione et cruce Domini*. Opp. p. 151. edit. Rom. 1784) : « Les fables du siècle rapportent que cet Ulysse qui fut pendant dix ans le jouet des caprices de la mer, sans pouvoir rejoindre sa patrie, fut un jour poussé vers le lieu où les Sirènes faisaient entendre leurs chants.... Et tel était le charme de leur mélodie, que ceux qui l'entendaient se sentaient comme invinciblement entraînés, non pas vers le port qu'ils voulaient, mais vers la ruine qu'ils ne voulaient pas. Or, Ulysse voulant se soustraire à cette périlleuse séduction, boucha les oreilles de ses compagnons avec de la cire, et se fit lui-même attacher au mât de son vaisseau.

« Si donc la fiction suppose qu'Ulysse fut délivré du péril en se liant à l'arbre de son navire, ne devons-nous pas proclamer à meilleur droit ce qui est véritablement avéré, à savoir, qu'en ce jour (cette homélie fut prononcée le jeudi saint) le genre humain tout entier a été soustrait au danger de la mort par l'arbre de la croix? En effet, depuis que le Christ Seigneur a été attaché à la croix, nous traversons, l'oreille fermée, les séduisants écueils du monde; nous ne sommes plus arrêtés par les accents pernicieux du siècle, nous ne nous laissons plus détourner de la voie d'une vie meilleure, pour tomber dans les pièges de la volupté. L'arbre de la croix, non-seulement rend l'homme qui y est attaché à sa patrie, mais aussi il protège par la vertu de son ombre les compagnons placés autour de lui. Que la croix nous donne de revoir notre patrie après beaucoup de hasards, le Seigneur le déclare lui-même, disant au larron attaché en croix : « Aujourd'hui tu seras « avec moi en paradis » (Luc. xxiii). Ce larron, après avoir longtemps erré, et fait maints naufrages, n'eût pas pu rentrer dans la patrie du paradis d'où le premier homme était sorti, s'il n'eût été lié à l'arbre. Car ce qu'est l'arbre (le mât) dans le navire, la croix l'est dans l'Église, laquelle seule sait passer intacte au milieu des séduisants et pernicieux écueils du siècle.

« Donc, dans ce vaisseau (de l'Église), quiconque, ou se sera attaché à l'arbre de la croix, ou aura clos ses oreilles par les Écritures divines, n'aura rien à craindre des séduisantes attaques de la luxure. En effet, c'est une suave figure des sirènes que la molle concupiscence de la volupté, qui efféminé par ses funestes caresses la constance de l'âme qui s'y est laissé prendre. Donc le Christ Seigneur a été suspendu à la croix pour délivrer tout le genre humain du naufrage de ce monde. »

Nous avons lieu de croire que cette interprétation mystique fut populaire dans l'Église dès les premiers temps. Il n'est pas douteux du moins qu'elle n'ait été adoptée longtemps avant S. Maxime, qui vivait au cinquième siècle. Car nous lisons dans les *Philosophumena*, dont l'auteur est contemporain de S. Calliste, un témoignage analogue. Après avoir mentionné le mythe d'Ulysse, cet écrivain exhorte les fidèles « à se tenir attachés au bois du Christ, à mettre en lui leur confiance et ne pas se laisser séduire par le chant des Sirènes (*Philosophum.* vii). Et voici que M. De' Rossi publie (*Bullettino.* 1863. p. 35) un monument du troisième siècle, naguère découvert sous ses yeux, qui en offre la représentation matérielle. C'est un fragment de sculpture de sarcophage provenant du cimetière de Calliste, où l'on voit Ulysse et ses compagnons dans le navire, et tout à l'entour les trois Sirènes, corps ailés de femme et pieds d'oiseaux, dont l'une tient de la main deux flûtes, la seconde une lyre, et la troisième une tablette ou un volume : c'est exactement le type mythologique. Quoi qu'il en soit, voici le monument mentionné ci-dessus.

L'origine chrétienne de ce monument est établie de la manière la plus claire par le monogramme d'un nom propre, TYRANIO. Dans ce chiffre, les lettres T et Y sont disposées de façon à former une double image de la croix. On sait que le T est, selon toute probabilité, la véritable forme de la croix (V. notre art. *Croix*), et M. François Lenormant a prouvé, dans sa dissertation au sujet des inscriptions tracées sur les rochers du Sinaï, que l'Y en renferme aussi la signification arcane.

L'image d'Ulysse lié au mât de son navire était donc bien évidemment un des symboles dont les premiers chrétiens se servaient, au temps de la discipline du secret, pour se rappeler sans cesse la croix du Sauveur et la rédemption par le Crucifié. On peut supposer que cette sculpture est l'œuvre d'un artiste païen; mais elle fut choisie bien certainement par un chrétien, à cause de l'interprétation chrétienne à laquelle elle se prêtait.

V

VACANTIVI CLERICI (βακαντίβοι.) — C'étaient des clercs vagabonds qui sans autorisation quittaient leurs diocèses et l'Église à laquelle ils étaient attachés par leur ordination, et menaient une vie errante. Nous avons à ce sujet un curieux passage de Synesius (*Epist.* lxviii) : « Il y a parmi nous des *vacantivi* (excusez cette locution barbare inventée pour peindre plus vivement la perversité de quelques-uns) : ils ne veulent avoir aucun siége fixe, ayant quitté celui qu'ils avaient auparavant, non qu'ils y aient été forcés par quelque calamité, mais par pur amour du changement. Ils se prévalent des honneurs dus au sacerdoce, recherchant les lieux où ils en trouvent le plus. »

Les conciles déployèrent souvent toute leur sévérité contre ces indignes ministres. « Il nous a plu, dit celui de Valence en Espagne, que si quelque clerc inconstant et vagabond, constitué dans le ministère de diacre, ou dans l'office de prêtre, refusant d'obéir à l'évêque de qui il a reçu l'ordination, et de remplir assidûment son office dans l'église à laquelle il a été attaché, tant qu'il persévérera dans ce vice, il soit privé de la communion et de l'honneur » (V. *etiam Concil. Agath.* can. LI et *Epaon.* can. VI).

VALETUDINARIUM. — V. l'art. *Hôpitaux.*

VASES PEINTS ET SCULPTÉS SUR LES TOMBEAUX CHRÉTIENS. — Ces vases étaient quelquefois un symbole de profession ou un attribut d'emploi ecclésiastique (V. l'art. *Instruments représentés sur les tombeaux chrétiens*). Mais les exemples en sont tellement multipliés, qu'il devient tout à fait impossible de les faire rentrer tous dans ces deux catégories, qui au contraire ne constituent que des exceptions assez restreintes. Il faut de toute nécessité leur donner une signification religieuse ;

c'est ce qu'ont fait les interprètes de l'antiquité chrétienne, quoique avec des divergences d'interprétation assez notables.

Les délices du paradis sont quelquefois figurées par des oiseaux se jouant et se désaltérant sur le bord d'un vase. Cette interprétation nous paraîtrait surtout devoir être admise, quand ces vases sont placés au sein d'un bosquet fleuri et accompagnés d'autres emblèmes reconnus pour symboliser le séjour des âmes bienheureuses. Voici un fragment d'une charmante fresque du cimetière de Sainte-Sotère (De' Rossi. *Roma sott.* III. tav. 1), datant du troisième siècle, qui nous paraît répondre parfaitement à cette idée.

Les uns y voient une allusion au banquet céleste (V. Polidori. *Amico catt.* t. VIII. p. 185). Rien en effet n'était plus capable d'atténuer la tristesse de la tombe (et l'on sait que telle était la principale préoccupation des fidèles) que ces symboles qui rappelaient aux vivants le bonheur céleste auquel ils croyaient avec confiance que les défunts étaient admis, et dont ils aimaient à graver l'heureux augure sur leurs tombes par la formule IN PACE (V. l'art. *In pace*). Le *titulus* de VINCENTIA, publié par Mamachi (*Orig.* III. p. 60), semble donner à cette interprétation beaucoup de fondement : le marbre reproduit la figure de cette femme tranquillement assise sur le sol, pressant du bras gauche sur sa poitrine un vase en forme de préféricule, tandis que sa main droite élève une coupe avec une expression de douce joie, où l'on peut voir comme la traduction de ce verset du psaume (XXII. 7) : *Calix meus inebrians quam præclarus est!* « Mon calice enivrant, qu'il est admirable ! »

II. — Parmi les interprétations données à ces vases représentés sur les tombeaux, il en est une qui nous paraît surtout plausible, parce qu'elle s'appuie sur les passages les plus clairs de l'Écriture et des Pères. D'après ces textes, le vase est le symbole du corps humain. S. Paul développe cette doctrine dans son Épître aux Romains (IX. 12 et suiv.) Tout le monde connaît la recommandation que ce même apôtre adressait aux chrétiens de Thessalonique (1. Thess. IV. 4) : *ut sciat unusquisque vestrum vas suum possidere in sanctificationem,* « que chacun de vous sache posséder son *vase* dans la sanctification. » Les écrivains ecclésiastiques emploient fréquemment cette figure : *nos vasa fictilia,* dit Tertullien (*De patient.* c. x). Lactance exprime la même pensée dans un élégant langage (*Div. Instit.* II. 12) : *corpus est quasi vasculum, quo tanquam domicilio temporali spiritus cœlestis*

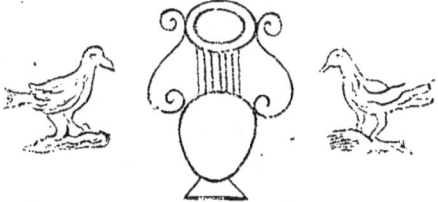

utatur, « le corps est comme un vase, dont l'âme céleste use comme d'un domicile passager. »

On remarque en effet que, pour la plupart, les monuments funéraires des premiers chrétiens placent à côté du vase une ou deux colombes, et cela se voit en Gaule comme en Italie (Le Blant *Inscr. chrét. de la Gaule.* t. I. pl. xxII, xxxIV, xxvI, xxxIx, etc.). Ces deux colombes dénotent communément un tombeau bisôme, peut-être celui de deux époux. Le vase vide symbolise le corps renfermé dans le sépulcre et les colombes l'âme qui s'en échappe. Ceci paraît surtout évident sur une épitaphe du cimetière de Prétextat (*Act. S. V.* p. 17) où la colombe est posée sur le bord du vase

même, d'où elle semble sortir pour prendre son vol. Nous donnons ici une lampe de notre collection où le même sujet est représenté.

III. — Ces vases ont été pris enfin comme un présage d'élection et de sanctification, les élus étant appelés par la voix de Dieu même des *vases d'élection* (*Act.* IX. 15). Cette explication est surtout juste quand le vase décore la tombe d'un enfant, ce qui arrive assez fréquemment. M. le chevalier De' Rossi est en possession de monuments inédits qui établissent clairement le dernier sens que nous venons d'assigner au vase.

Il nous en a fait connaître quelques-uns depuis la première édition de ce Dictionnaire. Ainsi quelques musées, notamment celui du P. Kircher et de celui de la ville de Lyon, possèdent des lampes ayant sur leur disque des personnages engagés jusqu'à mi-corps dans un vase ansé. Ce ne sont point là, pense le savant antiquaire, des images symboliques, mais réelles ; et l'on a voulu indiquer que les chrétiens ainsi représentés avaient été des vases d'élection. Ceci est exprimé en toutes lettres sur un tombeau du cloître Saint-Laurent *in agro Verano*, DIONISI VAS ☧ (*Christi*).

Ailleurs (Lupi. *Opusc.* t. I. p. 204) c'est le navire mystique avec un chargement d'amphores, et au sommet de l'antenne se terminant en trident, forme dissimulée de la croix, on voit l'oiseau, symbole de l'âme échappée de son enveloppe mortelle (De' Rossi. *Roma sott.* II. tav. XLIX. n. 26). Voici un sujet analogue et plus significatif encore représenté sur un diptyque des suppléments de Passeri à la collection de Gori (*Thesaur. vet. diptych.* t. III. tab. VII. p. 25). C'est le prêtre Lucianus qui, averti en songe du lieu où reposaient les corps des Saints Étienne, Gamaliel, Nicodème et Abibon, les voit sous la figure emblématique de quatre vases de même forme et de différentes matières. Le prêtre dort étendu sur son lit, près

duquel sont les quatre vases (Baron. *ann.* 415), et la personnification du songe plane au-dessus de lui. Une autre épitaphe (*Ibid.* n. 25) présente cette curieuse particularité, que le nom de la défunte est écrit en travers du vase, de telle sorte que la lettre centrale de ce nom se trouve au milieu de sa panse : ce nom est VALENTINA.

Nous avons toujours pensé que plusieurs de ces vases avaient une signification eucharistique. M. Héron de Villefosse veut bien nous signaler un très-intéressant monument qui change notre conjecture en certitude. C'est une lampe publiée par M. Parenteau (*Essai sur les poteries antiques de l'ouest de la France*. Pl. v) et dont le disque présente un vase ou calice ansé, surmonté d'un poisson. Nous n'avons pas à répéter ce que nous avons dit de l'ιχθυς eucharistique en plusieurs endroits de ce Dictionnaire et en particulier aux articles *Eucharistie* et *Poisson*. Mais ne pouvons-nous pas voir dans l'association de ces deux figures sur notre lampe l'application de toute cette doctrine et comme une traduction figurée du texte de S. Paulin (*Epist.* xiii *ad Pommach*. 11) : *Panis ipse verus et aquæ vivæ piscis* ? Elle nous rappelle aussi la fameuse inscription grecque d'Autun (Pitra, *Spicil. Solesm.* 1. p. 557) : « PRENDS, MANGE ET BOIS, TENANT ΙΧΘΥΣ DANS TES MAINS. »

Ἐσθιε, πιε[λαβ]ων Ἰχθυν ἔχων παλάμαις.

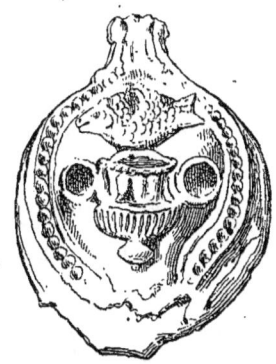

VASES SACRÉS. — Nous restreignons ce titre au calice, à la patène et à la colombe ou tour eucharistique (V. ces mots). Ce n'est que dans un sens plus large que les liturgistes mettent au nombre des vases sacrés les autres ustensiles qui ont aussi leur emploi dans la célébration des saints mystères, tels que l'*amula*, le *colum vinarium*, l'encensoir, le *flabellum*, etc., à chacun desquels nous avons consacré un article spécial dans ce Dictionnaire.

Ces vases sont appelés « sacrés » pour trois raisons : 1° parce qu'ils sont voués au ministère des autels par une consécration ou bénédiction spéciale ; 2° parce qu'ils sont exclusivement affectés au culte divin, sans pouvoir jamais être employés à un usage profane ; 3° enfin, parce que la faculté de les toucher est interdite aux laïques et même aux clercs inférieurs.

I. — L'Église eut, dès la plus haute antiquité, des rites et des formules particulières pour la consécration ou la bénédiction des vases du sacrifice, et les unes et les autres se retrouvent à peu près intégralement dans les rituels aujourd'hui encore à notre usage.

Un décret du pape S. Sixte Ier, qui siégeait au temps de l'empereur Hadrien, en 132, et une homélie de S. Chrysostome, documents qui seront cités plus bas, sans mentionner d'une manière directe la consécration des vases de l'autel, y font néanmoins une allusion tellement évidente, que nous sommes en droit de nous en autoriser pour le deuxième et le quatrième siècle, et par conséquent pour les temps intermédiaires.

Les traditions primitives sur cet important objet se trouvent consignées dans les monuments liturgiques les plus anciens. Ainsi, le Sacramentaire de S. Gélase (Ap. Murator. *Liturg. Romana vetus.* t. 1. p. 611) nous fait lire des formules de consécration de la patène, de bénédiction du calice et du vase à renfermer la sainte eucharistie, cérémonies qui se lient à la consécration de la basilique elle-même.

Pour la patène : *Ad consecrandam patenam.* — *Consecramus et sanctificamus hanc patenam ad conficiendum in ea corpus Domini nostri Jesu Christi patientis crucem pro salute nostra omnium*, « nous consacrons et sanctifions cette patène pour y produire le corps de Notre-Seigneur Jésus-Christ, souffrant la croix pour notre salut à tous. »

Ici le pontife trace sur la patène le signe de la croix avec l'huile sainte et prononce cette oraison : *Consecrare et sanctificare digneris, Domine, patenam hanc per istam unctionem et nostram benedictionem in Christo Jesu Domino nostro*, — « daignez, Seigneur, consacrer et sanctifier cette patène par cette onction et notre bénédiction en Jésus-Christ Notre-Seigneur. »

La bénédiction du calice est précédée d'une monition analogue à la précédente ; voici la formule de bénédiction, où l'on remarquera qu'une mention spéciale est faite de la personne qui a fait exécuter le calice à ses frais : *Dignare, Domine, calicem istum in usum ministerii tui pia famuli tui devotione formatum, ea sanctificatione perfundere, qua Melchisedech famuli tui sacratum calicem perfudisti ; et quod arte vel metallo effici non potest altaribus dignum, fiat tua benedictione pretiosum*, « daignez, Seigneur, répandre sur ce calice formé, pour l'usage de votre ministère, par la pieuse dévotion de votre serviteur, la même sanctification que vous répandîtes sur le calice du sacrifice de votre serviteur Melchisedech ; et que ce qui ne peut être digne de votre autel par le prix du métal ou la perfection de l'art, devienne précieux par votre bénédiction. »

La bénédiction du vase eucharistique (tour ou colombe), *ministerium Domini nostri corporis gerulum*, « destiné à porter le corps de Notre-Seigneur Jésus-Christ, » comme s'exprime la préface ou monition, n'est pas moins digne de remarque : *Omnipotens Trinitas inseparabilis, manibus nostris opem tuæ benedictionis infunde, ut per nostram benedictionem hoc vasculum sanctificetur, et cor-*

poris Christi novum sepulcrum Spiritus Sancti gratia perficiatur, « toute-puissante et indivisible Trinité, répandez sur nos mains le secours de votre bénédiction, afin que par notre bénédiction ce petit vase soit sanctifié, et que, par la grâce de l'Esprit-Saint, il devienne un nouveau sépulcre du corps du Christ. »

Ces formules, à l'exception de la dernière, sont reproduites à peu près textuellement dans le Sacramentaire de S. Grégoire (édit. Ménard. p. 154).

Celles des vieilles liturgies des Gaules en diffèrent très-peu, témoin celle que nous lisons sous ce titre : *Benedictio calicis et patenæ et turris*, dans un Sacramentaire gallican publié par Mabillon (*Mus. Ital.*, t. 1. p. 389) d'après un manuscrit du septième siècle de la bibliothèque du monastère de Bobbio.

L'usage de consacrer et de bénir les vases sacrés est aussi de toute antiquité dans les Églises orientales. Les liturgies copte et syriaque contiennent des formules non-seulement pour la consécration de la patène, qu'ils appellent *disque*, et du calice, mais encore pour celle de la cuiller et de l'éponge (V. l'art. *Grecs* [*instrum. liturgiques*]). Voici, d'après la version latine de Renaudot (*Liturg. orient.* t. 1. p. 53), les principales bénédictions qui sont annexées à la liturgie copte de S. Cyrille :

1° Pour le disque et ses voiles : *Oratio consecrationis disci et velorum ejus* : « Que le dominateur Seigneur Dieu, Seigneur bon, étende ses bras saints, et sanctifie ce disque plein des biens qu'il a préparés à ceux qui aiment son nom saint, assis au festin de mille ans (ceci n'a rien de commun avec l'erreur des millénaires, et ne signifie pas autre chose que la félicité céleste, *recumbentibus in convivio annorum mille*). Et maintenant, Seigneur, ami des hommes, *amator hominum*, étends ta main divine sur ce disque béni, qui doit être rempli des particules, soit des restes de ton corps saint, qui sera offert sur l'autel du sanctuaire de la sainte Église de la cité N. Gloire à toi, avec ton Père bon, et l'Esprit-Saint, maintenant et toujours. »

2° Pour le calice, *Oratio pro calice et mappulis ejus* : « Dominateur Seigneur Jésus-Christ, véracité, perfection, *verax, sine vitio*, Dieu et homme en même temps, dont la divinité n'est pas séparée de l'humanité, qui as répandu ton propre sang, par ta volonté, pour ta créature, impose ta main divine sur ce calice, sanctifie-le et le purifie, afin qu'il porte ce sang précieux, et qu'il soit remède et rémission à tous ceux qui en boiront véritablement. Gloire à toi (comme ci-dessus). »

3° Pour la cuiller : *Oratio pro cochleari* : « Dieu, qui as rendu ton serviteur Isaïe digne de voir le chérubin dans la main duquel était la pincette avec laquelle il enleva un charbon de l'autel et l'approcha de la bouche du prophète, maintenant encore, ô Dieu, Père tout-puissant, étends ta main sur cette cuiller, dans laquelle doivent être reçus les membres du corps saint, qui est le corps de ton Fils unique, Seigneur, Dieu, et notre Sauveur Jésus-Christ. Bénis-la, sanctifie-la, donne-lui la vertu et la gloire de la pincette, qui est dans la main du chérubin, parce que à toi appartient la puissance, la gloire, et l'honneur, avec ton Fils unique Jésus-Christ, Notre-Seigneur, et l'Esprit-Saint, maintenant et toujours. »

Le droit de consacrer les vases de l'autel était réservé aux évêques. Nous en avons la preuve dans le traité d'Innocent III sur le sacrifice de la messe (Lib. 1. *mysterior. miss.* cap. IX) : *ad pontifices spectat... vestes et vasa consecrare*. Parmi les vertus que l'on exalte dans S. Antonin (*Ipsius vit. ap. Sur.*), il est fait une mention spéciale de son zèle à consacrer les autels et les calices : *nullas altarium aut calicum consecrationes prætermisit*.

II. — La seconde raison pour laquelle les vases de l'autel sont appelés « sacrés », c'est qu'ils ne devaient plus être employés à un usage profane, ni vendus, ni donnés, ni aliénés d'une manière quelconque. Le point de départ de cette discipline est sans doute dans le soixante-douzième canon apostolique portant : *vas aureum, vel argenteum, vel velum sanctificatum nemo amplius in suum usum convertat*, — « que nul ne se permette de détourner à son usage personnel un vase d'or ou d'argent ou un voile sanctifié. » Nous aimons à rapprocher de cette autorité celle de S. Jean Chrysostome, qui doit lui être à peu près contemporaine : « Ne vois-tu pas ces vases sacrés, dit ce Père (*Homil.* XIV. *ad Ephes.*)? Ne sont-ils pas réservés à un seul usage? Est-ce que quelqu'un oserait s'en servir pour autre chose? » — *Non vides sacra illa vasa? Nonne ad unum illa semper usurpantur? Audetne quisquam illis ad aliud quicquam uti?*

Cette doctrine, professée et enseignée par les Pères et les Docteurs, passa un peu plus tard dans la législation ecclésiastique. Un des neuf canons supplémentaires du concile quinisexte, canon que l'on attribue à la fin du septième siècle (680), défend « à tout prêtre, ou clerc, ou laïque, de détourner à des usages étrangers un calice, une patène ou tout autre vase sacré et affecté au culte divin. Car quiconque oserait boire autre chose que le sang du Christ dans le calice sacré où se reçoit ce sang divin, et d'appliquer la patène à un autre office que le ministère de l'autel, celui-là doit se souvenir avec terreur de l'exemple de Balthazar, qui, pour avoir employé les vases du Seigneur à des usages communs, perdit la vie en même temps que son royaume : » *Nam quicumque de calice sacro, quo sanguis Christi accipitur, aliud bibit præter Christi sanguinem, et patenam ad aliud officium habet quam ad altaris ministerium, deterrendus est exemplo Baltassar, qui dum vasa Domini in usus communes assumpsit, vitam pariter cum regno amisit* (Labbe. *Concil.* t. VI. col. 1204).

Dès l'an 675, un concile d'Espagne, le troisième de Brague (Labbe. t. V. col. 907), s'était occupé de cette matière, et avait disposé « que si un prêtre ou un diacre était surpris à vendre quelqu'un des vases du ministère de l'Église, *aliquid de vasis ministerii Ecclesiæ*, fût tenu pour dégradé de son ordination, comme ayant commis un sacrilége » : *quia sacrilegium commisit, placuit eum in ordinatione ecclesiastica non haberi* (cap. II. can. XVII).

Un autre canon, qui ne se trouve pas dans les actes de ce concile, mais que l'on cite comme en faisant partie (col. 901. can. XXXI), n'est pas moins sévère : il veut « que tout prêtre qui, se prévalant de son titre, aurait tenté de donner, vendre, aliéner à perpétuité un objet quelconque appartenant à son église, soit privé des honneurs de son grade. » : *donator, alienator, ac venditor, honoris sui amissione mulctetur.*

Un moyen de concilier aux vases sacrés le respect des peuples et de les préserver des profanations dont nous venons de parler, consistait à y inscrire le nom du donateur. Un des exemples les plus anciens d'une telle pratique nous est fourni par l'histoire de Constantin (*Lib. pontif. in Sylvestr*, XLIV. 15.). Ce prince voulut que la postérité pût lire son nom sur deux patènes d'or et sur une grande coupe du même métal dont il avait fait don à l'église des Saints-Marcellin-et-Pierre, fondée par lui : *Donavit patenas ex auro duas... scyphum majorem ex auro purissimo, ubi nomen Augusti designatur.*

Cet usage, auquel la vanité était intéressée souvent autant que la dévotion, devint bientôt vulgaire, et nous le retrouvons surtout dans les bas temps. Ainsi le nom de Charles III est tracé sur le pied d'or d'une coupe d'agate orientale du trésor de Saint-Denys (Félibien. *Hist. de l'abbaye de Saint-Denys*. p. 547) :

HOC. VAS. XPE. TIBI. MENTE. DICAVIT
TERTIVS IN FRANCOS REGIMINE KARLVS

Mais on ne se contentait pas de ces garanties morales, on y joignait des précautions matérielles des plus minutieuses.

Ainsi, en premier lieu, il y avait dans chaque église un registre spécial où les vases sacrés, ainsi que les autres objets consacrés au culte, étaient soigneusement inventoriés ; et ce catalogue, appelé *brevis* ou *commemoratorium*, était remis à chaque évêque après son élection. Mais, auparavant, on reconnaissait exactement les objets qui y étaient portés, en présence de témoins et quelquefois même en présence des juges, afin que le Trésor pût en rendre compte, quand il serait appelé à le faire (V. Vicecom. *De miss. apparat*. l. I. cap. 10).

Secondement, pour mettre les vases sacrés à l'abri des voleurs et des ennemis de la foi catholique, le lieu où ils étaient renfermés était muni d'une forte serrure, comme nous l'apprenons en particulier du concile de Reims (Ap. Burchard. l. III. cap. XCVII) : *Expleta missa, calix cum patena, et sacramentorum liber cum vestibus sacerdotalibus in mundo loco sub sera recondantur*, « la messe étant achevée, que le calice avec la patène, et le livre des sacrements avec les vêtements sacerdotaux soient renfermés sous clef dans un lieu décent. »

La garde de ce lieu était confiée à des fonctionnaires spéciaux, appelés quelquefois *mansionarii* (V. ce mot), mais dont le véritable nom est *scevophylaces* (V. le mot *Scevophylax*). « Qu'il y ait dans chaque église, dit le concile de Nicée (can. LXIII), un procurateur, et d'autres aides qui partagent avec lui le soin des revenus et rentes de l'église, et des vases d'or et d'argent, et des vêtements et ornements de l'église, » *sit in unaquaque ecclesia procurator, et cum eo alii qui curam habeant proventuum et reddituum ecclesiæ... et vasorum auri et argenti, et vestimentorum et ornamentorum ecclesiæ.*

Il est question d'un de ces gardiens des vases sacrés, nommé Anastase, dans la vie d'Euthymius par Cyrille l'Ermite (Cf. Vicecom. *loc. laud.* l. VI. cap. 6) : *Hic autem est sacrorum vasorum custos Anastasius*. Métaphraste (*in vit. S. Cyriac.*) rapporte que S. Cyriaque avait été, lui aussi, dix-huit années durant, chargé de la garde des vases et autres ustensiles sacrés : *Sacrorum vasorum, et sacri thesauri custodia et ecclesiæ cura octodecim annis fidei ejus fuit credita.*

Dans les temps tout à fait primitifs, l'Église romaine ne confiait le soin des vases précieux qu'aux diacres, et le martyr S. Laurent est un des plus illustres de ces gardiens. « Il présidait, dit Prudence (*Peristeph. hymn.* II. v. 41 seqq.), au trésor des choses sacrées, gardant l'arcane de la maison céleste sous des clefs fidèles, dispensant les richesses offertes (les offrandes des fidèles aux pauvres) : »

Claustris sacrorum præerat,
Cœlestis arcanum domus
Fidis gubernans clavibus,
Votasque dispensans opes.

III. — Nous lisons au Livre pontifical que, dès le commencement du deuxième siècle, une constitution du pape S. Sixte Ier, qui siégeait en 132, restreint aux seuls ministres de l'autel le droit de toucher les vases sacrés : *hic constituit ut ministeria sacra non tangerentur, nisi a ministris* (*Lib. pontif. in S. Sixtum*). Et nous avons la constitution elle-même dans le droit (can. *In sancta de consecr.* dist. I.) ; elle est tirée de la deuxième épître de ce pape : « Que votre sagesse sache, très-chers frères, que, dans ce saint siège apostolique, il a été statué par nous, et par les autres évêques et prêtres du Seigneur, que les vases sacrés ne soient pas touchés par d'autres que par les hommes consacrés et voués au Seigneur : *ut sacra vasa non ab aliis quam a sacratis Dominoque dicatis contrectentur hominibus.*

On peut tirer une preuve toute pareille de la douzième épître du pape Sotère (173), où il s'élève avec véhémence contre les prétentions de femmes (V. l'art. *Diaconesses*) qui se prévalaient de leur consécration au service de Dieu par une chasteté perpétuelle, pour se permettre de toucher de leurs mains les vases du sacrifice, « prétentions qui, aux yeux de tout homme sage, doivent être tenues pour dignes de répréhension » : *quæ omnia reprehensione digna esse nulli recte sapientum dubium est* (can. *Sacrator.* xxiii.).

Que si la faculté de toucher les vases sacrés était refusée aux personnes vouées par état au service du Seigneur, à plus forte raison était-elle interdite aux personnes vivant dans le monde. Aussi voyons-nous S. Grégoire de Nazianze (*Orat.* xxv. *ad Arianos*) repousser avec indignation la calomnie qui lui attribuait le crime d'avoir livré à des mains impures et scélérates les vases de la divine liturgie, dont aucun profane ne devait approcher : « J'aurais livré les vases sacrés aux mains des impies ! Qu'est-ce à dire ? A un Nabuzardan, chef des cuisiniers, ou à un Balthazar, qui prostitua à ses orgies les saintes coupes, et recueillit le digne châtiment de sa folie ! »

Mais il est très-probable que, même antérieurement à toute loi ecclésiastique en cette matière, les lois des Juifs avaient été mises en pratique dans l'Église chrétienne. Or nous savons par des textes innombrables (ceci est encore une réflexion de S. Grégoire de Nazianze [*Orat.* i. *apologet.*]), nous savons que, soit dans les prêtres, soit dans la matière des sacrifices, pas la moindre tache même corporelle n'était exempte de censure, mais qu'au contraire il était prescrit par les lois que des parfaits offrissent des choses parfaites, et que pas un profane ne pût toucher une *stola* sacerdotale ou un vase sacré quelconque.

Mais parmi les *ministres* mentionnés dans la constitution de S. Sixte, quels étaient ceux qui avaient le pouvoir de toucher les vases sacrés ? Car il est certain que tous ne l'avaient pas. L'ambiguïté des termes de ce document, *a sacris Dominoque dicatis hominibus, a ministris*, nous oblige, pour étudier la question, à invoquer d'autres autorités.

Il est bien entendu que les prêtres sont ici hors de cause.

Nous croyons qu'il ne peut exister non plus aucun doute au sujet des diacres. Le témoignage de S. Cyrille d'Alexandrie, dans son traité *De adoratione in spiritu et veritate* (lib. xiii.), suffirait à lui seul pour nous éclairer à cet égard : « Quand l'hostie non sanglante est consacrée, est-ce que les diacres ne portent pas les vases les plus sacrés, est-ce qu'ils ne prêtent pas leur service le plus assidu dans toutes les choses nécessaires, » *Dum illa incruenta hostia consecratur, nonne diaconi sacratiora vasa ferunt, et accuratam in omnibus rebus necessariis observantiam exhibent?*

Et ce qui vient corroborer ce témoignage, c'est qu'un canon du concile de Laodicée, tenu en 481 (can. xxi.), interdit aux sous-diacres de remplir l'office du diacre, c'est-à-dire de porter dans leurs mains les vases saints, le calice et la patène.

A cette époque, le sous-diaconat ne comptait pas encore au nombre des ordres sacrés; et si aujourd'hui encore, à la messe solennelle, le sous-diacre ne tient la patène qu'enveloppée dans un voile, c'est probablement en mémoire de l'ancienne discipline.

Nous devons faire observer néanmoins que dans l'Église de Rome, à la messe pontificale, les diacres eux-mêmes ne touchaient point les vases sacrés de leur main nue : peut-être était-ce par respect pour la puissance suprême du vicaire de Jésus-Christ. L'ordre romain mentionne ce rite en différents endroits. Voici notamment ce qui se lit au chapitre *De ordine processionis ad ecclesiam sive missam* : *Levat calicem archidiaconus de manu subdiaconi, et ponit eum super altare juxta oblationes, pontificis a dextris, involutis ansis cum assertario* (ou mieux peut-être *asservatorio*) *suo* : « l'archidiacre prend le calice de la main du sous-diacre, et le place sur l'autel près des oblations, à la droite du pontife, les anses étant entourées de leur enveloppe. » Plusieurs autres passages du même monument liturgique mentionnent ce rit : *cum dixerit* PER IPSUM ET CUM IPSO, *levat (archidiaconus) cum* ASSERTARIO *calicem per ansas, et tenet exultans illum juxta pontificem*, « lorsque le célébrant a dit *per ipsum et cum ipso*, l'archidiacre soulève le calice avec l'*asservatorium* et le tient élevé devant le pontife. » *Cum assertorio in cornu altaris posito, involvens per ansas calicem*, « enveloppant le calice par les anses. » *Ponit pontifex oblationes in loco suo, et archidiaconus calicem juxta eas, dimisso in manis ejus assertorio*, toujours le voile jeté sur les anses du calice.

Nous avons vu plus haut que le pouvoir en question était refusé aux sous-diacres, et voici le texte du vingt-unième canon de Laodicée sur lequel nous nous sommes appuyé : *Quod non oportet ministros locum habere in diaconis, et sacra vasa tangere*. Par le mot *ministros*, on doit certainement entendre les sous-diacres, puisqu'ils sont ici opposés aux diacres dont on leur interdit d'usurper les fonctions. Au surplus, une autre version porte *subdiaconos*, et Zonaras l'interprète ainsi dans son commentaire sur ce passage : « Il appelle ici « ministres » les hypodiacres : » *ministros hic hypodiaconos nominat.*

Cette interdiction dut cesser dans l'Église latine dès que les sous-diacres furent admis parmi les ministres sacrés (chez les Grecs le sous-diaconat est toujours compté parmi les ordres mineurs). La première donnée certaine que nous connaissions à cet égard est de l'an 622, et émane du premier concile de Brague (cap. xxviii) : *Item placuit*, disent les Pères de cette assemblée, *ut non liceat cuilibet ex lectoribus sacra altaris vasa portare, nisi iis qui ab episcopo subdiaconi fuerint ordinati*, « il a plu qu'il soit interdit à tous les lecteurs de porter les vases sacrés, excepté à ceux qui avaient été ordonnés sous-diacres par l'évêque. »

Quant aux clercs inférieurs, ils furent toujours privés de cet honneur, comme il paraît par le canon que nous venons de citer, et encore par le deuxième concile de Rome (cap. ix) : *Nullus lector vel ostiarius vasa sacrata contingat, nullus acoly-*

thus rem sacratam porrigat... Le concile d'Agde, tenu en 506, va jusqu'à interdire aux clercs non constitués dans les ordres sacrés l'entrée du *secretarium*, où étaient conservés les vases consacrés au culte divin.

Nous devons dire néanmoins que divers passages de l'ordre romain supposent que les acolytes furent quelquefois admis à porter les vases sacrés à l'autel; mais il y est clairement expliqué que ces ministres inférieurs ne les touchaient qu'avec un voile, *mappulo* (Cf. Vicecom. *Op. laud.* lib. vi., cap. 4).

VEAU (SYMBOLE). — Les antiquaires regardent cet animal comme le double symbole de Jésus-Christ et du chrétien; Aringhi a réuni (lib. vi. c. 52) de nombreux témoignages des auteurs ecclésiastiques sur lesquels s'appuie cette opinion. Il symboliserait Jésus-Christ, parce que Notre-Seigneur s'est fait victime et s'est immolé sur la croix.

S. Clément d'Alexandrie (*Pædag.* l. i. c. 5) rappelle que souvent les chrétiens sont aussi désignés dans les saintes Écritures sous l'emblème du veau, encore à la mamelle (*vituli lactentes*), chez lequel on remarque cette mansuétude et cette innocence que Dieu exige de nous pour prix de son amour. C'est pour cela sans doute qu'il est quelquefois représenté près du Bon-Pasteur (Buonarruoti. *Vetri.* tav. v. fig. 2).

Des veaux sont sculptés fréquemment dans les chapiteaux des plus anciennes Églises, à Milan par exemple, et Allegranza (*Sacri monum. di Mil.* p. 125) rapporte le singulier exemple d'un de ces animaux jouant de la lyre. La présence de ce sujet à Milan s'expliquerait par un passage de S. Ambroise où il est dit que la lyre figure notre chair, laquelle, comme cet instrument, rend un son agréable à Notre-Seigneur, figuré lui-même par le veau, victime ordinaire dans les sacrifices anciens, alors que cette chair est domptée et parfaitement soumise à l'esprit (S. Ambros. *De interpellat. David. ad vers.* CONFITEBOR TIBI IN CITHARA, DEUS).

VELAMEN MYSTICUM. — I. — Les Pères et les autres écrivains ecclésiastiques qui ont écrit sur les rites du baptême, en outre des vêtements blancs que les néophytes gardaient pendant huit jours, font mention d'un voile dont on couvrait leur tête après l'onction sainte. On peut voir en particulier, sur cette question, Théodulphe d'Orléans (*De baptism.* cap. xvi) et Raban Maur (*De instit. cleric.* lib. i. cap. 29), qui rapportent la tradition des premiers siècles. On a cru découvrir une allusion à cet usage dans un passage de S. Grégoire le Grand (*Epist.* v. lib. vii. *Ad Januar. episc. Calait.*), où le pontife dit qu'un Juif qui avait embrassé la foi de Jésus-Christ se rendit deux jours après son baptême dans la synagogue, et y déposa le *birrus* blanc dont il avait été revêtu à sa sortie des fonts, *birrum album, quo de fonte surgens indutus fuerat*. Nous ne saurions admettre cette interprétation: le *birrus* n'était point une coiffure, mais une sorte de manteau (V. l'art. *Birrus*), et il est évident que ce nom ne désigne ici autre chose que les *aubes* ou vêtements blancs du baptême.

Nous citerons avec plus de confiance S. Augustin, qui a écrit ces paroles on ne peut plus claires dans un de ses sermons (*Serm.* CCCLXVI): « Aujourd'hui sont les octaves des enfants (les nouveaux baptisés): on doit voiler leur tête, ce qui est un indice de liberté; *velanda sunt capita eorum, quod est indicium libertatis*. Ce texte est précieux, en ce que non-seulement il établit l'usage du voile en question, mais qu'il nous apprend en outre qu'on le quittait aussi à la fin de l'octave.

Une nouvelle preuve nous est fournie par Théodore de Cantorbéry, auteur du septième siècle. « A l'ordination d'un moine, dit-il dans son pénitentiel, l'abbé doit chanter la messe et prononcer trois oraisons sur sa tête; qu'il lui voile la tête pour sept jours, et que le septième jour il lui enlève le voile. Comme, au baptême, le prêtre retire le voile des enfants, *velamen infantum tollit*, de même l'abbé doit-il retirer celui du moine, parce que son ordination est, au jugement des Pères, un second baptême, où les péchés sont remis comme dans le premier. »

II. — Il est donc évident que ce voile n'est autre chose que celui qui plus tard est désigné dans l'ordre romain (*De sabb. sanct.*) sous le nom de *chrismale*, et nettement distingué de la robe blanche: *deportantur ipsi infantes ante eum et dat singulis stolam candidam et chrismale;* « les enfants (les nouveaux baptisés) sont conduits devant l'évêque, et il donne à chacun une *stola* blanche et un *chrismale*.

Le principal motif de cette pratique était sans doute de conserver le chrême sur le front du baptisé et de l'empêcher de couler. Le *chrismale* avait aussi une signification mystique; il était le signe de la royauté sacerdotale acquise par le baptême. Albinus Flaccus, ainsi que beaucoup d'autres auteurs, l'expliquent dans ce sens: *sacro chrismate caput perungitur, et mystico tegitur velamine ut intelligat se diadema regni et sacerdotii dignitatem portare;* « sa tête est ointe du saint chrême et recouverte du *voile mystique*, afin qu'il comprenne qu'il porte le diadème royal et la dignité sacerdotale (Alb. Flac. *De divin offic.* cap. *De sab. sanct.* — Raban. Maur. *De instit. cleric.* c. 2). — Ivo Carnot. *Serm. de sacram. neophyt.*, etc.). »

III. — Son nom de *voile mystique* lui vient, selon toute apparence, de ce que le baptême est souvent appelé par antonomase *mysterium*, dans les œuvres des Pères, et notamment dans celles de S. Ambroise (*De Spirit. sanct.* c. II), de S. Jérôme (*ad cap. 6 de Amos.*), de S. Isidore de Séville (lib. II. *De offic.* c. 20)... On en donne encore une autre raison: c'est que, en mémoire de la passion du Sauveur, qui est la source de la grâce conférée par le baptême, ce voile de lin blanc était bordé d'un fil rouge. — Cette interprétation est de Guillaume Durand (*Rationat. divin. offic.* l. VI. cap. *De sabb.*); il affirme que cet usage existait encore de son temps dans l'église de Narbonne. Les Éthiopiens l'ont conservé jusqu'à nos jours (V. Viccecom. *De rit. bapt.* p. 754).

IV. — Les riches achetaient de leur argent le voile mystique qui devait servir à leur baptême, l'Église le fournissait aux pauvres, mais le même voile pouvait servir successivement à plusieurs personnes. Un passage d'Ives de Chartres semble supposer (*Serm. de sacram. neoph.*) qu'il était consacré par une bénédiction spéciale; car une fois déposé par le néophyte, le huitième jour après son baptême, il était acquis à l'Église et ne pouvait plus être affecté à un usage profane.

Le baptistère était le lieu où se faisait par le ministère des prêtres la déposition du voile mystique.

VÊPRES. — V. l'art. *Office divin*, III.

VERSETS. — V. *Office divin*, Append. 1°.

VERTUS ET VICES (LEURS REPRÉSENTATIONS SYMBOLIQUES). — C'est surtout au moyen âge que l'art chrétien s'est exercé dans ce genre de symbolisme. Ainsi sur une des portes de bronze du baptistère de Florence, exécutée en 1330 par André de Pise, on voit l'Espérance et la Charité représentées par deux figures humaines, l'une avec les mains jointes, l'autre avec un flambeau allumé. Nous citons ce fait placé, par sa date, en dehors des limites qui nous sont prescrites et auquel nous pourrions joindre celui de Giotto peignant, d'après les conceptions allégoriques de Dante, sur une des murailles de la fameuse chapelle de l'*Arena*, à Padoue, les personnifications des vertus et des vices (V. J. J. Ampère, *Voyage Dantesque, Padoue*), parce que le type s'en retrouve exactement dans l'antiquité. Nous en pouvons signaler un exemple sur un riche sarcophage du cimetière du Vatican (Bosio. *Roma sott.* p. 75), où étaient renfermés les corps des papes Léon Ier, II, III, IV. Dans la frise qui règne au-dessus d'un arc élégant, abritant Notre-Seigneur debout, entouré de ses disciples, se voient à mi-corps deux figures, dont l'une, qui, d'après l'interprétation des savants, serait l'Espérance, joint les mains et élève les yeux au ciel, l'autre tient une torche allumée et serait le symbole de la Charité, vertus qui brillèrent d'un si vif éclat dans les apôtres.

Cet usage de représenter sous figure humaine les vertus et les affections morales est de toute antiquité, chez les écrivains aussi bien que chez les artistes. C'est ce qu'atteste S. Paulin (*Epist.* XVI. num. 4, edit. Paris. 1685); *et Spes, et Nemesis et Amor, atque etiam Furor in simulacris coluntur*, « et l'Espérance, et Némésis, et l'Amour, et aussi la Fureur sont figurées dans des simulacres. » Les poëtes chrétiens se sont plu, eux aussi, à donner dans leurs vers un corps aux vertus et aux vices. Ainsi Prudence peint comme il suit la Foi et son attitude militante sur la terre (*Psychom.* v. 21):

> Prima petit campum dubia sub sorte duelli
> Pugnatura FIDES, agresti turbida vultu,
> Nuda humeros, intonsa comas, exserta lacertos.

« La première à entrer en champ clos, et incertaine sur l'issue du duel, — C'est la Foi armée pour le combat, présentant une face agreste, — Les épaules nues, la chevelure flottante, les bras tendus. »

Mais, pour revenir aux artistes, nous voyons dans le manuscrit de la *Genèse* appartenant à la Bibliothèque impériale de Vienne la Pénitence représentée sous la figure d'une femme; et aux pages 4 et 5 du *Dioscorides*, écrit au commencement du sixième siècle, une femme encore avec la mandragore à la main, laquelle représente l'*Invention*, comme l'atteste son nom grec écrit au-dessus de sa tête, ΕΥΡΕϹΙϹ; à la page 6 du même manuscrit, c'est aux côtés de Juliana Anicia, fille d'Anicius Olybrius, la *Prudence* et la *Magnanimité*, ΦΡΟΝΗϹΙϹ et ΜΕΓΑΛΟΨΥΧΕΙΑ. Il y a encore l'*Action de grâce*, ΕΥΧΑΡΙϹΤΙΑ, qui est inclinée jusqu'à terre devant cette princesse, et semble baiser ses pieds.

Mais, ce qui vient mieux encore à notre sujet, c'est que, parmi les lampes que mentionne Fortunio Liceti (*De lucernis antiq.* lib. III. cap. 10), il s'en trouve une où sont retracées deux figures symbolisant, dans l'opinion de ce savant, la Foi et l'Espérance; et ce qui donne beaucoup de probabilité à son sentiment, c'est que celle qu'il croit représenter l'Espérance, est précisément dans l'attitude de la figure du sarcophage cité plus haut, c'est-à-dire qu'elle a les mains jointes et élevées, et que de plus elle fléchit le genou gauche.

Une mosaïque du septième siècle probablement, découverte près de la cathédrale de Pavie, en 1854, offre des figures dont l'attribution n'est pas douteuse, car les noms sont inscrits à côté des personnifications. C'est la *Cruauté* qui combat l'*Impiété*, et la *Foi* qui terrasse la *Discorde*. Ce dernier

sujet serait, si l'on admet l'interprétation du P. Mozzoni (*Tav. cron. sec.* VIII. p. 93), allusif à la cessation du schisme d'Aquilée, événement qui eut lieu en 552. Il se retrouve dans une mosaïque de Crémone, à peu près de la même époque. Nous donnons ici ce fragment, parce qu'il est mieux conservé (Mozz. *Op. et loc. laud.*).

Ceci suffit pour montrer que si ces sortes d'emblèmes ou d'allégories sont rares dans l'antiquité proprement dite, ils ne lui furent cependant point étrangers, ni contraires à son esprit.

VÊTEMENTS DES ECCLÉSIASTIQUES
DANS LA VIE PRIVÉE. — I. — Les efforts qui ont été faits à diverses époques par quelques érudits pour établir que, dès le commencement, l'Église avait prescrit à ses ministres des vêtements différents de ceux des laïques, n'ont abouti à aucun résultat satisfaisant. Il nous paraît bien positif, au contraire, que, du moins pendant les trois premiers siècles, les clercs, dans la vie privée, étaient habillés comme tout le monde. La nécessité où ils étaient, dans ces temps agités, de passer inaperçus au milieu des païens, leur faisait une loi d'éviter toute distinction extérieure.

Nous ne voyons pas que Jésus-Christ ait tracé à ses apôtres aucune règle à cet égard. La simplicité, la modestie, voilà tout ce qu'il leur recommandait : « Des sandales et une seule tunique, » *calceatos sandalis, et ne induerentur duabus tunicis* (Marc. vi. 9). Tel fut le vêtement du clergé primitif. Cependant le Sauveur n'entendait point, par ces paroles, imposer un précepte négatif à ses ministres, ni leur interdire tout autre espèce de vêtement. Autrement les apôtres ne se seraient point permis l'usage du *pallium* ou manteau des philosophes, comme nous le lisons de S. Pierre (*Act.* xii. 8), ni celui de la pénule que portait certainement S. Paul (2 *Tim.* iv. 13).

Le premier de ces vêtements paraît même avoir été adopté dès les temps apostoliques, parce qu'il était distinctif des hommes graves et voués à l'étude de la sagesse (Euseb. *Hist. eccl.* lib. vi. cap. 19). On vit surtout alors ceux qui venaient des écoles du Portique ou de l'Académie pour se ranger sous la discipline du sacerdoce chrétien, conserver, dans des vues de prosélytisme, le manteau de leur ancienne profession.

Et c'était déjà là une certaine distinction. Car le manteau de philosophe différait beaucoup du *pallium* de la vie commune. C'était une pièce d'étoffe quadrangulaire et tissée d'une laine noire ou brune, *nigrum aut pullum*. Il descendait jusqu'à terre, et à la différence du manteau des Grecs qui se boutonnait sur l'épaule et se rejetait en arrière, le manteau des ascètes chrétiens, comme celui des philosophes païens, était simplement drapé autour du corps, sans agrafe ni fibule d'aucune sorte. Quelquefois on en faisait passer une partie sous l'épaule droite pour laisser au bras toute sa liberté, et ce pan était rejeté sur l'épaule gauche. D'autres fois on le drapait autour du cou, de façon à envelopper de ses plis les épaules et les bras. Les philosophes qui le portaient étaient dans l'usage d'aller tête découverte et pieds nus ; sous le manteau était une tunique simple, et de couleur obscure. Telle était celle que portait S. Jérôme, qui plus d'une fois, pour ce motif, fut pris pour un philosophe, et traité d'imposteur, comme il s'en plaint dans une lettre à Marcella (*Epist.* xxxviii. 5).

Cependant ce manteau était proprement celui des ascètes (V. ce mot) et appelé *pallium asceticum*. Aussi les évêques qui n'étaient point adonnés à la vie ascétique, s'en abstenaient-ils généralement, parce que, comme il s'agissait d'un costume impopulaire, ils pensaient qu'il était peu favorable aux rapports journaliers que l'évêque devait entretenir avec la société civile. Aussi ce manteau ascétique, qui était édifiant dans un S. Martin de Tours au quatrième siècle, fut, au cinquième, condamné par le pape S. Célestin, dans une lettre aux évêques des provinces de Narbonne et de Vienne. Nous savons aussi que cette espèce de vêtement n'entrait point dans le costume de S. Cyprien au troisième siècle, pas plus que dans celui de S. Augustin au quatrième. L'usage du manteau de philosophe cessa totalement au sixième siècle.

II. — Le vêtement des clercs ne différait pas plus de celui des laïques par la couleur que par la forme ; ils évitaient seulement ce qui, en cela, eût été opposé à la modestie chrétienne. Dès le quatrième siècle cependant, les évêques, ceux des grandes villes principalement, portèrent quelquefois un manteau blanc (Pallad. *In vit. S. Chrysost.* — S. Eutym. *ap. Surium.* xx *jan.*). Mais ceci n'était point d'un usage général. Car, d'une autre part, nous lisons dans Socrate (*Hist. eccl.* l. vi. c. 22) que les vêtements blancs portés par l'évêque Sisinnius furent regardés comme une grande singularité, et qu'on s'en étonna comme d'une chose inusitée parmi les ecclésiastiques.

La couleur noire dut être à cette époque non moins inusitée, car ce même Sisinnius répondit à son censeur : « De grâce, en quel lieu trouvez-vous écrit qu'un évêque doive user de vêtements noirs ? » Ceci est pour l'Orient. La même opinion existait en Occident : le jeune prêtre S. Népotien, neveu de S. Éliodore, évêque d'Altino, dans la Vénétie, trouvait dans l'admirable lettre de S. Jérôme sur les devoirs de la vie ecclésiastique l'avertissement d'éviter également les vêtements blancs et noirs : *vestes pullas æque devita ut candidas* (*Epist.* lii. *Ad Nepotian.* 9). S. Sulpice-Sévère note à son tour, ainsi que nous l'avons dit déjà, comme une singularité, exemplaire toutefois, dans S. Martin de Tours, qu'il portait une tunique grossière et un long manteau noir (Cf. Mozzoni. sec. vi. not. 7).

Vers la fin du même siècle et au commencement du cinquième, les ecclésiastiques s'éloignèrent peu à peu des usages des gens du monde, et tout en conservant les formes anciennes, ils commencèrent à se distinguer par la richesse de la matière et des tissus dont leurs habits se composaient

(Sulpit. Sever. *Dial.* 1. cap. 1); si bien que le quatrième concile de Carthage (can. xlv) dut déjà réprimer le luxe des vêtements et des chaussures chez les clercs, et que le pape Célestin Ier se crut obligé d'avertir les ecclésiastiques des Gaules, qui avaient surtout donné dans ces abus, « qu'ils devaient avoir à cœur de se distinguer par la doctrine plutôt que par l'habit » (*Epist. ad episc. Vienn. et Narbon.*).

C'est au cinquième siècle que les écrivains ecclésiastiques commencent à faire mention d'un « habit de religion », *habitus religionis*, qui put être un habit pour la vie privée aussi bien qu'un vêtement destiné à la liturgie. Il est clair qu'un habit qui n'était pas celui des laïques, un habit clérical, fut donné à S. Germain d'Auxerre et à S. Césaire d'Arles, à l'occasion de leur admission dans la cléricature (V. l'art. *Vêtements... dans les fonctions sacrées*). On peut bien voir aussi la désignation, bien qu'un peu vague, d'un costume spécial pour les clercs dans ces paroles de S. Sidoine Apollinaire à son ami Maxime qui avait quitté le monde pour entrer dans la milice sacerdotale : « Soyez très-différent de ce que vous étiez autrefois, par la démarche, par l'habit; » *multum ab antiquo dissimilis incessu, habitu....* (lib. iv. epist. 24); mais nous croyons qu'on a donné une extension excessive au texte de S. Célestin, en supposant qu'il reprochait aux évêques des Gaules d'avoir abandonné un vêtement ecclésiastique déjà fixé alors, pour adopter le costume des moines orientaux. C'est la singularité que ce pontife blâmait (*Epist.* iv. 2), et pas autre chose, la suite du passage le prouve évidemment : « Nous devons nous distinguer de la plèbe et des autres par la doctrine, non par l'habit, » *discernendi a plebe, vel cæteris, sumus doctrina, non veste...*; « les peuples veulent être enseignés et non amusés, nous ne devons pas imposer à leurs yeux, mais inculquer les principes dans leur cœur, » *docendi enim sunt, non ludendi, nec imponendum eorum oculis, sed mentibus infundenda præcepta sunt.*

Le sixième siècle vit s'opérer une transformation très-marquée dans les vêtements des gens du monde. Les laïques abandonnèrent généralement le costume romain, plein de gravité et de dignité, et commencèrent à se vêtir d'habits courts, à la manière des Barbares, au pouvoir desquels étaient tombées toutes les provinces occidentales.

Mais alors l'Église, toujours soigneuse de la dignité de ses ministres, ne se conforma point à ce changement, et les premiers pasteurs s'accordèrent pour retenir l'usage des anciens vêtements. Aussi une différence plus tranchée s'étant introduite entre le costume du clergé, fidèle aux anciennes traditions, et celui des laïques qui les abandonnaient, c'est aussi à cette époque que le langage des documents relatifs à l'habit ecclésiastique devient plus explicite. C'est alors que nous voyons apparaître des préceptes, des défenses, des concessions formelles au sujet de telle ou telle espèce de vêtement. Le concile d'Agde, tenu en 506 (can. xx), enjoint aux clercs de porter des vêtements et des chaussures particulières, ou du moins conformes aux habitudes religieuses qui doivent les caractériser : *Vestimenta, vel calceamenta, nisi quæ religionem deceant, clericis uti, vel habere, non liceat.*

S. Martin, évêque de Prague, auteur d'une fameuse compilation canonique, publiée en 572, prononce (can. lxvi) l'obligation formelle pour les clercs de porter une robe talare : *Talarem vestem induere.*

Trois défenses particulières leur sont faites à la même époque : défense de porter le *sagum*, tunique très-courte à l'usage des soldats (*Concil. Matisc.* 1. c. v) ou d'autres vêtements et chaussures propres aux séculiers, — *ut nullus clericus sagum, aut vestimenta vel calceamenta sæcularia, nisi quæ religionem deceant, induere præsumat*; défense de porter la pourpre, « parce qu'elle appartient à la jactance mondaine, et non à la dignité religieuse, » *ad jactantiam pertinet mundialem, non ad religiosam dignitatem* (*Concil. Narbonn.* can. 1) ; et en général toute pratique barbare soit dans le vêtement, soit dans le parler; cette dernière défense est de S. Grégoire le Grand (*In Vit. ips.* l. ii. c. 13. auct. Joan. Diac.)

Il y avait bien certainement un *habit clérical* du temps de S. Grégoire de Tours, puisque, étant tombé dans une grave maladie, lorsqu'il était encore laïque, ce Saint se fit porter au tombeau de S. Éloi, et là promit de revêtir l'habit clérical, s'il obtenait sa guérison (Sur. *Vit. S. Greg. Turon.* c. iv. 17 nov.). Il est encore question d'un *habit clérical* à propos de l'ordination sacerdotale de Mérovée, fils de Chilpéric (577), et le port de cet habit est obligatoire : *postea Merovechus.... tonsuratus est, mutataque veste, qua clericis uti mos est* (Greg. Turon. *Hist. Franc.* lib. v. cap. 14). On lit dans la *Vie de S. Marculphe* (Surius. 1 maii) qu'il reçut l'*habit clérical* des mains de S. Possesseur, évêque de Coutances. Il est question de ce même habit dans une foule de passages des Œuvres de S. Grégoire le Grand ; ainsi nous lisons dans une de ses lettres (*Epist.* l. iv. n. 27. *Ad Januar.*), qu'il imposa une pénitence au clerc Paul, parce que celui-ci, *ayant quitté son habit*, était retourné à la vie séculière, et qu'il adressa des reproches à quelques autres qui, ayant revêtu *l'habit ecclésiastique*, ne menaient pas une vie digne de cet habit (*Ibid.* n. 22. *Ad Constant.*). Il est prouvé par la vie de ce grand pape que sa maison ne se composait que de clercs qui tous étaient vêtus à la romaine, c'est-à-dire d'un habit long, et distinct de celui des laïques (Joan. Diac. *Vit. S. Greg. Magn.* l. 1. c. 13).

Ailleurs, parlant de lui-même, il dit : « lorsque j'étais jeune, et portant l'habit séculier, » *dum adhuc essem juvenculus, atque in sæculari habitu constitutus*, et quand il veut comparer l'habit ecclésiastique à l'habit séculier, il appelle le premier *habit saint, habit religieux*. Le docte Thomassin observe que de telles expressions sont nouvelles, étrangères aux siècles précédents, et que si elles deviennent alors communes, c'est qu'elles indiquent une distinction évidente et universelle entre les vêtements ecclésiastiques et ceux des laïques (Thomassin, *Vetus et nova Eccles. disciplin.* part. I. lib. 2. c. 16. § 8).

En Orient, c'est au septième siècle seulement que le vêtement des clercs commença à différer de celui des gens du monde (*Concil. Trull.* c. XXVII), il était d'une couleur uniforme. Cette uniformité tendant à disparaître au huitième siècle, l'Église grecque rappela les clercs à l'ancienne discipline (*Concil. Nicæn.* c. xv); et enfin après le dixième, la couleur noire fut exclusivement adoptée par les Orientaux.

Pour les vêtements du clergé de l'Église latine, l'uniformité de couleur et de forme ne fut invariablement fixée qu'au seizième siècle; et sauf quelques légères modifications, ces vêtements sont encore les mêmes de nos jours. L'initiative de cette réforme appartient à S. Charles Borromée qui la fit sanctionner par le concile de Trente.

VÊTEMENTS DES ECCLÉSIASTIQUES
DANS LES FONCTIONS SACRÉES. — I. — La question de savoir si les ministres des autels usaient, pendant les trois premiers siècles, d'habits spéciaux dans l'exercice des fonctions saintes a été fort controversée parmi les savants. Et le silence des écrivains contemporains n'explique que trop de telles incertitudes. Parmi les anciens liturgistes, Walfrid Strabon, Hugues Victorin, Honorius d'Autun, sont les patrons qu'invoquent ceux qui ont embrassé le parti de la négative; et ce sont, pour ne parler que des orthodoxes, Nicolas Alemanni (*De parietin. Lateran.* c. IX), Baluze (*Ad concil. Narbon.* p. 26. edit. Paris. 1668), Visconti (*De apparat. missæ.* Mediolani. 1626), Sirmond (*Ad epist. Cœlestin.* in tom. Concilior. II), Ferrari (*De re vestiaria.* cap. XVIII. Patav. 1654), Jacques Boileau (*De re vestiar. hom. sacr.* Lutet. 1686), Bocquillot (*Traité hist. de la liturg.* l. I. chap. 7. Paris. 1701), Pelletier (*Dissert.* dans les *Mém. de Trévoux,* septembre 1705). Ces écrivains sont d'avis que les évêques, les prêtres et les autres ministres de l'Église officiaient avec les vêtements communs qu'ils portaient dans la vie privée.

On leur oppose le théatin Pasqualigus (*De sacrific. novæ leg.* t. II. *De orn. sacerdot.* Lugd. 1672), André Dusaussay (*Panopliâ sacerdot.* part. I. l. 6. Lutet. 1653), le cardinal Bona (*Rer. liturg.* l. I. c. 5. § 2), Schelstrat (*De Eccles. Afric. dissert.* II. Paris. 1679), Honoré de Sainte-Marie (*Réflex. sur la crit.* t. II. dissert. 4. c. 6), Giorgi (*De liturg. Rom. pontif.* t. I. l. I. c. 3. Romæ. 1731), et enfin l'immortel Benoît XIV (*Opp.* edit. Rom. t. XI. *instruct.* 21). Ceux-ci regardent comme certain que, en dépit de leur pauvreté, des embûches des païens, de la malveillance et des difficultés de toute sorte dont ils étaient environnés, les apôtres et leurs successeurs usaient pendant le saint sacrifice de vêtements particuliers, ou tout au moins qu'ils choisissaient pour monter à l'autel ceux des habits du temps qui étaient les plus propres et les plus décents.

Cette dernière observation, qui ressort de l'ensemble des témoignages de ces écrivains et les résume, réduit à de bien étroites proportions la dissidence qui existe entre eux et les auteurs que nous avons cités en premier lieu. Et les deux sentiments nous paraissent se concilier également avec le décret du concile de Trente (Sess. XXII. cap. 5. *De solemn. missæ sacrif. cærem.*), qui, en déclarant de discipline et de tradition apostolique, *ex apostolica disciplina et traditione,* l'usage des vêtements sacrés, comme celui des cérémonies, bénédictions, lumières, encensements, etc., n'empêche point de supposer que ces vêtements qui nous ont été transmis quant à leurs formes essentielles, étaient au temps des apôtres, et encore assez longtemps après, les vêtements vulgaires, et nous verrons tout à l'heure qu'il en était ainsi.

II. — Il est vrai que dès le quatrième siècle les auteurs ecclésiastiques commencent à mentionner des vêtements qui distinguaient les clercs des laïques. On cite surtout Eusèbe, qui, dans le discours qu'il prononça à l'occasion de la dédicace de l'église de Tyr (Euseb. *Hist.* x. 4), adressa ces paroles aux évêques : « Prêtres chéris de Dieu, qui êtes revêtus de la sainte tunique, ornés d'une couronne de gloire et couverts de la robe sacerdotale. » Ces paroles sont quelquefois prises dans un sens allégorique. On n'en saurait dire autant de celles de S. Grégoire de Nazianze, disant de lui-même au jour de son sacre : *Idcirco me pontificem ungis ac podere cingis, capitique cidarim imponis,* « vous m'oignez pontife, vous me revêtez de la robe longue, et vous mettez la tiare sur ma tête. » Ceci suppose évidemment que dès lors il y avait quelque différence entre les vêtements d'un évêque et ceux des séculiers, à la cérémonie de son ordination et dans la célébration des saints mystères.

Le témoignage de S. Jérôme paraît plus concluant encore. A propos du quarante-quatrième chapitre d'Ézéchiel, où il est parlé des habits que devaient avoir les prêtres et les lévites quand ils entraient dans le temple, le saint docteur ajoute : « Apprenons de là que nous ne devons point nous-mêmes entrer dans le sanctuaire avec les habits communs et souillés dont on se sert tous les jours dans l'usage vulgaire de la vie, mais qu'il faut traiter les mystères du Seigneur avec une conscience pure et des habits propres. » Ce passage nous fournit la clef de celui-ci du même Père auquel on a donné souvent une portée exagérée : *Religio alterum habet in ministerio, alterum in usu vitaque civili* (Ibid. v. 17), « la religion a dans le ministère des autels d'autres habits que dans l'usage de la vie civile. »

Mais si ces textes prouvent qu'on usait pour les fonctions liturgiques de vêtements plus décents, il n'en résulte nullement qu'ils eussent des formes particulières. Et même cet usage de changer d'habit pour les fonctions saintes n'était-il point universel à cette époque, ni même deux cents ans après, car il est dit de S. Fulgence qu'il gardait, pour sacrifier, la même tunique avec laquelle il dormait, et qu'il recommandait à ses moines de changer leur cœur plutôt que leurs habits pour le temps du sacrifice : *In qua tunica dormiebat in ipsa sacrificabat* (*Vit. S. Fulgent.* p. 18. — Cf. Boquillot. *Traité de la lit.* p. 140).

Quoi qu'il en soit de cet exemple particulier, qui peut bien passer pour une exception, un fait est déjà bien constaté, c'est que les vêtements dont on se servait à l'autel étaient dès lors plus propres et plus riches que les vêtements ordinaires. Ce qui amena peu à peu de très-grandes différences entre les uns et les autres, ce n'est pas que l'Église ait jamais inventé des formes nouvelles de vêtements pour son culte, mais qu'elle conserva les formes anciennes lorsque les laïques les abandonnaient. C'est ainsi que des habits vulgaires devinrent des ornements sacrés (V. les art. *Chasuble, Colobium, Dalmatique*, etc.). La décence et la propreté étaient seules prescrites ; pour tout le reste une grande latitude était laissée au clergé.

Un second fait général nous paraît pouvoir être constaté, du moins depuis le quatrième siècle : c'est que communément les vêtements en usage pour la célébration des saints mystères étaient blancs. Quand les écrivains ecclésiastiques de cette époque et des siècles suivants parlent de l'habit clérical, le désignant sous le nom de *habitus religionis*, il est à présumer que cette distinction ne porte que sur la couleur. Nous lisons dans la *Vie de S. Chrysostome* (Ap. Baron. an. 407. n. IX) que, sentant sa fin approcher, et voulant célébrer le saint sacrifice, il *demanda des vêtements blancs*, et qu'il s'en couvrit, après s'être dépouillé de ceux qu'il portait, y compris sa chaussure, et les avoir distribués aux assistants. Ceci est une donnée très-précieuse sur les vêtements liturgiques en Orient.

Pour l'Occident, nous trouvons la mention d'un habit clérical, dit *habitus religionis*, dans la *Vie de S. Germain*, fait évêque d'Auxerre en 419. Ce Saint avait d'abord été mis au nombre des clercs de cette Église par S. Amator, son prédécesseur ; et pour cela, deux cérémonies avaient eu lieu, celle de la tonsure d'abord ; la seconde consista à le dépouiller des vains ornements du siècle, pour le revêtir de l'habit de religion, c'est-à-dire de l'habit blanc avec lequel il devait s'acquitter de son office dans les fonctions saintes, *habitus religionis*, comme s'exprime son biographe Constant, dans Surius (XXXI *jul.*).

Et que telle ait été la couleur des vêtements liturgiques pour tous les ordres, c'est ce dont ne permet pas de douter un passage de S. Jérôme souvent cité (Lib. I. *Contr. Pelag.* et Epist. II. *Ad Heliodor.*) : « Est-ce donc un acte d'inimitié contre Dieu, si j'ai une tunique plus propre ? Si l'évêque, le prêtre, le diacre et les autres ordres ecclésiastiques se présentent avec un vêtement blanc dans l'administration des sacrements ? » *si episcopus, presbyter, diaconus, et reliquus ordo ecclesiasticus in administratione sacramentorum candida veste processerit?* S. Grégoire de Tours (*De glor. confess.* cap. XX), décrivant la procession qui eut lieu à l'occasion de la dédicace d'un oratoire qu'il avait fait construire pour y déposer les reliques de S. Saturnin, de S. Martin et de quelques autres Saints, parle d'un chœur nombreux de prêtres et de lévites en vêtements blancs : *Erat autem sacerdotum ac levitarum in albis vestibus non minimus chorus*.

Il ne paraît pas qu'aucune autre couleur ait été admise jusqu'au neuvième siècle : c'est ce qui ressort des *Vies des papes* (*Lib. Pontif. In Leon III, Greg. IV, Serg. II, Leon. IV*, etc.), et ce qu'on peut voir plus clairement encore dans les images des souverains pontifes représentés en mosaïque dans la basilique de Saint-Paul-hors-les-murs de Rome. Seulement les vêtements blancs étaient quelquefois ornés de bandes de pourpre ou d'or (V. l'art. *Clavus*).

Dès le neuvième siècle, d'autres couleurs furent peu à peu admises ; mais ce n'est qu'après le onzième que l'Église reçut définitivement les cinq couleurs dont nous nous servons aujourd'hui pour les ornements sacrés. Car le premier écrivain qui en parle est l'auteur du livre *De divinis officiis* (cap. *De sing. vestib.*), faussement attribué à Alcuin, mais que Mabillon assigne sûrement à l'époque où vivait cet écrivain (*Annal. ord. S. Benedict. Sæc.* IV. pars 1). Après lui, viennent, au treizième siècle, Durant de Mende (*Rational.* l. III. c. 18. n. 1. 9 et 10) et le pape Innocent III (*De myster. miss.* c. 65). C'est à peu près à la même époque que les Grecs adoptèrent ces couleurs, avec cette différence qu'ils n'usaient de la couleur rouge qu'aux jours de jeûne et aux *mémoires* des morts (Pellicc. I. p. 196). Voici une des sections du bas-relief du fameux autel de S. Ambroise de Milan qui donnera, pour le neuvième siècle, une idée juste des costumes usités dans la célébration des saints

mystères : il y a un évêque, un diacre et un lecteur, ou peut-être un sous-diacre.

L'évêque n'est autre que S. Ambroise lui-même, représenté au moment où il s'endort à l'autel et se trouve transporté en songe à Tours, où il assiste aux funérailles de S. Martin. Le diacre lui met la main sur l'épaule pour le réveiller.

Pour les vêtements sacrés au dixième siècle, voyez un bas relief reproduit à notre article *Chasuble*.

III. — Nous avons dit précédemment qu'il n'est aucun des vêtements aujourd'hui affectés au service des prêtres qui n'ait été dans l'antiquité un habit commun aux laïques et aux clercs. Quelques détails sont nécessaires pour justifier cette assertion.

1° L'*amict* est le seul sur l'origine duquel il existe de l'incertitude ; on ne sait s'il fut en usage dans les premiers siècles, soit pour les prêtres, soit pour les laïques. Il n'est fait mention de ce vêtement que dans des auteurs ecclésiastiques, et encore pas des plus anciens. S. Isidore de Séville l'appelle *anabolabium*, et affirme qu'il fut d'abord un voile dont les femmes se servaient pour cacher leurs épaules. Les anciens livres liturgiques, et en particulier les ordres romains que nous possédons, lui donnent les noms de *anagolaium, anagolai, anabolagium*. Dans la messe d'Illyricus-Flaccus (*Missa Romana antiqua*), l'amict est nommé *ephod*, parce que la prière pour le revêtir est intitulée : *ad induendum ephod* ; et dans celle de Ratholdi, *superhumerale*, ainsi que dans le livre *De divino officio* (cap. xxxix).

Quelques savants pensent que l'amict pourrait être, dans son origine, ce voile couvrant la tête que l'antiquité nommait *maforte*, et qui se voit sur la tête de beaucoup de figures en prière dans les catacombes. En effet, dans la prière qui se récite en prenant l'amict, il est appelé casque, *galea* : *Impone, Domine, capiti meo galeam salutis*, « Imposez, Seigneur, à ma tête le casque du salut. » On peut sans invraisemblance supposer que cette expression métaphorique et martiale vient d'un passage de Tertullien (*De velandis virgin*. cap. xv.), où on lit : *Pura virginitas.... confugit ad velamen capitis, quasi ad galeam contra tentationes*, « la pure virginité.... se munit du voile de tête, comme d'un casque contre les coups de la tentation. »

Dans le principe, l'amict se mettait par-dessus l'aube, et non par-dessous comme cela se pratique aujourd'hui. Cet usage a été conservé chez les Maronites ; il existe encore, pendant la semaine sainte du moins, dans les antiques Églises de Milan et de Lyon. Aucun auteur français ne fait mention de l'amict avant le huitième siècle, et il y a lieu de croire, dit Bocquillot (p. 142), qu'on ne s'en sert dans nos Églises que depuis qu'elles ont reçu l'ordre romain.

2° L'*aube*. C'est une tunique de lin qui était d'un usage commun chez les anciens, à Rome notamment, et dans tout l'empire. Les empereurs en distribuaient au peuple. Cette tunique descendait jusqu'aux pieds, et, pour cette raison, les Grecs l'appelaient *poderis* et les Latins *talaris*. Ces noms indiquaient sa longueur ; on l'appela aussi *alba*, à raison de sa couleur blanche. C'est de là que lui est venu le nom d'*aube* qu'elle porte aujourd'hui.

Les évêques, les diacres, les sous-diacres et les lecteurs étaient revêtus de l'aube dans leurs fonctions, et durant tout le temps du saint sacrifice ; hors de là, les diacres et les clercs inférieurs n'avaient pas le droit de la porter. Cette interdiction est du quatrième concile de Carthage (can. xli. an. 398), et on peut en conclure à bon droit que, dans les églises d'Afrique tout au moins, les évêques et les prêtres pouvaient s'en servir dans l'usage commun de la vie. Cependant ce même concile (can. lxi) semble supposer que dès lors plusieurs ne la portaient plus habituellement, puisqu'il se vit obligé de défendre qu'aucun prêtre célébrât le saint sacrifice, et qu'aucun diacre servît à l'autel, sans ce vêtement, *sine alba*. Il paraît que l'usage des églises de la Gaule était différent en cela de celui de Rome et d'Afrique (*Concil. Narbon.* can. xii. an. 589), car chez nous les prêtres pouvaient quitter l'aube hors le temps de la messe, et ils mettaient peut-être trop d'empressement à s'en dépouiller, puisque le concile de Narbonne (can. xii. an. 589) défendit aux clercs de tous ordres d'ôter l'aube avant la fin de la messe : *Ne presbyter aut diaconus de altario egrediantur et ne subdiaconus ac lector albam exuant ante missæ consummationem*. Mais l'usage changea sous Charlemagne ou peu après ; dès lors les prêtres et même les simples clercs la portaient dans la vie privée (V. Bocquillot. p. 143). Cependant ces robes blanches descendant jusqu'au talon, étant fort gênantes pour circuler en ville, on les raccourcit bientôt considérablement, et tel est, selon le pape Benoît XIV (*De sacrif. mis.* l. i. c. vii. n. 3) l'origine du rochet.

L'aube avait partout cessé dès le sixième siècle d'être portée par les laïques, et était devenue un vêtement exclusivement ecclésiastique (Greg. Turon. *De glor. confess.* c. xx). Cependant l'usage en fut conservé jusqu'au neuvième siècle dans certaines parties de l'Allemagne (*Stat. Regin. abb. ap. Pellicc.* i. p. 197).

3° La *ceinture, cingulum*, qu'on appelle aussi *zona*, chez les Grecs ζώνη, et *baltheus* (Hieron. *Ad Fabiol. epist.* cxxviii). La ceinture fut d'un usage vulgaire chez tous les peuples qui portaient des vêtements *talares* (Sabellic. *Comment. ad Horat. ep.* iii. lib. 2). Elle servait à serrer l'aube autour du corps, afin qu'elle ne tombât pas sur les pieds, ou à terre, *ne laxe per pedes defluat* (*De divin. off.* cap. *De vestim.*). Il y en eut de différentes couleurs ; quelques-unes même étaient ornées d'or et de pierreries, comme l'atteste pour le neuvième siècle le testament de l'évêque Riculf (*Ap. Baluz.*), léguant à son église cinq ceintures, *zonas quinque, unam cum auro et gemmis prœtiosis*, et quatre autres avec des ornements d'or.

La ceinture est de toute antiquité dans l'Église

romaine, car Jean Diacre raconte dans la *Vie de S. Grégoire le Grand* (lib. vi. cap. 80) que les fidèles vénéraient comme une relique le *baltheus* de ce pontife. Elle était beaucoup plus large et plus ample, comme on peut le voir dans les anciennes mosaïques ; et ce n'est que depuis le seizième siècle qu'elle a été réduite à l'état de corde où nous la voyons aujourd'hui.

4° Le *manipule, manipulum, mapula, sudarium*, et encore *phanon*, était primitivement un linge, un mouchoir ou serviette, dont les anciens se servaient pour essuyer leurs mains et leur visage ; ils le portaient sur le bras. Ce ne fut point dans l'origine un ornement sacré ; on en usait, dans la liturgie comme dans la vie commune, par motif de propreté, *sudarium*, dit Amalaire (lib. ii. cap. 24), *ideo portamus ut eo detergamus sudorem*.

Après le sixième siècle on commença dans certaines églises à le porter sur le bras gauche comme une marque d'honneur ; c'est probablement alors que les laïques le quittèrent. Le manipule, dans ce sens, parait avoir été d'abord particulier à l'Église de Rome ; c'est ce que suppose une lettre adressée par S. Grégoire à Jean, archevêque de Ravenne (*Lib.* ii. *epist.* 54), pour en accorder l'usage aux diacres de cette dernière Église, dans les cérémonies sacrées. Au neuvième siècle, il devint partout commun aux prêtres et aux diacres (Amalar. lib. iii. cap. 6) ; il ne fut accordé aux sous-diacres qu'après le onzième (Alexand. de Alex *In. exposit. missæ*).

5° L'*étole*, *stola*, vient du grec στολή, qui signifie un vêtement quelconque. Il règne beaucoup d'incertitude sur la nature du vêtement auquel ce nom fut donné chez les anciens. On a trouvé dans les thermes de Titus une fresque où est représentée une matrone dont la robe reproduirait, de l'avis de quelques savants, le type de la *stola* romaine. C'est une tunique deux fois ceinte, sous les seins et au-dessus des hanches ; mais elle se distingue des tuniques proprement dites par un appendice d'étoffe différente fixée sous la ceinture, et pendant sur les talons comme une queue.

Ce qui est certain du moins, c'est que la *stola* était la robe des femmes, comme la *toga* celle des hommes. Plusieurs grands personnages, Marc-Antoine d'abord, et plus tard Caligula et quelques autres empereurs aux mœurs efféminées, ayant ajouté à leurs toges les ornements de la *stola* matronale, ce vêtement devint commun aux deux sexes. Ces ornements, selon l'opinion commune, consistaient en une broderie régnant tout autour du cou et jusqu'au bas de la robe, qui était ouverte par devant.

Or, comme cette espèce de passementerie était dans la *stola* la seule chose précieuse, les empereurs, qui avaient coutume de faire des largesses de ces sortes de robes, ne donnaient ordinairement que la bordure, que chacun adaptait à une *stola* d'une étoffe de son choix. Celle que Constantin, au rapport de Théodoret (*Hist. eccl.* lib. ii. cap. 27), avait envoyée à Macaire, et dont cet évêque de Jérusalem se servait pour administrer le baptême, était une robe entière, et elle était tissue de fils d'or, *sacram stolam*, ἱερὰν στολήν, *aureis filis contextam*.

Mais comment la *stola*, qui était un vêtement ample, s'est-elle réduite à cette bande étroite que nous appelons *étole* ? On suppose qu'on supprima la robe pour ne garder que la bordure, *ora*, d'où serait venu aussi à l'étole le nom d'*orarium* qui lui est quelquefois donné.

On assigne encore à l'étole une autre origine, en faisant dériver le mot *orarium* de *orare*, « prier. » Elle n'aurait été, d'après ce système, qu'une imitation de l'espèce d'éphod dont les Juifs couvraient leurs épaules pour prier (V. l'art. *Orarium*). On voit en effet dans les monuments primitifs une foule de personnages, le plus souvent dans l'attitude de la prière, entre autres S. Pierre et S. Paul, ayant sur les épaules une écharpe descendant sur les bras, et dont les deux pans sont réunis sur la poitrine par une fibule. Cet *orarium* était un vêtement commun, et même permis aux deux sexes (V. la figure de l'art. *Agnès* [Ste], page 52) ; il resta, comme la plupart des vêtements sacrés, réservé aux clercs quand les laïques l'abandonnèrent.

A quelle époque cette réserve eut-elle lieu ? La première donnée que nous possédions à cet égard est du quatrième siècle. Le concile de Laodicée, tenu vers l'an 366, et qui, comme on sait, s'occupa spécialement des rites et de la vie cléricale, défendit l'usage de l'*orarium* aux sous-diacres et aux lecteurs (can. xxi. xxii. xxiii). Il parait cependant que la discipline établie par ce concile, ou ne fut pas admise partout, ou tomba un peu plus tard en désuétude. Car S. Grégoire le Grand eut à interdire de nouveau aux sous-diacres le port de l'étole et de la chasuble, qui, d'après un ordre romain antérieur à ce pape, étaient accordées même aux acolytes (L. vii, *epist.* 64), et il se crut obligé de se justifier de cette sévérité dans une lettre à Jean de Syracuse.

Le sacramentaire de S. Grégoire attribue donc l'étole au diacre (pag. 237. edit. Menard.) dans son ordination, comme un attribut qui le distingue des clercs inférieurs : *Per hoc signum vobis diaconatus officium humiliter imponimus*. Et l'Église tenait tellement à ce qu'aucune confusion ne pût avoir lieu sous ce rapport, que comme les sous-diacres portaient une tunique fort semblable à la dalmatique, le concile de Brague, tenu en 563 (cap. iv), ordonna aux diacres de porter leur étole par-dessus ce dernier vêtement, non pas à la manière des prêtres, mais sur l'épaule, *supposito scapulæ sicut decet utantur orario ;* nous savons par le quatrième concile de Tolède (cap. xi) que c'était sur l'épaule gauche ; et c'est ce que montrent les images de S. Laurent et de S. Étienne dans les monuments antiques, particulièrement dans la mosaïque de S. Laurent *in agro Verano* (Ciampini. *Vet. monim.* t. ii. tab. xxviii), qui date de l'an 578, et dans celle de Galla Placidia de Ravenne.

que nous donnons à notre article *S. Laurent*, p. 415). Ce même concile leur défend d'avoir des étoles de couleur ou ornées d'or, *nec ullis coloribus, aut auro ornatæ*. Chez les Arméniens et les Maronites, le diacre porte aussi l'étole sur l'épaule gauche, non en sautoir comme le diacre latin, mais pendante devant et derrière (V. Le Brun. t. v. planche en regard de la page 58, et notre art. *Flabellum*, 3ᵉ figure).

Il y avait autrefois entre les prêtres et les diacres une différence plus notable encore par rapport à l'étole : c'est que ceux-ci ne la portaient que dans la célébration des saints mystères, tandis que les prêtres la gardaient même dans l'usage de la vie commune. Ils devaient la porter partout et ne la quitter jamais, parce que c'était la marque de la dignité sacerdotale : *Presbyteri sine intermissione utantur orariis propter differentiam sacerdotalis dignitatis* (*Capitular*. lib. v. cap. 81. — Cf. Bocquillot. p. 153. — V. les art. *Chasuble, Dalmatique, Columbium, Orarium, Chape, Tunicella*, etc.).

VÊTEMENTS DES PREMIERS CHRÉTIENS. — Il ne paraît pas que les premiers chrétiens se soient distingués des païens par le vêtement. Nous devons néanmoins entrer ici dans quelques détails sur ceux des vêtements qui sont mentionnés dans les livres du Nouveau Testament ou que nous savons, soit par les écrivains du temps, soit par les monuments, avoir été en usage parmi les fidèles des premiers siècles.

1° La *coiffure*. En général, les hommes se montraient en public tête nue, et les femmes voilées (Bosio. — Buonarruoti. *passim*. — Lambec. l. ii, *Commentar*. c. 8. — Boldetti. l. i. c. 39). Il n'est pas ici question des pontifes dans les fonctions sacrées (V. l'art. *Vêtem. eccl. dans les fonctions sacrées*), non plus que de certains personnages placés par leur nationalité hors du foyer primitif des origines chrétiennes (V. l'art. *Abdon et Sennen*) ; nous considérons moins encore comme une coiffure l'auréole qui, depuis une certaine époque, entoure la tête des saints (V. l'art. *Nimbe*). Il nous est aussi impossible de tenir compte de quelques rares exceptions, celle par exemple que nous offrent les actes de S. Didymus (Ruinart. p. 354. v) qui couvrit sa tête d'un *pileus* pour entrer dans le *lupanar* d'où il devait retirer la vierge Theodora. S. Pacôme, si nous en croyons Nicéphore Calliste (*Hist. eccl.* xiv), avait prescrit à ses moines une sorte de bonnet de laine parsemé de petites croix en fil de pourpre. Quoi qu'il en soit, il est certain que, quel que fût le genre de coiffure adoptée par les fidèles, ils n'avaient en vue que la nécessité, et fuyaient le luxe et la délicatesse des idolâtres : c'est ce qui ressort de tout le traité de Tertullien *De corona*, et ce qu'enseigne formellement S. Clément d'Alexandrie (*Pædag*. ii. 8).

Les hommes portaient les cheveux courts, et les femmes laissaient croître les leurs, selon le précepte apostolique (1 *Cor*. xi. 14) : « Nourrir sa chevelure, dit S. Paul, c'est une ignominie pour l'homme, une gloire pour la femme. » C'était donc ici une marque distinctive des chrétiens. Prudence nous apprend en effet (*Peristeph. hymn*. xiii. vers. 30) qu'en embrassant le christianisme, S. Cyprien fit couper sa chevelure, qui était flottante auparavant :

<small>Defllua cæsaries compescitur ad breves capillos.</small>

Et S. Jérôme (*Ad Eustoch. de custod. virginit*.) blâme les hommes qui, contre le précepte de l'Apôtre, portent une chevelure de femme.

Tout ceci n'est pas sans exception, mais la *règle* pour les hommes était d'avoir les cheveux courts et la barbe longue. La plupart des monuments anciens montrent les apôtres et les chrétiens barbus. Tertullien (*De cult. fem*.) censure avec sévérité ceux qui se rasent le visage, et les *Constitutions apostoliques* portent (i. 5) : *Oportet non barbæ pilum corrumpere nec formam hominis contra naturam mutare*, « il ne faut pas corrompre le poil de la barbe, ni changer la forme de l'homme contre la nature. »

S. Clément d'Alexandrie n'est pas moins véhément contre l'homme qui rase sa barbe (*Pedag*. ii, 3) : « La barbe est la fleur de virilité... Dieu y attache tant d'importance, qu'il l'a fait paraître chez l'homme en même temps que la raison (φρόνησις). Il est impie de s'en dépouiller... c'est faire penser qu'il est adultère, efféminé, *utrique veneri deditus*. »

Les gnomes du concile de Nicée publiés par M Revillout (p. 59) font aussi lire cette sentence : « L'homme qui rase sa barbe veut ressembler aux enfants sans connaissance. »

Dans quelques verres dorés (Buonarr. xiv. xv. xvii. etc.), S. Pierre, S. Paul et d'autres personnages sont sans barbe. Mais ici, comme dans toutes les parties du vêtement, il faut faire la part des caprices de l'artiste. Soit faite cette réflexion une fois pour toutes.

Les femmes avaient la tête voilée, du moins quand elles priaient ou prophétisaient. C'est le précepte de l'Apôtre. (1 *Cor*. xi. 5) ; et nous pouvons conclure d'un passage de S Clément d'Alexandrie (*Pædag*, iii. 11) qu'il leur était permis d'être sans voile qu'à la maison : *Semper tecta sit, nisi quum domi fuerit*. Les monuments concordent ici avec les textes. Les femmes représentées dans l'attitude de la prière, à de rares exceptions près (Bottari, cxi. lxxx. Perret. i. xxxiv. etc.), sont voilées, et celles qui figurent dans les représentations de repas n'ont d'autre coiffure que leurs cheveux (Bottari, tav. cxxix, cxxvii), qui sont ordinairement relevés et attachés en deux boucles au-dessus du front (Id. cix.) Mais il leur était interdit de couper leur chevelure ; le concile de Gangres ne fit que renouveler et appliquer à cet égard le précepte de S. Paul (1 *Cor*. xi. 6) ; et il en allègue pour raison que « Dieu a donné à la femme sa chevelure comme un voile, et aussi comme la marque de sa sujétion à l'égard de l'homme » (*Conc. Gangr.* can. XVII).

On rencontre quelquefois (Buonarr. tav. XVIII. 2. — Bottari. CXXIII) une coiffure caractéristique, appelée par les anciens *mitra* ou *mitella*. D'après S. Isidore de Séville (*Orig.* l. XIX, 31), cet ornement était réservé aux femmes dévotes ou consacrées à Dieu. On le peut voir sur la tête d'une orante dans une magnifique planche de l'ouvrage de M. Perret (III. III. IV). En Afrique, la mitre était propre aux vierges, qui cependant la portaient très-simple, sans ornement; celle-ci s'appelait encore *flammeum virginale* (V. ce mot). Celle des matrones au contraire était élégante par sa forme et précieuse par sa matière.

Mais quelle que fût la modestie des femmes chrétiennes dans les premiers temps, il n'est point douteux qu'un certain luxe ne se fût glissé parmi elles, quant à la coiffure et au vêtement, dès le troisième et même le deuxième siècle, car Tertullien s'élève déjà contre des abus de cette nature dans ses traités *De habitu mulierum*, *De cultu feminarum*, *De virginibus velandis*, et S. Clément d'Alexandrie dans son *Pædagogue* (l. III.). Tertullien (*De veland. virg.* III) stigmatise la vanité dans la chevelure par ces mots terribles, *capita nundinantia*, comme si les têtes ainsi parées étaient l'enseigne d'une femme à vendre (V. l'art. *Perruques*). Le concile d'Elvire (can. LXVII) défend à toute femme chrétienne ou catéchumène (V. les art. *Fidèle* et *Catéchumène*) d'entretenir des coiffeurs, *viros cinerarios*, ainsi nommés de ce qu'ils faisaient chauffer leurs fers, *calamistros*, dans la cendre.

Venons maintenant aux vêtements proprement dits.

2° La *tunique*. A l'exemple de Notre-Seigneur, les Apôtres et les premiers chrétiens en général portaient, sur la peau, un premier vêtement appelé tunique (Matth. x. 10. — Marc. VI. 9. — Luc. XXII. 36. — Act. XII. 8). Il est fait mention de la tunique des apôtres dans les Œuvres des Pères; S. Grégoire le Grand (l. II. epist. 3) parle de celle de S. Jean. La plupart des monuments nous font voir la tunique de Jésus-Christ et celle des apôtres ornées de deux bandes de pourpre (V. l'art. *Clavus*.). On portait quelquefois une tunique sans manches, appelée *colobium* (V. ce mot). On dit que S. Barthélemi, puis S. Denys l'Aréopagite se servirent d'une tunique de cette espèce (V. Rubenius. *De re vestiar.* l. I. p. 108). Plus tard les *colobia* des prêtres et des moines furent ornés du *laticlavus* de pourpre (Id. *ibid.* p. 107).

3° Le *pallium*. C'était un manteau qu'on mettait sur la tunique : il était le complément du costume que nous appelons apostolique. Il ne se portait pas à la maison; les personnages, hommes et femmes, qui figurent dans les nombreuses représentations de repas que nous rencontrons aux catacombes sont en simple tunique. Il en est souvent question dans les livres du Nouveau-Testament (Matth. v. 40). Notre-Seigneur dit à ses disciples : « Si quelqu'un vous enlève votre tunique, donnez-lui encore le *pallium.* » Grotius (*Ad. Act.* XII. 8) et Saumaise (*Ad Tertull. De pallio*) ont longuement disserté sur le *pallium* des apôtres.

Il ne paraît pas que le *pallium* fût adopté par tous les chrétiens après leur baptême, mais seulement par les personnages graves, par les ascètes et par tous ceux qui étaient voués à une vie austère. C'est ainsi que, d'après Buonarruoti (*Vetri.* p. 41), il faut interpréter le passage du traité de Tertullien *De pallio* (IV. *in fine*), pris par quelques auteurs d'une manière trop générale. Dans tous les cas le *pallium* était réputé un vêtement humble et les païens raillaient les fidèles d'avoir quitté la toge pour le *pallium : a toga ad pallium* (Tertul. *ib.* v.). Il l'appelle encore (*ib.*) un vêtement sacerdotal, qui oblige ceux qui le portent à une plus grande pureté de mœurs.

Ne pouvant entrer ici dans tous les détails que fournissent les auteurs spéciaux sur la forme, la couleur, la longueur, les ornements de la tunique et du *pallium*, nous reproduisons une double figure empruntée à un sarcophage du Vatican qui donnera une idée suffisante du vêtement des hommes et des femmes (Bosio. *Roma sott.* p. 59). Di-

sons seulement, d'une manière générale, que ces vêtements étaient de laine (Ferrari. *De re vestiar.* IV. 11), que la tunique était blanche (Id. III. 1) et le manteau de couleur obscure. S'ils furent quelquefois de pourpre et de soie, ce n'est que par suite d'un abus, souvent censuré par les Pères (Clém. Alex. *Pædag*. II. 10).

Les ornements, quelquefois très-riches, que les artistes anciens ont prodigués aux vêtements de Notre-Seigneur, des apôtres et des autres Saints, ne doivent pas tirer à conséquence. Ils se sont souvent laissé entraîner à vêtir ces personnages à la mode du temps où ces images étaient exécutées, et même à les embellir par un sentiment de dévotion mal entendue. Il faut se rappeler encore que ordinairement les Saints sont représentés en paradis, et que le luxe dont ils sont entourés est tout idéal, étant destiné à donner une idée de la splendeur dont Dieu aime à revêtir ses élus. Les vierges et les veuves, Ste Agnès, par exemple (Boldetti. p. 194), Ste Priscille (Perret. *loc. laud.* — V. l'image de Ste Priscille à l'art. *Paradis*, p. 576), Ste Praxède (Ciampini. *Vet. monim.* t. II. tab. 47), et en général toutes les femmes dans l'attitude de la prière ou de la contemplation (Bottari. cxxiii. cxxvi), sont couvertes de dalmatiques enrichies de pierreries, de diamants, parées de colliers, de bracelets et d'étoffes précieuses. On sait encore quelle licence se sont donnée à cet égard les artistes des cinquième et sixième siècles, surtout dans les mosaïques où plus d'une fois les apôtres portent des manteaux de pourpre et d'or (Ciampini. *Vet. mon.* i. c. 25 *et alibi*). Tout ceci n'a rien de commun avec le costume réel et vulgaire.

4° La *pénule*. Dans les voyages, et pour se préserver de la pluie, les premiers chrétiens portaient la *penula* (V. ce mot). S. Paul, dans sa *deuxième Épître à Timothée* (iv. 13), réclame celle qu'il avait laissée à Troade. On faisait aussi usage de ceintures, surtout en voyage (Matth. x. 9. — Marc. vi. 8. etc.). Aux *Actes des apôtres* il est fait mention de celles de S. Pierre (xii. 8) et de S. Paul (xxi. 11), et nous voyons souvent, dans les monuments, ces deux apôtres vêtus de tuniques ceintes. Il en existe un exemple dans une patère antique gravée dans Boldetti (p. 191); quelques tuniques d'une longueur peu commune étaient ceintes deux fois, sous les bras et au-dessus des hanches.

5° La *stola* et la *palla*. Il n'est pas douteux que le vêtement des femmes ne différât, bien que légèrement, de celui des hommes. Leur tunique s'appelait *stola* et leur manteau *palla* (Ferrari. *De re vestiar.*), mais avec des formes à peu près semblables, comme les monuments en font foi (Bottari xxxviii et la figure ci-dessus). C'était, du reste, la même simplicité et la même modestie (Tertull. *De cultu femin.* — Clément. Alex. II. 10). S. Jérôme en témoigne à son tour (*Epist.* viii. *Ad Demetriad.*) : *vili tunica induitur, viliori tegitur pallio*. Seulement les étoffes en usage chez les femmes étaient un peu plus légères, et le lin remplaçait la laine, surtout pour les tuniques. Le treizième canon du concile de Gangres, et S. Jérôme, dans une lettre à Eustochium, censurent quelques vierges qui, par une blâmable affectation, avaient adopté le *pallium* viril. Si nous voulions pousser plus loin cette étude, nous parlerions de la coutume qui s'établit plus tard parmi les femmes de porter des vêtements où étaient représentés les faits et les miracles de Notre-Seigneur. S. Astérius, évêque d'Amasie au temps de Julien l'Apostat, donne à cet égard de curieux détails (*Homil.* i. *De divite et Lazaro* p. 4. edit. Ruben. 1615).

6° Les *sudaria* et les *semicinctia* dont il est parlé dans les *Actes des apôtres* (xix. 12), et qui étaient d'un usage commun, ne sauraient être regardés comme des vêtements proprement dits ; c'étaient des espèces de mouchoirs ou manipules. Des autorités citées par Suicer (*Ad voc.* Σουδάριον *et* Σεμικίντιον) il résulte que la seule différence entre les uns et les autres, c'est que le *sudarium* était destiné seulement à envelopper la tête pour en absorber la sueur, tandis que le *semicinctium* se tenait à la main, pour être employé aux mêmes usages que nos mouchoirs.

L'*orarium*, au contraire, était devenu de bonne heure comme une sorte de vêtement sacré : c'était une draperie dont, à l'exemple des Juifs, les premiers chrétiens se couvraient les épaules pour prier, et dont les deux pans étaient réunis sur la poitrine par une agrafe ou fermoir rappelant le *rational* qui régnait à la partie antérieure de l'*éphod* (*Exod.* xxv. 7). Plusieurs verres dorés font voir ce manteau sur les épaules de S. Pierre et S. Paul (Buonarr. x. xi. xii) (V. la figure de l'art. *Orarium*), de Ste Agnès (Boldetti. 291. vi. 19), etc. Dans un article spécial auquel nous renvoyons le lecteur, nous avons parlé suffisamment des anneaux, simples ou ornés de symboles et d'images, que portaient les premiers chrétiens.

7° La *chaussure*. On sait que Notre-Seigneur portait des sandales (Joan. i. 27), et qu'il ordonna à ses apôtres la même espèce de chaussure (Marc. vi. 9), *calceatos sandaliis*, et que ceux-ci en usèrent en effet (*Act.* xii. 8.). S. Anselme la définit (*In c.* iii *Matth.*) : « Chaussures qui n'ont qu'une semelle sous le pied, sont ouvertes par-dessus, et s'attachent avec des courroies. » Le Sauveur voulut que ses disciples en usassent, parce que, en Palestine, c'était la chaussure des gens de la plus basse condition. Les artistes anciens n'ont pas toujours respecté en ceci la vérité historique. Presque toutes les sculptures de sarcophages, quelques verres dorés, et toutes les mosaïques, montrent à la vérité Notre-Seigneur et les apôtres en sandales. Mais la plupart des fresques des catacombes (Bottari. liv. lvii. lxxii. cxx) et des verres dorés (Buonarr. viii. xv. xvi. 1. xx. 2. etc.) les représentent pieds nus. Un petit nombre de monuments de ces dernières classes leur donnent une chaussure pleine (Bott. xlvi. xix. lxxii).

C'est tout le contraire pour les femmes. La Ste Vierge, dans le sujet de l'adoration des Mages (xxxviii), la plupart des *orantes* (xxxvi. lx), les sœurs de Lazare (xlix), la Samaritaine (xxiii), l'hémorroïsse, etc., Ste Agnès dans les verres dorés (Buonarr. xiv. 1), paraissent généralement avec les chaussures pleines, sans doute d'après une règle de pudeur émanée des pasteurs, sans l'autorité desquels rien ne se faisait dans la pratique des arts, non plus que dans celle de la discipline.

La plupart des *orantes*, dont au reste le costume diffère d'une manière assez notable du costume vulgaire (V. l'art. *Prière* [*Attitudes de la*]), ont les pieds nus (Bottari. cxv. cxxiii. segg.); cela vient probablement de ce qu'elles sont représentées en dehors des réalités de la vie actuelle.

Pour compléter ces notions abrégées, nous devons ajouter qu'en beaucoup d'endroits les chrétiens, par motif de prudence, se conformaient au costume des populations, même païennes, au milieu desquelles ils vivaient. S. Clément d'Alexandrie (*Pædag.* iii. 11) enseigne encore que les vêtements des fidèles variaient beaucoup, selon le pays, l'âge, la dignité, la condition ou l'office de chacun (V. l'art. *Vêtements ecclésiastiques dans la vie privée*).

VEUVES CHRÉTIENNES. — Outre les vierges qui professaient solennellement la virginité perpétuelle (V. l'art. *Vierges chrétiennes*), l'Église primitive consacrait aussi à Dieu les veuves qui s'engageaient à persévérer jusqu'à la mort dans la viduité. S. Jérôme (*Epist.* XXVI.) appelle cet état le *second degré de chasteté*, et Tertullien (*De veland. virg.* IX) « viduat », *viduatum*. A Rome, une noble veuve, Marcella, embrassa ce genre de vie, à l'instigation de S. Athanase, qui était venu dans la capitale du monde chrétien pour fuir la persécution des ariens (Hieron. *Epist.* CXXVII); cette matrone fut la première à établir un monastère proprement dit, *propositum monacharum*, bien que dès les siècles de persécution on eût vu un grand nombre de vierges et de veuves consacrées à Dieu, mais vivant en particulier (V. l'art. *Vierges*).

Moins solennelle que celle des vierges, la consécration des veuves pouvait avoir lieu tous les jours sans distinction (Gelas. *epist.* IX. c. 13. *Ad episc. Lucan.*); l'évêque la faisait, non pas dans l'église, mais dans le *secretarium* ou sacristie, et un prêtre était chargé de remettre à ces veuves le voile bénit par l'évêque et l'habit vidual dont elles se revêtaient elles-mêmes (Concil. *Arausic.* I. can. 27). On n'admettait à la consécration que celles qui n'avaient été mariées qu'une fois : *Vidua eligatur*, dit S. Paul (1 *Tim.* V. 9)... *quæ fuerit unius viri uxor*; Salvien dit (*Epist.* L.) *unibyria*; et Prudence (*Hymn. in Laurent.*) :

> Primi post damnum thori ignis secundi
> Nesciæ.

Il fallait aussi que, depuis la mort de leur mari, elles eussent passé un certain nombre d'années dans un état de chasteté irréprochable, vraies veuves, réunissant les conditions exigées par S. Paul (1 *Tim.* V. 3) pour être honorées : *Viduas honora, quæ vere viduæ sunt* (V. Const. Apost. VIII. 15).

C'était parmi les veuves dites *ecclésiastiques*,

pour les distinguer de celles qui continuaient à vivre dans le monde, qu'on choisissait les diaconesses. Elles avaient un costume qui se rapprochait beaucoup de celui de nos religieuses; on est, ce semble, autorisé à le conclure, au moins pour les Gaules, du vêtement que portent deux veuves qui figurent dans la représentation de la résurrection de Tabithe sur un des bouts du sarcophage dit de S. Sidoine, à Aix en Provence (V. *Monum. de Ste Madeleine.* col. 767). Ces femmes, qui sont debout dans la ruelle du lit, ont les cheveux complétement cachés par un bandeau descendant jusqu'au milieu du front, et recouvert d'un voile qui retombe en arrière. La robe est montante, et la gorge est recouverte par une espèce de guimpe. Nous reproduisons ici cette figure.

Ces veuves consacrées à Dieu avaient une grande importance dans l'Église ; elles exerçaient plusieurs ministères à l'égard des personnes de leur sexe : elles étaient notamment chargées de l'instruction des catéchumènes, et les assistaient à leur baptême quand il était administré par immersion ; elles veillaient à ce que les mariages fussent aussi religieux que possible : *matrimonium postulas*, dit Tertullien (*De monogam.* II), *ab episcopo, presbyteris, diaconis, viduis*. Elles disposaient les femmes à la pénitence publique : *prosternis in medium ante viduas, ante presbyteros* (Id. *De pudicit.* c. XIII). Elles se mêlaient à la psalmodie des clercs, comme on le voit dans S. Chrysostome et Eusèbe de Césarée (*Hist. eccl.* VII. 24). Elles portaient dans les prisons des soulagements et des consolations aux confesseurs de la foi, et l'auteur du dialogue *Peregrinus*, qui n'est autre que Lucien, selon l'opinion commune, raille le zèle de ces pieuses veuves qu'il ne pouvait pas comprendre. Aussi trouvons-nous souvent sur leurs épitaphes cette formule surprenante pour les personnes peu familiarisées avec la discipline de l'Église primitive : VIDVA SEDIT, *elle a siégé* en qualité de veuve, vingt ans, trente ans, etc., absolument comme pour les évêques et les prêtres : RIGINE VENEMERENTI FILIA SVA FECIT ‖ VENERIGINE MATRI VIDVAE QVE SE ‖ DIT VIDVA ANNOS LX.... (Marini. *Iscriz. Alban.* p. 195). Nous lisons aussi sur un fragment de pierre dans Boldetti (p. 452) : VIDVA SEDIT (V. aussi Fabretti. VIII. 1. — Murat. p. 1825. n. 11. etc.). Cette expression fait allusion au siège, *cathedra*, sur lequel les veuves chrétiennes s'asseyaient pour enseigner, et nul doute que plusieurs de ceux qui se voient dans les carrefours des catacombes ne leur fussent destinés. Tertullien parle clairement du siège des veuves, et explique les conditions qu'elles doivent réunir pour être dignes de s'y asseoir (*De veland. virgin.* VIII). *Ad quam sedem* (θρόνον) *præter annos sexaginta non tantum univiræ, id est nuptæ, aliquando eliguntur, sed et matres*, etc., « à ce siége (trône), en outre de l'âge de soixante ans, les veuves ne peuvent être élues qu'autant qu'elles n'ont été mariées qu'une fois et qu'elles sont mères. » Et telle était la considération qui s'attachait à ce titre de veuve ecclésiastique, *honorificentia larga defertur*, dit S. Ambroise (*Lib. de vi-*

duis. ii. 8), que les évêques eux-mêmes les entouraient d'honneur et de respect, *ut etiam ab episcopis honorentur.*

Les veuves chrétiennes étaient en grand nombre dans chaque Église : celle de Rome en comptait du temps du pape Corneille (*Epist.* ix. *Ad Fabian.*) quinze cents, y compris les infirmes. Elles étaient entretenues aux frais de la communauté (V. l'*art. Matricule*), et si elles avaient pourvu à leur propre subsistance, cette circonstance ne manquait pas d'être mentionnée sur leur tombeau par cette formule : ECCLESIAM NVNQVAM OU NIHIL GRAVAVIT, qui se lit en particulier sur l'épitaphe de la veuve DAFNE, rapportée par le P. Marchi (*Monum. delle arti crist.* p. 98), et sur celle de cette même RIGINA, citée plus haut : ET ECLESA (*sic*) || NVMQVA (*sic*) GRAVAVIT VNIBYRAQVE. Les recueils d'inscriptions contiennent un grand nombre de *tituli* de veuves chrétiennes (V. Gruter et Reinesius, à la table. — Fabretti. pp. 545, 559 *et alibi.*). Nous avons dans notre cabinet un marbre de Rome qui fait lire celle-ci : FAELICLA. BIDVA. TECVMPACE.

En règle générale, on peut regarder comme des femmes consacrées à Dieu et à la pratique des bonnes œuvres toutes celles dont l'épitaphe porte la qualification de VIDVA. Car ce titre ne se lit jamais, que nous sachions, sur les tablettes funéraires, fort nombreuses cependant, consacrées à des maris par leurs femmes.

VICAIRES DES ÉVÊQUES. — Dans l'antiquité, les évêques n'avaient d'autres vicaires que les chorévêques (V. ce mot.) C'est donc à juste titre que S. Isidore a pu dire : « Les vicaires des évêques sont ceux que les Grecs appellent chorévêques » (*In c.* iv. *concil. Ancyr.*). Et il s'ensuit que les Latins désignaient le plus souvent sous le nom de vicaires ceux que les Grecs nommaient chorévêques.

Dans les églises d'Afrique principalement, le nom de *vicaire* était donné au *prêtre de la ville* (Posidon. *In Vit. S. Aug.* c. v), parce que, dans les petites villes surtout, il remplissait les fonctions de curé à l'église de la cathédrale. Voici l'énumération que S. Sidoine donne des offices du vicaire : « Il est le conseiller de l'évêque dans ses jugements, son vicaire dans les Églises, son procureur dans les affaires, son administrateur dans ses domaines, son receveur pour les tributs, son compagnon dans l'étude, son commensal dans la vie privée » (*L.* iv. *epist.* 11).

D'où l'on peut conclure, en premier lieu, que le titre de vicaire renfermait implicitement les offices de conseiller, d'économe, de vidame, de notaire, de trésorier, de théologien, de syncelle ; et en second lieu que, dans les petites villes de l'Occident, il suffisait à l'évêque d'un seul ministre pour remplir tous ces emplois, en vertu de pouvoirs vicariaux. Nous ne pousserons pas plus loin notre étude sur cette institution : ce serait empiéter sur le domaine du moyen âge, que nous avons déjà même un peu entamé.

VIERGE (LA SAINTE). — I. — Il n'est pas dans l'iconographie chrétienne, si l'on excepte la figure adorable du Rédempteur, un sujet qui ait aussi souvent que celui-ci tenté l'ambition, séduit le cœur, exercé le talent des artistes de tous les siècles! — Et cependant, comme pour Notre-Seigneur, nous sommes condamnés à répéter ici la phrase désespérante de S. Augustin : « Nous ne possédons pas d'image authentique de la Mère de Dieu (*De Trinit.* viii), » *neque novimus faciem Virginis Mariæ.*

II. — Un portrait de convention, réalisant, autant que le comportaient les conditions de l'art aux premiers siècles de l'Église, l'idée que la piété de nos pères se faisait de cette figure chérie autant que sacrée, portrait dont la physionomie offrait, au dire de S. Jérôme, l'image de son âme immaculée, fut imaginé d'assez bonne heure, et admis longtemps avant qu'il eût été définitivement fixé par suite des décrets du concile d'Éphèse contre Nestorius. L'expression de la beauté physique s'alliait, dans cette image, au sentiment le plus profond de l'honnêteté morale : *Figura probitatis*, pour nous servir de l'expression de S. Ambroise (*De virgin.* l. ii, c. 2).

Car ici du moins les artistes n'eurent pas, comme pour les images du Sauveur, à lutter contre des traditions qui eussent pu comprimer leurs aspirations, ou entraver les libres allures de leur génie, aucun écrivain ecclésiastique n'ayant jamais eu l'idée d'attribuer la laideur à la Vierge divine. Aussi voyons-nous que, dans leurs innombrables compositions, ils s'inspirent constamment d'une pensée analogue à celle du grand évêque de Milan, et s'appliquent à répandre sur la physionomie de la Ste Vierge un reflet aussi éclatant que possible de la pureté, de la sainteté de son âme. Quelque changement, dit Émeric David (*Hist. de la peint.* p. 21), que la religion chrétienne eût produit sur l'esprit des Grecs, comment d'ailleurs auraient-ils honoré d'un culte religieux, sans embellir son image autant que leur art le permettait?

Depuis les plus anciennes figures de la Vierge, peintes, soit avant, soit après le concile d'Éphèse, jusqu'à ce chef-d'œuvre où Raphaël a exprimé tout à la fois, avec une vérité si touchante, l'innocence d'une jeune fille, la tendresse d'une mère, le respect d'une mortelle pour son Dieu, les peintres ne cessèrent jamais de répandre sur le visage de Marie toute la grâce, toute la dignité dont leur imagination et leur pinceau pouvaient l'embellir.

Ceci est vrai surtout, et à peu près sans exception, des images dues à l'antiquité proprement dite, les seules dont nous ayons à nous occuper ici. Car notre tâche n'est pas de suivre, à travers ses aberrations et ses défaillances, l'art du moyen âge, qui, dans son dédain exclusif pour la forme, dédain qui n'a même pas toujours l'avantage de tourner au profit de la pensée, en vint parfois à abandonner les types gracieux des premiers siècles, pour donner à la figure céleste de Marie une expression de tristesse lourde et sévère : expression qui, il faut le dire néanmoins, avait bien aussi une certaine raison d'être, puisée dans le génie mal compris de ces temps réputés barbares, aussi bien que dans des idées mystiques souvent profondes, et toujours ingénieuses.

III. — Quoi qu'il en soit, voici comment en général est conçu le type primitif. La Mère de Dieu y est parée d'une jeunesse charmante, une pureté toute divine respire sur ses traits. Elle a sur la tête un voile encadrant le visage, et retombant sur les épaules, selon la coutume des femmes juives, comme on le voit dans les miniatures d'un ancien manuscrit de la *Genèse* (Buonarruoti. *Medaglioni*. p. 114); elle est vêtue d'une *stola* ou d'une dalmatique, ornée de deux bandes de pourpre et quelquefois de *calliculæ*, comme dans la figure ici reproduite; elle est ordinairement assise sur un siège de la forme de ces chaires épiscopales qui se rencontrent si fréquemment dans les catacombes; elle soutient sur ses genoux l'enfant divin, qui reçoit les offrandes des Mages, car nous croyons que les plus anciennes images connues de la Vierge sont celles qui la font voir dans ce mystère. Celle que nous donnons ici d'après une fresque inédite du cimetière de Domitille, était placée

dans ces conditions; nous avons supprimé les Mages, qui sont au nombre de quatre, deux devant le siège, deux derrière, parce qu'à l'article *Adoration des Mages* se trouve inséré le croquis d'une peinture inédite du cimetière de Saint-Calliste, et représentant cette intéressante scène d'une manière complète. Ces deux monuments, d'un style et d'une exécution tellement admirables, que les hommes compétents n'hésitent pas à les faire remonter jusqu'au deuxième siècle ou tout au moins aux premières années du troisième, nous dispensent de décrire plus au long le type traditionnel dont ils sont à coup sûr la plus fidèle et l'une des plus anciennes expressions. La Vierge du cimetière de Domitille, qui est reproduite ci-dessus a été prise sous nos yeux, en 1861, d'après la copie qui existe au musée du Latran ; M. De' Rossi l'a donnée depuis avec plus d'exactitude encore (*Imagines select. Virgin. Deiparæ*. tab. II); mais peut-être les dégradations en plus qu'on re-

marque dans celle-ci se sont-elles opérées depuis l'exécution de la copie du Latran.

Toutes les représentations de l'adoration des Mages, disséminées avec tant d'abondance dans les catacombes, peintes sur les murailles ou sculptées sur les tombeaux, aussi bien que celles qui figurent dans les sculptures des ivoires antiques, le diptyque de Milan, par exemple (Bugati. *Mem. di S. Celso*. in fine), sont formulées sur le même modèle (V. Bottari. XXXVIII *et passim*. — Allegranza. — *Monum. di Milano*. tab. IV. — V. aussi la planche de notre article *Sarcophages*, VI). Seulement, quelques différences se font remarquer dans certains monuments quant à la coiffure de Marie. Elle y paraît quelquefois sans voile, particulièrement dans les peintures murales (V. Bottari. LXXXII. CXXVI); les cheveux sont relevés au-dessus du front, où ils se divisent en deux masses opposées; c'est ce que Tertullien appelle *capilli suscitati* (*De cult. femin.* VII). M. De' Rossi, qui en publie

une nouvelle (*Imag. select*. tav. V), pense que ceci se rattache à un système délibéré, qui prévalut pendant une certaine période, et qui probablement avait en vue d'honorer l'intégrité virginale de Marie. On l'aurait ainsi représentée, parce que les vierges ne portaient pas de voile : elles ne l'adoptaient qu'à l'époque de leur mariage. L'austérité ombrageuse de Tertullien s'offensa de cette liberté, qui cependant était passée dans les mœurs, et il composa un traité pour la combattre (*De veland. virgin. v. cap. 2.*). Ce genre de coiffure s'observe presque toujours dans les représentations de repas (V. ce mot dans ce Dictionnaire ; Bottari. CVI. CIX), et dans un grand nombre d'*orantes*. Les marbres et les médailles profanes en offrent aussi de nombreux exemples.

IV. — L'opinion des protestants, qui voulaient qu'on n'eût commencé à peindre la Vierge qu'après le concile d'Éphèse (Basnage. *Hist. de l'Égl.* XIX. 1), n'a plus besoin de réfutation. Celle de quelques antiquaires catholiques, tels qu'Emeric David (*Op. laud*. p. 22. note) et Raoul Rochette (*Disc. sur les typ. imit*. p. 34), qui, tout en rejetant l'appréciation erronée du protestantisme, font dater de cette époque, c'est-à-dire de 431, les premières images de Marie tenant l'enfant Jésus sur ses genoux ou dans ses bras, n'est pas plus admissible : les monuments protestent contre elle.

Si l'on se bornait à dire que, depuis la condamnation de l'hérésie de Nestorius, affirmant qu'il y avait deux personnes en Jésus-Christ, et refusant à Marie le titre glorieux de Mère de Dieu, l'Église donna la préférence aux images de la Vierge Mère sur celles qui la représentaient seule, il n'y aurait dans une telle assertion rien que de parfaitement exact ; l'enseignement par les images fut de tout temps dans la pratique de l'Église, et plus d'une fois nous avons eu l'occasion de signaler, dans ce Dictionnaire, de ces réfutations matérielles des hérésies, exposées aux yeux du peuple chrétien sur les murailles des basiliques et même dans les cryptes des catacombes et jusque sur les monuments funéraires. Nous admettons donc que c'est surtout à partir du milieu du cinquième siècle que se multiplient les Vierges mères isolées, c'est-à-dire sans l'Adoration des Mages.

La *Vierge* du cimetière de Sainte-Agnès (V. Perret. II. p. 1. v. et mieux De' Rossi. *Op. laud.* tab. VI), rendue si célèbre par le P. Marchi, mais à laquelle le savant Jésuite attribuait une antiquité excessive, nous paraît être un des premiers essais de ce type après le concile d'Éphèse ; elle est déjà empreinte d'une certaine raideur byzantine, et Marie y est vue de face, son divin enfant appuyé sur la poitrine, ce qui, selon l'observation de Du Cange (*De inf. æv. numism.* n. XXX), est un des caractères de l'art des Grecs, et en effet c'est ainsi qu'elle paraît sur la monnaie byzantine depuis Jean Ier Zimiscès (V. l'art *Numismatique*, V, 2°).

Les Latins la représentent avec Jésus dans ses bras ou sur ses genoux, et dans une posture plus naturelle.

La réaction contre les erreurs de Nestorius ne se bornait pas même à cette protestation muette : il est bien rare que, près de la tête des vierges byzantines, son titre de MÈRE DE DIEU ne soit pas inscrit par les sigles MP-ΘΥ. Ce type de la Ste Vierge ayant son enfant contre la poitrine et absolument de face s'est maintenu longtemps encore : il se retrouve dans les monuments du neuvième siècle, dans la mosaïque de Sainte-Marie *in Dominica* de Rome (Ciampini. *Vet. mon.* II. tab. XLIV), sur le diptyque de Rambona (Ap. Buonarr. *Vetri.* in fine), sur quelques pierres gravées de cette époque (Vettori. *Num. ær. explic.* p. 61, etc.).

Mais de ce que, depuis la condamnation du nestorianisme, les exigences de l'enseignement dogmatique multiplièrent les représentations de la Ste Vierge avec l'attribut essentiel de la maternité divine, il ne s'ensuit nullement que les images de cette nature ne fussent pas usitées auparavant ; l'Église, après 431, adopta ce type de préférence, elle ne le créa pas. On peut en effet, à l'aide des deux fresques que nous avons citées plus haut, en retrouver la trace à une époque antérieure de près de trois siècles ; et depuis, les exemples en deviennent de plus en plus fréquents, dans les monuments de toute sorte, et spécialement dans les bas-reliefs de quelques sarcophages du quatrième siècle, tels que celui de Saint-Paul sur la voie d'Ostie (V. l'art. *Sarcophages*, VI), et celui de Saint-Ambroise de Milan (Allegranza. *Op. et loc. laud.*). Il est vrai que toutes ces vierges figurent dans des représentations de l'adoration des Mages, sujet où la vérité historique exige la présence de l'enfant Jésus, et que, pour ce motif, on pourrait jusqu'à un certain point leur contester toute signification dogmatique. Mais le type de la Vierge mère, isolée, ne fait pas défaut dans les siècles qui ont précédé le concile d'Éphèse. Nous en mettrons ici sous les yeux du lecteur un exemple de la plus irrécusable antiquité. C'est la Vierge

du cimetière de Priscille, publiée par M. De' Rossi dans l'ouvrage cité plus haut (tab. I). Ce tableau est d'un style tellement élégant, que l'illustre éditeur n'hésite pas à le placer dans la période écoulée entre les Flaviens et les premiers Antonins : attribution qu'appuient non-seulement le jugement des hommes spéciaux, mais encore des rapprochements historiques des plus plausibles. Nous aurions donc ici l'un des monuments les plus anciens, pour ne pas dire le plus ancien, de la peinture chrétienne, puisqu'il remonterait aux plus beaux temps de l'art antique chez les Romains. Le personnage qui est debout en avant de Marie, serait, selon l'interprétation du même savant, le prophète Isaïe annonçant la Vierge et l'étoile mystique qui doit naître d'elle pour chasser les ténèbres du monde païen.

V. — L'antiquité eut aussi des vierges tout à fait seules, c'est-à-dire sans l'enfant Jésus, et en *orantes*. C'est par suite d'une singulière distraction qu'Éméric David affirme (p. 22, note) que « avant le concile d'Éphèse on peignait la Ste Vierge debout, sans l'enfant Jésus, une main sur la poitrine et l'autre élevée vers le ciel, gémissant sur la mort de son fils. » Cette attitude est celle de Marie au pied de la croix, et elle constitue un type contemporain des premiers crucifix, c'est-à-dire de la fin du sixième siècle. Et encore n'est-il pas exact de dire que la Ste Vierge tienne une de ses mains sur sa poitrine : elle la porte à sa joue en signe de douleur (V. l'art. *Crucifix*, V).

Il existe un certain nombre de verres dorés où Marie paraît debout, les mains étendues, entre S. Pierre et S. Paul, ou entre deux arbres et deux colombes sur des colonnes, et qui tiennent peut-être la place des deux apôtres. Nous ne serions pas éloigné de penser avec Macarius (*Hagioglypta*. p. 35) que ce fut là la plus ancienne manière de représenter la vierge Marie. Elle s'est

trouvée ainsi, et absolument isolée, dans l'attitude de la prière et vêtue de la dalmatique, sur un tombeau de marbre, d'un style barbare, dans la crypte de Ste Madeleine à Saint-Maximin, où le P. Arthur Martin l'a dessinée (V. *Hagioglypta*. p. 36). L'inscription suivante se lit au-dessus de la tête : MARIA VIRGO || MINESTER DE || TEMPVIO GEROSALE. Elle prouve que la primitive Église croyait que, dans son enfance, Marie avait été consacrée au ministère du temple ; et telle est l'origine de la fête de la Présentation qui se célèbre le 21 novembre.

L'attribution des verres cités plus haut, d'après le P. Garrucci (*Vetri*. tav. IX. 6. 7. 8. 10. 11), ne saurait non plus être douteuse, car elle s'y trouve déterminée par les légendes : MARIA OU MARA. PETRVS MARIA PAVLVS. Les accessoires de ces intéressants monuments, personnages, arbres, fleurs, etc., nous inclineraient à croire que, dans l'intention de l'artiste, Marie y est placée au sein des délices du paradis, (V. l'art. *Paradis*). D'autres verres (Garrucci. XXII 2. 8) font voir Ste Agnès à côté de la Ste Vierge : ANNE MARA, AGNES MARIA (V. l'art. *Agnes* (Ste). Celui-ci la montre entre S.

Pierre et S. Paul. Deux volumes, symboles de la loi divine, sont figurés dans le champ.

La foi du catholique s'exalte en reconnaissant ainsi jusqu'aux temps les plus reculés de la primitive Église ce culte de la Mère de Dieu si cher et si consolant à son cœur.

Et, à ce propos, nous ne résistons pas au plaisir de citer un des documents les plus vénérables de l'antiquité. C'est un passage des gnomes du concile de Nicée, traité de morale et de conduite chrétienne, rédigé, selon les uns (V. Revillout, p. 61), par le concile lui-même, ou, selon une autre opinion, peu après le concile. Ce texte, destiné surtout à faire ressortir la perfection morale de la Vierge Marie, semble aussi dépeindre les grâces de sa personne :

« Qui peut dire la grâce de la mère de Notre-Seigneur, que Dieu a aimée à cause de ses œuvres ? C'est pour cela qu'il a fait habiter en elle son Fils bien-aimé. On appelle le Père non engendré Père du Christ, et il l'est en vérité. On appelle aussi Marie mère du Seigneur ; et en vérité, c'est elle qui a engendré celui qui l'avait créée ! Et il n'a pas été amoindri, parce que Marie l'avait engendré ; et elle n'a pas perdu sa virginité. Elle a enfanté le Sauveur ; mais lui, il se l'est réservée comme un trésor précieux... : le Seigneur regarda dans sa création entière, et il ne vit rien qui ressemblât à Marie. C'est pour cela qu'il la choisit pour être sa mère. Si donc une femme désire qu'on l'appelle vierge, qu'elle ressemble à Marie, Marie qu'on a appelée, en vérité, la mère du Seigneur. »

VI. — En présence de monuments d'une antiquité si incontestée, notre piété, pleinement satisfaite, n'a pas lieu de garder rancune à la critique moderne du jour qu'elle a jeté sur des légendes déjà vieilles de douze siècles, et respectables à certains égards, attribuant à S. Luc la peinture de nombreuses madones. Il est clairement démontré aujourd'hui que cet évangéliste, médecin de profession, comme nous l'apprenons de S. Paul (*Coloss*. IV. 14), resta toujours étranger à l'art ou même au talent dont on lui a fait honneur dans des temps relativement modernes. Le style des images répandues sous son nom ne permet guère du reste de les faire remonter au delà de l'époque des iconoclastes, et même, selon d'Agincourt (*Hist. de l'art*. t. iv. p. 301), de celle des croisades. C'est un type byzantin, si souvent reproduit au moyen âge, en Italie principalement, que la vie d'un homme, si longue qu'on la suppose, n'eût pas suffi à en tracer toutes les copies, bien qu'elles ne soient qu'un même tableau répété par un procédé presque mécanique.

La question de savoir comment la tradition relative aux prétendues madones de S. Luc put se faire généralement admettre dès le sixième siècle (Theodor. Lect. *Excerpt*. i. 1) et conserver un certain crédit jusqu'à une époque assez rapprochée de la nôtre, n'en constitue pas moins un problème difficile à résoudre et qui a longtemps exercé la sagacité des critiques. La mention d'une de ces peintures par Théodore le Lecteur (sixième siècle) dépouille de toute espèce de valeur la conjecture de Manni et de Lanzi (V. Raoul Rochette. *Disc*.... p. 36. note), assignant les Vierges en question à un peintre du onzième siècle appelé, selon ces savants, *Luca Santo*; et l'explication la plus rationnelle de l'origine d'une telle légende est, à notre avis, celle que M. l'abbé Greppo adopte, d'après Tillemont, dans la onzième de ses savantes *Notes historiques, biographiques et archéologiques concernant les premiers siècles chrétiens* (p. 31). « On pourrait présumer, dit-il, que, même avant le cinquième siècle, un peintre portant le nom de l'évangéliste S. Luc, et s'exerçant sur les objets pieux, aurait existé en Orient, où on l'aurait confondu plus tard avec son patron, erreur qui aurait passé ensuite en Occident avec les peintures byzantines. »

Ces Madones dites de S. Luc sont, aujourd'hui encore, assez communes, à Rome surtout, et les faveurs obtenues par l'humble confiance des fidèles qui viennent se prosterner devant elles, a mis le culte immémorial dont elles sont l'objet à l'abri des atteintes portées par la science à leur authenticité. L'une des plus célèbres est celle des religieux des Saints-Sixte-et-Dominique, qui a donné lieu à un savant commentaire de Fl. Martinello intitulé : *Imago B. M. V. quæ apud SS. Sixtum et Dominicum asservatur*.

VII. — Nous avons peu de chose à dire du vêtement de la Ste Vierge. Celui qui lui est attribué, soit dans les peintures des catacombes, soit dans les sculptures des sarcophages de l'Italie et de la Gaule, ne diffère pas ou diffère peu de celui des autres femmes, tel que nous l'avons décrit à notre article *Vêtements des premiers chrétiens*, et tel qu'il paraît dans les figures illustrant la présente notice. C'est en général ou le *pallium* ou la dalmatique recouvrant la tunique. Les mosaïques (V. Ciampini. *Vet. mon.* ii. tab. liii. liv.) la représentent coiffée de riches diadèmes, couverte de somptueuses étoffes et d'autres ornements dans le goût de l'époque déjà avancée de l'art byzantin où elles furent exécutées, le neuvième siècle communément.

Marangoni (*Cose gentilesche*, p. 143) mentionne une très-ancienne image de la Ste Vierge, vue par lui au cimetière de Cyriaque, laquelle avait un paludament d'or sur d'autres vêtements et tuniques vertes et rouges, » *Ha paludamento d'oro sopra altre vesti e tuniche verdi e rosse*. Mais c'est ici une particularité, une idée d'artiste, qui ne constitue point un type normal.

Quelques verres dorés, monuments, comme on sait, des plus anciens et des plus intéressants que nous ait transmis la primitive Église, offrent, sous ce rapport, des différences notables. Nous citerons en particulier le 11ᵉ numéro de la planche ix de l'ouvrage du P. Garrucci. Marie y est vue avec la *stola* matronale, recouverte d'une petite tunique ceinte et dentelée, descendant seulement jusqu'en bas des hanches; c'est probablement ce que les Grecs appelaient *cypassis*, κύπασσις (Garrucci. 27); ses épaules sont couvertes d'un petit manteau sans fibule, retombant de chaque côté comme une écharpe, ou un *orarium*. Son cou est orné d'un collier, et sa tête du nimbe.

Comme, de tous les Saints, Marie est la plus rapprochée de Jésus-Christ, à raison de sa maternité divine à laquelle se joint la gloire d'une virginité perpétuelle, son nimbe est quelquefois embelli d'ornements particuliers qui la distinguent des autres Saints, c'est-à-dire de segments dont les vides sont remplis de petites croix ou d'étoiles et de pierres précieuses, réelles ou figurées. Nous devons à Borgia (*De cruce Velit*. p. cxxvii) la description de ce type dont nous ne connaissons pas d'exemple, mais qui ne doit pas être antérieur au sixième siècle, époque qui vit ajouter au nimbe de Notre-Seigneur la croix ou le monogramme. Un ancien triptyque de Lucques (V. Donati. *Dittici de gli ant*. tav. vi. p. 219) offre une singularité qui mérite d'être ici notée. La Ste Vierge, debout entre deux anges, portant son divin Fils dans ses bras, est vêtue de la *penula*, tout à fait conforme à la planète ou chasuble antique, telle qu'on l'observe dans les plus anciennes images de S. Grégoire le Grand (V. Macri. *Hiero-lexic*. ad voc. *Casula*, et la figure de notre article *Chasuble*).

VIII. — Nous ne saurions plus convenablement terminer cet article, que la spécialité de ce recueil nous a forcé de maintenir dans le cercle rigoureux de l'archéologie, que par l'explication d'un monument qui, dans un ensemble de circonstances mystérieuses, exprime avec une exactitude toute théologique la nature du culte rendu par l'antiquité à la Mère de Dieu, ainsi que la confiance que nos pères avaient en sa médiation. C'est une pierre gravée d'une rare élégance, provenant du musée Vettori (*Num. ær. explic.* p. 61), où l'auguste Vierge est représentée dans l'attitude de la prière, c'est-à-dire les bras étendus, la tête nimbée et voilée. Contre sa poitrine, selon le type byzantin, est l'enfant Jésus avec le nimbe crucifère. L'un et l'autre sont placés dans une espèce d'urne qui, de chacun de ses flancs, comme de deux sources,

laisse échapper un ruisseau. Dans le champ, sont gravés les sigles ΜΡ || ΘΥ, *Mater Dei*, et de plus le mot ΠΗΓΗ, *fons*. Ce dernier mot s'applique au Dieu-Enfant, qui est la source où nous sommes appelés à puiser tous les biens, selon les paroles d'Isaïe : *Haurietis aquas in gaudio de fontibus Salvatoris*, « vous puiserez les eaux avec joie aux sources du Sauveur, » (Is. xii. 3), et à laquelle nous devons aller par Marie, qui à son tour est déclarée dans le *Cantique des cantiques* le canal des grâces, la *source* secondaire des faveurs célestes : *Puteus aquarum viventium quæ fluunt impetu de Libano* (*Cant*. iv. 15), « le puits des eaux vives qui coulent avec impétuosité du Liban. »

VIERGES CHRÉTIENNES. — Dès l'origine du christianisme, les femmes tinrent à honneur d'imiter la Mère de Dieu par la profession publique de la virginité. Ste Pétronille et Ste Thècle passent pour avoir reçu de S. Pierre et de S. Paul la consécration virginale (V. Suarez. t. iii. *De relig*. c. 3. n. 12); et on dit que, dans sa mission d'Éthiopie, S. Matthieu la conféra à Ste Iphigénie et à quelques autres vierges (*Martyrol. Rom.* xxi sept.). Il est dit aux *Actes des apôtres* (xxi. 6) que les quatre filles du diacre Philippe vivaient dans la virginité et étaient douées du don de prophétie (V. aussi Euseb. *Hist. eccl*. l. iii. c. 50); et on sait que le pape S. Clément avait donné de ses propres mains le voile à Flavia Domitilla, nièce du consul Flavius Clemens (Adon. *Martyrol*. vii. *maii*). Il n'est pas un Père dans les trois premiers siècles qui ne fasse mention de cette profession sainte; et ce qu'en disent S. Ignace, dans ses diverses épîtres, Tertullien, S. Cyprien et d'autres (V. Bingham. *Origin*. iii. 96), suppose toujours une consécration solennelle et une profession publique. Ce dernier Père appelle les vierges « la fleur de la famille de l'Église, la plus illustre portion du troupeau du Christ » (*De habit. virgin*.).

Dès cette époque, c'est-à-dire dès les siècles de persécution, leurs vœux étaient irrévocables : *E proposito regredi non poterant* (*Id*. l. i. ep. 2. — Concil. *Illib*. c. xiii); elles demeuraient dans leurs propres maisons, mais loin des regards et de la conversation des hommes (Cypr. *ibid*.), et quand elles ne pouvaient subvenir elles-mêmes à leur subsistance, l'Église leur attribuait une part dans les oblations des fidèles. L'existence de vierges chrétiennes consacrées à Dieu nous est encore révélée par le témoignage d'un historien païen. Ammien-Marcellin (xviii. 10) rapporte que plusieurs de ces vierges devenues captives de Sapor durant sa guerre avec les Romains en Mésopotamie, c'est-à-dire vers le milieu du troisième siècle, furent traitées convenablement par ce roi barbare : *Inventas tamen alias quoque virgines Christiano ritu cultui divino sacratas, custodiri intactas, et religioni servire solito more, nullo vetante, præcepit*, « il ordonna qu'elles fussent conservées intactes, et qu'il leur fût permis de vaquer aux exercices religieux auxquels elles étaient vouées. »

Dans les actes de S. Didyme et de Ste Theodora (Ruinart. p. 352), le vœu de continence prononcé par celle-ci est formellement exprimé. Elle répond au proconsul (n. i) : « Pour ce qui concerne mon vœu, c'est une promesse faite à Dieu, » *Dei enim est promissio, quantum ad meum votum pertinet*. Et, en parlant de la protection qui lui est assurée de la part de Dieu, elle dit que le Seigneur saura bien préserver de tout immonde contact « celle qui est à lui », *munus suum*; ailleurs « sa colombe », *quemadmodum columbam suam, custodiat* (*Ibid*.); ailleurs (iii) *agnam suam*, « sa brebis. »

Au quatrième siècle, la paix rendue à l'Église multiplia à l'infini les vierges chrétiennes. L'Église de Constantinople en comptait à elle seule plus de mille (Chrysost. *homil*. lxvii *In Matth*.). C'est à cette époque que la vie commune proprement dite commença à être pratiquée tant en Orient qu'en Occident (V. l'art. *Monastères*). Les vierges chrétiennes s'adonnaient à la prière, au jeûne, au travail des mains; elles portaient des vêtements modestes, de couleur obscure, une ceinture de laine (Hieron. *Epist. ad Marcell. ad Gaudent*, etc.). Elles récitaient dans leurs maisons les psaumes aux heures canoniques (Id. l. i. *Adv. Pelag*.). Aux jours de dimanches et de fêtes, elles se rendaient toutes ensemble à l'église, où elles assistaient à la célébration des saints mystères en un lieu réservé et hors de la vue des autres fidèles. Elles étaient placées sous la surveillance des diaconesses, qui en répondaient à l'évêque.

Il y avait pour les vierges chrétiennes deux degrés de consécration distincts et successifs (Innocent. PP. I. *Epist. ad Victric. episc. Rothom*.). La première consécration n'était autre chose qu'une promesse de vie virginale faite spontanément par une jeune fille, qui dès lors était appelée *Deo devota* ou *Deo devotans* (Gazzera, *Iscriz. del Piem*. p. 86. — Le Blant. t. i. p. 566). Elles continuaient à habiter leur propre maison, et, sans changer la forme de leur vêtement, elles ne portaient que des couleurs obscures. L'état de ces vierges était une espèce de noviciat, bien que plusieurs y restassent toute leur vie. On pouvait y entrer à seize ans (Basil. *Epist. ad Amphiloch.* c. xviii), et quelquefois beaucoup plus tôt, témoin la jeune Asella qui se voua ainsi à la virginité peu après sa douzième année (Hieron. *Epist. ad Marcell.*).

On a trouvé récemment au cimetière de Calliste l'épitaphe d'une jeune fille qui s'était, elle aussi, consacrée à Dieu à l'âge de douze ans : PRIE IVN PAVSA || BET PRAETIOSO ANNORVM PVLLA || VIRGO XII TANTVM || ANCILLA DEI ET XPI... (V. De' Rossi I. p. 213. n. 497). Il existe des épitaphes d'enfants en bas âge, celle de Serenilla, par exemple, morte à un an et un mois, mentionnant la virginité : ϹΕΡΗΙΛΛΑ ΠΑΡΘΕΝΟϹ. Sans doute ceci dénote la haute estime que les premiers chrétiens professaient pour la pureté du corps, alors même qu'un enfant n'avait pas atteint l'âge où elle peut être violée ; et nous en avons un autre exemple bien évident dans Maffei (*Ant. Gall.* ep. xx. p. 101) où il est dit d'un enfant mort à quatre ans et huit jours qu'il emporta sa chair intacte : ADVLESCENS INTEGRE CARNIS VIXIT NUMERO IV D. VIII. Mais ne pourrait-on pas conjecturer aussi de ce fait que déjà alors de pieux parents vouaient quelquefois leurs enfants à la vie virginale dès leur bas âge, sauf les chances de non-vocation, et que ceux dont les épitaphes portent une mention si extraordinaire étaient ce qu'on a depuis appelé des *oblats* (V. l'art. *Oblats*) ?

La seconde consécration, qui était la profession proprement dite, n'avait pas lieu avant vingt-cinq ans (*Concil. Carthag.* III. c. 4), et plusieurs conciles veulent qu'elle soit différée jusqu'à quarante. Ces vierges professes sont nommées sur les marbres *Deo sacratæ* (De Boissieu. *Inscr. de Lyon.* p. 550. — Gazzera. *loc. laud.*), ou *virgines Dei* (Fabretti. p. 567), ou *Christo dicatæ* : cette dernière qualification est appliquée à Constance, fille de Constantin le Grand, dans une célèbre inscription damasienne acrostiche (Baron. *Ann.* 324. n. 107). Elles recevaient de la main de l'évêque, à qui seul appartenait le droit de la donner, la consécration proprement dite, avec l'imposition du voile (V. l'art. *Flammeum virginale*), cérémonie qui n'avait lieu, sauf le cas de danger de mort, qu'aux principales fêtes de l'année, et spécialement d'après une constitution du pape Gélase (*Epist.* IX. c. 12. *Ad episc. Lucan.*), au jour de l'Épiphanie, ou dimanche *in albis*, aux fêtes des apôtres et de la Ste Vierge. On peut voir dans Martène les rites qui s'y observaient (*De antiq. Eccl. rit.* l. II. c. 6), et dans le troisième volume des Œuvres de S. Grégoire le Grand (Edit. Maurin.) la messe qui s'y célébrait, plus une oraison spéciale, *super ancillas velandas*. Il n'est guère possible de méconnaître la représentation de l'imposition du voile à une vierge chrétienne dans la fresque du cimetière de Priscille (Bosio. p. 549) dont nous donnons ici un dessin réduit. On croit que cette vierge n'est autre que Ste Praxède ou Ste Pudentienne. Le pontife serait donc le pape Pie Ier, et le prêtre qui l'assiste, S. Pastor, son frère, et cette intéressante scène remonterait à la première moitié du deuxième siècle.

La distinction entre ces deux classes de vierges est exprimée nettement, soit dans la lettre déjà

citée de Gélase : DEVOTIS DEO VIRGINIBUS *in Epiphaniarum die....* SACRUM VELAMEN *imponunt episcopi;* soit par plusieurs monuments épigraphiques, dont nous ne rapporterons que deux : FVRIA HELPIS VIRGO DEVOTA (Fabretti. p. 567. n. 119), et l'inscription d'une pierre sépulcrale de Trèves qui avait été élevée à une religieuse professe, PUELLA DEI HILARITAS, par une religieuse novice : LEA DEVOTANS DEO PVELLA (Le Blant. *Inscr. chrét. de la Gaule.* I. p. 366). Il existe à Verceil (V. Gazzera. *Iscriz. del Piemonte.* p. 93) une belle inscription métrique et acrostiche de quatre sœurs qui furent consacrées à Dieu : LICINIA-LEONTIA-AMPELLIA-FLAVIA, et le monument avait été consacré à ces vierges par une autre vierge, leur nièce, TAVRINA, vivant dans le même monastère. L'abbé Gazzera publie encore (p. 86) l'épitaphe d'une vierge nommée Zénobie, CENOBIA DO SACRATA, morte en 471, et ayant appartenu à l'église de Verceil.

Ce n'est guère que dans la seconde moitié du cinquième siècle que nous trouvons la dénomination de SANCTIMONIALIS, dans des inscriptions de Trèves (Le Blant. n. 259), et le nom de RELIGIOSA qui est resté dans notre langage, se produit dans l'épigraphie, comme dans les textes, au commencement du sixième (Ib. Pref. c. x).

Quant au nom de *nonna*, usité dès les premiers siècles pour désigner une personne adonnée à la piété, il ne parait pas avoir été donné exclusivement aux religieuses avant le huitième siècle. Le premier document où nous le trouvons employé dans ce sens est un concile d'Allemagne, tenu en 742 (can. 6. ap. Labhe. t. VI. col. 1535).

Parmi les vierges les plus célèbres du quatrième siècle, on peut citer Constance, dont nous avons parlé plus haut, princesse qui s'était retirée près du tombeau de Ste Agnès, où la santé lui avait été miraculeusement rendue ; et Marcellina, sœur de S. Ambroise, laquelle, vers le milieu du même siècle, avait reçu le voile des mains du pape Libère. Le discours prononcé par ce pontife dans cette mémorable circonstance se lit au troisième livre du traité du saint évêque de Milan, *De virginibus*. Marcellina réunit dans sa maison de Rome quelques autres vierges, entre lesquelles Candida et Indicia, dont les noms nous ont été conservés. Tous les collecteurs d'inscriptions ont publié une foule de *tituli* de vierges chrétiennes (V. en particulier Fabretti, Boldetti, Gruter, Reinesius, Perret, etc. — V. De' Rossi. i. 325 *et passim.*).

Dans son *Bulletin archéologique* (1863, octobre), ce dernier savant en transcrit un certain nombre, trouvés près de Saint-Laurent-hors-des-murs, ce qui atteste l'existence en cet endroit d'un monastère vers le milieu du quatrième siècle, celui de Marcella probablement. En outre de celles qui indiquent textuellement la profession de la sainte virginité, il en est d'autres qui ne l'accusent qu'imparfaitement ou en termes couverts. Telle est l'épitaphe d'ADEODATA.... QUIESCIT HIC IN PACE IVBENTE XPO EIVS. Ces derniers mots indiquent qu'elle a été appelée à la paix *par le Christ son époux*. Si ceci avait besoin de preuves, nous en trouverions aisément dans d'autres monuments épigraphiques, où les vierges saintes sont appelées épouses du Christ. Ainsi EVSEBIA.... qui SPONSVM EMERVIT HABERE XPI (Murat. i. p. 130).

VIERGES PRUDENTES ET VIERGES FOLLES. — Bosio avait trouvé au cimetière de Sainte-Agnès (Cf. Bottari. tav. CXLVIII) une curieuse peinture d'*arcosolium* où la première partie seulement de ce sujet est représentée d'une manière indubitable. Au centre se voit une femme dans l'attitude de la prière, vêtue d'une dalmatique ornée sur le devant de deux bandes de pourpre et qui n'est autre que l'image de la personne inhumée dans ce tombeau. A ses pieds est une colombe aux ailes déployées, qui représente l'âme de la défunte, écoutant la voix de l'époux qui lui adresse ces suaves paroles (*Cantic.* II. 10) : « Viens, ô ma colombe. » C'est à la droite de cette femme que sont figurées les cinq vierges prudentes, également vêtues de dalmatiques à *clavi* de pourpre, et portant chacune de la main droite un flambeau, et de la gauche un vase ansé dans lequel on doit reconnaître le vase à huile dont elles avaient eu soin de se munir (Matth. xxv. 4). Cependant la première, celle qui paraît frapper à la porte de la salle du festin, a un flambeau allumé. De l'autre côté de l'*orante* se voient cinq autres femmes, les mêmes probablement, assises à une table où sont deux plats, une petite *lagena* et deux pains. Inutile d'ajouter que cette dernière scène figure le festin de noces.

Il existe au cimetière de Cyriaque une peinture inédite du même sujet, mais plus complète, car les vierges folles y sont aussi représentées. Nous n'avons pu, guidé par M. le chevalier De' Rossi, apercevoir cet intéressant monument qu'à une assez grande distance, à la faveur d'un éboulement extérieur qui est venu naguère le mettre au jour.

Mais depuis on a trouvé le moyen de pénétrer dans la crypte et de dessiner la fresque que nous donnons ici d'après le *Bulletin archéologique* du savant antiquaire romain (1863, p. 76). Les vierges folles sont à la gauche du Christ : on les reconnaît

à leurs flambeaux éteints et abaissés. Notre-Seigneur, tourné vers les vierges sages, leur indique de la main le festin céleste auquel il les convie. M. De' Rossi pense avec toute sorte de fondement que cette peinture, unique dans son genre jusqu'à présent, décore le tombeau d'une vierge consacrée à Dieu; et cette conjecture puise une grande force dans un ensemble de circonstances qui semblent supposer l'existence d'un monastère primitif en cet endroit. Le sarcophage que surmonte l'arc décoré de cette peinture, fait voir sur le devant une *orante* qui n'est autre que la défunte, et deux personnages qui tirent chacun un rideau, allégorie évidemment relative à l'introduction de l'âme en Paradis par deux saints, S. Pierre et S. Paul probablement. La doctrine est connue : mais cette manière de la figurer est nouvelle, c'est le premier exemple qu'on puisse en citer (V. ce second sujet à notre article *Paradis*).

Il paraît que les représentations de cette nature conservèrent longtemps leur popularité. Nous lisons dans le livre des pontifes romains (n. 435) que le pape Pascal Ier (IXe siècle) avait fait don à l'autel de la basilique de Sainte-Praxède d'un voile tissu d'or et de pierreries où l'histoire des vierges sages était brodée ou peinte avec un art merveilleux : *Vestem chrysoclavam ex auro gemmisque confectam, habentem historiam virginum cum facibus accensis mirifice comptam atque decoratam.*

D'après Bède (*In Matth.* XXV), notre Gaule a fourni quelques épitaphes de religieuses où il est fait allusion aux vierges sages ; M. Le Blant a inséré dans son recueil (n°s 199 et 392) les deux plus connues : l'une est de Jouarre, l'autre d'Aoste (Isère). Les vierges prudentes sont l'image des élus, et les vierges folles celle des réprouvés, qui, les uns et les autres, ressusciteront au dernier jour, pour être jugés chacun selon leurs œuvres. S. Hilaire (*In Matth.* XXVII) en donne une explication qui, avec plus de détails, se réduit aux mêmes termes.

VIGNE. — Rien n'est plus commun dans les saintes Écritures que les allégories tirées de la vigne. « Je suis la vraie vigne, dit Notre-Seigneur (Joan. xv. 1), et mon Père est le vigneron.... Je suis la vigne et vous les branches » (*Ibid.*). Il est évident qu'ici le Sauveur se désigne lui-même sous l'emblème de la tige et les fidèles sous celui des rameaux ; et tout le monde connaît les nombreux passages de l'Ancien Testament, des *Psaumes* en particulier (*Psalm.* LXXIX) et d'Isaïe (cap. V), qui figurent l'Église de Dieu sous l'image d'une vigne que le Seigneur a plantée, qu'il cultive avec amour, et de laquelle il attend des fruits abondants. Dans le Cantique des cantiques (I. 14), l'époux est désigné sous cette gracieuse image : « Mon bien aimé est pour moi comme une grappe de Chypre cueillie dans les vignes d'Engaddi, » *botrus Cypri dilectus meus mihi in vineis Engaddi.*

Les plus anciens documents de la tradition ecclésiastique reproduisent fréquemment les mêmes idées. Ainsi lisons-nous dans les *Constitutions apostoliques* (lib. I. Proœm.) : « L'Église catholique est la plantation de Dieu, et sa vigne choisie ; » et dans le traité *De duplici martyrio* attribué par erreur à S. Cyprien et imprimé dans ses Œuvres (N. VI. p. 259. édit. Baluz.) : « Cette bienheureuse vigne surgissant de la tige du Christ, et occupant l'univers entier, » *ista beata vitis a Christi stipite surgens et occupans orbem terrarum;* ce qui exprime l'Église, ainsi que sa diffusion rapide, universelle.

Partant de ces données et de bien d'autres que nous pourrions citer, les antiquaires ont cru y trouver l'interprétation naturelle de ces pampres chargés de raisins, de ces scènes de vendanges, si fréquemment employées comme motifs d'ornementation symbolique, dans les monuments primitifs du christianisme. Peut-être l'examen attentif de ces monuments, ainsi que la connaissance de l'ordre d'idées qui préside à la décoration des catacombes, et des tombeaux chrétiens dans tous les pays, doivent-ils amener l'interprète de l'antiquité à un résultat un peu différent. En effet, la principale préoccupation des premiers chrétiens était de charmer et de sanctifier le séjour de la mort par des images relatives à la résurrection et aux joies de la vie future. Nous pensons donc que telle était leur intention dans l'objet spécial qui nous occupe, et que ces pampres, ces raisins, ces scènes de vendanges constituaient l'un des nombreux et ingénieux moyens qu'ils aimaient à mettre en œuvre pour donner à la tombe l'aspect du paradis et des délices qu'y goûtent les élus (V. les nombreux détails que nous avons donnés à cet égard à notre article *Paradis*).

Ceci paraît surtout dans certaines fresques des catacombes (V. Bottari. tav. LXXIV), où, en outre des petits Génies ou anges qui cueillent le raisin, d'élégants rinceaux de vigne sont parsemés de colombes, lesquelles, comme on sait, sont le symbole de l'âme juste, et qui quelquefois becquettent les raisins, ainsi qu'on le voit notamment sur le sarcophage de Galla Placidia (Allegranza. *Monum. di Milano.* tav. II).

Ailleurs, par exemple sur quelques lampes antiques, les raisins font couronne autour de l'image du Bon-Pasteur (Aringhi. II. 646), ou du monogramme du Christ (Bellori *Ant. lucerne.* parte III. n. 23) ; une belle fresque des catacombes (Bottari. tav. XCIII) fait voir de même le Bon-Pasteur dans un riche encadrement de pampres, avec des génies cueillant des raisins. Voici ce monument. Mais rien n'égale sous ce rapport les élégantes peintures trouvées récemment au cimetière de Domitille (V. De' Rossi. *Bullet.* 1865. *Giugno*).

Il y a plus encore : plusieurs croix remontant à la plus haute antiquité sont aussi ornées de pampres. Telle est la fameuse croix stationale du Vatican (V. Borgia. *De cruce Vaticana* et la gravure de notre art. *Crucifix*, p. 226); telle est encore la croix exécutée en mosaïque, dans l'abside de S. Clément à Rome. Bartoli a donné parmi ses monuments d'Aquilée (p. 406) un crucifix peint, entouré de plusieurs branches de vigne chargées de fruits. Ceci rappelle les décorations que le prêtre Népotien, au témoignage de S. Jérôme (*Epist. ad Heliod.*), avait fait exécuter dans son église : *qui basilicas Ecclesiæ... floribus et arborum comis, vitiumque pampinis adumbravit*.

On trouve de simples grappes de raisin sculptées sur des pierres sépulcrales (V. Lupi. *Sev. epitaph.* p. 182. — Fabretti. 581), et plusieurs marbres de Lyon en offrent des exemples (V. De Boissieu. pp. 511. xxx. 595. liv. 602. lxx), absolument semblables aux types de quelques monnaies juives (V. D. Calmet. *Dictionn. de la Bible.* t. ii. pl. iii. n. 17-19). Or on sait que chez les Juifs c'était là un symbole de la terre promise, parce que ce raisin rappelait celui que deux des explorateurs envoyés par Moïse dans le pays de Chanaan rapportèrent suspendu à un bâton (*Num.* xiii. 24). Est-il nécessaire de dire que ce même symbole fut adopté par les chrétiens pour figurer la véritable terre promise, qui est le paradis ? On ne saurait en douter en présence de certains monuments où le fait même rapporté au livre des *Nombres* se trouve représenté avec une complète exactitude, comme, par exemple, sur un curieux fond de coupe dont le dessin se trouve dans l'ouvrage du P. Garrucci (*Vetri*. tav. ii. n. 9 et reproduit à notre art. *Paradis*, p. 576).

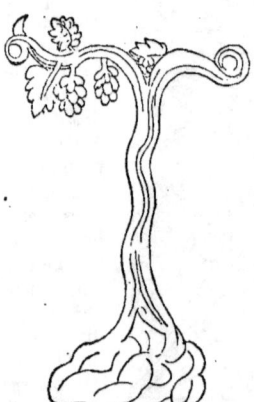

Le même sujet est sculpté sur quelques sarcophages de la Gaule (V. Millin. *Midi de la Fr.* pl. lix. 5. xxxviii. 8).

Les cimetières romains ont fourni des urnes sépulcrales offrant des scènes de vendanges où l'imitation de l'antique est évidente, bien que le sens chrétien soit déterminé par des sujets bibliques (V. Bottari. i. p. 1); et M. De' Rossi (*Inscr. Christ. Rom.* t. i. p. 201) nous fait connaître un marbre de la fin du quatrième siècle qui est orné, au bas de l'inscription, d'un cep à haute tige, chargé de raisins (ci-contre). Le dessin que nous donnons ici, d'après Marangoni (*Act. S. Victorin.* p. 5), et qui est pris d'une pierre sépulcrale des catacombes, rentre dans le même ordre d'idées. Les oiseaux becquetant des raisins sont le symbole des âmes saintes jouissant des délices du paradis. — Quelques Pères

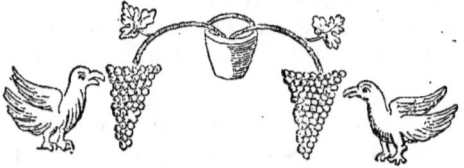

(Hieron. *In Amos.* ix) ont regardé la vigne comme le symbole du martyre, se fondant sur des passages des Livres saints où le vin est appelé *sang de la vigne* (*Deuteron.* xxxii. 14), et S. Clément d'Alexandrie a dit (*Pædag.* l. i. c. 5) : « La vigne produit le vin, comme le Verbe a répandu son sang. » On lit des choses analogues dans S. Augustin (*In psalm.* viii). C'est peut-être pour cela que des sarcophages représentant les apôtres, qui furent aussi martyrs, offrent d'élégantes décorations de pampres (Bottari. tav. xxviii).

L'idée d'employer la vigne comme symbole eucharistique, bien qu'elle fût sans doute dans l'esprit de la primitive Église, paraît ne s'être produite qu'à une époque déjà un peu basse. Le premier témoignage écrit à ce sujet est, croyons-nous, celui de Paschase qui vivait au neuvième siècle (*De corp. et sang. Christi.* c. x. t. ix. *Biblioth. PP.* edit. Colon.). Et les monuments figurés où se dessine un peu nettement la même intention ne nous semblent pas plus anciens. Tel est un sarcophage d'Arles (Millin. *Midi de la Fr.* pl. lviii. n. 5) qui fait voir de petits Génies ailés occupés, les uns aux opérations de la vendange, les autres à celles de la moisson. Telle est encore une améthyste de la bibliothèque royale de Turin (Perret. vol. iv. pl. xvi. n. 52), ornée d'une tige de vigne chargée de raisins, entre deux épis. Ces deux monuments, de genres si différents, offrent, comme on voit, les deux éléments de l'eucharistie.

Une église du cinquième ou du sixième siècle, découverte à Rimini en mars 1863, a un autel orné d'un bas-relief de bon style où il est difficile de ne pas reconnaître un symbole eucharistique. C'est un vase ansé surmonté d'une croix et d'où sortent deux ceps de vigne chargés de raisins que becquettent six oiseaux symétriquement disposés (V. De' Rossi. *Bullet.* 1864. p. 15, et la figure à notre art. *Autel*, p. 70). L'autel d'Auriol est orné du même symbole un peu modifié (V. l'art. *Autel*, V).

Mais c'est surtout en Orient et en Afrique que les pampres de vigne paraissent avoir été employés dans ce sens. M. le comte Melchior de Vogüé a donné dans son bel ouvrage sur la Syrie centrale (Pl. 48) un agneau staurophore que nous avons reproduit à notre article *Croix*, p. 215. Ce savant antiquaire veut bien nous faire connaître que cet agneau, qui est sculpté sur la porte d'une habitation, est accompagné de grappes de raisin et de pains incisés en croix. On ne saurait guère méconnaître ici les symboles eucharistiques rapprochés de l'agneau divin qui se donne lui-même dans ce sacrement.

mêmes intentions. La basilique de Tebessa notamment en a fourni plusieurs exemples. En voici un des plus remarquables sur un pilastre dessiné par M. le commandant Sériziat, qui a eu l'obligeance de nous le communiquer.

Nous devons à M. Héron de Villefosse les fragments que voici de la même provenance : à la basilique :

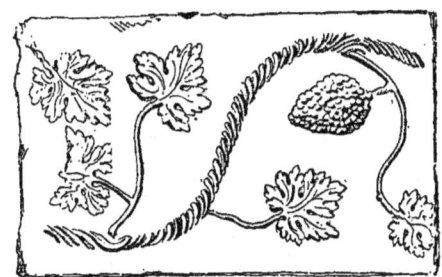

au cimetière français :

Les églises de l'Afrique offrent très-fréquemment ce symbole de la vigne, sans doute dans les

Le lecteur remarquera que ces tiges de vigne

sont surmontées du monogramme du Christ avec l'A et ω, ce qui est le caractère le plus saillant des monuments de l'Afrique, où l'on se préoccupait surtout de protester contre l'hérésie arienne (V. l'art. A et ω).

VIN EUCHARISTIQUE. — Le second élément de l'eucharistie, c'est du vin mêlé d'eau. Dans le récit qu'ils nous donnent de l'institution de cet auguste sacrifice, les saints Évangiles ne parlent que du vin, sans faire mention de l'eau qui doit y être mêlée. Mais nous apprenons clairement par la voie de la tradition ce que l'Écriture passe sous silence. S. Justin, qui vivait à une époque si rapprochée de celle des apôtres, affirme en plus d'un endroit (II. *Apolog.*) que le vin qu'on offrait dans le calice était mêlé d'eau. « Celui qui préside parmi les frères, dit-il, ayant reçu le pain et le calice où est le vin mêlé d'eau, offre à notre Père commun au nom du Fils.... »

Il se trouva au deuxième siècle des hérétiques (Epiphan. *Hæres.* LXIV) qu'on nomma *aquarii*, parce que, par horreur du vin, qu'ils croyaient venir d'un mauvais principe, ils ne mettaient que de l'eau dans le calice qu'ils offraient. Nous voyons que S. Cyprien (*Epist.* LXIII.) eut à réprimer le même abus en Afrique où il s'était glissé par l'ignorance et la timidité de quelques prêtres, plutôt que par le principe erroné des *aquarii*. Ce Père appelle cette pratique une institution humaine et nouvelle, également contraire à l'Évangile et à la tradition du Seigneur. Il ajoute formellement qu'on doit mettre du vin mêlé d'eau dans le calice ; que le vin signifie le sang du Seigneur, et que l'eau représente le peuple, et que, quand on ne met que de l'eau, le peuple se trouve seul ; que si on ne met que le vin, c'est Jésus-Christ qui est seul ; mais que le mélange de l'un et de l'autre représente la vraie signification de ce sacrement, c'est-à-dire l'union de Jésus-Christ avec son peuple. D'autres Pères ont développé, comme S. Cyprien, le sens mystique attribué au mélange du vin et de l'eau.

La tradition dont il est ici question fut toujours commune aux Églises grecques et aux latines, avec cette différence cependant que les Latins mettent dans le calice de l'eau froide, tandis que les Grecs y en mettent de la chaude. Mais il y a ceci de commun entre eux, que l'eau entre dans le calice en quantité beaucoup moindre que le vin.

L'usage du vin blanc dans les saints mystères a été quelquefois interdit à raison des accidents et des erreurs qui en peuvent résulter. Avant comme après cette défense, la préférence a toujours été accordée au vin rouge, soit pour éviter des accidents, soit parce que ce vin représente plus sensiblement le mystère.

Lorsque les fidèles offraient du pain et du vin pour le sacrifice, c'était toujours du meilleur qu'ils pussent trouver. S'il n'y en avait pas de bon sur les lieux, on en faisait venir des pays lointains. Dans les Gaules même, on ne se contentait pas toujours du vin du pays, bien que le sol de cette contrée en fournisse de fort bon ; on vit souvent de pieux fidèles, par respect pour les saints mystères, offrir à l'autel du vin étranger, témoin cette femme dont parle S. Grégoire de Tours (*De glor. confess.* LXV) qui offrit un setier de vin de Gaza destiné aux messes qu'elle faisait célébrer pour le repos de l'âme de son mari. On sait que, dans l'antiquité, ces vins de Gaza, en Palestine, étaient en grande réputation ; ils sont cités avec éloge par S. Sidoine Apollinaire (*Carm.* XVII), Cassiodore (L. XII. *epist.* 12), etc.

Pour assurer au saint sacrifice un vin convenable, on ne se contentait pas d'en donner pendant sa vie ; on laissait par testament ou par donation aux églises des vignes placées dans les meilleures conditions.

Les anciens moines manifestaient surtout leur piété par le soin tout particulier dont ils entouraient les éléments de l'eucharistie (V. l'art. *Pain eucharistique*). Dans le vin destiné au saint sacrifice, ils considéraient la couleur et le goût, ils voulaient qu'il fût d'une pureté irréprochable et point acide. Pour ce qui est de l'eau, ils veillaient à ce qu'elle fût nette et récemment puisée : *In vino quatuor sunt consideranda, color et sapor, ut purum sit et non acidum. Aqua munda sit et recens* (Martène. *De antiq. monarch. ritib.* II. 8).

VIRGINIUS, VIRGINIA. — Nous devons un mot d'explication sur cette formule, qui se rencontre quelquefois dans les inscriptions chrétiennes depuis la fin du troisième siècle, et qui peut embarrasser les commençants ; car il s'est trouvé des antiquaires qui ont voulu y voir des noms propres. Le premier exemple de date certaine que nous ayons de cette expression est fourni par une épitaphe de Rome de l'an 291, que Boldetti a publiée le premier (p. 87) et que M. De' Rossi reproduit avec plus d'exactitude (t. I. n. 17) : un époux donne à son épouse CERVONIA SILVANA cet éloge : EX VIRGINIO TVO BENE || MECO (MECVM) VIXSISTI LIB. ENIC || ONIVGA INNOCENTISSI || MA ; ce qui veut dire : *Bene vixisti mecum libenter, qui fui virginius tuus*, c'est-à-dire *conjux ex virginitate ;* « tu as vécu sagement avec moi, qui ai été ton *virginius*, c'est-à-dire avec moi qui n'ai pas eu d'autre épouse avant toi, ô mon épouse très-innocente, Cervonia Silvana. »

Les premiers chrétiens donnaient donc ce nom à ceux qui étaient engagés dans un premier mariage : l'époux appelait sa *virginia* la femme qu'il avait épousée vierge, *et quidem virginem duxit*, dit Reinesius (Class. XIV. n. 3), et la femme son *virginius* l'époux qui n'avait pas connu d'autres liens. Et on aimait à marquer sur les tombeaux la durée de ces unions fortunées, aimées de l'Église, qui, dans la pureté de sa morale primitive, ne donna jamais qu'une simple tolérance aux secondes noces. EUDOXIAE CARISSIMAE FEMINAE.... FECIT CVM VIRGINIO SVO ANNOS... (De' Rossi. n. 346). — SABI-NIANVS.... CUM VIRGINIA SVA.... (Id. n. 363). Nous lisons aussi sur un beau marbre de Saint-Ambroise de Milan (Ferrari. *Monum. De S. Ambrogio*. p. 55) de NONNITA, femme de l'exorciste SATVRVS : QVI (sic) VIX. CVM. VIRGINIVM SVVM. AN. XVIII. ET. MEN. III. DIES. X. — Citons encore celle-ci, donnée par Boldetti, p. 369. et qui renferme un touchant éloge de la chasteté et de la pudeur de la *virginia* Atilia : CASITATIS PVDICITIAE ATI || LIAE FECIT VICTOR VIRGINIAE || SVAE QVI VIXIT CVM EO (sic) ANNIS XIII. — Ailleurs (De' Rossi. *Roma sott*. III. tav. XXIV), MARITVS VIRGINIAE SVAI (sic).

Cette formule paraît être plus rare dans notre Gaule ; nous avons cependant dans le recueil de M. Le Blant (I. p. 400) une épitaphe de Trèves qui en offre un intéressant exemple : « Ici repose en paix VALENTINA, fidèle (c'est-à-dire baptisée), qui a vécu vingt-huit ans et cinq mois ; GERMANIO son VIRGINIVS et ses enfants lui ont consacré ce titre, TITVLVM, en témoignage de leur affection. »

Par le peu que nous avons dit, on voit que Spon (*Mélanges d'antiq*. p. 245) a tort d'interpréter la formule qui nous occupe comme un témoignage de fidélité conjugale : *qui fidem maritalem nunquam violarunt*. Guasco (*Mus. capitol*. n. 590) n'est pas plus dans le vrai quand il affirme qu'elle doit s'entendre de ceux qui, volontairement ou forcément, gardèrent la virginité dans le mariage, *qui aut sponte aut invite virginitatem etiam in conjugio servarunt*. Cette opinion est démentie par l'épitaphe de VALENTINA que nous venons de citer : cette femme avait des enfants, puisqu'ils s'associèrent à leur père dans le soin de sa sépulture. Elle n'est pas moins en contradiction avec les données que nous fournit le marbre de NONNITA, femme de l'exorciste SATVRVS, marbre qui porte aussi le *titulus* de leur fille MAVRA, mariée elle-même dans les mêmes conditions que sa mère : VIXIT. CVM. VIRGINIO. SVO. AN. VI. M. VIII. DIES. XV. PECORIVS. VIRGINIVS. EIVS... POSVIT. Ceci ressort aussi implicitement de beaucoup d'autres inscriptions, de celle de VAERIA IVSTINA, par exemple : C. LVSIO. LVCIFERO.... VIRGINIO. ET. CONIVGI. SVO. CVM. QVO. CONVIXIT. ANNIS... (Gruter. p. 1143. 3). Nous avons encore dans Muratori (1342. IV) celle de FELICIANVS, qui : .... FECIT SIBI. LOCVM. ET MAXIMINAE. VIRGINIAE. SVAE. CASTISSIMAE. ET. DVLCISSIMAE. Nous terminerons par une curieuse épitaphe écrite en caractères rétrogrades, donnée par le P. Lupi (*Epitaph. Sev*. p. 151), celle de ELIA VINCENTIA QUAE VIXIT ANNVS XVI (sic) MESIS (MENSIBVS) II, CVM VIRGINIum SVVM.

Si certaine que soit l'interprétation que nous venons de donner du mot VIRGINIVS, elle n'exclut pas absolument un autre sens dans lequel il a pu être employé exceptionnellement. Ainsi nous ne serions pas éloigné de regarder ce mot comme un nom propre dans cette touchante inscription (Boldetti. p. 407) : BIRGINIVS. PARVM. ISTETIT || AP. N. (*parum stetit apud nos*), « Virginius est resté peu de temps parmi nous. » C'est probablement l'épitaphe d'un enfant mort en bas âge.

VIVAS IN DEO. — V. l'art. *Acclamations*, I.

VOILES ET PORTIÈRES. — Les portes des basiliques primitives étaient munies d'un voile ou rideau, simple ou double (Du Cange. *Gloss. Græc*. ad v. ΘΕΙΑ ΠΑΡΑΠΕΤΑΣΜΑΤΑ, etc.), qui se relevait par un nœud au milieu de la porte quand il était simple, et de chaque côté quand il était double ; quelquefois ces deux rideaux étaient fixés par des patères (Hieron. *Epist. ad Heliod*.).

Ils étaient suspendus par des anneaux de fer ou de bronze, dont on retrouve encore des vestiges dans les antiques basiliques de Rome, telles que Saint-Clément, Sainte-Marie in Cosmedin, Saint-Laurent, Saint-Georges *in Velabro*, etc. S. Jérôme (*Epitaph. Nepot. epist. ad Heliod*.) loue le prêtre Népotien du soin qu'il avait d'entretenir des voiles aux portes de son église : *Erat sollicitus.... si vela semper in ostiis*.

La chronique pascale (p.. 294) énumère, parmi les dons de Constantin à l'église de Constantinople, des voiles brodés d'or pour les portes. A l'exemple de ce prince, plusieurs papes donnèrent à diverses églises de Rome des voiles ayant la même destination, et que le *Livre pontifical* appelle *tetravela* (*In Greg. III*, 196. S. Leon. *III*. 383. S. Leon. *IV*. 498. Greg. *IV*. 462), soit à cause de leur forme carrée, soit parce qu'ils étaient divisés en quatre parties, comme ceux du *ciborium* (*Gloss. Latin*. v. Tetravelum. *Græc*. ΒΕΛΩΝ), soit enfin parce qu'ils avaient quatre doubles (Anast. *In Leon. III*. 411).

Nous trouvons des traces plus claires encore de cet usage dans S. Épiphane, et dans S. Paulin (*Poem*. XVIII. vers. 30) :

Cedo alii pretiosa ferant donaria, meque
Officii sumptu superent, qui pulchra tegendis
VELA ferant foribus, seu puro splendida lino,
Sive coloratis textum fucata figuris.

« Que d'autres apportent de précieux dons ; que ceux-là me surpassent en magnificence, qui offrent de riches voiles pour couvrir les portes, soit resplendissant du seul éclat d'un lin pur, soit ornés de figures coloriées dans le tissu. »

Et plus clairement encore à propos de Saint-Félix de Nola (*Poem*. XIV. 98) :

Aurea nunc niveis ornantur limina velis.

« Les seuils d'or sont ornés de voiles blancs comme la neige. »

Pour avoir une idée de ces portières, on peut jeter un coup d'œil sur la planche XXXIV de Bottari représentant, selon toute apparence, des basiliques chrétiennes, sur la figure gravée à notre article *Baptistères*, sur quelques-unes de celles de Ciampini (*Vet. mon*. II. tab. XXVII) et du ménologe de Basile (XII sept. — VIII oct. — IV nov.).

L'office de les soulever devant les prêtres et les personnages vénérables était dévolu aux clercs inférieurs (*Concil. Narbon*. can. XIII. an. 389) : *Tam subdiaconus quam ostiarius.... senioribus* VELA *ad ostia sublevent*, « le sous-diacre ou le portier.... soulèvent devant les vieillards les voiles des portes. »

Ces voiles servaient aussi à envelopper l'autel et étaient fixés au *ciborium* (V. à ce sujet de curieux détails à l'article *Ciborium*), et aussi les baptistères, comme nous le voyons dans une très-vieille mosaïque de Ravenne (Ciamp. *Vet. mon.* II. XXIII). Aussi sont-ils comptés parmi les ustensiles sacrés (S.. Athanas. *Epist. ad solit.* — Euseb. *Vit. Const.* III. 43. — Chrysost. *hom.* LXXXIV *In Matth.*). Ils sont encore mentionnés comme tels parmi les dons que Chosroès fit à Sergius d'Antioche (Evagr. *Hist. eccl.* VI. 21) et dans plusieurs documents du cinquième siècle.

On employait souvent encore des voiles de cette sorte ou des tapisseries historiées, dont les plus riches se fabriquaient à Alexandrie d'Egypte, à la décoration des murailles des églises. A défaut des tapisseries elles-mêmes, ou mieux peut-être pour rendre cette sorte de décoration plus durable, on les remplaçait par des imitations en mosaïque. M. De' Rossi en a illustré un remarquable exemple tiré de l'ancien sanctuaire de Saint-André de *Catabarbara patricia* à Rome (V. *Bull.* 1871. n. 1 et 2).

Il ne paraît pas douteux que dès l'ère des premières grandes basiliques, sous Constantin, le chœur ne fût quelquefois séparé de la nef par des voiles ou tapisseries. Théodoret (*Hist. eccl.* XVII) rapporte que S. Basile fit entrer l'empereur Valens dans l'enceinte des sacrées tapisseries où il était assis lui-même, *intra sacra aulæa ubi ipse sedebat*, c'est-à-dire dans le chœur de son église qui était fermé par ces voiles.

Ils étaient quelquefois ornés d'images de Saints, ou parsemés de croix, de roses ou d'autres fleurs et de divers ornements de pourpre.

L'action de soulever les portières des églises avait une signification symbolique; elle rappelait que Notre-Seigneur, en descendant à nous, a renversé le mur de séparation dont parle S. Paul (*Ephes.* II. 14) : « C'est lui qui de deux peuples n'en a fait qu'un, en détruisant dans sa propre chair le mur de séparation, c'est-à-dire leurs inimitiés, » *medium parietem maceriæ solvens, inimicitias in carne sua*.

Les portières étaient aussi en usage dans les habitations des riches de l'antiquité tant profane que chrétienne; et les serviteurs chargés de les tenir soulevées s'appelaient *velarii*.

VOLUMES DANS LES MONUMENTS CHRÉTIENS. — Le mot volume, *volumen*, désigne, comme on sait, une espèce de livres qui étaient d'un usage général chez les peuples de l'antiquité, Hébreux, Egyptiens, Grecs, Romains, etc., et que les modernes ont totalement abandonnés, sans doute comme trop difficiles à manier. Ils se composaient d'une série plus ou moins longue de feuilles de papyrus ou de parchemin fixées les unes à la suite des autres, et qui présentaient l'aspect d'un cylindre quand elles étaient roulées autour de leur axe. C'est ce qu'exprime le mot *volumen*, dérivé de *volvere*, « rouler, » nom qui servait à les distinguer des livres tout à fait primitifs, *libri*, dont la matière était fournie par l'écorce de certains arbres, et des *codices*, de *caudex*, suivant Sénèque (*De brevit. vit.* XIII), lesquels consistaient en une réunion de feuilles séparées, collées au dos, ainsi que nos livres modernes (V. Lami *De erudit. apost.* p. 727 *et alibi*). On peut voir dans l'ouvrage de Donati (*De' dittici degli antichi*, p. 17) un volume antique roulé et muni de tous ses accessoires.

Nous reproduisons, d'après Montfaucon, un volume à peu près semblable. Il n'est pas complètement fermé, l'extrémité de la couverture est un peu relevée, et les courroies qui servent à l'attacher, *lora*, pendent aux deux bouts. Le volume est roulé autour de son cylindre, dont on aperçoit les deux extrémités, *umbilici*. L'une de ces extrémités est munie de sa bossette, l'autre est sans ornement. Une feuille de vélin plus fin que celui de la couverture est collée sur celle-ci, pour recevoir le titre de l'ouvrage, dont on distingue une partie.

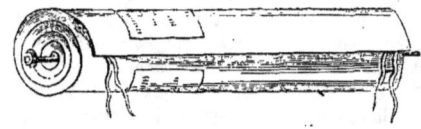

Les volumes s'appelaient quelquefois, dans la langue ecclésiastique principalement, *rotulæ*. *Patriarchæ et prophetæ*, dit Durand (*Ration. div. off.* l. I. c. 3. n. 11), *pinguntur cum* ROTULIS... « les patriarches et les prophètes sont peints avec des *rotules*. » Nous citerons encore ce texte d'Anastase l'Apocrisiaire (*Ap. Sirmond. Opp.* t. III. p. 579) : *Misi ad præsens... rotulam habentem testimonia ex dictis S. Hippolyti episcopi Portus Romani*, « j'ai envoyé une *rotule* où sont écrits des témoignages au sujet des discours de S. Hippolyte, évêque de Port-Romain. »

I. — Dans l'antiquité, le *volume* était un insigne oratoire : on le plaçait, dans les monuments, à la main de Polymnie, muse de la rhétorique; les statues et les bas-reliefs font voir aussi un rouleau à la main des rhéteurs et des orateurs. C'est avec cet attribut que paraît la statue d'Auguste au musée du Vatican (*Mus. Pio-Clem.* II. 45) : ce prince debout, en toge, porte un volume de la main gauche, et de la droite fait un geste d'allocu-

tion. Le volume était aussi l'attribut des sénateurs et des personnages considérables.

Peut-être est-ce là la première origine des représentations analogues que nous trouvons à chaque pas dans les monuments du christianisme primitif. Il n'est pas douteux néanmoins que le *volume* n'ait eu, chez les premiers chrétiens, une signification à part, puisée dans le génie de la religion nouvelle, et même une signification spéciale pour chacune des classes de personnages auxquels il est attribué, et que nous passerons rapidement en revue.

1° Dieu le Père. Un sarcophage des catacombes (Bottari. LXXXIV) montre Dieu sous la figure d'un vieillard, debout, un volume à la main gauche, et étendant la droite en signe d'allocution, absolument à la manière antique, vers Moïse, lui ordonnant de détacher sa chaussure pour s'approcher du buisson ardent. Sur un bas-relief du sixième siècle représentant le baptême d'Agilulfe, roi des Lombards (Ciampini. *Vet. mon.* II. tab. v), on voit, au-dessus de la tête du néophyte, une main, figure habituelle de Dieu le Père dans les monuments antiques, tenant un volume, qui est le symbole de la foi.

2° Les patriarches et les prophètes de l'ancienne loi (V. le texte de Durand cité plus haut). Ainsi apparait Moïse frappant le rocher (Bottari. XLIX et *passim*), mais seulement sur les sarcophages. Ailleurs il n'a pas le volume, qui est le symbole de la puissance que Dieu lui avait donnée d'opérer des miracles en faveur de son peuple. Sur quelques fonds de coupe seulement, le volume est, non pas à la main de Moïse, mais dans le champ, derrière sa tête (Garrucci. *Vetri.* tav. II. 10).

3° Notre-Seigneur, dans les bas-reliefs des sarcophages et dans les mosaïques, est à peu près invariablement représenté avec un volume à la main gauche. Ce volume est déroulé 1° quand il donne ses pouvoirs à S. Pierre, comme sur une foule de sarcophages, et d'une manière plus distincte encore dans la mosaïque de Sainte-Constance, due, comme on sait, à la munificence de Constantin (Ciamp. *De sacr. ædif.* tab. XXXII) ; sur le phylactère qu'il présente au prince des apôtres sont écrites ces paroles : DOMINVS PACEM DAT, ce qui rappelle l'*Évangile de la paix* (*Ephes.* VI. 15) dont le Sauveur lui confiait la prédication ; 2° quand il enseigne (Bottari. CXXIII. etc. — Allegranza. *Sacr. mon. di Milano.* tav. I), parce que c'est à lui (Agneau divin) qu'il a été donné (*Apoc.* v) d'ouvrir et d'expliquer à ses apôtres le livre des prophéties qui s'accomplissaient en sa personne (Luc. XXIV) : *Aperuit sensum, ut intelligerent Scripturas.* Et alors, surtout quand il discute avec les docteurs (Aringhi. I. 579. II. 213. — Perret. II. pl. L), il a en outre à ses pieds des volumes en nombre renfermés dans une cassette ronde ou carrée, et représentant les livres de l'Ancien Testament auxquels il faisait souvent appel dans ses discussions (V. l'art. *Scrinia*).

Le volume est roulé toutes les fois que Notre-Seigneur opère quelque miracle, par exemple, la guérison de l'aveugle-né (Bottari. CXXXVII), celle du paralytique (LXXXVIII), le changement de l'eau en vin (LXXXIX), la guérison de l'hémorroïsse (*Ibid.*). Dans quelques cas seulement de la résurrection de Lazare (Bottari. XXXII. XXXVI), il tient le volume ouvert. Est-ce pour rappeler que notre Sauveur avait déclaré que ce miracle devait être une manifestation toute spéciale de la vérité de sa doctrine, par l'exercice éclatant de la puissance que son Père lui avait donnée ? *Infirmitas hæc non est ad mortem, sed pro gloria Dei, ut glorificetur Filius Dei per eam* (Joan. XI. 4), « cette maladie ne va pas à la mort, mais elle est pour la gloire de Dieu, afin que le Fils de Dieu soit glorifié. »

Notre-Seigneur a le volume roulé dans une belle fresque des catacombes transportée au musée du Vatican, et offrant le seul exemple antique de la cène qu'on ait découvert jusqu'à présent (Perret. I. pl. XXIX). Nous devons signaler de nouveau cette singularité, pour nous inexpliquée, que les peintures des catacombes, ainsi que les fonds de coupe, font voir constamment sans le volume Notre-Seigneur opérant ses miracles, tandis qu'il l'a toujours dans les sculptures des sarcophages.

4° S. Pierre et S. Paul. Les volumes qu'ils portent à la main représentent leurs œuvres canoniques. Mais souvent les verres dorés montrent, dans le champ, un autre volume, entre les deux apôtres, ce qui signifie, selon les plus savants interprètes, que l'Évangile est un, et aussi que la prédication de S. Pierre et de S. Paul était uniforme (Tertull. *De præscr.*). Presque toujours ce volume est surmonté d'une couronne (Garrucci. *Vetri.* tav. XIII), laquelle figurerait la *couronne* du royaume céleste, dont l'Évangile, c'est-à-dire la *bonne nouvelle*, est l'annonce, *Evangelium regni* (Matth. IV. 23).

Les mosaïques représentent quelquefois ces apôtres avec des volumes déroulés, sur lesquels on lit des sentences relatives à quelque circonstance mémorable de leur vie. Ainsi, dans celle de l'abside de l'ancienne Vaticane (Ciampini. *De sacr. ædif. a Constantin. M. construct.* tab. XIII), S. Pierre porte à la main un phylactère où sont inscrits ces mots : TV ES CHISTVS, FILIVS DEI VIVI, « vous êtes le Christ, fils du Dieu vivant, » profession de foi qu'avait prononcée le prince des apôtres, alors que le divin Maître, sur le point de l'établir chef de son Église, lui adressa cette interpellation : « Et vous, que dites-vous que je suis, » *vos autem quem me esse dicitis* (Matth. XVI. 16). Dans le même tableau, S. Paul, debout de l'autre côté du Sauveur, qui est assis sur une chaire de forme élégante, a sur son volume ces paroles de son *Épître aux Philippiens* (I. 21) : MIHI VIVERE CHRISTUS EST, « le Christ, c'est ma vie, » sublime élan de cet âme de feu, qui s'étaitsi complètement identifié avec son Sauveur ! Ailleurs, c'est-à-dire à Sainte-Constance (Id. *ibid.* tab. XXXII. fig. 1), c'est le Sauveur qui remet à S. Pierre un volume déroulé faisant lire cette sentence où est exprimée la paix qu'il apportait au monde et dont l'apôtre devait être le ministre, monument déjà cité : DOMINVS PACEM DAT, allusion à cette parole : *Pacem meam do vobis* (Joan. xiv. 27).

5° Les apôtres en général. Ils ont aussi presque toujours le volume à la main, soit dans les mosaïques, soit dans les bas-reliefs (Bosio. — Aringhi. *passim*. — Ciampini. *Vet. monim.* t. i. tab. lxvi); c'est la marque du pouvoir de prêcher l'Évangile que Jésus-Christ leur avait conféré, et le Sauveur est ordinairement au milieu d'eux, dans l'attitude de l'enseignement (Millin. *Midi de la France*. p. lix *et alibi*).

6° Les évêques étant chargés de garder le dépôt de l'Évangile (1 *Timoth*. vi. 20) et d'en distribuer au peuple l'aliment sacré, les monuments anciens les montrent toujours avec ce livre divin à la main gauche. Dans les mosaïques (Ciamp. *Vet. mon.* ii. tab. xxiv), les diptyques (Paciaudi. *De cult. S. J. B.* p. 230-260), et les peintures d'une époque un peu basse, c'est un livre carré, richement relié, *codex*; mais dans les temps primitifs c'était un *volumen*, témoin une image de S. Cyprien, tracée sur un fond de coupe des catacombes (Garrucci. *Vetri*. xx. 6). L'évêque martyr dont le nom est écrit selon l'orthographe défectueuse du dialecte populaire, cripranvs, a en outre un volume déposé debout à ses pieds. On peut citer encore S. Justin et S. Timothée (Garrucci. *ibid*. xxiv. 3); et il est à observer que, en outre du volume à la main, ce dernier en a toujours un autre derrière lui, dans le champ doré du verre; ce volume ne ferait-il point allusion aux deux épîtres que S. Paul lui avait adressées?

7° Les diacres. L'Évangile était l'insigne principal de leur ministère. Aussi portent-ils à la main gauche le volume, comme les évêques eux-mêmes (Garrucci. xxii. 6). Nous avons un fond de coupe où se remarque cette particularité bizarre que S. Laurent, le volume à la main, est assis entre S. Pierre et S. Paul (Buonarr. *Vetri*. tav. xvi. 2), qui, à leur figure animée et à leur geste d'allocution, semblent occupés à instruire ce diacre (V. l'art. Laurent [S.]).

8° Les lecteurs ont aussi le volume pour attribut, parce que leur office était de lire les saintes Écritures à l'église. Ainsi on croit reconnaître un mémorial de l'ordination de deux lecteurs dans deux adolescents auxquels Notre-Seigneur impose les mains sur un verre doré (Buonarruoti. tav. xvii. 2), et qui ont chacun un volume dans les mains (V. ce sujet gravé à notre art. Lecteurs).

9° Dans les monuments relatifs au mariage, les bas-reliefs de quelques sarcophages bisomes, par exemple (Bottari. tav. cxxxvii. — Maffei, *Verona illustr*. part. iii. p. 54), l'époux tient à la main un volume qui représente, croit-on, le contrat de la dot, *tabulæ nuptiales*. Quelquefois, on voit encore aux pieds de l'époux un faisceau de trois ou quatre volumes debout, dénotant, selon toute apparence, les diverses charges ou magistratures de ce personnage. Les *volumes* de cette sorte étaient portés derrière les patriciens romains par des esclaves, appelés sur les marbres antiques, tantôt *a libellis* (Gruter. 587 nn. 9 et 10), tantôt *a diplomatibus* (Doni. class. xvii. n. 22). Les verres dorés ont ordinairement les volumes peints dans le champ (Buonarr. tav. xxviii. — Garrucci. xxvii, 1); mais ici, comme dans certaines *imagines clypeatæ* des sarcophages, il serait possible que le volume ne fût relatif qu'à la dignité du personnage, car celui-ci est presque toujours décoré du laticlave sénatorial.

II. — En outre des volumes portés à la main par les divers personnages dont nous avons donné une énumération nécessairement incomplète, on en remarque d'autres disséminés dans le champ d'un grand nombre de verres dorés (Garrucci. xviii. 5. 6. xvii. 1. 5. etc.), et auxquels il serait bien difficile d'assigner une signification un peu plausible. Tel est celui que Buonarruoti donne à sa planche xx, et qui, selon lui, représenterait Ste Félicité et ses sept fils. Quoi qu'il en soit, ces huit figures, vues en buste et dans autant de médaillons, sauf un seul qui est en pied, sont placées entre deux volumes, lesquels, si l'on adopte l'attribution de l'antiquaire florentin, pourraient représenter les livres de la parole divine pour laquelle ces héros chrétiens avaient versé leur sang.

Deux volumes liés ensemble aux pieds d'une *orante* (Bottari. xix) seraient une marque d'orthodoxie, indiquant que cette femme admettait les deux Testaments comme divins, ce que ne faisaient pas ceux qui, supposant l'existence de deux principes, l'un bon, l'autre mauvais, attribuaient l'Ancien Testament à ce dernier. Mais, comme de l'autre côté de l'*orante* est un vase eucharistique, nous serions plus porté à croire que les volumes expriment l'assiduité de cette chrétienne à lire les Livres saints, comme la custode marque son empressement à se nourrir du pain des anges.

III. — Bien que, d'assez bonne heure, l'usage des *livres* proprement dits se soit introduit pour y transcrire les saints Évangiles qui servaient à la liturgie, on retint néanmoins quelque temps encore celui des *volumes* pour les prières et les rituels de certaines fonctions ecclésiastiques. Le cardinal Casanata possédait quelques-uns de ces *volumes*, datant du neuvième et du dixième siècle, contenant les formules de l'ordination, ainsi que les rites du baptême, la bénédiction des fonts et celle du cierge pascal.

Il y a aussi des volumes de cette nature à la bibliothèque Vaticane et à la Barberine. (Pour les différents vases où l'on renfermait les volumes dans l'antiquité, V. l'art. *Scrinia*.)

X

XENODOCHIUM. — V. l'art. *Hôpitaux.*

XEROPHAGIA. — V. les art. *Repas chez les premiers chrétiens* et *Jeûne.*

Z

ZODIAQUE (SIGNES DU). — Nous n'avons qu'un petit nombre de monuments chrétiens où ce sujet soit représenté. Mais, si peu nombreux qu'ils soient, ils se rattachent assurément à un usage répandu dans la primitive Église. On cite d'abord un bracelet qui est orné des douze signes du zodiaque (Boldetti. p. 500). On peut y voir, au jugement de l'abbé Cavedoni (*Ragguaglio.* p. 44), une allusion à l'instabilité des choses humaines (*Eccl.* I. 5) : « Le soleil se lève et se couche ; il retourne au lieu d'où il est parti, et, renaissant au même endroit, il tourne vers le midi et revient vers le nord. Le vent court et visite toutes choses, et revient sur ses pas par de longs circuits. »

Une peinture mithriaque qui paraît avoir été inspirée par les idées chrétiennes dont l'imitation se retrouve si souvent dans les monuments de la secte (Bottari. III. *in front.* — Cf. p. v et 192), fait voir un homme debout près d'une montagne, indiquant du doigt un segment du cercle du zodiaque, sur lequel sont marquées quatre étoiles : à côté de ce personnage est une femme armée. On pense que cette peinture est un emblème de la force nécessaire pour arriver au ciel, lequel est figuré par les quatre étoiles. La montagne, rapide et abrupte, peut être l'image du rude sentier de la vertu.

Dans les premiers siècles du christianisme, les opinions vulgaires au sujet de l'influence bonne ou mauvaise des astres préoccupaient encore vivement les esprits : ce qui le prouve, c'est qu'il existait entre les mains de tout le monde certaines tables *astrologiques* où étaient marqués les présages heureux ou sinistres qui s'attachaient à chaque heure du jour et de la nuit ; et ces tables n'étaient point exclues des livres composés pour l'usage des chrétiens. Une curieuse inscription de l'an 364 (De' Rossi. t. I. p. 92) nous donne la mesure de l'importance qu'avaient de tels présages, même dans l'esprit de nos pères. C'est l'épitaphe d'un enfant nommé SIMPLICIVS, dont l'existence, selon la judicieuse observation de M. De' Rossi, qui est ici notre guide, ne paraît pas s'être prolongée au delà du jour qui l'avait vu naître. Or l'épitaphe porte que ce double événement avait eu lieu, « à la quatrième heure de la nuit du VIII des ides de mai, le jour de Saturne, dans la vingtième lune, sous le signe du Capricorne. » Cette annotation de date si exceptionnellement minutieuse accuse une intention évidente de mettre sur le compte d'une influence néfaste une mort si prématurée et si affligeante pour des parents. Nous lisons en effet dans les tables astrologiques dont il a été parlé plus haut et que rapporte M. Mommsen (Cf. Rossi. *ibid.*) que « tout ce qui arrive en ce jour de Saturne, à telle heure que ce soit du jour ou de la nuit, est obscur et laborieux, ET QUE CEUX QUI NAISSENT SOUS UNE TELLE INFLUENCE COURENT DE GRANDS DANGERS. » Voici le texte : *Saturni dies horaque ejus cum erit, nocturna sive diurna, omnia obscura laboriosaque fiunt, qui nascentur periculosi erunt.*

Ces traditions se maintiendront avec persistance et traverseront tout le moyen âge. Dante mêle sans cesse des idées astronomiques à ses conceptions chrétiennes ; à chaque pas de son voyage à la fois mystique et cosmologique, il indique avec une minutieuse exactitude le signe du zodiaque où se trouve le soleil. Les peintres contemporains du poète et ceux des siècles suivants se sont en ceci inspirés de son esprit. Ainsi le Padouan Guariènto a représenté, dans l'église des *Ermitani* de Padoue, les sept planètes à côté de la Passion et de la Résurrection. Au siècle suivant (XVe), de curieux bas-reliefs de la cathédrale de Rimini offrent à l'œil étonné, et sans aucun mélange d'allégorie, Saturne, Jupiter, Vénus, etc. Plus tard encore, en pleine renaissance, la chapelle Chigi, dans l'église de Ste Marie-du-Peuple à Rome, décorée de mosaïques exécutées d'après les cartons de Raphaël, fait voir les divinités des planètes, avec leurs attributs mythologiques, représentées chacune avec un ange auprès d'elle.

RÉPERTOIRE ANALYTIQUE

DES ARTICLES DU DICTIONNAIRE

A

Abdon et Sennen, martyrs persans. Comment représentés. Inscription votive, attestant l'ancienneté du culte de ces saints. Singularité de leurs vêtements. 1-2
Abel et Caïn. Offrant à Dieu leurs sacrifices. Abel est la plus ancienne figure du Rédempteur. L'agneau offert, c'est l'agneau de Dieu. 2-3
Ablutions. Diverses ablutions usitées dans les liturgies anciennes. I. Ablution de la tête, *capitilavium*. II. Ablution des pieds, *pedilavium*; trois espèces: 1° la *podonipsia*, envers les voyageurs et les hôtes; 2° l'ablution des pieds, qui, en certains lieux, faisait partie des rites du baptême; 3° la *podonipsia*, en mémoire du lavement des pieds des Apôtres par N.-S. — *Podoniptræ*, hérétiques du seizième siècle. III. Ablution des mains, χέρνιψ; précède le sacrifice chez tous les peuples; en usage dès le berceau de l'Église, en Orient et en Occident. . 3-4
Abraham (Sacrifice d'). Figure du sacrifice de la croix. Ses différentes représentations dans les monuments de toute classe (V. la table des gravures). . . 4-6
Abraxas. I. Qu'est-ce? Véritable orthographe du mot. Très-nombreux dans les musées de l'Europe. Association bizarre de figures, d'emblèmes et d'alphabets. Mélange monstrueux de dogmes. II. Quelle signification y attachaient les gnostiques; Pères des deux églises qui en ont parlé. III. Moyen de prosélytisme et de séduction. IV. Abraxas de formes diverses (V. la table des gravures). V. Formule magique et cabalistique *Abracadabra*, venant probablement d'Abraxas. 6-9
Abside. Définition étymologique grecque et latine. Décoration des absides dans les catacombes et dans les églises *sub dio*. 9-10
Acclamations. Leur définition; deux catégories: elles s'adressent aux morts ou aux vivants. I. Acclamations funéraires: 1° Formule d'adieu aux morts, *in pace*. — Bibe *vivas*.... — Souhait du repos éternel, de la lumière, du rafraîchissement; 2° Tracées sur les verres à fond d'or, à l'extérieur des loculi, sur des bagues. II. Acclamations adressées aux vivants, dans les agapes notamment comme expression d'une joie toute spirituelle, quelquefois relatives à l'eucharistie que probablement les fidèles prenaient dans des sortes de calices. Les acclamations dans les conciles, relativement modernes. . 10-13
Acolytes. Définition étymologique. Le pape S. Corneille († 252) est le premier écrivain qui en parle. Leurs fonctions dans l'Église d'Afrique. Comment ils exerçaient leur office à la messe. A Rome, trois ordres d'acolytes: les palatins, les stationnaires, les régionnaires.. . et plus tard un archi-acolyte. 13-14
Acrostiches. Définition étymologique. Le premier, le plus important est celui que donne le mot ΙΧΘΥΣ.... Acrostiches exclusivement pieux des premiers siècles, nom de N.-S. J.-C., noms des martyrs et d'autres saints. Le pape S. Damase, très-exercé dans ce genre de composition. Acrostiches doubles et à lire en sens inverse, par S. Aldhelme, évêque de Salisbury. Acrostiches des vingt-quatre lettres de l'alphabet, par Sedulius; acrostiches dans la liturgie grecque. 14-15
Actes des Martyrs. I. Sollicitude de l'Église à recueillir le récit des souffrances et de la mort des martyrs. Ils constituent la partie la plus essentielle des archives de l'Église primitive. Ils sont fort nombreux dans les trois premiers siècles. Diverses causes qui les ont rendus si rares depuis. II. Les collections qui existent aujourd'hui ne sont que des fragments. Écrivains qui s'en sont occupés, depuis Eusèbe jusqu'à Ruinart et les Bollandistes. III. Les Actes sincères se divisent en plusieurs classes: 1° les actes appelés consulaires; 2° les actes originaux; 3° les actes écrits par les greffiers, par les chrétiens présents ou par des témoins; 4° les actes immédiatement tirés de ces originaux; 5° ceux qui se trouvent dans les ouvrages d'auteurs ecclésiastiques. IV. Les Actes sincères sont comptés au nombre des lieux théologiques. 15-19
Adam et Ève. I. Diverses manières dont la chute de nos premiers parents est représentée. II. De quelle espèce était l'arbre de la science. . . . 19-21
Ad Sanctos. — Ad Martyres. I. Cette formule rappelle une des pratiques funéraires les plus chères aux premiers chrétiens. II. Les épitaphes mentionnant la sépulture *ad sanctos*, etc., sont nombreuses et se rencontrent partout. III. L'Église a dû apporter de sages restrictions à l'exagération d'un sentiment si honorable. 21-24
Agapes. 1° Définition étymologique; 2° les agapes se célébraient à l'occasion des fêtes des martyrs, à l'occasion des mariages, à l'occasion des funérailles; 3° dès le troisième siècle, des abus scandaleux s'étaient glissés dans les agapes; ils furent sévèrement réprimés par l'Église. 4° Peintures et sculptures dans les catacombes, prises à tort pour des agapes. 24-26
Agneau. Ce symbole se rapporte tantôt à Jésus-Christ, tantôt aux chrétiens.... I. C'est la plus ancienne figure du Rédempteur, dont le caractère essentiel est

celui de victime : représentations diverses (V. la table des gravures). II. L'agneau, symbole des chrétiens; sur les vases de verre historiés; sur les tombeaux, formule d'éloge pour les morts. . . 26-29

AGNÈS (Ste). Son culte universel dès le quatrième siècle. Peu de faits incontestés dans sa vie; circonstances de son martyre; sa fête; son nom au canon de la messe; monuments qui portent son nom.................... 29-32

AGNUS DEI. Origine de l'usage des bulles ou des médaillons de cire ainsi appelés; leur forme primitive remonte au quatrième siècle; avec l'image de l'agneau, au sixième seulement...... 32

AIGLE. Signe phonétique figurant un nom propre; symbole de résurrection, ou même de rénovation par le baptême. Est-il facile de discerner la colombe de l'aigle, vu l'imperfection du dessin? . 33

ALLELUIAH. Au temps du pape S. Damase, et par les soins de S. Jérôme, l'Église latine emprunte ce mot à l'Église de Jérusalem, et S. Grégoire décrète qu'il sera chanté toute l'année. Ce décret fut modifié par Alexandre II. 33

ALOGIA. Dans le langage des anciens Pères, état de brutalité, d'un homme ivre. 34

ALUMNI. — V. l'art. *Enfants trouvés*.

AMBON. Étymologie; tribune construite entre le sanctuaire et la nef, mais dans des positions et des formes variées; usage des différents degrés de cette tribune; on désignait souvent par ce nom le chœur proprement dit. Ornements. 34-35

AME. Divers symboles employés pour exprimer l'âme humaine délivrée des entraves de la chair et arrivée à la céleste patrie. 35

AMEN. Double signification de ce mot grec. . 35-36

AMICT. — V. l'art. *Vêtements des ecclésiastiques dans les fonctions sacrées*.

AMULA. Définition; usage. Les ampoules de petite dimension ou burettes en tiennent lieu. 36

AMULETTES CHRÉTIENS. Objets de dévotion dont l'usage est approuvé et encouragé par l'Église; formes et matières diverses; les livres divins sont même employés à cet effet dès les temps apostoliques. 36-37

ANATHÈME. I. Chez les anciens, tout objet suspendu dans les temples; chez les premiers chrétiens, objets offerts pour l'ornement des églises. Très-fréquents à l'origine. II. Formules d'imprécations sur les monuments chrétiens, sépultures, diplômes, donations, testaments.... III. Excommunication majeure infligée par le pape, par un évêque, ou par un concile. 37-39

ANCRE. Espoir du navigateur; symbole de salut pour le chrétien dans les tempêtes de la vie et des persécutions. Mais surtout tessère d'espérance, par l'association du dauphin, emblème de J.-C., espérance en Dieu-Christ. Sur les tombeaux, elle figure aussi la constance dans les tortures. . . . 40-41

ANGES. I. Quand commencent-ils à figurer avec leurs attributs particuliers dans les tableaux et sur les monuments? Plus communément figurés sous forme humaine; exceptions; types. II. Attributs que l'art chrétien leur assigne : seize variétés remarquables. 41-43

ANIMAUX. Représentés sur les monuments chrétiens, souvent dans un but de pure ornementation et par suite d'une tradition des arts de l'antiquité, ils n'ont pas toujours un sens allégorique. 43

ANNE (Fête de Ste). — V. l'art. *Fêtes immobiles*.

ANNEAU ÉPISCOPAL. Signe de l'alliance de l'évêque avec son Église; formule de tradition de l'anneau, attribut de la dignité et de la juridiction épiscopales. Le silence des liturgistes du neuvième siècle sur son antiquité n'infirme point les arguments positifs fournis par les monuments., ... 44-45

Il doit être en or, orné d'une pierre précieuse; défense d'y graver des symboles ou d'autres sujets chrétiens, pas absolue néanmoins; ses divers usages. 46

ANNEAUX. Nombreux objets de ce genre recueillis à Rome dans les cimetières chrétiens. Sept classes principales : 1° anneaux simples, en bronze ou en fer; 2° anneaux ornés de symboles, classe nombreuse; 3° avec le portrait de N.-S.; 4° id des saints; 5° avec acclamations; 6° anneaux *signatarii*; 7° anneaux munis d'une petite clef. . . . 47-49

ANNONCIATION DE LA VIERGE. Monuments qui la reproduisent. .... ;. . 49-50

ANNONCIATION (Fête de l'). V. l'art. *Fêtes immobiles*.

ANTIENNE. — V. l'art. *Office divin*. Appendice, 6°.

ANTIPHONAIRES. V. l'art. *Livres liturgiques*, VI.

A. ω. Ce qu'expriment ces deux lettres; leur usage symbolique antérieur à l'apparition de l'arianisme. Usages de ces sigles sur les tombeaux, sur les monnaies; unis au monogramme du Christ, quelquefois isolées. La prime majuscule Ω rare. 50-51

APOCRISIAIRE. Signification générique; acception spéciale dans le langage ecclésiastique; habileté que suppose cet emploi; moines apocrisiaires. . 51-52

APÔTRES. I. Représentations symboliques : cinq variétés remarquables. II. Représentations sous forme humaine : peintures, mosaïques, sculptures, lampes, bronzes, pierres gravées, verres peints ou dorés, étoffes. III. Vêtements : chaussure, chevelure; nombre douze, dont S. Paul. 52-54

ARBRES. Différentes significations : 1° symbole de J.-C.; 2° symbole de l'homme et de ses fruits bons ou mauvais; 3° arbres feuillés, félicité éternelle; 4° les bienheureux eux-mêmes; 5° sur les tombeaux deux arbres opposés, l'un verdoyant, l'autre flétri, explication de cette allégorie; 6° sur les monuments funéraires, symbole de résurrection..... 56

ARCHÉOLOGIE. I. Définition étymologique; son double objet : 1° les mœurs et coutumes ; 2° monuments. II. Utilité et importance de l'archéologie chrétienne au point de vue de l'histoire et du dogme. 56-58

ARCHEVÊQUES. V. l'art. *Métropolitains*.

ARCHIDIACRES. Il n'en est pas question avant le quatrième siècle, mais leur fonction est aisée à distinguer dès le deuxième, quant à l'Église romaine du moins. Leurs insolentes prétentions réprimées. Chaque Église avait un archidiacre, non pas prêtre, mais diacre ; ses fonctions. 59

ARCHIPRÊTRE. Mention de cette dignité par S. Jérôme. Question controversée. 59

ARCOSOLIUM. Mot exclusivement chrétien; sa signification ; division des arcosolia, leur distribution dans les catacombes, leur forme se rapprochant de celle de nos autels. 60

AREA. — V. l'art. *Sépulture*, II, 2°.

ASCENSION DE JÉSUS-CHRIST. Haute antiquité de cette solennité. 61

ASCÈTES. Ne pas les confondre avec les moines ; origine antérieure à S. Antoine. Ascètes juifs; ascètes parmi les premiers chrétiens. A qui fut donné ce nom ? Vêtements. L'ascétisme commencement de monachisme. Place des ascètes dans l'Église; ascètes célèbres. 61-62

ASSOMPTION DE LA SAINTE VIERGE. V. l'art. *Fêtes immobiles*, VII, 2°.

RÉPERTOIRE ANALYTIQUE.

Astérisque. Instrument spécial à la liturgie des Grecs. 62
Atrium. Détails sur cette partie des anciennes basiliques. 62-63
Aube. V. l'art. *Vêtements des ecclésiastiques dans les fonctions sacrées*, III, 2°.
Aubes baptismales. I. Leur usage remonte à la plus haute antiquité; adultes et enfants. 63
II. Quand était faite la remise de l'aube blanche au néophyte? ministre qui en était chargé; combien de temps la portait-on?. 64
Aumône chez les premiers chrétiens. Savante organisation de la charité. Diverses classes de personnes secourues par elle : 1° les clercs; 2° les prisonniers pour cause de religion; 3° les invalides; 4° les malades; 5° les veuves et les orphelins; 6° les étrangers et les exilés ; 7° les esclaves et les condamnés aux mines; 8° les pauvres quelconques, même étrangers au christianisme. Triclinium de S. Grégoire le Grand ; liberté laissée aux fidèles quant à la pratique de l'aumône. 65-68
Autel. I. Son nom dans la primitive Église. II. Les premiers autels étaient des tables de bois; type des autels dans les catacombes. III. Depuis Constantin, l'Église consacra par des lois positives l'usage de ne célébrer que sur les ossements d'un martyr. 68-69
IV. Depuis Constantin il y eut des autels de pierre, et de métaux précieux dès le cinquième siècle. V. Ils présentaient une surface plane; différents modes de construction; matériaux profanes; lieu d'asile. 69
VI. Autels ornés, à partir de Constantin, de tapis, de pierres précieuses, de fleurs naturelles. . . 70
VII. Chaque église n'avait qu'un seul autel. Autels portatifs, leur matière, portés dans les camps, accompagnés de saintes images. 70-71
Avent (*adventus*). Temps précédant les fêtes de Noël. Jeûne prescrit par les conciles; office de l'Avent. 72-73
Aveugles (Guérison des). Fréquemment représentée sur les monuments antiques, principalement dans les sculptures et les fresques des catacombes. . 74-75

B

Bains chez les premiers chrétiens. 1° Bains hygiéniques. 2° Bains liturgiques, pour le peuple d'abord, mais surtout pour les ministres de l'Église à la veille des grandes fêtes. 75-76
Baiser de paix. Devient de bonne heure une cérémonie religieuse : 1° à la messe; 2° au baptême; 3° aux fiançailles. 76-78
Balance. Symbole du jugement, d'acquisition et de vente, de profession 78
Baptême I. Allégories relatives au baptême : on en compte jusqu'à huit. 78
II. Principaux noms donnés au baptême. III. Discipline et rites relatifs au baptême. 79
IV. Monuments représentant 1° le baptême de N.-S. J.-C. par S. Jean-Baptiste, 2° plusieurs rites du catéchuménat... administration solennelle du baptême par immersion. 83
Baptistères. I. Dans le principe on baptisait partout où l'on trouvait de l'eau. 83
II. Baptistère au lieu même où N.-S. fut baptisé; baptistères dans les catacombes. 83-84
III. Baptistères *sub dio*. IV. Structure des baptistères. V. Un baptistère par diocèse ou ville épiscopale. 85-86
VI. Consécration des baptistères. VII. A qui dédiés. VIII. Autels des baptistères. 86-87
IX. Figures symboliques employées à la décoration des baptistères. 87-88
Barbe. — V. l'art. *Vêtements des premiers chrétiens*.
Basiliques chrétiennes. I. Églises des catacombes. 88-89
II. Églises construites en plein air dans les trois premiers siècles. 89-90
III. Églises depuis le quatrième siècle, ou basiliques proprement dites. 91-92
IV. Quatre classes de basiliques : A. De petites dimensions, bâties directement au-dessus des cryptes des martyrs. 93
B. Grandes basiliques disposées selon les exigences du culte solennel. 93
C. Temples païens à Rome et en Orient transformés en églises. 94
D. Autres édifices profanes, thermes et bains, convertis en églises. 95
V. Idée sommaire d'une basilique chrétienne des premiers siècles de la paix : description. . . 95-97
VI. C'est à Rome qu'il faut chercher les basiliques primitives. 97
Baton (son usage dans la liturgie). 1° Nécessité physique; 2° symbole de la croix; 3° raison mystique. 98
Bélier. Symbole distinct de l'agneau ; symbole du Verbe, chef du troupeau; symbole de force, le bélier arrêté dans le buisson, image de Jésus couronné d'épines. 98
Bénédictionnaire. V. l'art. *Livres liturgiques*, V.
Bénir (Manière de). 1° Bénédiction grecque ; 2° Bénédiction latine; 3° troisième manière, index et medius ; 4° quatrième manière, pouce et index ; 5° manière du patriarcat de Constantinople. . . 99-100
Bergers (Adoration des). Sujet rare dans les monuments primitifs; variantes de ce sujet. . . 101
Bibliothèques chrétiennes. Nombreuses dès le temps des persécutions. D'abord les Livres saints, les travaux d'exégèse, les œuvres des Pères, les auteurs profanes de Rome et de la Grèce toujours recommandés par les Pères comme base essentielle de l'éducation littéraire. 101-103
Birrus. Manteau qui se portait de différentes manières; origine de la mozette actuelle(?). . . 104
Bisomus. — V. l'art. *Sarcophage*, I.
Bœuf (Le) et l'Ane de la Nativité. Principalement dans les sculptures de sarcophages. 104
Brebis. Distinction, dans les monuments figurés, entre les brebis et les agneaux. 104-105
Busterna. Dérivé du mot *bustum*, reliquaire d'une forme spéciale. 105

C

Calendrier ecclésiastique. Note exacte du *natale* des évêques et des martyrs ; le plus ancien calendrier est du milieu du quatrième siècle; c'est celui du P. Boucher. Calendrier de l'Église de Carthage, cinquième siècle; Ménologe des Grecs. . 105-106
Calice. Le premier des vases sacrés; sa matière aux différents âges de l'Église. Calices enrichis d'inscriptions. Formes variées des calices. Calices à l'usage des fidèles. 106
Calliculæ. Disques de métal ou d'étoffe employés comme décoration des vêtements. 107
Calomnies dirigées contre les premiers chrétiens. I. Les Juifs, premiers calomniateurs des chrétiens. 108
II. Calomnies relatives : 1° à l'idolâtrie; 2° à l'immoralité. 109-110

CANA (Miracle de). Représenté, de toute antiquité, spécialement sur les sarcophages, les diptyques, etc. 111-112

CANCEL. Barrière à jour entre la solea et le sanctuaire des basiliques. 112

CANDÉLABRE DES JUIFS. Trouvé dans les catacombes, sur les tombeaux; quelques savants lui ont assigné, dans ces conditions, un sens chrétien et une origine chrétienne. Examen de cette opinion. 113-114

CANON (Κανών, regula). Dans la langue ecclésiastique, ce mot a cinq acceptions différentes : 1° tantôt il désigne le symbole ou la règle de la foi ; 2° tantôt le catalogue où étaient inscrits les clercs ; 3° mais plus souvent les lois et constitutions ecclésiastiques, réglant la foi, la discipine et les mœurs ; 4° canons apostoliques; 5° sorte de tribut qui, sous l'empire, atteignait la propriété foncière ; 6° canons évangéliques d'Eusèbe. 114-116

CANON DE LA MESSE. I. La formule essentiellement sacramentelle a pour auteur J.-C. lui-même; mais à quelle époque a été fixée sa forme intégrale telle qu'elle existe aujourd'hui ?. 116-117

II. Avant le dixième siècle, il se récitait à haute voix dans l'une et l'autre Église; profond respect de l'Église, dans tous les temps, pour cette sainte formule. 117-119

CANONISATION. Mot relativement moderne comme la chose qu'il exprime. Mais il ne fut jamais permis de rendre un culte public aux saints, même martyrs, sans l'autorisation des évêques. Distinction entre les martyrs reconnus et ceux qui ne l'étaient pas encore. La canonisation des saints tire son origine des diptyques; elle n'est point une imitation de l'apothéose des païens. 119

CANTHARUS OU PHIALA. Vasque d'eau où l'on se lavait les mains avant d'entrer à l'église; vase qui contient l'eau bénite; candélabre; lampe suspendue. 119-120

CANTIQUES. — V. l'art. Office divin. Appendice, 5.

CAPITILAVIUM. — V. l'art. Ablution, 1.

CAPITOLE. — V. l'art. Lapsi, 1.

CAPITULES. — V. l'art. Office divin. Appendice, 3.

CARDINAUX. — V. les art. Titres et Curés.

CATACOMBES. I. Qu'est-ce que les catacombes? Elles avaient trois destinations principales. . . 120-123

II. Historique. L'histoire des catacombes peut se diviser en trois périodes : de formation, de pèlerinages, d'explorations scientifiques. . . . 124-132

III. Les catacombes sont-elles l'œuvre exclusive des chrétiens? C'est la théorie aujourd'hui universellement admise, d'après les démonstrations scientifiques du P. Marchi. 132-134

IV. Comment les chrétiens purent-ils creuser leurs catacombes sous des terrains qui devaient appartenir à des païens? V. Comment la terre résultant de l'excavation des souterrains ne trahissait-elle pas l'existence des cimetières? VI. Eurent-ils toujours la propriété exclusive des catacombes?. 154-138

VII. Quels sont les noms, et quelle est la position respective des différents cimetières de la Rome souterraine? 138-142

VIII. Connaît-on au juste l'étendue des catacombes romaines? Mémoire de M. Michel De' Rossi à ce sujet. Plan de la huitième partie du cimetière de Sainte-Agnès, et son explication d'après le P. Marchi. 142-148

CATÉCHUMÉNAT. I. Qu'étaient-ce que les catéchumènes? Trois ordres distincts. 148-150

II. Cryptes destinées, selon le P. Marchi, à l'instruction des catéchumènes. III. Durée du catéchuménat. 150-151

CÉCILE (Ste). I. Première sépulture de Ste Cécile. 151-152

II. Deuxième sépulture. III. Troisième sépulture ou translation définitive. 153-155

IV. Iconographie. La plus ancienne des images de Ste Cécile est du sixième siècle; le moyen âge et la Renaissance ont souvent reproduit cette grande figure de sainte sous tous ses aspects. . . 155-156

CEINTURE. V. l'art. Vêtements des ecclésiastiques dans les fonctions sacrées, III, 3°.

CENTON (Κέντρων). Au propre, vêtement composé de morceaux de vieilles étoffes; au figuré, sorte de poème composé de vers ou d'hémistiches pris dans différents auteurs. La manie du centon, née dans les siècles de décadence, s'est prolongée dans les temps modernes. 156-158

CERF. On l'a regardé comme le symbole de Jésus-Christ, des apôtres, des prédicateurs, des docteurs, des fidèles. On le voit souvent dans des mosaïques, des tombeaux, des baptistères. 158

CHAIRE. I. Définition. 1° La plus ancienne et la plus vénérable de toutes, celle de S. Pierre au Vatican ; 2° chaires dans les cryptes des catacombes; 3° dans certains carrefours de ces mêmes cimetières (pourquoi ?). 159

4° Les peintures, les mosaïques montrent fréquemment des personnages sur des sièges de cette sorte; 5° chaires mobiles dans les cryptes; 6° chaires dans l'abside des basiliques; 7° deux chaires épiscopales placées dans deux niches.... représentation hiéroglyphique d'un concile. 160

II. Chaires épiscopales avec ornements symboliques. III. Grande vénération des premiers chrétiens pour les chaires des anciens évêques. . 161

CHAIRE DE SAINT-PIERRE (Fête de la). — V. l'art. Fêtes immobiles, II, 2°.

CHANANÉENNE. Sujet quelquefois sculpté sur des sarcophages. 162

CHANOINES. Cleri canonici ou clercs réguliers. . 162

CHANT ECCLÉSIASTIQUE (Origine du). I. Dès le berceau de l'Église, il fut d'usage de chanter des psaumes dans les assemblées des fidèles. 163-164

II. La musique d'église est un reste, il est vrai, de la musique grecque (?) ; au sixième siècle, S. Grégoire invente un nouveau genre de chant. 164-165

III. Le chant des psaumes dans les monastères ; permis aux femmes, recommandé aux religieuses. 165-166

CHANTRES OU PSALMISTES. I. Dans l'Église primitive. II. Le chant quelquefois exécuté par eux seuls. III. Importance de la fonction de chantre. IV. Dès le sixième siècle, les évêques s'occupent activement de l'instruction des chantres. 166-167

CHAPE. Qu'était-ce que ce vêtement?. 167

CHAPELET. I. L'usage de répéter souvent la même prière remonte aux temps les plus reculés. . 167

II. Instrument ou méthode mnémonique quelconque devenue indispensable pour compter ces prières. III. A quelle époque s'introduisit l'usage des couronnes ou chapelets proprement dits?. . 168-169

CHASUBLE. I. Vêtement sacerdotal actuellement fort réduit; sa forme primitive; ses dimensions. II. D'abord habit profane. III. Et pendant des siècles, commun à tous les ordres ecclésiastiques. IV. Enrichi, surtout d'images de saints. 169-170

CHAUX (son emploi dans les sépultures des catacombes). 170

CHEVAL. Emblème usité dans les sépultures païennes, admis aussi par les chrétiens. 171

CHORÉVÊQUES. Définition étymologique. Après Constantin, il y en eut quelquefois plusieurs par diocèse; leur autorité, leurs fonctions; avaient-ils le caractère épiscopal? En Occident, on n'en connaît guère avant le cinquième siècle. 171

CHRÊME (Saint). Sa matière; sa consécration, par qui, quel jour? A qui attribue-t-on le rit de cette consécration? *patena chrismatis*. 172

CIBORIUM. Baldaquin recouvrant l'autel des basiliques; sa forme; ses ornements les plus ordinaires; voiles du ciborium en Occident comme en Orient. 172-173

CIEL. Représentation hiéroglyphique du ciel sur les sarcophages. 173

CIERGE BAPTISMAL. I. Son usage en vigueur dès les premiers siècles. II. Interprétations mystiques de ce rit. III. Forme et grandeur de ce cierge. 174-175

CIERGE PASCAL. Ancienneté de ce rit. *Exultet*. Où s'en faisait la bénédiction? 175

CIERGES ET LAMPES. I. Leur usage remonte à l'origine même de l'Église. 175

II. Deux espèces générales de candélabres : ceux qui servaient à brûler de l'huile, *canthari*, et ceux qui étaient destinés à recevoir les cierges ou des chandeliers. Grands lustres en forme de couronne. L'usage des lumières sur les autels chez les Latins vers le dixième siècle seulement; les Grecs ne l'ont jamais adopté. 176-178

CIMETIÈRE. Ce mot désignant la dernière demeure de l'homme est exclusivement chrétien; d'autres dénominations expriment la même idée et quelquefois des circonstances spéciales de lieu. 178

CINERARII. — V. l'art. *Vêtements des premiers chrétiens*, I.

CIRCONCISION. — V. l'art. *Fêtes immobiles*, I, 1°.

CLAVI. Bandes de pourpre sur les vêtements; variété dans la forme et la disposition de cet ornement. 179-180

CLEFS DE SAINT-PIERRE. La tradition symbolique des clefs, traduction matérielle des promesses de N.-S. à S. Pierre, figurée dès la plus haute antiquité. 180-181

CLERCS. — V. l'art. *Ordres ecclésiastiques*.

CLERGÉ (ses moyens d'existence et ses immunités dans la primitive Église). I. Moyens d'existence : 1° oblations volontaires du peuple; 2° revenus des champs et autres possessions de l'Église; 3° pensions constituées à l'Église sur le trésor de l'empereur; 4° biens des martyrs et des confesseurs décédés sans parents; 5° dîmes; 6° prémices des fruits. II. Immunités : 1° juridiction propre des clercs, pour trois espèces de causes; 2° affranchissement des charges publiques ou immunité personnelle; 3° immunité des tributs et impôts ou immunité réelle. 181-184

CLOCHES. Pendant les premiers siècles les fidèles étaient convoqués à l'église par des diacres appelés *cursores*; pas de donnée certaine sur les cloches avant la fin du sixième siècle; dans l'Église orientale, avant le neuvième. 184

CŒUR. Cet emblème sur les marbres chrétiens n'est probablement qu'un signe de ponctuation. . 185

COLLECTES. — V. l'art. *Stations*, III.

COLOBIUM. Premier vêtement des diacres dans l'Église romaine; sa matière; ses ornements. 186

COLOMBE. Aucun symbole n'a été aussi souvent reproduit par les premiers chrétiens; différentes significations de cet emblème. 186-188

COLOMBE EUCHARISTIQUE. Vase en forme de colombe, où on réservait la sainte eucharistie pour les malades; suspendue par une chaîne sous la voûte du *ciborium*, quelquefois enfermée dans une tour; elle avait son baldaquin spécial, appelé *peristerium*; tours où reposait immédiatement le corps de N.-S., vraisemblablement surmontées d'une colombe. . . . 188-190

COLONNE. Isolée, ordinairement employée comme symbole de l'Église. 190

COLUM VINARIUM. I. L'usage de passer le vin très-fréquent dans l'antiquité. N.-S. fait allusion à cette coutume quand il dit aux pharisiens, *excolantes culicem*, etc. II. L'Église adopta cet instrument dans sa liturgie. 190-191

COLYSÉE, AMPHITHÉÂTRE FLAVIEN (Traditions chrétiennes du). I. Inauguré l'an 80 de notre ère. Incertitude sur l'origine de son nom et sur l'identité de son architecte. 191

II. Quant et où commença-t-on à exposer les chrétiens aux bêtes dans les amphithéâtres? Pour l'amphithéâtre Flavien, c'est probablement sous Domitien : premier exemple certain, celui de S Ignace d'Antioche. 192

III. Série des martyrs exposés aux bêtes dans le Colysée, à partir de l'an 107. Cette exposition avait lieu devant l'autel de Jupiter. 192-194

COMMÉMORATION DES MORTS (Fête). — V. l'art. *Fêtes immobiles*, IX, 2°.

COMMUNION. I. Rites qui l'accompagnaient dans les premiers siècles. 195-196

II. Les fidèles l'emportaient dans leurs maisons et se l'administraient eux-mêmes : cérémonies de la communion domestique. 196

III. Toutes les Églises se sont accordées, dès le principe, à prendre le corps du Sauveur avant tout autre aliment. 197-198

COMPLIES. — V. l'art. *Office divin*, III.

CONCILES. I. Formes et rites qui accompagnaient la tenue des conciles dans l'antiquité. . . . 198

II. Dans les anciens synodes, on exposait l'image du Sauveur, et aussi le livre des évangiles, sur un trône orné de riches draperies. III. On produisait encore les œuvres des Pères, ainsi que les canons des anciens conciles. 198-200

CONFESSEURS (Culte des). Distinction entre les confesseurs et les martyrs. — Le culte des confesseurs en usage depuis le quatrième siècle. Dès lors on leur éleva des églises. 200-201

CONFESSIO, MARTYRIUM, MEMORIA. I. Ce fut d'abord le lieu où un martyr avait été inhumé, et plus tard l'autel bâti au-dessus de son tombeau, qui est à proprement parler la confession souterraine. La confession supérieure, c'est l'autel érigé dans la basilique, au-dessus de la crypte. Ces noms furent donnés par extension à la basilique tout entière, et plus exclusivement celui de *martyrium*. Le mot *memoria* exprime spécialement tous les travaux exécutés pour garder la mémoire des martyrs. 201

II. Le mot *confessio* désigne plus communément l'autel recouvrant le tombeau du martyr dans la crypte. 202

CONFESSION SACRAMENTELLE. — V. l'art. *Exomologèse*.

CONFIRMATION. Noms et rites anciens de ce sacrement. 203

CONSIGNATORIUM ABLUTORUM. Lieu où s'administrait le sacrement de confirmation. 204

CONSTANTIN (Fête de). V. l'art. *Fêtes immobiles*, IV, 2°.

CONTRA VOTUM. Formule de regret dans les inscriptions sépulcrales. 204

COQ. Symbole de la résurrection sur les tombeaux, et en général de la vigilance chrétienne. 204-205

COQUILLAGES. Moyen de reconnaissance d'abord, plus tard symbole de résurrection dans les tombeaux. . 206
CORDONA ECCLESIÆ. — V. l'art. *Clergé*, I, 1°.
CORPORAL. Figure du linceul dont Joseph d'Arimathie ensevelit le corps du Sauveur ; de toute antiquité dans les deux Églises ; sa matière, ses dimensions. 207
COULEURS (Symbolisme des) dans les monuments chrétiens et dans les rites de l'Église. I. Le blanc. 207-208
II. Le rouge. III. Le vert. IV. Le violet. 208-210
COURONNE. Emblème de victoire et de récompense dans le style des saintes Écritures, dans celui des écrivains des premiers siècles, aussi bien que dans le langage figuré des monuments primitifs. 210-212
COURONNEMENT D'ÉPINES. — V. l'art. *Passion*, II, 2°.
COUTEAU EUCHARISTIQUE. — V. l'art. *Lance*.
CROIX. I. Trois principales formes de croix. 212-213
II. Vénération des chrétiens pour la croix dès l'origine de l'Église : phases par lesquelles elle passa avant de pouvoir se produire ouvertement. Croix sur les tombeaux. 213-216
III. Croix stationales. Distinction arbitraire de croix latine et de croix grecque. 216
CROIX (Culte de la). I. Culte relatif, et non de latrie ; il remonte à l'origine. II. Quels sont les premiers témoignages directs de ce culte ? III. Datent-ils de l'invention de la vraie Croix ? IV. Redoublement de ferveur dès qu'on fut en possession de ce trésor : 1° pèlerinages ; 2° manifestations éclatantes dans la liturgie, particulièrement dans celle des Syriens. 212-224
CROIX (Signe de la). De tradition apostolique : usité dans toutes les circonstances de la vie, surtout dans l'administration des choses saintes et des sacrements en particulier. Manières de faire le signe de la croix. 224-225
CROSSE. — V. l'art. *Evêques*.
CRUCIFIX. I. Son absence presque complète dans les monuments primitifs, pourquoi ? Dès le commencement du sixième siècle, les attributs du crucifix prennent un caractère tout à fait prononcé. II. A quelle époque remonte l'usage du crucifix proprement dit ? 1° Objet de la piété individuelle ; 2° du culte public. III. Crucifix plus ou moins vêtu. IV. Détails du crucifiement : 1° les clous ; 2° le suppedaneum ; 3° le titre de la croix. V. Accessoires du crucifiement : 1° le soleil et la lune ; 2° la sainte Vierge et saint Jean, etc., etc. VI. Le crucifié était-il représenté vivant ou mort ?. 225-231
CRYPTES. Acception générale de ce mot ; acception particulière par rapport aux *cubicula* des catacombes. 231-232
CUBICULA. Acception exclusivement chrétienne de ce mot. 232
CUBICULARII. Clercs préposés à la garde des *cubicula*. 233
CUCURBITE. — V. l'art. *Jonas*.
CUILLER LITURGIQUE. D'un usage très-ancien chez les Grecs et les Orientaux, toujours étrangère aux Églises d'Occident. 233-234
CUPELLA. Tombeau où reposaient deux cadavres d'enfants. 234
CURÉS. C'est depuis le quatrième où le cinquième siècle que des Églises rurales furent confiées en Orient à de simples prêtres ; plus anciennement en Occident. Développement progressif de cette institution. 234-235

D

DALMATIQUE. En usage dans l'Église depuis la plus haute antiquité. Vêtement pontifical, la dalmatique devient épiscopale et sacerdotale, puis au sixième siècle l'usage en est accordé à tous les diacres. Dans les monuments antiques, vêtement commun aux deux sexes. Ne pas la confondre avec la tunique ordinaire et le *colobium*. 235-236
DANIEL. Sujet très-fréquent sur les monuments chrétiens de tout genre. 1° Daniel empoisonnant le dragon des Babyloniens. 2° Daniel dans la fosse aux lions et Habacuc lui apportant des aliments. 237-238
DAUPHIN. I. Emblème de la vélocité. II. Dans les sépultures chrétiennes tantôt isolé, tantôt enlacé à l'ancre. 238-239
DAVID, brandissant sa fronde, sujet très-rare dans nos monuments. 240
DÉMON ET LES DÉMONIAQUES. Ordinairement figuré sous la forme d'un serpent, rarement isolé. Les scènes d'exorcismes proprement dites ne se montrent qu'à partir du cinquième siècle. Mais les monuments offrent souvent N.-S délivrant des démoniaques. 240-241
DENARISMUS UNCIÆ. — V. l'art. *Clergé*, II, 3.
DESCRIPTIO LUCRATIVORUM. — V. l'art. *Clergé*, II, 3.
DEUIL CHEZ LES PREMIERS CHRÉTIENS. Quelle doit être cette douleur selon S. Paul ? Recommandations de S. Augustin aux fidèles de son temps. Comment l'Église vivifie par l'esprit chrétien certaines pratiques de l'antiquité. Répression par les Pères des abus en cette matière. 241-242
DIACONESSES. Date de leur institution ; leur nom ; leurs fonctions ; leurs prétentions sévèrement réprimées. Leur ordre existait encore en Orient au commencement du huitième siècle. 243-244
DIACONICUM. Quel était ce lieu dans les anciennes basiliques ? 244
DIACRE. Double acception de ce mot ; mission des diacres ; leur nombre ; comment représentés. 244-245
DIEU. I. Représentation de Dieu par la main dans différentes circonstances de l'Ancien et du Nouveau Testament ; exclusive de toute autre. II. Représentation sous forme humaine dans des faits historiques. 246-247
DIMANCHE. I. Substitution du dimanche au sabbat. II. Comment les premiers chrétiens le célébraient et le sanctifiaient. 247-248
DÎME. — V. l'art. *Clergé*, I, 5.
DIOCÈSES. I. Sur quel type se modela la première constitution de l'Église ? II. Division de l'empire romain en provinces et en diocèses ; le premier établissement de la juridiction métropolitaine et patriarcale calqué sur ce modèle. 248-249
DIPTYQUES (Δίπτυχα). I. Étymologie. Pugillaires de deux ou plusieurs panneaux, matières dont ils étaient composés. II. Introduction des diptyques dans le culte de l'Église primitive : 1° Question liturgique : Division des diptyques ; en quel lieu, à quel moment et par qui se faisait la proclamation des noms inscrits aux diptyques ; inscription aux diptyques, honneur insigne ; la radiation emportant flétrissure. 249-252
2° Question archéologique : Diptyques purement ecclésiastiques ; énumération des plus remarquables monuments de ce genre. 252-254
B. Dyptiques mixtes ; les plus remarquables de cette catégorie. C. Diptyques profanes appropriés au service du culte. 254-256
DIVINITÉS, et autres sujets païens sur les monuments

chrétiens, Génies, Victoires, Centaures, Cariatides, Hippocampes, Télamons, divinités des fleuves, allégories des saisons. 256-258
Dolium (tonneau). Sur les sépultures chrétiennes signe de douleur (?). 258-259
Dominicale. Linge blanc, à l'usage des femmes, pour recevoir l'eucharistie. 259
Dorsalia. Draperies pour préserver de l'air les clercs employés au chœur 259
Doxologie. I. Majeure. II. Doxologie mineure. 259-260
Draconarius. Porte-étendard, porte-croix aux stations, processions, litanies. 260-261

E

Eau baptismale. I. L'usage de la bénir, très-ancien dans l'Église. II. Les rites de cette bénédiction sont encore à peu près les mêmes que de nos jours. III. Elle avait lieu, comme aujourd'hui encore, le samedi de Pâques et celui de la Pentecôte. . . . 261-263
Eau bénite. I. En usage dès les premiers siècles. II. Bénitiers avec inscriptions. . . . 263-264
Écoles dans l'antiquité chrétienne. Objet de la sollicitude de l'Église dès la fin du premier siècle. Écoles célèbres à Alexandrie, à Rome, à Antioche, à Césarée, à Constantinople. Écoles de lecture, de chantres, etc. 264-265
Économe ecclésiastique. Institution régulière à partir du quatrième siècle. But de cette institution. En Orient ils furent toujours prêtres. *Sede vacante*, ils géraient les revenus de l'Église. Dignité quelquefois mentionnée sur les marbres. . . . 265-266
Église (L'). I. Figures tirées de l'Ancien Testament. II. Images symboliques. 266-269
Églises (Consécration des). Aucune donnée positive à ce sujet pour les trois premiers siècles. I. A partir de Constantin l'histoire commence à enregistrer les consécrations d'églises. II. Rien de bien précis sur les rites primitifs. III. Défense de célébrer dans une église non consacrée. IV. Les églises ne furent jamais consacrées qu'à Dieu seul. V. Au commencement, pas de jours spécialement affectés à cette consécration ; mais, dès les premiers siècles, anniversaire de la dédicace célébré solennellement. 269-270
Églises (Respect et immunités). I. Respect aux églises comme siège de la divinité ; refuge inviolable pour les personnes comme pour les objets précieux ; refuge et sécurité dans les circonstances critiques. II. Immunités. La seule étudiée ici, et encore au point de vue historique seulement, c'est le droit d'asile pour les criminels. 270-272
Élie (Enlèvement d'). Figure de la résurrection. Symbole de la transmission de la doctrine et de la dignité de prophète ou d'apôtre. 272
Encens. Son usage remonte au berceau de l'Église. Pas réservé aux seules cérémonies de la liturgie. A qui appartenait la fonction d'encenser. . . 273-274
Encensoir. Pas de donnée positive sur sa forme dans l'antiquité chrétienne. C'était probablement une espèce d'urne, avec base, et couvercle percé de trous. Encensoirs à chaînes au douzième siècle seulement (?) 274-275
Encolpia. Reliquaires portatifs; on les suspendait au cou et on y renfermait des reliques. . . 275-276
Enfant Jésus (L') au milieu des docteurs. Quelques exemples de ce sujet, qui est rare dans les monuments. 276-277
Enfants trouvés, *alumni*. Il ne paraît pas que jusqu'au septième siècle les Latins aient possédé des maisons spéciales pour ces enfants. *Orphanotrophia*. 278-279
Ensevelissement. Trois catégories de rites funèbres observés chez les chrétiens. 279-280
Ependytes. Vêtement usité, surtout chez les moines, dès les premiers siècles. 280
Épiphanie. — V. l'art. *Fêtes immobiles*, I, 2°.
Éponge liturgique. Fait dans la liturgie grecque l'office du purificatoire chez les Latins. . . . 280
Equi canonici. — V. l'art. *Clergé (Immunités)*, II, 3°.
Ermites ou anachorètes. I. Distinguer entre les institutions monastiques, les ascétiques et les anachorétiques proprement dites. II. Quelle retraite choisissaient d'ordinaire les premiers anachorètes ? 281-282
Esprit (Le Saint-). I. Représentation symbolique. II. Le nom de *spiritus*, et même de *spiritus sanctus*, appliqué aux âmes des fidèles défunts. . . . 282-284
Étienne (S.). Ses images sur les monuments dès le sixième siècle. 284
Étienne (Fête de S.). — V. l'art. *Fêtes immobiles*, X, 2°.
Étoiles. Signes de la divinité et de l'éternité du Sauveur; symbole de la durée indéfectible du paradis. 284-285
Étole. — V. l'art. *Vêtements des ecclésiastiques dans les fonctions sacrées*, III, 5°.
Étrennes. I. Chez les païens, pratique superstitieuse. II. Impôt vexatoire extorqué au pauvre par le riche. Réforme de cet abus chez les chrétiens. III. Étrennes baptismales. 285-287
Eucharistie. Pourquoi l'antiquité épuisa-t-elle pour ce mystère toutes les prudences de la discipline de l'arcane ? I. Figures eucharistiques empruntées à l'Ancien Testament. II. Au Nouveau Testament. III. Monuments où se révèlent des allusions plus ou moins directes à l'Eucharistie. . . . 287-294
Eulogies ou pain bénit. I. A l'origine. II. Au sixième siècle, plus grande extension donnée au mot eulogic. III. Toute espèce de présent, gratuit ou consacré par un droit quelconque. 294-295
Eusèbe (ses *Canons évangéliques*).—V. l'art. *Canon*, 5°.
Évangéliaire. — V. l'art. *Livres liturgiques*.
Évangélistes. I. Leur représentation par les quatre animaux symboliques ne paraît pas avant le cinquième siècle. II. Sujet fréquent dans les mosaïques des basiliques de Rome et de Ravenne. III. Représentation s'écartant des types connus. IV. Quelques croix très-anciennes ornées à leurs extrémités des quatre animaux évangéliques. V. Autres classes de monuments reproduisant ce sujet. VI. Quelques sarcophages, mais tardivement. 295-298
Évangiles. I. Leurs représentations. II. Leur culte 1° public, 2° privé. 298-301
Évêques. I. Fonctions de l'évêque d'après la définition étymologique. II. La prééminence des évêques sur les prêtres, prééminence d'ordre et de pouvoir, de droit divin. III. Costume des évêques dans l'antiquité. IV. Insignes des évêques. . . . 301-307
Exaltation de la sainte croix. — V. l'art. *Fêtes immobiles*, VIII, 2°.
Exarques ecclésiastiques. Primats de l'Église grecque. 307
Exceptores. Greffiers ou notaires ecclésiastiques. 307
Excommunication. Peine canonique; différentes applications qu'en fit l'Église, et leurs motifs. . . 308
Exomologèse I. (Confession sacramentelle). II. Comment et quand la confession se pratiquait-elle dans la primitive Église? III. Le langage peu explicite des premiers Pères à cet égard, commandé par la loi du secret, portait principalement sur la forme des sacrements; c'est pourquoi la plupart des données

relatives à la pratique de la confession sont postérieures aux persécutions. 309-312
Exorcistes. Inconnus pendant les trois premiers siècles et pourquoi? Cas d'exorcisme. Inscriptions d'exorcistes. 312
Ezéchiel. Sa vision figure de la résurrection de la chair. 313

F

Famille (La sainte). Sujet très-rare dans les monuments du plus ancien âge. 313
Fenestella confessionis. Petite fenêtre au-dessus du souterrain où reposent les corps des martyrs et des saints en général. 314-315
Fêtes immobiles de l'année ecclésiastique. Réparties sur les douze mois de l'année. 315-321
Fidelis (fidèle). Nom réservé aux seuls baptisés dans l'antiquité chrétienne. 321-322
Flabellum liturgique (éventail). I. Son usage dans les saints mystères, preuve nouvelle de la foi des siècles primitifs à la présence réelle. II. Aux diacres, le ministère du flabellum. III. Matières des flabella dans la liturgie comme dans la vie privée. 322-325
Flammeum virginale. Voile des vierges chrétiennes, sa forme, sa couleur; signalé sur leurs épitaphes. 325
Fleurs. Emblème de la gloire céleste, ornement des tombeaux, des basiliques; symbole des dons du Saint-Esprit. 325-326
Fleuves (les quatre). Les quatre fleuves de l'Éden; les quatre évangiles; les quatre vertus cardinales. Sujet populaire. 326-327
Fonds de coupe. I. En forme de patère ou de soucoupe. II. Sujets dessinés sur une feuille d'or. III. Cimentés à l'extérieur et même à l'intérieur des sépultures. IV. Leur emploi le plus habituel. V. Destination de quelques-uns de ces verres de proportions exiguës. VI. La plupart sont du temps des persécutions. VII. Autres vases antiques avec figures taillées dans le verre même. 327-329
Fossores. Faisaient-ils partie de la cléricature? Leurs fonctions dans les catacombes. Leurs épitaphes accompagnées des instruments de leur profession. 330-331
Fraternité chrétienne. I. Fraternité restreinte chez les Juifs; les chrétiens n'en exceptaient personne, mais l'exerçaient plus étroitement entre eux. Car elle était contractée par le baptême, consommée par l'eucharistie, scellée par la communauté des souffrances et de la gloire. II. Dans les inscriptions antiques les mots *frater* et *fratres* n'expriment pas toujours un lien de parenté. Noms propres inspirés par ces idées de fraternité chrétienne. 331-333
Funérailles. L'Église n'a prescrit de rites particuliers pour les funérailles des fidèles qu'à partir de Constantin. Prescriptions données aux prêtres à ce sujet dès le quatrième siècle. Délais prescrits par les constitutions apostoliques. 333-334

G

Gammadiæ. Croix composées de quatre *gamma* sur les vêtements et autres ornements ecclésiastiques. 335
Gazophylacium. Lieu où l'on déposait certaines offrandes des fidèles. 335
Graduel. — V. l'art. *Livres liturgiques*, 6°.
Graffiti. Tout ce qui est écrit en caractères cursifs sur les murailles et dans les monuments de toute nature de l'antiquité. Importance de cette étude pour l'histoire et l'archéologie. *Graffiti* figurés: dessins ou caricatures. Inscriptions pieuses dans les catacombes. *Graffiti* exprimant des souvenirs affectueux ou des prières pour le repos éternel. *Graffiti* sur des monuments de la Gaule. 335-337
Grecs (Instruments liturgiques spéciaux aux). Calice et patène communs aux deux cultes. Celle-ci plus grande chez les Grecs. 337
Gymnasia Pauperum. — V. l'art. *Hôpitaux*.

H

Hébreux (Les jeunes). I. Devant la statue de l'empereur. II. Dans la fournaise. Ce dernier sujet plus fréquent. Les deux scènes réunies dans un tableau unique. Monuments relatifs à ce sujet. 338-340
Hélène (Fête de sainte). — V. l'art. *Fêtes immobiles*, IV, 2°.
Hémorroïsse. Sur un grand nombre de sarcophages. 341
Hermeneutæ, interprètes. Ministres de l'Église chargés de traduire, soit les leçons de l'Écriture, soit les discours sacrés, en faveur de ceux qui ignoraient la langue liturgique. 341
Hiérarchie. — V. l'art. *Ordres ecclésiastiques*.
Hôpitaux dans la primitive Église. Dans les trois premiers siècles, l'Église soignait ses pauvres à domicile. Les hôpitaux, d'abord assemblage de petites cases indépendantes; au commencement, les évêques les présidaient et les entretenaient à leurs frais; plus tard leur administration, tant spirituelle que temporelle, confiée à des préfets. Ordinairement dédiés au Saint-Esprit. 342-343
Hospitalité chez les premiers chrétiens. Cette vertu brillait d'un éclat si vif, que les païens s'en scandalisaient. Hospitalité chez les évêques; chez les moines. Précautions contre les surprises. 343-345
Huiles saintes, provenant des lieux saints ou des hypogées des martyrs. Ampoules contenant de ces huiles, envoyées par les papes aux souverains et aux personnages distingués. Variété dans leur matière; leurs formes, leurs inscriptions; très-répandues en Orient et même en Occident. 345-346
Hymnes dans l'office des Grecs. I. Appelées *canons*, partie notable de l'office divin. II. Leurs différents noms, selon les sujets qu'ils traitent. III. Hymnographes en grande vénération chez les Grecs. 346-347

I

Images. I. Antiquité de l'usage des images dans l'Église. 1° Fresques dans les catacombes. 2° Verres à fond d'or. 3° Sarcophages de marbre à bas-reliefs. II. Décret du concile d'Elvire sur les images. III. Magistère de l'Église dans la fixation et l'exécution des types, d'où l'uniformité quant aux sujets dans les différentes branches de l'art. IV. Culte rendu aux images dans la primitive Église. . . . 348-352
Imagines clypeatæ. Sorte de bouclier circulaire, renfermant des figures en buste. Le buste de N.-S., ainsi représenté dans les églises, dénotait qu'elles lui étaient spécialement dédiées. 352
Immunité. — V. les art. *Clergé* et *Églises*.
Imprécations. — V. l'art. *Anathèmes*, II.
Indiction. Système de chronologie, révolution ou cercle de quinze années. 352-353
Indulgences. — V. l'art. *Libelles des martyrs*.
Innocents (Fête des). — V. l'art. *Fêtes immobiles*, X, 4°.
Innocents (Massacre des). Sujet rare dans l'antiquité. Quelques exemples dans les sarcophages et les diptyques. 353-354
In Pace. Acclamation funéraire, caractère indubitable de christianisme. 1° Plus ordinairement, prière pour

les morts. 2° Quelquefois affirmation de la félicité du défunt. 3° D'autres fois témoignage de son orthodoxie. 4° Son identité avec la colombe portant le rameau d'olivier. 5° Exprime quelquefois le repos du corps par le respect de sa sépulture. . 354-357

INSCRIPTIONS. I. Recueils épigraphiques. II. Éléments purement matériels des inscriptions. III. Ponctuation des marbres en général, et des marbres chrétiens en particulier. IV. Orthographe des inscriptions. V. Inscriptions latines en caractères grecs, et épitaphes latino-grecques. VI. Phraséologie lapidaire commune aux chrétiens et aux païens. VII. Caractères propres aux marbres chrétiens. VIII. Manière de déterminer l'âge des inscriptions chrétiennes. IX. Division des inscriptions chrétiennes en deux grandes catégories. 357-378

INSTRUMENTS ET EMBLÈMES REPRÉSENTÉS SUR LES TOMBEAUX CHRÉTIENS. I. Représentation des instruments de la profession, commune aux païens et aux chrétiens. II. Instruments de martyre. 378-381

INTERCESSEURS (Évêques). Évêque de la province désigné par le primat, tant pour administrer un diocèse, le siège vacant, que pour préparer l'élection d'un nouvel évêque. 381

INVENTION DE LA STE-CROIX. — V. les art. *Fêtes immobiles*, IV, 1°, et *Croix* (Culte de la).

J

JANVIER (Calendes de). I. Persistance des pratiques idolâtriques et licencieuses du 1er janvier. II. L'immoralité compagne inséparable de la superstition, favorisée par les déguisements. Sévérité des Pères et des conciles à cet égard. 381-383

JEAN-BAPTISTE (S.). Son culte très-répandu dès les premiers siècles dans les Églises grecque et latine. I. Églises érigées sous son vocable. II. Monuments iconographiques. 383-384

JEAN-BAPTISTE (Fête de S.). V. l'art. *Fêtes immobiles*, V, 1°.

JEAN (S.) L'ÉVANGÉLISTE. Ses plus anciennes images placent près de lui l'aigle emblématique. Les plus anciens crucifix le font voir au pied de la croix avec Marie. 384-385

JEAN L'ÉVANGÉLISTE (Fête de S.). V. l'art. *Fêtes immobiles*, X, 3°.

JÉRUSALEM ET BETHLÉEM (cités typiques). — V. l'art. *Église*.

JÉRUSALEM (Entrée triomphale de Jésus à). Presque exclusivement sur les sarcophages : figure de sa résurrection et de sa rentrée au ciel. . . . 385-386

JÉSUS-CHRIST. I. Exista-t-il dans les premiers siècles une image authentique du Sauveur? II. Jésus-Christ était-il beau ou laid? III. Images acheiropoïètes. IV. Type traditionnel et sa description. Attributs et vêtement du Sauveur. V. Nomenclature de ses noms symboliques ou autres par S. Damase. . . 386-391

JEU (Tables de). Le jeu de dés, emblème de la vie humaine : pensée familière aux païens, n'a rien qui répugne à la philosophie chrétienne. . . 391-392

JEÛNE. Origine de la loi du jeûne. I. Jeûne quadragésimal. II. Jeûne des quatre-temps. III. Jeûne des vigiles et des stations. IV. Nature du jeûne dans l'antiquité. 392-395

JOB. I. Comment représenté dans les monuments primitifs. II. Sur les monuments funéraires, figure de la résurrection de la chair. 395-397

JONAS. L'une des figures les plus frappantes de Jésus-Christ. Pas une classe de monuments antiques où son histoire ne soit reproduite; comment l'est-elle?. 397-399

JOSEPH (Le Patriarche). L'histoire de Joseph, calque fidèle de celle du Rédempteur, souvent proposée aux fidèles par l'enseignement des Pères, est très-rarement reproduite sur les monuments primitifs. 399-400

JOSEPH (S.). Pas de monuments antiques où il soit vu isolément. Personnage accessoire là où la vérité historique exige sa présence, il est représenté de différentes manières, suivant les époques. . 400

JOUETS D'ENFANT TROUVÉS DANS LES TOMBEAUX CHRÉTIENS. Fixés à l'extérieur des *loculi*, souvent comme simples ornements ou moyen de reconnaissance. . 400-401

JOURDAIN (fleuve). Représenté dans les monuments chrétiens, les sarcophages surtout, comme les personnifications des fleuves dans l'antiquité païenne. 401

JUGATIO. — V. l'art. *Canon*, 4°.

JUIFS REPRÉSENTÉS SUR LES MONUMENTS CHRÉTIENS. Coiffés de bérets plats et pointillés, mais seulement dans le voyage du désert. 402

K

KYRIE ELEISON. Pourquoi l'Église l'adopta-t-elle d'abord? Récité à la messe de toute antiquité. Quand fut fixé le nombre de fois qu'on le devait répéter. 402-403

L

LABARUM CONSTANTINIEN. I. Description d'après Eusèbe. II. Celui-là même que Constantin fit exécuter le lendemain de sa vision, fut conservé, dit-on, comme une relique. 403-405

LAÏQUE. Nom des fidèles qui n'appartenaient point au clergé. Cette distinction peut s'établir par les inscriptions classées au Latran par M. De' Rossi. . . 405

LAMPES CHRÉTIENNES. I. L'usage d'en placer dans les sépultures, commun à tous les peuples de l'antiquité; emprunté par les chrétiens aux Juifs. Symbole de la lumière éternelle. Toutes celles que conservent les musées n'eurent pas une destination funéraire. II. Lampes chrétiennes d'autre origine que les catacombes romaines. III. Pour la plupart en terre cuite, quelques-unes en bronze, peu en argent. 405-408

LANCE (La sainte). I. Instrument de la liturgie des Grecs. II. Usage à peu près semblable dans l'Église occidentale. 408-409

LANGUES LITURGIQUES. En quelles langues la liturgie fut-elle célébrée aux temps apostoliques et aux siècles suivants? I. Preuves spéciales pour l'usage liturgique de chaque langue: 1° langue égyptienne ou copte; 2° langue arménienne; 3° langue besse ou esclavonne; 4° langue éthiopienne. II. Pas de raison de supposer qu'elle ait été célébrée dans les Églises occidentales en une autre langue que le latin, et pourquoi? III. Si l'esprit de l'Église primitive fut toujours que le service divin se fît dans la langue vulgaire des nations nouvellement converties, qui n'entendaient pas d'autre langue que la leur, il n'en est pas moins vrai qu'elle se refusa toujours à suivre dans ses liturgies les variations successives des langues. C'est pourquoi la plupart des liturgies sont écrites en diverses langues savantes que le peuple n'entend plus. — Inconvénients de la pratique contraire. . . . 409-412

LAPSI (tombés). I. La discipline à leur égard date du troisième siècle. Quatre principales classes de tombés. II. Dès le temps d'Origène, l'apostasie fut un cas d'irrégularité pour les saints ordres, de dégradation pour les évêques, les prêtres, les clercs. III. Tombés consolant l'Église par leur martyre. 412-414

LAUDES. — V. l'art. *Office divin*, I.

LAURENT (S.). Comment représenté sur les monuments antiques.................. 414-415

LAVEMENT DES MAINS (χέρνιψ). — V. l'art. *Ablutions*, III.

LAZARE (Résurrection de). Souvenir de la résurrection de la chair; peinte ou sculptée sur les tombeaux ou rappelée par des statuettes en métal ou en ivoire fixées à l'extérieur de ces monuments. . 415-417

LEÇONS. — V. l'art. *Office divin*, Appendice, 2.

LECTEURS. Leurs fonctions souvent mentionnées dans les inscriptions. Quelquefois position de confiance auprès des évêques. En Orient, organisés en corporation................. 417-418

LECTIONNAIRES. — V. l'art. *Livres liturgiques*, IV.

LEGIO FULMINATRIX. Épisode de la guerre de Marc-Aurèle contre les tribus barbares du Danube: I. Récit de Dion Cassius et des écrivains païens. Récit des auteurs chrétiens. A qui doit être attribué le prodige? II. Témoignages chrétiens. III. Lettre de Marc-Aurèle aux magistrats de l'empire et au sénat (?). IV. Existait-il dans l'armée de Marc-Aurèle une légion entièrement composée de chrétiens et s'appelant Fulminante?............. 418-420

LETTRES ECCLÉSIASTIQUES. I. Lettres de recommandation pour être admis à la communion et à l'hospitalité des communautés chrétiennes. II. Lettres destinées à unir les évêques les plus éloignés. III. Lettres attestant communion avec l'Église: *litteræ pacificæ*. IV. *Litteræ formatæ*, d'après des signes conventionnels dont les catholiques seuls avaient la clef. V. *Litteræ commendatitiæ*. VI. A qui revenait l'office de porter les lettres ecclésiastiques? 420-423

LIBELLATIQUES. I. Classe spéciale de tombés. II. Opinion particulière à Baronius et à Bingham à leur sujet.................... 423-424

LIBELLES DES MARTYRS. Leur définition; règle suivie pour leur mise à exécution. Abus. . . . 424-425

LIBRARII. Copistes de livres. Nombreux parmi les premiers chrétiens; office tenu en très-haute estime..................... 425-426

LIÈVRE. Différents sens de cet emblème, assez rare sur les monuments chrétiens........... 426

LION. Lions de marbre ou de bronze dans les monuments chrétiens, à l'exemple de l'Église judaïque et non point des pratiques païennes...... 427

LITANIES. I. Toute sorte de prière publique d'abord, puis acception plus restreinte. II. Litanie septiforme du pape S. Grégoire le Grand: litanies majeures. III. Litanies mineures......... 427-429

LITURGIE. I. Liturgie psalmodique. II. Liturgie eucharistique: liturgies orientales, occidentales. III. Pourquoi les antiques liturgies ne nous sont-elles point parvenues dans leur intégrité?..... 429-431

LIVRES LITURGIQUES. Étude de cette matière jusqu'à l'époque de Charlemagne: 1° Sacramentaire; 2° Missel; 3° Évangéliaire; 4° Lectionnaire; 5° Bénédictionnaire; 6° Antiphonaire....... 431-435

LOCUS. — LOCULUS. Mot désignant les tombeaux pour des corps entiers. — Spéciaux aux sépultures des catacombes. Dispositions variées dans leur mode d'excavation, dans leurs clôtures. Origine probablement biblique de cette expression. *Bisomus*, *trisomus*, etc. Polyandre. Briques employées à clore les *loculi*. 435-437

LUMINARE CRYPTÆ. Ouvertures dans la voûte de quelques salles des catacombes et donnant sur la campagne. Grands et petits luminaires. Luminaires ou puits d'aération en Orient....... 437-438

LUX. Le Paradis, c'est la lumière. Jésus-Christ est la lumière indéfectible que l'Église implore pour ses enfants défunts. Sur les tombeaux, les mots *lux*, *lumen*, le plus souvent employés comme acclamations ou affirmations de la gloire des justes que comme prière en leur faveur...... 438-439

M

MACHABÉES (Fête des). Célébrée dans la primitive Église. Basilique à Antioche sous leur vocable. . . . 440

MAGES (Adoration des). Profession de foi à la divinité de Jésus-Christ et à la maternité divine de Marie. Nombre des Mages, leurs vêtements, leurs offrandes; diverses attitudes de l'enfant Jésus et de sa mère. L'étoile, c'est Jésus-Christ....... 440-441

MAINS (Signification de leurs diverses attitudes). I. Mains recouvertes d'une draperie, marque de respect. II. Mains élevées et étendues, geste de prière ou d'adhésion. III. Main à la joue, geste exprimant la douleur.................. 442-443

MAISONS. Difficile d'assigner un sens probable à ces emblèmes sur les tombeaux......... 443-444

MANIPULE. — V. l'art. *Vêtements des ecclésiastiques dans les fonctions sacrées*.

MANNE. Une des figures les plus certaines de l'eucharistie. Souvent prise à tort pour la multiplication des pains.................. 444-445

MANSE. — V. l'art. *Clergé*, II, 3°.

MANSIONARII. Attachés au service des basiliques comme gardiens, ils avaient probablement une part à leur administration temporelle........ 445

MAPPA. Serviette, ou morceau d'étoffe quelconque, devenu un insigne de la dignité de consul, et en général de tous les magistrats présidant les jeux publics. Insigne des empereurs d'Orient, surtout depuis que le consulat leur fut conféré à perpétuité; changea de forme, petit coussin allongé, *acatia*. 445-446

MARIAGE CHRÉTIEN. I. Monuments commémoratifs; inscriptions reproduisant les témoignages des regrets, de la douleur, de la tendresse d'un époux survivant à l'égard de son épouse, et réciproquement IV. Scènes de famille............... 446-451

MARTYRARII. Préposés à la garde des tombeaux des martyrs..................... 451

MARTYRE. Les représentations de supplices étrangères aux temps primitifs: les catacombes n'en offrent presque pas d'exemples. Cependant quelques Pères du quatrième siècle font allusion à des monuments de ce genre existant de leur temps. Peintures de Saint-Étienne-le-Rond par le Pomarancio, gravées par Tempesta (Rome, 1591)......... 451-454

MARTYROLOGES. I. Soin de l'Église à recueillir les actes de ses martyrs et de ses confesseurs. II. Différences entre les martyrologes et les calendriers. III. L'Église romaine avait un martyrologe au temps de S. Grégoire. IV. Le moyen âge en a produit plusieurs.................. 454-456

MARTYRS (Nombre des). La persécution de Dioclétien a fait disparaître une foule de noms et d'actes de martyrs; tout ne fut pas écrit, mais les preuves positives du nombre immense des martyrs abondent dans nos écrivains primitifs........ 456-458

MATINES. — V. l'art. *Office divin*, 1.

MATRICULE. 1° Catalogue des clercs participant aux distributions de l'Église et entretenus par elle. 2° Rôle des noms des pauvres nourris par l'Église. 458-459

MATRONEUM. Lieu réservé aux matrones dans les basiliques anciennes............. 459-460

MEMORIA. — V. l'art. *Confessio*.

MÉNÉES ET MÉNOLOGES. I. Livres ecclésiastiques à l'usage des Grecs, propre des saints. II. Différence entre le ménologe (calendrier, martyrologe) et les ménées. 460

MER ROUGE (Passage de la). Figure de la Rédemption, représentée sur quelques sarcophages de l'Italie et de la Gaule. Description. 460-462

MESSE. I. Ses noms divers. II. Dans les premiers siècles, évêques célébrant avec d'autres évêques et des prêtres. III. Lieux où elle se célébrait. IV. Figures du sacrifice de la messe dans l'Ancien Testament. V. Dans le principe, le dimanche seulement. VI. A quelles heures? VII. Différentes espèces de messes : 1° solennelle, 2° privée, 3° en l'honneur des saints, 4° votives, 5° pour les morts, 6° des présanctifiés. 462-466

MÉTROPOLITAINS. Leurs différents noms dans l'antiquité. Le nom d'archevêque pas avant le quatrième siècle. Institution probablement apostolique. Principaux offices du métropolitain. 466-467

MISSEL. — V. l'art. *Livres liturgiques*, 2°.

MITATORIUM. On ne sait pas au juste quel lieu c'était dans nos anciennes basiliques. 467

MITRE. — V. l'art *Évêques*, IV.

MODIUS. Sur les tombeaux, image figurée de la mesure pleine, pressée, débordante. Peut-être emblème de la profession de mesureur de blé. 467

MOINES (Origine des). I. Pas antérieure au quatrième siècle. II. Primitive institution de l'état monastique en Orient, en Occident. III. Les moines du premier âge n'avaient pas de règle écrite. IV. Vêtement pauvre et grossier. V. Études monastiques. VI. Bibliothèques nombreuses et spéciales. Religieux et religieuses transcrivant des livres. . . . 467-473

MOÏSE. Représenté à profusion sur les monuments de tout genre, une des plus évidentes figures de Jésus-Christ : 1° Moïse près du buisson ardent sur le mont Oreb ; 2° au passage de la mer Rouge ; 3° Moïse et la manne ; 4° frappant le rocher, plus particulièrement ici la figure du Sauveur, quelquefois celle de S. Pierre ; 5° recevant les tables de la loi ; 6° brisant les tables de la loi ; 7° envoyant des émissaires pour explorer la Terre promise ; 8° son histoire représentée dans une série de tableaux de la mosaïque de Sainte-Marie Majeure, à Rome ; 9° Moïse à la Transfiguration. 473-475

MONASTÈRES. — V. les art. *Moines* et *Ascètes*. Les monastères d'hommes et les monastères de femmes datent du quatrième siècle ; très-nombreux en Orient et en Occident. 475-476

MONOGRAMME DU CHRIST. I. Comment formé. Que représente-t-il ? Ornements ou accessoires qui l'accompagnent. II. On en fait remonter l'origine aux temps apostoliques ; il dut prendre naissance en Orient ; mais les monuments sont insuffisants à le prouver. C'est à l'époque de Constantin que le ☧ paraît pour la première fois d'une manière certaine sur les *tituli* romains datés. Sa disparition s'opère moins rapidement dans les provinces qu'à Rome, où il s'éclipse complètement dès 405. III. Principales classes de monuments où il est retracé : 1° églises et basiliques primitives à l'extérieur et à l'intérieur ; 2° baptistères ; 3° monuments funéraires ; 4° lampes d'argile ou de métal ; 5° fonds de coupes de verre ; 6° bijoux, médailles de dévotion ; 7° maisons ; 8° monnaie publique ; 9° meubles et ustensiles domestiques. IV. Autres circonstances où il était employé : 1° Les évêques le traçaient en tête de leurs lettres dites formées ou pacifiques. 2° Memento pour noter certains passages des auteurs. 3° Dans quelques Églises, le monogramme avec l'A et ω était le premier texte d'initiation des catéchumènes. V. A une époque moins ancienne, mais un peu vague, paraît un monogramme de cette forme, IHS. 476-483

MONOGRAMMES. L'usage de lier ensemble les lettres composant un nom est très-ancien. Les inscriptions antiques en ont déjà un assez grand nombre ; de plus en plus fréquents dans les bas temps. Les papes s'en servent pour exprimer leurs noms dans les mosaïques des basiliques romaines et sur leurs monnaies. Fréquents sur les diptyques. 483-484

MONOGRAMMES SUR LES VÊTEMENTS. Les peintures et les mosaïques en offrent de nombreux exemples. Beaucoup d'obscurité dans cette matière. . . 484-485

MOSAÏQUES CHRÉTIENNES. L'usage des mosaïques comme décoration des monuments religieux et funéraires exista dès l'époque des persécutions : Quatrième siècle. Cinquième siècle. Sixième siècle. Septième siècle. Huitième siècle. Neuvième siècle. 485-490

MULCTRA (Vase pastoral), accompagnant l'image du Bon-Pasteur dans les monuments de toute sorte. Quelquefois allusion au sacrement de l'eucharistie. Ce vase à traire est aussi parfois associé à l'Agneau divin ; alors il est nimbé. 490-491

N

NAPPES DE L'AUTEL. Usitées dès les premiers siècles. I. L'Église grecque garde à cet égard son antique usage. II. Pas de données à ce sujet dans l'Église latine avant S. Sylvestre. Il est certain du moins que dès le sixième siècle les autels étaient couverts d'étoffes précieuses. 491

NARTHEX. Dans certaines grandes basiliques, il y en avait deux. I. Narthex extérieur, espèce de péristyle ; son usage. II. Narthex intérieur ; son usage. 492-493

NATALE OU NATALIS. Dans le style ecclésiastique ce mot exprime non pas la naissance selon la chair, mais la naissance à la vie éternelle. . . . 493-494

NATIVITÉ DE MARIE. — V. l'art. *Fêtes immobiles*, VIII, 1°.

NATIVITÉ DE NOTRE-SEIGNEUR. On ne connaît pas de peinture antique la représentant, mais seulement des sarcophages, des pierres gravées ou des pâtes de verre. 494

NAVIRE. Voguant à pleines voiles, symbole vulgaire dans l'antiquité chrétienne ; très-fréquent sur les tombeaux : la tombe est un port. Il est aussi l'emblème de l'âme du défunt, et le symbole de l'Église. 495-496

NAVIS (Nef). Dans les monuments les plus anciens, l'Église est toujours représentée comme un vaisseau, une nef. De là sans doute le goût des premiers chrétiens pour les emblèmes maritimes. . . . 496

NÉCROLOGES. L'usage des diptyques des morts étant tombé en désuétude, ils furent peu à peu remplacés par les nécrologes ou obituaires. I. Dès le commencement du sixième siècle ils sont introduits chez les moines. II. Curieux détails donnés à ce sujet par Mabillon. III. Lecture du nécrologe. IV. Ordre de cette lecture. 496-497

NÉOPHYTE. I. Dans le style de l'Église primitive, ce mot désignait les nouveaux baptisés. Pourquoi un si grand nombre d'épitaphes de néophytes de tous les âges ? II. On appelait aussi néophytes ceux qui étaient promus à l'épiscopat ou aux autres ordres sacrés sans avoir passé par les degrés inférieurs de la cléricature. Néophyte opposé à fidèle. . . . 497-498

NIMBE. I. Le nimbe ou diadème est, dans l'iconographie chrétienne, l'attribut de la sainteté. Usage profane de cet insigne. II. Quand a-t-il commencé à être adopté, et dans quel ordre pour les différentes clas-

ses d'images. III. Signification spéciale du nimbe quadrangulaire............ 498-501
Noé (Arche de). Figure de l'Église; sur les tombeaux, équivalait à la formule *in pace*. Forme, dimensions de l'arche dans les monuments figurés. . 501-502
Noël (Fête). — V. l'art. *Fêtes immobiles*, X, 1°.
Noix. Emblème de la perfection. Curieux passage de S. Augustin............. 502-503
Nombres (Allégories et significations des). Dans les saintes Écritures, les nombres ont souvent une signification symbolique. 1° Le nombre dix, parfait en tout point; le nombre sept a aussi une valeur symbolique. 2° Nombres sur les vêtements; ils ont une signification, mais pas toujours ni partout allégorique................. 503-504
Noms des premiers chrétiens. I. Noms génériques : 1° Noms honorifiques. 2° Noms injurieux : A, donnés aux chrétiens par les juifs et les idolâtres; B, aux catholiques par les hérétiques. II. Noms propres, de deux sortes. Première classe : Noms communs aux chrétiens et aux païens, dérivés : 1° des divinités du paganisme; 2° des augures; 3° des nombres; 4° des couleurs; 5° des animaux; 6° des choses relatives à l'agriculture; 7° des fleurs; 8° des choses maritimes; 9° des fleuves; 10° des contrées et des villes; 11° des mois; 12° des qualités ou des défectuosités du corps. 13° Noms indiquant une qualité morale. 14° Noms indiquant une origine servile. 15° Diminutifs avec signification gracieuse et caressante. 16° Noms historiques. — Deuxième classe : Noms exclusivement chrétiens, dérivés : 1° des dogmes de la religion; 2° des fêtes et des rites de l'Eglise; 3° des vertus chrétiennes; 4° de la piété. 5° Noms significatifs. 6° Noms de baptême. Discipline de l'Église sur cette matière. Pendant les trois premiers siècles pas de noms de saints sur les marbres funéraires; même rarement pendant les trois siècles suivants. Noms adoptés par reconnaissance. Sur la fin du quatrième siècle, quelquefois le nom de Marie précédé ou suivi d'un autre nom. Au commencement du cinquième, quelques noms d'apôtres. Noms empruntés à l'Ancien Testament............ 504-516
None. — V. l'art. *Office divin*, II.
Nosocomium. — V. l'art. *Hôpitaux*.
Notarii. Sténographes ou *exceptores*. Écoles à Rome où ils se formaient. Ils recueillaient les actes des martyrs. Institués par saint Clément, pape. Ils écrivaient les actes, et les discussions des conciles. Les Pères de l'Église étaient entourés de *notarii* qui sténographiaient leurs discours. Inscriptions,................ 516-517
Numismatique chrétienne. I. Avant Constantin, trois marques de christianisme : 1° le monogramme du Christ; 2° la représentation du déluge; 3° la formule *in pace*. II. Depuis Constantin le Grand jusqu'à Julien l'Apostat. A. Les deux Licinius. B. Constantin père, Crispus et Constantin junior. C. Constantin jeune et Constant... D. Tête de Constantinople, de Rome. E. Médailles de consécration. Types nouveaux sous les fils Augustes et les successeurs de Constantin jusqu'à Julien. III. Depuis Julien l'Apostat jusqu'à Augustule, fin de l'empire d'Occident : 1° Julien; 2° Jovien; 3° Valentinien Ier, Valens, Procope, Gratien, Valentinien II; 4° Théodose le Grand; 5° le tyran Maxime; 6° Honorius et Arcadius; 7° les deux Eudoxies; 8° Placidie; 9° Valentinien III et Théodose le Jeune; 10° Théodose le Jeune seul; 11° Pétrone Maxime et Avitus; 12° *Salus reipublicæ*; 13° *Salus mundi*, pièce d'or d'Olybrius; 14° Zénon, Glycère, Jules Nepos, Romulus Augustule : type ordinaire, croix dans une couronne de laurier. IV. Depuis la chute de l'empire d'Occident jusqu'à la fin du sixième siècle. 1° Sous Anastase Ier, le type romain disparaît presque complètement et fait place au caractère byzantin, 491-582. Un mot sur les monnaies des rois Goths, Vandales, Mérovingiens. V. Au huitième siècle, la monnaie byzantine prend des caractères de christianisme plus tranchés encore. VI. Appendice sur les origines de la monnaie des papes. VII. Deuxième appendice sur les plombs pontificaux.............. 517-530

O

Ocituaires. — V. l'art. *Nécrologes*.
Objets trouvés dans les tombeaux chrétiens. 1° Tissus d'or enveloppant les corps des personnages de distinction. 2° Bijoux et meubles de toilette. 3° Lampes. 4° Monnaies antiques. 5° Plantes toujours vertes. 6° Instruments de martyre...... 531-533
Oblationarium. Dans les vieilles basiliques, lieu, ou petite table près de l'autel, pour les offrandes des fidèles................ 533
Oblations. Oblations des fidèles de deux sortes : 1° pour la sustentation des ministres de l'Église; 2° pour le sacrifice, pain et vin........ 534
Oblats. I. Enfants offerts à l'Église et voués, dès leur bas âge, au service de Dieu, dès les premiers siècles. II. Étaient-ils agrégés à la cléricature par la tonsure? III. Adoptés par l'Église, nourris et élevés dans la demeure de l'évêque. IV. De bonne heure, l'Église refusa de reconnaître l'irrévocabilité de cet acte................ 534-536
Œuf. Symbole de régénération, et en particulier de la résurrection des corps.......... 536
Offertorium. Grand plat usité dans les églises de la Gaule pour recevoir les pains offerts à l'autel. A Rome, les offrandes étaient reçues dans des nappes par des acolytes.......... 537
Office divin. Ses noms, son origine. I. Ses différentes Heures, matines et laudes. II. Prime, tierce, sexte et none. III. Vêpres et complies. Appendice : versets, leçons, capitules, répons, cantiques, antiennes, hymnes. Antiquité de l'usage des hymnes dans l'Église, auteurs des plus anciennes hymnes. 537-542
Oiseaux. Dans les chapelles et autres lieux des catacombes, au vol ou au repos, ou en cage : figure allégorique de l'Ascension du Sauveur; symbole des âmes des martyrs, des fidèles...... 542-543
Onction (L'extrême). Ses noms, son institution. Raison du silence de la plupart des écrivains des trois premiers siècles à cet égard. Ministres de ce sacrement. Où renfermait-on l'huile des infirmes? 543-544
Oraison dominicale. Formule hiératique de prière placée, dès le principe, par l'Église dans ses offices, dans la liturgie et dans l'administration des sacrements................ 544
Orarium. I. Draperie adoptée pour l'exercice de la prière. II. D'origine judaïque, puis employée par l'Église chrétienne dans l'administration des sacrements................ 544-545
Oratoires domestiques. I. Pour la célébration des synaxes et des divins mystères pendant les trois premiers siècles. C'était ordinairement le cénacle, à la partie supérieure des habitations. II. Après la paix constantinienne, la prière et la psalmodie y furent seules permises. III. Prescriptions disciplinaires relatives à cet objet.......... 546-547
Ordination. I. L'action de conférer les saints ordres : monuments relatifs à cette question, au point de vue

archéologique. II. Ce n'est guère avant le quatrième siècle que des époques de l'année furent exclusivement consacrées aux ordinations . . . 547-548

ORDRES ECCLÉSIASTIQUES. I. Distinction entre le clergé et les laïques de droit divin. II. La qualification de clerc, sans désignation de l'ordre, très-rare sur les marbres 548-549

ORDRES MINEURS. Ainsi appelés par opposition aux ordres majeurs ou sacrés. 549-560

ORDRES RELIGIEUX. Tableau chronologique des ordres religieux depuis l'origine du christianisme jusqu'au sixième siècle inclusivement 550-554

ORIENTATION DES ÉGLISES CHRÉTIENNES. Rien n'était invariablement fixé à cet égard. 554

ORPHÉE (ses représentations dans les monuments chrétiens). I. Dans les monuments chrétiens du premier âge. II. Trois motifs principaux expliquent une telle vénération pour ce personnage fabuleux; il peut aussi être considéré comme historique. . 554-561

ORPHELINS (Soin des). — V. l'art. Aumône, 5°.

OSTENSORIUM. — V. l'art. Ambon.

P

PAIN EUCHARISTIQUE. I. Sa nature. II. Sa forme. 561-564

PAINS (Multiplication des). Elle avait plusieurs sens symboliques, dont le principal était relatif à l'eucharistie. 564-565

PAIX (Instrument de). Quand l'Église abolit l'usage du baiser de paix avant la communion, on donna à baiser une petite image sculptée. 565

PALIMPSESTE. I. Tablettes ou feuilles d'essai, où l'on écrivait tout ce qu'on voulait, sauf à y faire des ratures et des surcharges. II. Les procédés du palimpseste, adoptés de nouveau au moyen âge, ont causé à la littérature antique des pertes déplorables; mais on a découvert de nos jours des procédés qui font revivre l'écriture primitive. Maï et Peyron. 565-567

PALLIUM. Insigne réservé aux archevêques et à quelques églises ou évêques privilégiés. 567

PALME. I. Chez tous les peuples, symbole de victoire. II. Par-dessus tout, symbole du martyre. III. Commune à toutes les sépultures chrétiennes, elle n'est point à elle seule un signe assuré de martyre. 567-569

PAON. Symbole de la résurrection, assez rare dans nos monuments funéraires. 569-570

PAPE. I. Évêque de l'Église romaine, successeur de S. Pierre. II. Principaux noms donnés au souverain pontife dans l'antiquité chrétienne. III. Du nom de pape, et à quelle époque ce nom fut réservé au souverain pontife 570-572

PAQUES. Sous le nom de Pâques, l'Église primitive comprenait la Passion et la Résurrection du Sauveur. I. Origine et nature des débats relatifs à la célébration de la Pâque. II. La fête de Pâques fut toujours dans l'Église l'objet d'une grande vénération et d'une sainte allégresse. 572-574

PARABOLANI. Ministres inférieurs de l'Église. L'étymologie de leur nom n'est pas certaine. . . . 574

PARADIS. L'idée du paradis exprimée tantôt par des symboles, tantôt par des formules. I. D'origine hébraïque, le mot Paradis équivaut à jardin réservé. 1° images riantes d'un printemps éternel... 2°festins figurés en peinture dans les cryptes et chambres sépulcrales des catacombes, en sculpture sur les sarcophages. II. Formules exprimant l'idée du ciel. 574-577

PARALYTIQUE. Sa guérison regardée comme un symbole de la résurrection et comme l'image de la guérison de l'âme dans le sacrement de pénitence. . . 577

PARAMONARII. Fonctionnaires ecclésiastiques dont on ne s'accorde pas à déterminer l'emploi. . . . 578

PAROISSE (παροικία). I. Désignant le cercle de la juridiction d'un évêque pendant les trois premiers siècles, ce mot, au quatrième et au cinquième, s'applique indifféremment avec celui de diocèse aux paroisses rurales et aux paroisses épiscopales ou urbaines. II. L'établissement des églises paroissiales, effet naturel de la diffusion du christianisme. III. Comment se faisait dans les premiers temps le service des églises paroissiales établies dans les villes épiscopales? IV. A qui des revenus de la paroisse ayant un prêtre à poste fixe?. 578-580

PARRAINS ET MARRAINES. Leur institution pour les baptisés remonte à l'origine de l'Église. 580

PASSION DE NOTRE-SEIGNEUR (Représentation de la). I. Complètement exclue des monuments primitifs; on n'en trouve qu'un seul exemple, et encore c'est la comparution devant Pilate, sur un sarcophage. II. Rares exceptions à la règle générale. Les unes portent sur des circonstances précédant la comparution devant Pilate, les autres sur des scènes qui la suivent. 581-582

PASSION (Reliques de la). I. Le Saint Sépulcre et ses dépendances. II. Reliques proprement dites. 582-584

PASTEUR (Le Bon). C'est un des sujets les plus anciens de l'art chrétien. La popularité de cette image devint bientôt universelle: elle paraît dans toutes les classes de monuments. Son type le plus ordinaire. 584-587

PASTOPHORIA. Lieu réservé à certains fonctionnaires dans les basiliques anciennes 587

PATÈNE. Un des vases sacrés employés de toute antiquité dans le ministère des autels; matière et forme. 587-588

PATRIARCHES. Évêques des Églises apostoliques et considérés comme les mères de toutes les autres. 588-589

PATROLOGIE. I. C'est l'étude des Pères et des divers écrivains ecclésiastiques. II. L'histoire littéraire des Pères de l'Église commence ex professo à saint Jérôme. III. Pendant plus d'un siècle on ne rencontre que des écrivains grecs. IV. Esquisse de la littérature chrétienne pendant les trois premiers siècles. 1re période: Pères apostoliques. 2e période: Écrivains ecclésiastiques du deuxième siècle. 3e période: Id. du troisième siècle. Post-scriptum sur quelques écrits apocryphes. 589-622

PÊCHEUR. I. L'antiquité désigna souvent le Christ sous l'emblème du pêcheur. II. S. Pierre, chef des pêcheurs d'hommes, représenté comme tel; puis les autres apôtres et leurs successeurs. . . 622-623

PEDILAVIUM. — V. l'art. Ablutions, II.

PEDUM (Houlette pastorale). Dans la langue archéologique, ce n'est autre chose que la houlette, principal attribut du berger; il repose quelquefois sur le vase à lait. 623-624

PEIGNES. D'ivoire ou de buis souvent trouvés dans les sépultures chrétiennes. Peignes liturgiques. 624

PEINTURE. — V. l'art. Images.

PÈLERINAGES. Dès les premiers siècles, pèlerinages aux lieux saints, aux tombeaux des martyrs. Inscriptions, preuves palpables de cette sainte pratique. Nombreux exemples partout ailleurs, particulièrement dans notre Gaule. 624-625

PÉNITENCE CANONIQUE. I. Pendant les premiers siècles, trois espèces de peines leur étaient infligées; plus exact de dire pénitence publique que canonique. Dès le troisième siècle, cette matière, jusque-là livrée à la disposition des évêques, est réglée par

une législation positive. II. Réconciliation des pénitents : 1° à qui le droit de réconciliation ? 2° quand la cérémonie de la réconciliation ? 3° à quel office se faisait-elle ? 4° rites curieux à connaître. 626-629
PENTECÔTE. I. S'entend, tantôt des cinquante jours précédant la fête, tantôt de la fête elle-même. II. Les usages et pratiques observés pendant ces cinquante jours se réduisent à trois points principaux. 629-630
PENULA. Description de ce vêtement. Ce qu'il devint avec le temps. Origine de la chasuble. . 630-631
PERISTERIUM. V. l'art. *Colombe eucharistique*.
PERRUQUES. Usage et abus des fausses chevelures dans l'antiquité profane et chrétienne, curieux détails. La forme de la coiffure des femmes aide souvent à déterminer l'âge des monuments. 631-632
PERSÉCUTIONS. I. Elles ont commencé sur les lieux mêmes qui furent le berceau de l'Église. II. Persécution par les Juifs d'abord, puis par les païens : dix persécutions de 64 à 311. III. Tous les princes persécuteurs ne furent pas des hommes cruels : à quelles influences obéirent-ils donc ?. 632-637
PÉTRONILLE (Basilique de sainte). Sa découverte, événement archéologique considérable. I. Quel point occupe le tombeau de Pétronille ? Fresque indiquant la place du sarcophage. II. Date précise de la fondation de la basilique. III. État actuel du monument. 637-640
PHARE. Sur les tombeaux, isolé, ou avec le navire, indique le port où aboutit une heureuse navigation, la récompense du chrétien au bout de sa carrière. . 640
PHÉNIX. Symbole de l'éternité pour les païens, de la résurrection pour les chrétiens, rare dans nos monuments. Les plus anciens Pères de l'Église n'ont pas rejeté l'histoire du Phénix. Son apparition en Égypte racontée par Tacite.. 640-642
PHIALA. — V. l'art. *Cantharus*.
PHYLACTÈRES. — V. les art. *Amulettes* et *Volumes*.
PIEDS DU SOUVERAIN PONTIFE (Baisement des). I. Usage remontant à l'origine du christianisme. La liturgie concorde sur ce point avec l'histoire. II. Par humilité les papes font retracer sur leurs chaussures le signe de la croix. III. Usage encore inconnu au XIII° siècle. IV. Commence au XV°.. . . 642-645
PIERRE ET PAUL (SS.). I. Dès le IV° siècle leurs images généralement répandues dans l'Église chrétienne. Quel en était le type et à quelle époque remontait-il ? II. Classes de monuments où ils sont représentés : 1° verres à fond d'or; 2° peintures ; 3° sarcophages et pierres sépulcrales; 4° bronzes ; 5° lampes; 6° pierres gravées. III. Attitude et vêtement. IV. Attributs particuliers à chacun d'eux : 1° attributs de S. Pierre; 2° attributs de S. Paul. 645-652
PIERRE ET PAUL (Fête des SS.). — V. l'art. *Fêtes immobiles*, V, 2°.
PIE ZESES. — V. l'art. *Acclamations*.
PISCINE PROBATIQUE Représentée sur un sarcophage du Vatican. 652
PLANTES DES PIEDS sur les tombeaux chrétiens. Hiéroglyphe rare, curieux, diversement interprété par les antiquaires.. 653
POISSON (Symbole). De l'usage le plus vulgaire et le plus universel dans la primitive Église. I. Difficile de dire comment et par qui fut découverte l'énigme des cinq initiales trouvées dans les cinq lettres du mot grec ΙΧΘΥC. Le Christ est appelé poisson : 1° parce qu'il est homme; 2° parce qu'il est sauveur ; 3° parce qu'il s'est fait l'aliment de l'homme dans l'Eucharistie; 4° parce qu'il est l'auteur du baptême; 5° parce qu'il est le fondateur et le soutien de l'Église. II. Le poisson symbole du chrétien. 653-659
POLYANDRE. — V. l'art. *Loculus*.
PORTE. Symbole du Sauveur. 659
PORTIERS. Les plus humbles des clercs mineurs. Leurs fonctions, leur logement. Le plus ancien document qui en fasse mention. 659-660
PRÆFECTI VALETUDINARIORUM. — V. l'art. *Hôpitaux*.
PRÉDICATION DANS LES PREMIERS SIÈCLES CHRÉTIENS. I. Les discours. II. Les prédicateurs. III. Les auditeurs. IV. Les temps et les lieux consacrés à la prédication. 660-664
PRÉMICES DES FRUITS. — V. l'art. *Clergé*, I, 6°.
PRESBYTERA. — V. l'art. *Matricule*.
PRÊTRES. Second degré de la hiérarchie ecclésiastique. I. Office du prêtre; s'asseyait à côté de l'évêque, mais sur un siège moins élevé ; âge requis pour l'ordre de la prêtrise. II. Nombreuses épitaphes antiques de prêtres. 664-666
PRIÈRE (Attitudes de la). I. Prière debout. Les figures de fidèles représentés dans cette attitude sont vulgairement appelées orantes. Leur vêtement. II. Prière à genoux. 666-669
PRIÈRE PUBLIQUE DANS LA PRIMITIVE ÉGLISE. I. Des formules de la prière aux temps apostoliques : 1° formes judaïques employées par les apôtres; 2° premières formes de liturgie proprement chrétiennes instituées par les apôtres. II. Documents pour le II° siècle. III. Pour le III°. IV. Pour le IV° : 1° citations de S. Jean Chrysostome; 2° de S. Augustin. 669-674
PRIMAT. Le nom de cette dignité se rencontre pour la première fois en Afrique. 674
PRIMAUTÉ DE S. PIERRE.—V. l'art. *Pierre et Paul (SS.)*, IV.
PRIME. — V. l'art. *Office divin*, II.
PRIMICIERS. Premiers inscrits dans un catalogue. 674-675
PROCESSIONS. I. Définition. II. Différents motifs de procession dans l'Église primitive. III. *Statio* et *processus*, dans le langage des Pères et des plus anciens écrivains ecclésiastiques; au moyen âge, *processio*. IV. Ordre des processions. 675-676
PROFESSION DE FOI BAPTISMALE. I. Toujours rigoureusement exigée des catéchumènes; origine de cette pratique, sa continuité à travers les siècles. II. Renouvelée au moment même de l'administration du baptême, et à trois reprises différentes(?). III. Attitude du néophyte prononçant cette profession de foi ? 676-679
PROFESSIONS EXERCÉES PAR LES PREMIERS CHRÉTIENS. Celles qui étaient interdites. Celles que mentionnent les marbres funéraires : 1° jurisconsultes; 2° médecins; 3° militaires; 4° marchands; 5° familiers des empereurs païens ; 6° officiers de la monnaie et collecteurs d'impôts, etc. 679-682
PROPHETEA. Églises ou *mémoires* érigées sous le vocable d'un prophète. 682
PROPHÈTES. Représentés dans des scènes historiques ayant un sens figuré, fait assez fréquent dans les monuments antiques. Mais représentés dans l'acte même de leur prophétie, rareté archéologique révélée de nos jours seulement. 682-684
PROPINARE, PHILOTÉSIE. I. En quoi consistait cet usage chez les anciens : 1° caractère social ; 2° caractère religieux. II. L'Église sanctifie cet usage. III. Malgré la sainteté du but, cet usage servit de prétexte à beaucoup d'excès. 684-687
PROTHÈSE (Πρόθεσις). I. Dans les liturgies orientales, petit autel, fait de « bêma » ; son usage. II. Cérémonie qui suit la bénédiction préliminaire des éléments eucharistiques. III. Preuve du profond respect des Orientaux pour les saintes espèces. IV. Cu-

rieux détails sur la part que prenait l'empereur à la procession de la prothèse, à l'occasion de son couronnement. V. On retrouve dans les liturgies occidentales des traces des rites de la prothèse. 687-689

PULPITUM. — V. l'art. *Ambon.*

PURGATOIRE. La foi de l'antiquité chrétienne au purgatoire s'établit archéologiquement par les innombrables monuments des premiers siècles, où se révèlent des prières pour les morts. I. Formules de prières purement optatives. II. Formules recommandant explicitement le défunt à la miséricorde divine. III. Prières adressées aux saints. 689-690

PURIFICATION DE LA VIERGE. — V. l'art. *Fêtes immobiles,* II, 1°.

RECEPTORIUM. Espèce de parloir contigu aux anciennes basiliques; *salutatorium.* 690

RÉCONCILIATION DES PÉNITENTS. — V. l'art. *Pénitence canonique,* II.

REFRIGERIUM. Un des éléments du bonheur que l'Église implore pour l'âme de ses enfants qui ne sont plus. I. Sens direct de ce mot chez les auteurs sacrés. II. Diverses formes données à cette idée de rafraîchissement sur les tombes chrétiennes. . 690-691

RELIQUAIRES. — V. l'art. *Encolpia.*

RELIQUES (Culte des). Remonte au berceau de l'Église. Noms expressifs donnés aux reliques par les Pères. I. Les premiers chrétiens s'en procurent à tout prix. II. Vénération des fidèles pour tous les objets qui avaient appartenu aux saints ou avaient été avec eux en contact plus ou moins immédiat : 1° instruments de supplice des martyrs; 2° huile prise aux lampes des saints tombeaux; 3° vêtements et autres objets ayant été à leur usage; 4° lieux qu'ils avaient habités; 5° à quelle époque a-t-on commencé à jurer sur les reliques des saints?. . . . 692-695

RENIEMENT DE S. PIERRE (Prédiction du). Sujet assez fréquent sur les sarcophages en Italie; plus rare dans la Gaule. 695-696

RENONCEMENTS DU BAPTÊME. I. Importance de cette cérémonie. II. Divers faits de l'Ancien Testament figures de ce renoncement. III. Formule du renoncement. 696-698

REPAS CHEZ LES PREMIERS CHRÉTIENS. I. Tertullien nous en donne une idée complète dans son Apologétique. II. Disposition de la table chez les chrétiens. 698-700

REPAS (Représentations de). Sujet fréquent dans les catacombes de Rome. I. Deux raisons excluent l'idée d'agapes. II. Véritable sens de ces représentations. 700-701

RÉPONS. — V. l'art. *Office divin,* Appendice, 4°.

RÉSURRECTION DE NOTRE-SEIGNEUR. Se voit rarement sur les monuments anciens, et encore est-ce avec des formes mystiques. 701-702

RÉSURRECTIONS. Opérées par Notre-Seigneur, se trouvent dans les bas-reliefs de quelques sarcophages. 702-703

ROGATIONS. — V. l'art. *Litanies,* I.

ROSES. — V. l'art. *Fleurs.*

S

SACRAMENTAIRE. — V. l'art. *Livres liturgiques,* I.

SAINT (Qualification). I. Ne paraît pas dans les monuments de l'antiquité proprement dite. II. La qualification *Dominus, Domina,* semble avoir précédé celle de *Sanctus.* III. Le mot Saint, outre la sainteté de la vie, désigna aussi la consécration des personnes ou des choses à la divinité. 703-704

SAINTS (Culte des). Textes sur le culte en général et sur l'invocation des saints. I. Au troisième siècle, origine. Au quatrième siècle, récit de S. Chrysostome touchant les honneurs rendus à la mémoire de S. Ignace; témoignages des monuments primitifs. II. Invocation des saints. III. Monuments épigraphiques. 704-707

SAISONS (Les quatre). Sur les monuments de l'antiquité païenne. Sur les tombeaux chrétiens, symboles de la résurrection future. 707-709

SAMARITAINE. Sujet rare sur les monuments des catacombes. 710

SAMSON, emportant les portes de Gaza, figure de Jésus-Christ vainqueur de l'enfer. 710

SANDALES DES ÉVÊQUES. — V. l'art. *Evêques,* IV, 2.

SANG DES MARTYRS. I. Vénération des premiers chrétiens pour le sang des martyrs. II. Pieux empressement à le recueillir et à le préserver de toute profanation. III. Exemples spéciaux de cette pratique de l'Église persécutée. IV. Usage de l'éponge. V. Deux questions à résoudre par les archéologues : 1° Que contiennent les vases des catacombes? 2° Quel but se proposaient les premiers chrétiens en fixant ces vases aux tombeaux de leurs frères? La preuve du martyre par le vase est-elle établie archéologiquement?. 710-714

SARCOPHAGES CHRÉTIENS. I. Acception de ce mot sur les monuments funéraires des chrétiens et des païens. Leur place dans les cimetières souterrains, et dans les cimetières pratiqués à la superficie du sol. Deux classes principales de sarcophages. Tombeaux bisomes. II. Sarcophages en Gaule dès le quatrième siècle; leurs analogies avec ceux d'Italie; caractères spéciaux qui les distinguent; caractères essentiels, ornements, accessoires. III. Peu de sarcophages remontent au delà du règne de Constantin le Grand. IV. Par qui furent exécutés les sarcophages chrétiens? 713-722

SCEAUX. — V. les art. *Anneaux* et *Anneau épiscopal.*

SCÈNES DE L'ANCIEN ET DU NOUVEAU TESTAMENT, sans cesse entremêlées par les artistes. 723-724

SCÉVOPHYLAX. Emploi de ce fonctionnaire dans les basiliques. 724

SCRINIA. Destination et forme de ce meuble.

SCRUTINS. — V. l'art. *Catéchuménat.*

SCULPTEURS CHRÉTIENS. — V. l'art. *Sarcophages,* IV.

SÉBASTIEN (S.). Ancienneté de son culte; comment ordinairement représenté. 724-725

SECRET (Discipline du). Les monuments la démontrent; a-t-elle existé comme loi positive dès le premier âge? n'a-t-elle jamais admis d'exception? I. Tertullien, S. Cyrille d'Alexandrie en donnent des preuves de la dernière évidence : 1° secret pour les mystères; 2° secret pour tous les sacrements. II. Même besoin de mystère dans les monuments figurés. 725-729

SECRETARIA. Deux espèces de tabernacles dans les basiliques. 729

SELISQUASTRUM. Siège de cérémonie pour les femmes dans l'antiquité. 729

SEMAINE (Jours de la). I. Origine de la division hebdomadale? II. Le système adopté et mis en usage par les peuples de l'antiquité passe aux chrétiens. Noms des jours de la semaine; méthodes de supputation. 729-731

SÉPULTURES. I. Soin des premiers chrétiens pour que les restes de leurs frères ne fussent pas confondus avec ceux des païens. II. Dans les premiers siècles l'Église subvenait aux frais de la sépulture. III. Deux espèces de sépultures : 1° souterraines; 2° en plein air. IV. Constructions désignées par le nom collectif de *custodia (monumenti).* V. Sépultures en dehors des catacombes et dans l'enceinte des villes. 731-735

SERPENT. Trois significations différentes données à ce symbole chez les premiers chrétiens. Que faut-il penser du serpent d'airain qu'on voit à Milan? 735-737

SEXTE. — V. l'art. *Office divin*, II.

SIBYLLES. I. Leur existence au sein du paganisme admise par l'antiquité chrétienne comme un fait indubitable. II. Collection des livres sibyllins. III. Importance attachée par les plus anciens Pères aux oracles des sibylles. IV. Confiance plus tardive des Latins. 737-739

SOLEA. Espace qui précédait immédiatement le sanctuaire dans les basiliques primitives. 739

SOLEIL (Le) ET LA LUNE. Symbole de l'espérance chrétienne dans les monuments funéraires. Sous forme humaine, sur les plus anciens crucifix. 739-740

SOUS-DIACRES. Quand fut institué le sous-diaconat? Qu'est-il encore aujourd'hui chez les Grecs? 740

SPORTULE. — V. l'art. *Clergé*, I, 1°.

STATIONS AUX TOMBEAUX DES MARTYRS ET DES CONFESSEURS, ET AUTRES. I. Définition; cérémonies, surtout après les persécutions. II. Ce nom appliqué en général à toutes les assemblées du peuple pour les synaxes. III. Fut même donné aux églises, oratoires, etc., où s'arrêtaient les processions. 740-743

STAUROPHORI. Clercs qui portaient la croix aux processions. 743-744

STAUROPHYLAX (gardien de la croix). Dignitaire ecclésiastique à Jérusalem. 744

STICHARIUM. Vêtement liturgique des évêques et des diacres. 744

STRIGILES. Cannelures sinuées servant d'ornement à certains sarcophages. 744

STYLITES (στυλίται). I. Espèce de solitaires. II. Nombre restreint de leurs imitateurs. III. Leur prédication. 744-746

SUBSELLIUM. Escabeau pour les personnes de distinction. 746

SUGGESTUS. — V. l'art. *Ambon*.

SUPPLICATIONS. — V. l'art. *Litanies*.

SUSANNE. Délivrée par Daniel, symbole de la résurrection. 747

SYMBOLES DES APOTRES. I. Doctrine et forme. II. A-t-il été rédigé par les Apôtres eux-mêmes? III. Canon de critique promulgué par S. Augustin. IV. Imposture dès les premiers siècles. V. Authenticité établie par l'étude des monuments. VI. Deux conclusions. VII. D'où viennent les nuances de rédaction? Tableau. VIII. Explication des variantes. 748-750

SYMBOLES CHRÉTIENS. Mystérieux caractères sur les monuments primitifs, mais surtout dans les catacombes romaines: c'étaient, au dire des savants, comme autant de tessères ou signes de ralliement. Source authentique du symbolisme chrétien. 750-752

SYNAXE (SYNAXIS, συνάξις). Deux acceptions différentes à ce mot: 1° assemblée des fidèles; 2° célébration des saints mystères. 3° Ce mot remonte au cinquième siècle. 752-753

SYNCELLES. Clercs qui autrefois habitaient avec l'évêque. Leur histoire. 753

SYRINX (flûte pastorale). Touchante allégorie du Bon-Pasteur. 753-754

T

TABITHE (Résurrection de). Ce sujet ne se trouve représenté que deux fois, et en Gaule seulement. 754

TABLEAUX D'AUTEL. — V. l'art. *Diptyques*.

TABULÆ NUPTIALES OU DOTALES. Détail relatif à la scène du mariage chrétien. 755

TE DEUM LAUDAMUS. A qui attribue-t-on vulgairement cette hymne? Elle date de près d'un siècle après la mort de S. Ambroise. 755

TEMPÉRANCE CHRÉTIENNE. — V. l'art. *Repas chez les premiers chrétiens*. 755

TESSÈRES. I. Images symboliques, signes de ralliement et de reconnaissance pour exercer les devoirs de la charité fraternelle. II. Tessères auxquelles l'autorité de l'Eglise communiquait une bien plus haute importance: 1° Symbole des Apôtres; 2° lettres formées, lettres pacifiques, etc. 755-757

TESTAMENTS (Les deux). Emblèmes par lesquels ils sont figurés dans les monuments primitifs. 757-758

TÉTRASTYLE. — V. l'art. *Atrium*.

TIERCE. — V. l'art. *Office divin*, II.

TITRES. I. Titres, ou paroisses de Rome, créés par S. Evariste. II. S. Pierre se rend à Rome à deux reprises différentes: c'est là le point de départ de la question des titres. III. Quel fut le nombre des titres établis par S. Evariste? IV. Diaconies. 758-760

TOBIE. Le poisson du jeune Tobie figure du Sauveur. 760-761

TONSURE. Cheveux coupés court par motif d'humilité. Constitution du pape Anicet. Couronne cléricale datant du sixième siècle. 761-762

TOUR EUCHARISTIQUE. — V. l'art. *Colombe eucharistique*.

TOURTERELLES. Symbole, soit de fidélité conjugale, soit de virginité. 762

TOUSSAINT (Fête). — V. l'art. *Fêtes immobiles*, IX, 1°.

TRADITEURS (*traditores*). Des livres saints, des vases de l'Eglise aux païens au temps de la dixième persécution. 762

TRANSENNA. Espèce de grillage en marbre dans les chapelles des catacombes et plus tard dans les basiliques. 763

TRANSFIGURATION (Fête de la). Le second concile de Nicée en fait mention. 764

TRANSFIGURATION DE NOTRE-SEIGNEUR. Très-rarement représentée dans les monuments de l'antiquité chrétienne, du moins en Occident. 764

TRANSLATIONS DE RELIQUES. On en trouve dès le commencement du deuxième siècle. Plus nombreuses et plus solennelles après la pacification de l'Eglise, généralisées par Pascal Ier: raison de cette mesure. Précautions dont cette cérémonie est accompagnée. 764-766

TRIANGLE. Peu commun sur les monuments chrétiens. Invariablement uni au nom du Sauveur. Dans l'iconographie moderne, il est pris pour le symbole de la Trinité. 766

TRINITÉ. Représentée assez tard sous une forme humaine. Le triangle. Apparition du Seigneur à Abraham sous la figure de trois anges. Représentations antiques du baptême de Notre-Seigneur. Les trois personnes divines nommées dans quelques inscriptions antiques. 766-768

TRISAGION (hymne chérubique). Sa forme primitive; quand se chantait-elle? 768

TRISOMUS. — V. l'art. *Sarcophage*, II.

TUNIQUE (*tunicella*). Vêtement propre à l'ordre des sous-diacres. Sa matière et sa forme. 768

U

ULYSSE. Figure du Sauveur. Justification de cette attribution paradoxale en apparence. 768-769

V

VACANTI CLERICI (βακαντίβοι). Clercs vagabonds; sévérité

des conciles à leur égard. 769-770
VALETUDINARIUM. — V. l'art. *Hôpitaux.*
VASES PEINTS ET SCULPTÉS SUR LES TOMBEAUX CHRÉTIENS. I. Symbole de profession ou attribut d'emploi ecclésiastique; ces deux catégories ne constituent que des exceptions assez restreintes : signification religieuse, différentes interprétations. II. La plus plausible de ces interprétations, c'est que le vase est le symbole du corps humain. III. Vases, présage d'élection et de sanctification; signification eucharistique de plusieurs. 770-772
VASES SACRÉS. Ainsi appelés pour trois raisons : I. Consécration. II. Exclusion formelle de tout usage profane. III. Interdiction aux laïques et même aux clercs inférieurs de les toucher. 772-776
VEAU. Symbole de Jésus-Christ et du chrétien. . 776
VELAMEN MYSTICUM. I. Voile dont on couvrait la tête des néophytes après l'onction sainte. II. Raison de cette pratique. III. D'où vient au *chrismale* son nom de *velamen mysticum*. IV. Les riches l'achetaient de leur argent. L'Église le fournissait aux pauvres. 776-777
VÊPRES. — V. l'art. *Office divin*, III.
VERSETS. — V. l'art. *Office divin*, Appendice, 1°.
VERTUS ET VICES. Leurs représentations symboliques surtout au moyen âge. 777
VÊTEMENTS DES ECCLÉSIASTIQUES DANS LA VIE PRIVÉE. I. Ils étaient ceux de tout le monde pendant les trois premiers siècles; l'usage du *pallium asceticum* cesse totalement au VI° siècle. II. Dans ce même siècle, préceptes, défenses, concessions formelles au sujet de telle ou telle espèce de vêtement : l'habit clérical se détermine peu à peu. 778-780
VÊTEMENTS DES ECCLÉSIASTIQUES DANS LES FONCTIONS SACRÉES. I. Qu'étaient-ils pendant les trois premiers siècles. II. Dès le quatrième, les auteurs ecclésiastiques commencent à mentionner ces vêtements. III. Aucun des vêtements aujourd'hui affectés au service des prêtres qui n'ait été dans l'antiquité commun aux laïques et aux clercs. 780-784
VÊTEMENTS DES PREMIERS CHRÉTIENS 784-786
VEUVES CHRÉTIENNES. Leur consécration après un certain temps d'épreuve. Leur costume. Importance de leur rôle dans l'Église. Leur grand nombre. 787-788
VICAIRES DES ÉVÊQUES. Chorévêques chez les Grecs; prêtre de la ville épiscopale en Afrique. Divers offices qu'impliquait ce titre. 788
VIERGE (La Sainte). I. Pas d'image authentique de la Mère de Dieu. II. Portraits de convention avant le concile d'Éphèse. III. Conception générale du type primitif. IV. L'Église, après 431, adopta le type de la Vierge mère, elle ne le créa pas. V. L'antiquité eut aussi des Vierges sans l'Enfant Jésus. VI. Discussion de la légende qui attribue à S. Luc des portraits de la Ste Vierge. VII. Vêtement de la Ste Vierge. VIII. Pierre gravée symbolique du musée Vettori. 788-793

VIERGES CHRÉTIENNES. La profession publique de la virginité remonte à l'origine du christianisme. Leurs vœux irrévocables; leur nombre se multiplie au quatrième siècle. Deux degrés de consécration. Dénominations que leur donne l'histoire ecclésiastique. . . 793-795
VIERGES PRUDENTES ET VIERGES FOLLES, au cimetière de Sainte-Agnès et au cimetière de Cyriaque. Épitaphes avec allusion aux vierges sages. . . 795-796
VIGNE. Emblème de Notre-Seigneur; la vigne chargée de pampres et de raisins, dans les catacombes et sur les tombeaux chrétiens, figure du paradis et des délices qu'y goûtent les élus. La vigne comme symbole eucharistique ne paraît qu'à une époque un peu basse. Monuments de cette espèce en Orient et en Afrique. 796-799
VIN EUCHARISTIQUE. Erreur des *aquarii;* quantité d'eau mêlée au vin. Le rouge préféré; pourquoi? Soin apporté dans le choix du vin eucharistique. . 799
VIRGINIUS. VIRGINIA. Explication de cette formule qui se rencontre dans les inscriptions chrétiennes depuis la fin du III° siècle; cette explication n'exclut pas absolument un autre sens.
VIVAS IN DEO. — V. l'art. *Acclamations*, I.
VOILES ET PORTIÈRES. Leurs formes; leurs usages; qui les soulevait devant les personnages vénérables; des voiles de cette sorte où des tapisseries historiées décoraient les murailles des églises avant les imitations en mosaïque. Chœur des grandes basiliques séparé de la nef par des voiles ou tapisseries. L'action de soulever les portières des églises avait une signification symbolique 800-801
VOLUMES DANS LES MONUMENTS CHRÉTIENS. Que désigne le mot *volumen?* I. Dans l'antiquité, insigne oratoire. Dans les monuments du christianisme, signification spéciale pour chacune des classes de personnages auxquels est attribué le *volumen.* II. Volumes disséminés dans le champ d'un grand nombre de verres dorés. III. Volumes pour les prières et les rituels de certaines fonctions ecclésiastiques. . . 801-803

X

XENODOCHIUM. — V. l'art. *Hôpitaux.*
XEROPHAGIA. — V. l'art. *Repas chez les premiers chrétiens* et *Jeûne.*

Z

ZODIAQUE (Signes du). Petit nombre de monuments chrétiens où ce sujet est représenté; ils se rattachent assurément à un usage répandu dans la primitive Église. Allusion à l'instabilité des choses humaines. Tables astrologiques non exclues des livres à l'usage des chrétiens. Épitaphe d'un enfant interprétée par M. De' Rossi. Traditions astrologiques au moyen âge. Dante et sa Divine Comédie. Monuments du quinzième siècle. 804

TABLE DES GRAVURES

Abdon et Sennen. Fresque du cimetière de Pontien... 1
Abel et Caïn. Sculpture d'un sarcophage de Rome. 2
Ablutions. Sculpture d'un sarcophage d'Arles. Jésus-Christ lavant les pieds de S. Pierre....... 4
Abraham (Sacrifice d'). 1° Fresque du cimetière des SS.-Marcellin-et-Pierre................. 5
— 2° Chaton d'anneau........................ 6
— 3° Verre doré............................... 6
Abraxas. 1° Soleil à tête de coq et un fouet à la main....................................... 7
— 2° Soleil imposant la main sur la tête d'un personnage.................................. 8
— 3° Serpent, et au revers ΜΟΥΧΗ............ 8
— 4° Hercule terrassant le lion de Némée (talisman)....................................... 9
Abside. Mosaïque de l'ancienne basilique Vaticane. 10
Acclamations. 1° Style avec inscription : VIVAS IN DEO....................................... 10
— 2° Buste d'homme avec légende : VIVAS IN ☧. 11
— 3° Chaton d'anneau avec inscr. COSMAS VIVAS IN DEO, en monogramme................... 11
— 4° Anneau du cardinal de Bonald : VIVAS IN DEO ASBOLI.................................. 12
Actes des martyrs. 1° Fresque : S. Antère avec ses notaires apostoliques..................... 16
— 2° Tablette de plomb renfermant l'histoire d'un martyr.. 16
Adam et Ève. Sculpture du tombeau de Junius-Bassus.. 20
Ad sanctos. Fresque d'arcosolium rompue par un nouveau *loculus*.............................. 23
Agapes. Trois verres dorés : agape nuptiale funèbre, pour *natale* de saint..................... 26
Agneau. 1° Agneau avec attributs du pasteur.. 27
— 2° Agneau staurophore nimbé................ 27
— 3° Agneau faisant plusieurs actions de J.-C. 27
— 4° Agneau, tête surmontée de la croix et de la colombe....................................... 28
— 5° Agneau sur un autel, au pied d'une croix gemmée....................................... 28
— 6° Agneaux sortant des deux cités typiques. 29
Agnès. En orante entre deux arbres........... 30
— Entre deux colombes ayant au bec les couronnes de la virginité et du martyre............. 31
Agnus Dei. Agnus Dei du VIII° siècle........... 33
Aigle. Sur une pierre du musée lapidaire de Lyon. 36
Ambon. De S. Clément de Rome................ 34
Ame. Médaillon. S. Laurent sur le gril et son âme s'échappant de son corps sous la figure d'une femme...................................... 35
Amula. Burette représentant le miracle de Cana. 36

Amulettes. 1° Avec ☧.......................... 37
— 2° Avec un buste d'homme et le ☧.......... 37
— 3° En forme de main avec inscr. ΖΗCΕC... 37
Ancre. 1° Ancre cruciforme traversée par le X. 39
— 2° Avec un dauphin........................ 40
— 3° Avec arbre et oiseau (Afrique).......... 40
— 4° Chaton d'anneau avec deux ancres croisées... 41
Anges. Aux côtés de N.-S. Mosaïque de S.-Vital de Ravenne.................................... 42
Animaux sur les monuments chrétiens. Dauphin entrelacé à une ancre.......................... 43
Anneau épiscopal. Anneau de S. Arnoul de Metz. 44
Anneaux. 1° Pierre annulaire. Croix entre deux poissons... 47
— 2° Chaton avec ancre et navire............ 48
— 3° Avec A et ω............................. 48
— 4° Femme debout avec le ☧ et un oiseau.. 48
— 5° Anneau d'or. VIVAS IN DEO, sous trois faces. 49
— 6° VICTORI AVG. (os)....................... 49
— 7° Sceau en forme de plante de pied. FORTVNIVS (bronze)..................................... 49
— 8° Anneau avec sceau et clef — *ad claves*. 49
Annonciation. 1° Fresque du cimetière de Priscille. 50
— 2° Ivoire de Milan, représentation selon les évangiles apocryphes.......................... 50
Apôtres. 1° Sarcophage de Rome............. 50
— 2° Verre orbiculaire doré................... 54
Arbre. 1° Entre A et ω, tombeau de Rome.... 55
— 2° Entourant une croix gemmée, mosaïque de la basilique de la Nativité à Béthléem..... 55
— 3° Ève entre l'arbre de vie et un arbre sec. 56
Arcosolium. 1° D'après le P. Marchi......... 60
— 2° *Sepolcro a mensa* (attribution de M. De' Rossi).. 61
Astérisque. Instrument liturgique des Grecs... 62
Atrium. Plan d'une basilique................. 62
Aubes baptismales. Sculpture d'un tombeau d'après Ciampini..................................... 64
Aumône. Le denier de la veuve, mosaïque de Ravenne, VI° siècle................................ 65
Autel. 1° Autel dans les catacombes.......... 69
— 2° Autel soutenu par un pilier central (Auriol-Provence)..................................... 70
— 4° Autel-asile............................... 71
Aveugles. 1° Fresque du cimetière de Calliste.. 74
— 2° Sculpture du cimetière de Ste-Agnès... 74
Bains. Bain liturgique, d'après un manuscrit de la bibliothèque de S.-Paul de Naples............ 75
Balance. Balance avec un poids (catacombes). 78
Baptême. 1° Par immersion, dans un cuiller d'Aquilée.. 82

— 2° Par immersion et infusion, fragment de verre trouvé à Rome en 1876. 82
— 3° Par immersion, fresque du cimetière de Calliste. 83
— 4° Par immersion, sculpture dans Ciampini. 83
Baptistères. 1° Sculpté sur un sarcophage du Vatican. 84
— 2° Baptistère de Pise, plan par terre. . . . 85
— 3° Baptistère de Deir-Seta (Syrie centrale), d'après M. le comte de Vogüé. 86
Basilique. 1° Plan d'une basilique du cimetière souterrain de Ste-Agnès. 89
— 2° Sculptée sur un tombeau du Vatican. . 91
— 3° *Basilicula* du IV° siècle au-dessus de la crypte de S.-Sixte (cimetière de Calliste). . . . 93
— 4° Iconographie de la basilique de S.-Clément à Rome. 94
— 5° Façade et *atrium* de l'ancienne basilique Vaticane. 97
Bélier. D'après une fresque des catacombes. . . 98
Bénir. 1° Manière grecque. 98
— 2° Manière latine. 98
— 3° N.-S. bénissant un personnage agenouillé, *arcosolium* du cimetière de S.-Hermès. . 100
— 4° N.-S. imposant les mains à deux enfants, sarcophage de la villa Borghèse. 100
— 5° Le patriarche Méthodius bénissant à la grecque avec deux flambeaux. 100
Bergers (Adoration des). Sculpture d'un tombeau de Rome. 101
Birrus. Vêtement. Peinture au cimetière de S.-Jules. 104
Bœuf et l'âne de la Nativité. Fragment de sarcophage de S.-Ambroise de Milan. 103
Calice. 1° Quatre calices d'après un bas-relief de l'église de Monza (VI° siècle). 106
— 2° Calice de Chelles, attribué à S. Éloi (VII° siècle). 106
Calliculæ sur les vêtements. Enfant sur un verre à fond d'or. 107
Calomnies contre les premiers chrétiens. Christ dérisoire dans une chambre du Palatin. . . . 110
Cana (miracle de). Ivoire de Ravenne. 112
Candélabre des Juifs. Verre à fond d'or, d'après Buonarruoti. 113
Cantharus, ou *lycnus*, sur une muraille de S.-Clément de Rome. 120
Catacombes. 1° Crypte dite *ad catacumbas*, sous l'église de S.-Sébastien, crypte qui a donné son nom à tous les cimetières souterrains. . . 121
— 2° Plan d'un corridor des catacombes, avec ses *loculi* ouverts. 122
— 3° Médaille de Severina fixée à un tombeau des catacombes. 124
— 4° Plan d'une latomie. 133
— 5° Constructions pour convertir les arénaires en cimetières chrétiens. 134
— 6° Plan de la huitième partie de la catacombe de Ste-Agnès. 146
Catéchuménat. Salle pour l'instruction des catéchumènes. 151
Ste Cécile. 1° Crypte du tombeau primitif de Ste Cécile. 152
— 2° Portrait de S. Calliste. 153
— 3° Crypte de la seconde sépulture de Ste Cécile, dans son état actuel. 154
— 4° Ste Cécile d'après une mosaïque de S.-Apollinaire de Ravenne. 155
— 5° Statue de Ste Cécile par Maderno. . . . 155
— 6° Peinture du VII° siècle représentant Ste Cécile dans sa crypte. 156
Cerf. Deux cerfs se désaltérant aux quatre fleuves mystiques, sculpture d'Arles. 158
Chaire. 1° Chaire dans une abside de chapelle des catacombes. 159
— 2° N.-S. sur une chaire, entouré de huit martyrs, verre doré. 159
— 3° La croix tenant la place de J.-C. sur une chaire. Mosaïque. 160
— 4° Chaire de Ste-Marie *in Trastevere*, supportée par deux griffons ailés. 161
— 5° Chaire gravée sur une calcédoine avec le mot IXOYC sur le dossier. 161
Chananéenne. Sculpture d'un sarcophage du Vatican. 162
Chasuble. 1° Image de S. Grégoire le Grand. . 169
— 2° Chasuble du pape Jean XII, mosaïque de S.-Thomas au Latran. 169
Cheval. Sur un marbre du cimetière de Priscille. 171
Ciborium. Ciborium de la basilique de S.-Clément à Rome. 174
Ciel. Représentation symbolique, sarcophage de Junius-Bassus. 174
Cierges et lampes. 1° Deux candélabres trouvés au mausolée de Ste Constance sur la voie Nomentane. 176
— 2° Lampadaire de bronze en forme de basilique (Afrique). 177
Clavus. 1° Clavus enrichi de broderies, fresque du cimetière de Sainte-Agnès. 179
— 2° Clavus descendant seulement jusqu'au milieu de la poitrine. 180
Clefs de S. Pierre. 1° Livraison des clefs. . . . 180
— 2° S. Pierre portant trois clefs, plus un volume roulé. 181
Cœur. Signe de ponctuation, inscription des catacombes. 185
Colobium. 1° Colobium sans manches, fresque du cimetière de Calliste. 186
— 2° Colobium à manches courtes, sculpture du cimetière du Vatican. 186
Colombe. 1° Sur un sceau avec légende VENI SI AMAS. 188
— 2° Colombe avec la branche d'olivier au bec, sur un tombeau. 188
— 3° Deux colombes près d'un vase, fresque du cimetière de Prétextat. 188
Colombe eucharistique. 1° Du monastère de Bobbio, cuivre doré. 188
— 2° Tour eucharistique portée par S. Étienne, ivoire. 189
— 3° Vase surmonté d'une colombe, près d'une orante, sculpture. 190
Colonne-symbole. Pierre gravée (*hagioglypta*). 190
Columvinarium. D'après Bianchini, notes au Livre pontifical. 191
Colysée. 1° Médaille de Domitien. 191
— 2° Vue du Colysée. 192
Conciles. 1° Représentation hiéroglyphique. . . 199
— 2° Représentation réelle, ancienne peinture. 199
Confession, memoria, martyrium. Même gravure qu'à l'art. *Ciborium*. 202
Coq. 1° Sur une pierre annulaire. 206
— 2° Sur une mosaïque décorant un tombeau des catacombes. 206
Coquillages. Bas-relief du cimetière du Vatican. 206
Couronne. Ste Euphémie couronnée par la main divine. 210
Croix. 1° Croix primitive, dissimulée. 214

TABLE DES GRAVURES. 825

— 2° Croix avec A et ω, sur une porte d'habitation en Syrie. 215
— 3° Sur l'échine d'un agneau, même provenance. 215
— 4° Croix gemmée et fleurie. 216
— 5° Croix stationale de Velletri. 216
Croix (Culte de la). Ostension de la croix par un patriarche grec (Ménologe de Basile). . . . 220
Croix (Signe de la). Chrétien condamné aux mines, avec croix sur le front. 224
Crucifix. 1° Croix stationale du Vatican. . . . 226
— 2° Ampoule de Monza. 226
— 3° Crucifix arcane sur une pierre gravée. 221
— 4° Croix pastorale des prévôts de Monza (vi° siècle). 227
— 5° Autre ampoule de Monza où le Christ en croix est définitivement figuré. 228
Cryptes. Crypte dans les catacombes, d'après le P. Marchi. 231
Cubicula. Plan d'après le P. Marchi. 232
Cuiller liturgique. 1° *Cochlear* des Grecs. . . . 233
— 2° Cuiller dans l'intérieur de laquelle est figuré N.-S. sur l'ânesse. 233
— 3° Le vieillard Zozime communiant Ste Marie d'Égypte avec une cuiller, diptyque. . . . 234
Dalmatique. Vêtement commun, fresque du cimetière des SS.-Marcellin-et-Pierre. 236
Daniel. 1° Présentant la pâtée au dragon, sarcophage du Vatican. 236
— 2° Habacuc apportant des aliments à Daniel, tombeau de Brescia. 237
— 3° Daniel sur une fibule mérovingienne. . 238
— 4° Daniel entre les lions et deux personnages, sarcophage de Junius-Bassus. 238
Dauphin. Dauphins accouplés sur un tombeau chrétien. 239
David. Avec sa fronde, fresque du cimetière de Calliste. 240
Démon. 1° Démon sortant du corps d'un démoniaque, sur l'ordre du Sauveur, ivoire. 240
— 2° J.-C. délivre un démoniaque et envoie le démon dans des pourceaux. Mosaïque de Saint-Apollinaire de Ravenne. 241
Deuil. Inscription avec deux animaux symboliques. 242
Dieu. 1° Représenté par une main sortant d'un nuage. 245
— 2° Main divine livrant à Moïse les tables de la loi. 245
— 3° Main arrêtant Abraham sur le point de sacrifier son fils Isaac. 246
— 4° Dieu recevant les dons d'Abel et de Caïn. 247
Diptyques. 1° Pugillaire suspendu à une main. 249
— 2° Patricien écrivant dans un pugillaire. . 250
— 3° Couverture d'un diptyque du consul Areobindus (vi° siècle) 254
— 4° Couverture d'un diptyque consulaire changé en diptyque ecclésiastique. 255
Divinités sur les tombeaux chrétiens. 1° Génies ailés. 257
— 2° Génies soutenant un cartouche orné d'une croix latine. 257
Dolium. Tonneau, signe phonétique sur un tombeau : IVLIO FILIO PATER DOLIENS. 259
Dorsalia. Orante avec une de ces draperies suspendue derrière elle. 259
Eau baptismale. Croix historiée que les Grecs plongent dans les fonts. 262
Eau bénite. 1° Vase inscrit trouvé à Constantinople. 263

— 2° Autre vase historié trouvé dans la régence de Tunis. 264
Église (l'). 1° Agneaux sortant des deux cités typiques. 267
— 2° Les deux églises, *ex circumcisione*, *ex gentibus*, figurées par deux femmes et S. Pierre et S. Paul. 268
— 3° Figurée par un navire battu par les flots. 269
Élie (Enlèvement d'). Sculpture du musée du Latran. 273
Encensoir. 1° Le grand prêtre des Juifs tenant un encensoir. 274
— 2° Encensoir à la main d'une Nicé, monument païen. 275
— 3° Encensoirs à chaînes, mosaïque de Bethléem. 275
— 4° Cuiller à encens. 275
Encolpia. 1° Cassette à reliques, tombeau du Vatican. 275
— 2° Croix reliquaire trouvée à S.-Laurent *in agro Verano*. 276
Enfant Jésus avec les docteurs. 1° Sarcophage de Perugia. 277
— 2° Sur un diptyque de Milan. 278
Ensevelissement. Momie de Lazare, sculpture antique. 279
Ermites, travaillant dans leurs grottes. 281
Esprit-Saint. Colombe inspiratrice, marbre des catacombes. 283
Étienne (S.). Tablette de bronze. S. *Stephanus Lithobolita*. 284
Étoiles. 1° Sept étoiles dans un tombeau souterrain à Milan. 285
— 2° Sept étoiles sur la tête du Bon Pasteur. Lampe d'argile. 285
Étrennes. Tessère avec l'effigie de Commode (profane). 286
Eucharistie. 1° Amula représentant le miracle de Cana. 289
— 2° Ciste eucharistique sur le dos du divin ιχθύς, fresque du cimetière de S.-Calliste. . . . 291
— 3° Festin symbolique, même provenance. 291
— 4° Vase avec pains incisés en croix 293
— 5° Vase à lait et deux brebis, symbole eucharistique. 293
Évangélistes. 1° Quatre animaux symboliques. . 295
— 2° Les mêmes avec les personnages réels. . 296
Évangiles. 1° Armoire judaïque pour renfermer les Livres saints, fond de coupe. 298
— 2° Armoire pour renfermer les livres des Évangiles. 299
— 3° Couverture d'évangéliaire du temps de Charlemagne. 301
Évêques. 1° Mosaïque de Milan représentant S. Ambroise. 305
— 2° Évêque avec l'attribut du livre, fresque du cimetière de Calliste. 305
— 3° Tête du grand prêtre des Juifs avec la tiare, origine supposée de la mitre. 305
— 4° Origine de la mitre proprement dite. . 306
— 5° Mitre aux formes plus prononcées. . . 306
— 6° Mitre du xii° siècle. 306
Exomologèse, confession. Chaire dans les catacombes. 311
Exorcistes. Scène d'exorcisme sur un *nymphæum* de Pisaure. 312
Ézéchiel (Vision d'). Marbre de Rome. 313
Famille (la sainte). Jésus, Marie et Joseph. Fresque du cimetière de Calliste. 315
Fidelis. Représentation de baptême où est mention-

née la qualification de *Fidelis*, marbre d'Aquilée................. 322
Flabellum. 1° Prêtre officiant accompagné d'un diacre agitant le *flabellum* autour de sa tête. . . . 323
— 2° *Flabellum* des Grecs, ῥιπίδιον..... 324
— 3° Diacre arménien agitant le *flabellum*. . 324
— 4° Éventail en plumes de paon....... 324
Fleurs. 1° Génie ailé portant une corbeille de fleurs................... 326
— 2° Roses sur un tombeau du cimetière de S. Alexandre.............. 326
Fleuves (les quatre). 1° Fragment de marbre (de Rome.................. 326
— 2° N.-S. sur un monticule d'où jaillissent les quatre fleuves mystiques......... 327
Fonds de coupe. 1° Coupe à fond d'or, vue de face.................... 328
— 2° Coupe vue de profil, assise sur sa base. 328
— 3° Fond de la coupe où est tracée l'image, ses deux parties réunies.......... 328
— 4° Petits disques ajustés sur une patène. . 328
Fossores. 1° Le *fossor* Diogènes, une lampe à la main et les instruments de sa profession à ses pieds.................. 339
— 2° Deux *fossores* à l'œuvre......... 331
Graffiti. Image de S. Corneille avec *graffiti* inscrits jusques sur ses vêtements........ 336
Grecs (Instruments liturgiques des). Patène ou disque avec les pains du sacrifice....... 337
Hébreux dans la fournaise. 1° Les jeunes Hébreux devant la statue de l'empereur...... 338
— 2° Les mêmes dans la fournaise, bas-relief du Latran................. 339
— 3° Les mêmes sur une lampe d'Afrique, musée de Constantine............. 340
Hémoroïsse. Bas-relief d'un sarcophage du Vatican................... 341
Hôpitaux. Plan de l'hospice autrefois annexé à l'ancienne Vaticane............. 342
Huiles saintes. 1° Ampoules du trésor de Monza. 345
— 2° Ampoule de S. Mennas apportée d'Alexandrie d'Égypte................. 346
Hymnes dans l'office des Grecs. Catalogue et portraits des hymnographes........... 347
Images. Statue de S. Hippolyte, aujourd'hui au Latran................... 350
Imagines clypeatæ. Deux époux dans un disque, sculpture de Rome............ 352
Innocents (Massacre des). Ivoire de Milan. . . 353
Inscriptions. 1° Spécimen de caractères damasiens................... 361
— 2° Encrier trouvé aux catacombes.... 361
— 3° Inscription ponctuée par des cœurs ou *hederæ distinguentes*.............. 362
— 4° Croix ornementale en tête des inscriptions.................. 363
— 5° Inscription tumulaire avec palme et couronne.................. 368
— 6° Inscription avec portrait. Orante entre deux colombes.................. 369
Instruments sur les tombeaux. 1° Compas, poinçon, pinceaux, — Peintre.......... 379
— 2° Un forgeron, musée du Latran.... 379
— 3° Métier à tisser, avec navette et pièce d'étoffe.................. 379
— 4° Semeur sur un tombeau........ 379
— 5° Boisseau, — Boulanger........ 380
— 6° Char, *auriga*, — cocher....... 380
— 7° Instrument à arracher les dents, — chirurgien.................. 380

— 8° Même instrument avec la dent encore adhérente à la *vulsella*............ 380
— 9° Trousse complète de chirurgien. . . . 380
Jean-Baptiste (S.). 1° Portant sur sa main un livre où repose l'Agneau (cornaline)...... 384
— 2° S. Jean-Baptiste en costume apostolique. 384
— 3° S. Jean-Baptiste ailé......... 384
Jean l'Évangéliste (S.). S. Jean s'entretenant avec S. Pierre (verre doré).......... 385
Jérusalem (Entrée de Jésus à). Mosaïque de la basilique de Bethléem............ 386
Jésus-Christ. 1° Buste du cimetière de Calliste. 387
— 2 Ivoire du musée du Vatican..... 388
— 3° N.-S. conférant sa mission à S. Pierre et S. Paul (verre doré).......... 390
— 4° N.-S. instruisant ses disciples, fresque du cimetière de Ste-Agnès......... 390
— 5° N.-S. debout, un volume à la main, un *scrinium* à ses pieds, cimetière de Ste-Agnès. 390
Jeu (Tables de). 1° Table de jeu avec inscription. 392
— 2° *Pyrgus* ou cornet à dés....... 592
Job. 1° Job assis seul, fresque du cimetière de Calliste................... 395
— 2° Job avec sa femme et un de ses amis, sarcophage de Junius-Bassus........ 396
Jonas. 1° Jeté à la mer et reçu par le monstre marin, fresque du cimetière de Calliste.... 398
— 2° Rejeté par le monstre, même provenance. 398
— 3° Couché sous la cucurbite, même provenance................... 398
— 4° Belle fresque des catacombes..... 399
— 5° Sous un berceau de lierre, sculpture. . 399
Joseph (S.). Voyage à Bethléem, ivoire de Ravenne................... 400
Jouets d'enfant dans les tombeaux. 1° Poupée d'ivoire ou d'or................. 401
— 2° Vase de terre cuite pour étrennes, tirelire.................. 401
— 3° Fragment d'un cheval en terre cuite.. 401
Jourdain (fleuve). Figuré à la manière antique. 401
Juifs, représentés dans les monuments antiques, sculpture.................. 402
Labarum constantinien : ΕΝ ΤΟΥΤΩ ΝΙΚΑ.... 404
Lampes. 1° Lampe d'argile au type de Jonas. 406
— 2° Petite lampe de bronze à chaînes... 407
— 3° Lampe de bronze du cabinet du grand-duc de Toscane................ 407
— 4° Lampe d'argile (VIᵉ siècle)....... 408
— 5° Fragment d'une lampe d'Afrique, deux croix gemmées surmontées de deux agneaux sur le disque................. 408
Lance liturgique chez les Grecs. 1° Ἁγία λόγχη. 408
— 2° Couteau eucharistique à manche historié. 409
Laurent (S.). 1° Une femme s'offrant devant le tombeau du martyr (médaille de dévotion). . . 414
— 2° S. Laurent vêtu du birrus et appuyant une croix sur son épaule.......... 415
— 3° S. Laurent debout devant le gril et l'armoire à évangiles............... 415
Lazare (Résurrection de). 1° Coupe à fond doré. 416
— 2° Sculpture. N.-S., Marthe et Marie et deux disciples................. 417
Lecteurs ecclésiastiques. N.S. imposant les mains à deux jeunes gens............ 418
Legio Fulminatrix. Bas-relief de la colonne Antonine, Jupiter Pluvius.............. 419
Librarii. Tablettes, style, faisceau de roseaux à écrire, marbre des catacombes........... 425
Lièvre. 1° Sur une lampe d'argile....... 426
— 2° Lièvre mangeant un raisin, tombeau d'un

enfant. 426
Lion. Lion ornant la porte de Saint-Laurent *in agro Verano.* 427
Livres liturgiques. 1° Fac-simile de l'Évangéliaire dit de Cambridge. 433
— 2° Fac-simile de la Bible grecque du Vatican. 434
Loculus. 1° Avec inscription et emblèmes sur tablette de marbre. 436
— 2° Fermé par trois briques. 436
— 3° Ouvert et laissant voir le squelette . . 436
— 4° Du martyr Hyacinthe. 436
— 5° Sept rangs de *loculi* superposés. . . 437
— 6° Sceau d'une brique servant à clore un *loculus*, fabriquée dans la propriété de Lucille, femme de Lucius Verus. 437
Luminare cryptæ. 1° Catacombes de Rome, d'après le P. Marchi. . . . . 438.
— 2° Luminaire d'une catacombe de Cappadoce. 438
Mages (Adoration des). 1° Les Mages devant Hérode. 441
— 2° Mages en présence de Marie tenant l'enfant Jésus sur ses genoux, fresque du cimetière de Calliste. 442
Mains (signification de leurs attitudes). Pilate portant la main à sa joue, ne voulant pas condamner Jésus. 443
Maison-symbole. 1° Sculptée sur un tombeau. . 443
— 2° Maison sur une autre pierre sépulcrale. 444
Manne. Israélites recevant la manne, fresque du cimetière de Cyriaque. 445
Mappa. Consul s'apprêtant à la lancer dans l'arène. 446
Mariage chrétien. 1° Célébration du mariage, verre, doré. 447
— 2° J.-C. couronnant deux époux, verre doré. 447
— 3° Mère tenant son enfant sur ses genoux, verre doré. 448
— 4° Famille, père, mère, deux enfants, et, au milieu, le ☧. 449
Martyre. 1° Martyre de S. Achillée sur un fût de colonne. 452
— 2° *Plumbatæ*, instrument de torture. . . . 453
— 3° Ongles de fer. 453
— 4° Chaînes, *uncus*, potence dans une catacombe à Milan, peinture murale 453
Martyrs (Nombre des). Fac-simile de l'inscription des SS. Cerealis, Sallustia et de leurs vingt compagnons de martyre. 458
Matroneum, dans l'église des SS.-Côme-et-Damien à Rome. 459
Mer Rouge (Passage de la). Sarcophage d'Aix en Provence. 461
Messe. 1° Représentation figurée, Abel et Melchisédech, mosaïque de Ravenne 463
— 2° Consécration eucharistique, fresque du cimetière de S.-Calliste. 463
Modius. 1° Un *mensor* avec la règle à la main et un boisseau plein de blé. 467
— 2° Boisseau isolé. 467
Moines. 1° Un abbé instruisant un novice, et un moine en prière. 469
— 2° Un moine copiant les œuvres de S. Augustin. 472
Moïse. 1° Détachant sa chaussure. 473
— 2° Frappant le rocher d'Oreb, ivoire de Milan. 474
— 3° Belle fresque du cimetière de Ste-Agnès. 474
— 4° Verre à fond d'or, Moïse désigné par le nom PETRVS. 474
— 5° Recevant les tables de la loi, sculpture de tombeau. 475
Monogramme du Christ. 1° Forme primitive constantinienne, à Sivaux (dép. de la Vienne). . . 476

— 2° Monogramme cruciforme avec A et ω suspendus par des chaînettes. 477
— 3° Le même avec un monogramme constantinien, *decussatum.* 477
— 4° Dans une couronne à lemnisques. . . . 477
— 5° Monogramme entouré de palmes. . . . 477
— 6° Monogramme cruciforme au milieu d'un N, ΝΙΚΑ, *Christus vincit.* 477
— 7° Monogramme avec les lettres IXΘYC inscrites entre les jambages, monument de Saïda, en Phénicie. 477
— 8° Monogramme formé par la combinaison des lettres grecques ΑΟΡΑΤΑ. 478
— 9° Monogramme entre deux colombes, marbre de Lyon. 477
— 10° Monogramme renouvelé au temps de Charlemagne, souscription d'évêques à des conciles. 479
— 11° Monogramme cruciforme, avec A et ω et le nom ΧΡΙϹΤΟϹ sous la traverse (Syrie centrale). 479
— 12° Monogramme sur une tuile détachée d'une sépulture. 480
— 13° Monogramme d'une forme insolite, avec A et ω et sept étoiles, catacombe de Milan. . 480
— 14° Monogramme cruciforme sur une porte (Syrie centrale). 481
— 15° Monogramme dans une couronne terminée par un élégant lemnisque, habitation de Syrie. 481
— 16° Monogramme emporté par un aigle, chapiteau à Arles. 482
— 17° Deux monogrammes sur la plaque d'un esclave fugitif. 482
— 18° Monogramme du bas-temps IHS. . . . 483
— 19° Monogramme réunissant cette forme à l'ancienne. 483
— 20° Mosaïque de Milan où ce dernier est tracé près de l'image de S. Victor. 485
Monogrammes. 1° De villes, Arles, Milan, Ravenne 484
— 2° De personnages, Théodose II, Nicéphore-Phocas, Manuel II Comnène. 484
— 3° La formule IN PACE en monogramme. . 484
— 4° Le mot BENEMERENTI, id. 484
— 5° Épitaphe LOCVS RVFINAE, id. 484
Mosaïques. 1° Mosaïque des catacombes ; au centre, une colombe portant le rameau d'olivier au bec. 485
— 2° Mosaïque, *litostratum* d'Afrique, avec l'inscription IVSTVS SIBI LEX EST. 486
Mulctra, vase pastoral. 1° avec la houlette. . . 490
— 2° Sur le dos de l'Agneau divin. 491
Narthex. Plan d'une basilique, avec explication des dispositions du narthex. 492
Nativité de N.-S. 1° Sur une gemme du musée Vettori. 494
— 2° Sur un camée de forme circulaire. . . 494
— 3° Sur une pierre sépulcrale, avec les Bergers. 495
Navire. 1° Gravé sur un tombeau. 495
— 2° Sculpture de Spoleto. J.-C. au gouvernail, les Évangélistes pour rameurs. 495
Nimbe. 1° Verre doré, monument réputé le plus ancien pour cet objet. 499
— 2° J.-C. avec nimbe croisé. 499
— 3° J.-C. avec nimbe croisé et A et ω. . . . 500
— 4° Nimbe carré attribué aux personnes vivantes, S. Benoît avec nimbe circulaire, l'abbé Jean et le nimbe carré. 501
Noé. 1° Forme hiéroglyphique, un dé figurant l'arche, et au-dessus la colombe avec la branche d'olivier. 501

— 2° Noé dans l'arche recevant la colombe, fresque des catacombes. 502
Noix. Noix ayant sur une de ses sections le sacrifice d'Abraham. 502
Noms des premiers chrétiens. Figurés par des signes phonétiques. 1° Une truie pour le nom porcella. 510
— 2° Une chèvre pour le nom caprioles. . . . 510
— 3° Un joug pour le nom ivgas. 510
Notarii. 1° Ivoire représentant S. Cassien au milieu de ses écoliers. 516
— 2° Un style à écrire sur des tablettes enduites de cire. 517
Numismatique. 1° Médaillon de Trajan-Dèce, au revers un signe imitant le monogramme du Christ. 518
— 2° Médaillon de Septime-Sévère; au revers, Noé dans l'arche. 518
— 3° Denier de bronze de Salonine; au revers, avgvsta in pace. 518
— 3° Constantin avec le ☧ sur son casque. 520
— 5° *Labarum* constantinien entre deux soldats. 520
— 6° Constance portant le *labarum* chrismé. 520
— 7° Vetranion, id. 522
— 8° Magnence, grand bronze, au revers A ☧ ω. 522
— 9° Valentinien Ier; revers, victoire tenant un globe surmonté d'une croix. 522
— 10° Gratien sur un vaisseau entre une croix et une couronne. 522
— 11° Flaccille, épouse de Théodose; revers. Victoire traçant le ☧ sur un bouclier. . . 524
— 12° Placidie, fille de Théodose; Victoire s'appuyant sur une croix à longue haste, surmontée d'une étoile. 524
— 13° Licinia Eudoxia, épouse de Valentinien; croix sur son diadème, et au revers, sur la main, globe surmonté de la croix. 525
— 14° Romulus Augustule, revers, croix dans une couronne. 525
— 15° Justin Ier, *follis* de cuivre, au droit ☧ sur la poitrine de l'empereur, et au revers une marque de valeur. 526
— 16° Childebert, croix sur un globe. 526
— 17° Théodebert, roi d'Austrasie, monogramme de forme spéciale. 527
— 18° Monogrammes divers des monnaies de Caribert, roi de Paris, Gontran, roi d'Orléans, Thierry II, Clotaire II, roi de Soissons, Dagobert Ier, roi d'Austrasie, Sigebert II, Clovis II. 527
— 19° Justinien II, sou d'or; au revers J.-C. en buste avec la croix derrière la tête et le livre de l'Évangile à la main. 527
— 20° Jean Zimiscès; au droit J.-C., au revers, légende hybride : J.-C. roi des rois. . . 527
— 21° Léon VI, dit le Sage, première apparition de la Ste Vierge sur la monnaie. . . . 528
— 22° Jean Zimiscès; la Ste Vierge avec l'enfant Jésus sur la poitrine, légende pieuse au revers. 528
— 23° Romain III Argyre, la Ste Vierge debout couronnant l'empereur. 528
— 24° Romain Diogène IV; sou d'or, la Ste Vierge debout, son enfant dans les bras. . . 528
— 25° Sous les Paléologues, la Ste Vierge entourée des murailles crénelées de Constantinople. 528
Origine de la monnaie des papes. 1° Grégoire III. 529
— 2° Zacharie. 529
— 3° Hadrien I; revers sci petri. 529
— 4° Id. revers croix haussée avec A et ω. . 529

— 5° Léon III, leo papa; revers effigie de Charlemagne, carolvs. 529
— 6° Benoît III en monogramme et en légende scs petrvs; revers hlotarivs imp et en monogramme pivs. 530
Premiers plombs des papes. 1° Honorius Ier; 2° Théodore Ier; 3° Agathon; 4° Jean IV; 5° Constantin; 6° Zacharie; 7° Paul Ier. 530
Objets trouvés dans les tombeaux. 1° Miroir à l'instar de ceux de Brindes. 531
— 2° Boîte à parfum, en calcédoine avec cercle de métal doré. 531
— 3° Deux vases de toilette du tombeau de l'impératrice Marie, fille de Stilicon, femme d'Honorius. 532
— 4° Épingle de cheveux. 532
— 5° Autre épingle avec inscription. V., l'art. *Acclamations.* 532
— 6° Médaille de Severina. V. l'art. *Catacombes.* 533
Oblats. Médaille de dévotion, un père offrant son fils au tombeau de S. Laurent, à Rome. . . 535
Oiseaux. 1° Fresque d'après M. De' Rossi. . . . 542
— 2° Autre fresque du cimetière de Ste-Sotère, oiseaux dans des pampres. 542
— 3° Oiseau en cage. 543
Orarium. S. Pierre et S. Paul vêtus de l'*orarium*. 545
Ordination. Un pontife ordonnant un diacre, bas-relief en terre cuite. 548
Ordres mineurs. Cinq clercs avec les attributs de leurs ordres respectifs, d'après un manuscrit de la bibliothèque de la cathédrale d'Autun. . . 550
Orphée. 1° D'après une fresque du cimetière de Domitille. 555
— 2° D'après un bas-relief d'Ostie. 556
Pain eucharistique. 1° Chez les Latins, miniature d'un manuscrit de Saint-Germain-des-Prés. 562
— 2° Chez les Grecs. 563
— 3° Chez les Syriens, parsemé de croix en nombre. 563
— 4° Chez les Égyptiens, avec croix et inscription ΑΓΙΟϹ ΙϹΧΥΡΟϹ. 564
Pains (Multiplication des). 1° D'après une sculpture du Vatican. 564
— 2° Cinq pains et deux poissons, sur une tombe des catacombes. 564
Paix (Instrument de paix). Paix évangéliaire en ivoire. 565
Palimpsestes. Codex Ephræmi rescriptus. Bibliothèque nationale. 566
Pallium. Forme ordinaire du *pallium* des archevêques. 567
Palme. 1° Entre les hastes du monogramme du Christ. 567
— 2° Palmes et couronne encadrant le même monogramme. 567
— 3° Une martyre avec une palme dans une main, une couronne dans l'autre. 568
Paon. 1° Paon, les ailes en éventail, posé sur un globe. 569
— 2° Paon avec ses petits, entouré de sept étoiles, catacombe de Milan. 569
— 3° Paon au milieu d'un jardin, cimetière de Ste-Sotère. 570
Paradis. 1° Introduction de l'âme en paradis, fresque du cimetière de Cyriaque. 575
— 2° Dionysas en orante au milieu du jardin céleste, fresque de Ste-Sotère. 575
— 3° Femme debout en orante entre deux arbres et des oiseaux, sculpture. 575

TABLE DES GRAVURES.

— 4° Les deux Israélites rapportant un raisin de la Terre promise. 576
— 5° Pierre sépulcrale ornée de roses. . . . 576
— 6° Sainte en paradis, parée comme pour les noces de l'Agneau. 576
Paralytique. 1° Le paralytique emportant son lit, sculpture romaine. 578
— 2° Le paralytique descendu par le toit d'une maison, manuscrit de la Bibliothèque nationale. 578
Passion de N.-S. 1° Baiser de Judas, mosaïque de Ravenne. 581
— 2° Simon le Cyrénéen portant la croix. . . . 582
— 3° Couronnement de J.-C. avec une couronne de laurier. 582
— 4° Un satellite frappe la tête de N.-S. avec un roseau. 582
Passion (Instruments de la). 1° Le tombeau dans son état primitif. 583
— 2° Un clou de la croix conservé à Trèves. . 583
— 3° Une épine de la couronne. 583
— 4° La sainte tunique. 584
Pasteur (Le Bon). 1° Repos du Pasteur après la course, fond de coupe. 586
— 2° Statue de marbre. 586
— 3° Le Pasteur portant la brebis sur sa poitrine, marbre d'Afrique. 586
— 4° Scène pastorale sur une médaille de dévotion. 587
Patène. Patène historiée trouvée en Sibérie. . . 588
Pêcheur. 1° Tenant un poisson à la main, verre orbiculaire. 622
— 2° Un poisson à la main, le vase à amorce de l'autre, sculpture d'Ostie. 622
— 3° Pêcheur tirant un poisson de l'eau, fresque de S.-Calliste. 623
— 4° Pêcheur avec une peau de poisson pour manteau, pierre gravée. 623
Pedum. Bâton pastoral appuyé sur la *mulctra* (V. ce mot). 624
Peignes. Peigne liturgique de S. Loup, trésor de la cathédrale de Sens. 624
Pèlerinages. 1° Tombeau du pape Corneille avec *graffiti*. 625
— 2° Signatures de pèlerins sur l'autel de l'église de Minerve (Languedoc). 626
Penula. 1° Sa forme primitive et commune. . . 630
— 2° Forme plus ample sur un personnage des catacombes. 631
— 3° Penula luxueuse sur des personnes de la suite de l'impératrice Théodora. 631
Pétronille (Ste). Ste Pétronille accueillant en paradis une chrétienne du nom de Veneranda. . 639
Phare. Tour à quatre étages, forme du bûcher funéraire des médailles de consécration. . . . 640
Phénix. 1° Sur un palmier. 641
— 2° Nimbé et posé sur une branche d'olivier. 641
— 3° Phénix dans un médaillon avec son nom en légende. 641
— 4° Sans nimbe, une branche au bec et son nom en haut (sculpture). 641
Pieds du Souverain Pontife (Baisement des). 1° Chaussure primitive. 643
— 2° Soulier attribué à S. Sylvestre. 643
— 3° Première forme de la croix sur la chaussure des papes. 644
— 4° Seconde forme. 645
— 5° Pantoufle de Pie VII. 645
S. Pierre et S. Paul. 1° Portraits sur de petits médaillons de verre. 646

— 2° Les deux apôtres aux côtés de N.-S., verre doré. 647
— 3° Monogramme du Christ entre les deux apôtres. 648
— 4° Médaillon de bronze, le plus antique. . 648
— 5° S. Pierre seul, portant le monogramme appuyé sur l'épaule. 648
— 6° S. Pierre marchant sur les eaux. — Pierre annulaire. 648
— 7° Même sujet, fresque des catacombes. . . 648
— 8° Verre doré, spécimen du vêtement des deux apôtres. 649
— 9° S. Pierre coiffé avec les autres apôtres sans coiffure et N.-S. au milieu d'eux. — Mosaïque de Ravenne. 650
— 10° Le plus ancien exemple de S. Paul avec le glaive. 652
Piscine probatique. Sculpture du Vatican. . . . 652
Plantes de pieds sur les tombeaux. 1° Empreintes en sens inverse. 653
— 2° Empreintes de profil. 653
Poisson. 1° Sur un anneau. 654
— 2° Sculpté sur cristal de roche. 654
— 3° ΙΧΘΥC et ancre sur opale. 655
— 4° Poisson de bronze avec inscription CωCAIC 655
— 5° Sur un cercueil de plomb de Saïda en Phénicie. 655
— 6° Suspendu à une ancre. 657
— 7° Renfermé dans un cartouche, sarcophage d'Afrique. 657
— 8° Deux poissons sur un chapiteau de la basilique de Tebessa. 658
— 9° Deux poissons avec cinq pains. 658
Prédication. 1° Orateur sur le disque d'une lampe du Pausilippe. 662
— 2° Orateurs sur une tombe des catacombes, avec une femme et une brebis. 663
Prière (Attitudes de la). 1° Femme orante en dalmatique. 666
— 2° En pénule. 667
— 3° Avec *colobium* à manches courtes. . . . 667
— 4° Entre deux colombes. 668
— 5° Quatre personnages prosternés aux pieds de N.-S. — Sarcophage d'Arles. 669
Processions. Une procession sous Théodose II. — Ménologe de Basile. 676
Professions des premiers chrétiens. 1° Médecins. — SS. Côme et Damien (ivoire). 679
— 2° Marchande de légumes. — Fresque du cimetière de Ste-Sotère. 680
— 3° Marchand d'habits. — Verre doré. . . . 682
Prophètes. 1° Un prophète debout, la main étendue en signe d'allocution. 683
— 2° Isaïe devant la Ste Vierge et l'enfant Jésus. — Fresque du cimetière de Priscille. . . 683
— 3° Le même prophétisant et subissant le supplice de la scie. 684
Propinare. S. Pierre et S. Paul. . . . BIBE ET PROPINA, verre d'agape. 685
Prothèse. Diacre grec emportant les saintes espèces le vendredi saint. 688
Reniement de S. Pierre. 1° S. Pierre et la servante. Sculpture. 696
— 2° S. Pierre et N.-S. et le coq. Fresque du cimetière de Cyriaque. 696
Repas chez les premiers chrétiens. Table en *sigma*, trois convives et trois serviteurs. — Fresque du cimetière des SS.-Marcellin-et-Pierre. . 699
Repas (représentation symbolique). Fresque des catacombes. 700

Résurrection de N.-S. 1° Ivoire de Milan. . . . 701
— 2° Sur une ampoule de métal. Trésor de Monza. 702
Résurrection. Résurrection selon le texte de S. Luc.
— Sarcophage du musée de Latran. . . . 702
Saints (Culte des). S. Pierre avec l'invocation PETRUS PROTE *gat.* Fragment de verre. 707
Saisons (Les quatre). 1° Le printemps. — Sarcophage de Junius-Bassus 707
— 2° L'été. 708
— 3° L'automne. 708
— 4° L'hiver. 708
— 5° Fresque du cimetière de Prétextat, les quatre saisons en un seul tableau. 709
Samaritaine. Sculpture des catacombes. . . . 701
Sang des martyrs. 1° Ampoule avec palme, Boldetti, p. 149. 712
— 2° Ampoule de S. Exupère, le corps à Lyon. 712
— 3° Pierre sépulcrale de S. Exupère. . . . 712
Sarcophages. 1° Grand sarcophage du musée de Latran. 717
— 2° Sarcophage de Rignieux-le-Franc, provenant d'Arles. 719
— 3° Sarcophage du sculpteur Eutrope. . . . 721
— 4° Sarcophage de Ravenne, v° siècle. . . . 722
Scrinia. 1° Scrinium ouvert, avec volume. . . 724
— 2° Scrinium avec attache de suspension . 724
Sébastien (S.) Mosaïque de S.-Pierre-ès-Liens à Rome. 725
Sépultures. Plan d'une sépulture sur terre, d'après M. De' Rossi. . . . .°. 733
Serpent. 1° Labarum planté sur un serpent, médaille constantinienne. 735
— 2° Lampe du palais des Césars. N.-S. terrassant le dragon. 735
— 3° Moïse et le serpent au désert. 736
Soleil (Le) et la lune, deux masques antiques. . 740
Staurophore. Un porte-croix d'après le ménologe de Basile. 743
Strigiles. Fragment de sarcophage. 744
Stylites. 1° Base de la colonne de S. Siméon le Stylite, à Kalat-Sema'n (Syrie centrale). 745
— 2° Un stylite sur sa colonne. 745
Subsellium. N.-S. dans l'abside de la basilique d'Aix-la-Chapelle. 746
Susanne. 1° Sculpture d'un tombeau d'Arles. . 747
— 2° Peinture allégorique du cimetière de Calliste. 747
Symboles. Pierre gravée en renfermant six. . . 751
Syrinx. Le pasteur, la syrinx à la main, fresque des catacombes. 754
Tabithe. Sculptures d'un sarcophage à S.-Maximin. 754
Tessères. 1° Demi-œuf en ivoire. 756
— 2° Sceau de bronze regardé comme une tessère. 757
Les deux Testaments. 1° Sarcophage du cimetière de Sainte-Agnès. 757
— 2° Fragment de poterie : la cucurbite et le cyprès. 758
Titres. Fresque du *titulus Pudentis,* représentant S. Pierre entre deux brebis. 759
Tobie. 1° Tobie présentant le poisson à l'ange, peinture. 760
— 2° Tobie, la main dans la bouche du poisson, verre doré. 761
— 3° Tobie portant à la main le cœur et le fiel du poisson, fresque. 761
Tonsure. S. Corneille, fresque du cimetière de Calliste. 762

Transenna. 1° Fragment d'après M. Perret. . . 763
— 2° Fragment dessiné à Cherchel par M. le commandant Sériziat. 763
Transfiguration de N.-S. Mosaïque de S.-Apollinaire de Ravenne. 764
Triangle. Huit formes différentes. 766
Trinité. 1° Mosaïque de Ste-Marie-Majeure, à Rome. 767
— 2° Mosaïque des SS.-Côme-et-Damien. . . 767
Ulysse. Bas-relief où le sens chrétien de cette histoire est déterminé par un monogramme. . . . 769
Vases sur les tombeaux. 1° Vase où des colombes se désaltèrent, fresque du cimetière de Sainte-Sotère. 770
— 2° Autre vase accosté de deux colombes, pierre sépulcrale. 770
— 3° Colombe sur le bord d'un vase, lampe d'argile. 771
— 4° Vision du prêtre Julien, les corps des SS. Étienne, Gamaliel, Nicodème et Abilon, représentés par quatre vases. 771
— 5° Vase surmonté d'un poisson, lampe d'argile. 772
Vertus et vices, représentations symboliques. — *La foi terrassant la discorde,* mosaïque de Crémone. 777
Vêtements des ecclésiastiques dans les fonctions sacrées. Section du bas-relief de l'autel antique de S.-Ambroise de Milan. 781
Vêtements des premiers chrétiens. Couple se donnant la main, sculpture. 785
Veuves chrétiennes. Résurrection de Tabithe, sculpture à Aix. 787
Vierge (La Sainte). 1° Fresque du cimetière de Domitille. 789
— 2° Vierge sans voile, peinture murale. . . 789
— 3° Vierge du cimetière de Sainte-Agnès, IV° siècle. 790
— 4° Vierge du cimetière de Priscille, réputée la plus ancienne. 790
— 5° Vierge en orante, sculpture de la crypte de Saint-Maximin. 791
— 6° Marie orante entre S. Pierre et S. Paul, verre doré. 791
— 7° Vierge dans une urne avec l'Enfant-Jésus, pierre gravée. 793
Vierges chrétiennes. Imposition du voile à Ste-Praxède ou à Ste-Pudentienne. Fresque du cimetière de Priscille. 794
Vierges prudentes et vierges folles. Fresque du cimetière de Cyriaque. 795
Vigne. 1° Fresque de voûte des catacombes. Vigne avec génies. 796
— 2° Cep de vigne à haute tige, sur une tombe du IV° siècle. 797
— 3° Vigne sortant d'un vase et deux oiseaux becquetant les raisins. 795
— 4° Vigne sur un pilastre de la basilique de Tebessa, dessinée par M. le commandant Sériziat. 798
— 5° Même sujet de la même basilique, dessiné par M. Héron de Villefosse. 799
— 6° Même sujet avec A et ω, au cimetière français de la même localité. 799
Volumes. 1° Volume roulé, avec son titre et ses autres accessoires, d'après Montfaucon. . . 801
— 2° Volume roulé dans la main d'Auguste, statue au Vatican. 801
Zodiaque. Bracelet orné des douze signes du zodiaque, d'après Boldetti. 804

17,472. Typographie L. Lahure, 9, rue de Fleurus, à Paris.

www.ingramcontent.com/pod-product-compliance
Lightning Source LLC
Chambersburg PA
CBHW070900300426
44113CB00008B/906